ちくま学芸文庫

言海

大槻文彦

筑摩書房

目次

ここに示すノンブルは学芸文庫版のものである

書名登録

第五九七〇六號

言海

日本辭書言海　四部
右今般編輯ノ趣ヲ以テ
天皇陛下
皇太后陛下
皇后陛下
皇太子殿下ヘ獻上被致候ニ付夫々
御前ヘ差上候右ハ斯道ニ裨益不少
善良ノ辭書ニシテ精勵編輯ノ段
御滿足ニ被思召候此段申入候也
明治二十四年七月二十三日
宮内大臣子爵土方久元

索引

引　索

言海序

文明者何。自單之複、自粗之精、之謂也。自日用衣食。以至政事法律之大。莫不皆然。然則。若辭書。亦不外於此理者。盖民生之初。有言語、而無文字。民智漸進。始有文字。文字有二。一曰有義。一曰無義。主言辭之國。用無義之字。主文字之國。用有義之字。人文日闢。言辭日繁。於是言辭之國作辭書。文字之國作字書。以利民生。支那之爲文字之國。歐洲之爲言辭之國。人皆知之。若本邦固言辭之國。而其進文明。多賴支那之力。是以如其文字。合有義無義而用之。其勢然也。本邦錄言語文字之書。如和名鈔。如新撰字鏡。如下學集。如節用集。皆字書之體。而非辭書之體。豈以言辭者本邦之固有。則學之不難。文字者、所假於他國。則學之不易歟。且其爲書。文字有所不足。順序有所不整。要不免爲玷缺之書者。王政維新。

文教大興。加以外國之交際日廣。言語文字之多。倍蓰於昔日。於是。操觚之士。皆知不可無辭書之著焉。顧辭書之爲著。其事浩瀚。非民間學士之所能堪。是本局之所以親從事於斯業也。然。今日辭書之著。有三難。文法之未定。一難也。言辭有古今。有雅俗。二難也。言辭之入自支那者。本於文字。入自歐洲者。本於聲音。欲協之本邦之語格。錯雜難齊。三難也。是以。蒐輯改竄。費歲月頗多。至於近日。始脫稿。名曰言海。大約四萬言。辭書之體。而非字書之體。雖或難保無誤謬。此諸舊來之字書。必有可觀者焉。余嘗謂。欲知文化之高卑。觀於其國之辭書。辭書之衆而精者。其文化高。寡而粗者。反之。西洋之辭書。其類二。一曰普通。一曰專門。東洋之辭書。惟有普通一類。至其精粗。此之不及彼遠甚。吾儕安可不忸怩自愧哉。然既知恥之。必將奮而求及之。本邦今日。學士之自奮者。不乏其人。余知其必不使西人擅文化之名於百世也。此書蓋追逐西國辭書之第一步。而至其與西人並鑣而馳者。猶有待於後來焉。諺曰。前人芟荊棘。則後人作道路。芟荊棘之業既成。作道路之人。將不遠而出。本篇任編輯之事者。大槻文彥一人。而若余者。特止監視其事業爾矣。

明治十八年四月文部省編輯局長正五位勳三等西村茂樹識

本書編纂ノ大意

（一）此書ハ、日本普通語ノ辭書ナリ。凡ソ、普通辭書ノ體例ハ、專ラ、其國普通ノ單語、若シクハ、熟語（二三語合シテ、別ニ一義ヲ成スモノ）ヲ擧ゲテ、地名人名等ノ固有名稱、或ハ、高尙ナル學術專門ノ語ノ如キヲバ收メズ、又、語字ノ排列モ、其字母、又ハ、形體ノ順序、種類、ニ從ヒテ次第シテ、部門類別ノ方ニ據ラザルヲ法トスベシ。其固有名稱、又ハ、專門語等ハ、別ニ自ヲ其辭書アルベク、又、部門ニ類別スルハ、類書ノ體タルベシ。此書編纂ノ方法、一ニ普通辭書ノ體例ニ據レリ。

（二）辭書ニ擧ゲタル言語ニハ、左ノ五種ノ解アラムヿヲ要ス。

其一。發音。（Pronunciation.）發音ノ異ナルモノニハ、其符アルヲ要ス。例ヘバ、さいはひ（幸）ハ、さいわいト發音シ、あふぎ（扇）あふみ（近江）ハ、おうぎ、おうみ、ト發音シ、あふぐ（仰）あふひ（葵）ハ、あおぐ、あおいト發音シ、はふ（破風）らう（煙管竹）ハ、假名ノマヽニ發音スレドモ、はふ（法）らう（牢）ハ、ほう、ろう、ト發音スルガ如シ。是等ノ異同、必ズ標記セザルベカラズ。

其二。語別。（Parts of speech.）例ヘバ、やま（山）かは（川）等ノ名詞ナル、われ（我）なむぢ（汝）等ノ代名詞ナル、ゆく（行）きたる（來）等ノ動詞ナル、よし（善）あし（惡）等ノ形容詞ナル、なり（也）べし（可）等ノ助動詞ナル、はなはだ（甚）かならず（必）等ノ副詞ナル、また（又）さて（扨）等ノ接續詞ナル、が、の、に、を、は、も、ぞ、こそ等ノ天爾遠波ナル、ああ(噫)かな(哉)等ノ感動詞ナルガ如キ、其他數詞、枕詞、發語、接頭語、接尾語ノ類、語每ニ必ズ標別セズハアルベカラズ。

其三。語原。Derivation. 語原ノ說クベキモノハ、載スルヲ要ス。例ヘバ、くれなゐ(紅)ハ、「吳ノ藍」ノ約ナル、ほしいまま(恣)ハ「欲シキ儘ニ」ノ音便ナル、だんな(檀那)ハ、梵語、陀那鉢底(施主)ノ略轉ナル、びろうど(天鵞絨)ハ、西班牙語 Velluda. ノ、轉ナルガ如キ、是等ノ起原、記サザルベカラズ。

其四。語釋。Definition. 語ノ意義ヲ釋キ示スヿ、是レ辭書ノ本分ナリ。例ヘバ、さいはひ(幸)ハ、「好キ運命」くれなゐ(紅)ハ、「色ノ赤クシテ鮮ナルモノ」ノ如キ是レナリ。又、其意義ノ轉ズルモノハ區別セザルベカラズ。例ヘバ、やま(山)(第一)本義ハ、「土ノ平地ヨリ高キモノ」(第二)轉シテ「物ノ堆ク積レルヿ」等ノ如ク、又、だんな(檀那)(第一)本義ハ、「僧ヨリ施主ヲ呼ブ稱」(第二)轉ジテ「家人ヨリ主人ヲ恩義アルニ就キテ呼ブ稱」(第三)更ニ轉ジテ「商業ヨリシテ顧客ヲ敬ヒ呼ブ稱」等ノ如シ。

其五。出典。Reference. 某語ノ某義ナルヿヲ證セムトスルヤ、其事ハ、某典ニ見エタリト、其出所ヲ擧グルヿ、是レナリ。

以上五種ノ解アリテ、始メテ辭書ノ體ヲ成ストイフベシ。此書モ、一ニ其例ニ從ヘリ。

（三）日本語ヲ以テ、日本語ヲ釋キタルモノヲ、日本辭書ト稱スベシ。從來ノ辭書類、和名鈔、新撰字鏡、類聚名義抄、下學集、和玉篇、節用集、合類節用集、伊呂波字類抄、和爾雅、會玉篇、名物六帖、雜字類編等、枚擧スベカラズ。然レドモ、是等、率ネ、漢字ニ和訓ヲ付シ、或ハ和語ニ漢字ヲ當テタルモノニテ、乃チ、漢和對譯、或ハ和漢對譯辭書ニシテ、純ナル日本辭書ナラズ。　而シテ、希ニ注釋アルモノモ、多クハ漢文ヲ取レリ。又、其語字ノ排列、索引ノ方法モ、或ハ漢字ノ偏旁畫引ニ從ヘルアリ、又或ハいろは順ニ從ヘルモノモ、其大別ニ至リテハ、率ネ部門類別ノ法ニ據レリ。

本篇、各語ヲ、假名ニテ擧ゲテ、又、普通用ノ漢字、又ハ、漢名、ヲ配シタリ、是レ、尚、對譯ノ體ヲ遺傳セルガ如シ。然レドモ、日本普通文ノ上ニハ、古來、假名漢字、并用シテ、共ニ通用文字タレバ、日本辭書ニハ、此一種異樣ノ現象ヲ存セザルヲ得ズ。

其他、東雅、日本釋名、冠辭考、和訓栞、物類稱呼、雅言集覽等、尚アレド、或ハ專ラ枕詞ヲ論シ、又ハ方言ヲ説キ、或ハ語原ヲ主トシテ、語釋ヲ漏ラシ、或ハ雅言ノ出典ノミヲ示セリ。（語彙ハ阿、伊、宇、衣ノ部ニ止ルヲ惜ムベシ）以上數書ノ外ニ、尚、許多アル辭書體ノモノヲ、遍ク集メテ其異同ヲ通考スルニ、尚、全ク發音ト語別トノ標記ヲ欠キ、固有名ヲ普通語ニ混シ、且、多ク通俗語ノ採輯ヲ闕略セリ。之ヲ要スルニ、普通辭書トシテ、體裁具備ノ成書ヲ求メムトスレバ、遺憾ナキヿ能ハズ。　今、本書ハ、衆書ノ長短得失ヲ取捨折衷シ、繁簡異同ヲ刪修増訂シテ、以テ體裁ヲ徴具セシメタリ。然リト雖𪜈、諸先哲ガ遺澤ナル、是等ノ諸著作アリタレバコソ、本書モ成リタレ、サレバ、本書ハ、諸先哲ガ辛勤功勞ノ集成ナリトモイヒツベシ。

(四)辭書ハ、文法(Grammar.)ノ規定ニ據リテ作ラルベキモノニシテ、辭書ト文法トハ、離ルベカラザルモノナリ。而シテ、文法ヲ知ラザルモノ、辭書ヲ使用スベカラズ、辭書ヲ使用セムホドノ者ハ、文法ヲ知レル者タルベシ。　先哲ガ語學ノ書、亦乏シカラズ、和字正濫抄、あゆひ抄、かざし抄、詞の玉緒、古言梯、詞の八衢、詞の通路、山口栞、活語指南等、亦枚擧スベカラズ。或ハ假名遣ヲ論ジ、或ハ動詞ノ語尾變化ヲ説キ、或ハ語格起結ノ法ヲ定メ、其苦心考定セル所、粗、盡セリ。　然レ𪜈、是等先哲ノ諸著作ハ、率ネ、言語ノ古音、古義、古格、ノ解シ難ク誤リ易カラムモノノ局處ヲ釋クヲ專ラトシタレバ、通俗語、方言等ハ固ヨリ説カズ、且、雅言トスルモノモ、音義分明ニシテ、誤ルベキヤウナキモノハ、甚ダ闕略セリ。　故ニ普通文典トシテ、體裁ヲ一書ニ具備セルモノ、固ヨリ無ク、又、衆書ヲ集メテ通考スルニモ、文典ノ範圍内ニ於テ、未ダ論及セザル件、尚、多シ。　サレバ、本書ヲ編纂スルニ當リ、遍ク古今雅俗ノ語ヲ網羅シテ、一一之ヲ區別セムトスルニ際シテ、語別、名稱ノ何ト呼ビ何ニ入ルベキカ不定ナルモノ、假名遣、語格ノ未定ナルモノ、古今、都鄙、語、同ジクシテ、用法ヲ異ニスルモノ等、輩出シテ、甚ダ判定ニ苦メリ。是ニ於テ、別ニ一業ヲ起シテ、數十部ノ語學書ヲ參照シ、假名遣、語格ノ基本ニ至リテハ、契沖、眞淵、宣長、春庭、義門等、諸哲ノ規定ニ據リテ、其他ニ推及シ、而シテ、西洋文法ノ位立ヲ取リテ、新ニ一部ノ文典ヲ編シテ、其規定ヲ本書ニ用ヰタリ。サレバ、文法專門ノ新造語モ多ク出來レリ。此書ノ篇首ニ、語法指南トテ掲ゲタルハ、其文典中ノ規定ノ、辭書ニ用アル處ヲ摘ミタルモノナレバ、此書ヲ覧ム者ハ、先ヅ之ニ就キテ、其規定ヲ知リ、而シテ後ニ、本書ヲ使用スベシ。

(五)從來、語學家ハ、概シテ、古クヨリアル語ヲ雅言ト稱シ、後世出來レル語ヲ俗言ト稱スルガ如シ、是レ、其謂ハレ無キガ如キヲ覺ユ、年代ヲ以テ別ヲ立テムニハ、中古言モ上古言ニ比ベバ、俗言ト謂ハザルヲ得ザラム。 蓋シ、雅俗ノ別ハ、年代ニ因リテ起ルニハアラズシテ、貴賤、都鄙、文章、口語ノ上ノ所用ニ因リテ起ルナルベシ、古言中ニモ雅俗アラム、今言中ニモ雅俗アラム、古クハ雅言ナルガ、後ニ俗言トナレルモアラム、古クハ俗言ナルニ、後ニ雅言トナレルモアラム。 又、古雅ナリトテ、今世普通ニ用ヰラレザルモノハ、死言トイフベク、今俗ナリトテ、日常ニ用ヰナスモノハ、活言トイフベシ。 此篇古今ノ衆語ヲ網羅シタレドモ、其雅俗、死活ノ別ハ、スベテ此義ニ據レリ。

(六)漢土ノ文物、盛ニ入レバ、漢語、遍ク行ハレ、佛教、勢ヲ得レバ、梵語、佛經語用ヰラレ、西洋ノ交通、大ニ開クレバ、洋語隨ヒテ來ルコト、自然ノ勢ニシテ、又、從來、我國ニ無カリシ事物ノ、其國國ヨリ來レルニハ、隨ヒテ其國國ノ名稱ヲ用ヰルコト、亦理ノ當然ニシテ、且、便利ナリトスベシ。此篇中、諸外國語モ、入リテ日常語トナレルハ、皆取レリ。近頃入レル洋語ノびいとろ(玻璃)がす(瓦斯)めしん(裁縫機)ノ如キ、既ニ略定マリテ用ヰラルルハ、皆收メタリ。

(七)近年、洋書翻譯ノ事、盛ニ起リテヨリ、凡百ノ西洋語、率ネ譯スルニ漢語ヲ以テセリ、是ニ於テ、新出ノ漢字譯語、甚ダ多シ。然レドモ、其學術專門語ノ高尚ナルモノハ收メズ、普通ノ語ニ至リテモ、學者ノ譯出新造ノ文字、甲乙區區ニシテ、未ダ一定セザルモノ多シ故ニ、是等ノ語モ、篇中ニ收メタル所、甚ダ多カラズ、應ニ後日一定ノ時ヲ待ツベシ。其他、新官衙、職制等ノ、倏忽ニ廢置變更セルモノ、亦然リ。

(八)辭書ノ體例ハ、首條條ニ述ベタルガ如クナルベシト雖モ、編纂ノ上ニ就キテ、浩瀚ナラムヲ旨トスルアリ、簡約ナラムヲ旨トスルアリ、浩瀚ハ、大辭書ノ集成ニ望ムベクシテ、遽ニ及ブベキニアラズ。今、此篇ハ、簡約ヲ旨トシテ、凡ソ收メシ所ノ言語ノ區域、及ビ解釋等ノ詳略ハ、大約、米國ノ碩學エブスター氏ノ英語辭書中ノ「オクタボ」ト稱スル節略體ノモノニ倣ヘリ。　故ニ、發音、語別、語原、語釋(東西同事物ノ釋ノ如キハ、洋辭書ノ釋ヲ譯シテ挿入セルモノ多シ)等ハ徵具セシメタレ𪜈、出典ニ至リテハ、淨書ノ際、姑ク除ケリ、簡冊ノ裒大トナラムヲ恐レテナリ。其全備ノ如キハ、後ノ大成ニ讓ラムトス。

(九)此篇ニ引用參考セル和漢洋ノ典籍ハ、無慮、八百餘部、三千餘卷ニ涉レリ。　其他、或ハ耳聞セル所ヲ取リ、或ハ諳記セル所ヲ筆シ、或ハ自ラ推考セル所ヲモ記セリ。　其一一出所ヲ擧ゲザルハ、前述ノ如シ。　各語ニ當テタル漢名ノ出所モ、亦然リ。

(十)各語ヲ、字母ノ順ニテ排列シ、又、索引スルニ、西洋ノ「アルハベタ」ハ、字數、僅ニ二十餘ナルガ故ニ、其順序ヲ諳記シ易クシテ、某字ハ、某字ノ前ナリ、後ナリ、ト忽ニ想起スルヿヲ得。　然ルニ、吾ガいろはノ字數ハ、五十弱ノ多キアルガ故ニ、急ニ索引セムトスルニ當リテ、某字ハ、何邊ナラムカ、ト瞑目再三思スレ𪜈、遽ニ記出セザルヿ多ク、ソノ在ラムト思フ邊ヲ、前後數字、推當テニ口ニ唱ヘテ、始メテ得ルヿトナル。(一語中ノ第二、第三、四、五等ノ音モ亦然リ、困苦想フベシ。)此事、慣レ易カルベクシテ、甚ダ慣レ難キハ、編者ガ編纂數年間ノ實驗ニ因テ、確ニ知ル所ナリ。　扨、又、五十音ノ順序ハ、字數ハ、いろはト同ジケレ𪜈、先ヅ、あかさたな、はまやらわノ十音ヲ記シ、此十箇ノ綱ヲ擧グレバ、其下ニ連ルかきくけこ、さしすせそ等ノ目ヲ提出スルヿ、甚ダ便捷ニシテ、いろは順ハ、終ニ五十音順ニ若カズ。因テ、今ハ五十音ノ順ニ從ヘリ。

（十一）此書、明治八年二月、命ヲ奉ジテ起草シ、十七年十二月ニ至テ成稿セリ。初メ、先ヅ、古今雅俗ノ普通語ヲ、假名ノ順序ヲ以テ、蒐輯分類セルヿ四萬許、次ニ之ガ解釋ニ移レリ。然ルニ、各語ヲ逐ヒテ、一一之ニ語別、語釋、語原等ヲ付セムトスルニ當テ、書冊ノ記述ナク、文獻ノ徵スベカラザルモノ多ク、而シテ、其語ハ、和、漢、梵、韓、琉球、蝦夷、葡萄牙、西班牙、（南蠻）和蘭、羅甸、英、佛等ニ涉リテ、中外、古今、雅俗、凡ソ、宇宙三才、森羅萬象ノ事事物物ノ語ノ出來ルヿナレバ、其解釋ノ間ニ、書ニ就キ、人ニ就キ、此ニ索メ、彼ニ質シテ、其年月ヲ徒費セシヿ、實ニ豫想ノ外ニアリキ。且前述ノ如ク、假名遣、語格ノ未定ナルモノ多ク、因テ、新ニ一業ヲ起シテ、文法ヲ考定スルヿトナリテ、更ニ、又、年所ヲ歷、此前後、公務ノ他書編輯ニ涉レルヿモ少カラズ、而シテ、通篇ノ編纂、挍訂、實ニ幷ニ獨力ニ出デタレバ、遂ニ十年ノ歲月ヲ費セリ。抑モ、編者ノ年齒ナル、淺學寡聞ナル、其誤脫ナク、迅速ナラムヿ、固ヨリ望ムベカラザルノミナラズ、畢竟、當初、自ラ辭セズシテ、此重命ヲ奉ジタルヿ、多ク其量ヲ知ラザルヲ見ルノミ。然リト雖モ、九層ノ臺モ、累土ヨリ起リ、百仞ノ高キモ、足下ヨリ始マル、聞クナラク、歐人ノ書ヲ著ハス、其第一版發行ノモノハ、著者、看者、共ニ、例ニ、其誤謬アラムヲ業ノ免ルベカラザルモノトシ、必ズ、年所ヲ逐ヒテ、刪修潤色ノ功ヲ積ミ、第二版、三版、四五版ニモ至リテ、始メテ完備セシムト云フ、此書ノ如キモ、亦然リ、唯、後ノ重修ヲ期セムノミ。

明治十七年十二月

文部省准奏任御用掛　大槻文彦識

本書、草稿全部、去年十月、文部省ヨリ下賜セラレタリ、因テ私版トシテ刊行ス。　文彦又識

明治二十二年一月

語法指南（日本文典摘錄）

假名　音

○五十音圖　平假名　片假名

五十音圖

平假名

	阿行	加行	左行	多行	奈行	波行	末行	也行	良行	和行
阿段	あ	か	さ	た	な	は	ま	や	ら	わ
以ノ段	い	き	し	ち	に	ひ	み	い	り	ゐ
宇ノ段	う	く	す	つ	ぬ	ふ	む	ゆ	る	う
衣ノ段	え	け	せ	て	ね	へ	め	え	れ	ゑ
於ノ段	お	こ	そ	と	の	ほ	も	よ	ろ	を

片假名

ア	カ	サ	タ	ナ	ハ	マ	ヤ	ラ	ワ
イ	キ	シ	チ	ニ	ヒ	ミ	イ	リ	ヰ
ウ	ク	ス	ツ	ヌ	フ	ム	ユ	ル	ウ
エ	ケ	セ	テ	子	ヘ	メ	エ	レ	ヱ
オ	コ	ソ	ト	ノ	ホ	モ	ヨ	ロ	ヲ

假名ニ、變體ノモノモ多ケレド、此ニハ畧ス。

あ、い、う、え、おノ縦(タテ)ノ行(ギヤウ)ヲ阿行(アギヤウ)ト名ツケ、か、き、く、け、こノ行ヲ加行(カギヤウ)ト名ツク、其以下、左行(サギヤウ)、多行(タギヤウ)、奈行(ナギヤウ)、波行(ハギヤウ)、末行(マギヤウ)、也行(ヤギヤウ)、良行(ラギヤウ)、和行(ワギヤウ)、皆、之ニ倣ヘ。

あ、か、さ、た、な、は、ま、や、ら、わノ横ノ段ヲ阿段(アノダン)ト名ツケ、い、き、し、ち、に、ひ、み、い、り、ゐノ段ヲ伊段(イノダン)ト名ツク、以下、宇段(ウノダン)、衣段(エノダン)、於段(オノダン)、皆、之ニ倣ヘ。

○單音、母韻、發聲、熟音　阿行ノ五音ハ、喉ヨリ單一ニ出ヅ、コレヲ單音ト名ヅク。加行以下、九行ノ諸音ハ、其行毎ニ、各、其音ヲ呼ビ發ス一種ノ聲アリテ、コレヲ發聲(Consonant.)ト名ヅケ、單音、ソノ韻トナリ、發聲ト單音ト、相熟シテ、始メテ音ト成ル、此ノ故ニ、加行以下ノ九行四十五音ヲ、熟音(Syllable.)ト名ヅク。單音ハ、斯ク發聲ノ韻トモナルガ故ニ、亦、母韻(Vowel.)ノ稱アリ。

○單音、熟音、又ハ、發聲(子韻トモイフモノ)ノ名稱、及ビ、假名ト洋字トノ發聲、母韻、ノ辨、委シクハ文典ニ讓ル。

○發聲ノ、喉、舌、齒、鼻等ニ關スル解モ、辭書ニ用ナケレバ、此ニ略ス。

五十音圖ノ中ニ、阿行ノい、う、えト、也行ノい、えト、和行ノうト、同形ノ字、重出ス。此ノ各二音ハ、各、甚ダ相近ケレバ、古來、字ヲ相通ハシテ用ヰ來レリ。サレド、阿行ナルハ、單音ニテ、也行、和行、ナルハ、別ニ、其各行ノ發聲アル熟音ナレバ、各、相異ナルベキ理アリト知ルベシ。(其證例ノ委シキコハ、文典ニ讓レリ)

又今世口語ノ發音ニテハ、和行ノゐ、ゑ、をハ、其發聲、默シテ、韻ノミ發シ、單音ノい、え、おニ異ナラズ。然レドモ、古ヘハ、明ニ其發音ヲ別テリ、サレバコソ、別ニ、其假名モアルナレ。

半母韻　然レドモ、也行ノ音ノ發聲ハ、甚ダ單音ノいニ似テ、和行ノ音ノ發聲ハ、甚ダ單音ノうニ近ク、更ニコレニ母韻ヲ添ヘテ、二母韻、相重ナリテ發スルモノノ如シ、サレバ、拗音ノきや、きよ、ちよ、くわ等(下ニ詳ナリ)ノ韻トモナル。此故ニ、也行、和行ノ音ヲ、半母韻(Semi vowel.)トモ名ヅク。

○鼻聲、促聲　五十音ノ外ニ、二ツノ聲アリ、ん(平假名)ン(片假名)ト、づ(平假名)ヅ(片假名)トナリ。んハ、鼻ヨリ出デテ、撥ヌルガ如キ聲ナレバ、鼻聲ト名ヅク、此聲、獨リ出デズ、必ズ、他ノ音ノ下ニ附キテ出ヅ、ねんごろ(懇)ぬきんづ(抽)ぶんてん(文典)ノ如シ。づハ、口ニ促マルガ如クシテ出ヅル聲ナレバ、促聲ト名ヅク、此聲モ、獨リ發スルコト能ハズ、必ズ、他ノ二音ノ間ニ挾マリテ發ス、もつとも(最)うつたへ(訴)まつたし(全)ノ如シ。此つ、ツハ、多行ノ音ノつ、ツト、形、相似タレド、其聲、全ク異ナリ、右肩ニ標シテ、コレヲ分ツ。

○濁音、半濁音　五十音ノ外ニ、又、一種ノ熟音アリ、コレヲ濁音、及ヒ、半濁音トイフ、是亦、其各行ニ、一種ノ發聲アリテ、母韻ト相熟シテ發ス。然レドモ、之ヲ記スベキ假名ナクシテ、濁音ハ、他ノ假名ノ右肩ニ、二點ヲ加ヘテ用ヰル、其數、二十アリ。半濁音ハ、圈點ヲ加ヘテ用ヰル、其數、五ツアリ。左ノ如シ。

濁音	加行	がぎぐげご	左行	ざじずぜぞ
	多行	だぢづでど	波行	ばびぶべぼ
半濁音	波行	ぱぴぷぺぽ		

濁音、半濁音、ニ對シテ、標點ナキ時ノ假名ノ音ヲ、清音トイフ。濁音ヲ發スルヲ、「濁ル」トイヒ、ソレヨリシテ、清音ヲ發スルヲ、「清ム」トイフ。

濁音、半濁音ニ、本濁ト、連濁ト、ノ別アリ。本濁トハ、此音ノ自然ニ發スルモノナリ、みづ(水)かぜ(風)にじ(虹)ばんや(斑枝花)ノ如シ。連濁トハ、二語、相連ルトキ、下ノ語ノ、此音ニ變ズルコトアルニイフ、卽チ、やま(山)トかは(川)ト、連レバ、やまがはトナリ、さと(里)トひと(人)ト、連レバ、さとびとトナリ、おもひ(思)トはかる(量)ト、連レバ、おもんぱかるトナルガ如シ。

今世ノ口語ニテハ、濁音ノじずト、ぢづト、別無クナレリ。然レドモ、其相異ナルベキ理ハ、其同行中ノ他ノ音ノ發聲ニ比シテ知ルベシ。(今モ、四國、九州、邊ニハ、其別ヲ存セリ)

○拗音　拗音モ、亦一種ノ熟音ニシテ、亦、清濁アリ。此音モ、記スニ字無クシテ、假名二字ヲ連ネ用ヰテ記ス、尋常ニ記スモノ、下ノ如シ。

此拗音ノ「きゃ、きゅ、きょ、ぎゃ、ぎゅ、ぎょ」又ハ「しゃ、しゅ、しょ、じゃ、じゅ、じょ」等ト相對セシメテ「か、く、こ」「が、ぐ、ご」又ハ、「さ、す、そ」「ざ、ず、ぞ」等ノ音ヲ、直音《チヨクオン》ト稱ス。（其他ハ準ヘテ知ルベシ）拗音ハ、發聲ト、半母韻ト、相合シテ成ル、而シテ、其各行ノ發聲ハ、其直音ノ發聲ニ同ジ。此音ハ、二字相連ヲテ寫スガ故ニ、書記ノ上ニテ、動モスレバ、直音ノ二字ナルト、紛ヒ易シ、因テ、字間ノ右旁ニ、小線ヲ付シテ別ツ、いしゃ、（石屋）いしゃ、（醫者）ノ如シ。

加行	きゃ	きゅ	きょ
	ぎゃ	ぎゅ	ぎょ
左行	しゃ	しゅ	しょ
	じゃ	じゅ	じょ
多行	ちゃ	ちゅ	ちょ
	ぢゃ	ぢゅ	ぢょ
奈行	にゃ	にゅ	にょ
波行	ひゃ	ひゅ	ひょ
	びゃ	びゅ	びょ
	ぴゃ	ぴゅ	ぴょ
末行	みゃ	みゅ	みょ
良行	りゃ	りゅ	りょ
和行	くわ	（餘ハ略ス）	
	ぐわ		

○以上、鼻聲、促聲、濁音、拗音、ノ事ニ就キテハ、古今ニ變アリ、中外ノ音ニ異ナル所アリ、且、假名ノ成形等ニ至リテモ、大ニ辨ズベキ事アレド、辭書ニ用無ケレバ、スベテ略セリ。

○轉呼音　假名ヲ、其本分ノ音ニ呼バズシテ、他ノ音ニ轉呼スルコトアリ、コレヲ轉呼音《テンコオン》トス。

○はノ假名ヲ記シテ、わノ如ク轉ジテ呼ブコトアリ。又、ひ、ふ、へ、ほヲ記シテ、い、う、え、おノ如ク呼ブコトアリ、是ハ、發聲、默シテ、母韻ノミ、發スルナリ。此轉呼音ハ、他ノ音ノ後ニアリテ發ス、開口ニ發スルコトナシ。

いは《ワ》（岩）	いひ《イ》（飯）	くふ《ウ》（食）	うへ《エ》（上）	かほ《オ》（顔）
くは《ワ》（桑）	かひ《イ》（貝）	すふ《ウ》（吸）	はへ《エ》（蠅）	しほ《オ》（鹽）
あはし《ワ》（淡）	あたひ《イ》（價）	ゆふべ《ウ》（夕）	かなへ《エ》（鼎）	ほのほ《オ》（焰）
かはる《ワ》（變）	たひら《イ》（平）	あやふし《ウ》（危）	かへる《エ》（歸）	おほし《オ》（多）

○阿段ノ音、衣段ノ音ハ、清、濁、共ニ下ニ、う、又ハ、ふ（轉呼音ノ）ヲ承クレバ、於段ノ音ノ如ク轉呼スルヿアリ、是ハ、發聲ヲ存シテ、母韻ヲ變フルナリ。　此轉呼音、開口ニモ發シ、他ノ音ノ後ニテモ發ス。　左ノ如シ。

あうむ（鸚鵡）	あふみ（近江）	…………	えう（要）	えふ（葉）
かうべ（首）	さかふ（逆）	きやう（京）	けうし（教師）	けふ（今日）
さうし（草紙）	さふらふ（候）	しやう（性）	せうと（兄人）	せふ（妾）
たうげ（峠）	たふとし（貴）	ちやう（町）	てうづ（手水）	てふ（ト云）
なう（腦）	そなふ（備）	…………	ねうはち（鐃鈸）	…………
はうむる（葬）	はふ（法）	ひやう（評）	へう（瓢）	…………
まうす（申）	まふ（舞）	みやう（明）	めうが（蘘荷）	…………
やうか（八日）	…………	…………	…………	…………
らう（牢）	こらふ（補）	りやう（兩）	れうり（料理）	うれふ（憂）
わう（王）	…………	くわう（光）	…………	ゑふ（醉）

○其委シキコトハ文典ニ讓ル、尚、後ノ索引指南ノ條ヲ見ヨ。

連聲　又、む、及ビ、つ（音便ニテ促聲ト爲リ）ぬ、（音便ニテ鼻聲ト爲リ）ノ音ハ、其發聲ヲ、下ニ來レル他ノ母韻、又ハ、半母韻、ト合ハセテ、轉呼セシムルヿアリ、コレヲ連聲トイフ

さむゐ（三位）　おむやうじ（陰陽師）

ほつい（發意）　けついん（厥陰）　けつえき（闕腋）　せつおん（舌音）

ぜん-あく(善惡)	ぎん-あん(銀杏)	えん-いん(延引)	うん-うん(云云)
いん-えん(因緣)	まん-えふ(萬葉)	くわん-おん(觀音)	さん-よう(算用)
げん-わ(元和)	しん-わう(親王)	りん-ゑ(輪廻)	あん-をん(安穩)

又、き、く、ノ音ナ、促聲ノ如ク轉呼スルヿアリ、亦、連聲ナリ。

せき-けう(石橋)	せき-かう(石膏)	せき-こく(石斛)	
はく-か(薄荷)	かく-け(脚氣)	がく-かう(學校)	にく-けい(肉桂)

○轉呼音ハ、元ト、一種ノ音便(オンビン)ナルベケレド、書ニ筆スル上ニテ、音便ハ、音ヲ變フレバ字ヲモ變フルニイヒ、轉呼音ハ、音ヲ變フレド字ヲ變ヘヌニイフ、是レ、相異ナル所ナリ。

○右ノ外ニ、通音、通韻、ノ事、音便ニ、聲音ノ延、約、略、加、轉、等ノ事アリ。然レドモ、是等ハ、音ヲ變フレバ、字ヲモ變ヘテ記スモノニテ、各一個ノ語ト見做スベク、卽チ、辭書ニハ、各自ニ揭ゲ出スモノナルニ、今、其理由ノミ說カムモ、不用ナルベシ、因テ、爰ニハ略セリ。

○漢字ノ字形、音韻等ノ事、一切不用ナレバ、畧セリ。

言語

此篇ニハ、八品詞ノ目ヲ、名詞、動詞、形容詞、助動詞、副詞、接續詞、天爾遠波(テニヲハ)、感動詞、ト立テタリ。此他ニ、接頭語、(Prefix.)接尾語、(Suffix.)アリ。

又、國語ニ、一種特別ナル發語、枕詞アリ、次ヲ逐ヒテ說クベシ。

國語ノ代名詞、數詞ハ、文中ニアリテ、其位置用法、正ニ名詞ト異ナラザレバ、名詞ニ附屬スベキモノナリ。又、國語ノ形容詞ハ、語尾ノ變化モアリ、法(Mood.)モアリテ、文章ノ末ヲモ結ブコト、恰モ動詞ノ如ク、西洋ノ形容詞トハ、甚ダ異ナルモノナリト知ルベシ。又、助動詞モ、語尾ノ變化ヲモ法ヲモ具ヘテ、而シテ、其狀ノ動詞ノ如キアリ、形容詞ノ如キアリ、サレバ、固ヨリ、舊説ノ如ク、天爾遠波ノ中ニ混セシムベキニアラズ、サレバトテ、コレヲ動詞ニ附屬セシメ難キコトモアリ、因テ獨立セシメタリ。分詞ハ、動詞ノ法ノ中ニアリ。洋語ノ前置詞トイフモノ、我ニアリテハ、多クハ名詞ノ後ニアリテ、位置正ニ相反セリ、卽チ、名詞ノ後ニ付クベキ同趣ノ語ト共ニ、天爾遠波ノ中ニアリ。國語ニ冠詞無シ。

洋語ニ、名詞ノ格（Case.）トイフモノ、我ガ、が、の、に、を等ニ當ルガ如クナレドモ、我ガ、が、の、に、を等ハ、同語ノ上ニモ、所用ノ場合ニ因リテ、種種ノ意義ヲ起シ、彼ノ謂ハユル格ニ當ルモアリ、當ラヌモアリ、サレバ、が、の、に、を等ヲ取リテ、概シテ格ナリト定ムベキニアラズ、故ニ、天爾遠波トテ、別ニ一門ニ立ツナリ。

又、我ガ名詞、代名詞ニハ、洋語ニ謂ハユル男女中ノ性（Gender.）無シ。又、單複ノ數（Number.）モ、種種ノ接頭語、接尾語、ナド添ヘ、或ハ、同語ヲ重ネナドシテ、其別ヲ示スコトナキニシモアラネド、各語ノ用法、區區ニシテ、サラニ一定ノ通則ナク、又、區別セズシテモ、前後ノ文勢ニテ、單複ヲ意解シ、且、區別シテモ、ソレニ應ズル動詞、形容詞等ニ、其影響ヲ及ボスコトナシ、故ニ特ニ說クコトヲ要セズ。動詞、形容詞ニモ、性モ、數モ、人稱（Person.）モ、無シ。

○一箇ノことば（Word.）ニ、名詞、動詞ナドイフ如ク、詞ノ字ヲ當ツルハ妥當ナラズ、從來、體言、用言、ナド呼ベル言ノ字、正ニ相當レリ、サレド、今ハ姑ク本文ノ如シ。

名詞（體言）

名詞ハ、有形無形ノ事物ノ名稱ヲイフ語ナリ。例ヘハ、日、月、牛、馬、聲、色、黑、白、禍、福、憂、樂等ノ如シ。其中ニ、人名、地名、其他、一事一物ニ限レル名稱ヲバ、固有名詞ト名ヅク、賴朝、義經、池月、磨墨、髭切、膝丸、武藏、相模、富士、利根等ノ如シ。コレニ對シテ、固有ナラヌ其他ノ一切ノ名詞ヲ、普通名詞トイフ。

○普通、固有、ノ別、英語ノ如キハ、書記ノ上ニ、頭字ヲ用ヰルト、用ヰザルト、ナドノ定メアレド、國語ニテハ、サル事モ無シ。但シ、辭書ノ採集ニ區別シ、又、地名、姓氏等ニ、（松林、遠山ナド）普通ト紛レ易キヲナドモアレバ、注意シテハアルベキナリ。

○國語ノ名詞ニハ、洋語ノ如キ男、女、中ノ性モ無ク、單複數ノ別モ、一定ノ則無ク、又名詞ノ格トイフモノノ意義モ、別ニ天爾遠波アリテ、其語ニ存スレバ、本文ノ外ニハ、別ニ說クベキ事モナシ。但シ、熟語トナルトキ、希ニ、其語尾、或ハ、全體ヲ變ズル者アリ、たけむら(竹叢)ノたかむらトナリ、ふねはた(舟端)ノふなばたトナリ、きかげ(樹陰)ノこかげトナルガ如シ、然レドモ、斯ク變ズル語、甚ダ少キノミナラズ、其變ズベキ語モ、アラユル場合、皆變ズルニアラズ、慣用スル所ニ定マリアリテ、一般ノ通則ナラズ、而シテ、其變化シ、慣用スルホドノモノハ、皆一熟語トシテ辭書ニ擧ゲタリ、サレバ、今ハ、別ニ說カズ。

○代名詞　代名詞ハ、名詞ノ一種ニテ、事物ノ名ニ代ヘテ、其レヲ指シテイフ語ナリ。例ヘバ、人、事、物、地位、方向、等ノ、各其名アルニ代ヘテ、「我」「汝」「是レ」「夫レ」「此處」「彼方」ナドイフガ如シ。

○人ニ就キテ用ヰル代名詞ヲ、人代名詞トイフ。而シテ、其稱スル人ノ位置ニ因リテ、別ヲ起ス、コレヲ人稱トイフ。其人稱ノ第一ナルヲ自稱トス、話ス人、自ラ、己ガ名ニ代ヘテ用ヰルモノナリ、卽チ、「我、行カム」ノ我ノ如シ。第二ナルヲ對稱トス、我ト相對シ我ガ話シ掛クル人ノ名ニ代ヘテイフモノナリ、卽チ、「我、汝ト倶ニ行カム」ノ汝ノ如シ。第三ナルヲ他稱トス、二人ノ間ニ話シ出ス他ノ人ノ名ニ代ヘテイフモノナリ、卽チ、「我、汝ト倶ニ彼ヲ訪ハム」ノ彼ノ如シ。又、別ニ、不定稱アリ、他稱ノ中ニテ、其レト定メヌ人、又ハ、其名ヲ知ラヌ人ノ名ニ代ヘテイフモノナリ、卽チ、「誰ヲカ訪ハム」「誰ニカアラム」ノ誰ノ如シ。

自稱	對稱	他稱	不定稱
われ	なむち	かれ あれ	たれ (だれ)

人代名詞ノ尋常ナルモノハ、右ノ如シ。此外ニモ、古今、雅俗、尊卑ニ用ヰ分クルモノ、尙甚ダ多シ。左ニ、其中ノ若干ヲ擧グ。

(自稱)　吾、(吾ガ妻)吾、(吾ガ君)吾、(妹こあれこいるさの山)麿、朕、妾、僕、己レ、某、余、身、ナド。

（對稱）汝、（汝ガ待つ君）汝、（なれをしぞあはれと思ふ）汝、汝、吾主、御身、御事、吾殿、御邊、君、其許、ナド。

（他稱）彼、（彼ハ誰）そやつ、かやつ、あやつナド。

（不定稱）誰、（誰ガ、誰ソ、）某、何某ナド。

右ノ外、漢文、書狀文、口語ノ上ナドニハ、尚多シ、委シクハ文典ニ讓レリ。

○事、物、地位、方向、等ニ就キテ用ヰル代名詞ニハ、近稱、中稱、遠稱、不定稱ノ別アリ。近稱ハ、最モ近キニイフ、是、此處、此方、ノ如シ。中稱ハ、稍、離レタルニイフ、其、其處、其方、ノ如シ　遠稱ハ、遠キニイフ、彼、彼處、彼方、ノ如シ。不定稱ハ、其レト定メヌ、又ハ、知ラヌニイフ、何、何處、ノ如シ。

	近稱	中稱	遠稱	不定稱
事物	これ　こ	それ　そ	あれ　あ かれ　か	いづれ　なに （どれ）
地位	ここ	そこ	あしこ　あそこ かしこ	いづこ　いづく （どこ）
方向	こなた	そなた	あなた かなた	いづかた （どなた）
	こち	そち	あち	いづち （どち）

○凡ソ、代名詞ハ、名詞ノ地位ニ代リテ立ツモノナルニ、こ、そ、あ、か等ヲ、天爾遠波ノのト連ネテ用ヰル時ニハ、別ニ一種ノ意義ヲ起シ、其名詞ニハ代ハラズシテ、其名詞ノ上ニ立チテ、唯、其名詞ヲ指シ示スコトアリ、コレヲ指示代名詞（Demonstrative.）トイフ。例ヘバ、常ノ代名詞ナレバ、「人ハ」「花ヲ」ナドノ「人」「物」ニ代リテ、「是ハ」「其ヲ」トナルニ、指示代名詞ハ、其「人」「物」ヲ存シテ、更ニ、其上ニ立チ、「此ノ人ハ」「其ノ花ヲ」ト、其

「人物」ヲ指シ示ス意ヲナス、而シテ、是レニモ、近稱、中稱、遠稱、不定稱、ノ別アリ。

近稱	中稱	遠稱	不定稱
この	その	あの かの	いづれの (どの)

○數詞

數詞ハ、名詞ノ一種ニテ、事物ノ數ヲイフ語ナリ、其用法、文中ニアリテ、正ニ名詞ニ同ジ。

ひとつ　ふたつ　みつ　よつ　いつつ　むつ　なゝつ　やつ　こゝのつ
とを　はたち　みそぢ　よそぢ　いそぢ　むそぢ　なゝそぢ　やそぢ　こゝのそぢ

又、語末ノ「つ」「ぢ」等ヲ去リテ、接頭語(末ニ説ケリ)ノ如ク用ヰルコトアリ、

一夜　二路　三筋　四時　五枚　六言　七種　八廻　九返
十度　二十年　三十文字　四十年　五十返　八十氏人

此他ニ、五十、五十、百、百、千、萬、ナドアリ、重用シテハ、五十、五十、五百、八百、八千、百千、五百萬、八百萬、千千、千萬、ナドアリ、然レドモ、是等モ、多クハ熟語ニ用ヰル、

幾十　百年　千種　萬世　五百枝　八百重　八千度　百千度

又、漢語ナルハ、一、二、三、四、五、六、七、八、九、十、百、千、萬、億、兆、等アリ。

○數詞ノ原形ハ、元來、ひと、ふた、み、よ、ナドニテ、接頭語ノ如キモノナルベク、コレニ、箇、或ハ、箇ノ接尾語ノ加ハリテ、名詞ノ如クナリタルナラム、然レドモ、其原形ハ、一般ニ用ヰガタキ事モアリ、因テ、姑ク本文ノ如クニシテ、名詞ニ屬セシメタリ、他ノ百、千、等、亦然リ。

○洋語ニ、順序數詞(Ordinal)トイフモノ、我ガ數詞ニハ無シ。(第一、二號、三番、四ツ目、ナド、他語ヲ添ヘテ形作ルモノヲ以テ、之ニ當ツルモノアルハ、誤レリ。)

第一表　動詞ノ語尾變化……法

直説法（斷訣 終止）Indicative mood.
分詞法（連體）Participial mood, or Verbal adjective.
接續法　已然 Perfect.　將然 Imperfect.　Subjunctive mood. (if)
折説法（連用）Participle, present.
熟語法（連用）Compound form.
名詞法（假體）Gerund.
命令法（希求）Imperative mood.

規則動詞（正格）

	第一變化即本體	第二變化	第三變化	第四變化	第五變化	第六變化
第一類（四段活用）						
(一)(行)	ゆく	ゆく	ゆけ	ゆか	ゆき	ゆけ
(二)(押)	おす	おす	おせ	おさ	おし	おせ
(三)(分)	わかつ	わかつ	わかて	わかた	わかち	わかて
(四)(飛)	とぶ	とぶ	とべ	とば	とび	とべ
(五)(讀)	よむ	よむ	よめ	よま	よみ	よめ
(六)(去)	さる	さる	され	さら	さり	され
			ど	ば		
第二類（下二段活用）						
(一)(得)	う	うる	うれ	え	え	えよ
(二)(受)	うく	うくる	うくれ	うけ	うけ	うけよ
(三)(任)	まかす	まかする	まかすれ	まかせ	まかせ	まかせよ
(四)(立)	たつ	たつる	たつれ	たて	たて	たてよ
(五)(兼)	かぬ	かぬる	かぬれ	かね	かね	かねよ
(六)(經)	ふ	ふる	ふれ	へ	へ	へよ
(七)(勤)	つとむ	つとむる	つとむれ	つとめ	つとめ	つとめよ
(八)(覺)	おぼゆ	おぼゆる	おぼゆれ	おぼえ	おぼえ	おぼえよ
(九)(恐)	おそる	おそるる	おそるれ	おそれ	おそれ	おそれよ
(十)(植)	うう	ううる	ううれ	うゑ	うゑ	うゑよ
			ど	ば		
(一)(生)	いく	いくる	いくれ	いき	いき	いきよ
(二)(落)	おつ	おつる	おつれ	おち	おち	おちよ

不規則動詞

（變格）

類								
第三類（中二段活用）	(三)(強)しふ	しふる	しふれ	む	しひ	む	しひ	しひよ
	(四)(恨)うらむ	うらむる	うらむれ		うらみ		うらみ	うらみよ
	(五)(報)むくゆ	むくゆる	むくゆれ		むくい		むくい	むくいよ
	(六)(懲)こる	こるる	こるれ		こり		こり	こりよ
第四類（一段活用）	(一)(鑄)いる	いる	いれ	む	い	む	い	いよ
	(二)(着)きる	きる	きれ		き		き	きよ
	(三)(似)にる	にる	にれ		に		に	によ
	(四)(乾)ひる	ひる	ひれ		ひ		ひ	ひよ
	(五)(見)みる	みる	みれ		み		み	みよ
	(六)(居)ゐる	ゐる	ゐれ		ゐ		ゐ	ゐよ
（變格）第一類（加行變格）	(來)く	くる	くれ	む	こ	む	き	こよ
第二類（左行變格）	(爲)す	する	すれ	む	せ	む	し	せよ
	(座)おはす	おはする	おはすれ		おはせ		おはし	おはせよ
第三類（奈行變格）	(往)いぬ	いぬる	いぬれ	む	いな	む	いに	いね
	(死)しぬ	しぬる	しぬれ		しな		しに	しね
第四類（良行四段一格）	(有)あり	ある	あれ	む	あら	む	あり	あれ
	(居)をり	をる	をれ		をら		をり	をれ
	(侍)はべり	はべる	はべれ		はべら		はべり	はべれ
	(在)いまぞかり（いまずかり）	いまぞかる	いまぞかれ		いまぞから		いまぞかり	いまぞかれ

○欄上ニ(四段活用)(下二段活用)ナドト横ニ記シ、又、欄右ノ直說法、分詞法ノ下ニ(截斷、終止)(連體)ナドト括弧內ニ記シタルハ、スベテ舊稱トノ對照ナリ。○文ノ三樣ノ掛リ結ビノ事ハ、文章論ニ屬スベキヿトシタレバ、動詞ノ處ニテハ說カザルナリ、故ニ、表中ニ其記載ナシ。

○此表ハ、從來用言活用圖トテアルモノトハ、名稱次第甚ダ異ナル所アリ。又、舊圖ニハ、各變化ニ連續スベキ助動詞、天爾遠波ヲ、一々各欄內ニ分載セルヲ、此圖ニハ除ケリ。是等ノ事ハ、委シク此動詞ノ條ノ末ニ辨ジオケリ。

第一表ノ說明

○前表中、規則動詞ノ各類中ニ、又、各、數種アルヿ、(一)(二)(三)等ヲ標ニテ知ルベシ、而シテ、其各種ノ處ニ擧ゲタル動詞ハ、其同種中ノ一語ヲ採リテ、例トシテ擧ゲタルモノト知ルベシ、例ヘバ、規則第一類ノ(一)ノゆく(行)ハ、其語尾、く、く、け、か、き、けトナル、是レト同ジク、おどろく(驚)はく(吐)きく(聞)かく(書)ふく(吹)等、枚擧スベカラズ、是等ノ語尾、皆、く、く、け、か、き、けトナル。又、(二)ノおす(押)ト同ジキハ、かもす(醸)うつす(移)いだす(出)かへす(返)けす(消)ナド、皆是レニテ、共ニ其語尾ノ變化ハ、す、す、せ、さ、し、せナリ。而シテ、語尾ノ濁音ナルモノ皆同ジ。以下、第二類、第三類、第四類ニ亘リテ、皆、此定ナリト知ルベシ.

○不規則動詞ハ、アラユル動詞ノ中ニ就キテ、僅ニ九語アルノミナレバ、表中ニハ、ゾノアル限リヲ擧ゲタリ。サレバ、規則動詞ノ方ノ、各種中ニ一語ヅツ抽キテ擧ゲタルトハ、異ナル所アリト知ルベシ

○表中、各變化ノ中ニ、往往、同形ノモノ重出セルアリ。然レドモ、是等ハ、形ハ同ジケレド、其意義ハ異ナルモノナリ、其異ナル所以ハ、同ジ段ノ他類ノ變化ニ照シテ見バ、其形ヲ異ニスルモノアルニテ知ルベク、且、他ノ助動詞、天爾遠波等ニ連續スル通則ニ至リテモ、各、異ナル所アリ。尙、後ノ助動詞其他ノ條ニ說クベシ

○表ノ第五ノ段ニ、折說法、熟語法、名詞法ノ三法ヲ、併セテ當ツルヿトナリタルハ、表ノ方ニ省略シタル所アルニ起レリ、正シクハ、表ニ一段ヲ增シテ、全表ヲ八段トシ、段每ニ一法ヅツ當ツベキナリ。然レドモ、今ハ、表ノ面ノ委大トナラムヲ恐レ、又、語尾ノ變化ヲ諳記セシメムニ長クナラムヲ恐レ、簡ニ從ヒテ、畧キテ三法ヲ一處ニ當ツルヿトセリ、且、其變化ノ形、規則、不規則ノ八類ニ亘リテ、三法、共ニ各同ジクモアレバナリ.

○各動詞ノ語尾ノ變化ヲ、其語尾ノミヲ採リテ、左ノ如ク稱呼スベシ、且、各變化ヲ、此表ニ據リテ諳誦スレバ、其則ヲ記憶シ易シ.

規則動詞ノ

- 第一類ノ
  - く、く、け、か、き、けノ變化.
  - す、す、せ、さ、し、せノ變化.
  - つ、つ、て、た、ち、てノ變化.
  - ふ、ふ、へ、は、ひ、へノ變化.
  - む、む、め、ま、み、めノ變化、
  - る、る、れ、ら、り、れノ變化.
- 第二類ノ
  - う、うる、うれ、え、え、えよノ變化.
  - く、くる、くれ、け、け、けよノ變化.
  - す、する、すれ、せ、せ、せよノ變化.
  - つ、つる、つれ、て、て、てよノ變化.
  - ぬ、ぬる、ぬれ、ね、ね、ねよノ變化.
  - ふ、ふる、ふれ、へ、へ、へよノ變化.
  - む、むる、むれ、め、め、めよノ變化.
  - ゆ、ゆる、ゆれ、え、え、えよノ變化.
  - る、るる、るれ、れ、れ、れよノ變化.
  - う、うる、うれ、ゑ、ゑ、ゑよノ變化.
- 第三類ノ
  - く、くる、くれ、き、き、きよノ變化.
  - つ、つる、つれ、ち、ち、ちよノ變化.
  - ふ、ふる、ふれ、ひ、ひ、ひよノ變化.
  - む、むる、むれ、み、み、みよノ變化.
  - ゆ、ゆる、ゆれ、い、い、いよノ變化.
  - る、るる、るれ、り、り、りよノ變化.
- 第四類ノ
  - いる、いる、いれ、い、い、いよノ變化.
  - きる、きる、きれ、き、き、きよノ變化.
  - にる、にる、にれ、に、に、によノ變化.
  - ひる、ひる、ひれ、ひ、ひ、ひよノ變化.
  - みる、みる、みれ、み、み、みよノ變化.
  - ゐる、ゐる、ゐれ、ゐ、ゐ、ゐよノ變化.

不規則動詞ノ

- 第一類 く、くる、くれ、こ、き、こよノ變化
- 第二類 す、する、すれ、せ、し、せよノ變化.
- 第三類 ぬ、ぬる、ぬれ、な、に、ねノ變化
- 第四類 り、る、れ、ら、り、れノ變化.

動詞（用言、作用言、活語）

動詞ハ、名詞ノ後ニ附キテ、其動作ヲイフ語ナリ。例ヘバ、「花、飛ぶ、」「蝶、驚く、」「春、去る、」「夏、來る、」ノ「飛ぶ、」「驚く、」「去る、」「來る、」ハ、「花、」「蝶、」「春、」「夏、」ノ動作ヲイフガ如シ。又希ニ、現象ヲイフモノアリ。例ヘバ、「此ニ人あり、」「志、其父ニ似る、」ノ「あり」ト、「似る」トハ、「人」ト、「志」ト、ノ現象ヲイフガ如シ。

○動詞ノ性　アラユル動詞ヲ、其性質ニテ別チテ、自動性ト、他動性ト、ノ二種トス。

自動性　自ラ動作シテ、他ノ事物ヲ處分スルコトナキ意ノモノヲ、自動性トス。例ヘバ、「花、飛ぶ、」「蝶、驚く、」ノ「飛ぶ、」「驚く、」ノ如シ、其動作、ソノママニテ通ズ。自動性ノ動詞ヲ略シテハ、自動詞トモイフ。

他動性　動作ノ、他ノ事物ヲ處分スル意アルモノヲ、他動性トス。例ヘバ、「蠶ハ、絲ヲ吐く、」「蜂ハ、蜜ヲ醸す、」ノ「吐く、」「醸す、」ノ如シ。コレヲ、唯、「蠶ハ、吐く、」「蜂ハ、醸す、」トノミイヒテハ、其意、未ダ全ク通ゼズ、必ズ、「何を、」ト問ハルベシ、然ルトキハ、其處分スベキモノヲ擧ゲテ、「絲を、」或ハ、「蜜を、」ト答ヘズハアルベカラズ、而シテ後ニ、其意ヲ全ウス。他動性ノ動詞ヲ、他動詞トモイフ。

○國語ノ動詞ニハ、自動ノ上ニモ、完了語（Complement.）ヲ要スルアリ、（父に似る、馬に乗る、ノ類）他動ノ上ニモ、完了語、一ツニテ足ルアリ、（絲を吐く、蜜を醸す、ノ類）二ツヲ要スルアリテ、（志を父に似す、物を馬に載す、ノ類）自、他ニ、各、單、複ノ別アリ。然レドモ、是等ノ解、辭書ニ用ナケレバ、略セリ、詳ナルハ、文典ニ讓ル。

○語根、語尾、變化　動詞ハ、其動作ノ意ヲ、數樣ニ現ハサムトシ、又ハ、他ノ語ニ連續セムトスルガ爲ニ、其語ノ末ヲ變フ。例ヘバ、

ゆく（行）　ゆけ　ゆか　ゆき　まかす（任）　まかする　まかすれ　まかせ

此ノゆ、又ハ、まか、ノ如ク、變ハラザル部ヲ、語根(Root.)トイヒ、く、け、か、き、又ハ、す、する、すれ、せ、ノ如ク、變ハル部ヲ、語尾トイヒ、而シテ、其變ハルコヲ、變化トイフ。又、一音ノ動詞ハ、其全體ヲ變フ。例ヘバ、

う(得)　え　‖　ふ(經)　へ　‖　く(來)　こ　き　‖　す(爲)　せ　し

○規則動詞、不規則動詞　アラユル動詞ノ變化ノ狀、亦、種種ナリ。其狀ノ異同ヲ類別スレバ、八類トナル。其中ノ四類ニハ、所屬ノ動詞多クシテ、他ノ四類ニハ、甚ダ少シ。其多キ方ニ屬スルヲ、規則動詞ト名ヅケ、少キ方ニ屬スルヲ、不規則動詞ト名ヅク。其別、左ノ如シ。

規則動詞

第一類　六種　第二類　十種　第三類　六種　第四類　六種

第四類ノ中ニ變體ノモノアリ後ニ言フベシ。

不規則動詞

第一類　一種　第二類　一種　第三類　一種　第四類　一種

○規則第一類　此類ノ變化ニ屬スルモノハ、表ニ示セルガ如ク、六種ニ限ル。此各種ノ動詞ハ、其語尾ノ變化ヲノミ唱フレバ、「く、く、け、か、き、け」「す、す、せ、さ、し、せ」「つ、つ、て、た、ち、て」ナドナリテ、其變化ノ語路、口調、相似タレバ、同類トス。以下、第二、三、四類ノ各種モ、スベテ、此規定ニテ、其語尾ノ變化ノ口調ノ相似タルニ因テ、類聚シタルモノナリ。而シテ、表ニ擧ゲタル動詞ハ、其各種中ノモノヲ、一語ヅツ擧ゲタルナリ。又、アラユル動詞ノ中ニテ、此第一類變化ニ屬スルモノ、最モ多シ、因テ、之ヲ第一トス。

規則第二類　此類ノ變化ニ、十種アリテ、其狀ハ、「う、うる、うれ、え、え、えよ」「く、くる、くれ、け、け、けよ」「す、する、すれ、せ、せ、

せよ、」ナドト、其口調ヲ同ジウス。此變化ニ入ル動詞ハ、第一類ニ次ギテ多シ、因テ、コレヲ第二トス。

規則第三類　此類ノ變化ハ、六種ニ限ル。其變化ノ狀、上半ニテハ「く、くる、くれ、」「つ、つる、つれ、」ナドトナリテ第二類ト相同ジケレド、下半ハ、いノ韻ニテ「き、き、きよ、」「ち、ち、ちよ、」ナドトナリテ、第二類ノえノ韻(け、け、けよ、て、て、てよ、)トナルト異ナリ。　此類ノ變化ノ動詞、甚ダ多カラズ、故ニ、コレヲ第三トス。

規則第四類　此變化モ、六種ニ限ル。　此變化ハ、下半ニテハ「き、き、きよ、」「ひ、ひ、ひよ、」ノ如ク、第三類ニ似タレド、上半ニテハ「きる、きる、きれ」ひる、ひる、ひれ、」ナドナリテ、相異ナリ。　此類ノ變化ノ動詞ノ數、僅ニ十數語ニ出デズ、因テ、第四トス。

○第四類變化ハ、元來、語數モ極メテ少キノミナラズ、他ノ助動詞(らむ、らし、べし(下))ニ連續スルニモ、他類ト變則ナルコトアリ、或ハ、不規則動詞ニ入ルベキナラムカ、尙、委シクハ、文典ニ讓ル。

然レドモ、口語ニアリテハ、規則動詞第三類ノいく、(生)おつ、(落)志ふ、(強)等ヲ、いきる、おちる、志ひる、ナドトスルガ、定マリナリ。(關東、近畿ヲ初トシテ、全國六七分ハ然リ、次ノ變體モ同ジ、)サテ、此口調ニ從ヒテ、別ニ出來レリト覺シキあきる、(厭)かうじる、(增長)たいぢる、(退治)たりる、(足)ナドモアリ、是等ノ變化ハ、正ニ此第四類ノ變化ト同ジクシテ、其語モ、頗ル多シ。

變體　又、規則動詞第二類ノう、(得)うく、(受)まかす、(任)等ヲモ、口語ニテハ、える、うける、まかせる、トセリ。　此口調ニ從ヒテ、別ニ出來レルける、(蹴)いせる、(摺縫)はぜる、(裂)はねる、(放場)もめる、(所揉)ナドモアリテ、其語、亦多シ。　此類ノ語尾ノ變化ハ、「ける、ける、けれ、け、けよ、」「せる、せる、せれ、せ、せよ、」「ねる、ねる、ねれ、ね、ねよ、」ナドトナリテ、其韻ニいトえトノ差ハアレド、其變化ノ狀態ハ、規則動詞ノ第四類ニ似タリ、因テ、其類ノ變體トス。

○不規則第一類　此變化ハ、唯、一種ニテ、且、く(來)トイフ動詞一語ニ限ル。　其變化ハ、く、くる、くれ、こ、き、こよ、トナリテ、其狀、頗ル、規則動詞第三類ナル(二)ノいく(生)ニ似タレドモ、下半ノ、き、き、きよ、トハナヲデ、こ、き、こよ、トナルガ、不規則ナルナリ、

不規則第二類　此類ノ變化モ、唯、一種ニテ、其語モ、す、(爲)おはす、(御座)ノ二語ニ限ル　此類ノ變化ハ、す、する、すれ、せ、し、せよ、トナリテ、規則動詞第二類ノ(三)ノまかす(任)ニ似タレドモ、下半ハ、「せ、し、せよ、」ニテ、「せ、せ、せよ、」ナラヌガ變ナリ。

不規則第三類　此變化モ、唯一種ニテ、亦、いぬ、(往)しぬ、(死)ノ二語ノミナリ。(但シ、助動詞ノぬ、コレニ同ジ、)此變化ノ狀ハ、上半、ぬ、ぬる、ぬれハ、規則動詞第二類ナル(五)ノかぬ(兼)ニ似タレドモ、下半ノふ、に、ねハ、第一類變化ノ口調ニ似タリ。　又アラユル動詞中ニテ、六變化ヲ、殊體ニテ具備スルハ、此類ノ變化ニ限ル。

不規則第四類　此變化モ、亦一種ニテ、其語ハ、あり、(有)なり、(居)はべり、(侍)いまぞかり、(在)ノ四ニ限ル。(但シ、助動詞ノなり、たり、せり、けり、めり、ノ類、コレニ同ジ、)　此ノ類ノ語尾ノ變化ハ、甚ダ、規則第一類ノ(六)ノさる、(去)ニ似タレドモ、彼ハ、「る、る、れ、ら、り、れ、」トナルニ、此ハ、「り、る、れ、ら、り、れ、」ナルガ、異ナリ。　且、凡ソ、日本ノ動詞ハ、其本體、うノ韻ニ終ハルヲ通則トスルニ、此一類ノミハ、いノ韻ニ終ハルヲ、殊ニ異ナリトス。

以上、不規則四類ノ動詞ハ、合セテ九語ナリ。　アラユル動詞中ニテ、此不規則類ニ入ルベキハ、僅ニ此ノ九語ニ限ルト知ルベシ。　凡ソ、不規則動詞ハ、四類、共ニ、其變化ノ狀、規則動詞ト異ナルヿ、上ニ言ヘルガ如クナルノミナラズ、他ノ助動詞ト連續スル通則ニ至リテモ、皆、多少、規則動詞ト異ナル所アリ、尙、後ノ助動詞ノ條ニ說クヲ見ヨ　又、不規則動詞ノ四類ノ順序ハ、五十音ノ順ニ依ル、

○動詞ノ法　動詞ノ變化ニ因リテ、語氣ニ種種ノ態度ヲ生ズ、コレヲ法トイフ。其法、七種アリ、即チ、

（一）直說法　（二）分詞法　（三）接續法　（四）折說法

（五）熟語法　（六）名詞法　（七）命令法　（第一表ト參照スベシ）

○此法ノ事ニ就キテハ、國語ト、洋語トノ間ニ、其趣ヲ異ニスルコトアリ、委シクハ、末ニ辨ズベシ。又、法トイフモノハ、語氣ノ態度ナレバ、法ト稱セムヨリハ、態ノ字ヲ當テテ、直說態、命令態ナドトセバ、妥當ナラム、然レドモ、今ハ姑ク改メズ、又、從來、截斷言、連體言ナドト、言ノ字ヲ當テタルモ、妥當ナラズ、此事モ、後ニ言フベシ。

今、左ニ、規則動詞ノ四類中ヨリ、各一語ヲ出シテ、七種ノ法ヲ說明カスベシ、他ハ之ニ準ヘテ知ルベシ。

（一）直說法　動作ヲ、ソノママニ說キテ、文章ノ末ヲ結ブ法ニテ、コレヲ動詞ノ本體トス。例ヘバ、

書ヲ讀む。　事ヲ勤む。　花、落つ。　月ヲみる。

尋常ハ、此ノ第一變化ノ直說法ヲ以テ、文章ノ末ヲ結ブ。然ルニ、文中ニ、天爾遠波ノぞ、や、か、ノ入ルヰハ、第二變化ヲ直說法トシテ結ブ。例ヘバ、

書ヲぞ讀む。　事ヲぞ勤むる。　花ぞ落つる。　月ヲぞみる。

書ヲや讀む。　事ヲや勤むる。　花や落つる。　月ヲやみる。

何ヲか讀む。　何ヲか勤むる。　孰レか落つる。　何ヲかみる。

又、天爾遠波ノこそノ入ルトキハ、第三變化ヲ直說法トシテ結ブ。例ヘバ、

書ヲこそ讀め。　事ヲこそ勤むれ。　花こそ落つれ。　月ヲこそみれ。

右ノ如ク、ぞ、や、か、ヲ結ブニ、第二變化ヲ用ヰ、こそヲ結ブニ、第三變化ヲ用ヰルヿ、諸ノ動詞、又ハ、形容詞、助動詞、スベテ然リ。

○右ノ三種ノ結法(ムスビ)ノ事ハ、文章論ニテ説クコトトシタレバ、動詞ノ條ニテハ、委シクハ言ハズ、尚、文典ニ詳ニス、

(二) 分詞法。他ノ名詞ノ上ニ連ル法ニテ、即チ、動詞ノ分レテ、形容詞ノ形容法(後ニイフ)ノ如クナルモノナリ、例ヘバ、

已ガ讀む書。　我ガ勤むる事。　花、落つる時。　月ヲみる人。

或ハ、獨立ニモ用ヰテ、

讀む書。　勤むる人。　落つる花。　みる物。

此法ハ、其下ニアルベキ名詞ヲ含ミテ、(Understood.)直ニ名詞ノ如ク用ヰルコトアリ。例ヘバ、

讀む(事)ト書く(事)トヲ學ブ。　人ノ勤むる(状)ニ傚フ

花ノ開く(頃)ヨリ落つる(頃)マデ。　みる(事)ヲ好マズ

(三) 接續法　此法ハ、豫想ノ語句ヲ設ケテ、他ノ主トスル語句ニ、接續附加セシムル時ニ起ルモノニテ、ばヲ加フ。而シテ、其中ニ、「已ニ然ル」ニイフト、「將ニ然ラムトスル」ニイフト、ノ別アリテ、コレヲ已然(イゼン)、將然(シヤウゼン)トイフ。(第一表ト參照スベシ)

已然	將然
多ク書ヲ讀めば、能ク、智識ヲ增ス。	多ク書ヲ讀まば、能ク、智識ヲ增サム。
事ヲ勤むれば、功、成ル。	事ヲ勤めば、功、成ラム。
花、落つれば、實、生ズ。	花、落ちば、實、生ゼム。
月ヲみれば、物ヲ思フ。	月ヲみば、物ヲ思ハム。

此ノ已然ナルハ「意義、一轉シテ「讀ムニ、」勤ムルニ、」落ツルニ、」見ルニ、」ナドノ意ヲナスヿアリ、「善クみれど、誤ナリキ、」ナドノ如シ。又「讀ムニ因テ、」勤ムルニ因テ、」落ツルニ因テ、」見ルニ因テ、」ノ意ヲナスヿアリ、「智ヲ增スハ、書ヲ讀めばなり、」ノ如シ。

（四）折說法　此法ハ、文章ノ間ニアリテ、其意ヲ暫シ言止シ置キテ、其後ニ來ル他ノ動詞ノ法ニ照應シテ、其意ヲ共ニスルモノナリ。例ヘバ、

書ヲ讀み、道ヲ學ブ。事ヲ勤め、功ヲ成ス。花、落ち、鳥、啼ク。月ヲみ、且、古ヘヲ懷フ。

コレヲ、句每ニ分タバ、「書ヲ讀む、又、道ヲ學ブ」「事ヲ勤む、又、功ヲ成ス、」ナドト直說スベキヲ、姑ク、「讀み、」「勤め、」ト言止シテ、下ノ「學ブ」「又ハ、」成ス、」ニ照應シテ、直說ノ意ヲ終フルモノナリ。

此法、又、數語、連用スルヿアリ、又、數語ヲ隔テテ照應スルヿアリ。例ヘバ、

書ヲ讀み、（讀む、又、）事ヲ勤め、（勤む、又、）理ヲ究め、（究む、而シテ、）說ヲ立て、（立つ、而シテ、）詳ニ、コレヲ文章ニ著し、（著す、）又、コレヲ印行し、（印行す、且、）弘ク、コレヲ世ニ示す。

其他、尚、種種ニシテ、凡テ、其下ニ來ル語ト意ヲ共ニス。事ヲ勤め、（たる）功ヲ成し、（たる）能ク其名ヲ揚げたる人。夙ニ起き、（て、）夜ニ寐ねて、財ニ富み、（たれど、）且、學ニ長けたれど、

○此法、舊說ニテハ、連用言トシテ、次ニ說ク熟語法ト混ジタリ。サレド、「勤め行フ、」落ち入ル、」ナド用ヰル「勤め」「落ち」トハ、「我ハ勤メ、彼ハ怠ル、」「花、落チ、鳥、啼ク、」ナド用ヰル「勤め」「落ち」トハ、其用法、太ダ異ナリ、一ハ、全ク熟シテ一語ノ如クナレド、一ハ、各自ニ動作シテ、「或ハ勤メ、或ハ怠ル、」此ハ落チ、彼ハ啼ク、」ノ意トナレバナリ。又云、折說ノ字面ハ、直說法ニ對シテ付シタルモノナレド、未ダ此法ノ意ヲ盡サザルガ如シ、適當ナル語ヲ得バ改ムベシ。

（五）熟語法　他語ト組立テテ、一熟語トスル時ノ法ナリ。例ヘバ、「落ツ」ト「入ル」トヲ組立ツルヰ、「落ち入

ル」トハナラデ「落ち入ル」トナルガ如シ。

他ノ動詞ト組立ツルモノハ、

讀み果ツ。　勤め爲ス　落ち入ル。　み渡ス。

又、數語ヲ連ヌルアリ。

讀み聞せ奉ル。　飛び立ち去ル。　打ち連れ立ち給フ。

他ノ名詞ト合フモノハ、

讀み人。　勤め事。　落ち葉。　み物。

又、形容詞ト合フモアリ。

讀み憂シ。　勤め難シ。　落ち易シ。　み苦シ。

○此法ヲ、從來、連用言トイヘリ、他ノ用言(動詞)ニ連ル故ノ稱ナリ。然レドモ、「讀み人」「落ち葉」ノ如ク、名詞ト連リテ熟語トナルモノモ、全ク是レナレバ、(此ノ讀み、落ち、等ヲ、名詞ナリトイフハ、背ハレズ)必ズ用言ニ連ルトノミモ言ヒ難シ、因テ今ハ別名ヲ下セリ。

但シ、不規則動詞ノ第三類ナルすト、第四類ナルありトハ、他語ヲ冠シテ熟語トナルコトナシ、「釣りす」「狩りす」「喜ビあり」「隔テあり」ナドト連リテモ、其上ナルハ、名詞法ニテ「釣りヲす」「狩りヲす」「喜ビノある」隔テノある」ノ意トナル。

○「隔テあり」「分チあり」「任カセあり」ナドト、熟語法ニ用ヰルハ、誤ナリ、尚、其辨ノ詳ナルコトハ、文典ニ讓ル。

(六) 名詞法　動詞ノ名詞トナル法ナリ。例ヘバ、

讀みヲ覚ユ。　勤めヲ怠ル。　落ちヲ拾フ。　花みニ行ク。

（七）命令法　此法ハ、他ニ動作ヲ命ズルモノナリ。例ヘバ、

書ヲ讀め。　事ヲ勤めよ。　落ちよ。　みよ。

○此法ハ、變化ノ類ニ因リテ、よヲ添ブルアリ、添ヘヌアリ、（讀め、ヲ「讀めよ、」讀めや、」ナドトモ用ヰルコトアルハ、感動詞ノよ、やヲ添ヘタルナリ、又、「讀みね、」ナド添ルハ、助動詞ノぬノ命令法ナリ、）又、今ハ、添フレドモ、古ヘハ添ヘザリシモアリ、（勤め、モロモロ、」馬、暫シ止め、」早ク手ニ居る」見ニ來、」吉ク爲、」ナド、委シクハ、文典ニ譲ル、

○

○洋語ノ動詞ニMood.（姑ク、英語ニテ記ス、下同ジ）トイフモノ、即チ、此篇ニイフ動詞ノ法ナリ。然レドモ、彼我ノ語性ニ就キテ、頗ル其趣ヲ異ニスルコトアリ。又、洋語ノ動詞ニハ、Voice.（口氣ト譯ス）Tense.（時ト譯ス）トイフモノアルガ、我ガ動詞ニテハ、是等ノ意義ハ、他ノ助動詞ト連帶關係シテ始メテ起ルガ故ニ、今ハ、助動詞ノ條ニテ説クコトトセリ。　左ニ、是等ノ異同ヲ辨セム。

Mood.トイフ語ヲ、辭書ニ據リテ其意義ヲ求ムルニ、「動詞ノ變化ニ因リテ生ズル語氣ノ態度ナリ、」トアリテ、一動詞ノ其語體ヲ變ジテ成ルモノナリ。羅甸ノ動詞ニハ、直説法、可成法、（Potential.）接續法、命令法、不定法、名詞法、分詞法、等アリテ、其法ハスベテ、一動詞ノ語體ニ具備スルモノニテ、其語體ヲ變ジナドシテ、能ク衆法ヲ現ハシ、他ノ助動詞ナド添ヘテ成ルニアラズ。　而シテ、右ノ諸法ノ中ニテ、直説法接續法、命令法、名詞法、分詞法、等ハ、我ガ動詞ニイフト、粗同ジク、共ニ、語體ヲ變ジテ成ル。　然ルニ、其不定法トイフモノハ、動詞ノ單行スル時ノ法ナルガ、我ガ動詞ニハ無シ、又、可成法トイフモノモ、事ヲ爲シ得ル意ヲイフ法ナルガ、亦、我ガ動詞ニハ無シ、但シ、助動詞ノる、らる（讀マる、勤メらるノ如シ）ヲ添フレバ、其意ニ充ツルコトヲ得ベシ。

西洋諸國ノ文法ハ、大率、羅甸ノ文法ニ倣ヒテ作リシモノナリト云フ。　英國ノ動詞ニモ、羅甸ノ如ク、直説法、可成法、接續法、命令法、不定法、及ビ、分詞法、名詞法、（此二法ハ、法トハセズシテ、單ニ分詞ト立ツルモノ、往往アリ、）等ヲ立ツ。　然ルニ、其可成法ハ、動詞ノ體ノ變化ニハアラデ、動詞ノ前ニ、別ニ助動詞ヲ加ヘ、又、接續法モ、多クハ、動詞ノ前ニ、別ニ接續詞ヲ加ヘテ、其意義ヲ成サシメ、其可成、接續、ノ意義ハ、動詞ノ語體ニハ存セズシテ、添ヘタル助動詞、接續詞ノ方ニ存スルモノノ如シ。（我ガ接續法ノ末ノばモ、他語ヲ加フルニ似タレドモ、尙、前ニハアラデ、後ニアリテ語尾ヲ補フモノニテ、且、變化スルコトモ無シ、猶、命令法ノ末ノよノ如シ、）サレバ、英ノ動詞ニイヘル可成法、接續法ハ、其語體ニハ具ヘヌヲ、他語ヲ加ヘテ、羅甸ノ法ニ擬シテ作爲セルナリ、是等ハ、英ノ語學者ガ、無用ノ摸擬トイフベク、既ニ、其國ノ學士中ニモ、コレヲ法ナラズト論ズルアリ。　然ルニ、今日、洋文法ヲ以テ、國文法ヲ論ズルモノノ、「讀マる」勤メらる」等ヲ、可成法ト立ツルアリ、亦、右ノ謬見ヲ遺傳セルナリ。　或云、英ノ助動詞ハ、動詞ト密着スルモノニテ、其前ニ居リ後ニ居ルヲ問ハズ、合シテ一語ト見ルベキナリト。　今、姑ク、英ノ動詞ハ、或ハ然ラムトストモ、我ガ助動詞ハ、大ニ異ナルモノニテ、變化アリ法アルコト、粗、動詞ニ同ジク、例ヘバ、「勤メらる」トイヘバ、直説法トナリ、「勤メらるる」トイヘバ、分詞法トナリ、「勤メらるれば」トイヘバ、接續法トナル。　サレバ、此ノらるヲ、助動詞ナラズトシテ、「勤メラル」ト密着セル「勤ム」ノ可成法ナリトセバ、其變化ノらるる、らるればヲバ如何ニカセム、法ニ法アリトイフコトヤアルベキ。　扨、又、我ガ動詞ニハ、熟語法トイフモノアリテ、彼ニハ絶エテ無キガ如シ。　凡ソ是等ノ事ハ、東西ノ語性ニ、天

然ノ差異アリテ存スルモノタルコトヲ覺ルベシ。

Voice. ハ、口氣ト譯スベクシテ、辭書ニ據レバ、「動詞ノ一種ノ變體ニシテ、以テ文主(サブゼクト)ト動詞ノ動作トノ關係ヲ指別セシムル別體ナリ、」トアリ、此口氣、二樣ニ分レテ、能相(ハタラキカケ)(Active.) 所相(ウケミ)(Passive.) トイヒ、羅甸語ニテハ、一動詞ノ語體ニ、此ノ二樣ノ變ヲ具セリ。 然ルニ、我ガ動詞ニテ、此ノ能、所、ヲ言ハバ、例ヘバ、「打ツ」傳フ」ノ能相タルハ論ナケレドモ、其所相ヲ寫シ出サムトスレバ、別ニ、助動詞ノる、らる(亦、變化アリ、法アリ、)ヲ添ヘテ、「打タる」傳へらる」ナドセズハアルベカラズ、 而シテ、其能相ノ意義ハ所相ニ對シテ生ズルモノナレバ、今ハ、助動詞ノる、らるノ條ニ至リテ說クコトトセリ。(英ノ動詞ニモ、所相ハ、前ニ助動詞ヲ添ヘテ言フガ多シ。)

Tense. ハ、時ト譯シテ、亦、動詞ノ動作ノ現在ナルト、過去ナルト、未來ナルト、ヲ示スニ就キテ起ル一種ノ轉化ニテ、是モ、羅甸ノ動詞ニテハ、其語體ニ、此ノ轉化ヲ具セリ。 我ガ動詞ニテモ、「打ツ」傳フ」ノ現在ナルハ論ヲ待タザレド、過去ヲ寫シ出サムトスレバ、助動詞ヲ加ヘテ、「打チたり」傳へき」ノ如クシ、未來モ、助動詞ヲ加ヘテ、「打タむ」傳へむ」ナドトスルナリ、(此たり、き、む等、亦、皆、變化アリ、法アリ、)因テ、是、亦、助動詞ノ條ニ說クコトトセリ (英語ノ如キハ、過去ノ轉化ヲ、動詞ノ體ニ具スルアリ、或ハ、前ニ助動詞ヲ添ヘテ示スモアリ、而シテ、未來ハ、率ネ、前ニ助動詞ヲ加フルガ如シ。)

畢竟ズルニ、單ニ、「打ツ」傳フ」トイフ語ヲ指セバ、一ノ動詞ト呼ブベキノミ。 扨、單ニ、「打ツ」傳フ」トイフ語ナルガ、所相ノ、「打タる」傳へらる」ニ對スレバ、能相ノ名目ヲ生ジ、過去、未來ノ、「打チたり」傳へむ」等ニ對スレバ、現在ノ名目ヲ生ズルナリ。 而シテ、其所相トイヒ、過去、未來、トイフ意義ハ、スベテ助動詞ノ方ニ存スルコトナレバ、是等ノ事ハ、動詞ノ語體ノ轉化 ニ生ズルモノトハ見ズシテ、他ノ助動詞ノ條ニ說カムトスルナリ

○

○從來 用言ノ活用ニ、四段、一段、中二段、下二段等ノ名稱アリ、(第一表ノ欄上ニ記セルモノ。) 其四段活用トイフハ、例ヘバ、ゆく(行)トイフ用言ハ、其語尾、か、き、く、けト活用シテ、五十音圖ニ照セバ、其圖ノ上ヨリ四段ノ諸音ニ當ルガ故ニ命名セルニテ、是レハ其理アリトセム。 然ルニ、き(着)ノ、き、きる、きれ、ト活用スルヲ、一段活用ト名ツケ、いく(生)ノ語尾ノ、き、くる、くれ、ト活用スルヲ、中二段ト名ツケ、うく(受)ノ語尾ノ、くる、くれ、け、ト活用スルヲ、下二段ト名ツクルナドハ、妥當ナラザルガ如シ。 ソハ、「き、」又ハ、「き、く、」又ハ、「く、け、」ノ音コソ、五十音圖ノ一段、又ハ、中ノ二段、又ハ、下ノ二段ナレ、其他ニ、「きる、きれ、」くる、くれ、」ナドアル「る、れ、」ヲバ、如何ソ措キテ言ハザル。 ソモ、此ノ「る、れ」ハ附屬物ノ如ク等閑ニ視ルベキモノナラザルベシ、凡ソ、用言ノ正格、變格、八種ノ活用ノ中ニテ、此ノ「る、れ、」ノ活用ナキモノハ、僅ニ四段活用ト、良行四段一格ト、ノ二種アルノミ、其他ノ六種ハ、皆、此ノ「る、れ、」ヲ以テ、要用ナル活用ヲ現ハシ、殊ニ、一段活用ニ至リテハ、此ノ「る、れ、」無ケレバ、(古格ハ姑ク措キ)第一ニ、用言ノ本體タル截斷言ヲ形作ルコトヲ得ズ (ぞ、る、」おそ、れ、」ナドト、概畧ニ「掛リ、」結ビ、」ヲ呼ブモ、用言ニ、此音ノ活用多キヲ知ルベシ。) 又、希求言ヲモ、活用ト見ルトキハ、よノ音ヲモ、活用中ニ加ヘザルヲ得ズ。(よ無ケレバ、希求言ヲ成サザルモノモ、少カラズ。) 此ノ如ク論ジテ、扨、從來命名ノ趣意ヲ奉ジテ、正シク稱呼セムトセバ、加行一段活用ノ、き、きる、きれ、きよ、ヲバ、「加行一段、良行下二段、也行一段活用、」ナドト呼ビ、良行下二段活用ノ、れ、る、るる、るれ、れよ、ヲバ、「良行下二段、重複顚倒、及ビ、也行一段活用、」ナドト呼バズバ、他ノ四段活用等ニ對シテ、其命名ノ釣合ヲ失ハム、サレバトテ、斯ル冗長ナル名稱ハ、採ルベクモアラズ、 此故ニ、今ハ、四段、一段、ナドイフ意味アル命名ニハ從ハズシテ、單ニ、第一類、第二類、第三類、第四類等ノ名ヲ命ゼリ、 又、其順序モ、舊圖ナルハ、四段活用、最モ五十音圖ノ順ニ適當スルガ如ク、且、其所屬ノ用言モ數多ケレバ、之ヲ第一トシタルナルベク、而シテ、次下ハ、五

十音順ニ據リテ次第セルナルベシ。　然レドモ、今ハ、四段、一段、等ノ名稱ヲ用ヰヌコトニモアレバ、其活用ニ所屬スル用言ノ多少ヲ以テ、順序ヲ改メ、四段活用ヲ第一類トシ、下二段活用ヲ第二類トシ、中二段活用ヲ第三類トシ、一段活用ヲ第四類トセリ。　又、既ニ、正格活用ノ名稱ヲ改メタル上ハ、變格活用モ、舊稱ヲ存シ難ケレバ、亦、第一、二、三、四類トセリ、但シ、其順序ハ、舊キニ從ヘリ。

從來ノ活用五階圖ハ、五十音圖ノ段ヲ標準トシテ、先ヅ、四段活用、一段活用、等ノ名ヲ定メ、扨、其活用ノ最モ博キ四段活用ノ音(か、き、く、け等)ヲ基本ト立テテ、他ノ活用ヲ、コレニ從ヘシメテ、製セシモノナルベシ。　サレバ、ゆか、(行)ヲ基トシテ、他ノいき、(生)うけ、(受)等ノ將然言トイフモノ、第一階ニ居ルナリ。　然レドモ、凡ソ、用言ノ本體トイフモノハ、ゆく、(行)いく、(生)うく、(受)ニテ、卽チ、截斷言トイフモノナレバ、先ヅ、某ノ用言トテ、取出シテ記サムニハ、截斷言ヲ第一ニ置クベキ理ナラム、然ルニ、舊圖ニテハ、其本體タルベキモノ、第三階ニ居ルコトトナリテ、體裁宜シカラズ、是等モ、畢竟ズルニ、五十音順ヲ基トシ、四段活用等ノ目アルガ故ニ、之ニ從ハザルヲ得ザルニ起レルナリ。　然レドモ、本篇、既ニ、四段活用等ノ名稱ヲ用ヰザレバ、今ハ、其順序ヲ改メテ、截斷言ヲ第一ニ置ケリ、而シテ、後ノ形狀言、助動詞、等ノ表モ、皆、之ニ倣ハシメタリ、殊ニ、活用ナキ助動詞ノなむ(願ノ)じ(不ノ)ノ如キハ、表ノ第一階ニ置キテ、下ヲ空白ニスルガ方、體裁好キヲ見ルナリ。(舊圖ノ體ニ製スレバ、第三階ニアリテ、上下、空白トナル。)　且、又、三種ノ「掛リ、」結ビ、ヲ說カムニモ、其活用ノ第三、第四、第五階ニアラムヨリハ、第一、第二ノ第三階ニアラム方、太ダ善カルベケレバ、今ハ、連體言、已然言、トイフモノヲ、第二階、第三階ニ上ゲテ、截斷言ニ次ガシメ、而シテ、第一階、第二階ニアリシ將然言、連用言トイフモノヲ、ソノママ、下ニ下ゲタリ。　又、希求言ハ、舊圖ニハ、略ケルガ多シ、然レドモ、其活用ノ體ノ異ナルモノモアルガ上ニ、奈行變格(死ね)ノ如キ、甚ダ迷ヒ易キモノモアレバ、今ハ、下ニ一階ヲ加ヘテ載セタリ。　而シテ、第四、五、六階ノ順序ニハ、理由ナシ、唯、上ヨリ讀下諳誦セムニ、口調語路ノ好カラムニ從ヘリ。

又、從來、五階ノ名稱ヲ、將然言、連用言、截斷言、(又、終止言)連體言、已然言、トセリ。　是等ノ名稱、好カラヌニモアラネド、尙、論ズベキコトアリ。　先ヅ、其本語ニ、用言トイフ名ヲ付シテ、又、其活用ニ、將然言、連用言、ナドト、言ノ字ヲ付スルハ、言中ニ言アルコトトナリテ、甚ダ初學ノ迷ヒヲ惹キ易シ、本篇ニ用ヰタル法ノ字トテモ、適當ナリトハ言ヒ難ケレド、(態ノ字當ラムトイフコトハ、前ニ說ケリ、)尙、迷ヒヲ避クルニ足ラム。　又、文ノ「掛リ、」結ビ、」ノ如キモ、「ぞ、や、か、ノ掛リハ、連體言ニテ結ビ、こそ、ノ掛リハ、已然言ニテ結ブ、」ナドイフコトトナルモ、不都合ナリ、既ニ、連體トハ、他ノ體言ニ連ル語ナリト釋キテ、又、ぞ、や、か、ノ「掛リ」ヲ結ブ(截斷ス)トイヒ、已然ハ、過ギ了レル意ヲイフト釋キテ、又、こそ、ノ「掛リ」ヲバ、現在ノ意ニテ結ブコトトモナル、齟齬極マレリ。　又、第二階ハ、連用言トモナリ、體言トモナル、連用言ト定稱スルトキハ、差支ヘアルベシ。　又、舊圖ニハ、各階ノ欄內ニ、助動詞、天爾遠波、等ヲ、一一插入シタレド、用言ノ活用ノミ說カム場合ニハ、甚ダ錯雜ヲ起スヲ覺ユ、サルハ、將然言ノ下ニ、「ゆかず」ナドアリテハ、唯、ゆくトイフヲ現在ニ打消ス意ノモノナレバ、將然トイフ命名ニ違ヒ、截斷言ノ下ニ、「ゆくべし」ナドアリテハ連ル所アリテ、截斷トイフ意ニ合ハズ、連體ハ、體言ニ連ルトイフニ、「ゆくなり」ナドアリテハ、助動詞ニモ連ル意トナリテ、初學ヲシテ、甚ダ惑ハシム。

右ノ如クナレバ、此篇ノ表ノ各階ニハ、一切意義アル名稱ヲ付セズ、階ノ名稱トシテハ、單ニ、第一變化、第二變化、第三、四、五、六變化、ト稱呼セシムルコトトセリ。　而シテ、「ぞ、や、か、ノ掛リ」ハ、第二變化ニテ結ビ、「こそ、ノ掛リ」ハ、第三變化ニテ結ブ、トヤウニ稱ヘシメムトス。　又、各變化ト、助動詞等トノ、連續ノ則ニ至リテハ、下ニ、別表ニ揭ゲテ、唯、某助動詞ハ、動詞ノ第幾變化ニ連續ス、トノミ說キ、此場合ニハ、絕エテ動詞ノ變化ノ意義ヲ言ハズ。　而シテ、直說法、(截斷言)分詞法、(連體言)ノ如キ意義アル稱呼ハ、階ノ稱呼ノ外ニ立テテ、其階ヲ、直ニ何何法(何何言)ナリトハ言ハズシテ、直說法ニハ、第一變化ヲ用ヰ、接續法ノ已然ニハ、第三變化ヲ用ヰ、將然ニハ、第四變化ヲ用ヰ、或ハ、折說法ニハ、第五變化ヲ用ヰ、熟語法ニモ第五變化ヲ用ヰル、ナド稱ヘシメムトスルナリ。

第二表　形容詞ノ語尾變化……法

	熟語法 Compound form.	直説法（終止） Indicative mood.	形容法（連體） Adjective form.	接續法 Subjunctive mood. (if) 已然 Perfect.	接續法 將然 Imperfect.	折説法 Participle, present. 副詞法（連用） Adverb.
	語根	第一變化即本體	第二變化	第三變化	第四變化	第五變化
第一類（クシキ活用）	（善）よ	よし	よき	よけれ	よく	よく
	（高）たか	たかし	たかき	たかけれ｝む	たかく｝む	たかく
	（遠）とほ	とほし	とほき	とほけれ	とほく	とほく
第二類（シクシシキ活用）	（惡）あ	あし	あしき	あしけれ	あしく	あしく
	（樂）たの	たのし	たのしき	たのしけれ｝む	たのしく｝む	たのしく
	（同）おほ	おほし	おほしき	おほしけれ	おほしく	おほしく

○各欄内ニ、三語ヅツ擧ゲタレド、各類ニ各三種アルニアラズ、唯、同變化ノモノヲ、三語ヅツ出セルマデナリ.

○欄上ノ「クシキ活用」シクシシキ活用、」又、欄右ノ終止、連體等、括弧内ノ名目ハ、舊稱ト對照ナリ、又、表中ニ、同形ノ變化ノ重出セル事、又、第五階ニ、折説法、副詞法、トテ、併セテ當テタル事、等ノ辨ハ、前ノ動詞ノ表（第一表）ノ裏面ノ説明ニ準ヘテ知ルベシ.

○舊圖ト、位置、名稱、ノ變ハレルコトモ、動詞ノ條ニ辨ジタルニテ知ルベシ.

○第一類ノ變化ヲ「形容詞ノし、きノ變化」ト稱スベシ、第二類ヲ「形容詞ノしし、しきノ變化」ト稱スベシ。（語路惡シケレバ、略ニ從フ、僅ニ二類ナレバ、覺ユルニ難カラズ）

形容詞（形狀言）

形容詞ハ、名詞ノ後ニ附テ、其形容、性質、情意等、ヲイフ語ナリ。例ヘバ、「山、高し」海、深し」ノ「高し」深し」ハ、其形容ヲイヒ、「是レ、善し」彼レ、惡し」ノ「善し」惡し」ハ、其性質ヲイヒ、「會フハ、嬉し」別ルルハ、悲し」ノ「嬉し」悲し」ハ、其情意ヲイフガ如シ。

○語尾ノ變化　形容詞モ、亦、語尾ヲ變化シテ、文章ノ末ヲモ結ブ。然レドモ、其變化ノ狀、動詞トハ甚ダ異ニシテ、二類ニ別ル。

第一類　一種　第二類　一種

○第一類變化　此類ノ變化ハ、唯、一種ニシテ、其狀、し、き、けれ、く、く、ト變化ス。表ニ擧ゲタル三語、皆、同種ナリ、第二類ナルモ然リ。

○第二類變化　此類ノ變化モ、唯、一種ニシテ、其狀、し、しき、しけれ、しく、しく、ト變化ス。第一類ノ語根ヲ疊用スルモノハ、率子變ジテ、第二類變化トナル。例ヘバ、とほし、(遠)おほし、(强)かろし、(輕)等ハ、第一類變化ナルニ、「とほどほし、」おほおほし、」かろがろし、」トナレバ、第二類變化トナルガ如シ。其他、いまいまし、(忌)うやうやし、(恭)くだくだし、(煩縟)をゝし、(男)めゝし、(女)ナド、疊ミテイフ語モ、率子、然リ。

○おほきし(大)トイフ形容詞ハ、おほきき、おほきけれ、ト用ヰタルヲ見ズ、又、すむやけし(速)ヲ、すむやけけれ、ト用ヰタルヲモ見ズトイフ、是等ハ、變化ノ闕ケタル不成語ナルカ、或ハ、古書ニ、偶、其用例ノ存セザルモノカ。　又、副詞ノすこし(少)ヲ、すこしき、すこしく、ナドト、形容詞ノ如ク用ヰルコトアルハ、誤用ナラム、サルハ、すこし、ヲ直說法ニ用ヰタルヲ見ザレバナリ。(すこしけれトイフベクモアラズ)　其他、尙、委シキコトハ、文典ニ讓ル。

○法　形容詞ノ法ハ、動詞ノ法ト、大ニ似テ、少シ異ニシテ、分詞法、名詞法、命令法、無クシテ、別ニ、形容法、副詞法アリ。（但シ、形容法ハ、分詞法ト、粗同ジキモノナリ。）卽チ、

（一）直說法　（二）形容法　（三）接續法
（四）折說法　（五）副詞法　（六）熟語法

左ニ、形容詞ノ法ヲ、大略ニ說カム。ソノ動詞ノ法ト同ジキモノハ、相準ヘテ知ルベシ。

（一）直說法　文章ノ末ヲ結ブ法ニテ、コレヲ形容詞ノ本體トス。例ヘバ、

行ヒ、善し。　名、高し。　謗ルハ、惡し。　見ルハ、樂し。

尋常ノ直說法ハ、右ノ如シ。若シ、文中ニ、天爾遠波ノぞ、や、か、又ハ、こそ、ヲ入ルヽハ、第二變化、又ハ、第三變化ヲ用ヰルヿ、亦、動詞ノ如シ。例ヘバ、

香ぞ好き。　聲ぞ高き。　謗ルぞ惡しき。　見ルぞ樂しき。
香や好き。　聲や高き。　謗ルや惡しき。　見ルや樂しき。
何レか好き。　何レか高き。　何レか惡しき。　何レか樂しき。
香こそ好けれ。　聲こそ高けれ。　謗ルこそ惡しけれ。　見ルこそ樂しけれ。

（二）形容法　他ノ名詞ノ上ニ連ル法ナリ。例ヘバ、

色ノ好き花。　峯ノ高き山。　行ヒ、惡しき人。　心、樂しき時。

或ハ、獨立ニモ用ヰテ、

好き色。　高き山。　惡しき心。　樂しき時

又、下ニアルベキ名詞ヲ含ミテ、直ニ、名詞ノ如クニモ用ヰル。例ヘバ、

香ノ好きヲ愛ヅ。　山ノ高きニ登ル。

善きト惡しきトヲ別ツ。　樂しき、悲しき、樣樣ナリ。

(三) 接續法　動詞ノ接續法ト全ク相同ジキモノニテ、亦、已然、將然ノ別アリ、其意味モ、相準ヘテ知ルベシ。例ヘバ、

已然	將然	已然	將然
善ければ、	善くば、	惡しければ、	惡しくば、
高ければ、	高くば、	樂しければ、	樂しくば、

其他ノ用法、率ヲ、動詞ノ接續法ノ如シ。

(四) 折說法　文章ノ中間ニテ、其意ヲ言止(イヒヤ)シテ、下ノ語ニ照應スルヿ、動詞ノ折說法ニ同ジ、相準ヘテ解スベシ。例ヘバ、

性質、善く、品行、修マル。　山、高く、海、深シ。　惡しく、且、賤シ。　樂しく、又、喜バシ。

是、亦、句每ニ言ハバ、「性質、善し。品行、修マル。」山、高し。海、深し。」ナドイフベク、或ハ、「品行、修マリ、性質、善し。海、深く、山、高し。」トモイフベキナリ。

數語、相連リ、又、數語ヲ隔テテ、他ノ種種ノ語ニ照應スルヿアルモ、動詞ノ折說法ニ同ジ。例ヘバ、

心、善く、(善し。又、)行ヒ、正しく、(正し。又、)其功モ、甚ダ高し。

丈、高く、(高き。又、)骨、逞しき人。　幅、廣く、(廣ければ、又、)丈、長ければ、

○舊說ニテハ、此法、並ニ、次ノ副詞法ヲ、共ニ、連用言ト稱シテ、相別タズ。然レドモ、副詞法ハ、「善く修マル」樂しく思フ」ナド、「修マル」思フ」ニ副ヒテ、其意ヲ言添フレドモ、折說法ハ、各自、獨立ノ意ヲ言ヒテ、文、句、ヲ結バヌマデノモノナリ、混ズベキニアラズ。

(五) 副詞法　形容詞ノ變ジテ副詞トナルモノナリ。(副詞ノ事、後ニ擧グ。) 例ヘバ、

善く修マル。　高く昇ル。　惡しく變ル。　樂しく思フ。

甚しく寒シ。　全く無シ。　遠く遙ニ見ユ。　淺く平ニ流ル。

又、副詞法ハ、動詞ノあり(ある、あれ、あら)ト連ナリテ、例ヘバ、「善くあり」惡しくある」善くあれ」無くあらむ」ナド用ヰラルルトキ、ソノくトあト約リテ、「善かり」惡しかる」善かれ」無かれ」善からむ」無からむ」ナドトナルコト、常ナリ。扨、又、ソノ「善からむ」無からむ、」ナド更ニ約マリテ「善けむ」無けむ」トモナリテ、一種異樣ノ語尾ヲナシ、(けめト變化セズ)又、「善からぞ」善かれど、」ナドモ、再ビ約リテ「善けぞ」善けど」トモナル。但シ、此用法ハ、古ク、且、稀ニシテ、形容詞一般ニ用ヰ難シ。

(六) 熟語法　他語ト合シテ、熟語トナル法ニテ、語根ヲ用ヰル。然レモ、形容詞中、此法ヲ成サザルモノモ多シ。左ニ、其例ノ若干ヲ擧グ。

第一類變化ニテ、

吉詞。　長歌。　高山。　遠野。　淺瀨。

高光ル。　遠離ル。　近寄ル。　薄暗シ。　細長シ。

第二類變化ニテ、

惡し樣。　同じ事。　嚴し鉾。　可憐し妹。　賢し女。

顯し身。　空し車。　空し烟。　長長し夜　嬉し涙。

又、「無シ」ハ、第一類變化ナレバ、「神無月」「正無言」ナドト用ヰルハ、尋常ナルニ、或ハ「友無し千鳥」根無し言」耳無し山」ナドトモ用ヰルハ、特例ナリ。（又、「空車」可惜事」ナドノ空、可惜ハ、生得ノ接頭語ナルベク、第一類變化ノ語根ノしヲ去リテ用ヰタルニハアラザルベシ、）

○語根　形容詞ノ語根ヲ、稀ニ、直説法ノ如ク用ヰルヿアリ。

アナ憂（シ）世ノ中。　アナ畏（シ）人ニ語ルナ。　アナ尊（シ）　アナ憂（シ）ヤ。　アナ畏（シ）ヤ。

○又、語根ヲ、稀ニ、名詞ノ如ク用ヰルヿアリ。　ソノ句ナルハ、句ヲ一團ノ語ト見ルナリ。（第一類天爾遠波ノのノ條見合ハスベシ）

面白ノ春ノ夜。　アラ難有ノ御心。　怨しノ心。　口惜しノ事。　恥しノ事。

怪しノ法師。　アナ恐しノ事。　あさましノ世ヤ。

又、「無シ」ハ、「味氣無ノ世ノ中」暇無ノ身」面無ノ狀ヤ」ナドトモ用ヰ、又ハ、「來ル人無シノ宿ノ庭」御身モ甚クノ甲斐無シニテハ無ケレド」ナドトモ用ヰルハ、異ナリ。

○又、語根ニ、さトイフ接尾語ヲ添ヘテ、文ノ末ヲ結ブヿアリ。　但シ、第一類天爾遠波ノの、がノ下ニ限ル。

音の清亮さ。　人の無情さ。　聞クが悲しさ。　言フが侘しさ。

以上、常ニ、和歌ニ用ヰル。　散文ニハ、多クハ、更ニ、よヲ添フ。

逢ヒタルヿの嬉しさよ。　捨テラレムヿのあさましさよ。

○又、語根ニ、みトイフ接尾語ヲ添ヘテ、副詞ノ如ク用ヰルヿアリ。

苫ヲ粗み、我ガ衣手ハ露ニ濡レツツ。　瀬ヲ速み、岩ニ塞カルル瀧川ノ

名ヲ睦しみ。　君ヲやさしみ。　月清み。　山高み。

其意ハ「苫粗キガ故ニ濡ル、」「瀬速キガ故ニ塞カル、」ナドナリ。（苫を、瀬を、等ノをハ感動詞ナリ）　但シ、此用法ハ、和歌ノ上ニ多シ。

○

○從來ノ語學書ニハ、多クハ、形狀言ノ「深み」「高み」「重げ」「惡げ」「善さ」「惡シさ」（名詞トナルモノ）ナドノみ、げ、さヲ、形狀言ノ活用ナリトシテ説ケルガ多シ。　サレド、是等ハ、一種ノ接尾語ノ、形狀言ノ語根ニ添ハリテ體言トナルニテ、活用ニハアラジ。　サレバ、形狀言ニハ限ラデ、「有りげ」「物思ひげ」「思ハズげ、」或ハ、「逢フさ」「離ルさ」「行クさ」「來さ」「歸ルさ」「入ルさ」ナド、作用言ニモ付ケリ、是等ヲモ活用ナリトハイハルマジ。　げハ、氣ナリ、さハ、狀ナリ、みモ、狀ヲイフ語ナリ。　又、「降りみ、降ラズみ」「蹈ミみ、蹈マズみ」ナド用ヰルみハ、「試ル」トイフ作用言ノ活用ナリ、混ズベキニアラズ。

○英語ノ Adjective. ハ、大抵、名詞ニ冠ラセテ、其形狀性質ヲイヘリ。　我ガ形容詞モ、名詞ノ形狀性質等ヲイフハ、相同ジケレドモ、語ノ成立ニ至リテハ、甚ダ相異ナリテ、語尾ニ、變化アリ、法アルコト、動詞ノ如クニシテ、且、常ニ、名詞ノ後ニ居テ、文ノ末ヲモ結ベリ、（羅甸、佛、獨等ノ形容詞ニハ、變化アリ、且、或ハ名詞ノ後ニ用ヰルモアリ、然レドモ、共ニ、文ノ末ヲ結ブコトハ無キガ如シ）　サルヲ、彼ノ文法ヲ以テ我ガ文法ヲ論ズルモノ、彼ノ語法ノ、先入シテ主トナレルガ故ニ、之ヲ背ハズシテ、徒ニ、「高キ」「深キ」ハ、Adjective. ナリ、「高ク」「深ク」ハ、副詞ナリ、「高シ」「深シ」ノシハ、一箇ノ助動詞ノ如キモノナリトシテ、各自、別語ナリト誤認シ、一語ノ語尾ノ變化ナルコトヲ曉ラザルモノ多シ。　サレド、「高キ」「深キ」ヲ獨立ニ用ヰテ名詞ニ冠スル時（卽チ、形容法）ニコソ、Adjective. トモ言ハルレ、「日本ノ高キ山、」「太平海ノ深キ處、」ナド言ヒ、又ハ、「山ゾ高キ、」「海ゾ深キ、」或ハ、「山コソ高ケレ、」「海コソ深ケレ、」ナド文ヲ結ブナドハ、如何ニカセム。　又、「高ク、」「深ク、」ヲ、獨立ニ用ヰテ、「高ク昇ル、」「深ク思フ、」ナドイフ時（卽チ、副詞法）ニコソ、副詞トモイフベケレ、若シ、「山高ク、（卽チ、折説法）海深シ、」ト言ハバ、如何ニカスベキ、「高ク」トイフ副詞ニテ、「深シ」ノ意ヲ調停ストイフベキカ、「高ク深シ」トイヒテ、爭デカ語ヲ成スベキ。　我ガ形容詞ハ、斯ル一種ノ特性アルモノナレバ、別ニ本文ノ如キ規定アルナリ、尙、本文ニ説ケル所ヲ玩味シテ覺レ。

○國語ニテ生得ノ Adjective. ヲ求メバ、新、初、眞、御ナドイフ一類ノ語ナラム。　サレド、是等ノ語ハ、何レノ名詞ニモ冠ラスベキニアラズ、其慣用ニ限レル所アリ、且、獨立ニハ用ヰズ、必ズ熟語トナリテ文中ニ出ヅ、故ニ、今ハコレヲ接頭語トシタリ。

○又、洋語ノ Adjective. ニイフ階級（Degree.）ハ、其語體ヲ變ジテ成ルモノナレド、我ガ形容詞ニハ、此事無シ、コレヲ譯セムニハ、「是ヨリ善シ」「最モ善シ」ナドトモスベケレド、ソノヨリ、最モハ、別語ヲ用ヰルナレバ、形容詞中ノ一則トシテ説クベキモノナラズ。

第三表　助動詞ノ變化……法

此表中ノ變化并ニ法ノ名目ノ事、其他、大體、スベテ、前ノ（第一表）動詞ノ語尾變化表、（第二表）形容詞ノ語尾變化表、ニ同ジト知ルベシ

助動詞ニハ、熟語法、名詞法、ヲ成サヌガ多ケレバ、省ケリ、希ニアルハ、本文ニ說ケリ。

		第一變化 直說法（終止）	第二變化 分詞法（連體）	第三變化 接續法 已然	第四變化 接續法 將然	第五變化 折說法（連用）	第六變化 命令法（希求）	
使役	1	しむ	しむる	しむれ　ば	しめ　ば	しめ	しめよ	押サしむ」受ケしむ」見しむる」ノ如シ、
	2	•す	する	すれ　ば	せ　ば	せ	せよ	•押サす」死なする」行カせよ」ノ如シ、
	3	•さす	さする	さすれ　ば	させ　ば	させ	させよ	•受ケさす」立テさする」見させ」ノ如シ、
受身	4	•る	るる	るれ　ば	れ　ば	れ	れよ	•押サる」打タるる」（被押、被打）ノ如シ、
	5	•らる	らるる	らるれ　ば	られ　ば	られ	られよ	•受ケらる」立テらるる」（被受、被立）ノ如シ、
能力	6	•る	るる	るれ　ば	れ　ば	れ		•押サる」打タるる」（得押之、得打之）ノ如シ、
	7	•らる	らるる	らるれ　ば	られ　ば	られ		•受ケらる」立テらるる」（得受之、得立之）
指定	8	なり	なる	なれ　ば	なら　ば	なり		押スなり」受クルなり」○名詞ニ「月なり」花なり」
	9	•たり	たる	たれ　ば	たら　ば	たり	たれ	•名詞ニ「父たり」子たり」漢語ニ「寂莫たり」ノ如シ、
打消	10	ず	ぬ	ね　ば	ず　ば	ず		押サず」受ケぬ」起キねど」ノ如シ、
	11	ざり	ざる	ざれ　ば	ざら　ば	ざり	ざれ	押サざり」受ケざる」有ラざれ」ノ如シ、
過去	12	つ	つる	つれ　ば	て　ば	て	てよ	押シつ」受ケつる」有リて」ノ如シ、
	13	ぬ	ぬる	ぬれ　ば	な　ば	に	ね	押シぬ」受ケぬる」有リぬバ」行キにシ」ノ如シ、
	14	たり	たる	たれ　ば	たら　ば	たり		押シたり」受ケたる」打チたる」ノ如シ、
	15	•せり	せる	せれ　ば	せら　ば	せり		•名詞ニ「罪せり」「工夫せる」○副詞ニ「高クせり」詳ニせる」ノ如シ

類	番號	第一變化 直說法（終止）	第二變化 形容法（連體）	第三變化 接續法 已然	第四變化 接續法 將然	第五變化 折說法 副詞法（連用）		例
	16	•り	る	れ　む	ら　む	り		•規則動詞ノ第一類ニ「押セり」行ケる」淸メらむ」
	17	けり	ける	けれ　む	＊けら	けり		押シけり」受ケける」ノ如シ、○＊接續法トナラズ、
未來	18	む	む	＊め				押サむ」受ケむ」ノ如シ、○＊接續法トナラズ、
未來	19	けむ	けむ	＊けめ				押シけむ」受ケけむ」ノ如シ、○＊接續法トナラズ、
推量	20	らむ	らむ	＊らめ				押スらむ」受クらむ」ノ如シ、○＊接續法トナラズ、
推量	21	めり	める	めれ　む		めり		押スめり」受クめり」見ユめる」ノ如シ、
詠歎	22	なり	なる	なれ　む				押スなり」受クなり」聲スなり」見ユなる」ノ如シ、
希望	23	なむ						押サなむ」有ラなむ」ノ如シ、○此語、變化ナシ、

○＊印ノ變化ハ、此表ニハ、スベテ不用ナレド、文ノ結ビトナルモノモアレバ、姑ク、加ヘ置ク、委シキ事ハ、文典ニ讓ル．

類	番號	第一變化 直說法（終止）	第二變化 形容法（連體）	第三變化 接續法 已然	第四變化 接續法 將然	第五變化 折說法 副詞法（連用）		例
指定	24	べし	べき	べけれ　む	べく　む	べく		押スべし」受クべき」ノ如シ、
比況	25	•ごとし	ごとき		ごとく　む	ごとく		•天爾遠波ノが、の、ニ「押スがごとし」花ノごとき」
打消	26	まじ	まじき	まじけれ　む	まじく　む	まじく		押スまじ」受クまじき」ノ如シ、
打消	27	じ						押サじ」受ケじ」見じ」ノ如シ、○此語、變化ナシ、
過去	28	き	し	しか　む				押シき」受ケし」行キしかむ」ノ如シ、
推量	29	まし	まし	ましか　む				押サまし」受ケまし」行カましかむ」ノ如シ、
推量	30	らし	＊らし	＊らし				押スらし」受クらし」○＊形容法、接續法トナラズ、

○助動詞ハ、何レノ動詞ニモ連ルベキ通則ナルニ、其中ニ、然ラヌモアリ、表中、•印アルモノ、是レナリ、委シクハ、尙本文ニ說クベク、又、次ナル第四表ヲモ參見スベシ．
欄內ノ空ナルハ、其變化ノ闕ケタルモノナリ、但シ、變化、尙アレド、奇僻ナルハ省ケルモアリ．

○前表ノ外ニ、助動詞ニ似タルモノ、

てむ（てめ）「行キてむ」打チてむ」ナド用ヰルてむナリ。是ハ、過去助動詞ノつ（12）ノ第四變化ナルてニ、未來助動詞ノむ（18）ヲ連ネタルナリ。（めハむノ變化ナリ）コレヲ一ノ助動詞トスルモノアルハ、重複ナリ。尙、此表、幷ニ、次ノ第五表ノつ（12）ノ條ヲ見ヨ。

てき（てし）「行キてき」打チてし」ナド用ヰルモノナリ。是モ、前項ニイヘルつノ第五變化ナルてニ、過去助動詞ノき（28）ヲ連ネタルニテ、一語ナラズ（しハ、きノ變化ナリ）

なむ（なめ）「行キなむ」有リなむ」ナド用ヰルなむナリ。是モ、過去助動詞ノぬ（13）ノ第四變化ナルなニ、未來ノむヲ連ネタルニテ、一語ナラズ、前前項ノてむニ準ヘテ知ルベシ。（行カなむ」有ラなむ」ナドイフ希望ノなむ（23）トハ固ヨリ異ナリ）

にき（にし）「行キにき」有リにし」ナド用ヰルモノナリ。是モ、前項ニイヘルぬノ第五變化ナルにニ、過去ノきヲ連ネタルニテ、一ノ助動詞ニハアラズ、

せむ（せめ）是ハ、爲ストイフ動詞ノ第四變化ナル爲ニ、未來ノむヲ連ネタルナリ、コレヲ一ノ助動詞ノ如ク見タルモノアルハ、太ダ誤レリ。

けむ「善けむ」無けむ」可けむ」ナドト、形容詞ノ語根ニ連レルガ如キけむナリ。是ハ「善からむ」無からむ」可からむ」ナドノ約マレルガ如キモノニテ、又、一種異様ノモノナリ、（けめト變化セズ）尙、前ノ形容詞ノ條ニ說ケリ。

かり「善かり」惡シかり」ナドノかりナリ。是ハ、「善く有り」惡く有り」ノ約マレルナレバ、別チ見テ知ルベシ、尙、前ノ形容詞ノ條ニ說ケリ。

なり「明なり」靜なり」詳なり」ナドノなりナリ。是ハ、副詞ノ「明ニ」靜ニ」詳ニ」ナドニ、「有リ」ノ約マレルナレバ、別チテ見テ其意義ヲ知ルベク、指定ノなり（8）ニ似テ、稍、異ナル所アリ。（詠歎ノなり（22）トハ、固ヨリ異ナリ）尙、本文ノなり（8）ノ條ニ說ケリ.

あらし たらし ならしノ類 是等ハ、「あるらし」たるらし」あるらし」ナドノ約マレルナレバ、相別チテ知ルベシ。

春めく 學者ぶる 議論がまし 男らし 行キたし 是等ノ、「めく」ぶる」がまし」らし」たし」ノ類ハ、スベテ、接尾語トシタリ、

第

動詞ト助動

規則動詞

	第一類	第二類	第三類	第四類
第一變化	(行)ゆく、(押)おす、(分)わかつ、(飛)とぶ、(讀)よむ、(去)さる 20 らむ、21 めり、22 なり、24 べし、26 まじ、30 らし	(得)う、(受)うく、(任)まかす、(立)たつ、(兼)かぬ、(歴)ふ、(勤)つとむ、(覺)おぼゆ、(恐)おそる、(植)うう 20 らむ、21 めり、22 なり、24 べし、26 まじ、30 らし	(生)いく、(落)おつ、(強)しふ、(恨)うらむ、(報)むくゆ、(老)おゆ 20 らむ、21 めり、22 なり、24 べし、26 まじ、30 らし	(鑄)いる、(着)きる、(似)にる、(乾)ひる、(見)みる、(居)ゐる 20 らむ、21 めり、22 なり、24 べし、26 まじ、30 らし
第二變化	ゆく、おす、わかつ、とぶ、よむ、さる 8 なり	うる、うくる、まかする、たつる、かぬる、ふる、つとむる、おぼゆる、おそるる、ううる 8 なり	いくる、おつる、しふる、うらむる、むくゆる、おゆる 8 なり	いる、きる、にる、ひる、みる、ゐる 8 なり
第三變化	ゆけ、おせ、わかて、とべ、よめ、され 16 •り(る、れ、ら)	うれ、うくれ、まかすれ、たつれ、かぬれ、ふれ、つとむれ、おぼゆれ、おそるれ、ううれ	いくれ、おつれ、しふれ、うらむれ、むくゆれ、おゆれ	いれ、きれ、にれ、ひれ、みれ、ゐれ
第四變化	ゆか、おさ、わかた、とば、よま、さら 1 しむ、2 •す(せ)、4 •る(れ)、6 •る(れ)、10 ず(ぬ、ね)、11 ざり、18 む(め)、23 なむ、27 じ、29 まし	え、うけ、まかせ、たて、かね、へ、つとめ、おぼえ、おそれ、うゑ 1 しむ、3 •さす、5 •らる、7 •らる、10 ず(ぬ、ね)、11 ざり、18 む(め)、23 なむ、27 じ、29 まし	いき、おち、しひ、うらみ、むくい、おい 1 しむ、3 •さす、5 •らる、7 •らる、10 ず(ぬ、ね)、11 ざり、18 む(め)、23 なむ、27 じ、29 まし	い、き、に、ひ、み、ゐ 1 しむ、3 •さす、5 •らる、7 •らる、10 ず(ぬ、ね)、11 ざり、18 む(め)、23 なむ、27 じ、29 まし
第五變化	ゆき、おし、わかち、とび、よみ、さり 12 つ(て)、13 ぬ(な、に、ね)、14 たり、17 けり、19 けむ、28 き(し、しか)	え、うけ、まかせ、たて、かね、へ、つとめ、おぼえ、おそれ、うゑ 12 つ(て)、13 ぬ(な、に、ね)、14 たり、17 けり、19 けむ、28 き(し、しか)	いき、おち、しひ、うらみ、むくひ、おい 12 つ(て)、13 ぬ(な、に、ね)、14 たり、17 けり、19 けむ、28 き(し、しか)	い、き、に、ひ、み、ゐ 12 つ(て)、13 ぬ(な、に、ね)、14 たり、17 けり、19 けむ、28 き(し、しか)

四表

詞トノ連續

不規則動詞

第一類	第二類	第三類	第四類
(來)く 20 らむ 21 めり 22 なり 24 べし 26 まじ 30 らし	(爲)す (座)おはす 20 らむ 21 めり 22 なり 24 べし 26 まじ 30 らし	(往)いぬ (死)しぬ 20 らむ 21 めり 22 なり 24 べし 26 まじ 30 らし	(有)あり (居)をり (侍)はべり (在)いまぞかり(いまそかり) ○らむ ●めり ●なり ●べし ●まじ ●らし
くる 8 なり	する おはする 8 なり	いぬる しぬる 8 なり	ある をる はべる いまぞかる 8 なり 20 ●らむ 21 ●めり 22 ●なり 24 ●べし 26 ●まじ 30 ●らし
くれ	すれ おはすれ	いぬれ しぬれ	あれ をれ はべれ いまぞかれ
こ 1 しむ 3 ●さす 5 ●らる 7 ●らる 10 ず(ぬ、ね) 11 ざり 18 む(め) 23 なむ 27 じ 29 まし 28 ●き し、しか、	せ おはせ 1 しむ 3 ●さす 5 ●らる 7 ●らろ 10 ず(ぬ、ね) 11 ざり 18 む(め) 23 なむ 27 じ 29 まし 28 ●き し、しか、	いな しな 1 しむ 2 ●す(せ) 4 ●る(れ) 6 ●る(れ) 10 ず(ぬ、ね) 11 ざり 18 む(め) 23 なむ 27 じ 29 まし	あら をら はべら いまぞから 1 しむ 2 ●す(せ) 4 ●る(れ) 6 ●る(れ) 10 ず(ぬ、ね) 11 ざり 18 む(め) 23 なむ 27 じ 29 まし
き 12 つ(て) 13 ぬ(な、に、ね) 14 たり 17 けり 19 けむ 28 ●き し、しか、	し おはし 12 つ(て) 13 ぬ な、に、ね 14 たり 17 けり 19 けむ 28 ●き しか	いに しに 12 つ(て) 13 ●ぬ(な、に、ね) 14 たり 17 けり 19 けむ 28 き(し、しか)	あり をり はべり いまぞかり 12 つ(て) 13 ぬ(な、に、ね) 14 たり 17 けり 19 けむ 28 き(し、しか)

第四表ノ説明

○前表中ノ諸動詞、及ビ其諸變化ハ、全ク前ノ（第一表）動詞ノ語尾變化表、ニ同ジ。

○此表ノ上ニテハ、動詞ノ法（直説法、接續法等）ノ事ヲバ、一切言ハズシテ、只某助動詞ハ、某動詞ノ第幾變化ニ連續ス、トノミ説クナリ。

○動詞ノ第六變化ニハ、連ナルベキ助動詞無ケレバ、省ケリ。

○表中ノ各欄内ノ、上部ニアルハ動詞ニテ、下部ナルハ助動詞ナリ。其連續ノ状ハ、例ヘバ「ゆく、らむ」ゆく、めり」ゆく、あり」或ハ「おす、らむ」おす、めり」おす、あり」ナドト各欄内ニテ、何レノ動詞、助動詞ヲモ、互ニ相連續セシメテ解スベシ。

○助動詞ノ頭ニ付セル數字ハ、前ノ（第三表）助動詞表、ノ中ノ各助動詞ノ頭ニ付セル數字ト、ノ合印ナリ。

助動詞ニハ、同形ノモノアリテ、迷ヒ易ケレバ、數字ノ合印ニ注意シテ、善ク第三表ニ照シテ見分クベシ。例ヘバ、「8ノあり」ハ、指定ノあり、ナリ、「22ノあり」ハ、詠歎ノあり、ナリ、「4ノる」5ノらる」ハ、受身ノる、らる、ナリ、「6ノる」7ノらる」ハ、能力ノる、らる、ナルガ如シ。

○助動詞ノ下ニ、り（る、れ、ら）す（せ）る（れ）ず（ぬ、ね）ぬ（な、に、ね）ノ如ク、括弧内ニ記セルハ、其變化ナリ。但シ、此表ニハ、其變化ノ殊ニ惑ヒ易ク思ハルルモノノミヲ出セリ、其餘ナルハ、スベテ、數字ノ合印ヲ以テ、前ノ（第三表）助動詞表、ニ對照セシメテ、知ルベシ。

○[き][し][しか][ぬ]ナドト、方線ヲ加ヘタルハ、連續セヌ標ナリ、連續セヌモノヲモ、斯ク殊更ニ擧ゲタルハ、他ノ例ニ比ベテ、其異同ヲ見易カラシメムトテナリ、

○スベテ、此表ノ助動詞連續ノ通則ハ、最初ノ規則動詞第一類ノ五變化五欄内ニ記シタルヲダニ覺エ得バ足レリ、他ノ各類ハ、押並ベテ、コレト同様ナリト、先ヅハ心得ベシ。而シテ、其希有ノ異則ナルモノノミニハ、特ニ●ヲ記シタレバ、●印ノ所ニ、特ニ更ニ心ヲ付クベシ。

○規則動詞ノ第四類ニテハ、其第一變化ニテ、「居る、らむ」奏る、らし」見る、べし」似る、べし」ナド連續スルヲ通則トス、（表ニモ出セルガ如シ）然ルニ、第四變化ニテ、「居、らむ」奏、らし」見、べし」似、べし」ナド連ルコトモアリ。其事ハ、本文ニ辨ジオケリ

○助動詞ノ形容詞ニ連續スルモノ、一ツアリ、即チ、形容詞ノ第二變化ニテ、「善き、あり」惡しき、あり」ト連ルモノ是レナリ。（8ノありナリ）サレド、是ハ、「善き」惡しき」ヲ、名詞トシテ連續セシメタルニテ、「月、あり」花、あり」ナド名詞ニ連レルト同ジモノト知ルベシ。今、別ニ表ニ掲ゲズ。

又、形容詞ノ語根ニ、「善、かり」惡し、かり」善、けむ」無、けむ」ナド連ヌルかり、けむアリ。此事ハ、前ノ形容詞ノ條、及ビ、（第三表）助動詞表、ノ裏面ノ説明ニ就キテ知ルベシ。

○右ノ外ノ委シキ事ハ、本文ニ説ケルヲ見テ知レ。

第五表　助動詞ト助動詞トノ連續

	使役 1 2 3	受身 能力 4 5 6 7	8	指定 9	10	打消 11
第一變化	しむ　す　さす 20 らむ　21 めり　22 なり　24 べし　26 まじ　30 らし	る　らる　る　らる 20 らむ　21 めり　22 なり　24 べし　26 まじ　30 らし	なり	たり	ず 22 なり	ざり
第二變化	しむる　する　さする 8 なり	るる　らるる　るる　らるる 8 なり	なる 20 らむ　21 めり　24 べし　30 らし	たる 8 なり　20 らむ　21 めり　24 べし　26 まじ　30 らし	ぬ 8 なり	ざる 8 なり　20 らむ　21 めり　24 べし　30 らし
第三變化	しむれ　すれ　さすれ	るれ　らるれ　るれ　らるれ	なれ	たれ	ね	ざれ
第四變化	しめ　せ　させ 5 らる　7 らる　10 ず(ぬ、ね)　11 ざり　18 む(め)　23 なむ　27 じ　29 まし	れ　られ　れ　られ 10 ず(ぬ、ね)　11 ざり　18 む(め)　23 なむ　27 じ　29 まし	なら 10 ず(ぬ、ね)　11 ざり　18 む(め)　27 じ　29 まし	たら 1 しむ　10 ず(ぬ、ね)　11 ざり　18 む(め)　23 なむ　27 じ　29 まし	ず	ざら 1 しむ　18 む(め)　23 なむ　29 まし
第五變化	しめ　せ　させ 12 つ(て)　13 ぬ(な、に)　14 たり　17 けり　19 けむ　28 き(し、しか)	れ　られ　れ　られ 12 つ(て)　13 ぬ(な、に)　14 たり　17 けり　19 けむ　28 き(し、しか)	なり 12 つ　17 けり　19 けむ　28 き(し、しか)	たり 12 つ　17 けり　19 けむ　28 き(し、しか)	ず	ざり 12 つ　17 けり　19 けむ　28 き(し、しか)

此表、別ニ説明ヲ用キズ、スベテハ、前ノ第四表ノ説明ヲ代用シテ解スベシ。

又、善ク第三表ニモ參照シテ見ルベシ。

古書ニ用例アレドモ、連續ノ希有奇僻ナルハ、省ケルモアリ。

第三變化ハ、連續スルモノ無ケレバ、此表ニハ不用ナレドモ、變化ノ、中間ニテ脱セムハ、體裁好カラザレバ、姑ク加ヘタリ。

第六變化ハ、全ク不用ナレバ、省ケリ。

此表、前ノ(第三表)助動詞變化表、ニ比ベテ、24以下ノ助動詞ヲ省ケルハ、連續スルモノナケレバナリ。　但シ、べき、らしき、まじき、し、等ノ、なり(8)ニ連ルコトハアリ。

又、べけむ、べかり、まじかり、ナドモアリ。

其事ハ、前ノ第三表、第四表、ノ裏面ニ

過去						未來		推量		詠歎	希望
12	13	14	15	16	17	18	19	20	21	22	23
つ（20 らむ 21 めり 22 なり 24 べし 30 らし）	ぬ（20 らむ 21 めり 22 なり 24 べし 30 らし）	たり	せり	り	けり	む	けむ	らむ	めり	なり	なむ
つる（8 なり）	ぬる（8 なり）	たる（8 なり 20 らむ 21 めり 24 べし 30 らし）	せる（8 なり 20 らむ 21 めり 30 らし）	る（8 なり 20 らむ 21 めり 30 らし）	ける（8 なり 20 らむ 30 らし）	む（8 なり）	けむ	らむ	める（8 なり 20 らむ 30 らし）	なる（20 らむ 21 めり 30 らし）	
つれ	ぬれ	たれ	せれ	れ	けれ	め	けめ	らめ	めれ	なれ	
て（18 む(め) 23 なむ 29 まし）	な（18 む(め) 23 なむ 29 まし）	たら（10 ず(ぬ、ね) 18 む(め) 23 なむ 29 まし）	せら（18 む(め) 29 まし）	ら（10 ず(ぬ、ね) 16 む(め) 23 なむ 27 じ 29 まし）	けら（10 ず）						
て（17 けり 19 けむ 28 き(し、しか)）	に（14 たり 17 けり 19 けむ 28 き(し、しか)）	たり（12 つ 17 けり 19 けむ 28 き(し、しか)）	せり（12 つ 17 けり 19 けむ 28 き(し、しか)）	り（12 つ(て) 13 ぬ(な、に) 17 けり 19 けむ 28 き(し、しか)）	けり（12 つ 28 き(し、しか)）				めり（12 つ 28 き(し、しか)）		

說明セルヲ見テ知ルベシ。

助動詞

助動詞ハ、動詞ノ變化ノ、其意ヲ盡サザルヲ助ケムガ爲ニ、別ニ其下ニ附キテ、更ニ、種種ノ意義ヲ添フル語ナリ。例ヘバ、「行キたり、」「眠リぬ、」「語ラず、」「言ハむ、」「打タしむ、」ナドノたり、ぬ、ず、む、しむ、ノ如シ。又、他ノ助動詞ニモ附クコトアリ、「行キたりき、」「打タしめらる、」ノき、らる、ノ如シ。又、名詞、又ハ、形容詞、(其形容法ヲ名詞ト見ルモノ)或ハ、副詞ニ附クモノモアリ、「月なり、」「花なり、」「善キなり、」「惡シキなり、」「父たり、」「子たり、」「時雨せり、」「紅葉せり、」「強クせり、」「詳ニせり、」ナドノなり、たり、せり、ノ如シ、是等ハ、一個ノ動詞ノ如キ意義ヲモ成セドモ、獨立シテ文ノ冒頭ニ用ヰラルルコト無ク、常ニ、必ズ、他語ノ下ニ附キテ文中ニ出ヅルモノナレバ、尙、助動詞タリ。

○「行キ交フ、」「爲難ヌ、」「言ヒ過ス、」「讀ミ止ス、」「馴レ初ム、」ノ「交フ、」「難ヌ、」「過ス、」「止ス、」「初ム、」ナドハ、獨立ニ用ヰタルヲ見ザレバ、助動詞ナルガ如クナレドモ、其意義、十分ニ動作ヲ言ヘバ、尙、動詞タルベシ。

助動詞ハ、其語、大抵、短縮ナレドモ、變化アリ、法アリテ、又、能ク、文章ノ末ヲ結ベリ。而シテ、其意義變化ノ狀ハ、動詞ニ似タルアリ、形容詞ニ似タルアリ、又、或ハ、感動詞ノ如キモアレド、尙、變化アリ、又、其一二ニ、無變化ノモノ(Defective.)モアレド、亦、尙、能ク、文章ノ末ヲ結ベリ。

助動詞ノ數、凡ソ、三十アリ。第三表ニ於テ、其三十語ヲ載セテ、其意義ト變化ト法トノ狀ヲ示セリ。其變化ト法トノ趣ハ、動詞、形容詞、ノ變化ト法トニ異ナルコト無ケレバ、表中ノ名稱ノ相同ジキモノハ、相對照セシメ、相準ヘテ覺ルベシ、因テ、此ニハ複說セズ。但シ、各助動詞ノ意義ニ至リテハ、後ニ、更ニ、逐條ニ説クベシ。又、動詞ト助動詞ト連續スル法則、又ハ、助動詞ト助動詞ト連續スル法則ハ、第四表、第五表、ニ就キテ知ルベシ。(各表ニ附セル説明ヲモ見ヨ)

○使役ノ助動詞　尋常ニハ、「押ス、」「受ク、」「報ユ、」ナドイフヲ、他ヲ使役シテ此動作ヲ爲サシムルニハ、「押サす、」「受ケさす、」「報イしむ、」ナドイフ。此ノしむ、す、さす等ヲ、使役(シエキ)ノ助動詞トス。

(1)しむ
(2)す
(3)さす

上ノ三語、使役ノ意ヲイフコト、相同ジクシテ、共ニ、動詞ノ第四變化ニ連ル。但シ、しむハ、アラユル動詞ニ連レド、すハ、規則動詞ノ第一類ト、不規則動詞ノ第三類ト、第四類ト、ニ連リ、さすハ、其他ノ各類ニ連ルコト、下ノ表ノ如シ。

「行カしめ畢ンヌ、」「言ハせ盡ス、」「受ケさせ侍リ、」ナド用ヰルハ、熟語法ナリ。「使ハしめ、」(俗ニ、「見セしめ」)「懲ラしめ」ナドハ、名詞法ナリ。又、古クハ、「知ラしめ、」「見しめ、」ナドト、よヲ添ヘズシテ、命令法トシタルモ見ユ。

		規則動詞				不規則動詞			
		第一類	第二類	第三類	第四類	第一類	第二類	第三類	第四類
尋常	第一變化	押ス	受ク	報ユ	着(キ)ル	來(ク)	爲(ス)	死ヌ	有リ
使役	第四變化	押サ しむ す	受ケ しむ さす	報イ しむ さす	着(キ) しむ さす	來(コ) しむ さす	爲(セ) しむ さす	死ナ しむ す	有ラ しむ す

○受身ノ助動詞　「押ス、」「打ツ、」「報ユ、」ハ、我ヨリ他ノ上ニ働キ掛クル動作ナルヲ、他ノ其動作ヲ起シテ、我レ受身トナルトキハ、る、らる、トイフ助動詞ヲ加ヘテ、「押サる、」「打タる、」「報イらる、」ナドイフ。此ノ彼我ノ動作ヲ、働掛(ハタラキカケ)、受身(ウケミ)、或ハ、能相(ノウサウ)、所相(シヨサウ)、トイフ。

（4）る　　上ノ二語、受身ノ意ヲイフコト、相同ジ、而シテ、共ニ、衆動詞ノ第四變化ニ連ル。　但シ、其中ニ、るハ、規則

（5）らる

動詞ノ第一類ト、不規則動詞ノ第三類ト、第四類ト、ニ連リ、らるハ、其餘ニ連ルコト、表ノ如シ。

「言ハれ侍リ、」「報イられ候フ、」ナドハ、熟語法ナリ。　又、「西光、切ラれノ事、」（平家）「其謂ハれ、無キニアラズ、」ナドハ、名詞法ナリ。

○西洋ノ動詞ニテハ、能相、所相ハ、他動詞ニノミアリテ、自動詞ニハ、無キガ如シ。　然ルニ、國語ノ動詞ニハ、自、他、共ニ、之ヲ用ヰル、委シクハ、文典ニ説クベシ。

	規則動詞				不規則動詞			
	第一類	第二類	第三類	第四類	第一類	第二類	第三類	第四類
能相(Active.) 第一變化	押ス	受ク	報ユ	着ル	來	爲	死ヌ	有リ
所相(Passive.) 第四變化	押サる	受ケらる	報イらる	着らる	來らる	爲らる	死ナる	有ラる

又、己ガ心ヨリ、己レニ動作ヲ起シカケラルル意ヲナスコトアリ、「昔シ懐バる、」「行末ノ考へらるる、」ナドノ如シ、是等ハ、自所相トモイフベシ。

○敬語　使役、受身、ノ助動詞ハ、絶テ使役、受身、ノ意無クシテ、唯、他ノ動作ヲ敬ヒ言フ語トナルコトアリ、コレヲ敬語トイフ。　而シテ、使役ノ方ハ、大抵、「給フ、」「座ス、」ナドイフ語ト共ニ用ヰル。　例ヘバ、「位ニ卽カせめ給フ、」「行カせ給フ、」「起キさせ座ス、」或ハ、「君ニモ殊ニ喜バる、」「釋尊ノ言ハるるニハ、」「師ノ考へらるるヤウ、」ナドノ如シ、是等、「卽キ給フ、」「行キ給フ、」「起キ給フ、」「喜ビ給フ、」「言ヒ給フ、」「考へ給フ、」ナドイフト、太異ナシ。（書狀ノ文ニ、「被」遊、「被」下、ナド用ヰルモノ、是レナリ。）　又、重ネテ用ヰルハ、一層重キ敬語ナリ、「行カせらる、」「召サせらる、」「棄テさせらる、」ノ如シ。　但シ、「殿より使、隙なく、たまはせて、子安貝、とりたるかと、問はせ給ふ、」（竹取）ナ

ドハ、「問をせ」ニ、使役ノ意アリ、或ハ、「猶、それ、舞はせさせ給へと、集て申まとひしかば、」（枕草子）ナド用ヰタルモ、「舞ハせ」ニ、使役ノ意アリテ、其以下、敬語ナリ。

○或云、貴人ハ、何事ヲ爲ムニモ、自ラ手ヲ下スコト無ク、他ヲ使役シテ爲サセ、又ハ、他ニ爲ラルルヨリシテ、此ノ如キ敬語ハ出デタリトイフ。　然ルトキハ、自ラ使役、受身、ノ緣ナキニアラズ。

○又、生得ノ敬語アリ、「聞(キカ)ス」「聞(キコ)ス」「立(タタ)ス」「通(カヨハ)ス」「知(シラ)ス」「知(シロ)ス」「思(オボ)ス」ナド、尚多シ、是等ハ、規則動詞ノ第一類（す、す、せ、さ、し、せ、）ニ變化スル語ニテ、辭書ニハ、既ニ、各自、一語トシテ擧ゲタレバ、爰ニ論セズ。

○能力ノ助動詞　尋常ニハ、「押ス、」「讀ム、」「受ク、」「堪(コタ)フ、」ナドイフ動作ヲ、更ニ、「己ガ力、能ク爲シ得ル」意ニイフトキハ、る、らる、トイフ助動詞ヲ加ヘテ、「押サる、」「讀マる、」「受ケらる、」「堪(コラ)ヘらる、」ナドイフ、其意ハ、「押スコトヲ得、」「受クルコトヲ得、」ト言ハムガ如シ、コレヲ能力(ノウリョク)（Potential.）ノ助動詞トス。（前條、受身ノ助動詞ト、形、全ク相同ジケレドモ、相混ズルコト勿レ。）

（6）る　上ノ二語、能力ノ意ヲイフコト相同シ、共ニ、動詞ノ第四變化ニ連ル。　但シ、るハ、規則動詞ノ第一類ト、不規則動詞ノ第三類ト、第四類ト、ニ連リ、らるハ、其餘ノ各類ニ連ルコト、表ノ如シ。

（7）らる

		規則動詞 第一類	規則動詞 第二類	規則動詞 第三類	規則動詞 第四類	不規則動詞 第一類	不規則動詞 第二類	不規則動詞 第三類	不規則動詞 第四類
尋常	第一變化	押ス	受ク	報ユ	着(キ)ル	來(ク)	爲(ス)	死ヌ	有リ
能力	第四變化	押サる	受ケらる	報イらる	着(キ)らる	來(コ)らる	爲(セ)らる	死ナる	有ラる

○指定ノ助動詞　次ニ擧グルなり、たり、べし、等ハ、事物ヲ指シ定ムル意アレバ、コレヲ指定(シテイ)ノ助動詞トス。

(8) なり　指定解說スル語ニテ、「にて、あり」ノ意ナリ。(語原ハ、「に、あり」ノ約マレルナルベシ。) 此語、動詞ニ連ルキハ、必ズ、其第二變化ニ連ル。例ヘバ、「押スなり、」受クルなる、」報ユルなれ、」爲ルなれど、」ナトノ如シ。

○此語ハ、詠歎ノ意ヲイフ助動詞ノ(22)なりト、混ジ易シ。指定ノなりハ、口語ニ寫セバ、「押スぢや、」行クぢや、」ナドノ意ヲナシ、詠歎ノなりハ、「押スわい、」行クわい、」ナドノ意ヲナス、因リテ、「ぢやなり、」ワイなり、」トモイヒテ、コレヲ分ツ。且、他ノ動詞ト連ル規定モ、此條ノなりハ、其第二變化ニ連リ、詠歎ノなりハ、第一變化(不規則動詞ノ第四類ノミハ、其第二變化)ニ連ル、尙、前ノ第四表ヲ見テ辨別スベク、後ノ(22)なりノ條ヲモ見ヨ。

此語、又、獨立動詞ノ如ク、直ニ、名詞、副詞、ニモ伴ヒテ、指定解說ノ意ヲイフ、「月なり、」花なり、」是レなり、」夫レなり、」宜なり、」然なり、」ノ如シ。

此語、又、形容詞ノ第二變化ニモ連ル、「善キなり、」惡シキなり、」ノ如シ。(是ハ、其第二變化ナル形容法ヲ、名詞トシテ連ヌルモノノ如シ。)

○又、「靜なり、」明なり、」詳なり、」ナドイフなりハ、此條ノなりト、似テ異ナルモノニテ、「靜ニ、」明ニ、」詳ニ、」ナドイフ副詞ノ末ノにニ、動詞ノありノ約マリテ、なりトナレルナリ。(此事、尙、副詞ノ條ニ言フベシ。) サレバ、ソノなりハ、尋常動詞ノありト、勢力同ジクテ、「靜ならシム、」ナド、使役ノ助動詞ニモ連ヌベク、又、「いつよりも、今宵の月ハ、さやかなれ、秋のゆふべも、たどるむかりき、」(仲文) ナド命令法ニモ用ヰルベシ。サルニ、此條ノなりハ、然ルコト能ハズ、尙、第三表、第五表ヲ見テ知ルベシ。因ニ云、助動詞ノ、おどしニモ、「おどくなり」ト、連ネテ用ヰルコトアリ、是モ、「おどく、に、あり」ノ約マレルナルベシ。

(9) たり　此語ノ意義モ、「にて、あり、」ト指定スルモノナリ。(語原ハ、「と、あり」ノ約マレルナルベシ、) 此語ハ、名詞ニノミ連リテ、動詞ニハ屬カズ。例ヘバ「あくれど、五日のあかつきに、せうとたる人、外よりきて、」(かげろふ日記) 其他、「父たり、」子たる、」君たり、」人たる、」ナド、常ニ用ヰル。又、漢籍讀ニ、「峨峨たり、」寂莫たり、」ナド用ヰルモ、「と、あり」ノ約マレルニテ、亦、此語ナリ。

(24)べし　心ニ推シ量リテ定ムル意ノ語ナリ、「斯クアルべし」、「我レ行クべし」、ノ如シ。　又、強ク指定シテ、命令スル意ヲモナス、「疾ク行クべし」、「速ニ來べし」、ノ如シ。　此語ハ、來動詞ノ第一變化ニ連ルヲ規定トスレド、不規則動詞ノ第四類ニノミハ、其第二變化ニ連ル。

○又、此ノべし及ビ、(20)らむ、(30)らし、等ハ、規則動詞ノ第四類ニ連ルトキ、尋常、其第一變化ニ、「見ルべし」居ルらむ」、「來ルらし」ナド連ルニ、又、或ハ、「見べし」、「居らむ」、「來らし」、ナドトモ連ルコトアリテ、甚ダ異ナリ、尚、其委シキハ、文典ニ讓レリ。

○又、此語ハ、尋常ノ形容詞ト同ジク、「べけむ」、「べかり」、ナドトモ用ヰル、其用法ハ、形容詞ノ條ニ説ケルニ準ヘテ知ルベシ。

○打消ノ助動詞　「押ス」、「受ク」、ナドハ、正面ニ説ク動作ナルヲ、其動作ヲ、反面ヨリ説キテ打消ス時ハ、「押サず」、「押サざる」、「受クまド」、「受ケド」、ナドイフ。　其正面ニ説クヲ、正説トシ、(Positive.)反面ヨリ説キテ打消スヲ、反説、又ハ、打消トス。(Negative.)

(10)ず　動作ヲ、ソノママニ打消ス語ナリ、「押サず」、「受ケず」、ノ如シ　此語ハ、アヲユル動詞ノ第四變化ニ屬ク。　此語ハ、又、動詞、名詞、ヲ履ミテ熟語法ヲナス、「絶エず行ク」、「飽カず思フ」、「降リ試、降ラず試」、「問ハず語」、「知ラず顔」、ノ如シ。　又、地名ニ、「親知ラず」ナドアルハ、名詞法ナリ。

○此語ノ變化ノぬ、ねヲ、過去ノ助動詞ノ(13)ぬ、ね、ト別チテ、打消ノぬ、ねトイフ。　又、古クハ、「飽カぬ」、「得ぬ」、ナドヲ「飽カに」、言ヘバ「得に」、ナド用ヰ、又、「行カぬニ」、言ハぬニ、ナドヲ「行カなくニ」、「言ハなくニ」、ナド延ベテ用ヰタルアリ。(委シクハ、文典ニイハム。)

(11)ざり　前條ノずト、動詞ノありト、約マレルモノニテ、他ノ動詞ニ連ル規定モ、ずニ同ジ、「押サざり」受ケざる」ハ、卽チ、「押サず、あり」、「受ケず、ある」、ノ約ナリ。　直説法ニ用ヰタルハ、「朱雀院も、御子たち、おはしまさざり、たゞ、王女御こ聞えたる御腹よ、云云」(榮花、月宴)ノ如シ。(此ノ語ハ、一ノ助動詞トシテ擧グルマデモ無キ

ヤウナレド、今、姑ク存ス)

(26)まど 推シ量リテ打消ス語ニテ、ずノ豫定ナリ、「押スまど」「受クまど」ノ如シ。 此語、衆動詞ノ第一變化ニ屬キ、唯、不規則動詞ノ第四類ニノミハ、其第二變化ニ屬ク。

(27)ド 前條ノ語ニ同ジクテ、其意、稍、強キガ如シ、諸動詞ノ第四變化ニ連ル、「押サド」「受ケド」ノ如シ

此語、希ニ、熟語法ヲモナス、「今夜のみ、相見て後には、逢はどものかも」(万葉)「みだりに人な、寄せどものなや、」(後撰)其他、「負ケド魂」ナドハ、常ニモイヘリ。 此語ハ、本體アルノミ、變化ナシ。(サレドぞ、や、か、又ハ、こそ、ノ結法トハナルガ如クモ思ハル、其事ハ、文典ニ讓ル)

○過去、未來、ノ助動詞 「押ス、受ク、」トイフハ、其動作ノ最中ナルニイフ。 扨、其動作ヲ、既往ニ就キテイフヤハ、「押シき」「受ケたり」ナドイヒ、又、其動作ヲ、未然ニ就キテイフヤハ、「押サむ」「受ケむ」ナドイフ。 此ノ如キ動作ノ差違ヲ、動詞ノ時トイヒ、其差違、現在、過去、未來、ノ三樣ニ分ル。

現在 現在トハ、現ニ、今、動作スルヲイフ、「押ス、受ク、生ク、着ル、」ノ如シ。

過去 過去ノ意義、三種ニ分ル。

第一過去ハ、動作ノ方ニ終ハリタルヲイフモノニテ、つ、ぬ、たり、ノ三助動詞ヲ用ヰル。 即チ、「押シつ」「押シぬ」「押シたり」「受ケつ」「受ケぬ」「受ケたり」「生キつ」「生キぬ」「生キたり」「着つ」「着ぬ」「着たり」ノ如シ。 此三語ノ意、相同ジ。 又、コレト同意ナルニ、「押セり」「罪せり」ナドイフり、せり、アリ、末ニ説クベシ。

第二過去ハ、動作ノ過ギテ程歷シタイフモノニテ、助動詞ノけり、き、ヲ用ヰル。 例ヘバ、「押シけり」「押シき」「受ケけり」「受ケき」ノ如シ。 此二語ノ意モ、相同ジ。

第三過去ハ、第二ヨリハ、一層程歴タリシヲイフモノニテ、第一過去、第二過去、ノ助動詞ヲ重用ス。即チ、第一ノつ、ぬ、なり、ノ第五變化ナルて、に、なり、ト、第二ノけり、き、トヲ、重ネテ、「押シて、けり、」「押シに、けり、」「押シたり、けり、」「押シて、き、」「押シに、き、」「押シたり、き、」ノ如シ、而シテ其意モ、皆、相同シ。

未來　未來ハ、未ダ起ラザル動作ヲイフモノニテ、助動詞ノむ、ヲ用ヰル、「押サむ、」「受ケむ、」「生キむ、」ノ如シ。

又、第一、第二、第三過去、共ニ、其動作ハ、過去ナルベキヲ、推測シテ未來ニイフコトアリ。即チ、

第一過去ニテハ、つ、ぬ、なり、ノ第四變化ナルて、な、たら、ニ、未來ノむヲ重ネテ、「押シて、む、」「押シな、む、」「押シたら、む、」「受ケて、む、」「受ケふ、む、」「受ケなら、む、」ナドイフ。

第二過去ノけり、き、ニハ、別ニ、助動詞ノけむヲ用ヰテ、「押シけむ、」「受ケけむ、」「生キけむ、」ナドイフ。

第三過去ニテハ、第一過去ノつ、ぬ、なり、ノ第五變化ナルて、に、なり、ニ、前ノけむヲ重ネテ、「押シて、けむ、」「押シに、けむ、」「押シたり、けむ、」「受ケて、けむ、」「受ケに、けむ、」「受ケたり、けむ、」ナドイフ。

以上、數樣ノ時ヲ、表ニ示スコト、下ノ如シ。

○表ニ掲ゲタル動詞ノ「押ス」ハ、規則動詞ノ第一類ナリ、「受ク」ハ、其第二類ナリ、「生ク」ハ其第三類ナリ、「着ル」ハ其第四類ナリ。而シテ、現在ハ、皆、其動詞ノ第一變化ナリ、

現在 (Present.)	第一過去 (First past.)	第二過去 (Second past.)	第三過去 (Third past.)
押ス 受ク 生ク 着ル	押シ 受ケ 生キ 着 ｛つ(て、て) ぬ(ぬ、に) なり(たら、たり)｝	押シ 受ケ 生キ 着 ｛けり き｝	押シ 受ケ 生キ 着 ｛て に たり｝｛けり き｝
未來 (Future)			
押サ 受ケ 生キ 着 ｛む｝	押シ 受ケ 生キ 着 ｛て ふ たら｝｛む｝	押シ 受ケ 生キ 着 ｛けむ｝	押シ 受ケ 生キ 着 ｛て に たり｝｛けむ｝

未來ニ接スルハ、皆、其第四變化ナリ、其餘ニ接スルハ、皆、其第五變化ナリ。表ニ就キテ、其各變化ト助動詞トノ連續ノ則ヲ覺ルベシ、尙、前ノ第四表ニ照シテ見ヨ。扨、又、不規則動詞ニテハ、ぬ、き、（し、しか）ノ連續ニ就キテ、異則アレバ、表ノ混雜セムヲ恐レテ、爰ニハ揭ゲズ、其異則ノ事ハ、次ニモイフベク、前ノ第四表ヲモ參考シテ覺ルベシ。

○又、此外ニ、古文ニテハ、「成りに、たり、」變ハりに、たり、」或ハ、「宮より、あを俄ニ御迎へあさ、宣をせたりつれど、心あわたゞしくて、」（若紫）「打忘れたりつる古への御事をさへ、」（椎がもと）「年月歷たりぬれど、あかざりし夕顏を、つゆ忘れ給はぬを、」（玉葛）ナド、第一過去ナルヲ、互ニ重用セルモアリ、或ハ、「けり、つる」ナド、第二過去ニ、第一過去ヲ連ネタルモアリ、或ハ、「けり、き」ナド、第二過去ヲ、互ニ重用セルモアリ。（此事、次ニイフベシ、）サレド、斯ル用法ハ、今ノ普通文ニハ、奇僻ナルベシ。

(12) つ　動作ノ果テテ止マル意ヲイフ語ナリ。（語原ハ、止ト、意、通フナルベシ、）此語、アヲユル動詞ノ第五變化ニ屬ク。但シ、此語ハ、多ク他動詞ニ屬キ、次條ノぬハ、多ク自動詞ニ屬ク、「暮ヲシつ、」暮レぬ、明カシつ、」明ケぬ、」ノ如シ。（つノ音ハ、鋭ニシテ、ぬノ音ハ、軟ナルガ故カ、）サレド、一定ニハ言ヒ難シ、先ヅハ概則ナリト知ルベシ。

○自動ニ、「鳴キつる」有りつる」來つる」ト連ネタルモアリ、或ハ、他動ニ、「浮寐爲つラム」トモ連ネ、「旅寐爲ぬベシ」トモ連ネタルナドモアレバ、一様ニハ定メカヌレド、先ヅハ本文ノ如シ。次次條ノたりハ、（此つノ變化ノてト、ありト、約マルナレド）自、他、共ニ連ル。

○「押シて、む」見て、む」ナドノ「て、む」ヲ、往往、一語トシテ說キタルモアレド、表ニモ揭ゲタルガ如ク、其てハ、つノ變化ニテ、コレニ、未來ノむヲ添ヘテ用ホルモノナレバ、此篇ニハ、別ニ、一箇ノ助動詞トハセズ。

(13) ぬ　不規則動詞ノ「往ヌ」ヨリ變ジタル語ナルベク、（變化ノ不規則ナル狀モ全ク同ジ）動作ノ往キ畢レルヲイフ語ニテ、其意、つニ同ジ。此語モ、衆動詞ノ第五變化ニ連ナレド、（多クハ、自動詞ニ連ル、尙、前條ヲ見ヨ）不規則動詞ノ第三類ナル「往ヌ」死ヌ」ノミニハ、全ク連ナラズ、尙、前ノ第四表ヲ見ヨ。此語ノ第六變化ナル命令法ハ、「押シね」「受ケね」「生キね」ナド用井ルモノナリ。

○此條ノぬト、「往ヌ」トハ、同根ヨリ生ジタル語ナレバ、連續セズモ理ナリ。又、「死ニぬる」ナドハ、連續スベキガ如クナレド、古書ニ用例アルヲ見ズ、希ニ、「死ぬる」ナドトアルハ、「死ぬる」ナルベキヲ、僻讀シタルナルベシト云。

○此語ノ命令法ニ、過去ノ意ナシ、トイフ說モアレド、尙、微ニ、其意ヲ含メルガ如シ、「往キね」「取リね」ノ如キ、口語ニ寫サバ、「行ツテしまへ」「取ツテしまへ」ナルベシ。

○此語ノ變化ノぬ、ねヲ、打消ノぬ、ねト別チテ、「過去ノぬ、ね」或ハ、「畢ノぬ、ね」トイフ。

○又、「押シなむ」「受ケなむ」ナドノ「なむ」ヲ、一語ト見ルモアレド、然ラズ、此ぬノ變化ノなニ、未來ノむヲ連用シタルナリ、表ヲ見テ知ルベシ。　又、其「なむ」ハ、希望ノ(23)なむトモ混ジ易シ、過去ノ「なむ」トイフベシ。(天爾遠波ニモ、なむトイフ語アリ、混ジ思フコト勿レ)

(14)なり　「て、あり」ノ約マレルニテ、「押シたり」「受ケたり」ナドハ、「押シて、あり」「受ケて、あり」ナリ、而シテ、其てハ、前前條ノつノ變化ナレバ、スベテ、つト同意ナリト知ルベシ、熟語法ニ、「爲たり顏」(俗ニ、似たり貝)ナドモ用井ル。此語モ、衆動詞ノ第五變化ニ連ル。

○此たりヲ、前ノ(9)たりニ別チテ、彼レヲ「指定ノたり」トシ、コレヲ「過去ノたり」トス。

(15)せり　「爲て、あり」トイフ程ノ意ニテ、亦第一過去ノ意ヲナス語ナリ。(語原ハ、「爲、あり」ノ約マレルナルベシ)　此語ハ、固ヨリ、爲トイフ動詞ノ意ヲ含メルモノナレバ、獨立動詞ノ如キ力ヲナシテ、他ノ動詞ニハ屬カズ、甚ダ餘ノ助動詞ト異ナリ。　例ヘバ、「蓋爾爲有」「殿造せり」「團居せる夜ハ」「家居シせればゞ」「其他、「罪せり」「淳せり」「歎息せり」「工夫せり」「烈シクせり」「詳ニせり」ノ如シ。　サレド、尙、全ク獨立シテ文ノ冒頭ナドニ、用井ヲルルコト無ク、必ズ、他語ノ下ニ屬キテ文中ニ出ヅルモノナレバ、尙、助動詞タリ。

○此語、古クハ、「庵せり、けむ」「何せり、き」「何せり、つる」ナド、第一、第二過去ト重用セルモ見ユ。

(16) り‖ 此語ハ、規則動詞ノ第一類ニ限リテ屬ク助動詞ニテ、且、其第三變化ニ屬ク、卽チ、「行ケり」‖押セり」「別テり」‖ノ如シ。是等ノ意義ハ、「行キ、て、あり」押シ、て、あり」ナド解スベクシテ、亦、「行ク」押ス」等ナ、第一過去ニイフナリ。規則動詞第一類ノ六種ノ語ニ連續セシメテ、左ノ表ナ示ス。(尙、前ノ第三表、第四表ニ照シテ見ヨ)

直說法	分詞法	接續法 已然	接續法 將然	折說法
第一變化	第二變化	第三變化	第四變化	第五變化
行ケり	行ケる	行ケれ	行ケら	行ケり
亙セり	亙セる	亙セれ	亙セら	亙セり
別テり	別テる	別テれ	別テら	別テり
飛べり	飛べる	飛べれ	飛べら	飛べり
澄メり	澄メる	澄メれ	澄メら	澄メり
去レり	去レる	去レれ	去レら	去レり
		む	む	

○「行ケ」亙セ」別テ」飛べ」澄メ」去レ」ハ、スベテ、規則動詞第一類ノ第三變化ナリ。

○接續法ノ已然ニテハ、「難波邊ヨ、人のゆけれむ、おくれゐて、」將然ニテハ、「天の川、橋、亙せらむ」滄浪ノ水、淸メらバ以テ纓ヲ濯フベシ」ノ如シ。(忘貝、よせ來て置けれ、ナド命令法ナラムカ) 是等ノ用法、皆、古シ。

○此語、古クハ、「咲ケり、つる」咲ケり、き」給へり、き」讚メり、ける」ナド、第一、第二ノ過去ヲ重用シタルモ見ユ。

○此助動詞ハ、規則動詞ノ第一類ニ限リテ屬クモノナリ。サルヲ、誤リテ其第二類ナル「受ク」堪フ」終フ」ナドノ變化ニモ屬ケテ、「受ケり」堪へり」終へり」ナド混用スルコト往往アリ、注意スベシ。又、「立ツ」添フ」染ム」(自動)ナドハ、規則動詞ノ第一類ナレバ、「立テる家」松ニ添へる石」赤ニ染メる衣」ナド屬クルコト、論無ケレド、規則動詞ノ第二類ナル「立ツル」添フル」染ムル」(他動)ヲ「家ヲ立テる」石ヲ松ニ添へる」衣ヲ赤ニ染メる」ナドイフコトナルハ、口語調ニテ、文章調ニアラズ、混ジ思フコト勿レ。

(17) けり‖ つ、ぬ、たりヨリ、一層、程、歷シ時ナ示ス語ニシテ、(語原ハ、「來、あり」ノ約マレルナルベシ、)コレナ第二過去トス。此語、諸ノ動詞ノ第五變化ニ連ル。

此語、時トシテハ、過去ノ意ハ薄クシテ、唯、語氣ニ念ヲ入レテ言フ意ヲナス、「秋も來にけり」天つ星さぞあやまたれける」ナドヲ、口語ニ寫セバ、「秋が來たわい」まちがへられるわい」トイフマデノ意ナリ。殊ニ、「心なりけり」我身なりける」ナド、「なり、けり」ト用ヰタルハ、唯、推シテ説明スル意ヲナス、古ク、「何何なりけりき」ナド用ヰタルアルモ、けりハ、説明ノけりニテ、きニ、過去ノ意アルナルベシ。

(28) き　前條ノけりト、語意同ジクシテ、第一過去ヲイフ語ナリ。此語ノ變化ハ、き、し、しかニテ、衆動詞ノ第五變化ニ連ルヲ通則トスルニ、唯、不規則動詞ノ第一類、第二類ニ於テハ、き、し、しか、相分レテ、其第四變化ニモ連ルヲ、殊ニ異則ナリトス。左ニ表ニ掲ゲテ示ス、尙、前ノ第四表ニ參照スベシ。

不規則動詞

	第一類	第二類
第四變化	來(コ){し しか}	爲(セ){し しか}
第五變化	來(キ){し しか}	爲(シ)き

表ニ掲ゲタルガ如ク、「來し」來しか」又ハ、「來し」來しか」ト、何レニモ連ル、而シテ、「來し」來しか」ト用ヰタル方、例多シ。扨、「來き」來き」ト用ヰタル例、サラニ見當ラズ。

又、「爲き」ト「爲し」爲しか」ト、相分レテ連リ、而シテ、「爲し」爲しか」又ハ、「爲き」ナド用ヰタル例、更ニ無シ。

○此ノき、し、しかハ、餘ノ動詞ニテハ、其第五變化ニ連ルヲ通則トス、サレバ、規則動詞第一類ノ「押ス」申ス」ナドノ第五變化ハ、「押シ」申シ」ナレバ、スベテ、「押シ、き」押シ、し」押シ、しか」申シ、き」申シ、し」申シ、しか」ナド、連ヌベキ規定ナリト知ルベシ。(尙、前ノ第四表ヲ見ヨ) サルヲ、「押ス」申ス」ノ第三變化ナル「押セ」申セ」ニ連ネテ、「押セ、し」押セ、しか」申セ、し」申セ、しか」ナド、誤用スルコト多シ、心ヲ付クベシ。(押セ、き」申セ、き」トハイフベカラザルニテ覺レ、且、「痩セ、き」痩セ、し」失セ、き」失セ、し」ナド、第二類ナルハ、共ニ相連ルニ照シテモ見ヨ)

○且又、尋常直說法ニテ文ヲ結ブトキハ、「押シき」申シき」見き」ナドナルベキヲ、「押シし」申シし」見し」ナド結ブコトアルモ、誤ナリト知レ。

○又、此語ノ變化ノしかニ、第二類天爾遠波ノか（歟）ヲ添ヒタルト、又ハ其第三類ノがノ添ヒタルトアルヲ、此きノ變化ノしかト混ジテ說解スルコトアリ、注意スベシ。卽チ、「我ヲ行キしか」ナドハ、此變化ノしかナリ「何時ノ程ニ行キしか、（歟）或ハ、「行キしが、逢ハザリキ」ナドかがハ、天爾遠波ノかがナリ、思ヒ分クベシ。

接續法 已然	接續法 將然
櫻の無かりしかば	櫻の無かりせば
夢と知りしかば	夢と知りせば
我が行けりしかば	我が行けりせば
衣ありしかば	衣ありせば

○「世の中に絕えて櫻の無かりせば」（古今）「夢と知りせば覺めざらましを」筑波根に我が行けりせば、霍公鳥」（万葉）「吾妹が衣ありせば、下に着ましを」（万葉）ナドイフセアリ。コレハ、此ノき、し、しかノ變化中ノモノニテ、卽チ、「しかば」「せば」ト相對シテ、接續法ノ已然、將然ナラムト思ハル。サラバ、此語ハ、き、し、しか、せ、ト變化スト云ベケム。此事、先輩ノ論及、アリヤ、ナシヤ、姑ク、私案トシテイフ。

（18）む　未來ヲイフ語ニテ、アラユル動詞ノ第四變化ニ屬ク。

○「行カま欲シ」聞カま欲シ」見ま憂キ」ナド、未來ノ意ヲイフまアリ、此語ノ第五變化トシテ、熟語法ト見ルベキカ。（但シ、折說法、名詞法、トハナラズ）又、万葉集ニ、「戀ひまく思ふ」見まくちかけむ」吹かまくをしも、」古今集ニ、「見まくほしさに」見まくのほしき」唐錦たたまく惜しき」伏見の里のあれまくも惜し」ナドアルまくモ、同意ニテ、此まヲ延ベタルマデノ語ナルベキカ。（義門師ハ、此ノま、まくヲ、推量ノ（26）まし轉ノ如ク說カレタレド、イカガ、尙まし條ヲ見ヨ）

（19）けむ　第二過去ノけり、きヲ、未來ニ推測シテイフ語ナリ。（語原ハ、けりノ變化ノけらト、未來ノむトノ約マレルモノナラムカ）　此語、各動詞ノ第五變化ニ屬ク。

○推量ノ助動詞

らむ、めり、まし、らし等ハ、事物ヲ推量スル意アリ、コレヲ推量ノ助動詞トス。

（20）らむ　未然ヲ推量スル語ナリ、「押スらむ」受クらむ」ノ如シ。　此語ハ、各動詞ノ第一變化ニ屬キ、唯、不規則動詞ノ第四類ニノミ、其第二變化ニ屬ク。

○此語、規則動詞ノ第四類ニ連ルニ、異則アリ、前ノ(24)べしノ條ヲ見ヨ。

(21)めり　語原ハ、「見え、あり」ノ約マレルナルベク、事物ノ狀態、然見エ、ト推量シテイフ語ナリ。(口語ニ、「あるごみえる、「ふいごみえる」ナドノ意) 此語、動詞ノ第一變化ニ連ル、「我おこちどこやうの事、爲出づ、めり」(宿木)「紅葉亂れて流る、めり」(古今)濡る、める人に着せてかへさむ」(勢語)秋も往ぬ、めり」ノ如シ。 但シ、不規則動詞ノ第四類ニノミハ、其第二變化ニ屬ク。

(26)まし　未來ヲ推シ定メ、又ハ、然セムトスル意ヲイフ語ニテ、まハ、未來ヲイフむノ轉ナルベシ、サレバ、むト同ジク、各動詞ノ第四變化ニ連ル。 此語ノ接續法ナル「ましかバ」ノ出ヅルヰハ、其末ヲ、又、ましト結ブヲ、概則トス、「まして、龍を捕へたらましかむ、又、ぉごもなく、我ハ害せられなまし、」(竹取)「人知れず、絶えなましかむ、わびつつも、無き名ぞごだゝ、言そましものを、」(古今)ノ如シ。

接續法

已然	將然
寒かましかむ	寒かませむ
有らましかむ	有らませむ
知らましかむ	知らませむ

○「飛鳥川、ぉがらみ渡し、寒かませむ、流るる水も、のどかゝあらまし」(万葉)「大舟ゝ、妹のるものゝ、有らませむ、はくゝみもちて、行かましものを、」(同)「斯くむかり、戀ひむとかねて、知らませむ、妹なむ見ぞぞ、あるべかりける、」(同)ナドノませハ、此ましノ變化中ノモノナルベク、ませノせハ、ましノしト、同趣ノ音ニモアリ、卽チ、「ましかバ」ト、「ませバ」ト相對シテ、接續法ノ已然、將然ヲナスモノナラムカ。(義門師ハ、「行カま欲シ」ナドイフまニ、爲ノ添ハレルナラム、ト言ハレタレド、此ノせニ、「爲ル」トイフ力アリトモ思ハレズ、又、「知ラま爲ル」有ラま爲レバ、」ナド用ヰタル例モナシ)

(30)らし　輕ク推量スル語ナリ、「押スらし」受クらし」ノ如シ。 此語ハ、不規則動詞ノ第四類ニノミハ、其第二變化ニ連ナレド、其他ノ動詞ニハ、スベテ、其第一變化ニ連ル。 此語ニ、變化ナシ。

○但シ、此らしハ、一體ニテ、ぞ、や、か、又ハ、おそノ結法ヲナス、委シキコトハ、文典ニ說カム。 又、規則動詞ノ第四類ニ連ルニ、異則アリ、前ノ(24)べしノ條ヲ見ヨ。

○詠歎ノ助動詞

(22) ふり　ふトイフ感動詞(後ニイフベシ)ニ、語尾變化アルモノニテ、動作ヲ言ヒ終ヘタル餘意ニ添ヘテ發スル語ナリ。此ノふりハ、動詞、助動詞ノ第一變化ニ屬ク〻、「秋の野に、人まつむしの、聲爲、ふり」小夜深き、雲居の雁も、音爲、なり」やがて鹿の音、聞ゆ、なり」今とてハ見えず、なるを」花の衣になりぬ、なり」ノ如クニテ、前ノ「指定ノなり」(其條ヲ見ヨ)ノ、第二變化ニ屬クト、異ナリ、一文中ニ用ヰ分ケタルハ、「男も爲、なる日記といふものを、女も志て試みむとて爲る、なり」(土佐)ノ如シ、詠歎ナルハ、「爲」(第一變化)ニ連リ、指定ナルハ、「爲ル」(第二變化)ニ連ル。但シ、不規則動詞ノ第四類ニテハ、此ノなりモ、其第二變化ニ連ル。

○サレバ、不規則動詞ノ第四類ニテハ、詠歎ナルモ、「有ルあり」(有ルわい)ト連リ、指定ナルモ、「有ルあり」(有ルぢや)ト連リ、又、規則動詞ノ第一類、第四類ニテモ、其第一變化、第二變化、形、相同ジケレバ、詠歎ノ「行クあり」着ルあり」(行クわい、着ルわい)指定ノ「行クあり」着ルあり」(行クぢや、着ルぢや)共ニ同ジ姿ナレバ、善ク其意義ヲ考ヘテ相別ツベシ。

○希望ノ助動詞

(23) なむ　願ヒ、又ハ、吩咐フル意ヲイフ語ニテ、「押サなむ」受ケなむ」生キなむ」有ラなむ」ナド用ヰル、是レナリ。此語ハ、語尾變化ナキノミナラズ、古クハ、「行カな」言ハな」トノミモイヒタレバ、願フ意アル感動詞ナルベクモ思ハルレド、尙、文ノ末ヲ結ベバ、助動詞タルベシ。此語、動詞ノ第四變化ニ連リ、而シテ、「希望ノなむ」或ハ、「願ノなむ」又ハ、「あつらへノなむ」ナドイヒテ、過去ノぬノ變化ニ起ルなむ(動詞ノ第五變化ニ連ルモノ)ト別ツ。

○サレド、規則動詞ノ第二類、第三類、第四類ハ、其第四變化、第五變化ノ形、共ニ相同ジケレバ、「受ケなむ」生キなむ」着なむ」何レモ、「願ノなむ」トモ解セヲレ、「過去ノなむ」トモ解セラルルコトアリ、能ク、其意義ヲ分チテ、解スベシ。

○比況ノ助動詞

(25) ごとし　比ブル意ヲイフ語ニテ、多クハ、天爾遠波ノの、がノ下ニ連ルコ、他ノ助動詞ト異ナリ、「山の、ごとし」「海の、ごとき」「此の、ごとき」「聞くが、ごとく」「善きが、ごとし」ノ如シ。　又、古クハ、「見るが、ごと思フ」「秋の、ごと涼シ」ナドト「副詞法」ニ用ヰタルアルモ、異ナリ。

○此語ノ變化ハ、形容詞ノ變化ノ如クナレド、其第三變化ニ「ごとけれ」ト用ヰタルヲ見ズ。　又、「ごとくは」「ごとくあり」ナド用ヰルコトアルモ、他ノ形容詞ニ無キコトナリ。(狹くは」ナドモ、希ニハアルカ)

○

○凡ソ、此篇ニ助動詞トシタルモノ、從來ノ語學書中ニハ、スベテ天爾波波ノ中ニ混ジテ說ケリ。　然レドモ、是等ノ語、皆、變化ヲ具シ、法ヲ具シ、或ハ、希ニ變化ナキモノモアレド、其語、皆、能ク文章ノ末ヲ結ブ。　既ニ變化アリ、法アリ、又、能ク文章ヲ結ブモノ、コレヲ天爾遠波ノ中ニ混ズベキニアラズ。　サレド、是等ノ語、變化アリ、法アリ、又、能ク文ヲ結ベドモ、獨立ニハ用ヰラレズ、必ズ他語ノ下ニ就キテ、其意ヲ補助スル用ノモノナレバ、固ヨリ、動詞ニハアラズ、因テ今ハ、助動詞トシテ、一門ニ立テタリ。　而シテ、が、の、に、を、も、ぞ、なそ等ノ、變化モナク、言語ノ間ニアリテ、上下ヲ承接スルモノノミヲ存シテ、天爾遠波ノ一門トセリ。　又云、助動詞ハ、洋文典ニテハ、動詞ノ條中ニ附說スルモノ多シ、然レドモ、邦語ノ助動詞ハ、變化ト法トヲ具シテ、其數モ多ク、其規定モ繁ナルモノナレバ、一門ニ立ツベキ價値アリ、且、別門ニ立テテ說ク方、學ブ者ニモ便ナラムト思ハル、因テ今ハ此ノ如シ。

○前ノ動詞ノ條末ニ於テモ、國語ト洋語トノ間ニ、動詞ニ天性ノ異同アルコトヲ論ジタリ。　サルニ、世ノ洋文法ニ據リテ國文法ヲ作ルモノ、動モスレバ、遂了ノ見ヲ以テ、此ニ助動詞トシテ說ケル「打タる」「遂ゲらる」「打チつ」「敎へき」「打タむ」「遂ゲむ」等ノる、らる、つ、き、むナドヲ、動詞ノ語尾變化ト斷定シ、動詞ノ Voice, Mood, Tense, 等トシテ說キテ、確ク執リテ動カザルガ多ケレバ、今、反覆シテ其說ノ理ナキヲ辨ゼム。右ノ助動詞ドモヲ、動詞ノ語尾變化ト見ルトキハ、第一ニ、其變化ノ稱呼ニ就キテ、甚ダ辨別ニ苦ムコトアリ。　ソハ、先ヅ、「打つ」トイフ動詞ノ變化ハ、つ、て、た、たりナドトシテ、更ニ、又、其ノ Passive voice ノ「打たる」ニモ、る、るる、るれ、れノ變化ヲ起シ、又、其ノ Potential mood ノ「打たる」ニモ、る、るる、るれ、れノ變化ヲ起シ、又、其ノ Past tense ノ「打ちつ」ニモ、つ、つる、つれ、てノ變化ヲ起シ、又、其ノ Future tense ノ「打たむ」ニモ、む、めノ變化ヲ起スナド、其他、尙、幾多ナルコト、擧グルニ堪ヘズ、 是等ヲ、スベテ、一動詞ノ語尾ノ變化ナリトスルトキハ、一動詞ニ、數十百樣ノ變化ヲ起スニ至ル。 而シテ、右ノ諸變化ハ、皆、各自ニ、直說法、接續法、命令法等ノ諸法ヲ成スガ故ニ(前ノ第三表ヲ見ヨ)「打たれよ」トイヘバ、Passive voiceニ、Imperative moodヲ起シ、「打たるれは」トイヘバ、Potential mood ニ、Subjunctive mood ヲ起シ、「打ちてよ」トイヘバ、Past tenseニ、Imperative mood ヲ起ス等、其餘、皆、然リ。 然ノミナラズ、各助動詞ハ、又、各自ノ變化ヲ以テ、他ノ助動詞ニモ、互ニ連續スルガ故ニ(前ノ第四表ヲ見ヨ)其連續スルモノヲモ連ネテ、一動詞ノ變化ト見ザルヲ得ズ(一連續ハ語尾ナリ、二連續以上ハ語尾ナラズト區別スルハ、難カラム)サレバ、「打たれしめよ」打たしめられたりしかは」打たれしめざるべからず」ナド、層層重用スルモノニ至リテハ、如何ニカコヒニ命名スベキ。

右ノ如クナレバ、Mood ニ、Voice ヲ生ジ、Voice ニ、Mood ヲ起シ、Tense ニ、Mood アリ、Mood ニ、Mood ヲ重ヌルニ至ル、豈ニ亦解スベカラザル極ナラズヤ。 既ニ動詞ノ條末ニモ論ジタルガ如ク、英文法ノ如キハ、羅甸文法ノ摸擬ニ出デタルモアレバ、重複變化ノ不都合モアレド、羅甸文法ノ如キハ、一動詞ノ變化ニ、法モ、口氣モ、時モ、具備スルモナレバ、然ル紊亂ノ不條理無ク、又、初ヨリ、其國語ノ天性ニ隨ヒテ立テタル文法ナルベケレバ、然ル不條理ノ起ルベキ謂ハレモ無カルベキナリ。 畢竟スルニ、國語ノ特性ヲ善クモ推究セズシテ、唯徒ニ此ヲ彼ニ合ハセムトスレバコソ、サル牽强說モ起ルナレ、況ヤ、其說ノ如クストモ、Mood, Voice, Tense. トイフ語原ノ意義ニ於テ、既ニ其大本ヲ失ヘバ、强ヒテコレヲ立ツトモ、洋文法ノ忠臣トモ爲リ難カラムヲヤ。

此ノ故ニ、國語ニハ、國語特性ノ制ヲ立テテ、動詞ト助動詞トヲ甄別シ、扨、國語ノ助動詞ハ、變化ト法トヲ具シ、且、助動詞ト助動詞ト相疊用スル定則モアリ、而シテ、受身トイヒ、打消トイヒ、過去トイヒ、未來トイフガ如キ意義ハ、助動詞ノ其語體ニ生得スト說キ去ラバ、何ゾ然ル紛絲ノ紊レヲ起サム、各國天然ノ言語ニ、各、差違アルベキハ、理ノ應ニ然ルベキ所ニシテ、其間ニ惑ヒヲ入ルルニ足ラズ、唯、其國語天然ノ性ニ隨ヒテ語法ヲ制定スベキナリ、彼ニアレバトテ、我ニ摸擬捏造シ、彼ニ無ケレバトテ、我ニ甄表セザルハ、其見、亦陋ナラズヤ。

○和蘭人、初メ、佛語、獨逸語ヲ混用シテ、基本ノ國語無カリキ、百十數年前、其國ノ學者相集リ、既ニ獨立國タル上ハ、一定ノ國語無カルベカラズト議シテ、乃チ、羅甸文法ニ據リテ、新ニ文法ヲ定メ、名詞ノ格ヲ、六格ト建テテ、施行セリ、サルニ、コレヲ實際ニ使用スルニ至リテ、不都合ナルコトドモ多カリシカバ、更ニ審議セシニ、全ク、蘭語ニハ、六格ヲ具ヘヌモノト再議シテ、因テ、減ジテ、四格トシタリトナリ、此事、和蘭ノ某ノ辭書ノ序ニ見エタリト、往年、某學士ニ聞ケルコトアリキ、洋文法ヲ以テ國文法ヲ論ズル者、留意スベキコトナリ。

副詞

副詞ハ、常ニ動詞ニ副ヒ、又、形容詞ニ副ヒ、又、或ハ、他ノ副詞ニモ副ヒテ、其意味ヲ種種ニ言ヒ添フル語ナリ。 例ヘバ、「只管、思フ」暫シ、留ル」甚ダ、高シ」最モ、遙ニ、見ユ」ナドノ、「只管」ハ、思フ狀態ヲ示シ、「暫シ」ハ、留ル程ヲ言ヒ、「甚だ」ハ、高キ度ヲ指シ、「最も」ハ、「遙ニ」ノ距離ヲ定ムルガ如シ。

○副詞ノ種類　本體ノモノハ、上ニ擧ゲタル外ニ、「必ず、有リ」「既に、成レリ」「嘗て、聞ケリ」「許多、見エ」「恰も、好シ」「最、麗ハシ」「頗る詳ニ、知ル」ナド、擧ゲ盡シ難シ。

副詞ニハ、疊ミタルガ如キ語多シ、しばしば(屢)つらつら(熟)ほとほと(殆)なかなか(却)やうやう(漸)ノ如シ。　殊ニ、形狀、聲音ヲイフモノニ多シ、「戸ヲほとほと叩ク」「涙ヲはらはらと落ス」「からからと笑フ」「さめざめと泣ク」ノ如シ。　又、同語ヲ重用スルヿアリ、かくかく(斯斯)しかしか(然然)いといと(最最)いよいよ(彌彌)げにげに(實實)ノ如シ。

副詞ニハ、に、らに、かに、らかに、やかにナドイフ接尾語ヲ用ヰルモノ多シ、「既に」「終に」「夙に」「豈に」「更に」「殊に」、或ハ、つばらに(詳)つぶらに(圓)のどかに(長閑)しづかに(靜)たひらかに(平)あきらかに(明)すみやかに(速)すこやかに(健)ノ如シ。

又、にニ終ハルモノノ中ニ、不規則動詞ノ「有リ」ニ連レルヤ、にトありト約マリテ、なりトナルモノアリ、「新なり」「明なり」「靜なり」「詳なり」ノ如シ、是等ノ語尾ノ變化ハ、卽チ「有リ」ニ同ジ。

○名詞ヲ副詞ニ用ヰルモノハ、「今、來ム」「今日、行ク」「明日、來ラム」「年、成レリ」「二日、待チテ」ノ如シ。　其下ニにヲ添ヘテ用ヰルハ、「常に」「時に」「故に」「誠に」「日に」「月に」ノ如シ。　又重用スルハ「時時」「夜夜」「數數」又ハ「年年に」「日日に」ノ如シ。

漢語ヨリ入レルハ、「大抵、成レリ」「一切、知ラズ」「終日、勤ム」「再三、問フ」ノ如シ。　其下ニにヲ添フルハ、「切に」「別に」「丁寧に」「專一に」ノ如ク、又、重用スルハ、「年年」「日日」「度度」「次第次第に」ノ如シ。

○形容詞ノ副詞法ハ、皆、副詞ニ用ヰラル。　「高く、昇ル」「疾く、走ル」「惡しく、ナル」「樂しく、思フ」ノ如シ。　此類ニテ、「能く」「輙く」「夙く」「甚く」「宜しく」ノ如キハ、全ク副詞ノ如クナレリ。　又、重用スルハ、「善く善く」「疾く疾く」ノ如ク、或ハ、語原ヲ重用スルハ、「細細」久久」深深」ノ如シ。

○動詞ヲ副詞ニ用ヰルハ、「曰はく」宣はく」願はくハ」恐らくは」疑ふらくは」思ふに」(願)「打付けに」亂りに」(妄)「頻りに」詮ずるに」案ずるに」絶えて」敢へて」總べて」返りて」(却)「譬へば」(例)「言はば」言はむや」(況)ノ如シ。　又、重用スルハ、「行く行く」泣く泣く」益す益す」代る代る」返へす返へす」取り取り」次ぎ次ぎ」取り取りに」次ぎ次ぎに」ノ如シ。

○熟語ヲ副詞ニ用ヰルハ、「元より」(固)「何れか」(孰)「如何でか」(爭)「何處にぞ」(焉)「一重に」(偏)「殊更に」(故)「身づから」(躬)「己づから」(自)「餘りさへ」(剩)「請ひ願はくは」(冀)「欲しいままに」(恣)「無いが代に」(蔑)「稍もすれば」(動)ナドナリ。

○副詞ノ用法　同語ヲ重用シテ、「最最、好シ」疾く疾く、行ケ」ナドイフハ、其意ヲ強クスルナリ。　又、「尙、暫し、待ツ」唯、只管に、頼ム」夙に、早く、起く」嘗て、屢、見タリ」雪ノ間無ク、時無ク、降ル」月に、日に、關守無クバ」ナド重用スルハ、其意、二ツナガラ、下ノ動詞、形容詞ニ係ル。
又、間ニ他ノ語句ヲ隔テテ係ルハ、「熟、事ノ由ヲ考フルニ」暫し、時ノ移ルヲ待チテ」ノ如シ。　又、動詞ノ下ニ用ヰルモノハ、「待ツヿ暫しナリ」行クベキカ(問)否」我ヲ恨ム勿」色ニ出ヅ勿努力」ノ如シ。　此ノ勿ハ、必ズ、動詞ノ第一變化ニ屬ク、「我ヲ恨ムな」人ヲ忘ルな」色ニ出ヅな」來な」爲な」ノ如シ。　但シ、不規則動詞ノ第四類ノミハ、其第二變化ニ屬ク、「有ルな」居ルな」ノ如シ。

○此ノなハ、或動詞ノなト迷ヒ易シ、心スベシ。　又、「恨ムル勿レ」忘ルル勿レ」出ヅル勿レ」來ル勿レ」爲ル勿レ」ナド用ヰル勿レハ、「無クアレ」ノ約マレルモノナリ、「渇スルコト勿レ」。

又、「な、そ」トイフ二語ニテ動詞ヲ挾ミテ、禁止スル意ヲイフ副詞アリ、「な行キそ」な受ケそ」な落チそ」ノ如シ。　或ハ、「努力な語りそ」現はな言ヒそ」甚くな侘ビそ」ナド、他ノ副詞ト共ニ用ヰ、或ハ、「人な甚く侘ビサセ奉ラセ給ヒそ」(竹取)ナドトモ用ヰ、或ハ、熟語ヲ中斷シテ、「吹キな散ラシそ」ナドトモ用ヰル。　此ノ副詞ハ、スベテ、動詞ノ第五變化ヲ挾ムヲ通則トスルヿ、上ノ諸例ノ如シ。然ルニ、不規則動詞ノ第一類、第二類ニテハ、其第四變化ヲ挾ミテ、「な來そ」「な爲そ」ト用ヰルヲ異則ナリトス。（第五變化ニテ、「な來そ」「な爲そ」ナドトハ用ヰズ。）

○古クハ、「雲な棚引キ」「人モな忘レ」「吾無シトな侘ビ」ナド、そ無クモ用ヰタルヤウナリ。

又、上ノ意ヲ承ケテ下ニ移スモノアリ、「齡ハ老イヌ、然ハアレド」ナドナリ、其他、「斯く」「抑も」「さて」ナド、皆、然リ。又、元來ハ、上ノ意ヲ承クベキモノヲ、意、輕ク、文首ニ用ヰルモノアリ、「夫れ」「抑も」「凡そ」ノ如シ

又、副詞ニハ、其生得ノ意味ヲ、其下ノ語ニ移シテ、反應セシムルモノアリテ、反語、打消ノ語、推量ノ語、疑問ノ語等、各、一定ノ用法ヲ起サシム。是等、慣用ノ法ニ據リテ用ヰルベキナリ。例ヘバ、

「え行カジ」「いさ知ラズ」「をさをさ見エズ」「よも思ハジ」「さらさら無シ」「豈知らむや」「縱ひ行クトモ」「よし見ルトモ」「蓋し是ナラム」「若し行カバ」「寧コレヲ取ラム」「如何ハセム」「爭で知ラム」「幾何アラム」「疑ふらくは是レナラム」「焉ぞ取ラム」ノ如キ、枚擧スベカラズ。

○以上、副詞ノ解、稍、繁ニ渉リテ、他ニ比スレバ、不倫ナルガ如シ、然レドモ、副詞ニハ、迷ヒ易キモノモ多ケレバ、今ハ此ノ如シ。

○此ノ副詞トイフモノ、從來、國學諸哲ノ論及セルモノ、ヲサヲサ見エズ、サレバ、此一類ノ語ニハ、某ノ言ト、名稱ヲモ付セズシテアリ、唯、富士谷成章氏ガ、「かざし抄」ニ、かざしト名ツケタル一類ノ語中ニ、往往、此副詞ヲ混ジテ論ジタルアレド、倘、甚ダ詳悉ナラズ、サレバ、此條ハ、先哲ノ說ノ據ルベキナクシテ、創定ニ係レルコト多シ。

接續詞

接續詞ハ、語、句、又ハ、文、ノ間ニ入リテ、ソレヲ續ギ合ハスル語ナリ。例ヘバ、「月、又、花」春、過ギタリ、さて、

夏、來ル」ノ如シ。

漢籍讀ニ用ヰルハ、「コレヲ求ムルカ、抑、コレヲ與フルカ」「秦カ、漢カ、將、近代カ」多クシテ、且、旨シ」ナドアリ、書狀ノ文ニ、尤、旁、將又ナド用ヰルモノモ、是レナリ。

動詞ヨリ來レルニハ、及び、並に、尋でナドアリ、亦、漢籍讀ノ用法ナリ、書狀文ニ、就て、隨て、依てナドモアリ。

熟語ヲ用ヰルハ、「或は」（有ル謂ハ）「斯くて」「然れば」「然して」（而）「若しくは」「さりながら」「然のみならず」（加之）「かるがゆゑに」（故）「何となれば」「是に於て」ノ如シ。　是等モ、漢籍讀ノ用法ナルガ多シ。

○「月と日と」「山も川も」「蝶や花や」ナドノとも、やナドモ、其用法ニ因テハ、接續詞ノ意ヲナスコトモアリ、然レドモ、今ハ、類ヲ以テ天爾遠波ノ部ニ收メタリ。

○此接續詞トイフモノ、舊說ニテハ、スベテ天爾遠波ノ中ニ雜ヘタリ。　然レドモ、別ニ一種ノ意義アルモノニテ、混ジ難キ事アリ、因テ、今ハ、別門ニ立テタリ。

天爾遠波

天爾遠波（略シテ、天爾波）ハ、言語ノ中間ニ居テ、上下ノ語ヲ承接シテ、種種ノ意義ヲ達セシムル語ナリ。

例ヘバ、「宇治山の僧喜撰は、詞幽かにして、初め、終り、確ならず、言はば、秋の月を見るに、暁の雲に逢へるが如く」ノの、は、て、ば、を、に、が、ノ如シ。

○古クハ、漢文ヲ譯讀スルニ、後世ノ如ク、送リ假名ナド付クルコトハ無クシテ、文字ノ四方、四隅、中央等ニ、點ヲ付シテ、其點ニ、一定ノ則ヲ立テテ、譯讀セシナリ。　下ノ圖ハ、其一則ニテ、例ヘバ、人ノ字ノ左肩ニ點アレバ、「人ニ」ト讀ミ、右肩ニアレバ、「人ヲ」ト讀ミシナリ。　其右肩ノ二點ノ訓語ヲ採リテ、コレヲ「ヲ、コト、點」ト概稱セリ。（今モ、「返リ點」ナド、點トイフコトアルハ、其遺ナリ。）又或ハ、其四隅ノ訓語ヲ、左脚ヨリ左肩ヘ、右肩ヨリ右脚ヘ循リテ讀メバ、「テ、ニ、ヲ、ハ」トナルヲ採リテ其概稱トモセリ、是レ、天爾遠波トイフ語ノ起因ナリ。

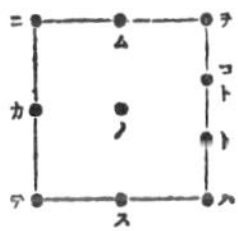

天爾波ハ、其形、多クハ短小ニシテ、且、獨立シテハ用ヲ成サズ。然レドモ、常ニ、文中所在ニ居テ、上下ノ語ヲ連絡セシメ、互ニ呼應シテ其意義ヲ通ジ、他語ノ方向ヲ示シ、意旨ヲ導キ、自他ヲ區別シ、彼此ヲ分合シ、言語ノ位置、顚倒ストモ、其所在ニ就キテ指示ノ任ヲ盡スナド、關節ノ筋ノ如ク、門戸ノ樞ノ如シ。

アラユル天爾波ヲ、其用法ニ因テ、三類ニ大別シ、而シテ、逐次ニ其意義ヲ說クベシ。

第一類　名詞ニ屬クモノ。

(A)が の　(B)の が つ　(C)に　(D)を　(E)と と　(F)へ　(G)より から よ　(H)まで

第二類　種種ノ語ニ屬クモノ。

(I)は は　(J)も　(K)ぞ し　(L)なむ なも　(M)こそ　(N)だに　(O)すら　(P)さへ

(Q)のみ　(R)ばかり　(S)や　(T)か

第三類　動詞ニ屬クモノ。

(U)と とも　(V)ど ども　(W)が に を　(X)て　(Y)で　(Z)つつ

〇第一類　此類ノ天爾波ハ、名詞ニノミ屬ク、コレヲ名詞ノ天爾波トイフベシ。

(A)が の　上ニ名詞ヲ承ケテ、下ハ動詞ニ係リ、其動作ヲ起ス所ノ名詞ヲ、特ニ擧ゲ示ス意ノモノナリ。例ヘバ、「斯くと誰が言ふ」「我をぞ君が思ひ隔つる」「白雪のかかれる枝に鶯の鳴く」「行交ふ人の花をたむくる」ノがのノ如ク、「言ふ」「思ふ」「鳴く」「手向く」ノ動作ヲ起スハ、「誰」「君」「鶯」「人」ナルコトヲ、特ニ指示ス。又、下、形容詞ニ係リテ、「待つ人の無き」「空ののどけき」「聞くが樂しき」「無きが多し」ナドイフモ、用法同ジ。

○コレヲ、羅甸ニ謂ハユル名詞ノ Nominative case. (主格) ナリトスルハ、恰當ナラズ。國語ニテ、彼ノ主格ニ相當スベキ純粹ナルモノハ、「鳥、啼キ」花、落ツ」ナド、天爾波無クシテ用ヰル「鳥」花」等ノ位置、是レナリ。コレニがのヲ加ヘテ、「鳥が啼ク」花の落ツル」トイヘバ、がのヲ加ヘタル程ノ意味ハ、隨テ起ルナリ、卽チ本條ニ說ケル所ノ如シ。倘、委シクハ、文典ノ文章論ニ讓ル。

(B)の が　共ニ、名詞ト名詞トノ關係ヲ示スモノナリ。而シテ、其意義モ、種種ナリ。

(一) 所有ノ意ヲ示スモノハ、「人の物」君が世」ノ如シ。或ハ、下ノ名詞ヲ畧シテ、「萬葉集に入らぬ古き歌、みづからのをも、奉らしめ給ひ」此歌は、柿本の人麿がなり」ナドモ用ヰル。

(二) 由ル所、係ル所、ヲ示スモノハ、「櫻の花」梅が香」世の中」天が下」ノ如シ。是モ、下ノ名詞ヲ省キテ用ヰル、「世の常のことや思ふらむ」今の主人も、前のも、手取交はして」ノ如シ。

○以上二ツハ、英、又ハ、羅甸ノ Possesive, 又ハ、Genitive case. (持格) ニ當ルガ如クナレド、次下ナルハ、又、種種異樣ノ意義ヲナス。

(三) 「にて、ある」ノ意ヲ示スモノハ、「たれの歌巻」それが人人」ノ如シ。

(四) 「に、ある」ノ意ヲ示スモノハ、「越の白山」蝦夷が千島」ノ如シ。

(五) 「と、いふ」ノ意ヲ示スモノハ、「富士の山」佐渡が島」ノ如シ。

(六) 「の如き」ノ意ヲ示スモノハ、「花の顏」露の命」父が俤あり」ノ如シ。

又、「結ふの神」行かむの心」思ふが中に」重きが上の」ナド用ヰルハ、上ノ語ノ分詞法、形容法ヲ、名詞トシテ用ヰルナリ。又、「都よりの音信」明日までの命」君への諫」行きての後」たれのみの事」多くの人」面白の夜」口惜しの事」忘れじの行末」或ハ、「君や來む我や行かむの猶豫に」待つ人の來むや來じやの定めなければ」是ハ謀反ノ輩ヲ落サシメンが爲ノ謀ナリ」ナド、種種ノ語句ヲ名詞トシテ、接尾語ノ如ク屬クコトモアリ。而シテ、是等ハ、皆、其上下ノ係屬ヲ示ス意ヲナス。

○前條ノが、のハ、名詞ト動詞トノ間ニ立ツモノナリ、此條ノの、がハ、名詞ト名詞トノ間ニ立ツモノナリ、語形、同ジケレド、思ヒ紛フルコト勿レ　又、第三類天爾波ニモ、が、のアリ、感動詞ニモ、がアリ、混ズベカラズ

○つ　のニ似テ、上下ノ語ノ係屬ヲ示スモノナリ。　然レドモ、用法古ク、且、慣用ニ局レル所アリテ、一般ニ用ヰ難シ。　其例、左ノ如シ。

「天つ風」「國つ神」「上つ毛野」「下つ總」「遠つ祖」「近つ淡海」「内つ國」「中つ國」「外つ國」「沖つ風」「種つ物」「澪つ串」

(C) に　動詞ノ動作ノ、移リ亙ル所ヲ示スモノナリ。　而シテ、其意義、數種ニ分ル。

(一) 相對スルモノヲ指スハ、「人に與フ」「師に問フ」ノ如シ。

○コレハ、羅甸ノ格ノDative.(與格)ニ當ルガ如シ。　然レドモ、次ナルハ、又、種種ナリ。

(二) 地位ヲ示スモノハ、「机に載ス」「都に住ム」「山に近シ」「水に遠シ」ノ如シ。

(三) 比ブル意ナルハ、「人に劣ル」「我に優ル」「昨日に增シテ」ノ如シ。

(四) 差抑ヘテイフとノ如キモノハ、「木、石に成ル」「水ヲ湯になス」「花ヲ雪に見テ」ノ如シ

(五) 接續詞ノ意ヲナスとノ如キモノハ、「日に月に」「尾花が風に庭の月影」ノ如シ。

又、重用スル動詞ノ間ニ入リテ、まとノ意ヲナスモノアリ、「降りに降ル」「聞キに聞キ、語リに語ル」ノ如シ。

(六) 添フル意ナルハ、「月に村雲」「花に嵐」ノ如シ。

(七) 「にて」「に於て」ナドノ意ナルハ、「道に聽キテ途に説ク」「朝に道ヲ聞キテ夕に死ストモ」ノ如シ。

（八）「の爲に」に因て」ナドノ意ナルハ、「花見に行ク」多キに驚ク」人手に死ヌ」人に撃タル」ノ如シ。

（九）「に就きて」ナドノ意ナルハ、「行フに好シ」悟ルに易シ」ノ如シ。

○此外ニ、「明に」詳に」時に」遠クに」案ズルに」ナドノには、副詞ノ接尾語ト見タリ。　又、第三類ノ天爾波ニモ、にアリ。

（D）を　事物ヲ處分スル意ヲ示スモノニテ、必ズ、他動詞ニ係ル、「書を讀ム」字を記ス」飯を食フ」水を飲ム」ノ如シ。

○コレハ、羅甸ノ Accusative, 或ハ、英ノ Objective case.（賓格）ニ當ツベキガ如シ。

又、自動詞ニ係ルモノハ、其意義、異ナリ、「國を去ル」人を別ル」ノ如キハ、よりノ意ヲナシ、「路を行ク」門を過グ」ノ如キハ、其動作ノ行ハルル地位ヲ示スマデナリ。（第三類天爾波ニモ、感動詞ニモ、をアリ）

（E）と　指ス所アル天爾波ニテ、其意義、數種アリ。

（一）指定スル意ヲ示スモノハ、「コレと定ム」ソレと思フ」ノ如シ。

又、一文、一句ヲ、名詞ト見テ承クルハ、「雪降ル、と見ル」人ハ無シ、とイフ」我ハ行カジ、と思フ」アリヤ、と問フ」無キカ、と疑フ」ノ如シ。

又、「此(ココ)ニ、と是レヲ、と我ハ、と彼ゾ、と斯く、と誰がいふ」忘草、何なか種、と思ひしに」ナド用ヰルハ、畧文、畧句ヲ承ケタルナリ。

（二）「の如く」ノ意ナルハ、「雪と散ル」霜と消ユ」此川に、紅葉(モミヂ)と浮きて、さしかへる」月日のみ、流るる水と、早けれど」ノ如シ。

（三）「として」ノ意ナルハ、「花と見ル」霜と置ク」ノ如シ。

(四) 又、重用スル動詞ノ間ニ入リテ、またノ意ヲナスコトアリ「アリとアル」秋風の、吹きと吹きぬる」山の端に、入りと入りぬる、月ふれど」ノ如シ。

此語、動詞、形容詞、助動詞ヲ承クルヰハ、其直說法、又ハ、命令法等ノ、意ノ切ルル所ヲ承クルヲ則トス。サレバ、「落つ、とも見れど、音の聞えぬ「黑鳥の下に、白波を寄す、とぞいふ」海賊、追ひ來、といふ」濡る、とも無しに」心憂し」と宣ふ」日も暮れぬ、と思ふも云云」ナド、尋常直說法ヲ承クルヲ通則トシテ、扨、又、「花ゾ落ツル」と」花コソ落ツレ」と」花落チヨ」と」ナド、ぞやかノ直說法、こそノ直說法、命令法等、皆、其意ノ切ルル所ヲモ承ク。(但シ、「根みて歷る、と、人や見るらむ」出づる、とも、入る、とも見ゆる」一聲に、明くる、と聞けど、時鳥」ナド用ヰルハ、間ニアルベキ名詞ヲ畧ケル筆法ナリ、混ズルコト勿レ)

此語、又、上畧ノ筆法ニテ、語句ノ首ニ用ヰルヿアリ、「と見、斯ウ見」ともスレバ」とニ斯クニ」とバカリ思フ」ノ如シ、是等、皆、上ニアルベキ語句ヲ畧ケルナリ。

○副詞ノ接尾語ニ用ヰル「ほとほとと叩ク」からからと笑フ」ナドノとモ、指定スル意アリ、此條ノとヨリ出デタルモノナリ。

○と　是ハ、指定スル意ハ、前項ノとニ同ジケレ𪜈、用法ハ甚ダ異ニシテ、語句ヲ並ブルヿ、接續詞ノ如シ、(漢字ノ與ノ字ニ當レリ。) 而シテ、全ク上ノ語ニ附着シテ、下ニ、再ビ、第一類ノ天爾波ヲ履ム。例ヘバ、「鄒と魯と戰フ」月と花とノ眺メ」內と外とニアリ」彼と此とヲ比ベテ」京と難波とへ趣カムト」ナドノ如シ。又、「書ヲ讀ムと字ヲ書クと」嬉シキと悲シキと」疾く明けぬると遲く暮るると」ナド用ヰルハ、例ノ名詞ヲ畧ケルナリ　又、數語ヲ連ネテモ用ヰル、「流れ木と立つ白波と燒く鹽と」ノ如シ。

○此ノとハ、幾語重ナリテモ、必ズ加フルヲ則トス、然ルニ、二語以上ナルヲバ、常ニ畧スルコトアルハ、非ナリ。例ヘバ、「鹽酸と硫酸ノ鹽類ヲ注グ」ナド記ストキハ、「鹽酸ト硫酸ノ鹽類トヲ注グノ意トモナリ、「鹽酸ノ鹽類ト硫酸ノ鹽類トヲ注グノ意トモナリテ、大ナル誤ヲ生ズベシ。

(F) ヘ　方向ヲ示ス天爾波ナリ。例ヘバ、「前ヘ進ム」「左ヘ向フ」「奥ヘ深シ」「西ヘ長シ」ノ如シ。此ヘハ、方向ヲ示スモノニテ、前ノにノ地位ヲ示スモノト別ツ。一文中ニテ用ヰ分ケタルハ、「僧正遍昭が許ニ、奈良へまかりける時」「但馬の國へまかりける時ニ、二見の浦といふ所ニとまりて」ノ如シ。

○此ノへトにトヲ混用スルコトアリ、心スベシ。サレバ、「前ニ進ム」「左ニ向フ」ハ非ナリ、「前ヘ進ム」「左ヘ向フ」ナルベシ。(方向)　又、「山ヘ登ル」「舟ヘ乗ル」ハ非ナリ、「山ニ登ル」「舟ニ乗ル」ナルベシ。(地位)　然レドモ、にノ方ハ、方向ニ用ヰタルコト無キニシモアラズ、「東の方ニ行きて住む所求むとて」「陸奥の國ニまぞろニ行き至りにけり」「下野ニまかりける女ニ」「竹生島ニまうで侍りける時ニ」ナドアリ。サレバ、へハ、方向ニ限リ、にハ、地位ニモ、方向ニモ、通ハシ用ヰルトスベキカ。

(G) より　から　共ニ、二ツノ間ニ移リ行ク意ヲ示スモノニテ、地位ニモ時ニモイフ。(漢字ノ自從等ノ字ニ當ル、)「人より受ク」「敵より奪フ」「彼方より來ル」「後より襲フ」「天より地ニ落ツ」「夫レより程歴テ」「去年より今年マデ打續キテ」ノ如シ。又、下、名詞ニ接スルモアリ、「此處より東ノ方ハ」「咲き初めし時より後ぞ」ノ如シ。「明日からぞ若菜摘まむと」「明けぬから船を引きつつ上れども」「時鳥、まだ鳴かぬから待たるべらなる」ノ如シ。(ゆゑニノ意ナルからハ、コレト異ナリ、ソハ、接尾語ノ中ニ收メタリ、)

○コレハ、羅甸ノ Ablative case.(奪格)ニ當ツベキカ。次ナルハ、英ノ前置詞ノ Than ノ意ナリ。

○より　是ハ、比ベテ科ヲ定ムル意ヲ示シテ、前ノよりト異ナリ、「山より高シ」「コレより善シ」「命より惜シ」「彼より後ル」ノ如シ。又、「かねてより」「今までよりぞ」「獨見むより人こ見む」「憂きものかぞ戀しきよりぞ」ナド用ヰルハ、間ニ語句ヲ省ケルナリ。又、下、名詞ニ接スルアリ、「花より先と知らぬ我身を」「鳥より先ニ鳴き始めつる」ノ如シ。又、意義、一轉シテ、其物事ニ限ル意ヲナス、「我より外に人あらじ」風より外に訪ふ人も無し」ノ如シ。

更ニ、畧シテハ、「枕より、(外ニ)また、知る人も無き戀を」ノ如シ。


(Ⅱ)まで　至リ及ブ意ヲ示スモノナリ。例ヘバ、「筑紫までまかる」都まで送りまうして」行先の事まで思し知らして」ノ如シ。又、意、稍轉シテ、さへノ意ヲナスコトアリ、「天の川冬も空までおぼろらし」跡まで見ゆる雪のむらぎえ」ノ如シ。又、「至る程に」ノ意ヲナス、「斯くまで精しき」さまで思もむ」花と見るまで雪ぞ降りける」月と見るまで降れる白雪」物や思ふと人の問ふまで」ノ如シ。(是ハ、間ニ、程トイフ語ヲ畧シタルニテ、卽ナ程ノ意ヲナスモノナルベシ)

○第二類　此類ノ天爾波ハ、上ニ、各種ノ語ヲ承ケテ、其意ヲ、下ナル動詞、形容詞等ニ通ズ。其承クル所ノ語、一定セザレドモ、亦、慣用ノ用法アリテ、妄リニ承クベカラズ。左ニ、逐條ニ、其意義ヲ釋キ、且、其用例ヲモ、若干、揭グベケレバ、其承クル所ノ種種ナルヲ見ルベシ。

(Ⅰ)は　事物ヲ、各自ニ差別スル意ノモノナリ。

「人も去り、我も留ル」柳も綠ニ、花も紅ナリ」見ルも善シ」行キもセズ」善キも取ラム」樂シクも思フ」學バムも好シ」行カズもアルベカラズ」取リテも見ム」斯クマデも無シ」然もアレド」如何もセム」是ヨリも高シ」我コソも見メ」京へも行カム」我ノミもアリ」花トも見ム」(感動詞ニモはアリ、混ズベカラズ)

○ば　音便ニテ、前項ノはヲ濁ルモノナリ。
「コレヲば取ラム、カレヲば捨テム」行カズンばアラズ」爲ズンばアルベカラズ」ノ如シ。

(J) も　事物ノ同ジ狀ナルヲ並列スル意ノモノニテ、接續詞ノ如シ。(漢字、亦ノ字ニ當ル)

「なととしも、こぞもことしも、なととひも、きのふもけふも、吾が戀ふる君」行クもアリ、歸ルもアリ」行キもセズ、歸リもスマジ」長キもアリ、短キも見ユ」善クもアラズ、惡シクもナシ」父トも思ヒ、師トも仰グ」寐テも思フ」我ニも許セ」家へも歸ラズ」東ヨリも來ル」(感動詞ニモもアリ)

(K) ぞ　多クノ中ニテ一ツヲ指ス意ノモノナリ。(「夫」ト指シテイフ語ノ濁レルナラム、「誰そ、な行キそ」ナド清ミテイフ語モ、即チ是レナラム)　此語ノ文中ニ入ル時ハ、其文末ノ動詞、形容詞、助動詞等ノ結法(Conjugation.)ニハ、必ズ其第二變化ヲ用ヰルヿ、左ノ用例ニ就キテ知ルベシ。(前ノ動詞、形容詞、助動詞ノ各條ノ表ヲ參見セヨ)

「花ぞ落ツル」月ぞ澄メル」行クぞ善キ」行キぞワヅラフ」長キぞ勝ラム」早クぞ過グル」然ぞ覺ユル」コレナぞ取ルベキ」我ガ世トぞ思フ」見テぞ知ル」見テモぞ思フ」我ハぞ戀フル」西へぞ行カム」袖サへぞ照ル」去年ヨリぞ見シ」

又、指シ示ス意ニテ、言語ノ末ニ居ルヿアリ。

「思ふがことぞ、思ふらむや、ぞ」斯くあるぞ、世のつねぞ」物思ふころぞ」思ふばかりぞ」妹待つらむぞ」鳴きわたらむぞ」

又、同ジ用法ナレド、上ニ疑フ語アル時ハ、詰問スル意トナルアリ。

「誰れ聞けと、鳴くかりがねぞ」言フハ如何ニぞ」何トスルモノぞ」誰ガ子ぞ」(誰そ、ト清ムモ、コレナリ)

○し　ぞニ似テ、指ス意アリ　用法、古シ。

「神し知らふむ」道し無ければ」歎きしまさる」獨し寐れど」猶し慕むや」今し散るらむ」身にしあれど」散らでし止ま

るものならむ」國にしも、さはにあれど」無きにしもあらず」待ちにし待たむ」舟なしぞ思ふ」音のみし泣かゆ」かかれとてしも」我とし言へむ」（過去助動詞ノきノ變化ノしト紛ヒ易シ、心スベシ）

但シ、其下ヲ結ブ動詞、形容詞、助動詞ハ、常ノ如ク第一變化ヲ用ヰルヿ、ぞニ異ナリ、（前ノ用例ヲ見ヨ）

又、「時しもあれ」今日しもあれ」ナド用ヰタルガアルハ、あれノ上ニこそヲ省ケルナルベシ。　又、「今しもし」斯くのみし戀ひしわたらむ」ナド、重用セルモアリ。

○此ノしヲ、從來、「休メ詞」ナド稱シテ、意無キ天爾波トセルハ、誤ナラム、指ス意アリテぞニ似タルコト、前ノ用例ヲ味ヒテ知ルベシ・　歌ノ五文字ノ句ニ、「身にしあれば」ナド加フルコト常ナルガ、コレ、不用ノ語ナラバ、「字餘リ」ニ加フルニ及ブマジ、必ズ、其意義ヲ添ヘズシテハ、カナハヌ場合ナレバ、加フルナルベシ

（L）なむ　ぞニ似テ、緩ク指ス意ノモノナリ。（此語、散文ニ多ク、歌ニハ少シ）　此語モ、文中ニ入ルトキハ、其末ヲ結ブ動詞、形容詞、助動詞、スベテ、其第二變化ヲ用ヰルヿ、ぞニ同ジ。

「我なむ行くべき」あれなむそれなる」無きなむまされる」善くなむ見ゆる」またなむ來べき」斯くなむある」風になむ散る」これとなむ定むる」人をなむ恨むる」遇はでなむ往ぬる」

○なも　なむニ同ジ、「神なもありける」ナド用ヰル、是レナリ。

（M）こそ　多クヲ捨テテ一ツヲ取ル意ノモノナリ。（語原ハ、「是ハ其ナリ」トイフ程ノ意ナリト云）　此ノ天爾波ノ、文中ニ見ハルルトキハ、其末ヲ結ブ所ノ動詞、形容詞、助動詞ノ直説法ハ、スベテ、其第三變化ヲ用ヰル。　左ノ用例ヲ見ルベシ。（尚、前ノ動詞、形容詞、助動詞ノ各條ノ表ヲ參見セヨ）

「人こそ見えね」路こそ無けれ」行くこそ好けれ」行きこそすれ」樂しくこそ覺ゆれ」貧しきこそ憂けれ」斯くこそ思へ」まさこそ遇はめ」えこそ行かざれ」行きてこそ見め」花をこそ見れ」舟にこそ乘れ」ありとこそ見ゆれ」然もこそ見め」行

かでこそあれ」されをこそ禁めつれ」相見むことをのみこそ思へ」人知れずこそ思ひそめしか」わか君をだにこそハ形見とも見たてまつれ」

(N) だに　輕キヲ擧ゲテ、餘ノ重キヲ言外ニ引證スル意ナリ。(語原ハ、「唯ニ」ノ約ニモアラムカ)

「憂き身をば、我だにいとふ、いとへただ、そをだに同じ、心と思はむ」(新古)「夢のごと、ふりにし君を、夢にだに、今は見るだに、難くもある哉」(六帖)「母御息所も、かげだにおぼえ給はぬを」松の雪だに消えなくに」さらば、入れだに入れず」見だにおくり給へかし」今暫しだにおはせなむ」女御とだに言はせずなりぬる」鳥にだに如カザルベケムヤ」

又「蔓草だも猶除クベカラズ、況ヤ君ノ寵弟ヲヤ」ナドノだもハ、だにもノ畧訛ナリ。

(O) すら　やはりなほナドイフ意ナリ。(語原ハ、「夫」ノ轉ニテ、指ス意アルベシ) サレド、中古ヨリハ、だにト同意ニモイヘリ。

「こととはぬ、木すらいもとせ、有といふを、ただひとり子に、あるが苦しさ」(万葉)「草木すら、春にはなべて、逢坂の「春日すら、長居しつると」我ガ身すら容レラレズ」

(P) さへ　重キガ上ニ、又、添ヒ加ハル意ニテ、(語原ハ、「添」ノ轉カ、或ハ、「其上」ノ約ナラムトモイフ) だにトハ、引證ニ、交互輕重ノ差アリ、混ズベカラズ。

「現にも、さもこそあらめ、夢にさへ、人目をもると、見るがわびしさ」(古今)「梓弓、おして春雨、けふ降りぬ、あすさへ降らむ、若菜摘みてむ」(古今)「まけてもやまぬの御心さへそひて」行交ふ人の、袖さへぞ照る」召にさへおこたりつるを」涙をさへこぼして臥したり」

(Q) のみ　一アリテ二無キ意ヲイフ。

「我のみ知ル」歎キのみシテ」思フのみナリ」好キのみ取ル」悲シクのみ思フ」サテのみアラムヤ」斯クのみアラバ」言ハデのみアルベキカ」家ニのみアリ」人ナのみ頼ム」我トのみ知ル」前へのみ進ム」

漢籍讀ノ上ニ、「而已」耳」ナド訓ジテ言切ルハ、下畧ノ法ナリ。

(R)ばかり　意、粗、のみニ同ジ。(語原ハ、「量」ニテ、量ノ限レル意ナラム)

「今日ぞかりとぞ、田鶴も鳴くふる」我ぞかりアリ」歎クぞかりナリ」憂クぞかり思フ」天トぞかり知ル」斯クぞかりアラム」(ほどノ意ナナスぞかりハ、接尾語ニ入ル)

(S)や　上ノ二語、共ニ指シテ疑フ意ノモノナリ。此二語、文中ニ入ルヰハ、其下ナ結ブ所ノ動詞、形

(T)か　容詞、助動詞ハ、共ニ、其第二變化ナ用ヰルナ定則トス。左ノ用例ニ就キテ知ルベシ。(尚、前ノ動詞、形容詞、助動詞ノ各條ノ表ナモ見ヨ)

「春や來ル」花や咲ク」月やそ物を思ぞする」戀ひやわたらむ」行キやスル」惜しくやそあらぬ」白キや花ナル」知ラズやアル」斯クや思フ」花ナや見ム」人ニや遇ハム」生キモやスル」散ラデやアルベキ」

「誰か見ルベキ」天かアル」孰レか勝レル」何處ニかアル」何處へか行カム」何ナか取ル」何トかスベキ」四年バカリか歷ニケム」何時マデか待タム」如何デか知ラム」

又、二語、共ニ、語ノ末ニ居テ言切ルヿアリ、多クハ、問掛クル意ナナス。

「有リや」無シや」聲ハ聞ユや」思ヒ出ヅや」天ト言ハムや」來ムや」來ジや」

「我か」人か」有ルか」無キか」聞ユルか」出ヅルか」

や、か、ノ、動詞、形容詞、助動詞ノ下ニ連ルヰハ、やハ、必ズ、其第一變化ニ連リ、かハ、必ズ、其第二變化ニ連ル

ヲ定則トス。前ノ用例、並ニ、下ノ表ニ因テ知ルベシ。助動詞ハ、前ノ助動詞表(第三表)ニ就キテ、其第一變化ト、第二變化ト、ニ連子テ解スベシ。

○一言ノ動詞、助動詞ニハ、其別ヲ誤リ易シ。「得や」得ルか」歷や」歷ルか」來や」來ルか」爲や」爲ルか」行カぞや」行カヌか」行きや」行キしか」ナド、必ズ、其第一變化ト、第二變化ト、ヲ用ヰ分クベシ、「得ルや」歷ルや」來ルや」爲ルや」等皆非ナリ。但シ、や、第二變化ヲ承ケタルアラバ、ソハ、大抵、感動詞ノやナリト知レ。

○やか、共ニ、感動詞ニ、同形ノモノアリ、注意スベシ。

又、や、か、共ニ疑フ意ノ語ナレド、上ニ、他ノ疑辭アルヰハ、例ヘバ「幾何かアル」如何ニか思フ」何ヲか取ル」誰ナルか」何トスベキか」何處(イヅク)ニアルか」ナド、下ニ、更ニ、かヲ加フルハ常ナレド、斯ル場合ニ、やヲ加ヘタル用例、サヲニ無シ、コレヲ異ナリトス。

○「幾何やアル」如何ニや思フ」何ヲや取ル」誰ナルや」何トスベキや」何處ニアルや」ナドハ、スベテ非ナリ。但シ、「幾何ゾや」何カアラムや」ナドハ、感動詞ナリ、混ズベカラズ。

○第三類　此類ノ天爾波ハ、上、下、共ニ、動詞、或ハ、形容詞、助動詞ニ接ス、コレヲ動詞ノ天爾波ト汎稱スベシ。

	規則動詞 第一類	規則動詞 第二類	規則動詞 第三類	規則動詞 第四類	不規則動詞 第一類	不規則動詞 第二類	不規則動詞 第三類	不規則動詞 第四類	形容詞 第一類		形容詞 第二類	
第一變化	押スや	受クや	報ユや	着ルや	來クや	爲スや	死ヌや	有リや	善シや	無シや	惡シや	樂シや
第二變化	押スか	受クルか	報ユルか	着ルか	來ルか	爲ルか	死ヌルか	有ルか	善キか	無キか	惡シキか	樂シキか

(U) と　とも　此四語、共ニ、上ノ語ノ意ヲ翻スル天爾波ナリ。とナルハ「穂に出でたりと、かひや無からむ」「あまたゝ寐ずと、たゞ一夜のみ」ノ如ク、どナルハ「問へど答へず」「逐へど去らず」ノ如シ、（皆、漢字雖ノ字ノ意ナリ）

(V) ど　ども　此ノと、又ハ、どニ、もヲ合シテ、「穂に出でたりとも」「あまたゝハ寐ずとも」「問へども」「逐へども」ナド用ヰルヿ、常ナリ。此ノもハ、感動詞ノ如キモノナリ。而シテ、どハ、今世、普通用ナラズ、一般ニハ、とも、ど、どもヲ用ヰル。

扨、此ノ天爾波共ハ、何レモ同意義ナレド、動詞ノ第一變化ニ連ルヰハ、清音ニテ、未定ノ意ヲ成シ、其第三變化ニ連ルヰハ、濁音トナリテ、既定ノ意ヲ成ス、是レ、其別ナリ。例ヘバ「受クとも」「爲とも」「有りとも」ナドハ、未定ナルニイヒ、「受クレど」「爲レど」「有レども」ナドハ、既定ナルニイフガ如シ。又、形容詞ニモ、其第四變化ト、第三變化トニ連リテ、未定ト既定トヲ別ツ、而シテ、其意、全ク同ジ。下ノ表ノ如シ。

又、助動詞モ、前ノ助動詞ノ條ノ第三表ニ於テ、其變化ノ動詞ニ似タルモノハ、（1ヨリ23マデ）其第一變化ニテともニ連リ、第三變化ニテどどもニ連リ、又、形容詞ニ似タルモノハ、（24以下）其第四變化ニテともニ連リ、第三變化ニテどどもニ連リテ、各、未定、既定、ノ別ヲ成スヿ、正ニ、動詞、形

		規則動詞 第一類	規則動詞 第二類	規則動詞 第三類	規則動詞 第四類	不規則動詞 第一類	不規則動詞 第二類	不規則動詞 第三類	不規則動詞 第四類		形容詞 第一類	形容詞 第二類
未定	第一變化	押ス　とも	受ク　とも	報ニ　とも	着ル　とも	來　とも	爲　とも	死ヌ　とも	有リ　とも	第四變化	善ク　とも	惡シク　とも
既定	第三變化	押セ　ど ども	受クレ　ど ども	報ニレ　ど ども	着レ　ど ども	來レ　ど ども	爲レ　ど ども	死ヌレ　ど ども	有レ　ど ども	第三變化	善ケレ　ど ども	惡シケレ　ど ども

容詞ニ同シ。第三表ニテ、連續セシメテ、解スベシ。

○「受クとも」「爲とも」「有りとも」ナドナルベキヲ、動モスレバ、「受クルとも」「爲ルとも」「有ルとも」ナド用ヰルハ、非ナリ、或ハ、とヲ畧シテ、「受クルも」「爲ルも」「有ルも」ナド用ヰ、又或ハ、「善クとも」「惡シクとも」ナルベキヲ、「善クも」「惡シクも」ナド用ヰルハ、愈、非ナリ、注意スベシ、もノミニテハ、雖ノ字ノ意ヲ成サズ

(W)が　に　を　三語、共ニ、思フニ違ヒテ意ノ反ル意ヲイヒ、皆、動詞、形容詞、助動詞ノ第二變化ニ連ル。

「四尺の屏風云云立てたるが、上より見ゆる穴なれは、のぞくべくもあらず」(宿木)「春とはなりつるが、空はまだ寒さに」「庭の面は、まだかわかぬに、夕立の、空さりげなく、すめる月哉」(新古今)「ただ後れじと思ひつるに、人目も知らずはしられつるを」(枕草子)　「つひに行く、道とはかねて、聞きしかど、きのふけふとは、思はざりしを」(古今)「行かじと思ふを、いかでさもいふぞ」「かくまであるを、むげに失はむは本意ならず」

(X)て　事、終ハリテ、後ニ移ル意ヲイフ。例ヘバ、「春過ぎて、夏來たるらし」「雨降りて、地固マル」「日暮レて、路遠シ」ノ如シ。(漢字ノ而ノ字ニ當ル)　此語ハ、過去ノ助動詞ノつノ第五變化ナルてナレド、稍、趣ヲ變ズル所アリテ、接續詞ノ如クニモ用ヰヲルレバ、別ニ揭ゲテ、天爾波ニ列ネタリ。又、形容詞ノ第五變化ニ連ネテ、「水、近クて、風凉シ」「心、嬉シクて、獨リ笑ム」ナドイヒ、打消ノずニモ連ネテ、「君來ずて、年も暮れにき」ナドイフハ、皆、其間ニありヲ畧セルナルベシ。

○左ノ數語ハ、此條ノてヲ、他語ト重用スルモノナルガ、慣用、久シクシテ、一ノ天爾波(或ハ、接續詞)ノ如クナレリ。類ヲ以テ、此ニ列ヌ。

にて　第一類天爾波ノにト、助動詞ノつノ變化ノてトニテ、其間ニ畧語アルナリ。「に於て」ナドノ意ナルハ、「京にて遇フ」「田舍にて見ル」「に因て」ナドノ意ナルハ、「筆にて書ク」「水にて洗フ」「にアリて」ナドノ

如キハ、「頭ハ人にて身ハ魚ナリ」家ハ昔にて人ハアラズ」「に爲して」ナドノ意ナルハ、「月影ヲ、色にて咲ケル、卯ノ花ハ」ノ如シ。

して　「ありて」て」ノ意ナルハ、「長クして細シ」斯クして別ル」巧ニして速ナリ」答ヘズして去ル」「もて」にて」ノ意ナルハ、「米して返リ事ス」飯粒して鯛釣ル」人ヲして送ラシム」二人して、結ビシ帶ヲ、一人して」

にして　「にありて」にて」ノ意ナリ。「都にして遇ヒケル人」人にして鳥ニ如カザルベケムヤ」

とて　第一類天爾波ノとト、助動詞つノ變化ノてトノ間ニ、畧語アルナリ。「と言ヒて」ナドノ意ナルハ、「サリとて」アレバとて」「と思ヒて」ナドノ意ナルハ、「花見ニとて出デ立ツ」書ヲ讀マムとて机ニ凭ル」

(Y) で　打消ノ助動詞ノずト、前條ノてト約マレルナリ。サレバ、動詞ノ第四變化ニ連ルコトずニ同ジ。「行カでアリ」歸ラでアラナム」ノ如シ。

(Z) つつ　過去ノ助動詞ノつヲ重用スルモノニテ、動詞ヲ「行ク行ク」泣ク泣ク」ナド重用シテ副詞トスルト、用法同ジ。例ヘバ、「行ギつつ見ル」雪ハ降リつつアリ」ハ、「行キつ行キつ見ル」降リつ降リつアリ」トイハムガ如シ。

○

第一類ナル名詞ニ屬ク天爾波ハ、羅甸名詞ノ格トイフモノニ似タリ。羅甸名詞ノ格ハ、語尾ノ變化ニテ成レリ、我ガ第一類天爾波モ、名詞ノ語尾ノ變化ト見テ、之ヲ格ト立テムモ可ナルガ如シ。サレド、我ガ天爾波ニハ、意義ニ異樣ナルモノモアリテ、羅甸ノ格ト合ハヌモ多シ、縱ヒ合ハズトモ、我ハ我ニテ、名詞ノ格ヲ、特ニ數種ニ創制セムモ然ルベケレド、扨、其夥多ナル意義ノアル限リ、悉ク之ヲ格ト立テムモ、妥當ナラザルヲ覺ユ。且、羅甸ノ格ノ變化ハ、名詞ノ種類ニ因テ、其體ヲ異ニスルモノモアリテ、固ヨリ離ルベカラザルモノナレバ、(殊ニ、餘國ノ名詞ノ、格ヲ示スニ形ナク、無形ノ地位ニテ、則ヲ立ツルモノノ如キハ、) 名詞ニ就キテ、類ヲ以テ規定ヲ立ツルモ、其理ナレドモ、我ガ天爾波ニハ、特ニ一定ノ成形アリテ、且、何レノ名詞ニモ一樣ニ接スベク、コレヲ名詞ノ語尾變化ト見テモ、何レノ名詞モ、其變化ハ、が、の、に、を、と、へ、より、まで等ニテ、千篇一律、サラニ異樣アルコトナシ。 サレバ、羅甸ノ格ハ、足ノ如ク、其名詞ニ生得シテ、離ルベカラズ、我ガ天爾波ハ、履ノ如ク、脱シテ衆ニ通用スルコトヲ得ベシ。 且、コレヲ別語トスル方、其意義ヲ説クニ、錯雜ヲ避クルコトヲ得テ、數フルニモ、學ブニモ、共ニ便捷ナルガ如ク思ハル、因テ、今ハ本文ノ如シ。

第二類天爾波ハ、洋語ニテ言ヘバ、副詞ニ似タルモアリ、前置詞、接續詞ノ趣ナルモアリ、或ハ、名狀スベカラザルモアリ。 然レドモ、其文中ニ立チテ、上ニ種種ノ語ヲ承ケ、下ハ動詞、形容詞等ニ係リテ、其意義ヲ達スルコトハ、何レモ、畧、同趣ナルモノニテ、サラニ相別チ難シ。 此一類ノ語、實ニ、國語ノ言類中ニテ、一種殊樣ノモノタリ。

第三類ノ天爾波ハ、上下、皆、動詞、形容詞、助動詞ニ係ルモノニテ、スベテ、其接續法ト立テムモ、可ナルモノノ如シ。 然レドモ、尙、分離シテ、何レノ動詞、形容詞、助動詞ニモ、通用連續セシムベキコトハ、第一類ノ如シ。（篇中、此類ノばヲ、獨リ別ニ接續法ト立テタルハ、動詞、形容詞、助動詞ノ其變化ニ著キテ、離ルベカラザル語姿ナレバナリ。）

扨以上三類ノ語ハ、皆、固ヨリ、獨立ニハ用キラレズ、而シテ、其他語ニ係ル規定ニ差異コソハアレ、其語姿ノ成立ヲ概見スルニ、三類共ニ、究竟、同臭味ノモノタリ、因テ、今ハ、類ヲ以テ別チテ、天爾波ノ一部門ニ總ベタリ。

○本文、天爾波ノ外ニ、ながら、がてら、がてに等、從來、天爾波中ニアリシモノ、尙アリ、是等、本篇ノ類別ニ從ヘバ（種種ノ語ニ屬クモノナレど）第二類中ニ入ルベキニ似タレド、今ハ、甄別シテ、接尾語中ニ收メタリ。 サルハ、第二類ノ天爾波ハ、其語、全ク上下ノ語ニ粘合セズシテ、試ミニコレヲ文中ヨリ加除セムニ、唯、其語ニ有テル意義ノ加除アルノミニテ、原文、サラニ移動スルコト無ク、上下、ソノママ連絡シ、依然トシテ文ヲ成スベシ、前ニ掲ゲタル例語例句中ニ就キテ、加除シテ、試バ、必ズ其然ルヲ知ラム。 然ルニ、ながら、がてらノ類ハ、全ク其上ナル語ニ粘合シテ、語勢ヲ變セシメ、之ヲ加除セムトスレバ、原文ニ移動ヲ起サザルヲ得ズ、是レ其別ナリ、尙、後ノ接尾語ノ條ヲ見ルベシ。

感動詞（詠歎）

感動詞ハ、喜怒哀樂等、凡ソ、人情、感動スル所アリテ發スル聲ナリ。例ヘバ、「あら喜バシ」「最も畏シ」「悲シキかな」ナドノあらもかなノ如ク、スベテ、其言ヲ述ブルノミニテハ、意ヲ盡サザルニ添ヘテ、發スルモノナリ。感動詞ハ、汎ク種種ノ感情ニ通ジテイフアリ、專ラ一感情ニ局リテイフアリ。其用法モ、言語ノ上ニ立ツアリ、中間ニ入ルアリ、下ニ添フアリ、而シテ、他語ニ連續スルニ就キテ、亦、各、一定ノ慣用法アリ。左ニ感動詞ノ著キモノヲ擧ゲテ、其用例ノ若干ヲ示サム。

○言語ノ上ニ立ツモノハ、

あ　ああ「ああかしこしや」

あら「あら熱や」「あら無慚や」

あな「あなうらやまし」「あな苦し」「あなかしこ」

あはれ「あはれあなおもしろ」「あはれ、さも寒き年哉」

いで　思ヒ起ストキニ發ス。「いで我を、人なとがめそ」「いで御消息聞えむ」「いで何ぞ、とて取りて見れば」

いざ　誘ヒ立ツルトキニ發ス。「鏡山、いざ立寄りて、見て行かむ」「いざ汲み見てむ、山の井の水」「いざ櫻、我も散りなむ」「いざさせたまへ」

やよ　呼ビカクル聲ノやトよトヲ重ネテイフナリ。「やよ如何に、行方も知らぬ」「やよいづかたへ、行きにけむ」「やよや待て、山時鳥、言傳てむ」

○言語ノ中間、或ハ下ニ入ルモノハ、

も　「からくも我は、老いにける哉」「玉にもぬける、春の柳か」「世をはやも、春にしあれや」「ひとりかも寐む」「雪かも降れる」「移りも行くか」知らずもあるかな」いとも畏し」家やもいづく」花とやも見む」またも來む」時しもあれ」無きにしもあらず」草のはつかに、見えし君はも」いやとほざかる、我身かなしも」三笠の山に、出でし月かも」人は來ぬかも」枕さびしも」忘れかねつも」行方知らずも」春立つらしも」

や　「花とかや見む」年をや歴なむ」否や思へど」取りやかはさむ」戀ひやわたらむ」夢路にさへや、生ひ茂る」我をもや、やすみし得たり」

「ありがたの世や」あなあやにくの、春の日や」行きぬとかや」行きけるぞや」吾嬬をや」立つな、暫しや。と召しよせて、大原や。をしほの山」更科や。姨捨山」難波津に開くや。この花」時鳥、啼くや。五月の」いとやすらかなる御ふるまひなりや」耳馴れ侍りけりや。と聞え給ふ」いみじくぞあるや」にほひぞ人に似ぬや。と打ちささめきて」あぢきなや」惜むともかたしや」恨みつべしや」思しやる方ぞ無きや」

○動詞、形容詞、助動詞ノ、第二類天爾波ノや疑ヒノ下ノ結法トナルトキハ、必ズ、其第二變化ヲ用ヰ、又、之ニ反シテ、其や、動詞、形容詞、助動詞ノ下ニ屬クトキハ、必ズ、其第一變化ニ屬クヲ規定トスルコト、前ニモ述ベタルガ如シ。サルニ、此條ノやハ、其場合ニ因リテ、種種ナリ、是レ、天爾波ノやト感動詞ノやトノ別ナリ。尚、善ク用例ヲ見テ覺ルベシ。

言ヒカクル意ナルハ、（よノ如シ）「匂ふや」馨るやと」みな人は、花や蝶や。といそぐ日も」海賊や。といひて、扇を投げすて」行ケや」打テや」

接續詞ノ如ク用ヰルハ、「簫や琵琶や、笙の笛、篳篥など、吹きあはせたるを」

反語ニ用ヰルハ、「思ひきや」ひとり行かむや」況ヤコレヲ（言ハムや）ヤ」人ニシテ、鳥ニダニ如カザルベケムヤ」

又、「行かむ、や」見む、や」ナドハ、間ニ「よからむ」ナドイフ語ヲ畧シタルニテ、卽チ希フ意ヲナス

を‖ 古キ感動詞ナリ。「年頃を‖、住みし所を、名にし負へは」昔も今も、知らずとを‖言はむ」香を‖だににほへ」濡れてを‖行かむ」心にを‖思へ」苫を‖あらみ瀬を‖はやみ」「その八重垣を‖」妹待つ我を‖」月夜清きを‖」船わたせを。‖と呼ぶ聲の」

○言語ノ下ニ添フモノハ、

か‖ 「玉にもぬける、春の柳か‖」空蟬の、よにも似たるか。‖櫻花」のどかにもあるか‖」

かな‖ 前ノか‖ニ、な‖ヲ重用シタルモノ。「夜半の月かな‖」水の聲かな‖」年を歴るかな‖」見ゆるかな‖」樂しきかな‖」のどかなるかな‖」思はるるかな」 以上、動詞、形容詞、助動詞ニ添フトキハ、必ズ、其第二變化ニ添フ。

かし‖ 念ヲ推シテイフ意ノモノ。「さはかりぞかし‖」見ゆるぞかし」見ゆかし‖」聞ゆかし‖」いとよう覺えさりかし‖」難かるべしかし‖」あはれなりかし‖」さは思ひつかし‖」打ちひそみぬかし‖」行き給ひけむかし‖」知らずかし‖」さるけはひもありきかし‖」思ふ心の、殘るらむかし‖」おほやけの世繼とぞ言ひ侍りしかしな」斯くぞ覺え侍るかし‖」絶えずなむおはしますめるかし‖」えこそせざれかし‖」思ひ知れかし‖」疾く行けかし‖」いざたまへかし」 三種ノ直説法、命令法等、スベテ、語句ノ切レタル後ニ添フ。

な‖ 「彼ぞ聟の少將な‖」蟬の聲、聞けはかなしな‖」恨みつべしな‖」我ハ戀ひむな‖」忘れどな‖」知らずな‖」契りきな‖」移りにけりな‖」惡しとこそ思ひたれな‖」心憂くてこそおはしたれな‖」いくそと問へな‖」老いにけるよな‖」去りたるよな」

は‖ 「いかがはせむは‖」風、あらあらしう吹きたるは‖」かくるるまでに、かへり見しはや‖」又、疑ヒノやか‖ニ添ヘテ、反語ニ用ヰルハ、「我れ鶯に、おとらましやは‖」再びとだに、來べき春かは‖」思ひはつべき、涙かは‖」

よ‖ 呼ビカクル聲。「月よ」花よ」我こそ、人よ」こころぼそさよ」行ケよ」鳴ケよ」物を思ふよ」忘れで待ち給へよ」高砂うたひしよ」人の知らぬよ」忘れずよ、まゝかそらずよ」 又、「我をよ」妹をよ」夢かとよ」頃かとよ」ナドハ、間ニ語ヲ略セルナリ。

がな‖ 專ヲ希フ意ニイフ。「老いず死なずの、藥もが」あな戀ひし、今も見てしが」伊勢の海、あそぶ海士とも、なりにしが」

がな‖ 前ノが‖ニ、な‖ヲ重用シタルモノ。「妻呼ぶ聲を、聞きしがな」得てしがな」見る由もがな」長くもがな」無くもがな」

がも‖ 前ノが‖ニ、も‖ヲ重用シタルモノ。「常にもがもな」人にもがもや」

ゑ‖ 古キ感動詞ナリ。「我をさなしゑ」我を待たむゑ」

感動詞ニハ、重用スルモノ多シ、「やよ」かな」がな」がも」等ハ、前ニ舉ゲタルガ如シ。其他「あなや」いざや」いでや」やよや」行けよや」いつぞなも」見せぞやな」老いにけるよな」常にもがもな」人にもがもや」かくるるまでにかへりみしぞや」今更に雪降らめやも」ナド、擧グルニ勝ヘズ。

尋常ノ語モ、感情ニ發シテ、感動詞トナルヿアリ、「そも」そもそも」いかに」そもいかに」さても」ノ如シ

○「行かむや」見むや」ノ類ノ「むや」ヲ、從來、別ニ一語トセリ、サレド、「行かむ」見む」ハ、接續法ノ將然ニシテ、其間ニ「よからむ」ナドイフ意ヲ略シテ、希望ノ意ハ、其略セル語ニアルナルベシ、因テ、本篇ニハ、や‖ノ條ニ收メタリ。 又、「おとらましやも」來べき春かは」ナドノ、「やも」かも」ヲモ、一語トセルガ多ケレド、是等ノや‖、か‖ハ、疑ノ意ノ天爾波ノや‖、か‖ニテ、其下ノは‖、も‖ノ方ニ、反語トナル意アルモノナラム、又、「ひとりかも寐む」出でし月かも」ナドノか‖モ、疑ノか‖ニテ、も‖ニ感情アルナリ、因テ、是等モ、皆、は‖、も‖ノ條ニ入レタリ。

○副詞ノな‖、天爾波ノが‖、な‖、は‖、も‖、や‖、か‖等ニ、感動詞ト同形ノモノアリテ、動モスレバ混淆ス、注意スベシ。

○

○此篇ニ感動詞トイフモノ、從來ノ語學書ニハ、「詠歎ノ詞」或ハ「ながめ」ナド稱シテ、スベテ、天爾波ノ中ニアリ、サレド、別ニ自ラ一類ノ語ナレバ、此ニ集メテ、一門ニ

立テタリ。

〇洋文典ノ譯語ニ、歎息詞（Exclamation.）或ハ、間投詞（Interjection.）ナドイフモノ、卽チ感動詞ナリ。　其間投トイフハ、言語ノ間、所在ニ投ゲ入ルベキモノナレバナリ。（投間詞ナルベシ）　サルニ、我ガ感動詞ハ、言語ノ上ニ居リ中ニ入リ、下ニ添フナド、其用法ニ、各、規定アリテ、而シテ、他語ニ移動ヲ及ボスコトモ少カラズ、宜シク慣用ノ法ニ從フベシ、妄リニスベキニアラズ

枕詞

枕詞ハ、言語ヲ一種異樣ニ用ヰルモノニシテ、其用法ハ、某ノ語ヲ言ヒ出デムトスルヰ、他ノ某ノ語ヲ冠セシムルモノナリ。　例ヘバ、山引く、黑き、ナトイフ語ヲ言出ヅルヰ、其上ニ、「足引の山」「梓弓引く」「ぬばたまの黑き」ナド置クガ如シ。

枕詞ハ、古代ノ用語ニシテ、其用ハ、專ラ歌ノ口調ノ足ラザルヲトトノヘムトスルニ起リテ、且ハ、言辭ヲ飾ルモノナリト云フ。　然レトモ、諸ノ言語、皆、枕詞ヲ冠セシムベキニアラズ、諸ノ言語、皆、枕詞トシテ用ヰルベキニアラズ、某ノ語ニハ、某ノ語ヲ冠スト、自ラ局レル所アリ、「足引の」トイフ枕詞ハ、「山」トイフ語ニ用ヰ、「ぬばたまの」トイフ枕詞ハ、「黑き」トイフ語ニ用ヰルナドニテ、其所用モ、唯、其冠スベキ語ニ係ルノミ、他語ニハ關セズ、又、之ヲ用ヰルト用ヰザルトハ、其場合ニ因ルノミニシテ、一定ノ則アラズ。　而シテ、古代ノ用語ナルガ故ニ、其意義詳ナラザルモノモ多シ。

枕詞ノ意義ハ、解スベキト、解スベカラザルトアリ。「高光る日」「天飛ぶや雁」「刈菰の亂る」「梓弓引く」「玉櫛笥開く」「菅の根の長き」ナドハ、其意義知ラルベシトイヘドモ、「久方の天」「玉鉾の道」「足引の山」「百敷の大宮」ナドハ、强ヒテ解キタルモアレド、諸說區區ニシテ、到底、定メ難ク辨ヘ難シ、サレバ、深ク意義ヲ求メズシテ、唯、某ノ枕詞ハ、某ノ語ニ用ヰルモノトノミ知リテ、先ヅハ事足リヌベシ。

枕詞ハ、多クハ、上古ノ用ヰニ出デテ、降リテモ、奈良ノ朝ノ頃ニ、言ヒ出デタリト見ユルモ少シ。今ニ傳ハレルモノ、其數、數百アリ、而シテ、今世ニ在リテモ、和歌ニハ、專ラ之ヲ用ヰレドモ、文章ニハ、其體ノ古キモノニノミ用ヰル。

○枕詞ヲ冠スルハ、名詞、動詞、形容詞、副詞ニ限ルガ如シ。名詞ニ係ルモノハ、「久方の天」「あらがねの土」「たらちねの母」「ちはやぶる神」「百敷の大宮」「玉鉾の道」「あらたまの年」ノ如シ。動詞ニ係ルモノハ、「天雲のたゆたふ」「刈菰の亂る」「篠の目の忍ぶ」「梓弓引く」「玉櫛笥開く」ノ如シ。形容詞ニ係ルモノハ、「ぬばたまの黑き」「眞木柱太き」「菅の根の長き」ノ如シ。副詞ニ係ルモノハ、「しののめのほがらほがらと」「つがの木のいやつぎつぎに」ノ如シ。又、數語ニ通用スルアリ、梓弓ハ、引く、張る、射る、本、末、等ニ用ヰ、十寸鏡(マスカガミ)ハ、照る、磨く、清き、等ニ用ヰ、玉櫛笥ハ、開く、蓋、奧、等ニ用ヰルガ如シ。又地名ニ係ルモノハ、「空見つ大和」「鷄が鳴く東(アヅマ)」「細波(サザナミ)や滋賀」「神風(カムカゼ)の伊勢」「あをによし奈良」ノ如シ、此類、尙多シ。

○枕詞ハ、一語、五音ノモノ、最モ多ク、上ニ列擧セルモノニ就キテ知ルベシ、希ニハ、三音、四音、又ハ、六音ノモノアリ。三音ナルハ、「千葉の葛野(カドノ)」ナドナリ、四音ナルハ、「空見つ大和」「押照る難波」「不知火筑紫」「新治(ニヒバリ)筑波」「春日(ハルヒ)のかすが」「名細(ナグハ)し吉野」ナド、尙、アリ。六音ナルハ、「木の暮闇(コノクレヤミ)卯月」「牡牛(コトヒウシ)の三宅」「櫂(カヂ)の音のつばらつばらに」ノ如シ。

「かきくらし雨ふる川」、「みなと入りの蘆分小舟さはり多み」、「波間より見ゆる小島のはまひさ木久しくなりぬ」、「足引の山鳥の尾のしだり尾の長長し夜」、ナド、十餘音ニモ餘レルヲモ、枕詞トスル說モアレド、是等ハ、詩ニ謂ハユル興比ノ體ニテ、枕詞ニハアラジ。又、「吾妹子(ワギモコ)に、衣かすがのよしき川、よしもあらぬか、妹が目を見む」、是等モ、「吾妹子」ヲ枕詞ナリトイヒ、或ハ、「吾妹子に衣」マデヲ枕詞ナリトモイヘド、然ルトキハ、「よしき川」ヲモ、「よしもあらぬ」ノ枕詞トセズハアルベカラズ、是等モ興、或ハ言掛ケナルベシ。

○枕詞ヲ畧シテ用ヰルコトアリ、「久方の(天之)星」ぬばたまの(黑き)夜」足引の(山之)木ノ間」足引の(山之)嵐吹く夜」ノ如シ。又「たらちねの母」百敷の大宮」ナルヲ、「たらちねは、かかれとてしも」百敷や古き軒端」ナド、其枕詞ヲ、直ニ母大宮トシテ用ヰタルモアリ、是等、枕詞ヲ久シク言ヒ馴レテ、終ニハ直ニ其下ノ語ニ代ヘ用ヰルニ至レルナリ、「春日のかすが」飛鳥の明日香」ナルヲ、枕詞ノ字ヲ取リテ、直ニ春日、飛鳥、ト讀ムニ至レルモ、是レナリ。

○又、語路ニ因リテ、他語ニ移スコトアリ、「天飛ぶや輕の路」ハ、雁ヲ輕ニ轉ジ、「梓弓入る」ハ、射るヲ入るニ轉ジ、津の國の何を思はず」ハ、難波ヲ何をニ轉ジ、「山城の常に相見む」ハ、鳥羽ヲ常ニ轉ジ、「陸奥の忍ぶ」ハ、信夫ヲ忍ぶニ轉ズルガ如シ。

○又、語、句、ヲ隔テテ用ヰタルアリ、「ぬばたまの甲斐の黑駒」梓弓、おして春雨、今日降りぬ」朝開き、入江漕ぐなる櫂の音の」足引のこの傍山」ノ如シ。

○縣居ノ翁ノ冠辭考ニ云、など、或人は、「まくら詞」といへるを、荷田大人は、「かうむりことば」といひつ、實に、枕詞とては、古きみやび言とも聞えず。(畧) 物を上に置くことを、冠らすといふも、古へ今に通れる語なれば、それによれり、(畧) 公望が日本紀私記に、かの「いそくはし」ちはやぶる」などやうのことばを、發語と書て侍り、されば、枕詞てふ語は、延喜承平などの御時まではなくて、後にいひ出でしなりけり、源氏の物語に、「云云の事を枕ことして」と書けるは、古ことを稱して、今の思ひをいふ故の語なり、此冠辭は、ことを本として、下の意をいふにはあらず、ただ、歌の調べのたらぬをととのへるより起りて、かたへは、詞を飾るものにて、いたれ異なり、かの「枕さうし」歌枕などいふを思へば、その頭にいへりしなり。(下畧)

○枕詞ノ用法ハ、實ニ國語ニ特別ナルモノニテ、名詞、動詞、形容詞、副詞、等、其冠スベキ語モ、種種ニシテ、其所用モ、唯、其冠スル語ニノミ係リテ、他語ニ係ラネバ、故ニ、文章上、言類ノ分解 (Parsing.) ニ當リテハ、二語ヲ一熟語ト見テ解クベキモノトスベシ。

接頭語　發語

接頭語(Prefix.)ハ、常ニ他語ノ頭ニ接キテ、熟語トナリテ、其意義ヲ添フル語ナリ、サレバ、固ヨリ獨立ニハ用ヰラレズ。接頭語ノ數、甚ダ多カラズ、又、一定ノ慣用法アリテ、何レノ語、皆、冠ラスベキニアラズ　今、左ニ、其著キモノヲ擧ゲテ、其用例ノ一斑ヲ示サム。

「初春」「初花」「初音」「初穗」　「初事」「初冠」「初學」「初立つ」　「新參り」「新枕」「新墾」　「小車」「小舟」「小川」「小篠」「小止む」「小暗し」　「小家」「小松」「小路」「小暗し」「小高し」　「御代」「御位」「御心」「御燈」(大御、御、御)　「眞心」「眞白」「眞直中」　「素腹」「素肌」「素顔」　「生絹」「生紙」「生藥」　「僻目」「僻事」「僻讀ミ」　「曲者」「曲舞」「曲事」　「えせ者」「えせ車」「えせ法師」　「幾年」「幾世」「幾久し」　「異國」「異人」　「諸手」「諸人」「諸聲」　「彌增す」「彌遠し」「彌高し」　「逸先」「逸早し」　「ほの見ゆ」「ほの聞ゆ」「ほの暗し」　「屢たゝく」「屢吹く」ナドナリ。

○漢語ノ「不義」「不本意」「無位」「無慈悲」「第一」「第二」「當年」「當代」「數人」「數年」「諸事」「諸書」「衆人」「衆僧」ナドモ、接頭語ナリ。

發語　某語ヲ言ハムトスルヤ、首ニ加ヘテ發スル聲ナリ。其聲、皆、一音ニシテ、大抵ハ、意義無ク、或ハ、稍、其下ノ語意ヲ强クスルガ如キモノアリ。而シテ、其用例、亦、局レル所アリ、左ニ、其著キモノヲ示ス。

「さ夜」「さ衣」「さ男鹿」「さ渡る」「さ迷ふ」

「み吉野」「み熊野」「み山」「み空」「み雪」「み坂」「み岬」

「を簾」「を田」「を野」

「け劣る」「け亮く」「け壓る」「け短し」「け長し」「け近し」「け恐し」「け踈し」
「い行く」「い向ふ」「い座す」「い渡る」「い通ふ」「い觸る」
「た忘る」「た比ぶ」「た謀る」「た走る」「た徘徊る」「た靡く」「た弱し」「た易し」「た遠し」
「か易し」「か弱し」「か黒し」「か細し」

接尾語

接尾語(Suffix.)ハ、常ニ他語ノ尾ニ接キテ熟語トナルモノニテ、他語ヲ名詞トスルアリ、動詞トスルアリ、形容詞トスルアリ、副詞トスルアリ、而シテ、亦、漫用スベカラズ、スベテ、慣用ノ例ニ據ルベシ。

○他語ニ接キテ、名詞トスルモノハ、

ども(共)物事ノ數アルヲ總ベテイフ。次ノ二語モ同ジ。「物ども」「事ども」「調度ども」「馬ども」「舟ども」「男ども」

たち(達)專ヲ人ニイフ。「皇子たち」「親たち」「大臣たち」「公だち」「友だち」

ばら(儕)亦、人ニイフ。「殿ばら」「法師ばら」「女ばら」「奴ばら」

どち　互ニ夥伴ナル意ヲイフ(俗ノどしハ、此轉ナリ)「友どち」「女どち」「我れどち」「思ひどち」「思ふどち」「思ゑむどち」「若きどち」「年歷ぬるどち」「さるべきどち」「さるまじきどち」(千代ノどち)

ら(等)「我ら」「汝ら」「是ら」「夫ら」「少女ら」「成信重家ら、出家し侍りける比」

など　「月花などのながめは」「貴き賤しきなど、さまざまにて」「院の御さぢきより、千賀の鹽釜などやうの御消息、をかしき物など、持てまゐりかよひたるなども、めでたし」(枕草子)

○此語ハ、名詞ト合シテ、下ニのをも等ヲ履ムコト、他語ヲ副詞トスルなど後ニ擧グノ、直ニ動詞ニ係ルト異ナリ。又、「あと思ふらむ」ナドノなどハ、眞ノ副詞ナリ、混ズベカラズ。

以上二語ハ、物事ノ數アルヲ示シ、而シテ、其數ノ限リヲ列ネタルニモイヒ、(內等)其外ニモアルナ畧スルニモイフ。(外等)

げ(氣) 以下三語、皆、事物ノ形狀、情態ヲイフ。「人げ」「外げ」「心ありげ」「物思ひげ」「思はずげ」「悪げ」「重げ」「惜しげ」

さ(狀) 「遠さ」「深さ」「善さ」「悪しさ」「悲しさ」「嬉しさ」「逢ふさ」「離るさ」「行くさ」「來さ」「歸るさ」「入るさ」

み 「深み」「高み」「青み」「赤み」「重み」「輕み」「無み」

○此ノさトみトニ就キテハ、形容詞ノ語根ノ條ニモ說ケルコトアリ、倚、其條ヲ見ヨ。

か(日) 日ヲ數フルニイフ。「二日」「五日」「二十日」「三十日」「五十日」「百日」「幾日」

べ(邊) 邊ヲイフ。「山べ」「川べ」「磯べ」

べ(部) 群ヲイフ。「忌べ」「物のべ」「下べ」

へ(方) 方角ヲイフ。「後へ」「行へ」「片へ」

へ(重) 重ヲイフ。「三へ」「十へ」「二十へ」「千へ」「幾へ」

わ(曲) 隱リタル所ヲイフ。「浦わ」「川わ」「外わ」「內わ」「郭わ」

り たり(人) 人ヲ數フルニイフ。「一り」「二り」「三たり」「四たり」「幾たり」

て(人) 人ヲイフ。「射て」「讀みて」「爲て」

○漢語ノ「何輩」「何等」「一箇」「二號」「三番」「四荷」「五匹」「六枚」「七帖」「八束」「九段」「十通」ナド用ヰルモノ、皆、是レナルぺし。

○他語ニ接キテ、動詞、又ハ、形容詞トスルモノハ、

めく　自動詞トシテ、「その如くなる」ナドイフ意ヲナス、變化ハ、規則第一類ナリ。「今めく」時めく」春めく」唐めく」物化めく」山里めく」時雨めく」ほのめく」

めかす　めくノ他動ナリ、變化ハ、規則動詞ノ第一類ナリ。「今めかす」時めかす」色めかす」物めかす」ほのめかす」

ばむ　「狀態のそれとあらはるゝ」意ヲイフ、自動ニテ、規則動詞ノ第一類變化トナル。「心ばむ」けさうばむ」老いばむ」けしきばむ」枯ればむ」由ばむ」

がる　「と思ふ」ナドノ意ヲナス、自動詞、規則第一類ノ變化ナリ。「嬉しがる」ゆかしがる」悲しがる」賢がる」寒がる」あはれがる」艶がる」情がる」懇がる」

ぶ　自動ニテ、「その如くなてあり」ナドノ意ヲナス、變化ハ、規則動詞第三類ナリ。「大人ぶ」古ぶ」田舍ぶ」鄙ぶる」都びて」翁びて」けさうびて」尋常びたり」ことさらびたる」

がまし　形容詞第二類ノ變化トナリテ、「の如し」「に似る嫌ひあり」ナドノ意ヲイフ。「隔てがまし」かごとがまし」烏滸がまし」散樂がまし」

○其他、尚、ア　ぺシ、希フノ意ノ「行きたし」見たし」（形容詞第一類變化）其狀ナル意ヲイフ「男らし」女らし」（同第二類）其風スル意ノ「學者ぶる」利口ぶる」（規則第一類）ノたらしぶるナドモ、是レナリ。

○他語ニ接キテ、副詞トスルモノハ、

がてら　語原ハ「糅テ雜フル」ノ意、事ノ彼此ニ渉ル意ヲ示ス。「秋の野も見給ひがてら、雲林院に詣で給へり」け

しきも見がてら、雪を打拂ひつつ」山川を、導しがてら、まづや渡らむ」脱ぎかへがてら、夜こそは着め」かゝみがてらに、着なむとぞ思ふ」我宿の、花見がてらに、來る人も」御子日がてら、まゐり給へかし」

ながら　語原ハ「長ら」ニテ、延ブル意アルベシ。

○「そのまま」それながらに」ノ意ナルハ、「一年も、春ながらにも、暮れななむ」昔しながらの、山櫻哉」ここながら、かしづきすゑて」御簾の内ながら、宣ふ」御子ども、六人ながら、引連れて」枝ながら、見よ」

○「なれども」(乍)ノ意ナルハ、「我心ながら、かかる筋におほけなく」心ながら、胸いたく」身ながら、心にえまかすまじくなむ」身の程にもあらずながら」春ながら、雪ぞ降りつつ」さりながら」思ひながら」しかしながら」

○「つつ」又ハ「且」ナドノ意ヲナスハ「歩ミながら見ル」讀ミながら考フ」

がてに　「難氣に」ノ約マレルニテ、事ノ成リ難クアル意ヲ示ス。「白露の、溜ればがてに、秋風ぞ吹く」泡雪の、溜ればがてに、碎けつつ」などか我身の、出でがてにする」時鳥、我宿をしも、過ぎがてに啼く」行きがてにのみ、などかなるらむ」歸りがてして、別れを惜む」

ばかり(許)「計」ノ義ニテ、程限ヲイフ。(第一類天爾波ニ同語アレド、用法異ナリ)

○程ノ意ナルハ、「ひえの山を、はたちばかり、重ねあげたらむ程して」我ばかり、物思ふ人も、またもあらじ」我ばかり、我を思はむ、人もがな」あかつきばかり、憂きものはなし」櫻ばかりの、花無かりけり」三年ばかり歴て」いかばかり「人に思はれむばかり、めでたき事はあらじ」泣きぬばかり言へば」よるべとすばかりに」死ぬばかりなる」死ぬるばかりに」人目に見ゆるばかりに」　動詞、助動詞、ノ第一變化、第二變化、何レニモ連續ス。

○頃ノ意ナルハ、「宵打過ぎて、子の時ばかりに」今宵ばかりや、と待ちけるさまなり」その日ばかりに、御迎へにまゐり來む」八月十五日ばかりの月に」入相ばかり」何時ばかり」

から 「故ニ」ノ意ナリ、古言、故ノ轉ナラム。（よりノ意ノからト異ナリ）「いとふびんなる人から、仲忠の朝臣とひとしくなむ、形心身のさえ侍り」（うつぼ）「聞き馴れ侍りける耳からにや」をしむから、戀しきものを」吹くからに、なべて草木のしをるれば」相見むからに」取りしからに」さるからに」

ごとに（毎）語原ハ、「異に」ノ意カ、物事ノ、各、然ル意ヲ示ス、「春ごとに咲く」咲くごとに見る」人ごとに言ふ」年ごとに」日ごとに」

づつ（宛）一箇、二箇ノ箇ヲ重ネタル語ナラム、各、宛ノ意ヲ示ス、「とりのこを、十づつ十ハ、重ぬとも」袈裟、衣、など、すべてひとくだりの程づつ、ある限りの大とこたちに賜ふ」下もみぢ、一葉づつ散る、木のもとに」かくをしづつ、見るに」少しづつ語り聞えたまふに」

まにまに 打任スル意ヲ示ス。「任ニ」ヲ重用シテ約メタル語ナレド、別ニ一種ノ用法ヲナス。「秋霧の、晴るるまにまに、見渡せば」聲のまにまに、尋ぬるに」語るまにまに聞く」欲しきまにまに取る」山風の吹きのまにまに」

など（抔）「何と」ノ中略ナラム、一ニ定メズ、大略ヲ指シ示ス意ノモノナリ。（他語ヲ名詞トスルなどハ、前ニ擧ゲタリ）「何事ぞなど問フ」行くべしなど言ふ」悲しなど言はむかたなし」馬になど乘りて」

がり（許）「の許に」ノ意ナリ。「文ハ、大輔がり遣れ、と宣ふ」紀の有恒がり行きたるに」若草の、つまがりさへや」妹がり行けば」供の者具して、國司のがり向ひぬ」女のがり行きて」撫子を人のがりつかはしける」（伊豆の守の女にて居たりけるがりに、文やる」故左衛門がりも、後に物などつかはしたれば）

すがら「盡ルマデ」ノ意ナリ。「夜すがら、いもねず」春の日すがら、またぞ忘れぬ」夜もすがら眠らず」夜をすがらに、起き居つつ」秋の夜な、聲もすがらに、あくる松蟲」

すがら 「ふがら」ノ意ナリ。〔直從ノ約カ〕「行くすがら、心もゆかず」「秋霧の、立ちぬるすがら心あてに」「路すがら」身すがら」佩せる太刀すがらに」

○以上、其著キモノナリ。又、「夜ノ明クルおろ、起キ出デテ」「元祿十年おろ起リタル」老ユルほど壯ナリ」年ほど大ナル」足ルぐらゐ取ル」馬ぐらゐ捷シ」出來タルだけ送ル」是レだけアル」ナド用ヰル頃、程、位、丈モ、是レナリ

○「明に」靜に」誠に」常に」丁寧に」心切に」頻りに」盛りに」案むるに」或ハ、「はらはらと」ほとほとと」ナド、副詞ノ語末ニ用ヰルに又ハとモ接尾語ナルベし。

○右ニイヘル他語ヲ副詞トスル接尾語ノがてら、ながら、から、はかり等ハ、天爾遠波ノから、だに、さへ、のみ、ばかりナドト、同趣ノモノナルガ如ク見ユレド、用法異なり、委シクハ、前ノ天爾遠波ノ條末ニ辨ジオケリ

○

右、語法指南ハ、日本文典中ノ、此辭書ヲ使用セムニ、要アリト思ハルル所ノミヲ、摘録シタルモノナリ。サレバ、若シ、コレヲ一部ノ文典ト認ムルヿモアラバ、必ズ、事足ラズ思フ所モアラム、唯、善ク摘録ナルヿヲ察スベシ。但シ、始東終、條條ノ叙述ニ於テ、詳畧、釣合ハヌガ如ク見ユル所モアレド、助動詞、天爾遠波等ニ至リテハ、頗ル錯雜セルモノナレバ、叙述モ亦簡ナルヿ能ハズ、言フベキホドノ事ハ、言ハザルヲ得ザルニ因レリ、又此意ヲモ諒セヨ

〔完〕

凡例

（一）此篇ニハ、古言、今言、雅言、俗言、方言、訛言、其他、漢語ヲ初トシテ、諸外國語モ、入リテ通用語トナレルハ、皆收メタリ、然レド、甚シキ古言ハ、漏ヲセルモアリ、且、漢語ハ、普通和文ニ上ルモノヲ限リトセリ、方言ハ、大抵、東西兩京ノモノヲ取リテ、諸國邊土ノモノハ、漏ヲセルモノ多シ。

（二）篇中、高尚ナル學術ノ專門語、又ハ、地名、人名、等ノ固有名稱ハ取ラズ、但シ、固有名ナレド、神佛ノ名、禁闕、宮殿ノ稱、官署ノ號、其他、器物ノ名等ノ、常ニ書册ニ見ハルルガ如キハ取レリ。

（三）熟語ハ、熟シテ別ニ一義ヲ起スモノヲ取レリ「あか-がひ」（赤貝）「いし-ばひ」（石灰）「やま-どり」（山鳥）ノ如シ、而シテ、「まつ-やま」（松山）「すぎ-ばやし」（杉林）「はる-かぜ」（春風）「くろ-くも」（黒雲）ナドハ收メズ、語毎ニ解スベケレバナリ、漢語、外國語ナルモ然リ。

（四）從來ノ辭書ニハ、語ト句トノ別ナク、「あし-の-うら」（足之裏）「あふぎ-の-ぢがみ」（扇之地紙）ナドヲモ出ダシタレド、是等ハ、自ラ三語ナルベク、其語ヲ各條ニ就テ見バ、解セラルベシ、サレバ、此類、一切除ケリ、但シ、句ノ如クニテ句ナラズ、一熟語トナリテ、別ニ一義ヲ成セルモノハ、如何ニ長クトモ、皆擧ゲタリ、「あま-の-がは」（天河）「よめ-が-さら」（介名）「きつね-の-かみそり」（草名）「たひ-の-むこ-げんぱち」（魚名）「けくに-もの-まをす-まうちぎみ」（申食國政大夫）ノ如シ、其長キハ、「りゆうぐう-の-おとひめ-の-もとゆひ-の-きりはづし」（海藻名）ヲ極トス。

（五）動詞ノ熟語モ、別ニ一意ヲ成セルヲ取レリ「こころ-う」（心得）「おち-いる」（落入）「こころ-みる」（心見）「さか-のぼる」（逆上）ノ如シ、而シテ、「あゆみ-ゆく」（歩行）「よみ-をはる」（讀了）「かき-しるす」（書記）「うち-ならす」（撃鳴）ナドハ收メズ、箇箇ニ意ノ解セラルベケレバナリ。

（六） 名詞、又ハ漢語ニ、す(爲)トイフ動詞ヲ添ヘテ、「しをりす」(栞)「しるべす」(導)「ぎろんす」(議論)「くふうす」(工夫)ナドト用ヰルヿアリ、是等、一箇ノ動詞ノ如クナレドモ、斯クナサバ、諸ノ名詞、漢語、皆、動詞トナルベキヲ以テ、今ハスベテ擧ゲズ、「しをりヲす」「ぎろんヲす」ト箇箇ニ解スベキナリ、但シ、「つみす」(罪)「ものす」(物)「なみす」(無)「けみす」(檢)「げす」(解)「かんず」(感)「おくす」(臆)「ぐす」(具)「こうず」(困)ノ如キハ、善ク熟シテ一語ノ如クナリタレバ、擧ゲタリ。

（七） 同語ナレドモ、其意義甚シク變シテ、別語ノ如クナレルハ、別條ニ擧ゲタルモアリ、例ヘバ、「鐘」モ、「鉦」モ、「金」ト同語ナレド、「五金ノ總名」ト、「つりがね」ト、「たたきがね」トハ、義甚ダ同ジカラズ、又、「合フ」ト「逢フ」トハ、同語ナルベケレド、一ハ「共ニナル」意ニテ、一ハ「相見ル」意トナル、此類ハ、皆、別條トシテ揭ゲタリ。

（八） 「不可思議(フカシギ)」「以心傳心(イシンデンシン)」「旁若無人(バウジヤクブジン)」「老少不定(ラウセウフヂヤウ)」ノ類ハ、句ナレドモ、毎ニ音讀ニテ通用シテ、普通辭書ニ收ムベキモノナルガ如シ、因テ句トシテ出セリ。

（九） 和語、漢語、諸外國語ノ別ナク、スベテ、假名ニテ記シテ擧ゲタリ、其音ノ順序ニ據リテ探グルニ便ニセムトテナリ、而シテ、其頭字ヲ、五十音ノ順ニテ列ネ、其第二字、第三字、第四五字以下モ、スベテ五十音順ニテ列ネタリ。

（十） 也行ノ「い、え」ト、和行ノ「う」トハ、阿行ノ「い、う、え」ト、形同ジクシテ別チ難ケレバ、スベテ阿行ノ中ニ收メタリ、故ニ、「おゆ」(老)「つひゆ」(費)ノ「ゆ」ハ、也行ノ順ニ居テ、「おい」(老)「つひえ」(費)ノ「い」「え」ハ、阿行ノ順ニ入リ、「うう」(植)「すう」(居)ノ「う」ハ、阿行ノ列ニアリテ、「うゑ」(植)「すゑ」(居)ノ「ゑ」ハ、和行ノ列ニ入レリ。

（十一） 濁音、半濁音ハ、スベテ其淸音ノ次ニ列ネタリ。

(十二)鼻聲ノ「ん」ト、促聲ノ「つ」トハ、常ノ音ナル「む」又ハ「つ」ト、固ヨリ異ナルモノナレバ區別セリ、サレド五十音外ノ假名ニテ、其順序ノ定ムベキナシ、因テ、今ハ、舊慣ニ隨ヒテ、「ん」ヲ「む」ノ次ニ列ネ、促聲ノ「つ」ヲ常ノ「つ」ノ次ニ置ケリ、索引ニモ自ラ便ナルベシ。

(十三)「い、ゐ、ひ」「え、ゑ、へ」「お、を、ほ」「わ、は」「う、ふ」「じ、ぢ」「ず、づ」等ノ別、其他、「あふぎ」(扇)「おふし」(啞)「をうな」(女)「さふらふ」(候)「たふる」(倒)「たふとし」(貴)「けふ」(今日)「てうづ」(手水)「めうが」(蘘荷)等ノ假名遣、スベテ區別セリ、委シクハ、後ノ索引指南ニ擧ゲタルヲ見ヨ。

(十四)俗言、方言等ニハ、語原詳ナラズシテ、假名遣ノ確定シガタキモ、稀ニハアリ、「げぢげぢ」(蚰蜒)「どぢやう」(泥鰌)ノ「ぢ」「ぢや」ノ如シ、サル語ハ、假定シテ擧ゲテ、其由ヲ記シ置ケリ。

(十五)「ははき」(箒)「かはほり」(蝙蝠)「かはほね」(骨蓬)ハ、今世、音便ニ唱フルヨリ考フレバ、甚ダ異ナルヲ覺ユ、因テ、「まをす」(申)ヲ「まうす」トスル例ニ傚ヒテ、姑ク「はうき」「かうもり」「かうほね」トシテモアゲタリ。

(十六)洋語ノ「ウニコオル」(一角)「メエトル」(佛尺)「フウト」(英尺)ノ如キハ、「ウニコール」「メートル」「フート」ト記ス方、可カルベケレド、五十音外ノ音符アリテハ、假名ノ索引順序ヲ定ムルニ困ム、因テ、今ハ、假名ニ記セリ。

(十七)音便ニテ撥ヌル音ハ、皆「ん」ト記セリ、「つきさく」ノ「つんざく」トナリ、「あきうど」ノ「あきんど」トナリ、「みふみ」ノ「みんふみ」トナリ、「わらはべ」ノ「わらんべ」トナレル類ナリ、而シテ、「ゆきけむ」「ゆくらむ」ナドハ、「む」トセリ、「けめ」「らめ」トモ變化スレバナリ。

(十八)漢字音ニ就キテハ、阿行ノ「い、う、え」ト、也行ノ「い、え」ト、和行ノ「う」トノ別、判然タリ、卽チ、伊(イ)、因(イン)、郁(イク)、(阿行以、胤、育、(也行)有、(阿行)宇、(和行)衣、英、焉、謁、(阿行)延、營、緣、悅、(也行)等ノ如シ、然レ圧、假名ノ形、別チ難ケレバ、今ハ皆、阿行ノ中ニ混シ入レタリ、サレド、和行ノ爲、院、域、惠、衞、遠、越等ハ、固ヨリ別テリ、但シ、烏、永、詠、榮、垣等ハ、姑ク舊慣ノ假名遣ニ因リテ「え、えい、えん」トモセリ。

(十九)要、陽、雄、容ノ類ハ、スベテ約メテ要、陽、雄、容トセリ。

(二十)歌、和、階、快、庚、光、隔、郭、葛、滑、咸、觀等ノ直音、拗音(濁音ナルモ共ニ)ハ、固ヨリ別チタレ圧、下、化、滅、源、決、月等ハ、皆、直音ニテ「け、げん、げつ」トセリ。

(廿一)陽、庚、靑三韻ト、江、肴、豪ノ三韻ノ漢音(上聲、去聲ノ同韻ノモノニ通ジテイヒ、濁音モ之ニ倣フ、下皆同ジ)トニ屬スル字ノ初發ノ音ハ、スベテ「阿ノ段」ノ音トセリ、卽チ、櫻、江、相、唐、囊、包、毛、陽、耶、黄、京、靑、丁、評、明、兩、光等ノ如シ。

又、尤ノ韻ノ一部ナルハ「伊ノ段」ノ音トセリ、尤、求、州、儔、柔、流等ノ如シ。

又、東ノ韻ノ一部ナルト、虞ノ韻ナルトハ「宇ノ段」ノ音トセリ、隅、芻、通、風、雄、弓、終、中、隆ノ如シ。

又、蕭ノ韻ナルト、肴ノ韻ノ呉音ナルトハ、「衣ノ段」ノ音トセリ、遙、教、蕭、朝、饒、飄、猫、寮等ノ如シ。

又、東、冬、蒸ノ三韻ナルト、尤ノ韻ノ一部ナルト、江、豪ノ二韻ノ呉音ナルトハ「於ノ段」ノ音トセリ、應、侯、宗、東、農、朋、蒙、容、樓、翁、輿、承、寵、氷、龍等ノ如シ。

入聲ニテ、緝ノ韻ナルハ、「伊ノ段」ノ音トセリ、緝、急、集、蟄、入、立等ノ如シ。

葉ノ韻ナルハ、「衣ノ段」ノ音トセリ、葉、業、妾、蝶、獵等ノ如シ。

合ノ韻ナルト、洽ノ韻ノ漢音ナルトハ、「阿ノ段」ノ音トセリ、押、洽、雜、塔、納、法、蠟等ノ如シ。

又、洽ノ韻ノ呉音ナルハ、「於ノ段」ノ音トセリ、劫、法ノ如シ。

(廿二) 芭蕉、紅梅、襖、發昭(紀長谷雄ノ名)等ノ蕉、紅、襖、昭ノ尾韻ヲ「を」トスルコト、往往古書ニ見エタリ、此類、古代ノ用法トシテ擧ゲ、又、別ニ、芭蕉、紅梅等ヲモ擧ゲタリ。

(廿三) 茴、水、追、回、遺、類等、宇ノ段ノ音ノ尾韻ハ、皆「ゐ」トシ、其餘、愛、海、才、體、快、永、計、世、亭、寧等ハ、皆「い」トセリ。

以上、スベテ漢字音ノ紛レ易キモノハ、後ノ索引指南ノ條ニ、類ヲ以テ集メテ示セリ、就キテ見ルベシ。

(廿四) 眞、文、元、寒、刪、先(上聲、去聲、ノ同韻ノモノ、之ニ同ジ)ノ六韻ニ屬スル字ノ尾韻ハ、舌内音ト稱シテ、皆「ぬ」或ハ「に」ナルコト、讃岐、蘭、縁、錢、紫苑、等ノ讃、縁、錢、苑、ノ如シ、又、侵、覃、鹽、咸(上聲、去聲、同ジ)ノ四韻ナルハ、唇内音ト稱シテ、皆「む」或ハ「み」ナルコト、三郎、三位、陰陽師、燈心、汗衫、等ノ三、陰、心、衫、ノ如シ、然ルニ、今ノ世ニテハ、皆通ジテ「ん」トセリ、此篇モ、索引ニ便ナラシメムト、姑ク眞、文、侵、覃等トセリ。

(廿五) 漢語ヲ、漢音ニ讀ムアリ、呉音ニ讀ムアリ、此篇、一ニ習慣ニ從ヒテ擧ゲタリ、布衣、布衣、飲食、飲食、利益、利益、變化、變化、和解、和解、法體、法度等ノ如シ。

(廿六) 發音ノ假名ノ音ノママナルハ、別ニ標セズ、「とらふ」(虎斑)「そこひ」(内障眼)ノ如シ、轉呼シテ發音スルモノニハ、振假名ヲ付ク、「とらふ」(捕)「そこひ」(底)ノ如シ、其他、「けふ」(今日)「てうふ」(手斧)「ゐあひ」(居合)「あふぎ」(扇)「あふぐ」(仰)「いはほ」(巖)「あはひ」(間)「くはへ」(加)「はへ」(蠅)ナド、皆、記セリ、又、「あがなふ」(贖)「いはふ」(祝)「あらふ」(洗)等ノ「ふ、は、ら」ハ、常ニ、「の、お、ろ」ノ如クモ發音スレドモ、尚「ふ、わ、ら」ト發スル方、俗ナルガ如クニテ、却テ正シクモアリ、又「あがふひ」「いはひ」「あらひ」トイフ時ニモ通ハスベケレバ、今ハ、皆「ふ、は、ら」ノママニセリ。

(廿七) 字音ノ發音モ、「おう」「をう」「こう」「とう」「しよう」「ちゆう」ノ如キハ附セズ、「あふ」「わう」「くわう」「きやう」「げう」「でう」ノ如キハ、皆附セリ、但シ「きう」「しふ」等ノ「き、し」ハ、「きゆ、しゆ」ノ如ク發音スレドモ、其音相近ケレバ、今ハ別ニ附セズ。

(後ノ索引指南ヲ見ヨ)

(廿八) 動詞、形容詞、助動詞ハ、皆其本體ニテ擧ゲテ、其下ニ、語尾ノ變化ヲ示セリ、例ヘバ、「ゆ・く・ク・ケ・カ・キ・ケ」「た・つ・ツル・ツレ・テ・テ・テヨ」「あか・し・キ・ケレ・ク・グ」「け・り・ル・レ」ノ如シ、其ノ片假名ナルハ語尾ニテ、●以下ハスベテ變化スルモノト知ルベシ、又一音ノ語ハ、全體ノ變化ヲ擧グ、「す・スル・スレ・セ・シ・セヨ」「ず・ヌ・子」「き・シ・シカ」ノ如シ。

(廿九) 動詞、形容詞、助動詞ハ、其本體ノミ擧ゲテ、其變化シタル語ヲ擧ゲザレバ、「ゆく」ハアリテ、「ゆか」「ゆけ」ナドハ無ク、「あかし」ハアレド、「あかき」「あかく」ナドハ無ク、「けり」ハアレド、「ける」「けれ」ナドハ無シ、況シテ、「ゆかむ」「ゆきぬ」「ゆかる」「ゆかず」ナドハ無シ、是等ノ「む、ぬ、る、ず」ハ、卽チ、助動詞ノ本體トシテ、別ニ擧ゲテアリ、但シ、動詞ノ名詞トナレルハ出ダセリ、「おもひ」「あぢはひ」「かち」「まけ」「のぞみ」ノ如シ、又形容詞ノ全ク副詞トナレルモ出ダセリ、「まつたく」「たやすく」「いたく」「よろしく」ノ如シ、又、形容詞ノ「あかし」「あかき」ヲ音便ニ「あかい」トシ、「あかく」ヲ「あかう」スルナドトハ、固ヨリ一一擧ゲズ、唯、變ジテ別ニ一義ヲナセルモノヲノミ擧ゲタリ。

一音ノ語ノ變化ハ紛ヒ易ケレバ、一一出セルモアリ、動詞ニテハ、「く」(來)ノ「くる、こ、き」ノ如ク、「う」(得)ノ「うる、え」ノ如ク、「ふ」(經)ノ「ふる、へ」ノ如ク、助動詞ニテハ、「ず」(不)ノ「ぬ、ね」の如ク、「き」ノ「し」ノ如シ。

(三十) 規則動詞第二類ニテ、「うく、うくる、うくれ、うけ」(受)「やす、やする、やすれ、やせ」(痩)ナドト語尾ヲ變化スルモノヲ、口語ニテハ、「うける、うける、うけれ、うけ」又ハ「やせる、やせる、やせれ、やせ」トイフガ定マリナリ、サテ、此口調ニ從ヒテ出來レリト覺シキ「ける、けれ、け」(蹴)ヲ初メトシテ、後世ニ成レル「くける、くけれ、くけ」(カガリテヌフ)「いせる、いせれ、いせ」(シワヨセテヌフ)ナドアリ、サルニ、今更ニ是等ノ語尾ヲ改メテ、「くくる」「いする」ナドスベクモアラズ、而シテ、斯ク語尾ヲ變化スル語、今世普通ニ使用シテ、用アルモノ甚ダ多ケレバ、辭書ニ收メザルベカラズ、因テ、今ハ姑ク規則動詞第四類ノ變體トシテ、卽チ、「きる、きれ、き」(着)「にる、にれ、に」(似)等ノ同類ニ收メタリ、コハ、韻ハ異ナレド、變化ノ狀ハ、全ク同ジケレバナリ。(此事、篇首ノ語法指南ノ動詞ノ變化ノ條ニモ說ケリ、就キテ見ルベシ、次項ノ事モ然リ)

(卅一) 又、規則動詞ノ第三類ニテ、「おく、おくる、おくれ、おき」(起)「おつ、おつる、おつれ、おち」(落)ナドト變化スル動詞ヲモ、口語ニテハ、「おきる、おきる、おきれ、おき」又ハ「おちる、おちる、おちれ、おち」トイヘリ、此口調ニ從ヒテ後世ニ成レル「かうじる、かうじれ、かうじ」(增長)「たいぢる、たいぢれ、たいぢ」(退治)ナドアリ、是等モ、省キガタキガ多ク、又「かうずる」「たいづる」ナド改ムベクモアラズ、因テ、此類ハ、皆、規則動詞第四類、卽チ「きる、きれ、き」(着)「ゐる、ゐれ、ゐ」(居)等ノ同類トセリ、韻モ、變化ノ則モ、全ク相同ジケレバナリ。

(卅二) 「きたる」(來)トイフ動詞ハ、「來」ト「有リ」トノ約マレルナルベク、而シテ、ソノ「あり」ハ不規則動詞ナレバ、ソレト同ジク、「き、たり」ヲ本體トスベキナレド、今ハ變ジテ、「きたる」ヲ本體トスルガ故ニ、規則動詞ニ改メタリ、又、「かをる」(薫)「おざる」(御座)モ、其原ハ、「かをり」(香居)「おざあり」(御座有)ニテ、不規則動詞ナレド、今ハ變ジテ、規則動詞トナレルヿ、正ニ「きたる」ニ同ジ。 又、「かもす」(釀)ノ「かも」ハ、「かむ」(釀)ノ名詞法ノ「かみ」ノ轉ナレバ、其變化ハ、「する、すれ、せ、し」トナルベキ規定ナレド、變ジテ「す、せ、さ、し」ノ變化トナレリ。又、「おる」(降)ハ、「る、るれ、り」ノ變化ナレド、「あま」(天)ト約マリテ、「あもる」(天降)トナル卄ハ、「る、れ、ら、り」ノ變化トナリ、又、「いふす」(分往)ハ、「いぬ」(往)ノ第四變化ノ「いふ」ニ、助動詞ノ「す」ノ添ハリタルニテ、其變化ハ、「する、すれ、せ」トナルベキニ、變ジテ「す、せ、さ、し」ノ變化トナレリ。又、「でく」(出來)ハ、「いで」(出)「く」(來)ノ約マレルニテ、「く」ハ、不規則動詞「くる、くれ、こ、き」ノ變化ナレド、(でこむ、でこず、トハナラズ)「くる、くれ、き、き」ノ變化トナレリ。此類、尙、多シ、皆、其變ジタル方ニ收メタリ。

(卅三) 形容詞ノ「おほきし」(大)「すむやけし」(速)ノ語尾ノ變化ニ異ナルコアリ、篇首ノ語法指南ノ形容詞ノ條ヲ見ヨ。(すこし(少)トイフ語モ然リ)

(卅四) 「もちゐる」(用)トイフ動詞ハ、「もち」(持)ト「ゐる」(以)トノ熟語ナルコ、疑フベクモアラズ、サレバ、此書ニハ、其語尾ノ變化ヲ、「ゐる、ゐれ、ゐ」(規則動詞第四類)ノ方ニ定メタリ、抑モ、此語ノ語尾ニ就キテハ、語學家ノ間ニ、異說紛紛タレバ、今、煩ヲ憚ラズ、左ニ衆說ヲ擧ゲテ、其考據ヲ述ブベシ。

「和字正濫鈔」二ノ廿四 用 もちゐ 此假名、いまだ慥なる證を勘がへず、常に、かやうにかけり、是正字ならは、はたらく時、もちうともいふべし、ゐとう、五音の故なり、もちゆともいふべからず、ゆハいと通ず、〇「和訓栞」前編 もちゐ 用をよめり、以将(モチヰ)の義なるべし、もちうともいへり、以を實語に用ゐたるハ、論語の「不レ使三大臣怨二乎不一レ以(モチヰ)」の如き是也 一説に、藤原經衡集に、宇治殿にて、もちひをおこすとて「さかなには、何もあれども、此中に、心につかは、是をもちひよ」返しにも「心もちひ」とよみ入たり、されは、もちひ もちうのかなるべし、ともいへり、〇「古言梯」 もちゐ もちう 此假字見えず、おはらゝ、是による、 村田春海云、もちひは、俊頼の歌に、「我をもちひのます鏡」と、餅にいひかけたるに、おはらくよりてあるべし、ゐの假字とせんは、據なき說なり、〇「古事記傳」十七ノ四 用の假字は、源仲正家集に、元日戀、「千代までも、影をならべて、逢見んと、祝ふ鏡の、用ひざらめや」(夫木集、三十二に載れり、又、後なれど、藤原經衡家集にも、此(ココ)同ジ人、宇治殿にて、餅(モチヒ)をおこすとて、「肴には、何もあれども、此中に、心につかは、是を用ひよ」かへし、「君が代を、心用ひの、うれしきは、いかなる人の、なさけなるらん」と餅に云かけたるに依て定めつ、（仲正ハ後撰集の作者なれは、いまた假字の亂れさりし程なり、もちひもちふもちふると活用く言にて、戀、強なとと同格の活き也）〇「山口栞」中ノ四十一もちふといふ詞の活きさま、又そのかなの事、世の人さまぐにさためこしを、古事記傳十七卷よ、源仲正の歌を引證しての明辨出てより、誰も、さぞとしれるなるべし、（後頼朝臣の歌にも、「けふよりハ、われをもちひの。ます鏡、うれしきかげを、うつしてぞみる、」とあれど記傳の考、いよく信從すべし）たゞし、閑居友ニ「ふつにもちゐることなかれとは いましめ玉はず、」とあるが如く、かの吉水僧正の比は、これを和行一段の活の格につかひしならんと、かつはおもひよりて、猶考ふれは、尙ふるくよりも、しか活かせるためしありき、蜻蛉日記に、「夢をも、佛をも、もちゐるべしや、もちゐるまじや、」とあるをみるに、べしといふ辭、まじといふてにをはへる文じよりかゝれるは、必一段の活き言なる例なり、かくて、たもへは、夕霧卷に、「人の御名を、よさまにいひなほす人は、かたきもの也、そこは心清うおぼすとも、しかもちゐる人も、すくなくこそあめ、こゝろうつくしきやうに、聞えかよひ給ひて、尙ありしまゝならんこそよからめ」とあるも、ゐ文字、本より誤りにハあらで、かの「夢をも、佛をも、もちゐるべしや、もちゐるまじや、」と同例なりけり、されはぞ、此物語は、數本を見あはせて、人々のとかく挍合すめるにも、こゝのかはれるハなし、と聞えたる、そもく、此夕霧卷、あるは、閑居友などのは、ゐをゐとあやまれるならん、ともいへはいはれぬべけれど、かげろふ日記なるハ、いかでさいはん、此理り、よく明むべし、和語燈七丁「病おもけれは、藥を用ゐるが如し、」と見えたるなども、これらに考へ明むべし、（尙、活語雜話二篇ノ末モ用ゐるニ斷定シタル文アリ）〇中島廣足ノ「増補雅言集覽」五十五ノ十四もちふ用 餅にいひかけたる歌、こゝにあるが如し、もちふと活きたる例ハ見えず、俊頼集「我をのみ、世にももちひの、かゞみ草、さきかえたる、かげぞうかべる」もちい 蜻蛉日記、「夢をも、佛をも、もちいるべしや、もちいるまじや、とさだめよと也、（此假字如何考ベシ） 群書類從中ノ新撰字鏡、連字部、百七嘲調、毛知遊 大同類聚法、用の下、皆由と見えたり、三四ケ所、布とも見えたるもあれど、傳寫の誤もしるべからず、多きかたにつくべし、此書、大同ノ敕撰ハいかゞあらん、舊事記などの僞書のたぐひにて、いと古き僞書なるべくおぼしけれは、假字の證にハとるべくや、もちゐ 源 蜻蛉卅二た人、はた、あやしき女、世にふりにたるなどを、もちゐるたぐひおほかり、 此語、かく和行一段の活の格につかひし事 蜻蛉日記、また閑居友などを引て、山口栞四十一にくはしくいへり、用をもちゐるの假字に定めたるを、持率るの義とせる廣道說は誤也、用をもちゐるといふ格にする時ハ、義門說の如く、一段の活となれり、率ハ中二段なれは、さらにかなはず、たゞし、改正圖にハ、率を一段活に置たり、さらはかなふべくや、〇村田了阿が「俚言集覽」モチヰは持と以との二語にて、一言にはあらず、其證ハ、「日本紀一書」干レ時、權用二他姫婦一以、乳二養皇子一焉、此世取二乳母一養レ兒之緣也これ「用レ某以ノ三字は、モチヰテとよめる也、〔本書〕には、豐玉姫將其女弟玉依姫來到、とあり、又〔一書〕には、遣女弟玉依姫以來養者也、又〔一書〕には、留其女弟玉依姫持養兒、又別ところに、〔一書〕卽遣一尋鰐以奉送焉、とあり、「將云云來」とあるは、ヰテキタリ、とよみ、「遣云云以來」は、マタシテヰテキタリ、とよみ、「留云云持」は、トドメテモテ、とよめり、此持ノ字は、用をモチとよめる意にて、何れも同事を文を異にしてあれども、用將持ノ三字はモチとよみ、又將以ノ二字はヰとよみ、又、將來と以來と同語勢なるをもて、「用他姫婦以養」は、モチヰテとよめるを知るべし、(然るを、舊點に、用字を、トリとよめるは、非なり)是等、みな、用を毛知爲と、古くよりつかひたる意也、かくの如く、モチヰは一語にあらず、持と、以と二言の連語にて本は佛書より出しなり、〔佛說觀無量壽經〕瓔珞盛漿、持用上王、〔法華經信解品〕如斯等事以用供養、〔法苑珠林十三因縁部〕言一切難捨無過己身、我等今日不能捨心持用相與、〔同上十六求婚〕時諸獸中有一牛王向於牸虎而說偈言、世人皆取我之糞、持用塗地爲淸淨、是故端正賢牸虎應當取我以爲夫、〔同上十四誕孕〕如因果經云、菩薩處胎垂滿十月、身ノ諸ノ支節及以相好、皆悉具足、夫人憶入園遊觀、王勅後宮端正采女凡有八萬四千、以用侍摩耶夫人、〔同上十六求婚〕食粮罄盡、王子遊獵、殺捕諸蟲以用活命、〔同上十七離俗〕偈言太子以右羅網指萬字千輻輪相現金色柔輭淸淨手用摩馬土揵陟頭、〔同上三十三法施部〕迦葉經、爾時世尊而說偈頌曰、三千大世界、珍寶滿其中、以此用布施所得功德少、〔同上二十九優劣〕佛說華聚陀羅尼經云、佛言、若復有人持以七寶如須山等、於一劫中布施聲聞辟支佛不如有出家在家人能持一錢以用布施初發菩提心得福德多とあり、古へは、佛法盛に行はれし故に、持用、以用の連語を、書紀にもつかひ給ひしなり、其が、いつとなく、皇國の一語のやうに、人々思ふ事となりし也、又〔韓非子說林〕老馬之智可用也、〔佩文韻府〕〔道字〕引作老馬之智可師也、〔周禮旅師注〕師帥也とあり、師は率と同じく、又、率は、ヰとも、ヒキヰとも訓り、(ヒキヰも、一語にはあらず、本、引と以との連語なり)然れば、師、帥、率、用、四字、皆同じくヰと訓ずべし、「左右曰以」の以を、古來ヰの假字也、〔論語〕「佛肸以中牟畔」とあるを〔說苑五節〕「佛肸用中牟之縣畔、」とあり、〔國語魯論〕魯人以莒人先濟、〔注〕以、用也、これは、これ、用字をヰと訓ずべき證也、又、將率の將、ヒキヰともモツともよめば、用、以、將、三字、同じくヰともモチヰとも訓ずべし、又〔國語吳語〕勾踐用帥二三之老ともあり、假字遣ひの徵に、唐山の書を引もいかゞなれども、義訓は互通のものなれば、此方の假字遣ひにも徵すべし、〔つれづれ草五ノ七七十〕ある有職の人、白きものを衣たる日は、火はしをモチヰル、くるしからず、と申されたり、又〔八十一〕錢を奴のごとくしてつかひ用ゐるものとしらば、ながく貧苦をまぬかるべからず、君の如く神の如く、おそれたふとみて、またがへモチヰルことなかれ、とあり、契沖氏の説に、用、モチヰ、常にかやうにかけり、こいはれたる所の常ハ、つれぐ草などをいへるなるべし、餅をモチヒの假字ハ、字鏡、倭名鈔に見えて正し、然るに、今の世に、定家假字遣、倭字通例書などいふ物にハ、餅をモチヰ、飯をイヰ、とあり、(定家假字遣には、ヒの部に、用モチヒテ、又、ヰ部に、用モチヰル、と兩出せり)是等を見れは、夫木集も、經衡集も、倶に、餅をモチヰに訛りて用は、毛知爲なるも、知るべからず、然れど、餅にかけたりとて、波行の活用とも一定しがたし、因て姑く契沖氏に從て、毛知爲の假字とせり、谷川氏は、倭訓栞に、經衡集の餅に寄たる事を一説に引ながら、其書の文にハ、毛知爲のかたを取てつかはれたり、扨又、活用は、和行にて、モチヰ モチヰ といふべし、急居の訓、ツキヰあるを、ツキウと訓る例なり、○榊原芳野氏が説(洋々社談五十五號)ニ曰ク、古事記傳十七に、源仲正の集を引て、用字の活用を、は行中二段の者とす、元亨建武前よりハ、は行中二段の活も雜じれりと見えて、伏見院天皇薫物合の文中、用ふの語あり、されど、用を餅にいひかけたるハ、所謂雙關にして、假借の音なるとも、卽「あしびきの山居」を病といひなし「今や今や」を「うまやうまや」と通ぜしと同じ、且假字の違なしともいひがたき時代の歌なれは、かたぐ\たしかなる證とハ爲難し、然れは、中島萩原二氏の和行一段の語とハ定められしなり、さるを、蜻蛉日記の「用ゐるべしや、用ゐるまじや」の一語にてハ、信難しとて、後世の中二段に據れる書ども、此頃は、かつぐ\見ゆれど彼の用ゐるの例ハ諸書に多し、蜻蛉日記の文章のやすらかならぬと、誤多きハ、人の知る所なれは、疑あらんハ理なれど、我が一わたり見し書の中にも、一段なる例證猶多し、其外に用ゐとのみあるハ、數へがたきまであれど、かくてハ確ならず、古き書にハ、宇治拾遺物語四十「唐綾一ツをぞ、唐にハ、美濃五匹がほどにぞ用ゐるなる」(俗本、もちひに作る、古寫本ハ、ゐに作れり)又、寂蓮自筆の薫集類抄、(貞丈校本、群書類從本、皆同じ)には、「少しなりとも、黒方を用ゐるべきなり」又、公事根源中「中經、禮記、毛詩、尙書、論語、周易、左傳、年年めぐりてもちゐる」又、神皇正統記一「文字をもちゐる事ハ、之より始れり」又、古本遍照發揮性靈集四の傍訓に「能書必用ニ好筆ヲ」とあり、されは、中古までハ、漢文を讀むにも、用ひ用ら用ゆなどの訛ハなかりしと見えたり、此頃、ふと見出でたるだに、かくあれは、猶其證いくらもあるべし、されど、其活用を知らんには、上の書どもにて足りなんかし、

右ノ説ドモヲ參考スルニ、「もちゐ、もちゐる」トスル説、着着考證アリテ、動カスベカラザルガ如シ、「もちゆ」ハ、固ヨリ論ズルニ足ラズ、「もちひ、もちふ」ノ考據モ甚ダ弱キガ如シ、何トナレバ、「もちふ、もちふる」ト用ヰタル證、一ツモ出デザルノミナラズ、其ノ「もちひ」モ、榊原氏村田氏ノ考ニ據レバ、「いひかけ」トモ訛トモ言

フベケレバナリ、又「もちゐ、もちう」ノ說モ承ケラレズ、サルハ、「もちう、もちうる」ト用井タル證モ、サラニ無ケレバナリ、崇神紀ニ、急居此曰菟岐宇トアレバトテ、異ナル語ヲ取リテ證トスルハ、確ナラザルノミナラズ、急居ヲ「つきう」トイフ、唯本書ニ一處見エタル異例ニテ、此他サラニ見エズシテ、後ノ諸書ニハ、スベテ、音便ニ「ついゐる」トノミ用井タリ、サレバ「もちゐる」「つきゐる」「ひきゐる」等ノ語ハ、共ニ、其語尾ハ、「ゐる、ゐれ、ゐ」ノ變化ナリ、ト斷定スベシ。

（卅五）「あきらか」（明）「しづか」（靜）「つまびらか」（詳）ナドイフ一類ノ語ハ、ソノママニテハ用井ラレズ、必ズ下ニ「に」ヲ添ヘテ、始メテ用ヲナス、故ニ、此篇ニハ、「あきらかに」「しづかに」ナド、一一「に」ヲ添ヘテ、副詞トシテ擧ゲタリ、又、此ノ「に」ニ「あり」ノ添ハリテ、「あきらかなり」「しづかなり」トナルコトアリ、此類一一擧ゲズ、擧グルニ堪ヘザレバナリ。（篇首ノ語法指南ノ助動詞ノ「なり」并ニ副詞ノ條ヲ見ヨ）

（卅六）語別ハ、畧語ノ標ヲ以テ、各語ノ下ニ記セリ、例ヘバ、（名）ハ名詞ナリ、（代）ハ代名詞ナリ、（動）ハ動詞ナリ、（形）ハ形容詞ナリ、（助動）ハ助動詞ナリ、（副）ハ副詞ナリ、（接）ハ接續詞ナリ、（辭）ハ天爾遠波ナリ、（感）ハ感動詞ナルガ如シ、又、動詞ノ下ニ、（自動）（他動）ナド記セルハ、自動詞、他動詞ナリ、（規、一）（不規、一）等ハ、規則動詞第一類、不規則動詞第一類ナリ、（形、一）ハ形容詞第一類ナリ、凡ソ、是等ノ事ノ詳ナルハ、前ノ語法指南ヲ見ルベシ、又、其畧語符號等ノ解ハ、スベテ後ノ索引指南ニ委シ。

（卅七）動詞ハ、スベテ本體（第一變化）ニテ擧ゲタレバ「生ク」「避ク」ナドイフ語モ、

い・く・ク・ケ・カ・キ・ケ（自動）（規、一）　　よ・く・ク・ケ・カ・キ・ケ（他動）（規、一）

い・く。クル・クレ・ケ・ケ・ケヨ（他動）（規、二）　　よ・く。クル。クレ・ケ。ケ・ケヨ（他動）（規、二）

い・く・クル・クレ・キ・キ・キヨ（自動）（規、三）

よ・く・クル・クレ・キ・キ・キヨ（他動）（規、三）

右ノ如ク三樣ノ語、皆「いく」「よく」ノ同形ニテ出ヅ、サレバ、動モスレバ、迷フコトアルベシ、善ク其下ナル語尾ノ變化、幷ニ（自動）（他動）（規、一）（規、二）（規、三）等ヲ見テ思ヒワクベシ、注釋ノ文中ニモ、紛レ易キハ、皆（規、一）（規、二）ナドト記セリ、心ヲ付クベシ、サレド注文ノ中ニテ、自他ノ甚ダ迷ヒ易キハ、第二變化ヲ用ヰタルモアリ、「つどふ」「つどふる」（集）「たがふ」「たがふる」（違）ノ如シ。

（卅八）篇中、毎語ノ下ニ、直ニ標出セル漢字ハ、雅俗ヲ論ゼズ、普通用ノモノヲ出セリ、「日」「月」「山」「川」等ノ正字ハ、固ヨリ論ゼズ、「辻」「峠」「杜若」ノ如キ和字又ハ誤用字ニテモ、通俗ナルヲ擧ゲタリ、而シテ、和漢通用ナルハ、［日］［月］［山］［川］ナドト標シ、又、和用ナルハ、［辻］［杜若］ナドト標シテ、語釋ノ末ニ、別ニ漢用字ヲ揭ゲテ、十字街（ツジ）、燕子花（カキツバタ）ナドト標セリ、此類、識別スベシ、但シ、漢字ノ當ツベカラザルモノハ、スベテ闕ケリ。

（卅九）語原ノ釋ハ、上下ニ〔　〕ヲ加ヘテ、語釋ト別テリ、而シテ、其原義ノ分明ナルハ揭ゲズ、又、或ハ究ムベカラザルモノ、推測ノ信ジ難キモノ、等ハ姑ク之ヲ闕ケリ、漢語ハ、異常ナルモノノ外ハ釋セズ、其他、韓語、梵語、琉球語、蝦夷語、葡萄牙語、西班牙語、羅甸語、蘭語、佛語、英語等ハ皆釋セリ、原語ノ洋字等モ、索メ得タル限リハ擧ゲタリ、但シ、近古、西班牙人、葡萄牙人、蘭人等ノ傳ヘタルモノト覺シクテ、詳ナラザルハ、姑ク南蠻語、或ハ洋語ナドト記シ置ケリ。

（四十）語釋ハ、一二語ヲ以テセルアリ、數語ヲ以テセルアリ、或ハ、同意ノ異語ヲ用ヰ、或ハ近似セル他語ヲ用ヰ、或ハ、古言ヲ今言ニ易ヘ、雅言ヲ俗言ニ當テ、或ハ、今言俗言ヲ古言雅言ニテ釋キ、種種ニ說キ、迂廻ニ述ベテ、一ニ意ノ融クルヲ期シテ已メリ、看ル者、善ク玩味シテ解スベシ、然レドモ、凡ソ、解釋語ノ意ハ、到底、其本語ノ意ニ若カザルモノナリ、トモイヘバ、又善ク此趣ヲモ諒セヨ。

（四十一）典例、儀式、藝術、裝飾等、凡百ノ事物ノ、明治維新前後ニテ、大ニ變遷シ、或ハ、全ク廢セラレ、或ハ、尚稀ニ存スルガ如キモノモアリ、此類ノ語釋ノ、往時ノママニテ、一一存廢ヲ言ハザルモアリ、看ル者斟酌スベシ。

（四十二）洋語ノ翻譯ニ出デタル語ハ、譯者ノ筆ニ因リテ、譯語區區ナルモノモアレバ、篇中多ク收メズ、後ノ一定ノ時ヲ待タムトスルヿ、篇首ノ編纂大意ニモ述ベタルガ如シ。又、熟ラ思フニ、外來事物ノ新語ノ如キハ、洋書ノ全備セルモ多ケレバ、就キテ求メムニ、其道ヲ得ムヿ、容易カルベシ、内國舊來ノ事物ノ如キニ至テハ、辭書類書ノ全書ニ乏シクテ、一二事物ノ解ヲ得ムトスルニモ、數書ヲ涉獵セザルベカラザルガ如キヿ多シ、此ノ故ニ、此篇ハ、内國從來ノ事物ヲ網羅スル方ニ、力ヲ專ラニセリ、看ル者、中外ノ事物ニ於テ、偏重スル所アルガ如キヲ咎ムルヿ勿レ、尚大成ノ如キハ、後ノ增補ヲ期スベシ。

（四十三）從來ノ辭書ノ語釋ノ書法ハ、語每ニ「何何なり」何何をいふ」ナドト記セリ、斯ク、「なり」をいふ」等ノ語ヲ、注每ニ加フルガ故ニ、全冊嵩ムノミナラズ、甚ダ辭書語釋ノ體裁ヲ失セリ、此篇ニテハ、凡ソ、文章中ニテ、其本語ト語釋ノ語ト置キ易フル時ハ、原文、ソノママニ文ヲ成シテ解スベカラシムル書法トシ、名詞ハ名詞ニテ釋キ、動詞ハ動詞ニテ注シ、副詞ハ副詞ニテ說ケリ、例ヘバ、「あさまだき」トイフ副詞ヲ、舊注ノ書法ナラバ、「朝はやきなり」ナド記スベキヲ、此篇ニテハ、「朝早ク」トノミ注セリ、サレバ、原文「朝まだき嵐の山の寒ければ」ナドアラム處ニ、コレヲ置キ易フレバ、「朝早く嵐の山の寒ければ」トナリテ、ソノママ文ヲ成シ、意モ合ヒテ解セラルベシ、コレヲ舊注ノ體ニテ置キ易フレバ、「朝はやきなり嵐の山の寒ければ」

トナリテ、合フベクモアラズ、通篇語釋ノ書法、スベテ此ノ如シ、然レ圧、天爾遠波ノ「が」「の」「に」「を」ノ如キ、副詞ノ「はらはら」「ほとほと」ノ如キ、感動詞ノ「あな」「かな」ノ如キ、音響情態ナド状出スル語ノ、他語ノ代フベキナキ、ナドハ、「何何ノ意ヲイフ語」ナドト注セルモアリ。

(四十四) 同義ノ語數種アル圧ハ、其正語、又ハ普通語ト覺シキ方ニ釋シテ、其古言、俗言、方言、訛言ナドノ方ニハ、「某語ニ同ジ」又「某語ノ古言、又ハ俗言」ナドト記セリ、「にはとり」(鷄)「にはつとり」「ながなきどり」「ゆふつけどり」「うすべどり」「かけ」ナドハ、「にはとり」ニ注シ、「さけ」(酒)「さ」「ささ」ナドハ、「さけ」ニ注シ、「めし」(飯)「いひ」「まま」「はん」ナドハ、「めし」ニ注セルガ如シ。

(四十五) 「けふ」「こんにち」(今日)「ことし」「たうねん」(當年)「みづかね」「すゐぎん」(水銀)「はらわた」「ちやう」(腸)「かり」「がん」(雁)ナド、和語、漢語、同義ニシテ、通用ニ差別ナキハ、和語ノ方ニテ釋キ、「やまびと」「せんにん」(仙人)「ふくふくし」「はい」(肺)「なゐ」「ぢしん」(地震)「にはくなぶり」「せきれい」(鶺鴒)ナドハ、一方、和語ナレドモ、今ハ不通ナレバ、通用ノ漢語ノ方ニテ釋キタリ。

(四十六) 同意語(Synonyme.)ハ、語釋ノ末ニ列ネタリ、例ヘバ、「くふ」(食)ノ注ノ末ニ「くらふ」「はむ」「たぶ」「たうぶ」ナド列ネ、又、「あふのく」(仰)ノ末ニ「あふぬく」「あふむく」「あをのく」「あをむく」ナド列ネタルガ如シ、「わらぐつ」「わらうづ」(藁沓)「わらんづ」「わらんぢ」「わらぢ」(草鞋)ナドハ、畢竟同語ニテ、音便ノ差アルノミナレド、亦、同意語トシテ列ネタリ、其他ノ事物、殊ニ動植物ノ名ニハ、諸國ノ方言等ニ、同意語多シ、其著キモノハ、皆此例ニ從ヘタリ。

(四十七) 數種ノ語ヲ、類ヲ以テ、一語ノ下ニ集メテ、其意ヲ釋ク圧ハ、大ニ説明スニ便ナルコトアリ、然ル圧ハ、餘ノ各語ノ下ニハ、「某語ノ條ニ注ス」或ハ「某語ノ條ヲ見ヨ」ナドト記セリ、例ヘバ、「わ」(輪)ノ條ニ「輞(オホワ)」「轂(コシキ)」

輻」等ヲ集メテ說キテ、「おほわ」「ふしき」「や」ノ下ニハ、「輪ノ條ヲ見ヨ」ト記セルガ如シ、又密ニ相關ハル語ドモニハ、條每ニ注シテ、互ニ「某語ノ條ヲ見合ハスベシ」ナドト記シタリ。

(四十八) 動植鑛物、其他諸物ニ、同名異物甚ダ多クシテ、注解ノ文中ニ、紛レ易キヿアリ、斯ル時ハ、漢名ニテ、記シテ傍訓シオケリ、「茴麻(イチビ)」「黄麻(イチビ)」「蘡薁(エビカツラ)」「蒲萄(エビヅラ)」ノ如シ、サレバ、ソノ「いちひ」「えびかづら」ヲ索メム時ハ、善ク其漢名ノ字ニ心ヲ付クベシ。

(四十九) 動植鑛物ノ注ハ、其各學問上ノ綱目等ノ區別ヲ以テ說クベキナレド、今ノ普通邦人ニハ、解シ難カルベシト思ヘバ、今ハ、姑ク、本草家ノ舊解ヲ採リテ、眼ニ覩ル所ノ形狀ニ就キテ說ケリ。

(五十) 解釋文中ノ插注ニハ、上下ニ( )ヲ置キテ別テリ。

(五十一) 同一ノ語ナレドモ、古今ニ因リテ意ノ移レルアリ、所用ニ因リテ義ノ變ズルアリ、此類ハ、一(一)(二)(三)(四)(五)等ノ標ヲ以テ區別セリ、而シテ、其次第ハ、古義ヲ先トシ、今義ヲ後トシ、或ハ正義ヲ前ニ揭ゲ、轉義、訛義等ヲ末ニ置ケリ。

(五十二) 成句ニ入リテ、同語ノ異義ヲ成スモノアリ、「骨を折る」ハ、「骨ヲ取リテ正シク折ル」ニハアラデ、「勉メ働ク」意ヲナシ、「言を食む」トイヘバトテ、無形ノ言語ハ食ムベキニアラズ、乃チ「言ヒ契リタルヿヲ違フ」ノ意トナル、是等ノ成句ハ、其類語ノ下ニ、別ニ、○ヲ記シテ擧ゲタリ、而シテ、「骨ヲ折ル」ハ「骨」トイフ語ノ下ニ出シ、「言ヲ食ム」ハ、「食ム」ノ下ニ出セリ、類ニ從ヒテ索ムベシ。

(五十三) 解釋文中ノ例語、例句、ナドノ處ニ、其條ノ本語ノ出ヅル時、重出ノ煩ヲ省カムガ爲ニ、其本語ニ當ツルニ、「ー」ノ標ヲ以テセリ、例ヘバ、「あし」(足)ノ釋文中ニ、「机ノー」或ハ「膳ノー」ナドアルハ、「机ノ足」或ハ

「臍ノ足」ナリ、又「あご」〔上〕ノ下ニ、「髮ヲ―」「價ヲ―」ナドアルハ、「髮ヲ上グ」「價ヲ上グ」ナリ。

（五十四）凡ソ、此篇中ノ文章ニ見ハレタル程ノ語ハ、卽チ、此辭書ニテ引キ得ルヤウナラデハ不都合ナリ、因テ、務メテ其等ノ脫漏齟齬ナキヤウニハシタリ、然レドモ、凡ソ萬有ノ言語ノ、此篇ニ漏レタルモ、固ヨリ多カラム、殊ニ、漢語ノ限リ無キ、編輯ノ際ニ、是ハ普通用ノ語ナラズトシテ棄テタルモノノ、知ラズ識ラズ釋文中ニ見ハレタルモアラムカ、唯看ル者ノ諒察ヲ請フ。

（五十五）釋文ノ意ヲ悉クシ難キ所ニハ、圖畫ヲ加ヘバ、更ニ妙ナラムトモ思ヘド、初版ハ其擧ニ及ビ難シ、後ノ增補ヲ俟ツ。

索引指南

(一)引出スベキ語ノ頭字ノ假名ハ、スベテ、五十音ノ順ニテ並ビ、其二字目、三字目、以下モ、皆五十音ノ順ニテ並ビタレバ、其心ニテ引出スベシ、例ヘバ、あ、ああ、あい、あいきやう、あいさ、あいし、あいす、あうぎ、あうむ、あうなし、ナドノ如シ、片假名ニテ記シタルモ同ジ。

(二)語ヲ引出ス時ニ、假名ノ順ヲ求ムル手早キ方法ハ、先ヅ、第一ニ、あかさたな、はまやらわノ順ニテ、書物ノ紙ノ小口ヲ、凡ソ十二分ケ、(心ノ中ニテ)初カ、中頃カ、末カト、大抵ニ目當ヲ付ケテ、書物ヲ開キ、次ニ、あニ從フあいうえお、又ハ、かニ從フかきくけこ、又ハ、さニ從フさしすせそ、トイフヤウニシテ繰出セバ、綱ヲ引上ゲテ、綱ノ目ノ上ガルヤウニ出デ來テ、甚ダ早シ、同ジ語ノ中ノ二字目、三字目、ノ假名モ、皆此ノ如クスベシ。

いろは順ハ、諳誦ニセムトテモ、急ニハ馴レヌモノニテ、急ニ引出サムト思フトキ、いろはノ初ノ方ノ假名ノ順ハ、兎モ角モ、中頃ヨリ末ノ假名ノ順ハ、何邊ナラムカト、目ヲ瞑リテ、再三、案ジテモ、俄ニ思出サヌコト多クテ、例ヘバのナラバ、らむうゐのおく、又、けナラバ、やまけふこえて、ナドト、ソノ在ラムト思フ邊ヲ、前後數字、推常テニ口ニ唱ヘテ、ヤウヤウ當ルトイフヤウナルコトトナル、是レガ、頭字ノミナラズ、二字目モ、三字目モ、皆サヤウニテ、手間取ルコト甚シ、此事、馴レタラバ、トモ思ヘド、何時マデモ馴レヌハ、編者ガ、此字引ヲ作ル十年ノ間、始終、驗メシテ知レル所ナリ、五十音順ノ方、甚ダ早シ。

(三)「やいゆえよ」ノ順ニ入ルベキい、えモ、又「わゐうゑを」ノ順ニ入ルベキうモ、假名ノ形、同ジクテ分チカヌレバ、皆、「あいうえお」ノい、う、え、ノ順ニ入レタリ。片假名ナルモ同ジ)

(四)ん(ン)ハ、むノ次ニアリ、(口ニんトイフ言葉ニテ、んニ無クバ、むノ順ヲ見ルベシ)又、はつと(法度)カッパ(合羽)ナドト促マル假名ノつ(ッ)ハ、並ノつ(ツ)ノ次ニアリ。

(五)が、ば、(ガ、バ)ナドト濁ル假名ハ、ソノ清ミタル假名、か、は、(カ、ハ)ナドノ次ニアリ。

(六)「ウニコール」(一角)「メートル」(佛尺)「フート」(英尺)ナドハ、「ウニコオル」「メエトル」「フウト」ナドトシタリ、ーニテハ、假名ノ順ヲ定メカヌレバナリ。

(七)假名遣ヒニハ、迷ヒヤスキモノ多シ。先ヅ第一ニ、あいうえお(アイウエオ)トわゐうゑを(ワヰウヱヲ)ト、ノい、え、お(イエオ)ト、ゐ、ゑ、を(ヰヱヲ)ト、ノ居ドコロヲ覺ユベシ。

〔八〕次ニ、音ハ同ジヤウニテ、假名ノ異ナルモノヲ、左ニ出ダス、一方ヲ引テ見エヌ時ハ、他ノ一方ヲ引クベシ。（片假名ナルモ同ジコトナリ）

い、ゐ、ひ	え、ゑ、へ	お、を、ほ	わ、は	う、ふ
じ、ぢ	ず、づ	じや、ぢや	じゆ、ぢゆ	じよ、ぢよ

おう、おふ、あう、あふ、をう、わう	よう、やう、えう、えふ、ゑふ	ゆう、いう、いふ
こう、こふ、かう、かふ、くわう	きよう、きやう、けう、けふ	きゆう、きう、きふ
ごう、ごふ、がう、がふ	ぎよう、ぎやう、げう、げふ	ぎゆう、ぎう、ぎふ
そう、そふ、さう、さふ	しよう、しやう、せう、せふ	しゆう、しう、しふ
ぞう、ぞふ、ざう、ざふ	じよう、じやう、ぜう、ぜふ	じゆう、じう、じふ
とう、とふ、たう、たふ	ちよう、ちやう、てう、てふ	ちゆう、ちう、ちふ
どう、どふ、だう、だふ	ぢよう、ぢやう、でう、でふ	ぢゆう、ぢう、ぢふ
のう、のふ、なう、なふ	によう、にやう、ねう、ねふ	にゆう、にう、にふ
ほう、ほふ、はう、はふ	ひよう、ひやう、へう、へふ	ひゆう、ひう、ひふ
ぼう、ぼふ、ばう、ばふ	びよう、びやう、べう、べふ	びゆう、びう、びふ
ぽう、ぽふ、ぱう、ぱふ	ぴよう、ぴやう、ぺう、ぺふ	ぴゆう、ぴう、ぴふ
もう、もふ、まう、まふ	みよう、みやう、めう、めふ	―　―　―
ろう、ろふ、らう、らふ	りよう、りやう、れう、れふ	りゆう、りう、りふ

し、しゆ	しつ、しゆつ	しく、しゆく	しん、しゆん	
じ、じゆ	じつ、じゆつ	じく、じゆく	じん、じゆん	
ち、ちゆ	ちつ、ちゆつ	ちく、ちゆく	ちん、ちゆん	
ぢ、ぢゆ	ぢつ、ぢゆつ	ぢく、ぢゆく	ぢん、ぢゆん	
か、くわ	かつ、くわつ	かく、くわく	かん、くわん	かい、くわい
が、ぐわ	がつ、ぐわつ	がく、ぐわく	がん、ぐわん	がい、ぐわい

えい	けい	せい	てい	ねい	へい	めい	れい	ゑい
―	げい	ぜい	でい	―	べい	―	―	―
うゐ	―	すゐ	つゐ	―	ふゐ	―	るゐ	―
―	―	ずゐ	づゐ	―	―	―	―	―

上ノおう、かふ等ノう、ふニ、おノ如ク發音スルモアリ、心ヲ付クベシ。

おふ（生）かかふ（抱）かふ（替）くはふ（加）ささふ（支）しふ（強）そふ（添）そろふ（揃）たたふ（湛）たふ（堪）つかふ（支）まじふ（雜）ひかふ（控）をしふ（教）ナドノふヲ、ゆニ誤リ、又、コレト反（ウラ）ニテ、おぼゆ（覺）きこゆ（聞）さかゆ（榮）たゆ（絶）はゆ（生）むくゆ（報）ナドノゆヲ、ふニ誤リ、又、ひきゐる（率）もちゐる（用）ヲ、ひきゆ、もちゆト誤リ思フコトナド多シ。

又、あふぎ（扇）あふみ（近江）或ハ、あふり（泥障）あふひ（葵）あふぐ（仰）たふる（倒）或ハ、あゆ（鮎）はへ（鯿）かへる（蛙）あやにく（生憎）或ハ、ほほ（頰）あかほ（赤穗）まをす（申）まをか（眞岡）あをめ（靑梅）あかを（赤魚）ナド迷ヒヤスキモノ、尙、多シ、ズベテ心ヲ付クベシ。

（九）あたる・ル・レ・ラ・リ・レ（當）あか・し・キ・ケレ・ク・ク（赤）斯ク假名ノ間ニ點ノアルハ、語根ト語尾トノ界ニテ、其下ニアル片假名ハ、語尾ノ變化ナリ、故ニ、ヨリ下ヲ置替ヘテ、あた・る、あた・れ、あた・ら、あた・り、又ハ、あか・し、あか・き、あか・けれ、あか・くナドトシテ、其變化ヲ知ルベシ。但シ、う・ウル・ウレ・エ・エ・エヨ（得）又ハ、く・クル・クレ・コ・キ・コヨ（來）ず・ヌ・ネ（不）ナドハ、語根ト語尾トノ分レ目ナケレバ、・ヲ界ニシテ、全體、變ルモノト知ルベシ。

尚、右ノ變化ノ委シキコト（同ジ變化ノ重複ニ出デ居ルナド）ハ、前ノ語法指南ノ動詞、形容詞、助動詞、ノ所ヲ見ルベシ。

又、右ノあたる、あかし、ナドハ、あたる、あかし、トノミ出シテ、あたれ、あたら、あかき、あかくハ、別段ニ出シテ置カザレバ、其心ニテ、變化ヲ考ヘテ、所所、引キ當テテ見ルベシ。

又、みつ・ル（滿）むく・ル（向）おつ・ル（墜）うく・ル（受）ナドモ、スベテ、みつ、むく、おつ、うくニ出デタレバ、（るハ添ハラズ）其心ニテ引クベシ。又、語尾ノ變化ハ異ナリテモ、同ジ形ニテ出デタルモノモ多シ、例ヘバ滿ツ、向クニテ、

み・つ・ツ・テ・タ・チ・テ（自動）（規・一）　む・く・ク・ケ・カ・キ・ケ（自動）（規・一）

み・つ・ツル・ツレ・テ・テ・テヨ（他動）（規・二）む・く・クル・クレ・ケ・ケ・ケヨ（他動）（規・二）

右ノ如シ、善ク其下ノ異ナル所ニ氣ヲ付クベシ。

（十）わづかよ（僅）しづかよ（靜）あきらかよ（明）こまやかよ（細）ナドイフ言葉ハ、スベテ、下ニよヲ添ヘテ出ダシタレバ、其假名ノ順ノ所ヲ見ルベシ。

（十一）注ノ中ニ、「約」トアルハ、つづまりナリ、「略」ハ、はぶかりナリ、「轉」ハ、うつりナリ、「延」ハ、のびナリ、「通」ハ、かよひナリ、「義」ハ、わけナリ、「意」ハ、おもむきナリ、「訛」ハ、なまりナリ。

（十二）活字ノ用ヰ方ハ左ノ如シ。（スベテ、引出ス言葉ニ就テイフ）

やま（山）かは（川）　此活字ナルハ和語ナリ。

きん（金）てつ（鐵）　此活字ナルハ漢語（字ノ音ノ語）ナリ。

アン（餡）パン（麵包）　此活字ナルハ唐音ノ語、其他ノ外國語ナリ。

あか-だひ（赤鯛）あめ-が-した（天下）をよく-だい（燭臺）アマ-デラ（尼寺）

此ノ如ク、假名ノ間ニ小キ筋アルハ、組立テタル言葉ト言葉トノ界ナリ、然レドモ、いしばひ（石灰）てん-か（天下）ノ如ク、一度ハ其間ニ界ヲ立ツレドモ再ビ、いしばひ-いし（石灰石）いつ-てんか（一天下）ナドト出ヅルトキハ、いしばひ、又ハ、てんかノ間ニ、界ヲ立テズ。

あい-らし（可愛）あか-かうじ（赤柑子）アカ-とり（閼伽取）きん-カラ-かは（金唐革）アン-なし-まんぢゆう（無餡饅頭）ナドハ、和語、漢語、外國語ノ雜ナリ、活字ノつかひわけニテ知ルベシ。

ゑんじゆ（槐）きや-はん（脚半）くわ-し（菓子）チヨク（猪口）てつ-ぱう（鐵砲）カッパ（合羽）ナドト、假名ノ間ノ右ノ方ニ、小キ筋アルハ、促ル音ノ標ナリ。

さいはひ（幸）けふ（今日）ゐあひ（居合）ちやう-し（銚子）えう-せう（幼少）ナドト振假名アルハ、口ニテ呼ブ聲ノ標ナリ。

略語ノ解

(名)……名詞 (體言) (Noun.)
(代)……代名詞 (Pronoun.)
(數)……數詞 (Numeral.)
(動)……動詞 (用言、作用言、活語) (Verb.)
(自動)……自動詞 (然ル詞) (Intransitive.)
(他動)……他動詞 (然スル詞) (Transitive.)
(規)……規則動詞 (正格活用) (Regular.)
(不規)……不規則動詞 (變格活用) (Irregular.)
(規一)……規則動詞、第一類 (四段活用)
(規二)……同……第二類 (下二段活用)
(規三)……同……第三類 (中二段活用)
(規四)……同……第四類 (一段活用)
(規四變)……同……第四類、變體 (下一段活用)
(不規一)……不規則動詞、第一類 (加行變格)
(不規二)……同……第二類 (左行變格)
(不規三)……同……第三類 (奈行變格)
(不規四)……同……第四類 (良行四段一格)
(形)……形容詞 (形狀言) (Adjective.)
(形一)……形容詞、第一類 (ク、シ、キ、活用)
(形二)……同……第二類 (シク、シ、シキ、活用)
(助動)……助動詞 (活用アル天爾遠波) (Auxiliary.)
(副)……副詞 (Adverb.)
(接)……接續詞 (Conjunction.)
(辭)……天爾遠波 (Post-position.)
(感)……感動詞 (詠歎) (Exclamation.)
(接頭)……接頭語 (Prefix.)
(接尾)……接尾語 (Suffix.)
(發語)……發語
(枕)……枕詞
(句)……句 (Phrase.)

種種ノ標

(……古キ語、或ハ、多ク用ヰヌ語、又ハ、其注ノ標。
‡……訛語、或ハ、俚語、又ハ其注ノ標。
[ ]……和ノ通用字、辻 杜若 ナドナリ。
‖……漢ノ通用字、十字街、燕子花ナド。(注ノ中ニ置ク)
]]……和漢通用字、司 月 長 廻 ナドナリ。
「 」……辭ノ原ノ注ノ界。
( )……挿注ノ界。
(一)(二)(三) 等……注ノ意味ノ變ハル界。
「 」……例ニ示ス句、又ハ、格段ナル句ノ界。
、……句讀。
•……段落。
○……句ト成リテ、別ニ一ツノ意味ヲ起スモノ。
—……引出ノ語ノ略標。例ヘバ、あぐ(上)ノ注ノ中ニ、「髮ヲ—」價ヲ—」トアルハ、「髮ヲ上グ」價ヲ上グナリ、あし(足)ノ注ニ、「机ノ—」膳ノ—」トアルハ、「机ノ足」膳ノ足」ナルガ如シ。

但シ、此筋ハ、其語ノ、一音ナルニモ、二音、三音、四五音ナルニモ、其長サ皆同ジ。
○スベテ、委シク此字引ノ用ヰ方ヲ知ラムトナラバ、前ノ語法指南、幷ニ、凡例、ヲ見ルベシ。

言海

あ

あ　五十音圖、阿行第一ノ假名、此ノ一行ノ假名、あ、い、う、え、お、ノ五音ハ、喉ヨリ單一ニ出デ、又發聲ノ韻トモナリテ、熟音ヲ成サシム、故ニ單音、又母韻ノ稱アリ。あハ、下ニ、う、或ハふ(う)ニ轉ジテ呼ブモノヲ受クルトキハ、おノ如ク呼ブコトアリ、あうむ(鸚鵡)あふぎ(扇)ノ如シ。

〔あ（代）吾　われニ同ジ。「―ガ妻」―ガ君」―ガ兄」

〔あ（代）彼　あれニ同ジ。「―ハト見ル月」

あ（感）呼ブニ應フル聲。「―ト應ヘテ」唯

あ（感）ああニ同ジ。

ああ（感）嗚呼　汎ク感ズルニツキテ發スル聲。ア。アナ。アラ。

あい（名）鮎ノ訛。

あい（名）愛　愛ヅルコト。イツクシムコト。カハユサ。「子ノ―ニ溺ル」

あい（感）應フル聲。唯

あいきやう（名）愛敬　顏色ニカハユゲノアルコト。「―コボル」

〔あいぎやう（名）愛敬　あいきやうニ同ジ。

あいさ（名）鳥ノ名、あきさノ音便。

あいさう（名）愛想　人ヲモテナスニ、禮アリ情アルコト。「―ヨシ」―ナシ」

あいさつ（名）挨拶（一）答フルコト。返答。返辭。應答（二）答禮。返禮。

あいし（名）愛子　愛ヅル子。殊ニカハユガル子。

あいしふ（名）愛執　愛ノ情ニ執着スルコト。（佛經ノ語）

あいす　スル・スレ・セ・レ・セヨ（他動）（不規・二）愛（一）愛ヅ。イツクシム。イトホシム。カハユク思フ。「子ヲ―」（二）大切ニナス。ダイジニ思フ。「君ヲ―」國ヲ―」（三）面白シト思フ。好ミ樂シム。「山水ヲ―」

あいせふ（名）愛妾　意ニカナヒタル妾。

アイゼン（名）愛染（梵語）佛經ニ、明王ノ一、三目六臂ニシテ、頂ニ獅ノ面アリ、威怒ノ相ヲナス。

あいぞう（名）愛憎　愛スルト憎ムト。「―心ニ任ス」

あいそづかし（名）愛想盡　他ニ對シテ、情愛ヲ樂ツルコト。

〔あいだちなし（形）あひだちなしノ音便。

〔あいだてなし（形）あいだちなしノ轉、あひだちなしニ同ジ。

〔あいたどころ（名）朝所　あしたどころノ音便。

〔あいたんどころ（名）朝所　あいたどころノ音便、あしたどころニ同ジ。

〔あいだる　ル・ル・レ・レ・レ・レヨ（自動）（規・二）あいハ愛ノ音）アマユ。アマエタル。

あいぢやく（名）愛着　カハユシト思ヒ込ムコト。（佛經ノ語）

あいつ（代）彼奴ノ訛。

〔あいなし（形）あひなしノ音便。

〔あいなし　キ・ケレ・ク・ク（形・一）無愛　カハユラシゲ無シ。面白ミナシ。

〔あいなだのみ（名）〔敢無頼ノ轉カト云〕タノミガヒナキ頼。當ニナラヌタノミ。

あいなめ（名）魚ノ名、あゆなめノ轉。

あいにく（副）あやにくノ訛。

アイノ（名）蝦夷語、其人種ノ自稱。

あいべつりく（名）愛別離苦　佛經ノ語、生死共ニ親シミ愛スル人ト別離スル悲ミ。

あいまい（名）曖昧（一）薄暗キコト。分明ナラヌコト。（二）事ノハキトセヌコト。定マレル目當ナキコト。

あいらし　レキ・シナレ・シク・シク（形・二）愛　カハユラシ。イトホシ。可憐

あいれん (名) 愛憐 イツクシミアハレムコト。イトホシムコト。

あいろ (名) 〔文色ノ約〕 文目ニ同ジ。「―モワカズ」

〔あう-い-く・ク・ケ・カ・キ・ケ (自動) (規・一) 奥行〕 人ノ後ヨリ行ク。

あう-ぎ (名) 奥義 奥深キ義。秘密ニテ肝要ナル意義。(藝術ナドニ)

あう-ぢ (名) 鶯實 うぐひすのきの實。

あう-ぢゆく-ばい (名) 鶯宿梅 梅ノ名木ノ稱、八重アリ、一重アリテ、花白ク、香最高キモノナリト云、或云、紅白交リテ、其花最モ異ナルモノナリト。

〔あう-な-し・キ・ケレ・ク・ク (形・一) 無奥〕 遠キ慮リナシ。考ヘ浅ハカナリ。浅慮

あう-む (名) 鸚鵡 (一)鳥ノ名、熱地ノ產ニテ、舶來スル者ヲ畜フ、形、鷄ノ雛ニ似テ、枝ニ立ツコト鷹ノ如シ、羽ハ白キヲ常トス、頭、觜、共ニ大ク、頂ニ冠毛アリテ、上ニ聳ユ、開ケバ菊ノ花ノ如シ、種類多シ、能ク人ノ語ヲマネテ物言フヲモテ名アリ。(二)鸚鵡貝ノ略。「―ノ环」

あうん (名) 阿吽 佛經ノ語、息ノ出入ノ稱。

あうむ-がひ (名) 鸚鵡貝 螺ノ類、形、鸚鵡ノ觜ニ似テ大ク、色白クシテ、紫黑ノ美シキ斑アリ 花瓶又ハ盃ナドニ製シ、又螺鈿ニモ用ヰル。鸚鵡螺

あうむ-がへし (名) 鸚鵡返 和歌ニイフ語、人ヨリ言ヒカケラレタル歌ヲ、イササカ變ヘテ、返歌スルコト、鸚鵡ノ人語ヲ眞似ルニ譬ヘテイフ。

あうむ-せき (名) 鸚鵡石 (一)一種ノ石ノ、物ノ響キニ應ヘテ、同ジ響キヲ發スル性アルモノノ名。響石 (二)俳優ノ假聲ヲツカハム爲ニ、演劇ノ詞ヲ書拔キテ記シタルモノ。(三)孔雀石ノ一種、色ノ淺キモノ、笙ノ簧ニ塗ルニ用ヰル。

〔あう-よ-る・ル・レ・ラ・リ・レ (自動) (規・一) 奥寄〕 奥ノ方ヘ寄ル。

〔あう-ら (名) 足占〕 古ヘ占ノ一法、足ヲ踏ミテセシモノ。アシウラ。

〔あえ-か-に (副) 〔危氣ナノ意カト云ﾌ〕〕 カヨワク。タヨワク。「世ノ人ニ似ズ―見エタマヒ」

あ-えん (名) 亞鉛 鉦鈏ニ同ジ。

あ-ゑる (動) あゆノ訛。

あ-おぐ (動) 仰グノ訛。

あ-おひ (名) 葵ノ訛。

あ-おり (名) 障泥ノ訛。

あ-おる (動) 煽ルノ訛。

あか (名) 赤 (一)色ノ名、色ノ血ノ如クニテカガヤクモノ。(二)赤小豆。「―ノ飯」「―ノ飯」(三)あかがねノ略。

あか (名) 垢 (一)膩、汗、ナドノ埃ニ汚レテ肌ニ付キ居ルモノ。(二)水ヨリ生ジテ物ニツク滓、皆ノ如キモノ。「水―」「湯―」

アカ (名) 閼伽 〔梵語〕 (一)佛ニ供スベキ水又ハ香水ヲ盛ル器ノ名。(二)轉ジテ、佛ニ手向クル水。(三)船底ニ溜レル水。(舟人ノ語) 淦

〔あか-あか-と (副)〕 甚ダ明ルク。「―日ノ差入リテ」

赫赫

あか-あしげ (名) 赤葦毛 馬ノ毛色ノ名、葦毛ニ赤ミアルモノ。

あか-あは (名) 赤粟 もちあはノ赤ミアルモノ。

あか-あり (名) 赤蟻 蟻ノ一種、多ク庭中ニ棲ム、長サ一分許ニシテ、赤クシテ黑ミアリ。一名、いひあり。黃蟻

あか-いぬ (名) 赤犬 犬ノ毛ノ黃ニシテ赤ミアルモノ。黃犬

あか-いも (名) 赤薯 さつまいもノ一種、味殊ニ甘ヤモノ、皮赤ク肉白シ、種類アリ。朱藷

あか-いわし (名) 赤鰯 (一)鰯ヲ鹽漬ニシ又ハ乾シタルモノ、古ヘハ食用トセリ、後ニハ節分ノ夜ニ柊ニ添ヘテ、戸口ニサシ、儺鬼ノ具トス。(二)俗ニ、鈍刀ノ錆ビタルヲ嘲リイフ語。

あか-う (名) 阿衡 〔殷ノ官名、伊尹ノ故事ニ起ル〕 攝政ノ異稱。

あか-うなぎ (名) 赤鰻 うなぎノ類、形 うみどぢやうニ似テ圓ク、全身赤クシテ、眼ノ甚ダ細ソク小キモノ。一名、めくらうなぎ。

あか-えひ (名) 赤鱝 えひノ條ヲ見ヨ。

あか-かうじ (名) 赤柑子 たちばなノ一種、色赤クシテ美シキモノ。朱橘

〔あか-かがち (名)〕 草ノ名、ほほづきニ同ジ。

あか-かげ (名) 赤鹿毛 馬ノ毛色ニ、鹿毛ノ赤ミアルモノ。

〔あか-がさ (名) [赤瘡] 麻疹ノ古言。
あか-がし (名) [赤樫] 樫ノ一種、葉ノ形、楕圓ニシテ厚ク堅ク、稍、色赤キモノ。 血槠
あか-がしは (名) [赤柏] あかめがしはニ同ジ。
あか-かすげ (名) [赤糟毛] 馬ノ毛色ニ、糟毛ニ赤ミアルモノ。 騂油馬
あか-かたゞみ (名) [赤酢漿] かたゞみノ一種、莖葉モ紅紫ニテ、花モ赤ミアルモノ。 赤孫施
あか-ガッパ (名) [赤合羽] 赤ク染メタル桐油紙ニテ作レル合羽、下人ノ用トス。
あか-がに (名) [赤蟹] やまがにニ同ジ。
あか-がね (名) [銅] [赤金ノ義] かねノ名、色赤クシテ黒ミアリ、諸金ノ中ニテ、鐵ニ次ギテ最モ用ヲナシ、金、銀、プラチナ、ニ次ギテ、最モ鍛ヘ延バスベク、鋼ヲ除キテハ最モ彈力アリ、而シテ響キノ高キハ諸金ノ第一タリ。
あかがね-あぎ (名) [銅鸛] あぎノ類、形、略、鷭ニ似テ、頸ト背トハ、淡灰紫色ニテ、黒キ斑アリ。
あか-がひ (名) [赤貝] 古名、きさ。介ノ名、形、むまぐりニ似テ圓ク深シ、大ナルハ三四寸ニ至ル、殼ノ表ニ、縱道アリテ微毛アリ、色黒シ、殼ノ裏幷ニ肉ハ紫赤ナリ、肉甘ク旨シ。 蚶 魁蛤
あか-がへる (名) [赤蛙] かへるノ一種、山谷ニ多シ、體痩セテ、形、あをがへるニ似テ薄赤クシテ黄ヲ帶ブ、草ノ間ニ棲ミテ、跳ルコト捷シ、疳ヲ治ストテ、皮ト腸トヲ去リテ、炙リテ小兒ニ食ハス。 赤蛤 山蛤

あかがり (名) あかぎれニ同ジ。
あか-ぎ (名) [赤木] 紫檀ノ類、色赤シ。
あ-がき (名) [足掻] (一)足掻クコト。「馬ノ—」(二)卄動キハタラクコト。「—ガツカヌ」
あか-きじ (名) [赤雉] きんけいニ同ジ。
〔あか-ぎぬ (名) [赤衣ノ義] 緋色ノ袍。
あか-ぎれ (名) [古言あかがりノ轉カ、或ハ赤切ノ義カ] 寒ニ傷メラレテ、手足ノ皮ノ裂クルコト。アカガリ。 皸
あ-が・く・ク・ケ・カ・キ・ケ (自動)(規.一) [足掻] (一)前足ニテ地ヲ掻ク。(馬ニイフ) 跑 (二)手足ヲウゴカス。モガク。(人ニイフ)
あか-くさ (名) [赤草] (一)はゝきぎ。(二)蓼ノ類、形小ク、野邊又ハ路傍ニ生ジ、穂ヲ出シテ、紅ナル花ヲ開クモノ。 野蓼
あか-ぐま (名) [赤熊] 熊ノ一種、長、八九尺ニ至ル、毛、茶褐色ニシテ長ク、つきのわ無シ、性甚ダ猛シ、多ク北海道ニ棲ム、土人、其幼ナルヨリ畜ヒテ祭事ニ供ス。 魋
あか-くりげ (名) [赤栗色] 馬ノ毛色ノ、栗毛ニ赤ミアルモノ。
あか-げ (名) [赤毛] (一)髮ノ毛ノ赤ミタルモノ。(二)馬ノ毛色ノ名、赤クシテ黄ヲ帶ビタルモノ。 騂
あか-こ (名) [赤子] 蟲ノ名、溝ナドニ生ズ、甚ダ小クシテ赤シ、捕リテ金魚ノ餌トス。 小紅蟲
あか-ご (名) [赤子] 生レテ程歴ヌ小兒ノ稱。

あか-ごけ (名) [赤苔] 苔ノ類、濕地ニ生ズ、甚ダ細カク、泥土ニ似テ色赤ク紫ナリ。 紫衣
あか-ごめ (名) [赤米] (一)米ノ微紅キ斑アルモノ。(二)陳米ノ赤ミタルモノ。(三)ダイタウマイ。
あかざ (名) 藜 [若葉ノ赤キ故ノ名カ] 一年草ノ名、葉ハ互生シテ、三角ニシテ長ミアリ、周ニきざみアリテ厚シ、若葉ハ紅ニシテ後ニ緑トナル、莖高サ三四尺、秋、穂ヲナシテ粒ノ如キ花ヲ開ク、色緑ナリ、莖ヲ乾シテ杖トス。一名、あかあかざ。又、一種、若葉ノ時、白クシテ灰ヲマキタル如キモノヲあをあかざ、又、しろあかざトモ云フ。 灰藋 又、のあかざノリ 其條ニ注ス。
あかし (名) [明] トモシビ。アカリ。「御—」 燈 燭
あかし (名) [明] 明スコト。タシカナルシルシ。證據。 證
あか・し・キ・ケレ・ク・ク (形.一) [赤] (一)赤ノ色シタリ。(二)アキラカナリ。アカルシ。(燈ナド) 明
あかし-だま (名) [明石玉] 擬製ノ珊瑚珠、播州明石ヨリ産ズ。
あかし-ちゞみ (名) [明石縮] 絹絲ト綿絲トニテ織レル縮布、播州明石郡ニ産ズ、夏ノ服トス。
あか-じみ (名) [垢染] 垢ノ染ミタル汚。
あか-じ・む・ム・メ・マ・ミ・メ (自動)(規.一) [垢染] 垢ニ浸ミテ汚ル。
あか・す・ス・セ・サ・シ・セ (他動)(規.一) [明] 經過ス。送ル。「夜ヲ—」「年ヲ—」 過了 送
あか・す・ス・セ・サ・シ・セ (他動)(規.一) [明] (一)アキラカ一ナ

ス。(二)秘シタルヲ顯ハス。「心ヲ―」(三)疑ハシキヲ紀シアキラム。證明

あか-すな (名) 赤砂 おんがうあやニ同ジ。

あか-ずみ (名) 赤墨 あゆずみニ同ジ。

あか-ぜみ (名) 赤蟬 あきぜみニ同ジ。

あか-そ (名) 赤麻 からむしノ一種、形、のまをニ似テ小ク、莖赤ク、葉ノ大サ二三寸ニシテ對生ス。

あがた (名) 縣 〔上リ田ノ義ト云フ〕(一)上古、諸國ニアル朝廷御領ノ地。(二)後ニ縣主ノ治ムル一區ノ地ノ稱。(後ニ大抵、郡トナレリ)(三)國司ノ官人ノ其任國ヲ指シテイフ語。「―果テテ」「―召」(四)轉ジテ、田舍。「―アリキ」

あか-だいこん (名) 赤大根 だいこんノ一種、形、常ノ如クニシテ、葉、根、花、ノ紅ナルモノ。紅蘿蔔

あがた-ぬし (名) 縣主 (一)上世、縣ヲ治ムル職、世襲ナリ。(二)後ニ姓ノ名。

あか-だひ (名) 赤鯛 鯛ノ條ヲ見ヨ。

あか-だま (名) 赤玉 (一)色赤キ玉。(二)琥珀。

あがた-めし (名) 縣召 除目ノ條ヲ見ヨ。

〔あがち〕 (名) 分ツコト。ワカチ。頒

あか-ちさ (名) 赤苣 さんごあゆなニ同ジ。

〔あが-つ〕 ツ・ツ・テ・カ・チ・ヅ (他動)(規.一) 分チテアテワタス。頒

あか-つき (名) 曉 〔明時ノ轉〕 夜ノ明クル頃。アケガタ。ヨアケ。

あか-つきげ (名) 赤鴇毛 馬ノ毛色ニ、つきげニ赤ミアルモノ。赭黄馬

あか-づく ク・ケ・カ・キ・ク (自動)(規.二) 垢付 垢、物ニツク。アカジム。ヨゴル。

あか-つち (名) 赤土 (一)古言、はに。黄赤ニシテ粘アル土、黄土ナドニ製ス、山地所在ニ出ヅ。埴 (二)〔たいあやせき〕。(三)烟草ノ一種、常陸ノ多賀郡太田ノ邊ヨリ產ズルモノ、氣烈シ。一名、あかまひ。

〔あか-とき〕 (名) 曉 〔明時ノ義〕 あかつきニ同ジ。

あか-とんぼ (名) 赤蜻蛉 古名、あかゑんば。とんぼノ一種、形小シ、其中ニ、春出ヅルハ大ク、秋ナルハ小シ、身、翅、共ニ朱ナリ。又、形大クシテ、身ハ朱ニ、翅ハ褐色ナルアリ。又、甚ダ小クシテ、五分許ナルモアリ。赤卒

アカ-とり (名) 〔閼伽ノ條ヲ見合ハスベシ〕 舟ノ中ノ漏水ヲカイダス器。戽斗

あか-な (名) 赤菜 菜ノ一種、近江ノ日野ニ產ズ、形、あぶらなニ似テ、色紫ニ、根モ亦紫紅ナリ。紫菘

あがなひ (名) 贖 アガナフコト。アガナフ物。

あがな-ふ フ・ヘ・ハ・ヒ・ヘ (他動)(規.一) 贖 (一)物ヲ罪ノ代リニ出シ、請ヒテ其罪ヲ消ス。(二)代リトシテ、物ヲ出ス。ウメアハセヲナス。(三)請ケ出ス(質物ナド)

あか-なまづ (名) 赤鯰 (一)なまづノ色赤キモノ。(二)ぎぎノ類ニテ、身ノ長サ二三寸アリ、鰭ニ刺アリテ螫スモノ。

あか-にし (名) 赤螺 (一)古名、アキ。螺ノ類、形、さざえニ似テ長ク、外面ニ角刺ナク、紫黒ニシテ、裏赤シ、肉食スベシ。紅螺 (二)卄俗ニ吝嗇ナル人ヲ罵リテ呼ブ語。

卄あか-ぬ-ける ケル・ケレ・ケ・ケ・ケヨ (自動)(規.四.變) 垢拔 (一)垢、脫ケテ淨シ。(肌ニ) (二)まろうとけヲ脫出ヅ。

あか-ね (名) 赤根 蔓草ノ名、山野ニ多シ、春、舊根ヨリ生ズ、莖、方ニシテ、中空ク、葉ト共ニ刺アリ、葉ハ四片一節ニ生ジ、棗ノ葉ニ似テ鋸齒ナシ、秋ノ初、蔓ノ梢、葉ノ節ニ、穗ヲナシテ四瓣ノ白花多ク綴ル、大サ一分許ナリ、實ハ山椒ノ如シ。此根、細條多ク簇リテ黃赤ナリ、採リテ赤色ヲ染ムル料トス、又、藥用トモシテ茜根トイフ。茜草

あかね-さす (枕) 〔赤根刺〕 〔赤氣差ス、或ハ赤丹差スノ轉〕 日、又ハ、晝ノ枕詞。

あか-ねぶり (名) 垢舐 (一)浴室ニ生ズル蟲ノ名。(二)ゐもり。

あかね-もめん (名) 茜木綿 あかねニテ染メタル綿布、多ク、蘇芳ニテモ染ム。

あか-の-たにん (名) 全ク血緣ナキ他人。

あか-の-まんま (名) 赤飯 (一)小兒ノ語、あづきめしニ同ジ。(二)野蓼ノ一名。

あか-ばうず (名) 赤坊主 蓼ノ類、あかぼふしニ同ジ。

あか-はだ (名) 赤肌 〔明肌ノ義〕 (一)肌ノ皮ノ剝ケタルコト。(二)アカハダカ。スハダカ。

あか-はだか (名) 赤裸 〔明裸ノ義〕 (一)衣ヲ脫ギテ肌ノアラハナルコト。アカハダ。スハダカ。(二)はたかむぎノ一名。

あか-ばぢ（名）【赤恥】〔明恥ノ義〕、現ハナル恥。

あか-ばち（名）【赤蜂】蜂ノ一種、腰細ク、翅、黃赤ニシテ、身ニ黑ト黃赤トノ斑アルモノ。穉蜂

あか-ばな（名）【赤花】草ノ名、莖、高サ一尺許、葉ハうつぼぐさニ似テ、狹ク長ク、鋸齒アリテ、對生シ、夏ニ至リテ、色、深紫ニ變ズ、花ハ大サ、一分餘、四瓣ニシテ、色紅ナリ。柳葉菜

あか-ばな（名）【赤鼻】（一）色赤ラミタル鼻。（二）紀伊ノ海上ニアリトイフ一種ノ大魚ノ名。

あか-ばむ・ム・メ・マ・ミ・メ（自動）（規・一）【赤】赤ミツク。次第ニ赤クナル。アカム。アカマル。アカラム。

あか-はら（名）【赤腹】（一）鳥ノ名、狀、つぐみニ似テ、頭、黑ク、背ト翅トハ蒼灰ニシテ、胸ト腹トハ赤シ、聲、短クシテ、囀ラズ、能ク群ヲナス。鶇（二）ゐもりノ一名。（三）うぐひノ一名。

あか-ひき（名）【赤皸】（一）皸ノ赤ミアルモノ。（二）あかがへる。

あか-ひげ（名）【赤髭】（一）髭ノ色赤キモノ。（二）廿轉ジテ、西洋人ヲ嘲リ呼ブ語。（三）鳥ノ名、てうせんこまノ一名。

あか-ひゆ（名）【赤莧】莧ノ一種、莖葉ノ色、紫赤ナルモノ。訛リテ、アカビユウ。又古ヘ染料ニ用ヰタリ、故ニ、一名、シャウエンジ。

〔あが-ふ・フ・ヘ・ヘ・ヒ・ヘ（他動）（規・一）【贖】あがなふニ同ジ。

あか-ぼうふり（名）ぼうふりむしノ色赤キモノ。

あか-ぼし（名）【赤星】金星ノ條ヲ見ヨ。

あか-ほしほ（名）【赤穗鹽】播州ノ海邊ノ各郡ニ產ズル鹽、赤穗ヲ最トシ、鹽中ノ上品トス。

あか-ぼふし（名）【赤法師】小麥ノ芒ナキモノ。アカバウズ。火燒麥

あか-ほん（名）【赤本】古ク、くさざうしヲ呼ビタル語、ソノコロノ表紙、皆、色ノ赤キヲ用ヰタリシガ故ナリ。

あかま-いし（名）【赤間石】長州ノ厚狹郡豐浦郡ニ產ズル石ノ名、赤間ガ關ヨリ四方ヘ出ス、硯トシテ佳品トシ、色ノ紫赤ナルヲ上トス。

あか-ます（名）【赤鱒】（一）べにます。（二）魚ノ名、はたしろノ類、赤キ斑アリ。

あか-まつ（名）【赤松】まつノ條ヲ見ヨ。

あか-まひ（名）【赤舞】烟草ノ名、あかつちヲ見ヨ。

あか-まる・ル・レ・ラ・リ・レ（自動）（規・一）あかばむニ同ジ。

あか-み（名）【赤身】（一）杉ナドノ材木ノ中心ノ色赤キ處、朽チガタキヲ貴ブ、周ナル白キ處ヲしろみ、又ハしらたトイフ、朽チ易ケレバ劣ル。（二）肉ノ色赤キ部。

あか-みそ（名）【赤味噌】味噌ノ色赤キモノ、白大豆ニテ製ス。

あかみ-ばしる・ル・レ・ラ・リ・レ（自動）（規・一）あかばむニ同ジ。

あかみ-わたる・ル・レ・ラ・リ・レ（自動）（規・一）【赤亙】スベテ赤クナル。

あか-む・ム・メ・マ・ミ・メ（自動）（規・一）あかばむニ同ジ。

あか-む・ム・ム・ムレ・メ・メ・メヨ（他動）（規・二）【赤】赤クナス、〔顏ヲ—〕

あが-む・ム・ム・ムレ・メ・メ・メヨ（他動）（規・二）【崇】〔上グノ義〕尊キモノトアツカフ。タフトビウヤマフ。

廿あかん-ばう（名）【赤坊】あかごニ同ジ。（東京語）

廿あかん-べい（名）あかめノ訛。（東京）

〔あか-め（名）【赤女】鯛ノ古言。

あか-め（名）【赤目】（一）下瞼ヲ指ニテ引キヒロゲ赤クシテ、小兒ヲ威ス戲　轉ジテ事ヲ否ミ卻クル意ヲモ示ス。訛リテあかんべい。又、目赤。メカカウ。（其條ヲ見合ハスベシ）（二）魚ノ名、いせごひ。

あかめ-がしは（名）【赤芽柏】一名、アカガシハ。樹ノ名、山野ニ多シ、高サ一丈餘ニ至ル、葉ハ三叉ニシテ、大サ三四寸ヨリ五六寸ニ至リ、鋸齒アリ、互生ス、莖赤ク、芽モ甚ダ赤シ、夏、穗ヲナシテ、黃白色ノ花群ガリ開ク、實ノ大サ二三分ナリ。樹ノ古名ヲあづさトイヒ、弓ノ材トス、又、支那ニテハ、材ヲ版木トス。梓

あか-めだひ（名）【赤目鯛】小魚ノ名、めばるニ似テ、目、口、大ク、全身ニ紅ト紫トノ斑アリ。

廿あかめる（動）【赤】あかむ（他動）ノ訛。

廿あがめる（動）【崇】あがむノ訛。

〔あか-もがさ（名）【赤疱瘡】はしかノ古言。

〔あが-もの（名）【贖物】身ノ禍ヲ贖ヒ祓フ物。（かたしろノ條ヲ見合スベシ）

〔あから（名）〔顏赤カニナル義〕酒ノ古言。

あから-か-ニ（副）【赤】赤ミアリテ麗ハシク。（顏色ナド

ニ

あから-がほ（名）赤顔 赤バミタル顏色。

〔あから-さま-に（副）（一）タチマチ。俄ニ。「仁和寺ヨリ一京ヘ御幸アリテ」倏忽（二）カリソメニ。ツイチヨツト。

あから-さま-に（副）〔明狀ノ義カ〕ウチアケテ。カクスコトナク。アラハニ。明白ニ。赤地

あから-ぶ・ブル・ブレ・ビ・ビ・ビヨ（自動）（規・三）赤 アカラム。アカバム。

あから-む・ム・メ・マ・ミ・メ（自動）（規・一）赤 赤ク色ヅク。アカクナル。アカバム。

‡あから-む・ムル・ムレ・メ・メ・メヨ（他動）（規・二）赤 赤クナス。アカム。（他動）

あかり（名）明（一）光ヨリ發シテ物ヲ明ニ見スル象。「日ノ一」燈ノ一」（二）證據。アカシ。「一ガ立ツ」

あがり（名）上（一）アガルコト。ノボルコト。（二）上達スルコト。（學藝ニ）上達（三）高直ニテルコト。（價ニ）騰貴（四）成リ果ツルコト。成就。（工事ニ）成就

あがり-くち（名）上口 階段ナドニ上ルベキ所。

あかり-さき（名）明先 明リノサシクル前。「一ニ立塞ガル」

あがり-ざしき（名）揚座敷 あがりやヲ見ヨ。

あかり-しやうじ（名）明障子 細ク方ナル木ヲ格子ニ組ミテ骨トシ、紙ヒトヘヲ貼リテ、明リヲ透シ、又、風ヲ防ク障子。今略シテ專ラ障子トイフ。（障子ノ條ヲ見合スベシ）亮隔

あがり-だん（名）上段 高キニ登ル段。階ノ足ヲ蹈ミカクル處。階

あかり-とり（名）明取 日ノ光ヲ差込マスル處。（窓ナド）仰窓

あがり-ば（名）上場 舟ヨリ岸ニ上ルベキ處。

あがり-や（名）揚屋 德川氏ノ制ニ、身分アル罪人ノ牢。其上等ナルヲ揚座敷ト云フ。

〔あか・る・ル・レ・ラ・リ・レ（自動）（規・一）明 アカルクナル。夜明ク。

〔あか・る・ル・レ・ラ・リ・レ（自動）（規・一）赤 赤クナル。アカラム。「醉ヒテ顏一」酡

‡あか・る・ル・レ・ラ・リ・レ（自動）（規・一）明 オノヅカラ開ク。開

あが・る・ル・レ・ラ・リ・レ（自動）（規・一）上（一）上ヘ行ク。高キニ至ル。昇ル。揚（二）貴クナル。高直ニナル。增ス。（價ニ）騰貴（三）善キニ進ム。昇進ス。貴クナル。「役目ガ一」「位ガ一」進（四）巧ナルニ進ム。上達ス。熟練ス。（學術ニ）熟達（五）成ル。成就ス。デキル。「仕事ガ一」「色ガ一」成就（六）收マル。「雨ガ一」「乳ガ一」收（七）死ヌ。（魚ニイフ、陸ニ上ル意、鳥ノおつるニ對ス）魚死（八）マヰル。參上ス。（宮中、殿中、官衙ヘ）（九）沒收トナル。トリアゲトナル。「役ガ一」「扶持ガ一」沒收（十）甚ダ古クアリ。「アガリタル世」上古（十一）供物トナル。「供物ガ一」「燈明ガ一」「年貢ガ一」供

あが・る・ル・レ・ラ・リ・レ（他動）（規・一）〔上ルノ轉〕くらふノ敬語。

〔あが・る・ル・ル・ルレ・レ・レ・レヨ（自動）（規・二）別 ワカル。放ル。

あかる・し・キ・ケレ・ク・ク（形・二）明（一）光リテ善ク見ユ。暗カラズ。アキラカナリ。光明（二）善ク解シ得ラレテアリ。「法律ニアカルイ」通明

あかる-み（名）明 アカルキ處。アカルキ方。明處

あか-ゑ（名）赤繪 やきものニ、赤色ノ釉ニテカキタル畫。

〔あか-ゑぬ（名）あかどんぼニ同ジ。

あか-を（名）赤魚〔あからをノ約〕形、略、鯛ニ似テ、厚ク潤ク、大ナルハ二三尺ニ至ル、頭大ク、口廣ク、眼モ大クシテ、鬼ノ面ノ如シ、尾ニ岐ナク、鱗細カク、全身淡赤クシテ、丹色ノ斑アリ、肉白ク、味淡シ。

あき（名）秋 一年四時ノ第三ニ當ルモノ、夏ノ次、冬ノ前、往時ハ、凡ソ七月、八月、九月、今ハ凡ソ八月九月十月ナリ。

〔あき（名）商 アキナヒ。

〔あき（名）あかにしノ古名。

あき（名）明（一）明キタル處。ヒマ。スキマ。隙（二）明キタル時。イトマ。ヒマ。「工事ノ一」間暇（三）空ナルコト。人ノ住マヌコト。「一屋」「一店」空

あき（名）厭 厭クコト。倦ムコト。「一ガ出ル」「一ガ來ル」

あぎ（名）腭〔明ノ轉カ〕口ノ中ノ上下ノ骨。アギト。アゴ。

あぎ（名）阿魏〔印度邊ノ語ナランカ〕舶來藥品ノ名、植物ノ脂ニテ、樹ニ採ルト、草ニ採ルト、ノ二種アリ

ト云。

あき-うど (名) [商人] 〔商人ノ音便〕 商賣ヲ生業トスル人。アキビト。アキンド。

あき-かぜ (名) [秋風] (一)秋ノ時節ニ吹ク風。(二)秋ヲ厭ノ意ニ寄セテ、男女ノ情ノハナルルコト。(漢ノ班婕妤ノ故事ニテ、秋ノ扇ハ捨テラルル物トシテイフ)

あき-くさ (名) [秋草] 秋ニ咲ク草花ヲ總ベイフ語。

あき-ぐみ (名) [秋茱萸] 草ノ名、高サ丈餘ニ至ル、葉ハ互生シ、なつぐみヨリ小ク狹ク、面、深緑ニシテ、背、白ク光アリ、枝モ同ジ、春ノ末、花ヲ開ク、なつぐみヨリ小シ、實、秋ニ熟ス、大サなんてんノ如ク、赤クシテ白キ點アリ、食フベシ。 野櫻桃一種

あき-さ (名) [秋沙] 鳥ノ名、狀、おがもニ似テ、頭ト背トハ灰色ニシテ、腹白ク、觜、細ク尖リ、脚ト共ニ赤シ、秋來リ春去ル。アイサ。アヒガモ。 刁鴨一種

〔あき-しひ (名) [明盲] アキメクラ。

あき-ぜみ (名) [秋蟬] 蟬ノ一種、形、大クシテ、翅、赤褐ニシテ透キトホラズ、秋ノ半ニ、晩ニ當リテ多ク鳴ク。アカセミ。アブラセミ。 蚱蟬

あきた-じやうのすけ (名) [秋田城介] 古ヘ、出羽國ノ秋田城ヲ守ル官、出羽ノ介タル者、コレヲ兼ヌ。

あきた-ぶき (名) [秋田蕗] 羽後國ノ秋田郡鹿角郡等ニ産スル蕗、最モ大クシテ、高サ七八尺ニ及ビ、葉ノ圍ミ丈餘アリテ、傘ノ如シ。

あき-たる・ル・レ・ラ・リ・レ (自動) (規.一) [飽足] 十分ニ飽ク。滿足ス。

あき-ち (名) [明地] 家居ノ無キ地所。 空地

あき-つ (名) [秋津] 〔秋之蟲ノ略カ〕 とんぼニ同ジ。

あぎと (名) [腭] 〔腭門ノ義〕 (一)あぎニ同ジ。(二)えらニ同ジ。

〔あぎと-ふ・フ・ヘ・ハ・ヒ・ヘ (自動) (規.一) 〔腭ヲハタラカス〕 (一)水ノ上ニ浮ミテ泡ヲ吹ク。(魚ニ云) 噞喁 (二)カタコトニ物言フ。(小兒ニ) 唲嘔

あきなひ (名) [商] アキナフコト。シヤウバイ。

あきな-ふ・フ・ヘ・ハ・ヒ・ヘ (他動) (規.一) [商] 〔商、行フノ意〕 賤ク買ヒテ貴ク賣ル。ウリカヒスル。商賣ス。賣買ス。

あきの-かた (名) [明方] 歳德神ノ條ヲ見ヨ。

あき-は-つ・ツル・ツレ・テ・テ・テヨ (自動) (規.二) [厭果] 全ク厭ク。

〔あき-びと (名) [商人] あきうどニ同ジ。

あき-ふたげ (名) [秋二毛] 鹿ノ毛色ニイフ語、行縢ナドニ用キルニイフ、秋ニ至リテ、古毛長ク、新毛短ク、生ヘ交リタル、其古毛ヲムシリ去レルモノ、色、夏毛ヨリ濃シ。

あきん-ど (名) [商人] あきうどニ同ジ。

あきんど-やど (名) [商人宿] 旅ノ商人ヲ宿ス旅店。

あき-めくら (名) [明盲] 盲目ノ一種、眼ノ狀、常ニ變ルコトナクテ物ノ見エヌモノ。アキジヒ。 青盲

〔あき-もの (名) [商物] 商ヒニスル品物。

あき-もも (名) [秋桃] 秋ニ熟スル桃ノ實、味、殊ニ美ナレバ名アリ。

あき-や (名) [明家] 人ノ住マヌ家。 空屋

あ-ぎやう (名) [阿行] 五十音圖ノ第一ノ行。

あきらか-に (副) [明] (一)クモリナク。アカルク。ハキト。(二)疑ヒナク。善ク解シ得テ。「意味ー知ラル」

あきらけ-し・キ・ケレ・ク・ク (形.一) [明] (一)アキラカニテアリ。ハキトシタリ。(二)思ヒ迷フコトナシ。善ク解セラル。

あきら-む・ムル・ムレ・メ・メ・メヨ (他動) (規.二) [明] アキラカニ究メ知ル。「理ヲー」 辨 諦

あきら-む・ムル・ムレ・メ・メ・メヨ (自動) (規.二) 〔明ラメテ止ム意〕 念ヲ絶ツ。オモヒキル。 絶念

あきらめ (名) 絶念ムルコト。思ヒヲ絶ツコト。オモヒキリ。「ーカ早イ」 絶念

‡あきらめる (動) あきらむノ訛。

‡あ-きる・キル・キレ・キ・キ・キロ (自動) (規.四) 厭クノ訛。

あき-る・ルル・ルレ・レ・レ・レヨ (自動) (規.二) [呆] 物事ノ思ヒノ外ナルニ遇ヒテ心ヲ失フ。 惘 瞠若

あきれ (名) [呆] アキルルコト。アキレタルコト。

‡あきれる (動) 呆ルノ訛。

あく (名) [灰汁] 〔惡汁ノ義カ〕 (一)灰ヲ水ニ浸シテソノうはずみヲ取リタルモノ、布帛ノ垢ナドヲ洗ヒ去リ、又ハ紅、紫、ナド染ムルニ用ヰル。(二)又、單ニ、灰。(三)轉ジテ、植物類ヨリ出ヅル澁アル液。「蕨ノー」茶ノー」

あく (名) [惡] (一)アシキコト。ワロキ事。善カラヌ物。「善トートヲ分ツ」(二)邪ナルコト。道ニ外ツレタルコト。「ーヲタクラム」(三)歌舞伎ニ、惡人ニ扮スルコト。カタキヤク。 丑

あく・ク・カ・キ・ケ (自動) (規・二) 明 (一)自ラ開ク。「戸ガ―」「口ガ―」開 (二)內ノ物無クナル。空ニナル。「匣ガ―」「家ガ―」一空 (三)暇ニナル。業絶ユ。「手ガ―」「役目ガ―」成暇 (四)卄始マル。「商ヒノ口ガ―」「芝居ガ―」開

あく・ク・ケ・カ・キ・ケ (自動) (規・二) 飽 欲スル思ヒニ滿足ス。足ル。十分ナリ。「食ヒテ―」

あく・ク・ケ・カ・キ・ケ (自動) (規・二) 厭 〔飽キテ嫌フ意〕 厭フ心ニナル。イヤニナル。アグム。

あく・クル・クレ・ケ・ケ・ケロ (自動) (規・三) 明 打過ギアル。歷。タツ。「夜―」「年―」「年季―」過

あく・クル・クレ・ケ・ケ・ケロ (他動) (規・三) 明 (一)押シ開ク。「戶ヲ―」「口ヲ―」開 (二)內ノ物ヲ無クナス。空ニス。「匣ヲ―」「家ヲ―」「路ヲ―」一空 (三)暇ニナス。「手ヲ―」「仕事ヲ―」(四)卄始ム。「商ヒノ口ヲ―」「芝居ヲ―」開 ○穴ヲ―。穿ツ。○間ヲ―。隔ツ。

あぐ・グル・グレ・ゲ・ゲ・ゲロ (他動) (規・三) 上 (一)高ク登ス。上ヘ送ル。(二)手ニ持チテ高クス。「盃ヲ―」擧 (三)官職ニ用ヰル。登庸 (四)高直ニナス。「價ヲ―」昂 (五)調子ヲ高クス。「聲ヲ―」「音ヲ―」(六)弘ム。「名ヲ―」揚 (七)沒收ス。トリアゲニス。メシアグ。「役目ヲ―」褫 (八)タテマツル。獻 (九)轉ジテ、動詞ト熟語ニテリテ敬語トスル語。「申シ―」「聞コエ―」(十)結フノ敬語。「髮ヲ―」(十一)成ス。遂グ。終ヘ果タス。「爲―」「作リ―」成功 (十二)卄胃ヨリ物ヲカヘス。吐ク。歐吐

あく-い (名) 惡意 惡ヲ爲サムトスル心。

あく-うち (名) 灰汁打 紙ニ灰汁ヲヒキテ打チタルモノ。

あく-えん (名) 惡緣 男女ノ緣ノ思フママニナラヌ、又ハ運ノ凶シキモノ。

〔あくからす・ス・セ・サ・シ・セ (他動) (規・二) あおからすニ同ジ。

〔あくがる・ル・ル・ル・レ・レ・レロ (自動) (規・三) あおがるニ同ジ。

あく-き (名) 惡鬼 荒ビテ祟リヲナス鬼。怨靈。

あく-ぎやう (名) 惡行 アシキオコナヒ。

あく-ぎやく (名) 惡逆 (一)人ノ道ニ逆ヒテ惡シキ事ヲスルコト。(二)八虐ノ一。

あく-こう (名) 惡口 ワルクチ。罵ルコト。惡言 罵詈

あく-じ (名) 惡事 惡シキシワザ。善カラヌ所業。「好事門ヲ出デズ、―千里ヲハシル」

あく-じう (名) 惡獸 猛クシテ害ヲナス獸。「―毒蛇」

あく-しん (名) 惡心 惡シキココロ。惡事ヲタクラム心。

あく-しやう (名) 惡性 (一)ワロキウマレツキ。(二)卄轉ジテ、淫奔。

あく-しよ (名) 惡所 遊里。狹邪

卄あく-せく (副) 〔齷齪ノ音カ〕 事ニカカハリテ暇ナク。

卄あく-せん (名) 惡錢 不正ノ事ニテ得タル錢。「―身ニツカズ」

あく-そう (名) 惡僧 惡行ノ僧。暴逆ナル僧。

あくた (名) 芥 〔粗腐ノ意カ〕 敗レ腐リテ捨テラレタル雜物。ゴミ。塵芥

卄あく-たい (名) 惡對 惡口ニテ對フルコト。惡口ヲ言ヒカクルコト。罵ルコト。惡罵

卄あく-たう (名) 惡黨 ワルモノノナカマ。惡徒

卄あく-たれもの (名) 惡シキ所行ヲナス者。アバレモノ。惡漢

卄あく-たれる・レル・レレ・レ・レ・レロ (自動) (規・四・變) 〔あくハ惡ノ音〕 惡シキ所行ヲナス。惡行ヲ恣ニス。暴行

あく-ち (名) 惡血 病ノ爲ニ質ヲ變ジタル血。

あく-ぢよ (名) 惡女 (一)心惡シキ女。毒婦 (二)醜キ女。醜婦

卄あくと (名) 〔足凹處ノ意カ〕 キビス。カカト。踵

あく-と (名) 惡徒 ワルモノ。アクタウ。

卄あく-どし・キ・ケレ・ク・ク (形・二) 〔惡痛シノ意ナラム〕 濃キニ過ギテ嫌ハシ。クダクダシク、ウルサシ。シツツコシ。

あく-にん (名) 惡人 心惡シキ人。邪ナル人。

あくね-せうちう (名) 阿久根燒酎 薩摩ノ出水郡中阿久根ノ邊ヨリ產ズル燒酎ノ稱。

あく-ねん (名) 惡念 惡事ヲ心ニ念ヒ居ルコト。惡心。

卄あぐ-ねる・ネル・ネレ・ネ・ネ・ネロ (自動) (規・四・變) あぐむニ同ジ。(東京語)

卄あく-ば (名) 惡婆 心ノ善カラヌ女。毒婦

あくび (名) 欠 アクゴト。倦ミ疲レ、或ハネムタキ時ナドニ、口、自ラ開キテ氣大ニ出ヅルコト。

あく-ひつ (名) 【惡筆】 (一) 製ノ粗ナル筆。(二) 拙キ手跡。拙書

あく-びやう (名) 【惡病】 (一) 性ノ惡シキ病。(癩ナド) (二) エヤミ。疫病。疫

(あく-ぶ・ア・ヘ・ヘ・ヘ・ヨ・イ (自動) (規・二) 【欠】 (厭アノ意カ) 欠ヲナス。

あく-ふう (名) 【惡風】 (一) 草木、人家ナドニ害ヲナス大風。(二) 惡シキ風俗。「一ニ染ム」

あく-ま (名) 【惡魔】 魔ノ條ヲ見ヨ。「一外道ノモノ」

あくまで (副) 【飽】 (飽ク迄ノ意) トドノツマリマデ。果ノ果マデ。

(あぐみ (名) 【足組】 アグムコト。アグラ。趺

あく-みやう (名) 【惡名】 惡シキヒヤウバン。惡行アリト人ニ知ラルルコト。

(あぐ-む・ム・メ・マ・ミ・メ (自動) (規・二) 〔足組ムノ義〕 兩ノ脛ヲ打チチガヘニ組ミテ坐ル。アグラカク。趺

†あぐ-む・ム・メ・マ・ミ・メ (自動) (規・二) 〔厭ムノ意カ〕 厭ク。爲遂ゲカヌルヲ見テ倦ム。厭倦

あぐら (名) 〔足座ノ義〕 (一) 胡床、椅子ノ類。(二) 胡床ニハ趺ニテ坐当リ轉ジテ、アグミ、即チ、脛ヲ打チチガヘテ坐ルコト。然、坐ルヲ「一ヲカク」ト云フ。趺 盤坐

あく-りやう (名) 【惡靈】 怨ナドアル死靈ノ祟ヲナスコト。怨靈。鬼祟

あくる-あさ (名) 【明朝】 前ノ夜明ケテノ朝。翌朝。

あくる-とし (名) 【明年】 前ノ年過ギテ共次ノ年。翌年。

あくる-ひ (名) 【明日】 前ノ日過ギテ次ノ日。翌日。

あ-くわい (名) 【亞槐】 大納言ノ異稱。亞相。

あ-くわん-ぼく (名) 【亞灌木】 灌木ノ條ヲ見ヨ。

あけ (名) 【朱】 〔赤ノ轉〕 赤キコト。赤キ色。「一ニ染ム」

あけ (名) 【明】 (一) 明クルコト。(二) 夜ノ明クルコト。アカツキ。天明

あげ (名) 【上】 (一) 上グルコト。(二) 童子ノ服ノ肩、腰ナドニ、長キヲ縫ヒアゲテ襞ヲツケオクコト。(體ノ成長ニ供フ) 「肩一」「腰一」 (三) †あげどうふ、又ハあぶらあげノ略。

†あげ-あし (名) 【擧足】 (一) 他ノ足ヲ擧ゲタル時ニツケイリテ、其足ヲ取テ倒スコト。「一ヲ取ル」「一ヲネラフ」 (二) 轉ジテ、人ノ言語ノ誤リヲ求メ、ツケイリテ詰ルコト。

あげ-あぶら (名) 【揚油】 あぶらあげニ用ヰル水油、おまのあぶら、又ハなたねあぶらヲ用ヰル。

あげ-いし (名) 【上石】 圍碁ノ語、圍ミテ殺シテ、取リアゲタル敵ノ石。ハマ。死子

あげ-いた (名) 【上板】 あげぶたニ同ジ。

あ-けう (名) 【阿膠】 〔支那、山東、兗州府ノ東阿縣ノ井水ニテ、黒牛皮ナドヨリ、膠ヲ煮テ貢スルヲ、上品トスルヨリ名アリ〕 膠ノ藥用トスルモノ。(をきにかはノ條ヲ見合スベシ)

あけ-がた (名) 【明方】 夜ノ明ケムトスル時。アカツキ。天明

あげ-く (名) 【擧句】 (一) 連歌ノ、下ノ七七ノ二句。(發句ニ對ス) (二) 轉ジテ、ヲハリ。スヱ。シマヒ。トドノツマリ。「一ノハテ」 結局

あけ-くれ (名) 【明暮】 日ノ明クル時ト暮ルル時ト。「一ノツトメ」 朝暮

あけ-くれ (副) 【明暮】 朝ニ夕ニ。日日ニ。ツネニ。「一思ヒクラス」 朝暮

あげ-おし (名) 【上輿】 輿ヲ肩ニカタガスルコト。(下輿ニ對ス) 平肩輿

あげ-さげ (名) 【上下】 (一) 上グルト、下グルト。(二) †褒ムルト誹ルト。褒貶

あけ-さ・る・ル・レ・ラ・リ・レ (自動) (規・一) 【明去】 全ク明ク。過ギ了ル。「夜一」「年一」 過了

あげ-おとみ (名) 【上蔀】 おとみヲ見ヨ。

あげ-おほ (名) 【上潮】 上ゲ來ル潮。サシシホ。(ひきおほノ反、潮ノ條見合スベシ)

あげ-だい (名) 【揚代】 遊女ヲ招ク身代。

あげ-だし (名) 【揚出】 豆腐、茄子、ナド、臨時、油ニテ煮ゲテ出シタルモノ。

あげ-だたみ (名) 【上疊】 疊ノ兩面共ニ、表ト緣トヲツケタルモノ、コレヲ一枚ホド、座敷ノ疊ノ上ニ敷キテ、貴人ノ坐處トス、コレヲ御座トイフ。

あけ-たて (名) 戸ヲ明クルト閉ツルト。開閉

(あげつらひ (名) 【論】 アゲツラフコト。論。

(あげ-つら・ふ・フ・ヘ・ハ・ヒ・ヘ (他動) (規・一) 【論】 理ヲ擧ゲテ言ヲ進ブ。論ズ。

あげ-どうふ (名) 揚豆腐 豆腐ヲ胡麻ノ油、又ハ菜種油ニテ煠ゲタルモノ。アブラアゲ。アブラゲ。

あけ-に (名) 明荷 竹葛籠ノ一種、外ヲ席ニテ被ヒ、角角又ハ押縁ニ、割竹ヲツヅリツケタルモノ、旅行ノ具トシ、假ニ綱ケニテ束ネテ、時時明クルニ供フ。

あけ-のこる ル・レ・ラ・リ・レ (自動)(規.一) 明殘 夜、未ダ全ク明ケズ。「—空ノ星」

あけ-の-みやうじやう (名) 曉明星 金星ノ條ヲ見ヨ。

あげ-ば (名) 揚場 船ヨリ物ヲ岸ニ揚グル處。埠頭

あけ-はなし (名) 明放 アケハナスコト。

あけ-はなす ス・セ・サ・シ・セ (他動)(規.一) 明放 (一)皆開ク。(二)開キタルマヽニテ閉ヂズ。

あけ-はなる ル・ル・ルレ・レ・レ・レロ (自動)(規.二) 明離 夜、全ク明ク。

あげは-の-てふ (名) 揚羽蝶 蝶類ノ一種、形大ク、翅ノ色、ウスキイロニシテ、黒キタテスヂ、アミメ、小キ輪ナドノ斑アルモノ、物ニ上ルニ、多ク翅ヲ揚ゲテ合ハス、さんせうむしノ羽化セルモノナリ。鳳蝶

あけ-ばん (名) 明番 泊番ノ朝ナド、勤メ果テテ退出スルコト。下班

あげ-はり (名) 〔揚張ノ義〕 幕ノ類、四方ト上トヲカコヘルモノ。幄

あけび (名) 〔朱實ノ轉カ〕 あけびかづらトイフベキノ略。蔓草ノ名、山野ニ多シ、葉ノ形、楕ニシテ、五葉、一處ニアツマリテ生ズ、大ナルハ四五寸アリ、夏ノ初、若葉ノ間ニ、細キ枝ヲ垂レテ花ヲ開ク、三瓣ニシテ、大サ四五分ナリ、色ハ薄紫ト白トノ二種アリ、實ノ形瓜ノ如ク、長サ二寸餘、皮、熟スレバ紫ナリ、肉白ク核黒ク、食スベシ。通草

あげ-びさし (名) 上庇 つきあげびさしニ同ジ。

あげ-ぶた (名) 上蓋 厨ナドノ板間ノ床ニ、釘付ケニセズ、蓋ノ如ク上ゲテ開クベク作リシ處、下ニ物ヲ貯フ。アゲイタ。

あけぼの (名) 曙 〔明仄ノ義〕 (一)夜ノ明ケムトシテ、仄ニアカルクナレル時。アカツキ。シノノメ。(二)烏賊ヲ素乾ニシタルモノ。(加州)

あけぼの-ぞめ (名) 曙染 染色ノ名、紅又紫ナドニテ、處處ヲ暈リ、曙ノ空ノ色ノ如クぼかしニ染メタルモノ。

あげ-まき (名) 揚卷 (一)小兒ノ髮ノ結ヒヤウノ名、髮ヲ左右ニ分ケ、揚ゲテ卷キテ、兩ノ髻ヲ結ヒ、雙角ノ如クセルモノ。總角 (二)紐ノ結ヒヤウノ名、左右ニ輪ヲ出シ、中ヲイシダタミニ結ベルモノ、諸具ノ飾リトス。(三)介ノ類、まてノ條ヲ見ヨ。(四)きさやうかひトイフ介ノ久シク曝レテ、上落チテ下ノミ殘レルモノ、五出ノ花ノ如シ。

あげ-まど (名) 上窓 つきあげまどノ造リノ窓。弔窓

あけ-むつ (名) 明六 曉ノ六ツ時。(暮六ニ對シテイフ)時ノ條ヲ見ヨ。

あげ-もち (名) 揚餅 菜種油ニテ煠ゲタル餅ノ稱。油餅

あげ-もちゐる ヰル・ヰル・ヰレ・ヰ・ヰ・ヰロ (他動)(規.四) 擧用 人ヲ採リテ官職ニ居ラシム。登庸

あげ-もの (名) 揚物 菜蔬魚肉等ヲ、水ニ溶シタルうどんこニ塗シテ、ごまのあぶら又ハなたねあぶらニテ煠ゲタルモノ。別チテ、菜蔬ナルヲしやうじんあげトイヒ、魚介ナルヲてんぷらトイフ。

あげ-や (名) 揚屋 遊女ヲ招キテ遊興スベキ家。青樓

あけ-ゆく ク・ケ・カ・キ・ク (自動)(規.一) 明行 次第ニ明ク。漸ク過グ。「夜—」「年—」

††あける (動) 明ク(規.二)ノ訛。

††あげる (動) あぐノ訛。

††あげる ゲル・ゲレ・ゲ・ゲ・ゲロ (他動)(規.四.變) 揚 (一)油ニテ煠ル。(二)遊女ヲ招ビテ興ズ。

あけ-わたる ル・レ・ラ・リ・レ (自動)(規.一) 明渡 夜、全ク明ケテ、一天皆明ニナル。

あこ (名) 吾子 子ヲ親ミ呼ブ語。

あこ (名) 下火 〔字ノ宋音〕 火葬ノ時、火ヲツクル僧ノ役目。(禪宗ニイフ)

††あご (名) 腭 (一)アギ。アギト。(二)專ラ、下ノ腭ノ外面。シタアゴ。オトガヒ。下腭 ○—ヲ外ス。大ニ笑フ。

††あこう (名) 赤魚ノ訛。

あこがらす ス・セ・サ・シ・セ (他動)(規.一) アコガルルヤウニナス。アクガラス。

あこがる ル・ルル・ルレ・レ・レ・レヨ (自動)(規.二) 〔在處離ルノ意カ〕 (一)思ヒアマリ心落チツカズシテ浮カル。魂、身

ニソハズ、アクガル。(二)思ヒコガル。胸ヲ焦ス。

あこぎ (名) 阿漕 〔勢州安濃郡ノ地名、「逢ふことをあこぎの島に引く網のたびかさならば人も知りなむ」トイフ古歌ニ出ヅ〕(一)事ノ度重ナルコト。(二)轉ジテ、イツクマデモ非道ニ貪ルコト。

あこだうり (名) 瓜ノ類、ぼうぶらノ一種、形小ク眞圓ニシテ、徑六八寸許ノモノ、皮赤クシテ襞無シ。

あこめ (名) 袙 〔間籠ノ義カ〕(一)婦人童女ノ身ニ近ク着ル服。(二)男子ニモ、裝束ノ下ニ用ヰル服ノ名。

あこやがひ (名) 阿古屋貝 介ノ名、大ナルハ六七寸、小ナルハ一二寸、形、方ニシテ、外面ニザラツキアルコト蠣殼ノ如シ、裏ハ白クシテ青紫ヲ帶ブ、殼ノ緣、薄クシテ紙ノ如シ、眞珠ヲ出ス、肉、はしら、共ニいたやがひノ如クニテ、食スベシ。シンジユガヒ。 珠母

あこやのたま (名) 阿古屋珠 あこやがひノ珠。即チ、眞珠。

あさ (名) 朝 〔明早ノ義カ〕 夜明ノ後、眞晝ノ前ノ稱。アシタ。

あさ (名) 麻 (一)草ノ名、春蒔キテ秋刈ル、莖、方ニシテ、直ニ生フルコト、七八尺ニ至ル、葉ノ形、かへでノ葉ニ似テ、長大ニシテ對生ス、莖ノ皮ヲ績ギテ、絲トシ布トス。 大麻 草ニ雌雄アリ、をあさハ薄綠ナル細カキ花ヲ生ジテ、實無シ。一名、ヲギ。サクラアサ。 枲麻 めあさハ、花ナクシテ、細カキ粒ノ如キ子ヲ結ブ、あさのみトイヒテ食用トス。一名、メギ。ミアサ。 苴麻 (二)あさいとノ略、其條ヲ見ヨ。「―ニテ織ル」(三)あさぬのノ略、其條ヲ見ヨ。「―ノ衣」

あざ (名) 痣 瘡、傷ナドノ痕ノ肌ニ色ヅキテ殘レルモノ。

あざ (名) 字 あざなノ條ヲ見ヨ。

あさあさ (副) 朝朝 朝毎ニ。

あさあさし・シキ・シケレ・シク・シク (形、二) 淺淺 考ヘ深カラズ、アサハカナリ。 淺薄

〔あさい (名) 朝寢 あさねニ同ジ。

あさいと (名) 麻絲 麻ヨリ作レル絲、秋、莖ヲ刈リテ、蒸シテ外皮ヲ剝ギ、水ニ浸シ、細ニ裂キテ絲トス、布ニ織リ、繩ニナフ、强クシテ、用ヲナスコト極メテ多シ。

あさうらざうり (名) 麻裏草履 ふぢくらざうりノ底ニ、粗ナル麻絲ノ組緒ヲ縫ヒツケタルモノ。

あさうり (名) 淺瓜 (一)しろうりノ一名。(京都) (二)へちまノ一名。

あさおき (名) 朝起 朝ニ早ク起クルコト。 晨起

あさがけ (名) 朝駈 軍ニテ、朝ニ早ク、不意ニ敵ヲ襲フコト。

あさがほ (名) 朝顏 (一)蔓草ノ名、葉ハ互生シ、三尖或ハ五尖ニシテ、微毛アリ、花ノ形、漏斗ノ如クニシテ、瓣、五尖ニ分ル、夏ノ末ヲ盛リトシ、朝ニ早ク開キ、日ニアタレバ萎ム、花ノ色、紅、白、紫、碧、雜色等、形色種類、極メテ多シ、人家ニ植ヱテ花ヲ賞ス。 牽牛花 (二) 桔梗ノ古名。(三)木槿ノ古名。(四)蟲ノ名。かげろふニ同ジ。

あさがら (名) 麻幹 麻ノ莖ノ絲ヲ取リタルモノ、白クシテ稜アリ、輕クシテ折レ易シ、聖靈祭ニ箸トシ、畫工ニ燒筆トシ、燒キテ火口ノ炭トシ、合藥ニモ用ヰル。一名、ヲガラ。 麻稭

あさがら (名) 灌木ノ名、葉ハ圓クシテ末尖リ、春夏ノ間、白キ花ヲ開ク、垂ルルコト藤ノ花ノ如シ、實ヨリ油ヲ採ル。 白辛樹

あさがれひ (名) 朝餉 (一)朝ノ餉。朝ノ食事。(二)天皇ノ朝ノ供御。(三)朝餉ノ間ノ略、淸涼殿ノ内ニアリ、御膳所ニテ、即チ天皇―ヲキコシメス所。

〔あさぎ (名) 淺黃 黃ノ色ノ淡キモノ。 淡黃

あさぎ (名) 淺葱 〔淡キ葱ノ葉ノ色ノ義、濃キヲ萌葱トイフノ反〕 色ノ名、藍色ノ淡キモノ。 淡縹

あさぎざくら (名) 淺葱櫻 櫻ノ一種、花、一重ニシテ白ク、萼、甚ダ綠ニシテ、瓣ニ映リテ青ク見ユルモノ、花ノ時甚ダ遲シ。

あさくさがみ (名) 淺草紙 東京淺草ノ邊地ニテ製スルすきがへしがみノ下品ナルモノ、其色黑キヲ黑保トイフ、又石灰ナド加ヘテ、色、稍白キヲ白保トイフ。

あさくさのり (名) 淺草海苔 〔古ヘ武州淺草川ニ產ズ〕 あまのりノ一種、武州ノ品川大森等ノ海ニ產ズルモノ、海中ニ樹枝ヲ立テ、樹ニツキテ生ズルヲ採リテ、漉クコト紙ノ如クス、色、紫黑ナリ、炙リ食フ、此種ノ最上品トス。 紫菜

あさぐつ (名) 淺沓 〔雨雪ノ時ノ深沓ニ對ス〕 裝束着用ノ時ニ常用スル沓、桐ニテ作リ、外ヲ漆ニテ塗リ、内ニ紙ヲ貼ル。

あさくらざんせう (名) 朝倉山椒 〔元ハ但馬ノ養父郡朝倉村ノ產〕 古言、ナルハジカミ、又フサハジカミ。（むじかみノ條見合ハスベシ）山椒ノ一種、葉ハ常ノ山椒ヨリ大クシテ、木ニ刺ナシ、實ハ三倍ノ大サニテ、辛味、香氣、共ニ多シ、今丹波越前等諸國ヨリ出ヅ。 蜀椒

〔あさげ (名) 朝食 (一)朝飯。 (二)朝飯ヲ炊クコト。「一ノ烟」

あさけぶり (名) 朝烟 朝ニ飯ヲ炊ギ、又瓦ナド燒クヨリ起ツ烟。

あさけり (名) 嘲 アザケルコト。謗リ笑フコト。「人ノ一ヲ受ク」

あさける・ル・レ・ラ・リ・レ (他動) (規・一) 嘲 〔淺シトスル意〕 (一)他ノ心ヲ淺シトサミス。謗リ笑フ。 (二)轉ジテ、思ヒヲハラス。「月ニアザケリ、風ニウソムク」

あさごろも (名) 麻衣 麻布ニテ作レル服、多ク喪服ニイフ。

あささ (名) 荇菜 水草ノ名、池澤ノ中ニ生ズ、葉ハ水面ニ浮ビテ、根ハ水底ニアリ、莖細ク、葉ノ形、ぬなはノ如クニシテ、稍圓ク、一方ニ缺アリテ、面綠ニ、背紫ナリ、夏、五瓣ノ黄花ヲ水面ニ開ク、大サ錢ノ如シ。一名、ハナジユンサイ。 莕菜

あささけ (名) 朝酒 朝ニ酒ヲ飮ムコト。 卯飮

あさし・キ・ケレ・ク・ク (形・二) 淺 (一)深サ少シ。底近シ。深カラズ。「瀨一」水一」 (二)薄シ。少シ。「智一」交リ一」 (三)淡シ。濃カラズ。「色一」

あさすず (名) 朝涼 夏ノ朝ノ間ノ涼シキ時。

あさせ (名) 淺瀨 瀨ノ淺キ處。

あさだち (名) 朝立 朝ニ早ク、旅路ニ出デ立ツコト。 早發

あさぢ (名) 鯎 (一)魚ノ名、口大ク、鱗細クシテ斑アリトイフ、詳ナラズ。 (二)又、魚ノ名、おひかはニ同ジ。

あさぢ (名) 淺茅 茅ノ踈ニ生ヒタルモノ。

あさぢざけ (名) 淺茅酒 酒ノ類、肥後ノ產、色白クシテ濃シ。

あさぢはら (名) 淺茅原 茅ノ踈ニ生ヒタル原。

あさぢはら (枕) 淺茅原 つばらつばらにトイフ語ノ枕詞。（茅花ヲ詳ニカケテイフ）

あさつき (名) 淺葱 〔淺之葱ノ義〕 葱ノ類ニテ、葉甚ダ細ク、色、淺綠ナルモノ、春ヲ過グレバ、葉コハクシテ食フベカラズ。 麥葱

あさつきなます (名) 淺葱膾 煮デタル淺葱トあさりノむきみトヲ酢味噌ニテ和ヘタルモノ、上巳ノ膳ニ供フ。

あさづけ (名) 淺漬 大根ヲ淡ク乾シテ、麴又ハ糠ヲ加ヘ、淡ク鹽ニ漬ケタルモノ、香ノ物トス。（澤庵漬ニ對シテ淺漬ノ名アリ

あさつて (名) あさてニ同ジ。

あさて (名) 明後日 〔明日去リテノ約カ〕 今日ヨリ一日隔テテ來ベキ日。明日ノ明日。ミヤウゴニチ。 明明日

あさで (名) 淺手 微シノ傷。（鬪ニイフ） 微傷

あさな (名) 字 〔糺名ニテ、交ルニ用ヰル意カ、或云、梵語、惡剎那（文字ノ誤用カト）〕 (一)支那ニテハ、實名ノ外ナル一種ノ名ニテ、他ヨリ其人ヲ敬ヒテ呼ブ時ニ用ヰルモノ。 (二)此ニテハ正シキ名ノ外ニツケテ、定レル名トセズシテ、呼ビナラヘル名。アダナ。 渾名 (三)村ノ內ニアル更ニ狹キ地名ノ稱。略シテ、あざ。

〔あさなあさな (副) 朝朝 〔なハあさなゆふなノなノ轉〕 朝每ニ。マイアサ。

あさなぎ (名) 朝和 朝ニ海上ノ和ギワタレルコト。

〔あさなはる・ル・レ・ラ・リ・レ (自動) (規・一) 糺 糺フヤウニナル。マトハル。

〔あさなふ・フ・ヘ・ハ・ヒ・ヘ (他動) (規・一) 糺 交ヘ合ハスナフ。ヨルノマトフ。（繩ナド）

〔あさなゆふな (名) 〔なハ飯肴ノ義〕 朝飯ト夕飯ト。

〔あさなゆふな (副) 朝夕 〔前條ノ語ノ轉〕 朝ニ夕ニ。アケクレ。 朝暮

あさぬの (名) 麻布 麻絲ヲ以テ織リタル布。ぬノ。 紵布

あさね (名) 朝寢 朝ニ遲クマデ寢過ゴスコト。 晏起

あさのは (名) 麻葉 染模樣ノ名、麻ノ葉ノ形ナリ、但シ周ヘ平等ニ六出シ、其形ヲ縱横ニ幷ベ列ヌ。

あさのはがめ (名) 麻葉龜 瑇瑁ノ類、南洋諸島ノ產、大サ常ノ龜ノ如クニシテ、あさのはノ文アリ。

あさのみ (名) 麻實 あさノ子、小キ粒ニシテ、黑ク光ル、食用又藥用トス。 麻實

あさ-はか-な (副) 〔淺〕 考ヘアサアサシク。慮、深カラズシテ。 淺薄

あさ-はん (名) 〔朝飯〕 あさめしニ同ジ。

(あさ-は-る-ル-レ-ラ-リ-レ (自動) (規・一) 〔糾〕 あざなはるニ同ジ。

あさ-ひ (名) 〔朝日〕 朝、昇ル時ノ日。 旭 暾

あさひ-がに (名) 〔朝日解〕 蟹ノ一種、海ニ產ズ、甲、竪、六寸許、濶サ、四寸許、色赤クシテ疣多ク、後脚、杓子ノ狀ヲナセリ。一名、ベニガニ。 紅蟹

あさひ-がひ (名) 〔朝日貝〕 蠣ノ類、大サ一寸ニ足ラズ、売ハ、圓ク薄クシテ皺アリ、蓋ハ、平ニシテ、孔一ツアリ、色薄赤シ。又、共薄黃色ナルヲ、夕日貝トイフ。

あさひ-かまぼこ (名) 〔朝日蒲鋒〕 板付ノかまぼこノ上面ヲ、紅ニテ染メタルモノ、横ニ切レバ、邊、紅ニ、弓形ヲナシテ、旭ノ如シ。

あさ-びらき (枕) 〔朝開〕 (朝ニ港ヲ開船スル意) 漕グトイフ語ノ枕詞。「一漕ギ出デテ」一漕ギニシ舟」

あさ-ぼらけ (名) 〔朝朗〕 夜明ノ空ノ薄ク明ミタルコト。 開旦

あさ-まし・シキ・シケレ・シク・シク (形・二) (一)(驚クホドニ甚シ。思ヒノ外ニ肝潰ル。(善キニモ、悪シキニモ) 驚歎 (二)興醒ム。呆ル。(多ク、悪シキニ)

あさ-まだき (副) (朝未シキノ意) 朝、早ク。夜ノ未ダ明ケ果テヌニ。「一起キテゾ見ツル」一差スヤ朝日ノ」 味早

あさ-まつげ (名) 〔朝熊黃楊〕 つげノ類ノ大ナルモノ、伊勢ノ朝熊山ヨリ多ク出ヅ。 錦熟黃楊

あざみ (名) 〔薊〕 草ノ名、春ノ初、芽ヲ出ス、葉ハ、地ニ就キテ生ジテ、刺、多シ、春ノ末、三四尺ノ莖ヲ出ス、亦刺アリ、後、花ヲ開ク、萼モ刺アリテ、花ノ色、紫ナリ。人家ニ植ウルモノハ、ハナー、マユハキー ナドイヒテ、花、紅、白、紫、黃等種種アリ。又、山一、鬼一、野一、狐一等アリ、各條ニ注ス。

あざみ-ぐは (名) 〔薊桑〕 桑ノ一種、葉ノ刻缺ノ深キモノ。 雞桑

あさ-みどり (名) 〔淺綠〕 綠色ノ淡キモノ。

(あさ-む・ム・メ・マ・ミ・メ (他動) (規・一) (一)思ヒノ外ナリト驚ク。(褒貶共ニイフ) 驚歎 (二)淺ハカナリト賤シム。考ヘ淺シト貶ス。

あざむき (名) 〔欺〕 アザムクコト。タバカリ。

あざ-む・く・ク・ケ・カ・キ・ケ (他動) (規・一) 〔欺〕 (一)人ヲ惑ハシ陷シイル。僞リ誘フ。タバカル。 誑カス。 スカス。 ダマス。 (二)(謗ル。「アザムキ笑フ」 謗

あさ-めし (名) 〔朝飯〕 朝ノ食事。アサゲ。アサハン。 朝饌

あざやか-な (副) 〔鮮〕 (明サヤカノ約カ) 麗ハシク分明トシテ。

(あざや-ぐ・グ・ゲ・ガ・ギ・ゲ (自動) (規・一) 〔鮮〕 アザヤカニテル。

あさ-やけ (名) 〔朝燒〕 ゆふやけノ條ヲ見ヨ。

あざらし (名) 〔海豹〕 (蝦夷語カトモ云) 海獸ノ名、北海ニ多シ、頭、粗、狗ニ似テ、前脚、短ク、後脚、魚ノ尾ノ如クニテ、獙岐ヲナス、水、陸、共ニ棲ム、體、四五尺、毛ハ、粗クコハクシテ、光リテ白シ、冬ニ至レバ、黑キ斑ヲ生ジテ美シ、皮ヲ馬具ナドノ飾ニ用ヰル。

あさり (名) 〔淺蜊〕 (漁リ介ノ略カ) 介ノ名、蛤ノ類ニシテ、売、薄ク、表ニ、細カキたてすぢアリテ、斑ハ種種ナリ、海ノ沙中ニ產ズ。 蛤仔 又、沖一アリ、其條ニ注ス。

あさり (名) 〔漁〕 アサルコト。スナドリ。イサリ。「一ス」舟

アザリ (名) 〔阿闍梨〕 (梵語、阿闍黎耶ノ略 軌範ノ義) 僧ノ師トナルベキ者。アジャリ。(僧ノ稱號トス)

あさ-る・ル・レ・ラ・リ・レ (他動) (規・一) 〔足探ル意カ〕 (一)食物ヲ求メ步ク。(鳥獸ニ) 求食 (二)探リ求ム。タヅネサガス。 搜索 (三)轉ジテ、專ラ、魚介ヲ探リ採ル。スナドル。イサル。 漁

(あざ-る・ル・ル・ル・レ・レ・レロ (自動) (規・二) 〔餒〕 腐リ饐ユ。(魚肉ナドニ)

(あざ-る・ル・ル・ル・レ・レ・レロ (自動) (規・二) 〔戲〕 (あざハ嘲ノ意カ) タハムル。戲ル。

あざ-わら-ふ・フ・ヘ・ハ・ヒ・ヘ (他動) (規・一) 〔嘲笑〕 アザケリワラフ。謗リワラフ。

あし (名) 〔足〕 〔脚〕 (一)動物ノ下ノ方ノ肢ニテ、即チ地ヲ蹈ミテ立チ行キスルモノ。(二)足ノ踝以下ノ稱。アシクビ。(三)足ニテ步クコト。アユミ。「一ヲ、ヤメテ」ハヤ一」 步 (四)スベテ、物ノ下ニアリテ、其體ヲ支フル脚ニ似タル物ノ稱。「机ノ一」膳ノ一」 脚 (五)山ノ下ノ方。石ト。 麓 (六)船ノ底ノ水ノ中ニ入レル部、積荷ノ輕重ニ因リテ、水ニ沈ム量ニ就キテイフ。 吃水

○日ノ一。雲ヲ透シテ差ス日ノ光。日脚 或ハ、月日ノ過ギ行クコト。晷 ○雲ノ一。雨雲ナドノ垂レタル如ク見ユル處。雲脚 ○雨ノ一。雨ノ降リ過グルコト。雨脚 ○サ一ヲ洗フ。賤シキ生業ヲ止メテ良民トナル。○サ一ヲツケル。逃ゲ行キタル方ヲ索ム。蹤迹 ○サ一ガツク。逃ゲ行キタル方、知ラル。

あし (名) 〔世ニ通用スルコト、足アリテ行クガ如キ意〕錢ノ異名。

あし (名) 蘆 葦 草ノ名、水邊ニ多シ、春、舊根ヨリ生ジテ、苗、高サ丈餘ニ至ル、枝ナクシテ、莖ノ中心、空シ、葉ハ、竹ニ似テ互生ス、秋ニ至リ、莖ノ梢ニ、白穗ヲ成シテ花ヲ生ズ、穗ニ枝多シ。一名、ヨシ。

あし・シキ・シケレ・シク・シク (形・二) 惡 善クアラズ、惡ナリ、ワロシ、ワルシ。

あし-あと (名) 足跡 歩ミタル足ノ地ニ印シタル處。

あし-あぶり (名) 足炙 冬ニ、火ヲ盛リテ足ヲ炙リ暖ムル器。アンクワ。脚爐

あし-うち (名) 足打 (一)器ニ脚ヲ打チ添ヘタルモノ。アシツキ。(三方ノ臺、又ハ、折敷ナドニ) (二)あしうちをしきノ略。

あしうち-をしき (名) 足打折敷 折敷ニ脚ヲ添ヘタルモノ。略シテ、アシウチ。又、アシツキ。膳ノ脚アルモノ。

〔あし-うら (名) 足占〕 あうらニ同ジ。

あし-おと (名) 足音 歩ミ行ク音。跫音

あしか (名) 葦鹿 〔或云、海鹿ノ約カト〕 海獸ノ名、東南海ニ産ス、形、かはうそニ似テ、圓ク肥エ、長、四五尺ヨリ丈餘ニ至ル、目大ク、耳小ク、口少シ尖ル、全身、茶色ナルヲ常トス、或ハ、白、黒白雜、蒼黒等アリ、毛ハ、密ニ柔ニシテ短シ、前脚ハ兩脇ニアリ、後脚ハ尾ヲ挾ミテ、共ニ鰭ノ如シ、尾ハ小クシテ獸ノ尾ノ如シ。一名、ウミヲソ。海驢

〔あじか (名) 簣〕 土ナド運ブ器、竹、又ハ、藁ナドニテ作リテ、笊ノ如シ。

あし-がかり (名) 足掛 高キニ登ルニ、足ヲ蹈ミカクベキ處。

あし-かし (名) 足枷 枷ノ條ヲ見ヨ。

あし-かせ (名) あしかしニ同ジ。(枷ノ條ヲ見ヨ)

あし-がため (名) 足固 歩ムコトヲ健ニセムトテ、遠足ナドスルコト。

〔あし-が-ちる (枕) 葦散〕 難波ノ枕詞。

〔あし-がなへ (名) 足鼎〕 かなへノ條ヲ見ヨ。

あしか-の-ばん (名) 葦鹿番 あしかノ、晴レタル日ニハ、岩ノ上ニ群レテ眠レル中ニ、一匹、眠ラズシテ居ルモノ、人ヲ見レバ鳴ク、群、皆起キテ、共ニ海ニ入ル。

〔あし-かび (名) 葦芽〕 葦ノ穎、葦ノ芽。

あし-がひ (名) 葦貝 蛤ノ類、黄褐色ニテ、葦ノ如キ斑アリ。

あし-がも (名) 葦鴨 (一)常ノ鴨、多ク葦ノ生ヒタル邊ニ居レバイフ。(二)又、鴨ノ一種、頭ハ灰色ニシテ赤ミアリ、眼ノ上ニ、白、黒、ノ小條アリ、胸ハ赤黒ク、腹ハ灰白ニ、背ハ灰碧ニシテ赤黒ノ條アリ、翅ニ青羽交リテ、嘴、脚、黒シ。

†あし-がら (名) 足搦 他ノ足ニ、己レノ足ヲ搦ミテ倒スコト。「一ヲカケル」

あし-がる (名) 足輕 賤シキ兵卒ノ徒歩ニテ出デ立ツモノ。ザフヒヤウ。歩卒

〔あし-ぎぬ (名) 絁〕 〔惡帛ノ義カ〕 粗キ絲ニテ織リタル帛。

あし-きる・ル・レ・ラ・リ・レ (他動) (規・一) 刖 〔足切ルノ義〕 膝蓋骨ヲ切リ去ル。(支那ノ刑)

あし-くび (名) 足頸 (一)足ノ踝ノ上ノ處。脚腕 (二)足ノ踝以下ノ總名。

あし-げ (名) 葦毛 馬ノ毛色ノ名、白毛ニ、黒キ差毛アルモノ。騅

あし-け (名) 惡氣 惡シキ狀。「一ニ言ヒナス」

あし-げ (名) 足蹴 足ニテ蹴ルコト。「一ニスル」

〔あし-げし・キ・ケレ・ク・ク (形・二) 惡〕 惡シキ、狀ナリ。

あしこ (代) 彼處 あそこニ同ジ。

あじさし (名) 鳥ノ名、形、稍、燕ニ似テ、大クシテ、又、大小ノ二種アリ、常ニ海上ニ飛ビテ、陸ニ來ルコト少シ。

あしざまに (副) 惡様 惡シキヤウニ。惡キガ如クニ。「一言フ」

あし-しろ (名) 足代 材ヲ組ミ立テテ、高キ處ニ登ル足掛リトスルモノ。アナナヒ。アシバ。間架

あし-ずり (名) 足摩 足ヲ蹈ミ摩ルコト。アガクコト。(怒リ、又、歎ク時ナドニ云フ) 蹉跎

あし-ぞろへ (名) 足揃 人馬ノ足ヲ揃ヘテ列ヲ整フ

ルコト。セイゾロヘ。(出陣ナドニ)

あした (名) 朝 〔朝立ノ轉約カ〕 (一)朝ノ時。アサ。(二)〔俗ニ〕明日。

あしだ (名) 足駄 〔足下ノ轉〕 雨路ニ用ヰルはきもの名、多ク桐ニテ作ル、下ニ二脚ヲツクルヲ齒トイヒテ、欅、又ハ、樫ニテ作ル、上ニ緒ヲツケテ、足ニカケテ行ク、形、種種ナリ、婦人ノ用ナルハ、漆ニテ塗レルモアリ。ゲタ。屐

あしだかぐも (名) 足高蜘 くもノ一種、床ノ下、又ハ、箱ノ中ナドニ棲ム、長サ四五分、八足ニテ、甚ダ細ソク高クシテ絲ノ如シ、全身、淡灰色ナリ、一目ニシテ、絲ヲ吐カズ、行クコト遲シ。蟏蛸

あしたぐさ (名) 草ノ名、海濱ニ生ズ、葉ハおほぜりニ似テ、大ク、厚ク光リテ淡綠ナリ、莖ヨリ黃ナル汁出ヅ、夏ノ半ニ、枝ノ梢ニ、白キ花ヲ開ク、細カクシテ、狀、傘ノ如ク、おほぜりノ花ニ似タリ、此草、食用トスベシ。一名、アシタバ。鹹草

あしたづ (名) 葦田鶴 常ノ鶴、葦邊ナドニ居ルニツキテイフ。

(あしたどころ (名) 朝所 太政官中ニアル間ノ名。或云、八省院ノ別名。音便ニ、アイタドコロ。アイタンドコロ。

あしだのはいれ (名) 足駄ノ齒ノ損ジタルヲ入レカヘスルコト。

あしたば (名) あしたぐさニ同ジ。

あしだまり (名) 足溜 軍ニ、地ヲ相テ暫シ陣取ル處。

あしだを (名) 足駄緒 足駄ノはなを。屐絲

あしつき (名) 足付 (一)あしうちニ同ジ。(二)歩ム狀。

あしつぎ (名) 足繼 〔足ノ丈ヲ繼グ義〕 身ノ丈ノトドカヌ高キ處ヘ、手ヲトドケムガ爲ニ、蹈ミ上ルニ用ヰル臺。フミツギ。フミダイ。凳

あしで (名) 葦手 あしでがきニ同ジ。

あしでがき (名) 葦手書 和歌ナド書クニ、文字ヲクヅシテ、葦ノ生ヒ亂レタル狀ニ擬ヘテ書クコト。又、水ノ流ルル狀ニ書クヲ水手トイフ。

あしでまとひ (名) 物ノ手足ニ纏ヒテ、働キノ自在ニナラヌコト。ホダシ。(多ク妻子ナドノ累ヒトナルニ云) 累

あしどめ (名) 足留 人ノ遠クニ行クヲ禁メオクコト。(不時ノ用ノ爲ニ)

あしどり (名) 足取 足ノハコビノ狀。アシブミ。(踊ナドニ)

あしなが (名) 足長 想像ノ人種、其脚甚ダ長シトス。

あしながだこ (名) 足長蛸 てながだこニ同ジ。

あしなへ (名) 足蹇 不具ノ名、足ノ蹇ヘテハタラキノ自在ナラヌコト。蹇

あしなみ (名) 足並 足ノ列。足取ヲソロヘテ行クコト。(人馬ノ行列ナドニ)

あしば (名) 足場 あししろニ同ジ。

あしばやーに (副) 足早 歩ミヲハヤメテ。疾走

あしはら (名) 葦原 葦ノ生ヒ茂リタル廣キ地。

あしはらがに (名) 葦原蟹 (一)葦原ニ居ル蟹。(二)蟹ノ一種、螯ニ毛アリテ、脚ニ毛ナキモノ。

(あしび (名) 草ノ名、あせみニ同ジ。

あしびきの (枕) 足引 山トイフ語ノ枕詞。後ニハ、直ニ、山ノコトトス。「―石根」―木ノ間」

あしびやうし (名) 足拍子 足蹈ミシテ拍子ヲトルコト。(舞ニ)

あしぶみ (名) 足蹈 足ノハコビサマ。アシドリ。アシビシ。

あしへん (名) 足偏 漢字ノ偏ニアル足ノ字。路、跡、蹈、ノ如シ。足旁

あしほね (名) 足骨 (一)足ノ骨。(二)足ノ力。「―强キ」脚力

あしま (名) 葦間 葦ノ生ヒタル間。

あしまとひ (名) 足絡 はりがねむしノ一名。

あしもと (名) 足元 歩ム足ノ邊。「―ガ分ラヌ」―カラ鳥ノ立ツ」脚下

あしやう (名) 亞相 〔相、即チ大臣ニ亞グ意〕 大納言ノ異稱。

あしやがま (名) 葦屋釜 中世、筑前、遠賀郡、葦屋村ニテ鑄出シタリシ釜、土佐光信等ノ名工ノ下畫ニテ、松竹梅ナド鑄出セリ、茶家ニ珍重ス。

アジヤリ (名) 阿闍梨 あざりヲ見ヨ。

アシユラ (名) 阿修羅 〔梵語、阿ハ非ナリ、修羅ハ天ナリ〕 佛說ニ、六界ノ一、其果報、諸天ニ鄰次シテ、

天ニテラストモ云フ。常ニ略シテ修羅トノミイフ。

アシユラ-だう (名) 阿修羅道 阿修羅ノ界ヘ趣ク道。(阿修羅ヲ見ヨ)

アシユラ-わう (名) 阿修羅王 佛經ニ、神ノ名、力強ク、能ク梵天帝釋ト權ヲ爭ヒテ鬪フトイフ。

あし-よわ (名) 足弱 (一)歩行ノ健ナラヌコト。(二)轉ジテ、老人、兒女ノ稱。

あしらひ (名) アシラフコト。アヘシラヒ。

あしら-ふ・フ・ヘ・ヘ・ヒ・ヘ (他動) (規・二) あへしらふニ同ジ。

あ-じろ (名) 網代 〔あみしろノ略〕 川瀬ニ、數多ノ竹木ヲ編ミ列ネ、網ニ代ヘテ、魚ヲ捕フルモノ、山城ノ宇治川ニテ、冬日、氷魚ヲ捕ルニツキテ名アリ。 滬

あじろ (名) 網代 〔字ハ借字ナリ、古言、編席ノ轉〕 ひのきヲ薄ク削ギタルモノ、又ハ、竹、葦ナドヲ、薄ク細ツクシタルモノヲ、縱横ニ、斜ニ、編ミタルモノ、席トシ、又、種種ノ用トス。「一笠」「一車」「一天井」 簾席

あじろ-ごし (名) 網代輿 板輿ニ次ギテ、晴ノ時ニ用ヰル輿、靑竹ノあじろニテ、外ヲ張リツケ、黑塗リノ押緣ヲ打ツ。

〔あし-わけ-を-ぶね (名) 葦別小舟 水中ニ葦ノ茂リタル中ヲ、押シ分ケテ漕ギ行ク小舟。萬葉集ノ「湊いりの、一、障多み、我がおもふ君に、あはぬころかも」トイフ歌ヨリ出ヅ。轉ジテ、物事ニ故障アルコトニ譬ヘテイフ。

あ-す (名) 明日 〔明スノ略カ〕 今日ノ次ノ日。ミヤウニチ。

あす (副) 明日 明日ノ日ニ。「一行カム」

〔あ-す・スル・スレ・セ・セ・セヨ (自動) (規・三) 淺 (一)淺クナル。(川水ナド) (二)淡クナル。サメテカハル。ウスラグ。(色ナドニ)

あすこ (代) 彼處 あそこニ同ジ。

あす-ならう (名) あすはひのきヲ見ヨ。

あす-は (名) あすはひのきニ同ジ。

あす-は-ひのき (名) 〔明日ハ檜ニ爲ラムノ意ト云、故ニ、明日爲ラウトモ云〕 樹ノ名、ひのきニ似テ、葉、粗大ニシテ、冬モ凋マズ。略シテ、アスハ。アスヒ。又、アスナラウ。常ニ檜葉トモイフ。 羅漢柏

あす-ひ (名) あすはひのきニ同ジ。

廿あすび (名) あそびノ訛。

廿あすぶ (動) あそぶノ訛。

あせ (名) 汗 (一)動物ノ體ノ熱シタル時、肌ニ生ズル水。(二)血ノ異名。(齋宮ノ忌詞) ○手ニ一ヲ握ル。氣遣ヒテ精神ヲ凝ラス。

あぜ (名) 畔 田ノ中ニ、長ク土ヲ盛リテ界トスルモノ。クロ。

あぜ-おり (名) 畔織 布帛ノ織リヤウノ名、緯絲ノ太キト、細キトヲ、互ニ用ヰテ織リ地ニ、タカビクヲナセルモノ。

あせ-ぐ-む・ム・メ・マ・ミ・メ (自動) (規・一) 〔汗含ムノ約〕 あせばむニ同ジ。

あぜ-くら (名) 校倉 〔あぜハ、糾ヘノ約カ〕 方ナル材ヲ、横ニ組ミ上ゲ、四隅ニテ打違ヘテ、井樓ノ如クニ作リタル倉、古代ノ製ナリ、稀ニ社寺等ニアリテ、寶物ナド收ム。

あせ-じみ (名) 汗染 アセジムコト。衣ナドニ汗ノ染ミツキタル痕。

あせ-じ-む・ム・メ・マ・ミ・メ (自動) (規・二) 汗染 汗出デテ物ニ染ム。

あ-ぜ-ち (名) 按察使 古ヘ、諸國ノ中、多クハ陸奧出羽ヘ遣ハシ、敎化、風俗ヲ觀シメタマヒシ使、國司ノ政ノ治否ヲ察シタマフナリ。

あせ-てのごひ (名) 汗手拭 汗ヲ拭フニ供フル小キ布。アセノゴヒ。アセフキ。 汗巾

あせ-とり (名) 汗取 肌ニツケテ着テ、汗ヲ染マセテ去ル用トスル服。カザミ。 汗衫

あせ-のごひ (名) 汗拭 汗ヲ拭ヒ去ル布。アセフキ。

あせ-ば-む・ム・メ・マ・ミ・メ (自動) (規・二) 汗、肌ニ出デムトス。アセグム。 斂汗

あせ-ふき (名) 汗拭 あせのごひニ同ジ。

あせ-ぼ (名) 〔汗疣ノ約〕 あせもニ同ジ。

あせぼ (名) あぜみヲ見ヨ。

あせみ (名) あぜみヲ見ヨ。

あぜみ (名) 馬醉木 〔古言あしびノ轉〕 灌木ノ名、山ニ多シ、高サ五六尺、葉、細ク長クシテ、鋸齒アリ、ひさかきノ葉ニ似テ、薄クカタク、互生シ、冬、枯レズ、春、枝ノ梢ニ、三寸許ノ穗ヲ垂レテ、小白花ムラガリ開ク、ねぢきノ花ノ如シ、小キ子ヲ結ブ、亦、ねぢきノ子ノ如シ。アシビ。アセミ。アセボ。 梫木

あぜ-みち (名) 畔路 畔ノ上ヲ路トスル處。 畷

あせみづ (名) 汗水 汗ノ水ノ如ク出デ流ルルコト。(甚シクハタラク意)「ーニナル」 流汗

あ-せん-やく (名) 阿煎藥 五倍子ヲ煎煉シタルモノ、塊ヲナシテ、形、種種ナリ、色、紅、黒、又、紫アリ、舶來アリ、又、和製アリ、藥用トス。 百藥煎

あせも (名) 〔汗疣ノ約轉〕 汗ニ因リテ、肌ニ生ズル小キ瘡。アセボ。 疿子

‡あせ-る・ル・レ・ラ・リ・レ (自動)(規・一) 〔あハ發語ニテ、せるハ競ルカ〕 急キテ心ヲツカフ。苛ツ。 焦心

あそこ (代) 彼處 かしこニ同ジ。アシコ。アスコ。

あそば-す・ス・セ・サ・シ・セ (他動)(規・一) 遊 為スノ敬語。

あそび (名) 遊 (一)アソブコト。ナグサミ。(二)アソビメ。ウカレメ。 妓

あそ-ぶ・ブ・ベ・バ・ビ・ベ (自動)(規・一) 遊 (一)己ガ樂シトスル事ヲシテ心ヲヤル。心ヲ慰ムルワザヲス。(二)物見遊山ニ行ク。(漢文ノ意)「吉野ニー」「玉川ニー」(三)‡俗ニ、人ヲ誑リテ樂ム。嘲弄ス。(人ヲモテアソブ意) 愚弄 (四)‡俗ニ、仕事無クナル。暇ニナル。 空手

あそみ (名) 朝臣 〔吾兄臣ノ約、親ミテ呼ブ語〕 姓ノ名、第二等ニ居ル。アソン。アソン。

あそん (名) 朝臣 あそみノ音便。

あた (名) 仇 〔當ノ義〕 (一)我ニ當リテ害ヲナス者。カタキ。(二)攻メ來ル者。我ヲ襲フモノ。テキ。「外國ノー」 寇 (三)怨アルコト。「ーヲ返ヘス」「ーヲ報ユ」(四)怨ヲムクユルコト。「ーヲナス」 復讎

〔あた (名) 咫 〔開手ノ意カ〕 上古ノ尺度ノ名、大指ト小指トヲ張レル間。

‡あだ (名) 仇 あたノ訛。

あだ (名) (一)假初ナルコト。ハカナキコト。「ー人」「ー寢」(二)イタヅラナルコト。ムダナルコト。實ナキコト。 徒

‡あだ (名) 〔前條ノ語ノ轉〕 イロメキタル貌。

あた-うち (名) 仇討 君、親、兄弟、朋友ナド殺シタル人ヲ撃チ殺シテ、仇ヲ報ユルコト。カタキウチ。 復讎

あた-がたき (名) 仇敵 あた、又、かたきニ同ジ。 讎敵

あた-かも (副) 恰 〔當哉ノ義カ、當處モカ〕 善ク合ヒテ。マサシク。サナガラ。チャウド。

あだ-くち (名) 徒口 實ナキ言。空ナル言。

‡あた-け-る・ケル・ケレ・ケ・ケ・ケヨ (自動)(規・四・變) 荒レタチテ騒グ。

あたご-ごけ (名) 愛宕苔 〔山城ノ愛宕山ニ多シ〕 深山陰地ニ生ズル植物、蔓、細クシテ絲ノ如ク、葉ハ、ひのきニ似テ薄ク、冬、黄赤ニカハリテ枯レズ。エイザンゴケ。 地柏

あだ-ごと (名) 徒言 實ナキ言。アダクチ。

〔あだ-し・シキ・シケレ・シク・シク (形・二) 異ナリ。他ナリ。

‡あたじけ-な-し・キ・ケレ・ク・ク (形・一) 吝シ。吝嗇ナリ。

あだ-しごころ (名) 他心 〔徒之心ノ義〕 誠ナクテ他ニ移ル心。

あだ-しちぎり (名) 他契 其人ヲ捨テテ他人ニ契ルコト。

あだ-しびと (名) 他人 他ノ人。タニン。

あた-す・スル・スレ・セ・シ・セヨ (自動)(不規・二) 寇 寇ヲナス。敵對ス。ハムカフ。

あたたか-し・キ・ケレ・ク・ク (形・一) 暖 アタタカニテアリ。ヌクトシ。

あたたか-に (副) 暖 ヨキホドニ熱ク。寒カラズニ。アタタカク。ヌクトク。(日、又、火ノ熱ニ)

あたたけ-し・キ・ケレ・ク・ク (形・一) 暖 アタタカキ状ニテアリ。

あたたまり (名) 暖 アタタマルコト。アタタカニナルコト。

あたたま-る・ル・レ・ラ・リ・レ (自動)(規・一) 暖 アタタカニナル。ヌクトマル。

あたた-む・ム・ムレ・メ・メ・メヨ (他動)(規・二) 暖 アタタカニス。

あだ-な (名) 〔假初ナル名ノ義、或云、字ノ轉〕 人ヲ嘲リ賤シミテ、別ニツケテ呼ブ名。 綽號 渾名

あだ-な (名) 徒名 ウハキノ名ノ世間ニタツコト。

〔あた-な-ふ・フ・ヘ・ハ・ヒ・ヘ (自動)(規・一) 寇 寇ヲナス。

あだ-なみ (名) 徒波 動キテ定マラヌ波ヲ、人ノ心ノ定マラヌニタトヘテ云フ語。

あだ-に (副) (一)假初ニ。ハカナク。(二)イタヅラニ。ムダニ。無用ニ。空ニ。「ー思フ」「骨折モーナル」 徒爲

あだ-ばな (名) 徒花 イタヅラニ咲ク花。實ヲ結バヌ花。(瓶、瓜ナド) 謊花

あたひ (名) 價 〔當テ交ヒノ略カ〕 (一)賣物ノ代ニ定メタル金錢ノ高。直。直段。「ーイクバク」(二)價ノ代ノ錢。「ーヲ取ル」 價金 (三)人、物、ノ品評。ネウチ。 品位

〔あた-ふ・フ・ヘ・ハ・ヒ・ヘ (自動)(規・一) 能 〔當テ合フノ約〕

爲ルコトヲ得。此語、常ニ、「能ハズ」ト打消ヲ添ヘテ用ヰルノミナリ。

あた・ふ・フル・フレ・ヘ・ヘ・ヘヨ (他動)(規・二) 與 己ガ物ヲ渡シテ他ノ物トス。贈ル。授ク。クルル。ヤル。ツカハス。

あたへ (名) 直 〔古言あたひえノ約〕 上古ノ姓ノ名、後ニ連ニ入ル。

あたへ (名) 與 アタフルコト。アタフル物。「天ノ—」

あたへる (動) 與フノ訛。

あたま (名) 天窓 〔貫問ノ轉カ、或云、天玉ノ意カト〕 (一)カシラノイタダキ。頭蓋骨。(二)後ニ、スベテ頸ヨリ以上ノ稱。カシラ。カウベ。頭 (三)スベテ、物事ノ最モ上、又、初ナル所。頭 (四)俗ニ、人ヒトリヲ數フル語。「—割」「—數」 ○—ヲ搔ク。失敗リテ困ル。

＋あたまがち (名) 體ノ釣合ニ勝チテ、頭ノ大ナルコト。

＋あたまわり (名) 頭割 人頭ニ應ジテ物ヲ割付クルコト。

アダン (名) 阿旦 〔琉球語ナラム〕 熱帶地ニ產スル常綠草ノ名、葉ノ形、鼓ノ如クニシテ、兩邊ニ刺アリ、中心ヨリ長キ莖ヲ出シテ、花ヲ開ク、淡紅、又ハ黃ナリ。草蘆薈

あためく・ク・ケ・カ・キ・ケ (自動)(規・一) イロメク。

あたや (名) 徒矢 射テ外レタル矢。虛箭

あたら (接頭) 惜シキ。惜ムベキ。「—御身」「—盛リ」「—事」 可惜

〔あたら・し・シキ・シケレ・シク・シク (形・二)〕 惜シ。惜ムベシ。可惜

〔あたら・し・シキ・シケレ・シク・シク (形・二)〕 新 (一)アラタニテアリ。舊ク無シ。(二)未ダ日ヲ歷ズ。腐ラズ(肉、菜ナドニ云)。鮮

あたり (名) 當 當ルコト。思フ目的ニ至リトドクコト。

あたり (名) 邊 〔其處ニ當リノ義〕 其所ニ近キ處。ワタリ。ホトリ。キマハリ。

あたり (副) 邊 (一)其處近ク。「門ノ—過ギ行ケド」(二)頃ニ。「去去年—見タル物」

あたりあ・ふ・フ・ヘ・ハ・ヒ・ヘ (自動)(規・一) 當合 タタカフ。キリアフ。鬪

あたりまへ (名) 當前 (一)理ノ當ル處。當然 (二)ツネナルコト。ナミ。ツウレイ。尋常

あた・る・ル・レ・ラ・リ・レ (自動)(規・一) 當 (一)強クユキアフ。ウチツカル。(二)觸ル。サハル。(三)恰モヨク合フ。アテハマル。「理ニ—」「其時代ニ—」小兒ノ頭ハ大人ノ腰ニ—」(四)アリ。居リ。「北海道ハ日本ノ北ニ—」 在 (五)出合フ。デクハス。「其時ニ—」「其場ニ—」 會 (六)物事目サス所ヘイタリトドク。外レズ。「矢ガ—」「占ガ—」 中 (七)思ヒノ如クニ成就ス。機ヲ得テ行ハル。(目途ニ中ル意)「謀ガ—」「芝居ガ—」「商ヒガ—」「やまガ—」 ○氣ニ—。怒ル。○火ニ—。暖マル。

あた・る・ル・レ・ラ・リ・レ (自動)(規・一) 中 〔當ル意〕 傷メラル、ソコナハル。病ム。「食ニ—」「毒ニ—」「時候ニ—」

あち (代) 彼方 あなた、又、かなたニ同ジ。

あぢ (名) 鰺 海產ノ魚、狀、鯖ニ似テ小ク、長サ二三寸ヨリ尺ニ至ル、鱗ナクシテ、兩面ノ腮ノ下ヨリ尾マデ、線ヲナシテ、鱗ノ如キモノ、折レテ並ブ、之ヲぜいご、又、ぜんご(竹筴)トイフ、背、青クシテ赤ミアリ、腹ハ微白ナリ、夏、秋、多ク、肉、美ナリ。竹筴魚

〔あぢ (名)〕 あぢがもヲ見ヨ。

あぢ (名) 味 (一)食物ノ舌ニ當テ生ズル甘キ、辛キ、苦キ、酸キ、鹹キナドノ感。アヂハヒ。(二)轉ジテ、物事ノ人ノ好ニ感ズルコト。オモムキ。趣味

あぢうり (名) 味瓜 まくはうりニ同ジ。

あぢがも (名) 古名、アヂ。鳥ノ名、鴨ニ似テ小ク、頭背綠ニシテ、黃赤ヲ帶ビ、翅ハ灰色ニ、胸ハ黃赤ニシテ、小キ黑點アリ、腹ハ白ク、背ハ灰白ニシテ、赤黑キ毛マジル、常ニ、數百羽、群レヲナス。

あぢきな・し・キ・ケレ・ク・ク (形・二) 〔味氣無シノ意ト云〕 (一)無益ナリ。詮ナシ。無益 (二)面白ミナシ。妙ナラズ。無味 (三)ツラシ。ナサケナシ。

あぢさ (名) 樹ノ名、ちちのきヲ見ヨ。

あぢさゐ (名) 紫陽花 〔古言あづさゐノ轉〕 灌木ノ名、高キハ五六尺ニ至ル、葉ハ對生シテ、大サ四五寸アリ、長楕ニシテ、先キ尖リ、周邊ニ鋸齒アリ、初夏ニ、莖ノ頭ニ、小キ花ヲ開ク、四瓣ニシテ數十ムラガリ咲ク、色ハ、初メ黃白ニシテ、後ニ、碧、或ハ、淡紫ニ變ズ。紫繡毬

あぢはひ (名) 味 (一)アヂハフコト。アヂ。(二)オモムキ。趣味

あぢは・ふ・フ・ヘ・ハ・ヒ・ヘ (他動)(規・一) 味 〔味ヲハタラ

カス (二)味ヲ試ミル。(三)意義ヲ深ク考フ。「文義ヲ―」 玩味

あぢは・ふ・フル・フレ・ヘ・ヘ・ヘロ (他動)(規・二) 味 前條ノ語ニ同ジ。

あぢはへる (動) あぢはふ(規・二)ノ訛。

あぢまさ (名) 樹ノ名、びらうニ同ジ。

‡あちやらづけ (名) 蓮根、大根、すゐきナドヲ、細ニキザミテ、酢、酒、醤油ニ漬ケタル食物。

あちら (代) あなたニ同ジ。

あ・つ・ツル・ツレ・テ・デ・テロ (他動)(規・二) 當 (一)強クツキアハス。打チ付ク。(二)觸レシム。サハラス。「顔ニ手ヲ―」(三)合ハス。カナハス。アテハム。「法律ニ―」「茶ヲ酒ニ―」(四)割リ付ク。「課役ヲ―」 充 (五)目的ニトドカス。「的ニ―」 中 (六)推察シテ得。(占ナドニ) 中 (七)‡計畫ノ如クニ成就セシム。「シバヰヲ―」「やまヲ―」 ○物差ヲ―。度ル。差ス。 ○熨斗ヲ―。熨ス。 ○火ニ―。炙ル。暖ム。

あつ・いた (名) 厚板 〔古ヘ、厚キ地ノ織物ヲ板トイヘリ〕 絹布ノ一種、練絲ヲ經トシ、生絲ヲ緯トシテ、地紋ヲ織リ出セルモノ。 縮

‡あつかは (名) 厚皮 〔恥ニ感セヌハ、面ノ皮厚キ意〕 恥ヲ恥ト思ハヌコト。 鐵面皮

あつかひ (名) 扱 アツカフコト。アツカフ仕方。

あつかひにん (名) 扱人 爭論ヲ和解スル人。

あつか・ふ・フ・ヘ・ハ・ヒ・ヘ (他動)(規・一) 扱 〔當テ使フノ略カ〕 (一)モテアツカフ。(二)許ラヒオコナフ。トリサバク。 處置 (三)モチヰル。ツカフ。「槍ヲ―」「長刀ヲ―」 使用 (四)モテナス。アシラフ。「重ク―」 接待 (五)爭論ナドノ間ニ入リテ宥ム。 調停

‡あつ・かま・し・シキ・シケレ・シク・シク (形・二) 〔面ノ皮、厚カマシノ意〕 恥ヲ恥ト思ハズ。恥ヲ知ラズシテアリ。

あつ・がみ (名) 厚紙 紙ヲ糊ニテ數枚貼リ合セテ厚ク堅クシタルモノ、帳面ノ表紙ナドニ用ヰル。

あつかん (名) 熱燗 酒ノ燗ノ甚ダ熱キモノ。 熱酒

あづかり (名) 預 (一)預カルコト。 受託 (二)引受ケテ守ル者。(三)一所ノ司ノ長。「畫所ノ―」

あづか・る・ル・レ・ラ・リ・レ (自動)(規・二) 與 (一)カカハル。參リ合フ。「政事ニ―」(二)因ル。係ル。「品行ハ敎育ニ―」(三)其列ニ入ル。「褒美ニ―」

あづか・る・ル・レ・ラ・リ・レ (他動)(規・二) 預 〔あづけらるノ約〕 預ケラレテ守ル。引受ク。 受託

あつぎ (名) 厚着 衣ヲ厚ク重ネテ着ルコト。 重襲

あづき (名) 小豆 (一)豆ノ類、實ノ大豆ヨリ小キモノ。セウヅ。あかー、しろー、くろー、やへなりー等アリ。(二)專ラ、あかーノ稱、夏、種ヲ下シテ、秋、收ム、高サ尺許、枝、葉、ささげニ似テ小ク、實、赤クシテ黑ミアリ。 赤小豆 大小ノ二種アリ。小キハ、早ク熟ス、夏ートイフ。 麻熟 大ナルハ、秋、熟ス、秋ートイフ。 秋赤豆 共ニ種類アリ。

あづきがは (名) 赤豆革 なめしがはノ、厚クシテ大しぼアリテ、赤黑ク染メタルモノ、色、あづきノ實ノ如シ、元ハ、和蘭ノ産ヲ舶來セリ、今ハ、專ラ、和製ニス。

あづきめし (名) 赤豆飯 炊タルあづきヲ、米ニ交ヘテ炊ギタル飯、色、紅ナリ。アカノメシ。

あづきもち (名) 赤豆餅 餅ニあづきノ餡ヲカケタルモノ。

あづ・く・クル・クレ・ケ・ケ・ケヨ (他動)(規・二) 預 〔當テ付クノ意カ〕 物ヲ人ニ引受ケサセテ守ラス。 寄託

あつ・くる・し・シキ・シケレ・シク・シク (形・二) 熱苦 苦シク熱シ。

あつけ (名) 夏ノ暑氣ニ中リテ病ムコト。 中暑

‡あつけ (名) 驚キテ呆ルルコト。「―ニトラル」 瞠若

あづけ (名) 預 (一)預クルコト。(二)罰ノ名、某ノ人ニアヅケテ守ラセオクコト。 保管

〔あつけ・し・キ・ケレ・ク・ク (形・一) 熱シニ同ジ。

‡あつけなし・キ・ケレ・ク・ク (形・一) 物足ラズ、十分ナラズ。

あつける (動) あづくノ訛。

あつさ (名) 暑氣 夏ノ時候ノ感。

あづさ (名) 梓 あかめがしはヲ見ヨ。

あづさみこ (名) 梓巫 梓弓ノ弦ヲ鳴ラシテ、神降ヲスル巫女。

あづさゆみ (名) 梓弓 古ヘ梓ニテ作レル弓。(常ニ、武夫ノ執ルベキ節操ニツケテイフ)

あづさゆみ (枕) 梓弓 引ク、張ル、音、本、末ナドイフ語ノ枕詞。

‡あつさり (副) 淺ク。淡ク。濃ニナク。 淡泊

〔あづさゐ (名) あぢさゐノ古言。

アッシ (名) 厚子 〔蝦夷語〕 あつにノ樹ノ皮ヲ剝キ

テ、續ギテ織レル布、蝦夷人製シテ常ノ服トス。

あつし (形・二) 厚 (一)表ヨリ裏ヘ間アリ。重リ多シ。薄カラズ。(二)深シ。濃カナリ。疎カラズ。「志ー」情ー」

あつし (形・二) 熱 (一)熱、烈シ。甚ダ強クホトル。(二)暑氣强シ。暑 (三)思ヒ烈シク凝ル。「アツクチルヒ」熱心

〔あつし (形・三) 病ミテ熱アリ。悶熱

あつ-す (他動) (不規・二) 壓 強ク壓ス。

オシツク。

あつそん (名) 朝臣 あそみヲ見ヨ。

あつたう-す (他動) (不規・二) 壓倒 オシタフス。勢ニテ負カス。

あつたかし (形) あたたかしノ訛。

あつたまる (動) あたたまるノ訛。

あつためる (動) あたたむノ訛。

あつたら (接頭) あたらノ訛。「ーモノ」

あ-づち (名) 堋射垜 〔古言おむづちノ約〕 弓射ルコトヲ習フトキ、的ヲカクル處、土ニテ築ク。イクハドコロ。

あつち (代) 彼方 あちノ訛。

あづち-もん (名) 堋門 築地ニ作リタル門。

あつ-と (副) 噫ト音便。「ーサケブ」「ー感心ス」

あつに (名) 樹ノ名、北海道、日光、木曾等ノ山中ニ產ス、楡ノ一種ナリ、葉ノ形、楕圓ニシテ、端、裂ケテ三五尖ヲナス、春ノ末、枝ノ上ニ、黴小花ムラガリ開ク、筒狀ニシテ、端、五ツニ裂ケテ淡綠ナリ 實モ楡ノ莢ニ似タリ、樹ノ皮、柔ク、シナヤカニシテ、剝ギテ紵ヲ東ヌベシ、蝦夷ハあつしノ布ニ製ス。楡一種

あつぱれ (感) 遖 〔古言、天晴ノ轉〕 讚美驚歎ニ發スル感動詞。「ー勇士」

あつ-びたひ (名) 厚額 冠ノ一種、磯ノ厚キモノ、十六歲以後用ヰル。

あつ-ぶさ (名) 厚總 馬具ノ鞦ニ、絲ノ總ヲ多ク飾リツケタルモノ。

あつ-ぼつ-たし (形・二) 〔厚太シク轉訛〕 甚ダ厚シ。

あ-づま (名) 吾妻 東國 〔日本武尊、碓氷嶺ニ登リテ、東南ヲ望ミ、弟橘媛ヲ顧ビテ、吾嬬者耶ト宣ヒシニ起ヒ〕 畿內ヨリ遙ニ東ノ方ナル國國ノ泛稱。

〔あづま-あそび (名) 東遊 神樂ノ類、六人、摺衣ニテ舞フ。

〔あづま-うた (名) 東歌 萬葉集、古今集等ニ載セタル東國人ノ詠歌ノ稱。

〔あづま-うど (名) あづまびとノ音便。

あづま-ぎく (名) 東菊 草ノ名、山野ニ自生ス、春、莖ヲ出シテ、淡紅ナル花ヲ開ク、菊花ノ如シ、又、色白クシテ、瓣ノ長キモアリ。

あづま-げた (名) 東下駄 下駄ニたたみおもてヲ付ケタルモノ。

あづま-ごと (名) 東琴 わごんノ一種、六絃ノモノ、神樂及雅樂ニ用ヰル、日本古代ヨリノ樂器ニシテ、古ヘ六弓ヲ並ベテ彈ケルニ起レリトイフ。一名、やまとごと。又、和琴。

あづま-ぢ (名) 東路 京都ヨリ東ノ方陸奧ニ至ルマデノ路筋ノ稱。

あづま-なまり (名) 東訛 東國邊鄙ノ訛言。

あづま-びと (名) 東人 東國ノ人。

あづま-ひやくくわん (名) 東百官 人ノ通稱ニ用ヰル、伊織、多門、左膳、求馬ナドイフモノ。往時、關東ノ武士多クコレヲ用ヰテ、其字面、朝廷ノ百官ニ似タレバイフ。(近古ノ事ナリ、平將門ニ始マルトイフハ謬レリ)

あづま-や (名) 東屋 四方ヘ屋ヲ葺キオロシ、四柱ニシテ壁ナキ家作ノ名。四阿

あつまり (名) 集 アツマルコト。アツマリタル數。

あつまり-ぜい (名) 集勢 諸方ヨリ集リテ、心ノ一致セザル軍勢。烏合衆

あつま-る (自動) (規・二) 集 多ク一ツ處ニ寄ル。ツドフ。ムラガル。

あづま-をとこ (名) 東男 東國ノ男子。

あつ-む (他動) (規・二) 聚 多ク一ツ處ニ寄スル。ツドフ。マトム。

あつめる (動) あつむノ訛。

あつ-もの (名) 羹 〔熱物ノ義〕 すひものニ同ジ。

あつもり-さう (名) 敦盛草 〔平敦盛ガ母衣ヲ負ヘル形ニタトヘテイフト〕 宿根草、葉ハえびねニ似テ廣シ、花ハ紫ニシテ、母衣ヲ負ヒタルガ如シ、日ヲ畏ル。

あつらふ・フル・フレ・ヘ・ヘ・ヘヨ（他動）（規・二）［誂］（一）賴ミテ爲サシム。（二）注文シテ造ラシム。

あつらへ（名）［誂］アツラフルコト。注文シテ作ラスルコト。

あつらへる（動）あつらふノ訛。

あて（名）［高貴］貴キコト。貴クミヤビナルコト。「一人」

あて（名）［當］（一）當ツルコト。（二）物ヲ打ツ時、下ニ置ク臺。砧［］（三）的。ネラヒ。（四）メアテ。タノミ。「一ニナラズ」「一ニスル」恃［］

あて（名）［宛］（字ハ充ノ誤、當ノ義）（一）ソレト差シアツルコト。（手紙ノ名前ナドニ）（二）アテガヒ。「一人ニ二ツ一」

あておこなふ・フ・ヘ・ヘ・ヒ・ヘ（他動）（規・二）［宛行］（一）事ニ充テテ行フ。（二）アテガフ。

あてがひ（名）［宛行］アテガフコト。アテガフ物。

あてがひぶち（名）［宛行扶持］（一）其人ニアテガフ扶持米。（二）‡轉ジテ、俗ニ、他ノ望ミニ應ゼズ、心マカセニ物ヲアテガフコト。

あてがふ・フ・ヘ・ヘ・ヒ・ヘ（他動）（規・二）［宛行］（一）割リ充テテ與フ。配リテワタス。「知行ヲ一」扶持ヲ一」分與［］（二）他ノ望ミニ係ハラズ、心マカセニ物ヲ割リ與フ。（三）其處ニ當テハメテオク。充［］（四）‡試ミニ合ハセテ見ル。

‡あてこすり（名）［當擦］アテコスルコト。風試［］

‡あてこする・ル・レ・ラ・リ・レ（自動）（規・一）［當擦］人ノ心ニ當テテサトルヤウニ誹ル。他ノ事ニカコツケテ謗ル。風試［］譏誚［］

‡あてこと（名）［當事］ソレト充テテ賴ミトスル事。

あてじ（名）［當字］其字ノ意味ニ係ハラズ、音ノミ借リテ當テ用ヰルコト。（多ク誤用スルニ云フ）假借字［］

‡あてつける・ケル・ケレ・ケ・ケ・ケヨ（自動）（規・四・二）［當付］あてこするニ同ジ。

あてど（名）［當所］當ツル處。メアテ。

あてな（名）［宛名］手紙ナドニ、宛テテ送ルベキ人ノ名。

（あてに（副）［高貴］貴ク品好ク。アテヤカニ。「一ウツクシ」「一ナマメク」アテナル女」

あてはまる・ル・レ・ラ・リ・レ（自動）（規・一）當テテ程ヨク塡マル。適當［］

あてはむ・ムル・ムレ・メ・メ・メヨ（他動）（規・二）當テテ塡ム。程ヨク合ハス。其用ニ向ケテモチヰル。適用［］

あてはめる（動）あてはむノ訛。

（あてびと（名）［貴人］タフトキヒト。

（あてぶみ（名）［充文］其人ニ充テムト官ヨリ下ス公文。

あてみ（名）［當身］拳ニテ人ノ急所ヲ突クコト。（柔術ノ語）

あてもの（名）［中物］物ヲ隱シテ、考ヘテ知リ中ツルコト。

あてやかに（副）（一）高貴ナル狀ニ。（二）品ヨクシテ美シク。嬋妍［］

‡あてる（動）當ツノ訛。

あと（名）［跡］（足處ノ義）（一）歩ミタル所。アシアト。「一ヲ認ム」「一ヲツク」「一無シ」足跡［］（二）往來ノ方。ユクヘ。「一ヲ絕ユ」人行［］（三）去リタル方。行方。「一ヲ慕フ」「一ヲ隱ス」「一ヲクラマス」蹤跡［］（四）物事ノ過ギテ後ニ遺ルシルシ。「一殘ル」政治ノ一」痕［］遺蹟［］（五）永ク世ニトドマル神佛ノ靈、又ハ人ノ功德。「一ヲ垂ル」（六）ナリキタリ。タメシ。例。「一ヲ同ジウス」（七）家ノ名ヲ相續スルコト。名跡。跡目。「一ヲ繼グ」「一ヲ立ツ」「一ヲ垂ル」本地、又、垂跡ノ條ヲ見ヨ。○一ヲクラマス。出奔ス。晦迹［］○筆ノ一。記シタル文字。筆蹟［］○一ヲツケル。行方ニ隨ヒテ求ム。蹤跡［］○一ヲ取ル。家督ス。

あと（名）［後］（跡ノ義）（一）後。（二）ウシロノカタ。シリヘ。「一ニツク」背後［］（三）前ニ過ギタルトキ。「一ノ月」「三年一」前［］（四）人ノ死シタル後ノ靈。「一ヲ訪フ」身後［］○一ヲ弔フ。追善ヲナス。供養ス。追福［］○一ヲ引ク。永ク續ク。限リナク欲ス。○一ノ祭。爲ル事ノ機ニ後レタルコト。

（あど（名）［相人ノ略カ］能ノ狂言ノ脇師。和伎者［］

あとあし（名）［後足］獸ノ尻ノ方ノ兩脚。後脚［］

（あどうがたり（名）物語ノ應答ナリト云フ。或ハ、なぞなぞがたりナリト云フ。或ハ後語ノ延ニテ かげおとし、かげくちナリト云フ。

（あとうつ・ウ・テ・タ・チ・テ（自動）（規・一）（一）和伎者ヲナヘ

（三）他ノ話ニ口ヲ合ハセテ話ス。機嫌ヲムカヘテ話ス。迎合

あと-おさへ（名）【後押】行列ナドノ最後ヲ警メ行ク役。押後

あと-かた（名）【後肩】さきかたヲ見ヨ。

あと-かた-な・し・キ・ケレ・ク・ク（形、二）【無跡形】（一）跡モ形モ無シ。在リタル痕見エズ。無形跡（二）ワケワカラズ。

あと-げつ（名）【後月】せんげつニ同ジ。前月

あとけ-な・し・キ・ケレ・ク・ク（形、二）（和伎者氣ナシノ意カ）思慮無シ。爲スコト幼シ。（小兒ニ）

あと-さき（名）【後先】後ト前ト。先後　○ーニナル。後ノモノ先トナル。○ー見ズ。思慮ナシ。

あと-しき（名）【跡式】あとめヲ見ヨ。

あと-しざり（名）【後退】（一）背ノ方へ退ルコト。卻行（二）畏レ、又、タジロギテ後へ退クコト。逡巡（三）すりばちむしノ一名。

あと-ずさり（名）【後退】（一）あとじさりノ轉。（二）すりばちむしノ一名。

あと-ぞなへ（名）【後備】（一）後ニツク軍勢。後軍（二）軍勢ノ後ノ備ヘトスルモノ。斷後

あと-つぎ（名）【跡繼】父ノ跡目ヲ繼グベキ子。アトトリ。嗣子

あと-とり（名）【跡取】あとつぎニ同ジ。

あと-な・し・キ・ケレ・ク・ク（形、二）あとけなしニ同ジ。

あと-のり（名）【後乘】行列ナドニ、最後ヲ騎馬ニテ押ヘ行ク者。

〔あと-はか-な・し・キ・ケレ・ク・ク（形、二）遺レル跡無シ。痕ノ認ムベキナシ。

あと-ばら（名）【後腹】産後ニ腹ノ痛ムコト。兒枕痛　○ーガ病ム。果テタル事ノ後ニ障ヲ起ス。

††あと-ひき（名）【後引】飽クコトヲ知ラズシテ、限リナク欲スルコト。

あと-びさり（名）【後退】（一）あとしざりノ訛轉。（二）スリバチムシ。

††あと-びつさり（名）あとびさりノ訛。

††あと-びつぱやり（名）あとびさりノ訛。

あと-べ（名）【後方】ウシロノカタ。シリヘ。

††あと-ぼう（名）【後棒】あとかたニ同ジ。（さきかたノ條ヲ見ヨ）

あと-まはし（名）【後廻】仕事ヲ繰合ハセテ後ニ延バスコト。

あと-め（名）【後目】後。シリ。ウシロ。「ーニ附キテ」背後

あと-め（名）【跡目】（一）父兄ノ家督ニ代ハルコト。跡式。「ーヲ繼グ」（二）役目ニ、先役ニ代ハルコト。

あと-もどり（名）【後戻】（一）來シ方へ引返ヘスコト。倒行（二）巧ナルヨリ拙キニ移ルコト。（技ナドニ）退歩

〔あと-も-ふ・フ・ヘ・ヘ・ヒ・ヘ（他動）（規、二）（後伴フノ意カ）引連ル。トモナフ。ヒキヰル。率

あ-とり（名）【猲子鳥】鳥ノ名、雀ヨリ稍大ク、頭、頸、灰青色ニシテ、黒キ斑アリ、頷、胸、黄赤ニ、背ハ蒼黒ニ赤ミアリテ、黒キ斑アリ、胸、腹、赤クシテ黒ミアリ、翅、尾ハ黒ク、脚ハ黄赤ナリ、深山ニ産ジ、秋ノ末ニ群リテ來ル。花鶏

あな（名）【穴】（一）物ノ面ニ、ウツロニ穿テル處。（貫ケタルモ、凹ミタルヲモイフ）孔（二）†アヤマチ。キズ。失

あな（感）泛ク事ニ感ズルニ發スル聲。アア。アラ。（常ニ他語ノ首ニアリ）「ー恐ロシ」「ー戀ヒシ」「ー悲シ」噫

〔あ-ない（名）【案內】あんないノ略。

あな-いち（名）【穴一】錢打ノ一種、地ニ穴ヲ穿チ、錢ヲ抛チテ取ルモノ。

〔あな-うら（名）【足裏】〔足之裏ノ轉〕アシノウラ。蹠

あな-かしこ（句）【穴賢】〔字ハ當字ナリ〕（一）噫畏シ。アア恐レ多シ。アラ勿體ナシ。（二）愼ムベシ。努メ愼ムベシ。（文章ノ末ニ記ス語）

あな-がち（副）あながちよニ同ジ。

あな-がち-よ（副）（穴穿チニ、ノ意ナラムト云、或云、噫勝ニ、ノ意カト）分ニ過ギテ。強ヒテ。オシテ。強

〔あな-かま（句）【噫喧】アナ喧シ。（制止スル語）

あな-かんむり（名）【穴冠】漢字ノ頭ニアル穴ノ字、空、究、窄ノ如シ。穴字頭

あな-ぐま（名）【穴熊】（一）熊ノ洞ニ棲ムモノノ稱。（二）又、獸ノ名、あなほりノ一名。

あな-ぐも（名）【穴蜘】つちぐもニ同ジ

あな-ぐら（名）【穴藏】地ヲ掘リテ穴ヲ作リ、倉ノ用

キトナスモノ。今、多クハ大ナル皿ヲ地中ニ埋メテ造ル。土窖

あなぐる（他動）（規・二）〔穴轉ルノ意カ〕探リモトム。穿鑿ス。撿覈

あなご（名）|穴子| 魚ノ名、東海ニ多シ、形、はもニ似テ、黃赤ニシテ黑ミアリ、兩脇ニ、白キ小點アリテ、一條ニ連リテ尾ニ至ル、腹白シ、大ナルハ二尺ニ至ル、味、うなぎニ次ゲリ、亦炙リテ食フ。海鰻鱺一種

〔あなし〕（名）西北ノ風。アナセ。

〔あなすゑ〕（名）|足末|〔足之末ノ轉〕足ノ先。足端

あなぜ（名）〔古言、あなしノ轉〕西北ノ風。〔畿內、中國〕

あなた（代）|彼方|〔彼之方ノ約轉〕（一）方向ノ代名詞。彼ノ方。カナタ。（二）以前。（三）轉ジテ、對稱ノ代名詞。今、尊長ヨリ同輩ニ掛ケテ相語ルニ、最モ多ク用ヰル。

あなぢ（名）|穴痔| 痔漏ニ同ジ。

〔あなづる〕（他動）（規・二） あなどるニ同ジ。

あなどり（名）|侮| アナドルコト。「他ノ―ヲ受ク」

あなどる（他動）（規・二）|侮| 賤シク劣レルモノト見ル。輕輕シク認ム。ミサゲカロンズ。

あななし（名）女ノ不具ノ名、人道ノ通ゼザルモノ。

アナナス（名）|鳳梨|〔Ananas. 東印度語ナリ〕熱帶地ノ植物、葉、地ヨリ叢生シテ甚ダ長大ナリ、實ノ狀、松毬ノ如クニシテ、甚ダ大ナリ、肉食スベシ。

〔あななひ〕（名）（一）アナナフコト。助クルコト。（二）高キニ上ル足掛リトスル具、材ヲ組ミテ作ル。アシシロ。アシバ。

〔あななふ〕（他動）（規・二）助ク。扶助ス。扶

あなにく（句）噫、憎シ。生憎

〔あなはじかみ〕（名）生薑ノ古名。（はじかみノ條、見合ハスベシ）

あなばち（名）|穴蜂| つちばちニ同ジ。

あなほり（名）|穴堀|（一）工人ノ、梁、柱ナドニ穴ヲ穿ツノミヲ業トスルモノ。（二）葬リノ穴ヲ堀ルヲ業トスル者。（三）獸ノ名、山中ニ穴居ス、毛黑ク黃ニシテ、頭細ク、喙尖リ、目圓クシテ鋭ク、四足短ク、爪長シ、尾大クシテ短ク、頭ヨリ尾マデ二三尺アリ、體瘦セテ、走ルコト飛鳥ノ如シ、晝伏シ、夜出ヅ、好ミテ果ヲ食トス。一名、アナグマ。貛

あに（名）|兄|（一）同ジ親ニ生マレタル男子ノ先ニ生レタルモノ。エ。セ。イロセ。コノカミ。（二）又、人ヲ親シミ尊ビテ呼ブ稱。

あに（副）|豈| 何トシテ。如何ニシテ。イカデ。（下、必ズ反說スル語ニ應ズ）「―知ラムヤ」「―勝ラジカ」

あにきみ（名）〔兄君ノ略〕元ハ、兄ノ尊稱、後ニハ、只、兄トイフニ同ジ。

あにき（代）〔前條ノ語ノ轉〕對稱ノ代名詞、馴レ親シミ、稍、敬ヒテ呼ブニ用ヰル。哥哥 大哥

あにご（名）|兄御| 兄ノ尊稱。（他ノ兄ヲ稱スルニイフ）令兄

あにでし（名）|兄弟子| 我ガ師ニ、我レヨリ先ニ、就キテ學ベル者。

あによめ（名）|兄嫁| 兄ノ妻。嫂

あね（名）|姉|（一）女ノ兄。イロネ。（二）又、泛ク、女ヲ尊ビ親ミ呼ブ稱。

あねご（名）|姉御| 姉ヲ尊ビ呼ブ稱。（他ノ姉ヲ稱スルニ用ヰル）

あねご（代）|姉御|〔前條ノ語ノ轉〕對稱ノ代名詞、女ヲ親シミ敬ヒ呼ブニイフ。大姐

あねはづる（名）|姉羽鶴| 形ハ、まなづるニ似テ、猶ノ本ハ、淡綠ニシテ、末ハ黃ヲ帶ブ、脚、背、淡黑ク、腹ハ眞黑ニシテ、長キ毛ヲ垂ル、頭ニ長キ毛ノリテ、灰色ナリ。蓑衣鶴

あねむこ（名）|姉聟| 姉ノ夫。姐夫

あの（代）|彼| かのニ同ジ。

あは（名）|粟|（一）穀ノ名、苗モ、葉モ、きびニ似テ、一根一莖ニシテ一穗ヲ出ス、大―、小―等、種類多ク、皆早、中、晩、粳、糯ノ品アリ。大―ハ、穗、大クシテ、長キ毛アリ、故ニ、毛―トモイフ、毛ニ黑ト赤トアリ、粒ハ粗ナリ、小―ト共ニ黑、白、赤ノ品アリ、白キハ餅トシ、黃ナルハ飯トス。粱 小―ハ、穗稍小ク、粒モ細シ。粟 モチ―ハ、粘アルモノ。秫 （二）寒サノ肌ニ迫ルトキ、毛孔ノ粟粒ノ如ク起ルモノ。「肌ニ―ガ立ツ」

〔あはあはし〕（形・二）|淡淡|（一）甚ダ淡シ。（二）趣意ナシ。

あはう（名）|阿房| 愚ナルコト。タハケ。痴

あはうどり（名）|阿房鳥| 海ニ棲ム鳥、形ハ、かもめニ似テ、雁ヨリ大ナリ、全身、白クシテ青ミアリ、翼、長

クシテ、少シ攻ル、脚赤シ、性愚ニシテ、肉臭シ。別名、ライ。オキノタイフ。トウクラウ。信天翁

あはう-ばらひ (名) 阿房拂 武家ニテ、大小ノ兩刀ヲ褫ヒテ追放スルコト。

あはおほ-おむし (名) おほしおめノ條ヲ見ヨ。

あは-がひ (名) 粟貝 螺ノ類、黃ニシテ小キコト、粟粒ノ如シ。

〔あは-く・クル・クレ・ケ・ケ・ケロ (自動) (規・三) 綿リ無クテアリ。

あは-く・ク・カ・カ・キ・ケ (他動) (規・一) 發 (一)土ヲ堀リヒラキテ埋マリタルヲ出ス。「塚ヲ一」 (二)他ノ隱事ヲ撥キテ世ニ現ハス。「隱謀ヲ一」 訐

あは-し・キ・ケレ・ク・ク (形・一) 淡 (一)濃カラズ、薄シ。アッサリトシタリ。(色ニ、味ニ、趣キニ) (二)厚カラズ、淺シ。

あは-す・ス・セ・サ・シ・セ (他動) (規・一) 合 (一)合フヤウニス。(二)調合ス(藥、又、燻香ナド) (情ニ、交リ、ニ)カレトコレト共ニス。

あはせ (名) 袷 〔合衣ノ略〕 表、裏、ヲ合ハセテ作レル服。(單衣、綿入、ニ對ス) 夾衣

〔あはせ (名) 飯ニ合ハセテ食フ菜。

あはせ-かがみ (名) 合鏡 二ツノ鏡ニテ、照ラシ合セテ、項ナドノ自ニ見エヌ所ヲ見ルコト。

〔あはせ-たきもの (名) 燻香ニ同ジ。

あはせ-つち (名) 合土 砂利、赤土、石灰ニ、にがしほヲ合セタルモノ、溝、泉水ノ底ナドヲ、コレヲ敷キテ、叩キ固メテ作リ、堅キコト石ノ如クナル。タタキ。三和土

あはせ-ど (名) 合砥 砥ノ一種、刀劍、剃刀ナド研グニ用ヰルモノ、山城ノ鳴瀧砥、最モ名アリ。砥

あはせ-め (名) 合目 二ツ物ヲ合ハセタル際。

あばた (名) 痘痕ニ同ジ。

あは-たけ (名) 粟茸 黃ニシテ黑ミアル菌ノ名、秋、山野ニ生ズ、裏ニひだナクテ、針目多シ、食スベカラズ。

あは-だ-つ・ツ・テ・タ・チ・テ (自動) (規・一) 粟立 毛孔、粟粒ノ如ク起ツ。ミノケ、イヨダツ。(恐レ、或ハ、寒クシテ) 毛起

あはた-やき (名) 粟田燒 京都ノ粟田口ニテ作ル陶器、土燒ニテ、釉、多クハ褐色ナリ、錦手、金襴手多シ。

あは-つ・ツル・ツレ・テ・テ・テヨ (自動) (規・二) 周章 あわつノ轉。

〔あは-つけ-し・キ・ケレ・ク・ク (形・一) 浮キタル狀ニテアリ。「アハツケキ聲狀」

あは-の-みづあめ (名) 粟水飴 粟ノもやしニテ製セル水飴。

あはひ (名) 間 〔相合ノ約カ〕 (一)兩ノ中。アヒダ。間。(二)交リノ中。交際

あはび (名) 鰒鮑 介ノ名、殼、一片ニシテ蓋ナク、海底ノ石ニ貼ク、徑、二三寸ヨリ、大ナルハ一尺ニ至ル、殼ノ一邊ニ、乳頭ノ形シタルモノ、十餘アリテ、大、小、順次ニ連リ、其七八ハ穿テリ、外面、粗糙ナリ、內ハ淡藍ニシテ光ル、螺鈿ニ用ヰル、雄ハ、肉青ク、雌ハ、赤褐ナリ、肉、シナヤカニシテ、味、美ナリ。石決明

〔あは-ふ・フ・ヘ・ハ・ヒ・ヘ (他動) (規・一) かばふニ同ジ。

あは-ぼ (名) 粟穗 (一)粟ノ穗。(二)草ノ名、春、宿根ヨリ葉ヲ叢生ス、凡ソ、三枚九葉ヲ一葉トス、一葉ノ形、つたノ如クニシテ、厚ク光ル、莖ハ粟ノ稈ノ如シ、又、長キ蘂ヲ出シ、秋ノ末、長キ穗ヲナシテ花ヲ開ク、大サ三分許、六瓣ニシテ白ク、內ニ白蘂多クシテ絲ノ如シ、根ヲ藥用トス。升麻

〔あは-む・ム・ムル・ムレ・メ・メ・メロ (他動) (規・二) 〔淡クスル意〕 賤ム。

あは-もち (名) 粟餠 もちあはニテ製セル餠。

あは-や (感) 事ノ將ニ然ラムトスル時ニ、氣遣ヒテ發スル聲。「一落チムトスル時」

あばら (名) あばらぼねノ略。

〔あばら-よ (副) 荒 荒レ頽レテ。ウチコハレテ。「一ナリテ」アバラナル家」

あばら-ぼね (名) 肋骨 〔荒骨ノ義〕 胸ヨリ左右ノ脇ヘ連ル骨、左右合セテ二十四條アリテ、拜行セリ、後ノ端ハ、脊骨ニ連リ、前ノ端ハ、多ク胸骨ニ連ル。古名、カタハラボネ。

あばら-や (名) 荒屋 荒レ頽レタル家。敗宅

あ-ばり (名) 網針 あみばりノ略。

〔あば-る・ル・ル・レ・レ・レ・レロ (自動) (規・二) 荒 荒ニテル。(家ナドニ)

あはれ (名) 哀 〔次條ノ感動詞ヲ、專ラ傷ジキニ用ヰタルナリ〕 憐ベキコト。傷ハシキコト。フビン。「一トモ思フ」「一ヲモヨホス」

あはれ (感) 天晴 〔日神、天岩戸ヲ出デタマヒ、天始メテ晴レタル時ニ稱ヘタル語ニ起ル〕 天ヲ仰ギテ感ズル聲。「ー我身ハ」

〔あはれ・し・シキ・シケレ・シク・シク (形・二) 哀〕 哀ナル狀ナリ。

〔あはれ・ぶ・ブ・ベ・ベ・ビ・ベ (他動) (規・二) 憐〕 あはれむニ同ジ。

〔あはれ・ぶ・ブル・ブレ・ビ・ビ・ビヨ (他動) (規・三) 憐〕 あはれむニ同ジ。

あはれみ (名) 憐 アハレムコト。

あはれ・む・ム・メ・マ・ミ・メ (他動) (規・一) 憐 〔天晴ヲハタラカセタルカ〕 (一)人ノ艱難ヲ傷ハシク思フ。フビンニ思フ。 (二)イツクシム。

あばれもの (名) 暴キ所行ヲスル者。 暴人

あば・れる・レル・レレ・レ・レ・レヨ (自動) (規・四・變) 〔荒ルノ訛〕 無法ニ荒レマハル。亂暴ナル所行ヲナス。 暴行

あひ (名) 間 〔合ノ義カ〕 (一)アヒダ。アハヒ。マ。「山ー」 (二)他ノ酒飲ム間ニ、盃ヲ受ケテ、復タ、差スコト。「酒ノーヲスル」

あひ (名) 遇 遇フコト。面會。「ーニ來ル」

あひ (副) 相 〔合ヒノ義〕 (一)互ニ。共共ニ。「ー慕フ」「ー思フ」 (二)書狀ナドノ文ニ、意義ナクシテ、動詞ノ上ニ用キル語。「ー成ル、ー違ス」

あひ (名) 鳥ノ名、あひるヲ略。

アヒ (名) 阿鼻 あびぢごくヲ見ヨ。

あひあか (名) 間赤 婦人ノ禮服ニ、打着ノ下ニ着ル紅綾ナドノ小袖ノ稱。

あひあひがさ (名) 相相傘 二人シテ一ツノ傘ヲ共ニ差スコト。

あひいん (名) 合印 割符ニ押ス印形。

あひうち (名) 相撃 鬪ヒテ互ニ撃タルルコト。

あひえんきえん (名) 合緣氣緣 男女ノ緣、若シクハ、友ドチノ交ナドノ、互ニムスボホレタルヲイフ語。(多クハ、傍人ヨリハ不倫シカラズ思ハルルニイフ)

あひおい (名) 相老 〔相生ヲ誤解シテ轉ゼルナリ〕 諸共ニ、久シク存命フルコト。(夫婦ナド) 偕老

あひおひ (名) 相生 諸共ニ生ヒ立チユクコト。(同イ年ナドノ意ナリト云、相追ト解クハ非ナルベシ)「高砂、住吉ノ松モ、ーノヤウニオボエ」

あひかぎ (名) 合鍵 其鎖ニ添ヘル鍵ノ外ニ、更ニ一ツ、同ジク合フヤウニ作リ置ク鍵。 天下同

あひかた (名) 相方 あひてニ同ジ。

あひがも (名) 間鴨 (一)かもトあひるトノ間ニ生レタル者。 (二)あひる。(鶩鴨ノ意ニモアルカ) (三)又、鳥ノ名、あきさノ一名。

あひぎり (名) 間切 一節切ノ類ニテ竹ノ節ト節トノ間ヲ切リテ作レル者。

あひくぎ (名) 間釘 兩端尖リタル釘、材ト材トノ間ニ打籠メテ、一ツニ繼合ハスルニ用キル。 兩尖釘

あひくち (名) 合口 (一)鍔無クシテ、おひくちト緣ト合フヤウニ造レル短刀。 (二)互ニ心ノ善ク合ヒテ打語ラフ人。

あひこ (名) 相子 互ニカチマケ無キコト。

あひことば (名) 合詞 豫テ定メオキテ、相圖ニ用キル言。 暗號語

あひしやう (名) 相性 人ノ生年ヲ五行ニ配當シタル性ニ、相生、相尅ノ義ヲ寄セテ、人人ノ氣象、男女ノ緣ナド、相合ヘリトスルコト。(五行、並ニ性ノ條ヲ見合ハスベシ)

あひしらひ (名) あへしらひニ同ジ。

あひしら・ふ・フ・ヘ・ハ・ヒ・ヘ (他動) (規・一) あへしらふニ同ジ。

あひじるし (名) 合印 兵隊ナド、組組ノ紛レヌ爲ニ、豫テ定メオキテ、物具ニ付クル標。

あびせる (動) 浴ス(規・二)ノ訛。

あひだ (名) 間 〔間處ノ轉カ〕 (一)カレトコレトノ中ヲ。アハヒ。マ。 (二)絶間。「ー無ク思ヒ煩フ」 (三)程。「路行クーニ雨降レリ」

あひだ (副) 間 〔間ヲ讀易ヘタルモノカ〕 ニ因テ。ガ故ニ。(多ク書狀文ニ)「承リ候ー罷出候」

あひたい (名) 相對 (一)互ニ對フコト。 (二)他人ヲ交ヘズ、二人ニテ事ヲハカラフコト。

あひたいじに (名) 相對死 男女ノ緣ニ妨ゲアルヲ、互ニ思迫リテ語ヒテ死ヌルコト。(德川政府ノ法語) シンヂユウ。 情死

あひたいづく (名) 相對盡 他ニ詢ラズ、二人語ヒテ爲スコト。

あひたがひ (名) 相互 諸共ニ同ジキコト。

あひだがら (名) 間柄 〔間柄ノ義カ〕 ツゞキアヒ。「親類ノー」

〔あひだちなし・カ・ケレ・ク・ク (形・一) 〔間斷無シノ義ナラ

ヒ、分ケ隔テ無シ。分別ナシ。アイダテナシ。(此語、多ク、音便ニ、あいだなしト記セリ)

あびごく (名) 【阿鼻地獄】 (阿鼻ハ、梵語ニテ、無間ト譯ス) 無間地獄ニ同ジ。

あひづ (名) 【相圖】 軍ナドニ、豫メ約束シ置キテ、烽火、旗色、又ハ、鉦、大鼓ノ音ナドニテ、事ヲ告ゲ知ラスルコト。

あひづち (名) 【相鎚】 (一)互ニ打チ合ハスル鎚。(鍛冶ナド) (二)轉ジテ、俗ニ、他ノ説ニ合セテ説ヲ吐キテ、他ヲ助勢スルコト。「ーヲ打ツ」

あひづらふそく (名) 【會津蠟燭】 岩代ノ會津ノ地方ヨリ產スル蠟燭。

あひて (名) 【相手】 (一)相共ニ事ヲ爲ル人。(二)相向ヒテ闘フ人。勝負事ヲスル一方ノ人。「碁ノー」「闘ヒノー」 敵手

あひでし (名) 【相弟子】 同ジ師ニツキテ相學ブ人。 同門

あひてどる・ル・レ・ラ・リ・レ (他動) (規.一) 【相手取】 相手トス。敵トス。(訴訟ナド)

あひでん (名) 【相殿】 あひどのニ同ジ。

あひどの (名) 【相殿】 同ジ社殿ニ合セ祀ルコト。「ーノ神」

あひともに (副) 【相共】 クミテ。ムテ。トモドモニ。

(あひなし・ケ・ケレ・シ・キ (形.二) 【無間】 隔ナシ。ウチツケナリ。分別ナシ。(此語、多クハ、音便ニ、あいなしト記セリ)

あひなめ (名) 【相嘗】 あひんべニ同ジ。

あひのきやうげん (名) 【間狂言】 能ニ脇シタル一種ノ伎、能ノ一番終ハリタル毎ニ、其間ニ行フ、多ク滑稽ノ事ヲナス。

あひのしゆく (名) 【間宿】 宿場ト宿場トノ間ニ、立場、旅店ナドアル里。 站

あひのり (名) 【相乘】 共ニ乘ルコト。(車ナドニ) 同車

あひはん (名) 【合判】 割符ノ用ニ捺ス印判。

あひばん (名) 【相番】 共ニ番スルコト。當番ノ相手。

あひびき (名) 【相引】 (一)軍ニ、雙方共ニ引キ退クコト。 交綏 (二)袴ノ名所、ももだちニ同ジ。(三)俗ニ、私ニ相援キテ、事ヲタクラムコト。なレアヒ。 拔萃

あひぼう (名) 【相棒】 擔籠ヲ舁ク先肩ト後肩トノ伴。

あひみたがひ (名) 【相身互】 互ニ助ケ又助ケラルルコト。 相援

あひむこ (名) 【相聟】 妻ノ姉妹ノ夫。 婭

あひんべ (名) 【相嘗】 (相饗ノ音便) 又、あひなめ。古ヘ十一月上ノ卯ノ日ノ神事、新稻ニテ釀セル酒ヲ、天子飮ミタマヒテ、諸神ニモ相饗ヘタマフ意ナリ、豫テ定マレル社社ヘ、神祇官ヨリ奉幣アリ。

あひよめ (名) 【相娵】 兄弟ノ妻。 妯娌

あひる (名) 【鶩】 (足廣ノ轉、みづかき廣シ) 古言、あひろ。家ニ畜フ鳥、形、鴨ニ似テ大ク、雄ハ、あをくびノ鴨ニ似タリ、雌ハ、黃ナル斑アリテ、文采少シ、或ハ、黑、白、種々ナリ、雌ハ、常ニ鳴キテ喧シ、水ニ泛ビ、陸ニ歩シテ、飛ブコト能ハズ、自ラ卵ヲ抱カズ、人、鷄ヲシテカヘサシム。

あびる (動) 浴ブノ訛。

(あひろ (名) 【鶩】 (足廣ノ義) あひるニ同ジ

(あひわたる・ル・レ・ラ・リ・レ (自動) (規.一) 【逢渡】 逢ヒツツ年月ヲ渡ル。

あふ・フ・ヘ・ヘ・ヒ・ヘ (自動) (規.一) 【合】 (一)二ツノ物事、一ツニ寄リツク。カレト、コレト、共ニテル。(二)相協フ。アテハマル。同ジクアリ。

あふ・フ・ヘ・ヘ・ヒ・ヘ (自動) (規.一) 【逢遇會】 (顏ノ合フ義) (一)面ヲ合ハス。互ニ相見ル。(二)出合フ。デクハス。アタル。「災ニー」

あふ・フル・フレ・ヘ・ヘ・ヘヨ (他動) (規.二) 【合】 (合フノ他動) (一)合ハス。(二)取リ合ハセテ雜フ。(食物ニ)「胡麻ニテー」「味噌ニテー」 韲

(あふ・フル・フレ・ヘ・ヘ・ヘヨ (他動) (規.二) 【饗】 食物ヲ取リ合ハセテ、モテナス。フルマフ。

あふ・フル・フレ・ヘ・ヘ・ヘヨ (他動) (規.二) 【敢】 推シテ爲ス。堪ヘ遂グ。「敢ヘテ行ハズ」「隱シ敢ヘズ」

あぶ (名) 【虻】 蟲ノ名、牛ー、花ー、青ー等ノ總名、類多シ。牛ーハ、形、黑蠅ノ如クニシテ、綠ヲ帶ビ、大サ夏蟬ノ如シ、利キ嘴アリ、牛馬ニ付キ、血ヲ吸ヒテ、害ヲナス。 木虻 花ーハ、形、山蜂ノ如クニシテ、鬚ナク、刺ナク、色黃ニシテ、好ミテ花ヲ吸フ。 黃虻 青ーハ、花ーヨリ小クシテ、長サ六分許アリ、頭ハ綠ニシテ利キ刺アリ。 蜚虻

あぶ・す・ス・スル・スレ・セ・セ・セヨ (他動) (規・三) 浴 自ラ身ニ注ギカク。(湯水ナド)

あふぎ (名) 扇 扇グモノ。數條ノ竹片ヲ骨トシ、要ニテ本ヲ綴ヂ合ハセ、末ヲヒロゲテ、地紙ヲ貼リ、折リタタムベク作レル物、帛ニテ貼ルモアリ、其用、團扇ニ同ジ、兩端ノ骨、稍太シ、おやぼね、ひらぼねナドイフ。別名、スヱヒロ。センス。 摺扇

あふぎあはせ (名) 扇合 互ニ扇子ヲ出シ、詩歌ナド書キテ、コレヲ合ハセテ、勝負ヲ定ムル戲。

あふぎがひ (名) 扇貝 (一)車渠ノ一名。(二)又、介ノ名、あげまきニ同ジ。(まてノ條ヲ見ヨ) (三)又、ほたてがひノ一名。

あふぎがみ (名) 扇紙 扇ニ貼ルニ用ヰル一種ノ紙。地紙。

あふぎばこ (名) 扇箱 扇ヲ入ルルニ用ヰル細長キ箱、足付ノ臺ニ載セテ贈物ニ用ヰル。

あふぎびやうし (名) 扇拍子 扇ヲ打鳴ラシテ、謠ノ拍子ヲ取ルコト。

あふ・ぐ・ガ・ギ・グ・グ・ゲ・ゲ (自動) (規・一) 仰 上ヘ向ク。アヲムク。「天ヲ―」仰ギ見ル

あふ・ぐ・ガ・ギ・グ・グ・ゲ・ゲ (他動) (規・一) 仰 〔前條ノ語ノ轉〕 ウヤマフ。タフトブ。「古ヲ―」「德ヲ―」

あふ・ぐ・ガ・ギ・グ・グ・ゲ・ゲ (他動) (規・一) 扇 扇子、團扇ナドヲ動カシテ風ヲ出ス。

あぶく (名) 泡 あわニ同ジ。

あふご (名) 朸 あふこニ同ジ。(中國、四國)

あふご (名) 朸 物ヲ掛ケテ荷フニ用ヰル棒。アフコ。テンビンボウ。 擔棒

あふごと (名) 會期 人ニ會フ時。

〔あふさきるさ (名) 〔合フサ離ルサノ義〕 一方善ケレバ、一方惡シ、ナドイフ意ニイフ語。「世ノ綺リラツツムニ、心ノ暇ナク、―ニ思ヒ亂レ」

〔あふぢやう (名) 厭状 人ヲ威シテ思フヤウニ書カスル文。(俗ニ、無理―、又ハ、―ズクメ、ナドイフモ此語ナリトイフ、往生ノ條、見合ハスベシ)

〔あぶ・す・ス・セ・サ・シ・セ (他動) (規・一) 餘ス。遺ス。棄ツ。

〔あぶ・す・ス・セ・サ・シ・セ (他動) (規・二) 浴 次條ノ語ニ同ジ。

あぶ・す・ス・スル・スレ・セ・セ・セヨ (他動) (規・二) 浴 注ギカク。(湯水ナド)

あふち (名) 楝 樹ノ名、高サ丈餘、葉ノ形、なんてんニ似テ、鋸齒アリ、光澤アリ、夏、長キ穗ヲナシテ、五瓣ノ淡紫花、聚リ開ク、大サ錢ノ如シ、雌樹ハ、四五分ノ圓キ實ヲ垂レ結ブ、秋、熟シテ黄ナリ、樹、成長シ易ク、材モ亦用ヰルベシ。一名、センダンノキ。

あぶな・し・キ・ケレ・ク・シ (形・二) 浮雲 アヤフシ。危

〔あふぬ・く・ク・ケ・カ・キ・ケ (自動) (規・一) 仰 あふぐ、あふむくニ同ジ。

〔あふの・く・ク・ケ・カ・キ・ケ (自動) (規・一) 仰 あふぐ、あふむくニ同ジ。

あふひ (名) 葵 〔仰グ日ノ略カ〕 (一)草ノ名、葉、大サ二三寸、圓クシテ、五ノ稜ヲナシテ、尖ラズ、細鋸齒アリテ、互生ス、莖、直上スルコト三五尺、森、葉ノ間ニ、五瓣ノ花ヲ開ク、白クシテ黄紫ヲ帶ブ、殆ド四時ニ花アリ、花後、細キ子ヲ結ブ、藥用トス。同種ノ他名ニ對シテ、寒―、冬―ノ名アリ。冬葵 又、ゼニ―、タチ―、花―、加茂―、唐―、ツユ―等、各條ニ注ス。(二)カモアフヒ。(其條ヲ見ヨ)

あふひぐさ (名) 葵草 かもあふひノ一名。

あふひまつり (名) 葵祭 山城ノ加茂ノ神社ノ、四月中ノ酉ノ日ノ祭、(陰曆) 此祭ニ、かもあふひヲ用ヰテ神事ヲ行ヒ、競馬ノ時モ、騎ル者、其葉ヲ簪トスレバ名トス。(かもまつりノ條見合スベシ)

あふへい (名) 押柄 驕リタカブルコト。オホフウ。 傲慢

あぶみ (名) 鐙 〔足踏ノ義〕 馬具ノ名、鞍ノ兩脇ニ垂レ、騎ル人ノ足ヲ踏ミカクルモノ。

あふみおもて (名) 近江表 近江ノ蒲生郡ノ邊ヨリ產スル疊表、細藺ニテ作ル、備後表ヨリハ、粗ニシテ劣ル。

あぶみがはら (名) 鐙瓦 からくさがはらヲ見ヨ。

あふみかぶら (名) 近江蕪 蕪ノ一種、近江ノ大津ノ邊ニ產スルモノ、根、扁クシテ圓ク、徑リ七八寸ニ至ル、根ノ先ニ三尾アリテ、鼎ノ足ノ如シ、故ニ、すわりかぶらノ名モアリ、蕪ノ中ノ最モ大ナルモノナリ。 九英蕪菁

あふみがや (名) 近江蚊屋 近江ノ坂田、蒲生等ノ諸郡ヨリ產スル蚊幬。

あふみざらし (名) 近江晒 近江ノ神崎、愛知、犬

上諸郡ニ產スル晒布、野洲川原ニテ晒シ出ストテ野洲晒トモイフ、白麻布ノ上品トス。

あぶみ-ずり (名) 鐙摩 馬ノ脇ノ鐙ノアタル處。

あ-ふ-む・く・ク・ケ・コ・ム・ケ (自動) (規.二) 仰 あふぐ、あをむくニ同ジ。

あ-ふよう (名) 亞芙蓉 〔花、芙蓉ニ亞グ意〕 罌粟ノ一名。

あ-ふよう (名) 阿芙蓉 〔亞芙容ノ轉〕 阿片ニ同ジ。

あぶら (名) 膏脂 〔炙リ取ル意カ、溢ルノ意カ〕 (一)動物ノ體中ヨリ出ツル滑ニ粘リテ凝レルモノ、種種ノ用ヲナス。「豚ノー」牛ノー」 (二)人ノ膚、手、足ノ皮ナドヨリ、汗ノ如ク出デテ粘アルモノ。 膩

あぶら (名) 油 〔膏ノ轉〕 植物ノ種ナドヨリ絞リ取ル膏ニ似テ淡クシテ流ルルモノ、燈ニ用ヰ、或ハ食用、藥用ナドトス。「胡麻ノー」菜種ー」荏ノー」

あぶら-あげ (名) 油揚 あげどうふニ同ジ。

あぶら-あし (名) 脂足 人ノ性ニテ、足ノ底ニ、多ク膩ノ出ツルモノ。

あぶら-いし (名) 膏石 (一)黑褐ニシテ光ルコト膏ノ如キ石、美濃ノ赤坂ノ山中ニ產ス。 (二)石炭ノ一名。

あぶら-いし (名) 油石 (一)黃ニシテ油色ナル石、美濃ノ河邊ヨリ出ツ。 (二)油色ノ甚ダ小キ石、米ノ中ニ雜リテアルモノ。

あぶら-いろ (名) 油色 菜種油ノ色。黃ニ赤ミアリテスキトホル如キ色。

あぶら-かす (名) 油粕 菜種ヨリ油ヲ搾リタル後ノ滓、肥トス。

あぶら-かみ (名) 油紙 桐油紙ニ同ジ。

あぶら-がや (名) 油茅 形、すすきノ如クニテ小ク、黃綠色ニシテ厚ク滑ナリ、夏、二三尺ノ莖ヲ抽キ、葉、互生シテ、穗ヲ出ス、もろこしきびノ穗ニ似テ、色、黃赤ナリ、油色ニシテ、又、油ノ臭アリ。アブラシバ。ミチクサ。 黃茅

あぶら-ぎく (名) 油菊 菊ノ一種、山野ニ生ズ、莖、葉、淺綠ニシテ、黃ナル小花ヲ開ク、單瓣、短クシテ、心、大ナリ。野菊。 苦薏

あぶら-ぎっちよ (名) 蟲ノ名、螽斯ノ褐色ナルモノ、善ク鳴ク。

あぶら-ぎり (名) 油桐 桐ノ類、樹、桐ノ如ク、葉ハ、三尖、或ハ、五、七尖ニシテ、鋸齒ナシ、實ハ八九分許、圓ク扁クシテ、續隨子ノ如シ、內ニ子アリ、毒アリ、搾リテ油ヲ取ル、桐油トイフ、材ヲ白桐ニ代用ス、別名、ヤマギリ。イヌギリ。ドクエ。 罌子桐

あぶら-ぎ・る・ル・レ・ラ・リ・レ (自動) (規.一) 〔油漲ルノ意〕 (一)油、浮ビ滿ツ。 (二)脂、多シ。脂、溢ル。(動物ノ體ニ)

あぶら-け (名) 油氣 (一)油ノ氣、油ノ味ヒ。 (二)脂ノ氣。(動物ノ體ニ) 膩

あぶら-げ (名) 油揚 あぶらあげノ約、あげどうふニ同ジ。

あぶら-こき (名) 油扱 麻絲ヲ染メテ、油ヲヒキタル亐。

あぶら-こ・し・キ・ケレ・ク・ク (形.二) 油濃 (一)油ノ氣、ツヨシ。 (二)脂、多シ。脂、滿ツ。 膩

あぶら-ごま (名) 油胡麻 ごまノ條ヲ見ヨ。

あぶら-さし (名) 油差 (一)ともしあぶらヲ貯ヘテ、油皿ニ注グニ用ヰル器。アブラツキ。 油注 (二)桶ナドノ中ノ油ノ量ヲ測ルニ用ヰル尺。

あぶら-ざら (名) 油皿 燈油ヲ盛リテ、油燈ヲ點スニ用ヰル小キ皿。燈盞。 燈盞

あぶら-しば (名) 油芝 あぶらがやニ同ジ。

あぶら-しやうじ (名) 油障子 明障子ノ紙ニ、油ヲ塗レルモノ、雨ナド防グ用トス。アマシヤウジ。

あぶら-ぜみ (名) 油蟬 あきぜみニ同ジ。

あぶら-だる (名) 油樽 油ヲ入ルルニ用ヰル樽、內ニ紙ヲ貼リテ澁ヲ塗ル。

〔あぶら-つき (名) 油坏 あぶらざらニ同ジ。

あぶら-つぎ (名) 油注 あぶらさしニ同ジ、

卄あぶら-つ-こし (形) あぶらこしノ訛。

あぶら-な (名) 油菜 單ニ菜トノミモイフ、秋分ニ種ヲ下ス、葉、互生シテ、色、濃シ、莖、高サ、四尺許、紫ヲ帶ブ、春ノ末、四瓣ノ黃花ヲ開ク。 芸薹 夏、實熟ス、なたねトイフ、油ヲ搾リ取ル、なたねあぶらトイフ、燈用、食用等、用多シ。 菜油子

あぶら-び (名) 油火 ともしあぶらニ燈心ヲ浸シテ點ス燈火。 燈火

あぶら-み (名) 脂身 肉ノ脂多キ部。 膏肉

あぶら-むし (名) 油蟲 (一)夏秋ノ間、厨ニ多シ、長サ一寸餘、翅アリテ、夜、飛ブ、全身油色ニシテ黒ミアリ、又、油ノ臭アリ、口ニ利齒アリテ、物ヲ嚙ミ損ズ、ゴキアラヒムシ。蜚蠊 (二)又、蟲ノ名、ありまきノ一名。(三)俗ニ、附着リテ妨グトナル者。

あぶら-め (名) 油女 〔油色ナレバ云フ〕 魚ノ名、いたちうをニ同ジ。

あぶら-ゑ (名) 油畫 みつだのあぶらニ、繪ノ具ヲ加ヘタルモノニテ、紙、布、漆器、ビイドロ等ヘ畫ク畫。

あぶり (名) 障泥 〔翻リノ義〕 下鞍ノ下ヨリ、鐙ノ内ニ垂レテ、馬ノ兩脇ヲ覆フ具、泥ノ飛テ衣ヲ汚スヲ防グ、革、或ハ虎、熊、等ノ毛皮等ニテ、幅濶ク作ル。

あぶり (名) 翻 アフルコト。風ニ吹カレテ、動キ、又ハ發ツコト。「戸ノー」火ノー」烟ノー」

あぶり-いか (名) 障泥烏賊 烏賊ノ一種、濶ク大クシテ、周ニ肉縁アリ、肉、柔ニシテ、味美シ、又、ずるめトス。花枝

あぶり-こ (名) 焙籠 (一)竹籠ニテ造リ、火ヲ覆ヒテ、衣服ナド暖ムルニ用ヰル具。フセゴ。(二)餅ナド炙ルニ用ヰル鐵ノ網、又ハ、棒。炙床

あぶり-だし (名) 炙出 紙ニ、明礬ニテ畫ヲカキ、乾ケバ白紙ノ如ク見エ、火ニ炙レバ畫現ハルルモノ、小兒ノ玩トス。

あぶり-もの (名) 炙物 炙リタル魚肉、ヤキモノ。ヤキザカナ。炙

あふ-りやう-し (名) 押領使 古ヘ、諸國ノ狼藉者ヲ抑ヘムガ爲ニ遣ハサルル使。

あふ-る・ル・ル・レ・レ・レ・レロ (自動) (規・二) 溢 滿チ餘リテコボル。入ルニアマル。餘リテ出ヅ。「酒、盃ニー」人、席ニー」

あふ-る・ル・レ・ラ・リ・レ (自動) (規・一) 翻 風ニ吹カレテ動ク。ヒルガヘル。「開戸ガ風ニー」

あふ-る・ル・レ・ラ・リ・レ (他動) (規・一) 翻 吹キ動カス。ヒルガヘス。「風ガ開戸ヲー」團扇ニテ烟ヲー」鐙ニテ障泥ヲー」

あぶ-る・ル・レ・ラ・リ・レ (他動) (規・一) 炙 (一)火ニカザシテ、程好ク燒ク。「肉ヲー」(二)火ニ當テテ暖メ又乾ス。カワカス。「手ヲー」着物ヲー」烘 焙

〔あぶ-る・ル・ル・レ・レ・レ・レロ (自動) (規・二) 零落 おちぶるニ同ジ。

あぶれ-もの (名) 不法ニテ手ニ餘ル者。

あふれる (動) 溢ルノ訛。

あぶ-れる・レル・ルレ・レ・レ・レ・レロ (自動) (規・四・變) 溢 (一)溢ルノ訛。(二)役ニ充テラレテ不用トナル。餘マサレテ使ハレズ。(人夫ナドニイフ)

〔あへ〕 (名) 饗 饗フルコト。飲食ノモテナシ。

あへ (名) 韲 韲アルコト。交セタルモノ。「胡麻ー」味噌ー」

あべかは (名) あべかはもちノ略。

あべ-かは-もち (名) 安倍川餅 〔東海道、駿河ノ安倍川ノ邊ニテ製シ賣ルニ起ル〕 餅ヲ燒キテ、きなこト砂糖トニ塗シタルモノ。

あへ-ぐ・グ・ゲ・ガ・ギ・ゲ (自動) (規・一) 喘 息ヲ急ニシテ、急シク呼吸ス。イキダハシクアリ。イキギレス。

あへしらひ (名) アヘシラフコト。トリアツカヒ。トリアハセ。

あへ-しら-ふ・フ・ヘ・ハ・ヒ・ヘ (他動) (規・一) 〔合ヘ觸ノ義〕 (一)挨拶ス。應答 (二)程好ク他ノ相手ヲナス。モテナス。トリアツカフ。アヒシラフ。アシラフ。接待 (三)添ヘテ趣ヲ作ル。取合ハス。「松ニ石ヲー」刺身ニ山葵ヲー」

〔あへ-たちばな (名) 粧點 點綴

あへ-たちばな (名) 九年母ノ古名。

あへて (副) 敢 押シキリテ。强ヒテ。「ー行ハズ」

あへ-なし・キ・ケレ・ク・ク (形・一) 〔敢ヘ無シノ義〕 ナカラナシ。タノミナシ。ハリアヒナシ。

アヘン (名) 鴉片 阿片 〔Opiumノ音譯字ヲ音讀セルナリ〕 罌粟ノ實、又ハ、蕾ヲ刺シテ、其汁ヲ取リ、乾シテ製シタルモノ、麻醉ノ劇藥ナリ。阿芙蓉。

アヘン-タバコ (名) 鴉片烟草 鴉片ヲ加ヘテ製シタル烟草、支那人、好ミテ吸フ、甚ダ人ニ害アリ。

あへ-もの (名) 韲物 蔬菜ヲ物ニ韲ヘタルモノ。韲

あへる (動) 韲フノ訛、合フ(他動)ノ條ヲ見ヨ。

あほ (名) あはうニ同ジ。

アホス (名) 〔蘭語ナルベシ〕 吸出シノ膏藥ノ名。

あほひ (名) 葵 あふひニ同ジ。

あま (名) 天ノ轉。「ーノ河原」ーノ川」ー降ル」

あま (名) 雨ノ轉、熟語ニノミ用ヰル。「ー雲」ー夜」ー水」

同ジ。「―ノ原」

あま（名）海（青間ノ約カ、蒼海ノ約轉カ）海ニ
スル者。アマビト。
あま（名）海人（海人ノ略カ）海ニ漁リスルヲ業ト
アマ（名）尼（朝鮮語あみ（妣）ノ轉ト云、或ハ云、梵
語）（一）比丘尼ニ同ジ。（二）女ヲ罵リ呼ブ卑語。
アマ（名）亞麻（羅甸語 Amania ノ音譯字ナラム）
草ノ名、莖、直上スルコト三四尺、葉ハ、小柳葉ノ如
クニテ、莖ヲメグリテ互生ス、夏ノ初、莖ノ上ニ、數叉ヲ
分チテ、淡菫花色ノ花ヲ開ク、五瓣ナリ、房ヲ結ブ、
中ニ數十子アリ、一分許、薄ク扁クシテ、茶色ナリ、
藥用トシ、又ハ油ヲ取ル、又、莖ノ皮ヲ績ギテ絲トシ
布トス。一名、ヌメゴマ。
あまあがり（名）雨上　雨ノ收リタル後。雨後
あまあし（名）雨足　雨ノ降リ過グルコト。雨脚
あまいぬ（名）あまいぬノ條ヲ見ヨ。
〔あまうけばな（名）〔天承鼻ノ義〕鼻ノ孔ノ仰ギタル
モノ。仰鼻
あまえたる・ル・ル・ルレ・レ・レ・レヨ（自動）（規．二）あまゆニ同
ジ。
あまえたれる（動）あまえたるノ訛。
あまえる（動）あまゆノ訛。
あまおさへ（名）雨押　板塀ナドノ上ニ亙ス細長キ
板。カサギ。
あまおち（名）雨落　屋根ヨリ雨ダリヲ落シ去ル處。
屋霤

あまおほひ（名）雨覆　雨ヲ防グ爲ニ物ニ覆フモノ、
布、又ハ、板、油紙ナド。
あまがさ（名）雨傘　さしがさノ、大クシテ、紙ニ油ヲ
ヒキ、雨天ニ用ヰルモノ（日傘ニ對シテ云フ）
あまかす（名）甘糟　酒糟ノ甘クシテ食用トスベキモ
ノ。甜糟
あまがつ（名）天兒（天禍ノ約カ）木偶ノ類、尺
餘ノ竹筒ノ上ニ、白絹ニテ、首ヲ付ケ、又、尺餘ノ筒
ヲ首ノ下ニ横タヘテ肩トス、邪祟ヲ負ハスル爲メノ用
ナリ。
あまガッパ（名）雨合羽　合羽トイフニ同ジ。
あまかは（名）甘皮　樹、又ハ、果ノ内膜ノ皮。
〔あまかは（名）雨皮　輿、車ナドニ用ヰテ雨ヲ凌グ
具、生絹ニテ作ル。
あまがひ（名）介ノ名、からくもがひニ似テ、四分許
アリ、白クシテ黒キ斑アリ。
あまがべに（名）天之紅　夕霞ノ赤キコト。（赤丹
差ス日トイハムガ如シ）「ト差シタ」
あまがへる（名）雨蛙　かへるノ一種、形小ク、色、鮮
綠、又ハ、灰色ナリ、又、灰褐ニ變ズルアリ、指、三尖ニ
シテ、端ニ黒キ珠アリ、此珠ニテ、能ク樹ノ上ニ付キ
テ登ル、雨降ラムトスル時、必ズ鳴ク、冬ハ土中ニ蟄ス。
雨蛤　樹蛤
アマカン（名）あまかわヲ見ヨ。
アマカワ（名）亞瑪港〔借字ニ天川トモ書ス、支那ノ
廣東ノ傍ノ港、今ノ澳門、（Macao.）初メ、其地ヨ

リ渡シシヨリ名トス〕珊瑚ノ上品ナルモノノ稱。又、ア
マカンプ。アマカウ。
〔あまき（名）甘木　かんざうニ同ジ。
あまぎ（名）雨着　合羽ナド、衣ノ上ニハアリテ雨ヲ
防グニ用ヰル衣。雨衣
〔あまぎぬ（名）雨衣　雨ヲ凌グニ着ル服。
〔あまぎらす・ス・セ・サ・シ・セ（自動）（規．二）あまぎるニ同ジ。
〔あまぎらふ・フ・ヘ・ハ・ヒ・ヘ（自動）（規．二）あまぎるニ同ジ。
あまぎり（名）雨霧　小雨ノ如キ霧。
〔あまぎる・ル・レ・ラ・リ・レ（自動）（規．二）天霧　雲霧ニテ、
空、曇ル、アマギラフ、アマギラス。
あまぐ（名）雨具　雨天ニ出行ク時、身ニ裝フ笠、
傘、合羽、足駄ナド。雨裝ノ具。雨裝
あまくさ（名）甘草　（一）かんざうニ同ジ。（二）つる
あまちやニ同ジ。
あまくさど（名）天草砥　礪ノ上品ナルモノ、肥後ノ
天草、又ハ肥前ノ島原ヨリ産ス。
〔あまくだす・ス・セ・サ・シ・セ（他動）（規．二）天降　天ヨリ
降ダス。
あまくだる・ル・レ・ラ・リ・レ（自動）（規．二）天降　天ヨリ
降ル。
あまくち（名）甘口　人ノ心ニ適フヤウニ諂シ言フ語。
甘言
あまくちねずみ（名）甘口鼠〔人、獸ニ嚙マレテ
モ、死ヌルマデ、痛ミナケレバ名ツクトゾ〕はつかねずみニ
同ジ。

あまくにのはうけん (名) 【天國寶劍】 文武帝ノ大寶ノ頃、大和ノ宇多郡ニ住メル天國トイフ人(鍛冶ノ大祖トス)ノ鍛ヘタル刀ノ稱、世ニ寶物トス。

〔あまぐも (名) 【天雲】 天ノ雲。

あまぐも (名) 【雨雲】 雨降ラムトスル雲。

あまけ (名) 【雨氣】 雨ノ降ラムトスル空合。

あまご (名) 【甘子】 嘉魚ノ類、長サ七八寸、鮎ニ似テ、赤黒キ小斑アリ、鱗細カシ。 似嘉魚

あまごひ (名) 【雨乞】 旱ノ時ナドニ、雨ノ降ラムコトヲ、神ニ祈リ乞フコト。 雩 祈雨

あまごもり (名) 雨天ヲ厭ヒテ家ニ籠リ居ルコト。

〔あまごろも (名) 【天衣】 天人ノ衣。

〔あまごろも (名) 【雨衣】 あまぎぬニ同ジ。

〔あまごろも (名) 海人ノ着ル衣。

〔あまざかる (枕) 【天離】 〔都ヨリ鄙ヲ見レバ、天ノ如ク離リテ見ユル意〕 鄙トイフ語ノ枕詞。

あまさぎ (名) 形、常ノ鷺ヨリ稍小ク、頭、項、ハ黃赤ニシテ、後ニ白ク變ズルモノ。

あまざけ (名) 【甘酒】 炊キカケノ飯ニ、麴ヲ交ヘテ、蒸シテ釀セル酒、搾ラズシテ飲ム、甚ダ甘シ。古言、こさけ。又、ヒトヨザケ。 醴

〔あまさへ (副) 【剩】 〔餘サヘニテ、餘分ニ加ハル意〕 あまつさへニ同ジ。

あまざらし (名) 【雨晒】 雨ニ曝ラスコト。覆フ物ナクシテ、雨ニ濡ルルママニ濡ラシオクコト。

あまし・キ・ケレ・シク (形・二) 【甘】 〔旨シノ轉カ〕 (一)砂糖、飴ナドノ味アリ。 甜 (二)鹽氣、淡シ。 淡 (三)鈍シ。鋭カラズ。(刀劍ナドニ) 鈍 (四)旨クシテ人ノ心ニ入ルベキヤウナリ。「アマイ詞」 (五)緩シ。シカトセズ。「釘ガ―」楔ガ―」 寛 (六)嚴ナラズ。强カラズ。「親ガ子ニ―」異見ガ―」 慢

〔あまじし (名) 〔餘肉ノ義〕 疣、瘤ナド、餘リテ出來タル肉。 寄肉

あまじたく (名) 【雨支度】 雨具ヲ着ケテ、雨ニ濡レヌ用意スルコト。アマヨソヒ。 雨裝

あましたり (名) 【雨滴】 雨ノシタタリ。アマダリ。

あましほ (名) 魚肉ナド淡ク鹽ニ漬クルコト。 淡醃

あましめり (名) 【雨濕】 (一)雨ニカカリテ物ノ濕ルコト。(二)霖雨ノ頃、物ニ濕氣アルコト。

あましやうじ (名) 【雨障子】 あぶらしやうじニ同ジ。

あます・ス・セ・サ・シ・セ (他動)(規・二) 【餘】 餘ルヤウニナス。ノコス。悉ク盡クサズ。

〔アマゼ (名) 〔尼御前ノ略〕 尼ヲ敬ヒ呼ブ語。

あまた (副) 【許多】 〔餘ル意カ〕 數、多ク。タクサンニ。「―見ユ」「―アリ」

あまたたび (副) 【許多度】 タビタビ。シバシバ。數度。幾度モ。 數回

あまだひ (名) 【甘鯛】 鯛ノ類、頭、方ニヒシゲテ、眼ノ上、高ク起リ、背尖リ、身狹ク、鱗、鰭、淡赤クシテ青ミアリ、大サ五六寸ヨリ尺餘ニ至ル、肉白ク脆ク、味甘ク美ナリ。西國ニテ、グヂ。 方頭魚

あまだり (名) 【雨垂】 あまだれニ同ジ。

あまたるし・キ・ケレ・シク (形・二) 〔甘弛シノ轉カ〕 甘キ味、程ニ過グ。

あまだれ (名) 【雨垂】 雨水ノ檐ナドヨリ滴リ落ツルモノ。アマダリ。 雨滴 點滴

あまちや (名) 【甘茶】 (一)樹ノ名、きあまちやヲ見ヨ。(二)きあまちやノ莖葉ヲ採リテ、揉ミテ青汁ヲ去リテ、煎ジタルモノ、又、或ハ、甘草ヲ茶ニ交ヘテ煎ズ、四月八日ノ灌佛會ニ用ヰル。(三)草ノ名、あまづらノ一名。

あまちやづる (名) 【甘茶蔓】 つるあまちやニ同ジ。

あまつかぜ (名) 【天津風】 〔天之風ノ義〕 天ノ風。 天風

あまつかみ (名) 【天津神】 〔天之神ノ義〕 天ニ座ス神。

あまつくに (名) 【天津國】 〔天之國ノ義〕 日神ノ座ス所。

あまつさへ (副) 【剩】 〔あまりさへノ音便〕 餘分ニ添ハリテ。ソノウヘニ。アマリサヘ。アマサヘ。

あまつそら (名) 【天津空】 〔天之空ノ義〕 (一)天。空。(二)禁中。朝廷。

あまつばめ (名) 【雨燕】 (一)形、あまどりヨリ大クシテ、兩翼、尾ヨリ長シ、全身黑ク、足ハ短ク小クシテ腹ノ羽ニ隱ル、雨降ラムトスル時、空中ニ群リ飛ビテ、蟲ヲ捉ル。(二)又、あまどりノ一名。

あまつひつぎ (名) 【天津日嗣】 〔天之日嗣ノ義〕 日嗣、即チ、天皇ノ御位ノ尊稱。 天位

あまづら (名) [甘葛] 蔓草、深山ニ生ズ、蔓ヨリ細キ根ヲ出シテ、他ノ樹ニツク、葉ハ楕圓ニシテ鋸齒アリ、梢ニ、小キ花集リ開キテ傘ノ狀ヲナス、色白シ、古ヘハ、此蔓ヨリ汁ヲ取リ、砂糖ニ代ヘテ用ヰタリ、味、あまさけノ如シ、又葉ヲ煎ジテ、煉リテみづあめノ如クシテ、食物ニ和シ、甘味ヲツク。一名、アマチヤ。藤纏毬

あまつ-をとめ (名) [天津乙女] 〔天之少女ノ義〕 (一)天人。(二)五節ノ舞ヲ舞フ女。

アマデラ (名) [尼寺] 尼ノミ居ル寺。

あまてら-す・ス・セ・サ・シ・セ (自動) (規. 一) [天照] (一)大空ニ照リワタル。「―日」 (二)天ノ下ヲ知シメス。(天皇ニ)「天照シ治メ聞食ス」

あまど (名) [雨戶] 家ノ周ニ、雨ヲ防グニ、又ハ夜中ニ閉ヅル戶。

あまどころ (名) [甘草蘚] 宿根草、春、山ニ生ズ、莖、高サ一二尺ヨリ四五尺ニ至ル、形、なるこゆりニ似タリ、但シ、莖、粗大ニシテ三稜アリ、本ハ紫ニシテ、末ハ青ク、節、紫黑ナリ、葉、互生シ、楕ニシテ長ク、細キ縱道アリ、質强ク、光ラズシテ白ミアリ、花、實ノ形狀、なるこゆりニ似タリ、根白クシテ横ニ這フ、長キハ尺餘ニ至ル、味甘ク生ニテ食スベシ。ヱミクサ。萎蕤

あまどり (名) [雨鳥] つばくらニ似テ大ク、胸、紫ナラズ、ひなりノ如キ斑アリテ、腹ノ下、黃ナリ、雨降ラムトスル時、群リテ飛ブ。オホツバメ。アマツバメ。胡燕子

あまな (名) [甘菜] (一)薺ナド、味旨キ菜ノ總稱。

(芥ナドニ對ス) (二)草ノ名、葉ハ水仙ノ如ク、高サ三四寸、兩葉ニシテ、中ヨリ莖ヲ出シ、梢ニ六瓣ノ白花ヲ開ク、一花ニシテ、瓣ノ外ニ淡紫ナル條アルモノ、常ナリ、又、淡紅黃花等ノ異種アリ、又、苗大ク、一二尺アリテ、數花ヲ生ズルモアリ、根ハ水仙ノ如シ。山慈姑

〔あまな・ふ・フ・ヘ・ヘ・ヒ・ヘ (自動) (規. 一) 〔甘ンジ合フ意〕 心ニカナヒテ好シト思フ。ウベナフ。甘心

〔あまな・ふ・フル・フレ・ヘ・ヘ・ヘロ (他動) (規. 二) 交ヲ好クセサス。和睦セシム。 講和

あまね・し・キ・ケレ・ク・ク (形. 一) [遍周] 至ラヌクマナシ。廣ク及ブ。悉クドドク。ユキワタル。

〔あまねは・す・ス・セ・サ・シ・セ (他動) (規. 一) 遍クセシム。 周

あまの-いはど (名) [天岩戶] あめのいはやどニ同ジ。

あまの-うきはし (名) [天浮橋] 神代ニ、天ト地トノ間ニ懸レル橋。

あまの-がは (名) [天河] 白ク光リテ、川ノ如ク、又帶ノ如ク、長ク大空ニ亙リテ見ユルモノ、無數ノ星ノ密ニ布ケルナリ、秋ノ晴レタル夜、最モ善ク見ユ。 銀河

あまの-さかほこ (名) [天逆鋒] 神代ニアリシ鋒ノ名。轉ジテ人ノ世ニナリテノ物ニモイフ。

あまの-さけ (名) [天野酒] 河内ノ天野ノ地ヨリ製リ出ス酒。

あまの-ざこ (名) [天探女ノ訛] (一)殊更ニ人ノ言ニ逆ヒテ、已ガ心ノママニ爲ル者。アマノジヤク。(二)誤リテ、兩金剛ノ蹈マヘタル小惡鬼ノ稱。(或ハ天邪鬼ノ

轉カトイフ)

あまの-こやく (名) あまのざこニ同ジ。

あまの-こやこ (名) 〔あまのざこノ轉カ〕 蟲ノ名、地上ニ一分許ノ穴ヲ作リテ棲ム、燈心ヲ油ニ浸シテ入ルレバ、付キテ出ヅ、長サ一寸許、黃白色ニテ、首ハ赤黑シ、形、むかでノ如ク、背ニ二ツノ封アリテ、駱駝ノ如シ。一名、ラダウムシ。ヂムシ。 釣棗駝

あまの-はごろも (名) [天羽衣] (一)神ノ服。(二)天人ノ服。(三)天皇ノ祭事ノ湯沐ノ時ニ召シタマフ御衣ノ名。

あまの-はら (名) [天原] 〔原ハ廣キ處ノ義〕 汎ク天上ヲ指シテイフ語。

〔あまの-むら-きみ (名) [天邑君] 神代ニ、農人ノ長ノ稱。

あまの-り (名) [甘海苔] 海苔ノ一種、冬、海中ノ石ニ付キテ生ズ、生ナルハ綠黑ニシテ、乾ケバ紫黑ナリ、或ハ、生ハ綠ニシテ、乾ケバ紫ナルモアリ、下品ナリ、此ノ種ニ、あさくさのりアリ、最上品トス。一名、ムラサキノリ。 紫菜

あまはだ (名) [甘肌] 〔檜ノ甘皮ノ意〕 まいはだノ條ヲ見ヨ。

あまはた-いし (名) [雨畑石] あめはたいしノ條ヲ見ヨ。

あまびこ (名) [天彥] 物ノ聲ノ空中ニ響キテ應フルモノ。(山ニ響クヲ山彥トイフト同意)

あまびこ (名) [雨彥] 蟲ノ名、やすでニ同ジ。

〔あまびと (名) [海人] 海人ノ條ヲ見ヨ。

あまびる (名) 雨蛭 かうがいびるニ同ジ。

〔あまふ・フル・フレ・ヘ・ヘ・ヘヨ (他動) (規・二) 謝スルソフ。(罪ヲ)

がきナドニ〕

あまぼし (名) 甘干 微スコシ乾ホシタルコト。(乾魚ヒモノ、まろ

アマほふし (名) 尼法師 あまトイフニ同ジ。比丘尼。

あまま (名) 雨間 (一)雨ノ降リテアル時。雨中 (二)雨ノ降リ止ミタル間アヒダ。

あまみづ (名) 雨水 雨ノ水。

あまんず・ズル・ズレ・ゼ・ジ・ゼヨ (自動) (不規・二) 甘 〔甘ミスノ音便〕 旨シトス。意ニ適カナヒテ好シト思フ。滿足ス。

あまも (名) 〔海藻アマモノ義カ〕 海草ノ名、葉ハ、あやうぶニ似テ細長ク、生ナルハ青クシテ、枯ルレバ黒シ、生ナルヲ麥ノ肥トシ、又、乾シテ草履トス、甚ダ輕シ。別名、モシホグサ。スゲモ。リユウグウノオトヒメノモトユヒノキリハヅシ。大葉藻

あまもり (名) 雨漏 雨水ノ屋ヤネヨリ漏リ入ルコト。屋漏

あまやかす・ス・セ・サ・シ・セ (他動) (規・一) アマユルヤウニ育ツ。嬌養

あまやどり (名) 雨宿 雨ノ晴ルルマデ、暫シ宿ヤドリテ休ムコト。

あまやみ (名) 雨止 雨ノ降リ止ムコト。

あまゆ・ユル・ユレ・エ・エ・エヨ (自動) (規・二) 〔甘アマヲハタラカス〕 恩ニ馴レテキママヲナス。アイダルゾバユ。アマエタル。〔小兒ニ〕 撒痴嬌

あまよ (名) 雨夜 雨ノ降ル夜。

あまよけ (名) 雨避 物ノ雨ニ濡ルルヲ避クル爲ニ覆フ物。

あまよそひ (名) 雨裝 雨中ニ行ク裝ヒ。アマジタク。〔蓑、笠、合羽、足駄ナド〕

あまり (名) 餘 アマルコト。アマリタルモノ。ノコリ。

あまり (接尾) 餘 數詞ノ下ニ添ヘテ、其外ニ、尙、數アルヲイフ語。「十トヲ一二ツ」三十ミソ一五ツ」有

あまり (副) 餘 あまりにニ同ジ。「一命ノ永クシテ一限ナキ夜半ノ月カナ」

〔あまりさへ (副) 剩 〔餘りさへノ義〕 あまつさへニ同ジ。

あまりに (副) 餘 程ヲ過ギテ。法外ニ。

あまりよう (名) 雨龍 龍タツノ屬、角ナク、黃蒼色ニシテ、尾、細ク長シト云フ。螭龍

あまる・ル・レ・ラ・リ・レ (自動) (規・一) 餘 (一)量ヲ過ギテアリ分ヲ超エテ多シ。過グ。殘ル。「百ニ一」數一」 (二)分ニ應セズ、分外ニ多シ。「身ニ一」思ヒニ一」力ニ一」手ニ一」目ニ一」

あまをとめ (名) 天乙女 あまつをとめニ同ジ。

あまをとめ (名) 海少女 少女ヲトメノ海人アマ。

あまをぶね (名) 海小舟 (一)漁スナドリスル小舟。(二)介ノ名、形、あさりニ似テ厚ク、堅、四五分、横、七分許、横ニ筋アリテ深シ、内外白クシテ、緣、紅紫ナリ、紀伊ノ海邊ニ多シ。蛤蜊

あみ (名) 網 〔編ミノ義〕 (一)絲ヲ、斜ニ、打違ヘニ、編ミ結ベルモノ、魚鳥ヲ捕ル等、種種ノ用ヲリス。(二)かなあみノ略。○天ノ一。天罰テンバツ。天網

あみ (名) 蝦エビノ類ノ最モ小キモノ、泥海ニ生ズ、白クシテ赤ミアリ。糠蝦 あほからトキナス。醬蝦

〔あみいた (名) 編板 あんだヲ見ヨ。

あみうち (名) 網打 投網トアミヲ打チテ漁リスルコト。又、其人。

あみがさ (名) 編笠 (一)物ヲ編ミテ作レル笠。「菅ノ一」 (二)藺ニテ粗ク編ミ作レルかづりがさ、形、圓ク扁ヒラメキヲ二ツニ折レルガ如ク作ル、多ク人目ヲ忍ブ者ノ用トス。

あみがさがひ (名) 編笠貝 介ノ名、形、編笠ニ似テ、色黑ク、裏ニまつたけノ裏ノ如キ條スヂアリ。

あみがさもち (名) 編笠餅 あんあヲ圓ク薄クシテ、二ツニ折リテ、餡アンヲ包ミタルモノ、形、あみがさノ如シ。

あみがさゆり (名) 編笠百合 莖、葉、共ニ百合ユリノ如クニシテ、春、早ク開クガ故ニ、むつゆりノ名モアリ、花ノ形、あみがさニ似タリ、根ニ子ヲアツム、古名、ははくり。貝母

あみがひ (名) 網貝 細カキ孔アリテ、網ノ目メノ如キ文モヤウアル介カヒ、色ハ濃キ紫ナルモアリ、白キモアリ。

あみざこ (名) 糠蝦アミニ同ジ。

あみおやと (名) あみさおノ轉、糠蝦アミニ同ジ。

あみす・スル・スレ・セ・セ・セヨ (他動) (規・二) 浴 あぶすニ同ジ。

あみ-すき (名) 網結 網ヲ結キテ作ルコト。又、其人。
あみすき-はり (名) 網結針 網ヲ結クニ用ヰル針、竹、又ハ、鯨鬚ニテ作ル。一名、アミバリ。又、アバリ。
あみ-そ (名) 網麻 網ヲ結ク料ニ用ヰル麻絲。
アミダ (名) 阿彌陀 〔梵語、無量壽ト譯ス〕 佛經ニ、如來ノ名、淨土ノ中ニ坐ストイフ。
アミダ-がさ (名) 阿彌陀笠 介ノ名、形、よめがさら二似テ大ク、笠ノ狀シタリ。 老蜂牙
あみ-づな (名) 網綱 引網ノ綱。アミテハ。
(あみ-ど (名) 編戶 竹、又ハ、片木ヲ編ミテ作レル戶。
あみ-ど (名) 網戶 かなあみニテ張レル戶。
あみ-なは (名) 網繩 あみづなニ同ジ。
あみ-の-め (名) 網目 (一)網ニ編ミタル絲ノ隙。(二)斜ニ打チ交ヘタル網ノ目ノ如キ模樣。 羅紋
あみ-のりもの (名) 網乘物 乘物ノ四面ニ網ヲカケタルモノ、身分アル重罪人ヲ送ルニ用ヰル。 囚轎
あみ-はり (名) 網針 あみすきばりニ同ジ。
あみ-め (名) 編目 編ミ合ハセタル處。
(あむ (名) 蟲ノ名、あぶニ同ジ。
あ-む・ム・メ・マ・ミ・メ (他動) (規、二) 編 (一)打交ヘテ組ミ織ル。(絲、繩、竹片ナドニテ、籠、網、席、簾、竹垣ナドヲ)(二)書キ集メテ作ル。(漢文ノ上ニ)「書ヲ―」
あ-む・ム・ム・ムレ・ミ・ミヨ (他動) (規、三) 浴ブニ同ジ。
あん (名) 庵 (一)イホ。イホリ。(二)住宅ノ號ニ用ヰル語。

あん (名) 案 (一)ツクヱ。(二)シタガキ。下書。「文章ノ―ヲ立ツ」(三)カンガヘ。スヰリヤウ。「―ノ如シ」―ニタガハズ」―ニ相違ス」
アン (名) 餡 〔字ノ宋音ト云〕 (一)あづきヲ煮テ、擂リテ粉トシ、漉シテ皮ヲ去リ、砂糖ニ和シテ、再ビ煮タルモノ、餅ニ包ミ、團子ニ塗シ、或ハ溶シテ汁粉トス、漉サザルヲつぶし―ト云フ。(二)轉ジテ、葛粉、又ハ、わらびのこニ、酒、醬油等ヲ和シテ煮テ液トシタルモノ、食物ニ被テ用ヰル、クズダマリ。「―カケ豆腐」―カケ饂飩」
あん-い (名) 安意 ココロノヤスマルコト。
あん-いつ (名) 安佚 骨折ル事無クシテ、徒ニ暮ラスコト。
あん-か (名) あんくわヲ見ヨ。
あん-か (名) 晏駕 〔天子ハ、晨ニ出ヅ、崩後、尙、駕晏ク出ヅトスルナリ〕 崩御ニ同ジ。
あん-かう (名) 安康 ヤスラケキコト。ヤスラカナルコト。無難ナルコト。「國家―」
あん-かう (名) 鮟鱇 魚ノ名、東海ニ產ス、形、扁ク圓クシテ、盤ノ如ク、肉厚ク、腹大ク、尾細ク長クシテ、全體、琵琶ニ似タリ、大サ一二三尺、鱗無クシテ、背黑ク腹白シ、眼、鼻上ニ向ヒ、口大ク、吻上ニ兩ノ長キ鬚アリ、性、遲緩ニシテ泳ガズ、海底ニアリテ、口ヲ開キテ小魚ヲ呑ム、肉、冬春ヲ美ナリトス、骨甚ダヤハラカナリ。 琵琶魚
アン-かけ-うどん (名) 餡掛饂飩 饂飩ニくずだまりノ餡ヲ被ケタルモノ。
アン-かけ-どうふ (名) 餡掛豆腐 豆腐ヲ煮テくずだまりヲカケタルモノ。

あん-がふ (名) 暗合 物事ノ、互ニ知ラザルニ、相合ヘルコト。自然ニ相同ジキコト。
あん-かん (名) 安閑 (一)身、安ク、事、閑ナルコト。(二)轉ジテ、心ヲツカハズ、徒ニ暮ラシテ居ルコト。
あん-き (名) 安危 安キト危キト。「天下ノ―」
あん-き (名) 諳記 諳ニオボユルコト。ソランズルコト。
アン-ギャ (名) 行脚 〔字ノ宋音〕 禪家ノ語、抖擻ニ同ジ。(頭陀ノ條ヲ見ヨ)
あん-ぐ (名) 暗愚 愚ニシテ理ノワカラヌコト。
アン-グウ (名) 行宮 〔字ノ宋音〕 天子ノ京ノ外ニ座ス時ノ居所ノ稱。アンザイ。
あん-くん (名) 暗君 暗愚ノ君。オロカナル君。
あん-くわ (名) 〔行火爐ノ略カ、或ハ、案下火鉢ノ略トモイフ〕 火ヲタクハヘテ足ナド暖ムル具。アシアブリ。 脚爐
あん-ぐわい (名) 案外 オモヒノホカナルコト。推量ニタガフコト。存外。 意外
あん-ど (名) 安居 僧ノ他出セズシテ靜ニ家ニ籠リ居ルコト。(結夏ノ條ヲ併セ見ヨ)
アン-おろ-もち (名) あんもちノ條ヲ見ヨ。
あん-ざ (名) 安坐 (一)落着キテ坐リ居ルコト。(二)アグラヲカキテ居ルコト。 盤坐
アン-ザイ (名) 行在 〔字ノ宋音〕 天子ノ巡幸ナド

ノ時ノ御座所、行宮。アンザイショ。

アンザイ-しよ（名）行在所　あんざいニ同ジ。

あん-さつ（名）暗殺　ヤミウチ。

あん-さつ（名）按察　ギンミシテシラブルコト。究メ糺スコト。

あんさつ-し（名）按察使　あぜちヲ見ヨ。

あん-ざん（名）安産　ヤスラカニ子ヲ産ムコト。平産
あんざん-じゆ（名）安産樹　熱地ノ植物、舶來ス、長サ六七寸、枝多ク分レテ、内ニ巻キ屈ム、葉ノ形、よめなニ似テ、小クシテ厚シ、安産ノ効アリト云フ。含生草
あん-じ（名）案　案ズルコト。カンガヘ。「一ガ好イ」

〔あん-じち（名）庵室　あんじつニ同ジ。

あん-じつ（名）庵室　イホリ。

あん-しん（名）安心　心ヲヤスンズルコト。心配ナキコト。安堵。

アンジヤベル（名）〔蘭語、アンゲリイルノ訛ト云〕草ノ名、藥用トス、石竹ノ一種ニシテ、長大ナリ、葉モ長シ、花ハ八重ニシテ、紅、白、又ハ白ニ紅點アルアリ。

あん-じゆ（名）庵主　イホリノアルジ。僧、尼ナドノ庵ヲカマヘテ居ルモノ。

あん-しよう（名）諳誦　ソラヨミ。

あん-ずる・ズル・ズレ・ゼ・ゼ・ゼヨ（他動）（規.四）案ズノ訛。

〔あむしろ（名）編席〔あみむしろノ約〕あじろニ同ジ。

〔あむ-す・ス・セ・サ・シ・セ（他動）（規.一）浴　あぶす（規.一）ニ同ジ。

〔あむ-す・スル・スレ・セ・セ・セヨ（他動）（規.二）浴　あぶす（規.二）ニ同ジ。

アン-ズ（名）杏〔杏子ノ宋音、或云、杏仁〕樹ノ名、古名、カラモモ。幹、枝、葉、共ニ梅ニ似テ肥ユ、花ハ紅梅ニ次テ開ク、形モ稍似テ淡紅ナリ、花ノ後ニ、葉ヲ生ズ、梅ニ似テ大ナリ。花ノ八重ナルハ實ナシ、花一トイフ。花ノ一重ナルハ實ヲ結ブ、梅ノ實ニ似テ大ナリ、味、甘ク酸ク、熟シテ黄ナリ。金杏　又、實ノ形、大クシテ黄白色ナルヲ、白一ト云フ、上品ナリ。白杏
アン-ズ（名）按司　琉球ノ官、王子ノ次、親方ノ上ニ位ス。

あん-ず・ズル・ズレ・ゼ・ジ・ゼヨ（他動）（不規.二）案　（一）考ヘ思フ。工夫ス。（二）轉ジテ、物思ヒヲナス。思ヒワヅラフ。心配ス。アンジル。苦慮
アンズ-うめ（名）杏梅　梅ノ類、花、一重ニシテ、淡紅ニテ、杏花ニ似タリ、實モ、酸ミ少クシテ、杏ノ如シ。

あん-ぜん（名）安全　安クシテ全キコト。危キコト無ク欠ケタルコト無キコト。「家内一」

あん-そく（名）安息　安ラカニ息ムコト。

あんそく-かう（名）安息香　舶來藥品ノ名、熱地ノ樹ノ脂ナリト云フ、狀、松脂ニ似テ、赭黄色ナリ。

あんそく-じつ（名）安息日　耶蘇敎ニテ、日曜日ノ稱。

あん-だ（名）〔古言、編板ノ轉〕板ヲ編ミテ架トシ、竹ヲ釣トシテ舁クモノ、罪人、旅人、手負ナドヲ載ス。アヲタ。便輿
あん-たい（名）安泰　安ラカナルコト。無難ナルコト。

あん-ち（名）安置　（一）据エ置クコト。（二）崇メ祀ルコト。（佛像ナド）

アンチ-モニイ（名）安質母尼〔英語、Antimony.〕いよおうめノ條ヲ見ヨ。

あん-ぢゆう（名）安住　身ヲ安ク住フコト。落着キテ住ムコト。

〔あむづち（名）〔編土ノ意カ〕射垜ヲ見ヨ。

あん-ど（名）安堵　〔堵ハ居處ノ牆ニテ、安居ノ意〕（一）身ノ居處ニ安ンジテ居ルコト。安心シテ住ムコト。（二）安堵ノ地、即チ知行ノ地ヲ賜ハルコト。「一ノ證文」（三）安堵ノ地ヲ得ル意ヨリ轉ジテ、心ノ落着クコト。安心。安意
アン-ドウ（名）行燈　あんどんニ同ジ。

アン-ドン（名）行燈〔字ノ宋音、元ハ携ヘ行クニ用ヰタルナリ〕燈火ヲ點シテ据エ置ク具、木ニテ框ヲ作リ、紙ヲ貼リ、中ニ燈蓋ヲ置キテ、油火ヲトボス。アンドウ。方燈
あん-ない（名）案内　（一）〔文案ノ内ノ事。「一ヲ檢ス」（二）轉ジテ、物事ノ内情ノ容子。「一ヲ知ル」不一」内情（三）土地ノ容子ヲ知リテ導スルコト。ミチビキ。「一ヲスル」導（四）告ゲ知ラスルコト。シラセ。通知
○一ヲ乞フ。門ニオトナフ。通謁
あんない-しや（名）案内者　導スル人。導者
あんない-じやう（名）案内狀　事ヲ告ゲ知ラスル書

狀。通牒

アン-なし-まんぢゆう (名) 無餡饅頭 麪包ニ同ジ。

あん-ねい (名) 安寧 ヤスラケキコト。禍亂ナドナクシテ安穩ナルコト。安泰。

あん-ばい (名) 安排 (一)程ヨク排ベテ置キ据ウルコト。(二)程好ク味ヲツクルコト、味ノ程。(常ニ鹽梅ノ字ナド假借ス) 調味 (三)ホド。カゲン。グアヒ。程度 (四)病ノ程。「―ガヨイ」「―ガワルイ」 病勢

あん-ぴ (名) 安否 安キト否ラザルト。安ラカナリヤ否ヤノコト。アンプ。「―ヲ訪フ」

あん-ぷ (名) 安否 あんぴニ同ジ。

あん-ぷく (名) 按腹 腹ヲ揉ミ摩ル伎。(按摩ノ一法)

アンペラ (名) (東印度邊ノ語ナリト云、或云、編片ノ轉カト) 舶來スル一種ノ席、南洋ノ諸國ニ產ズ、貝多羅ノ葉ヲ、竪ニ細ソク裂キテ、さんくづきニ編ミタルモノ。貝多葉席

あんぽつ (名) (徑輿ノ轉カ) 垂駕籠ニ似テ、稍、小キモノノ稱。(東京)

あんぽん-たん (名) (阿房鯛ノ轉カト云) (一)魚ノ名、かさごニ同ジ。(二)癡人ヲ罵リ呼ブ稱。(東京)

あん-ま (名) 按摩 (一)醫ノ一法、手ニテ身體ヲ按ミ摩リテ療スル伎、コレヲ行フヲ「―ヲ取ル」トイフ、今多ク盲人ノ業トス。モミレウヂ。(二)アンマトリ。(三)†俗ニ訛シテ、盲人。瞽者

あんま-とり (名) 按摩取 按摩ノ伎ヲ行フ人。

†あんまり (副) 餘ノ音便。

あん-みん (名) 安眠 安ラカニ眠ムルコト。寢ヲ安ク眠ルコト。

アン-も (名) (一)東京、小兒ノ語、あんもちノ略。(二)轉ジテ、餅。

アン-もち (名) 餡餅 (一)餅ノ中ニ餡ヲ包ミタルモノ。(二)餅ノ上ニ餡ヲ塗シタルモノ。アンコロモチ。

あん-もん (名) 案文 シタガキノ文。

あん-や (名) 暗夜 暗キ夜。ヤミヨ。

あん-らく (名) 安樂 身、心、安ラカニシテ樂シキコト。骨折、苦勞無キコト。

あん-ら-くわ (名) 安蘭花 樹ノ名、形、榠樝ニ似テ、春ノ末ニ、淡紅ノ花ヲ開ク、實モ、くわりんニ似テ、香、味、少シ異ナリ。安蘭

あん-をん (名) 安穩 安クオダヤカナルコト。無事ナルコト。

あめ (名) 天 (蒼見ノ約カ、或云、仰キ見ル意ナリト) (一)人ノ頭上ニ、仰ギ望メバ、大地ヲ覆ヒテ、蒼蒼トシテ廣大無邊ニ見ユ、日月星辰ノ懸レル處。ソラ。テン。虛空。(二)日ノ神ノ坐スル處。

あめ (名) 雨 (天水ノ約轉カ) (一)雲ノ、冷エテ水トナリテ、滴リ降ルモノ。(二)雨ノ如ク滴ルモノ。「涙ノ―」

あめ (名) 飴 (甘水ノ約轉カ) 食物ノ名、もちごめヲ蒸シテ、熱氣アル中ニ、大麥ノもやしヲ入レ、熱湯ヲ加ヘテ搾リ、釜ニテ煉リ作ル。其甚ダユルキヲ水―又汁―トモ云フ。濕飴 膠飴 再ビ煉リテ、油ヲツケテ、引キタタミシテ固クナセルヲ固―トイフ。餳 †「―ヲ食ハス」先ヅ喜バセテ、後ニ欺キ陷シイル。

あめ (名) 鯇 あめのうをヲ見ヨ。

あめ (名) 介ノ名、よめがさらニ似テ、長サ一寸餘、肉、薄赤ク、味、甘シ。

あめ-いし (名) 飴石 石ノ一種、外ハ、ザラツキテ、碎ケバ、内、あめいろナルモノ。

あめ-いろ (名) 飴色 淡黃褐ニシテ、スキトホリテ、水飴ノ如キ色。

あめ-うし (名) 飴牛 牛ノ毛色ノあめいろナルモノ。黃牛

あめ-うり (名) 飴賣 街上ニ飴ヲ賣リアルク者。

あめ-が-した (名) 天下 あめのしたニ同ジ。

あめ-ざいく (名) 飴細工 かたあめニテ、鳥獸人物ナドノ形ヲ作リテ、小兒ノ玩トスルモノ。

あめ-つち (名) 天地 天ト地ト。天地。

(あめつち-の-ふくろ (名) 天地袋 初春ニ、縫ヒテ作ル袋ノ名、天地ヲ縫ヒ合ハスル心トシ、幸ヲ納ルル祝物トス。

あめ-の-いはど (名) 天岩戸 あめのいはやどニ同ジ。

あめ-の-いはやど (名) 天岩屋戸 神代ニ、天上ニアリシ石屋ノ戶口。アメノイハト。アマノイハト。

あめ-の-うを (名) 鯇 (一)本名。アメ。魚ノ名、形、さけニ似テ、脊ノ上、尾マデトホリテ、黑甲アリ、鱗細カナラズ、大ナルハ二尺ニ至ル、肉白ク、又、淡赤キモアリ。

一名、アメマス。(二)又、魚ノ名、きすごノ一名。

あめ-の-した (名) 天下 (一)國土ノ總稱。天下。(高天原ニ對シテイフ) (二)日本全國。

あめ-の-むら-くも-の-つるぎ (名) 天叢雲劍 さんしゆのじんぎノ條ヲ見ヨ。

あめばた-いし (名) 雨畑石 甲州巨摩郡雨畑村ノ山中ヨリ出ヅル石、色黑シ、硯トス。アマバタイシ。

〔あめ-びと (名) 天人 天上ノ人。天人。

あめ-ふらし (名) 雨降 (一)動物ノ名、薩摩ノ山中ニアリテ、雨中ニ出ヅ、形、あはびニ似テ、瘦セテ、殼無シ。雨虎 (二)又、海產ノ動物ノ名、形、なめくぢニ似テ、大ク、黑褐雜駁色ナリ、頭ニ、二ツノ肉角アリ、コレニ觸ルレバ、背ヨリ紅紫ナル汁ヲ噴キテ身ヲ隱スコト、烏賊ノ墨ヲ噴クガ如シ。

あめ-ふり (名) 雨降 雨ノ降リテアル間。雨中

あめ-ます (名) 鯇鱒 あめのうをニ同ジ。

アメンドウ (名) 〔蘭語、Amandel ノ訛〕 (一)印度地方ヨリ舶來スル杏桃類ノ核、狀、杏核ヨリ大クシテ、黃ナリ、紋細カクシテ堅シ、形、種種ナリ、其仁ヲ藥トシ果トス、味、栗ノ如シ。巴旦杏 (二)壽星桃ノ一名。

アメンドウス (名) 巴旦杏ニ同ジ。

††あめん-ばう (名) 蟲ノ名、みづすましニ同ジ。

††あめん-ぼう (名) 餳ヲ棒ニ製シタルモノ。

〔あ-も-る・ル・レ・ラ・リ・レ (自動) (規・一) 天降 〔天降ルノ約轉〕 あまくだるニ同ジ。

あや (名) 文 (一)物ノ面ノ種種ノ象モヤウ。(自然ノ斑ニモ、織物、彫物、染物等ニモ、スベテイフ) (二)仕組ノスヂワケ。「計畫ノ—」

あや (名) 綾 〔文帛ノ略〕 紌地ノ織物ノ名、文ヲ織出シテ美シキモノ。

あや (感) あなニ同ジ。

あやかし (名) 〔怪シノ轉カ〕 (一)〔海上ノ妖怪ノ名。 (二)おむんさめノ一名。

あやか-る・ル・レ・ラ・リ・レ (自動) (規・一) 〔肖ユノ轉〕 觸レテ似ル。他ニ感ジテ、姿、同ジクナル。肖

あや-し・シキ・シケレ・シク・シク (形・二) 〔あやハ文理ノ意カ、或ハ感動ノ聲カ〕 (一)〔考ヘ及ビガタシ。奇シ。フシギナリ。靈異 神瑞 (二)〔常ニ異ナリ。メヅラシ。キタイナリ。奇異 非常 (三)イブカシ。ウタガハシ。怪 (四)賤シ。見苦シ。「—ノ下衆」「—ノ小家」

あや-し-び (名) 怪火 起レル由ノ知ラレヌ火災。

あや-し-ぶ・ブ・ベ・バ・ビ・ベ (他動) (規・二) あやしむニ同ジ。

あや-しみ (名) 怪 アヤシムコト。ウタガヒ。

あや-し-む・ム・メ・マ・ミ・メ (他動) (規・二) 怪 〔奇ヲハタラカス〕 怪シト見ル。フシギニ思フ。ウタガフ。

あや-す・ス・セ・サ・シ・セ (他動) (規・一) 流ユルヤウニナス。出ダス。流ガス。滴ラス。「血ヲ—」「汗ヲ—」流

あや-す・ス・セ・サ・シ・セ (他動) (規・一) 〔あやなすノ意カ〕 アヘシラヒ樂シマス。(赤子ヲ)

あや-すぎ (名) 文杉 (一)椹ノ一種變葉ノモノ、其葉、杉ニ似テ、細小ニシテ、柔ク、背ハ白シ。塔杉 (二)人字ノ如キ文ヲ連ネタル形、刀劍ノ中心、又ハ、三昧線ノ胴ノ裏ナドニ彫リツクルモノ。

あ-やつ (代) 彼奴 彼ニ同ジクシテ、罵リ呼ブニ用ヰル代名詞。アイツ。

あやつり (名) 操 (一)アヤツルコト。アヤツル仕掛。機 (二)アヤツリニンギヤウ。

あやつり-にんぎやう (名) 操人形 傀儡ノ類、人形ニ、絲ヲ仕掛ケアヤツリテ、音曲ニ合ハセテ舞ハスルモノ。人形まはし、人形芝居。コレヲ舞ハスル者ヲ、人形つかひナドイフ。

あや-つ-る・ル・レ・ラ・リ・レ (他動) (規・二) 操 〔文、釣ル義〕 (一)絲ヲ仕掛ケテ、引キ釣リテハタラカス。「機ヲ—」「人形ヲ—」 (二)カケヒキヲナス。アヤナス。

あや-ど-る・ル・レ・ラ・リ・レ (他動) (規・二) 操 〔文、取ルノ義〕 (一)アヤツル。 (二)アヤナス。

〔あや-な-し・キ・ケレ・ク・ク (形・一) 無文 理、立タズ。ワケ、ワカラズ。漫

あや-な-す・ス・セ・サ・シ・セ (他動) (規・一) 〔文なすノ意〕 巧ニアツカフ。程好クアヘシラフ。

〔あや-に (副) 奇 〔あやしノ條ヲ見ヨ〕 (一)奇シク。奇妙ニ。フシギニ。「—畏シ」 (二)ワイダメナク。むしやうニ。ムヤミニ。「—戀シ」漫

あや-にく (副) 生憎 あやにくにニ同ジ。

あや-にく-に (副) 生憎 〔嗟憎ニノ義〕 (一)嗟、憎ク。アヤニク。 (二)思ヒニ違ヒテ、意地ワロク。間ワロク。アイニク。

〔あや-めの (名) 文布 〔古ヘ、文アル布ハ、倭文布ノミ〕

倭文布ニ同ジ。

あやぶ-し・キ・ケレ・ク・ク、(形・二) 【危】 難ニ近ヅク。害ニ逢ハムトス。アブナシ。

あやぶ-む・ム・メ・マ・ミ・メ (他動)(規・一) 【危】 アヤフシト認ル。アブナク思フ。

あやぶ-む・ムル・ムレ・メ・メ・メヨ (他動)(規・二) 【危】 アヤフクス。難ニ遇ハス。「社稷ヲアヤブメムトス」人ヲアヤブメテ」

あやまち (名) 【過】 アヤマツコト。シソコナヒ。マチガヘ。

あやま-つ・ツ・テ・タ・チ・テ (他動)(規・一) 【過】 爲損フ。シソンズ。マチガフル。アヤマル。

あやまり (名) 【誤】 (一)アヤマルコト。シソコナヒ。(二)詫ブルコト。謝罪
あやまり-ぢやうもん (名) 【誤證文】 誤ヲ詫ビタル證トシテ送ル狀。

あやま-る・ル・レ・ラ・リ・レ (他動)(規・一) 【誤】 (一)爲テ理ニ外ル。シソコナフ。マチガフル。アヤマツ。(二)轉ジテ、詫ブ。(誤リヲ詫ビ訴フル意)謝罪
あや-む・ムル・ムレ・メ・メ・メヨ (他動)(規・二) (一)怪シム。イブカル。(二)傷フ。殺ス。「人ヲ―」

あや-め (名) 【文目】 スヂ。ワケ。シャベツ。「―モワカズ」―モ知ラズ」

あや-め (名) 〔文目ノ義ニテ、葉ノ理ニツキテイヘルカ〕 (一)草ノ名、古歌ニイヘルハ、本名、あやめぐさニテ、今ノ菖蒲ナリ、其條ヲ見ヨ。(二)今、花ヲ賞スルハ、はなあやめノ略、其條ヲ見ヨ。

あやめ-がひ (名) 【菖蒲貝】 蛤ノ類、色、紫ナリ、三ツ寄スルトキハ、はなあやめノ花ニ似タリ。

あやめ-ぐさ (名) 【菖蒲草】 菖蒲ニ同ジ。略シテ、アヤメ。
(あやめ-たむ) (名) 草ノ名、われもかうニ同ジ。
あやめ-だんご (名) 【菖蒲團子】 (一)竹串ヲ四叉ニワカチ、叉毎ニ、小キ團子ヲ四ツヅツ貫キタルモノ、形、はなあやめノ花ニ似タリ。(二)いときりだんごニ、餡ヲ塗シタルモノ。
あや-ゐ-がさ (名) 【綾藺笠】 藺ニテ編ミタル一種ノ製ノ被笠。
あゆ (名) 【鮎】 〔字ハ和字ナリ、神功后、此魚ヲ釣リテ勝敗ヲ占ハセタマヒキ、故ニ占ニ從フト云〕 魚ノ名、春ノ初、河海ノ間ニ生ジテ、河ニ泝ル、長キハ八九寸鱗細カクシテ腹白シ、雌ハ首小ク、身濶クシテ、色、黃ヲ帶ビ、雄ハ身狹クシテ淡黑シ、秋ノ末、河海ノ間ニ歸リ、子ヲ生ミテ死ス。アイ。【溪鰛】 香魚
(あ-ゆ・ユル・ユレ・エ・エ・エヨ) (自動)(規・二) 似ル。アヤカル。肖
(あ-ゆ・ユル・ユレ・エ・エ・エヨ) (自動)(規・二) 流レ出ヅ。滴ル。(血、汗、ナド) 流
(あ-ゆ・ユル・ユレ・エ・エ・エヨ) (自動)(規・二) 熟ス。ツユ。(果ニ) 熟
(あゆか-す・ス・セ・サ・シ・セ) (他動)(規・一) 【搖】 ユルガス。ウゴカス。
(あゆ-ぐ・グ・ゲ・ガ・ギ・ゲ) (自動)(規・一) 【搖】 ユルグ。ウゴク。
(あゆ-ぐ・グ・ゲ・ガ・ギ・ゲ) (自動)(規・一) 【步】 あゆむニ同ジ。
あゆ-なめ (名) 【鮎並】 海魚ノ名、もうをノ類、猪首ニシテ、身狹ク、鱗細カク、口、眼、大ナラズ、身、黃褐ニシテ、黑キ斑アリ、尾ニ赤ミアリ、頰、黃ナリ、小キハ一二三寸、大ナルハ尺餘アリ、味甚ダ佳ナリ。アイナメ。

(あ-ゆひ) (名) 【足結】 足ニ結ビ纏フモノ。脛巾。脚絆
あゆび (名) 【步】 あゆみニ同ジ。
あゆ-ぶ・ブ・ベ・バ・ビ・ベ (自動)(規・一) 【步】 あゆむニ同ジ。
あゆみ (名) 【步】 アユムコト。アルクコト。「―ヲハコブ」
あゆみ-いた (名) 【步板】 步ミ渡ラムガ爲ニ物ノ上ニ亙ス板。
あゆ-む・ム・メ・マ・ミ・メ (自動)(規・一) 【步】 足ヲ動カシテ進ム。行ク。アリク。アルク。
あゆ-もどき (名) 【鮎擬ノ義】 魚ノ名、山城ノ桂川ニ產ス、鮎ニ似テ、口ニ、どぢやうノ如ク鬚アリ、大ナルハ一尺許アリ。
(あよ-ぶ・ブ・ベ・バ・ビ・ベ) (自動)(規・一) 【步】 あゆむニ同ジ。
あら (名) 魚ノ名、形、鱈ニ似テ、頭長ク、鱗細カク、黃黑色ニシテ斑アリ、小キハ一二尺アリ、大ナルハ三尺許ニ至ル、味淡シ、北海ノ產ナリ。【鰔魚】
あら (名) 〔粗ノ義〕 (一)骨。(二)魚ヲ料理シタル後ノ骨ニ餘肉ノ添ハレルモノ。骨邊肉 (三)轉ジテ、善キヲ擇リ取リテ後ノ棄ツベキ處。殘餘 (四)又、轉ジテ、アヤマチ。キズ。「人ノ―ヲ言フ」 瑕
†あら (名) 【新】 新ナルコト。未ダ用ヰヌコト。「―ノ品」
あら (感) あなニ同ジ。「―暑や」―寒や」―嬉シ」
あら (接頭) 【粗】 粗キ。粗ナル。「―ガネ」―々」
あら (接頭) 【荒】 荒キ。荒ルル。「―海」―事」
あら (接頭) 【新】 〔生ノ意カ〕 アラタナル。アタラシキ。「―手」―刃」

あら-あら (副) 粗粗 大略。オヨソ。ザツト。約略

あら-あら・し・シキ・シケレ・シク・シク (形・二) 粗粗 甚ダ粗シ。ソマツナリ。太粗

あら-あら・し・シキ・シケレ・シク・シク (形・二) 荒荒 甚ダ荒シ。タケシ。猛

あら-いそ (名) 荒磯 荒波ノ打寄スル磯。

〔あら-いみ (名) 荒忌 神事ニ與カル人ノ、マヘカタヨリスルモノイミ。散齋 神事ニ近ツキテスルヲ眞忌トイフ。致齋

あら-う (名) 荒鵜 荒キ鵜。馴レヌ鵜。

あら-うま (名) 荒馬 猛クシテ制シガタキ馬。悍馬

あら-うみ (名) 荒海 荒波ノ立ツ海。オホウミ。

あらうみ-の-さうじ (名) 荒海障子 清涼殿ノ弘廂ノ北ニアル布障子ノ稱、荒海ノ畫ヲカケリ。

あら-えびす (名) 荒夷 王化ニ馴レヌ荒荒シキ夷。

あら-かじめ (副) 預豫 〔粗假占ノ約カ、粗ク初メノ約カ〕 其事ノ前ニマヘカタヨリ。カネテ。マヘビロニ。

あら-かせぎ (名) 荒稼 荒仕事ノ生業。力役

あら-かた (副) 粗方 オホカタ。大抵。大概。

あら-がね (名) 粗金 (一)山ヨリ堀リ取リタルママニテ、未ダ製煉セヌ金類。鑛 (二)鐵。

あら-がね-の (枕) 粗金 土トイフ語ノ枕詞。

あら-かは (名) 粗皮 (一)毛皮(つくりかはニ對ス) 生皮 (二)モミガラ。

あらが・ふ・フ・ヘ・ハ・ヒ・ヘ (他動)(規・一) 爭 〔荒ヲハタラカス〕 あらそふニ同ジ。

あら-かべ (名) 粗壁 粗塗ノママナル壁。

〔あら-がみ (名) 現神 天皇ヲ差シテ申シ奉ツル語、現世ニ神ニテマシマス意。

アーラカン (名) 阿羅漢 〔梵語、阿ハ不ナリ、羅漢ハ生ナリ〕 佛ノ稱號、後世ノ中ニ、サラニ生セザル者ノ意、常ニ略シテ羅漢トノミイフ。「十六-」五百-」

〔あら-き (名) 殯宮 〔荒城ノ義〕 屍ヲ未ダ葬ラズシテ暫シ收メ置ク所。

あら-き (名) 粗木 材木ノ、切リ出シタルママニテ、皮ヲ去ラザルモノ。樸

アラキ (名) 阿剌吉 〔蘭語、Arrak.〕 和蘭ヨリ古ク渡セル飲物、丁子、肉桂、茴香、等ヲ合セテ、燒酎ニ浸シ製セシモノト云。荒氣酒。

あらきだ (名) 荒木田 武州豐島郡町谷村尾久村邊ノ荒川ニ沿ヘル荒木田原ヨリ出ツル土、粘リアリ、壁ニ塗リ、又、陶器ニ用ヰル。(東京)

〔あら-きはり (名) 墾 新ニ田ヲ墾ルコト。新地ヲ始メテ草ヲカヘシテ、一年ナルモノ。其二年ニシテ漸ク和スルヲ畬トイヒ、三年ニシテ新田トナル。

あら-ぎやう (名) 荒行 修驗者ナドノ、甚シキ艱難ヲ凌ギテスル行。

〔あら・く・クル・クレ・ケ・ケ・ケロ (自動)(規・二) 〔粗クナル意〕 散ニナル。ハナレバナレニナル。散

あら・く・クル・クレ・ケ・ケ・ケロ (自動)(規・二) 荒 荒ル。荒レ立ツ。

あら-ぐし (名) 粗櫛 齒ノ粗キ櫛、先ヅ髮ヲ解クニ用ヰル。トキグシ。梳

あら-くま (名) 荒熊 猛キ熊。

〔あらくま・し・シキ・シケレ・シク・シク (形・二) 荒キ狀ナリ。アラアラシ。

あらく・る・ルル・ルレ・レ・レ・レロ (自動)(規・二) (一)粗クナル。細ヤカナラズ。(二)荒クナル。荒レ立ツ。

あらくれ-もの (名) アラクルル者。亂暴ナル者。暴人

あら-けな・し・キ・ケレ・ク・ク (形・一) 〔荒氣痛シノ意〕 甚ダ荒シ。アラアラシ。

〔あら-こ (名) 麁籠 目ノ粗キ籠。

あら-こ (名) 粗粉 糯粳ノ粗キモノ、砂糖、飴ナドニ和セテ、菓子ノ種ニ用ヰル。「-落雁」

あら-ごと (名) 荒事 歌舞妓ニテ、剛ノ者ノ事ヲスルコト。末

あら-ごと-し (名) 荒事仕 あらごとニ扮ツ俳優。末

あら-ごも (名) 粗薦 新シキ薦ノ、觸ルルニ粗粗シキモノ稱。

あら-し (名) 嵐 〔荒風ノ轉カ、荒シカ〕 雨、風、ノ吹キ荒ルルモノ。風雨

あら・し・キ・ケレ・ク・ク (形・一) 麤麁粗 〔あらハ生ノ轉ナラム〕 コマヤカナラズ。ナメラカナラズ。粗末ナリ。

あら・し・キ・ケレ・ク・ク (形・一) 荒 〔粗シノ轉〕 猛ク烈シ。強ク荒ブ。猛

あら-しこ (名) 粗鉋 〔粗しこきノ略〕 工匠ノ語、鉋ノあらけづりニ用ヰルモノ。次ニ用ヰルヲ中鉋トイヒ、

仕上ゲニ用ヰルヲ上鉋トイフ。

あらしこ (名) 【荒子】 (一)農家ナドノ下賤ノモノ。(二)軍卒。雜兵。

あらしごと (名) 【荒仕事】 力業ニテ骨ノ折ルル仕事。 力作

あらしょたい (名) 【新所帶】 新シキ所帶。新ニ起シタル住居。 新居

あらす・ス・セ・サ・シ・セ (他動)(規・一) 【荒】 (一)荒レシム。害フ。コハス。(田園ナド) 殘破 (二)荒ルルニ任カス。毀ルルママニシテ、繕ハズ。(家ナド)「住ミ―」 任荒破

あらそひ (名) 【爭】 アラソフコト。イサカヒ。

あらそふ・フ・ヘ・ハ・ヒ・ヘ (他動)(規・一) 【爭】 〔荒ヲハタラカス〕 他ニ逆ヒテ己ガ意ノ如クニセムトス。競ヒテ勝タムトス。イサカフ。アラガフ。

あらた (名) 【荒田】 耕作セヌ田。荒田。 廢田

あらたかに (副) 〔生高ノ意カ〕 威力、イヤチコニ。靈驗、遂ハス。(神佛ニ) 顯然 灼然

〔あらたし・シキ・シケレ・シク・シク (形・二) 【新】 アラタナリ。アタラシ。

あらだつ・ツ・テ・タ・チ・テ (自動)(規・一) 【荒立】 荒クナル。荒ビ始ム。(風雨、鬼神ナド) 暴發

あらだつ・ツル・ツレ・テ・テ・テヨ (他動)(規・二) 【荒立】 アラダツヤウニナス。荒クナス。(人ノ心ナド) 激動

‡あらだてる (動) あらだつ(他動)ノ訛。

あらたに (副) 【新】 〔あらハ生ノ轉カ〕 始メテ別段ニ。アタラシク。

〔あらたへ (名) 【粗栲】 栲ノ條ヲ見ヨ。

〔あらたへの (枕) 【粗栲】 衣、布衣、葛衣等ノ枕詞。

あらたま (名) 【粗玉】 玉ノ堀リ取レルママニテ未ダ磨カザルモノ。 璞

あらたまの (枕) 【新玉】 〔新間ニテ移リ行ク意ト云、或云、璞ヨリ砥ト言ヒ掛クルナリト〕 年、月、日、夜、春ナドイフ語ノ枕詞。

あらたまる・ル・レ・ラ・リ・レ (自動)(規・一) 【改】 〔新ヲハタラカス〕 新ニナル。變ハル。ナホル。

あらたむ・ムル・ムレ・メ・メ・メヨ (他動)(規・二) 【改】 〔新ヲハタラカス〕 (一)新ニス。變フ。ナホス。(二)糺ス。調ブ。吟味ス。「人別ヲ―」「闕ノ切手ヲ―」 撿

あらため (名) 【改】 (一)アラタムルコト。ナホシ。(二)糺スコトシラベ。吟味。「人別―」「宗門―」 點撿

‡あらためる (動) あらたむノ訛。

‡あらつぽし・キ・ケレ・ク・ク (形・二) (一)粗シ。コマヤカナラズ。(二)荒シ。アラアラシ。猛シ。

あらづもり (名) 【粗積】 オホカタニ測ルコト。 概算

あらて (名) 【新手】 未ダ戰ハズシテ疲レヌ兵隊。 生兵

あらと (名) 【粗砥】 砥ノ一種、始メテ新刃ヲ研グニ用ヰルモノ、質粗クシテザラック、赤キアリ、白キアリテ、樣ノ文アリ。 礪

あらどこ (名) 【新床】 疊ノ床ノ新シキモノ。

あらなは (名) 【荒繩】 繩ノ肌ニ觸レテ粗粗シキニイフ語。「―ニテ縛ル」 粗索

あらなみ (名) 【荒波】 荒レ立チテ打ツ波。 怒濤

あらぬか (名) 【粗糠】 もみぬかニ同ジ。

あらぬり (名) 【粗塗】 初ニ粗ク塗ルコト。シタヌリ。(壁泥ナドニイフ、中塗、上塗ニ對ス)

あらの (名) 【荒野】 荒レタル野。 曠野

あらは (名) 【新刃】 刃物ニ新ニ付クル刃。

〔あらはかす・ス・セ・サ・シ・セ (他動)(規・一) あらはすニ同ジ。

あらはす・ス・セ・サ・シ・セ (他動)(規・一) 【顯】【現】 (一)現ニナス。オホヤケニス。隱サズニ見ス。(二)書ヲ作リテ世ニ出ス。著述ス。 著

あらはに (副) 【顯】【現】 〔あらハ生ノ意カ〕 (一)隱レズニ。アラハレテ。覆物ナクテ。「―見ユ」(二)隱サズニ。發キテ。アラハシテ。「―語ル」

あらはる・ルル・ルレ・レ・レ・レヨ (自動)(規・二) 【顯】【現】【著】 (一)現ニナル。カクレナクアリ。表ニ出ヅ。「雲晴レテ月―」「思ヒ、顏ニ―」(二)隱シタルコト、人ニ知ラル。露顯ス。「隱謀―」 發覺

‡あらはれる (動) あらはるノ訛。

あらひ (名) 【洗】 (一)洗フコト。(二)魚ノ生肉ヲ刻ミ、冷水ヲ注ギテ洗ヒ、肉ヲ縮マシメタルモノ、生ニテ醬油ニ浸シテ食フ。

あらひこ (名) 【洗粉】 まろあづきヲ細末ニ製シタルモノ、物ヲ洗フニ用ヰテ、油ナドノ汚レヲオトス。 澡豆

〔あらひとがみ (名) 【現人神】 現世ニアリテ人ノ體ナル神。

あらひのり (名) 【洗海苔】 あまのりノ一種 出雲ヨリ

産ズルモノ。

あらひ-はり (名) [洗張] 故キ衣服ヲ洗濯シテ張リテ、淨ラカニスルコト。

あらひ-よね (名) [洗米] かしよね又ハせんまいニ同ジ。

あら・ふ・フ・ヘ・ヘ・ヒ・ヘ (他動)(規・一) [洗] (新ヲハタラカス) 水ニススギテ淨ム。

あら・ぶ・ブル・ブレ・ビ・ビ・ビヨ (自動)(規・三) [荒] (一)荒ル。荒レタツ。「アラブル神」「アラブル人」「アラブル潮」 暴起 (二)開ラケズニアリ。荒ル。(國土ナド) 荒沾 (三)(情、疎クナル。「アラブル妹ニ戀ツツ居ル」

あら-まき (名) [粗蒔] 田ヲカヘサズニ種ヲ蒔クコト。

あら-まき (名) [苞苴] (粗巻ノ義) 蘆、竹ナドニテ魚ヲ包ミ巻キタルモノ、贈物ナドニ用ヰルニイフ。

(あらまし (名) アラマスコト。行末ノコヽロアテ、豫メ心ニ計ルコト。 豫期

あらまし (副) [荒増] (前條ノ語ノ轉) オホカタ。タイテイ。 大抵

(あら-ま・し・シキ・シケレ・シク・シク (形・二) 荒キ状ニテアリ。

(あらま・す・ス・・・サ・シ・セ (他動)(規・一) 預メ心ニ思ヒハカル。 預期

あら-ま-ほ・し・シ・シキ・シケレ・シク・シク (形・二) 有ラムコトヲ欲ス。アリタシ。

あら-み (名) [新刃] 新ニ鍛ヘタル刃。新刀。

あら-み-たま (名) [荒御魂] 荒アル御魂。(神ノ)

あら-む-しや (名) [荒武者] (一)猛キ武者。 猛士 (二)轉シテ、所行ノ荒荒シキコト。 兇暴

あら-め (名) [荒布] 海藻ノ名、海底ノ石ニ貼キテ生ズ、葉扁ク長クシテ、一根ヨリ叢生シ、長キハ四五尺ニ至ル、色黒ク、縦ニ粗キ皺アリ、晒シテ煮テ食フ。 黒菜

あら-もの (名) [新物] 新ニ作リテ未ダ用ヰザルモノ。(器ナド)

あら-もの (名) [荒物] 草鞋、塵取、竹帚ナド、種種ノ粗キ器ノ稱。(商ヒ物ナルニイフ)「—屋」

あら-ゆる 有ラ被ノ分詞法。アルカギリノ。(被ノ條見合ハスベシ) 所有

あら-らか-に (副) 荒荒シキ状ニテ。甚ダ荒ク。「聲—言フ」

あら-らぎ (名) [蘭] (一)草ノ名、深山ニ生ズ、早春、舊根ヨリ生ジ、葉ハ、むらさきぎはうしゆノ如クニシテ、縱道ナシ、莖、高サ八九寸、三葉、下ニ互生シテ、頂ニ花ヲ開ク、韮ノ花ニ似テ大ク、六瓣淡紫ナリ、又、白キモアリ、實モ韮ノ如ク、根ハ、水仙ノ如クニテ絲ニテ包ム、臭氣ナシ。一名、ギヤウジヤニンニク。 茖葱 (二)又、樹ノ名、いちゐニ同ジ。

あら-らぎ (名) 塔ニ同ジ。(齋宮ノ忌詞)

あられ (名) [霰] (粗ノ意ナルベシ) (一)雪ノ粒ノ、氷トナリテ降ルモノ、冬月、雪ノ前ニ降ル。(二)織文、又ハ染文ノ名、いしだたみノ細カキモノ。(三)餅ヲ采目ニ刻ミテ炒リタルモノ。(四)細カキ糒ヲ炒リ焦シテ、湯ニ點ジテ飲ムモノ。(五)みぢんこニ砂糖ヲ和セテ、捏テ方形ニ切リタルモノ。(六)砂糖ヲ采目ニ固メ製セルモノ。

あられ-いし (名) [霰石] (一)炭酸石灰、大、小、粒ヲナシテ、光アリ、色白シ。其管ノ状ヲナスモノヲ鵝管石トイフ。(二)方解石ノ一名。

あられ-がひ (名) [霰貝] 螺ノ類、殼ノ外面ニ、あられノ如キモノ、並ビ付キテ、體、脹レタリ。

あられ-がま (名) [霰釜] 釜ノ外面ニ、霰ノ如キモノヲ、高ク並ベテ鑄出シタルモノ。

あられ-こもん (名) [霰小紋] 染模様ノ名、霰ノ如キ小紋ヲ、隙ナク染出シタルモノ。

あられ-ざけ (名) [霰酒] 濁酒ノ麹ノ溶ケズシテ霰ノ如ク交レルモノ。

(あられ-ばしり (名) 踏歌ノ條ヲ見ヨ。

あられ-も-な・し・キ・ケレ・ク・ク (形・二) [有ラ被モ無シノ義] 有ラルベクモナシ。有リ得ズ。

あり (名) [蟻] 小キ蟲、春、土ヨリ出デ、秋ノ末、食ヲ貯ヘテ、地中ニ蟄ス、六足ニシテ、腰、クビル、市中ニ居ルハ、體、一二分ナリ、山野ニアルハ、七八分ニ至ル、皆赤、黑、等ノ種アリ、體ニ比スレバ力強シ、樹中ニ棲ムモアリ、ありづかヲ作リテ居ルモアリ。

あり (名) 大クシテ平タキ板ノ反ルヲ防ガムガ為ニ、別ニ、木目ト打違ヘニ、溝ヲホリテ、細ソキ木ヲ塡メタルモノ。

あり (名) [有] アルコト。現在スルコト。「—ノママ」「—ト無シト」

あり・ル・レ・ラ・リ・レ (自動)(不規・四) [有] (一)無シノ反。存

在ス。(二)居ル。止マル。「家ニー」東ニー」 在

ありあけ (名) 有明 月ハ天ニアリナガラ、夜ノ明クルコト。(十六夜以後ノ月ニ云フ) 殘月

ありあけアンドン (名) 有明行燈 終夜、點シ置ク行燈。 長夜燈

ありあはす・スル・スレ・セ・セ・セヨ (自動) (規・二) 有合 ありあふニ同ジ。

ありあはせ (名) 有合 ありあひニ同ジ。

ありあひ (名) 有合 アリアフコト。アリアハセ。 見在

ありあふ・フ・ヘ・ハ・ヒ・ヘ (自動) (規・一) 有合 正ニ其場ニテアリ。 見在

ありあまる・ル・レ・ラ・リ・レ (自動) (規・一) 有餘 入用ニ餘ル。

(ありありて (副) 在在 ソノママニ在リテ。

ありありと (副) 在在 分明ニアリテ。ハキト。

ありう・ウル・ウレ・エ・エ・エヨ (自動) (規・二) 有得 世ニアルコトヲ得。永ク世ニ存ル。

ありか (名) 在所 物ノ在ル處。 所在

(ありか (名) (生レナガラニ有ル臭ノ意カ) わきがニ同ジ。 狐臭

ありがたし・キ・ケレ・ク・シ (形・一) 難有 (一)(存在スルコト難シ。在リカヌ。(二)頗ヒ少シ。希ナリ。 希世 (三)カタジケナシ。 忝

ありがたなみだ (名) 難有涙 尊サ、又ハ喜バシサニ感ジテ出ツル涙。 感涙

ありがためいわく (名) 難有迷惑 忝キヤウニテ、却テ迷惑ナルコト。

ありがね (名) 有金 現在、手許ニアル金錢。 見存金

(ありき (名) 步 アリクコト。アユミ。

ありきたり (名) 有來 元ヨリ有ルコト。モトヨリ傳ヘタルママナルコト。 從來

ありきり (副) 有切 アルカギリ。アリタケ。

(ありく・ク・ケ・カ・キ・ケ (自動) (規・一) 步 あるくニ同ジ。

ありさま (名) 有樣 有ル狀。アリヤウ。ヤウス。 狀

ありすひ (名) 蟻吸 小鳥ノ名、きつつきノ小キモノ、目赤クシテ白キ環アリ、頭ト背トハ、淡褐ニシテ黑キ斑アリ、喉白ク腹ハ、淡黃ニシテ黑キ斑アリ、尾、長クシテ、淡黃ニテ亦黑キ斑アリ、脚モ淡黃ナリ、其舌、蛇ノ如ク、細ソクシテ長シ、能ク小蟲ヲ咕ヒ食フ。 啄木鳥一種

(ありそ (名) 荒磯 あらいそノ約。「ー海」「ー松」

ありだか (名) 有高 ソコニ有ルホドノ嵩。 見存數

ありたけ (副) 有丈 ソコニアルカギリ。

(ありたつ・ツ・テ・タ・チ・テ (自動) (規・一) 在立 立ツトイフニ同ジ。

ありおどく (名) 蟻地獄 ありはちむしニ同ジ。

ありづか (名) 蟻塚 蟻ノ巢トシテ作ルモノ、泥土ヲ積ミテ作ル、全體、細孔ヲナスコト、海綿ノ如シ、其中ニ棲ム。アリノタフ。 蟻垤

(ありつかはし・シキ・シケレ・シク・シク (形・二) 似ツカハシ。似合ハシ。

ありつき (名) 有付 アリツクコト。

ありつく・ク・ケ・カ・キ・ケ (自動) (規・一) 有付 (一)似合フ。(二)住ミツク。住ミ馴ル。(三)賴ヲ得。

ありてい (名) 有體 アリノママ。アカラサマナルコト。

ありどほし (名) (有通ノ義ニテ、實ノ冬ヲ歷ルニイフカ) 小木ノ名、山中ノ陰地ニ生ズ、高サ二三尺ニ過ギズ、葉ハ枸杞ニ似テ、短クシテ尖リ、葉ノ本毎ニ刺アリ、故ニ「小鳥止ラズ」ノ名アリ、春、葉ノ間ニ白キ花ヲ開ク、後、圓キ實ヲ結ブ、熟スレバ紅ナリ、冬ヲ歷テ落チズ。 虎刺

(ありならふ・フ・ヘ・ハ・ヒ・ヘ (自動) (規・一) 慣ヒ來ル。仕癖トナル。

(ありのすさび (名) 有リテ進テルニ任スルコト。

ありのたふ (名) 蟻塔 (一)ありづか。(二)小草ノ名、原野ニ生ズ、細キ莖ヲ出ス、高サ五六寸、葉、對生ス、大サ豆ノ如シ。一名、ノミトリグサ。

ありのおどく (名) 蟻地獄 ありはちむしニ同ジ。

ありのとわたり (名) 蟻門渡 (一)蟻ノ、甚ダ細ソキ隙ヲ、列ナリテ行クコト。(二)會陰。

(ありのひふき (名) 桔梗ニ同ジ。

(ありのまがひ (名) 物、多クアリテ、亂レ紛ヲコト。

ありのままに (副) 有儘 物事ノアル姿ノ儘ニツクロヒ隱シナドセズシテ、アリテイニ。 白地

ありのみ (名) 有實 (一)梨ノ異名。(無シニ通フヲ忌ミテ、有リトイフナリ) (二)又、やまなしノ一名。

(ありはつ・ツル・ツレ・テ・テ・テヨ (自動) (規・二) 存在シテ終

ハル。

〔ありふ・フル・フレ・ヘ・ヘ・ヘヨ〕(自動)(規・二) 有經 世ニアリテ年月ヲ經。

ありふる・ルル・ルレ・レ・レ・レヨ (自動)(規・二) 有觸 世ニ常ニアリ。何地ニモ多クアリ。

ありまい (名) 有米 有合ノ米。見存米

ありまき (名) 蟻卷 小蟲ノ名、竹又ハ草木ノ嫩葉ノ間ニ生ズ、形、黍ノ粒ノ如ク、身圓ク、頭尖リテ、兩ノ鬚、六ノ脚アリテ、綠ナリ、後ニ羽化ス、此蟲、味甘シ、故ニ、蟻多ク集リテネブル、黑蟻集マレバ色黑クナリ、赤蟻ナレバ、赤クナル。アブラムシ。竹蝨

ありまつあほり (名) 有松絞 なるみあほりノ條ヲ見ヨ。

ありやう (名) 有樣 (一)アル樣。アリサマ。ヤウス。(二)具實ノ狀。

〔ある・ルル・ルレ・レ・レ・レヨ〕(自動)(規・二) 生 うまるニ同ジ。

ある・ルル・ルレ・レ・レ・レヨ (自動)(規・二) 荒 (一)荒ビサワグ。アレタツ。(神ニ、人ニ) (二)烈シク起ル。荒クナル。(風ニ、浪ニ) 暴起 (三)破ルルニ任セテアリ。手ヲ入レズシテアリ。(家ニ、田畑ニ) 荒廢 (四)膩、乏シクナル。(手足ニ)

ある (動) 有 ありヲ見ヨ。

ある 或 有リノ分詞法。名ヲ知ラズ、又ハ、名ヲ定メズ物事ヲ指シテイフ語。某ノ。「―人」―時」―處」―男」

あるかぎり (副) 有限 有ル程ヲ盡クシテ。

あるき (名) 步 アルクコト。アユミ。アリキ。

あるく・ク・ケ・カ・キ・ケ (自動)(規・一) 步 あゆむニ同ジ。アリク。

アルコオル (名) 〔亞剌比亞語ニテ、和蘭ヨリ入ル、Alcohol.〕 酒ヲ蒸溜シタルモノ。燒酎。酒精

あるじ (名) 主 〔有主ノ約カ〕(一)家ノ主。アロジ。主人。テイシユ。(二)〔主人トナリテ人ヲモテナスコト〕フルマヒ。チサウ。饗應

あるじまうけ (名) 饗應ノ設ケヲナスコト。

あるは (接) 或 あるひはニ同ジ。

あるひは (接) 或 〔或謂ハノ約〕 是レカ、彼レカト、二ツノ物事ニワタリテイフ語。又ハ。「月―花」

あるひは (副) 或 〔前條ノ語ノ轉〕 若シハ。何トカセバ。(漢籍讀ニ)「―アラム」―然ラム」

アルヘイ (名) あるへいたうニ同ジ。

アルヘイたう (名) 有平糖 〔佛語、アルヘイトム(砂糖)ニ起ルトモイヘド詳ナラズ〕 砂糖ヲ煮テ、煉リテ、餳ノ如クシタルモノ、種種ノ形ニ作ル。アルヘイル。アルヘイ。氷絲糖 窩絲糖

アルヘイル (名) あるへいたうニ同ジ。

あれ (名) 荒 雨風ノ荒ルルコト。アラシ。颶雨

〔あれ〕(代) 我ニ同ジ。「妹ト、我トいるさノ山」

あれ (代) 彼ニ同ジ。

あれた (名) 荒田 打チ捨テテ耕サヌ田。廢田

あれち (名) 荒地 田畠ニモ宅地ニモセズシテ、打チ捨テテアル地。荒蕪

あれの (名) 荒野 荒レタル野。

あれはつ・ツル・ツレ・テ・テ・テヨ (自動)(規・二) 荒果 全ク荒ル。

〔あれます・ス・セ・サ・シ・セ〕(自動)(規・一) 生坐 生ルノ敬語。

あれゆく・ク・ケ・カ・キ・ケ (自動)(規・一) 荒行 荒レナガラニ年月ヲ經。

†あれる (動) 荒ルノ訛。

あれわたる・ル・レ・ラ・リ・レ (自動)(規・一) 荒亙 廣ク荒レテ見ユ。

〔あろじ〕(名) 主 あるじニ同ジ。

あわ (名) 泡沫 (一)水中ニ空氣ヲ含ミテ圓ク脹レアガリタルモノ。アブク。(二)硝子ノ中ノ虛。氣眼 (三)口ノ邊ニ噴ク唾。(怒レル時ナドニ) ○―ヲ食フ。周章ツ。(東京鄙語) ○―ヲ吹ク。不意ヲ打タレテ怒ル。

あわただし・シキ・シケレ・シク・シク (形・二) 周章テタル狀ニテアリ。惶急

あわつ・ツル・ツレ・テ・テ・テヨ (自動)(規・二) 周章 啾ニ驚キテ戚ヒサワグ。ウロタヘサワグ。狼狽

†あわてる (動) あわつノ訛。

あわふきむし (名) 沫吹蟲 小キ蟲、山茶ドノ枝葉ノ間ニ生ジテ、唾ノ沫ノ如キモノヲ出シテ、其中ニ棲ム。ツバキムシ。

あわもり (名) 泡盛 〔盃ニ注ク時、泡立チテ盛リアガルヨリイフト〕 燒酎ノ一種、上品ナルモノ、琉球ノ名產ナリ、上白米ニテ釀シ、瓶ニ密封シテ、歷年シテ、

歔年ニシテ成ル。
あわもり-さう (名) 泡盛草 升麻ノ類、苗、葉、短ク、葉ハ深緑ニシテ光ル、春夏ノ間、白キ花ヲ開ク。
あわ-ゆき (名) 泡雪 (一)春ナドノ雪ノ泡ノ如キモノ。(二)梨ノ子ノ一種、味、最モ美ナルモノノ稱、白ク柔クシテ、水氣多ク、雪ヲ嚙ふガ如シ。
あわゆき-どうふ (名) 泡雪豆腐 製、常ノ豆腐ノ如クニシテ、終ニ、布ニ包ミ壓ヲオクコトヲセズシテ、柔カク服レテ、泡雪ノ如キモノ。
あゐ (名) 藍 (一)草ノ名、春、種ヲ下ス、葉ハ蓼ニ似テ大ク、深緑ニシテ、互生ス、苗、高サ一二尺、枝多ク、夏、枝ノ梢毎ニ、穗ヲナシテ花ヲ開ク、蓼ノ花ニ似タリ。一名、タデアヰ。アヰタデ。(二)染料ノ名、夏、藍ノ葉ヲ刈リテ、切リコナシ、乾シテ黑クナレルヲ、家ノ内ニテ、數日ノ間、屢、水ヲ注ギテ、筵ヲ覆ヒテ返ス、コレヲすくも製トイフ、又臼ニテ、水ヲ和シテ、搗キテ塊トスルヲ、藍玉トイフ、染料、繪具、藥用トス。 藍靛 (三)藍ニテ染メタル色、靑ノ甚ダ濃キモノ。 藍色
あゐ-がみ (名) 藍紙 つゆくさノ一種大ナルモノノ花ノ汁ニテ染メタル紙、其草ハ、冬、種ヲ下シ、春ノ末ニ、移シ植ヱ、夏、花ヲ開ク、其花瓣ノ汁ヲ搾リテ染ム、繪ノ具トス、近江ノ栗本郡山田村ノ產ナリ。ウツシバナ。ゴンガミ。アヲガミ。
あゐ-がめ (名) 藍瓶 藍ヲ溶シタル水ヲ貯フル瓶、染屋ニ用ヰル。アヰツボ。 靛缸
あゐけ-ねずみ (名) 藍氣鼠 染色ノ名、ねずみいろニ、藍ノ色ヲ帶ビタルモノ。

あゐ-さめ (名) 藍鮫 鮫ノ屬、皮ヲ刀劍ノ鞘ニ卷キ用ヰル、伊豆駿河ニ產ズ、大小二種アリ。 靑沙魚
あゐ-ずみ (名) 藍墨 あをずみニ同ジ。
あゐ-たけ (名) 藍茸 (一)蓋ノ藍色ナル菌、上野ノ山中ニ生ズ。(二)もつたけノ一名。(備前、備中)
あゐ-たで (名) 藍蓼 (一)あゐニ同ジ。(二)又、蓼ノ一種、葉圓クシテ、藍ニ似タルモノ。
あゐ-だま (名) 藍玉 藍ノ葉ヲ搗キテ圜トシタルモノ。(藍ノ條ヲ見ヨ) 藍靛
あゐ-つぼ (名) 藍壺 あゐがめニ同ジ。
あゐ-ねずみ (名) 藍鼠 染色ノ名、ぐんじやうノ濃キモノ。
あゐ-ばな (名) 藍花 つゆくさニ同ジ。
あゐ-みる-ちや (名) 藍海松茶 染色ノ名、綠ノ濃クシテ黑ミアルモノ。 油綠
あゐ-らふ (名) 藍蠟 藍瓶ノ上ノ泡ヲ取リテ乾シタルモノ、繪ノ具トス。 靛花 今、多クハ、故キ藍染ノ布ヲ集メテ煮テ取ル。
あを (名) 靑 (一)七色ノ一、晴レタル日ノ空ノ如キ色。(二)靑、綠等ノ泛稱。「―葉」「―草」(三)馬ノ毛色ノ名。(あをうまノ條ヲ見ヨ) (四)未熟ナルコト。未ダ成長セザルコト。「―侍」「―女房」
〔あを〕 (名) 襖 〔字ノ音あうノ古キ假名遣〕(一)袍ノ、兩腋、明キタルモノ、袖ハ、括リ寄スベク作ル。(二)襖子。

あを-あかざ (名) 靑藜 あかざノ條ヲ見ヨ。
あを-あづき (名) 靑小豆 やへなりニ同ジ。
あを-あをと (副) 靑靑 遍ク靑ク。スベテ綠ニ。
あを-うきくさ (名) 靑浮草 うきくさノ一種、葉小ク、橢圓ニシテ、みづはきノ如ク、面モ背モ綠ナリ。 靑萍
〔あを-うなばら〕 (名) 靑海原 海原ヲ蒼蒼ト見ユルニツキテイフ語。アヲウミ。 滄溟
あを-うま (名) 靑馬 (一)馬ノ毛色ノ、白クシテ微ニ靑ミアルモノト云。 白馬 (二)(あをうまのせちゑノ略。(三)常ニハ、毛ノ黑クシテ靑ミアル馬。 鐵驄馬
あをうま-の-せちゑ (名) 白馬節會 陰曆正月七日、左右ノ馬寮ヨリ、あをうま二十一疋ヲ、庭中ニ引キワタスヲ、天皇御覽ゼラレテ、(陽氣ヲ助クトゾ)後ニアル節會ノ稱。
あを-うみ (名) 靑海 海ヲ其色ノ蒼キニツキテイフ語。アヲウナバラ。 蒼海
あを-うめ (名) 靑梅 梅ノ實ノ生ニシテ靑キモノ。
あを-うり (名) 靑瓜 (一)しろうりノ、皮ノ靑クシテ光リアルモノ、しろうりヨリ後レテ出ヅ。モミウリ。 田鷄瓜 (二)又、まるづけうりノ一名。
あをえ-しもさか (名) 靑江下坂 備中ヨリ鍛ヘ出ス刀劍ノ稱、鳥羽帝ノ頃ノ人、安次ヲ祖トス。
〔あを-かづら〕 (名) 靑葛 つづらふぢニ同ジ。
あを-かはづ (名) あをがへるニ同ジ。
あを-がひ (名) 靑貝 (一)螺鈿。(二)蚫ノ殼ヲ用ヰテ、螺鈿ノ如ク製スルモノ、色白クシテ紫綠ヲ帶ブ。

あをがへる (名) 青蛙 かへるノ一種、綠色ニシテ、水ノ中ニ棲ミ、喧シク鳴クモノ。アヲカハヅ。
あをがみ (名) 青紙 あゐがみニ同ジ。
あをき (名) 青木 常葉木、大ナルハ丈餘ニ至ル、幹ハ青綠ニシテ、葉ノ長サ、三五寸アリ、粗キ鋸齒アリテ對生ス、夏ノ初、細小ナル暗紫ノ花ヲ開ク、實ノ形、棗ノ如シ、冬ニ、熟シテ紅ナリ。桃葉珊瑚
あをきなこ (名) 青黃粉 黃粉ニ青粉ヲ交ヘテ、色ヲ綠ニシタルモノ。
あをぎり (名) 青桐 桐ノ一種、樹、直ニ聳エ、多ク枝ヲ分ツ、皮、青綠ニシテ、葉ハ三尖ナリ、夏、枝ノ頭ニ、長キ穗ヲ出シ、枝ヲ分チテ、小花集リ開ク、楝ノ花ニ似テ、小錢ノ如ク、五瓣、黃白色ナリ。梧桐 後ニ、角ノ如キモノヲ生ジテ、內ニ實アリ、圓クシテ大豆ノ如シ。梧桐子
あをくさ (名) 青草 草ノ蒼ク生ヒタルヲイフ語。
あをくさし・キ・ケレ・ク・ク (形・二) 青臭 青草ナドノ如キ臭アリ。草氣
あをくび (名) 青頸 鴨ノ類ノ羽ノ綠色ナルモノ。綠頭鳧
あをげら (名) 鳥ノ名、きつつきノ一種、大サひよどりノ如ク、全身、淡綠ニシテ、頭、頰、尾ハ深紅ニ、觜、足、黑シ。
あをこ (名) 青粉 (一)あをのりノ粉。(二)おほばがらしノ葉ヲ乾シテ粉トセルモノ、食物ニ綠ノ色ヲツクルニ用ヰル。

あをごけ (名) 青苔 土石樹木ナドニ付キテ生ズル綠ナル苔。
あをさ (名) (一)海苔ノ類、海中ノ石ニ付キテ生ズ、形、あまのりニ似テ綠ナリ、乾セドモ紫ニ變ラズ、粘リアリ、食用トス。石蓴 (二)又、かはあをのりノ一名。
あをさぎ (名) 青鷺 形、常ノ鷺ヨリ大クシテ、背、淡青シ、冠毛黑ク長シ、頭上ヨリ頸マデ、長毛白クシテ、淡黑キ斑アリ、腹白ク、翅ノ端黑シ。一名、ミトサギ。青鵠
あをざし (名) 青緡 (一)青苧ノ緡。(二)轉ジテ、ズベテ、緡ニ貫ケル錢ヲ人ニ與フル時ニイフ語。青銅
あをさしば (名) 鳥ノ名、形狀、スベテ隼ニ似テ、小クシテ青色ナルモノ。
あをさば (名) 青鯖 鯖トイフニ同ジ。
あをざむ・ムル・ムレ・メ・メ・メヨ (自動)(規・二) 青ク變ハル。青ミヲ帶ブ。(顏色ニ)
あをさんごじゆ (名) 青珊瑚珠 珊瑚ニ似テ、色綠ナルモノ。琅玕
あをざむらひ (名) 青侍 少壯キ未熟ナル侍。
‡あをざめる (動) あをざむノ訛。
〔あをし (名) 襖子 (襖ノ條ヲ見合ハスベシ) 袷ノ服ノ名、寒ヲ防グニ用ヰルモノ。又、綿ヲ入レタルモアリ。略シテ、襖。
あをし・キ・ケレ・ク・ク (形・二) 青 (一)青ノ色シタリ。(二)綠ナリ。「草木―」(三)未熟ナリ。
あをじ (名) 青鵐ノ略。鳥ノ名、のじこニ似テ、少シ大ナリ、頭、背、黑ク、羽ハ褐綠ニシテ、肩ハ淡黃褐ナリ、腹ハ淡黃ニシテ、翼ハ黑ニ褐綠ヲ帶ブ、尾、觜、黑ク、脛ハ淡赤シ、秋、群リ來リテ、能ク囀ル、捕リテ食ヘシ。蒿雀
〔あをじ (名) 青鵄ニ同ジ。
あをしし (名) 青鹿 かもしかニ同ジ。
あをしとど (名) 青鵐 あをじノ條ヲ見ヨ。
あをずみ (名) 青墨 藍蠟ニテノ墨ノ形ニ製ルモノ、繪具トス。アヰズミ。
あをすもも (名) 青李 (一)李ノ實ノ、未ダ熟セズシテ、食フニ堪ヘザルモノ。(二)又、李ノ一種、實、熟シテモ、皮ノ色青キモノ。青李
〔あをずり (名) 青摺 神事、神樂等ニ用ヰル服ノ名、白キ布ヲ粉張ニシテ、山藍ニテ、草、鳥ナドノ模樣ヲ刻版ニテ摺リ出ス。スリゴロモ。
あをせきれい (名) 青鶺鴒 せきれいノ一種、きせきれいニ似テ甚ダ小ク、大サみそさざいノ如キモノ。
あをそ (名) 青麻 麻ノ粗皮、繩ナドニ作ル。
あをぞら (名) 青空 天ヲ色ノ青キニツキテイフ語。蒼天
あをた (名) 青田 苗ノ生ヒタチテ、青青トシタル田。
あをた (名) 傒輿 あんだヲ見ヨ。
‡あをた (名) 劇場ナド、無代ニテ押入リテ見ル者ノ稱。
あをだいしやう (名) 青大將 蛇ノ一種、青クシテ、

形大ク、長サ三四尺ニ至ル、所在ニ多シ、擧動遲緩ニシテ、人ヲ害セズ、人家ニ入リ、鼠ナド捕リ食フ。黃頷蛇

あを-たま (名) 青玉 一種ノ人造ノ珠、紺色ニテ淡シ。

あを-だけ (名) 青竹 生竹ノ靑キ幹。

あを-お (名) 青地 織物ノ地ノ靑キモノ。「―ノ錦」

あを-おく (名) 青軸 梅ノ一種、蕚、嫩枝、共ニ綠ナルモノ。綠蕚梅

あを-と (名) 青砥 砥ノ一種、あらとトまとトノ間ニ用ヰテ研グモノ、色靑シ。青礪

あを-とかげ (名) 青蜥蜴 とかげノ靑ミアリテ、尾、最モ靑碧ナルモノ、瘠セテ長サ四五寸許ナリ。

あを-とさ (名) 青土佐 紙ノ名、おんどさヲ見ヨ。

あを-とんぼ (名) 青蜻蜓 とんぼノ一種、色靑キモノ。青蜓

あを-な (名) 青菜 (一)菜蔬ノ總名。(二)菘

あを-なし (名) 青梨 梨ノ一種、實ノ皮、靑ク、形、稍、長クシテ、早ク熟スルモノ、味好シ。

〔あを-に (名) 青土 いはろくふやうニ同ジ。

あを-にび (名) 青鈍 はなだいろニ靑ミアルモノ。

〔あを-によし (枕) 青丹吉 平城、ノ枕詞。

あをのく・ク・ケ・カ・キ・ケ (自動) (規.一) 仰 あをむく(自動)ニ同ジ。

あをのく・クル・クレ・ケ・ケ・ケヨ (他動) (規.二) 仰 あをむく(他動)ニ同ジ。

あをのけ-さま-に (副) 仰 アヲムクカニ。仰ギテ。「―倒ル」

あをのけ-ま (副) あをのけさまにニ同ジ。

あを-のり (名) 青海苔 海苔ノ一種、海中ニ生ズ、甚ダ細ソクシテ絲ノ如クニテ綠ナリ、食用トス。海苔菜

あを-ば (名) 青葉 (一)樹木ノ靑キ葉。(二)若葉。嫩葉 (三)初夏ノ頃、若葉ノ生ヒ茂リテ、靑靑トシタルヲイフ語。新綠

あを-はだ (名) 青肌 あをまめニ同ジ。

あを-ばた (名) 青畑 あをまめニ同ジ。

あを-ばち (名) 青蜂 おほばちノ一種、長サ一寸許、靑黑クシテ、腰細キモノ。

あを-ばと (名) 青鳩 山ニ棲ム、形、どばとノ如クニシテ大ナリ、全身、綠ニシテ黑ミアリ、胸ハ淡黃ニ、腹ハ白ク、共ニ綠ナル斑アリ、脚ハ紅ナリ。靑鵻

〔あを-ばな (名) 青花 (一)つゆくさノ一名。(二)うつしはなノ一名。

あを-ばな (名) 青涕 兒童ナドノ垂ルル靑キ涕汁。

あを-ばへ (名) 青蠅 蠅ノ靑黑クシテ大サ四分許アルモノ、聲高シ。蒼蠅

あを-はんめう (名) 青斑猫 蟲ノ名、形、斑猫ヨリ狹ク小クシテ、長サ六七分許アリ、綠ニシテ金光アリ、腹最モ光ル、舶來スマダラムシ。芫靑

〔あを-ひと-くさ (名) 青人草 世ノ人ノ生レ出ヅルヲ、草ノ彌益ニ生ヒ茂ルニ譬ヘテイヘル語、民トイフニ同ジ。

タミクサ。蒼生

あを-まめ (名) 青豆 大豆ノ一種、粒大ク、色淡綠ナルモノ、多クハきなこトス。アヲハダ。アヲバタ。綠大豆

あを-み (名) 青 吸物、刺身ナドノ點綴ニ用ヰル菜蔬ノ稱。

あをみ-いづ・ヅル・ヅレ・デ・デ・デヨ (自動) (規.二) 青出 靑ミテ生ヒ出ヅ。靑靑ト萌エ出ヅ。(草ナドニ)

あを-みかん (名) 青蜜柑 たちばなノ類、實ノ靑キ時ヨリ食フベキモノ、朝鮮ノ種ナリ。綠橘

あを-みどり (名) 青綠 (一)綠色ノ濃キモノ。深綠 (二)苔ノ名、溜リ水、又ハ、川ノ淀ナドニ生ズ、綠ニシテ、水ノ面ニ浮ブ。アヲミドロ。水綿

あを-みやうばん (名) 青明礬 ろうはニ同ジ。

あをみ-わたる・ル・レ・ラ・リ・レ (自動) (規.一) 青亙 遍ク靑ム。(草木ニ)

あを-む・ム・メ・マ・ミ・メ (自動) (規.一) 青 靑クナル。(顏色ニ、草木ニ)

あを-むき (名) 仰 アヲムクコト。上ヘ向クコト。

あ-を-むく・ク・ケ・カ・キ・ケ (自動) (規.一) 仰 天ヲ向ク意カ 上ヘ向ク。アフヌク。アフノク。アフムク。アヲノク。

あを-むく・クル・クレ・ケ・ケ・ケヨ (他動) (規.二) 仰 上ヘ向カス。

あを-むけ (名) 仰 アヲムクルコト。上ヘ向カスルコト。アヲノケ。

あを-むし (名) 青蟲 菜ノ葉ニ生ズル小キいもむし、色綠ナリ、後ニ羽化シテ、白蝶トナル。螟蛉

あをめ-じま (名) 〔青梅縞〕 武州多摩郡、青梅ノ邊ニ産ズル織物、粗ナル絹絲ヲ經トシ、綿絲ヲ緯トシテ織ル。又、綿絲ノ二子織ヲモイフ。

あをめ-わた (名) 〔青梅綿〕 武州、青梅ノ邊ニ産ズルもめんわた。

あを-もち (名) 〔青餅〕 くさもちニ同ジ。

あを-もの (名) 〔青物〕 畑ニ生ズル菜蔬ノ總名。「一市」「一賣」 菜蔬

あを-やぎ (名) 〔青柳〕 柳ノ葉ノ茂リテ青キニイフ語。

あを-やま (名) 〔青山〕 草木ノ茂リタル山。青葉ノ山。

あを-ゐ (名) 〔青藺〕 ふとゐニ同ジ。

あを-ゑ (名) 〔青繪〕 呉須ノ條ヲ見ヨ。

い

い 五十音圖、阿行第二ノ假名。(あノ條ヲ見合ハスベシ)

い (名) 〔膽〕 動物體中ノ機關ノ一、右ノ脇、肝ノ下ニアリテ、小キ嚢ノ如シ、コレヲ膽嚢トイフ、中ニ膽汁ヲ貯フ。

〔い〕 (名) 〔寢〕 寢入ルコト。「朝一」「熟一」「一モ寢ズ」「一ヲ安ク」

〔い〕 (名) 蜘蛛ノ絲。 蛛網

〔い〕 (名) 馬ノ聲。(いなな く、いばゆノい是レナリ) 馬聲

い (名) 〔意〕 (一)ココロバセ。「一ニ適フ」「一ニ背ク」 (二)ココロバケ。意味。「文字ニ一無シ」

い (名) 〔醫〕 (一)病ヲ愈ヤス術。「一ヲ學ブ」 (二)醫ノ術ヲ行フ人。クスシ。醫師。「一ヲ迎フ」「名一」

い (名) 〔異〕 異ナルコト。奇異。「人人コレヲ一ナリトス」「一ナ事」

〔い〕 (數) 〔五〕 イツ。イツツ。五。「一十」「一百」

〔い〕 (數) 〔五十〕 イソ。五十。「一日」「一鈴」

〔い〕 (感) 呼ビ掛クル聲、よニ同ジ。「百濟王敬福伊」

い (發語) 動詞ナドノ上ニ被ラセテ意ナキ發語。「一行ク」「一坐ス」「一向フ」「一渡ル」「一通フ」「一觸ル」

い-あ-ふ・フ・ヘ・ヘ・ヒ・ヘ (他動) (規.二) 〔射合〕 互ニ射ル。「互ニ射合ヒ、切リ合ヒテ」

イイ (數) 〔一〕 〔字ノ唐音〕 ヒトツ。イチ。(猜拳ノ語) 「一、兩、三」

いいぎり (名) 蟲ノ名、秋ノ夜ニ、廚ノ竈ノ邊ナドニ出デテ、乘テタルモノヲ食フ、長サ七分許、首小ク、身大ク、背高ク、頭、尾、低ク、稍、馬ノ體ニ似テ、褐色ニシテ黑斑アリ、雄ハ黑キ翅アリテ、稀ニ鳴ク、雌ハ翅無クシテ鳴カズ、共ニ六七寸ノ鬚アリ、方言、別名、甚ダ多シ。オカマコホロギ。(東京) 竈馬

いう (名) 〔優〕 シトヤカナルコト。落着キテ品ノ好キコト。

†いう-いう-かん-かん-と (副) 〔優優閑閑〕 急ぐべきニ、急ガズシテ。氣ヲ長ク。

いう-いう-と (副) 〔優優〕 落着キテ急ガズニ。氣ヲ長ク。

いう-いん (名) 〔誘引〕 イザナフコト。サソフコト。

いう-えき (名) 〔有益〕 事ニ益アルコト。有用。

いう-がく (名) 〔遊學〕 遊歷シテ學問スルコト。他國ニ出デテ學ブコト。

いう-きたい (名) 〔有機體〕 化學ノ語、動物植物等、體ニ、死活、生枯ノ機關ヲ具ヘテ生長スルモノノ稱。 鑛物ノ如キ生長ノ機關ナキヲ無機體トイヒ、其物ヲ無機物トイフ。

いう-きぶつ (名) 〔有機物〕 有機體ノ物。

いう-きよ (名) 〔幽居〕 世事ヲ避ケテ閑靜ナル地ニ住ムコト。又、其住居。

いう-きよう (名) 〔遊興〕 遊ビ興ズルコト。ナグサミ。

いう-く (名) 〔憂懼〕 ウレヘ、オソルルコト。

いう-くん (名) 〔遊君〕 遊女ニ同ジ。

いう-げ (名) 〔遊戯〕 アソビ、タハムルルコト。

いう-げい (名) 〔遊藝〕 遊興ニ屬キタル藝能。(謠、舞、ナド)

いう-げん (名) 〔幽玄〕 〔理之微妙者、爲玄〕 趣意ノ深ク遠クシテ、尋常ノ及ビガタク勝レタルコト。

いう-こう (名) 〔有功〕 功アルコト。利目アルコト。

いう-し (名) 〔有志〕 其事ニ志アルコト。

いう-し (名) 〔有司〕 官吏。役人。

いう-し (名) 〔猶子〕 〔兄弟之子、猶子〕 兄、弟、親族、若シクハ、他人ノ子ヲ己ガ子トスルコト。未嘗ノ猶子ト異ナリ) 義子

いう-じん (名) 〔友人〕 トモダチ。

いうじん (名) 幽人 閑靜ニ住ミテ居ル人。

いうじん (名) 優人 優長ナル人。氣ノ長キ人。

いうしよく (名) 有職 〔有識ノ誤ニテ、元ハ、ものしりノ意ナリ、いうそくノ條ヲ併セ見ヨ〕 故實ノ例式ナド明ラムル學。

いうせい (名) 遊星 星ノ一類ノ、太陽ヲ中心トシテ、各、其軌道ヲ行キツツ、太陽ノ周ヲメグルモノ、自轉シテ晝夜ヲナシ、公轉シテ年ヲナス、水星、金星、地球、火星、木星、土星、天王星、海王星ノ八ヲ大ナルモノトシ、其外ニ小キモノ四アリ。別名、行星。惑星。(恆星、衞星、彗星ナドニ別ツ)

いうぜん-ぞめ (名) 友禪染 〔又、友仙、友泉、友染ナド書ス、京都、祇園町ノ畫工、梅丸友禪ノ工夫ニ出ヅ〕 染模樣ノ一法、種種ノ彩色ニテ、人物花鳥等ノ模樣ヲ、鮮麗ニ絹帛ニ染メ出ダスモノ。

いうぜん-と (副) 悠然 落着キテ、氣長ニ。

〔いうそく (名) 有識 モノシリ。學者。(有職ノ條ヲ併セ見ヨ)

いうちやう (名) 優長 心オチツキテ急カヌコト。氣ノ長キコト。

いうぢよ (名) 遊女 客ニ枕席ヲススムルヲ業トスル賤シキ女。アソビ。娼妓

いうに (副) 優 (一)シトヤカニ、ミヤビテ。落着キテ品好ク。「容—オハス」(二)巧ニ。妙ニ。(藝ニ)「—妙ナリ」「優ナル琴ノ音」

いうび (名) 優美 シトヤカニ美シキコト。ミヤビテ品高キコト。

いうひつ (名) 右筆 祐筆 物書ク事ヲ掌ル役人。モノカキ。カキヤク。筆吏

いうびん (名) 郵便 國中遠近ノ書状ノ運送。(專ラ政府ニテ行フニ云フ)

いうほ (名) 遊歩 アソビニアルクコト。

いうむ (名) 有無 アルト無キト。有無。「—相通ズ」

いうめい (名) 有名 世ニ名アルコト。名高キコト。

いうめい-む-じつ (句) 有名無實 名ノミアリテ、實ハ無シ。

いうめん (名) 宥免 宥メ免スコト。恕

いうよ (名) 有餘 餘アルコト。アマリ。餘分。

いうよ (名) 猶豫 〔猶、獸名、聞人聲豫登木無人乃下〕 (一)進退、決セザルコト。タメラフコト。タユタフコト。イサヨフコト。(二)免シテ時日ヲ延バスコト。

いうらく (名) 遊樂 アソビ、タノシムコト。佚樂

いうらん (名) 遊覽 (一)遊ビニ覽ルコト。(二)物見遊山。

いうり (名) 遊里 遊女ノ居ル地。狹邪

いうれい (名) 幽靈 (一)死シタル人ノ靈。亡キ魂。(二)又、想像ニ、其靈ノ、形ニ現ハレテ見ユトスルモノ。陰鬼

いうれい-だけ (名) 幽靈茸 草ノ名、山林陰地ニ生ズ、莖、葉、花、共ニ水白色ニシテ、萌芽ノ如シ、高サ五六寸、鱗ノ如キ葉ヲ着ク、莖ノ上ニ、一花傾キ開ク、形、臘梅ノ花ノ開カザルモノノ如シ。スキシヤウラン。野菰

いうれき (名) 遊歴 名蹟ヲ尋ネ、風俗ヲ觀ムガ爲ナドニ、國國ヲ歴廻ルコト。

いうれつ (名) 優劣 マサルト、オトルト。オトリ、マサリ。「—無シ」

いうれふ (名) 遊獵 遊ビニ獵スルコト。(職業トスルニ對ス)

いえる (動) 癒ユノ訛。

〔いか (名) 五十日 (一)日數、五十。(二)小兒生レテ五十日目ノ祝ヒ、儀式アリ、餅ヲ製ス。

いか (名) 烏賊 (一)海產ノ動物。春夏ノ間ニ多シ、身ハ小キ嚢ノ如クニシテ、下ニ、短キ八足、聚リ着キ、別ニ二條ノ鬚ノ如キモノアリテ、長サ尺ニ過グ、口ハ體ト足トノ間ニアリテ、眼ハ口ノ上ニアリ、皮ハ、灰色ニシテ斑アリ、肉白シ。體中ニ、黑キ汁ヲ含ミ居テ、觸ルレバ吐ク、いかのくろみ、又、すみトイフ。烏賊墨 又、體中ニ、一枚ノ骨アリ、白ク脆クシテ、形、小舟ノ如シ、いかのかふトイフ。海螵蛸 又、アフリー、尺八ー、スルメー等アリ、各條ニ注ス。(二)スルメ。(三)いかのぼりノ略。

いか (名) 衣架 衣桁ニ同ジ。

いか (名) 以下 (一)コレヨリ下。以下。(二)德川氏ノ制ニ、家臣ノ身分ノ、將軍ノ謁見ヲ得ザルモノノ稱。(謁見ヲ得タルヲ以上トイフ)

いが (名) 栗ノ實ノ外皮ニ、刺ノ聚リ生ヒタルモノ。毬 彙

〔いか-いか-し シキ・シケレ・シク・シク (形・二) 甚ダ嚴シ。猛ク强

シ。アラアラシ。

‡いかいくと　(副)〔嚴キ事ノ音便〕甚ダ多ク。タクサンニ。

いかう　(名)　衣桁　脱ギタル衣服ヲ掛ケテ置ク具、二個ノ細ヅキ柱ノ上ニ、横木ヲ亙シテ作ル、漆塗ナドトス。ミソカケ。衣架。

〔いかう　(副)　一向ニ同ジ。ヒタスラ。

いかう　(名)　異香　尋常ニ異ナル香。「一馥郁タリ」

‡いかう　(副)　嚴ク、ノ音便。甚シク。キツク。ヒドク。「一タクサンニ」

いかが　(副)　如何　(一)疑ヒ、又、危ブミ思フ意ヲイフ語。何トドノヤウニ。イカニ。「一アラム」(二)疑ヒ問フ意ヲイフ語。「一思ヘル」

いかがはし・シキ・シケレ・シク・シク　(形・二)　如何　如何ニヤ疑ハシ。オボツカナシ。可疑

〔いかき　(名)　蜘網ヲ結キタルコト。「蛛ノ一」

いかき　(名)　竹籠。笊。籬

〔いかき　(名)　忌垣　みづがきヲ見ヨ。

いかく・クル・クレ・ケ・ケ・ケヨ　(他動)　(規・二)　射掛　向ヒテ射ル。放射

〔いかく・クル・クレ・ケ・ケ・ケヨ　(他動)　(規・二)　沃懸　注ギカク。「水ヲ一」注

いかく　(名)　醫學　醫術ノ學。

いかぐり　(名)　毬栗　栗ノ實ノ毬ニ包マレテアルモノ。

いかけ　(名)　沃懸　いかけぢヲ見ヨ。

いかけ　(名)　鑄掛　銅器、鐵器ナドノ罅、割ニ、銅、又ハまろめナドヲ鎔シ、注ギカケテ塞グコト。錮

いかけし　(名)　鑄掛師　鑄掛ノ事ヲ生業トスル者。補鍋

いかけぢ　(名)　沃懸地　漆塗ニ、漆ノ上ニ、金粉ヲ沃懸ケタルモノ、梨子地ノ如シ。イカケ。

‡いかける・ケル・ケレ・ケ・ケ・ケヨ　(他動)　(規・四・變)　鑄掛ヲナス、鑄掛ヲナス。

‡いかさま　(副)　如何樣　實ニ然リト肯フ意ニイフ語。ナニサマ。ナルホド。實ニ尤モ。

‡いかさま　(名)〔いかさま然リト思ハスル意〕似セテ眞ヲ欺クコト。(東京俗語)「一ノ品」「一ニハメル」欺罔

いかさまに　(副)　如何樣　如何ナル樣ニ。ドノヤウニ。「一思フ」「一爲ム」

いかし・キ・ケレ・ク・ク　(形・二)　嚴　(一)イカメシ。オゴソカナリ。(二)荒シ。猛シ。(三)甚シ。ヒドシ。甚　(四)大ナリ。多シ。タイサウナリ。太

〔いかし・シキ・シケレ・シク・シク　(形・二)　嚴　オゴソカナリ。重大ナリ。

いかす・ス・セ・サ・シ・セ　(他動)　(規・一)　活　(一)生クルヤウニテスヨミカヘラス。「氣絶セルヲ藥ニテ一」(二)生キテアラシム。生ケテオク。「魚ヲ生ジオク」(三)效アルヤウニ用ヰル。「錢ヲ生シテツカフ」活用

いかだ　(名)　筏　〔浮棚ノ略約カト云〕竹木ノ材ヲ綴ヂ合ハセテ舟ノ如クシ、水ニ流シテ運ブモノ。

いかた　(名)　鎔　〔鑄形ノ義〕金類ノ器ヲ鑄テ造ル具、鑄ベキ器ノ形ヲ空虛ニ作リ、コレニ鎔シタル金類ヲ注キ入レテ鑄ル。

〔いかたうめ　(名)　伊賀專女　〔たうめハ、狐ノ異名ニテ、伊賀伊勢ニテ、專ライフトゾ〕(一)狐ノ異名。(二)狐ヲ稻荷ノ神ノ使トイフヨリ、狐ヲモ神ト祀リルモノ。「一ノ祭」(三)媒妁。(媒ノ、動モスレバ人ヲ欺クヲ、狐ニ譬ヘテイヘルナリ)(四)轉ジテ、誑ルコト。

いかだし　(名)　筏師　筏ニ棹サシテ、水ノ上ニ行ルヲ業トスル者。イカダノリ。

いかだのり　(名)　筏乘　いかだしニ同ジ。

‡いかつ・し・キ・ケレ・ク・ク　(形・二)　嚴シク強キ風アリ。(人ノ風采ニ)

いかづち　(名)　雷　〔いかハ嚴ニテ、つハ之ノ義、ちハ尊稱ナリ〕空氣中ニ電氣ヲ發シ、空氣ト相觸レテ發ル烈シキ響。カミ。ナルカミ。カミナリ。ライ。

いかで　(副)　(一)如何ニシテ。何トシテ。ドウシナ。イカデカ。「一知ルベキ」「一カクハアルベキ」「一及バム」爭　(二)何トカシテ。ドウゾシテ。(願フ意)「一逢ハテム」「一都ヘ告ゲ遣ラム」

いかていは　(副)　如何體　如何ナル體ニ。イカヤウニ。

いかでか　(副)　爭　いかでニ同ジ。

‡いかないかな　(副)　如何ナリヲ重ネ言ヒテ、晤ハヌ意ニ言フ語。イカデ、イカデ。

いかなご　(名)〔如何ナ子ノ義ニテ、成長シテ何魚トナルヲ知ラヌ意トイフ〕魚ノ名、形、ひしこニ似テ、長サ三四寸、淡褐色ナリ、春夏ノ際ヲ時トス、脂多シ、煮テ燈油ヲ取ル。畿内ニテ、其煮がらヲ醗リ認メ

テ、かますノ子トシ、かまをおトニ云フ。

いかなご-ぢやうゆ (名) 魚ノいかなごニテ製セル醬油、讃岐ノ産ナリ。

‡いか-なれ-ど (句) 如何ナル故ニテカ。ドウイフ事デ。(卻ケテ詰ル意)

いか-に (副) 如何 (一)知ラレヌ事ヲ疑ヒ問フニイフ語。何ト。ドノヤウニ。「ー爲ム」「ーアラム」 (二)推シ量リテ定ムル語。ドレホド。サゾカシ。「ー嬉シカラマシ」

‡いか-に-も (副) 如何ニ思ヒテモ。ナニサマ。實ニ。ナルホド。

いか-のぼり (名) 凧 〔烏賊幟ノ義、凧ハ凰巾ノ合字〕 玩具ノ名、細キ竹串ヲ骨トシテ、紙ヲ貼ル、コレニ絲ヲツケ、風ニ吹カシメテ空ニ上ス、元ハ、多ク、烏賊ノ形ニ作リテ、數條ノ脚アリ、今ハ、蛸ノ形、鳶ノ形、其他、方圓種種ノ形ニ作リテ、字ヲ記シ、畫ヲカキ、巨大ナルモノヲモ作ル。略シテ、いか。 紙鳶 風箏 諸國方言多シ、蛸。(關東) 龍旗。(九州) 天旗。(奧州) 鷹。(信、越)

いが-ばかま (名) 伊賀袴 半袴ノ裾ヲ、紐ニテ膝ニ括リツケ、下ニ、別ニ脚半ヲ用ヰルモノ、野服ナリ。一名、タチツケ。

いか-ばかり (副) 如何許 (一)イクバク。ナニホド。ドノクラヰ。「ーアラム」 幾何 (二)ナニホドカ。ドノヤウニカ。「ー喜バム」 如何

いか-ひ (名) 貽貝 形、どぶがひノ如クニシテ、一頭ハ狹ク、一頭ハ廣シ、長サ三四寸、外ノ色黑ク、肉ハ紅紫ニシテ、味美ナリ、口ノ邊ニ、黑キ毛アリ。ニタリガヒ。 淡菜

いか-へ-す ・ス・セ・サ・シ・セ (他動) (規.一) 射返 (一)矢ヲ射掛ケテ、敵ヲ追ヒカヘス。(二)敵ヨリ射タル矢ヲ取リテ、再ヒ射テ遣ル。

いか-ほど (副) 如何程 イクバク。イカバカリ。ナニホド。

‡いがみ (名) 歪 ゆがみヲ見ヨ。

いがみ-あひ (名) 啀合 (一)互ニ啀ムコト。(獸ニ) (二)‡言ヒ爭フコト。イサカヒ。(人ニ) 論爭

いがみ-あ-ふ ・フ・ヘ・ハ・ヒ・ヘ (自動) (規.一) 啀合 (一)互ニ啀ム。(獸ニ) (二)‡轉ジテ、言ヒ爭フ。イサカフ。(人ニ) 論爭

いが-む ・ム・メ・マ・ミ・メ (自動) (規.一) 啀 怒リテ咆ユ。嚙付カムト向フ。(獸ニ)

‡いが-む (動) 歪 ゆがむヲ見ヨ。

いかん (副) 如何 いかにノ音便。「ートス」

いかん-ぞ (副) 如何 (いかにぞノ音便) 何トシテ。如何ナレバトテ。(漢籍讀ニ)

いかん-と-ならば (接) 如何ニト答フナラバ。

いか-め-し ・シキ・シケレ・シク・シク (形.二) 嚴 嚴キ狀ナリ。オゴソカナリ。威儀、嚴重ナリ。

いが-もち (名) 毬餅 あんもニ餡ヲ包ミテ、外ニ、糯米ヲ付ケテ蒸シタルモノ、飯粒、毬栗ノ如シ。

‡いか-もの (名) 如何ハシキ物。マガヒモノ。ニセモノ。 僞物

‡いか-もの-ぐひ (名) 嚴物食 能毒ヲ擇バズ、妄ニ物ヲ食フコト。 異嗜

いか-もの-づくり (名) 嚴物作 嚴メシキ製作。「ーノ太刀」

いか-やう-に (副) 如何樣 如何ナル樣ニ。ドノヤウニ。

いから-か-す ・ス・セ・サ・シ・セ (他動) (規.一) いからすニ同ジ。

〔いか-ら-し ・キ・ケレ・ク・シ (形.二) 嚴キ狀ナリ。勢、强シ。嶮シ。

いから-す ・ス・セ・サ・シ・セ (他動) (規.一) 怒 (一)怒ルヤウニナス。(二)角ダタス。ソビヤカス。イカラカス。「肩ヲー」「鼻ヲー」 ○眼ヲー。 瞋ム。

‡いがら-つ-ぽし (形) ゑがらつぽしノ轉、ゑぐしノ訛。

いかり (名) 碇 〔石掛ノ略カト云〕 船ヲ一處ニ泊メムガ爲ニ、綱ニ付ケ、水底ニ沈メ置キテ、鎭トスルモノ、古クハ石ヲ用ヰタリ。 碇 後ニハ、鐵ニテ作ル、端、四ツニ裂ケテ、上ニ曲ル、大小種種ナリ。 錨 又、西洋製ナルハ、形モ異ニシテ、巨大ナルアリ。

いかり (名) 怒 怒ルコト。ハラダチ。立腹。

いかり-さう (名) 碇草 常綠ノ草、山谷ニ生ズ、一根ヨリ數莖ヲ生ズ、細ソクシテ硬ク、高サ尺ニ及ブ、莖毎ニ三枝アリ、枝毎ニ三葉アリ、葉ハ卵形ニテ細鋸齒アリ、夏、莖上ニ數花ヲ連ネテ、倒ニ垂ル、四瓣ニシテ淡紫ナリ、內ニ長キ蘂アリ、瓣ニ沿ヒテ四出シ、端、上ニ曲ガリテ、碇ノ如シ。 又、白花、淡黃花モアリ。 淫羊藿

いかり-づな (名) 碇綱 碇ニツクル綱、藁、麻ニテ作リ、或ハ、鎖ヲモ用ヰル。

いかり-なは (名) 碇繩 いかりづなニ同ジ。

いか・る・ル・レ・ラ・リ・レ（自動）（規・一）［怒］（一）意ニ逆フコトニ堪ヘズシテ、氣烈シク起ツ。ハラダツ。オコル。立腹ス。（二）角ダツ。聳ユ。「イカレル手」イカレル磯」肩、—」鼻、—」［稜起］

#いか・る・ル・レ・ラ・リ・レ（自動）（規・一）〔生けらるノ約〕水ニ挿サレテアリ。「花ガ瓶ニ—」

〔いかるが（名）［斑鳩］鳥ノ名、まめまはしニ同ジ。

いき（名）［息］〔生ノ義カ〕動物ノ、鼻口ヨリ、肺ヘ、空氣ヲ出入セシムルコト、ソノ出入セシムルヲ、—をつくトイフ。呼吸。［氣息］○—ヲ切ル。喘グ。○—切ル。喘グ。又、死ヌ。○—絶ユ。死ヌ。○—ヲ繼グ。息フ。

いき（名）［生］生クルコト。生キテアルコト。「—死」長—」

いき（名）［行］行クコト。行クコト。

いき（名）［意氣］（一）ココロバセ。ココロダテ。氣象。（二）#氣象ノミヤビタルコト。風采ノサツパリトシタルコト。［瀟洒］

いき（名）［異儀］（一）物ノカハリタル姿。（二）常ニ異ナリタル事。「—無シ」［異狀］

いき（名）［意義］ココロ。コトワケ。意味。

いき（名）［異議］他ニ異ナリタル議論。「—ヲ唱フ」「—無シ」

いきあひ-きやうだい（名）ゆきあひきやうだいニ同ジ。

いきあ・ふ（動）［行合］ゆきあふニ同ジ。

いき-いき-と（副）［生生］生キタル如キ狀ニテ、勢ヒ盛ンニ。［活動］

いき-い・づ・ヅル・ヅレ・デ・デ・デヨ（自動）（規・二）〔息、出ヅノ義カ、生キ出ヅカ〕ヨミガヘル。イキカヘル。［蘇生］

〔いき-う・す・スル・スレ・セ・セ・セヨ（自動）（規・二）［行失］行方無クナル。行キ去ル。

いき-うつし（名）［生寫］（一）生キナガラノ姿ヲ見ツツ、寫シ取ルコト。［活像］［寫生］（二）畫キタル畫ノ、眞物ト紛フバカリニ妙ナルコト。

いき-うめ（名）［生埋］人ヲ、生キナガラニ、地ニ埋メテ殺ス刑。

〔いき-かく・る・ルル・ルレ・レ・レ・レヨ（自動）（規・二）［行隱］去リテ、行方知ラレズナル。

#いき-がけ（名）［行掛］ゆきがけニ同ジ。

いき-かへ・る・ル・レ・ラ・リ・レ（自動）（規・一）［生返］再ビ生ク。ヨミガヘル。イキイヅ。［蘇生］

いき-ぎも（名）［生肝］生キナガラニ、肝ヲ切取ルコト。

いき-ぎれ（名）［息切］息ノ急シクテ苦シキコト。アヘグコト。［喘］

いき-くさ（名）［生草］べんけいさうニ同ジ。

いき-ごみ（名）［息込］イキゴムコト。競ヒ。［盛氣］

いき-ご・む・ム・メ・マ・ミ・メ（自動）（規・一）［息込］勢ヒヲナス。競フ。イキセイハル。［盛氣］

いき-ざし（名）［息差］（一）息スル狀。イキヅカヒ。「—ハゲシク」（二）イキゴミ。氣象。［氣調］

いき-じに（名）［生死］生クルト、死ヌルト。

いき-す（名）［海髮］海藻ノ名、長サ一尺許、甚ダ細ソクシテ、枝アリテ亂髮ノ如シ、色青ク、乾ケバ紫黑トナル、水ニ洗ヒ晒セバ白クナル、ところてんニ製スル如クニシテ、食用トス。［仙草］

#いき-す・ぎる・ギル・ギレ・ギ・ギ・ギヨ（自動）（規・四）［行過］（一）ゆきすぐノ訛。（二）分ヲ超エテフルマフ。

いき-すだま（名）生靈ニ同ジ。

#いき-せい-は・る・ル・レ・ラ・リ・レ（自動）（規・一）［息勢張］氣力ノアル限リヲ出ス。烈シク競フ。イキゴム。［盛氣］

いき-せき（副）［息急］息ヲ急キテ。烈シク急キテ。［噪氣］

いき-た・つ（動）［行立］ゆきたつニ同ジ。

〔い-ぎたな・し・キ・ナレ・ク・ク（形・一）〔寢ノきたなしノ義〕目覺ムルコト難シ。ぶバシナリ。［貪眠］

いき-だは・し・シキ・シナレ・シク・シク（形・二）息、急シ。息切ル狀ナリ。［喘］

いき-ち（名）［生血］動物ノ生キナガラノ血。「人ノ—ヲ取ル」「鷄ノ—ヲ吸フ」

#いき-ぢ（名）［意氣地］人ト競ヒテ退カヌコト。イキハリ。［抗氣］

いき-ちが・ふ（動）［行違］ゆきちがふニ同ジ。

〔いき-ち・る・ル・レ・ラ・リ・レ（自動）（規・一）［行散］分レ分レニナリテ去ル。

いき-づかひ（名）［息遣］息ヲツク狀。イキザシ。「—セハシ」［氣調］

いき-つぎ（名）［息繼］切ルルバカリノ息ヲ繼グコト。急シク働キタル後ニ休ムコト。休息。

いき-つ-く・ク・カ・キ・ケ（自動）（規・二）［行着］（一）ゆきつくニ同ジ。（二）††轉ジテ、盡キ果ツ。「身代ガ—」破產 （三）††死ヌ。

〔いき-づ-く・ク・ケ・カ・キ・ケ（自動）（規・二）［息衝］長ク太ク息ヲ衡ク。太息

〔いき-づ-む・ム・メ・マ・ミ・メ（自動）（規・二）［息詰］息、腹ニ張リ詰マル。氣塞

††いき-づ-む・ム・メ・マ・ミ・メ（自動）（規・二）［行詰］行キツマル。狹ク苦シ。

いき-づゑ（名）［息杖］擔ヒタル物ニ、杖ヲ支ヒテ、暫シ息繼スルコト。

いき-どころ（名）［行所］行クベキ處。

いき-とし-いけるもの（名）世ニ生キテアル程ノモノ。アラユル生物。

いきどほり（名）イキドホルコト。

いき-どほ-る・ル・レ・ラ・リ・レ（自動）（規・二）〔息、滯ル意カ〕（一）歎キ憂フ。心、平ナラズ。懷悒 （二）恨ミ怒ル。心ニ、ハラダツ。憤

〔いき-どほろ-し・シキ・シケレ・シク・シク（形・二）心、不平ニシテ憂フル狀ナリ。

〔いき-とま-る・ル・レ・ラ・リ・レ（自動）（規・二）［生止］生キテ世ニ留マル。イキノコル。生存

いき-とまる（動）［行止］ゆきとまるニ同ジ。

††いき-なり（副）［行成］事ノ成リ行クママニ。程ヲハカラズニソノママスグニ。（東京俗言）唐突

††いき-にへ（名）［牲］いけにへノ訛。

いき-にんぎやう（名）［生人形］生寫ニ作レル人形。

いき-の-した（名）［息下］息ノ絕エムトスル際ニ、聲ノカスカナルコト。「—ニ、オロオロ言ハレケルど」

いき-の-ね（名）［息根］息ノ元。イノチ。「—ヲ止ム」

いき-の-を（名）［息緖］息ノツヅキ。タマノヲ。イノチ。

いき-はり（名）意氣地ヲ張ルコト。

いき-はりづく（名）意氣地ヲ張リ盡クシテ競フコト。

いき-は-る・ル・レ・ラ・リ・レ（自動）（規・二）［息張］息ヲ腹中ニ張ル。イキム。

〔いき-ぶれ（名）［行觸］穢物ニ行合ヒテ觸レタルヲ穢レトスル稱。後世、ふみあはせトイフニ同ジ。

いき-ボトケ（名）［生佛］生キテ現世ニアル佛ノ意ニテ、高德ノ僧ノ稱。活佛

いきほひ（名）［勢］（一）イキホフコト。競フ力。「勝タムトスル—」（二）他ニ勝ツ力。威光。威力。「政府ノ—」多人數ノ—」勢力 （三）發ラムトスル氣。「火ノ—」

〔いき-ほ-ふ・フ・ヘ・ハ・ヒ・ヘ（自動）（規・二）［勢］〔息競フノ約〕氣、盛ニ發ル。キホフ。

〔いき-ま-く・ク・ケ・カ・キ・ケ（自動）（規・二）［息卷］急キテ、息差アララカニナル。噪氣

いきみ（名）イキムコト。

〔いき-みたま（名）［生御魂］陰曆七月ニ、生者ヲ饗スル式ノ名。又、盂蘭盆會ニ、兒女ヨリ、生ケル父母、尊長ヲ饗應スルコト。

いき-む・ム・メ・マ・ミ・メ（自動）（規・二）〔息ヲハタラカス〕息ヲ腹ノ中ニ張ル。イキバル。（通氣、產氣ニ）裏急

いき-もの（名）［生物］生キテ居ル物。命アル物。動物。氣形

い-ぎやう（名）［異形］常ニ異ナル形。怪シキ姿。「—異體」

いき-りやう（名）［生靈］生キタル人ノタマシヒノ他ニ祟ルコト。イキスダマ（死靈ニ對ス）

〔いき-る・ル・レ・ラ・リ・レ（自動）（規・二）［熱］熱クナル。「耳—」

††いきる（動）生ク（規・三）ノ訛。

††いきれる・レル・レレ・レ・レ・レヨ（自動）（規・四）空氣、蒸スガ如ク熱クナル。熱蒸

いき-わか-る・ルル・ルレ・レ・レ・レヨ（自動）（規・二）［生別］生キナガラニ、遠キニ別ル。（死別ルニ對ス）

いき-わかる（動）［行別］ゆきわかるニ同ジ。

いきわかれ（名）［生別］イキワカルルコト。

いき-わたる（動）ゆきわたるニ同ジ。

い-く・ク・ケ・カ・キ・ケ（自他）（規・二）［行］ゆくニ同ジ。

〔い-く・ク・ケ・カ・キ・ケ（自動）（規・二）［生］次條ノ語ニ同ジ。

い-く・クル・クレ・キ・キ・キヨ（自動）（規・三）［生］〔規・一、ノ轉〕（一）息アリテ世ニアリ。死ナズシテ居ル。（二）ヨミガヘル。イキカヘル。蘇

い-く・クル・クレ・ケ・ケ・ケヨ（他動）（規・三）［生］生キテアラシム。生カス。活

い-く・クル・クレ・ケ・ケ・ケヨ（他動）（規・二）〔生ケ置ク意〕（一）瓶ノ水ニ挿ス。（草木ノ枝ヲ）挿 （二）轉ジテ、埋メ置ク。「炭火ヲ灰ノ中ニ—」埋 （三）植エ立ツ。「柱ヲ地ニ—」植木ヲ鉢ニ—」植

いく（接頭）〔幾〕（一）物ノ數、又、程ノ知ラレヌ意ヲイフ接頭語、イクバクノ、ナニホドノ、「一度」「一夜」
（二）數數ノ。多クノ。「一年モ過ギテ」
いくか（名）〔幾日〕（一）イクバクノ日數。（二）多クノ日數。「一モ歷テ」
〔いくくむ……（自動）（規、二）〔息、含ムノ意カ〕怒リヲ含ム。怒リヲ胸ニコメオク。 憤
いくさ（名）〔軍〕（一）兵卒。軍勢。「一ヲ出ダス」「一ヲ召ス」 兵 （二）兵ト兵トノ爭ヒ。タタカヒ。合戰。戰爭。「一ヲス」「一ヲ起ス」 戰鬪
いくさがみ（名）〔軍神〕軍ノ勝利ヲ祈ラムガ爲ニ祀ル神、兵家ニテ北斗星ヲ祀ル、其第七ニ、破軍星アリテ、劍ヲ圖スレバナリ。
いくさだち（名）〔軍立〕軍ニ出デ立ツコト。 出師
いくさならし（名）〔軍馴〕調練ニ同ジ。 操練
いくさにん（名）〔軍人〕いくさびとニ同ジ。
いくさびと（名）〔軍人〕軍スル人、ツハモノ。イクサニン
いくさぶね（名）〔軍船〕軍ニ用ヰル船。 兵艦
いくさぼし（名）〔軍星〕北斗星ノ一稱。（いくさがみノ條ヲ併セ見ヨ）
〔いくさよばひ（名）〔軍喚〕鬨ニ同ジ。
〔いくし（名）〔齋串〕玉、幣ナド懸クル榊、小竹ナドノ稱。
いくせ（名）〔幾瀨〕（一）幾何ノ瀨。（二）轉ジテ、幾何。
いくそ（副）〔幾十ノ轉〕いくそばくニ同ジ。「一ノ春」

「一ノ人」

いくそばく（副）〔幾十許ノ轉〕いくばくニ同ジ
いくたり（名）〔幾人〕（一）イクバクノ人。（二）多クノ人。「一モ來ル」

いくぢ（名）〔意氣地ノ轉カ〕氣ノ張リ。（下ニ、必ズ、反說ノ語ヲ用ヰル）「一無シ」 氣力
いぐち（名）〔兎缺〕上脣ノ中ノ缺ケタル不具ノ名。ミツクチ。

いくつ（名）〔幾箇〕（一）イクバクノ數。（二）又、多クノ數。「一モアリ」

いくどういおん（句）〔異口同音〕口ハ異ナレドモ、音ハ同ジ。數人ノ論、相同ジ。「一ニ歌フ」「一ニ答フ」

いくばく（副）〔幾何〕〔幾計ノ轉〕數ノ確ト知ラレヌニイフ語。イクラバカリ。ナニホド。ドレホド。○一モ無ク。程無ク。永ク時ヲ隔テズシテ。 無幾
〔いくはどころ（名）〔射處ノ轉カ〕射埒ニ同ジ。

いくひ（名）〔幾日〕いくかニ同ジ。

いぐひ（名）魚ノ名、うぐひニ同ジ。

いくひさし……（形、二）〔幾久〕幾世久シ。永ク變ラズ。

〔いくひのたるひ（名）〔生日足日〕祝詞ニ、祭日ヲ美メテイフ語、命長ク、萬ニ事足リテ生クル日ノ意。

〔いくふ……（他動）（規、二）射ル。射込ム
いくへ（名）〔幾重〕（一）イクバクノ重リ。（二）多クノ重リ。

〔いくむ……（他動）（規、一）〔射組〕互ニ射ル。射交ス。
いくよ（名）〔幾夜〕（一）イクバクノ夜。（二）多クノ夜。
いくよ（名）〔幾世〕（一）イクバクノ世。（二）多クノ世。
いくら（副）〔幾等〕いくばくニ同ジ
いくる（動）いく（規、二、又ハ規、三）ヲ見ヨ
いぐわい（名）〔意外〕オモヒノホカ。
いくわん（名）〔衣冠〕（一）衣ト冠ト。（二）冠ト袍トニ、指貫ヲ着クコト、下襲モ、裾モ、石帶モ、無クシテ、腰帶ナリ。
いけ（名）〔池〕人ノ掘リ作リテ水ヲ湛フル處。湖ノ小キモノ。（田ノ用水、庭ノ粧點ナドニ）
いげ（名）〔以下〕ソレヨリ下。以下。
いけうを（名）生ケテ置キテ、不時ノ用ニ供フル魚。
いけがき（名）〔生垣〕樹ヲ植列ネテ垣トシタルモノ、立樹ノ垣。 籬
いけす（名）〔生簀〕〔生ケ簀ノ義〕水ノ中ニ竹籬ヲ結ヒ、食用トスベキ魚ヲ、生ケテ畜ヒ置ク所。
いけずみ（名）〔埋炭〕櫟ノ炭ヲ、灰ニ埋ケ置キテ、久シク保タシムル故ノ稱。 櫟炭
いけだずみ（名）〔池田炭〕櫟ノ炭、攝州一庫村（河邊郡）山中ニテ燒キテ、池田村（豐島郡）ヨリ四方ヘ出ス、一名、イチクラズミ。 櫟炭
いけづくり（名）〔生作〕料理ノ法、鯉鮒ナドヲ、生ケナガラニ肉ヲ切リタルヲ 膾ニ供フルモノ。
いけどり（名）〔生捕〕（一）イケドルコト。 生擒 （二）イケ

ドリタル人。トリコ。俘囚

いけどる・ル・レ・ラ・リ・レ（他動）（規・二）生捕 生ケナガラニ擒メ捕ル。「人ヲ—」熊ヲ—」生擒

いけにへ（名）牲〔生贄ノ義〕獸ヲ、生ケナガラニ、贄トシテ、神ニ供フルモノ。

〔いけはぎ（名）生剝 獸ナド、生ケナガラニ皮ヲ剝グコト。

いけばな（名）生花 草木ノ花枝ヲ瓶ニ挿シ、水ニテ生ケ置キテ飾トスル技。立花ノ技ヨリ派レタルモノニテ、枝ヲ種種ノ態度ニ揉メ作ル。挿花

い-げふ（名）醫業 醫ノ生業。

〔いけぶくろ（名）生袋 鷹ノ餌袋ノ、雀ナド、生ケナガラ入レ置クニ用キルモノ。

いけぶね（名）生舟 水槽又ハ舟ヲ、籞ノ用トスルモノ。

いけま（名）生馬〔馬ノ病ニ效アレバイフトゾ〕蔓草ノ名、春、宿根ヨリ蔓ヲ生ズ、綠ニシテ紫ヲ帶ブ、葉ハががいもニ似テ、薄ク圓ク、毛無クシテ、對生ス、夏ノ末、葉ノ間ニ、細ソキ莖ヲ生ジ、小キ花集リ開ク、五瓣ニシテ白シ、花、實、共ニががいもノ如シ、根ハやまのいもニ似タリ、藥トス、馬醫專ラコレヲ用キル。牛皮消

〔いけみぐさ（名）池見草 蓮ノ異名。

い-けん（名）意見 (一)心ニ思フ所ゾンジヨリ。ミコミ。(二)轉ジテ、意見ヲ告ゲテ、諫メ警ムルコト。（多クハ下輩ニ就キテイフ、常ニ、誤リテ、異見ノ字ヲ書ク）

い-けん（名）異見 (一)人ニ異ナル意見。異存。(二)告ゲ警ムルコト。（意見ノ條ヲ見ヨ）

‡いける（動）いく（規・二）ノ訛。

‡い-ける・ケル・ケレ・ケ・ケ・ケヨ（自動）（規・四・變）〔行キ得ルノ約〕(一)行クコトヲ得。行カル。得行 (二)成ルコトヲ得。行ハル。（成ク、ノ條ヲ見合スベシ）得成

い-ご（名）以後 コレヨリ後。

‡いごき（名）動 うごきノ訛。

い-こく（名）異國 我國ト異ナル國。外國

‡いごく（動）動 うごくノ訛。

いこく-じん（名）異國人 異國ノ人。外國ノ人。

いこく-せん（名）異國船 異國ノ船。外國ノ船。

いこく-ばり（名）異國張 故衣ヲ洗張シテ、新ナルガ如クスル一種ノ工。

〔いごのふ・フ・ヘ・ヘ・ヒ・ヘ（他動）（規・一）罵ル。

いこふ・フ・ヘ・ヘ・ヒ・ヘ（自動）（規・一）息憩 息ヲ繼ガムト休ム。休息ス。

〔いこふ・フル・フレ・ヘ・ヘ・ヘヨ（他動）（規・二）息 息フヤウニテス。息ハシム。

いこむ・ム・メ・マ・ミ・メ（他動）（規・一）射込 射テ入ルル。

〔いこよかよ（副）丈高ク。岐嶷

いさ（副）如何ナラムカ。ドウヂヤヤラ。（下ニ必ズ「知ラズ」ト承ク）「人ハ—心モ知ラズ」—我レ知ラズ」女、甚ク恥カシク、—ト應ヘ」外ハ—、訪ヒ來ル人モ跡絶エテ」

いざ（感）誘フ時、又ハ、心ノ進ム時ニ發スル聲。イデ。サア。ドリヤ。（常ニ他語ノ首ニ用キル）「—諸共ニ若菜摘ミテム」—立寄リテ見テ行カム

いさがに（名）あしはらがにニ同ジ。

いさかひ（名）諍 イサカフコト。イヒアヒ。口論。

い-さか-ふ・フ・ヘ・ヘ・ヒ・ヘ（自動）（規・一）諍〔言逆フノ約〕言語ニテ爭フ。口論ス。イヒアフ。

いさき（名）魚ノ名、夏ヨリ秋ノ間、最モ多シ、形、せいごニ似テ、身圓ク、色ハ灰黑ニシテ赤ミアリ、脇ノ上ニ、黃ナル一條アリ、脂多ク、味好シ。オクセイゴ。（奧州）鷄魚

い-さき（名）〔五尖ノ義ニテ、葉ノ形ニイフカト云〕樹ノ名、あをぎりノ一種、子ヲ結ブコトモ同ジ、葉モ似テ薄ク、背光ル、子ヲ炒リテ食フベク、又、皮ニテ繩ヲ作ルベシ、對馬ニ多シ。一名、イッサキ。ツシマギリ。

いさぎよし・キ・ケレ・ク・ク（形・二）潔〔いさハ彌ノ轉カ、或ハ發語カ〕(一)甚ダ淸シ。(二)汚レ無シ。鄙劣ノ念ナシ。潔白ナリ。（心ニ）廉潔 (三)ワルビレズ。「潔キ討死」

いさご（名）砂〔石子ノ轉カ、或ハ石砂子ノ約カ〕すなご、又ハすなニ同ジ。

いさご-むし（名）砂蟲 蟲ノ名、流水ノ石ノ上ニ生ズ、背ニ小キ砂ヲ綴リ負ヒテ、石ニ着ク、形、蠶ニ似テ小ク、長サ五六分ニシテ、淡黃ナリ、漁人取リテ釣ノ餌トス、後ニ羽化ス。一名、セムシ。石蠶 又、一種、長サ一寸許ニシテ、靑黑キアリ、かねつけとんぼニ羽化ス。

〔いささ (接頭)〕 細小 イササカナル。ワヅカナル。「—小川」

いさざ (名) 〔細小ノ義〕 (一)魚ノ名、攝州兵庫、又駿州等ニ産ズ、冬、淡水ニ生ジ、春夏ノ際ニ採ル、長サ一寸許、白クシテ黒ミアリ、目睛黒ク、體、粘リテもちやうノ如シ、乾シテちらもぼしトス。一名、トロメン。シラス。 鰷魚 (二)又、近江ノ滋賀郡ノ湖邊ニ産ズル魚ノ名、長サ一寸許、頭圓クシテ、はぜニ似タリ。(三)又、越前、足羽川ニ産ズル魚、はぜニ似テ一寸許アリ、炎天ニ捕ル、鮨ニ作リテいささずしトイフ。

いささか (副) 〔いハ發語ニテ、ささかハ細小ノ意〕 (一)僅ニ。スコシバカリ。 些少 (二)苟且ニ。チヨツト。「—復爾耳」(漢籍讀ニ) 聊

〔いささけし・し・き・けれ・く・く (形.二)〕 細小ナリ。少シバカリナリ。

いざさせたまへ (句) 誘ハレサセ給ヘ。イザ、(我ト共ニ)行キ給ヘ。

〔いささめに (副) 〔少間ニノ轉カ〕〕 假初ニ。「…時待ツ間ニテ日ハ歷ヌル」

いざさらば (感) 人ヲ誘ヒ、或ハ、自ラ思立テル時ナドニイフ感動詞。

〔いざたまへ (句)〕 いざさせたまへニ同ジ。

〔いさつ・つる・つれ・て・ち・つ (自動)(規.三)〕 足掻シテ泣ク。 啼泣 哭

〔いさとし・し・き・けれ・く・く (形.二)〕 寝聰 眠リ覺メ易シ。メザトシ。

いさやいさや (句) 〔不知ト云ヨ、ノ義ニモアラムカ〕 否否、夫レニモ仔細アルヨ、ナドイフ意ノ語。

〔いさな (名)〕 勇魚 鯨ヲ美メテイヘル古言。

〔いさなとり (枕)〕 勇魚取 海、濱、灘等ノ枕詞。

いざなふ・ふ・へ・へ・ひ・へ (他動)(規.一) 誘 率ヰテ行カムトスルモヨホシタツ。サソフ。導ク。

いさは (名) 草木ノ葉ノ緑ナルニ、常ニ變ハリテ、白キ或ハ黄ナル縁、條、點ナドアルモノノ稱。斑入。

いさば (名) 五十集 〔磯邊ノ轉トイフ〕 乾魚、醃魚ナド商フ生業ノ稱。 醃魚肆

〔いさふ・ふ・へ・へ・ひ・へ (他動)(規.一)〕 叱 〔諫ムト通ズト云〕 叱ル。「尊客之前、不叱犬」

いさほし (名) 功 いさをノ誤。

いさまし・しき・しけれ・しく・しく (形.二) 勇 勇ム狀ニテアリ。勢ヒ強シ。雄雄シ。

いさみ (名) 勇 (一)勇ムコト。イキホヒ。(二)卄市人ノ氣概ヲ衒フ者。 市虎

卄いさみはだ (名) 市虎ノ風采。

いさむ・む・め・め・み・め (自動)(規.一) 勇 氣、張リテ、進ミ向フ。心ニ勢ヒ起ル。

いさむ・むる・むれ・め・め・め (他動)(規.二) 諫 禁止ム。他ノ非ヲ語ゲテ戒メ改メシム。諫言ス。異見ヲ加フ。

いさめ (名) 諫 イサムルコト。禁ムルコト。諫言。異見。

〔いざめ (名)〕 寝覺 ねざめニ同ジ。

卄いさめる (動) 諫ムノ訛。

〔いさよひ (名)〕 猶豫 イサヨフコト。タメラフコト。「君ヤ來ム、我ヤ行カムノ—ニ」

いさよひ (名) (一)いさよひのつきノ略。(二)轉ジテ、陰暦、十六日ノ稱。 既望 (三)又、十六日ノ夜ノ稱。

いさよひざくら (名) 櫻ノ一種、伊豫ノ道後ノ産、陰暦正月ノ十六日ノ頃ニ開ケバ名トストイフ。

いさよひのつき (名) 十六夜月 〔日暮ヨリ、少シ後レ猶豫ヒテ出ヅル月ノ義〕 陰暦、十六日ノ夜ノ月ノ稱。略シテ、イサヨヒ。 既望月

〔いさよふ・ふ・へ・へ・ひ・へ (自動)(規.一)〕 猶豫 滯リ遊ス。漂ヒ休ラフ。タユタフ。「—雲」「—浪」「イサヨヒ昇ル山ノ端ノ月」

〔いさら (接頭)〕 少シノ。イササカナル。「—水」「—波」

〔いさらゐ (名)〕 水ノ些少アル井。

いさり (名) 漁 イサルコト。スナドリ。「—スル海人」

いさりび (名) 漁火 漁ニ用ヰル炬火。

いさりぶね (名) 漁舟 漁リスル舟。獵船。

いさる・る・れ・れ・り・れ (他動)(規.一) 漁 〔磯探ルノ約略〕 魚介ヲ採ル。スナドル。アサル。獵ヲス。

いさを (名) 功 〔勇雄ノ義〕 事ヲ遂ゲテ、善ク成リタルコト。テガラ。功。コウミヤウ。

いさをし (名) 功 いさをノ誤。

〔いさをし・し・き・しけれ・しく・しく (形.二)〕 〔功ヲハタツカヌ〕 (一)勉メテアリ。イソシ。出精ナリ。ホネヲヲル。セイヲダス。 勸勉 (二)世ニ功アリ。

いし (名) 石 (一)堅キ鑛物ノ名、人ノ普ク知ル所ナリ、通俗ニハ、磐ヨリ小ク、砂ヨリ大ナルモノヲモ稱ス、

垣、橋、礎等、建築ノ用、極メテ多シ。(二)碁石。
いしゐ (名) 醫師 醫ヲ業トスル人。クスシ。醫者。
(いしゐ (名) 倚子 椅子ニ同ジ。
(いし‐しキ・シナレ・シク・シク (形・二) 美 (一)美シ。好マシク美ムベシ。美事ナリ。(二)旨シ。味、好シ。(三)巧ナリ。上手ナリ。(四)ケナゲナリ。神妙ナリ。「イシクモ馳セ參リタリ」 ||
いしゐ (名) 異事 常ニ異ナリタル事柄。「一無之」
いし‐あやめ (名) 石菖蒲 せきしやうヲ見ヨ。
いし‐いし (名) 〔石石ノ義、堅キニイフ〕 團子ノ異名。(女房詞)
いし‐いも (名) 石芋 芋ノ一種、苗、さといもニ似テ、光澤多シ、暖國ニ自生ス、食スベカラズ。クハズイモ。マンヂユウイモ。野芋
(いしう (形) 美シク、ノ音便、美シ、ノ條ヲ見ヨ。
いし‐うす (名) 石臼 石ニテ造レルをりうす。 磑
いし‐うち (名) 石打 (一)小石ヲ打チ合フ鬪。石戰 (二)いしうちのはねノ略。「一ノ征矢」
いしうち‐の‐そや (名) 石打征矢 石打ノ羽ニテ矧ギタル征矢、大將軍ノ用トス。
いしうち‐の‐はね (名) 石打羽 鷲ノ尾ノ羽ノ左右ノ端ヨリ第一第二ニ當ルモノ、美シク打ツ意ニ取リテ、矢ニ矧ギテ賞ス。中黑、本白、切斑等ノ名アリ。
いしうち‐の‐やなぐひ (名) 石打胡籙 石打ノ征矢ヲ盛ル胡籙。
いし‐がき (名) 石垣 郭、堤、岸ナドノ側面ヲ 土ノ崩ルルヲ防ガムガ爲ニ、切石ナドニテ積ミアゲタルモノ。 石壁

いし‐がけ (名) 石崖 いしがきニ同ジ。
いしがけ‐しぼり (名) 石崖絞 六角ナル形ヲ縱横ニ並ベタル狀ノ地紋ノ絞、切石ノ石崖ノ合目ニ象リテイフ。
いし‐がに (名) 石蟹 やまがにニ同ジ。
いし‐かは (名) 石川 底ニ石ノ多クアル川。
††いしゐ‐がへし (名) いしゆがへしノ訛。(東京)
いし‐がめ (名) 石龜 かめノ條ヲ見ヨ。
いし‐がれひ (名) 石鰈 かれひノ一種、表ノ黑キ方ニ鱗無クシテ、鰭ノ兩邊ニ、黑クシテ扁キ砂石ノ如キモノ、並ビテ着ケリ、大ナルハ尺餘アリ、味、殊ニ美ナリ。
いし‐ぎく (名) 石菊 (一)舶來シテ、藥用トスル石ノ如キモノ、細ソクシテ、長サ一二寸、三、五、叢生スルモアリ、末尖リテ、形、木賊ノ如クニテ輕ク、內、空シクシテ菊花ノ文アリ。 鵝管石 (二)又、くさびらいしノ類、海中ノ石ニ生ス、形、菊花ニ似タリ。
いし‐きり (名) 石切 (一)山ヨリ石ヲ切リ出ス工。 采石土 (二)石ヲ刻ミテ、建築シ、又諸器ニ造ル工。 石工
いしきり‐のみ (名) 石切鑿 石工ノ用ヰル鑿、太ク短クシテ、本圓ク末尖ル。 石鑿
いし‐く (名) 石工 (一)石工。(二)石工ノ手間賃。
(いしく (形) 美シ、ノ條ヲ見ヨ。

いし‐ぐら (名) 石倉 石ニテ造リタル倉。
いし‐ぐるま (名) 石車 大石ヲ載セテ運ブ車、低クシテ小ク厚キ輪、四ツヲ着ク。
いし‐くれ (名) 石塊 石ノ小キモノ。小石。
いし‐けん (名) 石拳 拳ノ戲ノ一種、拳ヲ石ニ、開キタルヲ紙ニ、二指ヲ鋏ニ象リ、鋏ハ紙ヲ斷チ、紙ハ石ヲ包ミ、石ハ鋏ニ勝ツトシ、二人、互ニ手ヲ出シテ、勝負ヲ決スルモノ。東京ニ、ジヤンケン。
いしゐ (名) 石粉 燧石ノ類ノ石ヲ碎キテ粉トセルモノ、鎔シテびいどろヲ造ル。
いしゐ (名) 石子 大小ノ石ノ積ミ重ナリタル稱。
いしゐ‐つば (名) 〔石ノ木端ノ意〕 石ヲ刻ミテ出デタル屑。
いしゐ‐づめ (名) 石子詰 中世ニ、邊土ニテアリシ刑、人ヲ生キナガラ、大小ノ石ニテ埋メ殺スコト。
(いしゐひ (名) 石鯉 鯪鯉ニ同ジ。(穿山甲ノ條ヲ見ヨ)
いしゐろ (名) 〔石轉カ、石塊ノ轉カ〕 いしくれニ同ジ。 礫
いし‐ざか (名) 石坂 切石ニテ段ヲ疊ミ作レル坂。イシダン。 磴
(いし‐ずみ (名) 石炭 せきたんニ同ジ。
いし‐ずり (名) 石摺 石碑ノ文字ヲ、墨ニテ、紙ニ摺リ取レルモノ、字、白ク、地、黑クナル。又、書提ヲ木ニ刻ミテ、同ジ狀ニ摺リ取レルヲモイフ。 搨書
いし‐ずゑ (名) 礎 〔石据ノ義〕 (一)家ノ柱ノ下ニ据

ヱ置ク石、ドダイイシ。(二)大事ヲ任セテ頼ミアル人。「國ノー」柱石

いし-たたき (名) 石敲 鳥ノ名、せきれいニ同ジ。

いし-だたみ (名) 石疉 (一)〔石段。石坂。石階

(二)地上ニ、方ニシテ平ナル石ヲ敷キ並ベタル所。ジキイシ。甃 (三)地紋ノ名、方ナル形ヲ縱横ニ並ベテ、其上下、左右、一ツツ隔テテ、黑白ノ色ナド、入レチガヘタル形ヲ出スアラレ。磚花

いし-だひ (名) 石鯛 (一)魚ノ名、形、黑鯛ニ似テ、肥エテ大キシ、口ハ闊ク、鱗ハ青黑クシテ、背ヨリ腹ニ亙リテ、竪ニ黑キ大條、數アリ、大ナルモノハ三尺ニ至ル。一名、クロクチ。(二)又、魚ノ名、たひのむまげんばうノ別名。

いし-だん (名) 石段 切石ニテ作レル階。石階

いし-ぢ (名) 石地 (一)石多キ土地。磽确 (二)漆塗ノ名、灰色ニシテ光リナキモノ。

いし-づき (名) 石突 (一)〔鐏。(二)戈、槍、長刀、ナドノ本ヲ包ム金具、尖レルアリ、(鐏)平ナルアリ。(鐓)

いし-づき (名) 〔石付ノ義カ〕竹ノ根ノ、土中ニテ朽チ腐レタルモノ、藥用トス。鬼齒

いし-づくり (名) 石作 (一)石ヲ製工ルコト。(二)石ニテ造リタルコト。(木造ナドニ對ス)「ーノ家」石造

いし-どうろう (名) 石燈籠 石ニテ造レル燈籠、笠、脚、臺アリ、社堂ノ前ニ据ヱテ燈火ヲ點ジ、又、庭ニ置キテ飾トス。石鐙

いし-なぎ (名) 魚ノ名、いしもちト同種ニシテ、大サ五六尺ニ至ル、味、美ナラズシテ、小毒アリ。

いし-なご (名) 石投子 兒女ノ戲、小キ石ヲ、若干、撒キテ、一ヲ空ニ投ゲ上ゲ、ソノ落チヌ間ニ、下ノ石ヲサラヒ取リテ、落ツルモノト、合セテツカムコト。イシナドリ。

いし-なだんご (名) 石投團子 はつたいいしノ小キモノ。(讚岐)

いし-などり (名) 石投取 いしなごニ同ジ。

(いし-の-あぶら (名) 石油 くさうづのあぶらニ同ジ。

いし-の-おび (名) 石帶 せきたいヲ見ヨ。

(いし-の-ち (名) 石乳 つららいしニ同ジ。

いし-の-ちち (名) 前條ノ語ニ同ジ。

いし-のみ (名) 石鑿 いしきりのみニ同ジ。

いし-ばし (名) 石橋 石ニテ亙セル橋。

いし-はじき (名) 石彈 (一)古ノ兵器、大木ヲ建テ、石ヲ其上ニ置キ、機ニテ敵ヘ投ゲヤルモノ。旝 (二)若干ノ小石ヲ撒キ、指ノ先ニテ、互ニ彈キ當テテ取ル戲レ。彈棊 或ハきさおノ殼ヲ用ヰルヲきさおはじきト云フ。

いし-はなび (名) 石花火 灌木ノ名、いそまつニ同ジ。

いし-ばひ (名) 石灰 (一)石灰石ヲ燒キテ灰粉トシタルモノ、建築等種種ノ用ヲナス、其石ヲ燒キタルママナルハ、尙、塊ヲ成ス、コレヲあらむひトイフ、三十日許ヲ歷レバ、自ラ解ケテ、粉トナル、コレヲふけはひトイフ。風化石灰 又、あらはひヲ溫メ置キテ、水ヲ注ゲバ、即時ニ解ケテ、粉トナル。水化石灰 (二)又、かきがらはひノ稱。(其條ヲ見ヨ)

いしばひ-いし (名) 石灰石 礦物、灰色ニシテ青ミアリ、黃白色ナルハ次ナリ、燒キテ石灰トス。

いしばひ-の-だん (名) 石灰壇 淸涼殿ノ廂ノ南ニアリテ、石灰ニテ堅メ築ケル壇、諸朝儀ニ用ヰル。

いし-はら (名) 石原 小石多クアル平地

いし-はりだひ (名) 石針鯛 魚ノ名、鱗、尾ニ堅ク銳キ刺アリ、鱗、亦堅ク、赤クシテ紅ナル點アリ、ヱセヌダヒ。

いし-びや (名) 石火矢 中世ニ用ヰタル大砲ノ名、初ハ、丸ニ石ヲ用ヰ、後ニハ、鐵、鉛ヲ用ヰタリ。佛郎機

いし-ぶし (名) 石伏 魚ノ名、形、はぜニ似テ、三四寸許、肥大ナリ、頭大ク、口闊クシテ扁ク、鱗細カシ、色、淡黃黑ニシテ黑斑アリ、淸流ノ石間ニ居ル、腹ニ圓キ鰭アリテ、石ニ吸ヒツキテ、水上ニ浮バズ。一名、ゴリ。カハカジカ。イシモチ。杜父魚

いし-ぶみ (名) 碑 〔石文ノ義〕事ヲ後ノ世マデ傳ヘム爲ニ、其記事ヲ石ニ刻付ケテ、立テ置クモノ。

いし-ぼたん (名) 石牡丹 くさびらいしノ類、其形、牡丹ノ花ニ似タリ。石芝ノ一種

いし-ボトケ (名) 石佛 石ニテ刻ミ作リシ佛像。

(いしま (名) 器ニゆがみアルコト。𥌬

(いしみ (名) 器ノ名、ふごニ同ジ。

いしみかは (名) 〔河内國ノ石見川村ノ產ヲ佳トス

一年生ノ蔓草、葉ハ三尖ニシテ互生シ、莖ト共ニ刺アリ、花ハ蕎麥ニ似テ紅白ナリ、實ハ圓クシテ、紅、紫、白、黑、綠、碧、相雜ル。杠板歸

(いしむ-ス・ス・マ・ミ・メ (自動) (規.二) ゆがむニ同ジ。(器ナドニ) 窳

い-しん (名) 異心 フタゴコロ。野心。

い-じん (名) 異人 (一)尋常ニ異ナリタル人。(二)仙人。(三)異國ノ人。外國人

い-しん-でん-しん (句) 以心傳心 心ヲ以テ心ニ傳フ。師、心機ニテ傳ヘ、弟子、心機ニテ會得ス。(禪家ノ語ヨリ出デ、藝術ノ奧義ナドニ、言語手段ニテ傳ヘ難キニイフ)

いし-め (名) 石目 彫刻ノ法ニ、物ノ面ニ、極メテ細カキ點ヲ隙無ク付クルコト。

いし-もち (名) 石持 (一)魚ノ名、海ニ產ス、形、略、鯖ニ似テ、狹ク長シ、色淡白ク、鰭長ク、鱗細カク、頭短ク小クシテ、尾ニ岐ナシ、肉脆ク、脂少ク、味美ナリ、頭ノ中ニ、白ク硬キ小石、二ツアリ、故ニ名ツク。石首魚 又、一種、くちトイフモノハ、長サ七八寸ニシテ、味、稍劣ル、此魚、成長シテにべトナルト云フ。(二)又、魚ノ名、いしぶしノ一名。(畿內)

いし-や (名) 石屋 (一)いしきりニ同ジ。石工 (二)切石、庭石ナドヲ賣ル商家。

い-しや (名) 醫者 醫師。クスシ。

い-しやう (名) 衣裝 (一)衣ト裳トゴロモ、キモノ。衣服。(二)俗ニ、俳優ノ扮ヲ行フトキニ用ヰル衣服。(東京) 扮裝

い-しやう (名) 異稱 異ナル稱。別ニアル名。異名。別名。

い-じやう (名) 以上 (一)コレヨリ上。(二)箇條アル文書、又ハ目錄ナドノ末ニ記シテ、終尾トイフ意ヲ標スル語。後ニ、書狀ノ文ヲ結ブ語トモナル。(三)德川氏ノ制ニ、將軍ノ謁見ヲ得タル家臣ノ稱。(以下ニ對ス)

いし-やき (名) 石燒 やきものノ條ヲ見ヨ。

いしやき-どうふ (名) 石燒豆腐 (一)料理ニ、鐵鍋ニ油ヲ塗リテ、豆腐ヲ燒キタルモノ。(元ハ石ニテ燒キタルナリ) (二)又、燒豆腐ヲ吸物ニシタルモノ。

いしやや-だふし (名) (醫者倒ノ義) 亞灌木、葉ハ、萩ニ似テ、厚ク大ク、冬凋マズ、節每ニ根ヲ生ズ、夏ノ初、莖ノ頭ニ、二三寸ノ穗ヲ出シテ、白キ花ヲ開ク、槐ノ花ニ似タリ、實ノ形、蓮ノ實ノ如シ、根ヲ藥用トス、センデリ。山豆根

いし-やま (名) 石山 (一)石ノ重ナリタル山。石多キ山。(二)石ヲ切リ出ス山。

い-しゆ (名) 意趣 (一)心ノオモムキ。ココロバセ。(二)心ニ恨ム意趣アル意ヨリ轉ジテ、他ヲ恨ミ思フコト。遺恨。—ヲ返ヘス 積憤

いしゆ-がへし (名) 意趣返 怨ヲ報ユルコト。復讎

い-じゆつ (名) 醫術 醫ノ術。醫者ノ技。

いし-ゆみ (名) 石弓 機アリテ石ヲ敵ニ投ゲヤル兵器。

い-しよ (名) 醫書 醫術ノ事ヲ記シタル書。

い-しよく (名) 衣食 衣服ト食物ト。

い-しらま-す-ス・セ・サ・シ・セ (他動) (規.二) 射白 矢ヲ射テ敵ノ勢ヲ挫ク。(兵家ノ語)

いし-わた (名) 石綿 (一)輝石、角閃石、蛇紋石、ナドイフモノノ纖維狀トナリテ、多少、屈曲シ得ベキモノノ稱、蛇紋石、滑石ノ中ニ現出ス、白クシテ綿ノ如シ、武藏、信濃、上野、越後等ニ產ス、取テリ火浣布ニ製スベシト云フ。石絨 (二)又、木ノ化石ノ名、堅クシテ白ク、木理アリテ、剝ガレヤスシ、龍骨ト僞ルコトアリ。一名、ジヤコツ。(三)又、石ノ名、蠟石ニ似テ柔ク、淡綠ニシテ黑キ斑アリ。冷滑石

いし-わり (名) 石割 ひくひどりノ一名。

いしわり-がひ (名) 石割貝 介ノ名、海邊ノ岩石ノ穴ニ生ズ、石ヲ割リテ取ル、形、略、貽貝ニ似テ長ク、色淡シ。

い-す (名) 栫 樹ノ名、ゆすヲ見ヨ。

イ-ス (名) 椅子 (子ノ宋音、倚子ノ轉、禪家ノ語) 腰ヲカクル具、背ニ倚カカリアルモノ、方ナルアリ、圓キアリ。今、又、形狀種種ナリ。

いすか (名) 鶍 鳥ノ名、大サうその如ク、羽色ニ因リテ、あかー、あをーノ二種アリ、觜、靑クシテ、クヒチガヒテ叉ヲナス、然レドモ能ク荏子、稗子ナドヲ拾ヒ食フ、秋ノ末群リ來ル。交喙

○—ノ觜。事ノクヒチガフコト。齟齬

(いすゝ-ク・キ・カ・ケ (自動) (規.一) 驚キ騷グ。周章ツ。

倉皇」

いすゞる (動) ゆすぶるノ訛

いすり (名) イスルコト。

いすゑる・ル・レ・ラ・リ・レ (他動)(規.一) 非理ノ言掛リヲナシテ、人ヲ苦メテ錢物ヲ取ル。(東京)

いせえび (名) 伊勢蝦 〔畿内ノ稱、伊勢ヨリ來レバ名トス〕 海蝦ノ味最モ美ナルモノ、單ニえびトノミモイフ、形、大クシテ一二尺ニ至ル、兩眼、紫黑ニシテ高ク突出デ、口ニ四ツノ堅キ鬚アリ、其二ツハ、長サ、身ニ同ジ。全身紫黑ニシテ光リ、鬚根、頭殼、粗クシテ刺多シ、頭邊ニ毛アリ、尾ノ端、花瓣ノ如シ、煮レバ、全身深紅トナル、腰曲ルガ故ニ常ニ海老ノ字ヲ書シテ、新年等ノ祝事ニ用ヰル。一名、カマクラエビ。(關東) 龍蝦

いせおしろい (名) 〔往時、伊勢ノ飯野郡射和村ニ、土產ノ水銀アリテ製セシガ、上品ナリキ、故ニ名トセリ、今ハ產セズ、京ヨリ送リテ製ス〕 はらやニ同ジ。 鉛霜

いせおんど (名) 伊勢音頭 伊勢ノ古市ニテ歌フ俗謠ノ稱。(古市ノ近地、川崎ニ起ル、本名、川崎音頭)

いせごひ (名) 伊勢鯉 〔京畿ノ稱、伊勢ヨリ送レバイフ〕 形、ぼらニ似テ、頭、扁ク、身狹ク長ク、大ナルハ三尺餘アリ、口、眼、赤ク、背ハ、ぼらヨリ脊ク、味極メテ甘ク旨シ、伊勢、志摩ニテ、多ク子ヲからすみトス。別名、メナダ。アカメ。(關東) シクチ。シクチボラ。シエクチ。クチメ。(西國) 赤目魚

いせつ (名) 異說 他ニ異ナル說。「—ヲ立ツ」

いせばうふう (名) 伊勢防風 はまばうふうニ同ジ。

いぜん (名) 以前 (一)コレヨリ前。 (二)昔。 往時

いぜん (名) 依然 故ノママナルコト。

いぜんげん (名) 已然言 語學ノ語、篇首ノ語法指南、動詞ノ條ノ語尾變化ノ表ヲ見ヨ。

いせる・セル・セレ・セ・セ・セヨ (他動)(規.四.變) 布帛ヲ縮マシメテ縫ヒ合ハス。寄セテ縫フ。

いせわかめ (名) 伊勢ヨリ產スル若布ノ稱、最上品ナリトス。

いそ (名) 磯 〔石添ノ意ニモアルカ〕 (一)湖海等ノ波打際ニ石アル處。 (二)泛ク、湖海ノ邊ノ稱。 (三)冠ノ名所。(かんむりノ條ヲ見ヨ)

いそ (數) 五十 十ヲ五倍ニセル數。五十。

いそいり (名) 磯煎 鯛ニ芹ヲ加ヘタル吸物。

いそいそがに (名) 〔磯磯ノ意カ、匆匆ノ意カ〕 豆蟹ニ同ジ。

いそいそと (副) 心ノ急ギ進ム狀ニイフ語。

いそがき (名) 磯蠣 牡蠣ノ一種、形小キモノ。一名、コガキ。 梅花蠣

いそがし・シキ・シケレ・シク・シ (形.二) 閙 事繁クシテ閑ナシ。セハシ。 繁劇

いそがす・ス・セ・サ・シ・セ (他動)(規.一) 急 急グヤウニナス。急キ促ス。 促

いそがはし・シキ・シケレ・シク・シ (形.二) 忙 イソガシキ狀ニテアリ。

いそがひ (名) 磯貝 (一)泛ク、磯邊ニアル小介ノ殼ノ稱。 (二)又、すゞめがひノ一名。

いそぎ (名) 急 (一)イソグコト。早ムルコト。 (二)用意。支度。「我ハ花見ル—ヲソスル」

いそぎあし (名) 急足 急ギテ歩クコト。ハヤアシ。 疾步

いそく (名) 夷則 (一)十二律ノ一、其條ヲ見ヨ。 (二)陰曆七月ノ異稱。

いそぐ・グ・ゲ・ガ・ギ・ゲ (自動)(規.一) 急 事ヲ早クセムトス、急ク。「急ギ行ク」

いそぐ・グ・ゲ・ガ・ギ・ゲ (他動)(規.一) 急 急キテナス。促ス。「仕事ヲ—」

いそざんせう (名) 磯山椒 小キ灌木ノ名、暖地ノ海邊ニ產ス、葉ハ山椒ニ似テ小ク、冬凋マズ、夏、五瓣ノ白花ヲ開ク、梅花ニ似タリ、實小ク圓シ。ハマザンセウ。 小石積

〔いそし・シキ・シケレ・シク・シ (形.二) 〔勇ノ轉カ、いそしノ約カ〕 能ク勤ムル狀ナリ。 勤

〔いそしむ・ム・メ・マ・ミ・メ (自動)(規.一) (一)勤ム。ホネヲル。 勸勞 (二)功アリトス。

いそぢ (名) 磯路 磯邊ノ路。

いそぢ (數) 五十 〔五十箇ノ轉〕 (一)五ノ十倍。五十。 (二)五十年。

いそつぐみ (名) 鳥ノ名、南方ノ海邊ニ棲ム、ひよどりニ似テ、肥エテ大ク、尾モ長シ、頭、背、胸等、青黑ク、

腹ハ赤黒クシテ、白キ點アリテ、美シ、聲低シ・イソロヨドリ・イハツグミ。
いそな (名) 磯菜 磯ニ生フル草ノ、採リテ食用トスベキモノノ泛稱。
いそね (名) 磯根 磯トイフニ同ジ。
いそね (名) 磯寐 磯邊ニ宿リテ寐ルコト。
〔いそのかみ〕 (枕) 石上 〔石上、布留、共ニ大和ノ地名ナルヲ重ネテ言フ〕 布留(地名)ノ枕詞。轉ジテ、降ル、振ル、舊キ等ノ語ニモ用ヰル。
〔いそは・く・く・け・か・き・け〕 (自動) (規・一) いそしむニ同ジ。
いそひよどり (名) 磯鵯 いそつぐみニ同ジ。
いそふき (名) あはさいふきニ同ジ。
いそべ (名) 磯邊 磯ノ邊。
〔いそまくら〕 (名) 磯枕 磯邊ニ旅寐シテ、岩根ヲ枕ニスルコト。
いそまつ (名) 磯松 (一)磯邊ニ生ヒタル松。(二)小キ灌木ノ名、伊豆ノ海邊ニ生ズ、幹ハわさびノ根ノ如ク、細葉、枝ノ上ニ集リ着ク、葉ノ間ヨリ莖ヲ出シテ、細花簇リ開ク、五瓣ニシテ、紅又黄ナリ。イシハナビ。
いそまめ (名) 磯豆 蔓草ノ名、宿根ヨリ生ズ、駿地ノ海邊ニアリ、形、なたまめニ似テ小シ、莢ノ長サ二寸餘、豆ハ扁クシテ黯黒ナリ、毒アリ。一名、ハマナタマメ。
いそん (名) 異存 他ニ異ナル考ヘ。異見
いそむし (名) 磯蟲 鯛、さよりナドノ口中ニ往往含メル蟲、形、ふなむしニ似タリ。
いそん・ず・ずる・ずれ・ぜ・ぜ・ぜよ (他動) (不規・二) 射損 射テ外ル。
〔いそめ・く・く・け・か・き・け〕 (自動) (規・一) 急ク狀ニテアリ。イソイソトス。
いそめばる (名) 磯眼張 (一)魚ノ名、めばるニ同ジ。(西國) (二)又、あいなめノ一名。
〔いそもの〕 (名) 磯物 海藻ノ稱。
〔いそや〕 (名) 磯屋 磯邊ノ漁人ナドノ住家。
いそやき (名) 磯燒 餅菓子ノ名、らそんのまニ淡キ醬油ヲ和シタルモノヲ、銅版ノ上ニテ薄ク燒キ作リテ、あづきノ餡ヲ包メルモノ。
いそれんげ (名) 磯蓮華 草ノ名、駿國ニ產ズ、葉、厚クシテ、きりんかくノ葉ノ如シ。
いそわし (名) 磯鷲 鷲ノ一種、形小ク、海邊ニ棲ムモノ。
いた (名) 板 (一)材ヲ薄ク平ニ挽キ割リタルモノ。(二)轉ジテ、金石ナドスベテ薄ク平ニシタルモノ。「銅ー」「ー金」 版 (三)古ヘ、織物ノ稱。(いたのものノ條ヲ見ヨ)「厚ー」「薄ー」「羅脊ー」
いたいけ (名) 〔傷イ氣ノ意〕 小兒ノイタハシキ狀ナルコト。「ーザカリ」
いたいたぐさ (名) 痛痛草 いらくさニ同ジ。
いたいたし・しき・しく・しけれ・しく・しく (形・二) 傷傷 甚ダ傷ハシ。
いたう (副) 甚 いたくノ音便、ハナハダシク。「雨、イタウ降リケレド」
いだう (名) 醫道 醫術ノ道、醫者ノ學。
いたがき (名) 板垣 板ニテ作レル垣。板屏。板障
いたがこひ (名) 板圍 假リニ作レル板屏。
いたがす (名) 板糟 酒糟ヲ板ノ如クニシタルモノ。
いたがね (名) 板金 金類ヲ鎔シテ、槽ニ入レ、板ノ如クシタルモノノ總稱、通用金銀ナドニモイフ。鈑 錠
〔いだかふ・ふる・ふれ・へ・へ・へよ〕 (他動) (規・二) 抱キカカフ。抱持
いたきれ (名) 板切 板ヲ挽キテ用ヰタル殘片。
いたく (副) 甚 〔甚シノ副詞法〕 ハナハダシク。キック。イタウ。「年、ー老イヌ」
いだく・く・け・か・き・け (他動) (規・一) 抱 (一)兩腕ニテ圍ミ持ツ。抱フ。ダク。「子ヲー」 (二)圍ミテ內ニス。「山、海ヲー」 擁 (三)心ニ思ヒ籠メテアリ。「恨ヲー」「志ヲー」 懷
いたぐら (名) 板倉 板ヲ壁トシテ造レル倉。(土藏ニ對ス)
〔いたけし・き・く・けれ・く・し〕 (形・二) 甚シ、ニ同ジ。
いたご (名) 板子 小舟ノ中ノ床ニ用ヰル板。
いたごし (名) 板輿 腰輿ニテ、儀式ヲ正ス時ニ用ヰルモノ、前ニ簾ヲ掛ケ、他ノ三面ノ板ニテ張リ、屋ノ四方ニ棟ヲ立ツ。別名、木輿、棟立。四方輿。
いたこんがう (名) 草履ノ裏ニ、厚キ板ヲ著ケタルモノ。イタツケザウリ。

いたし・キ・ケレ・シク・シ（形・二）【痛】（一）痛ミニ感ズ。身ニ觸ミヲ起ス、病シ。（二）事ニ感ジテ思ヒ苦シ。「秋トイヘハ心ゾイタキ」傷心（三）〔哀レト思フ〕不便ニ感ズ、イタハシ。慇殺

いたし・キ・ケレ・ク・シ（形・二）【甚】〔痛シノ轉〕（一）ハナハダシ。キツシ。「年イタク老イタリ」夜モ最イタウ深ケヌ」痛甚（二）〔轉ジテ〕甚ダ善シ。「古ヘノコト、知リ給ヘルコソ、イタキ事ナレ」

〔いたしうちぎ（名）【出袿】うちぎノ條ヲ見ヨ。

いたしかゆし（句）【痛癢】掻ケバ痛シ、掻カネバ癢シ。（利ト害ト兩樣ニ互リテ如何ハセムノ意）

いたじき（名）【板敷】床ノ、疊無クシテ、板ノミ敷キタル處。地板

いたじとみ（名）【板蔀】板ニテ造レル蔀。

いたじめ（名）【板締】染模樣ノ一法、模樣ノ部ニ、板ヲ當テ締メ置キテ、地ヲ色ニ染メ、模樣ヲ白ク出スモノ。

いたす・ス・セ・サ・シ・セ（他動）（規・一）【致】（一）到ルヤウニナス。トドウス。及ボス。（二）爲ス。爲ス。行フ。爲

いたす・ス・セ・サ・シ・セ（他動）（規・一）【出】（一）內ヨリ外ヘ遣ル。外ニス。（二）顯レタルヲ現ハス。「見ー」「開ー」

いたゞき（名）【頂】（一）頂ク處、頭ノ上。天窓。（二）轉ジテ、山ノ上。頂上。巓（三）スベテ、物ノ最モ上ナル處。（四）いたゞきもちノ略。

いたゞきもち（名）【戴餅】糝ヲ圓ク扁クシ、中ヲ凹メテ、あづきノ餡ヲ戴カシメタルモノ、灌佛會ニ供フ。

〔いたゞきもちひ（名）【戴餅】古ヘ、元日ニ、小兒ノ頭ニ戴カスル餅、祝事ナリ。

いたゞく・ク・ケ・カ・キ・ケ（他動）（規・一）【頂】（一）頭ノ上ニ載ス。「冠ヲー」戴（二）尊ビ崇ム。敬ヒ仕フ。奉戴（三）廾頂キテ受ク、賜ハル。賜。天ヲー。天ノ下ニ居ル。

いたゞたみ（名）【板疊】板ヲ心トシテ作レル疊。

いたち（名）【鼬】獸ノ名、形、鼠ニ似テ甚ダ大ク、身長ク、頭短ク、口ノ邊黑ク、尾大ナリ、毛、赭色ニシテ黑ミアリ、其身、甚ダ柔軟ニシテ、能ク狹キ隙ヲ穿チテ入ル、堂社、敗屋ナドニ棲ミ、夜出デテ、鷄、鼠ナド捕フ、多クハ肉ヲ食ハズ、血ヲノミ吸フ、人ニ襲ハルレバ惡シキ臭ヲ放ツ。

いたちうを（名）【鼬魚】頭扁ク、身圓クシテ、尾ニ岐ナク、鱗、細カクシテ光リ、油色ニシテ鼬ノ毛色ニ似タリ、味、鱈ニ似テ、臭氣アリ、大サ八九寸ニ至ル。別名、アブラメ。ナマダラ。

〔いたちぐさ（名）連翹ニ同ジ。

廾いたちまつこ（名）（一）小兒ノ戲、一人、他ノ手ノ甲ヲ抓メバ、他モ亦我ガ甲ヲ抓ミ、斯クシテ、代ル代ルニ抓ミ合フコト。ネズミマツゴ。（二）轉ジテ、スベテ、互ニ同ジ事ヲシテ益モ無キコト。

いたちささげ（名）宿根草、形狀、豌豆ニ似タリ、春生ズ、葉ハ互生シ、そらまめニ似テ薄ク、末ニ細キ鬚アリ、花ハ、あづきニ似テ穗ヲナシ、莖ノ梢ニ生ズ、初メ、淡黃ニシテ、後ニ、褐色トナル、莢ノ長サ一寸餘アリ。

〔いたちはじかみ（名）山茱萸ニ同ジ。ヤマエンドウ。茳芒

〔いたちはぜ（名）連翹ニ同ジ。

いたつがはし・シキ・シケレ・シク・シ（形・二）（一）勉ノ勞ル狀ナリ。勞（二）ワヅラハシ。煩

いたつき（名）【板付】鏃ノ一種、射ヲ學ブ矢ニ用ヰルモノ、小クシテ、底、多クハ平カナリ。平頭　平題箭

いたつき（名）【勞】（一）〔イタヅクコト。ホネヲリコト。（二）ヤマヒ。病

〔いたづく・ク・ケ・カ・キ・ケ（自動）（規・一）【勞】〔痛着クノ義カ〕ホネヲルッドム。

いたづく・ク・ケ・カ・キ・ケ（他動）（規・一）〔勞キテ恤ム意〕懇ニアツカフ。イタハル。恤

いたつけ（名）【板付】釘ノ、甚ダ小クシテ、長サ五六分ナルモノ、薄板ヲ打付クルニ用ヰル。

いたづけざうり（名）【板付草履】草履ノ裏ニ、厚キ板ヲ添ヘタルモノ、雨濕ノ路ニ用ヰル。ザウリゲタ。

いたつて（副）【至】〔至リテ、ノ音便〕最モ至極ニ。「ー善シ」

廾いたづら（名）【徒】（一）無益ニシテ惡シキ小兒ノ戲。惡戲（二）男女私ニ通ズルコト。私通

〔いたづらごと（名）【徒言】無益ノ言。

〔いたづらじに（名）【徒死】無益ニ死ヌルコト。

いたづらに（副）【徒】〔最虛ニノ約轉カ〕空シク。無益ニ。不用ニ。○ーニナル。死ヌ。○ーニナス。死ナス。

〔いたづらね (名) 徒寢 空シク獨リ寢ルコト。イタヅラブシ。(戀ニイフ) 孤衾

〔いたづらびと (名) 徒人 (一)不用ノ人。(二)落魄シテ、身ヲ徒ニセシ人。

〔いたづらぶし (名) 徒臥 いたづらねニ同ジ。

いたづらもの (名) 徒者 (一)用ナキ者。(二)惡戲ヲスル者。所行惡シキ者。(三)‡淫奔ナル者。(四)‡鼠ノ異名。

いたで (名) 痛手 闘ニ痛ク手負ヒタルコト。大ナル創。深手。 重傷

いたど (名) 板戶 板ニテ作レル戶。

いたどり (名) 虎杖 〔根ヲ藥用トシ、血痛墜撲ヲ治スレバ、疼取ノ義カト云〕 古名、多遲。宿根草、春生ズ、新芽ハ、形らもノ如ク、煮テ食フベシ、莖ノ高サ、丈餘ニ至リ、圍ミ二三寸アリ、中空シクシテ節アルコト、竹ノ如ク、杖トスベシ、葉ハ互生シ、圓ク長クシテ一尖アリ、夏、葉ノ間ニ、小花、穗ヲナシテ集リ開ク、紅ト白トノ二種アリ、實ハ三角ニテ、薄キ翅ノ如キモノアリ。サイタヅマ。スカンボウ。

いたのま (名) 板間 板敷ノ室。板敷ノ床。板間。

〔いたのもの (名) 板物 又、いたもの。織物ノ稱、板ヲ心ニ入レテ疊ミタルニイフ、厚板、薄板、羅脊板ナドイフモ是ナリ。(卷物ニ對スル語)

いたはし・シキ・シケレ・シク・シク (形・二) (一)勞ル狀ナリ。勤シ。 勞 (二)病ニ痛ム。病シ。「身、イタハシウ成リニタリ」 疾痛 (三)思ヒ、苦シ。 傷心 (四)大事ニ思ヒテ心置カル。「イタハシク、ヤンゴトナキ」 (五)イツクシ。イトホシ。 可憐 (六)不便ナリ。カハイサウナリ。 愍殺

いたばし (名) 板橋 板ニテ作レル橋。(石橋、土橋ナドニ對ス)

〔いたはじかみ (名) 〔いたハ痛ニテ、刺アルニイフカ、朝倉山椒ニ刺ナシ〕 秦椒ノ古名。(はじかみノ條、見合ハスベシ)

いたはり (名) (一)イタハルコト。アハレミ。 撫恤 (二)心ヲ用ヰルコト。ホネヲリ。 勞 (三)ヤマヒ。 疾病

いたはる・ル・レ・ラ・リ・レ (他動) (規・一) 〔傷ハシクスル意〕 (一)傷ハシク思ヒテアツカフ。イタツク。「イタハリ、カシヅク」 撫恤 (二)勤ム。心ヲ用ヰル。 勞

いたはる・ル・レ・ラ・リ・レ (自動) (規・一) 〔病ヲ撫ハルヨリ轉ズ〕 病ム。「一所アリテ、エマヰラズ」 病

いたび (名) 蔓草ノ名、蔓ハつたノ如ク木石ニ着ク、葉ハ互生シ、木犀ニ似テ、厚ク鋸齒ナク、深綠ニシテ、冬凋マズ。 木蓮 花無クシテ、葉ノ間ニ實ヲ結ブ、形いぬびわノ實ノ如ク、熟スレバ、黑クシテ甘シ。 木饅頭

いたひき (名) 板挽 材ヲ板ニ挽キ割ルノミヲ業トスル工人。

いたびさし (名) 板庇 板ニテ作レル庇。

〔いたぶ・ブ・ベ・バ・ビ・ベ (自動) (規・一) 傷 心傷ム。甚シク悲ム。

〔いたぶ・ブル・ブレ・ビ・ビ・ビヨ (自動) (規・三) (一)甚クナル。ハナハダシクアリ。(二)荒ブ。

いたぶき (名) 板葺 板、又ハ柿、枌ナドニテ葺キタル屋。(瓦葺、茅葺ナドニ對ス) 板屋

‡いたぶる・ル・レ・ラ・リ・レ (他動) (規・一) 他ヲ傷メ困ラセテ物ヲ奪フ。

いたべい (名) 板屛 板ニテ作レル垣。 板障

いたべうし (名) 板表紙 法帖、手本ナドノ表紙ノ、板ニテ作レルモノ。

いたま (名) 板間 (一)板屋ノ隙。「一漏ル月」「一ノ風」(二)板ノ間。

いたまし・シキ・シケレ・シク・シク (形・二) 傷 〔心痛ム意〕 イタハシ。哀レナリ。不便ナリ。

いたます・ス・セ・サ・シ・セ (他動) (規・一) 傷 傷ムヤウニナス。惱マス。「心ヲ一」

いたみ (名) 痛 (一)身ノ、外ヨリ侵サレ、或ハ、病ム所ナドアリテ、苦シク惱ムコト。(二)‡毀レ。敗レ。瑕。損ジ。

いたみ (名) 傷 傷ムコト。甚シク哀ムコト。

いたみいる・ル・レ・ラ・リ・レ (自動) (規・一) 傷入 甚ダ心ニ傷ミ思フ。過分ニ仕向ケラレテ、却テ心遣ヒニナル。

いたみざけ (名) 伊丹酒 攝津ノ伊丹ノ地ヨリ產ズル酒、池田製、灘目酒ト共ニ、全國ノ最トス。

いたむ・ム・メ・マ・ミ・メ (自動) (規・一) 痛 (一)痛ミニ感ズ。ナヤム。(二)‡毀ル。敗ル。損ズ。(物ニ) 毀傷

いたむ・ム・メ・マ・ミ・メ (他動) (規・一) 傷 〔心痛ム意〕 甚シク哀ム。傷マシト思フ。「人ノ死ヲ一」

いたむ・ムル・ムレ・メ・メ・メヨ (他動) (規・二) 痛 (一)痛ムヤウニナス、惱マス。苦ムル。(二)‡キズツク。毀ス。敗ル。 毀傷

いたむ・ムル・ムレ・メ・メ・メロ（他動）（規・二）｜傷｜〔心ヲ痛ムル意〕哀ムヤウニナス。ヤマス。イタマス。「心ヲ－」

いたむ・ムル・ムレ・メ・メ・メロ（他動）（規・二）｜撓｜〔痛ムル義〕革ヲ打チテ固クス。煉ル。其法、膠ノ水ニ革ヲ浸シ、取出シテ、鐵鎚ニテ打固メテ乾シテ成ル。（いためがはヲ併セ見ヨ）

い－たん（名）｜異端｜我ガ守ル道ト異ナリテ、外ニ一端ヲナス道。「－邪說」

いた－め（名）｜板目｜（一）板ノ合目。（二）板ノ木理ノ直ク揃ハヌモノ。（正理ニ對ス）

いため－がは（名）｜撓革｜撓メタル革。鎧ノ札、又ハ煉鍔ナドニ用ヰル。ネリカハ。（撓ムノ條見合ハスベシ）

いため－がみ（名）｜板目紙｜紙ヲ、數枚、糊ニテ貼リ重ネタルモノ、厚クシテ板ノ如シ。合楮

井いため－つ・ける・ケル・ケレ・ケ・ケ・ケロ（他動）（規・四・變）〔他ノ心ヲ傷ムル意〕酷シク罰ム。

井いた・める・メル・メレ・メ・メ・メロ（他動）（規・四・變）〔痛ムル意〕料理ノ語、油ニテ煎リ付クル。（菜蔬ヲ柔カニシ、又ハ、魚肉ノ腥キヲ殺スナドニ）「牛蒡ヲ－」煠

井いため・る（動）いたむ（規・二）ノ訛。

〔いた－もの（名）｜板物｜いたのものヲ見ヨ。

いた－や（名）｜板屋｜（一）板葺ノ家。（二）イタヤネ。

〔いた－やかた（名）｜板屋形｜車ノ屋形ノ、板ニテ屋ヲ作リタルモノ。「－ノ車」

いたや－がひ（名）｜板屋貝｜帆立貝ニ似テ小キモノ、肉、并ニはしらノ味、美ナリ、殼、二三寸、一片ハ平ニ、一片ハ凹ミテ、外面凹凸ノ溝、數條ヲナスコト、板屋ノ如シ、殼ヲかひおやくしトス。別名、イタラガヒ。シャクシガヒ。牛邊蚶

いた－やね（名）｜板屋根｜板葺ノ屋根。板屋

いたら－がひ（名）（一）蚶ノ一名。（二）いたやがひノ一名。

いたり（名）｜至｜（一）至ルコト。キハマリ。「喜ビノ－」無禮ノ－」（二）思慮、經驗ノ達キタルコト。「－深シ」－賢シ」－少シ」

いた・る・ル・レ・ラ・リ・レ（自動）（規・一）｜至｜（一）居ク。及ブ。達ス。「始ヨリ終ニ－マデ」（二）歩ミテ志ス所ニトドク。行キツク。到（三）爲ル。「死亡ニ－」

〔いた－ゐ（名）｜板井｜板ニテ圍ミタル井。

いち（名）｜市｜人多ク集リテ、物ヲ賣買スルコト。又其所。

いち（名）一ノ字ノ形ニ似タルヨリイヘルナラム）髷ノ後ノ方ヘ、出デタル處。

○－ヲ爲ス。人、多ク集ル。

いち（數）｜一｜壹｜（一）ヒトツ。イツ。（二）第一。勝レタルコト。最上。「コレヲ－トス」－番」－等」（三）熟語ニ用ヰテ、全キ、同ジキ、ノ意ヲナス。「－日」－夜」－面」（四）三絃ノ絲ノ、最モ上ニアリテ最モ太キモノ。

いち（接頭）｜逸｜〔稜威ノ轉〕逸レテ烈シキ意ヲイフ接頭語。「－速プル」－早ク」－足」－物」

い－ぢ（名）｜意地｜思込ミタルコトヲ張リトホサムトスル心。

○－汚シ。飲食ヲ貪ル。饕餮　○－惡シ。拗ヲ

性アリ。偏生

いち－あし（名）｜逸足｜急ギ走ルコト。「－出シテ逃グ」

いち－いち（副）｜一一｜一ツ毎ニ。ヒトツヒトツニ。「－讀ム」

井いぢ－いぢ（副）畏縮ケタル狀ニイフ語。「－ス」

いち－いぢめり（名）漆塗ノ名。面ニ、甚ダ細カキ縮波ノ文ヲ塗出シタルモノ。

いち－う（副）｜一宇｜〔宇ノ中殘リテ、ノ意ニ起レルカ〕殘ラズ。悉ク。

いち－えふ（名）｜一葉｜小舟一艘ヲイフ語。「－ノ扁舟ニ棹サシテ」

いち－えふ－らん（名）｜一葉蘭｜深山ノ石地ニ生ズル小キ草、一莖ニ一葉ヲ出ス、葉ノ形、楕ニシテ、上ニ一花ヲ開ク、蘭ニ似テ小シ。

いち－おう（副）｜一應｜ヒトワタリ。ヒトトホリ。ヒトタビ。

いち－がい（副）｜一概｜（一）オシナベテ。ヒキククルメテ。（二）一度ニ。一時ニ。

いち－が－の－ながれ（名）｜一河流｜一樹蔭ノ條ヲ見ヨ。

いち－がふ－ます（名）｜一合枡｜量目ニテ、一合ヲ容ルル枡、內、方二寸一分、深サ一寸四分五厘。

いち－がん（名）｜一眼｜眼一ツ。偏目。偏眼　獨眼

いち－ぎ（名）｜一義｜ヒトツノ理。「－ナキニアラズ」

いち－ぎ（名）｜一議｜只ハ一度ノ評議。「－モ及バズ」

いち－ぎ（名）｜一儀｜一ツノ事。一件。「彼ノ－」

いち－くさ（名）まんねんぐさノ條ヲ見ヨ。

〔いち－くら（名）｜肆｜〔市座ノ義〕市ノ商品ヲ列ヌル

處。

いちくらずみ (名) 一庫炭 いけだずみノ條ヲ見ヨ。

‡いちぐる・ル・レ・ラ・リ・レ (他動)(規.二) 弄ルニ同ジ。

いちげ (名) 一夏 僧家ニ、一夏九旬ノ間ノ稱、此間、家ニ安居ス。(結夏ノ條ヲ見ヨ)

いちげさう (名) 一花草 (一)せつぶんさうノ一名。(二)まんねんさうノ一種、其條ヲ見ヨ。(三)いちりんさうノ一名。

いちげつ (名) 一月 (一)ヒトツキ。一箇月。(二)一年ノ初ノ月。 正月

いちげんきん (名) 一絃琴 (一)絃一筋ナル琴ノ稱。(二)須磨琴。

‡いちけるる・ケル・ケレ・ケ・ケ・ケロ (自動)(規.四.變) (ちぢくるノ轉カ) 畏レテ縮マル。勇マシカラズ。「威光ニー」寒サニー」文字カー」 畏縮

いちこ (名) (市ノ巫ノ義カ) 梓巫ノ流、死靈生靈ヲ呼ビ、其意ヲ己ガ口ニ寄セテ宣ブルモノ、賤シキ女ノ業トス。クチヨセ。 降巫

いちご (名) 莓 亞灌木、路旁ニ多シ、葉ハをびニ似テ、深緑ニシテ皺アリ、莖葉ニ毛刺多シ、春ノ末ニ、枝ノ梢ニ五出ノ白キ花ヲ開ク、大サ一寸許、夏ノ初メ、實熟シテ赤シ、大サ六七分アリ。同種ニ對シテ、くまートモイフ。又、同種ノ內ニテ、最モ早ク熟スレバ、わせーノ名モアリ。 蓬蘽 同種ニ、きー、なはしろーナドアリ、又草本ナルニ、へびーアリ、又蔓生ナルニ、とつくりーナドアリ、皆、各條ニ注ス。

いちご (名) 一期 一生涯。「ーノ思出」ーノ恥」 一生

(いちこち (名) 壹越 いちこつニ同ジ。

いちこつ (名) 壹越 十二律ノ一、其條ヲ見ヨ。

いちごん (名) 一言 ヒトコト。「ー申ス」ーモナシ」

いちごんはんく (名) 一言半句 一言、又ソノカタワレ。「ーモ言フベカラズ」ーモ出デズ」 片言隻句

いちごもどき (名) 莓擬 料理ニ、だいこんヲ擦シテ、酢ニテ蜜柑ノ肉ヲアヘタルモノ、狀、蓬蘽ノ子ノ如シ。

いちざ (名) 一座 (一)第一ノ座。カミザ。「ーノ宣旨」ーヨリ次第ニ」(二)同ジ席ニ座スルコト。「ーノ中」ーノ人人」 同席

いちじ (名) 一時 (一)ヒトトキ。(二)嘗テアリシ頃、「ーノ事」ーハ盛ナリキ」(三)第一時。(時ノ條ヲ見ヨ)

‡いちじく (名) 樹ノ名、いちじゆくノ訛。

いちじせんきん (句) 一字千金 一ツノ字ニテ、千金ノ價ニ當ル。(文章、手跡ナドヲ貴ビテイフ語)

いちじつ (名) 一日 月ノ初メノ第一ノ日。

いちじに (副) 一時 同時ニ。一度ニ。「ー事ヲ行フ」ー事起ル」

(いちじばん (名) 一字版 活字版ニ同ジ。

(いちじん (名) 一人 天子ヲ申シ奉ツル語。「太政大臣ハ、ーニ師範シテ、四海ニ儀形タリ」

いちじゆく (名) (一熟ノ音、果類ニテ、第一ニ熟スル意ト云) いぬびはノ一名。 天仙果

いちじゆく (名) (舶來品ニテ、實、天仙果ニ似タレバ、其名ヲ製フト云、或云、一月ニテ熟スル意ト) 樹ノ名、高サ一丈許、葉ハ構ニ似テ、厚ク大クシテさらつきアリ、春、葉ノ間ニ白花ヲ開ク、甚ダ小クシテ見エズ(因テ無花果ノ漢名アリ)夏ノ半ニ實ヲ結ブ、圓クシテ、いたびノ實ニ似テ、大サ一寸許、初、綠ナリ、熟スレバ、外ハ紫ニ、內ハ紅ニシテ、白キ子アリ、味甘シ。 無花果

いちじゆのかげ (名) 一樹蔭 佛經ノ語、共ニ一樹ノ蔭ニ宿リ、共ニ一河ノ流レヲ汲ムモ、皆是レ他生ノ緣ナリトイフ。

いちじるし・キ・ケレ・ク・シ (形.二) 著 (逸著シノ義) 明亮ニ知ラル。別ケテ目ニタツ。隱レナシ。

いちじるし・シキ・シケレ・シク・シ (形.二) 著 前條ノ語ニ同ジ。

(いちじろし・キ・ケレ・ク・シ (形.二) 著 いちじるし(形.二)ニ同ジ。

‡いちぜんめし (名) 一膳飯 路傍ナドニテ、一椀ヅツ價ヲ定メテ賣ル飯。

いちぞく (名) 一族 同ジ族。一家。 同族

いちぞん (名) 一存 己レ一人ノ考ヘ。

いちだい (名) 一代 (一)人ノ其家ニ主人タル間。 一世 (二)一生。

いちだいき (名) 一代記 人ノ一代ノ功業ナド記シタル書。 傳

いちだいじ (名) 一大事 一ツノ大事。容易ナラヌ事件。

いち-だん (副) 一段 ヒトキハ。「一宜シ」 一層

いち-だん-の-はたらき (名) 一段活用 語學ノ語、規則動詞ノ第四類ノ語尾變化ノ一稱。(篇首ノ語法指南ノ動詞ノ條ヲ見ヨ)

いち-ぢん (名) 一陣 ヒトフキ。「一ノ風」

いち-ぢやう (名) 一定 事ノヒトムキニ定レルコト。「一ノ掟」「一ノ數」

いち-ぢやう (副) 一定 タシカニ。必定。キット。「一夫レナラム」 必

‡いぢ-づく (名) 意地盡 意地ノ限リヲ盡スコト。

いち-づ-に (副) 一途 ヒトミチニ。ヒトスヂニ。專ラ。「一思込ム」

いち-でう (名) 一條 一事ノ始終ヲ通ジテイフ語。一件。「カネテノ一」「彼ノ一」

いち-ど (副) 一度 ヒトタビ。 一回

いち-どう (名) 一同 皆同ジキコト。總體。「一ノ見込」

いち-どう (副) 一同 皆、同ジク。「人人、一打連レテ」

‡いち-どきに (副) 一時ニ 一度ニ。

いち-なん (名) 一男 長男ニ同ジ。

いち-にち (名) 一日 (一)ヒトヒ。朝ヨリ暮マデノ間。(二)朝ヨリ翌日ノ朝マデノ間。一晝夜。

いち-にち (副) 一日 ヒネモス。日一日。「一遊ビ暮ラス」 終日

いちにち-へんじ (名) 一日片時 ヒトヒ、カタトキ。(暫シノ間ノ意)「一モ忘レズ」

いち-にん-たう-せん (句) 一人當千 一人ノ勇ニテ、千人ニ當ル。一騎當千。

いち-にん-まへ (名) 一人前 藝術ナド、人、一人タル分際、即チ人並ニ習ヒ得タルコト。

いち-ねん (名) 一念 ヒトスヂノ思ヒ。一心。

いち-ねん-さう (名) 一年草 本草家ノ語、草ノ、苗、根、共ニ、其年ニ枯レテ、翌年、子ヨリ生ズルモノ。(宿根草ニ對ス)

いち-ねん-ぢゆう (名) 一年中 一年ノ始ヨリ終マデノ間。 終歳

〔いち-の-かみ〕 (名) 一上 左大臣ノ異稱、太政官中ノ事ヲ一切統領スレバイフ。

いち-の-かみ (名) 東市正 〔ひがしヲ讀マヌ例ナリ〕 東市司ノ長官。西市司ノ長官ヲ西市正トイフ。(いちのつかさヲ見合ハスベシ)

〔いち-の-きさき〕 (名) 一妃 皇后ニ同ジ。

〔いち-の-だいじん〕 (名) 一大臣 左大臣ノ異稱。

〔いち-の-つかさ〕 (名) 東市司 〔ひがしヲ讀マヌ例ナリ〕 古ヘ京都ノ市ノ事ヲ掌レル官。西市司ト、東西ニ分レテ治ム、財貨交易、器物ノ眞僞、度量ノ輕重、賣買估價、及ビ非違ヲ禁察スル事ヲ掌ル。

〔いち-の-ひと〕 (名) 一人 攝政關白ノ異稱、攝關ノ人ハ、必ズ一座ノ宣旨ヲ蒙リ、官次ヲ守ラズ、一座ノ上ニ居レバイフ。

いち-の-みこ (名) 一御子 第一ニ生レタマヘル皇子。一ノ宮。 皇長子

いち-の-みや (名) 一宮 (一)いちのみこニ同ジ。(二)諸國ニアリテ其國ノ第一ノ神社。「武藏ノ一」二ノ宮、三ノ宮、四ノ宮等モアリ。

いちば (名) 市場 市スル所。

いちはち (名) 草ノ名、いちはつニ同ジ。

いちはつ (名) 一八 〔此花ノ多種ナル中ニ、逸初ニ開ク意ナラムト云〕 草ノ名、葉一尺許、扁布シテ繁茂ス、ひあふぎ、又ハしやがノ葉ニ似テ、深綠ナリ、春夏ノ交、莖ヲ出スコト一尺許、頂ニ花アリ、かきつばたニ似テ、紫碧ニシテ、深紫ノ點アリ、又、白花、淡黃褐花アリ。 鳶尾草

いち-ばん (副) 一番 第一ニ。最モ。「一好シ」「一高シ」 第一

いち-ばん-どり (名) 一番鷄 鷄ノ、曉ニ第一ニ鳴ク聲。

いち-ばん-のり (名) 一番乘 戰陣ニテ眞先ニ敵城ニ乘入ルコト。 先登

いち-ばん-やり (名) 一番槍 眞先ニ、槍ニテ敵陣ニ突キ入ルコト。

いち-はや・し・キ・ケレ・ク・ウ (形・二) 逸速 (一)鋭シ。烈シ。(二)急シク早シ。(三)心、鋭シ。

いちひ (名) 櫟 樹ノ名、樫ノ類、葉ハあかがしヨリ薄クシテ大ナリ、高サ一二三丈ニ至ル、實モ樫ニ似タリ、材堅クシテ、船ニ作ルベシ。イチヒガシ 石櫧

いちび (名) 一年草ノ名、高サ三五尺、葉、桐ニ似テ、

長クシテ尖リ、本ニ、鬚ノ如キモノニツアリ、花ハ茼麻ニ似テ小ク、實ハいちびゆ〜ノ小キガ如ク、子ハ胡麻ニ似テ、小ク扁シ、海邊ニテ多ク植エ、皮ヲ剝ギテ船ノ繩トシ、又疊ヲ刺ス絲トス、質粗ナレドモ、至テ强シ。一名、綱麻。 黃麻

いちび (名) 一年草ノ名、春、種ヲ下ス、苗ノ高サ六七尺、葉、圓クシテ、桐ニ似テ毛アリ、互生ス、夏、葉ノ間ニ、五瓣ノ黃花ヲ開ク、實ハ房ニシテ、中ニ細カキ子アリ、莖ノ皮ヲ剝ギテ、繩トス、白クシテ美シケレド モ、脆シ。一名、桐麻。 茼麻

いちび-がし (名) 樹ノ名、いちびニ同ジ。

いちび-がら (名) 茼麻ノ幹ヲ燒キテ炭トセルモノ、ほくちトス。

〔いちびと〕 (名) [市人] 市ニ物賣ル人。商人。

いち-ひめ (名) [市姬] 市ヲ守ル女神。

いちぶ (名) (一)茼麻ノ一名。(二)黃麻ノ一名。

いちぶ-しじゆう (句) [一部始終] (一)一部ノ書物ノ始ヨリ終リマデ。(二)轉ジテ、事ノ始メ終リ。「ーノ物語」 一五一什

いちぶん (名) [一分] 其身一人丈ノ分際。

いちべつ-いらい (句) [一別以來] 人ニ一度別レシヨリコノカタ。

いちまい-かんばん (名) [一枚看版] (一)看版ニ、連名ナラズシテ、獨リ其名ヲ揭グルコト、芝居ノ俳優ノ魁ニイフ。(二)轉ジテ、衆クノ中ニ頭立ツコト。

いちまい-ゑ (名) [一枚繪] にしきゑノ條ヲ見ヨ。

いちまつ (名) いちまつもやうノ條ヲ見ヨ。

いちまつ-もやう (名) [市松模樣] (元文ノ頃ノ俳優、佐野川市松ノ此文ノ服ヲ着タルニ起ル) 地紋ノ名、いしだたみニ同ジ。(東京)

いちみ (名) [一味] 同ジ味方。「ー同心ノ面面」

いちみやう (名) [一名] 又ノ名。別ニアル名。異名。 別名

〔いちめ〕 (名) [市女] 市ニ住ム女。女ノ商人。

いちめい (名) [一命] ヒトツノ命。「ーヲ捨テテ」

いちめ-がさ (名) [市女笠] 古ヘ婦人ノ用ヰシ被笠、頂ノ處、突キ出デテ高ク、深ク顏ヲ覆フ、漆塗ニス。

いちめん-に (副) [一面] (一)ヒトツラニ。 一列 (二)アマネク。オシナベテ。 滿面

‡いち-める・メル・メレ・メ・メ・メヨ (他動) (規.四.變) 虐グ。苦ムル。サイナム。 虐

いちもく (名) [一目] 一目ニ見ルコト。「ーニワカル」

‡いちもく-さん-に (副) [一目散] いつさんにニ同ジ。

いちもつ (名) [逸物] 衆ニ勝レ拔ケ出デタルモノ。人馬、犬、鷹ナド皆云フ。

いちもつ (名) [一物] ヒトツノモノ。ヒトツノ心計。「腹ニーアリ」

いちもん (名) [一門] (一)同ジ門流。同姓ノ族。一家。(貴族ニイフ) 宗族 (二)後ニ、本家ノ次ニ屬ク同姓ノ族。

いちもんじ (名) [一文字] (一)一トイフ文字。(二)一ノ字ノ如ク直ナルコト。「ーニ切リ入ル」 (三)掛物ノ名所、書畫ノ紙ノ上下ニ、橫ニ細ク付クル綾、錦、金襴ナド。 引首

いちもん-せん (名) [一文錢] 錢ノ一文ニ當ルモノ。

いちもん-ふつう (句) [一文不通] 一字ノ意モ通セズ、一字モ讀ミ得ズ。 不知丁字

いちや (名) [一夜] ヒトヨ。夜ノ間。「ーツケ」「ー明クレバーノ中ニ」

いちやう-に (副) [一樣] 同ジ樣ニ。

いちやう-らい-ふく (句) [一陽來復] 曆家ニ、陰曆十一月、又ハ冬至ニ稱スル語。十月ヲ、易ノ坤ノ卦ニ當テテ、極陰トシ、十一月ヲ、復ノ卦ニ當テテ、一陽來リ復ルトス。

いちや-ぐさ (名) [一夜草] 草ノ名、べんけいさうニ同ジ。

いちやく-さう (名) [一藥草] (一)莖四寸許、葉ノ徑、一寸許、橢圓ニシテ、厚ク、深綠ニシテ、冬凋マズ、夏、別ニ、莖ヲ出シ、六瓣ノ白花ヲ開ク、徑、三四分、又紫花ナルモアリ。 鹿蹄草 (二)べんけいさうノ一名。

いちや-ざけ (名) [一夜酒] 一夜製ノ酒。(甘酒ニイフ)

いちや-づくり (名) [一夜作] 一夜ノ中ニ造ルコト。「ーノ甘酒」「ーノ品」

い-ちゆう (名) [意中] ココロノウチ。カンガヘ。

い-おゆう (名) [移住] 移リテ住ムコト。住居ヲ易フルコト。

いちらく-おり (名) [一樂織] (泉州ノ人、土屋一樂

ノ工夫ニ起レ、籐ヲ甚ダ細ソク削リテ、精好ニ、種種ノ器物ヲ組ミ織ル細工ノ名。

‡いちらし-シキ・シケレ・シク・シク（形・二）傷ハシ。カハイサウナリ。（小兒ナドニ）

いちら-す-ス・セ・サ・シ・セ（他動）（規・一）射散 射掛ケテ追散ラス。

いちらふ（名）一臈 年功ヲ積ミテ長タル人ノ稱。（臈ノ條ヲ見合ハスベシ）

いちらん（名）一覽 ヒトワタリ見ルコト。

いちり（名）一理 ヒトツノ道理。

いちりう（名）一流 別ニヒトツノ流儀。

いちりづか（名）一里塚 諸國ノ街道ニ、一里毎ニ、道ノ左右ニ、標トシテ築ケル塚、上ニ樹木ヲ植ウ。里堠

いちりふまんばい（句）一粒萬倍 （一）一粒ノ種、殖エテ、萬倍ノ粒トナル。（多クハ稻ニイフ）（二）轉ジテ、僅ナル物、殖エテ、許多トナル。

いちりんさう（名）一輪草 莖、高サ一尺許、風露草ニ似タリ、春夏ノ際ニ、一花ヲ開ク、單瓣ニシテ白シ、狀、梅ノ花ニ似テ大ナリ。又、一花草。

いちりやう（接頭）一兩 一ツ、又ハ二ツノ。「｜日」「｜人」｜年」

‡いちる-ル・レ・ラ・リ・ル（他動）（規・一）手ヲ觸レテ動カシ弄ブ。弄

いちるゐ（名）一類 （一）同ジタグヒ。（二）同ジ族。同族

いちれい（名）一禮 一度、拜スルコト。「｜ヲ行フ」

いちれつ（名）一列 ヒトツラニ列ブコト。

いちれん-たく-しやう（句）一蓮託生 同ジ蓮華ノ上ニ、倶ニ生ヲ託ス。佛說ニ、彌陀ノ稱號ヲ唱フル人人ハ、死シテ極樂ノ同ジ蓮華ニ生ルト云。

いちろく（名）一六 （一）雙六、又、博奕ニ、采ノ目ニ、一ト六ト出デタルコト。（二）月ノ中ノ一日、六日、十一日、十六日、廿一日、廿六日ノ稱。

‡いちろく-しようぶ（名）一六勝負 （一）博奕ニ、一カ六カ、賭ケテ勝負ヲ決スルコト。（二）轉ジテ、危キ事ヲ、運ニ任セテ、決心シテ行フコト。行險

いちゐ（名）一位 第一ノ位。（くらゐノ條ヲ見ヨ）

いちゐ（名）〔笏ニ作ル料トシテ名アルガ故ニ、一位ニ寄セテ名ヅクトゾ〕樹ノ名、高サ丈餘ニ及ブ、葉ハもみ、又ハ、かやノ如ク、柔ニシテ茂ル、實ハ豆ノ如ク、熟スレバ紅ニシテ甘シ、材、甚ダ好ク、木理、奇楠ノ如シ、笏ニ作ル、飛彈ノ位山ノ材、名アリ。一名、アララギ。オンコ。オッコ。水松 又、ひやくたんのき、又ハ、きやらぼくト稱スル樹モ此類ナリ。

いちゐん（名）一院 院ノ條ヲ見ヨ。

いちゑん（副）一圓 （一）皆。ノコラズ。ソウタイ。「所領｜」（二）サラサラ。一向。「｜知ラズ」

〔いつ（名）稜威 銳キ勢。

いつ（名）何時 （一）何レノ時。慥ニ知ラレヌ時。「｜ノ世」｜ノ時」（二）例ノ時。「｜ヨリモ早シ」平生

いつ（副）何時 何レノ時ニ。「｜參リツルゾ」｜來ラム」

いつ（數）五 ニト三ト合セタル。イツツノ。「｜月」｜度」

いつ（數）一 （一）ヒトツ。イチ。「｜ヲ聞テ十ヲ知ル」（二）熟語ニ用ヰテ、全キ、同ジキ、ノ意ヲナス。「｜國」｜家」｜天下」（三）又、或ル、ノ意ヲ示ス。「｜說」｜年」

〔い-つ-ツル・ツレ・テ・テ・ツ（自動）（規・二）冱 凍ル。イテル。

い-づ-ヅル・ヅレ・デ・デ・ヅ（自動）（規・二）出 （一）發ル。生ズ。デル。（二）外ニ現ハル。（三）家ノ外ニ行ク。立出ヅ。

〔い-づ-ヅル・ヅレ・デ・デ・ヅ（他動）（規・二）出 いだすニ同ジ。（熟語ニノミ用ヰル）「擇リ｜」言ヒ｜」取リ出デテ」

いづ（接頭）何 何レノ。「｜方」｜處」

いづいし（名）伊豆石 伊豆國ヨリ產出スル石材ノ泛稱。

いつか（名）五日 （一）日數五ツ。（二）每月、第五ノ日。

いつか（副）〔何時歟ノ義〕（一）何レノ時カ。（未來ニ）「｜逢フベキ」何時 （二）遲カレ速カレ。「｜成就セム」早晚 （三）イツシカ。イツノマニカ。（過去ニ）「｜變ハレル」（四）‡イツゾヤ。マヘカタニ。「｜見タ物」昔

いつか（名）一家 （一）ヒトツ家族。「｜ヲ治ム」（二）其家ニ限レル趣。一流。（學藝ニ）「｜ノ風」｜ヲ成ス」

いつかう（副）一向 （一）ヒトムキニ。（二）一切。絕エテ。「｜知ラズ」

いつかう-しゆう（名）一向宗 佛敎、淨土宗ノ一

派、僧、親鸞、創ム。(龜山帝弘長二年寂ス)別稱、淨土新宗。眞宗。俗ニ門徒宗。

いつかく (名) 一角 歐羅巴ノ北氷海ニ產ズル海獸ノ名、鯨ノ屬、形、をなめりニ似テ、背暗黑クシテ斑アリ、腹白シ、額ノ上ニ、二ツノ噴孔アリ、齒無クシテ、唯、上腭ニ、二ツノ牙アリテ、直ニ出ヅ、一ツハ短ク、一ツハ甚ダ太ク長ク、螺旋條アリテ、質白ク緻密ニシテ、象牙ニ勝ル、長キハ丈餘ニ至リ、身ノ長サニ半バス、解毒ノ藥トス。洋名、ウニコオル。角魚

いつかけ (名) 沃懸 〔いかけノ音便〕(一)いかけ、又、いかけぢニ同ジ。(二)器ノ緣ノミニ、銀、錫ナドヲ被セタルコト。釦

いつかけぢ (名) 沃懸地 いかけぢノ音便。

〔いつかし・シキ・シケレ・シク・シク (形・二) 嚴シク貴シ。

いつかた (代) 何方 不定ノ方角ニ用ヰル代名詞。何レノ方。ドチラ。

いつかど (副) 一廉 〔一ツノ圭角アリテ勝レタル意〕格段ニ勝レテ。別段ニ。「一骨折ル」「一ノ人物」

いつかんばり (名) 一閑張 〔或ハ、一貫ナド記ス、京都ノ市人、征屋飛來一閑、創ム〕紙ニテ張拔キタル上ヲ、漆塗リニスル細工ノ名、机、茶入筒ナド諸器ヲ作ル。

いつき (名) 樹ノ名、葉ハ山茱萸ニ似タリ、夏、枝ノ頭ニ花ヲ開ク、四瓣ニシテ白ク、蘂ノ形、乳頭ノ如シ、實ハ桑ニ似テ圓シ、ヤマグハ。カラクハ。羊婆奶

〔いつき (名) (一)齋クコト。(二)齋王ノ略。

いつき (名) 一揆 (一)中世ニ、一黨ノ軍兵ノ稱。(二)後ニ、土民ノ徒黨シテ、一群トナリテ蜂起スルモノ。「百姓ー」 土寇

いつきうち (名) 一騎打 〔打ツハ乘ルナリ〕一騎ヅツ、前後連リテ乘リ行クコト。(列バズニ)

いつきたうせん (句) 一騎當千 一騎ノ士ノ勇ニテ、千人ニ當ルベシ。一人當千。

＃いつきに (副) タダチニ。チキニ。イマノマニ。

〔いつきのみこ (名) 齋王 齋宮ノ條ヲ見ヨ。

〔いつきのみや (名) 齋宮 (一)伊勢ノ太神宮。(二)伊勢、加茂、ノ齋王ノ居所。(三)齋王。(齋宮ノ條ヲ見ヨ)

〔いつきのみやのつかさ (名) 齋宮寮ニ同ジ。

〔いつきのゐん (名) 齋院 齋院ニ同ジ。(齋宮ノ條ヲ見ヨ)

〔いつきのゐんのつかさ (名) 齋院司ヲ見ヨ。

〔いつきめ (名) 齋女 神ニ事フル女。

いつきよ (名) 一擧 ヒトタビスルコト。

いつきよう (名) 一興 一ツノ面白キ事。「當座ノー」「時ノー」

〔いつく・ク・ケ・カ・キ・ケ (自他)(規・一) 齋 〔齋ミ付ク意カ〕汚穢無キヤウニシテ謹ミ仕フ。(神ナドニ)

いつく・ク・ケ・カ・キ・ケ (他動)(規・一) 〔齋クノ轉〕大切ニナス。大事ニス。(八ニ) 護

いつく・クル・クレ・ケ・ケ・ケヨ (他動)(規・二) 射付 射テ中ツ。射中

いづく (代) 何處 いづこニ同ジ。

〔いつくし・シキ・シケレ・シク・シク (形・二) 嚴 イカメシ。オゴソカナリ。嚴重ナリ。

〔いつくし・シキ・シケレ・シク・シク (形・二) 〔嚴シノ轉〕(一)美シ。ウルハシ。美 (二)愛ヅベシ。カハユラシ。可愛

〔いつくしび (名) いつくしみニ同ジ。

〔いつくしぶ・ブ・バ・ビ・ベ (他動)(規・一) 慈愛 いつくしむニ同ジ。

いつくしみ (名) 慈愛 イツクシムコト。

いつくしむ・ム・メ・マ・ミ・メ (他動)(規・一) 慈愛 (一)愛ヅ。カハユガル。愛ス。(二)恩ム。アハレム。(三)大切ニナス。大事ニ思フ。

いづくんか (副) 安 〔何處ニ歟、ノ音便〕何トシテ(下ニ推量ノ語ヲ置ク、漢籍讀ニ用ヰル)「ー在ラム」

いづくんぞ (副) 焉 〔何處ニテ、ノ音便〕何レノ處ニカ。イカデカ。(下ニ推量ノ語ヲ置ク、漢籍讀ニ)「ー然ラム」

＃いつくわ (副) 〔一花ノ音ト云〕暫シノ間。「ー淺ク」 一時

いつけ (名) 一家 同ジ家系ノ族。同族

いつけつ (名) 一決 ヒトツニ極ルコト。「評議ーノ上」

いつけん (名) 一見 ヒトワタリ見ルコト。一覽。「ーノ上」「ーシテ知ル」

いつけん (名) 一件 ヒトクダリノ事。事柄。

いつけんや (名) 一軒屋 ヒトツヤ。隣ナキ家。孤家

いつこ (名) 一己 オノレヒトリ。「ーノ所存」

いづこ (代) [何處] 不定ノ地位ニ用ヰル代名詞。何レノ處。イヅクドコ。

いつ-こう-かう (名) [一口餻] 菓子ノ名、うどん粉ヲ捏ネテ、くろさたうヲ包ミ、其一面ヲ焦シタルモノ。蟹殼餅

いつ-こく (名) いつこくものヲ見ヨ。

いつ-こく-せん-きん (句) [一刻千金] 一刻ノ時ニ、千金ノ價アリ。「春宵一刻價千金」

いつ-こく-もの (名) 〔一國一城ヲ鎖ザシテ他ト交ラヌ意ニ起ル〕頑ニシテ他ノ說ヲ容レヌ人。

〔いつ-こん-ぞめ (名) [一斤染] 紅染ノ色薄キモノ、紅花大一斤ニテ、一匹ノ絹ヲ染ムレバイフ。「一ノ絹」

いつ-さい (副) [一切] 〔切ハ盡際之語〕コトゴトク。ミナスベテ。

いつ-さい-きやう (名) [一切經] 佛敎ニ係ル書ノ總稱、經、論、律ノ三藏ヲ併セテイフ。

いつ-さい-しゆじやう (名) [一切衆生] 佛經ノ語、世ニアルホドノ一切ノ衆生。

いつ-さき (名) 樹ノ名、いさきノ音便。

いつ-さく (名) [一昨] 年、月、日等ニ、中ニヒトツ隔テテ、過キ去リタルコト。○一年。ヲトトシ。○一日。ヲトトヒ。○一夜。ヲトトヒノ夜。○一朝。ヲトトヒノ朝。

いつ-さつ (名) [一札] カキモノ一枚。一通。(多ク證文等ニイフ)

いつ-さん-に (副) [逸散] ヒトスヂニ急ギテ。「一ニ走ル」

いつ-サンマイ (名) [一三昧] 佛經ノ語、專一ナル三昧。其事ニノミ心力ヲ入ルルコト。一心不亂。(三昧ノ條ヲ見合ハスベシ)

いつ-し (名) [一子] ヒトリゴ。

いつ-し (名) [一紙] (一)紙一枚。一枚ノ文書。一札。(二)同ジ紙。「一ニ認ム」

いつ-しう (名) [一周] (一)ヒトメグリ。(二)全一年。

いつ-しう-き (名) [一周忌] 回忌ノ條ヲ見ルベシ。小祥祭

いつしか (副) (何時シ歟ノ意、志ハ第二類ノ天爾波) (一)知ラヌ程ニ。イツノマニヤラ。「思フヨリ一濡ルル袂カナ」(二)何時カ早ク。(待ツ意)「一モ此夜ノ明ケムト」「一ト開ケテ見タレバ」

いつ-しき (副) [一式] (一)一切。ノコラズ。オシクルメテ。「道具一」(二)ヒトイロニテ他ヲ交ヘズ。「書物一ノ商ヒ」

いつ-し-さう-でん (句) [一子相傳] 一子ニノミ相傳ス。唯一人ノ子ニノミ傳フ。(秘傳、秘術ナドニ)

いつ-しつ (名) [一室] 一間。同ジ部屋。「一ニ籠ル」

いつ-し-はん-せん (名) [一紙半錢] 紙一枚ト錢半文ト。(僅ナル意、施物ナドニイフ)

いつ-しん (名) [一身] 己レノ身ヒトツ。「一ノ無事ヲ計ル」

いつ-しん (名) [一心] 心ノヒトスヂナルコト。一念。「一ヲ込メテ」「一ニ思フ」

いつ-しん (名) [一新] 舊キヲ革メテ萬事ヲ新ニスルコト。

いつ-しん-ふ-らん (句) [一心不亂] 心ヲ一方ニ向ケテ亂レズ、他念ナク、其事ニノミ心ヲ用ヰル。

いつ-しやう (名) [一生] 人ノ生レテ死ヌルマデノ間、生涯。

いつ-しやう-がい (名) [一生涯] 生涯、又、一生ニ同ジ。畢世

いつ-しやう-けん-めい (名) [一生懸命] (一所懸命ノ訛) 命ニカケテスルコト。必死トナルコト。死物狂ヒ。必死

いつ-しゆ (名) [一種] (一)ヒトクサ。同類ノ中ニテ別ニ異ナルモノ。(二)肴ノ稱。(一種物ニ起ル)

いつ-しよ (名) [一書] 或ル書物。「一ニ日ク」

いつ-しよ (名) [一緒] ヒトツニナルコト。ヒトマトメ。合一

いつ-しやう-ます (名) [一升枡] 枡目ニテ、一升程容ルル枡ノ名、斗梁アリテ、內、方四寸九分、深サ二寸七分一厘。水枡ハ、斗梁ナクシテ深サ、一厘ヲ減ズ。

〔いつ-しよ-けん-めい (句) [一所懸命] 一所賜ハリタル知行ノ地ヲ命ニカケテ、賴ミトス。

いつ-しよ-ふ-ぢゆう (句) [一所不住] ヒトツトコロニ住マズ。居所定マラズ。

いつ-すん-ぼふし (名) [一寸法師] 脊ノ低キ人ヲ嘲リイフ稱。侏儒

〔いつ-そ-もの (名) [一種物] 肴ヲ一種ツツ持寄リテ與ヲ催スコト。

いつ-すゐ (名) 一水 ヒトタラシ。「酒ハ一モ飲メズ」「一ノ水モナシ」一滴
いつすゐ-き (名) 一遂忌 一周忌ノ訛。
いつ-せ (名) 一世 (一)一代。一生。(二)父子、唯、一代移レルヲイフ語。(孫ノ二世、曾孫ノ三世ニ對ス)「一ノ皇子」一ノ親王
いつ-せい (名) 一世 其頃ノ世ノ中。「名ヲ一ニ轟カス」一ノ英雄」
いつせいちだい (名) 一世一代 (一世一度ノ訛カ) 生涯ノ中ニテ此度ヲ限リトスルコト。一生ニ一度ナルコト。「一ノ興行」一ノ擧レ」
いつ-せう (名) 一笑 ヒトタビ笑フコト。ワラヒグサ。「一ニ付ス」
いつ-せき (名) 一夕 (一)一夜。(二)終夜。(三)或ル夜。
いつ-せつ (名) 一說 (一)ヒトツノ說。(二)或ル說。
いつ-せつ (副) 一切 いつさいノ誤。
いつせつ-たしやう (句) 一殺多生 佛經ノ語、一人ヲ殺シテ、多クヲ生カス。(衆ヲ救フ意)
(いつせのげんじ (名) 一世源氏 皇子ニテ、臣下ニ降リ、源ノ氏ヲ賜ハリタルモノ。(皇孫、皇曾孫ノ二世三世ナルニ對ス)
いつ-せん (名) 一戰 ヒトイクサ。一度ノ戰ヒ。「一ノ下ニ取ル」
(いつせん-きり (名) 一錢切 罰ノ名、所持ノ錢ノアル限リヲ取上グルコト。(一錢ヲ盜メル者ヲモ斬ルコトトスルハ、イカガ)

いつせん-ど-はらひ (名) 一千度祓 祓ノ詞ヲ千度ホド讀ミテ、罪ヲ祓ヒ淨ムルコト。
いつせんりやう (名) 伊豆千兩 (伊豆ニ產ジテ、せんりやうニ似タリ) 灌木ノ名、うばがねもちニ同ジ。
‡いつ-そ (副) (一層ノ音カ) ムシロ、トカウイハズニ。寧
いつ-そう (名) 一層 ヒトカサネ。ヒトキハ。「一ノ面白ミ」
いつぞや (副) 日外 (何時ゾヤ、ノ意) サキツゴロ。過ギシ頃。
いつ-たい (副) 一體 (一)オシナベテ。一統。「世間一」一般 (二)モトヲイヘバ。モトモト。ゼンタイ。「一事ノ起リハ」元來
いつ-たう (名) 一刀 (一)刀ヒトツ。「一ヲタバサム」(二)ヒトタチ。ヒトキリ。「一ニ切伏セテ」
いつたう-りう (名) 一刀流 劍術ノ一派、小野一刀齋ニ起ル。(德川氏ノ初)
いつ-たん (名) 一端 ヒトハシ。カタハシ。「其一ヲ知ルベシ」
いつ-たん (副) 一旦 (一朝ノ意カ) 一時。イチド。「一思ヒ立チタルコト」
いつ-ち (名) 一致 ヒトツニナルコト。心ヲ同ジクスルコト。
‡いつ-ち (副) (一ノ音便) 第一ニ。最モ。「一好イ」
(いづ-ち (代) 何處 いづこ、又いづかたニ同ジ。
‡いつちやう-ら (名) (一張ノ綺羅ノ意) 唯、一襲、所持スル晴着ノ服。

いつちゆう-ぶし (名) 一中節 淨瑠璃節ノ一派、京都ノ人、都一中ト云フ者ニ創ル。(一向宗ノ僧ニテ、延寶ノ頃)
いつつ (名) 五 時ノ名、とき條ヲ見ヨ。
いつつ (數) 五箇 ニト三ト合ハセタル數。五。
いつ-て (名) 一手 ひとてニ同ジ。
いつ-てう (名) 一朝 期セザル時。一旦。「一事起ラバ」
いつてう-いつせき (名) 一朝一夕 假初ナル意ニイフ語。(下ニ反說ノ語ヲ置ク)「一ノ故ニアラズ」一ニハ行ハレズ」
いつ-てつ (名) 一轍 同ジアト。同ジスヂ。「古今一」
いつてつ-もの (名) 一徹者 (或ハ稻葉伊豫守貞道入道一鐵ノ名ニ起ルトモイフ) ヒトスヂニ思ヒ込ミテ動カヌ人。
いつ-てん (名) 一天 天、コトゴトク。「一俄ニ搔曇リ」
いつ-てん (名) 一點 (一)ヒトツノ點。イササカナルコト。「空ニ一ノ雲モナシ」(二)漏刻ノ語。(其條ヲ見ヨ)「寅ノ一」
いつ-てんか (名) 一天下 天下擧リテナルコト。
いつてん-しかい (名) 一天四海 一天下、幷ニ四方。アメノシタ。世界。
いつてん-の-きみ (名) 一天君 一天下ノ君。天子。
いつてん-ばんじよう (名) 一天萬乘 一天下ヲ知シ召ス萬乘ノ位。(萬乘ノ條ヲ見合スベシ)「一ノ君」
‡いつてん-ばり (名) 一點張 (博奕ノ語ニ出ヅ) 唯、

此ー事ト見込ミテ、他ヲ顧ミザルコト。

いつ-とう (名) 一統 ヒトツニスブルコト。「天下ー」

いつ-とう (副) 一統 一同。皆皆。「此旨、ー心得ベシ」「ー無事ナリ」 衆皆

いつ-とく (名) 一徳 別ニヒトツノ利。 一利

いつ-とく-いつ-しつ (句) 一得一失 一ツヲ得テ、一ツヲ失フ。一事ニ利アリテ、一事ニ害アリ。

いつ-と-ます (名) 一斗枡 物一斗ヲ容ルル枡ノ名、斗梁アリ、内方一尺零五分、深サ五寸九分一厘。一名、斗枡。

いづな-つかひ (名) 飯綱使 〔信州、戸隠山ノ飯綱ノ神ニ起ル〕狐ヲツカフ妖術ナリト云。

いつ-に (副) 一二 (一)ヒトツニハ。或ハ。「ー何ト名ツク」〔漢籍讀ニ用ヰル、下、同ジ〕(二)ヒトヘニ。「ーコレニ従フ」

いつ-ぱ (名) 一派 流儀、宗旨等ヨリ出デタル一ツノ派。

いつ-ぱい (名) 一杯 酒ナドノ、器ニ十分ニ滿チタルコト。 滿酌

いつ-ぱい (副) 一杯 十分ニ滿チテ。「ーアリ」

いつ-ぱい-さぎ (名) 一杯鷺 〔肉少クシテ僅ニ一杯ニ盈ツル意〕鷺ノ一種、形極メテ小キモノ。

いつ-ぱう (名) 一方 (一)ヒトツノ方。或ル方。(二)一途。專一。「學問ー」

〔いつ-ばかり (副) 何時許 何時ノ頃ニ。

〔いつ-はのまつ (名) 五葉松ニ同ジ。

いつ-ぱん (名) 一般 一同。總體。「世間ー」

いつはり (名) 僞 イツハルコト。ウソ。ダマシ。

いつは-る ・ル・レ・ラ・リ・レ (自動)(規.一) 僞 〔空張ルノ轉カ〕然ラヌヲ然リトイフ。譃ヲイフ。

いつは-る ・ル・レ・ラ・リ・レ (他動)(規.一) 僞 アザムク。ダマス。

いつ-ぴつ (名) 一筆 (一)ヒトフデ。同ジク書キ入ルルコト。「ーニ書ク」(二)筆執リテ書クコト。「ー啓上仕候」

いつ-ぴん (名) 一品 (一)ヒトツノ品。(二)特リ勝レタル品。「世間ニー」 絶品

いつ-ぷう-りう (名) 一風流 一風、常ニ變ハリタル流儀。尋常ニヒトフシ異ナル氣象。 畸

いつ-ぷく (名) 一腹 同ジ腹。同ジ母ニ生レタルコト。 同母

いつ-ぷく-いつ-しやう (名) 一腹一生 同ジ母ニ生レタル兄弟姉妹。 同生

いつ-ぷく-いつ-せん (名) 一服一錢 路傍ナドニテ一服ノ煎茶ヲ、價一文ニテ賣レルコト。

い-つぶ-す ・ス・セ・サ・シ・セ (他動)(規.一) 鑄潰 鎔カシテ地金トス。(金類ノ器ナドヲ) 鑄敗

いつ-へ (名) 五重 五ツ重ルコト。

〔いつ-べ (名) 嚴瓮 祭事ニ用ヰル陶器。

いつ-ぺん (名) 一片 (一)ヒトヒラ。(二)片方。

いつ-ぽん (名) 一本 或ル書物。一書。「ーニ曰ク」

いつ-ぽん-だち (名) 一本立 (一)他ノ力ヲ頼マズ、己レ一人ニテ事ヲ爲スコト。 獨立 (二)一人ニテ伴ナキコト。 孤立

いつ-ぽん-ばし (名) 一本橋 まるきばしニ同ジ。 獨木橋

いつ-まで-ぐさ (名) 〔何時迄草ノ義ニテ、生フル所、最傍キ意〕(一)壁ナドニ生ズル草ノ泛稱。(二)常春藤ノ一名。(三)佛甲草ノ一名。

いづ-み (名) 泉 〔出水ノ轉、出湯ニ對ス〕地ヨリ涌キ出ヅル水。

いつ-も (副) 何時ニテモ。常ニ。例トシテ。 例

〔いづ-も-がな (名) 出雲假名 ひらがなニ同ジ。

〔いづ-ら (代) 何 いづれ、又ハいづこニ同ジ。

いづ-れ (代) 何 不定ノ物事ニ用ヰル代名詞。イツラドレ。

いづれ-か (副) 〔何レ歟ノ意〕何ノ物カ。ドナラカ。 孰

い-て (名) 射手 弓射ル人。 弓手

いで (感) (一)誘ヒ立ツルトキ、又ハ思ヒ立ツトキニイフ聲。常ニ、言語ノ首ニ用ヰル。「ー、宣ハセヨ」「ー、ソノ琴ノコト、彈キタマヘ」「ー、行カム」「ー、物見セム」(二)イヤモウ。「ー、マコトニ、嬉シキ事ノ、昨夜侍リシヲ」「ー、イカデ、サハアルベキ事ゾ」

いで-あ-ふ ・フ・ヘ・ハ・ヒ・ヘ (自動)(規.一) 出合 人ト相遇フ。 遇

い-てい (名) 異體 尋常ニ異ナル體。異風

い-てう (名) 異朝 (一)異國ノ朝廷。(本朝ニ對ス)(二)異國。外國。

い-てき (名) 夷狄 エミシ。エビス。

いでく・クル・クレ・コ・キ・コヨ (自動)(不規・二) 【出來】 (一)出デテ來ル。現ハレ出ヅ。(二)生ル。デキル。 生 (三)成ル。成就ス。デキル。 成
いでしほ (名) 【出汐】 月ノ出デムトスルトキノ差汐。デシホ。「月ノ—」
いでたち (名) 【出立】 (一)イデタツコト。出デテ行クコト。 發行 (二)ヨソホヒ。支度。着付。 扮裝
いでたつ・ツ・テ・タ・チ・タ (自動)(規・二) 【出立】 (一)出デ始ム。(二)世ニ出ヅ。出身ス。(三)志ス所ニ出デテ行ク。立出ヅ。 發行 (四)裝フ。身支度ス。 扮裝
い-てつ (名) 【鑄鐵】 鐵ノ條ヲ見ヨ。 生鐵
いてふ (名) (一葉ノ約ト云) 樹ノ名、高サ數丈ニ及ビ、直ニ聳エテ、梢ニ枝多シ、葉ノ形、開ケル扇ノ如ク、又、鴨ノ脚ノ如シ、夏ノ初メ、五七分ノ莖ノ頭ニ、淡青キ花ヲ開ク、山椒ノ粒ノ如シ、葉ノ末ニ岐アルヲ雌トス、實ヲ結ブ、むくろじノ子ニ似テ、核アリ、核ノ色白ク、二角三角アリ、其仁ヲ炒リテ食フ、銀杏トイフ。 鴨脚樹 公孫樹
いてふ-あし (名) 膳ナドノ脚ノ、末廣クシテ、鴨脚樹ノ葉ノ形シタルモノ。
いてふ-ぐさ (名) (一)いてふさうニ同ジ。(二)はおねぐさニ同ジ。
いてふ-さう (名) (一)つるにがなノ一種、海邊ノ砂ノ中ニ生ジテ、葉ヲ出ス、鴨脚樹ノ葉ニ似タリ、花ハ、おまよりノ如シ。イテフグサ。ハマニガナ。(二)はおねとさうノ一名。
いてふ-だいこん (名) 大根ヲ薄ク輪切ニシテ、十字ニ四ツ切リニシタルモノ、いてふノ葉ノ如シ。
いてふ-は (名) (一)鴛鴦ノつるきは。(二)下駄ノ齒ノいてふノ葉ノ形シタルモノ。
〔いでまうでく・クル・クレ・コ・キ・コヨ (自動)(不規・二) 出デ參出デ來ル。
いでまし (名) 【出座】 (一)イデマスコト。(二)行幸。
いでます・ス・セ・サ・シ・セ (自動)(規・二) 【出座】 (一)出ヅノ敬語。(二)行幸アリ。 幸
い-てん (名) 【移轉】 移リ轉ルコト。住居ヲ變フルコト。
〔いでゆ (名) 【出湯】 温泉ニ同ジ。
††いてる・テル・テレ・テ・テ・テヨ (自動)(規・四・變) 【冱】 〔冱ツノ訛〕 凍リテ毀ル。(石ナドニ)
いでゐ (名) 【出居】 内ヨリ出デテ、客ニ對シ居ル室。客殿。寢殿。デヰ。此ニ伺候スルヲ—ノ侍ナドイフ。
いと (名) 【絲】 (一)繭、綿、麻等ニテ、細ソク長ク延キ搓リ作レルモノ。(二)スベテ、甚ダ細ソク長ク、絲ノ如キモノノ稱。「はりがねノ—」 線 (三)琴、三絃ナドニ張リテ鳴ラス絲。生絲ニテ作ル。 絃
††いとと (名) 〔愛シノ義〕 小兒ノ稱。(京畿)
いと (副) 【最】 〔痛ノ意〕 至リテ。甚ク。最モ。極メテ。(多クハ形容詞ニ副フ)「—易シ」「—久シ」「—喜バシ」
いと-いり (名) 【絲入】 絹絲ヲ入レテ織リタル綿布。
い-どう (名) 【異同】 異ナルト同ジキト。
いと-うり (名) 【絲瓜】 〔漢名、絲瓜ノ文字讀ナラム〕 へちまニ同ジ。
いと-うを (名) 【絲魚】 いとよりだひニ同ジ。
いと-おり (名) 【絲織】 絹ノ撚絲ニテ織リタル織物ノ名。
いと-かけ-がひ (名) 【絲掛貝】 螺ノ類、になニ似テ小ク、殼ノ縱道太クシテ、白絲ヲカケタルガ如シ。イトカヒ。ヲダマキ。
いと-がひ (名) 【絲貝】 いとかけがひニ同ジ。
〔いとけな・し・キ・ケレ・ク・ク (形・二) 【幼】 いとけなしニ同ジ。
いと-きり (名) 【絲切】 陶器ノ底ノ、旋盤ヨリ絲ニテ絞リ取リタル痕。イトゾコ。ヒネリドメ。
いと-きり-だんご (名) 【絲切團子】 米ノ粉ヲ搏ネテ、圓キ棒トシテ、蒸シ、絲ニテ輪切リニ絞リ切レルモノ。
いと-きり-ば (名) 【絲切齒】 人ノ牙。
いと-くち (名) 【緒】 〔絲口ノ義〕 (一)絲ノ端。(二)事ノ始マリ。 端緒
いと-ぐら (名) 【絲倉】 〔絲座ノ義〕 三味線ノ名所、棹ノ上部、絲巻ヲ貫ク所。
〔いと-くらべ (名) 【絲競】 琴ナド彈キ競ブルコト。
いと-くり (名) 【絲繰】 (一)いとわくニ同ジ。(二)草ノ名、をだまきニ同ジ。
いと-ぐり (名) 【絲栗】 栗ノ子ヲ細ソク刻ミタルモノ。
いと-くり-うを (名) 【絲繰魚】 いとよりだひニ同ジ。
いと-くり-ぐるま (名) 【絲繰車】 繭ヲ鍋ニテ煮テ、絲ヲ引キ出シ、繰リテ絡フ具、大ナル木樒ニ、いとわくヲ付ケテ絡フ。オホガグル。 繰車
いと-ぐるま (名) 【絲車】 いとよりぐるまノ略。綿ヨリ

絲ヲ紡ギ出シ、又ハ紡ギタル絲ヲ搓リ台ハスル具、右ニ車アリ、左ニ紡錘アリ、之ニおびいとトテ太キ絲ヲ纏ヒ、綿ヲ紡錘ニカケテ、車ヲ轉ズレバ、紡錘モ轉ジテ、紡ギ出ス。紡車

{いとけ・し・キ・ケレ・ク・ク (形・一) いとけなしニ同ジ。

いとけな・し・キ・ケレ・ク・ク (形・一) 幼 〔傷氣痛シノ轉カ〕 未ダ大人ニ成ラズ。トシユカズ。ヲサナシ。イトキナシ。イトケシ。

{いとげのくるま (名) 絲毛車 牛車ノ車蓋ニ、搓リタル絲ヲ、簾ノ如ク垂レシメタルモノ。院、中宮、内親王、攝關ナド用キラル。

いとこ (名) 從弟 父ノ甥、姪。從兄弟 從姉妹 常ニハ、母ノ甥、姪ニモ通ジテ云フ。

{いとこ-おほをぢ (名) 祖父ノいとこ。

{いとこ-おほをば (名) 祖父ノいとこめ。

いとごけ (名) 絲苔 陰地ノ樹根ニ生ズ、深緑ニシテ二三尺、莖細クシテ、絲ノ如シ。萬歷草

いとこ-ちがひ (名) 從弟違 父ノいとこ。從祖父

いとこ-どし (名) 互ニ從兄弟ナルコト。中表

いとこ-に (名) 〔從弟煮ノ意、小豆ト豆腐ト類近シ〕 味噌汁ニ、あづき、やきどうふ、あんにやく、にんじん、芋、ナド混ゼ入レテ煮タルモノ。

いと-こんにやく (名) 絲蒟蒻 褐腐ヲ絲ノ如ク細クシタルモノ。

いとこ-め (名) 父ノ姪。女ノいとこ。

{いとこ-よめ (名) いとこノ妻。堂姉妹

{いとこ-をぢ (名) 父ノいとこ。イトコチガヒ。從祖父

{いとこ-をば (名) 父ノいとこめ。從祖母

いと-ざくら (名) 絲櫻 あだりざくらニ同ジ。

いとし・シキ・シケレ・シク・シク (形・二) イトホシ。カハユラシ。愛憐

いと-しば (名) 絲芝 芝ノ類、葉、甚ダ細クシテ絲ノ如シ。

いと-すぎ (名) 絲杉 杉ノ一種ニシテ、幹、直ニ聳エ、枝柔ク、葉細小ニシテ、垂レ下ルコト絲ノ如キモノ。

いと-すげ (名) 絲菅 山崖、陰地ニ多ク、平地ニモアリ、葉甚ダ細ク、深綠ニシテ、長サ一尺許、一根ニ叢生ス、夏、莖ヲ出シ、穗ヲナシテ花ヲ開ク、色黒シ。崖椶

いと-すすき (名) 絲薄 すすきノ一種、莖、葉、穗、共ニ相似テ細ソシ、夏ノ半ニ、花ヲ開ク、穗ノ色、紫赤ナリ。一名、コススキ。石芒

いと-すぢ (名) 絲筋 (一)絲ノ線。縷 (二)スベテ、絲ノ如ク細ソキモノ。「蜘蛛ノ一」

いと-そこ (名) 絲底 (一)陶器ノ底ノいときり。(二)轉ジテ、陶器ノ底ニアル座。空足

いと-たけ (名) 絲竹 (一)樂器ノ總稱。絃ハ琴ノ類ナリ、竹ハ笛ノ類ナリ。(二)轉ジテ、音樂。「一ノ遊」「一ノ道」

いと-だて (名) 絲立 絲ヲ納レ置ク澁紙ノ袋。

いと-だて (名) 絲經 麻絲ヲ縦トシ、藥ヲ緯トシテ織レル席。

いと-だひ (名) 絲鯛 いとよりだひニ同ジ。

いとど (名) 蟋蟀ニ同ジ。(京都)

いとど (副) 〔最最ノ約〕 彌甚シク。マスマス。

{いとどし・シキ・シケレ・シク・シク (形・二) 彌、甚ダシ。

{いとな・し・キ・ケレ・ク・ク (形・一) (一)暇無シ。イソガハシ。忙 (二)〔少シバカリナリ〕僅ナリ。

いとなみ (名) 營 (一)イトナムコト。(二)〔用意〕支度。

いとな・む・ム・メ・マ・ミ・メ (他動) (規・一) 營 〔暇無ムノ意〕 (一)調フル。爲ル。作ル。(二)〔支度ス〕用意ス。

いとは・し・シキ・シケレ・シク・シク (形・二) 厭 厭フベシ。嫌ハシ。忌ムベシ。可厭

いと-はぎ (名) 絲萩 萩ノ枝甚ダ細ソキモノ。

いとひ (名) 厭 イトフコト。嫌フコト。「一無ク」

いとひき-なつとう (名) 〔粘液ノ絲ヲ引ク□イフ〕 まめなつとうニ同ジ、なつとうノ條ヲ見ヨ。

いと-ひば (名) 絲檜葉 葉ハ、あのてがしはニ似テ、疎ニシテ長ク、枝柔カニシテ、葉ノ垂レ下カルモノ。瓔珞柏

いと-びん (名) 絲鬢 頂ヲ剃リテ、兩ノ鬢ノ邊ノ髮ヲ狹ク殘シテ、結ヒタル髮。

いと・ふ・フ・ヘ・ヘ・ヒ・ヘ (他動) (規・一) 厭 (一)惡ミ嫌フ。忌ミ思フ。イヤガル。(二)危キヲ厭ヒ護ルヨリ轉ジテ、イタハル。カバフ。「身ヲ一」自愛

いと-へん (名) 絲偏 漢字ノ偏ニアル糸ノ字。紅、絢、紙、絲ノ如シ。糸旁

いとほ・し・シキ・シケレ・シク・シク (形・二) 〔心、痛ハシノ轉〕 (一)

哀レナリ。不便ニ思フ。愍然 (二)イトシ。カハユシ。可憐

いとほしむ・ム・メ・マ・ミ・メ (他動)(規・一) イトホシク思フ。不便ニ思フ。愛憐

いとま (名) 暇 (一)事ナキ時。ヒマ。(二)仕フル人ノ、時ヲ定メ暇ヲ賜ハルコト。賜暇 (三)喪中ニ、暇ヲ賜ハリテ、引籠リ居ルコト。(四)長ク暇ヲ乞フ意ヨリシテ、仕ヘヲ辭シテ去ルコト。致仕 (五)罷リ去ルコト。別レヲ告グルコト。「一申ス」辭去

いとま-あき (名) 暇明 暇ノ明クコト。ヒマ。遑

いと-まき (名) 絲巻 (一)絲ヲ巻キ置クニ用ヰル具、小ク方ナル板ナド用ヰル。(二)三味線ノ轉手。

いとまき-ひとで (名) 介ノ名、ひとでノ條ヲ見ヨ。

いとま-おひ (名) 暇乞 別レヲ告グルコト。告別

(いとま-し・シキ・シケレ・シク・シク (形・二) 競ヒ爭フ狀ナリ。

(いとま-ぶみ (名) 暇文 病中ナドニ、出仕ノ暇賜ハラムコトヲ願フ文書。

いとむ・ム・メ・マ・ミ・メ (他動)(規・一) (一)競ヒ爭フ。張合フ。爭 (二)戀慕ヲシカクル。挑

いと-め (名) 絲目 (一)イトスヂ。(二)紙鳶ノ面ニ着クル數條ノ絲。

いと-やなぎ (名) 絲柳 あたりやなぎニ同ジ。やなぎノ條ヲ見ヨ

いと-ゆふ (名) 〔絲結ノ義カ、或ハ漢語、遊絲ヲ倒ニ湯桶讀シテ訛セルカ〕 かげろふニ同ジ。遊絲

いと-より (名) いとよりだひニ同ジ。

いとより-ぐるま (名) 絲搓車 いとぐるまヲ見ヨ。

いとより-だひ (名) 絲搓鯛 形、全クおきだひニ似テ、薄赤ク、黃ト靑トノ數條、頭ヨリ尾ニ至ル、尾ノ上ニ、一條ノ黃線ヲツク、長サ身ニ齊シク、泳グトキハ、金絲ヲ搓ルガ如シ、味、眞鯛ヨリ淡シ。略シテ、イトヨリ。又、イトウヲ。イトクリウヲ。金線魚

い-とる・ル・レ・ラ・リ・レ (他動)(規・一) 射取 (一)射殺シテ獲物ヲ取ル。(二)的ニ射中テテ賭物ヲ取ル。

いと-わく (名) 絲籰 絲ヲ繰リ絡フ籰、軸アリテ轉ズ。イトクリ。籰子

いな (名) 稻 稻ノ轉、熟語ニノミ用ヰル。「一蟲」「一穗」

いな (名) 鯔 魚ノ名、ぼらノ條ヲ見ヨ。クチメ。ナヨシ。ミヤウキチ。

いな (副) 否 他ノ言ヲ肯ハズシテ打消ス語。イヤ。

:.ナオ (名) 蝦夷語、木ヲ削リテ作レル幣、其形、けづりかけノ如シ。

(いな-おほせ-どり (名) 稻負鳥 古歌ニイヘル鳥ノ名。鶺鴒ナリトシ、鴇ナリトシ、或ハ、雀、山鳥、雁、水鷄ナドトシテ、諸說定マラズ。或云、馬ナリト。

いな-ぎ (名) 稻置 (一)古クハ邑長ノ號。(二)後ニ、姓ノ名、第八等ニ居ル。

(いな-ぎ (名) 稻城 刈リタル稻ヲ掛ケテ乾ス具、竹木ヲ立テテ作ル。稲杆

(い-なく・ク・ケ・カ・キ・キ (自動)(規・一) 〔いハ馬聲ナリ〕 馬、嘶ク。嘶

いな-お (名) 稻子 蟲ノ名、狀、螽斯ニ似テ、首圓ク、眼大ナリ、長サ七八分、翅アリ、色ハ綠ト褐トアリ、鳴クニ、股ヲ相擊チテ聲ヲナス、稻ノ葉ヲ食フ。此蟲ヲ、山民ハ、乾シ炒リテ食トス、都人ハ、鳥ノ餌ナドトス。皇蝝一種 又、おほ一ハ、形、大クシテ、長サ一寸餘アリ。京都ニ、オイタチ。東京ニ、トノサマバッタ。皇蝝

いな-おき (名) 稻扱 又、いねおき。稻ノ穗ノ子ヲ引キカケテ扱キ取ル具、形、大ナル櫛ノ如ク、鐵ニテ齒ヲ作ル。センバコキ。カナコキ。ヤモメダフシ。ゴケダフシ。(やもめだふしノ條、見合ハスベシ) 拖把

いな-お-まろ (名) 稻子麿 蟲ノ名、螽斯ニ似テ、脊尖リ、兩角列ブ、雄ハ長サ一寸、雌ハ三四寸ニ及ブ、色ニ綠色ナルト褐色ナルトアリ、背後、尾ニ至リテ色赤シ、飛ブ時ハ、內羽、黃ニシテ美シ。ジャウリヤウバッタ。蚱蜢

いなさ (名) 東南風 東南ノ間ヨリ吹キ來ル風ノ稱。

‡いな-す・ス・セ・サ・シ・セ (他動)(規・一) 往 〔規二ノ變化ナルベキヲ訛レリ〕 往ナシム。去ラス。逐フ。遣

‡いなせ (名) いさみはだニ同ジ。(東京俗語)

いなだ (名) 魚ノ名、ぶりノ條ヲ見ヨ。

(いなだき (名) 頂 いただきニ同ジ。

(いなたま (名) 稻魂 いなづまニ同ジ。

いなづま (名) 稻妻 夏、秋、稻ノ熟スル頃ノ夜、空中ニテ時時閃ク光。或ハ、雷ノ發スル時ニモ起ル。イナタマ。イナビカリ。イナツルビ。電

〔いなつるび〕(名) [稻交] いなづまニ同ジ。

いなゝく・ク・ケ・カ・キ・ケ (自動)(規・二) [嘶] 〔馬聲、長鳴ク(或ハ云、鳴クノ義)〕馬、聲高ク鳴ク。イバユ。

〔いなのめの〕(枕) 〔寢寐ノ目ノ意〕明ク、トイフ語ノ枕詞。轉ジテ、直ニ、天明。

〔いなはきむしろ〕(名) [稻拂席] 稻穀ヲ扱フニ用ヰル席。

いなひ (名) 〔稻雲雀ノ略ナラム〕たひばりニ同ジ。

いなびかり (名) [稻光] いなづまニ同ジ。

〔いなぶ・ブ・ベ・メ・ビ・ベ〕(他動)(規・一) いなむニ同ジ。

〔いなぶ・ブル・ブレ・ビ・ビ・ビヨ〕(他動)(規・三) いなむニ同ジ。

いなほ (名) [稻穗] 稻ノ穗。

いなむ・ム・メ・マ・ミ・メ (他動)(規・一) 〔否ヲハタラカス〕(一)否トニフ。承知セズ。不肯 (二)辭退ス。辭
〔いなむ・ムル・ムレ・ミ・ミ・ミヨ〕(他動)(規・三) 前條ノ語ニ同ジ。

いなむし (名) [稻蟲] (一)稻ヲ害スル蟲ノ名、種類多シ。蝗 (二)イナゴマロ。

いなむら (名) [稻村] 〔稻叢ノ義〕(一)稻ヲ稈ナガラ積ミ貯フル毛ノ。(二)稻ヲ刈リタルママニテ、竿ニ掛ケテ曝スモノ。

いなや (接) [否] 〔否ニ耶ノ感動詞ヲ添ヘタルナリ〕直ニ。即チ。〔否ヤトモ言ハズ直ニ、ノ意カ〕「見ルヤー讀ム」行クヤー歸ル」 即
いなり (名) [稻荷] 〔稻生ノ義〕山城ノ藤ノ森ナル神ノ名。宇賀魂。

廿いなりずし (名) [稻荷鮨] 〔狐ヲ稻荷ノ神ノ使トシテ、あぶらげヲ供スルコトアルヨリイフ〕あぶらげヲ煮テ内ニ鮓飯ヲ込メタルモノ。
いなりまうで (名) [稻荷詣] 山城ノ稻荷ノ社ノ二月初午ノ祭ニ詣ヅルコト。
いなりまち (名) [稻荷待] 〔つきまちノ條ヲ見ヨ〕いなりまつりニ同ジ。(關東)
いなりまつり (名) [稻荷祭] 稻荷ノ神ノ祭、二月、午ノ日ナリ。
いにしへ (名) [古] 〔往ニシ方、ノ義〕遠ク過ギ去リシ時。ムカシ。
いぬ (名) [犬][狗] (一)家ニ畜フ獸ノ名、人ノ善ク知ル所ナリ、最モ人ニ馴レ易ク、怜悧ニシテ愛情アリ、走ルコト速ク、狩ニ用ヰ、夜ヲ守ラスルナド、用少カラズ、種類多ク、近年、舶來ノ種アリテ、愈、一ナラズ。(二)草木ノ類ノ似テ正ナラサルモノノ稱。「一櫻」一稗」(三)徒ナルコト。益ナキコト。「一死」一カハユガリ」
いぬ (名) [戌] 〔犬ノ義〕(一)支干ノ名。(其條ヲ見ヨ)(二)方角ノ名。(えとノ條ヲ見ヨ)(三)時ノ名。(其條ヲ見ヨ)
いぬ・ヌル・ヌレ・ネ・ネ・ネヨ (自動)(規・二) [寢][寐] 〔寢寐ノ義〕臥床ニ就キテ眠ル。寐。
いぬ・ヌル・ヌレ・ナ・ニ・ネ (自動)(不規・三) [往] (一)行ク。去ル。(二)過グ。歷。(歲月ニ)
〔いぬあららぎ〕(名) いぬえニ同ジ。
いぬいたどり (名) [犬虎杖] いたどりノ一種、小キモノ、山ニ生ズ、高サ一尺餘ナリ。コイタドリ。 蛙莔草
いぬうど (名) おほうどニ同ジ。
いぬえ (名) [犬荏] 一年草ノ名、春生ジ、夏長ズ、大種ナルハ、高キハ、三四尺ニ至リ、葉大ク、荏ノ如ク、小種ナルハ、葉小ク長シ、莖、方ニシテ、枝葉對生シテ、葉莖皆毛アリ、秋ノ末、枝ノ梢毎ニ、寸餘ノ穗ヲ生ジ、小紫花ヲ綴リ開ク、一邊ニ連リテ、少シ反リテ薙刀ノ如シ、故ニ、類名ニ對シテ、なぎなたかうじゆノ名アリ、大種ナルハ花色淡ク、小種ナルハ濃シ、共ニ實ヲ結ブ、苗葉枯レテ、香多シ、藥トス。イヌアララギ。香薷
いぬおふもの (名) [犬追物] 騎射ノ式ノ名、一町許ナル方形ノ馬場ヲ作リ、竹垣ヲ回ラシ、騎馬、直垂、素袍ナドニテ、蟇目ノ矢ニテ、犬ヲ逐ヒ射テ、勝負ヲ別ツ、一手八十二騎ナルヲ正式トス、二手、三手アリ。
いぬかうじゆ (名) [犬香薷] 草ノ名、原野ニ生ズ、莖、方ニシテ、高サ一二尺、枝葉對生ス、葉ハ香薷ニ似テ、短クシテ毛少シ、夏、莖梢ノ葉ノ間ニ、長サ三四寸ノ花穗ヲ出ス、花ハ紫蘇ニ似テ淡紫ナリ、種類多シ。爵床
いぬかうたけ (名) [犬革茸] かうたけニ似テ、蓋ノ薄キモノ、秋、生ズ、毒アリ。
いぬがし (名) [犬樫] やぶにくけいノ類ニシテ、大樹ト爲ル、葉ハ桂ニ似テ、タテスヂアリ、春、莖頭ニ叢クリテ、紅花、多ク開ク、形、くろもじノ花ニ似テ、美シ、マツラニ

クケイ。 紅木犀

いぬ-かひ (名) 犬飼 鷹狩ノ犬ヲ飼フ者、狩ニ使ヒテ鳥ヲ追ヒタテシム。

(いぬ-かひ-ぼし (名) 犬飼星 ひこぼしニ同ジ。

いぬ-がみ (名) 犬神 犬ノ靈ヲ使フ蠱術。(九州、四國) 狗蠱

いぬ-がや (名) 犬榧 かやノ一種、葉大クシテ薄ク、背白シ、實熟シテ、皮、赤シ、食フベカラズ、仁ヨリ燈油ヲ取ル。 粗榧

いぬ-がらし (名) 犬芥 陰濕ノ地ニ生ズ、形、葉、芥ニ似テ小シ、春、四五寸ニシテ、枝ヲ分チ、小花ヲ開ク、四瓣黄色、なづなノ花ニ似テ、穗短シ、莖、葉、共ニ辛シ、煠キテ食フベシ。タガラシ。ノガラシ。 山芥菜

いぬ-ぎり (名) 犬桐 あぶらぎりニ同ジ。

いぬ-く・ク・ナ・カ・キ・ケ (他動)(規.一) 射貫 射テ貫ク。

いぬ-くぐり (名) 犬潜 垣ノ間ナドノ犬ノ出入スル穴。 竇

いぬ-ぐこ (名) 灌木ノ名、枸杞ノ條ヲ見ヨ。

いぬ-くす (名) やまくすニ同ジ。

(いぬ-くひ (名) 犬食 犬ヲ噬合ハシメテ觀ルコト。 闘犬

いぬ-こ (名) 病ノ名、えのこヲ見ヨ。

いぬ-ごま (名) 犬胡麻 小木ノ名、山ニ產ズ、葉ハ對生シテ、長サ三寸許、色綠ニシテ、粗キ皺文アリ、鋸齒ヲナス、胡麻ノ臭アリ、夏、梢ニ、小白花簇リ開ク、かまそみノ花ニ似タリ、實、秋ニ熟シテ赤シ。 土欒樹

いぬ-ころ (名) 犬ノ兒。 犬兒

いぬ-ざくら (名) 犬櫻 樹、葉、櫻ニ似テ、三寸餘ノ穗ヲナシ、小白花、群リテ垂レ開ク、夏ノ末、實ヲ結ブ、黄ニシテ山椒ノ實ニ似タリ、鹽漬ニシテ食フベシ。

いぬ-ざんせう (名) 犬山椒 野生ス、葉ハ常ノ山椒ヨリ狹クシテ長シ、夏、梢ニ、小花簇リ開ク、實小クシテ臭シ、食フベカラズ。 崖椒

いぬ-じに (名) 犬死 徒ラニ死ヌルコト。無益ノ死。 徒死

(いぬ-じもの (名) 犬自物 犬ノ如キモノノ意。

いぬ-ぜきしやう (名) 犬石菖 田ノ畔ニ生ズ、葉扁ク重ナルコト、せきしやうノ如ク、綠ニシテ光ル、心ヨリ莖ヲ出シテ、花ヲ開ク、形、稍、はますげノ花ニ似タリ。

いぬ-ぜんまい (名) ぜんまいノ一種、小キモノ、莖、堅クシテ、食フベカラズ、武州豐島郡代代木村ノ邊ニ生ズ。 毛薇

いぬ-そらまめ (名) からすのゑんどうニ同ジ、のゑんどうノ條ヲ見ヨ。

いぬ-たで (名) 犬蓼 (一)野生ニシテ、辛味無ク、食ニ堪ヘザル蓼類ノ總名、長大ニシテ黑キ斑アルアリ、花白クシテ、端ハ淡紅ナリ、秋、紅葉シテ、觀ルベキアリ。オニタデ。 馬蓼 (二)おほけたでノ一名。

いぬ-だら (名) 犬楤 はりぎりニ同ジ。

いぬ-つげ (名) 犬黃楊 つげノ條ヲ見ヨ。

いぬ-どくさ (名) 犬木賊 形、とくさニ似テ、大クシテ枝無シ、年ヲ歷レバ、長大トナル、夏、葉ヲ出シテ、花ヲ開ク、つくしノ花ニ似タリ。 節節草

いぬ-の-ふぐり (名) 草ノ名、春、原野ニ生ズ、葉ハいぬかうぢゆニ似テ三分許、鋸齒アリ、葉ノ間毎ニ、一花ヅツ開ク、色淡紫ナリ、蒂ノ中ニ實ヲ結ブ、青クシテ圓ク、二顆ヲナス。 婆婆納

(いぬ-ばこ (名) 犬箱 いぬはりこニ同ジ。

いぬ-ばしり (名) 犬走 城ノ墻、又ハ築地ナドノ外、堀トノ間ノ狹キ空地。

いぬ-ばへ (名) 犬蠅 蠅ノ一種、犬ノ身ニ着キテ血ヲ吸フ、身甚ダ堅ク、背、平ニシテ、色黄赤ナリ。 狗蠅

いぬ-はりこ (名) 犬張子 古クハ、いぬはこ。小兒誕生ノ時、旁ニ置ク具、狛犬ノ轉ニテ、邪ヲ避クト云、紙ノ張子細工ニテ、面ハ小兒ノ如ク、體ハ臥セル犬ノ如シ、中分シテ蓋ト身トナル。今、又、面、身、全ク犬ニシテ、四脚ニ立テルモノヲモ作ル。

いぬ-ひ (名) 鳥ノ名、いぬひばりノ略、たひばりニ同ジ。

いぬ-びえ (名) 犬稗 ひえノ條ヲ見ヨ。

(いぬ-びと (名) いぬほえノ條ヲ見ヨ。

いぬ-びは (名) 犬枇杷 小木、葉、互生シ、切レバ白汁出ヅ、形、ゆづりはニ似テ青ク、厚クシテ潤澤アリテ、本、闊ク、末尖ル、夏秋ノ交、葉ノ間ニ實ヲ結ブ、二三顆群ガル、形、無花果ニ似テ小ク、熟シテ紫赤ナリ、內ニ白キ細子滿ツ、食フベシ。一名カラビハ。イチジク。タウガキ。イヌホホヅキ。サルガキ。(駿州) 天仙果

いめ-ひばり (名) たひばりニ同ジ。

いめ-ふせぎ (名) 犬防 佛堂ノ前ニ設クル矮キ格子。

いめ-ぶな (名) 樹ノ名、ぶなのきノ一種、葉ノ鋸齒最モ淺ク、或ハ無クシテ、毛アリ。

いめ-ほえ (名) 狗吠 隼人ノ、宮門ヲ守リテ、犬聲トテ、聲ヲ發スルコト。其聲ヲ發スル人ヲ狗人トイフ。

いめ-ほほづき (名) 犬酸漿 (一)一年草、春、苗ヲ生ズ高サ一二尺ヨリ三四尺ニ至ル、枝、互生シ、橫ニ繁ク延フ、葉モ互生シ、ほほづきノ葉ニ似テ、短毛多シ、夏、葉ノ間ニ、數十莖、一莖ニ簇リ垂レテ、五瓣ノ小白花ヲ開ク、たがらしノ花ニ似タリ、實ハなんてんノ子ノ如ク、初メ青クシテ、熟スレバ紫黑ナリ。一名、ウシホホヅキ。ゴナスビ。 龍葵 (二)いぬびはノ一名。

いめ-まき (名) 犬槇 樹ノ名、葉、厚ク細ソク長クシテ、一處ニ集リ互生シ、冬凋マズ、夏、葉ノ間ニ、花無クシテ實ヲ結フ、上ニ、綠ニシテ圓キ實アリ、下ニ、紅ニシテ楕ナル實アリテ、形、羅漢ニ似タリ、材、久シキニ耐フ。略シテ、マキ。一名、クサマキ。 羅漢松

いめ-むぎ (名) 犬麥 おうばふむぎノ條ヲ見ヨ。

いめ-ゆり (名) おにゆりニ同ジ。

いめる (動) 寢ヌヲ見ヨ。

いめる (動) 往ヌヲ見ヨ。

いめ-わし (名) くまわしニ同ジ。

いめ-わらび (名) 犬蕨 わたノ類、路傍陰地ニ生ズ、一根ニ叢生ス、葉細カニ分レテ柔カナリ、蕨ノ類ナラズ、食スベカラズ、オニワラビ。ヤマワラビ。 倒掛草

いめ-ゐ (名) 戌亥 方角ノ名、西北ノ間。(えとノ條ヲ見ヨ) 乾

いめ-ゑんじゆ (名) 犬槐 ゑんじゆノ一種、葉大クシテ、藤ノ葉ノ如クニシテ厚ク、面、白粉ヲ帶フ、夏、穗ヲ出シテ黃花ヲ開ク。 櫰槐

いめ-ゑんどう (名) のゑんどうノ條ヲ見ヨ。

いね (名) 稻 〔飯根ノ約カ〕草ノ名、其實ヲ米トイヒ、日常食用ノ最トスル穀物ナリ、春、種ヲ下シ、夏ニ至リ、苗ヲ分チテ、水田ニ移ス、莖ノ高サ、三四尺、葉細ソク長ク、莖ノ頂ニ花ヲ生ズ、穗ニシテ長サ七八寸、秋、穀ヲ結フ、數十百粒綴リテ、芒多シ、其子ハ米ナリ。質ニ粳、糯、秈ノ別アリ、又水稻ト旱稻トアリテ、其熟スルニ早稻、中稻、晚稻、ノ三等アリ、スベテ、品類極メテ多シ。

いね-かり (名) 稻刈 秋、稻ノ熟シタルヲ刈リ取ルコト。 收稻

いね-きび (名) うるきびニ同ジ。きびノ條ヲ見ヨ。

いね-まき (名) いなまきニ同ジ。

〔いね-つきおまろ (名) きりぎりすニ同ジ。

いね-むし (名) いなおまろニ同ジ。

い-のち (名) 命 〔息ノ道ノ約カ、息ノ中ノ約カ〕(一)生キタル物ノ息アリテ世ニアル元。ジエミャウ。イキノヲ。(二)頼ミ。タノミ。「一ト思フ」一ト恃ム」

いのち-がけ (名) 命掛 命ヲ失フヲ顧ミズシテ事ヲ行フコト。 懸命

いのち-こひ (名) 命乞 (一)命ノ長カラムコトヲ祈ルコト。(二)殺サルベキ命ヲ助ケムコトヲ乞フコト。 請命

いのち-しらず (名) 命不知 命ノ危キヲ顧ミズシテ、敢テ事ヲ行フコト。 敢死

いのち-びろひ (名) 命拾 死ヌベカリシ命ノ助カリタルコト。

いのり (名) 祈 イノルコト。

いのり-ころ-す・ス・セ・サ・シ・セ (他動)(規.一) 祈殺 神佛ニ祈リ、其通力ニ依リテ、仇ノ命ヲ絕ツ。 呪殺

いの-る・ル・レ・ラ・リ・レ (他動)(規.一) 祈禱 〔齋ミ宣ルノ約カ〕神佛ニ請ヒ願フ。

いは (名) 岩 (一)石ノ大ナルモノ。イハホ。 巖 磐 (二)石ニ似テ、一種、質ノ甚ダ柔カキモノ、竈ナド諸器ニ作ル。(三)漁網ニ付クル錘、鉛、又、陶ニテ作ル。 網錘

い-ば (名) 射場 弓射ル場。「一始」

いは-おこし (名) 菓子ノ名、おこしおめヲ飴ニテ固メタルモノ、凹凸、磐ノ如シ。

いはう-やう-な・し・キ・ケレ・ク・ク (形.二) 言ハム方法無シ。

い-はかせ (名) 醫博士 古ヘ、典藥寮ノ博士、醫術ヲ諸生ニ敎授ス。

いは-がね (名) 岩根 いはねニ同ジ。

いはがね-さう (名) 岩根草 いはれんげノ一種、葉ノ形、方ニシテ、大サ二四分、甚ダ厚シ、夏花ヲ開ク、形、色、つるれんげニ似タリ。

いはき (名) 石木 (一)石ト木ト。(二)非情ノモノ。「人ノ心ハ〜ニアラズ」木石 (三)石炭ノ一名。

いはき-がみ (名) 岩城紙 岩城國岩城郡ノ地ニ產ズル紙、大小種種アリ。

いはく (副) 曰 〔言フノ延〕言フニハ。

††いはく (名) 〔上ノ語ノ轉〕謂レ。仔細。「一ノアル品」

〔いは-く・クル・クレ・ケ・ケ・ケヨ (自動)(規・二) 兒童ラシクアリ。

いは-くぐり (名) 岩潜 鳥ノ名、ほほじろニ似テ大ク、頭ハ灰色ニテ、背ニ黒褐ノ斑アリ、かざきりハ黒白ノ斑交ル、翅ハ黒クシテ、其端、赤褐ナリ、尾モ同ジ。イハスズメ。

〔いは-ぐつ (名) 麻沓ニ同ジ。

いはくに-ちぢみ (名) 岩國縮 周防ノ岩國町ニテ製出スル縮布、夏衣トシテ上品ナリ。

いはくに-ばんし (名) 岩國半紙 周防ノ玖珂郡山代ニ產ズル紙、岩國町ヨリ諸方ニ出ス。

〔いはけ-なし・キ・ナレ・ク・ク (形・二) 小兒ラシ。アドケナシ。

いは-げら (名) 鳥ノ名、きつつきノ一種、深山ニ棲ム、大サ、めじろノ如ク、全身、深緑ニシテ、頂ト腹トニ、紅毛アリ。

いは-すずめ (名) 岩雀 いはくぐりニ同ジ。

いはた-おび (名) 岩田帶 ゆはたおびヲ見ヨ。

いは-たけ (名) 岩茸 深山ノ巖石ニ生ズル菌、形、きくらげノ如ク、圓ク薄クシテ皮ノ如シ、重ナリテ生ズ、大ナルモノハ二三寸アリ、面ハ褐色ニテ、粉ノ狀ヲナシ、背ハ黒クシテ、毛アリ、背ノ中ニ、短キ蒂アリ、乾シテ食フ。石耳

いは-ちどり (名) 岩千鳥 (一)ちどりノ一種、全身、黒クシテ、胸白ク、尾ニ岐アリテ燕ノ如シ、川ノ上ニ群リ飛フ。(二)草ノ名 深山ノ巖石ノ間ニ生ズ、一莖一葉ニシテ、高サ三四寸、梢ニ五六七ノ小花ヲ開ク、蘭ノ花ニ似テ、淡紅紫ナリ。

いはつき-もめん (名) 岩槻木綿 武州岩槻ニ產ズル綿布。

いは-つぐみ (名) 鳥ノ名、いそつぐみニ同ジ。

い-はづ-す・ス・セ・サ・シ・セ (他動)(規・一) 射外 射テ中ラズ。

いは-つつじ (名) 岩躑躅 (一)岩間ナドニ生ズルつつじノ泛稱。(二)つつじノ一種、花ノ色ノ赤クシテ、きりしまつつじノ如キモノ。

いは-つぼ (名) 岩壷 はつたいいしノ類ニシテ、大小一ナラズ、外ハ黒褐ニシテ、砂石雜リツキ、內、空ニシテ粉アリ、黒褐、又ハ黄褐ナリ。オニノツブテ。太一餘糧

いは-つらら (名) つららいしニ同ジ。

〔いは-どこ (名) 岩床 (一)巖ノ平ナル處。(二)人ヲ葬リタル處。

いば-どの (名) 射場殿 大內ニ設ケラレテアル弓射ル處。

いは-な (名) 岩魚 谷川ノ岩穴ニ棲ム魚、形、鱒ニ似テ、小クシテ白シ。嘉魚

いは-なし (名) 岩梨 灌木、富士、日光等ノ高山ニ生ズ 高サ一二三寸、地ニ敷キテ密生ス、葉ハ柞ニ似テ、對生シ實、秋ニ熟シテ赤ク、なんてん、實ニ似タリ、食フベシ。ハマナシ。ゴケモモ。越橘

いは-にし (名) 岩螺 にがにしノ一種、拇指ノ頭ノ程ニテ、外ハ黒クシテ疣多シ、肉、黄赤ニシテ甚ダ辛シ。カラニシ。イボニシ。

いは-ね (名) 岩根 (一)岩ノ根。(二)岩。イハホ。

いは-ば (接) 言 言ヒテ見バ。タトハバ。

〔いは-ばし (名) 石橋 淺瀬ニ、石ヲ置キナラベテ、路トシタルモノ。

いば-はじめ (名) 射場始 射場殿ニテ、弓ヲ射初ムル式。

いはひ (名) 祝 祝フコト。コトホギ。賀

いはひ-だけ (名) 祝茸 靈芝ニ同ジ。

いは-ひば (名) 岩檜葉 深山ノ岩ニ生ズル草、葉ハひのきニ似テ、薄クシテ繁ク、莖ノ上ヲメグリテ着ク、四時緑ニシテ、高サ、或ハ一二三尺ニ至ル。卷柏

〔いはひ-べ (名) 齋瓮 古ヘ、神酒ヲ盛レル陶ノ甕。イムベ。

〔いは-ふ・フ・ヘ・ヘ・ヒ・ヘ (他動)(規・一) 齋 〔齋延フノ意カ〕穢レヲ齋ミ、愼ミテ祀ル。(神ヲ)

いは-ふ・フ・ヘ・ハ・ヒ・ヘ (他動)(規・一) 祝 吉キ事ヲ喜ビ言フ。ホグ。コトホグ。賀

いは-ぶき (名) 岩蕗 ゆきのしたノ類、葉大クシテ、つはぶきノ如ク、兩面共ニ緑ニシテ、毛無シ、花小ク、穂長大ニシテ枝アリ。

いは-ふぢ (名) 岩藤 亞灌木、山中ニアリ、一根ニ叢生ス、高サ一二尺、葉ハ藤ニ似テ小ク、夏、葉ノ間ニ三四寸ノ穗ヲ出シテ、小紫花ヲ綴リ開ク、ふぢまめノ花ニ似テ稍小シ。叉、紅花、白花モアリ。胡豆

いは-ほ (名) 巖 〔岩秀ノ義〕 (一)大ナル岩。(二)岩。

いは-ま (名) 岩間 岩ノ間。

いはみ-ぎんざん (名) 石見ノ邇摩郡ノ銀山ニ產ズル礜石ニテ製セルモノ、鼠ニ食ハセテ殺スニ用ヰル。

〔いは・む・ム・メ・マ・ミ・メ (自動)(規・一) 滿ツ(規・一)ニ同ジ。充滿

いは-むかた-なし・キ・クレ・ク・ク (形・一) 言ハム方法無シ。言ノ外ナリ。不可名狀

いは-むや (副) 况 〔言ハム耶ノ義〕 マシテゾノ上ニ。

いは-もみ (名) 岩樅 灌木、高山ニ生ズ、高サ五六寸、葉ハ、きやらぼくニ似テ、小クシテ柔カナリ、夏、小花ヲ開ク、形、どうだんノ花ニ似テ、淡紅ナリ。

いは-や (名) 岩屋 (一)巖ヲ穿チテ作レル住所。窟 (二)岩間ノ洞。

いは-やなぎ (名) 岩柳 灌木、高サ一二三尺、莖、葉、やなぎニ似テ小シ、春、細花ヲ開ク、白クシテ五瓣ナリ。珍珠花

〔いは・ゆ・ユ・ユル・ユレ・エ・エ・エヨ (自動)(規・二) 嘶 〔馬聲吼ユノ轉〕 いななくニ同ジ。

いは-ゆる 所謂 言ハ被ノ分詞法。〔被ノ條ヲ見合ハスベシ〕世ニ言ハル。常ニ言フ。

いばら (名) 茨 刺アル小木ノ總名。荊棘

いばら (名) 薔薇 〔茨ノ義〕 一名、いばらきやうび。叉、略シテ、ばら。灌木ノ名、野ニ生ズルヲ野ートイフ、高サ五六尺、枝茂ク、刺多シ。大葉ノモノハ、葉ニ光ナク、鋸齒アリテ互生ス、夏ノ初、枝ノ梢毎ニ、五六分ノ五瓣白花ヲ開ク、香氣多シ、汁ヲ蒸溜シテ、外科ノ藥用トス。小葉ノモノハ、葉、さんせうニ似テ、厚クシテ光ル、花、稍、大クシテ、數少ク、香モ少シ。二種、皆、實ヲ藥トシ、營實トイフ。叉、家ニ植ウル種ハ、樹小クシテ、花ヲ賞ス、色ニ白、紅、黃等種種アリ、花大ク、香最モ高シ。

いばら-きやうび (名) 薔薇ニ同ジ。

いはら・ふ・フ・ヘ・ハ・ヒ・ヘ (他動)(規・一) 射拂 射テ追ヒ拂フ。(敵ヲ)

いばり (名) 尿 ゆばりニ同ジ。

〔いばり-ぶくろ (名) 尿袋 膀胱ニ同ジ。

廿いは・る・ル・レ・ラ・リ・レ (自動)(規・一) 〔息張ルノ約カ〕 威勢ヲ張ル。强キヲ示ス。エバル。

いは-れ (名) 謂 〔被言ノ義〕 言ハルルコト。言フベキ由緒。「ー無シ」其ー此ノ如シ」

いは-れんげ (名) 岩蓮華 草ノ名、古キ瓦屋ノ上ナドニ生ズ、つめれんげノ一種ニテ、葉闊クシテ尖ラズ、形、蓮華ノ如クニシテ、粉白色ヲ帶ブ。佛甲草

いは-ろくしやう (名) 岩綠青 ろくしやうノ條ヲ見ヨ。

いは-ゐ (名) 岩井 岩間ノ泉ヲ井トセルモノ。

いはゐ-づら (名) すべりひゆノ古名ナリト云。

いひ (名) 飯 (一)古ヘハ米ヲ蒸シタルモノ。(二)後ニ、米ヲ水ニテ炊ギタルモノ。固粥。メシ。(麥、粟等ニモイフ)

〔いひ (名) 樋 ひのくちニ同ジ。

いひ (名) 謂 言フコト。「其レコレノーナリ」

いひ-あ・つ・ツ・ツル・ツレ・テ・テ・テヨ (他動)(規・二) 言中 推シハカリ言ヒテ、實ニ中ル。

いひ-あは・す・ス・セ・サ・シ・セ (他動)(規・一) 言合 互ニ言ヒテ約ス。知會

いひあはせ (名) 言合 言ヒアハスルコト。互ニ言ヒテ約スルコト。知會

いひあひ (名) 言合 (一)言ヒ合フコト。(二)イサカヒ。クチアラソヒ。爭論

いひ-あ・ふ・フ・ヘ・ハ・ヒ・ヘ (他動)(規・一) 言合 (一)互ニ言フ。相語 (二)イサカフ。口論ス。爭論

〔いひ-あり (名) 飯蟻 〔飯ニツク義ナラムト云〕 あかありニ同ジ。

いひ-い・る・ル・ル・レ・レ・レ・レヨ (他動)(規・二) 言入 言ヒテ通ズ。言ヒ込ム。

いひ-お・く・ク・ケ・カ・キ・ケ (他動)(規・一) 言置 言ヒ殘シ置ク。

いひ-がかり (名) 言掛 無實ヲ誣ヒテ責ムルコト。

いひ-か・く・ク・クル・クレ・ケ・ケ・ケヨ (他動)(規・二) 言掛 (一)言ヒ始ム。(二)向ヒテ言フ。(三)誣ヒテ罪ヲ負ハス。誣

いひかけ (名) 言掛 (一)イヒカクルコト。話シ始ムルコト。(二)歌ナドニ、一語ノ意ヲ、二語ニ渉ルヤウニ用ヰルコト。例ヘバ、「來ヌ人ヲまつ帆ノ浦」ノまつハ、「待ツ」ヲ「松」ニカケ、「猶 憂キ事ハおほ原ノ里」ノおほハ、「多」ヲ「大」ニ

いひ-かた・む・ムル・ムレ・メ・メ・メヨ (他動)(規.二) 言固 言ヒテ固ク約ス。

いひ-かは・す・ス・セ・サ・シ・セ (他動)(規.一) 言交 (一)互ニ言ヲ語リ合フ。(二)言語(コトバ)ニテ誓フ。

(いひ-かひ) (名) 飯匙 飯ヲ器ニ移シ盛ルニ用ヰル具、形、笏(シヤク)ニ似タリ。

いひ-がひ-な・し・キ・ケレ・シ・ク (形.二) (一)言ヒテ詮(カヒ)無シ。(二)卑怯ナリ。フガイナシ。怯

いひ-かへ・す・ス・セ・サ・シ・セ (他動)(規.一) 言返 (一)辨ジテ答フ。(二)繰返シテ言フ。復言 (三)逆ラヒテ言フ。クチゴタヘスル。逆命

いびき (名) 鼾 イビクコト。眠レル間ニ、鼻息(ハナイキ)ノ高ク聲ヲ發スルモノ。其聲ヲ發スルヲかくトイフ。「一ヲカク」

いひ-ぎり (名) 飯桐 〔古ヘ葉ニテ飯ヲ包メリ〕 葉ハあかめがしはニ似テ、稍長ク圓クシテ、端、尖ル、春、小白花ヲ開ク、實、なんてんノ如ク、熟スレバ、紅ナリ。椅

いひ-き・る・ル・レ・ラ・リ・レ (他動)(規.一) 言切 (一)言ヒテ果ツ。(二)必ズ然リト言フ。斷言

(い-び-く・ク・ケ・カ・キ・ケ) (自動)(規.一) 鼾 〔息引(イキヒ)クノ約カ、或ハ息響(イキヒビ)クノ約カ〕 鼾(イビキ)ヲカク。

いひ-くく・む・ムル・ムレ・メ・メ・メヨ (他動)(規.二) いひふくむニ同ジ。

いひ-ぐさ (名) 言種 言フベキ種(クサ)。言フベキコトガラ。辭柄

いひ-くさ・す・ス・セ・サ・シ・セ (他動)(規.一) 劣(オト)シテ言フ。輕シメテ言フ。イヒオトス。イヒクタス。

(いひ-くた・す・ス・セ・サ・シ・セ) (他動)(規.一) いひくさすニ同ジ。

いひ-くら・す・ス・セ・サ・シ・セ (他動)(規.一) 言暮 終日(ヒメモス)其事ヲノミ言フ。「亡(ナ)キ母ノ事ヲ一」

いひ-くろ・む・ムル・ムレ・メ・メ・メヨ (他動)(規.二) 言黒 誣ヒテ實(マコト)ラシク言フ。「鷺ヲ鴉ト一」

‡いひくろめる (動) いひくろむノ訛。

(いひ-け) (名) 飯笥 飯ヲ盛ル器、曲物(マゲモノ)ニテ蓋ナシ。

いひ-け・す・ス・セ・サ・シ・セ (他動)(規.一) 言消 (一)我レ言ヒテ、他ノ話ヲ斷(タ)ツ。(二)前(サキ)ノ言ヲ變ヘテ言フ。

(いひ-け・つ・ツ・テ・タ・チ・テ) (他動)(規.一) いひけすニ同ジ。

いひ-けらく (副) 〔言ヒケル、ノ延〕 言ヒケルニハ。

いひ-ごと (名) 言事 いひぐさニ同ジ。

‡いひ-こ・める・メル・メレ・メ・メ・メヨ (他動)(規.四・變) 言籠 論ジテ他ニ閉口セサス。論伏

いひ-さ・す・ス・セ・サ・シ・セ (他動)(規.一) 言ヒテ、中間(ナカメ)ニ止ム。

いひ-ざま (名) 言樣 物言フ樣(サマ)。語ル容子。イヒカタ。イヒヤウ。

(いひ-しろ・ふ・フ・ヘ・ハ・ヒ・ヘ) (他動)(規.一) 互ニ言ヒ爭フ。

‡いひすぎる (動) いひすぐノ訛。

いひ-す・ぐ・グル・グレ・ギ・ギ・ギヨ (他動)(規.三) 言過 いひすごすニ同ジ。

(いひ-すぐ・す・ス・セ・サ・シ・セ) (他動)(規.一) 言過 いひすごすニ同ジ。

いひすごし (名) 言過 イヒスゴスコト。分外ニ言フコト。

いひ-すご・す・ス・セ・サ・シ・セ (他動)(規.一) 言過 程ヲ越シテ言フ。分ヲ過ギテ言フ。イヒスグス。イヒスグ。イヒソス。

‡いひずし (名) 飯鮓 鮓(スシ)ノ條ヲ見ヨ。

いひ-す・つ・ツル・ツレ・テ・テ・テヨ (他動)(規.二) 言捨 言ヒテ答ヘヲ待タズ。言ヒタルママニス。

‡いひすてる (動) いひすつノ訛。

(いひ-そ・す・ス・セ・サ・シ・セ) (他動)(規.一) いひすごすニ同ジ。

いひ-そや・す・ス・セ・サ・シ・セ (他動)(規.一) いひはやすニ同ジ。

いひ-だこ (名) 飯蛸 蛸ノ類ノ小キモノ、長サ、頭ヨリ足マデ、七八寸、春ノ初、腹中ニ、飯粒ノ如キ白キ肉滿ツ。望潮魚

いひ-た・つ・ツル・ツレ・テ・テ・テヨ (他動)(規.二) 言立 (一)取リ出デテ、言ヒ述ブ。(二)事ヲ強ク言フ。皇張 (三)上(カミ)へ言フ。稟

‡いひたてる (動) いひたつノ訛。

い-びたり (名) 〔寢浸(イビタリ)ノ義〕 眠レル中ニ尿(ユバリ)ヲ漏スコト。ヨツバリ。ネセウベン。遺尿

‡いびたれ (名) いびたりノ訛。

いひ-ちら・す・ス・セ・サ・シ・セ (他動)(規.一) 言散 (一)言ヒ觸ラス。(二)言ヒテ他ノ說ヲ破ル。論破

い-びつ (名) 〔飯櫃(イヒビツ)ノ約、其形ニ譬ヘテイフ〕 (一)長ク圓キ形。楕圓 (二)轉ジテ、圓キ形ノ歪(ヒヅ)ミタルモノ。

いひ-つ・く・クル・クレ・ケ・ケ・ケヨ (他動)(規.二) 言付 (一)仰(オホ)ス。言(コトバ)ニテ命ズ。命 (二)ツゲクチヲナス。告發

いひ-つ・ぐ・グ・ゲ・ガ・ギ・ゲ (他動)(規.一) 言次 言語ニテ傳フ。言ヒ傳フ。傳說

いひつけ (名) 言付 イヒツクルコト。仰セ。命

††いひつける (動) いひつぐノ訛。

いひ-つたへ (名) 言傳 話ニテ傳ヘ來レル事。(書記ニアラデ) 口碑

いひ-つの・る・ル・レ・ラ・リ・レ (他動)(規.一) 言募 愈烈シク言ヒ張ル。昂論

††いひ-つ・める・メル・メレ・メ・メ・メヨ (他動)(規.四.變) 言詰 (一)極處マデ言フ。(二)イヒコメル。

いひ-とほ・す・ス・セ・サ・シ・セ (他動)(規.一) 言通 強ク推シテ言フ。イヒハル。主張

いひ-と・る・ル・レ・ラ・リ・レ (他動)(規.一) 言取 言語ニ移シテ述ブ。口說

いひ-な・す・ス・セ・サ・シ・セ (他動)(規.一) 言做 然アラヌヲ然ルガ如クニ言フ。「虚ヲ實ニ—」

いひ-なづけ (名) 言名付 男女、幼キヨリ、豫メ、婚姻ヲ約シオクコト。許嫁

いひならはし (名) 言習 イヒナラハスコト。

いひ-ならは・す・ス・セ・サ・シ・セ (他動)(規.一) 言習 習慣ニテ言ヒ傳フ。

いひぬけ (名) 言拔 イヒヌケルコト。他ノ事ニ言ヒテ紛ラスルコト。遁辭

††いひ-ぬ・ける・ケル・ケレ・ケ・ケ・ケヨ (他動)(規.四.變) 言拔 言ヒクロメテ逃ル。遁辭

いひ-のお・す・ス・セ・サ・シ・セ (他動)(規.一) 言殘 (一)話シ餘マス。(二)言ヒ置ク。

〔いひ-バチ (名) 飯鉢 めしばちニ同ジ。

いひ-はな・つ・ツ・テ・タ・チ・テ (他動)(規.一) 言放 (一)思ヘル限リヲ言フ。(二)推シテ言ヒ切ル。斷言

いひ-はや・す・ス・セ・サ・シ・セ (他動)(規.一) 言榮 榮アルヤウニ言ヒフラス。イヒソヤス。贊說

いひ-は・る・ル・レ・ラ・リ・レ (他動)(規.一) 言張 理ヲ言ヒテ推シトホス。主張

〔いひ-びつ (名) 飯櫃 めしびつニ同ジ。

いひひらき (名) 言開 イヒヒラクコト。イヒワケ。辨解

いひ-ひら・く・ク・ケ・カ・キ・ケ (他動)(規.一) 言開 言ヒテ所以ヲ明ニナス。言ヒワク。辨解

いひ-ふく・む・ム・ム・メ・メ・メヨ (他動)(規.二) 言含 含ムルヤウニ委シク言フ。イヒクヽム。懇諭

いひふくめ (名) 言含 イヒフクムルコト。懇諭

††いひふくめる (動) いひふくむノ訛。

††いひ-ふ・せる・セル・セレ・セ・セ・セロ (他動)(規.四.變) 言伏 論ジテ、他ヲ屈伏セサス。イヒコメル。論伏

いひ-ぶん (名) 言分 言フベキ分。イヒグサ。辭柄

いひ-ふら・す・ス・セ・サ・シ・セ (他動)(規.一) 言觸 (一)世ニ弘マルヤウニ言フ。イヒチラス。聲言 (二)世ニ評判スヽウハサス。流言

いひ-ふる・す・ス・セ・サ・シ・セ (他動)(規.一) 言舊 常ニ言ヒテ珍シカラズアリ。陳說

〔いひ-ぼ (名) 飯粒 (一)メシツブ。(二)疣。

††いひ-ま・げる・ゲル・ゲレ・ゲ・ゲ・ゲヨ (他動)(規.四.變) 言曲 理ヲ非ニ言フ。

いひまはし (名) 言廻 イヒマハスコト。

いひ-まは・す・ス・セ・サ・シ・セ (他動)(規.一) 言廻 詞巧ニ言ヒ取ル。

いひ-まへ (名) 言前 言ヒ張ルベキ種。口實

いひ-もら・す・ス・セ・サ・シ・セ (他動)(規.一) 言洩 (一)秘スル事ヲ洩ラシ言フ。(二)言ヒ殘ス。

いひ-やう (名) 言樣 いひざまニ同ジ。

いひ-やぶ・る・ル・レ・ラ・リ・レ (他動)(規.一) 言破 言ヒテ負カス。イヒマセル。說破

いひ-や・る・ル・レ・ラ・リ・レ (他動)(規.一) 言遣 書狀、又ハ言傳ニテ、告ゲ知ラス。寄語

いひ-よ・る・ル・レ・ラ・リ・レ (自動)(規.一) 言寄 物言ヒカケテ近ヅク。昵語

††いひ-る・ル・レ・ワ・リ・レ (他動)(規.一) 虐グ。サイナム。苛責

††いび-る・ル・レ・ラ・リ・レ (他動)(規.一) 炙リ燒ク。炙

〔いひ-わ・く・ク・ケ・カ・キ・ケ (他動)(規.一) 次條ノ語ニ同ジ。

いひ-わ・く・クル・クレ・ケ・ケ・ケヨ (他動)(規.二) 言別 事ノ實ヲ別ケテ言フ。分疏

いひわけ (名) 言譯 イヒワクルコト。事ノ譯ヲ言ヒヒラクコト。分疏 辨解

いひわたし (名) 言渡 イヒワタスコト。命。傳令

いひ-わた・す・ス・セ・サ・シ・セ (他動)(規.一) 言渡 言ヒ傳フ。仰セヲ告グ。傳令

〔いひ-わづら・ふ・フ・ヘ・ヘ・ヒ・ヘ (他動)(規.一) 言煩 言[illegible]惡クアリ。

いーふ (名) 異父 父、異ナリテ、母、同ジキコト、タネガハリ。「ー兄弟」

い・ふ・フ・ヘ・ヘ・ヒ・ヘ (他動) (規・二) 言云曰 (一)言ニ出ス。語ル。述ブ。話ス。(二)名ヅク。稱フ。「上ヲ天トイヒ、下ヲ地トー」 謂

い・ふ・フ・ヘ・ヘ・ヒ・ヘ (自動) (規・二) 言 モノイフ。クチヲキク。

いーふう (名) 異風 尋常ニ異ナル風。人並ナラヌ風俗。

いぶか・し・シキ・シケレ・シク・シカ (形・二) 訝 疑ハシ。不審ナリ。

〔いーふーかたーなーし・キ・ケレ・ク・ク (形・二) 言ベキ方法無シ。

いーふーかひーなーし・キ・ケレ・ク・ク (形・二) (一)言ヒテ詮ナシ。(二)フガイナシ。

いぶか・る・ル・レ・ラ・リ・レ (他動) (規・二) 訝 訝シク思フ。怪シミ疑フ。

いぶき (名) 樹ノ名、いぶきびやくしんノ略。

いぶきーとらのを (名) 伊吹虎尾 〔初メ、近江ノ伊吹山ヨリ出ツ、以下、伊吹ヲ冠スル語、皆同ジ〕 草ノ名、葉ハたのねニ似テ、小ク狹ク厚クシテ、深緑ナリ、夏ノ初、一二尺ノ莖ヲ出シテ、梢ニ、穗ヲナシテ、小花簇リ開ク、六瓣ニシテ、淡紅ナリ。 拳參

いぶきーばうふう (名) 伊吹防風 草ノ名、葉ノ形、胡蘿蔔ニ似テ、毛ナク、深緑ナリ、高サ一二三尺ノ莖ヲ出シ、枝ヲ分チテ、小白花簇リ開ク、芹ノ如シ、根ヲ防風ニ代ヘテ、藥用トス。 邪蒿

いぶきーびやくしん (名) 伊吹柏槇 樹ノ名、びやくしんニ似テ、別ニひのきニ似タル葉ヲ交ヘ出ス、材赤シ。 檜柏

いぶきーよもぎ (名) 伊吹艾 艾ノ一種、近江ノ伊吹山ノ麓ニ多シ 高サ丈餘ニ及ブ、葉モ尺ニ過ギテ、香氣少ク、背ニ白毛多シ、故ニ、うらじろノ名モアリ、多クもぐさニ製スレドモ、佳ナラズ。一名、オホヨモギ。又、ヤマヨモギ。 蔞蒿

いーふく (名) 衣服 コロモ。キモノ。衣裳。

いぶし (名) 燻 (一)燻スコト。(二)硫黄ヲ燻シテ、金銀器ニ、烟黑ノ色ヲツクルコト。(三)カヤリビ。

いーふーだうやう (名) 揖讓 拜シテ讓ルコト。

いーふ・す・ス・スル・スレ・セ・セ・ヤロ (他動) (規・二) 射伏 射中テテ倒ス。

いぶ・す・ス・セ・サ・シ・セ (他動) (規・二) 燻 (一)焚キテ烟ヲオコス。フスブ。(二)炙リ燒ク。「乾魚ヲー」(三)金物ニ燻ヲ付ク。(燻ヲ見ヨ)(四)蚊遣火ニテ拂フ。「蚊ヲー」

いぶせ・し・キ・ケレ・ク・ク (形・二) (一)〔オボツカナク、ユカシ。(二)心晴レズ。氣カ塞グ。 幽鬱

いーふーならく (副) 說道 〔言フナル、ノ延〕 人ノ言フニハ。

いーふーばかりーなーし・キ・ケレ・ク・ク (形・二) 無言許 言ヒモ盡サレズ。 不可言

いーふーやう (副) 言樣 言フサマハ。言フコトニハ。「彼ノ人ノー」

いぶり (名) 燻 イブルコト。

いぶ・る・ル・レ・ラ・リ・レ (自動) (規・二) 燻 燃エズシテ烟ル。フスボル。

いへ (名) 家 (一)人ノ住ムニ作レル建物。「ーヲ作ル」(二)妻。(三)吾ガ家。自宅。「ーニ歸ル」「ーヲ忘ル」(四)ウカラ。ヤガラ。家族。「ーヲ治ム」「ーノ亂」(五)先祖ヨリ相續シ來レル代代ノ名目。名跡。家名。「ーヲ興ス」「ーヲ繼グ」(六)〔家柄。「ー高シ」

いへーがら (名) 家柄 貴キ家系。名家。 門閥

〔いへーさくら (名) 家櫻 我ガ家ニ咲ケル櫻。

いへーすぢ (名) 家筋 一家代代相續ノ系。 家系

いへーぢ (名) 家路 (一)〔其家ノ方ヘ行ク路。(二)我ガ家ニ歸ル路。 歸路

〔いへーつーいも (名) 〔家之芋ノ義〕 さといもニ同ジ。

〔いへーづかさ (名) 家司 家司ニ同ジ。ケイシ。

いへーつき (名) 家附 元ヨリ其家ニ屬キタルコト。「ーノ祿」「ーノ女」

いへーつぎ (名) 家繼 家督ニ同ジ。

いへーづくり (名) 家作 家ノ造法。イヘガマヘ。ヤヅクリ。家作。 結構

いへーつづき (名) 家續 家家ノ建テ連リテアルコト。 比屋

いへーづと (名) 家裹 我ガ家ニ持チ歸ル苞苴。家ヘノみやげ。

〔いへーつーとり (名) 〔家之鳥ノ義〕 にはとりニ同ジ。

いへーで (名) 家出 (一)家ヲ出デテ、再ビ歸ラヌコト。 出蹤 (二)法師ニナルコト。出家。

〔いへーとうじ (名) いへとじノ延。

〔いへーどころ (名) 家所 スミカ。スマヒ。

〔いへーとじ (名) 家刀自 其家ノ妻ノ尊稱。イヘトウジ。

オナイキ。

いへ-なみ (名) 家並 家家ノ並ビタルコト。「—ノ好イ町」「—ニ税ヲ取ル」 比屋

〔いへ-にれ〕(名) せつぶんさうニ同ジ。

いへ-ぬし (名) 家主 (一)家ノ主人。(二)貸家ノ持主。又、其取締リスル人。大屋。(江戸)

〔いへ-のいも〕(名) さといもニ同ジ。

〔いへ-のかぜ〕(名) 家風 〔漢語ヲ文字讀ニセシ語ナルベシ〕名家ノ家風ヲ失ハズ相續シテユクコト。

いへ-のこ (名) 家子 (一)家門ノ子。其家ニ生レ出デタルモノ。(二)分家、末流ノ族。「—郎黨」(三)家ニ使フ者。家僮

いへ-のもん (名) 家紋 紋ノ條ヲ見ヨ。

〔いへ-はえに〕(句) 〔にハネノ轉〕言ヘバ言ヒ得ズ。エイハレズ。「—言ハネバ苦シ」「—コガルル胸ノ」

いへ-はち (名) 家蜂 蜜蜂ノ人家ニ畜フモノ。

いへ-はと (名) 家鳩 はとノ條ヲ見ヨ。

〔いへ-びと〕(名) 家人 (一)家ニ仕フル人。家人。(二)貴族ノ家ニ出入伺候スル人。

い-へん (名) 異變 常ニ異ナリ變レル事。非常ノ事。

いへ-もち (名) 家持 一家ヲ立テテ居ル主人。戸主

いへ-らく (副) 言 〔言ヘル、ノ延〕言ヘルニハ。

いへ-ゐ (名) 家居 家ヲ作リテ住ムコト。住居。

〔いへ-ゐる・ヰル・ヰレ・ヰ・ヰ・ヰヨ〕(自動)(規・四) 家ヲ作リテ住ミ居ル。

いほ (名) 廬 草木ヲ結ビテ作レル假ノ家。クサノカリヤ。

〔い-ほ〕(數) 五百 五百。又、數多キヲイフ語。「—夜」「—年」「—代小田」

い-ぼ (名) 疣 〔飯粒ノ約〕古言、イヒボ。病ニ因リテ、飯粒ノ大サニ、肌ニ肉ノ生ズルモノ。

〔いぼ-うしり〕(名) いぼむしりノ音便。

いぼ-がへる (名) 疣蛙 かへるノ一種、形頗ル大ク、色黒ク、背ニ疣多クシテ、臭シ。ガマ。クソガヘル。蝦蟇

い-ぼく (名) 異木 常ニ異ナリテ珍シキ樹。「珍禽—」

いぼ-くさ (名) 疣草 いぼとりぐさニ同ジ。

いぼ-くひ (名) いぼむしりニ同ジ。(相模)

〔いほ-さ・す・ス・セ・サ・シ・セ〕(自動)(規・一) 庵ヲ作ル。

いぼ-しめぢ (名) いぼたけニ同ジ。

いぼ-しり (名) いぼむしりニ同ジ。

〔いほ-しろ-をだ〕(名) 五百代、小田、ノ各條ヲ見ヨ。

いぼ-ぜ (名) 疣背 魚ノ名、いぼだひニ同ジ。

いぼ-た (名) 〔いぼたらふヲ見ヨ〕(一)いぼたらふ。(二)樹ノ名、高サ三四尺ヨリ丈餘ニ至ル、枝葉共ニ對生ス、葉ハ楕圓ナリ、仲夏ニ、枝上ニ、一二三寸ノ穗ヲナシ、枝ヲ分チテ、五瓣ノ小白花、集リ開ク、ねずみもちノ花ニ異ナラズ。實、熟スレバ、黑シ、鼠ノ糞ニ似タリ。ゴゴメバナ。水蠟樹 樹ヨリ、いぼたらふヲ生ズ。(其條ヲ見ヨ)

いぼ-たけ (名) 疣茸 しめぢノ類ニシテ、一顆ニ叢生シ、初生ハ、疣ヲ積ミタルガ如シ。イボシメヂ。

いぼ-だひ (名) 疣鯛 まながつをノ一類ニシテ、小キモノ、長サ五六寸、頭小ク、身圓ク、目ノ上尖リ、背ニ連リテ、疣ノ如シ、鱗無ク、全身白クシテ雲母ヲ塗レル如クニテ、淡紅ヲ帶ブ。イボセ。ウボセ。

いぼた-らふ (名) 〔いぼたハ、疣取ノ轉、樹名モ此ニ起ル〕水蠟樹ヨリ製スル蠟、卽チ眞ノ蠟ナリ、此樹ニ蟲ノ巢ヲ生ズ、山ニ生ズル者ニ最多シ、其巢、白クシテ、粉ノ如ク、綿ノ如ク、枝幹ヲ絡フ、集メテ、水ニテ煮テ、布ニテ漉シ、冷水ニ入ルレバ成ル、白ク光リテ堅シ、破レバ芒條アリ。疣ヲ治ス、亦、敷居ニ塗レバ、戸、善ク走ル、故ニ、トスベリ、トバシリ、ノ名アリ。蟲白蠟

いぼ-ぢ (名) 疣痔 痔ノ一種、肛門ノ邊ニ、疣ノ如キモノ生ズルモノ。

いぼ-とりぐさ (名) 疣取草 水邊ニ生ズル草、形、つゆくさニ似テ、細長シ、夏、枝ノ梢毎ニ、小花ヲ開ク、三瓣ニシテ、形、とちかがみノ花ニ似テ、色淡紫ナリ、能ク疣ヲ治スト云フ。イボクサ。水竹葉

いぼ-にし (名) 疣螺 いはにしニ同ジ。

いぼひ (名) イボフコト。灸ノ痕ノ爛レ。イボリ。灸傷

いぼ-ふ・フ・ヘ・ハ・ヒ・ヘ (自動)(規・一) 灸シタル痕、膿ミ爛ル。イボル。灸傷

い-ほん (名) 異本 同ジ書ニテ、傳來ナドニ因リ、文句ノ處處異ナルモノ。

いぼ-むし (名) いぼむしりニ同ジ。

〔いぼ-むしり〕(名) 〔疣摘ノ義ニテ、疣ヲ摩レバ落ツト云、本草ニハ、此蟲、疣ヲ食フト記セリ〕蟲ノ名、かまきりニ同ジ。イボジリ。イボクヒ。イボムシ。

いぼ-ゆひ (名) 疣結 繩紐ノ結様ノ名、端ヲ中ニ出シ、ソノ周ヲ絡ヒ、引キ通シテ結ブ、形、疣ノ如シ。

いほり (名) (一)庵ルコト。(二)庵。

卄いほり (名) いほひノ訛。

〔いほり-さ・す・ス・ヒ・テ・シ・セ (自動) (規・一) いほさすニ同ジ。

〔いほ・る・ル・ル・ラ・リ・レ (自動) (規・一)〔庵入ルノ約〕庵ヲ作リテ住ム。

卄いほ・る・ル・レ・ラ・リ・レ (自動) (規・一) いほふノ訛。

いま (名) 今 此ノ時。目ノ前ノ時マノアタリ。現在。「昔ヲーニテス由モガナ」

いま (副) 今 (一)今ノ時ニ。「ーアル」(二)今ニ。オッツケ。「ー來ム」(三)イマガタ。「ー去レリ」

いま (副) 今〔今更ニノ意〕更ニ。コノウヘニ。又加ヘテ。マモモウ。「ー少シ」「ーヒトツ」「ー一日」 更

いま-いま (副) (一)今カ今カ。「餓ニ病シテ、ートナリニケレバ」(二)今ニ今ニ。ヂキニ。

いまいま・し・シキ・シケレ・シク・シク (形・二) 忌忌 (一)齋ミ慎ムベクアリ。「イマイマシウ、カタジケナク、ナド宣フ」(二)忌ミ嫌ハシ。「イマイマシキ、エセモノニテナム侍リ」古キ給ノ、イマイマシゲニ破レタル」(三)嫌ハシク憎ク腹ダタシ。

いま-がた (副) 今方 暫シ前ニ。 適間

いまがは-やき (名) 今川燒〔東京、今川橋ニ始マル〕銅版ニ、おまのあぶらヲ延キ、銅ノ輪ヲ載セ、うどんおヲ水ニ溶シタルヲ注ギ入レ、餡ヲ包ミ、打返シテ炙キタルモノ。

〔いま-き (名) 貴人ノ浴ヲ助クル者ノ上着ニスル白キ生絹ノ服。ユマキ。

〔いま-き (名) 今來 新ニ來レルコト。新參。 新來

いま-おろ (名) 今頃 今ノ時ノ頃。「昨日ノー」明日ノー」

いまさか-もち (名) 今坂餅 餅ニ餡ヲ包メルモノ、形、卵ノ如シ。

いまさら (副) いまさらにニ同ジ。

いま-さら-に (副) 今更 今更メテ。今トナリテ。「ー思ヒ出デジト忍ブレド」「イマサラナル身ノ恥ニテム」

〔いまし (代) 汝 なんぢニ同ジ。ミマシ。

〔いま-し (副)〔志ハ第二類ノ天爾波〕今ニ同ジ。「ーはねトイフ所ニ來ヌ」ーハト、ワビニシモノヲ

いまし-がた (副) いまがたニ同ジ。

いまし・む・ムル・ムル・メ・メ・メヨ (他動) (規・二) 戒警〔忌マシム、ノ意カ〕(一)心ユルスナ、ト敎フ。過ツコト勿レ、ト諭ス。(二)禁ム。禁制ス。 禁 (三)縛ル。 縛

いましめ (名) 戒警 (一)イマシムルコト。心ヅクルコト。(二)縛ルコト。(ーノ繩)

〔い-ま・す・ス セ・サ・シ・セ (自動) (規・一)〔往座スノ略カ〕往クノ敬語。「立別レ、君ガイマサバ」

いま・す・ス・セ・サ・シ・セ (自動) (規・一) 在〔いハ發語〕座スニ同ジ。在リノ敬語。

〔い-ま・す・スル・スレ・セ・セ・セヨ (他動) (規・二) 座サシム。在ラスノ敬語。「イマセ奉リ」君ヲイマセテ」

〔いますか・り・ル・レ・ラ・リ・レ (自動) (不規・四) 在〔座シアリ、ノ轉カ〕在スニ同ジ。アリタマフ。

いますこし (副) 今少 更ニ少シ。聊カ加ヘテモスコシ。モソット。モット。

〔いまぞか・り・ル・レ・ラ・リ・レ (自動) (不規・四) いますかりニ同ジ。

いまだ (副) 未〔今、だに、ノ略〕其時ニテラズシテマダ。(既ニ、ノ反)「ー見ヌ人ニモ告ゲム」ー暗クテ、善クモ見侍ラザリツルヲ」

〔いまだ・し・シキ・シケレ・シク・シク (形・二) 未 イマダナリ。マダソノ如クナラズ。マダシ。未熟ナリ。

卄いまだ-に (副)〔未ニ、ノ義〕イマダ。マダ。 於今

いまど-やき (名) 今戸燒 東京、今戸ノ地ニ產ズル陶器ノ稱。

いま-に (副) 今ニ至リテモ。「如何ナリケル事ナラムト、ー心得ガタク思ヒケル」

〔いま-の-うへ (名) 今上ニ同ジ。

いま-の-ま (名) 今間 差當リタル今ノ時ノ內。暫シノ內。「唯、ーモ見ネバ戀シキ」

いまは (句) 今ハ限リソ、ナドイスベキ意ノ語。「綱手解キ、ート舟ヲ漕ギ出デバート行クヲ最哀レニ思ヒ」月モーノ西ノ山ノ端」

いまは (名) 今際 前條ノ語ニ同ジクテ、死ヌル時ニイフモノ。最後。臨終。「ート爲ルマデ」ーノ夕」ーノ時」 臨死

いまは・し・シキ・シケレ・シク・シク (形・二) 忌 忌ムベクアリ。不吉ナリ。嫌ハシ。

〔いまは・る・ル・レ・ラ・リ・レ (自動) (規・一) 齋ムノ延。慎ム。

〔いま-まゐり (名) 今參 新參ニ同ジ。

いま-みち (名) 今道 古ヘノ六町 一里ナルニ對シテ、

後世ノ三十六町一里ノ里法ノ稱。
〔いま-みや (名) 今宮 今、生レタマヘル皇子。(前ニ生レタマヒシニ對ス)
いま-めか-し・シキ・シケレ・シク・シク (形・二) イマメクヤウナリ。當世風ナリ。
いま-めか-す・ス・セ・サ・シ・セ (他動)(規・一) イマメクヤウニナス。當世風ニナス。
いま-め-く・ク・ケ・カ・キ・ケ (自動)(規・一) 當世風ニナル。今樣ナリ。
いま-やう (名) 今樣 (一)當世ノ風。「―ノ人」「―姿」 時樣 (二)イマヤウウタ。
いま-やう-うた (名) 今樣歌 (一)七音、五音ニテ、八句、或ハ十二句ノ歌、中古以來、越天樂ノ急ニアハセテ歌フ。(二)ハヤリウタ。
いまり-づち (名) 伊萬里土 〔いまりやきヲ見ヨ〕 おらつちノ條ヲ見ヨ。
いまり-やき (名) 伊萬里燒 肥前ノ松浦郡、大河内、三河内、有田ノ三村ヨリ產出スル磁器、伊萬里ニ出シテ四方ニ送ル、いしやきニテ、そめつけノ創製ナリ、三河内ハ、松浦氏ノ舊領ナレバ、平戶燒ト稱シ、大河内、有田ハ鍋島氏ノ舊領ナレバ、鍋島燒ト稱ス、製出最モ盛ニシテ、やきものノ最上品トス。
いみ (名) 忌 (一)忌ムコト。(二)祭事ニ穢レヲ忌ムコト。(三)物忌。方違ナド。(四)喪ノ中ノ時限ノ稱。(服ノ條ヲ見ヨ)
い-み (名) 意味 ココロゴコロモチ。ワケガラ。

いみ-あけ (名) 忌明 忌ノ期ノ果テタルコト。忌明。(服ノ條ヲ見ヨ)
いみ-がかり (名) 忌掛 親族ノ忌ヲ受クベキツツキ。 喪次
いみ-がたき (名) 忌敵 忌ミ嫌フ仇。 讎敵
〔いみき (名) 忌寸 姓ノ名、第四等ナリ。
いみ-ことば (名) 忌詞 忌ミテ言ハヌ言。○齋宮ノ―。内ノ七言、中子(佛) 染紙(經) アララギ(塔) 瓦葺(寺) 髮長(僧) 女髮長(尼) 片膳(齋) 外ノ七言、直ル(死ヌ) ヤスミ(病) 鹽垂ル(哭) 汗(血) 撫ヅ(打ツ) 園(穴) 土塊(墓) 別ニ香燒(堂) 角筈(優婆塞)
いみ-じ・シキ・シケレ・シク・シク (形・二) (一)〔齋ミ愼ムベクアリ。(二)甚シ。勝レタリ。(善、惡ニ通ジテ)「イミジキ贈物ドモヲ捧ゲ奉ル」最、―ト見奉リテ」イミジウ霙降ル夜」袴垂トテ、イミジキ盗人ノ大將軍」 甚
いみ-な (名) 諱 〔忌名ノ義〕(一)人ノ名ヲ死後ヨリイフ稱。(二)轉ジテ、實名。(三)又轉ジテ、諡。「御いみな、忠仁公ト名ツケ奉ル」 諡
いみ-やう (名) 異名 (一)別ニ一ツノ名。一名。(二)アダナ。 渾名
〔い-む・ム・メ・マ・ミ・メ (自動)(規・一) 齋 猥ニセズシテ愼ム。
い-む・ム・メ・マ・ミ・メ (他動)(規・一) 忌 (一)嫌ヒ避ク。(二)憚ル。 諱
いん (名) 陰 陰陽ノ條ヲ見ヨ。
いん (名) 音 音ニ同ジ、其條ヲ見ヨ。

いん (名) 印 (一)文字ヲ、木又ハ鐵石ナドニ刻リ付ケ、或ハ銅ニ鑄出シタルモノ、朱又ハ墨ニテ、文書ニ捺シテ契トス。(二)眞言宗ニテ、指ニテ種種ノ形ヲナシ、呪文ヲ誦ヘテ觀想スルコト。「―ヲ作ル」―ヲ結ブ」 印手
いん (名) 尹 彈正臺ノ長官。
いん-あく (名) 隱惡 隱レテ顯ハレヌ惡事。
いん-う (名) 陰雨 曇リテ雨降ルコト。
いん-えん (名) 因緣 (一)佛教ノ語、譬ヘバ、種ヲ地ニ植ウレバ、稻ヲ生ズ、穀ハ因ナリ、地ハ緣ナリ、稻ハ果ナリ、然シテ、コレヲ行フコトヲ業トイフ。因テ因緣、因果、因業ナド、人事ノ成立ハ皆、因アリ緣ル所アリテ、果ニ至ルコト、豫メ定マレリトス。(二)由來。由緒。「謂レ、―」
〔い-むか-ふ・フ・ヘ・ハ・ヒ・ヘ (自動)(規・一) 向 〔いハ發語〕むかふ(規・一)ニ同ジ。
いん-かん (名) 印鑑 (一)印形ノ見本、之ヲ鑑トシテ、其印影ヲ照シ合ハセ、眞僞ヲ證明スニ用ヰル判鑑。(二)印ヲ押シタル券、關門ノ通行ナドニ用ヰル。
いん-き (名) 陰氣 (一)陰ノ氣。(二)氣分ノ開ケヌコト。イブセキコト。 幽鬱
いん-きん (名) 印金 紗、帛等ヘ、漆、糊、ヲ用ヰテ紋ヲ押シ、上ニ金箔ヲ貼ケタルモノ。
いんきん (名) いんげんささげ、又ハいんげんまめノ略訛。(東京)
いん-ぎん-に (副) 慇懃 ネンゴロニ。テイネイニ。

いん-きやう（名）陰莖 男子ノ陰部。

いん-ぎやう（名）印形 (一)印ノ形。印ヲ捺シタル痕。(二)印ニ、姓名ナド刻リツケタルモノ、種種ノ文書ノ姓名ノ下ナドニ捺シテ證トスルニ用ヰル、近古以來ノ事ニシテ、古ノ押手、手形ノ遺ナリ。印判。其中ニ己ガ實名ナド刻リテ、重キ公文、證書ナドニ用ヰルヲ實印トイフ。印章

いん-きよ（名）隱居 (一)世ヲ避ケテ山野ナドニ隱レ住ムコト。(二)仕ヲ辭シ、或ハ、家ヲ子ニ讓リナドシテ、閑散ノ身トナルコト。

いん-く（名）印矩 印ヲ押ストキ、當テ用ヰル定規、木ニテ小キ曲尺ノ如ク作ル。

いん-くわ（名）陰火 幽靈、妖怪ナドニ伴ヒテ燃ユトイフ火、燐火ナドヲ誤リ認メテイフナリ。

いん-ぐわ（名）因果 (一)因ト果ト。(因緣ノ條ヲ見ヨ)(二)前ニ行ヒシ業ノ報。(多クハ惡シキニ云フ)

〔い-むけ-の-そで（名）射向袖 鎧ノ弓手、卽チ、左ノ袖ノ稱。

〔いん-けん（名）隱劍 脇差ニ同ジ、元ハ人ニ見セヌヤウニ差シタレバイフ。

いんげん（名）いんげんささげ、又ハ、いんげんまめノ略。

いんげん-ささげ（名）隱元豇 (明ノ僧、隱元、始メテ齎セリト云) 豆類、苗モ葉モ、ふぢまめニ似テ細小ナリ、葉ノ間ニ、白、紅、紫等ノ花ヲ開ク、ふぢまめヨリ早ク莢ヲ結ブ、形、扁ク長サ四五寸、未熟ナルハ、莢ト共ニ煮テ食フ、さやいんげんトイフ、豆ハ、そらまめヨリ小ク、白クシテ光ル、變種ナルハ、種種ノ色アリ、一年ニ、再三熟ス。又、インゲンマメ。(共ニ東京ノ稱)一名、タウササゲ。菜豆

いんげん-な（名）隱元菜 (一)たうなノ一名。(二)はぼたんノ一名。

いんげん-まめ（名）隱元豆 (一)いんげんささげ。(東京)(二)ふぢまめ。(京畿)

いん-こ（名）音呼 (鸚哥ノ唐音カ) 鳥ノ名、印度地方ニ產ズ、鸚鵡ノ屬ニシテ、形小ク、亦、稍、人語ヲ學ブ、羽ノ色、赤、綠、紫、黒等アリテ 最モ美ナリ、種類多シ。鸚哥

いん-ご（名）隱語 カクシコトバ。

いん-ごふ（名）因業 (一)因ト業ト。(因緣ノ條ヲ見ヨ)(二)俗ニ、頑ニシテ、苛キコト。心ネヂケテ情ノナキコト。(惡因業ニ因リテ然リトスル意) 苛酷

いん-ざい（名）印材 印ニスベキ料ノ物、木、蠟石、銅ナド。

いん-し（名）印紙 (一)印形ヲ押シタル文書、證文、券ノ類。(二)證券印紙。(其條ヲ見ヨ)

いん-じ（名）隱事 秘メ隱シオク事。「—ヲ發ク」

いん-じ 「往ニシ」ノ音便。「—某ノ年」

いん-しん（名）音信 オトヅレ。タヨリ。オンシン。「—不通」

いん-じや（名）隱者 隱遁シテ居ル人。

いん-しやう（名）陰症 病ニ、熱ナドノ表ニ發セヌコト。「—ノ傷寒」

いん-じゆん（名）因循 (一)何事モ、故ニ因リ、舊キニ循ヒテ行フコト。(二)俗ニ、進ミ爲ス心ナキコト。イキハリナキコト。

〔いん-じよ（名）隱所 厠ニ同ジ。

いん-しよく（名）飮食 飮ムト食フト。飮物ト食物ト。

いん-す（名）印子 黄金ノ、自然ニ塊ヲナシテ、氷柱ノ形シタル者ノ、色美シケレドモ、下品ナリトス。黄牙

〔いん-ぜふ（名）引接 佛經ノ語、彌陀佛ノ來迎シ引導スルコト。

いん-そつ（名）引率 ヒキヰルコト。

いん-だう（名）引導 (一)導クコト。(二)佛法ニテ、死者ヲ葬ムル時ニ行フ式、冥土ニ趣ク導ヲナスナリト云。

いん-たく（名）隱宅 隱居シタル人ノ住家。

インチ（名）英寸 〔英語、Inch〕英尺ノ十二分ノ一。我ガ八分三厘八一。

〔いんぢ（名）印地 いんぢうちヲ見ヨ。

〔いんぢ-うち（名）印地打 〔いんぢハ石打ノ約、重言ナリ〕小石ヲ打合ヒテ戰フ戲レ。石戰

いん-ちん-かう（名）茵蔯蒿 カハラヨモギ。

いん-ちやう（名）鳥ノ名、形、にほニ似テ、大サ鵜ノ如シ、頭ハ蒼褐ニシテ、背、黒ク、胸、腹、白ク、みづかきアリ。

インデン（名）應帝 〔初メ、印度ヨリ渡レリ〕羊、又ハ鹿ノなめしがは、小まぼニテ、肌、あぶあ、如シ、最モ柔ニシテ、諸具ニ用ヰルベシ。

いん-とく（名）陰德 人ニ知ラセズ善事ヲ行フコト。

「ー陽報」

いん-とん（名）隱遁　世事ヲ遁レテ山野ナドニ隱レ住ムコト。

いん-なう（名）陰囊　陰莖ノ下ニ垂ルルモノ、精液ヲ分泌スル所ナリ。ふぐり。

いん-にく（名）印肉　印ニ染メテ形ヲ押スニ用キル料ノ物、艾ニひましのあぶらヲ和シテ煉リ、朱、墨、青等ノ色ヲツック。略シテ、ニク。印色

いん-ねん（名）因縁ニ同ジ、連聲ノ轉呼ナリ。

いん-のこ（名）犬子〔いぬのこノ音便〕いぬはりこニ同ジ。又小兒ノ夢ニ魘ハルル時ノ呪詞トス。

いん-ばん（名）印判〔花押ノ判ニ對スル語カ〕印形、又、實印ニ同ジ。

いんばん-や（名）印判屋　印判ヲ刻リ作ル工人。印匠

いん-ぶ（名）陰部　男女ノ體ニ、尿道ヲ通ジ、子ヲ生ス機關。

いん-ぷ（名）淫婦　淫奔ナル女。

〔いむ-べ（名）忌部　祭器ヲ造リ、祭事ニ與カル事ヲナス職。

〔いむ-べ（名）齋瓮ニ同ジ。（びぜんやきノ條、見合ハスベシ）

いむべ-やき（名）びぜんやきノ條ヲ見ヨ。

いん-ぼう（名）陰謀　窃ニ企ツル　謀。「ー露顕」

いん-ぽん（名）印本　版本ニ同ジ。

いん-ぽん（名）淫奔　私ニ漫ニ淫ルルコト。（多ク女ニ就キテ云フ）

いん-ま（名）今〔いまノ音便。「ーノ間」ーノ前」

いん-まう（名）陰毛　陰部ニ生フル毛。

いん-もつ（名）音物　音信ノ贈物。（多ク賄賂ニ云フ）饋贈

いん-もん（名）陰門　女子ノ陰部。

いん-やう（名）陰陽　漢土ノ理學ノ語、易ノ理ヨリ出デテ、萬物相反シタルモノヲ、此ノ二ツニ配シテイフ、例ヘバ、日、火、男、南等ヲ陽トシ、月、水、女、北等ヲ陰トスルガ如シ。

いん-やう-くわく（名）淫羊藿　イカリソウ。

いん-よう（名）引用　他ノ書物ニアル文句ヲ引キ來リテ用キルコト。ヒキゴト。

いん-らく（名）淫樂　淫レテ樂ムコト。「ーニ耽ル」

いん-らん（名）淫亂　縦ニ淫ルルコト。

いん-りよく（名）引力　物理學ノ語、萬物ノ性ニ具ハリテ、互ニ引キ寄スル力。

いん-れき（名）陰曆　太陰曆ノ略、およみノ條ヲ見ヨ。

いん-ろう（名）印籠　甚ダ小キ匣、三五重ニシ、上ノ底ハ下ノ子口蓋トナルヤウニ作リ、緒ニ貫キ腰ニ佩ビテ禮服ノ具トス、初ハ印ヲ入レタリ、後ニハ專ラ藥ヲ貯フ、多クハ蒔繪、堆朱ナド、精巧ニ作ル。

いんろう-づけ（名）印籠漬　胡瓜、越瓜ナドノ瓤ヲ去リテ、内ニ紫蘇、蕃椒ナド詰メテ、鹽漬ニセルモノ、輪切ニスレバ形、印籠ニ似タリ。

いんろう-ぶた（名）印籠蓋　器ノ製ニ、かぶせぶたニテ、蓋ト身ト、外面、平ナルモノ、印籠ノ製ノ多クハ是レナレバイフ。

〔い-め（名）夢〔寢見ノ轉〕ゆめニ同ジ。

いも（名）芋（一）蔬菜ノ名、葉、一根ヨリ叢生シ、人クシテ團扇ノ如ク、荷葉ノ如ク、根ニ塊ト側子トヲ生ズルモノノ總名、さといもヲ元トシ、たうのいも、はすいも、やつがしら等、皆コレナリ、各條ニ注ス。（二）專ラ、さといも。（其條ヲ見ヨ）

いも（名）薯（一）蔬菜ノ名、蔓生ニシテ、根大ク、蔓一子ヲ結ブモノノ總名、やまのいもヲ元トシ、つくねいも、かしういも等コレナリ、各條ニ注ス。（二）專ラ、やまのいも。（其條ヲ見ヨ）（三）さつまいもノ略。

〔いも（名）妹（一）〔男ヨリ女ヲ親ミ呼ブ稱。（二）イモウト。

いも（名）〔いもがさノ痕ノ略〕顏ニ、疱瘡ノ癒エテ殘ル痕。アバタ。痘痕

いも-アン（名）薯餡　さつまいもヲ蒸シテ、擂リ碎キテ砂糖ヲ和シタルモノ、あづきノ餡ノ如ク用キル。

いも-うと（名）妹〔妹人ノ音便〕女ノ子ノ後ニ生レタルモノ。イロト。（姉ニ對ス）又姉ニモ通ジテイヘリ。（妹ノ條ヲ見合ハスベシ）

いもかけ-どうふ（名）薯掛豆腐　やまかけどうふニ同ジ。

〔いも-がさ（名）〔疱瘡ノ條ヲ見ヨ〕疱瘡ニ同ジ。

いも-がしら（名）芋頭　さといもノ條ヲ見ヨ。

いも-がひ（名）芋貝　螺ノ類、形、いものかしらニ似テ、大

小種種ナリ、色モ、白クシテ、赤、黑、ノ斑アルナド、種種ナリ。
いもがほ (名) 痘痕アル顏。麻面
いもがら (名) 芋幹 芋ノ莖ヲ乾シタルモノ、食用トス。芋龍 共生ナルヲずゐきト云フ。芋苗
いもざけ (名) 薯酒 やまのいもヲ擂リテ加ヘタル酒。
(いもし) (名) 芋莖ニ同ジ。
(いもじ) (名) 鑄物師ニ同ジ。
(いもうとめ) (名) 妻ノ姉妹。
†いもじ (名) ゆもじニ同ジ。
いもしんじよ (名) 薯糝薹 やまのいも、又ハつくねいもヲ擦シ、豆腐ニ和シテ、煮デタルモノ。
いもじる (名) 芋汁 いものおヲ入レテ煮タル味噌汁。
いもじる (名) 薯汁 とろろじるニ同ジ。
いもせ (名) 妹背 (一)妹ト夫ト。男女 (二)夫婦。メヲト。(三)兄妹。姉弟。
(いもせどり) (名) 妹脊鳥 ほととぎすノ異名。
いもだこ (名) 芋蛸 いものおト蛸ノ肉トヲ共ニ煮ツケタルモノ。
いもでんがく (名) 芋田樂 さといもノ根塊子、共ニ串ニサシ、豆腐ノでんがくノ如ク味噌ヲ塗リテ炙リタルモノ。
いもと (名) 妹 いもうとノ約。
いもの (名) 鑄物 金類ヲ鎔シテ鑄テ作レル器ノ總稱。(鍛物ニ對ス) 鑄器

いものこ (名) 芋子 さといもノ條ヲ見ヨ。
いものし (名) 鑄物師 鑄物ヲ作ル工人。イモシ。鑄工
いもばたけ (名) 芋畠 さといもヲ植ヱタル畑。
(いもひ) (名) 齋フコト。「一ノ場」
(いも・ふ・フ・ヘ・ハ・ヒ・ヘ) (自動) (規・一) 齋ム、ノ延。
いもむし (名) 芋蟲 芋ノ葉ノ上ニ生ズル蟲、形、蠶ニ似テ、大サ、一二寸ヨリ三四寸ニ至ル、色ハ綠、黑、褐ナド數種アリ、後ニ羽化シテ、大蝶トナル、多クハやまてふてふナリ、種類多シ。蠋
いや (副) 否ノ轉。「一、然ルコトアラズ」
†いや (名) 否ト嫌フコト。欲セヌコト。「一ニ思フ」「一諾無シ」
†いや (感) (いハ發語) 驚歎スル聲。ヤ。「一コレハ」「一ハヤ」
いや (接頭) 彌 イヨイヨ。最モ。「一增ス」「一遠シ」「一先ニ」
いやいとこ (名) 彌從弟 父ノいとこノ子。フタイトコ。マタイトコ。再從兄弟
いやいや (副) 否ヲ重ネテ意ヲ強クスル語。
(いやおひ) (名) 彌生 (一)草木ノイヨイヨ生ヒ重ナルコト。(二)陰曆、三月ノ異稱、草木、日ニ茂レバナリ。ヤヨヒ。「一ノ月」三月
(いやがうへに) (副) 彌上 イヨイヨ。其上ニ。
いや・し・シキ・シケレ・シク・シク (形・二) 賤 卑 (一)尊カラズ。身分低シ。「位一」(二)賤ムヘシ。劣リタリ。下品ナリ。「風俗一」(三)卑劣ナリ。潔カラズ。「心一」
いやしくも (副) 苟 (賤シクトモ、ノ義) 假初ニモ。「一

名家ノ子ニ生レ」

いやしみ (名) 賤 イヤシムコト。サゲスミ。「人ノ一ヲ受ク」

いやし・む・ム・メ・マ・ミ・メ (他動) (規・一) 賤 賤シト見ル。見下ス。輕ンズ。サゲスム。

いやしん・ず・ズル・ズレ・ゼ・ジ・ゼヨ (他動) (不規・二) 賤 (賤ミス、ノ音便) いやしむニ同ジ。

いや・す・ス・セ・サ・シ・セ (他動) (規・一) 癒 病ヲ治ム。治ス。

いやちこに (副) イチジルク。甚ダ明ニ。灼然
(いやつぎつぎに) (副) 彌繼嗣 永ク跡ヲ繼ギテ。「一天ノ下知シ召シシヲ」

いやまし (副) 彌增 イヨイヨ增シテ。マスマス。彌
(いや・む・ム・メ・マ・ミ・メ) (他動) (規・一) 否 不ミ嫌フ。

(いややかに) (副) いよやかにニ同ジ。

†いやら・し・シキ・シケレ・シク・シク (形・二) (否ラシ、ノ義) (一)嫌ハシ。(二)イロメカシ。

いやをな・し・キ・ケ・レ・ク・ク (形・二) 否モ諾モナシ。(否ムヲ強フル意)

い・ゆ・ユル・ユレ・エ・エ・エヨ (自動) (規・二) 癒 病、治マル。治ス。全快ス。本復ス。

(い・ゆ・く・ク・ケ・カ・キ・ケ) (自動) (規・一) 行 (いハ發語) 行クニ同ジ。

いよ (副) 彌ノ轉。「一以テ」

†いよ (感) 喝采ハヤス聲。「一ウマイ」

いよいよ (副) 彌 (一)其上ニ進ミテマスマス。「一高シ」「一行ハル」(二)事極マリテ、終ニ。「一此ノ如ク決ル」

到頭

いよ-かづら (名) すずめのをおけノ蔓生ナルモノ、葉ハくそかづらニ似テ、長クシテ毛ナク臭ナシ、秋、葉ノ間ニ、小叉ヲ出シテ、擻小花ヲ開ク、五瓣ニシテ、色、紫黒ナリ、ふぢばかまノ花ニ似タリ、莢モ同ジ。 蔓生白前

いよ-じろめ (名) 伊像鑞 〔伊像ノ産、其名ヲ專ラニス〕 鑛物、硫化安素、色錫ニ似テ芒線ナシ、質堅クシテ碎ケ易シ、藥用トシ、又、活字、或ハ半鐘ヲ鑄ルナド種種ノ工作ニ用ヰル、伊豫、温泉郡、川登村、阿波、海部郡、皆瀬村、肥後ノ天草島等ヨリ産ス。

いよ-す (名) いよすだれニ同ジ。

いよ-すだれ (名) 伊豫簾 伊豫、浮穴郡、父之川村ヨリ産出スル簾、露ノ峯ノ山中ノ篠、極メテ細ク、六七尺モ延ブ、其莖ニテ編ムト云。

いよ-ぞめ (名) 伊豫染 染物地紋ノ名、いよすだれヲ重ネテ日ノ影ヲ透シ見タル文ニ象レルモノナリ、木理ノ如クニシテ地ニ密線アリ。

いよ-だ・つ・ツ・テ・ダ・チ・テ (自動)(規・一) 彌立 寒サ、又ハ怖レナドニテ、毛孔起キアガル。「身ノ毛―」毛モイヨダチヌ、スズロサムサニ」 毛竪

いよ-まさ (名) 伊豫正 伊豫ノ東方諸郡ヨリ産スル正目紙、大ナルヲ西條正トイフ、多ク錦繪ナド摺ルニ用ヰル。

・いよ-め (名) 鵈ニ同ジ。(阿波)

〔いよ-やか-よ (副) 〔彌、やかよ、ノ義〕 高ク聳エテ、イヤヤカニ。イヨヨカニ。(樹ナド) 森森

〔いよ-よ (副) 彌 いよいよノ約。「―マスマス悲シカリケリ」

いら (名) 刺 (一)草木ノ刺。(二)いらくさ。(三)脊鰭。

いら-い (名) 以來 (一)ソレヨリコノカタ。(二)誤テ、以後。「―愼ムベシ」

いら-い (名) 依頼 人ニ依リ頼ムコト。人ヲ頼ミニスルコト。

いら-いら (副) 刺刺 刺ナド肌ニ觸ルル感アルニイフ語。「―スル」

〔いら-いら・し・シキ・シケレ・シク・シク (形・二) 苛苛 心苛ツコト甚シ。「未ダ來ラザラム報ヲ、イライラシク願ヒ求メテ」 燥氣

〔いらか (名) 甍 〔鱗ノ轉〕 (一)屋ニ葺キタル瓦。(二)瓦葺ノ棟。

いら-くさ (名) 刺草 藪林中ニ多シ、高サ三四尺、叢生ス、莖ハ方ニシテ、葉ハからむしニ似テ、尖リテ對生ス、又互生スルモアリ、莖葉共ニ刺アリテ、觸ルレバ刺ス、花、實、からむしニ同ジ、但シ、穗葉ノ上ニ聳ユルヲ、異ナリトス、葉ノ皮ヨリ絲ヲ製スベシ、亦、からむしニ似テ美ナリ。イラ。オニアサ。イタイタグサ。 蕁麻

〔いら・す・ス・セ・サ・シ・セ (他動)(規・一) 貸 貸シテ利息ヲ取ル。イラフ。

いら-たか-あぢ (名) 刺高鰺 あぢノ一種、皮厚ク、大サ二三四寸ナルモノ。

いら-たか-じゆず (名) 苛高數珠 念珠ノ類ノ扁キ製ノモノ。

いら-だ・つ・ツ・テ・ダ・チ・テ (自動)(規・一) 苛立 心急ク。イツク。「心―」 焦燥

いら-だ・つ・ツル・ツレ・テ・テ・テヨ (他動)(規・二) 苛立 急カス。イツカス。「氣ヲ―」 燥氣

いら-つ・ツ・テ・ダ・チ・テ (自動)(規・一) 苛 いらだつ(規・一)ニ同ジ。

〔いら-つ-こ (名) 郎 〔色之子ノ義〕 古ヘ、男子ヲ愛シミ親ミテ呼ベル語。女ニいらつめト云。

〔いら-つ-め (名) 娘 いらつこノ條ヲ見ヨ。

いら-な (名) 刺菜 芥ノ一種、葉大クシテ、色、紫ヲ帶ビ、周ニ、細カキきざみ多キモノ。 花芥

〔いら-な・し・キ・ケレ・ク・ク (形・一) 〔苛痛シノ音〕 苛苛シ。コトゴトシ。「候フ人人モ、イラナクナム泣キアハレガリケルト」「イラナク擧動ヒテ」

卄いら-ひど・し・キ・ケレ・ク・ク (形・一) 〔苛、甚シノ意〕 苛シ。甚ダシ。 苛

〔いら・ふ・フ・ヘ・ヘ・ヒ・ヘ (他動)(規・一) 貸 貸シテ利息ヲ取ル。イラス。

卄いら・ふ・フ・ヘ・ヘ・ヒ・ヘ (他動)(規・一) 弄フノ訛。

〔いら・ふ・フル・フレ・ヘ・ヘ・ヘヨ (自動)(規・二) 應 答フ。返答ス。返辭ス。

〔いらへ (名) 應 イラフルコト。コタヘ。

いら-ほ (名) 伊良保 〔苛疣ノ約ト云、或云朝鮮ノ地名ナラムカト〕 朝鮮古渡リノ一種ノ陶器ノ稱、茶家ニ珍重ス。

いら-むし (名) 刺蟲 毛蟲ノ中ノ大ナルモノ、梅、林檎、桑等ニ棲ミテ、葉ヲ食フ、長サ七八分、形、扁ク、色、

黄黒ニシテ、毛、處處ニ集リテ生ジ、人ヲ刺ス、其巢ヲすずめのたごトイフ、（其條ヲ見ヨ）夏、巢ニ孔ヲ穿チテ、褐色ノ蛾ニ羽化ス。蛅蟖

〔いらめ・く・ク・ケ・カ・キ・ケ（自動）（規.一）〔苛めくノ義〕カドカドシ。「石ノ角ナドノイラメキタル」

いららか・す・ス・セ・サ・シ・セ（他動）（規.一）イララクヤウニナス。怒ラス。「鬚ヲー」毛ヲー」鼻ヲ吹キー」怒張

〔いらら・く・ク・ケ・カ・キ・ケ（自動）（規.一）〔苛ヲハタラカス〕怒張ル。カドダツ。「鼻打仰ギ、イララキテ、穴ノ大キナル事」」稜起

〔いらら・く・クル・クレ・ケ・ケ・ケヨ（他動）（規.二）いららかすニ同ジ。「鼻ノ孔ヲイララケテ」目ヲイララケ」

いり（名）𤆬〔械ノ轉〕ひのくちニ同ジ。

いり（名）入（一）入ルコト。ハイルコト。「出トートー」金ノー」見物人ノー」（二）見エズナルコト。「日ノー」日没（三）いりまぞ。（四）入用。所須

いりあひ（名）入相〔入間ノ義〕日ノ山ノ端ニ入ル時。タソガレ。日没 ○ーノ鐘。黄昏ニ撞ク鐘ノ聲。

いりうど（名）〔入人ノ音便〕入夫ニ同ジ。

いりうみ（名）入海 海ノ陸ニ入リコミタル處。イリエ。ウチウミ。内海

いりえ（名）入江 岸ヘ入リコミタル江。海、湖ノ陸ヘ入リタル處。灣

いりかく（名）入角 おでかくノ角ニ、又、一條ノ凹條ヲ作レルモノ。イリズミ。

いりがはら（名）〔炒瓦器ノ略〕いりなべニ同ジ。

いりかはり（名）入替 イリカハルコト。交替

いりかは・る・ル・レ・ラ・リ・レ（自動）（規.一）入替 入リテ他ニ代ル。交替

いりがら（名）煎殻（一）鯨肉ノ脂ヲ煎リ取リタル後ノモノ、食用トス。（二）豆腐ノからヲ煎リテ、味ヲ添ヘタルモノ。

いりくち（名）入口（一）入ルベキ戸口。戸（二）物事ノ初。端緒

いりく・む・ム・メ・マ・ミ・メ（自動）（規.一）入組 雜リ亂ル。「仕事ー」相談ー」

いりこ（名）煎海鼠 なまこノ腸ヲ去リテ、煮テ乾シタルモノ、再ビ水ニ浸シテ煮テ食フ。一名、ホシコ。コレヲ串ニ貫キタルヲくしこトイヒ、藤ニカラゲタルヲからこト云フ。海參

いりこ（名）炒粉 米ノ粉ヲ炒リタルモノ、菓子ノ種トス。

いりこひ（名）煎鯉 料理ノ語、鯉ノ肉ヲ炙リテ、ムシリタルモノ。

いりこみ（名）入込 差別ナク入リ雜ルコト。

いりこ・む・ム・メ・マ・ミ・メ（自動）（規.一）入込 押シテ入ル。

いりごめ（名）炒米 まめいりノ條ヲ見ヨ。

いりざけ（名）煎酒 古酒ニ醬油、鰹節、鹽ナド加ヘテ、煮ツメタルモノ、膾、刺身ナドニ用キル。煉酒

いりしごと（名）入仕事 手間仕事ニ同ジ。

〔いりしほ（名）入汐 出汐ノ反、ひきしほニ同ジ。「ー違ク千鳥鳴クナリ」

いりしほ（名）炒鹽 鹽ヲ炒リタルモノ。

いりずみ（名）炒炭 炙リテ、濕氣ヲチラシ、火ノ移リ易クシタル炭。

いりずみ（名）入角 いりかくニ同ジ。

いりた・つ・ツ・テ・タ・チ・テ（自動）（規.一）入立（一）入ルニ同ジ。タチイル。入リコム。「京ニ入リタチテ」アソビノ道ニ入リタチ」（二）其家ニ出入往來ス（親シクスル意）「オホヤケ所ニ入リタチスル男、家ノ子ナド」

いりだひ（名）煎鯛 鯛ノ肉ヲ炙リテ、ムシリタルモノ。

いりたまご（名）煎玉子 たまごノ肉ニ醬油、砂糖ナド加ヘテ煎リタルモノ。

いりちがひ（名）入リチガフコト。

いりちが・ふ・フ・ヘ・ハ・ヒ・ヘ（自動）（規.一）入交（一）我レ入リ、彼レ出ヅ。（二）タガヒチガヒニ入リ込ム。犬牙

いりつ・く・ク・ケ・カ・キ・ケ（自動）（規.一）煎付 煎ラレテ水氣盡クルニ至ル。煎詰ル。

いりつ・く・クル・クレ・ケ・ケ・ケヨ（他動）（規.二）煎付 水氣ノ盡クルマデ煎ル。煎詰ム。

いりつけ（名）煎付ケタル食物。

いりどうふ（名）煎豆腐 豆腐ノ水ヲ去リテ、醬油、味醂ナド和シテ、煎リツケタルモノ。

いりとり（名）煎鳥 鳥ノ肉ヲ醬油、砂糖、味醂ナドニテ、煎リツケタルモノ。

いりなべ（名）炒鍋 米、豆ナド炒ルニ用キル淺キ土鍋。ハウロク。イリガハラ。

いりなべ (名) 煎鍋 鐵鍋ノ淺キモノ、肉菜ナド煎リツクルニ用ヰル。鏊
いりひ (名) 入日 暮方ニ見エズナル日。落日
いりふね (名) 入船 港ニ乘入ル船。進港船
〔いりほが (名) 心ノ入リ過ギテ、實ニ遠ザカルコト。鑿
いりまめ (名) 炒豆 (一)大豆ヲ炒リタルモノ。(二)マメイリ。
いりむぎ (名) 炒麥 むぎこがしニ同ジ。
いりむこ (名) 入聟 婦ノ家ニ入リテ聟トナルコト。家女ヘノ聟養子。贅壻
いりめ (名) 入目 費エタル金錢ノ高。入費。入用。費用
いりもの (名) 炒物 まめいりニ同ジ。
〔いりもむ・ム・メ・マ・ミ・メ (他動)(規.一) 〔煎リ揉ム、ノ義〕揉ミニ揉ム。「路スガライリモミスル風ナレド觀音ヲ恨ミ、イリモミ中シテ、御前ニウツテシ」
いりゆ (名) 炒湯 湯ニ、飯ヲ炒リ焦シテ入レテ、其香ヲ移シタルモノ、吸物ナドトス。
いりよう (名) 入用 イリメ。ニフヨウ。
いる・ル・レ・ラ・リ・レ (自動)(規.一) 入 (一)內ヘ行ク。中ニ到ル。(出ツ、ノ反) (二)日月ノ影、見エズ為ル。落ツ。「日ー」月ー」沒 (三)他ノ動詞ノ下ニ、熟語トナリテ、其意ヲ強クスル語トス。「消エー」痛ミー」恐レー」○心ニー。覺ル。解ス。○氣ニー。好ニナル。○身ガー。心、一途ニナル。○實ガー。熟ユ。熟ス。
いる・ル・レ・ラ・リ・レ (自動)(規.一) 入 用ヰニナル、無クテアラレズ。入用ナリ。費ヤスニ要用ナリ。「ソレニ暇ノーベク侍ルゾ」暇ガー」資本ノー」所須 要

いる・ル・レ・ラ・リ・レ (他動)(規.一) 炒 熬 土鍋ナドニテ、炙リ焦ガス。(乾キタル物ニイフ)「米ヲー」豆ヲー」
いる・ル・レ・ラ・リ・レ (他動)(規.一) 煎 鍋ニテ、水氣ノ盡クルマデ煮ル。煮詰ムル。「鳥ノ肉ヲー」豆腐ヲー」○肝ヲー。甚シク思ヲ苦マス。焦慮
いる・ルル・ルレ・レ・レ・レロ (他動)(規.二) 入 (一)內ヘ遣ル。中ニ籠ムル。(出ス、ノ反) (二)藏メオク。「匣ニー」倉ニー」收 (三)納ム。償フ。「年貢ヲー」利息ヲー」納 (四)用ヰル。費ヤス。「力ヲー」閑ヲー」用 (五)肯フ。承知ス。「諫ヲー」容 ○心ヲー。念ヲー。深ク慮ル。注意
〔いる・イル・イレ・イ・イ・イロ (他動)(規.四) 沃 注グ。「ー掛クル」
いる・イル・イレ・イ・イ・イロ (他動)(規.四) 射 (一)弦ニ懸ケテ遣ル。放ツ。(矢ヲ) (二)矢ヲ射テ當ツ。「的ヲ射貫ク」(三)用ヰテ矢ヲ放ツ。「弓ヲー」
いる・イル・イレ・イ・イ・イロ (他動)(規.四) 鑄 諸金ヲ鎔シ、鎔ニ注ギコミテ、器ニ作ル。
いるか (名) 海豚 海獸ノ名、全身圓ク肥エテ、長サ六七尺、黑クシテ毛無シ、形、甚ダ鯨ニ似タリ喙長クシテ、上下相均シク、頭ノ後ニ、一ツノ孔アリテ、潮ヲ噴ク、皮厚クシテ脂多ク、燈油トスベク、肉モ食フベシ。
いるがせ (副) 忽 ゆるがせニ同ジ。

いるさ (名) 入ル方。「行ク月ノーノ山」
〔イルマン (名) 伴天連ノ條ヲ見ヨ。
いるゐ (名) 衣類 身ニ着ルモノノ總稱、コロモ、キモノ。「ー調度」衣服
いるゐ (名) 異類 類ノ異ナリタルモノ。形ノ尋常ニ異ナリタル物。「ー異形」
いれう (名) 醫療 醫術ニテ療治スルコト。
〔いれかたびら (名) 衣服ヲ藏ムル時、包ムニ用ヰル物、後ノ袱紗ノ如シ。
いれがみ (名) 入髮 そへがみニ同ジ。義髻
いれき (名) 入木 版木師ノ語、彫刻ノ改ムベキ處ニ、他ノ材ヲ填メ入レテ、刻リ改ムルコト。
いれげ (名) 入毛 そへがみニ同ジ。
いれこ (名) 入籠 匣、文庫ナドノ製ニ、大小數個、互ニ組ミ合セテ、中ニ入ルベキヤウニ作レルモノ。
〔いれこざけ (名) 內子鮭 子籠鮭ニ同ジ。
いれごみ (名) 入込 男女、貴賤ノ別ナク、打雜セテ入ルルコト。
いれずみ (名) 入墨 (一)刑ノ名、肌ニ傷ツケテ、墨汁ヲ差ス、後ノ標トスルナリ。德川氏ノ制ニハ、追放、敲等ニ附加テ行フ、二ノ腕ニ、幅三分ツツ、二條入ル、或ハ左、或ハ右、又或ハ額ニモ入ル。黥 (二)ほりもの。(其條ヲ見ヨ) 剳青
いれちがへ (名) 是レヲ入レ、彼レヲ出スコト。
いれぢゑ (名) 入智惠 他ヨリ告ゲ教ヘタル考ヘ。
いれば (名) 入齒 天然ノ齒ノ落チ缺ケタルヲ 入造

ノ齒ニテ補ヘルモノ。假齒

〔いれ-ひも (名) 入紐 狩衣、直衣、袍ナドノ紐ニ、雌紐、雄紐トテ、結ビ玉ニシタルヲ、輪ニ差入レテ懸ケオクモノ。

いれ-ふだ (名) 入札 價ヲ定メムトシ、又ハ物事ヲ擇バムトスルトキナドニ、人人、各其見込ヲ物ニ記シテ密封シテ匣ナドニ入ルルコト、コレヲ同時ニ開キテ、價ノ最モ高キ、或ハ最モ低キヲ採リ、又ハ同意ノ多キヲ採ル。入札。投票 請射

++いれ-ぶつじ (名) 入佛事 (佛事ノ營ミヲ施物ニ起レル語ナルベシ) 俗ニ、費ヲ出スノミニテ利益ノ戻ラヌコト。

++いれ-ぼくろ (名) 入黒子 腕ナドニ、人名ナドヲ、小ク刳青ニシタルモノ、遊女ナドノスル事ニテ、情人ヲ永ク忘レヌ誓トスルナリ。

いれ-め (名) 入目 盲ノ眼ニ塡ムル人造ノ睛、硝子ナドニテ作ル。義眼

〔いれ-もとゆひ (名) 入元結 元結ノ上ニ、更ニ結ビテ飾ル元結、戲ノスルコトナリ。ヱモトユヒ。

いれ-もの (名) 入物 物ヲ入ルベキ器ノ總名。

++いれる (動) 入ル(規、二)ノ訛。

++い-れる・レル・レレ・レ・レレ・レヨ (自動)(規、四、變) 〔炒ラル、又ハ煎ラルノ約〕 炒リ、或ハ煎リテ成ル。(炒ル、又ハ、煎ル、ノ條ヲ見ヨ)「豆ガ—」豆腐ガ—」
○肝ガ—。氣ガ—。甚シク樂ジ煩フ。苛立ツ。焦燥

いろ (名) 色 (一)光ニ固有ナル一種ノ性ノモノ、光線ノ屈折等ノ理ヨリシテ、物ノ體ヲシテ、眼ニ各種ノ見ヲ生ゼシムルモノ。色ノ重ナルモノヲ、紫、紺、青、綠、黄、柑、赤トス、之ヲ七色トイフ。又、古クヨリ、五色、又ハ、正色ナドイフハ、青、黄、赤、白、黒ナリ、其他ノ紫、綠等ノ色ヲ間色トイフ。(二)〔禁色〕(其條ヲ見ヨ)「—許サル」(三)喪服ノ鈍色。「女房ナドモ、彼ノ御形見ノ—カヘヌモアリ」—ヲバ許シナガラ、出家ヲバ止メケレドモ」(四)顏色。「—ニ出ヅ」—ヲ和グ」恐ルル—無シ」(五)顏色ノ艷ニシテ戀ヒ慕フベキ情ヲ起サシムルコト。「—ヲ愛ス」—ニ迷フ」女色 (六)男女ノ情。色情。(七)イロメキタルコト。好色。「此宮ノ、イトサワガシキマデ、—ニオハシマスレバ」—ナル人ノ親シキ人人ヲ數ヘケルニ」(八)髮ノ色ノ美シキコト。「御髮、—ニテ、柳ノ絲ノヤウニ、タヲタヲト見ユ」黒キ單ノ御衣ニ、御髮ハ、御衣ヨリハ—ニテ」(九)兆、狀、容子。「貢ケ—」旗—」兆 (十)ヒビキ。調子。「音—」聲—」韵 (十一)品。類。「三—」十—」種 (十二)醬油ノ異名。ムラサキ。

〔いろ (名) 家ノ古言。「—母」—兄」—姉」—弟」—妹」

〔いろ (名) 倚廬 喪中ニ籠リ居ル所。

いろ-あげ (名) 色上 古キ布帛ナドノ染色ノ褪セタルヲ、再ビ染メテ鮮ニスルコト。

いろ-あひ (名) 色合 染塗ナドノ色ノ成リタル程合。色氣。

いろ-いろ (名) 色色 (一)種種ノ色。「花ノ—」諸色 (二)サマザマ。クサグサ。シナジナ。種種

〔いろ-いろと (副) 泣ク聲ニイフ語。「僧都、—打泣キテ」

いろ-か (名) 色香 (一)花ナドノ色ト香ト。香色 (二)顏ノ艷ナルコト。艷色

いろ-がは (名) 色革 そめかはニ同ジ。

いろ-がひ (名) 色貝 (一)種種ノ介ノ泛稱。(二)紅貝ノ一名。(近江)

いろ-がみ (名) 色紙 色ニ染メタル紙。ソメガミ。

++いろ-きちがひ (名) 色狂 色情ノ爲メニ發シタル狂氣。花風

〔いろ-くづ (名) 鱗 (一)ウロコ。(二)轉ジテ、魚。

いろ-ぐるひ (名) 色狂 女色ニ溺レ、遊里ニ流連ナドスルコト。遊蕩

いろ-け (名) 色氣 (一)いろあひ。(二)++色情。

〔いろこ (名) 鱗 (一)ウロコ。(二)轉ジテ、魚。

〔いろこ (名) 〔鱗ニ似タレバイフ〕 頭垢。

++いろこ (名) 色子 俳優、孌童ナドノ稱。

〔いろこ-がた (名) 鱗形 うろこがたニ同ジ。

いろ-ごのみ (名) 色好 女色ヲ好ムコト。好色。

〔いろ-ごろも (名) 色衣 色ノ美シキ衣。

いろ-さざえ (名) 色榮螺 さしきさざえニ同ジ。

いろ-ざし (名) 色差 (一)いろあひ。(二)處處ニ色ヲ差シ入ルルコト。イロドリ。着色

いろ-ざと (名) 色里 遊女ノ居ル街。遊里。狹邪 花柳巷

いろ-ざ-む・ムル・ムレ・ムレ・メ・メヨ (自動)(規、二) 色醒 (一)色淡クナル。色衰フ。褪ス。褪 (二)色、變ハル。「顏、—」面灰

いろ-しな (名) 色品 數數ノ物。

いろ-じろ (名) 色白 人ノ肌ノ色白キコト。白皙
〔いろ-せ (名) 「家兄ノ義」(一)兄ニ同ジ。(二)通ジテ弟。
いろ-そ・ふ・フ・ヘ・ハ・ヒ・ヘ (自動) (規・一) 色添 色品、添ハル。
いろ-だま (名) 色玉 石榴ニ同ジ。
いろ-づ・く・ク・ケ・カ・キ・ケ (自動) (規・一) 色付 色ヲ生ズ。「蒼毛赤クー頃」
〔いろ-と (名) 〔家弟ノ約〕弟、又、妹ニ同ジ。
いろ-どり (名) 色取 イロドルコト。エドリ。サイシキ。彩色
いろ-ど・る・ル・レ・ラ・リ・レ (他動) (規・一) 色取 (一)種種ノ色モテ畫ク。エドル。彩色ス。彩色 (二)顔ニ、紅、粉、黛ナドツク。「額髪ヲヒキカケツツ、イロドリタル顔ヅクリ」
〔いろ-なぐさ (名) 色無草 松ノ異名。
いろ-なほし (名) 色直 色無キ衣服ヲ、色アル衣服ニ着替フルコト、婚姻ノ後二三日、或ハ産後百日ニ、白小袖ヨリ、色小袖ニ移ツルナドニイフ。
〔いろ-ね (名) 〔家姉ノ約〕(一)姉ニ同ジ。(二)通ジテ、兄。
〔いろ-は (名) 〔家母ノ約〕母ニ同ジ。
いろ-は (名) 以呂波 (一)假名四十七字(以呂波歌ノノ總名、以呂波歌ノ首ノ三字ヲ取リテ名ヅケタルナリ。日本字母 (二)以呂波歌。(三)(童子ニ書ヲ學バスルニ、以呂波歌ヲ假名ニテ授クルコト。「手書ノ一ヲバ、イカガ學ブベキヤ」
いろは-うた (名) 以呂波歌 同ジ文字ナキ歌トテ、假名四十七字ヲ、八句ニ詠ミ連ネタルモノ、「色ハ匂ヘド、散リヌルヲ、我ガ世誰ゾ、常ナラム、有爲ノ奥山、今日越エテ、淺キ夢見ジ、醉ヒモ爲ズ」ナリ、弘法大師ノ作ニテ涅槃經ノ「諸行無常、是生滅法、生滅滅已、寂滅爲樂」ノ四句ヲ演ベタルモノナリト云傳フ。
〔いろは-がな (名) 以呂波假名 ひらがなニ同ジ。
いろは-ガルタ (名) 以呂波骨牌 骨牌ニ、以呂波短歌ノ趣ヲ畫キ、其歌ノ首字ヲ、假名ニテ、一ツヅツ記シオキテ、歌ヲ詠メバ、相合ハセテ取ル、其法、歌骨牌ヲ取ルガ如シ、小兒ノ事ナリ。
いろは-たんか (名) 以呂波短歌 以呂波四十七ノ音ヲ冒ラセテツラネタル短キ譬論ノ諺語、骨牌ナドトシテ、小兒ヘノ教訓トス。
いろは-ぼたん (名) 以呂波牡丹 牡丹ノ一種、花、劣レルモノ、專ラ、接木ノ臺ニ用ヰル。平頭紫
いろは-もみぢ (名) 以呂波楓 楓ノ葉ノ刻缺ノ七叉ナルニイフ稱。
〔いろ-ふ・フ・ヘ・ハ・ヒ・ヘ (自動) (規・一) 〔色ヲハタラカス、下ノ語皆同ジ〕目移ス。「何事ニモ目ノミ紛ヒー」
〔いろ-ふ・フ・ヘ・ハ・ヒ・ヘ (自動) (規・一) 艶 麗シクナル。「露ニイロヘル撫子ノ花」
〔いろ-ふ・フル・フレ・ヘ・ヘ・ヘヨ (他動) (規・二) 彩色 色ヲ添ヘテ、更ニ麗シクス。「種種ノ麗ハシキ瑠璃ヲイロヘテ作レリ」
いろ-ふ・フ・ヘ・ヘ・ヒ・ヘ (他動) (規・一) 綺 (一)取扱フ。「イロヒツカウマツル」(二)係リ合フ。クチヲダス。「御治世ノ事、武家、イロヒ申スベキニアラズ」關涉 (三)弄ブ。手ニ觸ル。イヂル。弄
いろ-ぶみ (名) 色文 艶書ニ同ジ。
イロヘロ (名) 〔蠻語ナリト云〕草ノ名、さぼてんニ同ジ。
いろん (名) 異論 他ニ異ナリタル論。
いろ-め (名) 色目 (一)衣服ノ染色ノ名「目ニ、「襲ノー」(二)色メカシキ目ツカヒ。秋波
いろ-めか・し・シキ・シケレ・シク・シク (形・二) 色メク狀ニテアリ。好色ラシ。
いろ-め・く・ク・ケ・カ・キ・ケ (自動) (規・一) (一)時メキテ色ヲ現ハス。イロツク。「草木ー」發生 (二)敗ルル兆見ユ。「敵勢ー」敗兆 (三)好色ニ見ユ。
〔いろ-も (名) 〔家妹ノ約〕妹ニ同ジ。
いろり (名) 色利 〔色煎ノ約カ〕煮ル物ニ加ヘテ、味ヲ添フル料ノ物。鰹ノーハ、鰹節ヲ蒸シテ製スルトキ出ヅル液ナリ、凝リ固マリテ、色、黒褐ナリ、古ハ煎汁トイヒ、今ハ、煎脂、又ハ、煮取トイフ。魚醬 豆ノーハ大豆ヲ煮タル汁、亦煮物ニ加フ。
いろ-わけ (名) 色分 圖ノ線、界、ナドノ上ヲ色取リテ區別スルコト。
いろ-ゑ (名) 色繪 彩色シタル畫。着色畫
い-わう (名) (一)硫黃ニ同ジ。(二)附木。
い-わう (名) 以往 (一)コレヨリユクサキ。後來。(二)誤テ、以前。往時
い-わう (名) 醫王 藥師ニ同ジ。
いわう-さう (名) ゆわうさうニ同ジ
〔いわく (動) 曰 いはくノ條ヲ見ヨ、此語、弱シ、ニ通

ジテ、此ノ假名遣ナリトイフ說アレド、イカガ、次條ノ語モ然リ)

(いわけなし (形) 二 いはけなしヲ見ヨ。(前條ヲ見ヨ)

いわし (名) 鰯 (弱シノ轉、字ハ弱魚ノ合字) 魚ノ名、東海殊ニ多シ、形、鰺ニ似テ小ク圓シ、細カキ鱗アリテ脫チ易シ、背、蒼黑ニシテ、腹、銀白ナリ、大ナルハ八九寸ニ至ル、性、群ヲナス、水ヲ離ルレバ死シ易シ、脂多ケレバ、魚油ヲ取リ、又ほしかトス、漁業ノ利アルコト鯨ニ次グ、食スルハ千分ノ一ナリ。ムラサキ。オムラ。オホソ。 鰮魚

いわしくぢら (名) 鰯鯨 南海ニ多シ、大ナルハ三丈許、胸腹ノ皮、縱ニ畔ヲナシテ、竹ヲ編メルガ如シ、簀子皮ト呼ブ、又、背鰭アルコト他ノ鯨ニ異ナリ、口中ノ鬚、短クシテ、脂モ少シ、毎ニ鰯ヲ驅リ來ル。一名、カツヲクヂラ。 鰮鯨

いゐき (名) 異域 異國ニ同ジ。

(いを (名) 魚ニ同ジ。

いを (名) 魚ノ名、鯽ノ一種、身圓クシテ鯉ノ如キモノ。マルブナ。

(いをうり (名) 魚賣 うをうりニ同ジ。

いをぐし (名) 魚串 うをぐしニ同ジ。

(いをすき (名) 草ノ名、やまごばうニ同ジ。 商陸

(いをぬ ヌル・ヌレ・ネ・ネ・ネヨ (自動) (規二) 〔寢ヲ寐ノ義〕 寐。寢ヌ。

(いをのめ (名) うをのめニ同ジ。

(いをめ (名) 〔魚目ノ義、形似タレバイフ〕 疣ニ同ジ。

う 五十音圖、阿行第三ノ假名、(あノ條ヲ見合ハスベシ)

う

う (名) 鵜 水鳥、形、鴉ニ似テ、色黑クシテ、背、肩ハ、微褐色ヲ帶ブ、喙、長クシテ、末少シ曲レリ、蹼 甚ダ廣ク、能ク水ニ沒シテ魚ヲ捕ル、畜ヒテ鵜飼ニ用ヰル。古名、シマツドリ。 鸕鷀

う (名) 兎 うさぎニ同ジ。「ーノ毛ホド」

う (名) 卯 (兎ノ義) (一)支干ノ名、其條ヲ見ヨ。(二)方角ノ名、支干ノ條ヲ見ヨ。(三)時ノ名、其條ヲ見ヨ。

う (名) 宇 建物ヲ數フル語。「佛堂、一ー」

う (名) 羽 五音ノ一、十二律ノ條ヲ見ヨ。

う ウル・ウレ・エ・エ・エヨ (他動) (規二) 得 (一)我ガ物トス。所有トス。手ニ入ル。「寶ヲー」利ヲー」(二)遂ゲ行フ。力、能ク爲ス。「書ヲ讀ミー」

(う (形) 憂シニ同ジ。「アナー、世ノ中」

う (副) 諾フ意ヲイフ語。宜。「今日ノ中ニ、否トモートモ、言ヒ果テヨ」 諾

うあいさ (名) 鵜秋沙 鳥ノ名、あいさノ一種、嘴長キコト鵜ノ如キモノ。

ういう (名) 烏有 (烏ニカ有ラムノ意) 失セテ無クナルルコト。「ーニ歸ス」

うう ウル・ウレ・エ・エ・エヨ (自動) (規二) 饑 飢 食、無クナリテ、胃ノ空ナルニ苦シム。ハラヘル。

うう ウル・ウレ・エ・エ・エヨ (他動) (規二) 植 (一)地ニ埋メ立ツ。「人ノ宇宇流田ハ、宇惠マサズ、永キ世ノタメシニウヱル菊ノ花」(二)種子ヲ蒔キ付クル。「苿ヲー」疱瘡ヲー」(三)塡メ込ム。並ベテ立ツ。「毛ヲー」活字ヲー」

うえん (名) 有緣 ユカリアルコト。緣アルコト。(因緣ノ條ヲ見ヨ)「ー無緣」

‡うかうか (副) 浮浮 (一)心ノ沈着カヌ狀ニイフ語。浮虛 (二)考ヘモナク心付カズニ居ル狀ニイフ語。「ー日ヲ送ル」ーシテ水ニ陷ル」 飄然

うかがひ (名) 伺 伺フコト。官府ニ問フコト。 申稟

うかがふ フ・ヘ・ハ・ヒ・ヘ (他動) (規一) 窺 (裏考フノ略轉カ) (一)竊ニ見ル。ノゾク。(二)窃ニ機ヲ待チツケテアリ。「容子ヲー」仇ヲー」暇ヲー」

うかがふ フ・ヘ・ハ・ヒ・ヘ (他動) (規一) 伺 (窺フノ轉) (一)問フノ敬語。「官府ニ」 申稟 (二)訪フノ敬語。伺候ス。 趨候 (三)試ル。「脈ヲー」 診

うかす ス・セ・サ・シ・セ (他動) (規一) 浮 浮クヤウニナス。ウカブル。

うがつ ツ・テ・タ・チ・テ (他動) (規一) 穿 (一)堀ル。孔ヲ明ク。(二)堀リ貫ク。(三)飽クマデ理ヲ究ム。詮鑿ス。 鑿

‡うかと (副) 浮 心付カズニ居ル狀ニイフ語。

(うかのみたま (名) 宇迦御魂 (うかハ、食物ノ轉) 食物ノ神、殊ニ稻ノ神。稻荷ノ神。

うがは (名) 鵜川 鵜飼ニ同ジ。「上ツ瀬ニ一ヲ立テ、下ツ瀬ニ小網サシワタシ」

うかひ (名) 鵜飼 (一)鵜ヲ飼ヒ馴シテ、コレヲツカヒテ、鮎ナド捕ラシムルコト。ウガハ。(二)鵜飼ノ事ヲ業トスル人。 鵜師

うがひ (名) 嗽 嗽フコト。水ヲ含ミ、又、吐キテ、口中ヲ浄ムルコト。クチソソグコト。

(うが・ふ・フ・ヘ・ヘ・ヒ・ヘ (自動)(規・一) 嗽 嗽ヲス。クチソソグ。

うか・ぶ・ブ・ベ・ベ・ビ・ベ (自動)(規・一) 浮 (一)浮ク、(自動)ニ同ジ。(二)動キ定マラズシテアリ。(三)ナリイヅ。出身ス。 發跡 (四)佛說ニ、亡者ノ靈、輪廻ヲ脫シテ往生ス。「奈落ニ沈ミ果テテ、ウカビ難キ罪人ノ」 解脫 ○心ニ一。思ヒ出ヅ。 想起

うか・ぶ・ブル・ブレ・ベ・ベ・ベヨ (他動)(規・二) 浮泛 (一)水ノ上ニ置ク。浮クヤウニスル。ウカス。(二)出世セサス。出身セシム。(三)思ヒ起ス。「心ニウカベテ」(四)諳誦ス。「倶舍ヲ誦ジ、唯識論ヲ一」 諳誦

++うかべる (動) 浮ブ、(他動)ノ訛。

(うかみ (名) 〔窺ヒ見ノ意〕 間諜ニ同ジ。

うか・む・ム・メ・マ・ミ・メ (自動)(規・一) 浮ブ、(自動)ニ同ジ。

うか・む・ムル・ムレ・メ・メ・メロ (他動)(規・二) 浮ブ、(他動)ニ同ジ。

うかんむり (名) 〔片假名ノ「ウ」ノ字ノ如クナレバイフ〕 漢字ノ上ニアル宀ノ字、穴、宅、字、宇、守等ノ如シ。 寶蓋頭

うがも (名) 鵜鴨 かもノ一種、全身、淡黑クシテ赤ミアリテ、黑キ斑アリ、脚赤ク、嘴、細クシテ尖レルコト、鵜ニ似タリ。

うがら (名) 〔生屬ノ義カ〕 血脈ノ人。ヤガラ。ミヨリ。 親族

++うかりと (副) 〔心浮ベル意〕 物事ニ心ヲ付ケズシテ居ル狀ニイフ語。ウカト。ウカウカ。

うか・る・ル・ル・ルレ・レ・レ・レロ (自動)(規・二) 浮 (一)自ラ浮ク。(二)心、落チ居ズ。寄邊ナク、心定マラズ。「心ノミ、唐マデモ、ウカレツツ」山ノ端ヲ、スミウカレテヤ、月ハ出ヅラム」(三)心ヲ樂ニ奪ハル。興ニ入ル。「月ニ一」花ニ一」

うかれがらす (名) 鴉ノ棲ニ落居ズシテ鳴クコト。「月ノ光ナドニ」

うかれづま (名) うかれめニ同ジ。「一夜會フ、往來ノ人ノ一」

(うかれびと (名) 浮浪人 土着セヌ人

うかれめ (名) 〔浮レ女ノ義〕 歌ヒ舞ヒテ、人ヲ樂シマシメ、且、枕席ヲモススムル女。アソビ。ウカレヅマ。「一ノウカレテアリク、旅宿」 娼

++うかれる (動) うかるノ訛。

うき (名) 浮 (一)釣絲ニツケテ、水ニ浮ブル小キ木片、其動クヲ見テ、魚ノ餌ニツケルヲ知ル。ウケ。 泛子 (二)又、網ノ綱ニツケテ浮ブル木、網ノ水中ニアル所ヲ知ル。

(うき (名) 〔浮ノ義カ〕 泥土。「一ニ生フル蘆ノ根ニノミ」澤田ノ一ニ塞ク水ノ」

(うき (名) 酒盞ノ古名、浮羽ニ同ジ。

(うき (名) 雨儀 禁中ノ儀式ノ、雨天ノ時ニ、省略セラルルノ稱。 轉ジテハ、スベテノ公事ヲ略儀ニセラルルニモイフ。

(うきいは (名) 浮石 かるいしニ同ジ。

うきいを (名) 浮魚 めだかニ同ジ。(伊豫)

うきう (名) 海藻ノ名、筑前 越前等ニ產ズ、ところてんぐさニ似テ、枝多クシテ、稍、細長シ、生ナルハ紫ニシテ、晒セバ、茶色ニ變ハル、煮テ、蒟蒻ノ如クニ製ス。

うきうき (副) 浮浮 心浮カルル狀ニテ。「一トノミナル心哉」

うきおり (名) 浮織 綾ノ類ニ、細カキ文ヲ、地ノ上ニ浮カセテ織リタルモノ。ウケオリ。

うきき (名) 浮木 (一)水ノ上ニ浮キタル木。「五月雨ニ一流レテ大井川、クダス筏ノ數ゾ添ヒヌル」(二)法華經ノ浮木ノ事ニ喩ヘテ、出遇ヒ難キ事ニイフ。「遇ヒガタキ法ノ一ヲ得タル身ハ」盲龜ノ一ニ遇ヘルガ如シ」(三)又、前漢ノ張騫ガ乘槎ノ故事ニ寄セテモイフ。「幾返リ、行キカフ秋ヲ過シツツ、一ニ乘リテ、我レ歸ヘルラム」天ノ河、カヨフ一ニ、年ヲ歷テ」

うきき (名) 魚ノ名、性愚ニシテ、浮キ泳グコト、浮木ノ如シ、東海ニ產ズ、形圓ク扁クシテ、あかえひニ似タリ、大ナルハ丈餘ニ至ル、鱗ナクシテ、腹、背ノ鰭、甚ダ長大ナリ、皮ハ鮫ニ似テ、黃褐ニシテ白キ點アリ、或ハ黃色ニシテ細キ點アリ、肉、食フベカラズ、白キ腸ノミ取リテ、鹽漬糟漬トシ、ほしうききトイフ。別名、ウキキマンボウ。マンボウ。マンボウザメ。 鱕車魚

うききまんぼう (名) 魚ノ名、うききニ同ジ。

うきくさ (名) 浮草 (一)溜水ニ生ズ、葉ノ大サ、一二分、圓クシテ光ル、面ハ緑ニシテ、裏ハ紫ナリ、三葉ノ下ニ、多クノ鬚根アリテ、水ノ上ニ漾フ。萍 (二)又、かつみノ一名。

うきぐつ (名) 〔浮沓ノ義カ〕 うきぶくろニ同ジ

うきくも (名) 浮雲 空ニ浮キ漂ヘル雲。「定メナキ、身ハ一ニ、ヨソヘツツ」

うきこ (名) 浮粉 米ヲ至極ノ細末ニシタルモノ、紅ヲ凝ラスルニ用ヰ、菓子、落雁ナド製スルニモ用ヰル。生麩ヲ晒シテ、似セテ用ヰルモアリ。

うきしま (名) 浮島 浮洲ノ廣大ナルモノ、樹木ナド生ズ。

うきす (名) 浮巣 にほどりノ巣、葦ノ莖ナドニテ作ル、水ノ高低ニ隨ヒテ浮沈ス。「鳰ドリノ、―ヲカケテ、氷ル池水」

うきす (名) 浮洲 沼ナドニ、浮木、泥炭ナド集リテ、土ヲ載セ、草ナド生ヒ、洲ノ如ク見エテ、浮ブモノ。

うきす (名) 魚ノ名、めだかニ同ジ。(尾張)

うきすのり (名) ふぢどのりニ同ジ。

うきた (名) 小魚ノ名、めだかニ同ジ。(大坂)又、ウキンタ。

うきたつ ツ・テ・タ・チ・テ (自動)(規.一) 浮立 (一)大ニ浮カル。「心―」 忻嬉 (二)人ノ心、騷立ツ。「世ノ中、ウキタチテ、人ノ心モ、ヲサマラズ」 騷擾

うきどり (名) 浮鳥 水ニ浮ビテ居ル鳥。

うきな (名) 浮名 評判。噂。「イカサマニシテ、―ヲモテカクシテ」イミジウ人笑ハレノ―ニモアルベキ」

うきな (名) 蕪青ノ一名。

うきね (名) 浮寐 寐處ノ一處ニ定マラヌコト。(遊女、水鳥ナドニ)

うきはし (名) 浮橋 (一)アマノウキハシ。(二)船橋。

うきぶくろ (名) 浮袋 (一)鰾。(二)水ヲ泳グトキ、身ニ副ヘテ、沈マヌ爲ニスル具、革ナドニテ、袋ニ作リ、中ニ空氣ヲ貯フ。ウキグツ。如船。浮囊

うきぼり (名) 浮刻 彫物ニ文ヲ高ク刻リ上グルコト。隱起彫

うきみ (名) 憂身 憂目ニ當リテ居ル身。

うきんだ (名) 魚ノ名、うきたノ音便 めだかニ同ジ。

うきんちよ (名) 魚ノ名 めだかニ同ジ。(京都)

うきめ (名) 憂目 憂キ事。「世ノ―、見エヌ山路ヘ、入ラムニハ」

うきやうしき (名) 右京職 左京職ノ條ヲ見ヨ。

うきよ (名) 憂世 世ノ中ヲ、憂キ事ノ多キニツケテイフ語。塵世

うきよ (名) 浮世 佛說ニ、此世ヲ、浮キテ定メナキモノトシテ、稱スル語 人ノ世ニアル間ハ、長キ夢ミルガ如シト云フ。

うく ク・ケ・カ・キ・ケ (自動)(規.一) 浮 (一)水ノ上ニ沈マズシテアリ。ウカブ。(二)水ノ底ヨリ、上ヘ上ル。(魚ナド) (三)飛ブ。タダヨフ。(雲ナド) (四)心、身ニ、ハズウカル。「心―」 (五)齒、齗ナドニイタミテ、痿ク動クカ如クニ感ズ。ヰル。齗

〔うく ク・ル・クレ・ケ・ケ・ケ・ケロ (他動)(規.二) 浮 浮クヤウニナス。浮ブル。

うく ク・ル・クレ・ケ・ケ・ケ・ケロ (他動)(規.二) 受 承 (一)他ヨリ來ルヲ身ニ取ル。「賜ヲ―」「敎ヲ―」(二)載ス。戴ク。(三)迎ヘテ防グ。「太刀ヲ―」受ケ損ズ」(四)被ル。「疵ヲ―」「疑ヲ―」被 (五)容ル。引受ク。「頼ミヲ―」「席ニ百人ヲ―」容 (六)心ニ好シト認ム。ウベナフ。信ズ。「他ノ說ヲ―」信認 (七)前ニス。「風ヲ―」「南ヲ―」「東ヲ―」面

うく ク・ル・クレ・ケ・ケ・ケロ (他動)(規.二) 贖 〔贖ヒ受クル意〕 價、給料ナドヲ償ヒテ、取戻ス。贖ヒテ返ヘス。ウケダス。(質物、年季奉公ナドニ) 贖

うぐさ (名) 鵜草 〔魚ノ鯁ヲ治スレバ、名ツクト〕 さはなぐるまニ同ジ。

〔うくは (名) 浮羽 酒盞ノ古名、ウキ。

うぐひ (名) 〔古言、いぐひノ轉〕 淡水ニ產ズル魚、形、鯇ニ似テ、長サ五六寸許、大ナルハ尺ニ過グ、鱗細クシテ、淡黑ト紅色トノ縱道、三條アリ、下ノ鰭赤ク、肉ニ刺多シ。イグヒ。アカハラ。ウキ。石斑魚

うぐひす (名) 鶯 〔鳴ク聲モテ名トスト云〕 (一)鳥ノ名、めじろニ似テ肥エテ、背ハ緑褐ニシテ、腹ハ灰白ナリ、眼細ソク、嘴細ク尖リ、脚、掌、共ニ灰黑ナリ、眉ニ三毛アリテ、灰白ナリ 吻ニ三鬚アリ、籔ナドニ棲ミテ、小蟲ヲ食トシ、早春ヨリ、聲ヲ引キテ囀ル、人家ニ畜ヒテ、聲ヲ愛ス。 柴鶴鴿 又、朝鮮―アリ、共條ヲ見ヨ。鶯 (二)灶香ノ具、鍬、又ハ、赤銅ニテ作ル、長サ

四寸餘ニシテ、兩頭尖ル、香ノ小包ヲ刺シテ整ヘオクニ用ヰル、香ヲ聞キテ後ニ、包ヲ開キテ銘ヲ知レバ、初香ヲ聞ク意ナリト云、或云、香ニ止ル意ナリト。(三)飯匙ノ一名、其形、鶯ニ似タレバイフ。

うぐひすがひ (名) 鶯貝 (一)あをやがひノ一種、大ナルハ、長サ三寸餘、殼長ク、横ニ翅ノ如ク延ビテ、鳥ノ形シタリ。(二)又、ちどりがひノ瑠璃色ナルモノ。

うぐひすだけ (名) 鶯茸 春末ニ生ズルべにたけノ稱、色、赤ク、炙レバ白シ、食フベシ。

うぐひすちや (名) 鶯茶 染色ノ名、茶色ノ藍氣多キモノ、鶯ノ羽ノ綠ナルニ似タレバイフ。 淺柳黃

うぐひすな (名) 鶯菜 (一)あをつなノ一種、春夏ニ食フモノ、莖、葉、瘦セテ、光リアリ。(二)蕪ノ初生ノ二三寸ナルモノ。(京都)(三)又、水菜ノ小キモノ。

うぐひすのき (名) 鶯木 灌木、高サ五六尺、枝、葉、對生ス、葉ハ卵圓ナルモアリ長、キモアリ、春、葉ノ間ニ、絲ノ如キ莖ヲ垂レテ、五出ノ小紅花ヲ開ク、實ノ形、赤小豆ホドニテ、熟スレバ紅ナリ、鴉實トイヒテ、藥トス。 驢駝布袋

〔うぐひすのさるがき (名) 草ノ名、さるとりいばらニ同ジ。

うぐひすもち (名) 鶯餅 餠ニ、餡ヲ包ミテ、兩頭ヲ尖ラセ、あをきなこヲ抹シタルモノ。

うぐら (名) むぐらもちニ同ジ。(三河、周防)

うぐらもち (名) むぐらもちニ同ジ。(豐後)

うぐろもち (名) むぐらもちニ同ジ。(中國)

うくわ (名) 羽化 蟲ノ一類ノ、蛹ヨリ、羽アル體ニ化スルニイフ語。

うくわつ (名) 迂闊 マハリドホキコト。心ノユキトドカヌコト。

うくわつに (副) 迂闊 深ク考ヘズシテ。ユルガセニ。「一ニ心ハユルサレズ」 輕率

〔うけ (名) 食 クヒモノ。約メテ、食トモイフ。

〔うけ (名) 〔浮ノ義〕 泛子ニ同ジ。

うけ (名) 受 (一)受クルコト。(二)向ヒ當ルコト。「南一」「風一」(三)物ヲ受クル器。(四)支フル物。ツツバリ。「棚ノ一」 支柱

うけ (名) 請 應フルコト。「御一申ス」

うけ (名) 有卦 うけむけノ條ヲ見ヨ。「一ニ入ル」

うけあひ (名) 請合 ウケアフコト。

うけあ・ふ・フ・ヘ・ハ・ヒ・ヘ (他動)(規・一) 請合 確ク誓フ。慥ナリトシテ、證人ニ立ツ。 保證

うけう (名) うけうとニ同ジ。

うけうと (名) 海草、石花菜ニ似テ、細長クシテ紫ナリ、晒セバ黃白ニナルヲ煮テ、瓊脂ノ如ク製シテ食フ、筑前ニ產ズ。紅色ニ染メタルヲ猩猩海苔トイフ。

うけうり (名) 請賣 問屋ヨリ、卸賣ノ物ヲ買ヒ請ケテ、再ビ賣ルコト。 販

うけおひ (名) 請負 工作ナドニ、預メ、日限、入費、ナドノ高ヲ定メテ、落成マデ、損、德、自ラ負フベシト約シテ、仕事ヲ引請クルコト。(手間仕事ニ對ス)

うけお・ふ・フ・ヘ・ハ・ヒ・ヘ (他動)(規・一) 請負 請負ノ仕事トシテ、引受ク。

〔うけおり (名) 浮織 うきおりニ同ジ。

うけがひ (名) 肯 ウケガフコト。ウケヒキ。

うけが・ふ・フ・ヘ・ハ・ヒ・ヘ (他動)(規・一) 肯 心ニ受ケテユルス。諾フ。受引ク。ガヘンズ。承知ス。

うけこたへ (名) 受答 問ヲ受ケ、又、答フルコト。 應答

廿うけこ・む・ム・メ・マ・ミ・メ (他動)(規・一) 受込 負ヒテ引受ク。

うけじやう (名) 請狀 引請ノ證書。 保狀

うけしよ (名) 請書 承ハリタル由ヲ記セル證書。ウケブミ。

〔うけそう (名) 請奏 請ヒ受ケム事ノ奏聞。

うけだ・す・ス・セ・サ・シ・セ (他動)(規・一) 請出 贖ヒ出ダス。「質物ヲ一」 贖

うけだち (名) 受太刀 切掛ケラレタルヲ迎ヘ受ケ支フル、太刀ノ用法。(劍術ナドニ)

うけたまは・る・ル・レ・ラ・リ・レ (他動)(規・一) 承 〔受ケ賜ハルノ義〕 受ケ聽クノ敬語。

うけつ (名) 介ノ名、あうむがひニ同ジ。

うけつ・く・クル・クレ・ケ・ケ・ケヨ (他動)(規・二) 受付 受ク。引受ク。

うけつけ (名) 受付 ウケツクルコト。引受クルコト。

廿うけつける (動) うけつくノ訛。

うけとり (名) 請取 (一)ウケトルコト。「一ニ行ク」(二)請取リタル由ヲ記セル證書。 領票

うけとる・ル・レ・ラ・リ・レ (他動)(規・一) 請取 受ケテ取ル。手ニ收ム。領收
うけにん (名) 請人 引請ニ立ツ證人。保人
〔うけばる・ル・レ・ラ・リ・レ (他動)(規・一) 引キ受ケテ專ニス。「ヤンゴトナキ方方ヲ憚リテ、ウケバリテソノツラニハモテナサズ」大將、シタリガホニテ、カカル御ナカラヒニ、ウケバリテ物シタマフ」確保
〔うけひ (名) 祈誓 盟フコト。神ニ誓ヒテ祈ル事ヲ驗スコト。
うけひく・ク・ケ・カ・キ・ケ (他動)(規・一) 承引 ウケガフ。ウベナフ。承引ス。諾
〔うけふ・フ・ヘ・ハ・ヒ・ヘ (他動)(規・一) 祈誓 〔請言フノ約カト云〕(一)祈誓ヲナス。「妹ニアハムト、ウケヒツルカモ」夢ニモ見エズ、ウケヒテ寐レド」(二)詛フ。「罪モナキ人ヲウケヘバ」集リテウケヒノロヒアセム」
うけぶみ (名) 請文 命ヲ承ハリタル由ヲ記セル文書。ウケシヨ。
うけみ (名) 受身 はたらきかけノ條ヲ見ヨ。
〔うけん (名) 繧繝 うんげんニ同ジ。
うけむけ (名) 有氣無氣 或ハ有卦無卦、トモ書ス、陰陽家ニテ、五行ノ相生、相剋ノ理ヨリシテ、支干ニ配シテ、人ノ遇フ年ニ、吉凶ヲ言フコト。有卦ニ入レバ、七年吉事多ク、無卦ニ入レバ、五年凶事多シト云。
うけもち (名) 受持 ウケモツコト。引受ケタル業。擔當
うけもつ・ツ・テ・タ・チ・テ (他動)(規・一) 受持 己ガ業ト引受ク。擔當

〔うけら (名) 朮 草ノ名、をけらニ同ジ。
‡うける (動) 受 受ク、又ハ、請ク、ノ訛。
うご (名) 海草、おごニ同ジ。(播磨)
うご (名) 雨後 雨ノ降リタル後。アマアガリ。
うごかす・ス・セ・サ・シ・セ (他動)(規・一) 動 動クヤウニナス。ユルガス。
○心ヲ—。感ズ。思ヒ變フ。
うこぎ (名) 五加木 〔古言、むこぎノ轉、或ハ、五加ノ唐音ナリト云フハ、イカガ〕灌木ノ名、多ク人家ニ植エテ籬トス、葉ハ五葉一蔕ニシテ、鋸齒アリ、形、人參ノ葉ニ似テ、深緑ナリ、春ノ嫩葉、食フベシ、夏、小白花群リ開ク、實、熟スレバ黑シ。
うごき (名) 動 ウゴクコト。ユルグコト。「—無シ」
うごく・ク・ケ・カ・キ・ケ (自動)(規・一) 動 止マリテアラズ。鎭マラズ。ユルグ。
○心—。感ズ。思ヒ變ハル。
うごつけい (名) 烏骨鷄 をこつけいニ同ジ。
〔うごなはる・ル・レ・ラ・リ・レ (自動)(規・一) 參集 マヰリアツマル。
〔うごま (名) 胡麻ニ同ジ。
うこん (名) 鬱金 (一)草ノ名、形、だんどくさうニ似テ、稍大ナリ、高サ二尺許、秋、葉ノ心ヨリ花ヲ出シ、小苞多ク鱗次シテ白ク、其末ハ紅ヲ帶ブ、苞ノ間毎ニ、二三四ノ黄蘂ヲ出ス、根ヲ香料、染料ニ用ヰル。(二)此草ノ根ヨリ採レル染料ニテ染メタル色、黄ナリ。

うこん (名) 右近 うこんゑノ略、おのゑふノ條ヲ見ヨ。
うこんのつかさ (名) 右近衞 おのゑふノ條ヲ見ヨ。
うこんばな (名) 鬱金花 樹ノ名、山中ニ生ズ、高サ一丈許、春ノ初、小黄花、多ク集リ開ク、花後、葉ヲ生ズ、徑三寸許、圓クシテ三尖アリ。三椏烏藥
うこんゑ (名) 右近衞 おのゑふノ條ヲ見ヨ。「—大將」
うこんゑふ (名) 右近衞府 おのゑふノ條ヲ見ヨ。
うごめく・ク・ケ・カ・キ・ケ (自動)(規・一) 蠢 ウサウサト動ク。ヲゴメク。(小蟲ナド)
〔うごもつ・ツ・テ・タ・チ・テ (自動)(規・一) 墳 土、高ク起ル。ウゴモル。
〔うごもる・ル・レ・ラ・リ・レ (自動)(規・一) 墳 うごもつニ同ジ。
〔うごろもち (名) 鼹鼠 〔墳持ノ義〕むぐらもちニ同ジ。
うさいかく (名) 烏犀角 犀角ノ條ヲ見ヨ。
うざうざ (副) 蚯蚓ナド、小蟲ノ集リテ、蠢ク狀ニイフ語。蠕蠕
うざうむざう (名) 有象無象 世上ニ、象アルモノト、象無キモノト。世ノ萬物。
うさぎ (名) 兎 〔本名、うニテ、さぎハ、梵語、舍迦(兎)ヲ合ハセタルモノト云フハ、イカガ〕又、ヲサギ。小キ獸、長サ一尺許、耳甚ダ長ク、全身、灰褐色ニシテ、前脚短ク、後脚長ク、高キニ上ルニ捷シ、目赤ク、上脣缺ケテ、長キ髭アリ、山ニ穴シテ棲ム、肉美ナレバ、猛獸ニ貪リ食ハル、毛ヲ筆ニ用ヰル。之ヲ野—ト云フ。

野兎 家ニ畜フモノハ、かひー、又ハ南京ートイフ、元ハ食用ニ畜ヘリ、今ハ玩トス、形、稍、小ク、毛色種種ニシテ美シ。 家兎

うさぎうま (名) 兎馬 舶來ノ獸、形、馬ニ似テ小ク、耳長クシテ、兎ニ似タリ、全身、暗褐色ニシテ、背ニ黑キ條アリテ、肩ニテ十字ヲナス、尾ハ牛ノ尾ノ如ク、末ニ長キ毛アリ、性、鈍柔ナレドモ、物ヲ負フニ堪フ。 驢

うさぎばね (名) 兎跳 一タビ、身ヲ屈メ、足ニ力ヲ入レテ前ヘ飛ブコト。「一來法師、ーニテ越エタリケル」

ウ-サン (名) 胡盞 〔字ノ廣東音ナリトイフ〕 建盞ノ條ヲ見ヨ。

ウ-サン (名) 胡散 〔胡論ノ轉カ、或ハ鳥散ナドトモ書ス〕 疑ヒ怪シムベキコト。 可疑

〔うさ-ゆづる (名) 儲弦 〔うさハ藏メノ轉カ〕 又、をさゆづる。懸ケ替ヘノ弓弦。

うし (名) 大人 (一)人ヲ尊ビ稱スル語、上世、一處ノ君主ナドニイフ。(二)後ニ、師、又ハ、學者ノ尊稱。

うし (名) 牛 〔大獸ノ轉カ〕 (一)獸ノ名、形、馬ヨリ大クシテ、脚短ク、體甚ダ肥エテ、兩角アリ、尾短ク細ソクシテ、蹄分ル、大小一ナラズ、毛色ハ、黑キヲ常トスレドモ、種種ナルモアリ、性遲緩ナレドモ、力甚ダ強ク、常ニ人家ニ畜ヒテ、耕作ニ用ヰ、又車ヲ牽カス、其肉、乳、乳モ人ニ滋養アリ、皮、骨、角、蹄、皆用アリ。(二)綮ノ大ナルモノノ稱。(汗牛充棟ノ語ヨリ誤レルカト云)

うし (名) 丑 〔牛ノ義〕 (一)支干ノ名、其條ヲ見ヨ。(二)方角ノ名、えとノ條ヲ見ヨ。(三)時ノ名、其條ヲ見ヨ。

う・し・き・けれ・く・く (形・二) 憂 思フママナラデ心苦ム。ツラシ。

うじ (名) 蛆 蟲ノ名、蠅ノ卵ヨリ化生ス、初メハ、一頭尖リテ、一頭ハ切リタルガ如シ、長サ一二分、漸ク長ジテ、五六分トナリ、色白クシテ、尾ヲ生ズ、後ニ、蛹トナリテ、蠅ニ羽化ス。

うじ (名) 右炭 (近江)

うし-あはせ (名) 牛合 牛ト牛トヲ、角ニテ鬪ハセテ、其勝負ヲ觀ル戲。ウシノツノツキ。 鬪牛

うし-うま (名) 牛馬 (一)牛ト馬ト。(二)大隅國ノ種子島ニ產ズル一種ノ馬、首ハ馬ニ似テ、身ハ牛ニ似タリ、形、常ノ馬ヨリ小シ。

うし-えび (名) 牛鰕 鰕ノ一種、大クシテ六尺許ニモ至ルモノ、色黑シ。 牛魚

〔うし-おふもの (名) 牛追物 犬追物ノ類ナリト云。

うし-かた (名) 牛方 牛車ヲ扱ヒテ、荷ヲ運ブヲ業トスル者。 牛奴

うし-かひ (名) 牛飼 牛ヲ飼ヒ、又、使フ者。

うじ-ぐさ (名) 蛆草 〔醬ニ入ルレバ、蛆ヲ除クベシト云〕 灌木狀ノ草、大ナルハ、三四尺ニ至ル 萩ニ似テ、葉細長シ、夏ノ末、花穗ヲ出ス、豆ノ花ニ似テ小ク、白クシテ黃ヲ帶フ。

〔うし-くすし (名) 牛醫 專ラ牛ノ病ヲ療スル醫者。

うし-ぐは (名) 牛鍬 からすきニ同ジ。

うし-ぐるま (名) 牛車 (一)ギッシヤ、屋形車ニ、牛ヲツケテ牽カスルモノ、官位等ニ依リテ、乘用、製作ニ制限種種アリ。(二)大ナル荷車ノ、牛ニテ牽カスルモノ。

うし-ころし (名) 牛殺 (一)食料ニ供フル牛ヲ殺スヲ業トスル者。 屠牛夫 (二)樹ノ名、高サ丈餘、莖ハうめもどきニ似テ長ク、互生ス、夏、枝ノ端ニ、五瓣ノ白花ヲ開ク、山樝子ノ花ニ似テ、稍小シ、實ハ、大豆ノ大サニテ、熟スレバ紅ナリ。(武藏) 老葉兒樹

うし-ざき (名) 牛裂 往時アリシ刑ノ名、兩手兩足ヲ四疋ノ牛ニ繫ギテ、牛ニ柴ヲ負ハセ、火ヲ點ズレバ、四牛、四方ニ驅ケテ、體ヲ四裂スルモノト云。

うし-つき (名) 牛附 うしかひニ同ジ。

うし-とら (名) 丑寅 方角ノ名、えとノ條ヲ見ヨ。 艮

〔うじな (名) 狢 むじなノ古言。

うしな・ふ・ふ・へ・へ・ひ・へ (他動)(規・二) 失 (一)物ヲ見ヌヤウニナス。無クス。無クナス。(二)死別トナス。「父ヲー」子ヲー」 喪 (三)常ナラヌヤウニナス。「心ヲー」氣ヲー」 喪

うしの-さうめん (名) 牛索麵 草ノ名、ねなしかづらニ同ジ。 兎絲子

うしの-した (名) 牛舌 (一)魚ノ名、したびらめノ一名。(東國) (二)樹ノ名、いぬびはノ一名。(豐前) (三)草ノ名、ふぢさはぎくノ一名。(山城) (四)又、羊蹄。(備後) (五)鹿茸。(河州)

うしの-たま (名) 牛玉 (一)牛ノ頷ニ生ズル毛ノ塊、其瘤ナリトイフ、形圓クシテ、大サ一寸餘 長キ毛、カタ

マリテ、中ニ堅キ心アリ、白色、褐色ナド、種種ナリ。其白キモノヲ僞リテ白狐ノ玉ト呼ブ、或ハ僞製スルモアリ、牛玉ヲ轉ジテ牛王トイヒ、牛王ノ符ニ附會シテ、寺院ナドニテ、寶物ナドトス。（二）又、牛黄ノ一稱。

〔うしのち（名） 牝牛ノ乳汁、藥用トス。

うしのつのがひ（名）牛角貝 介ノ名、牛ノ角ノ形シテ、太キ方ニ孔アリ、長サ寸餘ニシテ、縱條アリ、色白シ、又淡褐色ナルモアリ。

うしのつのつき（名）牛角突 うしあはせニ同ジ。

うしのはなぎ（名）（一）桊ノ條ヲ見ヨ。（二）樹ノ名、かまずみニ同ジ。

うしのひたひ（名）牛額 （一）草ノ名、たがらし。（二）又、おひげ。（三）又、みつばぜり。（京都）（四）又、きからすうり。（備後）（五）又、いしみかは。（越後）（六）樹ノ名、いめびは。（周防）

〔うしは・く・ク・ケ・カ・ケ（他動）（規・一）領 〔主タル意〕 其土地ヲ領ス。

うしはこべ（名）牛蘩蔞 はこべらノ一種、葉ノ長サ寸餘ニ至ルモノ。

うしはへ（名）牛蠅 形、あをはへニ似テ扁クシテ、利キ觜アリテ、牛馬ニツキテ、其血ヲ吸フモノ、大小二種アリ。鹿虻

うしべや（名）牛部屋 牛ヲ繋ギ置ク處。牛室

うしほ（名）潮 〔海鹽ノ約ニテ、乾鹽ニ對シテイヘル語カ〕（一）海ノ水ノ、日月ノ引力ニテ高クナリ、又、低クナルコト、大抵、一晝夜ニ、二度高低ス、略シテ、しほトノミモイフ、陸ニ寄スルヲ、あぐ、又、さすトモ云。イデシホ。アゲシホ。サシシホ。上潮 最モ高クナルヲ、みつトイフ。ミチシホ。滿潮 沖ニ退クヲ、ひくトイフ。イリシホ。ヒキシホ。退潮 最モ低クナルヲ、ひるトイフ。ソコリ。乾潮 朝ニサスヲ あさしほトイフ。潮 夕ニサスヲ、ゆふしほトイフ。汐 朔、望ニ、特ニ高クサスヲ、おほしほトイフ。（二）汎ク海ノ水ノ稱。（三）汐煮ノ略。

うしほに（名）汐煮 〔海邊ニテ潮水ニテ煮タルニ起ルト云〕 料理ニ、ひものノ製法、鯛ナドノ肉骨ヲ、水ニテ煮テ、食鹽ヲ加ヘタルモノ。略シテ、ウシホ。

うしほほづき（名）牛酸漿 いめほほづきニ同ジ。

うしまつり（名）牛祭 山城ノ太秦ナル大辟ノ神ノ祭、陰暦九月十二日ナリ、前夜ニ、僧、異裝シテ、牛ニ乘リ、祠ヲメグルコトアリ、因テ稱ス。

うしみつ（名）丑三 漏刻ノ條ヲ見ヨ。

うしむし（名）蟲ノ名、あとびさりニ同ジ。

〔うじもの（名）鵜自物 鵜トイフモノ。

うしや（名）牛屋 （一）牛ヲ飼ヒオク處。牛欄 （二）食料ノ牛肉ヲ賣ル家。牛肆

うじや（名）烏蛇 色ノ黑キ蛇、藥用トスルニイフ。

うじやう（名）有情 佛經ノ語、生キテ情アルモノ。（無情、非情ニ對ス）

うじゆきつ（名）雲州橘 〔本草ニ、温州ノ產ヲ上トス、トアレバ、温州橘ナリトモ云〕（一）古ニイヘルハ、今ノ雲州蜜柑。（二）今、一種變生ノ橘ノ名、蜜柑ヨリ大クシテ、味、酸ク苦ク、食フニ堪ヘズ。

うしろ（名）後 〔裏尻ノ約轉カト云〕（一）前ノ反。シリヘ。（二）背。セナカ。「柱ヲーニス」敵ニーヲ見ス」（三）見エヌ處。ユクサキ。向後。「ーメタシ」ーグラシ」

うしろあし（名）後足 足ヲ後ニシテ逃ゲムトスルコト。反踵

うしろあはせ（名）後合 互ニ背向ゲ合フコト。○ーヲ蹈ム。タメラフ。タユタフ。躊躇

うしろかげ（名）後影 行ク人ノ後姿。背影

うしろぐら・し・キ・ケレ・ク・ク（形・一）後暗 （一）ウシロメタシ。顧慮 （二）貳心アリヤ疑ハシ。貳心

うしろすがた（名）後姿 背面ノ姿。

うしろだて（名）後楯 （一）背ノ防ギトシテ、楯ニ取ルモノ。「松ノ樹ヲーニ取テ鬪フ」（二）陰ニ居テ扶クルコト。ウシロミ。「ートナル」後援

うしろで（名）後手 （一）後ノ方。背面。「姫君ノ立出デタマヘリツルーヲ見タマヘリケルナメリ」背面 （二）兩手ヲ背ニマハスコト。「ーニ縛ル」反縛

〔うしろべた・し・キ・ケレ・ク・ク（形・一） うしろめたしニ同ジ。「乳母、カヘデム、イトー、トオホセラルレバ」

うしろみ（名）後見 （一）後ニ居テ、他ノ事ヲ見ツツ扶クルコト。ウシロダテ。扶 （二）主ノ幼キカ、又ハ、女ナルトキ、其家事ヲ扶ケ治ムルコト。又其人。後見。

〔うしろ・みる・ミル・ミレ・ミ・ミ・ミヨ（自動）（規・四）後見 後見ヲナス。

〔うしろ・む・ムル・ムレ・ミ・ミ・ミヨ（自動）（規・三）後見 うしろみるノ轉。

うしろむき (名) 後向 背向ケテ居ルコト。背面ナルコト。背面

〔うしろめたし・キ・ケレ・ク・ク (形・一) 〔後目、痛シ、ノ義〕 後ノ事、心ニカカル。見エヌ所、ココロモトナシ。ウシロベタシ。ウシロメタナシ。 顧慮

〔うしろめたなし・キ・ケレ・ク・ク (形・一) うしろめたしニ同ジ。

うしろやすし・キ・ケレ・ク・ク (形・一) 後安 後ノ事、心安シ。見エヌ所ニ、ココロガカリナシ。

うしろゆび (名) 後指 背ヨリ人ニ指ヲ差サルルコト。〔窃ニ嘲リ侮ラレ、又ハ、誹リ疑ハルルナドニイフ〕「―差サル」

うす (名) 臼 穀ヲ精ゲ、又ハ、物ヲ砕キ、又ハ、餅ヲツクル器、木製、圓クシテ、上下、平ナリ、上ヲ凹クシテ、物ヲ容レ、杵ニテ舂ク。一名、搗―。又、カラ―、フミ―、スリ―、ヒキ―、等アリ、各條ニ注ス。

うす・スル・スレ・セ・セ・セヨ (自動) (規・二) 失 (一)見エヌヤウニナル。無クナル。(二)死ヌ。「此人、失セテ後、イカガハセム」京ニテ生レシ女子、失セニシカバ」 亡 喪

うす (接頭) 薄キ。淡キ。「―墨」―紅」―青」―赤シ」―暗シ」

〔うず (名) 髻華 古ヘ、冠ノ上ニ挿シタル飾物。

〔うぞ (名) 雲珠 唐鞍ノ鞦ノ打交フ處ニツクル飾物。

うすあかり (名) 薄明 朧月夜ナド、微ニ明キコト。 微明

うすいし (名) 臼石 形、小クシテ、臼ノ如シ、大和、其他諸國ヨリ掘出ス、古ノ装飾ノ具ナルベシト云。

〔うすいた (名) 薄板 (一)薄キ地ノ織物ノ稱。〔厚板ニ對スル稱、いたのもの條、見合ハスベシ〕(二)花瓶ヲ据エオク板。

うすいちご (名) 臼苺 灌木、樹、葉、花、實、太ダうすのきニ似テ、葉ニ酸味ナシ、實、大豆程ニテ、稜アリ、上、凹クシテ臼ノ如ク、色赤シ。

〔うすいろ (名) 薄色 (一)織物ニ、經、紫ニテ、緯、白ナルモノ。(二)染色ニ、薄紫ノ稱。或云、二藍ノ薄キモノ。(三)重ノ色目ノ稱、表、うすはなだニ赤ミアルモノ、裏、濃キうすいろ。

うすうす (副) 薄薄 スコシ。ホノカニ。「―知ル」 微

うすえふ (名) 薄葉 うすやうニ同ジ。

うすかは (名) 薄皮 膜ニ同ジ。

うすきぬ (名) 薄衣 薄キ衣。

〔うすぎぬ (名) 薄帛 紗。

うすぐも (名) 薄雲 (一)淡ク棚引キタル雲。(二)介ノ名、どぶがひノ類、楕圓ニシテ、大ナルモノモ、一寸ニ足ラズ、白クシテ黒キ斑アリ。

うすぐらし・キ・ケレ・ク・ク (形・一) 薄暗 微ニ暗シ。ヲグラシ。 微明

うすげしやう (名) 薄化粧 淡ク化粧スルコト。 淡粧

うすこうばい (名) 薄紅梅 (一)紅梅ノ花ノ色、淡キモノ。(二)川魚ノ名、きすニ似テ、青黒クシテ、脇腹ニ赤キ條アリ。アイサ。(下野)

うずざくら (名) 雲珠櫻 櫻ノ一種、花、單瓣淡紅ニシテ、蕊長ク、花ノ心ヨリ、碎瓣二三片ヲ出スモノ。

うすし・キ・ケレ・ク・ク (形・一) 薄 (一)此面ヨリ彼面マデノ距離少シ。厚カラズ。〔物ニイフ〕(二)少シ。淺シ。「情―」(三)濃クアラズ。淡シ。「色―」 淡 (四)氣味、少シ。アマシ。〔羹、酒ナドニ〕 稀薄 (五)コマヤカナラズ。ホノカナリ。〔雲霧ナドニ〕 淡 (六)烈シカラズ。カロシ。〔痛、傷ナドニ〕 微

〔うすすく・ク・ケ・カ・キ・ケ (自動) (規・一) いすすくニ同ジ。

〔うずまる・ル・レ・ラ・リ・レ (自動) (規・一) 群リ集マル。

うすずみ (名) 薄墨 (一)墨ノ色ノ淡キモノ。 淡墨 (二)うすずみがみノ略、宿紙ノ條ヲ見ヨ。「―ノ綸旨」―ニ書ク玉章ト見ユルカナ」(三)そばがき。(女房詞)

〔うすずみがみ (名) 薄墨紙 宿紙ニ同ジ。

〔うすずみのりんじ (名) 薄墨綸旨 うすずみがみニ書キテ下サルル綸旨、初メ、案紙ナルヲ直ニ下サレシニ起レリト云。

うすちや (名) 薄茶 おいちやノ條ヲ見ヨ。

うすちり (名) 薄塵 塵地ノ條ヲ見ヨ。

うすつく・ク・ケ・カ・キ・ケ (自動) (規・一) 臼搗 (一)物ヲ臼ニ入レ杵ニテ搗ク。 舂 (二)山ノ端ナドニ入ラムトス。「夕陽―」 下舂

うすで (名) 薄手 (一)淺キ手疵。 微傷 (二)製造ノ薄キモノ。「―ノ茶碗」

うすねずみ (名) 薄鼠 ねずみいろノ淡キモノ。シロネズミ。 水墨色

うすのき (名) 臼木 灌木、高サ、三四尺、葉ハ卵

圓ニテ、互生ス、長サ寸許、春夏ノ際、葉ノ間ニ、小花ヲ開ク、どうだんつつじノ花ニ似テ、薄紅ナリ、實ノ形、小豆ノ程ニテ、赤ク、上、凹ミテ臼ノ如シ、味、酸ク、葉モ酸シ、紅葉ス。ウスノミ。

うすのみ (名) うすのきニ同ジ。

〔うすは (名) 臼齒 老人ノ齒ナドノ、空ニナリテ、臼ノ如クナリタルモノ。 齙

うすば (名) 薄刃 庖刀ノ刃ノ薄キモノ。 菜刀

〔うすはく・ク・ケ・カ・キ・ケ (他動)(規.一) うしはくニ同ジ。

〔うすはた (名) 〔薄機ノ義〕 羅ニ同ジ。

〔うすひたひ (名) 薄額 冠ノ一種、磯ノ低キモノ。(かんむりノ條ヲ見合ハスベシ)

うすべ (名) おすめどりニ同ジ。

〔うすべどり (名) 白邊鳥 にはとりニ同ジ。

うすべり (名) 薄縁 席ニ縁ヲツケタルモノ、疊ノ如クニシテ、心ナシ。ヘリトリ。 涼簟

うすみの (名) 薄美濃 美濃紙ノ甚ダ薄クシテ、透明ルモノ。

〔うすめ (名) おすめどりニ同ジ。

うすもの (名) 薄物 紗、羅ノ類ノ總稱。

うすやう (名) 薄様 (一)又、薄葉。紙ノ名、とりのこがみノ薄ク漉キタルモノ。(二)又、雁皮紙ノ、薄クシテ、そきうつしニ用キルモノ、輕便ニシテ、蠹バマズ。

うすゆき (名) 薄雪 スコシ降リ積レル雪。「道モカクレヌ野邊ノ——」 微雪

うすゆきこんぶ (名) 薄雪昆布 昆布ヲ甚ダ薄ク削リタルモノ、色白シ、大坂ノ產ニテ名アリ。

うすらかに (副) 薄 薄キ狀ニテ。

うすらぐ・グ・ゲ・ガ・ギ・ゲ (自動)(規.二) 薄 (一)漸ク薄クナル。薄ル。(二)淡クナル。(三)衰フ。淺クナル。輕クナル。「痛——」「暑サ——」「色——」「情——」

うすらに (副) うすらかにニ同ジ。

〔うすらひ (名) 薄氷 ウスキコホリ。「——ニ閉ヂタル冬ノ鶯ハ」

〔うするる・ルル・ルレ・レ・レ・レヨ (自動)(規.二) うすらぐニ同ジ。

〔うすろぐ・グ・ゲ・ガ・ギ・ゲ (自動)(規.一) 薄 うすらぐニ同ジ。

うすゐ (名) 雨水 (一)アマミヅ。(二)二十四氣ノ一、其條ヲ見ヨ。

うせうべん (名) 右少辨 スナイオホトモヒ。官名、辨ノ條ヲ見ヨ。

うせもの (名) 失物 失セタル物。失ヒタル品。(盜マレタルナドニイフ)

うせる (動) 失スノ訛。

うそ (名) 鷽 〔聲、嘯ヲ吹クガ如クレバ名ヅクト云〕小鳥ノ名、雀ヨリ大ク、頭深黑ニシテ、兩頰ヨリ頸ニ至リテ、深紅ナリ、胷、短ク肥エテ黑ク、背、脇、腹、翮ハ、灰青ニシテ赤ミアリ、尾黑シ、秋來リ、冬去ル、畜ヒテ聲ヲ賞ス。ウソトリ。ウソヒメ。 拙老婆

うそ (名) 獺 をそニ同ジ。

うそ (名) 嘯 口ヲ蹙メテ聲ヲ出スコト。「——ヲ吹ク」「——打吹キテ」

うそ (名) 嘘 〔浮虛ノ意カト云〕イツハリ言。ソラゴト。「——ヲイフ」「——ヲツク」 虛言

うそつき (名) 虛言ヲイフコト。又其人。 妄語人

うそどり (名) 鷽ニ同ジ。

うそひめ (名) 鳥ノうそニ同ジ。

うそぶき (名) (一)嘯クコト。(二)假面ニ、嘯ケル相ヲナセルモノ。

うそぶく・ク・ケ・カ・キ・ケ (自動)(規.一) 嘯 (一)口ヲスボメテ聲ヲ出ス。(二)詩歌ヲ吟ズ。(三)長ク烈シキ聲ヲ出ス。吼ユ。「虎——」

〔うそむく・ク・ケ・カ・キ・ケ (自動)(規.一) 嘯 うそぶくニ同ジ。

〔うそゑむ・ム・メ・マ・ミ・メ (自動)(規.一) ほほゑむニ同ジ。 微笑

うた (名) 歌 (一)聲ヲ出シ節ヲナシテ歌フ詞ノ總稱、多クハ音樂ノ調ニ合セテ歌フ、神樂歌、催馬樂、今樣ナドヲ初トシテ、俗謠、俚歌、種類多シ。(二)詠ミ綴ル一種ノ文詞、詩ニ對シテ、やまとうた、又、和歌トイフ、大抵、一句ヲ五音ト七音トニ定メテ、五、七、五、七、七、合セテ、五句、三十一音ナルヲ常格トス。其初ノ三句ヲ、上ノ句トイヒ、末ノ二句ヲ、下ノ句ト云。然レドモ、六音、八九音ノモノモアリ、又、長歌、旋頭歌、折句、沓冠ナド、句法種種ナルモノナリ、各條ニ注ス。

うたあはせ (名) 歌合 歌人ヲ左右ニ分チ、方人ヲ立テテ、其詠メル和歌ヲ合ハセテ、優劣ヲ判スルコト。

うだい（名）守内 天地四方ノ内。アメガシタ。

うだいし（名）右大史 官名、史ノ條ヲ見ヨ。

うだいじん（名）右大臣 左大臣ノ條ヲ見ヨ。

うだいしやう（名）右大將 右近衞大將ノ略、近衞府、並ニ、將ノ條ヲ見ヨ。

うだいべん（名）右大辨 オホイオホトモヒ。官名、辨ノ條ヲ見ヨ。

うだいまつ（名）鵜松明 鵜飼ノ雨中ニ用ヰル松明ノ稱、樺ノ皮ヲ用ヰル。（信濃）

うだいも（名）つくねいもニ同ジ。

うたうたひ（名）（一）歌ヲ善ク謠フ人。（二）魚ノ名、いしぶしニ同ジ。（山城、淀）

（うたうら（名）歌占 和歌ニテ吉凶ヲ占フコト。

（うたがき（名）歌垣 〔垣トハ人ノ並ブ意ナリト云〕古ヘ、男女、時アリテ集リテ、國風ヲ和シ唱ヘタル遊、種種ノ曲アリ。

（うたかぐさ（名）草ノ名、あはぼニ同ジ。（とりのあしぐさノ條、見合ハスベシ）

（うたかた（名）〔空形ノ轉カ〕水ノ上ノ泡。多ク、ハカナケナルコトニ譬ヘテイフ。「水ノ面ニ、浮キテ漂フ―ノマダ消エヌ間ニ、變ハル世ノ中」

（うたかた（副）〔泡沫ノハカナキ間モ、ノ意〕暫シモ、スコシノマモ。「―人ヲシノバザラメヤ」―花ヲアリト見マシヤ」

うたがは・し・シキ・シケレ・シク・シク（形・二）疑 疑フベクアリ。イブカシ。ガテンユカズ。可疑
うたがひ（名）疑 ウタガフコト。アヤシミ。不審。


うたが・ふ・フ・ヘ・ハ・ヒ・ヘ（他動）（規・一）疑 確ナラヌヲ如何ト思フ。心ニ明ニ思ヒ得ズ。アヤシム。イブカル。

うたがふらくは（副）疑 〔疑フ、ノ訛延〕疑フニハ。（下ニ推量ノ語ヲオク）「―コレナラム」

うたガルタ（名）歌骨牌 かるたニ、歎首ノ和歌ノ上下ノ句ヲ分チテ書キタルモノ、數人相集リ、下ノ句ノ牌ヲ撒キオキテ、上ノ句ヲ讀ムニ隨ヒテ取ル、取レル多少ヲ以テ、勝負トシテ戯ル。

うたきりぎりす（名）おほろぎニ同ジ。（東京）

（うた・ぐ・グル・グレ・ゲ・ゲ・ゲヨ（自動）（規・二）（一）安坐ス。踞（二）腰掛ク。

（うだ・く・ク・ケ・カ・キ・ケ（自動）（規・一）吼ユニ同ジ。「其猪怒リテ、ウダキ依來」

（うだ・く・ク・ケ・カ・キ・ケ（他動）（規・一）懷クニ同ジ。

うたぐち（名）歌口 （一）歌ノ作風。（二）歌詠ムコトノ巧ナルコト。（三）横笛、尺八ナドノ穴ノ、口ニ當テテ吹ク所。

うたくづ（名）歌屑 和歌ノ集中ノ拙作ノ手。

++うたぐり（名）疑 うたがひニ同ジ。

++うたぐ・る・ル・レ・ラ・リ・レ（他動）（規・一）疑 うたがふニ同ジ。

（うたげ（名）〔掌ヲ拍上ノ約〕酒宴。

うたことば（名）歌詞 文章ニハ多ク用ヰズ、專ラ和歌ニノミ用ヰル語ノ稱。（小夜、手折ル、ノ類）

うたた（副）轉 （一）うたてニ同ジ。「憂シトテモ、イカガ此世ヲ厭フベキ、―アルヲ、月ノ影カナ」（二）イヨイヨ。

「與―深シ」

うたたね（名）〔顚寐ノ轉カ、或ハ、轉寐ノ義カ〕まろびね、かりね、ニ同ジ。「―ニ、戀シキ人ヲ見テシヨリ」―ノヒルネノ夢ニ」


（うだち（名）梲 梁ノ上ニ立ツル短キ柱。

++うだつ（名）梲ノ訛。
○++―ガアガラヌ。常ニ壓サレテアリ。
（うたづかさ（名）雅樂寮ニ同ジ。

（うたて（副）轉 （一）本ヨリアル事ノ、愈轉リ進ミテ、殊ニ甚シク成リ行ク意ニイフ語。「猶其惡態不止而轉」（二）轉ジテ、平穩ナラズ、尋常ナラズ、奇僻ク善カラヌ意ニイフ語。アマリニ。「設ニ奇偉之戯」心コソ―惡ケレ」情ナク―アル事ヲ」―心無シトミエラレタル」

（うたて・し・キ・ケレ・ク・ウ（形・一）甚シ。（多クハ善カラヌ意ニイフ）轉劇
（うたて・し・シキ・シケレ・シク・シク（形・二）前條ノ語ノ轉。

（うたな・し・キ・ケレ・ク・ウ（形・一）〔うつなしノ轉カ〕疑無シ。「天ノ川、汀ウタナク、マサルカナ」

（うため（名）歌主 和歌ヲ詠ミタル其人。

（うたのつかさ（名）雅樂寮ニ同ジ。

うたひ（名）謠 能ニ合ハセテ歌フ一種ノうたひものノ名、其曲、内外等ノ名目アリテ、各百番トシ、其他倘アリ、音節ノ流派モ多シ。謠曲。（能ノ條ヲ併セ見ヨ）

うたひぞめ（名）謠初 德川氏ノ頃、正月二日ニ、殿中ニテ、始メテ謠ヲ催ス式。

〔うたびと（名）歌人 (一)歌ヲ巧ニ歌フ人。(二)和歌ヲ作ル人。ウタヨミ。歌人。

うたひもの（名）歌物 節ヲナシテ歌フベキ詞曲ノ總稱。歌曲
うたふ・フ・ヘ・ハ・ヒ・ヘ（他動）（規・一）歌 (一)聲ヲアゲ節ヲツケテ、歌ヲ唱フ。(二)吟ズ。詠ズ。吟
〔うたふ・フル・フレ・ヘ・ヘ・ヘヨ（他動）（規・二）訴 うつたふニ同ジ。

うたぶくろ（名）歌袋 歌ノ詠草ナド挿シオク具、陸奥紙ニテ作リテ、柱ナドニ掛ケ置ク、或ハ、錦、白綾ニテモ作ルト云。

〔うたへ（名）訴 うつたへニ同ジ。

〔うたへただすつかさ（名）刑部省ニ同ジ。

うたまくら（名）歌枕 和歌ノ枕言ニ詠ミ入レテ好キ名所ノ名。

〔うたまひのつかさ（名）雅樂寮ヲ見ヨ。

〔うため（名）歌女 歌ヲ巧ニウタフ女。

うたよみ（名）歌讀 (一)和歌ヲ詠ミ作ル人。(二)和歌ヲ作ルニ巧ナル人。

うたよもぎ（名）歌蓬 葉ハ、柳ニ似テ、微毛アリ、故ニ、やなぎよもぎノ名モアリ、夏ノ初、莖ヲ出スコト一二尺、莖ノ梢ニ、枝ヲ分チテ、十數ノ花、集リツク、形、きつねあざみノ花ニ似テ、小クシテ淡黄ナリ、後ニ絮トナリテ飛ブ。蓬
††うだる・ル・レ・ラ・リ・レ（自動）（規・一）ゆだるノ訛。

うたれう（名）雅樂寮 古ヘ治部省被管ノ寮、舞樂音曲ノ事ヲ掌ル。ウタマヒノツカサ。ウタツカサ。ウタノツカサ。


〔うたゑ（名）歌繪 和歌ノ中ノ意ヲ畫キテ、てにをはナドヲ假名ニテ書キ添ヘタル畫、文字ト畫トニテ歌ヲ成ス。或云、歌ヲ書クベキ料ノ畫讚ニスベキタメノ畫ナリト。

〔うたを（名）歌男 歌ヲ善クウタフ男。

うち（名）内 〔空ノ轉カ〕(一)外ノ反。物事ノ現ナラヌ方。ウラ。(二)中。「多クノ一ニ」(三)アヒダ。間。「晝ノ一」「十日ノ一」間 (四)内裏。禁中。「今ハ一ニテミサブラヒ給フ」「大一」「一ノ掃部」禁内 (五)主上ノ敬稱。「一、東宮、一院、后宮、ツギツギノユカリ」上 (六)妻ノ稱。(七)††家。「一ニ入ル」「一ヘ歸ル」家 (八)己ガカタザマ。ミカタ。(他ハ外國ナドニ對ス)

うち（代）内 我。オレ。

うち（名）打 打ツコト。「一語フ」「一開ク、一散ル、ナドノ意ハ、打ツノ條ヲ見ヨ」

うぢ（名）姓氏 家家ノ系統ニ隨ヒテ一族、子孫、相傳ヘテ稱スル號。上古ヨリアルハ、大伴、物部、蘇我等ナリ、別ニ朝廷ヨリ賜ハレルハ、源、平、藤、橘等ナリ、即チ、人ノ名ニ對シテ、家ノ名ナリ。後ニ子孫各延蔓スルニ及ビ、別ニ、北條、足利、織田、德川等、地名ナドヲ採リ、稱ヲ作リテ分テリ、コレヲ名字、苗字、苗氏ナド云ヒ、亦相繼ギテ用ヰル、然レドモ、姓ハ倘變ハラザルナリ。今、多クハ、源平等ニ、姓ノ字ヲ當テ、苗字ニ、氏ノ字ヲ當ツ。

うちあく・クル・クレ・ケ・ケ・ケヨ（他動）（規・二）打明 (一)明クル。(二)明シテ話ス。ツツマズカタラフ。妖語
うちあぐ・グル・グレ・ゲ・ゲ・ゲヨ（他動）（規・二）打上 (一)打チテ上グ。(二)打ツ。「打上ゲタル拍子ノ善ゲニ聞エ」(三)〔掌ヲ打チ、樂ミテ酒飲ム。「酒ヲ飲ミ、ノノシリテ、打上ゲ、ノノシル」「此程三日、打上ゲ遊ブ」
うちあはす・スル・スレ・セ・セ・セヨ（他動）（規・二）打合 (一)合ハス。(二)互ニ打ツ。(三)預メ語ヒ置ク。豫議
うちあはせ（名）打合 (一)打合ハスルコト。(二)預メ語ヒオクコト。豫議
〔うちあはせ（名）内合 ふともも二同ジ。腿
〔うちあはび（名）打鮑 のしあはびノ條ヲ見ヨ。
うちあひ（名）打合 (一)互ニ打ツコト。タタカヒ。鬪 (二)銃砲ノタタカヒ。砲戰
うちあふ・フ・ヘ・ハ・ヒ・ヘ（他動）（規・一）打合 (一)互ニ打ツ。(二)互ニ放ツ。（銃砲ナドニ）砲戰
うちあみ（名）打網 とあみニ同ジ。撒網
〔うちあり・ル・レ・ラ・リ・レ（自動）（不規・四）打有 尋常ニテアリ。「是ハウチアル矢ニハアラザリケリ、神箭ナリケリ」「タダウチアル友ニハナズラヘ難ケレド」
うちいり（名）討入 攻メ入ルコト。襲ヒカカルコト。襲擊
うちう（名）宇宙 宇ハ天地四方、宙ハ古往今來。
うちうち（名）内内 外人ニ示サヌコト。内曲。ナイナイ。「細カナル一ノ事マデハ一ノアリサマ」同ジ事ト、一ニハ思フトモ」

うちうち (副)・タメラヒテ起チカヌル狀ニイフ語。「ーシテ居ル」 逡巡

うちうみ (名) 内海 (一)ミヅウミ。湖 (二)海ノ陸ヘ入リコミタル處。イリエ。灣

うちうら (名) 内裏 内曲ニ同ジ。

うちがき (名) 磯蠣ニ同ジ。

うちかけ (名) 打掛 (一)服ノ名、裲襠ノ條ヲ見ヨ。(二)婦人通常ノ禮服、帶シタル上ニ、打掛ケテ着ル小袖ニテ、小袿ノ體ヲ學ベルモノナリ。略シテ、カケ。又、カイドリ。

うちかた (名) 内方 人ノ妻ヲ敬ヒ呼ブ語。内方。内儀。令閨

〔うちがたな〕 (名) 打刀 鍔ノ付キタル常ノ刀ノ稱。一名、ツバガタナ。

うちがね (名) 打金 小銃ノ火門ノ上ニツクル金具、打下シテ火ヲ發セシム。

うちかぶと (名) 内冑 冑ノ裏面。

うちがへ (名) 打違ヘニ帶ブベク作リタル帶袋。槖

うちかへ・す・せ・ス・セ・サ・シ・セ (他動)(規・一) 打返 クリカヘシ同ジ事ヲ再ビ爲ス。「イト心苦シケレバ、ウチカヘシ、宣ヒアカス」ウチカヘシウチカヘシ、アヤシト御覽ジテ」 反覆

うちがみ (名) 打紙 槌ニテ打チ固メテ、光澤ヲ出シタル紙。

うちがみ (名) 氏神 (一)氏ノ先祖ヲ神トシ祀ルモノ、藤原氏ノ、其祖、天兒屋根命ヲ春日ノ神ニ祀ルナド。(二)俗ニ、產土神。

うちがり (名) 内借 内金ヲ前拂ニ請ヒ受クルコト。内借。

うちき (名) 内氣 氣象ノウチワナルコト。エンリヨブカキコト。小心

うちぎ (名) 袿 〔内着ノ意カ、或ハ、打着カ〕 衣ノ上、裝束ノ下ニ着ル服、ひろそでニテ大ナリ。コレヲ外ニ見ユルヤウニ出シテ着ルヲ、いだしートイフ。

〔うちぎき〕 (名) 打聞 (一)聞クコト。聞キタル言。(二)聞書。(三)聞キテ記シ置キタル歌。

〔うちぎぬ〕 (名) 打衣 婦人ノ單、又、袙ノ上ニ着ル服。

うちきん (名) 内金 總金高ノ内ノ若干。「ーヲ渡ス」「ーヲ請取ル」

うちきん (名) 打金 商家ノ語、價低キ品ヲ、價高キ品ト取リ替フルトキ、價ノ不足ノ分ヲ補フ金錢。

うちくび (名) 打首 斬罪ニ同ジ。

うちぐもり (名) 内曇 (一)鳥ノ子紙ノ、上下ニ雲形ヲ漉キ出セルモノ、短冊ナドトス、常ナルハ、上、青ク、下、紫ナリ、凶事ニ用ヰルハ之ニ反スト云。(二)砥ノ名、山城ノ鳴瀧山ニ出ヅ、黃白色ニシテ、紫色ノ紋脈アリ。(三)盃ニ用ヰル土器ノ、内ニ黒キ文アルモノ。

うちぐり (名) 打栗 かちぐりヲ蒸シテ、砂糖ヲ加ヘ、紙ヲ隔テテ、敲キヒラメタルモノ、甲斐ヨリ產ス。

うちくるぶし (名) 内踝 くるぶしノ條ヲ見ヨ。

うちけし (名) 打消 (一)打チ消スコト。(二)語學ノ語ニ、動詞ノ動作ヲ覆シイフコト、常ニ助動詞ニテ其意ヲ成サシム、「行ク」ヲ「行カズ」「行カジ」「行クマジ」トスルナドノず、じ、まじ、ノ如シ。

うちけ・す・ス・セ・サ・シ・セ (他動)(規・一) 打消 (一)消ス。(二)ホロボス。無クス。「人ノ話ヲー」

うちこ (名) 氏子 (一)氏神ヨリ出デタル語ニテ、其氏ノ子孫。(二)俗ニ、產土神ノ擁護ヲ受クル地ニ生レタル民ノ稱。

うちしき (名) 打敷 布帛ノ製ノ敷物。

うちじに (名) 討死 軍ニ、敵ヲ擊チ、鬪ヒナガラニ死スルコト。陣沒

うちす・う・ウエ・ウレ・エ・エ・エヨ (他動)(規・二) 打据 (一)据ウ。(二)挫ク。打チ倒ス。

うちすずめ (名) 内雀 〔善ク家ノ内ニ入リ、又、形、略、鳥ニ似タレバ名トスト〕 蟲ノ名、ひとりむしノ雌。一名、ザシキスズメ。(ひとりむしノ條、見合ハスベシ) 樗鷄

うちだし (名) 打出 打チダスコト。

うちだ・す・ス・セ・サ・シ・セ (他動)(規・一) 打出 (一)打チテ出ダス。(二)撿地ノ竿ヲ打チテ、餘ル地ヲ出ス。量出 (三)かねノ器ノ形象ナドヲ、裏ヨリ打チテ、表ヘ高ク出ス。(四)芝居ナド畢リテ、太鼓ヲ打ブ、觀客ヲ出ス。

うちだち (名) 打太刀 (一)ウチガタナ。(二)タチウチ。

〔うちたれがみ〕 (名) 打垂髮 古ヘノ婦人ノ尋常ノ髮風ノ、結ヒ上ゲズシテ垂レテアルモノ。

うちちがひ (名) 打違 十ノ字ノ形ブツチガヒ。交叉

うち-つ-く・クル・クレ・ケ・ケ・ケヨ (他動)(規.二) 打付 (一)打チテ當ツ。(二)サシアツ。直ニモノス。 直接

〔うち-つ-くに (名) 內國 〔內之國ノ義〕 (一)畿內。(諸道ニ對シテ云ふ) (二)日本。(外國ニ對シテ云フ)

うち-つけ-に (副) 打付 サシアテテ。端的ニゾツジニ。率爾

うち-での-こ-づち (名) 打出小槌 大黑天ノ手ニ持チテ居ル槌ノ名、種種ノ財寶ヲ、心ノママニ打出スベシト云フ。

〔うち-での-たち (名) 打出太刀 用意ニ取出シ置ク太刀。

うち-と-く・クル・クレ・ケ・ケ・ケヨ (自動)(規.二) 打解 (一)ツツマズシテ親シム。心ヲ打明カシテ睦ム。(交ニ) 款 (二)苦勞消ユ。心、ノビノビトナル。 緩舒

〔うち-とねり (名) 內舍人ニ同ジ。

うち-と-む・ムル・ムレ・メ・メ・メヨ (他動)(規.二) 打止 打チ中テテ獲タリ。シトム。(銃ナドニテ)

〔うち-とり (名) 內取 相撲ノ條ヲ見ヨ。

うち-ならし (名) 打鳴 樂器ノ名、元ハ磬石ナリ、後ニ銅ナドニテ作ル、扁クシテ曲リ、物ニ抒ケテ、打鳴ラス。 磬

〔うち-ね (名) 〔拋ツ鏃ノ義カ〕 兵器、箭ノ太ク短キモノ、敵ニ擲ツニ用ヰル、手裏劍ノ如シ。

うち-の-うち (名) 家ノ內。 家內

〔うち-の-おとど (名) 內大臣ニ同ジ。

〔うち-の-おほおみ (名) 內大臣ニ同ジ。

〔うち-の-かしはでのかみ (名) 內膳正ニ同ジ。

〔うち-の-かしはでのつかさ (名) 內膳司ニ同ジ。

〔うち-の-かみ (名) 氏上 諸氏ノ中ニテ、宗家タル者ヲ、其氏ノ長トシテ、其一族ノ事ヲ掌ラシムル號。ウヂノヲサ。

〔うち-の-くらのかみ (名) 內藏頭ニ同ジ。

〔うち-の-くらのつかさ (名) 內藏寮ニ同ジ。

〔うち-の-しるすつかさ (名) 內記ニ同ジ。

〔うち-の-たくみのかみ (名) 內匠頭ニ同ジ。

〔うち-の-たくみのつかさ (名) 內匠寮ニ同ジ。

うち-の-ちやうじや (名) 氏長者 氏上ニ同ジ。後ニハ、王氏、源氏、藤原氏、橘氏テミ賜ハル號トス。

〔うち-の-とねり (名) 內舍人ニ同ジ。

〔うち-の-みこ (名) 內親王ニ同ジ。(親王ノ條ヲ見ヨ)

うち-のり (名) 內法 工匠ノ語、物ノ端ヨリ端マデノ寸法ヲ度ルニイフ、例ヘバ、門ノ幅ニ、兩柱ノ間ヲ、柱ヲ加ヘズシテ度ルコト。(內乘) 又、柱ヲ加ヘテ度ルヲ外法(外乘)トイフ。

〔うち-の-をさ (名) 氏長 うちのかみニ同ジ。

うち-は (名) 團扇 〔打羽ノ義ニテ、蚊蠅ヲ拂フヨリイフト云〕 數條ノ細ソキ竹ヲ骨トシテ、紙又ハ絹ヲ貼レルモノ、柄アリ、動カシテ風ヲ起スニ用ヰル。羽、又ハ、蒲葵ノ葉、ナドニテ作ルモアリ。

うち-ば (名) 內端 物事ヲ扣目ニスルコト。ウチワ。「一ニ計ル」

〔うち-はし (名) 打橋 假ニ打亙シタル橋。

うち-は-だいこ (名) 團扇太鼓 太鼓ノ、皮一面ニシテ圓ク、柄アリテ、團扇ノ如キモノ、法華宗ノ信者、題目ヲ唱ヘツツ叩ク。

うち-はた-す・ス・セ・サ・シ・セ (他動)(規.一) 討果 擊チ殺シアル。

うち-は-ふぐ (名) 團扇河豚 河豚ノ一種、腹ノ皮、薄ク延テルコト、團扇ノ如シ、希ニ東海ニ產ス。

〔うち-はへ-て (副) 打延 延バシテ。長引キテ。

うち-はらひ (名) 打拂 (一)丁字形ノ杖ニ、布ヲ絡ヒツケタルモノ、塵ヲ拂フニ用ヰル。(二)銃砲ヲ放チテ敵ヲ追拂フコト。 砲擊

うち-はら-ふ・フ・ヘ・ヘ・ヒ・ヘ (他動)(規.一) 打拂 (一)拂フ。「塵ー」(二)銃砲ヲ放チテ敵ヲ追フ。 砲擊

うち-び (名) 打火 燧火ニ同ジ。

〔うち-ひ-さす (枕) 內日刺 〔美日差スノ意ト云〕 宮、又、都、ノ枕詞。

うち-ひも (名) 打紐 數線ノ絲ニテ打チ組ミタル紐。圓キヲまるうち(紉)トイヒ、扁キヲひらうち(組 扁條)トイフ。

〔うち-ぶみ (名) 氏文 系圖ノ類。

うち-まか-す・スル・スレ・セ・セ・セヨ (他動)(規.二) 打任 (一)任ス。 一任 (二)尋常ト見ル。大方一通リトス。「打任セテハ、有ルベカラザル事ナレドモ」此病ノアリサマ、打チマカセタル事ニアラズ」 放任

〔うち-まき (名) 撒米 (一)打チ撒キテ神ヲ祭ル米ノ稱。(二)轉ジテ、米俵。(三)又、米、ノ異名。

うちまく (名) 内幕 内曲ナイショゴト。(芝居ナドヨリ起レル語)「一ノ話」

うちまた (名) 内股 うちももニ同ジ。

〔うちまつ (名) 〔鑵ニ松ヲ打入打入レ焚ク意ナリト云〕松明ニ同ジ。

うちまめ (名) 打豆 大豆ヲ、少シ煮テ、乾シテ、槌ニテ打チ扁メタルモノ、汁ニ入レ、煮テ食フ。

うちまる (名) 宇治丸 〔まるハうなぎノ異名〕鰻鱺ヲ、鮓ニシ、又ハ乾シタルモノノ稱、山城ノ宇治ノ產ナリ。

〔うちまゐり (名) 參內ニ同ジ。

うちみ (名) 打身 病ノ名、身體ヲ打チ傷メタルコトアリテ後ニ、時ヲ隔テテ痛ミヲ起スモノ。 打撲

〔うちみだり (名) うちみだりのはこノ略。

〔うちみだりのはこ (名) 打亂箱 (一)手巾ナドヲ納ルル匣。(二)後ニ、櫛雜具ヲ入ルル匣、元ハ手箱ノかけごヲ用ヰシニ、後ニ別ニ其匣ヲ作レリ。

うちむらさき (名) 內紫 むらさきがひニ同ジ。

うちむろづくり (名) 內室造 家ノ建築ニ、屋根裏ノママニテ、天井ヲ張ラヌモノ、紫宸殿、淸涼殿、神社、寺院ノ金堂ナド、此制多シ、古ノ遺ナリ。

うちもの (名) 打物 (一)打チ鍛ヘタル長刀、刀、槍、ナド、武器ノ總名。「一取テ」 短兵 (二)打チ鍛ヘテ作リタル金類ノ器。(鑄物ニ對シテイフ)(三)〔布帛ナド、槌ニテ打チタルモノ。(四)樂器ノ、手ニテ打ツモノ、鉦、鼓ノ類ノ稱。(五)乾菓子ニ、みぢんこニ、砂糖ヲ加ヘ、模ニ打チ込ミテ作レルモノ。

うちものし (名) 打物師 刀ヲ鍛ヘ作ル工。 劍匠

うちもも (名) 內股 股ノ內面。 腿肚

うちやうてん (名) 有頂天 (一)佛說ニ、九天ノ中ノ最上ノ天。(二)俗ニ、一ニ上リツムル意ヨリ轉ジテ、一心、好ム所ニ趣キテ、他事ニハ、ウハノソラナルコト。

うちやる・ル・レ・ラ・リ・レ (他動)(規.一) 打遣 (一)遣ル。(二)捨テ置ク。 措 放下

うちゆう (名) 雨中 雨ノ降ル中。「一ノ花」

うちゆうべん (名) 石中辨 ナカノオホトモヒ。官名、辨ノ條ヲ見ヨ。

〔うちよする (枕) 打緣流 駿河、ノ枕詞。

うちわ (名) 內曲 (一)家族、親族、ノ內ノ事。(二)外人ニ示サヌコト。ウチウチ。ナイナイ。(三)ウチバ。ヒカヘメ。

うちわけ (名) 內分 本家ノ知行ノ內ヲ、末家ニ分チテ、尙、全ク獨立セシメズ、本家、其全高ノ名義ヲ稱シテ居ルコト。

うちわけ (名) 內譯 總締高ノ內ヲ小分ケシテ、其筋譯ヲ記スコト。

うちわた (名) 打綿 繰綿ヲ綿弓ニテ打チワケタルモノ。 綿毳

うちわたす・ス・セ・サ・シ・セ (他動)(規.一) 打渡 (一)渡ス。「橋一」(二)見渡ス。「一竹田ノ原ニ一 遠方人ニ物申ス」(三)〔押並ブ。「ウチワタシ、世ニユルシナキ關川ヲ」

うちわに (名) わにあしノ條ヲ見ヨ。

〔うつ (名) 珍美 全 高ク嚴シキ意ニテ、物ヲ美ムル語。「一ノ御幣」「一ノ御子」

うつ (名) 鬱 氣ノフサグコト。「一ヲ散ズ」

う・つ・ツ・テ・ヌ・チ・テ (他動)(規.一) 打 擊 (一)强ク當ツ。タタク。ブツ。(二)打チテ鳴ラス。敲ク。「半鐘ヲ一」(三)槌ニテ、タタキコム。「杙ヲ一」「釘ヲ一」 椓 (四)釘ヲ打チ付ク。「額ヲ一」「表札ヲ一」(五)斬ル。殺ル。「首ヲ一」「仇ヲ一」 擊 (六)攻ム。襲フ。征伐ス。「敵ヲ一」「謀叛人ヲ一」 伐 討 (七)放ツ。發ス。「鐵砲ヲ一」 放射 (八)射中テテ殺ス。「鳥ヲ一」 擊殺 (九)騎ル。(打乘ル意カ)「前ヲ一」一騎打」(十)綿弓ニテ彈キ分ク。「綿ヲ一」 彈 (十一)批難シ詰ル。 批 (十二)鍛ヘ作ル。「刀ヲ一」 鍛 (十三)構フ。張ル「幕ヲ一」「機敷ヲ一」「假屋ヲ一」 構 (十四)打チツク。投グ。「石ヲ一」「飛礫ヲ一」 投 (十五)組ム。編ム。「紐ヲ一」打チ紐」マルウチ」ヒラウチ」 組 (十六)撒ク。投ゲ下ダス。「水ヲ一」「網ヲ一」 撒 (十七)撿地ニ、竿、繩、ニテ段別ヲ量ル。 丈量 (十八)博奕、碁、雙六、ナドヲ爲ス。 博 (十九)蕎麥切、饂飩ナド作ル。(二十)打金ヲスル。(打金ノ條、見合スベシ)(廿一)芝居、見世物ヲ興行ス。 開場 (廿二)他ノ動詞ノ上ニ熟語トシテ、意ナク、或ハ稍、意ヲ强クシテ用ヰル。「打チ連ル」打チ任ス」打チ聞ク」打チ絕ユ」打チ出ヅ」打チ忘ル」打チ亂ル」打チ續ク」打チ開ク」打チ遣ル」打チ過グ」打チ渡ス」

う・つ・ツル・ツレ・テ・テ・テヨ (自動)(規.二) 〔打タルノ轉カ〕壓サル。負ケテヨワル。「磨墨モ、勝ル池月ニ會ヒヌレバム

ゲニ、「ウテテゾ、見エタリケル」菊ノ花、霜ニモウテヌ色ゾカ〆、
ナシキ」所歷

うつ (接頭) 空 ウツロナル。「ー蟬」「ー木」

うづ (名) 渦 (一)水ノ、流ルル勢ニ因テ、一處ニ巻キ
廻ルコト。(二)スベテ物ノ文ニ、渦ニ似タルモノ。ウヅマキ。

うづ (名) 烏頭 双鸞菊ノ根塊ノ名、いもがしらノ如
シ、周ニ付ク子ヲ附子トイフ、いものおノ如シ、春、
附子ヲ植エテ、子ヲ生ズレバ、子ハ大クナリ、母ハ小クナ
リテ、烏ノ頭ノ如シ、皆藥用トス、大毒ナリ。

〔うつあし (名) 〔內足ノ義〕 ひかがみニ同ジ。 膕

うつうつと (副) 鬱鬱 氣、コモリテ。心、フサギテ。「ー
シテ樂マズ」

++うつかり (副) 浮 ウカリト。ウカト。

うつき (名) 鬱氣 籠リテ開ケヌ氣。フサグ心。「ーヲ
散ズ」

うつぎ (名) 空木 (一)灌木ノ名、高サ六七尺、幹
中空ニシテ堅シ、木管、木釘、トス、枝、葉、對生シ
テ、葉ハ細ク狹ク、縁ニシテ鋸齒アリ、夏ノ初ニ、五瓣
ノ白花、五六寸ノ穗ヲナシテ開ク、うのはなトイフ、
〔水晶花〕實黒クシテ小シ、又、千葉ノモノ、重瓣ノモノ、
紅花ノモノ等アリ。 溲疏 (二)やまうつぎノ古言。(三)
はこねうつぎノ略。

うづき (名) 卯月 〔卯ノ花月ノ略ト云〕 陰曆、四
月ノ稱。

〔うづきのはな (名) 卯月花 うのはなニ同ジ。(歌ニ)

うづきばな (名) 卯月花 あやくなげニ同ジ。(伊勢)

うつ・く・クル・クレ・ケ・ケ・ケロ (自動)(規・二) 空 (一)中空
ニナル。(二)心、茫然トシテアリ。「ウツケタル心」 失心

うづ・く・ク・ケ・カ・キ・ケ (自動)(規・一) 疼 動キヒビク如ク
ニ痛ム。「ハサマレテ、足ハウツキテ時鳥」

〔うつく・し・シキ・シケレ・シク・シク (形・二) 愛 〔珍奇シノ義
カト云〕 愛スベシ。イツクシ。「ー母」「ー妹」

うつく・し・シキ・シケレ・シク・シク (形・二) 美 〔前條ノ語ノ
轉〕 其形、愛スベク好シ。ウルハシ。アテヤカナリ。キレイナ
リ。

〔うつくし・む・ム・メ・マ・ミ・メ (他動)(規・一) いつくしむニ
同ジ。

うつくま・る・ル・レ・ラ・リ・レ (自動)(規・一) 蹲 〔堆隈ルノ
意カ、仰屈ルノ約カ〕(一)前足ヲ立テテスワル。(獸ニ)
(二)膝ヲ折リ立テテ居ル。(人ニ)

うつけ (名) 空 (一)空クルコト。(二)心ノ茫然シタルコト。
失心

うつけもの (名) 心ノ空ケタル者。タハケモノ。 痴漢

うつさん (名) 鬱散 鬱氣ヲ散ズルコト。ウサハラシ。キ
バラシ。 排鬱 消遣

うつし (名) 移 (一)移スコト。(二)〔乘替ヘノ車馬。「ー
ノ馬」「ーニ乘ル」(三)うつしはなノ略。(四)他ノ形ニ擬
ヘテ作ルコト。又其物。 模

うつし (名) 寫 寫スコト。寫シタル書畫。

〔うつ・し・シキ・シケレ・シク・シク (形・二) 顯 顯ナリ。現在ナ
リ。生キテアリ。「ー心」「ー身」

うつしぐさ (名) 移草 つゆくさノ一名、花汁ヲ紙ニ
移スガ故ニ名トス。

〔うつしごころ (名) 顯心 顯シキ心。

うつしばな (名) 移花 つゆくさノ花ヲ摘ミテ、紙ニ
移シ置クモノ、染料トス。(あゐがみノ條、見合ハスベシ)

うづしほ (名) 渦潮 渦巻ク潮。「コレヤコノ、名ニ負フ鳴
門ノ、ーニ」

うつしゑ (名) 寫繪 かげゑニ同ジ。

うつ・す・ス・セ・サ・シ・セ (他動)(規・一) 移 (一)コレヲカレニ
變フ。「風ヲー」(二)ココヨリ、カシコヘ、置キ變フ。「家ヲ
ー」 徙 遷 (三)物ノ形ニ擬ヘテ作ル。 模 (四)病ニ
染マシム。 傳染 (五)過ゴス。歷シム。「時ヲー」 過

うつ・す・ス・セ・サ・シ・セ (他動)(規・一) 映 〔影ヲ移ス意〕
カシコノ影ヲ、ココニ見ス。「鏡ニー」

うつ・す・ス・セ・サ・シ・セ (他動)(規・一) 寫 〔字ヲ移ス意〕
他ノ文字、畫圖ヲ別ニ書キ取ル。

うつ・す・スル・スレ・セ・シ・セロ (自動)(不規・二) 鬱 氣、コモル。
打チ開ケズ。心、フサグ。

++うつすり (副) 薄ク。「ー見エル」「ー染マル」

うつせがひ (名) 虛貝 (一)海濱ニアル肉ノ脫ケタル
介ノ泛稱。(歌ナドニ)(二)うつらがひノ一名。(三)うつ
ぼがひノ一名。

うつせみ (名) 空蟬 (一)蟬ノ蛻。(二)轉ジテ、單ニ、蟬。
「ーノ聲」

〔うつせみ (名) 〔顯身ノ轉、借字シテ、空蟬ナド書ク〕
世ニ現在シテアルホドノ身。

〔うつせみの (枕) 〔前條ノ語ヲ轉用スルナリ〕 命、世、

人、等ノ枕詞。

うつだいこん (名) 洞大根 さんおじゆなヲ見ヨ。

うつたうし・シキ・シク・シ・シケ・シカ (形・二) 鬱陶 (一)氣、籠リテ、開ケズ。心ノサギテ、晴レヤラズ。(二)‡煩ハシ。ウルサシ。

うつたかし・キ・ケレ・ク・カ (形・二) 堆 盛リアガリテ高シ。積リテ高シ。

うつたふ・フル・フレ・ヘ・ヘ・ヘヨ (他動)(規・二) 訴訟 〔古言、うたふノ音便〕事ノ曲直正邪ノ裁決制止ヲ乞ハムト、尊上ニ告グ。訴 訟ヲナス。

うつたへ (名) 訴 ウツタフルコト。訴訟。

〔うつたへに (副) 只管ニ。ヒトムキニ。ヒトヘニ。

〔うつち (名) 卯槌 卯杖ノ條ヲ見ヨ。

‡うつちやる・ル・レ・ラ・リ・レ (他動)(規・一) 〔打遣ルノ約訛〕投ゲ棄ツ。打捨テオク。(東京) 抛棄

うつつ (名) 顯 (一)世ニ現在シテアルコト。(夢、死ナドニ對ス)(二)‡夢ートト續ケ言フヨリ誤リテ、幻ナルコト。

〇‡ーヲ脱ス。本心ヲ失フ。喪心

うつ・つ・ツル・ツレ・テ・テ・テヨ (他動)(規・二) 打チ棄ツ、ノ約。

うつて (名) 討手 〔討人ノ音便〕賊軍、罪人ナドヲ追捕スル兵。追討兵

うつてがへ (名) 打手替 コレ、入リテ、カレ、退クコト。入リカハルコト。

うつとり (副) 氣ヲ喪ヘル状ニイフ語。「ースル」

うつなし・キ・ケレ・ク・カ・ク (形・二) 〔空無シ、ノ義カ、疑無シ、ノ轉カ〕疑ヒ無シ。確ナリ。決諸

〔うつなふ・フ・ヘ・ハ・ヒ・ヘ (他動)(規・一) ウベナフ。ウケガフ。

うつは (名) 器 〔空ノ轉ナラム〕(一)中、空ニシテ、物ヲ容ルベキモノ。(二)轉ジテ、スベテノ器具。(三)事ヲ受ケテ堪フル才能。器量。「將帥タルベキー」

うつはもの (名) 器物 うつはトイフニ同ジ。

〔うつはり (名) 僞 いつはりニ同ジ。

〔うつばり (名) 梁 〔空張カ、俯張カ〕梁ノ條ヲ見ヨ。

〔うつはる・ル・レ・ラ・リ・レ (他動)(規・一) 僞 いつはるニ同ジ。

うつぶき (名) 俯 うつむきニ同ジ。

うつぶく・ク・ケ・カ・キ・ケ (自動)(規・一) 俯 うつむくニ同ジ。

うつぶし (名) 俯 うつむきニ同ジ。

うつぶす・ス・セ・サ・シ・セ (自動)(規・一) 俯 うつむくニ同ジ。

うつぷん (名) 鬱憤 積レル憤。晴レヌ怨ミ。「ーヲ晴ラス」積憤

うつぷるひのり (名) 十六島海苔 雲州楯縫郡十六島(島數、十六アリト云)ニ産ズル一種ノ紫菜ノ名、質、細ソクシテツヨシ、海石ニツキテ、衣ノ如クナリタルヲ、剝ギ取リテ、露ヲ打チ振ヒテ乾ス、故ニ名トシ、又島名トス、長サ、一二三尺ヨリ丈餘ニ及ブ、色紫黒ニシテ、味美ナリ。

うつぺい (名) 鬱閉 コモリトヅルコト。氣ノ開ケヌコト。

うつほ (名) 空 うつろニ同ジ。

うつぼ (名) 靫 〔空穗トモ記ス、空ナル意カ〕(一)矢ヲ納ルル器、ゆきノ類。靫 (二)魚ノ名、形、はもニ似テ長、黄ニシテ黒キ斑アリ、目、甚ダ小クシテ、齒、甚ダ利シ、大ナルハ、徑、三寸ニ至ル、鱗無シ。鱓

うつぼがひ (名) 靫貝 螺ノ類、形、かたつむりノ殼ニ似テ、大サ一二寸、淡褐色ニシテ光ル。ウツセガヒ。又、タカヒ。

〔うつほぐさ (名) 〔莖中ノ空ナル意カ〕ねぎノ異名。

うつぼぐさ (名) 靫草 葉ハ、薄荷ニ似テ、少シ尖リ、莖、方ニシテ、高サ三四寸、夏ノ半ニ、穗ヲ出シテ、唇形ノ紫花ヲ開ク、形、靫ニ似タリ。滁州夏枯草

〔うつほばしら (名) 空柱 柱ノ如クニテ、中、空シク、屋ノ隅ニ立テテ、雨水ヲ受ケシムルモノ。雨樋ノ竪ニ用ヰルモノ。ハコドヒ。

〔うつほぶね (名) 空舟 大木ヲ刳リテ作レル舟。マルキブネ。獨木刳舟

うつまき (名) 渦巻 (一)水ノ渦巻クコト。盤渦 (二)線ノ圓ク巻キメグリテ、渦ノ状ヲナセル象。

うつまく・ク・ケ・カ・キ・ケ (自動)(規・一) 渦巻 水渦ヲナシテ巻キメグル。盤渦

うつまめ (名) 草ノ名、葉ハ、へびいちごニ似テ五葉、或ハ七、八、九葉ノモノアリ、春ノ末、緻莖ヲ抽ク、一、二尺餘ニシテ、枝ヲ分チテ、五瓣ノ黄花ヲ開ク、形、へびいちごノ花ヨリ小シ。蛇含

うつまる・ル・レ・ラ・リ・レ (自動)(規・一) 埋 うづもるニ同

ジ。
うづみび (名) 埋火 爐ナドノ灰ニ埋メタル炭火。「イフコト手キーヲ起スカナ」 煨 宿火
うづみび (名) 埋樋 土中ニ埋メオキテ、水ヲ通ハス樋。 暗渠
うづみもん (名) 埋門 〔人ニ知ラセズ埋ミ置ク意ト云〕 家ノ裏ノ小キ門。
〔うづ・む・ム・メ・マ・ミ・メ (他動) (規・二) 埋 次條ノ語ニ同ジ。「ウヅミ火」
うづ・む・ム・ル・ムレ・メ・メ・メヨ (他動) (規・三) 埋 (規、一、ノ轉) 物ノ中ニ入レテ被フ。
うつむき (名) 俯 ウツムクコト。下ニ向クコト。ウツブキ。ウツブシ。
うつむ・く・ク・ケ・カ・キ・ケ (自動) (規・二) 俯 〔内向ク、ノ轉カト云〕 頭ヲ前ヘ低レテ、下ヘ向ク。ウツブク。ウツブス。
うつむ・く・クル・クレ・ケ・ケ・ケヨ (他動) (規・二) 俯 面ヲ下ヘ向クル。
うつむけ (名) 俯 ウツムクルコト。面ヲ下ヘ向クルコト。
うつむし (名) 渦蟲 まひまひむしニ同ジ。(山城加茂)
〔うつむろ (名) 無戸室 〔空室ノ義〕 戸ナキ室。
++うづめる (動) うづむ(規・二)ノ訛。
〔うつもも (名) 内股ニ同ジ。
うづも・る・ル・ル・ルレ・レ・レ・レヨ (自動) (規・二) 埋 物ノ中ニ入リテ、被ハレ隠ル。ウヅマル。ウマル。
うづら (名) 鶉 〔朝鮮語ニ、もづらトイフト云、同根ノ語ナルニヤ〕 (一)鶏ノ屬ニテ、原野ニ棲ム、形、鶏ノ雛ニ似テ肥エ、首小ク、尾短ク、全身褐色ニシテ黒白ノ斑アリ、鶉斑トイフ、雄ハ足高ク、雌ハ短シ。又、一種、斑無キモノヲ、斑ナシートス云。 鴳 (二)東京ニ、芝居ノ下棧敷ノ稱、屋低クシテ、うづらかごノ如クナレバ、名トス。(三)船ノ綱ニ、棧梠ノ毛ト加賀苧トヲ打チ綯ヒタルモノ、鶉ノ羽ノ斑ニ象リテ名トス。
うづらいし (名) 鶉石 瑪瑙ノ小ク圓キ形ヲナセルモノノ稱。ツガルメナウ。
〔うつらうつら (副) (顯ノ意) つらつら、つくづくニ同ジ。「眼モー鏡ニ神ノ心ヲコソハ見ツレ」
うつらうつら (副) 睡リヲ催ス狀ニイフ語。ウトウト。 昏昏
うづらかご (名) 鶉籠 鶉ヲ畜フ籠、方ニシテ屋低シ。
うづらがひ (名) 鶉貝 螺ノ類、殼、圓クシテ薄ク、條太シ、大ナルハ、徑、三寸餘アリ、淡褐ニシテ斑アルコト、鶉ノ羽文ノ如シ。ウツセガヒ。 琵琶螺
うづらたけ (名) 鶉茸 松茸ノ上品ナルモノ、傘ノ上、松鱗ノ如ク起リ、其皮ノ斑ハ鶉ニ似タリ。
〔うづらのとこ (名) 鶉床 鶉ノ臥ス處。
うづらふ (名) 鶉斑 (一)褐色ニ黒白ノ點アルモノ、卽チ鶉ノ羽色ノ文ナリ。(二)小鷹ノ羽色ノーナルモノ、逸物ナリト云フ。
うづらまめ (名) 鶉豆 大豆ノ一種、或ハ黒ク、或ハ赤褐ニシテ、白キ斑アルモノ。チリメンマメ。 斑大豆
うづらもく (名) 〔鶉木理ノ義〕 やくすぎノ一名。
うつり (名) 移 (一)移ルコト。(二)他ヨリノ贈物ノ器ニ入レテ報酬トスル品ノ稱。物無キ時ハ白紙ヲ用ヰル、うつりがみナドイフ。又、或ハ、附木ヲモ用ヰル。(硫黃ヲ、祝フニカケテスル俗意ナリトゾ)
うつり (名) 映 (一)映ルコト。(二)色ト色トノ出合。
うつりが (名) 移香 香ニ觸レテ、其香ノ、物ニ移リ殘リタルコト。 遺薫 殘香
うつりかはり (名) 移變 (一)次第ニ變ハリユクコト。 變遷
うつりかは・る・ル・レ・ラ・リ・レ (自動) (規・一) 移變 次第ニ變リユク。 變遷
うつりがみ (名) 移紙 他ヨリノ贈物ノ器ニ入レテカヘス白紙ノ稱、報ノ意トス。
うつ・る・ル・レ・ラ・リ・レ (自動) (規・一) 移 (一)コレ、カレ、變ハル。變ハリユク。(二)此地ヨリ彼地ヘ處ヲ易フ。 徙 遷 (三)過ギ行ク。經。「年ー」「時ー」 過 (四)染ミツク。「紅、紙ニー」 染 (五)染マル。感ズ。「病氣ー」 癖ー」 染化
うつ・る・ル・レ・ラ・リ・レ (自動) (規・一) 映 〔影、移ル意〕 (一)此ノ光、影、彼ニ見ハル。(二)善ク出合フ。(色ト色トナド)
うつろ (名) 空 中ノ空シキコト。内ニ物ナクシテ空ナルコト。ウツホ。ウロ。 空虛
〔うつろは・す・ス・セ・サ・シ・セ (他動) (規・一) ウツロフ如クニナス。變ハラス。 變
〔うつろ・ふ・フ・ヘ・ハ・ヒ・ヘ (自動) (規・一) 〔うつるノ延〕 (一)

移ル。「ウツロヒ住ミタマフベキ所」(二)光、影、映ル。(三)變ハル。「色—」心—」 變

うつわがつを (名) 渦輪鰹 金鎗魚ノ一種、長、尺餘ニシテ、腹ニ條ナク、脊ヨリ尾マデ、渦ノ文アルモノ、味劣ル。(さうだがつをヲ見合スベシ) 最モ小クシテ、冬、取ルヲ横輪トイフ、是ハめぢがつをノ子ナリトゾ。

〔うづゐ (名) 踞 〔蹲居ノ義〕 ウツクマリ居ルコト。

〔うづゑ (名) 卯杖 〔漢土、剛卯ノ故事ニ據ルト云〕 往時正月上ノ卯ノ日ニ、兵衞府ヨリ、五尺三寸ノ杖ヲ切リテ、五色ノ絲ニテ巻キテ、奉レルモノ、又、卯槌アリ、五寸許、共ニ飾リテ奉ル、邪氣ヲ避クト云。

うで (名) 腕 (一)臂ト手頸トノ間。タダムキ。(二)轉ジテ、肩ヨリ手頸マデノ總名。手。(三)‡ワザマヘ。「—ヲミガク」 技量 (四)力。「—立」—盡」
○二ノ—。カヒナ。○—ヲマクル。袖口ヲカキアグ。 攘臂

うでおし (名) 腕押 二人、腕ト腕トヲ、臂ニテ立テテ、掌ヲ握リ合ヒ、互ニ押シ倒サムトシテ、力ヲ鬪ハスル戯。 鬪腕

うでかへりよぼゑ (名) おききやかりよほしニ同ジ。(伊勢)

うでぎ (名) 腕木 柱ヨリ斜ニ上ヘ出シテ、樑ナド支フル木。 枅

うでくび (名) 腕首 てくびニ同ジ。

うでぐみ (名) 腕組 兩ノ腕ヲ、胸ノ前ニテ、打交ヘテ組ムコト、思案スル時ニスルコトナリ。 扼腕

‡うでこき (名) 其技量ノ、黨中ニテ、最モ勝レタルコト。

うでだて (名) 腕立 力ヲ頼ミテ人ニ向ハムトスルコト。

うでづく (名) 腕盡 腕ノ力ノ限リヲ盡シテ爭フコト。

うてな (名) 臺 〔上棚ノ約カト云〕 樓ノ、屋無クシテ、四方ヲ望ムベキモノ。

うてな (名) 萼 〔臺ノ義カ〕 花ノ蔕ノ端ノ、四方ニ出デテ、花片ヲ受クル所。

うでぬき (名) 腕貫 二ノ腕ニツクル飾物、環ニ作リ、腕ヲ貫キテ塡ム。

〔うてのつかひ (名) 討手ニ差向ケラルル使。 追討使

うでまくり (名) 腕捲 袖口ヲ捲リアグルコト。 攘臂

うでまもり (名) 腕守 腕貫ニ、神佛ノ守札ヲ包ミ込メタルモノ。

うてん (名) 雨天 雨降ル空。アマゾラ。

‡うてる・テル・テレ・テ・テ・テヨ (自動)(規、四、變) 〔所壓ノ訛〕 (一)壓サル。ヨワル。「壓ニ—」場ニ—」 所壓 (二)負ク。「角力ニ—」 負 (三)炎暑ナドニ腐ル。「魚ガ—」 餒

‡うでる (動) ゆでるニ同ジ、ゆづノ訛。

うど (名) (一)草ノ名、山ニ生ズ、今、多ク、人家ニモ植エ作ル、春、宿根ヨリ生ズ、嫩苗ヲ食用トス、葉ハ、莖ヲ抱キテ互生ス、夏秋ニ至リ、小白花、傘ノ狀ヲナシテ集リ開ク。 土當歸 (二)又、おほうど。(其條ヲ見ヨ) 獨活

うとう (名) 鳥ノ名、うとうどりニ同ジ。

うとうと (副) 眠ヲ催ス狀テイフ語。ウツラウツラ。

うとうとし・シキ・シケレ・シク・シク (形、二) 疎疎 甚ダ疎シ。 太疎

うとうどり (名) 善知鳥 水鳥、大サ、こがもノ如クニシテ、淡黒シ、頸長ク、觜ノ本ニ赤キ瘤アリテ、末尖レリ、觜、脚、共ニ黄赤ニシテ、頷下ヨリ咽ニ亘リテ純白ナリ、陸奥津輕ノ外ガ濱ニ産ズ、殊ニ其安潟浦ニ多シト云フ。又、ウトウ。ウトウヤスカタ。

うとうやすかた (名) 鳥ノ名、うとうどりノ條ヲ見ヨ。

うとく (名) 有德 德アリテ尊ムベキコト。「—ノ僧」

うとく (名) 有得 〔富有得分ノ意ト云〕 富ミタルコト。裕福。ブゲン。「—ノ人」 富豪

うとし・キ・ケレ・ク・ク (形、一) 疎 (一)親シカラズ。交リ淺シ。疎遠ナリ。「交リ—」(二)善ク知ラズ。拙シ。不案内ナリ。「世事ニ—」商 ニ—」

〔うどねり (名) 内舍人 ウチノトネリ。ウドトネリ。中務省ニ屬スル職、帶劍侍衞ノ職ナリ、古ハ、公卿ノ子弟ヲ、禁内殿上ノ事ニ習ハシメムトテ補セリ、後ニハ、源平等ノ然ルベキ侍ヲ用ヰラル。

うどのあし (名) 鵜殿蘆 攝州鵜殿ノ地ニ産ズル蘆、苗大クシテ、葉厚シ、其莖ヲ篳篥ノ舌ニ作ル。 碧蘆

〔うとぶ・ブル・ブレ・ビ・ビ・ビヨ (他動)(規、三) 疎 うとむニ同ジ。

うとまし・シキ・シケレ・シク・シク (形、二) 疎 (一)疎ムベクアリ。(二)親シムヲ好マズ。キラハシ。

うとむ・ム・メ・マ・ミ・メ (他動)(規、一) 疎 (一)親シマズ。オロソカニナス。(二)親シムヲ好マズ。忌ミキラフ。ツレナクスル。ウ

トシズ。

〔うど・む・ム・ム・ムレ・ミ・ミ・メヨ〕(他動)(規.三) 疎 前條ノ語ニ同ジ。

††うど・む・ム・メ・マ・ミ・メ、(自動)(規.二) 沈澱 をどむニ同ジ。

うどん (名) 饂飩 うんどんノ約。

ウドンゲ (名) 優曇華 〔うどんハ梵語、優曇鉢羅ノ略、瑞應ノ義〕(一)天竺ニアリトイフ樹ノ名、常ニ實アリテ花無ク、三千年ニシテ、始メテ花アリト云フ、若シ此樹ニ金花アルトキハ、佛、世ニ出ツト云ヒ、又、轉輪聖王、世ニ出ヅレバ、此花生ズトモイヒテ、世ニ稀ナルコトノ譬ヘトス。(二)芭蕉ノ花ノ稱、寒國ニテハ、花稀ニ開クガ故ニ、譬ヘテイフ。(三)無花果ノ異名。(加州)(四)一種ノ蟲ノ、其卵ヲ草木ノ枝、或ハ屋内ノ器物ナドニ着クルモノ、長サ四五分、白キ絲ノ如クニシテ、頭ニ白ク小キ卵アリテ、花苞ノ如シ、六足四翅ノ蟲ニ羽化ス、蚜ノ類ナリ。

うどんこ (名) うどんのこニ同ジ。

うとん・ず・ズル・ズレ・ゼ・ジ・ゼヨ (他動)(不規.二) 疎 〔疎ミスノ音便〕うとむニ同ジ。

うどん-どうふ (名) 饂飩豆腐 はちはいどうふノ條ヲ見ヨ。

うどんのこ (名) 饂飩粉 むぎこニ同ジ、多ク饂飩ニ製スレバ名トス。

うどめ (名) (一)土當歸ノ根ノ芽ノ、紫ニシテ、寸ニミタザルモノ、秋冬ノ間、食物ノあへまらひニ用キル。(二)楤ノ木ノ芽、ふきのたうノ如シ、味噌、酢ナドニテ、食フベシ、味、うどのめノ如シ。ウドモドキ。 吻頭

うどもどき (名) (一)草ノ名、莖、葉、花、實、まゝうどニ異ナラズ。但シ、莖葉ノ節、深紫ナリ、山城ノ高雄山ニ多シ。 羌活 (二)楤ノ木ノ芽。(うどめノ條ヲ見ヨ)

〔うな (接頭) 項 項ノ。「一髮」「一垂ル」「一突ク」

〔うながけ・る・ル・レ・ラ・リ・レ (自動)(規.一) 項ニ手ヲ掛ケテ親シミ合フ。

うながし (名) 促 (一)促スコト。(二)〔古ヘノ職名、長トナリテ催督スル者。

うなが・す・ス・セ・サ・シ・セ (他動)(規.一) 促 催シオコス。イソガス。催促ス。セツク。

〔うなが・す・ス・セ・サ・シ・セ (他動)(規.一) 項ニ掛ク。「ウナガセル領巾」

〔うながみ (名) 〔項髮ノ義〕たてがみニ同ジ。 鬣

うながみど (名) 海上砥 下總ノ海上郡銚子ノ海岸、犬吠崎ノ邊ヨリ出ヅル礪ノ名。

うなぎ (名) 鰻 〔古言、むなぎノ轉、胸黄ノ義ト云〕淡水ニ產ズル魚、形、蛇ノ如ク、背ハ蒼黒ニシテ、肉鬣アリテ尾ニ至ル、腹、白ク、或ハ、淡黃ニテ、斜ニ紋アリ、鱗無ク、身、甚ダ滑ナリ、大ナルハ數尺ニ至ル、脂多シ、多クハ、蒲燒トシテ食フ、味、濃美ナリ。 鰻鱺

〔うな・ぐ・グ・ゲ・ガ・ギ・ゲ (他動)(規.一) 項 項ニ懸ク。(珠ナド)

うなこぶ (名) 〔項瘤ノ義カ〕牛ノ頸ノ軛ヲ受クル處。

うなさ・る・ル・ルル・ルレ・レ・レ・レヨ (自動)(規.二) 〔呻吟ラシメラル、ノ約ナラム〕夢ノ中ニ、恐ルベキ事ニ襲ハレテ、聲ヲ立ツ。 魘

〔うなじ (名) 項 頸ノ後、エリクビ。

〔うなた・る・ル・ルル・ルレ・レ・レ・レヨ (自動)(規.二) 〔項乘ノ義〕項ヲ前ニシテ頭ヲ垂ル。ウツムク。(憂ヘナドアルトキニ) 低個

うなづ・く・ク・ケ・カ・キ・ケ (自動)(規.一) 項衝 頭ヲ前ヘ搖カス(肯フ意ヲ示スナリ) 頷 點頭

〔うなて (名) 〔畦路ノ轉カ〕田ノ用水ノ溝。

うなは (名) 鵜繩 (一)鵜飼ニ、鵜ノ頸ニツケテ、アヤツル繩。(二)漁ノ具、繩ニ、鵜ノ羽ヲ着ケテ、魚ヲ驚カシ捕ルモノ。

〔うなばら (名) 海原 〔海之原ノ轉カ〕海ヲ、其廣キニ就キテイフ語。 滄海

うな・ふ・フ・ヘ・ハ・ヒ・ヘ (他動)(規.一) 〔畦ヲハタラカス〕 鋤ニテ、土ヲ起シ畦ヲ作ル。

〔うなや (名) 檻 牢。

うなり (名) (一)呻吟ルコト。(二)凧ニ着ケテ、風ニ鳴ラスルモノ、籐、又ハ、鯨鬚ヲ、薄ク剝ギテ、小弓ノ弦ニ張リテツク。 風箏

うな・る・ル・レ・ラ・リ・レ (自動)(規.一) 〔うト鳴ル意カ、ト云〕(一)苦シミテうう卜聲ヲ出ス。惱ミテ呼ブ。ウメク。 呻吟 (二)永ク鳴リ響ク。「鐘ノ音ー」「凧ー」

〔うなゐ (名) 髫髮 〔項居ノ義〕古ヘ、童男女ノ髮ヲ項ニ垂レオクモノ。

〔うなゐこ (名) 髫髮子 (一)うなゐニ髮ヲ結ヒタル童。

(二)童。(三)わきなぐさ。(花戸ノ語)

〔うなゐばなり〕(名)〔髫髪放〕(一)髫髪ノ放垂ケタルコト。(二)轉ジテ、男女幼キモノ。又、ソノ交際。竹馬友

〔うなゐをとめ〕(名)髫髪ニテ居ル小女。

うに(名)〔雲丹、海栗〕〔海丹ノ約カ〕介ノ名、海底ノ石ノ間ニアリ、殼ハ、圓ク扁クシテ、紫黒ナリ、外ニ、黒キ刺多ク生ジテ、栗ノ毬ノ如シ、故ニ、海栗ノ字ヲ記ス、刺、落ツレバ、星兜ノ如シ、かぶとがひ、うにつぼノ名アリ、其刺ヲ香箸貝トイフ、肉食フベカラズ。一名、かせ。棘甒 腸、甚ダ少シ、採リテしほからニ製ス、色黒褐、或ハ、赤褐ナリ。海膽

うに(名)石炭、泥炭、ノ一名。(伊勢、伊賀)

ウニウ(名)〔蝦夷語ナリト云〕をつとせいニ同ジ。

ウニコオル(名)〔羅甸語、Uni cornu.〕一角ニ同ジ。

うに-つぼ(名)海栗ノ殼。

うね(名)〔畦〕田畠ノ間ニ、土ヲ起シテ、長ク堆クセルモノ。隴

ウネシ(名)〔蝦夷語ナリト云〕をつとせいニ同ジ。

うね-うね(副)波ノ波打ツ狀ニイフ語。

うね-おり(名)〔畦織〕織物ニ、絲ヲ起シテ、高ク低ク、畦ヲナシ織レルモノ。

††うねくね(副)紆行ル狀ニイフ語。

††うねくる・ル・レ・ラ・リ・レ(自動)(規、一)うねるニ同ジ。

††うねくれる(動)うねくるノ訛。うねるニ同ジ。

††うね-お(名)草ノ名、うなゐおノ訛。おきなぐさニ同ジ。

〔うねべ〕(名)うねめニ同ジ。

〔うねめ〕(名)〔采女〕〔髫髪女ノ約カトイフ〕古ヘ、後宮ニテ、御膳ノ事ニアヅカルモノ、郡ノ少領以上ノ姉、妹、女、ノ形容端正ナルモノヨリ采ラル。ウネベ。

〔うねめ-の-かみ〕(名)〔采女正〕ウネメノカミ。采女司ノ長官。

〔うねめ-の-つかさ〕(名)〔采女司〕宮內省ニ屬セル司、采女ノ檢校ノ事ヲ掌ル。

うねり(名)ウネルコト。曲リメグルコト。

うね-る・ル・レ・ラ・リ・レ(自動)(規、一)〔畦ヲハタラカス〕高ク低ク、或ハ、右ニ左ニ、曲ガリ廻ル。盤紆 紆行

うの-あしがひ(名)〔鵜脚貝〕介ノ名、よめがさらノ類ニテ、形、鵜ノみづかきニ似タルモノ。

うの-け(名)〔兎毛〕兎ノ毛。極メテ細小ナルニ譬ヘテイフ語。「―ノ末」―程」秋毫

うの-はな(名)〔卯花〕〔空木ノ花ノ略カ、卯月ノ花ノ略カ〕(一)空木ノ花。(うつぎノ條ヲ見ヨ)水晶花 (二)重ノ色目ニ、面、白ク、裏、青キヲ稱。(三)雪花菜ノ異名。(色白クシテ、卯花ニ似タレバイフ)

〔うのはなくたし〕(名)〔卯ノ花ヲ朽ス義〕初夏ノ雨ノ稱。迎梅雨

〔うのはなづきよ〕(名)〔卯花月夜〕水晶花ノ白キヲ、月ノ光ニ見做シテイフ語。

〔うのはなやき〕(名)鮒ヲ炙リテ、酢ヲカケ、雪花菜ヲ散ラシカケタルモノ。

うのはなをどし(名)〔卯花縅〕鎧ヲ、全體、白絲ニテ縅シタルモノ。素絹甲

うのみ(名)〔鵜吞〕物ヲ嚙マズシテ吞ムコト。マルノミ。

うの-め-ゆわう(名)〔鵜目硫黃〕硫黃ノ條ヲ見ヨ。

うは(名)〔上〕上ノ轉、熟語ニノミ用ヰル。「―書」―虫 ―包」

〔うば〕(名)〔祖母〕おほばノ約ナルおばノ轉。

うば(名)〔姥〕〔祖母ノ轉、或云、梵語ナリト〕(一)老イタル女。嫗 (二)俗ニ、乳母。メノト。乳母

うば(名)〔豆腐皮〕〔豆腐ノ姥ノ略、皺アルニ云〕豆腐ノ液ニ、灰汁ヲ少シ入レテ煮レバ、上ニ皮ヲ生ズルヲ、徐ニ卷キ取リテ乾シタルモノ、皺アリテ、黃ニシテ、檀紙ノ如シ、再ビ煮テ食フ。訛シテ、ユバ。

うは-あいさ(名)鳥ノ名、形、あいさニ同ジクシテ、唯、眼ノ上ニ、黑キ條アリ、翅ノ上ニ、黑キ羽雜レリ。

うは-あご(名)〔上腭〕上ノ方ノ腭。

うばい(名)〔烏梅〕梅ノ實ヲ乾シタルモノ、色黑ク、香氣アリ、藥用、染料トス。

ウバイ(名)〔優婆夷〕うばそくノ條ヲ見ヨ。

††うは-うは(副)〔上上〕氣ノ浮キテ沈着ヌ狀ニイフ語。「―スル」

うは-おほひ(名)〔上被〕スベテ、物ノ上ニ被フ席、布、ナドノ稱。被物

うは-がき(名)〔上書〕書狀、書物、匣、ナドノ表ニ書ク名稱、外題ナド。表書

うはがねさう(名)うはがねもちニ同ジ。

うはがねもち(名)灌木ノ名、山麓ノ樹下ニ生ズ、莖細ソクシテ、高サ三四尺アリ、葉ハ、樫ニ似テ、冬枯レ

ス、秋、葉ノ間ニ、小キ穗ヲナシテ、花ヲ開ク、ねぢのきノ花ニ似テ、小クシテ白シ、實ハ圓クシテ、一分許アリ、白クシテ紫ノたてをちアリ。ウバズ。ネサシ。イツセンリヤウ。杜莖山

うはかは（名）【上皮】（一）皮ノ上ノ更ニ薄キ皮。（二）又ベテ、物ノ表ヲ被ヘルモノ。刄被

うはかは（名）【上側】物ノ側ノ上ニナリタル方。表面

〔うはがひ（名）〔上交ノ義カト云〕衽。

うはがひ（名）【婐貝】あかがひノ一種、縱ノ筋、最モ細カクシテ、殼ノ一片短キモノ、肉ヲ乾シテ、食用トス。

＋＋うはき（名）【上氣】心、浮キテ居テ、物事ニ移リヤスキコト。輕佻　客氣

〔うはぎ（名）草ノ名、よめなニ同ジ。

うはぎ（名）【上着】衣ノ最モ上ニ着ルモノノ稱。表衣

うはごと（名）〔浮言ノ意〕熱病ナドニ浮サレテ、精神ヲ喪ヒ、條理無キコトヲ語ルコト。譫語

うはさ（名）【噂】〔表樸ノ略カ〕事事ニツケテ、世上ニ言觸ラス話。風說。世評

うはざうり（名）【上草履】板敷ナドノ上ニ用ヰル草履ノ稱。（地上ニ用ヰルニ對ス）

うはさぎ（名）【婐鷺】あをさぎノ一種、小クシテ全身ニ淡赤ミアルモノ。

うはざくら（名）【婐櫻】彼岸櫻ニ同ジクシテ、後レテ開クモノ、花ハ重瓣ニシテ大ク、莖短ク、密ニ着ク、落花マデ葉ナキヲ、歯無キニ寄セテ名トス。

うはざし（名）【上差】（一）箙ニ征矢ヲ盛リ、其左ノ方ニ指シ添フル二筋ノ矢ノ稱、雁股、或ハ、鏑矢ナリトゾ。表矢　又、中差モアリ、征矢ナリ。共ニ四羽ヲ矧グト云。（二）狩衣、直垂、ナドノ袖グクリ、袴ノ紐、ナドニ、組緒、又、丸緒、ニテ刺シ縫ヘルモノ。

うはざめ（名）【婐鮫】鮫ノ類、皮ニ皺アリテ、口ニ齒無ク、全身灰白ナルモノ、長キモノハ、六七尋ニ及ブ。ウバブカ。

うはしき（名）【上敷】（一）〔くらしき。鞍褥（二）床ノ上ノ敷物。

うはしぎ（名）【婐鷸】（一）鷸ノ一種、全身、淡灰紫色ニシテ、黑キ斑アリ、但シ、翅、尾、ノ斑ハ、黑クシテ細長シ、觜ハ長ク黑ク、脛ハ灰色ナリ。（二）又、一種、頭ヨリ尾マデ、黑クシテ白羽交リ、腹、白ク觜、赤黃ニシテ、脚、長ク、三指ニシテ赤キモノ。

うはずみ（名）【上澄】（一）水ニ雜リタル物ノ、澱ミテ、上ノ方ニ澄ミタル水。（二）濁酒ノ、糟、澱ミテ、上ニ澄ミタルヲ汲メルモノ。

ウバソク（名）【優婆塞】〔梵語、近住ノ義、戒ヲ受ケテ僧ニ近事スル意〕俗ニアリテ佛門ニ入レル男子ノ稱、近事男、又ハ、信士男ナド譯ス。女ナルヲ優婆夷トイフ、近事女、又ハ、信士女ナド譯ス。

うはたまの（枕）【烏羽玉】ぬばたまノ條ヲ見ヨ。

うはたま（名）【烏羽玉】餅菓子ノ名、ぎうひニ餡ヲ包ミテ、三盆砂糖ヲ抹シタルモノ。

うはちどり（名）みやまどりノ一名。

うはづつみ（名）【上包】（一）凡テ、物ノ上ヲ包ムモノ。被（二）書物ノ帙。ブマキ。（三）書狀ノ上ヲ包ム紙。封皮

＋＋うはつばり（名）【上張】衣ノ汚ルルヲ防ガム爲ニ、更ニ其上ニ被ヒ着ル單衣ナド。

うはて（名）【上手】（一）上ノ方。（二）風ノ吹キ來ル方。上風（三）水ノ流レ來ル方。上流（四）＋＋技、又、智、ナドノ、他ヨリ勝リタルコト。優

〔うはなみ（名）【上波】水ノ面ニ立ツ波。「山川ノ一氷ル高岩ニ一越エテ」

〔うはなり（名）【後妻】〔上成、ニテ、更ニ婚ヲ成ス意カ〕後ニ娶レル妻。ノチゾヒ。後妻。繼妻

〔うはなりうち（名）【後妻打】往時、夫、妻ヲ離別シテ、直ニ新妻ヲ娶レルトキナド、前妻、親族ノ女ヲカタラヒテ、新妻ノ家ヲ襲ヘルコト。

うはぬり（名）【上塗】（一）最上ノ面ヲ塗ルコト。（壁塗、漆塗ナドニ云フ、中塗、下塗ニ對ス）（二）俗ニ、轉ジテ、事物ノ上ニ添ヘ加フルコト。「恥ノ一」

＋＋うはのそら（名）【上空】心、一方ニ浮レテ、他ノ物事ニ氣ノトマラヌコト。ウチャウテン。浮空

うはのり（名）【上乘】船荷ノ上ニ乘リ添ヒテ、守リ送ル人。

うはば（名）【上齒】上ノ齦ニアル齒。

うはば（名）【上端】物ノ上ナル部。上面

うはばみ（名）【蟒蛇】〔上蛇ノ轉カ〕蛇ノ類ノ、極メテ大クシテ、人ヲモ害スルモノニテ、耳アリト云。ヲロチ。ヤマカガチ。蛇。

うはひ（名）【外障眼】そこひノ條ヲ見ヨ。

うばふ・フ・ヘ・ハ・ヒ・ヘ (他動)(規・一) 奪 (一)強ヒテ取ル。理不盡ニ取ル。(二)ヌスム。掠メ取ル。竊 (三)君ヲ除ケテ其位ニ代ル。簒

うばふか (名) 姥鱶 うばざめニ同ジ。

〔うはぶみ (名) 〔表文ノ意〕 外題ニ同ジ。

うはべ (名) 上邊 (一)上ニ見ユル處。オモテ。表 (二)内實ハ然アラヌヲ、表テノミ、ソレト見スルコト。「―ヲカザル」陽

うはまへ (名) 上前 (一)衣ノ前ノ、合ハスレバ上ニナル部。ウハンマヘ。(二)受次ギテ拂フ代料賃錢ナドノ若干ヲ除ケ收ムルコト。「―ヲ取ル」

〔うはみ (名) 褶 袴ノ上ニ穿ル裳ノ如キモノ。

うはみずざくら (名) いぬざくらニ同ジ。

うはみぞざくら (名) いぬざくらニ同ジ。

うはみづ (名) 上水 上澄ノ水。

うはむき (名) 上向 (一)上ニ向キタルコト。仰グコト。(二)表ニ見ユル處。ウハベ。

〔うはむしろ (名) 表莚 寐床ニ敷キ用ヰル莚。

うはんまへ (名) うはまへノ音便。

うはめ (名) 上目 (一)睛ヲ上ニ向クルコト。「―ヲツカフ」(二)はかりざをノ上面ニ盛レル星ヲ宛ニテ稱ルコト。(向目ナドニ對ス) (三)皆掛。

うばめがし (名) 樫ノ類、葉ハ、ひさかきニ似テ、闊クシテ鋸歯アリ、夏、黄ナル蕊ヲ垂レ、別ニ實ヲ結ブ。ウバメカシハ。ウバメノキ。

うばめがしは (名) うばめがしニ同ジ。

うばめのき (名) うばめがしニ同ジ。

〔うはも (名) 表裙 裳ノ上ニ着ル裳。

〔うばら (名) 茨ニ同ジ。

〔うばらぐつわ (名) 蒺蔾銜 唐鞍ニ用ヰル馬銜ノ名。

うはゑ (名) 上繪 布帛ナドニ染メヌキタル色ノ暈ノ上ヲ、更ニ繪ノ具ニテ畫キツクルコト。外匡

〔うはを (名) 後夫 〔上夫ノ義ニテ、重ナル意カ〕 後ノ夫。再度ノ夫。

うひ (接頭) 初 始メテノ。最初ノ。「―子」「―學ビ」「―陣」

うひ (名) 初 始メテナルコト。「―ノ子」

〔うひうひ・し・シキ・シケレ・シク・シク (形・二) 初初 始メテラシ。物馴レヌ狀ニテアリ。

〔うひかうぶり (名) 初冠 (一)元服シテ始メテ冠ヲ着クルコト。(二)初位。

うひご (名) 初子 初產ノ子。初生兒

うひざん (名) 初產 始メテ子ヲ產ムコト。

うひだち (名) 初立 ウヒダツコト。始メテ起ツコト。「夏バカリ、―スナル時鳥」

〔うひだ・つ・ツ・タ・チ・テ・テ (自動)(規・一) 初立 立チ始ム。「ウスク、霞ノ、峯ニ―」時鳥、―山」

〔うひたひのうま (名) 戴星馬 〔兎額ノ義ナラムト云〕 つきぶろニ同ジ。

〔うひぢ (名) 埿土 〔浮泥ノ約カ〕 ひぢ、どろニ同ジ。

うひぢん (名) 初陣 始メテ軍ニ出ヅルコト。初戰

うひまなび (名) 初學 (一)學問ヲ始ムルコト。(二)未熟ノ學問。

うひやうゑのかみ (名) 右兵衞督 兵衞府ノ條ヲ見ヨ。

うひやうゑふ (名) 右兵衞府 兵衞府ノ條ヲ見ヨ。

うふ (名) 右府 右大臣ノ唐名。

うぶ (接頭) 產 〔生ムノ轉カ〕 產レタル時ノ。「―毛」「―衣」

うぶ (名) 產 本質ヲ失ハズ、飾リナキコト。「―ママ」「―ムスメ」生

うぶがみ (名) 產髮 うぶげニ同ジ。

うぶぎ (名) 產着 生レタル兒ニ始メテ着スル衣。ウブギヌ。產衣

〔うぶぎぬ (名) 產衣 うぶぎニ同ジ。

うぶげ (名) 產毛 初生ノ兒ノ髮。ウブガミ。胎髮

うぶごゑ (名) 產聲 兒生レテ始メテ泣ク聲。

うぶすな (名) 產土 (一)人ノ生レタルトコロノ土地。本居 產地 (二)うぶすなのかみノ略。

うぶすなのかみ (名) 產土神 產土ヲ守護スル神。里社

うぶすなまゐり (名) 產土神參 小兒生レテ後百日トイフニ、ソノ產土ノ神ニ詣ヅルコト。ミヤマヰリ。

うぶね (名) 鵜舟 鵜飼ニ用ヰル舟、製、高瀨舟ノ如シ。鸕鷀船

〔うぶのかみ (名) 產神 むすぶのかみニ同ジト云。

〔うぶめ (名) 產女 (一)孕メル女。孕婦 (二)產婦。

うぶめどり (名) 孕婦鳥 〔產婦所レ化ナリトイヘリ〕 鶹

ニ似テ大ク、聲モ鷗ニ似タリトモイヒ、形、鳶ノ如ク、聲、小兒ノ啼クガ如ク、越中ニ多シナドモイフ、詳ナラズ。

うぶや (名) 產屋 (一)古ヘ、子ヲ產ムニ、別ニ作レル家。(二)產ヲスル室。

うぶゆ (名) 產湯 生レタル兒ニ、始メテ浴セサスルコト。洗兒湯

うぶゐ (名) 產井 產湯ノ水ヲ取ル井。

うへ (名) 上 (一)最モ高キ部。カミ。(下ニ對ス)(二)勝レタルコト。貴キコト。長ケタルコト。「目ー」年ー」ー無シ」(三)殿上。禁中。「ーニ候フ人」(四)至尊ヲ呼ビ奉ル語。上 (五)借シテ、將軍公方ノ稱。(六)貴人、又、其内室ノ稱。(七)貴婦人ノ稱號ニ附ケテ呼ブ語。「葵ノー」(八)尊長ノ稱ノ後ニツケテ云フ語。「父ー母ー兄ー」(九)オモテマヘ。(裏ニ對ス)「ーノ衣」表 (十)邊。「川ノー」(十一)增スコト。加フルコト。「アルガーニ其ーニ」(十二)其物事ニ就キテノコト。「我ガー人ノー身ノー文ノー酒ノー話ノー」

〔うへ (名) 筌 漁リノ具、細キ竹ニテ編ミ、魚ノ入ルベクシテ、出デラレヌヤウニ作レルモノ。笯。

〔うべ (名) 樹ノ名、むべニ同ジ。

うべ (副) 宜 肯フ意ニイフ辭。實ニ然モアルベク。ムベ。「ーナリ」ー言ヒラム」

〔うべ-うべ・し・シキ・シケレ・シク・シク (形・二) 宜宜 (一)實ニ然モアルベシ。モットモラシ。宜然 (二)篤實ラシ。

うへだぢま (名) 上田縞 信州小縣郡上田ニ產ズル縞織ノ紬ノ稱、今ハ武州ノ八王子、青梅、等ヨリモ摸シテ出ダス。

うへ-つ-かた (名) 上方 身分貴キ人人。貴賤

〔うへ-つぼね (名) 上局 對屋ナラデ、殿上ニ局ヲ賜ハルコトナリト云。

うへ-な-し・キ・ケレ・ク・ク (形・二) 無上 コレヨリ上ニ立ツモノ無シ。最上ナリ。

〔うべ-な-ふ・フ・ヘ・ヘ・ヒ・ヘ (他動)(規・二) 宜 宜ト思フ。同意ナリト許ス。ウケガフ。ウベナム。諾

〔うべ-な-む・ム・メ・マ・ミ・メ (他動)(規・二) 宜 うべなふニ同ジ。

〔うへ-の-きぬ (名) 表衣 袍ニ同ジ。

〔うへ-の-はかま (名) 表袴 束帶ノ時ニ、表ニ着ル袴、織物ニテ、文、種種ナリ、下官ハ白キ平絹ナリ、共ニ裏ハ紅ナリト云。

うへ-びと (名) 上人 殿上人ニ同ジ。「雲ノー」

〔うへ-ぶし (名) 禁中ニ夜直スルコト。

うぼく (名) 烏木 おくたんニ同ジ。

うぼぜ (名) 魚ノ名、いぼぜノ轉。いぼだひヲ見ヨ。

うま (名) 馬 (一)牧ニ飼ヒ、家ニ畜ヒテ、人物ヲ載セ、又、車ヲ牽ク等、最モ用アル獸、人ノ知ル所ナリ、高サ四尺以下ヲ駒トシ、四尺以上ハ寸ヲ以テ計リ、八寸ニ餘ルヲ長ニ餘ルトス、面長クシテ、鬣アリ、蹄圓クシテ底凹メリ、尾ノ長サ、身ノ高サニヒトシ、前齒ハ、上下、各、六枚アリ、コレヲ見テ老少ヲ知ルベシ、毛ノ色種種ニシテ、名目多シ。(二)雙六ノ采。(三)物ノ、常ニ異ナリテ、大ナルモノノ稱。「ー蛭」ーウド」ー芹」

うま (名) 午 (馬ノ義) (一)支干ノ名、其條ヲ見ヨ。(二)時ノ名、其條ヲ見ヨ。(三)方角ノ名、えとノ條ヲ見ヨ。

うまあぶ (名) 馬虻 虻ノ牛馬ニ着クモノ、大サ蠅ノ如シ。

〔うまい (名) 熟寢 快ク寐入ルコト。熟睡

うまいくさ (名) 馬軍 騎馬ノ兵ノ戰。騎戰

うまうど (名) 草ノ名、おほうどニ同ジ。

うまうまと (副) (旨旨ノ義) 巧ニ、手際ヨクマンマト。「ー敵ヲタバカル」

うまおひむし (名) 馬追蟲 莎鷄ノ類、鳴ク聲、紡車ヲマハスガ如シ、故ニつむノ名モアリ。

うまかけ (名) 馬駈 競馬ニ同ジ。

うまかた (名) 馬方 駄馬ヲ引クヲ業トスル賤シキ者。マゴ。駄夫

うまかひ (名) 馬飼 馬ヲ飼ヒ扱フ者。圉人

〔うまき (名) 馬城 牧ニ同ジ。

うまき (名) 鵜卷 山川ニテ、鵜、集リテ、魚ヲ取卷キテ、汀ニ寄スルコト。

うまきたし (名) (馬來ノ義ナラムト云) 草ノ名、春ノ末ニ生ズ、高サ一二尺、葉ハをぐるまニ似テ、厚クシテ、澁毛アリ、枝葉對生ス、夏、枝ノ端毎ニ、白キ花ヲ開ク、小クシテ菊ノ花ノ如シ、莖ヨリ黑キ汁出ヅ。

うまぐし (名) 馬梳 馬ノ毛ヲ梳フ梳。ウマハタケ。

〔うまくすし (名) 馬醫 馬ノ病ヲ癒ス醫師。伯樂。

うまぐは (名) 馬鍬 まぐはニ同ジ。

うまけむり (名) 馬烟 馬ノ走リテ起ル塵埃。 馬塵

〔うまご (名) 孫 〔生マセ子ノ義カ〕 孫ニ同ジ。

うまごやし (名) 馬肥 草ノ名、原野ニ多シ、一根ヨリ叢生ス、莖、地ニ延キテ、蔓生シ、長サ一二三尺、葉、互生シ、形、萩ノ葉ニ似テ、小クシテ鋸齒アリ、春ノ末、葉ノ間ニ、三四五ツツ、小黄花、穗ヲナシテ開ク、亦、萩ノ花ニ似テ小シ。マゴヤシ。 苜蓿

うまざくり (名) 泥路ノ中ノ馬ノ脚痕。

〔うまざけ (名) 旨酒 酒ノ味ヲ稱シテイフ語。

うまさし (名) 馬差 驛ニ居テ、人馬ニ役ヲ宛ツル者。 傳吏

うま・し・キ・ケレ・ク・ク (形・二) (一)〔心、耳、眼、口、ニ感ジテ、甚ダ好シ。美シ。 美 (二)味、好シ。 旨 (三)技ニ好シ。巧ミナリ。熟練セリ。 巧妙

〔うまじもの (名) 馬自物 馬トイフ物。

うまじるし (名) 馬印 將帥ノ馬ノ傍ニ建テテ、其居ル所ノ標トスルモノ、種種ノ製アリ。織田信長ノ頃ヨリ出來レリト云。 記旗

〔うまずめ (名) 不生女 子ヲ生マヌ女ノ稱。 石女

うまぜみ (名) 馬蟬 くまぜみニ同ジ。

〔うまぜり (名) 馬芹 やまぜりニ同ジ。

うまぞひ (名) 馬添 乘馬ノ人ニ附添ヒテ行ク從者。

うまだし (名) 馬出 城門ノ外ニ、更ニ一郭ヲ成セル處。 副城

うまたて (名) 馬立 馬ヲ繫ギオク處。 馬厊

うまだらひ (名) 馬盥 はだらひニ同ジ。

うまつき (名) 馬付 乘馬ノ口ニ附キ居ル奴。 馬丁

うまつぎ (名) 馬繼 驛ニ同ジ。

++うまづら (名) 馬面 形ノ長キ顔ヲ嘲リ呼ブ語。

うまに (名) 馬荷 馱馬ニテ送ル荷。 負馱

うまに (名) 旨煮 料理ノ法、肉、菜ヲ、味醂、砂糖、鰹節、醬油等ニテ、味、濃ク甘ク煮ツケタルモノ。

うまぬすびと (名) 馬盜 (一)馬ヲ盜ム盜人。(二)魚ノ名、おかめだひノ異名。(三)又、魚ノ名、おかなぎノ異名。

〔うまのかみ (名) 馬寮ノ長官、うまのつかさノ條ヲ見ヨ。

うまのかみ (名) 右馬頭 右馬寮ノ長官、うまのつかさノ條ヲ見ヨ。

〔うまのきほね (名) 食槽 〔きばねハ牙骨ノ義カト云〕 馬ノ下腭ナリト云。

〔うまのくぼがひ (名) 〔馬陰ノ義ト云〕 たからがひ、おやすがひノ古名。 貝子

うまのす (名) 馬ノ尾ノ毛、太ク長クシテ種種ノ用ヲナス。 馬尾

うまのすずくさ (名) 馬鈴草 蔓草ノ名、原野ニ多シ、春、舊根ヨリ生ズ、葉ハ、やまのいもニ似テ、厚クシテ互生シ、苗ト共ニ黑ミアリ、夏、葉ノ間ニ、紫綠ノ花ヲ開ク、本ハ筒ニシテ、末ハ一瓣ニ分レ、屈曲ス、實ハ垂ル、楡ノ莢ニ似テ白ク、形、鷄卵ノ如シ。 馬兜鈴

うまのたま (名) 馬玉 馬、或ハ牛、羊、猪、鹿、豚、犬等ノ腹中ニ生ズル重クシテ石ノ如キモノ、鐵片ナド、食物ニ和シテ腹ニ入リ、久シクシテ、卵殻ノ如キ皮、疊リ包ミテ成ルト云、大ナルハ西瓜ノ如ク、小ナルハ豆ノ如シ、裁レバ、渦文アリ、色、灰、油、褐等ナリ、輕キアリ、中ニ、黑色、又、褐色ノ毛アリ、けだまトイフ。ヘイサラバサラ。ドウサラバサラ。セキフン。 鮓答

〔うまのつかさ (名) 馬寮 又、馬寮。衞府ニ屬セシ寮、馬ヲ飼ヒ馴シ、又、供御ノ乘具ヲ掌ル、左馬寮ト右馬寮トニ分レ、其長官ヲ左馬ノ頭、右馬ノ頭(典廐)トイフ。

うまのはなむけ (名) 餞 はなむけノ條ヲ見ヨ。

うまのめ (名) 草ノ名、あをかづらニ同ジ。

うまのり (名) 馬乘 (一)馬ニ乘レル人。(二)馬ニ乘ルニ巧ナル人。 調馬師 (三)馬ニ乘ル如ク物ニ跨ガルコト。「一ニナル」 跨

うまのりぞめ (名) 馬乘初 新年、始メテ乘馬ヲ試ミルコト、暦ニ、其事ニ吉ナルベキ日ヲ記ス。飛馬始。

うまのりばかま (名) 馬乘袴 馬ニ乘ルニ用キル袴、まち高ク、裾廣ク作ル。

うまば (名) 馬場 (一)馬場。(二)良馬ヲ產スル地。

〔うまはたけ (名) 馬刷 馬ノ毛ヲ洗フ刷毛。ウマグシ。

〔うまは・る・ル・レ・ラ・リ・レ (自動) (規・一) 〔うまふノ自動〕 殖エヒロゴル。 蕃息

〔うまびと (名) 〔美人ノ義〕 位德高キ人。 君子 縉紳

〔うまびゆ (名) 馬莧 すべりひゆニ同ジ。

うまびる (名) 馬蛭 水蛭ノ一種、甚ダ大クシテ三四寸アリ、梅雨ノ候ニ出ヅ。京ニ、グマビル。 馬蜞

〔うま・ふ・フ・ヘ・フ・ヒ・ヘ (他動) (規・二) 〔產ムノ延カ〕 殖ス。

(うまふせぎ (名) 馬防 柵。

(うまぶね (名) 馬槽 飼葉ヲ入ルル器。

(うまふぶき (名) 馬蕗 牛蒡ノ古名。

うまへん (名) 馬偏 漢字ノ偏ニアル馬ノ字、駒、駄、馳、駿等ノ如シ。 馬旁

うままはり (名) 馬廻 武家ニテ、主君ノ馬ノ周圍ニ附添フ侍。 麾下

うまや (名) 馬屋 (一)馬ヲ畜ヒ置ク家。 厩 (二)街道ノ往來ニ便ニセムガ爲ニ、駄馬、人夫ヲ備ヘ置ク處、旅店ナドアリテ、市街ヲ成スウマツギ。宿。宿場。 驛

(うまやぢ (名) 驛路 驛アル道。エキロ。カイダウ。

(うまゆみ (名) 馬弓 馬ニ騎リテ弓射ルコト。騎射。

うまる・ル・レ・ラ・リ・レ (自動) (規・二) 埋 うづもるニ同ジ。

うまる・ルル・ルレ・レ・レ・レヨ (自動) (規・二) 生 兒、胎ヨリ出ヅ。出生ス。出產ス。 誕

うまれ (名) 生 (一)生ルルコト。(二)生レタル地。 產地

うまれうら (名) 石馬寮 うまのつかさヲ見ヨ。

うまれかはり (名) 生變 生レカハルコト。 轉生

うまれかはる・ル・レ・ラ・リ・レ (自動) (規・二) 生變 動物ノ死シタル魂、再ビ他ノ動物ト變ハリテ生ル。(佛說) 轉生

うまれこきやう (名) 生故鄉 生レタル地。 產地 鄉貫

うまれつき (名) 生付 生レツクコト。生レツキタル狀。生レナガラノ狀。生得。性分。 天禀

うまれつ・く・ク・ケ・カ・キ・ケ (自動) (規・二) 生付 生レナガラニ身ニ得。自然ニ身ニ具ル。 禀生

うまれび (名) 生日 生レタル日。 誕日

++うまれる (動) 生ル、ノ訛。

うみ (名) 海 〔大水ノ約轉カ〕 (一)古ヘハ湖、海、ス ベテ、大ニ水ヲ湛ヘタル處。「淡ー」鹽ノー」(二)地球ノ面ニテ、廣大ニ鹹水ヲ湛フル所。卽チ內海、大洋、等ノ總稱。(三)水ノ溜レルヲ海ニ擬ヘテイフ語。「淚ノー」袖ノー」硯ノー」

うみ (名) 膿 〔熟汁ノ略〕 ウミシル。瘡、疵、ナドノ、癒ユルニ進ムトキ、分泌スル液。

うみ (名) 生 生ムコト。生ミタルコト。「ーノ親」ーノ子」 親生

うみうさぎ (名) 海兎 〔肉角、耳ノ如シ〕 海產ノ動物、あめふらしニ同ジ。

うみうし (名) 海生 〔肉角アレバ、名ヅク〕 海產ノ動物、あめふらしニ同ジ。

うみうなぎ (名) 海鰻 あなごニ同ジ。

うみうま (名) 海馬 たつのおとしごニ同ジ。

うみおと・す・ス・セ・サ・シ・セ (他動) (規・二) 生落 兒ヲ產ミ終ル。 分娩

(うみがつき (名) 孕月 うみづきニ同ジ。ウムガツキ。臨月。 蓐月

うみがに (名) 海蟹 あまがにニ同ジ。

うみかんざし (名) 海簪 うみやなぎヲ條ヲ見ヨ。

うみがめ (名) 海龜 龜ノ類ノ最モ大ナルモノ、海ニ產ス、大ナルハ、長サ五六尺ニ至ル、四足皆鰭ニシテ爪アリ、前足ハ長ク、後足ハ短シ、甲ハ、いしがめニ同ジクシテ、十三ノ六角ヲナス、色、黑シ、或ハ黃ナル斑アルアリ、肉、脂、皆食用トシ、腹ノ甲ヲ琉瑁ニ擬製シ 朝鮮鼈甲トイフ。シヤウガクバウ。 蠵龜

うみかも (名) 海鴨 うがもニ同ジ。

うみかや (名) 海萱 荻ノ一名ナリト云。

うみがらす (名) 海鴉 介ノ名、淡菜ノ異名。

うみくちなは (名) 海蛇 (一)えらぶうなぎ。(二)又、魚ノ名、形、はもニ似テ、圓ク長ク、背ハ淡灰ニシテ、腹ハ淡紅ナリ、尾尖リ、口闊ク、銳キ齒アリ、腮、闊ク大クシテ紅アリ。

うみごめ (名) おほふむぎニ同ジ。

うみさうめん (名) 海索麪 海藻ノ名、形、索麪ノ如ク、細長クシテ、深綠ナリ、鹽ニ漬ケ、又、灰ニ和シテ乾シ、貯ヘテ食用トス。

うみしか (名) 海鹿 〔肉角アレバ、名ヅク〕 海產ノ動物、あめふらしニ同ジ。

うみしじみ (名) 海蜆 蜆ノ海中ニ產スルモノ、大ナルハ、徑二寸ニ至ル、外面、黑褐、或ハ黃褐ナリ。

うみしる (名) 膿汁 膿トイフニ同ジ。

うみすぎ (名) 海杉 うみひばノ類、葉、繁クシテ、杉ノ葉ニ似テ、細カク小シ、色ハ淡黑褐色ナリ。

うみすずめ (名) 海雀 (一)かいつぶりニ似テ、翅小ク、尾ナキモノト云。(二)魚ノ名、すずめふぐノ一種ニシテ、稍小キモノ。 海牛

うみすひいし (名) 膿吸石 圓ク扁クシテ石ノ如キモノ、稀ニ舶來ス、膿ヲ吸ハシム、龍骨ノ類ナリト云。吸毒石

うみそ (名) 績麻 績ミタル麻絲。

うみたけ (名) (殼、竹ノ如キ義トイヒ、肉、筍ノ如キ義トモイフ) 介ノ名、九州邊ノ泥海ニ生ズ、殼ハ、どぶがひニ似テ圓ク、質脆シ、常ニ泥中ニアリテ、肉ヲ上ニ出スコト、筍ノ如シ、色黑ク、大サ二三寸、內、空シ、膓ヲ去リテ、食用トシ、鹽漬トシテ遠キニ送ル。泥筍

うみたなご (名) 魚ノ名、形、かいづニ似テ、扁ク闊ク、長サ五寸許、色黑ク、或ハ赤ミアリ、胎生ニシテ、魚類ナラズトモイフ。海鯽

うみぢ (名) 海路 海ノ上ノ船ノ通路。(陸路ニ對ス)

うみづき (名) 生月 孕ミテ子ヲ產ムベキ月。臨月。蓐月

うみつ・く・クル・クレ・ク・ケ・ケヨ (他動)(規・二) 生付 (一)生ミテ物ニ着クル。(魚、蟲ノ卵ナドニ)(二)生ミテ其性ヲ得シム。「才智ニ—」

うみづら (名) 海面 海ノ上。

うみて (名) 海手 海ノ方。

うみてふてふ (名) 海蝶 とびのうをニ同ジ。

うみどうがめ (名) かぶとがにニ同ジ。

うみどぢやう (名) 海泥鰌 ぎんぽうニ同ジ。

うみにな (名) 海蜷 介ノ名、海ニ產ズルにナリ、形、色、同ジクシテ、端、禿ズ。

〔うみのおきな〕 (名) 海翁 海老ノ異名。

うみのこ (名) 生子 (一)子孫。(二)親シク生ミタル子。親生兒

〔うみのみやこ〕 (名) 海都 龍宮ニ同ジ。

うみばうず (名) 海坊主 (一)うみがめノ大ナルモノ。(筑前)(二)海上ニ現ハルト云フ妖怪ノ名。

うみひば (名) 海檜葉 珊瑚ノ類、海底ノ石ノ上ニ生ズ、大ナルハ四五尺、小キハ、數寸アリ、枝甚ダ多ク、網ノ如クツキテ 帆ノ如ク、又佛像ノ後光ノ如シ、色、紅、黃、紫、白、青、黑褐等、種種ナリ、外ハ柔ニシテ、內ニ骨アリ、紅黃二種ノ外ハ、外皮ヲ去レバ、骨、珊瑚ノ如シ。石帆

うみべ (名) 海邊 海ノホトリ。

うみべた (名) 海邊 うみべニ同ジ。

うみへちま (名) 海絲瓜 うみわたニ同ジ。

うみへび (名) 海蛇 動物、水中ニ棲ム、形、蛇ニ似テ、色黑ク、尾ノ端、寸バカリ、分レテ總ノ如シ、赤キアリ、白キアリ。

うみほほづき (名) 蓼螺ノ卵ナリト云フ、形、巾着ノ如クニシテ、大サ寸ニ滿タズ、色、黃白ニシテ、皮堅ク、中ニ液アリ、疊マリ連リテ、海中ノ石ニ着キテ生ズ、紅ニ染メ、小孔ヲ穿チ、女兒、ほほづきニ代ヘテ玩トス。

うみまつ (名) 海松 (一)海邊ノ松。(二)みるノ漢名ノ海松ヲ文字讀ニシタル語、みるノ條ヲ見ヨ。(三)又、うみひばノ類 枝少ク、扁平ナラズシテ、黑ク光ル、枝上、稀ニ葉アリテ、杉ノ葉ニ似タリ、膚ニ細ナル穴多シ。黑珊瑚

うみやうじ (名) 海楊枝 海產ノ動物、あめふらしニ同ジ。(伊豆、大島)

うみやなぎ (名) 海柳 (一)あまも。(二)又、珊瑚ノ類、泥海ニ生ズ、形、箸ノ如クニシテ、五六寸ヨリ二三尺ニ至ル、肉ハみみずニ似テ、末闊クシテ少シ曲ル、本ニ蛸ノ疣ノ如キモノアリ、骨ハ、箸ノ如クニシテ、圓キアリ、方ナルアリ、箸トス。オトヒメノカンザシ。ウミカンザシ。越王餘算

うみわた (名) 海綿 海產物、海岸、水底ノ石、貝ニツキテ見出ス、質、綿ノ如クニシテ、色黑褐ナリ、多ク水ヲ吸ヒ入レ、壓セバ、忽チ水ヲ吐ク、種種ノ用ヲナス。ウミヘチマ。ミツワタ。カイメン。スポンジ。海絨

うみなそ (名) 海獺 あしかニ同ジ。

うむ (名) 有無 有ルト無キト。否ト諾ト。「—ノ論ナク—ヲ言ハセズ」

う・む・ム・メ・マ・ミ・メ (自動)(規・一) 熟 (一)十分ニ成長スツユ。熟ス(果ナド)(二)膿ヲ成ス。結膿

う・む・ム・メ・マ・ミ・メ (自動)(規・一) 倦 作業ニ厭ク。疲ルニ堪ヘズ。退屈ス。イヤニナル。

う・む・ム・メ・マ・ミ・メ (他動)(規・一) 生產 (一)胎ノ兒ヲ出ス。孕ミシ子ヲ產ズ。(二)生ズ。出ダス。フヤス。「金ガ利足ヲ—」殖

う・む・ム・メ・マ・ミ・メ (他動)(規・一) 績 麻、苧ヲ細ク析キテ、長ク合ハセテ縒ル。

う・む・ム・ム・メ・メ・メヨ (他動)(規・二) 埋 (一)うづむ(他動)ニ同ジ。(二)湯ニ、水ヲ加ヘテ、温クス。

うん (名) 運 人ノ身ニ運リテ來ル善惡ノ象。天命ノマハリアハセ。

うん-うん (名) 云云 (一)斯クイヒ、然イフコト。(詞多キヲ略スルニ用ヰル語)(二)言フニ言ハレヌ事情。「―ノ次第アリ」

うん-か (名) 雲霞 (一)くもトかすみト。物ノ夥シキ狀ニイフ語。「―ノ如ク集ル」(二)小キ飛蟲ノ名、大サ半分許、身黑ク、翅白ク、首ニ架アリ、簷下ニ群リ飛ビ、一上一下、舂ク狀ノ如ク、或ハ旋リテ碓ヲヒクガ如シ、天陰レバ、殊ニ河邊ニ群ル、遠ク望メバ、雲霞ノ如シ。ヌカバヘ。 浮塵子

うん-かう (名) 運行 メグリユクコト。

うん-かう (名) 芸香 へんるうだヲ見ヨ。

うん-かく (名) 雲客 クモヰノヘビト。殿上人。

〔うむが・し・シキ・シケレ・シク・シク (形・二) おむがしニ同ジ。

〔うむかし・む・ム・ム・メ・マ・ミ・メ (自動)(規・一) おむかしむニ同ジ。

〔うむがつき (名) うみがつきニ同ジ。

〔うむき (名) 蛤類ノ古名。

うん-き (名) 雲氣 雲ノ、晴雨ナドニ乘ジテ動ク象。「―ヲ考フ」 星氣

うん-き (名) 溫氣 アツサ。暑氣。

〔うむきな (名) いかりぐさニ同ジ。

うんげん (名) 暈繝 繧繝 (一)古ヘ、染色ノ名、諸色ノ間條ノ、色ト色トノ界ヲばかしニ染メタルモノ。(二)後ニ、織物ノ文ニ、間條ノ界ヲくまぜりニ織レル手ノ、―ノ錦トイフ、物ノ緣ナドニ用ヰル。ウゲン。(三)畫工ニ、くまどり。

うんげん-べり (名) 繧繝緣 疊ノ緣ニ、繧繝ノ織物ヲ用ヰルコト、主上、院、ノ御用ナリ、神佛ノ前ニハ、半疊之ヲ用ヰ、他ハ禁制セラルト云。

うんさい-おり (名) 雲齋織 (創意シタル人名ニ起ル) 綿布ノ、厚クシテ、地ヲ粗ク斜ナル織文ニ織リタルモノ、多ク足袋ノ底ニ用ヰル。

うんざり (副) (倦ズアリ、ノ約カ) 倦ミ厭キタル狀ニイフ語。(東京)「―スル」

うんしうみかん (名) 雲州蜜柑 橘ノ類、雲州ニ產ジ、今諸國ニ移シ植ウ、實ハ、蜜柑ヨリ赤クシテ、春ニ至リテ、其味、殊ニ美ナリ。古名、ウジエキツ。 乳橘

うん-じやう (名) 雲上 (一)クモノウヘ。(二)禁中。

うん-じやう (名) 運上 〔運送上納ノ意カト云〕 稅ノ條ヲ見ヨ。

〔うん・ず・ズル・ズレ・ゼ・ゼ・ゼヨ (自動)(不規・二) 倦 〔倦スノ音便〕(一)倦ム、ニ同ジ。「ウンジ果ツル」 思ヒウンジテ (二)厭ヒ思フ。

うん-すゐ (名) 雲水 (一)くもトみづト。(二)行脚。頭陀。

うんぜん-つつじ (名) 〔初メ、肥前ノ溫泉岳ニ出ヅ〕 躑躅ノ一種、枝、頗ル細小ニシテ、葉モ細クシテいぬつげノ如ク、花モ小クシテ、濃紫ナリ、又淡紅、淡紫、白色等モアリ。チヤウジツツジ。(伊勢)

うん-そう (名) 運送 物ヲ運ビ送ルコト。(人、馬、舟、車ニ)

うん-ちん (名) 運賃 物ヲ運送スル賃錢。 脚錢

うんてい-ばんり (名) 雲泥萬里 天ト地ト甚シク隔タレルコト。物事、格外ノ差ヒ。 霄壤之差

うん-てん (名) 運轉 (一)メグリメグルコト。(二)クルクルト廻ハルコト。

うん-どう (名) 運動 (一)メグリウゴクコト。(二)身體ヲ動カスコト。

うん-どん (名) 餛飩 おむぎこニ、鹽ヲ加ヘテ、水ニテ固クコネテ、薄ク展ベ、細ソク切リタルモノ、煮デテ、汁ニ浸シテ食フ。 溫飩 切麪 麪條

うん-ねん (名) 云云ノ音便、連聲ノ轉呼ナリ。

うん-ぱん (名) 雲版 樂器ノ名、寺院ナドニテ叩キ鳴ラスニ用ヰル、からかねノ板ニテ、邊ニ雲ノ形ヲ鑄付ク。

うん-ぷてんぷ (句) 運否天賦 運ノ吉キト凶シキトハ、天ノ定ムル所ナリ。

うん-めい (名) 運命 運トイフニ同ジ。「―強シ」

うん-めん (名) 溫麪 餛飩ヲ汁ニ煮タルモノ。

うん-も (名) 雲母 キララ。キラ。

うん-よう (名) 運用 メグラシモチヰルコト。ハタラカスコト。

うめ (名) 梅 〔熟實ノ約轉ナリト云フ、イカガ〕 (一)樹ノ名、高キハ丈餘ニ及ブ、早春、衆木ニ先ダチテ花ヲ開ク、瓣、五ニシテ圓シ、又六瓣ナルモアリ、香甚ダ高シ、多ク人家ニ植エテ、花、香、ヲ賞ス、重瓣アリ單瓣アリ、色、多クハ、白、又、紅ナレドモ、其外ニ、種類甚ダ

多シ、實、圓クシテ酸シ、うめぼしトシ、又、其汁ヲ種種ノ用トス。(二)重ノ名目ノ名、表、白ク、裏、濃キ蘇枋ノモノ。

〔うめ (副) 宜ニ同ジ。

うめあは・す・スル・スレ・セ・セ・セヨ (他動)(規.二) 埋合 損、得、相償ハス。損益乘除

うめあはせ (名) 埋合 ウメアハスルコト。益ニテ損ヲ償フコト。

うめうつぎ (名) 灌木、楊櫨ノ一種、花ノ梅ニ似タルモノ。

うめき (名) 埋木 隙ニ材ヲ埋メテツクロフコト。

うめ・く・ク・ケ・カ・キ・ケ (自動)(規.一) 呻吟 (一)憂ヘテ大息ツク。(二)力ヲ入レテ聲ヲ出ス。(三)ワメク。ヲメク。ウナル。

うめくさ (名) 埋草 隙ヲ塡ムル料。

うめず (名) 梅醋 梅ノ實ニ、紫蘇ノ葉ヲ加ヘ、鹽ニ漬ケテ絞リタル汁、酸シ、種種ノ用ヲナス。梅鹵

うめた・つ・ツル・ツレ・テ・テ・テヨ (他動)(規.二) 埋立 次第ニ埋メユク。

うめち (名) 埋地 沼澤ノ地ナドニ、新ニ土ヲ盛リテ埋メ立テタル處。

うめづけ (名) 梅漬 たいあん、おやうがナドヲ梅醋ニ漬ケタルモノ。

うめつぼ (名) 梅壺 禁中殿舍ノ名、本名、凝花舍。

うめどひ (名) 埋樋 地中ニ埋メ設クル水ノ樋。ウヅミ

ヒ。暗竇

うめバチ (名) 梅鉢 紋所ノ名、梅花ノ形ヲ正面ニ見セタルモノ。

うめバチさう (名) 梅鉢草 高サ四五寸、葉ノ形、略、圓ク、厚ク、小ク、青クシテ赤ミアリ、春、白花ヲ開ク、一重ニシテ、梅ノ花ニ似タリ。

〔うめはつづき (名) 梅初月 陰曆、十二月ノ異名ナリトゾ。

うめびしほ (名) 梅醬 梅干ノ肉ヲタタキ、砂糖ナド加ヘテ製シタルひしほ。

うめぼし (名) 梅干 梅ノ實ノ、半バ熟セルヲ、鹽ニ漬ケテ、日ニ晒スコト、數日ニシテ、又、紫蘇ノ葉ヲ加ヘテ、漬ケ貯フルモノ、食用トス。鹽梅 霜梅

うめみぞ (名) 埋溝 埋樋。ウメドヒ。

〔うめみづき (名) 梅見月 陰曆、二月ノ異名。

うめもどき (名) 梅擬 樹ノ名、高サ一丈許、枝細ソシ、葉ノ形、梅ノ葉ノ如クニシテ、光リナク、枝ノ間ニ集リテ、互生ス、夏、五瓣淡紅ノ小花ヲ開ク、實ハ圓クシテ、冬ニ至リテ、熟シテ紅ナリ、又、黃、白等モアリ。落霜紅

うめゆ (名) 湯ニ水ヲ加ヘテ溫クシタルモノ。陰陽水

うめる (動) 埋ムノ訛、うづむ(他動)ニ同ジ。

うも・る・ルル・ルレ・レ・レ・レヨ (自動)(規.二) 埋 うづもるニ同ジ。

うもれぎ (名) 埋木 木幹ノ、太古ヨリ水底ノ土中ナドニ埋レテ、化石ノ狀ニ變ジタルモノ、質、黑檀ノ如シ、

年代ハ、泥炭ト石炭トノ間ニテアリ。

〔うや (名) 禮 ゐやノ轉、其條ヲ見ヨ。「—無シ」

うやうや・し・シキ・シケレ・シク・シク (形.二) 恭 〔禮ヲ重ンズル語〕 敬フ狀ニテアリ。

うやく (名) 烏藥 舶來藥品ノ名、色、黑褐ニシテ、香アリ、木根ノ舊キモノナリトイフ。

うや・す・ス・セ・サ・シ・セ (他動)(規.一) 飢 飢ウルヤウニナス。空腹ニナス。

〔うやなし (形) 無禮 ゐやなしニ同ジ。

うやま・ふ・フ・ヘ・ハ・ヒ・ヘ (他動)(規.一) 敬 〔禮ヲ行フ意〕 尊シト見テ愼ミアツカフ。ヰヤマフ。タフトブ。アガム。尊敬ス。

うゆ (動) 飢ウ、又ハ、植ウ、ノ訛。

うようよ (副) 蠢ク狀ニイフ語。ウザウザ。蠕蠕

うよく (名) 羽翼 (一)羽ト翼ト。(二)扶。「—トナル」

うら (名) 裏 裡 (一)表ナラヌ方。ウチ。ナカ。(二)衣ノ裏ニツクル布帛。反襯 (三)背後。後方。「家ノ—」「—長屋」背後 (四)物事ノ全ク相異ナリタル方。ウラヘ。ウラハラ。「白ハ黑ノ—」「—ヲ言フ」反對

〔うら (名) 心 〔裏ノ義〕 心。思ヒ。「我ガ我身ノ—ハ恨ムル」「我身ノ—ヤ限リナルラム」「—悲シ」「—戀シ」「—淋シ」「—恥カシ」

〔うら (名) 占 〔事ノ裏ヲ察スル意〕 物ノ象ニ山リテ、事ノ未來ノ吉凶ヲ考フル法。ウラナヒ。古ヘノ太占ハ、鹿骨ヲ燒キテ考フ。(其條ヲ見ヨ) 龜ノ甲ヲ灼キテ、其縱橫ニ裂クルヲ見テ考フルモアリ。卜 又、めどぎ

ヲ用ヰ、易ノ法ニテ考フルモアリ。(易ノ條ヲ見ヨ) 筮

うら (名) 浦 〔裏ニ入ル義カ〕 海、湖ノ曲リテ陸地ニ入リコミタル處。

うら (名) 末 〔古言、末ノ轉〕 (一)スヱノカタ。端。(二)コヌヱ。梢

うら-いた (名) 裏板 (一)屋根裏ニ着ケテ張リタル板。仰板 (二)天井。

うら-うち (名) 裏打 (一)衣服ニ、裏ヲ着ケタルモノノ稱。ウラツケ。(二)紙叉ハ革ナドノ裏ニ、糊ニテ、更ニ、紙叉布ナドヲ貼リ合ハセテ厚クスルコト。 裝背

うら-うづ-がひ (名) 裏渦貝 螺ノ類、大サ寸許、上尖リ下平ニシテ、外ハザラツキテ、青白ク、處處ニ黒キ斑アリ、底ニ渦ノ文アリ。

(うら-うへ (名) 裏表 うらトおもてト。物事ノ互ニ逆ヒテ、全ク其趣キヲ異ニスルコト。ウラハラ。(上下、左右、白黒ノ如シ) 表裏 反對

(うら-うら (副) 〔うららヲ重ネテ約メタル語〕 のどやかニ、叉ハ、うららかニニ同ジ。「—ニ照レル春日」—ト照リテ漕ギ行ク」

うら-えり (名) 裏襟 襟ノ裏ニ添フル布帛。

うら-がき (名) 裏書 (一)紙ノ裏ニ文字ヲ書クコト。(二)卷物ナドノ裏ニ、其由來ナド記セル文。古ヘ書籍ハ皆卷物ナリシカバイヘリ、綴本起リテヨリハ、奥書トス。

うら-か・く・ク・ケ・カ・キ・ケ (自動) (規・一) (一)矢、中リテ物ノ裏マデトホル。「鎧ノ—」 射洞 (二)背ニ出デテダシヌク。「謀ノ—」

(うら-が・す・ス・セ・サ・シ・セ (他動) (規・一) 樂 樂マシム。

うら-かぜ-ぐさ (名) 裏風草 かはらさいこニ同ジ。ウラジロ。 翻白草

(うら-かた (名) 占形 占ニ出デタル象。 占兆

うら-かな・し・シキ・シケレ・シク・シク (形・二) 心、悲シ。

うら-がへし (名) 裏返 ウラガヘスコト。ウラガヘシタルコト。

うら-がへ・す・ス・セ・サ・シ・セ (他動) (規・一) 裏返 裏ヲカヘシテ表トス。ヒツクリカヘス。 翻

うら-かへ・る・ル・レ・ラ・リ・レ (自動) (規・一) 裏返 (一)裏、返リテ表トナル。ヒツクリカヘル。 翻 (二)味方ガ敵トナル。 反覆

うら-がれ (名) 草木ノ梢ノ枯レタルコト。

うら-ぎり (名) 裏切 軍ニ、味方ノ、窃ニ敵ニ内應シテ、後ヨリ切リ出ヅルコト。 反應

(うら・ぐ・グル・グレ・ゲ・ゲ・ゲヨ (自動) (規・二) 樂 タノシム。面白クナル。

うら-ぐち (名) 裏口 家ノ後ノ方ノ入口。

(うら-ごひ・し・シキ・シケレ・シク・シク (形・二) 心、戀シ。

(うら-さだめ (名) 下定 トニテ事ヲ定ムルコト。

(うら-さび・し・シキ・シケレ・シク・シク (形・二) 心、淋シ。

うら-じろ (名) 裏白 (一)草ノ名、もだニ同ジ、葉ノ裏白ケレバ名トス、歳ノ首ニ、注連ニ挿シテ賀ニカク。(二)かはらさいこノ一名。(三)いぶきとらのをノ一名。(四)樹ノ名、ゆづりはノ如クニテ、秋、紅實ヲ結ブモノ。

うら-じろ-のき (名) 裏白木 山中ニ生ズ、葉ハ、はしばみニ似テ、鋸齒、稍、粗ク、裏ニ白キ毛アリ、夏ノ半ニ、葉ノ間ニ、小花簇リ開ク、色白シ、實ハ櫻ノ實ニ似タリ、熟スレバ赤クシテ、甘ク酸シ。

うら-だな (名) 裏店 うらやニ同ジ。

うら-つけ (名) 裏付 衣裳ナドノ、裏ヲツケタルモノノ稱。(單ナルニ對ス)「—ノ袴」

(うら-て (名) 占手 相撲ニ、最初ノ番。叉、歌合ニモイフ。

うら-て (名) 裏手 裏ノ方。 裏面 背後

うら-なし (名) 裏ナキ草履ノ名。

(うら-な・し・キ・ケレ・ク・ク (形・一) 心中ニツツム事無シ。「ウラナキ物ハ我心カナ」戀ハウラナキ物ニアリケル」ウラナク申ス」

うら-なひ (名) 占 ウラナフコト。占ヲ考フルコト。(占ノ條ヲ見ヨ)

うら-なひ-おや (名) 占者 うらなひヲ業トスル人。ウラヤサン。ハツケオキ。 占家 賣卜者

うら-な・ふ・フ・ヘ・ハ・ヒ・ヘ (他動) (規・一) 占 〔占行フノ義〕 占ヲ行フ。占ニ因テ考フ。(占ノ條ヲ見ヨ)

(うら-の-かみ (名) 陰陽頭 陰陽寮ノ長官。

(うら-の-つかさ (名) 〔占ノ官ノ義〕 陰陽寮ニ同ジ。

うら-ば (名) 莖、枝ノ末ノ葉。「藤ノ—」葦ノ—」葛ノ—」 梢葉

うら-はず (名) 末筈 ゆはずノ條ヲ見ヨ。

うら-はづか・し・シキ・シケレ・シク・シク (形・二) 心、恥カシ。

〔うらはみ (名) 下食 龜トノ縱横ニ裂クルコト。

うらはん (名) 裏判 文書ノ裏ニ、證トシテ記ス花押、又、印判。

うらはら (名) 裏腹 うらうへニ同ジ。

〔うらびる・ル・ル・レ・レ・レ・ロ (自動)(規・三) 〔心詫ルノ約〕心憂クアリ。ワビシクアリ。ウラブル。快快

〔うら・ふ・フ・ヘ・ハ・ヒ・ヘ (他動)(規・一) 占 うらなふニ同ジ。

〔うら・ふ・フル・フレ・ヘ・ヘ・ヘロ (他動)(規・二) 占 うらなふニ同ジ。

〔うらぶる・ル・ル・レ・レ・レ・ロ (自動)(規・二) うらびるニ同ジ。

〔うらへ (名) 下事 占フルコト。ウラナヒ。

うらべ (名) 下部 トノ事ヲ掌ル職、神祇官ニ屬ス。

うらぼし (名) 裏星 草ノ名、山崖、又ハ、巖石ニツキテ生ズ、莖細ソクシテ堅ク、葉ハ狹クシテ長サ一二三寸、面ハ深緑ニシテ、背ハ色淺クシテ黄ナル點アリ、冬ヲ歷テ枯レズ。(筑前) 金星草

ウラぼん (名) 盂蘭盆 〔盂蘭ハ、梵語、解倒懸ノ義〕陰暦七月十五日ニ行フ佛事ノ名、百味ノ飲食ヲ盆ニ具ヘテ、佛及ビ死者ノ靈ニ供シ、倒ニ懸ケタラム苦患ヲモ救フベキ意トス。生靈祭。

うらまち (名) 裏町 通街ノ後ノ町。後街

うらみ (名) 怨 ウラムルコト。

うらみち (名) 裏路 街道ノ外ニアル道。間道

うら・む・ム・メ・マ・ミ・メ (他動)(規・一) 怨 次條ノ語ノ訛。

うら・む・ムル・ムレ・ミ・ミ・ミロ (他動)(規・三) 怨 恨 〔心見ルノ轉〕他ノ仕向ケヲ惡シト見テ、心ノ中ニ憤ル。疾。

ミ思フ。

うらむらくは (副) 怨 〔怨ムルノ延〕怨ムルニハ。

〔うらむらさき (名) 〔うらハ、末ノ義〕紫トイフニ同ジ、歌ナドニ、多ク、恨ムニカケテイヘリ。「行ク春ヲウラムラサキノ藤ノ花」

うらめ・し・シキ・シケレ・シク・シク (形・二) 怨 ウラムベクアリ。

〔うらもとなし・キ・ケレ・ク・ク (形・一) おぼろもとなしニ同ジ。

うらもん (名) 裏門 邸ノ後ノ方ノ門。(表門ニ對ス) 後門

うらや (名) 裏屋 人家ノ後方ニ建テタル家。ウラダナ。

うらやさん (名) 〔占ヤ算ノ義ナリト云〕(一)〔うらなひ。(二)すうらなひヲ業トスル人。(畿内) 賣卜者

〔うらやすのくに (名) 浦安國 〔心安ノ義ナラムト云〕日本國ノ異稱。

うらやま・し・シキ・シケレ・シク・シク (形・二) 羨 〔心、病シノ義〕ウラヤムベクアリ。

うらや・む・ム・メ・マ・ミ・メ (他動)(規・一) 羨 〔心病ム、ノ義〕他ノ好キヲ見テ、ソノ如クナラムコトヲ望ミ思フ。

うららかさ (副) 天麗 天晴レテ長閑ニ。

〔うららけ・し・キ・ケレ・ク・ク (形・一) 天麗ニテアリ。

〔うららさ (副) うららかさニ同ジ。

うらわ (名) 浦曲 浦ノ曲リタル處。

うらわか・し・キ・ケレ・ク・ク (形・一) (一)末、若シ。(草木ニ「ウラワカミ、人ノカザシシ撫子ノ花」(二)少シ。(人ニ[illegible]「サシハナレタル谷ノ方ヨリ、最ウラワカキ聲[illegible]」

うり (名) 瓜 一年生ノ蔓草ニシテ、莖ニ、大ナル實ヲ結ブモノノ總名、葉、大抵、三五尖ヲナシテ、皺アリ毛アリ、莖ニ、鬚アリ、あをうり、きうり、まくはうり、すゐくわ、とうぐわ、ゆふがほ、へちま、かぼちや等、各條ニ注ス。

うり (名) 賣 賣ルコト。「一買」一ノ直」

うりあ・ぐ・グル・グレ・ゲ・ゲ・ゲロ (他動)(規・二) 賣揚 賣リ終ヘテ錢ヲ收ム。

うりあげ (名) 賣揚 ウリアグルコト。賣リ終ヘタルコト。「一ノ勘定」

うりあげちやう (名) 賣揚帳 商家ニテ、賣リ揚ゲタル品物直段ヲ記シオク帳面。

うりかけ (名) 賣掛 物ヲ賣リテ未ダ代料ヲ收メザルコト。

うりかひ (名) 賣買 賣ルト買フト。バイバイ。アキナヒ。

うりき・る・ル・レ・ラ・リ・レ (他動)(規・一) 賣切 悉ク賣リ盡ス。

うりくち (名) 賣口 うりさきニ同ジ。

うりけんぢやう (名) 沽券狀 沽券ニ同ジ。

うりこ (名) 賣子 商家ノ奴ノ、歩キナガラ物賣ルモノ。販夫

うりこみ (名) 賣込 ウリコムコト。

うりこ・む・ム・メ・マ・ミ・メ (他動)(規・一) 賣込 (一)賣リ入ルル。(二)賣リ熟ルル。

うりさき (名) 賣先 賣ルベキ先ノ相手。ウリクチ。サバ

ケクチ。花主
うりざね (名) 瓜核 瓜ノ核。瓠犀
うりざねがほ (名) 瓜核顔 人ノ顔ノ形ノ圓クシテ稍長キモノ。瓜子臉
うりさばき (名) 賣捌 ウリサバクコト。
うりさば・く・ク・ケ・カ・キ・ケ (他動)(規・一) 賣捌 手配リシテ賣ル。賣ル。
うりしろな・す・ス・セ・サ・シ・セ (他動)(規・一) 賣代爲 賣リテ錢ノ代トナス。
うりすゑ (名) 賣居 掘エオキタルマヽニテ賣ルコト。(家、藏、ナド)
うりだし (名) 賣出 ウリダスコト。賣リ始ムルコト。
うりだ・す・ス・セ・サ・シ・セ (他動)(規・一) 賣出 賣リ始ム。發賣
うりて (名) 賣手 物賣ル人。賣主
うりぬし (名) 賣主 物ヲ賣ル方ノ人。(買主ニ對ス)
うりね (名) 賣直 他ニ賣ルベキ價。(仕入ノ元直ナドニ對ス) 賣價
うりのき (名) 瓜木 葉ハ、瓜ニ似テ、幹モ、まくはうりノ如キ筋アリ、又、瓜ノ臭アリ、楓ニモ似タレバ、うりはかへでノ名モアリ、幹ノおもかはヲ剝ギテ、驛馬ノ頭ニカケテ、蠅拂ヒトス。
うりはかへで (名) 瓜葉楓 うりのきニ同ジ。
うりばへ (名) 瓜蠅 蟲ノ名、形、略、螢ニ似タリ、瓜、かぼちやナドニ生ジテ、其葉ヲ食フ。蠜

うりはら・ふ・フ・ヘ・ハ・ヒ・ヘ (他動)(規・一) 賣拂 賣リ遣フ。
うりひろ・む・ム・メ・マ・ミ・メ (他動)(規・一) 賣弘 世ニ遍ク賣リ出ス。
うりひろめ (名) 賣弘 ウリヒロムルコト。
うりん (名) 羽林 近衛府ノ唐名。
うりんけ (名) 羽林家 公家衆ノ家格ニ、侍從ヨリ近衛ノ中少將ヲ歷テ、次第ニ昇進スルモノ。
うりもの (名) 賣物 賣ルベキ品。賣貨
うりもみ (名) 瓜揉 胡瓜ヲ薄ク刻ミテ、酢、味醂ナドニ交ヘタルモノ。
〔うりよね〕 (名) 賣米 貯ヘタル米ヲ賣リ出スコト。(かひよねニ對ス) 糶
うる (名) 粳 (潤ノ意カ) 稻、粟、黍等ノ子ノ、炊ギテ粘ナキモノ、わせ、なかて、おくて、皆コレアリ。(糯ニ對ス)「―稻」「―粟」「―黍」
う・る・ル・レ・ラ・リ・レ (他動)(規・一) 賣 (一)價ノ錢ト易ヘテ物ヲ與フ。ヒサグ。ウリサバク。(二)名聞ノ爲ニ弘ム。「名ヲ―」(三)欺ク。ダシヌク。(漢籍讀ニ)「人ヲ―」
うる (動) 得ノ第二變化、其條ヲ見ヨ。
うるあは (名) 粳粟 粟ノ條ヲ見ヨ。
うるいさう (名) 草ノ名、ぎばうしゆノ條ヲ見ヨ。
うるか (名) (潤臭ノ義ニモアルカ) 鮎ノ腸ヲ鹽漬ニシタルモノ、ワタートイヒ、又、苦―、澁―、ナドイヒテ、其澁味ヲ賞ス。鱁鮧 又鮎ノ子ノミヲ漬ケタルヲ、子―トイフ。

〔ウルカン〕 (名) 烏爾干 (斯班牙語ナルベシ) 中世、渡リシ切支丹宗ノ教師ノ名、伴天連ト併ベ稱ス。
〔うるき〕 (名) (一)草ノ名、おふにひどヘノ古名。(二)土茯苓ノ古名。
うるきび (名) 粳黍 きびノ條ヲ見ヨ。ウルシキビ。
‡うる・ける・ケル・ケレ・ケ・ケ・ケヨ (自動)(規・四・變) 潤 ウルホフ。フヤケル。
うるごめ (名) 粳米 うるしねノ條ヲ見ヨ。
〔うるさ・し・キ・ケレ・ク・ク〕 (形・一) うるせしニ同ジ。
うるさ・し・キ・ケレ・ク・ク (形・一) 五月蠅 煩ハシク厭ハシ。煩
うるし (名) 漆 (潤ノ意ナラム) うるしのきノ脂、樹ノ皮ニ、鋸痕ヲ入レテ、流レ出ヅル液ヲコソゲトリテ製ス、夏ヨリ秋ノ末マデ取ル、種種ノ器ニ塗ル料トス。(うるしのきヲ見合スベシ)
うるしいし (名) 漆石 (一)色黑ク光リテ、漆ノ如キ石、北國ニ多ク產ス。烏石 (二)石炭(越後)
うるしかぶれ (名) 漆ニ氣觸レテ生ズル瘡。ウルシマケ。漆搶
うるしきび (名) うるきびニ同ジ。
うるしけし (名) 草ノ名、ひよどりじやうごニ同ジ。
うるしこし (名) 漆漉 吉野紙ヲ漆ヲ漉スニ用ヰルトキノ稱。
うるしぬり (名) 漆塗 漆ニテ物塗ルコト。塗漆
うるしね (名) 粳稻 稻ノ粳ナルモノニテ、其米ハ、卽チ、飯トシ常食トスルモノ。ウルチ。ウルゴメ。粳米

うるしのき (名) 漆樹 高キハ六七間ニ至ル、葉ノ形、ゐるでノ葉ニ似テ鋸齒ナシ、一柄ニ三四對ニ排生ス、夏、枝ノ梢ニ、長キ穗ヲ出シテ、黄白ノ小花ヲ開ク、亦、ゐるでノ花ニ似タリ、雌樹ニハ實アリ、圓ク扁ク、大サ一分許、黄褐ナリ、表テ上品ナル蠟ヲ得。此樹ノ脂ヲうるしトス、專ラうるしヲ取ルモノハ、培養シテ五七年ナルヨリ取リテ、後ニハ伐リ倒スナリ。(うるしノ條見合スベシ) やまうるしハ、山中自生ノモノナリ、漆ヲ出スコト少シ、亦實ヨリ蠟ヲ採ルベシ、大樹ナシ。

うるしばけ (名) 漆刷毛 漆塗ニ用ヰル刷毛、製大小種種ナリ。 髹筆

うるしまけ (名) うるしかぶれニ同ジ。

うるしむろ (名) 漆室 漆塗シタル器ヲ入レテ乾カス處。又其匣。

(うるせ・し・き・けれ・く・く (形・二) (一)麗シ。(二)善シ。「ウルセキ情ノ色ニウツリテ」此童モ心得テケリ、ウルセキ奴ノカシ」童ナレドモ、カシコクウルセキモノハ」

うるち (名) うるしねニ同ジ。

うるは・し・しき・しけれ・しく・しく (形・二) 麗 (心、細シ、ノ約カ、潤フ意カ) (一)艶アリテ美シ。(二)(イツクシ。イトホシ。「一ト我ガ思フ妹」ウルハシキ友」 親愛

(うるひ (名) 草ノ名、おふにひとへヲ見ヨ。

(うるひ (名) 閏 閏ヲ見ヨ。「一サヘ有リテ行クベキ年ダニモ」

(うるひ (名) 潤フコト。ウルホヒ。「君ガ世ノ雨ノ一ハヒロケレド」

うるふ (名) 閏 (うるひノ訛、潤ヒテ有餘アル義) 太陰曆ニ、一年ヲ三百六十日トシテ、コレヲ十二箇月ニ分テドモ、月ノ朔望ノ運行ニ合ハズシテ、餘日ヲ生ズルヲ積ミテ一月トシテ、一年ニ加フルモノ、コレヲ閏月トイフ、五年ニ二度ノ閏月アリ、十九年、七閏ニ及ビテ、餘分無シ、コレヲ一章トイフトゾ。(およみノ條、見合ハスベシ) 閏月アル年ヲ閏年トイフ。大陽曆ニテハ、一年ヲ三百六十五日トシ、四年毎ニ一日餘ルヲ積ミテ二月ニ加フ。

(うる・ふ・ふ・へ・へ・ひ・へ (自動) (規・二) 潤 うるほふニ同ジ。

(うる・ふ・ふる・ふれ・へ・へ・へよ (他動) (規・二) 潤 うるほすニ「一時ニ、ソソキシ雨ノウルヒツ」降ル雨ノ遍ク一春ナレバ」

うるふづき (名) 閏月 閏ノ條ヲ見ヨ。

うるふどし (名) 閏年 閏ノ條ヲ見ヨ。

同ジ。「ソコニモ、喉、ウルヘ給ヘトイヘバ」

うるほ・す・す・せ・さ・し・せ (他動) (規・一) 潤 (一)水氣ヲ含マシム。ヌラス。シメス。(二)豐ニナス。富マス。利ス。

うるほひ (名) 潤 (一)ウルホフコト。シメリ。(二)富ムコトマウケ。 利潤

うるほ・ふ・ふ・へ・は・ひ・へ (自動) (規・一) 潤 (一)水氣ヲ含ム。濡ル。シメル。(二)富ム。利ヲ得。マウカル。

うるみ (名) ウルムコト。

うるみしゅ (名) 潤朱 漆塗ノ語、朱ニ黒ミアルモノ。 黷朱

うる・む・む・め・ま・み・め (自動) (規・一) 潤 (一)透明ラズ。(玉ノ色、漆ノ色、ナドニ)(二)鮮カナラズ。(染色ナドニ)

(三)打タレテ肌ニ色ツク。 痏 (四)溢ル。(泣ク聲ナドニ)

うるめ (名) うるめいわしノ略。

うるめいわし (名) 潤目鰯 鰯ノ一種、身圓クシテ長ク、眼大クシテ、眶、赤クウルミタルモノ、脂少ク、味淡シ多ク乾魚トス。

(うれ (名) 末 スヱ。今轉ジテ、ウラ。「尾花ガ一」松ノ一」

うれ (名) 賣 賣ラルルコト。「一ガヨイ」一ガ遠イ」

うれくち (名) 賣口 賣ラレテユク相手。

うれ・し・しき・しけれ・しく・しく (形・二) 嬉 快ク喜バシ。愉ニ樂シ。 可喜

うれしなみだ (名) 嬉涙 ウレシサニ餘リテ出ヅル涙。 感涙

(うれし・む・む・め・ま・み・めン (自動) (規・一) 嬉 ウレシク思フ。 歡喜

(うれた・し・き・けれ・く・く (形・二) 憂 (憂甚シノ意) ウレハシ。ナゲカハシ。

(うれは (名) 末ノ葉。ウラハ。「薄ノ一」萩ノ一」 梢葉

(うれは・し・しき・しけれ・しく・しく (形・二) 憂 憂フベキ狀ナリ。ナゲカシ。ナゲカハシ。

うれひ (名) 憂 憂フコト。うれへニ同ジ。

(うれ・ふ・ふ・へ・は・ひ・へ (他動) (規・一) 憂 次條ノ語ニ同ジ。

うれ・ふ・ふる・ふれ・へ・へ・へよ (他動) (規・二) (一)歎キ思フ事ヲ他ニ告ゲ訴フ。「トノヰ所讓リタマヒテムヤト、中將ニ憂ヘ給フ」斯クト宮ニモ憂ヘ聞エ給フ」 愁訴

(二)歎キ思フ。シンパイニオモフ。アンジル。憂 (三)悲ム。ナゲク。愁 (四)病ム。患

うれへ (名) (一)〔ウレフルコト。歎キヲ訴フルコト。「我ガ―成リニタリト悦ビテ」愁訴 (二)歎キ思フコト。憂 (三)カナシミ。ナゲキ。愁 (四)憂トナルコト。害トナルコト。「火災ノ―」患

〔うれへ-ぶみ (名) 愁訴ノ狀。

++うれる・レル・レレ・レ・レ・レロ (自動)(現・四・變) 賣 〔賣ラルノ約訛〕商ヒ行ハル。

うろ (名) 虚 〔うつろノ中略カ〕(一)ウツロ。(二)アナ。竅

うろ (名) 雨露 あめトつゆト。「―ノメグミ」

〔うろ (名) 有漏 佛經ノ語、世俗ノ凡夫ノ稱。

うろ-うろ (副) 迷ヒテ行ク方ヲ失ヘル狀ニイフ語。「―スル」彷徨

うろ-おぼえ (名) 未熟ニ覺エタルコト。

〔うろくづ (名) 鱗 〔いろくづノ轉〕(一)ウロコ。(二)魚。

うろこ (名) 鱗 〔いろこノ轉〕(一)魚ノ皮ノ上ニ重ナリテツキテアル小ク圓ク薄ク堅キモノ。イロコ。イロクヅ。ウロクヅ。コケ。(二)模樣、紋所、ナドニ、三角ナル形ノ文。「三ツ―」(三)魚ノ名、もろこ。

うろこ (名) 〔鱗ノ義、狀似タレバイフ〕頭垢。

うろこ-かた (名) 鱗形 模樣ノ名、三角ヲ竪ニシタル象。イロコガタ。

++うろた-へる・ヘ・ヘ・ヘレ・ヘ・ヘ・ヘヨ (自動)(規・四・變) 狼狽 アワテ騒フ、迷ヒサワグ。

++うろ-つ-く・ク・ケ・カ・キ・ケ (自動)(規・二) 迷ヒ歩ク。ウロウロスル。彷徨

うろ-ぬ-く・ク・ケ・カ・キ・ケ (他動)(規・二) 虚拔 多クアルモノヲ間ヲ、隔テテ拔キ取ル。マビク。ヌキスカス。「大根ヲ―」

ウ-ロン (名) 胡亂 〔字ノ廣東音ナリト云、胡說亂道ナドノ意カト云〕怪シク疑ハシキコト。合點ユカヌコト。

うわう-さわう (副) 右往左往 右ヘモ往キ、左ヘモ往キテ。四方ヘ散散ニ。「―逃グ」四散

ウサン。 涉疑

うわ-る・ル・レ・ラ・リ・レ (自動)(規・二) 植 植ヱラレテ立ツ。

〔うゐ (名) 有爲 佛經ノ語、三界輪廻ノ境界。「―轉變」

〔ウヰ-ウヰ (名) 回回 ふゐふゐヲ見ヨ。

ウヰ-きやう (名) 茴香 〔うゐハ、茴ノ唐音〕古名、くれノおも。草ノ名、春宿根ヨリ叢生ス、葉互生シテ、細ク長キコト絲ノ如ク、莖ト共ニ、白色ヲ帶ビテ香氣アリ、苗ノ高サ六七尺、莖、圓クシテ粗ナリ、夏、枝上ゴトニ、五瓣ノ細小黃花、群リ開クコト傘ノ如シ、實ヲ藥用トス、長サ二分許、細稜アリ。

うゐ-てんぺん (名) 有爲轉變 佛經ノ語、世俗ノ事ノ移ヒ變ハリ易キコト。

ウヰラウ-ぐすり (名) 外郎藥 〔うゐらうハ、外郎ノ唐音〕透頂香ノ條ヲ見ヨ。

ウヰラウ-まめ (名) 外郎豆 たんきりまめノ一名、痰ヲ治スルコト、うゐらうぐすりノ如シトテ、名トス。

ウヰラウ-もち (名) 外郎餅 米ノ粉ヲ、黃ニ染メ、砂糖ヲ加ヘ、蒸シテ方ニ切リタルモノ、色黑褐ニシテ形、色、うゐらうぐすりニ似タレバイフ。

うゑ (名) 飢 飢ウルコト。「―ヲ忍ブ」

うゑ-き (名) 植木 (一)他ヨリ移シ來リテ、庭ナドニ植ヱ立テタル木。(二)小キ花木ナドヲ鉢ニ移シ植ヱタルモノ。盆栽

うゑき-バチ (名) 植木鉢 植木ヲウヱオクニ用ヰル方圓種種ノ瓶。花盆

うゑき-や (名) 植木屋 植木ヲ養ヒ、又ハ庭作リヲ業トスル者。花戶 園丁

うゑ-こみ (名) 植込 樹木ヲ繁ク植ヱ込ミタル處。

〔うゑ-じ (名) 植字 活字ニ同ジ。

うゑ-じに (名) 餓死 飢ヱ果テテ死ヌルコト。

〔うゑじ-ばん (名) 植字板 活字版ニ同ジ。

うゑ-つ-く・クル・クレ・ケ・ケ・ケヨ (他動)(現・二) 植付 植ヱテ立ツル。

うゑ-つけ (名) 植付 (一)ウヱツクルコト。(二)田植。

うゑ-ばうさう (名) 種疱瘡 輕症ノ疱瘡ノ膿痂ヲ取リテ、人ノ體ニ植ヱ移スコト、因テ天然ノ惡痘ヲ防グ。種痘 今ハ、專ラ、牛ニ移シテ、再ビ移ス、最モ輕シ、牛痘トイフ。牛痘

うゑ-ん (名) 迂遠 マハリドホキコト。[illegible]ヲナサヌコト。(心術、手段ナドニ云)

〔うゑ-め (名) 植女 早乙女ニ同ジ。

うゑ-もん-ふ (名) 右衞門府 衞門府ノ條ヲ見ヨ。

‡うゑる（動）飢ウ、或ハ、植ウ、ノ訛。

うを（名）魚〔古言、いをノ轉〕水ノ中ニ棲ミ、鰭ニテ泳ギテ、血冷ナル動物ノ總名、大抵、形、狹ク扁ク長クシテ鱗アリ、腹ニ脬アリ、腮裂ケテ呼吸ス。

うをいち（名）魚市　魚ヲ賣買スル市。

うをうり（名）魚賣　魚ヲ賣リ歩ク者。イヲウリ。

うをがし（名）魚河岸　河海ノ魚ヲ上ゲテ、魚市ナド立ツル水邊ノ地。

うをぐし（名）魚串　魚ノ肉ニ刺シテ炙ブルニ用ヰル串、竹、又銅、鐵、ニテ作ル。イヲグシ。

うをたか（名）魚鷹　みさごニ同ジ。

うをだな（名）魚店（一）ウヲノタナ。（二）ウヲヤ。

うをのたな（名）魚棚　魚屋多キ街。魚肆

うをのめ（名）魚目〔形似タレバイフ〕（一）力作ニ因リテ、手足ニ堆ク固ク生ズル肉、白大豆ノ大サニシテ、疣ヨリ堅シ。イヲノメ。石䶌（二）肉刺。

うをや（名）魚屋　魚類ヲ賣ル家。ウヲダナ。サカナヤ。魚戶

え

え　五十音圖、阿行第四ノ假名。（あノ條ヲ見合ハスベシ）此音ハ、う又ハ、ふ（うノ如ク呼ブモノ）ニ連ナルトキハ、よノ如ク呼ブコトアリ、えう（要）えふ（葉）ノ如シ。

〔え（名）兄〔善ノ意ニテ、劣ノ弟ニ對スル語カ〕あに、おのかみ、ニ同ジ。「大ー」「ー君」「ー媛」

〔え（名）胞　えなニ同ジ。「淡路洲ヲートシテ」

〔え（名）枝　えだニ同ジ。「何レノーヲカ花トハ折ラム」松ガー」梅ガー」

〔え（名）肢　手足。「張ニ夫婦ノ四ノ支ヲ於ニ木」

え（名）柄〔枝ノ義〕器ニツキテ長ク出デテ、用ヰルトキニ持ツ處。「斧ノー」槍ノー」銚子ノー」

え（名）江〔海ノ支ノ義カ〕湖海等ノ陸ニ入リコミタル處。イリエ。灣

え（名）榎〔字ハ和字、初夏ニ芽ザス木ナレバ、此字ヲ用ヰルト云〕常ニ、えのきトイフ。樹ノ名、高キモノハ、三四丈ニ至ル、葉ハ、楕ニシテ、先、尖リ、端ニ鋸齒アリテ、枝ノ間ニ互生ス、夏ノ初メ、淡綠ノ花ヲ開ク、實ノ大サ、豆ノ如シ、生ナルハ、綠ニシテ、熟スレバ、黑褐ナリ、味甘シ。朴

え（名）荏　常ニ、えごまトイフ。草ノ名、苗、葉、花、實、共ニ紫蘇ニ同ジクシテ、莖、葉ノ、色ノ青ク、花ノ白キヲ異ナリトス、植ヱ作リテ、子ヨリえのあぶらヲ取ル。

〔え（名）宴、ノ約。「京極ノ藤ノ花ノー、ジハベリケル時」壺前栽ノ菊ノーニ」

え（動）得、ノ變化、其條ヲ見ヨ。

え（副）〔善ノ義、得ニハアラジ〕能ク。敢ヘテ。（下ニ、反說ノ語ヲ用ヰル）「思ヒカケタル女ノー得マジツナリテ」ー行クマジ」ー取リ給ハジ」敢

えい（名）纓　冠ノ具、元ハ、巾子ノ根ヲ締メタル紐ノ餘リノ、背ニ垂レシモノ。後ニハ、別ニ緌ヲ以テ作リ、二條ヲナス。一名、燕尾。天皇ノ纓ハ、上ニ向フ、立ートイフ、諸臣ノハ垂ル、垂ートイフ、武官ノハ內ニ卷ク、卷ー、卷ーナドイフ、其六位以下ノハ、形、細ソシ、細ートイフ。

えい（名）永〔永ハ、ゑいノ音ナレド、姑ク舊慣ノ假名遣ニ從ヘリ、次條ノ詠、咏、榮等モ、然リ〕永錢ノ略永樂錢ノ條ヲ見ヨ。「ー三貫文」

えい（名）詠咏　詠ズルコト。「ー果テテ、袖打チナホシ給ヘルニ」ーナド、シタマフルハ」

えい（名）榮　サカエ。ホマレ。面目。「一身ノーナリ」

えい（感）曳　力ヲ入レテ出ス聲。「スベナクテ、無期ノ後ニ、ートト應ヘタリケレバ」

えいえい（感）曳曳　力ヲ用ヰル事ヲ爲ストキニ出ス聲。

えいか（名）詠歌（一）歌ヲ詠ズルコト。和歌ヲ詠ミ作ルコト。（二）詠ミタル歌。ヨミウタ。

えいがく（名）英學　イギリス國ノ語學。

えいかん（名）叡感　天子ノ御感。

えいきう（名）永久　ナガクヒサシキコト。永遠

〔えいきよく（名）郢曲　今樣風ノうたひものノ名。

えいぐ（名）影供　神、佛、故人ナドノ肖像ニ供物ヲササグルコト。

えいぐわ（名）榮華　榮エテ映アルコト。官位、高ク、福、祿、盛ナルコト。

えいげふ（名）營業　スギハヒ。ナリハヒ。

えいこ（名）榮枯　榮ユルト枯ルルト。盛ナルト衰フルト

えいご (名) 英語 イギリス國ノ言語。
えいこゑ (名) 曳聲 えいトカヲ入レテ發スル聲。「―出シテ一庭ヲ走リマハリ」
えいさい (名) 英才 勝レテ敏キ才。
えいさう (名) 詠草 詠歌ノ草稿。歌稿
えいざんかたばみ (名) 〔近江ノ比叡山ヨリ出ヅ、以下、えいざんト冠スル諸、皆同ジ〕酢漿ノ一種、葉大クシテ、一寸ヨリ二寸ニ至リ、末ニ尖アリ、春、白花ヲ開ク、大サ七八分、又、淡紅花ナルモノモアリ。白花酢漿草
えいざんごけ (名) あたごごけニ同ジ。
えいざんすみれ (名) えぞすみれニ同ジ。
えいざんにんにく (名) 茖葱ニ同ジ。
えいざんひる (名) 茖葱ニ同ジ。
えいじ (名) 嬰兒 ミドリゴ。
えいじつ (名) 營實 薔薇ノ實ヲ藥用トスルトキノ稱。
えいじん (名) 英人 イギリス國ノ人。
えいしよ (名) 英書 イギリス文ノ書物。
えいず・ズル・ズレ・ゼ・ジ・ゼヨ (自動)(不規・二) 映 ウツル。「影、鏡ニ―」
えいず・ズル・ズレ・ゼ・ジ・ゼヨ (他動)(不規・二) 詠咏 (一)詩歌ヲウタフ。吟ズ。(二)詩歌ヲ作ル。詠ム。
えいせい (名) 永世 永キ世。世ノアルカギリ。世世。永代。永年。
えいせい (名) 營生 スギハヒ。クチスギ。
えいせん (名) 永錢 永樂錢ノ略、其條ヲ見ヨ。

えいぜん (名) 營繕 ツクロヒ。修復。(土木ニ云フ) 修理
えいぞく (名) 永續 ナガクツヅクコト。ナガモチ。(家名、商業ナド) 繼紹
えいたい (名) 永代 永世ニ同ジ。
えいだう (名) 影堂 先祖ナドノ肖像位牌ナドヲ祀リテ置ク堂。祠堂
えいだん (名) 英斷 敏クシテ躊躇ハヌ決斷。
えいち (名) 睿智 勝レテ敏キ智。「聰明―」
えいちゆう (名) 營中 將軍ノ居城ノ中。殿中。
えいぢゆう (名) 永住 永ク住付クコト。
えいねん (名) 永年 永世ニ同ジ。
えいぶん (名) 叡聞 天子ノ聞セタマフコト。
えいぶん (名) 英文 イギリス語ノ文章。
えいや (感) 曳 カヲ入ルルトキノ聲。
‡えいやつと (副) カヲ盡クシテ。辛ウジテ。
えいゆう (名) 英雄 才能智力ノ萬人ニ勝レタル人。
えいよ (名) 榮譽 映ユル譽。
えいらう (名) 永牢 刑ノ名、德川氏ノ制ニ、終身、牢ニ禁メ置クモノ。
えいらくせん (名) 永樂錢 支那、明朝ノ永樂年中ニ鑄タル錢、面ニ永樂通寶トアリ、中世、多ク渡來シテ、通用錢トナレリ、其一貫文ヲ、金一兩ニ替ヘシヨリ、武家ニ、永錢ト稱シテ、金錢ヲ數フル名目トセリ。知行高ニモ、永錢ノ稱ヲ以テ、何貫何百文トイヘリ、コレヲ分錢ノ法トイフ、一貫ノ地ハ、凡ソ十石ニ當レリ。(或ハ五石)

えいらくやき (名) 永樂燒 京都ノ陶工善五郎了全トイフモノ、支那、明ノ永樂年製ノ陶器ヲ摸シテ、燒キ始メタルモノ。(文化年中) 赤繪、青繪、金襴手等、種種アリ。
えいらん (名) 叡覽 天子ノ覽ハシタマフコト。御覽。
えいりよ (名) 叡慮 天子ノオボシメシ。
えう (名) 要 (一)趣意ノ第一トスルコト。カナメ。カンジン。「忘レザルヲ―トス」(二)必ズ要ムルコト。要用。「―ナキ品」
えう (名) 曜 七曜ノ條ヲ見ヨ。
えう (名) 徭 夫役ニ同ジ。
えう (名) 幼 ヲサナキコト。「―ニシテ敏シ」
えうおん (名) 拗音 語學ノ語、きや、きゆ、ちゆ、くわ、ナド、假名二字ニテ書取ルベキ音ノ名。
えうがい (名) 要害 〔我ニ要ニシテ敵ニ害アル義〕(一)山河ノ險阻ナル處ナド、スベテ、敵ヲ防グニ便ナル地ノ稱。險隘 (二)轉ジテ、砦。
えうがく (名) 幼學 ヲサナキ時ノ學問。ウヒマナビ。
えうきよく (名) 謠曲 うたひノ條ヲ見ヨ。
えうくん (名) 幼君 ヲサナキ君。
えうくわい (名) 妖怪 バケモノ。變化。
えうじ (名) 要事 要用ナル事。
えうじゆつ (名) 妖術 魔法。
えうす・スル・スレ・セ・シ・セヨ (自動)(不規・二) 夭 幼クシテ死ス。

えう・す・スル・スレ・セ・シ・セヨ (他動)(不規・二) 要 必ズト要ム。用ヰニ欲シ。

〔えう・ず・ズル・ズレ・ゼ・ジ・ゼヨ (他動)(不規・二) 要 前條ノ語ニ同ジ。

えう・せう (名) 幼少 ヲサナキコト。イトケナキコト。

えう・およ (名) 幼女 ヲサナキ女。イトケナキ女。

えう・つう (名) 腰痛 コシイタミ。

えう・てう (名) 窈窕 タヲヤカナルコト。

えう・ねん (名) 幼年 ヲサナキ年。イトケナキコト。

えう・はい (名) 遙拜 隔タリタル地ヨリ遙ニ拜ムコト。

えう・みやう (名) 幼名 ヲサナナ。

えう・よ (名) 腰輿 手輿、ノ條ヲ見ヨ。

えう・よう (名) 要用 (一)必ズ入用ナルコト。必用ナルコト。(二)重キ用事。

えう・りやく (名) 要略 要ヲ採リテ其餘ヲ略シタルコト。(書物ナドニ)

えう・れい (名) 要領 〔持レ衣者、執ニ腰與レ領〕趣意ノ重ナル所。

えう・ろ (名) 要路 專ラ政樞ヲ執ル職務ヲ稱スル語。「一ニ立ツ」

え・えう (名) 榮耀 (一)榮華。(二)驕奢。「一ヲツクス」

〔え・が (名) 垣下ニ同ジ、かいもとノ條ヲ見ヨ。「一ノ座」「一ノ公達」

えが (名) 栗毬ノ訛

え・かうろ (名) 柄香爐 香爐ノ横ニ長キ柄アルモノ。

〔え・が・ばら (名) 〔疫ガ腹ノ義カト云〕 小兒腹痛ノ病ノ名。

えき (名) 易 占ノ一法、筮竹ト算木トヲ用ヰテスルモノ。

えき (名) 益 物事ノ益シテ、爲ニナルコト。利益。利得。

えき (名) 驛 ウマヤ。宿場。

えき (名) 疫 エヤミ。疫病。

えき (名) 液 シルツユ。

えき・てい (名) 驛遞 ウマツギ。

えき・てい・きよく (名) 驛遞局 郵便信書ヲ通ズル官。

えきれ (名) 赤鱏ノ裁賣 (京畿)

えき・れい (名) 驛鈴 エキロノスズ。古ヘ諸國ヲ往來スルトキ、驛ノ人馬ヲ出ス爲ニ、公ノ符トシテ渡サレシ鈴。親王、一位、十刻ヨリ、差アリテ、初位以下、二刻ニ至ル。

えき・れい (名) 疫癘 エヤミ。疫病。

えき・ろ (名) 驛路 ウマヤヂ。

えき・ろ・の・すず (名) 驛路鈴 驛鈴、ノ條ヲ見ヨ。

〔え・こ (名) 長子 〔兄子ノ義〕 長男。

え・こ (名) 依怙 愛スル方ヘノミ私スルコト。カタヒイキ。ヘンパ。

え・こ・ひいき (名) 依怙贔負 依怙、トイフニ同ジ。

え・ごま (名) 荏胡麻 〔胡麻ニ似タレバイフ〕 荏ノ實。白荏

〔え・ざけ (名) 江鮭 あめのうをニ同ジ。 鯇

えず・し・キ・ケレ・ク・ク (形・二) 目ノ中ニ物ノ入リテ礙ハル感アリ。 睬

えせ (接頭) 〔古言、荒賊、ナドノえしノ轉〕 卑シキ。ソノ狀シテ然ラヌ。似テ非ナル。「一言」「一板敷」「一法師」「一連歌」「一車」「一者」「一笑ヒ」「一學者」

えぞ (名) 蝦夷 〔古稱、えみじ、ノ轉、鬚多クシテ、蝦ニ似タレバ、えみじトイフトゾ〕 (一)古稱、エミシ。一種ノ人種ノ名、上世ハ、關東、奧羽ノ邊ヨリ、蝦夷ガ島、卽チ、今ノ北海道ニ棲ミテ、猖獗ナリキ、今モ、北海道ニ稀ニ居ル、身ニ毛多ク、文字ナク、衣、食、住、風俗、言語、特ニ異ナリ。(二)蝦夷ガ島。「一ノ千島」

えぞ・ぎく (名) 蝦夷菊 實生ノ草、葉ハ、鷄兒腸ニ似テ、粗大ニシテ光ル、秋ノ初メ、莖ヲ出シテ、花ヲ開ク、大サ一二寸、菊花ノ如クニシテ、心ニ筒瓣集ル、色ハ、紫、紅、白、ノ三種アリ、又、秋ニ子ヲ蒔クモノハ、夏ノ初ニ、花アリ、菊トハイヘド、スベテ、菊ト別種ノモノナリ。

えぞ・すみれ (名) 蝦夷菫 すみれノ一種、葉、五岐ニシテ深キ鋸齒アリ、夏ノ後、變ジテ兩岐トナル、春、花ヲ開ク、形、すみれニ同ジクシテ、大ナリ、且、其莖ノ兩枝、相對シテ分ルルヲ異ナリトス。エイサンスミレ。胡菫草

えぞ・にしき (名) 蝦夷錦 一種ノ錦、支那產ニシテ、滿洲ヲ歷テ、唐太島ニ渡リ、又、蝦夷ノ地ニ渡リ來ル、織紋種種ナレドモ紺地ニ玉ヲ抓メル龍ヲ織レルモノ多シ、五爪ナルヲ最トシ、三爪、四爪、ノモノ、之ニ亞グト云。 蟒緞

えぞ・まつ (名) 蝦夷松 ふじまつニ似テ、葉粗、長ク

色深キモノ、冬、落葉ス、材、檜ニ似テ、代ヘ用ヰルベシ、蝦夷ノ地ニノミ産ス。トド。トドマツ。

えだ （名） 枝 （一）草木ノ莖幹ヨリ細ソク分レ出デタルモノ。（二）體ヨリ出デタル手、足。肢 （三）物事ニ、スベテ、本ヨリワカレ出デタルモノ。（家筋、川筋、路筋ナド） 支

えだがき （名） 枝柹 （一）柹ノ實ヲ、枝ナガラニ、折レルモノ。（二）ほしがきヲ串ニ貫ヌキタルモノ。クシガキ。白柹

えだがは （名） 支川 本筋ノ川ヨリ分レテ流ルル川。

（えだがみ （名） 支神 末社ノ神。裔神

えださし （名） 枝差 枝ノ差出デタル狀。

えだずみ （名） 枝炭 躑躅ノ小枝ヲ燒キ成シタル炭、甚ダ細ソシ、茶家ニ、いけだずみノ上ニ積ミ置キテ、爐火ヲオコス媒トス、コレニ、石灰ヲ抹シタルヲ、白炭トイフ。泉州ノ横山ニ產ズレバ、木名ヲ横山炭トイフ。今ハ、櫟ナドノ小枝ニテ燒キテ、諸方ヨリ出ス。

（えだち （名） 役 エダツヿ。課役。

（えだつ・ツ・テ・タ・チ・テ （自動）（規．一） 役 〔役ニ立ツ義〕 夫役ニ當リテ出ヅ。

（えだつ・ツル・ツレ・テ・テ・テヨ （他動）（規．二） 役 夫役ニ宛ツ。

えだは （名） 枝葉 （一）枝ト葉ト。（二）本分ナラヌヿ。「話ガーニナル」

えだまめ （名） 枝豆 大豆ヲ、枝莖ナガラニ拔取リタルモノ、茹デテ、莢ノ中ノ豆ヲ食フ。

えだみち （名） 岐路 （一）本道ヨリ分ルル路。（二）本分ナラヌスヂ。枝葉之事

えだる （名） 柄樽 酒樽ノ上ニ、兩角ノ如キ柄ヲ作リ添ヘテ、朱塗ナドニシタルモノ、酒ヲ人ニ贈ル時ナド、匣ニ入レテ用ヰルツノダル。

えつき （名） 悅喜 ヨロコブヿ。ヨロコビ。

えつけん （名） 謁見 會フヿノ敬語。マミユルヿ。メミエ。

えつさい （名） 悅哉 鷹ノ屬、大サひよどりノ如シ、コレ、雄ナリ。雀鷂 雌ヲ、つみ、又ハ、をそみだかトイフ、形、稍、大シ。雀鷂 共ニ、能ク小鳥ヲ捕フ。

えつしや （名） 謁者 マウシツギ。

えつす・スル・スレ・セ・シ・セヨ （自動）（不規．二） 謁 會フ、ノ敬語。マミユ。

えつり （名） 〔枝釣ノ義カ〕（一）茅屋ノ椽ノ上ニ並ベテ、繩ニテ絡フモノ、蘆、萱、小竹ナド用ヰル。瓦屋、板屋、ニモイフ。（二）壁骨ノ助枝。

えて （名） 得手 人ノ爲ル事ノ中ニテ、最モ共人ノ巧ミナルモノ。得意

えて （副） ヤヤモスレバ。「一アルヿ」「一スル」「一忘ル」

えてかつて （名） 我意ニ任セテモノスルヿ。

えてる・テル・テレ・テ・テ・テヨ （自動）（規．四．變） 得手 共事ニ得手ニテアリ。巧ナリ。熟ス。熟練

えと （名） 干支 〔兄弟ノ義、干支ハ幹枝ニテ、兄弟ノ如シトイフ意デアリトゾ〕 曆ニ用ヰル語、木、火、土、金、水、ノ五行ヲ、各、兄ト弟トニ分チ呼ブ、卽チ、木兄、（甲）木弟、（乙）火兄、（丙）火弟、（丁）土兄、（戊）土弟、（己）金兄、（庚）金弟、（辛）水兄、（壬）水弟、（癸）ト分チテ相配ス、コレヲ總ベテ、十干トイフ。又、十二支ト云フモノアリ、子、丑、寅、卯、辰、巳、午、未、申、酉、戌、亥ナリ、コレヲ鼠、牛、虎、兎、龍、蛇、馬、羊、猴、鷄、犬、猪ノ十二生物ニ當ツ。此ノ十干ト十二支トヲ、甲子、（木兄、鼠）乙丑、（木弟、牛）ナドト配合シテ、六十配ヲナシ、曆ノ上ノ年、月、日、等ニ當テテ用ヰル。轉ジテ、十干、十二支ヲ併セテ、えとトモ稱ス。十二支ヲ、又、方角ノ稱トモス、北ヲ子トシ、東ヲ卯トシ、共間ヲ三分シテ、共界ヲ丑、寅トス、コレニ準シテ、辰、巳ヲ歷テ、南ヲ午トシ、未、申ヲ歷テ、酉ヲ西トシ、戌、亥ニテ終ハル。又、十二支ヲ、時ノ名ニモ用ヰル。時ノ條ニ注ス。

えどばらひ （名） 江戶拂 刑ノ名、德川氏ノ制ニ、江戶市中ヨリ逐出シテ、再ビ入ルヿヲ許サヌモノ。（追放ノ條ヲ見合ハスベシ）

えどぶし （名） 江戶節 俗曲ノ一種、江戶半大夫創ム、大薩摩節ヨリ分ル。一名、半大夫節。

えどふらう （名） いんげんささげニ同ジ。菜豆

えどむらさき （名） 江戶紫 江戶ニテ染ムルむらさきノ染色ノ稱、武藏野ニ名アル紫草ヲモテ染ムトテ名アリ。

えどもも （名） 江戶桃 さきわけももニ同ジ。

えどゐ （名） 江戶檜 にしきゐニ同ジ。

えな （名） 胞 胎中ノ兒ヲ包ミテアル膜ノ如キモノ。

えなをけ （名） 胞桶 中古ノ禮ニ、胎兒生レタル後、其胞ヲ納レテ、土中ニ埋ムルニ用ヰル器、曲輪ニテ、凡ツ

高サ八寸、廣サ七寸ト云、胡粉ニテ塗リ、雲母ニテ松竹鵜鷺ナド畫ク。一名、押繪。

（えに　(名)　緣　〔字ノ音、緣ノ轉〕　ユカリ。エン。「郭公、花橘ノーコソアリケレ」　又、多クハ、「江ニ」トカケテイヘリ。「身ヲツクシ、深キーアル、シルシト思ヘバ」「ー深キ、泉ノ水ハ、アリナガラ」　又、多クハ、第二類天爾遠波ノもト共ニイヘリ。「住ノ江ノ、ーシアリケル、神ニツカヘテ」「カチビトノ、渡レド濡レヌ、ーシアレバ」

えにし　(名)　緣　前條ヲ見ヨ。

エニシダ　(名)　〔蘭語、エニシタノ轉ナリト云フ、原字、索メ得ズ〕　灌木、枝細ソクシテ圓ク、深綠ナリ、葉ハ、わうはいニ似テ、互生ス、春ノ末ニ、黃花ヲ開ク。

えのあぶら　(名)　荏油　荏ノ子ヨリ取レル油、桐油紙、雨傘ナド塗ルニ用ヰル。

えのき　(名)　榎木　榎トイフニ同ジ。

えのお　(名)　痤　病ノ名、鼠蹊、又ハ、腋下ナドノ、痛ミ腫ルルモノ、膿ナシ。イヌゴ。　路跂痛

えのは　(名)　榎葉　魚ノ名、山川ニ產ズ、鱒ニ似テ小シ。

えのみどせう　(名)　胡椒トイフニ同ジ。

えはう　(名)　吉方　歲德神ノ條ヲ見ヨ。

えハチ　(名)　衣鉢　(一)佛敎ノ徒ノ、釋迦ヨリ世世相傳ヘ來レリトイフ衣ト鉢トノ稱、達磨、携ヘテ梁ニ入リ、慧可ニ傳フト云フ。(二)轉ジテ、宗敎、學術ノ道ナドスベテ、師父ヨリ子弟ヘ相傳フルヿ。

えばり　(名)　いばりニ同ジ。

えばる　(動)　いばるニ同ジ。

えひ　(名)　鱝　魚ノ名、形、圓ク扁クシテ、大ナルハ圓ミ七八尺ニ至ル、周邊ニ鰭アリテ、鱗無シ、首ハ、蟇ニ似テ、眼、大ク、口ハ、頷ノ下ニアリ、尾、細長クシテ尖リ、尾ノ本ニ刺アリ、鋸齒アリテ人ヲ刺ス。　海鷂魚　其中ニテ、赤ーヲ最トス、背ハ、淡黑黃赤ニシテ、腹、白ク、中ニ、紅斑相對セルモノナリ。　虹魚　其他、眞ー、鳥ー、鳶ー、牛ー、スブター、ヨコサーナド種類多シ。

えび　(名)　蝦　海老　(一)水產ノ動物、身、細ソク長ク、全身、殼ニテオホヒ、背ニ斷節アリ、鼻、尖リテ、二鬚長ク、八足ニシテ、能ク躍ル、腦ハ腸ニ屬シ、子ハ腸外ニアリ。淡水ニ產ズルヲ川ートイフ、生ナルハ、淡黑クシテ黃ヲ帶ブ、煮レバ紅ナリ。　蝦　此類ニ、手長ー、杖突ー等アリ。又、海ニ產ズルヲ海ートイフ。　海蝦　此類ニ、伊勢ー、車ー、芝ー等、種類多シ、皆、各條ニ注ス。(二)又、單ニ、いせえびノ稱。(其條ヲ見ヨ)　(三)伊勢ニテ、髮ノ髻ノ稱、形、蝦ノ腰ヲ折レルニ似タレバイノマゲアシ。

（えび　(名)　(一)蘡薁ニ同ジ。(二)葡萄ニ同ジ。

（えび　(名)　〔葉皮ノ音ナリト云〕　香ノ名、栴檀ノ樹ノ葉皮ヲ採リテ、舂キ篩ヒテ製ストイフ。(裛香トスルモノニヤ)

えびいばら　(名)　さるとりいばらニ同ジ。

えびいろ　(名)　海老色　いせえびノ生ナル色、卽チ紺ノ赤ミアルモノ。

（えびかづら　(名)　〔鬚アリテ蝦ニ似タル故ノ名カト云〕　(一)葡萄ノ古名。(二)えびづるノ古名。(三)髢。

えびがに　(名)　蝦蟹　ざりがにニ同ジ。

えびぐさ　(名)　いぶきとらのをニ同ジ。

えびざこ　(名)　小蝦ノ中ニ、小魚ノ雜リテアルモノ。

えびす　(名)　夷　〔えみしノ轉〕　(一)蝦夷。(二)京ニ遠キ邊鄙ノ開ケヌ民ノ稱。「東ノー」(三)轉ジテ、開ケヌ外國ノ民。外國ノ寇。　蠻夷　戎狄

えびす　(名)　惠比須　〔諾、冉、二尊ノ第三子ニテ、海外ニ放タレタマヒシカバ、夷三郎ト稱スルナラムトイフ〕　俗ニ、攝津ノ西ノ宮ノ蛭子ノ神ノ稱、夷二郎トイフ、其像、風折烏帽子ニ、狩衣指貫ヲ着テ、鯛ヲ釣上ゲタル狀ヲナス、今、商家ノ神トシ祭ル。

えびすかう　(名)　夷講　えびすまつりニ同ジ。

えびすがみ　(名)　夷紙　〔夷ノ法ニ外ルル意ナリト云、或云、紙ノ裁殘リヲ、神ノ發殘リニカケテ、神無月ノ惠比須祭ヨリイフト〕　紙ヲ裁ツトキ、角ノ折レコミタルヲ知ラズシテ、裁チ殘シタルモノ。　閃刀紙

（えびすぐさ　(名)　われもかうニ同ジ。　地楡

えびすぐすり　(名)　芍藥ノ古名。

えびすぜん　(名)　夷膳　〔法ニ違フ意ナラム〕　誤テ食盤ノ側面ヲ人ニ供スルヿ。

えびすだひ　(名)　夷鯛　(一)あかめだひノ一名。(二)いしばりだひノ一名。(三)又、黑鯛ニ似テ、眼大ク、形、肥エテ、色、暗紫ナルモノ。

（えびすね　(名)　草ノ名、われもかうニ同ジ。　地楡

えびすぶな (名) 夷鮒 眞鮒ノ形ニテ、肩ニ節アリ、首、甚ダ小キモノ。

えびすまつり (名) 夷祭 陰暦、十月二十日ノ商家ノ蛭子ノ神ノ祭。エビスカウ。

〔えびすめ (名) 〔蝦夷布ノ義カ〕 昆布ノ古名。

〔えびぞめ (名) 葡萄染 (一)染色ノ名、紫葡萄ノ實ノ色、卽チ、紫ノ淺キモノ。(二)織物ニ、經、紅ニ、緯、紫ナルモノ。ブダウイロ。(三)重ノ色目ニ、表、蘇芳ニ、裏、花田ナルモノ。

えびぞろ (名) ひびづるノ訛。

えびおやう (名) 海老錠 (一)魚ノ形ニ作リタル鎖。魚鎖 魚鑰 (二)今、大門ノ貫木ナドニ着クル大ナル鎖、梁ニテ鎖ス。

えびづる (名) 古名、エビカヅラ、エビ。蘡草、山ニ多シ、春、舊根ヨリ生ジテ、甚ダ茂ル、葉ハ、葡萄ニ似テ、小ク厚ク、種種ナル變葉アリ、共ニ、面ハ深綠ニシテ、背ニ白毛或ハ褐毛アリ、互生ス、夏、葉ノ間ニ、穗ヲ出シテ、圓キ實ヲ結ブ、數十下リ垂ル、なんてんノ實ヨリ小クシテ、熟スレバ黑ク、味酸シ。蘡薁

えびね (名) 海老根 草ノ名、葉ノ形、白及ニ似テ闊ク短シ、夏ノ初メ、莖ヲ出シ、十數花ヲ着ク、亦、まらんニ似タリ、花ノ色、褐色、淡黃白色等アリ、根ニ、節多クシテ、蝦ノ脊ニ似タリ。

えびのき (名) 合歡ニ同ジ。(山城、貴舟)

えびむし (名) 蝦蟲 水蠆ニ同ジ。

〔えひめ (名) 長女 〔兄姬ノ義〕 第一ノ女。

えびら (名) 蠶ヲ入レテ繭ヲ作ラシムル具。蠶薄

えびら (名) 箙 〔蠶薄ニ象リタルナリト云〕 箭ヲ盛リテ、背ニ負フ器、古製ナルハ、胡籙ニ同ジ。後ニハ、平胡籙ニ似タル製ノ者ノ稱トナリテ、逆頰—、柳—、角—、竹—、ナド種種ノ名目アリ。

えびを (名) 海老尾 (一)かいらうびノ條ヲ見ヨ。(二)金魚ノ一種、其尾ノ蝦ノ尾ニ似タルモノ。金鳧魚

えふ (名) 葉 紙ナド數フルニイフ語、枚ニ同ジ。「紙三百—」

〔えぶ (名) 厭舞ノ約。「—ノ亂聲トテ、三度、鋒ヲ振ル」

えぶな (名) 江鮒 (一)鯔ノ小キモノ、をぼしりニ同ジ。(畿内)(二)又、魚ノ名、おくちノ小キモノ。

えぶり (名) 杁 〔柄振ノ義カ〕 (一)土塊ヲ碎キ、或ハ、穀實ヲ掻キ集ムルナドニ用ヰル具、柄、長ク、頭ハ、横板ニテ齒ナシ。(二)手斧ノ柄。欐

エブリコ (名) 〔蝦夷語ナルベシ〕 蝦夷ノ地ニテ、とどまつニ寄生スル木耳ノ如キモノ、厚サ五六寸、質、堅ク輕ク、黃白色ニシテ、光澤アリ、味、甚ダ苦シ、腹痛、積痛ナドニ効アリトイフ。落葉松寄生

〔えぼうし (名) 烏帽子 えぼしノ延。

〔えぼうしかけ (名) 烏帽子ヲ懸ケオク釘。

えぼし (名) 烏帽子 〔字ノ音、えぼうしノ轉約、烏ハ、えノ音ナレド、姑ク舊慣ノ假名遣ニ從ヘリ〕 冠ノ屬、貴者ハ、冠、袍ナラザル時ニ用ヰル帽ナリ、賤者ハ、常ニ禮冠トス。古ヘ、黑キ絹ニテ作レリ、後ニハ、紙ニテ作リ、漆ニテ黑ク塗リ固ム、コレヲ作ルヲ、折ル、トイフ、位階ニ因リテ、形ト塗トニ、差別アリ、立—ヲ本儀トス、甚ダ高シ、堂上ニ限ル、其外、折—、風折—、引立—、揉—、侍—、等、名目多シ 各條ニ注シタルヲ見ヨ。

えぼしうを (名) 烏帽子魚 かつをニ同ジ。

えぼしおや (名) 烏帽子親 男子、元服ノ式ニ、親シク烏帽子ヲ與ヘ名ヲ付クル人ノ稱。冠賓

えぼしがき (名) 烏帽子柹 筆柹ノ一名。(陸中)

えぼしがひ (名) 烏帽子貝 (一)たひらぎノ一名。(二)蛤ノ類ニシテ、形、えぼしニ似テ白キモノ。(三)ごぶがひノ類、田間ニ生ジテ、形小キモノ。

えぼしなり (名) 烏帽子折 烏帽子ヲ造ル工人。紗帽匠

〔えみじ (名) 蝦夷 (一)蝦夷ノ古稱。(其條ヲ見ヨ) (二)轉ジテ、夷狄。

えん (名) 緣 (一)ユカリ。(二)五倫ノツキアヒ。「父子ノ—」「夫婦ノ—」(三)專ラ、夫婦ノツキアヒ。「—組」「—談」「—家」(四)佛經ノ語、因緣ノ條ヲ見ヨ。

えん (名) 緣 〔家ノへりノ意〕 (一)母屋ノ端。「男、—ニ上リテ居ヌ」「—ニ入八出居ナドシタル」鹿ノ、—ノモトマデ來テ、打鳴イタル」(二)エンガハ。

えん (名) 宴 酒食歌舞ナドシテ興ズルコト。サカモリ。「花ノ—」

えんいん (名) 延引 約シタル時日ノ延ビ後ルルコト。

えんか (名) 緣家 婚姻ノ系ニテ緣アル家。親屬

〔えんか (名) 垣下 〔垣ハ、えんノ音ナレド、舊慣ノ假名

遺ニ從ヘリ」約メテ、垣下トモ云フ、かいもとノ條ヲ見ヨ。

えん-かく（名）沿革 世態ノウツリカハリ。

えん-がは（名）縁側 座敷ノ外ニ別ニ添ヘタル細長キ板敷ノ處。

〔えん-が・る・ル・レ・ラ・リ・レ（自動）（規・一）艶ナル風ヲス。「何事モ、物好ミシ、エンガリオハスル」エンガリ、ヨシメク」

えん-き（名）延期 定メタル期ヲ延バス。

えん-ぎ（名）緣起 （一）神社佛寺ノ草創ノ由來、又ハ、其靈驗ナド、言傳フル。又其事ヲ記セル書物。（二）由來ノ義ヨリ轉ジテ、俗ニ、兆。象。「―ガヨイ」「―ガワルイ」兆

えん-ぐみ（名）緣組 夫婦、又ハ、養子女ナドノ緣ヲ結ブ。

えん-こく（名）延刻 時刻ノ延ビタルヿ。

〔えん-ざ（名）宴座 えんのざヲ見ヨ。

えん-さう（名）烟草 タバコ。

えん-さん（名）鹽酸 化學ノ語、鹽素ト水素トノ化合。

えん-じ（名）臙脂 （一）べに。（二）しやうえんじ。（三）繪ノ具、紫ト赤トヲ混ジタルモノ、土塊ノ如シ。

えん-じや（名）緣者 緣家ノ人。

えん-じやう（名）炎上 火災ニテ燒クルヿ。

えん-しよ（名）炎暑 夏ノ、モユルガ如キ暑サ。

えん-しよ（名）艶書 ケサウブミ。イロブミ。エンゾ。

えん-す（名）燕窩 熱帶地ノ燕ニ似タル鳥ノ巢ニテ、水ニ沿ヒタル巖窟ノ內ニ、白藻ヲ含ミ來リテ造レルモノトイフ、色白クシテ透明リ、處處ニ黑キ羽ノ付キタルアリ、支那人食用ノ珍トス、かぶらぼねノ刻メルモノノ如シ。燕窩菜

〔えん-ずゐ（名）淵醉 正月、五節、臨時、ノ大禮等ノ後ニ、藏人頭以下ノ諸臣ヲ、殿上ニ召シテ、盃酌ノ事アルヿ、管絃屬文ノ人、隨フ。

えん-せう（名）焰硝 〔火ヲ得レバ焰ヲ生ズ、故ニイフ〕（一）消石ニ同ジ。（二）俗ニ、合藥ノ稱。

えん-ぜつ（名）演說 衆人ノ前ニテ、己ガ意見ヲ演ベ說クヿ。

えん-そ（名）鹽酢 （一）鹽ト酢ト。又、酒、醬油ナドヲ併セテモイフ。（二）俗ニ味噌ノ稱。

〔えん-ぞ（名）艶書ニ同ジ。

〔えんぞ-あはせ（名）艶書ヲ合ハセテ優劣ヲ判スルヿ。

〔えん-だう（名）筵道 筵ヲ敷キテ往來ノ路トスルモノ。「檳榔毛ノ車ナド、門、小サケレバ、障リテ入ラネバ、例ノ―敷キテ下ルルニ」

〔えん-だ・つ・ツ・テ・チ・チ・テ（自動）（規・一）艶立 艶ニナル。アダメク。

えん-だん（名）緣談 緣組ノ議。議婚 求親

えん-づ・く・ク・ケ・カ・キ・ケ（自動）（規・一）緣付 嫁グ。ヨメイル。嫁

えん-づ・く・クル・クレ・ケ・ケ・ケヨ（他動）（規・二）緣付 嫁ガシム。ヨメイラス。嫁

えん-てん（名）炎天 暑中ノ、モユルガ如キ天。

えん-とう（名）烟筒 キセル。

えん-とつ（名）烟突 ケムリダシ。

えん-どほ・し・キ・ケレ・ク・ク（形・二）緣遠 夫婦ノ緣ヲ得ルヿ遲シ。

えん-な（副）艶 （一）アダメキテ。「―物恥シテ」イトエンナル返事カカムト言合ハセ」（二）優美ニ。「笛ノ音ナドモ、―スミノボリ」雪、打散リテ、エンナルタソガレ時ニ」優

えん-にち（名）緣日 神佛ノ降臨示現ナドノ日ニテ、詣ヅルニ有緣ナル日ノ稱。香期

えん-にん（名）延引ニ同ジ、連聲ノ轉呼ナリ。

えん-ねん（名）延年 比叡山ニテ、僧侶ノ行フ舞ノ名、黑帽、着袴、帶刀、手縕、或ハ甲冑、異形ニ生ニテ舞ヒ、種種ノ藝ヲナストゾ。

えん-ねん-さう（名）延年草 （一）つくばねさうノ一種ニシテ大ナルモノ、葉ハ、圓ク尖リテ、細長カラズ、三葉每ニ莖ノ端ニ並ビツキテ、傘ノ狀ヲナス、中心ヨリ莖ヲ出シテ、三瓣ノ花ヲ開ク、色ハ、紫、綠、又ハ、白粉紅ナルナドアリ。（二）又、えんれいさうノ一名。

〔えん-の-ざ（名）宴座 大饗ニ、王卿、官廳ニテ宴ヲ賜ハル座席。其後席ヲ穩座トイフ、大床ニ下リ居テ折敷ニテ、食ヲ供セラル、威儀グツロギテ、自他懷ヲ舒ブ、故ニ穩トイフトゾ。

えん-ばい（名）鹽梅 （一）ウメボシ。（二）食物ノ味。

えん-び（名）燕尾 〔古製ナルハ、燕ノ尾ニ似タリ〕纓ニ同ジ。

〔えん-ぶ（名）厭舞 〔厭勝ノ意ナラム〕多ク、振鉾、ノ字

ヲ書ス、舞楽ノ初ニ奏スル舞ノ名、三度、鋒ヲ振ル、邪鬼ヲ降伏シ災殃ヲ消スル姿ナリト云フ。或云、周ノ大武ノ舞ニテ、假武ノ義ナリト。

エンブ (名) 閻浮 閻浮提ノ略。「日本第一ノ伽藍、一無雙ノ大堂ナレバ」

エンブダ (名) 閻浮提 〔次條ヲ見ヨ〕佛經ニ、須彌山ノ南ニ當リテ、此世界ノ稱トス、南贍部洲

エンブダごん (名) 閻浮提金 梵語ニ、閻浮ハ樹ノ名ナリ、提ハ洲ナリ、佛書ニ、此洲ノ上ニ、閻浮樹ノ林アリ、林中ニ河アリ、河底ニ金砂アリ、コレヲートト名ヅケ、佳品ナルヿヲイフ、因テ、勝金國ナドノ義譯字アリ。

えん-ぺん (名) 緣邊 緣家、ニ同ジ。

〔えんはうえ (名) 烏帽子〔えぼうしノ音便〕えぼしニ同ジ。

エンマ (名) 閻魔 〔又、餤摩 或ハ、閻羅トモ書ス、梵語、閻摩羅ノ下略、或ハ、中略ナリ、靜息、或ハ、遮止、ト譯ス、能ク造惡者ノ不善業ヲ止ムル意ナリ〕佛經ニ、地獄ノ王、亾者ノ魄ヲ司リテ、其行事ヲ賞罰ストイフ。閻羅。

えん-むすび (名) 緣結 遊女ナドノスル戲レ、數多ノ男女ノ名ヲ、數條ノ紙ニ記シテ捻リ、無心ニ合ハセ結ビテ、偶然ノ配合ヲ占フ。

えん-めい (名) 延命 命ヲ延ブルヿ。壽命ヲ保ツヿ。「息災ー」

えんめい-さう (名) 延命草 えんれいさうニ同ジ。

えんめい-ぶくろ (名) 延命袋 寶ノ名、錦嚢ノ腹脹レタルニ、其口ヲククリタルヲエガク。

エンラ (名) 閻羅 閻魔ノ條ヲ見ヨ。

〔えんり (名) 厭離 佛經ノ語、厭ヒ離ルルヿ。「ー穢土」

えんれい-さう (名) 延齡草 常ニ、約メテ、えれさうトイフ、深山ノ陰地ニ生ズ、一根ニ一莖ニシテ、高サ尺許、頂ニ三葉相對シテ生ズ、一葉ノ狀、心臟樣ニシテ、端、尖リ、中心ヨリ一梗ヲ出スヿ、一二寸、淸明前後ニ、其頂ニ一花ヲ開ク、三瓣ニシテ、紫、白、淡綠ナリ、又、白クシテ紫ヲ帶ブルモアリ、實ハ、小暑前後ニ、熟ス、黑クシテ、內ニ細子多シ、根ハ塊ヲナス、藥用トシテ、甚ダ苦シ。一名、延命草。延年草。養老草。タチアフヒ。ミツバアフヒ。

〔えん-だん-のざ (名) 宴穩座 えんのざうノ條ヲ見ヨ。

〔えめ-むし (名) おめむしニ同ジ。

〔えもぎ (名) 草ノ名、よもぎニ同ジ。

え-もの (名) 得物 (一)獵、漁、ニ捕リ獲タル物。獲 (二)槍、長刀ナドノ武器ノ、己ガ技前ニ得手ナル物。「ーヲ提ゲ」

え-もん (名) 衣紋 (一)衣服ノ制度着用等ノ法式 衣文 (二)衿ヲ胸ニテ交ヘ合ハセタル處。「ーヲツクロフ」 襟

え-もり (名) 柄漏 傘ノ柄ノ頭ヨリ雨水ノ漏ルルヿ。

〔え-やみ (名) 疫 〔疫病、ノ義ト云〕(一)熱病ナドノ流行病ノ稱。トキノケ。疫病。(二)又、瘧ノ稱。

〔えやみ-ぐさ (名) 草ノ名、りんだうノ古名。

〔え-よぼろ (名) 役丁 役ニ立ツ丁。課役ノ夫。

えら (名) 鰓 魚ノあぎと。

〔えら-し・き・けれ・く・ク (形・二) 〔苛シノ轉〕勝レタリ、タイサウナリ。偉

えらび (名) 擇 エラブヿ。エリトルヿ

〔えらひどし (形) いらひどしノ訛。

えら-ぶ・ブ・ベ・バ・ビ・ベ (他動)(規・一) 擇選 見分ケテ望ム所ヲ拔キ取ル。エル。エラム。スグル。

えらぶうなぎ (名) 永良部鰻 蛇ノ類、大隅ノ大島郡、沖ノ永良部島ノ邊海ニ産ズ、尾ノ端ニ毛鱗アリテ、尖ラズ、毒ナシ、食用トシ、又皮ヲ種種ノ用トス。海蛇 蛇婆

えらみ (名) 擇 えらびニ同ジ。

えら-む・ム・メ・マ・ミ・メ (他動)(規・一) 擇 えらぶニ同ジ。

〔え-り (名) 衿 〔衣輪ノ音ト云、又、衣領、或ハ、緣領、ノ音トモ云〕(一)古言、コロモノクビ。衣ノ、頸ヲ圍ミテ前ニテ打交フ處。衣領 (二)俗ニ、項。

〔えり-あし (名) 項ノ髮ノハエギハ。

えり-いだ-す・ス・セ・サ・シ・セ (他動)(規・一) 擇出 擇リ分ケテ取リ出ス。ヨリダス。

〔えり-おしろい (名) 女ノ項ニツクル白粉、製異ニシテ、殊ニ濃ク用ヰル。

えり-きらひ (名) 擇嫌 好ムト嫌フト。

えり-くづ (名) 擇屑 擇リタル後ニ殘リタルモノ。

〔えり-くび (名) 衿頸 うなじニ同ジ。

〔えり-さき (名) 衿先 衣ノ衿ノ下ノ端ノ、褄ノ邊ニテ絕ユル處。

えり-どり (名) 擇取 好ムママニ擇リテ取ルヿ。

えりぬき (名) 擇拔 エリヌクコト。擇リテ取リタルモノ。ヨリヌキ。粋

えりぬ・く・ク・ケ・カ・キ・ケ (他動)(規・一) 擇拔 擇リテ拔キ取ル。ヨリヌク。擢

えりびと (名) 擇人 擇リ拔キタル人物。ヨリビト。

えりまき (名) 衿卷 塞天ノ頃、頸ニ絡ヒテ、風ヲ防グモノ、絹布、綿布、毛織物、毛皮等、種種ナリ。護領 風領

えりもと (名) 項ニ同ジ。

えりわ・く・クル・クレ・ケ・ケ・ケヨ (他動)(規・二) 擇分 擇リテ善惡ヲ分ツ。ヨリワケル。

えりわける (動) えりわくノ訛。

エル (名)〔Ell.〕西洋尺度ノ名、多ク布帛ニ用ヰル。英國ナルハ、我ガ三尺七寸七分餘。(四十五英寸) 佛國ナルハ、三尺二寸〇九厘餘。和蘭ナルハ、三尺三寸強。普魯士ナルハ、二尺一寸九分二厘餘。

え・る・ル・レ・ラ・リ・レ (他動)(規・一) 擇 えらぶニ同ジ。

える (動) 得ノ訛。

エレキテル (名)〔Elector.〕電氣ニ同ジ。

えれいさう (名) えんれいさうノ約。

〔えをぢ (名) 阿伯〔兄小父ノ義〕父ノ兄。

お

お 五十音圖、阿行第五ノ假名。(あノ條ヲ見合ハスベシ)

お (接頭) 御〔御ノ約〕(一)通俗ニ、天子、神、佛、尊長ノ上ナド、萬ツノ物事ニ被ラセテ尊ビイフ語。同輩ニモ他ヲ敬ヒテ用ヰル。(二)中世以後、婦人ノ名ニ被ラセテ、敬ヒ呼ブ語。

おわし (名) 錢ニ同ジ。(婦人ノ語)

おい (名) 老 老ユルコト。年寄リタルコト。「―ヲ養フ」「―ノ身」

おいおい (副) 泣クニ發スル聲ニイフ語。「腕ツキソコナヒテ、―ト泣キ給フ」

おいかけ (名) 老懸〔老人ノ髻、落チ、緌ニテ冠ヲ繫ケシニ起ルト云〕カムリノヲ。武官ノ冠ノ兩耳ノ上ニ着クル飾物、毛ニテ作リ、菊花ヲ半切シタルモノノ如シ、元ハ冠ノ緒ノ端ナリ。一名、ホホスケ。緌

〔おいが・る・ル・ル・レ・レ・レ・レヨ (自動)(規・二) 老嗄 老イテ、聲、嗄ル。「陀羅尼、讀ム、老イガレニタレド、功ツキテ、タノモシウ聞ユ」

〔おいがれ (名) 老嗄 老イテ聲ノ嗄レタルコト。「―ノ聲」

おいき (名) 老木 年舊リタル木。老樹

おいなみ (名) 老込 老ニ至ルコト。老衰

おいお・む・ム・メ・マ・ミ・メ (自動)(規・一) 老込 次第ニ老ユ、老ニ至ル。老衰

〔おいさ・ぶ・ブル・ブレ・ビ・ビ・ビヨ (自動)(規・三) 老 老イ進ム。

おいさらぼ・ふ・フ・ヘ・ハ・ヒ・ヘ (自動)(規・一) 老衰 老イ衰フ。

おいし・シキ・シケレ・シク・シク (形・二)〔御美シノ義〕旨シ。

(婦人ノ語)

おいたち (名) 蟲ノ名、おほいなおニ同ジ。(京都)

おいて (辭) 於〔置キテ、ノ音便〕常ニ、第一類天爾遠波ノ“ヲ”ヲ承ク、“にて”ニ同ジ。

おいで (名) 御出 出ツルコト、來ルコト、又、居ルコト、等ノ敬語。

おいでる・デル・デレ・デ・デ・デヨ (自動)(規・四・變) 御出 來ル、去ル、居ル、等ノ敬語。

おいは・つ・ツル・ツレ・テ・テ・テヨ (自動)(規・二) 老果 老ノ極ニ至ル。耄

おいへ (名)〔内室ノ意〕俗間、家ノ妻ヲ敬ヒイフ語。

おいへりう (名) 御家流 書法ノ名、伏見帝ノ皇子、青蓮院尊圓法親王、能書ニオハシテ、書法一變セリ、其御座所ヨリイヘル稱ニテ、正シクハ、御家一流トイフ。

〔おいほ・く・クル・クレ・ケ・ケ・ケヨ (自動)(規・二) 老耄 おいほるニ同ジ。「老イホケテ、物ノ覺エヌママニ」

おいほくれる (動) おいほくノ訛。

〔おいほ・る・ルル・ルレ・レ・レ・レヨ (自動)(規・二) 老耄 老イテ、心、愚ニナル。耄ル。オイホクル。老耄ス。「イザコソヤ、妹ガ玉章、カクシオキテ、覺エヌ程ニ、老イホレニケリ」

〔おいほれ (名) 老耄 老耄レタルコト。「身ハ―ノ、果ツカナシキ」

おいほれ (名) 老耄 おいほれノ訛。

おいほれる (動) おいほるノ訛。

おいまつ (名) 老松 年舊リタル松。

〔おいらか.な　(副)　オトナシク。ジンジヤウニ。「人ノ心、ノドカナル時ハ、ーソアリケル」「イトーノミ、モテナシ給ヘリ」
〔おいらく　(名)　〔おゆらく〕轉〕老イ行クヿ。「ーノ來ムト知リセバ、ーノ我身ノ影ハ」　老來
おいり　(名)　［御入］　入リ來ルヿ、ノ敬語。　來臨
おいる　(動)　老ユ、ノ訛。
おうご　(名)　［擁護］　神佛ノ通力ニテ、人、物ヲマモルヿ。
おうさい　(名)　〔于腮翁ナリト云フハ、イカガ。于腮ハ、多鬚ノ貌〕　申樂、三番叟ノ唱フル詞。
おうしよう　(名)　［應鐘］　(一)十二律ノ一、其條ヲ見ヨ。(二)陰曆、十月ノ異稱。
おう.ず・ズル・ズレ・ゼ・ジ・ゼヨ　(自動)　(不規.三)　［應］　(一)答フ。返答ス。(二)從フ。「命令ニー」「募リニー」(三)合フ。カナフ。アテハマル。「身ニー」「事ニー」(四)其病ニ驗アリ。功能アリ。(藥ニ)
おうせつ　(名)　［應接］　應ヘ、アヘシラフヿ。
おうたい　(名)　［應對］　問ヒニ答フルヿ。
おうたふ　(名)　［應答］　問ニ答フルヿ。應對。「ー、流ルルガ如シ」
〔おうと　(名)　［首］　おびとノ音便。
〔おうな　(名)　〔おむなノ轉、老女ノ義〕　老イタル女。　媼
おうなし・キ・ケレ・シ・ク　(形.二)　［無奥］　〔奥無シ、ノ音便、又、奥無シ、ト、音ニモイヘリ〕　思慮ナシ。アウナシ。「マダ最若ク、オウナク、オハシマスヲ」憚リモ無ク、アウナキ狀ニテ、近ク寄リテ」
〔おうよ.る・ル・レ・ラ・リ・レ　(自動)　(規.一)　［奥寄］　〔奥寄ル、ノ音便、音ニテ、奥寄ル、トモイヘリ〕　奥ノ方ヘ寄ル。(外ニ寄ル、ノ反)「オウヨリテ、一二三人、集ヒテ」
おうゑん　(名)　［應援］　タスクルヿ。救フヿ。加勢。助勢。
おお　(感)　(一)(警蹕ノ聲。(警蹕ノ條ヲ見ヨ)(二)思ヒ起ツ時、又ハ、俄ナル事ニ遇ヘル時ナドニ發スル聲。
おが　(名)　大鋸、ノ略。「ー屑」
おがくづ　(名)　大鋸ノ屑。鋸ニテ挽キテ出デタル竹木ノ屑。　鋸屑
おかげ　(名)　［御蔭］　(一)タスケ。冥助。(神佛ノ)　加護　(二)メグミ。恩。(人ニ)　庇蔭
おかげまゐり　(名)　［御蔭參］　伊勢ノ内外宮ヘ、國中ノ民、擧リテ絡繹キ詣ヅルヿ。數十年ヲ隔テテ、時時、此事アリ。
おかし　(形)　をかしノ誤。
おか.す・ス・セ・サ・シ・セ　(他動)　(規.一)　［犯侵］　(一)强ヒテ爲ベカラザルヿヲナス。破リテ行フ。「罪ヲー」「法度ヲー」(二)非理ニ害ス。「人ヲー」(三)敢ヘテ爲ガタキヲナス。「風雨ヲー」　冒　(四)淫ル。　姦
おかず　(名)　〔御數數ノ義〕　飯ノ菜。(婦人ノ語)
おかた　(名)　［御方］　(一)人ヲ指シテ敬ヒイフ語。「彼ノー」(二)貴人ノ妻女ノ敬稱。内方。「某ノー」
おかは　(名)　〔御厠ノ略カ〕　虎子ニ同ジ。(婦人ノ語)
おかべ　(名)　〔白壁ニ譬ヘテイフナリ〕　豆腐ノ異名。(女房詞)
〔おかまおほろぎ　(名)　〔竈ノ邊ニ居ルおほろぎノ意〕　蟲ノ名、いいぎりニ同ジ。(東京)
〔おかみ　(名)　［龗］　〔大神ノ義〕　龍。大蛇。
〔おかめ　(名)　おふくニ同ジ。
〔おき　(名)　［息］　いきニ同ジ。
おき　(名)　［沖澳］　〔奥ノ轉カ〕　(一)海湖ノ陸ヨリ遠ニ遠キ處。　洋中　(二)野ノ遠キ處。　郊　(三)山ノ奥。
おき　(名)　［熾燠］　〔起火ノ略〕　(一)灰中ノ炭火。「手ズサビニ、火桶ノーヤ、ワリテケム」　煨　(二)薪ノ、火トナリテ、未ダ灰トナラザルモノ。
おき　(名)　［置］　除クヿ。中ニ隔ツルヿ。「一日ー」「三ツー」「十八ー」　隔
おきあが.る・ル・レ・ラ・リ・レ　(自動)　(規.一)　［起上］　臥シタルヨリ起ツ。　起
おきあげ　(名)　［起揚］　彫物、蒔繪ナドニ、模様ヲ地ヨリ高クスルモノ。　隱起
おきあさり　(名)　［沖淺蜊］　あさりノ一種、殼、厚ク、肌、粗クシテ、斑モ種種ナルモノ、殼ニ毛多シ。　毛蛤
おきかき　(名)　［熾搔］　おきびヲ搔キタツル具。　遞火
おきがき　(名)　［沖蠣］　沖中ニ生ズル牡蠣、殼、とぶがひニ似テ偏ナラズ。
おきかけ　(名)　［起掛］　おきぬけニ同ジ。
おきかへ.る・ル・レ・ラ・リ・レ　(自動)　(規.一)　［起返］　オキアガル。オキナホル。
オキクルミ　(名)　蝦夷語、其地ノ開闢ノ神ノ稱。又、或ハ、源義經ヲモ稱ス。
おきごたつ　(名)　［置火燵］　火燵ノ匣造リニテ、移シ置クベキモノ。

おきさより (名) 沖鱵 魚ノ名、だつニ同ジ。

++おきざり (名) 置去 後ニ棄テオキテ去ルヿ。「妻子ヲ―ニスル」

おきさな (名) 寐タルヨリ起クル時。オキガケ。

〔おき・つ・ツル・ツレ・テ・テ・テヨ (他動)(規・二) 掟 定ム。「トカクノ御事ナド、オキテケレバ」「オキテサセ給フ」大ナル聲ヲ放チテ、走リ廻テ、其舌ヲサルベキ由、―」

〔おきつかぜ (名) 沖津風 〔沖之風ノ義〕沖ヲ吹ク風。海風

おきつけ (名) 置付 他ニ移サズシテ、其處ニスヱオクヿ。「―ニスル」存在

〔おきつしまね (名) 沖津島根 沖ニアル島。海島

〔おきつしまもり (名) 沖津島守 海島ニ居ル島守。島人。

〔おきつしまやま (名) 沖津島山 海上ニアル島山。海島

〔おきつしらなみ (名) 沖津白浪 沖ニ起ツ白波。海波

〔おきつすたへ (名) 奧津棄戸 古ヘ、棺ヲ地ニ置キ、小石ニテ圍ヒ、土ヲモテ覆ヒテ、冢トセシモノヲ云。

おきつたひ (名) 沖津鯛 あまたひノ一種、形、稍、異ニシテ、白ミアリ、大ナルハ二尺ニ至ル、駿州沖津ノ海ニ産ス、味、最モ佳ナリ。

おきつち (名) 置土 地ノ上ニ、更ニ置キ添フル土。客土 塯

〔おきつなみ (名) 沖津浪 沖ニテ打ツ浪。海波

〔おきつふね (名) 沖津舟 沖ヲ行ク舟。海舟

おきて (名) 掟 (一)〔オキツルヿ〕定メタルヿ。「親ノ―ニ違ヘリト思ヒ歎キテ」「心ノ―トスルモノナリ」水ノ趣、山ノ―ヲ改メテ」(二)定メ置ク法則。法度ノ條目。法制

おきな (名) 翁 〔息長ノ略〕年老イタル人。老人。(敬ヒイフ意アリ)

おきな (名) 〔大魚ノ義カ〕蝦夷海ニ棲メリトイフ大魚ノ名、鯨モ畏ルトイフ、詳ナラズ。

おきながひ (名) 翁貝 介ノ名、とぶかひニ似テ、色、白シ。

おきなぐさ (名) 翁草 (一)春、宿根ヨリ數葉叢生ス、春夏ノ交ニ、一尺許ノ莖ヲ出シ、頂ニ、小葉簇リ付キ、上ニ、數枝ヲ分チ、枝毎ニ、一花、倒ニ垂レテ開ク、六瓣ニシテ紫赤ナリ、中ニ、ヒトムレノ紫絲アリ、後ニ、長ズルヿ二寸許、白色ニ變ジテ、飛ビ去ル、絲根ニ小子ヲムスブ。一名、ウナヰコ。ウネコ。ゼガイサウ。白頭翁 (二)菊ノ異名。(今朝見レバ、サナガラ霜ヲ戴キテ、翁サビユク、白菊ノ花、トイフ歌ニ因ルトゾ)(三)麥門冬ノ一種ニテ、嫩葉ノ白キモノ。

〔おきなさ・ぶ・ブル・ブレ・ビ・ビ・ビヨ (自動)(規・三) 翁、進ブ。「翁サビ行ク、白菊ノ花」翁サビ、人ナトガメソ、狩衣」

おぎなひ (名) 補 (一)オギナフヿ。ツクロヒ。タシマヘ。(二)オギナヒグスリ。

おぎなひぐすり (名) 補藥 精力ノ衰ヘタルヲ助ケム力爲ニ用ヰル藥。

〔おきなびと (名) 翁人 おきなトイフニ同ジ。耆老

おぎな・ふ・フ・ヘ・ハ・ヒ・ヘ (他動)(規・一) 補 (一)闕ケタルヲ足ス。足ラザルニ充ツ。ツクロフ。(二)おぎなひぐすりヲ用ヰル。

〔おきな・ぶ・ブル・ブレ・ビ・ビ・ビヨ (自動)(規・三) 翁ノ狀ナリ。「翁ビ果テニタル心地シ侍ルヲ」翁ビタル聲」

おきなほ・る・ル・レ・ラ・リ・レ (自動)(規・一) 起直 臥シタルヨリ改メテ起ク。起坐

おきぬけ (副) 起拔 朝ニ、臥床ヲ出デテ、直ニ。

〔おきぬ・ふ (動) 補 おぎなふニ同ジ。

おきのけんてう (名) 鳥ノ名、あはうどりニ同ジ。

おきのたいふ (名) 沖大夫 鳥ノ名、あはうどりニ同ジ。

おぎの・る・ル・レ・ラ・リ・レ (他動)(規・一) 賒 價ノ錢ヲ借リテ買フ。かけニテ買フ。

おきび (名) 〔起火ノ義〕燠、ノ條ヲ見ヨ。

おきふし (名) 起臥 起キ、又、寐ヌルヿ。(日常朝夕ノ意)「―思ヒワヅラフ」

〔おきぶみ (名) 置文 書置ノ文書。

おきみ (名) 正親 おほきみづかさノ略訛。

おきみやげ (名) 置土產 去ル時ニ、後ニ遺シオク贈物。留贈

おきもの (名) 置物 床間ノ裝飾ニスヱオク器物ノ總名。

おぎやう (名) 御形 ははこぐさヲ、正月七草ニ用ヰル時ノ名。ゴギヤウ。

おきやがりこぼし (名) 〔起上小法師ノ約〕玩物ノ名、紙ニテ、人物ナド、張拔ニ作リ、底ニ、乾土ヲ包ミ、倒セバ、忽チ起キカヘルヤウニ作レルモノ。ウテカヘリコボシ。(伊勢) 不倒翁

++おきる (動) 起クノ訛。

おきろく (名) 次條ノ語ノ略。

おきろくぢやう (名) 隱岐綠青 〔古ヘ、隱岐ヨリ產ジタリト云、或云、同國ノ產、佳ナレバイフト〕綠青ノ一種、繪ノ具ニ用ヰルモノ。略シテ、オキロク。

〔おぎろなし・キ・ケレ・ク・ケ (形・一) 䫌 〔䫌、幽深難見也〕廣大無量ナリ。「蓋聞造丈六佛功德甚大」

おく (名) 奧 (一)室ノ隅。(二)貴賤ニ通ジテ、家ノ內ノ隱ニナリタル部、卽チ、家族妻女ノ日常ニ居ル處。「—御殿」—庭」—家老」—ノ間」—座敷」(三)轉ジテ、貴人ノ妻ヲ稱スル語。奧方。內室。夫人 孀人 (四)最後ノ隱レタル所。「卷物ノ—」書物ノ—書」書後 (五)內ヘ遠ク深キ方。「山ノ—」—ノ郡」(六)事ノ秘密ニテ知リ易カラヌコト。「技ノ—ノ手」心ノ—」秘奧

お・く・ク・ケ・カ・キ・ケ (他動) (規・二) 置 (一)据ウ。藏ス。(二)葬ル。(三)除クル。棄ツ。サシオク。ウチヤル。「此君タチヲオキテ、外ニハ」君ヲオキテ、アダシ心ヲ、ワレモタバ」措 (四)豫メ備フ。豫テ用意ス。「貯ヘテ—」記シテ—」覺エテ—」(五)養フ。抱ヘオク。「食客ヲ—」奴婢ヲ—」(六)隔ツ。「一年—」一日—」隔 (七)預ケ入ルル。「質ニ—」典

○心ヲ—。氣ヲ—。キヅカフ。ハバカル。エンリヨス。隔心

お・く・ク・ケ・カ・キ・ケ (自動) (規・二) 置 降ル。タマル。(霜、露ニ)

お・く・クル・クレ・キ・キ・キヨ (自動) (規・三) 起 (一)倒レタルヨリ立ツ。オコル。アガル。(二)眠リタルヨリ覺ム。寢所ヨリ出ヅ。

おく (數) 億 數ノ稱、十萬ヲイヒ、百萬、或ハ、千萬、或ハ、萬萬、ヲモイフ。サレド、常ニハ、萬萬ヲイフ。

おくい (名) 奧意 (一)心ノ底。(二)奧儀。オクノテ。

〔おくか (名) 奧處 奧マリタル處。「大海ノ—モ知ラズ行ク我レヲ」

おくがき (名) 奧書 書物ノ末ニ、其書ノ由來傳來ナド記シタル文。跋 書後

おくがた (名) 奧方 貴人ノ妻ノ敬稱。夫人 孀人

おくぎ (名) 奧儀ニ同ジ。

おくコフ (名) 億劫 (一)佛經ノ語、萬萬劫(劫ノ條ヲ見ヨ)「千萬—」—ニモ會ヒガタシ」(二)轉ジテ、久シキ暇ノカカルコト。容易カラヌコト。テオモキコト。不容易

おぐし (名) 〔御櫛ノ義〕髮ノ敬語。(婦人ノ語)「—ヲアゲテ」

おくしま (名) 奧島 〔縞ノ條ヲ見ヨ〕さんとめノ條ヲ見ヨ。

おく・す・スル・スレ・セ・シ・セヨ (自動) (不規・二) 臆 怖ヂ畏ル。氣後レス。畏縮

おくせいご (名) 魚ノ名、いさきニ同ジ。(奧州)

おくせつ (名) 臆說 推量ノ說、

〔おくだか・し・キ・ケレ・ク・ク (形・一) 臆病ナリ。

おくだん (名) 臆斷 推シ量リテ決ムルコト。

オクタント (名) 八分圈儀 〔蘭語、Octant.〕象限儀ノ條ヲ見ヨ。

〔おくつき (名) 奧津城 墓ノ古言。

おくて (名) 奧手 早稻ノ條ヲ見ヨ。

おくてう (數) 億兆 數ノ億ト兆ト。

おくてう (名) 億兆 (一)限リナク多キ數。(二)萬民。

〔おくどこ (名) 奧床 奧ノカノ臥所。「—ノ心」—ノ父母」

おくのて (名) 奧手 (一)左ノ手。(右ヲ邊、トイフニ對ス)「左手ノ吾—」(二)技、謀ナドニ、深ク秘メオク手段。秘襤

おくのゐん (名) 奧院 寺院ニテ、奧深ク、本尊ナドヲ崇メ置ク所。(前佛ナドニ對ス)

おくば (名) 奧齒 口ノ奧ノカニアル齒、人ニハ、上下、左右、各、五枚アリテ、殊ニ、其奧ナル三枚、臼ノ狀ヲ爲シテ、形大ク、力强ク、食物ヲ嚙ミ碎ク用ヲナス。

〔おくび (名) 秖 〔古言、おほくびノ約〕おくみノ條ヲ見ヨ。

おくび (名) 〔欠ノ轉カ、小欠ノ約カ、或ハ、聲ニ因リテ云ヘルカ〕胃ニ滿チタル空氣ノ、口ニ逆ヒテ出ヅルモノ。噫

おくびやう (名) 臆病 (一)怖ヂ畏ルル病。(二)怖ヂオソルル氣質。キオクレ。オヂケ。卑怯

○—風ニ吹カル。—神ニサソハル。怖氣ヲ起ス。

おくふか・し・キ・ケレ・ク・ク (形・二) 奥深 (一)奥ノ方ヘ深シ。 深遠 (二)事ノ意、深ク遠クシテ、容易ク知ルベカラズ。 深奥

おくまる・ル・レ・ラ・リ・レ (自動) (規・一) 〔奥隠ルノ約〕奥深クテアリ。 深奥

おくみ (名) 衽 古言、オホクビ。又、オクビノ轉。衣ノ前ノ左右ノ端ニテ、襟ヨリ裾マデ狭ク長ク用ヰル一幅ノ布ノ稱、上狭ク、下廣シ。

おくめん (名) 臆面 臆スル面色。氣後レスル色。「ースル」「ー無シ」

おくやま (名) 奥山 山ノ奥深キ處。 深山

おくゆか・し・シキ・シケレ・シク・シク (形・二) (一)奥、深クシテ懐シ。(地ニ) 邃 (二)深キ意思アリゲナリ。(形、貌ナドニ) 微妙

おくゆき (名) 奥行 家、地面、ナドニ、表ヨリ奥ヘノ距離。(間口ニ對ス)

おくらか・す・ス・セ・サ・シ・セ (他動) (規・一) 後 後ルルヤウニナス。「オクラカシ給ハバ、イミジウツラカラムト」オクラカシ、先ニ立テ、ナドシタレド」

(おくら・す・ス・ス・セ・サ・シ・セ (他動) (規・一) 後 おくらかすニ同ジ。

おくり (名) 送 送ルヿ。「野邊ノー」門出ノー」

おくりがな (名) 送假名 ふりがなノ條ヲ見ヨ。

オクリカンキリ (名) 〔羅甸語、Oculus(目)Cancer.(蟹)ノ訛〕(一)蝲蛄。(二)ざりがにノ頭ヨリ出ヅル石ノ如キモノ、形、米粒ノ如ク、白クシテ堅シ、利水ノ藥トス。 蝲蛄石

おくりこ・む・ム・メ・マ・ミ・メ (他動) (規・一) 送込 送リテ入ルル。

おくりじやう (名) 送状 他ニ送ルベキ物ニ添ヘテ、其員數ナドヲ記シタル書付。

おくりてがた (名) 送手形 物、又、人、ヲ送ルニ添フル券。

おくりな (名) 諡 〔贈名ノ義〕人ノ死後ニ、其行狀ナドニツキテ、別ニ定メテ贈ル名。

おくりび (名) 送火 むかへびノ條ヲ見ヨ。

おくりもの (名) 贈物 (一)客ノ歸ルニツケテ與フル物。(二)人ノ許ニ遣ハシ贈ル物。進物。ツカヒモノ。 贈饋

おくる・ル・レ・ラ・リ・レ (他動) (規・一) 送 (一)彼處ヘ遣ル。ツカハス。(二)人ノ行ク後ヲ守リ行ク。(三)人ノ旅立ツヲ暫シ送ル。ミオクル。(四)過ス。クラス。「年ヲー」日ヲー」(五)カヘス。報ユ。「恩ヲー」 報 (六)最期ヲ見トドクル。(死者ニ)

おくる・ル・レ・ラ・リ・レ (他動) (規・一) 贈 〔送リ與フル意〕與フ。クル。ヤル。ツカハス。

おくる・ルル・ルル・レ・レ・レ・レヨ (自動) (規・二) 後 (一)後ニナル。遅クナル。サキダタズ。(時ニ)(二)及バズ。トドカズ。外ル。「同行ニー」流行ニー」 落後 (三)生キ殘ル。死後ル。「父ニー」 生存 (四)次ニナル。劣ル。鈍シ。ノロシ。「少シ、品、オクレタリ」學問ー」 劣 畏怯 (五)臆ス。氣後ス。 畏縮

おくれ (名) 後 (一)オクルルヿ。オソクナルヿ。(二)劣ルヿ。負クルヿ。「ーヲ取ル」 失敗 (三)氣後スルヿ。「ーカ出ル」 畏避

おくれがけ (名) 後駈 おくればせニ同ジ。

おくれげ (名) 後髪 後レテ延ビタル髪ノ毛、長キニ及カヌ短キ髪。

おくればせ (名) 後馳 (一)他ニ後レテ馳セツクヿ。オクレガケ。(二)人ニ後レテ思案ノツクヿ。 落後

おくろど (名) 御黒戸 禁中ノ御佛壇ノ稱。(宮女ノ語)

(おけ (名) 樹ノ名、檜ナリトモイヒ、賢木ナリトモイフ。

おけら (名) 螻蛄ニ同ジ。(婦人兒女ノ語)

おこ (名) 〔御蠶ノ義〕 蠶ニ同ジ。(關東)

おご (名) 海髪 又 おごのり。海草ノ名、海中ノ石ニ生ズ、狀、亂髪ノ如クニシテ、長サ一二尺、黒クシテ青ミアリ、灰ヲ加ヘテ煮レバ、緑トナル、料理ノツマナドニ用ヰル。 頭髪菜

おごう (名) 〔御御前ノ略延〕(一)他ノ女ヲ敬ヒ呼ブ語。(今モ奥州ニテハ然リ)(二)又、安藝、石見ニテハ、妻女ヲ併ハセテモイフトゾ。

(おこ・く・ク・ク・ケ・カ・キ・ケ (自動) (規・一) 動 うごくニ同ジ。「ササカニノ、蛛ノハタテノ、ーカナ」

おこし (名) 御越 行クヿ、又ハ、入リ來ルヿノ敬語。

おこし (名) おこしごめノ略。

おこしごめ (名) 粔米 糯米ヲ蒸シテ、乾シテ炒リタルモノ、乾菓子ノ種トシ、水飴ト米ノ粉ト、和シテ、方、圓、種種ニ作ル。大ナルハ、いはおこしナドノ名アリ。

又、粟ヲ炒リテ製スルヲ、あはおこしナドモイフ。粔籹

おこ・す・ス・セ・サ・シ・セ (他動)(規・一) 起 興 (一)倒レタルヲ立ツ。(二)眠リタルヲ覺マス。(三)始ム。爲シ初ム。「業ヲ一」「亂ヲ一」(四)新ニ建ツル。「家ヲ一」「國ヲ一」(五)表ニ生ゼシム。「怒ヲ一」「病ヲ一」發 (六)開ク。開發ス。「田地ヲ一」拓 (七)炭火ノ氣ヲ盛ニス。熾

おこ・す・ス・セ・サ・シ・セ (他動)(規・一) 致 次條ノ語ノ轉訛。

おこ・す スル・スレ・セ・セ・セヨ (他動)(規・二) 致 〔送リ來サスル意〕 送リ來タス。ヨコスク。

おこそか・に (副) 嚴 禮儀正シク愼ミテ。嚴重ニ。イカメシク。

おこたり (名) 怠 (一)オコタルヿ。ナマケ。(二)怠リテ生ジタル過。(三)病ノ少シ癒エタルヿ。 少間

おこたり・ぶみ (名) 怠狀ノ條ヲ見ヨ。

おこた・る・ル・レ・ラ・リ・レ (自動)(規・一) 怠 惰 〔起垂ル、ノ義カト云〕 (一)爲べキ業ヲ爲ズ。ハタラカズ。ナマケル。(二)油斷ス。(三)少シ癒ユ。〔病ニ〕 少間

おこと (代) 御事 對稱ノ代名詞。〔親シミイフ〕オソミヅチタ。

おことおさめ (名) おことはじめノ條ヲ見ヨ。

おことはじめ (名) 御事始 (一)十二月八日ニ、正月ノ諸儀式ノ支度ヲ始ムルヿ。(二)東國ノ俗ニ、陰曆二月八日ニ、一年ノ農事ヲ始ムルヿ。十二月八日ニ終ル、コレヲ御事納トイフ。共ニ、小豆、豆腐、芋ナド雜ヘタル味噌汁ヲ食ヒ、或ハ、笊ヲ屋上ニ掲ゲナドス、何ノ故ナルヲ知ラズ。

おことをさめ (名) おことはじめノ條ヲ見ヨ。

おこなは・る・ル・ル・ルレ・レ・レ・レヨ (自動)(規・二) 行 人人ノ行ヒユクヤウニナル。障ナク成リユク。

おこなひ (名) 行 (一)オコナフヿ。(二)タチヰフルマヒ。行狀。行跡。身持。(三)僧ノ戒行。

おこな・ふ・フ・ヘ・ハ・ヒ・ヘ (他動)(規・一) 行 (一)爲。爲ス。アツカヒユク。(二)修メ行フ。修ス。「戒ヲ一」

おごのり (名) 海髪、ニ同ジ。

おこは (名) 强飯、ニ同ジ。〔婦人ノ語〕

おこり (名) 起 起ルヿ。ハジマリ。

おこり (名) 瘧 〔隔日ニ發ル故ノ名ト云〕 古言、ワラハヤミ。熱病ノ、寒熱、日ヲ隔テテ、時ヲ定メテ發ルモノ。ギヤク。其、發ルヲふるふトイフ。冷戰 寒噤

おごり (名) 驕 驕ルヿ。タカブリ。オホフウ。

おごり (名) 奢 奢ルヿ。分ヲ過シテ費ヤシ飾ルヿ。

おこ・る・ル・レ・ラ・リ・レ (自動)(規・一) 起 興 (一)始マル。出デ來。(二)新ニ建ツ。「國一」「家一」興 (三)病ミ初ム。「病一」發 (四)炭火ノ氣、盛ニナル。熾 (五)怒ル。ハラダツ。怒

おご・る・ル・レ・ラ・リ・レ (自動)(規・一) 驕 〔大誇ル、ノ約ナラムト云〕 (一)己ガオ學、威權、ナドヲ人ニ誇リ示ス。タカブル。(二)氣力張リテ、抑ヘガタクアリ。〔馬ニ云フ〕

おご・る・ル・レ・ラ・リ・レ (自動)(規・一) 奢 〔驕リテ費ヤス意〕 (一)分ヲ過シテ、衣食住ノ事ニ費ヤシ飾ル。(二)俗ニ、自ラ費ヤシテ饗應ヲナス。フルマフ。

おこれん (名) 〔おれんハ、御簾ノ音ナラム〕 (一)他ノ娘ノ稱。〔奈良〕 (二)人ノ妻女ノ稱。〔越後、備前〕

おこゑ (名) 御匙 〔匙、藥ヲ盛レバイフ〕 將軍、大名等ノ病ヲ診スルヲ職トスル醫ノ敬稱。

おさ・ふ・フル・フレ・ヘ・ヘ・ヘヨ (他動)(規・二) 抑 〔推シ支フ、ノ約カ〕 (一)壓シ止ム。「人ヲ一」「頭ヲ一」(二)堪ヘ忍ブ。「涙ヲ一」「怒ヲ一」(三)掩フ。「耳ヲ一」(四)獻サムトスル盃ヲ返シテ、再ビ飮マシム。

おさへ (名) 抑 (一)抑フルヿ。(二)壓スニ用ヰル物。オモシ。鎭子 (三)脇息。(四)行列ノ最後ヲ取締マル者。押後

おさへば (名) やへば、ニ同ジ。

おさゆ (動) 抑フ、ノ訛。

おし (名) 啞 おふし、ノ約、其條ヲ見ヨ。

おし (名) 押 (一)押スヿ。(二)俗ニ、恥ヂズシテ飽クマデモノスルヿ。「一ガツヨイ」

おし (名) 壓 (一)壓スヿ。(二)人ヲ制スル威勢。オモシ。「一ガキク」威壓 (三)壓シテ置クニ用ヰル物。オモシ。鎭 (四)漬物ナド壓スニ用ヰル石。壓石

〔おし〕 (名) 〔壓ノ義カ〕 ねずみおとし、ノ類。「一アユガスチ、鼠捕ルベク」 鼠弩

おし (名) 御師 (一)僧ヲ敬稱スル語。(二)神人ノ卑キ者。オンシ。

〔おし〕 (感) 〔おお、おし、ノ約〕 警蹕ノ聲。〔警蹕ノ條ヲ見ヨ〕「オホン盃ヲ捧テ、一ト宣ヘル」鬼ノ間ノ通リハ、障子ヲ入ルルホド、陪膳、警蹕ス、一トイフ」

おしあ・つ・ツル・ツレ・テ・テ・テヨ (他動)(規・二) 押當 (一)當テテ掩フ。「顏ニ袖ヲ―」(二)推シ量リテ中ツ。

おしあ・ふ・フ・ヘ・ヘ・ヒ・ヘ (他動)(規・一) 押合 互ニ押ス。

〔おしあゆ〕(名) 押鮎 鮎ヲ乾シタルモノ、古ヘ元旦ノ供トス。

〔おしいた〕(名) 押板 書院ノ床間。

おしいり (名) 押入 人家ニ押入リテ財ヲ奪フ盜人。オシコミ。强盜。

おしい・る・ル・レ・ラ・リ・レ (自動)(規・一) 押入 强ヒテ入ル。無理ニ入リ込ム。「人家ニ―」

おしい・る・ルル・ルレ・レ・レ・レヨ (他動)(規・二) 押入 押シ遣リテ入ルル。

おしいれ (名) 押入 家財ヲ押入レテ置ク戶棚。壁廚

おしうつ・る・ル・レ・ラ・リ・レ (自動)(規・一) 推移 移リカハル。過ギ行ク。(世事ニ、年月ニ)

おしうり (名) 押賣 强ヒテ賣リツクルコト。强賣

おしおくり (名) 押送 風ノ順逆ニ拘ハラズ、櫓ニテ押シ送リテ、海ヲ渡ル漁舟。

〔おしおし〕(感) 警蹕ノ聲、おしヲ重ネテイフナリ。「日ノ御座ノ方ニ、おもの、參ル、足音高シ、警蹕ナド、―トイフ聲聞ユ」

おしか・く・クル・クレ・ケ・ケ・ケヨ (自動)(規・二) 押掛 (一)進ミテ襲フ。進擊 (二)俗ニ、招カザルニ、往ク。

おしかけ (名) 押掛 (一)押掛クルコト。(二)馬具ノ名、馬ノ頭胸、尾ヨリ、鞍ニ繫クル組緒。鞦 頭ヨリ〳〵つわニ繫クルヲ面繫トイフ。𩋡 胸ヨリ鞍ニ繫クルヲ胸繫トイフ。鞅 尾ヨリ鞍ニ繫クルヲ尻繫トイフ。鞦 以上ヲ合セテ三繫トモイフ。

おしかへ・す・ス・セ・サ・シ・セ (他動)(規・一) 押返 進ミ來レルヲ押シテ退ク。

〔おしがみ〕(名) 押紙 文書ナドニ、別ニ紙ヲ糊ニテ押貼リテ、趣意ヲ記シ付クルモノ。ツケガミ。

おしがり (名) 押借 强ヒテ金錢ナド借ルコト。

おしきり (名) 押切 割判ニ同ジ。

おしきり (名) 押切 秣、壁ノすさナド刻ム器。

おしき・る・ル・レ・ラ・リ・レ (他動)(規・一) 押切 勉メテ爲遂グ。「難儀ノ場ヲ―」敢爲

おしこみ (名) 押込 (一)押シ込ムコト。(二)戶棚。オシイレ。(三)人家ニ押入ル强盜。オシイリ。

おしこ・む・ム・メ・マ・ミ・メ (自動)(規・一) 押込 (一)强ヒテ入ル。(二)强盜ニ入ル。

おしこ・む・ム・メ・マ・ミ・メ (他動)(規・一) 押込 押シテ入ルル。

おしこ・む・ムル・ムレ・メ・メ・メヨ (他動)(規・二) 押籠 (一)押シテ入ルル。(二)押籠ノ刑ニ行フ。禁錮

おしこめ (名) 押籠 (一)押シ籠ムルコト。(二)德川氏ノ制ニ、刑ノ名、蟄居ニ同ジ。

おしつ・く・クル・クレ・ケ・ケ・ケヨ (他動)(規・二) 押付 (一)强ク押ス。(二)强ヒテ人ニ寄ス。カヅク。カコツク。「難儀ヲ人ニ―」

おしつけ (名) 押付 押シ付クルコト。强ヒテ人ニ寄スルコト。

おしつけ (副) 押付 後ニ附キテ。ヤガテ。ホドナク。多クノ間ナク。刻下

おしつま・る・ル・レ・ラ (自動)(規・一) 〔御鎭マル、ノ義〕寢ヌ、ノ敬語。

おして (副) 押而 强ヒテ。無理ニ。

おしで (名) 押手 (一)〔古ヘ、掌ニ、朱、墨、ナド塗リテ、捺シテ印トスルコト。手形トイフモ同ジ〕(二)〔證トスル印。印 璽 符 (三)琴ナドノ彈法ニ、絃ヲ押シテ音ヲ發セシムルコト。

〔おしてる〕(枕) 押照 〔襲ヒ立テル、ノ約ニテ浪ニ就キテイヘル語ナリトゾ〕難波、ノ枕詞。

〔おしてるや〕(枕) 前條ノ語ニ同ジ。

おしどり (名) 押取 理不盡ニ取リ去ルコト。强奪

おしな・ぶ・ブル・ブレ・ベ・ベ・ベヨ (他動)(規・二) 押並 スベテ同ジクス。オシクルムル。

おしなべて (副) 押並 スベテヒトツニシテ。オシクルメテ。大ベテ。

〔おしね〕(名) 〔此語、おノ假名トシ、遲稻ノ約ニテ、晩稻ニ同ジ、トモイヘド、非ナラム〕 なしねノ條ヲ見ヨ。「ウキ身ニハ、山田ノオシネ、オシコメテ」

おしはかり (名) 推量 オシハカルコト。推量。臆度

おしはか・る・ル・レ・ラ・リ・レ (他動)(規・一) 推量 此事ノ心ヲ推シテ、他ノ事ノ上ヲ考フ。推量ス。臆度 忖度

おしひら・く・ク・ケ・カ・キ・ケ (他動)(規・一) 押開 推シ擴リテ開ク。擴

おしひろ・ぐ・グル・グレ・ゲ・ゲ・ゲヨ (他動)(規・二) 推廣 延ベ開ク。擴

おしひろ・む・ムル・ムレ・メ・メ・メヨ (他動)(規・二) 推弘 力ヲ入レテ弘ム。(事二) 擴

おしぶち (名) 押緣 物ノ押壓ニ釘付クル細ク長キ竹木ノ稱。「天井板ノ—」柿屋ノ—」網代ノ—」

おしへ・す・ス・セ・サ・シ・セ (他動)(規・一) 押壓 押シテ挫グ。壓

おしまづき (名) 机 〔押間坏ノ義カ〕けふそくニ同ジ。

おシャリ (名) 御舍利 蠶ノ病ミテ死シテ、色ノ白クカハレルモノ。白殭蠶 又、黑ク腐ルヲ、たりおトイフ。烏爛蠶

おしよく (名) 御職 同列ノ中ニテ頭立ツ人。班頭

おしよ・す・スル・スレ・セ・セ・セヨ (自動)(規・二) 押寄 競ヒテ進ミ掛カル。襲フ。

おしろい (名) 白粉 〔御白いノ義、古言、しろきものヨリ出ヅ、婦人ノ語〕(一)婦人ノ顏ノ化粧ニ用ヰルモノ、輕粉ヲ再ビ燒キテ煉リタルヲ上品トス、細末ノ粉ニシテ、色最モ白シ。今、多クハ、鉛ヲ沸カシテ、薄片トシテ蒸セバ、白霜、上リテ瓶ニ充ツルヲ、再ビ、水飛シテ、乾カシテ用ヰル。(二)おしろいはなノ略。

おしろいばな (名) 白粉花 草ノ名、莖圓ク、高サ二三尺、枝、四方ニ繁ク、節、高ク、紅ニシテ、秋海棠ノ莖ノ如シ、枝、葉、兩兩相對ス、葉圓ク深綠ナリ、秋、枝ノ梢毎ニ花簇リ生ス、牽牛ノ花ニ似テ、五尖ナリ、花心ヨリ長キ鬚出ヅ、紅、黃、白、等種種ナリ、金化粧、銀化粧等ノ名アリ、實ノ中ニ白キ粉アリ。紫茉莉

おしわ・く・クル・クレ・ケ・ケ・ケヨ (他動)(規・二) 押分 左右ニ分ケテ押シ遣ル。排

おしゑ (名) 押繪 人物、草木、禽獸ナドノ貌ヲ、厚紙ニテ剪リ作リ、錦、帛ニテ包ミ、糊ニテ、物ニ押シ貼リテ、繪トセルモノ。

〔おしをけ〕 (名) 押桶 えなをけニ同ジ。

お・す・ス・セ・サ・シ・セ (他動)(規・一) 押・推 (一)力ヲ用ヰテ彼方ヘ遣ル。進ムル。(二)艪ヲツカヒテ舟ヲ遣ル。盪 (三)上ヘ推ス。イタダク。仰グ。「推シテ大將トス」(四)準ラフ。オシアテ。「其外ハ推シテ知ルベシ」己ガ心ヲ推シテ人ニ及ボス」(五)究メ考フ。「理ヲ—」推究 (六)進ム。「押シ寄ス」押シテ行ク」進 (七)強フ。無理ニテス。「押シ入ル」押シ賣リ」強 (八)敢ヘテ爲ス。「病ヲ—」風波ヲ—」強忍 冒

お・す・ス・セ・サ・シ・セ (他動)(規・一) 壓 〔下ヘ押ス義〕(一)重ミニテ、下ニ抑フ。(二)印ニ、朱、墨、ヲ塗リテ、其象ヲ紙ニツク。捺印 (三)虐グ。壓制

〔おず・し・キ・ケレ・ク・ク (形・二) 強 おぞしニ同ジ。「強女謂ニ之於須志ニ因ニ太后之强ニ」

〔おずまし〕・シキ・シケレ・シク・シク (形・二) おぞましニ同ジ。

〔おすめどり〕 (名) 護田鳥 オスベドリ。ウスメ。ウスベ。みそおみナルベシトイフ、或云、鷭ナラムカト。

おすわり (名) 坐餅、ノ婦人語。

おすゑ (名) 御末 後宮ニ、婢女ノ居所。

おせち (名) 御節 〔御節供ノ下略、婦人ノ語〕正月、及ビ、五節句等ノ節日ニ、特ニ用ヰル飯菜ノ名、牛蒡、蓮根、芋、にんじん、くわゐ、其他、其時時ノ供ヲ雜ヘテ煮ル。

〔おぞ〕 (名) 鈍 鈍キコト。「—ノタハレヲ」—ヤ、コノ君」

おぞけだ・つ・ツ・テ・タ・チ・テ (自動)(規・一) 〔怖氣起ツノ轉ナラム〕怖ヂテ、毛孔、イヨダツ。

おそざき (名) 遲咲 花時ニ後レテ咲クコト。晩花

おそざくら (名) 遲櫻 花時ニ後レテ咲ク櫻ノ泛稱 晩櫻

おそ・し・キ・ケレ・ク・ク (形・二) 遲 (一)早カラズ。速カナラズ。ノロシ。後ル。(二)鈍シ。遲鈍

〔おぞ・し・キ・ケレ・ク・ク (形・二) 鈍 〔遲シノ轉カ〕鈍シ。(と心三)

〔おぞ・し・キ・ケレ・ク・ク (形・二) 悍 〔恐シノ約カ〕情、強シ。オズシ。「最、オゾク、心カシコク、オハシ給フ」

おそなは・る・ル・レ・ラ・リ・レ (自動)(規・一) 遲 遲クナル。後ル。延引ス。

おそなへ (名) 御供 供餅ノ婦人語。

〔おそば〕 (名) 遲齒 やへばニ同ジ。

おそば (名) 御側 君ノ側ニ近ク仕フル役目ノ泛稱。侍臣

おそ・ふ・フ・ヘ・ハ・ヒ・ヘ (他動)(規・一) 襲 〔押シ掩フノ約カ〕(一)重ネ着ル。(衣ニ)(二)俄ニ攻メカカル。(三)官、祿、家督、ナドヲ繼グ。(漢籍讀ニ)(四)夢ニ、鬼、來リ侵ス。(此語、多ク、おそはるト、受身ニ用ヰル) 魘

おそ-まき (名) 遲蒔 (一)時候ニ後レテ、種ヲ蒔クコト。晩種 (二)轉ジテ、俗ニ、期ニ後レテ、事ヲ爲スコト。

おぞ-まし・シク・シケレ・シク・シツ (形・二) 鈍シ、ニ同ジ。

〔おぞまし・シキ・シケレ・シク・シク (形・二) 悍シ、ニ同ジ。「守護トイフモノヘ、目代ヨリハ、オゾマシキヲ立タレバ」

おそらく-は (副) 恐 〔恐ルノ延〕 恐レツツ考フルニ。オホカタ。(下ニ推量ノ語ヲ承ク)「－コレナラム」－無ケム」

〔おそり (名) 恐 恐ルコト。おそれニ同ジ。「海賊ノ－アリトイヘバ」

〔おそ-る・ル・レ・ラ・リ・レ (自動)(規・一) 恐 次條ノ語ニ同ジ。「且ハ、人ノ耳ニオソリ、且ハ、歌ノ心ニ恥ヂ思ヘド」

おそ-る・ルル・ルレ・レ・レ・レヨ (自動)(規・二) 恐 畏 懼 慴 ツベカラズト見テ、心挫ケナヤム。ヒルム。オヅ。

おそれ (名) 恐 オソルルコト。「－ヲナス」－ヲ懷ク」

おそれ-い・る・ル・レ・ラ・リ・レ (自動)(規・一) 恐入 自ラ誤レルヲ知リテ、畏シト詫フ。恐謝

おそれ-おほ・し・キ・ケレ・ク・ク (形・一) 恐多 甚ダ畏シ。勿體ナシ。恐惶

おそれ-ながら (副) 乍恐 畏シト思ヘド。勿體ナケレド。不顧恐懼

おそろ・し・シキ・シケレ・シク・シ (形・二) 恐 (一)恐ルベクアリ。可恐 (二)俗ニ、甚シ。タイサウナリ。太

お-だい (名) 御臺 〔御臺盤ノ略〕(一)〔貴賤ノ宮女ノ語〕(二)飯。(婦人ノ語)

〔おだ-し・シキ・シケレ・シク・シク (形・二) 穩 オダヤカナリ。「御心バヘ、オダシク」世ハ、今日マデモ、オダシカリツレ」

おだ-つ・ツル・ツレ・テ・テ・テヨ (他動)(規・二) 〔煽シ起ツル意ナラム、或ハ、雄雄シク起ツル意ナリトモ云フハ、イカガ〕 勸メ勵マス。誘ヒ動カス。(惡意ニイフ) 煽動 挑撥

おだて (名) 或ハシ勸ムルコト。煽動

おだてる (動) おだつノ訛。

お-たび (名) 御旅所ノ略。

お-たびどころ (名) 御旅所 たびどころヲ見ヨ。

お-たまじやくし (名) (一)しやもじノ、小クシテ、黑漆ニ塗レルモノ。(東京婦人語)(二)轉ジテ、かへるのこノ異名、形、相似タレバイフ。

お-ためおかし (名) 俗ニ、他ノ爲ニ謀ルトイヒテ、窃ニ排シテ己ガ利トスルコト。

おだやか-に (副) 穩 安カニ事無ク。平ニ鎭マリテ。

おち (名) 落 (一)落ツルコト。(二)脱ケ漏レタルコト。脱

〔お-ぢ (名) 祖父ノ略。

おち-あひ (名) 落合 二條ノ川ノ、流レテ一ツニ合フ處。合流

おち-あ・ふ・フ・ヘ・ヘ・ヒ・ヘ (自動)(規・一) 落合 (一)互ニ同ジ處ニ落ツ。(川ナド)(二)同ジ處ニテ出會フ。(人ニ)

おち-い・る・ル・レ・ラ・リ・レ (自動)(規・一) 陷 〔落チ入ルノ義〕(一)落チテ入ル。ハマル。這入リコム。「水ニ－」謀ニ－」(二)破ラレ取ラル。(城、砦ナド)

おち-う・す・スル・スレ・セ・セ・セヨ (自動)(規・二) 落失 逃レ隱ル。逃亡

おち-うど (名) 落人 〔おちひとノ音便〕 軍ナドニ、敗レテ、逃ゲ行ク人。

おち-えん (名) 落緣 座敷ヨリ一段低クシテ、雨戶ノ外ナドナル緣側。

おち-おち (副) 落落 オチツキテ。安心シテ。(下ニ反語ヲオク)「－眠ラレズ」

おぢ-おぢ (副) 怖怖 怖ヂナガラ。オヅオヅ。戰戰

〔おち-かみ (名) 落髮 拔ケ脫チタル髮。「朝ナ朝ナ、梳レバ積ル、－ノ」

〔おち-ぐりいろ (名) 落栗色 紅色ノ、濃クシテ黑ミアルモノト云。

おぢ-け (名) 怖氣 怖ヅル心。オソレ。ヒルミ。恐悸

おぢ-ける・ケル・ケレ・ケ・ケ・ケヨ (自動)(規・四・變) 〔怖氣ヲハタラカス〕 怖ヅ。臆ス。畏縮

おち-こ・む・ム・メ・マ・ミ・メ (自動)(規・一) 落込 オチイル。ハマル。陷沒

おち-つき (名) 落着 オチツクコト。

おち-つ・く・ク・ケ・カ・キ・ケ (自動)(規・一) 落着 (一)居處ヲ得テ居着ク。住居、定マル。「其地ニ－」安堵 (二)鎭マル。安マル。オチヰル。「心－」騷動－」鎭定 (三)言語、動止、輕率ナラズ。沈着

おち-つ・く・クル・クレ・ケ・ケ・ケヨ (他動)(規・二) 落着 鎭ムル。定ム。安ムル。「心ヲ－」鎭

おち-ど (名) 落度 越度ノ誤。

〔おぢ-な・し・キ・ケレ・ク・ク (形・一) 怯 〔怖ヂ甚シノ意〕 怖ヅルコト甚シ。

お-ちのひと (名) 御乳人 貴人ノ乳母ノ稱。

おち-ば (名) 落葉 散リテ地ニ落チタル葉。ラクエフ。

おち-いろ（名）［落葉色］枯レタル落葉ノ色、褐色ニ、黄赤ヲ帶ビタル色。

おちぶ・る・ル・ルレ・レ・レ・レヨ（自動）（規、二）［零落］〔落チ廢フルノ約〕富メルヨリ貧シキニクダル。零落ス。落魄

おちぶれ（名）［零落］オチブルヿ。零落。落魄

✦おちぶれる（動）おちぶるノ訛。

おちぼ（名）［落穗］刈リタル穀ナドノ穗ノ、地ニ棄テラレテアルモノ。遺穗

おちま（名）［落間］家ノ内ノ床ノ一段低キ所。

おちむしや（名）［落武者］軍ニ敗北シテ逃グル武者。敗兵

お-おやう（名）［御娘］貴家ノ處女ノ敬稱。

✧おちやれ（名）〔御出有ノ約〕旅店ノ婢ノ、旅人ヲ呼ビテ、淫ヲ賣ルモノ。

おちゆ・く・ク・ケ・カ・キ・ケ（自動）（規、一）［落行］（一）逃ゲテ行ク。逃走（二）定マリツク。成リ行ク。「此理ニ―」歸着

✦おちる（動）落ツノ訛。

✦おぢる（動）怖ヅノ訛。

おちゐ・る・ヰル・ヰレ・ヰ・ヰ・ヰヨ（自動）（規、四）［落居］シヅマル。オチツク。落居ス。「心―」安穩

おつ（名）［乙］（一）キノト。（えと、ノ條ヲ見ヨ）（二）甲乙、ノ條、見合ハスベシ）（二）樂器ノ音調ノ中ニ對スルモノ。（三）✦✦俗ニ、常ニ異ナルヿ。希有。「―ニ思フ」「―ナ事」奇

お・つ・ツル・ツレ・チ・チ・チヨ（自動）（規、三）［落］（一）高キヨリ下ヘ行ク。降ル。サガル。（二）洩ル。脫クル。殘ル。「話ガ―」「文字ガ―」脫遺（三）オチイル。ハマル。「謀ニ―」「タバカリニ―」「案ニ―」陷（四）鳥、死ヌ。（常ニ飛ベハナリ、魚ノあがるニ對ス）鳥死（五）衰フ。滅ル。「風―」「評判―」「見物―」「客―」衰（六）去ル。癒ユ。「狐憑ガ―」「猪ガ―」癒（七）極ル。サダマル。決ス。「入札ガ―」「鬮ガ―」（八）佛經ノ語ニ、墮落ス。「僧、俗人トナル。「俗ニ―」「精進ヨリ―」我レ、オチニキト、人ニ語ルナ」落チタリケリト、人モコソ見レ」墮落（九）失ス。脫クル。無クナル。「色―」「髮―」「肉―」「力―」「垢―」脫（十）自ラ罪アリト言フ。白狀ス。「罪ニ―」首伏（十一）城、陷ル。攻メ取ラル。（敵ノ手ニ落ツル意カ）城陷（十二）降ル。賤シクナル。劣ル。「位階―」「品柄―」殺等（十三）無クナル。破レ離ル。「土瓶ノ口―」「鼻―」「首―」失（十四）見エズナル。入ル。沈ム。「日ガ―」「月ガ―」沒（十五）逃グ。遁ル。走リ去ル。「戰場ヨリ―」「城ヨリ―」逃走（十六）一所ニ着ク。傾キ寄ル。「評判、此方ニ―」「此ノ理ニ―」歸着 ○手ニ―。得。取ル。落手 ○心ニ―。胸ニ―。解スワカル。納得ス。了解

お・づ・ヅル・ヅレ・ヂ・ヂ・ヂヨ（自動）（規、三）［怖］オソル。ビルム。

おづ-おづ（副）［怖怖］怖ヂツツ。オソルオソル。戰戰

✦おつか-な・し・キ・ケレ・ク・ク（形、一）〔奥處モ知ラズ、ノ意カト云〕恐ロシ。（東國）可恐

おつ-クウ（名）億劫、ノ訛、其條ヲ見ヨ。

お-つけ（名）（一）婦人ノ語、麵類ノ浸汁。（二）轉ジテ、ズベテ、汁ノ稱。（三）專ラ、味噌汁。

オッコ（名）〔蝦夷語〕樹ノ名、おんこニ同ジ。

✦おつおちる（動）落ツノ訛。（東京）

✦おつおとす（動）落スノ訛。（東京）

おつ-コフ（名）億劫、ノ條ヲ見ヨ。

✦おつ-つけ（副）［追付］程ナク。間ヲオカズ。マモナク、オシツケ。刻下

おつ-て（名）［追手］〔追人ノ音便〕罪人ナド追捕スルニ出立ツ役。討手。捕亡 追兵

おつ-て（副）［追而］〔おひてノ音便〕後ヨリ。

おつ-とり（副）［押取］直ニ取テ、ソノママニテ。「―間ニアフ」

おつ-とりおむ・む・ム・ムレ・メ・メ・メヨ（他動）（規、二）［追取籠］追ヒ掛ケテ圍ム。

おつ-とりま・く・ク・ケ・カ・キ・ケ（他動）（規、一）［追取卷］追ヒ掛ケテ取リ卷ク。

おつ-と・る・ル・レ・ラ・リ・レ（他動）（規、一）［押取］急ニ手ニ取ル。「刀―」

✦おつ-べす（動）押シ壓ス、ノ音便。

お-でまし（名）［御出座］（一）出デ行クヿ、ノ敬語。（二）行幸。

おと（名）［音］（一）物ノ激動ニ因リテ起ル一種ノ性ノモノ、空氣ニ傳ハリテ、耳ニ聞ユ。ネ。コヱ。（二）動物ノ聲。「小夜深キ、雲居ノ雁モ、―スナリ、誰ノ、君ニノミコソ、―ニ爲始ムレ」（三）オトヅレ。タヨリ。風聞。「―ニ立ツ」「―ニ聞ク」「―ニ聞ユ」「―ニ知ル」

おと (名) 弟 〔劣ノ義〕 (一)おとうとニ同ジ。(二)〔通ジテ、いもうと。 妹

おと (名) 乙 〔弟ノ義〕 次ナルコ。幼キコ。末。「—子」「—矢」「—女」

おと (名) 於菟 〔楚人謂レ虎、爲ニ於菟一〕 (一)虎ノ異名。(二)轉ジテ、猫ノ異名。

〔おとう〕 (名) 〔東司ノ意ナラムカ〕 厠ノ稱。(宮女ノ語)

おとうと (名) 弟 〔弟人ノ音便〕 (一)同ジ父母ニ生レタル男子ノ齢劣リタル方。イロト。オト。オトヒ。オトト。(二)〔通ジテ、妹。

++おとおと (副) 怖チツツ。オツオツ。オヂオヂ。 恐悸

++おとかし (名) おどろかしニ同ジ。

++おとかす (動) おどろかすニ同ジ。

おとがひ (名) 頤 〔おちつがひノ約カ〕 下ノ腭。アギ。アゴ。 ○—ヲ解ク。面白クテ笑フ。 解頤 ○++—ヲタタク。物言フ。

おときりさう (名) 弟切草 〔花山帝ノ頃、鷹飼ノ名人晴頼アリ、此草ヲ鷹ノ傷ヲ醫スル秘藥トセシニ、其弟、コレヲ洩シシカバ、怒テ斬レルニ起レリト云〕 枝莖、對生シ、高サ二三尺、色赤シ、葉ハ青クシテ狹ク長ク、楡ノ葉ノ如シ、夏秋ノ間、梢ノ間ニ、黃花ヲ開ク、單瓣五出ナリ、秋、莢ヲ結ブ、三稜アリ、中ニ金細子アリ、金瘡ヲ治スト云フ。 小連翹

〔おと・く〕 クル・クレ・ケ・ケ・ケ■ (自動)(規.二) 〔大緩ク、ノ義〕 心ニ、撿束無シ。 放縱

おとけ (名) 戲 オドケルコ。タハムレ。戲。 戲謔

おとけぐち (名) 戲口 オドケタル物ノ言ザマ。ザレコト。 戲謔

おとけばなし (名) 戲話 戲謔イヒテ笑ノ興トスルコ。 諢話

++おと・ける ケル・ケレ・ケ・ケ・ケヨ (自動)(規.四.變) 〔放縱ク、ノ轉訛〕 ザレタハムル。フザケル。 戲謔

〔おとお〕 (名) 弟子 すゑおニ同ジ。 季子

おとし (名) 落 (一)落スコ。(二)機アリテ、獸ナドヲ陷シ入レテ捕フル具ノ名。(三)戶ノ梭ニ作リツケテ、閉ヅルトキ、敷居ナドニ差シコム具。

おとし (名) 威 威スコ。恐レシムルコ。 嚇

おとしあな (名) 穽 〔落穴、ノ義〕 地ニ穴ヲ作リテ、上ヲ土ナドニテ覆ヒ隱シオク所、獸ナド、欺キ誘ヒテ、落シ入レテ捕フ。

おとしい・る ルル・ルレ・レ・レ・レヨ (他動)(規.二) 陷 〔落シ入ル、ノ義〕 (一)誘ヒテ落ス。「穽ニ—」(二)謀リテ引キ入ル。「罪ニ—」(三)攻メテ取ル。「城ヲ—」

おとしがけ (名) 落懸 欄間ノ下ナドニ添フル雲形ナドノ彫物。(佛龕ナドニ)

おとしがみ (名) 廁ニ用ヰル紙ノ稱。

おとしだね (名) 落胤 私通ニマウケタル子。(貴人ナルニ云) 私生兒

おとしばなし (名) 落咄 此事ヲ彼ノ事ニ寄セテ、一ツ情ニ終結シテ說ク戲話。 諢話

おとしぶた (名) 落蓋 匣ノ蓋ノ製作ノ名、匣ノ上緣ヲ復ハズシテ 共中ニ陷チ込ムヤウニ作ルモノ。サシブタ。 挿蓋

おとしぶみ (名) 落文 現ニ言ヒ難キ事ヲ、誰ガ仕業トモ知ラレヌヤウニ、文書ニシテ、路ナドニ遺シオクモノ。落書。 匿名書 飛書

〔おとし・む〕 ムル・ムレ・メ・メ・メヨ (他動)(規.二) 貶 〔落シム、ノ意〕 劣レルモノト見ル。ミサグ。サゲスム。

おとしもの (名) 落物 心付カズ、誤リテ、路ニ落シタル物。 遺失物

おと・す ス・セ・サ・シ・セ (他動)(規.一) 落 (一)高キヨリ下ヘ遣ル。降ス。下グ。(二)洩ラス。殘ス。脫ス。「話ヲ—」「中ヲ—」 脫漏 (三)心付カズ、誤リテ路ニ失フ。「物ヲ路ニ—」 遺失 (四)誘ヒ入ルル。オトシイル。ハム。「謀ニ—」「罪ニ—」 陷 (五)機ニ掛ク。「狐ヲ—」「鼠ヲ—」(六)滅ラス。衰フルヤウニナス。「評判ヲ—」「名ヲ—」 損 (七)癒ヤス。除ク。「瘧ヲ—」「狐憑ヲ—」 治 (八)我物トス。手ニ入ルル。「入札ヲ—」「鬮ヲ—」(九)失フ。脫カス。無クス。「力ヲ—」「色ヲ—」「垢ヲ—」 脫 (十)攻メテ取ル。オトシイル。「城ヲ—」 陷 (十一)降ス。卑ナス。「位ヲ—」「品ヲ—」 貶 (十二)破リ離ス。失ハス。「命ヲ—」「首ヲ—」「器ノ手ヲ—」 隕 (十三)逃ス。走リ去ラス。「妻子ヲ—」「敵ヲ—」 令逃 (十四)趣カシム。着カシム。「道理ニ—」 令歸着 ○命ヲ—。死ヌ。 隕命

おど・す ス・セ・サ・シ・セ (他動)(規.一) 威 〔驚カス意〕 (一)驚カシ恐レシム。 嚇 (二)オドロカス。オドカス。

おとつき (名) 弟月 十二月ノ異名。

おとづる・ルル・ルレ・レ・レ・レヨ (自動)(規・二) 訪 〔音ニ連ルル義カ〕(一)人ノ許ヲ訪フ。タヅヌ。ミマフ。(二)安否ヲトブラフ。(音信ナドニテ) 訪問

おとづれ (名) 訪 (一)オトヅルルコト。(二)人ノ安否ヲ問フコト。消息 通信

++おとづれる (動) おとづるノ訛。

おとゝ (名) (一)弟。(二)妹。

〔お-とゞ (名) 大殿 〔おほとのノ略轉〕貴人ノ居宅ノ尊稱。「一ノ瓦サヘ、殘ルマジク吹散ラスニ」一ノ造リ狀」

〔おとゞ (名) 大臣 〔大殿ノ義〕おほきおとゞノ略、大臣ニ同ジ。

〔おとゝえ (名) 弟兄 ハラカラ。兄弟。

〔おとゝひ (名) 弟兄ニ同ジ。「淺茅原、弟日僕」住ノ江ノ、弟日娘」

お-とな (名) 大人 〔大人名ノ略カ〕十分ニ成長シタル人ノ稱、往時ハ十五歳以上ヨリイヘリ。

お-とな (名) 乙名 〔大人ノ義〕(一)一族ノ人ノ長。(二)蝦夷ニ、一聚落ノ長。酋長 宿老

おとなげ (名) 大人氣 大人ニテアル氣象。「一無シ」老成

おとな・し・シキ・シケレ・シク・シク (形・二) 〔大人ラシ、ノ意〕(一)成人ビタリ。(二)氣質、落チツキテ、オダヤカナリ。ヲンタウナリ。スナホナリ。穩順

おとなしやか-よ (副) 穩順シキ狀ニテ。落チツキテスナホニ。穩順

おとなだ・つ・ツ・テ・タ・チ・テ (自動)(規・一) 大人立 大人ラシクナル。オトナブ。成人

おとなひ (名) (一)オトナフコト。音ノ發ツコト。「筧ノ水ノ一モ無シ」(二)オトヅルルコト。訪問

++おとなびる (動) おとなぶノ訛。

おとな・ふ・フ・ヘ・ハ・ヒ・ヘ (自動)(規・一) 〔音ナス、ノ意〕(一)音、發ツ。ヒビク。(二)人家ノ門ニテ案内ヲ乞フ。通謁 (三)オトヅル。訪問

おとな・ぶ・ブル・ブレ・ビ・ビ・ビヨ (自動)(規・三) 大人ラシクナル。成人

〔おとね (名) 乙子 正月ノ下ノ子ノ日。「姬松ハ、一ノ限リ、歟ヘツ」

〔おとひ (名) 〔おとゝひノ轉カ〕おとうとニ同ジ。

〔おとひめ (名) 弟姬 次ノ姬。

おとひめ (名) 乙姬 龍宮ニ居ルトイフ貴妃ノ名。

おとひめのかんざし (名) うみやなぎノ條ヲ見ヨ。

おとみづはり (名) 〔おとみハ、弟見ノ義〕小兒ノ病ノ名、乳兒アル母ノ乙兒ヲ再胎シテ惡阻トナルヨリ、兒、乳離シテ起ルモノ。魃

おとめ (名) 乙女 少女、ノ誤。

おとや (名) 乙矢 甲矢、ノ條ヲ見ヨ。

おとよめ (名) 弟ノ妻。娣婦

おとり (名) 劣 オトルコト。品格ノクダリタルコト。「一マサリ」

〔おとりばら (名) 妾腹ノ子。

おと・る・ル・レ・ラ・リ・レ (自動)(規・一) 劣 〔落ツ、ニ通ズ〕品格、他ヨリ降リテ及バズ。優ラズ。

〔おどろ (名) 草叢ノオドロオドロシキ處。「春日野ノ、一ノ路ノ、ウモレ水」一ガ上ノ、雪ハ消ナクニ」榛莽 〇一ノ髮。亂レタル髮。蓬髮

〔おどろおどろ・し・シキ・シケレ・シク・シク (形・二) 驚クベクアリ。仰山ナリ。

おどろか・す・ス・セ・サ・シ・セ (他動)(規・一) 驚 他ヲ驚クヤウニナス。オドス。オドカス。

おどろかし (名) 驚 オドロカスコト。

おどろき (名) 驚 オドロクコト。

おどろ・く・ク・ケ・カ・キ・ケ (自動)(規・一) 驚 〔大蕩ク、ノ約轉カ〕俄ニ思ヒノ外ナル事ニ遇ヒテ、心騷グ。ビツクリスル。

おとろ・ふ・フル・フレ・ヘ・ヘ・ヘヨ (自動)(規・二) 衰 〔劣ルノ延カ、移フ、ノ轉カ〕勢、減リユク。次第ニ弱ル。劣リユク。衰微ス。「ガー」勢ー」色ー」

おとろへ (名) 衰 オトロフルコト。衰微。

++おとろへる (動) おとろふノ訛。

おとだち (名) 父ノ弟。叔父 季父

おないどし (名) 同年 〔おなじとしノ音便〕齡ノ相同ジキコト。

お-なか (名) 御中 (一)禁中、女房詞ニ、食事。(二)俗間、婦人ノ語ニ、腹。

お-ながれ (名) 御流 (一)貴人ヨリ盃酒ノ殘滴ヲ賜ハルコト。(二)轉ジテ、スベテ、棄物ヲ賜ハルコト。

おな・じ・ジキ・ジケレ・ジク・ジク (形・二) 同 (一)彼ト此ト異ナラズ。ヒトシ。(二)變ハラズ。元ノ狀ニテアリ。

おなじく（接）同 幷ニ及ビ。

おなじくは（接）同ジ事ナラバ。

お-なで（名）御撫 帯、ニ同ジ。（婦人ノ語）

お-あんど（名）御納戸（一）納戸ノ條ヲ見ヨ。（二）染色ノ名、藍ノねずみいろヲ帯ビタルモノ。

お-なり（名）御成 出デ行クコトノ敬語、宮方、攝家、將軍公方ニ云フ。（成ル、ノ條ヲ見合ハスベシ）

おに（名）鬼（隱ノ音轉ナリト云）（一）幽魂ナド、無形ノモノヲ、邪祟ナドナスニ就キテイフ稱。モノノケ。イウレイ。鬼（二）人ノ形ニテ角アリ、裸體ニ虎皮ヲ絡ヒ、獰惡ニシテ怪力アリトイフ想像ノ生物ノ名。（丑寅ノ維ヲ鬼門トイフヨリ、牛ト虎トノ形ヲ取合ハセテ畫ケルナリト云）羅刹 夜叉（三）猛ク荒キモノノ稱。「ー武者」ー柴田」ー小島」（四）慈悲ノ心無ク苛ク暴キ者ノ稱。「ー婆」心、ーノ如シ」（五）草木ナド、異形ナルモノニ稱スル語。「ーワラビ」ードコロ」ーアザミ」

おに-あさ（名）鬼䒷 いらくさニ同ジ。

おに-あざみ（名）鬼薊 やまあざみニ同ジ。

おに-あは（名）鬼粟（一）おほあはノ一種、長大ニシテ、穗、長ク、粒、粗シ、芒ニ、赤、黒、ノ二種アリ、芒長ジテ、猪モ食ヒ難シトテ、猪不食ノ名モアリ。（二）又、おほあはノ一名。

おに-うちまめ（名）鬼打豆 おにやらひノ條ヲ見ヨ。

おに-おに（名）おにだとニ同ジ。

（おに-おに・し-シキ・シケレ・シク・シク（形・二）夜叉ノ如ク暴ク恐シ。情ケ無ク心强シ。残虐

おに-がしま（名）鬼島 夜叉ノ住メリトイフ島ノ名、昔シ薩摩海ノ島島ヲイヒ、或ハ琉球ヲモイヘルガ如シ。

おに-がはら（名）鬼瓦 屋根ノ棟ノ端ニ置ク大ナル瓦ノ名、夜叉ノ面ナド作ル。瓦獸 鴟吻

おに-かみ（名）鬼神 荒ク恐シキ神。鬼神。

おに-きり（名）鬼切 鬼丸ト共ニ、源氏ノ嫡流ニ傳フル寶刀ノ名、新田義貞、討死セル時、足利高經ニ獲ラル。

おに-ぐこ（名）灌木、枸杞ノ條ヲ見ヨ。

おに-ご（名）おにごとニ同ジ。

おに-ごつこ（名）おにごとニ同ジ。

おに-ごと（名）鬼事 小兒ノ戲、一人、鬼トイフ者アリ、群ヲ追ヒテ捕フ、捕ヘラレタル者、又、鬼トナル。オニワタシ。オニゴ。オニゴッコ。オニンデクロ。京ニ、ツカマヘボ。大阪ニ、ムカヘボ。仙臺ニ、オニオニ。

（おに-し-シキ・シケレ・シク・シク（形・二）鬼ノ如シ。鬼ラシ。

おに-あた（名）鬼齒朶 草ノ名、きじのをノ形ニシテ、闊ク大ク厚ク光ル、葉ハ互ニ莖ニ排生ス、葉ノ脚、上ニ向フ、一邊ニ小叉稜アリ、冬ヲ經テ凋マズ、秋、葉ノ背ニ金星ヲ生ズ、卽チ花ナリ。

おに-たで（名）鬼蓼 いぬたでニ同ジ。

おに-たひ（名）鬼鯛 たひのむおけんばちニ同ジ。

おに-どおろ（名）鬼萆薢 山野ニ多シ、蔓、葉、共ニ、やまのいもニ似テ、互生ス、夏、梢ノ間ニ、穗ヲ出シテ、六瓣ノ細小花ヲ開ク、後、五六分ノ莢ヲ結ブ、根ハ、ところニ似テ小ク、苦クシテ、食フベカラズ、鬚ヲ連ネ乾シテ春盤ノ具トシ、所領ノ義ニ取リテ祝ス。一名、きどころ。山萆薢

（おに-のあおぐさ（名）鬼醜草 紫菀ノコトナリトイフ。

おに-の-つぶて（名）鬼礫 いはつぼニ同ジ。

おに-のま（名）鬼間 清涼殿ノ中ニアル室ノ名、夜叉ノ畫アレバイフ。

おに-ばす（名）鬼蓮 池澤中ニ生ズ、葉ハ蓮ニ似テ大ナリ、水面ニ浮フ、面、深緑ニ、背、深紫ニシテ、莖ト共ニ刺多シ、莖ニ孔アルー、蓮ノ如シ、夏ノ末、莖ヲ出シテ花アリ、鳥ノ喙ノ如ク、一寸餘アリテ、尖ル、開ケバ、四瓣、四層、深紫色ナリ、花ノ下ニ毬アリ、熟スレバ、大サ二寸許、肉アリ、中ニ圓キ子アリ、むくろじノ如シ、仁ヲ藥用トス。古言、みづふぶき。芡

おに-ばば（名）鬼婆 俗ニ、奸惡ナル老婆ヲ稱スル語。

おに-び（名）鬼火 沼澤ナドノ地ニ、雨夜、闇夜、ナド出ヅル青クシテ焰ナキ光リモノ、キツネビ。

おに-ふすべ（名）（鬼燻ノ義、撃テバ粉ノ烟ニ起ツヨリイフ）植物、ほおりだけニ同ジ。馬勃

おに-へゴ（名）樹ノ名、高サ數丈、直立ス、幹ハ、無數ノ細キ幹ヲ摂ヂ聚メテ束ネタル如シ、色、黒クシテ褐色ヲ帶ブ、横枝無クシテ、梢ニ、葉ヲ叢生シテ、四方ニ垂ル、形、蕨ノ葉ノ如クニシテ、極メテ大ク緑ナリ、幹ヲ穿チテ、石草類ヲ植ヱ、又、碎キテ盆栽ノ土ニ用キテ、善ク成長ス、琉球、小笠原島等ノ暖地ニ産ス。略シテ、へゴ。（へゴノ條、見合ハスベシ）桫欏

おに-ほし (名) 鬼宿 二十八宿ノ鬼トイフ宿ヲ文字讀ニシタル語。

おに-まる (名) 鬼丸 おにきりノ條ヲ見ヨ

おに-むし (名) 鬼蟲 (一)飛生蟲ノ一名。(仙臺)(二)金龜子ノ一名。(奥州)

おに-むしや (名) 鬼武者 極メテ剛キ武夫ノ稱。

おにん-ぶくろ (名) おにごとニ同ジ。

おに-やらひ (名) 鬼遣 十二月晦日ノ夜ニ、人ヲ疫癘ノ夜叉ニ扮裝セテ、コレヲ驅リ遣フ式、禁中ノ公事ニモアリ。儺。追儺。追儺 今、俗間ニハ、節分ノ夜ニ、大豆ヲ炒リテ、鬼打豆ト呼ビ、室ニ向ヒ、福ハ内、鬼ハ外、ト喚ビテ打チ撒ク、コレヲまめうち、又、まめまきナドイフ。

おに-ゆり (名) 鬼百合 宿根草、百合ノ類、路旁ニ多シ、莖圓クシテ紫黑ナリ、葉ハ、狹ク長ク、深緑ニシテ、多ク互生ス、秋、莖ノ上ニ、枝ヲ分チテ、六瓣ノ花ヲ開ク、鐘様ニシテ、端、反ル、色、赤黄ニシテ、紫ノ點アリテ、美シ、夏ノ半ニ、根葉ノ間ニ子ヲ生ズ、むかごニ似タリ、根ハ、瓣、重リテ蓮花ノ如ク、味苦シ、人家ニ植ウルモノハ、苦カラズ、今專ラ食用トス。イヌユリ。 卷丹

(おに-よけ) (名) 酒ノ異名ナリト云。

おに-わたし (名) 鬼渡 おにごとニ同ジ、

おに-わらび (名) 鬼蕨 (一)深山ノ陰地ニ生ズ、一根ニ叢葉ヲ生ジ、一葉ノ形、敷十ノ細長葉、一莖ニ排生シテ、一大葉ヲナス、長サ一二尺、周ニ細キ鋸齒アリ、夏、別ニ葉ノ如キヲ、兩三莖ヲ生ズ、そてつノ葉ニ似テ、柔ナリ、卽チ花ナリ、種類多シ。 貫衆 (二)いぬわらび。

お-ぬし (代) 御主 對稱ノ代名詞、稍下輩ナルニ用キル、ソナタ。オノシ。

お-ねば (名) (粘レバイフ) 糞拔ニ同ジ。(婦人ノ語)

おの (名) 己 おのれニ同ジ。「―ガ許」―ガ身」―ガ家」

おの-おの (副) 各 (己ヲ重ネタル語) ヒトリヒトリビトビト。メイメイ。

おの-おの (代) 各 對稱ノ代名詞、多人數ナルニイヒ、同輩ナルニ用キル。カタガタ。「―方」

(おの-が-おの) (副) 各、心心ニ。メイメイニ。「皆、―行キ別レヌ」―心ヲ遣リテ人ヲバオトシメ」 各自

‡おのし (代) おぬしノ轉訛。

おの-づから (副) 自 (己之從ノ義) 物事ノアル狀ノママニテ。固ヨリ此ノ如ク。自然ニ。天然ニ。

‡おのづと (副) 自 おのづからニ同ジ。(東京)

‡おの-ぼれ (名) 己惚 身、自ラ、好シトシ、勝レタリトスルコト。自信

(おの-も-おの-も) (副) 各 おのおのニ同ジ。

おのれ (名) 己 其人ノ其身。其人ノミヅカラナルコト。自身。自分。轉ジテ、物事ニモイフ。「岩打ツ波ノ―ノミ

おのれ (代) 己 (一)自稱ノ代名詞、我、ニ同ジ。(二)汝ノおのれトイフヨリ轉ジテ、對稱ノ代名詞ニモ用キル。「ホド、―ハ、ミヅカ男シテ、人ト文カヨハシヤハスル」―ハ何奴ナルゾ」

お-ば (名) (一)祖母ノ略。(二)婆。

(お-はぎ) (名) 草ノ名、よめなニ同ジ。

お-はぎ (名) 萩餅ニ同ジ。(婦人ノ語)

お-はぐろ (名) 齒黑ニ同ジ。(婦人ノ語)

おはぐろ-とんぼ (名) かねつけとんぼニ同ジ。

お-ばけ (名) (一)化物。變化。(婦人ノ語)(二)寄居蟲ノ一名。

お-ばこ (名) (祖母子髮ノ略) 老婦ノ髮ノ風ノ名、兩綰ヲナシテ、笄ヲ貫クベク結ヒタルモノ。(關東)

(お-ばしま) (名) 欄 (大階間ノ約カ) 欄干ニ同ジ。

おはし-ます ス・セ・サ・シ・セ (自動) (規・二) 御座ス二、又、坐スヲ添ヘテ、一層敬ヒイフ語。

おは-す スル・スレ・セ・シ・セヨ (自動) (不規・二) 御座 (大坐スノ約轉ト云) (一)居ルノ敬語。(二)轉ジテ、來ル、又、去ルノ敬語。(三)又、轉ジテ、スベテ、動詞ノ下ニ添ヘテ、敬語トスル語。「立タセ―」起キサセ―」

お-ハチ (名) 飯鉢、ノ婦人語。

‡お-はり (名) 御針 雇ハレテ針仕事スル女ノ稱。

おひ (名) 笈 (負ノ義) 修驗者、又ハ、行脚ノ僧ナドノ、佛具、食物等ヲ入レテ、旅中ニ負ヒ行ク器ノ名、匣ノ如クニシテ、脚アリ、扉ニテ開閉ス。

おび (名) 帶 衣ヲ、腰ニテ、體ヲ纏ヒ結ブ紐ノ名、布、帛、組、革、等種種ナリ。

おひ-うち (名) 追撃 逃グル敵ヲ追ヒツメテ撃取ルコト。尾撃

おひ-う-つ ツ・ツ・チ・テ・テ (他動) (規・二) 追撃 (一)逐ヒ

出ダス。「假ニ親、此女ヲー」(二)後ヨリ追ヒツキテ撃ツ。尾撃

おびえ (名) オビユルヿ

おびえる (動) おびゆ、ノ訛。

おひおとし (名) 追落 オヒオトスヿ。ヒハギ。オヒハギ。行劫

おひおと・す・ス・セ・サ・シ・セ (他動)(規・二) 追落 引剝ヲ行フ。オヒハグ。「山賊シテ、年貢、正税、追ヒオトシ」行劫

おひおひ (副) 追追 後ヨリ續キテ。逐次

おひか・く・クル・クレ・ケ・ケ・ケヨ (他動)(規・二) 追懸 後ヨリ追フ。追逐

おひかける (動) おひかく、ノ訛。

おひかぜ (名) 追風 (一)後ヨリ追ヒサマニ吹キ來ル風。「山人ノ歸ルツマ木ノーニ」(二)船ノ艫ノ方ヨリ吹ク風。「追手ーノ、吹ク方ニ、出ヅル舟ドモ」順風 (三)吹キ入ル風。「ーノ、我宿ニシモ、吹キ來ズバ」

おびがね (名) 佩金 刀ノ金具ノ名、環ニシテ緒ヲ貫キ腰ニ佩フ。

おひかは (名) 追川 魚ノ名、形、はえニ似テ、大ナルハ六七寸アリ、腹ニ赤キ斑アリ、背、淡黒クシテ赤ミアリ、急流ノ川ニ逢ジ、岩石ノ間ニ棲ム、一名、おさち。

おびかは (名) 帶革 革ニテ作レル帶。鞓

おびき (名) 婚禮ナドノ引出物。(婦人ノ語)

おび・く・ク・ケ・カ・キ・ケ (他動)(規・二) 誘 (帶ビ引ク、ノ約カ) 欺キ誘フ。ダマシテサソフ。

おひくづ・す・ス・セ・サ・シ・セ (他動)(規・二) 追崩 敵陣ヲ追ヒサマニ破ル。追擊

おひこ・む・ム・メ・マ・ミ・メ (他動)(規・二) 追込 追ヒテ入ル。

おひさき (名) 生先 生行クサキ。成長スル末。「ー遠シ」「ー若キ人」春秋

おひざもと (名) 御膝下 國君ノ居ル都會ノ內。輦轂之下

おひし・く・ク・ケ・カ・キ・ケ (自動)(規・二) 生敷 生ヒ續ク。繁延

おびした (名) 帶下 (一)腰ノ帶ヲ締ムベキ處。(二)帶ヲ締ムル處ヨリ足マデノ距離。(袴ノ丈ナド)「ー幾尺」

おびしばり (名) 帶縛 腰胯ノ左右ノ、骨ナクシテ帶ヲ締ムベキ處ノ名。ヨワゴシ。脥

おひずり (名) 負簏 背ニ負フ簏笈。(簏ノ條、見合ハスベシ)

おひずり (名) 笈摺 (字ハ、借字ナリ、負簏ノ義) 巡禮者ノ背ニ着ル服、笈ニ負フニ擬フルナリ。

おひだしぐすり (名) 追出藥 內攻ナドノ疾ヲ表ニ發セシムル藥。驅逐

おひだ・す・ス・セ・サ・シ・セ (他動)(規・二) 追出 (一)追ヒ遣ル。放ツ。放逐 (二)おひだしぐすりヲ用ヰル。

おびただ・し・シキ・シケレ・レク・レク (形・二) 夥 (一)盛ニ多シ。(二)甚シ。「アマタニ賣リ得テ、オビタダシキ德人ニナリヌレバ」オビタダシキ癖ニナリニケリ」

おひたち (名) 生立 オヒタツヿ。ソダチユクヿ。成立

おひた・つ・ツ・テ・タ・チ・テ (自動)(規・一) 生立 生ヒ行ク次第ニ成長ス。成立

おひた・つ・ツル・ツレ・テ・テ・テヨ (他動)(規・二) 追立 追ヒテ去ラス。驅

おひたてる (動) 追立ツ、ノ訛。

おびぢ (名) 帶地 帶ニスベキ布帛。

おひつ・む・ム・メ・マ・ミ・メ (他動)(規・二) 追詰 逃グル處無キマデニ追フ。窮追

おひつめる (動) おひつむ、ノ訛。

おひて (名) 追手 (追風ノ轉カ) (一)オヒカゼ。順風 (二)追ヒテ行ク人。

おひと (名) 首 (大人ノ約) 上古ノ姓ノ名、後ニ連ニ入ル。オウト。

おびとき (名) 帶解 俗間ニ、女兒七歲ノ時ニ行フ式。

おびとり (名) 帶取 おびとりがはニ同ジ。

おびとりがは (名) 帶取革 太刀ヲ帶ニ約スル革緒。

おひとりがり (名) 追鳥狩 山野ニ、鳥ヲ追立テテ狩ルヿ。鞍

おひなる (動) おひんなるノ條ヲ見ヨ。

おひはぎ (名) 追剝 オヒハグヿ。ヒハギ。行劫

おひは・ぐ・グ・ゲ・ガ・ギ・ゲ (他動)(規・一) 追剝 行人ヲ追ヒ劫カシテ衣服ヲ剝グ。オヒオトス。ひはぎヲ行フ。行劫

おひ-ばら (名) 追腹 主君ノ死ヲ悼ミテ、蹤ヲ追ヒテ、腹切テ死ヌルヿ。殉死

おひ-はら・ふ・フ・ヘ・ハ・ヒ・ヘ (他動)(規.一) 追拂 遠ク追ヒ遣ル。放逐 擯

おび-ぶくろ (名) 帶袋 袋ノ帶ブベク作レルモノ。兩頭ニシテ底無キモアリ。橐 腰

おひ-まく・る・ル・レ・ラ・リ・レ (他動)(規.一) 追捲 烈シク追ヒ散ラス。急擊

お-ひ-ん-な-る・ル・レ・ラ・リ・レ (自動)(規.一) 〔御晝ニ成ル、ノ音便〕 睡リ起クノ敬語。オヒナル。(およんなるニ對ス)

おひ-め (名) 負目 金錢ヲ借リテ、償フベキ責ヲ負フヿ。借錢。カリ。債

††おひ-め (名) 追目 博奕ノ語、幾度負ケテモ、四割増ツツニ賭ケテ、勝ツニ到リテ、悉ク取ルヿト云。「―ヲ打ツ」

〔おび-もの (名) 佩物 おんものノ條ヲ見ヨ。

お-ひや (名) 〔冷ナルニイフ〕 水ニ同ジ。(婦人ノ語)

おびやか・す・ス・セ・サ・シ・セ (他動)(規.一) 劫脅 (一)オビユルヤウニテス。(二)威ヲ示シテ畏レシム。威シテ服セシム。

〔おびや・す・ス・セ・サ・シ・セ (他動)(規.一) おびやかすニ同ジ。

おび-ゆ・ユル・ユレ・エ・エ・エヨ (自動)(規.二) 〔大冷エノ約カ〕 (一)怖ヂ驚ク。震慴 (二)小兒、夢ノ中ニ魘サレテ驚ク。客忤

〔おび-る・ルル・ルレ・レ・レ・レヨ (自動)(規.二) 惚ク。「甚ウ、オビレ、シドケナキ聲ニテ」イハケナシ、穉オビレタル氣色」

おひ-わけ (名) 追分 〔牛馬ヲ左右ニ追分クル意カト云〕 街道ノ左右ニ分ルル岐。「旅人ノ野中ノ路ノ―ニ名殘多クモ行キ別レヌル」 岐路

お-ふ・フ・ヘ・ハ・ヒ・ヘ (他動)(規.一) 追逐 (一)後ヨリ付キ及バムト走ル。後ニ從ヒテ急ギ行ク。(二)遣フ。退ケ去ラシム。放逐 (三)過ス。「歲月ヲオヒテ」

お-ふ・フ・ヘ・ハ・ヒ・ヘ (他動)(規.一) 負 (一)背ニ戴スモオフ。(二)身ニ引受ク。被ル。(恩、怨、禍、罪、疵、ナド)

お-ふ・フル・フレ・ヒ・ヒ・ヒヨ (自動)(規.三) 生 成リ出ヅ。生ユ。延ブ。生ズ。

〔お-ぶ・ブ・ベ・バ・ビ・ベ (他動)(規.一) 帶 次條ノ語ニ同ジ。

お-ぶ・ブル・ブレ・ビ・ビ・ビヨ (他動)(規.三) 帶佩 (一)腰ニハサミテ下グ。(二)含ム。有ツ。「雨ヲ―」露ヲ―」憂ヲ―」色ヲ―」 帶 (三)兼ネテ勤ム。(官ニ) 官銜

お-ぶく (名) 御福 (一)俗間ニ、額ト頰ト高ク、鼻低ク、笑ヲ含ミタル女ノ像ノ稱、福アル相トス。オカメ。(二)ねずみノ異名。

お-ふくろ (名) 〔御袋ノ義ニテ、兒ノ懷ニアル意〕 母ノ通稱。

おふけ-な・し・キ・ケレ・ク・ク (形.二) 無負氣 身ノ分ニ過ギテ、堪ヘ難シ。オホケナシ。過分

おふし (名) 啞瘂喑瘖 物言フヿ能ハザル不具ノ名。オシ。

〔おふ・す・ス・セ・サ・シ・セ (他動)(規.一) 生 おほすニ同ジ。「御アタリ、サラズ、オフシタテ給ヒシヲ」

〔おふせ (名) 命 おほせニ同ジ。

おふて (名) 追手 〔敵ヲ表ヨリ追ヒ込ミテ、裏ニテ搦ムル意ヨリシテイフト云〕 城、砦ノ表門ノ稱。(搦手ニ對ス)大手、城壘前門

〔おふな-おふな (副) 隨分 〔身ニ負フ意ト云〕 身ノ程ヲ盡シテ。「―思ヒハスベシ」―昕ク物シタル心ヲ」

大ナル河ノ流出タルハ、是レゾ天龍ナメリ、名サヘ恐シクテ、―舟ニ乘ル」

††おぶ・ふ・フ・ヘ・ハ・ヒ・ヘ (他動)(規.一) 負 おふ、ノ訛。(東京語。)

お-へや (名) 御部屋 貴人ノ妾ナドノ尊稱ニ用ヰル

††おへる (動) 生フ、ノ訛。

おほ (接頭) 大 〔多ノ轉〕 (一)オホイナル。「―山」―川」―風」(二)多キ。「―水」―雨」(三)高キ。「―聲」(四)初ノ。基ノ。「―元」―根」

おほ-あに (名) 大兄 第一ノ兄。伯兄

おほ-あね (名) 大姉 第一ノ姉。「―ハ、尼ニナリニキ、今ニ一人ハ」 伯姉

〔おほ-あは (名) 大粟 あはノ條ヲ見ヨ。

〔おほい (接頭) 〔古ヘ冠階ヲ大、廣、ニ分テルニ起ル〕 (一)おほき、ノ音便。一位ニ位等ノ位ヲ更ニ甲乙ニ分テル、其甲ノ方ノ稱。乙ナルヲひろいトイフ。コレヲ正、從、トモイフ。「正一位」從一位(くらゐノ條、見合ハスベシ)(二)又、官ニ同官ノ高キ方ノ稱。低キヲすないトイフ。「大納言」少納言」

〔おほい-おほいどもひ (名) 左大辨、又ハ、右大辨ノ古稱。

おほ-いき (名) 大息 大キ息スルヿ。歎キニイフ。トイキ。

タメイキ。「一ツク」

おほいきみ（名）〔大君ノ義〕一ノ姉君。「一ハ、タダ今ハ、十八九バカリニテ、又、中姫君ハ、十五六バカリ」

おほいこ（名）〔大子ノ義〕一ノ姉。「故御息所ノ御姉、一ニアタリ給ヒケルナム」

おほいあるすつかさ（名）大外記ノ古稱。

おほいなる（名）いなるノ條ヲ見ヨ。

おほいま（副）大「おほきまノ音便」（一）甚シキ嵩ニテ。「一アリ」（二）甚ダ高ク。「一喚ブ」

おほいぬ（名）大犬 犬ノ一種、形、甚ダ大ナルモノ。獒

おほいまうちぎみ（名）〔まうちぎみノ條ヲ見ヨ〕おほきまうちぎみノ音便、大臣ノ古稱。「オホキ一」左ノ一」右ノ一」

おほいまつりごとのつかさ（名）大政官ノ古稱。

おほいものまうすつかさ（名）大納言ノ古稱。

おほうたどころ（名）大歌所 大歌ノ事、幷ニ、諸國ノ風俗、神樂、催馬樂等ノ歌曲ヲ掌ル官衙。

おほうち（名）大内 内裏ノ條ヲ見ヨ。

おほうちぼん（名）大内本 周防ノ大内義隆ガ、紙ヲ明國ニ渡シ、嘱ラセテ取寄セタル書籍ノ稱、希ニ世ニ存ス。

おほうちやま（名）大内山 大内トイフニ同ジ。「モロトモニ一ハ出デツレド」一ノ春ノ曙」

おほうばら（名）大㳒 さるとりいばらニ同ジ。

おほうみ（名）大海 大ナル海ソトウミ。ナダ。〔入海ナドニ對ス〕

おほえ（名）覺（一）オボユルー。（二）心ニ忘レヌ一。記臆（三）技ノ熟シタル一。「一ノ手ノ内」精熟（四）人ニ思ハルル一。「我ハ一、イト高キ身ト思ヒテ」世ニ一アリ」

おほえがき（名）覺書 後ノ記臆ノ爲ニ、書キツケ置クモノ。臆乘

おほえちやう（名）覺帳 おほえがきノ帳面。手帳。掌記册

おほえびかづら（名）〔蘡薁ニ對スル語ナラム〕葡萄ノ古名。

おほえる（動）覺ユ、ノ訛。

おほおそどり（名）鵄ノ一名、「鳥トフ一」

おほおば（名）曾祖母、ニ同ジ。

おほおほし・しーしキ・シケレ・シク・シク（形・二）朦朧 分明ナラズ。オボロナリ。「タソガレ時ノオホオホシキニ」思シヘダテ、オホオホシクモテナサセ給フニハ、何事ヲカ聞エ侍ラム」

おほおほぢ（名）〔大祖父ノ義〕曾祖父ニ同ジ。

おほおほば（名）〔大祖母ノ義〕曾祖母ニ同ジ。

おほおみ（名）大臣 おほむらじノ條ヲ見ヨ。

おほおよび（名）拇 おほゆびニ同ジ。

おほが（名）繰車 いとくりぐるまニ同ジ。

おほが（名）大鋸 鋸ノ大ナルモノ。オガ。ガガリ。ガンギ。

おほがさ（名）大笠 笠ノ大クシテ柄アリ持チテ行クベキモノ。「一ノカタヲカキテ、人ハ見エズ、只、手ノ限リ、笠ヲトラヘサセテ」簦

おほかしはでのつかさ（名）大膳職ノ古稱。

おほかた（副）大方（一）十ニ七八ハ。多分。大約（二）オシナベテ。ヒトトホリ。一般

おほがね（名）大鐘 つりがねニ同ジ。洪鐘

おほがひ（名）大貝〔貝ヲおがひトイフニ別チテイフ〕漢字ノ傍ニアル貝ノ字ノ稱頂、頃、頂、須、順、ノ如シ。

おほかみ（名）狼〔大神ノ義、恐レテ尊稱スルナリ〕獸ノ名、深山ニ棲ム、犬ニ似テ、痩セテ大ク、目ニ角アリテ、夜、光ル、喙、長ク、口、大ク、耳、小ク頰ニ、白ク小キ斑アリ、脚ニ蹼アリテ、能ク水ヲ渉ル、全身、茶褐ニシテ、赤ミアリ、尾太ク灰白色ナリ聲遠ク響く、兇猛ニシテ他ノ獸ヲ食ヒ、人ヲモ害ス。

おほかめ（名）おほかみ、ノ訛。

おほから（名）大幹 身體ノ、常ノ人ヨリ、稍、長大ナルー。長軀

おほかり（名）天雁 ひしくひニ同ジ。

おほき（接頭）大 オホイナル。オホ。「一マウチギミ」一臣」

おほき（接頭）正 おほいノ條ヲ見ヨ。「一三位」

おほきおとど（名）太政大臣ニ同ジ。

おほきおほいまうちぎみ（名）太政大臣ノ古稱。

おほきさき（名）大妃 皇太后ニ同ジ。

おほき・し……ク・キ（形・二）大〔多キ、ノ轉、此語、おほきさ、おほきけれト用ヰタル例ヲ見ズ〕（一）甚シキ

崇ニテアリ。「形―」(二)甚ダ高シ。「聲―」

おほきは (副) 大 〔多キニノ轉〕 甚ダ。オホイニ。「―思ヒニ違ヌベキ事ナム侍ルベキ」「程ヨリハ、―夙慧ケ給ヒテ」

〔おほきまうちぎみ (名) 大臣 おほいまうちぎみノ條ヲ見ヨ。

おほきみ (名) 大君 王 (一)帝王ノ稱。(二)諸王ノ稱。

〔おほきみたちのつかさ (名) おほきんだちのつかさニ同ジ。

〔おほきんだちのつかさ (名) 正親司 〔大公達ノ司ノ義、おほきみハ諸王ナリ〕 古ヘ宮内省ニ屬セル司、皇親諸王名籍ノ事ヲ掌ル。オホキミツカサ。オキミ。

おほぎもいり (名) 大肝煎 大庄屋ニ同ジ。

おほぎやう (名) 〔大行カ、大形カ、又ハ大業カ〕 事ヲ盛ニ大ニスルコト。 倣大

おほぎり (名) 大切 (一)物ヲ大ク切リ分ツコト。(二)劇場ナドニテ、幕ノ終。オホヅメ。 終局 大尾

おほくち (名) 大口 大ニ口ヲ開クコト。「此蟒ヲ見ルニマコトニ龍ノ―ヲアキタルニ似タリ」

おほくち (名) 大口 (一)おほくちはかまノ略、束帶ノ時、表袴ノ下ニ穿クモノ、生絹平絹ナドナリ。紅染ナルヲ赤―ナドイフ。(二)又、一種、練絲織ヲ後ニシ、太絲織ヲ前ニシ、前ノ張ルヤウセルモノアリ、前張ノ―トイフ。又コレニ反シテ、後ノ張ルヤウニシタルアリ。共ニ裾ノ口大ク明キ、前後四幅、精好ニテ作ル、長サ足ノ甲ニ及ブ。

おほぐち (名) 大口 猥リナル物言。「―ヲキク」 猥話

〔おほくび (名) 大領 衽ノ條ヲ見ヨ。

おほぐひ (名) 大食 多ク物食フコト。大食。 饕食

おほぐも (名) 大蜘蛛 くもノ一種、ひらたぐもニ似テ、扁ナラズシテ大ナリ、脚二寸許、白キ斑アリテ、毛多シ、夜、出デテ、行クニ聲アリテ、蟹ノ行クガ如シ。 刺毛蜘蛛

おほくらきやう (名) 大藏省 オホクラノツカサ。古ヘ八省ノ第七ニ居ルモノ、諸國ヨリ納ムル調庸ノ物ヲ收メ、出納ヲ掌ル。今ハ、一國ノ租税ヲ收メ、政府一切ノ出納、及ビ、國債、造幣等ノ事ヲ掌ル。

おほくらのつかさ (名) 大藏省ニ同ジ。

おほけたで (名) 大毛蓼 春、生ズ、苗ノ高サ、六七尺ニ至ル、葉ハ互生シテ、烟草ノ葉ニ似テ、尖リ、柔ニシテ、毛、長シ、秋ノ半ニ、枝ノ梢ニ、穗ヲ垂レテ、淡紅ノ花ヲ開ク、常ノ蓼ノ穗ヨリ大ナリ。一名、イヌタデ。 葒草

おほけな・し・シ・キ・ケレ・ク・ク (形・二) 〔大氣無シノ意カ〕 おふけなしニ同ジ。「掘キ身ニ、オホケナキ心ツキテ」

おほごしよ (名) 大御所 親王、公方ノ隱居セラレタルノ尊稱。

おほごゑ (名) 大聲 高キ聲。高聲。「―ヲハナチテ宣ハク」

おほざけ (名) 大酒 多ク酒ヲ飲ムコト。大酒。 暴飲

おほさつまぶし (名) 大薩摩節 俗謠ノ一種、慶安中、大薩摩淨雲大夫直壽始ム。後、數派ニ分レ、小薩摩ノ稱ナドモアリ。

おほざと (名) 大邑 〔阜ノ阝ヲおざとトイフニ別ツ〕 漢字ノ傍ノ阝ノ字、卽チ邑ノ字ナリ。邦、邪、郎、郊ノ如シ。 邑附

〔おほし (名) 〔大羊蹄ノ義〕 大黃ノ古名。(羊蹄ヲ見合スベシ)

おほ・し・キ・ケレ・ク・ク (形・一) 多 數、度、量、ニ嵩アリ。少カラズ。タクサンナリ。

おぼ・し・シキ・シケレ・シク・シク (形・二) 覺 思ハルベクアリ。オモハシ。

おほじか (名) 大鹿 鹿ニ似テ大ク、毛ニ斑ナク、牡ハ青黑色、牝ハ褐色ナリ、角ノ枝、末ニテ挾リ分レ、冬ニ至リテ落ツ。 麋

おほしほ (名) 大汐 潮ノ條ヲ見ヨ。

おほしぼ (名) 大皺 あばノ條ヲ見ヨ。

おほしま (名) 大島 大隅ノ大島(元ハ琉球)ヨリ產ズル砂糖ノ名。

おほしめし (名) 思召 オボシメスコト。

おぼしめ・す・ス・セ・サ・シ・セ (他動)(規・一) 思召 〔思シ食スノ義〕 思フノ敬語。

おほじやうや (名) 大庄屋 庄屋ノ條ヲ見ヨ。

〔おほ・す・ス・セ・サ・シ・セ (他動)(規・一) 生 (一)生ス。延バス。(二)育ツル。成長セサス。「朝夕ニ、ナデテ、オホシシ草ナレバ」「母モオハセヌ姫君ヲ、我ガ懷ニテ、オホシ奉リタレバ」 育

おほ・す・スル・スレ・セ・セ・セヨ (他動)(規・三) 果 果ス。遂グ。

終フ。「事ヲ一、爲ヲ一、讀ミ一」完

〔おほ・す・スル・スレ・セ・セ・セヨ（他動）（規、二）負〕（負ハス、ノ轉）脊ニ負ハシム。「子孫ドモニ、家ノ具足ドモ、負セテ」

〔おほ・す・スル・スレ・セ・セ・セヨ（他動）（規、二）課〕（負スノ意）貢出サムベキヲ負ハス、租庸調ヲ官ニ納レシム。

おほ・す・スル・スレ・セ・セ・セヨ（他動）（規、二）仰　言フ、言ヒ付ク、ノ敬語。命

おほ・す・ス・セ・サ・シ・セ（他動）（規、一）思〔おもほすノ約〕思フ、ノ敬語。

おほせ（名）仰　オホスルコト。イヒツケ。命

おほぜい（名）大勢　數多ノ人。多人數。大衆

おほぜき（名）大關　相撲ノ長、本名、最手、今、又、關、關取、ナドイフ。第二ナルヲ關脇トイフ、本名、最手脇ナリ。第三ナルヲ小結トイフ。其以下ナルヲバ、ズベテ、前頭トイフ。名、東西ニ分レテ、技ヲタタカハス。（相撲ノ條、併セ見ヨ）

おほそ（名）（一）宮女ノ語ニ、帶。（二）俗間、婦人ノ語ニ、臍。

おほぞら（名）太虛　空ヲ其大ナルニ就キテイフ語。

おほだいこ（名）太皷ノ條ヲ見ヨ。

おほたか（名）大高　大高檀紙ノ略。

おほたかだんし（名）大高檀紙　檀紙ノ條ヲ見ヨ。

おほぢ（名）大路　幅廣キ路。（小路ニ對ス）通街

おほぢ（名）〔大父ノ約〕祖父ニ同ジ。

おほぢがふぐり（名）かまきり蟲ノ巣、秋深キ時、樹ノ枝ニ作ル、初ハ、唾ヲ吐キカケタルガ如シ、後ニ堅ク凝リテ黒褐ナリ。（かまきりノ條、見合ハスベシ）桑螵蛸

おほつ（名）大津（元ハ黄土ヲ燒キタル丹土ヲ用ヰタルナドニ起レル名カ）壁ノ上塗ニ用ヰル料ノ物、漆喰ニ種種ノ色ヲ加ヘテ用ヰル、黄一、泥一、茶一、鼠一ナドアリ。

おほづ（副）大都　オホヨソ。タイガイ。

おほつかなし・キ・ケレ・ク・ク（形、二）無覺束〔朧シキ、甚シキ意カ、或ハ思付無シ、ノ轉トイフハ、イカガ〕（一）分明トセズ。オボオボシ。「ヲチコチノ、タヅキモ知ラヌ山中ニ、オボツカナクモ呼子鳥カナ」髣髴（二）ココロモトナシ。確ナリト思ヒ得ズ。「昨日モ、エタヅネ出デ奉ラザリシヨリ、オボツカナガラセ給フ」文讀ミタマヒ、オボツカナキ所所、説カセナドシテ」不安

おほつごもり（名）大晦　十二月ノ晦。一年ノ終ノ日。オホミソカ。オホトシ。除日

おほづつ（名）大筒　鐵砲ノ條ヲ見ヨ。

おほつづみ（名）大鼓　つづみノ條ヲ見ヨ。

〔おほつぼ（名）大壺　褻器。「夜中、曉、一マヰラセナドシ」虎子

おほつぼりう（名）大坪流　馬術ノ流儀ノ名、大坪道禪ニ始マル。（足利氏ノ末年）

おほづめ（名）大詰　おほぎりニ同ジ。大尾

おほつゑ（名）大津繪　粗ク走筆ニシタル一流ノ畫、近江ノ大津驛ニテ畫キテ賣ル。

おほて（名）大手　追手ノ條ヲ見ヨ。

おほで（名）大手　兩ノ手ヲ左右ヘ廣ク張ルコト。「一ヲヒロゲテ」

〔おほてて（名）祖父。「二郎君、三郎君、一カオハシタリケルヲ知ラデ」

おほどう（名）大鼓　つづみノ條ヲ見ヨ。

〔おほどか・ニ（副）隱　寛ニ靜ナル狀ニイフ語。オホヤウニ。「限リナク貴ニ、一坐スル」タダ一物シ給フヲゾ、ウシロヤスウ」

〔おほど・く・ク・ケ・カ・キ・ク（自動）（規、一）次條ノ語ニ同ジ。「姫ノミヤ同ジサマニ、ワカク、オホドキテオハシマス」

〔おほど・く・クル・クレ・ケ・ケ・ケヨ（自動）（規、二）〔大解クノ義カ〕取締ラズ。「オホドケタル聲」心ヲ、立ツル方モナク、オホドケタル人コソ」漫

おほどし（名）大歳　オホツゴモリ（俳諧師ノ語）

〔おほとなぶら（名）大殿油〔おほとのあぶらノ約〕油火ノ御燈ノ稱。「一近クマヰラセテ」一消エニケルヲ、點シツクル人モ無シ」一近クテ、文ドモナド見給フ」

おほとねり（名）大舍人　古ヘ中務省ニ屬セル官、初ハ、左右ニ分レテ、各、八百人、後ニ、合シテ四百人トナル、分番、宿直、差使、供奉、容儀等ノ事ヲ掌ル。

おほとの（名）大殿（一）禁中ノ寢殿。正寢。（二）大臣ノ尊稱。（三）關白ノ父ノ尊稱。（四）貴族ノ當主ノ父ノ尊稱。（五）又、貴族ノ當主ヲ世子ニ對シテ呼ブ尊稱。

〔おほとのあぶら（名）大殿油　おほとなぶらニ同ジ。

〔おほとのごもり（名）大殿隱　オホトノゴモルコト。

〔おほどのごもる・ル・レ・ラ・リ・レ (自動)(規・一) 大殿隱 寢ヌノ敬語。御寢ナル。(天皇ニ)

〔おほどのほがひ (名) 大殿祭 〔ほがひハ壽ノ延〕 共殿ニ災無カラム爲ノ祭ノ名、神今食、大嘗會等ノ前後ニアリ。

おほどほり (名) 大通 市中ノ廣キ路。オホヂ。通衢

〔おほどもひ (名) 辨 辨官ノ古稱。

おほどり (名) 大鳥 (一)鶴。(二)鳳凰。(三)鵠。(四)今、又、鳥ノ名、形、鶴ノ如クニテ大ク、頭頂ニ毛無ク、翼ヲ張レバ廣サ五六尺、頭ヲ擧クレバ、高サ七八尺アリ。鸑 (五)鵬。

〔おほどる・ル・ル・レ・レ・レロ (自動)(規・二) (一)亂レヒロゴル。「髮ノスソノ、俄ニオホドレタル」(二)オホドク。「オホドレタル聲シテ」

〔おほなおほな (副) おふなおふなニ同ジ。

〔おほなめ (名) 大嘗 だいじやうゑニ同ジ。

おほなめ (名) 大滑 馬具ノ名、はだつけニ同ジ。

〔おほにへ (名) 大嘗 〔大贄ノ義〕 (一)大嘗會ニ同ジ。

おほね (名) 大根 (一)蘿蔔。(二)事ノ元。根原

(二)苞苴。

〔おほねむし (名) 蝗 〔大稻蟲ノ約カト云〕 いなむしニ同ジ。

〔おほのかよ (副) おほどかよニ同ジ。「アサマシウ、一モ、言フモノカナ」

おほば (名) 〔大母ノ約〕 祖母、ニ同ジ。

おほばがらし (名) 大葉芥 からしなノ條ヲ見ヨ。

おほばこ (名) 車前草 〔大葉子ノ義〕 草ノ名、路旁ニ多シ、春ノ初、苗ヲ生ズ、葉ノ長サ、三四寸、橢圓ニシテ綠色ナリ、地ニツキテ叢生ス、中ニ莖ヲ出スコト七八寸、莖ノ頭ニ、穗ヲナシテ細花ヲ開ク、淡綠色ナリ、兒戲ニ、蛙ヲ殺シ、此草ノ葉ヲ覆ヒ、穗ニテ打テバ蘇ヘルトテ、蛙葉ノ名モアリ。オンバコ。

おほはしりう (名) 大橋流 和樣ノ書風、大橋長左衞門重政(石川丈山門人)其子隆慶ニ起ル。

おほばち (名) 大蜂 大黃蜂ニ同ジ。

おほばん (名) 大判 〔大版金ノ略〕 (一)古キ金貨ノ名、一枚ヲ小判ノ七兩二歩ニ當ツ。(二)紙ノ、常ノモノヨリハ、殊ニ寸法大ク漉キタルモノ。

おほばん (名) 大番 (一)鎌倉ノ頃、諸國ノ兵士ノ、交替シテ京都ヲ警衞セルモノ、初メ三年ナリキ、後ニ六箇月トナレリ。(二)大番組ノ略。

おほばん (名) 鳥ノ名、鷭ノ條ヲ見ヨ。

おほばんがしら (名) 大番頭 大番組一隊ノ將。

おほばんぐみ (名) 大番組 德川氏ノ制ニ、常備ノ兵士、交替シテ、江戶城、京ノ二條城、大阪城、ヲ守ルモノ。

おほばらひ (名) 大祓 古ヘ、六月、十二月、ノ晦ニ、親王以下百官、朱雀門ニ會シテ、卜部、祝詞ヲ讀ミ、祓ヲ行ヘルコト。(夏越ノ祓ノ條、見合ハスベシ)

おほひ (名) 被 被フコト。オホフモノ。カブセモノ。

〔おほひ (名) 苜蓿 草ノ名、うまごやしニ同ジ。

おほびき (名) 大引 家ノ床ノ下ニ、橫ニ亙ス木ノ名、床板ヲ支フ。

〔おほひどの (名) 大炊殿 飯炊ク所。

おほひら (名) おほひらわんノ略。

おほひらわん (名) 大平椀 椀ノ大ク扁キモノ。

〔おほひる (名) 大蒜 にんにくニ同ジ。

おほひれう (名) 大炊寮 〔大飯ノ約〕 古ヘ、宮內省被管ノ寮、御稻田ヨリ得タル米粟ヲ掌リ、精ケテ、禁中上下ノ食ニ供フ。

おほひろま (名) 大廣間 德川氏ノ時、江戶城中ノ席ノ名、多ク、國主、外樣大名、此ニ列ス。

おほ・ふ・フ・ヘ・ハ・ヒ・ヘ (他動)(規・一) 被覆 (一)上ニ掛ケテ遮ル。被ラス。カブセル。(二)包ミ隱ス。「罪ヲ一」「誤ヲ一」

‡おほふう (名) 大風 驕レル風。尊大

おほふく (名) 大服 元日ニ、茶湯ニ、梅干ヲ入レテ、飮ミテ祝フコト、常ニ大福ト書シテ祝ス。

〔おほべ (名) 大嘗 大嘗會ニ同ジ。

‡おほへい (名) 大柄 橫柄ノ條ヲ見ヨ。

〔おほほし・シキ・シケレ・シク・シク (形・二) おほおほし、ニ同ジ。

〔おほほす・ス・セ・サ・シ・セ (他動)(規・一) 思 おぼすおぼしめす、ニ同ジ。

おほボトケ (名) 大佛 木、銅ナドニテ造レル大ナル佛像。ダイブツ。

〔おほほる・ル・ル・レ・レ・レ・レロ (自動)(規・二) 溺 おぼるニ同ジ。「波ノ皺ニヤ、オボホレム」涙ニノミ、オボホレ給ヘリ」朝霧ニ、オボホレタル女房」

おほま (名) 大間 (一)廣キ座敷、(二)京間、(間ノ條ヲ見ヨ)
(おほまうちぎみ (名) 大臣ノ古稱。
おほまか (名) (細ニ對シテ大まかナドイヘル俗言カ大摩訶ナラムト說ハ鑿ナラム) おほやうニ同ジ。
おほまがとき (名) 大禍時 暮昏ノ薄暗キ時ノ稱。薄暮
おほまちぎみ (名) おほまうちぎみノ約。
(おほまつりごとの-おほまつぎみ (名) 太政大臣ノ古稱。
(おほまつりごとびと (名) (大政人ノ義) 參議。
おほまへ (名) 大前 神佛ノ前ノ敬稱 ヒロマヘ。
おほまんどころ (名) 大政所 攝關ノ母ノ尊稱。
おほみ (接頭) 大御 大ニ御ヲ添ヘテ、物事ヲ尊ビイフニ用キル語。「―神」「―世」「―歌」「―食」
(おほみあへ (名) 大饗 群臣ニ宴ヲ賜ハルコト。
(おほみこともちのつかさ (名) 大宰府ノ古稱。
おほみそか (名) 大晦日 おほつごもりニ同ジ。
(おほみたから (名) 大御寶 國民ヲ天皇ノ撫治シタマフニ就キテイフ稱、御民、公民、ノ意ナリ。オホンタカラ。百姓 黎庶 兆民
おほみち (名) 大道 (一)幅廣キ路。ダイダウ。(二)小道ニ對シテ、三十六町ノ一里ノ稱。(里ノ條見合ハスベシ)
おほみづ (名) 大水 霖雨ナドニテ、湖、川、ノ水ノ、多ク溢レテ陸地ヲ浸スコト。洪水

おほみねいり (名) 大峯入 修驗者ノ、大和ノ吉野郡ノ大峯、前鬼山、後鬼山等ニ分ケ入リテ、修行スルコト。熊野ヨリ入ルヲ、順トイヒ、吉野ヨリ入ルヲ、逆トイフ陰曆四月ニ入ルト云。
おほみのやり (名) 大身槍 素槍ノ刃ノ、長大ナルモノ。
おほみや (名) 大宮 (一)內裏 神宮等ノ稱。(二)皇太后ノ稱。
(おほみやづかさ (名) 大宮司 大宮司ノ條ヲ見ヨ。
(おほみやびと (名) 大宮人 禁中ニ仕フル人ノ總稱。
(おほみら (名) 薤 らつきようノ古名。
おほん (接頭) 大御ノ音便。「―寶」「―神」「―歌」
おほむかし (名) 大昔 甚ダ古キ昔。太古
おほむぎ (名) 大麥 むぎノ條ヲ見ヨ。
おほんぞ (名) 大御衣ノ音便、天子ノ御服。
(おほんたから (名) おほみたからノ音便。
おほむね (名) 大旨 大凡ノ趣意。
おほむね (副) 率概 (大旨ノ義) オホヨソ。大略。
(おほんべ (名) (大贄ノ音便) 大嘗會ニ同ジ。
おほむらじ (名) 大連 上代ノ職、大臣ト共ニ、後ノ左右大臣ノ如シ、多クハ連、及ビ、臣ノ、姓ノ家ヨリ任ゼラレキ。
おほめ (名) 大目 (四十八兩(百九十二匁)ヲ大一斤トスルニ比レル稱カ) (一)二百匁ヲ一斤トスル稱。(二)物事ノ監督ニ、寬恕アラシムルコト。「―ニ見ル」
(おほめかし-しキ-シク-シケレ-シカル-シカレ (形、二) 分明ナラズ。サダカナラズ。朦朧

(おほめかす-ス-セ-サ-シ-セ (他動) (規、一) 減のめかすニ同ジ。
(おぼめく-ク-ケ-カ-キ-ケ (自動) (規、一) 分明ナラズ。ホノメクハギトセズ「ツツムコトナク、―コトナシ」夫レニヤ、彼レニヤナド、オボメキ「ユカシカリ給フ」
おほめつけ (名) 大目附 德川氏ノ制ニ、監察ノ職ノ、專ラ諸大名ニ係ハル事ヲ掌ルモノ。
おほもと (名) 大本 第一ノ本。オホネ。
おほもん (名) 大門 屋敷、城、ナドノ第一ノ表門。(中門、潜門ナドニ對ス) 正門
おほや (名) 大屋 (一)母屋。(二)店子ヨリ家主ヲ稱スル語。(江戶)
おほやう (名) 大樣 (一)オホカタ。大抵。(二)心、動止ノ寬ニシテ、卑シキ風ナキコト。オホマカ。優雅
おほやけ (名) 公 (大宅ノ義) (一)朝廷。政府「―ノ固メトナリテ、天下ヲタスクル」「―ノ宮仕」(二)天子ノ稱。「―ノ御氣色、惡シカリケリ」(三)私ナラヌコト。世間ヘ表立チテノコト。「―、ワタシ、物騷ガシキ程、過シテ」公
(おほやけごと (名) 公事 常ニ音讀シテ、公事トイフ。禁中ノ政事節會ナドノ稱。「―多ク奏シ下ス」
おほやけざた (名) 公沙汰 表立チテ政府ノ取行ヒトナルコト。公判
(おほやけばら (名) 包ミ隱サヌ怒ノ事ナルベシ。「アサマシウ、―立チテ、ケンケクノ心モ、心憂ク、ケニテ、―タタレケル」
(おほやけびと (名) 官人。大宮人。「中將ノトドオハ、スク

スクシキ一ニ爲ナシテム」

おほやしま (名) 大八洲 大日本ノ異稱、卽チ、大倭豐秋津洲(中州)伊豫ノ二名ノ洲、(四國)淡路、筑紫、壹岐、對馬、隱岐、佐渡ノ八洲ノ合稱ナリ。

〔おほやすみどの (名) 天安殿 大極殿ニ同ジ。

おほ・ゆ・ユル・ユレ・エ・エ・エヨ (他動)(規・二) 覺 〔おもほゆノ約ナラム〕(一)思ハル。自ラ悟リ思フ。(二)心ニ忘レズ。識ス。記臆

おほゆび (名) 大指 オホオヨビ。手ノ指ノ、最モ太キモノ。オヤユビ。足ニモイフ。拇指 將指 巨指

〔おほゆみ (名) 弩 〔大弓ノ義〕弓ノ甚ダ大ナルモノ、數十人ニシテ發スルアリ。

おほよそ (副) 大凡 物事ノ多キヲ推シ量リテ、總ベテイフ語、オヨソ。タイテイ。タイガイ。

〔おほよそびと (名) 大凡人 ヨソヨソシキ人。世上ノオシナベテノ人。「トニカクニ、一ノ思ハム心サヘ、思ヒメグラサルルヲ」世人

おほよめ (名) 兄ノ妻。アニヨメ。妯娌 嫂

おほらうか (名) 大廊下 德川氏ノ江戸城中ニアリシ席ノ名、多クハ將軍ノ親族ノ大名、此ニ列ス。

おほらか・す・ス・セ・サ・シ・セ (他動)(規・一) 溺 おほらすニ同ジ。

〔おほらかに (副) 多ク。タクサンニ。「飯、酒、果物、ドモナド、一シテ食ヘ」血ノ一ツキタリケルヲ」一ニ食ラヒケルヲ」

おほら・す・ス・セ・サ・シ・セ (他動)(規・一) 溺 (一)溺レシム。水ニ沈ムル。(二)耽ラス。ハム。

おほ・る・ルル・ルレ・レ・レ・レヨ (自動)(規・二) 溺 (一)水ニ陷リテ浮ビ得ズ。水ニ沈ム。(二)耽ル。ハマル。「酒ニ一」色ニ一」愛ニ一」

おほれおに、(名) 溺死 水ニ陷リテ死ヌル一。

〔おほろかに (副) おほろげにニ同ジ。「丈夫ノ、行クトイフ道ゾ、凡可ニ、思ヒテ行クナ」

おほろげに (副) (一)不分明ニ。サダカナラズ。オホヨソニ。「月影ノ、一ヤハ我レ、人ヲ待ツ」スベテ、一テ思ヒタツベキコトニテモ侍ラザリシ」オホロゲナラヌ契 程、哀ニウレシク」(二)又、オボロゲナラズ、ヲ略シテイフ。「山林ニマジル者ハ世ノ中ヲ、一思ヒハナレテ、身ヲ憂キモノニ思ヒナシテ」オホロゲナラデハ、逢ヒアヒ、見給フ事モ難キヲ」

おほろづきよ (名) 朧月夜 オボロナル月夜。(春夜ナドノ)

おほろどうふ (名) 朧豆腐 常ノ豆腐ノ製ニシテ、タダ、布ニ盛ラズ、椀ニ盛リテ、凝ラシメタルモノ。

おほろに (副) 朧 分明トセズ。サダカナラズ。ホノカニ。「月、一差入リテ」 朦朧

おほわ (名) 大輪 車ノ具。(輪ノ條ヲ見ヨ) 輞

おほわらは (名) 大童 髮ノ結ビ、解ケテ、亂レ垂レタル一。亂髮。

おほわらひ (名) 大笑 (一)聲高ク笑フ一。(二)甚シキ物笑ヒトナル一。

〔おほゐ (名) 大藺 ふとゐニ同ジ。莞

おほをぢ (名) 〔大小父ノ義〕祖父ノ兄弟。從祖父 又、毋方ナルニモイフ。

おほをば (名) 〔大小毋ノ義〕祖父ノ姉妹。從祖毋 又、毋方ナルニモイフ。

〔おまし (名) 御座 主上ノ御座ス處。「日ノ一」一所」

〔おましま・す・ス・セ・サ・シ・セ (自動)(規・一) おはしますニ同ジ。「今上、位ニ卽カセオマシマシテ後」

おま・す・ス・セ・サ・シ・セ (自動)(規・一) 御座 有リ、又、居ルノ敬語。

おまなはじめ (名) 御學始 皇上ノ御學問始。

おまはり (名) 飯ノ菜。

おまへ (名) 御前 他ノ座前、或ハ、居所ノ敬稱。

おまへ (代) 御前 對稱ノ代名詞、元ハ敬フニ用ヰタリ。後ニハ、同輩ヨリ稍、下輩ナルニ通ジテ用ヰル。

おみ (名) 臣 〔大身ノ約、君ニ仕フル身ヲ敬シテイヘルナリト云〕(一)君ニ仕フル人。臣。臣下。ケライ。(二)姓ノ名、上代ニ、名族ニシテ、其族ヨリ大臣ノ職ニ選バレキ。後ニ、級定マリテ、第六等ノ姓トナル。

〔おみ (名) 使主 上古ノ姓ノ名。

おみ (接頭) 大御 おほみノ略。「一堂」一輿」一帶」

〔おみやうだ (名) 陰陽師ノ讀癖。

お・む・ムル・ムレ・メ・メ・メヨ (自動)(規・二) 怖 畏ル。所壓レテ臆ス。「オメズ、臆セズ」オメタル色無シ」 畏怖

おん (名) 恩 メグミ。イツクシミ。

おん (名) 音 (一)コヱ。「大一ニ喚ブ」(二)語學ニテ、人ノ聲ノ一氣ニ出ヅルモノ。「淸一」濁一」(三)漢字ノコヱ、卽チ、彼ノ國語ノおゑノママナルモノ。漢字音。字音。日本語ニ常テテ讀ムヲ、訓トイフニ對シテイフ。例ヘバ、

おん（接頭）御 天地日月ハ、一ニテ天地日月ハ訓ナルガ如シ、大御ノ轉ナルおほんノ約、泛ク物事ニ冠ラセテ敬稱スルニ用ヰル。

おん-あい（名）恩愛 メグミ。イツクシミ。

おん-がく（名）音樂 樂ノ條ヲ見ヨ。

おむがし（形二）喜バシ。慶 欣

おむがし-む（自動）（規一）おむがしト思フ。欣

おん-ぎ（名）恩義 恩ヲ受ケテ報ユベキ義アルコト。

おん-ぎ（名）音義 語ノ音ト義ト。

おん-ぎよく（名）音曲 琴、三味線ニ合ハセテ謠フ俗間ノうたひものノ稱。

おん-けい（名）恩惠 メグミ。

おん-こ（名）恩顧 メグミヲ蒙ルコト。

オンコ（名）〔蝦夷語〕樹ノ名、一名、オッコ。蝦夷人、弓ノ材トス、いちゐニ同ジ。

おん-ざうし（名）御曹司 堂上家ノ子息ノ部屋住ナル人ヲ敬ヒ呼ブ稱。

おん-し（名）御師 おしノ條ヲ見ヨ。

おん-じき（名）飲食 ノミモノトクヒモノト。「百味ノ一」

おん-しん（名）音信 オトヅレ。タヨリ。インシン。

おん-じん（名）恩人 恩アル人。

おん-しや（名）恩赦 恩ニテ罪ヲ赦サルルコト。

おん-しやう（名）恩賞 褒美ニ物ヲ惠ミ賜ハルコト。

おん-じやう（名）音聲 人ノ聲。「大一ニヨバハル」

おん-しやく（名）恩借 金錢ヲ借サレタルヲ恩アリトシテイフ語。

おん-しゆ（名）飲酒 酒飲ムコト、佛教、五戒ノ一ニ云。

オンス（名）㕠〔英語、Ounce.〕英國ノ秤目ノ名、常量ハ、我ガ七匁五分、四六七五。金量ニハ八匁二分、七九八八六。

おん-せい（名）音聲 人ノ聲。オンジヤウ。

おん-ぞ（名）御衣 天子ノ御服。神事ニ用ヰル服。

おん-たく（名）恩澤 メグミノウルホヒ。

おん-でん（名）隱田 カクシダ。

おん-ど（名）音頭 數人ニテ歌フトキ一人先ヅ聲ヲ發シテ調ヲ示スコト。コレヲ示スヲ一ヲ取ル、トイフ。號頭

おん-とく（名）恩德 メグミ。

おん-どく（名）音讀 漢字ヲ音ニテ讀ムコト。（訓讀トイフニ對スル語）音ノ條ヲ併セ見ヨ。

おんど-とり（名）音頭取 音頭ノ役ニ立ツ人。號頭

おむな（名）嫗ノ條ヲ見ヨ。

おん-ば（名）〔御婆ノ音便〕乳母。「一手傘」

おん-ばう（名）御坊 (一)俗ニ僧ヲ尊ビ呼ブ語。(二)轉ジテ、墓ヲ守ル者、或ハ火葬ニ屍ヲ燒ク賤シキ者ノ稱。（元ハ僧、自ラ行ヒシナリ）

おん-はかせ（名）音博士 古ヘ大學寮ノ博士ノ一、文選、爾雅等ニ因リテ支那字ノ漢音呉音等ヲ授クルヲ掌ル。

おん-ばこ（名）草ノ名、おほばこノ音便。

おん-びん（名）音便 語ヲ發スルトキ音ノ便好キニ隨ヒテ、其音ヲ變ヘテイフコト、思ヒ計リヲおもんばかるトイヒ、女ヲをうなトイヒ、赤クヲあかうトイフナド。

おん-み（代）御身 對稱ノ代名詞、稍敬フニ用ヰル。

おん-みつ（名）隱密 (一)隱シテ密ニスルコト。(二)次ヲ變ヘテ、密ニ敵ノ容子、罪人ノ蹤跡ナド探ル人、シノビ。カクシメツケ。探偵

おん-もの（名）珮〔佩物ノ音便〕又、オモノ。玉ヲ綴リ貫ケルモノ、禮服ノ時、乳ノ下ヨリ垂ル、天子ハ白玉ニテ、二旒ナリ。玉佩 臣下ハ、一旒ニテ、公卿ハ、玄玉ヲ用ヰル。

おん-やうけ（名）陰陽家 陰陽師。又、其道。

おん-やうし（名）陰陽師 オンミヤウジ。オミヤウジ。陰陽寮ノ官、占、筮、相地等ノ事ヲ掌ル。

おん-やうはかせ（名）陰陽博士 陰陽寮ニ屬セル官、其生徒ヲ敎フ。

おん-やうれう（名）陰陽寮 ウラノツカサ。古ヘ中務省ニ屬セル寮、天文ヲ觀、曆數ヲ考ヘ、日月星辰ノ變、風雲氣色ノ祥ヲ知リテ占候ス。

おむら（名）鰯ノ異名。（婦人ノ語、むらさきノ條ヲ見ヨ）

おむろ-がき（名）御室柹 柹ノ一種、京都ノ御室ノ地ニ多シ、大サ二寸許ニシテ、稍、竪ニ長シ、熟スレバ、皮黃ニシテ白粉アリ。黃柹

おむろ-やき（名）御室燒 京都ノ御室ノ地ニ造ル陶器ノ名。

おん-ゐ（名）恩威 恩惠ト威光ト。「一兼ネ行ハル」

おん-ゐん（名）音韻 漢字ノ音、又ハ、韻（韻ノ條、見

合ハスベシ）

おめいかう（名）御命講〔大御影供ノ訛〕御影供ニ同ジ。（一向宗ニイフ）

おめおめ（副）阿容〔怖メツツノ意カ〕恥ヲ知ラズ鄙怯ニ振舞フ意ニイフ語。ノメノメ。

おめぐり（名）御輪（一）供御ノ御菜。（二）俗間ニモ、飯ノ菜。（婦人ノ語）

おめしちりめん（名）御召縮緬〔公方御召ノ料ノ義〕縮緬ノ上等ノ製ナルモノノ稱。

おめにかかる・ル・レ・ラ・リ・レ（自動）（規・一）遇ヒ奉ル。

おめにかく・クル・クレ・ケ・ケ・ケヨ（他動）（規・二）見セ奉ル。

おめむし（名）〔怖蟲ノ義〕夏秋ノ交ニ、濕地ノ芥ノ下ナドニ生ズル蟲、形、楕ニシテ、大ナルハ四五分、背、凸クシテ、横ニ紋アリ、底、平ニシテ、足多シ、兩鬚、兩尾アリ、全身、灰白ニシテ赤ミアリ、席ヲ走ルトキ、席ヲ叩ケバ、怖ムルガ如ク止ル、因テ名アリ、或ハ、形ヲ以テ、わらぢむし、せきだむし等ノ名モアリ。鼠婦

++おめる（動）怖ムノ訛。

おも（名）母〔或ハ、梵語、阿摩ノ轉ナリトモイヒ、或ハ、阿母ノ字音ナリトモイヒ、或ハ、朝鮮ノ語ニモ然イフト モイフ〕母。「乳ー」湯ー」ー刀自」

おも（名）面（一）カホ。（二）オモテ。ツラ。面。「海ノー」

++おもいれ（副）思入 おもふさまニ同ジ。

おもおもし・シキ・シケレ・シク・シ（形・二）重重（一）モテナシ嚴ナリ。鄭重（二）沈着キテ威アリ。威嚴

おもがい（名）〔面繫ノ音便〕おしかけノ條ヲ見ヨ。

（おもがくし（名）面隱 恥ヂテ正面ニ向ヒカヌルコト。

おもかげ（名）俤〔面影ノ義〕（一）顏ノ狀。顏色。オモザシ。カホツキ。面容（二）轉ジテ、スガタ。カタチ。「ー近キ冬ノ夜ノ月」「ーハ身ヲモ離レズ」容貌

（おもがし・シキ・シケレ・シク・シ（形・二）おむがしニ同ジ。

おもかぢ（名）面舵（一）船ノ舳ヲ右ヘ向ケムトスル時ノ舵ノ取リヤウノ稱。父舵 又、左ヘ向ケムトスル時ナルヲ取舵トイフ。母舵（二）轉ジテ、右ノ舷ノ稱。右舷 左ノ舷ヲモ、亦、とりかぢトイフ。左舷

おもがはり（名）面變 齡ニテ面差ノ變ルコト。變和

おもざし（名）面差 おもかげニ同ジ。

おもし（名）重〔重石ノ約〕（一）物ヲ抑ヘ鎭ムル石。壓ニスル物。壓石（二）人ヲ制シ鎭ムル威力。「世ノートナリ給ヘベき」威壓

おもし・キ・ケレ・ク・シ（形・一）重（一）量多シ。壓強シ。輕カラズ。（二）肝要ナリ。貴シ。高シ。「事ー」位ー」身分ー」（三）甚シ。大ナリ。「病ー」罪ー」（四）浮キ立タズ。沈メリ。「氣分ー」悒鬱

おもしろし・キ・ケレ・ク・シ（形・一）面白〔日神、天岩屋戸ヲ出デタマヒシ時、天晴レ、衆面、皆、明白キヲ悅ビ、歌ヒシニ起ル〕喜バシ。心ニ樂シムベシ。可樂

おもだか（名）澤瀉〔面高ノ義、葉面ノ文、隆起ス〕池澤ニ生ズル草、葉ノ形、くわゐニ異ナラズシテ、但、瘦セテ小シ、夏、莖ヲ出シ、二三枝ヲ分チテ、三瓣ノ白花ヲ開ク、根、狹小ニシテ、食フニ堪ヘズ、植エテ花ヲ賞ス。一名、はなくわゐ。野茨菰 又、さじーアリ、其條ヲ見ヨ。澤瀉

おもたし・キ・ケレ・ク・シ（形・一）重 おもしニ同ジ。

おもだたし・シキ・シケレ・シク・シ（形・二）面立 面目好シ。身ニ榮アリ。（面伏ノ反）榮

おもだつ・ツ・テ・タ・チ・テ（自動）（規・一）重立 カシラダツ。主トナル。

++おもちや（名）もちやすびニ同ジ。（東京、小兒ノ語）

（おもづら（名）絡頭〔面連ノ義カ〕おもがいニ同ジ。

おもて（名）面〔面手ノ義〕（一）カホ。オモツラ。（二）オモテカタ。假面。

○ーモ振ラズ。傍視セズ。

おもて（名）表〔面ノ義〕（一）物事ノ外ニ現ナル處。ソトツラ。ソトガハ。（二）家ノ內ニテ、外容ナド請ズル處。（奧ニ對ス）「ー座敷」（三）オホヤケ。（私ニ對ス）「ームキ」ーダツ」公（四）トコロ。許。「大坂ー」長崎ー」

おもて（名）重手 鬪ニ深ク受ケタル創。深手。重創

（おもておこし（名）面起 面目ヲ施スコト。

（おもてがた（名）面形 假面。

おもてだつ・ツ・テ・タ・チ・テ（自動）（規・一）表立 事公ニ爲ル。

（おもてぶせ（名）面伏 おもぶせニ同ジ。

おもてもん（名）表門 家ノ前ナル門。正門

おもと（名）萬年青〔大木ノ義、ト云 サレド、琉球、石垣島ノ表岳ニ多シトイヘバおもと嶽ナドイヘルニ起レルナラムカ〕草ノ名、陰陽ノ地ノ石間ニ生ズ、葉ハ根ヨリ叢生シ、たらもろこしノ葉ニ似テ、小ク厚ク勁ク、

深緑ニシテ、四時凋マズ、夏、根ノ傍ニ、寸許ノ莖ヲ出シ、花房ヲ生ジ、入梅前ニ開ク、單瓣、黄白色ナリ、子、熟スレバ赤ク、纍纍トシテ集リツク、ゆすらうめノ如シ。此草、天保ノ末年ヨリ、盆玩トシテ行ハレ、其變生ノモノハ、葉、花、實ノ形、色等種類甚ダ多クナレリ。

おもと (名) 御許 人ヲ其坐所ニ就キテ呼ブ語。

おもと (代) 御許 對稱ノ代名詞、親ミテイフ。

〔おもとびと (名) 〔御許人ノ義〕 (一)貴人ノ側ニ仕フル人。侍者 侍女 (二)侍從。

〔おもな (形) 面無 おもなしニ同ジ。「—ノ狀」「—ノ人」

おもなが (名) 面長 顏ノ稍長キヿ。

〔おもなし (形．二) 面無 他ニ向フベキ面無シ。オモハユシ。ハツカシ。面目無シ。 靦然

〔おもなる (自動)(規．二) 面馴 見馴ル。

おもに (名) 重荷 量ノ重キ荷、擔フニ任ヘ難キモノ。「人戀フル事ヲ—ト、擔ヒモテ」 重擔 重任

おもに (副) 重 此方ガ重ク、一方ニ偏リテ、專ラ。

おもねる (自動)(規．一) 阿 佞 〔面練ル、ノ義ニテ、令色ノ意カト云〕 他ノ意ニ靡キテ媚ブ。ヘツラフ。追從ス。

〔おもの (名) 御物 御食物、供御。 御膳

〔おもの (名) 珮 おんものノ條ヲ見ヨ。

おものし (名) 御物師 禁中御用ノ縫物師。

おもはく (名) 〔思フノ延〕 オモフ所。カンガヘ。 思慮

おもはし (形．二) 思 (一)思フベクアリ。所思 (二)好シト思ハル。

おもはゆし (形．二) 〔面映シノ義ニテ、赤面ノ意カ〕 面伏ナリ。恥ハシ。 靦然

おもひ (名) 思 (一)オモフヿ。カンガヘ。「—ヲ述ブ」 (二)〔喪ノ中。〕「—ニ侍リケル年ノ秋」親ノ—ニテ山寺ニ侍リケルヲ」 (三)オシハカリ。スヰリヤウ。「—ノ外」 思量

おもひあかす (他動)(規．一) 思明 ヒタスラ思ヒテ日ヲ過ス。

おもひあたる (他動)(規．一) 思當 思ヒテ得。思ヒ寄ル。考ヘツク。 思得

おもひあはす (他動)(規．二) 思合 彼ト此トヲ比ベテ思ヒツク。

おもひあまる (自動)(規．一) 思餘 物ヲ思ヒテ盡キズ。

おもひいづ (他動)(規．二) 思出 豫テアリシ事ヲ復タ思フ。 想起

おもひいる (自動)(規．一) 思入 物ヲ深ク思フ。オモヒコム。 沈思

おもひおく (他動)(規．一) 思置 おもひのこすニ同ジ。

おもひおもひに (副) 思思 各思フ所、異ニテ。

おもひがけなし (形．一) 無思掛 豫テ思ヒ居ラズ、オモヒマウケズ、不慮ナリ。 意外

おもひかへす (他動)(規．一) 思返 改メテ思フ。 回思

おもひきり (名) 思切 オモヒキルヿ。

おもひきる (他動)(規．一) 思切 (一)止メテ思ハズ。 斷念 (二)確ク志ス。 決心

〔おもひぐさ (名) 思草 思ヒノ種ヲ草ニ寄セテイフ語。

〔おもひぐまなし (形．一) 無思隈 思遣リ遍ク至ラズ。心ニカケヌ容子ナリ。「—ウタテ、思ヒグマナキ御事カナ」

おもひご (名) 思子 愛デ思フ子。「父母ノ—ニテ片時モ見エ給ハネバ、思シサワギ」 愛子

おもひこむ (自動)(規．一) 思込 おもひいるニ同ジ。

〔おもひしづむ (自動)(規．二) 思沈 深ク思ヒ入ル。 沈思

おもひしる (他動)(規．一) 思知 思ヒ出シテ覺ル。

〔おもひすぐす (他動)(規．二) 思過 おもひすごすニ同ジ。

おもひすごし (名) 思過 オモヒスゴスヿ。 過慮

おもひすごす (他動)(規．二) 思過 アラヌ事マデ思フ。 過慮

おもひすます (他動)(規．二) 思澄 靜ニ思フ。 靜思

おもひたつ (自動)(規．一) 思立 更ニ新ニ思フ。 發意

おもひつき (名) 思付 思ヒツクヿ。考ヘ。工夫。 思巧

おもひつく (他動)(規．一) 思付 (一)考ヘ起ス 想起 (二)思ヒテ中ル。思ヒ寄ル。 想得

おもひ-つ-む・ムル・ムレ・メ・メ・メロ (他動)(規・二) 思詰 思ヒテ極ニ至ル。決心ス。

おもひ-で (名) 思出 (一)前ノ事ヲ思ヒ出シテ、自ラ慰ムルヿ。「戀シキ時ノ｜ニセム」アラサラム此世ノ外ノ｜ニ」(二)轉ジテ、心ノユクヿ。思ヒノトトクヿ。(後ノ心ヲ豫メイフナリ) 遣心

おもひなし (名) 思做 オモヒナスヿ。ソノ如シト思フヿ。

おもひ-な-す・ス・セ・サ・シ・セ (他動)(規・一) 思做 思ヒ量リテ其レナリト定ム。

〔おもひ-ね (名) 思寐 人ヲ思ヒツ寐ルヿ。「｜ノ夢」

〔おもひ-の-いろ (名) 思色 〔ひヲ火ニカケテイヘルナリト〕紅ノ色。

おもひ-の-お-す・ス・セ・サ・シ・セ (他動)(規・一) 思殘 思ヒテ十分ニ盡サズ。オモヒオク。

〔おもひ-の-たま (名) 〔念珠ノ文字讀〕數珠ニ同シ。

おもひ-の-ほか-に (副) 思外 見込ニ外レテ。意外

おもひ-の-まま-に (副) 思儘 心ニ思フ如クニ。

おもひ-ば (名) 思羽 鶩鸞ノつるぎばニ同ジ。又、孔雀、鴨、雉子、ナドニモイフト云。

おもひ-まう-く・クル・クレ・ケ・ケ・ケロ (他動)(規・二) 思設 豫テ思ヒテアリ。豫期

おもひ-まは-す・ス・セ・サ・シ・セ (他動)(規・一) 思廻 おもひめぐらすニ同ジ。

おもひ-みだ-る・ルル・ルレ・レ・レ・レロ (自動)(規・二) 思亂 種種ニ物ヲ思ヒ煩ム。

おもひ-みる・ミル・ミレ・ミ・ミ・ミロ (他動)(規・四) 思試 思ヒ試ルニ。

おもひ-めぐら-す・ス・セ・サ・シ・セ (他動)(規・一) 思廻 種種ニ思フ。オモヒマハス。尋思 回顧

おもひ-もの (名) 〔思者ノ義〕愛妾。

おもひ-やり (名) 思遣 オモヒヤルヿ。他ノ事ヲ推量リテ思フヿ。「尼君、｜深キ人ニテ」想察

〔おもひ-や-る・ル・レ・ラ・リ・レ (自動)(規・一) 思遣 思ヒヲハラス。「旅ニシアレバ、｜、タツキヲ知ラニ」眺ムレバ、｜ベキ、方ゾナキ」遣悶

おもひ-や-る・ル・レ・ラ・リ・レ (他動)(規・一) 思遣 他ノ事ヲ、サゾアラムト推量リテ思フ。「君ヲノミ、思ヒヤリツツ」想察 恕

おもひ-よら-ず (副) 不思寄 豫テ思ハヌニ。不意ニ。

おもひ-よ-る・ル・レ・ラ・リ・レ (他動)(規・一) 思寄 オモヒアタル。オモヒツク。

おも-ふ・フ・ヘ・ハ・ヒ・ヘ (他動)(規・一) 思 想 懷 (一)物事ノ理ヲ分ケムトテ、心、働ク。考フ。察ス。(二)イツクシム。愛ス。慕フ。「思ヒ子」親ヲ｜」愛慕

〔おもぶ-く・クル・クレ・ケ・ケ・ケヨ (他動)(規・二) 趣クル。オモムカス。「敎化クル」敎 賜ヒ」

おも-ぶくら (名) 面脹 顏ノ圓ク肥エタルヿ。豐臉

おも-ふさま (副) 思樣 心ニ思ヘル限リヲ盡シテ。存分ニ。オモイレ。

おも-ぶせ (名) 面伏 オモテブセ。面無クテ俯クヿ。恥カハシク思フヿ。面目無キ｜。慚愧

おも-ふ-に (接) 顧 意 謂 〔思フニ、ノ義〕思ヒメグラシテ試ルニ。

おもへ-らく (副) 以爲 意 謂 〔思ヘル、ノ延〕思ヘルニハ。

〔おもへり (名) 顏 〔思ヘリ、ノ義カ、或ハ、おもハ、面ノ義カ〕顏色。

〔おもほ-す・ス・セ・サ・シ・セ (他動)(規・一) 思 思フ、ノ敬語。オボス。オボシメス。

〔おもほでり (名) 面ニ慍ル色ノ顯ハルルヿ。慍氣

おもほ-ゆ・ユル・ユレ・エ・エ・エヨ (自動)(規・二) 所思 〔思ハ被、ノ轉、被ノ條ヲ見ヨ〕思ハル。自ラ心ニ思ヒ得。

おもむき (名) 趣 (一)オモムクヿ。(二)ココロワケ。趣意。「書中ノ｜」詞ノ｜」意趣 (三)其物事ニ有テル好キ狀。アヂハヒ。雅致

おもむ-く・ク・ケ・カ・キ・ケ (自動)(規・一) 趣 赴 〔面向ク、ノ義、背向クノ反〕(一)其方ニ向ク。(二)向ヒテ行ク。

おもん-ず・ズル・ズレ・ゼ・ジ・ゼヨ、(他動)(不規・二) 重 〔重ミス、ノ音便〕重キモノト見ル。貴ブ。價アリトス。

おもん-ぱかり (名) 慮 オモンバカルヿ。

おもん-ぱか-る・ル・レ・ラ・リ・レ (他動)(規・一) 慮 〔思ヒ計ル、ノ音便〕ツラツラ考フ。思ヒメグラス。

おもん-みる・ミル・ミレ・ミ・ミ・ミロ (他動)(規・四) 惟 以 〔思ヒ試ル、ノ音便〕ツラツラ思フ。思ヒメグラシテ試ル。

おもむろ-に (副) 徐 舒 シヅカニ。ユルヤカニ。ソロソロト。

おももち (名) 〔面持ノ意〕オモカゲ。カホツキ。顏色

おも-や (名) 母屋 (一)家ノ中央ナル棟梁ノ下ノ處ヤ。(庇 廊下ナドニ對ス)(二)專ラ、住居ニ用ヰル家。(物置、長屋ナドニ對ス)

おもやく (名) 重役 重キ役儀ヲ勤ムル人。老臣

おもゆ (名) 重湯 粥ノ甚ダ淡キモノ。飯ノ煮汁。（病人ノ食ナド）稀粥

おもらかに (副) 重キ狀ニテ。

おもり (名) 錘 〔重リ、ノ義〕(一)秤ノ一方ニ掛ケテ、物ノ重サト懸ケ合ハスル具、銅鐵ニテ作ル。（秤ノ條、見合スベシ）(二)釣絲ニ付クル小キ鉛ノ塊、鉤ヲ沈マスル用トス。

〔おもりかに (副) (一)重ル狀ニテ。（器ナドニ）(二)重重シク輕率ナラズニ。「オモリカナル御心オキテ」

おもる・ル・レ・ラ・リ・レ (自動)(規・一) 重 (一)重クナル。(二)烈シクナル。（病ナド）

〔おもわ (名) 面輪 面トイフニ同ジ。「望月ノ滿有ーニ」

おもわすれ (名) 面忘 他ノ容貌ヲ見忘ルルコト。

おや (名) 親 〔老ノ轉カ〕(一)我ヲ生ミタル人。男ナルヲ父トシ、女ナルヲ母トス。(二)子アル人。(三)トホツオヤ。先祖。「遠ツー」「初ノー」「物ノー」祖 (四)長。カシラ。頭目 (五)物ノ殖エ生ズル元。「芋ノー」(六)スベテ、小キモノニ對ヘテ、大ナルモノノ稱。「ー骨」「ー椀」

おやいも (名) 親芋 芋ノ根ノ塊。芋魁

おやかた (名) 親方 (一)恩義アル人ニテ親ト仰グモノ。(二)兄。（備前、奥州）(三)琉球ノ官名、按司ノ次、里之子ノ上ナリ。

おやご (名) 親御 人ノ父ヲ敬ヒ呼ブ語。尊大人

おやごゝろ (名) 親心 (一)子ヲ思フ親ノ心。(二)親ニ成リカハリテ思フコト。

おやざと (名) 親里 奉公人ナドノ、己ガ親ノ家ヲ指シテイフ語。親許。

〔おやじ (形) 同 おなじニ同ジ。「妹モ吾モ心ハー」

おやしらず (名) 親不知 俗ニ、おそば、やへばノ稱。

‡おやだま (名) 親玉 長。カシラ。巨魁

おやぢ (名) 親仁 〔親父ノ轉〕(一)父。(二)老人ノ稱。翁 爺

おやなし (名) 親ヲ喪ヘル子。「ート聞キ侮リテ」孤

おやぶね (名) 親船 大海ヲ渡ル大ナル和船ノ稱。

おやぶん (名) 親分 假ノ父。親ト頼ム人。假父

おやぼね (名) 親骨 扇ノ兩端ニアル殊ニ太キ竹。扇太骨

おやもと (名) 親元 おやざとニ同ジ。

おやゆづり (名) 親讓 父ヨリ讓リ受ケタルコト。「ーノ身代」「ーノ藝」箕裘

おやゆび (名) 親指 おほゆびニ同ジ。

おやわん (名) 親椀 飯椀ノ大ナルモノ。

おゆ・ユル・ユレ・イ・イ・イヨ (自動)(規・三) 老 齡積ル。年寄ル。年取ル。

おゆどの (名) 御湯殿 (一)禁中ニ、御茶ノ湯ナド、常ニシカケテアル所ト云。(二)浴場ノ敬語。

〔おゆらく (動) 老ユル、ノ延。「君ガ日ニケニ、ー惜シモ」

およぎ (名) 泳 泳グコト。

およ・ぐ・グ・ゲ・ガ・ギ・ゲ (自動)(規・一) 泳 游 水ノ上ニ浮ビ行ク。（動物ニイフ）

〔およす・く・クル・クレ・ケ・ケ・ケロ (自動)(規・二) 生立ニマサリテ智慧ツク。マセル。（兒童ニ）夙慧

およそ (副) 凡 〔おほよその約〕(一)オホカタ。タイガイ。(二)文ノ首ニ用ヰテ、すべて、おしなべてナドノ意。「ー生トシ生ケルモノ」

〔およづれ (名) 妖言。妖僞。「ーカ、ワガキヽツル」「ーノタハコトカモ」

〔およな (名) 老女 おうなニ同ジ。

〔およひ (名) 指 指ニ同ジ。「人指ー」「中ノー」

およひ (名) 及 オヨブコト。力ノトドクコト。「ー無シ」

およひ (接) 及 ナラビニ。「万葉集ヲハジメテ、拾遺ー金葉集ニイタルマデ」

およびごし (名) 及腰 立チナガラ、體ヲ屈メテ、手ヲ遠キ物ニ及ボサムトスル貌。

およ・ぶ・ブ・ベ・バ・ビ・ベ (自動)(規・一) 及 (一)トドク。ツク。到ル。「天ニー」「時ニー」(二)若ク。肩ヲ比ブ。「筆、ーベクモアラズ」(三)遍クトドク。ユキワタル。「政令、國中ニー」普及 (四)終ニソレト爲ル。「職ニー」「落城ニー」到

およぼ・す・ス・セ・サ・シ・セ (他動)(規・一) 及 及ブヤウニナス。トドカス。到ラス。

およんな・る・ル・レ・ラ・リ・レ (自動)(規・一) 〔御夜ニナル、ノ音便、御晝ニナル、ニ對ス〕寢ヌノ敬語。オヨル。

およ・る・ル・レ・ラ・リ・レ (自動)(規・一) 〔御夜ヲハタラカス〕寢ヌ、ノ敬語。御寢ナル。「月ヲモ御覽セデ、ーナレど」

〔おら・ぶ・ブ・ベ・バ・ビ・ベ (自動)(規・一) 叫 さけぶニ同ジ。

オランダ・あひる (名) 阿蘭陀鵞 形、あひるヨリ大キ

シテ、短キ冠毛アリ、身、蒼黒ニシテ白キ斑アリ、尾モおひろヨリ長シ、聲無シ、卵ノ味、美ナリ。バリケン。

オランダ-さう (名) 阿蘭陀草 はまねぐさノ異名。

オランダ-なでしこ (名) 阿蘭陀撫子 なでしこニ似テ、株、莖、大ク、葉、勁ク、花モ大ナルモノ、種類多シ。

オランダ-ひゆ (名) 阿蘭陀莧 破故紙ニ同ジ。

おり (名) 織 織ルコト。織ル方法。

おり (名) 水物ノ底ニ降リテ澱ミタル滓。澱 淀

おり-いろ (名) 織色 絲ヲ染メテ、後ニ織レル織物ノ名、縞物モアレド、多クハ無地物ナリ、海氣、めくらじまナド是レナリ。

おり-た-つ ・ツ・テ・タ・チ・テ (自動)(規・一) 下立 (一)下リテ立ツ。「ココロミニ、猶下リ立タム、涙川」(二)〔親シク其事ヲ行フ。「右大將、オリタチテマツリゴト、シタマフ」人ニモ淺サジト思ヒタマヘレバ、オリタチテ」

〔おり-ひめ (名) 織女 〔織女ノ字ヲ文字讀ニシタル語〕たなばたニ同ジ。

おり-べ-づかさ (名) 織部司 古ヘ大藏省ニ屬セル司。綾羅、錦繡、染物、織物ノ事ヲ掌ル。

おり-もの (名) 織物 (一)木綿、絹、麻、等スベテ絲ヲ機ニカケテ織リ成セル物ノ稱。布帛 (二)絹布ニ、多ク文アルモノノ稱。綾

おり-や (名) 織屋 機織ヲ業トスル家。ハタヤ。織匠

††おりる (動) 降ル、ノ訛。

〔おりゐのみかど (名) 位ヲ降リ居タマヘル帝。太上皇。

おり-ゐる ・ヰル・ヰレ・ヰ・ヰ・ヰヨ (自動)(規・四) 下居 (一)下リテ居ル。「關山ニ、皆、下リヰテ、ココカシコノ下ニ、車ドモカキオロシ」「川ノ邊ニオリヰテ」(二)位ヲ遜ル。「斯クテ、帝、オリヰサセ給ヒテ二年トイフニ」帝、オリヰサセ給ハムノ御心ヅカヒ近ウナリテ」

おる ・ル・レ・ラ・リ・レ (他動)(規・一) 織 機ニテ、絲ヲ經緯ニ組ミツラヌ。絲ヲ編ミテ布帛、席、ナド造ル。

おる ・ル・ル・ルレ・リ・リ・リヨ (自動)(規・三) 降下 (一)高キヨリ低キニ移ル。下ヘ行ク。クダル。サガル。(二)降ル。凝リテ形ヲ成ス。(霧、露、霜、ナドニ)

オルゴル (名) 〔蘭語、Orgel 機關ノ義〕(一)西洋ノ樂器、大小種種ノ管ヲ立テ、下ニ匣アリ、中ニ鞴アリテ、風ヲ送リテ鳴ラス。風簫 (二)又、一種、匣ノ中ニ刺アル鐵軸アリテ、旁ニ、鐵櫛アリ、ぜんまいおかけニテ、軸、自ラ回リ、櫛ノ歯ヲ刺ニテ彈キテ鳴ラス。自鳴琴

おれ (代) 〔己ノ約カ〕(一)††自稱ノ代名詞、我ニ同ジ、今、多クハ下輩ニ對シテ用ヰル。(二)〔又、對稱ニモ用ヰテ、賤シメテイフ。「一バカリノオホヤケ人ヲ、我ガ打チタラムニ、何事ノアルベキゾ」

〔おろ-おろ (副) 物事ノ足ヒ及カヌガ如キ意ニイフ語。「前ノ翁ヨリハ、天骨手ク、一奏デタリケレバ」息ノ下ニ、一言ハレケル」髮モハケテ、白キトテモ、一アル頭ニ」

おろ-おろ (副) 泣キテ言フ聲ノウルム狀ニイフ語。「一泣ク」「一涙」

〔おろか-おひ (名) 稚 〔稚ノ字ニ因レル訓カト云〕ひつちニ同ジ。

おろか-に (副) おろそかにニ同ジ。「御門ノ御使ヲバ、イカデカ一セム」畏キ仰言ヲ、アケクレ、オロカナラズ思ヒ」

おろか-に (副) 愚 〔梵語、阿羅伽ノ轉トイフハ、鑿ナラム、足ラハヌ意ノおろおろト通ズル語ナルベシ〕智乏シク。理解ノ心缺ケテ。

おろし (名) 卸 (一)オロスコト。(二)ダイコオロシ。ワサビオロシ。(三)オロシウリ。

おろし (名) 颪 〔吹キ降シノ義、字ハ下風ノ合字〕山ヨリ吹キ下ス風。「比叡一」伊吹一」

おろし-うり (名) 卸賣 問屋ヨリ、貨物ヲ、諸賣人ニ賣ルコト。オロシ。(小賣ニ對ス)

おろし-なみ (名) 卸並 賣直ノ卸賣ト齊シキコト。

おろ-す ・ス・セ・サ・シ・セ (他動)(規・一) 卸 (一)低キニ移ス。下ヘ遣ル。「馬荷ヲ一」帆ヲ一」(二)垂レ下ゲ。「幕ヲ一」垂下 (三)投ゲ入レテ沈ム。「碇ヲ一」投 (四)貶ス。下グ。クダス。「位ヲ一」貶 (五)言ヒ劣ス。誹ル。「アサマシウ、咎メ出ツ一」(六)吹キ降ス。「御室山、一嵐ノサビシキニ」(七)新シキ品ヲ用ヰ初ム。「筆ヲ一」履物ヲ一」新試 (八)切リ裁ツ。「青柳ノ枝、切リオロシ」猪ヲ生ケナガラ、オロシケルヲ」截 (九)剃リ去ツ。「御髮ヲ一」剃去 (十)擦子ニテ擦リクヅス。「大根ヲ一」擦 (十一)鑢ニテ磨リヘラス。「鐵ヲ一」硯 (十二)藥研ニテ研リテ粉ニス。研 (十三)胎兒ノ產ヲ強ヒテ促ス。墮胎 (十四)卸賣ヲナス。

○頭ヲ一。飾ヲ一。髮ヲ剃リテ僧トナル。落飾ス。

おろそか-に (副) 疎粗 カロガロシク。ユルガセニ。粗略ニ。

かが

か　五十音圖、加行第一ノ假名。此ノ一行ノ假名、か、き、く、け、こノ五音ハ、皆、熟音ニシテ、其發聲ハ、喉ヨリ奥齒ニ觸ルルガ如クシテ出デ、あ、い、う、え、おノ韻ト相熟シテ成ル。かハう、又ハ、ふ(うノ如ク呼ブモノ)ニ連ナルトキハ、こノ如ク呼ブヿアリ、かうべ(首)かふ(甲)ノ如シ。

が　ぎ、ぐ、げ、ごト共ニ、五十音圖、加行ノ濁音ノ假名。此五音ハ、同行ノ清音ナルか、き、く、け、こノ音ヲ、重ク呼ブガ如クシテ出ヅ、而シテ、本濁ト連濁トノ別アリ。(篇首ノ語法指南ノ濁音ノ條ヲ見ヨ)がハ、下ニ、う、又ハ、ふ(うニ呼ブモノ)ヲ受クルトキハ、ごノ如ク呼ブヿアリ、がうな(寄居蟲)がふ(合)ノ如シ。

か　(名)　香氣　鼻ニ嗅ギテ知ル物ノ氣、馨バシキニモ、臭キニモイフ。カヲリ。ニホヒ。

か　(名)　蚊　(鳴ク聲ヲ名トセルカ)　ぼうふりむしノ羽化セルモノ、身細ソク、脚甚ダ細ソク長クシテ、色、灰白ナルアリ、條ナルアリ、雄ニハ毛冠アリ、雌ハ冠無クシテ、稍肥ユ、夏月羽化シ、晝ハ伏シ、暮ヨリ出デテ、群リ飛ビ、翅ニテ鳴ク、喙、利クシテ、人獸等ノ血ヲ吸フ。

〔か　(名)　鹿　鹿ノ本名。(しかノ條ヲ見ヨ)「一鳴カム山ゾ」一ヲ指シテ、馬トイフ人、アリケレバ」

か　(名)　加　(一)算術ノ語、ヨセザン。(二)クハルヿ。益スヿ。「若干ノートナル」

か　(名)　可　好シトユルスヿ。ヨロシキヿ。「一ナリ」一トス」

〔か　(代)　彼　かれニ同ジ。「一ハ誰時」

か　(辭)　歟乎　第二類ノ天爾波、指シテ疑フ意ノモノ。「ソレ一アル」誰一見ルベキ」何ヲ一取ル」何處ヘ一行カム」又、言語ノ末ニ居テ、言ヒ切リテ、問ヒ掛クル意ヲナス。「我一人一」アル一」無キ一」行ク一」落ツル一」

〔か　(感)　哉ニ同ジ。(其條ヲ見ヨ)「玉ニモヌケル春ノ柳一」長閑ニモアル一」

か　(接尾)　日　(赫ク意カ)　一日一晝夜ヲ數フルニイフ語。「十一」廿一」三十一」百一」幾一」二一ノ日」

か　(接尾)　處　(家ノ音ト思フハ、非ナリ)　トコロ。場所。「在一」住一」隱一」山一」

か　(接尾)　荷　天平棒ニテ肩グル物ヲ數フル語。「水三一」兩掛一一」

か　(接尾)　箇個　物事ヲ數フルニ用ヰル語。「一一月」三一年」何一條」數一國」

か　(發語)　發語、意無シ。「一細シ」一弱シ」一黑シ」一易シ」一寄ル」一青」

が　(名)　賀　(一)祝フヿ。コトブクヿ。「新年ノ一」(二)齡ノ老ニトドキタル時ニスル祝事、四十歳ヲ老ノ初トシ、五十、六十、七十、八十歳等ニ行フ。今ハ六十一、(本卦回トイフ)七十七、(喜壽ナドイフ)八十八、(米壽ナドイフ)ナドヲモ祝フ。

が　(名)　鵝　がてうノ條ヲ見ヨ。

が　(名)　我意ノ略。「一ヲ折ル」

が　(名)　雅　(一)正シク善キヿ。ミヤビナルヿ。(二)厭ハシヤ飾ナド無ク、瀟洒トシテ、愛スベキ趣ヲ含ムヿ。風雅。

が　(辭)　第一類ノ天爾波、動作ヲ起ス名詞ヲ、特ニ擧ゲテ示スモノ。「斯ク誰一言フ」我ヲバ君一思ヒ隔ツル」見ル一樂シキ」無キ一多シ」

が　(辭)　之　第一類ノ天爾波、名詞ト名詞ノ關係ヲ示スモノ、其意種種ナリ。(一)所有ノ意ヲ示スモノ。「梅一枝」天一下」(二)由ル係ル所ヲ示スモノ。「君一世」我一物」(三)よ、あるノ意ヲ示スモノ。「蝦夷一千島」(四)と、いふノ意ヲ示スモノ。「佐渡一島」文字一關」

が　(辭)　第三類ノ天爾波、思フニ違ヒテ意ノ返ヘル意ヲイフモノ。「行キシ一、逢ハズ」春トハナリシル一、マダ寒シ」

〔が　(感)　希フ意ノ感動詞、かなニ同ジ。「老イズ死ナズノ藥モ一」アナ戀シ、今モ見テシ一」

かい　(名)　櫂　(搔キノ音便カトモイヘド、擢ノ音便ナラム)　船ノ具、艪ニ似テ、小ク直ニシテ、舷ニ掛ケ、水ヲ搔キテ、舟ヲ行ルモノ。

かい　(名)　階　(一)キザハシ。(二)等。キダ。グフヰ。段。「位一ヲ進ム」(三)家ノ層ヲ數フルニイフ語。「二一家三一」

かい　(名)　戒　佛教ニ、人ヲ戒メテ、惡ヲ防ギ、非ヲ止ムル制。二一、三一、五一、八一、十一等ノ名目アリ。「一ヲタモツ」一ヲ授ク」

かい (名) 蓋 蓋ノ状ヲ成スモノヲ稱スル語。「三ー松」笠ーー」
かい (名) 解 文字文章ノ解シ難キモノヲ解キテ示スヿ。
かい (名) 楷 楷書ノ條ヲ見ヨ。
かい (名) 海 ウミ。ナダ。「ー二浮ビテ」
‡かい (名) 粥、ノ訛。
かい (動) 掻 掻クノ熟語法ナル「掻キ」ノ音便。「ーツクロフ」「ー込ム」「ー出ス」又、意味ナク用ヰルモノ多シ。「ー挾ム」「ー敷ク」「ー捨ツ」「ー列ヌ」「ー探ル」
がい (名) 害 ソコナヒ。サマタゲ。ササハリ。(利ノ反)「ートナル」「ーヲナス」
がい (名) 我意 我ガ意ノママニ事ヲ遂ゲムトスルヿ。ワガママ。「ー二任ス」「ーヲ振舞フ」剛愎
かい-うん (名) 開運 運ヲ開クヿ。運命ノ好クナルヿ。(神佛ノ通力ナドニテ)
かい-えき (名) 改易 (族籍ヲ改メ易フル義) 徳川氏ノ制ニ、士分ノ罰刑ノ名、蟄居ヨリ重ク、切腹ヨリ輕シ、族籍ヲ除キ、家祿等ヲ召上グ。
がい-か (名) 凱歌 凱陣ヲ祝フ歌。カチドキ。
かい-かう (名) 開港 ミナトヲヒラクヿ。外國ノ船ヲ港ニ出入セシメテ、交易ヲ行フヿ。
かい-かく (名) 改革 改メ革フルヿ。「政事ノー」
かい-かけ (名) 皆掛 貨物ヲ、風袋ト共ニ、秤ニ掛クルヿ。土目。
〔かい-がね (名) 胛 (掻金ノ音便カ) 背ニテ、肩ノ下ノ兩旁ニ骨ノ高クナレル處。訛シテ、カイガラボネ。カリガネボネ。
〔かい-ふ (名) 開闔 和歌所、藏人所、政所等ニアル職名。次官ノ如シ。
かい-がん (名) 海岸 ウミノキシ。海邊。
かいがらぼね (名) かいがねノ訛。
かい-き (名) 開基 モトヰヲヒラクヿ。始メテ寺ヲ建ツルヿ。又、其人。開山。
かい-き (名) 皆既 日蝕ノ條ヲ見ヨ。
かい-き (名) 改機 (甲斐絹ノ略トイフハイカガ、又、或ハ、蕃語ナラムカトモイフ) 絹布ノ名、元ハ舶來ス、今ハ、多ク甲斐ノ郡内(都留郡)ヨリ製出ス、厚ク密ニ、諸染色ヲ織色ニ織ル、多クハ無地ナリ。又、縱横ノ縞ニ織ルヲ縞ートイフ。其縞織ニシテ、稍薄キモノヲ別ニ郡内ト呼ブ。
かい-きふ (名) 階級 シナ。クラヰ。キダ。段。等級。
かい-きん (名) 皆勤 職ニ當リテ、一年或ハ一月ノ間、一日モ缺クルヿナク勤ムルヿ。
かい-ぐ (名) 皆具 馬具ノ鞍、鐙、障泥ナド、皆具ハリタルニイフ語。
かい-ぐん (名) 海軍 一國海上ノ防禦トスル兵備。(軍艦、軍人等)
かいぐん-しやう (名) 海軍省 一國海軍ノ事ヲ總ベ掌ル省。
かい-ぐる・ル・レ・ラ・リ・レ (他動)(規.一) 掻繰 左右ノ手ヲ、互ニ用ヰテ、繰リ寄ス。手繰ル。(絲 綱ナド)
かい-くわ (名) 開化 ヒラケカハルヿ。世ノ物事、人ノ智識ナドノ、時ト移リテ、好キニ進ムヿ。
かい-ぐわい (名) 海外 ウミノホカ。我ガ國ノ外ノ地。
がい-け (名) 咳氣 病ノ名、氣管枝粘膜ノ加多兒
かい-けふ (名) 海峽 瀬戸ニ同ジ。
かい-げふ (名) 開業 業ヲ開クヿ。生業ヲ始ムルヿ。
かい-げん (名) 改元 古ヘ、帝王ノ代替ノ年ニ、改メテ元年ヲ稱スルヿ。後ニ、年號ヲ改ムルヿ。(年號、及ビ、元年ノ條、見合ハスベシ)
かい-げん (名) 開眼 佛家ニ、佛像落成ノ時ニ行フ式。
〔かい-こす・ス・セ・サ・シ・セ (他動)(規.二) 掻越 後ヘ垂レタル髮ヲ前ヘ振リ越ス。「櫛ノ匣ナル剪刀ヲ取リ出デテ髮、カイコシテ見給フニ」御髮ノ長ゲナリシヲ、カイコシテ見給ヘリシカバ」
がい-こつ (名) 骸骨 動物ノ屍ノ、肉去リテ、骨組ノミヨリタルモノ。
かい-こむ・ム・メ・マ・ミ・メ (他動)(規.二) 掻込 脇ノ下ヘ引キ入レテ抱ク。「小脇ニー」
かい-こん (名) 開墾 開發ニ同ジ。
かい-さい (名) 皆濟 皆、濟ムヿ。悉ク濟シ果テタルヿ。「年貢ー」「借錢ー」
かい-さう (名) 海藻 ウミクサ。海産ノ植物、昆布、荒布、海苔ナド。
かい-さう (名) 改葬 葬リタル屍ヲ、改メテ復タ他處ニ葬ムルヿ。

かい-さん (名) 開山 ヤマヲヒラクヿ。始テ寺ヲ建テタル人。寺院ノ祖。開基。

かい-さん (名) 海産 海ニ産ズルモノ。(魚介、海藻)

かい-しき (副) 皆色 皆式 ミナ。悉クスベテ。「ー見エズ」「ー無シ」

かい-しん (名) 改心 心ヲ善キニ改ムルヿ。

かい-しやう (名) 海上 ウミノウヘ。ウミナカ。

かい-しやく (名) 介錯 〔紹介媒妁ノ意カト云〕(一)カシヅキ。介抱。後見。「トカク労ハリ、ーシマヰラセケレバ」(二)切腹ノ時、傍ニ附添ヒ居テ首斬ル人。

かい-しゆう (名) 改宗 嘗テ歸依セル宗旨ヲ改メテ他ノ宗旨ニ入ルヿ。

かい-しゆん (名) 改春 改マリタル春。新年。「ーノ御吉慶」

かい-しゆん (名) 開春 開クル春。初春。「ー第一ノ花」

かい-しよ (名) 楷書 漢字ノ書體ノ名、形ノ正シク方ナルモノ、古ノ隷書ナリ。眞書。眞。

〔かい-しろ (名) 垣代 (一)帳。(二)樂人。(歌垣ナドノ意カト云、或云、樂屋ニ帳ヲ垂ルルヨリイフカト)

かい-す・スル・スレ・セ・シ・セヨ (他動)(不規・二) 害 ソコナフ。キヅツク。サマタグ。

かい-すゐ (名) 海水 ウミノミヅ。ウシホ。

かい-せい (名) 改正 改メ正スヿ。良クスルヿ。

かい-せい (名) 皆濟 かいさいニ同ジ。(年貢ニイフ)

かい-そう (名) 咳嗽 咳、ニ同ジ。

かい-ぞく (名) 海賊 海上ニ舟ヲ泛ベテ、往來ノ船ヲ劫カシテ物ヲ奪フ盜人。

かいぞへ (名) 介添 〔搔添ノ義〕(一)添ヘテ傅トス ル人。助ケテ事ヲ爲ス人。(二)女ヲ嫁ラスルトキ添フル婢。

かい-たい (名) 解體 (一)解剖ニ同ジ。(二)衆人一致ノ心ヲ失フヿ。

かい-だい (名) 海内 四海ノ內。一國中。

かい-だう (名) 海棠 樹ノ名、葉ハ林檎ニ似テ稍長ク、數葉叢生ス、初出ハ綠ニシテ、後出ハ紫ヲ帶ブルヿ、櫻ノ葉ノ如シ、葉ノ間ニ花ヲ開ク、櫻ニ次ギテ、艶美ナリ、蕾ハ朱ノ如ク、開ケバ淡シ、蕚、莖、共ニ、彼岸櫻ニ似テ、實ノ形、山查子ニ似タリ。又、花、粉紅ニシテ、枝、下ニ向フモノヲ、おだりトイフ、實無シ。垂絲海棠

かい-だう (名) 街道 國中ノ往來ヲ通ジ、驛ナドアル大道。

かい-だう (名) 海道 (一)海邊ノ國國ニ通ズル街道。(山道ニ對ス)(二)誤テ、街道。

かいだうどほり (名) 〔街道通ノ義カ〕 蟲ノ名、斑猫ニ同ジ。

かい-たく (名) 開拓 新ニ荒地ヲ開キ、田畑ヲオコシ、住民ナド移スヿ。開發。開墾

かいたくし (名) 開拓使 北海道ノ開拓等一切ノ事ヲ統べ行フ地方官。

かい-だ・す・ス・セ・サ・シ・セ (他動)(規・一) 搔出 汲ミ出ス、「水ヲー」

かい-だん (名) 戒壇 僧徒ニ戒ヲ授クルニ設クル壇、古ハ筑前ノ觀音寺、大和ノ東大寺、下野ノ藥師寺ノ三所ニ置キテ、各、其地方ノ人ニ授ケタリ、後ニ、近江ノ延曆寺一所トナル。

かい-ぢん (名) 凱陣 勝軍シテ還ルヿ。凱旋

かい-ちやう (名) 開帳 廚子ノ帳ヲ開キテ、秘佛ナドヲ、親シク信者ニ拜セシムルヿ。開龕

かい-ちゆう (名) 海中 ウミノナカ。海上。

かい-ちゆう (名) 皆中 數發シテ、皆、中ルヿ。(弓、鐵砲ナドニ)

かい-づ (名) 〔海津、海頭ナド書ス〕 魚ノ名、くろだひノ小キモノ、頭、尾、鋭ク、鱗、淡黑ニシテ、或ハ、深黑ノ横文アリ、頭ハ深黑ニシテ、墨ヲ塗レルガ如シ。海鯽

かい-つか・む・ム・メ・マ・ミ・メ (他動)(規・一) 搔摑 捕ヘ摑ム。捽

かい-つくろ・ふ・フ・ヘ・ハ・ヒ・ヘ (他動)(規・一) 搔繕 亂レタルヲ正シクナス。トトノヘナホス。「衣紋ヲー」羽交ヲー」整頓

かいつぶり (名) 〔搔ツ潜ノ略轉カ〕 鸊ニ同ジ。

かい-つま・む・ム・メ・マ・ミ・メ (他動)(規・一) 搔撮 トリツマム。撮

かい-つら・ぬ・ヌル・ヌレ・ネ・ネ・ネヨ (他動)(規・二) 搔列 つらぬトイフニ同ジ。「思フ友カイツラネテ」

かいで (名) 楓 かへでノ轉。

かい-てい (名) 海底 ウミノソコ。

かい-てい (名) 階梯 (一)キザハシ。ハシゴ。(二)手引。(學

術ナドニ)

かいでん (名) 皆傳 師ヨリ、弟子ニ、藝術ヲ授ケ傳フルニ、初歩ナルヲ初段トイヒ、稍進ミタルヲ目錄トイヒ、更ニ進ミテ過半ヲ授クルヲゆるし、免許、傳授ナドイヒ、其奥義ヲ殘サズ傳ヘテ、人ノ師範トナルヲ許スヲ、奥ゆるし、又ハ一トイフ。

かいどうげ (名) 海藤花 蛸ノ子ヲ鹽漬ニシタルモノ、二三寸ノ長サノ絲ノ如キモノニ粟粒ホドノ子、連リ着クヿ、藤ノ花ノ如シ、色黄白ナリ、吸物ノ種ナドトス、播州明石ノ產ナリ。

〔かいともし (名) 〔搔燈ノ音便〕 油火ノ御燈、夜御殿ニ燈スモノ。

かいどり (名) 搔取 うちかけノ條ヲ見ヨ。

かいどる・ル・レ・ラ・リ・レ (他動)(規・一) 搔取 裾褄ヲ褰ク。攬衣

〔かいな (名) 草ノ名、さぶなぐさニ同ジ。

〔かいなづ・ヅル・ヅレ・デ・デ・デヨ (他動)(規・二) 搔撫 撫ヅ、トイフニ同ジ。

〔かいなで (名) 搔撫 物ノ表面ヲ撫デタル許ニテ、中ノヿヲバ知ラヌヿ。物事唯ヒトワタリナルヿ。ヒトトホリ。

かいなし (名) 搔下 槊ニ同ジ。

かいねん (名) 改年 改マリタル年。新年。

〔かいねり (名) 皆練 衣服ニ、表、裏、共ニ、紅ノ練ニテ、中重モナキモノナリト云。

〔かいのし (名) 戒師 出家スル人ニ戒ヲ授クル師ナル僧。

かいば (名) 海馬 (一)たつのおとしごノ一名。(二)セイウチノ一名。

かいはう (名) 介抱 (一)タスケイダクヿ。カシヅクヿ。セワスルヿ。保持 (二)病人ヲミトルヿ。看病。

かいばう (名) 解剖 動物ノ體ヲ解キ剖キテ、骨、筋、臟腑等ノ位置、組成等ヲ明ラメ知ルヿ。腑分。

かいばう (名) 海防 一國四面ノ海岸ノ防禦。(軍艦、臺場ナド)

〔かいはさむ・ム・メ・マ・ミ・メ (他動)(規・一) 搔挾 はさむトイフニ同ジ。

〔かいはなつ・ツ・テ・タ・チ・テ (他動)(規・一) 搔放 開ク。明クル。「戸ヲ一」 啓

〔かいばみ (名) 垣間見 かいまみニ同ジ。「屛風、押シアケツレバ、一ノ人、隱簑取ラレタル心地シテ」

〔かいばむ (動) かいまむニ同ジ。

かいはん (名) 改版 版木ヲ刻リナホスヿ。

〔かいひそむ・ム・メ・マ・ミ・メ (自動)(規・一) 搔潛 ヒソム。ヒキコモル。

〔かいひそむ・ムル・ムレ・メ・メ・メヨ (他動)(規・二) 搔潛 身ヲ潛メテ、差出デズニ居ル。「甚ウカイヒソメテ、互ニ心ヅカヒシタリ」

かいひん (名) 海濱 ハマベ。ウミベ。

かいびやく (名) 開闢 世界ノ開ラケタリシ始リ。

かいぶ (名) 海部 (魚介ノ總名ナリ) 織物、蒔繪ナドニ、大波ニ、みるかひナドノ文ヲイフト云。「白銀ノ御衣匣、一置カセテ」淺縹ノ一ノ織物」

かいふう (名) 開封 手紙ノ封目ヲ開クヿ。

かいぶし (名) 蚊燻 かやりニ同ジ。

かいふん (名) 海粉 海藻ノ名、舶來シ食用トス、ふのりニ似テ青シ。

かいぶん (名) 涯分 分際ニ同ジ。

かいへい (名) 開平 算術ノ語、正方形ノ一偏線ヲ求ムル術。又、正方體ノ一偏線ヲ求ムルヲ開立トイフ。

かいへん (名) 海邊 ウミノホトリ。ウミベ。

かいほす・ス・セ・サ・シ・セ (他動)(規・一) 搔乾 汲ミ盡シテ涸ラス。「池ノ水ヲ一」

かいほつ (名) 開發 新ニ地ヲ開キ發シテ田畑トスルヿ。開拓

かいまき (名) 搔卷 〔身ニ卷キ着ル意カ〕 夜着ノ綿薄キモノ。臥被

〔かいまみ (名) 垣間見 カイマムヿ。窺キ見ルヿ。「我ニ一セサセヨト宣ヘバ」

〔かいまむ・ム・メ・マ・ミ・メ (自動)(規・一) 垣間見 〔かきまみるノ音便轉〕 物ノ隙ヨリ竊ニ窺ヒ見ル。ノゾキミル。窺

かいみやう (名) 戒名 法名ノ條ヲ見ヨ。

かいむ (名) 皆無 皆無キヿ。全ク有ラヌヿ。

‡かいむ (副) 皆無 ミナゴトゴトク。(下ニ反說ノ語ヲ用キル)「一見エズ」

かいめい (名) 改名 名ヲ改ムルヿ。改メテ名ヲツクルヿ。

かいめん (名) 海綿 うみわたニ同ジ。

かいもく (副) 皆目 全ク。一切。皆式。「－見エズ」

〔かいもちひ (名) 〔搔煉ノ餅ノ意〕飯ノ餅。

〔かいもと (名) 垣下 〔かきもとノ音便〕音ニテ垣下トモイフ。饗應ノ時ニ、主人ヲ助ケテ取持スル人。相伴。「－ノ饗」

〔かい・や・る・ル・レ・ラ・リ・レ (他動) (規・一) 搔遣 推シテ遣ル。

かいらう (名) 海老 いせえびノ條ヲ見ヨ。

かいらうどうけつ (名) 偕老同穴 (一)夫婦相睦ミテ、死ヌルマデ連レ添フ了。(二)介ノ名、深海ニアリ、形、へちまノ如ク、外皮ハ羅ノ如シ、内空ニシテ、小蝦二ツ棲ム、外ヨリ透シテ見ルベシ。

かいらうび (名) 海老尾 琵琶、三絃ノ棹ノ頭ノ名、形、海老ノ尾ニ似タレバイフ。エビヲ。蚩蝦

かいらぎ (名) 海華皮 蝶鮫ノ皮ヲ、刀ノ鞘ヲ包ムニ用ヰル名。

かいり (名) 海里 里ノ條ヲ見ヨ。

かいりふ (名) 開立 開平ノ條ヲ見ヨ。

かいりやう (名) 改良 改メテ良クスル了。直ス了。

かいりやく (名) 概略 オホヨソ。アラマシ。タイガイ。

かいる (名) 蛙ノ訛。

かいれき (名) 改曆 改年ニ同ジ。

かいろ (名) 海路 ウミヲミチ。船路。

かいろ (名) 蛙ノ訛。

かいわい (名) 界隈 ホトリ。アタリ。

かいわうせい (名) 海王星 太陽ヨリ第八ニ位セル行星ノ名、行星ノ中ニテ、最モ遠キモノナリ、陪星一ツアリ、百六十八年ニシテ、太陽ヲ一周ス。

〔かう (名) 長官ノ音便。「－ノ君」「－ノ殿」

かう (名) 香 (一)香。カヲリ。ニホヒ。(二)沈香、伽羅、白檀ナドノ材ノ、薰キテ香ヲ賞スルモノ。又、種種ノ香料ヲ合ハセテ煉リ作ルヲ、薰物、又、煉香トイフ。(三)香合ノ技。香道。(四)〔古ク、味噌ノ稱。(香高ケレバイフ)

かう (名) 孝 善ク父母ニ敬ヒ事フル了。孝行。

かう (名) 更 一夜ヲ五ツニ分クル稱。初－ハ戌ノ時(五ツ時)ナリ、二－ハ亥ノ時、三－ハ子ノ時、四－ハ丑ノ時、五－ハ寅ノ時ナリ。「－闌ケテ」

かう (名) 講 (一)講釋。(二)事ヲ成サムト數人組合フ了。クミアヒ。(多ク神佛ノ信者ナドニ云フ)「－ヲ結ブ」「－ヲ立ツル」「－元」「－中」社

かう (名) 考 父ヲ死後ヨリ稱スル語。

かう (副) 斯ノ音便。

かう (接尾) 膏 膏藥ノ名ニツクル語。「水銀－」萬能－」

かう (名) 毫 (一)毛。(二)筆。(三)秤目、銀目、物差、新貨幣ナドニ、釐ヲ十ニ分テル一、絲ノ十倍。常ニ毫ヲ略シテ毛ト書シ、まうト稱フ。

かう (名) 鄕 (一)古ヘ、郡ノ内ニテ數村ヲ總ベタル土地ノ分界ノ稱。(二)ヰナカ。ザイショ。「－村」在－」

かう (名) 號 (一)名。トナヘ。シルシ。(二)支那ニテ、名、字ノ外ニ設クル稱、多ク、住地、住宅ノ稱ナド用ヰル。(三)數アル物ノ次第ヲ序ツル語。番。「第一－」二十－」百－」

かう (名) 剛 ツヨキ了。タケキ了。「心－ニシテ」－ノ者

かうあく (名) 强惡 甚シク惡ナル了。剛惡

かうあはせ (名) 香合 種種ノ香料ノ材ヲ薰キテ、其香ヲ嗅ギ中ツル技。香道。コレニ用ヰル香材ハ、六國香トテ、羅國、採蘇羅、眞名盤、眞中、蘇門答剌、伽羅トシ、伽羅ヲ新古ニ分チテ七種トス。(沈香ハ用ヰズ)又、薰物合モアリ。

かうい (名) 更衣 (一)コロモガヘ。(二)後宮、女官ノ稱、仁明帝ノ御代ヨリ立テラル、女御ニ次ギ、御衣ヲ更フル了ヲツトム。

かういん (名) 强淫 强姦ニ同ジ。

かううん (名) 幸運 幸ナル運。好キ運命。

かうえき (名) 交易 品ト品トヲ互ニ易ヘテ商ヒスル了。

かうか (名) 高價 價ノ高キ了。高直。

かうか (名) 豪家 財產ニ富ミテ勢ヒアル家。

かうかい (名) 航海 船ニテ海上ヲ渡ル了。フナノリ。

かうがい (名) 笄 〔髮搔ノ音便〕(一)髮ヲ搔キアグルニ用ヰル細ソク長キ具、古ヘハ男女共ニ用ヰル。(二)後ニ婦人、常ニ髮ニ挿ミテ飾トスルモノ、金類、玳瑁、蒔繪等種種ノ形ニ作ル。(三)男子、刀ノ鞘ニ挿ミ置クモノ、亦髮ヲ搔キアグル用トス、金類ニテ、亦精巧ニ作ル。

かうがい (名) 慷慨 壯士ノ志ヲ得ザルニ因テ、心ヲ奮ヒ興スヿ。
かうがいびる (名) 笄蛭 形、うまびるニ似テ、頭ノ形、丁ノ字ノ如シ、長サ五七寸、常ニ山中ノ樹上ニ棲ミ、夏月、雷雨ノ時、地ニ落ツ。 土蠱
かうかう (名) 孝行 孝ノオコナヒ。善ク父母ニ敬ヒ事フルヿ。
かうかう (名) [香物ヲ略シテ重ネタル語] かうのものニ同ジ(婦女ノ語)
かうかう (副) 斯斯ノ音便。
かうがうし・シキ・シケレ・シク・シク (形・二) [神神シ、ノ音便] 神サビタリ。
かうかうと (副) [神神ト、ノ音便] 神サビテ。
かうがふ (名) 香合 香料ヲ盛ルニ用ヰル器、漆塗、蒔繪、堆朱、陶器等種種ナリ。カウバコ。 香盒
かうがふ (名) 交合 房事ニ同ジ。
かうがふ・フル・フレ・ヘ・ヘ・ヘヨ (他動) (規・二) 考 [かむがふノ音便] かんがふニ同ジ。
かうがへ (名) 考 かんがへニ同ジ。
かうかん (名) 強姦 强ヒテ姦スルヿ。迫リテ情慾ヲ遂グルヿ。ガウイン。
かうがんゑ (名) [東京駒込ナル江岸寺ニテ創製ス] 細小ナル製ノ蠟燭ノ名。
かうき (名) 香氣 カ。カヲリ。ニホヒ。
かうき (名) 高貴 官位ノ高ク貴キヿ。
かうぎ (名) 講義 書ノ義理ヲ講釋スルヿ。

かうき (名) 豪氣 氣力ノ大ニシテ剛ナルヿ。
かうきよ (副) 强氣 勢ヒ強ク。烈シク。(東京)
かうぐ (名) 香具 薫物、匂袋ナドニ用ヰル沈香、丁子、白檀、麝香等ノ總名。
かうぐし (名) 香具師 (一)香具ヲ賣ルヲ業トスル者。(二)野師。
かうくわつ (名) 狡猾 ワルガシコキヿ。
かうくわん (名) 高官 タカキツカサ。「高位ー」
かうぐわん (名) 睾丸 陰囊ノ中ニアリテ精液ヲ分泌スル肉核。キンタマ。
かうけ (名) 高家 德川氏ノ臣ニ、公家ト武家トニ渉ル事務ヲ掌ルヲ職トスル家。
かうげ (名) 高下 タカキトヒクキト。好キト惡シキト。勝レルト劣レルト。 優劣
かうけ (名) [豪家ノ音ナラムト云] (一)勢アル家。「身ノオモ無クーヲ賴ミテ實ヲツクシ」(二)轉ジテ、物ノ威ヲ借ルヿ。「ータツル」「ーガマシウ」吾ガ主ノ大納言ヲーニ思フカ」唯、老ヲーニテ應ヘ居ル」
かうけち (名) 纐纈 染模樣ノ法、今ノ板締ノ類。
かうけつ (名) 豪傑 智勇ノ萬人ニ勝レタル人。
かうけん (名) 効驗 シルシ。キキメ。功能。
かうげん (名) 高言 誇リタカブリテイフ言。大言。 慢語
かうご (名) 香盒 薫物ヲ入レ置ク盒。
かうご (名) 向後 今ヨリ後。コノノチ。
かうざ (名) 高座 講釋、說法、ナドノ席ニ、一段高クシテ、講師ノ坐ル座。

かうさい (名) 交際 マジハリツキアヒ。
かうざい (名) 絞罪 けうさいト讀ムヲ例トス、死罪ノ條ヲ見ヨ。
かうさく (名) 耕作 田畠ヲ耕シテ穀菜ヲツクルヿ。
かうざく (名) 警策 きやうざくノ條ヲ見ヨ。
かうさつ (名) 高札 (一)街ニ高ク揭ゲテ置ク制札。 揭牌 (二)入札ノ中ニテ價ノ最モ高キモノ。
かうさん (名) 降參 戰ニ負ケテ、降リマヰルヿ。 降伏
かうざん (名) 高山 タカキヤマ。
かうざんぜ (名) 降三世 佛經ニ、明王ノ一、東方ヲ護ル、三面八臂ニシテ、貪嗔痴ノ三毒ヲ降スト云。
かうざむらひ (名) 鄕士ニ同ジ。
かうし (名) 孝子 孝行ナル子。
かうし (名) 講師 (一)敎ヘヲ講ズル師。書ヲ講釋スル人。(二)僧ノ官。(國分寺ノ住職ナド)(三)歌合ナドニ、歌ヲ讀上グル人。
かうし (名) 格子 [字ノ音、かくし、ノ音便] 細ク方ナル木ヲ縱横ニ碁盤ノ目ノ如ク組ミタルモノ。(窓、戶、障子ナドノ)
かうし (名) 嚆矢 (嚆同レ謞、叫呼也) 矢ノ鳴ルモノ。響箭。支那ニテ、射ル者、必ズ先ヅコレヲ用ヰテ遠近ヲ定ムルヨリシテ、スベテ、事ノ第一ナルヿ。
かうじ (名) 柑子 [字ノ音、かむし、ノ音便] (一)古クハ、蜜柑。(其條ヲ見ヨ) (二)今ハ、かうじみかん。(たちばなノ條ヲ見ヨ)

かうじ (名) 好事 好キ事。善キ行ヒ。「一門ヲ出デズ、惡事千里ヲ走ル」

かうじ (名) 勘事 〔字ノ音、かむじノ音便〕 勘事。勘當。「一免サル」「一セラル」

がうし (名) 郷士 農ニシテ武士ノ籍アル者。郷侍。

かうじいろ (名) 柑子色 黄ト赤ト合ヒタル色。橙黄

かうしき (名) 香敷 香ヲ薫クトキ、火ノ上ニ敷ク具、上品ナル雲母ヲ薄ク片トセルヲ、小ク方ニシテ、銀ナドニテ縁ヲ付ク。銀葉。火敷。隔火

かうじみかん (名) 柑子蜜柑 たちばなノ條ヲ見ヨ。

かうしん (名) 庚申 (一)カノエサル。(支干ノ條ヲ見ヨ) (二)庚申待。

かうしん (名) 孝心 孝行ノココロ。

かうじんぶつ (名) 好人物 心ノ善キ人。惡意ナク穩順シキ人。

かうしんまち (名) 庚申待 かのえさるノ日ニ、帝釋ト青面金剛トノ祭ノ稱、三猴ノ象ヲ祀ル、信者、其夜ヲ守リテ寐ネズ。

かうしやう (名) 高尚 (一)學術ナドノ、義、高ク深クシテ解シ易カラヌコト。(二)事物ノ氣高キコト。

かうしやう (名) 高聲 タカゴエ。コワダカナルコト。「一ニ話ス」

がうじやう (名) 强情 心ノ頑固ナルコト。强ヒテ意地ヲ張ルコト。我意ノ强キコト。剛愎

かうしやく (名) 講釋 (一)講ジ釋クコト。書物ノ義理ヲ説キ明スコト。(二)軍談。(初メ、大平記ヲ講ジタルニ起ル)

かうしやくし (名) 講釋師 軍談師ニ同ジ。

かうじゆ (名) 香需 イヌエ。

がうしゆ (名) 强酒 酒飲ムニ强キコト。多分ニ酒飲ミテモ亂レヌコト。

かうしよく (名) 好色 イロゴノミ。

かう・ずる・ジル・ジレ・ジ・ジ・ジヨ (自動)(規.四) 〔高ズノ轉ナラムカ、語尾ノ變化、不規則ノ第二類ナルベキガ、規則ノ第四類ニ轉ジタリ〕 高ブル。漸クツモル。ツノル。增長ス。「病ガ一」「奢ガ一」「遊ビガ一」 長

かうず (名) 好事 專ラ一事ニ偏リテ好ムコト。モノズキ。

かう・す・スル・スレ・セ・シ・セヨ (他動)(不規.二) 講 (一)文ノ意味ヲ解キ述ブ。(二)歌ヲ讀上グ。(歌合ナドニ)

かう・す・スル・スレ・セ・シ・セヨ (他動)(不規.二) 號 (一)云フ。稱フ。名付ク。ヨブ。(二)號ト爲ス。(號ノ條ヲ見ヨ)

かうせい (名) 校正 文字ノ誤ヲ比ベ正スコト。

かうせい (名) 行星 遊星ニ同ジ。

がうせい (副) 强勢 大ニ。甚シク。(東京)

かうせん (名) 香煎 大唐米ノあかしニ、陳皮、山椒、茴香、薏苡仁等ヲ細末ニシテ和シタルモノ、白湯ノ上ニ撒キテ飲ム。コガシ。

かうそ (名) 高祖 (一)祖父母ノ祖父母。己ヨリ五代前ニアタル祖。(二)先祖。

かうぞ (名) 楮 〔紙麻ノ音便〕 (一)灌木、樹ノ高サ五六尺、叢生ス、葉ハ楕圓ニシテ四五寸、末尖ル、暗綠ニシテ、面ニザラツキアリ、細カキ鋸齒アリ、或ハ缺刻交ハル。木ニ雌雄アリ、雌ハ、夏、小キ暗紫花、簇リテ毬ヲナシテ開ク、各、長キ蘂ヲ出シテ毛ノ如シ、小子ヲ結ブ、へびいちごノ如クニシテ、大サ一寸許、熟スレバ赤シ。雄ハ一寸許ノ花穗ヲ垂ル、黄白色ナリ。此樹、諸國ニ多ク植ヱテ、專ラ其皮ヲ取リテ、漉キテ紙トス。一名、カゾ。カミノキ。(同種ニかぢノキアリ、其條ヲ見ヨ) (二)とろろあふひノ一名。

がうそ (名) 嗷訴 衆人、黨ヲナシテ、勢ヲ借リテ訴訟ヲナスコト。

かうそう (名) 高僧 (一)智識勝レタル僧。(二)官位高キ僧。

かうぞめ (名) 香染 染色ノ名、丁子ニテ染メタルモノト云、淡紅ニ黄ヲ帶ビタルモノ。

かうぞり (名) 髮剃 〔かみそりノ音便〕 (一)出家スル者、或ハ死セル者ニ、戒師、戒ヲ授ケテ髮ヲ剃リ去ルコト、佛門ニ入ル式トス。(二)剃刀。

かうたい (名) 交代 交替 互ニ代ルコト。代リ合フコト。(宿直、警備ナドニ)

かうだい (名) 高臺 椀、茶碗ノ底ニ高ク脚アルモノ。

かうたいよりあひ (名) 交代寄合 德川氏ノ制ニ、一萬石未滿ニテ、領地ニ居テ、年ヲ定メテ江戸ニ交代參勤スル家柄ノ稱。(此稱、寄合旗本ノ中ニテ交代スルモノヲ云フガ如シ、サレド、持高五百石、千石ノモノモアリ)

かうだう (名) 孝道 孝行ノ道。

かうだう (名) 講堂 講釋、說敎ナドノ席ニ用ヰル堂。
かうだう (名) 香道 香合ノ技。
かうたう (名) 强盜 人ヲ劫シ、迫リテ盜ミスル者。(竊盜ニ對ス)オシイリ。オシコミ。
かうたけ (名) 革茸 〔かはたけノ音便〕 菌ノ名、山ノ麓ナドニ落葉ヲ藏キテ生ズ、蓋ノ面ハ黑クシテ粒皺アリ、乾セバ眞黑ニシテ染革ノ如シ、背ハ黃赤ニシテ毛絲アルアリ、莖ニ鱗甲アリ、昧苦シ、灰汁ニテ煠デテ食スベシ。
かうだたみ (名) 香疊 香合ニ、香包、香箸、銀バサミ、ナド包ム紙。
かうたん (名) 降誕 天降リテ、世ニ生レ出ヅルコ。(神、佛、異常ノ人ナドニイフ)
かうち (名) 耕地 耕ヤス地、卽チ、田畑ノ稱。(山林宅地ナドニ對ス)
カウチ (名) 交趾 交趾國(安南)ヨリ渡レル陶器ノ泛稱。
かうぢ (名) 糀 〔古言醸立ノ略、かむちノ音便〕 米ニ黴花ヲ生ゼシメタルモノ、糯米ヲ蒸シテ、糵ヲ加ヘテ攪セ、窖ノ中ニテ、槽ニ收メ、押シテ蔫ヲ覆ヒ、又攪ズルコ二度、稍花ヲ生ズルヲ待チ、再ビ盤ニ盛リ、窖中ノ棚ニ列ヌコレヲ、ねかす、又ハ、ねさすトイフ、二日ニシテ花ヲ生ジテ成ル。酒、味醂、醬油等、醸造ノ物ニ和シテ用ヰル。麹
かうおき (名) 高直 高ギ直段。價ノ低カラヌコ。高料。高價

〔かうおやう (名) 定考 〔倒讀スルヲ例トス上皐ノ音ニ嫌ヒアルガ故ナリト云〕 諸司ノ輩ノ藝能、行狀、俗ヲ勘ヲ選ビ出スコ、六位以上ノ加階ニアルコナリ。
かうおよ (名) 孝女 孝行ナル女。
かうづつみ (名) 香裹 香合ニ、香材ヲ包ム紙ノ名。
かうてい (名) 高低 高キト低キト。上ルト下ルト。
かうてい (名) 高弟 〔高足弟子ノ略〕 多クノ弟子ノ中ニテ勝レタル者。高足
かうてき (名) 强敵 (一)强クシテ勝チガタキ敵。(二)什俗ニ、勝レタルコ。(東京) 偉
かうでん (名) 香奠 手向クル香ノ代。喪アル家ニ贈リテ、死者ノ靈ニ供フル財物。香資 賻儀
かうてんおやう (名) 格天井 〔がうふ格ノ音便轉〕 天井ノ條ヲ見ヨ。
かうとう (名) 叢頭 カシラガキ。
かうとく (名) 高德 勝レタル德。「一ノ僧」
かうな (名) 〔古言かみなノ音便轉〕 寄居蟲ニ同ジ。
〔かうなぎ (名) 巫 かんなぎニ同ジ。
かうにん (名) 降人 降參スル人。
〔かうぬし (名) 神主 〔かみぬしノ音便〕 (一)神ノ祭ニ主トナル人。(二)スベテ神ニ事フル人。カンヌシ。祠官
〔かうのとの (名) 督殿 〔督ノ殿、ノ音便〕 衞門府、又ハ、兵衞府ノ督ノ尊稱。
かうのもの (名) 香物 〔古ヘ、味噌ヲ香トイヒ、味噌漬ノ名ヨリ起ル〕 飯後、湯ヲ飲ムトキニ用ヰル食物、蔬菜瓜類ナトヲ、味噌、粕、糠、鹽等、種種ノ物ニ漬ケテ用ヰル。カウカウ。

かうのもの (名) 剛者 勝レテ剛キ者。猛キ武夫。
かうはう (名) 號砲 合圖ノ大砲ノ音。「日本一ノ一」
かうばこ (名) 香匣 香合ニ同ジ。
〔かうばさみ (名) 髮鋏ノ音便。
かうばし (名) 香箸 香ヲ蒸クトキ、香ヲ挾ムニ用ヰル木製ノ箸。
かうばし・シキ・シケレ・シク・シク (形、二) 馨 〔古言、香細シ、ノ音便〕 美キ香、發ツ。ニホヒヨシ。
かうばしがひ (名) 香箸貝 うにノ條ヲ見ヨ。
かうはん (名) 强飯 コハイヒ。コハメシ。
〔かうひねり (名) 〔紙捻ノ音便〕 もとゆひニ同ジ。
かうびん (名) 幸便 便リ好キ節ノ音信。
かうふく (名) 幸福 サイハヒ。運命好キコ。
かうふく (名) 降伏 降參ニ同ジ。
かうぶく (名) 降伏 (一)降參。(二)佛ノ通力ニ因リテ、怨敵、惡魔ナドヲ伏セ鎭ムルコ。
かうぶつ (名) 好物 (一)好ム物。(二)スキ。コノミ。
〔かうぶん (名) 告文 天子ヨリ神祇ニ告ゲサセタマフ文書。
かうぶん (名) 高聞 聞クコ、ノ敬語。「一ニ達シテ」
〔かうぶり (名) 冠 (一)かんむりニ同ジ。(二)位階、ニ初「一神一」「一賜ハル」「一得テ」(三)ウヒカウブリ。元服ノ加冠。「一シ侍リケル時」
〔かうぶる・ル・レ・ラ・リ・レ (他動) (規、一) 被 かうむるニ同

ジ。

かうべ（名）首〔上部ノ音便〕動物ノ喉、頸、以上ノ總名、卽チ、面、頂等、耳、目、鼻、口、髮アル處。カシラ。俗ニ、クビ。アタマ。

かうべをめぐらすうた（名）旋頭歌ニ同ジ。

かうほね（名）骨蓬〔古名、川骨ノ音便〕草ノ名、池水ニ生ジ、一根ヨリ叢生ス、葉ハ、芋ニ似テ、狹ク長ク厚クシテ、面ハ深綠ニ、背ハ淡シ、夏秋ノ間、莖ヲ出シテ、五瓣ノ花ヲ開ク、梅花ニ似テ、大サ一寸許、黃ニシテ光ル、根、粗ク長ク、節多シ、稍、人骨ノ狀ヲ成ス。萍蓬草

かうほり（名）蝙蝠　かはほり、又、かうもり、ニ同ジ。

かうま（名）降魔　惡魔ヲ降伏セサスルヿ。

○—ノ利劍。不動明王ノ持スル劍ノ名。

かうまん（名）高慢（一）タカブルヿ。自ラ誇リテ他ヲ侮ルヿ。自負（二）廿小兒ノ智ノ、齡ヨリハ大人ビタルヿ。マセタルヿ。

がうまん（名）傲慢　タカブルヿ。驕リテ禮ナキヿ。「—不遜」

かうみ（名）好味　好キアヂハヒ。旨キ—。美味

かうみやう（名）高名　名高キヿ。「—ノ馬乘」

かうむ・る・ル・レ・ラ・リ・レ（他動）（規．一）被冠蒙〔古言、かかぶるノ音便〕（一）頭ニ被フ。戴ク。（二）表面ニ被フ。周ニ着ル。（三）受ク、ノ敬語。「御免ヲ—」

かうめい（名）高名　高キ名。名高キヿ。名ノ著ルキヿ。

かうめん（名）高免　免スヿ、ノ敬語。

かうもく（名）綱目　綱ノ綱ト目ト。事ノ大要ト細目ト。

かうもん（名）肛門　直腸ノ下ノ端　卽チ大便ヲ體ノ外ニ出ス孔。シリノアナ。

がうもん（名）栲問　實ヲ白サヌ罪人ヲ、苛責シテ問ヒ糺スヿ。

かう・もり（名）蝙蝠〔古言、かはほりノ音便轉〕動物、形、はつかねずみニ似テ、前ノ左右ノ脚、甚ダ長クシテ、廣キ肉翅着キテ尾ニ連ル、肉翅ノ肩ニ鉤アリ、全身暗黑ナリ、黃昏ヨリ群リ飛ビテ、蚊蚋ヲ食フ、晝ハ屋隙ナドニ隱ル。カハホリ。カトリ。カクヒドリ。

かうもりがさ（名）蝙蝠傘　からかさノ骨ヲ、細ソキ鐵ニテ作リ、布帛ニテ張リタルモノ、西洋ノ製ナリ。

かうや（名）厠ノ音便。

かうやう（名）孝養　孝ノ心ヲ盡シテ、尊長ヲ養フヿ。

かうやう（名）斯樣ノ音便。カヤウ。「—ノ時」「—ノ節」

かうやがみ（名）紙屋紙　かみやがみヲ見ヨ。

かうやく（名）膏藥　種種ノ藥品ヲ膏ニ和セテ煉リタルモノ、肌ノ患處ニ貼ルニ用ヰル。アブラグスリ。

かうやどうふ（名）高野豆腐　氷豆腐ノ紀州ノ高野山ヨリ製シ出スモノノ稱。今、他ヨリ產ズルニモイフ。

かうやひじり（名）高野聖（一）勸進ノ爲ニ、紀州ノ高野山ヨリ諸國ニ出ヅル僧ノ稱。（二）蟲ノ名　池澤溝ナドノ中ニ生ズ、長サ一寸許、巾八九分ニシテ、淡黑ク、背ニ翅アリ、秋蟬ニ似テ扁ク、六足アリテ、かまきりノ如シ、前ノ二足長クシテ、末ニ各、はさみアリテ、小魚ヲ挾ミ食フ、水涸ルレバ飛ビ去ル、背ノ文高野聖ノ笈ヲ負フニ似タリトテ名アリ、別名、ドンガメムシ。タガメ。カッパムシ。（東京）水爬蟲

かうやまき（名）高野槇　槇ノ類、紀伊ノ高野山ニ多シ、其實、松ノ如ク、枝ニアリナガラ、ト二細葉ヲ生ズ。金松

がうよく（名）强欲　欲心ノ飽クマデ深キヿ。貪婪

かうより（名）〔紙縒ノ音便〕こより、かんぜんより二同ジ。

カウライ（名）高麗　茶家ニテ、朝鮮產ノ陶器ノ汎稱。

カウライうぐひす（名）高麗鶯　稀ニ南方ノ山中ニ居ル、形、つぐみヨリ大ク、頭背ハ黃綠ニ、腹ハ淡白クシテ、眉アリテ黑シ、聲、圓轉シテ愛スベシ。テウセンウグヒス。鶯

カウライしば（名）高麗芝　芝ノ條ヲ見ヨ。

カウライ・せきしやう（名）高麗石菖　石菖ノ一種、葉ノ小キモノ。錢蒲

カウライ・べり（名）高麗緣　疊ノ緣ニ、白地ノ綾ニ、雲形、菊花ナドノ紋ヲ黑ク織出セルモノ、紋ノ大ナルハ、親王大臣ニ用ヰ、小ナルハ、公卿用ヰル。今、白キ麻布ニ、黑ク紋ヲ染出セルヲモイフ、多ク、社　寺　貴族ノ邸ナドニ用ヰル。

かうらん（名）高欄　勾欄ノ條ヲ見ヨ

かうらん（名）高覽　覽ルヿ、ノ敬語

かうり (名) 【行李】 旅行ニ携フル荷物。コリ。
かうり (名) 【高利】 不當ニ高キ貸金ノ利息。
かうり (名) 【毫釐】 物事ノ極メテ少ク、小ク、細カナルコト。「一ノ違ヒ、千里ノ謬」
かうりき (名) 【強力】 (一)強キ力。(二)修驗者ノ伴フ奴僕ノ稱。
かうりん (名) 【降臨】 天降ルコト。(神佛ナドニ)
かうれい (名) 【伉儷】 夫婦ノ配偶。
かうれい (名) 【號令】 (一)上ヨリ下ニ言ヒ示スコト。イヒツケ。下知。(二)將校ノ兵士ニ指圖スル詞。
かうれう (名) 【高料】 高直ニ同ジ。
かうろ (名) 【香爐】 灰火ヲ盛リテ、香ヲ薫クニ用ヰル器。陶、銅ナドニテ、種種ノ形ニ作ル。
かうろう (名) 【高樓】 タカドノ。
かうろく (名) 【高祿】 多キ祿。
かうろん (名) 【高論】 勝レタル論。(敬語)
かうわか (名) 【幸若】 さいわかノ條ヲ見ヨ。
かうゐ (名) 【高位】 タカキクラヰ。「一高官」
かうを (名) 【好惡】 好ムト惡ムト。好ト嫌ト。
かか (名) (一)母ニ同ジ。(女子、小兒ノ語)「一サマ」 【孃】 (二)轉ジテ、賤人ノ妻ヲ呼ブ語。(兒ヨリノ稱ヲ取テイフ) 【嗎嗎】 【嚊嚊】
かが (名) 【峨峨】 山、巖ナドノ、高クカドカドシク聳エタル貌ニイフ語。
かかい (名) 【加階】 位階ヲ加フルコト。位ノ昇ルコト。
かがいも (名) 〔古言、かがみノ轉〕 蔓草、山野ニ生ズ、春、舊根ヨリ芽ヲ出ダス、葉ノ形、楕ニシテ末尖リ、本ニ一缺アリ、厚クシテ尖リ、兩兩、對生シ、大ナルハ四五寸アリ、夏、葉ノ間ニ、一二寸ノ穗ヲナシテ、五瓣ノ小花ヲ開ク形、風鈴ノ如ク、白クシテ紫點アリ、雌ハ、葉ノ間ニ、三四寸、徑一寸許ノ莢ヲ結ブ、圓クシテ末尖リ、皮ニ疣アルコト胡瓜ノ如シ、嫩葉、嫩莢、油ニ煎テ食フベシ、莢、熟スレバ、紫ニシテ、堅ニ裂ケテ、舟ノ形ノ如シ、内ニ白キ絮アリ、針ノ如クニシテ、斑枝花ニ似タリ、和ノぱんやトイフ、莖、甚ダ強ク、綿弓ノ弦トス、根、薯ノ如ク、横ニ生ズ。 【蘿藦】
かがきぬ (名) 【加賀絹】 加賀ニ產ズル絹布ノ稱、羽二重ノ類多シトス。(小松、大聖寺ノ邊)
かか・ぐ・ぐる・ぐれ・げ・げ・げよ (他動) (規・二) 【揭】 〔搔上グ、ノ約〕 (一)高ク上グ。サシアグ。「旗ヲ一」 (二)捲キ上グ。釣リアグ。「簾ヲ一」「裾ヲ一」 【捲】 【褰】 (三)搔キ立ツ。「燈ヲ一」 【挑】 (四)取リ出シテ記ス。著ルク載ス。「書ニ一」「筆ニ一」 【揭】
かがく (名) 【歌學】 和歌ノ學問。歌道。
かがく (名) 【雅樂】 音樂ノ一種、中古、唐、又ハ、三韓ヨリ傳ヘシモノ、唐ヨリ傳ヘシモノヲ唐樂トイヒ、三韓ヨリ傳ヘシモノヲ高麗樂トイフ、又、本邦、コレニ擬シテ制セシモアリ、共ニ、三絃、三鼓、三管(樂器ノ條ヲ見ヨ)ヲ用ヰル、舞アリテ伴フモノアリ、コレヲ舞樂トイフ、其調曲、甚ダ多シ。
〔かかぐ・る・る・れ・ら・り・れ〕 (自動) (規・一) すがる、たどるニ同ジ。「カカグリ寄ル」「カカグリ歩ク」「カカグリ降ル」「ヤウヤウ其國マデカカグリ着キニケリ」
かがくれう (名) 【雅樂寮】 うたれうニ同ジ。
〔かかげのはこ〕 (名) 〔搔上ノ匣ノ約〕 結髮ノ具ヲ入ルル匣、打亂ノ類。
かかげる (動) 揭グノ訛。
かかし (名) 【案山子】 〔赫シノ義ニテ、威ス意カト云〕 竹、藁ナドニテ、人ノ形ヲ作リ、蓑笠ヲ着セ、弓矢ナド持タシメタルモノ、田畑ノ間ニ立テテ、鳥獸ヲ怖シ、其害ヲ防グ。ヤマダノソホヅ。
〔かがち〕 (名) 【酸漿】 〔色ノ赫ヤク意〕 ほほづきノ古名。
〔かかづら・ふ・ふ・へ・は・ひ・へ〕 (自動) (規・一) 〔係リ連ナル意カ〕 事ニカカハル。カカリアフ。「人ノ國ノ事ニカカヅラヒ」「小鷹狩ニカカヅラヒテ、立チオクレ侍リヌル」 【關涉】
かかと (名) 【踵】 〔駈處ノ轉カ〕 くびすニ同ジ。(關東)
〔かがな・く・く・く・か・き・け〕 (自動) (規・一) 【嚇】 聲ヲ怒ラシテ鳴ク。「筑波根ニ一鷲」
〔かがなべて〕 (副) 〔日日並ベテノ義ト云〕 日ヲ重ネテ。「一、夜ニハ九夜、日ニハ十日ヲ」
〔かかの・む・む・め・ま・み・め〕 (他動) (規・一) 【可可呑】 〔かかハ呑ム音〕 聲立テテ急ギ呑ム。カノム。(水ナド)
〔かかは〕 (名) 絹布ノ破レテ廢物トナレルモノ。帛ノ襤褸。カカフ。 【殘帛】 【幓】
かがばんし (名) 【加賀半紙】 加賀ノ能美、石川、河北、三郡ヨリ產ズル紙ノ稱。白クシテ精ナリ。
かかは・る・る・れ・ら・り・れ (自動) (規・一) 【係關】 〔係ル、ノ延〕 (一)事、彼ト此トニ亙ル。互ニ係ル、カカヅラフ。カカ

ラフ。タヅサハル。カカリアフ。アツカル。(二)偏テノミ付ク。泥ム。拘

〔かかはわらうづ (名) 殘帛ヲ加ヘテ、織リ作レル草鞋。

〔かがひ (名) 嬥歌 〔かけあひノ約カ〕 古ヘ、男女、宴會シ、唱歌スルヿ、歌垣ノ如シ。

〔かかふ (名) 殘帛ニ同ジ。

かか・ふ・フル・フレ・ヘ・ヘ・ヘヨ (他動)(規・二) 抱 (一)腕ニテ支ヘ持ツ。イダク。(二)含ミ有ツ。「薫物ノ香、甚ジクカカヘタル」(三)家ニ雇ヒテ使フ。召シ使フ。(婢僕ナドニ) 雇使

かが・ふ・フ・ヘ・ヘ・ヒ・ヘ (自動)(規・一) 嬥歌ヲナス。

かかぶ・る・ル・レ・ヲ・リ・レ (他動)(規・一) 被 かうぶるニ同ジ。

かかへ (名) 抱 (一)抱フルヿ。(二)兩手ニテ抱フルホドノ太サ。「二一ノ樹」 合抱 (三)ヤトヒ。メシツカヒ。 傭

‡かかへる (動) 抱ノ訛。

かがま・る・ル・ル・ラ・リ・レ (自動)(規・一) 屈 屈ムヤウニナル。カガム。

かがみ (名) 鏡鑑 〔赫見ノ義〕 (一)人ノ顏ナド映シ見ルニ用ヰル具、青銅トしろめトヲ和シ、方圓ノ板ニ作リ、面ヲ平滑ニシ、水銀ヲ塗リテ光リヲオコス。古製ナルハ、裏ノ中央ニ鼻紐アリ、今製ナルハ、多クハ柄ヲ鑄付ケテ作ル。硝子ノ裏ニ、水銀ヲ塗リテ用ヰルモアリ。(二)物事ノ正シキ例トスベキヿ。手本。「世ノ人ノートナル」 鑑 (三)樽ノ蓋。(形ノ圓キヲ以テ云フ)

〔かがみ (名) 草ノ名、ががいもノ古名。

かがみいし (名) 鏡石 かがみいはニ同ジ。

かがみいは (名) 鏡岩 石英ナドノ、大クシテ、面、透明リテ、物ノ影ノ映ルモノノ稱、諸國ニアリ。カガミイシ。 玉英

かがみいを (名) 鏡魚 かがみだひニ同ジ。

かがみかけ (名) 鏡懸 かがみたてニ同ジ。

かがみぐさ (名) 鏡草 (一)禁中ニテ、元日ニ鏡餅ノ上ニ置ク蘿蔔ノ稱。(二)イチヤクサウ。

〔かがみご (名) 酸漿子 ほほづきノ子。

かがみさう (名) いちやくさうニ同ジ。

かがみたて (名) 鏡立 鏡ヲ立テカクルニ用ヰル木造ノ框。カガミカケ。 鏡架

かがみだひ (名) 鏡鯛 形、ひらあぢニ似テ長ク、大ナルモノハ一尺五六寸ニ至ル、色、青黄ニシテ金光ヲ帶ビ、腹背ノ正中ニ、一圈ノ煙暈アリテ、鏡ノ如ク、的ノ如シ、故ニ的鯛、的魚ノ名モアリ、是ヲ金ートモ稱ス。 壽仙魚 一種、銀ートモ稱スルモノハ、色、雲母ノ如クニシテ、煙暈ナシ、味、劣ル。

かがみとぎ (名) 鏡磨 銅鏡ノ曇リタルヲ磨キテ更ニ光ヲ發スヿ。又、其事ヲ業トスル者。 磨鏡匠

かがみびらき (名) 鏡開 武家ニテ、正月、鏡餅ヲ具足ニ供フ、(婦人ハ鏡臺ニ供フ)コレヲ具足餅トイフ、廿日(刃柄ヲ祝フ、婦人ハ初顏ニ寄スト云)ニ至リテ、其餅ヲ切リテ食フ、コレヲートイフ(切ルトイフヲ忌ミテ、開クトイフ)承應元年ヨリ、改メテ十一日ノ式トスト云。

かがみもち (名) 鏡餅 餅ヲ圓ク扁ク鏡ノ如クニ作リタルモノ、神ニ供ヘ、或ハ吉禮ノ用トス、ソナヘ。セチ。オソナヘ。スワリモチ。オスワリ。

〔かが・みる・ミル・ミレ・ミ・ミ・ミヨ (他動)(規・四) 鑑 かんがみるニ同ジ。

かが・む・ム・ム・マ・ミ・メ (自動)(規・一) 屈 曲リ折ル。「腰ガー」

かが・む・ムル・ムレ・メ・メ・メヨ (他動)(規・二) 屈 屈ムヤウニナス。折リ曲グ。「腰ヲー」

かがんせん (名) 鵝眼錢 (鵝ノ眼 圓クシテ、瞳、方ナリ) 宋ノ泰始中ニ鑄タル錢、圓クシテ、中ノ孔、方ナリ、即チ、常ノ錢ノ異名。鳥目ノ名モ此ニ起ル。

かがんぼ (名) 蟲ノ名、かのうばノ音便訛。

〔かがめ・く・ク・ケ・カ・キ・ケ (自動)(規・一) 猴啼ク。「猿、海邊ニカガメキ居タリ」「猿、何ヤラム、カガメキ言ヘバ」

‡かがめる (動) 屈 かがむ(規・二)ノ訛。

かがもん (名) 加賀紋 羽織ナドノ紋所ヲ上繪ニテ描キタルモノ、五彩ニ色取ル、加賀ノ金澤ニ良工アリテ、國人多ク着ルヨリシテ名アリ。

〔かがやか・し・シキ・シケレ・シク・シク (形・二) 〔面、赫ノ意ナラム〕 恥カシ。オモハユシ。「隱レ忍ビズ、カガヤカシカラズ打應ヘツツ」

かがやか・す・ス・セ・サ・シ・セ (他動)(規・一) 赫 赫ク如クニナス。ヒカラス。

かがや・く・ク・ケ・カ・キ・ケ (自動)(規・一) 赫耀 著ルク光リ照ル。ヒカヒカスル。

＃かかゆる (動) 抱 かかふノ訛。

（かがよ・ふ・フ・ヘ・ヘ・ヒ・ヘ (自動) (規・二) かがやく、ひらめくニ同ジ。「燈火ノ、カゲニー、「埋火ノ」ー珠」

＃かから・ふ・フ・ヘ・ヘ・ヒ・ヘ (自動) (規・二) かかはるニ同ジ。

かかり (名) 掛 (一)掛ルヿ。(二)勤務ノ受持。(三)攻ムルヿ。「車ー」總ー」(四)構ヘ。ツクリカタ。「家ノー」結構 (五)蹴鞠ノ場。(まうきくノ作ヲ見ヨ)「鞠ノー」(六)ツヒエ。入用。費用

かか・り・ル・レ・ラ・リ・レ (自動) (不規・四) 斯ク有リ、ノ約、「トスレバー」

かがり (名) 篝 〔赫リノ義〕(一)鐵ノ籠ニ、柱アリ、立テテ、上ニ木ヲ焚クモノ、夜中ノ警固、或ハ、漁業ナドノ燈トス。(二)鎌倉將軍ノ頃、洛中ノ警備ノ爲ニ、辻ニ置ケル兵、ーヲ懸クルニ因テ名トス、京ノー、四十八所ノーナドイヘリ。

ががり (名) 大鋸 〔挽ク音ヲ名トス〕 鋸ノ大ナルモノ、木挽ニ用ヰル。ガンギ。

かかりあひ (名) 掛合 (一)カカリアフヿ。カカハルヿ。(二)マキゾヘ。連坐 連累

かかりあ・ふ・フ・ヘ・ヘ・ヒ・ヘ (自動) (規・一) 掛合 カカハル。タヅサハル。關渉

〔かかりうど (名) 〔掛人ノ音便〕 他人ニ憑リテ養ヒヲ受クル人。ヰサフラフ。食客

かかりご (名) (一)人ニ憑リテ養ハルル小兒。寄兒 (二)親老イテ、養ヲ受ケムトスル子。

かかりび (名) 篝火 篝ニ燒ク火。

かかりぶね (名) 篝舟 篝燒キテ漁リスル舟。

かかりまけ (名) 懸負 入費ノ利益ニ超ユルヿ。

かかりまつ (名) 篝松 篝火ニ用ヰル松ノ材。

かか・る・ル・レ・ラ・リ・レ (自動) (規・一) 掛 (一)物ニ着キテ下ル。釣ラレテ垂ル。懸 (二)寄ル。モタル。「椅子ニー」凭 (三)タヨル。厄介ニナル。「子ノ養ヒニー」醫者ニー」人ノ手ニー」恃 賴 (四)憑ル。ツク。「神、狐、ー」憑 (五)トマル。ツク。「心ニー」氣ニー」目ニー」留 (六)カカハル。カカヅラフ。タヅサハル。「身分ニー」文義ニー」係 (七)カウムル。カブサル。オホヒツク。「霧ガー」疊リガー」雨ガー」露ガー」忌ガー」聲ガー」運上ガー」被 (八)遇フ。デクハス。「病ニー」災ニー」人ノロニー」雨ニー」水ニー」網ニー」罹 (九)進ミテ襲フ。「敵ニー」言ヒー」猫、鼠ニー」襲 (十)湊ニトマル。碇泊ス。「船ガー」泊 (十一)其時ニナラムトス。始マル。「仕事ニー」動ニー」行キー」讀ミー」切リー」(十二)費エ。イル。「金ガー」暇ガー」手ガー」費

かかる (動) 斯有リ、ノ分詞法。「ー所ニ」

〔かがや・る・ル・レ・ラ・リ・レ (自動) (規・一) 耀 かがやくニ同ジ。

かが・る・ル・レ・ラ・リ・レ (他動) (規・一) 縢 絲ヲ、打交ヘニ、絡ヒ、或ハ、縫フ。「縁ヲー」手毬ヲー」

かかれば (接) 斯ク有レバ、ノ約。

かき (名) 柹 〔赫キノ意ニテ、實ノ色、紅葉ニイフカ〕 (一)樹ノ名、葉、大ク圓クシテ光ル、夏ノ初、淡黃ナル花ヲ開ク、大サ三分許、其尖、四ツニ裂ク、實、秋ノ末ニ熟ス、色、黃赤ニシテ、黑キ核多シ、形、圓キト稍方ナルトアリ、味、甘シ、他名ニ對シテ、甘ートイフ、材、堅密ニシテ、諸器ニ作ルベシ。柹 又、實、熟スレドモ澁キヲ、澁ートイフ。甘ー、澁ー、ノ二種ニ、倚、五所ー、圓座ー、筆ー、猿ー、信濃ー等、種類甚ダ多シ、各條ニ注ス。(二)カキイロ。

かき (名) 垣 牆 〔圍キノ義〕 屋敷、庭、ナドノ、内外ヲ限ル圍トシテ建ツルモノ、板ー、竹ー、生ー等アリ。カキネ。

かき (名) 蠣 〔石ヨリ掻落ス意カ、殼ノ缺キタル意カ〕 介ノ名、海中ノ石ニ着キテ生ズ、多ク重リテ山ヲナシテ、動クヿ能ハズ、形、どぶがひノ一片ノ如クニシテ、一片ハ深ク、一片ハ平ナリ、表ハ粗糙ニシテ、内ハ白ク光ル、大小、形狀、齊シカラズ、潮來レバ、房ヲ開キテ小蟲ヲ食ヒ、退ケバ閉ヅ、肉白ク、味美ナリ、種類アリ。牡蠣

かぎ (名) 鉤 (一)尖ノ屈ミ曲リテ、物ニ懸ケテ引クニ用ヰル、鐵製ノ具ノ稱。(二)武器ニ、鐵ノ鉤ニ長キ柄アルモノ。鐵鉤

かぎ (名) 鍵 鑰 〔鉤ノ義〕 鎖ヲ解キ開ク具、鎖ト共ニ、製、種種アリ、鎖ノ孔ニ入レテ、鎖鬚ニ掛ケテ引キ開ク。

がき (名) 餓鬼 (一)佛經ニ、六界ノ一、亡者ノ苦ヲ受クル處、亡者、此ニ在リテ、其喉、針ノ如ク、水ヲ飲ムヿ能ハズ、食ヲ見レバ火ニ變ズトイフ。餓鬼道。(二)＃東京ニ、小兒ヲ罵リ呼ブ卑辭。(食ヲ貪ルヨリシテニ云フ)

かきあ・ぐ・グル・グレ・ゲ・ゲ・ゲヨ　(他動)(規・二)　搔上　上ノ方ヘ搔ク。揭グ。　掲　褰

かきあ・ぐ・グル・グレ・ゲ・ゲ・ゲヨ　(他動)(規・二)　書上　(一)書ニ記ス。書キ立ツ。(二)記シテ終ハル。(三)記シテ官ニ奉ル。

かきあげ　(名)　書上　(一)書キ終ハルヿ。(二)事ヲ記シテ官ニ奉ツルヿ。　申狀

かきあげ　(名)　圡　〔土ヲ搔上グル義〕　空堀ヲ堀リテ、土居ヲ築キタルマデノ城。

かきあつ・む・ムル・ムレ・イ・メ・メヨ　(他動)(規・二)　搔集　一ツニ合ハス。「昔、今ヲカキアツメ、カナシキ御物語ドモ聞エ」

かきあは・す・スル・スレ・セ・セ・セヨ　(他動)(規・二)　搔合　手ニテ寄セ合ハス。正スツクラフ。「袖カキアハセテ」　襟ー」

かきい・る・ルル・ルレ・レ・レ・レヨ　(他動)(規・二)　書入　(一)書キ加フ。　記入　(二)抵當ニスル。(證文中ニ書キ加フルヨリイフ)

かきいれ　(名)　書入　(一)書キ加フルヿ。　記入　塡字　(二)抵當。

かきいろ　(名)　柹色　代赭色ノ濃キモノ。

かきおき　(名)　書置　書キテ存スヿ。遠ク去リ、或ハ、死スル人ノ、後ニ留ムル文書。　遺書

かきお・く・ク・ク・カ・キ・ケ　(他動)(規・一)　書置　記シテ後ニ留ム。　記錄

かきおくり　(名)　搔送　櫂ニテ波ヲ搔キテ行ル舟。

かきおく・る・ル・レ・ラ・リ・レ　(他動)(規・一)　搔送　櫂ニテ搔キテ行ル。(舟ヲ)

かきおと・す・ス・セ・サ・シ・セ　(他動)(規・一)　書落　書キテ字ヲ脫ス。　脫字

かきがね　(名)　〔繫金ノ義〕　古名、カスガヒ。戶ノ樞ニ添ヘテ鎖スニ用キル環、又、鉤ナド。カケガネ。　鐶

かきがら　(名)　蠣殼　蠣ノ殼。　蠣房

かきがらばひ　(名)　蠣殼灰　カキバヒ。蠣ノ殼ヲ、石灰ヲ製スル如ク燒キタルモノ、石灰ニ代ヘテ用キル、又蛤ノ殼ヲ燒クモアリ。カヒイシバヒ。　蜃灰

かききる・ル・レ・ラ・リ・レ　(他動)(規・一)　搔切　刃ヲ内ヘ向ケテ切ル。「首ヲー」

かきぐすり　(名)　嗅藥　鼻ヨリ嗅ギ込ミテ用キル藥。　搐藥

かきくも・る・ル・レ・ラ・リ・レ　(自動)(規・一)　搔曇　くもるトイフニ同ジ。「空カキクモリ降ル雨ニ」

〔かきく・る・ルル・ルレ・レ・レ・レヨ　(自動)(規・二)　搔暮　暮ル、トイフニ同ジ。「俄ニ風吹出デ、空モカキクレヌ」

かきけ・す・ス・セ・サ・シ・セ　(他動)(規・一)　搔消　消ス、トイフニ同ジ。「ー如ク失セニケリ」

かきごし　(名)　垣越　垣ヲ隔テテ越エ來ルヿ。「ーニ、吹キ來ル風ノ、匂ニテ」

かきこみ　(名)　書込　書キコムヿ。書キ加ヘタル文。　插注

かきこ・む・ム・メ・マ・ミ・メ　(他動)(規・一)　書込　かきいるニ同ジ。

かきこ・む・ム・メ・マ・ミ・メ　(他動)(規・一)　搔込　搔キテ我ガ方ヘ寄ス。

かきこ・む・ム・メ・マ・ミ・メ　(他動)(規・一)　嗅込　鼻ニ嗅ギ入ル。

かきこも・る・ル・レ・ラ・リ・レ　(自動)(規・一)　搔籠　籠ル、トイフニ同ジ。「心イタシトテカキコモリ居給ヒヌ」

かきさき　(名)　鉤裂　鉤、又、釘ナドノ尖ニ、誤チテ衣ヲ引キカケテ、裂クヿ。

かきさぐ・る・ル・レ・ラ・リ・レ　(他動)(規・一)　搔探　探ル、トイフニ同ジ。

かきさ・す・ス・セ・サ・シ・セ　(他動)(規・一)　書止　書キテ、中途ニテ止ム。

かきしぶ　(名)　柹澁　未熟ノ澁柹ノ實ヲ搗キテ榨リ取ル汁、澁クシテ臭アリ、コレヲ一番澁、又生澁ナドイフ、其滓ニ水ヲ加ヘテ、再ヒ榨リ取ルヲ二番澁トイフ、紙、木、麻ナドニ塗リテ、朽ツルヲ防グ、其他、用多シ。　柹漆

かきす・う・ウル・ウレ・エ・エ・エヨ　(他動)(規・二)　舁据　舁キ來リテ置ク。(輿、駕籠ナド)

かきすゑる (動)　かきすうノ訛。

かきぞめ　(名)　書初　新年ニ、始メテ文字ヲ書クヿ。　試筆

かきた　(名)　蠣田　蠣ヲ畜ヒテ採ル處、海中ニ、大竹ニテ垣ヲ結ヒ、蠣ヲ着カシメテ採ル、生殖凡ソ三年ニシテ搔キ落ス、藝州ノ海岸ニアリ。　牡蠣田

がきだう　(名)　餓鬼道　餓鬼ノ條ヲ見ヨ。

かきだし　(名)　書出　(一)カキダスヿ。カキハジメ。(二)賣

込ミテリタル代物ノ價ヲ記セル書付。

かきだ・す・ス・セ・サ・シ・セ（他動）（規・二）〔書出〕（一）記シテ出ダス。（二）書キ始ム。

かぎだ・す・ス・セ・サ・シ・セ（他動）（規・二）〔嗅出〕嗅ギテ探リ知ル。

かきた・つ・ツル・ツレ・テ・テ・テヨ（他動）（規・二）〔搔立〕（一）挑グ。カキオコス。「燈心ヲ―」挑（二）カキマズ。「粉ヲ水ニ―」攪

かきた・つ・ツル・ツレ・テ・テ・テヨ（他動）（規・二）〔書立〕取リ出シテ記ス。著ルク書ク。掲記

かきたて（名）〔書立〕カキタツルコト。著ルク記スコト。掲記

‡かきたてぼう（名）〔搔立棒〕とうしんおさへニ同ジ。

かぎタバコ（名）〔嗅烟草〕烟草ヲ碎キテ粉トセルモノ、火ニ點セズ、烟ヲ吸ハズ、唯、鼻ニ入レ嗅ギテ香ヲ愛ス。

〔かきた・る・ルル・ルレ・レ・レ・レヨ（自動）（規・二）〔搔垂〕雨、雪ノ空、打曇ル。「雪カキタレテ甚ジウ降リケル」

かきつ・く・クル・クレ・ケ・ケ・ケヨ（他動）（規・二）〔書付〕記シテ留ム。錄

かぎつ・く・クル・クレ・ケ・ケ・ケヨ（他動）（規・二）〔嗅付〕嗅ギテ探リ中ツ。

（け（名）〔書付〕書キツクルコト。記シタル文書。文書

かきつばた（名）〔杜若〕〔垣之端ノ義カ、杜若ハ、やぶめうがノ誤用字〕草ノ名、葉ハ、はなあやめニ似テ大ク、色、淡シ、花、實、共ニ、亦、相似テ肥大ナリ、花色、紫ナルヲ常トスレド、淺紅、白等、種種アリ、夏ノ半ヲ盛リトス。燕子花

かきつ・む・ムル・ムレ・メ・メ・メヨ（他動）（規・二）〔書詰〕（一）記シアル。（二）絕間ナク書ク。「晝夜―」

かきて（名）〔書手〕（一）文字書ク人。（二）文字ヲ巧ニ書ク人。能書ノ人。書家

かきどほし（名）〔垣通〕（一）蔓草ノ名、多ク路旁ニ生ズ、莖ハ、方ニシテ、葉ト共ニ、毛茸アリ、香氣烈シ、葉ノ形、圓クシテ、粗ナル鋸齒アリ、薄クシテ深綠色、長キ蔕アリテ對生ス、冬ヲ歷テ凋マズ、春、別ニ苗ヲ出ス、直立五七寸、葉間ニ花ヲ開ク、淡紫ニシテ、紫ノ斑アリ、花終ハレバ、莖、地ニ伏シテ蔓トナル。積雪草（二）やぶからしノ一名。（河內）

かきと・む・ムル・ムレ・メ・メ・メヨ（他動）（規・二）〔書留〕後ニ殘サムトテ記ス。記錄

かきとめ（名）〔書留〕書キトムルコト。記シテ後ニ遺ス文書。記錄

〔かきともし（名）〔搔燈〕かいともしニ同ジ。

かきとり（名）〔書取〕書キ取ルコト。寫シタル文。記取

かきと・る・ル・レ・ラ・リ・レ（他動）（規・一）〔書取〕他ノ文章言語ヲ移シテ書ク。寫ス。記取

〔かきな（名）〔蓋草〕かりやすナリト云。

かきなが・す・ス・セ・サ・シ・セ（他動）（規・一）〔書流〕筆ノ滯リナク記ス。サラサラト書ク。

〔かきな・す・ス・セ・サ・シ・セ（他動）（規・一）搔キ鳴ラス。「秋風ニ、―琴ノ聲ニサヘ」

かきなら・す・ス・セ・サ・シ・セ（他動）（規・一）〔搔鳴〕爪ニテ搔キ彈ク。「琴ヲ―」彈

かきぬき（名）〔書拔〕カキヌクコト。拔キテ寫取リタル文。抄書

かきぬ・く・ク・ケ・カ・キ・ケ（他動）（規・一）〔書拔〕書中ノ文ノ一部ヲ寫取ル。抄略　抄寫

かきね（名）〔垣根〕（一）垣ノ根。（二）垣。

かぎのて（名）〔鉤手〕折レテ角ヲナシタル形。勾

〔かきは（名）〔堅磐〕〔かたきいはノ約〕ときはかきはノ條ヲ見ヨ。

かきばひ（名）〔蠣灰〕かきがらばひニ同ジ。

かきはん（名）〔書判〕〔印形ノ判ニ對シテイフカ〕古ヘ、文書ノ下ニ、草書ニテ、己ガ名ノ字ヲ自筆シテ證トスルヲ草名トイフ、（花書）後ニ、名ノ二字ヲ、草書ニテ、一字ニ合セ作リナドシテ、（コレヲ二合トイフ）名ヲ正シク記シタル下ニ、更ニ記ス、コレヲ―トス。花押

〔かきふ・す・スル・スレ・セ・セ・セヨ（他動）（規・二）〔搔伏〕抱キナガラ臥サス。「カキフセ奉リテ、御湯參ル」

〔かきほ（名）〔垣穗〕垣、トイフニ同ジ。「荒レニケル庭ノ―ノ苔ノ上ニ」「山賤ノ―ニ生フル撫子ニ」

かきま・ず・ズル・ズレ・ゼ・ゼ・ゼヨ（他動）（規・二）〔搔雜〕搔キテ雜ズ。カキマハス。（粉ヲ水ニナド）攪

‡かきまぜる（動）かきまずノ訛。

かきまは・す・ス・セ・サ・シ・セ（他動）（規・一）〔搔廻〕かきまずニ同ジ。

かきみだ・す・ス・セ・サ・シ・セ（他動）（規・一）〔搔亂〕整ヒタルヲ雜ゼ亂ス。擾

〔かきみだる・ル・レ・ラ・リ・レ (自動)(規・一) 搔亂 亂ル、トイフニ同ジ。「カキミダル心地シテ」心地ノミカキミダリ、艱マシウ侍ルヲ」

かきみだる・ルル・ルレ・レ・レ・レヨ (自動)(規・二) 搔亂 前條ノ語ニ同ジ。「雪、霙、カキミダレ荒ルル夜ニ」

かきん (名) 瑕瑾 (一)キズ。イタミ。(二)ハヂ。名折。恥辱。

〔かきも (名) 垣面 垣ノ面。

かきもち (名) 缺餅 (一)正月、具足餅ヲ、槌ニテ碎キ、手ニテ缺キタルモノ。(切ルヲ忌ミテナリ)(二)後ニ、別ニ、餅ヲ扁ク長ク作リテ、刃物ニテ、薄ク輪切リニシタルモノ、乾シ貯ヘテ、炙リ食フ。

かきもの (名) 書物 文ヲ書キ記シタルモノ。カキツケ。文書

かきやう (名) 加行 五十音圖ノ第二ノ行ノ名。

かきやうへんかく (名) 加行變格 語學ノ語、不規則動詞ノ第一類ノ語尾變化ノ一稱、「來」トイフ動詞ニ限ル。(篇首ノ語法指南ノ動詞ノ條ヲ見ヨ)

かきやく (名) 書役 書記ノ事ヲ勤メトスル人。モノカキ。筆吏

かぎやり (名) 鍵槍 〔鉤槍ノ義〕槍ノ一種、柄ノ、刃ニ近キ處ニ、鐵ノ鉤ヲツケタルモノ、敵ノ槍ヲ懸ケ落スニ用トス。

かぎり (名) 限 (一)限ルコト。(二)界。際。經界 (三)果。極。涯 (四)アヒダ。ホド。「鶯ノ鳴カヌ一ハ」間

かぎり (接尾) 限 他語ノ下ニ用ヰテ副詞トスル接尾語。極マデ。アルタケ。「命一働ク」アル一取ル」

かぎる・ル・レ・ラ・リ・レ (他動)(規・一) 限 (一)界ヲナス。際ヲタツ。(二)サヘギル。ヘダツ。シキル。隔

〔かぎろひ (名) かげろふニ同ジ。

かく (名) 角 (一)ツノ。「鹿一」(二)カド。スミ。「三一」「五一」稜 (三)四ツ角アル形。四角。「一ニ切ル」「一盆」「一行燈」方 (四)材木ノ四ツ角アルモノ。「三寸一」「五寸一」(五)將棊ノ駒ニ、角行ノ略。(六)五音ノ一、十二律ノ條ヲ見ヨ。(七)馬術ノ語、鐙ノ角ニテ、馬ノ脇ヲ蹴テ、馬ヲ進マシムル事。「一ヲ入ル」

かく (名) 格 (一)則。制。「一ヲ外ル」此ノ一ニテ行フ」(二)クラヰ。ミブン。ブンザイ。「家ノ一」番頭一」等級 (三)律令格式ノ一、其條ヲ見ヨ。

かく (名) 角 〔格ノ音ナリ、正鵠ヲイフ〕銃ヲ發ツ事ヲ習フニ立ツル的。「一打チ」一場」銃的

かく (名) 閣 タカドノ。樓。

かく (名) 膈 (一)胸ノ内部。「胸一」(二)病ノ名、胃ニ、膈樣癌、纖維癌ヲ生ジテ、飲食ノ胃ニ通セヌモノ。胃癌。

かく (名) 客 マラウド。キヤク。

かく・ク・ケ・カ・キ・ケ (他動)(規・一) 欠 闕 缺 (一)削ル。減ラス。不足ニナス。(二)毀ス。損フ。(器ナド) 毀損 (三)脱ス。洩ラス。オトス。「疑ヒヲ一」注釋ヲ一」闕 (四)ツヒヤス。徒ニナス。「暇ヲ一」消光 (五)オコタル。「勤メヲ一」

かく・ク・ケ・カ・キ・ケ (他動)(規・一) 搔 抓 (一)爪ヲ立テテ引ク。「癢キヲ一」(二)彈ク。「琴ヲ一」彈 (三)手ニテ押シノクル。泳ク。「水ヲ一」泳 (四)拭フ。「涙カキヤル」カキアヘヌモノハ、涙ナリケリ」(五)拂ヒ除ク。「雪ヲ一」拂 (六)切リ放ス。カキキル。「首ヲ一」吭ヲ一」切斷 (七)クシケヅル。「髮ヲ一」梳 (八)意ナク熟語ニ用ヰル。「搔キ曇ル」搔キ籠ル」搔キ捨ツ」搔キ消ス」

かく・ク・ケ・カ・キ・ケ (他動)(規・一) 書 (一)筆ニテ文字畫圖ヲ作ル。記ス。寫ス。(二)文章ニ述フ。著ハシ記ス。「歴史ヲ一」小說ヲ一」著作

かく・ク・ケ・カ・キ・ケ (他動)(規・一) 舁 一人ニテ、物ヲ棒ニサシテ肩グ。(輿、駕籠ナド)

かく・ク・ケ・カ・キ・ケ (他動)(規・一) 繫 ツナグ。懸クル。

かく・ク・ケ・カ・キ・ケ (他動)(規・一) 結ヒ作ル。編ム。組ム。「垣ヲ一」簀ヲ一」木舞ヲ一」あぐらヲ一」巢ヲ一」構成

かく・ク・ケ・カ・キ・ケ (他動)(規・一) 身ニ受ク。被ル。「恥ヲ一」汗ヲ一」濕瘡ヲ一」

かく・クル・クレ・ケ・ケ・ケヨ (自動)(規・二) 欠 闕 缺 (一)揃ヒタルモノ、滅ル。不足ス。(二)脱ク。漏ル。オツ。「事一」闕 (三)毀ル。傷ル。(器ナド) 毀損 (四)滿月ノ形、次第ニ小クナル。虧 (五)ツヒユ。徒トナル。「暇一」徒消 (六)怠リトナル。越度トナル。「勤メガ一」懈怠

かく・クル・クレ・ケ・ケ・ケヨ (他動)(規・二) 掛 (一)物ニ着ケテ下グ。釣リテ垂ラス。懸 繫 (二)亙ス。「橋ヲ一」梯子ヲ一」蜘蛛、巢ヲ一」亙 架 (三)兼ヌ。渉ラス。

「此事ヲ彼事ニ—」「官ヲ—」「行末ヲ—」「春カケテ」兼係 (四)注ギ撒ク。「水ヲ—」「鹽ヲ—」「粉ヲ—」撒 (五)釣リテ晒ラス。「獄門ニ—」梟 (六)高ク揚グ。揭グ。「帆ヲ—」揚帆 (七)載セテオク。「腰ヲ—」(八)賭事ニ物ヲ出ス。「賭物ヲ—」「命ヲ—」賭 (九)掛算ヲナス。(掛算ノ條ヲ見ヨ) 乘 (十)放ツ。付クル。「火ヲ—」放火 (十一)費ヤス。用キル。「暇ヲ—」「錢ヲ—」消費 (十二)及ボス。被ラス。「情ヲ—」「顆ミヲ—」(十三)欺ク。タバカル。「今來ムト言ヒシバカリニカケラレテ」(十四)襲フ。向クル。(熟語ニ用キル)「言ヒ—」「問ヒ—」「攻メ—」(十五)言ヒテ答ヘヲ求ム。「問ヲ—」「謎ヲ—」(十六)始ム。「讀ミ—」「爲—」(十七)泊ム。「船ヲ—」泊舟 (十八)閉ツ。鎖ス。「鎖ヲ—」「かきがねヲ—」鎖 (十九)日掛、月掛ノ錢ヲ貯フ。(日掛ノ條ヲ見ヨ)

○廿鼻ニ—。誇ル。○思ヒヲ—。慕フ。○目ニ—。助クゼワヲスル。眷顧 ○手ニ—。自ラ爲ス。躬行 ○秤ニ—。量ル。○心ニ—。氣ニ—。念フ。思案ス。消思 ○願ヲ—、祈リ願フ。禱 ○聲ヲ—。詞ヲ—。呼ブ。

かく (副) 斯 上ノ語ノ意ヲ受ケテ、下ニ移ス語。此ノ如ク。カヤウニ。如此

かぐ (名) 下愚 愚ノ甚シキモノ。

かぐ (名) 家具 家財ニ同ジ。

かぐ・グ・ゲ・ガ・ギ・ゲ (他動)(規.二) 嗅 鼻ニ受ク。鼻ニテ知ル。「香ヲ—」

がく (名) 額 (一)板、紙ナドニ文字(圖、屋、堂、樓等ノ名ナド)ヲ記シテ、門、檐、鴨柄ナドニ、高ク揭グルモノ。額面。畫ナルニモイフ。扁額 (二)ヒタヒ。(三)額銀ノ略。(四)數ノ制。高。「定—」「金—」

がく (名) 學 (一)學ブ—。敎ヲ受クル—。學問。「—ニ志ス」(二)學校。「大—」「小—」(三)學術ノ名ノ下ニ添ヘテ呼ブ語。「天文—」「地理—」「物理—」「博物—」

がく (名) 樂 (一)樂器ヲ用キテ、調ニ合ハセテ、音ヲ發シ、人ノ心ヲ樂マシムルモノ、歌、舞、コレニ伴フ。音樂。神樂、雅樂、猿樂、俗曲等、古今、雅俗、種種ナリ、各條ニ注ス。(二)專ラ、雅樂。

がく (名) 草ノ名。がくあぢさゐノ略。

がくあぢさゐ (名)〔花形、額面ノ如キニイフカ〕あぢさゐノ屬 花傘ノ圍小クシテ、外邊ニ八花ヲ列ヌ。八仙花

かくい (名) 隔意 ヘダツルココロ。心ノ打解ケヌ—。隔心

かくえり (名) 角衿 方領ニ同ジ。(盤領ノ條ヲ見ヨ)

かくか (名) 閣下 文章ノ上ニテ、宰相執政ナド、スベテ高位高官ノ名宛ノ下ニ用キル尊稱。或ハ、對稱ノ代名詞ノ如クモ用キル。

かくかう (名) 角行 將棊ノ駒ニ、四隅ノ向ヘ、遠近自在ニ進退スル—ヲ得ルモノ。略シテ、角。

がくかう (名) 學校 學問、藝術ヲ敎ヘ學バシムル處。學問所。(大—、中—、小—、專門—等)

かくかく (副) 斯ク、ヲ重ネタル語。

かくかく (名) 赫赫 カガヤク—。殊ニ著ルキ—。「光明—」「功名—」

〔かくかのとり (名) 覺賀鳥〔かくかハ鳴ク聲ナリト云〕みさごナリト云。

がくき (名) 樂器 音樂ニ用キル器。神樂ニハ、和琴、横笛、拍子等ナリ。又、和琴、琵琶、箏ヲ三絃トイヒ、皆絃ヲ彈キテ鳴ラス、大鼓、羯鼓、鉦鼓ヲ三鼓トイヒ、皆、革ヲ擊チテ鳴ラス、横笛、笙、篳篥ヲ三管トイフ、皆竹ヲ吹キ鳴ラス、コレラヲ雅樂ノ器トス。其外、腰鼓、フリツヅミ、銅拍子、ビンザサラ、琴、太鼓、胡弓、三味線、尺八、木琴、月琴等、倚、種種アリ。

がくぎん (名) 額銀 金一歩ニアタル古キ銀貨ノ名、四縁ニ線アリテ額面ノ如シ。又、額判。略シテ、額。

かくぐわい (名) 格外 格ノ外。常ノ則ニ外ルル—。格別。格段。

かくけ (名) 脚氣 古言、アシノケ。脚病。脚ノ水腫ノ病。

かくげつ (名) 隔月 一箇月ヅツ隔ツル—。一月置。

かくげん (名) 格言 法トスベキ言。「聖人ノ—」

かくご (名) 覺悟 (一)サトル—。(二)預メ心ニ思ヒマウクル—。ココロガマヘ。用心。期待 ○—ノ前。十分ニ心構ヘシテ居ル—。

〔かくごん (名) 恪勤 懈怠セズ勤ムル—。

〔がくさう (名) 學生ニ同ジ。

〔かくさ・ふ・フ・ヘ・ヘ・ヒ・ヘ (他動)(規.一) 隱ス、ノ延。「カクサ

ハヌ赤キ心ヲ」
かくし (名) 隱 (一)隱スヿ。(二)衣ニ縫ヒツケテ作ル小キ袋、行クニ携フル物ヲ入ル。
かく-じ (名) 角字 楷書ノ漢字ノ稱、草書、假名等ニ對シテ、方形ナレバイフ。 楷字
かく-しき (名) 格式 身分、儀式ナドノ制。 制例
〔かくしきしやう (名) 隱起請 入札。
かくしことば (名) 隱詞 他人ニ知レヌヤウニ用ヰル相圖ノ語。 隱語
かくしだ (名) 隱田 官ニ隱シテ、租稅ヲ逃レ居ル田畠。隱田。
かくしだい (名) 隱題 和歌ノ體ニイフ語、もののなノ條ヲ見ヨ。
かく-じつ (名) 隔日 一日ヅツ隔ツルヿ。一日置。
かくしどころ (名) 隱所 陰部。「裸ナル法師ノ—モ打出シテ」
かくしばいぢよ (名) 隱賣女 公許ノ娼家ナラヌ家ニテ、窃ニ抱ヘ置ク賣女。 私窠子
かく-しん (名) 隔心 きやくしんニ同ジ。隔意。
かくしめつけ (名) 隱目附 隱ニ使フ目附。隱密。 探偵
かく-しや (名) 學者 學問ニ長ケタル人。
〔かく-しやう (名) 學生 學問スル少年。
かくしをとこ (名) 隱男 密夫ニ同ジ。
かくす・ス・セ・サ・シ・セ (他動)(規・一) 隱藏 (一)顯ニ無クスル。陰ニオク。(二)葬ル。(三)秘ム。人ニ知ラセズ。 匿

かく-せい (名) 學生 學ブ人。生徒。書生。
かく-ぜつ (名) 隔絶 隔リテ中絶ユルヿ。カケハナレタルヿ。「數年—」千里—」
かく-ぜん (名) 愕然 驚ク狀ニイフ語。
かく-だう (名) 額堂 神社、佛寺ノ傍ニ、祈念ノ爲ニ、信者ノ奉納スル額ヲ掲ゲ置クニ用ヰル建物。
かく-だん (副) 格段 格別、ニ同ジ。
かく-つう (名) 各通 書狀ナド、銘銘ヘ一通ヅツ宛テ送ルヿ。(連名ナルニ對シテイフ)
かくて (接) 斯而 斯クアリテ。サテ。ソレヨリ。 而
かく-とう (名) 學頭 (一)大學頭。(二)學校ノ長。
〔カクナミ (名) 漢南 〔豐臣太閤、征韓ノ役ニ、明ノ李如松ノ兵ヲ—勢トイヘリ、其分捕ノモノニヤ〕一種ノ鍔ノ稱。
〔かくなわ (名) かくのあわノ約。「人心、思ヒ亂ルル、—ノ、トニモカクニモ、結ボホレツツ」
かく-にん (名) 樂人 樂ヲ奏スル人。(專ラ、雅樂ニイフ) 伶人
かく-ねん (名) 隔年 一年ヅツ隔ツルヿ。一年置。
〔かくのあわ (名) 結果 〔香菓ノ泡ノ意カト云〕食物、其形、緒ヲ結フガ如シトイヒ、からくだものノ油物ナリトモ云ヘリ。カクナワ。
〔かくのこのみ (名) 次條ノ語ニ同ジ。
〔かくのみ (名) 香菓 橘ノ實ノ古名。「非時ノ—」
かく-のり (名) 角乘 水ノ上ニ、角ノ材木ヲ流シテ、コレニ乘リテ種種ノ伎ヲナスヿ。

〔かくはし・シキ・シケレ・シク・シク (形・二) 馨 〔香細シノ略〕香美シ。カウバシ。「カグハシキ、花橘ヲ、玉ニヌキ」
かく-ばん (名) 隔番 一度ヅツ隔テテ、代ル代ルニ勤ムルヿ。カハリバン。 交番
かく-ばん (名) 額判 額銀ニ同ジ。
かく-ひつ (名) 擱筆 筆ヲサシオクヿ。文ヲ書キ止ムルヿ。
かくひどり (名) 蚊食鳥 かはもりノ一名。(畿內)
〔かく-びやう (名) 脚病 脚氣ニ同ジ。
〔かく-ふ・フ・ヘ・ハ・ヒ・ヘ (他動)(規・一) 圍 かこふ、かこむニ同ジ。
かくぶつ (名) 魚ノ名、杜父魚ノ類、大ナルモノ。(越前)
かくべゑじし (名) 角兵衛獅子 (一)獅子頭ノ名。(名工ノ名ニ起ル) (二)越後獅子。(其舞ノ創意人ノ名ニ出ヅト云)
かく-べつ (副) 格別 常ノ則ニ外レテ。取リ分ケテ。別段。格段。 特
かく-ぼく (名) 學僕 弟子ニテ、僕ニ使ハルルモノ。
かくまふ・フ・ヘ・ハ・ヒ・ヘ (他動)(規・一) 〔圍ムノ延〕窃ニ隱シ置ク。「罪人ヲ—」 隱匿
〔かくみ (名) 圍ニ同ジ。
〔かく-む・ム・メ・マ・ミ・メ (他動)(規・一) 圍ム、ニ同ジ。
かく-めい (名) 革命 (一)天命ノ革マルヿ。世ニ變アリテ、政府ノ改リナドスルヿ。(二)辛酉ノ歲ノ稱 陰陽家ニテ、此歲ハ、天下靜ナラズ、君臣剋賊ノ運ナリナドイヒテ、御祈アリ、改元ナドアリ。

がくめん (名) 額面 額トイフニ同ジ。

がくもん (名) 學問 學ビテ問フコト。敎ヲ受ケテ學ブコト。學藝ヲ習フコト。學

がくもん-じよ (名) 學問所 學問スルニ用ヰル家。學校

かくや (名) 〔古ク、かくやくノ香物ナドイヘルモ見ユ〕 香物ニ、澤庵漬ノ大根ヲ細カニ刻ミタルモノノ稱。

がく-や (名) 樂屋 能、歌舞妓等ニ、舞臺ノ後ニアル席、卽チ、裝束ヲ着クル處。戲房

かぐら (名) 神樂 〔神座ノ略カ、神樂ノ轉カ〕 カミアソビ。音樂ノ太古ヨリ傳ハレルモノ、神事ニ奏ス、歌アリ、舞アリ、樂器ハ、和琴、大和笛、拍子ナリ、今、篳篥ヲ加フ、神樂歌、催馬樂、神遊、大和舞ナドアリ。伊勢ノ神宮ニ行フ太太一ハ、神樂ニ準ヘテ後世作レルモノ、太鼓、腰鼓、笛、銅鈸子ニテ舞アルノミ。又、諸國ノ土俗ニテ、祭祀ニ戲曲ヲナスモノヲ里一ナドイフ。

がく-らう (名) 閣老 老中ノ異稱。

かぐら-うた (名) 神樂歌 神樂ニ合ハセテウタフ歌、凡ソ三十七曲アリトイフ。

かぐら-さん (名) 神樂算 車地ノ條ヲ見ヨ。

かぐら-すず (名) 神樂鈴 (一)數箇ノ小キ鈴ヲ、太キ銅針ニ綴リテ、柄ヲ付ケルモノ。(二)草ノ名、花形、一ニ似タリ。

〔かぐら-づき (名) 神樂月 陰曆、十一月ノ異名。

〔かく-る・ル・レ・ラ・リ・レ (自動) (規・一) 隱 次條ノ語ニ同ジ。「淡路ノ島ハ、夕サレバ、雲居カクリヌ」

かく-る・ルル・ルレ・レ・レ・レロ (自動) (規・二) 隱 〔日暮ルノ義カト云〕 (一)顯ニ無ク爲ル。陰ニナリテ見エズ。(二)死ヌ。(貴人、尊長ニイフ)「一條院、カクレ給ヒニケレバ」長逝 (三)潛ミ失ス。匿

かくれ (名) 隱 (一)カクルルコト。(二)物陰。「ヤウヤウ一ノ方ニ引入レテ」一ニ持テ行キテ」山ノ一」山一」島一」岩一」 陰處

かくれ-あそび (名) 隱遊 小兒ノ戲ニ、數人、物陰ニ隱レテ、一人コレヲ探リ出スコト。カクレンバウ。迷藏

かくれ-いは (名) 隱岩 海中ノ岩ノ、波ノ下ニ隱レテアルモノ。暗礁

がくれう (名) 學寮 學校ノ內ニテ、生徒ノ寄留スル處。

かくれ-が (名) 隱家 〔隱處ノ義〕 (一)世事ヲ避ケテ隱レ住ム家。隱居 (二)盜人ナドノ身ヲ潛メテ匿レ居ル處。

かくれ-がさ (名) 隱笠 かくれみのノ條ヲ見ヨ。

〔かくれ-ぬ (名) 隱沼 物陰ニナリタル沼。「一ノ、蘆ノ下根ノ」「一ノ、下ヨリ根ザス、アヤメグサ」

かくれ-ばう (名) かくれあそびニ同ジ。

〔かくれ-みち (名) 間道 〔隱路ノ義〕 ヌケミチ。間道。

かくれ-みの (名) 隱蓑 (一)身ヲ隱スニ着ル蓑ナリト云。「一、隱笠ヲモ、得テシカナ、キタリト人ニ、知ラレザルベク」一、ウキ名ヲカクス、方モナシ、心ニ鬼ヲ、ツクル身ナレド」(二)今、蓑ニ飾アルモノヲ畫キテ實ノ名トモス。コレニ添ヘテ、飾アル笠ヲ畫キテ、隱笠トイフ。(三)草ノ名、花、實、共ニ、菫ニ似タリ。オホスミレ。(四)樹ノ名、常綠ノ木ニシテ、葉、桐ニ似テ小シ。

‡かくれんばう (名) かくれあそびニ同ジ。(東京)

‡かくれる (動) 隱ルノ訛。

かくろ-し・キ・ケレ・ク・ク (形・一) 黑 〔かハ發語ナリ〕 黑シ、トイフニ同ジ。

〔かくろ-ふ・フ・ヘ・ハ・ヒ・ヘ (自動) (規・一) 隱ルノ延。「木陰ニカクロヒテ」

〔かくろ-ふ・フル・フレ・ヘ・ヘ・ヘロ (自動) (規・二) 隱ルノ延。「晝モ、イト、カクロヘタル狀ニテ」女ノヤウニ、カクロヘ入リ給フ」

がくわん-せき (名) 鵝管石 (一)いしさくノ漢名。(二)又、鍾乳石ノ中虛ナルモノノ漢名。

〔かけ (名) 鷄 〔鳴聲ヲ以テ名トス、かけろノ條ヲ見ヨ、家鷄ノ音ナリトイフハ、誤レリ〕 にはとりノ古名。「庭ツ鳥、一ハ啼ク」庭ツ鳥、一ノ垂尾ノ」

かけ (名) 賭 勝負事ニ、互ニ物ヲ出シテ、勝チタル方、コレヲ取ルコト。

かけ (名) 掛 (一)婦人ノ服、うちかけノ略、其條ヲ見ヨ。(二)滯ヲ絡初ムル方ノ端。(三)掛賣、又、其代。「一ニテナル」一ヲ取ル」

かけ (名) 驅 馬術ノ語、かけあしヲ見ヨ。「一ヲ逐フ」

かけ (名) 欠 闕 缺 (一)欠クルコト。(二)毀レタル端。(器ナドノ) 缺片

かげ (名) 景 〔日氣ノ義カ〕 日、月、火、ナドノ光。「一ヨワリタル夕日ノ」早ク毛暮ルル、冬ノ一哉」火ノ一」月

ノー」

かげ (名) 影 〔景ニテ映シ出ス物ノ意〕 (一)光ニテ映シ出ス形。「障子ノ人ー」 (二)物ノ形ノソノママニ、鏡、水ナドニ映ツリテ見ユルモノ。 (三)姿。人ノ身。「ーヲ隱ス」

かげ (名) 陰 〔影ニ當ル處ノ意〕 (一)光ノ當ラヌ暗キ處。「山ノー」家ノー」 (二)人目ニ顯ハナラヌ處。ヒソカナル丁。「ーニテ誹ル」ーナガラ憂フ」ー言」

かげ (名) 蔭 〔人ノ陰ニタヨル意〕 人ノ力ニ依ル丁。他ノ助ケ。「ート頼ム」ーニ依ル」御ー」

かげ (名) 鹿毛 馬ノ毛ノ名、鹿ノ毛ニ似テ茶褐ナルモノ。 騮駵

がけ (名) 崖 〔懸ノ意カ〕 山、岡ノ岸ノ、直ニ峙チタル處。キリギシ。

かげあし (名) 駈足 (一)走ル丁。 (二)馬術ニ、馬ヲ最モ迅ク走ラスル丁。カケ。

かけあは・す・スル・スレ・セ・セ・セヨ (他動) (規・二) 駈合 騎ヲ馳セ近ヅケテ闘フ。

かけあは・す・スル・スレ・セ・セ・セヨ (他動) (規・二) 掛合 彼ニ係ケテ此ニ合ハス。 照應

かけあひ (名) 掛合 (一)カケアフ丁。 照應 (二)ハナシアヒ。談合。 詢議 (三)互ニ行フ丁。代リ代リニ爲ス丁。「ーニ讀ム」ーニ歌フ」ーニ叩ク」 交互 (四)俳優ノ、數人、代リ代リニ詞ヲ述ブル丁。 賓

かけあ・ふ・フ・ヘ・ヘ・ヒ・ヘ (自動) (規・一) 掛合 (一)彼ニ係リテ、此ニ合フ。 照應 (二)話シ合フ。談合ス。 詢議

かけうり (名) 掛賣 價ノ代ヲ貸シテ物ヲ賣ル丁。カシウリ。 賒賣

かけおち (名) 駈落 跡ヲ晦シテ逃ゲ失スル丁。(惡事ナドシテ) 逐電。出奔。 亡命

〔かけおび (名) 掛帶 古ヘノ女ノ装飾、唐衣ト同ジ地ニテ、繡アリ、裳ニ着ク、唐衣着テ、次ニ頸ニ掛クト云。

〔かけがう (名) 懸香 香具ヲ合ハセテ、絹袋ニ包ミ、室内ニ懸ケテ、惡臭ヲ避クルモノト云。 香嚢

〔かけかけ・し・シキ・シケレ・シク・シク (形・二) 心ニ懸クル狀ナリ。(多クハ男女ノ事ニ)「今ハ、北方モ、オトナビハテテ、カノ昔ノ、カケカケシキ筋、思ヒハナレ給ヒニヤ」

かけがね (名) 繋金 かきがねニ同ジ。

かけがへ (名) 掛替 物ノ用ヰニナラヌーアラムガ爲ニ、ソレト同ジ品ヲ、預メ備ヘオク丁。ヒカヘ。カハリ。 副

かけがみ (名) 懸紙 禮紙ノ條ヲ見ヨ。

かげぐち (名) 陰口 かげごとニ同ジ。

かけくら・ぶ・ブル・ブレ・ベ・ベ・ベヨ (他動) (規・二) 掛比 擬ヘテ比ブ。 比較

かけくらべ (名) 掛比 カケクラブル丁。相合ハセテ比ブル丁。 比較

かけくらべ (名) 駈競 小兒ノ戯ニ、相走リテ遲速ヲ競フ丁。 競走

かけご (名) 懸子 他ノ匣ノ縁ニ懸ケテ、其中ニ塡ルヤウニ作レル扁キ匣。 替匣

かけごと (名) 賭事 物ヲ賭ケテスル勝負事、(博奕ナド)

かげごと (名) 陰言 人ノ居ラヌ陰ニテ、其人ヲ誹リナドスル丁。カゲグチ。シリウゴト。アトウガタリ。 後言

かけごゑ (名) 掛聲 (一)歌ヲウタフトキ、曲節ノ間ヲ示スニ發スル聲。 (二)車ヲ推シ、綱ヲ曳クナド、數人、力ヲ一時ニ出ストキニ發スル聲。 許邪

かけざん (名) 掛算 算術ノ語、若干ノ數ノ上ニ、若干ノ數ヲ倍ニスル丁。 乘算

かけざを (名) 掛竿 横ニ亙シテ、衣服手拭ナド掛クルニ用ヰル竿。

かけじ (名) 掛字 掛物ノ條ヲ見ヨ。

かけじかけ (名) 掛字掛 掛物ノ紐ヲ高ク打チタル鉤ニ掛クルニ用ヰル具、竿ノ端ニ叉ヲ作ル。 畫叉

かけす (名) 懸巣 〔巣ヲ樹ノ枝ニ懸ケテ垂ルトイフ〕 鳥ノ名、山林ニ棲ミ、秋ノ末、群リ來ル、形、鳩ヨリ小ク、頭、背、腹、灰赤ニシテ、眼ノ邊、白ク、翅ハ、灰黑ニシテ、小羽ニ、青黄ノ斑アリ、喙、黑クニ一寸許、腔ノ毛黑シ、好ミテ樫ニ棲メバ、かしどりノ名モアリ、性噪惡ニシテ、小鳥ヲ捕リ食フ、畜ヒテ、諸鳥ノ聲、又ハ、人語ヲナサシム。

かけすずり (名) 懸硯 懸子ノアル硯箱。

かけせん (名) 掛錢 日掛、月掛ナドニ貯フル錢。(日掛ノ條ヲ見ヨ)

かげぜん (名) 陰膳 旅中ノ人ナドノ、食ヲ飢ウルー無カラム丁ヲ祈リテ、留守ノ者ノ、假ニ供フル膳部。

かけだし (名) 駈出 (一)走セ出ツルヿ。(二)⁺⁺俗ニ、初心。未熟。

かけだ・す・ス・セ・サ・シ・セ (自動) (規・一) 駈出 走セ出ツ。

かけだひ (名) 懸鯛 (一)干鯛雙尾ヲ、門松ニ懸ケテ飾リトスルモノ。(二)轉ジテ、スベテ、祝賀ニ、生鯛ノ雙尾ヲ、繩ニテ結ヒテ用キルモノ。

〔かけぢ (名) 懸路 石山ノ路。「山ノ—」岨ノ—」 棧道

〔かけぢから (名) 懸税 稻ヲ、穗ノママニテ、靑竹ニ懸ケテ神ニ奉ツルモノ。

かけおく (名) 掛軸 かけもの條ヲ見ヨ。

〔かけづかさ (名) 兼官ニ同ジ。

かけつ・く・クル・クレ・ケ・ケ・ケロ (自動) (規・二) 駈付 馳セテ至ル。

かけづめ (名) 距ニ同ジ。

かけづ・る・ル・レ・ラ・リ・レ (自動) (現・一) 走リメグル。「此部屋ノアタリヲカケヅリ侍レド、エナムサフラハザリツルハ」

かけて (副) 豫テ。掛テ。「—思寄ラヌ狀ニ」年頃、—モ聞キ及バザリケルヲ」

かげどうろう (名) 影燈籠 紙燈籠ノ中ニ、紙ニテ人馬ナドノ形ヲ作リツケ、機アリテ、燈火ノ氣ニテ運ラシ、影ヲ映シ見ル玩具、マハリドウロウ。 走馬燈

〔かげとも (名) 影面 〔影之面ノ約〕山ノ陽。「吉野ノ山ハ—ノ大御門ユ」山陽道」 山ノ陰ヲ背面トイフニ對ス。

かけとり (名) 掛取 掛賣ノ代ヲ取立テテマハルヿ。

又、其人。

かけながし (名) 掛流 物ヲ一度用キシノミニテ、直ニ捨ツルヿ。

〔かげなびくほし (名) 影靡星 〔三公ヲ三台星ニ比シ、内大臣、之ニ次ゲバイフ〕 内大臣ノ異稱。「官ハ—ニ近ツキ」

かげにんぎやう (名) 影人形 燈ノ光ニテ、偶人ノ影ヲ、紙ニ映シテ見スル戲、カゲヱ。 弄影戲

かけぬ・ける・ケル・ケレ・ケ・ケ・ケロ (自動) (規・四・變) 駈拔 走セテ、人ノ前ニ出ツ。

かけね (名) 掛直 實ノ價ヨリ昂クイフ價。 貳價

かけはし (名) 懸橋 嶮岨ノ崖ナドニ、板木ヲ構ヘテ亙セル路。 棧道

かけばないけ (名) 掛花瓶 花瓶ノ、壁柱ナドニ懸ケテ用キルモノ。(床ニ置クニ對ス) 懸壁瓶

かけはな・る・ル・ル・レ・レ・レ・レロ (自動) (規・二) 懸離 遙ニ離ル。遠ク隔ツ。(地ニ、時ニ)「カケハナレテモ往ヌル君哉」斯ク、カケハナレテ、久シウ爲リ給ヒヌル人ニ」 懸隔

かけひ (名) 筧 梘 〔懸樋ノ義〕 地上ニ高ク架ケテ、水ヲ通ハスル樋。(埋樋ニ對ス)

かけひき (名) 駈引 (一)軍ニ、機ヲ見テ進ミ、機ヲ見テ退クヿ。 軍機 (二)轉ジテ、商賣ニ、談判ニ、機ヲ見計ラフヿ。 機變

かげ-ひなた (名) 陰日向 (一)日ノ陰ト日向ト。 陰陽 (二)⁺⁺陰ニテ爲ルト顯ハニ爲ルト所行ノ違フヿ。

かげふ (名) 家業 家ノ本分ノ生業。

かげぶち (名) 鹿毛斑 馬ノ毛色ニ、鹿毛ニ斑アルモノ。

かけべり (名) 掛減 秤ニ掛クルニ就キテ量ノ減ルヿ。

⁺⁺かげべんけい (名) 陰辨慶 俗ニ、打付ケニハ、畏縮ミテ、人陰ニテハ、勇氣アル狀ヲナスヿ。(東京)

かげぼし (名) 陰乾 日ニ當テズシテ、物陰ニテ乾スヿ。 風乾

かげぼふし (名) 影法師 (一)ウツシヱ。カゲヱ。 影戲 (二)燈火、月光ナドニテ、人ノ影ノ障子ナドニ映リ現ハレタルモノ。 人影

かげま (名) 陰間 男色ヲ賣ル童。夜郎。 孌童

〔かけまくも (副) 〔掛ケムモノ延〕 言ノ葉ニ掛ケムモ、「—畏シ」—ユユシキカモ」—カタジケナキ」

かげみち (名) 陰路 物陰ニナリタル路。「岩ノ—」

かげん (名) 下弦 ゆみはりづきノ條ヲ見ヨ。

かげん (名) 下元 上元ノ條ヲ見ヨ。

かげん (名) 寡言 ミヤビコトバ。正シクシテ善キ言。(俗言、俚言ニ對ス)

かけむかひ (名) 掛向 他人ヲ交ヘズシテ、二人相向ヒ居ルヿ。サシムカヒ。「夫婦—」 耦坐 當面

かけめ (名) 掛目 秤ニ掛ケタル目方。量目。 量目

かけめ (名) 欠目 (一)不足スル目方。 虧減 (二)物事ノ缺ケテ全カラヌ部。 缺處

かけもち (名) 掛持 兩事ヲ兼ネテ受持ツヿ。「—ノ—」兼帶。 兼務

かけもの (名) 掛物 (一)書畫ヲ、軸ニ卷クベク裱具シテ、床間、壁ナドニ掛ケテ見ルモノ。掛軸。書ナルヲ掛字

トイフ、畫ナルヲ掛畫、畫軸ナドイフ。書畫幅 (二)乾菓子ノ、おほりがけ、又ハ、ひがけニシタルモノ。

かけもの (名) 賭物 賭事ニ賭クル品物。

かけや (名) 掛矢 木槌ノ大ナルモノ、杙ヲ打チ込ミ、又ハ、門戸ナド毀ツニ用ヰル。大槌

かげゆ-し (名) 勘解由使 官名、解由狀ノ事實ヲ勘フルヿヲ掌ル。(解由狀ノ條、見合ハスベシ)

かげりう (名) 陰流 新陰流ノ條ヲ見ヨ。

かけ-る・ル・レ・ラ・リ・レ (自動) (規・一) 翔 空高ク飛ビ行ク。(鳥ニ)

††か-ける・ケル・ケレ・ケ・ケ・ケヨ (自動) (規・四・變) 駈 走ルニ同ジ。

††かける (動) 掛ク(規・二)欠ク(規・二) 等ノ訛。

かげ-る・ル・レ・ラ・リ・レ (自動) (規・一) 陰 (一)陰トナルゲ毛ル。(二)日、傾ク。昃

〔かけろ (感) 鶏ノ鳴ク聲ニイフ辭。「庭ツ鳥ハ一ト鳴キヌナリ」

〔かげろひ (名) かげろふニ同ジ。

かげろふ (名) 陽炎 〔かげろひノ轉〕 カゲロフ一。春ノ長閑ナル日ニ、空中ニ、チラチラト立上リテ見ユル氣。カギロヒ。カゲロヒ。イトユフ。

かげろふ (名) 〔閃キ飛ブヿ、陽炎ノ如シ〕 (一)古クハ、蜻蛉ニ一ノ、物ハカナゲニ飛ビチガフヲ」(二)又、蟲ノ名、いささむしノ羽化セルモノ、秋ノ半ニ、水邊ニ多ク飛ブ、長サ五六七分、昔ハとんはうノ如クニシテ、甚ダ小ク、翅薄クシテ、四翅一處ニ重ナル、身狹ク細ソクシテ、淡黄ナリ、尾甚ダ長ク細ソクシテ絲ノ如シ。白露蟲 (三)蜉蝣ノ一稱。(四)介ノ名、人ノ爪ノ形ニテ紺色ナリ。

〔かげろ-ふ・フ・ヘ・ハ・ヒ・ヘ (自動) (規・一) 〔影ヲハタラカス〕 (一)日月ノ光、ホノメク。ヒラメク。「夕月夜、一窓ハ、涼シクテ」冬ノ日ノ、カゲロヒアヘズ、暮ルル空哉」(二)陰ニナル。「タツク日、雲ヒトムラニ、カゲロヒテ」夕日ハ峯ニカゲロヒテ」

かけゑ (名) 掛畫 掛物ノ條ヲ見ヨ。

かげゑ (名) 影繪 硝子ニ、人物等ヲ畫キ、燈ノ光ニテ、畫ヲ、障紙、白布ナドニ映シ見スル戲。ウツシヱ。(和蘭人ノ伎ヲ傳フ) 影戲

かけを (名) 懸緒 冠ノ緒、元ハ紙縒ナリ、今ハ組懸トス。

〔かこ (名) 鹿子 鹿ノ兒カノコ。

かこ (名) 水夫 〔鹿子ノ義、應神紀ノ播磨ノ鹿子水門ノ故事ニ起ル〕 船ヲアヤツリ遣ル者。舟子。

〔かこ (名) 鉸具 〔鉤ノ轉カト云、或ハ字ノ音ナラムカ〕 (一)革帶ノ端ニ鉤アリテ、約ムル用トスルモノ、銅ニテ作ル。「常陸帶ノ、カゴトバカリモ逢ハナキ戀モスル哉」 帶鉤 (二)鐙ノ頭ナル鐵環ノ中ノひおよがね。又、カコガシラ。訛シテ、タコガシラ。「積ル思ヒヲ、武藏鐙、カゴトニカケテ、言ヒ知ラセツル」

かご (名) 籠 〔圍籠ノ略カ〕 竹ヲ削リテ編ミ造レル種種ノ器ノ總名。籃

かご (名) 駕籠 人ヲ載セテ、二人、前後、舁キ行ク具、籠作リナルヲ元トス。籃輿 後ニ、貴人ノ用ニハ、輿ノ蓋ノ上ニ、棒ヲ竪ニ付ケテ、左右ニ戸ヲ設ク。乘物。長棒一、切棒一、引戸一、垂一、山一、四手一等、製、種種アリ、各條ニ注ス。肩輿 轎

か-ご (名) 加護 神佛ノ、通力ヲ加ヘテ護ルヿ。

かご-うつし (名) 籠寫 書畫ナドヲ、中ヲ空白ニシ、緣線ノミニテ寫シ取ルヿ。フタヘガキ。カゴヌキ。雙鉤

かご-かき (名) 駕籠舁 駕籠ヲ舁ク者。轎夫

かご-がしら (名) 鉸具ノ條ヲ見ヨ。

〔かごかに (副) 四方、打圍ミテ。打籠リテ。カコヤカニ。「邊ハ、人繁キヤウナレド、イトー侍ルト聞エテ、知リツタヘ給フ人モ無ケレバ、カコカナルナラヒニテ、年頃、隱ヘ侍リツルナリ」

か-こく (名) 苛酷 ムゴクカラキヿ。サジニ慈悲ノ心無キヿ。

かご-じ (名) 籠字 籠寫ニシタル文字。雙鉤字

かごじ (名) ぐわおじヲ見ヨ。

かごぜ (名) ぐわおじヲ見ヨ。

かご-そ (名) 駕籠訴 貴人ノ通行ノ乘物ニ就キテ、越訴スルヿ、下ノ情ノ上ニ通セザル時ナド、法ヲ犯シテスルヿナリ。闌輿上書

かこ-つ・ツ・テ・タ・チ・テ (他動) (規・一) 託 〔假言ヲハタラカセタル語カ〕 (一)かこつくニ同ジ。「サノミナド、涙ノ袮ト、一ラム」(二)轉ジテ、侘言イフ。歎キイフ。「ツレナキ空ヲ、ナホカコツカナ」秋ノ夜ノ長キヲカコタレテ 很ムベキ人モナク、神佛ヲモカコタム方ナキハ」

かこつ-く・クル・クレ・ケ・キ・ケヨ (他動) (規・二) 託 〔假言付

クル意カ〕言ニテカツク。事寄スゾノ所爲トス。イヒタテ
ラス。
かこつけ (名) 託 カコツクルコ。ゴトヨスルコ。イヒグサ。
†かこつける (動) かこつくノ訛。
〔かごと (名) 託言 〔假言ノ略〕(一)託クル言。「ウカヒタル心ノスサビニ、人ヲイタヅラニナシツル一負ヒヌベキガ、イトカラキナリ」(二)轉ジテ、イヒワケマデニ、少シナルコ。「一バカリモ、逢ヒ見テシガナ」「一バカリモ、逢ハムトゾ思フ」
〔かごとがま・し・しき・しく・しけれ・しく (形.二) 託言イフ狀ナリ。「ツレヅレト、我ガ泣キ暮ラス夏ノ日ヲ、カゴトガマシキ、蟲ノ聲カナ」
かごぬき (名) 籠拔 かごうつしニ同ジ。
かごぬけ (名) 籠拔 輕業ニ、長キ竹籠ノ底ナキヲ横ニシ、身ヲ側メ躍ラシテ、其中ヲ潜リ拔クルコ。
かこひ (名) 圍 (一)カコフコ。カコヒオクモノ。(二)垣。屛。墻 (三)茶家ノ語、數寄屋ニ同ジ。足利義政ノ頃ノ僧、珠光、茶道ノ祖タリ、嘗テ、慈照寺中ニ、四疊半、方丈ノ室ヲ設ケテ、屛障コレヲ圍ヘルニ起ルト云。
かこふ・ふ・へ・へ・ひ・へ (他動)(規.二) 圍 (一)四方ヲ繞ラシ限ル。周ヲ塞グ。カコム。トリマク。(二)匿シオク。カクマフ。圍 (三)收メ貯フ。貯
かこみ (名) 圍 (一)カコムコ。(二)四方ヲ繞ル距離。メグリ。太サ。「徑ニ對ス」「一三尺」(三)圍ミテ攻ムルコ。「城ノ一ヲ解ク」敵圍
かこむ・む・め・ま・み・め (他動)(規.一) 圍 〔圍キ込ムノ意カ〕カクム。カコフ。トマク。

かごや (名) 駕籠屋 駕籠舁クコヲ業トスル者。カゴカキ。輿丁
〔かこやかニ (副) 打圍マレテアル狀ニイフ語。カコカニ。「二條ノ院ノカコヤカナル家ニ、暫シトテ居エ給ヘレバ」
かさ (名) 笠 (一)雨ヲ防ギ、又ハ、日光ヲ遮ラムガ爲ニ頭上ニ被ルモノノ總名、さしがさニ對シテ、かぶりがさナドイフ。菅一、藺一、綾藺一、市女一、陣一、ナド各條ニ注ス。(二)又、さしがさ、からかさヲ略シテモイフ、各條ヲ見ヨ。
かさ (名) 蓋 〔笠ノ義〕塗椀ノ蓋。
かさ (名) 毬 〔笠ノ義〕松ノ實ナドノ殼。「松一」
かさ (名) 暈 〔笠ヲ負フガ如キ意〕空氣ノ中ニ、水蒸氣多キ時、日月ノ周ニ見ユル輪ノ如キ影。「雪ト見テ、陰ニ櫻ノ亂ルレバ、花ノ一着ル春ノ夜ノ月」
かさ (名) 瘡 〔瘡ノ轉カ、重ナル義カ〕(一)皮膚ニ生ズル病ノ總名。ハレモノ。デキモノ。腫物。(二)俗ニ、專ラ、黴毒ノ稱。〔唐瘡ノ略〕
かさ (名) 嵩 〔重ナル意〕(一)堆ク重ナリタル物ノ高サ、並ニ、廣。層 (二)數、度、量ノ多サ。量
○一ニカカル。彌ガ上ニ重ナル。
かざ (名) 風 風ノ轉、熟語ニノミ用ヰル。「一見」一折」一車」
かざ (名) 氣 〔香ザスノ意カ、風ノ轉カ〕香ニホヒ。カヲリ。〔香、臭、共ニイフ〕
かざあな (名) 風穴 (一)風拔ノ孔。〔壁、屛、ナドニ〕(二)風ノ吹キ出ヅル穴。〔山腹ナドノ〕

かざい (名) 家財 家ノ中ニテ用ヰル器ノ總名。家具。家什
かざいれ (名) 風入 むしぼしノ條ヲ見ヨ。
かさう (名) 家相 家ノ構造、地位、方向ナドヲ相テ、吉凶ヲイフ技。
かざう (名) 家藏 家ニ藏メテ持チ傳フルコ。
〔かざがくれ (名) 風隱 風ニ當ラヌヤウ物陰ニ隱ルルコ。「櫻花、一ニヤ植ウベカリケル」來テ見ルニ舟無シ、シバシハ、一ニサシカクシタルカト見ルホドニ」
かさがけ (名) 笠懸 騎射ノ式、元ハ、綾藺笠ヲ竿ニ掛ケテ射タリ。後ニ、遠一トテ、種種ノ的ヲ用ヰル。常ニハ、藁ヲ革ニテ包ミテ的トシ、だくのりニテ射ル、素袍、折烏帽子、行縢、蟇目ノ矢ナリト云。
かさかさ (副) 剛ク乾キタルモノノ相觸ルル音ニイフ語。
かざかみ (名) 風上 風ノ吹キ起ル方。上風
かさぎ (名) 笠木 門、鳥居ノ上ニ、横ニ亙ス木。衡木
かざきり (名) 風切 (一)船ニ立テテ風向ヲ候フ旗。定風旗 (二)鳥ノ腋ノ下ニアル短キ羽ノ名、因テ風ヲ切リテ飛ブトイフ。翮 (三)鳥ノ名、燕ノ類、若州遠敷郡ノ海邊ノ洞中ニ棲ムト云。
かさく (名) 家作 ヤヅクリ。作リタル家。
〔かさぐさ (名) 瘡草 〔瘡ヲ治スレバイフト〕だうくわんさうノ條ヲ見ヨ。王不留行
かざぐすり (名) 風藥 風邪ニ用ヰル藥。
かざぐるま (名) 風車 (一)大ナル輪ノ周ニ翅ヲアマタ

添ヘテ、風ノ力ヲ用ヰテ、吹キ廻ラシムルモノ、機ヲ以テ、米ヲ精ゲ、水ヲ汲ムナドノ器械トス。(二)玩具ニ、紙ニテ、小キ車輪ノ形ヲ作リ、竹ニ挿ミ、風ニ回ラシムルモノ。(三)草ノ名、てつせんノ類、花、稍、大クシテ、紫ノ心ナシ、碧、白、單瓣、重瓣ノ數品アリ、葉、大ク精ニシテ、三葉、一朶ナリ、人家ニ植ヱテ花ヲ賞ス。鐵線蓮ノ一種

かざけ (名) 風氣 (一)風吹キ起ラムトスル容子。(二)風邪ニ感ジタル心地。

かさご (名) 笠子 〔鮋ノ轉カ〕魚ノ名、形、もいをニ似テ、頭、圓ク大ク、背、高ク、腹、平ニシテ、尾ニ叉ナク、喙、尖リテ、鱗粗シ、赤クシテ、頭大ナルモノ、味美ナリ、黒キ者ニハ、星アルト無キトアリ、味、劣ル。俗ニ、アンボンタン。

かざごゑ (名) 風聲 風邪ノ爲ニ嗄レタル聲。

かささぎ (名) 鵲 鳥ノ名、大サ鴉ノ如ク、頭、背、黒クシテ褐ヲ帶ビ、肩ニ白キ羽アリ、翅ハ黒クシテ碧ニ光ル、尾ハ身ヨリ長ク、黒ク綠ニシテ光リ、其端ハ紫ニ光ル、胸腹ハ白クシテ褐ヲ帶ブ、聲、鴉ニ似テ低シ。一名、唐鴉。筑後ニ多ケレバ、筑後鴉ノ名モアリ。

〔かささぎのはし (名) 鵲橋 〔淮南子、烏鵲塡レ河而渡織女〕(一)想像ノ說ニ、七夕ニ、牽牛ト、織女ト天河ニ會スルトキ、鵲、其翼ヲモテ亙ストイフ橋。「如何セレバ、途絕初メケム、天ノ川、逢フ瀨ニワタス—」(二)禁中ヲ、天上ト見テ、其御階ノ稱。「鵲ノワタセル橋ノ霜ノ上ヲ、夜ニ踏ミワケ、コトサラニコソ」

かざし (名) 挿頭 カザスモノ。古ヘ、草木ノ花枝ヲ髮ニ刺スモノ、後ニハ、造花ヲ用ヰル、神事、式事等ニ、冠ニ加フ。挿頭花

〔かざしぐさ (名) 挿頭草 かもあふひノ異名。

かざした (名) 風下 かざしもニ同ジ。

かざしも (名) 風下 風ノ吹キ向フ方。カザシタ。「マヲチ吹ク、花ノアタリノ—ハ、時ソトモナキ雪ゾ積ミケル」下風

かさじるし (名) 笠標 軍陣ニ、隊ヲ辨別セムガ爲ニ、笠、兜等ニ着クル標、布帛等、種種ノ製アリ。笠幟 袖ニ着クルヲ袖標トイフ。

かざじるし (名) 風標 風見ニ同ジ。

かざ・す・ス・セ・サ・シ・セ (他動)(規.一) 挿頭 〔髮刺スノ略〕(一)髮ニ挿ム。(花ノ枝ナド)(二)頭ノ上ニ被フ。眼ノ上ニ陰ヲナス。「扇ヲ—」「手ヲ額ニ—」翳

かさだか (名) 嵩高 嵩ノ高クアルコト。カサムコト。

かさだか・し・キ・ケレ・ク・シ (形.二) 嵩高 積ミタル嵩、多シ。

がさつ (名) 擧動ノアララシキコト。粗暴

かさづけ (名) 笠附 前句附ノ條ヲ見ヨ。

〔かさどほろ (名) 瘢 瘡ノ痕。

〔かざながれ (名) 風流 鷹飼ノ語、鷹ノ風ニ吹カレテ逸レ行クコト。「高山ニ放レシ鷹ノ—、行方モ知ラヌ戀モスル哉」

かざなぎ (名) 風凪 海上ニ、風凪キテ、波ノ鎭マルコト。

かざなみ (名) 風波 風ニ高ク起ツ波。

かざなみ (名) 風並 風ノ吹ク方向。「—ヲ伺フ」風候

かさな・る・ル・レ・ラ・リ・レ (自動)(規.一) 重 〔嵩ニナル意カ〕(一)物、物ノ上ニ乘ル。積ル。タタマル。(物ニ)(二)更ニ加ハル。(事ニ、年月ニ)

かさ・ぬ・ヌル・ヌレ・ネ・ネ・ネヨ (他動)(規.二) 重 (一)物ヲ物ノ上ニ載ヘ積ム。タタミアグ。(二)更ニ、其上ニ加フクリカヘス。(事ニ、年月ニ)

かざぬき (名) 風拔 壁、屛ナドニ、空氣ヲ吹キ貫カスルニ設クル孔。カゼヌキ。透涼

〔かさぬひ (名) 笠縫 笠ヲ作ル者。

かさね (名) 重 (一)カサヌルコト。カサナリタルモノ。(二)袍ノ下ニ着ル服ノ名。「松—」「櫻—」「藤—」襲 (三)衣服ナド、疊ミタル物ヲ數フル語。「小袖三—」襲

かさねあ・ぐ・グル・グレ・ゲ・ゲ・ゲヨ (他動)(規.二) 重上 其上ニ重ヌ。更ニ積ム。積疊

かさねがさね (副) 重重 シバシバ。タビタビ。重重。頻數

かさねぎ (名) 重着 衣ノ上ニ衣ヲ重ネテ着ルコト。襲

かさねすずり (名) 重硯 硯匣ヲ、數箇同ジ大サニテ、重ヌベク作レルモノ。

かさねて (副) 重而 フタタビ。マタ。復

かさねる (動) 重 かさぬノ訛。

かざハチ (名) 〔瘡鉢ノ義ナラム〕 小兒ノ頭瘡ノ名。

かざはな (名) 風花 初冬ノ頃、風立チテ細雨スルコト。

かさば・る・ル・レ・ラ・リ・レ (自動)(規.一) 嵩張 嵩ムニ同ジ。
かさびる (名) 草蛭 (瘡蛭ノ義カ) 山蛭ニ同ジ。
かさぶた (名) 瘡蓋 瘡ノ癒ユルニ隨テ上ニ生ズル皮。痂
かさぼこ (名) 傘鉾 祭禮ニ用ヰル飾物、大ナル傘ノ上ニ、鉾、長刀ナド付ケテ持チ行ク。蓋幢
かさほろし (名) 風疿 (風ニ犯カサレテ起ルトス) 熱氣ニ觸レテ、皮膚ニ沸クガ如ク生ズル細カキ瘡。痱子
かざま (名) 風間 風ノ吹キ止ミタル間。
かざまち (名) 風待 港ニテ、船ノ順風ヲ待チ受ケテ居ルコト。候風
かさまつ (名) 笠松 松ノ幹枝ノ、四方ヘ廣ガリ垂レテ、笠ノ狀ヲナセルモノノ稱。偃蓋松
かざまつり (名) 風祭 海上ニ難風無カラムコトヲ祈ル祭。
かざみ (名) 風見 風ノ方向ヲ候フニ立テ置ク具、旗、又、板ナド、製、種種アリ。カザキリ。カザシルシ。占風旗 五兩
かざみ (名) かざめニ同ジ。
〔かざみ (名) 汗衫 (汗衫ノ音ノ轉) (一)古クハ、汗取ノ服。(二)後ニハ、官女、少年、初夏ナドニ、上衣トシテ用ヰル服。
〔かざみぐさ (名) 風見草 柳ノ異名。
かさ・む・ム・メ・マ・ミ・メ (自動)(規.一) 嵩 嵩、多クナル。カサバル。
かさん (名) 家產 家ニ付キタル財產。身代。身上。
かざむき (名) 風向 風ノ吹キ行ク方角。
かざめ (名) 蟹ノ一種、海ニ生ズ、甲、橫ニ廣キコト、七八寸、左右ニ、各、一刺アリ、色、赤黑クシテ、白キ點アリ、肉ノ味美ナリ。カザミ。蝤蛑
〔かさやどり (名) 笠宿 檐下、樹陰、ナドニ、暫シ雨宿スルコト。
かざよけ (名) 風除 スベテ風ヲ避クルニ立ツル物。風ヲ遮ルモノ。
かざり (名) 飾 (一)飾ルコト。ヨソホヒ。(二)飾リタル物。(三)髮。(四)餝職。
○一ヲオロス。髮ヲ剃リテ僧トナル。落飾
〔かざりぐし (名) (飾串ノ義) 冠ニ着クル飾物。冠蟬
かざりしよく (名) 餝職 金類ニテ、簪、金具ナド造ル工人。餝屋。金銀工
かざりた・つ・ツル・ツレ・テ・テ・テヨ (他動)(規.二) 飾立 盛ニ飾ル。盛飾
かざりつ・く・クル・クレ・ケ・ケ・ケヨ (他動)(規.二) 飾付 飾リ並ブル。裝陳
かざりつけ (名) 飾付 カザリツクルコト。並ベテ飾リ立テタルコト。裝陳
かざりや (名) 餝屋 餝職ニ同ジ。
かざ・る・ル・レ・ラ・リ・レ (他動)(規.一) 飾 物ヲ添ヘテ華美ニス。外見ヲ美シクナス。ヨソホフ。
かざわき (名) 風脇 風ノ吹キ向フ方ヲ避ケテ傍ナルコト。(火災ノ風下ニ)
かざをりえぼし (名) 風折烏帽子 立烏帽子ノ頂ヲ、筋違ニ折リ伏セタルモノ、略儀ニ用ヰル、左折、右折ノ別アリ。(烏帽子ノ條、見合ハスベシ)
かざをれ (名) 風折 樹、竹ノ枝ナドノ、風ニ吹カレテ折レタルコト。「片山端ノ松ノ一 椎ノ一」
かし (名) 樫 (堅シノ義、字ハ堅木ノ合) 喬木ノ名、枝葉茂ル、材堅キガ故ニ堅木ノ名モアリ、赤一、白一ノ二品アリ。櫧 赤一ハ、又、ぱらートモイフ、高サ數丈、葉ノ形、楕ニシテ厚ク、粗キ鋸齒アリテ、互生シ、冬ニ枯レズ、春、二寸許ノ穗ヲ生ジテ、黃白花ヲ開ク、栗花ノ痩セタルガ如シ、實ノ形、小ク圓ク尖リテ、熟スレバ黃褐色ナリ、苦クシテ食フベカラズ、材ノ色赤黑シ。血櫧 白一ハ、葉、狹ク小クシテ、椎ノ如ク、鋸齒アリ、實ハ、おかがしヨリ稍小クシテ、苦ミ少ク、食フベシ、材ノ色、稍白ク、最モ堅クシテ、舟車ヲ造ル等、種種ノ用ヲナス。麪櫧
かし (名) 枷 刑ノ具、今かせトモイフ、鐵、木ニテ作リ、體ニ加ヘテ、自由ナラシメザルモノ、頸ニハムルヲ頸一(盤枷)トイヒ、手ナルヲ手一(梏桎)トイヒ、足ナルヲ足一(桎械)トイフ。
かし (名) 牂牁 舟ヲ繫ク杙、又、棹。モヒクヒ。「大舟ニ、一フリタテテ」舟ハテテ、一フリシタテテ」
かし (名) 河岸 (牂牁ニ繫ク處ノ義カ、河岸ノ中略カ) 川ノ岸ノ、舟ヨリ人ノ上下スベキ處。通ジテ、海、湖ナドニモイフ。

かし (名) 貸 (一)貸スコト。(二)貸シタル金錢品物。
かし (感) 念ヲ推シテイフ意ノ感動詞、言語ノ末ニ入ル。「行ケー」見ヨー」長シー」是ゾー」
かじ (名) 家事 家内ノ用事。「ーヲ打捨テ」
がし (名) 餓死 ウヱジニ。
かしう (名) 蔓草、かしゆう、又、かしゆういもノ條ヲ見ヨ。
かしうり (名) 貸賣 價ノ代ヲ貸シテ物ヲ賣ルコト。カケウリ。賒賣
かじか (名) 鰍 魚ノ名、淡水ニ産ズ、常ニ水底ノ沙上ニ居テ浮バズ、長サ五六寸、形、はぜニ似テ肥大ニシテ、頭大ク、口廣ク、身扁ク、鱗細カシ、背ハ、淡青黒ニ黄ヲ帶ビテ、黒キ斑アリ、腹ハ黄白ナリ。杜父魚
かじか (名) 河鹿 〔鳴ク聲、鹿ニ似タレバイフト云〕蛙ニ同ジ。
かしかた (名) 貸方 貸人ニ同ジ。
〔かしかまし・シキ・シケレ・シク・シク (形・二) 囂 かしましかまびすしニ同ジ。「ー、野モ狹ニスダク、蟲ノ音ヨ」耳、カシカマシウ轟キ響ク」
かじかむ・ム・メ・マ・ミ・メ (自動) (規・一) 凍エテ働カズ。(手ナドニ) 皸手
かしぎ (名) 炊 (一)飯ヲ炊グ人。爨夫 (二)船中ニテ、飯ヲ炊グ所。
〔かしき (名) 樏 かんじきノ條ヲ見ヨ。「ーハク、越ノ山路ノ、旅スラモ」
〔かしきかて (名) 餌飯 〔炊糧ノ義ナラム〕雜炊ノ如キモノト云。
かしく (形) 恐ノ轉、婦人ノ書狀文ノ末ニ用ヰル。
かしぐ・グ・ゲ・ガ・ギ・ゲ (他動) (規・一) 炊 水ニテ煮テ、又、其蒸氣ニテ蒸ス(米、麥、粟ニ)飯ヲツクル。タク。
++かしぐ・グ・ゲ・ガ・ギ・ゲ (自動) (規・一) 傾 かたむくニ同ジ。
かじく・クル・クレ・ケ・ケ・ケヨ (自動) (規・二) (一)生ヒ立タズ。成長セズ。勢ヒ無クテアリ。「カジケタル少女」 萎 (二)コゴユ。冷ユ。チヂム。 畏寒
++かじける (動) 前條ノ語ノ訛。
かしこ (代) 彼處 地位ノ代名詞、身ヨリ最モ遠キ處ニイフ。彼ノ所。アソコ。アシコ。(ここ、そこ、ニ對ス)
かしこ (形) 恐 恐シ、ニ同ジ。「アナー」
かしこし・キ・ケレ・ク・ク (形・二) 恐 畏 (一)恐レ多シ。勿體ナシ。「掛ケマクモー」アナー」歸シ奉ラムハートテ入レ奉ル」 恐惶 (二)カタジケナシ。「目モ見エ侍ラヌニ、斯クカシコキ仰言ヲ光リニナムトテ」 忝 辱 (三)〔恐シ。「カシコキ海ニ、舟出セリ見ユ」
かしこし・キ・ケレ・ク・ク (形・二) 賢 〔智者ハ畏キ意〕(一)才能勝ル。利巧ナリ。發明ナリ。「敏ク賢ク座スメレバ」ーートテ、一人二人、世ノ中ヲ政チ知ルベキテラネバ」(二)勝レタリ。「乘リタル馬、イトーートモ見エザリツレド」御鷹、世ニ無クカシコカリツレド」 駿 (三)好シ。「男、女、イトカシコク思ヒカハシテ 異心ナカリケリ」風吹カズ、カシコキ日ナリ」カシコキ夢ナリ」(四)甚ジ。「カシコク歎ク」カシコク慾シ」カシコキ玉ノ枝 作ラセ給ヒテ」カシコク打タレ侍リツル」
かしこどころ (名) 賢所 〔畏所ノ義〕内侍所ニ同ジ。
かしこまり (名) 畏 (一)カシコマルコト。(二)〔謝辭ヲ申スコト。「御中陰、終リ給ヒナバ、急ギ御院參有テーヲコソ申サセ給ハザラメ」 拜謝 (三)〔懈怠ノイヒソケ。「久シウ對面給ハラズナリニケレバ、ソノーモ聞エムトテナム」ーモ、喜ビモ、ヒトタビニ聞エムトテ」 恐謝 (四)〔勘氣。勘當。トガメ。「源氏ノ光ル君コソ、オホヤケノ御ーニテ須磨ノ浦ニモアシタマフレ」白川ノ院ノ御ーナル頃」
かしこまる・ル・レ・ラ・リ・レ (自動) (規・一) 畏 (一)〔畏レ敬シム。「博士達、カシコマリテ候フ」 畏敬 (二)〔怠リヲ詫ブ。恐入ル。「六條ノ院ニ、イササカナル事ノタガヒメアリテ、月頃、心ノ内ニ、カシコマリ申ス事ナム侍リシヲ」 恐悚 恐謝 (三)〔敬ミテ心得。ウケタマハル。「仰ヲー」翁、カシコマリテ返言申ス」 敬承 (四)++敬ヒテヒザマヅク。 敬跪
〔かしこむ・ム・メ・マ・ミ・メ (自動) (規・一) 畏 畏シト思フ。恐レ多シト見ル。「カシコミテ申ス」
かしざしき (名) 貸座敷 (一)席料ニテ貸ス座敷。(二)揚屋 遊女屋。青樓
かじち (名) 家質 家宅ヲ質ニ入ルルコト。典房
かしづき (名) (一)カシヅクコト。養ヒ護ルコト。愛護 (二)ウシロミ。ダキモリ。傅
かしづく・ク・ケ・カ・キ・ケ (他動) (規・一) 〔恐ミ付ク意カ〕附添ヒテ大切ニ護ル。大事ニスル。養フ。「此君ヲバ、私物ニ思シ、カシヅキ給フコト、限リナシ」 愛護

かしづ・く・ク・ケ・カ・キ・ケ (自動)(規.二) 傅 後見ス。

かして (名) 貸人 金錢品物ナド貸ス人。(借人ニ對ス) 債主

かしどり (名) 樫鳥 かけすノ條ヲ見ヨ。

かしぬし (名) 貸主 貸人ニ同ジ。

かしのみの (枕) 橿實 〔椎子ナドハ、独リ結ブニ、樫ノ子ハ一ツナレバイフ〕 一箇、一人ナドイフ語ノ枕詞。

〔かしは (名) 葉 〔炊葉ノ約カ、古ヘ、食物、皆、葉ニ盛レリ〕 木ノ葉。「松ノー」朝ー」厚朴ー」紅ー」赤芽ー」青ー」本ツー」

かしは (名) 柏 〔前條ノ語ノ轉、食物ヲ、多クハ、此樹ノ葉ニ盛リタレバ、其名ヲ専ラニセシナラム〕 (一)喬木ノ名、幹ニ凹凸多シ、葉ハ、くぬぎヨリ長大ニシテ、長サ六七寸、幅三四寸、末廣クシテ尖リ、厚クシテ粗キ鋸齒アリテ互生ス、春夏ノ交、枝ノ間ニ花穗ヲ垂ル、栗ノ花ニ似テ小シ、實ハ、おかがしニ似テ大ク、蔕モ似タリ、大木ナレド、材用ニ堪ヘズ薪トシテ佳ナリ。古名、ははそ。俗ニ轉ジテ、はらそ。槲 大はらそハ、葉ノ長サ一尺餘アリ。小はらそハ、葉、三寸許、卽チ楢ナリ。(二)古ヘハ、此葉ヲ以テ、葉盤、葉椀ナドノ器ニ作リ用ヰタレバ、卽チ、食器ノ稱。「大御酒ノー」

かしは (名) 〔色、柏ノ枯葉ニ似タル意カト云、或云、蕃語ナリト〕 鷄ノ一種、羽ノ褐色ナルモノ、肉ヲ食ヿニ就キテノ名ナリ。ーめんどりトテ雌ヲ美ナリトス。 黄鷄

〔かしはぎ (名) 柏木 兵衞、衞門ノ異稱。(和歌ニ)

〔かしはで (名) 〔柏手ノ義、古ヘ葉椀、葉盤ナド、柏ノ葉ヲ食器トセルニ起ル〕 (一)飲食ノ饗膳。(二)饗膳ノ事ヲ掌ル人。 膳夫

かしはで (名) 拍手 〔饗膳、酒宴ニ、手ヲ拍チシニ起ル、卽チ拍上ノ意、拍ヲ柏ニ誤リ讀メルトニ云フハ、非ナラム〕 神祇ヲ拜スルニ、兩ノ掌ヲ拍チ鳴ラスヿ。常ニハ、二度ヅツ拍ツ。 振動拜

〔かしははさみ (名) 柏夾 〔柏ハ、白木ヲ合字ニセルナリト云〕 內裡燒亡ナドノ凶事ニ用ヰル冠ニテ、白木ノ手ナリト云。

かしはめんどり (名) 黄鷄ノ條ヲ見ヨ。

かしはもち (名) 柏餠 しんこノ餠ニ餡ヲ包ミテ、又柏ノ葉ニ包ミタルモノ、端午ノ節物トス。

がしふ (名) 我執 我意ニ偏執ナルヿ。

かしまし (形.二) 囂 〔かしかましノ略カ〕 物言、喧スシ。カシカマシ。ヤカマシ。

かしまだち (名) 鹿島立 〔鹿島、香取ノ神、天孫降臨ニ先ダチ、國土ヲ平定セシニ起ルカト云〕 首途。旅立。

かしまのことぶれ (名) 鹿島事觸 常陸ノ鹿島ノ神ノ、其年ノ豐凶ナドヲ神託アルヲ、神人、春每ニ、諸國ニ觸レ知ラセタルヿ。

かしん (名) 家臣 家ニ屬キタル臣。家人。

かじん (名) 歌人 和歌ヲ詠ム人。ウタヨミ。

かじん (名) 佳人 美人。「才子ー」

かしや (名) 貸屋 屋賃ニテ貸ス家。 賃房

かしやう (名) 嘉祥 陰曆、六月十六日ニ、疫ヲ祓フトテ、貴賤、菓餠等、數十六ヲ供ヘテ食ヿ。此事、仁明帝、承和十五年六月、神告ニ因テ、嘉祥ト改元アリテ始マレリト云。或云、後嵯峨帝ノ時、宋ノ嘉定通寶錢ヲ用ヰラレシニ始レリ、故ニ嘉定ノ字ナリ、サレバ、禁中ニテハ嘉通トモイヘリトゾ。俗間ニテハ、錢十六文ヲ以テ食物ヲ供フ。

かしやく (名) 呵責 呵リ責ムルヿ。責メサイナムヿ。「ーノ苦ミ」

かしゆう (名) 何首烏 蔓草ノ名、元ハ支那種ナリ、今ハ處處ニ植ウ、春、宿根ヨリ芽ヲ生ズ、葉ハ、互生シテ、圓ク尖ルヿ、まんだらげノ如シ、秋ノ末、蔓ノ梢ニ一尺許ノ穗ヲ成シテ、細小ノ白花ヲ綴リ開ク、いたどりノ花ニ似タリ、實ハ蓼ニ似テ小シ、根塊、小キハ、さつまいもノ如ク、大ナルハ、しろうりノ如シ、藥用トス。

かしゆう (名) 家從 家令ノ條ヲ見ヨ。

かしゆういも (名) 〔根ノ形、何首烏ニ似タレバイフ〕 薯ノ類、蔓生ス、葉ハ、やまのいもヨリ圓クシテ、大サ五寸許、花ハ、やまのいもニ同ジ、むかごノ形、大クシテ圓ク扁ク、一寸許、周ニ疣アリテ、褐色ナリ、根塊ハ、年ヲ歷テ大クナリ、圓ク扁ク、三四寸、かしゆうだまトイフ、粗キ鬚多ク、味苦シ、灰汁ニテ煠デテ、再ビ蒸テ食フ、黄ニシテ栗ノ如シ。一名、毛藷。 黄獨

かしゆうだま (名) かしゆういもノ條ヲ見ヨ。

かしよ (名) 歌書 和歌ヲ記シタル書物。

かしよ (名) 箇所 其物事ノアル所。指ストコロ。

かしよく (名) 稼穡 穀物ヲ植付ケ、耕作シ、收納スルヿ。「—ノ艱難」

〔かしよね (名) 〔淅米ノ義〕 精米ヲ水ニテ淸ク洗ヒタルモノ、多ク神ニ供フルニイフ。アラヒヨネ。洗米。 糈米

かしら (名) 頭 〔上代ノ轉カ、上ニ著キ意カ〕 (一)首ニ同ジ。(二)物事ノ最モ上、或ハ、前、或ハ、先ナル部。(三)上、前、先ニ居ル人。長。 頭目 (四)刀ノ柄頭。

かしらがき (名) 頭書 書物ノ本文ノ欄ノ上ニ、注釋、批評ナド、書キ加フルヿ。 鼇頭 標注

かしらだ・つ・ツ・テ・タ・チ・テ (自動) (規・一) 頭立 長ニ立ツ。 占首位

かしらぼね (名) 頭骨 魚ノ頭ノ中ニアル丁ノ字ノ形ヲナセル骨。 魚丁 魚枕

かじ・る・ル・レ・ラ・リ・レ (他動) (規・一) 嚙ミテ缺ク。 齧

かす (名) 滓 (一)澱。(二)好キヲ取リテ殘レル物。多ク中ニテ最モ劣レルモノ。屑。

かす (名) 糟粕 〔酒滓ノ義〕 酒ヲ釀シ、液ヲ漉シテ殘レルモノ、粕漬ナド種種ノ用ヲナス。サカカス。

かす・ス・セ・サ・シ・セ (他動) (規・一) 貸 假 戻スベキ約束ニテ他ニ物ヲ與フ。假ニ與フ。用達ツル。
○耳ヲ—。聽ク。○手ヲ—。助ク。

かす・ス・セ・サ・シ・セ (他動) (規・一) (一)漬ク。浸ス。「今日ゾ、種井ニ種ヲカシケル」 漬 (二)米ヲ水ニテ洗フ。トグ。「米淅桶」 淅

かす・スル・スレ・セ・セ・セヨ (自動) (規・二) 瘡ノ面、乾ル。痂、乾ク。 收斂

かす・スル・スレ・セ・シ・セヨ (自動) (不規・二) 嫁 トツケヨメイル。

かす・スル・スレ・セ・シ・セヨ (自動) (不規・二) 加 クハハル。增ス。「數ガ—」

かず (名) 數 (一)數フベキモノ。計リテ多キ少キアルモノ。數。(二)數ノ多キヿ。クサグサ。イロイロ。「—ノ物」「—ノ品」「—アリ」「—ヲ盡クス」「—ヲ殘サズ」 現數 (三)取出シテ數ヘ立テラルルヿ。「—ナラズ」「—ニ入ル」 貴キ人ハ、我ヲ何ノ—ニモ思サジ」

ガス (名) 瓦斯 〔Gas〕 (一)熱ニ化合シテ、氣中ニアル氣體ノモノ。(二)石炭—ノ略、石炭ヨリ取レル—、專ラ燈ヲ點ズルニ用ヰルニ就キテイフ。

がす・スル・スレ・セ・シ・セヨ (他動) (不規・二) 賀 吉事ヲ喜ビイフ。祝フ。コトブク。

かずかず (副) 數數 數多ク。イロイロ。アマタ。「—言ヒ契リテ」「—見ユ」 許多

かずかずに (副) 數數 (一)シバシバ。「—訪ハム事ヨ難カラメ」 頻數 (二)〔事每ニ行居キテ深切ニ〕「—我ヲ忘レヌモノナラバ」「—思ハヌ人ハアリトイヘド」 深切

かすかに (副) 幽 (一)確ト認メ難ク。纔ニ見分ケ聞キ分クベク。ホノカニ。「—見エ」「—聞ユ」 髣髴 (二)勢ヒナク淋シク。「七八人バカリノ御伴ニテ、イト—出デ立チ給フ」「母ナドモ失セテ、カスカナル世ニ歷ケルガ」

〔かすがひ (名) 鎹 〔金番ノ約カ〕 戸ヲ鎖スニ用ヰル金具。カキガネ。

かすがひ (名) 鎹 〔前條ノ語ノ轉〕 兩頭ノ曲リテ尖レル大釘、合セタル木石等ニ打込ミテ、繫ギ止ムル用トス。 釘絆 螞蝗絆

かすげ (名) 糟毛 馬ノ毛色ノ名、灰色ニシテ、白色ノ雜レルモノ。 油馬

かすご (名) 鯛ノ一種、形、眞鯛ニ似テ小シ、故ニ眞鯛ノ小キ者ト混ジ易シ、但シ鱗ノ色、薄黑クシテ赤ミアリ、薄靑キ小條、頭ヨリ尾ニ至ル、眼ハ、眞鯛ヨリ稍大クシテ、鮮ナリ、大ナルモノモ、尺ニ過ギズ、肉ハ眞鯛ヨリ軟ニシテ、味、稍淡シ。 棘鬣魚

〔かすざめ (名) 醅 〔滓籠ノ義カ〕 濁酒。

かすづけ (名) 糟漬 肉類、菜類ナドヲ、酒ノ糟ニ漬クルヿ。又、漬ケタルモノ。

カスティラ (名) 卵糖 〔西班牙ノ地名、Castilla ニ起リ、蘭語 Casteel brood(麪包)ノ略〕 麪粉ニ、鷄卵、砂糖ヲ和シテ、鍋ニテ、蒸燒ニシタルモノ、菓子トス、海綿ノ狀ノ如クニシテ黃ナリ。カステラ。

カステラ (名) 前條ノ語ニ同ジ。

ガスとう (名) 瓦斯燈 石炭ノ瓦斯ニテ點ス燈火。

かずとり (名) 數取 物ヲ數フルニ、若干ノ數ヲ終ヘタルトキ、標トスルモノ。「數珠ノ—」 記數 籌

かずのこ (名) 數子 〔鰊ノ子、ノ轉ナリト云〕 鯡ノ子ヲ、胞ノママニテ、風乾ニシタルモノ、數ノ子ノ語ヲ、子孫繁榮ノ義ニ取リテ、婚姻、其他ノ祝儀ニ用ヰル。 靑魚鯑

かすひどり (名) 蚊吸鳥 形、略、み[illegible]ノ大サニシテ、全身、淺黃色ニシテ、白キ點アリ、翼ノ點ハ黃赤

ナリ、頭ヨリ背ニワタリ、竪ニ、黒キ條多シ、腹ハ黃赤黑色ナリ、眼大ク、觜甚ダ小ク、口大シ、夜出デテ、蚊、或ハ小蟲ヲ食フ。蚊母鳥

〔かず・ふ〕(他動)(規・二) 數 かぞふニ同ジ。「人ナミナミニ、カズヘ知ラルル際ノ法師モ俗モ」主計

かずへ-れう (名) 主計寮 〔數ヘノ義〕カゾフルツカサ。古ヘ民部省ニ屬セル寮、調、庸、貢獻ノ物ヲ計リテ、一年ノ國用ヲ支フルヲ掌ル。

〔かずまふ・フル・フレ・ヘ・ヘ・ヘヨ〕(他動)(規・二) 數 (一)數ノ。(二)人並ニ數ヘ入ル。「斯ク、カズマヘ給ヒテ、立寄ラセ給ヘルコト、ヨロコビ聞エ給フ」昔ニカハラズ、カズマヘ聞エ給ヒテ」

かすみ (名) 霞 (一)霞ムコ。淡キ霧ノ、日ノ方ニタナビキテ、日ノ光ヲ受ケテ、赤ク見ユルモノ。朝ナルヲあさやけトイヒ、雨ノ兆トス。旦霞 夕ナルヲゆふやけトイヒ、晴ノ兆トス。夕霞 (二)春ノ空ノ色ノ透明ラズ見ユルコ。靄

〔かすみぞめ-づき〕(名) 霞初月 陰曆、正月ノ異名。

かす・む・ム・メ・マ・ミ・メ (自動)(規・二) 霞 〔赤染ム、ノ約轉カト云〕(一)霞發ツ。(二)目ニ障アリテ明ニ見エズ。眊

かす・む・ムル・ムレ・メ・メ・メヨ (他動)(規・二) 掠 (一)一部ヲ奪ヒ去ル。少シ盜ム。カツフ。(二)少シ觸ル。「水ヲ掠メテ飛ブ」(三)ホノメカス。「アラハニハ、言ヒナサデ、カスメウレヘ給フ」カテ、ウジテ、一言バカリ、カスメ給ヘルケハヒ」諷

かすめる (動) 前條ノ語ノ訛。

〔かすも〕(名) 〔淬面ノ義〕そばかすニ同ジ。

〔かすもみ〕(名) 〔糟揉ノ義〕糟漬ノ肉。糟藏

かすり (名) 掠 (一)カスルコ。輕ク觸ルルコ。微觸 (二)筆跡ノ、渴キ消エテ見ユルコ。渴筆 (三)俗ニ、一部ヲ掠メ奪フコ。掠

かすり (名) 綛 〔掠リノ義〕染物、織物ナドニ、處處、掠リタル如ク、摸様ヲ染メ出シ、又、織リ出スモノ。

かす・る・ル・レ・ラ・リ・レ (自動)(規・一) 掠 〔輕ク摩ル意カ〕(一)輕ク摩レ觸ル。少シサハル。微觸 (二)文字ノ墨ノ跡、渴キ消エテ見ユ。筆畫渴

かす・る・ル・レ・ラ・リ・レ (他動)(規・一) 掠 掠メ奪フ。ウハマヘヲトル。

かす・れる・レル・レレ・レ・レ・レヨ (自動)(規・四・變) 掠 輕ク摩レ觸ル。微觸

カズワル (名) 鳥ノ名、かぞあるニ同ジ。

かせ (名) 桛 紡錘ニテ取ル絲ヲ繫ケ絡フ具、兩端、撞木ノ形シタリ。カセヒ。カセギ。

かせ (名) (一)枷ノ轉、其條ヲ見ヨ。「首—」手—」足—」(二)係累。「荷モ—モ」

かせ (名) 甲羸 雲丹ノ介。カセ。カブトガヒ。(うにノ條ヲ見ヨ)

かせ (名) 收髻ルコ。「疱瘡ノ—」

かぜ (名) 風 (一)空氣ノ動クモノ。(二)何處トモナク傳ヘ來ルコ。「—ノ傳言」—ノ便リ」(三)氣。サマ。ケブリゾアリ。「臆病—ガ吹ク」地頭—ヲ吹カス」

かぜ (名) 風邪 〔風ノ義〕病ノ名、寒サニ觸レテ、身ヲ冒サレ、皮膚ノ蒸發ヲ妨ケ、身體、懶クシテ倦ミタル如ク、惡風ヲ起シ、熱、又ハ、頭痛ナドヲ發スルモノ、コレニ感ズルヲ、風ヲ引ク、トイフ。ヒキカゼ。風邪。風氣。感冒。「アケクレバ、—ヲワヅラフ、身ナレドモ」—イト重キ人ニテ」

かぜ (名) 甲羸ニ同ジ。(奧州、佐渡)

か-せい (名) 加勢 勢ヒヲ加フルコ。助クルコ。助力。援

〔カセイタ〕(名) 〔葡語〕 梨實ト砂糖トニテ作リタル菓子。

かせ-いと (名) 桛絲 桛ニ絡ヒテ外シタル絲。

かせ-せいな (副) 我精 骨ヲ惜マズ勵ミ勉ムルニイフ語。「—働ク」

〔かせぎ〕(名) 〔角ノ桛木ニ似タルニイフカ〕鹿。「山深ミ、馴ルル—ノケヂカサニ」山ノ—モ馴レヤシナマシ」

かせぎ (名) 桛木 桛ニ同ジ。

かせぎ (名) 稼 カセグコ。ナリハヒ、世渡リノ業。營生

かせ・ぐ・グ・ゲ・ガ・ギ・ゲ (自動)(規・二) 稼 稼 勵ミ働ク。ホネヲル。生業ヲ務ム。

かぜしりぐさ (名) 風知草 〔漢名、知風ノ文字讀〕小知風草ニ似テ大ナルモノ。大知風草

かせづゑ (名) 鹿杖 〔桛杖ノ義、鹿ヲかせきトイフヨリ借字ス〕杖ノ頭ノ撞木ノ形ヲナシテ桛ニ似タルモノ、末ノ叉ヲナセルモアリ。シュモクヅヱ。橫首杖

かぜぬき (名) 風拔 かざぬきニ同ジ。

〔かせひ〕(名) 桛 かせニ同ジ。

かぜひき (名) 風引 風邪ニ感ジタルヿ。感冒

かぜぶか (名) 梓鰹 あゆもどきニ同ジ。

〔かぜまち-づき (名) 風待月 陰暦、六月ノ異名。

か-せん (名) 歌仙 和歌ヲ詠ムニ勝レテ妙ナル人ノ稱。「六ー」「三十六ー」 歌聖

††かせる (動) 收鑑 かすノ訛。

〔かぞ (名) 父 〔高、曾、祖、父、ト世次ヲ數フル意カト云、家母ノ音ト云フハ、非ナリ〕 父。「ー母」

かぞ (名) 楮 かうぞニ同ジ。

カソアル (名) 〔蘭語、Casoar. 英語 Cassowary.〕 火食鳥ヲ見ヨ。

〔かぞいろ (名) 父母 〔父母ノ略〕 父ト母ト。

か-ぞう (名) 加增 加ヘ增スヿ。(多ク祿ニ云フ) 進祿

か-ぞく (名) 家族 一家ノ族。

が-ぞく (名) 雅俗 雅ト俗ト。ミヤビタルト、サトビタルト。

〔かそけ-し・き・けれ・く・か (形、二) 幽ナリ。「我宿ノ、イササ村竹、吹ク風ノ、音ノカソケキ、コノ夕哉」

〔かそ-ふ・ふ・へ・は・ひ・へ (他動)(規、一) 掠ムニ同ジ。

かぞ-ふ・ふる・ふれ・へ・へ・へよ (他動)(規、二) 數 〔數ヨリ轉ズ〕 數ヲ計ル。多キ少キヲ分ケ知ル。ヨム。

かぞへ-あ-ぐ・ぐる・ぐれ・げ・げ・げよ (他動)(規、二) 數上 (一)ヒトツヒトツニ數ヘ立ツ。(二)數ヘテ終ハル。

かぞへ-き-る・る・れ・ら・り・れ (他動)(規、一) 數切 數ヘテ終ル。算結

かぞへ-た-つ・つる・つれ・て・て・てよ (他動)(規、二) 數立 一一數フ。カゾヘアグ。

††かぞへる (動) 數 かぞふノ訛。

かた (名) 肩 〔堅所ノ意ニテ、骨ノ名ナルカ〕 (一)腕ノ體ニ付ク關節ノ上ノ處。鳥ニハ、翼ノ上、獸、蟲ニハ、前脚ノ上ナリ。(二)物ノ右ノ上。「ー書」ーニ記ス」ーニ貼ル」 右上 ○ーヲ並ブ。同ジ等級ニテアリ。比肩 ○ーヲ持ツ。贔負ス。助ク。黨援 ○ーヲ脫グ。衣ノ肩ヲ脫グ。袒裼 ○ーヲ扱ク。擔ゲタルヨリ退ク。卸擔

かた (名) 形 (一)物ノ體ノ顯ハレテアル狀。カタチ。(二)模樣。文。「ーヲ染ム」占ー」 文 象 (三)錢ノ面ノ文字ノ形アル處。(四)則。法。例。タメシ。手本。「ーノ如ク」ートス」ーノ通リ」 法例 (五)抵當ノシルシ。「質ノー」

かた (名) 型模 〔形ノ義〕 鑄物ニ用キル具、內ヲ諸物ノ形象ニ空ニシテ、コレニ金類ヲ鎔シテ注ギ入レ、開ケバ其形ヲ得。土細工、紙細工ナド、亦、皆、用キル。

かた (名) 潟 〔地ノ形、現ハルル意カ〕 (一)海岸ノ、遠淺ニシテ、潮來レバ隱レ、去レバ現ハルル地。ヒカタ。 滷 斥鹵 (二)西國ニテハ、浦。入江。「松浦ー」 灣 (三)北國ニテハ、湖。沼。〔潟ノ埋レテ成レルヨリイフカ〕「福島ー」八郞ー」 湖

かた (名) 方 (一)向フトコロ。ムキ。側。方。「東ノー」左ノー」(二)其方ノ人。クミ。ナカマ。「敵ー」身ー」勘定ー」 部 (三)爲ベキテダテ。タヨリ。〔形ノ一轉セル法ノ意ナラムカ〕「造リー」爲ー」歌ヒー」ーヲツクル」 方法

かた (接頭) 片 〔一方ノ意カ〕 (一)對ノモノノ一ツナル。(諸ノ反)「ー手」ー足」ー膝」 隻 (二)半ナル。調ハヌ。「ー言」ー時」 片 (三)一方ニ寄リタル。中央ヨリ遠キ。隅ナル。「ー田舍」ー山里」 偏

かた (接尾) 方 人ヲ指シテ呼ブニ添フル敬語。「君ト殿ー」一ー」二ー」 位

かた-あげ (名) 肩上 童子ノ衣ニ、裄ヲ長目ニ作リテ、肩ノ處ニテ、程好ク縫ヒアゲテ、襞ヲナシオクヿ。〔成長ノ用ニ供フ〕

かた-あて (名) 肩當 (一)衣ノ裏ノ肩ノ處ニ、別ニ添ヘ當ツル布帛。(二)冬ノ夜ナド、枕ト肩トノ間ニ挿ム布帛。

かた-あめ (名) 固飴 飴ノ條ヲ見ヨ。

か-たい-げん (名) 假體言 語學ノ語、名詞法ニ同ジ。

かた-いぢ (名) 片意地 己ガ意地ヲ頑ニ守リテ移ラヌヿ。執拗 偏性

〔かた-いと (名) 片絲 縒リ合ハセヌ絲。「ーヲ、コナタカナタニ、ヨリカケテ、合ハズハ何ヲ、玉ノ緒ニセム」

か-だう (名) 歌道 和歌ノ道。歌學。

〔かた-うど (名) 方人 〔方人ノ音便〕 相對スル一方ノ人。身方ノ人。(歌合ナドニ)

かた-うど (名) 荷擔人 〔方人ノ義〕 助クル人。荷擔ヲスル人。 比黨

〔かた-え (名) 片枝 一方ノ枝。「邊ニ松モアリキ、ーハ無クナリニケリ」ー枯レニシ宿ノ櫻モ」

かたおち（名）片落（一）一方重クナリテ、雙方ノ釣合ヲ失フコト。偏重（二）一方ヲ贔負スルコト。依怙。偏頗。偏私（三）魚肉ナド、片身ヲ切リ落シタルモノ。片身

〔かたおひ〕（名）片生 未ダ十分ニ成長セヌコト。カタナリ。（童女ナドニ）「マダ一ナル手ノ、生先ウツクシキニテ、書キカハシ給ヘル文ドモ」

かたおもひ（名）片思 我ヨリ他ヲ戀ヒ思フノミニテ、他ハ我ヲ思ハヌコト。カタコヒ。單想思

かたかげ（名）片陰 偏リタル物陰。陰僻

〔かたかゐ〕（名）堅香子 草ノ名、かたくりニ同ジ。

〔かたかし〕（名）草ノ名、かたかゐ、かたくりニ同ジ。「世ニアフ事ノ一ノ花」

かたかた（名）片方 對ノ物ノ一ツ。一片

かたかた（副）堅キ物ノ相當ル響ニイフ語。

かたがた（名）方方 人人。（身分アル人ニイフ）「世ノオボエ、花ヤカナル御一ニモ劣ラズ」

かたがた（代）方方 對稱ノ代名詞、敬フニ用ヰ、多人數ナルニイフ。君等。「一、如何ニオボス」

〔かたがた〕（副）方方 彼方此方。カレコレ。サマザマ。「恐ロシクモ、辱ケナクモ、嬉シクモ、哀レニモ、一心移フ心地シテ、涙落チヌベシ」

かたがた（接）旁（前條ノ語ノ轉）其ノ傍ニ。且。序デニ。相兼ネテ。（書狀ノ文ニ）「報書一伺候」且

かたかな（名）片假名 假名ノ一種、假名ノ條ニ注ス。カタカンナ。一名、大和假名。

かたかは（名）片側 左カ右カ、一方ノ側。（町ノ家並ナド）

かたかま（名）片鎌 鎌槍ノ條ヲ見ヨ。

〔かたかんな〕（名）片假名ニ同ジ。

〔かたかゆ〕（名）固粥 粥ノ條ヲ見ヨ。

かたき（名）敵（難キノ意カ）（一）戰ノ相手。敵。寇（二）怨ミナドアリテ害ハムトスル人。仇。「父ノ一」（三）相手。「碁ノ一」「コトバ一」對手

〔かたぎ〕（名）模（形木ノ義）（一）物ノ象ヲ彫リタル木、其象ヲ布帛ニ摺リテ、染メ付クルニ用ヰルモノト云。（二）文字ヲ彫リタル版木。

かたぎ（名）堅木（一）堅キ木材ノ總名。（二）樫ノ一名。

かたぎ（名）固氣 身、心ノ堅固ニシテ浮薄ナラヌコト。質儀

++かたぎ（名）片食ノ轉、其條ヲ見ヨ。

かたきうち（名）敵討 あだうちニ同ジ。

かたぎぬ（名）肩衣 武家ニ用ヰル禮服、衣ノ上ニ着ル、肩ヨリ背ノミ被ヒ、前ハ衽ノミニシテ、袖ナシ、素袍ノ袖ヲ去レルモノナリトイフ。下ニ半袴ヲ着ケ、其上下、染色同ジ、合ハセテ上下トイフ。又、或ハ肩衣、半袴、色異ナルヲ用ヰルヲ、繼上下トイフ。

かたきやく（名）敵役 俳優ノ惡人ニ扮ツモノ。惡人形。惡。丑

++かた・ぐ・グ・ゲ・ガ・ギ・ゲ（自動）（規・一）偏 傾ク。カタヨル。

かた・ぐ・グル・グレ・ゲ・ゲ・ゲヨ（他動）（規・二）擔（肩ヲハタラカス）物ヲ棒ニ掛ケ、肩ニ戴セテ運ブ。肩ニ負フ。ニナフ。カツグ。

かたくち（名）片口（一）長柄ノ銚子 一方ニノミ注口アルモノ。（二）鉢ノ一方ニ注口アルモノ、酒ナドヲ口狹キ器ニ移スニ用ヰル。

〔かたくな・し・キ・ケレ・ク・ク〕（形・一）痴ナリ。愚鈍ナリ。愚

〔かたくな・し・シキ・シケレ・シク・シク〕（形・二）前條ノ語ニ同ジ。「イトド烏滸ニカタクナシキ人、道ノ心ベヘ」

かたくなは（副）頑（固拗リニ、ノ意カト云）己ガ念ヲ固ク守リテ移リ難ク。片意地ニ。ヘンクツニ。

かたくり（名）片栗（かたかゆりノ約）宿根草、二葉相對シテ生ズ、厚ク、粉綠色ニシテ、面ニ紫ナル斑アリ、仲春、葉ノ間ヨリ、一莖ヲ出シテ、梢ニ一花ヲ倒ニ垂レテ開ク、形、ひめゆりノ花ニ似テ小ク、六瓣、紫色ニシテ美シ、根塊小ク、葱ニ似テ白シ。古名、カタカゴ。又、カタコユリ。車前葉山慈姑 根ヲ碎キテ磨リ潰シ、袋ニテ漉シ、水飛シテ乾スヲ、一粉トイフ、潔白ナリ、コレヲ麪トスルヲ一麪トイヒ、餅トスルヲ一餅トイヒ、又、乾菓子、落雁ナドノ種トモス。

かたくりこ（名）片栗粉 かたくりノ條ヲ見ヨ。

かたくりめん（名）片栗麪 かたくりノ條ヲ見ヨ。

かたくる・し・シキ・シケレ・シク・シク（形・二）固苦 身持、嚴ナルニ過ギタリ。ヘンクツナリ。嚴格

かたぐるま（名）肩車（乘ル故ニ車トイフ）小兒ナドヲ項ヨリ兩肩ニ跨ガラセテ擔ゲ行クコト。坐肩

かたけ (名) 片食 朝食、又ハ、晩食ノミナルヿ。一度食フホドノ食事。「ヒトー」フター」 食

かたこ (名) かたかこノ略、かたこゆりヲ見ヨ。

かたこと (名) 片言 (一)一語ノ半。(二)小兒ノ言語ノ未ダ調ハヌヿ。

〔かたこひ (名) 片戀 我ヲ思ハヌ人ヲ戀フルヿ。カタオモヒ。「ーハ、苦シキモノト人ニ知ラセム」アハビ貝、コヤーノ、類ナルラム」

かたこゆり (名) 〔古言かたかこノ略ニ、百合ヲ添ヘタル語〕 かたくりニ同ジ。

かたさき (名) 肩先 肩ノ上。 肩頭

〔かたさま (名) 方樣 〔方方ノ義〕 其方ノ方向。「斯ルーヲ思シ好ミテ」北ノ陣ノーニ歩ミ行ク」

〔かたし (名) 鍜 (一)カタスヿ。鍜フルヿ。(二)鍜冶ヲスル人。 鍜工

かたし (名) 偏 對ナルモノノ一片。「表ノ袴ヲカヘサマニ着、ーニ足二ツヲ入レテ」

かたし・キ・ケレ・ク・ク (形・一) 堅固 (一)容易ク碎ケズ。柔カナラズ。脆カラズ。堅固ナリ。チヤウブナリ。(物ニ)(二)確ト定マリテアリ。タシカナリ。慢ナラズ。(事ニ)「心ー」身持ー」約束ー」堅ク守ル」 確 (三)嚴シ。强シ。「カタキ仰言」固ク絞ル」

かたし・キ・ケレ・ク・ク (形・二) 難 〔堅シノ轉〕 爲ルニ容易カラズ。爲カヌル。「行クヿー」及ビー」

かたしがひ (名) 介ノ殻ノ離レテ一片トナレルモノ。カタツガヒ。「伊勢島ヤ、二見ノ浦ノー、アハデ月日ヲ待ツアツレナキ」

〔かたしく・ク・ケ・カ・キ・ケ (他動) (規・二) 片敷 衣ノ片袖ヲ敷ク。(偶無クテ、寐ルコニイフ)「旅衣、袂カタシキ、今宵モヤ、草ノ枕ニ我レ獨リ寐ム」

かたじけなし・キ・ケレ・ク・ク (形・二) 忝 辱 〔難シ氣ナシノ意〕 (一)畏シ。恐レ多シ。勿體ナシ。「殿ノ御氣色ノコマヤカニ、カタジケナクモ、オハシマスカナ」宮ノ上ノ、カタジケナク、アハレニ思シタリシモ」(二)惠ミヲ受ケテ嬉シ。

〔かたじけなむ・ム・メ・マ・ミ・メ (自動) (規・一) 辱ケナシト思フ。恐レ多ク思フ。

かたしろ (名) 形代 (一)神ヲ祀ルトキ、其靈ノ代トスルモノ。 尸 (二)陰陽師ノ身滌ニ用ヰル具、紙ニテ人ノ形ヲ作リ、身ヲ撫デテ、諸ノ災ヲ移シ、身ノ代トシテ、水ニ流シヤル、(元ハ着馴レタル服ヲ用ヰシナリ)故ニ撫物ノ名モアリ、意ハ天兒ニ同ジ。一名、人形。又、身ノ災ヲ贖フガ故ニ贖物トモイフ。

〔かたす・ス・セ・サ・シ・セ (他動) (規・一) 鍜 きたふニ同ジ。

かたす・ス・セ・サ・シ・セ (他動) (規・一) 移ス。處ヲ易フ。

かたすみ (名) 片隅 一方ノ隅。カタワキ。 傍隅

かたずみ (名) 堅炭 樫、楢ナドニテ燒キ成セル炭。(土竈炭ナドニ對ス) 硬炭 剛炭

〔かたそ (名) 山ノ一方ノ岨。「山ノー」

かたそぎ (名) 宮社ノ千木ノ端ノ一邊ヲ削ギタルモノ。伊勢ノ内宮ナルハ、内ニ向ヘル方ヲ削キ、外宮ナルハ、外ヲ削ゲリ。

かたそば (名) 片傍 かたはしニ同ジ。 側

〔かたたがひ (名) 參差 〔肩違ノ義カ〕 物ノ丈ノ高ク低ク揃ハヌヿ。

〔かたたがへ (名) 方違 陰陽家ニ、他所ノ方角ニ吉凶ヲイフヿ、天一神ノアル方ヲ避クトテ、行クベキ方角ノ凶ナルトキハ、前夜、他ノ家ニ宿シ、方角ヲ違ヘナドシテ行ク。 方忌

かたたぶな (名) 堅田鮒 近江ノ湖上、堅田ノ邊ニテ捕ル鮒ノ稱、梅雨ノ候ヲ節トシ、尺以上ノモノアリ、多ク鮓トス。

かただより (名) 片便 此方ヨリノ音信ノミニテ、彼方ヨリ返事ノ無キヿ。

かたち (名) 形 (一)形ノ現ハレテアルトコロ。物ノ外ノ貌。形。(二)スガタ。ナリフリ。 容貌

かたお (名) 堅地 下地ヲ堅固ニ塗ルヿ。(漆塗ナドニ)

‡かたちんば (名) 片跛 ちんばトイフニ同ジ。

かたづ (名) 固唾 唾ヲ口ニ溜メテアルー、氣ヲ凝シテ、物言ハズシテアル時ナドニスルコトナリ。「ーヲ呑ム」

〔かたつかた (名) 〔片之方ノ義〕 片方トイフニ同ジ。

〔かたつがひ (名) 介殻ノ一片。

かたつき (名) 肩衝 茶家ニ、一種ノ形ノ茶入ノ稱。

かたづき (名) 片付 カタヅクヿ。サダマリ。ノサマリ。オチツキ。「身ノー」 安着

〔かたつく・ク・ケ・カ・キ・ケ (自動) (規・一) 偏着 一方ヘ着ク。片寄リテ付ク。「足引ノ、山カタツキテ、家居セル君」

かたづく・ク・ケ・カ・キ・ケ (自動) (規・二) 片付 (一)亂レ

タルガ定マル。調フ。治マル。オチツク。 整頓 (二)++嫁グ。ヨメイル。 嫁
かたづ・く・クル・クレ・カ・キ・ケヨ (他動)(規・二) 片付 (一)亂レタルヲ定ム。調フル。治ム。 整理 (二)++嫁ガス。ヨメイラス。 嫁
かたつぶり (名) 蝸牛 〔潟螺ノ義カ、或云、片角振ノ略轉ナラムト〕 蟲ノ名、夏時、雨濕ニ乘ジテ草樹ニ上リ、新葉ヲ食フ、晴ルレバ葉ノ下ニ隱ル、身、殼ノ中ニアリ、殼ハえたたみノ如クニシテ、薄ク脆シ、色淡黄ナルヲ常トスレド、尙種種ナリ、蓋無シ、行クトキハ殼ヲ出デ、殼ヲ負フ、身ハなめくぢニ似テ、頭ニ兩角ノ如キモノヲ出シテ、各別ニ振リテ行ク、即チ眼ニシテ四方ヲ見ルナリ、其下ニ、又短キ兩角アリ、身ニ粘液多シ。一名、デデムシ。デンデムシ。マヒマヒツブリ。
かたつま (名) かたはしニ同ジ。
++かたづ・む・ム・メ・マ・ミ・メ (自動)(規・一) かたよるニ同ジ。
++かたづ・る・ル・レ・ラ・リ・レ (自動)(規・一) かたよるニ同ジ。
かたて (名) 片手 (一)左カ右カ、一方ノ手。〔諸手ニ對ス〕 偏手 (二)一方ノ相手。
かたてうち (名) 片手擊 片手ニテ刀ヲ振リ、切リカクル事。
かたてまき (名) 片手卷 刀ノ柄絲ナド、片手ニテ卷キタル如ク卷ク事。 偏紮
かたてわざ (名) 片手業 本分ノ業ノ隙ニスル業。 餘業
かたと (名) 片戸 開戸ノ一片ナルモノ。 片扉

かたとき (名) 片時 一時ノ半。暫シノ時。片時。暫時。「一立離レ奉ラズ」一モ、見ネバ戀シキ、君ヲ置キテ」 霎時
かたど・る・ル・レ・ラ・リ・レ (自動)(規・一) 象 〔形取ルノ義〕 物ノ形ヲ摸シ取ル。眞似ル。似ス。
かたど・る・ル・レ・ラ・リ・レ (他動)(規・一) 方取 其方ニ扣ヘオク。「山ヲ後ニ一」 據
かたな (名) 刀 〔片刃ノ轉カ、片薙ノ略カ〕 (一)劍ノ片刃ナルモノ。〔諸刃ナルニ對ス〕 (二)太刀ノ小キモノ。〔柄、鞘等ノ作リアルニイフ〕 腰刀 (三)小キ刃物ノ稱。「小一」物裁一」 裁刀
〔かたな (名) 片名 二字ノ名ノ半。「重衡卿、自ラ烏帽子ヲ着セ給フ、一ヲ賜ビテ、重國トヨバレケリ」
かたなかけ (名) 刀掛 左右ニ叉アル木ヲ立テテ、横ニ刀ヲ掛ケオク具。 刀架
かたなかぢ (名) 刀鍛冶 鍛冶ノ專ラ、刀ヲ鍛ヘ作ルヲ業トスルモノ。
かたなきず (名) 刀疵 (一)刀ニテ切ラレタル傷ノ疵。 刀傷 (二)ソノ刀疵ノ愈エタル痕。 刀瘢
〔かたなし (名) 堅梨 林檎ノ古名。
〔かたなだま (名) 刀玉 田樂ナドニ、刀ヲ空ヘ投ゲ上ゲテ、手ニ受ケ取ル伎。
かたなもち (名) 刀持 貴人ノ刀ヲ持チテ從フ從者。 豎刀
〔かたなり (名) 片生 十分ニトトノハヌ事。カタオヒ。「姫君ハ、淸ラニオハシマセド、マダ一ニテ、生先ゾ推シ量ラレ給フ」
〔かたぬ・ヌル・ヌレ・ネ・ネ・ネヨ (他動)(規・二) 結 〔固クスル意〕 結ビ束ヌ。
かたぬ・ぐ・グ・グ・ガ・ギ・ゲ (自動)(規・一) 肩脱 (一)上衣ノ半ヲ脱ギテ下衣ノ肩ヲアラハス。 袒裼 (二)ハダヌグ。 肉袒
〔かたね (名) 〔固梱ノ義カ、結ネノ義カ〕 瘡ノ名、ねぶとニ同ジ。 癤
かたは (名) 片刃 刀劍ノ一片ニノミ刃ヲツケタルモノ。〔諸刃ニ對ス〕
〔かたは (名) 片端 世ノ並ナラヌ事。「カノ御爲コソ、心苦シカラメ、ソレモ一ナラズモテナシテム」一ニ見苦シカラヌ少人」
かたは (名) 不具 〔前條ノ語ノ轉〕 身體ニ具ハヌ所アル事。又其人。(盲、聾、啞、跛、ナド)
かたはし (名) 片端 偏ノ端。 一端
かたはだ (名) 片肌 はだぬぐ條ヲ見ヨ。
かたはづし (名) 片外 婦人ノ髮ノ結樣ノ名、輪ニシテ、笄ヲ横ニ貫キテ、一方ヲ外ス。
かたばみ (名) 酢漿草 〔片食ノ義ニテ、葉ノ缺ケタルカ、或云、一葉ニ並ビテ、一實アリテ、片葉子ノ義ナリト〕 小草ノ名、庭間ニ多シ、地ニ延ビ生ズ、葉ハ互生シテ、大サ三五分、三瓣ニシテ、瓣毎ニ一缺アリ、(此形ヲ紋所トス)春、五瓣ノ黄花ヲ開ク、大サ三分許、他時ニモ花アリ、後ニ角ヲ結ブ、子、小ク白シ。スイモグサ。スグサ。

〔かたはら（名）〔傍腹ノ義カ〕脇。

かたはら（名）〔傍側〕〔前條ノ語ノ轉カ〕一方ニ寄リタル處。ワキ。ソバ。

かたはらいたし・キ・ケレ・ク・ク（形・二）〔傍痛〕傍觀ニ笑止ナリ。キノドクナリ。「己ガジシ、心ヲヤリテ、人ヲバ貶シメナド、カタハライタキ事多カリ」

〔かたはらぼね（名）アバラボネ。ワキボネ。肋骨

〔かたはらめ（名）〔傍目〕そばめニ同ジ。「外ノ方ヲ見出シ給ヘル一、言ヒ知ラズ、ナマメカシウ見ユ」恥カシゲナル一」傍覗

かたひざ（名）〔片膝〕片方ノ膝。「一ツキテ」

‡かたひし（副）木造ノ器具ナドノ互ニ觸レテ音ヲ發スルニイフ語。

かたびら（名）〔帷子〕〔傍平張ノ略〕（一）〔帳ニ用ヰル布帛、夏ハ生絹、冬ハ熟絹ナリトゾ。「几帳ノ一引上ゲテ」（二）〔裏ナキ單ナル衣ノ總名。〔帷ニ用ヰル布帛ニテ作レルヨリシテイフトモ云〕（三）後ニハ、專ラ、麻苧ノ單ナル夏衣ノ稱。〔絹、綿、ノひとへもの、ゆかたニ對ス〕苧衣 布衫

〔かたぶく・ク・ケ・カ・キ・ケ（自動）（規・一）〔傾〕（一）かたむく（規・一）ニ同ジ。「小夜深ケテ、カタブクマデノ月ヲ見シ哉」（二）頭、傾キテ物思フ狀ニテアリ。「千代歴ル末モ、カタブキニケリ」怪シナド打傾キ給ハム」（三）疑ヒ思フ。「何事ゾトカタブキ居リ」相人、驚キテ、アマタタビ、カタブキ怪シム」

〔かたぶく・クル・クレ・ケ・ケ・ケヨ（他動）（規・二）〔傾〕（一）かたむく（規・二）ニ同ジ。「御門ヲカタブケ奉ラムトカマフル罪ニ因リテ」（二）難ジ言フ。「カタブケ申ス」

かたへ（名）〔片方〕（一）一片ノ方。半分。「夏ト秋ト行交フ空ノ通路ハ一涼シキ風ヤ吹クラム」（二）カタハシ。カタハラ。カタワキ。カタソバ。傍

‡かたへら（名）〔傍片〕對ノモノノ一片。カタシ。

かたほ（名）〔偏帆〕帆ヲ一方ニ偏ラセテ、舟ヲマギリ遣ルヿ。〔眞帆ニ對ス〕

〔かたほ（名）〔偏〕物事、未ダ全ク調ハヌヿ。〔まほニ對ス〕「物思ヒ知ラヌ少人ノ程ニハオハセズ、一ナル所無ウ」

〔かたま（名）〔堅間〕〔編ミテ目ノ密ナル意〕籠。笊。

〔かだまし・シキ・シケレ・シク・シク（形・二）〔奸〕奸ム狀ナリ。心ネヂケタリ。

かたまり（名）〔固〕（一）カタマルヿ。堅クナルヿ。凝固（二）ヒトツニ寄ルヿ。アツマリ。聚合（三）‡深ク信ズルヿ。「法華ノ一」固信

かたまる・ル・レ・ラ・リ・レ（自動）（規・一）〔固〕（一）堅クナル。乾テ凝ル。凝固（二）‡偲ニ爲ル。サダマル。「相談ガ一」藝ガ一」成就（三）‡集ル。寄リ合フ。聚合（四）‡深ク信ズ。一心コメテ凝ル。「學問ニ一」信心ニ一」固守

かたみ（名）〔筐〕〔古名、堅間ノ轉〕カタマ。籠。「花一」

かたみ（名）〔形見〕（一）亡キ人、又ハ、遠ク別レタル人ノ形トシテ見ルモノ。「忘レ一」後ノ一」記念 遺念（二）形見ノ品物。遺物。遺物

かたみ（名）〔片身〕身體ノ半。「魚ノ一」半身

かたみ（名）〔肩身〕人交リノ中ニ立並ブヿ。交際ノ面目。「一ガヒロイ」一ガセマイ」面目

〔かたみぐさ（名）〔形見草〕（一）葵ノ異名（二）菊ノ異名。

かたみち（名）〔片路〕往ク路ト、歸ル路ト、何レカ一ツ。〔往返スルニ對シイフ〕

〔かたみに（副）〔互〕〔片身ニノ義カ〕タガヒニ。相共ニ。「我ト君トハイト忌ジク契リタル中ゾ、一打許サムトゾ言ヒタル」

かたむ・ムル・ムレ・メ・メ・メヨ（他動）（規・二）〔固〕（一）堅ク爲ス。（物ニ）（二）確トナス。タシカニス。（事ニ）「心ヲ一」約束ヲ一」誠 確守（三）備ヘヲ偲ニナス。警メ守ル。警固ス。警備

〔かだむ・ム・メ・マ・ミ・メ（自動）（規・一）〔奸〕〔偏ル意〕心ネヂケタリ。偏執ナリ。

‡かたん（名）〔荷擔〕カヲ添ヘテ助クルヿ。加勢。左袒

かたむき（名）〔傾〕傾クヿ。カタヨリ。

かたむく・ク・ケ・カ・キ・ケ（自動）（規・一）〔傾〕〔偏向クノ義〕（一）斜ニ一方ヘ向キ寄ル。横方ニ倒レムトス。カタグ。カシグ。「柱一」屋一」（二）日、月、西ニ入ラムトス。「日、西山ニ一」（三）趣キ入ル。カタヨル。「惡ニ一」（四）覆ル。亡ブ。「國一」家一」覆滅

かたむく・クル・クレ・ケ・ケ・ケヨ（他動）（規・二）〔傾〕（一）傾クヤウニナス。横方ニ倒サムトス。（二）其方ヘ向クル。「耳ヲ一」心ヲ一」（三）クツガヘス。ホロボス。「國ヲ一」家ヲ一」

覆滅

++かたむける (動) 前條ノ語ノ訛。

◎かたん・す・スル・スレ・セ・シ・セヨ (自動) (不規・三) 荷擔 力ヲ添ヘテ助ク。加勢ス。味方ス。左袒

かため (名) 固 (一)カタムルヿ。堅クスルヿ。(二)慥ニスルヿ。確ト定ムルヿ。「心ノー」約束ノー」確守 (三)備ヘヲナスヿ。警固。警備

かため (名) 片目 (一)一方ノ目。(兩眼ニ對ス)「ーヲフサグ」偏眼 (二)片目ノ盲ナルヿ。ガンチ。ガンタ。メッカチ。偏盲 獨眼

〔かため-ぶみ (名) 誓ヲ固ムル文書。證文。

++かためる (動) 固ム、ノ訛。

〔かた-やき (名) 肩灼 太占ニ、鹿ノ肩骨ヲ灼クヿ。(ふとまにノ條ヲ見ヨ)

かた-やまざと (名) 片山里 偏鄙ナル山里。「心アラム、都ノ人ニ語ラバヤ、ーノ、秋ノアハレヲ」嵐吹ク、ーノ秋ノ末」

かたゆき (名) 片行 (一)左カ、右カ、一方ノ行。(二)衣ヲ着テ、行ノ左カ右カニ偏リテアルヿ。

かたよ・る・ル・レ・ラ・リ・レ (自動) (規・一) 片寄 (一)中ヲ外レテ一方ヘ寄ル。カタムク。偏 (二)中ヲ避ケテ傍ニ添ヒテ居ル。避

かたらひ (名) 語 (一)カタラフヿ。互ニ話スヿ。談合。(二)語リ合ヒテ契ルヿ。契語

かたら・ふ・フ・ヘ・ハ・ヒ・ヘ (他動) (規・一) 語 〔語合フノ約〕(一)互ニ語ル。談合ス。相談 (二)互ニ語リテ契ル。契語 (三)方人ニナス。他ヲ説キテ我ガ黨ニ引キ入ル。(惡意ニイフ)「徒黨ニー」朋黨

++かたり (名) 騙 騙ルヿ。

かたり-ぐさ (名) 語種 語ルベキ事柄。ハナシノタネ。話柄

かた・る・ル・レ・ラ・リ・レ (他動) (規・一) 語 〔物事ノ形ヲ言フ意カ〕(一)意ヲ述ベ言フ。話ス。(二)節ヲツケテ讀ム。「平家ヲー」淨瑠璃ヲー」

++かた・る・ル・レ・ラ・リ・レ (他動) (規・一) 騙 〔虚ヲ語ル意カ〕實ラシク告ゲテ欺ク。「名ヲー」金錢ヲー」

かた-わき (名) 片脇 かたはらニ同ジ。

かた-われ (名) 片破 (一)器ナドノ破レタル一片。碎片 (二)カタワレツキ。「過カハル、宵曉ノーヲ、ヒトツニスメル、月ノ影カナ」(三)黨ノ中ノ一人。「敵ノー」黨與

かたわれ-づき (名) 片破月 ゆみはりづきニ同ジ。半月

〔かたゐ (名) 〔路ノ傍居ノ義カ、或云、偏坐ノ義ト〕(一)乞食。(二)癩病。カッタヒ。(かたゐ病ナドノ意ニテ、乞食ニ此病多キ故ニイフカ)(三)人ヲ罵リ呼ブ語。「此舵取ハ、日モエハカラヌーナリケリ」心無シノートハ、已レガヤウナル者ヲ云フゾカシ」

かたゐなか (名) 片田舍 都ヨリ程遠キ田舍。偏鄙。僻鄕

〔かたゑみ (名) 片笑 片顏ニ笑ムヿ。

かち (名) 徒 (一)車、馬、乘物ナド無クシテ、足ニテ歩ムヿ。徒歩 (二)カチザムラヒ。

かち (名) 勝 勝ツヿ。勝利。

かち (名) 褐 〔褐ノ音ナラズ、藍ヲ搗チテ染ムレバイフト云〕かちいろノ條ヲ見ヨ。播州飾磨郡印南ノ地ヨリ染出セバ、常ニ飾磨ノートイヘリ。「狩衣、飾磨ノーニ染メテ着ム」秋來レバ、シカマノ市ニ乾スーノ」

〔かぢ (名) 檝 擢。艪。「松浦舟、ーノ音高シ」

かぢ (名) 舵 〔前條ノ語ノ轉〕船ノ艫ニ付ケテ、動カシテ、船ノ方向ヲ正ス木。

かぢ (名) 鍛冶 〔古言、金打ノ約轉〕金類ヲ鍛ヘテ諸ノ器ヲ造ルヿ。又、其事ヲ業トスル人。

かぢ (名) 梶 樹ノ名、楮ト同種ナリ、高サ丈餘、枝條婆娑タリ、葉一尺許、五ツニ分レテ、葡萄ノ葉ノ如クニシテ、澁毛アリ、邊ニ鋸齒アリテ、對生ス、花モ實モ、楮ニ同ジクシテ大シ、亦、紙ヲ作ルヿ楮ト異ナルヿナシ。七夕ニ、此葉ニ文字ヲ書クヿアリ。構 穀

◎か-ぢ (名) 加持 眞言ニテ修スル佛力護念ヲ禱ル呪法。

◎か-ち (名) 雅致 雅ナル風致。俗ナラヌ風情。

がち (接尾) 勝 他語ニ付キテ名詞トナル接尾語、一方ニ片寄リテ多クナル意ヲナス。「白眼ー」打伏シー」憂ヘー」雨降リー」

かち-あ・ふ・フ・ヘ・ハ・ヒ・ヘ (自動) (規・一) 搗合 (一)杵ニテ搗チテ當リ合フ。(二)++物、相當ル。互ニ當ル、一處ニッキアフ。

〔かち-いくさ (名) 歩兵 徒立ノ兵卒。

かち-いくさ (名) 勝軍 軍ニ打勝チタルヿ。戰勝

かちいろ（名）〔褐ノ條ヲ見ヨ〕色ノ名、紺ノ濃キモノ、勝色ノ義トシ、專ラ武器ナドニ用ヰル。カチン。深藍

かちかた（名）〔搗チ難キ意カト云〕大麥。

かちかち（副）堅キ物ノ相當ル音ニイフ語。戛戛

かちき（名）勝氣 動モスレバ、人ニ勝タムト競フ氣質。マケジダマシヒ。

かぢき（名）舵木（一）舵トイフニ同ジ。（二）魚ノ名、かぢきとほしノ略。

かぢきとほし（名）〔舵木通シノ義〕魚ノ名、まぐろノ類、長サ三四尺ヨリ丈餘ニ及ブ、形、まいらニ似テ、尾ニ岐アリ、上下ノ鰭長シ、上脣、狹ク長ク堅クシテ角ノ如シ、風波ノ時、海面ニ浮ビテ、横ニ飛行スルヿ矢ノ如シ、舟、其鼻ニ觸レテ破ルルヿアリ、又、能ク舵木ヲモ通ストテ名アリ、近キ頃ヨリ食用トス。カヂトホシ。カヂキマグロ。カヂキ。旗魚

かぢきまぐろ（名）かぢきとほしニ同ジ。

かち-ぐり（名）搗栗 栗ノ實ヲ、殼ト共ニ乾シテ、肉ノ皺ミタルトキ、臼ニテ搗チテ、殼ト澁皮トヲ去レルモノ、味更ニ甘美ナリ、勝栗ノ義トシテ、諸祝儀ニ用ヰル。

かち-ざむらひ（名）徒侍 貴族ノ供人ニ、徒ニテ從フモノ。カチ。

〔かち-よね（名）搗稻 もみよねニ同ジ。

かち-だち（名）徒立 徒歩ニテ出立ツヿ。

かち-ぢ（名）徒路 徒歩ニテ行ク路。

かぢ-づか（名）舵柄 舵ノ柄ノ執リテ動スベキ處。

かち-どき（名）勝鬨 戰ニ勝チタル時ニ上グル鬨ノ聲。凱歌

かぢ-とほし（名）舵通 魚ノ名、かぢきとほしニ同ジ。

〔かぢ-とり（名）檝取 舟ノ櫂ヲツカフ者。カンドリ。檝師

かぢ-とり（名）舵取 舵ヲ執リ居テ、船ノ方向ヲ示ス者。舵手

〔かち-めの（名）かちいろノ布、播磨ノ飾磨ノ產アルニイフ。

かち-のき（名）勝木ノ條ヲ見ヨ。

〔⦿かちの-やまひ（名）〔渇ノ病ノ義〕痟瘍ニ同ジ。

かぢ-ばしら（名）舵柱 舵ノ柄。

かち-はだし（名）徒跣 徒歩ニテ、履物無キヿ。ハダシ。

〔かち-びと（名）徒歩ニテ行ク人。

〔かぢ-まくら（名）檝枕 船中ノ旅ニ就キテイフ語。舟旅

かちん（名）〔搗飯ノ音便〕餅ニ同ジ。（女房詞）

かちん（名）色ノ名、かちいろニ同ジ。

かち-むしや（名）徒武者 軍陣ニ、馬ニ乘ラズ、徒歩ニテ進ム兵士。步手

かち-め（名）搗布 荒布ノ類、細ソク狹クシテ、皺多シ、乾シテ搗チテ末トシ、吸物ニ加フレバ甚ダ滑ナリ、多ク遠州ノ相良ニ產ズ。一名、サガラメ。

かち-めつけ（名）徒目付 武家ニ、目付役ノ屬、巡回シテ非違ヲ戒ム。巡警吏

⦿か-ぢやう（名）蚊帳 蚊屋ニ同ジ。

⦿か-おやう（名）嘉定 嘉祥ノ條ヲ見ヨ。

カチヤン（名）多羅葉〔菱葦ノ唐音ナリト云、或云、

番語ナリト〕熱地ノ樹ノ名、貝多羅ノ類、葉ハ、棕梠ニ似テ、大ク廣ク、屋ヲ覆ヒ、或ハ、編ミテ帆トストス云。

⦿か-ちゆう（名）家中 大小名ノ家人ヲ總ベテイフ語。家隷

〔かち-ゆみ（名）步射 徒歩ニテ弓射ルヿ。〔騎射ニ對ス〕

かち-わたり（名）徒渡 舟ニ乘ラズ、徒歩ニテ川ヲ渡ルヿ。徒涉 馮河

〔かぢ-を（名）檝緒 檝ノ早緒。「渡ルーノ、タモ結バデ」浦潤ク舟ノ、ー絶エ、寄邊ナキ身ゾ、カナシカリケル」

⦿かつ（名）渴 喉ノカワクヿ。「ーニ臨ム」ーニ迫ル」

か・つ・ツ・テ・タ・チ・テ（自動）（規・一）勝 鬪ヒテ他ニマサル。競ベテ超ユ。勝ル。

か・つ・ツ・テ・タ・チ・テ（他動）（規・一）搗 搗クヲ、ザスツク。「麥ヲー」米ヲー」搗栗」搗色」搗チ合フ

か・つ・ツル・ツレ・テ・テ・テロ（他動）（規・二）糅 雜ズ。交フ。「糅テテ加ヘテ」糅飯」

〔かつ（副）且 此事ヲシナガラ彼事ニモワタリ、彼物ノアルニ此物ノマジハル意ニイフ語。「色ヲ見ヲ、ー香ハセル梅ノ花、香ヲ降リカクス、雪ナカリケリ」駒ノ痕ハ、ー降ル雪ニ、埋モレテ、後ルル人ヤ、路惑フラム」

かつ（接）且〔前條ノ語ノ轉〕ソノウヘニ。カタハラニ。〔漢籍讀ニ〕「書ヲ讀ミ、ー、字ヲ記ス」

かつ-いろ（名）勝色〔搗色ノ轉カ〕縹色ノ濃キモノ。

⦿かつ-かう（名）恰好〔字ノ音、かふかうノ音便〕（一）恰モ好キヿ。甚ダ似合ハシキヿ。「物ニーヘル」（二）廿俗

ニ形、恰モ好シトイフ意ヨリ轉ジテ、直ニ、カタチ。形ズカタ。「―ガヨイ」「―ガワルイ」姿體 (三)又、價、恰モ適ヘリナドイフ意ヨリ轉ジテ、直ニ價ノ低キコ。下直。廉價

かつかう (名) 渴仰 頸ニ待チ設ケテ迎フルコ。

〔かつ-かつ (副) 〔且且ノ義ニテ、定不定ノ中間ニ亙ル意ト云〕 ハツハツニ。マヅコレヲゲニマアマア。「君ガ歷ム八百万代ヲ、數フレバ、―今日ゾ、七日ナリケル」思フ事、―カナヒヌル心地シテ」

かつ-がつ (副) 〔前條ノ語ノ轉〕 ハツハツニ。カラウジテ。纔

がつかり (副) 勞働キテ、又ハ、掛ケタル望ヲ失セテ、氣ヲ落ス貌ニイフ語。委頓 喪膽

かつぎ (名) 勝木 〔聖德太子ノ故事、勝軍木ノ名ニ因ルト云〕 白膠木ノ一名。カチノキ。

かつぎ (名) (一)被衣ノ訛。(二)擔グ人。物ヲ荷フ人。

かづき (名) 被衣 きぬかづきノ條ヲ見ヨ。

〔かづき-め (名) 潛女 〔水ヲ潛ク女ノ義〕 蜑ニ同ジ。

かつ-ぐ・ぐ・げ・ガ・ギ・グ (他動) (規・二) 擔 〔肩ニ被クノ轉カ、かたぐノ轉カ〕 (一)肩グ。肩ニカク。(二)欺ク。ダマス。

かづ-く・ク・ケ・カ・キ・ケ (他動) (規・二) 被 〔上着クノ轉カ〕 頭ニ被フ。カウムル。イタダク。カブル。「衣ヲバ顏ニカヅキナガラ」御衣引キカヅキテゾ伏シ給ヘル」

〔かづ-く・ク・ケ・カ・キ・ケ (他動) (規・二) 潛 〔水ヲ被ク義〕 水ヲ潛ル。泳グモグル。「鳰鳥ノ―池水」カツキテ入ラム浪ノ間ゾナキ」

かづ-く・クル・クレ・ケ・ケ・ケヨ (他動) (規・二) 被 (一)被カシム。冠ラス。(二)纏頭ニ與フ。〔衣ヲ被シムルナリ〕「御衣ドモ、カヅケサセ給フ」女ノ裝束カヅケムトス」纏頭 (三)カコツクル。「用事ニ―」罪ヲ―」託 負

がつくり (副) 一時ニ折レ挫クル貌ニイフ語。

かつけ (名) 脚氣 かくけノ條ヲ見ヨ。

かづけ-もの (名) 〔被物ノ義〕 人ノ勞ヲ慰シ、或ハ、俳優ノ技ニ酬ユルナドニ與フル物ノ稱、元ハ衣服ヲ肩ニ被ケテ與ヘタレバイフ、後ニハ、錢物ニモ通ジテイフ。纏頭

かづける (動) 被ク(規・二)ノ訛。

かつこ (名) 羯鼓 樂器ノ名、天竺部ノ用、腰鼓ニ似テ、横ニ地ニ置キ、兩ノ枹ニテ擊ツ。

かつおう-どり (名) 〔啼ク聲ヲ名トス〕 呼子鳥ニ同ジ。

かつお-どり (名) かつおうどりノ略。(呼子鳥ノ條ヲ見ヨ)

かつ-こん (名) 葛根 葛ノ根ヲ藥用トスルトキノ稱。

かつこん-たう (名) 葛根湯 煎藥ノ名、葛根ヲ用ヰル、風邪發汗ナドノ藥トス。

かつ-さい (名) 鳥ノ名、はやぶさノ小キモノナリト云。

かつ-さい (名) 喝采 ドヨメキ褒ムル聲。

かつ-さい (副) 合切 〔合式一切ノ略カ〕 一切ニ同ジ。

かつさい-ぶくろ (名) 合切袋 身ニ攜フル物ヲ一切入ルル袋。

かつ-し (名) 甲子 〔字ノ音、かふしノ音便〕 (一)キノエネ。(干支ノ條ヲ見ヨ) (二)轉ジテ、直ニ、干支ノ稱。

かつ-しき (名) 喝食 〔齋、非時ノ時、食ヲ喝バハル者ノ意〕 禪、律、ノ寺院ニテ、侍童ノ稱、卽チ在俗ニテ、寺ニ入リ、成長セバ僧トスベキモノ。

かつ-しき (副) 合式 一式。一切。ノコラズ。

かつ-しやう (名) 合掌 佛ヲ拜スルニ行フ禮、兩ノ指掌ヲ密ニ合ハス、天竺ノ風ナリ。

かつ-しよく (名) 褐色 チャイロ。

かつ-す・スル・スレ・セ・シ・セヨ (自動) (不規・二) 渴 喉乾ク。

かつ-すゐ (名) 渴水 旱ナドニテ、井水、用水ナドノ乏ク涸ルルコ。旱涸

かつ-せん (名) 合戰 敵ト味方ト合ヒテ戰フコ。タタカヒ。戰鬪

かつ-そう (名) 合奏 種種ノ樂器ヲ用ヰ、調ヲ合ハセテ奏ヅルコ。

かつ-そう (名) 〔合總ノ音カ〕 總髮ニ同ジ。

かつ-たい (名) 合體 體ト體ト相合フコ。互ニ心ヲ一ツニスルコ。

かつ-たるい (形) かひだるしノ訛。ゲッタルイ。(東國)

かつ-たゐ (名) 癩 かたゐノ音便。ライビヤウ。

かつ-ちう (名) 甲冑 鎧ト兜ト。具足。

〔かつて (副) 都 スベテ。ブツニ。サラ。サラ。「―モ知ラズ、戀モスル哉」戀ヒテフモノハ、―止マズケリ」

かつて (副) 嘗曾 〔前條ノ語ノ轉〕 過ギ去レル時ニ、事アリタルコヲイフ語。カネテ。マヘカタニ。(漢籍讀)「―見タリ」―知レリ」

かつて (名) 勝手 (一)己レニ便好シトスルカ。我ニ便利ナルコ。便次 (二)轉ジテ、己レニ勝手ナルカニノミ

行フ。己ガママニスルヿ。「自分ー」「ー氣儘」(三)廚。臺所。(炊キニ勝手ナル處ノ意カ)「ー口」「ー方」廚 (四)轉ジテ、家ノ生計。「ー向」家計

かつてん (名) 合點 (一)(和歌ナドニ點ヲカクルヿ。批點 (二)轉ジテ、可シト同心スルヿ。ウケガフヿ。承諾。承知。諾

かつぱ (名) 河童 〔河童ノ約ナルかはわつぱヲ再ビ約メタル語〕 水陸兩棲ノ動物ニテ、形、三四歳ノ童ノ如ク、面、虎ニ似テ、身ニ鱗甲アリ、九州ノ山中ノ溪流ニ多シト云、詳ナラズ。カハラウ。カハタラウ。カハツパ。水虎

カツパ (名) 哈叭 合羽 〔西班牙語、Capa.〕 雨衣ノ一種、初メ、西班牙人ノ外套ノ製ヲ移セルモノ、衣ノ上ニ廣ク被フヤウニ製ス。後ニ綿布、毛絨、桐油紙等ニテ製シ、袖ヲ付クルモ出來リテ、其名ヲ專ラニシ、故ノ製ナルヲ圓ー、坊主ー、引廻ハシー、ナド稱ス。雨衣

かつばう (名) 渇望 頻ニ待チ受ケテ望ミ欲スルヿ。

カツパ-かご (名) 合羽籠 往時、貴族ノ外出ノ時ニ、從者ノ雨裝トスル合羽、笠ナドヲ納レテ、奴隷ニ擔ゲ行カシムル具、兩箇ノ籠ニ、蓋アリ、棒ニテ荷フ。カツパザル。

カツパ-ざる (名) 前條ノ語ニ同ジ。

かつぱ-と (副) 人ノ倒ルル狀ナドニイフ語。「ー伏ス」

かつぱ-むし (名) 河童蟲 かうやひぢりニ同ジ。(東京語)

かつぷく (名) 割腹 切腹ニ同ジ。

かつぷく (名) 體ノ姿勢、カツポク。(多ク豐肥ナルニイフ)

かつぶし (名) かつをぶしノ略。

カツプリ (名) 和蘭ヨリ渡セル小刀ノ名。

かつぺい (名) 合併 ヒトツニアハスルヿ。

かつぺき (名) 合壁 カベドナリ。

カツヘル (名) 煖室爐 〔蘭語、Kagchel ノ轉〕 冬時、室内ヲ煖ムル具、西洋造ノ家ニソナフ、鐵製、或ハ、煉瓦製ニテ、竈ノ如シ、石炭火ヲ熾スストウブ。

かつぼく (名) 體ノ姿。かつぷくニ同ジ。

カツマル (名) 〔琉球語ナリト云〕 樹ノ名、つむきニ似タリ、花モ似テ白シ。

かつみ (名) (一)まこもノ古名。(二)又、草ノ名、池澤田中ニ生ズ、根ハ、蔓ノ如ク泥中ニ延フ、春、葉ヲ生ズ、四小葉、合ヒテ一葉ヲ成ス、大サ一寸許、かたばみノ葉ノ如クニシテ、田ノ字ノ形ヲナス、故ニ田字藻ノ名モアリ、質ハ銀杏ノ葉ノ如シ、夏、別ニ莖ヲ出シテ、四瓣ノ白花ヲ開ク。別名、カタバミモ。ウキクサ。田字草 四葉菜

かつむし (名) 勝蟲 蜻蛉ノ異名、勝ツヲ祝シテ、武具ナドニ、多ク、其象ヲツク。

かつめい (名) 渇命 饑渇ニ迫ルヿ。「ーニ及ブ」饑渇

かつやま (名) 勝山 〔江戸北里ノ妓名ニ起ル〕 婦人ノ髮ノ結ヒヤウノ名、まるわげニ同ジ。後ニ、まるわげノ如クニシテ、中ヲ兩ニ分クルモノヲモイフ。

かつら (名) 桂 〔香連ノ義カ、樹ニ香氣アリ〕 やぶにくけいノ古名。古名、又、メカツラ。(詩ニ桂花トイフハ、木犀ナリ) 又、加茂ノ祭ニ用ヰルかつらのはアリ、楓ノ類ニシテ、材、用ヰルベシ。古名、ヲカツラ。

かつら (名) 蔓 葛 (一)蔓草ノ蔓ノ汎稱。「ツター」「フヂー」(二)桶 箍。

かつら (名) 鬘 〔髮蔓ノ約カ〕 (一)(古ヘ、蔓草ヲ髮ノ飾トスルモノ。「日蔭ノー」「眞析ノー」 (二)ソヘカミ。カモジ。髢 (三)他ノ髮ヲ用ヰテ、男女種種ノ結髮ノ風ヲ摸シテ作レル具、頭ノ全部ニ被ヒテ、其狀ニ扮ツ。(歌舞妓ナドニ)

〔かつら-く・ク・ケ・カ・キ・ケ (他動)(規・一) 〔鬘、置クノ略〕 鬘ニス。

〔かつら-ひげ (名) 鬘ヲカケタル如キ鬚。「年四十バカリナル男ノーナルガ」

〔かつら-をとこ (名) 桂男 月ノ中ニ棲メリトイフ人。

‡かつ-ゑる・エル・エレ・エ・エ・エヨ (自動)(規・四・二) 〔糧飢エルノ約カ〕 饑ウ、ニ同ジ。パラヘル。饑

かつを (名) 鰹 松魚 〔堅魚ノ轉、鰹ハ其二合字、古ハ腊トナセルノミ〕 魚ノ名、東南海ニ多シ、夏ノ初、鎌倉ノ海上ヨリ、始メテ漁シタルヲ、初ートシテ、東京ニテ最モ賞味ス、形、鯖ニ似テ大ク、大ナルハ數尺ニ至ル、體圓ク肥エテ、頭、稍尖リ、鱗無ク、青黑クシテ、腹ハ白ク光ル、肉、深紅ナリ。鮰鰹魚

かつをぎ (名) 堅魚木 宮殿神社ノ棟水ノ上ニ、數箇並ベ付クル木、圓ク長ク、中豐ニシテ鰹節ノ形シタリ。

かつをぶし (名) 鰹節 鰹ノ肉ヲ製シテ固メタルモノ、先ヅ、全身ヲ竪ニ四條ニ割ク、コレヲ生節トイフ、コレヲ湯ニテ煮テ、火ニ炙リテ、水氣ヲ去リタルヲあまり節トイフ、更ニ屡、炙リ、乾シ、枯ラシテ貯フルヲ一トス、削リテ煮物ニ加ヘテ、味ヲ添フルモノ第一トス、土佐、薩摩ノ産、最モ名アリ。木魚

〔かつをむし (名) 蟈蠑 ぬかがノ類。

かつをむし (名) みづすましニ同ジ。

かて (名) 糧 (一)行クニ齎ス糒ノ類。餉。(二)貯ヘテ置ク穀。

かて (名) 糅 糅ツル物。足前ニ加フル食物。「米ニ麥ヲ一トス」

か-でう (名) 箇條 〔若干ノトイフベキノ略〕 事ノ擧ゲテ述ブベキ廉廉。 條欵

か-てう (名) 鵞鳥 舶來ノ家禽、今ハ人家ニ多ク畜フ、形雁ニ似テ大ク、全身白ク、尾脚、共ニ短ク、頸長シ、歩ム狀、あひるニ同ジ、觜、大ク黄ニシテ、上ニ瘤アリ、頭ハ、深黒ナリ、又、色ノ蒼キモアリ。一名、唐雁。

〔がてぬ (接尾) 難 〔難氣ニノ約〕 爲シ難キ意ヲイフ接尾語、動詞ニツキテ、副詞トス。「出デースル」過ギーヤステフ」乾シー濡ル」

〔がてに (接尾) 〔糅ツル意〕 雜ニ。「雪ー、吹ク春風ハ、早ケレド」神無月、時雨バカリハ、降ラズシテ、雪ーノミ、ただカナルラム」

か-でん (名) 家傳 共家ニ代代傳ヘ來レルコ。「ーノ法」 傳家

がてら (接尾) 〔糅テラノ意〕 事ノ彼此ニ雜ハリワタル意ニイフ接尾語、動詞ニ接キテ副詞トナシ、多クハ下ニヨヲ添フ。ナガラ。ヅツ。「導シー、先ヤワタラム」花見ーニ、人訪ハム」形見ーニ、着ナムトゾ思フ」

‡かてる (動) 糅ツ、ノ訛。

かど (名) 門 〔外戸ノ上略カ〕 (一)家、屋敷ノ外構ニ、杜扉アリテ、路ニ出入スベク設ケタル處。門。(二)門ノ外。「ーニ出ヅ」ー田」 門前 (三)門族。「此世ノ人ハ、男ハ女ニ遇フ事ヲス、女ハ男ニ遇フ事ヲス、其後ナム、ー廣ク手リ侍ル」

かど (名) 角 (一)物ノ體、又、形ノ、尖リテ、差出デタル外ノ部。(内ノ隅ニ對ス) 稜 (二)‡誤リテ、隅。

〔かど (名) 才 〔角ノ義〕 (一)才氣。才能。(二)心利キタルコ。「今メカシウ、ーアリトハ言ハレ給ヒシ更衣ナリケリ」アルガ中ニ、ーアル童シテ斯ク聞エ奉ル」(三)心ニヒトクセアルコ。「大方、心ヨキ人ノ、マコトニーナカラヌハ、男モ女モ有リカタキコナリ」 圭角

かど (名) 廉 〔角ノ義〕 事ノ數ヘダツベキ理。箇條。「ーヲ立ツ」述ブベキー」 條理

かど (名) 鰊 〔字ハ和字、東海ノ魚ノ二合字〕 魚ノ名、にしんニ同ジ。

〔か-とう (名) 歌頭 蹈歌ノ音頭。

か-とうぐち (名) 架燈口 壁ニ設クル出入口ノ、上ナ方ヲ弓形ニ作レルモノ、多ク釣燈籠ナド懸ク。或云、瓦燈口ナリ、瓦燈ハ、上鋭ニ、下廣クシテ、燈燭ヲ納ルルモノ、其形ニ似タレバイフト。 圭竇

か-とうぶし (名) 河東節 俗謠ノ一種、半大夫節ヨリ分レタルモノ、十寸見河東トイフ者創ム。

かど-かど-し・シキ・シク・シケレ・シク・シガ (形、二) 角角 (一)嶮シ。心利キタリ。「心バヘモ、カドカドシウ、形モヲカシクテ」(二)角多ク起リテアリ。「岩ノ上ノ、カドカドシキモ、アルモヲ」 稜起

かどがまへ (名) 門構 (一)門ノ造方。(二)漢字ノ上ニアル門ノ字、間、開、聞、闔ナドノ如シ。

か-とく (名) 家督 (一)父兄ノ家ヲ承ケ繼グコ。襲家 (二)家督ヲ繼グベキ子ノ稱。 嗣子

かど-ぐち (名) 門口 門トイフニ同ジ。

〔かどた (名) 門田 門ノ外ナル田。「ーノ早苗」ーノ稻葉」

かどだ・つ・ツ・テ・タ・チ・ツ (自動) (規、一) 角立 (一)角起ル。 稜起 (二)逆フ氣起ル。「話、ー」議論、ー」 生圭角

かどだ・つ・ツル・ツレ・テ・テ・テヨ (自動) (規、二) 角立 (一)角ヲ起ス。「眼ニー」 稜起 (二)逆フ氣ヲ起ス。「言葉ニー」 抗氣

‡かどたてる (動) 前條ノ譌ノ訛。

かどちがへ (名) 門違 訪ヌベキ家ヲ違ヘタルコ。

かどで (名) 門出 門ヲ出デテ、旅、或ハ、戰ニ行クコ。タビダチ。 首途

かどなみ (副) 門並 家毎ニ。イヘイヘニ。 沿戶

〔かどのをさ (名) 看督長 古ヘ、撿非違使ノ下ニ屬セル官、追捕ノ事ヲ掌ル。

かどはかし (名) 勾引 カドハカスヿ。
かどはか・す・ス・セ・サ・シ・セ (他動) (規・一) 勾引 小兒女子ナドヲ盜ミテ連レ行ク。
〔かどは・す・ス・セ・サ・シ・セ (他動) (規・二) 勾引 かどはかすニ同ジ。「人ノ子ヲ奪ヒ、或ハ、人ノ妻ヲカドハシテ」
かどび (名) 門火 葬ヲ送ル時、門ニ燒ク火。門燎
〔かどふ・フ・ヘ・ヘ・ヒ・ヘ (他動) (規・二) 勾引 かどはかすニ同ジ。「山風ノ、花ノ香ー、麓ニハ、春ノ霞ゾ、ホダシナリケル」
〔かどべ (名) 門部 御門ヲ守ル者、衞門府ノ屬ナリ。
かどべ (名) 門邊 門ノホトリ。
かどまつ (名) 門松 年ノ初ニ、新年ヲ祝ヒテ家家ノ門ニ飾リ立ツル松。「今朝ハ皆、賤ガー、立テ並ベテ」
かとんぼ (名) 蚊蜻蛉 かのうばニ同ジ。
かどめ・く・ク・ケ・カ・キ・ケ (自動) (規・一) 〔稜メク、ノ意〕 カドカドシクアリ。「物ノミヤビ深ク、カドメキ給ヘル人ニテ」
かどや (名) 角屋 辻ナドノ角ニアル家。
〔かとり (名) 縑 〔堅織ノ約ト云〕 緻密ニ織レル絹布ノ名。
かとり (名) 蚊鳥 かうもりノ一名。(近江)
〔かな (名) 鉋 かんなヲ見ヨ。
かな (名) 假名 假字 〔假名ノ略、眞字ニ對シテイフ〕 日本ノ字、卽チ、いろは四十七ノ總稱、元ト漢字ノ音ヲ假リテ日本語ヲ寫ス字トセシモノナリ。カンナ。日本字母 楷書ノ片旁(或ハ全體)ヲ取リテ作リタル體ナルヲ片ートイフ、卽チ伊、呂、八ヨリ取レル、イ、ロ、ハ、ノ如シ。又、草書ヲ、更ニクヅシタル體ナルヲ平ートイフ、卽チ以、呂、波ヨリ取レルい、ろ、は、ノ如シ。
かな (名) 機織ノ語、經絲ノ、四筋、一ツナルモノ。
かな (名) 金 金ノ轉、熟語ニノミイフ。「ー鎚」ー山」ー壺」
かな (感) 哉 〔疑フ意ノ歟ニ、感動詞ノあヲ添ヘタル語〕汎ク感ズルニツキテ發スル聲、常ニ言語ノ下ニアリ。「夜半ノ月ー」水ノ聲ー」見ユルー」落ツルー」樂シキー」行キシー」
〔がな (感) 〔希フ意ノがニ、更ニ感動詞ノあヲ添ヘタルナリ〕希フ意ノ感動詞、常ニ言語ノ下ニツク。ガ。「見ル由モー」無クモー」人モー」得テシー」
かなあみ (名) 金網 銅、鐵等ノはりがねニテ編ミ作レル網。
か-あい (名) 家內 (一)家ノ內。(二)妻。ツマ。家妻
〔かながき (名) 鉫 〔鐵搔ノ義カ〕 農具、草ヲ搔キ取ルモノ、熊手ノ類。
かながき (名) 假名書 文ヲ假名ニテ記スヿ。(漢文ニ對ス)
かながしら (名) 金頭 魚ノ名、頭骨、長ク起リ、堅クシテ赤ク、銅色アリ、身圓ク、鱗、細ニシテ見エ難シ、鰭長ク、尾ニ岐アリテ堅ク、背鰭、尾ニ至リテ、刺ノ如クニシテ赤ク、全身、淡黑青色ニ、黑斑文アリ、腹、白クシテ黃ヲ帶ブ、眶、淺黃ナリ、冬春ヲ時トス、大ナルハ、六七寸ニ至ル。火魚
十かなかな (副) 辛ウジテ、カラカラ。「命ー逃ル」ーアル」
かなかひ (名) 〔銅ノ匙ノ義〕 銅、眞鍮ナドニテ造レル匕、銅匕
かなかひ (名) 金貝 〔金ニテ作ル螺鈿ノ貝カ 或云、金書ノ音便ナラムカト〕 蒔繪ニ、金銀ノ薄キ片ヲ、膠ニテ貼リツケタルモノ。金ナルヲ金ートイヒ、銀ナルヲ銀ートイフ。
かなぎ (名) 鐵木 (一)〔刑ノ具、鐵製ニテ頸ヲ束ヌ、後ニ堅木ニテモ造ル。 鉗 (二)石炭ノ異名。(近江、栗太郡)
カナキヌ (名) かなきんニ同ジ。
カナキン (名) 金巾 〔葡萄牙語、Canequin. ナリト云〕 綿布ノ名、木綿ノ一種大ナルモノニ生ズル綿ヲ、固ク紡ギテ織ルト云、初メ印度產ナルヲ渡セリ、今ハ多ク西洋ヨリ舶來ス。カネキン。西洋布
十かなきりごゑ (名) 〔金類ヲ切ルガ如キ聲ノ意カ〕 細ク高キ音聲。
かなぐ (名) 金具 種種ノ器ニ打付クル金類ノ環、引手、錠ナドノ總名。
かなくぎ (名) 鐵釘 鐵ニテ造レル釘。(木釘、竹釘ニ對ス)
かなくそ (名) 鐵屎 (一)鐵ノ鏽。(二)十かなくづ。
かなくづ (名) 鐵屑 鐵ヲ燒キテ鍛フルトキ、鐵ヨリ飛ビ落ツル屑。カナクソ。鐵落 鍛鐵屎
かなぐつ (名) 鐵沓 馬ノ蹄ノ裏ニ打付クル鐵ノ半輪ノ形シタルモノ、沓ノ用トス。蹄鐵

かなぐ・る・ル・レ・ラ・リ・レ (他動)(規・一)〔搔投グノ略轉カ〕荒カニ引キ除クル。

かなぐき (名) 鐵扱 いなぐきニ同ジ。

かなさいぼう (名) 鐵撮棒 〔鐵尖棒ノ音便ナラム〕武器、鐵ノ太キ棒ニテ、多ク刺アリ、打振リテ人ヲ倒ス。

かなさび (名) 鐵ニ生ズル鏽。 鏽

かな・し・シキ・シケレ・シク・シク (形・二)(一)〔イトホシ。イトシ。「獨子ニサヘアリケレバ、最カナシウシ給ヒケリ」浦漕グ舟ノ綱手ーモ」我ガートト思フ娘ヲ」可憐 (二)愁ヘ歎カハシ。心ノ傷ミ深シ。ウレハシ。「限リトテ、別ルル道ノ、カナシキニ」斯ル別レノカナシカラヌハ無キワザナルヲ」悲 哀

かなしき (名) 鐵敷 かなどこニ同ジ。

かなしび (名) かなしみニ同ジ。

かなし・ぶ・ブ・ベ・ブ・ビ・ベ (他動)(規・二) かなしむニ同ジ。

かなしみ (名) カナシムコト。カナシビ。

かなし・む・ム・メ・マ・ミ・メ (他動)(規・一)(一)〔イトホシム。「人ノ親ノ一切ノ子ヲーニ」愛憐 (二)愁ヘ歎ク。心ニ傷ミ思フ。悲 哀

かなじやくし (名) 金杓子 銅、眞鍮ニテ作レル杓子。

かなた (代) 彼方 〔彼ノ方ノ約〕身ヨリ最モ遠キ方位ニ用ヰル代名詞。アナタ。アチ。(こなた、そなたニ對ス)

かなだが (名) 金箍 銅、鐵、眞鍮ナドノ箍。(竹ノ箍ニ對ス)

〔かなたくみ (名)〔金工ノ義〕鍛冶スル者。「天ノ目一箇ノ神、爲ニ作金者ニ」

かなだらひ (名) 金盥 銅、眞鍮ナドニテ造レル手水盥。 銅盤

かな・づ・ヅル・ヅレ・デ・デ・デロ (他動)(規・二) 奏〔搔撫ヅノ略ニテ、琴ヨリイヘル語カト云〕(一)音樂ヲ爲ス。(二)舞フ。「カナヅル袖ヲ、見ルゾウレシキ」

かなづかひ (名) 假名遣 (一)言語ヲ正シク用ヰテ、和文ヲ記ス法、即チ日本語學ノ法。(二)專ラ、い、ゐ、ひ、え、ゑ、へ、お、を、ほ、お、ち、ぢ、づ、等ノ紛ヒ易キ假名ノ用ヰ分ケノ稱。

かなづち (名) 鐵鎚 槌ノ頭ヲ鐵ニテ小ク作レルモノ、釘ヲ打ツニ用ヰル。

〔かなつなゐ (名) 鐵綱井 桔槹ニ同ジ。

かなつぼ (名) 金壺 金類ニテ作レル壺。

かなつぼいし (名) 金壺石 はつたいいしニ同ジ。

艹かなつぼまなこ (名) 圓ク怒レルカ如キ眼。

艹かなつんぼ (名) 聾ノ甚シキモノ。 鐵聾

かなてこ (名) 鐵梃 鐵ニテ造レル梃。

艹かなてぼう (名) 鐵ノ棒。カナテコ。

艹かなでる (動) 奏ヅノ訛。

〔かなと (名) 鐵戶 鐵釘モテ差固メタル戶。「ーニシ、人ノキタテバ、夜中ニモ」

かなとこ (名) 鐵床 鍛冶ノ金類ヲ燒キテ打チ鍛フルトキ、載スル盤、鐵ニテ作リ、面、平ナリ。カナシキ。 鐵碪

かなばさみ (名) 鐵鋏 (一)銅鐵ヲ剪ミテ切ル鋏。(二)カナバシ。

かなばし (名) 鐵箸 鍛工ノ鍛フベキモノヲ夾ミ持ツモノ。カナバサミ。カナヒバシ。 鐵鉗

かなひばし (名) 鐵火箸 (一)カナバシ。(二)柄ト共ニ鐵製ナル火箸。 鐵箸

かな・ふ・フ・ヘ・ヘ・ヒ・ヘ (自動)(規・一) 叶〔兼合フノ轉カ〕(一)相合フ。相當ス。相應ス。 適合 稱 (二)成ル。望ヲ得。「願ヒー」 成就 (三)能クス。働クコトヲ得。(常ニ反語ニ用ヰル)「行クコト、カナハズ」手足、カナハズ」 能

かな・ふ・フル・フレ・ヘ・ヘ・ヘロ (他動)(規・二) 叶 (一)叶フヤウニナス。善ク合ハス。 適 應 (二)成ス。成就セシム。「願ヲー」

〔かなふくし (名) 鐚 土ヲ發ス具。

かなケツ (名) 金佛 かなほとけニ同ジ。

かなぶみ (名) 假名文 假名ニテ記セル文章。(漢文ニ對ス)

〔かなへ (名)〔金瓮ノ義〕古ヘ食ヲ煮ル器ノ名。足ハ下ニ三足アリ今、香爐等ニ其形ヲ存ス、專ラかなへトノミモイフ。 鼎 圓ーハ、足、無シ、即チ今ノ釜ナリ。 釜

かなへ (名) 鼎 あしがなへノ略。(前條ヲ見ヨ)

かなべら (名) 金箆 (一)鐵、眞鍮等ノ箆。(二)鏝。

かなぼう (名) 金棒 (一)鐵ニテ作レル棒。 鐵棍 (二)鐵棒ノ頭ニ、四五ノ鐵環ヲ付ケタルモノ、地ヲ突キ鳴ラシテ、響ヲナサシムルコト、錫杖ノ如シ、行路ヲ警ムル

具トス。

かなぼとけ (名) 金佛 銅、鐵ニテ造レル佛ノ像。カナブツ。銅佛

かなまじり (名) 假名交 假名ト漢字トヲ交ヘテ記セル文章。

〔かなまり (名) 鋺 〔金椀ノ義〕 金屬ニテ作レル椀。

かなむぐら (名) 蔓草、春、苗ヲ生ズ、初生ノ二葉ハ、細長クシテ麻ノ如シ、長ジテ、蔓、繁延シ、葉、對生シテ、たうあさノ葉ニ似テ小ク、三四寸許、淡綠ニシテ、蔓ト共ニ毛刺アリ、雄種ハ、秋、葉ノ間ニ五六寸ノ穗ヲ生ジテ、枝、多ク、小花數百、聚リ生ズ、大サ一分許、五瓣、細尖、淡黃綠色ナリ、雌種ハ、花無ク、葉間ニ、一二寸ノ穗ヲ出シテ、實ヲ結ブ、麻ノ如シ。葎草

かなめ (名) 要 〔古名、蟹ノ目、又、かのめノ轉、形ニ因テ名トス〕 (一)古名、カニノメ。カノメ。扇ノ骨ヲ疊ミテ、一處ニ貫キテ綴ツルモノ、堅キ木、又ハ鯨鬚ニテ製ス、端、小ク圓ク蟹ノ眼ノ如シ、或ハ金屬ニテ作ルモアリ。扇眼 (二)轉ジテ、物事ノクヽリメ。事ノ大切ナルトコロ。肝要。カンジン。要 (三)樹ノ名、かなめもちノ略。

かなめいし (名) 要石 常陸ノ鹿島ノ社傍ニアル神石ノ稱、其根、深ク土中ニアリテ測ラレズト云ヒテ、常ニ動キ無キヿノ譬ヘトス。

かなめのき (名) 要木 かなめもちニ同ジ。

かなめもち (名) 要冬青 樹ノ名、高サ一二三丈、葉ハ、つばきニ似テ、狹ク小クシテ、面、滑ナリ、夏ノ初ニ、五瓣ノ小白花ヲ開キ、細圓子、簇リ結ブ、秋ノ半ニ、紅熟ス、材、堅ク强ク、扇ノ要トス。カナメノキ。略シテ、カナメ。扇骨木

かなもの (名) 金物 (一)金類ニテ造レル器ノ總稱。(二)金具。

かなやき (名) 鐵燒 鐵ヲ火ニシテ印スルヿ。

かなやま (名) 金山 金、銀、銅、鐵等、スベテ金類ヲ堀リ出ス山。鑛山

かならず (副) 必 〔假ナラズノ意カト云〕 疑ヒナク。タシカニ。相違ナク。キット。「―アリ」―來ル」

かなり (副) かなりよニ同ジ。「―好イ」

カナリア (名) 福島島 〔太西洋中 Fortunate 諸島(福島ト譯ス)中ノ Canaria 島ノ名ニ起ル〕 小鳥ノ名、初メ太西洋中ノ加拿利亞島ノ產ナルヲ渡シシヨリ、人家ニ畜フ、形、雀ヨリ小ク、稍ひわニ似タリ、尾、羽、脚、共ニ長ク、指ハ、前指、三ツ、後指、一ツナリ、色ノ白黃ナルモノハ、眼、脚、黑クシテ、觜ノミ淡紅ヲ帶ビ、黑キモノハ、眼、脚、觜、共ニ黑シ、聲、細ソク高クシテ愛スベシ。金絲雀

かなりよ (副) 〔可也ニノ義〕 頗ル。大抵。「―出來ル」

かなわ (名) 金輪 ごとくノ條ヲ見ヨ。

かに (名) 蟹 (一)水產ノ動物、淡水產ト鹹水產トノ二種アリ、腹背ニ殼アリテ、形、横ニ廣ク、兩手ニ鉗アリ、左右ニ、各、四足アリテ、皆、尖レル爪アリ、性、前ヘ行クヿ能ハズシテ、横ニ走ルヿ速ナリ、眼ハ、外ニ出ヅルヿ、蝦ノ眼ノ如シ、腹ノ殼ニ、横紋アリ、腹ノ下ニ、卷反シタル厚キ殼アリ、其狹ク長キヲ雄トシ、闊ク圓キヲ雌トス。ぶー、あまー、てんぼー、山ー、石ー、赤ー、平家ー、さりー、蝦ー、兜ー等、尙多シ、其條ニ注ス。(二)小兒初生ノ時ニ出ヅル小瘡ノ名。鵜草葺不合尊、海邊ノ產屋ニテ生レタマヒ、蟹ヲ拂ヒ除クルヿアリシヨリ、產衣ヲかにとりトイヒ、胎屎ヲかに、又ハ、かにくそ、かにばばナドイヒ、又、掃部ヲ蟹守トイフナド、皆、此故事ニ起レリト云。

〔かに (接尾) 動詞ニツキテ副詞トスル接尾語、のやうに。はかりに、ナドノ意ヲナス。ガネ。「山人ト、人モ見ルー山カツラセヨ」老ヌレバ、カシラハ白ク、卯ノ花ヲ、折リテカザサム、身モマガフー」

かにいし (名) 蟹石 (一)蟹ノ化石。石蟹 (二)又、一種ノ介ノ化石、形、蟹ニ似タリ。

〔かにかくに (接) 〔歟ニ斯ニノ義〕 とにかくにニ同ジ。

かにぐさ (名) 蟹草 蔓草、金砂アリ、蟹貫ノ如シ。ズナグサ。カンヅル。海金砂

かにくそ (名) 〔蟹屎ノ義、蟹ノ條ヲ見ヨ〕 產兒ノ始メテ脫スル糞。カニババ。胎屎

かにくそ (名) 近江湖中ニテ、蘆竹等ノ枝ニ着クモノ、魚ノ卵ヲ着ケタルナリト云、蒲鉾ノ如クニテ灰色ニテ輕シ。

かにとり (名) 〔蟹取ノ義、蟹ノ條ヲ見ヨ〕 產衣ノ稱。(貫八三)

かにとりぐさ (名) 蟹取草 小草、蔓草ニシテ、葉、

互生ス、產見ノ祝儀ニ用ヰルモノト云フ。

〔かにのめ〕(名) 蟹目 かなめニ同ジ。

〔かには〕(名) 樺 かばニ同ジ。

〔かにはざくら〕(名) 樺 かばニ同ジ。

かにばば (名) かにくそニ同ジ。

〔かにひ〕(名) 灌木ノ名。がんぴノ條ヲ見ヨ。

かにふ (名) 加入 加ハリ入ルコト。仲間ニ組合フコト。

〔かにめくぎ〕(名) 蟹目釘 鋲ノ類。

〔かにもりのつかさ〕(名) 〔蟹守ノ義、蟹ノ條ヲ見ヨ〕 掃部寮ヲ見ヨ。

か・ぬ・ヌル・ヌレ・ネ・ネ・ネヨ (他動) (規.二) 兼 (一)合ハセテ一ツニナス。二ツ一様ニ働ラカス。兼帶ス。(二)兼ネテ憚リ思フ。「人目ヲ—」氣ヲ—」

か・ぬ・ヌル・ヌレ・ネ・ネ・ネヨ (自動) (規.二) 難 常ニ他ノ動詞ト熟語トシテ用ヰ、遂ゲ得ヌ意ヲイフ語。「讀ミ—」成リ—」行ヒ—」去リ—」

〔かぬち〕(名) 〔金打ノ約〕 鍛冶ニ同ジ。

かね (名) 金 〔堅根ノ意カ、或云、音ヲモテ名トスルカト〕 (一)金、銀、銅、鐵、鉛、錫等ノ鑛物ノ總名。(土、石、ト別ツ) 鑛物 (二)金、銀等ニテ、大小、方圓ニ鑄造リテ、分量ヲ定メ、價位ヲ付シ、政府ヨリ國內ニ發行シテ、品物賣買ノ媒ニ通用セシムルモノ、古クハ、大判、小判、兩、分、朱等ノ形ニ別テリ、今ハ圓、錢等ニ別ツ、其銅製ナルヲ錢トス。金銀。金錢。錢金。「—ヲツカフ」—ヲ貸ス」—ノ利息」 貨幣 (三)曲尺。まがりがねノ略。(四)轉ジテ、眞直。「宇治川、速シトイヘドモ、淵瀨ヲイハズ、ササメカシテ、—ニ渡シ、向ヒノ岸近ク成テ」

かね (名) 鐘 〔金ノ義〕 (一)ツリガネ。ツキガネ。(二)鐘ノ聲。「—ヲ聞ク」天明ノ—」 鐘聲

かね (名) 鉦 〔金ノ義〕 (一)鉦鼓。(二)タタキガネ。

かね (名) 鐵漿 〔鐵ニテ作ル〕 はぐろめヲ見ヨ。

〔がね〕(接尾) がにニ同ジ。「マスラヲノ、弓末フリタテ、射ツル矢ヲ、後見ム人ハ、語リツグ—」

〔がね〕(接尾) 〔豫テノ意〕 名詞ニ付ク接尾語、夫ト豫テ心設ケトスル人ニイフ語。「后—トカシヅク」帝—ト申シ思ヒシカド」今日明日ノ大臣—ニテオハス」君—」聟—」博士—」

かねあひ (名) 兼合 輕重、均シクシテ、偏ラヌコト。程ニ適フコト。 釣重

かねいれ (名) 金入 貨幣ヲ納レテ携フル袋。

〔かねうり〕(名) 金賣 古ヘ、砂金ナド賣買スルヲ業トスル者。

かねかし (名) 金貸 金錢ヲ貸シテ、利息ヲ收ムルヲ業トスル人。 子錢家

かねがね (副) 豫 かねてニ同ジ。

カネキン (名) かなきんニ同ジ。

かねぐら (名) 金藏 貨幣ヲ納メ置ク倉。 帑

〔かねごと〕(名) 豫言 豫テ言ヒ置ケル言。「如何ニセム、世ニテイツハリノ、アルママニ、我ガ—ヲ、人ノタノマヌ」

かねさし (名) 鐵差 まがりがねヲ見ヨ。 鐵尺

かねぢやく (名) 鐵尺 まがりがねトものさしトノ條ヲ見合ハスベシ。 鐵尺

かねたたき (名) 鉦叩 (一)撞木。(二)談義僧。(北國) (三)淡水ノ魚、あまごノ類。(駿、濃)

かねつけいし (名) 金付石 珪石ノ、質、密ニシテ、色、黑キモノ、紀州日高郡佐野村ヨリ出ヅ、金銀ノ純否ヲ摺リツケテ驗シ知ル用トス。 試金石 珪板石

かねつけとんぼ (名) 〔鐵漿付蜻蛉ノ義〕 くろやんまニ同ジ。 細蟌

かねて (副) 豫 〔後ヲ兼ネテノ意ナラム〕 (一)預メ。前廉ヨリ。前ビロニ。前以テ。(二)嘗テ。前ニ。

かねばこ (名) 金箱 (一)金銀貨幣ヲ納メオク匣。(二)俗ニ、利ノ生ズル基ト賴ムモノノ稱。

かねふき (名) 金吹 金銀ノ鑛ヲ、貨幣ニ鑄キ造ルコト。又其人。

かねへん (名) 金偏 漢字ノ左方ニアル金ノ字、釘、針、釣、鈴、銀、銅ナドノ如シ。 金邊

かねほり (名) 金堀 鑛山ニテ、あらがねヲ堀リ取ル者。ゲザイ。 坑夫

かねみ (名) 金見 金銀ノ貨幣ノ性ノ純否ヲ見分クルコト。又其人。 驗銀匠

かねん (名) 加年 年ヲ加フルコト。齡ヲ重ヌルコト。

かねもち (名) 金持 貨幣ヲ多ク所有スル人。富メル人。

かねる (動) 兼又ハ難ヌノ訛。

かの (代) 彼 身ヨリ最モ遠キ物事ヲ指シ示シテイフ代名詞ナリ。(この、その、ニ對ス) 語法指南

ノ代名詞ノ條ヲ見ヨ。
かのうば (名) 蚊姥 蚊ニ似テ、大クシテ、脚、甚ダ長キモノ、常ニ窓紙ナドニツク。カノヽバ。ガガンボ。カトンボ。
かのえ (名) 庚 〔金ノ兄ノ義〕 えとノ條ヲ見ヨ。
かのおば (名) かのうばニ同ジ。
かのこ (名) 鹿子 (一)鹿ノ子。麑 (二)鹿。(三)かのこまだらノ略。「總ー」緋ー」(四)草ノ名、女郎花ニ似テ、春、開ク。又、一種、夏、白花ヲ開クモアリ。
かのこしぼり (名) 鹿子絞 絞染ノ文ニ、白星、斑ニアリテ、かのこまだらノ如キモノ。カノコメユヒ。カノコユヒ。又、總地ニアルヲ總かのこトイヒ、處處ニアルヲむらがのこナドイフ。纈文
かのこマダラ (名) 麑斑 鹿ノ毛色ニアル斑、茶褐色ニ、䟽ニ白キ點アリ。「時シラヌ、山ハ富士ノ根、イットテカ、ーニ、雪ノ降ルラム」
〔かのこめゆひ (名) 鹿子目結 かのこしぼりニ同ジ。
〔かのこゆひ (名) 鹿子結 かのこしぼりニ同ジ。
かのしし (名) 麀 〔鹿ノ獸ノ義〕 鹿トイフニ同ジ。
かのたま (名) 鹿玉 菌ノ名、冬、山中ノ朽木ニ生ズ、大クシテ塊ヲ爲ス。
かのと (名) 辛 〔金ノ弟ノ義〕 えとノ條ヲ見ヨ。
〔かのにけぐさ (名) 〔鹿ノ齡草ノ義〕 人參ノ古名。
〔かのむ・ム・メ・マ・ミ・メ (他動) (規・二) かかのむニ同ジ。
〔かのめ (名) かなめニ同ジ。
かは (名) 川 河 〔流レテ變ル義カト云〕 陸上ノ長ク凹ミタル處ニ、水ノ大ニ流ルルモノ。

かは (名) 側 物ノ一方ノ面。「東ー」右ー」外ー」
かは (名) 皮 〔身ノ表ノ側ノ義カ〕 (一)動物、植物ノ體ノ表面ヲ包メル物。(二)スベテ、物ノ表ナル部。(三)獸ノ皮。あらー、毛ー、つくりー、をしー、なめしー、もみー等、各條ニ注ス。
かば (名) 樺 〔古名、かにはノ轉ナルかんはノ約〕 古名、かには。喬木ノ名、東北國ニ多シ、葉ハ、桑ニ似テ尖リ、鋸齒アリテ、互生ス、夏ノ初メ、穗ヲナシテ、細白花ヲ開ク、實、冬、熟ス、小薄片、多ク重リテ、長サ一寸許、下垂ス、幹ノ外皮、粉白色ニシテ褐色ノ横理アリ、櫻ノ皮ニ似タリ。一名、カンバ。シラカンバ。外皮ヲ去レバ、白クシテ淺褐紅ノ横斑アリ、曲物ヲ綴ヅルニ用ヰ、物ヲ卷キ、屋ヲ葺キ、又、炬火トスルナド用多シ。
かば (名) 蒲ニ同ジ。
かはあざみ (名) 川薊 〔下濕ノ地ニ生ズレバイフ〕 ひめあざみニ同ジ。
かはあひ (名) 川合 川ノ流レ合フ所。
〔かはあみ (名) 游泳 川ニ入リテ水浴スルコト。
かはあをのり (名) 川青海苔 形色、あをのりニ似テ、流水ノ石上ニ生ズ、食フベシ、常ニあをのりニ僞ル。
かはいさう (名) 〔かはゆしヨリ轉ズ〕 傷ハシク見ユル狀。愍然
かはいらし (形) かはゆらしノ訛。
かはいろ (名) 草色 染色ノ名、綠ニ紺ヲ加ヘタルガ如キモノ。

かばいろ (名) 樺色 〔蒲色ナリ〕 蒲ノ穗ノ色ニテ、黃ニ赤ミアルモノ、染色ニイフ。老虎皮
かはうそ (名) 川獺 かはをそノ訛。
かはおと (名) 川音 川瀨ノ波ノ音。「玉島ノ、ー澄ミテ、千鳥鳴クナリ」冬ノ夜ノ、ー高ク、月ゾ深ケユク」水聲
〔かはおろし (名) 川風ニ同ジ。「今朝見レバ、立田川原ノ、ー、サツフ紅葉ヲ、波ゾ織リケル」
かはかじか (名)・魚ノ名、いしぶしニ同ジ。
かはかぜ (名) 川風 川ノ上ヲ吹ク風。水風
かはかみ (名) 川上 (一)川ノ邊。(二)川ノ源ノ方。ミナカミ。ー流
かはがめ (名) 川龜 すつぽんニ同ジ。
かはがらす (名) 川烏 〔山川ニ棲メバイフトゾ〕 大鷭ニ同ジ。(鷭ノ條ヲ見ヨ)
かはがり (名) 川狩 川ニテ漁リスルコト。川漁
かばかり (副) 斯許 カクバカリ。コレホド。「ーノ大事ー思フニ」ーノ痛ミ」
かはぎす (名) 川魚、鱚ニ似タリ。
〔かはぎぬ (名) 裘 かはごろもニ同ジ。
かはぎり (名) 川霧 川ノ上ニ立ツ霧。
かはく (名) 河伯 川ノ神。
かはぐち (名) 川口 川水ノ海、湖、又ハ、他ノ川ニ流レ入ル處。河口
かはぐつ (名) 革沓 革ニテ作レル沓、(木沓ナルニ對ス)鞹

〔かはくま〕（名）川隈 川ノホトリ。岸。水隈

〔かはくまつづら〕（名）衞矛〔川隈葛ノ義ナラムト云〕まゆみニ同ジ。

かはご（名）皮籠 革ニテ包ミ造レル匣。皮匣

かはごえひら（名）川越平 袴地ノ名、武州川越ノ產、經ハ生絲、緯ハ練絲ナル縞織ナリ。

かはごし（名）川越 船、橋無キ川ノ淺瀨ヲ、徒ニテ渡リ越ス了。「ーノ人足」

かはごろも（名）裘〔皮衣ノ義〕毛皮ニテ作レル衣。カハギヌ。

かばざくら（名）樺櫻 （一）山櫻ノ一種、花甚ダ疎ニテ、單瓣ニシテ白キモノ、皮ヲ採リテ、捲物ヲ綴ヂ、又、笛ナド卷ク。（二）又、黃櫻ノ一名。

かはじき（名）川敷〔川敷地ノ略〕川水ノ流ルル程ノ敷地。

かはじま（名）川島 川ノ中ニアル島。「ーノ、眞砂ニ立テル、白鶴ノ」

かはしも（名）川下 川水ノ流レ行ク方。下流

かばしら（名）蚊柱 蚊ノ、軒端ナドニ、無數、飛ビテ、柱ノ如クナル了。

かはじり（名）川尻 （一）カハシモ。流末 （二）カハグチ。河口

かはす・ス・セ・サ・シ・セ（他動）（規、二）交 （一）互ニモノス。相交フ。ヤリトリス。「心ヲー」「詞ヲー」「手ヲー」羽ヲー」（二）避ケテ翻ヘス。「身ヲー」翻身

かはすぢ（名）川筋 川水ノ流レ行ク路。河脈

かはぜ（名）川瀨 川ノ中ノ瀨。

かはせ（名）爲替 （一）此ヲ遣リテ彼ヲ取ル了。取替ヘニスル了。交換 （二）遠方ヘ金錢ヲ送ル手數ヲ省カムガ爲ニ、此地ノ銀行ナドヘ、金錢ヲ拂込ミテ、其手形ノミヲ送リテ、彼地ニアル出店ナドニテ請取ラスル了。飛錢 替錢

〔かはせうえう〕（名）川逍遙 川邊ヲ逍遙スル了。

かはせび（名）〔古名そびヲせびト訛リ、又、山せびニ對シテ、川せびトイフナリ〕鳥ノ名、大サ雀ノ如シ、頭、頰ハ、綠ニシテ青斑雜リ、背ハ綠褐ニシテ、翅ハ青白ナリ、尾ハ短クシテ灰色ナリ、眼邊ニ黑紋アリテ、左右ハ淡紅ナリ、喉白ク、腹、赤褐ナリ、喙、長大ニシテ黑ク、脚モ黑クシテ短シ、常ニ水邊ニアリテ、水ヲ潛リ、魚ノ浮ブヲ窺ヒテ捕ル。別名、シヨウビン。カハセミ。魚狗

かはせみ（名）かはせびニ同ジ。其大クシテ山溪ニ居ルヲ、山せびトイフ。翡翠

かはぞひ（名）川沿 川ニ沿ヒタル處。川ノ邊。河邊

かはた（名）〔皮取ノ約轉〕かははぎニ同ジ。

かはたけ（名）河竹 （一）川邊ニ生フル竹ノ稱。「ーノ、下行ク水ノ、薄氷、晝ハ消エツツ、音コソナカルレ」（二）遊女ノ生涯ニ就キテイフ語。「ーノ流レノ身」

〔かはたけ〕（名）苦竹〔常ニ皮アレバ、皮竹ノ義カ、借字ニ河竹ナド書ス〕苦竹ニ同ジ。「木枯ニ、園ノーカタヨリニ、靡ケド色ハ、カハラザリケリ」

かはたけ（名）革茸 あゐたけニ同ジ。

かはだち（名）川立〔山立ナドニ對ス〕水練ニ達シタル者ノ稱。（舟子、漁夫ナド）「ーハ川デ果テル」

かはたらう（名）河太郎 河童ニ同ジ。

〔かはたれどき〕（名）〔彼ハ誰時、ノ義、黃昏ノ「誰ソ彼時」ト對ス〕曉天ノ、未ダ、彼ハ誰ト見分ケカヌル時。「曉ノーニ、島カキヲ漕ギニシ舟ノ」昧爽

〔かはたれぼし〕（名）曉天ニ出ヅル星ノ名、曉 明 星ノーナラムト云フ。

〔かはち〕（名）輔〔顏緣ノ轉カ〕（一）かまち、つらかまちニ同ジ。（二）車ノかまち。

かはちさ（名）川苣 流水ニ生ズ、莖圓ク、葉、對生シ、かはやなぎニ似テ薄ク、尖ラズシテ細鋸齒アリ、寒天ニハ紫色ヲ帶ブ、ちさニ代ヘテ食フベシ、春ノ末、苗、高サ一二尺、枝頭、葉間ニ、三寸許ノ穗ヲ生ジテ、淡紅花ヲ綴リ開ク、大サ一分許、實圓シ。水萵苣

かはちもめん（名）河內木綿 河內ノ諸郡ニ產ズル白キ綿布、地ノ强キヲ賞ス。

かばちや（名）樺茶〔蒲茶ナリ〕かはいろニ褐色ノ多キモノ。茶褐

かはづ（名）蛙〔河津ノ義、棲ム所ニ因テ名トス〕（一）かへるノ一種、淸水中ニ棲ムモノ、形、小ク、體、瘦セテ、疣アリ、色、黑シ、又、褐色ニ、黑キ斑アルモアリ、足、細長シ、更コトニ、石上ニ出デテ鳴ク、一ツ鳴ケバ、皆、鳴ク、聲小クシテ淸ク、抑揚多シ。別名、カジカ。錦襖子 （二）詩歌ニ詠ズルモノハ、汎クかへるノ類ノ稱。蛙

かはづたひ（名）川傳 川邊ニ沿ヒテ行ク了。

かはつば (名) 〔河童ノ約〕 河童ニ同ジ。(西國)

〔かはづら (名) 河邊ニ同ジ。

〔かはつるみ (名) 〔皮交ノ意カ〕 手淫。或云、男色。

かばと (副) 倒レ伏ス音ニイフ語。カツバト。「―倒ル」

〔かはな (名) 水苔 〔川菜ノ義ナラム〕 かはあをのりナルベシト云。

かはながれ (名) 川流 川水ニ溺レ流ルルヿ。川ニ入リテ死ヌルヿ。

かはなみ (名) 川波 川ノ上ニ立ツ波。

かばね (名) 尸 屍 〔皮骨ノ約ト云〕 死ニシ體、ナキガラ。シカバネ。死骸。

かばね (名) 姓 〔頭根ノ意ニテ、宗長、其族ヲ統ブル義ナリト云、或ハ姓名トモアリ〕 上代ニイヘル臣、連、伴造、國造等ノ稱ニシテ、臣ノ家ハ、大臣トナリ、連ノ家ハ、大連トナリ、國造ノ家ハ、地方官トナルナド、家筋、世襲ノ職名ノ如シ。其他、首、忌寸、君、別、縣主、稻置、直等、尙多シ。後、天武帝ノ時、改メテ、眞人、朝臣、宿禰、忌寸、道師、臣、連、稻置ノ八級ト定メタマヒテ、更ニ、朝廷ヨリ家家ニ賜ヒ、氏ニ添ヘテ稱シテ、家筋ノ尊卑ノ等級ノ號トナル。

〔かはねぐさ (名) 女靑 〔川根草カ、或ハ、臭氣甚シケレバ、戸草トイフニヤ〕 くそかづらニ同ジ。

かはねずみ (名) 川鼠 谷間、溝、ナドノ石岸ノ間ニ穴居シ、水ヲ潛リ、小魚ヲ捕ヘ食フ、大サ三四寸、身扁ク、尾短ク、蹼アリテ、色黑シ、又、褐色、或ハ、灰色ノ斑アルモノモアリ。水鼠

かはのり (名) 川海苔 かはあをのりニ同ジ。

++かはばう (名) 皮坊 かははぎニ同ジ。

かははおり (名) 革羽織 なめしがはニテ作レル羽織、褐色、綠色ナドニ染ム、防火ニ用ヰ、又、寒ヲ防グニ用ヰル。

かははぎ (名) 皮剝 死獸ノ皮ヲ剝ギテ、革ヲ作ル者。カハタ。カハバウ。カホ。

〔かははじかみ (名) 呉茱萸ノ古名。(茱萸ノ條ヲ見ヨ)

かははた (名) 川端 川ノ邊。岸。河畔

〔かはひらこ (名) 蝶ノ古名。

か-はふ (名) 家法 (一)家ノ内ノオキテ。(二)家傳ノ法。(藥法、藝術ノ道ナドニ)

かば・ふ・ラ・ヘ・ハ・ヒ・ヘ (他動) (規. 一) 害ハヌヤウニ守ル。イタハル。「身ヲ―」子ヲ―」 回護

〔かはぶえ (名) 〔皮笛ノ義ナラム〕 嘯ヲ吹クヿ。

かはふね (名) 川船 川ニテミ泛ベ用ヰル船ノ稱。

かはべ (名) 河邊 川ノホトリ。カハバタ。

〔かはべ (名) 皮 〔皮邊ノ義〕 はだへニ同ジ。

〔かはほね (名) 骨蓬 〔川骨ノ義〕 かうほねニ同ジ。

〔かはほり (名) 蝙蝠 〔皮あふりノ轉カ、或云、蚊屠ノ約、或云、川欲ニテ、水ヲ好ム意ト〕 (一)かうもりニ同ジ。(二)扇ノ異名。「―ノアフギ奉リ給フトテ」 色

色ノ―ドモヲ、ヒラメカシツカヒタル氣色」

かはまた (名) 川股 川ノ流レノ分ルル所。派

か-はん (名) 加判 幕府ニテ、執政ノ職ニ列スルヲ稱スル語。公文ニ花押ノ判ヲ加ヘ捺セバナリ、コレヲ―ノ列トイフ。

か-ばん (名) 加番 德川氏ノ職名、ス〻テ、城番ナド、其本分ノ職アルニ加ハリテ、勸ムル職。

カバン (名) 鞄 〔洋語ナラム〕 革、布ナドニテ包ミ作レル匣、近年、西洋ヨリ入リ、專ラ、旅行ノ用トス。

かはむかひ (名) 川向 川ヲ隔テテ向ヒ合ヒタル彼岸ノ岸。對岸

かはむかふ (名) かはむかひニ同ジ。

かはもづく (名) かはあをのりニ同ジ。

〔かはや (名) 川屋 川邊ノ家。「井手ノ―ニ、駒止メツ」

かはや (名) 厠 〔川屋ノ義ニテ、古ハ、川ノ上ニ作リカケタリト云、或云、側舍ノ義カト〕 大小便ノ用所。カウヤ。雪隱。灌處。後架。便所。

かはや (名) 皮屋 (一)獸ノ皮ヲ種種ニ製スル者。皮工 (二)穢多。

かばやき (名) 蒲燒 鰻ノ肉ノ燒キヤウノ名、元ハ、鰻ノ全身ヲ、竪ニ串ニ貫キ、鹽ヲツケテ燒ケリ、蒲槌ニ似タレバ名トス。今、多クハ、竪ニ長ク割キテ骨ヲ去リ、二三段ニ切リ、橫ニ串ニサシテ、たれニテ炙リ燒ク。炙鰻 爗鱓 通ジテ、あをお、はもナドニモイフ。

〔かはやしろ (名) 川社 河邊ニアル神ノ社。又、夏時、川ノ上ニ、棚ヲ構ヘ、神ヲ祭ルヿヲモイフトゾ。(水無月ノ祓ナドニ)「水無月ヤ、ミソギモ涼シ―、―、秋ハ明日トゾ、思ヘバヤ」行ク水ノ、上ニイハヘル、―

かはやなぎ (名) 川柳 やなぎノ一種、水邊ニ多シ、高

サ五六尺ニ過ギズ、枝硬クシテ起キ上ル、葉ハ桃ノ葉ニ似テ、面、深綠ニ、背、白クシテ、互生ス、花ハ、尾狀ノ穗ニシテ、色白シ、絮ナシ。 水楊

かはゆ・し・キ・ケレ・ク・ク (形・二) (一)〔恥カシ〕。「間近ク見ムコモ、カハユキ樣ナレバ」眼前ニ繩ツクル事ハ、カハユクヤ思ハレケム」(二)カハユラシ。アイラシ。(三)小クシテ美シ。

かはゆら・し・シキ・シケレ・シク・シク (形・二) 可愛 愛スベシ。イツクシ。愛ラシ。

かはら (名) 河原 〔かははらノ約〕 川ノ畔ノ、水涸レテ砂石ナドアル處。 磧

カハラ (名) 瓦 〔梵語、迦波羅、齋宮ノ忌詞ニ、寺ヲ瓦葺トイフ〕 泥、土ニテ造リ、瓦竈ニ入レテ、燻ベ燒キタルモノ、屋ノ上ヲ葺キテ、雨露ヲ凌ギ、或ハ地ニモ敷ク、形、種種ナリ、雄ー、雌ー、圓ー、平ー、鐙ー、唐草ー、皺ー、巴ー、鬼ー、立ー、筒ー、敷ー、海鼠ー等、各條ニ注ス。

かはら (名) 船ノ底ノ中央ニ、舳ヨリ艫ヘ通ジテ、全體ヲ支フル材。マギリガハラ。鋪。 龍骨

かはらう (名) 〔河童ノ約轉〕 河童ニ同ジ。

かはらかよ (副) 淸爽ニ、ナドノ意ナリト云。「尼姿、イトーテ、貴ナル狀シテ」色白ク、頭ハ、イト靑ヤカニ、ーテ」物淸ク、ー、人ノ娘ト見ユル狀シタリ」

カハラがま (名) 瓦竈 瓦ヲ燒キ作ル竈ノ名、土ニテ、高ク室ヲ作リ、前ニ孔アリ、瓦ヲ其中ニ積ミテ、孔ヨリ薪ニテ燻ベ燒ク。陶器、叉ハ炭ヲ燒クニモイフ。スエガマ。 窯

カハラけ (名) 土器 〔瓦笥ノ義〕 (一)土燒ノ釉ヲ用ヰズ陶器ノ總稱。(二)叉、其製ノ杯ノ稱。 瓦盃

カハラげ (名) 川原毛 〔土器毛ノ意カ〕 馬ノ毛色ノ名、白クシテ黃赤ヲ帶ビタルモノ。 騢

カハラけな (名) 〔土器菜ノ義ト云〕 草ノ名、地ニ就キテ叢生ス、葉ハ圓クシテ、五六分、長キ蒂アリ、春ノ末、三五尺ノ薹ヲ出ス、葉、長クシテ互生シ、蒂無シ、穗ヲ出シ、五瓣ノ小花ヲ開ク、靑白色ナリ、此菜ヲ春ノ七種ニ用ヰル時ハ、佛座、或ハ、田平子ト稱ス。 鷄腸草

かはらさいこ (名) 河原柴胡 (一)原野ニ多シ、宿根ヨリ生ズ、葉ハ胡蘿蔔ニ似テ厚ク、背ニ白毛アリ、面、深綠ニシテ、地ニ布キテ生ズ、夏、莖ヲ出スヿ五六寸、枝ヲ分チテ、五瓣ノ黃花ヲ開ク、へびいちごノ花ニ似テ小シ。一名、ウラジロ。 委陵菜 (二)叉、ぶくりやうさいノ一名。

カハラし (名) 瓦師 (一)瓦ヲ燒キ作ルヲ業トスル者。 瓦工 (二)瓦ニテ屋ヲ葺クヲ業トスル者。

かはらなでしこ (名) 河原撫子 なでしこノ條ヲ見ヨ。

かはらひわ (名) 河原鶸 〔常ニ山中ノ水邊ニ居レバ名トスト云〕 形、常ノひわヨリ稍大ク、頭背ハ灰白ニシテ、背ニ黑キ斑アリ、眼ノ後ニ黑ミアリ、翅ハ蒼黑ニシテ黃ヲ交ヘ、腹白シ。

カハラぶき (名) 瓦葺 (一)屋ヲ瓦ニテ葺キタルヿ。(茅葺、杮葺ナドニ對ス) 瓦屋 (二)齋宮ノ忌詞ニ、寺ノ稱。(瓦ヲ用ヰルヿ、寺ニ始マル)

かはらふぢ (名) 〔川原ニ生ジテ花、藤ニ似タレバイフ〕 灌木ノ名、山野ニ多シ、直立スルアリ、横ニ延フアリ、皆刺多キヿ、いばらノ如シ、春、新葉ヲ生ズ、さいかちノ葉ニ似テ、長サ四五分、枝葉對生ス、夏、枝ノ梢每ニ、一尺許ノ莖ヲ直立シテ、黃花ヲ綴リ開ク、形、藤ノ花ニ似テ、蘂、赤シ、莢ハふぢまめノ如クニテ、長サ二寸許、中ニ子アリ、大豆ノ如シ。一名、ジヤケツイバラ。 雲實樹

カハラまつ (名) 瓦松 〔漢名ノ瓦松ヲ文字讀ニセシ語〕 つめれんげニ同ジ。「舊リニタル、瓦ノ上ノ、松ノ根ノ」瓦ニ松生ヒ、垣ニ蔦茂レリ」

かはらまつば (名) 河原松葉 草ノ名、原野ニ生ズ、形、やへむぐらニ似テ特生ス、葉、細ソク狹クシテ堅ク、數十葉、節ヲ取卷キテ生ジテ、毛刺無シ、秋、枝ノ梢ニ、小枝ヲ分チ、七八寸ノ穗ヲ戓シテ、細白花聚リ開ク。 蓬子菜

かはらもの (名) 河原者 (一)〔賤シキ人夫雜役ノ者。

カハラや (名) 瓦屋 (一)瓦葺ノ家。(二)瓦師。

カハラやね (名) 瓦屋根 瓦葺ノ屋根。 瓦屋

かはらよもぎ (名) 河原蓬 (一)菊ノ異名。(二)草ノ名、冬、春、陳莖ニ因テ生ズ(故ニ因陳ノ名アリ)初メ、地ニ就キテ叢生スル葉ハ、胡蘿蔔ニ似テ、白毛多シ、春ノ後、薹ヲ出スヿ二三尺、葉、互生シテ、形、漸次ニ細ソク、梢ニ至リ、愈、細ソキヿ、絲ノ如ク、毛無シ、夏秋ノ間ニ、枝ノ梢、葉ノ間每ニ、白花ヲ生ズ、甚ダ

密ニシテ、後ニ穗ノ如クナル、苡ノ花ニ似テ、甚ダ小シ。イシチンカウ。 茵蔯蒿
かはり (名) 變 變ハルコト。異ナルコト。
かはり (名) 代 (一)代ハルコト。交替スルコト。(二)他ノ地位ニ立ツコト。名代。
かはりがはりに (副) 代代 互ニ代ハリテ。「サルベキ時時ナム、コトニ物御覧ジナドニ」 交互
かはりばん (名) 代番 互ニ代ハリテ番スルコト。代ハリ合フコト。 輪番
かはりめ (名) 替目 物事ノ相代ハル時。
かはる・ル・レ・ラ・リ・レ (自動)(規・一) 變 異ナル狀ニナル。アラタマル。移ル。變ズ。「形―」色―」心―」味―」
かはる・ル・レ・ラ・リ・レ (自動)(規・一) 代 〔變ハル義〕(一)他ノ地位ニ立ツ。「君ニ―」父ニ―」(二)此レ去リテ、彼レ入ル。交替ス。「番兵―」 代
かはるがはる (副) 代代 互ニ代リ合ヒテ。コモゴモ。
〔かはわ〕(名) 川曲 川ノ流レノ、岸ニ入リ込ミタル處。 水隈
かはわつぱ (名) 〔河童ノ約〕 河童ニ同ジ。
〔かはをさ〕(名) 川長 川ヲ守ルモノ。「宇治ノ―」淀ノ―」
かはをそ (名) 川獺 〔古名をそ、今、海をそニ對シテイフ〕 獸ノ名、水邊ニ棲ミテ、魚ヲ食トス、狐ニ似テ小ク、喙、尖ル、頭、身、皆、扁大ナリ、尾モ扁ク長ク、身ト合ハセテ二尺餘アリ、四足短ク、蹼アリテ、水ヲ渉ルコト甚ダ速ナリ、毛色、灰褐ニシテ、淡濃一ナラズ、毛、密ニシテ軟ナレバ、裘褥トス。 水獺
かひ (名) 可否 可キト否ラザルトヨシアシ。可否。
〔かひ〕(名) 殼 殼。(介、卵ナド、スベテイフ)
かひ (名) 貝 〔殼ノ義〕(一)水中ニ生ズル動物、身ハ堅キ殼ノ中ニアリ、卽チ、はまぐり、どぶがひ、にし、たからがひ、かき、あはびノ類ノ總名、形狀、種類、甚ダ多シ、各條ニ注ス。 介 (二)貝殼。「―合セ」―石灰」 介殼 (三)ほらがひノ殼。「―ヲ、イト高ク、俄ニ吹キ出シタル」―ノ音ニ、深ケ行ク空ハ」(四)ほらがひヲ吹キテ、時ヲ告グルコト。「雲居寺、吹ク―聞ケバ」今日モマタ、午ノ―コソ、吹キツナレ」
〔かひ〕(名) 卵 〔殼ノ義〕 タマゴ。カヒコ。「同ジ巢ニカヘリシ―ノ見エヌ哉」
〔かひ〕(名) 匙 〔殼ヲ用ヰタルニ起レルカ〕 ヒ。杓子。
〔かひ〕(名) 穎 芽。穗。
かひ (名) 詮 〔穎ノ義カ、常ニ甲斐ナド書ク〕 作業ノ結果。キキメ。詮。「―アル」―ナキ」 効
〔かひ〕(名) 峽 〔間ト通ズ〕 山ト山トノ間。「山ノ―ヨリ、見ユル白雲」
かひ (名) 飼 飼フコト。馬ニ食ヲ與フルコト。「―ヲツケル」
かび (名) 黴 黴ブルモノ。飲食物、布、紙ナドノ、久シク暖氣、濕氣ノ中ニアリナドシテ、其上ニ白、褐、綠等ニ細カク生ズルモノ、極メテ微小ナル菌ナリトイフ。
〔かび〕(名) 蚊火 かやりびニ同ジ。(かびやノ條、見合ハスベシ)「足引ノ、山田守翁ガ、置ク―ノ」山賤ノ、宿ニ絶エズ、置ク―ノ」
かひあはせ (名) 貝合 又、カヒオホヒ。婦女ノ遊戲、三百六十ノ蛤殼ヲ分チテ、一片ノ殼ヲ地貝ト稱シ、悉ク場ニ並ベテ、中央ニ空所ヲ置キ、一片ノ殼ヲ出貝ト稱シ、一箇ヅツ出シテ空所ニ置キ、衆、圍ミ坐シテ、出貝ト地貝ト、相合フベキモノヲ認メテコレヲ合ハス、合ハセタルモノ多キヲ勝トス。
かひいし (名) 貝石 種種ノ介殼ノ化石トナリタルモノ、諸國ニ產ズ。
かひいしばひ (名) 貝石灰 かきがらばひノ條ヲ見ヨ。
〔かひおほひ〕(名) かひあはせニ同ジ。
かひかう (名) 貝香 香螺ノ厴。(へなたりノ條ヲ見ヨ)
かひがかり (名) 買掛 買フコトヲ約シテ、未ダ、價ノ代ヲ拂ハズシテアルコト。
かひがひ・し・シキ・シケレ・シク・シク (形・二) 〔詮アルラシヤノ意〕 勇ミ勵ム狀ニテアリ。イサマシ。「實モ、堪能ノ者ニテアリケルニヤ、カヒガヒシク、言フガ如クニ飲ミテ踩ニケリ」 精悍
††かひかぶる・ル・レ・ラ・リ・レ (他動)(規・一) 誤リテ、不當ノ高價ニテ買フ。
かひがら (名) 貝殼 介類ノ殼。 介殼
かひがらぼね (名) 貝殼骨 かいがねノ訛。
かひこ (名) 蠶 〔養蠶ノ義、蠶、本名こナリ〕 蟲ノ名。古名、吳ノみみ、トモイフ、元、舶來モノカ、野生

ニ無シ、常ニ人家ニ養ヒテ、繭ヨリ絹絲ヲ取ル、清明ノ後、種紙ノ卵、孵ル、極メテ細小ニシテ黒シ、是ヨリ、桑ノ葉ニテ飼ヒ、日ニ成長ス、其間ニ、眠ルガ如キ時ノリ、舊皮ヲ蛻グナリ、又、起キテ葉ヲ食フ、斯ク、眠リ起キスルヿ四度、凡ソ三十日ニシテ、全ク成長ス、長サ二寸餘、幅三分許、全身白クシテ身ニ九節アリ、左右、各七足、尾ノ上ニ刺肉アリ、コレヲ移シテ蠶簿ニ入ルレバ、絲ヲ吐キテ繭ヲ作リ、身其中ニ入リテ、蛹トナリ、後ニ羽化シテ、蛾トナリ、繭ヲ破リテ出デ、卵ヲ生ミテ死ス。春蠶、夏蠶、秋蠶等ノ別アリ。

〔かひご (名) 卵 卵ニ同ジ。タマゴ。「鶯ノ、一ノ中ニ、時鳥」鷄ノ一」鶴ノ一」

かひごろし (名) 飼殺 役ハズシテ、終身養ヒオクヿ。（老奴婢、牛馬ナドニイフ語）

かひざいく (名) 貝細工 種種ノ色采ノ貝殼ヲ、糊ニテ紙ニ貼リツケテ、花鳥草木ナドノ形ヲ作レルモノ、玩物トス。

かひさかな (名) 熨蚫ノ異名、婚儀ノ席ナドニテイフ。（切ルトイフヲ忌ミテノ語）

かひさま (名) 〔交方ノ義カ〕 さかさまニ同ジ。

かひしむ・ムル・ムレ・メ・メ・メヨ (他動)(規.二) 買締 一手ニ買ヒ集メテ、賣出サズ。

かひしやくし (名) 貝杓子 板屋貝ヲ頭トシ、竹ヲ柄トセル杓子。

かひす (名) 〔買窩ノ義カ〕 盜人宿。窩主

かひだこ (名) 貝蛸 たこぶねニ同ジ。

かひだし (名) 買出 製造人、問屋、市場ナドヨリ、請賣物ヲ買ヒ取ルヿ。

かひだす・ス・セ・サ・シ・セ (他動)(規.一) 買出 買出ヲナス。卸ヲ受ク。

カピタン (名) 甲必丹 加比丹 〔蘭語、Capitein.〕 (一)往時、年年、長崎へ來リシ和蘭國ノ商船ノ長。其渡來人ノ長トシテ、年ヲ定メテ、江戸ヘ候セリ。(二)和蘭舶來ノ、一種ノ縞織物ノ名。

〔かひだゆし・キ・ケレ・ク・ク (形.二) 腕、弛シ。カヒダルシ。「唐衣、カヒダユキマデ、返ヘスカヒナシ」

かひだるし・キ・ケレ・ク・ク (形.二) (一)かひだゆしニ同ジ。「夜モスガラ、物思フ時ノ、面杖ハ、カヒダルサコソ、知ラレザリケレ」(二)身體、弛シ。

かひつ (名) 加筆 筆ヲ加フルヿ。文書ニ批ヲ入ルルヿ。

かひつく・クル・クレ・ケ・ケ・ケヨ (他動)(規.二) 飼付 飼ヒテ、馴ラス。

かひつけ (名) 買付 常ニ馴染ミテ買入ルルヿ。「一ノ店」

〔かひつもの (名) 〔貝之物ノ義〕 介トイフニ同ジ。

かひて (名) 買手 買フ方ノ人。買主

かひとる・ル・レ・ラ・リ・レ (他動)(規.一) 買取 買ヒテ我ガ物トス。

かひな (名) 肱 (一)手ノ肩ト臂トノ間。(二)肩ヨリ指マデノ總名。手。腕

かひなし・キ・ケレ・ク・ク (形.二) (一)詮ナシ。(二)弱シ。未

熟ナリ。

かひぬし (名) 買主 かひてニ同ジ。

かひぬし (名) 飼主 犬馬ナド飼ヒ置ク主。

かひのくち (名) 貝口 帶ヲ腰ニ結ヒテ、其端ト端トヲ、眞結ニムスブヿ。（男帶ニイフ）

かひのはしら (名) 貝柱 (一)蛤類ノ肉ノ中ニアリテ、兩ノ殼ヲ維グモノ、硬クシテ筋ノ如シ。略シテ、ハシラ。蛤丁 (二)はかかひノはしら、味、最モ美ナレバ、其名ヲ專ニス。バカノハシラ。

かひば (名) 飼葉 馬牛ニ食ハスル秸草。マグサ。秣

かひばと (名) 飼鳩 はとノ條ヲ見ヨ。

かひばなし (名) 飼放 はなしがひニ同ジ。

かひふき (名) 貝吹 戰陣ナドニ、法螺貝ヲ吹ク役ノ者。吹手

かひもの (名) 買物 (一)買ヒタル物。(二)物ヲ買フヿ。

〔かびや (名) 蚊火屋 山村ニテ、鹿、猪ナド追ハムガ爲ノ假屋ニテ蚊火ヲ焚クヲイフ語ト云。「秋田ナル、一ガ烟」蛙鳴ク、一ニ立テル、夕烟」

〔かひよ (感) 鹿ノ鳴ク聲ニイフ語。「世ヲ歷ツツ、イナミ野ニタツ、小男鹿ハ、何ヲカヒヨト、鳴キアカスラム」

かひよね (名) 糴 〔買米ノ義〕 買ヒ入レテ貯フル米。（うりよねニ對ス）

かびる (動) 黴ブノ訛。

かひれう (名) 飼料 馬ナドニ飼フベキ食料。

〔かひろぐ・グ・グ・ガ・ギ・ゲ (自動)(規.一) 搖ル、靡ク。（舟、薄ノ穗ナドニ） 搖蕩

かひ‐わり (名) 〔穎割ノ義ナラム〕 菜ノ苗。

〔かひ‐をけ (名) 貝桶 貝合ノ貝殻ヲ納ルル桶、地貝ノト、出貝ノト、二ツアリ、形、行器ノ如ク、蒔繪ナドニス。

かひ‐をけ (名) 飼桶 飼葉ヲ盛ル桶。 馬槽

か‐ふ (名) 可否 可否ニ同ジ。

か‐ふ (名) 家扶 家令ノ條ヲ見ヨ。

かふ (名) 甲 (一)ヨロヒ。(二)龜、蟹ナドノ背腹ノ堅キ殼。「龜ノ一」(三)琵琶、三絃ナドノ胴ノ隆起アル處。(四)手、足ノ表ノ方。(たならら、あならら反)「手ノ一」足ノ一」 手背 足背 (五)キノエ。(えとノ條ヲ見ヨ)(六)第一。「一ノ人」乙ノ一」

か・ふ・フ・ヘ・ハ・ヒ・ヘ (他動)(規・一) 飼 畜 食ヲ與ヘテ養ヒ置ク。(鳥、獸、蟲、魚、ナド)

か・ふ・フ・ヘ・ハ・ヒ・ヘ (他動)(規・一) 買 〔易フ、ノ轉力〕 共價ノ錢ヲ與ヘテ我ニ受ク。錢ヲ以テ易ヘ取ル。

か・ふ・フ・ヘ・ハ・ヒ・ヘ (自動)(規・一) 交 常ニ他ノ動詞ト熟語トナリテ、接尾語ノ如ク用ヰ、互ニモノシ、又ハ、代リ合フ意ヲイフ語。「行キ一」飛ビ一」

か・ふ・フ・ヘ・ハ・ヒ・ヘ (他動)(規・一) 支 支ヘムト當ツ。支柱ヲナスヅツカフ。「木ヲ一」せんばりヲ一」

か・ふ・フル・フレ・ヘ・ヘ・ヘョ (他動)(規・二) 變 換 異ニス。變ハル如クニナス。アラタム。ナホス。「色ヲ一」形ヲ一」心ヲ一」

か・ふ・フル・フレ・ヘ・ヘ・ヘョ (他動)(規・二) 易 代 替 〔變フ、ノ義〕 此物ヲ遣リテ彼物ヲ用ヰル。取リカヘル。「物ト物ト一」紙幣ヲ洋銀ニ一」

か・ふ・フル・フレ・ヘ・ヘ・ヘョ (他動)(規・二) 渫 〔變フ、ノ義〕 陳キ水ヲ汲ミ去リテ、新シキ水ヲ取ル。サラフ。「井戸ヲ一」カヘホス」

かぶ (名) 株 (一)切リ倒シタル樹ノ根ノ、土上ニ存スル部。クヒゼ。(二)草木ヲ、根ニテ數フル語。(三)職業、商業ナドニ、官ノ免許、仲間ノ申合ナドニテ、若干ノ家ニ限リテ、專ニ、其職ヲ繼キ、其業ヲ營ムヲ得ルコト。「同心ノ一」名主ノ一」問屋ノ一」(四)銀行、諸會社ノ類ニ、數人組合ヒテ、資本ヲ出シ、各其所有主ノ分際タルコト。其人ヲ一主トイヒ、其所有ヲ證スル手形ヲ一券トイヒ、コレヲ賣買讓渡シナドスルニ就キテハ、一式ナドイフ。

かぶ (名) 蕪 かぶらノ條ヲ見ヨ。

か‐ぶ (名) 歌舞 歌ヒ、又、舞フコト。歌ト舞ト。「一ノ筵」

か・ぶ・ブル・ブレ・ビ・ビ・ビョ (自動)(規・三) 黴 黴ヲ生ズ。

かふ (名) 合 (一)枡目ノ名、一升ノ十分ノ一。勺ノ十倍。(二)地坪ニ、一坪ノ十分ノ一。(三)匣、桶、葢ナド數フルニイフ語。「筥一一」唐櫃二一」(四)數ヲ合ハスルコト。「一二千五百」

か‐ふう (名) 家風 イヘノナラハシ。家内ノオキテ。

〔か‐ふう‐らく (名) 夏風樂 或ハ、和風樂、一名、春庭樂、舞樂ノ曲ノ名。

かふ‐おつ (名) 甲乙 (一)第一ト第二ト。勝レタルト次ナルト。(二)オトリマサリ。「一無シ」一ヲ付ク」

〔かふ‐おつ‐にん (名) 甲乙人 貴キ人ト卑シキ人ト。貴賤上下ノ人。

〔かうか‐のき (名) 合歡木 ねぶのきニ同ジ。

かぶ‐き (名) 冠木 笠木ニ同ジ。「一門」鳥居ノ一」衡木

か‐ぶき (名) 歌舞妓 〔又、歌舞伎、歌舞戲〕 慶長中、出雲ノ巫女、くにトイフモノ、神樂ヲ變ジ、白拍子ニナゾラヘ、新ニ作リ初メタリトイフ舞曲ノ名、後、名古屋三左衞門トイフ者ト共ニ、遍クコレヲ弘ム、共曲、後ニハ汎ク古今種種ノ事ヲ演ジ、芝居トモ稱シテ、今ニ至ルマデ、盛ニ世ニ行ハル。 劇曲

かぶき‐もん (名) 冠木門 二本ノ柱ニ、本ノ笠木ヲ亙シテ作レル門。(屋ナドアルニ對シテイフ) 衡門

〔かう‐くわん‐ぼく (名) 合歡木 ネブノキ。

かぶ‐けん (名) 株券 株、ノ條ヲ見ヨ。

〔かう‐ご (名) 合期 善ク間ニアフコト。「六箇度マデ、御落馬アリ、御馬ニ一セサセ給ハヌ故ニヤ」重病、日數積リテ、一ナラヌ時分ナリケルニヤ」分散シテ居タリケル問、俄ニ諸方一シ難カリケル」

かぶさ・る・ル・レ・ラ・リ・レ (自動)(規・一) 被 〔かぶせらるノ約ニテ、語尾ノ變化、轉ズ〕 被ハル。上ニ掛ル。

〔かう‐ざ (名) 合子 葢アル漆椀。

かぶ‐しき (名) 株式 株、ノ條ヲ見ヨ。

か‐ぶす (名) 〔蚊燻ノ義〕 橙ノ類、實ノ形だいだいニ同ジクシテ、但、蒂、一重ニシテ重ナラズ、皮、苦クシテ、食用ニ堪ヘズ、皮ヲ蚊遣火ニ用ヰル、故ニ名アリ、今、多クハコレヲだいだいト稱シ、又、其未熟ニシテ小キヲ

乾シテ、枳殼ニ僞ル。 臭橙

〔かぶす・ス・セ・サ・シ・セ (自動)(規・二) 頗傾 〔傾キ伏ス意〕 頭傾ク。ウナタル。「ヒトモト薄、項カブシ」 烏帽子打傾キタルカブシ姿」

かぶせぶた (名) 被蓋 蓋ノ製ニ、緣アリテ、器ヲ被フヤウニ作レルモノ。ヤロウブタ。 子口蓋

++かぶ・せる・セル・セレ・セ・セ・セヨ (他動)(規・四・變) 被 カブラス。被フ。

〔かぶち (名) 枸櫞 まるぶしゆかんニ同ジ。

かぶつ (名) 下物 酒ノ肴ノ異名。

〔かふとう (名) 鴨頭 〔かふハ鴨ノ音ノ誤、字義ハ、水ニ浮ブニ擬シテイヘルナリト云〕 柚子ノ皮ナド、吸物ノ吸口トスル稱。

かぶと (名) 兜冑 〔被ル意、俗ニ、甲ノ字ヲ用ヰルハ、非ナリ〕 鬪ニ用ヰル冠、卽チ、首ノ鎧、製種種ナリ。

かぶとがに (名) 兜蟹 多ク西海ニ産ズ、長サ二三尺、殼圓ク扁クシテ兜ノ如シ、色、青黑クシテ、眼ハ、背ノ上ニアリ、口ハ、腹ノ下ニアリ、脚、短クシテ、十二アリ、尾長シ、殼ヲ杓トシ、舟中ノ水ヲ去ルナドニ用ヰル。 鱟魚

かぶとがひ (名) 兜貝 雲丹ノ條ヲ見ヨ。

かぶとぎく (名) 兜菊 とりかぶとニ同ジ。

かぶとくび (名) 冑首 大將分ノ首級。〔雜兵ノナラヌニイフ〕

かぶとバチ (名) 兜鉢 陶器ノ鉢ノ闊ク大ナルモノノ稱。

かぶとむし (名) 兜蟲 長サ二寸五分許、幅八分許、全身、栗ノ殼ノ色ニテ、腹ニ六足アリ、背ニ甲アリ、甲ノ下ニ翅アリ、雄ニハ角アリ雌ニハ無シ、角ハ、頭ノ上ニアリテ、長サ八分許、末、二ツニ分レ、其末、又、二ツニ分ル、角ノ下ニ口アリ、角ノ兩旁ニ眼骨アリ、角ノ後ニ、又、一角アリ、長サ三分許、亦、其末、兩ニ分ル、晝伏シテ、夜飛ブ。東京ニ、サイカチムシ。 飛生蟲

一種、長サ一寸許、幅五分許、深黑ニシテ、背ニ、角、一ツアリテ、太クシテ前ヘ曲レルモノ。 獨角仙

かぶぬし (名) 株主 株ノ條ヲ見ヨ。

かふはん (名) 甲板 かんぱんヲ見ヨ。

かふやく (名) 合藥 アハセグスリ。火藥ノ條ヲ見ヨ。

かぶら (名) 蕪 〔株ニ出ヅ〕 菜ノ名、葉ハあぶらなニ似テ大ク、根ハだいこんニ似テ太ク短シ、種類多ク、形、扁キアリ、圓キアリ、長キアリテ、皆、大小アリ、近江蕪、最モ大ナリ、羮、又ハ、鹽漬ニシテ食フ。又、かぶらな。略シテ、かぶ。 蕪菁

かぶら (名) 鳴鏑 かぶらやノ條ヲ見ヨ。

かぶらな (名) 蕪菜 蕪ニ同ジ。

かぶらぼね (名) 蕪骨 鯨ノ頭枕骨、卽チ、氷頭、鉋ニテはながつをノ如ク削リテ、酢、醬油ナドニ漬シテ食フ。

かぶらや (名) 鏑矢 〔形、蕪ノ根ニ似タレバイフ〕 鏃ノ一種、木ニテ、圓ク長ク脹メテ作リ、中ヲ空ニシテ、三孔ヲ穿チ、雁股ヲ添ヘテ用ヰル、射レバ空氣ヲ通ジテ響アリ。 鳴鏑

〔かぶらゑり (名) 鏑 〔鏑矢ノ中ヲ彫ルニ用ヰルヨリシテイフト云〕 頭ノ曲リタル鑿。

かぶり (名) 〔頭振ノ略〕 頭ヲ左右ヘ振ルヿ、背ク意ナリ。 掉頭

かぶりがさ (名) 被笠 笠ノ條ヲ見ヨ。

•かぶりもの (名) 被物 頭ニ被ル笠、帽子ナドノ總名。

かふりよく (名) 合力 力ヲ合ハセテ助クルヿ。助力。

かぶ・る・ル・レ・ラ・リ・レ (他動)(規・一) 被 〔かうぶるノ約〕

かうむるニ同ジ。

かぶ・る・ル・レ・ラ・リ・レ (自動)(規・一) (一)齒ヲ入レテ食フ。嚙ム。(二)腸ニ、甚シキ痛ミヲ起ス。「蟲ガー」

か・ぶ・る・ル・ル・ル・レ・レ・レロ (自動)(規・二) 氣觸 (一)漆、膏藥、ノ氣ナドニ觸レテ、肌ニ細キ瘡ヲ生ズ。(二)アヤカル。感ジテ移ル。 感化

かぶれ (名) 氣觸 (一)カブルルヿ。カブレタル瘡。(二)アヤカルヿ。感ジ移ルヿ。 感化

++かぶれる (動) 氣觸ル、ノ訛。

かぶろ (名) 禿 〔髮振ノ意カト云〕 (一)頭ニ髮ナキヿ。(二)童子ノ髮ヲ短ク切リテ、結ハズシテ亂シオクヿ。カムロ。〔冠セザルヨリイフ語カ〕 童丱 (三)山ニ樹木ナキモノ。 禿山

〔かへ (名) 栢 おのてがしはニ同ジ。

〔かへ (名) 榧 かやニ同ジ。

かへ (名) 代 代フルヿ。代フル物。カハリ。

かべ (名) 壁 〔圍方ノ略カ〕 家ノ四方、又ハ、内ノ隔

テナドニ、土ヲ塗リテ作ルモノ、柱ト柱トノ間ニ、かべしたぢヲ互シ、こまひヲカキ、泥土ニテ塗リ上ゲテ、上ニ漆喰ナド塗ル。又、板、紙、ニテ張ルモアリ、石ニテ積ミ造ルモアリ。

〔かべ（名）〔壁ノ義ニテ寐ル（塗ル）ニ見ル物ナレバイフトゾ〕夢ノ異名。（歌詞）「ぬる時ニ、見ル物トテヤ、ヌバ玉ノ、夢ヲモかべト、言ヒ始メケム」「マドロマヌ、かべニモ人ヲ、見ツルカナ」

〔かへ-さ（名）還樣 かへるさニ同ジ。「一ノ舟」「一ノ雲一ニワタラセ給フ」

〔かへさ-ふ・フ・ヘ・ハ・ヒ・ヘ（他動）（規・一）返スノ延。「事ノ心ヲタヅネ、一事モ侍ラデ」「トカク聞エ、カヘサヒ思シヤスラフ程ニ」「カヘサヒ奏ス」「カヘサヒ奏ス」

かへ-さま（名）反樣 うらがへしニ同ジ。「椅ヲ一ニ着」

かへし（名）返（一）カヘスコト。モドスコト。（二）反切。（其條ヲ見ヨ）（三）カヘシウタ。返歌。

かへし-うた（名）返歌 贈ラレタル和歌ノ意ニ合ハセテ、詠ミ答フル歌。カヘシ。返歌。唱酬

かべ-したぢ（名）壁下地 竹木ノ細キ材ヲ組ミテ、壁土ヲツクル骨トスルモノ。カベシロ。壁骨 其竹木ノ稍太キヲ、縱橫ニ、間ヲ隔テテ互シテ釘スルヲ、間渡トイヒ、（壁帶）コレニ、女竹ヲ、密ニ繩ニテ編ミツクルヲ、木舞トイフ。（助枝）コレヲ編ムヲ木舞ヲかくトイフ。

かべ-しろ（名）壁代〔壁ノ代ニ垂ルル意カ〕（一）几帳ノ類。（二）カベシタヂ。

かへ-す・ス・セ・サ・シ・セ（他動）（規・一）返（一）元ノ如クニナス。元ヘモドス。ナホス。回復（二）再ビ元ノ處ヘ歩ミ到ラス。モドス。却（三）報ユ。「恩ヲ一」報（四）翻ヘス。「袂ヲ一」翻（五）覆ヘス。「衣ヲ一」「器ヲ一」覆（六）耕ス。「カヘシシ小田ニ、早苗植ウナリ」（七）反切ヲナス。（反切ノ條ヲ見ヨ）（八）反吐ヲハク。「湯、飲マセナドスレド、カヘシツマトフ」嘔（九）卵ヲ、子ニ化セシム。孚 孵

かへすがへす（副）返返 幾度モ。シバシバ。再三再四

かべ-チヨロ（名）壁著羅〔ちよろハ瑣服ノ略ナラム〕絹布ノ縮ミタル如キ文アルモノ。縐

かべ-つち（名）壁土 壁ニ塗ルニ用ヰル泥土。

かへつ-て（副）却 反 還〔返リテ、ノ音便〕夫レトハ反對ニテ。ウチカハリテ。

かへ-で（名）楓 鷄冠木〔蛙手ノ略、葉ノ形ヨリシテイフ〕喬木、高サ數丈ニ至ル、葉ニ尖岐アリテ、七八岐ヨリ十餘岐ニ至ル、春ノ末ノ嫩葉ハ紅ナリ、夏、青色ニ復リ、深秋、霜ニ紅葉スルコト、最モ佳ナレバ、樹ニもみぢノ名ヲ專ニスルニ至ル、夏ノ半ニ、小黃花ヲ開ク、形、飛蛾ノ如ク、實ノ中ノ子、牛蒡ノ子ノ如シ。槭

かべ-となり（名）壁隣 壁一重ヲ隔テテ隣レル家。合壁

〔かへ-どの（名）栢殿 皇后ノ御在所ノ稱、朱雀院ニアリ。

かへ-な（名）代名（一）アル名ニ代フル名。變稱（二）アル名ノ外ニアル名。別名

かべ-ぬり（名）壁塗 壁ヲ塗リ造ルヲ業トスル工。リクワン。シヤカン。圬工

かへ-ほ-す・ス・セ・サ・シ・セ（他動）（規・一）水ヲ汲ミ去リテ涸ラス。（井、池、渠ナド）渫

がへん-ず・ズル・ズレ・ゼ・ジ・ゼヨ（他動）（不規・二）肯〔肯ヒ敢ヘスノ略轉カ〕うけがふニ同ジ。

かへ-もん（名）代紋 家ノ定紋ニ代ヘテ、別ニ用ヰル紋所。

かへり（名）返（一）カヘルコト。モドルコト。（二）返書。（三）歸ル路。歸途（四）返點ノ略。（五）タビ。返。度。（常ニ數詞ノ下ニツク）「一一」「三一」「十一」「幾一」回

〔かへり-あるじ（名）還饗 賭弓、相撲節、果テテ、勝方ノ大將、射手ニ饗スルコト。カヘリダチノアルジ。カヘリアルジ。

かへり-うち（名）返討 仇ヲ擊タムトシテ、却テ仇ニ擊タルルコト。

かへり-がけ（名）かへりしなニ同ジ。

かへり-ごと（名）返言 答ヘ。返辭。返答。報書

かへり-ざき（名）回咲 草木ノ花ノ、時ナラズ咲クコト。小春ノ候ナドニアリ。カヘリバナ。二度咲。狂花

かへり-しな（名）歸ル路ノツイデ。カヘリガケ。途次

〔かへり-たちのあるじ（名）還立饗 かへりあるじニ同ジ。

かへり-ちゆう（名）返忠 舊主ニ反キテ、新主ニ忠ヲナスコト。

〔かへりて〕 (副) 却 〔反而ノ義〕 かへつてニ同ジ。

かへりてん (名) 返點 〔をことてんノ條ヲ見ヨ〕 ふりがなノ條ヲ見ヨ。

〔かへりのあるじ〕 (名) 還饗 かへりあるじニ同ジ。

かへりばな (名) 回花 回咲ノ花。狂花

〔かへりまうし〕 (名) 返申 (一)神佛ヘ祈リシ事ノ報謝ニ詣ヅルコト。イマヰリ。報賽 (二)返辭ヲ奏問スルコト。復奏

かへりみ (名) 顧 (一)顧ミルコト。「ースレバ、月傾キヌ」(二)往ニシ事ヲ考フルコト。「心ヲイタミ思ヒツツ、ースレド」(三)恩顧。「親ダチノーヲ、イササカダニ仕ラデ」身ニアマルマデ、御ーヲタマハリテ」眷顧

かへりみる・ミル・ミ・ミレ・ミ・ミ・ミヨ (他動)(規・四) 顧 〔返リ見ルノ義〕 (一)背ヲ見ル。「君ガ住ム、宿ノ梢ヲ、行ク行クト、隱ルルマデニ、カヘリミシハヤ」(二)過ギ去レル事ヲ慮ル。本ヲ考フ。「アハレナル、花ノ盛ノ、心哉、身モカヘリミズ、人待タレケリ」省 (三)善ク遇フ。「我ガ子七八人アレド、斯クコマカニ心シラヒ、カヘリミルヤハアル」眷顧

〔かへりやみ〕 (名) 返病 やみかへしニ同ジ。

かへる (名) 蛙 〔遠キニ移セバ、必ズ、故土ニ還ルトテ名アリト云フ〕 動物、水邊ニ棲ム、四足ニシテ、尾無ク、泳グコト、跳ルコト、共ニ速ナリ、前脚、短クシテ立チ、後脚、長クシテ折リ坐ス。指ノ頭ニ珠アリテ、物ニ登ルコトヲ得ル類アリ、雨ーノ如シ。蛤 珠無キ類ハ、青ー、とのさまーナドナリ。蛙 其他、種類多シ、蟇ー、疣ー、赤ー、カハヅ、カジカ、蝦蟇等、各條ニ注ス。

かへる・ル・レ・ラ・リ・レ (自動)(規・二) 返 (一)元ノ如クニナル。元ヘ廻ル。ナホル。「春ー」年ー」回 復 (二)再ビ元ノ處ヘ歩ミ到ル。モドル。(行ク、ノ反)「家ヘー」歸 還 (三)反リテ本ノ如クナル。「手馴ラシタリシ、梓弓、ガヘルヲ見レバ」反 (四)翻ヘル。「野原ノ眞葛、吹ク風ニ、ーヲ見レバ」翻 (五)覆ヘル。ウラガヘル。「衣、ー」盃、ー」覆 (六)本ノ色ニ返リテ色變ハル。「露分クル袖ノ、カヘリヌルカナ」(七)卵、子ニ化ス。孚 孵 (八)熱ヲ得テ形ヲ變フ。「葛湯ガー」熱熟 (九)反切ノ音、成ル。(反切ノ條ヲ見ヨ)(十)動詞ニツキテ、作用ノ强クナル意ヲナス語。「沸キー」煮エー」靜マリー」

++かへる (動) 變フ、代フ、等ノ訛。

〔かへるがへるも〕 (副) かへすがへすニ同ジ。「ー、老ニケル哉」ー恨ミツル哉」

かへるご (名) 蛙子 蛙類ノ卵ノ、始メテ孵リタルモノ、頭、圓ク大ク、身、狹ク長クシテ、尾アリ、色黑ク、泳グコト魚ノ如シ、其形ニ因テ、おたまじやくしノ名アリ。蝌蚪 長ズレバ、尾ヲ脫シ、足ヲ生ジテ、形ヲ成ス。

かへるさ (名) 歸ル方。歸ル時。「ーヲ、イソガヌ程ノ、路ナラバ」

かへるのつらかき (名) 水草ノ名、溝ナドニ生ズ、刺アリ、いしみかはノ類ナリ。

かへるば (名) 蛙葉 草ノ名、おほばこニ同ジ。(野州、奧州)

かへるまた (名) 蟇股 屋ノ棟ノ破風ノ上ニ飾リツクルモノ、蛙ノ股ヲ開ケル狀ヲナス、水ニ棲ム緣ヲ取テ、防火ノ祝トスルナリ。

かへるえんざ (名) 〔蛙圓座ノ義〕 水草ノ名、葉ハ水葵ニ似テ、花ハ紫ナリ。

かほ (名) 〔形秀ノ略ト云〕 (一)〔眉ト目トノ間ノ稱。眉目 (二)頭ノ前ノ眉目鼻口ノアル處。オモテ。ツラ。顏 (三)ホマレ。ミエ。面目。「ーヲ立ツル」ーヲツブス」(四)顏ヲ變ヘテ、其風スルコト。(熟語ニノミ用ヰル)「物識リー」事アリー」心得ー」主ー」

++かほ (名) かはほうノ略。厝兒

かほいろ (名) 顏色 (一)顏ノ色。(二)カホバセ。

かほかたち (名) 顏貌 かほばせニ同ジ。

かぼそし・キ・ケレ・ク・ク (形・二) 〔かハ發語〕 細ソシ。甚ダ細ソシ。纖弱

カボチャ (名) 南瓜 〔初メ Cambodia.(柬埔寨)ヨリ來ル〕 ぼうぶらノ一種、其瓜、形、長ク、頸アリテ、壺ノ形ノ如キモノ。(東京ノ稱)京都ニ、タウナスビ。

かほつき (名) 顏付 かほばせニ同ジ。

〔かほづくり〕 (名) 假粧ニ同ジ。

〔かほづゑ〕 (名) 顏杖 つらづゑ、又、ほほづゑニ同ジ。

かほど (副) 斯程 斯アル程ニ。カバカリ。コレホド。

〔かほとり〕 (名) 貌鳥 容鳥 美シキ鳥ノ稱ナリトイヒ、或ハ雉ノ雄トモ、翡翠トモ、呼子鳥ナリトモイフ、詳ナラズ。

かほばせ (名) 顏 顏ノ狀。顏色。カンバセ。カホカタチ。

〔かほよぐさ〕 (名) かきつばたノ異名ナリト云。或云、

当薬ナリト。
〔かほよどり〕(名) 美シキ鳥ノ汎稱ナルベシ。
かほり (名) 〔懸〕 かをりノ誤。
かほる (動) 〔懸〕 かをるノ誤。
かま (名) 〔蒲〕 濁音ニ、がまトモイフ、草ノ名、水中ニ生ジ、一根ヨリ叢生ス、葉ノ長サ四五尺、巾七八分、厚クシテ脊アリ、夏、圓キ莖ヲ出ス丁四五尺、上ニ穂ヲ生ズ、長サ七八寸、巾一寸、形、蠟燭ノ如ク、短キ毛、集リテ形ヲナシテ、褐色ナリ、コレヲかまぼこ〔蒲槌〕トイフ、其上ニ、小キ葉ヲ生ジテ、中ニ黄粉ヲ含ム、蒲黄トイヒテ藥トス、又、莖葉ヲ蒲席ニ作ル。
かま (名) 〔竈〕 カマド。ヘッヒ。「鹽ー」「瓦ー」
かま (名) 〔釜〕 〔竈ノかなヘノ意カ、朝鮮語ニモかまトイフトゾ〕(一)古名、マロガナヘ。湯ヲ沸カシ、飯ヲ炊グ器、鐵ニテ、圓ク深ク、鑄テ作ル、多クハ、腰ニ鍔アリ。(二)茶家ニイフハ、專ラ湯ヲ沸カスニ用ヰル、形、種種ナリ。(三)蒸氣ノ機械ニ、湯ヲ沸カシテ蒸氣ヲ發スモノ、大ナル匣ノ如ク、鐵板ニテ作ル。 鑊
かま (名) 〔鎌〕 〔刈曲ノ略カト云〕(一)草、柴ヲ刈ルニ用ヰル具、頭、鐵製ニテ、新月ノ形ヲナシテ、内ニ向ヒテ刃アリ、柄アリ、内ヘ引ク如クシテ刈ル。(二)魚ノ名、鮒ノ類、近江ノ湖ニ產ズ、形、鎌ニ似タレバ名トス。(三)刃ニ枝アルモノ。「ー槍」 横刃
がま (名) 蒲ニ同ジ。
がま (名) 〔蝦蟇〕 (一)イボガヘル。(二)汎ク、蛙ノ類ノ大キモノ稱。

かまいたち (名) 〔鎌鼬〕 旋風ナド吹クトキ、空氣ノ中ニ、眞ノ空虚ヲ生ジ、人ノ體、コレニ觸レテ、膚、裂ケ、血出ツル丁、圖ラザルニ傷ヲ受クルガ故ニ、妖物アリテ、切ルトテ名トス。カマカゼ。 鬼弾
かまいり (名) 〔釜煎〕 中世アリシ刑ノ名、釜ニ熱湯ヲ沸カシテ中ニ投ジテ煮殺スモノ。カマユデ。カマウデ。
かまうで (名) かまゆでノ訛、かまいりニ同ジ。
かまかぜ (名) 〔鎌風〕 かまいたちニ同ジ。
〔かまかまし〕シキ・シケレ・シク・シク (形・二) かまびすしニ同ジ。
かまぎっちやう (名) (一)カマキリ。(東京)(二)トカゲ。(奥州)
かまきり (名) 〔鎌切〕 蟲ノ名、身、細長ク、頭、小ク三角ニテ、上ニ二鬚アリ、六足アリテ、上ノ二足ハ、長大ニシテ、末、曲ル丁鎌ノ如ク、内ニ刺多シ、中ノ二足ハ短ク、下ノ二足ハ長大ナリ、背ニ翅アリテ飛ブ、夏秋ノ交ニ、樹葉ノ下ニ潜ミテ、蝱、蠅ナド、鎌ニカケテ食フ、螳螂ノ斧トイフ、色ハ、綠ト褐トノ二種アリ。古名、イボムシリ。別名、イボジリ。イボムシ。イボクヒ。タウラウ。カマキリチヤウライ。カマギッチヤウ。ハヘトリムシ。 螳螂
其巢ヲおほぢがふぐりトイフ。(其條ヲ見ヨ)
かまきりちやうらい (名) かまきりニ同ジ。
〔かまく〕クル・クレ・ケ・ケ・ケヨ (自動)(規・二) 感ズ。
かまくび (名) 〔鎌首〕 蛇、螳螂ナドノ、頭ヲ上グル狀ニイフ語。「ーヲ立テテ」 驤首
かまくらえび (名) 〔鎌倉蝦〕 關東ニテ、いせえびノ稱、相州ノ鎌倉沖ヨリ來レバイフ。

かまくらぼり (名) 〔鎌倉彫〕 鎌倉時代ニ製セル器物ノ彫刻ノ名、種種ノ模樣ヲ刻リテ、多クハ、地ヲ黒漆ニシ、又、朱、褐等ノ漆ニテ色取ル。
〔かまけ〕(名) 〔蒲笥〕 かますニ同ジ。
かまける ケル・ケレ・ケ・ケ・ケヨ (自動)(規・四・變) 〔古言、感ノ訛〕 其事ニノミ係ハリテ居ル。「遊ビニー」子供ニカマケテ」
かまご (名) 〔竈子ノ義カ〕 蟲ノ名、竈馬ノ一名。
がまし シキ・シケレ・シク・シク (形・二) 他語ニツキテ、形容詞トナル語ニテ、接尾語ノ如シ、ゞ似る、の嫌ひあり、などノ意ヲナス。「烏滸ー」「カゴトー」「散樂ー」「侮リー」「無禮ー」「奢ー」
かましき (名) 〔釜敷〕 釜ヲ床上ニ置クトキ、其下ニ敷ク具。
かましこ (名) かもしかニ同ジ。
かます (名) 〔魳〕 魚ノ名、背、尖リテ鋒ノ如ク、首、尾、狹クシテ尖リ、身、圓ク肥エテ長シ、大ナルハ五六寸、鱗細カクシテ光リ、背、靑黒クシテ、腹、灰白ナリ、多ク乾魚トス。 梭魚
かます (名) 〔叺〕 〔蒲簀ノ義、古名 蒲笥、古ヘ蒲ニテ作レリ〕 藁席ニテ作レル袋、穀、菜ナド納ル。 席囊
かますご (名) 攝州兵庫ヨリ、小魚ヲ叺ニ包ミテ四方ヘ送リ賣ルモノ。
かますご (名) 梭魚ノ子。(いかなごノ條見合ハスベシ)
がまずみ (名) 樹ノ名、山野ニ多シ、高サ一丈許、葉ハ略、圓クシテ、鋸歯アリ、大サ二寸許、深綠ニシテ、

對生ス、夏、枝ノ頂ニ、五瓣ノ小白花、簇リ開クヿ、傘ノ如シ、實ノ大サ、あづきノ如ク、秋、熟シテ赤ク、美シ。莢蒾

かまち (名) 輞 〔かはちノ轉〕 (一)上下ノ顎ノ骨。カハチツラカマチ。ホホボネ。(二)車ノ兩旁ヲ夾ム木。

かまち (名) 框 〔輞ノ義〕 (一)床ノ上ノ横木。(二)戸、障子ノ周ノ框トスル材。

かまつか (名) 鎌柄 (一)鎌ノ柄。(二)小木ノ名、花白シ、材ヲ鎌ノ柄トシテ佳ナレバイフトゾ。

かまつか (名) 鮇 〔形、鎌柄ニ似タレバイフト〕 小魚ノ名、流水ノ中ニ多シ、常ニ沈ミテ水底ニアリ、口ヲ張リテ沙ヲ吹ク、形、はぜニ似テ、頭、方ニシテ細ソク尖リ、長サ六七寸、鱗細カク、淺黄黒色ニシテ、黒キ斑アリ。沙魚

かまど (名) 竈 〔竈處ノ義〕 本名、かま。土石ニテ築キ、内ヲ空ニシ、上ニ釜鍋ヲ戴セテ、火ヲ燒キ、物ヲ煮ル處。ヘツヒ。ヘツツヒ。クド。

かまどめ (名) 鎌止 山野ニ、柴草ナドヲ刈取ルヲ禁ズルヿ。

〔かまな (名) 苦芺 ひめあざみニ同ジ。

がまはばき (名) 蒲脛巾 蒲ノ葉ニテ編ミ作レル脛巾。

かまひ (名) 構 (一)カカハリ。「サラニー無シ」(二)追放ノ條ヲ見ヨ。

かまびすし・シキ・シケレ・シク・シク (形、二) 喧 音、聲、多ク高ク立チテ、聞クニ厭ハシ。カシカマシ。カシマシ。ヤカマシ。サワガシ。

かまふ・フ・ヘ・ハ・ヒ・ヘ (自動)(規、一) 構 〔規、二ノ轉訛〕 カカハル。タヅサハル。「一勿」カマハズ 關渉

かまふ・フ・ヘ・ハ・ヒ・ヘ (他動)(規、一) 構 追放ス。(追放ノ條ヲ見ヨ)

かまふ・フル・フレ・ヘ・ヘ・ヘヨ (他動)(規、二) 構 (一)豫メ用意ス。待チ設クル。豫備 (二)身ニ支度ヲナス。持チテ待受ク。「槍ヲ小脇ニー」 姿制 (三)當テハメ、組立テテ造ル。「柵ヲー」家ヲー」 構

かまへ (名) 構 (一)カマフルヿ。用意。支度。豫備 (二)組立テテ造ルヿ。「家ノー」城ノー」 結構

かまへて (副) 構而 心ニ構ヘテ。待チ設ケテ。用心シテ。

かまへる (動) 構フ、(規、二)ノ訛。

かまぼこ (名) 蒲鉾 〔形、鉾ニ似タリ〕 (一)蒲ノ花ノ穗。(蒲ノ條ヲ見ヨ) 蒲槌 (二)鯛、鱧、鮫ナドノ肉ヲ敲キ擂リテ、鹽、酒ヲ加ヘテ泥トシ、竹串ヲ心トシ、圓ク長ク塗リツケテ、炙リタルモノ、形、色、蒲槌ノ如子レバ名トス。今ハ、多ク、細長キ小板ニ、凸ニ塗リ着ケテ炙ル、コレヲ板付ートイヒ、因テ、舊ノ製ナルヲ、竹輪ートイフ、串ヲ去リテ輪切ニスレバ、中ニ穴アレバナリ。魚肉糕 肉餅

かまぼこや (名) 竹ト席トナドニテ、低ク作レル小屋、乞食ナドノ居ニイフ、板付ノかまぼこノ形ニ似タレバ名ツク。穹廬

かまぼこなり (名) 蒲鉾形 凸ニシテ左右次第ニ圓ク低クナレル形。(板付蒲鉾ノ形ヨリシテイフ) 弧

がまん (名) 我慢 (一)(佛經ノ語、我レ自ラ我ヲ誇ルヿ。自慢。(二)轉ジテ、我意ヲ張ルヿ。剛愎 (三)又、轉ジテ、堪ヘガタキヲ堪フルヿ。堪ヘ忍ブヿ。耐忍

がまむしろ (名) 蒲席 蒲ノ莖葉ヲ乾シテ編ミ作レル席、敷物トス。又、ふとゐニテ編メルニモイフ。

〔かまめ (名) 鷗 かもめニ同ジ。

かまやまあやめ (名) 釜山菖蒲 〔備前ノ地名ニ起ル、或云、朝鮮ノ釜山浦ニ起ルト〕 はなあやめノ、葉ノ細ク長キモノ。ハナカツミ。

かまやり (名) 鎌槍 槍ノ刃ニ枝アルモノ、兩旁ニアルヲ兩鎌トイヒ、一方ナルヲ片鎌トイフ。横刃槍

かまゆで (名) かまいりニ同ジ。

〔かまり (名) 〔構ヘ居リノ意カト云〕 伏兵。伏勢。

かみ (名) 上 (一)ウヘ。高キ處。(下ニ對ス)(二)物事ノ、高ク、貴ク、或ハ、初メナル部。(三)天子、官、尊長、夫人ナドノ尊稱。(四)ミナモト。「川ノー」 源 (五)イニシヘ。「一ツ世」一正曆ノ頃ヨリ」 上世 (六)都。「一ヘ上ル」 一方」

○一ノ句。和歌ノ初ノ五、七、五ノ三句ノ稱。○一ノ十日。月ノ一日ヨリ十日マデノ間。上旬

かみ (名) 長官 〔上ノ義〕 官ノ尊級ノ稱、長官ヲ一官ノ長トシテ、次官コレヲ助ケ、其下ニ判官主典アリテ、各、其務ニ從フ、コレヲ長官、次官、判官、主典

トモ稱ス、諸官、率ネ此ノ如シ、コレヲ官ノ四等トイフ。諸官ニテ、其字ヲ異ニス、大政官ハ、大臣、（長官）納言、（次官）少納言、辨、（判官）外記、史、（主典）ナリ、神祇官ニテハ、伯、副、祐、史トイヒ、省ニ、卿、輔、丞、錄、トイヒ、彈正臺ニ、尹、弼、忠、疏、トイヒ、使ニ、長官、次官、判官、主典トイヒ、職ニ、大夫、亮、進、屬トイヒ、寮ニ、頭、助、允、屬、トイヒ、司ニ、正、（次官闕ク）佑、史、トイヒ、近衞府ニ、大將、中將、少將、（次官二等アリ）將監、將曹、トイヒ、兵衞府、衞門府ニ、督、佐、尉、志、トイヒ、內侍司ニ、尙侍、典侍、掌侍、（主典闕ク）トイヒ、大宰府ニ、帥、貳、監、典トイヒ、鎭守府ニ、將軍、（次官闕ク）軍監、軍曹、トイヒ、國ニ、守、介、掾、目、トイフ等、其他尙多シ、而シテ、四等ノ官ニ正官、權官、大、少、ニ分ルルアリ。

かみ（名）神〔上ノ義カ、或云、赫身ノ約カト〕(一)形ナク、靈アリ、無上自在ノ通アリテ、或ハ、世ニ禍福ヲモナシ、又、人ノ善惡ノ行ニ、加護冥罰ヲ手スモノ。(二)往代ノ帝王、聖賢、英雄、等ノ死後ノ魂ヲ祀レルモノ。(三)スベテ、人ノ智ニテハ測リ知ラレザルヿ。「―ノ如シ」―事」(四)ナルカミ。イカヅチ。雷

かみ（名）髮〔上毛ノ略ナラムト云〕首ノ上ニ生ズル毛ノ稱。

かみ（名）紙〔書見ノ略カ〕書畫ヲカキ、又ハ、物ヲ包ムナド、種種ノ用ヲナスモノ、楮ノ皮ヲ剝ギ、粗皮ヲ去リ、煮テ細ニ打碎キ、黃蜀葵ノ根ノ粘液ト、水トヲ加ヘテ、簀ノ上ニ甚ダ薄ク敷キテ、乾シテ成ル、色白キヲ常トスレド、又種種ノ色ニモ染ム。構、がんぴ、みつまた、桑、ふよう等モ皆紙ヲ作ルベシ、製法粗同ジ。紙ノ類ニ、鳥子紙、檀紙、薄樣、杉原、奉書、小菊、程村、西ノ內、美濃紙、半紙、駿河半紙、天具帖、吉野紙、糊入、仙花、雁皮、藥袋紙、等種類極メテ多シ、各條ニ注ス。

かみ（名）加味 味ヲ加フルヿ。他ノ物ヲ交フルヿ。(藥ナドニイフ)

(かみあがり（名）〔神上ノ義〕崩ズルヿ。カンサルヿ。カンアガリ。

かみあげ（名）髮上 (一)髮結フ人。(二)女子成長ノ期ニ至リテ放髮ヲ結フヿ。(三)垂髮ヲ釵シテ頂ニ上グルヿ。

かみあそび（名）神遊 神樂ニ同ジ。

かみあひ（名）嚙合 互ニ嚙ミテ鬪フヿ。「犬ノ―」

かみあふ・フ・ヘ・ハ・ヒ・ヘ（自動）(規.一) 嚙合 互ニ嚙ミテ鬪フ。(犬ナド)

かみいれ（名）紙入 鼻紙入、鼻紙袋ニ同ジ。

かみおき（名）髮置 男女三歲ノ時、頭ニ髮ヲ長セシムル儀式、多クハ陰曆十一月十五日ニ行フ。

(かみおほぢ（名）高祖。

かみおろし（名）神降 (一)巫覡、神ニ祈リテ、神ノ靈ヲ身ニ憑ラシメ、託宣ヲ言フヿ。(二)和歌ノ初ノ五文字ノ句ノ稱。

(かみかうぶり（名）神位〔神冠ノ義〕神ニ贈ラルル位、位田ヲ附セラルルナリ。

かみがき（名）神垣 (一)神社ノ周ノ垣、玉垣、瑞垣ナド。(二)轉ジテ、直ニ、神社ノ稱。

かみかくし（名）神隱 俗ニ、天狗ノ所爲ナリナドイヒテ、兒童ナド、俄ニ、身失セテ居ラズナルヿ。

かみかざり（名）髮飾 髮ヲ結ヒ上ゲ、櫛、簪ナドニテ飾ルヿ。頭飾

かみかぜ（名）神風 カムカゼ。神通ニテ吹キ起ストイフ風。

かみがた（名）上方 偏鄙ノ地ヨリ、京都、畿內邊ヲ汎ク呼フ語。上國

かみかたし（名）〔髮固シノ義ト云〕壯健堅固ナルヿ。

(かみぎぬ（名）紙衣 紙ニテ作レル衣。カミコ。

かみぎは（名）髮際 額ナドノ髮ノ生フル際。

かみきり（名）紙切 紙ヲ剪ルニ用ヰル小キ刀。

かみきり（名）髮切 結ヒタル髮ノ、偶然ニ、髻ノ下ヨリ切リタル如ク、離レ落ツルヿ、俗間ニハ、妖アリテ然リトス、サレド、一種ノ病ニ起ルナリト云。

かみきりむし（名）髮切蟲 きくひむしノ羽化シタルモノ、長サ一寸許、巾四分許、背ニ堅キ甲アリ、腹ニ六足アリ、色黑クシテ白點アリ、翅ハ甲ノ下ニ隱ル、首ニ太キ髭二條アリ、黑白雜リテ、身ヨリ長シ、口ノ左右ニ利キ齒アリテ、むかでノ如シ、髮ヲ嚙ミ切リ竹木ノ類ヲモ切ル。一名、角蟲。天牛

かみきる・ル・レ・ラ・リ・レ（他動）(規.一) 嚙切 嚙ミテ絕ツ。嚙斷

かみくづ (名) 紙屑 紙ノ用ヰ敗レテ捨ツベキモノ。敗紙

かみぐに (名) 神國 かみごほりノ條ヲ見ヨ。

〔かみぐら (名) 上座 席ノ中ニテ、最モ上ナル座。カミザ。上席。

かみこ (名) 紙子 〔紙衣ノ略カ〕 紙ニテ製シタル衣、かみこ紙トイフ一種ノ白キ紙ヲ續ギテ、柹澁ナド延キテ、手ニテ揉ミテ柔カニシテ用ヰル。紙衣

〔かみごと (名) 神語 (一)神ノ宣ヘル言。(二)神事ニイフ詞。大祓ノ詞。

かみごと (名) 神事 (一)神ヲ祭ル事。(二)神ノ爲給フ事。

かみごほり (名) 神郡 伊勢ノ飯野、多氣、度會、三郡ノ稱。神國。(神宮ニ就キテイフ)

かみざ (名) 上座 かみぐらニ同ジ。

かみさかやき (名) 髮月代 月代ヲ剃リ髮ヲ結フコト。剃梳

かみさげむし (名) 糞中ノ蛆。糞蛆 俗間、四月八日ニ、俗歌ヲ紙片ニ記シテ、倒ニ厠ノ邊ニ貼リテ、糞蛆ノ床ニ上ルヲ防グ呪トスルコトアリ、かみヲ神、紙ニ寄スル俗意ナリトゾ。

かみさぶ・ブル・ブレ・ビ・ビ・ビヨ (自動)(規.三) 神閑 〔神進ノ意〕 神社ノ狀ナドニ、古ビテ奇シク凄シ。カウガウシクアリ。

かみしむ・ムル・ムレ・メ・メ・メヨ (他動)(規.二) 嚙締 (一)強ク嚙ム。グヒシバル。喫緊 (二)嚙ミテ、善ク味フ。玩味 (三)事ノ趣ヲ深ク考フ。

〔かみしも (名) 上下 (一)〔袍ト裳ト。(二)〔直垂、水干、素袍等ト、下ノ袴トヲ合ハセテイフ稱。多クハ、素袍ト、長袴ト、上下同ジ染色ナルモノニイフ。

かみしも (名) 裃 〔前條ノ語ノ轉〕 肩衣ト、半袴ト、上下同ジ染色ナルモノノ稱。〔肩衣ノ條、見合ハスベシ〕

かみすき (名) 紙漉 (一)紙ヲ漉ク業。抄紙 (二)紙漉ヲ業トスル者。紙匠

かみすきぶね (名) 紙漉槽 紙ヲ漉ク料ノ液ヲ湛フル槽。抄紙槽

かみすぢ (名) (一)梳リタル髮ノ理。髮理 (二)髮。「女ノ一ヲヨレル綱ニハ、大象モヨクツナガル」 髮條

++かみすり (名) かみそりノ訛。

かみすりがひ (名) 紙磨貝 たからがひニ同ジ。

〔かみそぎ (名) 髮除 童男女、髮置ノ後、年齡ニ因テ髮ヲ除グコト、其式アリ、深除、鬢除ナドノ名目アリ。

かみそり (名) 剃刀 〔髮剃ノ義〕 髮ヲ剃ルニ用ヰル刃物、長サ五六寸、鋼ニテ作ル、鋒尖ナク、平面ニシテ一折ス。カミスリ。

かみそりど (名) 剃刀砥 專ラ、剃刀ヲ研グニ用ヰル砥石ノ名、山城ノ鳴瀧砥、上野ノ戸澤砥ナド、名アリ。越砥

かみだな (名) 神棚 人家ニ、神祇ノ符ナド祀ルニ設クル棚。

かみだれ (名) 髮垂 〔反語ヲモテイフナリト云〕 小兒生レテ七八日ニ、胎髮ヲ剃ルコト。

かみぢやま (名) 神路山 伊勢ノ內宮ノ神路山ノ古キ杉ノ心ヲ香木トスル稱、簪ナドニ作ル。

〔かみづかさ (名) 〔神司ノ義〕 神祇官ニ同ジ。大宰府ニモ、主神アリ、掌ル事、略、同ジ。

〔かみづかさのかみ (名) 神祇伯ニ同ジ。

かみづつみ (名) 紙包 紙ニテ包ミタル物。

カミツレ (名) かみるれヲ見ヨ。

〔かみとき (名) 次條ノ語ニ同ジ。

かみとけ (名) 霹靂 〔雷解ノ義〕 雷ノ落ツルコト。カムトケ。カミトキ。カムトキ。雷落。

〔かみな (名) 〔蟹蜷ノ約、或云、借蜷ノ約カト〕 寄居蟲ニ同ジ。

〔かみなが (名) 髮長 齋宮ノ忌詞ニ、僧ノ稱。〔反語ナリ〕尼ヲ女――トイフ。

かみなづき (名) 神無月 〔此月、大物主神、八十萬神ヲ帥ヰテ天ニ昇レバイフト云、或云、神之月ノ轉カ、或云、雷無月ノ義カト〕 陰曆、十月ノ稱。

〔かみなは (名) 紙繩 紙縒ニ同ジ。

かみなり (名) 雷 〔雷鳴ノ義〕 いかづちニ同ジ。カミナルカミ。

かみなりのぢん (名) 雷鳴陣 禁中ニテ、雷、高ク鳴ルコト、三度ナル時ハ、近衛ノ將官、弓箭ヲ帶シ、殿側ニ伺候シ守護スル處。

かみなりのつぼ (名) 雷壺 禁中、殿舍ノ名、本名、襲芳舍。

かみなりよけ (名) 雷除 ライヨケ。雷ノ落ツルヲ除クル

ヿ。避雷 神佛ノ一ノ符アリ。避雷符 又、屋上、船上ナドニ、柱ヲ立テテ、頭ヲ、金類ニテ包ミテ、鍍金シ、夫ヨリ、銅線ヲ地ニ亙シテ、電氣ヲ外ニ傳ヘ去ラシムルアリ。

かみのき (名) 紙木 かうぞニ同ジ。

かみのつかひ (名) 神使 特ニ、其神ノ使フモノナリトイフ種種ノ動物ノ稱。八幡ノ鳩、春日ノ鹿、熊野ノ烏、日吉ノ猿、稻荷ノ狐、三島ノ鰻、大黑天ノ鼠ノ類。

〔かみのみむろ (名) 神御室 神殿。神社。

かみばさみ (名) 髮鋏 髮ヲ挾ミ切ルニ用ヰル剪刀。

〔かみびと (名) 神人 神ニ事フル人。「一ノ、手ニ取リモタル、榊葉ニ」榊葉ニ、木綿取リ垂デテ祈ル一」

かみびな (名) 紙雛 ひなノ條ヲ見ヨ。

かみひねり (名) 紙捻 かうより、又ハ、こより二同ジ。

かみみくじ (名) 紙御鬮 神佛ノ御鬮ニ、占文ヲ紙ニ印シタルモノ。

かみむ (名) 上無 十二律ノ一、其條ヲ見ヨ。

かみむき (名) 上向 官ニ係ハルヿ。官邊

かみや (名) 紙屋 (一)紙ヲ漉キ造ル所。(二)紙ヲ賣ル商家。

かみやう (名) 家名 一家ノ名跡。

かみやがみ (名) 紙屋紙 古ヘ、大内ニ、紙屋アリテ、漉キ出セル紙ノ名、官用ノ紙、スベテ、コレヲ用ヰラル、宣旨、綸旨モ、コレナレバ、宣旨紙、綸旨紙ノ名モアリ。又、カンヤガミ。カウヤガミ。

かみやしき (名) 上屋敷 大名ノ、江戸ニ設ケタル屋敷ノ、自ラ住ムニ用ヰルモノ。其控ナドニ置クヲ、中屋敷トイヒ、郊外ナドニ置キテ、別莊ノ用ナドニ充ツルヲ、下屋敷トイフ。

かみゆひ (名) 髮結 (一)髮ヲ結フヿ。(二)髮結ヲ業トスル者。

かみゆひどこ (名) 髮結床 市中ニ、髮結ヲ業トスル家。剃頭店

かみよ (名) 神代 日本開闢ヨリ、人皇、神武天皇ノ御代ノ前マデノ時代ノ稱。神世

かみよし (名) 神吉 舊曆ニ、諸神、先祖ナド、祭リテ吉ナル日ノ稱。

〔かみよりいた (名) 神依板 琴ノ板トテ、杉ノ板ヲタタキテ、神ヲ請招スルヿ、琴ノ頭ニハ、神ノ御影、憑ルトナリ。

〔かみら (名) 〔かハ、臭ノ意カ〕 韮、又ハ、韮ニ同ジ。

カミルレ (名) 〔蘭語、Camille.〕 菊類ノ草ノ名、藥用トス。カミツレ。

かみわざ (名) 神事 (一)神ノシタマフ事。カンワザ。カミゴト。(二)祭。神事。神樂。「霜月ニナリヌ、一ナドシゲク」

かみわたし (名) 神渡 神無月ノ西風ノ稱。(東國)庭火タク、天ノ岩戸ノ、一ハ」

かみゑ (名) 紙繪 紙ニ畫キタル畫。(絹ナルニ對シテイフ)

かむ (名) 神 神ノ轉、熟語ニノミ用ヰル。「一事」一風」一憑」

かむ・ム・メ・マ・ミ・メ (他動) (規・二) 噛 (一)上下ノ齒ニテ押シ碎ク。(食物ヲ) 咀嚼 (二)齒ト齒トヲ合ハス。「齒ヲ一」切齒 (三)齒ニテ傷ク。(猛獸ナドニ) 齧

〔かむ・ム・メ・マ・ミ・メ (他動) (規・一) 釀ス、ニ同ジ。「大物主ノ釀シ酒」

かむ・ム・メ・マ・ミ・メ (他動) (規・一) 拭フ。「鼻液ヲ一」

〔かん (名) 長官ノ音便。「一ノ君」一ノ殿」

かん (名) 漢 〔古ヘノ支那ノ朝ノ名、統治久シクシテ、文物、洽開ケタレバ、直ニ、支那國ノ稱トナリ〕 支那ニ係ル物事ニ冠ラセテイフ語。カラ。「一字」一學」一文」一書」一語」

かん (名) 寒 (一)サムキヿ。サムサ。(二)冬ノ小寒、大寒ノ二候、三十日ノ間ノ稱。(暑ニ對ス) 小寒ノ日ヲ、一入ルトイヒ、立春ノ日ヲ、一明クトイフ。

かん (名) 癇 (一)病ノ名、痙攣ヨリ感覺ヲ變ジテ、意思ヲ變ジ、奇ナル想像ヲ起シテ、常ニ憂鬱トシテ悲ムモノ。(二)馬ノ抗氣アリテ制シガタキヿ。駻

かん (名) 燗 〔字ハ和字、火間ノ合、冷熱ノ間ヲ得ル意トイフ〕 酒ヲ瓶ニ盛リテ、火ニ掛ケテ温ムルヿ、コレヲ火一トイフ。又 瓶ヲ熱湯ニ入レテ温ムルアリ。「一ヲスル」一酒」

かん (名) 勘 カンガヘ。覺ノ敏キヿ。「一ガヨイ」一ノワルイ盲人」

かん (名) 肝 キモ。「一ノ臟」

かん (名) 感 感ズルヿ。情ヲ動カスヿ。「一ニ堪ヘズ」一ノアマリ」

かん（名）疳　脾疳ノ條ヲ見ヨ。

かん（名）柑　蜜柑ノ條ヲ見ヨ。

かん（名）欠〔字ノ音、欠ノ轉〕算ニ、秤ニ、數ノ欠ケ減ルヿ。メリ。「－ガタツ」缺耗
カン（名）甲〔字ノ唐音〕音樂ノ調ニ、音ノ上ルヿ。下ルヲ乙トイフ、コレヲめり（乙）かり（甲）ナドトモイフ。「－乙」－處
かん（名）雁ニ同ジ。

かん（名）龕　佛像ノ厨子。

かん-あふひ（名）寒葵　あふひノ條ヲ見ヨ。

カムイ（名）蝦夷語、神。カモイ。

かん-い（名）簡易　ツツマヤカナルヿ。事少ナルヿ。

かん-えう（名）肝要　物事ノ、必ズ無クテナラヌヿ。カナメ。カンジン。必用。緊要
かん-おう（名）感應　感ジ應フルヿ。信心ノ神佛ニ通ズルヿ。感通。「神モ－マシマシテ」

かん-おん（名）漢音　漢字ノ音ノ一種、初メ、隋、唐以前ニ支那ノ北方ノ音ヲ傳ヘタルモノ。其南方ヨリ傳ヘタルヲ、呉音トイフ。又、其後、世世ノ往來ニ因リテ、彼國人ノ、當時ノ音ノママニ傳ヘタルヲ、（宋、元、明ヲ分タズ）スベテ、唐音トイフ。譬ヘバ、行、京、平、和、外等ノ字ノ音ヲ、孝行、京師、大平、混和、外聞、ナド呼ブハ、漢音ナリ、行狀、京都、平等、和睦、外道ナド呼ブハ、呉音ナリ、行燈、南京、天平、和尚、外郎ナド呼ブハ、唐音ナリ。

かん-か（名）閑暇　ヒマアルヿ。暇多キヿ。


かん-か（名）漢家　漢方ノ醫術ヲ行フ醫師ノ稱。

かん-か（名）眼下　メノシタ。「－ニ見オロス」

かん-かう（名）勘考　カンガフルヿ。カンガヘ。思案。

〔かむがかり（名）神懸　託宣ニ同ジ。

かん-がさ（名）雁瘡　多ク脚部ニ發スル一種ノ瘡ノ名、雁ノ來ル頃ニ發シ、雁ノ去ル頃ニ癒ユレバ名トストイフ。ガンサウ。

〔かむかぜ（名）神風　かみかぜニ同ジ。

〔かむかぜの（枕）神風〔神風ノ息、トカケタル語カト云〕伊勢ノ枕詞。

かん-がふ（名）勘合　支那ノ明朝ノ頃、諸國ノ往來ノ證ニ授ケタル割符ノ稱。足利將軍、コレヲ請ヒテ、常ニ彼國ト交通セリ、即チ押切ノ往來切手ナリ、銅製ニテ五面アリ、各面ニ字ヲ記ス、永樂、日本等ノ字アリ。

〔かむがふ（動）考　次條ノ語ニ同ジ。

かんが・ふ・フル・フレ・ヘ・ヘ・ヘヨ（他動）（規.二）考〔前條ノ語ノ音便〕（一）心ニ思ヒハカル。勘考ス。思案ス。カムガフ。（二）勘當ス。「カンガヘラレツル有様、願ヲオコシテ、其カニテユルサレツル事ナド」腹立チ、叱リテ、カンガヘテ、瀧口ニサヘ笑ハル」

かんがへ（名）考　カンガフルヿ。カウガヘ。勘考。思案。

＋＋かんがへる（動）考フノ訛。

かん-が・みる・ミル・ミレ・ミ・ミ・ミヨ（他動）（規.四）鑒 鑑〔古言、かがみるノ音便〕例ニ照シテ考フ。

かん-き（名）寒氣　寒キ程。サムサ。


かん-き（名）勘氣　勘當ニ同ジ。

かん-き（名）眼氣　眼病ニ同ジ。

かん-ぎ（名）雁木〔雁齒ノ木ノ意ナラム〕（一）船着ノ棧橋ナドノ稱。馬頭（二）スベテ、物ノ犬牙ヲナセルモノノ稱。（三）鑢ノ類、（四）木挽ノ用ヰル大クシテ齒ノ粗キ鋸。オホガ。ガガリ。（五）棒ノ先ニ叉アルモノ、物ヲ鈎スルニ用ヰル。
○＋＋－ヤスリ。物事ノ齟齬フヿ。
かん-ぎく（名）寒菊　菊ノ一種、冬開クモノ、花ノ形小シ。ゴガネメヌキ。冬菊
カン-キン（名）看經〔字ノ唐音〕（一）聲無クシテ讀經スルヿ。默リテ經文ヲ看ルヿ。（聲明アル諷經ニ對ス）（二）誤リテ、讀經。
かん-きん（名）贋金　ニセガネ。
かん-きやう（名）乾薑　生薑ノ根ヲ乾シタルヲ藥用トスル稱。
かん-きよ（名）閑居　閑ナル地ノ住居。
かん-きよく（名）奸曲　心ニワルダクミアルヿ。
かん-く（名）艱苦　ナヤミクルシムヿ。艱難ト苦勞ト。
＋＋かん-くつ（名）岩窟　イハヤ。石洞
かん-くび（名）雁首〔古製ナルハ、長クシテ、雁ノ頸ニ似タリ〕烟管ノ頭（きせるノ條ヲ見ヨ）
かん-くひまめ（名）雁喰豆　大豆ノ一種、ふぢまめニ似テ黒キモノ、粒ニ一ツ凹ミアリ、雁ノ喰ヒタル痕ナリトテ名アリ、又、常ノ豆ハ、三葉ナレドモ、コレハ五葉ヲナシテ、うこぎノ如シ、故ニ、五葉豆ノ名モアリ。

零烏豆一種

かんくわ (名) 干戈 (一)楯ト戈ト。(二)戰ヒ。イクサ。「ーヲ動カス」

かんけい (名) 奸計 奸謀ニ同ジ。

かんげき (名) 感激 感ジ入リテ、心ヲ奮ヒオコスヿ。

かんけつ (名) 簡潔 ツヅマヤカナルヿ。クダクダシカラズヿ。

かんげん (名) 諫言 君父ヲ諫ムル言。イサメ。

かんこ (名) 鞨子 カンチキ。ミヨ。

++かんこ (名) 羯鼓ノ訛。

かんご (名) 看護 護リテ看テアルヿ。ミトルヿ。

かんごく (名) 檻獄 ヒトヤ。牢屋。

かんこくさし・キ・ケレ・ク・ク (形・二) 紙子臭 紙、綿、絲ナド、火ニ焦ゲテ臭シ。(上方) キナクサシ。(關東) ヒナクサシ。(奥州) 焦臭

かんこどり (名) 〔かつこうどりノ轉〕 よぶこどりノ條ヲ見ヨ。

かんさう (名) 檻倉 ヒトヤ。アカリヤ。

かんざう (名) 甘草 草ノ名、豆科ナリ、春、宿根ヨリ生ズ、高サ二三尺、葉、互生ス、形、藤ノ葉ニ似テ、莖葉ニ毛茸アリ、花、豆ノ花ニ似テ、淡紫色ナリ、莢ヲ結ブ、根、黄ニシテ、味、至テ甘シ、藥用トス、古名、アマキ。アマノサ。

かんさう (名) 雁瘡 がんがさニ同ジ。

かんざけ (名) 燗酒 燗ヲシタル酒。 溫酒

かんざし (名) 簪 〔髮差ノ音便〕 (一)冠ノ巾子ノ本ニテ、中ノ髻ヲ併ハセ貫クモノ。(二)婦女ノ髮ニ差ス細ソクシテ飾ナドアル具、金銀、玳瑁、竹、角、等ニテ、種種ノ形ニ作ル。 釵 鈿

かんさつ (名) 鑑札 木札ニ、免許ノ證ヲ記シタルモノ。

かんさつ (名) 監察 (一)他ノ爲ス業ヲ守リ視ルヿ。(二)目附。

かんさつ (名) 贋札 贋ノ金札。

かんさん (名) 閑散 閑ニシテ務メナキヿ。

かんざらし (名) 寒晒 寒中ノ天ニ晒ラスヿ。(種種ノ製造物ニイフ) 寒曝

〔かむさる・ル・レ・ラ・ヌ・レ (自動) (規・一) 神去 (一)魂、去ル。死ヌ。(二)崩ズ。

かんじ (名) 漢字 支那ノ文字、即チ、假名ノ外ニ、日常ニ用キル文字。

〔かんじ (名) 勘事 勘當ニ同ジ。(勘事ノ條ヲ見ヨ)

〔かんじ (名) 柑子ニ同ジ。

かんじ (名) 幹事 一事ノ業務ヲ專ニ執ル役。

かんじ (名) 感 (一)心ニ感ズルヿ。(二)觸レ徹ルヿ。「病ノー」「藥ノー」

かんじ (名) 寒 寒ズルヿ。寒サノ身ニ染ムヿ。「ーガ强イ」

〔かんし (名) 雁齒 橋ノ上ノ級。ガンギ。

かんじいる・ル・レ・ラ・リ・レ (自動) (規・二) 感入 深ク感ズ。

かんじき (名) 檋 〔古言、かじきノ音便〕 北國ニテ、雪深キ時ニ履ク物、履ノ裏ニ、密ニ鐵釘ノ如キモノヲツケテ、滑リ蹉クヲ防ク、又、皮ニテ作ルモアリ。ガンゼキ。

かんしん (名) 感心 心ニ感ズルヿ。深ク感ジ肯フヿ。 感服

かんしん (名) 奸臣 奸曲ナル臣。

かんじん (名) 奸人 奸曲ナル人。

かんじん (名) 肝心 〔村肝ノ心、トイフ語ヨリ出デタル語ナラムナド云〕 肝要ニ同ジ。

かんじんより (名) かんぜんよりノ訛。

かんしや (名) 甘蔗 サタウキビ。

かんじや (名) 奸邪 奸曲ニ同ジ。「ーノ小人」

かんじや (名) 間者 シノビノマハシモノ。

かんしやう (名) 癇症 癇ヤマヒ。

かんしやう (名) 干將 支那ニイフ名劍ノ名、古ヘ呉ノ人、干將、其妻鏌鎁ト、二劍ヲ作ル、陽ハーニテ、すぐやきナリ、陰ヲ鏌鎁ト稱ス、みだれやきナリト云。

かんじやう (名) 感狀 軍功ヲ感ジ思ハレテ、主將ヨリ賜ハル褒賞ノ文書。 勸狀

かんしやうが (名) 乾生薑 生薑ノ根ヲ乾シテ細末トシタルモノ。

かんしやく (名) 癇積 〔癇ノ病ノ積ルナリト云〕 動モスレバ怒ヲ起スヿ。

かんしゆ (名) 燗酒 かんざけニ同ジ。

かんしよ (名) 寒暑 (一)冬ノ寒サト夏ノ暑サト。(二)

寒中ト、暑中ト。

かんちよ (名) 漢書 カラブミ。支那ノ書物。

かんちよ (名) 甘薯 サツマイモ。

かんちよ (名) 閑所 厠ニ同ジ。(灌所ノ誤ナラム)

かんぢよう (名) 岩乘 〔岩ニモ乘リ上ルベキ意ナリト云、或云、岩疊ノ音ニテ、健ナル貌ナリト〕(一)馬ノ勝レテ健ナルモノノ稱。(二)轉ジテ、人、又、物ニモ、堅固ニシテ强キ丁。ヂヤウブ。

かんちよく (名) 寒食 冬至ヨリ、大抵、百五日餘ノ後、風雨アル節ノ稱、支那ニテハ、此日ニ、火ヲ斷チテ冷食ス。

かんちよく (名) 間色 〔五色ノ正色ノ間ノ色ノ義〕紫、緑、紺等、凡ソ五色ノ外ノ色ノ稱。(いろノ條ヲ見ヨ)

かんちよく (名) 顏色 カホイロ。カホバセ。

かんちよ-ちん (名) 寒暑針 寒暖計ニ同ジ。

かんちよ-よみ (名) 漢書讀 漢籍讀ノ條ヲ見ヨ。

かんず・ズル・ズレ・ゼ・ゼ・ゼヨ (自動) (不規・三) 感 (一)喜、怒、哀、樂、等ニ付キテ、情ヲ動カス。深ク心ニ徹ル。(二)當ル。觸ル。「病ニ—」風邪ニ—」

かんず・ズル・ズレ・ゼ・ゼ・ゼヨ (自動) (不規・三) 寒 寒サ、身ニ染ム。

かんすゐ (名) 鹹水 シホミヅ。ウシホ。

かんすゐ-せき (名) 寒水石 (一)にがりノ凝リ固リタルモノ、透明ニシテ堅シ、眼ノ藥トス。(二)大理石ノ類、堅クシテ光澤多ク、色、種種ニシテ美シケレバ、彫刻、

裝飾ノ用トス。(三)方解石ノ一名。

かんせい (名) 閑靜 土地ノモノシヅカナル丁。幽靜

かんせき (名) 漢籍 カラブミ。支那ノ書物。漢書。

かんせき (名) 岩石 イハ。イハホ。巖

がんぜき (名) 檪 かんじきニ同ジ。

かんせきどうふ (名) 岩石豆腐 豆腐ヲ燒キ固メテ、昆布ニ包ミテ、煮タルモノ。

かんせきよみ (名) 漢籍讀 漢籍ノ文ニ、返點、送假名ナド付ケテヨム法、常ノ和文ノ法ト頗ル異ナル所アレバ、相別チテイフ。カラブミヨミ。漢書讀。

かんせきらん (名) 岩石蘭 〔根、見ハレテ岩石ノ如シ〕蘭ノ種、葉ニ星アリ、花黃ナリ。石蘭。

かんせつ (名) 間接 トホマハシ。

かんぜん (名) 眼前 メノマヘ。

かんせんめひ (名) 閑清縫 〔創意セル人名ニ起ルカ〕袋物ナドノ緣ノ縫ニ、絲ヲ現ハシテ、打違ヘテ絡ゲ縫フモノ。

かんぜんより (名) 〔紙裂縒ノ音便〕(一)カウヨリ。コヨリ。カンジンヨリ。(二)かうよりヲ、更ニ二線合セテ縒リタルモノ。

かんぞく (名) 奸賊 奸曲ナル者ヲ惡ミテ呼ブ語。

かんた (名) がんちノ轉、かためニ同ジ。偏盲

かんたい (名) 寒帶 地球ノ上ニ、北極、又ハ、南極ニ遍セル最モ寒キ一帶ノ地方ノ稱、赤道ヨリ南北ヘ、各、六十六度、三十二分、以外ノ地ヲイフ。

かんだう (名) 勘當 (一)律ニ勘ヘテ罪ニ當ツル丁。

(二)君、父、師等、尊長ノ旨ニ逆ヒテ、臣、子、弟子ノ緣ヲ絕チ逐ハルル丁。勘氣。勘事。

かんだう (名) 間道 ワキミチ。ヌケミチ。

かんだう (名) 强盜 〔字ノ唐音、ぎやんだうノ訛カト云〕强盜ニ同ジ。

〔かむたち (名) 〔醸立ノ轉〕麹ノ古言。

〔かむたち (名) 神館 神殿ノ傍ニアリテ神事ヲ行ハル所。カウダチ。

〔かん-だち-べ (名) 上達部 公卿ニ同ジ。カンダチメ。

〔かんだちめ (名) かんだちべニ同ジ。

かん-たひ (名) 乾打碑 松烟ニ、蠟ヲ和シテ、墨ノ如ク作レルモノ、墨ノ製ニ同ジクシテ、只、膠ト蠟トノ差ヒアルノミ。元ハ黑キ硯石ノ粉ヲ燭淚ニ和シテ鋌トセリ。石碑ノ面ニ、紙ヲ當テテ、上ヨリ搨リテ、文字ヲ移スニ用ヰル。

かん-たん (名) 肝膽 きもトいト。誠ノ心。心ノ底。肺肝

○—ヲ摧ク。一心ヲ籠ム。種種ニ思案ヲメグラス。

かんたん (名) 感歎 感ジテ褒ムル丁。

かん-だん (名) 寒暖 寒キト暖カナルト。

かん-だん (名) 閑談 モノシヅカニ話ス丁。「—數刻」

かん-だん (名) 間斷 タエマ。ヒマ。「—無ク運ル」

かんだん-けい (名) 寒暖計 氣候ノ寒暖ヲ測リ知ル器、硝子・管ニ、水銀ヲ籠ム、水銀、寒ゲレバ下リ、暖ナレバ上ル、管ニ尺度ヲ添フ。普魯西人「ファーレンハイト」(華氏)ノ製ナルハ、管ヲ二百十二度ニ割リ、其

最上ヲ沸騰點トシ、九十八度ヲ血温トシ、七十六度ヲ夏熱點トシ、五十五度ヲ中和點トシ、三十二度ヲ氷點トス。瑞士人「セルシユウス」(攝氏)ノ製ナルハ、沸騰點ヲ百度トシ最下ヲ氷點トス。佛蘭西人「レオムル」(列氏)ノ製ナルハ、八十度ヲ沸騰點トシ最下ヲ氷點トス。

カンタリス (名) 〔蘭語、Cantharis.〕 蟲ノ名、アヲハンメウ。

かんだれ (名) 雁垂 〔常ニ雁ヲ略シテ、厂ト記セバイフ〕 漢字ノ上ニアル厂ノ字、原、厚、厠、厩、ナドノ如シ。

かむち (名) 〔かむたちノ略〕 麹ノ古言。

かんち (名) 奸智 奸曲ナル智慧。「ーニ長ク」

かんち (名) 〔眼一ノ約ト云〕 かためニ同ジ。ガンタ。偏盲

かむちから (名) 神税 神ニ奉ル稻。

かんちく (名) 寒竹 竹ノ一種、小キモノ、高サ五六尺、甚ダ繁茂ス、人家ニ多ク植エテ籬トス、寒中ニ筍ヲ生ズ、幹ノ成熟シタルモノハ、黒キ斑ヲナス、太キヲ傘ノ柄トス。紫竹

かんちく (名) 漢竹 名物ノ笛ナドニイフ語。(外國舶來ノ竹ノ意カ)

かんぢやう (名) 勘定 (一)カンガヘサダムルコト。(二)金穀等ノ數ヲ數ヘ上グルコト。算用。算當。計算 (三)勘定シテ拂フベキ代金。「ーヲ遣ル」ーヲ取ル」除債

かんぢやうかた (名) 勘定方 金錢出納ヲ司ル役。計司

かんぢやうぶぎやう (名) 勘定奉行 (一)武家ニ、金穀出納ヲ掌ル役。(二)德川氏ノ制ニテハ、諸國ノ公領地方ノ遠國奉行、郡代、代官ヲ支配シテ、其租税、戶籍、裁判ヲ統ブル職。

かんちゆう (名) 寒中 小寒、大寒、二候ノ間。(暑中ニ對ス、寒ノ條ヲ併セ見ヨ)

かんちゆう (名) 眼中 (一)メノウチ。「ースズシク」(二)見ルコト。「ー人無シ」

かんつう (名) 感通 思フ心ノ彼ニ感ジ通ルコト。

かんつう (名) 姦通 ミソカゴト。

かむづかさ (名) かみづかさノ轉、其條ヲ見ヨ。

かんづく・ク・ケ・カ・キ・ケ (自動)(規.一) 勘付 考ヘ當ル。コロツク。

かんづくり (名) 寒造 酒、濁酒ナド、寒中ノ水ニテ、釀セルモノノ稱、味、殊ニ美ナリトス。臘醅

かんつどひ (名) 神集 神ノ集フコト。

かんづまり (名) 神留 神積 神ノ留マルコト。

かんづる (名) かにぐさニ同ジ。

かんてい (名) 鑒定 メキキ。

カンテイラ (名) かんてらニ同ジ。

かんでふ (名) 間諜 間者ニ同ジ。

かんてん (名) 寒天 寒キ天。寒中ノ天。

かんてん (名) 〔寒晒心太ノ中略〕 心太ヲ、寒夜ニ晒シテ、凝リ乾キテ、甚ダ輕クナリタルモノ、色白シ、再ビ煮テ凝レバ透明トナル。コンニ、蘇芳汁ニテ、赤キ色ヲ加ヘタルヲ、色ードイフ、さしみ、なますナドノ點綴トシテ美シ。

カンテラ (名) 〔蘭語、Candelaar.(燭臺)ノ訛〕 油火ヲ燈ス器、眞鍮、銅ナドニテ作リ、綿絲ヲ心トス、手ニ携フルニ用ヰル。カンテイラ。

かんど (名) 漢土 モロコシ。支那。

かんどう (名) 感動 甚シク感ズルコト。

かんどうし (名) 間投詞 感動詞ニ同ジ。

かんどうし (名) 感動詞 語學ノ語、喜、怒、哀、樂等、汎ク情ニ感ズルニツケテ發スル聲ニイフ語、「あら哀シ」イトも畏シ」樂シキかな」等ノあら、も、かなノ如シ。ナゲキコトバ。歎息詞。間投詞。

かんどうぢやうちん (名) 〔龕燈ト記セルアリ、或云、强盜ノ用ヰルニ起ルト〕 提燈ノ類、鐵ニテ火被ヲ造リ、燭立ヲ回旋ルベク作リツケテ、俯仰スレドモ、燭倒レズ、俯スレバ光ヲ蔽ヒ、仰ガスレバ照ス如ク作レルモノ。

かんとく (名) 感得 信心ノ、神佛ニ感通シタルニ因リテ、物事ヲ得ルコト。

かんとく (名) 監督 トリシマリ。

かむとき (名) 霹靂 かみときニ同ジ。

かむとけ (名) 霹靂 かみとけニ同ジ。

カントンじま (名) 廣東縞 くわんとんじまノ條ヲ見ヨ。

カントンやき (名) 廣東燒 くわんとんやきノ條ヲ見ヨ。

かんとり (名) 楫取 かぢとりノ音便。

かんな (名) 鉋 〔古名かなノ音便〕 材ノ面ノ凹凸ヲ削リテ、平ニスル刃物、形、種種ナリ。槍ー、又、竿ーハ、槍ノ鋒ノ如クニシテ曲ル。鐁 突ーハ刃廣シ、兩端ニ柄アリ、推シテツカフ、桶ーナド用ヰル。鉋 今、工匠ノ專ラ用ヰルハ、臺ーナリ、堅キ材ヲ、硯ノ如クニ作リテ、横ニ細ソキ溝アリ、廣ク短キ刃ヲ塡メ、裏面ニ出シテ用ヰル、精粗ニ因テ、粗ー、中ー、上ー、等アリ。又、臺ーノ一種ニ、溝ーアリ、刃ノ巾甚ダ狹ク、敷居ノ溝ナド掘リ削ルニ用ヰル。起線鉋

〔かんな (名) 〔假名ノ音便〕 假名ニ同ジ。

〔かむながら (副) 隨神 惟神 神ノママニテ。(神、又ハ、天皇ニ就キテ申ス)

かむなぎ (名) 〔神和ノ義〕 神ヲ齋キ祀リ神樂ナド奏スル人。カウナギ。女ナルヲ女ー、又、みこトイフ。巫 男ナルヲ男ートイフ。覡

かんなくづ (名) 鉋屑 鉋ニテ削リテ出デタル木ノ片。

かんなべ (名) 燗鍋 酒ノ燗ヲスルニ用ヰル鍋、多クハ、銅製ニテ、鉉アリ注口アルモノヲイフ。酒鐺

かんなん (名) 艱難 難儀ニ艱ムヿ。

かむなめまつり (名) 神嘗祭 天皇ヨリ、幣ヲ伊勢ノ神宮ニ奉ラセタマフ御祭事、陰曆、九月十一日ニ、幣ヲ御使ニ授ケラレ、御使、伊勢ニ至リ、十六日ニ、度會ノ宮ヲ祭リ、十七日ニ、太神宮ヲ祭ル、毎年ノ事ナレバ、コレヲ例幣使トモイフ、今ハ、十月十七日トス。ジンジヤウサイ。

〔かんにち (名) 坎日 曆上ニ、外出ヲ凶トスル日ノ稱。

かんにん (名) 堪忍 (一)タヘシノブヿ。堪フルヿ。(二)怒ヲ堪ヘテ、他ノ罪ヲ免ズヿ。堪辨。恕

かんぬし (名) 神主 (一)神ニ仕フル人。神人 (二)一神社ニ事フル神人ノ長。其下ニ、禰宜、祝部、巫覡等アリ、皆、神供、祈禱、祓除、神樂等ノ事ヲ掌ル。

かんねつ (名) 寒熱 惡寒ト熱ト。(病ニ)「ー往來」

かんねぶつ (名) 寒念佛 信者ノ、寒夜ノ修行トシテ、叩鉦ヲ打鳴ラシ、念佛唱ヘツツ、佛寺ニ詣ヅルヿ。

かんのう (名) 堪能 事ヲ爲スニ堪ヘテ能クスルヿ。技ニ、妙ニ巧ミナルヿ。上手。練磨。「絲竹ニーナリ」文武ノ道ニーノ者」

かんのう (名) 感應ニ同ジ、連聲ノ轉ナリ。

かんば (名) 〔古名、かにはノ音便〕 樺ニ同ジ。

かんばい (名) 寒梅 梅ノ一種、花、最モ早クシテ、寒中ヨリ開クモノ。早梅

かんぱい (名) 感佩 辱シト深ク心ニ感ジテアルヿ。

かんばう (名) 感冒 カゼヒキ。風邪。

かんぱう (名) 漢方 醫術ノ支那ヨリ傳ヘタルモノ。

〔かむはかり (名) 神議 神神ノ事ヲ議ルヿ。

かんばん (名) 棺ノ俗語。

かんばし (形) 馨 かうばしノ音便。

カンばしる・ル・レ・ラ・リ・レ (自動) (規.一) 〔甲ノ條ヲ見ヨ〕 聲、強ク細ク高シ。

かんばせ (名) 顏 かほばせノ音便。

〔かむはた (名) 綺 〔神機ノ義カ、或ハ紙機ノ機カトモイフ〕 古代ノ織物ノ名、錦ニ似テ薄キモノナリトイフ、

かんばつ (名) 旱魃 ヒデリ。

かんばん (名) 看版 (一)商家ナドニテ、家名、職業、商品ナドヲ、板、紙等ニ、字ニ記シ、畫ニカキナドシテ、檐、又ハ、門ナドニ掲ゲ、往來ノ人ニ示シ看スルモノ。招牌 (二)武家ニテ、奴隷ニ着スル短キ服、主人ノ紋所ナド染メ出シ合印トス。號衣

カンパン (名) 甲板 〔字ノ唐音〕 大船ノ上ノ床ノ、一面ニ板ヲ張リツメタル處。カフハン。カメノカフ。艙板

がんぴ (名) 雁皮 〔古言、かにひノ轉〕 落葉ノ灌木、高サ三四尺、或ハ、丈ニ至ル、葉、互生シ、なんてんノ一葉ニ似テ、背ニ柔キ毛アリ、芒種ノ後、枝ノ端、葉ノ間ニ花ヲ出ス、四出ノ淡黄白花ニシテ、丁子ニ似テ小シ、皮ヲ紙トシ、ー紙トイフ、瑞香樹ノ屬ナリ。蕘花一種 同種ニ、小ー、黄小ーアリ。

がんぴ (名) 岩菲 草ノ名、仙翁花ノ條ヲ見ヨ。

がんぴし (名) 雁皮紙 紙ノ一種、雁皮樹ノ皮ニテ製スルモノ、製、大抵、常ノ紙ニ同ジ、但シ、蛑灰トのりのきノ液トヲ用ヰルヲ異ナリトス、板ニ張リ、表裏ノ面ヲ、山茶ノ葉ニテ摩ル、質、堅密ニシテ上品ナリ、伊豆ノ賀茂郡ニ産ス。

かんびやう (名) 看病 他ノ病ヲ看取ルヿ。病人ニ侍リテ介抱スルヿ。護病

がんびやう (名) 眼病 メヤミ。目疾

かんぷ (名) 姦夫 ミソカヲ。

かんぷう (名) 寒風 寒キ風。「ー膚ニ徹ス」

かんぷく (名) 感服 感ジテ従フヿ。善シトシテ深ク諾フヿ。
かんぶくろ (名) 紙袋 紙ヲ糊貼ニシテ作レル袋。
かんぶつ (名) 乾物 食用ノ植物ノ、乾シ貯フルモノノ総稱。(昆布、乾瓢、芋茎ノ類)
がんぶつ (名) 贋物 ニセモノ。
〔かん-べ〕(名) 神戸 神社ニ屬シテ租ヲ納ルル農民。
かんぺう (名) 乾瓢 ゆふがほノ實ノ、皮ト瓤トヲ去リテ、其白肉ヲ、細ソク薄ク剝キ、長キ紐ノ如クニシテ乾シタルモノ、貯ヘテ煑食フ。瓠蓄
かんぺき (名) 癇癖 癇積ニ同ジ。
かんべん (名) 勘辨 (一)勘ヘ辨フルヿ。思ヒ分クルヿ。(二)他ノ罪ヲ斟ミウケテ、免スヿ。カンニン。恕
かんべん (名) 簡便 ツヅマヤカニシテ、便好キヿ。手輕キヿ。
かんぼう (名) 奸謀 ワルダクミ。奸計。
〔かむほぎ〕(名) 神祝 神賀 神ノ祝詞。カムホザキ。
がんぼく (名) 肝木 灌木ノ名、あぢさゐノ屬、高サ五六尺、葉ハ葡萄ニ似テ、尖リテ皺無ク、三叉ヲナシテ、鋸齒アリ、對生ス、夏ノ初メ、五瓣ノ小白花、簇リ開ク、莖毎ニ七朶ニシテ、あぢさゐニ似タリ、秋、子ヲ結ブ。材、堅クシテ香氣アリ、やうじトス、一ヤうじトイフ。
がんぼくやうじ (名) 前條ヲ見ヨ。
〔かむほざき〕(名) 神祝ニ同ジ。
〔かむみぞ〕(名) 神御衣 伊勢神宮ノ初夏ノ祭事ノ名、神衣ヲ織リテ奉ル。

かんみやう (名) 漢名 支那ニテ稱スル名。
かんむり (名) 冠 〔被ノ音便〕(一)カウブリ。カウムリ。頭ニ被ル物、束帶、衣冠ノ時等ニ用ヰル、小菱ノ紋アル黒キ羅ニテ作ル、頂ニ當ル所、圓ク扁クシテ其額際ノ處ヲ磯トイヒ、背ヲ甲トイフ、甲ノ上ニ立ツモノヲ巾子トイヒ、髻ヲ入ル、巾子ノ基ト髻トヲ貫クモノヲ簪、叉、角トイヒ、巾子ノ後ニ垂ルルモノヲ、纓、叉、燕尾トイフ、製作、尙、種種ニシテ、厚額、薄額、透額、半額等アリ、各條ニ注ス。(二)漢字ノ頭ニ付ク種種ノ字形ノ稱、竿、笛ナドヲ竹ートイヒ、岩、峯ナドヲ山ートイヒ、究、穿ナドヲ穴ーナドイフガ如シ。カムリ。
かんもち (名) 寒餅 (一)寒中ノ水ヲ用ヰテ搗キタル餅、貯ヘテ、夏ニ至リテ變ゼズトテ賞ス。(二)叉、寒餅ヲ切餅トシテ、寒中ノ水ニ浸シタルママニテ、貯フルモノ、久シクシテ黴ヲ生ゼズ。
がんもどき (名) 鴈擬 〔鴈ノ肉ニ擬キタル意〕食物ノ名、古製ニイフハ、麩ヲ製シテ油ニテアゲタルモノ。今ハ、牛蒡、にんじん、あさのみナド刻ミテ、豆腐ニ交ヘ、油ニテアゲタルモノヲモイフ。
〔かん-もん〕(名) 勘文 (一)勘文ノ條ヲ見ヨ。(二)解由勘定ノ文書。
〔かんもり-の-つかさ〕(名) 掃部寮 〔かにもりノ音便〕かもんれうノ條ヲ見ヨ。
かんや (名) 寒夜 冬ノ寒キ夜。
〔かんや-がみ〕(名) 紙屋紙 紙屋紙ノ音便。

〔かん-やどり〕(名) 神宿 兜ノ頂ノ稱。八幡座。
〔かむ-やらひ〕(名) 神遣 神ノ遣ヒタマフヿ。
かんゆう (名) 姦雄 奸智アル英雄。
がんらいこう (名) 雁來紅 はげいとうノ條ヲ見ヨ。
かんらん (名) 橄欖 熱地ノ喬木、葉ハ欅ニ似テ細ソシト云、其實ヲ舶來ス、欖ノ如クニシテ、肥エテ闊シ、長サ一寸餘、常ニ綠ナリ、核ハ六角ニシテ、厚ク堅シ、彫刻スベシ、内ニ三孔アリ、各、細長キ仁アリ、醬油ニ漬シテ食フ、鹽漬ナルヲ藥用トス、叉、砂糖漬モアリ。此樹ノ野生ノモノヲ膽八樹トイフ。
かむり (名) 冠 (一)冠。(其條ヲ見ヨ)(二)漢字ノ頭ニ付ク種種ノ字形、かんむりノ條ヲ見ヨ。
がんりき (名) 眼力 目ノ物ヲ見ルチカラ。善ク物事ノ理ヲミヌクヿ。
〔かむり-づけ〕(名) 冠附 前句附ノ條ヲ見ヨ。
〔かむり-の-を〕(名) 冠緒 老懸ニ同ジ。
かんりん (名) 翰林 支那ニテ、京師ニアル大學校ノ稱。
かんりん-がくし (名) 翰林學士 (一)文章博士ノ唐名。(二)支那ニテ、翰林ノ中ノ官名。
かんりやく (名) 簡略 ツヅマヤカナルヿ。手數ノ略カルヿ。
がんりよく (名) 眼力 がんりきニ同ジ。
かむ・る・ル・レ・ラ・リ・レ (他動)(規.一) 冠被 かうむる、かぶるニ同ジ。
かんるゐ (名) 感涙 忝シト感ズルニツキテ出ヅル涙。

かんれい (名) 寒冷 寒ク冷ユルコト。「—ノ時節」
かむろ (名) 禿 かぶろニ同ジ。
かんろ (名) 甘露 露ノ甘味アルモノトテ、古ヨリ、仁政ノ天地ニ感ジテ降ル瑞物トス、然レドモ誤レリ、夏、梅杏等ノ葉ノ繁茂スル所ニ、蚜蟲ヲ生ジ、其蟲、味甘キカ故ニ、其下ノ葉ニ、甘キ液ノ滴ルモノニテ、卽チ其蟲ノ尿ナリ。 雀餳
かんろ (名) 寒露 二十四氣ノ一、其條ヲ見ヨ。
かんろばい (名) 甘露梅 梅ノ實ヲ紫蘇ノ葉ニ包ミテ、砂糖漬ニシタルモノ。
〔かむわざ (名) 神事 かみわざニ同ジ。
かんゐ (名) 寒威 寒サノイキホヒ。「—日ニ募ル」
かめ (名) 龜 淡水ニ產ズル動物、水陸、共ニ活ク、身、扁ク楕圓ニシテ、大ナルハ、長サ七八寸、腹、背、皆、甲ニシテ、甲ノ邊ヨリ、頭、尾、四足ヲ出ス、色黑クシテ、背ノ甲稍高ク、六角ノ紋十三アリ、腹ノ甲ハ、平ニシテ、横ニ紋アリ、牝ノ背甲ハ、牡ヨリ高シ、他名ニ對シテ、石—、山—、水—、等ノ名アリ。 水龜 又、川—、鼈—、泥—、をつぼん等アリ。海ニ玳瑁、海—、あやうがくはら、ナドアリ、各條ニ注ス。
かめ (名) 瓶 甕 (一)水、酒ナド盛ル陶器ノ總名。(二)瓶子。(三)はないけトスル瓶。
カメ (名) 〔英語、Come.(來ヨ)ノ誤解〕西洋渡來ノ犬。
かめあや (名) 龜綾 綾織ノ絹布、龜甲ノ如キ文ヲ極メテ細カク織リナセルモノ。
かめい (名) 家名 家ノ名跡。家名。「—ヲオトス」「—再興」
かめのかふ (名) 龜甲 (一)龜ノ殼。龜甲。(二)甲板。〔凸ニ張レバイフカ〕
‡かめのこ (名) (一)前條ノ語ノ約。(二)訛シテ、直ニ龜、
かめのこざる (名) 笊ノ大キクシテ底圓ク、口、開キタルモノ。(東京)ドンガメイカキ。(畿內)
かめのて (名) 〔龜手ノ義、形、似タリ〕海岸ノ石ニツキテ生ズル動物ノ名、全體、龜ノ脚ヲ倒ニ立テタルガ如シ、莖ニ細カキ鱗アリテ、綠ナリ、上ニ五ツノ爪アリテ白シ、大ナルハ一寸許、潮來レバ、開キテ出デ、潮去レバ入ル、肉食スベシトイフ。古名、せ。 石蜐
かめのを (名) 〔龜尾ノ義、形、似タレバイフ〕脊骨ノ下ノ端ノ、肛門ノ上ニ隆クナレルモノ。カメノヲノホネ。 尾骶骨
〔かめばら (名) 〔腹中、鼈狀ヲナス意ト云〕腹中ノ固ク張ル病ノ名。 癥瘕
〔かめやま (名) 龜山 〔鼇ノ戴スル山ノ義〕蓬萊山ノ異名。
〔かめゐ (名) 龜居 足ヲ尻ノ左右ヘ開キテ居ルコトナリト云。
かも (名) 鴨 鳥ノ名、雁ニ後レテ來リ、雁ニ後レテ歸ル、雄ヲあをくびトイフ、頭、頸、深紫ニシテ、綠ナル光アリ、胸、紫ニシテ黑キ點アリ、腹ハ、淡白ニ紫ヲ帶ビテ、黑キ小點アリ、背ハ、灰色ニシテ黑キ斑アリ、翅ハ蒼黑ニシテ、綠、黑、白ヲ雜フ、觜、黃ニシテ扁シ、雌ハ、淡黃赤ニシテ黑キ斑アリ、翅、蒼黑ナリ、種類多ケレバ、分チテ眞—トイフ、脂多ク、味最モ美ナリ。 野鴨
〔かも (名) 魟 かりもニ同ジ。
〔かも (名) 氈 〔毛裘ノ轉カト云〕古ヘあ[illegible]ナドノ獸毛ヲ、撚リテ席トセルモノ。
〔かも (感) 疑ノ天爾波ノかニ、感動詞ノもヲ添ヘタル語。「三笠ノ山ニ出デシ月—」「—ヒトリ—寐ム」
〔がも (感) がなニ同ジ、其條ヲ見ヨ。「常ニモ—ナ」「人モ—ヤ」
かもあふひ (名) 加茂葵 宿根草、山中ニ多シ、莖、高サ一寸餘ニシテ、二岐ヲナシ、各、一葉ヲツク、圓クシテ、端、尖ル、雙葉相對スレバ、二葉葵、二葉草等ノ名モアリ、春ノ末、岐ノ處ニ、一花ヲツク、鐘ノ形シテ、下ニ向ヒ、三瓣ニシテ紅紫ナリ、山城ノ加茂神社ノ葵祭ニ用ヰルニ因テ名アリ、單ニあふひトモイフ。 雙葉細辛
カモイ (名) 蝦夷語、神ニ同ジ。カムイ。
かもうり (名) 氈瓜 〔毛アレバ名トス〕冬瓜ニ同ジ。
かもゑ (名) 鴨柄 あきゐノ條ヲ見ヨ。カモヰ。
かもがはぞめ (名) 鴨川染 友禪染ノ一種、模樣ノ大ナルモノノ稱。
かもじ (名) 髢 〔髮文字ノ義、婦人ノ語〕(一)婦人ノ添髮、其製種種ナリ。(二)親船ノ舳ニ、艫ニ垂ルルモノ、減繩ニテ作ル、總ノ如シ。サガリ。
かもじ (名) 母 〔母文字ノ義〕母ニ同ジ、婦人ノ語。
かもしか (名) 羚羊 〔氈鹿ノ義〕獸ノ名、深山ニ棲

ム、高サ二尺許、形、頗ル羊ニ似テ、山羊ニ比ブレバ肥エタリ、双角アリ、色黑ク、中空ニシテ、五寸許、後ヘ曲ガル、脚ノ爪、兩ニ分ル、毛長クシテ、黑褐、或ハ、灰褐ナリ、柔軟深密ナレバ、氈トシ、毻トスベシ、故ニにく（毻ノ音）トモイフ、鞍毻トスレバ、くらししノ名モアリ。異名、カモシシ。カマシシ。アヲシシ。

かもぢぐさ（名） 髢草 莖、葉、かやつりぐさニ似テ、柔ク細ソシ、女兒、揉ミテ柔カニシテ、髢ニ用ヰテ戯ル、春夏ノ交、穗ヲ成シテ、花ヲ開ク、ちやひきぐさノ穗ニ似テ、細小ナリ。 鵝觀草

かもしし（名） かもしかニ同ジ。

かもす・ス・セ・サ・シ・セ（他動）（規・二） 釀 （釀スルノ轉カ、サレド、其變化、不規二ナルベキガ、規、一ニ變ゼリ）（一）古言、釀ム。米、麥、豆、麴ナドヲ水ニ和シテ、酒、醬油、味噌ナドヲ熟シ成ラシム。（二）熟シ成ス。出來ス。オコス。「眠ヲー」「朧ヲー」「怒リヲー」

かものはいろ（名） 鴨羽色 綠ニシテ光リアル色。 鴨頂綠

かもまつり（名） 加茂祭 山城ノ加茂神社ノ祭、陰曆、四月ノ中ノ申ノ日ヲ國祭トシ、其翌、酉ノ日ニ、勅使ヲ向ケラレ、五月五日ニ競馬ヲ獻ゼラル、神事ニかもあふひヲ用ヰルガ故ニ、あふひまつりトモイフ。（其條、見合ハスベシ）

かもん（名） 家門 一家一門ノ族。

〔かもん（名） 勘文 陰陽寮ヨリ、天變、地異、其他、物事ノ吉凶ナドヲ勘ヘテ奉ル案書。

かもんれう（名） 掃部寮 〔蟹守ノ轉約〕古ヘ、宮內省ニ屬セル寮、禁中ノ酒掃舖設ノ事ヲ掌ル。カニモリノツカサ。カンモリノツカサ。

かもめ（名） 鷗 〔鴨女ノ義ニテ、小キ鴨ノ意カト云〕カマメ。鳥ノ名、常ニ、江、湖ノ水ニ泛ビテ、魚ヲ食トス、形、鳩ヨリ大クシテ、觜、尖リテ長ク赤シ、脚モ赤シ、頭、背、灰色ニシテ、腹白シ。 江鷗 又、おほー、うみーハ、海中ニ棲ム、形、大クシテ、茶褐色ナリ、又、黑白斑ナルモアリ、潮來レバ、群ガリ飛ビテ鳴ク。 海鷗

かもゐ（名） 鴨居 かもえニ同ジ。

かや（名） 榧 〔古名、かへノ轉〕喬木ノ名、深山ニ多シ、葉ハ、もみニ似テ厚ク、端、尖リテ、刺アリ、深綠ニシテ、冬ヲ歷テ凋マズ、雄ハ、枝立チテ、花アリ、實無シ、雌ハ、橫ニ茂リ、下ニ垂レテ、花無ク、實アリ、實ノ長サ、一寸許、棗ノ如シ、皮、綠ニシテ、肉ニ油多シ、內ニ核アリ、淡褐色ニシテ、厚ク長ク、兩頭尖ル、中ニ白キ仁アリ、食用トス、油ヲモ取ル、かやのあぶらトイフ、材堅ク、碁盤ナドニ作ル。

かや（名） 茅 ち、かや、すげ、すすき類ノ總名。

かや（名） 萱 〔茅ヨリ出デテ、一草ノ名トナル〕草ノ名、形狀、スベテ、蘆ニ似テ、高シ、但シ、心ノ實スルヲ異ナリトス、莖葉ヲ取リテ、多ク屋ヲ葺ク、花、秋ニ咲ク、亦、蘆ノ如クニシテ、穗ニ枝少シ。 菅

かや（名） 蚊屋 夏ノ夜、寐ヌル時、釣リテ寐床ヲ被ヒテ、蚊ヲ防グ帳、粗キ麻布、又、羅ニテ、方形ニ、天井ト四面トヲ作ル、蚊帳。 蚊幮

かやうに（副） 斯樣 斯クアル樣ニ。此ノ如クニ。 如此

かやがひ（名） 榧貝 介ノ名、形、色、大サ、榧ノ子ニ似タリ、勢州、桑名ノ海ニ多シ。

〔かやがみ（名） 紙屋紙ノ約。

がやがや（副） 衆人、聲立テテ、騷ガシキ狀ニイフ語。 嗷嗷

かやく（名） 加役 本分ノ職ヲ輔助スル職ノ稱。

かやすし・キ・ケレ・ク・ク（形・一）〔かハ發語〕（一）易シ、トーニ同ジ。（二）カロガロシ。テガルナリ。「昨夜ハ、打忍ビテ、カヤスカリシ御步、今朝ハ、アラハレ給ヒテ」カヤスキ身ナラバ、忍ビテイト逢ハマホシクコソト宣フ」

〔かやつ（代） 彼奴 他稱ノ代名詞、彼ニ同ジ。罵リ呼ブニイフ。

かやつりぐさ（名） 蚊屋釣草 （一）品類多シ、はますげニ似テ、春生ジ、冬枯ル、根ニ塊無シ、花ハ、はますげヨリ粗ナリ、莖、三稜ナレバ、小兒、コレヲ裂キヒロゲテ、蚊屋ヲ釣ルニ比シテ、玩トス。 莎草 （二）めひじはノ一名。（京都）

かやぶき（名） 茅葺 茅モテ屋ヲ葺キ作ルヿ。 茅茨

かやや（名） 茅屋 （一）茅葺ノ屋根。カヤネ。（二）茅葺ノ家。

かややね（名） 茅屋根 茅葺ノ屋根。カヤヤ。 茅屋

かやり（名） 蚊遣 夏、蚊ヲ逐ヒ遣ラムガ爲ニ、烟ヲ燻ベ立ツルヿ。カヤリビ。カイブシ。 蚊烟

かやりび（名） 蚊遣火 蚊遣ニ燻ブル火。 蚊烟

かゆ（名） 粥 〔炊湯ノ約カト云〕米ヲ炊キタルモノ。

古ヘ固ートイヘルハ、炊ギタルモノ、卽チ、今ノ飯ナリ。(飯ハ蒸セルナリ) 液ーハ、養テ醲ケシメタルモノ、或ハ、飯ヲ再ビ養ルモアリ 病人ナドノ食トシ 今、ーノ名ヲ專ラニス。

かゆ・し・キ・ケレ・ク・シ (形・二) 痒 癢 〔搔マ欲シキ意ノ語ナルベシ〕 膚ニ搔カムコヲ欲スル感ジテリ。

〔かゆづゑ (名) 粥杖 正月十五日 粥ヲ養キタル木ヲ削リテ作ル杖ノ名。粥ノ木。己レヲ以テ、子無キ妻ノ後ヲ打ツ、男ヲ生マムヲ祝スル事ナリトゾ。

〔かゆのき (名) 粥木 かゆづゑニ同ジ。

廿かゆる (動) 變フ、代フ、等ノ訛。

かよーちやう (名) 駕輿丁 御輿ヲ舁ク者。

かよは・す・ス・セ・サ・シ・セ (他動) (規・二) 通 通フヤウニナス。通ズ。

かよひ (名) 通 (一)通フ。往來。(二)給仕スル。(三)通帳ノ略。

かよひげいこ (名) 通稽古 己ガ家ヨリ、師家、又ハ、學校ヘ往來シテ物學ブコ。(入塾、寄宿ナドニ對シテイフ)

かよひぢ (名) 通路 通フ路。往來スル路。

かよひーちやう (名) 通帳 買主ト商家トノ間ニ、物ヲ買フ每ニ、往復シテ、其價ヲ記シ置ク帳。(掛買ナルニテイフ)

かよひづとめ (名) 通勤 商家ノ番頭手代ナド、自宅ニ居テ、主家ヘ、日每ニ往來シテ勤メスルコ。ツウキン。(主家ニ寢食スルニ對シテイフ)

かよ・ふ・フ・ヘ・ハ・ヒ・ヘ (自動) (規・一) 通 (一)往キ、又、來ル。出デ、又、入ル。「人ー」心ー」息ー」(二)相似ル。「梅ノ花、色ハ雪ニモーナリ」琴ノ音ニ、峯ノ松風ーラシ」

〔かよ・る・ル・レ・ラ・リ・レ (自動) (規・一) 〔かハ發語〕 寄ルト イフニ同ジ。「竹川、ウタヒテ、カヨレル姿、ナツカシキ聲」カヨリアフ」

かよわ・し・キ・ケレ・ク・シ (形・二) 弱 〔かハ發語〕 弱シ、トイフニ同ジ。(多ク、婦人、小兒ナドニイフ)

から (名) 空 (一)ウツロナルコ。內ニ物ナキコ。明キテアルコ。「ー車」ー船」ー匣」ー手」(二)實ノ無キコ。眞ナラヌコ。「ー咳」ー泣」ー鐵砲」 虛

から (名) 殼 〔空ノ義〕 (一)物ヲ包ミテアル、內、空ニナリテ殘レル形。「籾ノー」栗ノ實ノー」貝ノー」匣ノー」(二)蟬、蛇ナドノもぬけ。ヌケガラ。 蛻 (三)死シテ魂ノ去リタル身。ムクロ。「ナキー」 腔 (四)豆腐殼ノ略。キラズ。 雪花菜

から (名) 幹 (一)ミキ。莖。(二)柄。「斧ノー」 柯 (三)矢ノ篦。「矢ー」

カラ (名) 韓 唐 〔朝鮮ノ西南端ノ古國意富伽羅、(今ノ伽羅島カ) 始メテ、日本ニ來リシニ起リ、轉ジテ、三韓ヲモ呼ビ、更ニ轉ジテ、唐、諸外國ヲモ呼ベルナリ〕 (一)古ヘ、三韓渡來ノ物事ニ添ヘテイヘル語、珍トシ美ムル意アリ。「ー玉」ー藍」ー紅」(二)轉ジテ、唐ノ物事ニ被ラシメテイフ語。「ー國」ー人」ー物」ー風」(三)更ニ轉ジテ、餘ノ諸外國ニモ遍ク通ジテイフ。

から (辭) 從 第一類ノ天爾波、二ツノ間ニ移ル意ヲ示スモノ、より ニ同ジ。

から (接尾) 柄 〔幹ノ義カ〕 他語ニ屬キテ名詞トナル接尾語。(一)人倫ノツヅキ。「生ー」家ー」友ー」 倫 屬 (二)科。クラヰ。分際。「人ー」身ー」事ー」家ー」處ー」株ー」 品等 品類 (三)相連レタル狀テイフ語。相應シタルコ。「世ー」日ー」間ー」時節ー」

から (接尾) 故 〔古言、故、ノ轉〕 他言ニツキテ副詞トスル接尾語。ノ故ニ因テ。「吹クーニ」然ルーニ思フモノー」

カラーあふひ (名) 唐葵 はなあふひノ條ヲ見ヨ。

カラーあや (名) 唐綾 綾ノ浮織ナルモノ。

〔カラーあゐ (名) 韓藍 〔葉、藍ニ似タレバイフ〕 鷄冠花。

カラーいも (名) 唐藷 さつまいもノ條ヲ見ヨ。

からーらう (名) 家老 大名小名ノ家人ノ長。

からうじて (副) 辛面 纔ニ。エイヤツト。ヤウヤウ。カラガラ。 纔

カラーうす (名) 唐臼 〔或ハ、輕臼ノ義トモイフ〕 臼ノ一種、地ニ埋メ、杵(碓觜) ヲ機ニ戴セ、足ニテ、其柄ノ尾ヲ蹈ミテ放テバ、頭、起伏シテ搗クモノ。一名、フミウス。ヂカラ。 碓

からーうす (名) 殼臼 すりうすニ同ジ

カラーうた (名) 唐歌 詩ノ條ヲ見ヨ。

カラーうど (名) 唐櫃 (一)からびつノ音便。カラト。(二)

棺。ヒツギ。「石ノ—」

カラ-うめ (名) 唐梅 〔後水尾帝ノ時、朝鮮ヨリ獻ジタル種ナリト云〕 臘梅ニ同ジ。又、南京梅。蘭梅。

〔カラ-え (名) 唐荏〕 たうごまノ古名。

〔カラ-えひ (名) 〔唐鱝ノ義〕 鰈ノ古名

カラ-おり (名) 唐織 次條ノ語ニ同ジ。

カラおり-にしき (名) 唐織錦 錦ノ一種、花鳥菱花ナド、雜種ノ文アリ、蜀江ノ錦ニ倣ヒテ織ルモノトイフ、伶人、猿樂ノ裝束ナドニ用ヰル。

〔から-かき (名) からかねニ同ジ。

〔カラ-かぎ (名) 鉤匙 〔韓鉤ノ義カ〕 かけがねニ同ジ。

〔から-かぎ (名) 〔頬ニ鉤匙ノ如キモノアリ〕 又、カラカキ。魚ノ名、今ノいしぶし、ぎぎノ類ナリト云。

カラ-かさ (名) 傘 〔唐笠ノ義〕 さしがさノ條ヲ見ヨ。

〔カラ-かしは (名) 華臌 たうごまニ同ジ。

カラ-かね (名) 唐金 〔支那法ヲ傳ヘシモノナレバ名トス〕 銅十ニ、鉛三ヲ和シタルモノ、銅ニ似テ稍黑シ。青銅 紫銅

から-かは (名) 浮皮 山椒ノ皮。

カラ-かは (名) 唐皮 (一)虎ノ皮ノ稱。「—ノ尻鞘」—ノ切付」(二)阿蘭陀舶來ノ紋形アル革。(きんからかはノ條ヲ見ヨ)

からか-ふ-フ・ヘ・ハ・ヒ・ (自動) (規・一) (一)爭フ。推シツ返ヘシッスル。「千度心ハススミケレドモ、心ニ心ヲカラカヒテ、泣ク泣ク高野山ヘ參リタマフ」強ク取テ放タズ、暫シ取リカラカヒケル程ニ」片山ノソガヒニ立テル、ホホガシハ、風ニ—、程ノ寒ケサ」(二)戲レ諍フ。調弄リ戲ル。「敵ニ—」小兒ニ—」 調戲

カラ-かみ (名) 唐紙 (一)五彩種種ノ模様アル紙。(二)—障子ノ略ニテ、卽チ—ヲ張リタル衾障子。フスマ。 紙門

から-から (副) (一)高ク亮ニ笑フ聲ニイフ語。「—ト打笑フ」 呵呵 (二)物ノ乾上リタル狀ヲ 音ニツキテイフ語。「—ト乾ク」(三)金屬ノ器ナドノ相當ル音ニイフ語。「—鳴ル」

から-がら (副) 〔辛辛ノ義ナラム〕 カラウジテ。エイヤット。カナガナ。「命—逃グ」 纔

〔から-き (名) 枯木ニ同ジ。

カラ-ぎぬ (名) 背子 〔唐衣ノ義〕 婦人ノ禮服ノ表衣、錦ニテ作ル、形、半臂ノ如クニシテ、襴無ク、袷ニシテ、上衣ノ上ニ着ル。

からく (副) 辛 エイヤット。カラウジテ。「—急ギテ和泉ノ洋トイフ所ニ至リヌ」

から-ぐ-グル・グレ・ゲ・ゲ・ゲヨ (他動) (規・二) 絡ヒテ束ヌ。クククル。シバル。 紮 縢

カラ-くさ (名) 唐草 〔絡草ノ意カトモ云〕 畫、織物、彫物等ノ模様ニ、蔓草ノ卷キナガラ延フ形ヲ圖スルモノ。 藻

〔から-くさ (名) 枯草 かひば、まぐさニ同ジ。 芻

カラくさガハラ (名) 唐草瓦 牝瓦ノ端ニ、唐草ノ模様アルモノ、簷頭ニ用ヰル。 花瓦 古製ノ形ハ、鐙ニ似タリ、因テ鐙瓦ノ名モアリ。

からく-して (副) 辛面 カラウジテ。エイヤット。—、思ヒ忘ルル、戀シサヲ」—、惜ミトメタル、命モテ」

⁺⁺がら-くた (名) 〔がらハ音ニテ、くたハ腐ノ意カ〕 粗ナル家財、雜具ノ稱、持運ブナドニ就キテイフ。「—道具」

カラ-くは (名) 唐桑 (一)支那ヨリ舶來スル桑ノ材木理美シク、諸器ニ作ル。(二)又、樹ノ名、いつきニ同ジ。

〔カラ-くみ (名) 唐組 絲ヲ組ミテ織リタル帶、 紃

から-く-む-ム・メ・マ・ミ・メ (他動) (規・一) 絡ゲ組ム。組ミ纏ル。(紐ナド)

カラクイてう (名) 唐國鳥 〔蘭語、Kalkoen〕 舶來ノ鳥、形、鷄ノ如ク、首ハ雉子ニ似テ白ク、頰赤ク、頸、黄ニシテ黑キ斑アリ、天晴ルルトキ、首ニ兩角ヲ出ス、翠色ナリ、漸ク喉ノ下ヨリ、胸ノ邊マデ、内綏、左右ニ開キ出ヅ、綠ニシテ碧朱ノ斑アリ、時ヲ歷テ歛ム、脊、黑ク、胸、綠ニシテ朱點アリ、腹、黃ニシテ淡黑キ波ノ文アリ、背ハ綠ニシテ黑キ斑アリ、端ニ金色ノ圈アリ、尾ハ淡黑クシテ黑キ點アリテ、孔雀ノ如ク開ク、脚ハ靑黑シ。 吐綬鷄

カラ-くもがひ (名) 唐雲貝 形、あかにしニ似テ、七八分、尾、平ニシテ尖ラズ、殼ニ疣アリテ、雲ノ狀ノ如シ、灰白ニシテ光ル、海濱ニ多シ。一名コマノツメ。臍ヲそがひトイフ、其條ヲ見ヨ。

カラ-ぐら (名) 唐鞍 唐製ノ馬具、杏葉、雲珠等ノ飾アリテ、製、異ナリ、今モ神祠等ニアリ。

からくり (名) 綟 (一)カラクルヿ。アヤツルヿ。(二)絲ヲカラクリテ動カス種種ノ機關。(見世物ナドニ云) 機巧、

からくる・ル・レ・ラ・リ・レ (他動)(規・二) 綟 (絡ゲ牽ルノ義カ) 絲ヲ縱横ニ引張リ絡ヒテ釣リ動カス。アヤツル。

〔カラくれなゐ (名) 韓紅 韓國ヨリ來レルくれなゐ、其染色ノ好キニ就キテイフ。

からげる (動) からぐノ訛。

からこ (名) 殼粉 (一)麥麩ニ同ジ。(二)小麥粉ニテ製セル團子。

カラこ (名) 唐子 唐風ノ衣裳ヲ着タル小兒ノ象。

〔からこ (名) 鮖 (からかこノ轉カ) 魚ノ名 かさごナリトイフ

からこ (名) 海參ノ條ヲ見ヨ。

〔カラこと (名) 韓琴 琴、箏ノ類ヲ、大和琴ニ別チテイフ語、

〔カラころも (名) 韓衣 (一)韓國ノ衣。(二)衣ノ珍シク美キヲ褒ムル語。

〔カラころも (枕) 韓衣 着ル、着馴ラス、ナドイフ語ノ枕詞。

カラこわげ (名) 唐子髷 からわニ同ジ。

〔からさけ (名) (辛酒ノ義) 酢ニ同ジ。

からさけ (名) 乾鮭 鮭ノ膓ヲ去リテ、素乾ニシタルモノ。

からざを (名) 運枷 稻ノ穗ノ籾ヲコキタルヲ打ツ具、棹ノ頭ニ樞アリテ、更ニ棹ヲツケ、回ラシテ打ツ、打チテ、唐箕ニテ、精粗ヲ分ツ。ヒギネ。クルリボウ。

からし (名) 芥 (辛シノ義) 芥菜ノ子ヲ搗キテ粉トセルモノ、色黄ニシテ、味極メテ辛シ、食ノ味ヲ助ク。芥子

からし・キ・ク・レ・ク・ク (形・一) 辛 (一)烈シク舌ヲ刺ス如キ味アリ。即チ、芥子、番椒、生薑、山葵ナドノ味アリ。(二)ムゴシ。慘 (三)ツラシ。苦シ。「辛キ目」苦辛

からし・キ・ク・レ・ク・ク (形・一) 鹹 シホハユシ。シホカラシ。

カラしゝ (名) 唐獅子 獅子ヲ猪ニ別チテイフ語。

からしな (名) 芥菜 葉ハ、あぶらなニ似テ小ク、鋸齒細カク、皺紋多シ、花、實ハあぶらなヨリ小クシテ、品類多シ、實ヲからしトス、葉モ辛シ、鹽漬トシテ食フ。又、大葉芥アリ、葉大クシテ、子ニ辛味少シ。タカナ。大芥

からしり (名) 輕尻 驛驛ノ駄送ノ馬ニ、本馬ノ荷ノ半ノ量ヲ一駄トスルモノ、即チ十八貫目ヲ負ハスルモノ。

からす (名) 烏 鴉 (鳴ク聲ヲ名トス、或ハ、黑シト通ズトイフハ、イカガ)(一)鳥ノ名、人ノ善ク知ル所ナリ、市村ニ棲ムヲ里ートイフ、觜細ケレバ、又、觜細ーノ名モアリ。慈鳥 山ニ棲ムハ、觜、體、共ニ大ナリ、山ー、觜太ートイフ。烏鴉 又、深山ーアリ、其條ニ注ス。(二)小キ、又ハ、黑キ義トシテ、物ノ名ニ被ラシムル語。「ー麥」ー瓜」ー石」

からす・ス・セ・サ・レ・セ (他動)(規・二) 枯 枯ルルヤウニナス。「草ヲー」木ヲー」

からす・ス・セ・サ・シ・セ (他動)(規・二) 嗄 聲、嗄ルルヤウニス。「聲ヲー」

からす・ス・セ・サ・シ・セ (他動)(規・二) 涸 乾シテ濕ヲ去ル。「池ヲー」膠ヲー」

ガラス (名) 硝子 〔英語、Glass.〕 びいどろニ同ジ、

〔からすあふぎ (名) 烏扇 ひあふぎニ同ジ、

からすいし (名) 烏石 石炭ノ一名。

からすうり (名) 烏瓜 〔鴉、好ミテ食ヘバイフト云〕 春、舊根ヨリ生ズ、蔓、長ジテ線稜アリ、葉ト共ニ、深緑ニシテ黑ミアリ、葉ハ五生シ、圓クシテ厚ク、三五尖ヲナシ、鋸齒アリテ毛刺アリ、葉每ニ鬚アリ、夏ノ半ニ、葉ノ間ニ白花ヲ開ク、本ハ筒ニシテ、末ハ五出ニシテ、端、裂ケテ亂絲ノ如シ、後ニ瓜ヲ結ブ、矮鷄ノ卵ノ大サニシテ、熟スレバ、朱紅色ナリ、根ニ、長キ塊、多クツク。王瓜 又、黃ーアリ、其條ヲ見ヨ。栝樓

からすがしら (名) 烏頭 〔漢名ヲ文字讀ニセル語ナラム〕 馬ノ後足ノ外節。タユキ。

からすがひ (名) 烏貝 (一)ドブガヒ。(二)蛤ノ、殼ノ色黑キモノ。

カラすき (名) 唐鋤 鋤ノ一種、柄、曲リテ、刃、廣シ、牛ニカケテ耕スニ用ヰル。牛鍬。犂

〔カラすきぼし (名) 犂星 二十八宿ノ參トイフ星宿ノ名、三星列シテ犂ノ如クナレバイフ。參

〔からすなめり (名) 轉筋 おむらがへりニ同ジ。

からすのひあやく (名) 半夏ノ一名。

からすのゑんどう（名）のゑんどうノ條ヲ見ヨ。

からすは（名）烏羽（一）烏ノ羽。（二）色ノ名、烏ノ羽色ノ如ク、黒ク碧ミアル色。鴉青

からすへび（名）烏蛇 カラスヘミ。クロクチナハ。蛇ノ一種、色黒キモノ、山野ニ居ル、頭圓ク、尾尖リ、背ニ三稜アリ、黒クシテ漆ノ如ク光ル、腹ハ淡黒シ、大ナルモノハ人ヲ逐フ。風稍蛇

〔からすへみ（名）からすへびニ同ジ。

からすまめ（名）烏豆 だんごりまめノ一名。

カラすみ（名）唐墨（一）支那、渡來ノ墨。タウボク。（二）黒琥珀。

カラすみ（名）鱲〔唐墨ノ義、形似タリ〕めなだ、さはらナドノ鮞ヲ、胞ノママニテ、乾シ製シタルモノ、めなだナルハ、色黄赤透明ニシテ、脂、多ク、味、美ナリ、肥前ノ野母ノ產、最モ名アリ、さはらナルハ、紫黒ニシテ、味、辣澁シ、備後、讚岐ニ產ズ。（或云、野母ナルハ、鯔ノ子ナリ、鯔ハ、東國ニテ、子少ク、西國ニ巡リテ子アリト）鰤鯆

からすむぎ（名）烏麥 ちやひきぐさノ條ヲ見ヨ。

からだ（名）軆〔幹立ノ略カ〕（一）動物ノ身ノ、首、胴、手、足等ヲスベテイフ語。（二）胴。（首、手、足ヲ除キテ）

からたけ（名）幹竹〔女竹ノ後マデ皮アルニ對シテイフ語カ〕苦竹、雄竹ニ同ジ。

〔カラたけ（名）漢竹 カンチク。名物ノ笛ナドニイフ。

からたけわり（名）幹竹割 幹竹ヲ割ル如クニ、直ニ快ク割ルヿ。破竹

カラたち（名）枳殼〔唐橘ノ略、常ニ枳殼ノ字ヲ當ツレド、誤レリ、きこくノ條ヲ見ヨ〕灌木ノ名、樹ニ、刺、甚ダ多ケレバ、常ニ生籬ナドトス、高サ丈餘、葉ハ萩ニ似テ、小ク厚ク光ル、春ノ末、枝ノ梢ニ、枝ヲ分チテ、五瓣ノ白花ヲ開ク、大サ寸ニ近シ、實ハ秋熟ス、黃ニシテ、肌、細カナリ、枳殼ニ偽ル。枸橘

カラたちばな（名）〔唐橘ノ義〕葉ハ、竹ノ葉ニ似テ、厚ク長ク深緑色ナリ、圓キ子ヲ結ビテ、葉ノ間ニ垂ル、一枝ニ、數顆ナリ、熟スレバ赤シ、多ク庭ニ植ウ。略シテタチバナ。百兩金

〔カラたま（名）韓珠 古へ、外國渡來ノ珠ノ稱。

カラつ（名）唐津 西國ニテ陶器ノ汎稱。（唐津燒、其名ヲ專ラニス）陶 磁器

カラつやき（名）唐津燒 肥前、松浦郡、唐津ニ產ズル陶器、古クヨリアリ、昔ハ甚ダ盛ナリシガ、今ハ少シ製作、形狀、時代ニ因テ、種種ナリ、細ナルくわんにゆうアリテ、色ハ、多ク、薄綠ニ鼠氣アリ、又、薄柹色ニ朱筋アルアリ。

からて（名）空手 手ニ物持タヌヿ。素手。テブラ。

カラど（名）唐櫃（一）からうどノ約。（二）米櫃。

〔カラなし（名）唐梨 べにりんごノ古名。

カラなつめ（名）唐棗 さねぶとなつめニ同ジ。（藝州）

からにし（名）辛螺 いはにしニ同ジ。

カラにしき（名）唐錦 錦ノ條ヲ見ヨ。

〔カラのかしら（名）唐首 はぐまノ條ヲ見ヨ。

カラはなさう（名）唐華草 蔓草ノ名、寒地ニ產ズ、春、宿根ヨリ生ズ、葉ハ、粗、いらくさニ似タリ、刻缺ヲナシテ、三尖或ハ五尖、對生シ、又、互生ス、葉ノ間ヨリ堅キ叉ヲ出シ、淡綠黃ノ細花ヲ綴ル、雄花ハ瓣無ク、蕚ハ五片ニシテ、間ヨリ蘂ヲ生ズ、雌花ハ鱗ノ狀ヲナシ、鱗毎ニ、閒ニ、一花ヲツク、後ニ、長サ一寸許ノまつかさノ如キ毬ヲナス、子ハ、小クシテ堅シ、麻醉ノ性アリ、藥トシ、又、麥酒ヲ釀スニ必用トス宿根葎草 蛇蔴草

ガラハニ（名）がるはにノ條ヲ見ヨ。

カラはふ（名）唐破風 破風ノ條ヲ見ヨ。

カラびつ（名）唐櫃 櫃ニ脚アルモノ。長一ハ、長持ノ如ク、二人ニテ棒ニテ擔フ、荷一ハ長一ノ半程ニテ、一人ニテ一箇ヲ擔ク、皆、脚六ハツアリテ、笈ノ脚ノ如シ。

カラびわ（名）唐鶸 鶸ノ條ヲ見ヨ。

から-ぶ・アル・アレ・ビ・ビ・ビヨ（自動）（規・三）涸 乾テ水氣ヲ失フ。ヒル。カワク。

カラふとだま（名）唐太玉 滿洲ヨリ唐太島ヲ歷テ渡來スル珠ノ名、朝鮮ノ瓔珠ナリト云、ねりものニテ青シ、緒締ナドトス。一名、蟲ノ窩。

からふね（名）空船 物載セヌ船。人無キ舟。

カラふね（名）（一）三韓ノ船。（二）唐ノ船。唐船。（三）唐船造ノ船。

カラふみ（名）漢書 支那ノ書籍。漢文ノ書物。漢書。漢籍。

カラぶみよみ（名）漢籍讀ノ條ヲ見ヨ。

からぼり (名) 空堀 城砦ノ堀ノ水ナキモノ。隍

カラまつ (名) 唐松 (一)松ノ一種、黒松ノ性ニシテ、葉ハ五針ニテ、燈心草ノ太サニテ、背白シ、松子、長サ六七寸、鱗甲ノ間毎ニ、仁、二粒ヅツアリ、米粒ノ如クニシテ、白黒斑アリ、生食スベシ。テウセンマツ。海松 新羅松 (二)落葉松ノ俗稱。

カラまつ-せんべい (名) 唐松煎餅 唐松ノ葉ノ一朶ヲ、正面ニ見タル形ニ燒キ做シタル煎餅、車輪ノ如シ、多ク肉桂ナド加フ。

からまる・ル・レ・ラ・リ・レ (自動) (規.一) 絡 マトハルマキツク。

から-み (名) 辛味 芥子、蕃椒、生薑、山葵ナド、食物ニ加ヘテ、味ヲ助クル辛キモノノ總名。ヤクミ

からむ・ム・メ・マ・ミ・ム (他動) (規.一) 絡 マトヒツク、卷キメグル。「蔦、松ヲ一」

からむ・ムル・ムレ・メ・メ・メヨ (他動) (規.二) 搦 捕ヘテ縛ル。促拿 捕縛

カラム (名) 量ノ名 ぐらむノ條ヲ見ヨ

ガラン (名) 伽藍 〔梵語、精舍ト譯ス〕 佛道ヲ修スル處。寺。

からむぎ (名) 殼麥 大麥ノ、穗ヨリ取レルママニテ、殼ノ着キタルモノ。

からむし (名) 〔幹蒸ノ義〕 草ノ名、麻ノ別種ナリ、春、宿根ヨリ叢生ス、高サ四五尺、葉ハ、楮ニ似テ、互生ス、岐ナクシテ、背白シ、夏、葉ノ間ニ、長キ穗ヲ立テテ碎小花ヲ生ズ、色靑シ、圃ニ植ヱ作リテ、其莖ヲ水ニ浸シ、席ニテ覆ヒテ蒸シ、皮ヲ製シテ越後縮、越後上布、奈良晒等ノ布ヲ織ル。一名、眞麻。苧 又、野眞麻アリ、野生ノモノナリ、亦、布トス。野苧麻

ガラン-てう (名) 伽藍鳥 〔袋ノ廣キニツキテ名トス、或云、佛書ニ迦蘭陀鳥アリ、是レナリト〕 水鳥、冬來ル、形、鶖ニ似テ大ク白シ、觜ノ長サ一尺許、末曲ル、咽ニ一尺許ノ袋アリ、數升ノ水ヲ貯フトイフ。鵜鶘

がらん-どう (名) 〔空ノ意、或ハ伽藍堂ノ義カナドトモ云〕 空ニシテ廣キ貌ニイフ語。(東京)

がらめきのひ (名) 柄目木火 越後、蒲原郡、柄目木村ノ地中ヨリ發スル天然瓦斯ノ稱、火ヲ點ジテ、燈トシ、又、物ヲ煮ル。又、同郡、如法寺村其他處處ヨリモ出ツ

カラめく・ク・ケ・カ・キ・ク (自動) (規.一) 唐ノ風ニ見ユ

からめて (名) 搦手 城、砦ノ裏門。(追手ノ條ヲ見ヨ)

カラもの (名) 唐物 支那ヨリ舶來セル雜貨ノ總稱。

〔カラもの-の-つかひ (名) 唐物使 昔シ、唐、渤海國等ノ商船、筑紫ニ着キタルヲ、京ヘ申セバ、乃チ遣ハサルル使、雜貨ヲ改メテ京ヘ上ル。

カラもも (名) 唐桃 (一)杏ノ古名。(二)桃ノ一種、小木ニシテ、大ナルハ高サ三四尺、小ナルハ五寸許、一尺許ナルニモ花實アリ、花多ク簇リ生ジテ一重、八重、紅、白、又、紅白雜ハルモアリ、葉ノ形、細長クシテ多ク繁ル。別名、アメンドウ。ゼイヲウホ。壽星桃

カラやう (名) 唐樣 漢字ノ書法ニ、支那人ノ書ク體ニ書クモノ、中世ヨリ、御家流、定家流ナド、一種ノ日本風ノ書法起リテ、コレヲ和樣、和流ナドイフニ別ツ語ナリ。

〔から-やま (名) 枯山 落葉シタル山。

〔カラ-よもぎ (名) 唐艾 菊ノ異名。

からり-と (副) (一)金屬ノ器ナドノ轉ゲタル音ナドニイフ語。鏗鏘 (二)物事ノ有樣ノ全ク異ナリタル見ヲアラハス狀ニイフ語。「景色 — 變ハル」

カラ-わ (名) 唐輪 元服前ナル童形ノ髮ノ結ヒヤウノ名、髻ヨリ上ヲ二ツニ分ケ、額ノ上ニテ二ツノ輪トス。唐子髷。

カラ-ゑ (名) 唐畫 唐人ノ畫キタル畫。又、其風ニ畫キタル畫。

かり (名) 雁 〔鳴ク聲ヲ名トセルカ〕 (一)ガン。鳥ノ名、同種ニ對シテ眞雁トイフ、形、ひしくひヨリ小クシテ頭、胸、背、皆、淡紫褐色ナリ、腹白クシテ、黑ト褐トノ斑アリ、翅、尾、共ニ黑ク、觜ノ根、額ニ連リテ起リ、脚ト共ニ黃赤色ナリ、秋分ニ寒地ヨリ來リ、春分ニ歸ル、一種、全身蒼黑ニシテ、腹白ク斑ナキモノアリ、はらじろトイフ。(二)前漢ノ蘇武ガ故事ニ因テ、音信、書通ノ事ニイフ。「— ノ使」「— ノ玉章」「— ノ タヨリ」

かり (名) 借 (一)借ルコト。借リタルモノ。(二)借リタル金錢。借錢。債

かり (名) 假 〔借ノ義、假ノ字ヲ用ヰルハ假ノ草體ノ誤字〕 暫シソレト定ムルコト。永久ナラヌコト。

かり (名) 狩獵 (一)狩ルコト。弓、銃、鷹ナドニテ、鳥獸

ヲ探リ捕ルㇾ。(二)轉ジテ、魚ナド漁リ、又、茸ナド探リテ採ルㇾ。「川ー」、「茸ー」(三)又、轉ジテ、野山ニ入リテ、花ナド探リテ觀ルㇾ。「櫻ー」「紅葉ー」

かり (名) 刈 (一)柴草ナド刈ルㇾ。(二)昔ノ段別ノ名、四百坪ノ一段ヲ百ートスト云。奥州ニテハ三百六十坪ヲ百ートス。

〔かり (名) 樗蒲ノ采。 櫋〕

かり (名) 甲ノ條ヲ見ヨ。

〔がり (接尾) 許 〔處コ出デタル語カ、或ハ、が有るコノ轉約カ〕 他語ニツキテ副詞トスル接尾語、の許ヨノ意ヲナス。「妹ー行ケバ」「某ー行キタルニ」國司ノー向ヒヌ」

〔かりあを (名) 狩襖 隨身、舎人、牛飼ナドノ服ニテ、表ハ布、裏ハ絹ナルモノナリト云。

かりいぬ (名) 獵犬 犬ノ一種、專ラ獵ニ用ヰテ、鳥獸ヲ逐ハシムルモノ。

〔かりうち (名) 〔樗打ノ義〕 樗蒲、博奕ニ同ジ。

かりうど (名) 獵人 山ニ獵スルヲ業トスル者。サツヲ。レフシ。ヤマダチ。

かりかた (名) 借方 物ヲ借ル方。(貸方ニ對ス)

かりがね (名) 雁音 (一)雁ノ聲。(二)轉ジテ、唯、雁トイフニ同ジ。(三)又、雁ノ子、形小ク、體、青黑ク、頷、白ク、眼ノ邊、黃ニシテ、腹ニ黑キ斑アリ。

++かりがねほね (名) かいがねノ訛。

かりき (名) 刈葱 葱ノ類、葉、小シ、夏、刈リテ食用トス、刈レバ愈茂ル、花、實、葱ニ同ジ。訛シテ、カレギ。夏葱 小葱

かりぎぬ (名) 狩衣 元ハ鷹狩ノトキニ用ヰシ服、後ニ官服トナル、單ノ絹ニテ作ル、五位以上ハ織物ニテ、六位以下ハ無文ナリ、(布衣コレナリ) 盤領ニテ袖括アリ、裾ヲ袴ノ外ヘ出シテ着ル、帶ニテ腰ヲ約メ、袴ハ指貫ヲ用ヰル。

かりくび (名) 雁首 (一)雁ノ首。(器ナドノ形ノ相似タルモノニイフ)(二)陰莖ノ頭。 龜頭

〔かりくら (名) 〔狩座ノ義カ〕 狩場ニ同ジ。

かりこ (名) 狩子 獵ノ時ニ、鳥獸ヲ驅リ出スニ役フ夫卒。列卒。 獵手

〔かりこもの (枕) 刈菰 亂ル、トイフ語ノ枕詞。

かりそめ (名) 假初 ソノトキカギリナルㇾ。確ト定メヌㇾ。假ナルㇾ。「ーノ事」「ーニ思フ」 苟且

かりた (名) 刈田 稻ヲ刈リ取リタル後ノ田。

カリタ (名) 骨牌 かるたニ同ジ。

かりたつ・ツル・ツレ・テ・テ・テヨ (他動) (規・二) 驅立 驅リテ逐フ。 驅逐

〔かりて (名) 糧 〔餉直ノ約ト云〕 かてニ同ジ。

かりて (名) 借人 物ヲ借ル人。(貸人ニ對ス)

かりとぢ (名) 假綴 書物ナド、假ニ綴ヂ置クㇾ。

〔かりな (名) 假名 かなノ條ヲ見ヨ。

かりに (副) 假 確ト定メズシテ、暫シノㇾトシテ。

かりぬし (名) 借主 借方ノ人。カリテ。(貸主ニ對ス) 負債主

かりね (名) 假寐 假初ニ寐ルㇾ。カリマクラ。カリブシ。

ウタタネ。

〔かりのこ (名) 鴨ノ卵ナリト云。

かりば (名) 狩場 狩スル地。カリクラ。 獵場

〔かりばかま (名) 狩袴 指貫ノ稱ニ同ジトシテ、布製ノモノナリト云。

〔かりばのとり (名) 狩場鳥 鷹狩ノ語ニ、雉子ノ稱ナリト云。

〔かりびと (名) 獵人 カリウド。サツヲ。レフシ。

〔かりふ (名) 刈生 草ヲ刈リタル後ヨリ再ビ芽ノ生フルㇾ。「ーノ薄」「ーノ原」

〔かりぶし (名) 假臥 かりねニ同ジ。

かりほ (名) 刈穗 刈リタル稻ノ穗。「數知ラズ、秋ノーヲ積ミテコソ」

〔かりほ (名) 假庵 〔かりいほノ約〕 假ニ作レル庵。「秋田刈ル、ーヲ作リ、我レ居レバ」 假廬

かりまくら (名) 假枕 かりねニ同ジ。

かりまた (名) 雁股 〔雁ノ蹼ノ叉ノ義ト云、或云、蛙股ノ約轉ト〕 鏃ノ一種、叉ヲナシテ、兩指ヲ開キタル如キモノ。 燕尾箭

かりみや (名) 假宮 假ニ座シマス宮居。 行宮

〔かりも (名) 釭 車ノ轂ノ中ノ鐵。カモ。

〔かりもがり (名) 殯 〔假喪許ノ義カト云〕 人死シテ未ダ葬ラズ、假ニ棺ニ藏メ置クㇾ。

かりもり (名) 〔刈守ノ義ニモ〕 瓜ノ未成ノ稱。

かりや (名) 假屋 假ニ作レル家。 假舍

かりやく (名) 假役 假ニ任ジ置ク役目。 權職

試補

かりやす (名) 〔刈安〕 草ノ名、山中ニアリ、莖葉ををきニ似テ、細小ナリ、高サ四五尺、處暑ノ後、穗ヲ出シテ、三四條ヲ分ツ、亦ををきニ似テ小シ、莖葉ヲ煮テ、黃色ノ染料トス。 青茅

カリヨウビンガ (名) 迦陵頻伽 〔梵語、敎鳥、妙音鳥ナド譯ス〕 佛經ニ、極樂ニ居ル不死ノ鳥ノ名、面美女ノ如ク、其聲、最モ美ナリトイフ。

かりる (他動)(規.四) 〔借〕 借ル、ノ訛。

〔かりろく (名) 〔訶梨勒〕 〔梵語ニテモアラムカ〕 藥ノ名、水毒ヲ解シ、又、末ニシテ酒ニ和シテ飮メバ、氣ヲ鎭ムトイフ、袋ニ入レ、彩絲ニシテ飾リ、柱ナドニ懸ク。

〔かりわらは (名) 〔狩童〕 修驗者ノ異名

かる (他動)(規.二) 〔借〕 (一)假ニ我ガ物トス、戾スベキ心ニテ他ノ物ヲ受ク。(二)他ヨリ受ク。「一力ヲ一」勢ヲ一」

かる (他動)(規.二) 〔刈〕 〔切ル、ニ通ズルカ〕 叢立チタルモノヲ横樣ニ切リ倒ス。薙グ。「草ヲ一」髮ヲ一」枝ヲ一」

かる (他動)(規.二) 〔驅〕 逐ヒ走ラス。逐ヒ立ツ。イソガス

かる (他動)(規.二) 〔狩獵〕 〔驅リ捕ル意〕 鳥獸ヲ探リ、驅リ出シテ捕ル。

〔かる (自動)(規.二) 〔離〕 ハナル。離ル。「一人目一」夜一」宿、カレテ」心ハカレジ、草葉ナラネバ」

かる (自動)(規.二) 〔涸〕 〔空ノ意カ、乾ク意カ〕 (一)水、盡ク。乾ル。(池、井ナド) (二)濕氣去ル。カワク。(墨、膠、漆ナド) 乾燥 (三)技ニ未熟ノ氣、失ス。老巧ニナル。(技ニ) 老熟

かる (自動)(規.二) 〔嗄〕 〔涸ル、ノ義〕 聲盡ク。シハガル。シヤガレル

かる (自動)(規.二) 〔枯〕 〔涸ル、ノ義〕 (一)草木、生氣ヲ失ヒテ死ヌ。(二)氣力衰ヘ盡ク。「精氣一」 虛耗

がる (自動)(規.一) 他語ニ屬キテと思ふナドノ意ヲナス語、接尾語ノ如ク用ヰラル。「善一」嬉シ一」淋シ一」痛一」アハレ一」不慣一」

かるいし (名) 〔輕石〕 火山ノ噴火ニ成レル石ノ如キモノ、甚ダ輕クシテ、堅ク脆シ、海邊ニアルモノハ、體ニ微細ノ孔多キコト、海綿ノ如シ、色、灰白、或ハ黃色ナリ、物ヲ磨ルナド、種種ノ用ヲナス。 浮石

カルカ (名) 〔欄杆〕 〔蘭語〕 おみやヲ見ヨ。カルコ、

〔かるかや (名) 秋、刈リ取リタル草茅。「一ノ、亂テアレド」秋風ニ、亂レ初メニシ、一ヲ、我ゾ束ネテ、ユウマクレ見シ」

かるかや (名) 〔刈萱〕 〔前條ノ語ノ、一草ノ名トナレルナリ〕 をとこめしノ一名

かるがゆゑに (副) 〔故〕 斯クアルガ故ニ、ノ約

かるがるし (形.二) 〔輕輕〕 かろがろしニ同ジ

かるがると (副) イト輕キ狀ニ。「一持上グ」

かるこ (名) 〔輕籠〕 繩ニテ、蜘蛛ノ巢ノ如ク、方一二尺ニ編ミテ、四隅ニ繩ヲ付ケタルモノ、土、或ハ、雜物ヲ載セ、擔ゲテ運ブニ用ヰル。簣、

かるこ (名) 〔輕子〕 輕籠者ノ意、輕籠ニテ運送ノ事ナド業トスル賤シキ夫。 擔夫

カルコ (名) 〔欄杆〕 かるかニ同ジ。おみやノ條ヲ見ヨ。

カルサン (名) 〔輕衫〕 〔番語ナラムト云〕 袴ノ狹キモノ。 袴衦

かるし (形.一) 〔輕〕 かろしニ同ジ。

〔カルタ (名) 〔迦嘍荼〕 命命鳥トテ雙頭ノ鳥アリ、其一隻ノ名。一雙ナルヲ優波一トイフトゾ。

カルタ (名) 〔骨牌〕 〔斯班牙語、Carta. 或云、かるたトモイヘバ、樗蒲ノ板ノ約ナラムカト〕 遊戲ノ具、小ク方ナル厚キ紙ニ、種種ノ象ヲ畫キタルモノ、數種、數十枚、數人ニ分チテ、象ニ合ハセテ取ル、種類、方法、多シ、今、專ラ、博奕ノ具トシテ用ヰル。うんすんかるたトイフモノ、形象、枚數、最モ多シ。又、歌一、以呂波一ナドアリ。

かるに (名) 〔輕荷〕 大船ノ底ニ積ミ込ム砂石ノ稱、荷少ク、船輕キ時ニ積ムナリ。

かるはずみ (名) かろはずみニ同ジ。

ガルハニ (名) [Galvanis.] 蘭人「ガルハニス」氏ノ發明セル一種ノ電氣用法。今、專ラ、其法ニテ鍍金スルニイフ。ガラハニ。

かるむ (自動)(規.一) 〔輕〕 かろむ(規.一)ニ同ジ。「トモカクモ、引助ケサセ給ハム事コソハ、罪カルマセ給ハメ」

かるむ・ムル・ムレ・メ・メ・メロ（他動）（規・二）【輕】かろむ（規・二）ニ同ジ。「人ニ、カルメ侮ラルルニ」

かるめ（名）【輕目】はいずみニ同ジ。

カルメイラ（名）かるめるニ同ジ。

カルメラ（名）かるめるニ同ジ。

カルメル（名）【浮石糖】〔洋語、Caramel.ノ轉〕砂糖ヲ煮テ、氣泡ヲ發シテ、脹レタルヲ凝ラシメタル菓子ノ名、狀、浮石ノ如シ。カルメイラ。カルメラ。

〔かる-も（名）【刈藻】刈リタル藻。「―カキ燒ク鹽竈一、アラネドモ」

〔かる-も（名）〔枯物ノ意カト云〕枯レタル草、猪ノ搔集メテ臥スニイフ。「秋ノ野ノ、―ガ下ニ、月漏リテ、並ビ臥ス猪ノ、影モ隱レズ」谷深ミ、臥ス猪ノ―、カキタエテ」枯草

〔かるも-か・く・ク・ケ・カ・キ・ケ（自動）（規・一）枯草ヲ搔キ集メテ臥ス。猪ノ眠ルトキスルヿナリ、臥猪ノ床ナドイヒテ、心安ク寐ヌモノナレバ、和歌ニ、多ク其意ニ寄セテイフ。「―、臥猪ノ床ノ、寢ヲ安ク、サコソ寐ザラメ、カカラズモガナ」

〔かる-もの（名）【輕物】絹布ノ稱。

かる-やき（名）【輕燒】糯米ノ粉ニ、砂糖ヲ加ヘテ餅トシ、乾シテ燒キタルモノ、脹レテ甚ダ輕シ。

〔かる-らか-ナ（副）かろらかナニ同ジ。

ガルロン（名）【瓦】〔英語、Gallon.〕英國ノ容量ノ名、我ガ二升五合一勺八七〇ニ當ル。

かる-わざ（名）【輕業】身ヲ輕ク、高ク危キ事ヲナシテ、人ニ見スル技、綱渡、籠拔、梯子乘ナド種種アリ。

かれ（名）【涸】涸ルルヿ。水ノ竭クルヿ。濕氣ノ全ク乾クヿ。

かれ（名）【嗄】シハガルルヿ。

かれ（名）【枯】草木ノ枯ルルヿ。

かれ（代）【彼】（一）二人相對シテ話シ出ス他ノ人ノ名ニ代ヘテ用ヰル代名詞。アレ。（二）又、身ヨリ遠キ物事ニ用ヰル代名詞。アレ。（あれ、それニ對ス）

〔かれ（接）【故】斯レバ。此ノ故ニ。カルガユヱニ。

か-れい（名）【家例】一家ニ、年久シク先例ニ據リテ行フ儀式ナド。

か-れい（名）【家令】貴族ノ家ニ、家人ノ長ノ稱。次ナルヲ家扶トイフ。其下ニ家從アリ、雜事ニ從フ。

か-れい（名）【嘉例】メデタキ例。吉例。

〔かれ-いひ（名）〔乾飯ノ義〕餉ニ同ジ。

かれ-がれ-ナ（副）（一）草ノ枯レムトスル狀ニイフ語。「野邊ノ草ドモ、皆―ナリテ」（二）聲ノ嗄レ盡キヤトスル狀ニイフ語。「聲モ―」

かれ-き（名）【枯木】立木ノ枯レタルモノ。「―ニ花咲ク」

かれ-ぎ（名）刈葱ノ訛。

かれ-の（名）【枯野】千草枯レハテタル野。

かれ-ひ（名）【比目魚】【鰈】〔古名、からえひノ約〕魚ノ名、形、甚ダ扁ク薄クシテ、大ナルハ一二尺ニ過ギ、幅ハコレニ半ス、頭、小ク、脊、尖リ、身ノ右ノ一面ハ、黑クシテ細カキ鱗アリ、兩眼、共ニ、此方ニ着キ、相並ビテ近シ、又、左ノ一面ハ、平ニシテ白ク、鱗無クシテ、細カキ紋アリ、上下ノ鰭ハ、首ヨリ尾ニ連ル、尾一岐ナシ、身ノ白キ方ヲ地ニ摺リテ泳グ。又、石―、星―、めま―、木ノ葉―、沓―、めいた―等、種類、甚ダ多シ、各條ニ注ス。

〔かれ-ひ（名）〔乾飯ノ約〕（一）ホシイヒ。ホシヒ。糒（二）行クニ携フル飯。餉

〔かれひ-け（名）【欅子】〔餉笥ノ義〕破子ニ同ジ。

〔かれひ-つけ（名）【鞨】鞍ノ後橋ノ緌ノ稱、餉ヲ着ケテ行クベケレバイフ。今名、鳥付。

〔かれ-ふ（名）【枯生】草ノ枯レタル後ヨリ再ビ生フルモノ。「草ノ―」―ノ尾花」

⁺⁺かれる（動）涸ル、嗄ル、枯ル、等ノ訛。

かろ-がろ-し・シキ・シケレ・シク・シク（形・二）【輕輕】嚴ナラズ。沈着カズ。愼ミ無シ。カルガルシ。輕卒

か-ろく（名）【家祿】其家ニ、代代、傳ヘ賜ハル祿。

かろ-し・キ・ケレ・ク・ク（形・一）【輕】〔空ナ意カ、枯ルノ意カ〕（一）重サ少シ。（二）烈シカラズ。薄シ。易シ。「病―」罰―」（三）卑シ。下ニアリ。ピクシ。「役目―」身分―」卑

かろ-あ-む・ムル・ムレ・メ・メ・メヨ（他動）（規・二）【輕】カロカロシク見ル。カロンズ。ミサゲル。輕侮

かろ-はずみ（名）善ク慮ラズシテ、勢ニ乘リテ事ヲ行ノヿ。輕率

〔かろ-ぶ・ブル・ブレ・ビ・ビ・ビロ（自動）（規・三）【軀】カロカロシクアリ。「末ノ世ニモ聞傳ヘテ、カロビタル名ヲヤ流サム」

かろ-む・ム・メ・マ・ミ・メ（自動）（規・一）【輕】輕クナル。「此罪―バカリノ事ヲセサセ給ヘ」

かろむ・ムル・ムレ・メ・メ・メロ (他動) (規.二) 輕 輕クナス、カロシヌ。「勿、甚ウ、カロメ給ヒソト、イサメ給フ」

かろんず・ズル・ズレ・ゼ・ジ・ゼロ (他動) (不規.二) 輕 〔輕ミスノ音便〕(一)カロガロシク見ル。カロシム。ミサグル。アナドル。「人ヲ—」(二)惜シキモノト見ズ。「命ヲ—」

カロメル (名) 〔蘭語、Calomel.〕水銀ト鹽酸トニテ製シタル劇藥ノ名、色白シ。甘汞

〔かろらかす〕 (副) 甚ダ輕キ状ニ。カルラカニ。カルガルト。

かわかす・ス・セ・サ・シ・セ (他動) (規.一) 乾 乾クヤウニナス。乾ス。

かわき (名) 乾 (一)乾クコト。乾ルコト。(二)喉ニ潤ヒ無クナリテ水ヲ欲スルコト。渴

かわく・ク・ケ・カ・キ・ケ (自動) (規.一) 乾 〔氣沸ク、ノ義カト云〕(一)日、火、ノ熱ニ過ヒテ、物ノ濕氣、無クナル。乾ル。(二)喉ニ、唾ノ潤ヒ、無クナル。渴

かをらす・ス・セ・サ・シ・セ (他動) (規.一) 薰 カヲルヤウニナス。匂ハス。

かをり (名) 薰 カヲルコト。香ニホヒ。

かをる・ル・レ・ラ・リ・レ (自動) (規.一) 薰 〔香居リ、ノ轉ト云、サテ、其語尾ハ、不規則動詞、第四類ノ變化ナルベキガ、規則ノ第一類ニ變ゼリ〕好キ香、發ツ。匂フ。

き ぎ

き 五十音圖、加行第二ノ假名。(かノ條ヲ見ヨ) きノ音ハ、他ノ音ノ間ニアルトキ、促聲ノつノ如ク呼ブコトアリ、せきおむ(急込) せきけう(石橋)ナドヲせつおむ、せつけう、ト呼ブガ如シ。又、きノ音ハ、他ノ音ノ下ニアルトキ、其發聲ヲ失ヒテ、韻ノいトナルコトアリ、つきむ(突貪) かきやる(掻遣) さきつおろ(先頃) おきて(於)あかき(赤)ナドノ、ついばむ、かいやる、さいつおろ、おいて、あかいトナルガ如シ。

ぎ きノ濁音ノ假名。(がノ條ヲ見ヨ) ぎハ、他ノ音ノ下ニアルトキ、其發聲ヲ失ヒテ、韻ノいトナルコトアリ、あのぎて(凌而) やなぎばお(柳筥)ナドノ、あのいで、やないばおトナルガ如シ。

き (名) 木 樹 (一)植物ノ中ニ、幹、枝、甚ダ長大トナリ、數年ヲ歷テモ枯レザルモノノ稱。立樹。(二)木ヲ切リテ、建築、製作ノ用ニ供フルモノ。材木。材

き (名) 黃 色ノ名、七色ノ一、黃金、又ハ硫黃ノ色ノ如キ、コレナリ、白ヲ除ケバ、諸ノ色ノ中ニテ、最モ光ヲ反射ス。

〔き〕 (名) 葱 ねぎヲ木名、其條ヲ見ヨ。又、刈—分—あさつ—等モ、其各條ヲ見ヨ。

〔き〕 (名) 牙 きばニ同ジ。「猪ノ—」象ノ—」

〔き〕 (名) 城 おろニ同ジ。「筑紫ノ國ハ、冦ヲモル、オサヘノ—ソト開シメス」

〔き〕 (名) 杵 きねニ同ジ。「—築」「—木」「—ね」

〔き〕 (名) 酒 さけニ同ジ。「白—」黑—」御—」

〔き〕 (名) 寸 古ヘノ度ノ名、凡ソ後ノ寸ナリ。今モ、馬ノ丈ヲ度ルニイフ。「馬ノ丈、八—バカリナル」黑鹿毛ノ馬、丈、七—バカリナリ」幾—ノ駒ト、イカデ知ラマシ」

き (名) 氣 (一)天地ノ間ニテ、寒暑、陰晴、風雨ナド、自然ニ運リ現ハルル象。「天—」地—」寒—」暑—」五行ノ—」(二)香、烟、湯、ナドヨリ立チ上ルモノ。氣。(三)動物ノ生キテアル力。タマシヒ。生活。精神。「—ヲ失フ」—ガックル」—ガフレル」(四)心ノ趣ク所。ココロバセ。好ミ。「人ノ—」—ニ入ル」—ニアハズ」—ガアル」(五)ココロ。カンガヘ。オモンバカリ。「—ヲ引ク」—ヲモム」—ニカカル」—ガック」—ヲックル」意思 (六)十五日一期ノ稱。(氣候、並ニ、二十四氣、ノ條ヲ見ヨ) ○—ニナル。思ヒノ種トナル。苦慮 ○—ニスル。思ヒ煩ラフ。介意

き (名) 季 (一)四時ノ季ナル月、即チ、陰曆、三、六、九、十二月ヲ四季トス。(二)轉ジテ、春夏秋冬ノ四時ノ一ノ稱。「四—」夏—」(三)又、轉ジテ、年月ヲ分ツニイフ語。一年ヲ一—トイヒ、半年ヲ半—トイヒ、或ハ、一年ヲ二分シテ春、秋、二—、夏、冬、二—、盆、暮、二—ナドイヒ、或ハ、四分シ、又ハ、六分シテ、四—、六—ナドイフ。

き (名) 機 事ノ起リ、又、變ハル際。ヲリ。トキ。「—ニ臨ミ變ニ應ズ」—ニ乘ズ」—ヲ失ハズ」

き (名) 忌 いみノ條ヲ見ヨ。「服—」—中」

き (名) 記 アリシ事ヲ記シタル文。「道ノ—」旅ノ—」富士山ニ登ルノ—」

き (名) 紀 (一)紀傳體ノ歷史ニ、帝王ノ一世ノ事ヲ旨ト記シタル所、コレヲ史ノ本トシテ、本紀トモイフ。

(傳、志ニ對ス)「ー傳」(二)十二年ヲ一期トスル稱。(歲星、一周天ノ義ニ據ルトゾ)

き (名) 奇 珍ラシク不思議ナルヿ。「ーナリ、妙ナリ」ートスベシ」

き (名) 期 トキ。限リトスル時。「盡クルー無シ」百日ヲートス」

き・し・しか (助動) 過去ノ意ヲ示ス助動詞、動詞ノ第五變化ニ接ス。(篇首ノ語法指南ノ助動詞ノ條ヲ見ヨ)「行キー」受ケー」落チー」アリー」

き (接頭) 生 (生ノママノ意カ) (一)產ノママナル。原ノ體ナル。人工ヲ加ヘヌ。「ー絹」ー絲」ー澁」(二)他ノ物ノ雜ラヌ。「ー酒」ー蕎麥」ー掛」純

き (接尾) 騎 馬ニ乘リタル人ヲ數フル語。「武者三ー」十ー」百ー」

き (接尾) 基 据エテ立ツル物ヲ數フル語。「石燈籠二ー」塔一ー」

ぎ (名) 義 (一)五常ノ一、行爲ノ宜シキニ合フヿ。確ク正シキ理ヲ守リテ行ヒ、一身ノ利害ナド顧ミヌヿ。(二)ワケ。ゴコロ。意味。「義ハ誼ノー」文字ノー」(三)他人ナルニ、互ニ約シテ親族タル緣ヲ結ブヿ。「父子ノーヲ結ブ」ー兄」ー子」

ぎ (名) 儀 ノリ。儀式。「婚姻ノー」

ぎ (名) 儀 (義ノ字ノ誤) ワケ。コト。ゴトガラ。由。「此ー」其ーナラビ右ノーニ付キ」左樣ノー」私ー」拙者ー」

ぎ (名) 妓 アソビ。遊女。「ーヲ招ク」

ぎ (名) 議 ハカラフヿ。カタラフヿ。評議。「其ーニ從フ」ー決セズ」

きあひ (名) 氣合 ココチ。ココロモチ。「ーヲ損ズ」

きあまちや (名) 木甘茶 樹ノ名、本名 あまちや。(つるあまちやニ對シテイフ) 高サ一二三尺、葉ハ、卵圓ニシテ對生シ、鋸齒アリテ、末ハ紫ヲ帶ブ、夏ノ半ニ、枝ノ梢毎ニ、花アリ、內ニ碎小五瓣ノ花簇リ、外ニ四瓣ノ大花取リ卷キテ開ク、內、外、色ヲ異ニシテ、白、碧、紫、紅、種種ナリ、葉ヲ煑テ甘茶トシ、四月ノ灌佛會ニ供ス。 土常山

きい (名) 奇異 アヤシクフシギナルヿ。キタイ。キメウ。「ーノ思ヲナス」

きい (名) 貴意 他ノ意ヲサシテイフ敬語。オボシメシ。(書狀ナドニ)「ーノ如ク」ーニ任セテ」

きいう (名) 杞憂 〔列子、杞國有ㇾ人、憂ニ天地崩墜ニ〕 有ルマジキ事ヲ思ヒスゴシ心配スルヿ。

きいちご (名) 木苺 亞灌木ノ名、山ニ多シ、高サ二三四尺、叢生ス、莖ニ刺多シ、葉ハ互生シテ、細長ク、本ニ兩尖アリテ、邊ニ鋸齒アリ、刺多シ、夏ノ初メ、葉ノ間ニ、五瓣ノ白花ヲ開ク、梅ノ花ニ似テ小シ、實ハ、黃ニシテ、大サ五分許、食スベシ。 懸鉤子

きいと (名) 生絲 絹絲ノ練ラヌモノ。

きいろ (名) 黃色 黃ナル色。黃。

きいろし・き・けれ・く・く (形・二) 黃 (黃色ニ形容詞ノ語尾ヲ添ヘタルナリ) 黃ノ色ニテアリ。

きう (名) 灸 醫ノ一法、艾ヲ膚ニ着ケ、火ヲ點ジテ灼クヿ。ヤイト。コレヲ灼クヲ、居ウ、トイフ。灼ク處ニ定リアリテ、灸穴ト名ツク。

きう (名) 舊 フルキヿ。昔ノアト。馴レテ久シキヿ。「ーヲ語ル」

きう (數) 九 ココノツ。

ぎう (名) 牛 (一)ウシ。(二)二十八宿ノ中ノ星宿ノ名。

きうあく (名) 舊惡 前ニ行ヒシ惡事。

きうい (名) 休意 ココロヲヤスムルヿ。安心。

きういう (名) 舊友 久シク交ル友。

きうおん (名) 舊恩 嘗テ受ケタリシ恩。

きうか (名) 舊家 數十百代續キ來リシ家柄。

きうか (名) 休暇 勤ヲヤスム暇。勤務ニ暇ヲ賜ハルヿ。

きうき (名) 舊記 舊事ヲ記シタル文書。

きうくん (名) 舊君 前ニ仕ヘタリシ主君。

きうくわん (名) 九官 〔始メテ齎シ來レル支那人ノ稱ニ起ル、九官ハ支那俗語ニテ九男ノヿナリ〕 鳥ノ名、鸜鵒ノ類、怜悧ニシテ、亦、善ク人語ヲナス、紺黑色ニシテ、丹咮、黃吻、腦ヲ夾ミテ黃肉冠アリ、眼ハ人ノ目ニ似タリ、脚、黃ニシテ、翼ノ裏、白シ。 秦吉了

きうけつ (名) 九穴 動物ノ體中ノ、兩眼、兩耳、兩鼻孔、口、二便孔ノ稱。

きうけつ (名) 灸穴 體中ニ、灸スベキ處、身柱、三里ナド、種種ノ定メアリ。

きうげふ (名) 休業 事業ヲヤスムヿ。

きうげん (名) 九原 ヨミヂ。

きうさく (名) 舊作 舊ク作リ置ケルモノ。(詩、文、和歌ナドニイフ)

きうしいつしやう (句) 九死一生 死ヌベキヿ、九分ニテ、生クベキヿ、一分ナリ。身ノ危キヿ極マル。

きうじつ (名) 休日 ヤスミビ。

きうしふ (名) 舊習 久シキナラハシ。

きうしゆ (名) 舊主 前ニ事ヘタリシ主君。

きうじよ (名) 救助 スクヒタスクルヿ。

きうせき (名) 舊跡 ムカシノアト。昔シ物事ノアリシ地。「名所―」

きうせん (名) 九泉 ヨミヂ。

きうそく (名) 休息 働キタル後ニ、休ミ息フヿ。イキツギ。

きうぞく (名) 九族 高祖、曾祖、祖、父、己、子、孫、曾孫、玄孫、ノ九代ノ族。

きうたく (名) 舊宅 嘗テ住ミタリシ家。 舊廬

きうぢ (名) 灸治 灸シテ療治スルヿ。

きうつ (名) 氣鬱 氣分ノヒラケヌヿ。氣ノフサグヿ。「―ノ病」 鬱悒

きうてん (名) 灸點 灸穴ノ上ニ、墨ニテ點スルヿ。コレヲ行フヲおろをトイフ。

きうと (名) 舊都 舊ノ都。

きうとう (名) 舊冬 去年ノ冬。 客冬

ぎうとう (名) 牛痘 うゑぼうさうノ條ヲ見ヨ。

ぎうにく (名) 牛肉 牛ノ肉。

きうねん (名) 舊年 コゾ。去年 客年

きうはい (名) 九拜 九度拜スルヿ、立チテ左右左居テ左右左、地拜二度、立チテ一度拜スルナリト云、朝廷、拜賀、奏慶ノ時ナド、極メテ重キニスル拜禮ナリ。

きうび (名) 鳩尾 ミヅオチ。

ぎうひ (名) 牛皮 (一)牛ノ皮。(二)ギウヒアメ。

ぎうひあめ (名) 牛皮飴 〔或ハ、求肥ナドトモ書ス、牛脾ノ音ニテ、飴ハ脾胃ヲ補ヘバイフト云フハイカガ〕糯粉、葛粉、蕨粉、砂糖ナドヲ和シテ、濕飴ヲ加ヘテ、煮テ煉リタルモノ、形、色、黃濁、柔靭ニシテ、牛ノなめしがはノ如シ。 牛皮糖 明糖

きうへい (名) 舊弊 年歷タル惡シキ習慣。

きうめい (名) 糺明 タダシアキラムルヿ。仔細ニ事情ヲ問ヒ糺ムルヿ。糺問。吟味。

きうもん (名) 糺問 糺メ問フヿ。糺明。

きうらい (名) 舊來 モトヨリナルヿ。舊クヨリコノカタ。

きうらふ (名) 舊臘 去年ノ十二月。 客臘

きうり (名) 黃瓜 春苗ヲ生ジテ、蔓延ス、葉ハ、冬瓜ノ如クニシテ、小、毛刺アリ、五瓣ノ黃花ヲ開ク、瓜ノ類ノ、最モ早ク熟スルモノニテ、瓜ノ形、圓ク長ク綠ニシテ、刺アルヿかまきりノ肌ノ如シ、熟スレバ、黃ナリ、生ニテモ食スベク、又、鹽漬ニス。 胡瓜

きうり (名) 舊里 フルサト。故鄉。

きうり (名) 久離 永久、離ルルヿ。永ク子弟ナドノ緣ヲ絕ツヿ。勘當。「―切ル」

きうり (名) 窮理 事ノ理ヲ窮メ知ルヿ。

きうりがく (名) 窮理學 物理學ニ同ジ。

きうりもみ (名) 黃瓜ヲ薄ク刻ミテ、酢、味醂ナドニ漬シテ揉ミタルモノ。

きうりやう (名) 舊領 前ニ領シタル土地。

きうれい (名) 舊例 昔ヨリノ例。舊クヨリ行ヒ來リシ例式。

きうれき (名) 舊曆 舊ク用ヰタル曆、即チ、大陰曆ノ稱。(明治五年、新ニ太陽曆ヲ用ヰラレタルヨリシテ稱ス)

きえ (名) 歸依 佛經ノ語、邪ヨリ正ニ反リテ、心、靈覺ニ憑ルヿ。佛ノ敎ニ信向スルヿ。

きえいる・ル・レ・ラ・リ・レ (自動)(規.一) 消入 (一)深ク悲ミニ沈ム。タエイル。「言フ人モ、消エイリ、エ言ヒヤラズ、聞ク心地モ惑ヒツ」「魂―」 消魂 (二)死ヌ。「昨夜、俄ニ一人ノ侍リシニヨリ」

きえかへる・ル・レ・ラ・リ・レ (自動)(規.一) 消返 死入ルヤウニ思フ。「黃ナル泉ニ、キエカヘリ、涙ノ川ニ、ウキネシテ」我宿ノ、菊ノ垣根ニ、オク霜ノ、消エカヘリテゾ、戀シカリケル」

きえソウ (名) 歸依僧 我ガ歸依スル僧。

きえつ (名) 喜悅 ヨロコブヿ。

きえはつ・ツ・ツル・ツレ・テ・テ・テヨ (自動)(規.二) 消果 (一)全ク消ユ。(二)死ヌ。「明ケカカル程ニ、消エハテ給ヒヌ」

きえん (名) 奇緣 思ヒ寄ラス緣。不思議ノ緣。

きえん (名) 棄捐 (一)己ガ物ヲ棄テテ、他ニ惠ミ與

スルヿホドコシ。(二)德川氏ノ世ニ、政府ヨリ、大小名、旗下、家人、平民等ニ對シテ、スベテ貸シタル金穀等ヲ棄テテ、一切償ハズシテ可ナリト免スヿ、下ヨリ、コレヲ德政ト稱ス。此令出ヅレバ、隨テ、貴賤共ニ、亦、スベテ互ニ債ヲ責メザルヲ習慣トシ、其弊、猶、足利氏ノ德政ノ如シ。(德政ノ條ヲ見ヨ)

きおゑる (動) 消ユノ訛。

きおく (名) 記憶 (一)物事ヲ忘レズシテ、心ニ留メオクヿ。(二)モノオボエ。記性

きおくれ (名) 氣後 精神ノ臆スルヿ。畏レテタユタフヿ。

きおち (名) 氣落 望ヲ失ヒナドシテ精神ノ弱ルヿ。落膽

きおほつ (名) 壁土ニイフ語、おほつノ條ヲ見ヨ。

きおも (名) 氣重 精神ニ進ミナキヿ。氣力ノ引立タヌヿ。

きか (名) 麾下 ハタモト。

きか (代) 貴下 對稱ノ代名詞、文書ノ上ニテ、同輩ニ、敬語トシテ、用ヰル。

きが (名) 木臭 酒ニウツリタル樽ノ材ノ臭。(酒家ノ語)

きかい (名) 器械 ウツハ。ダウグ。

きかい (名) 機械 種種ノ機關ニテ、種種ノ仕事ニ用ヰル具ノ稱。

きがい (名) 氣慨 イキハリ。イキヂ。

きかいがしま (名) 鬼界島 昔シ、鬼ノ住メリトイヒシ島ノ名、薩摩ノ南海ノ群島ノ泛稱ナルベシ。(今、大隅ノ大島郡ニ、喜界島アリ、其名ノ遺ナラム)

きかう (名) 紀行 旅ノ道ノ記。

きかう (名) 枳椇 枳殼ニ似テ、實ノ味、香橙ノ如キモノ。

きかがく (名) 幾何學 數學ノ一部、物ノ線、面、體等ヲ測リ知ル術。

きがかり (名) 氣掛 思ヒワヅラフヿ。掛念。關心

(きかくは (副) 聞クニノ延。「時鳥、去年ノ初聲、飽カザリシ、人ノ一」「マツモ鳴カナム」

きがけ (名) 生掛 蠟燭ノ條ヲ見ヨ。

きかつ (名) 飢渇 食ニ飢エ、水ニ渇クヿ。「一ニ迫ル」

きがね (名) 氣兼 氣ヲカヌルヿ。ココロヅカヒ。

きかふ・フル・フレ・ヘ・ヘ・ヘヨ (他動)(規・二) 着替 替ヘテ着ル。「衣ヲ一」更衣

きがへ (名) 着替 替ヘテ着ルニ備フル服。「一取寄セ、着替ヘテ」副衣

きかへる (動) 着替 きかふノ訛。

きがみ (名) 生紙 糊ヲ加ヘズシテ漉キタル紙ノ稱。

きかん (名) 饑寒 食ニ饑エ、寒サニコゴルヿ。

きかん (名) 龜鑑 (龜卜、猶豫ヲ決シ、鑑、美惡ヲ辨ズ) 倣スベキ善キ例。規模。カガミ。テホン。

きからすうり (名) 黄烏瓜 春、舊根ヨリ生ズ、蔓甚ダ長ク、葉ハ五生シテ圓ク、五七尖ニシテ、胡瓜ニ似テ、毛ナク光アリ、葉毎ニ鬚アリテ、物ニ絡フ、夏ノ半ニ、葉ノ間ニ、白キ花ヲ開ク、形、からすうりノ花ニ同ジ、瓜ヲ結ブ、からすうりヨリ大ニシテ、稍、短ク、熟スレバ黄ナリ、食スベシ、子ヲ藥用トス、根ハ葛根ノ如シ、或ハ、連珠シテ瓜ノ如シ、天花粉ヲ製ス。栝樓

きがらちや (名) 黄枯茶 (一)染色ノ名、黄ニ淡キ藍氣アルモノ。(二)きがらちやめしノ略。

きがらちやめし (名) 淡ク、醬油、或ハ、酒ナド加ヘテ、炊ギタル飯、其色、きがらちやナレバ名トス、今、單ニコレヲ茶飯トノミモイフ。

きがる (名) 氣輕 人ノ氣象ニ、人ト交リテ、嚴ナラズ、心打解ケタル狀ナルモノ。キサク。洒落

きき (名) 聞 耳ニ聞クヿ。「一ニユク」「一ニ達ス」

きき (名) 利 利クヿ。效アルヿ。「藥ノ一」「一ガヨイ」效

きき (名) 杵 きねニ同ジ。

きき (名) 義氣 義ヲ守リ行フ志氣。「一凜然」

きぎ (名) (鳴ク聲ヲ名トス) 魚ノ名、溪水ノ底ノ石間ナドニ棲ム、形、鯰ニ似テ小ク、黄褐ニシテ、背ニ疣アリ、黒キ斑アリ、口、廣ク、鬚、上下ニ、長短、六條アリ、尾ニ小岐アリ、背、及ビ、腮ノ下ノ鰭ニ、鯁刺アリ、人ニ捕ヘラルレバ鳴ク、大ナルハ一尺餘アリ。一名、ギギウ。黄顙魚

ぎぎ (名) 巍巍 高ク大ナル貌ニイフ語。「一堂堂」

ききあはす・スル・スレ・セ・セ・セヨ (他動)(規・二) 聞合 雙方、問ヒテ、合ハセ考フ。

ききいだす・ス・セ・サ・シ・セ (他動)(規・一) 聞出 隱レタル事ヲ探リテ聞キ知ル。

ききいみ (名) 聞忌 親族、遠地ニテ死シ、音信ニテ

聞キ知リテ受クル忌。

ききいる・る・る・れ・れ・よ (他動)(規・三) 聞入 他ノ言フヿヲ肯フ。承引ス。承諾

†ききいれる (動) 前條ノ語ノ訛

ききう (名) 箕裘 〔禮記、良弓之子、必學レ爲レ箕、良冶之子、必學レ爲レ裘〕父ノ生業ヲ、子ノ承繼ギテ營ムヿ。「一ノ業」一ヲ繼グ」

ききう (名) 魚ノ名、ぎぎニ同ジ。

ききおく・く・け・か・き・け (他動)(規・一) 聞置 聞キテ覺エ居ル。

ききおとす・す・せ・さ・し・せ (他動)(規・一) 聞落 聞クベキヲ洩ラシテ聞カズ。キキモラス。脱聞

ききおぼえ (名) 聞覺 (一)嘗テ聞ケルヿアリテ、心ニ覺エテアルヿ。「一ノアル聲」(二)藝術ナド、他ノ話スヲ聞取リテ覺エ知ルヿ。(正シク敎ヘヲ受ケタルニアラヌニイフ)

ききおよぶ・ぶ・ぶ・べ・ば・び・べ (他動)(規・一) 聞及 聞傳ヘテ知ル。聞知

ききがき (名) 聞書 話ヲ聞キテ書キ取ルヿ。紀聞

ききく (名) 黄菊 菊ノ花ノ、色、黄ナルモノ。

ききぐるし・しき・しく・し・しけれ・しか・しく (形・二) 聞苦 聞クニ心苦シ。

ききくわいくわい (句) 奇奇怪怪 奇怪トイフ語ヲ重ネテ、意ヲ強ク言フ語。

ききこま (名) 聞小間 小間ノ條ヲ見ヨ。

ききざけ (名) 聞酒 酒ノ佳否ヲ味ヒ試ミルヿ。試酒

〔ききし〕 (名) 雉子ノ古名。

〔ききす〕 (名) 雉子ノ古名。

ききすぐす・す・せ・さ・し・せ (他動)(規・一) 聞過 次條ノ語ニ同ジ。

ききすごす・す・せ・さ・し・せ (他動)(規・一) 聞過 ききながすニ同ジ。

ききすつ・つ・つる・つれ・て・て・てよ (他動)(規・二) 聞捨 聞キテ、ソノママニナシオク。

ききずむ・む・む・め・ま・み・め (他動)(規・一) 聞濟 他ノ言フヿヲ肯ヒ聽ス。

ききつく・くる・くれ・け・け・けよ (他動)(規・二) 聞付 聞キ傳ヘテ知ル。聞知

ききつぐ・ぐ・げ・が・ぎ・げ (他動)(規・一) 聞繼 人ヨリ人ヘ次第ニ傳ヘ聞ク。傳聞

†ききつける (動) 聞付ク、ノ訛

ききつたふ・ふる・ふれ・へ・へ・へよ (他動)(規・二) 聞傳 人ヾ傳ニ聞キテ知ル。傳聞

ききつたへ (名) 聞傳 キキツタヘタルヿ。話ニ聞キテ傳ヘ知ルヿ。(實聞、又ハ、書記ノ傳ナラヌニイフ) 傳聞

ききとどく・くる・くれ・け・け・けよ (他動)(規・二) 聞屆 申立テヲ肯フ。

†ききとどける (動) 前條ノ語ノ訛

ききとる・る・れ・ら・り・れ (他動)(規・一) 聞取 聞キテ心ニ留ム。聽取

ききとる・るる・るれ・れ・れ・れよ (自動)(規・二) 聞溺 一心ニ聞キ居テ餘念ナシ。

†ききとれる (動) 前條ノ語ノ訛。

ききながす・す・せ・さ・し・せ (他動)(規・一) 聞流 聞キテ心ニ止メズ、キキスゴス。苟聞

ききなし (名) 聞做 キキナスヿ。聞キテ夫レト思フヿ。「御耳ノ一ニヤ、イト優ニ哀レニ思サルレバ」

ききなす・す・せ・さ・し・せ (他動)(規・一) 聞做 聞キテ夫レト思フ。

ききなほす・す・せ・さ・し・せ (他動)(規・一) 聞直 改メテ聞ク。更聽

ききにくし・き・し・く・く (形・一) 聞惡 (一)キキグルシ。(二)問ハムトシテ問ヒ得ズ。

きぎぬ (名) 生絹 絹布ノ、生絲ニテ織リテ、練ラヌモノ。

ききふ (名) 危急 危キニ逼リタルヿ。「一存亡ノ秋」

〔ききみみ〕 (名) 聞耳 世ノ人ノ耳ニ聞ユルヿ。「世ノ一モイト苦シク、ツツマシク」ヒガミタルヤウニナム、世ノ一モ侍ラムナド」

ききん (名) 饑饉 旱魃、洪水、霖雨、風災等ニテ、穀物、野菜、スベテ、不熟トナリ、國中ノ民、食物ニ飢ウルヿ。

ききめ (名) 利目 利ク力。物事ノ行ハレテ効アルヿ。効力

ききめうめう (句) 奇奇妙妙 奇妙トイフ語ノ意ヲ強クセムトテ、重ネテ言フ語。

ききもらす・す・せ・さ・し・せ (他動)(規・一) 聞洩 ききおとす

…ニ同ジ。 脫聞

ききやう (名) 桔梗 (一)草ノ名、莖圓ク、高サ三五尺、葉ノ形、楕ニシテ、細カキ鋸齒アリ、互生、或ハ、對生ス、秋ノ初メ、莖ノ頭ニ、花ヲ開ク、筒瓣、五尖ノ單瓣ニシテ、藍紫色ナリ、根ハ牛蒡ノ如シ。(二)色ノ名、即チ、ーノ花ノ藍紫ノ色。

ききやう (名) 歸京 京ヘ歸ルコト。

ききやう (名) 歸鄕 故鄕ヘ歸ルコト。

ききわく・クル・クレ・ケ・ケ・ケヨ (他動)(規・二) 聞分 (一)區別シテ、聞キ取ル。(二)聞キテ解ス。語ル事ヲ肯フ。納得ス。 聽從

ききわけ (名) 聞分 聞キワクルコト。得心スルコト。

ききわける (動) ききわく、ノ訛。

きく (名) 菊 草ノ名、人ノ知ル所ナリ、多ク庭際ニ植ヱテ花ヲ賞ス、春、宿根ヨリ生ズ、嫩葉ハ、渫デテ食フベシ、夏ニ至リテ、根ヲ分チ植エテ、秋、深ケテ開クモノヲ最トス、花ノ色、黃、白、ヲ本色トスレド、變色ノモノ、種種ニシテ、單瓣、重瓣、及ビ莖葉ノ異種等、種類、極メテ多シ。又、夏、冬ニ開クモノモアリ。料理ートイフモノ、花、渫デテ食フベシ。

きく (名) 起句 詩ノ第一句ノ稱。其第二ノ句ヲ承句トイヒ、最モ末ナルヲ結句トイヒ、皆、句ノ末ニ同ジ韻ノ字ヲ履ム。又、末ヨリ第二ナルヲ轉句トイヒ、常ニハ、其末ニ韻字ヲ履マズ。

きく・ク・ケ・カ・キ・ケ (他動)(規・一) 聞 聽 (一)聲ヲ耳ニ承ケテ知ル。(二)問ヒテ答ヘヲ請フ。「見込ヲー」文義ヲー」 質 (三)肯フ。承引ク。聽ス。納得ス。承知ス。「願ヲー」異見ヲー」仲裁ヲー」 可 (四)嗅グ。「香ヲー」 嗅 (五)味ヒ試ミル。「酒ヲー」キキ酒」 試 (六)傚ハシム。準フ。「廣サヲ柱ニ聞テ戶ヲ作ル」 準

きく・ク・ケ・カ・キ・ケ (自動)(規・一) 利 用ヰニ叶フ。働キヲナス。效アリ。行ハル。「藥ガー」釘ガー」氣ガー」異見ガー」手ガー」目ガー」酢ガー」 效

きぐ (名) 木具 木ニテ製スル種種ノ什具ノ稱。(さしものヨリハ粗ナルモノニイフ)

きく-いただき (名) 菊戴 鳥ノ名、形、めじろニ似テ、背、翅、青綠ナリ、頂ニ、黃毛ノ菊花ノ形シタルヲ戴ク、眉ノ邊ニ墨キ斑アリ、翅ノ端ト尾トハ黑ク、腰、黃ニ、腹、白ク、觜、灰白ニ、脚、灰黑ナリ、秋、渡リ來リ、好ミテ杉ノ實ヲ食フ。 戴勝鳥

きぐう (名) 奇遇 圖ラザルニ出會スコト。

きく-がさね (名) 菊襲 襲ノ色目ノ名、表ハ白ニ、裏ハ蘇芳ナルモノ。

きく-ガラくさ (名) 菊唐草 草ノ名、てつせんニ同ジ。

きくぎ (名) 木釘 木ニテ作レル釘、(鐵釘、竹釘ナドニ對ス)

きく-きり (名) 菊桐 天皇ノ御紋所、十六瓣ノ菊花ヲ正面ニ見タル象ト、桐ノ葉三片ヲ垂レテ、上ニ桐ノ花房三ツ立テタル象トナリ、元ハ御袍ノ織紋ニ起ル。

きく-ざ (名) 菊座 金具ノ座ノ周ヲ、菊ノ花瓣ノ形ニ彫リ倣シタルモノ。

きく-さく (名) 菊作 後鳥羽院ノ、自ラ鍛ヒタマヒシ刀ノ稱、一輪ノ菊花ヲ、銘ニ打タル。菊作ノ太刀。菊ノ御作。御所鍛。

きく-ざけ (名) 菊酒 味醂ノ一種、極メテ濃キモノ、加州ニ產ズ。又、肥後ニ產ズルモアリ。

きく-すひ (名) 菊吸 (一)小鳥ノ名、鶯ニ似タリ。(二)蟲ノ名、大サ二分許、色黑ク、頸ノ邊ハ、稍、黃ニシテ、美ナリ、常ニハ、多ク菊ノ根ノ土中ニ潛ミ、淸明ノ後ニ出デテ、好ミテ菊ノ葉ヲ食フ。 菊虎 菊牛

きぐすり (名) 生藥 藥品ノ未ダ製セズ刻マザルモノノ稱。

きぐすり-や (名) 生藥屋 きぐすりヲ賣ル商家。又、アラユル藥品ヲ商フ家。藥種屋。

きく-すゐ (名) 菊水 紋所ノ名、菊花ノ流水ニ浮ベル象ヲ圖ス。

きぐち (名) 木口 材木ノ種類性質。(工匠ノ語) 木質

きく-ぢん (名) 麴塵 (麴ノ黴ノ意) 天皇ノ褻ノ御袍ノ染色ノ名、藎草、紫草、灰等ニテ染ムト云、黃ニシテ青ミアリ、御紋ハ、桐、竹、鳳凰、或ハ、唐草ト鳥トナリト云。又、山鳩色。

きく-づき (名) 菊月 陰暦、九月ノ異名。

きく-づくり (名) 菊作ノ條ヲ見ヨ。

きく-とぢ (名) 菊綴 直垂ナドノ縫留ニ、綻ブヲ防ガムガ爲ニ、組緒ヲ綴ヂ付ケテ、其餘リヲ綰ネテ、推シヒラメテ、菊花ノ如クシタルモノ。素袍ニハ、紋ノ上ニ細

ツキ革ヲ結ビテツクルヲイフ。

きくな (名) 菊菜 しゆんぎくニ同ジ。

きくならく (副) 聞道 〔聞クナル、ノ延〕 聞キ及ブニハ。

〔きくのわた〕 (名) 菊綿 きせわたノ條ヲ見ヨ。

きくばり (名) 氣配 遍ク心ヲツクルコト。氣配。

きくひむし (名) 木食蟲 諸樹ノ幹ノ中ニ生ジ、内ヨリ木ヲ食フ、種類多シ、形、いもむしノ如シ、樹ニ因リテ異ナリ、後ニ皆、羽化シテ、かみきりむし、かぶとむしナドトナル。 木蠹蟲

きくん (代) 貴君 對稱ノ代名詞、同輩以上ニ用ヰル。アナタ。

きくめいせき (名) 菊銘石 植蟲、海中ニ出ヅ、質、浮石ノ如クニシテ、色淡黒シ、大、小、一ナラズ、全體ニ小キ菊花ノ紋並ビツケリ。 海花石

きぐや (名) 木具屋 木具ヲ造ルヲ業トスル工匠。

きくらげ (名) 〔木海月ノ義〕 菌ノ類、山中ノ諸樹ニ生ズ、形、人ノ耳ノ如クニシテ、薄クシテ反リ、多ク重リテ生ズ、生ナルハ、柔カニシテ、色、淡紅褐ナリ、乾セバ、面、黒ク、背、灰褐ナリ、煮テ食スベシ、味、淡脆ニシテ、嚙メバ聲アルコト、海月ノ如シ、サレド、樹ニ因リテ、毒アルアリ、桑、槐、柳、楮、にはとこナドニ生ズルモノ佳シ。 木耳

きくわ (名) 歸化 外國ノ人ノ、服從シ來リテ、此國ノ民トナルコト。

きくわ (名) 奇貨 珍奇ノ貨財。利用シテ利ヲ得ベキモノ。「—可レ居」

きくわい (名) 奇怪 (一)圖リガタク怪シムベキコト。フシギ。(二)詰リ咎ムベキコト。「此法師、—ナリ、禁獄セヨ」「門前ヲ、下馬モセデ通リ侍ル、—ニ覺ユレバ、追掛テ打チトドメム」

きくわい (名) 機會 ヲリ。マギハ。マアヒ。「—ニ乘ズ」「—ヲ失フ」

きくわん (名) 氣管 動物ノ氣ヲ通ズル管、鼻、口ヨリ、喉ノ中ヲ下リ、胸ノ内ニテ兩ニ分レ、左右ノ肺ニ入ル。

きくわん (名) 機關 物ノしかけニ因テ組立ツモノ。カラクリ。

きくわん (名) 奇觀 奇シキ觀。「千古ノ—」

きぐわん (名) 祈願 神佛ニ祈リ願フコト。

きぐわんしよ (名) 祈願所 特ニ祈願ノ事ヲ託スル佛寺。

きけい (名) 奇計 妙ニシテ測リ知ラレヌ計策。「—ヲ運ラス」

きけつ (名) 剞劂 版木ヲ刻ルコト。版刻。

きげつ (名) 期月 豫メ限リ定メタル月。

きけん (名) 危險 アヤフキコト。アブナキコト。

きけん (名) 奇驗 不思議ニ妙ナル驗。(神佛ノ靈驗、藥ノ功能ナド)

きけん (名) 貴顯 身分貴ク、名高キコト。又、其人。

きげん (名) 機嫌 (一)佛經ノ語、譏嫌ノ誤、人ノ忌嫌ヲ伺ヒ知ルコト。(二)時機。都合。「世ニ從ハム人ハ、先ヅ—ヲ知ルベシ、序惡シキ事ハ、人ノ耳ニモ逆ヒ、心ニモ違ヒテ、其事成ラズ、但シ、病ヲ受ケ、子生ミ、死ヌル事ノミ、—ヲハカラズ、序惡シトテ、止ム事ナシ」今一度、君ヲ見マヰラセムト存ジテ、—ヲ顧ミ候ハズ、推參仕テ候」(三)轉ジテ、心地。起居。「—ヲ伺フ」—ヲ訪フ」 候起居 (四)又、轉ジテ、氣色。氣合。氣分。「—ガヨイ」—ガワルイ」—ヲ損ズ」 ○—ヲ取ル。慰ムル。喜バス。 奉承

きげん (名) 期限 豫メ限リ定メタル時。

きげん (名) 紀元 一國ノ年立ノ、第一ト數ヘ始ムル年。「神武天皇—」「耶蘇降生—」

きげん (名) 起原 事ノ起レル原。オコリ。ハジマリ。

きげんせつ (名) 紀元節 神武天皇ノ卽位セサセ給ヒシ日ノ稱、賀節ト立テラル、卽チ、年ノ二月ノ十一日ナリ。

きこう (名) 氣候 (一)(氣ハ、十五日一期ノ稱、候ハ、五日一期ノ稱、一氣ニ三候ニシテ、一年ニ二十四氣、七十二候アリ。(二十四氣ノ條、見合ハスベシ)(二)空氣ノ變動、山海ノ形勢等ヨリ生ジテ、其一地方ニ行ハルル寒熱、燥濕、晴雨等ノ象。(三)時候。

きこう (名) 季候 時候ニ同ジ。

きこう (代) 貴公 對稱ノ代名詞、元來、尊長ニ稱セルニ、今ハ、稍、下輩ナルニ用ヰル。ソコモト。

きこえ (名) 聞 (一)キコユルコト。(二)聞傳フルコト。ウハサ。トリサタ。「世ノ—」「—高シ」 傳說

‡きこえる (動) 聞ユノ訛。

きこがんぴ (名) 黄小雁皮 こがんぴノ一種、高サ

三四尺、枝葉對生シ、秋、枝ノ頭毎ニ、小キ花ヲ對生シテ、四瓣ノ黄花ヲ開ク、其皮、雁皮紙、薄葉等ヲ製スルニ、最モ佳シトス。蕘花

きこく (名) 枳殼 〔常ニ、からたちニ當ツルハ誤レリ〕灌木ノ名、韓種ニシテ、移シ植ウ、樹、葉、共ニ、柑ニ似テ、木ニ刺多シ、夏、白キ花ヲ開ク、亦、柑ノ花ニ似タリ、實ハ、柑ヨリ肌、細カク、皮、厚シ、乾シテ藥用トス。オニモドリ。

きこく (名) 歸國 己ガ國ヘ歸ルコト。

きこし (名) 木輿 いたごしニ同ジ。

きこしめす・ス・セ・サ・シ・セ (他動) (規・一) 聞召 (一)聞ク、ノ敬語。「物越シニテ、聞エ給ハムコト、聞シメセ」后ノ宮、聞シメシツケテ」(二)轉ジテ、聞キ知ル、飲ム、食フ等ノ敬語。「ー御心惑ヒ、何事モ思召シワカレズ」上ニモ、キコシメシ置テ」物モキコシメサズ、今朝ダニ、猶、御湯ヅケニテモ、タダ少シキコシメセ」

〔きこしをす・ス・セ・サ・シ・セ (他動) (規・一) 聞食 きこしめすニ同ジ。

きこす・ス・セ・サ・シ・セ (他動) (規・一) 聞 聞ク、ノ敬語。

きこにち (名) 歸忌日 舊暦ニ、嫁娶等ヲ忌ムトスル日ノ稱。

きこみ (名) 着籠 衣ノ下ニ籠メテ着ル鎖帷子ナドノ稱。 裏甲

きこみ (名) 氣籠 氣ヲ籠ムルコト。精神ヲ入ルルコト。 氣勢

きこむ・ム・メ・マ・ミ・メ (他動) (規・一) 着籠 (一)衣ノ下ニ着ル。「鎖帷子ヲー」裹衣 (二)衣ヲ多ク重ネテ着ル。 襲衣

きこん (名) 氣根 根ノ條ヲ見ヨ。

きこや (名) 木小屋 材木ヲ積ミオク小屋。 木廠

きこゆ・ユル・ユレ・エ・エ・エヨ (自動) (規・二) 聞 (一)聲、耳ニ知ラル。(二)理、明ナリ。「意味ー」文義、聞エズ」(三)遍ク知ラル。名高クナル。「名、世ニー」世ニキコエタル技」 傳播

〔きこゆ・ユル・ユレ・エ・エ・エヨ (他動) (規・二) 聞 (一)言フ、ノ敬語。申ス。「語リー」聞エ交ス」聞エ返ヘス」思フ事、少シーベキゾ」(二)他ノ動詞ト熟語トシテ敬語トス。奉ル。「待チー」迎ヘイ」許シー」モテナシー」

きこり (名) 樵 (一)キコルコト。山林ニ入リテ薪柴ヲ採ルコト。(二)樵ヲスル人。 樵夫

きこりうを (名) 鯛ニ似テ、交叉ノ條アリ、眼赤シ。マンザイ。

きこる・ル・レ・ラ・リ・レ (自動) (規・一) 樵 木ヲ伐ル。樵ノ業ヲナス。

〔きさ (名) 橒 〔刻ノ義カ〕木理ノ文。

〔きさ (名) 蚶 〔橒介ノ略、殼ノ文ニイフ〕あかがひニ同ジ。

〔きさ (名) 象 〔橒ノ義、牙ノ文ニイフ、梵語ニ、伽邪トイフモ似タリ〕獸ノ名、象ニ同ジ。

きさ (名) 段 きだニ同ジ。

++きざ (名) 氣障ノ略。(東京)

〔きさい (名) 后 きさきノ音便。「ーノ宮」ー町」ー立チ」

きさい (名) 記載 シルシノスルコト。書物ニ書キ上グルコト。

きざい (名) 器財 ウツハ。ダウグ。 器具

きざい (名) 木材 材木ニ同ジ。

きさいまち (名) 后町 禁中、常寧殿ノ異名、南殿ノ北ニアリ。

きさき (名) 后妃 〔君幸ノ略トイフ〕(一)天子ノ御妻。(皇后ノ條ヲ見ヨ)(二)通ジテ、太子、親王ノ御妻ニモイフ。

きさき (名) 氣先 氣ノ向フ所。「ーヲ折ル」ーヲ挫ク」ーヲ避ク」 氣焰

きざきざ (名) 鑢目ノ刻ミ、又ハ、鋸ノ齒ノ如ク、犬牙ニ曲折シタル象ヲイフ語。 刻缺

++きさく (名) 〔氣裂ノ意カ〕交際ニ、氣象ノ打解ケタル状ナルコト。キガル。

ぎさく (名) 僞作 似セテ作ルコト。マガヒヅクリ。

きざくら (名) 黄櫻 櫻ノ一種、花、重瓣ニシテ、色、かはちや、又ハ、うこんナルモノ、瓣ニ、よぢれアリ。一名、カバザクラ。

きざけ (名) 生酒 他ノ酒ヲ調ジ雜ゼヌ酒。 醇

きさご (名) 細螺 〔橒子ノ義カ〕螺ノ類、海産ニシテ、形、蝸牛ニ似テ、厚ク堅ク、種種ナル羋シキ彩文アリ、殼ノ中ニ蟲アリ、やどかりノ如シ。シタタミ。 扁螺 女兒、殼ヲ彈碁ニ用ヰテ、玩トス、ーはじきトイフ。

きさごはじき (名) 細螺、及ビ、彈碁ノ條ヲ見ヨ。

〔きさらぎ (名) 蟣虱 あらみニ同ジ。

きささぎ (名) きささげノ轉。

きささげ (名) 〔木角豆ノ義〕 楸ニ同ジ。キササギ。

きざし (名) 兆 (一)キザスコト。起ラムトスルコト。始マラムトスルコト。(二)芽ヲ出スコト。メダシ。 萌

きざす・ス・セ・サ・シ・セ (自動)(規.一) 兆 〔氣差スノ轉〕 (一)起ラムトス。始マラムトス。(二)萌ム。メザス。「雪間ニ―若草ノ」キザシヤスラム、野邊ノ若草」 萌

きさつ (名) 貴札 他ノ書狀ノ敬稱。

きざはし (名) 階 〔刻階ノ意〕 堂ニ昇降スル木石造ノ段。

きざはし (名) 木醂 〔澁柹ニ對シテ、樹ニ置キナガラ醂ス意〕 柹ノ實ノ、未熟ニシテ青キ時ヨリ、澁味ナクシテ食スベキモノノ稱、種類多シ。キザラシ。 椑柹

きざはり (名) 氣障 意ニ障リテ嫌ハシキコト。

きさま (代) 貴樣 對稱ノ代名詞、元來、敬稱ナルガ、今ハ、多ク、下輩ニ用ヰル。

きざみ (名) 刻 (一)キザムコト。細カニ切ルコト。(二)段。等。「今一―ノ位ヲダニト、贈ラセタマフナリケリ」 級 (三)トキ。ヲリ。ミギリ。「今際ノ―ニ、アマタ御遺言アリシ中ニ」死ヌル―ニテリテ」今ハト行キハナレム―ニハ捨テガタク」

きざみたばこ (名) 刻烟草 烟草ノ葉ヲ、極メテ細ソク刻ミタルモノ、烟管ニテ飲ム、卽チ、今、人人、常ニ用ヰルモノ、コレナリ。 金絲烟

きざむ・ム・メ・マ・ミ・メ (他動)(規.一) 刻 〔標ヲハタラカス〕 (一)切リテ細カニス。細カニ切リユク。 剉 縷切 (二)彫リテ物ノ形ヲ作ル。ホル。(彫物、木像ナド) 彫

きさん (名) 歸參 カヘリマヰルコト。再ビ、舊ノ主君ニ仕フルコト。

きさんご (名) 樹珊瑚 珊瑚トイフニ同ジ、珠ニ製シタルニ對シテイフ。

きさんじ (名) 氣散 きばらしニ同ジ。

きざら (名) 木皿 木ノ挽物ニテ作レル小キ皿。

きさらぎ (名) 更衣 〔衣更着ノ略カト云、此月、尙、餘寒アリ〕 陰曆、二月ノ稱。 如月

きざらし (名) 木晒 きざはしニ同ジ。

きし (名) 岸 〔際石ノ略カ、崄ノ略轉カ〕 (一)水ト陸トノ際。陸ノ水ニ臨ミタル處。(二)ガケ。ヤマギシ。 崖

〔きし (名) 吉士 上古ノ姓ノ名、後ニ、連ニ併セラル。

きじ (名) 雉 〔古名、きぎしノ略〕 鷄類ノ鳥、山ニ棲ム、頭、頸、胸、腹、翠黑ニシテ光リ、眼、赤ク、觜、蒼クシテ尖リ、背ノ羽、彩色アリ、雄ハ、冠、紅ニシテ、耳邊ニモ、時時、紅肉ヲアラハシ、腰ニ、綠ナル長毛アリテ、文彩、美ナリ、雌ニハ、冠ト長毛トナシ、共ニ飛ブコト速ナレドモ、高ク翔ルコト能ハズ。

きじ (名) 記事 事ヲ記スコト。アリシ事ヲ書取リタル文。

ぎし (名) 義士 義ヲ守リ行フ士。

ぎし (名) 義子 養子ニ同ジ。

きしうみかん (名) 紀州蜜柑 紀伊ノ、名草、海部、在田ノ三郡ヨリ產ズル蜜柑、產出極メテ多クシテ、世ニ名高シ、其在田郡ヲ最トス。

〔きしかた (名) 來方 來リシ方。過ギシ時。コシカタ。「―ノ事ナド、人知レズ、思ヒ出デケリ」―モ、今行末モ、遠ケレド」 往時

ぎしき (名) 儀式 公事、祭事、祝儀ナド行フ手續ノ作法。 儀例

きしきし (副) 軋ム音ニイフ語。「壘ノ中ニ石コモリテ、―ト軋ミタル」

ぎしぎし (名) 草ノ名、羊蹄ニ同ジ。(京都)

きしつ (名) 氣質 氣性ニ同ジ。

きじのを (名) 雉尾 (一)雉子ノ尻尾。(二)草ノ名、貫衆ノ一種。

きじばと (名) 雉鳩 はとノ條ヲ見ヨ。

きしぶ (名) 生澁 かきしぶノ條ヲ見ヨ。

きしぼじん (名) 鬼子母神ニ同ジ。

きじほんまつ (名) 紀事本末 歷史編輯ノ一體、年代ニ拘ハラズシテ、一事件每ニ、其本末ヲマトメテ記シユクモノ。(編年體、紀傳體ナドニ對シテイフ)

きしむ・ム・メ・マ・ミ・メ (自動)(規.一) 軋 軋ル。通ルニ滑ナラズ、動クニ澁ル。「壘ノ中ニ、石ノコモリテ、キシキシト、キシミタル」

きしん (名) 鬼神 神ノ靈。死者ノ魂。「其志、―ヲ感ゼシム」

きしん (名) 寄進 寄セ進ラスルコト。神社佛閣ノ作事ナドニ、金錢品物ヲ奉ルコト。寄附。 喜捨

きじん (名) 鬼神 オニカミ。

ぎしん (名) 疑心 ウタガフココロ。ウタグリ。「―ヲ懷ク」

〔きしめかす ス・セ・サ・シ・セ (他動)(規.一) 軋 軋クヤウニナス。

〔きしめく ク・ケ・カ・キ・ケ (自動)(規.一) 軋 軋ル狀ニテアリ。

きしもじん (名) 鬼子母神 訶利帝母神、女相ノ佛ノ名、多子アリ、其像、一兒ヲ懷ニシテ、吉祥果ヲ持ツ、人ノ血肉ヲ啖フト云。キシボジン。

きしや (名) 騎射 (一)歩射ニ對シテ、流鏑馬、笠懸、犬追物ナド、スベテ馬上ニテ弓射ル式ノ總稱。(サレド、重ニ流鏑馬ヲイフ)(二)後ニ、一種ノ式起リ、さくりヲ堀リ、挾物ヲ三處ニ立テ、赤塗ノ網代笠、籠手、行縢ニテ、馬ヲ駈足ニテ、聲ヲ揚ケテ射ル、流鏑馬ノ如シ。(徳川八代將軍ノ時ニ始マルト云)

きしや (名) 喜捨 施與。寄進。

きしや (名) 汽車 蒸氣車ニ同ジ。

きしやう (名) 起請 〔誓約ノ語ヨリ轉ジテ、請ヲ起ストイフ意カト云〕 誓ヲ立テテ、其事ヲ文書ニ記スモノ。誓紙。 誓書

きしやう (名) 氣性 其人ニ生レツキタル意氣。 氣質

きしやうたい (名) 氣狀體 固體ノ條ヲ見ヨ。

きじやき (名) 雉燒 (一)〔豆腐ヲ二寸四方ニ切リ、鹽ヲツケテ燒キ、酒ヲ沸シテ注ケタルモノ、正月ノ饌トスト云。(二)まぐろ、かつをナドノ肉ヲ醬油ニテ付燒ニシタルモノ。

‡ぎしやく (名) 磁石ノ訛。(東京)

きしやご (名) 介ノ名、きさごニ同ジ。

きじゆ (名) 喜壽 〔喜ノ字ノ草書、七十七ノ如ク讀マルレバイフ〕 七十七歳ノ賀ノ稱。

きしゆく (名) 寄宿 (一)他ノ家ニ身ヲ寄セテ、假ニ住ムヿ。 寄寓 (二)學校、塾ナドニ、生徒ノ宿リ居ルヿ。

〔きしゆく (名) 鬼宿 (一)二十八宿ノ内ノ鬼トイフ星ノ宿。(二)舊暦ニ、此星ノ守護ストイフ日ノ稱、二十八宿中ノ最吉ノ宿ナリトテ大吉祥日トス、但シ嫁娶ニ忌ムトス。

ぎじゆつ (名) 技術 ワザ。學ビテ得タルワザ。

きじゆん (名) 歸順 マツロフヿ。叛心ヲ改メテ歸服スルヿ。

きしよ (代) 貴所 貴下、貴君ナドニ同ジ。(書狀ノ文ニ)

きしよく (名) 氣色 (一)意向ノ面色ニ現ハルルヿ。氣色。ケハヒ。オモモチ。顔色。「―ヲ損ズ」「―ヲ伺フ」(二)‡轉ジテ、ココチ。ココロモチ。「―ガワルイ」

きしる ル・レ・ラ・リ・レ (自動)(規.一) 軋 轢 〔音ヨリイフ語カ〕(一)強ク擦リ行キテ鳴ル。(石地ノ車輪ナド)(二)相惡ミテ競ヒ爭フ。(人ノ交ニ) 軋轢

〔きしろふ フ・ヘ・ハ・ヒ・ヘ (自動)(規.一) 軋 〔軋ルノ延〕(一)軋ル。(二)競リ爭フ。「大姫君ハ、春宮ニ參リ給ヒテ、マター人無キサマニテ」角力ノ盛リニキシロヒテ」

きす (名) 鱚 魚ノ名、白―、青―ノ二種アリ。白―ハ、海ニ産ズ、眞―、又、海―トモイフ、形、稍圓ク肥エ、色白ク、大サ四五寸ニ過ギズ、四時アリ、肉、潔白ニシテ、味、最モ美ナリ。青―ハ、川ニ産ジ、川―トモイフ、形、扁クシテ青ミアリ、吻、尖リ、尾、甚ダ細シ。 鼠頭魚 又、虎―アリ、黑白ノ虎斑アリ、頭圓ク、はぜニ似テ、肉、白ク、味淡シ。又、沖―アリ、眼、圓ク、鱗、深ク、尺餘ニ及ブモノアリ。

きす スル・スレ・セ・セ・セヨ (他動)(規.二) 着 (一)着ルヤウニナス。被ラス。「衣ヲ―」(二)被ヒ包ム。カブセル。(鍍。細工ナドニ)「金ヲ―」「銀ヲ―」(三)蒙ラス。受ケシム。「恩ヲ―」

きす スル・スレ・セ・シ・セヨ (自動)(不規.二) 歸 一處ニ落チ寄ル。「理、遂ニ此ニ―」「人心―」

きす スル・スレ・セ・シ・セヨ (他動)(不規.二) 期 待チツクル。豫テ夫レト定ム。「一年ヲ―」成長ノ時ヲ―」

きす スル・スレ・セ・シ・セヨ (他動)(不規.二) 記 記ス。書キ留ム。

きず (名) 疵 (一)斬リ、又ハ、撃タレナドシテ、皮肉ノ破レ損ジタル處。(二)物ノ毀レ裂ケナドシタル處。ワレメ。サケメ。「玉ノ―」 瑕 (三)人ノ容貌、性質、行狀等ニ批難スベキ所。 瑕

きず (名) きりぎりすニ同ジ。(京都語)

ぎす スル・スレ・セ・シ・セヨ (他動)(不規.二) 議 相集リテ、事ノ處分ナドニ就キテ意見ヲ語リ合フ。

ぎす スル・スレ・セ・シ・セヨ (他動)(不規.二) 擬 ナゾラフ。マネブ。

〔きすぐよ (副) 不强 〔生直ノ義カ〕 心强ク。「亂レゾメジノ心ニテ、イト―モテナシ給ヘリ」人、如何ニ取リ

ナシ侍リケムト、ーカキタマヘリ」

きすお (名)〔鱚子ノ義カ〕魚ノ名、海ニ産ズ、形、かますニ似テ、黄白ナリ、身圓ク、頭短クシテ尖リ、鱗細カシ、大抵、四五寸ヨリ八寸ニ過ギズ、尾ニ岐ナク、肉厚ク白シ。

きずゐ (名) 氣隨 きままニ同ジ。

きずゐ (名) 奇瑞 不思議ニ、メデタキ象。

きせい (名) 祈誓 事ヲ神佛ニ祈リテ、心ニ然然ト誓フ。「ーヲ立ツ」ーヲコム」

きせきれい (名) 黃鶺鴒 せきれいノ條ヲ見ヨ。

きぜつ (名) 氣絕 神氣ノ絕エ入リタルコ。暫シ死ヌルコ。メヲマハスコ。卒倒。假死

きぜつ (名) 義絕 義ヲ立テムガ爲ニ、父子兄弟ノ緣、朋友ノ交ナドヲ絕ツコ。

〔きせなが (名) 着背長 常ノ鎧ヲ大將ノ着ルニ就キテイフ稱。或ハ、製、稍、長クシテ、脊ニテ合フヤウニ作レルモノナリトモイフ。

きせん (名) 貴賤 身分ノ貴キト賤シキト。

きせん (名) 木錢 薪ノ料。木賃。卽チ、旅泊ニ、旅人自ラ米ヲ携ヘテ、炊グベキ薪ノ代ノミ拂ヒテ宿ルコ。此ノ如クシテ宿ス旅店ヲ、ー宿、木賃宿トイフ。

きせん (名) 汽船 蒸氣船ニ同ジ。

きせん-やど (名) 木錢宿 木錢ノ條ヲ見ヨ。木賃宿。

キセル (名) 烟管〔西班牙語、管ノ義ナリト云フ〕烟草ヲ呑ムニ用ヰル具、頭ヲ雁首トイフ、其端、曲リテ孔ヲ上ニ開ク、火皿(火頭)トイフ、刻烟草ヲ盛リテ火ヲ點ズ、其本ヲ吸口トイフ、之ヲ口ニシテ烟ヲ吸フ、共ニ、眞鍮、鐵、銀ナドニテ作ル、其中間ヲ、羅宇竹ニテ續ク。キセロ。(京)キセリ。(伊勢) 烟筒

＋きせる (動) 着スノ訛。

〔きせわた (名) 着綿 菊ノ綿。眞綿ヲ圓ク扁クシテ、菊ノ花ノ上ニ被フモノ、白キヲ用ヰ、或ハ、紅、黃ニ染メテモ用ヰル、霜除ニスルナリト云。重陽ニスル事ニテ、此綿ニテ、顏ヲ拭ヒ、身ヲ撫デテ、老ヲ忘レ、齡ヲ延ブトス。

きせわた-さう (名) 着綿草〔花ヲモテ名トスト云〕宿根草、莖、方ニシテ高サ四五尺、根ノ葉ハ、やくもさうニ似テ厚ク、毛アリ、梢ノ葉ハ、なぎなたかうじゅ(?)ニ似タリ、皆、節ニ對シテ生ズ、秋、節每ニ、淡紫ノ花ヲ開ク、脣形ナリ、又、白花アリ、萼ノ內ニ、四子ヲ結ブ、やくもさうノ子ヨリ大ク、四角ニシテ長シ。 鑿菜

〔きぞ (名) 昨日〔去年ト同意〕昨日。「君ゾきぞノ夜、夢ニ見エツル」昨夜雨爾

きそう (名) 議奏 傳奏ノ條ヲ見ヨ。

きそく (名) 規則 ノリ。オキテ。サダメ。

〔きそく (名) 氣色 氣色ニ同ジ。「我ヲ老イタリト思ヒシーー」信仰ノーアリケレバ御ーヨロシカラズ」

きぞく (名) 貴族 タフトキヤカラ。身分家柄貴キ人。

きそく-どうし (名) 規則動詞 語學ノ語、動詞ヲ、其語尾ノ變化ノ體ニ就キテ、類別シテ呼ブ稱、コレニ對スル不規則動詞アリテ、各、數種ニ分ル、共ニ、篇首ノ語法指南ノ動詞ノ語尾ノ變化ノ條ニ委シ。

きそば (名) 生蕎麥 うどんこナド雜ゼズ、純粹ナル蕎麥粉ニテ打チタルそばきり。

〔きそ-はじめ (名) 着衣始 正月、新衣ヲ着初ムルコ、舊曆ノ上ニ、コレヲ行フニ吉ナリトイフ日ヲ記ス。

〔きそひ-うま (名) 競馬 くらべうまニ同ジ。

きそ-ふ-フ・ヘ・ヘ・ヒ・ヘ (自動)(規.二) 競〔息添フノ約カ〕他ニ勝タムト爭フ。負ケジト勇ム。キホフ。張合フ。

きぞめ (名) 着初 新衣ヲ着初ムルコ。

きた (名) 北 方角ノ名、日ノ出ヅルニ向ヒテ左ナル方。子ノ方。

〔きた (名) 分〔寸尺ノ義カ〕ワカチ。ワカレ。

きだ (名) 段〔分ノ轉〕(一)ワカチ。ワカレメ。キレメ。(二)キザミ。段。

きたい (名) 希代 (一)世ニ稀ナルコ。稀世 (二)メヅラシキコ。不思議。希有。奇異

きたい (名) 氣體 固體ノ條ヲ見ヨ。

ぎだいふぶし (名) 義太夫節 俗謠ノ一種、竹本義太夫、創ム、大薩摩節ヨリ分ル、今、かたりものノ本トシテ、淨瑠璃ノ名ヲ專ニス。

きたう (名) 祈禱 法ヲ修シテ神佛ニ祈ルコ。

きだう (名) 軌道 行星ノ、大陽ノ周ヲ年每ニ廻ル路筋ノ稱、諸行星、各、遠近ノ差アリ。

〔きたきす (名) 牛蒡ノ古名。

きたく (名) 歸宅 己ガ家ヘ歸ルコ。歸家

きたけ (名) 着丈 其人ノ着ルベキ衣服ノ長。

きたおち (名) 北東風 東風ノ北ヘ寄リテ吹クモノ。

(眞東風ニ對ス)

きたす・ス・セ・サ・シ・セ (他動)(規・一) 來 來ルヤウニナス。此ヘ至ラス。

きだち (名) 木立 こだちニ同ジ。樹林

きだち (名) 木性 本草學ノ語、灌木ナドノ、其性、樹ニ似タルモノノ稱。(草本ニ對ス) 木本

きだち (名) 木太刀 木ニテ造レル刀、劍術ナドニ用ヰル。木刀。木刀

きだて (名) 氣立 氣性ノ狀。ココロダテ。意氣

きだなか (名) 段半 段別一段ノ半。半段。(農家ノ語)

きたなし・キ・ナレ・ク・ク (形・一) 穢 (段無シ、ニテ分明ナラヌ意ナリト云) (一)穢レタリ。汚レタリ。(二)イサギヨカラズ。卑シ。「腹―」キタナキ心」

(きたなむ・ム・メ・マ・ミ・メ (他動)(規・一) 穢 穢ク思フ。「此病ニ至リテハ、厭ヒ―人ノミアリテ、近ツキアツカフ人ハ、アルベカラズ」

きたならし・シク・シケレ・シケ・シク (形・二) 穢キ狀ナリ。

きたのかた (名) 北方 (女ハ陰ナレバ、北トイフトゾ) 大臣、大將、公卿等ノ妻ノ尊稱。簾中。

(きたのぢん (名) 北陣 禁中、兵衞府ノ陣。

(きたのまつり (名) 北祭 賀茂ノ臨時ノ祭ノ異名。

きたのまんどころ (名) 北政所 攝政、關白ノ妻ノ尊稱、宣下ニ因テ稱ストニ云。

きだはし (名) 階 (段揣ノ義) きざはしニ同ジ。

きたひ (名) 鍛 鍛フヿ。鍛ヒテ成リタル狀。

(きたひ (名) 腊 (鍛ノ義ト云) 乾シタル肉。

きたひがね (名) 鍛鐵 鐵ノ條ヲ見ヨ。熟鐵

きたふ・フ・ヘ・ハ・ヒ・ヘ (他動)(規・一) 鍛 (一)金類ヲ火ニ燒キテ、柔カニシテ、善ク打チテ固クス、鍛錬ス。(二)屢、習ヒテ熟セシム。「藝ヲ―」心ヲ―」修練

きたふ・フル・フレ・ヘ・ヘ・ヘヨ (他動)(規・二) 鍛 前條ノ語ニ同ジ。

きたへ (名) 鍛 きたひニ同ジ。

‡‡きたへる (動) 鍛フ(規・二)ノ訛。

きたまど (名) 北窓 (月(搗)入ラズノ謎ナリト云) 萩餅ノ異名。

(きたむ・ムル・ムレ・メ・メ・メヨ (他動)(規・二) 罪ヲ糺ス。「問ヒ給ヒ、キタメ給スベク」 鞫

きだん (名) 奇談 珍ラシク面白キ話。

(きため (名) 鞫 鞫ムルヿ。罪ニアツルヿ。

きたる・ル・レ・ラ・リ・レ (自動)(規・一) 來 (來ト助動詞ノたりト合ヒテ、規則動詞第一類ノ變化ニ變ズ) 此ヘ至ル。來。

きち (名) 吉 易ノ語、運命ノ吉キヿ。(凶ニ對ス)

きぢ (名) 木地 材ノ質。材木ヲ、ソノママ用ヰテ、漆ナド塗ラヌヿ。樸

(きちかう (名) 桔梗 ききやうニ同ジ。

きちがひ (名) 氣違 (一)病ノ名、精神ノ狂ヒテ、人事ヲ辨ヘズナルヿ。モノグルヒ。亂心。狂氣。瘋癲 (二)又、其病ノ人。狂人

きちがひなすび (名) 狂茄 まんだらけニ同ジ。

きちがひみづ (名) 狂水 酒ノ異名。狂藥

ぎちぎちばつた (名) 蟲ノ名ばつたノ條ヲ見ヨ。

きちじ (名) 吉事 メデタキ事。エンギヨキ事。

きちじやう (名) 吉上 上ナク吉ナルヿ。

きちじやう (名) 吉祥 祥、吉キヿ。メデタキヿ。エンギノヨキヿ。

(きちじやう (名) 吉上 吉祥 衞士ノ中ニテ、上日上夜ヲヨク勤メタルヲ頭トスル稱ナリト云。「陣ノ吉上、衞士、仕丁」濺人、馬司ノ馬ヲタマハリ、ソレニ乘リテ、吉祥ニ火ヲトボサセ先ニ立テ」召シ具シタル馬部、吉祥ヲ一二三人留メオキ、彼家ヲ守護セサセ」

きちじやうさう (名) 吉祥草 陰地ノ竹林中ニ生ズ、葉ハ麥門冬ニ似テ短ク、先闊ク、冬枯レズ、小雪ノ後、莖ヲ出スヿ、二三寸、穗ヲナシテ花ヲ開ク、六瓣ニテ、外ハ紅紫ニ、内ハ白ク、實、熟スレバ紅ニシテ、枯ルレバ黑シ。吉祥蘭。觀音草。

きちじやうてんによ (名) 吉祥天女 女相ノ佛、毘沙門天ノ妹。「―ニモ、如何セマシト思ハセヌベキ大將ナリ」

きちじやうらん (名) 吉祥蘭 吉祥草ニ同ジ。

きちずゐ (名) 吉瑞 メデタキ象。

きちにち (名) 吉日 事ヲ行フニ吉ナル日。メデタキ日。吉旦。吉辰。良辰。

きぢびき (名) 木地挽 (一)木地ノ挽物細工。(盆、椀、碁笥ナド)(二)其細工ヲスル工匠。旋工

きちん (名) 木賃 木錢ニ同ジ。

きぢん (名) 歸陣 軍ヨリ歸ルヿ。

きちんやど (名) 木賃宿 木錢ノ條ヲ見ヨ。木錢宿。

きぢもの (名) 木地物 木地ノ器。木地ノ挽物。

きちやう (名) 几帳 座ノ側ニ立テテ、内外ヲ遮ル具、臺アリ柱アリテ、帷ヲ懸ク。

きぢやう (名) 氣丈 〔氣丈夫ノ略カ〕精神ノ雄雄シキヿ。膽略ノ剛キヿ。‖膽氣

〔ぎちやう (名) 毬杖 〔毬打ノ轉ナリト云〕(一)マリウチ。打毬。(二)正月、兒童ノ戲、ぎつちやうノ條ヲ見ヨ。

ぎちやう (名) 議長 會議ノ席ニ長トナリテ、衆議ノ採決、整頓ヲナス人。

ぎぢやう (名) 儀仗 儀式ニ用ヰル兵仗、後ニハ、木ニテ形ノミ造ル、使太刀、作太刀等ノ名アリ。(兵仗ノ條、見合ハスベシ)

ぎぢやう (名) 議定 (一)議ヒテ定ムルヿ。(二)轉ジテ、議定シタル掟。「ーヲ立ツル」ーヲ破ル」

きぢやうぶ (名) 氣丈夫 心ニ危ミナク、安全ニ思フヿ。

きちやうめん (名) 几帳面 〔几帳ノ製ニ起ルカ〕(一)器具ノ細工ニ、撫角ニ面ヲ取リテ、段一條ヲ入レタモノ。(二)行爲ノ折目正シキヿ。‖方正

きちやく (名) 歸着 (一)歸リテ其處ニ到リツクヿ。(二)一所ニ落チ寄ルヿ。「議論ノー」

きちゆう (名) 忌中 忌ニ籠ル間。(忌ノ條ヲ見ヨ)

きぢよ (名) 鬼女 女相ノ夜叉。‖女夜叉

きぢよらん (名) 鬼女蘭 蔓草ノ名、形狀、略、いけまニ似タリ、莖、甚ダ強ク、綿弓ノ弦トスベシ。‖牛奶菜

きちれい (名) 吉例 メデタキタメシ。

〔きつ (名) 狐 〔毛黃ナル意ノ名カ〕きつねノ本名。「夜モ明ケバ、ーニハメナテ鷄ノ」鳴クナルーヲアハレトゾ聞ク」

きつ (名) 吉 吉トイフニ同ジ。

‡きつかけ (名) 切掛 テハジメ。ハジマリ。

きづかはし シキ・シケレ・シク・シク (形・二) 氣遣 氣遣スベクアリ。ココロモトナシ。心掛リナリ。

きづかひ (名) 氣遣 キヅカフヿ。ココロヅカヒ。心掛リ。掛念。‖憂慮

きつかふ (名) 龜甲 (一)龜ノ甲。(二)龜甲ノ文、即チ、六角ノ、上下左右ニ相並ビタル模樣。

きづかふ フ・ヘ・ハ・ヒ・ヘ (自動)(規・一) 氣遣 心許ナク思フ。掛念ス。アンジル。‖憂慮

きづく ク・ケ・カ・キ・ケ (他動)(規・一) 築 〔城築ク、ノ義〕土石ニテ、築キ固メ、積ミ作ル。「城ヲー」臺場ヲー」石垣ヲー」

‡ぎつくり (副) 磕ト支ヘタル狀ニイフ語。

きつくわい (名) 奇怪 〔字ノ音、きくわいノ音便〕理ニ當ラヌヲ詰リ責ムルニイフ語。

きつけ (名) 氣付 氣絶シタルヲ蘇生ラスルヿ。「ーノ藥」ーニ飲マス」

きつけい (名) 吉慶 メデタキヿ。「新年ノー」

きつさう (名) 吉左右 吉キ音信。‖吉語

きつさう (名) 氣相 心氣ノ面相ニアラハルルヿ。顏ノ氣色。「ーヲカヘテ」切リ掛ルベキー」

きつさき (名) 切先 刃ノ尖。「刀ノー」‖鋩

きつし キ・ケレ・ク・ク (形・二) (一)甚シ。イトドシ。「暑サー」痛ミー」キツク似ル」‖太甚 (二)‡強シ。剛シ。‖剛

きつしん (名) 吉辰 吉日ニ同ジ。

〔ぎつしや (名) 牛車 〔字ノ音ノ讀癖〕うしぐるまノ條ヲ見ヨ。

きつしよはじめ (名) 吉書始 昔暦ノ上ニ、正月ノ初ノ書初ニ吉ナリトスル日ニイフ語。

‡ぎつしり (副) 滿チ支ヘタル狀ニイフ語。

きつす スル・スレ・セ・シ・セヨ (他動)(不規・二) 喫 食フ。飲ム。

きつすゐ (名) 〔生粹ノ義カ〕物ノ雜糅ナキヿ。‖純粹

きづた (名) 木蔦 蔓、長ク絡フ、葉ハ互生シ、圓扇ニシテ數尖アリ、冬枯レズ、深綠ニシテ厚シ、年久シキモノハ、蔓、長大トナリテ、木ノ如ク、或ハ直立ス、故ニ名アリ、夏、葉ノ間ニ、小白花、數十、簇リ開ク。一名、イツマデグサ。‖常春藤

きつたて (名) 切立 直ニ切リタル如ク峙ツヿ。勾配ノ極メテ急ナルヿ。

きつたん (名) 吉日 吉日ニ同ジ。

ぎつちやう (名) 毬杖 〔ぎちやうノ條ヲ見ヨ〕兒童、正月ノ遊戲ノ具、槌ノ形シタル杖ニ、彩絲ナド絡ヒタルモノ、木製ノ毬ヲ打ツ、打毬ノ遺ナリ、今、廢セリ。

ぎつちよ (名) きりぎりすノ一名。

きつつき (名) 木突 鳥ノ名、古名、てらつつき、今、又、けらつつき、或ハ、けら。赤げら、青げら、白げら、黒げら、縞げらナド、羽ノ色、種種ニシテ、皆、文采アリ。

又、大げら、小げら、山きつつきナドノ類アリ。山ニ棲ム、大ナルハ、鳩ノ如ク、小キハめじろノ如シ、喙、細長クシテ、錐ノ如ク、舌ハ、喙ヨリ長クシテ、端ニ針アリ、針ノ頭、鋸ノ歯ノ如シ、樹ヲ突キ穿チ、舌ニテ、中ノきくひむしヲ鉤ケ出シテ食トス。啄木鳥

きつ-つけ (名) 切付 下鞍ニ同ジ。

きつ-つけ-もん (名) 切付紋 無地染ナドノ服ニ、別ニ紋形ヲ切作リテ、糊ニテ貼付タルモノ。

きつ-て (名) 切手 手形ニ同ジ。券

きつ-てう (名) 吉兆 メデタキシルシ。

〔きつ-と〕(副) 急度 きとニ同ジ。チヤツト。「皆、喜ビノ涙ニムセビテ、一物言フ人モ無カリケリ」斯ルソヽゲキノ中ニモ、君ノ御名殘、一思出デマヰラセ、仁和寺殿ヘ馳セ參リ」

きつ-と (副) 急度 屹度 〔前條ノ語ノ轉〕 必ズ。相違ナク。必

〔きつ-とん〕(名) 橘飩 きんとんヲ見ヨ。

きつ-な (名) 紲 縶 絆 〔牽綱ノ略カト云〕 (一)馬、犬ナドヲ繋ギ止ムル綱。(二)離レガタキ心。情ノ絶チガタキ了。ホダシ。ワツラヒ。「恩愛ノ一」

きつ-ね (名) 狐 〔ねハ美稱〕 古名、きつ。異名、野干。たうめ。たうか。獸ノ名、形犬ヨリ小ク、毛、黄赤ニシテ、腹ノ下、白シ、喙、尖リ、尾、大ク、輕捷ニシテ疾ク走ル、人家ニ近キ山ナドニ穴居ス、性甚ダ狡猾ニシテ、夜、人家ニ入リテ、鷄ヲ捕リ、食物ヲ竊ム。又、黒狐、白狐モアリ。

きつね-あざみ (名) 狐薊 一年草、秋生ズ、初メ、地ニ就キテ叢生シテ、たんぽぽノ如シ、葉ハのあざみニ似テ、面、深綠ニ、背ニ白毛多ク、柔ニシテ刺ナシ、春、薹ヲ抽ク、高サ三五尺、枝葉互生ス、初夏ニ、枝ノ頂毎ニ、淡紫花ヲ開ク、やまあざみニ似テ小シ、後ニ絮トナリテ飛ブ。キツネノマユハケ。 蘭蒿

きつね-がうし (名) 狐格子 〔內ヨリ外見エ、外ヨリ內見エザレバイフトゾ〕 宮殿社寺等ノ屋根ノ搏風、懸魚ノ下ニ用ヰル格子、縱橫正方ニ組ム。キツネド。キツネマド。

きつね-けん (名) 狐拳 手ニテスル遊戲、兩手ヲ膝ニ置ク姿ヲナスヲ庄屋トシ、拳ヲ前ヘ出スヲ獵人ノ鳥銃ニ擬ヘ、兩拳ヲ額ニ擧グルヲ狐ノ耳ノ狀トシ、甲ハ乙ヲ制シ、乙ハ丙ヲ襲ヒ、丙ハ甲ヲ誑カストシテ、二人互ニ其姿ヲナシテ勝負ヲナス。

きつね-つかひ (名) 狐遣 狐ノ靈ヲ使ヒテ行フトイフ蠱術。

きつね-つき (名) 狐付 變症ノ癲狂、狐ノ神、憑リテ然リトス。 狐魅 狐憑

きつね-つり (名) 狐釣 狐ヲ係蹄ニテ釣リ捕ル人。 打狐人

きつね-ど (名) 狐戶 狐格子ニ同ジ。「鬼同丸、一ヨリ入テ、賴光ノ寐タル上ノ天井ニアリ」

きつね-のかみそり (名) 草ノ名、まんじゆしやげノ一種ニシテ、葉闊ク黄色ヲ帶ビ、花ハ反卷セズ。 鐵色箭

きつね-のちやぶくろ (名) 樹ノ名、おんずゐニ同ジ。

きつね-のびんざさら (名) 一年草、原野ニアリ、高サ一二尺、葉ハねむのきニ似タリ、秋、葉ノ間ニ、小黄花ヲ開ク、莢、長サ一寸許、褐色ニシテ、內ニ小子アリ、莖葉ヲ利水ノ藥トス。 山扁豆

きつね-のまゆはけ (名) 草ノ名、きつねあざみニ同ジ。

きつね-び (名) 狐火 〔狐ノ口氣ヲ吐クモノトシテ名アリ〕 鬼燐ニ同ジ。

きつね-まど (名) 狐牖 きつねがうしニ同ジ。

きつ-ぱり (副) 〔際ノ轉力〕 正シク決ムル意ニイフ語。「一コトワル」「一言切ル」

きつ-ぷ (名) 切符 〔給符ノ音ナラムカ〕 金錢請拂ノ證トスル切手。

き-づよ-し・キ・シ・レ・ク・ク (形、二) 氣强 意向、親シ。(情ナドニ牽カレヌ意) 勇往

き-てう (名) 歸朝 (一)朝命ヲ奉ジテ、外國胡國ヘ行ケル人ノ歸ル了。(二)轉ジテ、スベテ、外國ヘ行キタル人ノ自國ヘ歸ル了。

き-てん (名) 木貂 獸ノ名、深山ニ棲ム、形、黄鼬ニ似テ、體大ク、頭、稍、犬ニ似テ、喙、尖ル、肺、長クシテ、各、五指アリ、爪長クシテ曲リ、樹ニ登リ又走ル一、甚ダ疾シ、色、黒褐ニシテ、胸腹ハ黄赤ナリ、毛拔モ密ナリ、雷鳴スレバ、驚キテ村里ニ出ツ、故ニ、雷獸ノ名モアリ。 貂鼠

き-てん (名) 氣轉 ココロノハタラキ。メサキノチエ。「一ガヨイ」「一ガキカヌ」 機智

きてん (代) 貴殿 對稱ノ代名詞、同輩以上ニ用ヰ、多ク證書ナドニ記ス。

きてんたい (名) 紀傳體 歷史編輯ノ一體、本紀、列傳、志、表ト別ヲ立テテ記スモノ。(編年體、紀事本末ナドニ對シテイフ)

きてんはかせ (名) 紀傳博士 大學寮ノ條ヲ見ヨ。

〔きど〕 (副) ヂツキニ。チヤツト。チヨツト。「御前ノ野邊ノ景色ヲ一詩ニ作リテ奉レト、仰アリケルニ、晴明ニ、一參レト召シツカハシタリケレバ、一見ルニ、心動キテ一耳ヲ立ツルヤウニシケレバ」

きど (名) 木戶 〔城門ノ義カ〕 (一)城ノ門。(二)轉ジテ、通路ニアル門。(三)又、芝居、觀場ナドニ、見物人ノ出入ノ戶口。

きど (名) 喜怒 よろこびトはらだちト。「一、色ニ見ハレズ」

〔きどうさんし〕 (名) 儀同三司 〔儀ハ三司(三公)ニ同ジノ義、大臣ノ下〔納言ノ上〕ニアレバイフ〕 准大臣ノ異稱。

きとく (名) 危篤 病ノ危キニ迫レルコト。 病革

きどく (名) 奇特 行爲ノ尋常ニ勝レテ褒ムベキコト。 神妙。 偉行

きどころ (名) 木萆薢 おにどころニ同ジ。

きとんぼ (名) 黃蜻蛉 きやんまニ同ジ。

きどる・ル・レ・ラ・リ・レ (他動) (規・一) 木取 工匠ノ語、材木ヲ挽キ削リナドシテ、棟、梁、柱等ノ用ニ作リ設ク。

‡きどる・ル・レ・ラ・リ・レ (自動) (規・一) 氣取 其氣色ヲ眞似テフルマフ。

きない (名) 畿內 京都ノ周ノ地ノ稱、卽チ、山城、大和、河內、和泉、攝津ノ五國ナリ、因テ、五一ナドトモイフ。

きなか (名) 半錢 〔寸半ノ義ニテ、錢ノ徑ニイフト云、或云、切半ノ略カト〕 錢一文ノ半。半文。「一文一」

きながし (名) 着流 〔裾ノ垂ルル意〕 小袖ノミ着テ、袴ヲ穿カヌコト。

きながよ (副) 氣長 心急カズニ。ユルユルト。

‡きなきな (副) 憂フル狀ニイフ語 くよくよニ同ジ。「一思フ」

きなくさし・キ・ケレ・ク・ク (形・一) 〔木臭ノ意〕 木、紙、綿ナドノ焦グル臭アリ。(關東)カンコクサシ。 焦臭

きなこ (名) 黃粉 大豆ヲ炒リテ、碾キテ粉トセルモノ、餅、團子ナドニ塗シ食フ。 豆粉

きなす・ス・セ・サ・シ・セ (他動) (規・一) 着爲 調ヘ着ル。「黃ナル生絹ノ單袴、長ク着ナシタル童」

キナボウ (名) 蝦夷海ニ居ル魚ノ名、其脂腸ヲ賞味ス。

きなん (名) 危難 アヤフキ一。ワザハヒ。

きならす・ス・セ・サ・シ・セ (他動) (規・一) 着馴 身ニ馴ルルヤウニ着ル。

きなる・ル・ル・ルレ・レ・レ・レロ (自動) (規・二) 着馴 常ニ身ニ着テアリ。

きにいり (名) 氣入 好ニ適ヘルコト。 氣合 所愛

きにち (名) 忌日 人ノ死シタル日ト、年每ニ同ジキ日ヲ、回向ナドスルニ、付キテイフ語。命日。 其月モ同ジキヲ祥月トイフ。 忌月

きにち (名) 期日 豫メ限リ定メタル日。

きにん (名) 貴人 官、位、貴キ人。

〔きぬ〕 (名) 衣 〔着布ノ義カ〕 身ニ絡フモノ。コロモ。着物。衣服。

きぬ (名) 絹 〔衣ニ作ルモノノ意カ〕 (一)蠶ノ繭ヨリ繰リ取レルモノ、絲トシ、又、織物トス。(きぬいとノ條ヲ見ヨ) (二)又、其絲ニテ織レル織物。 帛

きぬいと (名) 絹絲 絹ノ絲、蠶ノ繭ヲ日ニ乾シテ、中ノ蛹ヲ殺シ、煮テ絲ヲ延キ出シテ採ル。 絹線

きぬおり (名) 絹織 絹絲ニテ織レル織物。 帛

きぬがさ (名) 衣笠 天蓋ノ條ヲ見ヨ。

きぬかづき (名) 衣被 (一)高貴ノ婦人、外出ニ用ヰル服、頭背ニ被リ、手ヲ擧ゲテ支ヘ、深ク顏ヲ覆ヒテ行ク、製、常ノ衣ノ如クニシテ、只、えりかたヲ前ヘ三寸計下ゲテ裁ツト云。略シテ、カツキ。訛シテ、カツギ。 帽衣 (二)一ヲ着タル婦人。「一カサナリテ、サラニ道ナシ」 一ヲ懸想セラレケル」 (三)芋子ヲ皮ノママニ煮テタルモノ、煮デテ熟スレバ、皮、自ラ脫ス、十三夜ノ觀月ノ飾物トス。

きぬかぶり (名) 前條ノ縮ニ同ジ。「長元ノ歌合ノ日、能因、一シテ切ニ入テ」

きぬぎぬ (名) 男女相寐テ、明朝、各自、衣着テ

別ルヿ。「明ケユケバ、己ガー、ナルゾ悲シキ」明ケヌレド、マダーニ、ナリヤラデ」

きぬけ (名) 氣拔 精神脱ケテ、身ニ添ハヌヿ。恍

きぬた (名) 砧〔衣板ノ約〕布帛ヲ擣ツニ用ヰル木石ノ臺、槌ニテ擣ツ。

きぬぢ (名) 絹地 織物ノ絹ナルモノ。「ーニ染ム」ーニ畫ク」

きぬぢぢみ (名) 絹縮 絹織ノ縮布。(ちぢみノ條ヲ見ヨ)

〔きぬのすそ (名)〔衣ノ後ノ義〕裾ノ條ヲ見ヨ。

きぬばり (名) 絹針 絹布ヲ縫フニ用ヰル細ソキ針ノ稱。(もめんばりナドニ別ツ)

きぬばり (名) 絹張 (一)絹布ヲ糊ニテ張ルニ用ヰル板。(二)屏風、行燈ナド、絹布ニテ貼ルヿ。(紙張ナドニ對ス)

きぬぶるひ (名) 絹篩 篩ノ網ヲ絹布ニテ張レルモノ、極メテ細末ナル粉ヲ取ルニ用ヰル。

きね (名) 杵 臼ノ穀ヲ突キ精ゲ、又ハ、粉ニシ、或ハ、餅ニ搗クニ用ヰル具、搗ー卜、手ートアリ。搗ーハ、木造ニテ、柄ニ横頭アリ、槌ニ似テ大ナリ、又、からうすニ用ヰルハ、頭、柄、長大ニシテ物ニ架シテ蹈ミテ搗ク。手ーハ、棒ニシテ、中括ル、中部ヲ、握リテ、直ニ搗ク、其臼モ、高クシテ、腹括ルルヲ用ヰル。

〔きね (名)〔禰女ノ略轉カト云〕巫女。禰宜。「神ノー」ーガ鼓」ーノ音」

きねずみ (名) 木鼠 形、略、鼠ニ似テ大ク、尾、闊大ニシテ、粗ク長キ毛アリ、常ニ、尾ヲ背ニ負ヒテ頂ニ戴ク。一、鼯鼠ノ如シ、深山ノ樹ニ棲ミ、果ヲ食トシ、果林ノ害ヲナス、毛ハ、淺黒卜白トノ細斑アリ、齒、最モ强シ、枝上ヲ走ルヿ飛ブガ如シ、畜ヘバ能ク小車ヲ廻スナドノ戲レヲナス。栗鼠。栗鼠

きねずみどり (名) 雀ニ似タル小鳥、山中ノ樹穴ニ棲ムト云。

きねん (名) 祈念 念ジ祈ルヿ。

ぎねん (名) 疑念 ウタガフココロ。「ーヲ晴ラス」

きねんさい (名) 祈年祭 トシゴヒノマツリ。

きのえ (名) 甲 えどノ條ヲ見ヨ。

きのこ (名) 菌〔木ノ子ノ義カ〕一名、くさびら。今、又、茸。朽木ニ生ズル植物、種類多シ、其狀、多クハ、傘ノ如クニシテ、莖アリ、頭アリ、頭ヲ蓋トイフ、椎茸、きくらげ、ねめぢナト、枚擧スベカラズ、食フベキモノモ多シトイヘドモ、大毒アルモアリ。又、樹下土中ニ生ズルアリ、松茸、初茸ノ類ナリ。

きのと (名) 乙 えどノ條ヲ見ヨ。

きのどく (名) 氣之毒 心掛リナルヿ。他人ノ心配ナド思ヒ遣リテ心ニ掛クルヿ。諒

きのふ (名) 昨日〔前ノ日ノ略轉ト云〕今日ヨリ一日前ノ日。昨日。

〔きのまろどの (名) 木丸殿 削リミガカヌ樸ノママニテ造レル宮殿ノ稱。「ヒトリノミ、ーニ、アラマセバ」神垣ハ、ーニアラネドモ」朝倉ヤ、ーニ、我レ居レバ」(多クハ、齊明帝ノ土佐ノ朝倉ノ行宮ニ就キテイフ)

きのみ (名) 木實 このみニ同ジ。

きのめ (名) 木芽 (一)樹ニ萌エ出ヅル芽。(二)專ラ、山椒ノ芽ノ稱、香氣高シ、常ニ食物ニ添ヘテ食フ。

きは (名) 際〔切端ノ略カ〕(一)端。ハテ。カギリ。サカヒメ。(二)ホトリ。アタリ。カタハラゾバ。「山ノー」川ノー」(三)ヲリ。トキ。マギハ。「行カムトスルー」起ツー」(四)分際。身分。「貴キー」卑シキー」

きば (名) 牙〔牙齒ノ義〕牙。前齒ト奥齒トノ間ニアリテ鋭ク尖レル齒、左右上下ニ、各一ツヅアリ。猪、象ナドナルハ、甚ダ長クシテ鋭シ。

きば (名) 木場 材木ヲ貯ヘ置ク處。木料廠

きば (名) 騎馬 馬ニ乘リテアルヿ。騎

きはい (名) 氣配 きくばりニ同ジ。

きはい (名) 氣配〔氣色ノ轉カ〕アリサマ、容子。景氣。「相場ノー」

きばう (名) 希望 ネガヒノゾムヿ。

ぎばうしゆ (名) 擬寶珠 (一)堂ノ棟、欄干ノ柱ノ頭ナドニ飾ルモノ、形、葱花ノ如シ。寶珠頭。神輿ナドニ着クルハ葱花トモイフ。(二)葱ノ花ノ異名。(三)草ノ名、一根ニ數十葉叢生ス、葉圓クシテ、大サ六七寸、縱道多シ、夏、圓キ莖ヲ出スヿ四五尺、上ニ、白キ花、多ク穗ヲナス、一花ノ長サ、一寸五分許、六瓣ナリ、花正シク開カズシテ、長キ蘂アリテ外ニ出ヅ。一名、朝鮮ー。ウルイサウ。玉簪 又、むらさきーアリ、葉、細長クシテ短ク、おもとノ如シ、一根ニ數葉叢生シ、秋、花ヲ開ク、莖ノ高サ、一尺許、花小ク、淡

紫ニシテ、赤、正シク開カズ。 紫藤

きはきは・し（シキ・シケレ・シク・シカ） (形・二) 際ヤカニテアリ。殊ニ際立チテ見ユ。 顯著

きはだ (名) 黄蘗 〔黄肌ノ義〕 樹ノ名、寒國ノ深山ニ生ズ、高サ數丈、葉ハ、漆ニ似テ、斷レバ臭氣アリ、對生ス、夏、枝ノ上ニ、細黄花ヲ開ク、雌樹ニテミ實アリ、五味子ノ如クニシテ、縦ニ五稜アリ、熟スレバ、色黒ク、味苦シ、藥用トス。樹ノ皮、黄ナリ、藥用、染料トス、黄蘗トイフ。 蘗木

きはだ (名) きはだまぐろノ略。

〔きはだか・に〕 (副) 際高 際ヤカニ嚴シク。「御ココロバヘノ、一オハシケルニヤ、三條ノ惡宰相トゾ、人ハ申シ侍リシ」

〔きはだけ・し（キ・ケレ・ク・カ）〕 (形・二) 際高ニテアリ。殊ニ嚴シ。「キハダケク、見ジト放チ捨テテモ、月頃ノ過グルママニ、戀シクカナシクテ」

きはだ・つ（ツ・テ・ツ・ツル・ツレ・テ） (自動) (規・二) 際立 際、明ニ分カル。著ルシ。殊ニメダツ。 顯著 特異

きはだまぐろ (名) 黄肌鮪 まぐろノ類、鰭ノ端、黄ヲ帶ビテ、肉、淡赤シ、秋ノ初ヲ時トス。其鰭ノ短キモノヲ、めはちトイフ。

きはたらき (名) 氣働 心ノ事ニ臨ミテ敏ク働クコト。氣轉。 機智 活機

きバチ (名) 木鉢 木地細工ノ鉢。

きはちす (名) 木蓮 樹ノ名、むくげノ古名。 木槿

きはど・し（キ・ケレ・ク・カ） (形・二) 際疾 事ノ眞際ニ近シ。

分目ニ逼リテ危シ。

〔きはは・に〕 (副) きはやかにニ同ジ。「女タチノ御中ニ引キマセタラムニ、キハハナルベクコソ覺ユネ」

きはまり (名) 極 (一)キハマルコト。(二)ハテ。ヲハリ。

きはま・る（ル・レ・ラ・リ・レ） (自動) (規・一) 極窮 (一)果トナル。至極ニ至ル。ツマル。(二)決ル。

〔きはみ〕 (名) 極 極マル處。ハテ。ツマリ。

きは・む（ム・ムル・ムレ・メ・メ・メロ） (他動) (規・二) 極窮究 〔際ヲハタラカス〕 果マデモノス。押詰ムル。

きば・む（ム・メ・マ・ミ・メ） (自動) (規・一) 黄 色、黄ヲ帶ブ。 帶黄

きはん (名) 歸帆 歸ル帆。船ノ歸路ニ趣クコト。

ぎはん (名) 僞版 僞セテ模シ刻レル版木。

きはめ (名) 極 (一)キハムルコト。推詰ムルコト。(二)書畫製造物ナドノ作者ノ眞僞ヲ見分ケテ定ムルコト。目利。 鑒定

きはめて (副) 極 甚ダ。最モ。「一宰ナカリケル身ナリ」「一貴シ」「一怪シ」

きはめる (動) 極ムノ訛。

きはもの (名) 際物 其用キルベキ節節ノ際ニ賣出ス商物。(雛祭ノ雛人形、盆祭ノ燈籠ノ類)

きはものし (名) 際物師 際物ノミ賣ルヲ業トスル商人。

きはやか・に (副) 際著ルク。キハキハシク。サヤカニ。「花ノ中ニ、寶ノ黄金ノ玉カト見エテ、甚ジク一見エタル」

きはや・し（キ・ケレ・ク・カ） (形・二) 氣早 心、早リ易シ。動モスレバ勇ミ進ム。 血氣

きばらし (名) 氣晴 結レタル心ヲ晴ラスコト。鬱散。氣散ジ。 散悶 舒懷

きば・る（ル・レ・ラ・リ・レ） (自動) (規・一) 氣張 (一)勇ミ立ツ。(二)威ヲ張ル。イバル。(畿内) 示威 (三)奢ヲ示シテ、多分ニ財ヲ出ス。ハヅム。(東京) 揮霍

きび (名) 黍 〔黄實ノ轉〕 又、きみ。穀ノ名、立夏ノ前ニ、種ヲ下シ、初秋ニ至テ收ム、粟ニ似テ、低小ニシテ、毛アリ、子ヲ結ビ、枝ヲ成シテ、殊ニ散ズ、白クシテ淡黄ヲ帶ブ、粒、粟ヨリハ光ル。うる一ハ賤民飯ニ炊キテ食フ。 稷 もち一ハ團子トス。 黍

きび (名) 氣味ノ轉。「一ガヨイ」

きび・し（シキ・シケレ・シク・シク） (形・二) 嚴 (一)甚ダ嚴カナリ。ユルヤカナラズ。嚴重ナリ。「掟一」(二)苛シ。ムゴシ。「政治一」(三)甚シ。イミジ。「荒キ海、キビシキ山ノ、中モ」「寒サ一」

きびしよ (名) 急須ノ訛。

きびす (名) 踵 くびすニ同ジ。

ぎひつ (名) 僞筆 他ノ手蹟ニ似セテ書キタル文字。僞筆。

〔きびは・に〕 (副) 幼クカヨワク。「其頃、十四五許ニテ、イトー幼カルベキ程ヨリハ」夢ナドヲ見ル心地シテ、若ク、キビハナル程ニテハアリ、物覺エ給ハズ」

きびら (名) 生平 晒布ノ晒サヌモノ、近江ノ犬上郡高宮ノ產、蔄麻ニテ製ス、高宮布トモイフ、きしろニテ精細ナリ。

きふ（名）【寄附】厚意ヲ以テ、格段ナル事柄ヲ助ケムト、金錢品物ヲ贈ルコト。喜捐
きふ（名）【給】給料、給金ニ同ジ。

きふ（名）【級】段、階。キザハシ。

きふ（名）【急】俄ナルコト。急グコト。キハドキコト。「—ヲ告グ」「—ノ間」

きふ（接尾）【級】戰ニテ斬リタル首ヲ數フルニイフ語。「首ヲ獲ルコト百—」

きふう（名）【氣風】ココロバヘ。ココロダテ。

きふう（名）【急雨】ニハカアメ。

きふきふ（副）【急急】最ト急ギテ。殊ニ速ニ。

〔きふきふによりつりやう（句）【急急如律令】呪文ノ末句ニ唱ヘテ、魔ヲ驅ル語、速ニ去テ滞ルコトヲ得ズトイフ意ナリト云。

きふきん（名）【寄附金】寄附ノ金錢。（寄附ノ條ヲ見ヨ）

きふきん（名）【給金】雇人、奉公人等ノ勤ニ宛行フ金錢。

きふく（名）【歸服】ツキシタガフコト。マツロフコト。降參。

きふく（名）【忌服】服ノ條ヲ見ヨ。

きふくわ（名）【急火】間近ニ發リタル火災。

きふじ（名）【給仕】(一)側ニ侍リ居テ雑用ヲ待ツ勤。(二)饗膳ニ侍ルコト。

きふじ（名）【急事】差迫リテ起レル事件。

きふし（名）五倍子ノ條ヲ見ヨ。

きふしよ（名）【急所】體中ノ、侵セバ忽チ命ヲモ失フベキ處。

きふす（名）【急須】葉茶ヲ入レテ、湯ヲ注ギ煎ズルニ用ヰル小キ器、口アリ、手アリ。キビシヨ。
きふす・スル・スレ・セ・シ・セヨ（他動）（不規・二）【給】與フ。給料ヲ宛行フ。
きふそく（副）【急速】スミヤカニ。イソギテ。急ニ。
きふだい（名）【及第】支那ニテ、毎年、國中ノ士ノ才學ニ秀デタル者ヲ試ミテ、諸官ニ選擧スルコト。學校ヨリ出ヅルアリ、州縣ヨリ出ヅルアリ、其人ヲ進士トイフ、試ムル法、種種ニシテ、書ノ義ヲ問ヒ、又、題ヲ出シテ答文ヲ作ラシム。其試ニ當レルヲ、—、又ハ、登第イトヒ、（第一等ナルヲ狀元トイフ）當ラザルヲ、落第、又、下第トイフ。古ヘハ、本朝ニテモ行ハレキ、其法、略、同ジ。今、學校ニテ、生徒ノ學力ノ試驗ニモイフ。
きぶつ（名）【器物】ウツハモノ。ダウグ。
きぶつ（名）【奇物】メヅラシキ品物。奇品
ぎぶつ（名）【僞物】ニセモノ。
きぶつさし・キ・ケレ・ク・ク（形・二）〔氣塞ガル意〕イブセシ。モノウシ。鬱悒
きふなん（名）【急難】急ニ起レルワザハヒ。
きふに（副）【急】ニハカニ。ハヤク。キハドク。
きふにん（名）【給人】武家ニテ、平士ノ扶持米ヲ給セラルルモノノ稱。
きふば（名）【急場】事、差迫リタル時。臨急
きふびん（名）【急便】急ギノ音信。急信
きふびやう（名）【急病】俄ニ起リタル病。急疾

きふぶん（名）【給分】給料ノ高。

きふへん（名）【急變】俄ニ起リタル變事。

きふむ（名）【急務】急ギ行フベキ業。

きぶん（名）【氣分】ココチ。ココロモチ。「—ヨシ」「—アシ」心氣
きふよう（名）【急用】急ギノ用事。

きぶり（名）【木振】立木ノ形。樹勢
きふりう（名）【急流】瀬ノ速キ流レ。

きぶるし（名）【着舊】キフルシタルコト。古着。故衣
きふるす・ス・セ・サ・シ・セ（他動）（規・一）【着舊】久シク着テ古クス。「着物ヲ—」

きふれう（名）【給料】宛行ノ扶持米、給金等。

きへい（名）【騎兵】馬ニ乘リテ出立ツ兵隊。

ぎへい（名）【義兵】亂ヲ救ヒ暴ヲ誅セムガ為ニ起ス兵。

きへん（名）【木偏】漢字ノ偏ニテアル木ノ字ノ稱、松、杉、柳、梅等ノ如シ。木旁
きぼ（名）【規模】(一)正シキ例。手本。(二)勸賞。

ぎぼし（名）ぎばうしゆノ訛。

〔きほね（名）〔牙骨ノ義〕上下ノ腭ノ骨。頷骨
きほひ（名）【競】キホフコト。張合フコト。キソヒ。

〔きほひうま（名）競馬ニ同ジ。

きほふ・フ・ヘ・ハ・ヒ・ヘ（自動）（規・一）【競】〔勢ノ略カ〕角ケジト勇ム。キソフ。張合フ。

きまくら（名）【木枕】木ニテ造レル枕。（布帛ノくくりまくらナドニ對シテイフ）

きまぐれ (名) 氣紛 意向ノ常ナクシテ、變ハリ易キ了。多心
きまづし・キ・ケレ・ク・カ (形・二) ココロワロシ。ココロヨカラズ。不快
きまへ (名) 氣前 ココロバヘ。ココログテ。キダテ。「—ガヨイ」意氣
きまま (名) 氣儘 (一)意ノママニスルヲ得ル了。任意 (二)ワガママニ振舞フ了。氣隨。恣意
きまもり (名) 木守 樹ニ採リ殘サレテアル果。殘果
きまり (名) 極 キマル了。サダマリ。ヲサマリ。決
きまる・ル・レ・ラ・リ・レ (自動)(規・一) 極 (一)定マル。治マル。オチック。決 (二)締ル。緊縮
きみ (名) 君 〔上ノ轉カ〕(一)人民ノ長タル人ノ稱。帝王。(二)我ガ仕フル人。主人。主君。シユウ。ダンナ。(三)泛ク、人ヲ敬ヒイフニ添ヘテ呼ブ語。「父—」「兄—」「源氏ノ—」「業平ノ—」「中將ノ—」(四)遊女ノ異稱。
〔きみ (名) 公 〔君ノ義〕古ノ姓ノ名。
きみ (名) 黍 〔黃實ノ義〕きびニ同ジ。「—團子」
きみ (名) 黃身 たまごノ條ヲ見ヨ。蛋黃
きみ (名) 氣味 (一)香ト味ト。(二)ケハヒ。オモムキ。(三)心、又、體ニ感ズル了。ココチ。ココロモチ。「—ワロシ」—ヨシ
きみ (代) 君 對稱ノ代名詞、敬フニ用ヰル。
きみぢかに (副) 氣短 心、早リ易ク。性急ニ。短氣ニ。急燥

きみずし (名) 鷄卵ノ蛋黃ヲ煎リテ、飯ニ當テ、魚肉ヲ貼ケタル鮨。
きみつ (名) 機密 政事、軍事ノ上ノ秘密。
きみやうちやうらい (句) 歸命頂禮 佛ヲ祈ルトキ唱フル發語。(南無ノ條ヲ併セ見ヨ)
きむ・ム・ムル・ムレ・メ・メ・メヨ (他動)(規・二) 極 (一)確ト是レナリトス。慥ニ定ム。決定 (二)俗ニ、咎ム。詰ル。詰責
きん (名) 金 (一)こがね。(二)かね。「五—」—類」(三)通用ノ貨幣。金錢。「—ガ掛ル」—ノ力」(四)金錢ノ高ヲ記ストキ、冠ラスル語。「—百圓」—五十錢」(五)將棋ノ駒ニ、金將ノ略。
きん (名) 斤 量目ノ名、古ハ十六兩ナリ。四十八兩ナルヲ大一斤トイフ。今ハ、常ニ、百六十匁ヲイフ、コレヲ唐目トイフ。其他、藥品等、物ニ因テ、差多シ、少キハ百匁ヨリ、多キハ二百五十匁ニ至ル。大和目、百八十匁。大目、二百匁。沈香目、二百十匁。白目、二百三十匁。山目、二百五十匁。其他倘種種ナリ。今、又、英國ノぽんどニ因テ、舶來品ハ、大抵、百二十匁トス。
きん (名) 琴 きんのことノ條ヲ見ヨ。
きん (名) 禁 トドムル了。禁ズル了。「—ヲ解ク」
きん (名) 筋 體ノ中ノすぢ。
〔キン (名) 磬 〔字ノ唐音〕うちならしノ條ヲ見ヨ。
きん (名) (一)睾丸。(二)陰囊。
ぎむ (名) 義務 身ノ分際ニ附キテアリテ、務メザルヲ得ザル事。

ぎん (名) 銀 (一)しろかね。(二)白銀ノ略。「—一三十枚」(三)銀目ノ高ヲ記ストキ、冠ラスル語。「—一百匁」—三匁五分」(四)將棋ノ駒ニ、銀將ノ略。
ギンアン (名) 銀杏 〔字ノ宋音〕鴨脚樹ノ條ヲ見ヨ。
〔きんう (名) 金烏 〔日中ニ三足ノ烏アリトテ名トス〕太陽ノ異名。
きんえう (名) 金曜 七曜ノ條ヲ見ヨ。
ぎんえふ (名) 銀葉 〔元ハ銀ニテ作リタレバイフ〕香敷ニ同ジ。
ぎんが (名) 銀河 アマノガハ。
きんがう (名) 近鄕 近在ニ同ジ。
ぎんかう (名) 銀行 數人組合ヒテ會社ヲナシ、專ラ金錢ノ爲替、預リ金、貸付ナドヲ業トスル商家。其ノ政府ノ公證ヲ得テ紙幣ヲ發行スルヲ得ルヲ國立—トイフ。
きんがく (名) 勸學 學問ヲ勸ムル了。
きんがく (名) 金額 金高トイフニ同ジ。
きんがせき (名) 金牙石 鐵屬ノ鑛物ノ名。蛇含石。
きんかん (名) 金柑 ヒメタチバナ。小木ニシテ、多ク實ヲ結ブ、葉ハ蜜柑ニ似テ小ク、夏ノ半ニ、白花ヲ開ク、實、冬ニ、熟シテ、春ニ至ル、大サ五分許ニシテ、正圓ナリ、皮ト共ニ生ニテ食ヒ、又、煮テモ食フ。金橘 一種、實ノ形、長クシテ、環ノ如キモノアリ、長—トイフ。金環
きんがん (名) 近眼 チカメ。近視眼

きんカラかは (名) 金唐革 薄キ韋ニ、種種ノ文ヲ押シ出シ、金泥ニテ印シタルモノ、往時、和蘭ヨリ渡レリ、今ハ和製多シ。

きんき (名) 禁忌 忌テ禁ムルコ、醫家ニ、病人ノ食物ナドニイフ。

きんき (名) 欣喜 ヨロコビ。「一ノ至リ」

きんきん (副) 近近 チカヂカニ。ホドナク。(未來ニイフ)

きんぎん (名) 金銀 (一)金ト銀ト。(二)通用ノ貨幣。

きんぎんくわ (名) 金銀花 忍冬ノ條ヲ見ヨ。

きんぎよ (名) 金魚 (錦魚ナドトモ記ス) 小魚ノ名、元和年中、始メテ舶來シ、人工ニテ畜ヒテ、玩ブ、形、鮒ニ似テ鱗赤ク、金色ヲ帶ブルヲ、ふなだちトイフ、又、紅白斑等、形、色、甚ダ種種ナリ、常ニコレヲ一トイフ。又、形、鯉ニ似タルヲおひだちトイフ、卽チ、常ニ緋鯉トイフモノ、コレナリ。

きんぎよく (名) 金玉 金ト玉ト。尊ビ重ンズベキ物事ヲ稱スル語。「一ノ句」

きんぎよくたう (名) 金玉糖 菓子ノ名、砂糖トかんてんトヲ煉リ合ハセタルモノ、色、黃ニシテ光ル。

きんぎよも (名) 金魚藻 馬藻ノ一種、流水、或ハ、溝中ニ生ズ、金魚ノ卵ハ、スベテ、此藻ニ生ミツケシムルナリ、葉、互生シテ房ノ如シ、又、細小ナル松ノ葉ノ如キモアリ。一名、フサモ。マツモ。聚藻

きんく (名) 禁句 (歌ニ禁ズベキ句ニ起ル) (一)他ノ忌ミ嫌フ語。人ノ心ニサハル言葉。「一ヲ言フ」(二)轉ジテ、快カラズ思フテー。「一ニサハル」

きんくわ (名) 近火 近キ邊ヨリ發リタル火災。急火。

きんくわ (名) 金貨 黃金ニテ造レル貨幣。新貨ハ、形圓ク、大小アリ、二十圓、十圓、五圓、二圓、一圓ノ五種トス。

ぎんくわ (名) 銀貨 銀ニテ造レル貨幣。新貨ニ、一圓、五十錢、二十錢、十錢、五錢ノ五種アリテ、次第ニ大小アリ。

きんくわん (名) 金環 古代ノ人ノ、勾玉ナドト共ニ、緒ニ貫キテ、身ニ飾リタルモノ、銅製ノ環ニ、金ヲ着セタリ。又、銀ヲ着セタルヲ銀環トイフ。

ぎんくわん (名) 銀環 前條ヲ見ヨ。

きんけい (名) 錦鷄 舶來ノ鳥、今、蕃殖ス、形、雉子ニ似テ、冠毛、及ビ、項頸ノ長毛、金黃色ニシテ、黑キ斑アリ、腹ハ朱色ニシテ、尾長シ、身、翅、尾、共ニ、紅、綠、黑、褐等ノ色、相雜リテ、甚ダ文彩アリ。一名、アカキジ。ニシキドリ。

きんけつ (名) 禁闕 (侍御ナラザレバ入ルコヲ禁ズレバイフ) (一)帝王ノ宮門。禁門。內裏ニハ承明門以內ナリ、コレヨリ內ヲ、禁中、禁裏トモイフ。(二)轉ジテ、直ニ、帝王ノ居所ノ稱。內裏。御所。禁廷。

++きんけつ (名) 金穴 カネモチ。

きんげん (名) 金言 金ノ如キ言葉。鑑トスベキ語。「古人ノ一」

きんげん (句) 謹言 謹ミテ言フ。畏ミテ申ス。(書狀ノ末ニ用キル敬語)「恐惶一」

きんかい (名) 金海鼠 海產ノ動物、陸前金華山ノ邊海、及ビ、北海ニ產ズ、形、略、なまこニ似テ、外ニ刺ナクシテ、三條ノ線アリテ連ル、腸ハ、線ノ如ク、腹中ニ滿チ、金黃色ナリ、腸ト共ニ、煮テ食フ、味、美ナリ、多ク、煎デテ乾シカタメテ、四方ニ出ス。光參

きんこ (名) 金鼓 陣鉦ト陣太鼓ト。

きんこ (名) 金庫 カネグラ。

きんこ (名) 禁錮 (一)刑ノ名、期限ヲ定メテ、一室ノ中ニ禁メ、他出セシメザルモノ。(二)今、又、輕重年限アリテ、監獄ニ入レテ雜役ニ就カシムル刑。

きんご (名) 金吾 衞門府ノ唐名。

きんこう (名) 勸功 勸ノ功。役目ノ上ノ骨折。

きんこく (名) 金穀 金錢ト穀物ト。(租稅ナドニイフ)

きんごく (名) 禁獄 獄中ニ禁メ置クコ。

きんごく (名) 近國 近キ邊ノ州郡。

きんこつ (名) 筋骨 すぢトほねト。體ノ働クベキ力。「一逞シ」「一ヲ勞ス」

きんざ (名) 金座 德川氏ノ時、官ニテ金ノ貨幣ヲ造レル處ノ名、銀貨ヲ造ル處ヲ銀座トイヒ、錢ヲ鑄立ツル處ヲ錢座トイヘリ。

ぎんざ (名) 銀座 金座ノ條ヲ見ヨ。

きんざい (名) 近在 近キ邊ノ在鄕。近鄕。近里

きんさう (名) 金創 キリキズ。

きんさく (名) 金策 金子調達ノ才覺。

きんさつ (名) 禁札 (或ハ金札ナドトモ記ス) 禁制ノ

制札。

きんさつ (名) 金札 政府ヨリ發行シテ、貨幣ニ代ヘテ通用セシムル紙ノ券。札。紙幣。紙幣

きんざん (名) 金山 黃金ヲ堀出ス鑛山。銀ナルヲ銀山トイフ。

ぎんざん (名) 銀山 前條ヲ見ヨ。

きんざんじみそ (名) 金山寺味噌 (支那、姑蘇ノ金山寺ヨリ製ヲ傳フ) ひしほノ一種、大豆ヲ炒リテ碾キテ、大麥ヲ精ゲテ水ニ浸シタルニ雜ゼ、蒸シテ麴トシテ、茄子、白瓜ナド刻ミテ入レ、鹽ヲ加ヘ、漬ケテ成ル。

きんし (名) 金絲 薄紙ニ金箔ヲオキテ、細ソク切リタルモノ、金襴ニ織リ込ミ、或ハ、紙捻トシテ、飾リトス。其銀ナルヲ銀絲トイフ。

きんし (名) 勤仕 役ヲ勤ムルコト。仕ニアルコト。

きんし (名) 禁止 差止ムルコト。禁制。

ぎんし (名) 銀絲 金絲ノ條ヲ見ヨ。

きんしう (名) 錦繡 にしきトぬひものト。

きんじう (名) 禽獸 トリケダモノ。

きんじき (名) 禁色 (一)袍ノ深紫、深紅等ノ染色ノ稱、許シヲ蒙ラザレバ服用スルヲ得ズ、故ニイフ。又、紅紫梔染、蘇芳染ナドモイフト云。婦人モ、許サレタルハ綾織物ヲ着ル。(二)又、表袴ノ窠ニ霰文アルモノヲモイフトゾ。

きんじつ (副) 近日 幾日モアラヌ内ニ。チカキコロニ。(未來ニイフ)

きんしん (名) 近親 血脈ノ近キ親族。

きんしん (名) 近臣 主君ノ側近ク勤ムル者。

きんしん (名) 謹愼 (一)畏ミ謹ムコト。(二)刑ノ名、逼塞ノ條ヲ見ヨ。

きんしや (名) 金紗 (一)紗ニ、平金絲ヲ縫ヒツケテ、模樣ヲナセルモノ。(二)俗ニ、誤テ、金絲。

きんしやう (名) 金將 將棋ノ駒ノ名、其進退スルヲ得ルコト、王將ニ同ジクシテ、唯、後ノ二隅ヘ退ク能ハザルモノ。

きんじやう (名) 今上 イマノウヘ。現在、御代ヲ知シ召ス帝。當代ノ主上ヲ稱シ奉ツル語。「―天皇」「―皇帝」

きんじやう (句) 謹上 謹ミテ上ル。(書狀ノ名宛ニ添フル敬語)

ぎんしやう (名) 銀將 將棋ノ駒、四隅ト前トヘ一格ヅツ進ムコトヲ得ルモノ。

きんしゆ (名) 金主 商業、工業等ニ、元手ノ金錢ヲ出ス人。

きんしゆ (名) 禁酒 酒飲ムコトヲ禁ムルコト。斷酒

きんじゆ (名) 近習 主君ノ側近ク侍リ仕フル役。近侍

ぎんしゆ (名) 銀朱 水銀ヲ燒キテ製セル料、色赤シ、卽チ、朱墨トスルモノ、故ニ名トス、又、塗料、藥料ニモ用ヰル。

きんじよ (名) 近所 チカキトコロ。近邊。近地

きんしよう (名) 焮衝 醫術ノ語、體ノ一部ノ、腫レ焮レテ、熱ヲ起シ痛ミナドスルコト。

きんす (名) 金子 金ノ貨幣。通用ノ金銀ノ汎稱。

ぎんす (名) 銀子 白銀ノ條ヲ見ヨ。

きんず・ずる・ずれ・ぜ・じ・ぜよ (他動) (不規・三) 禁 トドム。イマシム。制ス。

ぎんず・ずる・ずれ・ぜ・じ・ぜよ (他動) (不規・三) 吟 詩歌ヲウタフ。詠ズ。

きんすなご (名) 金砂子 すなごノ條ヲ見ヨ。

ぎんすなご (名) 銀砂子 すなごノ條ヲ見ヨ。

きむすめ (名) 生娘 未ダ婚セザル少女。處女

きんせい (名) 金星 太陽ヨリ第二ニ位スル行星ノ名、地球ヨリ小シ、二百二十五日ニシテ、太陽ヲ一周ス。一名、太白。此星、日ノ出ノ前ニモ見エ、日ノ入ノ後ニモ見エテ、他ノ星ヨリモ赤ク耀ク、故ニ明星ノ名モアリ。其曉ナルヲ、明ノ明星、トイフ。古名、アカホシ。啓明 夕ナルヲ、宵ノ明星、トイフ。古名、ユフツツ。長庚

きんせい (名) 近世 近代ニ同ジ。

きんせい (名) 禁制 官ヨリ、世ニ觸レ示シテ、行フベカラズト禁ムルコト。禁止ノ法度。

ぎんせかい (名) 銀世界 雪ノ降リタル野山ノ景色、又ハ、白梅ノ林ノ滿開シタル景色ナドヲ譬ヘテイフ語。

きんせき (名) 金石 かねトいしト。鑛物

きんせきがく (名) 金石學 鑛物學ニ同ジ。

きんせん (名) 金錢 (一)通用ノ貨幣ト錢ト。(二)黃

金ニテ鑄タル錢。

きん-ぜん (名) 欣然 喜ブ狀ニイフ語。

ぎん-せん (名) 銀錢 銀ニテ鑄タル錢。

きん-せん-くわ (名) 金錢花 (一)午時花ノ漢名。(二)又、草ノ名、なぐるまノ漢名。(三)金盞花ノ誤稱。

きん-せん-くわ (名) 金盞花 〔俗、誤テ金錢花ト記ス〕草ノ名、家園ニ植ウ、葉ハ細長クシテ尖ラズ、ははおぐさノ葉ニ似テ、大クシテ白ミアリ、初メ、地ニ就キテ叢生シ、春ノ初ニ、莖ヲ出ス、高サ六七寸、枝ノ頭每ニ、花ヲ開ク、單瓣ノ菊花ニ似テ、小クシテ正シク開カズ、常ニ盞子樣ヲナス、色ハ、紅黃、又ハ、淡黃ナリ。

きん-そく (名) 禁足 外出ヲ禁ムルコト。(罰ニイフ)

きん-ぞく (名) 金屬 カネ。金、銀、銅、鐵、錫等ノ總名。

きん-そん (名) 近村 近キ邊ノ村。

きん-だい (名) 近代 過ギテ程歷又代。チカゴロ。近世。

きん-だか (名) 金高 金錢ヲ合ハセ計リタル高。

きん-だち (名) 公達 〔君等ノ音便〕(一)諸王。(二)攝家、淸華ノ子息ノ稱。(三)大臣大將ノ子ノ、中納言中將ニ至レルモノノ稱。

きんだち-け (名) 公達家 淸華ノ家ノ異名。(公達、淸華ノ條、併セ見ルベシ)

きん-たま (名) 睾丸。

ぎん-だま (名) 銀玉 舊キ銀ノ貨幣、形圓クシテ彈丸ノ如シ、極印アリ、大小齊シカラズ、量ニ因テ用ヰル。粒銀。豆銀。

ぎん-だみ (名) 彩ムノ條ヲ見ヨ。

ぎん-だみ (名) 彩ム、ノ條ヲ見ヨ。

きん-だん (名) 禁斷 禁制ニ同ジ。「殺生ー」

きん-だん (名) 金談 金子調達ノ談合。

〔きん-ぢ (代) 〔君睦ノ約カ〕汝ニ同ジ。「ヨシヨシ、我ハ出デナム、ーニ任ストテ、立出デヌレバ」ーガ姓ハ何ゾト仰セラレシカバ」ー等ハ同ジトシナレド、言フカヒナク、ハカナカメリ」

きん-ちやう (名) 金打 刀ノ刃、又ハ、鍔ナドヲ打チ合ハスルコト、武士ノ誓ヲ渝ヘヌ證ニ行フ事ナリ。女子ハ鏡ヲ以テストモ云フ。

きん-ちやく (名) 巾着 布、帛、革ナドニテ、口ヲ緒ニテ括ルヤウニ製セル小キ袋、金錢、藥ナド納レテ、行クニ帶ビ携フ。オビデクロ。荷包

きんちやく-きり (名) 巾着切 往來ノ人ノ巾着、懷中物ナドヲ切リ取ル小盜人。スリ。チボ。攫徒

きん-ちゆう (名) 金蟲 甲蟲、大サ三分許、圓ク扁クシテ、六足短ク、金色ニシテ、中央ニ方ナル黑斑アリ。紅娘

きん-ちゆう (名) 禁中 禁闕ノ中。內裏。

きん-ちよく (名) 謹敕 〔敕、警飭也〕身ヲ謹ミテ振舞フコト。

きん-つば-やき (名) 金鍔燒 うどんこヲ、固ク水ニ捏ネテ、中ニ餡ヲ包ミ、圓ク扁クシテ、鐵板ノ上ニテ、油ヲ延キテ燒キタルモノ。

きん-てい (名) 禁廷 禁闕、禁中、ニ同ジ。○ー樣。俗ニ、帝ノ尊稱。

きん-でい (名) 金泥 金泥ニ同ジ。

ぎん-でい (名) 銀泥 金泥ノ條ヲ見ヨ。

きん-とう (名) 均等 (一)ヒトシキコト。善ク釣リ合ヒタルコト。(二)俗ニ、金錢品物ノ貸借請渡ナドヲ聊モ違ヘヌコト。

きん-とうぐわ (名) 金冬瓜 かぼちやノ類、實ノ形、長クシテ、底廣ク、色甚ダ丹赤ナリ、味、たうなすニ似テ劣ル。

きん-とん (名) 金團 〔古ク橘飩トス、卓袱料理ノ語ナリト云〕あかいもヲ煮テ擂リテ、泥トシ、砂糖ヲ加ヘ、黃ナル色ヲツケテ、コレヲ、栗ノ實、又ハ、くわゐノ皮ヲ去リテ煮タルモノニ、塗シタルモノ。

ぎん-ながし (名) 銀流 水銀ニとのこヲ雜セテ、銅、眞鍮ナドニ擂リツケテ、銀色ヲ出スコト。

きん-なふ (名) 金納 租稅ヲ、金錢ニテ納ムルコト。(米納ニ對ス) 租金

ギン-ナン (名) 銀杏ニ同ジ、連聲ノ轉呼ナリ。

きん-ねん (副) 近年 過ギテ程歷又年。チカゴロ。

きん-のう (名) 勸王ニ同ジ、連聲ノ轉ナリ。

〔きん-の-こと (名) 琴 おとノ七絃ナルモノ。

きん-ば (名) 牙ノ訛。

キン-バイ (名) 金海 朝鮮產ノ陶器ノ名、ナド、ニイフ。

きん-ばう (名) 近傍 チカキアタリ。近邊

きん-ぱく (名) 金箔 箔ノ條ヲ見ヨ。

ぎん-ぱく（名）銀箔　箔ノ條ヲ見ヨ。

きん-ばん（名）勤番　代ル代ル、勤ニ趣クコト。（多ク遠地ナルニイフ）

きんぴら-ごばう（名）金平牛蒡　牛蒡ヲ細カク刻ミテ、おまのあぶらニテ煠メタルモノ。

きん-ぷくりん（名）金覆輪　ふくりんノ條ヲ見ヨ。

きん-ぷん（名）金粉　金ヲ細末ニシタルモノ、砂子ナドニ用ヰル。銀ナルヲ銀粉トイフ。（粉ノ條ヲ見ヨ）

ぎん-ぷん（名）銀粉　前條ヲ見ヨ。

きん-ぺん（名）近邊　チカキアタリ。近處。旁近
きん-ぽう（名）魚ノ名、一名、ウミドヂヤウ。形、泥鰌ニ似テ扁ク、全身黄ニシテ、背ニ黒キ斑アリ、體、粘滑ナリ、下民ノ食トス、てんぷらトシテ美ナリ。

キンマ（名）蒟醬（蠻語ナリト云）（一）安南邊ノ植物、樹ニ緣リテ生ジ、其實、桑ノ實ノ如ク、熟シテ靑シ、長サ二三寸、蜜漬トス。（二）漆器ニ、一手トイフヲ舶來ス、ーヲ盛ル器ナリト云、金漆ニテ精細ニ文ヲナス。（金馬ナド書ス）

きん-まん-か（名）金滿家　カネモチ。

〔きんまんもん（名）君眞物　琉球ノ神ノ名。

ぎん-み（名）吟味（一）詩歌ヲ吟ジテ意味ヲアヂハフコト。（二）精シク擇ムコト。善ク調ブルコト。精査　（三）罪ヲ委シク問ヒタダスコト。糺問。詮義。推問
きん-ミツダ（名）金密陀　密陀僧ノ條ヲ見ヨ。

ぎん-ミツダ（名）銀密陀　密陀僧ノ條ヲ見ヨ。

きん-みづひき（名）金水引　草ノ名、春、宿根ヨリ叢生シ、枝ヲ分チ、葉、對生ス、夏、二三尺ノ莖ヲ出シ、其末一尺餘ハ穗ニシテ、大サ三分許ノ五瓣黄花ヲ綴リ開ク、故ニ名アリ、子ハ山椒ノ粒ノ如クニシテ毛アリ。龍芽草
きん-むく（名）金無垢　無垢ノ條ヲ見ヨ。

ぎん-むく（名）銀無垢　無垢ノ條ヲ見ヨ。

きん-め（名）斤目　斤ノ量ニテ物ヲ量ル稱。

きん-め（名）金目　古キ金貨ノ、兩、歩、朱等ノ量ノ名目。

ぎん-め（名）銀目　古キ銀貨ノ、貫、匁、分、厘等ノ量ノ名目。六十匁ヲ金一兩ニ當ツ。

きん-モウル（名）毛織ノ條ヲ見ヨ。

ぎん-モウル（名）毛織ノ條ヲ見ヨ。

きん-もつ（名）禁物　忌ミ禁ムル物。（病人ノ食物ナド）禁忌
きん-もん（名）禁門　禁闕ニ同ジ。

きん-もん（名）金紋　金漆ニテ畫キタル紋所。德川氏ノ頃大名、其挾箱ノ蓋ニ記シテ、行列ノ先ニ擔ゲシム、家格ニ因テ許サレ、妄ニ用ヰルコトヲ得ザリキ。「ー先箱」

きん-やく（名）勤役　役目ヲ勤ムルコト。就職
きん-ゆう（名）金融　金錢ノ融通。

きん-らい（副）近來　チカゴロ。（過去ニ）

きん-らう（名）勤勞　勤役ノホネヲリ。「數年ノー」

きん-らん（名）金襴　錦ノ類ニテ、緯ニ平金絲ヲ加ヘテ、模樣ヲ織出セルモノ、其銀絲ナルヲ銀襴トイフ、古ヘ、支那ヨリ舶來セリ、今ハ、京都ニテ織出シテ、更ニ精ナリ。

ぎん-らん（名）銀襴　前條ヲ見ヨ。

ぎん-らん（名）銀蘭　葉ハ、小ぎばうしゆニ似テ、莖長ク、春夏ノ交ニ、莖ニ、白花ヲ着ク、蘭ノ花ニ似タリ、又、紫ナルモアリ。

きんらんで（名）金襴手　にしきでノ條ヲ見ヨ。

きんらんのちぎり（名）金蘭契　朋友ノ交ノ極メテ深キニイフ語。

きん-り（名）禁裏　禁中ニ同ジ。○ー樣。俗ニ、帝ヲ尊稱スル語。

きん-り（名）金利　金錢貸借ノ利息。

きん-りん（名）近隣　近キ隣。近邊。

‡きん-りん（名）禁裏ノ訛。「ーサマ」

きん-るゐ（名）金類　カネ。金屬。

きん-わう（名）勤王　王ノ事ニ勤ムルコト。叛逆ノ兵、或ハ、外國ノ寇ナド、侵シ來レルトキ、朝家ノ爲ニ力ヲ盡シ忠節スルコト。

ぎん-えい（名）吟咏　詩歌ヲウタフコト。

‡きめ（名）〔刻目ノ意力〕皮膚ノ面ノ極メテ細カキ文。肌理　通ジテ、スベテノ物ノ地ニモイフ。

きめ（名）極　キムルコト。サダメ。決定
きめい（名）忌明　イミアケ。

きめう（名）奇妙　奇ニ妙ナルコト。珍シク勝レタルコト。常ニ異ナリテ面白キコト。

‡きめる（動）極ムノ訛。

きも (名) 肝 (一)カンノザウ。臟ノ名、腹ノ右ノ上ノ方、肺ノ下ニアリ、形大ク、色赤シ、一種ノ液ヲ出シテ膽ニ入リ、膽汁ヲ成ス。(二)雄雄シクシテ物事ニ臆セヌ氣力。キモダマシヒ。キモダマ。「ー太シ」膽力 ○ー潰ル。ーヲ潰ス。驚ク。喫驚 ○ーヲ冷ス。ーヲ消ス。驚キ怖ツ。喪膽 ○ー太シ。臆スルコ無シ。膽大 ○ーヲ煎ル。ーヲ摧ク。心遣ヒス。氣ヲモム。焦慮 ○ーニ銘ズ。ーニ彫リツク。深ク記憶シテ忘レズ。銘肝
きもいり (名) 肝煎 (一)世話スル人。取持ツ人。牙人 (二)一町一村ノ長。庄屋。名主。里正
きもだま (名) きもだましひノ略。
きもだましひ (名) 肝魂 きもノ條ヲ見ヨ。
〔きもなます〕(名) 肝膾 肝ヲ摧ク意ナルベシ。「此扇、誰カ射ヨト仰ラレムト、ーヲツクリ、難唾ヲ呑メルモアリ」
きもの (名) 着物 身ニ着ル物。コロモ。衣裳。衣服
きもん (名) 鬼門 〔其方ニ鬼星アレバイフトゾ〕佛家、陰陽家ニ東北ノ維ノ稱、萬事ニ忌ミ避クベキ方角トス。
ぎもん (名) 疑問 ウタガヒトフコト。
きや (名) 木屋 材木ヲ商フ家。
きやう (名) 經 (一)尊ブベキ書。佛ノ敎ヲ記シタル書ノ總稱。(二)經書。(其條ヲ見ヨ)「詩ー」書ー」
きやう (名) 京 ミヤコ。「奈良ノー」山城ノー」
きやう (名) 卿 (一)省ノ長官。(二)公卿ノ條ヲ見ヨ。

〔きやう〕(名) 饗 モテナシ。膳部。「物、カツケサセ給ヒ、ーナドセサセ給フ」ーヲ庭ニ投ゲ捨ツレバ」
きやう (名) 將棋ノ駒ニ、香車ノ略。
ぎやう (名) 行 (一)佛徒、修驗者ナド、其道ノ業ヲ修スルコ。(二)行書。(其條ヲ見ヨ)(三)物ノ數、多ク長ク列ナレルコ。ナラビ。「軍勢、二ーニ並ブ」(四)クダリ。書キタル文ノ竪ニ連レルモノ。「文三ー」前ノー」次ノー」
ぎやうえふ (名) 杏葉 唐鞍ノ飾ニ付クル物、形、杏ノ葉ニ似タレバイフト。(或云、銀杏ノ葉ニ似タルナリト)約メテ、ギヨエフ。又、其形シタル種種ノ模様ニモイフ。「ー牡丹」
きやうおう (名) 饗應 酒食ヲ備ヘテモテナスコ。馳走。
きやうおしろい (名) 京白粉 たうのつちノ上品ナルモノ。
きやうか (名) 狂歌 諧謔ノ事ヲ詠メル和歌。
きやうかい (名) 境界 サカヒ。
きやうがい (名) 境涯 身ノ此世ヲ暮ラシユク程。
ぎやうかう (名) 行幸 みゆきノ條ヲ見ヨ。「安樂ナルー」生涯
きやうかたびら (名) 經帷子 死者ヲ葬ムル時、着スル衣、麻衣ニ六字ノ名號ナド書ス。壽衣
きやうき (名) 狂氣 精神ノ狂フコ。キチガヒ。發狂
きやうぎ (名) 杉、檜ノ材ヲ、長ク方ニ、紙ノ如ク薄ク削リ作シタルモノ、物包ムナド種種ノ用ヲナス。
ぎやうぎ (名) 行儀 行跡ノ威儀。起居動作ノ作法。

〔きやうきやう〕(名) 輕輕 カロガロシキコ。「甚クーナルフルマヒナ爲サセ給ヒソ」如何ニーニ人ヲバス力サセ給フゾ」
ぎやうぎやうし (名) 鳥ノ名、よしきりニ同ジ。
ぎやうぎやうし・シキ・シケレ・シク・シク (形・二) 仰山ラシ。大行ナリ。傚大
ぎやうぎやき (名) 行基燒 土燒ノ陶器、古ヘ、和泉ノ僧行基、始メテ燒キ創メタリトイフ、今、和泉ノ湊村ヨリ出ス、素燒ニシテねずみいろナリ。
ぎやうけい (名) 行啓 みゆきノ條ヲ見ヨ
きやうげん (名) 狂言 (一)古ヘノ俳優ノ流、中古、田樂、散樂ニ屬シテ起リ、諧謔ノ事ヲ演ヘ、今、專ラ、能ノ間ニ行ヒ、間ノーナドイフ。(二)又、歌舞妓ノ脚色ヲモ通ジテイフ。
きやうこう (副) 向後 今ヨリ後。コノノチ。以後。後來
ぎやうさ (名) 行作 オコナヒ。フルマヒ。行爲
きやうさう (名) 強壯 甚ダ健ナルコ。
きやうさう (名) 競爭 セリアヒ。
きやうざう (名) 經藏 寺院ニ經ヲ收メオク藏、多クハ、轉輪藏ヲ設ケ、傅大士ノ像ヲ安ズ。(各條、見合ハスベシ)
ぎやうさう (名) 行裝 外ヘ出デ行ク裝飾。
〔きやうさく〕(名) 景迹 ココロバセ。人ノ今マデ行ヒ來レル善惡ノ迹。履歷。(官人ニ就キテイフ、令ノ語ナリ)
〔きやうさく〕(名) 警策 「若下策之警上馬」(一)及

第ノ篩、詩文ノ秀逸。カウザク。(二)轉ジテ、物事ノ勝レタルヿ。カウザク。「ソコラノ一ノ姫君タチノ」アリシヨリモ最一ニ成リマサリ給ヒ」最一ナリケル人ノ御容面カナ」御心、ハタ、甚ジウ、カウザクニ、「オモオモシクナム」折敷ドモニ、肴、最一ニシ出サレタリ」

■ぎやうさん (名) 迎山 (一)甚ダ多ク大ナルヿ。太甚 (二)些ニ細ナルヿヲ大キク為做スヿ。做大

■きやうじ (名) 經師 佛經ヲ、折本、巻物ナドニ貼リ作ルヲ業トスル工。今ハ、常ノ裱具ヲモ通ジテイフ。禁裏御用ノ一、又ハ、一ノ長ナルヲ、大一トイフ。

■ぎやうじ (名) 行事 商人ノ組合ナドニ、專ラ事ヲ執リ行フ人。

■ぎやうじ (名) 行司 相撲ノ間ニ立合ヒテ、勝負ヲ撿見スル人。

■きやうじん (名) 狂人 キチガヒ。

■きやうしや (名) 香車 將棋ノ駒ノ名、唯、前ノ一方ヘノミ、遠、近、意ノママニ進ムヿヲ得ルモノ。キヤウス。キヤウ。

■きやうじや (名) 經師屋 經師ヲ業トスル家。裱具屋。表背匠

■ぎやうじや (名) 行者 佛教、修驗道ナドニテ、行ヲ修スル人。修行人

■ぎやうじやう (名) 行狀 人ノ身ノオコナヒ。フルマヒ。身持。

■きやうじやく (名) 強弱 つよきトよわきト。

■ぎやうじやにんにく (名) 〔韮ノ類ニテ、臭無ク、行者モ食フ意〕 草ノ名、あららぎニ同ジ。エイザンニンニク。

■茖葱

■きやうしよ (名) 行書 漢字ノ書體ノ名、楷書ヲ、稍、ヤハラカニクヅシタルモノ。

■きやうしや (名) 將棋ノ駒ノ名、香車ニ同ジ。

■ぎやうずゐ (名) 行水 水ニテ身ヲ洗ヒ淨ムルヿ。(潔齋ナドニ)後ニ、多クハ、湯ニテ汗ナド洗ヒ拭フニイヒ、水ナルヲ、別ニ、水一トイフ。

■ぎやうせき (名) 行跡 行爲ノ痕迹。行狀、身持。

■きやうぞめ (名) 京染 京都ニテ染出スすべての染物ノ稱、鴨川ノ水、殊ニ染色ヲ鮮ニストテ全國第一トス。

■きやうだい (名) 鏡臺 カガミカケ。カガミタテ。今、專ラ箱造リニテ、上ニ鏡立アリ、中ニ櫥道具ヲ納ムベク作レルモノヲイフ。鏡架

■きやうだい (名) 兄弟 アニ、オトウト。兄弟。男ノ同胞。通ジテ、姉妹ノ同胞ニモイフ。

■きやうだう (名) 嚮導 導スルヿ。先ニ立チテ導ク人。

■きやうたん (名) 驚歎 驚キテ感服スルヿ。

■ぎやうぢゆうざぐわ (名) 行住坐臥 行クト、住マルト、坐ルト、臥スト。佛教ニテ、コレヲ四ツノ威儀トス。

■ぎやうてん・す・スル・スレ・セ・シ・セヨ (自動) (不規・二) 迎天 オドロク。タマゲル。驚

■きやうな (名) 京菜 みづなニ同ジ。(東京)

■きやうにん (名) 杏仁 杏ノ仁、藥用トスルニイフ。

■ぎやうにんべん (名) 行人偏 〔行ノ字ノ人偏ノ意〕 漢字ノ偏ニアルイ(小歩也)ノ字ノ稱、卽チ、行、往、待、從、後、御ナドノ如シ。雙立人旁

■きやうねん (名) 享年 年ヲ享クルヿ。存命ヘタル齡、ヨハヒ。年齡。「一八十歳」

■ぎやうねん (名) 行年 ヨハヒ。トシハヘ。年齡。「一十八歳」

■きやうはう (名) 襁褓 ムツキ。

■きやうふ (名) 驚怖 オドロキオヅルヿ。

■きやうふう (名) 驚風 小兒ノ病、腦膜ニ炎ヲ生ジ、體ニ痙攣ヲ起スモノ。

■ぎやうぶしやう (名) 刑部省 ウタヘタダスツカサ。古ヘ、八省ノ一、訴ヲ正シ、罪ヲ行フ官。

■きやうま (名) 京間 間ノ條ヲ見ヨ。

■きやうもん (名) 經文 經ニ載セタル文章。

■きやうやき (名) 京燒 京都ヨリ產出スルすべての陶器、磁器ノ稱、樂燒、粟田燒、淸水燒、乾山燒、永樂燒等、多シ、各條ニ注ス。

■〔きやうよう (名) 饗應 きやうおうニ同ジ。「モテナシ一シ」甚ジク一シテ」

■きやうらん (名) 狂亂 精神ノ狂ヒ亂ルルヿ。「氣モ一シテ」

■ぎやうれつ (名) 行列 供奉、隨行ノ、列ヲナシテ行クヿ。鹵簿 儀衞

■きやく (名) 客 (一)マラウド。訪問レ來レル人。(二)商業ニ、工業ニ、すべて物買ハレ、又ハ注文セラルル人ノ稱。客人。顧客 花主

■きやく (接尾) 脚 脚アル器ヲ數フル語。「机一一」椅

子ニ一」

ぎやく（名）逆 (一)サカシマナルヿ。ウラハラ。(二)正シキニ反スルヿ。順ニ戻ルヿ。サカフヿ。(三)君父ニ叛クヿ。

ぎやく（名）瘧 ワラハヤミ。オコリ。

ぎやく-い（名）逆意 逆心ニ同ジ。

ぎやく-さん（名）逆產 サカゴ。胎兒ノ生ルルトキ、頭ヨリ順ニ出デズシテ、臀、手、足、肩、背等ヨリ出ヅルヿ。倒產

きやく-しん（名）隔心 ヘダツルココロ。打解ケヌ心。交ノ中ニ、障ノアルヿ。隔意。

ぎやく-じん（名）客人 マラウド。客トナリテ來レル人。

ぎやく-しん（名）逆心 反クココロ。謀反ノ心。

ぎやく-しん（名）逆臣 君ニ叛キ、或ハ、弑シナドシタル者。

ぎやく-じやう（名）逆上 ノボセ。（病ニ）

ぎやく-しゆ（名）逆修 逆ニ冥福ヲ修スルヿ。即チ、少者、先ニ死シテ、老者、其後世ヲ吊ヒ、回向ナドスルヿ。

きやく-ソウ（名）客僧 旅僧ニ同ジ。

ぎやく-ぞく（名）逆賊 君父ニ叛キ、又ハ、君父ヲ弑シナドシタル惡人。

きやく-たう（名）脚湯 醫術ニ、兩脚ヲ熱湯ニ浸スヿ、血ノ上昇ヲ引下ゲ、又ハ、發汗セシムルナドニスルナリ。

きやく-でん（名）客殿 貴族ノ邸、寺院ナドニ、客ニ對面スル寢殿。イデヰ。表座敷。廣間。

ぎやく-と（名）逆徒 惡逆ノ族。謀反ノトモガラ。逆徒。

ぎやく-ふう（名）逆風 ムカヒカゼ。

きやく-らい（名）客來 客ノ訪ヒ來レルヿ。來客

きやしや（名）花車〔華奢ノ轉カトモ云〕(一)容ノ美キヿ。俏 (二)形狀ノ纖細ニテ雅ナルヿ。

きやす・す・せ・さ・し・せ（他動）（規.一）消 消ス、ニ同ジ。

きやすめ（名）氣安 姑ク他ノ心ヲ慰メ安ンズルヿ。姑息　慰諭

きやたつ（名）脚榻 脊長ノ足ラヌトキ、乘リテ足ヲ繼ク具、木製、四脚アリ、淺キ海ニ漁リスルナドニ用ヰル。凳

きやつ（代）彼奴ノ約。「人ノ命ヲ斷チ殺スモノナレバ、一ニ物ノ侘シサ知ラセムト思フナリ」

きやはん（名）脚絆 脚半 脛ニ絡フ衣。ハバキ。脛衣

きやふ（名）脚布 婦人ノゆもじまき。

ギヤマン（名）〔であまんノ條ヲ見ヨ〕(一)であまんノ訛、金剛石ニ同ジ。又、ギヤマンテ。(二)誤テ、びいどろ、（金剛石、能ク硝子ヲ切ルヨリシテ、誤リ呼ベルナリ）

ギヤマン-せき（名）金剛石ニ同ジ。

〔ギヤマンテ（名）であまん、ノ訛。

きやみ（名）氣病 思ヒ煩フヨリシテ病トナルモノ。

キヤンチン（名）香椿ノ訛。

きやんま（名）黃蜻蜓 とんばうノ一種、やんまヨリ小クシテ、紅黃ナリ、初秋ニ多ク飛ブ、聖靈祭ノ頃むばおやうりやうとんぼノ名モアリ。又、きとんぼ。胡黎

キヤラ（名）伽羅〔梵語、黑ノ義〕熱地ニ產ズル木材、其心ヲ舶來セルヲ香トス、沈香ノ屬ナリトイフ、黑ク堅キヲ上品トス。奇南香　香合ノ六國香ノ一トシ、新一、古一トテ分チテ用ヰル。

キヤラ-ぶき（名）伽羅蕗〔色黑ケレバイフカ〕蕗ノ莖ヲ、醬油ト蕃椒トニテ、煮染メタルモノ。

キヤラ-ぼく（名）伽羅木 水松ノ矮キモノ、庭ニ植ウルニイフ。土蘇木

きやり（名）木遣 (一)重キ材木ナドヲ多人數ニテ送リ遣ルヿ。(二)キヤリウタ。

きやり-うた（名）木遣歌 木遣ニ、多人數ノ力ヲ勸ムルニ歌フ謠。大石、家屋、山車ナドヲ曳キ、又ハ、作事、胴突、建前ナド、皆謠フ。

きゆ・ユル・ユレ・エ・エ・エヨ（自動）（規.二）消 (一)融ケテ無クナル。（雪霜ナド）(二)火、盡キ絶ユ。（炭火ニ、燈火ニ）滅 (三)失ス。無クナル。亡ブ。(四)死ヌ。「消エニシ人」ヤガテ消エ給ヒナバ、カヒナクナム」數ナラヌ身ノサスガニ、消エヌハ」

きゆう（名）宮 (一)ミヤ。(二)五音ノ一、十二律ノ條ヲ見ヨ。

ぎゆう（名）義勇 義ニ勇ムヿ。

きゆう-くつ（名）窮屈 障ルモノアリテ、身ノ、思ノママニ動キ得ヌヿ。自由自在ナラヌヿ。

きゆう-けつ（名）宮闕 宮門ニ同ジ。（禁闕ノ條、見合ハスベシ）

きゆう-さく（名）窮策 窮迫ニ因テ考ヘ出セル計策。

きゆう-じん（名）宮人 宮女ニ同ジ。

きゆうじゆつ (名) 弓術 武藝、弓ニテ矢ヲ射遣ル技。
きゆうす・スル・スレ・セ・シ・セヨ (自動)(不規・二) 窮 (一)キハマル。セマル。(二)困ル。苦ム。(三)貧シクテアリ。貧乏ナリ。
きゆうせん (名) 弓箭 弓ト矢ト。○ーノ家。武士ノ家。○ーノ道。武士ノ職。
きゆうちゆう (名) 宮中 ミヤノウチ。禁中。
きゆうぢよ (名) 宮女 ミヤツカヘノ女。禁中ニ仕フル女官。宮人。
きゆうでん (名) 宮殿 宮、又、殿。帝王ノ居タマフ所。
きゆうば (名) 弓馬 弓ト馬ト。弓ヲ射、又、馬ニ乗ル術。○ーノ家。武士ノ家柄。○ーノ道。武士ノ修ムベキ技。
きゆうはく (名) 窮迫 キハマリセマルヿ。難儀ニ陷リテ困ルヿ。
きゆうみん (名) 窮民 難儀ニ陷リタル民。
きゆうもん (名) 宮門 ミヤノカド。御所ノ御門。
ギユルデン (名) [Gulden.] 和蘭ノ貨幣ノ員、我ガ四十一錢五厘ニ當ル。
きよ (名) 虚 (一)ムナシキヿ。備ヘノナキヿ。「ーニ乗ズ」「ーヲ撃ツ」「ーヲ候フ」(二)ソラゴト。ウソ。「ーヲ語ル」
きよ (名) 裾 キヌノシリ。ゴロモノスソ。束帯ノ下襲ノ裾。後世ハ、別ニ製シテ添ヘ、長ク後ニ曳ク。官位ニ因テ、長短アリ、攝關、一丈二尺ヨリ、四位、五位、四尺ニ至ル。
きよ (名) 居 スマヒ。スミカ。「ーヲ移ス」
きよ (名) 御 馬ニ乗ル技。馬術。「ーヲ學ブ」
きよ (接頭) 御 (一)天子ニ就キタル物事ニ被ラセテ、尊ブニイフ接頭語。オホン。オン。オミ。「ー衣」「ー感」「ー製」(二)誤テ、常ノ人ニモ敬語ニ用ヰル。「ー意」「ー殿」
きよい (名) 御意 他ノ意ヲ敬ヒテイフ語。オボシメシ。「ーノママニ」
きよう (名) 興 (多クハ、けうト假名ニ記セリ) 遊ビノ面白ミ。遊戯ノ樂シサ。「ーアル事」「ーヲ盡ス」「一座ノーーニ入ル」「ー醒ム」
きよう (名) 凶 易ノ語、物事ノ祥悪シキヿ。運ノ不利ナルヿ。エンギノワルキヿ。(吉ニ對ス)
きよう (名) 器用 (一)器ノ用ヰ。(二)人ノ才能ノ世ノ用ト爲ルヿ。(三)轉ジテ、手技ニ敏ク巧ナルヿ。(機用ノ義カトモイフ) 機巧
きよう (名) 御宇 天ノ下ヲ知シ召スヿ。御代ヲ治メタマフ間。
きようえつ (名) 恐悦 カシコミヨロコブヿ。人ノ事ヲ悦ブニイフ敬語。
きようおく (名) 胸臆 (一)ムネ。ココロ。(二)覺エ。記臆。
きようかく (名) 胸膈 ムネ。「ー開ク」
きようがる・ル・レ・ラ・リ・レ (自動)(規・一) 逸興 興アリト思フ。オモシロガル。
きようき (名) 兇器 刃物。(人ニ傷ツクベキトキニイフ)
きようきふ (名) 供給 經濟學ノ語、仕出シテ用ヰニ供フルヿ。
きようきよう (名) 兢兢 懼レ慎ムヿ。「戰戰ー」
きようきよう (名) 恟恟 怖ヂ恐ルルヿ。ビクビクスルヿ。「人心ー」
きようくわう (名) 恐惶 カシコムヿ。書状ノ文ナドノ末ニ記ス敬語。「ー謹言」
きようくわせいぢ (名) 共和政治 きようわせいぢニ同ジ。
きようさい (名) 凶歳 凶年ニ同ジ。
きようさく (名) 凶作 穀菜ノ實、甚ダ悪シキヿ。
きようさつ (名) 恐察 人ノ事ヲ推察スルニイフ敬語。
きようじ (名) 凶事 凶ナル事。祥悪シキ事。
きようしゆく (名) 恐縮 オソレチヂムヿ。恐レ入ルト詫ブルヿ。
きようす・スル・スレ・セ・シ・セヨ (他動)(不規・二) 供 ソナフ。用ヰニ當ツ。
きようず・ズル・ズレ・ゼ・ジ・ゼヨ (自動)(不規・二) 興 興ニ入ル。オモシロガル。
きようちゆう (名) 胸中 ムネノウチ。ココロ。オモヒ。
きようつう (名) 胸痛 ムネイタミ。病ノ名、胸膜、痛ミヲ發シ、呼吸迫リ、咳、急ニシテ、熱ヲ發スルモノ。
きようと (名) 凶徒 悪漢。謀反人。
きようどう (名) 共同 衆人、共共ニ物事ヲナスヿ。モヤヒ。
きようねん (名) 凶年 穀菜ノ實ラヌ年。凶作ノ年。

凶歳。
きょうーふ (名) 恐怖 オヂオソルルコト。
きょうわーせいぢ (名) 共和政治 政體ニ、世襲ノ帝王無ク、國民、互ニ人物ヲ選擧シテ、大統領トシ、代代國政ヲ統べ行フモノ。
ぎよーえふ (名) 杏葉 ぎやうえふノ條ヲ見ヨ。
ぎよーえふーぼたん (名) 杏葉牡丹 紋所ノ名、牡丹ノ花ヲ唐鞍ノ杏葉ノ形ニ畫ケルモノ。
きよーがき (名) 清書 書キ亂シタル草稿ナドヲ正シク寫シ改ムルコト。清書。「マダ、ーモセヌ本ヲツカハシ侍リケルヲ見テ」和歌ヲ詠ミタリケルトテ、ーシカヘズ、下サレタリ」 淨書
ぎよーき (名) 御忌 京都ノ智恩院ニテ、圓光大師ノ正月二十五日ノ忌日ニ修スル法事ノ稱、後柏原院ノ敕書ヲ賜ヒシヨリイフトゾ。
きよーきよげつ (名) 去去月 一月隔テテ前ノ月。前前月
きよーきよーじつ (名) 去去日 ヲトトヒ。
きよーきよーねん (名) 去去年 ヲトトシ。
〔きよく〕(副) 淸 全ク。一向。「常ニハ覺ユル事モ、又、人ノ問フニハ、ー忘レテヤミヌル特ゾ多カル」
きよく (名) 曲 (一)マガレルコト。直ナラヌコト。(二)正シカラヌコト。邪ナルコト。(三)音樂、歌謠ノ調子、節。曲節 (四)樂、歌ノ切。段。「樂一ー」歌二ー」 闋 (五)輕業、手品、曲馬、獨樂廻ナドノ技ノ、種種ニ變化スルコト。抜曲 (六)轉ジテ、オモシロミ。興、「ーモナシ」 興

きよく (名) 局 (一)ツボネ。(二)官省ノ中ニテ、職務受持ノ小別ノ稱。
きよく (名) 極 (一)キハマリ。ハテ。ツマリ。「愚ノー」(二)北極、又、南極。(北極ノ條ヲ見ヨ)
ぎよく (名) 玉 寶石ノ名、和產ナシ、瑪瑙ニ似テ透明ラズ、潤ヘル狀ニテ美シ、色ハ白、淺黃、綠等アリ、種種ノ器ニ作リテ、貴ビ玩ブ。
ぎよくーがん (名) 玉顏 玉ノ如ク麗ハシキ顏色。
ぎよくーくわん (名) 玉冠 タマノカウブリ。天皇、即位ノ時ニ召シタマフ冠、金ニテ打延ベテ、飾リヲ垂ル。
ぎよくーざ (名) 玉座 天子ノ御座シマス所。御座。
きよくーじ (名) 曲事 クセゴト。法ニ違フコト。中古ノ武家ノ法律ノ語ニ、多クハ死罪ノ事トス。
ぎよくーしやく (名) 玉尺 劍尺ノ條ヲ見ヨ。
きよくーすゐーのーえん (名) 曲水宴 ごくすゐのえんヲ見ヨ。
ぎよくーたい (名) 玉體 天子ノ御身。
ぎよくーと (名) 玉兎 〔月中ニ、兎棲メリトテイフ〕月ノ異名。
きよくーのり (名) 曲乘 馬ニ乘リナガラ、種種ノ曲ヲナスコト。曲馬。
きよくーば (名) 曲馬 馬ニ乘リ、馬ヲ使ヒテ、種種ノ技ヲナスコト。曲乘ノ馬。(觀戲ナドニ) 戲馬
ぎよくーはい (名) 玉佩 おもものノ條ヲ見ヨ。
きよくーひ (名) 曲庇 事實ヲ曲ゲテ回護スルコト。
きよくーめん (名) 局面 碁盤ノ上ノ、黑白石ノ勝敗變化。轉ジテ、人事ニモ譬ヘテイフ。
きよくーもち (名) 曲持 種種ノ物ヲ、手ニ持チ上ゲナガラ、種種ノ曲ヲナスコト。(觀戲ナドニイフ)
きよくーろく (名) 曲彔 〔ろくハ趺坐ノ意カ〕 椅子ノ圓ク曲レル寄掛リアルモノ、脚ハ、多クハ、打違ニ作リテ、牀机ノ如シ。 圓椅 交椅

きよーくわん (名) 居館 住居ノ館。
きよーげつ (名) 去月 前ノ月。先月。後月。前月
きよーごん (名) 虛言 ソラゴト。ウソ。
きよ・し・キ・ケレ・ク・ク (形・一) 淸 〔氣好シノ約カト云〕(一)穢レナシ。潔淨ナリ。(二)汚ナシ。濁ラズ。(三)イサギヨシ。(心ニ、行ニ) 潔
きよーじ (名) 凶事ノ約。
ぎよーしんーな・る・ル・レ・ラ・リ・レ (自動)(規・一) 御寢成 寢ヌノ敬語。オヨル。ゲシナル。
ぎよーしや (名) 御者 馬車ニ前乘シテ馬ヲアツカフ者。
きよーしやう (名) 去聲 韻ノ條ヲ見ヨ。
きよーじやう (名) 居城 住居ノ城。
きよーじやく (名) 虛弱 精力ノ弱キコト。勇健ナラヌコト。
きよーしよ (名) 居所 ヰドコロ。スミカ。
きよーしよく (名) 虛飾 ウハベノカザリ。外見ヲツクロフコト。
ぎよ・す・スル・スレ・セ・シ・セヨ (他動)(不規・二) 御 (一)馬ヲアツカフ。(二)國民ノ上ニ立チテ統べ治ム。「天下ヲー」(三)用ヰ給フ。(天子ノ衣服、飲食、妃妾、皆ニ云フ)
ぎよ・す・スル・スレ・セ・シ・セヨ (自動)(不規・二) 御 侍リ居ル。

「寢ニー」
きよ-せつ (名) 虛說 ソラゴトノウハサ。ウソバナシ。
きよ-た (名) 許多 アマタナルヿ。多キヿ。「ーノ年月」
きよ-だい (名) 巨大 甚ダ大ナルヿ。
きよ-たい (名) 魚袋 束帶ノ時ニ、石帶ノ右ニ着ケテ帶ブルモノ、長サ三寸、巾一寸、厚サ五分許ノ匣ヲ、白鮫ノ皮ニテ、四面ヲ張リ、魚ノ形ヲ、表ニ六ツ、背ニ一ツ着ケ紐ニテ帶ブ、三位、參議以上ハ、其魚、鍍金ナリ、金ートイフ、四位以下ハ銀ニテ、銀ートイフ。
きよ-たく (名) 居宅 スマヒ。スミカ。
‡きよつと (副) 心ヲ衝ク如クニ怖チ驚ク狀ニイフ語。
きよ-でん (名) 虛傳 聞傳ノ虛事ナルヿ。
きよ-でん (名) 魚ヲ串ニシ、味噌ヲ貼ケテ、豆腐ノでんがくノ如ク炙リタルモノ。
きよ-どう (名) 擧動 タチヰフルマヒ。
きよ-とう (名) 魚燈 ぎよとうゆノ略。
ぎよとうゆ (名) 魚燈油 常ニ略シテ、ぎよとう。鰯ノ脂ヲ煮テ取レルモノ、燈油トス、臭氣アリ。鯨ヨリ取レルモアリ。
ぎよ-にく (名) 魚肉 魚ノ肉。
きよ-ねん (名) 去年 コゾ。昨年。
きよ-はく (名) 巨擘 (一)大指。(二)第一ノモノ。頭目。
きよ-びやう (名) 虛病 僞リテ病アリトイフヿ。假病。
ぎよ-ふ (名) 漁夫 漁リヲ業トスル者。レフシ。
〔きよまはり (名) 齋戒 キヨマハルヿ。モノイミ。
〔きよまは-る・ル・レ・ラ・リ・レ (自動) (規.一) 齋戒 キヨマル。

齋シテ淨クス。「魚ヲモ食ヒ、女ニモ觸レテ、ー事モ無クテ」七日水ヲ浴ミ、精進ヲシテ習フヿナリトイフゾノママニ、淸マハリテ」イフカヒ無キ御名ノ、忽ニ淸マハラセ給フベキニモアラズ」
きよ-まん (名) 巨萬 万ノ數ヲ多ク重ネタルヿ。莫大ナル數。「ーノ富」
きよま-る・ル・レ・ラ・リ・レ (自動) (規.一) 淸 淸クナル。淸淨ニナル。
きよみづやき (名) 淸水燒 京都ノ五條坂淸水ノ邊ヨリ燒キ出ス磁器ノ名、ひしやきニシテ、多クハ染付ナリ。
きよ-む・ムル・ムレ・メ・メ・メロ (他動) (規.二) 淨 (一)淸クナス。淸淨ニナス。穢レヲ去ル。「水ニテ身ヲー」不淨ヲー」(二)ススグ。ハラス。「恥ヲー」汚名ヲー」雪
きよめ (名) 淨 キヨムルヿ。淸淨ニナスヿ。
‡きよめる (動) 淸ム、ノ訛。
きよ-よう (名) 許容 ユルスヿ。ユルシ。
〔きよら (名) 淸ラカナルヿ。「夕影ニ、アヤシク、物ノーマサルホドニ」我モ我モト、ーヲシツツ」
きよ-らう (名) 虛勞 病ニ因テ、精力ノ衰ヘ、身體ノ疲ルルヿ。
きよらか-ル (副) 淸 淸ク美シク。キヨラニ。
〔きよらかに (副) 淸 きよらかにニ同ジ。「兵衛ノ君ハ、今ナム、イトーナリヌルト聞エテ」限リナクキヨラナル御カタチドモ」裝束ノキヨラナル事、物ニモ似ズ」
きよ-り (名) 距離 ヘダタリ。

きよ-り (名) 巨利 大ナル利益。
きよ-りう (名) 居留 假ニ其地ニ留マリ住ムヿ。(旅ニ他國ニ)
ぎよ-りう (名) 檉柳 支那渡來ノ樹、葉ノ形、ひのきニ似テ、甚ダ細ソクシテ扁カラズ、枝細ソクシテ、多ク垂ル、夏、枝每ニ、六七寸ノ穗ヲナシテ、粉紅花ヲ開ク、小ク簇リテ、蓼ノ花ノ如シ、秋、再ビ開ク。 檉柳
きよりうち (名) 居留地 開港、開市ノ地ナドニ、外國人ノ居留スル一區ノ地ノ稱。
ぎよ-りん (名) 魚鱗 (一)ウヲノウロコ。(二)兵法ノ語、備立ノ名、鱗ノ並ビタル如クニ兵ヲ列ヌルヿ。「ー鶴翼ノ陣」
〔ぎよ-(り)よう (名) 魚陵 〔天子御料ノ義ナラムト云〕山鳩色ノ異稱。
ぎよ-るゐ (名) 魚類 ウヲノタグヒ。ウヲ。
ぎよ-れふ (名) 漁獵 (一)漁リスルト、獵スルト。(二)俗ニ、スナドリ。漁
‡きよろつきよろ (副) 眼ヲ動シテ邊ヲ見マハス狀ニイフ語。
きら (名) 雲母 きららニ同ジ。
きら (名) 浮垢 水ニ、油ナドノ浮ビテ、キラメクモノ。「ーガ浮ク」
きら (名) 綺羅 (一)衣服ノ美シキモノ。「ー錦繡」ーヲ裝フ」(二)轉ジテ、裝ヒ飾ルヿ。「ーヲ飾ル」ーヲミガク」 裝飾
きらう (名) 耆老 〔六十日レ耆、七十日レ老〕年

老イタル。ハ。トシヨリ。

きら-きら (副) 物ノ煌メク狀ニイフ語。煌煌

きら-きら・し・シキ・シケレ・シク・シク (形・二) (一)煌メク狀ナリ。(二)嚴ニ麗シ。「容姿佳麗」面貌端麗」

端麗

きらく (名) 氣樂 心ニ苦勞ナキ了。安心

きらく (名) 歸洛 洛ヘ歸ル了。(京都ニイフ)

(きら・す・ス・セ・サ・シ・セ (他動) (規・一) 遮ラス。「アカネサス、光ハ空ニ、クモラヌヲ、ナドテ行幸ニ、目ヲキラシケム」

きら-ず (名) 雪花菜 〔切ラズ、ノ意、庖丁ヲ用ヰズシテ刻メル如キヲイフ〕豆腐ヲ製シ、液ヲ絞リテ後ニ殘レル滓、食物トス。トウフガラ。カラ。ウノハナ。

きらは・し・シキ・シケレ・シク・シク (形・二) 嫌 嫌フベシ。好マシカラズ。

きら-ひ (名) 嫌 (一)キラフ了。キラフモノ。(二)忌ミ憚ルベキ了。嫌疑

きら-びやか-に (副) 煌メキテ美シク。盛ニ嚴シク。

きら・ふ・フ・ヘ・ヘ・ヒ・ヘ (他動) (規・一) 嫌 (一)意ニ適ハズトス。好マズ。(二)惡ム。(三)忌ム。憚ル。

壯麗

(きら・ふ・フ・ヘ・ヘ・ヒ・ヘ (他動) (規・一) 〔限ル、ノ延〕 遮ル。秋ノ田ノ、穗ノ上ニ霧相、朝霞」

きら-むし (名) 衣魚ニ同ジ。

(きら-めか・し・シキ・シケレ・シク・シク (形・二) 煌ク狀ニテアリ。

きら-めか・す・ス・セ・サ・シ・セ (他動) (規・一) 煌ク如クニナス。

煌煌

きら-め・く・ク・ケ・カ・キ・ケ (自動) (規・一) 煌 (一)キラキラシク見ユ。照リ光ル。カガヤク。(二)盛ニ饗ス。「御供ノ侍ドモ、面面ニ、キラメキテ」

きら-ら (名) 雲母 〔煌煌ノ約〕 礦物ノ名、山洞ノ石ニ着キテ產ズ、色白ク煌メク、火ニ燒ケズ、舶來ノ上品ナルハ、透明リテ水晶ノ如ク、剝ゲバ、薄紙ノ如シ、銀葉ナドニ作ル、下品ナルハ、細末ニシテ畫料ナドニ用ヰル。

きら-らか-に (副) 煌ク狀ニテ。耀キテ麗シク。「今メカシク、キララカナラネド、木立、物舊リテ」御前ノ人、皆皆、ヤンゴトナク、キララカナル限リヲ選ラセ給ヘリ」見目ノ、オドロオドロシウ、キララカナル事ハ」

きらら-がみ (名) 雲母紙 雲母ニテ、種種ノ文ヲ摺リ出シタル紙。

きり (名) 霧 霧ル了。空氣中ノ水蒸氣ノ、密ニ濕リテ、水陸ノ面ニ近ク漂フモノ。ヤ。「朝ー」夕ー」川ー」

きり (名) 桐 〔切レバ早ク長ズルガ故ノ名ナリト云〕 樹ノ名、直ニ聳ユル了丈餘、春ノ末、長キ穗ヲナシテ、花ヲ開ク、胡麻ノ花ニ似テ、長サ一寸餘、色ニ、紫アリ、白アリ、花衰ヘテ葉ヲ生ズ、大ナルハ一尺餘、缺多ク、對生ス、實ハ、黃蜀葵ノ實ノ如ク、扁クシテ尖リ、長サ一寸餘、內ニ小キ子アリ、蒔キテ生ジ易シ、材ヤハラカニシテ白ク、箱、机、ナドヲ作ル良材トス。白桐 青ー 油ー、緋ー、針ーナド、倘、多シ、各條ニ注ス。

きり (名) 錐 〔鑽リ穿ツノ意〕 (一)工匠ノ具、釘ヲ打チコムベキ小キ穴ヲ穿ツモノ、頂、鐵ニシテ細ソク、鋒アリテ尖ル、木柄ヲ添ヘ、柄ヲ兩掌ニテ揉ミテ穿ツ。三ツ目ー、四ツ目ー、圓ー、舞ー、壺ーナドアリ、各條ニ注ス。(二)的ノ前ノ矢目ニ、後ノ矢ノ當ル了。「ーヲ入ル」

きり (名) 切 (一)切ル了。斷ツ了。(二)キダ。段。句切。終リ。「文ノー」淨瑠璃ノー」 斷節 (三)限リ。果。「ー無シ」 終結 (四)卄往來ノ人ノ衣袖ヲ切リテ物ヲ盜ミ取ル了。

きり (接尾) 切 カギリ。ダケ。「コレー」ソレー」アリー」

ぎ-り (名) 義理 (一)義ノ理。人事ノスヂミチ。「ーヲ違フ」(二)ワケ。ココロ。意味。「ー通セズ」(三)人ノ交際ニ務ムベキ道。「ーヲ立ツル」

きり-あ・ぐ・グ・グレ・ゲ・ゲ・ゲヨ (他動) (規・二) 切上 斷チ止ム。止ムル。

きり-あげ (名) 切揚 さつまいもヲ細ソク刻ミテ、胡麻ノ油ニテ揚ゲタルモノ。

きり-あさ (名) 桐麻 商麻ニ同ジ。

きり-あ・ふ・フ・ヘ・ヘ・ヒ・ヘ (自動) (規・一) 切合 刀ニテ互ニ切ル。タタカフ。交刃

きり-いし (名) 切石 (一)種種ノ用ヰニセムトテ、其形ニ切リタル石。(二)切石ノ敷石。イシダタミ。砌石

きり-い・る・ル・レ・ヲ・リ・レ (自動) (規・一) 切入 刀ヲ揮テ襲ヒカカル。切リ込ム。「敵陣ニー」

き-りう (名) 寄留 假ニ他鄉ニ住ム了。 羇居

きり-うり (名) 切賣 物ヲ、求アル程 斷チ切リテ賣

ルー。タチウリ。 截賣

きりかかる（ル・レ・ラ・リ・レ）（他動）（規・一） 切掛 切リハジム。刀ヲ擧ゲテ襲フ。

きりかく（クル・クレ・ケ・ケ・ケヨ）（他動）（規・二） 切掛 切リテ當ツ。切リ付クル。

〔きりかけ〕（名） 切懸 板塀ノ如キモノナリト云。「傍ニ、ーノ侍リシヲ隔テテ」坊ニシケル所ノ前ニ、ーヲナムセサセケル、其削リ屑ニ書キツケケル」

きりかふ（フル・フレ・ヘ・ヘ・ヘヨ）（他動）（規・二） 切替 （一）彼ヲ此ニ替フ。（二）兩替ス。

きりかぶ（名） 切株 樹ヲ伐倒シタル後ノ根株。

きりかみ（名） 切髪 寡婦、童男女ナドノ、髪ヲ頸限リニ剪リテ垂ラシオクモノ。

きりかみ（名） 切紙 折紙ヲ半ニ切リタルモノ。文書ノ、杉原、鳥ノ子、薄様ナドノ全紙ヲ用ヰルヲ立文トイヒ、半ニ折リタルヲ折紙トイヒ、折紙ヲ半ニ切レルヲー、又ハ、手紙トス。

きりがやつ（名） 桐谷 〔初メ、鎌倉ノ桐ガ谷ヨリ出ヅ〕櫻ノ一種、第一ノ品トス、八重ニシテ、一重モ雜リ、莖、最モ長ク、花、淡紅ニシテ、輕ク飛ビ散ル。別名、ヤヘヒトヘ、クルマガヘシ。

きりぎし（名） 切岸 山腹ノ切リタテタル如ク直ニ聳エタル處。 懸崖

きりきず（名） 切疵 刃物ニテ切リタル肌ノ疵。 金創

きりきり（名） 旋毛。

きりきり（副） 〔音ニイフ〕（一）管子、獨樂ナドノ烈シク廻リ、或ハ、蛇ノ蟠屈ク狀ナドニイフ語。「斑ナル蛇ノー、トシテ居タレバ」「ハタオリメ、管卷ク聲ノ、ートナク」（二）猶豫セズニ。疾ク疾ク。「ー起テ」

++きりきり（副） 〔限 限ノ略〕取リ詰メテ。至極マデ。

〔きりぎりす〕（名） 蟲ノ名、古歌ニイヘリ、即チ、今ノこほろぎニテ、其聲、りりりりト聞ユルモノ、こほろぎノ條ヲ見ヨ。（きりぎりす、こほろぎノ稱、古今、全ク相反ス） 蟋蟀

きりぎりす（名） 蟲ノ名、古名、はたおり。原野ニ多シ、形、いなごニ似タリ、夏ノ半ヨリ鳴ク、其聲ぎいすちよト聞エテ、機織ノ聲ノ如シ、故ニぎすちよ、又、はたおりむしノ名アリ、雌ハ鳴カズ、緑色ナルモノハ、竹林ニ居テ聲低ク、褐色ノモノハ岡ニ居テ、聲高シ。京都ニ、ぎす。 螽斯

〔きりくぎ〕（名） 釰 〔切釘ノ義〕蓋無キ釘。クレクギ。

きりくだく（ク・ケ・カ・キ・ケ）（他動）（規・一） 切碎 切リ刻ム。ズタズタニ切ル。 寸斷

きりくち（名） 切口 （一）物ヲ切リタル端。（二）切疵ノ口。 創口

きりくづ（名） 切屑 物ヲ切リ斷チタル端ノ不用ナルモノ。

きりくづす（ス・セ・サ・シ・セ）（他動）（規・一） 切崩 （一）穿チテ崩シ平ス。「山ヲー」（二）切入リテ追ヒ散ラス。「敵陣ヲー」

〔きりくひ〕（名） 伐杌 樹ヲ伐リテ殘レル株。キリカブ。 餘枿

きりこ（名） 切籠 〔切角ノ略轉カ〕方ナル物ノ角角ヲ切取リタル形、硝子、燈籠、棒ナドニイフ。

きりこどうろう（名） 切籠燈籠 燈籠ノ名、切籠ノ形ニ作レルモノニ、紙、帛ナド細ソク切リテ飾リ垂ラシタルモノ、盂蘭盆會ナドニ用ヰル。

きりこうじやう（名） 切口上 物言ヒノ狀ノ嚴カニ、分明ト聞ユルモノ。

きりこまざく（ク・ケ・カ・キ・ケ）（他動）（規・一） 〔切細裂ノ義〕刻ム。細カニ剪ミ切ル。

きりこむ（ム・メ・マ・ミ・メ）（自動）（規・一） 切込 きりいるニ同ジ。

きりざんせう（名） 切山椒 しんこニ、山椒ノ子、砂糖ナド加ヘ、搗キ雜ゼテ細ソク刻ミタルモノ。

きりさめ（名） 霧雨 霧ノ、濃ク密ニナリテ、雨ノ如ク、降ルモノ。

キリシタン（名） 切支丹 〔斯班牙語、Christian.（基督）ノ訛〕足利氏ノ末世ニ、日本ニ傳播セル天主教ノ稱。永祿十一年、京ニ入リテ、十八年間ニシテ、天正十三年、豐臣氏、之ヲ禁ジ、德川氏ノ寛永中、更ニ嚴禁トナル。

きりしま（名） きりしまつつじノ略。

きりしまつつじ（名） 霧島躑躅 〔日向ノ霧島山ヨリ出ヅ〕つつじノ屬、花ハさつきニ似テ小ク、深赤ニシテ單瓣ナリ、つつじニ次キテ、夏ノ初ニ開ク。 石巖花

きりすつ（ツル・ツレ・テ・テ・テヨ）（他動）（規・二） 切捨 （一）切リテ其端ヲ捨ツ。（二）切捨ニナス。（きりすてノ條ヲ

見ヨ)
きりすて (名) 切捨 (一)切リ捨ツルコト。(二)人ヲ斬殺シテ、ソノママニナシオクコト。往時、武士ノ、無禮シタル平民ニ對シテ爲セル事ニテ、咎メ無シトセリ。
きりずみ (名) 切炭 さくらずみナド鋸ニテ、用ヰルホドニ切リタルモノ。
きりだし (名) 切出 小刀ノ稍大ナルモノ。剪刀
きりた・つ・ツル・ツレ・テ・テ・テヨ (他動)(規・二) 切立 切リハジム。切リカカル。
きりだて (名) 義理立 强ヒテ義理ヲ立テトホサムトスルコト。
きりだめ (名) 切溜 厨ニテ、野菜ナド切リテ溜ムルニ用ヰル匣、重箱ノ如クニシテ深ク、粗ナル漆塗ナドニス。
きりちん (名) 切賃 金ヲ錢ニ切替フルニ受ル錢。兩替ノ手數料。
きりちら・す・ス・セ・サ・シ・セ (他動)(規・一) 切散 刀ヲ揮ヒ切入リテ追ヒ散ラス。
きりつ・く・クル・クレ・ケ・ケ・ケヨ (他動)(規・二) 切付 切リテ當ル。下刀
きりつけもやう (名) 切付模樣 繡ノ一種、種種ノ帛ヲ裁チテ、布帛ノ上ニ、五彩ノ絲ニテ縫ヒ付クルモノ。
きりつぼ (名) 桐壺 禁中殿舍ノ名、本名、淑景舍。
きりて (名) 切手 切ル人。
きりど (名) 切戸 扉ノ一片ナルモノ。(庭ノ門ナドニ)
きりとほし (名) 切通 山、岡ヲ切リトホシテ開キタル路。阺阪

きりとほ・す・ス・セ・サ・シ・セ (他動)(規・一) 切通 山、岡ナド穿チ崩シテ、行路水路ナドヲ開ク。疏通
きりとり (名) 切取 人ヲ斬殺シテ物ヲ奪フコト。殺掠
きりぬ・く・ク・ケ・カ・キ・ケ (他動)(規・一) 切拔 中ヨリ切リテ取ル。
きりぬ・く・クル・クレ・ケ・ケ・ケヨ (他動)(規・二) 切拔 圍ミタル敵陣ナドヲ切リ破リテ出ヅ。解圍
きりはし (名) 切端 切リ斷チタル物ノ端。斷片
きりはた (名) 切畑 崖ナド横ニ切リ開キテ作レル畑。
きりばり (名) 切張 紙障子ナドノ破レタル所ノミヲ切去リテ貼リ替フルコト。添糊
きりび (名) 切火 火打石ト鐵トニテ鑽リ取レル火。ウチビ。鑽火
(きりびと) (名) [氣鋭ナル意カ] 寵セラレテ權威アル人。キリモノ。「當時ハ、鎌倉殿ノ一ニテ、御氣色好キ女房ナリ」寵臣
きりひなは (名) 切火繩 鳥銃ノ火繩ニ、鑽火ヲ點シツケテ備ヘ居ルコト。
きりひら・く・ク・ケ・カ・キ・ケ (他動)(規・一) 切開 山、岡、荒地ナド、崩シ平シテ、田、畑、宅地、道路ナドトス。開發ス。開拓
(きりびをけ) (名) 桐火桶 桐ノ材ニテ造レル火桶。
きりふ (名) 切斑 (一)鷹ノ羽ノ斑ノ、上下黑ク、中間、白キモノ。(矢ニ矧グニイフ)「一ノ矢」(二)葉ニ斑アルモノ。「一ノ薄」

きりぼうかご (名) 切棒駕籠 ながぼうかごノ條ヲ見ヨ。
きりぼし (名) 切乾 秋、大根ヲ竪ニ切リテ細條トシ日ニ乾シタルモノ、羹、又、漬物トシテ食フ。
きりまい (名) 切米 扶持米ヲ金錢ニ切替ヘテ渡スコト。折食錢
きりまく・る・ル・レ・ラ・リ・レ (他動)(規・一) 切捲 烈シク切掛ケテ追ヒ立ツル。
きりみ (名) 切身 魚肉ナド、羹、又、炙ルニ供フル料ニ、薄ク扁ク切レルモノ。スキミ。臠
きりん (名) 麒麟 支那ニテイフ想像ノ獸ノ名、仁獸ト稱シ、此獸、出ヅレバ、聖人世ニ出ヅル瑞ナリトス、身ハ、麏ノ如クニシテ大ク、尾ハ牛ノ如ク、蹄ハ馬ノ如クニシテ、一角アリ、毛ハ五彩ニシテ、腹ハ黃ナリトイフ。
きりんうを (名) 麒麟魚 たひのむおげんばちニ同ジ。(伊勢)
きりんかく (名) 麒麟角 植物ノ名、形、さぼてんニ似テ、刺多ク、頂ニ數小葉ヲ生ズ。覇王鞭
きりむぎ (名) 切麥 小麥粉ヲ、饂飩ノ如ク製シテ、極メテ細ソク切リテ、緒ノ如キモノ、羹デテ水ニ冷シテ食ヘバ、冷麥トモイフ、多クハ、暑時ノ食トス。水引餅
きりんけつ (名) 麒麟竭 熱帶地方ノ樹ノ脂ヲ製セルモノ、舶來スルヲ、血止ノ藥トス、膠ノ如ク塊ヲナス、色黑ク光リ、粉トシテ深紅ナルヲ上品トストイフ。

きりんさう（名）麒麟草　葉ハ、べんけいさうニ似テ、狹クシテ鋸齒アリ、堅ク厚クシテ黄ヲ帶ブ、根無クシテ能ク活ク、夏、莖ノ上ニ枝ヲ分チテ、花ヲ開ク、色、黄ナリ。費菜　秋ノ一トイフハ、苗、高サ一二尺、葉ハよめなニ似テ色濃シ、莖ハ紫黒ナリ、秋ノ末ニ、小花、枝ニ滿チテ、長キ穗ヲナス、色黄ナリ。劉寄奴

きりむね（名）切棟　屋根組ノ形ニ、棟ノ兩端ヲきりづたてニ作レルモノ、兩側、山形ノ破風ヲナス。(寶形ナドニ對シテイフ)

きりめ（名）切目　斷チ切リタル所。切リタル痕。

きりめいし（名）切目石　自然銅ノ稱。

きりもち（名）切餅　(一)餅ヲ乾シテ方形ニ切リタルモノ。(二)壹分銀百箇、即チ、二十五兩ヲ、方形ニ紙ニ包ミタルモノノ稱、其四十箇ヲ、千兩箱ニ入ルル量トス。

(きりもの（名）きりびとニ同ジ。「院中ノ一ニ、西光法師トイフモアリ」)

きりもり（名）切盛　(一)料理ニ、程好ク食物ヲ切リテ盛リ分クルコト。(二)轉ジテ、專ラ、務ヲ執リテ、事ヲ程好ク扱フコト。處裁

きりやう（名）器量　(一)物ノ用ニ堪フベキ才能。(二)†轉ジテ、カホバセ。ミメ。姿色

きりやう（名）伎倆　ワザマヘ。ウデマヘ。

きりよく（名）氣力　事ヲ行フニ堪フル精神。氣根。

きりよけ（名）霧除　窓ノ上ナドノ短キ庇、霧雨ナド除ク。

(きりわたる・ル・レ・ラ・リ・レ（自動）(規.一)　霧、一面ニ發ツ。「イミジウ、霧ワタレル空ノ、タダナラヌニ」)

きる・ル・レ・ラ・リ・レ（他動）(規.二)　切　(一)放チ分ク。斷ツ。斷　(二)刃物ヲ用ヰテ分ツ。截　(三)刃物ヲ動物ニ當ツ。斬　(四)渡ム。「水ヲ一」(五)終フ。果ス。「言ヒ一」「讀ミ一」盡　(六)骨牌ナド改メ雜ス。(七)兩替ス。

きる・ル・レ・ラ・リ・レ（他動）(規.二)　鑽　木ニ木ヲ揉ミ穿チテ火ヲ取ル。今ハ、燧石ニ、鐵ヲ打付ケテ取ル。

(きる・ル・レ・ラ・リ・レ（自動）(規.二)　霧　〔遮ル意〕(一)霧、發ツ。「甚ジウキリワタレル空ノ」「加茂ノ川霧、一中ニ雲ノ亂レニ、空ハ一トモ」(二)目、眊ム。「臥シテモ、起キテモ、涙ノ乾ル夜無ク、キリフタガリテ明カシ暮ラシ給フ」目モキリテ」)

きる・ル・ル・レ・レ・レヨ（自動）(規.二)　切　(一)離ル。分ル。破ルル。斷　(二)斷ユ。盡ク。果ツ。「息、一」「日限、一」「水、一」「種、一」盡　(三)禿ブ。摩レテ減ル。「筆ノ毛一」禿　(四)少クナル。減ル。欠クル。「量一」減

きる・ル・キ・レ・キ・キ・キヨ（他動）(規.四)　着　(一)體ニ付ケ纏フ。着ス(衣ヲ)　(二)受ク。被ムル。「恩ヲ一」受

きるゐ（名）着類　身ニ着ル物。コロモ。キモノ。衣服

きれ（名）切　(一)切ルルコト。絕ユルコト。絕盡　(二)切リテ殘リタル端(布、紙、材木ナド)　截餘　(三)段物。織物。布帛

きれあぢ（名）切味　刃ノ、物ヲ切リ得ル程。(利キ、鈍キ、ニイフ)「刀ノ一」

きれい（名）綺麗　(一)綺羅ヲ裝ヒテ麗シキコト。(二)轉ジテ、スベテ、美シキコト。ウルハシキコト。美麗　(三)淸キコト。潔キコト。汚穢無キコト。淨

きれいずき（名）人ノ性ニ、特ニ淨キヲ好ムコト。少シノ汚穢ヲモ嫌フコト。潔癖

きれぎれ（副）切切　切レタル上ニ切レテ。甚シク裂ケテ。(衣、紙ナド)　敗裂

きれこみ（名）切込　(一)切レ込ミタル痕。(二)木ノ葉ナドノ周邊ニ、缺ケテ、刻ミタルガ如キ形。缺刻　椏叉

きれこむ・ム・メ・マ・ミ・メ（自動）(規.二)　切込　切レタル痕、深ク入ル。

†きれて（名）切手　惜マズニ金錢ヲ出ス人ヲ稱スル語。(東京)

きれはし（名）切端　切レタル餘リノ端。(紙、布、材木ナドノ)　截餘

きれま（名）切間　たえまニ同ジ。

きれんじやく（名）黄連雀　れんじやく條ヲ見ヨ。

きれめ（名）切目　(一)切ルル處。切リタル痕。截痕　(二)盡クル時。果ツル際。「日限ノ一」期限

きれもの（名）切物　(一)物ヲ切リ得ル刃アル物ノ稱。刃物。刀　(二)種ノ盡キタル物。賣リ盡シテ絕エタルモノ。(商品ナドニ)

†きれる・ル・レ・レ・レ・レヨ（自動）(規.四.變)　切　(一)切ル(規.二)ノ訛。(二)切ラル。切リ得。「刀、一」(三)†金錢ヲ惜シマズニ出ス。(善ク手ヨリ離ルル意、東京語ナリ)

きろく（名）記錄　後ニ遺サムガ爲ニ、書付ケテ置ク文書。

きろく-じよ (名) 記錄所 後三條帝、始メテ置キタマヒテ、莊園ノ券ヲ記錄セラレシ官、新立ノ莊園ヲ停メ、舊莊園モ券ノ分明ナラズ、又、妨ゲアルハ停メラル、後ニハ、論地等ノ訴訟ノ裁判ヲモ兼ヌ、上卿、辨、開闔、寄人等ノ職アリ。其後、後鳥羽、後白河、後醍醐帝ノ時ニモ、亦、置カレタル事アリキ。

キローグラム (名) 瓩 〔佛語、Kilo gramme.〕 佛蘭西ノ重量ノ名、千グラム。我ガ二百六十六匁二一〇三七。

ぎろん (名) 議論 互ニ己ガ說ヲ言出シテ論ズルコト。

きわう (名) 石黃 〔生雌黃ノ意カ、或ハ、色、黃ナルヨリ、雌ノ音ヲ黃ニ誤レルカ〕 眞ノ礦物ノ雌黃。(雌黃ノ條ヲ見ヨ)

きわう (名) 既往 既ニ往ニシ時。時過ギタルコト。過去。

ぎわく (名) 疑惑 ウタガヒマドフコト。ウタグリ。

きわた (名) 木綿 〔繭ノ綿ニ對シテ、植物ノ綿ノ義〕 草ノ名、天正永祿ノ頃、舶來ス、夏ノ初メ、種ヲ下シ、秋、綿ヲ取ル、諸國ニ多ク栽ウ、苗ノ高サ、二三四尺、枝、葉、互生ス、葉ニ三五ノきれこみアリテ、つたもみぢノ葉ノ如シ、秋、葉ノ間ニ、五出ノ淺黃花ヲ開ク、瓣ノ心毎ニ、深紫色ナリ、黃蜀葵ノ花ノ如シ。實ノ形、桃ノ實ニ似タレバ、ももトモ呼ブ、晴天ニ自ラ開キテ絮ヲ吐ク、潔白ナリ、コレヲもめんわたトス、內ニ子アリ、わたたねトイフ、圓クシテ黑ク、綿ニ粘リテ、離レ難シ、故ニわたくりニ掛ケテ取リテ、油ヲ絞リ、燈油ニ混ジ用ヰル。又、實ニ綿ナキアリ、花ノ赤キアリ、晩種モアリ、常ノモノハ、早種ナリ。草綿 棉花

きわた (名) 生綿 もめんわたニ同ジ。

ぎゐん (名) 議院 國會ノ議場ナドニ用ヰル建物ノ稱。

ぎゐん (名) 議員 會議ニ列ナル人。

〔きゑむば〕 (名) 胡黎 きやんまニ同ジ。

ぎをん-どうふ (名) 祇園豆腐 豆腐ノ精製シタルモノノ稱、京ノ祇園ノ社前ナル茶店ニテ賣ルヨリシテ名アリ。

ぎをん-の-かみ (名) 祇園神 牛頭天王(素盞烏尊)八王子ノ宮(天照大神ノ五男三女)少將井ノ宮(稻田姬)ヲ合セ祀レル稱。

く ぐ

く 五十音圖、加行第三ノ假名。(かノ條ヲ見ヨ) くノ音ハ、他ノ音ノ間ニアルトキ、促聲ノつノ如ク呼ブコトアリ、はくか(薄荷) かくけ(脚氣) あくき(惡鬼) あくこう(惡口) ヲはつか、かつけ、あつき、あつこうノ如ク呼ブガ如シ。くノ音ハ、又、他ノ音ノ下ニアルトキ、其發聲ヲ失ヒテ、韻ノうトナルコトアリ、からくして(辛而) ひさしく(久) かく(斯) かくし(格子) ナドノ、からうして、ひさしう、かう、かうしトナルガ如シ。

ぐ くノ濁音ノ假名。(かノ條ヲ見ヨ) 此音ハ、他ノ音ノ下ニアルトキ、發聲ヲ失ヒテ、韻ノうトナルコトアリ、わらぐつ(藁沓)ノわらうづトナリ、かぐはし(香細)ノかうばし(馨)トナルガ如シ。

く (名) 句 (一)文章ノ中ニテ、言詞ノ少シ斷ルル所。文ノ中ノ小別。句ノ中ヲ更ニ別チテ、點ナド付ケテ、讀ムニ便ニスルヲ、讀、又ハ、よみトイフ。(二)和歌ノ中ニテ、五音、或ハ、七音ヲ、段トスルモノ、即チ、常ノ和歌ハ、五、七、五、七、七ノ五句ニ成ル。或ハ、初メノ五七五ノ三ーヲ合セテ、上ノートイヒ、末ノ七、七ノ二ーヲ、下ノートモイフ。(三)詩ノ中ニ、五字、或ハ、七字(或ハ、四字、六字等)ヲ一段トシ、下ニ韻字ナド置クモノ。(詩、律、起句等ノ條ヲ見ヨ)

く (名) 苦 (一)クルシミ。ホネヲリ。「ーハ、樂ノ種」(二)氣遣。心配。「ーニナル」「ーニスル」

く (名) 區 (一)マチ。ヒトカコミノ地。(二)府、縣ノ下ニテ、郡ニ對シテ、人家多キ市町ナドヲ別チテ支配スル稱。

く (數) 九 ココノツ。キウ。

く・くる・くれ・こ・き・こよ (自動) (不規・二) 來 此方ヘ近ツキ至ル。キタル。「大和ニハ、鳴テカ來ラム、呼子鳥」「海賊追ヒ來トナン」

く (接尾) 軀 佛像ナドヲ數フルニイフ語。「彌陀ノ像、一ー」

く (接尾) 口 器具ヲ數フルニイフ語。「盆、一ー」「鐸鈴、二ー」

ぐ (名) 具 (一)モノ、ソツハ。ダウグ。什器。料、「家ノー」「物ノー」「鎧ノー」(二)おゆくもしナドノ中ニ雜スル魚肉、

蔬菜ナド。

ぐ (名) 愚 (一)オロカナルヿ。アハウ。(二)己レニ係ル物事ニ冠ラセテ、謙稱スル語。「一妻」一息」一案」一筆」一存」一考」

ぐ (代) 愚 自稱ノ代名詞、謙稱ナリ。「一、案ズルニ」一謂ヘラク」

ぐ (數) 五 五ニ同ジ 博奕ノ語、采ノ目ノ數ニイフ。

ぐ (接尾) 具 ソロヒ。揃ヒテ用ヲナス物ヲクルメテ數フルニイフ語。「素袍、袴、一一」

ぐあひ (名) 工合 〔くひあひノ約カ、サラバ、くはひノ假名遣ナルカ〕(一)物事ノ組ミ立チタル狀。構成 (二)デアヒ。ハマリ。機會

ぐあん (名) 愚案 愚ナル考へ。足ラハヌ意見。愚考。(多クハ、自說ヲ謙稱スルニイフ)

くい (名) 悔 クユルヿ。後悔。「先ダタヌ、一ノ八千度、カナシキハ」

ぐい (名) 愚意 己ガ意見ノ謙稱。

くう (名) 空 (一)ソラ。虛空。「一ヲ眺メテ」一ヲツカンデ苦シム」(二)思慮ナキヿ。ココロナギヿ。無心。(三)イタヅラナルヿ。實事ナキヿ。「一ナ話」一ナ事」虛稱」

〔くうウル・ウ・ノ・ス・エ・エヨ〕(他動)(規・二) 蹴ル、ノ古言。「蹴鞠」

くうき (名) 空氣 地球ノ周ヲ圍メル大氣、動ケバ即チ風トナルモノ、動植物、皆此中ニ生存ス。雰圍氣

くうきよ (名) 空虛 ムナシキヿ。中ニ物ナキヿ。カラ。

ぐうきよ (名) 寓居 カリズマヒ。

くうくうぢやくぢやく (句) 空空寂寂 (一)佛經ノ語、萬物空シク、萬事休ム。(二)俗ニ、一切思慮無シ。何モ知ラズ。

ぐうげん (名) 寓言 假ニ事ヲ設ケ、實ヲ諷カシテ作リタル話。

ぐうざう (名) 偶像 木石ナドニテ象リ作レル像。

ぐうじ (名) 宮司 (一)神宮ノ神官、祭主ニ次グモノ。(二)宮號アル神社ノ神官ノ長。

ぐうじん (名) 偶人 デク。人形。

くうしゆ (名) 空手 カラテ。テブラ。

ぐうぜん (副) 偶然 思ヒ寄ラズ。

くうだん (名) 空談 無用ノ話。「一時ヲ移ス」

くうち (名) 空地 家居、樹木ナドナキ土地。明地。

くうちゆう (名) 空中 ソラノウチ。ナカゾラ。

くうは (副) 空 ムナシク。イタヅラニ。目當ナク。考ヘナク。

くうふく (名) 空腹 ハラノヘルヿ。食ニ飢エタルヿ。枵腹

くうやねんブツ (名) 空也念佛 佛敎、天台宗ノ一派、仁明帝ノ皇子、常康親王ノ子、空也上人ヲ祖トス、京都ノ空也堂ヲ本山トシ、一老ノ上人ノミ淸僧ナリ、徒弟ハ、多ク優婆塞ニテ、瓢ヲ叩キテ、無常頌文ヲ唱ヘ、又、茶筅ヲ作リテ、歲末ニ、市中ニ賣ル、コレヲ鉢扣トイフ。

くうろん (名) 空論 據ドコロナキ論。

くえう (名) 九曜 (一)七曜ニ、羅睺星、計都星ヲ加ヘタル稱。(佛經ニイフ)(二)紋所ニ、中ニ、一ツノ大星アリ、外ニ、八ツノ小星、繞リ圍ミタル形。(三)又、本命星ノ一名。(其條ヲ見ヨ)

くえん (名) 苦鹽 苦消ニ同ジ。

くえる (動) 崩ユノ訛。

くが (名) 陸 〔くにがノ又、くぬがノ略〕海川ナドニ對シテ、人ノ歩ムベキ地ノ稱。クヌガ。ヲカ。陸。地。

くがい (名) 苦界 佛經ノ語、苦ノ絕エザル世界、卽チ、人間界。

くがいさう (名) 九蓋草 人家ニ多ク植ウ、春舊根ヨリ叢生ス、莖圓ク、高サ一二尺、葉ハ長クシテ鋸齒アリ、深綠色ニシテ、五葉每ニ、節ニ對生シ、八九層、十二三層ヲナス、夏、莖ノ頭ニ、六七寸ノ穗ヲ出シテ、小花密ニ綴ル、淡紫碧色ナリ。威靈仙

ぐかう (名) 愚考 愚案ニ同ジ。

〔くかたち (名) 探湯 上世、事ノ是非正邪ヲ判セムガ爲ニ、神ニ盟ハシメ、手ニテ熱湯ノ中ヲ探ラシムルヿ、傷セザルヲ正トシ、傷スルヲ邪トスト云フ。

くがぢ (名) 陸路 陸ノ上ノ路。(舟路ニ對ス)

くき (名) 莖 (一)草ノ中心ヨリ高ク出デテ、枝、葉、花ヲ生ズルモノ。(二)花、葉ノ蔕。ヂク。

〔くき (名) 岫 洞 山ノ洞アル處。

〔くき (名) 豉 〔漏キ、ノ義カト云〕豆醬ナラムカト云。

くき (名) 魚ノ名、うぐひニ同ジ。

くぎ (名) 釘 鐵ニテ、細ソク短ク作リ、一端ニ頭アリ、一端ハ尖レルモノ、材ト材トヲ合セムガ爲ニ打込ミ貫ク。又、竹一、木一モアリ。

くぎかくし (名) 釘隱 長押ニ釘打チタル痕ニ被フ飾物、金屬ニテ種種ノ形ニ作リ、樣樣ノ模樣ナド彫リツク。

くぎしめ (名) 釘締 戸、又ハ箱ナド、釘ニテ打付ケテ、開ケラレヌヤウニスルコト。

くきづけ (名) 莖漬 大根ナドノ、莖葉ヲ鹽漬ニセルモノ。

〔くぎぬき (名) 釘貫 柵ノ類。「門モ無クテ、唯、ートイフモノヲゾシタリケル」石ノ塔ヲ立テタリ、ー、瑞廻シテ、草、拂ヒナドシテ」ーナド新シクシタル墓アリケレバ」淸見ガ關ハ、片ツ方ハ、海ナルニ、關屋ドモ、アマタアリテ、海マデーシタリ」

くぎぬき (名) 釘貫 紋所ノ名、四角ナル形ノ四ツ角ヲ、上下左右ニ向ケタル象ヲ圖ス。

くぎぬき (名) 釘拔 打込ミタル釘ヲ拔キ去ル具、形、唐鋏ノ如クニシテ大ク、頭ハ鏑ノ如シ。 千斤秤

く-きん (名) 交趾鷄 〔肉ノ量、九斤アリトイフ義〕鶤鷄ノ屬、甚ダ大ナリ、全身、毛茸ニシテ、脚ニモ毛多シ、近年舶來ノ種ナリ。

〔く-きやう (名) 究竟 (一)極マリタルトコロ。畢竟。(二)至極。「隨身、アットモ、ーノ鷹飼ナリケレバ」

く-ぎやう (名) 公卿 攝、關、大臣ヲ公トイヒ、大、中納言、三位以上ヲ卿トイフ、參議ハ四位タリトモ亦之ニ入ル、大臣ート連ネテイヘバ、ーハ大、中納言、參議、三位以上ヲ指ス。又、卿相。月卿。(三)公九卿ノ條、見合ハスベシ)

くぎやう (名) 供饗 三方ノ條ヲ見ヨ。

〔くぎやかに (副) 際ヤカニ。クッキリ。分明

くぎり (名) 句切 (一)一句ノ切目。(二)キリ。キダ。カギリ。 段落

くぎる・ル・レ・ラ・リ・レ (他動) (規. 一) 句切 (一)句ノ所ニテ斷ル。(二)中途ニ段ヲナス。シキル。 劃

く-く (數) 九九 九ニ九ヲ乘ケタル數、卽チ、八十一。此語、乘算ヲ誦ミ習フ詞ノ稱トス、一一ガ一ヨリ、九九、八十一、ニ至ル。

〔くくク・ケ・カ・キ・ケ (自動) (規. 一) 漏 潛リ入ル。「自ニ我手股ニ久岐斯子也」春ノ野ノ、茂ミ飛ビー、鶯ノ」

くぐ (名) 莎草 草ノ名、海邊ニ生ズ、葉ハかやつりぐさニ似テ、高サ一二三尺、又、いともときニ似テ垂レズ、秋、小キ穗ヲ出シテ、花ヲ開ク、かやつりぐさニ似テ大ク、初メ靑ク、後ニ茶褐ナリ、莖ヲ刈リテ、簔ヲ作リ、又、ー繩ヲ作ル。 磚子苗草

〔くぐせ (名) 〔屈脊ノ義〕 傴僂ニ同ジ、

〔くくたち (名) 〔莖立ノ轉〕 菘ノ薹。 薹心

〔くぐつ (名) 裹 〔莎草ニテ編メルニ起ルカト云〕 藁ニテ編ミ作レル袋ノ如キモノ、藻、貝ナド入ル。「ーモチ、玉藻刈ルラム」キヌアヤヲ絲ノーニ入レテ」

くぐつ (名) 傀儡 偶人ヲ歌ニ合ハセテ舞ハスル伎。デクグツ。クワイライ。後、專ラ、女ノスル伎トナリ、轉ジテ、舞妓トナリ、終ニ遊女トナレリ。

くぐつまはし (名) 傀儡ノ伎ヲナス者。

くぐつめ (名) 傀儡ノ伎ヲナス女。

くぐなき (名) 雎鷄ノ鳴ク聲ニイフ語。

くぐなは (名) 莎繩 莎草ノ莖ヲ割キテ綯ヒタル細キ繩、錢差トシ、又、什器ヲ束ヌルナドニ用キル。

くぐひ (名) 〔聲ヲ名トセルカ〕 鳥ノ名、はくてうニ同ジ。

〔くぐまる・ル・レ・ラ・リ・レ (自動) (規. 一) 跼 カガム。カガマル。コゴム。

くくみ (名) 銜 (一)ククムコト。(二)クツワ。

〔くくむ・ム・メ・マ・ミ・メ (他動) (規. 一) 包 つつむニ同ジ。「單ノ御衣ヲ引キククミテ」袴ニ押シククミテ」搔イククミテ臥シヌル後」

くくむ・ム・メ・マ・ミ・メ (他動) (規. 一) 銜 口ノ中ニ持ツ。含ム。「ククミタル水ヲ吐キ捨テテ」米ヲ打チククミテ、食ヒケリ」

くくむ・ムル・ムレ・メ・メ・メロ (他動) (規. 二) 哺 銜マシム。口ニ含メテ食ハス。「親雀ノ、蟲ナド持テ來テククムルモ」胸ヲ明ケテ、御乳ヲククメ給ヒツ」

くぐめる (動) 哺ム(規. 二)ノ訛。

〔くぐもる・ル・レ・ラ・リ・レ (自動) (規. 一) 溟涬 曇ル。分明ナラズ。「渾沌如ニ鷄子一溟涬而含レ牙」

くくり (名) 括 (一)ククルコト。統ブルコト。(二)係蹄ノ類。「ーヲカケテ鹿ヲ捕リケル程ニ」水鳥ノ、脚ニ引カルル、蕁菜ハ、人モカマヘヌ、ーナリケリ」(三)指貫ナドノ裾ニ差通シテアル緒、括リ絞リテ結フモノナリ。「指貫ノー若ク勇ミタル男ニテ、ー高ヤカニ搔キ上ゲテ」

くぐり (名) 潛 (一)潛ルコト。(二)潛戸。

くくりぞめ (名) 括染 しぼりぞめニ同ジ。

くぐりど（名）潛戸 小ク低クシテ潛リテ出入スル門。（門ノ旁ノ小門ナドニ）耳門

くぐりまくら（名）括枕 綿ヲ布帛ニ包ミテ、兩端ニテ括リトメタル枕。（箱枕、木枕ナドニ對ス）枕嚢

くぐる・ル・レ・ラ・リ・レ（他動）（規. 二）括（一）束ヌ。シバル。縊ヒ結ブ。（二）絞染ヲナス。「木ノ葉ミチ、カラクレナヰニ、—トテ」秋ハ今日、クレナヰ—、立田川」鈎染（三）統ブ。マトムル。「多人數ヲ締メ—」（四）縊ル。「首ヲ—」

くぐる・ル・レ・ラ・リ・レ（他動）（規. 二）潛〔漏ク、ニ通ズ〕（一）水ノ下ニ入ル。カヅク。泳グ。「水ヲ—」（二）スベテ、物ノ下、間ナドニ、屈リテ入リ込ミ行ク。「垣ヲ—」門ヲ—」

くぐわつ（名）九月 年ノ第九ニ當ル月。長月。

くげ（名）公家（一）オホヤケ。朝家（二）公家衆。

くげしゆう（名）公家衆 中古、武家ノ起リシヨリ、別チテ、直ニ公家ニ仕フル臣人ノ稱。略シテ公家。堂上家。

くけつ（名）口訣 言葉ニテ傳フベキ肝要ナル事。

くけつのかひ（名）九穴貝 鰒ノ殼ニ、孔、九ツアルモノ、藥用トシテ、佳ナリナドイヒ、食ヘバ長年死セズナドイフ。

くけばり（名）絎針 絎ルニ用ヰル針。針ヲ絎ルニ用ヰル。

くげん（名）苦患 クルシミナヤムヿ。

くける・ケル・ケレ・ケ・ケ・ケヨ（他動）（規. 四. 變）絎〔括ル意カ〕絲ノ縫目ヲ表ニ現ハサズシテ縫フ。カクシヌヒニス。（帶、紐ナドニ）

くこ（名）枸杞 灌木、漢種ヲ移ス、大ナルハ、高サ七八尺、叢ヲナス、葉大クシテ、刺少ク、五瓣花ヲ開ク、實圓ク大ナリ、熟スレバ紅ニシテ、味甘シ、他名ニ對シテ、唐—トイフ。又、鬼—、一名、犬—ハ、野生ニ多ク、人家ニモ多ク植ウ、葉小ク、刺多ク、實小ク長クシテ、味苦シ、葉ヲ—ニ僞ル。枸棘

くご（名）供御 主上ノ御膳部。

〔くご（名）空篌 クダラゴト。

くこちや（名）枸杞茶 おにくさノ葉ヲ、製茶ノ如ク製シタルモノ、表テ飲ム、藥効アリトス。

くこん（名）九獻（一）酒盃ヲ、三獻ヅツ、三度差スヿ。（二）酒ノ異名。（女房詞）

くごもる・ル・レ・ラ・リ・レ（自動）（規. 二）口籠 聲、口中ニ籠リテ、際ヤカニ聞エズ。

くさ（名）草〔年毎ニ腐ル意カト云〕（一）植物ノ、成長、甚ダ高大ナラズシテ、莖、枝、共ニ、一年ニシテ枯レ腐ルモノ、明年ニ至リテ、根ヨリ芽ヲ生ズルアリ、根モ腐リテ、更ニ子ヨリ生ズルモアリ。（二）茅、藁ナドヲ屋ヲ葺クニ就キテイフ語。「—ノ屋」—ノ庵」—ノ戸」茅屋

くさ（名）種〔草ノ義カ〕（一）木トナリテ物事ヲ生ズルモノ。タネモト。「歎ヘ—」笑ヒ—」言ヒ—」あをくさみ—」（二）品。タグヒ。「一—」二—」

くさ（名）瘡〔腐ル意カ〕（一）泛ク、瘡ノ稱。「ハヤ—」齒—」（二）胎毒。

〔くさあはせ（名）鬪草 古ヘ、五月五日ニ、百草ヲ鬪ハシメテ戲トセシ—。

くさい（名）愚妻 他ニ對シテ、己ガ妻ヲイフ謙稱。山妻 荊妻

くさいちご（名）草莓 いちごノ條ヲ見ヨ。

くさうづ（名）臭水〔くさみづノ音便、臭氣アレバ名トス〕古名、燃水。石炭油ニ同ジ、特ニ、越後ノ、蒲原郡、草生水村等、其他、各地ニ出ヅルモノノ稱トス。石腦油

くさがくれ（名）草隱 茂レル草ニ隱ルルヿ。「斯ル—ニ、過シ給ヒケル年月ノ哀レモ」思ヒノ露漏レタル—モアルベカラズ」

くさかんむり（名）草冠 サウカウ。漢字ノ頭ニアルサノ字、字書ニテ、艸ノ首部ニ屬ス、芋、芝、花、芹、草、葉ナドノ如シ。草頭 草蓋頭

くさかり（名）草刈 野山ニテ、芻、又ハ、肥ノ草ヲ刈取ルヿ。又其人。芻蕘

くさかりがま（名）草刈鎌 草ヲ刈取ルニ用ヰル鎌。

くさかりぶえ（名）草刈笛 草刈童ノ吹ク笛。クサブエ。

くさかりわらは（名）草刈童 草刈ヲスル童。

〔くさがれ（名）草枯 秋冬ノ際、草草ノ露霜ニ枯ルルヿ。「—ノ籬ニ殘ル、撫子ヲ」—ノ、秋過ギヌベキ、女郎花」

くさぎ（名）臭木 原野ニ多シ、高サ丈餘、葉ハ桐ニ似テ小ク、對生シ、紫黑ヲ帶ブ、夏、枝ノ梢ニ、五瓣ノ白花、簇リ開ク、蕚ニ赤ミアリ、實、圓ク碧色ニシテ、大サゑんどうノ如シ。臭桐。臭梧桐

〔くさぎり（名）剉碪〔草切ノ義〕芻ヲ挫ク具。おし

ぎりノ類。

くさぎり (名) 臭桐 臭木ニ同ジ。

くさぎる・ル・レ・ラ・リ・レ (自動)(規・二) 耘 〔草切ルノ義〕田畠ノ雜草ヲ除ク。

くさぐさ (名) 種種 物事ノ色品多キヿ。「一ノ人」「一ノ物」

くさぐさ (副) 種種 色品多ク。イロイロ。サマザマ。「一アリ」

〔くさくだもの (名) 蓏 くだものノ條ヲ見ヨ。

くさざうし (名) 草草紙 〔草假名ノ草紙ノ義カ〕草紙ノ文ヲ、平假名ノミニテ記シ、挿畫ナドシテ、兒女ノ見ルニ供スベク作レルモノ。

くさし・キ・ケレ・ク・ク (形・二) 臭 〔腐ト通ズ〕(一)嫌ハシキ香アリ。鼻ニ惡シク匂フ。(二)熟語ニ用ヰテ、似たり、如し、らしナドノ意ヲナス。「古一」「素人一」

くさじし (名) 草鹿 草ニテ鹿ノ形ヲ作リテ、的トシテ射ヲ學ブヿ、騎射ニテ、笠懸ニ屬ス、狩ニ鹿ヲ射ルヲ習フナリト云。鹿ヲ張拔ニ作ルモアリ。

くさす・ス・セ・サ・シ・セ (他動)(規・一) 〔腐ヲハタラカス〕誹ル、ケナス。誹

くさずり (名) 草摺 〔裔ノ草ヲ摺ル意カ、或ハ、鏈リ綴リノ約カナドトモ云〕鎧ノ裳。鎧ノ腰ニ分レテ垂ルル短キ裾。ゴシヨロヒ。甲裳 腰甲

くさだか (名) 草高 田ノ米ノ出來高ヲ、收納ニ付キテイフ稱。假ヘバ、實收納十万石出ヅル地ニテ、四分ヲ公ニ納レ、六分ヲ氏ノ所得トスレバ、領主ハ卽チ四万石ヲ得、因テ、領地ノ實收納十万石ヲ一トト呼ビ、其四万石ヲ現石ト呼ブ。

くさだち (名) 〔草性ノ義〕本草學ノ語、灌木ナドノ、草ノ性ナルモノ。(木本ニ對ス) 草本

くさだんご (名) 草團子 草餅ニ同ジ、但シ、糯ナラズシテ、米粉ヲ用ヰルモノ。

くさとり (名) 草取 (一)生ヒタル草ヲ除キ去ルヿ。(二)草ヲ去ル具、形、熊手ノ小キガ如シ。

くさなぎのつるぎ (名) 草薙劍 三種神器ノ條ヲ見ヨ。

〔くさのかう (名) 草香 香料ニスル草、芸香ナラムカ。

くさのしる (名) 草綠 苔綠 〔草ノ汁ノ義〕繪ノ具、あゐらふニ雌黃ヲ和シタルモノ。

くさば (名) 草葉 草ノ葉。「一ノ露」一ニ宿ル、月影ノ」○一ノ陰。墓所。黃泉。

くさばうき (名) 草帚 はうきぐさノ老タル莖ヲ乾シテ、葉ト共ニ束ネ作レル帚、地ヲ拂フニ用ヰル。帚

くさばな (名) 草花 花咲ケル草ノ稱、多クハ、秋野ナドニテ觀ルニ就キテイフ。

〔くさはひ (名) 種 物事ノ種トナルモノ。「人ノ心ヲ動カスーニテムアルベキ」思沈ムベキー無キ時」

くさはら (名) 草原 草ノ生ヒ茂リタル地。平蕪

くさび (名) 楔 (一)木、鐵等ノ小片ノ、頭ヲ太ク、末ヲ細ソクシタルモノ、物ノ末ヲ物ニ貫ケル、其端ニ打込ミテ、脫クルヲ防グニ用ヰル。(二)車ニテハ、軸ヲ轂ニ貫キタル其端ノ穴ニ差ス。轄

くさびえ (名) 草稗 (一)のびえノ一名。(のびえノ條ヲ見ヨ)(二)はぐさノ一名。

〔くさひとがた (名) 芻靈 〔草人形ノ義〕藁人形ノ類、祭祀ニ用ヰルニ就キテイフ。

くさびら (名) 〔草片ノ義〕(一)蔬菜。(二)轉ジテ、キノコ。茸。菌

くさびらいし (名) 海中ノ石上ニ生ズル珊瑚類ノモノ形、菌ヲ積ミタルガ如シ。石芝

〔くさぶ (名) 蝟 〔草生ノ義ニヤ〕はりねずみノ古名。

くさぶえ (名) 草笛 くさかりぶえニ同ジ。

くさぶき (名) 草葺 茅、又ハ、藁ナドニテ、屋ヲ葺キタルヿ。草舍

〔くさぶし (名) 草臥 鹿ノ野山ニ臥スヿ。「小男鹿ノ、夜ノ一、明ケヌレド」小男鹿ノ、妻戀ヒカヌル、小野ノ一」

くさまき (名) 樹ノ名、いぬまきニ同ジ。

くさまくら (名) 草枕 旅寐ノ風情ニイフ語、野山ノ草ノ上ニ臥ス意アリ。

くさむすび (名) 草結 〔歌ニ、野ノ草ヲ結ビテ、路導トスルヿヲ詠メリ、コレニ起ルカ〕先立チテ事ヲ始ムルヿ。草創

くさむら (名) 叢 〔草群ノ義〕草、荆ナドノ生ヒ茂レル地。

くさめ (名) 嚔 〔聲ニテ名ツク〕古言、ハナヒリ。鼻ヲ衝キテ氣ノ急ニ發スルモノ聲アリ、寒サニ冒サルル時ナドニ

瘻スクシヤミ。

くさもち (名) 草餅 くさもちひニ同ジ、但シ、今ハ糯米ノ餅ニ、よもぎノ葉ヲ加フ、或ハ、おほはがらしヲ加ヘテ、色ヲ添フ。ヨモギモチ。艾糕

〔くさもちひ (名) 草餅 米ノ粉ニ、鼠麴草ヲ和シテ餅トセルモノ、草團子ノ類、上巳ノ供トス。

くさや (名) 草屋 (一)芻蕘ヲ貯フル所。(二)草葺ノ家。ワラヤ。カヤヤ。カヤブキ。茅屋

くさらかし (名) 腐 物ヲ腐ルヤウニナス藥。

くさらかす・ス・セ・サ・シ・セ (他動)(規、一) 腐 腐ルヤウニナス。

くさり (名) 鏈・鏁・鎖 (一)環ト環ト相貫キタルモノ。ワカリ。(二)又、環ヲ數多連ネテ長キ綱トセルモノ。(三)又、平カニ編ミ連ネタルモノヲモイフ。「ー帷子」ー袴」

くさり (名) 腐 クサルコト、腐リタル處。

くさり (鎖尾) 〔鏈ノ義ニテ、一段落ノ意カ〕 謠物、遊藝ナドノ一段ヲイフ語。「淨瑠璃一ー」手品ニ一ー」 閲

くさりかたびら (名) 鏈帷子 細カキ鏈ヲ平ニ綴リ合ハセテ作レル衣、甲トシ、下着ニ用ヰル。鎖甲 又、鏈袴モ同ジ。

くさりがま (名) 鏈鎌 武器、鎌ニ長キ鏈ヲツケテ、投ゲツクルニ用ヰルモノ。

くさりばかま (名) 鏈袴 くさりかたびらノ條ヲ見ヨ。

くさる・ル・レ・ラ・リ・レ (自動)(規、一) 腐 〔臭ト通ズ〕 (一)暑、濕等ニ傷メラレテ、餒レヤブル。餧ユ。(肉、飯ナド、食物ニ)(二)爛レ膿ム。(身體ニ)(三)朽ツ。(樹ニ)(四)鏽ビ朽ツ。(金屬ニ)

〔くさる・ル・レ・ラ・リ・レ (他動)(規、一) 鏈 綴リ繋グ。「神山ノ、岡ノ葵ヲ、クサリツツ」ソノ織目織目ヲクサリアヤツリテ」

くされ (名) 腐 くさりニ同ジ。

くされだま (名) 草連玉 ゆわうさうニ同ジ。

††くされる・レル・レレ・レ・レ・レロ (自動)(規、四・變) 腐ルノ轉訛。

くさわけ (名) 草分 (一)野路ナドノ草茂キ處ヲ分ケ行クコト。「ー衣」(二)草深キ荒地ヲ始メテ切リ開クコト。(三)何事ニモ、事ヲ始メテ起スコト。發起。草創

〔くさゐなぎ (名) 〔草居鳴ノ義カト云〕 野猪ノ異名。

くし (名) 首 〔奇シ、ニテ美ムル語ナリト云〕 カウベ。カシラ。「佛ノ御ー」

くし (名) 髮 〔首ニ生フルモノノ意カ〕 髮。「御ー」ー梳ル」ー上ゲ」

くし (名) 櫛 〔髮ヲ解クモノノ意カ〕 許多ノ細カキ齒アリテ髮ヲ梳ルニ用ヰル具、つげ、竹ナドニテ作ル。或ハ、玳瑁、象牙ナドニテ作リ髮ノ飾ニ挿スモアリ。唐ー、鬢ー、解ー、粗ー、すきー、挿シーナドアリ、各條ニ注ス。
○ーノ齒ヲ挽クガ如シ。往來、出入、甚ダ烈シ。旁午

くし (名) 串 〔櫛ト同語〕 (一)鐵、竹ナドニテ作レル細ソク箸ノ如キモノ、魚肉、果ナドヲ貫キテ、炙リ、又ハ、乾スナドニ用ヰル。丳 (二)スベテ、細ソク長クシテ、物ヲ貫クニ用ヰルモノ。籤 (三)幕ヲ張ルニ立ツル細ソキ柱。

〔くし・シキ・シク・シ・シク (形・二) 奇 奇ナリクスシ。靈妙ナリ。奇異ナリ。

くじ (名) 鬮 數多ノ竹木片、又ハ、紙捻ナドノ中ニ、標ヲツケオキテ、人ニ知ラシメズシテ、取リ中テサスルモノ、運ニ任セテ、事ヲ定ムルニスル事ナリ。

くじ (名) 公事 (一)オホヤケゴト。スベテ、朝廷ニテ行ハセラルル政事諸儀式ノ稱。(二)轉ジテ、事ヲ官府ニ訴ヘ出ヅル事。ウッタヘ。訴訟。デイリ。

くじ (名) 九字 臨レ兵闘者皆陣列在レ前ノ九字ノ稱、陰陽道ヨリ、兵家、修驗道ニ移リテ、護身ノ法ナリトテ、此九字ヲ呪ヘナガラ、指頭ニテ、空中ニ、先ヅ四縱線ヲ書キ、次ニ其上ニ、五横線ヲ書ク、コレヲーヲ切ルトイフ。

くじ (名) 九時 ときノ條ヲ見ヨ。

〔くしあげ (名) 結髮 髮ヲ結フコト。

くじか (名) 麕・麏・麖 〔麕ノ鹿ノ略カト云〕 鹿ニ似テ小クシテ、角ナク、毛ノ黄黒ナルモノ、雄ニ牙アリ、皮極メテ柔ニシテ、用多シト云フ、和產無シ。

くしがき (名) 串柹 つるしがきノ竹串ニ貫キタルモノ、下品トス。

くしがた (名) 櫛形 (一)古製ノ櫛ノ背ノ形。即チ、富士山ノ頂ノ如キ形ヲナスモノ。(二)壁ニ、ーノ通路ヲ作レル處、ーノ孔トイフ。瓦燈口。

〔くしき (形) 奇シノ形容法、其條ヲ見ヨ。

くじき (名) 挫 (一)クジクヿ。(二)骨ヲ挫キ傷メタルヿ。挫傷

〔くしく (形) 奇シ、ノ副詞法、其條ヲ見ヨ。「ー妙ナリ」

くじ・く・ク・ケ・カ・キ・ケ (他動) (規・一) 挫 (一)折リ傷ツク。曲ゲ摧ク。「骨ヲー」(二)勢ヲ抑フ。氣ヲ失ハス。ヨワラス。「兵氣ヲー」議論ヲー」

くじ・く・クル・クレ・ケ・ケ・ケヨ (自動) (規・二) 挫 (一)折レ傷ツク。曲ガリ摧クル。(二)ヨワル。氣ヲ失フ。屈ス。「勢ー」

くしげ (名) 櫛笥 櫛ヲ入ルル笥。クシバコ。

くしけづ・る・ル・レ・ラ・リ・レ (他動) (規・一) 梳 櫛ニテ梳ル。(髮ヲ)

サくじける (動) 挫ク(規・二)ノ訛。

くしこ (名) 串海鼠 いりこノ條ヲ見ヨ。

〔くしさし (名) 梟 〔串刺ノ義カ〕 梟首。獄門。

くしさし (名) 串刺 物、二ツ三ツ、串ニテ刺シ貫クヿ。

くじし (名) 公事師 人ニ代リテ、訴訟ノ公事ヲ扱フヲ業トスル者。代言人。

くじとり (名) 鬮取 鬮ヲ取ルヿ。鬮ニテ事ヲ定ムルヿ。クジビキ。拈鬮子

くしばこ (名) 櫛匣 梳ツル具ヲ納レオク匣。梳匣

くしはらひ (名) 櫛拂 櫛ノ垢ヲ拂ヒ去ル刷子。梳帚

〔くしび (名) 靈 奇ブルヿ。神靈ナルヿ。奇異ナルヿ。

くしひき (名) 櫛挽 櫛ヲ挽キ造ル工人。

くじびき (名) 鬮引 くじとりニ同ジ。

〔くしぶ・ブル・ブレ・ビ・ビ・ビヨ (自動) (規・三) 奇 奇シキ狀ナリ。

くしん (名) 苦心 深ク心ヲツカヒズルヿ。心痛。

ぐしん (名) 愚人 オロカナルヒト。アハウ。バカモノ。

ぐしや (名) 愚者 オロカナルモノ。アハウ。「ーノ一得」

くじやう (名) 苦情 難儀ナリトスル事情。

ぐじやう (名) 具狀 具ニ事情ヲ記シテ官ニ告グル文書。

くじやく (名) 孔雀 鳥ノ名、熱國ノ產、舶來ス、雄ハ、形、長大ニシテ、高サ三四尺、羽ノ色、五彩ニシテ、美麗ナリ、頂ニ三四寸ノ綠ナル長キ羽アリ、尾、甚ダ長ク、其羽ノ端ニ、金色ニシテ翠ナル珠ノ斑アリ、尾ヲ披ケバ、大ナル團扇ノ如クニシテ、最モ美ナリ、然レドモ、頂、尾ノ羽、共ニ大毒アリトイフ、雌ハ母鷄ノ形ニシテ、大ク、尾短ク、珠ナシ。

くじやくがひ (名) 孔雀貝 うぐひすがひニ同ジ。

くじやくせき (名) 孔雀石 いはろくしやうノ上品ナルモノ、蝦蟇ノ背ノ如キ凸凹アリ、鮮綠ニシテ光リ、孔雀ノ羽ノ色ニ似タリ。(綠青ノ條ヲ見ヨ) 蝦蟆背石綠

クシヤしゆう (名) 倶舍宗 〔阿毘(對)達磨(法)倶舍(藏)論ノ略、本論ノ名ヲ以テ稱ス〕 佛敎、八宗ノ一ノ名。

くしやみ (名) 嚔 くさめノ轉。

くじら (名) 鯨 くぢらノ誤。

くじり (名) 抉 (一)クジルヿ。(二)結目ヲ抉リテ解ク具、錐ノ如クニシテ、象骨ナドニテ作ルト云。觿

くじ・る・ル・レ・ラ・リ・レ (他動) (規・一) 抉 穿チエグル。

〔くしろ (名) 釧 古ヘ、臂ニ絡ヒタル飾物。ヒヂマキ。タマキ。

くす (名) 楠 喬木ノ名、葉ハたものきニ似テ短ク、互生シテ、冬凋マズ、春、新葉ヲ生ジテ後ニ、舊葉ハ落ツ、夏、小キ花ヲ開ク、白クシテ、黃ミアリ、後ニ、小ク圓キ實ヲ結ブ、秋ニ至リ、熟スレバ黑シ、實ヨリ蠟ヲ採ル、又、幹ノ心ノ赤黑キ處ヲ煎テ樟腦ヲ取ル、樹ノ老タルハ、木理亂レテ美シ、たまもくナド呼ビテ、器ヲ造ル。樟 心ノ赤黑カラザルモノヲ、やまくす、又、いぬくすトイフ。楠

くす (名) 藥 〔草ノ轉カト云〕 くすりニ同ジ、熟語ニ用ヰル。「ー玉」ー師」

サくす・ス・セ・サ・シ・セ (他動) (規・一) 致スヨコス。

〔くす・スル・スレ・セ・シ・セヨ (自動) (不規・二) 屈 屈ス。氣ガフサグ。「甚ク面瘦セテ、物思ヒ屈シ給ヘル」斯樣ノモノハ、屈セサセテアルゾヨキ」最屈シタリヤト笑ヒ給ヒ」

くず (名) 葛 〔國栖葛ノ略ニテ、吉野ノ國栖ノ產ヲ最トスルヨリ呼ベルカト云〕 クズカヅラ。宿根ノ蔓草、山野ニ多シ、豆ノ類ナリ、春生ズ、葉ハ互生シテ圓ク尖リ、一蔕ニ三葉ニシテ、ふぢまめ、又ハ、あづき、葉ニ似タリ、蔓ト共ニ、褐色ノ毛多シ、秋ノ初メ、梢ノ葉ノ間ニ、花穗ヲ出ス、三五寸ニシテ垂レ、豆ノ花ニ似テ紫赤ナリ、後ニ、莢ヲ結ブ、ささげまめニ似テ、狹ク薄シ、實、食スベカラズ、蔓甚ダ強ク、ふぢかづら、又ハ、葛布ヲ製シ、又、根ニテ葛粉ヲ製ス。(各條ニ注ス)

〔くず (名) 國栖 大和、吉野郡 國栖ノ人、(應神帝

以來)諸ノ節會ニ參リテ、贄ヲ獻ジ、歌笛ヲ奏スルヿ、コレヲ—ノ奏トイフ。

ぐ・す・スル・スレ・セ・シ・セヨ (自動) (不規・三) 具 ソナハル。ソロフ。

ぐ・す・スル・スレ・セ・シ・セヨ (他動) (不規・三) 具 ソナフ。ソロフル。「ハヤハヤト、硯、紙、具シテ責メ給フ」「弓矢取リ具シテ」

ぐ・す・スル・スレ・セ・シ・セヨ (他動) (不規・三) 倶 トモナフ。連ル。「隨身ヲ倶シテ出デ給フ」馬ニ倶シテ遣ハシケル歌」川瀨ノ千鳥、友倶シテケリ」

〔くずかづら (名) 葛トイフニ同ジ。

くずきり (名) 葛切 くずねりノ條ヲ見ヨ。

グスク (名) 〔御宿ノ音ナリト云〕 琉球ニテ、城。「中—」「豐見—」

くすくす (副) 竊ニ笑フ聲ニイフ語。「—笑フ」

くすぐつた・し・キ・ケレ・ク・ク (形・一) おそはゆしニ同ジ。

くすぐ・る・ル・レ・ラ・リ・レ (他動) (規・一) おそぐるニ同ジ。

くずこ (名) 葛粉 葛ノ根ヲ敲キ、水ニ浸シテ、汁ヲ揉ミ出シ、屢、漉シ、屢、水飛シテ取レル粉、色甚ダ白シ、大和ノ吉野ノ產、最上品ナリ、食用、其外、用多シ。

くすし (名) 藥師 〔藥スノ名詞法〕 病ヲ癒スヿヲ業トスル人。醫者。醫師。醫
〔くす・し・シキ・シケレ・シク・シク (形・二) 奇 〔奇シノ轉カ〕 奇シ。奇異ナリ。

〔くす・し・シキ・シケレ・シク・シク (形・二) 〔奇シノ轉カ〕 窮屈ナリ。「物忌ナド、グスシウスル者ノ」中納言ノ君、忌ノ日トテ、グスシガリ行ヒ給ヒシヲ」

〔くす・す・ス・セ・サ・シ・セ (他動) (規・一) 藥 〔藥ヲハタラカス〕 藥ヲ用ヰテ癒ス。藥ル。
くすだま (名) 藥玉 種種ノ香料ヲ玉ニシテ、種種ノ造花ヲ結ビ付ケ、五彩ノ絲ノ八尺許ナルヲ垂レタルモノ、簾、或ハ、柱ナドニ掛ケテ、不淨ヲ拂ヒ、邪氣ヲ避クトイフ、端午ニハ、菖蒲ヲ添ヘ、重陽ニハ、菊ヲ添ヘテ、新ト舊トヲ換フト云。續命縷 長命縷 又、玉ニ五彩ノ絲ノミ添ヘテ、身ニ繫クルヲ掛香トイフトゾ。
くずだまり (名) 葛溜 葛粉ノ餡。(餡ノ條ヲ見ヨ)
くずに (名) 葛煮 物ヲ煮テ葛粉ヲ加ヘタル者。
くすね (名) 藥煉 〔鼓絲黏ナドトモ書ス〕 松脂ニ油ヲ交セテ煮タルモノ、弓ノ弦ナドニ延ク。
くずねり (名) 葛煉 葛粉ヲ水ニ溶キ、砂糖ヲ加ヘ、煮テ固ク煉リタルモノ。グズモチ。又、うんどんノ如ク製スルヲ葛切トイフ。
〔くすは・し・シキ・シケレ・シク・シク (形・二) 奇 くすし、ニ同ジ。「古ヘニ、アリケルワザノ、クスハシキ、コトト言ヒツゲ」
くずふ (名) 葛布 葛ノ蔓ヲ苧トシテ織レル布、蔓ヲ煮テ水ニ浸シ、皮ヲ苧ヲ績ム如ク絲トシテ織ル、或ハ經ニ絹絲、或ハ、綿絲ヲ加フルモアリ、能ク水ニ堪フ、雨衣トシ、袴トシ、又、衾ナド張ル、遠州掛川ノ邊ヨリ產ズルモノ、名アリ。
くすぶ・る・ル・レ・ラ・リ・レ (自動) (規・一) 燻 ふすぼるニ同ジ。
‡くす・べる・ベル・ベレ・ベ・ベ・ベヨ (他動) (規・四・變) 燻 ふすぶニ同ジ。
くすぼ・る・ル・レ・ラ・リ・レ (自動) (規・一) 燻 ふすぼるニ同ジ。

くす・む・ム・メ・マ・ミ・メ (自動) (規・一) (一)實體ナリ。實直 (二)染色、縞模樣ナドニ、キラキラシカラズ。(東京)
くずもち (名) 葛餠 葛煉ニ同ジ。或ハ其中ニ餡ヲ包ミタルモノ。
くずや (名) 〔葛屋ノ義カ〕 くさや、かややニ同ジ。茅屋
くずゆ (名) 葛湯 葛粉ニ砂糖ヲ加ヘ、熱湯ヲ注ギテ淡ク溶キタルモノ。
くすり (名) 藥 〔藥ル、ノ名詞法〕 (一)身ニ用ヰテ病ヲ癒ス劑、植物ノ根、莖、皮、葉、花、實、或ハ、動物、鑛物ヲ煎煉シテ用ヰル。飮ムモアリ、膚ニ貼クルモアリ、煎ジ—、水—、蒸—、粉—、膏—ナド種種ナリ。(二)ヤキモノグスリ。(其條ヲ見ヨ)(三)火藥。
〔くすりがり (名) 藥獵 五月五日ニ、山野ニ入リテ、藥草ヲ採ルヿナリト云。
〔くすりこ (名) 藥子 元日ニ、屠蘇酒ヲ、先ヅ嘗メテ、供御ニ奉ツル童女ノ稱。
〔くすりし (名) 藥師ニ同ジ。
〔くすりのつかさ (名) 典藥寮ニ同ジ。
くすりばこ (名) 藥箱 (一)藥ヲ收メ置ク匣。(二)醫者ノ患者ノ家ヘ行クトキ、種種ノ藥品ヲ貯ヘテ携フル匣。ヤクロウ。藥籠
〔くすりび (名) 藥日 五月五日ノ稱、藥玉、藥獵ノ事アルヨリイヘルナルベシ。「—ノ、袂ニムスブ、菖蒲」
くすりゆ (名) 藥湯 浴スル湯ニ、藥ヲ加ヘタルモノ。(錢湯ナドニ)

くすりゆび（名）藥指〔常ニ藥ヲ點ジテ嘗ムルニ用ヰラル〕べにさしゆびニ同ジ。

〔くす・る・ル・レ・ラ・リ・レ（他動）（規・一）藥〕〔藥ヲハタラカス〕くすすニ同ジ。

くせ（名）癖 偏リテ物事ヲ好ム病。凸ク泥ミタル惡シキ習慣。

くせ（接頭）曲 直カラヌ。正シカラヌ。偏リタル。「一事」「一モノ」

ぐぜい（名）弘誓 佛經ノ語、佛ノ弘ク衆生ヲ濟ハムトノ誓。其誓ノ深キヲ海ニ譬ヘテ、一ノ海、又ハ、ちかひのうみ、或ハ、一ノ舟、ちかひのふねナドイフ。

〔くせぐせ・し・シキ・シケレ・シク・シク（形・二）〔癖癖ノ義〕僻ミタリ。「此ノ大將ハ、父大臣ヨリモ、御心ザマノ、ワヅラハシク、クセグセシキオホエマサリテ」

くせごと（名）曲事 道ニカナハヌ事。法ニ違フ事。曲事。

〔くぜち（名）口舌 言ヒ爭フ事。「秋立ツコロホヒ、ココカシコヨリ、一出來、其人ハ、其人ノ許ヘ行キナムト、言ヒノノシリケリ」

くぜつ（名）口說〔口舌ノ轉〕物言ヒ爭フ事。イサカヒ。（親シキ中ニイフ）

く・せん（名）口宣 頭ノ辨、直ニ敕命ヲ受ケテ、直ニ其人ニ官位ヲ授ケラルル事、五位以上ナリ。（宣旨ノ條、見合ハスベシ）

くせんあん（名）〔口宣案〕頭ノ辨ヨリ上卿ヘ達シタル口宣ヲ其家ニ納メテ、別ニ書寫シテ大外記ニ遣ハスモノトイフ。

くせもの（名）曲者 正シカラヌ者。ワルモノ。

くそ（名）屎〔腐、又ハ、臭ノ意〕（一）胃中ニテ、食物ノ消化レタル後ノ滓ノ、體ノ外ニ出ツルモノ。糞。大便。（二）垢。滓。「目一」「鼻一」滓

〔くそ（名）〔屎ノ義〕古ヘ、童兒ヲ呼ベル語。「面白キ事、宣フ一タチカナ」「一タチ、琴トリテ參レ」

ぐ・ソウ（代）愚僧 僧ノ自稱ノ代名詞、謙稱ナリ。

〔くそかづら（名）細子草 へくそかづらナラムカトイフ。

くそがへる（名）屎蛙 いぼがへるニ同ジ。

ぐ・そく（名）愚息 他ニ對シテ我ガ子ヲ謙稱スル語。

ぐ・そく（名）具足（一）具ハリ足レル事。ソロヒタル事。（二）什器。「子孫ドモニ、家ノ一負セテ」

ぐ・そく（名）具足〔具フ意ヲ、具足ト書キテ、音讀セル語カ、或云、甲冑ノ六具滿足セルヲ稱スル語ナリト〕（一）鎧。甲冑。（二）後ニ、鎧ノ製ノ、稍、粗ナルモノノ稱。

ぐそくし（名）具足師 甲冑ヲ製スルヲ業トスル工人。甲匠

ぐそくに（名）具足羹 いせえびヲ輪切ニシテ、羹付ケニシタルモノ、甲ヲ鎧ノ如ク見テ、名トス。

ぐそくびつ（名）具足櫃 甲冑ヲ納レ置ク櫃。

ぐそくもち（名）具足餅 鏡餅、又、鏡開ノ條ヲ見ヨ。

くそばい（名）くそばへノ訛。

くそばつた（名）つちばつたニ同ジ。

くそばへ（名）屎蠅 はへノ條ヲ見ヨ。

〔くそぶくろ（名）胃ノ古名。

ぐ・ぞん（名）愚存 己ガ意見ノ謙稱。愚意

くそむし（名）屎蟲（一）おがねむしノ古名。（二）蛆

〔くそわたぶくろ（名）〔わた 蓄シ、衍〕くそぶくろニ同ジ、胃ノ古名。

くだ（名）管（一）竹筒ナド、スベテ圓ク長メ、中空虛ナル物ノ稱。（二）機ノ具、緯絲ヲ卷キ付ケテ、梭ニ納レテ緯ヲ遣ルモノ。筟 緯管（三）絲車ノ紡錘ニ挿ム小キ軸。

○廿一ヲ卷ク。醉漢、漫語イフ。

く・だい（名）句題 和歌ノ題ニ、三代集ノ中ノ歌ノ一句ヲ抽キテ出スモノ。

くだいし（名）管石 くだたまニ同ジ。

くだいと（名）筟ニ卷キツケタル絲。

〔くだかけ（名）鶏〔東國ニテ、家ヲくたトイフトイ云、或云、百濟ヨリ渡レルヨリイフト〕鶏トイフニ同ジ、即チ、にはとりノ古名。「一ノ、早朝ニ鳴キテ」

くだ・く・ク・ケ・カ・キ・ケ（他動）（規・一）碎 摧 擊チテ破ル。コハス。

○心ヲ一。思ヒヲ一。種種ニ考フ。摧心

くだ・く・クル・クレ・ケ・ケ・ケロ（自動）（規・二）碎 擊タレテ破ルル。コハルル。

ぐだぐだ（副）物事ノ確トセズ固マラヌ狀ニ言フ語。

くだくだ・し・シキ・シケレ・シク・シク（形・二）（一）繁多ニシテ厭ハシ。濃ヤカナルニ過ギタリ。シツツコシ。煩縟（二）無用ノ繰言、ワヅラハシ。クドクドシ。グドシ。呶呶

くたくたと (副) 瘁エテ伏スガ如キ狀ニイフ語。「法師ハ、―絶入テ、纔ニ息バカリ通ヒケル」女房ハイフニモタヘズ、―シテ寄リ臥シタリ」

くだけ (名) 碎 碎クルヿ。碎ケタル物。

‡くだける (動) 碎ク (規・二) ノ訛。

くださる・ル・レ・ラ・リ・レ (他動) (規・一) 被下 〔規則動詞第二類變化ナルベキヲ、第一類ニ轉用セリ〕 賜ハル、ニ同ジ。

くだし (名) 下 (一)下スヿ。(二)クダシグスリ。

くだしぐすり (名) 下藥 大便ヲ通ゼシムル藥。下劑

〔くだしぶみ (名) 下文 (一)官府ノ命、令ノ文書。(二)鎌倉、室町ニ、政所ヨリ所領ヲ宛行フトキナドニ與フル文書。

〔くたす・ス・セ・サ・シ・セ (他動) (規・一) 朽 (一)朽チサス。腐ラス。「卯ノ花ヲ、―霖雨ノ」(二)惡クス。貶ス。「思ヒ―」言ヒ―」名ヲ―」

くだす・ス・セ・サ・シ・セ (他動) (規・一) 下降 (一)下ルヤウニナス。下ヘ遣ル。オロス。下グ。(二)劣ラシム。落ス。貶 (三)大便ヲ通ズルヤウニナス。(藥ニテ) 瀉 (四)勝チテ、我ニ從ハス。降參セサス。「敵ヲ―」降 (五)都ヨリ田舍ヘ遣ル。

くだたま (名) 管玉 まがたまノ條ヲ見ヨ。

〔くだつ・ツ・テ・タ・チ・テ (自動) (規・一) 〔降ルト通ズ〕 末トナル。傾ク。「ワカサカリ、甚ククダチヌ」夜―」

〔く‐たに (名) 苦膽 苦丹 植物ノ名、龍膽ナリトモ、牡丹ノ類ナリトモ、或ハ梔子ナリトモイフ。

くたにやき (名) 九谷燒 加賀ノ江沼郡九谷村ヨリ產ズル磁器、今ハ他ノ郡村ヨリモ出ス、質ハ瀨戶燒ニ似テ、染付ヲ佳シトスレド、赤繪、金襴手、却テ世ニ賞セラル。

〔くだのふえ (名) 小角 〔管ノ笛ノ義〕 はらのふえノ條ヲ見ヨ。

くたびる・ル・ル・レ・レ・レ・ロ (自動) (規・二) 草臥 〔腐ヲハタラカセタル語カ、草臥ノ字ハ、詩經ノ古點ニ、跋涉ヲくさぶし、みづわたるト讀ミタルニ起ル〕 歩ミ、又、働クニ過ギテ疲ル。働キテ弱ル。疲勞 疲倦

くたびれ (名) 草臥 クタビレタルヿ。ツカレ。疲勞

‡くたびれる (動) くたびるノ訛。

‡くたぶれる (動) くたびるノ訛。

くだまき (名) 管卷 蟲ノ名、きりぎりすノ類、頭小ク、身大ク、髭アリ、羽大ク、羽ヲ振ヒテ聲ヲナスヿ、繰車ノ如シ。クダムシ。スイト。莎鷄

くだん (名) 件 〔件ノ音便〕 前ニアル事ヲ指シテイフ語、彼ノ―ノ、トイフベキ略。「―ノ事」―ノ文面」依テ―ノ如シ」

くだむし (名) 管蟲 くだまきノ條ヲ見ヨ。

くだもの (名) 果 〔腐物ノ義ニテ、熟スレバ腐ルルガ故ニイフト云、或云、木種物ノ轉、或云、木之物ノ轉上〕 おのみニ同ジ、多クハ食スベキニ就キテイフ。又、瓜類ノ草ノ實ヲ、古クハ、草―トイフ。菓

〔クダラごと (名) 百濟琴 〔百濟ヨリ渡セリト云、くだらハ舊多羅ノ義ナラム、韓ノ地名ニ多羅トイフガアリト云〕 瑟ニ似テ小ク、七絃ニシテ、撥ヲ用キテ琵琶ノ如ク彈クモノゾ。箜篌 又、二十三絃ニシテ、體曲リテ長ク、竪ニ抱キテ、兩手ニテ齊シク彈ズルモノヲ、竪箜篌トイフト云。

くだり (名) 下 (一)クダルヿ。サガルヿ。(二)都ヨリ田舍ヘ行クヿ。(三)時ノ移ルヿ。「申ノ―ニ候ヒニタリトイフ」(四)記シタル文ノ、上ヨリ下マデノ一列。行。「前ノ―」三―ノ文」行 (五)クダリアメ。(六)クダリバラ。

〔くだり (名) 件 〔行ノ義〕 前文ニアリシ事ヲ取テ、其事ヲ指シテイフ意ノ語。「彼ノ―ノ事」彼ノ―ノ三條ノ東、角ニ向ヒタル家、小キアリ」

〔くだり (接尾) 〔行ノ義カ〕 裝束ナドノひとそろひヲイフ語。「睦月ノ御裝束ナド、アマタ―」領

くだりあめ (名) 〔瀉ヲ治ストテ云〕 地黃煎ヲ加ヘタル膠飴ノ稱。

くだりはら (名) 瀉腹 下痢ノ條ヲ見ヨ。

くだりむね (名) 下棟 棟ノ端ヨリ折レ下リテ、檐ノ角ニ至ル棟。

くだりやな (名) 梁ノ條ヲ見ヨ。

くだりやみ (名) 下闇 下旬ノ闇夜。

くだる・ル・レ・ラ・リ・レ (自動) (規・一) 下降 (一)上ヨリ下ヘ行ク。オルル。サガル。(二)時、移ル。「日ヤウヤウクダリテ」巳ノ時、打チクダリテノ程ニ」(三)世、末トナル。「クダレル世」「世ノクダル程ニ」季世 (四)劣ル。品落ツ。劣 (五)大便烈シク通ズ。瀉 (六)都ヨリ田舍ヘ行ク。「伊豫介、神無月朔日頃ニ―」母ハ筑前守ノ妻ニテクダ

リケレバ」(七)戰ニ負ケテ敵ニ從フ。降參ス。降

くち (名) 口 (一)顏ノ下ノ方ニテ、脣ヨリ喉ニ通フ穴、中ニ齒舌アリ、物ヲ言ヒ、又、食ヲ受ク。(二)口ヨリ出ヅル言葉ヲモイヒ。「－ニ任ス」ヒト－ニ言フ」－ヲ合ハス」－ヲ消ス」(三)家ノ出入スベキ處。戶口。門戶 (四)物ニ、出シ入レスベキ穴。「匣ノ－」「壜ノ－」口 (五)事ノ端。ハジメ。オコリ。「議論ノ－」端緒 (六)タツキ。テヅル。「奉公ノ－」嫁入ノ－」賣レ－」マウケノ－」(七)スキマ。ヒマ。アナ。隙 (八)物ノ口ニ支ヒ置ク物。栓。「德利ニ－ヲスル」－ヲ支フ」(九)タグヒ。ルヰ。「此－ノ品物」品類 (十)一人食フベキ糧。「－ヲ減ラス」－ヲ貰フ」口糧
○－ヲ寒グ。－ヲ閉ヅ。－ヲ噤ム。默ス。ダマル。默
○－ノ端ニカク。取リ出デテ言フ。掛齒牙 ○－ニ糊ス。食料ヲ求メ得。糊口 ○－ヲキク。物言フ。○－ヲ切ル。始ム。○－ヲタタク。饒舌ル。鼓口

くち (名) 鮸 魚ノ名、いしもちノ條ヲ見ヨ。

ぐ-ち (名) 愚痴 (一)オロカナルヿ。(二)詮ナキヿヲ言ヒ歎クヿ。

くち-あけ (名) 口明 (一)物ノ口ヲ開クヿ。クチキリ。(二)事ノハジマリ。

くち-あひ (名) 口合 (一)話、心ニ合ヒテ逆ハヌヿ。(二)地口、語路ノ類。

くち-い・る・ル・ル・ルレ・レ・レ・レヨ (自動)(規、二) 口入 口出ス。「スベテ、カカル事ニ、口入レジトゾ思フニ」挿嘴

くち-いれ (名) 口入 此方ノ用事ヲ彼方へ言ヒ入ルルヿ。言傳ノ仲立スルヿ。口入。牙

くち-うつし (名) 口移 物ヲ先ヅ己ガ口ニ含ミテ、他ノ口ニ入ルルヿ。(小兒ニ哺スルナドニ)

くち-うら (名) 口占 他ニ物言ハセテ、其心底ヲ計リ知ルヿ。「－ヲ引ク」

くち-おも・し・キ・ケレ・ク・ク (形、二) 口重 物言ヒ敏カラズ。

くち-がき (名) 口書 罪ヲ白狀シタルヲ書キ留メタルモノ。口供 訊牒

くち-がしこ・し・キ・ケレ・ク・ク (形、二) 口賢 物言ヒ、サカシラナリ。利口

くち-がた・し・キ・ケレ・ク・ク (形、二) 口固 (一)くちおはしニ同ジ。「實ニ過ギアリケリトハ言ハデ、クチガタウアラガヒタル」(二)言フヿ確カナリ。「クチガタク言フ」クチガタキ約束」

くち-がため (名) 口固 固ク言ヒ契ルヿ。言ヒ洩ラス勿レト約束スルヿ。クチドメ。

くち-がる・し・キ・ケ・レ・ク・ク (形、二) 口輕 多ク易ク物言フ。

くち-き (名) 朽木 朽チタル木。クサレギ。

〔くち-き-がき (名) 朽木書 畫ヲ燒筆ニテカクヿナリト云。(燒筆ヲ朽筆トモイフトゾ)〕

くち-きき (名) 口利 巧ニ物言フ人。談判相談ナドニ慣レテ巧ナル人。

くち-き・く・ク・ケ・カ・キ・ケ (自動)(規、一) 口利 物言フ。語ル。

くち-ぎたな・し・キ・ケレ・ク・ク (形、二) 口穢 物言ヒノ狀、卑シ。罵ルヤウニ言フ。

くち-ぎり (名) 口切 くちあけニ同ジ。

く-ちく (名) 苦竹 マダケ。

くち-ぐすり (名) 口藥 鳥銃ノ火蓋ニ用ヰル火藥 (火繩筒ニ) 信藥

くち-ぐせ (名) 口癖 言ヒ慣レテ癖トナリタルヿ。恒言

くち-ぐち (副) 口口 一同、皆言ヒテ。「－罵ル」衆口

++くち-ぐるま (名) 口車 (欺クヲ、俗ニ載スルトイフヨリ云) 言葉ノ言廻ニテ、人ヲ誑カシ誘フヿ。

くち-ごたへ (名) 口答 コトバヲカヘスヿ。抗ヒテ答ヘヲナスヿ。(尊長ナドニ) 抗論

くち-ごは・し・キ・ケ・レ・ク・ク (形、二) 口强 言ヒ爭ヒテ負ケズ。根强ク言ヒ張ル 是ハ、サラニ、サヤウニ、差除ケナドスベキ御車ニモアラズト、口强クテ、手觸レサセズ」抗辯

くち-ごも・る・ル・レ・ラ・リ・レ (自動)(規、一) 口籠 言葉、口ノ中ニ籠ル。物言ヒ、分明トセズ。クゴモル。

〔くち-さか・し・シキ・シケレ・シク・シク (形、二) 口賢 くちがしこしニ同ジ。

くち-さがな・し・キ・ケレ・ク・ク (形、二) 物言ヒ不祥シ。惡シ狀ニ言觸ラス。囂

くち-さき (名) 口先 (一)口ノ端。喙 (二)心ニ思ハヌヿヲ、ウハベバカリニ言フヿ。

〔くち-さきら (名) 吻 (口裂ノ意ト云) 口ノ左右ノ邊。クチワキ。
くち-し・キ・ナレ・ク・ク (形、二) 食ニ飽キタリ。「腹ガクチイ」
くち-すぎ (名) 口過 食ヲ得テ生活スルヿ。ヨスギ。クラシ。スギハヒ。 餬口
くち-ずさび (名) 口號 クチズサブヿ。
くち-ずさ・ぶ・ブ・ベ・ベ・ビ・ベ (他動)(規、一) 口號 何トナク物言フ。戲レヤウニ言フ。
くち-ずさみ (名) くちずさびニ同ジ。
くち-ずさ・む・ム・メ・マ・ミ・メ (他動)(規、一) くちずさぶニ同ジ。
くち-すす・ぐ・グ・ゲ・ガ・ギ・ゲ (自動)(規、一) 嗽 (口濯グノ義) 水ニテ口ノ中ヲ濯ギ、ウガヒスル。
くち-そそ・ぐ・グ・ゲ・ガ・ギ・ゲ (自動)(規、一) 嗽 くちすすぐノ誤。
くち-だし (名) 口出 人ノ話シノ間ニ差入リテ口利クヿ。 挿嘴
くち-づから (副) 口 (口之從ノ義) 己レノ口ヨリ親シク。「―言ヘラク」
くち-つき (名) 口付 (一)口ノ姿。「―、最、愛敬ヅキ」(二)物言ヒノ狀。「御歌ドモゾ、ナベテノ人ノ―ニテ」虚言ヲ善ク言馴レタル―ヨリゾ、言出ダスラム」
くち-つき (名) 口附 牛馬ノ口ニ附キテ牽ク者。クチトリ。
くち-づ・く・ク・ケ・カ・キ・ケ (自動)(規、二) 口付 口馴ル、ニ同シ

くち-づけ-よ (副) 口付 口癖トナリテ。「―言フ」
くち-づたへ (名) 口傳 人ヨリ人ニ言ヒ傳フルヿ。
〔くち-づつ (名) 物言ヒノ拙キヿ。
〔くち-づづみ (名) 口鼓 したうちニ同ジ。
〔くち-て-づつ (名) くちづつニ同ジ。「己レハ、―ニテ、人ノ笑ヒ給フバカリノ物語ハ、エシハベラジ」
くち-どめ (名) 口止 秘スベキヿヲ洩ラスヿ勿レト、禁メオクヿ。クチガタメ。クチフサギ。
くち-どり (名) 口取 (一)馬ノ口ヲ取リテ牽ク者。クチツキ。 馬丁 馬奴 (二)クチトリザカナ。
くち-どり-ざかな (名) 口取肴 料理ニ、味甘ク濃ク製シタル肴ノミ、取添ヘタルモノ。
くち-なし (名) 山梔 (口無ノ義、實熟スレドモ開カズ) 灌木ノ名 人家ニ多ク栽ヱテ雜トシ、又、花ヲ賞ス、高サ丈餘、葉ノ形、長クシテ末廣ク、厚ク堅ク、互生ス、夏ノ初ニ、六瓣ノ白花ヲ開ク、香氣アリ、實ハ、椎ノ實ニ似テ長大ニシテ、竪ニ六ツノ角アリ、熟スレバ黄ナリ、内ニ紅肉白子アリ、黄色ノ染料トス。 梔子
くち-なは (名) 蛇 (形、朽繩ニ似タレバ云フ、或ハ、繩ニ似テ、口アル意カトモイフ) へびニ同ジ。
くちなは-いちご (名) 蛇莓 へびいちごニ同ジ。
くち-な・る・ル・レ・レ・レ・レヨ (自動)(規、二) 口馴 物言フニ馴ル。常ニ馴レテ言フ。クチヅク。
くち-ば (名) 朽葉 (一)落葉ノ朽チタルモノ。(二)クチバイロ。
くちば-いろ (名) 朽葉色 朽葉ノ色、即チ黄ニシテ赤ミアル色。 赭黄

くち-ばし (名) 嘴 喙 (口端ノ義) 鳥ノ口ノ端。觜。クチサキ。
くち-ばし・る・ル・レ・ラ・リ・レ (他動)(規、二) 口走 言フマジキヿヲ誤リテ洩ラシ言フ。 失口
〔くち-ばみ (名) 蝮 (口ニ發アレバイフナルベシ) 蝮トイフニ同ジ。マムシ。
くち-び (名) 口火 鳥銃ノ火蓋ニ用ヰル火。(火繩筒ニ) 藥綫
くち-びる (名) 脣 唇 (口縁ノ轉カ、口片ノ轉カ) 口ノ四面ノ縁。
くち-ぶえ (名) 口笛 脣ト齒トヲスボメテ息ヲ吹キテ、笛吹クガ如キ音ヲナスヿ。 肉笛
くち-ふさぎ (名) 口塞 物言フヿヲ止ムルヿ。クチドメ。
〔くち-ふで (名) 朽筆 燒筆。
くち-べに (名) 口紅 (一)婦人ノ脣ニ塗ル紅。(二)花ナドノ瓣ノ周圍ノ紅ナルモノ。
くち-へん (名) 口偏 漢字ノ偏ニアル口ノ字ノ稱、叩、吐、吠、吹、吸、鳴ナドノ如シ。 口旁
くち-まね (名) 口眞似 他ノ物言フ狀ヲ眞似テ言フヿ。 學舌
〔くち-まねび (名) 口學 くちまねニ同ジ。「オノツカラ、妹ガツタヘノ、―、アラヌケシキモ、恥カシキ哉」
くち-まへ (名) 口前 モノイヒブリ。ハナシブリ。「―ノ好イ」
くち-まめ (名) 口忠 忠ニ物言フヿ。繁ク語ルヿ。 饒舌 多嘴

くちめ (名) 口女 〔神代紀ニ、此魚ニ口ノ疾アル事ヲイヘルニ起ル〕 (一)魚ノ名、いな。(畿内) (二)いせごひ。(西國)

くちもと (名) 口元 (一)口ノ邊。口ノ際。 口端 (二)口ノ姿。クチツキ。(三)入口。ハジメ。

くちやう (名) 區長 區ヲ治ムル職ノ長。(區ノ條ヲ見ヨ)

†くちやかまし・シキ・シケレ・シク・シク (形・二) 誨語多クテ煩ハシ。

くちよせ (名) 口寄 巫女ノ、死者ノ魂ヲ招キテ、己ガ口ニ藉リテ、其意ヲ述ブルコト。カミオロシ。「左近ノ、泣ク泣ク、御—ニ出立ツニ」

くちら (名) 鯨 〔口廣ノ約轉トイフ〕 (一)海獸ノ名、動物ノ中ノ最モ大ナルモノ、長サ數丈、形甚ダ魚ニ似テ、前脚ハ鰭ヲナシ、後脚ハ、尾ノ如クニシテ岐ヲナシテ横ニ着ク、鱗毛無ク、形、肥エテ圓クシテ、頂ノ上、頸ノ前ニ、孔アリテ、潮ヲ吹キテ呼吸ス、眼、體ニ比ブレバ小シ、色、種種ナリ、皮、骨、肉、筋、鬚等、全身、棄ツベキ所ナシ、脂、最モ用多シ、骨ヲ肥トス、肉、皮、皆、食スベシ、せびー ヲ最上トシ、おー、まつかうー、いわしー、ざとうー 等、種類多シ。(二)せびくぢらノ鰓ヲ細工ニ用ヰル稱、筬トモ、ひれトモ稱ス、口中ノ上下兩邊ニアリテ、櫛ノ齒ノ如シ、長キハ數尺、廣サ五六寸、厚サ五六分、色黑ク、柔軟ニシテ折リ斷チ難シ、簪、物差等、種種ノ細工ニ用ヰル、又、おくぢらナルハ色白シ、おろくぢらト稱シテ、最モ貴ブ。 鯨鬚 (三)鯨差ノ略。(其條ヲ見ヨ)

くぢらざし (名) 鯨差 ものさしノ條ニ注ス、初ハ鯨ノ鬚ニテ作リシカバ名トス、今ハ多ク竹ニテ作ル。

くぢらじやく (名) 鯨尺 くぢらざしニ同ジ。

くぢらとり (名) 鯨取 海上ニ出デテ鯨ヲ捕フル事。捕鯨

くぢらぶね (名) 鯨船 鯨取ニ用ヰル船。 捕鯨船

†くちる (動) 朽ツノ訛。

くちわき (名) 吻・〔口脇ノ義〕 口ノ左右ノ邊。

くちわけ (名) 口分 物ヲ類ニ因テ分クル事。 類別

くちゑ (名) 口繪 書物ナドノ首ニ掲グル畫。

くちをし・シキ・シケレ・シク・シク (形・二) 口惜 (一)飽カヌ心地セラレテ歎カハシ。「—ノ花ノ契ヤ」下司ノ家ニ、雪ノ降リタル、又、月ノ差入リタルモ、イト—」 (二)殘リ惜シ。殘念ナリ。「ゲニゾ、カシカマシト思フバカリニ、啼キアヒタル時鳥ノ聲ヲ、クチヲシウ御前ニ聞シメサズ」我レ、ナクナリヌトテ、クチヲシウ思ヒクヅヲルナト」 遺憾

くつ (名) 沓 〔字ハ鞜ノ略〕 (一)足首ニ着ケテ行クニ用ヰルモノ。ハキモノ。 履 (二)往時、束帶、衣冠等ノ時ニ用ヰタルハ、其製種種ニシテ、桐ヲ刻リテ淺ク作リ漆ニテ外ヲ塗レルヲ淺—トイフ。儀式ニ用ヰルハ、革製ニシテ紐アリ、靴ノ—トイフ。又、革製ニシテ、深クシテ、雨ニ用ヰルヲ深—トイフ。又、今ノ西洋製ナルハ多クハ、革製ニシテ、其形モ、長短種種ナリ。 靴 鞜

くつ・ツル・ツレ・チ・チ・チヨ (自動) (規・三) 朽 (一)乾キシボミテ壞ル。枯レ腐レテ毀ル。(草木ナドニ) (二)衰フ。廢ル。「老イ—」名—」

くづ (名) 屑 (一)スベテ、碎ケ、切レ、頽レナドシタル末ノモノ。(二)善キヲ去リ、後ニ殘リテ劣レルモノ。カスッスタレモノ。「人ノ—」品ノ—」

くついし (名) 沓石 椽ノ束柱ナドノ下ニ用ヰル礎。

くつう (名) 苦痛 苦シク痛ム事。

くつがた (名) 履楦 靴ヲ作ル模。

〔くつがた (名) 鴟尾 宮殿ノ棟ニ付クル飾物、古製ナルハ、靴履ノ形ノ如シ、故ニイフ。

くつかぶり (名) 沓冠 和歌ノ一體、折句ノ條ヲ見ヨ。

くつがへす・ス・セ・サ・シ・セ (他動) (規・一) 覆 崩反スノ意カト云〕 倒シテウラガヘス。ヒツクリカヘス

くつがへる・ル・レ・ラ・リ・レ (自動) (規・一) 覆 〔崩反ルノ意カト云〕 (一)倒レテウラガヘル。ヒツクリカヘル。(二)〔擧ナ鳳ヲ甚シク爲ス意ニイフ語。「戲レ—」愛デ—」

くつきやう (名) 屈竟 〔究竟ノ音便〕 (一)ツマルトコロ。畢竟。(二)極メテ勝レタル事。最モ善キ事。「—ノ武士」—ノ書手」

くつきよく (名) 屈曲 折レ曲ル事。

くつきり (副) クキヤカニ。キハヤカニ。キハダチテ。「色ノ—白イ」 分明

〔くつくつぼうし (名) —くつくつハ、鳴ク聲、ぼうしハ、影法師ナドノぼふしノ音便ナラム〕 蟬ノ類、今ノつくつくぼふし。 寒蜩

くつこ (名) 口籠 牛馬ノ口ニハムル籠、嚙ムヲ防グ。

今、藁繩ニテ粗ク編ミ作レルヲモ用ヰル。
くつし (名) 沓師 沓ヲ造ル工人。 靴工
くつした (名) 襪 クツスフ。クツシタルモノ。
くつした (名) 沓下 沓ノ内ニ穿ク足袋。 韈
くつす・スル・スレ・セ・シ・セヨ (自動) (不規・二) 屈 カガム。クジクル。折レ從フ。「心ー」勢ー」
くつす・スル・スレ・セ・シ・セヨ (他動) (不規・二) 屈 カガムルグジク。ヲリマグ。「心ヲー」八ヲー」
くつす・ス・セ・サ・シ・セ (他動) (規・二) 崩頽 (一)堀リ毀ツ。碎キ毀ス。「山ヲー」家ヲー」(二)破リテ散ラス。潰ヤス。「敵陣ヲー」 破潰 (三)惡シクナス。亂シテ衰ヘシム。「風俗ヲー」政事ヲー」 壞 (四)畫ヲ省ク。「字ヲー」草書ニー」 省
くつずみ (名) 沓墨 革沓ニ塗ルニ用キル墨汁。
くつせつ (名) 屈折 ヲレマガルコト。
くつぞこ (名) 沓底 (一)沓ノ底。 靴底 (二)魚ノ名、あかしたびらめノ條ヲ見ヨ。
くつたくす・スル・スレ・セ・シ・セヨ (自動) (不規・二) 屈託 偏ニ泥ミテ憂フ。其事ヲノミ氣ニカクル。 懊惱
✝くつつく・ク・ケ・カ・キ・ケ (自動) (規・一) 着ク、トイフニ同ジ。(東京)
くつと (副) (一)勝レテ。十分ニ。「ー好キ」ー承ケ引ク」(二)一時ニ。「ー飮ム」
くつな (名) 魚ノ名、あまだひニ同ジ。(西國)
くつぬぎ (名) 履脫 家ノ戸口ニテ、はきものヲ脫ギ棄ツル處。
〔くつはみ (名) 〔口食ノ轉〕 くつわニ同ジ。「白妙ノ、駒ノー、引留メテ」 銜
〔くつびき (名) 臥機 〔沓引ノ義〕 機ノ具、麻繩ニテ作リ織ル者ノ足ニ縛リ着ケテ、足ノ屈伸ニ隨ヒテ、俯仰セシムル機。今、スソヲ。
くつぶく (名) 屈伏 勢ヒ挫ケテ從フコト。
〔くつほる・ル・ル・レ・ラ・リ・レ (自動) (規・一) 壞 くづるニ同ジ。「形、久都保里」
くづや (名) 人家ニ就キテ、紙屑ヲ買ヒ集ムルヲ業トスル者。カミクヅカヒ。(東京)
くづる・ル・ルル・レ・レ・レ・レヨ (自動) (規・二) 崩壞頽 (一)碎ケ毀ル。「山ー」家ー」(二)破レ散ル。潰ユ。「敵陣ー」 潰散 (三)惡シクナル。亂レ衰フ。「風俗ー」政事ー」 弊
くづれ (名) 崩 クヅルルコト。クヅレタルモノ。
✝くづれる (動) 崩ル、ノ訛。
〔くつろかに (副) 寛ギタル狀ニ。「女房櫻ノ唐衣ドモ、ー脫ギ垂レツツ」
くつろぎ (名) 寛 クツログコト。ユルミ。
くつろぐ・グ・ゲ・ガ・ギ・ゲ (自動) (規・一) 寛 (一)寛ヤカニナル。ユルム。(二)身ヲユルヤカニシテ起坐ス。
くつろぐ・グル・グレ・ゲ・ゲ・ゲヨ (他動) (規・二) 寛 クツログヤウニナス。ユルヤカニナス。ユルムル。
✝くつろげる (動) 前條ノ語ノ訛。
くつわ (名) 轡 〔口輪ノ轉〕 古名、クツバミ。馬ノ口中ニ含マシムル具、鐵ニテ作ル、古今、其製、種種ナレド、環中ニ十字形アルモノ常ナリ、手綱ニ着ケテ馬ヲ御スル用トス。 銜
✝くつわ (名) 亡八 〔伏見ノ遊里ノ撞木町、十字ニ劃リテ轡ノ形シタレバ、くつわ町トモ稱セシニ起ルトゾ、倘、亡八ノ條ヲ見ヨ〕 遊女屋、遊里ノ異稱。 娼家
〔くつわづら (名) 〔轡連ノ義〕 手綱ニ同ジ。
くつわむし (名) 轡蟲 きりぎりすノ屬、翅濶ク、腹黃ニシテ、前脚長ク、疾ク走リ跳ル、秋、鳴ク、がちやがちやト聞エテ、轡ヲ鳴ルガ如シ、籠ニ畜ヒテ聲ヲ聞ク。 聒聒兒
〔くつわら (名) 履屧 〔沓藁ノ義カ〕 屧ノ中ニ敷ク物。
〔くづをる・ルル・ルレ・レ・レ・レヨ (自動) (規・二) 〔崩折ルル義ト云〕 氣落スル。聽スヒルム。「心モ、ミナ、クヅヲレニケリ」老イクヅヲレタラム人ノヤウニ」
くて (名) 湫 〔窪手ノ略カ〕 低クシテ水アル地ノ稱ト云。尾張ニ、長ー、美濃ニ、大ー、細ー 等ノ地名アリ。
ぐてい (名) 愚弟 他ニ對シテ己ガ弟ノ謙稱。
くてう (名) 口調 言葉ニ言廻ハス調子。語路。(詩、歌、文章、謠物ナドニ)
くでう (名) 九條 袈裟ノ九幅ニ製シタルモノ。
くでま (名) 工手間 工匠ノ物ヲ作ル手間。又、其賃。
くでん (名) 口傳 (一)クチヅタヘ。言葉ニテ傳フルコト。(文字ニ記スニ對ス) (二)技ノ奧義ナド、秘シテ、唯、言葉ニテ敎フルコト。

くど (名)〔曲突ノ音カトモ云〕(一)竈ノ後ノ穿。ケムリダシ。竈突 (二)オ、訛シテ、直ニ竈ノ稱。

くとう (名) 句讀 句ノ條ヲ見ヨ。

くどき (名) 口說 クドクコト。繰返シテ言フコト。

くどく (名) 功德 佛經ノ語、善キ作業。功力。

くどく・ク・ケ・カ・キ・ケ (他動)(規.一) 口說〔口說クノ略カト云〕(一)繰返ヘシテ說ク。複說 (二)迫リテ切ニ說ク。

くどくどし・シキ・シケレ・シク・シク (形.二) くだくだしニ同ジ。呶呶 喃喃

くどし・キ・ケレ・ク・ク (形.一) くどくどし、くだくだしニ同ジ。

ぐどん (名) 愚鈍 愚ニシテ智ノ鈍キコト。

くないしやう (名) 宮內省 古ヘ、八省ノ一、宮中、大小ノ事務、及ビ調度等ノ事ヲ掌ル。今ノ省モ略、同ジ。

くなう (名) 苦惱 クルシミナヤムコト。苦痛。

(くながひ (名) 婚 男女抱キ合フコト。

(くなぐ・グ・ゲ・ガ・ギ・ゲ (他動)(規.一) 男女、互ニ手ヲ交ヘテ抱ク。「妻ヲスバ人ニクナガレテ」

(くなどのかみ (名) 岐神〔神ノ本號ヲ來名戶トイフ〕岐ノ神。

くに (名) 國 (一)スベテ一區域ノ地ノ稱。(二)道ノ內ニテ、數郡ヲ統ブル土地ノ分界ノ稱。州 (三)大名小名ノ、都ニ居テ、其領地ヲ呼ブ稱。「一許」「一詰」「一替」封國 (四)他鄉ニ居テ己ガ鄉貫ヲ稱スル語。「一ヘ歸ル」鄉國 (五)地球ノ上ニテ、大小、境ヲ成シテ、他ト異ナル政府ノ下ニ統ベラルル土地ノ稱。「日本ノ一」「支那ノ一」「英吉利ノ一」國 邦

‡ぐに (名) 五二 博奕ノ語、二ツノ采ノ目ニ、五ト二ト並ビ出ヅルコト。

(くにか (名) 陸〔國處ノ義カ〕陸ニ同ジ。

(くにがた (名) 國形 國ノ形勢。

くにがへ (名) 國替 大名小名ノ領地ヲ、他處ニ換ヘテ賜ハルコト。移封

くにがら (名) 國柄 國ノ成立。國體

くにくづし (名) 國崩〔城ヲモ國ヲモ崩スベキ意〕石火矢ノ類。

くにたみ (名) 國人〔くにびとナルヲ、後嵯峨院ノ御諱、邦仁ヲ避ケテ訓ミ替ヘタルナリト云〕一國ノ人民。國民。

(くにつかみ (名) 地祇 下土ニ祀ル所ノ神。(天津神ニ對ス)

(くにつこ (名) 國造 くにのみやつこノ誤。

くにづめ (名) 國詰 大名小名ノ其領地ニ居ルコト。(江戶ニ參勤スルヲ江戶詰トイフニ對ス) 在封

(くにつもの (名) 土物 土地ニ產スル物。(貢物ナドニイフ) 土毛

(くにのはは (名) 國母ニ同ジ。一トナリタマヒテ、願ヒ滿チタマハム世ニ

(くにのみやつこ (名) 國造〔みやつこノ條ヲ見ヨ〕國造。上世、地方ヲ治メタル世襲ノ官 其區域、略、後ノ郡程ナリ。即チ、孝德帝ノ御時ニ、郡ヲ建テラレテ、多クハ郡司トナサレタリキ。

(くにはら (名) 國原 國ヲ共廣キニ就キテイフ語。

くにふ (名) 口入 クチイレ。

(くにみ (名) 國見 高キヨリ國ノ形勢ヲ望ミ見ルコト。

(くにみたま (名) 國御魂 其土地ヲ經營シテ功德アル神ノ稱。

くにん (名) 公人 (一)(公文所ニ召仕ハルル小吏。(二)禁中 地下ノ小官人ノ稱。

くにもち (名) 國持 國主ノ條ヲ見ヨ。「一大名」

‡ぐにやぐにや (副) 彈キ張ル力ノナキ狀ニイフ語。軟萎

(くねえかう (名) 薫衣香 くのえかうニ同ジ。

(くぬが (名) 陸 くにがノ轉 くがニ同ジ。

(くぬがのみち (名) 北陸道ノ古稱。

くぬぎ (名) 櫟 クノキ。樹ノ名、高キハ一二丈ニ及ブ、樹、葉、甚ダ栗ニ似テ、葉ノ形、細長ク、邊ニ刺アリ、雌一ハ、葉ノ形、多クユガミ、或ハ、葉ノ末、廣シ、雄一ハ形、正シクシテ、栗ノ葉ニ混ジ易シ、共ニ、冬、枯レズシテ、春、新葉ヲ生ズ、夏ノ初、葉ノ間ニ、花ヲ生ズ、栗ノ穗ニ似タリ、雌ハ、枝ノ上ニ實ヲ結ビ、秋熟ス、どんぐりトイフ。(其條ヲ見ヨ)材堅キガ故ニ、薪トシ、又、さくらぞみトス。(其條ヲ見ヨ) 櫟 橡

(くぬち (名) 國中 國ノ中ノ約。

くね (名) 生墻 (關東、越後)

くね (名) 田ノ畔。(伊勢)

〔くね-くね-し〕シキ・シケレ・シク・シク (形・二) 心佞ケタリ。ピズカシ。「クネクネシウ恨ムル人ノ心」事ニ觸レテヤスカラズ、クネクネシキ事、出來ナドシテ、オノヅカラ御中モ隔タルベカメリ」 拗戾

くねん-ぼ (名) 九年母 〔枸櫞木ノ音轉カト云〕古名、アヘタチバナ。樹ノ名、橘ニ同ジクシテ、刺、少シ、葉、長クシテ、淺ク粗キ刻ミアリ、實ノ形、大サ、柚ノ如ク、皮ノ厚サモ同ジ、肌、細カニシテ、熟スルコト遲ク、春ノ初ニ、皮ト共ニ食フ、香氣アリテ、味、甘酸ナリ。 香橙

くねり-みち (名) 紆曲リタル路。 羊腸

くね-る ル・レ・ラ・リ・レ (自動)(規・一) (一)クネクネシクスル。スネル。「母ナルモノモ、コレヲ異人ト思ヒワケタル事ト、クネリイフ事侍リテ」實ナラヌ事ヲモ、クネリイヒ」老イヒガミテ、クネリ腹立チテ」 拗戾 (二) ウネウネスル。ウネル。 紆曲

〔くの-えかう〕(名) 薫衣香 〔字ノ音ノ轉〕衣ニ薫ラスル香ナリト云。クヌエカウ。

くのぎ (名) 櫟ニ同ジ。

++ぐのめ (名) 采ノ目ニ五ノ出デタルコト。

くは (名) 桑 〔蠶葉ノ轉カト云、或云、食葉ノ略カト〕灌木ノ名、諸國ニ多ク植エテ、葉ニテ蠶ヲ養フ、春、葉ニ先ダチテ、花ヲ生ズ、穗ヲナシテ、楮ノ穗ニ似タリ、小キ實、簇リ生ジテ穗ヲナス、いちごノ如クニシテ長シ、初メ、青ク、後、赤ク、熟スレバ黒シ、味甘シ、(椹)葉ノ形、圓ク尖リテ、刻ミアルヲ眞ー、圓ー、(白桑)トイフ、厚クシテ汁多ク、蠶ヲ養フニ好シ、又、葉ニ岐アリテ薄キヲ山ー、薊ー(鷄桑)トイフ、此品藥用トモナス、材モ赤堅ク良シ、皮ニテ紙ヲモ製スベシ。

くは (名) 鍬 土石ヲ堀リ發ス具、頭ハ鐵製ニテ扁ク、內ニ曲リテ、長キ柄ヲ添フ。 耜鉏

〔くは〕(感) 〔是者ノ轉カ〕コハ。コレハ。「如何ニト問ヒ給ヘバ、ー、コレヲ御覽ゼヨトイヒテ」今、來ナムト言ヘバ、ー、此處ナリ、地藏ノオハシマス處ハ、ト言ヘバ」袖ヲヒカヘテ、ー、コレゾコレゾ、トテ引出デタリケレバ」

くは-いちご (名) 桑苺 桑ノ實ノ稱。 椹

く-ばう (名) 公方 (一)朝家。(二)足利義滿ノ頃ヨリ、征夷大將軍ノ借稱。

くは-がた (名) 鍬形 〔くわゐがたノ略カトモイフ〕兜ノ目庇ノ上ニ、雙ノ角ノ如ク立ツルモノ、一角ノ形、慈姑ノ葉ヲ側面ヨリ見タルガ如ク、其端、外へ反ル、中間ニ龍頭ナドノ立物ヲ立ツ。

〔く-はく〕(名) 琥珀ニ同ジ。

くは-ご (名) 〔桑ヲ食フ蠶ノ義〕蠶ニ同ジ。

くは-こぶ (名) 桑瘤 桑ノ樹ニ生ズルさるのこしかけ。

くは-ざけ (名) 桑酒 桑ノ實ニテ釀シタル酒、味、略、味醂ニ似テ芳烈ナリ、丹波ノ船井郡八木村ノ産、名アリ。

〔くは-し〕シキ・シケレ・シク・シク (形・二) 美 美シ。妙ナリ。「名ー」花ー」香ー」ー妹」ー女」

くは-し シキ・シケレ・シク・シク (形・二) 委 〔美シノ轉〕(一)事細カナリ。ツブサナリ。詳ナリ。「文義ー」調ベー」 精細 (二)事ノ意義ヲ辨ヘテ明ナリ。「學ニー」藝ニー」 精

くは-ず-いも (名) 不食芋 いしいもニ同ジ。

くは-だ-つ ツ・ツル・ツレ・テ・テ・テヨ (他動)(規・二) 企 〔際立ノ轉カト云〕(一)踵ヲ立ツ。(二)爲始ム。思ヒ立ツ。

くはだて (名) 企 クハダツルコト。思ヒ立ツコト。

++くはだてる (動) 企ツノ訛。

くは-ばら (名) 〔堂上ノ桑原家ハ、菅家ナレバイフト云、或云、桑原ハ菅家ノ領地、延喜ノ菅神ノ雷モ、其地ニハ落チザリシヨリイフト〕雷鳴ノ時ニ唱ヘテ、雷落ヲ避クベシトスル呪詞。

くはは-る ル・レ・ラ・リ・レ (自動)(規・一) 加 物ニ物添フ。益シ入ル。殖ユ。

くは-ふ フ・フル・フレ・ヘ・ヘ・ヘヨ (他動)(規・二) 加 物ニ物ヲ添フ。益シ入ルル。殖ヤス。

くは-ふ フ・フル・フレ・ヘ・ヘ・ヘヨ (他動)(規・二) 〔食合フノ轉カ〕口ニ輕ク嚙ミテ持ツ。「筆ノ後、クハヘテ思ヒメグラシ給ヘル狀」 銜

くはへ (名) 加 (一)クハフルコト。(二)酒ヲ盛ル器、銚子ノ酒ノ減リタルニ注シ加フルニ供フルモノ。「銚子ー」

++くはへる (動) 加フ、又ハ、銜フノ訛。

〔くは-まゆ〕(名) 桑繭 桑ノ樹ニ自生スル蠶。山繭ノ類。「引ク人モ、無クテヤミヌル ーノ、イタヅラモノハ、我身ナリケリ」 桑蠶

〔くは-ゆき〕(名) 烏頭 からすかしらノ條ヲ見ヨ。

++くはゆる (動) 加フ、又ハ、銜フノ訛。

くば-る ル・レ・ラ・リ・レ (他動)(規・一) 配 (一)分ケテ與フ。

銘銘ニ割リツク。(二)遍ク亙ラス。「心ヲー」目ヲー」(三)配偶ス。「初ノ腹ノ二三人ヲ、皆、サマザマニクバリテ、オトナビサセタリ」

くはる・ル・レ・ラ・リ・レ (自動)(規・一) 燒 火ニ入リテ燒クル。「綿ガ火ニー」

くひ (名) 杙 (一)長キ材ヲ、地ニ打込ミ、或ハ、埋メ立テタルモノ。「柵ノー」榜示ー」橋ノー」澪ー」網代ノー」(二)(ときのくひ。「丑ノー」四ツー」

〔くひ〕(名) 杌 樹ヲ伐リテ殘レル株。「伐リー」ーせ」

〔くひ〕(名) 蠮螉 〔食入ル意カ〕 牛馬ノ皮中ニアル蟲ナリト云。

くび (名) 頸 〔凹ノ約カト云〕(一)頭ト體ト接ギ合フ所ノ莖。(二)衣ノ頸ニ當ル處。エリ。「衣ノー」衣ノー」(三)物ノ、頸ノ形シタル所。「手ー」足ー」德利ノー」

〇ーヲ釣ル。縊ル。吊死

くび (名) 首 〔頸ヨリ斬リタル上ノ部ノ意カト云〕 俗ニ、カウベ。カシラ。

くひあはせ (名) 食合 合ハセテ食ヘバ、胃ニ害アル物ヲ、合ハセテ食フヿ。

くびかし (名) 盤枷 枷ノ條ヲ見ヨ。

くびかせ (名) くびかしノ轉。

〔くびかみ〕(名) 〔頸圍ノ略カ、或ハ、頸上ノ義カ〕 袍、狩衣等ノ領。盤領。

くびき (名) 軛 〔頸木ノ義〕 車ノ轅ノ端ノ横木、牛ノ頸ニツクルモノ。

くびきり (名) 首斬 死罪人ノ首ヲ斬ルヲ職トスル者。劊手

くびきりちやう (名) 首切疔 癰ノ頸ニ發スルモノノ稱。斷咽瘡

くひきる・ル・レ・ラ・リ・レ (他動)(規・一) 食切 (一)齒ニテ嚙ミ切ル。齒切 (二)食ヒテ了ル。食了

くびくくり (名) 首縊 高キ所ニ、紐、綱ヲ懸ケテ、自ラ、コレニ懸リテ縊レテ死ヌルヿ。吊死

くひこむ・ム・メ・マ・ミ・メ (他動)(規・一) 食込 (一)食ヒテ入ル。(二)++俗ニ、商賣ナドニ、損多クナル。(資本ノ、糊口ニ滅ル意)

くひさし (名) 食止 食ヒテ、半ニシテ止メタルモノ。クヒノコシ。食殘

くびじつけん (名) 首實檢 軍陣ノ禮ニ、將士ノ獲タル敵首ノ實否ヲ、大將自ラ檢ムルー。

くひしばる・ル・レ・ラ・リ・レ (他動)(規・一) 〔喰締ル意〕 齒ト齒トヲ強ク嚙ミシム。喫緊 切齒

ぐびじんさう (名) 虞美人草 ヒナゲシ。

くびす (名) 踵 足ノ裏ノ後ノ部、即チ、脚ノ地ニ立ツ處。キビス。カカト。アクト。

くひすぎ (名) 食過 分量ヲ過シテ物ヲ食ヒタルヿ。過食

くびすぢ (名) 頸筋 頸ノ後部。エリクビ。頸

〔くひぜ〕(名) 株 〔杌末ノ約カト云、或ハ、杌居ノ約ト〕 樹ノ株。

くひぞめ (名) 食初 小兒、生レテ百二十日ニ、始メテ物食ハスル祝事、餅ト小石二ツトヲ供フ。

くひぞめもやう (名) 食初模樣 食初ニ供フル椀ニ蒔繪ニスル鶴龜ナドノ模樣。

++くひたふし (名) 食倒 クヒタフスヿ。又、其人。

++くひたふす・ス・セ・サ・シ・セ (他動)(規・一) 食倒 食ヒテ償ヒヲ爲ズ。食ヒテ他ニ損ヲ掛ク。

くびたま (名) 頸玉 (一)瓔珞ノ類。(二)猫、犬、ノ頸ニ懸クル環。(三)++俗ニ、頸。クビスヂ。「ーヲ抑ヘテ」頸

〔くひぢ〕(名) 弶 〔杙路ノ義ト云〕 獸ヲ捕フル機械。

くひちがひ (名) 喰違 クヒチガフヿ。相合ハヌー。

くひちがふ・フ・ヘ・ハ・ヒ・ヘ (自動)(規・一) 喰違 相合フベキモノ、外ヅレテ合ハズ。互ニ方向ヲ異ニス。齟齬

ぐひつ (名) 愚筆 己ガ手蹟、又ハ、文章ノ謙稱。

++くびつたけ (副) 頸ノ高サマデ。「水ニーハマル」

くびつな (名) 犬枷 〔頸綱ノ義〕 犬ノ頸ニ繫クル枷。

くびつびき (名) くびひきノ音便。

++くひつぶし (名) 食潰 クヒツブスヿ。又、其人。素餐

++くひつぶす・ス・セ・サ・シ・セ (他動)(規・一) 食潰 糧ヲ食ヒテ無クス。空シク食フノミニテ口糧ヲ減ス。(務メテ償フヿヲセヌニイフ)

くひつみ (名) 食摘 蓬萊飾ノ條ヲ見ヨ。

++くひつめる・メル・メレ・メ・メ・メヨ (自動)(規・四變) 食詰 糧ヲ盡クス。糊口ノ路ヲ失フ。

くひな (名) 水鷄 水禽ノ名、形、鷄ノ雛ノ成長シタルモノニ似テ、全身、淡黑クシテ、白キ斑アリ赤褐ノ毛、相雜ハル、翼黑ク、背ハ淡黑ク、目ノ上ヨリ頰ヲメグリ

テ、灰赤ニシテ、淡黒キ横文アリ、脚、長大ナリ、夏、秋田澤ニ居リ、鳴ク聲、人ノ臼ヲ叩クガ如シ、故ニ其鳴クヲたゝくトイフ。秧鷄

くび-ひき (名) 首引 (一)二人ノ頸ニ紐ヲ掛ケ互シテ、頸ノカニテ引キ合フ戯レ。クビツビキ。(二)[転]轉ジテ、互ニ競フ了。張リ合フ了。

〔くびびす〕(名) 踵 くびすニ同ジ。

〔くび-ほそ-し〕キ・ナレ・ク・ク (形・一) 頸細 心弱シ。「タノモシゲ無ク―トテ」

くび-まがり (名) 首曲 頸ノ傾キタル不具ノ名。歪頸

〔ぐ-びん〕(名) 狗賓 天狗ノ異名。

くひ-もの (名) 食物 食フベキ物。食物。(飲物ニ對ス)

くび-る ル・レ・ラ・リ・レ (他動)(規・一) 縊 〔頸ヲハタラカス〕(一)紐ニテ、喉、頸ヲ括リテ殺ス。(二)紋罪ニ行フ。絞

くび-る ル・ル・レ・レ・レ (自動)(規・二) 縊 自ラ喉ヲ縊リテ死ヌ。自經

くび-る ル・ル・レ・レ・レロ (自動)(規・二) 括 〔頸ヲハタラカス〕兩端廣ク、中狹マル。

++くびれる (動) 縊ル、(規・二)又、括ル、ノ訛。

くひ-わく クル・クレ・ケ・ケ・ケロ (他動)(規・二) 食分 食ヒテ味ヲ辨ヘ知ル。品味

++くひわける (動) 前條ノ語ノ訛。

くび-をけ (名) 首桶 首級ヲ入ルル捲ノ桶。首函

く-ふ フ・ヘ・ハ・ヒ・ヘ (他動)(規・一) 食 (一)噛ミテ呑ムグラフ。パム。タブ。タウブ。タベル。(二)銜ヘ含ム。「細ソキ枝ドモヲ食ヒテ飛違フ鶯鶯ノ波ノ文ニ」青柳ノ、枝食ヒモチテ、鶯啼クモ」(三)++活計ヲナス。「商業ニテ―」糊口 (四)++受ク。被ル。「謀ヲ―」タバカリヲ―」叱責ヲ―」○足ヲ―。履、草鞋ノ緒ニテ、足ノ甲ヲ摩リ傷ツク。肉刺

く-ふ フ・ヘ・ハ・ヒ・ヘ (他動)(規・一) 作リ營ム。構フ。「巣ヲ―」構巣

く-ぶ アル・アレ・ベ・ベ・ベロ (他動)(規・二) 燒 火ニ入レテ燒クモヤス。「蚊遣火ニ、柴折リクベテ」

ぐ-ぶ (名) 供奉 行クニ伴ヒ奉ツル了。「行幸ノ―」神輿ノ―」

く-ふう (名) 工夫 〔思惟ノ工夫ノ意ト云〕思ヒメグラス了。思案スル了。心ニ方法ヲ求メ計ル了。

ぐ-ふう (名) 颶風 〔颶、具ニ四方ノ之風也〕旋風ノ極メテ大ク、極メテ暴キモノ。ホデリ。(多ク海上ニイフ)

ぐ-ぶつ (名) 愚物 オロカモノ。アハウ。バカモノ。

〔くべ〕(名) 墻。「―越ニ、麥ハムコマノ、ハツハツニ」小山田ノ、稲葉ヲコムル、―垣ノ」

く-べつ (名) 區別 ケヂメ。ワカチ。差別。

++くべる (動) 燒ブノ訛。

〔くぼ〕(名) 踵 くびすニ同ジ。カカト。

くぼ (名) 窪 (一)四方高ク、中低キ處。凹 (二)女ノ陰部ノ異名。

〔くぼ-かに〕(副) 凹ミタル狀ニテ。

くぼ-し キ・ナレ・ク・ク (形・一) 四方高ク、中低シ。「マカフチ、クボク、鼻ノアザヤカニ高ク」凹

〔くぼて〕(名) 葉椀 ひらでノ條ヲ見ヨ。

ぐ-ぼふ (名) 弘法 佛經ノ語、佛法ヲ世ニ弘ムル了。

くぼまり (名) 窪 クボマル了。クボミ。

くぼ-まる ル・レ・ラ・リ・レ (自動)(規・一) (一)クボクナル。「池メイテ、クボマリ、水ツケル所アリ」(二)ウヅクマル。「女ノ童ノ、クボマリ居テ侍ルヲ」凹陷

くぼみ (名) 窪 クボム了。クボキ處。凹處

くぼ-む ム・メ・マ・ミ・メ (自動)(規・一) 中クボクナル。中低クテアリ。凹陷

くぼ-む ム・ム・ムレ・メ・メ・メロ (他動)(規・二) 中ヲ低クナス。クボクスル。

++くぼめる (動) 前條ノ語ノ訛。

〔くぼ-やかに〕(副) 凹キ狀ニ。クボカニ。

くま (名) 熊 〔黒キ意ノ名カ、或ハ、月ノ輪ノ暈ヲ名トセルカトモ云、朝鮮語ニハ、くむトイフトゾ、日本紀ニ、韓ノ地名、熊川ヲくまなれトヨメリ〕(一)猛獸ノ名、長、四尺許、全身、爪ニ至ルマデ黒ク、唯、喉ノ下ニ、白キ處アリテ、形、新月ノ如シ、月ノ輪トイフ、眼小クシテ稜ヲナシ、前脚短ク、後脚長ク、四脚共ニ太クシテ、皆踵ニテ歩ム、力殊ニ強ク、能ク樹ニ上ル、深山ノ林中ニ棲ミテ、果ヲ食トス、冬ハ穴居ス、畜ヘバ馴ルベシ、皮ヲ敷物トスベク、肉モ美ナリ、膽ヲくまのい、又ハ、熊膽トイヒテ、健胃ノ藥トシテ大ニ貴ブ。又、赤―、白―、ま―等アリ、各條ニ注ス。(二)強ク大ナルモノヲ呼ブ語。「―蜂」―鷹」―蟬」

くま (名) 曲 阿 〔屈間ノ意カ〕(一)入込ミタル處

「隱スベキ一」見アラハサルベキ一ニモアラヌヲ」上ノワタヲセオハシケルハ、何處ノ一ニカトテ、サシノゾキ」サル田舍ノ一」山里メイタル一」(二)水ノ岸ニ曲リ入リタル處。隈 (三)光ト蔭トノ出合、色ノ色ニ接スル處。「月ノ一」彩色ノ一」暈 (四)事ノ籠リテ分明ニ知ラレヌ處。「思ヒ至ルマジキ一」見レドモ見レドモ飽カズ、其事ゾト見ユル一無ク、愛敬ヅキ、ナツカシウ」秋ノ夜ノ、月ノ光ハ、清ケレド、人ノ心ノ、一ハ照サズ」

〔くま (名) 奠 神ニ奉ツル精米。クマシネ。

くーまい (名) 供米 神供ノ米。

ぐーまい (名) 愚昧 オロカニシテ理ニ昧キ一。

くまがいーさう (名) 熊谷草 〔熊谷直實ノ母衣着タル狀ヲモテ名ツク〕 高サ五六寸、葉ハふきニ似テ小シ、春、莖ヲ抽キテ、紫赤ノ花ヲ開ク、形、母衣ノ如シ、內ニ細蕊子アリ、

くまがいーざくら (名) 熊谷櫻 〔熊谷直實ノ、平山武者所ト一ノ谷ニ魁セシ事ニ寄セテ名ツクト〕 櫻ノ一種、彼岸櫻ニ次ギテ早ク開クモノ、瓣ニ尖アリテ盛リアカル、初メ紅ニシテ、後ニ白シ。

〔くまぐまし・シキ・シケレ・シク・シク (形・二) 曲曲 心ニ曲アル狀ナリ。ヘダテガマシ。「深ク隱シタマフト怨ミテ、イトユカシク思シタリ、何事カハ侍ラム、クマグマシク思シタルコソ、苦シケレトテ」

くまざさ (名) 隈笹 ささノ葉ノ大ナルモノ、高キハ五六尺、一枝ニ六七葉ヲツク、廣サ二寸許、長サ八寸許、老ユレバ、葉ノ緣、皆白キ暈ヲナス、採リテ、魚、鮨ナドニ敷ク。ヤイバザサ。刃ザサ。山白竹

〔くましね (名) 糈 〔奠稻ノ義〕 神ニ供フル精米。カシヨネ。アラヒヨネ。

くまぜみ (名) 熊蟬 蟬ノ一種、形、あきぜみヨリ大クシテ、身黑ク、羽、透キトホリテ、綠ナル脈アリ、聲モ大シ、あきぜみヨリ少シ後レテ出ヅ。一名、ウマゼミ。ヤマゼミ。馬蜩

くまぞ (名) 鳥ノ名、ふくろふトみみづくトノ間ナルモノト云。

くまたか (名) 熊鷹 鷹ノ類ニシテ、大ナル一、常ノモノニ三倍ス、形、全ク鷹ニ同ジクシテ、耳ノ上ニ毛アリテ角ノ如シ、力最モ猛クシテ、能ク、狐、狸、猴、兎ノ類ヲモ捕フ。角鷹

〔くまぢ (名) 隈 〔隈路ノ義カ〕 隈トイフニ同ジ。

くまつづら (名) 馬鞭草ニ同ジ。

くまで (名) 熊手 (一)武器、頭ニ鐵ノ爪アリテ、熊ノ手ノ如ク、長キ柄ヲ添フ、敵ニ引懸クルニ用ヰル。鐵搭 鐵把 (二)又、落葉、穀物ナドヲ搔キ寄スル具、頭ヲ、竹ニテ扇ノ骨ノ如ク末廣ニ作リ、尖、內ニ曲リテ、長キ柄アリ。

くまどり (名) 暈取 クマドル一。暈抹

くまどる・ル・レ・ラ・リ・レ (他動) (規・一) 暈取 彩色ニテ際ヲ立ツ。ボカス。暈抹

くまのーい (名) 熊膽 (一)熊ノ膽、健胃ノ藥トシテ甚ダ功アル一ヲイフ。熊膽。(二)〔藥用ノ人參ノ古稱。(其功ヲ熊ノ膽ニ比シテイヘルカ)

くまばち (名) 熊蜂 やまばちノ一種、形、最モ大クシテ、黑ク、腰ノ色、黃赤ナルモノ。胡蜂

くーまびき (名) 九万疋 〔善ク群ヲ成セバ名ツクト云、或云、胎生ニテ、多子ナレバイフト〕 魚ノ名、まいらニ同ジ、多クハ婚禮、又ハ雛遊ニ用ヰテ、安産、多子ヲ祝ス。

くままつり (名) 熊祭 蝦夷人、熊ノ兒ヲ捕ヘ、婦人コレヲ乳育シ、二三年ニシテ、コレヲ殺シテ、神ニ供フル祭。

廿くまんばち (名) くまばちノ音便訛。

〔くまる・ル・レ・ラ・リ・レ (他動) (規・一) 分 ワカツ。配ル。

〔くまわ (名) 隈回 隈トイフニ同ジ。

くまわし (名) 熊鷲 鷲ノ一種、尾ノ本、白クシテ、末、黑キモノ、老タルハ、頭ヨリ尾マデ灰白ト灰黑トノ斑アリ。イヌワシ。

くみ (名) 組 (一)絲ヲ組ム一。(二)スベテ、組ミタル紐、絲。(三)〔珮物ノ玉ヲ貫クモノ。ヲブサ。綬 (四)組合スベキ物ノ揃ヒタル一。對。「重箱一一」(五)合體シテ一事ニ從フ人人。ナカマ。夥伴 (六)軍兵ノ、一群ニテリタルモノ。「弓一」鐵砲一」隊 (七)琴ノ曲ノ名、同ジ句調ナル短キ曲ヲ、若干組合ハセタルモノ。

〔くみ (名) 胡頹子 今、常ニ濁リテ、ぐみトイフ、次條ヲ見ヨ。

ぐみ (名) 茱萸 〔常ニ茱萸ノ字ヲ當ツレド、ソハ別物ナリ、其條ニ記ス〕 古名、クミ、又、モロナリ。灌木、高サ六七尺、小枝多ク茂リテ、木瓜類ノ如シ、葉ハ互生シ、

いたびニ似テ、面ハ深綠ニ、背ハ、褐色、或ハ、白色ナリ、冬、枯レズ、故ニ多ク庭際ニ植ウ、冬ノ末、花ヲ開ク、二三蕚垂レテ、本ハ筒ノ如ク、末分レテイ・子ノ如ク、香氣アリ、實ノ長サ、五分許、熟スレバ赤ク、きらゝいろノ斑アリ、食スベシ、仲夏ニ熟スルガ故ニ、別名ニ對シテ、苗代ーノ名モアリ。胡頽子 別ニ、夏ー、秋ー等、倘アリ、各條ニ注ス。

くみ-あぐ・グル・グレ・ゲ・ゲ・ゲロ (他動)(規・二) 組上 組ミテ積ム。組ミテ成ル。

くみ-あひ (名) 組合 (一)組合フコト。(二)組合フ人人。ナカマ。伴 (三)互ニ引キ組ムコト。搏鬪

くみ-あ-ふ・フ・ヘ・ハ・ヒ・ヘ (自動)(規・一) 組合 (一)互ニ組ム。(二)相合シテ一群トナル。仲間ニナル。與ス。與 (三)互ニ引キ組ム。搏鬪

くみ-いれ (名) 組入 (一)ニ屋根裏ノ造作ナルベシ、詳ナラズ、約メテ、グミレ、トモイフ。「此御所中ノーノ撒ヲ、皆撒スベキ由ヲ承リテ、撒ヘ侍リシニ、釣殿ノーノ、殊ニ多クテ」途籠ヲ明ケテ、グミレノカミナド毛見ヨ」佛ノオモテヨリ東ノ叱ニ、グミレハセラレタルナリ」吹拂ヒ、荒レタル宿ハ、獨寐ノ、グミレノ上ニ、霰降ルナリ」(二)白木造リノ小ク方ナル盆ノ如キモノ、大小組ミ入ルル如ク造リテ、供物ナド盛ルニ用ヰル。

くみ-うち (名) 組討 敵ト引組ミテ、首ヲ撃チ取ルコ。

くみ-がしら (名) 組頭 一組ノ兵ノ長。隊長

くみ-かは-す・ス・セ・サ・シ・セ (他動)(規・一) 酌交 互ニ酌ミ飲ム。差シツ抑ヘツシテ飲ム。(酒ヲ) 獻酬

〔くみ-かみ (名) 袍ノ領。ぐびかみニ同ジ。

くみ-こ (名) 組子 組下ノ者。

くみ-しく・ク・ケ・カ・キ・ケ (他動)(規・一) 組敷 敵ト引キ組ミテ下ニ敷ク。搏倒

くみ-した (名) 組下 組頭ノ支配下ノ兵。部下 隊下

くみ-す・スル・スレ・セ・シ・セロ (自動)(不規・三) 與 (組スノ義)共ニナル。仲間ニ入ル。

くみ-た-つ・ツ・テ・タ・チ・テ (自動)(規・一) 組立 組ミテ成ル。成リ立ツ。構成

くみ-た-つ・ツル・ツレ・テ・テ・テロ (他動)(規・二) 組立 組ミテ作ル。作リ成ス。結構

++くみ-たてる (動) 組立 前條ノ語ノ訛。

くみ-と-る・ル・レ・ラ・リ・レ (他動)(規・一) 汲取 (一)汲ミテ分ツ。(二)推察シテ承引ク。「人ノ心ヲー」話ヲー」 酌量

〔くみ-のを (名) 組緒 太刀ノ組紐ノ下緒。ー垂デテ、宮居通ハム」

くみ-ひも (名) 組紐 絲ニテ組ミ成セル紐。グミヲ。絛

ぐ-みん (名) 愚民 オロカナルタミ。無智ナル下民。

〔くみ-れ (名) くみいれノ約。

くみ-わ-く・クル・クレ・ケ・ケ・ケロ (他動)(規・二) 汲分 (一)汲ミテ別ノ器ニ移ス。(二)推察シテ是非ヲ分ツ。「情ヲー」 酌量 斟酌

++くみ-わける (動) 汲分 前條ノ語ノ訛。

くみ-を (名) 組緒 くみひもニ同ジ。

く-む・ム・メ・マ・ミ・メ (他動)(規・一) 組 (一)絲ナド細ソキ物ヲ、打違ヒニ絡ヒ、叉、織ルアザナフアム。「紐ヲー」籠ヲー」(二)交フ。打違フル。「膝ヲー」手ヲー」手ニ手ヲー」 交叉 (三)打違ヒニ積ミ疊ム。「梁ヲー」櫓ヲー」筏ヲー」

く-む・ム・メ・マ・ミ・ン (自動)(規・一) 組 (一)事ヲ成サムト共ニナル。仲間トナル。與ス。與 黨 (二)互ニ、力ヲ出シ、手ニ手ヲ取テ抑フ。「敵ニムズトー」 搏

く-む・ム・メ・マ・ミ・メ (他動)(規・一) 汲 (一)分ケテスクヒトル。ムスブ。シヤクフ。「水ヲー」酒ヲー」(二)推シ量ル。思ヒヤル。「情ヲー」 斟酌 (三)盃ニ汲ミ盛リテ飲ム。「酒ヲー」 酌

くん (名) 訓 (一)漢字ノ意味ヲ釋クコ。(二)漢字テ和語ヲ當テテ讀ムコ、ヨミ。和訓。訓讀。 訓

くん (名) 勳 (一)イサヲ。テガラ。(二)勳位。(其條ヲ見ヨ)「一三等」

くん (名) 君 キミ。(人名ノ下ニ添ヘテ敬稱トス)

ぐん (名) 郡 (一)コホリ。(二)支那ニテハ、州ノ下ニテ數縣ヲ統ブル地界ノ稱。

ぐん (名) 軍 (一)ツハモノ。軍勢。兵隊。(二)イクサ。タタカヒ。

ぐん-い (名) 軍醫 官名、陸軍ニ屬ク醫。

くん-おん (名) 君恩 キミノメグミ。

ぐん-がく (名) 軍學 兵學ニ同ジ。

ぐん-かん (名) 軍艦 イクサブネ。兵船。

ぐん-かん (名) 軍監 古ヘノ鎭守府ノ判官。
ぐん-けん (名) 郡縣 コホリ。アガタ。(封建ノ條ヲ見ヨ)
ぐん-こう (名) 勳功 イサヲ。テガラ。
ぐん-こう (名) 軍功 イクサノテガラ。 武勳
ぐん-さう (名) 軍曹 (一)古ヘノ鎭守府ノ主典。(二)今ノ陸軍ニ、下士ノ官。
くん-し (名) 君子 德ノ備ハレル大人ノ稱。
ぐん-し (名) 軍師 軍ニ、大將ニ副ヒテ、軍機ヲ謀ル人。
ぐん-じ (名) 郡司 (一)古ヘ、郡ヲ治ムル官、四等ハ、大領、少領、主政、主帳ナリ。(二)郡ノ大領。
くん-しん (名) 君臣 きみトおみト。主君ト臣下ト。
ぐん-しん (名) 群臣 群レ居ル臣下。多クノ臣。
ぐん-じん (名) 軍人 イクサビト。軍ニ出ヅルヲ職務トスル大將ヨリ兵卒ニ至ルマデノ稱
ぐん-じやう (名) 群靑 礦物ノ名、繪ノ具トス、色、そらいろニシテ濃ク、紺靑ヨリ、稍、淡キモノ、今、紺靑ノ細末ノ水飛ノ滓ヲ僞リテ用ヰルモノ多シ。 白靑
ぐん-じゆ (名) 群集 多人數、群ガリアツマレルコ。
ぐん-しよ (名) 軍書 戰陣ノ事ヲ記セル書。軍記。 軍史
ぐん-しよ-よみ (名) 軍書讀 軍談師ニ同ジ。
くん-ず・ズル・ズレ・ゼ・ジ・ゼヨ (自動)(不規.二) 薰 クユ。カヲル。
(くん-ず・ズル・ズレ・ゼ・ジ・ゼヨ) (自動)(不規.二) 屈ス、叉、屈ス、ニ同ジ。「言ヒ—」打チ—」思ヒ—」
ぐん-ぜい (名) 軍勢 軍ニ從フ一群ノツハモノ。 兵衆

ぐん-せん (名) 軍扇 大將ノ軍勢ヲ指揮スルニ用ヰル扇、骨ヲ鐵ニシ、紙ニ漆シテ、日月ノ象ナド畫ク。
くん-せん-し (名) 君仙子 空木ノ實(藥種屋ノ稱)
ぐん-そつ (名) 軍卒 ツハモノ。軍兵。 卒伍
ぐん-だい (名) 郡代 武家ノ制ニ、地方ノ役、格ハ代官ノ上ニアリ。
くん-たう (名) 薰陶 (陶、化也) 德ヲ以テ人ヲ化スルコ。
くん-だう (名) 訓導 (一)ヲシヘミチビクコ。(二)小學校ノ敎官。
ぐん-だん (名) 軍團 古ヘ、諸國ニ置カレシ兵隊、正丁(二十一歲ヨリ六十一歲マデノ)中ヨリ擇ビ取リテ、軍事ヲ習ハセオキ、大毅、少毅、校尉等ノ官、コレヲ統ブ、事アリテ、將軍、出軍スレバ、コレニ從フ。其兵士ヲ、叉、衞士、防人ノ役ニモ充ツ。
ぐん-だん (名) 軍談 戰陣ニ係リタル話。軍談師ノ語ル話。 演史
ぐんだん-し (名) 軍談師 人ヲ集メテ、軍談ヲシテ錢ヲ得ルヲ生業トスル者。カウシヤクシ。 演史家
グンダリヤシヤ (名) 軍荼利夜叉 佛經ニイフ明王ノ一、南方ヲ護ル、一面八臂ノ相ナリ。
ぐん-ちゆう (名) 軍中 戰陣ニ出デテアル間。
くん-てん (名) 訓點 漢文ニツクル返點、振假名ナド。
くん-どく (名) 訓讀 漢字ヲ和語ニ當テテ讀ムコ。(音讀ニ對ス)
ぐん-ない (名) 郡内 ぐんないじまノ略。

ぐんない-じま (名) 郡内縞 改機ノ條ヲ見ヨ。
くん-のう (名) 君王 君王ニ同ジ、連聲ノ轉ナリ
ぐん-ばい (名) 軍配 戰ニ、陣取、斬引[illegible]ヲ程好ク指圖スルコ。 配陣
ぐんばい-うちは (名) 軍配團扇 大將ノ持チテ軍配ヲスルニ用ヰル團扇、製、種種アレド、板製ニテ、へうたん形ヲナシ、漆塗ニシタルモノ、常ナリ。 軍扇
ぐん-ぱふ (名) 軍法 (一)軍ノ法則。兵法。(二)軍律
ぐん-びやう (名) 軍兵 ツハモノ。軍卒。
くん-ぷ (名) 君父 きみトちちト。「—ノ恩」
くん-まう (名) 訓蒙 童蒙ニ訓ヘ諭サムガ爲ニ作レル書物ナドニ稱スル語。
くん-めい (名) 君命 キミノオホセ。
ぐん-やく (名) 軍役 軍アル時、出ダスベク宛テラルル軍勢、兵糧等。
ぐん-よう (名) 軍用 軍ノ用ニ供フルコ。 軍須
ぐんよう-きん (名) 軍用金 軍用ニ供スル金錢。 軍資
ぐん-りつ (名) 軍律 軍人ニ係ル法律。
ぐん-りやう (名) 郡領 郡司ノ大領、少領。
ぐん-りよ (名) 軍旅 (一)軍勢ノ數ヲイフ語、支那、周ノ制ニテハ一万二千五百人ヲ軍トシ、五百人ヲ旅トス。我ガ古制ニハ一万人以上ヲ大軍トシ、五千人以上ヲ中軍トシ、三千人以上ヲ小軍トシ、旅師ハ百人ヲ統ブ。(二)イクサ。合戰。戰爭。「—ノ事」

くんろく (名) 薫陸 (一)印度、波斯等ニ產ズル一種ノ樹ノ脂、大木ニシテ海邊ノ沙中ニ生ジ、盛夏ニ脂、沙上ニ流レテ、凝リ固マリテ成ルト云、舶來ス、形、石ノ如クニシテ研リ難シ、其乳頭ノ如キヲ乳香トイヒ、專ラ外科ノ藥用トス、世ニ南蠻松脂トモ稱ス、味苦シ、焚ケバ馨シ。(二)又、陸中、南部ノ山中ヨリ產ズル、トイフモノハ、香ニ入ル、是ハ、琥珀ノ下品ナルモノニテ、黑ミヲ帶ブ、夏ハ鎔クルナリ。一名、和ノー、又、アカダマ。

くんわう (名) 君王 キミ。オホキミ。

くんゐ (名) 勳位 軍功アリシ人ニ賜ハル位、(之ニ對シテ常ノ位ヲ文位トイフ)古ヘハ、十二等アリテ、一等ハ、正從三位ノ間ニ列シ、次第ニ下リ、十二等ハ、從八位下ノ下ナリ、其六等(從五位下ノ下)以上ヲ敕授トシ、七等以下ヲ奏授トス。今ハ、八等ニ定メラレ、三等以上、敕授ニ當リ、六等以上、奏授ニ當ル。

〔くめ (名) 貢馬 貢ニ奉ツル馬。

くめん (名) 工面 〔工夫ノ面目ノ略カト云〕(一)工夫。才覺。サンダン。(多ク金錢ノ調達ニイフ) 畫策 (二)金錢ノーヨリ轉ジテ、俗ニ、身代。「ーガ好イ」 資產

くも (名) 雲 〔籠ル意カト云〕(一)空氣中ノ水蒸氣ノ、冷エテ凝リテ形ヲナシ、空中ノ若干高キ處ニ浮ビ漂フモノ。(二)定メナク痕ナキヿ。○心ノー。迷ヒノ晴レヌヿ。○ーヲ摑ム。空ナリ。當ナシ。○ートナル。消エ失ス。

くも (名) 蜘蛛 〔足高蜘ノ漢名ナル喜母ノ音轉カトイフハイカガ、又、朝鮮語ニモ、くもトイフトゾ〕小蟲ノ名、腹、大ク圓ク、黑クシテ、稍、赤ミアリ、年ヲ歷タルハ漸ク大ナリ、頭ハ胸ニツキ、八足皆、胸ニアリ、夏秋ノ際ニ暮ヨリ、簷下ナドニ出デテ、口ヨリ、甚ダ細ソキ絲ノ如キモノヲ吐キテ、樹、垣ナドノ間ニ亙シテ、空中ニ網ノ如キモノヲ張ル、くものをトイフ、夜中、蚊ナドノ網ニ懸ルアレバ、捕ヘテ食フ、朝ニ至レバ網ヲ食ヒ收メテ、物ノ隙ニ匿ル、他名ニ對シテ、圓ー、棚ーノ名アリ。此外、足高ー 女郎ー 大ー、ひらたー、笹ー、土ー 袋ー、さがりー、蠅取ー等種種アリ、各條ニ注ス。

くもあし (名) 雲脚 雨雲ノ垂レタル如ク見ユルモノ。

ぐもう (名) 愚蒙 愚昧ニ同ジ。

くもがくる・ルル・ルレ・レ・レ・レヨ (自動)(規.二) 雲隱 (一)雲ニ隱ル。(月ナド)(二)月ノ隱ルルニ譬ヘテ、人ノ離レテ見エズナルニイフ。「廻リ逢ヒテ、見シヤ夫レトモ、分カヌ間ニ、雲隱レニシ、夜ノ月哉」(三)死ヌ。「止メエヌ、命ニシアレバ、敷妙ノ、イヘユハ出テ、雲隱レニキ」

くもがくれ (名) 雲隱 (一)雲ニ隱ルルヿ。「三日月ノ、サヤカニ見エズ、ー」白雲ニ、ースル、山櫻哉」(二)人ノ離レテ見エズナルヿ。「秋ノ夜ノ、月カハ君ハ、ー」(三)死ヌルヿ。

くもがた (名) 雲形 物ノ模樣ナドニ、雲ノ棚引キタル象ヲ圖シタルモノ。

くもきりまる (名) 蜘切丸 源家ニ相傳セシ名劍ノ名、源滿仲鍛ヘシメ、其子、賴光、蜘蛛ノ妖ヲ斬リショリ名トス。

‡くもすけ (名) 雲助 〔雲水ノ定メナキニイフ〕驛路ニ漂泊シテ、到ル所、纔立ノ人夫トナルヲ生活トスル賤シキ者ヲ呼ブ卑語。

くもだこ (名) 蜘蛸 海產動物、蛸ニ似テ、最モ小ク、體、雀ノ卵ノ如ク形、蜘蛛ノ如シ、加州、越前、播磨等ニ產ジ、乾シテ四方ニ送ル。塗婆

くもぢ (名) 雲路 鳥ナドノ空中ヲ翔リ行クヲイフ語。「ーノ雁」ーニムセブ、時鳥」

くもつ (名) 供物 ソナヘモノ。神佛ニ獻ル物。

くもで (名) 蜘手 (一)蜘蛛ノ八足ノ八方ヘ出デタルガ如ク、棒、線ナドノ多ク打違ヒタル形ニイフ語。「水行ク川ノ、ーナレバ、橋ヲ八ツ亙セルニ」ト十文字ニ打振ル」(二)材ヲ打違ヘタルモノ。「ー結ヒタル、內ニ取籠メテ」(三)材ヲ組ミ違ヘテ橋ノ梁、桁ヲ受クルモノ。「宇治橋ノ、ーニカクル、波ノ白絲」並ミ立テル、松ノ下枝ヲ、ーニテ、霞ミ亙レル、天ノ橋立」(四)頭ノ十字ヲナセル燈械 (五)田ノ畔ノ、繳線、一處ニ聚レル處。

くもでに (副) 蜘手 (一)八方ヘ打違ヘニ。八重十文字ニ。「水、ー流レテ」花薄、ー人ニ、結バレテ」(二)思ヒノ樣樣ニテルヿ。「ー思ヒ亂ルル程ニ」ー思フコトハ絕エセジ」

〔くもどり (名) 雲鳥 綾ニ雲ト鶴トノ文アルモノ。「ーノ、文ニ戀シキ」ウラモ無ク、今ハヒトヘニ、我妹子ガ、逢見初メケム、ーノ文」

〔くものい (名) 蛛網 くものすニ同ジ。

くものうへ (名) 雲上 禁中ヲ天ニ比シテイフ稱。(和歌ノ語)

くものうへびと (名) 雲上人 公卿、殿上人ノ總稱。(和歌ノ語)

くものす (名) 蜘蛛ノ絲ヲ見ヨ。

くもま (名) 雲間 雲ノ斷レタル所。「ーノ月」

くもみづ (名) 雲水 (一)雲ト水ト。(二)行方定マラヌ了。

〔くもん (名) 公文 (一)官ヨリ出ヅル文書。(二)公文所ノ公人ノ稱。

くもんどころ (名) 公文所 まんどころノ條ヲ見ヨ。

〔くもらはし・シキ・シケレ・シク・シク (形・二) 曇ル狀セリ。「霧ノ立チワタリテ、月影モ、クモラハシクナリヌレバ」ソラ色ノ紙ノ、クモラハシキニ、書イ給ヘリ」

くもり (名) 曇 (一)クモル了。雲ノ起レル了。(二)光、色ノ薄暗クナレル了。「鏡ノー」衣ガヘノ、御シツラヒ、ーナク、鮮カニ見エテ」

くもる・ル・レ・ラ・リ・レ (自動) (規・一) 曇陰 (雲ヲハタラカセタル語カ) (一)雲起リテ、空ヲ覆フ。(二)暗ム。光ヲ失フ。「鏡ー」御形ナド、イト花ヤカニ、ココゾクモレルト見ユル所ナク」

くもゐ (名) 雲居 (雲ノ居ル處ノ意カ、雲井ナドトモ記ス) (一)雲ノアル處。即チ空。雲際 (二)禁中。クモノウヘ。「九重ノーノ庭」「ーノ階」(三)遠キ處。「ーニ見ユル、妹ガ家ニ」沖津島、ーノ岸ヲ、行キカヘリ」

くもゐ (名) 雲井 一種ノ烟草ノ名、常陸ノ久慈郡太田ノ邊ノ產、氣、芳シクシテ烈シカラズ。

〔くもゐぢ (名) 雲居路 雲路トイフニ同ジ。「ーノ、遙ケキ程ノ、空言ハ、イカナル風ノ、吹キテ告ゲケム」

くやう (名) 供養 亡魂ニ物ヲ供ヘ念佛スル了。

〔くやく (名) 公役 官ヨリ宛テラルル夫役、軍役等。

くやし・シキ・シケレ・シク・シク (形・二) 悔 悔ミオモフ。クチヲシ。可悔

くやしがる・ル・レ・ラ・リ・レ (他動) (規・一) 悔 悔シク思フ。悔恨

〔くやしむ・ム・メ・マ・ミ・メ (他動) (規・一) 悔 くやむニ同ジ。

〔くやす・ス・セ・サ・シ・セ (他動) (規・一) 崩 崩ユルヤウニナス。クヅス。

くやみ (名) 悔 (一)悔ム了。(二)死ヲ吊フ了。吊慰

くやむ・ム・メ・マ・ミ・メ (他動) (規・一) 悔 (一)悔ユ、ニ同ジ。(二)人ノ死ヲ吊フ。吊慰

くゆ・ユル・ユレ・エ・エ・エヨ (自動) (規・二) 崩 くづるニ同ジ。「妹モ我モ、キヨミノ川ノ、川岸ノ、妹ガーベキ、心ハモタジ」

くゆ・ユル・ユレ・エ・エ・エヨ (他動) (規・二) 悔 誤リヲ覺リテ後ヨリ憂フ。前ノ非ヲ惡シト思フ。クヤム。後悔ス。

くゆらかす・ス・セ・サ・シ・セ (他動) (規・一) 薰 くゆらすニ同ジ。

くゆらす・ス・セ・サ・シ・セ (他動) (規・一) 薰 薰ユルヤウニナス。フスブ。

くゆる・ル・レ・ラ・リ・レ (自動) (規・一) 薰 燃エテ烟ニ發ツ。フスボル。「薰物ノ、ー心ハ、アリシカド」故遣火ニー烟ノ」烟起

くよくよ (副) 絶エズ憂ヒ居ル狀ニイフ語。ギナギナ。「ー物思フ」慽慽

〔くら (名) 座 (一)物ヲ載スルモノ、物ノ載ル處。(二)坐ル處。席。「高御ー」上ー」ー上」ー下」

くら (名) 藏倉 (物ヲ納ムル座ノ義) 穀物、財寶、家具ナド納メテ貯ヘ置ク二用ヰル家、多クハ母屋ノ外ニ造ル。古クハ、校ーアリ、又、板ーアリ、皆木製ナリ、今又、火ヲ防ガムガ爲ニ、土ニテ外ヨリ塗リ籠ムルアリ、之ヲ土藏トイフ、又、地ヲ穿チテ造ルヲ穴ーナドイフ。

くら (名) 鞍 (馬上ノ座ノ義) 馬ノ脊ニ置ク具、人ゴレニ跨リテ乘リ、或ハ荷ヲ安ス、前後ニ、圓ク高キ處アリ、コレヲ前輪、後輪トイフ、其中間ノ尻ノ當ル所ヲ居木トイフ。

くらう (名) 苦勞 クルシミツカルル了。事ニ當リテ、甚シク心身ヲ役フ了。

ぐらう (代) 愚老 自稱ノ代名詞、老人ノ謙稱トス。

くらうづ (名) 藏人 くらうどノ轉。

くらうど (名) 藏人 (くらひとノ音便) 古ヘ、禁中ノ校書殿ノ御書籍ヲ掌ル職、後ニ、藏人所ヲ建テラレテ、其職名トナル。(藏人所ノ條、見合ハスベシ) 音便ニ、クラウヅ。グランド。

くらうどどころ (名) 藏人所 後嵯峨帝ノ時、藏人ヲ以テ別ニ置カセラレシ職、殿上ニ近侍シテ、機密ノ文書、及ビ、諸訴ヲ掌リ、小事ヲ發宣ス。此職、

置カレテヨリ、少納言、侍從ノ職掌、遂ニ此ニ移リ、凡ソ殿上ノ事ヲ奉行シテ、其權甚ダ重シ職事トモ稱ス。別當、（左大臣、之ヲ兼ヌ）頭、藏人、非藏人等ノ職アリ。

〔くらおほひ〕（名）鞍覆 馬氈ニ同ジ。

くらかけ（名）鞍懸 卸シタル鞍ヲ懸ケ置ク臺。

くらかけまめ（名）鞍掛豆 あをまめノ一種、豆ニ黑キ斑アリテ、馬ニ鞍ヲ置キタル狀アリ。烏眼黄

くらがり（名）暗 クラガルコト。暗キ處。

くらがる・ル・レ・ラ・リ・レ（自動）（規 一）暗 暗クナル。闇トナル。晦冥

くらくら（副）〔牽牽ノ轉カ〕（一）眩スル狀ニイフ語。眩迷（二）湯ノ沸キカヘル狀ニイフ語。滾滾

ぐらぐら（副）搖キテ定マラヌ狀ニイフ語。搖蕩

くらげ（名）海月 水母 海產ノ動物、泥海ニ生ズ、形荷葉ヲ伏セタルガ如ク、水垢ノ凝レルガ如シ、色、紅紫ニシテ、鱗、骨、眼、口、手、足、無ク、腹下ニ絲ノ如キモノアリテ、長ク曳ク、潮ニ從ヒテ、海面ニ浮ブ、製シテ乾セバ、白シ、食用トス。又、一種、水一アリ、海上ニ浮遊ス、色白クシテ光ル、食フベカラズ。

くらし（名）暮（一）クラスコト。時ヲ過ゴスコト。消過（二）スギハヒ。ナリハヒ。クチスギ。活計

くらし・キ・ク・レ・ク・ク（形．一）暗〔黑シト通ズ〕（一）明ニ无シ。光リ無シ。黑ク見ユ。闇ナリ。（二）智ニ无シ。オロカナリ。暗愚

くらしき（名）鞍敷 鞍ノ上ノ敷物。ウハシキ。鞍褥

くらしき（名）藏敷 藏ニ荷物ヲ納レ置ク敷地ノ賃。藏ノ借料。

くらしし（名）〔皮ヲ鞍褥トスレバイフ〕かもししニ同ジ。

くらす・ス・セ・サ・シ・セ（他動）（規．一）暮 日ノ暮ルルマデ、時ヲ過ス。送ル。「日ヲ一」轉ジテ、年、月ニモイフ。「年ヲ一」「月ヲ一」消過

くらす・ス・セ・サ・シ・セ（自動）（規．一）暮〔生活ノ時ヲ暮ラス意〕營生ヲナス。生計ノ營ミヲナス。送生

〔くらづかさ〕（名）藏司 內藏寮ニ同ジ。「御袴着ノ事 一ノ宮ノ奉リシニオトラズ、一、納殿ノ物ヲツクシテ、イミジウセサセ給フ」

くらつぼ（名）鞍局 馬術ノ語、馬ニ乘リテ、鞍ノ少シ前カ、又ハ、後ニカカルコト。

くらのかみ（名）內藏頭 ウチノクラノカミ。內藏寮ノ長官。

くらびらき（名）藏開 新年ニ、始メテ藏ヲ開クコト、正月ノ初ニ、此事ニ吉ナル日ニイフ。

くらふ・フ・ヘ・ヘ・ヒ・ヘ（他動）（規．一）食 くふニ同ジ。

くらぶ・ブル・ブレ・ベ・ベ・ベヨ（他動）（規．二）比（一）二ツノ物ヲ合ハセテ、其差異ヲ見ル。タクラブ。（二）競ヒ比ベテ、勝負優劣ヲ試ミル。「カヲ一」「馬ヲ一」競

くらぶね（名）藏船 一處ニ繫ギ置キテ只、物ヲ納メ置クニ用ヰル船。船ヲ藏ノ用トスルモノ。

くらべ（名）比（一）クラブルコト。差異ヲ見ルコト。（二）比ベテ優劣ヲ爭フコト。競

〔くらべうま〕（名）競馬 互ニ馬ヲ馳セテ、其遲速ヲ競ベテ、勝負ヲ定ムルコト、專ラ、五月五日ニ行ハルルニイフ。競馬。

〔くらべぐるし・クキ・シケレ・シク・シク（形．二）〔比ベ苦シノ義〕如何ニセバ可カラム、思案ヲツケガタシ。「如何ニシテ、ナグサムベキ心ゾト、イト一」何レト、遂ニ思ヒ定メズナリヌルコソ、世ノ中ヤ、タダ斯クテ、取リ取リニ、一カルベキ」

‡くらべる（動）比 くらぶノ訛。

くらぼね（名）鞍骨 鞍ノ前輪、後輪ノ稱。鞍橋

くらまい（名）藏米 藏ニ貯ヘテアル米。廩米

くらまぎれ（名）暗紛 暗キニ紛ルルコト。

くらます・ス・セ・サ・シ・セ（他動）（規．一）暗 暗クナス。迷ハス。「目ヲ一」○跡ヲ一。逃ゲ匿ル。晦迹

くらむ・ム・メ・マ・ミ・メ（自動）（規．一）暗（一）暗クナルグラガル。（二）メクルメク。「眼一」眩

グラム（名）〔佛語、Gramme.〕佛蘭西ノ秤目ノ名、我ガ二分六厘六毛六六七。

くらんど（名）藏人 くらうどノ音便。

くらやく（名）藏役 米藏ヲ守ル役人。

くらやみ（名）暗闇 暗キ闇。暗キトコロ。闇黑

くらら（名）苦參 宿根草、山野ニ多シ、春、生ズ、直立、三四尺、葉ハ槐ニ似タリ、夏、莖ノ梢ニ、淡黃ノ花ヲ開ク、あづきノ花ノ如シ、後ニ莢ヲ結ブ二寸許、根、甚ダ苦シ、藥用トス。

くられう（名）內藏寮 ウチノクラノツカサ。古ヘ、中務省ニ屬セル寮、金、銀、珠玉、寶器、錦綾、幣帛、氈褥、

御服、裝束等ヲ掌ル。

くらゐ (名) 位 〔座居ノ義〕(一)帝王ノ居タマフ所。帝王ノ御身分。「ーニ即ク」「ーヲ讓ル」(二)親王、諸臣ニ賜ハリテ、朝廷ニ立ツトキ、座並ノ高下ヲ示ス標。親王ノーヲ品ト呼ブ。(品ノ條ヲ見ヨ)諸臣ノーハ、一位ヨリ、九位マデアリテ、皆正、從ニ分ツ、而シテ、四位以下ニハ、別ニ、叉、上下ノ別アリテ、凡テ三十階トス、即チ、正一位、從一位、或ハ、正四位上、正四位下、從四位上、從四位下ノ如シ。但シ、九位ヲバ、初位ト稱シ、其正、從、ヲ大、少、トイフ。今ノ制ハ、上下ノ稱ヲ去リテ、一位ヨリ九位マデ、正、從、十八階トス。(三)通ジテ官ヲモイフ。「大臣ノー」「ーヲカヘス」(四)汎ク、物ノ等級。高下。

くらゐ (接尾) 位 他語ニ屬キテ副詞トナル接尾語。ホド。ダケ。バカリ。「馬ー、早シ」足ルー、取ル」百圓ー」「カカル」コレー」「アル」コノー」「殘ル」

〔くり〕 (名) 涅 〔黑ノ轉カ〕(一)水ノ中ニアル黑キ土ノ名、黑キ色ヲ染ムル用トス。(二)黑キ色。

くり (名) 栗 〔皮ノ色ノ涅ナル意カ〕喬木、高サ、二三丈、葉、甚ダ櫟ニ類ス、梅雨ノ中ニ、葉ノ間ニ、三四寸ノ穗ヲ垂レテ、黃白色ノ極メテ小キ花簇リ開ク、後ニ、實ヲ結ブ、圓ク扁クシテ、毛刺密ニ生ジテ鋭シ、中ニ、二三子アリ、秋ノ末ニ、自ラ裂ケテ落ツ、皮堅ク、稜アリ、色赭黑ニシテ、肉、甚ダ甘美ナリ、材堅クシテ用多シ。

くり (名) 庫裏 〔廚ノ略カトモ云〕寺院ニ、齋廚ナド、一切ノ雜事ヲ調フル處。寺ノ廚。寺廚

ぐり (名) 屈輪 堆朱ノ條ヲ見ヨ。

くりあ・ぐ・グル・グレ・ゲ・ゲ・ゲロ (他動)(規・二) 繰上 (一)次第ニ上ヘアグ。「一段ー」(二)繰引ニス。「軍勢ヲー」(三)繰リテ終ハル。「絲ヲー」

⁺⁺くりあげる (動) 前條ノ語ノ訛。

くりいだ・す・ス・セ・サ・シ・セ (他動)(規・一) 繰出 (一)絲ヲ次第ニ抽キ出ダス。(二)順ニ出ダス。「軍勢ヲー」

くりいも (名) 栗芋 はすいもニ同ジ。

くりい・る・ルル・ルレ・レ・レ・レヨ (他動)(規・二) 繰入 次第次第ニ入ルル。

くりいろ (名) 栗色 栗ノ子ノ殼ノ色、即チ、赭黑ナル色。トビイロ。

くりうめ (名) 栗梅 染色ノ名、栗色ノ濃キモノ。

くりかた (名) 栗形 刀ノ鞘ノ中程ヨリ少シ上ニ着ケテ、孔アリテ、下緒ヲ貫クモノ、半圓ニシテ、形、栗ノ實ニ似タリ。

くりか・ふ・フル・フレ・ヘ・ヘ・ヘヨ (他動)(規・二) 繰替 便宜ノ爲ニ、此ト彼ト易ヘテ用ヰル。「人ヲー」「時ヲー」「仕事ヲー」 轉用

くりかへ・す・ス・セ・サ・シ・セ (他動)(規・一) 繰返 屢、同ジ事ヲスル。度度仕直ス。反復

⁺⁺くりかへる (動) 繰替フノ訛。

くりがんな (名) 刳鉋 鉋ノ一種、孔ヲ圓ク刳ルニ用ヰルモノ。

クリカラ (名) 俱梨迦羅 〔梵語ナリ、ー不動明王ノ稱ヨリシテイフ〕黑龍ノ劍ヲ絡フ圖 不動ノ三摩耶ノ形トイフ、劍ハ不動ノ右手ノ劍ニテ、龍ハ左手ノ縛ノ索ナリト云。

くりき (名) 功力 佛經ノ語、イサヲ。チカラ。效。「佛ノー」「念佛ノー」

ぐりぐり (名) 屈輪 堆朱ノ條ヲ見ヨ。

⁺⁺くりくりばうず (名) 髮ヲ悉ク剃リ去レル天窓。圓顱

くりげ (名) 栗毛 馬ノ毛色ノ、身、赭赤ニシテ、鬣ノ黑キモノ。騮

くりこ・す・ス・セ・サ・シ・セ (他動)(規・一) 繰越 順ニ次ヘ送ル。

くりごと (名) 繰言 同ジ言ヲ、屢、繰返シテ言フ事。諄

くりこ・む・ム・メ・マ・ミ・メ (他動)(規・一) 繰込 順ニ入ルル。

くりぞめ (名) 皂 涅ニテ、染メタル色。黑キ色。

くりたけ (名) 栗茸 栗ノ樹ニ生ズル菌、莖、長ク、蓋、圓ク扁ク、色黃ナリ。栗蕈

くりだす (動) くりいだすノ約。

くりびき (名) 繰引 軍勢ヲ次第次第ニ引上グル事。

くりまは・す・ス・セ・サ・シ・セ (他動)(規・一) 繰廻 次第次第ニ轉ヘテ用ヰル。運轉

くりん (名) 九輪 塔ノ頂ノ露盤ノ九層ナルモノ。九層露盤

くりむし (名) 栗蟲 栗ニ生ズル蟲、形、圓クシテ、色白シ。

ぐりんだま (名) 屈輪作ニテ、形、圓キ器ノ稱。(香合ナドニ)
くりもどす・ス・セ・サ・シ・セ (他動)(規・一) 繰戻 順ニ回ス。
くりや (名) 廚 〔黒屋ノ義ト云〕 食物ノ煮燒ヲ調フル處。膳所。
〔くりやめ (名) 廚女 みづしめナリト云。「ーノ、イト清ゲナルガ、サシ出デテ」
くりわた (名) 繰綿 木綿ノ實ヲ、わたくりぐるまニカケテ、核ヲ去リテ、未ダ打チワケザルモノ。 綿英
〔くる (名) 繆車 〔轉ノ義〕 いとくりぐるまニ同ジ。
〔くる (名) 樞 くるるニ同ジ。
くる・ル・レ・ラ・リ・レ (他動)(規・一) 繰 (一)廻ラシテ引出ダス。タグリヒク。「絲ヲー」(二)攪車ニ掛ケテ、綿ノ子ヲ扱キ去ル。(三)順ニ數ヘ行ク。「日ヲー」 推算 (四)次第次第ニナス。(熟語ニ)「繰リ出ス」繰リ込ム」繰リ上グ」繰リ越ス」
くる・ル・レ・ラ・リ・レ (他動)(規・一) 刳 廻ラシ刻ル。エグル。
くる・ル・ル・レ・レ・レ・レヨ (自動)(規・二) 暮 〔暗ト通ズ〕(一)日、沒リテ、空、暗クナル。夜ニナル。(二)終ハル。果ツ。「歳、ー」
○涙ニー。 泣キ沈ム。 ○途方ニー。 處方ヲ知ラズ。 惶惑
〔くる・ル・ル・レ・レ・レ・レヨ (自動)(規・二) 眩 目、眩ム。
くる・ル・ル・レ・レ・レ・レヨ (他動)(規・二) 異 與フ。「物ヲー」 與
くる (動) 來、ノ條ヲ見ヨ。

〔くるくさ (名) 大青 蓼藍ノ葉ヲ藥用トスル名カト云、ハトクサ。
くるくる (副) 廻リ又廻ラス狀ニイフ語。「輪ヲーマハス」絲ヲー卷ク」風車、ーマハル」 廻轉
ぐるぐる (副) 前條ノ語ニ同ジ。
くるし・シキ・シケレ・シク・シク (形・二) 苦 (一)身、痛ミテ艱マシ。(二)悶ヘテ安ンゼズ。「心、ー」思ー」
○ーカラズ。 差支ヘ無シ。 無妨
くるしみ (名) 苦 クルシムヿ。ナヤミ。

くるし・む・ム・ム・メ・マ・ミ・メ (自動)(規・一) 苦窘 (一)身、痛ミテ艱ム。(二)心、思ヒ悶ユ。心痛ス。「ー入無キニー」事多キニー」

くるし・む・ムル・ムレ・メ・メ・メヨ (他動)(規・二) 苦窘 苦シムル如クニナス。タシナムル。ゴマラス。イヂメル。

+くるしめる (動) 前條ノ語ノ訛。

〔くるはかす・ス・セ・サ・シ・セ (他動)(規・一) くるはすニ同ジ。

くるはす・ス・セ・サ・シ・セ (他動)(規・一) 狂フヤウニナス。度ヲ外レシム。

くるひ (名) 狂フヿ。度ヲ外ルルヿ。

くるふ・フ・ヘ・ハ・ヒ・ヘ (自動)(規・一) 狂 〔回轉ク意〕 (一)正シキヨリ亂ル。(二)烈シク動キ廻ル。「舞ヒー」クルヒ歩ク」(三)病ニ因テ精神亂ル。 癲狂
くるふ・フ・ヘ・ハ・ヒ・ヘ (自動)(規・一) 歪 〔狂フノ義〕 正シク合ハズ。理ヨリ外ル。度ヲ失フ。ハマラズ。「目算ー」算用ー」機械、ー」

くるぶし (名) 踝 〔轉節ノ義ト云〕 古名、ツブブシ。脛ト足首トノ骨組ノ處、骨高ク現ハル。內ヘ向ヘルヲ內ートイヒ、外ヘ向ヘルヲ外ートイフ。手ニモアリテ同ジ。

〔くるべかす (動) くるめかすニ同ジ。「目大ニシテ見ー鼻ヲフキイカラス」
〔くるべき (名) 反轉 〔繰ル可キノ義カ〕 蟠車ニ同ジ。
〔くるべく (動) くるめくニ同ジ。
〔くるほし・シキ・シケレ・シク・シク (形・二) 狂 心、狂ヒタルガ如シ。キチガヒラシ。 欲狂
くるま (名) 車 〔轉輪ノ轉カ〕 (一)輪ヲ廻ラシテ、種種ノ運轉ヲナサシムル具。人、物ヲ載セテ、地上ヲ牽キ行クニハ、輪ニ軸ヲ貫キ、轅ヲワタシテ、轅ヲ牽ケバ、輪、廻リテ行ク、人ノ乘ルニハ、上ニ車蓋アリ、牛、馬ニ牽カスルニ、牛ー、馬車アリ、人ニ牽カスルニ、荷ー、人力車アリ。蒸汽機關ニテ牽クニ汽車アリ。(二)輪ヲ廻ラシテ諸ノ器械ニ用ヰルモノ。「水ー」風ー」時計ノー」
くるまえび (名) 車蝦 うみえびノ一種、形、常ノ蝦ノ如クニシテ、大サ六七寸ニ過ギズ、殼厚クシテ白ク、節每ニ紅ナル斑アリ、煮レバ全身紫紅トナリ、體、卷キテ車輪ノ如シ、秋冬ヲ節トス。 斑節蝦
くるまがかり (名) 車懸 (一)兵法ニ、先手、二番手、三番手、ト代ル代ル、續キテ攻メ懸ルヿ。(二)角力、劍術ナドニ、先番ニ勝チタル者ニ、新手ノ代ル代ル掛ルヿ。
くるまがへし (名) 車返 〔此花ヲ觀テ、歸路ニ、一人ハ八重ナリキトイヒ、一人ハ一重ナリキトイヒテ、論

決セズ、車ヲ返ヘシテ、再ビ觀タル事アリシヨリ名ヅクト」一種ノ櫻ノ名 をりがやつニ同ジ。又、ヤヘヒトヘ。

くるまぎ (名) 〔車木ノ義カ、轉卷ノ義カ〕 轆轤ニ同ジ。

くるまざ (名) 車座 衆人、環ノ如ク、圍ミテ坐ルコ。マドヰ。團欒

くるまざき (名) 車裂 支那ニテ、車ニテ人ヲ裂キ殺スコ。轘

〔くるまぞひ (名) 徒御 〔車添ノ義〕 牛車ニ附クモノ。「御前、隨身、―、舍人ナドマデ」

くるまどめ (名) 車止 路、橋ナド造リ替フル時、車ノ通行ヲ止ムルコ。

くるまながもち (名) 車長持 長持ノ下ニ車輪ヲ添ヘテ、地ヲ牽キ行クベク造レルモノ。

くるまはつた (名) はつたノ條ヲ見ヨ。

くるまひき (名) 車引 車ヲ牽キテ、物、又、人ヲ送ルヲ業トスル者。車夫

くるまへん (名) 車偏 漢字ノ偏ニアル車ノ字ノ稱、軒、軸、輻、輔、轉ナドノ如シ。車旁

〔くるまやどり (名) 車宿 古ヘ、貴族ノ邸ノ門内ノ側ニアリテ、輿車ヲ納レ置ク建物。

くるまよせ (名) 車寄 殿舍ニ、牛車ヲ寄セテ、昇降スル處。

くるまゐど (名) 車井戸 轆轤ヲ仕掛ケテ、釣瓶繩ヲ掛ケテ、水汲ムベクシタル井。

くるみ (名) 胡桃 〔圓實ノ義カ、或云、呉實ノ轉、或云、手黑實ノ意〕 喬木、葉ハ漆ニ似テ大ク、周ニ細キ刻ミアリ、長サ五六寸、排生ス、夏、穗ヲ垂レテ、黃白花ヲ開ク、栗ノ花穗ニ似テ、長サ六七寸、花ノ細カキコ粟ノ如シ、實ハ、桃ノ如クニシテ青ク、熟スレバ黑シ、核甚ダ堅ク、皺深シ、仁ヲ取リ食フ。他名ニ對シテ、おにートモイフ。山胡桃 又、唐ートイフハ、朝鮮種ニシテ少シ、葉ハ、ーニ似テ長大ナリ、核モ大ク、一寸餘ニシテ、皺多シ。

くるみやき (名) 胡桃燒 うどんこヲ水ニ溶シタルヲ、圓キ凹アル鐵板ニ、油ヲ延キテ、注ギ、炙リ燒キテ、餡ヲ包ミタルモノ、形、圓クシテ皺アルコ、胡桃ノ核ノ如シ。

くる・む・ムル・ムレ・メ・メ・メヨ (他動)(規・二) 包ミ卷ク。包括

〔くるめか・す・ス・セ・サ・シ・セ (他動)(規・一) 回轉クヤウニナス。クルクルマハス。回轉

くるめ・く・ク・ケ・カ・キ・ケ (自動)(規・一) (一)旋轉ト廻ハル。回轉 (二)眼、回ル如キ感ジヲ起ス。メマヒスル。目クラム。「目―」眩暈

サくるめる・メル・メレ・メ・メ・メヨ (他動)(規・四・變) (一)包括ム、(二)十分ニ欺キタブラカス。蠱惑

〔くるり (名) [illegible] 鳥ヲ射ル矢ノ名。

くるり (名) 轉 からさをニ同ジ。

サくるり (名) 周 メグリマハリ。

くるりと (副) 轉 廻ハリ、又、卷キ絡フ狀ニイフ語。「―廻ハル」「―卷キツク」 回轉

ぐるりと (副) 物ノ周圍ヲ廻ル狀ニイフ語。「―池ヲ廻ハル」「―取卷ク」 圍繞

サくるりぼう (名) からさをニ同ジ。

くるる (名) 樞 〔轉轉ノ約〕 (一)戸ヲ開閉セシムル機。(とぼそノ條ヲ見ヨ) (二)戸ノ棧。オトシ。

〔くるるど (名) 樞戸 樞ニテ、回リ開ク戸。

くるわ (名) 曲輪 〔轉曲ノ義〕 (一)城、砦ノ周圍ニ繞ラシ築ケル土石ノ圍。郭 (二)其圍ノ中ノ一部ノ地。「一ノ―」「二ノ―」(三)遊里ノ稱。

くれ (名) 暮 (一)暮ルルコ。日ノ沒ラムトシテ、空ノ暗クナル時。夕。晩。(二)終ハリ。季。「年ノ―」「―ノ春」

くれ (名) 塊 カタマリ。「土―」「石―」

くれ (名) 榑 〔木ノ塊ノ義カ〕 木ノ材。「杙ヲサシテ、多クノ―材木ヲモテハコブ」「檜榑」「榲榑」

クレ (名) 呉 〔應神紀ニ、高麗ノ久禮波、久禮志、ノ二人ヲ導トシテ、始メテ呉國ニ至レルヨリシテイフトゾ〕 古ヘ、支那ヨリ渡レル物事ニ冠ラセテイフ語。「―ノ藍」「―ノハジカミ」「―竹」「―織」

〔くれ (代) 是ノ轉カ、何、トイフ語ト並ベテ用ヰル。「何―ト」何某、―某」何ノ御子、―ノ源氏

グレエン (名) 量ノ名、げれいんヲ見ヨ。

〔くれがし (代) 某 なにがしニ同ジ。「ナニガシ、―」

くれがた (名) 暮方 暮ニ向フ時。薄暮

〔クレくぎ (名) 鐨 〔呉釘ノ義〕 きりくぎニ同ジ。

くれぐれ (副) 呉呉 〔次條ノ語ノ轉カ〕 繰返シテ。カヘスガヘス。「―戒ム」「―賴ム」 諄諄

〔くれぐれと (副) 心ノ思ヒニ暮ルル狀ニイフ語カ。「ツネ

シラズ、道ノ長手ヲ ー イカニカユカム、カリテハナシニ」沖津浪、來ヨル濱邊ヲ ー ヒトリヤワガコシ、妹ガメヲホリ」

クレ-たけ (名) 呉竹 〔初メ呉國ヨリ渡レリト云〕淡竹ノ類、葉、細ソク、黃潤ニシテ、長サ數尺ニ過ギズ、多ク庭際ニ植ウ、杖トシ、格子ナドトス。

クレたけの (枕) 呉竹 節、節 ナドイフ語ノ枕詞。通ジテ世ニモイフ。

クレなゐ (名) 紅 〔呉ノ藍ノ約、初メ、呉ヨリ來リ、染ムベキ藍ノ如シ、故ニ名ヅク〕(一)紅花。(二)紅花ノ汁ニテ染メ成シタル色。赤クシテ鮮カナル色。(紅花、及ビ、紅ノ條ヲ見ヨ)

〔クレ-の-あゐ (名) 呉藍 くれなゐニ同ジ。

〔クレ-の-おも (名) 呉母 茴香ノ古名。

〔クレ-の-はじかみ (名) 生薑ノ古名。(はじかみノ條、見合ハスベシ)

〔クレ-の-みみず (名) 〔呉ノ蚯蚓ノ義カ、此蟲、野生ニナシ、支那渡來ノモノナラム〕古ク、蠶ノ異名。

〔クレはどり (名) 呉織 呉服 〔呉機織ノ約〕古ヘ、呉國ヨリ渡來セル織工。又、其法ヲ傳ヘテ織リタル布帛。

〔クレはどり (枕) 呉織 綾、文、ノ枕詞。

†くれる (動) 暮ル、又、呉ル、ノ訛。

くろ (名) 黑 色ノ名、光明 又 白ミノ全ク無キ色。最モ暗キ色。

くろ (名) 畔 〔朝鮮語ニ毛、くろトイフトゾ〕田ノ中ノ界。アゼ。

くろ-あづき (名) 黑小豆 あづきノ一種、實ノ粒、小クシテ眞黑ナルモノ、味、下品ナリ。

ぐ-ろう (名) 愚弄 欺キナブルコト。嘲弄。

くろ-うど (名) 黑人 〔くろひとノ音便〕スベテ、藝術ヲ專業トシ熟練シタル人ノ稱。(素人ニ對ス)

くろ-がき (名) 黑柹 柹ノ材ノ中心ノ黑キ部、澁柹ニ多シ、烏木ノ如クニシテ、堅ク純黑ニシテ美シ、諸ノ器ニ作ル。柹心黑木 又、鐵氣アル泥ニ埋メテ、黑クシタルモアリ。

くろ-かげ (名) 黑鹿毛 馬ノ毛色、鹿毛ノ黑ミアルモノ。

くろ-がね (名) 黑金 鐵ニ同ジ、其條ヲ見ヨ。

くろがね-の-き (名) 鐵木 冬青ニ同ジ。

くろがね-もち (名) 冬青ニ同ジ。

くろ-かみ (名) 黑髮 純黑ニシテ美ハシキ髮。鬒髮

〔くろ-き (名) 黑酒 酒ノ名、新嘗、大嘗ナドニ供スルニツキテイヒ、白酒ト並ベイヘリ。醴酒ヲ白酒トシ、コレニ久佐木ノ灰ヲ和スルヲートス、サレド、後ニハ、黑胡麻ノ粉ヲ入レ、白酒モ、後ニハ常ノ清酒ヲ用ヰルト云。

くろ-き (名) 黑木 (一)皮ヲ削ラヌ木材。「ーノ御所」「ーノ屋」「ーノ鳥居」(二)木ヲ尺許ニ切リ、竈ニテ熏シテ黑クシタルモノ、京都ノ東北、八瀨、大原ノ里人、薪トシテ市ヘ賣リ出ス。(三)黑檀ノ一名。

〔くろ-くさ (名) 皯 〔黑瘡ノ義カ〕人ノ面皮上ニ生ズル黑キ斑。

くろ-くち (名) 魚ノ名、いしだひノ條ヲ見ヨ。

〔くろ-くちなは (名) 黑蛇 からすへびニ同ジ。

くろ-くは (名) 黑鍬 〔畔鍬ノ意カ〕(一)田舍ニテ、田畠ヲ耕シ堀ルヲ業トスル者。(二)德川氏ニ、甚ダ卑シキ役、古ハ、ーノ土役ヲナセリ、後ニ、目附ノ配下トナリテ、ーノ者、ー組、ナドイフ。

くろく-びやく (名) 九六百 德川氏ノ制ニ、錢九十六文ヲ百文ニ當テタル稱、其半ノ四十八文ヲ五十文ニ當ツ。(丁百、丁五十、ニ對ス、丁百ノ條、見合ハスベシ) 省百 除百 折百

くろ-くりげ (名) 黑栗毛 馬ノ毛名ニ、栗毛ノ黑ミアルモノ。烏騮

くろ-ぐろ-と (副) 黑黑 甚ダ黑ク。「髮、ー書キツケタル」「髮ーシテ」

くろ-ぐわゐ (名) 黑慈姑 池澤中ニ生ズ、葉ハふとゐニ似テ、細ソク小ク、長サ二三尺、多ク叢生ス、質、柔ニシテ、內、空シ、夏、葉ノ上ニ、一寸許ノ穗ヲ生ズ、黑クシテ白キ蘂アリ、をげノ穗ニ似タリ、冬、春、根ニ塊アリ、くわゐノ如クニシテ、六七分、皮黑ク、肉白シ、生、熟、共ニ食スベシ。烏芋

くろ-げ (名) 黑毛 馬ノ毛色ノ純黑ナルモノ。驪

くろ-けむり (名) 黑烟 烟ノ濃ク黑ク立昇ルモノ。

くろ-とはく (名) 黑琥珀 礦物、黑ク光ルコト漆ノ如ク、極メテ堅シ、大サ、指頭ノ如キアリ、豆ノ如キアリ。カラスミ。

くろ-ごま (名) 黑胡麻 ごまノ條ヲ見ヨ。

くろごめ (名) 黒米 穀ヲ脫シテ、未ダ搗キ精ゲザル米。玄米。糙米

くろざたう (名) 黒砂糖 さたうノ條ヲ見ヨ。

くろザン (名) 黒棧 さんとめがはノ黒ク染メタルモノ。

くろ・し・キ・ケレ・ク・ク (形・二) 黒 黒ノ色ナリ。

〔くろしほ (名) 黒鹽 鶴ノ骨ニ、鹽ヲ入レ、黒燒ニセルモノ、血暈金創ノ氣絶ニ藥用トシテ効アリト云。

くろしほ (名) 黒潮 日本南海ノ潮流ノ稱、臺灣島ノ邊ヨリ起リテ、東北ニ向ヒ、薩隅ノ七島海ヲ歷テ、伊豆ノ七島ト八丈島トノ間ヲ、尙、東北ヘ流ル。

くろずみは (名) 黒住派 神道ノ一派、備前御野郡中野村人黒住宗忠創ム。(嘉永三年死)

くろず・む・ム・メ・マ・ミ・メ (自動)(規・一) 黒ミヲ帶ブ。

くろすゐしやう (名) 黒水晶 すゐしやうノ條ヲ見ヨ。

くろだひ (名) 黒鯛 古名、チヌ。西國ニテ、チヌダヒ。形、眞鯛ニ似テ、身圓ク短ク肥エテ、眼、稍大ナリ、全身、灰黒ニシテ赤ミアリ、鱗、鰭、頭、尾、光リテ鐵ヲ磨キタルガ如シ、大ナルハ尺餘、味、眞鯛ニ亞グ。烏頰魚 䲅魚 其幼キヲかいづトイフ。

くろたま (名) 黒玉 (一)黒ク圓キ標。クロボシ。黒圈 (二)サヒトミ。クロメ。睛

くろち (名) 黒血 腫物ナド切リテ出ヅル血ノ、色甚ダ黒ミタルモノ。ワルチ。惡血

〔くろづか (名) 畔塚 畔トイフニ同ジ。

くろつぐみ (名) 黒鶫 つぐみノ條ヲ見ヨ。

グロッセン (名) [Groschen.] 普魯士國ノ小銀貨ノ名、我ガ二錢五厘〇一三當ル。

〔くろつち (名) 黒土 色黒キ土。壚

⁺くろつぼ・し・キ・ケレ・ク・ク (形・二) 黒ズミタリ。黒ミタリ。

くろづる (名) 黒鶴 形、まなづるヨリ小ク、頂、赤褐ニシテ、項、背、白シ、胸ヨリ、全身、尾、脚、ニ亙リテ、皆、淡黒シ、觜、稍、短ク、青黄ナリ、聲、丹頂ニ似テ、肉、最モ美ナリ。 陽鳥

〔くろどのみど (名) 黒戸御戸 禁中、淸涼殿ノ北ノ瀧口ノ戸ノ西ニアリト云、御薪ニススケタレバイフトゾ、又、御黒戸トイフハ、禁中ノ女房詞ニ、佛壇ノ稱。

くろとり (名) 黒鳥 (一)海濱ニ棲ム黒キ水鳥ノ名、今ノ黒鳧ナラムト云。(二)秧鷄ノ小形ナルモノ。

くろとりげ (名) 黒鳥毛 鳥ノ羽ノ純黒ナルモノ、槍ノ鞘ナドニ飾ルニイフ。

〔くろばう (名) 黒方 薫物ノ名。

くろはちぢやう (名) 黒八丈 厚キ絹布、黒色ノ無地ニテ、織目ヲ高ク粗ク織ル、八丈島ノ產ナリ、今、武州ノ八王子邊ヨリモ、多ク擬シテ織出ス。

くろび (名) 黒日 〔暦ノ上ニ黒圈ヲ記ス故ニイフ〕暦ノ上ニテ、萬事ニ忌ムベキ大凶日ノ名、正シクハ、空漏日ニテ、受死日ナリトゾ。

くろふ (名) 黒斑 鷹ノ羽ニ黒キ斑アルモノ、矢ニ矧グニイフ。

〔くろふ (名) 黒生 春ノ野ヲ燒キタル後ニ生ズル荻ナドニイフ語。

くろふね (名) 黒船 〔船體多クハ黒塗ナレバイフ〕中世、スベテ、南蠻等、諸外國ノ大船ノ稱。

くろほう (名) 黒保 紙ノ名、あさくさがみノ條ヲ見ヨ。

くろぼく (名) 黒木 (一)皮ヲ削ラヌ木材。クロキ。(二)色、黒キ土。(三)岩ノ如クニシテ、輕ク、色、黒キモノ、火山ヨリ噴出セル浮石ノ類ナリ、形、凹凸種種ノ姿アレバ、多ク築山泉水ノ崖ナド築クニ用ヰル。

くろぼし (名) 黒星 黒ク圓キ標。黒キ點。(的ナド) 黒圈

⁺くろぼし (名) くるぶしノ訛。 踝

くろま・す・ス・セ・サ・シ・セ (他動)(規・一) 黒 黒ウナス。黒ムル。

くろまつ (名) 黒松 まつノ條ヲ見ヨ。

くろまなこ (名) 黒目ニ同ジ。

くろまめ (名) 黒豆 大豆ノ一種、色黒キモノ、粒、長大ニシテ、食用トスルハ、雌ナリ、粒、小クシテ、藥用トスルハ、雄ナリ。 黒大豆

くろま・る・ル・レ・ラ・リ・レ (自動)(規・一) 黒 黒ナル。黒ク染マル。

くろ・む・ム・メ・マ・ミ・メ (自動)(規・一) 黒 黒クナル。「少シクロミヤツレタル、旅姿」殿上人、スベテ、ヒトツ色ニ、クロミワタリテ」

くろ・む・ムル・ムレ・メ・メ・メヨ (他動)(規・二) 黒 (一)黒クナス。(二)言ヒ紛ラハス。言葉ニテ欺ク。「言ヒ―」 詭言

〔くろむぎ (名) 黒麥 蕎麥ノ古名。

くろんばう (名) 黒坊 〔或云、錫蘭島ノ地名ノ Colombo. ニ起ルカト、或云、崑崙奴ノ轉ナリト〕印度、亞非利加邊ノ、色ノ純黒ナル人ヲ呼ブ語。

崑崙奴

くろんぼ (名) 〔黒穂ノ背便〕 麥圃ノ中ニ交リテ生ズル一種ノ麥ノ稱、穗、黒クシテ、墨ノ如ク、粉ノ如シ、毒アリト云。ムギノクロミ。 麥奴

くろめ (名) 黒目 眼ノ睛ノ内ノ黒キ部。クロマナコ。クロダマ。 黒睛

くろめる (動) くろむ(規、二)ノ訛。

くろもじ (名) 黒文字 (一)くろもじのきニテ作レル小楊枝、黒キ皮ヲ存シテ削リ作ルヨリ名トス。(女房詞ナルベシ) (二)クロモジノキ。

くろもじのき (名) 黒文字木 小木ノ名、山中ニ多シ、高サ六七尺、皮、淡緑ニシテ、黒キ斑アリ、樟ノ科ニテ、香氣多ケレバ、小楊枝ニ作ル、葉ハ細長クシテ堅ク、椎ノ葉ニ似タリ、春ノ初メ、葉ニ先ダチテ、淡黄ナル五瓣ノ小花ヲ開キ、三、五、簇リ生ズ、實ハ、なんてんノ如ク、秋、熟シテ黒シ。 野官蘭

くろやき (名) 黒燒 燒キテ黒キ灰トセルモノ。(多ク藥品ナドニイフ)「鼬ノ―」蛇ノ―」

くろやんま (名) 黒蜻蜓 とんぼうノ一種、身甚ダ痩セテ細クシテ、緑ニシテ光ル翅、黒シ、水邊ニ飛ブ、草木ニ止マルトキハ、四ツノ翅ヲ、一ツニ重ヌルヿ、常ノとんぼうノ並ブルニ異ナリ。一名、オハグロトンボ。カネツケトンボ。 紺蟌

くろらかに (副) 黒 黒キ状ニテ。「齒黒―」

くろろ (名) 樞 くるるノ訛。

くわ (名) 窠 〔蜂ノ窠ノ形ナリトイフ、或云、瓜ノ音ナラムカト〕 紋所、又ハ、模樣ナドニ、瓜ヲ輪切リニシタル形ノ如キ象モッカウ。「―ノ紋」―ニ霰」

〔くわ (名) 火 〔屯營一房ノ中ニ居テ、炊爨ヲ共ニスル意ト云〕 十人一組ノ稱。

〔くわ (名) 靴 くわのくつノ條ヲ見ヨ。

くわ (名) 寡 (一)數ノ少ナキヿ。「―ハ衆ニ敵セズ」(二)ヤモメ。

くわ (名) 科 (一)シナ。タグヒ。高下ノ段。(二)罰ヲ課スルヿ。

くわ (名) 課 (一)課スルヿ。役ニ宛テラルルヿ。(二)官衙ノ内ノ小キ區分。

くわ (接尾) 顆 ツブ。玉、果、印、ナドヲ數フルニイフ語。「玉二―」印三―」

ぐわ (名) 畫 畫ニ同ジ。

くわあふ (名) 花押 カキハン。

くわい (名) 會 事ヲ語ヒ、又ハ、學藝ヲ講習スルナドニ、衆人ノ寄リ合フヿ。ヨリアヒ。

〔クヮイ (數) 九 〔字ノ唐音ノ訛〕 手勢ノ語、ココノツ。

くわい (接尾) 回 (一)タビ。度。メグリ。「二―」三―」(二)記事、小説ナドノ中ノ段。「第一―」第二―」

ぐわいかう (名) 外交 外國トノ交際。

くわいがふ (名) 會合 ヨリアヒ。

くわいき (名) 回忌 人死シテ後、年年回リ來ル其月ノ忌日ノ稱。一年ナルヲ一―、又ハ、一周忌ナドイヒ、(小祥)二年ナルヲ三―ナドイヒ、(大祥)七―十三―十七―五十―百―等アリ、共ニ佛事ヲ修スルニイフ。年忌。年回。

くわいき (名) 快氣 氣分ノ快クナルヿ。病ノ癒ユルヿ。「―ニ趣ク」

くわいぎ (名) 會議 數人寄合ヒテ事ヲ評議スルヿ。

くわいきう (名) 懷舊 アリシ昔ヲ思ヒ出ヅルヿ。「―ノ涙」

くわいきせん (名) 回歸線 赤道ヲ中トシテ、南北、各緯度二十三度二十八分ニ常ル所ノ稱、太陽此(南北)ニ至リテ、赤道ニ回歸スルナリ。北ナルヲ夏至線トモイヒ、南ナルヲ冬至線トモイフ。又、此兩線ノ間ヲ熱帶トイフ、極メテ熱ケレバナリ。

くわいくわつ (名) 快闊 ココロヨク打開ケタルヿ。「景色―ナリ」―ナル氣象」

くわいけい (名) 會計 金錢ノ出入ヲ合ハセ計ルヿ。勘定。算勘。

くわいけん (名) 懷劍 懷中ニ挿シ携フル小キ刀。

くわいこく (名) 廻國 國國ヲ歷廻ルヿ。「―修行」―順禮」

ぐわいこく (名) 外國 トツクニ。ホカノクニ。我ガ政府ノ支配ナラヌ國。異國。

ぐわいこくじん (名) 外國人 外國ノ人。トツクニビト。異國人。外人。

ぐわいこくせん (名) 外國船 外國ノ船。異國船。

くわいさう (名) 廻漕 船ニテ物ヲ運送スルヿ。

くわいし (名) 懷紙 〔初メ、ふところがみヲ用ヰタルニ起ルト云〕 和歌、又ハ、連歌ヲ、正式ニ詠進スルニ用

ヰル紙、檀紙、又ハ、杉原紙ノ全紙ヲ用ヰ、書式アリ、官位姓名ナド署ス。

ぐわい-じん (名) 外人 (一)外ノ人。(二)外國人。

くわい-しや (名) 會社 數人組合ヒテ、農、工、商等ノ事業ヲ營ム。又其所。

ぐわい-じやう (名) 廻狀 名宛ヲ連名ニシテ、順順ニ廻ラシテ事ヲ通ズル書狀。廻文。順達。傳單 移文

くわい-しや-す・スル・スレ・セ・シ・セヨ (自動) (不規・二) 膾炙 〔膾ト炙トハ常ニ人ノ口ニ上ル意〕遍ク流行シテ、人人皆、話ス。「人口ニー」

くわい-しゆ (名) 會主 會ヲ開ク主タル人。

くわい-しよ (名) 會所 衆人ノ寄合フ所。寄合ニ用ヰル家。

くわい-す・スル・スレ・セ・シ・セヨ (自動) (不規・二) 會 アツマル。ヨリアフ。「衆人相會シテ」

くわい-せい (名) 快晴 空ノ快ク晴レタルコト。

くわい-せき (名) 會席 (一)會ノ席。寄合ノ座敷。(二)茶會ニ、茶ヨリ前ニ進ムル飲食。茶會席。(三)會席料理。

ぐわい-せき (名) 外戚 母方ノ親族。

くわいせき-れうり (名) 會席料理 酒肉店ノ飲食ノ、上等ナルモノノ稱。(茶會ノ會席ノ調理ヨリ轉ズ)

くわい-せん (名) 廻船 廻漕ニ用ヰル船。漕船

ぐわい-そふ (名) 外祖父 母方ノ祖父。

ぐわい-そぼ (名) 外祖母 母方ノ祖母。

ぐわい-そん (名) 外孫 女ノ他家ニ嫁ギテ生メル孫。

くわい-たい (名) 懷胎 懷妊ニ同ジ。

くわい-だん (名) 怪談 バケモノバナシ。鬼話

くわい-ちやう (名) 會長 會ノ長。會頭。

くわい-ちゆう (名) 蚘蟲 蛔蟲 小腸ノ中ニ生ズル蟲、小兒ニ多シ、吐瀉ニ因テ出ヅ、みみずニ似テ、色白シ、或ハ、薄赤キモアリ、長サ數寸ヨリ尺ニ至ル、種類多シ。

くわい-ちゆう (名) 懷中 フトコロノウチ。

くわいちゆう-どけい (名) 懷中時計 袂時計ニ同ジ。

くわいちゆう-もの (名) 懷中物 懷中ニ入レテアル品。即チ、鼻紙袋ノ類。

くわい-とう (名) 會頭 (一)會ノ長。會長 (二)會讀ノ師。

くわい-どく (名) 會讀 數人集リテ、同ジ書ヲ讀ミ合ヒ、意味ヲ解キ、疑ヲ論ズルコト。會業

くわい-にん (名) 懷妊 ハラムコト。ミモチ。懷胎。妊娠。

くわい-はう (名) 快方 ココロヨキカタ。病ノ癒ユルニ向フコト。

くわい-ふく (名)・恢復 モトヘモドスコト。モトノスガタニカヘルコト。

くわい-ぶつ (名) 怪物 アヤシキモノ。バケモノ。

くわい-ぶん (名) 廻文 (一)廻狀。(二)詩歌ノ一體ニ、初ヨリ讀下シテモ、末ヨリ逆ニ讀回ヘシテモ、同ジ文字、同ジ言葉ニナルヤウニ作レルモノ。

ぐわい-ぶん (名) 外聞 ヨソノキコエ。世間ニ評判セラルルコト。聲聞

ぐわい-む-しやう (名) 外務省 外國政府トノ交際ニ係ル一切ノ事務ヲ掌ル省。

くわい-らい (名) 傀儡 クグツ。

ぐわい-らい (名) 外來 (一)外ヨリ入リ來ルコト。(二)外國ヨリ來ルー。

くわいらい-し (名) 傀儡子 クグツ。

くわい-らう (名) 廻廊 長ク折レ廻レル廊下。

くわい-らく (名) 快樂 ココロヨクタノシキコト。快樂。

くわい-れき (名) 回曆 曆ノ上ニテ、一年回リタルコト。年立チカヘリタルコト。

くわい-ろ (名) 懷爐 懷中シテ、胸腹ナド暖ムルニ用ヰル具、銅製ノ小匣ニ、一種ノ藥灰ヲ貯ヘ、火ヲ點ジテ、密閉シテ、火、永ク滅セズ。

くわい-ろく (名) 回祿 (一)支那ニテ、火ノ神ノ名。(二)火災ニテ燒クルコト。(多ク社寺ナドニイフ)

くわう (名) 皇 (一)スメラギ。スベテ帝王ノ事物ニ冠ラセテ尊稱トスル語。「ー兄」ー弟」ー位」ー祖」ー居」(二)外國ニ對シテ我ガ年號ヲ記ストキ、上ニ冠ラスル語。「ー明治幾年」

くわう-いん (名) 光陰 〔光、晝也、陰、夜也〕ヒ。トキ。月日。歳月。「ーヲ惜ム」ー矢ノ如シ」

くわう-が (名) 光駕 訪ヒ來ルコトノ敬語。光來。(手紙ノ語)

くわう-きゆう (名) 皇宮 帝王ノ住マセラルル宮殿。御所。

くわうきよ (名) 皇居 帝王ノ御住居。御所。
くわうくわうと (副) 煌煌 ヒカヒカト。キラキラト。「ー光リ燿ク」
くわうくわうと (副) 廣廣 ヒロビロト。廣闊
くわうけふ (名) 廣狹 ヒロキト、セマキト。
くわうげん (名) 廣言 荒言 憚ルヿナク、口ニ任セテ物言フヿ。大言。漫語
くわうごう (名) 皇后 オホキサキ。帝王ノ嫡妻。后。皇后ニテ、次ノ帝王ノ母トナリ給ヒテ、尊稱ヲ奉レバ、太后、又、皇太后ト申ス。後ニ其祖母トナリ給ヘバ、太皇太后ト申ス。(皇ノ字ハ皆尊稱ナリ)
くわうごうぐうしき (名) 皇后宮職 中宮職ノ條ヲ見ヨ。
くわうこく (名) 皇國 スメラミクニ。日本國ノ尊稱。
くわうこく (名) 廣告 廣ク世上ニ告ゲ知ラスルヿ。ヒロメ。
くわうこつ (名) 恍惚 見蕩レ、聞蕩レテ、精神ヲ失ハムトスル狀ナルー。
くわうこん (名) 黃昏 (一)タソガレ。ユフグレ。(二)戌ノ時ノ異名。
くわうざん (名) 礦山 鑛山 礦物アル山。鑛物ヲ堀出ス山。
くわうざんがく (名) 礦山學 礦山ノ礦物ヲ探リ、又ハ、堀リ採ルヿノ學問。
くわうし (名) 皇子 わうじノ條ヲ見ヨ。
くわうしつ (名) 皇室 天子ノ御家。帝王ノ御家筋。

くわうじん (名) 荒神 天竺ノ神、惡人ヲ治罰ス、如來ー、蠱亂ー、忿怒ーノ三身ヲ現ズ、佛法僧ノ三寶ヲ護ルトテ、三寶ートモ呼ブ。俗ニ竈ノ神トシテ祭ル。
くわうじんだな (名) 荒神棚 廚ノ竈ノ上ナドニ、荒神ヲ祀リ置ク棚。
くわうじんばうき (名) 荒神箒 もろおしはうきノ小キモノ、他ノ不淨ノ帚ト別チテ、特ニ竈ヲ掃フニ用キル。
くわうじんまつ (名) 荒神松 松ノ枝葉ニ胡粉ヲ塗シタルモノ、荒神棚ニ供フ、月ノ二十日ニ、新ト替フ。煙𣞀
くわうじやう (名) 皇上 今上ニ同ジ。
くわうじゆくかう (名) 黃熟香 熱帶地ヨリ舶來セル香木ノ材、奇南ノ類ニテ、輕虛ナルモノト云、奈良ノ東大寺正倉院御藏ノ蘭奢待、此種ナリトゾ。
くわうせん (名) 黃泉 [天玄、地黃、泉ハ地中ニアリ] ヨミ。ヨミヂ。
くわうせん (名) 光線 日、火、ノ光ノ屆キ亙ルカ。ピカリ。アカリ。
くわうそ (名) 皇祖 帝王ノ御先祖。
くわうそ (名) 皇祚 皇位ニ同ジ。
くわうぞく (名) 皇族 帝王ノ御一族。
くわうそん (名) 皇孫 帝王ノ御孫。
くわうだい (名) 廣大 ヒロクオホイナルヿ。「ー無邊」
くわうたいごう (名) 皇太后 皇后ノ條ヲ見ヨ。
くわうたいごうぐうしき (名) 皇太后宮職 中宮職ノ條ヲ見ヨ。
くわうたいし (名) 皇太子 太子ノ條ヲ見ヨ。
くわうたく (名) 光澤 ツヤ。ピカリ。
くわうぢよ (名) 皇女 わうによノ條ヲ見ヨ。
くわうてい (名) 皇帝 天子ノ稱號。ミカド。
くわうてう (名) 皇朝 和漢共ニ、其朝廷又ハ其國ノ尊稱。
くわうとう (名) 皇統 天子ノ御血統。
くわうぶつ (名) 礦物 鑛物 金、石、土、砂、玉、化石、鹽、水等、スベテ無機體ノ物ノ總名(動物、植物ニ對ス)
くわうぶつがく (名) 礦物學 博物學ノ一部、礦物ノ性質、種類、形狀、結構等ヲ知ル學問。
くわうみやう (名) 光明 ヒカリ。「ー赫赫」
くわうもん (名) 黃門 中納言ノ唐名。
くわうらい (名) 光來 來ルヿ、ノ敬語。オイデ。光臨。光駕。
くわうりん (名) 光臨 光來ニ同ジ。
くわうりやう (名) 荒涼 (一)秋ノ末ノ景色ナドノ、荒レテ物凄マジキヿ。(二)(心ノスサマジキー。「短慮ノ至、極メテーノ事ナレド」御邊ハ、以ノ外ニ、心廣キ人哉、ソノーニテハ、一定「天下ノ主トナリ給ヒナム」諸人、口ヲトヂテ止ミニケリ、ーニ物ハ難ズマジキコトナリ」
くわうろせん (名) 黃櫨染 天皇着御ノ御袍ノ染色ノ名、黃櫨、蘇芳、米酢、灰等ニテ染ム、色黃ナリ、御紋ハ桐竹、鳳凰ナリト云フ。

くわうゐ (名) 皇位 帝王ノ御位。
くわうゐ (名) 皇威 帝王ノ御威光。
くわえう (名) 火曜 七曜ノ條ヲ見ヨ。
くわえん (名) 火焰 ホノホ。
‡ぐわえん (名) 〔臥烟ノ音ニテ火消ノ稱ニ起ルカト云〕往時、江戸城ノ見附ノ警固ニ屬キタル奴僕ノ稱。
くわがい (名) 花街 ハナノチマタ。遊里。
くわがく (名) 化學 理學ノ一部、物ノ元素、及ビ、其化合ノ分量法則等ヲ知ル學。舎密。
ぐわがく (名) 畫學 畫ヲカク技。
くわがふ (名) 化合 化學ノ語、元素ト元素ト混化抱合シテ一種ノ物トナル事。
くわき (名) 火氣 ヒノケ。
くわぎう (名) 蝸牛 カタツムリ。マヒマヒツブリ。デデムシ。
くわきふ (名) 火急 甚ダ俄ナル事。最モ急グ事。
くわく (名) 畫 字ヲ書クニ、一筆ノあたり、即チ、一ハ、一ーナリ、人ハ、二ーナリ、大ハ、三ーナルガ如シ。
くわくかう (名) 藿香 舶來藥品ノ名、植物ノ葉ナリ、葉大クシテ厚ク、毛茸アリ、互ニ刻缺アリテ、邊ニ鋸齒アリ、兩對シテ生ズ、香氣アリ。
くわくこう (名) 郭公 (一)かつこうどり。(二)誤テ、ほととぎす。
くわくしつ (名) 確執 互ニ確ク我意ヲ執リテ爭フ事。ナカタガヘ。
くわくしやうい (名) 鶴氅衣 隱者ナドノ著ル服、被風ノ、長クシテ、總體白地ニテ、黒布ニテ縁取リタルモノ。
くわくしやく (名) 矍鑠 年老テ勇健シキ事。
くわくせつ (名) 確說 確ナル說。
くわくちやう (名) 擴張 オシヒロムル事。
くわくぢやう (名) 確定 シカトサダマル事。
くわくちゆう (名) 郭中 クルワノナカ。
くわくない (名) 郭內 クルワノウチ。
くわくん (名) 寡君 〔寡德ノ君ノ義〕諸侯ノ臣ノ、己ガ君ヲ、他ニ對シテ謙稱スル語。(漢文ノ上ニ)
くわくよく (名) 鶴翼 兵法ニ、陣立ノ名、鶴ノ翼ヲ左右ニ張リタル如ク備フルート云。「魚鱗ーノ備」
くわくらん (名) 霍亂 〔揮霍變亂ノ義ト云〕甚シク吐キ、又、瀉ル病、多ク夏日ノ飲食ヨリ起ルニイフ。
くわくらん (名) 鶴蘭 琉球ニ産ズ、花、白色、紫色等ニシテ、形、鶴ニ似タリ、盆栽トス。
くわくわんぷ (名) 火浣布 (一)支那人ノ說ニ、南荒ノ外ナル火山ニ、火鼠アリ、毛ノ長サ二尺許、コレヲ取リテ、布ニ織レルモノ、此布、垢ツケルトキ、火ニ入ルレバ、燒ケズシテ、却テ鮮白トナルト云フ。(二)又、石絨ノわたニテ織リ作レルモノ、脆クシテ碎ケ易シ、油ヲ塗リ、疊ニテ汚シテ、火ニ燒クニ鮮白トナル、然レドモ玩物ナリ。
くわこ (名) 過去 過ギ去リシ時。(現在、未來、ニ對ス)
ぐわご (名) 訛語 ナマリコトバ。
ぐわこう (名) 畫工 エカキ。繪師。
くわこく (名) 過刻 サキホド。先刻。
‡ぐわごぜ (名) 面ヲ怒ラシテ小兒ヲ怖スニイフ語、昔シ、大和ノ元興寺ニ鬼住メル事アリシ由、言傳フルヨリシテイフナリ。訛シテ、ガゴジ。ガゴゼ。
くわこちやう (名) 過去帳 寺院ニテ、死者ノ法名ヲ記シ置ク帳。靈簿 鬼簿
くわごん (名) 過言 無禮ノ言ナド言ヒ過グス事。
〔くわさ (名) 過差 過分ノ驕奢。「堀河ノ相國ハ、美男ノタノシキ人ニテ、ソノ事トナク、ーヲ好ミ給ヘリ」
〔くわざ (名) 冠者 くわんじやノ條ヲ見ヨ。
ぐわさ (名) 畫叉 カケジカケ。
くわさい (名) 火災 火ノワザハヒ。火事。火難。
くわさう (名) 火葬 屍ヲ燒キテ、骨ノミ收メテ葬ムル事。(土葬、水葬ナドニ對シテイフ)
くわざん (名) 火山 山ノ絶頂、或ハ、山腹ナドヨリ、常ニ、火煙、水蒸氣等ヲ噴クモノ。ヤケヤマ。噴火山。
くわし (名) 菓子 食事ノ外ニ、茶請ニ食スモノノ總名。元ハくだものナリ、今、專ラ、米粉、小麥粉、餅、砂糖、餡ナドニテ、種種ニ製シタルモノヲイフ。餅ト餡トナドナルヲ餅ートイフ。餈餅 粉ト砂糖トナドナルヲ乾ートイフ。糕 而シテ、くだものナルヲバ、水ートイヒテ別ツ。
くわじ (名) 火事 火、發リテ、家、船ナドノ燒クル事。火災。
くわしがた (名) 菓子型 乾菓子ノ落雁ナド製スルニ、粉ヲ打込ムニ用ヰル型。糕印
くわしぢゆう (名) 菓子重 菓子ヲ入ルルニ用ヰル小

キ重箱。 菓櫨

くわじつ (名) 過日 サキノヒ。先日。

くわじん (代) 寡人 〔寡德ノ者ノ意〕王侯ノ自稱ノ代名詞、謙稱ナリ。〔漢文ノ語ニ〕

くわしや (名) 菓子屋 乾菓子、餅菓子ヲ製シテ賣ル家。

くわしや (名) 華奢 衣食住ニ奢リテ、花ヤカニ飾ルコ。「―風流」 豪華

〔くわしや (名) 火舍 火鉢ノ類。

‡くわしや (名) 〔死シテ、火車地獄ニ墮ツル意ナリトゾ〕惡婆ノ稱。

‡くわしや (名) 〔花車ノ音ニテ、妓ヲマハス意トモ、纒頭ニテマハル意トモイフ、或云、前條ノ語ニ同ジト〕青樓ニ居テ、諸事ノトリモチスル婆。ヤリテ。 鴇母

〔くわんじや (名) 冠者 くわんじやノ條ヲ見ヨ。

くわしやう (名) 火傷 ヤケド。

〔クヮシヤウ (名) 和尙 をしやうノ條ヲ見ヨ。

〔くわしゆ (名) 火酒 燒酎ニ同ジ。

〔くわしよく (名) 花族 淸華ニ同ジ。

くわしよく (名) 過食 分ヲ過シテ食フコ。クヒスギ。

くわす・スル・スレ・セ・シ・セヨ (自動)(不規.二) 化 (一)形、變ハル。異ナル體トナル。(二)肖リテ、良キニ移リ改マル。「德ニ―」

くわす・スル・スレ・セ・シ・セヨ (他動)(不規.二) 化 (一)變ハラシム。異ナル體トナス。(二)肖ラセテ、良キニ移ラス。「人ヲ―」

くわす・スル・スレ・セ・シ・セヨ (自動)(不規.二) 和 (一)マジリアフ。(二)ヤハラグ。心合フ。

くわす・スル・スレ・セ・シ・セヨ (他動)(不規.二) 和 (一)マゼアハス。(二)ヤハラグル。心ヲ合ハス。

くわす・スル・スレ・セ・シ・セヨ (他動)(不規.二) 課 オホス。役ニ充ツ。「税ヲ―」

くわす・スル・スレ・セ・シ・セヨ (自動)(不規.二) 訛 ナマル。

くわせい (名) 火星 太陽ヨリ第四ニ位スル行星ノ名、色甚ダ赤シ、地球ヨリ小ク、六百八十七日ニシテ、太陽ヲ一周ス。一名、熒惑。

くわせい (名) 化成 (一)形ヲ變ヘテ他物ト成ルコ。(二)化學ノ語ニ、數元素、化合シテ、一種ノ物ト、成ルコ。

くわせき (名) 化石 (一)硅酸ノ、動植物ノ體ニ浸入シテ、其形ヲ奪ヘルモノ、其形ノミ故體ヲ存シテ、質ハ全ク石ノ如シ、木ノ―ナド是ナリ。又、炭酸石灰ノ浸入シタルモアリ、介殼ノ―ナド是レナリ。(二)地層ノ成ルトキ、盤石ノ間ニ、動植物ノ入リテ、其形ノミヲ印シ遺シタルモノ。(三)又、動植物ノ、久シク土中ニ取積シテ、其質ヲ變ヘタルヲモイフ、木ノ石炭トナリ、松脂ノ琥珀トナレルガ如シ。

ぐわせんし (名) 畫仙紙 支那產ノ紙ノ名、白紙ヨリ厚ク白ク、上品ニシテ判モ大ナリ。

〔くわそ (名) 過所 關、津、ヲ過グル時ニ示ス契券ノ稱。

くわぞく (名) 華族 明治二年六月、堂上公家衆ト、大名トヲ併セテ一族トシテ賜ハリシ稱、皇族ノ次、士族ノ上ニ居ル。

くわたい (名) 過怠 (一)アヤマチ。オコタリ。(二)過怠ニ因テ贖ヒヲ出サシムルコ。過料。

くわたう (名) 過當 當然ニ過グルコ。程ヲ超ユルコ。

くわたく (名) 火宅 佛經ノ語、現世ノ稱、三界安キコ無キコ、火宅ノ如シトノ意。〔法華經、譬喩品、長者ノ古宅ノ事アリ〕

くわだん (名) 花壇 園庭ニ、草花ヲ植ヱ置カムガ爲ニ、一段高ク、土ヲ盛リタル處。 花畦

くわちやう (名) 課長 官衙ノ中ノ課ノ長。〔課ノ條ヲ見ヨ〕

くわぢやう (名) 火定 佛道ヲ修スル者、火ノ中ニ投ジテ、入定スルコ。 火化

くわちゆう (名) 火中 (一)火ノ中。(二)文書ナド、後ニ傳ハラムコヲ憚リテ、火ノ中ニ入レテ燒棄ツルコ。 投火

くわつ (名) 活 柔術ノ語、氣絶シタル人ヲ、手ニテ衝キナドシテ活スコ、體中ニ其法ヲ行フ所、數所アリ。

ぐわつ (接尾) 月 年ノ内ノ月ヲ稱スル接尾語。ゲツ。「正―」「二―」「三―」

くわつけい (名) 活計 スギハヒ。クチスギ。クラシ。

くわつご (名) 活語 用言、又、動詞ニ同ジ。

くわつじ (名) 活字 文字ヲ一字ヅツ、銅、鉛、木等ノおもてニ、鑄込ミ、又ハ、刻リツケタルモノ、組ミ排ベテ、版トシテ摺ル。(一面ノ版木ニ刻レル成版ニ對ス)

くわつじばん (名) 活字版 活字ニテ組成セル版。植字版。一字版。活版。

ぐわつちよく（名）【月蝕】ぐわつそくトイフニ同ジ、日蝕ノ條ヲ見ヨ。

くわつせき（名）【滑石】礦物ノ名、色白ク、光潤ナルヲ上品トス、又、青ミ、或ハ、黄ミアルアリ、蠟石ヨリヤハラカナリ、裱裝工、コレヲ用ヰテ、紙ニ刷シ、粉ニ代ヘ用ヰナドス、最モ白膩ナリ。

ぐわつそく（名）【月蝕】日蝕ノ條ヲ見ヨ。

ぐわつたいそく（名）【月帶蝕】日蝕ノ條ヲ見ヨ。

くわつたつ（名）【闊達】人ノ氣象ノ大様ニシテ、事ヲ行フニ鋭キヿ。

くわつち（名）【滑智】ワルカシコキヿ。ワルヂエ。

くわつと（副）俄ニ發ツ狀ニイフ語。「―怒ル」火、―起ツ」

くわつどう（名）【活動】活活トシテ動クヿ。

くわつぱつ（名）【活潑】勢ヒ好ク動ク狀ニイフ語。

くわつばん（名）【活版】活字版ニ同ジ。

ぐわつぴ（名）【月日】某ノ月、某ノ日ト定マラヌトキ、月、日、ノ字ノミ記シ置クニイフ語。

くわつよう（名）【活用】（一）活カシテモチヰルヿ。活キテハタラクヿ。（二）語學ノ語ニ、語尾ノ變化。ハタラキ。（語尾、及ビ、變化ノ條ヲ見ヨ）

くわてい（名）【課丁】よぼろノ條ヲ見ヨ。

くわてい（名）【課程】課スル仕事ノ程度。

くわてう（名）【花鳥】はなトとりト。「―風月」

くわてう（名）【花朝】陰曆二月十五日ノ稱。

ぐわてふ（名）【畫帖】畫ヲ集メテ作レル折本。


くわと（名）【蝌蚪】（一）かへるこ。（二）支那、上代ノ字體ノ稱、篆ノ古體ノモノ、竹簡ニ、漆モテ書スルニ因テ、其字形、皆、かへるこニ似タリトテ名ツク。

くわとう（名）【瓦燈】（一）燈火ヲ點ズル具、陶製、方形ニシテ、上窄ク、下廣シ。（二）蜻蛉ノ異名。（京童ノ語、かげろふノ名ヨリシテ、幽カナル燈火ニ寄セテイフ語カト云）

くわとうぐち（名）【瓦燈口】架燈口ノ條ヲ見ヨ。

くわなん（名）【火難】火ノワザハヒ。火事。「―盜賊」火災」

くわにふ（名）〔火入ノ音、或云、罐入〕陶器ニイフ語、くわんにゆうノ條ヲ見ヨ。

くわねん（名）【果然】尾長猿ノ漢名。

〔くわのくつ（名）【靴沓】くつノ條ヲ見ヨ。

くわはう（名）【果報】因果ノ應報、多クハ善キニイフ。（因緣ノ條ヲ見ヨ）

くわはん（名）【過半】半ヲ過グルヿ。オホカタ。

くわび（名）【華美】ハヤカニウツクシキヿ。ハデナルヿ。「―ヲ好ム」

くわびん（名）【花瓶】挿花ノ瓶。

ぐわびやう（名）【臥病】病ミテ臥スヿ。

くわふ（名）【寡婦】ヤモメ。

くわふうらく（名）【和風樂】夏風樂ニ同ジ。

くわふきふ（名）【過不及】過ギタルト、及バザルト。（何レモ相當ヲ外ルル意）

くわふそく（名）【過不足】過ギタルト、足ラヌト。


くわぶつ（名）【貨物】代物。品物。

くわぶん（名）【過分】分際分量ニ過ギタルヿ。程ヲ超エタルヿ。

くわへい（名）【貨幣】カネ。ゼニ。カネ。金錢。（かねノ條見合ハスベシ）

ぐわべい（名）【畫餠】〔如ニ畫レ地作一レ餠不レ可レ啖〕事ノ何ノ用ニモ立タヌヿ。志ノ徒爲トナレルヿ。「―ニ屬ス」

くわん（名）【官】（一）オホヤケ。カミ。朝廷。政府。（私ニ對ス）（二）ツカサ。政府ニ奉仕シテ、ソレゾレノ事ヲ執ル分際ノ稱。役目。「―ニ任ズ」―ヲ辭ス」古ヘ、官、省、寮、司等ノ、定マレル相當アルヲ、―トイヒ、又、攝政、關白、參議ヨリ、藏人所、檢非違使ナド、令外ニテ相當ナキヲ職トイヒテ分テリ。（三）ツカサ。政事ヲ執行スル所。役所。【官衙】（四）體ノ中ノ官。（五官ノ條ヲ見ヨ）

くわん（名）【鐶】（一）金屬ノ輪。（二）簞笥ノ引出シナドニ着クル取手引手ノ類ノ輪ヲナセルモノ。

くわん（名）【棺】ヒツギ。屍ヲ納ムル箱。其上ヲ覆フニ用ヰル箱ヲ槨トイフ。

くわん（名）【貫】（一）古ハ、錢一千文ノ稱。九六百ニテハ、九百六十文。（二）秤目ニ、千匁。（三）中世ニ、知行高ニ稱ヘタル語、永錢ノ條ヲ見ヨ。

くわん（名）【管】（一）クダ。（二）小銃ノ火門ニ雷藥ヲツケテ被ラシムルモノ、銅製ニテ甚ダ短小ナル管ノ如シ、打金ニテ打チテ火ヲ發セシム。

くわん（接尾）【管】笛、筆ナド數フルニイフ語。「尺八一ー」「筆十ー」

くわん（名）【卷】マキ。卷物。轉ジテ、書籍ヲモイフ。「上ノー」「下ノー」「ーノ初メ」

くわん（接尾）【卷】マキ。卷物、書物ヲ數フルニイフ語。「卷物、三ー」「書物、五ー」

ぐわん（名）【願】ネガヒ。神佛ニ心事ヲ祈リ願フヿ。日數ヲ定メテ、行ナドナスヲ、ーヲ立ツ、ーヲ懸ク、ナドイヒ、其期ニ至テ止ムルヲ、ーヲホドク、ナドイフ。

ぐわん（接尾）【丸】丸藥ノ名ニ添ヘテイフ語。「犀角ー」「龍腦ー」「神效ー」

ぐわんい（名）【願意】ネガヒノ趣意。

くわんいう（名）【官有】政府ノ所有ナルヿ。「ー地」「ー物」

くわんえいせん（名）【寬永錢】寬永十三年、始メテ鑄タル銅錢、其後モ時時鑄タリ、表ニ、寬永通寶ノ四字アリ、一枚、一文ニ當ル、コレヲ一文錢、耳白錢ナドイヒ、今、一厘ニ通用ス。後、明和五年ニ、眞鍮ニテ鑄テ、形、稍大ク、一枚四文ニ當ルヲ四文錢トイフ、裏ニ波文アレバ、波錢トモイフ、今、二厘ニ通用ス。又、二種共ニ、鐵ナルアリ、[illegible]錢、鐚錢ナトイフ、今、通用セズ。

くわんおん（名）【觀音】觀世音ノ略。

くわんおんさう（名）【觀音草】吉祥草ニ同ジ。

くわんおんちく（名）【觀音竹】〔琉球ノ觀音山ニ產ズト云〕竹ノ類、高サ尺餘ニ過ギズ、まゆろちくニ似タリ、鉢植トス。一名リウキウシユロチク。【筋頭】

くわんおんびらき（名）【觀音開】〔觀音ノ廚子ノ製ニ起ルカ〕兩片ノ開戸ノ、中央ニテ合ヒ、左右ヘ開ク作レルモノ。

くわんかう（名）【還幸】行幸ノ條ヲ見ヨ。

くわんがく（名）【勸學】學問ノ道ヲ勸ムルヿ。

くわんかつ（名）【管轄】統ベ治ムルヿ。支配。

くわんき（名）【歡喜】ヨロコビ。

くわんぎく（名）【鐶菊】〔鐶ハ環ノ作リ字〕紋所ノ名、菊花ノ形ヲ金物ノ座トシテ、コレニ環ヲ添ヘタル象。

〔くわんぎだん（名）【歡喜團】又、團喜。食物ノ名、粃米、菉豆、蒸餅、乾蓮華末、白芥子、酥蜜、石蜜ヲ和合シテ作ルモノト云。

くわんぎてん（名）【歡喜天】聖天ニ同ジ。

くわんきん（名）【官金】官有ノ金錢。

ぐわんきん（名）【元金】もときんニ同ジ。

くわんきよ（名）【官許】政府ヨリノ免許。

くわんぎよ（名）【還御】行幸ノ條ヲ見ヨ。

ぐわんぐ（名）【頑愚】カタクナニシテ理ヲ覺ラヌヿ。

くわんぐん（名）【官軍】朝廷ノ軍。政府方ノ軍勢。（謀叛ノ兵ニ對ス）

くわんげ（名）【勸化】勸進ニ同ジ。

くわんけい（名）【關係】カカハリ。カカリアヒ。

くわんげちやう（名）【勸化帳】勸化ノ趣意ヲ記シタル帳、寄進ノ錢物ヲ募ルニ用ヰル。

くわんげふ（名）【勸業】農、工、商等ノ業ヲ勸メテ、盛ナラシムルヿ。

くわんけん（名）【管見】管ノ中ヨリ天ヲ窺フガ如キ甚ダ狹キ意見

くわんけん（名）【官權】官府ノ威權 政府ノ行フベキ權理。

くわんげん（名）【管絃】（一）絲竹。（二）舞樂無ク雅樂ノミ奏スルー。

ぐわんこ（名）【頑固】カタクナナルヿ。

〔くわんざ（名）【冠者】くわんおやノ條ヲ見ヨ。

くわんざう（名）【萱草】古名、ワスレグサ。根、ニ三五ノ小塊ヲナシ、春、宿根ヨリ長キ葉ヲ叢生ス、秋、長キ莖ヲ出シ、枝ヲ分チテ、單瓣ノ花ヲ開ク、形、おにゆりノ花ニ似テ、色、紅黃ニシテ、紫黑ナル點アリ、家ニ植エテ花ヲ賞ス。又、野生ノモノハ、花、重瓣ナリ おにートモ云フ。

くわんさつ（名）【觀察】善ク觀テ推察スルヿ 見拔クヿ。

くわんさつし（名）【觀察使】古ヘ、畿内七道ヘ遣ハサレシ使、政治ノ善惡、官人ノ行迹ヲ觀、百姓ノ艱苦ヲ察ス。

ぐわんじつ（名）【元日】ぐわんにちニ同ジ。

くわんじとして（副）【莞爾】ニコリト。ニツコリ。「ー笑フ」

くわんじん（名）【寬仁】寬大ニシテ仁心アルヿ。「ー大度」

くわんじん（名）【勸進】（一）勸メマヰラスルヿ。「群臣ーシテ、帝、位ニ即ク」（二）堂塔、佛像ナド、建立、修

復等ノ爲ニ、僧徒ノ、普ク信者ヲ勸メテ、錢物ヲ進ラセシムルコト。勸化。募緣
ぐわんじん-ずまふ (名) 勸進相撲 勸進ノ錢ヲ集メムガ爲ニ興行スル相撲。
くわんじん-ちやう (名) 勸進帳 勸進ノ趣意ヲ記シタル文書。募緣簿
くわんじん-のう (名) 勸進能 勸進ノ爲ニ興行スル能狂言。
くわんじん-もと (名) 勸進元 勸進相撲ナド、興行發起ノ人ノ稱。
くわん-じや (名) 冠者 (一)元服シ冠シタル少年ノ稱。クワザ。クワンザ。クワジヤ。(二)六位無官ノ人ノ稱。
くわん-じや (名) 患者 病ヲ患ヘ居ル者。病人。
くわん-じやう (名) 勸賞 賞メテ、勵マスコト。
くわん-じやう (名) 勸請 神佛ノ靈ヲ離レタル地ニ移シテ祀ルコト。
くわん-じゆ (名) 貫首 (一)頭立ツ人ノ稱。(二)〔藏人頭ノ稱。
くわん-じゆ (名) 貫主 比叡ノ山門ノ座主ノ稱。
ぐわん-じゆ (名) 願主 ネガヒヌシ。願ヲ立ツル人。
くわん-じよ (名) 灌所 (一)手ヲ洗フ所。(二)轉ジテ、厠。
ぐわん-じよ (名) 願書 願意ヲ記シタル文書。
(くわん-じよう (名) 還昇 殿上人ノ、地下ニ降リテ、再ビ昇殿スルコト。
くわん-す (名) 鑵子 (一)湯ヲ沸カスニ用ヰル器、青銅、眞鍮ナドニテ作リ、鉉ヲカク。(關東)(二)畿內、西國ニ、茶釜ノ稱。
くわん-す・スル・スレ・セ・シ・セヨ (自動)(不規.二) 關 カカハル。
くわん-す・スル・スレ・セ・シ・セヨ (他動)(不規.二) 管 取統ブ。
くわん-ず・ズル・ズレ・ゼ・ジ・ゼヨ (自動)(不規.二) 觀 佛經ノ語、心ニウカベミテ知ル。
ぐわん-ず・ズル・ズレ・ゼ・ジ・ゼヨ (他動)(不規.二) 丸 マロムル。丸藥ニ作ル。摶
くわんぜ-おん (名) 觀世音 菩薩ノ名、慈悲ヲ護ル、常ニ略シテ、觀音トイフ、千手ー、如意輪ー、十一面ー、馬頭ー、ナドアリ。
くわん-せつ (名) 關節 骨ノツガヒ。
くわん-せつ (名) 官設 政府ニテ取建ツルコト。
ぐわんぜ-なし・キ・ケレ・ク・ク (形.二) 〔頑毛是モ無シノ意カト云〕 理非ノ辨分ナシ。(小兒ニイフ)
くわんぜん-ちようあく (句) 勸善懲惡 善キ事ヲ勸メ、惡シキ事ヲ懲ラス。
くわんぜ-より (名) 〔式三番ノ翁ノ烏帽子ノ懸緒ヲ、觀世流ニテハ、紙撚ヲ合ハセテ用ヰルヨリシテイフト云ハ附會ナルベシ〕 かんぜんよりニ同ジ。紙縷
くわんぜ-りう (名) 觀世流 能ノ一派、四座ノ散樂ノ一、足利義滿ノ頃ノ人、觀世世阿彌ヲ祖トス。
ぐわん-そ (名) 元祖 (一)家系ノ第一ノ人。先祖。(二)スベテ、始メテ、事ヲ爲出シタル人。(藝術、製造ナドニ) 創意者

くわん-たい (名) 緩怠 オコタリ。
くわん-たい (名) 款對 深切ニ應對シ取扱フコト。
くわん-だい (名) 寬大 人ヲアツカフニ、寬カナルコト。
ぐわん-たん (名) 元旦 ぐわんにちニ同ジ。
くわん-ぢく (名) 卷軸 卷頭ノ條ヲ見ヨ。
くわん-ちやう (名) 灌頂 佛道ニ、香水ヲ頂ニ灌グ儀、始メテ受戒スル時ニモアリ、修道ノ昇進ノ上ニモアリ。
くわん-ちやう (名) 灌腸 醫ノ語、肛門ヨリ藥水ヲ注ギ入ルルコト、多クハ大便ノ通利ヲ促サムガ爲ニ行フ。
くわん-ちやう (名) 管長 管理スル長。
くわん-てつ (名) 貫徹 趣意ノ貫キ徹ルコト。
くわん-とう (名) 官等 官ノ等級。役目ノ高下。
くわん-どう (名) 卷頭 卷物、書物ノ初頭ノ稱。終尾ヲ卷軸トイフ。共ニ、詩歌 (章ナドノ 殊ニ優レタルモヲ載スル所トス。
クワントン-じま (名) 廣東縞 支那、廣東ノ地ヨリ出ヅル一種ノ縞織ノ絹布。廣緞
クワントン-やき (名) 廣東燒 支那ノ廣東ヨリ產出シテ渡セル磁器ノ名。
ぐわん-にち (名) 元日 正月ノ朔日。一年ノ第一ノ日。元日。元旦。
ぐわんにち-さう (名) 元日草 ふくじゆさうニ同ジ。
くわん-にん (名) 官人 官ニ仕フル人。官員。官吏。有司。役人。
ぐわん-にん (名) 願人 (一)願フ人。願ヲカクル人 (二)

往時、江戸ニ居リシ乞食ノ僧ノ一群、東叡山ノ支配タリ、度牒滿チタレバ、闕時ヲ待チテ、僧籍ニ入ラムヿヲ願ヒ居ル者ノ意、俗ニ、願人坊主ナド呼ベリ。

くわんにゅう (名) 貫乳 (火入、又ハ、罅入トモ記ス) 陶器ノ釉ノ面ニ、割目ノ如ク、細カキ波文ヲナセルモノ、燒クトキ、火力ノ加減ニテ生ズ、樂燒、薩摩燒ナドニアリ。略シテ、乳。 裂文 碎紋

くわんによ (名) 官女 女ノ官人。

くわんぬき (名) くわんのきノ訛。

くわんねん (名) 觀念 (一)佛經ノ語、觀ジテ念フヿ。目ヲ閉ヂテ、心ニ浮ベ悟ルヿ。(二)俗ニ、アキラメ。決意

ぐわんねん (名) 元年 ハジメノトシ。古ヘ、帝王ノ代替ノ年ノ稱、後ニハ、年號ノ改リタル第一ノ年ノ稱、共ニ、其次次ノ年ヲ、二年三年等ト數ヘユク。(年號、改元ノ條、見合ハスベシ)

くわんのき (名) 貫木 門戸ヲ閉ヂテ、コレヲ鎖シ固ムル横木。訛シテ、クワンヌキ。 關木 門杜 閂

くわんばう (名) 關防 (一)關塞ヲスヱテ、敵ヲ防グヿ。(二)書ヲカキテ、其肩ニ押ス印、形、多ク長キヲ用ヰル。(眞ヲ證シ、僞ヲ防グ意カ)

くわんぱく (名) 關白 (萬機巨細、皆關ニ白之ノ義、前漢ノ霍光ノ故事ニ起ル) 帝道補佐ノ重職、大臣ノ人、コレヲ兼ヌ、內外ニ詔シ、上下大小ノ事ヲ奏請スルニ、先ヅ、其人ヨリ宣行ス。

くわんぱん (名) 官版 官府ニテ發スル版本ノ稱。

くわんぷ (名) 官府 (一)オホヤケ、朝廷。(二)ツカサ。役所。

ぐわんぶつ (名) 玩物 モテアソビモノ。

くわんブッゑ (名) 灌佛會 陰曆、四月八日、即チ、釋迦佛誕生ノ日ニ、其誕生ノ像ニ香水ヲ灌グ佛事。佛生會。

くわんぺい (名) 官幣 諸神ヲ、祈年祭、月次祭、新嘗祭等ニ、京ノ神祇官ニテ祭ラルル稱、全國ノ神神ニ、其格、其數、定マリアリ。(國司ニテ祭ツルヲ國幣トイフニ對ス)

くわんぺん (名) 官邊 政府ニ屬スルヿ。オホヤケムキ。カミムキ。

くわんぼく (名) 灌木 木トシテハ、長大トナラズ、草トシテハ、其幹、根、冬ヲ歷テモ枯レズ、木ト草トノ間ナル植物ノ稱、即チ牡丹、萩、山吹、薔薇ノ類ナリ。又、コレニ似テ、更ニ小キヲ亞—トイフ、芙蓉ノ類ナリ。

ぐわんほどき (名) 願解 カヘリマウシ。神佛ニ立願セルヿアリテ後ニ報賽スルヿ。 賽願

くわんぽん (名) 官本 (一)官版ノ書物。(二)官府ニ藏スル書物。

ぐわんまう (名) 願望 ネガヒノゾムヿ。

ぐわんみ (名) 玩味 文義ナド善ク善ク讀ミ辨フルヿ。「熟讀—」

くわんみやう (名) 官名 官ノ名。役目ノ名。

くわんもん (名) 關門 セキ。關所。

ぐわんもん (名) 願文 立願ノ趣意ヲ記シタル文。

ぐわんやく (名) 丸藥 藥ヲ煉合ハセ、摶メテ小キ丸トシテ飲ミ用ヰルモノ。

ぐわんらい (副) 元來 モトヨリ。

くわんらく (名) 歡樂 (一)ヨロコビタノシムヿ。(二)(堂上家ニテ、病氣所勞ノ稱。(反語)

くわんり (名) 官吏 官人ニ同ジ。

くわんり (名) 管理 取締ルヿ。支配。

ぐわんり (名) 元利 元金ト利息ト。 本息

ぐわんりき (名) 願力 立願シテ貫カムトスル志。

くわんりつ (名) 官立 政府ニテ取建ツルヿ。

くわんりやう (名) 管領 室町政府ノ第一ノ重職、初メ執事トイヘリ、將軍義滿以後、此號ニ改ム、斯波、細川、畠山、ノ三氏ヨリ之ニ任ジ、之ヲ三—トイヒ、幕府一切ノ國政ヲ執レリ。(鎌倉ノ執權、江戸ノ大老、老中ノ如シ) 又、別ニ、鎌倉ニ置キテ、關東ヲ鎭メシメタルヲ、關東—トイヘリ。

くわんれき (名) 還曆 齡ノ六十一歲トナリテ、賀ナド行フニ就キテイフ語、曆ノ上ノ六十干支ノ、一周シテ、初ニ還リタルヲ祝スルナリ。本卦回。

ぐわんろう (名) 玩弄 モテアソブヿ。

くわんゐん (名) 官員 官人ニ同ジ。

くわんをけ (名) 棺桶 棺トシ用ヰル桶。

くわ-やく (名) 課役 (一)調ト役ト。(租ノ條ヲ見ヨ) (二)役ヲ課スルヿ。

くわ-やく (名) 火藥 硝石、硫黃、痲莖ノ灰ヲ合ハセテ、粉ニシテ乾シタルモノ、粒ヲナス、火ヲ點ズレバ、裂シク

發ス、銃砲ニ用ヰテ、彈丸ヲ放チ、或ハ、花火ニ用ヰ、又ハ、物ヲ破裂セシムル等、用多シ。ガフヤク。アハセグスリ。テツバウグスリ。エンセウ。裝藥

くわらく (名) 花洛 ミヤコ。京都。

ぐわらぐわら (副) 積ミタル物ノ崩ルル音ナドニイフ語。

くわらりと (副) 廣ク、打開ケタル狀ニイフ語。豁然

ぐわらりと (副) 戶ナド俄ニ引明ケ、又ハ、積ミタル物ノ崩ルル音ナドニイフ語。

くわりん (名) 花梨 〔花櫚ノ音ノ轉〕 熱地ヨリ舶來スル木材ノ名、木理コマヤカニシテ、紫檀ニ似テ堅シ、又、紅色ヲ帶ブルモアリ、三絃ノ胴ナド諸器ニ作ル。櫚木 其木理ニ花紋アルヲ上品ナリトス。花櫚

くわりん (名) 〔木理、花櫚ニ似タレバ轉呼ス〕 喬木ノ名、高サ一二丈、幹ノ皮、一二寸每ニ鱗ノ如ク落チテ、痕美シ、葉ハ林檎ニ似テ長大ニシテ、細カキ刻ミアリ、質堅ク、互生ス、春ノ末、五瓣ノ淡紅花ヲ開ク、實ハ、秋、熟ス、まくはうりニ似テ小ク、末、廣ク、香氣多シ、蜜ニ漬ケテ菓トス、木理、密ニ、淡紅色ニシテ、花櫚ニ似タレドモ、質、ヤハラカニシテ、磨ギテ光無シ。榠樝

くわりんたう (名) 花林糖 〔花櫚ノ色ヨリ名ツクルカ〕 うどんこニ砂糖ヲ和シテ、細長ク切リテ乾シテ、油ニアゲタルモノ。

ぐわりようばい (名) 臥龍梅 野梅ノ一種、花、淡紅ニシテ、枝、幹、地上ニ蟠マリ延ヒテ、枝、地ニ着ク所ニ根ヲ生ズルモノ。

くわりよく (名) 火力 火ノチカラ。火ノ勢。

くわれう (名) 過料 德川氏ノ制ニ、罰ノ名、過ヲ贖ハセムガ爲ニ、錢ヲ出サシムルコ、庶人ノ閏刑トス、重キハ十貫文ヨリ、輕キハ三五貫文ニ至ル。

くわゐ (名) 慈姑 〔葉ノ食破レ藺ノ意カト云、或云、葉ノ形、鑊ニ似タル藺ノ意ナリト、サレド、假名遣、違ヘリ〕 菜ノ名、舊キ根塊ヲ水田ニ植ウ、一根ヨリ叢生ス、葉ハ長クシテ尖リ、下ハ二三分レテ、剪刀ノ如シ、冬、春、塊ニ側子ヲ生ズ、形圓ク、徑、一寸許、皮、淡綠ニシテ、肉、白ク堅シ、煮テ食フベシ、秋、稀ニ花ヲ開ク、三瓣ニシテ白ク、おもだかノ花ニ似テ大ナリ。

くゐき (名) 區域 カギリ。クギリ。サカヒ。

〔くゑそく (名) 花足 花足ニ同ジ。

〔くゑち (名) 闕ノ古音、其條ヲ見ヨ。

くゑにち (名) 凶會日 曆ノ上ニ、陰陽相向ヒテ尅スル日トシ、萬事ニ凶ナリトスル日。

〔くゑまり (名) 蹴鞠ノ古言。

〔くゑんえい (名) 卷纓ノ古音。

〔くゑんぞく (名) 眷屬ノ古音。

け げ

け 五十音圖、加行第四ノ假名。(かノ條ヲ見ヨ) 此音ハ、う、又ハ、ふ(うノ如ク呼ブモノ)ニ連ナルトキハ、きよノ如ク呼ブコアリ、けう(教) けふ(今日) ノ如シ。

げ げノ濁音ノ假名。(がノ條ヲ見ヨ) 此音ハ、う、又ハ、ふ(うト呼ブモノ)ニ連ナルトキハ、ぎよノ如ク呼ブコアリ、れん げう(諢翹) げふ(業) ノ如シ。

け (名) 毛 (一)人、獸等ノ皮ニ生ズル細キ絲ノ如キモノ。(二)髮。(三)羽。「鳥ー」(四)スベテ、毛ニ似タルモノ。「艾ノ葉ノー」かあゆらいもノー」(五)稻ノ穗ノ實。(一)秋ノ收納ニ就キテイフ。「一ー」本ー」半ー」作ー」○ーノ末。極メテ細小ナルコ。毫末

け (名) 氣 (一)勢。氣。「東オモテノ朝日ノー」イト苦シケレバ火ノー」(二)氣色。ケハヒ。ヤウス。「恐シキーモオボエズ」ヲカシキーサヘ添ヒタマヘリ」(三)病。「ーヤアガリヌラム、心地、イト惡シウ覺エテ」御ーアガリテ、ナホ艱マシウセサセタマフ」物ノー」時ノー」脚ノー」(四)味。香。「鹽ー」酒ノー」ーモナシ」

〔け (名) 食 〔食ノ約〕 供膳ノ食物。クヒモノ。「御ー」朝ー」夕ー」

〔け (名) 笥 〔食ヲ盛ルヲ元トスル物カ〕 物入ルル器ノ稱。「家ニアレバ、ーニ盛ル飯ヲ」碁石、ーニ入ル音ノ」四方ノ海ヲ、ヒトツノーシテ、汲ミ乾サム 櫛ー」碁ー」

〔け (名) 褻 晴、又ハ、公ナラズシテ、平常ナルコ。フダン。「ーノ衣」

け (名) 蹴 蹴ルコ。「ヒトー、フター、蹴テ」

〔け (名) 故 〔故ノ約カト云〕 故。「カギリナキ願ドモ、立テサセ給フーニヤ、平カニ事ナリハテヌレバ」猶ワカ君ノオハシマスーナリトイヘバ」

け (名) 卦 易ノ算木ノ面ニアラハル象ニテ、其象ニテ吉凶ヲ見ルモノ、乾、兌、離、震、巽、坎、艮、坤ノ八樣アリ、コレヲ八卦トイヒ、コレヲ更ニ種種ニ配合シテ、又、數十種トス。

け (名) 界 (一)又、罫。紙ノ上ニ、物書カム目標ニ引ク線。「四卷經書奉ルベキ紙、經師ニ打チツガセ、ーカケサセテ」ー紙」ー版」 界行 欄界 烏絲欄 (二)碁盤ノ上ノ縱横ノ線。 罫 方罫

け (名) 家 イヘ。家筋。(熟語ニノミ用ヰル)「源ー」平ー」公ー」武ー」

〔け (動) 消〕 消ユノ變化ノきえノ約。「白露ハ、ーナバー、ナナム、消エズトモ」朝露ノ、ー易キ命」雪ーノ水」

〔け (發語)〕 諸ノ語ニ添ヘテ、稍、意ヲ強クスル發語。「ー劣ル」ー壓サル」ー近シ」ー長シ」ー恐シ」

げ (名) 下 (一)シモ。シタ。クダリ。(二)劣レルコト。賤シキコト。

げ (名) 牙 (一)ぎ。(二)象牙ノ略。

ゲ (名) 偈 〔梵語、伽陀ノ轉、頌ト譯ス〕 佛家ノ詩、美ムル詞ナリ。其體、古クハ四句ヅツナリケレバ、四句トモイフ。

げ (接尾) 氣 〔氣ノ連濁ナリ〕 他語ノ下ニ屬キテ、風情、氣色ヲイフ接尾語。「人ー」外ー」心アリー」物思ヒー」無ー」惜シー」嬉シー」

けあげ (名) 蹴上 舟ニテ、閾ノ稱。

けあな (名) 毛孔 膚ニ、毛ノ生ズル微細ナル孔。

けあは (名) 毛粟 おほあはニ同ジ。(あはノ條ヲ見ヨ)

けあひ (名) 蹴合 互ニ蹴ルコト。「鷄ノー」

けい (名) 罫 界ニ同ジ。

けい (名) 刑 政府ニテ、法律ヲ以テ人ノ罪ヲ處分スル制。罪ナフコト。仕置。古ヘハ、笞、杖、徒、流、死ノ五ニ分チテ、五罪、又ハ五刑ナドイヘリ、(各條ニ注ス) 徳川氏ノ制ニテハ、敲、追放、遠島、死罪ノ四等トス、コレニ屬シテ、引廻、晒、入墨、闕所ノ四ツアリ、輕重ニ從ヒテ本刑ニ加ヘテ行フ、閏刑ハ、士族ニ、逼塞、閉門、蟄居、改易、切腹等アリ、平民ニ、叱、過料、戸締、手錠等アリ、各條ニ注ス。新定ノ刑ニハ、懲役、徒刑、贖罪、又ハ禁錮、禁獄等、科目多シ、各條ニ注ス。

けい (名) 磬 樂器、一種ノ甚ダ堅キ石ヲ用ヰ、架ニ掛ケテ撃ツ、清ク高キ響キヲナス。今ハ、多ク銅ニテ作ル、銅磬トイヒ、略シテ、専ラートモイフ。

けい (名) 卿 (一)公卿ノ條ヲ見ヨ。(二)支那ノ爵ノ名。(爵ノ條ヲ見ヨ)

けい (名) 景 景色ニ同ジ。

けい (名) 系 スヂ。血筋。「父子ノー」

けい (名) 經 經書ニ同ジ。

けい (名) 圭 枡目ノ名、才ノ條ヲ見ヨ。

けい (名) 桂馬ノ略、其條ヲ見ヨ。

けい (名) 怪異 アヤシキコト。アヤシムベキコト。

げい (名) 藝 身ニ學ビ得タル文武ノ藝。

++けいあん (名) 〔寛文中、江戸ノ醫、大和慶安トイフ者、貴人ノ婚姻ノ媒シテ、事起リ、人人取沙汰セシ隱語ニ起ルト云〕 奉公人、縁談ナドノ口入スルコトノ異稱。雇人ノ請宿。(東京)

けいが (名) 慶賀 イハヒヨロコビ。

けいかい (名) 經界 サカヒ。

けいかい (名) 警戒 イマシムルコト。ココロツクルコト。

けいかう (名) 經行 ツキノメグリ。月經。

けいかみ (名) 罫紙 罫ヲ引キタル紙。

けいかん (名) 鷄姦 男色ニ同ジ。

〔けいき (名)〕 氣色ノ音便。「鳥羽殿ノ御所ノー」

けいき (名) 景氣 〔前條ノ語ノ轉カ〕 (一)ケハヒ。ミエ。氣色。光景 (二)商家ニ、賣買ノ行ハルル程ヲイフ語。「ーヨシ」ーワロシ」 生意

げいぎ (名) 藝妓 藝者ニ同ジ。

けいききう (名) 輕氣球 風船ノ條ヲ見ヨ。

けいきよ (名) 輕擧 輕率ナル擧動。「ー暴動」

けいくわく (名) 計畫 ハカラヒ。

けいくわんせき (名) 鷄冠石 礦物ノ名、砒鑛ノ屬、舶來ス、古渡ナルハ、大塊ナルアリ、臭氣無ク、透明ニシテ、色赤キコト、鷄冠ノ如シ、之ヲ具トス、新渡ナルハ、黄赤ニシテ臭氣アリ、伊勢、大和、陸前等ヨリモ產ズ、燒キテ濕氣ヲ避ケ、又、蛇毒ヲ防グトイフ。 雄黄

けいけん (名) 經驗 驗ヲ經ルコト。ココロミタメシ。

けいげん (名) 輕減 減シテ輕クスルコト。

けいこ (名) 稽古 (一)古ヘヲ稽ヘ知ルコト。(二)學ブコト。習フコト。 學習

けい-ど (名) 警固 非常ヲ警メ固ク備ヘ守ルコト。カタメ。警備

けい-ど (名) 敬語 敬ヒテ稱スル語。

げい-だ (名) 藝子 藝者ニ同ジ。(上方)

けい-わく (名) 熒惑 火星ノ一名。

けい-こく (名) 傾國 美人ノ稱。(傾城ノ條ヲ見ヨ)

けい-さい (名) 繼妻 ノチゾヒ。後妻。

けい-さい (名) 荊妻 己ガ妻ヲ他ニ對シテイフトキノ謙稱。愚妻。

けい-さい (名) 掲載 カカゲノスルコト。書キ上グルコト。

けい-ざい (名) 經濟 〔經レ國濟レ世〕 一身、一家、一國ノ費ヲ省キ、富ヲ增シ、生計ヲ成スコト。

けい-さつ (名) 警察 法律ノ違犯ヲ警メ、人民ノ禍難ナドヲ護ル職。

けい-さん (名) 珪算 けさんニ同ジ。

けい-さん (名) 珪酸 化學ノ語、酸化珪素、珪石是レナリ。

けい-さん (名) 計算 ハカリカゾフルコト。數ヘ上グルコト。

〔けい-し〕 (名) 家司ノ延。「殿ノ一ノサルベキ限リ加階ス」

〔けい-し〕 (名) 殿子 〔字ノ音ノ轉ナリト云〕 足駄ノ類。「高キ一ヲサヘ着キタレバ、ユユシク高シ」 一ノツヤヤカナルガ、革ニ、土多クツイタルヲハキテ」

偏門ノ督ノ殿ノ一ナル但馬守、下野守」

けい-し (名) 桂枝 肉桂ノ條ヲ見ヨ。

けい-し (名) 京師 ミヤコ。京都。

けい-し (名) 掲示 カカゲテシメスコト

けい-しちやう (名) 警視廳 東京府下ノ警察ノ事ヲ統ベ掌ル官衙。

けい-しん-あい-こく (句) 敬神愛國 神ヲ尊信シ、御國ニ忠節ヲナス。

げい-しや (名) 藝者 音曲、歌舞ヲ以テ、酒宴ノ興ヲタスクルヲ業トスル女。(東京) 又、藝子。藝妓。

酒妓 歌妓 又、男ニシテ同ジ業ヲナスモノヲ男一トイフ。タイコモチ。 幇間

けい-しやう (名) 卿相 公卿ノ條ヲ見ヨ。

けい-じやう (名) 啓上 言フコトノ敬語。申シ上グルコト。

けい-じやう (名) 形狀 ナリカタチ。スガタ。アリカタ。

けい-ぢやう (名) 刑場 仕置場。

けい-じやう-げん (名) 形狀言 形容詞ニ同ジ。

けい-しゆ (名) 稽首 首ヲ屈シ、地ニ着ケテ、拜スルコト。

げい-じゆつ (名) 藝術 身ニ學ビ得タル文武ノ事。

けい-しよ (名) 經書 支那古代ノ聖賢ノ作リテ、致旨ヲ記シタル書ノ稱。易經、書經、詩經、春秋(左氏傳)禮記ヲ五經トイヒ、コレニ、公羊傳、穀梁傳ヲ加ヘテ、七經トイヒ、更ニ周禮、儀禮、論語、孝經、孟子、爾雅、ヲ加ヘテ、十三經トイフ。又、上古ニハ、前ノ五經ニ、樂經ヲ加ヘテ、六經トモイヘリ。後世ニハ、或ハ、五經ニ、四書ヲ合ハセテ、六經トモイフ、四書トハ、大學、論語、孟子、中庸ナリ。

けい-しよう (名) 敬稱 敬ヒテイフ稱。

けい-す・スル・スレ・セ・シ・セヨ (他動) (不規. 二) 啓 申シ上グ。(三宮、東宮ニ對シテ用ヰル語)

けい-す・スル・スレ・セ・シ・セヨ (他動) (不規. 二) 覡 立マフ。

けいず-かひ (名) 〔けいずハ窩主ノ訛〕 贓物ト知リテ買取ルコト。又其人。(東京)

けい-すゐ (名) 經水 ツキノサハリ。月經。

けい-せい (名) 形勢 アリサマ。アリカタ。「世ノ一」「天下ノ一」「國ノ一」

けい-せい (名) 傾城 (漢武帝、李夫人ノ故事、一顧傾ニ人城、再顧傾ニ人國ニ) (一)美人ノ稱。又、傾國。(二)轉ジテ、遊女ノ稱。

けい-せう (名) 輕少 ワヅカナルコト。スコシナルコト。イササカナルコト。輕微。些

けい-せき (名) 珪石 寶石ノ名、其結晶セルモノハ、即チ、水晶、瑪瑙等ナリ、結晶セザルモノハ、角石、珪板石、燧石等ナリ。

けい-せき (名) 形跡 アトカタ。物事ノアリシ痕ト。

〔けい-せつ〕 (名) 磬折 次條ノ語ニ同ジ。

けい-せつ (名) 磬折 〔傴折如ニ磬之背ニ〕 立チナガラ、腰ヲ前ヘ折リ屈メテ、禮ヲ行フコト。

けい-せん (名) 經線 經度ニ同ジ。(緯度ノ條ヲ見ヨ)

げい-そつ (名) 輕率 カロハズミ。

けい-だい (名) 境內 (一)サカヒノウチ。四至。(二)專ラ、社寺等ノ一構ヘノ地ノ稱。

げい-だう (名) 藝道 ワザノミチ。ワザ。ゲイ。

けい-ちつ (名) 啓蟄 又、驚蟄。二十四氣ノ條ヲ見ヨ。

けい-ちゆう (名) 閨中 ネヤノウチ。

けいぢゆう (名) 輕重 かろきこと、おもきこと。

けいづ (名) 系圖 氏文。先祖ヨリ代代ノ父子兄弟等ノ系ヲ表ニ記シタルモノ。 系譜

けいてい (名) 兄弟 きやうだいニ同ジ。

けいてい (名) 逕庭 相去ルヿ遠キヿ。カケヘダタリ。「大ニーアリ」

けいてう (名) 京兆 左京職、右京職、ノ唐名。(左京職ノ條ヲ見ヨ)

けいど (名) 經度 緯度ノ條ヲ見ヨ。

けいとう (名) 鷄頭 草ノ名、莖、高サ二三尺、圓ク或ハ扁シ、葉ハ互生ス、夏秋ノ間、梢ニ花ヲ開ク、形、鷄冠ノ如クニシテ、赤シ、或ハ黄白等ノ種類モアリ、多ク人家ニ植エテ、花ヲ賞ス。 鷄冠花

げいにん (名) 藝人 遊藝ヲ演ルヲ生業トスル者。

げいのう (名) 藝能 藝ニ堪能ナルヿ。ワザマヘ。 伎藝

けいば (名) 競馬 キホヒウマ。クラベウマ。ウマカケ。

けいはい (名) 輕輩 身分輕キトモガラ。

けいはく (名) 輕薄 (一)カロクウスキヿ。躁動、思慮ノ沈着カヌヿ。(二)人ト交リテ信實ナラヌヿ。

けいはく (句) 敬白 ウヤマヒテマウス。

けいばつ (名) 刑罰 刑ト罰ト。

けいはふ (名) 刑法 刑ニ係ル法律。仕置ノ掟。

けいび (名) 輕微 輕少ニ同ジ。

〔けいひち (名) 警蹕 次條ノ語ニ同ジ。

けいひつ (名) 警蹕 〔蹕、止レ行也〕 天子出入シタマフトキ、人行ヲ警ムルヿ。御先拂ノ聲ヲカクルヿ。ケイヒチ。其聲、伏狀ニ、おお、又ハ、まま、或ハ、おし、又ハ、おしおしトイフトゾ。

〔けいびやく (名) 啓白 (一)物申スヿ。申シ上グル文。(二)又、經文ノ小口ノミヲ讀ムヲイフト云。

けいふ (名) 繼父 ママチチ。

けいふ (名) 繼夫 後配ノ夫。再度ノ入婿。

けいふく (名) 敬服 敬ミテ服フヿ。心實ニ服從スルヿ。

けいぶつ (名) 景物 (一)春夏秋冬、其時時ノ景色トナルモノ、花鳥風月ヨリ、裝飾飲食ナド皆云フ。(二)其時ニツケテノ贈物。商家ノ店開ノ時ナド、賣ル品ニ添ヘテ客ニ贈ル物。

けいふん (名) 輕粉 〔量、最モ輕ケレバ名トス〕 はらやノ條ヲ見ヨ。

けいべつ (名) 輕蔑 カロンジ、ナイガシロニスルヿ。アナドルヿ。

けいべん (名) 輕便 手輕キヿ。

けいぼ (名) 繼母 ママハハ。

けいま (名) 桂馬 (一)將棊ノ駒ノ名。盤ノ格ヲ、一ツ置キテ前ノ左右ヘノミ進ムヿヲ得ルモノ。(二)圍碁ノ語ニモ、將棊ノ桂馬ノ進ミ得ル如キ位地ニ石ヲ置クヿ。 飛

けいめい (名) 鷄鳴 (一)曉ニ、鷄ノ鳴クヿ。(二)丑ノ時(八ツ時)ノ異名。

けいめい (名) 啓明 金星ノ一名。

〔けいめい (名) 〔經營ノ音轉ナリト云〕 設ケイトナムヿ。「御座シキナド、ーシ、サウゾ」大殿モ、イミジクーシ給ヒテ、日日ニ渡リ給ヒツツ、樣樣ノ事ヲセサセ給フ」「大ナル御ーニテゾハアリケレ、サシラマシカバ」

〔けいめい (名) 敬命 謹ミ敬フコト。「ヲサナキ人、ーシテ出デタレバ、車ナガラタチテ」

けいも (名) 毛蟇 かあゆういもニ同ジ。

けいもう (名) 啓蒙 童蒙ノ智ヲ啓クコト。童見ニ教ヘ示スコト。

けいやく (名) 契約 チギリ。約束。約定。

けいよう (名) 形容 (一)ナリカタチ。スガタ。(二)アリサマ。容子。

けいようごん (名) 形容言 語學ノ語、物事ノ形容、性質、情意等ヲイヒテ、且、其語尾ヲ變化スル語、例ヘバ「高シ」低シ」善シ」惡シ」嬉シ」悲シ」ノ如シ。形狀言。又、西洋文法ノ翻譯語ニテハ、此語ノ語尾變化中ノ形容法ヲイフ、即チ「高キ」善キ」嬉シキ」等ナリ。(共ニ、篇首ノ語法指南ノ形容詞ノ條ヲ見ヨ)

けいようす・スル・スレ・セ・シ・セヨ (他動)(不規・二) 形容 其形容ヲナス、象リアラハス。

けいようはふ (名) 形容法 形容詞ノ一法、篇首ノ語法指南ノ形容詞ノ條ヲ見ヨ。

けいらん (名) 鷄卵 ニハトリノタマゴ。

けいりやく (名) 計略 ハカリゴト。

げいれふ (名) 鯨獵 海上ニテ鯨ヲ捕フルコト。 捕鯨

けいれん（名）痙攣 醫術ノ語、筋ノ引キ釣ルコト。

けいろ（名）毛色 毛、又ハ髮ノ色。

けいわく（名）熒惑 けいおくノ誤。

けいゑい（名）警衞 カタメ。警固。

けう（名）希有 有ルコト希ナルコト。メヅラシキコト。フシギナルコト。「一ノ命ヲヒロヒ、生キタリケレ」一ノ事スル男カナ」

〔けう（名）孝 孝ニ同ジ。「斯ク、タマサカニ、親ニ一セムノ心アラバ」甚ジウ一アル人ニテ、遠キ所ニハサラニ住マセジ、一日ニ一タビ見デハ、エアルマジトテ」

〔けう（名）興ノ音ノ古キ假名遣。

けういく（名）教育 ヲシヘソダツルコト。童男女ヲ導キテ、修身、學問ノ事ヲ教ヘ、智識ヲ開カシムルコト。

げうかう（名）僥倖 コボレザイハヒ。マグレザイハヒ。

けうかふ（名）校合 カンガヘアハスルコト。一類ノ文ヲ見比ベテ、誤レルヲ正スコト。

けうがる（動）興 きようがるニ同ジ。

げうき（名）澆季〔澆、薄也〕世ノ末ヨナリテ衰ヘタルコトヲ云ヘヨ。末世。

けうくん（名）教訓（一）ヲシヘサトスコト。（二）告ゲ戒ムルコト。意見スルコト。教戒

けうくわ（名）教科 教授スル科目。

けうくわん（名）教官 教師ノ職。

けうくわん-おごく（名）叫喚地獄 佛經ニ、八熱地獄ノ第四ノ稱。其第五ヲ大叫喚トイフ。

けうけ（名）毛受 月代ノ剃毛ヲ受クルニ用キル板。

けうけ（名）教化 教ヘ諭シテ善ニ導クコト。

けうさ（名）教唆 ソソノカスコト。

〔けうざい（名）絞罪 死罪ノ條ヲ見ヨ。

けうし（名）教師（一）學校ニテ學術ヲ教フル人。師匠。（二）宗旨ノ道ヲ教ヘ諭ス人。宣教師。

けうぢやう（名）教場 學校ノ教授ヲスル室。

けうしゆ（名）梟首〔說文、夏至、捕ㇾ梟磔ㇾ之、以ㇾ頭挂ニ木上ㇾ〕刑ノ名、死罪人ノ首ヲ斬リテ、其首ヲ木ニ架ケテ晒スコト。獄門（死罪ノ條ヲ見ヨ）

けうじゆ（名）教授 學術ヲ教ヘ授クルコト。

けうしよ-でん（名）校書殿 フミドノ。古ヘ、禁中ニ、累代ノ御書籍ヲ納メ置カレシ處。

けうず（動）興 きようずニ同ジ。

げうそ（名）翹楚〔詩、召南、翹翹錯薪、言刈ニ其楚ニ〕衆ニ抽ンデテ最モ勝レタルコト。

けうそく（名）教則 教授ノ次第。

けうだう（名）教導 ヲシヘミチビクコト。（宗旨ナド）

〔けうとし・キ・クレ・ク・シ（形・一）氣疎 疎マシク思ハル。「サルマジキ御中ノ、タガヒニタレバ、ココヲモ、ケウトク思スニヤアラム、斯ク、事ノ外ナルヲモ知リタマハデ」軀ハ、ケウトキ山ノ中ニヲサメテ」

けうとし・キ・クレ・ク・シ（形・一）〔前條ノ語ノ轉カ〕心ニ恐ロシ。驚クベシ。

けうぼく（名）喬木（一）丈ノ高キ樹。（二）本草學ノ語ニ、樹ノ性ノ、高大ニ成長スルモノノ稱。

けうぼく（名）梟木 梟首ニスベキ首ヲ懸クル木。ゴクモンダイ。

けうまん（名）驕慢 心驕リテ、獨リ自ヲ誇ルコト。

〔けうみやう（名）交名 人名ヲ連ネ記シタルモノ。連名。（上奏ナドニイフ）

〔けうやう（名）孝養 孝養ニ同ジ。「タダ、我ヲ、都ノ內ニテ住ミ果テサセヨ、ソレハ、今生後生ノ一ニテアランズルゾ、トイヘバ」

〔けうやく（名）交易 交易ニ同ジ。アキナヒ。「八年トイフニ、一ノ舟ニツキテ此國ニ歸リヌ」スベテ、モロコシノ人ノ來ル每ニ、唐物ノ一シ給ヒテ」

〔けうらに（副）〔淸ラ、ノ轉ナリト云〕淸ク麗ハシク。「イミジウ一裝束キ給ヒテ」此兒ノ貌、ケウラナルコト世ニナク、屋ノ內ハ、暗キ所ナク、光リミチタリ」

けうゐん（名）教員 教師タル人。

けおさる（動）氣壓 壓スノ受身、けハ發語ナリ。「揷頭ノ紅葉、甚ウ散リ過ギテ、顏ノニホヒニ、ケオサレタル心地スレバ」壓倒

〔けおそろし・シキ・シケレ・シク・シク（形・二）氣恐〔けハ發語ナリ〕おそろしトイフニ同ジ。「ミヅカラモ、人臣ヲ見率ルニ、ケオソロシク、マバユク、カカル心ハアルベキモノカ」陀羅尼ノ聲ノ高キハ、イト、ケオソロシクテ」

〔けおとる・ル・レ・ラ・リ・レ（自動）（規・一）氣劣〔けハ發語〕劣ルトイフニ同ジ。「昨日見シ御ケハヒニハ、ケオトリタレド」

けおり（名）毛織 獸ノ毛ニテ織ルコト。又其織物毛布

けが（名）怪我（噺瑕ノ音轉カトモイフ）（一）アヤマチ。ソサウ。「一ノ功名」過失（二）過チニ因テ疵ケタル傷。過傷

げかい（名）下界　佛經ノ語、天上ニ對シテ此世界ノ稱。

げかう（名）下向（一）クダリムカフヿ。高キヨリ降ルヽヿ。（二）都ヨリ田舍ヘ向ヒ行クヿ。

〔けがし・シ・シキ・シケレ・シシ・シク（形・二）穢　けがらはしニ同ジ。「イカナラム、時ニカ妹ヲ、ムグラフノ穢屋戸ニ、入リマサシメム」

けがす・ス・セ・サ・シ・セ（他動）（規・一）穢　穢ルル如クニナス。不淨ノモノニナス。汚　浼

けがにん（名）怪我人　傷ヲ受ケタル人。負傷者

けがは（名）毛皮　獸ノ皮ノ毛ヲ去ラザルモノ。アラカハ。（つくりかは、なめしがはナドニ對ス）

けかへす・ス・セ・サ・シ・セ（他動）（規・一）蹴返（一）蹴テ元ヘ遣ル。（二）再ヒ蹴ル。

けがみ（名）罫紙　界ヲ引キタル紙。ゲイガミ。ゲイシ。

げかん（名）下疳　黴毒ノ小瘡ノ、下部ニ發シテ爛ルルモノ。

げかん（名）下澣　下旬ニ同ジ。

けがらはし・シキ・シケレ・シク・シク（形・二）穢　穢レタル狀ナリ。不淨ナリ。

〔けがらひ（名）穢　ケガラフヿ。ケガレ。「此ノ一ナド、人ノ忌ミ侍ルホド過シテ」「一毛忌ムマジキ狀ニアリケレバ、物詣ハ、一出來テトドマリヌ」

〔けがらふ・フ・ヘ・ハ・ヒ・ヘ（自動）（規・一）穢　けがるノ延。「ケガラヒタル人トテ、立チナガラ追ヒ返ヘシツ」

けがる・ルル・ルレ・レ・レ・レヨ（自動）（規・二）穢（毛枯ノ義カ、或ハ、氣離ヨリ出デタル語カ）（一）不淨ニナル。キタナクナル。ヨゴル。觸穢　汚（二）月經トナル。

けがれ（名）穢（一）ケガルルヿ。不淨。ヨゴレ。汚（二）死者ニ觸レ、產ニ遇ヘル時ナドニ、身穢ルトシテ、勤ニ就キ神事ニアヅカルナドヲ憚ルヿ、其日數ニ定メアリ。濁穢。「ユキブレノ一」産ノ一」（三）月經。

けがれる（動）穢ルノ訛。

げき（名）外記　古ヘノ大政官ノ官、大一、少一アリ、恆例、臨時、大小ノ公事ノ詔書奏文ヲ勘造シ、局中ニ記錄ス。

げきけん（名）擊劍　劍術ニ同ジ。

げきしん（名）逆臣　ぎやくしんニ同ジ。

げきぢやう（名）劇場　芝居小屋。芝居。

げきしゆ（名）鷁首　龍頭鷁首ノ條ヲ見ヨ。

げきす・スル・スレ・セ・シ・セヨ（自動）（不規・三）激　烈シク當ル。逆ヒテ烈シク發ル。

げきぜつ（名）鴃舌〔鴃ハ鵙ナリ〕蠻夷ノ言語ノ、解スベカラザルヲイフ語。「南蠻一ノ人」

げきたく（名）擊柝　拍子木ヲ擊チ叩クヿ。

げきと（名）逆徒　ぎやくとニ同ジ。

げきど（名）激怒　事ニ當リテ烈シク怒ルヿ。

けぎは（名）毛際　毛ノ生エテアル際。

げきぶん（名）檄文　兵ナド徵ス觸狀。

〔げぎやう（名）顯形　形ヲアラハスヿ。「神一シ給ヒテ」

げぎよ（名）下御　下リ給フヿ。

げぎよ（名）懸魚　破風ノ頂ノ下ニ垂レテ、棟木ノ端ヲ被フモノ、元ハ魚ノ尾ノ形ニ刻ミ作レリ、水ニ因ミテ、火災ヲ避クト云。後ニハ、種種ノ形ニ作ルモアリ。

〔けぎよし・キ・ケレ・ク・ク（形・一）〔けハ發語〕清シ、トイフニ同ジ。「ヨシ、ゴト時ハ知ラズ、今宵ハ詠メ、ナド責メサセ給ヘド、ケギヨウ聞キモ入レデサブラフニ」

げきらう（名）逆浪　サカナミ。逆卷ク浪。

けきらすぜびろうど（名）天鵞絨ノ條ヲ見ヨ。

げきりん（名）逆鱗〔龍、喉下、有ニ逆鱗一、徑寸、人有レ攖レ之則必殺レ人〕天子ノ怒。宸怒。

げきりよ（名）逆旅　ヤドヤ。ハタゴヤ。

けぎれ（名）毛切　毛ニ摩ラレテ、皮膚ニ傷ツクヿ。

げきれつ（名）激烈　極メテ烈シキヿ。

げくう（名）外宮　伊勢ノ豐受ノ宮ノ稱、（內宮ニ對シテイフ）

けくげん（名）希求言　語學ノ語、動詞、助動詞ノ命令法、又ハ、感動詞ノかなナドノ稱。

けぐつ（名）毛沓　獸ノ毛皮ニテ作レル沓。

〔げくにものまうすまうちぎみ（名）申食國政大夫　上古ノ執政大臣ノ號。

〔けぐるま（名）毛車　絲毛車ニ同ジ。

げくわ（名）外科　醫術ニ、內科ニ對シテ、專ラ、身體外部ノ瘡傷ナドヲ療スルモノ。

げくわん（名）下官　身分低キ官人。

げくわん (名) 下浣 下旬ニ同ジ。

げくわん (代) 下官 官人ノ自稱ノ代名詞、謙稱スルニイフ。

げげ (名) 下下 (一)シタジタ。シモジモ。(二)下ノ下。甚ダ劣レルᄀ。

〔けけし〕シキ・レケレ・シク・レ (形・二) 〔異異シ、ノ意カ〕キハキハシ。カドカドシ。「アタリ近クダニ寄セズ、イト、ケケシシ、モテナシタレバ」「物隔テヌ親ニオハスレド、イト、ケケシシ、サシハナチテオホイタレバ」

げけつ (名) 下血 血ノ瀉ルᄀ。 闘血

†けげん (名) 〔希有希見ノ意ナルベシ〕不思議ト思ヒ、合點ユカヌ狀スル顔色ナドニイフ語。「—ナ顔ヲシテ」

〔けけれ〕 (名) 心 こころニ同ジ、古ヘノ東國語ナリ。「甲斐ガ根ヲ サヤニモ見シガ、—無ク 横折リ伏セル、サヨノ中山」

〔けこ〕 (名) 華筥 花ヲ盛ル器カ。

〔けこ〕 (名) 餉子 〔笥子ノ義カト云〕食ナド盛ル器ナラムカ。「手ツカラ、飯匙取リテ、—ノウツハモノニ盛リケルヲ見テ」流シツル、—ノミゾ盛、數添ヘテ」

〔けこ〕 (名) 〔家子ノ略カト云〕妻子奴隷ノ類ノ稱ナリト云。「然ルニ、祿未ダ賜ハラズ、コレヲ賜ハリテ、分チテ—ニ賜ハセムトイヒテ」

げこ (名) 下戸 人ノ性質ニテ、酒ヲ飮ミ得ヌᄀ。(上戸ニ對ス) 小戸

げこく (名) 下國 國ヘ下ルᄀ。都ヨリ國許ヘ行クᄀ。

けこみ (名) 蹴込 家ノ入口ノくつぬぎノ下。

けこむ ム・メ・マ・ミ・メ (他動)(規・一) 蹴込 蹴テ內ヘ入ル。

けごんしゆう (名) 華嚴宗 佛法八宗ノ一、華嚴經ヲ所依トス。

げごろうぶな (名) げんごらうぶなノ條ヲ見ヨ。

けごろも (名) 毛衣 毛皮ニテ作レル衣。 裘

〔けごろも〕 (名) 褻衣 褻ニ着ル衣。

けさ (名) 今朝 〔此朝ノ約轉〕今日ノ朝。今朝。

ケサ (名) 袈裟 〔梵語、迦羅沙曳ノ略〕沙門ノ服、原語ハ、不正色、又ハ、雜色ノ意ニシテ、木蘭色ナルヲ本義トス、無垢衣、功德衣、忍辱鎧ナド義譯ス、今ハ、別ニ製シテ、肩ニ掛ケ、衣ノ上ニ被フ。

げざ (名) 下座 座ヲ下リテ蹲踞フᄀ。(貴人ニ禮スルニスルᄀナリ)

〔けさい〕 (名) 潔齋ニ同ジ。「湯、タビタビ浴ミ、イミジクけさいシテ、淨マハリテ、裝束シテ、ヤガテ神ノ御前ニテ」

〔げさい〕 (名) 解齋 齋戒ヲ解クᄀ。

げさい (名) 下劑 瀉ノ藥。

げざい (名) 下財 鑛山ノ語、かねほりニ同ジ。 礦夫

けさう (名) 懸想 オモヒヲカクルᄀ。戀フᄀ。戀慕。

〔けさう〕 (名) 假粧 けしやうニ同ジ。「宮、—シ給ヘル御顏ノ色タガヒテ、御眼モ大ニナリヌ」「イト清ラニ引キツクロヒ、—シ給ヒテ」

けさうぶみ (名) 懸想文 (一)懸想シタル心ヲ書キ送ル文。イロブミ。艶書。(二)京都ノ市ニテ、元日ヨリ、—ヲ作リ、從ニツケテ市ニ賣リアリク、男女其緣ヲ占ヒ、富貴ヲ得ムトテ買フ、賣ル者、布ノ赤キ衣ヲ着、袴ノ裾ヲ高ク取リ、白キ布ニテ頭、面、ヲ包ミ、眼ノミ露ハシテ行ク、今ハ絕エタリ。

〔げさく〕 (名) 外戚ニ同ジ。「源氏ニオハシマセドモ、—藤氏ニオハシマス」

げさく (名) 戲作 (一)戲レニ作ルᄀ。(二)面白ク可笑シキ事柄ヲ作リナシテ書物ニ綴ルᄀ。 小說

〔けざけざと〕 (副) 甚ダ明亮ニ。「日ノハナヤカニ差出デタル程、—物淸ゲナル狀シテ居給ヘリ」

けさん (名) 卦算 〔罫ヲ引ク算木ヨリ轉ズ〕(一)文鎭ノ一種、橫ニ長クシテ鈕アルモノ。ケイサン。 壓尺 (二)具足ノ草摺ノ名。

げさん (名) 下山 山ヲ下ルᄀ。

〔げざん〕 (名) 見參 〔見在參仕ノ義〕(一)面會、宴會ナドニ伺公シタル人ノ交名ヲ注シテ御前ヘ出スᄀ。「內ノオホイ殿ノ頭中將、辨少將ナドモ、—バカリニテ罷ツルヲ止メサセ給ヒテ」「—五位以上、賜レ祿」(二)轉ジテ、會フᄀノ敬語。見參。「此御カノげざんニ入ル事ノ難ク侍レバ」常ニ女房ニげざんセマホシキ」

〔けざやか〕 (副) 〔けハ發語〕亮ニ。キハヤカニ著ルク。「晝ナド、—ワタラムモ、ヒンナキヲ、夜ノ間、忍ビテナムト思ヒ侍ル」御アカシノ火、—挑ケサセテ」

〔けざやぐ〕 グ・ゲ・ガ・ギ・ゲ (自動)(規・一) 明亮ニアリ。キハダツ。「アサマシウ覺ユレド、今コソ、サラニ打チけざやキテ參リヌ」

けし (名) 消 消スヿ。消シタルヿ。無キモノトスルヿ。

けし (名) 芥子 草ノ名、秋、種ヲ下ス、夏ノ初メ、莖、高サ三四尺、葉ハ互生シ、あざみニ似テ、刺無ク、白ミアリ、梢ト葉ノ間トニ花ヲ開ク、初メ、青キ苞ヲ結テ垂ル、漸ク開キ、漸ク仰ギテ、色ハ紅白紫等ナリ、四瓣ニシテ、二ハ大ク、二ハ小シ、又、八重ナルハ美ナルヿ、牡丹ノ如シ、中ニ罌ノ形ノ如キモノアリ、上ニ菊紋ノ蓋アリ、蘂、罌ヲメグル、(米囊花)罌ノ中ニ、粟ノ如キ子、滿ツ、阿片ヲ作ルベシ、花ノ白キハ、子モ白クシテ、食スベケレド、多ク食ヘバ害アリ。罌粟

〔けし〕 (名) 家司 イヘツカサ。家事ヲ取扱ハシムル者。ケイシ。

〔けし・シキ・シケレ・シク・シク〕 (形・二) 異｜殊 異様ナリ。違ヘリ。惡シ。(或云、褻ノ心ニテ、平凡ノ意ナリト)「異シキ心ヲ、我ハ思ハナクニ」昔シ、男、ケシウハアラヌ女ヲ思ヒケリ」ケシウ物シ給ハズバ、如何ニ嬉シカラム」

げし (名) 夏至 二十四氣ノ一。(二十四氣、及ビ、冬至ノ條、見合ハスベシ)

げし (名) 下司 シタツカサ。

けしあざみ (名) 秋生ズ、葉ハ薊ニ似テ、刺ナク、柔ニシテ白ミアルヿ、罌粟ノ葉ノ如シ、莖、青ク或ハ紫ニシテ、中空シク、稜アリテ、春、高サ一二三尺、葉ハ互生シ、葉ノ間ニ叉ヲ分チテ、上ニ黄ナル花ヲ開ク、集リテちさノ花ノ如シ、後ニ絮トナリテ飛ブ。ノゲシ。ノヂサ。チチクサ。 荼 苦苣

〔けしう〕 (形) 異 異シク、ノ音便、異シ、ノ條ヲ見ヨ。

けしかく・クル・クレ・ケ・ケ・ケヨ (他動) (規・二) 嗾 (氣爲掛ク、ノ轉カ) 勵マシテ敵ニ向ハシム。「犬ヲ―」

††けしかける (動) 前條ノ訛。

けしからぬ (動) けしかりノ打消、次條ヲ見ヨ。

けしかり・ル・レ・ラ・リ・レ (自動) (不規・四) (一)異シクアリ、ノ約。異様ナリ。「ケシカル法師ケシカル賤ガ伏家」(二)打消ニ用ヰテ、異様ナラズ。惡クハアラズ。「ケシカラヌ人ヲ思ヒキコエサストテモ」(三)轉ジテ、異様ナリ、惡シクアリ、ノ意ニモ用ヰル。(異シカラヌニアラズ、ノ略ナラム、おぼろげならずヲ略シテ、おぼろげト用ヰルナドト、同ジ用法ナルカ)「遂ニ我身ハ、ケシカラズアヤシクナリヌベキナメリト、イトド思フ所ニ」ソレニツケテモ、ケシカラヌ事ドモ出デ來テ、帥殿、イトド、世ノ中、スズロハシウ思シ歎キケリ」(四)又、轉ジテ、理ニアルマジ。不當ナリ。「ケシカラヌ申シ條」ケシカラヌ振舞」

けしき (名) 氣色 (一)ケハヒ。アリサマ。ミエヤウ。スキザシ。「今日ハ、日ノ―モホレリ」物ウラメシノ、春ノ―」秋ノ―ト、世ハナリニケリ」子生ムベキ人ノ、程過グルマデ、サル―ノナキ」夜ノ―」駒ノ―」世ノ―」(二)顏ノケハヒ。カホイロ。「シカジカナム、ト申シケルニ、―惡シウナリヌ」御―見テマウデ來、ト仰セラレツレバ」マダ、―ニ出ズベキニアラズ」

けしき (名) 景色 (前條ノ語ノ轉カ) 目ニ見ユル山水ノ景、又、色。景色。景。風景。 景勝

けしきだつ・ツ・テ・タ・チ・テ (自動) (規・一) 氣色立 けしきばむニ同ジ。「初時雨、イツシカト―ニ―霰」

けしきづく・ク・ケ・カ・キ・ケ (自動) (規・一) 氣色付 けしきばむニ同ジ。

〔けしきばかり〕 (副) 氣色許 容子バカリ。スコシバカリ。「紙ナドニ、―包ミテ」日暮レカカルニ、―打チシグレテ」笛、―吹キスサビテ」ナド、―モ聞カセ給ハザラム、トテ恨ミキコエタマヘバ」

けしきばむ・ム・メ・マ・ミ・メ (自動) (規・一) 氣色 氣色、兆ス。ケハヒ、アラハル。「時時、ケシキバメル事ハアレド、知リテ知ラズ顏ナルニヤアラム」若ヤカナル殿上人ナドハ、メヲタテテッ―」

けしずみ (名) 消炭 薪ノ火ヲ消シテ成レル炭、輕浮ナリ、急ニ火ヲ熾スニ用ヰル。浮炭

げしせん (名) 夏至線 回歸線ノ條ヲ見ヨ。

けしつぶ (名) 芥子粒 罌粟ノ子ノ粒。極メテ小キモノニ譬ヘテイフ語。

げしなる (動) 御寢ナル、ノ約。

げしにん (名) 解死人 下手人ノ訛。

けしにんぎやう (名) 芥子人形 豆人形ニ同ジ。

〔けしのか〕 (名) 芥子香 護摩ノけしやきノ臭。「御衣ナドモ、タダ、―ニ染ミカヘリタマヘリ」

けしばうず (名) 小兒ノ頭ナドニ、周圍ヲ剃リテ、頂ニ髮ヲ殘セルモノ、形、罌粟ノ實ノ殼ノ上ニ、菊紋ノ蓋アルガ如クナレバイフ。 鬌

けしん (名) 化身 佛經ノ語、形ヲ化ヘテ世ニ出顯シタルモノ。「觀音ノ―」

けしやう (名) 假粧｜化粧 紅、粉ニテ顏ヲヨソホフヿ。

ケサツ、ケハヒ。 紅粧 粉飾

けしやう (名) 化生 形ヲ化ヘテアラハルヿ。バケモノ。變化。「―ノモノ」 妖怪

〔けしやき (名) 降魔ノ護摩ヲ修スルニ、芥子ヲ用ヰルヨリイフ語ナリト云。「―ノヤウナルワザスレド、ナホ、シルシ無クテ、程歷ルニ」忍ビヤカニ、芥子燒クヿセサセ給フ」

〔げしやく (名) 外戚ニ同ジ。「內戚ニモ、―ニモ、女トイフモノナム、トモシク侍ル」

げしやくばら (名) 外借腹 妾腹ナドニ生レタルヿ。 庶生

げしゆく (名) 下宿 (一)ヤドサガリ。ヤドオリ。(二)豫メ日數ヲ定メテ旅宿スルヿ。(一夜ナルニ對ス)

けじゆす (名) 毛繻子 舶來ノ毛織物、滑ニシテ光ル。繻子ノ如シ。

げしゆにん (名) 下手人 法律ノ語、人殺シニ、親シク手ヲ下シタル者ノ稱。解死人。

げじゆん (名) 下旬 旬ノ條ヲ見ヨ。

げしよ (名) 下書 シタガキ。 書案

〔けしよう (名) 顯證 けせうノ條ヲ見ヨ。

げじよう (名) 下乘 乘物ヨリ下ルルヿ、車、馬、肩輿ノ乘打ヲ禁ズル所ニイフ。

++けしらみ (名) つひしらみニ同ジ。

けす ス・セ・サ・シ・セ (他動)(規.一) 消 〔きやすノ約〕(一)燃ユルヲ止ム。キヤス。「火ヲ―」(二)無クスル。除ク。去ル。解ス。「毒ヲ―」 解 (三)塗リテ見エヌヤウニナス。「墨ニテ文字ヲ―」 塗抹 (四)禁ムツクス。絕ユルヤウニナス。「人ノ口ヲ―」 滅 ○肝ヲ―。畏レ驚ク。 喪膽

げす (名) 下種 下衆 (一)身分無キ者。「アヤシキ―ナド、田舍ビタル山賤ドモノミ稀ニ馴レ參リ」女モ男モ、イトヽ―ニハアラザリケレド」(二)卑シキヿ。 鄙劣

〔げす (名) 下司 シタツカサ。卑シキ官人。「門ヲオビタダシク叩キケレバ、―出デ來テ」

げす ス・スル・スレ・セ・シ・セヨ (他動)(不規.二) 解 (一)解ク。心ニ分ケ知ル。「意ヲ―」(二)消ス。除ク。「毒ヲ―」

〔げすげすし シキ・シケレ・シク・シク (形.二) 〔下種ヲ重ヌ〕甚ダ賤シ。「イトヽ、ムクツケク、ゲスゲスシキ女ト思シテ」

〔けすさまじ ジキ・ジケレ・ジク・ジク (形.二) 〔けハ發語〕すさまじトイフニ同ジ。

けすぢ (名) 毛筋 (一)毛。(二)髮ヲ梳リタル痕。 髮理 (三)極メテ細小ナルヿ。「―ホド」 毫末

けすぢたて (名) 毛筋立 小キ櫛、髮ノ毛筋ヲ正スニ用ヰル、柄、細ソクシテ甚ダ長シ。ケスヂボウ。

けすぢぼう (名) けすぢたてニ同ジ。

げすゐ (名) 下水 物洗ヒタル水ヲ流シ遣ル溝。

げすゐた (名) 下水板 下水ノ上ニ蓋フ板。

〔けせう (名) 顯證 見證 〔或ハ、けしよう、けそう、けんそうナドトモアルガ正シキナルベシ、又、けんせうトモアリ〕顯ナルヿ。著ルキヿ。「タカツキニ參リタル大殿油ナレバ、髮ノスヂナドモ、ナカナカ、晝ヨリモ―ニ見エテ、マバユケレド」此老人ノ、己ガジシ、語ラヒテ、―ニササメキナドス」

げせつ (代) 下拙 自稱ノ代名詞。謙稱ニイフ。

げせん (名) 牙籤 象牙ノ小札ニ、書物ノ外題ヲ記シ、書物ノ帙ノ外ニ下ゲテ目標トスルモノ。

げせん (名) 下賤 イヤシキヿ。身分ノ低キヿ。 卑賤

〔けそう (名) 顯證ノ條ヲ見ヨ。

けそく (名) 華足 机、臺、箱ナドノ脚ニ、花ナドノ彫刻アルモノ。クヱソク。「沈ノ―ノ机ニスヱテ」紫檀ノ箱ニ、蘇仿ノ―」

げそく (名) 下足 脫ギ捨テタル履物。

けた (名) 方 角アル形。四角。

けた (名) 桁 〔方ノ義〕(一)家、橋ナドノ外廻ノ柱ノ上ニ亙ス材。(横ナル梁ニ對ス)(二)算盤ノ竪ニ上下ニ亙リテ、珠ヲ貫ケル串。(横ニアル木ノ稱ヲ誤レルカ)「一―、送ル」

げた (名) 下駄 〔足駄ヨリ轉ジタル語ナラム、或云、屐沓、又ハ下蹈ノ音轉カト〕(一)足駄ニ同ジ。(二)又、一木ヲ刳リテ齒ヲモ作リ付ニ造レル屐。「コマ―」

けたい (名) 懈怠 オコタルヿ。ナマケ。

げだい (名) 外題 (一)書物ノ名ヲ表紙ノ上ニ記セルモノ。 題簽 (二)轉ジテ、標題。 題號

げだう (名) 外道 佛敎ニテ、己ガ修ムル道ノ外ノ道ヲ呼ブ語。(波羅門ナド)

++けたうじん (名) 毛唐人 〔鬚髯多ケレバイフ〕外國人ヲ賤メ呼ブ語。

けだかし キ・ケレ・ク・ク (形.一) 氣高 品好ク立上リテ見ユ。(人ノ風采ナドニ) 軒昂

けだし (名) 蹴出 女ノ腰脚ニ纏フ布帛。ゴシマキ。

けだし (副) 蓋 若シ斯クモアラムカト推量リテ定ムルニイフ語。オホカタ。モシクハ。「夜葦ト、イフワキ知ラズ、我ガ戀フル、心ハー、夢ニ見エキヤ」ーコレナラム」

けたたまし・シキ・シケレ・シク・シク (形・二) 〔氣立ツ狀ノ意カ、蹴立ツル狀ノ意カ〕 俄ニ立チサワグ貌ニイフ語。アワタダシ。急遽

けたつ・タル・ツレ・テ・チ・ジロ (他動)(規・二) 蹴立 蹴テ起ス。烈シク踏ム。「塵ヲ蹴立テテ馳セ去ル」席ヲ蹴立テテ」

げだつ (名) 解脫 佛經ノ語、世ノ俗念ヲ脫クルコト。

けたで (名) 毛蓼 いぬたでニ似テ、葉ニ圓キアリ、長キアリ、背ニ白キ毛アリ、初夏ニ、花ヲ開ク、淡紅色ナリ。

けたてる (動) 蹴立ツノ訛。

けたふす・ス・セ・サ・シ・セ (他動)(規・一) 蹴倒 蹴テ地ニ倒ス。踢仆

げだん (名) 下段 下ノ段。下ノ段。

けだもの (名) 獸 〔毛之物ノ轉カト云、けものト對シテ、野獸ト家畜トノ別ヲ立ツル說アレド、據ナシ〕 又、ケモノ。全身ニ毛生ヒ、四足ニシテ這ヒ行ク動物ノ總名。猴ハ四手ナレド、亦コレナリ。

けたゆき (名) 桁行 工匠ノ語、一棟ノ家ノ長サヲイフ語。〔幅ヲ梁間トイフニ對ス〕「ー十間、梁間五間」

〔けち (名) 結 番ヒテ弓射ルコト。「右ノ大殿ノ弓ノーニ、上達部、ミコタチ、多ク集ヒ給ヒテ」

〔けち (名) 闕 (一) 闕官ニ同ジ。ケチ。「左ノ大臣、イカデ、此ノ大臣召ノーニ、中納言ニ、思フ人ナサムト思ス程ニ」(二) 碁ノだめ。「碁打チハテテ、ーサスワタリ」

けち (名) 〔劣ス意ノ消カ、或ハ、闕ノ音カ〕 下劣、卑賤、鄙怯、吝嗇等ノ意ヲイフ卑語。

げぢ (名) 下知 〔令ニ下ニ知ノ意ト云〕 (一) オホセ。命令。下命 (二) 指圖。指揮

けちえん (名) 結緣 佛經ノ語、佛ノ道ニ緣ヲ結ブコト。

〔けちえんに (副) 掲焉 イヤチコニ。著ジルク。キハヤカニ。「惡シキ事ヲモ、カシカマシク言ヒ、善キ事ヲバ、ー褒ムル」ーナル火影ニ」裳ヲ白金ノ泥シテ、イト鮮ヤカニ、大海ニ摺リタルコソ、ーナラヌモノカラ、メヤスケレ」

〔けぢかし・キ・ケレ・ク・ク (形・二) 近 〔けハ發語〕 ちかしトイフニ同ジ。「女ニケヂカク物ナド言ヒテ」時鳥、ケヂカキ聲ヲ、我ニ聞カセヨ」冬ナガラ、春ノケヂカキ、心地コソスレ」

げぢき (名) 下直 直段ノ低キコト。價ノヤスキコト。廉價

けちぐわん (名) 結願 日數ヲ定メ、佛ニ立願修法ナドシテ果テタルコト。

げぢげぢ (名) 〔假名遣、サダカナラズ、或云、梶原景時、常ニ右幕下ノ下知ナリト稱ヘテ、威ヲ振ヒシカバ、人、げぢげぢト渾名シテ忌メリ、蟲ノ名此ニ起ルト、或云、景時ノ名ヲ、音ニテ、げじげじトイヘルナリト、サラバ、げじノ假名ナラムカ〕 蟲ノ名、夏、床下ナドノ濕地ニ居リ、夜出デテ、小蟲ヲ捕リ食フ、長サ一寸許、むかでニ似テ、狹クシテ平ナラズ、足多クシテ細長ク、走ルコト甚ダ速ナリ、淡褐色、或ハ、黑ミアリ、薄黑キ斑アルモアリ。蚰蜒

けちみやく (名) 血脈 チスヂ。

けぢめ (名) 〔異路目ノ意カト云〕 ワカチ。ワイダメ。區別。「世ノ中ノ例トシテ、思フヲバ思ヒ、思ハヌヲバ思ハヌモノヲ、此人ハ、思フヲモ、思ハヌヲモ、ー見セヌ心ナムアリケル」劣リ勝ルー、フトシモ見エワカレズ」 區別

げぢやく (名) 下著 クダリツクコト。都ヨリ田舍ノ地ヘ到リツクコト。

げぢよ (名) 下女 ハシタメ。ミヅシメ。婢

けちらす・ス・セ・サ・シ・セ (他動)(規・一) 蹴散 蹴テ亂ス。蹴テ追拂フ。

けつ (名) 闕 欠ケタルコト。足ラヌコト。「ーヲ補フ」

〔けつ・ツ・テ・タ・チ・ツ (他動)(規・二) 消 (一) けす、又、きやすニ同ジ。「世ハ、タダ、火ヲ消チタルヤウニテ」燈、消チテン」(二) 劣ス。惡クイフ。「貌ヨキ人ハ、人ヲーコソ憎ゲレ」宮ヲバケチタテマツラムナド言フホドニ」

げつ (名) 月 ツキ。〔年月ノ月ニイフ、熟語ニノミ用ヰル〕「一ー」二ー」三四箇ー」

けつうん (名) 血暈 チフルヒ。

げつえう (名) 月曜 七曜ノ條ヲ見ヨ。

けつえき (名) 血液 脈ヲメグル血汁。

〔けつえき (名) 闕腋 ワキアケ。袍ノ條ヲ見ヨ。

けつえん (名) 血緣 チスヂ。

げつか (名) 月下 月ノ光ノ下。「ーニ花ヲ賞ス」

けつかい (名) 結界 佛法ニ、法ヲ以テ界ヲ結ビ、外道魔物ヲ防ギテ、入レシメザルコト。

けつかい (名) 結改 (番ヒテ弓射ルヲ結トイヘリ、其轉カ) 陰暦、五月、九月ノ廿五日ニ、楊弓手練ノ聚集リテ、的中ノ勝負ヲ競ブルコト。

けつかふざ (名) 結跏趺坐 佛法ニ、圓滿安坐ノ相、盤坐カキテ兩足ヲ打違ヘニスルコト。

けつき (名) 血氣 少年ノ壯ンナル氣象。年若キ人ノハヤル心。「一壯ンナリ」一ノ勇」

けつぎ (名) 決議 議論ヲ決ムルコト。議定。

げつきふ (名) 月給 月毎ニ定メテ授クル給料。月俸

げつきん (名) 月琴 支那ノ樂器、琵琶ニ似テ小ク、胴正シク圓クシテ薄ク、四絃ニシテ十二柱アリ。

げつきゆうでん (名) 月宮殿 月ノ中ニアリト想像スル宮殿。

けつきよ (名) 穴居 アナズマヒ。開ケヌ世ノ人ノ、地ニ穴ヲ堀リテ住ムコト。

けつきよく (名) 結局 ヲサマリ。ヲハリ。ハテ。

けつく (名) 結句 詩、歌ノ末ノ句。(起句ノ條、見合ハスベシ)

けつく (副) 結句 〔前條ノ語ヨリ轉ズ〕(一)終ニ。ドドノツマリニ。「能登殿コソ、ユユシク振廻ヒ給ヒタリシカ、一、舟ニ乘リ海ニ入リ給ヒヌ」到頭 (二)却テ。「一ヨロシイ」

けつくわ (名) 結果 事ノデキバエ。ナレノハテ。

げつくわう (名) 月光 ツキノヒカリ。

けつくわく (名) 闕畫 漢字ノ中ノ一畫ヲ闕キテ記サヌコト、帝王ノ御名ノ字ナドニ當レルトキ、憚リテスルコトナリ、共、紡ナドノ如シ。

けつくわん (名) 闕官 其官ニ任ズベキ人ノ闕ケテアルコト。

けつげ (名) 結夏 僧ノ一夏九旬ノ間、(陰曆、四月十五日ヨリ、七月十五日マデ)禁足シテ、靜ニ家ニ籠リ居ルコト、コレヲ安居トモイフ、草木ノ芽、蟲蟻ノ類ヲ踏ミ傷メムコトヲ忍ビテ然リト云。

けづけ (名) 毛付 (一)馬ノ毛色。「望月ノ駒ノ一ヲ、逢坂ノ、杉間ノカゲニ、アハセテゾ見ル」(二)馬ノ毛色ヲ書キ付クルコト。

げつけい (名) 月卿 公卿ノ條ヲ見ヨ。「一雲客」

げつけい (名) 月桂 ツキノカツラ。

げつけい (名) 月經 子宮ヨリ、月毎ニ、日數ヲ定メテ、血水ノ下ルコト、大抵、年、十二七ニ起リテ、七七ニ至リテ絕ユト云、ツキノサハリ。サハリ。ツキノメグリ。メグリ。ツキノモノ。ツキヤク。經水。經行。

けつこう (名) 結構 (一)ムスビカマフルコト。組立ツルコト。(二)俗ニ、一好シトイフヨリ轉ジテ、好キコト。美シキコト。貴キコト。勝レタルコト。偉麗 精好

けつこん (名) 結婚 婚姻、卽チ、夫婦ノ緣ヲ結ブコト。

けつさい (名) 潔齋 モノイミ。キヨマハリ。「精進一」

けつさく (名) 傑作 詩、文章ナドノ出來ノ勝レテ好キモノ。

けつさん (名) 決算 勘定仕上ゲ。

けつし (名) 決死 死ヌベシト心ニ決ムルコト。

けつじ (名) 闕字 文章ノ中ニ、帝王、高貴ノ人ニ係ル稱號等ノ出デタルトキ、敬ヒテ、其上ニ、一字、或ハ二字、記スベキ程ノ間ヲ明ケオクコト。

けつして (副) 決 決定シテ。絕エテ。ドウシテモ。(下ニ反說ノ語ヲ用ヰル)「一無シ」一見ズ」

けつしん (名) 決心 志ヲ決ムルコト。念ヲ一途ニ定ムルコト。オモヒコミ。

けつしや (名) 結社 社ヲ立ツルコト。

げつしや (名) 月謝 月毎ニ贈ル謝禮ノ金。(學校ノ授業料ナドニ)

けつしやう (名) 結晶 化學、金石學ノ語ニ、金石類ノ晶形ヲナスコト。晶形トハ、金石類ノ形狀ニ、天然一定ノ式アリテ、面、稜、(二面相合フ所)角(數面相聚マル尖)等ヲナスヲイフ、コレヲ六晶屬ニ一ト四様ニ分ツ、三角、四角、六角、八角ヨリ、十八稜、二十四面ニ至ル、方柱、方底、斜立、斜方等ノ目アリ。

けつしゆつ (名) 傑出 勝レテ抽ンデタルコト。ヌケタル。

けつしよ (名) 闕所 (一)莊園ナド持チタル人ノ、罪ニ當リナドシテ、亡ビテ、其領主ノ闕ケテアル所ノ稱。(二)德川氏ノ制ニ、追放以上ノ刑ニ副ヘテ行フ刑ノ稱、其領地、田宅ヲ官ニ取上ケルアリ、罪ノ重キハ、一切ノ財產ヲモ併ハセテ取ルアリ。沒收。籍沒

けつじよ (名) 闕如 闕キ略キテ置クコト。

けつざよう (名) 結繩 支那ニテ、太古、未ダ文字無カリシ頃ニ、繩ヲ結ビテ、事ノ記憶トシタルコト。「一ノ政」

けつざよく (名) 血色 (一)血ノ色。(二)病ニ因テ、顔色ノ變ハルコト。

けつざよく (名) 血食 〔血、祭所レ薦牲血也〕 子孫連綿トシテ、先代ノ靈ノ、絶エズ祭ヲ受クルコト。

げつざよく (名) 月色 ツキノイロ。月影。

けつす・スル・スレ・セ・シ・セヨ (自動) (不規・二) 決 キマル。定マル。「衆議、一ニ一」

けつす・スル・スレ・セ・シ・セヨ (他動) (不規・二) 決 キム。定ム。「議論ヲ一」

けつす・スル・スレ・セ・シ・セヨ (自動) (不規・二) 結 醫ノ語、大便滯リテ通セズ。秘結ス。便秘ス。

けつぜい (名) 血稅 〔命ヲ稅トスル意〕 徵兵ノ異稱。

けつせき (名) 闕席 集會ナドノ席ニ出會ハヌコト。

けつせん (名) 血戰 血ヲアヤシテ戰フコト。烈シキ戰鬪。

けつせん (名) 決戰 決死シテ戰フコト。

けつぞく (名) 血族 チスヂノ人。

けつだん (名) 決斷 トリキムルコト。確ト定ムルコト。

げつたん (名) 月旦 (一)每月ノ朔日。(二)品評。(後漢許劭、好論ニ鄕黨人物、每月、更ニ其品題ー)

‡けつたるい (形) かつたるいノ轉、かひだるしノ訛。(東國)

けつちやう (名) 結腸 はらわたノ條ヲ見ヨ。

けつぢやう (名) 決定 決メ定ムルコト。決リ定マルコト。決定。

けつちやく (名) 決着 キマリツクコト。

けつてい (名) 決定 けつぢやうニ同ジ。

〔けつてき (名) 闕腋 闕腋ニ同ジ、連聲ノ轉呼ナリ。

けつてん (名) 闕典 儀式ノ闕ケテ備ハラヌコト。事ノ缺目。

けつとう (名) 血統 チスヂ。

けつとう (名) 決鬪 ハタシアヒ。

‡けつね (名) 狐 きつねニ同ジ。

‡けつばい (名) 結界ノ訛。(七里結界ノ條ヲ見ヨ)「七里一」

けつぱく (名) 潔白 (一)イサギヨク、汚レナキコト。(二)眞白ナルコト。 純白 (三)所行ニ不正ナルコトナキコト。 清廉潔白

げつぱく (名) 月迫 一箇月ノ中ノ日數ノ、盡クルニ迫マリタルコト。(多クハ、十二月ノ末ニイフ)

けつぱつ (名) 結髮 髮ヲ結ヒ上グルコト。

けつぼふ (名) 缺乏 物ノ缺ケテ乏シキコト。減リテ少クナルコト。

けつぱん (名) 血判 神文誓詞ナドニ、名ヲ記シタル下ニ、指ヲ刺シテ其血ヲ捺スコト、最モ信實至誠ナル意ヲ示スニスルコトナリ。

けつび (名) 結尾 トヂメ。ヲハリ。ヲヘ。

げつぷ (名) 月賦 年賦ノ條ヲ見ヨ。

けつぶん (名) 闕文 文ノ中ニ、闕ケ脫チタル文句。

けつぺき (名) 潔癖 キレイズキ。

けつべつ (名) 訣別 ワカレ。イトマゴヒ。(多ク死別ノ時ナドニイフ)

げつぽう (名) 月俸 (一)月給。(二)每月ノ賄料。

けつまつ (名) 結末 末ノククリメ。

げつまつ (名) 月末 ツキズヱ。

けつまづく・ク・ケ・カ・キ・ケ (自動) (規・一) 蹶躓 つまづくニ同ジ。 躓跌

けつみやく (名) 血脈 チスヂ。ケチミヤク。

けづめ (名) 距爪 鷄、雉子、ナドノ脛ノ後ニ、岐トナリテ出デタル爪、蹴リ鬪フニ用ヰル。カケヅメ。 距

げつや (名) 月夜 ツキヨ。

けつやく (名) 結約 約束ヲムスブコト。

げつらい (副) 月來 ツキゴロ。

げつらう (名) 月老 〔月下老人〕 ムスブノカミ。

けつり (名) 血痢 痢病ニ、血ノ雜リテ瀉ルモノ。

けづり (名) 削 ケヅルコト。ケヅリタルモノ。

けづりかけ (名) 削掛 柳、又ハ、檜ノ枝ヲ切リ、削リカケテ、茅花ノ形ノ如ク作リタルモノ、正月十五日ニ、門戶ニ懸ケ垂レテ呪事トス、削花、粥杖ナドノ遺ナラム。

〔けづりばな (名) 削花 木ヲ削リカケテ、作レル造花。「朱雀院ノ帝、院ニナラセ給ヒテ、御佛名ノ朝ニ、一ヲサシテ御アソビノ時ニ」

〔けづりひ (名) 削氷 氷ヲ削リタルモノ。「ハカナキ果物モ聞召サデ、消入リ消入リセサセ給ヘバ、一バカリヲゴ

セニ置テ、絶エズ進メマキラセケル」

けついん (名) 血痳 痳病ニ血ノ雜リテ出ヅルモノ。

けつりやく (名) 闕略 闕キ略クヿ。

けづる ル・レ・ラ・リ・レ (他動)(規・一) 削 剷 (一)薄ク剝ギ去ル。少シヅツ殺ギ取ル。「樹ヲ―」板ヲ―」(二)土地ヲ堀リ缺ク。鏟 (三)滅シテ召上ゲ。「領地ヲ―」

けづる ル・レ・ラ・リ・レ (他動)(規・一) 梳 〔垢ヲ削リ去ル意〕櫛ニテ髮筋ヲトホス。クシケヅル。「朝ナ朝ナ、ケヅレバ積ル落髮ノ」頭ヲ イト久シクケヅラデ、髮ノ亂レタル」

けつるゐ (名) 血涙 血ノ涙。

けつれい (名) 厥冷 醫術ノ語、人ノ體ニ、血ノ運行絶エテ、冷カニナルヿ。「手足―」

けつれう (名) 結了 結尾トナルヿ。終ハルヿ。

‡けづれる レ・レ・レ・レ・レ・レロ (自動)(規・四・變) 削 〔けづらる轉〕削ラレテ剝グル。

けつろ (名) 血路 敵ニ取卷カレタル間ヲ切リ拔ケテ逃グル路。「一方ノ―ヲ開ク」

けつゐん (名) 闕員 人員ノ闕クルヿ。

けてう (名) 怪鳥 アヤシキ鳥。鳥ノ妖怪。

げでん (名) 下田 下等ノ田地 最モ瘠セタル田地、薄田

げてん (名) 外典 佛家ニテ、佛經ノ外ノ書籍ノ稱(内典ニ對ス)

げとう (名) 下等 等級ノ下レルヿ。最モ劣レルヿ。下等。

げどく (名) 解毒 毒ヲ解クヿ。毒ヲ消スヿ。「―ノ藥」

けとばす ス・セ・サ・シ・セ (他動)(規・一) 蹴飛 蹴テ遣ル。

〔けどほし キ・ケレ・ク・ク (形・一) 遠 〔け八發語〕遠シト云フニ同ジ。「ウトマシウ、ケドホキ木立ニ、梟ノ聲ヲ、朝夕ニ耳ニナラシツヽ」過ギニシ方、イトドケドホク」

けどる ル・レ・ラ・リ・レ (他動)(規・一) 氣取 氣色ヲ見テ其内意ヲ覺リ知ル。暗會

〔けながし キ・ケレ・ク・ク (形・一) 時、長シ。「山河ノ、隔リテアレド、コヒシケク、ケナガキモノヲ」君ガユキ、ケナガクナリヌ」

けなげ (副) 健氣 〔異ナル氣ニノ意カ〕尋常ニ異ナリテ、カヒガヒシク。神妙ニ。殊勝ニ。

けなす ス・セ・サ・シ・セ (他動)(規・一) 〔消做スノ意カ〕他ヲ劣リタルモノニイフ。貶シメテイフ。クサス。貶稱

げなん (名) 下男 シモベ。奴僕

〔けに (副) 故 故ノ條ヲ見ヨ。

〔けに (副) 〔異ニノ意カ、或云、超ニノ約ナリト〕ナホサラ。コトサラ。「火ノ光、螢ヨリ―ホノカニ」遂ニ行ク、道ヨリモ―、悲シキハ」雨ヨリ異ナル、袖ノ雫ヲ」嚴ヨリ―、動カザルラム」

げに (副) 實 〔前條ノ語ノ轉、或云、現ノ音ノ轉ト〕誠ニソノ如ク、アアタリニ思ヒアタリテ。「目ニ近キ人ノ家居、アリサマ、―ト見エ、ナツカシク」御心ヲツクシ給フモ、―コトワリト見エタリ」

〔けにくし キ・ケレ・ク・ク (形・一) 〔け八發語〕憎シ、トイフニ同ジ。「初ノ事ハ知ラズ、今ハ、ケニクク、モテナスニツケテ」アナガチニ、ケニクカラズ、懷ニ入レヌ」

げにげに (副) 實ニ實ヲ重ネテ、意ヲ強クシタル語。「笑ノ肩、開ケサセ給ヘバ、見奉ル人人、―アハレト見奉ル」

〔げにげにし シキ・シケレ・シク・シク (形・二) 〔實ニ、ヲ重ヌ〕甚ダ實ラシ。「イトゲニゲニシクモ、覺エズシテ」遂ニゲニゲニシキ長キ世ノ思出」

〔けにごし (名) 牽牛子 アサガホ。

〔げにん (名) 化人 化生ノ人。「タビタビ尋ネケレド、尋ネ逢ハズシテ止ミニケリ、若シ―ニヤアリケム」

けにん (名) 家人 家ニ仕フル者。イヘノコ。家來。

〔げにん (名) 外任 國司ノ任。(京官ニ對シテイフ)

げにん (名) 下人 身分低キ者。賤シキ者。皂隸 隸從

けぬき (名) 毛拔 髮、髭、ナド、夾ミテ拔キ取ル具、鐵製ニテ 鋏ニ似テ、頭ハ、人ノ齒ヲ合ハスルガ如ク作ル。鑷

けねん (名) 懸念 オモヒノカカルヿ。思ヒ思ヒテ心ヲ安ンゼヌヿ。キガカリ。心配。關心

〔けのあらもの (名) 毛麁物 毛柔物ト共ニ、大小ノ獸ノ稱。

〔けのにこもの (名) 毛柔物 前條ヲ見ヨ。

げば (名) 下馬 馬ヨリ下ルルヿ。(乘打ヲ禁ズル所ニテイフ)

げはい (名) 下輩 (一)卑シキトモガラ。シモザマノモノ。下人。(二)己ヨリ身ノ分際ノ低キモノ。メシタ。卑屬

けはし シク・シケレ・シク・シク (形・二) 險 嶮 行キ過グル危

シ。險難ナリ。「路ノ程、遙ケク、ケハシキ山路ノアリサマヲ見給フニゾ」磯ニゾフレ、涙ノケハシク見ユル哉」

けはた・つ・ツ・テ・ツ・ツ・テ・テ (自動)(規・一) 毛ノ如キモノ起ツ。

けはなし (名) 蹴放 門ノ下ノ横木ノ、内外ノ限リヲ(紙、布、ナドノ揉メナドシテ) 毛扶

けはな・す・ス・セ・サ・シ・セ (他動)(規・一) 蹴放 蹴テ開ク。ナスモノ。敷居ノ溝ナキモノ。閾

けはひ (名) 氣色 (氣延ノ義カ) 然見ユル象。ミエ。「戸ヲ一」

けはひ (名) (顏ノ氣色ヲ粧フ意カ) 假粧ニ同ジ。氣色。ゾアリ。ケアリ。容子。

けばん (名) 罫版 罫ヲ刻リタル版木。

けはらひ (名) 毛拂 木ニ、硬キ獸ノ毛ヲ植エ付ケタルモノ、衣服ノ塵ナド拂フニ用キル。毛刷子

けはり-ねずみ (名) 毛針鼠 はりねずみニ同ジ。蝟

けひき (名) 界引 工匠ノ具、界ヲ引クニ用キルモノ。

けひき (名) 罫引 紙ニ罫ヲ引キ記スコ。

けひきがみ (名) 罫引紙 罫引シタル紙。格紙 空行紙

げひん (名) 下品 (一)下レル品。品柄ノ劣レルコ。(二)品格ノ賤シキコ。

けびやう (名) 假病 病アリト僞ルコ。詐病

げび・る・ビル・ビレ・ビ・ビ・ビロ (自動)(規・四) 〔下ノ音ヲハタラカス〕 品格、卑シクナル。鄙

けびゐし (名) 撿非違使 非法非違ヲ撿スル職。淳和帝ノ時、始メテ置カセラレシヨリ、備府ノ追捕、

彈正ノ糺彈、刑部ノ判斷、京職ノ訴訟、併セテ此職ニ歸シ、權甚ダ重シ、別當、佐、尉、志等ノ官ヲ設ケ、兵衞、衞門ノ官ヨリ兼ネシメラル。

〔けふ (名) 〔奧州ノ名所希婦ノ地ノ產ナリト云、狹布ノ字ノ音ニハアラジ〕 古ヘ陸奧ノ國ヨリ出シシ白クシテ幅ノ狹キ布ノ稱。「一ノ狹布、ハツハツニ」一ノ細布、胸アハジトヤ」

けふ (名) 今日 〔此日ノ轉ト云〕 此ノ日。今ノ日。今日。(きのふ、あすニ對ス)

けぶ (名) 烟 けぶりノ略。

げふ (名) 業 ワザ。爲ベキ仕事ツトメ。

げぶ (名) 下部 シモノカタ。

けふあい (名) 狹隘 セマキコ。グツロギナキコ。「規模一」

けふかく (名) 俠客 ヲトコダテ。

けふき (名) 俠氣 ヲトコギ。

けふぎ (名) 協議 共共ニ評議スルコ。相談。

けふさん (名) 夾算 卷物ナドノ、讀ムベキ處ニ挾ミ借ク具、薄キ竹ニテ作リ、頭ノミヲ刎ル。

けふじ (名) 脇士 夾侍 〔或ハ脇仕、挾持〕 ワキダチ。佛像ノ左右ニ侍ル佛ノ稱。彌陀ノ觀音、勢至、不動ノ制吒迦、毘羯羅、傅大士ノ普成、普建ノ如シ。

けぶ・し・キ・ナ・レ・ク・カ (形・二) 烟 けぶたしニ同ジ。

けふしよう (名) 夾鍾 十二律ノ一、其條ヲ見ヨ。

けふじゆう (名) 脅從 脅カサレテ從フコ。

けふそく (名) 脇息 脇足 オシマヅキ。座ノ側ニ置キ

テ、臂ヲカケ、體ヲ凭セテ休ムル具、形、小キ書案ノ如シ。オサヘ。ヒヂカケ。憑几

けぶた・し・キ・ナ・レ・ク・カ (形・二) 烟 〔烟甚シノ義〕 (一)烟ニムセブ。烟ニテ、呼吸、苦シム。ケムタシ。ケムシ。「烟、ケブタキ、宿ノ蚊遣火」 燻 (二)心苦シ。「宮、イト苦シキ判者ニ毛當リテ侍ルカナ、イトーヤトゾヤミ給フ」

げふてい (名) 業體 營業ノスヂ。

けふはく (名) 脅迫 オビヤカシ、セマルコ。オドシツケ。

けぶり (名) 烟 煙 (一)ケブルコ。火ノ、物ヲ燒クヨリシテ起ル黑キ氣。ケムリ。ケム。ケブ。(二)塵、埃、水ナドノ、飛ビ散リテ烟ノ如ク起ツモノ。「水一」潮一」土一」砂一」(三)草木ノ芽又ハ毛ナドノ、淡ク生ヒテ、薄キ霧烟ノ如ク見ユルモノ。「柳ノ一」梢ノ一」一ノ眉」

けぶり (名) 氣振 ケハヒ。ソブリ。容子。

〔けぶりぐさ (名) 烟草 たばこノ異名。

けふりよく (名) 協力 チカラヲアハスルコ。共共ニ事ヲナスコ。「同心一」

けぶ・る・ル・レ・ラ・リ・レ (自動)(規・一) 烟 〔氣ヲハタラカス〕 (一)烟、起ツ。ケムル。(二)淡キ烟ノ如ク見ユ。「木芽打チケブリテ」四方ノ梢、ソコハカトナウ、ケブリワタレル程眉ノワタリ、打チケブリ」

げほくめん (名) 下北面 北面ノ條ヲ見ヨ。

〔げほふ (名) 外法 〔外道ノ法ノ意カ、或云、眩法〕 妖術。魔法。「今ハ昔、京ニ、一ヲヨクワザスル下衆法師アリ」

〔げほふがしら (名) 外法頭 人ノ髑髏ヲ用キテスル

妖術ナリト云。

けぼり (名) 毛刻 彫物ニ、模様ヲ極メテ細ソク刻ルモノ。鏤刻

けまん (名) 華鬘 佛像ノ頂ニ飾ル物、生花ヲモ用ヰレド、多クハ、金銀ノ花勝ヲ綴リテ垂ル。

けまんさう (名) 華鬘草 葉ハ牡丹ニ似テ小ク、花莖、長サ一尺餘、淡紫ノ花ヲ開ク、莖、斜ニ俯シテ直立セズ、花ノ形、扁圓ニシテ、大サ八九分、綴リテ垂ルル丁、華鬘ノ如シ。一名、ケマンボタン。荷包牡丹

けまんぼたん (名) 華鬘牡丹 けまんさうニ同ジ。

けまり (名) 蹴鞠 〔古言くゑまりノ約〕 革ニテ作レル鞠ヲ蹴テ戯ルル伎、靴ニテ、且、蹴上ゲ、且、承ケテ、鞠ヲシテ、地ニ落チシメズ。(蹴鞠ノ條ニ委シ)

けみ (名) 毛見 〔稻ノ毛ヲ見ル義〕 撿見ノ條ヲ見ヨ。

けみ・す・スル・スレ・セ・シ・セヨ (他動) (不規・二) 閲 〔けみハ撿ノ音ノ轉〕 文書ヲ糺サムト見ル。撿メミル。

げみん (名) 下民 シモザマノモノ。コマヘノモノ。

けみやう (名) 假名 俗名、通稱、ニ同ジ。(實名ニ對シテイフ語)

けむ (名) 烟 けむりノ略、けぶりニ同ジ。

けむ・ム・メ (助動) 過去ヲ推量リテ、未來ニイフ助動詞、動詞ノ第五變化ニ添フ。「行キー」立テー」落チー」見ー」

けむ (助動) 形容詞ノ語根ニノミ添ヒテ、未來ノ意ヲイフ語。〔篇首ノ語法指南ノ形容詞ノ副詞法ノ條ヲ見ヨ〕「善ー」惡シー」無ー」可ー」

けん (名) 權 〔莊子、親レ權者、不レ能レ與ニ人ニ柄ヲ〕 其人ノ分際ニ具シテ、事ヲ處分スルヲ得ル力。權柄。「政事ノー」官吏ノー」父ノー」

けん (名) 間 (一)家ノ柱ト柱トノ間。「南殿、九ー四面」(二)度ノ名、曲尺六尺ノ長サ、コレヲ田舍間トイフ。又、六尺三寸、或ハ六尺五寸ナルヲ京間トイフ。

けん (名) 拳 兩人、互ニ五指ヲ屈伸シテ出シ、其雙方屈伸ノ指數ヲ併セ、言ヒ中テテ、勝負ヲ爭フ戲、他名ニ對シテ本ートイフ。手勢 又、きつねー、いしー、むしー、ナドアリ、各條ニ注ス。

けん (名) 券 テガタ。(莊園ナドノ)「女御ハ、ワレ領スベシトオボシタレド、オトドノ、ーヲバ、故女御ドノニ奉リ給ヒテケレバ」

けん (名) 劍 (一)ツルギ。(二)鉄ノ頭ニ付クル槍ノ穗先ノ如キモノ。鉄槍 (三)蜂ナドノ尻ニアル螫。螫

けん (名) 乾 (一)筮ノ算木ニ出ツル象ノ名、天ノ象トス。(坤ヲ地トスルニ對ス)(二)戌亥ノ方。

けん (名) 賢 多才ニシテ善行アル丁。又其人。

けん (名) 縣 (一)アガタ。(二)今、一地方官ノ支配スル地ノ區分ノ稱。現時、日本全國ヲ四十餘ーニ分テリ、(時ニ增減アリ)ー ーノ地ハ、一國ノ内ナルモアリ、數國ヲ併ハセタルモアリ、初メ、其長官ヲ令トイヘリ、今、知事ト改ム。(三)支那ニテハ、郡ノ内ヲ小分シタル地ノ稱。

けん (名) 件 ヒトクダリノ事。「何何ノー」

けん (名) 儉 儉約ニ同ジ。

けん (名) 險 ケハシキ丁。危キ丁。「ーヲ犯ス」

けん (名) 險 險相ノ略。「ーノアル顔」

けん (名) 卷 マキ。クワン。卷物、書籍ノ全部數卷數冊ナルモノノ順序ナドニイフ語。「論語、ーノ一」ーノ上」

けん (接尾) 軒 (一)ノキ。學者、隱者、ナドノ、己ガ住ム室ノ號ニ用ヰル語。(二)一家族ノ住メル竈數ヲ數フルニイフ語。「人家千ー」戸

げん (名) 驗 (一)加持、祈禱ナドノ效。「加持ノ僧ナドノ心地スレド、マダーツクバカリノ行ヒニモアラネど、驗者、ーダニ早クバヨカルベキヲ、サシモナキヲ」(二)シルシ。キメ。功能。「藥ノーガ見エヌ」ーガナイ」

げん (名) 減 (一)減ル丁。減ラス丁。(二)算術ノ語、引算。

げん (名) 源 ミナモト。

げん (名) 嚴 キビシキ丁。

けんいち (名) 見一 八算ノ條ヲ見ヨ。

けんいん (名) 撿印 見認ニ押ス印。

げんいん (名) 原因 事ノ原。事ノ因リテ起レル所。

げんうん (名) 眩暈 メマヒ。

けんえい (名) 卷纓 まきえいニ同ジ。クヱンエイ。(纓ノ條ヲ見ヨ)

けんえう (名) 權要 威權アル要路ニアル丁。「ーノ地位」

けんえつ (名) 撿閲 撿メ見ル丁。

げん-おう (名)〔源翁和尚ノ鐵椎モテ、那須野ノ殺生石ヲ碎ケルヨリシテ稱スト云〕鎚ノ一種、頭、鐵製ニテ大ナルモノ。大鎚　攻石椎

けん-か (名) 縣下　縣ノ支配下。

けん-が (名) 犬牙 (一)イヌノキバ。(二)物ノ、互ニ折レ曲リテ、入リ違ヒニナレルコト。「―錯綜」

げん-か (名) 絃歌　琴、三絃ナド彈キ、歌ヲウタフコト。「―ノ聲」

げん-か (名) 原價　モトネ。

げん-か (名) 減價　ネサゲ。

けん-かい (名) 見解　文章ノ意味ノ解シ方。ミドコロ。

けん-かい (名) 狷介　人ノ性質ニ、頑ニ志ヲ執リテ、情ヲ容レズ、聊ナル、不義不正ヲモ敢ヘテセザルコト。

けん-がい (名) 懸崖　キリギシ。ガケ。

けん-かう (名) 健康　スコヤカナルコト。病ナキコト。ヂヤウブ。タッシヤ。

けん-かう (名) 權衡 (一)秤ノ錘ト、竿ト。(二)物事ノ釣合。「―ヲ保ツ」「―ヲ失フ」

げん-かう (名) 言行　ことばトおこなひト。口ニ言フト身ニ行フト。「―一致」

げん-かう 名 現行　マノアタリ行フコト。現在行ハルルコト。

げん-かう 名 原稿　原ノ稿本。

げんかうはん (名) 現行犯　法律ノ語、罪ヲ犯セルヲ、ヲアタリニ認メラレタル者。

けん-かく (名) 懸隔　カケヘダタリタルコト。遙ニ離レタルコト。久シク絶エタルコト。「天地―」「十年―」

けん-かく (名) 劍客　劍術ヲツカフ人。

けん-がく (名) 兼學　數事ヲ兼ネ學ブコト。「八宗―」

げん-かく (名) 嚴格　嚴重ニ同ジ。

げん-がく (名) 減額　數ヲ減ラスコト。

けん-がのべん (名) 懸河辯　極メテ能辯ナルヲ稱スル語。

げん-かん (名) 阮咸〔晉ノ阮咸造ル〕樂器ノ名、即チ、月琴。

げん-かん (名) 嚴寒　キビシキサムサ。甚寒。

けん-ぎ (名) 嫌疑　疑ハシキコト。ウタグリ。キラヒ。「―ノモノアルト、戲レニモトガム」我ヲ―ノ者ト思ヒテトラフルト、思ヒツルニ」

けん-ぎ (名) 建議　意見ヲ建テテ申シ出ヅルコト。

げん-き (名) 元氣 (一)人ノ精神ノ健全ニテアルヲイフ語。「病癒エテ、―ニ回ル」(二)轉ジテ、氣象ノ勢好キコト。活潑

〔げん-き (名) 驗氣　病ノ快キ驗ノ見ユルコト。「二人ノ子、西京ノ家ニテ、付添ヒテ療スルニ、母、少シ―ニ付キケル故」

けん-ぎう (名) 牽牛　ヒコボシ。

けんぎうくわ (名) 牽牛花　アサガホ。

けん-きん (名) 兼勤　二三ノ役目ヲ兼ネテ勤ムルコト。兼務

けん-きん (名) 獻金　金錢ヲ獻上スルコト。

けん-きん (名) 獻芹〔粘叔夜書所レ言〕進上物ニイフ謙稱、志ハアレドモ、品物ハ粗ナル意。寸志。「―ノ微衷」

げん-きん (名) 現金　物ヲ買フニ、アフノリニ價ノ代ヲ拂フコト。現銀。即金。(かけうり、かしうりニ對ス)

げん-きん (名) 嚴禁　嚴シク差止ムルコト。嚴重ナル禁制。

げん-ぎん (名) 現銀　現金ニ同ジ。

けん-きやう (名) 牽強　强ヒテ、ヒキツクルコト。無理ニコジツクルコト。「―附會」

げん-きやう (名) 現況　現在ノ景況。

けん-きう (名) 研究　ミガキキハムルコト。善ク深ク考ヘ分クルコト。

けん-ぎよ (名) 懸魚　懸魚ノ條ヲ見ヨ。

げん-ぎよ (名) 言語　コトバ。モノイヒ。

けむくだ-つ・ツ・テ・ヂ・チ・タ (自動)(規.一)〔―毛蠢起ノ義〕毛、ウゴメキテ起ツ。毛渋

けん-くん (名) 賢君　賢德アル君。

げん-くん (名) 元勳　國家ニ大功アル人ノ稱。

けん-くわ (名) 喧嘩 (一)カマビスシキコトヤカマシキコト。(二)諍ヒ鬪フコト。諍鬪

げん-くわ (名) 嚴科　嚴シキ罰。「―ニ處ス」

げん-くわ (名) 玄關ノ略。

けん-くわい (名) 縣會　一縣下ノ人民ノ選擧シタル議員ノ會議、其縣ノ地方稅ノ出ヅル所ヲ議セシム。

けん-くわん (名) 兼官　カケヅカサ。本官ノ外ニ兼ネ勤ムル官。

けんくわん (名) 縣官 縣廳ノ官人。
げんくわん (名) 玄關 〔玄妙ノ門ノ義〕(一)禪寺ニ、客殿ニ入ル門。(二)轉ジテ、常ノ人家ニモ、正面ノ入口ノ稱。
けんげう (名) 撿挍 (一)内外官ノ他司ノ事ヲ攝スルモノ。(二)一寺ノ統領、法事ヲ點撿スル職。(高野山ナド、專ラ稱ス)(三)盲官ノ名。(其條ヲ見ヨ)
げんげつ (名) 弦月 ユミハリヅキ。
けんげふ (名) 兼業 本業ノ外ニスル業。
けんげん (名) 建言 建白ノ條ヲ見ヨ。
けんげん (名) 權限 權力、權利等ノ界限。
けんこ (名) 眷顧 カヘリミ、情ヲカクルヿ。メグミ。
けんご (名) 堅固 (一)カタキヿ。心タシカナルヿ。「—ノ田舍人」道心—」(二)スコヤカナルヿ。健全 (三)ヂヤウブナルヿ。容易ク毀レヌヿ。「—ノ造リ」堅牢 (四)備ヘノ嚴シキヿ。「要害—」用心—」周備
＋げんこ (名) 拳固 ニギリコブシ。(多ク、人ヲ毆ツニイフ)又、拳骨。(共ニ、東京) 拳
げんご (名) 言語 げんぎよニ同ジ。
げんご (名) 原語 原ノ言詞。(寫取リ、翻譯シ、又ハ改メタルニ對シテイフ)
けんこく (名) 建國 新ニ國ヲ建ツルヿ。獨立ノ國ヲ興スヿ。
げんこく (名) 現石 草高ノ條ヲ見ヨ。
げんこく (名) 原告 訴訟ヲ起ス方、訴訟人。(被告ニ對ス)

げんこく (名) 嚴酷 キビシキヿ。甚ダ辛キヿ。
＋げんこつ (名) 拳骨 拳固ニ同ジ。(東京卑語)
けんこん (名) 乾坤 天地トイフニ同ジ。(乾ト坤トノ各條ヲ見ヨ)
げんこん (名) 現今 イマノアタリ。現在。當時。
げんごらうぶな (名) 〔近江ノ佐佐木家ノ臣、錦織源五郎、漁業ヲ司リテ、京ヘ進ラセシニ起ルト云、或云、夏頃ノ延ナリト〕鮒ノ最大ナルモノ、近江ノ湖ニ産ス、大ナルハ、長サ、二尺、巾八寸ニ至ル、首小ク色白クシテ、略、銀色ヲナセリ、味、最上ナリトス。ゲンゴロブナ。荷包鯽
げんごらうむし (名) 源五郎蟲 形、おぶらむしニ似テ肥ユ、池、溝ナドニ生ジ、自在ニ泳ギ、又、能ク飛ブ、體ニ油ノ氣アリ。龍蝨
けんさ (名) 撿査 〔査、考察也〕物事ノ實ヲ撿メテ察ルコト。
〔げんざ (名) 驗者 加持祈禱ナドニ效驗アル者。「イミジキ—」カバカリノ天ノ下ノ—」ヤンゴトナキ—、メヅラカナリト、モテナヤム」
けんさい (名) 賢才 賢德アリ才智アルコト。
＋げんさい (名) 衒妻 幻妻 (一)人ノ妻ヲ罵リ呼ブ語。(近畿)(二)夜發。(紀州)
げんざい (名) 現在 (一)マノアタリニアルコト。目ノ前ニアルコト。(二)今。今ノ時。マノアタリ。(過去、未來、ニ對ス)(三)佛說ニ、三世ノ一、現世。(三世ノ條ヲ見ヨ)
げんざい (副) 現在 マノアタリニ。目ノ前ニ。現

けんさう (名) 險相 顏色ノ銳キコト。ケンマク。「—カヘテ」
けんさき (名) 劍先 (一)劍ノ穗先、中尖リテ、左、右殺ギタル形ヲナス。劍鋩 (二)破軍星ノ條ヲ見ヨ。
けんさつ (名) 賢察 推察ノ敬語。
けんざん (名) 嶮山 ケハシキヤマ。「—惡所」
けんさん (名) 建盞 茶家ニ、天目ノ一種、上品ナルモノノ稱、支那ノ建安ノ地ノ産ナルヲ元トス。土、釉、同物ニテ、形ノ稍異ナルヲ、胡盞トイフ。
けんざん (名) 獻殘 獻上ノ物ノ殘餘ノ不用ニナレルモノ。
げんざん (名) 見參 〔見參ヨリ轉ズ〕會フヿノ敬語。「—ニ入ル」謁
けんざんやき (名) 乾山燒 陶器ノ名、元祿年間、京都、嵯峨ノ住、緒方乾山(名ハ深省、畫工光琳ノ弟)製ス、樂燒ニ似タリ、でづくねアリ、旋盤製アリ。
けんざを (名) 間竿 土地ノ廣狹ノ間數ヲ測ルニ用ヰル棒。尺度ヲ盛レリ。丈篙
〔けむし (名) 枲 をあさニ同ジ、麻ノ條ヲ見ヨ。
けむし (名) 毛蟲 黑色、或ハ、褐色ニシテ、大ナルハ二三寸、身圓ク長ク、全身ニ剛キ毛アリテ、人ヲ螫ス、樹ニ棲ミ、葉ヲ食フ、後ニ羽化シテ、蝶トナル。毛蟲
けむし・キ・ケレ・ク・ク (形・二) 烟 けぶしニ同ジ。
けんし (名) 撿使 事實ヲ見屆クル使ノ役目。
けんし (名) 撿屍 變死ナドノ死骸ヲ撿ムルヿ。

けんじ (名) 劒璽 草薙ノ劒ト八尺瓊ノ曲玉ト。(三種神器ノ條ヲ見ヨ)
けんじ (名) 檢事 人民ノ罪ヲ裁判所ヘ訴ヘ出ヅル職。
けんしう (名) 獻酬 盃ノヤリトリ。
けんしき (名) 見識 (一)事ノ情ヲ識リ得テ立ツル意見。(二)轉ジテ、嚴カニ外貌ヲナス亊。「―ヲ張ル」 威儀
げんしさい (名) 元始祭 年ノ初ノ御祭事、一月三日ニ行ハル。
けんじつ (名) 兼日 日ヲカヌルコト。數日ニ涉ルコト。
けんしん (名) 賢臣 賢德アル臣。
けんじん (名) 賢人 賢德アル人。德ノ聖人ニ亞グ人。
げんしん (名) 現身 ウツシミ。現在ノ其身。
けんしや (名) 賢者 賢德アル者。賢人。
〔けんしやう (名) 勸賞 功ヲ賞シテ、官ナド授クルコト。
けんじやう (名) 獻上 タテマツルコト。 獻
けんじやう (名) 劵狀 (一)テガタ。證文。(二)沽劵。
げんじやう (名) 現狀 現在ノ狀。
けんじやうのさうじ (名) 賢聖障子 南殿ノ御障子、東西、各四間、間毎ニ四人、合ハセテ三十二人ホド、支那三代ヨリ唐マデノ聖賢、名臣ノ像ヲ書ク。
げんじやうらく (名) 還城樂 舞樂ノ曲ノ名、西域ノ人、好ミテ蛇ヲ食フニ擬スル舞ニテ、即チ、見蛇樂ノ轉ナリト云。

けんじやく (名) 劒尺 物差ノ一種、鐵尺ノ一尺二寸ヲ八段トセルモノニテ、刀劍、佛像、門戶等ニ用ヰルモノト云。玉尺。
けんシヤリ (名) 劒舍利 俗ニ、石英ノ劍鋒ノ形ヲナセルモノノ稱。カブトズキシヤウ。
けんじゆつ (名) 劒術 太刀打ニテ相鬪フ術。 劍法
げんじゆつ (名) 幻術 妖術ニ同ジ。
げんしよ (名) 嚴暑 キビシキアツサ。 酷暑
げんしよ (名) 原書 原本ニ同ジ。
けんしよう (名) 堅勝 身ノ、堅固ニ、スグレタルコト。スコヤカナルコト。 健康
けんしよう (名) 謙稱 ヘリクダリイフコト。卑下シタル稱。
けんしよく (名) 顯職 高官トイフニ同ジ。
けむしろ (名) 毛席 獸ノ毛ニテ織レル席。
けんず・ズル・ズレ・ゼ・ジ・ゼヨ (他動)(不規.二) 獻 タテマツル。
げんず・ズル・ズレ・ゼ・ジ・ゼヨ (自動)(不規.二) 現 アラハル。出デテ見ユ。
げんず・ズル・ズレ・ゼ・ジ・ゼヨ (自動)(不規.二) 減 ヘル。少クナル。
げんず・ズル・ズレ・ゼ・ジ・ゼヨ (他動)(不規.二) 減 ヘラス。少クナス。ハブク。
けんすう (名) 間數 間(六尺ノ)ノ數。「―ヲハカル」
けんすう (名) 軒數 家ノ數。 戶數

けんすゐ (名) 建水 (建ニ瓶水一物) ミヅコボシ。
げんすゐ (名) 減水 水ノ量ノ減ルコト。
げんすゐ (名) 元帥 軍勢ノ總大將。
げんぜ (名) 現世 佛敎ノ語、現在ノ世。(三世ノ條ヲ見ヨ)
けんせい (名) 權勢 權威ニ同ジ。
けんせい (名) 牽制 引止メテ自在ニ働カセヌ亊。
けんせい (名) 芫青 蟲ノ名、アヲハンメウ。
〔けんせう (名) 顯證 (けせうノ條ヲ見ヨ) 顯ナル亊。「御局ノ小戶ヨリ出デサセタマヒケルニ、有明ノ月、イミジウ明カリケレバ、けんせうニコソ、イカガアラムト仰セラレケルヲ」
げんせう (名) 減少 減リテスクナクナル亊。
けんせき (名) 譴責 過ヲ責ムル亊。叱ル亊。
けんぜん (名) 健全 身、スコヤカニシテ、病無キ亊。
げんぜん (副) 現然 マノアタリニ。隱レ無ク。
げんぜん (副) 泫然 淚ノ落ツル狀ニイフ語。
けんぜんがく (名) 健全學 身ノ養生ノ學。
けんそ (名) 險阻 ケハシキコト。サカシキ處。
げんそ (名) 元素 化學ノ上ニテ、地上ノ萬物、其成分、必ズ、單體、六十餘種ノ結構スル所ノ外ハアラズ、單體トイフ者ハ、得テコレニ二ツニ分ツベカラザルモノニテ、コレ―ナリ。―ヲ分チテ、金屬、非金屬ノ二類トス。―ノ、特立天然ニ發スルモノハ、十四五種ニ過ギズ、即チ、酸素、窒素、硫黄、炭素、砒素、安知母紐謨、蒼鉛、鐵、銅、鉛、水銀、銀、黃金、白金等ナリ。其他ノ

天產物ハ、總テ、一、二種、若シクハ、數種ノ聚成セル複體ニシテ、コレヲ化合物トス。

〔けん-そう (名) 顯證 けせうノ條ヲ見ヨ。「路、けんそうナラヌサキニト、夜深ク出デシカバ」

けん-そく (名) 賢息 他ノ子息ヲ敬稱スル語。

けん-ぞく (名) 眷屬 親族。クヱンゾク。

げん-ぞく (名) 還俗 俗體ニ還ルヿ。僧ノ生涯ヲヤメテ、常ノ人トナルヿ。

けん-そん (名) 謙遜 ヘリクダルコト。身ヲ昇下スルコト。

げん-そん (名) 玄孫 ヤシハコ。ヤシヤゴ。曾孫ノ子。

けん-たい (名) 兼帶 (一)兩ノ官職ヲ兼ネテ帶アルコト。(二)スベテ和兼ヌルコト。カケモチ。兼

けん-だい (名) 見臺 〔書見臺ノ略カ〕書物ヲ載セテ坐シテ見ルニ用ヰル具、臺ニ短キ柱ヲ立テ、上ニ板アリ、板、坐セル人ノ方ヘ傾ク。倚書架 攲案

けん-だい (名) 兼題 〔兼日ノ題ノ略〕和歌ノ題ニ、數日前ニ、豫テ出シテ、詠ゼシムルモノ、會日ニ持寄ル。(當座ノ題ニ對ス)

けん-たう (名) 見當 (一)ミアテ。メアテ。準望 (二)鐵砲ノ名所、照星ニ同ジ。

げん-たう (名) 現當 佛經ノ語、現世ト當來ト。「一二世」

けん-たうし (名) 遣唐使 古ヘ、支那ノ唐朝ノ頃ニ、我ガ朝ヨリ其朝ヘ遣ハサルル使ノ稱、筑前博多ヨリ發シテ、明州(今ノ寧波)ニ着キ、長安ノ都ニ至ル。

けむた・し・キ・ケレ・ク・ク (形・二) 烟 けぶたしニ同ジ。

けん-だん (名) 撿斷 理非ヲ撿メ斷ムルコト。又其職。

けん-ち (名) 撿地 田畠、宅地、山林等ノ廣狹ヲ撿メ測ルコト。丈量

けん-ち (名) 縣治 縣ノ政治。

けん-ちう (名) 繭紬 支那ヨリ舶來スル一種ノ紬織ノ名。

ケン-チエン (名) けんちやんニ同ジ。

けん-ちく (名) 建築 キツキタツルコト。家屋、橋梁、城壁等ヲ作ルコト。普請。作事。

ケン-チン (名) けんちやんニ同ジ。

けん-ちやう (名) 縣廳 一縣內ノ、土地人民ヲ統ベ治ムル廳。

ケン-チヤン (名) 卷纖 〔字ノ唐音、卷ハ黑大豆ノもやしノ稱〕(一)黑大豆ノもやしヲ、油ニテ炒リタル物、鹽、醬油ヲ加ヘテ食フ、禪寺ノ卓袱料理ナリ。ケンチエン。(二)轉ジテ、豆腐、蓮根、牛蒡ナド、油ニ煠メテ、汁ニ煮タル物ノ稱。ケンチン。

げん-ぢゆう (名) 嚴重 (一)オゴソカナルヿ。イカメシキコト。(二)キビシキコト。(三)亥子ノ餅。(ゐのこノ條ヲ見ヨ)

げん-ぢゆう (名) 現住 寺院ノ現在ノ住職。(先住、後住ナドニ對ス)

けん-ちよ (名) 顯著 アラハナルコト。イチジルキコト。

けん-ぢよ (名) 賢女 賢德アル女。

げん-ちよ (名) 玄猪 ゐのこノ條ヲ見ヨ。

〔けむつか・し・シキ・シケレ・シク・シク (形・二) 〔けハ發語〕むつかしトイフニ同ジ。ムサクルシ。キビワルシ。「大ナル蜂、打群レテ集ルサマ、けむつかしく見エケリ」「三尺計ナル蛇、穴ニ入リニケリ、只今、カカル事コソアリツレ「世ニけむつかしくテ、ナドイフヲ」

けん-てい (名) 撿定 撿メテ、可シト定ムルコト。

けん-てき (名) 涓滴 (一)水、酒ナドノシタタリ。シヅク。(二)些ニ少。

けん-てつ (名) 賢哲 賢人ト哲人ト。

けん-てん (名) 圈點 文句ノ目標ナドニ、其傍ニ記シ付クル小キ環ノ象マルボシ。

げん-とう (名) 玄冬 〔玄武、北方ノ星宿〕冬トイフニ同ジ。

げん-とう (名) 嚴冬 寒サノキビシキ冬。

げん-とう (名) 幻燈 カゲヱ。ウツシヱ。

げん-とう (名) 減等 等級ヲ減シ下スヿ。

けん-とく (名) 賢德 才智善行ヲ備ヘタルヿ。

けん-どん (名) 慳貪 (一)己ガ物ヲ吝ミ、他ノ物ヲ貪ルコト。(二)轉ジテ、苛キコト。情愛ナキコト。ムゴキコト。ジヤケン。苛酷

けん-どん (名) 〔倹飩ノ音ナリト云〕旅店ノ麪類ノ稱。

けん-どん (名) 〔前條ノ麪器ヲ納ルル箱ノ此製ナルヨリ起ルト云、或ハ、饂飩食ヒノ慳貪ヨリイフト云フハ、イカガ〕箱ノ蓋ノ製ニ、箱ノ前面ノ上下ニ溝ノリテ、はめはづしニスベク作レルモノ。轉ジテ、袋戶棚ノ戶ナドニモイフ。

けん-なふ (名) 獻納 タテマツルヿ。

けん-なん (名) 劍難 刀傷ノ災難。「一ノ相」「一除ノ

符」

げんに (副) 【現】 マノアタリニ。現在。覿面ニ。

げんに (副) 【嚴】 キビシク。嚴重ニ。

けんにん (名) 【兼任】 數職ニ兼ネ任ゼラルルヿ。

けんにん (名) 【堅忍】 堅ク堪ヘ忍ブヿ。「―不拔」

げんにん (名) 【現任】 現在任ゼラレテアル官。(前官、散官、等ニ對ス)

けんねん (名) 懸念ニ同ジ。

げんのう (名) 工匠ノ具、げんおうノ條ヲ見ヨ。

げんのしようこ (名) 〔現證據ノ義〕 草ノ名、田野ニ多シ、冬枯レズ、莖、大サ一寸許、五岐ニシテ、鋸齒アリ、面、紫黑、斑點ヲ生ズルアリ、對生ス、夏、葉ノ間ニ、淡紅ノ花ヲ開ク、梅花ニ似テ、小ク、微毛アリ、莢、熟スレバ竪ニ五ツニ裂ケテ卷ク、形、神輿ノわらびでノ如シ、故ニ、又、みこしぐさノ名モアリ、莖、葉、痢病ニ現效アリトテ名トス。‖牻牛兒‖

けんのん (名) 〔險難ノ訛カ〕 危キヿ。(東京) ‖危險‖

げんば (名) 【玄蕃】 玄蕃寮ノ條ヲ見ヨ。

げんば (名) 〔玄蕃ノ音ニテ、創意ノ人名ニ起ルカト云〕 火災ノ時ナドニ、水ヲ擔ヒ運ブニ用ヰル大ナル桶ノ稱。

けんぱい (名) 【獻盃】 盃ヲ差スヿ。

けんばう (名) 【健忘】 醫ノ語、病ニ因テ、甚シク物忘スルヿ。

けんぱく (名) 【建白】 政府、尊長等ニ對シテ、己ガ意見ヲ申シ立ツルヿ。建言。又、其文書。

けんぱつ (名) 【圈發】 漢字ノ四隅ニ標スル圈點ノ稱、四聲ヲ分ツニスルヿナリ。點發。

げんぱつ (名) 【嚴罰】 キビシキ罰。

けんぱふ (名) 【劍法】 劍術ニ同ジ。

けんぱふ (名) 【拳法】 支那ニテ、拳ニテ人ヲ衝ク術ナリト云。(柔術ノ條、見合ハスベシ)

けんぱふ (名) 【憲法】 (一)アリ。オキテ。(二)一國政府ノ施政ノ道ヲ制定セル大法。

けんぱふぞめ (名) 【憲法染】 〔明曆ノ頃、京都ノ染工、吉岡憲法、始メテ染出ス〕 染模樣ノ名、黑茶色ニ小紋ヲ染出スモノ。一名、ヨシヲカゾメ。

げんばれう (名) 【玄蕃寮】 〔玄、遠也、蕃、蕃也〕 ホウシマラビトノツカサ。古ヘ、治部省ニ屬セル寮、唐、三韓、諸外國ノ事ヲ掌リ、又、僧尼度牒、佛寺ノ刑政ノ事ヲ兼ヌ。

けんび (名) 【兼備】 カネソナフルヿ。皆、一ツニ有チテアルヿ。「智、仁、勇、―」

けんび (名) 【犬皮】 犬ノ皮ヲ 革 トシタル稱。

げんび (名) 【原被】 原告ト、被告ト。(各條ヲ見ヨ)

けんびき (名) 【痃癖】 けんぺきノ訛。「按摩―」

けんびきやう (名) 【顯微鏡】 肉眼ニテハ見エヌ極メテ小キ物ヲ、大キクシテ見スルめがね、二三ノ硝子ヲ筒ノ中ニ仕掛ケテ作ル。ムシメガネ。

けんびし (名) 【劍菱】 (一)紋所ノ名、菱形ノ周圍ノ角ヲ、劍先ノ形ニ尖ラセタルモノ。(二)攝州伊丹ニ產スル一品ノ名酒ノ名、―ヲ標トス。

けんびやう (名) 【硯屛】 机ノ上ニテ、硯ノ頭ニ立テテ風塵ヲ防グ具、形、小キ衝立ノ如シ、塗漆製、陶製等、種種ナリ。

けんぴよう (名) 【堅氷】 カタキコホリ アツゴホリ。「―ヲ履ムガ如シ」

けんびゐし (名) 檢非違使ノ條ヲ見ヨ。

けんぷ (名) 【絹布】 絹ニテ織レル織物ノ總名。‖帛‖

けんぷ (名) 【賢婦】 賢女ニ同ジ。

げんぶ (名) 【玄武】 四神ノ條ヲ見ヨ。

げんぷく (名) 【元服】 ウヒカウブリ。少年ノ、元メテ大人ノ服ヲ着、冠ヲ加ヘテ、大人トナル禮、幼名ヲ改メ、實名ヲツク。後世、貴人ノ外ハ、多クハ、略シテ、額髮ヲ剃ルノミ。又、女子ハ、眉ヲ去リ、齒ヲ黑メ、髮風ヲ變ズ。此禮、今世、殆ド廢セリ。

けんぶつ (名) 【見物】 物ヲ見ルヿ。モノミ。(多クハ、芝居、角力、ナドノ觀場ニイフ) ‖遊覽‖

げんぶつ (名) 【現物】 マノアタリノ物。正物。

けんぶつにん (名) 【見物人】 見物スル人。‖觀客‖

けんぶん (名) 【檢分 見分】 役人ナドノ、物事ニ立合ヒテ、撿メ見ルヿ。見屆ケ。‖點視‖

けんぶん (名) 【見聞】 見ルト、聞クト。ミキキ。ケンモン。「―ノ及ブ所」

げんぶん (名) 【原文】 原ノ文章。(寫シ、翻譯シ、或ハ、改メタル方ヨリイフ)

けんぺい (名) 【權柄】 〔親レ權者不レ能レ與ニ人ニ柄ヲ〕 (一)權ヲ執リテ居ルヿ。(二)威勢。威光。‖威力‖

けん-べい (名) 兼幷 カネアハスルコト。合ハセテ一ツニスルコト。

けん-ぺい (名) 憲兵 陸軍ニ屬シテ、警察ノ事ヲ掌ル兵。

げん-ぺい-もも (名) 源平桃 桃ノ一種、一樹ノ中ニテ、紅花ト白花ト雑リテ咲クモノ。サキワケモモ。エドモモ。日月桃 二色桃

けん-ぺき (名) 痃癖 (一)病ノ名、積ノ一種。(二)―ヲ揉ミテ治ストイフ意ヨリ、按摩ノ術ノ稱。訛シテ、ゲンビキ。「按摩―」

けん-べつ (副) 軒別 家毎ニ。毎戸

けん-ぺん (名) 權變 變ニ應ジテ、權ニ事ヲ計フコト。

けん-ぼう (名) 權謀 一時、權ニ行フハカリゴト。權略。―術數

けん-ぽ-なし (名) けんぽのなしニ同ジ。

けん-ぽのなし (名) 玄圃梨 〔江南ノ橘ニ對シテイヘル語ナリトイフ〕喬木ノ名、高ク聳ユ、山野ニ多シ、春、新葉ヲ生ジ、互生ス、形、圓クシテ、稍、長ク、大サ三四寸ニシテ、端ニ尖アリ、周ニ鋸齒アリ、紋脈むくノ葉ノ如ク毛アリ、夏、枝ノ梢ニ、細花ヲ生ズ、實ハ、小叉、五ツニ分レ、肉、其上ニ絡ヒテ、手指ノ如シ、冬ノ初メ熟ス、皮ノ色、梨ノ如ク、味甚ダ甘シ、叉ノ上ニ圓キ子ヲ生ズ、豆ノ如シ。叉、ゲンポナシ。 枳椇

げん-ぽん (名) 原本 原ノ書物。原書。(寫シ、或ハ翻譯シタル方ヨリイフ)

けん-ま (名) 研磨 スリミガクコト。學藝ヲ研究スルコト。

けん-ま (名) 肩摩 往來ノ雑沓ヒテ、人ノ肩ト肩ト摩レ合フコト。「―轂擊」

げん-まい (名) 玄米 クロゴメ。精ゲヌ米。

げん-まい (名) 現米 祿ヲ米ニテ宛行フニイフ語。(知行ニ對ス)

‡けん-まく (名) 險相ニ同ジ。

けん-み (名) 撿見 〔毛見ノ音便カトモイフ〕(一)毛見。地方ノ役人ノ、秋、田ヲ巡リテ、稻穗ノ豐凶ノ狀ヲ見テ、年貢米ノ高ヲ定ムルコト。(二)スベテ、物事ヲ撿メ見ル役。「犬追物ノ―」

げん-みつ (名) 嚴密 漏ナク嚴重ニモノスルコト。

けん-む (名) 兼務 兼ネ務ムルコト。數職ヲ兼帶スルコト。兼勤。

けん-めい (名) 賢明 賢クシテ明鑒アルコト。

げん-めい (名) 嚴命 キビシキオホセ。

けん-もつ (名) 監物 オロシモノツカサ。古ヘ、中務省ノ屬官、大―、少―、アリ、出納ノ事、諸庫ノ管鑰ヲ監ス。

けん-もん (名) 見聞 見ルト、聞クト。ミキキ。ケンブン。

けん-もん (名) 權門 (一)官ニ居テ權威アル家。「―勢家」(二)―ニ賂スル意ヨリ轉ジテ、直ニ、マヒナヒ。賄賂。音物。「賄賂―」 賄賂

げん-もん (名) 諺文 〔朝鮮語ニ、おんもんトイフ〕朝鮮ノ文字、形、略、我ガ片假名ノ如ク、發聲、母韻、各、其形アリテ、配合シテ成ル。

げん-や (名) 原野 ハラ。野原。

けん-やく (名) 儉約 金錢ノ出入ヲツツマヤカニシテ、漫ニ費ヤサヌコト。

けん-やく (名) 兼約 豫テ結ビ置ケル約束。

けん-よ (名) 權輿 〔造レ衡、自レ權始、造レ車、自レ輿始〕物事ノハジマリ。ハジメ。オコリ。

けん-よ (名) 肩輿 駕籠。乘物。

けん-らう (名) 堅牢 堅固ニシテ、容易ク毀レヌコト。

げん-らう (名) 元老 官位、年齡、名望、積リタル人ヲ稱スル語。「國ノ―」

げん-らう-ゐん (名) 元老院 國家ノ元老ニテ成レル立法ノ官。

けむり (名) 烟 けぶりニ同ジ。

けん-り (名) 權利 身ノ分際ニ有チ居テ、事ニ當リテ自ラ處分スルコトヲ得ル權力。(義務ト對ス)

けむり-だし (名) 烟出 竈、爐ナドヨリ起ツ烟ヲ、家ノ外ヘ導キ出サムガ爲ニ、屋ノ上ニ明ケ置ク窓。烟窓 或ハ、竈ニ取付ケ、鐵板、煉瓦ナドニテ、長ク高ク作レルモアリ。烟突

けん-りつ (名) 縣立 縣ニテ取立ツルコト。「―ノ學校」

けん-りやう (名) 賢良 才德、人ニ勝レタルコト。「―方正」

けん-りやく (名) 權略 權謀ニ同ジ。

けん-りよ (名) 賢慮 他ノ思慮ヲイフ敬語。

けん-りよく (名) 權力 權威。權柄。

けむ-る・ル・レ・ラ・リ・レ (自動)(規.一) 烟 けぶるニ同ジ。

けん-れい (名) 縣令 縣ノ長官。(縣ノ條ヲ見ヨ)

けんれう (名) 見料 貸本ナド、見ルニ拂フ錢。
けんれん (名) 眷戀 愛着ノ情ノ絶チ難キコト。思ヒ切ラレヌコト。
げんろ (名) 言路 君上、官府ニ對シテ、下下ノ情實ヲ申シ立ツル手續。「ー洞開」
げんろん (名) 言論 議論ニ同ジ。
けんゐ (名) 權威 權ヲ執リテアルニ就キテノ威勢。
けんゐ (名) 健胃 胃ノ腑ヲスコヤカニスルコト。「ーノ藥」
けんをんき (名) 驗温器 氣候ノ寒暖ノ度ヲ驗シ計ル器械。
げめん (名) 外面 外ニ見ハレテアル顏色。「ー女菩薩、内心、毋夜叉」
けもの (名) 獸 〔毛物ノ義〕 けだものニ同ジ、其條ヲ見ヨ。
けものへん (名) 獸偏 漢字ノ偏ニアル犭ノ字ノ稱、字書ニテ、犬ノ首部ニ屬ス、狐、狗、狩、狸、猿ノ如シ。
〔けもんりよう (名) 花文綾 花ノ象アル綾。「けもんれうヲ、此頃、摘ミ出シタル花シテ、ハカナウ染出シ給ヘリ」
けもも (名) 毛桃 桃ノ一種、花、大ク、色、淺シ、實モ大ク、杏子ノ如クニシテ、皮ニ毛アリ。
けや (名) 下屋 毋屋ニ作リ掛ケタル小屋。
〔けやかよ (副) 異 ケヤケク。キハダケク。
けやき (名) 欅 〔貴材ナレバ、貴ケキ木ノ意カト云〕 喬木ノ名、春、新葉ヲ生ズ、欅ノ葉ニ似テ、鋸齒、大ナリ、材、堅クシテ眞ク、色、紅紫ナリ、建築、器具、種種ノ用ヲナス。

けやき (名) 毛燒 鳥ヲ割クトキ、其肌ニ生エタル羽ヲ、火ニ當テテ燒キ除クコト。
〔けやけし・キ・ケレ・ク・ク (形、二) 〔異彌異シ、ノ意カ〕 殊ニキハダケシ。甚ダ際立チタリ。「例ノ辨ノ少將、聲、イト、ナツカシクテ、蘆垣ヲウタフ、大殿、イト、けやけくモ、ツカフマツルカナト」「末代ニハ、けやけき命、タモチテ侍ル翁ドモナリ」 尤異
〔げゆ (名) 解由 國司ナド、任終ハレル時、官税等、滯リナクスメル由ノ文書ヲ、後任ノ人ヨリ受取ルコト。
〔げゆぢやう (名) 解由狀 前條ヲ見ヨ。
けら (名) 螻 蟲ノ名、夏、秋、土中四五分ノ下ニ穴居シテ、善ク鳴ク、長サ一寸許、形、いなごニ似テ、首圓ク長シ、全身黒褐色ニシテ、雄ニハ翅アリ、夜飛ビテ燈ニ來ル、雌ハ鳴カズ、翅甚ダ短ク、飛ブコト能ハズ、冬ハ深ク土中ニ蟄ス。又、オケラ。ジヤウライムシ。 螻蛄
けら (名) 啄木 小鳥ノ名。けらつつきノ略、きつつきノ條ヲ見ヨ。
けら (名) 鏰 鐵ノ條ヲ見ヨ。 熟鐵
けらい (名) 家來 〔家隷ノ音ノ轉カ〕 家ニ仕フル者。家人。從者。 隷從
げらう (名) 下郎 〔下臈ノ轉カ〕 賤シク使ハルル者ノ稱。
けらく (名) 快樂 ヨロコブタノシキコト。
げらく (名) 下落 等級、物價ナドノ下ルコト。

けらけらと (副) 笑フ聲ニイフ語。からからとニ同ジ。
〔けらし (助動) けるらしノ約、けりトらしトノ各條ヲ見ヨ。「行キー」「アリー」「ナリー」
けらつつき (名) 啄木 小鳥ノ名。てらつつきノ轉、きつつきノ條ヲ見ヨ。
けらば (名) 螻羽 〔羽ニシテ、飛ブ用ナキニイフカト云、或云、桁端ノ誤カト〕 (一)檐。(二)東京ニテ、土藏ノはちまきノ上ノつま、破風ノ如ク、左右ヘ下ル。
〔げらふ (名) 下臈 臈ヲ積ムコト短キモノ。(臈ノ條ヲ見ヨ)「入道、中納言ノーニテオハセシ時」「ーノ侍」「ー女房」「ー法師」
けり (名) 鳧 〔鳴ク聲ヲ名トス〕 水鳥ノ名、形、粗、鷸ニ似テ大ク、觜短ク、脚長クシテ、共ニ黄ナリ、觜ノ端ハ黒シ、頭、背、胸ハ、灰色ニシテ、翼ハ、黒、白、交ハリ、腹ヨリ尾マデハ白クシテ、尾ノ末黒ク横紋アリ、水邊ニ居テ魚ヲ捕リ食フ。 跳鳧
けり・ル・レ・ラ・リ (助動) 〔來トありトノ約〕 動詞ノ第五變化ニツキテ、過去ノ意ヲ示ス助動詞、つ、ぬ、たり等ヨリハ、更ニ時ヲ歷シニイフ、きノ意ニ同ジ。(篇首ノ語法指南ノ助動詞ノ條ヲ見ヨ)「行キー」「落チー」「見タリー」
〔げり (名) 外吏 外任ノ吏。國司。「ーニ、シバシバ、マカリアリキテ、殿上、オリテ侍リケル時」
げり (名) 下痢 大便ノ度ヲ失ヒテ瀉ルルコト。ハラクダリ。
けりかもめ (名) 鳧鷗 小鷗ノ一種、形、鷗ニ似テ、背ハ薄黒ク、腹ハ白ク、觜脚共ニ赤シ。

げりやく (名) 下略 上略ノ條ヲ見ヨ。

ける・え・レ・ラ・リ・よ (他動) (規.二) 蹴 次條ノ語ニ同ジ。

ける ケル・ケレ・ケ・ケ・ケロ (他動) (規.四.變) 蹴|蹶 (古言、蹴ウ、或ハ、蹴ユ、ヲ、俗言ニ、蹴エル、又ハ、蹴エル、トシタルノ約) 足ニ力ヲ入レテ衝キ遣ル。「殿上人、鞠、けサセテ御覽ズル」血、アエルバカリ、必ズけタマヘトイヘバ」此尻、けよト言ハルル相撲ハ」尻けツル角力ヲモ」

ゲレイン (名) 〔英語、Grain.〕 英國ノ重量ノ名、我カ一厘七毫二四。

げれつ (名) 下劣 卑シク劣レルコト。

けれども (接) 然レドモ。シカシナカラ。

けれん (名) 紛ラカスコト。(東京) 欺罔

けろりと (副) 物ニ感セズ、何氣ナキ體ナルナドニイフ語。「ーシテ居ル」病、ーナホル」

お

お 五十音圖、加行第五ノ假名。(かノ條ヲ見ヨ)

ご おノ濁音ノ假名。(がノ條ヲ見ヨ)

こ (名) 子 〔小ノ意カ〕 (一)兩親ノ間ニ生レタル人。(二)スベテ、動物ノ牝牡雌雄ノ間ニ生レタルモノ。(三)卵。「鳥ノー」(四)幼キ人ヲワラベゴドモ。兒 (五)子孫。(六)本ヨリ支レテ生ズルモノ。「芋ノー」竹ノー」

こ (名) 粉 〔小ノ意カ〕 物ヲ碎キ、碾キ、磨リ、ナドシテ、極メテ細カクシテ乾キテアルモノ。コナ。「米ノー」麥ノー」石ノー」○身ヲーニス。甚シク骨折ル。粉骨

こ (名) 海鼠 海產動物ノ名、常ニ生ナルヲ生ートイヒテ通名トス、其條ヲ見ヨ。「生ー」串ー」乾ー」熬ー」金ー」ーノわた」海參

こ (名) 蠶 蟲ノ名、養フヨリシテ、常ニ養ートイヒテ、通名トス、其條ヲ見ヨ。「タラチネノ、親ノ養フーノ、マユゴモリ」養ー」ー養」桑ー」春ー」夏ー」おー」

〔こ〕 (名) 籠 〔籠ムル意〕 竹ニテ編ミ造レル器ノ總名。カゴ。ザル。「ーニ籠ル、我身モ知ラズ、夜ノ鶴」飛鳥ノ、ーニ籠リタル、心地コソスレ」 蔟、ツクツクシ、ヲカシキーニ入レテ」革ー」竹ー」伏ー」

こ (名) 木 木、ノ轉、熟語ニノミ用ヰル。「ーノ葉」ーノ實」ーノ下」ー蔭」

〔こ〕 (名) 鉤 簾ヲ卷キテ懸クル鉤。「御簾ノ帽額ノ上ゲタルーノ、キハヤカナルモ、ケザヤカニ見ユ」

こ (名) 格 〔格ノ略轉ナラム〕 (一)障子ノ骨ノ縱橫ニ組ミタルモノ。(二)碁盤、將棋盤ノ縱橫ノ線。罫 (三)梯子ノ蹈ミテ上ルベキ橫木。

こ (名) 戸 戸。トビラ。「ーヲ推ス」

こ (代) 此 これニ同ジ。「ーハ」ーヲ」ーモ」ー度」見テモ思フ、見ヌハタイカニ、ナゲクラム、ーヤ世ノ人ノ、戀フテフヤミ」

こ (動) 來、ノ變化、其條ヲ見ヨ。

こ (接頭) 小 (一)チヒサキ。コマカナル。ワヅカナル。「ー山」ー人」ー橋」ー形」(二)スコシ。イササカ。「ー高シ」ー暗シ」 微 (三)意輕クシテ、稍、賤ム意ニ用ヰル。「ーザカシ」ーツラニクシ」

こ (接頭) 濃 濃キ。色ノ深キ。「ー紫」ー諸」ー酒」

こ (接頭) 故 死セル人ノ名稱ニ冠ラセテイフ語。「ー在原ノ業平ノ中將」ー大納言」ー姬君」

こ (接尾) 子 婦人ノ名ノ下ニツクル語。

こ (接尾) 處。「あそー」かしー」いづー」まー」そー」

こ (接尾) 縒リタル絲線ヲ數フルニイフ語。「絲、一ー」二ー」三ー」 線

こ (接尾) 箇|個 物ヲ數フルニイフ語。「一ー」二ー」五ー」百ー」

こ (接尾) 戸 家ヲ數フルニイフ語。「家、十ー」戸數百ー」

ご (名) 豆油 まめのごノ條ヲ見ヨ。

ご (名) 碁 遊戲ノ伎ニ、二人、相對シテ、碁盤ノ線ノ上ニ、互ニ黑白ノ碁石ヲ排ベ、相圍ミ相鬪ハセテ、勝負ヲナス、コレヲ行フヲ、打ツ、又ハ、圍ム、トイフ。(碁盤、碁石、ノ條、見合ハスベシ)

ご (名) 語 コトバ。モノイヒ。ハナシ。

ご (名) 期 トキ。ヲリ。「盡クルー」此ーニ及ビ」其ーニ至リテ」斯ル山ノ末ニ籠リ侍リテ、死ナムヲーニテ、トヌトヤ」

ご (名) 後 ノチ。アト。「其ーハ逢ハズ」思ヒ」カツハ夢カト、イヒナガラ、逢フベキーナク、ナリヌトヤ」

ご (名) 御 〔御前ノ略〕 (一)婦人ヲ尊稱スル語。「少將ノー」伊勢ノー」(二)他ノ尊長ノ人ヲ呼ブト

キ、添フル敬語。「親－」母－」兄－」姉－」ヲヂ－」ヲバ－」
お (數) 五 イツ。イツツ。
お (接頭) 御 他ニ對シテ、物事ヲ敬ヒイフ語。オン。オ。ミ。ギヨ。「－覽」－用」－論」－門」
〔ゴア (名) 臥亞 〔印度ノ地名、Goa.〕 和蘭人ノ舶來セル一種ノ織物ノ名。
おあげ (名) 小揚 船積ノ荷ヲ陸ヘ運ビ上グルコ。又、其人夫。
おあは (名) 小栗 あはノ條ヲ見ヨ。
おあふひ (名) 小葵 ぜにあふひニ同ジ。
〔おい (名) 凍 凍ユルコ。コゴユルコ。「黃金萬貫、不ㇾ可ㇾ療ㇾ飢、白玉千箱、何能救ㇾ冷」
‡おい (名) 肥 こえノ訛。
おい (形) 濃 濃シノ形容法、濃キノ音便。「－縹」－茶」
お-い (名) 故意 殊更ニ思ヒ設ケタルコ。
お-いう (名) 固有 (一)モトヨリアルコ。(二)其物事ニ限リテ有テルコ。モチマヘ。
おいうめいし (名) 固有名詞 名詞ノ條ヲ見ヨ。
おいし (名) 小石 チヒサキイシ。イシクレ。礫
お-いし (名) 碁石 碁ヲ打ツニ用ヰル具、小ク扁ク圓クシテ、黑ト白トアリ、白キハ朝鮮蛤ノ殼ニテ造ル、(白搖) 黑キハ、那智黑ニテ造ル、(玄石) 各、百八十、合ハセテ、三百六十箇ヲ用ヰル。 碁子
おいしがひ (名) 碁石貝 てうせんはまぐりニ同ジ。

おいしはまぐり (名) 碁石蛤 てうせんはまぐりニ同ジ。
おいしまめ (名) 碁石豆 黑大豆ノ一種、形、大クシテ扁ク、黑キ碁石ノ如キモノ。 零烏豆
〔お-いたじき (名) 小板敷 禁中、殿上ノ、南面ノ小庭ヨリ殿ニ昇ル處ノ板敷ノ稱。
お-いたどり (名) 小虎杖 いぬいたどりニ同ジ。
おいち (名) 魚ノ名、くちニ似テ、鱗大ク、口、更ニ長シ、大サ、五六寸ヨリ、尺ニ至ル、秋ヲ時トス。
おい-ちや (名) 濃茶 〔おきちやノ音便〕 挽茶ノ一種、氣淡シ、分量ヲ多クシテ、湯ニ立テテ飲ム。又、其氣ノ稍、烈シクシテ、分量ヲ淡クシテ立ツルヲ、淡茶トイフ、葉ノ製ニ因テ異ナルナリ。(挽茶、末茶ノ條、見合ハスベシ)
‡おいつ (代) 此奴 おやつノ轉。
おいぬ (名) 小犬 犬ノ子。小キ犬。狗 犬兒
〔おい-ふす・ス・セ・サ・シ・セ (自動) (規、一) 轉ビテ臥ス。「トコジモノ、ウチコイフシテ、思ヒツツ」 展轉
〔おい-まろぶ・ブ・ベ・バ・ビ・ベ (自動) (規、一) まろぶトイフニ同ジ。「反側、アシヅリシツツ」 展轉
お-いん (名) 五音 (一)音樂ノ上ニテ、宮、商、角、徵、羽ノ五ツノ音ノ稱、十二律ノ條ヲ見ヨ。(二)五十音圖ノ、毎行ノ五ツノ音。「－相通」
とう (名) 后 キサキ。皇后ノ條ヲ見ヨ
とう (名) 功 イサヲ。テガラ。パタラキ。「－ヲ立ツ」 勞シテ－ナシ」

とう (名) 公 (一)爵ノ名、其條ヲ見ヨ。(二)大臣ノ稱。(公卿ノ條ヲ見ヨ) (三)泛ク、貴人ノ[illegible]稱。キミ。(四)オホヤケ。オモテムキ。
とう (名) 侯 (侯) (一)爵ノ名、其條ヲ見ヨ。(二)諸侯、大名。
とう (名) 候 氣候、又、時候ノ條ヲ見ヨ。「梅雨ノ－」
とう (名) 紅 ベニアメ。クレナヰ。(染色ナドニイフ) 「－染メ」－裏」
とう (代) 公 對稱ノ代名詞、貴人ニ用ヰ、又、他ノ尊稱ニ用ヰル。キミ。
とう (接尾) 口 人數ヲ撒フルニイフ語。「一家五－」居民、一萬－」
とう-い (名) 厚意 アツキココロザシ。深切。
とう-いん (名) 後胤 數代ノ後ノ子。子孫。 後裔
とう-いん (名) 勾引 カドハカシ。
とう-いん (名) 拘引 糺問スベキコアリテ、人ヲ警察、裁判ノ手ヘ召連ルルコ。
とう-うら (名) 紅裏 紅染ノ裏ヲツケタル服、免許ヲ得テ着ル。
とう-えい (名) 後裔 後胤ニ同ジ、
とう-えき (名) 公益 世上一統ノ利益。
とう-えふ (名) 紅葉 モミヂ。
とう-おん (名) 厚恩 アツキメグミ。
とう-か (名) 後架 〔禪家ノ語カ、元ハ小便所ヲイヘリト云〕 厠ニ同ジ。
とう-かう (名) 公行 世ニ弘ク行ハルルコ。人人ノ顯ニ

行フ丁。「賄賂—」
こうがう (名) 口號 クチズサミ。
〔こうかき (名) 紺搔ノ音便、紺屋ニ同ジ。
こうがく (名) 後學 後進ノ學者。
こうがく (名) 工學 工作ニ係ル學問。
こうがふ (名) 媾合 房事ニ同ジ。
こうかん (名) 槓桿 テコ。
こうがん (名) 紅顔 クレナヰノカホバセ。少年ノ紅アル顔。「—ノ美少年」
こうがん (名) 厚顔 恥ニ感ゼヌ丁。アツカハ。
こうき (名) 口氣 モノイヒザマ。
こうぎ (名) 公儀 (一)公家。オホヤケ。(二)借シテ、武家ノ政府ノ尊稱。
こうぎ (名) 公議 世上公衆ノ議論。
こうきう (名) 購求 アガナヒ、モトムル丁。
こうぎやう (名) 興行 オコシ、オコナフ丁。觀客ヲ集メ、能、角力、芝居ナド行フ丁。
こうきゆう (名) 後宮 宮中、后、妃等ノ住マハセラルル處。
こうきよ (名) 公許 政府ノ免許。官許。
こうぎよ (名) 薨御 薨ジタマフ丁、親王、女院、攝家、大臣ニイフ。大中納言ニハ薨去ト記ストゾ。
こうきよう (名) 口供 クチガキ。
こうくわい (名) 後悔 事ヲ行ヒテ後ニ悔ユル丁。
こうくわい (名) 公會 公衆ノ集會。
こうぐわい (名) 口外 クチノホカ。言葉ニ言ヒ出ス丁。

「固ク—ヲ禁ズ」
こうけい (名) 公卿 公卿、ノ條ヲ見ヨ。
こうげい (名) 工藝 工作ニ係ル藝。
こうげき (名) 攻擊 セメウツ丁。責メツクル丁。
こうげふ (名) 功業 イサヲ。テガラ。
こうげふ (名) 工業 工作ニ係ル事業。
こうけん (名) 後見 ウシロミ。
〔こうこうと (副) 狐ノ鳴聲ニイフ語。「此ノ女童、狐ニナリテ、—鳴キテ逃ゲシカバ」
こうこく (名) 公告 オホヤケニツグル丁。廣ク世上ニ知ラスル丁。
こうこく (名) 後刻 後刻ニ同ジ。
こうさい (名) 公裁 官ノ裁判。
こうさい (名) 後妻 後配ノ妻。 繼妻
こうさい (名) 口才 物言フニ賢シキ丁。辨舌ノ巧ミナル丁。
こうさい (名) 公債 官ノ債。政府ノ借財。其券ヲ—證書トイフ。
こうざう (名) 構造 カマヘ、ツクル丁。ツクリカタ。タテカタ。
こうさく (名) 工作 土木、製造、一切ノ工事。
こうし (名) 小牛 牛ノ子。小キ牛。犢
こうし (名) 公使 外交ノ官、條約國ノ都ヘ遣ハシ置カレテ、兩國ノ交際事務ヲ掌ラシメラル。
こうし (名) 公私 おほやけトわたくしト。
こうし (名) 厚志 アツキココロザシ。輕薄ナラヌ志。
こうじ (名) 公事 オホヤケゴト。官府ノ用事。公用。

こうじ (名) 工事 作事。普請。
こうしつ (名) 後室 貴人ノ寡婦ノ稱
こうじつ (名) 口實 イヒグサ。イヒマヘ。
こうしん (名) 後進 學術、官途等ニ、後ヨリ進ミ昇レル者。
こうしん (名) 功臣 國家ニ功勞アル臣。
こうしや (名) 巧者 (一)技ニ巧ミナル者。 巧手 (二)業ニ馴レタル丁。上手。 熟練
こうしやう (名) 工匠 タクミ。職人。
こうじやう (名) 口上 (口狀ノ誤カ) (一)言葉ニテ事ヲ言ヒ傳フル丁。(文書ナルニ對ス)(二)芝居、見世物ナドニ、其演戲ノ由緣ヲ述ブル丁。 說白
こうじやう (名) 厚情 アツキナサケ。深切ナル心。厚情。
こうぢやう (名) 工場 仕事場。
こうしゆ (名) 公主 天子ノ女ノ尊稱。其姉妹ナルヲ長—トイフ。
こうしゆう (名) 公衆 世間ノ人人。
こうしよ (名) 口書 クチガキ。
こうしよ (名) 苟且 カリソメ。マニアハセ。「因循—」
こうしよう (名) 公證 官邊ノ證明。
こうしよう (名) 洪鐘 オホガネ。ツリガネ。
こうず・ズル・ズレ・ゼ・ジ・ゼヨ (自動) (不規・二) 薨 死ヌノ敬語、皇太子、親王、三位以上ノ人ニイフ。
〔こうず・ズル・ズレ・ゼ・ジ・ゼヨ (自動) (不規・二) 困 〔困ズノ音便〕 コマル。ナヤミワヅラフ。「日日ニ責メラレ、ゴウジテ」

怖ヂコウジテオハシケルニ」；「汐ミコウセサセ給ヒテ」一町ノ程ヲ、石階、オリノボリナドスレバ、歩ク人、コウジテ、イト苦シウ」

こう-ずゐ (名) 洪水 オホミヅ。

こう-せい (名) 後世 ノチノヨ。末代。

こう-せい (名) 厚情 アツキナサケ。深切ナル心。

こう-せい (名) 恆星 天文學ニテ、星ノ一類ノ、其位置、常ニ一處ニ定マリテ動カザルモノ、即チ、別天ノ太陽ナリト云フ、地球ヨリ極メテ遠ク、又、其數、幾億萬ナルヲ知ラズ。一名、定星。(遊星ニ對ス)

こう-せき (名) 口跡 詞遣ヒノ狀。コワネ。コワイロ。「俳優ノー」

こう-せき (名) 功績 イサヲ。テガラ。

こう-せつ (名) 巧拙 たくみなると、つたなきと。上手、下手。

こう-せん (名) 口錢 クチセン。賣買ノ媒シテ、其手數料トシテ取ル錢。

こう-せん (名) 公選 公衆ノ選擧。

こう-せん (名) 攻戰 攻メタタカフヿ。

こう-ぜん-と (副) 公然 オホヤケニ。アラハニ。表向キニ。

こう-そ (名) 公訴 官ヘノ訴訟。

こう-そ (名) 控訴 始審等ノ裁判ニ服セズシテ、更ニ上ナル裁判所ヘ訴ヘ出ヅルヿ。

こう-そ (名) 貢租 ミツギ。年貢米。

こう-ぞめ (名) 紅染 紅ニ染メタルヿ。

こうた (名) 小唄 三味線ニ合ハスル短キ俗謠。

こう-だい (名) 後代 ノチノヨ。後世。「ーノ例トスベシ」

こう-たう (名) 勾當 〔專當ノ義〕(一)掌侍ノ第一ニ居ルノ稱、ーノ内侍トイフ。(二)關白家ニテ、大小ノ雜務ヲ掌ル者ノ稱。(三)眞言寺ニテ、專ラ寺務ヲ執ル職ノ稱。(四)盲官ノ名。(其條ヲ見ヨ)

こう-たう (名) 公道 奇ヲ好マズ、尋常ナルヿ。人柄好キヿ。(容子、着飾リナドニイフ)

こう-だう (名) 公道 オホヤケノミチ。世上推シナベテ當然ノ道理。

こう-たつ (名) 口達 言葉ニテ言渡スヿ。(文書ナルニ對ス)

こう-たつ (名) 公達 官府ヨリノ言渡シ。

こうぢ (名) 小路 〔をみちノ音便〕幅狹キ路。(大路ニ對ス) 徑 小巷

ごうち (名) 碁打 碁ヲ打ツニ巧ミナル人。碁客

こうちぎ (名) 小袿 〔をうちぎノ條、見合ハスベシ〕婦人ノ禮服、裳、唐衣ナド着ス上ニ、打掛ケテ着ルモノニテ、小袖ノ如ク、廣袖ニテ裏アリ、地ハ綾ニテ、色種種ナリト云。(うちぎノ條、見合ハスベシ)

こう-ぢん (名) 紅塵 繁華ナル地ノ往來ニ塵ノアガルヲイフ語。「ー萬丈」「ーヲ避ク」

こう-ちや (名) 紅茶 支那ヨリ產出スル一種ノ製茶、色紅ナリ。

こう-ちゆう (名) 口中 クチノナカ。

こう-でい (名) 拘泥 カカハリ、ナヅムヿ。片寄リテ思ヒ込ムヿ。

こう-でん (名) 功田 古ヘ、功アリシ者ニ賜ハル田、功ノ大小ニ因テ、多少アリ、又、年限ノヨミヒアヨ。(位田、職田ニ對ス)

こう-とう (名) 口頭 クチサキ。言語ニテ述ブルヿ。口上。(文書ナルニ對ス)

こう-とく (名) 功德 (一)功ト德ト。(二)功業ノ世ノ爲トナルモノ。

こう-なん (名) 後難 後ノワザハヒ。「ーヲ畏ル」

こう-にん (名) 候人 門跡家ニ使ハルル者ノ稱。

こう-ねつ (名) 口熱 口ノ中ニ熱ヲ起スヿ。(多ク齒痛ナドニ云フ)

こう-ねん (名) 後年 ノチノトシ。後ノ世。

こう-のう (名) 功能 效用。キキメ。驗。(多ク藥ニイフ) 效驗

こう-はい (名) 興廢 興ルト、廢ルルト。「國ノー」ー存亡」

こう-ばい (名) 紅梅 (一)梅ノ一種、花ノ色、杏花ノ如ク紅ナルモノ。(二)染色ノ名、古クハ、紅梅ノ花ノ色、即チ、ももいろノ濃キモノ。後ニハ、赤ト紫ト混ジタル色。

こう-ばい (名) 勾配 (一)算術測量ノ語、斜ナル線ノ傾ケル度。「屋根ノー」山ノー」(二)俗ニ、ーニ走ルトイフ意ヲ略シテ、氣働キ。氣轉。「ー ハヤシ」ーノロシ」 機敏

こう-ばい (名) 公賣 公衆ニ觸レ示シテ競賣ニスルヿ。

こうばい-やき (名) 紅梅燒 糯粉ト米粉ト砂糖ト

ヲ和シテ、薄ク堅ク、梅花ノ形ニ燒キナシタルモノ。
こう‐はう (名) 公報 官府ヨリ世ニ觸レ示ス事。
こう‐はく (名) 厚薄 あつきとうすきと。「情ニ—アリ」
こう‐はく (名) 紅白 あかきとしろきと。「—ノ旗」「—ノ餅」
こう‐はく (名) 侯伯 諸侯。大名。
こう‐はふ (名) 公法 世上一統、守ルベキ法度。
こう‐はん (名) 公判 裁判所ノ裁判。
こう‐ひ (名) 口碑 イヒツタヘ。「—ニ存ス」
こう‐び (名) 後備 (一)アトノソナヘ。(二)常備ノ兵ノ後詰。「—軍」「—兵」
コウヒイ (名) 咖啡 〔蘭語、Koffij.〕 熱地ニ産ズル樹ノ實、豆ノ如シ、炒リテ、細末トシ、熱湯ニ和シテ飲物トス。カヘイ。
こう‐びん (名) 後便 ノチノタヨリ。マタノオトヅレ。後信
こう‐ひやう (名) 公評 世上一統ノ評。
こう‐ふ (名) 公布 偏ク世ニ觸レ示ス事。
こう‐ぶ (名) 公武 公家ト武家ト。
こう‐ふく (名) 興復 再ビ興ス事。立テナホス事。
こう‐ぶしやう (名) 工部省 鑛山、燈臺、鐵道、電信機等、國內ノ建築土工ノ事ヲ統ブル省。
こう‐ふん (名) 紅粉 ベニ、オシロイ。「—ヲ粧フ」
こう‐へい (名) 公平 オホヤケニ、タヒラカナル事。事ヲ行フニ偏頗ナキ事。平等。
こう‐へい (名) 工兵 兵隊ノ、土工、建築等ノ事ニ従フモノ。
こう‐へん (名) 公邊 公儀ニ同ジ。
こう‐ほ (名) 候補 役目ニ就カムコトヲ望ムコト。又其人。
こう‐ぼく (名) 厚朴 支那舶來ノ藥品、朴トイフ樹ノ皮ナリ、皺アリテ厚シ、色ノ紫褐ニシテ潤ヒ多キヲ良シトス、味、苦ク辛シ。
こう‐ぼふだいし‐の‐くり (名) 橡ノ實ノ異名、橡ノ條ヲ見ヨ。天師栗
こう‐ぼふ‐むぎ (名) 弘法麥 (一)大麥ノ一種、粒、大クシテ、色ノ青キモノ。穬麥 (二)又、草ノ名、海邊ノ沙地ニ生ズ、葉ハ、すげニ似テ小ク、はますげニ似テ大クシテ、堅ク厚ク光リテ、邊ニ刃アリ、一根ニ叢生ス、夏、五六寸ノ莖ヲ出シ、頂ニ一寸餘ノ穗ヲ生ジ、黃ナル蘂、多ク集マル、實ハ、小麥ノ穗ノ如ク、六稜ニシテ固シ。一名、イヌムギ。ウミゴメ。篩草
こう‐みやう (名) 功名 功ヲ立テ、名ヲ揚グル事。「—手柄」「—拔群」
こう‐もう (名) 紅毛 往時、阿蘭陀人ヲ呼ビシ語。
こう‐む (名) 公務 官府ノ務メ。公用。
こう‐め (名) 小梅 (一)こなのうめノ一名。(二)にはうめノ一名。
こう‐めい (名) 功名 功ヲ立テ、名ヲ揚グル事。功名。「—富貴」
こう‐めい (名) 公明 聊モ私ナキ事。「—正大」
こう‐や (名) 紺屋ノ音便、こんやニ同ジ。
こう‐よう (名) 公用 官ノ用事。職務ニ係ル用事。(私事ニ對ス) 公務 公事
こう‐よう (名) 功用 ハタラキ。キキメ。
こうよう‐にん (名) 公用人 大小名ノ家ニ、公用、即チ、公儀ニ係ル用事ヲ辦ズル役目。
こう‐らい (副) 後來 コノノチ。ユクスヱ。
こう‐らう (名) 功勞 テガラ。ホネヲリ。
〔こう‐らう‐でん〕 (名) 後涼殿 禁中、清涼殿ノ北ニアル殿。
こう‐らん (名) 勾欄 欄干ノ折レ曲レルモノ。(宮殿、堂社ナドニ)
こう‐り (名) 小賣 物ヲ少シヅツ分チテ賣ル事。(卸賣ナドニ對ス) 零賣
こう‐りう (名) 拘留 拘引シテ留メ置ク事。
こう‐りつ (名) 公立 地方税、公衆ノ出費ナドニテ取立テタル事。「—學校」「—病院」
こう‐りやう (名) 公領 公儀ノ領地。
こう‐りやう‐でん (名) 後涼殿 こうらうでんノ條ヲ見ヨ。
こう‐る ル・レ・ラ・リ・レ (他動)(現・二) 〔こるノ延、或ハ、行李ノ音ヲハタラカセタル語カ、未考〕 荷ヲ繩ニテ括ル。
こう‐るか (名) うるかノ條ヲ見ヨ。
こう‐れい (名) 恒例 公事、儀式ナド、常例トシテ行ハルルモノ。
こう‐ろ‐くわん (名) 鴻臚館 〔鴻、大也、臚、叙也、以禮陳叙賓客也〕 古ヘ京都ニ設ケラレテ、外

國來貢ノ人ヲ舍セシメラレシ館。

++こうろへる(ヘル・ヘレ・ヘ・ヘ・ヘヨ)(自動)(規・四・變)〔功勞ヲ歴ルノ轉カト云、或云、劫ヲ歴ルノ轉ナリト〕(一)年功ヲ積ミテ熟練ス。老練(二)老イテ長大トナル。

こうろん(名)口論 言葉ノイサカヒ。クチアラソヒ。爭論

こうろん(名)公論(一)偏頗ナキ論。(二)世上公衆ノ論。

こうゑん(名)公園 都會ノ地ナドニ設ケテ、衆人ノ逍遙行樂スルニ供フル庭園。

こうゑん(名)後園 家ノ後ノ庭、又、畠。

こうゑん(名)後援 後詰ノ加勢。

こえ(名)肥 田畠ニ培ヒ、地ノ力ヲ、肥エシメテ、草木ヲ繁殖セシムルモノ、糞尿、動植物ノ腐敗物、干鰯、糠ナドヲ用ヰル。コヤシ。コイ。培糞

こえ(接尾)越 峠路ニイフ語。「伊賀―」龍華―」

ごえい(名)御影 神佛ナドノ畫像ノ敬稱。

こえだ(名)小枝 小キ枝。枝ノ先ニ差シタル枝。

こえたご(名)肥桶 肥ヲ運ブ荷桶。

こえつぼ(名)肥壺 廁ノ便ヲ受クル所。

こえとり(名)肥取 廁ヲ掃除スル者。金汁行

ごえふのまつ(名)五葉松 イツハノマツ。松ノ類、葉ノ形、細ク短ク柔カク、めまつノ葉ノ如クニシテ、五針ナリ、樹ノ皮、鱗甲ノ如クナラズ、材理モ密ナリ。五鬣松

コエンドロ(名)〔蘭語、コリアンデル、ノ轉ト云、原字詳ナラズ〕古名、コニシ、ゴコシ。草ノ名、舶來ノ種ナリ、秋ノ半ニ、種ヲ下ス、葉ハ、互生シ、初メ、圓ク小クシテ、鋸齒アリ、成長シテ三葉トナリ、漸ク、花岐、多クナル、春、一二尺ノ薹ヲ出ス、梢ノ葉ハ細クシテ絲ノ如シ、夏ノ初メ、莖ノ上ニ、細小ノ花、簇リ開キテ、傘ノ狀ヲナス、五瓣ニシテ、淺紫色ナリ、實ハ正圓ニシテ、一分許、臭ミアリ、藥トス、根、軟カニシテ白シ、冬、春、採リテ食スベシ、香美ナリ。胡荽

++こえる(動)肥ユ、又ハ、越ユノ訛。

こ-おん(名)古音 昔シ呼ビタル漢字ノ音。

ご-おん(名)呉音 漢音ノ條ヲ見ヨ。

(こ-および(名)小指 こゆびニ同ジ。

こ-おろし(名)懷胎セル子ヲ、藥ニテオロスコト。「―藥」墮胎

こ-か(名)古歌 フルキウタ。古人ノ詠ミタル和歌。

こが(名)桶 をけニ同ジ。

こ-が(名)古雅 古ビテ雅致アルコト。

ご-かい(名)五戒 佛教ニ、殺生、偸盜、邪淫、妄語、飲酒ノ五ツノ戒、各條ニ注ス。(戒ノ條、見合ハスベシ)

ごかい(名)蟲ノ名、河海ノ際ノ泥中ニ生ズ、形、蚯蚓ノ如クニシテ扁シ、長キハ四五寸ニ至ル、細カキ足多キコトむかでノ如シ、取リテ魚ヲ釣ル餌トス。エムシ。沙蠶

ご-かい(名)誤解 解シチガヘ。オモヒチガヘ。

ご-かう(名)五更 更ノ條ヲ見ヨ。

ご-かう(名)御幸 行幸ノ條ヲ見ヨ。

こ-がき(名)小蠣 いそがきニ同ジ。

こ-かく(名)古格 古ク仕來リタル格式。

こ-かく(名)小角 小キ折敷。

こ-かく(名)古學 古代ノ事ヲ究ムル學問。

ご-かく(名)牛角 互角 相並ビテ優劣ナキコト。カノ、互ニ同ジクシテ、負ケズ劣ラズナルコト。抗衡

ご-かく(名)語格 文章ノ上ニテ、詞遣ヒノ規則。

ご-かく(名)語學 (一)言語ノ學。(二)字、字ノ音、言語、文章、等ノ性質、意義、用法、等ヲ知ル學問。文法學。

ご-がく(名)五嶽 支那國中ニアル五ツノ大山ノ稱、泰山、(東)衡山、(南)華山、(西)恆山、(北)嵩山、(中央)ナリ。

(こ-がくる(ル・ル・ルレ・レ・レ・レヨ)(自動)(規・二)木隱 木蔭ニ隱ル。「コガクレテ、五月待ツ間ノ、時鳥」君ガ代ニ、逢坂山ノ、岩清水、コガクレタリト、思ヒケルカナ」

(こがくれ(名)木隱 木蔭ニ隱ルルコト。「夕月夜、イルサノ山ノ、―ニ、ホノカニナノル、郭公カナ」

こ-かげ(名)木蔭 樹ノ蔭。樹陰

こがし(名)焦 (一)穀類ヲ炒リ焦シテ、碾キテ粉トセルモノ。「米ノ―」麥―」麨 (二)香煎ノ一名、大唐米ノ―ヲ入ルレバイフ。

こ-がしら(名)小頭 一群ノ人ノ長ノ下ニ、又、其群ノ小別ノ長。

++こかす(ス・セ・サ・シ・セ)(他動)(規・一)倒 タフス。推シ遣ル。

こがす(ス・セ・サ・シ・セ)(他動)(規・一)焦 (一)火ニテ一部ヲ燒キテ黑クナス。(二)薫物ノ烟ニ燻ブ。「白キ扇ノ、

イタウコガシタルヲ、コレニオキテ參ラセヨ」○胸ヲ—。思ヲ—。甚シク思フ。焦心

こかぜ（名）小風 ソヨ吹ク風。微風

こがたな（名）小刀 小キ刀ノ雜用ニ供フルモノ。

こがなし（名）〔肥前、高來郡、空閑ノ產ナルヲ以テ名トストモ云、或云、肥後、八代郡、古閑橋村ノ產ナリト、或云、熊澤了介、下總ノ古河ニ植ヱ開キシモノト〕梨ノ一種、實ノ形、圓クシテ、皮ノ色ニ赤ミアルモノ。乳梨

こがね（名）黃金〔きがねノ轉〕（一）鑛物ノ最モ貴重セラルルモノ、常ニ金、又ハ黃金トモイフ、色、黃ニシテ美シク光リ、諸金ノ中ニテ、最モ薄ク打延バスベク、最モ細ソク引延バスベク、水ヨリ十九倍ノ重サアリ。（二）—ノ貨幣。

こがねむし（名）黃金蟲 たまむしノ屬、大サ、ふたまめノ如ク、頭、面、鬼ノ如シ、甲、黑ク堅ク、龜甲ノ狀ヲナシテ、六足ナリ、身、首、皆、綠ニシテ、金ノ如ク光ル、夜ハ燈ニ集リ、晝ハ草木ノ花葉、桃、葡萄ノ實ナドニ集リテ食フ、種類多シ。金龜子 又、相似テ、背ニ堅キ甲アリ、全身黑クシテ漆ノ如キモノヲ、黑—トイフ、好ミテ人糞ニツク、因テ、くそむしノ名モアリ。●蜣蜋

こがねめぬき（名）寒菊ノ異名、金製ノ菊ノ目貫ニ似タレバイフ。

こがのき（名）樹ノ名、冬、落葉セズ、中夏ニ、花開キ、晩秋ニ、實熟ス、實ヨリ蠟ヲ採ルヲ、こがらふトイフ。天竺桂

こがひ（名）養蠶 蠶ヲ養フコト。

こがひ（名）小貝〔貝ニ對シテイフ〕漢字ノ偏ニアル貝ノ字ノ稱、財、貶、賄、貯ナドノ如シ。

こがひ（名）子養（一）子ヲ養フコト。「雀ノ—」（二）兒童ナル頃ヨリ育テ教フルコト。（工商ノ家ノ、年季ノ弟子屋人ナドニイヒ、中年トイフニ對ス）雛養

こがひ（名）小買 當用ニテノミ、少シヅツ物ヲ買入ルルコト。零買

〔こがみ（名）小腹ニ同ジ。下腹。

こかん（名）冱寒 凍リ寒ガリテ、寒サ烈シキコト。

こがんぴ（名）小雁皮 灌木、がんぴノ一種小キモノ、高サ一二尺、花ハ夏秋ノ交ニ開キテ白シ、根ノ皮ヲ紙ニ製ス、とりのこがみノ如シ。蕘花一種

こがも（名）小鴨 かもノ一種、形、稍小ク、雄ハ文彩美シク、雌ニ彩ナシ、味極メテ美シ、まがもヨリ早ク來リ、後レテ歸ル。刁鴨

こがら（名）小雀 コガラメ。小鳥ノ名、やまがらニ似テ小ク、頭黑ク、頸、頰、白クシテ圓紋ノ如シ、背、腹、白ク、翅、尾、黑シ、善ク囀ル、身輕クシテ、上下スルコト速ナリ。

こがらし（名）木枯 凩〔木嵐ノ轉、凩ハ木風ノ合字〕秋、冬、吹ク疾キ風ノ稱。「秋萩ノ、露吹キ落ス、—ノ風」「—ノ、雲吹キ拂フ、高根ヨリ、サエテモ月ノ、澄ミ昇ル哉」

こがらす（名）小烏 平家ニ重代セル名劍ノ名、大寶二年天國ト銘セリト云。

こがらふ（名）こがのきノ條ヲ見ヨ。

〔こがらめ（名）小鳥ノ名、こがらニ同ジ。「並ミ居テ、友ヲハナレヌ、—ノ、ネグラニ賴ム、椎ノ下枝」

こがる・ルル・ルレ・レ・レ・レヨ（自動）（規・二）焦（一）燒ケテ黑クナル。（二）甚シク思ヒワヅラフ。（多ク戀情ニイフ）「思シ—」泣キ—」胸—」焦心

こがれる（動）前條ノ語ノ訛。

〔こき（名）國忌 天皇、皇后等ノ御忌日ノ稱。

こき（名）古稀〔人生、七十、古來稀〕七十歲ノ異稱。「齡、—ヲ超エ」

こき（名）古記 舊記ニ同ジ。

こぎ（名）狐疑 疑ヒテ猶豫フコト。

ごき（名）御器 合器 椀ニ同ジ。

ごきあらひむし（名）蜚蠊ノ異名。

こぎいた（名）胡鬼板 はごいたニ同ジ。（はごノ條ヲ見ヨ）

こきう（名）故舊 年舊キ知緣。久シキ馴染。

こぎく（名）小菊 紙ノ名、美濃紙ノ屬、縱七寸許、橫九寸許、鼻紙ニ用ヰル、美濃ノ產ナリ。

〔コキシ（名）鞬吉支〔百濟語〕三韓ノ王。コニキシ。

こぎしろ（名）〔小礙ノ義ト云〕はつかねずみニ同ジ。

〔こきたし・キ・ケレ・ク・ク（形・二）多シ。「三笠山、野ベユクミチハ、己伎多雲、繁ニアレタルカ、久ニアラナクニ」許多

〔こきたる・ルル・ルレ・レ・レ・レヨ（自動）（規・二）掻キ垂ル、ニ同ジ。垂レサガル。「山姬ノ、霞ノ袖ヤ、シホルラム、花コキタレ

テ、春雨ゾ降ル」
ごきない (名) 五畿內 畿內ノ條ヲ見ヨ。
こぎのこ (名) 胡鬼子 (一)羽子ニ同ジ。(二)つくばねノ實。
こきふ (名) 呼吸 (一)息ノ、出ヅルト、入ルト。(息ノ條ヲ見ヨ)(二)ツリアヒ。カネアヒ。ハズミグアヒ。 機
こきぶつ (名) 古器物 古代ノ器物。
こきまず・ズ・ズ・ズレ・ゼ・ゼ・ゼヨ (他動)(規・二) 搔キ雜ズ。「見渡セバ、柳櫻ヲ、ゴキマゼテ、都ゾ春ノ、錦ナリケル」
こきん (名) 古金 古ク通用シタル貨幣。
ごきん (名) 五金 金、銀、銅、鐵、錫、ノ總稱。
こきんびな (名) 古今雛 雛人形ヲ甚ダ小ク作レルモノ。
こきやう (名) 故鄕 フルサト。「一忘ジガタシ」
ごきやう (名) 五經 經書ノ條ヲ見ヨ。
ごぎやう (名) 五行 支那ノ理學ニ、天地ノ間ニ運行シテ、嘗テ息ムコトナキ五種ノ物、即チ、木、火、土、金、水、ナリ。木ハ火ヲ生ジ、火ハ土ヲ生ジ、土ハ金ヲ生ジ、金ハ水ヲ生ジ、水ハ木ヲ生ズトシテ、コレヲ相生トイフ。又、木ハ土ニ尅チ、土ハ水ニ尅チ、水ハ火ニ尅チ、火ハ金ニ尅チ、金ハ木ニ尅ツトシテ、コレヲ相尅トイフ。凡ソ、世ノ萬物、皆、此五行ニ基ヅキテ循環ストス、サレド、固ヨリ無稽ノ想像說ナリ。
ごぎやう (名) 御形 草ノ名、おぎやうニ同ジ。
こきやく (名) 沽却 賣ルコト。賣却。
こきゆう (名) 胡弓 鼓弓 古ク、ラベイカ。葡萄牙渡來ノ樂器、形、三絃ニ似テ小シ、初メ三絃ナリキ、後ニ第三ノ絃ノミヲ二線トス、撥ナク、別ニ小弓ノ弦ヲ以テ、絃ヲ鼓キテ音ヲ發ス。 提琴
‡こぎる・ル・レ・ラ・リ・レ (他動)(規・一) 小切 ねぎるニ同ジ。
こぎれ (名) 小切 段物ノキレハシ。 零帛 零布
こく (名) 穀 米、麥ナド人ノ、日日ノ飯トシ、糧トスルモノノ稱。又、豆、粟、稗、黍、麻ナドヲモ併ハセテ云フ。
こく (名) 石 枡目ノ名、斗ノ十倍。 斛
こく (名) 刻 (一)漏刻ニハ、一時ノ四分ノ一ノ稱、晝夜、十二時、四十八刻ナリ。(漏刻ノ條、見合ハスベシ)(二)後世ノ時ニハ、晝夜ノ百分ノ一ノ稱 一日ヲ十二時トシ、日ノ長短ニ因テ、一時ノ刻ニ差アリ、平均スレバ、一時ハ、八刻ト三分ノ一ニ當ル、春分、秋分ハ、晝夜、各、五十刻、冬至ハ、晝四十刻、夜六十刻ナリ、夏至ハコレニ反ス。(時ノ條、見合ハスベシ)(三)又、十二時ヲ、十二支ニ配當シテ呼ブトキ、一時ノ三分ノ一ノ稱、コレヲ、上一、中一、下一、トイフ、晝夜、三十六刻ナリ。(時ノ條ヲ見ヨ)「午ノ上一」申ノ下一」
こく・ク・ケ・カ・キ・ケ (他動)(規・一) 扱 (一)搔キ落ス。「秋萩ヲ、誰レ水上ニ、コキステテ、岩越ス波ノ、色ヲ染ムラム」御前ノ藤ヲナム、シノビテコク人アリト、聞カセタマヒ」稻ノ穗ヲ一」枝ノ葉ヲ一」(二)片手ニ握リテ、片手ニテ扱キ引ク。「槍ヲ一」繩ヲ一」
‡こく・ク・ケ・カ・キ・ケ (他動)(規・一) 放 (一)身ノ外ヘ出ダス。放ル。「屎一」屁一」(二)言ヒ放ツ。(罵リイフ詞)「譃ヲ一」タハコトヲ一」
こぐ・グ・ゲ・ガ・ギ・ゲ (他動)(規・一) 漕 艪ヲ押シテ舟ヲ進ム。 盪舟
〔ごく〕(名) 曲 曲トイフニ同ジ。樂ノ曲。「多クノ調ベ、ワヅラハシキ一多カルヲ」物ノ調ベ、一ノモノドモ」ハヤリカナル一ノモノナド敎ヘテ」
ごく (名) 穀 穀ニ同ジ。「一ヲ斷ツ」一ツブシ」
ごく (名) 獄 ヒトヤ。牢屋。「一ニ下ル」
ご-く (名) 御供 供物ノ敬語。
ごく (副) 極 キハメテ。スグレテ。最モ。此上無ク。「一好シ」一ワルシ」
ごく-あく (名) 極惡 極メテ惡シキコト。惡虐極マルコト。
こく-あん (名) 國安 一國全體ノ安泰。「一ヲ保ツ」
ごく-い (名) 極意 (一)至極ノ意味。(二)奥義。(藝術ナドノ)
ごく-いん (名) 極印 極ノ印。通用ノ金銀ニ、發行所、又ハ、量目ナドノ文字、標目等ヲ打込ミテ證トスルモノ。ゴックイ。
こくう (名) 穀雨 二十四氣ノ條ヲ見ヨ。
こ-くう (名) 虛空 ソラ。オホゾラ。天。
こ-くう-ざう (名) 虛空藏 菩薩ノ名、大悲利他不盡ナルコト天ノ如ク、諸願ヲ滿タストト云、右ニ劍ヲ持シ、左ニ如意寶珠ヲ持ス。
こくうざう (名) 蟲ノ名、こくざうニ同ジ。
ご-くう-しよ (名) 御供所 神社ナドニ、御供物ヲ調フル處。 神厨

こくうに (副) 虛空 アテナシニ。ムヤミニ。
こく-うん (名) 國運 一國ノ運命。
こく-えき (名) 國益 一國全體ノ利益。
こく-おん (名) 國恩 其國ニ生レ其生ヲ遂ゲ、其身ヲ安ンジテアル恩。
こく-か (名) 國家 一國ノ官民公私ノ事ヲ統ベテイフ語。「一ニ忠アリ」「力ヲ一ニ竭ス」
こく-が (名) 國衙 國司ノ廳。
こく-かい (名) 國界 クニザカヒ。國ト國トノ界。國境。
こく-がく (名) 國學 (一)其國ノ學問。(二)和學。(三)其國ノ大學校。
ごく-かん (名) 極寒 極メテ寒キヿ。
〔こく-き〕 (名) 國忌ノ條ヲ見ヨ。
こく-き (名) 國旗 外國ニ對シテ、一國ノ目標トスル旗章、我ガ國ノ日ノ丸ノ旗ノ如シ。
こく-きん (名) 國禁 國法ニテ定メテアル禁制。
こく-きやう (名) 國境 國ト國トノ境。クニザカヒ。
こく-く (名) 刻苦 苦勞ヲ積ムヿ。甚シク心身ヲ使フヿ。「一勉勵」
こく-くん (名) 國君 クニノキミ。一國ノ君主。
こく-くわい (名) 國會 全國人民ノ公選シタル議員ノ大會議ニテ、大政府ノ政事ニ參與スルモノ。
ごく-げつ (名) 極月 十二月ノ異名。シハス。
こく-げん (名) 刻限 時ノカギリ。定メタル時。
こく-こ (名) 國庫 政府ノ金庫。大藏。
こく-さい (名) 國際 國ト國トノ交際。
ごく-さいしき (名) 極彩色 極メテ精密美麗ナル彩色。濃彩

こく-ざう (名) 國造 クニノミヤツコ。
こく-ざう (名) 〔穀倉院ヨリ起リタル語カト云〕 こめのむしノ異名。コクウザウ。
こく-さん (名) 國產 其國土ノ產物。
こく-し (名) 國司 クニノツカサ。古ヘ、日本六十六國二島ニ配置セル地方ノ官、守、介、掾、目等ノ官アリ。
こく-し (名) 國師 天子ニ師範シタル禪僧ニ賜ハル號、多クハ死後ニ贈ラル。(他宗ノ大師號ニ當ル)
こく-し (名) 國史 其國ノ歷史。
こく-し (名) 黑子 ホクロ。
こく-じ (名) 國事 國家全體ニ係ル事柄。
こく-しつ (名) 黑漆 クロキ、ウルシ。
こく-じはん (名) 國事犯 政治上ノ異存ニテ犯セル罪。
こく-じん (名) 國人 クニタミ。其國中ノ人民。
こく-じん (名) 黑人 亞非利加、印度等ノ、色ノ純黑ナル人種ノ稱。クロンバウ。
こく-しやう (名) 濃漿 〔或ハ濃醬ナドトモ記ス〕 鯉ノ肉ヲ、濃キ味噌汁ニテ熟ク煮タルモノ。
こく-じやう (名) 國情 一國ノ情態。「一ニ通ズ」「一ヲ探ル」
ごく-じやう (名) 極上 第一ニ上ナルヿ。最モ勝レタルヿ。コノウヘナキヿ。
こく-しやう-がん (名) 黑障眼 眼ノ病。ソコヒ。
こく-しゆ (名) 國守 國ノ守。國司ノ長官
こく-しゆ (名) 國主 一箇國ノ領主。國持ノ大名。
こく-しゆ (名) 國手 〔一國中ノ名手ノ義〕 醫者、碁客ナドノ上手ヲ稱スル語。
こく-しよ (名) 國書 政府ト政府トノ間ニ取交ハス文書。
こく-しよ (名) 酷暑 嚴シキ暑サ。
ごく-しよ (名) 極暑 極メテ暑キヿ。
こく-しよく (名) 國色 〔全國第一ノ容色ノ義〕 絕世ノ美人ノ稱。
こく-じよく (名) 國辱 クニノハヂ。一國全體ニ係ル恥辱。

こ-ぐすり (名) 粉藥 粉トシテ用ヰル飲藥。散藥。
ごく-ずゐ (副) 〔極髓ノ義カ、極隨一ノ略カ〕 此ノ上ナク。至極。
〔ごく-すゐ-〕のえん (名) 曲水宴 マガリミヅノトヨノアカリ。上巳ノ日ニアル禁中ノ公事、御前ニテ、詩ヲ作リ、宴ヲ賜ハル。元來、流水ノ邊ニテ、水上ヨリ盃ヲ流シ、己ガ前ヲ流レ過ギヌ間ニ詩ヲ作リ、其盃ヲ取上ゲテ酒ヲ飲ムヿナリ。キヨクスヰノエン。
こく-ぜ (名) 國是 國政ノ方向ノ宜シトスル所。「一ヲ定ム」
こく-せい (名) 國政 一國ヲ統ベ治ムル政事。
こく-せい (名) 國勢 一國ノ形勢。

とく-せい (名) 國製 其國ニテ製リ出セルモノ。
とく-ぜい (名) 國税 政府ニ納ムル税。(地方税ナドニ對ス)
ごく-せい (名) 極製 極上ノ製作。
おく-そ (名) 鶯藜 鶯ノ糞。鶯沙
とく-そ (名) 告訴 ツゲ、ウッタフルヿ。
とく-ぞく (名) 國賊 國ヲ亂シ、世ニ害ヲナス者ヲ罪シテ呼ブ語。
おく-そく (名) 小具足 常ノ具足ヲ着テ、唯、胴ノミヲ着ザルヿト云。
ごく-そつ (名) 獄卒 (一)地獄ニテ亡者ヲ苛責スル惡鬼。(二)獄屋ノ番人。獄丁
とく-たい (名) 國體 (一)クニガラ。一國ノ政治風俗ノ狀。(二)國ノ體裁面目。「—ヲ損ス」
とく-だい (名) 國內トイフニ同ジ。
〔ごく-たい (名) 玉帶 石帶ノ條ヲ見ヨ。
‡ごく-だう (名) 〔穀盗ノ音カ、地獄道ノ上略カ、或云、言句絶ユノ轉カト〕 放蕩ナル者ヲ罵リ呼ブ語。(上方)
ごく-だち (名) 穀斷 修行、立願ナドニ、穀ヲ斷チテ食ハヌヿ。
とく-たん (名) 黑檀 熱地ニ產ズル樹、材ヲ舶來ス、色黑ク甚ハシク、黑柿ニ似テ堅シ、諸ノ器ナドニ作ルク口ギ。烏木 又、白キ線ノアラハレタルヲ、すぢ—トイフ、嫩木ナリトゾ。間道烏木
とく-たん (名) 穀旦 〔穀善也〕 吉日ニ同ジ。

おく-ち (名) 小口 物ノ端。キリハシ。「切リ—」—ヨリ出ダス」
おくち-がき (名) 小口書 書物ナドノ小口、即チ、側面ニ題號、又ハ、冊ノ番號ナド書キツクルヿ。冊號
〔おくち-の-はかま (名) 小口袴 大口ノ袴ニくくりヲ入レタルモノト云。
とく-ちゅう (名) 國中 クニノウチ。國內。
ごく-ちゅう (名) 獄中 牢屋ノ中。
おく-ぢら (名) 小鯨 形、せびくぢらニ似テ小シ、大ナルモノ一二丈、色淡黑ク、或ハ灰白ナリ、口中ノ鬚、白ク、長サ一尺五六寸、廣サ三寸、厚サ二三分許アリ。
とく-づけ (名) 刻附 時刻ヲ記シツクルヿ。
‡ごく-つぶし (名) 穀潰 〔徒ニ食ヲ滅ズル意〕 勞スルヿ無ク、世ニ益スルヿ無クシテ、徒ニ生活スル人ヲ罵ル語。素餐 遊民
ごく-てい (名) 獄丁 牢屋ノ番人。
とく-てう (名) 國朝 本朝ニ同ジ。
とく-ど (名) 國土 クニ。地。(天ニ對シテイフ)
とく-ど (名) 國帑 國庫ノ金錢。大藏ノ貨財。
とく-ない (名) 國內 クニノウチ。國中。國內。
とく-ないしやう (名) 黑內障 眼ノ病、ソコヒ。
とく-なん (名) 國難 一國總體ニ被ムルワザハヒ。
とく-ねち (名) 極熱 次條ノ語ニ同ジ。「ごくねちノ頃ハ、誰モ誰モ、ヲサヲサ、內ヘモ參リ給ハズ、籠リオハシマス」
ごく-ねつ (名) 極熱 火、又ハ、時候ノ極メテ熱キヿ。

〔ごく-の-おび (名) 玉帶 石帶ノ條ヲ見ヨ。
〔おく-は (名) 〔木鍬ノ義〕 全體木造ニテ、鐃ノナキ鍬。
〔おく-は (名) 獼猴桃 さらくちニ同ジ。
とく-はく (名) 刻薄 慘ク辛キヿ。ジヤケン。
とく-はつ (名) 告發 アバキ、ツグルヿ。告ゲ訴フルヿ。
とく-はふ (名) 國法 一國全體ニ亙ル法度。
〔おく-ひ (名) 衽ノ前ヲイフカ。「畠山ガ—ヲ、强ク打テ、袴ノ前腰ヲ取ラムトシケルヲ」
おく-び (名) 小首 少シ首ヲ傾クルヿ。「—カタムケテ」
ごく-ひ (名) 極秘 極メテ秘密ニスルヿ。
ごく-ひん (名) 極品 極上ノ品。
ごく-ひん (名) 極貧 極メテ貧シキヿ。
とく-びやく (名) 黑白 (一)くろトしろト。(二)正ト邪ト。
とく-ぶ (名) 國府 (一)古ヘ、國每ニ、國司ノ國衙アリシ地ノ稱。後ニ府中トモイフ。(二)國府烟草ノ略。
とく-ふう (名) 國風 (一)其國ノ風俗。(二)其國ノ風俗ヲ詠ミタル詩歌。
とくぶ-タバコ (名) 國府烟草 烟草ノ、大隅國、北方諸郡ニ產ズルモノ稱、其國府鄕ノ產ヲ最トスレバ名トス、甚ダ芳烈ナリ。
とく-へい (名) 國幣 官幣ノ條ヲ見ヨ。
とく-ぼ (名) 國母ノ條ヲ見ヨ。
と-ぐま (名) 黑熊 白熊ノ條ヲ見ヨ。
〔おく-み (名) 寄肉 あまおまニ同ジ。

こくみん (名) 國民 クニタミ。國中ノ民。

こくむ (名) 國務 國家ノ政務。

こくん (名) 古訓 漢字漢文ノ上ノ古キ訓。

こくめい (名) 實體トイフニ同ジ。(東京)「―ナ人」

〔こくも (名) 國母 クニノハハ。天子ノ母、卽チ、皇太后ノ稱。國母。

こくもち (名) 黒餅 〔中世ノ武士、矢口ノ祭ノ黒餅ヲ家紋トセシニ起ルト云〕 衣幕ノ紋所ニ、正圓ニシテ、中ニ文ナキモノ。

こくもつ (名) 穀物 穀トイフニ同ジ。

ごくもん (名) 獄門 (一)獄屋ノ門。(二)古ヘ、斬罪ノ首ヲ、囚獄司ノ門ノ邊ノ樗ノ木ニ懸ケテ晒ス事アルヨリシテ、直ニ其刑ノ名トシ、後世ニ至リテハ、刑場ニ就キテ、木架ノ上ニ晒ス。梟首

ごくもん-だい (名) 獄門臺 梟首ニスベキ首ヲ載スル木架。梟木

ごくや (名) 獄屋 ヒトヤ。牢屋。獄

こくよう (名) 國用 政府ノ國事ニツヒヤス費用。

こくら (名) 小倉 こくらおりノ略。「―ノ袴」

こくら-おり (名) 小倉織 綿絲ノ織物ノ名、絲ヲ合ハセテ、厚ク強ク織ル、多クハ、帶地 袴地トス、豐前ノ小倉近傍ニテ織出ス。

こぐらかる・ル・レ・ラ・リ・レ (自動)(規・一) 絲、打雜リニ亂レ絡ハル。紛絲

ごくらく (名) 極樂 佛説ニ、佛果ヲ得タル亡者ノ行クトスル世界、西方十万億土ニアリトイフ。又、淨土。九品淨域(淨土ノ條、見合ハスベシ)

〔こぐらし・キ・ケレ・ク・ク (形・二) 木暗 木ノ下、暗シ。「杉ノ叢立、コグラカルラム」下葉コグラキ、木ノ下ニ」

こくらん (名) 國亂 一國中ノ亂レ。

ごくり (名) 獄吏 牢役人。

こくりつぎんかう (名) 國立銀行 銀行ノ條ヲ見ヨ。

こくるゐ (名) 穀類 穀ノタグヒ。穀物。

〔こぐれ (名) 木暮 木ノ下ノ暗キ所。「雨過グル、外山ノ路ノ、―ヨリ」神垣ヤ、御室ノ山ノ、―ニモ」―ノ下ニ、夜ヲ明カシツツ」

こくろん (名) 國論 國人一致ノ論。

こくわう (名) 國王 國ノ王。

ごくわう (名) 後光 神佛ノ體ヨリ放ツト見ル光リ、佛像ノ背ニ、光ヲ放テル如ク、金色ノ飾物ヲ着ク。背光 其ノ圓クシテ環ノ如キヲ輪―トイフ。圓光

ごぐわつ (名) 五月 年ノ第五ノ月。サツキ。

ごくわん (名) 五官 目ニ視、耳ニ聽キ、舌ニ味ヒ、鼻ニ嗅ギ、身ニ觸ルレバ覺ルヿノ稱。

こくゐ (名) 國威 國ノ威光。國ノイキホヒ。

こけ (名) 蘿 苔 〔木毛ノ義カト云〕 (一)極メテ小キ植物、古キ樹幹、又ハ陰地ノ地面、石上ナドニ生ズルモノノ總名、形、色、種類甚ダ多シ。(二)侘住居ノ體ニイフ語。「―ノ戶」―ノ庵」―ノ筵」―ノ枕」(三)僧ノ生涯ニイフ語。「世ヲソムク、―ノ衣ハ」―ノ袂ニ、露置キテ」(四)黄泉。「鳥邊山、君尋ヌトモ、朽チハテテ、―ノ下ニハ、答ヘザラマシ」

こけ (名) 〔柿葺ノ形ヨリシテイフカ〕 鱗ニ同ジ。ケラ。(坂東)

＊こけ (名) 虛假 〔佛經ノ語ナリト云フ〕 心淺ク考ヘナキヿ、愚ニシテ欺カレヤスキヿ。「―ヲオドス」―ニナル」

こげ (名) 焦 (一)焦ゲタルヿ。(二)炊グトキ、釜ノ底ニ焦ゲツキタル飯。コゲメシ。焦飯

ごけ (名) 後家 (一)夫ノ死後ノ家ヲ守ル婦。後室。(二)泛ク、寡婦。

ごけ (名) 碁笥 碁子ヲ盛ル圓ク小キ器。碁匳

ごけい (名) 五刑 (一)刑ノ條ヲ見ヨ。(二)支那ニテハ、墨、劓、剕、宮、大辟ノ五ツノ刑。

〔ごけい (名) 御禊 禊ノ敬稱、天子大嘗會ノ―、加茂ノ齋院ノ―ナドニイフ。

こけい-たい (名) 固形體 固體ニ同ジ。

ごけう (名) 五教 五常ノ條ヲ見ヨ。

こげくさし・キ・ケレ・ク・ク (形・二) 焦臭 物ノ焦ゲル臭アリ。

ごけだふし (名) 〔やもめたふしノ條ヲ見ヨ〕 農具ノ名、いなおきニ同ジ。

こげちや (名) 焦茶 染色ノ名、茶色ノ濃クシテ、焦ゲタルガ如キモノ。

こけつ (名) 固結 固ク結バルヿ。カタマルヿ。

こけん (名) 沽券 ウリケンジヤウ。地所ノ賣買所有ヲ證スル券。

こけん (名) 古言 古ヘノ言。古クヨリアル語。古語。

おげん (名) 語原 一箇ノ語ノ成レル原。
おげん (名) 御見 〔見參ノ略カ〕 會フヿノ敬語。(婦人ノ語)
おけめし (名) 焦飯 おけノ條ヲ見ヨ。
おけもも (名) 苔桃 いはなしニ同ジ。
おけら (名) 柹柿 (一)〔材ヲ斫リ削リテ出デタル細片。ゴツバ。(二)今、材ヲ薄ク剝ギテ、長サ七八寸、幅、二三寸ノ薄片トシタルモノ、板屋ヲ葺クニ用ヰル、多クハ、檜、槇、椹、ノ材ナリ。ヤネイタ。
〔おけら (名) 蘿 苔トイフニ同ジ。「一ツイタル松ノ枝」
++おけら (名) 鱗ニ同ジ。
おけら (名) 小鳥ノ名、きつつきノ條ヲ見ヨ。
おけらぶき (名) 柹葺 屋ヲ柹ニテ葺キタルヿ。(茅葺、瓦葺ニ對ス) 板屋
++おける・ケル・ケレ・ケ・ケ・ケヨ (自動) (規・四・變) 倒 ツマヅキ、タフルマロブ。コロブ。
++おける・ケル・ケレ・ケ・ケ・ケヨ (自動) (規・四・變) 瘦セテ肉脱ツ。「頰、一」瘦セ一」憔悴
おける・ケル・ケレ・ケ・ケ・ケヨ (自動) (規・四・變) 焦 〔おがるノ轉〕 焦ル。火ニ燒ケテ黑クナル。
おお (代) 此處 最モ身ニ近キ地位ニイフ代名詞。ゴノトコロ。(そお、かしおニ對ス)
おお (數) 九 おおのつノ略。
おお (名) 古語 (一)古ヘノ言。古言。(二)古ヘノ人ノ語リタル詞。「一ニ日ク」
おお (名) 午後 ヒルスギ。(時ノ條ヲ見ヨ)

おおう (名) 虎口 トラノクチ。甚ダ危キ時。「一ノ難ヲ逃ル」
おおう (名) 股肱 股ト肱ト。最モ頼ミトスベキモノ。「一ノ臣」
おおう (名) 糊口 口ニ糊スルヿ。クチスギ。
おおう (名) 戶口 戶數ト人口ト。
おおう (名) 五港 橫濱、神戶、長崎、新潟、箱館ノ五箇所ノ開港場ノ稱。
++おおえる (動) 凍ユノ訛。
おおく (名) 五穀 (一)米、麥、粟、黍、豆ノ五ツノ稱。(二)穀類ノ總稱。
おおく (副) 後刻 ノチホド。ノチカタ。
〔おおし・シキ・シケレ・シク・シク (形・二) 大ヤウナリ。「鉾ノ狀、ゴコシウ、ナマメイタル」ココシウ、美シゲナル」
おおし (名) 小腰 少シ腰ヲマグルヿ。「一ヲカガメテ」
〔おおし・シキ・シケレ・シク・シク (形・二) 〔凝ル意ト云〕 險シ。「石ガ根ノ、ゴゴシキ道ノ」
おおおよ (名) 小御所 おんおおよト呼ブ、足利將軍ノ頃ヨリ禁中ニ設ケテ、將軍參內ノ時、裝束ヲ更ヘ休息スル所ノ稱、長橋ノ局ノ向ヒニアリトゾ。
〔おおた (副) 幾許 イクバク多ク。「一戀シキヲ」一カナシモ」
〔おおたく (副) 幾許ニ同ジ。「一モ、シゲキ戀カモ」一ノ罪」
おおち (名) 心地 〔心內ノ略カ、心持ノ略カ、又ハ、心路ノ略カトモイフ〕 ココロモチ。氣分。氣色。 心神

おおこと (名) 小言 事ヲ分ケ言ヒテ戒ムルヿ。 訓戒
おおよ (副) 於此 (一)此ノ處ニ。(二)此ノ場合ニ。 爰
おおよおいて (接) 於是 此時ニ。斯クアリケレバ。此理ニ因テ。(漢籍讀ニ)
〔おおぬか (名) 九日 おおのかニ同ジ。
おおの (數) 九 ココノツノ。「一返リ」一年」
おおのか (名) 九日 (一)月ノ第九ノ日。(二)日數ゴコノツ。
〔おおのそぢ (數) 九十 十ヲ九ツ合ハセタル數。九十。
おおのつ (名) 九 時ノ名、ときノ條ヲ見ヨ。
おおのつ (數) 九箇 五ト四ト合ハセタル數。九。キウ。
おおのへ (名) 九重 (一)物ノ九ツ重ナリタルヿ。(二)一ノ門ノ中ノ意ニテ、禁裏ノ一稱。(九天ニ擬シテ、天子九門トイフヨリシテイフ)
〔おおばく (副) 幾許、ニ同ジ。「思ヘドモ、シルシモナシト、知ルモノヲ、ナゾーモ、我ガ戀渡ル」
おおん (名) 古今 いにしへトいまト。昔モ今モ。「一ニ類ヒ無シ」一一人」
おおむ・ム・ムル・ムレ・メ・メ・メヨ (自動) (規・二) 跼 かがむ(規・二)ニ同ジ。
おおむ・ム・ムル・ムレ・メ・メ・メヨ (他動) (規・二) 跼 かがむ(規・二)ニ同ジ。
おおん (名) 語根 語學ノ語、語尾ノ條ヲ見ヨ。
おおん (名) 五言 詩、ノ條ヲ見ヨ。
おおめ (名) 粉米 搗キ精グルトキ、碎ケタル米。

碎米

おおめ-ざくら (名) 小米櫻 叢生、高サ三四尺、葉、狹ク長ク漸クシテ縦理アリ、春、白花ヲ開ク、大サ、錢ノ如ク形、粽ノ如シ、故ニ名トス。一名、小米花。畿内ニ、はぜぐさ。其重瓣ナルハ、形、蜆ノ肉ノ如シトテ、しじみばなノ名アリ。笑靨花

おおめ-ばな (名) 小米花 (一)おおめざくらノ一名。(二)いぼたノ一名。

++おおめる (動) 蹈ム(規.二)ノ訛。

おおもと (代) 此許 コノトコロ。

おおもり-ざけ (名) 子籠鮭 鹽引ノ鮭ノ腹ニ、又、其鰤ヲ鹽漬ニシタルヲ籠メタルモノ。イレコザケ。內子鮭

おおゆ・ユル・ユレ・エ・エ・エヨ (自動)(規.二) 凍 身、凍ル。寒サニ侵サレテ、體ノ感覺ヲ失フ。

おおら (代) 此處ノアタリ。

〔おおら (副) 許多 アマタ。多ク。甚ダ。「程モナク、散リナムモノヲ、櫻花、一久シク、待タセツル哉」中宮ニハ、宮達サヘ、アマター、大人ビ給フメルニ

おおり-どうふ (名) 氷豆腐ニ同ジ。

おおる・ル・レ・ラ・リ・レ (自動)(規.一)〔凍イ凝ルノ約カト云〕凍リテ凝ル。(油ナドニ) 凍結

おおろ (名) 心 〔凝凝ノ約ト云〕(一)心ノ臓。(心ノ條ヲ見ヨ)(二)動物ノ物ヲ思ヒ、事ヲ行フ主宰。精神。(三)情ナサケ。「一ヲ動カス」一ニ染ム」 情 (四)オモヒ。ココロバセ。「一ニ任ス」行カムノ一アリ」 意 (五)オモンバカリ。カンガヘ。「一淺シ」一無シ」一ヲ盡クス」 思慮 (六)コトワケ。意味。「文字ノ一」文章ノ一」謎ノ一」 意義 ○一ノ鬼。己ガ思做ニテ物恐シク思フ。 闇鬼 ○一ノ雲。迷フ。マドヒ。○一ノ駒。意ノ馳スル。 意馬 ○一ノ底。誠心。 赤心 ○一ノ丈。思ヘル限。○一ノ友。心底ヲ知合フ友。 心友 ○一ノ闇。思ヒ亂レテ惑フ。

おおろ-あて (名) 心當 オシハカリ。推量。 推測

++おおろ-いき (名) 心行 ココロバヘ。ココロバセ。 意氣

〔おおろ-いられ (名) 心苛ツ。「ノドカニ思セ、一シテ、ナ恨ミ聞エ給ヒソ」

おおろ-う・ウル・ウレ・エ・エ・エヨ (他動)(規.二) 心得 心ニ知リ得。心ニ解ス。 會心

おおろえ (名) 心得 ココロウル。心ニ解シテアル。

おおろえ-ちがひ (名) 心得違 誤リ思ヒテアル。 誤解

++おおろえる (動) 心得 おおろう、ノ訛。

〔おおろ-おきて (名) 心掟 心ノ處置。「生キタラムトモ覺エザリツルヲ、此御おおろおきてノ、スコシ、物思ヒ、ナグサメラルルニテ」

おおろ-おぼえ (名) 心覺 心ニオボエテ居ル。記臆。

おおろ-がかり (名) 心掛 常ニ思ヒ煩ヒテアル。キヅカヒ。懸念。 關心

おおろ-が・く・クル・クレ・ケ・ケ・ケヨ (他動)(規.二) 心掛 常ニ心ヲツク、常ニ思ヒ設ク。 用意

おおろ-かけ (名) 心掛 心掛クル。常ニ心ニ思ヒ設ケテ居ル。 用意

++おおろ-がける (動) おおろがく、ノ訛。

おおろ-がはり (名) 心變 (一)狂氣。(二)意思ノ他ニ移ル。 變心

おおろ-がまへ (名) 心構 心ニ構ヘテ待受クル。豫テ思ヒテアル。 覺悟。 用意 心算

おおろ-から (名) 心柄 然、思ヘルヨリ、斯クナレル。

おおろ-ぐみ (名) 心組 思ヒ設クル。 心算

おおろ-ぐる・し・シキ・シク・シケレ・シク・シク (形.二) 心苦 (一)苦ニ思フ。氣遣ハシ。「此御方ノ御イサメヲノミゾ、ツラハシク、ココログルシウ思ヒキコエサセ給ヒケル」思ハムコトヲ、法師ニナシタラムコソハ、イトー、カルベケレ」(二)氣ノ毒ナリ。「一トモ思ヒケム、ヤウヤウアハレト思ヒケリ」

おおろ-ざし (名) 志 (一)ココロザス。オモヒコミ。所存。(二)志シテ物ヲ贈ル。「帶、太刀、是ハ、昔ノ人ノ御ーナリトテ、送ラセテケリ」ツラク見ユレド、一見ムトス」御使ニモ、一ナキサマノ一ヲックス」 贈貽

おおろ-ざ・す・スル・スセ・サ・シ・セ (自動)(規.一) 志 〔心指スノ義〕(一)心行キ向フ。オモヒタツ。メザス。(二)心指シテ贈ル。與フ。「筑紫ヨリ刺櫛ヲ一トテ」此男ノ心ザセリケル扇ニ、昔キツケテ侍リケル」人ニモ心ザシ、又、我モ食ヒテ 贈與

おおろ-さはり (名) 心障 思ヒニ逆フ。

〔おおろ-さま (名) 心狀 心操ノ狀。心體。

おおろし (名) 子殺 自ラ吾ガ子ヲ殺ス。

こころ-あつかよ (副) 心静 オチツキテ。アワテズニ。

〔こころ-あらひ (名) 〔心知ル、ノ延〕 心スルヿ。ココロヅカヒ。「フリハヘ、サカシラメキテ、―ノヤウニ思ハレ侍ラムモ」―ノ用意過ギテ」

こころ-す・スル・スレ・セ・シ・セヨ (自動)(不規・二) 心 心ヲトム。氣ヲツクル。用心ス。 注意

こころ-ぞへ (名) 心添 他ニ思案ヲ添ヘ教フルヿ。ココロヅケ。 忠告

こころ-だて (名) 心立 志ヲ定メテアル所。氣立。 心操 立志

こころ-づかひ (名) 心遣 心ヲモチヰルヿ。ココロシラヒ。キヅカヒ。

〔こころ-づから (副) 〔心之從ノ義〕 己ガ心ヨリシテ。「年毎ニ、雲路マドハヌカリガネハ、―ヤ、秋ヲ知ルラム」戀シキモ、―ノ事ナレバ」

こころ-づき (名) 心付 (一)心付クヿ。思ヒ得ルヿ。(二)〔好クヿ。オモヒツクヿ。「―無キモノ、物ヘ行キ、寺ヘモ詣ヅル日ノ雨」カシコク人ニテヒカヌ、イト―無キワザナリ」

こころ-づく・ク・ケ・カ・キ・ケ (自動)(規・二) 心付 心ニトマル。知リ得。

こころ-づく・クル・クレ・ケ・ケ・ケヨ (他動)(規・二) 心付 他ノ心ニ知ラシム。告ゲ知ラス。

こころ-づくし (名) 心盡 思ヲ盡スヿ。氣ヲモムヿ。

こころ-づけ (名) 心付 心付クルヿ。ココロヘ。

++こころ-づける (動) こころ-づく(規・二)ニ同ジ。

こころ-づよ-し・キ・ケレ・ク・シ (形・二) 心強 (一)情ニ牽カレズ、ツレナシ。(二)心ニ賴ミアリテ安シ。氣丈夫ナリ。

こころ-なし (名) 心無 思慮ナキヿ。「例ノ―ノ、カカルワザヲシテ」

こころ-ならず (副) 不心 本意ニアラズシテ。心ニ逆ヒテ。

こころ-にく-し・キ・ケレ・ク・シ (形・二) 心憎 他ノ内心、オボツカナク見エテ心置キセラル。「初ヨリ、ココロニククモ、ツクリケレ、今ハ打解ケテ」人ガラハ、イトヤンゴトナク覺エ、ココロニククオハスル君ナリケリ」見ル目、モテナシモ、ケダカク、ココロニクキ狀ゾシタマヘル」

こころ-ね (名) 心根 眞ノ志。心ノ底。心底。根性。 心性

こころ-のこり (名) 心殘 思ヒノ斷レヌヿ。 眷戀

〔こころ-ば (名) 心葉 (一)大嘗會ニ、冠ノ上ニ懸クルモノ、主上ハ櫻ノ挿頭ニテ、銀ニテ造リ、大臣ハ藤、大中納言ハ山吹、參議ハ梅ニテ、滅金ナリト云。(二)贈物ナドニ添フル飾物。帛ニ、銀ノ梅花ヲツケ、揚卷ノ絲ヲ添フルナド、種種ナリトゾ。「刺楠ノ箱ノ―ニ歌」物ヘマカリケル人ノ許ニ、幣ヲ結ビ、袋ニ入レテツカハストテ、「淺カラヌ、契結ベル、―ハ、手向ノ神ゾ、知ルベカリケル」

こころ-ばせ (名) 意 〔心馳ノ義〕 心ノ動キ向フヿ。オモヒイリ。オモヒコミ。

こころ-ばへ (名) 〔心延ノ義〕 (一)心ノ趣キ。 意 (二)有狀。オモムキ。「カレガレナル前栽ノ―モ、コトニ見渡サレテ」 趣致

〔こころ-ぶと (名) 心太 〔こころぶとハ凝凝ノ約ト云〕 ところてんノ條ヲ見ヨ。

こころ-ぼそ-し・キ・ケレ・ク・シ (形・二) 心細 (一)賴ミ少クテ心悲シ。(二)物淋シ。

こころ-まうけ (名) 心設 心ニ待設クルヿ。用意。「御供ニマヰルベキ―シテ」

こころ-まかせ (名) 心任 思ヒノママニスルヿ。 隨意

こころ-まち (名) 心待 心ニ若シヤト待チ思フヿ。

こころ-み (名) 試 ココロミルヿ。タメシ。

こころ-みる・ミル・ミレ・ミ・ミ・ミヨ (他動)(規・四) 試 〔心試ルノ意〕 其實ヲ知ラムト驗ス。

こころ-む・ムル・ムレ・ミ・ミ・ミヨ (他動)(規・三) 試 前條ノ語ニ同ジ。

こころ-もち (名) 心持 心ニ感ズル所。心地。

こころ-もと-なし・キ・ケレ・ク・シ (形・二) 無心許 (一)待遠ニテ心苛ツ。「心モトナキ物、人ノ許ニ、トミノ物、縫ヒニヤリ待ツホド」車ヲ取リニヤリテ待ツ程、イト―」遲シト心モトナガリ給フ」夜モ明ケナムト、心モトナク言ヒアカス」(二)オボツカナシ。「花ビラノ端ニ、ヲカシキ匂コソ、心モトナクツキタメレ」

こころ-やす-し・キ・ケレ・ク・シ (形・二) 心安 (一)心ニ煩ヒナシ。安心ナリ。キヅカヒナシ。「淺茅原、主ナキ宿ノ、櫻花、心安クヤ、風ニ散ルラム」イザ、イト心安キ所ニテ、ノドカニ聞エム」人ヨリハ、心安ク、ナレナレシク、フルマヒタリ」 安意 (二)交リ親シ。ネンゴロナリ。 熟交

こころ-やす-だて (名) 心安立 親シキニ慣ルルヿ。

おおろ-やり (名) 〔心遣〕 思ヒヲハラスコト。「水鶏ダニ、叩ク音セバ、槇ノ戸ヲ、―ニモ、明ケテ見テマシ」 遣情

おおろゆか-し・シキ・シケレ・シク・シク (形・二) 〔心懷〕 他ノ心ヲ懷シト思フ。

〔おおろゆるび (名) 〔心弛〕 心ノオコタリ。「況テ、人ノ參リ、罷出、ナドスル事ノ音スレバ、尋ネ問ハセ給ヒテ、―ナクオボス」

おおろよし (名) 〔心好〕 惡意無キコト。「―ガ言ヒ初メタルモノニ、女君モオボシタレバ、彼ノ親ナリシ人ハ、心ナム、アリガタキマデ、好カリシ」

おおろよ-し・キ・ケレ・ク・ク (形・一) 〔快〕 〔心好シ、ノ義〕 (一)心、安ラカナリ。心ニ障ラズ。(二)樂シク嬉シ。(三)病、癒ユルニ趣ク。

おおろよせ (名) 〔心寄〕 好クコト。贔負スルコト。「―アルヤウニ聞ユル内ニテ、サテゾ、ヨカラムト思シテ、大將ニナシ給フ」 「―ニテアリシ大和介ナル人ヲ」 二人、見侍リシヲ、女ハ、今ノ方ニ、スコシ、―マサリテゾ侍リケル」

おおろなか-し・シキ・シケレ・シク・シク (形・二) 心中ニ可笑シト思フ。

おおゑ (名) 〔小聲〕 調子、低ク、物言フコト。 低聲

お-ざ (名) 〔御座〕 (一)座ノ敬語。貴人ノ席。オマシ。(二)上疊。

おざ (名) 〔莚〕 〔御座、ノ上疊ヨリ轉ズ〕 藺、藁ナドニテ、薄ク美シク編ミタル席、敷物トス。

お-さい (副) 〔巨細〕 事ノ大小ヲ兼ネテ備ニ。コトコマカニ。「―相認メ」 細大

お-さい (名) 後妻ニ同ジ。

お-ざう (名) 〔故造〕 故意ニ作リ設ケタルコト。「有心―」

お-ざう (名) 〔五臟〕 臟腑ノ條ヲ見ヨ。

お-ざか-し・シキ・シケレ・シク・シク (形・二) 〔小賢ノ義〕 (一)カシコダテナリ。利口ブル。「おざかしきやウニヤト、恥カシク覺サルレド、暗キニマギラハシテ」 小慧 (二)サカシラナリ。ワルガシコシ。 猾智

お-ざかな (名) 〔小魚〕 種種ノ小キ魚ノ稱。

お-さく (名) 〔小作〕 他ノ田ヲ引受ケテ耕作スル―、其收納ノ幾部ヲ田主ニ納レテ、其餘ヲ所得ス。 佃戶

お-さく-にん (名) 〔小作人〕 小作ヲ業トスルモノ。

お-さくら (名) 〔小櫻〕 山櫻ノ一種、花ノ色、淡クシテ、密ニ咲クモノ。

お-ざくら-がは (名) 〔小櫻革〕 地ヲ藍染ニシテ、白ク小キ櫻ノ花形ヲ染メ出シタル革。

お-ざくら-をどし (名) 〔小櫻縅〕 小櫻革ヲ細ク裁チテ、鎧ヲ縅シタルモノト云。或ハ、白絲ニ紅絲ヲ交ヘテ縅シタルモノヲモイフトゾ。

〔お-さけ (名) 〔醴〕 〔濃酒ノ義〕 甘酒ノ類、米四升、糵二升、酒三升ヲ和シテ釀シ、一夜ニシテ成ルモノト云。

おざおざ (副) 〔混雜ノ音カト云フハ、イカガ〕 物事ノ細カク入リ雜リタル狀ニイフ語。

お-さつ (名) 〔故殺〕 法律ノ語、故意アリテ人ヲ殺シタルコト。

お-ざと-へん (名) 〔小里偏〕 〔おほざとノ條ヲ見ヨ〕 漢字ノ偏ニアル阝ノ字ノ稱、字書ノ上ニテ阜ノ首部ニ屬ス、即チ、防、阿、附、降、限ナドノ如シ。 阜旁

お-さね (名) 〔小札〕 札ノ條ヲ見ヨ。

おざのま (名) 〔御座間〕 貴人ノ御座スベキ室。

おざぶね (名) 〔御座船〕 高貴ノ召スニ供フル大船、屋形アリテ、製造壯麗ナルモノニイフ。 樓船

お-ざん (名) 〔古參〕 古ク參リテ仕ヘテアルコト。(新參ニ對ス)

お-ざん (名) 〔故山〕 フルサト。故鄉。

お-ざん (名) 〔五山〕 京都ノ天龍寺、相國寺、建仁寺、東福寺、萬壽寺ノ五箇ノ禪寺ノ稱。又、鎌倉ノ五山トイフハ、建長、圓覺、壽福、淨智、淨妙ノ五禪寺ナリ。

お-さん-ちく (名) 〔五三竹〕 〔節、或ハ三、或ハ五、相連レバイフ〕 布袋竹ノ類。

おさん-なれ (句) おそ、ある、なれ、ノ音便約。思議ノ事―」 扨ハ遙ノ弟―。汝、兄ニ向ヒテ」 又ハ、敵―」

お-さめ (名) 〔小雨〕 〔細雨〕 甚ダ細カク降ル雨。

お-さら (名) 〔小皿〕 小ク淺キ皿。 小碟

お-ざ-る・ル・レ・ラ・リ・レ (自動) (規・一) 〔御座〕 御座アリ、ノ約ナリ、而シテ、不規則、第四類ノ語尾變化ナルベキガ、規則第一類ニ轉ズ〕 (一)御座ス、ア音韻シタル語。(二)有リ、ノ敬語。

おし (名) 〔腰〕 〔越ノ義ニテ、胴ト脚トノ界ヲイフカ〕 (一)腹背ノ下、腎ノ上ノ邊ノ名。(二)山ノ麓近キ所。

○ーヲ抑ス。後ヨリ助力ス。唆カシ勧ム。教唆
○ーヲ掛ク。尻ヲ物ニ戴ス。○ーノ句。和歌ノ第三ノ五文字、句。○ーヲ衝ク。腰ヲ折リ、倒レテ尻ニテ地ヲ衝ク。挫ケテ止ム。○ーヲ折ル。屈ム。諂フ。挫ケテ止ム。

こし (名) 層 (腰ノ義ナラム) 三重、五重ノ塔、二階、三階ノ家ナドノ重疊ヲイフ語。「塔ノー」

こし (名) 輿 (越ノ義ニテ、運ブ意カト云) (一)人ヲ戴セテ行ク具、二ノ棒ノ上ニ蓋アリ、棒ヲ擔ゲテ行クヲ、上ートイヒ、手ヲ下ゲテ腰ノ邊ニ擡ゲテ行クヲ、下ート云、製作、尊卑ニ因テ種種ナリ、板ーハ儀式ニ用ヰ、網代ーハ其次ノ晴ニ用ヰ、塗ーハ常ニ用ヰ、張ーハ略儀ナリ、其他、尚アリ、各條ニ注ス。(二)棺ヲ、二ノ棒ニテ擔ゲ行クニモイフ。

こし (名) 古詩 詩ノ一體、五言、或ハ、七言ニテ、五六句(短古)ナルヨリ、數十百句(長篇)ニモ至ル、句毎ニ韻ヲバ履メドモ、句中ノ字ハ、平仄ニ拘ハラズシテ綴ル。

こし (名) 古史 古代ノ歴史。

〔こし (名) 胡荽 (字ノ音ノ轉) 草ノ名、こえんどろノ古名。

こし・キ・ケレ・シ・ク (形・二) 濃 (一)色染ミテ深シ。淡カラズ。(二)水ノ分、少シ。コマヤカナリ。「酒ー」(三)茂ク多シ。厚シ。「髪ノ毛ー」

こし (接尾) 腰 刀ヲ數フルニイフ語。「太刀一ー」

〔こし (名) 巾子 冠ノ名所、頂ノ上ニ高ク起リタル處

簪ヲ挿ス。

〔こし (名) 几子 腰掛クル具、四角ニシテ、稍、長ク、四脚ナルモノナリト云。

こし (名) 古事 故事 古キ事。古ヘアリシ事。昔ヨリアリテ、謂アル事柄。「ー來歴」

こし (名) 居士 (一)學德アリテ仕官セヌ隱者ノ自稱。處士。(二)佛家ニテ、男子ノ法名ノ下ニ附スル稱。

こし (名) 孤兒 ミナシゴ。「ー寡婦」

こし (名) 固辭 カタク、イナム。推シテ辭退スルコト。

ごし (名) 互市 交易ニ同ジ。

こし (接尾) 越 物ヲ越シテモノスルニイフ接尾辭。「垣ーニ、散リ來ル花ヲ」松原ーニ、鳴ク田鶴ノ」几帳ーニ手ヲ捕ラヘテ」

ごし (名) 五時 ごときノ條ヲ見ヨ。

ごし (名) 午時 午ノ時。眞晝時。

ごし (副) 語次 コトバノツイデニ。話ノツキニ。「ー此ニ及ブ」

こしアン (名) 漉餡 あづきヲ煮テ、擂リテ、すゐのうニテ漉シ作レル餡。(あんノ條ヲ見ヨ)

こしいた (名) 腰板 (一)垣、壁、障子ナドノ下ノ部ニ張レル板。(二)袴ノ名所。(はかまおしノ條ヲ見ヨ)

こしいたみ (名) 腰痛 腰ノ邊ノ痛ム病。エウツウ。

こしいれ (名) 輿入 新婦ノ輿ヲ、新夫ノ家ヘ舁キ入ルルコト。貴人ニハ、入輿トイフ。

こじうと (名) 〔小舅ノ義〕 夫ノ兄、(兄公)又ハ、弟。

(叔)

こじうとめ (名) 〔小姑ノ義〕 夫ノ姉、(女公)又ハ、妹。(女叔)

こしおし (名) 腰推 後ヨリ助力スルコト。唆カシ勧ムルコト。使唆

こしおび (名) 腰帶 (一)帶トイフニ同ジ。(二)又、婦人、帶ノ下ニ別ニ絡フ細ソキ帶ノ稱。

こしかき (名) 輿舁 輿ヲ舁ク者。輿丁

こしかけ (名) 腰掛 腰ヲ掛クルニ用ヰル床、多ク、其製ノ横長クシテ、數人連坐スベキモノニイフ。

こしかた (名) 來方 過ギ去リシ時。キシカタ。既往

〔こしがた (名) 巾子形 門ノ中央地上ニアル杙ノ如キモノ、扉ヲ止ム、刻缺アリテ、冠ノ巾子ノ形ニ似タレバイフトゾ。梱 閾

こしがたな (名) 腰刀 腰ニ添ヘテ佩ブル小キ刀、鎧通。脇差。馬手差。

こしき (名) 甑 〔炊ノ轉ナリト云〕 飯ヲ蒸シ炊グ具、古製ナルハ、瓦製ニテ、形、圓ク、底ニ細孔アリ、今ハ、木製ニテ、底ニ竹ノ簀ヲ敷キ込ム、即チ、蒸籠ナリ。

こしき (名) 轂 〔其形、甑ニ似タレバイフト云、或ハ、腰木ノ義カ〕 車ノ具、筒トモイフ、輪ノ條ヲ見ヨ。

こじき (名) 乞食 おつじきニ同ジ。「おつじき、カタヰマデ、如何ナル事ナラム、見聞カバヤト思ヒイフ」名謂コソ、クルシケレ、ーノ身コソ、タノシケレ」乞丐

ごしき (名) 五色 (一)青、黄、赤、白、黒ノ五ツノ色ノ

稱。(いろノ條ヲ見ヨ)(二)種種ノ色。雜彩

とちきさざえ (名) 五色榮螺 さざえノ類、大サ一寸許、刺無クシテ、色種種ナリ。イロサザイ。

〔おしきわら (名) 甑帶 甑ノ底ニ敷キ込ム物、古へ、藁ヲ用ヰタルカ、今ハ簀ナリ。炊單

〔とおく・ク・ナ・カ・キ・ケ (自動)(規、二)〔乞食ノ音ヲハタラカス〕乞食ノ事ヲナス。「敗レ笠、頸ニカケッツ、おしくトモ、天ガ下ニテ、みのハ賴マジ」

おしけ (名) 腰氣 子宮ノ病ノ總名。帶下 月經ノ度ヲ失ヒテ下ルヿ久シキヲ、長血トイフ。赤帶下 子宮ノ液、常ニ變ジテ、白ク、或ハ血ヲマジヘテ下ルヲ、白血トイフ。白帶下 又、子宮ノ內、爛レナドシテ、出血スルヲ、ぱらろうトイフ。崩漏

〔おおけ・し・キ・ケレ・ク・ク (形・一) 木繁 木立繁シ。「おしげき庭」おしげき闇」おしげき路ハ、露ケカリケリ」

おじける・ケル・ケレ・ケ・ケ・ケヨ (自動)(規・四・變)〔拗ル、ノ自動〕惡シク成リ行キテ、治メ難クアリ。ネヂケル。コジレル。「病ガー」コジケ者」

おしおろも (名) 腰衣 僧衣ノ甚ダ短クシテ黑キモノ、腰ニ絡フ。

おしさげ (名) 腰提 腰ニ提ゲテ携フル烟草入、矢立ノ類ノ稱。

〔おしさし (名) 腰指 (一)腰ニ挿スモノ。(二)絹卷ノ賜物ニテ、腰ニ差シテ罷出ヅル故ノ名ナリト云。「盃酌管絃ノ事アリテ、人人ノ祿、隨身ノ一マデ賜ビニケリ」腰ニサシテ、皆罷出ヌ」

おしあやうぶ (名) 腰障子 紙障子ニ腰板ヲ付ケタルモノ、吹雨ヲ防グ用トス。

〔おおた (名) 重舌 〔小舌ノ義〕病ニ因テ、舌ノ根、脹レテ、又、舌ノ如キモノヲ生ジタルモノ。

おしだい (名) 興臺 輿ヲ地ニ据ウルトキ、棒ヲ受ケシムルモノ、四脚ニシテ、小キ机ノ如シ。

おしだか (名) 腰高 高坏ニ同ジ。

おしち (名) 越路 北陸道ノ稱。

とおつ (名) 痼疾 久シク病ミテ癒エ難キ病。持病。

とおつ (名) 故實 故事ノ實ナルモノ。古例ノ法令、儀式、作法等。

おしつき (名) 腰ノ姿體。

おじつく・クル・クレ・ケ・ケ・ケロ (他動)(規・二)〔刳リ付クル意カ〕合ハヌ理ヲ無理ニ引キ合ハス。紛カシテ理ナリトス。附會

おじつけ (名) コジツクルヿ。道理アリゲニイフヿ。附會

おじつける (動) おじつくノ訛。

おおとみ (名) 小蔀 殿上六間ニアリテ、主上、殿上ヲ覽ハス所ト云。

おしなは (名) 腰繩 輕罪ノ囚人ニ、手ヲ縛ラズシテ、腰ニノミ繩ヲカクルヿ。

おしぬけ (名) 腰拔 (一)コシヰ。ヰザリ。躄 (二)氣慨ナキ人ヲ罵ル語。懦夫

おしのもの (名) 腰物 刀劍ノ稱、腰ニ佩ブルニツキテイフ。腰刀

おしのりぞめ (名) 輿乘初 正月ノ初ニ、輿ニ乘リ初ムルニ吉ナル日ニイフ語。

おおば (名) 小柴 細小ナル柴。

おおばかき (名) 小柴垣 小柴ニテ掻キタル垣。

〔おしばせ (名) 腰支 〔はせハ、かはは世ッドイフはせナリ〕腰ノ體。コシツキ。

おしばり (名) 腰張 壁、襖ナドノ下ノ部ニ紙ヲ貼レル所。

おしびやうぶ (名) 腰屛風 屛風ノ丈低キモノ。

とおぶおんづ (名) 五十音圖 音ノ、發聲ト韻ト相通ズルモノヲ、類ニ從ヒテ、縱橫ニ列ネタル圖、篇首ノ語法指南ノ初ヲ見ヨ。

とおぶから (名) 五十雀 小鳥ノ名、形、やまがらニ似テ、稍、小ク、尾モ短シ、秋來リ、冬去ル。

おおほ (名) 小皺 おほノ條ヲ見ヨ。

おおほ (名) 小四方 三方ノ條ヲ見ヨ。

おしぼそ (名) 腰細 (一)腰ノ細ヤカナルヿ。細腰 (二)似我蜂ノ一名。

おしぼね (名) 腰骨 腰ノ邊ノ骨。

おおま (名) 小島 小島 チヒサキ島。

おしまき (名) 腰卷 (一)女ノ服、衣ノ下ニテ、腰ヨリ脚ヲ絡フ衣。ゲダシ。(二)土藏ノ外圍ノ礎ノ上ノ部ニ、一層厚ク、土ヲ塗レル處。

〔とおみ (名) 〔昏鐘鳴ノ音ノ約カト云〕入相ニ同ジ。

おしみの (名) 腰簑 短キ簑、腰ニ絡フ。

とおん (名) 古人 イニシヘノヒト。ムカシノヒト。

とおん (名) 故人 (一)フルキトモダチ。舊友 (二)死シ

タル人。

ご-おん (代) 吾人 ワレワレ。ワレラ。

ご-おん-ざう (名) 御新造 〔妻ヲ迎フルニハ、新ニ室ヲ造ル意ト云、或云、深窓ノ音カト〕 身分アル人ノ新婦ヲ呼ブ敬語。轉ジテ、其老大トナレルニモイフ。

おしもと (名) 腰元 (一)腰ノ、帶ヲ締ムル邊。(二)貴人ノ側廻ニ侍リ仕フル女。侍女

と-おや (名) 瞽者 メシヒ。メクラ。

ご-おや (名) 誤寫 ウッシアヤマリ。ウッシチガヘ。

おおやう (名) 小姓 〔小兒ヲ小性トイヘルニ起ルト云〕 貴人ノ側近ク仕ヘ、雜用ニ給仕スル役、多クハ、少年ヲ用ヰル。侍豎

と-おやう (名) 故障 ササハリ。サシツカヘ。邪魔。障礙

と-おやう (名) 胡床 床机ニ同ジ。

と-おやう (名) 古城 フルジロ。

ご-おやう (名) 後生 (一)佛說ニ、後世ニ生レカハルコ。來世ノ生レ。(二)後生ノ安樂。「一ヲ願フ」(三)轉ジテ、俗ニ、他ニ只管、事ヲ賴ムトキニイフ語。〔善根ハ後生安樂ノ果報トナラムトノ意〕

ご-おやう (名) 五常 (一)人ノ常ニ守ルベキ五ツノ道ノ稱、五倫ニ配シテ、父子ニ親アリ、君臣ニ義アリ、夫婦ニ別アリ、長幼ニ序アリ、朋友ニ信アルベキヲイフコレヲ、五敎、或ハ、五典トモイフ。(二)又、仁、義、禮、智、信ノ五ツノ德。

おおやうぐみ (名) 小姓組 徳川氏ノ制ニ、殿中、近

侍警衞ノ兵。親兵

⁺⁺ご-おやく (名) 〔口釋ノ音カト云、或ハ、小賁ニ障ハルノ意カ〕 未熟ナルニ、物知リ顏ニラルマフコ。サカシラ。

ご-おやく (名) 語釋 言語ノ意義ヲ釋キアカスコ。

と-おゆ (名) 戶主 一戶ノ家ノ主。

と-おゆ (名) 古酒 (一)去年釀シタル酒。〔新酒ニ對ス〕(二)又、酒ノ一種、新酒釀シ成リタルニ、更ニ、精糯米ヲ飯ニ蒸シテ、麴ト共ニ雜ヘテ、貯ヘテ成ル。

ご-おゆ (名) 御酒 酒ノ敬語。

と-おゆう (名) 故主 嘗テ仕ヘタリシ主君。舊主。舊主

ご-おゆ-せん (名) 五銖錢 支那ノ古キ銅錢ノ名、漢ノ武帝、半兩錢ヲ止メテ鑄ル、文ニ五銖トアリ。

ご-おゆ-てん (名) 御守殿 德川氏ノ世ニ、將軍ノ女ノ大名ニ嫁ギタル者ノ居所ノ尊稱、但シ、其夫ノ三位以上ナルニイフ。其他ニハ御住居トイヘリ。

〔おしゆひ (名) 腰結 袴着、裳着等ノ式ノ時、腰ノ紐ヲ結フ役目。「此御おしゆひニハ、カノ大殿ヲナム」

ご-おゆゆ (名) 吳茱萸 茱萸ノ條ヲ見ヨ。

と-およ (名) 古書 古キ書物。昔シ作リタル書物。

ご-およ (名) 御所 (一)禁裏。內裏。(二)後ニハ、僭シテ、公方、大臣家以上ニモイフ。「大一」「一號」

と-およう (名) 古松 年舊リタル松。

ご-およ-がき (名) 五所柹 〔或ハ、御所柹、大和ノ葛上郡五所村(今、五瀨)ノ產ニ起ル〕 柹ノ一種、實ノ形、扁ク大クシテ、四ツニ筋アリテ、粗、四角ニ見エ、蒂

モ四角ナリ、色、紅ニシテ、核、少ク、柹ノ最上品トスヤマトガキ。方柹 紅柹

〔ご-およ-きたひ (名) 御所鍛 菊作ノ條ヲ見ヨ。

と-およく (名) 古色 物ノ年舊リタル氣色。

ご-およ-ぐるま (名) 御所車 屋形アル牛車ノ稱。

ご-およ-ざくら (名) 五所櫻 櫻ノ一種、花大ク、千瓣ニシテ、五花、一處ニ集リテ開ク、甚ダ美ナリ。

〔ご-およ-どころ (名) 御書所 古ヘノ官、別當、開闔、覆勘等ノ職アリ、禁中ノ蘭林房ニアリテ、御書籍ヲ檢察スルヲ掌ル。又、一本一アリ、別當、預、及ビ、書手ヲ置ク。

おしよろひ (名) 腰鎧 くさずりニ同ジ。

〔おしら-ふ・フル・フレ・ヘ・ヘ・ヘヨ (他動)(規・二) 慰喩 慰メテ執リ成ス。スカシ、サトス。トリツクロフ。「八人モ、コシラスワビテ」勿泣キソト、コシラヘテ」慰メ難キ氣色ナレバ、コシラヘカネ給フ」和君、門ヲアケテ、言ヒコシラヘヨトイフ」

おしら-ふ・フル・フレ・ヘ・ヘ・ヘヨ (他動)(規・二) 拵 〔前條ノ語ノ轉〕(一)構ヘ作ル。「正成ハ、金剛山千早トイフ所ニ、イカメシキ城ヲコシラヘテ」(二)調ヘ供フ。造ル。製ス。製作

おしらへおど (名) 無キヲ有ルヤウニ作リタル事。虛構

⁺⁺おしらへる (動) 拵フノ訛。

〔おおり (名) 璫 〔小後ノ義カ〕 椽ノ端ノ飾。甍櫼

おおり (名) 鐺 〔前條ノ語ノ義ニ同ジ〕 刀劍ノ鞘ノ

末ノ飾、金屬、角、ナドニテ飾ル。瑘・鏢

こじる・ル・レ・ラ・リ・レ（他動）（規・一）〔くじるノ轉〕（一）抉ル。剜ル。（二）モヂル。ネヂル。拗

こじれる・レル・レレ・レ・レ・レヨ（自動）（規・四・變）おじけるニ同ジ。

こじろ（名）小城　纔ニ張リ狹ク築ケル城。

こしゐ（名）腰居　腰屈ミテ起チ得ヌ不具ノ名。ゴシヌケ。ヰザリ。「隣ナリケルこしゐガ盗ミタリケリ、云云、こしゐ、申シケルハ、手ヲモチテコソ、ヰザリアリキ候ヘ、手ヲハナレテハ、イカデカ、取リ侍ルベキ」躄

こしをれ（名）腰折　（一）老人ノ腰ノ前ヘ折レ屈ミタル。傴（二）調ノトトノハヌ和歌ヲ稱スル語、中ノ五文字ト、（腰ノ句ト云）下ノ七文字ト離別セルヲイフトゾ。ゴシヲレウタ。（三）轉ジテ、自製ノ歌ノ謙稱。蜂腰。

こしをれうた（名）腰折歌　こしをれノ條ヲ見ヨ。

〔こす（名）小簾〔鈎簾ト書クハ誤レリ〕小簾ノ誤。「木ノ葉吹ク、嵐ヤ、こすヲアケツラム」玉簾ノ、こすノ間遠ク、見テシヨリ」

こす・ス・セ・サ・シ・セ（自動）（規・二）越（一）物ノ上ヲ過ギテ彼方ヘ行ク。「山ヲー」川ヲー」（二）到キテ過グ。「木、膝ノ上ヲー」（三）勝ルマサル。上ニ出ヅ。（才學ナド）超越（四）歷。過グ。「年ヲー」經過（五）おこすノ略誤。送リ來ル。（熟語ニ）「申シー」差シー」

こす・ス・セ・サ・シ・セ（他動）（規・一）漉・濾〔越スノ意〕物ノ隙ヲ潜ラセ通シテ、滓ヲ留メ、精キヲ下ス。（羅斗、布、沙ナドニテ、水、酒、餡ナドヲ）

こず・ズル・ズレ・ジ・ジ・ジヨ（他動）（規・三）草木ヲ、根ナガラ引キ拔ク。「上根許士ニ許士テ」眞賢木ヲ、根コジニコジテ」去年ノ春、伊許自テ植エシ、吾宿ノ、若木ノ梅ハ、花咲キニケリ」

ごす（名）極素・呉須〔蠻語ナリトモイフ〕（一）中古、支那舶來ノ染付即チ青畫ノ磁器ノ名。（二）コバルト。礦物ノ名、多ク支那ヨリ舶來ス、砂ノ如ク、黑クシテ青綠ヲ帶ブ。黑緒石　コレヲ極細末トシテ、水ニ溶シ、文ヲ磁器ニ畫キ、上ニ釉ヲツケテ燒ケバ、藍色トナル、コレヲ青畫釉トイフ。畫燒青　其器上ニ、藍文ヲ成シタルヲ青畫、又ハ、染付トイフ。青花

ごす・スル・スレ・セ・シ・セヨ（他動）（不規・二）期　預メ其時ト定ム。「何時ヲカーベキ」日ヲ期シテ」

こすう（名）戸數　家數。

〔こすき（名）杦〔木鋤ノ義〕全體、木ニテ作リテ、鐴ナキ鋤。

こすぎ（名）小杉　紙ノ名、杉原紙ノ條ヲ見ヨ。

こすし・キ・ケレ・ク・ク（形・一）狡猾　ワルガシコシ。體ヲ好クツクロヒテ、竊ニ己ガ利ヲ計ル。

こすすき（名）小薄　いとすすきニ同ジ。

こずみ（名）濃墨　濃キ墨水。「玉章ノ、こずみ薄墨、書キツラネ、今ヲチコチニ、歸ル雁ガネ」

こずみ（名）粉炭　炭ノ碎ケテ粉トナレルモノ。

〔こすり（名）錯子　鑢ノ類。

こする・ル・レ・ラ・リ・レ（他動）（規・一）擦〔小磨ルノ義カ、或ハ碾ルノ轉カトモ云フ〕押シテ擦ル。

こすれる・レル・レレ・レ・レ・レヨ（自動）（規・四・變）擦　擦レ當ル。

こすゐ（名）湖水　ミヅウミ。

ごすゐ（名）午睡　ヒルネ。

こずゑ（名）梢〔木末ノ義〕木ノ幹、又ハ、枝ノ先。

ごせ（名）後世　ノチノヨ。（三世ノ條ヲ見ヨ）

〔ごぜ（名）御前　婦人ノ稱呼ニ添ヘテ尊ビ呼ブ語。「母ー」尼ー」姬ー」

ごぜ（名）〔盲御前ノ略、或ハ、瞽女ノ轉カトイフハ、イカガ〕盲ナル女ノ、三絃ヲ彈キ歌ヒテ、錢ヲ乞フモノ。瞽女

ごせい（名）互生　對生ノ條ヲ見ヨ。

こせう（名）胡椒　熱地ノ產ナル蔓生ノ植物ノ實、百餘年前ヨリ舶來ス、形、圓ク、あをぎりノ實ヨリ小ク、生ナレバ青シ、皆、蒸シ乾カシテ來ル、色、赤黑クシテ皺アリ、皮ノ中ニ堅キ核アリ、內ニ白キ仁アリ、味辛クシテ香氣アリ、粉トシテ、物ノ味ヲ助ク。

こせき（名）古跡　フルキアト。昔シ、物アリテ、今、廢レタル地。舊跡。

こせき（名）戸籍　戸數、人口ヲ記シタル帳。人別帳。

こせき（名）古昔　イニシヘ。ムカシ。

〔ごせく（名）御節供　節供ノ條ヲ見ヨ。

こせこせ（副）〔小狹ノ意カ〕（一）物障ハリテ寛カナラヌ狀ニイフ辭。（場所ニ）（二）動モスレバ迫リテ、オホヤウナ

ラヌ狀ニイフ語。(振舞ニ) 屑屑‖
〔ご-せち (名) 五節 陰曆、十一月ノ中ノ丑ノ日ニ行ハルル女樂ノ稱、舞姬五人ナリ。後ニハ、大嘗會ノ時ニノミ行ハル。
‡こせ-つ-く・ク・ケ・カ・キ・ケ (自動)(規・一) 迫ル。ゴセゴセスル。
ご-せつく (名) 五節句 節句ノ條ヲ見ヨ。
ご-せつけ (名) 五攝家 攝家ノ條ヲ見ヨ。
こ-せん (名) 古錢 古キ錢、昔シ通用シタリシ錢。
こ-せん (名) 姑洗 (一)十二律ノ一、其條ヲ見ヨ。(二)陰曆、三月ノ異稱。
ご-せん (名) 互選 定レル人數ニテ、其中ノ人、互ニ其中ノ人ヲ選擧スルヿ。
ご-ぜん (名) 御前 (一)オマヘ。貴人ノ座前ノ敬語。(二)婦人ノ名ノ下ニ添ヘテ敬稱スル語。ゴゼ。「巴ー」靜ー」
ご-ぜん (名) 御膳 食事、飯、ノ敬語。
ご-ぜん (名) 午前 ヒルマヘ。(時ノ條ヲ見ヨ)
ご-ぜん (代) 御前 對稱ノ代名詞、貴人、主君ナドニ、尊稱トシテ用ヰル。
こ-せんぢやう (名) 古戰場 古ヘノ戰場。嘗テ戰ヒノアリシ地。
ご-せん-ひら (名) 五泉平 精巧織ノ一種、稍、劣リタルヲ、袴地トス、越後、蒲原郡、五泉町ノ產ナリ。
こぜりあひ (名) 小競合 小勢ニテ暫時ノ戰。小戰‖
こそ (辭) 社 (此ハ其ナリ、トイフ程ノ意ナリト云、社ノ字ヲ當ツルハ、此事ヲ欲得、ト神社ニ祈願スル意ヲ戲書セシモノト云) 第二類ノ天爾波、多クヲ捨テテ一ツヲ取ル意ニテ、ぞノ意ノ更ニ強キモノ。「人ー見エネ」ヨクー來ツレ」行キースレ」マター逢ハメ」前へー進メ」

〔こそ (接尾) (前條ノ語ノ轉) 人ヲ呼ブニ、其稱呼ノ下ニ添ヘテイフ敬稱、何某樣トイハムガ如シ。「父ー、ト呼ベバ、忠行、何ゾトイヘバ、兒ノ曰ク」花ートイフ文字ヲ、女童ナドノ名ニシツベケレ」ワラハベノ、急ギ來テ、右近ノ君ー、マヅ物見給ヘトイヘバ」御簾ノカタソバヨリ、差出デサセ給ヒテ、大殿ー、ト申サセ給ヘバ」人マニ寄リ來テ、我ガ君ー、マヅ物聞エム」
こぞ (名) 去年 〔昨日ヲ、きぞトイフ、ト通ズト云、或云、來ズノ年ノ意カト、去歲ノ字ノ音ナリトイフハアラジ〕今年ノ前ノ年。一年前ノ年。去年。昨年。
〔ご-そ (名) 御所ニ同ジ。
こぞう (名) 小僧 (一)幼キ僧。雛僧‖ (二)‡小童丁稚ナドヲ賤メテ呼ブ語。(三)‡少壯ヲ賤メテ呼ブ語。豎子‖
ご-そう (名) 護送 マモリオクルヿ。附添ヒテ送リトドクルヿ。
こ-そく (名) 姑息 姑ク息ふルヿ。一時ノまにあはせニ事ヲスルヿ。
こそぐつ-たし (形) こそばゆしニ同ジ。クスグッタシ。
こそぐる・ル・レ・ラ・リ・レ (他動)(規・一) 擽 〔小探ル、ノ轉カト云〕 肌ニ觸レテ、痒ク癢フガ如キ感ジヲ起サシム。クスグル。

‡こそ-げる・グル・グレ・ゲ・ゲ・ゲヨ (他動)(規・四・變) 〔小殺グルノ訛カト云〕 搔キテ剝ス。ヘヅリオトス。刮去‖
こそこそ (副) 靜ニ音スル狀ニイフ語。「法師、ートシテ入リ來ルママニ」蛇ノ行クママニ引カレテ行ケバ、谷ヨリ岸ノ上ザマニ、ート上リヌ」
こそこそ (副) 強ク粗キモノ、相觸ルル音ニイフ語。
‡こそつ-ぱし (形) こそばゆしノ訛。
こそで (名) 小袖 (一)桂ノ大袖ニ對シテ、即チ下着ノ稱ニテ、單衣、袷衣、綿衣、共ニイフ、袖ノ角ヲ縫ヒスボム。(二)後世ハ、常ニ用ヰル絹布ノ綿入ノ稱。(綿布ノぬのこニ對ス)
こそ-は-ゆ-し・キ・ケレ・ク・ク (形・一) 身ニコソグラルルガ如キ感ジヲ起ス。コソグッタシ。クスグッタシ。コソッパシ。羞痒‖
こぞめ (名) 濃染 濃ク染メナシタルヿ。「クレナヰノ、こぞめノ衣、上ニ着ム」紫ノ、こぞめノ帶ノ、カタムスビ」ニ元結ヒヲ、こぞめノ絲ヲ、クリカヘシ」
こぞりて (副) 舉 ミナ。ゴトゴトク。ノコラズ。「舟、こぞりて泣キニケリ」世、こぞりて信ゼズトイフコトノ」
〔こぞりは (名) 小反刃 長刀ノ小キモノカト云。
こぞ-る・ル・レ・ラ・リ・レ (自動)(規・一) 舉 〔來崩フ、ノ約轉カト云〕 皆、連レ立ツ。悉クソロフ。
こ-たい (名) 固體 物理學ノ語、萬物、熱ノ多少ニ因テ、ート流體ト氣體トノ三ツトナル。ー、又、固形體トモイフ、固マリテ形ヲナシ、長サ、厚サ、幅ヲ有ス、木、石、鐵、硝子等皆是ナリ。流體、又、流動體トイフ、流レテ動ク、水、油、水銀ナド是レナリ。氣體、又、氣狀、體トイフ、氣トナリテアリ、大氣ナド是レナリ。水ハ、流體ニテ、凍レバ—トナリ、沸ケバ氣體トナル。

こ-だい (名) 古代 (一)フルキヨ。イニシヘ。ムカシ。(二)昔メキタルコト。古メカシキコト。「七日ノ程モ過ギヌ、イカデ、疾ク御覽ゼサセバヤ、昔ノ宮達ハ、五七ニテコソ、御對面ハアリケレ、ナド、祖父オトド、イト古代ニ思シノドメ給ヘレド」カシコマリテト聞ユル氣色、イトアハレニこだいナリ」箱ノ重リカニ古代ナル、打置テ推シ出シタリ」

ご-だい (名) 五體 (一)頭ト兩手ト兩足ト。(二)總身。全身

ご-だい (名) 五代 支那ノ、唐朝ノ次ナル後梁、後唐、後晉、後漢、後周ノ五朝ノ稱。

こ-だいこ (名) 小太鼓 太鼓ノ條ヲ見ヨ。

ご-だい-しう (名) 五大洲 洲ノ條ヲ見ヨ。

こ-たう (名) 胡桃 クルミ。

こ-たう (名) 孤島 ハナレジマ。

こ-だう (名) 古道 フルミチ。舊道

ご-だう (名) 悟道 佛道ノ眞理ヲ悟リ知ルコト。

こ-だうぐ (名) 小道具 (一)小キ什器。(二)古道具ノ内ニテ、刀劍ノ鍔、緣、頭ナドノミ、商ヒスル稱。(江戶)

ご-たう-くぢら (名) 五島鯨 鯨ノ屬、齒アルモノ、肥前ノ五島ノ海ニ產ズルニ因テ名アリ。

ご-たう-するめ (名) 五島鯣 肥前ノ五島ヨリ產ズル鯣、尺八烏賊ニテ製ス、するめノ最上品トス。

こ-たか (名) 小鷹 鷹ノ屬ノ、おのり以下ノ稱ナリト云。

こ-たか (名) 小高 小高檀紙ノ略、檀紙ノ條ヲ見ヨ。

こ-たかがり (名) 小鷹狩 秋ノ鷹狩ノ稱。冬ナルヲ大鷹狩トイフ。

〔こ-だか-し・キ・ケレ・ク・ク (形・二) 木高 梢、高シ。「引植エシ、人ハ宜コソ、老ニケレ、松ノこだかく、ナリニケル哉」音羽山、こだかく鳴キテ、時鳥」松ノこだかく成ニケル歲月ノ程モアハレニ」

こ-だか-し・キ・ケレ・ク・ク (形・二) 小高 スコシ高シ。「小高キ岡」

〔こ-だくみ (名) 木匠 木ヲ、切リ、削リ、ナドシテ、家屋等ヲ作ル工人ノ稱。大工。木工

〔こ-だくみ-の-つかさ (名) 木工寮ニ同ジ。

ごたごた (副) 物事ノ入リ雜リタル狀ニイフ語。雜駁

こ-だち (名) 木立 樹ノ生ヒ立チタル地。林。叢樹

〔ご-たち (名) 御ニ、等ヲ添ヘタル語、御ハ婦人ノ尊稱、其條ヲ見ヨ。「宮仕シケル女ノ方ニ、ごたちナリケル人ヲアヒ知リタリケリ」仕フル人、古ごたちナド」

こ-たつ (名) 火燵 〔火榻ノ音訛カト云〕冬ノ時、足ヲ暖ムルニ用ヰル小キ地爐、上ニやぐらヲ置キ、衾ヲ被フ。脚爐

ご-だつ (名) 誤脫 文章ノ上ニ、文句ノ誤レル所、又、脫ケタル所。

++ごたつ-く・ク・ケ・カ・キ・ケ (自動)(規・一) 入リ雜ル。ゴタゴタスル。

こたつ-やぐら (名) 火燵櫓 火燵ノ上ニ架シテ、衾ヲ被フモノ。框ニシテ四柱アリ。爐架　爐棚

こ-だて (名) 小楯 〔或ハ、木楯カ〕假ノ楯。「松ノ樹ヲ—ニ取ル」

〔こ-だに (名) 蔦ノ類ナリト云。「イト氣色アル深山木ニ宿リタル蔦ノ色ゾ、マダ殘リタルこだにナド、スコシ引取ラセ給ヒテ、宮ヘトオボシクテ、持タセ給フ」

こ-だね (名) 子種 動物ノ子ヲ生ズベキ種。

++ごたばこ (名) 種種ノ品ヲゴタゴタト打雜ゼテ納レ置ク箱。骨董箱

++こだは-る・ル・レ・ラ・リ・レ (自動)(規・一) 拘 カカヅラフ。カカハル。

こ-たび (副) 此度 コノタビ。コタミ。今度。今回

こ-だひ (名) 小鯛 小キ鯛。未ダ成長セヌ鯛。

こた-ふ・フル・フレ・ヘ・ヘ・ヘヨ (自動)(規・二) 答對 〔言敢フ、ノ約カ〕他ノ言ニ向ヒテ、言ヲ返ヘス。應フ。返答ス。返辭ス。

こた-ふ・フル・フレ・ヘ・ヘ・ヘヨ (自動)(規・二) 應 〔前條ノ語ノ轉〕(一)感ジヒビク。通ズ。應ズ。「我ガネギゴトヲ、神モこたへヨ」サシノボル、月ニこたヘテ鳴ク鹿ニ」曉ノ、嵐ニタグフ、鐘ノ音ヲ、心ノ底ニ、こたヘテゾ聞ク」寐覺スル、心ノ底ノ、ワリナキニ、こたヘテモ鳴ク鴛鴦ノ聲哉」(二)徹ル。トドク。利ク。「肝ニ—」釘ガ—」痛ミガ—」徹 (三)堪ヘ忍ブ。怺フ。容忍 (四)++保ツ。

こたへ (名) 答 コタフルコト。イラヘ。返辭。返答。

こたへ (名) 應 (一)ヒビキ。キキメ。(二)コラヘ。タモチ。耐忍

‡こたへる (動) 答フ、又、應フノ訛。

こだま (名) 木靈 (一)天狗ノ類ナラムト云。「こだまナド、ケシカラヌ物ドモ、所ヲ得テ、ヤウヤウ形ヲアラハシ」「狐、こだまヤウノモノノ、欺キテ取リモテ來タラムニヤ」「天狗こだまナドヤウノモノノ、欺キ率テ來リケルニヤ」 木魅 彭侯 (二)山彦。

こだま (名) 小玉 小玉銀ノ略、銀玉ノ條ヲ見ヨ。

‡こたまぜ (名) ゴタゴタト入リ雜ルコト。 混淆

(こたみ) (副) 此度 こたびノ轉。

ごだん (名) 後段 後ノ段。終リノ段。

(こだる) ル・ル・レ・ラ・リ・レ (自動) (規・二) 木垂 樹老テ枝垂ル。「ヒムガシノ、市ノウヱ木ノ、こだるマデ、アハズ久シミ、ウベコヒニケリ」こだる木ヲ、マツト汝ガ言ハバ」

(こだる) ル・ル・ルレ・レ・レ・レヨ (自動) (規・二) 傾ク。「折レこだれ、身ヲナキニナシテ舞ヒタリ」鬼、盃ヲ左ノ手ニ持チテ、笑ミこだれタルサマ」

‡こだれる レル・レレ・レ・レ・レヨ (自動) (規・四・變) 前條ノ語ノ轉カ 弛ム。怠ル。

こち (名) 東風 (ちハ疾風ナドノちナリ) 東ヨリ吹ク風。ヒガシカゼ。

こち (名) 鯒 魚ノ名、大ナルハ一二尺、小キモノモ寸餘アリ、身、左右ニ扁ク、頭、大ク、口、横ニ闊ク、下唇出デ、尾、尖リテ長シ、鱗、細カク、背、灰色ニシテ、腹、黄白ナリ。 牛尾魚

こち (代) 此方 (ちハ路ノ義カト云) 最モ身ニ近キ方位ニイフ代名詞。コノカタ。コナタ。コチラ。コッチ。(そち、あちニ對ス)「集ヒタル者ドモ、こち押シ、アチ押シ、ヒシメキアヒタリ」「こちマヰラセヨト宣ヒテ」「こちワタリ給ヒシ時」

ごぢ (名) 護持 マモリ、タモツコト。「佛道ヲース」

こちかぜ (名) 東風ニ同ジ。「ワタツミヲ、沖ニこちかぜ、ハヤカラシ」「こちかぜヲ、吹ク木隱ト、知ラズアリケル」

(こちく) (名) 胡竹 笛ノ竹、歌ニ、多ク此方來ト言掛ケタリ。「漢竹ノ、こちく〱ノ聲モ、聞カセナム、アナ嬉シトモ、思ヒ知ルベク」月影ニ、こちく〱ノ聲ゾ、聞ユナル、舊リニシ妹ハ、待チヤカヌラム」

(こちこち) (代) 此方、又、此方。「ナマヨミノ甲斐ノ國、打チヨスル駿河ノ國ト、こちこちノ國ノ三中ユ」瀧ノ上ノ櫻ノ花ハ、咲キタルハ散リ過ギニケリ、フフメルハ咲キツギヌラシ、こちこちノ花ノ盛ニ」

(こちごちし) シキ・シケレ・シク・シク (形・二) (骨骨ノ音ニ、形容詞ノ語尾ヲ添ヘタル語ト云、骨無シ、トイフ語ト語原相反シテ、同意アリ) 無骨ナル狀シタリ。ゴチナシ。キスクナリ。「舟君ノ病者、モトヨリ、こちごちしき人ニテ、斯ウヤウノ事、サラニ知ラザリケリ」田舍ビ、こちごちしう、オハセマシカバ」舊物語ニ、カカヅラヒテ、夜ヲ明カシハテムモ、こちごちしカルベケレバ」 木強

(こちたし) キ・ケレ・ク・ク (形・二) 事痛 言痛 (事甚シノ約) (一)甚ダ多シ。甚シ。ゴトゴトシ。「鞘ノ、イト、こちたく置キテ」髪ウルハシク、こちたくテ、丈ニ一尺ニ餘リタリケルヲ」稲ハ、ヤガテ、ウシロトヒトシク、引入レテ、こちたう、タタナハリタル」こちたき御手ヲツミテレバ殿上人ナド、イト多ク引キ續キ給ヘル御勢ヒこちたきヲ見ルニ」(二)クダクダシ。ラウガハシ。ウルサシ。クドシ。「人言ハ、マコトこちたく、ナリヌトモ、ソコニサハラム、我ナラナクニ」アマリニ、こちたく、物ヲコソ言ヒナシ給フベケレ」譏レヌサビモ、こちたう、ムツカシウサヘ思サルレバ」

(こちなし) キ・ケレ・ク・ク (形・二) 無骨 (風骨ナシノ意) 無骨ナリ。不風流ナリ。コチゴチシ。「天性、骨ナキ者ニ候間、幽玄ノ處ヲ、エ舞ヒ候ハヌナリ」强ヒテ言フモ、イトこちなし」氣色昇シク、言葉ダミテ、こちなゲニ物ナレタル」 粗笨

ごちにょらい (名) 五智如來 大日、阿閦、寶性、彌陀、釋迦、ノ五ツノ如來ヲ統ベタル稱。

ごぢん (名) 後陣 後ニ備ヘタル陣。 後軍

こぢもく (名) 小除目 除目ノ條ヲ見ヨ。

こちゃ (名) 粉茶 製茶ノ葉ノ、碎ケテ粉トナレルモノ。

こちゃう (名) 戸長 一町、又ハ、一村ノ長。 里正

ごちゃう (名) 伍長 五人一組ノ長。

ごぢゃう (名) 御諚 (諚ハ定言ノ合字) 貴人ノ命ヲイフ敬語。オホセ。オコトバ。「ーニハ候ヘドモ」

ごちゃくこ (名) 御着袴 天皇、春宮ノ袴着セサセラルル稱。

ごぢゅう (名) 後住 寺ノ後ノ住持。(先住ニ對ス)

ごぢゅうのたふ (名) 五重塔 塔ノ條ヲ見ヨ。

ごぢょく (名) 五濁 佛敎ニ、劫、見、命、煩惱、衆生、ノ稱。「ごぢょく惡世ヲ疾ク免レテ」

こつ (名) 骨 (一)ホネ。(二)藝術ノ熟練ノ奧旨。拔ノ

氣合。骨子

こつ (名) 忽 度量ノ名目、絲ノ十分ノ一。

こ-づか (名) 小柄 脇差ノ鞘ニ添ヘテ挿シ置ク小刀。

〔ごづ-かう (名) 牛頭香 熱地ノ香材、其氣、麝香ニ似タルモノト云。牛頭栴檀トイフモノモ、是レナルカト云。(天竺ノ摩羅邪山、峯狀、牛頭ノ如シ、栴檀ヲ出ス、牛頭ト名ヅクト云)

こつ-かく (名) 骨格 ホネグミ。コツガラ。

こ-づかひ (名) 小使 小用ニ使フ奴。 厮養

こ-づかひ (名) 小遣 小買物ニ支拂フ錢。 盤費

こつ-がら (名) 骨柄 人ノ體ノ骨組。カラダノスガタ。「器量一」 骨格

‡こ-づ-く (他動)(規.一) 〔小衝クノ義〕 (一)少シ突ク。(二)捽ヘテ搖フル。(人ヲ)

こつ-くい (名) 極印ノ轉。

こ-づくり (名) 體格ノ短小ニ成立テル了。

〔こ-づく-る (他動)(規.二) 木造 材ヲ、割リ、切リ、ナドシテ用ニ供フ。木取ル。「木ヲ割リ、取リ出デテ、割リこづくる響ニ」

こ-づけ (名) 小付 重荷ニ添ヘテ付クル小キ荷。「年ノ數、積マムトスル、重荷ニハ、イトドこづけヲ、コリモ添ヘナム」

こつ-けい (名) 滑稽 〔滑、亂也、稽、同也、辨捷、能亂ニ是非同異一〕 戲言イフ了。オドケ。道化。ジヤウダン。

こつ-こつ (副) 堅キ物ノ相當ル音ニイフ語。

こつ-さう-がく (名) 骨相學 頭蓋骨ノ形ヲ相テ豫メ人ノ性質運命ヲ知ル術。

こつ-じき (名) 乞食 人ニ食ヲ乞ヒテ、生活スル者。カタヰ。モノモラヒ。コジキ。 乞兒

こつ-ずゐ (名) 骨髓 (一)骨ト髓ト。(各、其條ヲ見ヨ) (二)心ノ底。思ノ極。「怨、一ニ徹ス」

こつ-せつ (名) 骨節 ホネブシ。ホネノツガヒ。

こつ-ぜん (副) 忽然 タチマチ。ニハカニ。ハカラズ。

〔ごづ-せんだん (名) 牛頭栴檀 牛頭香ノ條ヲ見ヨ。

こつそり (副) 密 ヒソカニ。コソコソ。

‡こつ-たに (名) 種種ノ物ヲゴタゴタト打チ雜ゼテ煮タルモノ。 骨董羹

〔こ-づた-ふ (自動)(規.一) 木傳 枝ヨリ枝ヘ移ル。「こづたへバ、己ガ羽風ニ、散ル花ヲ、誰ニオホセテ、ココラ鳴クラム」鶯ノ、こづたふ狀モ、ユカシキニ、今一聲ハ、明ケハテテ鳴ケ」

こつち (代) 此方ノ音便。

こ-づち (名) 小槌 うちでのこづちノ條ヲ見ヨ。

‡こつ-ちやう (名) 〔骨子張本ノ意カト云〕 張本ニ同ジ。

こ-づつ (名) 小筒 鐵砲ノ條ヲ見ヨ。

こ-つづみ (名) 小鼓 つづみノ條ヲ見ヨ。

‡こつてい (名) 〔特牛ノ音便訛〕 牡牛ニ同ジ。

ごづ-てんわう (名) 牛頭天王 佛說ニ、天竺ノ北ナル九相國ノ吉祥園ノ王 祇園精舍ノ守護神。佛家ニテ、其垂跡ヲ素戔烏尊トス、山城ノ愛宕郡八坂鄉ナル今ノ祇園ノ神、是レナリ。

‡こつてり (副) 厭フベク多ク。ジツツコク。 濃厚

こつ-どう (名) 骨董 雜多ノ器具。古道具ナドモ

こつ-にく (名) 骨肉 (一)骨ト肉ト。(二)親子兄弟ナドノ血屬ノ者。「一ノ間」

〔こ-づの (名) 小角 角ノ尖ノ中ノ骨。 觚

こつ-ぱ (名) 木端 斧、手斧、ナドニテハツリタル材ノ片。コケラ。 木片

こつ-ぱい (名) 骨牌 カルタ。

こ-つぶ (名) 小粒 舊キ貨幣ノ、二朱、一朱等ノ稱。(小判、大判ナドニ對シテイフ語)

コツプ (名) 〔蘭語、Kop.〕 (一)杯ノ、脚アリテ高キモノ、多クハ硝子製ナルニイフ。 高脚盃 (二)骨牌ニ、朱ノ圓キ象アルモノノ稱。

こ-つぼ (名) 子宮ニ同ジ。

こつ-ぽふ (名) 骨法 禮儀作法ノスヂ。「術府ノ官ヲケガス侍ニ、繩ヲツケムナド申行ヒツル了、ムゲニ骨法ヲ知ラザリケリ」

〔こ-づみ (名) 木積 木屑ノ寄リ積ム了ナリト云。「堀江ヨリ、朝潮滿チニ、寄ルこづみ」寄ル木積ナス、寄ラム子モガナ」

こ-づ-む (自動)(規.一) 一方ヘ片寄ル。 偏

ご-づめ (名) 後詰 先陣ニ代ルベク、後ニ詰メテ居ル軍勢。 後繼

ご-づめ-づ (名) 牛頭馬頭 地獄ニ居ル牛馬ノ頭シタル獄卒。

＝こ-づら (名) 小面 面トイフニ同ジ。「一惡シ」
〔こつな〕(名) 許都魚|乞魚 魚ノ名、鮫ノ類ナルベシト云。
こて (名) 鏝 〔捏手ノ約カト云〕 壁ニ、泥、漆喰ナドヲ塗リツクル具、頭、鐵ニテ扁ク、柄アリ。
こて (名) 籠手 〔手ヲ籠ムル意カ〕 (一)弓籠手。手纒。射韝 (二)鎧ノ具、兩ノ腕ヲ被フモノ。臂鎧
ごて (名) 後手 (一)碁、將棋ニ、敵手ヲ防グ手トナルヿ。(先手ニ對ス)「一ヲヒク」 (二)事ヲ爲ルニ、人ニ後ルルヿ。テオクレ。落後 (三)後陣。後詰。
こ-てい (名) 古體 古キスガタ。昔シノ風。古風。
こ-てい (名) 小體 住居、生計ノ小ク約ヤカナルヿ。「一ニ暮ラス」
＝ご-てい (名) 〔御亭主ノ略〕 賤人ノ妻ニ對シテ其夫ヲ呼ブ稱。
こていた (名) 鏝板 鏝ニテ物ニ塗付クベキ泥土漆喰等ヲ分チ盛ルニ用ヰル小板。
ご-てう (名) 五條 袈裟ノ製ノ五幅ナルモノ
〔こ-てうはい〕(名) 小朝拜 元日ニ、殿上人ノミ、淸涼殿ノ東庭ニテ拜賀スル儀、朝拜ナキ年ニ行フヿナリ。
こ-てふ (名) 胡蝶 蝶トイフニ同ジ。
こでまり (名) 小手毬 木ノ名、高サ四五尺、葉狹ク長クシテ、やまぶきノ葉ニ似タリ、花ノ形、繡毬花ニ似テ、白ク小ク、大サ一寸半許ナリ。麻葉繡毬
こ-てん (名) 古典 古書ニ同ジ。
ご-てん (名) 御殿 高貴ノ人ノ住家ノ尊稱。

こと (名) 事 (一)人ノ爲ベキワザ。仕事。(二)形無クシテ世ニ起リ顯ハルルモノノ稱。(三)チナミ。ユヱ。ツケ。「一ニ寄セテ」一モ無シ」緣故 (四)動詞、形容詞等ニ添ヘテ名詞トスル語。「降ル一雨ノ如シ」深キ一幾許ナルヲ知ラズ」靜ナル一」美シキ一」
こと (名) 言 コトバ。モノイヒ。ハナシ。○一ニ出ヅ。言フ。○一切ルル。死ヌ。死 ○一トモセズ。拘ハラズ。念トセズ。不屑
こと (名) 琴 〔天詔琴ニ起リ、大和琴ヲ元トス、神ノ託宣ヲ請フ器ノ義〕 (一)一面ノ長キ板ニ、絃ヲ張リ亙シテ、彈キ鳴ラス樂器、多クハ桐板ニテ相合ハセ、中ヲ空シク作リテ、絃ノ響ヲナサシム、大和一、(アヅマ一)琴ノ一、箏ノ一、須磨一、八雲一、ナド、製作種種ニシテ、絃數亦、各異ナリ、各條ニ注ス。(二)今、專ラ、十三絃ノモノ、即チ、筑紫琴ノ稱。
こと (名) 異 別ナルヿ。常ニ變ハレルヿ。「此皇子生レ給ヒテ後ハ、イト、心、ことニ思ホシオキテケレバ、ソノカミハ、サシモ思ハデ來シ事モ、思フコトコソ、ことニナリヌレ」世ノ常ノ、音ヲシ泣カネバ、アフコトノ、涙ノ色モ、ことニゾアリケル」心モことニ、ナリヤシヌラム」
こ-と (名) 古渡 こわたりニ同ジ。(新渡ニ對ス)
〔こと〕(接頭) 異 アダシ。異ナリタル。別ノ。「一人」一國」一處」
〔ごと〕(接尾) 如 ゴトクノ意ニ。「夢ノごと、ナリニシ君ヲ」命ノごと、奉ラムハ、易キ事ナレド」涙ノごと、落ツル瀧カナ」思ヒノごと、榮エ給ハバ」

〔ことあげ〕(名) 言擧 特ニ言フヿ。「葦原ノ、水穗ノ國ハ、神ナガラ、言擧セヌ國、然レドモ、言擧ゾ我ガスル」揚言
こ-どう (名) 小胴 鼓ノ條ヲ見ヨ。
ご-とう (名) 梧桐 アヲギリ。
ことうけ (名) 言承 答ヘ。返辭。
ごとうぼり (名) 後藤彫 彫物ノ一流ノ名、美濃ノ人後藤祐乘、足利將軍義政ニ仕ヘ、刀劍ノ金物ノ彫刻ニ名アリ、子孫其技ヲ承ク、家彫トイフ。
ことおほ (名) 事多 用事ノ繁多ナルヿ。多端
〔ことかた〕(名) 異方 別ノ所。變ハリタル所。「ことかたニ率テ奉リヌ」サスガニ、斯ウことかたニ入リ給ヒヌレバ、心モ得ズ、思ヒケルホドニ」別處
ことがら (名) 事柄 事ノスヂ。事ノサマ。事體
ご-とく (名) 五德 カナワ。鐵ノ輪ニ、三脚、又ハ、四脚アリテ、火ノ上ニ立テテ、釜、鐵瓶ナドノ底ヲ支フル具。又、輪ヲ灰中ニ埋メ、脚ヲ仰ケテ用ヰルモアリ。鐵脚子
〔ことぐさ〕(名) 言種 ことのはぐさニ同ジ。「明暮ノことぐさニ聞エ侍リ」世ノ人ノことぐさニ」
〔ことくに〕(名) 異國 (一)異ナル國。別ノ所。「己ガ國ニハアラデ、こと國ニ田ヲ作リケルガ」(二)外國。異國。
〔ことごと〕(名) 異事 外ノ事。別事。「アナ心憂トテ、ことごとニ言ヒマギラハシ給ヒツ」ことごとヲ見ムナド、思ハバコソアラメ」此頃ハ、ことごと無クテ、明クレバ言ヒ、暮

ルレバ歎キテ」

おとおとく (副) 悉盡 〔事事、或ハ、事毎、ニくヲ添ヘタル語〕スベテ。ミナ。アルカギリ。ノコラズ。

おとおとし・シキ・シケレ・シク・シク (形・二) 事事 事故アルラシ。大事ラシ。タイサウラシ。ギヤウサンナリ。 夸大

〔おとおとに (副)〕〔異異ニノ義〕別別ニ。「紅ニ、色ヲバカヘテ、梅ノ花、香ゾおとおとに、匂ハザリケル」梅ノ花、香ハおとおとに匂ハネド、薄ク濃クコソ、色ハ見エケレ」

おとこまかに (副) 事細 クハシク。ツマビラカニ。 仔細

おとどころ (名) 碁所 德川氏ノ頃、代代、圍碁ノ伎ヲ以テ仕ヘテアリシ家。 國碁

〔おとさへぐ (枕)〕〔さへぐノ條ヲ見ヨ〕韓、又、百濟ナド、外國ノ名ノ枕詞。

〔おとざま (名)〕異樣 變ハリタル狀。コトヤウ。「おとざまノ心モ添ヒタルベシ」殿ハ、おとざまニ覺シナルㇷ、オハシマストモ」

おとざまし (名) 事醒 興ノ醒ムルㇷ。「イツカレ入リ給ヘル御サマ、ゲニ、イト、異ナリ、花ノ匂モ、ケオサレテ、ナカナカ、おとざましニナム」

おとさら (副) 殊更 (一)コトサラニ。ワザト。(二)別シテ。ワケテ。

おとさらに (副) 殊更 ワザト。ワザワザ。「おとさらに、死ナム事コソ、難カラメ」おとさらに、情ナク、ツレナキ狀ヲ見セテ」 故意

〔おとさらぶ・ブル・ブレ・ビ・ビ・ビヨ (自動) (規・三)〕殊更ニスルヤウナリ。故意トラシ。「直衣、指貫、縫ハセテ、おとさらび着給ヘリ」サスガニ、シノビテ笑ヒナドスル氣色、おとさらびタリ」

おとし (名) 今年 〔此年ノ義〕イマノトシ。現在ノ年。(去年、來年、ニ對ス)

おとし・キ・・ク・ク (助動) 如・若 〔おとトノミイフ副詞ニ、形容詞ノ語尾ヲ添ヘタル語カ〕物事ヲ準ヘ比ブル意ノ助動詞、多クハ、天爾波ノの、が、ノ下ニ用ヰル。「山ノー」海ノー」聞クガー」アルガー」無キガー」

おとずくなに (副) 事少 用事ヲ約メテ。手輕ク。 苟簡

〔おとそぐ・グ・ゲ・ガ・ギ・ゲ (自動) (規・一)〕事殺 事ヲハブク。省略ス。「コトサラニ、裝モナク、おとそぎテ」

〔おとたま (名)〕言靈 言語ニ靈アリテ自在ニ用ヲ爲スㇷ。「空見ツ倭ノ國ハ、皇神ノ、イックシキ國、言靈ノサキハフ國ト語リツギ、言ヒツガヒケリ」敷島ノ倭ノ國ハ、事靈ノ所佐國ゾ、眞福クアリコソ」 言語妙用

おとぢ (名) 琴柱 琴、箏ナドニ用ヰル柱。(柱ノ條ヲ見ヨ)

○ーニ膠ス。物事ノ運用ヲナスㇷヲ知ラズ。 膠柱

おとぢぼう (名) 琴柱棒 刺股ノ異名、形、琴柱ヲ倒ニセルガ如クナレバイフ。

おとづく・クル・クレ・ケ・ケ・ケヨ (自動) (規・二) 事託 託ク。事寄ス。「何事ニツケテカ、コレヲユルサムト思フニ、事づくベキ事ナシ」例ノ、タダノ御念佛ニおとづけテ渡リ給ヘリ」其夜ノ事ニおとづけテコソ、マカリタエニシカ」

おとづく・クル・クレ・ケ・ケ・ケヨ (他動) (規・二) 言付 人ニ賴ミテ、言ヒ次ギテ音信ル。傳言ス。(逍ヒテ話スニ對ス)「兵部卿ノ宮、今ハ、コトヅケヤリ給フベキトドㇷホリモナキヲト、オリタチ聞エ給ヘド」寄語 傳語

おとづけ (名) 事託 事ヅクルㇷ。カコツケ。

おとづけ (名) 言付 言ヅクルㇷ。言ヒ次ギテ音信ルㇷ。傳言。「如何ナルおとづけゾヤト、言ヒモハテズ、走リ出テ侍リヌルニ」職ヘナム參ル おとづけヤアル、何時カ參ル、ナド宣フ」寄語

おとづて (名) 言傳 〔おとづたへノ約〕(一) 人ノ言ヒ次ゲル話ニテ傳ヘ聞クㇷ。傳聞 (二)コトヅケ。傳言。寄語

〔おとづま (名)〕琴爪ニ同ジ。

おとづめ (名) 琴爪 琴ヲ彈クトキ、別ニ指ノ先ニハムル具、象牙ナドニテ、爪ノ形ニ作ル。 琴甲 義甲

〔おとどころ (名)〕異處 外ノ處。別ノ處。

おとどひ (名) 言問 言問フㇷ。物言ヒカクルㇷ。「今日ダニモ、おとどひセムト、ヲシミミツ」

おとどふ・フ・ヘ・ハ・ヒ・ヘ (自動) (規・一) 言問 物言フ。物言ヒ掛ク。「名ニシ負ハバ、イザおとどはむ、都鳥」寐覺おとどふ、キリギリス哉」おとどはぬ、木ニハアリトモ」

〔おとどもり (名)〕言吃 どもりトイフニ同ジ。「スコシおどもりスル人ノ、イミジウツクロヒ、メデタシト聞カセムト思ヒケレバ、エモ言ヒツヾケズ」

〔おとなしぶ・ブル・ブレ・ビ・ビ・ビヨ (自動) (規・三)〕事無キ風スル。「忘レジト、立テシ誓ヲ、今更ニ、おとなしぶトモ、

神モエルスチ」見知ラヌ心地シテ、オヤマシクナムト、おとなしびタマフヲ、強ヒテ言フモ、イト、コチナシ」

〔おとならむ〕（接）成ルコトナラバ。成ルベクハ。ナラバ。「おとならむ、花ノ盛リヲ、見テ歸レ、越路モ同ジ、雁ノ宿リヲ」おとならむ、雲居ノ月ト、ナリナナム、戀シキ影ヤ、空ニ見ユルト」

おとなり・ル・レ・ラ・リ・レ（自動）（不規・四）異（異ニアリ、ノ約）變レリ。別ナリ。チガフ。

おとにし（副）殊特（異ニノ意）別段ニ。別シテ。取リ分ケテ。一段ト。「山里ハ、秋コソおとにし、ワビシケレ」常ヨリおとにし、人ゾ待タルル」

おとに（接尾）毎（異ニノ轉カ）他語ニ付キテ副詞トスル接尾語。物事ノ、各、然ル意ヲ示ス。度ニ。イヅレモ。「人ー言フ」春ー逢フ」咲クー見ル」

おとにす・スル・スレ・セ・シ・セヨ（他動）（不規・二）異　別ニス。變フ。

おとねり（名）小舍人　藏人所ニ屬シテ、使用ニ供スル職。

おとのは（名）言葉　おとばトイフニ同ジ。

〔おとのはかぜ〕（名）言葉風　和歌ノ風儀。

〔おとのはぐさ〕（名）言葉種　物言フ種。コトグサ。イヒグサ。「假初ノおとのはぐさニ、風タチテ、露ノ此身ノ、置キ所ナキ」

おとのほか（副）殊外　次條ノ語ニ同ジ。

おとのほかに（副）殊外（事ノ外ノ義カ）心ノ外ニ。思フ所ニ外レテ。

おとのもと（名）事本　其事ノ起リタル故。由縁

〔おとは〕（接）おとならむノ略。成ルベクハ。「搔キクラシ、おとも降ラナム、春雨ニ、濡衣着セテ、君ヲ止メム」おとも藤、散ラデ、千年ヲ、過サナム」

おとば（名）言葉（葉ハ、繁キ意ト云）（一）人ノ思想ヲ口ニ言出スモノ。人ノ聲ノ意味アルモノ。言。言ノ葉。モノイヒ。ハナシ。詞　辭　言語　（二）言葉ノ、ヒトツヒトツナルモノ。ヒトコト。「體ノー」用ノー」言　○ーヲ盡クス。精シク言フ。○ーヲ返ス。答フ。口答スル。○ーニ餘ル。言ヒ盡サレズ。

おとばがき（名）詞書（一）詞ヲ文ニ書取ルコト。「繪卷ノー」（二）和歌ノ初ニ記ス短キ文。小序

〔おとはかり〕（名）事計　事ノハカラヒ。「ヨソニ居テ、戀フレバ苦シ、我妹子ヲ、ツキテ相見ム、事計セヨ」

おとばおち（名）詞質　他ノ言ヘル詞ヲ後ノ證據ニ認メ置クコト。「ーヲ取ル」

おとはじめ（名）事始　おとをさめノ條ヲ見ヨ。

おとばおり（名）詞後　人ノ物言ヒノ言損ヒノ節。「ーヲ取ル」

おとばたがへ（名）詞違　物言ヒノ爭ヒ。イサカヒ。逸言

おとばづかひ（名）詞遣　言語ヲツカフ法。物言フ樣。

おとばとがめ（名）詞咎　詞後ヲ取リテ詰ルコト。

〔おとはな〕（名）異花　外ノ花。アダシ花。「おと花ヨリモ、コレニ心寄セノアルハ、飽カザリシ匂ノ染ミニケルニヤ」

〔おとはら〕（名）異腹　ハラガハリ。

〔おとひうし〕（名）特牛（殊負牛ノ約ト云）牡牛ノ强キヲ賞シテイフ語。

〔おとひうしの〕（枕）特牛　三宅トイフ語ノ枕詞。

〔おとひと〕（名）異人　其人ナラヌ人。他人。「父ハ、おと人ニアハセムト言ヒケルヲ」おと人ノ言ハムヤウニ、心得ズオホセラルルトテ、中將ニタム」餘人

おとぶき（名）壽（一）コトブクコト。祝ヒ。（二）命。命長キコト。（漢語ノ壽ノ意ヨリ誤リテイフ語ナリ）

おとぶく・ク・ケ・カ・キ・ケ（他動）（規・一）壽（おとほぐノ轉）祝フ。ヨロコビヲイフ。

おとぶれ（名）事觸　かしまのおとぶれノ條ヲ見ヨ。

〔おとほがひ〕（名）言祝ノ延。

〔おとほぎ〕（名）言祝　コトホグコト。イハヒゴトスルコト。賀　壽

〔おとほぐ・グ・ゲ・ガ・ギ・ゲ〕（他動）（規・一）言祝　詞ニテ祝グ。祝フ。コトブク。賀　壽

〔おとむく・クル・クレ・ケ・ケ・ケヨ〕（他動）（規・二）言向平　此方ヘ向カス。從ハス。「チハヤブル、神ヲ許等牟氣、マツロヘヌ、人ヲモヨハシ、ハキキヨメ」以二天穗日命一往平レ之」

〔おとども〕（名）子等　人達。人人。「イザ子等モ、タハワザナセソ、天地ノ、カタメシ國ゾ、倭島根ハ」

おとども（名）子供（一）多クノ子。衆兒（二）ソラベ。兒童

〔おとどもの〕（名）異物　コトナル物。別ノ物。

〔おとやうに〕（副）異樣　變レル狀ニ。コトサマニ。

おとゆく・ク・ケ・カ・キ・ケ（自動）（規・一）事行　トトノフ。埒アク。「おとゆかぬモノ故、大納言ヲ誹リ合ヘリ」度度、

問答往復シテ事行カザリケレバ」

〔ことよさし (名) 事依 コトヨサスヿ。委ヌルヿ。

〔ことよさす・ス・セ・サ・シ・ス (自動)(規.一) 言依 事寄 委ネ任ス。委任

ことよす・スル・スレ・セ・セ・セヨ (自動)(規.二) 事寄 因ニ引付ク。カコツク。託

ことり (名) 小鳥 雀、鷽、雲雀、鴫、鵙ナド、スベテ、形小キ鳥ノ總名。

〔ことりつかひ (名) 部領使 〔事執使ノ約カ〕古ヘ、防人ノ役ヲ充テ催シ、又ハ、七月ノ相撲ノ公事ノ時、國國ノ力士ヲ召シナドスルニ遣ハサルル使。

ことりとまらず (名) 小鳥不止 (一)樹ノ名、ありどほしノ一名。(二)榿木ノ一名。

ことわざ (名) 事業 爲ル事、爲ベキ業。「ことわざ繁キ、己ガジシノ營ミニマギレツツ」思フサマニ、ハカナキことわざヲシナシ給ヒシハヤ」

ことわざ (名) 諺 〔言事ノ意カ〕古クヨリ言ヒ習ハシ來リテ、經驗ヨリシテ訓誡ナド籠メタル語。「雨降リテ、地固マル」脣亡ビテ、齒寒シ」ナドイフ類。

ことわり (名) 理 (一)理ルヿ。スヂ。ダウリ。ソノハズナルヿ。(二)言譯。

ことわり (名) 斷 (一)斷ルヿ。告ゲオクヿ。報告 (二)背ハヌヿ。謝絕

ことわる・ル・レ・ラ・リ・レ (他動)(規.一) 理 〔事割ル、ノ義〕(一)理非ヲ判斷ス。道理ヲ立ツ。「何ノ報ニカ、ココラ橫ザマナル浪風ニハ、オボホレ給ハム、天地、ことわり給ヘ」帝王コレヲことわり給ヘト申スニ」飽カヌ別レノ、中ヲことわれ」判 證 (二)言譯ヲスル。「ツラシト思ヒシヲリヲリ、人モことわらセ奉ラム」思ヒ置キシヿ、忘レガタク」陳謝

ことわる・ル・レ・ラ・リ・レ (他動)(規.一) 斷 〔前條ノ語ノ轉〕(一)告ゲ置ク。報 (二)言ニテ防グ。背ハズ。「賴ミヲー」謝絕

ことをさめ (名) 事納 十二月八日ニ、一年ノ雜事ヲ終フルヿ、コレヨリ歲暮年始ノ式ヲ始ム。又、其式果テテ、二月八日ニ、一年ノ事ヲ始ムルヲ事始トイフ。

こな (名) 粉トイフニ同ジ。

こな (名) 小名 村、町、ノ字ノ中ヲ、更ニ小分シテ稱フル地名。

ごなう (名) 御惱 オンヤミ。病ノ敬語。

〔こながき (名) 餗 糝 〔粉菜攪ノ義カト云〕米粉ヲ羹ニ和シテ煮熟シタルモノカト云。

〔こなぎ (名) 小水葱 水葱ノ條ヲ見ヨ。

こなし (名) 小梨 こりんごニ同ジ。

こなす・ス・セ・サ・シ・セ (他動)(規.一) 〔こなるヲ他動ニイフ語〕(一)碎キテ粉ニナス。細カニナス。粉碎 (二)耕シテ土ヲ熟レシム。「田ヲー」穰 (三)胃ニテ食物ヲトカス。消化 (四)馴ラス。扱ヒテ意ノ如クニナス。「馬ヲ乘リー」人ヲ使ヒー」熟

〔こなすび (名) 龍葵 〔小茄ノ義〕いぬほほづきノ古名。

〔こなた (名) 水田 〔熟田ノ義ト云〕開發シテ成レル田。

こなた (代) 此方 〔このかたノ約〕最モ身ニ近キ方位ニイフ代名詞。(そなた、かなたニ對ス)

こなた (接) 此方 夫レヨリ後。「此一二三年ノこなたナム」別レ奉リニシこなた、サマザマ悲シキ事ノミ多ク身ヲ思ヒオトシテシこなた、スベテノ世ノ中、スサマジウ思ヒナリテ」

こなたざまに (副) 此方ノ向キニ。

〔こなたづくる・ル・レ・ラ・リ・レ (自動)(規.一) 畬 〔水田作ルノ義〕開墾ニ一年ニシテ地ヲシテ漸ク熟セシム。あらきはりノ條ヲ見ヨ。

こなつめ (名) 小棗 古名、サネブト。棗ノ一種樹、稍小クシテ、實ノ形、圓ク、味酸シ、秋ノ後、赤ク熟ス、レバ食フベシ、核、常ノなつめヨリ大ナリ、仁ヲ藥用トス、今、支那種ヲ移シ植ウ。酸棗

‡こなひだ (名) 此間 このあひだノ約。コノゴロ。

〔こなみ (名) 前妻 〔熟妻ノ意カト云〕前ノ妻。先妻。此語、うはなり(上なはりノ約カ)ト並ベテイヒ、又、もとつめトモイフ、本妻ノ義ニテ、離別、又ハ、死亡ノ妻ナラズ、新撰字鏡ニ「娌トアルハ女君ノ合字ニテ、嫌トアルハ二女兼有ノ合字ナリ、嫡妻アリテ、又、他女ヲ娶レルヲイフナリ。檜垣ノ歌集「舟ニ載セナドスル程ニ、男モ來リ、此うはなり、こなみ、一日一夜、萬ノ事ヲ言ヒ語ラヒテ、ツトメテ、舟ニ乘リヌ」大和物語「本ノ妻ノ許ニ、筑紫ヨリ女ヲ以テスエタリケリ、本ノ妻ハ、心ヨク語ラヒ居タリ、云云、此うはなり、こなみニ云云」

おなみおん (名) 粉微塵トイフニ同ジ。
ごおん (名) 五男 (一)五人ノ男子。―三女 (二)第五ニ生レタル男子。
ごあん (名) 御難 難儀、災難ナドノ敬語。
おなら (名) 小楢 楢ノ一種、山中ニ多シ、高サ一二尺ニ過ギズ、葉ハならニ同ジ、夏ノ初メ、新葉ヲ生ジテ、花アリ、實ハ櫟ニ似テ、枝ノ間ニ生ズ、或ハ單生シ、或ハ簇生シ、其刺、柔カニシテ刺サズ、初メ綠ニシテ秋ニ至リテ、茶褐ナリ、コレヲならおぶトイフ、蟲ノ巢ナリ、内ニ、堅キ核ノ如キモノアリ、綠ナルトキ破レバ、中ニ白クシテ長キ一小蟲アリ、褐色ノトキ、破レバ、一小蝶アリ。 孛落樹
おなる・ルル・ルレ・レ・レ・レヨ (自動) (規、二) 〔粉熟ルノ義カ〕 (一)碎ケテ粉ニナル。細カニナル。 粉碎 (二)熟レテ和ル。 熟 (三)胃ノ中ノ食物、トロクル。 消化
おなれ (名) (一)コナルル丁。粉ニナル丁。(二)熟レテ和ル丁。 熟和 (三)食物ノ、胃ノ中ニテトロクル丁。 消化
おなれる (動) おなる、ノ訛。
〔コニオル〕 (名) 〔百濟語〕 三韓ノ王后。
〔コニキシ〕 (名) 〔百濟語〕 三韓ノ王。コキシ。
〔とにお〕 (名) 胡荽 〔字ノ音ノ轉〕 草ノ名、おえんどろノ古名。
〔コニセシ〕 (名) 〔百濟語〕 三韓ノ太子。
おにだ (名) 小荷駄 駄ニツクル荷。出軍ノ荷ヲ馬ニテ送ルモノ。「―車」「―馬」 輜重

ごにち (名) 後日 ノチノヒ。後ニ來ム日。
おには (名) 小庭 (一)狹キ庭。(二)禁中 殿上ノ南庭ノ稱ナリト云。
ごにんぐみ (名) 五人組 人家 五戸ヅツ組合ヒテ互ニ取締リヲナス丁。 伍保
〔とにやく〕 (名) 蒟蒻 おんにやくノ古言。
おぬか (名) 小糠 ぬかノ條ヲ見ヨ。
おぬかあめ (名) 小糠雨 甚ダ細カク飛ブ雨。 細雨
おぬすびと (名) 小盗人 小盗スル者。 竊盜 草賊
おぬすみ (名) 小盗 人目ヲカスメテ物盗ム丁。(强盗ニ對ス) 竊盜
〔おぬれ〕 (名) 木ノ末ノ約。梢。「樹奴禮ガ下ニ、鶯鳴クモ」 鼯鼠ハ、木末求ムト、足引ノ、山ノ獵男ニ、逢ヒニケルカモ」
おねお (名) 子猫 猫ノ子。 猫兒
おねどり (名) 捏取 餅ヲ搗クトキ、杵ヲ下ス者ノ旁ニ居テ、餅ヲ捏ネカヘス丁。又其人。
〔おねまき〕 (名) 小寐卷 寐ルニ被フモノ、かいまきノ類。
おねりがき (名) 木練柹 柹ノ枝ニアルママニテ、熟セシメタルモノ、上品トス、大和ノ五所柹ヲ最トス。
おねる・ネル・ネレ・ネ・ネ・ネヨ (他動) (規、四、變) 捏 〔粉煉ルノ轉カト云〕 (一)水ト雜セテ手ニテ煉ル。ネヤス。(粉、土ナド) (二)蚪難事ヲ言掛ケテ困ラス。
おの (代) 此 是 斯 最モ身ニ近キ物事ヲ指シ示シテイフ代名詞。(その、あの、かのニ對ス) 篇首ノ語法指南ノ代名詞ノ條ヲ見ヨ。

おのあひだ (副) 此間 サキゴロ。サキダツテ。コナイダ。
おのかた (副) 此方 共時ヨリ後。 以來 已來
〔おのかみ〕 (名) 兄 〔子ノ上ノ義〕 (一)第一ノ兄、長子。通ジテ、姉ヲモイフ。(二)年長ナル丁。「五六年ノ程ノおのかみナリシカド」ソノおのかみト思ヘル上手ドモ」(三)氏上。
〔おのかみ〕 (名) 小腹 下腹ノ古名。コガミ。ホガミ。
〔おのきみ〕 (名) 此君 〔晉、王子猷、種レ竹、曰、何可ニ一日無ニ此君一耶〕 竹ノ異名。「夏トナル、ウキヨイトハス竹ナレバ、ミナ此君ト、仰グナリケリ」
〔おのくれ〕 (名) 木蔭 樹ノ繁リテ暗キ丁。「木晩ノ、夕闇ナルニ、時鳥」
〔おのくれやみ〕 (枕) 木暮闇 卯月トイフ語ノ枕詞。
〔おのお〕 (名) 子ノ子。即チ、孫。
おのおろ (副) 此頃 チカゴロ。コノホド。過ギテ幾日モ歷ヌニ。 頃者
おのあた (名) 木下 木ノ枝ノ下。 樹下
〔おのあたやみ〕 (名) 木下闇 木ノ下ノ繁リテ暗キ丁。
おのあろ (名) 鰶 〔子ノ代ノ意カ〕 魚ノ名、當歲ナルヲおはだ(江鰶魚)トイフ、鮓ニ用ヰルトキハ、上膳トス。京ニ、マツカリ。其一歲ナルハ即チ一ナリ、大ナルハ、六七寸ニ至ル、背、蒼ク、腹、白シ、肉モ、白クシテ小骨多シ、全身、稍扁ク、頭小ク、睛ノ邊、紅ナリ、下民炙リテ食トス。
〔おのあろ〕 (名) 利 〔子ノ代ノ義〕 利息。「凡負債者、自ニ乙酉年一以前物、莫レ收レ利」

おのてがしは (名) 兒手柏 (一)ひのきノ屬、葉、側チ生ジテ、掌ヲ立テタルガ如ク、面、背、皆、綠ナリ。側柏 (二)草ノ名、をとよへし。「イハレ野ノ、萩ガタエマノ、ヒマビマニ、おのてがしはノ、花咲キニケリ」

〔おのね (名) 木ノ根。

おのは (名) 木葉 (一)樹ノ葉。(多ク落葉ニイフ)(二)鳥ノ名、雀ニ似テ薄黒シ。

おのはいし (名) 木葉石 石ノ面ニ、木葉ノ形アルモノ、諸國ヨリ出ツ、太古地層ノ成ルトキ、盤石ノ間ニ、植物ノ入リテ、其形ノミ印シ遺シタルモノナリ。

おのはう (代) 此方 自稱ノ代名詞、下輩ニ對シテ用ヰル。

おのはかき (名) 木葉搔 おきさらひニ同ジ。

〔おのはがへり (名) 木葉返 雀鷂、雀鷂ノ小キモノノ稱ト云。

おのはがれひ (名) 木葉鰈 ひらめノ、小クシテ、大サ一二寸ナルヲ、頭、尾、腹、背、相重ネテ乾シタルモノ。ササノハガレヒ。箬葉魚

〔おのはざる (名) 木葉猿 猿ノ噪シキヲイフ語ト云。「柴栗ノ、色ヅク秋ノ、山風ニ、木末ヲサラヌ、おのはざる哉」

おのはおぐれ (名) 木葉ノ飛ビ散ルヲ時雨ト見テイフ語。「フル音モ、袖ノヌルルモ、イトハヌヲ、木葉おぐれト、誰名ツケケム」「冬來テモ、幾日ニナリヌ、槇ノ屋ニ、木のはおぐれノ、絶ユル夜ゾ無キ」

おのはせんべい (名) 木葉煎餅 落葉ノ形ニ製シタル煎餅。

おのはてんぐ (名) 木葉天狗 小キ天狗。

〔おのはな (名) 木花 (一)櫻。「木花開耶姬」(二)梅。「難波津ニ、開クヤー、冬ゴモリ、今ヲ春ベト、開クヤー」

おのほど (副) 此程 コノゴロ。チカゴロ。

おのま (名) 木間 木ノ間。樹間

おのまし・シキ・シケレ・シク・シク (形・二) 好 (一)好ムベクアリ。欲シト思フ。好箇 (二)好色ラシ。「況シテ、情アリコノマシキ人ニ知ラレタルナドハ」

〔おのまろどの (名) 木丸殿 きのまろどのニ同ジ。

おのみ (名) 木實 果 樹ニ生ズル實。キノミ。クダモノ。

おのみ (名) 好 (一)コノムコト。好クコト。(二)望ミテスル注文。

〔おのみち (名) 〔木ノ道ノ義〕 材木ヲ善ク見分クルコト。

〔おのみちのたくみ (名) 〔木ノ道ノ工ノ義〕 木工ニ同ジ。大工。

おのむ・ム・メ・マ・ミ・メ (他動)(規・一) 好 (一)嗜ム。好ク。愛ヅ。(二)望ミテ注文ス。

おのんで (副) 好 好ミテ。シバシバ。善ク。「ー行フ」「ー爲ス」

〔おのめ (名) 木芽 きのめニ同ジ。

〔おのもかのも (名) 此面彼面 此ノ面、彼ノ面。コナタ、カナタ。「筑波山、おのもかのもニ、蔭ハアレド」春霞、立マフ山ト、見エツルハ、おのもかのもノ、櫻ナリケリ」「ー打喜ビテ」ミジカギ心、ーニ惑ヒ」

〔おのもし・シキ・シケレ・シク・シク (形・二) 好 おのましニ同ジ。

「賤ノ男ガ、更ケユクヤミノ、門スズミ、おのもしカフヌ、圍居ナリケリ」宜、カグヤ姬ノおのもしガリ給フニモソアリケレ」

〔おのもと (名) 木下 木ノ根ノ邊。樹邊

おのよ (名) 此世 現ニ生キテ居ル今ノ世。現世。(三世ノ條ヲ見ヨ)

おのり (名) 鷹ノ類、はしだかノ條ヲ見ヨ。

おのわた (名) 海鼠腸 あまおノ腸ヲ取リテ、おほからトシタルモノ、腸ハ三條アリテ、色、黃ナリ、三河ノ佐久ノ島ノ產、名アリ。

とのゑふ (名) 近衞府 〔近衞ノ音ノ轉〕コンエフ。皇宮ニ近ク警衞スル武官ノ府、古ヘ、大將、中將、少將、將監、將曹ノ四等ノ官アリ、各、左右ニ別レテ、左ー右ートイフ。略シテ、左近、右近トノミモイフ。

おは (感) 〔此者ノ義〕 其物事ヲ指シ定メテ驚クニ發スル聲。「アサマシウ、おお如何ナル事ゾト、思ヒ惑ハルレド」「ー如何ニ」「ーソモ」

おは (名) 木羽 柿ニ同ジ。(奥州)「ー葺」「ー屋根」

††おはいけん (名) 強意見 甌カシニ威シナカラ意見スルー。

ごばいし (名) 五倍子 ふしノ條ヲ見ヨ。

〔おはいひ (名) 強飯 米ヲ蒸シタルモノ。

ごばう (名) 牛房 古名、キタキス。ウマフブキ。菜蔬ノ名、春、種ヲ下ス、莖、高サ一二三尺、根ノ上、紫色ナリ、葉ハ、芋ニ似テ、長ク厚ク皺アリ、夏ノ初ノ、淡紫ノ小花、簇リ開ク、根、長大ナルハ、長サ、二三尺、圍、六七

ナニモ至ルモノアリ、皮黑クシテ、肉白シ、專ラ、煮テ食ス。牛蒡

ごばう（名）御坊 僧ヲ敬ヒ呼ブ語。「僧都ノ御坊ニ御覽ゼサセ奉ラバヤ」

おばかま（名）小袴 （一）袴ノ一種、形、指貫ニ似タリ、古ヘ、常ニハ、素袍ノ下ニ用ヰル。（二）後ニハ、半袴ノ一名。（三）又、半袴ノ裾ニ細ソキ縁アルモノ。

おはがる・ル・レ・ラ・リ・レ（自動）（規、一） 恐レ思フ。頻ニ恐ル。

こはく（名）琥珀 （一）古名、アカダマ。又、クハク。前世界ノ松類ノ脂ノ化セルモノ、土沙中ヨリ得、燒ケバ、松脂ノ香アリ、狀、色、種種ナリ、黃ニシテ透明ナルヲ上トスレド、橙黃、不透明ナルヲ常トス、磨レバ、最モ電氣ヲ興シ易ク、能ク物ヲ吸フ、古來、寶石ノ類トシテ、裝飾ニ用ヰル。（二）琥珀織ノ略。

こはくおり（名）琥珀織 絹布ノ名、元ハ舶來ニテ、唐ちやうトイヘリ、今、專ラ、和製ニ織出ス、織目、ななこニ似テ、光澤多シ、專ラ、羽織地、帶地ナドトス。

おはおは（副） 恐ル恐ル。恐レツツ。「－寄ル」「－窺ク」

おはおは（副） 强張リタル紙、革、ナドノ、摩レ合ヒテ鳴ル音ニイフ語。

おはおはし・シキ・シケレ・シク・シク（形、二）强强 アラアラシ。强張リタリ。

おはし（名）毀 毀スコト。破リ頽スコト。

おはし・キ・ケレ・ク・ク（形、一）强 （一）曲ラズ撓ミ難シ。柔カナラズ。カタシ。（二）强シ。鋭シ。烈シ。「イトド、御物怪ハ、おはくナリマサリケレバ」サマザマノ御物怪ドモ、甚ジウおはし」此幼キ者ハ、おはく侍ル者ニテ、對面スマジキト申ス」「心－」（三）俗ニ、强キ意ヨリ轉ジテ、畏ルベシ。オソロシ。可怖 （四）＝又、足ノ曲ゲ難キ意ヨリ轉ジテ、草臥レタリ。タユシ。（奧州、石州） 疲勞

おはす・ス・セ・サ・シ・セ（他動）（規、一）毀 コボツ。破ル。碎ク。頽ス。（堅キ物ニ）

おはぜ（名）鞐 （小挾ノ轉カト云） 書物ノ帙、卷物ノ紐、足袋、脚半ノ端ナドニ着ケテ、引懸ケ置クニ用ヰル小キ鉤ノ如キモノ、象牙、角、眞鍮ナドニテ作ル。牙鐶

（おはだ（名）〔木肌ノ義〕 木ノ皮。木皮

おはだ（名）小鰭 魚ノ名、おのしろノ條ヲ見ヨ。

おばた（名）小旗 （一）チヒサキ旗。（二）差小旗。

おばな（名）小鼻 鼻ノ端ノ左右、即チ孔ノ上ニ小高クチレル處ノ稱。「－ヲイカラス」

おはばる・ル・レ・ラ・リ・レ（自動）（規、一）强張 强ク固クナル。シナヤカナラズ。コハル。强直

（おはひ（名） 强飯ノ約。

ごばまめ（名）五葉豆 がんくひまめニ同ジ。

おはみ（名）〔肉、至テ强ケレバイフトゾ〕 獸ノ名、狸ニ似テ小ク、むじなノ類ナリト云。

こはん（名）枯礬 ヤキミヤウバン。

おはむ・ム・メ・マ・ミ・メ（他動）（規、一）拒 支ヘ防グ。抑ヘ止ム。阻ム。

おばん（名）小判 （一）古キ金貨ノ名、形、薄ク、圓ク長ク、卵ノ形シタリ、一兩ニ當ツ。（二）紙ナドノ判ノ小キモノ。

おばん（名） 鳥ノ名、鷭ノ條ヲ見ヨ。

こばん（名）〔火番ノ義ナリト云〕 奴隸ノ稱

こばん（名）〔前條ノ語ヨリイフカト云〕 官渡ノ渡舟ノ稱。

ごはん（名）午飯 ヒルゲ。ヒルメシ。

ごはん（名）御飯 飯ノ敬語。

ごばん（名）碁盤 碁ヲ博ツニ用ヰル盤、木板、方形ニシテ厚ク、下ニ四脚アリ、上面ニ、縦、横、各、十九ノ罫ヲ引キテ、三百六十一ノ目ヲ作ル。枰 碁局

おばんいただき（名） おばんざめニ同ジ。

おはんぎん（名）小半斤 四半斤ニ同ジ。

おばんざめ（名）小判鮫 長サ、一二三尺、皮ニ細沙アリ、形、圓ク、色、黃赤ニシテ、黑ミヲ帶ブ、頭、稍、扁ク、上、平ニシテ、二十三ノ横刻、相連ルコト二寸許、小判形シタリ、刻毎ニ細刺アリテ、能ク物ニ吸付キテ離レズ、故ニ、此魚、多ク船底ニ粘着スレバ、舟動カズシテ害ヲナス、コレヲあやかしトイヒテ、舟人ノ忌ム所ナリ、肉、食フベシ。一名、コバンイタダキ。印魚 咽機哆魚

ごばんおま（名）碁盤縞 織物ニ、碁盤ノ目ノ如キ縦横ノ縞ヲ織リ出セルモノ。棋花

こはんせき（名）虎斑石 近江高島郡ニ產スル石ノ名、硯トス、質黑クシテ白キ斑アリ。

おはんとき（名）小半時 往時ノ一時ノ四分一ノ稱。今ノ三十分。

おばんなり (名) 小判形 小判ノ如キ形、即チ、圓クシテ長ク、卵ノ如クニテ扁キ形。橢圓

おはめし (名) 强飯 糯米ヲ蒸籠ニテ蒸シタルモノ、常ニ赤小豆ヲ交ヘ、赤クシテ、赤飯トイヒ、多ク、祝儀ニ用キル、加ヘザルヲ白蒸トイヒ、或ハ、黒大豆ヲ加ヘテ、佛供トス。强飯。

おはや (名) 小早 小舟ノ急行ニ用キルモノ。小舸

おはやし・キ・ケレ・ク・ク (形・一) 不早 少シ早シ。稍早シ。

おはる (名) 小春 冬ノ初メ、暖和ニシテ、春ニ似タル時ノ稱、即チ、陰暦、十月ノ異名。

おはる・ル・レ・ラ・リ・レ (自動)(規・一) 强 おはばるニ同ジ。

おはる・ル・ル・ルレ・レ・レ・レヨ (自動)(規・二) 毀 破レ碎クル。類ル。(堅キ物ニ)

おはれ (名) 毀 (一)毀ルルコト。(二)毀レタルモノ。碎片

おはれる (動) 毀ル、ノ訛。

(おひ (名) 瘇 膝ヨリ下、踝、跟ニ至ルマデ腫ルル病ニテ、濕地ニ居ル者ニ生ズト云。オメアシ。ゴヒズネ。

(おひ (名) 鴇 おふ、又、くくひニ同ジ、はくてうノ條ヲ見ヨ。

(こひ (名) 喉痹 喉ノ腫レ塞ガル病ノ名ナリト云。

こひ (名) 古碑 古キ石碑。

おひ (名) 鯉 魚ノ名、淡水ニ產ズ、大ナルハ五六尺ニ及ブ、力强シ、兩ノ鬣、口ヲ夾ミテ生ジ、眼、大ク、鬣、紫ナリ、其脇ノ鱗、一道首ヨリ尾ニ至ルマデ、三十六片アリ、身ノ色、黒クシテ黃ヲ帶ブ、肉ニ赤、白、黃等アリ、河魚ノ長ト稱シテ、供膳ノ最トス。

おひ (名) 戀 戀フコト。

おび (名) 媚 コブルコト。ヘツラヒ。

ごび (名) 語尾 語學ノ語、一語ノ尾、即チ、末。例ヘバ動詞、形容詞、助動詞ナレバ、あゆむ歩きたる來ながし長みじかし短あり也ぉむ令ナドノむ、る、し、り、なイヒ、其、あゆみ、きたれ、ながき、みじかく、ある、ぉめナドト、其末ノ變ハルヲ―ノ變化トイフ。(篇首ノ語法指南ノ動詞ノ條ヲ見ヨ)

ごびう (名) 誤謬 アヤマチ。マチガヒ。

おひか (名) 戀歌 戀ノ意ヲ詠ミタル和歌。

おびき (名) 木挽 大ナル材ヲ大鋸ニテ挽割ルヲ業トスル工人。鋸匠

おひぐち (名) 鯉口 刀ノ鞘ノ口ノ、鍔ト合フ處ノ稱、形橢圓ニシテ、鯉ノ口ヲ開キタルガ如シ。琫

おひげ (名) 小髭 古名、ウシノヒタヒ。草ノ名、藺ノ一種、ほそゐノ類ニテ、甑ナシ、水田中ニ植ウ、葉ノ色、白ク綠ニシテ固ク、莖、細ソクシテ短シ、長サ二三尺、備後ニテ植エ作リ、疊表ニ織出ス、備後表トイフ草、細ソキガ故ニ、密ニシテ最上品ナリトス。タツノヒゲ。石龍蒭

おひざ (名) 小膝 ―ヲ進ムルハ、膝ヲ少シ進ムルコト、―ヲ打ツハ、膝ヲ輕ク打ツコト。

おひし・シキ・シケレ・シク・シク (形・二) 戀 戀ヒ慕フ心、ヒタスラナリ。シタハシ。

おひずね (名) 病ノ名、おひノ條ヲ見ヨ。

(おひぢ (名) 泥 (濃泥ノ義カト云) ひぢ、又、ひぢりおトイフニ同ジ。ドロ。

おひぢ (名) 戀路 コヒノミチ。

おびちや (名) 媚茶 染色ノ名、茶色ノ濃クシテ、黒ミアルモノ。

こひつ (名) 古筆 (一)古人ノカキタル書、又、畫。(二)古筆見。

おひつじ (名) 子羊 羊ノ子。小キ羊。羔

こひつみ (名) 古筆見 古筆ノ眞僞ヲ鑒定スルコト。

おびと (名) 小人 武家ニテ、走使ニ供フル卑シキ役。

おびとおま (名) 小人島 身體ノ甚ダ短小ナル人ノ住メリトイフ島ノ名、往時、遠キ海東ニアリト想像シテ語レリ。

おびとめつけ (名) 小人目付 武家ニテ、徒目付ノ下ニ屬スル役。

おひねがはくは (副) 冀 庶幾 (おひねがふ延) コヒネガフニハ。ナニトゾ。

おひねがふ・フ・ヘ・ハ・ヒ・ヘ (他動)(規・一) 冀 希 (請ヒ願フノ義) 只管願フ。切ニ望ム。

おひのむ・ム・メ・マ・ミ・メ (自動)(規・一) 請ヒ祈ル。「神ノ社ニ照ル鏡、倭文ニ取添ヘ、おひのみテ」

(おひのやつお (名) 戀奴 戀情ヲ人ト見做シテイフ語。「丈夫ノ、サトキ心モ、今ハナシ、戀之奴ニ、我ハ死ヌベシ」

おひのやまひ (名) 戀病 戀ヒ慕フ心ノ切ナルヨリシ

テ、病トナルコト。コヒワヅラヒ。「心ト作ルーヲ」斯クバカリ、ーハ、重ケレド」
こひびと (名) 戀人 戀ヒ思フ人。
こひやう (名) 小兵 (一)弓勢ノ弱キコト。(二)身體ノ短小ナルコト。(大兵ノ反) 短軀
こひやみ (名) 戀病 戀フル思ヒニ堪ヘズシテ、病トナルコト。コヒノヤマヒ。コヒワヅラヒ。 相思病
こひる (名) 小晝 朝飯ト晝飯トノ間ニ飯食フコト。
こひる (名) 小蒜 蒜ノ條ヲ見ヨ。メヒル。
こびる (動) 媚ブノ訛。
〔こひわたる・ル・レ・ラ・リ・レ (自動) (規.一) 戀渡 戀ヒツツ年月ヲ歴。
こひわづらひ (名) 戀煩 こひやみニ同ジ。
〔こふ (名) 鵠 叉、コヒ。クグヒ。シロトリ。今ノ白鳥。〔白鳥ノ條ヲ見ヨ〕
こふ (名) 〔前條ノ語ノ轉ナラム、形、相似タリ、或云、鸛ノ音ノ訛轉ニテ、かうノ假名カト〕古名、オホトリ。鶴ノ類、大サ、丹頂ノ鶴ノ如ク、眼ノ邊、黃赤ニシテ、全身白ク、翼ノ下黒シ、聲無クシテ、只、喙ヲ擊チテ聲ヲナスコト、拍子木ノ音ノ如シ、閑地ノ喬木、叉ハ、寺堂ノ棟ナドニ巢ヲ作ル。コフヅル。コフノトリ。 鸛
〔ごふ (名) 甲 甲ノ古俗音、龜ノーナドイフ。
ごふ (名) 刧 オビヤカスコト。圍碁ノ語ニ、敵ヲ刧カシテ石ヲ下シ、敵、必ズコレニ應ゼナル能ハザル如クシテ、他處ヲ攻メ、叉、守ルコト。
コフ (名) 刧 〔梵語、刧簸ノ略〕佛經ニ、時ノ極メテ長キ稱〔極短ナル刹那ニ對ス〕分別時節ト譯シ、世上ノ物ノ時ヲ歴ル期程ニイフ。「萬ー末代」「億ー」「永ーーヲ歴ル」
〔こふ (名) 國府 〔字ノ音ノ轉〕國府ニ同ジ。
こふ・フ・ヘ・ヘ・ヒ・ヘ (他動) (規.二) 乞 (一)他ニ物ヲ與ヘヨト求ム。(二)事ヲ願ヒノゾム。 請
こふ・フル・フレ・ヒ・ヒ・ヒヨ (他動) (規.三) 戀 〔乞フノ轉カ〕(一)慕ヒ思フ。シノブ。「叉ノ年、梅ノ花盛リニ、月ノ面白カリケル夜、去年ヲこひテ、カノ西ノ臺ニ行キテ」(二)男、女、相思フ。
こぶ (名) 瘤 〔塊ノ意カト云〕(一)疾ニ因テ、膚ニ、肉ノ堆クナリ塊ヲナセルモノ。(二)膚ノ、擊タレテ、一時、肉ノ凸ニ腫レ脹レタルモノ。(三)樹ノ幹枝ニ生ズル瘤ノ如キモノ。(四)駱駝ノ背ニ、堆ク鞍橋ノ如ク出デタルモノ。 肉封
こぶ (名) 昆布 こんぶニ同ジ。
こぶ・ブル・ブレ・ビ・ビ・ビヨ (自動) (規.三) 媚 〔戀ブル意カト云〕(一)他ノ心ヲ喜バシメムトフルマフ。他ノ顔色ヲ伺ヒテ、其心ニカナヘムトス。ヘツラフ。追從ス。(二)姿ヤサシク色メキタリ。 嬌
ごふ (名) 業 因緣ノ條ヲ見ヨ。〇ーガ煮ユ。ーガ沸ク。業火ヲオコス、憤リニ堪ヘズ。 憤懣
こふう (名) 古風 古ヘノ風。昔シノスガタ。
ごふう (名) 御符 神佛ノ符ヲ敬ヒイフ辭。 靈符
〔こぶかし・キ・ケレ・ク・ク (形.二) 木深 木立、繁シ。「森ノ木立、こぶかく、心スゴシ」山ノ氣色、木ぶかく、世離レテ」
こふく (名) 鼓腹 ハラツヅミ食足リテ、心身ヲ安ンズルコト。「萬民ース」
ごふく (名) 呉服 (一)くれはとりノ條ヲ見ヨ。(二)轉ジテ、絹、綿、麻布ノ類、凡ソ、織物ノ總稱 段物。キレ。布帛
ごふくざし (名) 呉服差 呉服尺ニ同ジ。ものさしノ條ヲ見ヨ。
こぶくしや (名) 子福者 子ヲ多ク持チテ、幸福ナル人。 多子
ごふくじやく (名) 呉服尺 ものさしノ條ヲ見ヨ。
〔こふくべ (名) 〔小匏ノ義〕枇杷ノ和名ナリト云。
ごふくや (名) 呉服屋 呉服、即チ、織物ヲ賣ル商家。 綵緞舖
ごふくわ (名) 業火 〔怒ハ、惡業ナル意カ〕佛經ノ語、嗔恚ノ烈シキコト。
こぶし (名) 拳 〔小節ノ義カ〕五ツノ指ヲ、掌ノ中ヘ曲ゲテ握リタルモノ。ニギリコブシ。ゲンコ。「ーヲカタメテ擊ツ」
こぶし (名) 〔花始メテ開ク時、小兒ノ拳ニ似タリ、其實、山椒ニ似タレバ、古名、こぶしはじかみト云〕古名、コブシハジカミ。ヤマアララギ。樹名、もくれんノ類、山中ニ自生アリ樹、高大ニシテ、枝、茂ク、枝ノ梢毎ニ、夏ヨリ蕾ヲ生ズ形、筆頭ノ如シ、秋、冬、葉落チテ後ニ、漸ク大クナリ、白クシテ淡褐色ナル毛アリ、小桃

ノ如シ、春ノ末ニ、葉ニ先ダチテ開ク、六瓣ナリ、もくれんニ似テ小ク、白クシテ、紅ナル條アリ。辛夷 又、一種、花ノ薄紅ナルヲ、紫ートイフ。紫蘭 又、一種、花白ク、八重ニシテ、滲レテトシテ四手ノ如キヲ、しでートイフ。辛夷一種

〔おぶしうち〕（名）相搏〔拳打ノ義〕拳ニテ他ヲ撃ツ技、拳法ノ類。

〔おぶしはじかみ〕（名）辛夷ノ古名。

おーブシン（名）不普請 德川氏ノ制ニ、譜代ノ旗下ノ非役ノ者ニ、小破損ノ普請人足ヲ課スル稱。後ニハ、百石ニ付、一兩二分ヅツノ割合ニテ、金ヲ出スヿトナル、コレヲー金トイフ。

こーぶつ（名）古物 フルキモノ。古ク傳ハリシ器。

ごーぶーづけ（名）五分漬 みのぼしノ大根ヲ、五分ホドニ刻ミテ、醬油、味醂、砂糖ヲ混ジテ薄ク煮タル汁ニ漬ケタルモノ。

おふづる（名）鳥ノ名、おふニ同ジ。鶴

おぶなぐさ（名）古名、カイナ。草ノ名、葉ハ、竹葉ニ似テ短ク、長サ一寸許、薄クシテ横ニ皺アリ、秋、枝ノ末ゴトニ小穗ヲ出ス、此莖葉ヲ煎ジテ染色ノ料トス。藎草

おーぶね（名）小舟｜艇 チヒサキ舟。

おふのとり（名）鳥ノ名、おふニ同ジ。鶴

こーぶのり（名）昆布海苔 海藻、阿波ノ鳴門ニ產ズ。

ごーふはう（名）業報 業ノ報。（因緣ノ條ヲ見ヨ）

＋ごーふーはら（名）業腹〔業火ノ腹ノ意〕憤リニ堪ヘヌヿ。ハラダチ。憤

ごーふーびやう（名）業病 業ニ因テ受ケタリトイフ病。

こぶまき（名）おんぶまきノ條ヲ見ヨ。

こーぶん（名）古文 （一）古キ文章。（二）漢字ノ古キ書體ノ稱。

おーぶん（名）子分 假ニ子トスルヿ。（親分ニ對ス）義子 假子

ごーふん（名）胡粉 （一）タウノツチ。（二）常ニイフハ介類ヲ燒キテ製シタル粉、白クヤハラカニシテ、光リナシ、繪ノ具トス。蛤粉

おぶやなぎ（名）瘤柳 水楊ノ一種、根幹ニ、瘤ノ如キモノヲ生ズ、葉、粗ニシテ毛アリ、色、白クシテ赤ミアリ、花小シ、材ノ色、白ク、やうじトス、又 枝ノ心ニテ、やなぎおりヲ作リ、皮ニテ、紙ヲモ作ル。杞柳

〔おぶらく〕（名）〔戀フル、ノ延、老ラク、ナドイフニ同ジ〕戀フルヿ。「見ラク少ク、おふらくノ多キ」我ガおふらくヲ、知ル人ゾナキ」

おーぶり（名）小降 雨ノ、烈シカラズ降ルヿ。微雨

おーぶり（名）小振 物ノ形ノ、他ニ比ベテ稍、小キヿ。小形

ごーへい（名）御幣 幣束ノ敬語。

＋ごへいかつぎ（名）御幣擔〔幣束ヲ以テ凶事ヲ祓フ意〕人ノ性質ニ、特ニ不吉ヲ嫌フモノノ稱。

こーべつ（副）戸別 軒別ニ同ジ。

ごーべつ（名）語別 語學ノ語、多クノ言語ノ種類ノ名詞、動詞、形容詞、副詞ナドト各、相別ルルヿ。

ごーへん（代）御邊 對稱ノ代名詞、同輩ニ用ホルゾコモト。

こーぼく（名）古木 年舊リタル立樹、老木。

こーぼく（名）枯木 立樹ノ枯レタルモノ。カレキ。ー寒鴉」

〔おぼ おぼーと〕（副）物ノ音發ツニイフ辭。「おぼおぼと鳴雷ヨリモ、オドロオドロシク」イササカ、マドロメバ、舟端ヲおぼおぼと打叩ク音ニ、我ヲシモ驚スラムヤウニ」御屏風、御几帳モ、おぼおぼと倒レヌ」

〔おぼ.し.シキ・シケレ・シク・シク〕（形、二）戀シ、ノ古言。「行ク船ヲ、振リ留ミカネ、イカバカリ、故保斯苦アリケム、松浦サヨヒメ」

おぼし（名）（一）零スヿ。（二）ミヅコボシ。建水

おぼ.す.ス・セ・サ・シ・セ（他動）（規、二）零 （一）漏テシ落ス。溢レシメ流ガス。「水ヲー」涙ヲー」雪、おぼすガ如降リテ、終日ニ止マズ」（二）覆ヘシ捨ツ。「盆ノ水ヲー」覆 （三）〔垂ラシ出ダス。「色色ノ衣ドモ、おぼし出シタル」色色ノスガタ、ヌキおぼしテ」（四）捨ツ。無クス。「愛敬ヲー」（五）＋俗ニ、苦情ヲイフ。（東京）

おぼ.つ.ツ・テ・タ・チ・ツ・テ（他動）（規、二）毀 破リ毀ス。コハス。

〔おぼね〕（名）〔小蘿蔔ノ約ナラム〕西國ニテ、ㇾおおぼねトイヒ、はたのだいおんヨリ小クシテ、根、地上ニ露ハレズ、子、落チテ自ラ生ズルモノ、コレナラムト云フ。野蘿蔔

おーぼん（名）小本 形小キ書物。

こーぼんなう（名）子煩惱 人ノ性質ニ、特ニ小兒ヲ愛スルモノノ稱。

〔こほめかす (他動)(規.一) コポメクヤウニスル。「沓ノ音、ソソメキ出ヅルニ、藏人ノ、イト高ク踏ミこほめかしテ」

〔こほめく (自動)(規.一) コポコポト音發ツ。「甚ジウ寒キニ、夜中バカリナドニ、コポコポト、こほめき沓スリキテ」「惡シウ明クレバ、障子ナドモ、タヲメカシ、こほめくコソ、シルケレ」萬ヅヲコポチハラヒ、こほめきノシリテ、持テ出デ、ハコビサワグヲ」

こほり (名) 氷 氷リタルモノ。水ノ、寒サニ會ヒテ、凝リ固マレルモノ。ひ。

こほり (名) 郡 〔小治ノ轉カ、配ノ轉カ、又ハ、小割ノ轉カナドイフ、朝鮮語ニモ、こほるトイフトゾ〕州ノ中ノ小別ノ地ノ稱、其中ニ、郷、里、町、村等ヲ統ブ。「武藏國豐島ー」

こほりいし (名) 氷石 水晶ノ一名。

こほりおろし (名) 氷卸 氷砂糖ヲ細末ニシタルモノ。菓子ヲ製スルニ用ヰル。ザラメ。

こほりかけ (名) 氷掛 金米糖ヲ製スルニイフ語。銅盤ヲ火ニ掛ケ、種ニ氷蜜ヲ塗シ、數度カキマセ摶シテ、乾ケバ團トナリテ成リ、細ナル疣ヲ生ズ（金米糖條、見合ハスベシ）又、下等ノ金米糖、又、あられ、ぎんなんまめナドイフ乾菓子ノ掛物トイフモノハ、種ヲ氷蜜ニ浸シ、直ニ蒸籠ニテ乾カス、コレヲ火掛トイフ。

こほりごんにやく (名) 氷蒟蒻 蒟蒻ヲ寒夜ニ晒ラシテ凍ラシメタルモノ。

こほりざたう (名) 氷砂糖 上品ノ白砂糖ヲ煎ジテ鷄卵ノしろみヲ入ルレバ、滓皆浮ブヲ除キテ、青竹ヲ割リタルヲ其中ニ入ルル、一夜ニシテ成ル、潔白ナルアリ、淡黄ナルアリ、固結リテ氷ノ如シ。氷糖

こほりどうふ (名) 氷豆腐 豆腐ヲ切テ片トシ先ヅ熱湯ヲカケ、寒夜ニ晒シテ凍ラシメテ、後、又、日ニ乾シタルモノ。ココリトウフ。カウヤドウフ。腐乾

こほりみつ (名) 氷蜜 氷卸ニ鷄卵ノしろみヲ加ヘ、煎煉シテ膏ノ如クシタルモノ。糖蜜

こほりもち (名) 氷餅 餅ヲ方ニ切リ、寒夜ニ晒シテ凍ラシメタルモノ。氷糕

こほる (他動)(規.一) 凍 〔凝ル意〕水油ノ類、寒サニ會ヒテ凝リ固マル。

こぼる (自動)(規.二) 零溢 溢レ出ヅ。「水ー」涙ー」草葉ノ露ノ、こぼるラム」愛敬こぼるるやうニテ、オハシナガラ」車ニ乘リこぼれテヤリヨセテ見レバ」御髪ノ、イトメデタク、こぼれカカリタルヲ掻キ撫デテ」散溢

こぼる (自動)(規.二) 毀 缺ケ頽ル。コハル。「家ニ入ルニ、聞キシニマサリテ、言フカヒナクゾ、こぼれ敗レタル」雨降リケル夜、こぼれタル家ニテ、イタク漏リケリ」動キナキ、玉ノ臺ト、見シモノヲ、涙ト共ニ、こぼれヌル哉」刀ノ刃、ー

こぼれざいはひ (名) 溢幸 圖ラザルニ遇フ幸福。マグレサイハヒ。僥倖

††こぼれる (動) こぼる、ノ訛。

〔こほろぎ (名) 蟲ノ名、古歌ニイヘリ、即チ、今ノきりぎりすニテ、其聲ノぎいすちよト聞ユルモノ、きりぎりすノ條ヲ見ヨ。（こほろぎ、きりぎりすノ稱、古今相反セリ）螽斯

こほろぎ (名) 蟲ノ名、古名、きりぎりす、長サ六七分、幅三四分、兩鬚、六足アリテ、足ト身トハ、油色ナリ、雄ハ、背ニ黒ク薄キ翅アリテ、長サ身ニ同ジクシテ、紋脈アリ、飛ブ能ハズ、只、後ノ長脚ニテ跳ル、後ニ二尾アリ、瓦石ノ間ノ土中ニ棲ミ、立秋ヨリ、夜、鳴ク、聲高クシテ、りうりうトイフガ如シ、雌ハ、翅短クシテ鳴カズ、二尾ノ間ニ、褐色ナル一針アリ。京都ニ、イトド。蟋蟀 又、一種、京ニこほろぎトイヒ、東京ニ、えんまこほろぎトイフハ、形、大クシテ、雄ニモ二尾アリ、全身、深油色ニシテ、原野ニアリテ、晝鳴ク、聲高ク抑揚アリテ、聞クニ堪フ。油胡盧

こま (名) 駒 〔小馬ノ義〕(一)馬ノ子。小キ馬。馬ノ二歳ナルモノ。(二)馬。馬 (三)將棋ノ盤ノ上ニテ動カスモノ、木ニテ作リ、方ニシテ扁ク、頭尖ル。馬 圭象棋子 (四)雙六ノ盤ノ上ニテ動カシ送ルモノ、象牙、水牛ナドニテ作ル、圓クシテ扁シ。馬 (五)三味線ノ柱、胴ノ皮ノ上ニテ絃ヲ受ク、形、小キ枕ノ如シ。

こま (名) 獨樂 〔古名、こまつぶりハ、今昔物語ニ、狛鷄トモアリ、高麗螺ノ義ニテ、高麗ヨリ渡リ、陀螺ヲ本トスルカ、或ハ、こまハ、細ノ義カ〕古名、コマツブリ。ツムクリ。小兒ノ玩物、數種アリ、小ク圓ク扁キ材ニ、鐵ノ軸ヲ貫キ、絲ヲ絡ヒテ引ケバ、軸ニ立チテ廻ハルモノアリ、材ヲ胴トイヒ、軸ヲ心トイフ、コレヲ博多ートイフ。

惜千千 叉、胴、心、皆、竹ニテ作リ、胴ニ孔ヲ穿チ、中ノ心ニ絲ヲ絡ヒテ引キテ廻ハスヲ、唐ートイフ、空氣、孔ニ觸レテ、高ク聲ヲ發ス。空鐘 叉、心ナク、胴、長クシテ、底尖リ、絲ニテ胴ヲ打チテ廻ハスヲ、ぶちやうーニテ、黄螺ノ殻ヲ用ヰルヲ、ばいートイフ。獨樂 叉、ぶちやうートイフ。陀螺

〔こま (名) 木間 樹樹ノ間。「住吉ノ、松ノこまヨリ、見渡セバ」鶯ハ、ウヱ木ノ樹間ヲ、鳴キワタラナム」

こま (名) 猫 ねこまノ略、ねこノ條ヲ見ヨ。

〔こま (名) 小間 〔こハ發語ナラム〕間。隙。「世ノ中ニ、稀ナル色ノ、高麗錦、イカナルこまニ、妹ヲアヒミム」

こま (名) 小間 東京府内ニテ、貸地取上金、一箇月ニ付キ、一圓ヲ得ベキ區域ノ稱、此ーノ數ニ應ジテ、種種ノ費用ヲ割付ケ取ル、コレヲ間ー、ー割ナドイフ。

コマ (名) 狛 こまいぬノ條ヲ見ヨ。

こま (接頭) 細 コマカキ。ササヤカナル。「ー物」ー結ビ」ー使ヒ」

ごま (名) 胡麻 穀ノ類、莖、方ニシテ、直上スルヿ二三尺、葉、長クシテ對生ス、黒ーハ、葉、三尖ニシテ、蘭草葉ノ如シ、夏、葉ノ間ニ花ヲ生ズ、地黄ノ花ノ如クニシテ、白色ニ紫ヲ帶ブ、後、角ヲ結ブ、長サ八九分、熟スレバ黒シ、二稜、四稜ナルハ、白ーナリ。白油麻 六稜、八稜ナルハ、黒ーナリ。巨勝子 叉、子ノ色ノ黄ナルヲ、あぶらートイフ。黄麻子

コマ (名) 護摩 〔梵語、焚燒、叉ハ、火祭ト譯ス〕佛法ニ、火ヲ燒キテ佛ニ祈リ、一切惡事ノ根本ヲ燒滅スルヿ、ぬるでノ木ヲ燒ク、乳木トイフ。

こまい (名) 古米 フルゴメ。ネマイ。〔新米ニ對ス〕陳米

コマ-いぬ (名) 狛犬 〔高麗犬ノ義〕初メ、高麗ヨリ渡セル獸、狼ニ似テ、羊ヲ驅ルトイフ、御座ノ御帳、叉ハ、神社ノ前等ニ、木石ニテ其形ヲ造リ、獅子ノ像ト相向ハシメテ置ク、鬼魅ヲ避クト云。俗ニ誤リテ、コレヲあまいぬ、ートイフ。

〔こ-まう (名) 虛妄 財産ナドヲ謀リテ私シ竊ムヿ。

〔コマ-うど (名) 〔こまひとノ音便〕高麗ノ國ノ人。

コマ-がく (名) 高麗樂 雅樂ノ條ヲ見ヨ。

こまか-し・キ・ケレ・シ・ク (形、二) 細 細ニテアリ。甚ダ小シ。

‡こまかし (名) コマカスヿ。マギラカシ。

‡こまか-す・ス・セ・サ・レ・セ (他動) (規、二) 紛カス。詐

こまか-に (副) 細 (一)甚ダ小ク。(二)精シク。詳ニ。コマヤカニ。「こまかニ語ラヒ置キテ出デ給フ」倒ノ曲ノ手ヲ彈カデ、云云、倘、スコシこまかニアソバセト切ニ宣ヘバ」(三)ネンゴロニ。「後ノワザナドニモ、こまかニ訪ハセ給フ」子アル中ナリケレバ、こまかニコソアラネド、時時物言ヒオコセケリ」

〔こまがへ-る・ル・レ・ラ・リ・レ (自動) (規、二) 老テ、復タ若反ル。「年老ヌルバカリノ寶ハナカリケリ、昔ナリセバ、此人タチ、如何ニ見マホシカラマシト、こまがへらセ給ヘカシ」倒ナラズ、ヤモメ人ノ、引キタガヘ、こまがへるヤウモアリカシ」

こ-まく (名) 鼓膜 耳ノ底ナル薄キ膜、物ノ響ヲ空氣ヨリコレニ傳フ、即チ、耳ノ物ヲ聞ク官ナリ。

〔こ-まくら (名) 木枕ニ同ジ。「家ニ來テ、吾ガ屋ヲ見レバ、玉床ノ、外ニ向キケリ、妹ガ木枕」

こ-まくら (名) 小枕 (一)布帛ニ綿ヲ包ミ、細ク長ク括リタルモノ、木枕ノ上、頭ニアタル處ニ添フ。(二)婦人ノ用ヰル髢ノ根トスル木。

〔こまけ (名) 細分ノ約。「女房ノ曹司マチドモ宛宛ノこまけソ、大方ノ事ヨリモメデタカリケル」此方ニハ、スキバコヨリ始メテ、ソコバクノこまけノモノ、皆トラセ給フ」

こまげた (名) 駒下駄 臺、齒、共ニ一木ニテ刳リ作レル下駄。

こま-ごま-と (副) 細細 甚ダ細カニ。精シク。詳ニ。「藥ヲ一切リ入レタリ」一卷ニ、ー書キテアリ」大殿ニモ、ー聞エサス」

こま-ざくり (名) うまざくりニ同ジ。

こま-ざらひ (名) 細杷 杷ノ齒ノ細カキモノ、木葉ナド搔キ集ムルニ用ヰル。コノハカキ。小竹杷

こまざらへ (名) こまざらひノ訛。

‡こまし・キ・ケレ・シ・ク (形、二) 細 こまかしニ同ジ。

ごま-しほ (名) 胡麻鹽 胡麻ヲ炒リテ研リタルニ、炒リタル鹽ノ加ヘタルモノ、强飯ナドニ撒キテ食フ。

‡こま-しやくれ (名) 〔おやくれハ、さくじりノ轉ナラム〕小賢シク、差出ガマシク振舞フヿ。

こ-また (名) 小股 狹ク跨ギ歩ムヿ。「ーニテ歩ク」

こまつ（名）［小松］小キ松。稚松

こまづかひ（名）［小間使］〔細使ノ義〕小用ニ使フ下女ナドノ稱。

こまつな（名）［小松菜］〔武州、葛飾郡、小松川ノ邊ニ起ル〕東京ニテ、はたけなノ若葉ニテ、つまみなヨリハ成長シタルモノノ稱。

こまつなぎ（名）［駒繋］小木ノ名、原野ニ生ズ、葉ノ形、れんげさうノ葉ニ似テ、圓クシテ黒ミアリ、夏、葉ノ間ニ、一寸許ノ穗ヲ出シテ、花ヲ垂ル、豆ノ花ニ似テ、紫、又、白ナリ、莢、五六分、細ク圓クシテ、中ニ仁アリ。馬棘

こまつばら（名）［小松原］小松ノ生ヒ並ミタル原。

〔こまつぶり（名）獨樂ノ古名。「鉢、こまつぶりノヤウニ、クルメキテ」

〔コマつるぎ（名）［狛劍］劍ノ、柄、長クシテ、頭ニ環アルモノト云。

〔こまどり（名）〔細取ノ義ト云、或云、小間取カト〕人數ヲ左右ニ別ケテ、技藝ヲ闘ハスルニ、其相手ノ座次ヲ、一ヲ左ニシ、二ヲ右ニシ、三ヲ左ニシ、四ヲ右ニスルガ如ク、入リチガヒニ列ヌルコトナリト云。「文ツクリ、韻フタギナドヤウノスサビワザドモ、云云、殿上人モ、大學ノモ、イト多ツ集ヒテ、左リ右ニ、こまどりニ、方分セ給ヘリ」

こまどり（名）［駒鳥］鶯ニ似テ大ク、頭、背、尾、共ニ樺色ニシテ、頷、頬、赤ク、觜、細ソク尖リ、腹、白ク、脚、細長クシテ背シ、頭ヲ左右ニ振ルコト、走馬ノ如ク、聲、轡ノ鳴ルガ如シ、故ニ名トス。知更鳥

こまとり（名）［駒捕］牧飼ノ馬ヲ捕フルコト。

〔コマにしき（名）［高麗錦］高麗ヨリ渡セル錦。「世ノ中ニ、稀ナル色ノ、―、天上ニ、―張リタリ」

〔こまぬく（他動）（規．一）［拱］〔組貫クノ轉ト云〕手ヲ組ム。腕組ス。タムダク。

ごまのあぶら（名）［胡麻油］黒胡麻ノ實ヲ炒リテ、搾リ取レル油、あげものナド、種種ノ用トス。又、白胡麻ヲ碎キテ粉ニシテ搾ルヲ、白絞トイフ、正白ナリ、婦人ノ髮ニ用ヰテ好シ、炒ラズシテ日ニ乾シテ搾ルガ故ニ、乾子トモイフ。生油　其炒リテ搾ルヲ、炒子トイフ。香油

こまのつめ（名）［駒爪］からくもがひニ同ジ。

＋ゴマのはひ（名）〔往時、街道ニ、高野聖ニ出デタチテ、弘法大師ノ護摩ノ灰ナリトテ、押賣リセシ者アリシヨリシテイフトゾ〕旅人ノ裝ヲナシテ、旅人ヲ騙カシ、物ヲ盜ム者ノ異名。

こまひ（名）［木舞］（一）檐ニ連ル木、椽ノ端ニアルモノ。樀（二）壁骨ニ亙ス女竹。（古ハ木ヲ用ヰキ）

〔こまひき（名）［駒牽］（一）古ヘ、八月ノ公事、諸國ノ牧ヨリ馬ヲ京ヘ牽キ參リテ貢獻スルコト。（二）又、四月廿八日ノ公事、武徳殿ニ出御アリテ、馬寮ノ頭、御馬ヲ庭ニ引渡スヲ御覽ゼラル、武官ノ射手、ココニ列ス、後ニ舞樂アリ、コレ、五月五日ノ騎射ノ馬、射手ヲ御覽ズルナリ。（三）駒牽錢ノ略。

こまひきぜに（名）［駒牽錢］人ノ駒ヲ牽キ行ク圖ヲ鑄出シタル錢、古ヘ厭勝ニ用ヰタルモノト云、

コマぶえ（名）［高麗笛］歌口ノ外ニ、六孔アル笛、高麗樂ニ用ヰル。篴　又、一種、三孔ニシテ短小ナルヲモイフ。

こまへ（名）［小前］賤シク貧シキ民ノ稱。「―ノ者」細民

こままはし（名）［獨樂廻］觀場ニ、獨樂ヲマハシテ、種種ノ曲ヲナスモノ。

ごまみそ（名）胡麻ヲ炒リテ、味噌ト擂リ合ハセタルモノ。

〔こまむかへ（名）［駒迎］八月ノ駒牽ノ駒ヲ、逢坂マデ出デ迎フルコト。（駒牽ノ條ヲ見ヨ）

こまむすび（名）［細結］紐ヲ眞結ニ固ク結ブコト。

こまめ（名）［鱓］鯷ヲ風乾ニシタルモノ、炎　又、炙リ食フ、健全ニ寄セテ、賀儀ノ供トシ、小殿原ナド唱ヘテ、子孫繁榮ヲ祝ス、又、最モ多ク糞培ニ用ヰルガ故ニ、田作ノ名モアリ。

こまもの（名）［小間物］〔細物ノ義〕商家ニ、婦人化粧ノ具、櫛、簪、油、紅、白粉ヲ始メ、楊枝、齒磨、其他裝飾雜細ノ物ヲ商フモノ。星貨

こまものや（名）小間物ヲ商フ者。貨郎

こまやかに（副）［濃］〔細ノ義〕（一）濃ク茂ク。多ク厚ク。「墨染ノ色、―テ」御文、―書キ給ヒテ」（二）情、篤ク。「―語ラヒ出デ給フトテ」此君ヲバ、こまやかにヤンゴトナク、モテナシカシヅキ」

こまよけ（名）［駒除］こまよせニ同ジ。

こまよせ (名) 駒寄 門前ナドニ設クル低キ柵、馬ノ奔逸ルルヲ防グ。コマヨケ。ウマドメ。 梐枑 欄馬

こまりいる・ル・レ・ラ・リ・レ (自動)(規・一) 困入 甚ダ困ル。

こまりきる・ル・レ・ラ・リ・レ (自動)(規・一) 困切 甚シク困ル。

こまる・ル・レ・ラ・リ・レ (自動)(規・一) 困 難儀ニ逢ヒテ艱ム。窘ム。

こみ (名) 小身 〔或ハ、込入ル意カ〕 刀ノ刃ノ本ノ欄ノ中ニ入ル處。ナカゴ。 刀心

こみ (名) 込 大小、善惡、打込ミテルヿ。(商品ナドニイフ)

ごみ (名) 塵。ホコリ。アクタ。 塵芥

ごみ (名) 五味 五ツノ味、即チ、辛キ、甘キ、鹹ユキ、酸キ、苦キヲイフ、

こみあげる・ゲル・ゲレ・ゲ・ゲ・ゲロ (自動)(規・四・變) 込上 胃ヨリ物ヲ上ゲテ嘔カムトス。 嘔逆

こみあふ・フ・ヘ・ヘ・ヒ・ヘ (自動)(規・一) 込合 直ト群ガル。雜リ集マル。 雜沓

こみいる・ル・レ・ラ・リ・レ (自動)(規・二) 込入 (一)押シ入ル。 進入 (二)入リマジル。入リ組ム。混雜スル。 錯雜

ごみし (名) 五味子 草ノ名、春、舊キ蔓ヨリ芽ヲ生ズ、葉ハ互生シテ、杏子ノ葉ニ似タリ、又、またたびノ葉ニ似テ、鋸齒粗ク、皺アリ、夏ノ初ニ、花アリ、白クシテ緑ヲ帶ブ、形ハ蓮花ニ似テ、小キヿ錢ノ如シ、八九瓣ナリ、實、熟スレバ、赤クシテなんてんノ如ク、年ヲ歷レバ黑シ、五味備ハルトテ名アリ、藥用トス、此種ハ、朝鮮ヨリ渡リ、漢名、北五味子トイヒ、さねかづらヲ南五味子トイフニ對ス。

ごみため (名) 芥溜 塵芥ヲ積ミ置ク所。チリツカ。ハキダメ。

こみち (名) 徑 〔小路ノ義〕 幅ノ狹キ路。コウヂ。

こみち (名) 小道 六町ヲ一里トスル稱。(里ノ條ヲ見ヨ)

こみぢん (名) 粉微塵 碎ケテ粉トナリ微塵トナレルヿ。コナミヂン。 粉碎

〔こみづ (名) 白飲 濃漿 〔濃水ノ義〕 米ヲ煮タル汁。オモユ。コンヅ。

ごみとり (名) 塵取ニ同ジ。

こみや (名) 込矢 鳥銃ノ具、鐵ノ細長キ棒ニシテ彈藥ヲ筒ノ底マデ込ミ入ルルニ用ヰル。カルカ。カルコ。 槊杖

〔こみら (名) 〔おほみらニ對シテ小ナルイフ〕 韭、又ハ、韮。

こむ・ム・メ・マ・ミ・メ (自動)(規・一) 籠込 (一)コモル。入ル。「入リー」込ミ入ル」(二)人、密ニ群ガリ集ル。群集ス。 雜沓

こむ・ム・メ・マ・ミ・メ (他動)(規・一) 籠込 入ルル。詰ムル。(熟語ニ)「積ミー」押シー」打チー」注ギー」

こむ・ムル・ムレ・メ・メ・メヨ (他動)(規・二) 籠込 (一)入ルル。詰ムル。「丸ヲー」砂ヲー」(二)含マス。有ス。トドム。「意味ヲー」心ヲー」心ニー」

○夜ヲコメテ。 夜明ニ先キダチテ。

こん (名) 紺 紫ト靑ト和シタル色。藍色ノ微赤ミアルモノ。

こん (名) 坤 (一)易ノ卦ノ名、地ノ義ヲナス(乾ノ條、見合ハスベシ)(二)方角ノ名、西南ノ間。ヒツジサル。

こん (名) 鯤 支那ニ、想像ノ大魚ノ名、其廣サ、長サ共ニ數千里アリテ、北冥ニ棲メリト云フ。

こん (名) 根 (一)ネモト。(二)佛經ノ語ニ、六根ノ元氣。(六根ノ條ヲ見ヨ)「ー性」(三)事ヲ行フニ、久シク堪ヘ忍ブ精神ノ力。「氣ー」ー氣」精ー」ーガヨイ」ーガツヨイ」ーガ盡キル」 精力 氣力

こん (接頭) 今 今ノ。(熟語ニ用ヰル)「ー月」ー十日」ー明治……年」

こん (接尾) 獻 酒宴ニ盃ヲ他ニ獻スヿ。「初ー」三ー」九ー」數ー」

ごん (名) 艮 (一)易ノ卦ノ名、卦ノ條ヲ見ヨ。(二)丑寅ノ方。

ごん (接頭) 權 〔權ニ設クル意〕 正官ニ副ヘル官ニ被ラスル語。「ー大納言」ーノ頭」

こんい (名) 懇意 (一)ネンゴロナル心。(二)交際ノ殊ニ親シキヿ。入魂。 懇親

こんいん (名) 婚姻 (一)夫婦ノ緣。(二)婚禮。

こんかう (名) 混淆 入リマジルヿ。マザリ。

こんがう (名) 金剛 (一)金剛石。(二)佛經ニ、金剛界ナル許多ノ佛菩薩ニ被ラシムル稱。

こんがう (名) 〔密教ノ僧、安然、貧時、草履ヲ作ル、人コレヲ問ハバ金剛ノ性體ナリト答ヘタルニ起ルト云〕

草履ノ異名 藁―、板―ナドアリ。

こんがうしや (名) 金剛砂 石榴珠トイフ寶石ノ細末ナルモノ、河内ノ金剛山ヨリ產ス、砂ノ如クニシテ赤黑シ、又、黃赤ナルモアリ、形、多ク稜アリ、玉石ヲ切リ、又、物ヲ粗磨スルニ用キル。コンガウヂヤウ。アカズナ。合玉石

こんがうせき (名) 金剛石 礦物ノ名、印度、又ハ、南亞米利加洲ノ伯西爾等ノ熱地ニ產ス 水晶ノ如ク透明リテ色無キヲ常トス、又 黃、靑、綠ヲ帶ビタルモアリ、礦物ノ、最モ堅ク、最モ貴キモノトス、裝飾トシ、又、水晶、硝子、及ビ、諸ノ玉石ヲ切ル用トス。金剛鑽

こんがうぢやう (名) 金剛錠 金剛砂ニ同ジ.

こんがうづゑ (名) 金剛杖 修驗者ノ持ツ杖、白木ニテ八角ナリ。

こんがうやしや (名) 金剛夜叉 佛經ニ、明王ノ一三面六臂、北方ヲ護リ、一切可畏夜叉ヲ摧伏ストー云。

こんがうりう (名) 金剛流 能ノ一派ノ名。(能ノ條ヲ見ヨ)

こんがうりきし (名) 金剛力士 仁王ノ條ヲ見ヨ。

こんかき (名) 紺搔 〔紺ハ藍ヲ搔キ立テテ染ム〕 紺ニテ物ヲ染ムル工。カウカキ。紺屋。カウヤ。

こんか (副) 言下 語ル言葉ノ下ニ、話ストキ直ニ。「―說キ伏ス」

こんがふ (名) 混合 マザリアフコト。

こんかみ (名) 紺紙 藍ニテ紺色ニ染メタル紙、種種ノ用トス。アヰガミ。靑紙

コンガラ (名) 矜羯羅 不動明王ノ脇士ノ名 合掌シテ、一股杵ヲ横ニ大脂ニ挾ム、

こんき (名) 根氣 根ノ條ヲ見ヨ.

こむぎ (名) 小麥 むぎノ條ヲ見ヨ.

こんぎ (名) 婚儀 婚禮ニ同ジ。

こんぎ (名) 坤儀 大地。地球.

こんぎく (名) 紺菊 よめなノ類、春、舊キ根ヨリ叢生ス、葉ハよめなノ葉ニ似テ、莖ト共ニ紺色ナリ、秋ノ半ニ、花ヲ開ク よめなノ花ニ同ジクシテ、藍色ヲ帶ブ。馬蘭

こむぎこ (名) 小麥粉 小麥ヲ碾キタル粉ノ稱、饂飩、索麪、饅頭、麪包、其他菓子ナド製スルニ用多シ。ウドンノコ。ウドンコ。麪粉

ごんぎやう (名) 勤行 ツトメオコナフコト。(僧ノ修行ニイフ)

こんきやく (名) 困却 コマルコト。窘ムコト。

こんきゆう (名) 困窮 衣食住ニ乏シクシテ苦シムコト。

こんきよ (名) 根據 根トシテ據ル所

ごんぎり (名) 五寸切 干鱧 海鰻ノ小キモノヲ、十頭連ネテ、風乾ニシタルモノ、形、片板ノ如シ、細カク刻ミ、酒、醬油ニ和シテ、膾トス、

こんく (名) 困苦 辛苦ニ同ジ。

〔ごんく〕 (名) 金鼓 (一)ヒラガネ。佛具、樂器ノ名、今ノ伏鉦ノ類カト云。「女ドモナド、笠ヲ着テ、ごんく鰐

チアリクヲ見ル二」(二)又 今ノ鰐口。(洛西、壬生寺ノ鰐口ノ銘ニ、金鼓一口正應元丁亥ヒトアリト云)

ごんく (名) 言句 ヒトクサリノコトバ。一言半句。

こんくわ (名) 混和 雜リ合ヒテ熟ルコト。

こんくわ (名) 混化 雜リアヒテ、別ニ一ツノモノトナルコト。

こんくわい (名) 今回 コノタビ。今度。

こんくわい (名) 吼噦 〔狐ノ鳴聲ヲ以テ名トス〕 狐釣ノ狂言ノ名

こんぐわん (名) 懇願 只管願ヒ望ムコト。懇請

こんげう (名) 今曉 今朝ニ同ジ。

こんげつ (名) 今月 今ノ月。此ノ月。

こんげん (名) 根元 オホネ。オホモト。根本。

ごんげん (名) 權現 佛、菩薩ノ類、衆生ヲ濟度セムガ爲ニ、化身シテ、權ニ此世ニ現ハルル稱。

ごんご (名) 言語 コトバ。ハナシ。言語。「―ニ絕ス」

ごんごだうだん (句) 言語道斷 〔天台大師ノ妙法ヲ讚シタル語ニ起ルト云〕 言語ニ述ブベキ道絕ユ。言ハウヤウ無シ。(善惡ノ意ニ通ハシテイフ)

〔こんごしよ〕 (名) 小御所ノ音便、其條ヲ見ヨ。

こんとん (副) 混混 渾渾 水ノ涌キ流レテ盡キザル狀ニイフ語。「原泉―」

こんこんと (副) 懇懇 ネンゴロニ。深切ニ繰返シテ。「―說ク」

こんざつ (名) 混雜 入リ雜リテ別ケ難キコト。イリクムコト。紛雜 錯雜

こんじ (名) 今時 イマドキ。イマ。

〔こんじき (名) 金色 黃金ノ色。

こんしん (名) 懇親 ネンゴロニシタシムヿ。睦ムヿ。懇意ヲ重ヌルヿ。

こんじん (名) 金神 陰陽家ニイフ神ノ名、白虎神ナリト云、曆ニ、其年ノ此神ニ當ル方角ニ向ヒテ、土木ヲ起スヲ忌ムトス。

こんじやう (名) 今生 今ノ世ニ生キ出デテアルヿ。(三世ノ條、見合ハスベシ)

こんじやう (名) 根性 ココロネ。ココロダテ。(根ト性トノ條ヲ併セ見ヨ)

こんじやう (名) 金青|紺青 礦物ノ名、山中ノ石中ニ混ジテアリ、臼ニテ搗キ碎キテ、細末トシ、水飛シテ繪ノ具トス、紺色ニシテ、稍、淡ク明キ色ヲナス、人造ナルニ對シテ石―トイフ。 扁青 人造ナルヲ、花―トイフ、西洋ヨリ舶來ス、青クシテ光澤アリ、上畫ニハ用ヰ難シ、只、看板ナド畫クニ用ヰル、硝子ノ粉ニテ製ストイフ。

ごんじやう (名) 言上 申シ上グルヿ。「―ニ及ブ」

こんず (名) 早踏ニ同ジ。

こんず・ズル・ズレ・ゼ・ジ・ゼヨ (自動)(不規・二) 混 マザル。マジル。

こんず・ズル・ズレ・ゼ・ジ・ゼヨ (他動)(不規・二) 混 マズル。マゼアハス。

こむすび (名) 小結 相撲ニイフ語、大關ノ條ヲ見ヨ。

こむすめ (名) 小娘 十三四五歲ホドノ少女ヲ稱スル語。

ごんずゐ (名) 權萃 樹ノ名、樹、葉、皮、共ニ珊瑚樹ニ似テ、房、稍、長シ、關東ニ多シ、臭氣甚シク、嫩芽ハ食フベシ。一名、キツネノチャブクロ。 樗

こんせい (名) 懇情 ネンゴロナルナサケ。我ニ厚キ志。

こんせい (名) 今世 イマノヨノナカ。

こんせう (名) 今宵 コヨヒ。今夜。

こんせき (名) 今夕 コヨヒ。今夜。

こんせき (名) 痕跡 アトカタ。物事ノアリタル印。

こんせき (名) 今昔 いまト、むかしト。「―ノ感」

こむソウ (名) 虛無僧 普化宗ノ條ヲ見ヨ。

こんだい (名) 今代 今ノ代。(位ニ居リ、又ハ、家ヲ繼ギ居ル間ニイフ、代ノ條ヲ見ヨ)

こんだて (名) 獻立 〔專ラ酒ヲ勸ムルニ就キテ獻トイフ〕 膳部ニ調ズル汁肴ノ次第。 菜單

++こんたん (名) 魂膽 〔根本發端ノ意ナラムカ〕 事ノ始末。ワケガラ。

こんぢく (名) 坤軸 佛經ニ、地心ニアリトイフ軸、其數、三千六百アリト云。

こんちゆう (名) 昆蟲 蟲。

こんづ (名) 濃漿 こみづノ音便、其條ヲ見ヨ。

こんてい (名) 昆弟 兄弟ニ同ジ。アニ、オトト。

こんてい (名) 根柢 根。根本。

〔こんでい (名) 健兒 〔字ノ音ノ轉〕 古言、チカラビト。古ヘ、衞士ノ類、兵部省ニ屬シテ、諸國ニ數百人アリ、後世ノ中間足輕ノ如シ。

こんでい (名) 金泥 金箔ヲ粉ニシテ、膠ノ水ニ溶シタルモノ、書畫ヲカクニ用ヰル。 金漿 又、銀箔ナルヲ銀泥トイフ。

こんてう (名) 今朝 ケサ。

こんてんぎ (名) 渾天儀 古ク天文學ニ用ヰタル器械、日月ノ運行ヲ測ルモノ。

こんど (副) 今度 コノタビ。

こんどう (名) 金銅 銅ニ金ヲ雜ヘタルモノ、佛像ナド鑄ルニ用ヰル。

こんどう (名) 混同 雜リテ一ツニナルヿ。

こんとく (名) 懇篤 ネンゴロナルヿ。深切。

こんどさ (名) 紺土佐 〔土佐ノ產ヲ上トス〕 紙ノ名、厚クシテ紺色ニ染ム。其色ノ稍淡キヲ靑土佐トイフ。

こんとん (名) 混沌|渾沌 開闢ノ初メ、天地未ダ分カレザルトキノ狀ニイフ語。「―未分」

〔こんとん (名) 餛飩 麪粉ニ、剉メル肉ヲ裹ミテ蒸シタルモノト云。

こんなん (名) 困難 コマルヿ。ナヤムヿ。難儀。

こんにち (名) 今日 ケフ。

〔こむにち (名) 五墓日 曆ニ、特ニ家作ニ吉ナリトシテ用ヰル日ノ稱、其他ハ萬事ニ用ヰ難シトイフ。

〔こんにった (句) 今日ハノ音便。

こんにやく (名) 菎蒻 〔蒟蒻ノ音ノ轉カ〕 古名、コニヤク。草ノ名、多ク畠ニ植ウ、形、天南星ニ似テ、莖、圓ク綠ニシテ、紫黑ノ點多シ、葉ハ、枝ヲ分チテ、二

三十葉並ビツク、老根ノモノハ、夏ノ初メ、花莖ヲ生ズ、二三重相包ミテ、たけのかはノ如シ、後ニ頭、開キテ、中心ニ一柱アリ、外色、紫黒ナリ、根塊ヲ一玉ーイフ、大ナルハ三四寸、芋塊ノ如クニシテ圓ク扁シ。蒟蒻 秋ノ末、根塊ヲ煮テ、搗キマゼ、水ヲ加ヘ、蹈ミテ、糊ノ如クナリタルニ、石灰汁ヲ交ヘ、模ニ入レ、石灰汁ヲ加ヘタル水ニテ、煮テ食フ、是レ舊法ナリ、新法ハ、根塊ヲ削リテ乾シ、搗キテ粉トス、コレヲ一粉トイヒ、糊トシテ、傘紙ナド繼グニ强シ、此粉ニ水ヲ加ヘ、蹈ミテ糊トシ、餘ハ舊法ノ如クシテ食用トス。 蒻腐

こんにやく-だま (名) 【崑蒻玉】 こんにやくノ條ヲ見ヨ。

こん-ねん (名) 【今年】 コトシ。

こん-ぱく (名) 【魂魄】 タマシヒ。

コムパス (名) 【混撥子】 〔蘭語、Compas.〕 (一)ぶんまはしニ似タル具、鐵ニテ二叉ヲナシ、本ニ釘シテ開閉スベク、端尖ル、測量、圖引ノ技ナド、其他、種種ノ用ヲナス。 圓規 (二)西洋ノ磁石盤。(磁石ノ條ヲ見ヨ)

こん-ばん (名) 【今晩】 コヨヒ。今夜。

こん-ばん (副) 【今般】 今度。コノタビ。

こんぱる-りう (名) 【今春流】 能ノ一派ノ名。(能ノ條ヲ見ヨ)

コンピラ (名) 【金毘羅】 梵語、威如王ト譯ス、天竺ノ靈鷲山ノ神ノ名。往時、讃岐ノ象頭山ニ祀レルハ、其像、僧形ニテ、頭巾ヲ着ケ、羽扇ヲ執ル。

こん-ぶ (名) 【昆布】 古名、ひろめ。又、えびすめ。今、又、略シテ、こぶ。海草ノ名、北海道ニ產ズ、根ハ岩礁、又ハ、海底ノ砂礫ニ生ジ、葉ノ大ナルハ、徑一尺餘、長サ數丈、短キモノモ四五尺、濃綠ナルヲ上トシ、黃褐ナルヲ下トス、乾シ晒セバ、柔軟ナルコトあめしがはノ如シ、貯ヘテ食用トス、賀ノ名ニ寄セテ、多ク祝賀ニ用ヰル。

こんぶ-まき (名) 【昆布卷】 燒鮒ヲ昆布ニ卷キテ、濃ク甘ク煮タルモノ。

コンペイトウ (名) 【金米糖】 〔西班牙語、Confeito (英語、Confect.) ノ訛〕 乾菓子ノ名、銅盤ヲ火ニ掛ケ、其上ニテ、氷蜜ニ塵白ヲ加ヘタルモノニ、炒リタル芥子ヲ種トシテ入レテ、糖漬ノ義ナル Confeitn 屢、轉バスレバ、粒每ニ塗レテ衣ヲ被キ、乾キテハ塗レ、塗レテハ乾キシテ、次第ニ圓トナリテ、周ニ細カナル疣ヲ成ス、此製ナルヲ氷掛ト云。又、下等ノ製ナルヲバ火掛トイフ おほりかけノ條ヲ見ヨ。

こん-べん (名) 【言偏】 漢字ノ偏ニアル言ノ字ノ稱、計、訓、記、詩、語、ナドノ如シ。 言旁

こんぼち-こめ (名) ぼんぼちこめニ同ジ。

こん-ぽん (名) 【根本】 ネモト。オホネ。

〔こん-ぽん-か (名) 【混本歌】 旋頭歌ノ條ヲ見ヨ。

こん-まう (名) 【懇望】 只管、請ヒ望ムコト。 懇請

こん-めい (名) 【懇命】 ネンゴロナル語ヒ。心切ナル心添ヘ。

こんもり (副) 暗ク籠リタル狀ニイフ語。

こん-や (名) 【紺屋】 藍ニテ布帛ニ紺色ヲ染付クルヲ業トスル工。ゴウカキ。コンカキ。ゴウヤ。ゾメヤ。今專ラ一般ノ染物師ノ稱トス。

こん-や (名) 【今夜】 コヨヒ。

こん-ゆ (名) 【懇諭】 ネンゴロニ、サトスコト。深切ニ言ヒ聞カスルコト。

こん-ゆふ (名) 【今夕】 コヨヒ。今夜。

こん-よ (名) 【坤輿】 〔地載ニ萬物、如ニ輿〕 地球ニ同ジ。

こむら (名) 【腓】 〔小叢肉ノ義カト云〕 脛ノ背面ノ、脹レテ肉ノ多キ處、體中急所ノ一ナリ。フクラハギ。手ナルヲ手ートイフ。

〔こ-むら (名) 【樾】 〔木叢ノ義〕 樹ノ枝ノ相交ハレル陰。

〔こん-らう (名) 【軒廊】 禁中ニアリテ、事アル每ニ、卜部ノ占ヲナス處。「一ノ御卜」

こむらがへり (名) 【轉筋】 〔腓返ノ義〕 腓ノ筋肉ノ拘攣。カラスナメリ。

こ-むらさき (名) 【小紫】 小キ木、山ニ生ズ、枝、葉、兩對ス、葉ハ、にしきぎ、又ハいぼたニ似テ鋸齒アリ、夏、葉ノ間ニ、五瓣ノ小紫花、簇リ開ク、實圓ク、大サ一分許、秋冬、熟スレバ紫ナリ、葉落チテ後、愈、美ナリ。 紫珠

こ-むらさき (名) 【濃紫】 紫ノ甚ダ濃クシテ黑キホドニナリタルモノ、三位以上ノ袍ノ色ナドニイフ。

こん-らん (名) 【混亂】 マザリ、ミダルルコト。ゴタマゼ。

こん-りふ (名) 【建立】 造リ建ツルコト。(多ク堂塔ナドニイフ)

こん-りん-ざい (名) 【金輪際】 佛經ノ說ニ、大地ノ厚

サ、一百六十萬由旬アル其底ノ稱。

こんりんざい (副) 金輪際 〔前條ノ語ヲ轉用ス〕 底ノ底マデ。極マルトコロマデ。「一言フマジキ事」 一意地ヲ張ル」

こんりよう (名) 袞龍 天子ノ御禮服ノ稱、御即位、大嘗會等ノ大禮ニ着セラル、色赤クシテ、日、月、星辰、龍、蟲、火等ノ象ヲ繡フ、玉冠ヲ被ラセラレ、下ニ裳ヲツケ、玉佩ヲ帶バセラル。「一ノ御衣」

こんれい (名) 婚禮 婚姻ヲ結フ時ノ儀式。

こんろ (名) 〔火爐ノ唐音轉ニモアラムカ〕 床上ニ置ク爐、鐵製アリ、土製アリ、內、空ニシテ、中段ニ架アリ、前面ノ下ニ横穴アリ、架ニ炭火ヲ盛リ、下ノ穴ヨリ風通ジテ火ヲ熾ニス。 凉爐

こんゑふ (名) 近衞府 このゑふニ同ジ。「左一」 右一」

こめ (名) 米 〔小實ノ轉カト云〕 稻ノ子、其穀ヲ脫スレバ、中ニ粒子アリ、糠ニテ包ム、搗キ精グレバ白シ、炊ギテ飯トシ、日常ノ食トス、種類多シ、稻ノ條ヲ見ヨ。

〔こめ (名) 韶陽魚 鱏ニ同ジ。

〔こめ (名) 縠 〔籠目ノ義ニテ、織目ノ狀ニイフト云〕 絹布ノ名、織目ノ細カク縮ミテ、籠ノ目ノ如キモノト云。

こめい (名) 古名 古キ名。昔シノ稱。

ごめい (名) 五明 〔眞舜、廣開二視聽、求二賢人一以自輔、故作二五明扇一〕 扇ノ異名。

〔こめか・し・シキ・シケレ・シク・シク (形・二) 兒童ラシク見ユ。「十四ニナム、オハシケル、イト、こめかしう」 手モ、こめかしう、ヲカシゲナルヲ」

こめかしたけ (名) 炊グベキ白米ヲ淅ズニ用ヰル桶。

こめかみ (名) 顳谷 〔米ヲ嚼メバ動ク義〕 灸穴ノ名、耳ノ上、鬢際ニ入ルヿ一寸五分、物ヲ嚼メバ動ク處。

〔こめ・く・ク・ケ・カ・キ・ケ (自動) (規・二) 兒童ラシクアリ。オホラカナリ。オホヤウナリ。「タダ御心ザマノ、オイラカニ、こめきテ」 本性、イト靜ニ、心ヨク、こめき給ヘル人ノ」 アサマシトノタマフ狀、イトこめきタリ」

こめぐら (名) 米藏 米ヲ貯ヘ置クニ用ヰル藏。ヨネグラ。 米廩

こめこめ (名) 木ノ名、伊勢ノ宮川ノ上ニアリ、葉、至テ小ク、細長ク、夏ノ初、薄紅ナル小花ヲ開キ、紫ナル實ヲ結フ、材、折レ難シ、鳥銃ノ槊杖トシ、杖トシ、元日ノ箸ニモ用ヰルト云。

〔こめ・さき (名) 〔米裂ノ義〕 粉米ノ古名。アラモト。 碎米

こめざくら (名) 米櫻 櫻ニ似テ、甚ダ小キモノ。

こめだはら (名) 米俵 米ヲ入ルル俵、藁ニテ作ル。 米苞

こめつき (名) 米搗 玄米ヲ搗キ精グルヿ。又其人。

こめつきばつた (名) こめつきむしニ同ジ。

こめつきむし (名) 米搗蟲 きくひむしノ羽化シタルモノ、形、たまむしニ似テ、大ナルハ、長サ一寸餘、茶褐色ニシテ金光アリ、又、甲ニ、綠ト黑トノ縱線アルモアリ、又、六分許ニシテ、黑褐色ニシテ、秋夜、燈火ニ集ルモアリ、皆、其體ヲ抑フレバ、頭ヲ上下シテ聲アリ、春ツク狀ノ如シ。古名、ヌカツキムシ。今、又、コメフミ。コメツキバツタ。 叩頭蟲

こめつぶ (名) 米粒 米一ツ。

こめな (名) 米菜 小草、春、白花ヲ開ク。

こめる (接尾) 共ニ籠メテ。引キクルメテ。「根一吹折ラレタル」 花一」 香一」 妻一」

こめのむし (名) 米蟲 又、ヨナムシ。甲蟲、長サ一分許、二鬚、六足、米穀ノ中ニ生ジテ、コレヲ食フコト、ザウゴクウザウ。コメムシ。 蛄蟹

こめびつ (名) 米櫃 炊グベキ精米ヲ貯ヘ置ク櫃。 穀匣

こめふみ (名) 米蹈 (一)蹈臼ヲ蹈ミテ米ヲ精グルヿ。(二)こめつきむしノ一名。

ごめん (名) 御免 (一)免許ノ敬語。オユルシ。「一ノ勸化」 一ノ渡世」 (二)役目ヲ罷ムルヿノ敬語。「御役一」 年貢一」 (三)容赦ノ敬語。

ごめんがは (名) 御免革 錦革、正平革ノ各條ヲ見ヨ。

ごめんげた (名) 御免下駄 疊付ノ駒下駄ノ稱、禁中雨天ノ節、高足ナラズトシテ、免サルトイフ。

こめむし (名) こめのむしニ同ジ。

こめや (名) 米屋 米ヲ賣ル商家。玄米ヲ賣ルヲ玄

ートイヒ、搗キ糯ゲテ小賣スルヲ搗ートイフ。 小女

〔こめらは (名) 小女童ノ約。メノワラハ。ゴムスメ。 小女

こめる (動) 瀧ム、(規.二)ノ訛。

こめろ (名) 小女郎 こめらはノ約。ゴムスメ。 小女

こも (名) 𦮙 まこもノ條ヲ見ヨ。

こも (名) 薦 〔菰席ノ略〕 粗ク織レル席、元ハ菰ニテ作レルカ、今ハ、多ク藁ナルニイフ。 草席

〔こも (名) 石蓴 〔小藻ノ義カト云〕 水草、莖、細長クシテ、穗ヲナシ、小丸子、多ク着キテ、馬尾藻ノ如シ、細ク切リテ薆トスベシ。

〔コモガイ (名) 熊川 〔朝鮮ノ語ニ、熊ヲくむトイヒ、川ヲかいトイフトゾ、日本紀ニ、熊川ト訓メリ、なれモ、朝鮮語ニテ、川ナリ〕 朝鮮、咸鏡道、熊川郡ノ產ナル茶碗ノ稱、茶家ニ珍トス、土色、大抵白クシテ、くわんにゆうアリ、釉ハ、ねずみ、うすあさぎ等ナリ、いとぞこ釉ナシ。平ー、鬼ーナドノ品アリ。

こもかぶり (名) 薦被 (一)大ナル酒樽ノ、薦ニテ包メルモノ。(二)俗ニ、乞食ノ異名。(衣ナクテ、薦ヲ被リ居ルニイフ)

ごもく (名) 〔芥置ノ約〕 (一)塵芥ヲ積ミ置ク所。ゴミタメ。(二)直ニ、塵芥。

ごもくずし (名) 五目鮨 魚肉、蔬菜、種種ノ物ヲ刻ミテ雜ヘタル鮨。

ごもくならべ (名) 五目並 碁盤ノ目ノ上ニ、碁石ヲ、縱ナリトモ、横ナリトモ、斜ナリトモ、五目、列ヲ成サシムルヿ、互ニ打チ、互ニ防ギテ、早ク列ヲ成シタルヲ勝トス。 格五

ごもくめし (名) 五目飯 種種ノ蔬菜ヲ雜ヘテ炊キタル飯。 骨董飯

こもごも (副) 交 〔此モ此モノ義カ〕 代リ合ヒテ。互ニ入リチガヒテ。カハルガハル。

こもそう (名) 薦僧 〔薦ニ坐セシヨリ名ヅク、トイフハ、イカガ〕 虚無僧ノ訛。(普化宗ノ條ヲ見ヨ)

こもち (名) 子持 子ノアルヿ。子ヲ生ミタルヿ。

〔ごもち (名) 御物ニ同ジ。

こもちいし (名) 子持石 (一)はつたいいしニ同ジ。(二)石ノ中ニ小石ヲ抱ケルヲモイフ。

こもちすぢ (名) 子持筋 太キ線ニ、細ソキ線ヲ添ヘ、相並ベテ引ケル線、嫁入ノ衣服器物ナドニ用ヰテ祝フ。

こもちづき (名) 小望月 望月ノ前ノ夜ノ月、即チ陰暦、十四日ノ月。

ごもつ (名) 御物 皇室、御所藏ノ物。

こもづつみ (名) 薦包 薦ニテ包ミタルモノ。

こもづの (名) 菰角 又、コモフツロ。秋、まこもノ根ノ上ニ生ズル筍ノ如キモノ。一名、カンツル。 菰首 熟スレバ、內ニ灰ノ如キモノ滿ツ、色黒シ、まこもずみ、はたちかづら等ノ名アリ、頭ノ禿ニ塗リ、又、油、蠟ヲ黒クスルニ雜フ。 烏鬱

こもの (名) 小者 卑シキ召使ノモノ。下部。 小廝

こものなり (名) 小物成 正シキ租税ノ外ニ、更ニ、種種ノ名義ニテ課スル税。 雜税

〔こもふつろ (名) こもづのニ同ジ。

こもん (名) 小紋 染模様ノ名、種種ノ形象ヲ、極メテ細カク、地一面ニ染メ出スモノ。

ごもん (名) 顧問 カヘリミトフヿ。難義アル時、相談シカクルヿ。

ごもんじよ (名) 古文書 古キ文書。往代ノかきもの。

こもり (名) 子守 小兒ノ監護ヲスルヿ。又、其婢ナド。

こもり (名) 籠 (一)コモルヿ。(二)參籠。(其條ヲ見ヨ)

〔こもりくの (枕) 隱口 大和ノ地ノ泊瀬ノ枕詞。

こもりどう (名) 籠堂 神社佛閣ノ傍ニアリテ、信者、行者ノ、參籠リテ修行スルニ用ヰル建物。

こもる・ル・レ・ラ・リ・レ (自動) (規.一) 籠隱 (一)中ニ滿ツ。入リテアリ。「烟、家ノ內ニー」ウハベハ人ニナビキ、オイラカニ見エナガラ、打解ケヌ氣色、下ニこもリテ」春日野ハ、今日ハナ燒キソ、若草ノ、妻モこもれり、我モこもれり」(二)家ニアリテ出デズ。籠居ス。「內ヘモマヰラデ、二三日、こもりオハスレバ」(三)中ニ入リテ守ル。籠城ス。「城ニー」 嬰城 (四)神社佛閣ニ止宿シテ祈念ス。參籠ス。(參籠ノ條、見合ハスベシ)

こや (名) 小屋 (一)小キ家。小ク粗ナル家。 陋屋 (二)工匠ノ工事ヲ爲スニ、假ニ作ル粗ナル家。 廠

〔こや (名) 助舖 〔小屋ノ義ナラム〕 古ヘ、京中ノ街頭ニ建テタル建物、衞府ノ官人、行夜スルニ用ヰル。ヒタキヤ。

〔こや (名) 蠶屋 養蠶スル家。 山里ハ、こやノエビラニ、

漏ル月ノ、影ニモマナノ、スヂハ見エッツ」吾妹子ガ、おやノシノヤ、五月雨ニ、イカデ乾スラム、夏引ノ絲」

おや (名) 後夜 (一)初夜ノ條ヲ見ヨ。(二)〔夜半ヨリノ勤行ニ〕「申ノ終リバカリニ、寺ノ中ニツキヌ、サテ、後夜行ヒツレバ、下リヌ」後夜ノオコナヒ」おやノ御加持」

おやうじ (名) 小楊枝 又、ツマヤウジ。齒牙ノ間ヲホジルニ用ヰル物、くろもじノ材ニテ作ル形、太キ針ノ如シ。牙杖

おやがけ (名) 小屋掛 假ニ小屋ヲ作ルヿ。

おやかまし (形) やかましトイフニ同ジ。

おやくにん (名) 小役人 身分卑キ役人。小吏

おやし (名) 肥 地味ヲ肥スモノ、糞、尿、干鰯、腐草等ノ物ヲ用ヰル、おえニ同ジ。

おやす (名) 子安 子ヲ安ラカニ產ムヿ。安產。「―ノ守」「―ノ曼陀羅」 易產

おやす・ス・セ・サ・シ・セ (他動)(規・一) 肥 (一)肥ユルヤウニナス。(二)地ニ肥ヲ下シテ肥エシム。

〔おやす・ス・セ・サ・シ・セ (自動)(規・一) 臥スノ古言。「病臥」

おやすがひ (名) 子安貝 たからがひノ一種、質黑クシテ、圓ク白キ文アリ、大ナルハ、長サ三四寸、婦人、所持シテ安產ノ効アリトス。

〔おやすぐさ (名) 鳶尾 いちはつニ同ジ。

おやすのき (名) 子安木 木ノ名、花、葉、ちさのきニ似タリ、材ニテ梳ヲ作リ、又、其花ヲ挿セバ、必ズ安產ナリト云。平產樹

おやそぎ (名) 荼蘼ノ一名。

おやつ (代) 此奴 人ヲ賤ミテ呼ブ語。

おやま (名) 小山 チヒサキ山。岡。邱

おやもの (名) 小屋者 非人、穢多、ノ類ノ稱。

〔おやる・ル・レ・ラ・リ・レ (自動)(規・一) 臥スノ古言。「梓弓、コヤルコヤリモ」

おゆ・ユル・ユレ・エ・エ・エヨ (自動)(規・二) 越 超 踰 (一)物ノ上ヲ過ギテ行ク。「山ヲ―」「川ヲ―」「境ヲ―」(二)勝ルマサル。「智略、人ニ―」(三)歷過グ。「年ヲ―」「月ヲ―」(四)到キテ過グ。「水、膝ヲ―」

おゆ・ユル・ユレ・エ・エ・エヨ (自動)(規・二) 肥 〔尋常ニ超ユル意ト云〕(一)身ノ肉、多クナル。太ル。(二)地ニ、善ク草木ヲ成長セシムル効アリ。肥腴

〔おゆ・ユル・ユレ・エ・エ・エヨ (他動)(規・二) 蹴 蹴ルニ同ジ。「蹴鞠」

〔おゆ・ユル・ユレ・イ・イ・イヨ (自動)(規・三) 凍 コゴユ。「衣温而忘百姓之寒」「食美而忘天下之飢」

〔おゆ・ユル・ユレ・イ・イ・イヨ (自動)(規・三) 寐ヌ、ノ古言。「コイ轉ブ」打チコイ臥シテ」

おゆひ (名) 小結 烏帽子ノ懸緒、組紐ヲ用ヰル。

おゆび (名) 小指 手足ノ最モ小キ指。季指

およう (名) 小用 (一)些ニ細ナル用事。(二)ユバリスルヿ。小用。

およう (名) 御用 用事ノ敬語。

およく (名) 五欲 佛敎ニ、人ニ感ズル色、聲、香、味、觸ノ稱。又、五塵。

〔およしもの (名) 蹇 物ヲ煮テ凍シタルモノ。煮凝。

〔およす・ス・セ・サ・シ・セ (他動)(規・一) 凍イサス。凍凝ス。「煮―」およしモノ」

およなし・キ・ケレ・ク・ク (形・二) 〔是ヨリ無シ、ノ略ト云、或云、越無シ、ノ轉カト〕他ニ比ベテ殊ノ外ニ違ヘリ。カケヘダタリタリ。格別ナリ。「年ハ、我ニ、およなく年長ニテゾ、オハセシ」およならコソ褒ヘニケレ」思ヒ給フル心ノ程ヨリハ、およなくオロカニ、御覧ゼラルル事ノ」人ノ御程、我身ノ程、思フニ、およなくテ、心地惡シトテ、ヨリフシヌ」大殿ノ君ノ、盛リニ匂ヒ給ヘルアタリニテハ、およなカルベキ程ノ人ヲ」懸隔

およひ (名) 今宵 〔此宵ノ義〕今日ノ宵。「今日始ムベキ禱リドモヲ、―ヨリト聞エイツガセバ」蜘蛛ノオコナヒ、―シルシモ」又、夜明ケテモイフ。「―モツヒニ、マダ明ケニケリ」降リ明カシテ、早朝、―ノ雨ノ音ハ」

およみ (名) 曆 〔日讀ノ轉、讀ムハ數フナリ〕又、ひよみ。一年中ノ四時、月、日、等ヲ、表ニ掲ゲ記セル書。一年十二度ノ太陰ノ朔望晦ヲ基トシテ、十二箇月ニ立テ、一箇月ノ日數ヲ、二十九日、或ハ三十日トシ、全年ヲ凡ソ三百六十日トスルヲ、太陰曆又ハ、陰曆トイフ、古來用ヰタルモノ、明治五年限リ、廢セラレヌ、舊曆トイフ是レナリ。又、月ノ朔望ニ拘ハラズ、太陽ノ躔度ノ、天ノ或ル一點ヨリ、再ビ、此點ヘ復ルマデノ日數ヲ以テ、全年ヲ三百六十五日トシ、亦、十二箇月ニ割リ、一箇月ヲ、三十日、或ハ、三十一日(二月ハ、二十八日)ト立ツルヲ、太陽曆、又ハ、陽曆トイフ、明治六年ヨリ用ヰラルルモノニテ、新曆

トイフコトナリ。曆ノ上ニハ、年ノ月、日、週、四時ノ氣候、日月ノ出入、月ノ盈虧、日蝕、月蝕、潮ノ干滿、祭日、祝日等、(陰曆ニハ、日ノ吉凶等)凡ソ、月、日ニ起ルベキ事ヲ記ス(年、及ビ閏ノ條、見合ハスベシ)

こよみで (名) 曆手 三島手ノ條ヲ見ヨ。

〔こよみのはかせ (名) 曆博士ニ同ジ。「今日ハ吉キ日ナラムト、曆のはかせ召シテ、時問ハセナドシタマフ程ニ」

こより (名) 紙捻 (紙捻ノ約轉) 紙ヲ細ソク切リ裂キテ、搓リテ、絲トセルモノ。カミヨリ。カミヒネリ。カウヨリ。カンゼンヨリ。カンジンヨリ。 紙縷 紙撚

〔こら (名) 子等 古ヘ、女ヲ親ミ呼ベル語。妹。

こら (名) 子良 伊勢ノ神宮ニテ、神供ヲ奉ル殿ノ名、—ノ館、又ハ、御—ナドイヒ、俗ニ、神樂所ト稱ス。神人ノ少女、此ニ奉仕ス、コレヲ御—子ナドイフ。

こらい (副) 古來 古ヘヨリコノカタ。昔ヨリ今マデ。

こらう (名) 故老 年老イタル人。老人。トシヨリ。(敬フ意ニイフ)

こらう (名) 虎狼 (一)とらトおほかみト。(二)猛ク背キテ。—ノ心

ごらうず・ズル・ズレ・ゼ・ジ・ゼヨ (他動) (不規・二) 御覽ズ、ノ音便。覽ルノ敬語。「ゴラウジマセ」

ごらうまる (名) 五郎丸 麻布ノ名、袴地トス、越中ニ產ス。

こらしめ (名) 懲 (懲シメノ義カ) 懲シムルコ。イマシメ。

こらす・ス・セ・サ・シ・セ (他動) (規・二) 懲 他ヲ懲ルルヤウニナス。過失ヲ責メテ後ヲ戒ム。

こらす・ス・セ・サ・シ・セ (他動) (規・二) 凝 凝ルヤウニナス。寄セアツム。「思ヲ—」心ヲ—」目ヲ—」

こらふ (名) 胡蘿蔔 ニンジン。(菜ノ)

こらふ・フル・フレ・ヘ・ヘ・ヘヨ (他動) (規・二) 怺 堪ヘ忍ブ。辛抱ヘガマンス。 耐忍

こらへる (動) 前條ノ語ノ訛。

ごらん (名) 御覽 覽ルコ、ノ敬語。ミソナハスコ。

ごらんず・ズル・ズレ・ゼ・ジ・ゼヨ (他動) (不規・二) 御覽 覽ル、ノ敬語。ミソナハス。「心ヤスクモ御覽ゼサセズ」御覽ゼデ、久シカラム程ニ」

〔こり (名) (馨ノ約カ、或云、烟ノ凝ノ義カト) 香。(齋宮ノ忌詞ニ、堂ヲ香燒トニ云)「香塗レル、塔ニナ依リソ」蘇我大臣、手執ニ香爐、燒レ香發願」

こり (名) 凝 物ノ一處ニ凝リアツマルコ。カタマリ。 凝塊

こり (名) (括ル物ノ義カ、或ハ、骨柳、又ハ、行李ノ約カ) 旅ニ、衣服ナド入レテ荷トスル籠、白楊ノ枝、又ハ、ふぢかづら、竹、ナドヲ撓メテ編ミ造ル、柳—、竹—ナドアリ。 行李

こり (名) 垢離 (垢穢ノ離ルル義ト云) 眞言家ノ行ニ、水ニテ潔齋スルコ。コレヲ行フヲ「—ヲ取ル」トイフ。

こり (名) 狐狸 キツネ、タヌキ。「—ノシワザ」

ごり (名) 魚ノ名、いしぶしニ同ジ。

こりかたまる・ル・レ・ラ・リ・レ (自動) (規・一) 凝固 (一)凝リテ固クナル。(二)一心、籠ム。一途ニ思ヒ込ム。 固執

こりこう (名) 小利口 コザカシキコ。 小慧

こりこり (副) 懲懲 深ク懲リタル狀ニイフ語。「—スル」

〔こりずまに (副) 不懲 (まハ助語、或云、懲リズ爭ニ、ノ約カト) 前ノ失敗ニモ懲リズシテ。シヤウコリモナク。「ナホ—、又モ徒名ハ立チヌベキ御心ノスサビナメリ」—、又モ無キ名ハ、立チヌベシ」—、幾度床ヲ拂フラム」

〔こりたき (名) 香燒 齋宮ノ忌詞ニ、堂。

こりつ (名) 孤立 ヒトリダチトナリテ、援ナキコ。

こりつ (名) 股栗 震ヘワナナクコ。

こりん (名) 火鈴 (字ノ唐音ナラム) 形、鐘ノ如クニテ、甚ダ小ク、中ニ舌アリ、手ニテ振リ鳴ラスモノト云。

ごりん (名) 五倫 人ノ最モ相親シム五ツノ倫、即チ、父子、君臣、夫婦、長幼、朋友、コレナリ、コレヲ合ハセテ人倫トモイフ。(五常ノ條、見合ハスベシ)

ごりん (名) 五輪 (一)又、五體。天竺ニテ、地、水、火、風、空ノ稱。猶、支那ニテ言フ五行ノ如シ。(二)佛家ノ石塔ノ製ニ、方、圓、五箇ノ石ヲ積ミカサネタルモノノ稱、下ヨリ地、水、火、風、空ニ象ルト云。

こりんご (名) 小林檎 古名、カタナシ。今、又、山梨。小梨。山ニ多シ、樹ハ梨ニ似テ小ク、高サ一二丈、葉ハ、林檎ニ似テ、白キ毛アリ、又、三叉五叉ナルアリ、春、五瓣ノ白花ヲ開ク、林檎ノ花ニ似テ小ク、多ク簇リ生ス、實ハ櫻ノ實ニ似テ、秋、熟シテ赤シ、棠梨 又、一種、小木ニシテ、實ノ黄ナルヲ梢トイフ、材ヲ染料トス。 棠梨一種

こりんたう（名）〔小鈴糖〕金米糖ニ似テ、中空ナルモノ。

〔ごりやう（名）〔御靈〕(一)陰陽寮ニテ、疫神ヲ祭ル稱。(二)人ノ怨靈ノ祟ヲナスヲ和メ祀ル稱。

ごりやう（名）〔御領〕領地ノ敬語。

++こりる・リル・リレ・リ・リ・リヨ（自動）（規・四）〔懲〕懲ルノ訛。

こる・ル・レ・ラ・リ・レ（自動）（規・一）〔凝〕(一)結ビ付ク。寄リアツマル。カタマル。「雲ー」油ー」(二)一途ニ思ヒ込ム。一心ニナル。耽ル。「遊ニー」耽

〔こる・ル・レ・ラ・リ・レ（他動）（規・一）〔伐〕〔切ルノ轉カ、刈ルトモ通ズ〕柴薪ナド伐リ取ル。「木、こらムヿモ忘レテ、家ニ歸リヌ」カヘテコリ、思ヒシヿソ、伏柴ノ、こるバカリナル、ナゲキセムトハ」

こる・ル・レ・ラ・リ・レ（他動）（規・一）〔捆〕行李ヲ作ル。荷作スゴウル。

こる・ル・ルレ・リ・リ・リヨ（自動）（規・三）〔懲〕失敗ヲ悔イテ、後ヲ戒ム。

〔こるもは（名）〔凝海藻〕〔凝藻葉ノ義ナラム〕こころぶとニ同ジ。石花菜

これ（代）〔是 此 斯 之〕(一)最モ身ニ近キ物事ニ用キル代名詞。（それ、かれ、あれニ對ス）(二)此時。今。「ーマデハ」ーカラ先」

ごれう（名）〔御料〕(一)飯ノ敬語。「御料ハ參リタルカト言ヘバ、ユフベモ、ケサモ、參ラセタレドモ、御箸ヲダニモ、立ッサセ給ハズト申」これら食ヒナドシテ居タリ」(二)武家ノ他ニ、公方、大小名ノ領地ト別チテ、禁裏、仙洞等ノ御領地ノ稱。(三)薩州ニ、少女ノ稱。

（次條ノ語ノ略）

ごれうにん（名）〔御料人〕〔飯ノ御料ヨリ出デ、臺盤所ナドト同意ノ語カト云、或云、女御料ノ意ナリト〕(一)宮女ノ稱。(二)轉ジテ、娘ノ稱。（京都）

++これしき（副）〔是式〕コレホド。カホド。

ごれん（名）〔御簾ノ義〕貴人ノ妻ノ尊稱。（備前、備後）

コレラ（名）〔虎列剌〕〔英語、Cholera.〕病ノ名、霍亂ノ如クニシテ、極メテ烈シク吐キ瀉シスルモノ、傳遷甚シクシテ、多クハ死ス。

ころ（名）〔頃〕其時ノ前後ソノトキアタリ。ゴロホヒ。バカリ。時分。程。「彌生ノツゴモリノー」色マガフ、賓ノ雲ヤ、マジルラム、ーハ櫻ノ、四方ノ山ノ端」

ころ（名）〔轉〕ころばしノ略。

ころ（名）〔壺盧 胡盧〕ヘウタン。ヒサゴ。フクベ。

ころ（名）〔胡盧〕〔笑在ニ喉間一聲〕口ヲ掩ヒテ笑フヿ。ヒトワラヘ。モワラヒ。

ごろ（名）〔語路〕(一)言語文章ノ續キ行ク調子。(二)地口ノ一體、天明年間ヨリ流行ス、言葉續キニテ、此言葉ヲ他ノ言葉ニ寄セテ、ソレト聞カスルモノ。

ゴロ（名）〔呉羅 呉呂〕ごろふくれんノ略。

ごろ（接尾）〔頃〕(一)他語ニ添ヒテ副詞トスル接尾語、の頃ヨリノ意ヲナス。「春ー、久我ニマカレリケルツイデニ」ソノ冬ー、言ヒツカハシケル」(二)其頃ヨリコノカタ。「年ー」思フ」日ー」月ー」

ころう（名）〔固陋〕見聞ノ偏リテ狹キヿ。知識ノ博カラヌヿ。

ころがき（名）〔轉柹ノ義カ〕つるしがき、條ヲ見ヨ。

ころがす・ス・セ・サ・シ・セ（他動）（規・一）〔轉〕ころばす、まろばすニ同ジ。

ころがる・ル・レ・ラ・リ・レ（自動）（規・一）〔轉〕まろぶニ同ジ。

++ころげる・ゲル・ゲレ・ゲ・ゲ・ゲロ（自動）（規・四・變）〔轉〕ころがるニ同ジ。マロブ。

ころころ（副）(一)轉ガリ行ク状ニイフ語。〔轉顛〕(二)鈴ノ鳴ル音ニイフ語。「ヤヲトメノ、振ルテフ鈴ノ、ころころト」(三)猫ナドノ喉ヲ鳴ラス音ニイフ語。

ごろごろ（副）雷、車ノ聲ナド、轢リ轉ブガ如キ響ニイフ語。〔轟轟〕

ごろしも（接）〔しハ天爾波、もハ感動詞〕時、正ニ。「ー、夏ノ頃ニテ、暑サ、堪ヘガタキニ」

ころす・ス・セ・サ・シ・セ（他動）（規・一）〔殺〕〔枯スニ通ズルカト云〕(一)死ナス。命ヲ斷ツ。息根ヲ止ム。殺害ス。(二)壓シツケテ小クナス。殺グ。減ス。「息ヲー」烟管ヲー」

ごろたいし（名）〔轉轉スル意ノ名ナラム〕石ノ小キモノ。イシコロ。

++ごろつき（名）定レル住居モ無クテ漂泊ヒ居ル惡漢ノ稱。（東京卑語）

++ごろつく・ク・ケ・カ・キ・ケ（自動）（規・一）ゴロゴロト鳴リ響ク。（雷ナド）

コロップ（名）〔英語、Cork.ノ訛〕又、キユルク。瓶ノ口ノ塞トスルモノ、「コーク」トイフ樹ノ皮ヲ用ヰル。此樹、檞

類ノ常緑ノ喬木ニシテ、西班牙、葡萄牙ニ生ズ、外皮、甚ダ厚ク粗鬆ニシテ、固キ海綿ノ如シ。

おろばし (名) 轉 短ク圓ク細ソキ棒ヲ、木石ナド重キ物ヲ動カストキ、下ニ敷キテ轉バシ行クニ用ヰルモノ。略シテ、ゴロ。

おろば・す・ス・セ・サ・シ・セ (他動) (規・二) 轉 (一)地上ニ廻ラシテ遣ルマロバス。コロガス。(二)倒ス。倒

どろはち・おやわん (名) 五郎八茶碗 茶漬茶碗ノ粗製ナルモノノ稱。

〔おろび〕 (名) 讁ナリ。叱。「發ニ稜威之嘖讓ニ」

おろびがき (名) 牡蠣ノ一種、岩石ニ着カズ、海中ニ轉ビテアルモノ、殻、肉、大クシテ、味劣ル、夏食フガ故ニ、あつがきノ名モアリ。草鞋蠣

おろびね (名) 轉寐 カリネ。ウタタネ。假寐

〔おろ・ぶ・ブ・ベ・ブ・ビ・ベ〕 (他動) (規・二) 讁 大聲ニ罵リサケブ。叱ル。「誰ゾ此ノ、吾ガ屋戸ニ來喚ブ、タラチネノ、母ニ嘖バエ、物思フ我ヲ」

おろ・ぶ・ブ・ベ・ブ・ビ・ベ (自動) (規・二) 轉 (一)マロブ。ゴロガル。(二)蹶キ倒ル。倒 (三)切支丹宗ヲ改宗ス。

ゴロフクレン (名) 呉羅服連 〔蘭語、Grof(粗)grein. (駝毛布ノ訛)〕西洋舶來ノ毛織物、駱駝ノ毛ニテ織ル、今、多クハ、羊毛、又ハ、綿麻ノ絲ヲ交ヘテ、固ク紡ギテ織ル。略シテ、呉羅。牛郎綢

〔おろ・ぶ・す・ス・セ・サ・シ・セ〕 (自動) (規・二) 自臥 自ラ臥ス。「我ガ大君ノ、立タセレバ玉藻ノ如ク、おろぶせバ川藻ノ如ク」

おろほひ (名) 頃比 (一)頃トイフニ同ジ。(二)程。「擇リ出ヅベキーナリ」

おろも (名) 衣 〔着ル物ノ轉カト云〕(一)織物ナドニテ、人ノ身ニ合ハセ作リテ着ル物ノ總名、袴 羽織モ同ジ。キモノ。キルヰ。衣服。衣裳。(二)俗ニ、專ラ僧ノ着ル衣ノ稱。直綴。衲衣 法衣 (三)乾菓子ノ上ニ塗ル砂糖液ナド。(四)揚物、てんぷらノ菜肉ニ塗ル饂粉ノ液。

おろもがへ (名) 衣替 陰曆、四月朔日ト、十月朔日トニ、其時候ノ衣ヲ着替フルコト。更衣

〔おろもづつみ〕 (名) 衣幞 〔衣包ノ義〕服紗、風呂敷ノ類。

〔おろもで〕 (名) 衣手 袖ニ同ジ。「君ガタメ、春ノ野ニ出デテ、若菜摘ム、我ガーニ、雪ハ降リツツ」

おろものすそ (名) (一)衣ノ裾ニ當ル所。「君ガタメ、ーヲ濡ラシツツ、春ノ野ニ出デテ、摘メル若菜ゾ」(二)裾ニ同ジ。

おろもへん (名) 衣偏 漢字ノ偏ニアル衣ノ字ノ稱、衽、袂、袍、袖、袴、ナドノ如シ。

‡おろり (名) 〔轉リト死スル意〕俗ニ、虎列剌ノ稱。

おろりと (副) (一)倒レ轉ガル狀ニイフ語。「ー寐ぬ」(二)不意ニ。「ー變ハル」

〔おろろ・く・ク・ケ・カ・キ・ケ〕 (自動) (規・二) 嘶咽 喉、嗄キテ、コロコロト鳴ル。

おわ (名) 聲 聲ノ轉、熟語ニノミ用ヰル。「ー音」「ー色」「ー高ニ」

おわいろ (名) 聲色 (一)聲ノ狀。ゴワネ。聲音 (二)俳優ノ賓白ノ聲色ヲ眞似ルコト。「ーヲツカフ」假聲

どーわう (名) 牛黄 〔字ノ呉音〕ウシノタマ。牛ノ膓中ヨリ生ズル一種ノ鮓答ノ稱、大小、均シカラズ、全體、黃ニシテ、碎ケバ、內ハ、重疊、片ヲナシテ、白點アリ、微香アリ、藥用トス。

どーわう (名) 牛玉 (一)祇園、八幡、熊野等ノ諸神社ヨリ出ス牛王寶命ト記シタル符ノ名、民家ニ頒チ、門ノ上ニ貼リ、疫災ヲ避ケシム。或云、是レ生土ノ神ノ印ニテ、生土寶印ナルベキガ、生ノ下ノ一畫、土ニツキテ、王トナリ、寶ノ下ノ二點、印ニツキテ命トナリテ、又轉ジタルナリト、或云、佛書ニ、五大牛王アリ其守護ノ義ニ出ツト。紀州熊野ノ神ノートイスハ熊野ー寶印ノ六字ト、烏七十五隻トヲ印ス(烏ヲ此神ノ使トス)世ニ誓紙ニ用ヰル、熊野ノ三神ハ妄語破禁ノ罪ヲ糺ストイフニ起レリト云。(二)ウシノタマ。

とーわう・とんらい (句) 古往今來 古ヘヨリ今マデ、今ヨリ後マデ。

おーわき (名) 小脇 脇トイフニ同ジ。「ーニカイコム」

とーわく (名) 蠱惑 タブラカシ、マドハスコト。

〔おわさし〕 (名) 聲差 おわざまニ同ジ。

〔おわざま〕 (名) 聲狀 物言フ狀。「アワツケキ、おわざまニ、宜ヒ出ヅルコトハ」

〔おわだえ〕 (名) 聲絕 聲ノ絕ユルコト。「千手陀羅尼ヲ、云云、物モ食ハズ、湯水モ飲マズ、おわだえモセズ、誦シ奉

リテ」夜一夜、寢モ寐ズ、こわたゝえモセズ、讀ミ聞カセケリ」

こわだかに (副) 聲高 聲ヲ高クアゲテ。高聲

こわたり (名) 古渡 舶來ノ布帛、器物、藥品、ナドニ、古ク渡リシモノノ稱、質、良シトシテ貴ブ。古渡。(新渡ニ對ス)

〔こわづかひ〕(名) 聲遣 物言フ状。「忍ビヤカナルこわづかひナドヲ、ヨロシウ聞キナシ給ヘリ」御ゑモテナシ、ーサヘ、目モアヤナルニ」オモモチ、ー、宜宜シクモテナシツツ」

〔こわづくり〕(名) 聲作 コワヅクルヿ。コワヅクロヒ。シハブキ。セキバラヒ。「御殿ゴモリナドスル程ニ、打チこわづくりシテ」謦咳

〔こわづくる・ル・レ・ラ・リ・レ〕(自動)(規.一) 聲作 シハブキヲスル。セキバラヒヲスル。「寄立リテ、こわづくり給ヘバ、此ウツホノ人ハ、琴ヲ引キヤミテ、アヤシガリテ、見給ヘバ」「タダ、ココニシモ、殿居申シ候フトー」こわづくり、氣色ドリテ、御消息聞ユ」謦咳

〔こわづくろひ〕(名) コワヅクリ。シハブキ。セキバラヒ。「有國、砌ニサムラヒケルガ、少シー シタリケレバ、殿下、御覽ジヤリ」謦咳

〔こわね〕(名) 聲音 人ノ聲ノ調子。音聲。

〔こわぶり〕(名) 聲風 歌フ調子。「大君マサバトイフこわぶりニ、斯ウ歌ヒ給フ」「伊勢ノ海ノこわぶり」イモガ門ノこわぶり」

〔こわまね〕(名) 聲眞似 他ノ物言ヒヲ眞似ルヿ。クチマネビ。クチマネ。「女房ノツボネニヨリテ、己ガ身ノカシコキ思ヒヲヤリテ、説キ聞カスルヲ、若キ人、こわまねヲシテ笑ヘバ」學舌

こわり (名) 小割 材木ノ小ク挽キ割リタルモノ。

〔こゐ〕(名) 木居 鷹ノ木ニ止リ居ルヿ。「人知レヌ、心ナラネド、御狩野ノ、鷹モこゐニハ、カカリコソスレ」

ごゐ (名) 五位 くらゐノ條ヲ見ヨ。

ごゐさぎ (名) 五位鷺 〔近衞帝、神泉苑ニ宴シ給ヒシ時、五位ヲ授ケラレタリトテイフト云〕鷺ノ一種、殊ニ、夜ノミ飛遊ス、三種アリ、形、こをさぎニ似テ小ク、背、蒼黑ニシテ、頂、翠ニ、腹、黄白ニシテ、背、灰色ニ、脚、黄ニシテ、頂ニ、白キ冠毛、或ハアリ、或ハ無キヲ背黒五位トイフ。水鴉 其他星ごゐ、溝ごゐアリ、各條ニ注ス。

こゑ (名) 聲 〔言鎛ム意カ〕(一)物物相觸ルルニ生ジテ、空氣ニ傳ヘ、耳ニ聞ユルモノ。オト。ネ。ヒビキ。鳴。(二)動物ノ呼吸器ニ發シテ、耳ニ聞クベキ音。人ニテハ、音トイヒ、言葉トイヒテ、意味ヲナシ、彼此ノ情ヲ通ズ。

ごゑい (名) 護衞 附添ヒ守リ行クヿ。

こゑがはり (名) 聲變 人ノ聲音ノ常ト變ハルヿ。

こゑごゑに (副) 聲聲 各、聲ヲ出シテ。「一 喚ハル」

〔こゑのはかせ〕(名) 音博士ニ同ジ。

〔こを〕(名) 小緒 半臂ノ緒。

こをけ (名) 小桶 桶ノ小キモノ。

こをとこ (名) 小男 (一)少年。ワカモノ。「マダ、小男ニ侍リケル時、始メテ昇殿申サセ侍リケルヲ」(二)生レナガラ體格ノ小キ男。

こをどり (名) 小躍 喜ビテ、思ハズ躍リ立ツヿ。「ーシテ喜ブ」雀躍

こをとろこをとろ (名) 小兒ノ戲、一兒、前頭ニ立ツヲ親トシ、數兒、其背後ニ魚貫キ、各、前兒ノ帶ニスガル、其最後ニヰルヲ子トス、別ニ一兒アリ、鬼トイフ、鬼、子ヲ捕ヘムトシ、親、コレヲ防ギテ戲ル。

〔こをばい〕(名) 紅梅ノ古キ假名遣。

こをんな (名) 小女 (一)幼キ女。ムスメ。少女 (二)生レナガラ體ノ小キ女。(三)年ユカヌ下婢。小婢

〔こをろこをろに〕(副) 〔をハこノ韻〕潮ノ漸漸ニ凝リユク状ニテイフ語。「指下其沼矛一以畫者、鹽、許袁呂許袁呂爾、畫鳴而引上時」

さ ざ

さ 五十音圖、佐行第一ノ假名。此一行ノ假名、さ、し、す、せ、そノ五音ハ、皆、熟音ニシテ、其發聲ハ、舌ノ尖、齒ニ觸レテ出デ、あ、い、う、え、おノ韻ト熟シテ成ル。さハ、う、又ハ、ふ(うノ如ク呼ブモノ)ニ連ナルトキハ、そノ如ク呼ブヿアリ、さうけだつ(寒氣立)さふらふ(候)ノ如シ。

ざ ざ、じ、ず、ぜ、ぞト共ニ、五十音圖、佐行ノ濁音ノ假名。此五音ハ、同行ノ清音ナルさ、し、す、せ、そノ音ヲ重ク呼ブガ如クシテ出ヅ。コレニ、本濁ト連濁トノ別アリ、篇首ノ語法指南ノ濁音ノ條ニ委シ。ざハ、う、又ハ、

ふ(う)ト呼ブモノ)ニ連ナルトキハ、ぞノ如クEビクーアリ、ざうげ(象牙) ざふよう(雜用)ノ如シ。

さ (名) 差 タガヒ。チガヒメ。

さ (名) 左 左ノ方、即チ、文章ノ上ニテ、次ニ來ル條。

さ (副) 然 上ノ語ノ意ヲ受ケテ下ニ移ス語。ソノ如ク。サヤウニ。然。「ーハ言ヘ」ー思ヘド」ーアラバ」ーモナキ」「ーノ通リ」ーノ如シ」ーノミ」

さ (辭) (方ノ略) 方向ヲ示ス天爾波ノへニ同ジ。(奥州、常陸、肥前)「東ー行ク」前ー出ル」上ーアガル」

さ (接頭) 早 (一)五月ノ。「ー苗」ー乙女」ー桃」(二)ハヤキ。「ー蕨」ー松茸」

さ (接頭) 狹 セマキ。「ー山」ー問」

さ (接尾) (狀ノ略) (一)形容詞ノ語根ニ添ヒテ、其語ヲ名詞トシ、其狀態程度ヲイフ語。「赤ー」廣ー」重ー」遠ー」嬉シー」悲シー」淋シー」(二)又、同ジ用法ニテ、文ノ末ヲ結ビ、語尾ノ變化ノ如キモノ。(篇首ノ語法指南ノ形容詞ノ條ヲ見ヨ)「音ノサヤケー」言ヲカワビシー」(三)又、動詞ノ第一變化ニ添ヒテ、方ノ意ヲナスモノ。「遇フー」離ルー」行クー」來ルー」歸ルー」出ヅー」入ルー」

〔さ〕 (發語) 名詞、動詞等ニ冠シテ意ナキ發語。常ニ、小、狹、眞等ノ字ヲ當ツ。「ー夜」ー男鹿」ー衣」ー渡ル」ー迷フ」

ざ (名) 座 (一)坐ル所。席。「ーニ就ク」ーヲ定ム」佛ノー」(二)星ノ宿。星座 (三)什器ノ金具ノ下ニ添ヘテ、飾トスルモノ。「菊ー」(四)人ノ集レル室。會ノ席。「ー上」ー中」一ー」ーヲ持ツ」會席 (五)德川氏ノ時ニ、官ノ金錢ヲ造ル處ノ稱。「金ー」銀ー」錢ー」(六)又、別段ノ免許アリテ、枡、秤、朱等ヲ造リ出ス商家ノ稱。「枡ー」秤ー」朱ー」(七)能狂言ニ、謠、囃子、悉ク備ハレル稱。(興行場ノ稱ナルベシ)「觀世、金剛、寶生、金春、四ーノ猿樂」(八)芝居ノ興行場ノ稱。「猿若ー」ー元」ー頭」

ざ (接尾) 座 (一)座セル佛像ヲ數フルニイフ語。「丈六ノ彌陀像一ー」(二)里神樂ノ曲ナドヲ數フル語。「二十五ー」三十五ー」

さあ (感) 〔あハさノ延〕 人ヲ誘フニ發スル聲、いざニ同ジ。

サアベル (名) 〔蘭語、Zabel.〕 劍。カタナ。

さあや (名) 紗綾 約メテさやトイフ、其條ヲ見ヨ。

〔さあを〕 (名) 〔さハ發語〕 青トイフニ同ジ。

さい (名) 魚ノ名、にまひニ同ジ。

〔さい〕 (名) 田ノ畔ノ止水ノ中ニ居ル小魚ノ名ナリト云、詳ナラズ。或云、草ナリト。「月淸ミ、今宵ゾ見ツル、水底ノ、玉藻ニスダク、さいノ數サヘ」山里ハ、田ノキノさいモ、汲ムベキニ」山田ノさいモ、取ルベキニ」

さい (名) 菜 〔添ノ轉、菜ハ當字ナリ〕 (一)飯ニ添ヘテ食フ菜肴ノ總稱。ソヘモノ。アハセ。オメグリ。オマハリ。オカズ。下飯 (二)又、其ーヲ數フル語。「一汁三ー」二汁五ー」

さい (名) 采 賽 〔采ハ、文彩ノ義ニテ、元ト、樗蒲子ノ名ナルヲ、投ジテ勝負ヲ定ムル「同ジケレバ、轉ジテイヘルナリト云」〕 雙六ノ具、骰ナドニテ小キ立方ノ物ヲ作リ、其六面ニ、一ヨリ六マデノ數ヲ記シ、投ゲテ、其上面ニ出デタル數ヲ見テ、馬子ヲ行ル。又、サエ。骰子

さい (名) 犀 獸ノ名、亞細亞東南ノ熱地、及ビ、亞非利加等ニ產ス、形、略、牛ニ似テ、更ニ肥大ナリ、長一丈、高サ五六尺、全身、蒼黑ニシテ、毛無ク、皮、甚ダ厚ク硬ケレド頸、背、腰ニ、厚キひだアリテ、動クニ便ナリ、脚ハ三蹄ニシテ黑シ、力最モ強ク、常ニハ穩順ナレド、怒レバ甚ダ猛シ。鼻ノ上ニ角アリ、三角ナルアリ、又、一角ナルアリ、犀角ノ條ニ注ス。

さい (名) 才 心ノ事ヲ爲ス機轉。賢ジキ「。カシコキ「。

さい (名) 妻 メツマ。ニヨウバウ。

さい (名) 砦 トリデ。出城。

さい (名) 財 タカラ。金錢。「ーヲ散ズ」

さい (名) 才 〔才ハ、抄ノ偏ノオヲ取リテ、又、變ゼルモノ〕 枡目ノ名、正シクハ、抄ナリ、勺(夕)ノ十分ノ一。抄 コレヲ十分シタルヲ撮トイヒ、更ニ十分シタルヲ圭トイヒ、更ニ十分シタルヲ粟トイフ。古ヘ、或ハ、抄ヲ除キテ、撮ヲ勺ノ十分一トシタルモアリ。

さい (名) 最 最モ勝レタル「。第一ナル「。「全國ノータリ」之ヲ以テートス」

さい (名) 差異 タガヒ。チガヒメ。

さい (接尾) 歲 人ノ年齡ヲ數フルニイフ語。「生年十八ー」

さい (接尾) 齋 〔燕居之室、日齋〕 住居ノ室ノ號ニ添ヘテ用ヰル辭。

さい (名) 氷。

ざい (名) 材 (一)材木。(二)スベテ、物ヲ作ル基トナルモノ料。材料。

ざい (名) 財 (一)タカラ。カネ。「ーニ富ム」(二)家財。什器。

ざい (名) 采 采配ニ同ジ。

ざい (名) 在 在鄕ノ條ヲ見ヨ。

ざい (接尾) 劑 調合シタル藥ヲ數フルニイフ語。「屠蘇散一ー」

さいあい (名) 最愛 最モ愛シムコト。殊ニカハユガルコト。「ーノ子」「ーノ妻」

ざいあん (名) 罪案 罪科ノ箇條。

さいいふ (名) 菜邑 菜地ニ同ジ。

さいう (名) 左右 ひだりとみぎと。

〔さいうさ〕 (名) 左右左 舞蹈ノ條ヲ見ヨ。

さいえん (名) 再緣 再ビ緣組スルコト。再度ノヨメイリ。〔初緣ニ對ス〕 再醮

さいおう (副) 再應 フタタビ。二度。

さいおうがうま (名) 塞翁馬 〔淮南子、塞上ノ叟ガ馬ノ故事〕 支那ノ諺、福モ禍トナルコトアリ、禍モ福トナルコトアリテ、人間ノ萬事ニ定メナシトスルコト。「人間萬事ー」

さいかい (名) 齋戒 モノイミ。「ー沐浴」

さいかい (名) 西海 西ノ方ノ海。

さいがい (名) 災害 風雨、地震、洪水ナドノワザハヒ。

さいかう (名) 再考 再ビ考フルコト。思ヒカヘスコト。

ざいがう (名) 在鄕 〔在在處處ノ鄕ノ義カ〕 都會ノ地ヨリ隔タリタル田舍ノ地方ノ稱。略シテ、在。鄕村。村里

さいかく (名) 犀角 犀ノ角、三ツアリ、一ハ頂ニアリ、一ハ額ニアリ、共ニ長シ、一ハ短クシテ鼻ノ上ニアリ、五寸許、コレヲ犀ノはなづのトイヒ、(奴角 食角)コレヲ粉トシテ藥用トス、諸毒ヲ解ストイフ、白キアリ、黒キアリ、黒白雜ハルアリ、黒キヲ上トシ、烏ートイフ、皆角ノ尖ヲ用ヰル。

さいかく (名) 才覺 〔才ノおぼえニ、字ヲ當テテ、音讀シタル語〕 (一)才ノ機轉。機智 (二)工夫シテ索ムルコト。工面。算段。經營

さいがく (名) 才學 才ト學問ト。

さいかし (名) さいかちニ同ジ。

さいかち (名) 皂角子 〔字ノ音ノ轉〕 又、サイカシ。さいかちのき。實、莢ニシテ、長サ一尺餘、皆、ユガミテ直カラズ、褐色ニシテ、内ニ子アリ、まろまめニ似テ、小ク扁ク、褐色ニシテ光ル、實ヲ藥用トシ、莢ヲ物ヲ洗ヒ垢ヲ去ル用トス。此樹ハ、長大ニシテ、幹ニ刺多シ、刺ヲ藥トス、葉ハ、槐ニ似テ小ク、刺多シ、夏、葉ノ間ニ、細キ穗ヲ出シ、黄白色ノ花ヲ開ク、栗ノ花ニ似テ、細カク小シ。皂莢樹

さいかちむし (名) かぶとむしニ同ジ。(東京)

さいかへる る・ル・レ・ラ・タ・レ (自動)(規.一) 再返 再ビ起ル。「餘寒ー」「病ー」 再起

さいかん (名) 再感 病ノ再ビ發ルコト。再發。ヤミカヘシ。ブリカヘシ。

さいき (名) 才氣 才ノ氣色ニアラハルルコト。

さいぎ (名) 猜疑 ウタグリ。

さいきん (名) 細瑾 些細ナル瑕。「大行ハーーヲ顧ミズ」

さいきん (名) 再勤 再ビ勤メニ就クコト。 再任

ざいきん (名) 在勤 勤ニアルコト。在役。 在官

〔さいきやう〕 (名) 歲刑 八將神ノ一、地神ナリ、其年ノ此方角ニ向ヒテ、土地ヲ動カシ、耕シ、種蒔クコトヲ忌ムトス。

さいきやう (名) 西京 東京ニ對ヘテ、山城ノ京都ヲ呼ブ語。

ざいきやう (名) 在京 京ニ居ルコト。

さいきよ (名) 裁許 裁決シテ許スコト。

さいきよ (名) 再擧 再ビ事ヲ起スコト。シナホシ。

さいく (名) 細工 (一)細カキ製作ヲスル工人。「造物所、さいくニ十人許居テ」「道道ノさいくドモ、イト多ク召シサブラハセ」(二)細カキ製作。「カガミ水、沈ノ石タテテ、サマザマノ草ヲ下草ニテ、色色ノさいくシテ作リタルモ、殊更ト見エセビ」「ー人」「手ー」「紙ー」「貝ー」

さいぐう (名) 齋宮 古ヘ、天皇ノ御即位アル每ニ、内親王又ハ女王ノ、未ダ嫁シタマハザルヲ選ビテ、伊

勢ノ神宮ト加茂神社(天子ノ御產土神)トニ奉祀セシメタマフ、共ニコレヲ齋王トイヒ、其居所ヲ齋宮トイヒ、而シテ伊勢ナルヲ齋宮トイヒ、加茂ナルヲ齋院、又ハ、齋院トイヘリ。

さい-ぐう-れう (名) 齋宮寮 イツキノミヤノツカサ。齋宮ノ事ヲ掌ル寮。

〔さいぐさ-まつり (名) 三枝祭 大和ノ率川ノ社ノ孟夏ノ祭事、三枝ノ華ヲ以テ酒罇ヲ飾リテ祭ル。(さきくさノ條、見合ハスベシ)

さい-くつ (名) 採掘 地ヲ堀リ起シテ、物ヲ採ルヿ。

さい-く-にん (名) 細工人 細工ヲスル工。

さい-くん (名) 細君 (一)他人ニ對シテ己ガ妻ヲ呼ブ語。(二)誤リテ、他人ノ妻ノ敬稱。令閨

ざい-くわ (名) 罪科 罪ノ科。咎。「一ニ處ス」

さい-くわい (名) 再會 再ビ出會フヿ。

さい-くわい (名) 際會 出會フヿ。デクハスヿ。「君臣ノ一」風雲一」

さい-くわい (副) 崔嵬 山ナドノ、高大ニ峙テル狀ニイフ語。

ざい-くわい (名) 罪魁 罪ヲ犯セルモノドモノ張本人。

ざい-くわん (名) 在官 官ヲ勤メテアルヿ。在勤。

ざい-け (名) 在家 (一)在俗ノ人ノ家。(出家ノ僧家ヨリイフ語)(二)在鄕ノ家。ヰナカヤ。村家

さい-け (名) 濟家 臨濟宗ノ寺。

さい-げい (名) 才藝 オト藝ト。

〔さい-けう (名) 歳刑ノ誤。

さい-けつ (名) 裁決 裁判シテ決定スルヿ。

さい-げつ (名) 歳月 トシツキ。

さい-けん (名) 細見 精細シク見ルベク作レルモノ。(多ク地圖ノ製ナドニイフ)「京都ノ一繪圖」

さい-げん (名) 際限 カギリ。ハテ。「一ナシ」一アルベカラズ」 盡期

さい-こ (名) 柴胡 古名、ノゼリ。草ノ名、春、地ニ就キテ叢生ス、葉、細長シ、後ニ薹ヲ立ツレバ、其葉短シ、秋、梢ノ葉ノ間ニ、枝ヲ分チテ、小黄花、聚リ開ク、花、實、茴香ニ似タリ、根ヲ藥トス。

さい-ご (名) 最期 命ノ果ツル期。今際ノ時。シニギハ。臨終。末後。臨死

さい-ご (名) 最後 最モ後ナルヿ。イチアト。

さい-こう (名) 再興 再ビ興スヿ。復タ興ルヿ。「家名一」

さい-こく (名) 西國 (一)西ノ方ノ國。(二)九州ノ一名。

ざい-こく (名) 在國 國許ニ居ルヿ。

ざい-ごふ (名) 罪業 罪トナル業。「一深シ」

さい-こん (名) 再建 再ビ建ツルヿ。「本堂一」

さい-さい (副) 再再 タビタビ。シバシバ。度度。「一起ル」

ざい-ざい (名) 在在 ココカシコノ在鄕。村落

ざい-ざい-しよしよ (名) 在在處處 ココカシコ。ソコココ。

さい-さう (名) 洒掃 塵ヲ掃ヒ、水ヲ洒グヿ。フキサウヂ。

〔さい-さう-らう (名) 採桑老 舞樂ノ曲ノ名。

さい-さき (名) (幸先ノ音便)(一)吉キ前表。吉兆 (二)自然銅ノ異名。(飛驒ノ金山)

さい-さく (名) 細作 間者ニ同ジ。

さい-さん (副) 再三 フタタビ、ミタビ。二度三度。シバシバ。タビタビ。「一再四」

ざい-さん (名) 財產 人ノ所有ノ動產、不動產。身代。身上。

さい-し (名) 妻子 (一)妻ト子ト。「一眷屬」(二)(單ニ、妻。「ナツカシキさいしト打賴マムニ」イカナル人ノさいしナラムト、行末見タク思ヒケレバ」

さい-し (名) 才子 オアル人。サイヅ。

さい-し (名) 祭祀 マツリ。

さい-し (名) 祭資 祭ノ供物ノ資金。

さい-じ (名) 細字 細カニ書キタル文字。

さい-じ (名) 細事 小事トイフニ同ジ。

さい-じ (名) 歳次 深キ意義ナク、年ヲ記セル後ニ添フル語。支那ノ天文學ニ、二十八宿ヲ分チテ、十二次トシ、歳星(木星)ハ、十二年ニシテ天ヲ周ル、即チ年ニ一次ヲ行クナリ。「明治元年一戊辰」

さい-じ (名) 祭事 マツリゴト。マツリ。

〔さい-じ (副) 際次 時。ヲリ。「御ヒタヒ、アゲサセ給ヘルさいじ、御ワケメノ御グシノ、イササカ、ヨリテ、シルク見エサセ給フナド」

さい-しう (名) 最終 最モ終ナルヿ。イチアト。

さい-しき (名) 彩色 イロドリ。エドリ。

〔さい-しく (他動)(規.一) 〔彩色ノ音ヲハタラ

カス」彩色ヲナス。イロドル。エドル。「御顔ハ、色色ニさいしき給ヒテ、鏡ニ映レル影ヲ見給テ」

さい-じつ (名) 祭日 マツリビ。

さい-しん (名) 細辛 古名、ヒキノヒタヒグサ。草ノ名、葉ハ、かもあふひニ似テ、長ミアリテ、毛ナシ、春、新葉ヲ生ズレバ、根ノ上ニ亡瓣紫黒ノ小花ヲ開ク、根ヲ藥用トス。

さい-じん (名) 才人 (一)オアル人。(二)詩文ナドニ堪能ナル人。「事果テテ退出ル博士さいじんドモ召シテ、マタマタ、文作ラセ給フ」

さい-しやう (名) 宰相 (一)政府ノ大政ヲ總理スル官、即チ、執政大臣ノ通稱。(二)參議ノ異稱。

さい-じやう (名) 最上 最モ上ナルコト。第一ニ勝レタルコト。

ざい-しやう (名) 罪障 佛説ニ、罪業ノ、往生ノ障トナルコト。「一消滅」

ざい-じやう (名) 罪状 罪ノ事柄。「一明白ナリ」

ざい-じやう (名) 在城 城ニ住ミテ居ルコト。

さい-しゆ (名) 祭主 (一)伊勢神宮ノ神人ノ長、祭事ヲ總判ス。次ニ宮司アリ、祭祀ニモ奉仕シ、專ラ廳務ヲ統ブ。其下ニ禰宜アリ、神膳ヲ供撤シ、殿内一切ノ事ヲ管シ、臨時、祈禱、祓除ヲ爲シ、廳務ヲモ處辨ス。巫覡ハ神樂等ノ事ヲ掌ル。(二)祭祀、神葬祭、等ヲ行フ主。

さい-しゆ (名) 祭酒 大學頭ノ唐名。

さい-しゆ (名) 債主 貸主。カシテ。

さい-じゆうけい (名) 再從兄 年上ノイヤイトコ。

さい-じゆうてい (名) 再從弟 年下ノイヤイトコ。

ざい-しゆく (名) 在宿 他出セズシテ家ニ居ルコト。在宅。

さい-しゆつ (名) 歳出 歳入ノ條ヲ見ヨ。

さい-しよ (名) 最初 最モ初メナルコト。第一ニ先ナルコト。初手。最始

ざい-しよ (名) 在所 (一)アルトコロ。アリカ。所在 (二)田舍ニアル己ガ住家。故郷。郷里 (三)知行所。采邑

さい-しよく (名) 彩色ニ同ジ。

ざい-しよく (名) 在職 役ヲ勤メテ居ルコト。

〔さい-しを (名) 祭主ニ同ジ。「破子ヲ、さいしを輔近、カリテ返ストテ、カリノコヲ入レテ」

ざい-せ (名) 在世 世ニ生キテアル間。ナガラヘ居ル時。存命。

さい-せい (名) 再生 死ヌベカリシガ再ビ生クルコト。ヨミガヘルコト。イキカヘルコト。「一ノ恩ヒ」一ノ恩」

さい-せい (名) 歳星 木星ノ一名。

ざい-せい (名) 財政 金錢ノ出ヅルヲ計リテ出スヲナスコト。

さい-せう (名) 最小 最モチヒサキコト。

さい-せう (名) 最少 最モスクナキコト。

ざい-せき (副) 在昔 ムカシ。

〔さい-せつ (名) 歳殺 八將神ノ一、其年ノ此方角ニ向ヒテ、嫁取ラズ、又、藝始メヲ忌ムトス。

さい-せふ (名) 妻妾 妻ト妾ト。

さい-せん (名) 賽錢 神佛ノ報賽ニ奉ツル錢。香火錢

さい-ぜん (副) 最前 最モ前ニ。初ニ。

〔さい-そ (名) 最初ニ同ジ。「説經ストイフ所ニ、さいそニ行キヌル人コソ」正月一日ノ、早朝、さいそニ鼻ヒタル人」

さい-そく (名) 催促 督ホシウナガスコト。ハタルコト。ホツクコト。督促

ざい-ぞく (名) 在俗 俗體ニテアルコト。僧トナラズシテアルコト。

さい-たい (名) 妻帶 妻ヲモテルコト。

さい-だい (名) 菜代 飯ノ菜ノ料。

さい-だい (名) 最大 最モオホイナルコト。

さい-だい (名) 細大 コマカナルト、オホイナルト。巨細。「一遺サズ」

ざい-たく (名) 在宅 他行セズシテ、己ガ家ニアルコト。在宿。在家

さいた-しほ (名) 齋田鹽 阿州、板野郡、齋田撫養ノ諸村ニ産ズル鹽ノ稱。

〔さいたづま (名) 〔さいたハ割出ノ音便轉、つまハ芽ノ相對ヘル義トモ云〕春ノ若草ノ稱ナリトイフ。「ウラワカキ、彌生ノ野邊ノ、さいたづま、春ハ末葉ニ、ナリニケル哉」さいたづま、マダウラワカク、三吉野ノ、霞隱レニ、雉子鳴クナリ」或云、虎杖ノ一名ナリト。

〔さいだて (名) 戲射 〔小射楯ノ義カトモ云〕射ヲ習

ヿカ、(平題箭ヲ戲射箭トイフ)

さいたん (名) 歲旦 元日ニ同ジ、

さいだん (名) 裁斷 裁決ニ同ジ。

さいち (名) 才智 才ト智慧ト。

さいち (名) 采地 知行所。領地。菜邑。

さいちゆう (名) 最中 手カマサカリ。事ノ闌ナル時。

ざいぢゆう (名) 在住 ソコニ住ミツキテ居ルヿ。居住

さいおよ (名) 妻女 (一)妻。又、女。(二)妻ナル女。

〔さいつおさへ-つ〕 (句) 差シツ抑ヘツ、ノ音便。

〔さいつよろ〕 (副) 先頃 さきつよろノ音便。

さいづち (名) 槌 〔小槌ノ延カ〕 木ノ槌ノ小キモノ。番匠槌。(畿内)

さいつとし (名) 先年 さきつとしノ音便。

〔さいで〕 (名) 裂帛 〔裂栲ノ音便約、或云、裁出ノ音便ナリト〕 布帛ノ裁片。「鈍色ノさいでニ書キテ人ニ贈リ侍リケル」 褐濃ノさいでニ包ミテ」 藍、エビゾメ、ナドノさいでノ、壓シヘサレテ、草子ノ内ニアリケルヲ見付ケタル」

ざいてう (名) 在朝 朝廷ニアルヿ。政府ノ官職ニ就キテアルヿ。「一ノ人」

さいでうがき (名) 西條柹 柹ノ一種、つるしがきトシテ、最モ甘美ナル手、伊豫ノ西條ヨリ出ヅ。

さいでうまさ (名) 西條正 伊豫ノ西條ニ產ズル正目紙。(いよまさノ條ヲ見ヨ)

さいてん (名) 祭典 祭ノ儀式。祭禮。

さいど (名) 濟度 佛經ノ語、衆生ヲ苦海ヨリ濟ヒテ、彼岸ヘ度スヿ。人ノ罪業ニ迷ヘルヲ諭シ救フヿ。「衆生ヲース」

さいど (名) 妻孥 妻子ニ同ジ。

さいど (副) 再度 フタタビ。

さいとり (名) 才取 〔牙儈取ノ約〕 賣買ヲ取持チテ口錢ヲ得ルヿ。スアヒ。牙儈

さいとりさし (名) さいとりさをニテ鳥ヲ捕フル人。トリサシ。

さいとりさを (名) 〔刺捕竿ノ音便〕 鳥ヲ刺シテ捕ル黐竿。

さいなむ・ム・メ・マ・ミ・メ (他動) (規.一) 〔さきなむノ音便〕 (一)叱ル。サキナム。イサフ。「人ノ娘ノカシヅクヲ、皆、召出デサセ給ヒ、イミジウ惜ミ、サマザマノサハリヲ申セドモ、親親ヲさいなめバ、皆マヰラセタリ」 マメヤカニさいなみ給ヘバ」 訶 叱責 (二)苛ク責ム。苦シメ艱マス。タシナムル。イヂメル。 苛責

さいあん (名) 災難 ワザハヒ。

さいにち (名) 齋日 六齋日、ノ條ヲ見ヨ。

さいにふ (名) 歲入 全國ヨリ政府ニ收入スル一箇年間ノ租稅其他一切ノ手ヲ。コレヲ、一箇年間、政府ノ萬端ノ費ニ支拂フヲ歲出トイフ。

さいにん (名) 再任 再ビ官ニ任ズルヿ。再勤。

ざいにん (名) 罪人 罪アル人。ツミビト。トガニン。

さいのう (名) 才能 才アリ能アルヿ。

さいのかはら (名) 賽河原 俗說ニ、冥土ニアル水濱ニテ、小兒ノ亡者ノ小石ヲ積ミテ遊ビ居ルトイフ處。

さいのかみ (名) 幸神 〔道祖神ノ誤〕 俗ニ、男女ニ幸シ、婚ヲ結ブトスル神。

〔さいのおま〕 (名) 〔犀ノ駒ノ意カ〕 綿羊ニ同ジ、

〔さいのはなづの〕 (名) 犀角ノ條ヲ見ヨ。

さいのめ (名) 采目 (一)雙六ノ采ニ刻メル數字。(二)采ホドノ大サ。「一ニ切ル」 骰子大 (三)上下、四方、皆同ジ寸法ナル形。 立方

〔さいは〕 (名) 歲破 八將神ノ一、水神ナリ、其年ノ此方角ニ向ヒテハ、船乘初、又、移徙ヲ忌ムトス。

さいはい (名) 采配 軍陣ニ、大將ノ、打振リテ將士ニ指圖スル具、柄アリテ、厚紙ヲ細ソク裁リテ、許多垂ル。又、ザイ。 麾

さいはい (名) 再拜 拜禮ニ、繰返シテ二度拜スルヿ。

さいはいぐさ (名) 采配草 菝葜ハ、白及ニ似テ、花、采配ノ如シ。タウケンラン。

さいはう (名) 西方 ニシノカタ。「一十萬億土」

ざいはう (名) 財寶 タカラ。家財ノ貴キモノ。「金銀一」

さいばし (名) 菜箸 飯ノ菜ヲ取分クルニ用キル箸。(己ガ食フ箸ニ對ス)

〔さいはて〕 (名) 〔最極ノ義ト云〕 最モ後ナルヿ。イチアト。「一ノ車ニ侍ラム人ハ、イカデ、トカクハ、急リ侍ラム」 最後

さいはひ (名) 幸福 〔さきはひノ音便〕 サキハフヿ。

吉事ニ逢フヿ。シアハセヨキヿ。幸福。
さいはひだけ (名) 幸茸 靈芝ニ同ジ。
さいはひよ (副) 幸 運、好ク。時好ク。
〔さいは・ふ・フ・ヘ・ハ・ヒ・ヘ (自動) (規.二) 幸 さきはふノ音便。「御娘、八人オハシキ、皆、トリドリニ、さいはひ給ヘリ」
さいはん (名) 再版 同ジ書ヲ再ビ版木ニ刻ルヿ。重刻
さいばん (名) 裁判 (一)事ノ是非ヲ分ツヿ。(二)官ニテ、訴訟ノ曲直ヲサバキ、罪ノ有無輕重ヲ定ムルヿ。サバキ。裁許。審判
ざいはん (名) 在判 公文書ニ、奉行人ナドノ姓名ノ下ニ記ス語、在官ノ裁判ノ義カト云、或云、花押アル義ト。
ざいばん (名) 在番 番ニ當リテ勤メテアルヿ。勤戌
さいばんしよ (名) 裁判所 裁判ノ事ヲ司ル官府。法衙
さいばら (名) 催馬樂 神樂歌ノ屬、曲ノ名。
さいひつ (名) 才筆 文章ヲ作ルニ巧ミナルヿ。
さいふ (名) 財布 錢金ヲ入ルル袋 布帛ニテ作ル。チンキチ。錢嚢
ざいふ (名) 宰府 太宰府ノ略。
ざいふ (名) 在府 江戸ニ居ルヿ。
さいぶつ (名) 才物 才子ニ同ジ。
さいぶん (名) 祭文 祭ノ時ニ、讀ミテ其靈ニ告グル文。

ざいふり (名) 采振 樹ノ名、たでやなぎノ條ヲ見ヨ。
さいほう (名) 裁縫 布帛ヲ裁チテ、衣ニ縫ヒ作ルヿ。タチヌヒノシゴト。ハリシゴト。
さいほつ (名) 再發 再ビ發ルヿ。「病氣―」騷動―」
さいぼん (名) 再犯 再ビ罪ヲ犯スヿ。
〔さいまぐ・グル・グレ・ゲ・ゲ・ゲヨ (自動) (規.二) 〔先曲グノ音便カト云、或云、才枉グノ義ニテ、人ヲモドキ理ヲ枉グル意ナリト〕 サカシラニ差出デテ物言フ。「にくきもの、物語ナドスルニ、差出デ、我ヒトリさいまぐる手ノスヾテ、差出ツルハ、童モ大人モ、イトニクシ」
さいまつ (名) 〔裂松ノ音便カ〕 松明ニ同ジ。
さいまつ (名) 細末 粉ノ如ク細カナルヿ。
さいまつ (名) 歳末 トシノスヱ。極月ノ末。歳暮。
さいみ (名) 細美 〔古言、貲布ノ轉〕 麻布ノ甚ダ粗ナル手ノ稱、袋、蚊屋、ナドニ作ル。
さいみつ (名) 細密 甚ダコマカナルヿ。クハシキヿ。
さいみん (名) 細民 コマヘノ手。下民。
ざいめい (名) 在銘 刀劍、器物、ナドニ、作者ノ銘ヲ記シテアルヿ。
さいめん (名) 西面 北面ノ條ヲ見ヨ。
さいもく (名) 細目 箇條ノ細カキ廉廉。
ざいもく (名) 材木 建築製作ノ料ニセムトテ伐リ出セル木。
さいもん (名) 祭文 (一)祭ノ時ニ、讀ミテ神ニ告グル文。祓詞。(二)祭文讀。

さいもん (名) 柴門 シバノト。
さいもんよみ (名) 祭文讀 俗謠ノ一種、三絃ニ合ハセテ語ル、元ハ祭文ヲ讀ミ、神佛ノ靈驗緣起ナド語レルニ起レリト云。略シテ、サイモン。
さいやう (名) 西洋 西洋ニ同ジ。
さいやく (名) 採藥 山野ニ入リテ、藥用ノ草木ヲ搜リ採ルヿ。
さいやく (名) 災厄 ワザハヒ。災難。
ざいやく (名) 在役 役目ヲ勤メテアルヿ。在任
さいよう (名) 採用 採リ用ヰルヿ。「人物ノ―」建白ヲ―ス」
さいらい (名) 再來 再ビ世ニ出デ來ルヿ。
ざいらい (名) 在來 アリキタリ。
さいらう (名) 豺狼 (一)やまいぬトおほかみト。(二)慘ク猛キヿ。「―ノ心」
〔さいら・ぐ・グ・ゲ・ガ・ギ・ゲ (自動) (規.一) 才アルヲシクスル意カ。「大學ノ博士、賢シダチ、さいらぎ居タリ」
ざいりう (名) 在留 他國ニ留リテ住ミ居ルヿ。
さいりやう (名) 宰領 運送ノ旅荷ニ添ヒテ、守リ行ク人。脚頭
さいりよく (名) 才力 オノハタラキ。
さいれい (名) 祭禮 祭ノ儀式。マツリ。祭典
ざいれう (名) 材料 スベテ、物ヲ作ル種トスルモノ。
さいろう (名) 〔菜籠ノ義ナラムト云〕 籠作リノ炭斗。
さいわか (名) 幸若 舞舞ノ一派、桃井直常ノ後裔、叡山ノ兒ニテ幸若麿トイフモノ、舞ヒ始メタリト

云、子孫、越前ニ住シテ業ヲ傳フ、其曲、三十番アリ、又、新曲モアリ、頗ル能ニ似テ、樂器ナシ、扇拍子ノミニテ謡ヒ舞フ。カウワカ。
ざいゐ (名) 在位 帝王ノ、位ニ在リテ世ヲ治メタマフ間ノ稱。御代。治世。御宇。「一五十年」
さいゐん (名) 齋院 齋宮ノ條ヲ見ヨ。
さいゐんえ (名) 齋院司 齋院ノ事ヲ掌ル司。(齋宮ノ條ヲ見ヨ)
さいゑん (名) 菜園 ハタケ。
さう (名) 相 (一)ミエ。カタチ。スガタ。「人ノ一」家ノ一」(二)人相。(其條ヲ見ヨ)「帝王ノ上ナキ位ニ登ルベキ相オハシマス人ノ」必ズ世ノ中タモツベキ相アル人ナリ」
〔さう (名) 喪 喪。「冬ニ親ノさうニアヒテ侍リケル法師ノ許ニツカハシケル」
さう (名) 莊 莊園ニ同ジ。「因幡守ナルガ領ズルさうニ、ハカナウ作リタル家ナリケリ」栗栖野ノさう近カラム、秣ナド取リ」
〔さう (名) 姓 姓トイフニ同ジ。ウヂ。「賤シキ人ノ腹ニ生レタマヘル御門ノ御子、三春トイフさうヲ賜ハリテ」
さう (名) 箏 又、箏ノおと。おとノ十三絃ナルモノ、一ヨリ五マデヲ大緒トイヒ、六ヨリ十マデヲ中緒トイヒ、末斗、爲、市ノ三絃ヲ細緒トイフトゾ、(とのきんノ條、見合ハスベシ)專ラ、雅樂ニ用ヰテ、コレヲ樂一トイフ。今ノ筑紫琴ハ、此ノ一轉セルモノナリ。
さう (名) 雙 二ツナガラナルコ。兩方。左右。「一ノ翼」「一ノ手」
さう (名) 草 (一)クサ。(二)草案ノ略。シタガキ。「宣命ノ一」(三)草書。「さうノ手ニ、假名ノ所所ニ書キマゼテ」さうニモ、眞名ニモ、サマザマニ、メヅラシキ状ニ書キマセ給ヘリ」さうノ文字ハ、エ見知ラネバ、ニヤアラム」
さう (名) 左右 (一)ミギ、ヒダリ。左右。「山ノ左右ヨリ、月日ノ光、サヤカニ差出デテ世ヲ照ラス」(二)身ノ容體。「御一ヲ伺フ」起居 (三)轉ジテ、オトヅレ。タヨリ。「一ニ及バズ」消息
さう (副) 然 然ノ延。シカ。ソノ如クニ。「一アル」一イフ」一スル」
さう (接尾) さうなノ條ヲ見ヨ。「寒一」眠一」カハイ一」
さう (接尾) 艘 舟ヲ數フルニイフ語。「小舟三一」
さう (接尾) 雙 二ツニテ具フモノヲ數フルニイフ語。對。「屛風一一」
ざう (名) 象 キサ。獸ノ名、亞細亞、亞非利加ノ熱地ニ產ズ、其長大ナルコ、其知感敏キコ、獸中ノ長タリ、常ニ群ヲナシテ、河邊ノ林中ニ棲ム、長一丈許、體、脚、極メテ肥大ナリ、皮、硬ク厚ク、全身、灰白ナルヲ常トスレド、或ハ純白ナルモアリ、眼甚ダ小ク、面ニ長キ肉肢出デテ、鼻ノ如ク、自在ノ働キヲナスコ、手ノ如シ、牙アリ、象牙(其條ヲ見ヨ)トイヒ、皮ヲ象皮トイヒ、共ニ用多シ、力最モ強ケレドモ、性、順良ニシテ、最モ怜悧ナリ、畜ヒテ使用ニ供スベシ。
ざう (名) 像 カタ。木、石、銅等ニテ、神、佛、人、獸ナドノ象ヲ模シ作レルモノ。「佛一」木一」石一」銅一」
ざう (名) 臟 臟腑ノ條ヲ見ヨ。
ざう (名) 贓 盜賊、詐欺、賄賂ナドニテ、非道ニ取リタル財物。贓物。
さうあい (名) 草鞋 ワラグツ。ワランヂ。ワラヂ。
さうあん (名) 草案 シタガキ。下書。
さうあん (名) 草庵 クサノイホリ。
さうい (名) 創意 工夫シ始メタルコ。オモヒツキ。
ざうえい (名) 造營 ツクリイトナムコ。(家ナド)
さうおう (名) 相應 アヒカナフコ。ツリアフコ。
〔さうか (名) 唱歌 樂ニ合ハセテ歌ヲ唱フコ。「秋風樂ニカキアハセテ、さうがシタマヘル聲、イト面白ケレバ」
〔ざうか (名) 象眼ニ同ジトイフ。「打敷、二藍ノざうがニ、白キ文ヲ縫ヒタリ」打敷、深緑ノざうがニ、ヌヒモノシタリ」
〔さうかい (名) 草鞋 ワラグツ。サウアイ。
さうかい (名) 蒼海 アヲウナバラ。アヲウミ。
さうかう (名) 草冠 〔からハかうぶりノ略ナラム〕クサカンムリ。
さうかう (名) 草稾 草稿 シタガキ。
さうかう (名) 霜降 二十四氣ノ條ヲ見ヨ。
さうかう (名) 相好 人相。
〔さうかな (名) 草假名 ひらがなニ同ジ。「人ノさうがな書キタル草紙、取出デテ御覽ズ」
さうかん (名) 雙眼 兩眼ニ同ジ。

ざうがん (名) 象眼 (一)帛、紙等ニ施シタル細ソキ泥畫ナリト云。「浮線綾ノ裳、唐衣さうがん羅ナド」紫ノ浮線綾ニ、青キさうがんヲツケテ、伊勢ノ海トイフ催馬樂ヲ葦手ニ縫ヒタリ」彫物ノ骨ニ、さうがん紙ヲ張リテ、題ノ意ヲサマザマニ書キタル扇ヲ」紅梅ノ一ノ唐衣」一ノ綠ノ裳」蘇芳ノ裾濃ノ一ノ几帳」(二)銅鐵等ノ器ニ、模様ヲ細ソク刻リ込ミテ、金銀ナドノはりがねヲ嵌メ込ミタル細工。鑲嵌

さうがんきやう (名) 雙眼鏡 遠眼鏡ノ短クシテ二ツ連レルモノ、兩眼ニ當テテ、共ニ見ル。

さうぎ (名) 葬儀 葬禮、葬式、ニ同ジ。

さうぐう (名) 遭遇 工合好ク出合スヿ。

さうくつ (名) 巢窟 スミカ。「盜人ノ一」

ざうくわ (名) 造化 天地、運行シ、四時、變轉シ、萬物、消息始終シテ窮マラザルヿ。

さうくわう (副) 倉皇 アワタダシク。

〔さうくわん (名) 〔佐官ノ延〕 主典ニ同ジ、長官ノ條ヲ見ヨ。「前ノ甲斐ノさう官」

さうくわん (名) 壯觀 盛ンナル觀モノ。

ざうげ (名) 象牙 象ノ牙、左、右、上腭ヨリ出デ、甚ダ長大ニシテ、上ヘ向フ、堅ク白ク、内ニ交理アリテ美シ、諸ノ器ニ作リテ珍重ス。

さうけだつ (動) 寒氣立ツ、ノ音便。

さうけつ (名) 葬穴 葬ムル穴。

さうげふ (名) 創業 事業ヲ爲始ムルヿ。

さうけん (名) 壯健 身ノ壯ニスコヤカナルヿ。ヂヤウブ。

さうけん (名) 想見 オモヒミルヿ。オモヒヤルヿ。

〔ざうげん (名) 讒言 〔字ノ音、ざむげんノ音便〕 讒言ニ同ジ。「如何ナルざうげんナドノアリケルニカト、コレナム此ノ世ノウレヘニテ」

さうこ (名) 倉庫 クラ。

さうこく (名) 相國 太政大臣ノ唐名。シヤウコク。

さうこく (名) 相尅 五行、ノ條ヲ見ヨ。

さうこん (名) 草根 クサノネ。(藥用トスルニイフ)「一木皮」

さうごん (名) 莊嚴 嚴カニ麗ハシキヿ。立派。(佛像、佛堂ノ飾ナドニイフ)

ざうさ (名) 造作 (一)仕方。手段。(常ニ、反語ト共ニ用ヰル)「一モナイ」無一」(二)饗應。チサウ。「一ニアツカル」

ざうざい (名) 贓罪 贓ノ事ニカカハル罪。(贓ノ條ヲ見ヨ)

さうさう (名) 草創 事ヲ起ス初。爲始メ。手始メ。

さうさう (名) 滄桑 滄海ノ變ジテ桑田トナルヿ。世ノ中ノ事ノ遷リカハリ易キヲ譬ヘテイフ語。「一ノ變」

さうさう (副) 草草 (一)イソガハシク。事少ニ約メテ。(二)待遇手薄ク。

さうさう (副) 早早 ハヤハヤ。疾ク疾ク。急ギテ。 急急

さうさう (副) 蒼蒼 アヲアヲト。

さうざう (名) 想像 心ニ思ヒ設クルヿ。無キ物事ヲ有リト想ヒヤルヿ。

さうざう (名) 創造 始メテ作リ出スヿ。ツクリハジメ。

〔さうざうし・シキ・シケレ・シク・シク (形・二) 〔淋淋シ、ノ音便〕 アルベキ物事無クテ物淋シ。「參ラレヤスルト思ヒシ、サモアラザリシカバ、イトさうざうしくなむアリシ」カウヤウノ時コソ、ヲカシキ歌ナド出來ルヤウモアレ、さうざうしや」サブラハズト申セバ、さうざうしガラセ給フ」 寂寥

さうざうし・シキ・シケレ・シク・シク (形・二) 騷騷 〔さわさわノ音便轉ナラム、字音ニハアラジ〕 サワガシ。カマビスシ。ヤカマシ。 囂囂

ざうさく (名) 造作 (一)ツクルヿ。(二)家ヲ建テタル後ニ、内ノ天井、床ノ間、戸棚ナド造リ付クルヿ。(疊、建具ヲ外ニシテイフ)

さうし (名) 草子 草紙 〔又、雙紙ト書ス、或云、册子ノ音便ナリト〕 (一)草稿。思ヒ當レルヲ、何クレト無ク、記シ付ケタルモノ。 草稿 (二)物語ナドノ書。又、汎ク書籍ノ稱。 册子 (三)テナラヒザウシ。

さうし (名) 壯士 勇壯シキ士。

〔さうじ (名) 精進ニ同ジ。「さうじノ日ノオこなひ」夜、晝さうじ齋ヲシテ、世間ノ神佛ニ願ヲ立テ」

〔さうじ (名) 障子 しやうじニ同ジ。「火トモシタルスキ影、さうじノ紙ヨリ漏リタルニ」さうじ口マデ、送リ奉リ」さうじノモトニ寄リ給ヒテ、ホノカナル穴ヨリ、ノゾキタマヘバ」

〔ざうし (名) 曹司 (一)官省、禁中ニ、官人、女官等ノ用部屋。局。(二)又、古ヘ、大學寮ノ中ニアリテ、人ヲ敎授シタル所、東西ニ分ル。(大學寮ノ條ヲ見ヨ)

さうしき (名) 葬式 葬禮ニ同ジ。

さうしき (名) 相識 シリアヒ。シリビト。

〔ざうしずみ〕(名) 曹司住 曹司ニ居ルー。「サテ、四五日バカリアリテ、ざうしずみニテアリケル所ヘ、トシヒト、来テイフヤウ」

さうして (接) 然シテ、ノ延。然シテ。ソノ如クシタル後。然而

〔ざうしまち〕(名) 曹司町 禁中ニ、曹司ノアマタ連リタル所。ツボネマチ。

〔さうじみ〕(名) 正身 〔字ノ音ノ訛〕正シキ其身。其本人。「正身不レ來、徒躡ニ裏物ニ當番人、正身参着」さうじみハ何ノココロゲサウモナクテオハス」父大將ニ請ヒ、さうじみニ請フニ、女モ大將モ、今ニ承引カズ」イカガ宣フト、さうじみニ聞カセ奉リ給ヘ、ト宣ヘバ」さうじみニハ、オロカナラズイミジキ事ヲ書キ給ヒテ」

さうしん (名) 雙親 フタオヤ。兩親。

〔さうじん〕(名) 精進ニ同ジ。「ヤガテ、御さうじんニテ、明ケ暮レ、行ヒテオハス」

さうじん (名) 騷人 文人、詩人、ナドノ稱。

〔さうじもの〕(名) 精進物ニ同ジ。「御クダモノ、さうじもの、持テツヅキ參リタレバ」御饗ノ事、さうじものニテ、ウルハシカラズ」

さうじやう (名) 相生 五行ノ、絛ヲ見ヨ。

さうしゆ (名) 喪主 葬式ヲイトナム人。

ざうしゆ (名) 造酒 酒ヲ釀シツクルコト。

さうじゆつ (名) 槍術 武藝ニ、槍ヲ用フ術。槍法

さうしゆん (名) 早春 春ノハジメ。

さうしよ (名) 草書 漢字ノ書體ニ、行書ヲ更ニクヅシテ書クモノ。急ニ便ニシ、日常ニ用ヰル。

ざうしよ (名) 藏書 己ガ所藏ノ書物。藏本。

さうしよく (名) 裝飾 ヨソホヒ、カザルコト。カザリツケ。

さうす・スル・スレ・セ・シ・セヨ (他動)(不規・二) 相 人相ノ善惡ヲ觀ル。

〔さうず・ずる・ずれ・ぜ・じ・ぜよ〕(他動)(不規・二) 請 請ズ、ニ同ジ。請待ス。「西大寺ノ思圓房ノ上人ヲさうず」世ニ驗アリト聞ユル人ノ限リ、アマタ、さうじ給フ」

ざうす・スル・スレ・セ・シ・セヨ (他動)(不規・二) 藏 己ガ物トシテ所持ス。

さうせい (名) 早世 世ヲ早ウスルコト。少クテ死ヌルコト。

さうせい (名) 蒼生 アヲヒトクサ。國民。

さうぜう (名) 騷擾 騷ギ擾ルルコト。騷動。

さうせつ (名) 早雪 時候早ク降ル雪。

さうぜん (副) 騷然 ザワザワ。ガヤガヤ。

ざうせん (名) 造船 船ヲ造リ出スコト。

さうそう (名) 葬送 死者ヲ葬リニ送ルコト。ノベノオクリ。トムラヒ。「皇后、失セサセ給ヒテ、さうそうノ夜、雪ノ降リ侍リケレバ」さうそうハ七月八日ト定メサセ給ヘリ」

〔さうぞく〕(名) 裝束 しやうぞくニ同ジ。ヨソホヒ。「女ノさうぞくカヅケムトス」御車ノさうぞくシテ」裝飾

さうぞく (名) 相續 (一)アヒツグコト。永クツグコト。「一覺束ナシ」(二)家名、家產、ナドヲ先代ニ代ハリテ、承ケツグコト。「家督一」

さうぞく (名) 草賊 (一)百姓一揆。(二)コヌスビト。

〔さうぞ・く・く・け・か・き・け〕(自動)(規・一) 裝束 〔字ノ音ヲハタラカス〕裝束ス。ヨソホフ。「イト清ゲニ打チさうぞきテ出給フヲ」唐メイタル舟、造ラセ給ヒケル、急キさうぞかセ給ヒテ」さうぞき置カレタル琴ドモヲ取出サセテ」裝飾

さうそつ (副) 倉卒 イソガハシク。アワタダシク。

〔さうぞめ・く・く・け・か・き・け〕(自動)(規・一) 〔山田ノそほづニ喩ヘテイフ語ナリトイフハ、イカガ〕一向ニ言動ナクテ居ル。「餘リ、ヒキイリ、さうぞめきテノミ、侍ルメル」

さうたい (名) 霜臺 彈正臺ノ唐名。

さうだい (名) 壯大 イカメシク、オホイナルコト。立派。

さうたう (名) 相當 アヒアタルコト。程善ク釣合フコト。理ニ適フコト。相應。

さうだがつを (名) 〔味、鰹ニ似タレバ、俗、鰹ダさうだトイヘルヨリ名トストイフ〕三種アリ、共ニ金鎗魚ノ類ナリ。其一ハ、即チ渦輪がつをナリ、(其條ヲ見ヨ)秋ノ土用ヨリ冬ノ土用ニ至ル。其一ヲ平さうだトイフ、長サ一尺許、一名、マコシ。又、ヒラメジ。又、ヒラガツヲ。其一ヲ圓さうだトイフ、身、圓クシテ、甚ダ鯖ニ似タリ。

さうたん (名) 早旦 早朝ニ同ジ。

さうだん (名) 相談 カタラフコト。互ニ意見ヲ話シ合フコト。談合。評議。商議

さうち (名) 裝置 ツクリタテ。仕掛。

さうぢ (名) 掃除 塵埃ヲ掃ヒ除クコト。

さうおゆつ (名) 蒼朮 古名、ヲケラ。藥草ノ名、山野ニ自生、多シ、春、舊根ヨリ數莖ヲ生ズ、高サ二三尺、嫩芽ニ、白キ毛多シ、葉ノ形、楕ニシテ、厚ク堅ク、深緑ニシテ、邊ニ細カキ刺アリ、互生ス、秋、枝ノ頂ニ花ヲ開ク、薊ニ似テ白シ、稀ニ紅ナルモアリ。朮ノ根塊ヲ藥用トシ、其色ノ蒼キハーナリ、(蒼朮)コレヲ通名トス、其色白キヲびやくぢゆつ(白朮)トイフ。

〔さうづがは〕 (名) 〔さうづハ三途ノ音便〕 三途河ノ條ヲ見ヨ。

さうてう (名) 早朝 朝ニ早キコト。早天。早旦。

〔さうてう〕 (名) 雙調 十二律ノ一、其條ヲ見ヨ。

さうてん (名) 早天 アケノソラ。早朝。

さうてん (名) 蒼天 アヲゾラ。

さうでん (名) 相傳 アヒツタフルコト。代代承ケ續グコト。「先祖ヨリーノ田地」一子ーノ術」

ざうとう (名) 雙頭 頭ノ二ツ相雙ビテ付キタルコト。「ーノ蛇」ーノ蓮花」

さうとう (名) 爭鬪 イサカヒ。ウチアヒ。

さうどう (名) 騷動 多人數ノ騷ギ立ツコト。世ノ中ノ亂レ。騷擾

さうとうしゆう (名) 曹洞宗 佛敎、禪宗ノ一派、道元禪師、(建長五年寂ス)創ム。

さうどく (名) 瘡毒 カサ。(黴毒ノ條ヲ見ヨ)

〔さうどく・ク・ケ・カ・キ・ケ〕 (自動) (規・二) 〔さうハ騷ノ音便カ、或ハ、騷動ノ音ヲハタラカセタルカ〕 騷ギ立ツ。「藤ノ花ヲカザシテ、ナヨビ、さうどき給ヘル御狀、イトヲカシ」何ノ心バセアリゲモナク、さうどきホコリタリシニ」

〔さうな〕 (名) 草名 (一)草書ノ一稱。(眞名ニ對ス)(二)書判ノ條ヲ見ヨ。

〔さうなし・キ・ケレ・ク・ク〕 (形・二) 無左右 〔さうハ訪問ノ義ノ左右カ、或ハ、左右ノ論無シヲ音讀セル語カ〕 躊躇ハズ、タユタフコトナシ。「さうなくハ、エ攻メ給ハジト思ヒテ、心靜ニ、軍ソロヘテ居タルニ」さうなく人ヲ笑フ事アルベクモナキ事ニヤ」古クヨリ此地ヲシメタル物ナラバ、さうなく堀リ捨テラレ難シト」其猿、中指ヲサシテ、物ヲ數フル體ナリ、人、心ヲ得ズ、怪シミテ、さうなくモ射殺サデ、暫シ見居タルニ」四方ノ訴人、さうなく内裏ニ參リ集ル」

〔さうなし・キ・ケレ・ク・ク〕 (形・二) 無雙 ナラビナシ。比類ナシ。無雙ナリ。「鳥ニハ、雉、さうなきモノナリ」

さうに (接尾) 〔狀ニノ音便〕 動詞、形容詞、ニ添ヘテ、副詞トスル語、氣ニ、のやうニ、ナドノ意ヲナス。「見エー」行キー」アリー」落チー」暑ー」寒ー」

〔さうにん〕 (名) 相人 人相ヲ見ル人。「カシコキ相人アリケルヲ聞召シテ」相人驚キテ、アマタタビ、カタブキアヤシム」 相工

さうねん (名) 壯年 人ノ齡ノ最モ壯ナル頃、凡ソ二三四十歳ノ間ノ稱。

〔さうのこと〕 (名) 箏ノ琴 箏トイフニ同ジ。(琴のこと、ナドニ對シテイフ語)

〔さうのふえ〕 (名) 笙トイフニ同ジ。

さうば (名) 相場 物ノ賣買ノ價ノ、時ニ因リテ、變化高下アルコト。其時ニ行ハルル商物ノ價。時價

さうはう (名) 雙方 カナタ、コナタ。兩方。「ー負ケズ劣ラズ」

さうはく (名) 糟粕 サカカス。滓。

さうばし (名) 相場師 數日後ノ商品ノ相場ノ變動ヲ推測リ駈引シテ預メ約シテ賣買スルヲ業トスル者。

さうばづけ (名) 相場付 (一)相場ノ高下ヲ決ムルコト。(二)相場ノ高下ヲ記シ付ケタルモノ。

さうばん (副) 早晩 オソカレ、ハヤカレ。イツカ。

ざうはん (名) 藏版 己ガ所藏ノ版木。

〔さうび〕 (名) 薔薇ニ同ジ。バラ。「ソノ下ニ、さうび、牡丹、カラナデシコ」

ざうひ (名) 象皮 象ノ皮、製シテ種種ノ用トシ、珍重ス。

さうふ (名) 壯夫 マスラヲ。壯年ノ男子。

〔さうぶ〕 (名) (一)菖蒲ニ同ジ。アヤメ。「五日ノさうぶ興」(二)襲ノ色目ニ、表、青ク、裏、紅梅ナルモノ。

ざうふ (名) 臟腑 (一)體ノ中ノ機關ノ名。漢方醫ノ說ニ、心、肝、腎、肺、脾、ヲ五臟トイヒ、胃、膽、膀胱、大腸、小腸、三焦、ヲ六腑トイフ。(二)俗ニ、はらわた。

ざうぶつしや (名) 造物者 造化ノ萬物ヲ生成スルコト。

〔さうふれん〕 (名) 相夫憐 想夫戀 雅樂ノ曲ノ名。

さう-まい (名) 草昧 世ノ開闢ノ物事ノ未ダ分明ナラヌ時。
ざう-はん (名) 藏本 藏書ニ同ジ。
さう-ほん (名) 草本 (一)シタガキ。草稿。(二)クサダチ。
ざう-へい (名) 造幣 貨幣ヲ製造スルコト。
さう-まう (名) 草莽 (一)草ノ生ヒ茂レル所。クサハラ。(二)朝廷ニ對シテ、民間ノ稱。「一ノ間」「一ノ臣」
さう-ま-やき (名) 相馬燒 磐城、宇多郡、中村ヨリ產ズル陶器ノ稱、土、釉、共ニ粗糙ニシテ相馬沙燒トイフ、釉ハ暗白ナリ、黑キ走馬ノ形ヲ畫ク、故ニ、駒燒トモイフ。
さう-めい (名) 滄溟 アヲウナバラ。アヲウミ。
さう-めん (名) 素麪 〔索麪ノ音便〕 小麥ノ粉ヲ、水ト鹽トニ捏ネテ、胡麻ノ油ヲツケテ、引キ延バシ、壓シヒラメテ、極メテ細ソク切リテ、索トシ、乾シタルモノ、煮デテ食フ。索麪 又、醬油ヲ加ヘ、煮テ食フヲ煮麪トイヒ、或ハ、ひやむぎノ如ク、冷水ニ浸シ汁ニテモ食フ。
さう-めん (名) 菀綿 キワタ。
さう-もく (名) 草木 くさときと。
さう-もじ (名) 草文字 草書ニカキタル文字。
ざう-もつ (名) 贓物 ススミモノ。贓ノ條ヲ見ヨ。
サウモン (名) 桑門 沙門ニ同ジ。
ざう-やく (名) 雜役 ざふやくノ條ヲ見ヨ。
さう-ゆ (名) 桑楡 暮方ノ日影。人ノ年老イタルニ譬ヘテイフ辭。

さう-らん (名) 騷亂 騷ギタチ、入リミダルルコト。騷動。
ざう-り (名) 草履 藁、又ハ、燈心草、藺、たけのかは、ナドニテ作レル履。藁ー、麻裏ー、ふぢくらー、ふくーナドアリ。
ざう-り-げた (名) 草履下駄 草履ノ下ニ下駄ヲ貼ケタルモノ。鳥
さう-りつ (名) 創立 始メテ作リ立ツルコト。
ざう-り-とり (名) 草履取 主ニ從ヒテ、ソノ履ヲ持ツ奴。
さう-れい (名) 葬禮 死者ヲ葬ルニ行フ儀式。葬式。履奚 葬儀
さう-れい (名) 壯麗 イカメシク、ウツクシキコト。立派。
さう-れん (名) 操練 調練ニ同ジ。
さう-ろ (名) 草廬 クサノイホリ。クサヤ。
さう-ろん (名) 爭論 言ヒアラソフコト。イサカヒ。
さう-ゐ (名) 相違 彼レト此レト違フコト。チガヒメ。差違
さう-ゑん (名) 莊園 莊園ニ同ジ、莊ノ條ヲ見ヨ。
〔さえ〕 (名) 雙六ノ釆ニ同ジ。「一二ツ、目ノミニアラズ、五六、三四サヘアリ、雙六ノ佐叡」
〔ざえ〕 (名) 才 〔字ノ音〕 (一)才。才智。(二)學問。「ざえノ際、ナマナマノ博士、恥カシク」マメヤカニ、ざえ深キ師ニアツケキコエ給フテソ、學問セサセ奉リ給ヒケル」(三)藝能。「琴彈カセ給フ事ナム、一ノざえニテ」筆結ノざえナム侍ル」渡守ノざえナム侍ル」
さえ-かへ・る・ユ・レ・ラ・リ・レ (自動) (規・一) 冱返 極メテ善ク冱ユ。「時雨レツル、宵ノ村雲さえかへり更ケ行ク風ニ、霰降ルナリ」

さえ-ざえ・し・シキ・シケレ・シク・シカ (形・二) 冱冱 殊ニ冱エタリ。(冬ノ月影ナド)
〔ざえ-ざえ・し・シキ・シケレ・シク・シク〕 (形・二) 〔才ヲ重ヌ〕 才アリト見ユ。「タダ走リ書キタル趣ノ、ざえざえしく、ハカバカシク、神佛モ聞キ入レ給フベキコトバ、明カナリ」
〔さえ-さえ-て〕 (副) 冱エタル上ニ冱エテ。「冬深ミ、オフノ浦風、さえさえて、霜枯レニケリ、伊勢ノ濱荻」更ケニケリ、外山ノ嵐、さえさえて、トホチノ里ニ、澄メル月影」
〔さえだ〕 (名) 小枝 〔さハ發語〕 枝トイフニ同ジ。
〔さえだ-ぐさ〕 (名) 小枝草 竹ノ異名ナリト云。
〔ざえ-の-おぼえ〕 (名) 才覺 學藝ノ心得。(今、才覺トイフ)
‡さえ-る (動) 冱ユノ訛。
〔さ-おり〕 (名) 狹織 倭文布ノ狹ク織レルモノカト云。「古ヘノ、狹織ノ帶ヲ、結ビ垂レ、誰シノ人モ、君ニハ益サジ」
さか (名) 坂 〔嶮ノ義カ、逆ノ義カ、或云、級處ノ約〕 山岡ニ登リ降リスル路。阪
さか (名) 酒 さけノ轉、熟語ニテノミ用ヰル。「ー代」ー旗」ー樽」
さか (名) 逆 上ノ、下トナルコト。サカサマナルコト。「ーニ持ツ」
〔さか〕 (名) 斛 〔石ノ音轉ニテ、石ハ斛ニ通ズト云〕 量ノ名、石ニ同ジト云。
〔さか〕 (名) 尺 〔尺ノ音轉ト云〕 度ノ名、尺ニ同ジト

云。

〔サカ (名) 釋迦ニ同ジ。「古ヘノ、虎ノタグヒニ、身ヲナゲバ、さかトバカリハ、トハムトゾ思フ」

さか (接頭) 逆 (一)サカサマナル。逆ナル。順ナラヌ。「―櫓」「―涙」「―方」(二)サカシマニ。逆ニ。「―卷ク」「―ノボル」

〔さが (名) 性 〔然ノ轉ナラムカ〕 (一)固ヨリ、オノヅカラ然ルベキヿ。モチマヘ。本分。「夏ノ夜ノ、子持鳥ノ、さがゾカシ、夜深ク啼キテ、君ヲヤリツル」「人ニ侮ラルル御アリサマハ、カヤウニテリヌル人ノさがニテ」「花薄、招クハさがト、知リナガラ、トドマルモノハ、心ナリケリ」「身ノさが」「心ノさが」(二)ナラヒ。ナラハシ。「所ノさがニヤト、心憂ク思ヒ給ヘナリニシ後ハ」「誠ナラヌ事モ、口ハ、カタハシ出デ來レバ、マコトシウ言ヒナス人多カル世ノさがニシテ」「何事モ常ナラヌ世ノさがナレバ」「後レ先立ツ程ノ定メナキハ、世ノさがト見給ヘ知リナガラ」

〔さが (名) 祥 〔幸ノ轉カ〕 吉キ兆。吉兆。

ざが (名) 座下 文通ニ、先方ノ名宛ニ添ヘテ記ス語、敬フ意ヲ示ス。

〔さか-あぶら (名) 酒膏 醪 汁滓ノ酒。ニゴリザケ。

‡さかいき (名) 月代 さかやきノ訛。

〔ざかう (名) 麝香ニ同ジ。「薰ツキニタリ、云云、帶刀、笑フ笑フ、云云、さかうノ香トモ嗅ギナシ奉リ給ヒテム」

さかえ (名) 榮 サカユルヿ。サカリ。

‡さかえる (動) 榮ユノ訛。

さか-おとし (名) 逆落 懸崖ナドヲ落チ下ルヿ。

さか-かす (名) 酒粕 糟、ノ條ヲ見ヨ。

さか-がめ (名) 酒甕 酒ヲ貯ヘ置ク甕。

〔さか-がり (名) 酗 〔酒怒ノ約ト云〕 醉ヒテ怒ルヿ。酒狂。

〔さかき (名) 〔榮樹ノ義〕 四時、葉ノアル常緑木ノ總稱。常緑木

さかき (名) 賢木 榊 〔前條ノ語ノ一木ノ名トナレルナリ、榊ハ神木ノ合字、專ラ神事ニ用ヰレバナリ〕 樹ノ名、常緑木ニシテ 枝葉繁ク、葉ハおきみニ似テ小ク、深青ニシテ香ナシ、緑白ノ小花ヲ開ク、子、熟スレバ紅ナリ、常ニ、此枝ヲ折リテ、神ニ供ス、サレド、今、多クハひさかきヲ用ヰル。楊桐

〔さかき (名) 龍眼木 〔常緑木ナレバイフナルベシ〕 樹ノ名、龍眼ノ條ヲ見ヨ。

さか-ぎ (名) 倒木 材ノ木理ヲ倒マニ用ヰルヿ。

〔さか-きさき (名) 酒蛾 酒ノ上ニ浮テ萍ノ如キモノナリト云。浮蟻

さか-くさ-し・キ・ケレ・ク・ク (形・一) 酒臭 酒ノ臭アリ。

さか-ぐら (名) 酒藏 酒ヲ納メ置クニ用ヰル藏。醞

さかくれ (名) さかむけニ同ジ。

さかけ 名 酒氣 酒ノニホヒ。酒ノ味。

さか-ご (名) 逆子 逆產ノ條ヲ見ヨ。

さか-ごも (名) 酒薦 酒樽ヲ包ムニ用ヰル薦、酒ノ銘ナド記ス。

さか-さ (名) 逆倒 さかさまニ同ジ。

さかさばつつけ (名) 逆磔 さかばつつけニ同ジ。

さか-さま (名) 倒 〔逆方ノ義〕 上ノ、下ニナリ、前ノ、後ニナルガ如キヿ。ウラウヘ。ウラハラ。サカサ。逆。

さかさまつげ (名) 倒睫 さかまつげニ同ジ。

さか-し・シキ・シケレ・シク・シク (形・二) 賢 (一)才智、敏シ。カシコシ。勝レタリ。「心心ヲ見給ヒテ、さかし、愚ナリト知シ召シケム」「病ニ因リテ、位モ返シ奉リテシヲ、イヨイヨ、老ノ積リ添ヒテ、さかしき事侍ラジト、承引キ申シ給ハズ」「今ハ、亡キ人ト、ヒタフルニ思ヒナリナム、トさかしう宣ヒツレド」(二)勇シ。剛シ。「手ニカモナクナリテ、ナヘカガマリタル中ニ、心さかしき者、念ジテ射ムトスレドモ」「雷ノ鳴リヒラメク狀、サラニ言ハム方ナクテ、落チカカリヌト覺ユルニ、アル限リさかしき人ナシ」(三)カシコダテナリ。サカシラナリ。「我レヒトリ、さかしき人ニテ、思シ寄ルカタゾナキヤ」「心トソムキニシガ、ナド、タユミナク、思シツタレド、さかしきヤウニヤ思サレムトツツマレテ」

さが-し・シキ・シケレ・シク・シク (形・二) 險 嶮 坂路、嶮シ。「さがしき山ヲ、越エアヅラフ」「さがしき山ヲ越エ果テテア、オノオノ、馬ニハ乘ル」

〔さかしがる・ル・レ・ラ・リ・レ (自動) (規・一) 賢シキ狀態ヲスル。「戲レニテモ、カヤウニ隔テガマシキ事、なさかしがり聞エサセ給ヒソ」

〔さかしだつ・ツ・テ・タ・チ・テ (自動) (規・一) 賢立 賢シ氣ニフルマフ。「大學ノ博士、さかしだちサイラギ居タリ」「サシアタリテ、心ニ染ムベキ事ノナキホド、さかしだつニヤアリケム」

〔さかしびと〕（名）賢シキ人。「此さかし人、ハタ、カロガロシキ物怨スベキニアラズ」「我レ、さかし人ニテ聞エモ、イトツツマシケレバ」

さかしほ（名）酒鹽 物ヲ養ルニ、味ヲ添ヘムトテ、酒ヲ加フルヿ。

さかしま（名）倒〔逆方ノ轉〕上ナルガ下ニナルヿ。理ニ戻ルヿ。サカサマ。サカサ。

〔さかしまごと〕（名）倒語 物ヲ反對ニイフヿ。僧ヲ髮長トイヒ、船中ノ水ヲ湯トイフ類ナリト云。「奉ニ承密策一能以ニ諷歌、倒語一掃ニ蕩妖氣二」

〔さかしら〕（名）賢シ氣ニモノスルヿ。カシコダテモノシリブリ。「タダニ居テ、さかしらスルハ、酒飮ミテ、醉泣キスルニ、ナホ若カズケリ」或ル人ト、雙六ヲウチケルニ、越前房トイフ僧來リテ、見所ストテ、サマザマノさかしらヲシケルヲ」

ざかしら（名）座頭 一座ノ劇場觀場ナドニテ、其伎ヲ行フ者ノ長。

〔さかしらが・る・ル・レ・ラ・リ・レ〕（自動）（規．一）サカシラニ振舞フ。「カカル御アリサマヲ御覽ジ知ラヨ、ナド、さかしらがる人モアレド」母君ゾ、タマサカニ、さかしらがり聞エ給フ」

〔さかしらに〕（副）カシコダテニ。リコウブリシテ。「秋ノ野ニ、行キテ見ルベキ、花ノ色ヲ、誰がさかしらに、折リテ來ツラム」

さかしろ（名）酒代 酒ヲ買フ代ニトテ與フル錢。〔雇夫ナドニ〕酒代。酒手。酒錢

さがす・ス・セ・サ・シ・セ（他動）（規．二）搜 サグリモトム。タヅヌ。「飯、酒、ヲさがし食ム」疑ハシキ所ヲモさがさモ給フニ」古キ反古、引キさがし

さかだい（名）酒代 さかしろニ同ジ。

さかだち（名）逆立 サカダツヿ。サカサマニ立ツヿ。倒立

さかだ・つ・ツ・テ・タ・チ・テ（自動）（規．一）逆立 垂ルルモノナド、逆ニ上ヘ聳エ立ツ。「髮ー」倒立

さかだな（名）酒店 酒ヲ賣ル商家。酒店。酒屋。酒肆

さかだる（名）酒樽 酒ヲ貯フル樽。

さかづき（名）盃 杯 卮 盞〔酒坏ノ義〕酒ヲ盛リテ飮ムニ用ヰル淺クシテ小キ器。古ヘハかはらけヲ用ヰキ、今モ、神供、儀式ニハ用ヰル。今、常ニハ專ラ木製、漆塗ナルヲイフ。

さかづきあらひ（名）盃洗 獻酬ノ時ニ盃ヲ洗フベキ水ヲ盛リオク器。ハイセン。

さかつぼ（名）酒壺 酒ヲ貯フル甕。

さかづら（名）逆頰 鎧ノ頰當ナリト云。

さかて（名）逆手 刀ナド、逆ニ持ツヿ。「刀ヲさかてニ拔キモチテ」

さかて（名）酒手〔酒直ノ約〕酒代ニ同ジ。

さかどうじ（名）酒ヲ釀シ造ル者ノ稱。〔とうじノ條ヲ見ヨ〕

〔さかどの〕（名）酒殿（一）酒造ル殿。（二）神樂ノ曲ノ名。「ーハ、ヒロシ、マヒロシ」

さかな（名）肴〔さかハ酒ナリ、なハ魚菜ノ稱〕（一）肉菜等、スベテ酒飮ムニ助ケトスル食物。ブクシモノ。（二）魚。（多ク肴ニ用ヰルニ因テ名ヲ專ニス）魚

さかないち（名）魚市ニ同ジ。

さかなうり（名）魚賣ニ同ジ。

〔さがな・し・キ・ケレ・ク・ク〕（形．二）不祥 善カラズワロシ。「さがなき物言ヒカナトテ、打笑ヒ給ヒテ」世ノ中ニ、ユシク、さがなき事ヲシツツ、已ガサマノアヤシキヲバ知ラデ」ウレヘ巾ス文ヲ見給フニ、言フ限リナク、さがなき事ヲツツレリ」

さかなだな（名）魚店ニ同ジ。

さかなみ（名）逆浪 流レニ逆ヒテ打ツ浪。逆風ニ起ル浪。逆浪。

〔さがなもの〕（名）不祥キ者。善カラヌ者。「イト、オニオニシウ侍ルさがなものヲトテ」此さがなものヲ、打解ケタル方ニテ、時時、カクロヘ見侍リシ程ニ」

さかなや（名）魚店、魚賣、ニ同ジ。

‡さかねぢ（名）逆捩 詰リカケラレタルヲ押シ返シテ此方ヨリ詰リカクルヿ。

さかのぼ・る・ル・レ・ラ・リ・レ（自動）（規．一）溯 泝〔逆上ルノ義〕流レニ逆ヒテ行ク。源ノ方ヘノボル。（舟ニ、魚ニ）

〔さかば〕（名）逆羽 モヂレタル羽。「ハシ鷹ノ、さかはノワカレ、搔キナホシ」ハシ鷹ノ、身ヨリノさかは、さかはノワカレ、カキクモリ」

〔さかばえに〕（副）〔榮映ノ義ト云〕榮エテ。「霜枯ケドモ、其葉モ枯レズ、常磐ナス、彌さかばえに」

さかばしら（名）倒柱 倒木ノ柱。

さかばた（名）酒旗　酒店ニテ、看板ニ出シ置ク旗。

さかばつつけ（名）逆磔　體ヲ逆ニシテ行フ磔。サカサバッツケ。

さかばやし（名）酒林〔或云、酒望子ノ音轉カト〕酒店ニ、杉ノ葉ヲ束ネテ、大ナル珠ニ作リ、檐ニ繫ケテ、看板トスルモノ。酒望子

さかひ（名）境｜界（一）境フヿ。物ノ相合フ際。カギリ。「國ノー」松浦潟、唐カケテ、見渡セバ、さかひハ八重ノ霞ナリケリ」（二）事ノワカレメ。キハ。「生死ノー」今ナム、此世ノさかひヲ心安ク行キ離ルベキ」春ノさかひニ、年ノコユレバ」急グラム、夏ノさかひニ、關スヱテ」際

さかひ（接）〔境ノ義、書狀文ニ間ト用ヰルト同意テリ」ガ故ニ。因テ。（上方、會話語）

さかびたし（名）酒浸　酒ノ中ニ浸スヿ。

さかびたり（名）酒浸（一）酒ノ中ニ浸ルヿ。（二）絶エズ酒飲ミテアルヿ。沈湎

さかひめ（名）境目（一）境ノ所。境ノ際。境界（二）事ノワカレメ。際。「勝負ノー」

さかふ・フ・ヘ・ハ・ヒ・ヘ（自動）（規・一）逆　順ナラズ。從ハズ。モトル。サカラフ。

〔さかふ・フ・ヘ・ヘ・ヒ・ヘ（他動）（規・一）界〔國ノ峠ニテ、坂合フノ約ト云〕境ス。限ル。「隔二山河一而分二國際一」目ニカケテ、幾日ニナリヌ、東路ヤ、三國ヲさかふ、不二ノ芝山」

さかふ・フル・フレ・ヘ・ヘ・ヘヨ（自動）（規・二）榮　さかゆノ訛。「世ノさかふベキ、光見エケル」七ツ道ノ、國さかふラシ、歌フサカ木ハ、サゾさかふラム」

＋さかぶ（動）叫フノ訛。

さかぶね（名）酒槽　酒ヲ湛ヘ置クニ用ヰル大ナル木製ノ器。

〔さかほがひ（名）酒樂〔酒祝ノ義〕酒ヲ勸メテ祝グヿ。壽

さかまく・ク・ケ・カ・キ・ケ（自動）（規・一）逆卷　流レニ逆ヒテ波立ツ。（激流ノ水、逆風ノ浪ナド）「ー波」逆流

〔さかまくら（名）坂枕〔枕ノ方高クテ、床ノ上斜ナレバ、名アリト云〕踐祚、大嘗、新嘗、神今食等ノ祭事ニ、神ニ奉ツル枕、白布端、長三尺、廣四尺ト云。「以二白端御疊一加二席上一以二坂枕一施二疊上一」

さかまた（名）海獸ノ名、西南海ニ產ズ、形、いるかニ似テ、長サ二丈許、背鰭、叉ヲナシテ逆立ツ、齒、堅ク鋭シ、性、兇猛ニシテ、群ヲナシテ鯨ヲモ襲フ、肉、美ナラザレド、脂、多シ。倒戟

さかまつげ（名）倒睫　睫ノ逆ニナリテ、目ヲ刺スモノ。サカサマツゲ。

さかみせ（名）酒見世　さかだなニ同ジ。

さかみち（名）坂路　坂トナリタル路。山岡ニ上ル路。阪路

〔さかみづく・ク・ケ・カ・キ・ケ（自動）（規・一）〔酒水漬クノ義ナラム〕酒ニ醉ヒ沈ム。「ケフモカモ、佐加美豆久ラシ、橘ノ、シタテル庭ニ、殿立テテ、佐加彌豆伎イマス、我ガ大君カモ」沈湎

さかむかへ（名）坂迎〔元ハ、逢坂ノ關マデ出迎ヘタルナラムト云〕京都ノ人ノ、伊勢ヘ參宮シテ歸レル人ヲ出迎フルヿノ稱。關迎。

さかむけ（名）逆剝　爪ノ際ノ皮ノ、逆ニ剝クルヿ。サカクレ。ササクレ。逆臚

さかんなり・ル・レ・ラ・リ・レ（自動）（不規・四）盛　盛ナリノ音便。勢、タケナリ。

さかんに（副）盛　盛ニノ音便。勢、好ク。タケナハニ。

さかもぎ（名）逆茂木｜鹿砦〔逆虎落ノ約〕棘木ノ枝ノ鹿角ノ如クナルヲ、逆立テテ垣ニ結ヒテ、敵ノ兵馬ヲ障フルモノ。モガリ。「山深ク、八重ノさかもぎ、引クトテモ、世ノ憂キ事ハ、猶ゾ通ハム」世ノ中ハ、關戸ニ伏セル、さかも木ノ、モガレハテヌル、身ニコソアリケレ」虎落　鹿角砦

さかもり（名）酒盛　酒ヲ盃ニ盛リテ相勸ムルヿ。互ニ酒飲ミテ興ジ樂シムヿ。シユエン。酒宴

さかや（名）酒屋　さかだなニ同ジ。

さがやう（名）嵯峨樣　和流書法ノ一派、角倉與市ニ始マル、三藐三菩提院殿下ノ門ニ出ヅ。

さかやき（名）月代〔冠明ノ義カト云、或云、逆明ノ轉カト〕（一）月代。「サテ、次ノ日ノ夕方、さかやきアル入道、此房ニ來テ、窃ニ申シケルハ、昨夜ノ强盜入道ニナリテ參リテ候フ」片岡八郎、矢田彥七、アラ熱ヤト、頭巾ヲ脫ギテ側ニ指置キケルニ、實ノ山伏ナラネバ、月額ノ跡隱レナシ」（二）後世、專ラ、額ヨリ頂ニカケテ、髮ヲ廣ク剃リ去ルヿノ稱。應仁ノ亂ヨリ、武士、日常、冑ヲ用ヰルヨリシテ、此ノ如クシ、後ニハ、士

民上下ノ髮風トナレリ。(三)剃毛。「ーノ剃毛ノ略」
〔さかやまひ〕(名)【酲】〔酒病ノ義〕甚シク醉ヒテ病ムヿ。
さかゆ (名)【酒湯】ささゆニ同ジ。
さかゆ・ユル・ユレ・エ・エ・エヨ (自動)(規・二)【榮】〔幸ヲハタラカセタル語カ〕盛ニナル。勢好クアリ。映ユ。サカル。
さかゆく・ク・ケ・カ・キ・ケ (自動)(規・一)【榮行】愈、榮ユ。「神垣ヲ、上リ下リハ、ワブレドモ、マダさかゆかヌ、心コソスレ」「男山、老テさかゆく、契アラバ、ツクベキ杖モ、神ゾキルラム」旺
さかよせ (名)【逆寄】攻メ來ル敵ニ、却テ我ガ方ヨリ攻メカカルヿ。逆戰
さからふ・フ・ヘ・ハ・ヒ・ヘ (自動)(規・一)【逆】さかふノ延。
さがらめ (名)【相良布】〔遠州相良ニ多シ〕海藻ノ名、かぢめニ同ジ。
さかり (名)【盛】(一)盛ルヿ。勢ノ闌ハナルヿ。(二)壯年。「カカル齢ノ末ニ、若クさかりノ子ニ後レ奉リテ」「マシテ、タダ、人ノさかり過ギムモ、アイナシ」壯 (三)繁昌。ハヤリ。(四)ツルブヿ。ツルムヿ。遊牝
さがり (名)【下】(一)サガルヿ。降ルヿ。(二)物ニ懸リテ垂ルルヿ。(三)價ノ低クナルヿ。低 (四)罷リ退クヿ。退出 (五)時ノ過グルヿ。「七ツー」(六)親船ノかもじ。
〔さがり〕(名)【懸釜】〔下リノ義〕釜ノ口、大クシテ、釣リ下グベキモノト云。鍑
さがりぐも (名)【下蜘蛛】くもノ一種、床、又ハ、棚ノ下ナドニ網ヲカケテ、蟲、コレニ觸ルレバ、絲ヲ引キ上ゲテ縛リ捕ル、形、圓ク、腹、大クシテ、足、長シ、色、黑褐ニシテ、白キ斑アリ、春暖ノ時、長ク絲ヲ引キテ垂ル故ニ名アリ。喜母

さがりおけ (名)【下苔】さるをがせニ同ジ。

〔さかりに〕(副)【盛】勢ヨク。サカンニ。「ツカサ、カウブリ、心ニカナヒ、世ノ中、さかりにヲゴリナラヒヌレバ」

〔さがりば〕(名)〔下際ノ略カト云〕下髮ノ下リ。「髮長ク、ウルハシウ、さがりばナド、メデタキ人」「イト、フサヤカニテ、長クハアラネド、さがりは、肩ノ程、イト清ゲニ」

〔さがりば〕(名)【下葉】垂レタル葉。「秋萩ノ、露ノヨスガノ、さがりは毛、風吹キ立ツル、色ゾ身ニ染ム」

〔さがりふすべ〕(名)【懸疣】ふすべノ條ヲ見ヨ。

さがりふぢ (名)【下藤】紋所ノ名、藤ノ花ヲ、二房、左右ニ垂ラシテ、輪ニシタル象ヲ畫ク。

さかる・ル・レ・ラ・リ・レ (自動)(規・一)【盛】〔榮ユ、ト通ズ〕(一)榮エユク。勢闌ニテアリ。時メク。繁昌ス。「花さかり行ク、人ヲ恨ミム」隆盛 (二)世人ノ好ミニ合フ。流行ル。「芝居、ー」「商賣ー」流行 (三)サツルブ。ツルム。遊牝
〔さかる・ル・レ・ラ・リ・レ (自動)(規・一)【離】放〔裂クルト通ズト云〕離ル。「天ー」「遠ー」「鄙ー」「さかりテ經タレドモ、轉ビアヒケリ」「大和ヲモ、遠クさかりテ、去年見テシ、秋ノ月夜ハ、照ラセレド、相見シ妹ハ、彌年放」

さがる・ル・レ・ラ・リ・レ (自動)(規・一)【下】(一)上ヨリ下ヘ行ク、高キヨリ低キヘ行ク。落ツ。下ル。降ル。(二)懸リテ垂ル。下垂 (三)低クナル。安クナル。「直段ー」價低 (四)退キテ後ニ付ク。「後ヘー」遜 (五)劣ル。衰フ。惡シクナル。「伎ー」「位ー」「品ー」降 (六)退キ出ツ。罷ル。退出 (七)時過グ。「七ツー頃」

〔さかろ〕(名)【逆艫】舟ノ舳ノ方ニ艫ヲ向ケテ艫ヲ立ツルヿ、舟ヲ、前後、進退、自在ナラシメムガ爲ニ設クルモノナリトイフ。
さき (名)【先】(一)物ノ最モ前ナル處。(場所ニイフ、後ニ對ス)「ーニ立ツ」先頭 (二)端。末。トガリ。(本ニ對ス)「槍ノー」「筆ノー」尖 (三)路ノ行クベキ方。「ー拂ヒ」「ーヲ追フ」(四)目差ス人。相手。「ーノ人」「ーノ心」對手 (五)既ニ過ギタル時。(後ニ對ス)「ーノ年」「ーノ世」「ーノ關白」前 (六)來ム時。後ノ時。「ーヲ考フ」「老イー」「死ンダー」後日
○ーヲ拂フ。ーヲ追フ。先拂ヲナス。喝道
さき (名)【崎】〔先ノ義〕(一)陸ノ海中ニ突キ出デタル處。鼻。岬 碕 (二)山、又、岡ノ端。(陸上ニテイフ)
〔さき〕(名)【幸】福 サイハヒ。
さぎ (名)【鷺】鳥ノ名、晝ハ水ニ居テ魚ヲ食トシ、夜ハ樹ニ棲ム、背、頸、脚、共ニ長ク、頂ニ、長毛、數莖アリ、身ノ毛、散リ垂レテ蓑ノ如シ、全身白ケレバ、白ーノ名アリ、但シ、背ト脚トハ黑シ、眠ルトキハ、一脚ニテ立チ、一脚ヲ曲ゲテ舉ル、大小二種アリ。其他、べらー、だいー、あをー、みとー、おゐー、いつばいー、煩惱ー等アリ、各條ニ注ス。
さぎ (名)【詐欺】イツハリ。アザムキ。ダマシ。
さきがけ (名)【先驅】(一)戰ニ、最モ先ニ敵ニ掛ルヿ。先登 (二)萬事ニ、第一トナルヿ。魁

さきかた (名) 先方 相手ノ人。先方。對手

さきかた (名) 先肩 駕籠、長持ナド、二人シテ擔フモノニ、其棒ノ前ノ方ヲ擔フ者ノ稱。サキボウ。前竿 其棒ノ後ノ方ヲ擔フ者ヲあとかたトイフ。アトボウ。後竿

さきがね (名) 前金ニ同ジ。マヘバラヒ。

さきがり (名) 先借 まへがりニ同ジ。

(さきく (形) 幸 さきしノ條ヲ見ヨ。

‡さきくぐり (名) 先潜 人ヨリ先ニ潜リ出デテ、事ヲ爲スコト。

(さきくさ (名) 福草 三枝 草ノ名、詳ナラズ。或云、姓氏錄ニ、顯宗帝、宴ヲ賜フ時、三莖ノ草、宮庭ニ生ズ、採リテ獻ズトイフコトアリ、瑞草トシテ幸草ト呼ベリシナラム、即チ百合ナリ、此草、莖梢、三岐ニ分レテ花ヲ着ク、故ニ義訓シテ三枝ノ字ヲモ宛ツ、三枝祭ノ孟夏ナルモ、此花ノ咲ク頃ナリト。(三枝ノ字、音便ニテさいぐさトモ呼ブ、倘、さいぐさまつりノ條ヲ見ヨ) 或云、百合ノ古名ヲさゐトイフ、さきくさハさゐぐさノ轉ナリト。或云、薺苨、一名、みのはトイフモ三ノ葉ノ義ニテ、即チ是レナリ、古今集ノ序ニ、さきくさのみつはよつはトイヘルニ合ヘリト。

さぎぐさ (名) 鷺草 春、苗ヲ生ズ、葉ハ、麥ノ若苗ニ似テ、高サ一尺許、夏、莖ヲ出シテ、數白花ヲ開ク、形、鷺ノ飛ブガ如シ。サギゴケ。サギサウ。通泉草

(さきくさな (名) 薺苨 草ノ名、一名、みのは。苗、桔梗ニ似テ、根、沙參ニ似タルモノト云。

さぎすけ (名) 鷺苔 さぎごけニ同ジ。

さきおろ (副) 先頃 サキッコロ。コノアヒダ。サキダッテ。往日

さぎさう (名) 鷺草 さぎぐさニ同ジ。

さきさき (名) 先先 (一)過ギシ時時。先前。「先先ノ御代御代ノ例」さきざきモ、カヤウニテ、心動カスヲリヲリモアリケレバ」此度ハ、さきざき見ケム、夢ヨリモ」(二)行ク方ノ處處。

(さきし・キ・ケレ・ク・ク (形・二) 幸 福 幸ナリ。平安ナリ。無難ナリ。「草枕、旅行ク君ヲ、さきくアレト、イハヒベヱツ、吾ガ床ノベニ」吾ガセコハ、さきくイマスト、歸リ來テ、吾レニ告ゲコム、人ノ來ヌカモ」

さきぞなへ (名) 先備 眞先ニ備フル陣。先手。先陣。前隊

さきだち (名) 先立 (一)サキダツコト。(二)先供。

さきだ・つ・ツ・テ・ネ・チ・テ (自動) (規・一) 先立 (一)前ニ立ツ。先ニテル。後レズ。「人ニー」先 (二)第一トナル。初メトナル。「ーモノハ、涙ナリ」

さきだ・つ・ツル・ツレ・テ・テ・テヨ (他動) (規・二) 先立 前ヘ行カス。先ニテス。

さきだつて (副) 先達 〔前立チテ、ノ音便〕 サキゴロ。センダッテ。

(さきたま (名) 幸魂 さきみたまニ同ジ。

さぎちやう (名) 左義長 〔昔シハ、毬打ヲ三ツ立テテ作レレバ、三毬打ノ義ナラムトモ云〕 正月、行ハルル儀式、十五日ニ、清涼殿ノ庭ニテ、靑竹ヲ立テテ燒キ、十八日ニモ、竹ニ扇ナド飾リテ燒ク、舞曲アリ。俗間ニテハ、十五日ノ朝ニ、松、竹、標繩ナドヲ收メテ燒ク、とんどやト囃シ、とんどノ火ナドイフ。爆杖 爆竹

(さきつおろ (副) 〔先之頃ノ義〕 往ニシ時。サキゴロ。サイッコロ。往日

(さきつとし (副) 〔先之年ノ義〕 過ギシ年。センネン。サイットシ。往年

(さきつひ (副) 先日 過ギシ日。コノアヒダ。センジツ。往日

さきて (名) 先手 軍勢ノ眞先ニ進ムモノ。先陣。先鋒

さきども (名) 先供 行列ナドニ、眞先ニ立チ行ク供人。サキダチ。騶導

(さきな・む・ム・メ・マ・ミ・メ (他動) (規・一) 叱ル。イサフ。サイナム。叱責

さきは (副) 先 過ギシ頃ニマヘカタ。曩 嚮

さきの・おる・ル・レ・ラ・リ・レ (自動) (規・一) 咲殘 殘リテ咲カズニ居ル。後レテ咲ク。

(さきのありさし (名) 〔鷺ノ尻刺ノ義〕 (一)古ク、蘭ノ異名。(二)今、又、草ノ名、みつかどニ同ジ。

さきのよ (名) 前世ニ同ジ、三世ノ條ヲ見ヨ。

さきのり (名) 先乘 行列ノ眞先ニ乘リ行ク騎馬。前驅 導騎

さきばし・る・ル・レ・ラ・リ・レ (自動) (規・一) 先走 人ヨリ先ニ走リ出ヅ。

〔さきはひ (名) 幸〕 サキハフ[コト]。サイハヒ。「福ノ、イカナル人カ、黒髮ノ、白クナルマデ、妹ガ音ヲ聞ク」

〔さきは・ふ・フ・ヘ・ヘ・ヒ・ヘ (自動) (規・二) 幸〕 (幸延フノ義カ) 幸ニ遇フ。榮ユ。「言靈ノ佐吉播布國」

〔さきは・ふ・フル・フレ・ヘ・ヘ・ヘヨ (他動) (規・二) 幸〕 幸ヲ與フ。「茂御世爾、幸閇奉留」常石爾堅石爾、福閇奉利」皇神乃成幸閇賜者」

さきばらひ (名) 先拂 (一)行ク路ノ先ニアル人ヲ追拂フ[コト]。(貴人ノ通行ナドニ) 滿道 喝道 (二)屆先ニテ、其ノ使賃ヲ拂フ[コト]。(手紙、荷物ナド)

さきぶれ (名) 先觸 預メ事ヲ觸レ知ラセオク[コト]。

さきぼう (名) 先棒 先肩ニ同ジ。

さきほど (副) 先程 暫シ前ニ。イマガタ。先刻。適間

さきみず (名) むかふみずニ同ジ。

〔さきみたま (名) 幸魂〕 幸アラシムル神。サキタマ。

さきみだ・る・ルル・ルレ・レ・レ・レヨ (自動) (規・二) 咲亂 十分ニ咲ク。滿開ス。爛漫

さきん・ず・ズル・ズレ・ゼ・ジ・ゼヨ (自動) (不規・三) 先 〔先ニス、ノ音便〕 サキダツ。第一トナル。「人ニー」 先ンジテ行ク

〔さきもり (名) 防人〕 〔筑紫ノ海ノ埼埼ヲ守ル義カトイフ、或云、塞守ノ義カト〕 古ヘ、軍團ノ兵ヲ、筑紫、太宰府ヘ送リテ備ヘラレシモノ、三年ニシテ、交番ス。壹岐、對馬ナドニハ、島守ト記ス。

さきやう (名) 佐行 五十音圖ノ第三ノ行ノ名。

さきやう-だいぶ (名) 左京職 ヒダリノミサトノツカサ。古ヘ京都ノ中ヲ、東西ニ分チ、東ヲ左京トイヒ、西ヲ右京トイヘル、其左京ノ宅地、戸籍、租、調、訴訟ナド掌ル官。右京アルヲ右京職トイヒテ、事同ジ。ミギノミサトノツカサ。

さきやう-へんかく (名) 佐行變格 語學ノ語、不規則動詞ノ第二類ノ語尾變化ノ一稱。(篇首ノ語法指南ノ動詞ノ條ヲ見ヨ)

ざきよう (名) 座興 酒宴ナドノ座上ノ興。

〔さきら (名) 〔先ノ義ニテ、らハ助辭ナラム〕 才氣。「文字ノツクリ、筆ノさきら、イト、カシコク面白キ」 談ヲ釋門ニテシテ、さきらヲミガク人ダニモ」況ヤ、道心堅固ニシテ、心モカシコク、さきらアラム人人ノ」智惠ノさきらイミジクテ」

〔さぎり (名) 狹霧〕 〔さハ發語〕 霧トイフニ同ジ。

さきわ・く・クル・クレ・ケ・ケ・ケヨ (自動) (規・二) 咲分 咲分ニ咲ク。

さきわけ (名) 咲分 咲キワクル[コト]。一株ノ草木ニテ、花ノ色ノ、種種ニ雜リテ咲クモノ。間色 二色

さきわけもも (名) 咲分桃 げんぺいももニ同ジ。

ささきわける (動) さきわくノ訛。

〔さきをとつひ (名) さきをとひニ同ジ。

さきをとし (名) 一昨年ノ前ノ年。一昨昨年。

さきをととひ (名) 一昨日ノ前ノ日。サキヲトツヒ。一昨昨日。老大前日

〔さく (名) 笏〕 笏トイフニ同ジ。

〔さく (名) 爵〕 爵トイフニ同ジ。

〔さく (名) 𩯭〕 髮ヲ包ム巾。

さく (名) 作 (一)作ル[コト]。ツクリ。ゴシラヘデキ。(刀劍、器具ナド)「正宗ノー」左甚五郎ノー」 製 (二)田畠ノ耕作。「ー場」 稼穡 (三)耕作ノ物ノ實。「今年ノー」上ー」豊ー」凶ー」 稔

さく (名) 柵 (一)木材ヲ疎ニ立テテ、貫ヲ亙シタル垣。(二)柵。城。砦。

さく (名) 昨 キノフ。昨日。

さく (名) 策 ハカリゴト。工夫。

さ・く・ク・ケ・カ・キ・ケ (自動) (規・一) 咲 〔榮ユ、ト意通ズ〕 花ノ蕾、開ク。開

さ・く・ク・ケ・カ・キ・ケ (他動) (規・一) 裂 (一)引キ破ル。引キテ分ツ。「紙ヲー」衣ヲー」(二)割ル。切リハナス。「肉ヲー」 割

さ・く・クル・クレ・ケ・ケ・ケヨ (自動) (規・二) 裂 破レハナル。切レテ分ル。「紙ー」衣ー」

さ・く・クル・クレ・ケ・ケ・ケヨ (自動) (規・二) 避 物事ニ觸レジト其處ヲ離ル。避ク。

〔さ・く・クル・クレ・ケ・ケ・ケヨ (他動) (規・二) 放離〕 離ス。「振放見ル」妻離クベシヤ」親ハさくれド、我ハ放ルガヘ」

さ・ぐ・グル・グレ・ゲ・ゲ・ゲヨ (他動) (規・二) 下 (一)下ヘヤル。クダス。オロス。(二)繫ケテ垂ラス。垂 (三)低クスル。劣ラス。「價ヲー」位ヲー」 降等 (四)退クル。「後ニー」 卻

さ・ぐ・グル・グレ・ゲ・ゲ・ゲヨ (他動) (規・二) 提 〔下グ、ノ義〕 手ニ持チテ下グ。携フ。

ざぐ (名) 座具 (一)坐ルニ敷クモノ。(二)禪家ニ、勤行

ノ時ニ、敷キテ坐ル疊。

さくい (名) 作意 コトサラニ考ヘ設ケタルヿ。

さくいん (名) 索引 モトメイダスヿ。ヒキダシ。ミダシ。

〔さくお (名) 梂 笏ニ造ルベキ樹ノ名ナリト云、詳ナラズ。

〔さくくむ・ム・メ・マ・ミ・メ (他動)(規・一) さくむニ同ジ。澧キ分ク。「涙ノ上ヲ、イ行キさくくみ、磐ノ間ヲ、イ行キモトホリ」

さくけ (名) 作毛 稻穗ノ實。作毛。

さくこん (名) 昨今 キノフ、ケフ。

さくさく (副) 嘖嘖 口口ニ言ヒサワグ狀ニイフ語。

さくざつ (名) 錯雜 入リマジルヿ。

〔さくさめ (名) 姑ノ事ナリト云、其他、數說アリ、サダカナラズ。「我ガセコニ、年ノ數ヲモ、アラハサデ、猶若ユテフ、さくさめノトジ」今來ムト、言ヒシバカリヲ、命ニテ、待ツニケヌベシ、さくさめノ刀自」

さくし・キ・ケレ・ク・シ (形・二) (一)容易ク解クル。ワカレヤスシ。(粘シ、ノ反) 悊 (二)心打解ケタル狀ナリ。氣輕ナリ。爽懷

さくじ (名) 作事 家ヲ作ル事。家作。普請。(普請ノ條、見合ハスベシ)

さぐじ (名) 三狐神 (御食津神ノ借字ヲ音讀シタルナリト云) 農家ニ祭ル田ノ神。

さくじつ (名) 昨日 キノフ。

さくしや (名) 作者 作リタル者。(多ク、詩、歌、文章、著述ナドニイフ) 撰者

〔さくじり (名) サクジルヿ。コマジヤクレ。「イツラ、楯ノ筥ノアリツルハ、アコギトイフさくじり居リテ、早ウ取リカクシテケリ」

〔さくじる・ル・レ・ラ・リ・レ (自動)(規・一) 〔小抉ル、ノ義カト云〕 小賢シク差出デテ振舞フ。「イトさくじりオヨズケタル人、立チマジリテ」ナさくじりソ」

さくせき (名) 昨夕 キノフノユフ。昨晚。

さくぜん (副) 索然 〔索、散也〕 趣キノ淡キ狀ニイフ語。「興味―」

さくそう (名) 錯綜 (一)統ベ聚ムルヿ。(二)入リ組ムヿ。

さくぢよ (名) 削除 ケヅリ、ノゾクヿ。

さくてう (名) 昨朝 キノフノアサ。

〔さくてん (名) 釋典 しやくでんノ條ヲ見ヨ。

さくとく (名) 作得 耕作ノ上ニテ、納租ノ後ノ得分。

〔さくなだりに (副) 〔狹顙ノ義カ〕 谷川ノ水ノ落來ル狀ニイフ語。「山山乃自レ口狹久那多利爾下賜水乎」

〔さくなんさ (名) 石楠草 又、トビラノキ。今ノ石楠花ナルベシ。

さくにん (名) 作人 (一)作リタル人。(器ナドニ)(二)耕作スル人。

さくねん (名) 昨年 コゾ。去年。客年

さくば (名) 作場 耕作スル處、即チ、田畠。耕地。「―路」

さくばう (名) 朔望 毎月ノ朔日ト十五日ト。

〔さくはうし (名) 笏拍子 拍子ノ條ヲ見ヨ。「オトドさくはうし、オドロオドロシカラズ打鳴ラシ給ヒテ」

〔さくはち (名) 尺八 しやくはちニ同ジ。

さくばん (名) 昨晚 キノフノクレ。昨夕

さくびやう (名) 作病 假病ニ同ジ。

さくふう (名) 朔風 〔北方曰ニ朔方一〕 北風。

さくぶん (名) 作文 文章ヲ作ルヿ。作リタル文。

〔さくべい (名) 索餅 又、ムギナハ。麥粉ト米ノ粉トヲ煉リテ、繩ノ如クニネヂタルモノ、長サ一二寸、陰曆七月七日ニ、内膳司ヨリ禁中ニ奉ツル、一年ノ瘧ヲ除クトス。索麪モコレニ起ル。

さくまう (名) 作毛 さくけノ條ヲ見ヨ。

〔さくむ・ム・メ・マ・ミ・メ (他動)(規・一) 〔裂クノ意ナリト云〕 蹈ミ分ク。サククム。「石根、さくみテ、蹈ミトホリ」磐根、木根、蹈ミさくみテ」客行公ハ、五百隔山、伊去割見、アタ守ル」

さくもつ (名) 作物 〔古言、つくりものニ字ヲ當テテ音讀セル語〕 耕作ノモノ。田畠ニ植エ作ル植物ノ總名。

さくもの (名) 作物 名作ノ物。名工ノ作レルモノ。(刀劍、器具ニ)

さくや (名) 昨夜 ヨベ。サクバン。

さくゆふ (名) 昨夕 キノフノユフ。キノフノヨ。昨夜。

さくら (名) 櫻 〔木花開耶姫(櫻神トスル)名ヨリシテ、開耶ノ轉カト云、或ハ開麗ノ約カ〕 (一)樹ノ名、高サ凡ソ一二三丈、皮ニ横理アリ、灰褐紫色ニシテ、

光リテ點文アリ、葉ハ、深靑ニシテ、鋸齒アリ、淸明前後ニ花ヲ開ク、一重アリ、八重アリ、五瓣ニシテ、簇リ開ク、色、多クハ粉紅ナリ、其艶美ナル、花中ノ第一トシ、花ノ名ヲ專ラニス、殊ニ日本ノ特產ニシテ、外國ニアルヲ見ズ、一重ナルニハ實アリ、さくらんはうトイフ、材ノ理、密ニシテ、硬軟、中ヲ得、版木トシテ、最モ良シ、又、皮ヲ裂キテ、わげものヲ綴ヅ。山ー、吉野ー、兒ー、彼岸ー、垂枝ー、樺ー、緋ー、黃ー等、種類、甚ダ多シ、各條ニ注ス。(二)さくらがさね。

さくら‐あめ (名) 櫻雨 櫻ノ花咲ク頃ニ降ル雨ノ稱。花曇ノ雨。

さくら‐いり (名) 櫻煎 蛸ヲ、薄ク小口切リニシテ、たれみそニテ煮タルモノ。サクラニ。

さくら‐いろ (名) 櫻色 (一)櫻ノ花ノ如キ色。ウスクレナヰ。「ーニ、衣ハ深ク、染メテ着ム、花ノ散ラナム、後ノ形見ニ」粉紅色 (二)さくらがさね。

〔さくら‐がさね (名) 櫻襲 襲ノ色目ニ、表ハ白ク裏ハ濃キ蘇芳色ナルモノ。

さくら‐がは (名) 櫻川 草ノ名、女郎花ニ似テ、花ノ色紫ナルモノト云。

さくら‐かひ (名) 櫻貝 とぶかひノ類、殼ノ形、小ク薄ク、色紅ナリ。ハナガヒ。(同名、種類多シ)

さくら‐がり (名) 櫻狩 山野ニ、櫻ヲ尋ネテ、花ヲ見歩クコト。「ー雨ハ降リ來又、同ジクハ、濡ルトモ、花ノ陰ニ隱レム」或云、花見ガテラ、鷹狩ニ歩クコトナラムト。「狩ニ來ル、人モコソ聞ケ、春ノ野ノ、朝鳴ク雉子ノ、近クモア

ル哉」

〔さくら‐ぐさ (名) 櫻草 今ノさくらさうナルベシ。「丹波少將成經ノウヘ、さくらぐさトモ言ハマホシ」

さくら‐さう (名) 櫻草 山野ニ生ズ、葉ノ形、九蓋草ニ似テ小ク、邊ニ鋸齒ナク、甚ダ光澤ナラズ、葉ノ心、白シ、春夏ノ間、莖ヲ出シテ、頂ニ花ヲ生ズ、一重ニシテ、淡紫色、或ハ、白色ニシテ、略、櫻花ニ似テ、美シ、人家ニモ移シ植ウ。蓮馨花

さくら‐ずみ (名) 佐倉炭 くぬぎニテ燒キナシタル炭、いけだずみニ同ジ、下總ノ印幡、千葉、埴生ノ三郡ニ產ジ、佐倉ヨリ諸方ヘ出ダス。櫟炭

さくら‐だひ (名) 櫻鯛 (一)赤鯛ヲ、櫻ノ開ク頃ニ呼ブ名、味ノ最モ美ナル時トストニ云。「霞聚ク、波ノ初花、ヲリカケテ、さくら鯛釣ル、沖ノアマブネ」(二)又、安藝、周防ノ邊海ニ產ズル鯛ノ稱トス、神功皇后、酒ヲ海ニ灑ギタマヒ、海鯽魚、醉ヒテ浮ベル故事アリテ、今モ海ヲ蔽ヒテ浮ブコトアリテ、浮鯛トイフトゾ。

〔さくら‐づき (名) 櫻月 陰曆、三月ノ異名。

さくら‐に (名) 櫻煮 さくらいりニ同ジ。

さくら‐のり (名) 櫻海苔 海藻、壹岐ニ產ズ、色、薄紅ニシテ、味モ佳シト云。

さくらん (名) 錯亂 マジリ、ミダルルコト。入リ組ムコト。

さくらん‐ばう (名) 櫻ノ實、花ノ一重ナルニアリ、正シク圓クシテ、三分許、蔕、長ク垂ル、熟スレバ赤黑シ、小見玩トス、鹽漬トスレバ食フベシ。

さくら‐らん (名) 櫻蘭 蔓草、葉、厚ク圓ク長シ、花、櫻ノ如ク集リ咲キテ、毬ノ如クニテ白ク、內ニ赤キ蕋アリ、香氣アリ。

さくり (名) 噦 吃逆 (一)呼吸ノ筋ニ拘攣ヲ起シテ、聲ヲ引キテ泣クコト。シャクリアゲテ泣クコト。「又、イトドシキ涙、さくりモヨヨナリ」上ハ、サラニ、御聲モ惜マセ給ハズ、チゴドモノヤウニ、さくりもよよト泣カセ給フ」引泣

さくり (名) サクルコト。堀ルコト。

さぐり (名) 探 (一)サグルコト。サガスコト。(二)間諜。(三)弓弦ノ中心ノ矢筈ニ當ル處。弦心 (四)醫術ノ具、創瘡ノ深サヲ探ラムガ爲ニ差入ルルモノ。

〔さくり‐あ‐ぐ・グル・グレ・ゲ・ゲ・ゲヨ (他動)(規・二) 泣クニ、聲ヲ引ク。シャクリアゲル。「さくりあげテ、ヨヨト泣キケレバ」引泣

さぐり‐あし (名) 探足 闇ノ夜、又ハ、盲人ナド、路ノ行手ヲ足ニテ探リツツ進ムコト。

さくり‐ばみ (名) 材ヲ剜リテ、他ノ材ヲ塡ムルコト。

さく‐りやく (名) 策略 ハカリゴト。

さく・る・ル・レ・ラ・リ・レ (他動)(規・一) 〔小剜ルノ義カ〕(一)堀リ穿ツ。「板ヲー」「土ヲー」畑ヲー (二)堀リテ通シ流ス。「水ヲー」疏通

さぐ・る・ル・レ・ラ・リ・レ (他動)(規・一) 探 搜 〔狹繰ルノ義カトニ云〕(一)サガシモトム。タヅヌ。(二)手ノ感ジニテ求ム。(闇夜、又、盲人ナドニ) 摸索 (三)推當ニ知ラムトス。「人ノ心ヲー」 推測

さくれう (名) 作料 物ヲ作ル賃。手間賃。

ざくろ (名) 石榴 〔字ノ音〕 又、ジャクロ。樹ノ名、高サ、丈餘、枝、廣ク茂リテ、幹ニ、節、多シ、古木ノ幹ハ、異形ニナリテ、さるすべりノ如シ、葉、細長クシテ、兩對ス、梅雨中ニ、深紅ノ花ヲ開ク、或ハ、白色、淡紅色、黄赤色ナルモアリ 花ノ一重ナルニ實アリ、實ートイフ、秋熟シテ、自ラ口ヲ開ク、内ニ數百ノ紅子アリ、甘キアリ、酸キアリ。果石榴 又、實ノ色ノ白キヲ、白ートイフ。水晶石榴 花ノ八重ナルハ實無シ、花ートイフ。花石榴

ざくろいし (名) 石榴石 石榴珠トイフ寶石ノ、色赤クシテ、透明リタルモノノ稱、其細カキハ、即チ、金剛砂ナリ。

ざくろぐち (名) 石榴口 〔石榴ノ實ノ口ヲ開ケル狀ニ擬シテ名ヅクルカ〕 浴場ノ湯槽ノ圍ヒノ入口。(東京)

ざくろだま (名) 石榴彈 大砲ノ彈丸ニ、中ヲ空シクシテ、小丸ヲ數多籠メタルモノ、破裂彈ニ用ヰル。

ざくろばな (名) 石榴鼻 多ク酒飲ム人ノ鼻ノ、色ノ赤クナレルモノ。酒皶

さくわん (名) 主典 〔佐官ノ音〕 長官ノ條ヲ見ヨ。

さくわん (名) 左官 〔無官ノ者、禁中ニ入ルヿ能ハズ、因テ、木工、泥工等ニ假ニ目(佐官)ヲ受領セシメ出入セシメラレタルニ起ルト云〕 泥工ノ異稱。シャカン。

さくゐ (名) 作爲 作リ設クルヿ。ワザトスルヿ。

さけ (名) 酒 〔榮エノ約ニテ、醉ヘバ笑ミサカエ樂ム意ナリト云、或ハ、酒殿ノ神ニ酒彌豆ノ號アリ、歸化ノ韓人、始メテ酒ヲ造レル者、酒看都氏ヲ號セシム、蓋シ、古ヘ、酒ヲ佐加美豆トイヒ、即チ榮水ノ義ニテ、後ニ水ヲ略セルナリトモ云、或云、さハ發語ニテ、けハ氣 又ハ酒ノ轉ト〕 古言、酒。異名、ササ。米ニテ釀シ作ル飲物。濟酒、濁酒アリ、淸酒ハ、白米ヲ蒸シテ、麴ト水トヲ加ヘ、搔キマゼテ貯フルヿ數日ナレバ、泡ヲ盛リ上グ、以上ヲもとトイフ、コレニ、日ヲ定メテ、又白米ノ蒸飯ト麴ト水トヲ加フルヿ、前後三度ナリ、以上ヲそへトイフ、其間、常ニ搔キマゼテ熟セシメ、コレヲ槽ニ盛リテ、搾レバ成ル、其手續、日限等、極メテ繁密ニシテ、其法モ種種ナリ。其他濁ー、甘ー、古酒等、種種アリ、各條ニ注ス。

さけ (名) 鮭 鮏 〔裂ノ義ニテ、肉ノ裂ケ易キニイフカト云〕 魚ノ名、東北ノ海ニ產ズ、河海ノ間ニアリテ、秋、河ニ溯リテ子ヲ生ム、鱒ニ似テ、圓クシテ肥エ、大ナルハ二三尺、鱗、細カク、色、赤青クシテ、腹、薄白シ、肉、赤クシテ、細刺アリ、脂多クシテ、厚美ナリ、多ク、鹽引、又ハ、乾鮭トシテ、遠キニ送ル、子ヲすぢこトイフ。シャケ。アキアヂ。

〔さけ (名) 鳥 〔叫フ意カト云〕 ふくろふニ同ジ。

〔ざけ (名) 邪氣 邪祟。「コレカレニ物問ハセ侍レバ、さけナド申ス、作善ナド行ハセ侍レド」さけナドノ、人ノ心ヲタテラカシテ」

さけおび (名) 下帶 婦人ノ、帶ヲ結ビテ、其末ヲ後ニ垂レ置クヿ。

さげかたな (名) 提刀 刀ヲ手ニ提ゲタルヿ。〔帶ニ佩キタルニ對ス〕

さげかみ (名) 下紙 官府ノ文書ニ、上官ヨリ別ニ紙ヲ貼リ下ゲテ指令スルモノ。下札。附紙。單紙

さげがみ (名) 下髮 婦人ノ、髮ヲ束ネテ、末ヲ背ニ垂レ置クモノ。スベラカシ。

さげこし (名) 下輿 輿ノ條ヲ見ヨ。

さげしむ (動) さげすむニ同ジ。

さげずみ (名) 下墨 (一)工匠ノ、墨繩ヲ直ニ下ゲテ、柱ナドノ直ナリヤ傾キアリヤヲ見定ムルヿ。埀準 (二)ハカラヒ。指圖。計畫

さげすむ・ム・メ・マ・ミ・メ (他動)(規.一) 見下スヿ。侮リ賤シム。サゲシム。蔑視

さげぢゆう (名) 提重 重箱ニ柄ヲ添ヘテ、提ゲ携フルニ便ニシタルモノ。携盒 提合

〔さけのつかさ (名) 造酒司ニ同ジ。

さけのみ (名) 酒飲 (一)酒ヲ飲ムヿ。サカモリ。「夜一夜、酒のみシケレバ、モハラ會フヿモセデ」「韻ツクリ、酒のみシテ、曉ニ歸ル」 酒宴 (二)酒ヲ好ミテ飲ム人。サケズキ。上戶。酒客

さけぶ・ブ・ベ・ベ・ビ・ベ (自動)(規.一) 叫號 高ク烈シク聲ヲ出ス。ヨバフ。

さげふだ (名) 下札 さげがみニ同ジ。

さげぶり (名) 下振 絲、もりがねナドニ、錘ヲツケテ、直ニ釣リ下ゲテ、左、右、同ジ距離ニ振リ動カシムル

モノ、掛時計ナドノ機關ニ用ヰル。 懸錘

さけ-め (名) 裂目 裂ケタルトコロ。ワレメ。 罅

さげ-もの (名) 提物 印籠、巾着ナド、腰ニ提ゲ携フル物ノ總名。

++さける (動) 避ク、又ハ、裂ク、(規・二)ノ訛。

++さげる (動) 下グ、又ハ、提グノ訛。

さげ-を (名) 下緒 刀ノ鞘ニ付ケテ下グル紐。 刀縧

サゴ (名) 沙穀 〔字、或ハ、沙菰、西穀ナド書ス、洋字、Sago.〕 東印度諸島ニ產ズル棕梠類ノ樹ヨリ採ル食物、枝幹ヲ搗キ碎キテ、水ニ浸シ、其汁ノ澱ミタル白粉ヲ曬シ乾シテ細末トス、粟粒ノ如シ、粥ニ煮レバ、淡クシテ滑ナリ、病人ノ食ナドトシ、又、糊トス。又、沙菰米。西國米。サゴベイ。

ざこ (名) 雜魚 〔雜喉ノ音、魚ヲ數フルニ喉トイフ〕 小キ魚ノ種種雜レルモノ。

さこう (名) 鎖港 ミナトヲトザスコト。外國トノ交ヲ絶チテ、其船ヲ港ニ入レシメザルコト。

さこく (名) 鎖國 クニヲトザスコト。外國ト、一切交際ヲセヌコト。

ざこく (名) 雜穀 種種ノ穀物。

さこし (名) 〔狹腰ノ義カト云〕 鰆ノ小キモノ。

ざこつ (名) 坐骨 尻ノ中ノ、坐ルトキニ、床ニ當ル骨。

++ざこ-ね (ー) 〔雜魚寐ノ義カ〕 男、女、打雜リテ寐ルコト。

ざこ-ば (名) 雜魚場 魚市ヲ立ツル處。 魚市場

サゴ-べい (名) 沙穀米 沙穀ノ條ヲ見ヨ。又、サンゴベイ。

さこん (名) 左近 左近衞ノ略、近衞府ノ條ヲ見ヨ。

さこん-の-さくら (名) 左近櫻 右近ノ橘ト共ニ、紫宸殿ノ御階ノ前ノ左右ニアリ、櫻ハ一重ナリトゾ。「セメテ我レ、近キ衞ノ、ホドダニモ、御階ノ櫻、散ラサズモガナ」

さこんゑ (名) 左近衞 近衞府ノ條ヲ見ヨ。

〔さ-ごろも〕 (名) 狹衣 〔さハ發語〕 衣トイフニ同ジ。

ささ (名) 篠 〔細竹ノ略、或云、其枝葉ノ相觸ルル音ヨリシテイフト〕 (一)小キ竹ノ稱。 小竹 細竹 (二)今、又、一種ノ竹ノ、甚ダ低ク細ソク、葉、大クシテ、叢生スル草ノ如キモノ名。 箬

ささ (名) 酒 〔支那ニテ、酒ノ異名ヲ竹葉トイフニ起ル、或云、さけヲ略シテ重ネタル語カト〕 酒ニ同ジ。(婦人ノ語)

ささ (副) 水ノカカル音ニイフ語。「水、前板マデささトカカリケルヲ」水ノミ、ささト流レ出ヅレバ」

ささ (感) 誘フ聲。イザ

ささ (接頭) 細 コマカナル。チヒサキ。ワヅカナル。「ー竹」「ー栗」「ー波」「ー蟹」

++ざざ (副) 騷グ聲ニイフ語。「ささト笑ヒノノシリテ」皆、ノノシリテ、ささトシテ出デ給フ」

ささい (名) 些細 ササヤカナルコト。ワヅカナルコト。 瑣末

さざい (名) 榮螺 さざえノ訛。

ざざう (名) 坐像 坐リテ居ル像。(立像ナドイフニ對ス)

ささえ (名) 竹筒 〔小竹枝ノ義カト云、或云、榼ノ轉ト〕 酒ヲ入ルル器、竹筒ニテ作ル。

さざえ (名) 榮螺 〔小柄ノ義ニテ、刺ヲイフカト云〕 螺ノ類ニテ、形大ナリ、殼ノ外面ニ、太ク長キ刺、許多周リテ付ケリ、肉ヲ壺燒ナドニシテ食フ。訛シテ、サザイ。 拳螺

さざえ-わり (名) 〔能ク、榮螺ヲモ嚙ミ割ルヨリ名トスト云〕 鮫ノ類、頭、大ク、兩眼ノ上ニ、竪ニ稜アリテ方形ヲナシ、猫ノ面ノ如クナレバ、東京ニテねこざめトイフ、兩鼻アリ、齒極メテ硬ク強シ、背ノ兩鰭ニ、大クシテ尖レル刺アリ、全身、黃褐ニシテ、黑キ斑アリ、砂、稍、粗シ。 虎頭鯊

ささがに (名) 蜘蛛ノ異名。(枕詞ヲ直ニ名トセルナリ、次條ヲ見ヨ)「ささがにノ、フルマヒシルキ、夕暮ニ」棲ミチガラフル、軒ノささがに」

〔ささがに-の〕 (枕) 〔蜘蛛ノ體、蟹ニ似テ、篠原ニ住メバイフトゾ、或云、細小ナル蟹ニ似タル心ナラムト〕 蜘蛛ノ枕詞。「我ガセコガ、來ベキ宵ナリ、ささがにの、蜘蛛ノオコナヒ、コヨヒシルシモ」

ささぎ (名) 大角豆 ささげノ訛。

〔さざき〕 (名) 鷦鷯 みそさざいノ條ヲ見ヨ。

ささ-ぐ・グル・グレ・ゲ・ゲ・ゲヨ (他動)(規・二) 捧 〔差シ上グノ約〕 (一)兩手ニテ、高ク擧グ。(二)タテマツル。獻上ス。 獻

ささ-ぐも (名) 小蜘蛛 くもノ一種、草木枝葉ノ間、

殊ニ、芝ノ上ニ、棚ノ如キ平網ヲ張リ、片隅ニ穴アリテ、其中ニ隱レ、蟲ノ來ルヲ待ツ、腹稍長ク、二ツノ短キ尾アリ。クサグモ。草蜘蛛

〔ささぐり〕（名）小栗 しばぐりニ同ジ。茅栗

ささくれ（名）〔小裂ノ義カ〕さかむけニ同ジ。

ささげ（名）天角豆〔莢、上ニ向ヒテ捧グルガ如キニ因テ名ツクトイフ〕小豆ノ屬、立夏前ニ種ヲ蒔ク、花ニ、紅、白アリ、葉ハ、本大ク、末尖ル、夏ノ末、莢ノ若キヲ煮食フ、莢、短クシテ、四五寸アリ、豆、秋ニ熟ス、小豆ニ似テ扁ク、紅、白、黑斑等ノ數品アリ。ブラウ。豇豆

ささげもの（名）捧物 獻ツル物。獻品

⁺⁺ささげる（動）捧 ささぐノ訛。

ささたけ（名）笹茸 竹林ニ生ズル茸、食フベシ。

ささなみ（名）細波 風吹キテ、細カキ文ヲナス波。サザラナミ。サザレナミ。漣漪

ささなみの（枕）〔湖水ノ細波ニツキテイヘル語カ、或云、其地ノ舊名ナリト〕近江ノ志賀、大津、等ノ地名ノ枕詞。

ささのはがれひ（名）笹葉鰈 したのはがれひニ同ジ。

ささはら（名）笹原 篠ノ生ヒテアル地。

ささはり（名）障 ササハルヿ。サハリ。サマタゲ。サシアヒ。

ささはる（自動）（規、二）障〔ささハ發語ナラム〕故障ヲ起ス。サマタゲトナル。サハル。サシアフ。ジヤマニナル。ジヤマゴシヤウ。

〔ささふ〕（名）篠生 ささはらニ同ジ。「トネリコガ、袖モ露ケシ、トモヲカノ、茂キささふノ、行クサキルサニ」

ささふ・フル・フレ・ヘ・ヘ・ヘヨ（他動）（規、二）支〔支フ、ニささノ發語ヲ加ヘタル語ナラム〕（一）張リテ保ツ。モチコラフル。ツツバル。「市ニ出デテ賣ルニ、一人ガ持出デヌル價、猶一日ガ命ヲささふるニダニ及バズ」（二）拒グ。沮ム。サヘギル。拒

〔ささぶき〕（名）笹吹 銅ノ至テ小粒ナルモノノ稱。

〔ささぶね〕（名）竹葉舟 竹葉ヲ舟トシテ水ニ流スモノ。「ウナヰ子ガ、流レニ浮クル、笹舟ノ、トマリハ冬ノ、氷ナリケリ」

〔ささへおと〕（名）〔支言ノ義〕讒言ニ同ジ。

ささへり（名）笹縁〔細縁ノ義カ〕衣ノ縁、袋ノ縫目、ナドニ伏セテ縫ヒクルムル扁キ組紐ノ名。

⁺⁺ささへる（動）支フノ訛。

ささホサツ（名）ササ 菩薩ノ二字ヲ略シテ、其草冠ノミ合ハセタル字、急ギ寫ス時ニ用ヰル。又、クサホサツ。

ささみどり（名）竹ノ實。おねんだニ同ジ。

さざんくわ（名）〔つばきノ漢名ナル山茶花ヲ誤用シテ訛リタル語、或云、茶山花ト轉倒セルナリト〕樹ノ名、つばきノ類、種類多シ、樹、葉、花、實、つばきニ同ジクシテ小シ、葉ハ、茶ノ葉ノ如ク、花ハ、冬ヲ盛リトス、實ハ、梅ノ實ノ小キモノノ大サニテ、形ハ梨ノ如ク、微毛アリ、油ヲ採ルベシ。茶梅

ささんさ（名）サンザメクヿ。言ヒサワグヿ。

〔ささめ〕（名）細草 茅ノ類ニテ、編ミテ、簑、又ハ、席トス、田ニモ作ルモノト云。ササノミ。「ささめ刈ル、荒田ノ面ニ、立ツ民モ」山賤ノ、結ビテカツク、ささめコソ、衣ノ闕ト、雨モトホサネ」五月雨ニ、ささめノ簑モ、朽チハテテ」

ささめ（名）蜆ノ一種、海中ニ產ス、皺、粗クシテ、色白シ。白蜆

ささめかす・ス・セ・ナ・シ・セ（自動）（規、一）サザメクヤウニナス。騷ギ合フ。「面モフラズ、ささめかいテ渡シケリ」宇治川ニ

ささめく・ク・ケ・カ・キ・ケ（自動）（規、二）私語 ささやくニ同ジ。「アナ喧タマヘ、夜聲ハ、ささめくシモゾ喧シキ、ナド言ヒツ寐ヌ」小舍人ワラハヲ、身近ク呼ビ寄セテ、打チささめきテ」

ささめく・ク・ケ・カ・キ・ケ（自動）（規、二）（一）言ヒサワギ言ヒノノシル。ザンザメク。「此ノ殿、イカナル事ニカト、世ノ人、世ノハカナキヨリモ、コレヲ大事トささめき、忍ビアヘリニモシツベキ宮ノ御詞哉、トささめきサワグ」世語ノノシル」ソノ事トモナクささめきノノシリアヒタリ」（二）騷ギ騷ト音ス。「竹ノアル所ニテ、風ノ吹クニ、イミジウささめきケレバ」「風吹ケバ、浪ヤハサワグ、川竹ノ、流ル水ニ、聲ノカヨヘル」

ささめおと（名）私語 ササメク話、小聲ニテヒソカリト語ル詞。

ささも（名）笹藻 水草、溝ナドノ、流水ノ中ニ多シ、水底ニ生ジテ、水ニ靡キテ流ルルヿ、數尺ナリ、葉ハ長サ二三寸、巾一二分、對生ス。又、ヤナギモ。馬藻

〔ささや (名) 笹屋 竹葉ニテ葺キタル小屋ナルベシ。「ナベテ吹ク、賤ガささやノ、秋風ヲ、ささやノ床ノ、マロブシニ」「峯ノささやノ、草枕」。

ささやかな (副) 細小 コマカニ。チヒサク。「ささやかなる家ノ、木立ナド、ヨシメバルニ」只、一人 ささやかにテ臥シタリ」ささやかなる童一人ヲ具シテ」

ささやく・ク・ケ・カ・キ・ケ (自動)(規・一) 私語耳語 〔細小ハタラカス〕 小聲ニテヒソヒソ話ス。内障話シヲスル。ササメク。

ささやぶ (名) 笹藪 たかやぶニ同ジ。

ささゆ (名) 酒湯 小兒、疱瘡癒エタル後、湯ニ酒ヲ注シテ浴セサスルコ。酒湯。

ささゆり (名) 百合ノ條ヲ見ヨ。

++ささゆる (動) 支フ、ノ訛。

ささら (名) 簓 〔さらさらト音スルヨリ名トス〕(一)竹ノ先ヲ割リ作レルモノ、敔トイヒテ、木ニテ虎ノ形ヲ作リ背ニ刻ミアル樂器ヲ擦ルニ用ヰル。鑢 (二)又、田樂ナドノ雜伎ニ、羯鼓ナドニ合ハセテ、簓ノミ相摺リテ舞曲スルモアリ。「鼓、腰ニ結ヒツケテ、笛吹キ、ささらトイフモノツキ、サマザマノ舞」(三)又、竹ヲ細カク割リテ、本ヲ束ネタル尺許ノ具、物ヲ擦リ洗フニ用ヰル。筅帚 (四)割竹。

〔ささらえをとこ (名) 〔小愛男ノ義ニテ美ムル語ト云〕月ノ異名。「山ノ端ノ、左佐良榎壯子、天ノ原、門渡ル光、見ラクシヨシモ」

〔ささらぐ・ク・グ・ゲ・ギ・ゲ (自動)(規・一) 水、サラサラト音シテ流ル。「心チヨゲニ、ささらぎ流レシ水モ、木ノ葉ニウヅモレテ、跡バカリ見ユ」 潺湲

++ささらさつぼう (名) さぼてんニ同ジ。

〔ささらなみ (名) さざなみニ同ジ。「さざらなみ、寄スル汀ニ、棲ム田鶴ハ」

ささりンダウ (名) 笹龍膽 りんだうノ條ヲ見ヨ。

ささる・ル・レ・ラ・リ・レ (自動)(規・一) 刺 突キ立ツ。刺立

〔さざれ (名) 小石 さざれいしノ略。「サホ川ノ、小石フミワタリ」

〔さざれいし (名) 小石細石礫 チヒサキ石。砂利。「吾ガ君ハ、千代ニマシマセ、さざれいしノ、磐トナリテ、苔ノ生スマデ」

〔さざれなみ (名) さざなみニ同ジ。「さざれなみ、寄スル文ヲバ、青柳ノ、影ノ絲シテ、織ルカトゾ見ル」

〔さざれみづ (名) 潺湲 小石ノ上ヲ流ルル水。「底澄ミテ、浪細カナル、さざれ水、渡リヤラレヌ、山川ノ影」

さし (名) 指 (一)指スコ。(二)物ヲ指シ込ミ置クニ用ヰル具。「烟管ー」箸ー」狀ー」(三)竹筒ノ末ヲソギタルモノ、俵ニ指シ込ミテ、中ノ穀ナド出シ見ルニ用ヰル。探筒

さし (名) 緡 ぜにさしニ同ジ。

〔さし (名) 蠁子 〔小蟲ノ意カト云〕酒、醋、ナドノ上ニ飛ブ小蟲ノ名。今、ジャウジャウ。醯鷄

さし (名) 鰹ナドノ肉中ニ居ル蛆ノ如キモノ。

++さし (名) さしあひ、さしつかへノ略。

さし (名) さしになひノ略。「ーデカツグ」

〔サシ、(名) 〔朝鮮語〕城、城。「水陸二路至レ于ニ高麗城下ニ避レ城去レ賊」

さし (接尾) 差 (一)ものさし。「鐵ー」鯨ー」呉服ー」尺 (二)亂舞ノ一曲。(扇ヲ差シカザスヨリイフ)「舞、一ー」(三)水、油、ナド貯ヘテ、他ノ器ニ注シ入ルルニ用ヰル器。「水ー」油ー」 注子

さじ (名) 匕匙 〔茶匙ノ字ノ音轉トイフ〕茶、藥、粉ナド、スベテ、水類、又ハ、細末ナルモノヲスクヒトルニ用ヰル具、頭、小キ皿ノ如クニシテ、柄アリ。匙。

ざじ (名) 坐視 坐ナガラ視テ居ルコ。(勞力ヲ添ヘヌ意)「ー傍觀」

ざじ (名) 座次 座次ニ同ジ。

さしあぐ・グル・グレ・ゲ・ゲ・ゲヨ (他動)(規・二) 差上 (一)上グ。(二)高ク上グ。ササグ。捧 (三)タテマツル。マヰラス。獻

さしあし (名) 差足 ぬきあしノ條ヲ見ヨ。

さしあたり (副) 差當 今、マノアタリ。現在。サシムキ。「ー入用ナリ」ー困ル」

さしあたる・ル・レ・ラ・リ・レ (自動)(規・一) 差當 マノアタリ其事ニ出會フ。

さしあつ・ツル・ツレ・テ・テ・テヨ (他動)(規・二) 差當 直ニ當ツ。ウチツケニモノス。「人、皆、命ニテ參リツカウマツル、宿直ニさしあてナドシツツ」頭ニ打置キ、胸ニさしあてナド」壁ノ中ノキリギリスダニ、間遠ニ聞キナラヒ給ヘル御耳ニ、さしあてタルヤウニ、鳴キ亂ルルヲ」

さしあひ (名) 差合 (一)サシアフコ。(二)ササハリ。サシ

ツカヘ。支捂

さしあふ・フ・ヘ・ハ・ヒ・ヘ (自動)(規・一) 差合 (一)會フ。出會フ。「國ノ守、神拜ニ出デラル道ニさしあひタレバ、烏帽子直衣ナル人ノ、フトさしあひタル」 會邂逅 (二)互ニ合ヒテ差支トナル。ササハリトナル。「大嘗會ノ御イソギアルベキ、東宮ノ御元服、十月トアリツレド、カヤウニさしあひタル御イソギドモニテ」東山ニ花見ニマカリテ侍トテ、コレカレ、サソヒケルヲ、さしあふコトアリテ止マリテ」 支捂

さしいだす (動) 差出 いだすトイフニ同ジ。

さしいづ・ヅル・ヅレ・デ・デ・デヨ (自動)(規・二) 差出 (一)出ヅ。「曉ノ月、クマナク、さしいでテ」(二)分ヲ超エテ前ヘ出ヅ。サカシラニモノスル。サシデル。デスギル。「物語ナドスルニ、さしいでテ、我レヒトリ、サイマグルモノ」 僭越

さしいる・ル・レ・ラ・リ・レ (自動)(規・一) 差入 入リ込ム。「月ノ影ー」

さしいる・ルル・ルレ・レ・レ・レヨ (他動)(規・二) 差入 入レ込ム。

さしうつむく (動) うつむくトイフニ同ジ。

さしおき (名) 差置 サシオクコト。只ソノママニシテ置クコト。

さしおく・ク・ケ・カ・キ・ケ (他動)(規・一) 差置 (一)置ク。「菊ノ枝ニ文ツケテ、さしおきテ往ニケリ」(二)ソノママニシテオク。半途ニ捨テオク。 措

さしおくる・ル・レ・ラ・リ・レ (他動)(規・一) 差送 送リヤル。

さしおさふ・フル・フレ・ヘ・ヘ・ヘヨ (他動)(規・二) 差抑 抑フ。差止ム。

さじおもだか (名) 草ノ名、水澤中ニテ、春、舊根ヨリ生ズ、葉ハ、おほばこニ似テ大ク厚ク、數葉、叢生ス、略、匕ノ形シタリ、夏ノ末、莖ヲ出スコト、三四尺、節毎ニ、三枝ヲ分チ、枝毎ニ、三叉ヲ分チ、叉毎ニ、一花ヲ着ク、三瓣、白色ニシテ、大サ三分許アリ、實ハ、圓ク小ク、根ハ、くわゐノ如シ 澤瀉

さしかかり (副) 差掛 其場ニ當リテ。サシアタリ。サシムキ。

さしかかる・ル・レ・ラ・リ・レ (自動)(規・一) 差掛 (一)掛ル。(二)上ヨリ被フ。(三)ソノ場ニ臨ム。眞際ニナル。 臨

さしかく・クル・クレ・ケ・ケ・ケヨ (他動)(規・二) 差掛 上ニ翳ス。「傘ヲー」 翳

さしかけ (名) 差掛 (一)サシカクルコト。(二)母屋ニ掛ケテ、庇ノ如ク作リナセル家。 搭庇

さしがさ (名) 傘 〔差笠ノ義〕 テガサ。カラカサ。笠ノ一種、大クシテ柄アリ、手ニテ差シテ行クモノ、細竹ヲ骨トシ、紙ヲ貼リ、ろくろノ機アリテ、開キ、又、窄ムベシ。雨傘ト日傘トノ別アリ、各條ヲ見ヨ。

さしかたむ・ムル・ムレ・メ・メ・メヨ (他動)(規・二) 差固 鎖シカタム。「戸ヲー」 鎖閉

さしがね (名) まがりがねノ條ヲ見ヨ。

さしかふ・フル・フレ・ヘ・ヘ・ヘヨ (他動)(規・二) 差替 替フ。取替ニスル。

さしがみ (名) 差紙 官ヨリ人民ノ名ヲ指シテ呼出ス状。召状。

さしき (名) 刺木 草木ノ枝ヲ切リテ、地ニ刺シ込ミテ、根ヲ生ゼシムルコト。(つぎきニ對ス) 插木

さじき (名) 棧敷 〔古言假床ノ轉、或云、狹敷ノ義カト〕 能、角力、芝居ナド、物見ノ爲ニ、高ク構フル床。サンジキ。 看棚

ざしき (名) 座敷 〔客ノ座ヲ敷ク所ノ意カ〕 (一)家ノ内ノ一室ニ、專ラ客ヲ延キ請ズルニ用ヰル所。客間。 客房 正廳 (二)居所。「扇ハ風ニテケテ、座敷ニタマラズ、クルリクルリトゾ廻リケル」目ヲ見アケタレバ、扇ノ座敷ニ定マリケル」

ざしきすずめ (名) 座敷雀 うちすずめニ同ジ。

さしきん (名) 差金 代金ノ内ノ若干ヲ豫メ差入レ置クモノ。不足ノ補ヒニ拂フ金。

ざしきらう (名) 座敷牢 座敷ヲ鎖シ固メテ、人ヲ閉ヂ籠メ置クモノ。(狂人、又ハ、蟄居ノ人ナドニ)

さしぐし (名) 指櫛 梳ルニハ用ヰズ、飾トシテ、髮ニ指シオク櫛、今、多クハ、蒔繪 玳瑁ナドニテ美麗ニ作ル。

さしぐすり (名) 差藥 目ニ注シ込ミテ用ヰル水藥。 點眼藥水

さしくはふ・フル・フレ・ヘ・ヘ・ヘヨ (他動)(規・二) 差加 加フ、トイフニ同ジ。

さしぐむ・ム・メ・マ・ミ・メ (自動)(規・一) 〔差含ムノ意ト云、或ハ、差シメグムカ〕 涙、目ニ浮ブ。ナミダグム。「涙ー」又、水ヲ汲ムニ掛ケテ、「古ヘノ、野中ノ淸水見ルカラ

二、さしぐむ毛ノハ、涙ナリケリ」

さしげ (名) 差毛 異ナル毛ノ雜レルモノ。

さしこ (名) 刺子 綿布ヲ表裏ニ合セ、密ニ、一面ニ、綿絲ニテ刺シ縫ヒ綴リツケタルモノ、火消ノ用ノ服ナドトス。

さしこす・ス・セ・サ・シ・セ (自動) (規.一) 差越 (一)越ス。前ヘ出ツ。差出ヅル。「さしこしテ、薄ハ外ニ、招ケドモ、女郎花ヲソ、手折リニモクル」(二)送リ來ル。「手紙ヲー」

さしこばた (名) 指小旗 鎧ノ指物ニ用ヰル小旗。(さしものノ條ヲ見ヨ)

さしこみ (名) 差込 (一)サシコムコト。刺シ入ルルコト。(二)病ノ烈シク發ルコト。

さしこむ・ム・メ・マ・ミ・メ (他動) (規.一) 差込 (一)入ルル。突キ入ルル。(二)サシハサム。

さしこむ・ム・ム・メ・マ・ミ・メ (自動) (規.一) 差込 烈シク發ル。痛ミ迫ル。(胸腹ノ病ナドニ) 楚痛

さしこむ・ム・ムル・ムレ・メ・メ・メロ (他動) (規.二) 鎖籠 固ク鎖ス。サシカタム。「門ヲー」 固鎖

さしころす・ス・セ・サ・シ・セ (他動) (規.一) 刺殺 刀ヲ刺シ貫キテ殺ス。

さしさば (名) 刺鯖 生鯖ヲせびらきニシテ、鹽ニシタルモノ、二隻ヲ一隻ノ腮ノ中ニ刺シテ、二隻ヲ連ネテ、一刺トイフ。

さししほ (名) 差潮 あげしほニ同ジ。

さしせまる・ル・レ・ラ・リ・レ (自動) (規.一) 差迫 迫ル。眞際ニナル。

さしぞひ、(名) 差添 他ヲ助ケムガ爲ニ附添フ人。(老人、小兒、婦人ナドニ) 保

さしぞへ (名) 差添 刀ニ添ヘテ更ニ佩ク短キ刀。副刀

さしだす (動) さしいだすノ約。

さしたる (動) 指シタリ、ノ分詞法。指シテイフベキホドノ。「是程ノ大事、日ノ定マリタル事ヲ、今トナリテ、さしたる障モ無キニ、延引セシメ給フ事」何事ニテカ、さしたる御望ミ深カリケル事侍リケリ」

さしちがふ・フル・フレ・ヘ・ヘ・ヘヨ (自動) (規.二) 刺違 二人、互ニ相刺ス。(各、自殺スルニイフ) 交刺

さしちがへる (動) さしちがふノ訛。

さしぢゑ (名) 差智慧 他ヨリ注シ加ヘタル智慧。イレヂエ。

さしづ (名) 指圖 事ヲ指シ示シテ、人ニセサスルコト。指揮

さしつおさへつ (副) 差抑 屢、盃ヲ取リ交シテ。サイツオサヘツ。「ー飮ム」 獻酬

さしつかふ・フル・フレ・ヘ・ヘ・ヘヨ (自動) (規.二) 差支閊 支ヘ障ハル。防ゲトナル。差シ合フ。支捂

さしつかへ (名) 差支 ササハリツカヘ。サマタゲ。故障。支捂

さしつぎ (名) 差繼 (一)サシツグコト。次ニ續グコト。「斯クテ、攝政ニハ、マタ、此ノ大殿ノ御さしつぎノ九條殿ノ御二郎内大臣兼道ノ大殿、ナリタマヒヌ」マダ童ニテ、秋風樂舞ヒ給ヘルナム、さしつぎノ見モノナリケル」(二)差引勘定。

さしつく・クル・クレ・ケ・ケ・ケヨ (他動) (規.二) 差付 (一)差當テテ着ク。(二)目ノ前ニ示スアテツクル。

さしつぐ・グ・ゲ・ガ・ギ・ゲ (自動) (規.一) 差繼 次ニ繼グ。後ニ續ク。「彼ノ岸ニ、さしつぎ下リ給フニ」

さしつける (動) 差付 さしつくノ訛。

さしづな (名) 指綱 馬ヲ繋グ綱。指縄。小口縄。

さしつまる (動) 差詰 つまるトイフニ同ジ。

さしづめ (副) 差詰 マアアタリ。サシアタリ。サシムキ。

さしつらぬく・ク・ケ・カ・キ・ケ (他動) (規.一) 刺貫 刀ヲ刺シ入レテ貫ク。サシトホス。貫洞

さして (副) [指シテ、ノ義] コレゾト指シテ。「今日ハ、さして申スベキ事アリテナム」心ノ内ニ思ヒ合ハスル事ドモアレドモ、さして慥ニハ、エシモ、推シハカラズ」ー好クモアラズ」ー惡シトモ思ハズ」

さしでぐち (名) 差出口 分際ヲ超エテ、物言フコト。插嘴

さしでもの (名) 差出者 分ヲ超エテモノスル人。デスギモノ。

さしでる (動) 差出 さしいづノ訛。

さしとほす・ス・セ・サ・シ・セ (他動) (規.一) 刺通 刺シ入レテ裏ヘ出ヅラヌク。貫洞

さしとむ・ムル・ムレ・メ・メ・メロ (他動) (規.二) 差止 抑ヘ止ム。禁制ス。制止

さしとめ (名) 差止 サシトムルコト。禁制。制止

さしながら (副) [其ハ天爾波ノ休メ詞トイフモノ] さ

ながら二同ジ。「大空ニ、群レタル田鶴ノ、さしながら、思フ心ノアリゲナル哉」左大將殿ノ大君、スベテ此御族、公達、女タチ、さしながら、御形、イト清ラナリ」

さしなは（名）指繩 （一）指綱。（二）トリナハ。ハヤナハ。

〔さしなべ（名）銚子〔注道アル鍋ノ義ナラムト云〕又、サスナベ。物ヲ温ムル器ニテ、上ニ鐶アリトアリ、今ノ鉉鍋ナラムカト云。

さしに（名）差荷 擔ゲ行ク荷。（提グルニ對ス）

さしになひ（名）差荷 駕籠、長持ナド、前肩、後肩、唯二人ニテ擔ゲ行クヿ。

さしぬき（名）指貫 袴奴 〔袴奴ハ袴帑ナリ、譌倒シテ奴袴トスルハ非ナリ〕正シクハ、さしぬきのはかま。袴ノ一種、衣冠、直衣、狩衣ノ時ニ用ヰル、裾ヲ絲ニテ指貫キテ、足ニ括リツク、平絹、或ハ、織物ナリ。一名、絹ノ狩袴。（狩袴ノ條、見合ハスベシ）又、奴袴。

〔さしば（名）翳 〔指羽ノ義、元ト羽ニテ作レルカ〕頭、大團扇ノ如ク、長キ柄アリ、人ノ後ヨリ指シカザスモノ。

さしば（名）差羽 鳥ノ名、鷂ニ似テ青黃ナリ、燕頷ニシテ、啄曲ル、風ニ向ヒテ、翮ヲ搖カシ、風ノ急ナルニ因テ、疾ク、鳩、燕、雀、ナドヲ擊チ食フ。鵖

さしはさむ・ム・メ・マ・ミ・メ（他動）（規・二）挿 〔刺シ挾ムノ義〕物事ノ間ニ入ルル。サシコム。「花ヲ瓶ニ―」異論ヲ―」

〔さしはふ・フル・フレ・ヘ・ヘ・ヘヨ（自動）（規・二）〔差延フノ義〕ワザワザ、目差ス。「さしはへて、入江ニイソグ、アマ舟ノ」さしはへたる御文ニハアラデ、疊紙ニ手習ノヤウニ」

さしひかふ・フル・フレ・ヘ・ヘ・ヘヨ（自動）（規・二）差扣 扣フ。止リテ進マズニアリ。

さしひかへ（名）差扣 （一）差扣フルヿ。（二）職務ニ、過失ナドアリテ、暫シ畏ミテ出勤ヲ扣ヘ居ルヿ。

さしひき（名）差引 （一）差入レ、又、引去ルヿ。（二）有餘ト不足トヲ入レ合ハスルヿ。乘除 （三）潮ノ來ルト去ルト。盈虛 干滿 （四）瘧ナドニ、熱ノ發ルト冷ムルト。往來

さしひく・ク・ケ・カ・キ・ケ（他動）（規・一）差引 引ク。引キ去ル。減ス。減

さしひびき（名）差響 サシヒビクヿ。カカハリアヒ。影響

さしひびく・ク・ケ・カ・キ・ケ（自動）（規・一）差響 他ニ關係ヲナス。妨ゲヲ引起ス。影響

さしぶた（名）差蓋 おとしぶたニ同ジ。

さしまねく・ク・ケ・カ・キ・ケ（他動）（規・一）麾 揮 〔指招クノ義〕人ヲ指シテ招ク。

さしみ（名）刺身 魚ノ生肉ヲ細ソク薄ク切リテ醬油、又、煎酒ナド注ギテ食フモノ。魚軒

さしみづ（名）差水 井ノ中ノ、元水ノ外ニ、他ヨリ注シコム惡水ナドノ稱。客水

さしみばうちやう（名）刺身庖丁 庖丁ノ一種、刃ノ幅、甚ダ狹ク長キモノ、專ラ刺身ヲ作ルニ用ヰル。

さしおん（名）左衽 ヒダリマヘ。

さしむかひ（名）差向 サシムカフヿ。只、二人、相向フヿ。カケムカヒ。當面

さしむかふ・フ・ヘ・ハ・ヒ・ヘ（自動）（規・一）差向 （一）向フ。（二）只、二人、相向フ。當面

さしむき（副）差向 さしあたりニ同ジ。

さしむく・ク・ケ・カ・キ・ケ（自動）（規・二）差向 其方ヘ向ク。

さしむく・クル・クレ・ケ・ケ・ケヨ（他動）（規・二）差向 向クル。其方ヘ遣ル。

さしも（副）〔さハ、天爾波ノ休メ詞トイフモノ、もハ、感動詞〕（一）然モ。然程。「さしもアラヌ際ノ事ヲダニ」サシナホシテモ、ナドカ見ザラム、ト覺エタレド、ソレ、さしもアラジ」（二）豫テ然アリシホド。「―剛ノ者ナリシニ」―榮エタリシヲ」

〔さしもぐさ（名）〔枝ヲ伐テ地ニ挿タヨリイフト云、或云、指燃草ノ意カト〕よもぎ、もぐさニ同ジ。艾

さしもつる・ルル・ルレ・レ・レ・レヨ（自動）（規・二）差縺 モツル。入リ組ム。爭ヒトナル。

さしもつれ（名）差縺 サシモツルルヿ。アラソヒ。不和。

さしもの（名）指物 小キ旗、又ハ、種種ノ飾物ヲ、鎧ノ背ノ受筒ニ刺シテ、戰場ニ目標トスルモノ。背旗

さしもの（名）指物 匣、机、本箱、椅子ナド差シ作ル工事。「―屋」―師」

さしや（名）指矢 差矢 矢數スル矢ノ稱ナリト云。

ざしやう（名）座上 寄合ノ席ノ上。

ざしよく（名）坐食　ヰグヒ。
さしよる・ル・レ・ラ・リ・レ（自動）（規・一）差寄　進ミ寄ル。チカヨル。
さしれう（名）差料　刀劍ノ、自ラ佩ルニ供フルモノ。
さしわたし（名）差渡　此ヨリ彼ヘノ直ナク距離。ワタリ。徑　直徑
さしゑ（名）差畫　書物ノ中ノ處處ニ差シ加フル畫。挿畫
〔さす〕（名）杈首　柱ノ上ニ叉アリテ横木ヲ架クベキモノ。
さす・ス・セ・サ・シ・セ（他動）（規・一）差（一）指ニテ其方ヲ示ス。ユビザス。指點（二）夫レト定ム。「日ヲトー」名ヲー」指定（三）ココロザス。「西ヲサシテ行ク」向（四）使ニ遣ル。「純友ガサワギノ時、追討使ニさされテ」敕使ニハ、少將高野ノオホクニトイフ人ヲさしテ」差遣（五）ササグ。カザス。「傘ヲー」翳（六）將棋ヲ行フ。鬭棋（七）カタグ。カク。カツグ。「駕籠ヲー」輿ヲー」舁（八）突キ張リテ空ヘ上グ。サシアグ。ササグ。「石ヲ中天ニー」擎（九）尺ニテ測ル。度（十）匣、机、ナドヲ作ル。（尺ニテ差シテ作ル意）（十一）差シ當テテ押スツツバル。「棹ヲー」撐（十二）點火ス。「紙燭さしテ參レ」家刀自ニ松さゝセテ」篝さし」點火（十三）加フ。雜ヘ。「紅ヲー」朱ヲー」點（十四）ソソグ。ツグ。加ヘ入ルル。「水ヲー」油ヲー」目藥ヲー」智慧ヲー」注（十五）向クル。勸ムル。「盃ヲー」獻（十六）突キテ粘シテ捕ル。「黐竿ニテ鳥ヲー」（十七）他ノ動詞ノ上ニ、熟語トシテ、意味ナク用ヰル。「差シ遣ハス」差シ入ルル」差シ加フ」差シ出ス」差シ迫ル」差シ急グ」差シ向クル」

さす・ス・セ・サ・シ・セ（他動）（規・一）刺〔指シ當ツル意〕（一）當テテ突キコム。（針、槍ナド）刺（二）螫ニテ毒ヲ行フ。「蜂ガー」螫（三）針ニテ縫ヒツヅル。「繡ヲー」網ヲー」（四）疊ヲ作ル。（針ニテ刺シ作ル意）（五）閉ヅ。トザス。（鎖、機ヲ刺シ入ルル意）「門ヲー」戸ヲー」鎖（六）貫ク。「錢ヲ緡ニテー」貫（七）佩ブ。ワキバサム。（帶ノ間ニ刺シ入ルル意）「刀ヲー」佩（八）ハサム。サシハサム。「花ヲー」櫛ヲー」簪ヲー」挿（九）地ニ突キ入レテ根ヲ生セシム。「樹ヲー」
さす・ス・セ・サ・シ・セ（自動）（規・一）差（一）汐、上グ。（潮ノ條ヲ見ヨ）長（二）生フ。生ズ。「枝、ー」若葉ー」根、ート」赤ミガー」生（三）光、映リ入ル。「月ノ影、水ニー」日ノ光、窓ニー」明ガー」映（四）浸ミ入ル。「水ガー」浸入
さす・ス・セ・サ・シ・セ（他動）（規・一）殘　仕遂ゲズシテ止ム。シノコス。熟語ニノミ用ヰル語ニテ助動詞ノ如シ。「爲シー」見ー」讀ミー」言ヒー」聞キー」散リー」
さす・スル・スレ・セ・セ・セヨ（助動）令　他ヲ使役シテ動作ヲ起サシムル意ノ助動詞。「受ケー」懲リー」着ー」ノ如シ。（篇首ノ語法指南ノ助動詞ノ條ヲ見ヨ）
ざす（名）座主　比叡山延曆寺ノ長。
ざす・スル・スレ・セ・シ・セヨ（自動）（不規・二）坐（一）スワル。ヰル。ヲル。（二）罪ニ當テラル。

〔さすえ〕（名）樶〔挿柄ノ義ト云〕木ヲ屈ゲテ作レル器、取ル所アリテ、柄杓ノ如キモノト云。

さすが（名）〔刺金ノ略カ〕（一）小刀。截刀（二）鐙ノひおよがね。

さすがに（副）流石　遉　有繫〔しかすがにノ約ナリト云、流石ノ字ハ、晉ノ孫楚、漱レ流枕レ石ヲ、漱レ石枕レ流ト誤レルヲ、齒ヲ磨クナリ、耳ヲ洗フナリト、さすがに善ク牽强ケタリトイフ意ニ取レリト云〕（一）本分ヲ失フヲ欲セザル意ヲイフ語。然思フモノ。サハサリナガラ。「名ノ朽チナムハ、さすがなり」歌サヘゾ、鄙ビタリケル、さすがに哀レトヤ思ヒケム、行キテ寐ニケリ」是レヤ我ガ求ムル山ナラムト思ヘド、さすがに恐ロシク覺エテ」（二）本ヲ失ハヌヲ美ムル意ヲイフ語。本分ニ恥ヂズ。「さすがに、下司ニモアラネバ、人ニヤトハレツカハレモセズ、イトワビシカリケルマヽニ」若宮ハ、イト、ムクツケウ、イカニスルナラムト、フルハレ給ヘド、さすがに聲立テテモ、エ泣キ給ハズ」

〔さすがね〕（名）かけがねニ同ジ。

〔さすき〕（名）假床　假ニ構ヘタル床。後ノ棧敷ノ如キモノ。

〔さすなべ〕（名）銚子　さしなべニ同ジ。

さすのみ（名）刺鑿　鑿ノ一種、柄長クシテ尺ニ至ルモノ、材ニ打込ミテ、孔ヲ作リ、太キ釘ナド打ツニ用ヰル。

〔さすのみこ〕（名）指御子　陰陽道、卜筮ナドニテ、豫メ事ヲ未然ニ指示ス神ノ如キヲ稱スル語。

さすまた（名）刺股〔杈首ヨリ起ル〕つくぼうノ條ヲ

見ヨ。又、コトナボツ。

さすら・ふ・フ・ヘ・ハ・ヒ・ヘ (自動)(規・一) 流離 寄邊ナクテサマヨフ。「棄テヌ世ハ、憂キモノトカツ、知リナガラ、何ニ一、我身ナルラム」送リテハ、返レド思ヒシ、魂ノ、行キさすらひテ、今朝ハナキカナ」

さすら・ふ・フル・フレ・ヘ・ヘ・ヘロ (自動)(規・二) 流離 前條ノ語ニ同ジ。「さすらふる、我身ニシアレバ、象潟ヤ」世ニさすらふる、身ヲ厭フ哉」憂キ身サヘ、世ニさすらヘテ、年モ經ヌ」

さす・る・ル・レ・ラ・リ・レ (自動)(規・一) 摩 〔小擦ル、ノ義カト云〕手ニテ輕ク撫デ摩ル。(痛ム處ナドニ)

さ-せう (副) 些少 スコシ。イササカ。

さ-せう-べん (名) 左少辨 スナイオホトモヒ。官名、辨ノ條ヲ見ヨ。

ざ-せき (名) 座席 坐ルトコロ。

さ-せん (名) 左遷 官ノ高キヨリ卑キニ貶サルルコト。

ざ-ぜん (名) 座禪 禪家ノ行ニ、坐リテ禪ヲ行フコト。默シテ坐リ居テ、悟道ヲ求ムルコト。

ざぜん-まめ (名) 座禪豆 黑大豆ヲ煮デテ、砂糖醬油ニテ、煮染メタルモノ。

〔させも (名) させもぐさノ略。「契リオキシ、一ガ露ヲ、命ニテ」〕

〔させもぐさ (名) 指艾 さしもぐさノ轉。「思ヒダニ、カカラヌ山ノ、一」〕

させる (動) 指セリ、ノ分詞法、さしたるニ同ジ。「我モサソ、思ヒヤリツル、夜モスガラ、一ツキナキ、宿ハイカニト」

††させる (助動) 令スノ訛。

さ-ぞ (副) 〔然ニ天爾波ノぞヲ添ヘタル語〕其ノ如クニ。サヤウニ。「一ト言ハバ、マコトニ一ト、アドウチテ、否ヤ諸ヤト言フ、人ダニモ無シ」雨ナド降リ、空亂レタル夜ハ、思ヒナシナル事ハ、一侍ル」

さぞ (副) 嘸 〔前條ノ語ノ轉〕他ノ上ヲ思ヒ遣ルニイフ語。サダメシ。推量ノ如ク。「一寒カラム」一案ジテ居ラム」

さぞ-かし (副) 〔嘸ニ感動詞ノかしヲ添ヘタル語〕嘸トイフ語ヲ、一段意ヲ强クイフ語。ツラツラ思ヒ遣ルニ。

さ-そく (名) 早速 事ノ眞際ニ臨ミテ、速クモノスルコト。即座。「一ノ早技」一ノ智慧」一ノ返答」 臨機

さそ・ふ・フ・ヘ・ハ・ヒ・ヘ (他動)(規・一) 誘 勸メテ、共ニ行ク。イザナフ。誘引ス。

さぞ-や (副) 〔嘸ニ感動詞ノやヲ添ヘタル語〕さぞかしニ同ジ。

〔サソラ (名) 採蘇羅 〔東印度邊ノ地名ナラム〕香合ニ用ヰル七種ノ香ノ一。

〔さそり (名) 蠍蠃 (一)似我蜂ノ古名。スガル。(二)全蠍ノ一名。

さた (名) 沙汰 〔次條ノ定ノ轉、沙汰ハ當字ナリ〕(一)官府ノ指令。官令 (二)知ラセ。オトヅレ。「無一」一ナシ」 報道 (三)世ノウハサ。評判。「世ノ一」取リ一」 流言

〔さた (名) 〔定ノ義〕事ヲ定ムルコト。論ズルコト。「人間守リ、鷹垣越シニ、吾妹子ヲ、相見シカラニ、事ゾ左太多キ」何ヲカ取ルベキト、各、言ヒさだスルニ」今ヨリ此翁、カヤウノ御遊ニ必ズ參レトイフ、翁申スヤウ、さだ一及ビ候ハズ、參リ候フベシ」大隅ノ任果テテ、上ラムトシケルヲ、大貳、さだスル事、未シトテ止メケレバ」國司下リテ、國ノさだドモアルニ」

さ-だい-し (名) 左大史 官名、史ノ條ヲ見ヨ。

さ-だい-じん (名) 左大臣 太政官ノ長官、官中一切ノ事ヲ統領ス、故ニ一ノ上トモ稱ス、右大臣ト並ビ置ク、一、關白タルトキハ、右大臣、一ノ上ノ事ヲ行フ。左、右、共ニ、古言、オホイマウチギミ。

さ-だい-しやう (名) 左大將 左近衞大將ノ略、近衞府、幷ニ將ノ條ヲ見ヨ。

さ-だい-べん (名) 左大辨 オホイオホトモヒ 官名、辨ノ條ヲ見ヨ。

さ-たう (名) 砂糖 甘蔗ノ莖ヨリ取レル沙ノ如キモノ、味、甚ダ甘シ、食物ノ味ヲ助ク。 沙糖 白一ノ製法ハ、甘蔗ノ、冬ニ至リテ熟シタル莖ヲ刈リ、搾リテ汁ヲ取リ、蠣灰ヲ加ヘテ煎煉ス、其液ヲ白下トイフ、(此儘ニテモ用ヲナス)コレヲ壓シ搾リ、精ヲ取リテ、再ビ製煉シテ、カタマラス、色赭黃ナリ。 白糖 又其粗製ニシテ、色ノ紫黑ナルヲ黑一トイフ。 紫糖 此外ニ、太白、三盆、氷一ナドアリ、各條ニ注ス。

さ-だう (名) 茶道 (一)茶湯ノ技(二)茶道ノ事ヲ司ル役目。チヤバウズ。

さたう-きび (名) 砂糖黍 形、蜀黍ノ如クニシテ葉

稍、狹シ、苗ノ高サ丈餘ニシテ、葉、互生ス、莖、太クシテ竹ノ如ク、内、實チテ、皮、堅ク、髓ヤハラカニシテ、たうきびノからノ如シ、節ハ、下ノ方、密ニシテ、梢ニ至リテ、漸ク長シ、熱地ニテハ、穗ヲナシテ花アレドモ、日本ニテハ花無シ、冬、根ヲ去リ、莖ヲ土中ニ貯ヘテ、春、莖ヲ切リテ植ウレバ、芽ヲ生ズ、專ラ莖ヲ採リテ砂糖ヲ製ス、品類多シ、生ニテ食フベクシテ砂糖トナラザルモアリ。サタウノキ。サタウダケ。 甘蔗

さたう-だけ (名) 砂糖黍ノ一名、其莖、竹ニ似タレバイフ。

さたう-づけ (名) 砂糖漬 果、豆、蔬菜ナド、砂糖ニ漬ケタルモノ。 沙果

さたう-のき (名) さたうきびニ同ジ。

さたう-まめ (名) 砂糖豆 大豆ヲ炒リテ、砂糖ヲ塗シタルモノ。

さたう-みつ (名) 砂糖蜜 (一)砂糖ニテ製セル氷蜜ナドヲ、蜂蜜ニ分チテイフ名。(二)又、黑砂糖ナドノ溶ケテ流レタルモノノ稱、下品ナル乾菓子ナド製ス。

〔さだえ (名) 榮螺ナルベシト云。「さだえ棲ム、瀨戶ノ岩ツボ、求メ出デテ、イソシキ礒ノ、氣色アル哉」

さだか-な (副) 定 確ト。タシカニ。分明ニ。

〔さだ-さだ-と (副) 〔定ヲ重ヌ〕 最ト定カニ。タシカニ。確ト。「思寄ラザリツルヲ、一聞キツルモ、アサマシウ、夢ノ心地シテ イト、斯ク、一聞シ召シタラムトハ、思サザリケリ」

〔さだ-すぐ・グル・グレ・ギ・ギ・ギヨ (自動) (規・三) 〔定過グ、ノ義〕 人ノ齢、盛リヲ過グ。フケル。「斯クサダスギテ、後戀ヒムカモ」少シサダスギ給ヒニタルワタリニテ」年ゴロモ、アツシク、サダスギ給ヘル人ニテモヒタマヘルニヨリ」サダスギ、フルフルシキ人」

さた-の-かぎり (名) 沙汰限 (一)〔理非ヲ判定スベキ分限。(二)道理ノ外。言語道斷。

さだまり (名) 定 (一)サダマルコ。キマリ。(二)鎭マリ治マルコ。 治定

さだま・る・ル・レ・ラ・リ・レ (自動) (規・一) 定 (一)動カズ移ラズヤウニナル。決ル。(二)治マル。鎭マル。 治定

さ-たん (名) 左袒 〔前漢ノ周勃ノ古事〕 味方スルコ。

さ-たん (名) 嗟嘆 (一)ナゲクコ。(二)感歎。

さだ・む・ムル・ムレ・メ・メ・メヨ (他動) (規・二) 定 (一)判チ決ム。(二)鎭メ治ム。「亂ヲ一」 鎭定 (三)〔論ズ。「ココニモ、猶、三日、サブラヒ給フ事、イト、ビンナシナド、サダムルヲ、使、聞キテ歸リヌレバ」中將、マチトリテ、此ノ品品ヲワキマヘサダメアラソフ」品さだめ」

さだめ (名) 定 (一)サダムルコ。キメ。決定。(二)掟。法度。

さだめ-し (副) 定 さだめてニ同ジ。

さだめ-て (副) 定 疑ヒナク。カナラズ。キット。サダメシ。必定。

〔さだめる (動) 定 さだむノ訛。

〔さだをか (名) さだをハ榮螺ニテ、かハ疑ノ天爾波ナラムト云。「御肴ニ、何ヨケム、鰒、さだをか、甲贏、ヨケム」

〔さち (名) 幸 〔幸ト通ズ〕(一)獵又、漁ニ獲物アルコ。「山ノ一」海ノ一」 獲 (二)サイハヒ。

〔さち-は・ふ・フ・ヘ・ヘ・ヒ・ヘ (他動) (規・二) 幸 さきはふニ同ジ。

ざ-ちゆう (名) 座中 寄合ノ室ノ中。

さ-ちゆう-じやう (名) 左中將 左近衞中將ノ略、近衞府ニ將ノ條ヲ見ヨ。

さ-ちゆう-べん (名) 左中辨 ナカノオホトモヒ。官名、辨ノ條ヲ見ヨ。

〔さち-ゆみ (名) 幸弓 獵ニ用ヰル弓ノ稱、彥火火出見尊、山ノ幸オハシテ、弓矢モテ、鳥獸ヲ獲タマヒシヨリイフ。又、さつ弓。其矢ヲさつ矢トイフ。獵人ヲさつを、さつひとナドイフモ、コレナリ。

さつ (名) 札 (一)フダ。(二)金札、銀札、ノ略。 紙幣 (三)券、證文、ナドヲ數フル語。「證文、一一、如レ件」

さつ (名) 冊 綴ヂタル書物。「書物三一」一ヲ差入ル」一數

さつ (名) 撮 枡目ノ名、才ノ條ヲ見ヨ。

ざつ (名) 雜 (一)マジリタルコ。雜。(二)細工ノ粗末ナルコ。「一ニ作ル」一ナモノ」 粗造

さづか・る・ル・レ・ラ・リ・レ (自動) (規・一) 所授 〔授けらるノ約ニテ、語尾ノ變化ヲ轉ズ〕 賜ハル。受ク。

さ-つき (名) 草月 〔早苗月ノ略ト云〕(一)陰曆、五月ノ稱。 皐月 (二)さつきつつじノ略。

さつき (副) 先 〔さきノ音便〕 サキニ。サキホド。先刻。

さつ-き (名) 殺氣 殺伐ノ氣象。

ざつき (名) 雜器 神棚ナドノ供物ニ用ヰル木製ノ小盆、神酒瓶ノ口ナド、種種ノ器ノ稱、歳ノ市ニ賣ルニイフ。

ざつき (名) 雜記 種種ノ事ヲ、次第ナク記シ付ケタル書物。

さつきつつじ (名) 躑躅ノ屬、きりしまニ次ギテ、陰曆五月ノ頃ニ開ク、高サ五六尺、花ニ、赤、白、紫、紅等アリ、赤白雜レルモアリ。杜鵑花

〔さつきのたま (名) 早月玉 藥玉ニ同ジ。「花ノ色ヲ、さつきの玉ニ、ヌキトメテ、ワカツ少女ノ、姿ヲゾ見ル」

さつきぶま (副) 早急 急ギテ。迫キテ。

さつきやみ (名) 早月闇 五月雨ノ降リ頻ル頃ノ稱。

ざつきよ (名) 雜居 種種ノ人ノ打雜リテ住ムコト。

さづく・クル・クレ・ケ・ケ・ケヨ (他動)(規・二) 授 〔副付ク、ノ約カ〕手渡ス。與フ。ヤル。クル。取ラス。傳フ。

ざつくわ (名) 雜貨 雜多ノ貨物。コマモノ。

ざつさう (名) 雜草 種種ノ草。

++さづける (動) 授 さづくノ訛。

ざつさつ (副) 颯颯 風ノ松ナドヲ吹キテ起ル聲ニイフ語。

さつさと (副) 早ク急ギテ。

さつし (名) 冊子 トヂホン。

ざつし (名) 雜誌 種種ノ事ヲ雜ヘ記シタル書。多クハ、期日ヲ定メ、續物トシテ板行スルモノニイフ。

ざつじ (名) 雜事 些ニ細ナル種種ノ事柄。

〔ざつしき (名) 雜色ニ同ジ。

ざつしやう (名) 雜掌 (一)官府ニ、雜事ヲ辨ズル畀キ職。(二)傳奏家ノ家長。

++さつしる (動) 察スノ訛。

さつす・スル・スレ・セ・シ・セヨ (他動)(不規・二) 察 (一)推シ量リテ諦メ知ル。(二)サコソト感ズ。思ヒ遣ル。

さつそく (副) 早速 ハヤクスミヤカニ。急ニ。急

ざつた (名) 雜多 種種入リ雜リタルコト。「種種—」

サッタ (名) 薩埵 梵語、菩薩ノ條ヲ見ヨ。

さつたう (名) 察當 〔察度ノ轉カ〕法ニ違フトテ咎ムルコト。制當。制

ざつたふ (名) 雜沓 人ノ入リ雜ルコト。ゴミアヒ。ヒトゴミ。

さつと (副) 颯 さとノ延。俄ニヒトシキリ吹キ來ル風ノ音ナドニイフ語。

ざつと (副) 〔雜ノ字ノ音カ〕精クナク。粗ク。粗末ニ。「—見ル」「—書ク」粗

さつぱ (名) 魚ノ名、おほだ、おのしろノ一類、但シ、成長セズシテ、形モ稍異ナリ、味モ至テ淡ク、炙リ食フニ、頭骨ニ至ルマデ、軟カクシテカウバシ。

ざつぱう (名) 雜報 雜多ナル出來事ヲ打雜セテノ報告。

ざつぱく (名) 雜駁 イリマジリ。ゴタマゼ。

さつばつ (名) 殺伐 (一)殺シ切ルコト。(二)擧動ノアラアラシキコト。

さつぱり (副) 〔爽ノ轉カ〕(一)サワヤカニ。晴レヤカニ。「—シタ天氣」氣ガースル」爽 (二)風流ニ。俗ナラズニ。瀟洒 (三)サラサラ。タエテ。一向ニ。「—知ラズ」「—無クナル」

ざつぴ (名) 雜費 雜多ノ入費。雜用。

〔さつひと (名) 獵人 〔さちゆみノ條ヲ見ヨ〕獵スル人。サツヲ。カリウド。「玉鯖ノ、夕去リクレバ、佐豆人ノ、弓月ガ岳ニ、霞タナビク」

さつぷうけい (名) 殺風景 風景ヲ殺グコト。其場ノ景氣ヲ損ズルコト。興ヲ醒スコト。

さつまいも (名) 薩摩薯 蔓生ノ植物、ひるがほノ屬、瘦地ニモ繁殖ス、葉ハ、あかめがしはノ葉ニ似テ、鋸齒ナク、一尖、又ハ、三尖ニシテ、質、厚ク、深綠ナリ、新葉ハ紫ヲ帶ブ、花ノ形、色、ひるがほニ似テ大ナリ、根、圓ク長ク、兩頭尖ル、煮、又、燒ケバ、肉黄ナリ、味、甚ダ甘シ、賤民多ク糧トス。初メ、支那ヨリ琉球ヘ渡リテ、唐いもノ名アリ、後ニ琉球ヨリ薩摩ヘ渡リテ、琉球いもトイヒ、後、又、薩摩ヨリ、關東、其他、諸國ニ傳ヘテ、—トイフ。甘藷

さつまいり (名) 薩摩炒 炒リタル米ニ、刻ミタルさつまいもヲ交ヘテ、醬油砂糖ヲ加ヘテ、煮リツケタルモノ。

さつまがすり (名) 薩摩綛 紺地ニ、白ク綛ヲ出シタル綿布、琉球ノ産ナリ、山藍ニテ染ム、色、久シク衰ヘズトテ珍重ス、又、地ヲ白ク、綛ヲ紺ニシタルヲ、白さつまトイフ。先ヅ、薩摩ヲ歷テ、各地ヘ賣出シタルガ故ニ名アリ、薩摩ニテハ、琉球がすりトイフ。

さつまじやうふ (名) 薩摩上布 琉球ヨリ產出スル上布、上品ナリトス、薩摩ヨリ内地ニ入リシカバ名アリ、生麻ニテ織リ、山藍ニテ絣ニ染ム。其細上布ト稱スルモノ、極メテ精好ナリ。

さつますぎ (名) 薩摩杉 やくすぎニ同ジ。

さつまた (名) 刺股ニ同ジ。

さつまふぢ (名) 薩摩藤 古名、かにひ。今、又、ふげんじ。灌木ノ名、高サ、二三尺、枝、對生シ、春、節每ニ、密ニ四瓣ノ紫花ヲ着ク、筒子櫟、丁子形ナリ、花落チテ、新枝葉ヲ生ズ、葉ハ、いぼたニ似テ、小ク厚ク、毛アリ、長サ八九分、對生ス、フヂモドキ。 芫花

さつまやき (名) 薩摩燒 薩摩ノ日置郡、苗代川村ニ產ズル陶器、朝鮮俘囚ノ子孫ノ製スルモノ、釉、潔白ナラズシテ、細カキ碎文多シ、上ニ五彩ノ模樣ヲ畫ク、粟田燒ニ似タリ。

さつまらふそく (名) 薩摩蠟燭 (一)薩摩ノ鹿兒島ニ產ズル蠟燭、上品ナリ。(二)又、今、東京ニテ、魚油ニテ煉リ作ル極メテ下等ナル蠟燭ノ名。

ざつむ (名) 雜務ニ同ジ。

〔さつや (名) 獵矢 〔さちゆみノ條ヲ見ヨ〕 獵ニ用ヰル矢。「丈夫ガ、さつや手バサミ、立向ヒ、射ル的形ハ、見ルニサヤケシ」

〔さつゆみ (名) 獵弓 さちゆみノ條ヲ見ヨ。「劍太刀、腰ニ取リ佩キ、佐都由美ヲ、手ニ握リ持チテ」

ざつわ (名) 雜話 雜談ニ同ジ。

〔さつを (名) 獵男 〔さちゆみノ條ヲ見ヨ〕 獵スル人。サツヒト。「小男鹿ハ、命ヲ偶ニ、カヘムトヤ、さつをガ笛ニ、鳴ク鳴クモ寄ル」

さて (副) 〔然而ノ義〕 然アリテ。其ノ如クニテゾノママニテ。「此ノツバクラメノ子安貝ハ、惡シクタバカリテ、取ラセ給フナリ、ーハエ取ラセタマハジ」 タグヒナク、ツレナキ人ハ、ー置キテ、生ケル我身ノ、恨メシキ哉」 親ノ物セラレツル時コソ、ーモアリツレ、イカニ心細クワビシカラム」

さて (接) 扨 偖 〔扨ハ叉手ノ二合字〕 前條ノ語ヲ接續詞ニ用ヰ、上ノ意ヲ承ケテ、下ニ移ルモノ。而シテ。「ソレヨリナム、少シ嬉シキ事ヲバ、カヒアリトハ言ヒケル、さて、カクヤ姫、形、世ニ似ズ、メデタキ事ヲ、帝、聞召シテ」 行ケドモ、エ逢ハデ歸リケリ、さて、詠メル」 來テ寐ニケリ、さて、後、男見エザリケレバ」

さで (名) 叉手 〔狹手ノ義ト云、或云、小手ノ義ト〕 魚ヲスクヒトル具、形、箕ノ如ク、前廣ク後狹キ網ナリ、柄アリテ、手ニテ用ヰル。サデアミ。スクヒアミ。スクヒダマ。「平瀨ニハ、左泥サシワタシ」 朝夕ニ、淀ノ川長、サスさでノ」 手網

さであみ (名) 叉手網 さでニ同ジ。

さておく・ク・ク・カ・キ・ケ (他動)(規、一) 其儘ニシテ置ク。「思ヒワビ、見シ面影ハ、サテオキテ、戀セザリケム、時ゾ戀シキ」

さてさて (感) 然アルカト心ニ承クルニテイフ聲。「アリノママ事ヲ語リケレバ、ートト言ヒテ笑フモノモアリ」 ー感ジ入ル」 ー惡キ奴」

〔さては (接) 〔然而者ノ義〕 而シテ。ゾシテ。「弓矢持チタル人、二人、ー、下ナル物、童ナド三四人」 シルベセシ隨身バカリ、ー、顏ムゲニ知ルマジキ童一人バカリゾ、將テオハシケル」

さては (感) 然アルカト思ヒツキテ發スル聲。「ー、遙ノ弟ゴザンナレ、汝、兄ニ對ヒテ」

さてん (名) 茶店 チヤミセ。

さても (感) 扨 〔もハ感動詞ナリ〕 然アルカト感ズル聲。「ー、イトウツクシカリツルチゴカナ」 ー怪シヤ、我ガ世ト共ニ、恐ロシト思ヒシ事ノ報イナメリ」 ー勇マシキ振舞」

さと (名) 里 〔狹處ノ義ニテ、國郡ニ比スレバ狹キヲイフト〕 (一)人ノ住ム其地。(二)郡鄕ノ下ニ、人家五十戶アル地ヲ一聚落トスル稱。里。「橘ヲ、守部ノ五十戶ノ、門田早稻」 (三)山中ナドニ對シテ、平野ノ人家アル處。 邑里 (四)ヰナカ。在鄕。「ーノ童」 ービタル風」 田舍 (五)宮仕ノ者ノ、己ガ家ヲ稱スル語。宿許。「其夜、大殿ノ御里ニ、源氏ノ君、マカデサセ給フ」コレハ、父君ノモトヲ里ニテ行キカヨフ」 ー居」 ー住」 (六)娵、聟、養子、養女ノ、其實家ヲ指シテイフ語。 外家 (七)養育料ヲ出シテ小兒ヲ他人ニ預クルヿ。又、其預ケタル家。「子ヲーニヤル」 ー子」

〔さと (副) 颯 物事ノ急ニ差シ來ル狀ニテイフ語。サット。「風アララカニ吹キ、時雨さとシタルホドニ」 匂ノさと馨レルニ」 松ノ木ノ起キカヘリテ、さとコボルル雪モ」 さと一度ニ笑ヒナドシタル」 さと光ルモノ、紙燭ヲ差出デタルカト、アキレタリ」

さといも (名) 【里芋】 古名、イヘツイモ。芋ノ屬、苗小ク、莖青シ、春、いものおや大ナルヲ種ニ下シ、一根ヨリ數葉ヲ生ズ、莖、高サ三四尺、太クシテ、液、多シ、然レドモ蘞クシテ食フベカラズ、上ニ一葉アリ、闊大ニシテ、徑、尺ニ至ル。又、はたけいも、又ハ、單ニ、いもトノミモイフ。 青芋 秋ノ末、根、大ナル塊トナル、拳ノ如シ、いもがしらトイフ。 芋魁 其周圍ニ、多ク新根ノ小塊ヲ生ズ、いものこトイフ、秋ノ半ニ食用トス。 芋子

さ-とう (名) 【差等】 等級ノ差。

ざ-とう (名) 【座頭】 盲人ノ、髮ヲ剃リテ、平家琵琶、箏ナドノ歌曲ヲナシ、又、按摩鍼治ヲ業トスルモノノ稱、一ノ坊ナドイフ。元ハ琵琶ヲ彈ズル席ノ首座ニ居ル者ノ稱ナリトイフ。 瞽師

ざとう-くぢら (名) 【座頭鯨】 いわしくぢらノ屬ニシテ、長サ五尺許ナルモノ、眼甚ダ細クシテ、殆ド盲ノ如ク、レバ名アリ、或云、背ノ尨鰭、方二尺許、形、瞽師ノ琵琶ヲ負ヘルガ如クナレバイフト。 鰭鯨一種

さと-かぐら (名) 【里神樂】 かぐらノ條ヲ見ヨ。「山本ヤ、イツクト知ラヌ、里かぐら、聲スル森ヤ、宮居ナルラム」

さと-かた (名) 【里方】 外家ノ族。(さとノ條ヲ見ヨ)

さと-がへり (名) 【里歸】 娵ノ嫁ギタル後、始メテ己ガ父母ノ家ニ至ル式、大抵、婚禮ノ後、三日ノ事トス。 外戚

さと-がらす (名) 【里鴉】 からすノ條ヲ見ヨ。 慈烏

サトビラキ。 歸寧

さと-ご (名) 【里子】 里ニ遣リテ養ハスル兒。(さとノ條ヲ見ヨ)

さとし (名) 【諭】 (一)サトスコト。ノミコマシムルコト。(二)神託。夢想。「世ノ中、正月ヨリ、心ノドカナラズ、アヤシキモノノさとしナド、シゲクテ、內ニモ御物忌ガチニテ、オハシマス」劒太刀、身ニ取添フト、夢ニ見ツ、何ノさとしゾモ、君ニアハムタメ」

さと-し・き・けれ・く・く (形・一) 【聰】 (一)覺ルコト敏シ。知リ得ルコト速カナリ。サカシ。ハツメイナリ。(二)剛シ。スズトシ。「丈夫ノ、聰キ神モ、今ハナシ、戀ノ奴ニ、我ハ死ヌベシ」

さと-す・す・せ・さ・し・せ (他動)(規・二) 【諭】 覺ルヤウニナス。敎ヘテ解セシム。ノミコマシム。

さと-だいり (名) 【里內裏】 京中、內裏ノ外ニ、一時、住ハセラルル御所ノ稱。

さとつ-こ (名) 里子ノ訛。

さと-どなり (名) 【里隣】 人里ニ隣リ合フ家家。「此ノイサカヒヲ見ルトテ、里となりノ人、市ヲナシテ來ケレバ」 隣里

さと-な・る・るる・れ・れ・れ・れよ (自動)(規・二) 【里馴】 人里ニ馴ル。「足引ノ、山時鳥、里なれテ、タソガレドキニ、名ノリスラシモ」

さと-ぬし (名) 【里主】 さとのしニ同ジ。

さと-のし (名) 【里之子】 琉球ノ官名、親方ノ次ニテ、筑登之ノ上ナリ。又、里主。

さと-ばう (名) 【里坊】 山寺ノ僧ナドノ、別ニ人里ニ構ヘ置ク住家。

さと-はなれ (名) 【里離】 人里ヲ離レタル所。

(さとび-ことば (名) 【俚言】 サトビタルコトバ、其土地限リニ行ハルル訛リタル語。俗語。

さと-びと (名) 【里人】 其里ニ住メル人。

さと-びらき (名) 【里開】 さとがへりニ同ジ(歸ルトイフヲ忌ミテイフ)

(さと-ぶ・ぶる・ぶれ・び・び・びよ (自動)(規・三) 【俚】 田舍ノ風ジタリ。

さと-ぶち (名) 【里扶持】 里子ノ養育料。

さとり (名) 【覺】 (一)サトルコト。推シ量リテ知ルコト。カンガヘツキ。(二)惑ヲ脫シ理ヲ解スルコト。 悟

さと-る・る・れ・ら・り・れ (他動)(規・一) 【覺】 (一)推シ量リ知ル。考ヘツク。察ス。(二)惑ヲ脫シテ理ヲ解ス。 悟

(さと-わ (名) 【里曲】 人里ノ聚落ヲナシタル內。 鄕曲

(さな-かづら (名) さねかづらニ同ジ。

さ-ながら (副) (一)然アリナガラ。ソノママニ。「アトロマデ、一モ、一、入リカタノ月ノ、山ノ端近キホド」(二)スベテ。悉皆。「小萩ハラ、宿ニ一、移シ植ヱテ、鹿ノタチドヤマバラナルラム」仕ツリシ人、一、築リテ、夜、晝、泣ヤコモタテマツル」

さながら (副) 【宛然】 (前條ノ語ノ轉) 恰モ。チヤウド。正ニ。

(さ-なぎ (名) 【鐸】 〔さハ音ヲイヒ、なぎハ鳴ナリト云〕 鈴ノ類。ヌリデ。ヌデ。

さなぎ (名) 【蛹】 蠶ノ、繭ノ中ニテ化シタルモノ、足ナクシテ、兩目アリ、復蜻ニ似テ、赤褐色ナリ、羽化シテ、

蛾トナル。

〔さなきだよ〕（接）〔然無きだよノ義〕さらめだよニ同ジ。

さなご（名）實子〔さねごノ轉〕（一）瓜ノさね、瓜瓣
（二）米ヲ粉ニ碾キタル滓。

さなだ（名）眞田 さなだひもノ略

さなだ-ひも（名）眞田紐〔天正ノ頃、信州ノ眞田氏、刀ノ柄ヲ巻キ始メタルヨリイフト云、或云、眞田幸村、高野山ニ居テ織リ始メタリト、或ハ、狭之機ノ約ニテ、古ヘノ狭織ノ帶ナドノ遺ナラムトイフハイカガ〕木綿絲ニテ、扁ク厚ク組ミ作レル紐、大抵、縞ニ打ツ、或ハ、幅ヲ廣ク打チテ、男帶ナドトス、又、絹絲ヲ交フルモアリ。

さなだ-むし（名）眞田蟲 疾ニ因テ、人獸等ノ小腸中ニ生ズル蟲、長サ、五六尺ヨリ一二丈ニ至リ、巾、一寸、或ハ、二寸、形、扁クシテ細ソキコト、眞田紐ニ似タリ、頭、小ク、一口アリ、體ニ、寸寸、節アリ。又、ズンバクチュウ。條蟲

さなへ（名）早苗〔さハ早ノ約カ、或云、早月ノ意ト〕稻ノ苗ノ、苗代ヨリ田ニ移ス頃ノ稱。秧

〔さなへ-とり〕（名）早苗鳥 ほととぎすノ異名ナリト云。

〔さなみ〕（名）小波〔さハ發語〕波トイフニ同ジ。「水上ニ、紅葉散ルラシ、神ナビノ、岩瀬ノさなみ、紅ニ立ツ」

さなみ（名）座並 坐ル席ノ順。座ノ次第。座次

さなり（名）（一）座並ニ同ジ。（二）卄俗ニ、其場合ニアハセ、程好キヤウニ物スルコト。

〔さにづらふ〕（枕）狭丹頬相〔さハ發語、にハ丹、つらふハ着ク意ニテ、紅ミヲ艶フ意ナリト云〕種種ノ語ニツク枕詞 用例下ノ如シ。「―吾ガ大王」―妹」―少女」―君」―紅葉」―色」―紐」

〔さに-ぬり〕（名）左丹塗〔さハ發語〕丹塗トイフニ同ジ。「―ノ、小船モガモ、玉纒ノ、眞可伊モガモ」

〔さ-には〕（名）下庭 トニテ神託ヲ請フ場。

〔さ-ぬ・ヌル・ヌレ・ネ・ネ・ネヨ〕（自動）（規、二）小寢〔さハ發語〕寐トイフニ同ジ。寢ヌ。「足引ノ、山松ガ根ヲ、枕ニテ、さぬる今宵ハ、家シ思バユ」イザコヨニ、今宵ハさねむ、旅衣」

さね（名）核瓣〔小根ノ義カ〕（一）果、又、瓜ノ實ノ中ニアル堅キモノニテ、地ニ下セバ、復タ其植物ノ芽ヲ生ズルモノ。タネ。（二）俗ニ、吉舌。（東京）

さね（名）札 鐵、又、革ニテ作レル甚ダ小キ板ノ如キモノ、數百枚、鱗ノ如ク重ネテ、絲ニテ縅シテ鎧ヲ作ル。又、小札。甲葉

〔さね〕（名）小寢ルコト。寢ヌルコト。「顯ロマデモ、佐禰ヲ佐禰テバ」

〔さね〕（副）實 マコトニ。「惡シカル咎モ、さね見エナクニ」我ガ如ク、君ヲ戀フラム、人ハさねアラジ」鷄ガ鳴ク、東ヲサシテ、フサヘシニ、行カムト思ヘド、由モさね無シ」

〔さね〕（接尾）〔實ノ義〕人ノ稱呼ニ添ヘテ名詞トスル接尾語、宗トシ主トスル意ヲ示ス。我ガ君さねトイフハ本妻ノ意、使さねハ正使ノ意、まらうどさねハ上客ノ意ニテ、主神ヲかみさねナドヨメリ。「我ガ君さねト、タノムイカデ」使眞トアル人ナレバ、遠ク毛宿サズ」左中將藤原ノまさちかトイフヲナム、まらうどざねニテ、其日ノ饗マウケシタリケル」

さね-かづら（名）眞葛〔さハ發語ニテ、根蔓ノ義カ、或云、万葉集ニ、核葛トカケリ、實ヲ賞スル義ナリト〕又、さなかづら。山野ニ多ク、人家ニモ生籬トス、蔓、甚ダ繁茂シ、葉、冬ヲ歴テ枯レズ、形、長ク厚ク、まきみノ葉ノ如クニシテ、光リテ、粗キ鋸齒アリ、冬春ハ、葉ノ背、紫ナリ、夏ノ末ニ、葉ノ間ニ花ヲ開ク、五味子ノ花ニ同ジ。（五味子ノ條ヲ見ヨ）蔓ノ皮ヲ剝ギテ、水ニ浸セバ、汁出ヅ、粘アリ、常ニ髮ヲ梳ルニ用ヰル、故ニ、美男蔓、美人草、トロロカヅラ、フノリカヅラ、等ノ名モアリ。南五味子

さねぶとなつめ（名）核太棗 支那種ヲ移シ植ウ、樹、葉、花、共ニ常ノなつめニ異ナラズ、但、實ノ形、圓クシテ、味、酸ク、秋、赤ク熟スルニ至リテ食スベシ、核、甚ダ大ク堅シ、仁ヲ藥用トス。カラナツメ。酸棗

〔さ-つぼ・る・ル・レ・ラ・リ・レ〕（自動）（規、一）早苗ヲ植エ果ツ。

さのみ（副）〔然耳ノ義〕（一）唯、然リト。「コレバカリ、―思フモ、カヒナキ」身ヲサヘ―、何恨ムラム」（二）ソノホドニモ。サシテ。「―苦シトセズ」

さは（名）澤 地ノ低クシテ、水ト草ト、交レル處。谷地。

〔さは〕（名）多 オホキコト。タクサン。

さば（名）鯖 又、アヲサバ。魚ノ名、海ニ産ズ、春ヨリ秋ノ末マデ盛ナリ、形、鯇ニ似テ、鱗、甚ダ細カク、色、背シ、背、眞青ニシテ、中ニ蒼黑キ虎斑アリ、大サ、五七寸ヨリ、一尺四五寸ニ至ル、尾ノ邊ニ、相對シテ、

刺ノ如キ鰭アリ。青花魚

〔さば (名) 散飯 生飯 供膳ノ飯ヲ飲食ノ祖神ニ供フルモノト云。「ウチハヘタル御齋モ、御さばニ取ラセ給ヒ」散飯タテヤカニ取リテ佛前ニ備ヘテ」齋ノ生飯ヲバ、屋ノ上ニ打上ゲ候フベキカ」サワカシキモノ、鳥ノ、トキさば食フ」

〔サバ (名) 娑婆ニ同ジ。「さばノ外ノ岸ニ到リテ、疾ク相見ムヿヲ思セ」

〔さば (接) さらばノ略。「忘ルルカ、イザー我モ、忘レナム、人ニ從フ、心トナラバ」ー、マカリナムトテ、歸リ侍ルヲ」ヨシ、ー、ナ參リ給ヒソ、トムツカラレテ」

さは-あららぎ (名) 澤蘭 蘭草ノ類、水澤等ノ濕地ニアリ、春ノ半ニ生ズ、高サ二三尺、莖、方ニシテ、節、紫赤ナリ、四葉、枝節ノ間ニ對生ス、薄荷ノ如クニシテ、微香アリ、秋ノ初、花ヲ開ク、紫白色ニシテ、亦、薄荷ノ花ニ似タリ、根、紫黒ナリ。アカマグサ。

さ-はい (名) 差配 事務ヲソレゾレニ分ケテ扱フヿ。

さはい-にん (名) 差配人 東京ニ、貸地、貸屋ノ監督スル者ノ稱。

〔さ-はう (名) 左方 雅樂ニ、唐樂ノ稱。高麗樂ヲ右方トイフ。

さばかり (副) 然許 サホド。ソレホド。

さばき (名) 捌 (一)サバクヿ。解キ分クルヿ。區處 (二)理非ヲ別チ定ムルヿ。裁決 (三)商品ヲ賣リ出スヿ。

さは-ぎきやう (名) 澤桔梗 (一)春、舊根ヨリ生ズ、莖、直ニ聳ユ、葉ハ、柳ニ似テ、厚クシテ鋸齒アリ、夏ノ初メ、葉ノ間、莖ノ頂ニ、翠碧ノ花ヲ開ク。山梗菜 (二)水葱。

さ-ばく (名) 沙漠 亞非利加、亞細亞ノ內地ニアリテ、地、沙ノミニシテ、流水モ草木モナキ廣大ナル國土ノ稱。オホスナハラ。

さば-く・ク・ケ・カ・キ・ケ (他動)(規・一) 捌 〔小分ク、ノ轉カ〕 (一)亂レタルヲ正シクソレゾレニ解キ分ク。區處 (二)理非ヲ別チ定ム。(裁判ニ) 裁決 (三)商品ヲ賣リ出ス。

さば-く・クル・クレ・ケ・ケ・ケヨ (自動)(規・二) 捌 (一)亂レタルガ正シクナル。解ケ分カル。分離 (二)賣リテ盡ク。(商品ニ) (三)頑ナラズ、心、打開ケタリ。(人ノ氣象ニ) 快闊

さばけ (名) 捌 (一)サバクルヿ。解ケ分カルルヿ。(二)賣リテ盡ルヿ。ハケ。

廿さばける (動) 捌 さばく(規・二)ノ訛。

さは-さは-と (副) 爽 さわさわとノ誤。

さはし-がき (名) 醂柹 澁柹ヲ醂シテ、澁味ヲ去リタルモノ、肉、ヤハラカニシテ、皮、堅シ、冬ノ初メ出ヅ。(醂スノ條ヲ見ヨ) 烘柹 醂柹

〔さばし-る・ル・レ・ラ・リ・レ (自動)(規・一) 狹走 〔さハ發語〕 走ル、トイフニ同ジ。「山邊ニハ、花咲キヲヲリ、河瀬ニハ、鮎子狹走リ」

さは-をん (名) 澤紫苑 春、水邊ニ生ズ、莖、直上スルヿ一二三尺、葉ノ形、細長ク、みそはぎニ似テ、對生ス、夏、莖ノ頭ニ穗ヲ生ジ五瓣ノ紫花ヲ綴リ開ク、大サ三分許、實、相連リテ、蛸ノ足ニ似タリ、故ニたこのてノ名モアリ。扯根菜

さは-す・ス・セ・サ・シ・セ (他動)(規・一) 醂 〔晒ラシ乾ス意カ、或云、さわやかニスル意ナリト、サラバさわすノ假名遣カ〕 (一)澁柹ノ澁味ヲ除ク。久シク、晒ラシテ、自然ニ任スルアリ、酒ノ空樽ニ封ジ籠メテ、酒氣ニ熟セシメテ、除クモアリ、コレヲ樽拔トイフ、又、灰汁、或ハ、水ニ浸スモアリ。(二)水ニ浸シテ晒シ乾ス。漚

さは-だ (名) 澤田 水多キ田。「根芹摘ム、春ノーニ、オリタチテ」

サ-ハチ (名) 皿鉢ノ略。

〔さは-に (副) 多 オホク。アマタ。「人、佐波爾、來入リ居リ」田鶴ー鳴ク」

〔さは-へ (名) 五月蠅 早月ノ頃、群リサワグ蠅ノ稱。

〔さばへ-なす (副) 五月蠅ノ如ク。「晝者如五月蠅而沸騰之」萬神之聲者、狹蠅那須皆涌」此語、騷グトイフ語ノ枕詞トモス。「五月蠅成、サワグ舍人ハ」

さは-やか-に (副) 爽 さわやかにノ誤。

さは-やぐ (動) 爽 さわやぐノ誤。

〔さは-やけ (名) 黃菜 大根ノもやし。ワウサイ。

さは-ら (名) 鰆 〔狹腹ノ義カ、春多ケレバ鰆ノ字ヲ作ル〕 魚ノ名、形、稍、狹ク長クシテ、鱗無ク、脊青ニシテ、背ニ、青キ斑ニ、圓キ文アリ、腹白ク、尾ハ、股ヲナシテ、尾ノ前、兩側ニ、三角ノ鰭アリテ、鋸ノ齒ノ如シ、肉白ク、脂多ク、味美シ、大ナルハ三尺ニ至ル。馬鮫魚

小キヲさおしトイフ。

さはら (名) 椹 樹ノ名、大木トナル、枝、葉、甚ダひのきニ似テ、稍ヤハラカニシテ、稍、密ナリ、葉ノ背、白シ、材、眞クシテ、能ク水ニ堪フルヲ以テ、桶ナドニ作ル。花柏

〔さばらか・ま (副) 〔さハ、發語ニテ、はらかハ、散落ク意カ〕疎ニ。パラパラカニ。「髮ノウルハシキガ、少シー」髮サバラカナルホドニ、脫チタルナルベシ、末、少シ、ホソリテ」

サハリ (名) 胡銅器 〔鈔鑼ノ轉ナラム〕一種ノ銅器ノ稱、南蠻ニ出ツト云。

サハリ (名) 響銅 〔前條ノ語ノ轉ナラムト云〕銅一斤、鉛五分ノ一、錫十分ノ一ヲ鎔化シタルモノ。今ハ、銅、十ニ、鉛、錫、各、二ヲ合ハセテ、鐘、樂器ニ用ヰ、銅、十、鉛、三、錫、一ニテ、鉢皿ナドノ器具ニ用ヰル。

さはり (名) 障 (一)サハルコト。サシツカヘ。ササハリ。サマタゲ。(二)外氣ニ感ジテ、身ノ病ムコト。「暑サノー」(三)月經。〔神事ニ穢レトスル意〕「月ノー」

さはり (名) 觸 サハルコト。手ニテ觸ルルコト。

さはる・ル・レ・ラ・リ・レ (自動) (規・一) 障 (一)差支ヘトナル。ササハル。(二)害トナル。アタル。「人氣ニー」(三)感ジテ、病トナル。「暑サニー」「時候ニー」

さはる・ル・レ・ラ・リ・レ (自動) (規・一) 觸 手ニテ觸ル。

〔さはれ (句) さまらばれノ約。サモアラバアレ。「大殿ノ御心ノ、イトツラケレバ、ー思ヒヤミナムト思ヘド」御心ニモ、イトドふカシウ思召ス、ー、苦シウ手シ」

さはをぐるま (名) 澤小車 草ノ名、ふぢさはぎくニ

同ジ。

〔さひ (名) 鉏 スキ。サヘ。

さび (名) 錆 銅鐵等ノ、濕氣ナドニ酸化シテ、其面ニ生ズルモノ、粉ノ如クニシテ固結ル、銅ナルハ綠ナリ、鐵ナルハ褐色ナリ。銹 鏽

さび (名) 荒 荒ブルコト。年ヲ歷テ熟スルコト。「技ニーガ出ル」聲ニーガアル」

さびあゆ (名) 荒鮎 鮎ノ、秋ニ至リテ、老イタルモノ。

さびいろ (名) 錆色 鐵錆ノ赭キガ如キ色、漆塗ナドニイフ。

さび・し・シキ・シケレ・シク・シク (形・二) 淋 靜ニシテ心細シ。ニギヤカナラズ。ツレヅレナリ。サブシ。サミシ。サムシ。寂寥 蕭索

さびつきげ (名) 宿月毛 馬ノ毛色ニ、月毛ニ赭ミアルモノ。桃華馬

〔さひづ・る・ル・レ・ラ・リ・レ (自動) (規・一) 囀 さへづるニ同ジ。枕詞ニ用ヰテ、「此片山ノ、モムニレヲ、云云、さひづるや、辛碓ニ舂キ」

〔さひづゑ (名) 鉏 〔鉏杖ノ義カト云〕鍬ノ類。

さひやうゑ (名) 左兵衞 兵衞府ノ條ヲ見ヨ。

さびらき (名) 〔早苗開ノ意ト云〕早苗ヲ植ヱ初ムルコト。

さび・る・ル・ル・レ・レ・レ・ロ (自動) (規・二) 荒 荒ビユク。衰フ。衰微ス

⁺⁺さびる (動) 錆ブノ訛。

さびれ (名) 荒 サビルルコト。オトロヘ。衰微。

⁺⁺さびれる (動) 荒ルノ訛。

さふ (名) 左府 左大臣ノ唐名。

さ・ふ・フル・フレ・ヘ・ヘ・ヘ・ヘヨ (他動) (規・二) 支 〔障ルノ轉カ〕手支フ。塞ク。防ク。「日ヲさふる、夕山松ノ、木ノ下ニ」手ヲさへテ、吉野ノ瀧ハ、塞キツトモ」刺榆ミガク程ニ、物ニさへテ折レタル」取リー」支ヘノ神」

さ・ぶ・ブル・ブレ・ビ・ビ・ビ・ビヨ (自動) (規・三) 荒 (一)移リ進ミ行ク。甚シク成リユク。「何トナク、庭ノ蓬モ、下折レテ、さびユク秋ノ、色ゾカナシキ」塵積リ、床ノ枕モ、さびニケリ、戀スル人ノ、寐ル夜ナケレバ」風ー」秋ー」宿ー」枝ー」山ー」神ー」翁ー」(二)年功ヲ歷ル。「技ー」聲ー」老熟

さ・ぶ・ブル・ブレ・ビ・ビ・ビ・ビヨ (自動) (規・三) 錆 〔荒ブル意〕錆ヲ生ズ。銹 鏽

ざふ (名) 雜 種種入リ雜リタルコト。雜。「ーノ部」

ざふき (名) 雜木 大小種種ノ樹。材木トナラズ、薪炭ナドニスル樹。ザフボク。

ざふきん (名) 雜巾 板間、敷居ナドノ塵埃ヲ拭ヒ去ルニ用ヰル布。抹布

ざふぐ (名) 雜具 種種ノ家財調度。

ざふごん (名) 雜言 種種ノ事ヲ言ヒ掛ケテ罵ルコト。「惡口ー」惡罵

ざぶざぶ (副) 水ヲ動カス音ナドニイフ語。

〔さぶ・し・シキ・シケレ・シク・シク (形・二) (一)淋シ。「山ノ端ニ、アヂムラ騒ギ、行クナレド、我ハさぶしヱ、君ニシアラネバ」寂寥 (二)樂シカラズ。面白カラズ。「遠キ山、關モ越

エ來ヌ、今更ニ、逢フベキ由ノ、無キガさぶしサ」 不樂
(三)寒シ。

ざふし (名) 雜仕 雜役ヲ勤ムル下司ノ女。

ざふじ (名) 雜事 雜多ノ事柄。ザッジ。

ざふしき (名) 雜色 (一)藏人所ニ屬シテ、雜役ニ供スル者ノ稱。良家ノ子弟之ニ補ス。(二)中間、足輕ナド、走リ使ヒノ者。ザッシキ。(雜式ナドトモ書ス)

ざふすゐ (名) 雜炊 大根、葱、ナド刻ミテ、雜ヘテ煮タル粥、或ハ、味噌ナド加フ。 雜菜粥

ざふだん (名) 雜談 種種ノ要用ナラヌ話。雜話。ザッダン。

ざフトン (名) 座蒲團 しとねニ同ジ。 坐褥

ざふに (名) 雜煮 餅ニ、種種ノ蔬菜ヲ雜ヘテ、煮テ羹トシタルモノ、新年祝賀ナドノ食トス。畿内ニ羹。

ざふにん (名) 雜人 下賤ノモノドモ。

ざふひやう (名) 雜兵 卑シキ兵卒。歩卒。 卒

ざふぼく (名) 雜木ニ同ジ。

ざふむ (名) 雜務 雜多ノ仕事。

ざふもつ (名) 雜物 種種ノ粗末ナル物。

ざふやく (名) 雜役 (一)雜用ニ役ハルル事。多クハ、音便ニ、ざうやく(ト記ス。「男ドモ、さうやく(ニトテ、マヰラズ、ウトカラズ召シ使ハセ給ヘ」下リタチテ、ざうやく(シタマフ」御身ノ代リニハ、ざうやく(モサセ給ヘ」(二)種種ノ夫役ニ充テラルル事。

ざふよう (名) 雜用 (一)種種些ニ細ナル事ニ用ヰル事。(二)雜用ニ供スル費。 雜費

〔サフラ (名) 鈔鑼 〔字ノ音ノ訛、佛經ニ、多ク、沙羅ニ作ル、胡語ナリト云、新羅金椀ノ新ヲ雜ト誤リ、雜羅ナリトイフハ非ナリ〕 銅器、盆ノ如キモノト云。今ノ胡銅器ハ、此轉ナラム。

さぶらう (名) 三郎 さぶらうノ音便。

さぶらひ (名) 侍 (一)侍フ者。(二)側近ク伺候スル者ニテ、凡下ナラヌ稱、禁中ノ瀧口、院ノ北面、東宮ノ帶刀等、スベテ侍衞ノ臣、皆、一ノ官アリ、五位以下ニテ、五位ノ一、六位ノ一ナドイフ。親王、大臣、以下、諸家恪勤ノ者ノ稱トモスト云。

〔さぶらひ (名) 侍 侍ヒ居ル所。從者ナドノ居ル所。「さぶらひニテ、男ドモノ、酒タウベケルニ」さぶらひニ退出給ヒテ」さぶらひニ、人人、聲シテ」

さぶらふ・ブ・ヘ・ハ・ヒ・ヘ (自動) (規.一) 候 〔さぶらふ、さむらふノ轉〕(一)サブラフ。伺候ス。(二)言語、文章、ノ末ニ添ヘテ、敬辭トシ、有リ、ノ意トス。侍リ。

さぶらふ・フ・ヘ・ハ・ヒ・ヘ (自動) (規.一) 候 〔さもらふ、さむらふノ轉カ〕(一)尊長ノ側ニ、祗ミテ候ヒ守リ居ル。伺候ス。サモラフ。サムラフ。サブラフ。侍リ。「此御アタリニさぶらはセムト、思寄ラヌハ無カリケリ」さぶらふ人人博士タチ、畏マリテさぶらふ」御供ニさぶらひハベラム」(二)有リ、ノ意トシテ、敬辭トス。サブラフ。侍リ。

サフラン (名) 咱夫藍 〔蘭語、Saffraan.〕 草ノ名舶來種ナリ、水仙科ニシテ、花、紅ナリ、花ヲ採リテ乾セバ、紅黄トナル、藥用トス、辛クシテ苦ミアリ。 番紅花

さぶりと (副) 水ニ入ル音ニイフ語。ザンブリ。ザンブト。「西ニ向ヒテ、川ニさぶりと入ル程ニ」

〔さへ (名) 陸 〔支ノ義〕 山谷ニ、禽獸ヲ遮ル囮。「造陸捕ニ禽獸一者」

〔さへ (名) 鉏 スキ。サヒ。

さへ (辭) 〔添ノ轉〕 第二類ノ天爾波、重ネガ上ニ輕キヲ添フル意ノ語。(だにトハ交互輕重ノ差アリ)「明日一降ラバ、若菜摘ミテム」召ニ一、オコタリツルヲ」涙ヲ一コボシテ」

さへぎる・ル・レ・ラ・リ・レ (他動) (規.一) 遮 〔先へ切ル、ノ義〕 隔テ支フ。中ニ立チテ拒フ。

〔さへぐ・グ・ゲ・ガ・ギ・ゲ (自動) (規.一) 聞キワケ難ク物言フ。「言一」 味離

さべつ (名) 差別ニ同ジ。

さへづり (名) 囀 (一)サヘヅルコト。(鳥ニ)(二)雅樂、舞樂、ノ曲ニイフ語。(元ハ歌アリテ歌ヒシ所ナラトカ)(三)聞キ分ケガタキ物言ヒ。「鵜飼ドモ召シタルニ、海人ノさへづり、思シ出デラル」 味離

さへづる・ル・レ・ラ・リ・レ (自動) (規.一) 囀 (一)聲ヲツヅケテ鳴ク。サヒヅル。(鳥ニ)「百千鳥、さへづる春ハ、物ゴトニ、アラタマレドモ、我ゾ舊リユク」(二)節ヲツケテ謠フ。「色アヒ心地ヨゲニ、聲、イタウ、カレテさへづり居タリ」此時ニ、或人、折フシニツケテ、詩ドモさへづりカタフ」講說之間、梵說ヲ囀レリ」(三)聞キワケ難ク物言フ。サヘク。「簑笠ナド着テ、さへづり來ル女アリ」アヤシキ海人ドモノ、タカキ人オハスル所トテ、集リ參リテ、聞キモ

知リ給ハヌ事ドモタ　さへづりアヘルモ、イト、メヅラカナレド」 味離

〔さへのかみ (名) 道祖 〔神代紀、伊奘諾尊ノ投ゲ給ヘル杖ニ成レル神、黃泉醜女ヲ支ヘ留メタルヨリイフ、即チ、路ニ邪蛙ヲ遮ル神ノ意〕 道ノ神。久那止ノ神、布那止ノ神、手向ノ神、皆同ジ。今、訛シテ、幸ノ神。又、道祖神。訛シテ、ダウロクジン。

さほ・す・ス・セ・サ・シ・セ (他動)(規.一) 〔さハ發語カ、或ハさはすノ轉カ〕 乾ス。風ニ晒ス。「山姬ノ、染メテハさほす、衣カト、見ルマデ匂フ、岩ツツジ哉」 曝

サボテン (名) 覇王樹 〔石鹼ノ轉ニテ、物ニ油ノツキタルヲ能ク吸ヒ取ル故ニ名トスト云〕 植物ノ名、暖地ノ種ニシテ、寒ヲ畏ル、全體、黃瓜ヲ壓シヒラメタルガ如ク、色、綠ニシテ、大小等シカラズ、枝ヲサス、體ニ梳刺多クシテ、葉無シ、夏ノ頃、旁ニ、赤黃ノ花ヲ開ク、重瓣ニシテ蓮花ノ如ク、一二三寸アリ。シャボテン。サンボテ。イロヘロ。ササラサツボウ。

さほど (副) 然程 ソノホドニ。サバカリ。ソレホド。

〔さほひめ (名) 佐保姬 〔佐保ハ、大和ノ地名、奈良ノ京ヨリ東ナリ〕 春ノ神。「――ノ、織リカケ晒ス、薄機ノ、霞タチキル、春ノ野邊カナ」

さはふ (名) 作法 事ヲ行フ仕方。「禮儀――」

サボン (名) 石鹼 しやぼんニ同ジ。

ザボン (名) 〔番語ナルカ〕 (一)柚ノ屬、暖地ノ產、樹、葉、柚ニ似テ、實ノ大サ、まくはうりノ如ク、形、榠樝ニ似タリ、本、狹ク、末、廣ク、色、黃白ニシテ、肌、粗キコト、柚ノ如シ、皮ノ厚サ六七分、色、白ク、瓤モ白ク、皮ト共ニ甚ダ苦シ、瓤ノ中ノ長粒、酸シ、砂糖ヲ加ヘテ菓トス。京ニ、ジャガタラミカン。朱欒 (二)又、一種、九州ニざんぼ、伊豫ニざんぼう、土佐ニぶやぼ、日向ニ唐九年母、ナドイフハ、四國九州ノ暖地ニノミ多ク、實ノ形、圓ク扁ク、大サ六七寸、肌、細カク、黃ニシテ綠ヲ帶ビ、香氣多ク、皮ノ厚サ六七分ニシテ、白シ、瓤ノ色、紫ナルハ上品ニシテ甘ク、白キハ下品ニシテ酸シ。香欒

さま (名) 樣狀 (一)物事ノナリタチ。ミエ。アリサマ。樣。樣子。樣體。(二)スガタ。カタチ。ヨソホヒ。「さま變ハリ給ヘラム狀ヲ、イササカ見セ給ヘヨト宣フ」さま、形、ナドノ、メデタカリシコト」 形貌 (三)尊稱ノ語。(方ノ條ヲ見ヨ)

さま (名) 方 (一)ソノ方。向キ。「世ノ中ニ、ユユシク、不祥キ事ヲシツツ、己ガさまノアヤシキヲバ知ラデ」家ざまニ行クホドニ」初瀨ざまニ趣ク」横――」西――」外――」アナタ――」逆――」行キチガヒ――」上――」下――」アヲノケ――」(二)人ノ稱號ニ添ヘテ尊稱スル語、直ニ其人ヲ指シテイフヲ憚リテ、其居ル方ヲイフナリ、中世以來ノ用語ニテ、常ニ樣ノ字ヲ假借シテ、殿ト同ジク、書體ヲ以テ、尊卑ヲ分チ、楷書ヲ至貴トシ、行書、草書、次第ニ下ル、但シ、殿ハ儀式ニ用ヰ、樣ハ平生ニ用ヰル。「禁裏――」公方――」殿――」何某――」

さま (名) 狹間 (一)隙。スキマ。隙 (二)城ノ櫓、女垣、ナドニアル窓ノ稱、コレヨリ外ヲ望ミ、又、矢丸ヲ放ツ。「矢――」鐵砲――」 箭眼 銃眼

さまことば (名) 形狀言 又ハ、形容詞ニ同ジ。

さまさま (副) さまざまニ同ジ。

さまざま (副) 樣樣 類多クグサグサ。イロイロ。種種

さま・す・ス・セ・サ・シ・セ (他動)(規.一) 覺 (一)覺ムルヤウニナス。眠レルヲ起ス。「眠ヲ――」目ヲ――」夢ヲ――」(二)悟ラシム。迷ヒヲ解ク。「惑ヒヲ――」

さま・す・ス・セ・サ・シ・セ (他動)(規.一) 冷 (一)冷ムルヤウニナス。冷シム。「湯ヲ――」(二)熱ヲ散ラス。「醉ヲ――」 醒 (三)消ス。衰ヘシム。「思ヒ慰ム方アリテコソ、悲シサヲモサマスモノナメレ」興ヲ――」 消

さまたぐ・グル・グレ・ゲ・ゲ・ゲヨ (他動)(規.二) 妨 障ヲ起シテ止メムトス。邪魔ヲスル。

さまたげ (名) 妨 サマタグルコト。ササハリ。邪魔。

さまつ (名) 瑣末 些細ニ同ジ。

さまつだけ (名) 早松茸 〔さハ早ノ約カト云〕 松茸ノ一種、早ク梅雨ノ頃ニ生ズルモノ、形似テ、香劣ル。

さまで (副) 然迄 ソノホドマデニ。

さまのかみ (名) 左馬頭 うまのつかさノ條ヲ見ヨ。

〔さまよふ・フ・ヘ・ハ・ヒ・ヘ (自動)(規.一) 呻吟 ナゲキ呼ブ。「春鳥ノ、サマヨヒヌレバ、嘆キモ、未ダ過ギヌニ」春鳥ノ嘩ノサマヨヒ、白妙ノ、袖泣キヌラシ」苦ニ群臣之嬰吟ニ

さまよ・ふ・フ・ヘ・ハ・ヒ・ヘ (自動)(規.一) 進退 行キ迷フ。處ヲ定メ得ズシテ動キ移ル。サスラフ。「トホツ川、吉野ノ瀧ヲ、ソケユケバ、氷ゾ泡ト、浮キテサマヨフ」立チサ

マヨフラムシモツカタ、思ヒヤルニ

〔さまらはれ〕(句) さもあらばあれノ約。

さまれう (名) 左馬寮 うまのつかさノ條ヲ見ヨ。

さみ・し・シ・キ・シ・ケレ・シク・シケ (形・二) 淋 さびしニ同ジ。

さみ・す・スル・スレ・セ・シ・セヨ (他動)(不規・二) 〔狹ミスノ意、無ミス、ナドニ同ジ〕 侮ル。「似レ若レ狹二六合一而隆中九州上」 輕侮

さみせん (名) 三味線 〔三線ノ音轉〕 俗曲ニ用ヰル樂器ノ名、木製、胴、方形ニシテ、竪六寸四分、幅五寸八分、兩面ニ猫皮ヲ張ル、棹、長サ二尺六分、細棹、中棹、太棹等ノ別アリ、轉手ノ長サ五寸二分、乳脹、絲倉、海老尾、猿尾、根緒懸、等ノ名目アリ、各條ニ注ス、絃三條ヲ張リテ、撥ニテ彈ズ、サムセン。シャミセン。シャミ。(らべいかノ條ヲ見ヨ) 三絃

さみせんぐさ (名) 三味線草 なづなニ同ジ。シャミセングサ。

〔さみだ・る・ルル・ルレ・レ・レ・レヨ〕(自動)(規・二) 〔さハ、五月ノ略カ、みだるハ、亂ルカ、又ハ、水垂ルカト云、或ハ、雨足ノ轉トイフハ、イカガ〕 五月雨、降ル。「早苗月、サミダレ初ムル、始トヤ、四方ノ雨雲、曇リ行クラム」「玉水モ、シドロノ軒ノ、アヤメグサ、サミダレナガラ、明クル幾夜ゾ」「サミダレテ、涙寄セサル、須磨ノ浦」サミダレテ、物思フトキヒ

さみだれ (名) 五月雨 サミダルルコト。陰暦、五月ノ頃、即チ、夏ノ半ニ、降リ續ク霖雨ノ稱ナリ。梅雨(つゆノ條ヲ見ヨ)

さ・む・ムル・ムレ・メ・メ・メヨ (自動)(規・二) 覺 (一) 現ニカヘル。眠リタルヨリ起ク、眠リ止ム。「眠ー」(二) 晴ル。分明ニナル。去リ失ス。「迷ヒー」

さ・む・ムル・ムレ・メ・メ・メヨ (自動)(規・二) 冷 (一) 熱漸ク失ス。次第ニ冷ユ。「湯ー」「熱ー」(二) 酒ノ醉ヒ消ユ。 醒 (三) 薄クナリテ變ハル。アス。(色ニ) 褪 (四) 薄ル。ウスラグ。衰フ。「面白ウ、メデタカリツル物ノ音、皆さめテ、聞ク限リノ人人、目ヲ見カハシテ、物モ言ハズ、アキレタリ」「御タチ、大宮ノ御時、面白カリシヲ、此度ハさめタリヤトイフ」興ー」「情ー」 消

さん (名) 算 (一) 算木。ウラモ。「唐人ノ、算、イミジク置クアリ」算ヲ、サラサラト置キ居タリ」(二) 算盤ニテ、數ヲ計ルコト。「ーガ當ル」名ー」「一ー置ク」(三) 算術。「ーニ達ス」

○ーヲ置ク 筮ヲナス。○ーヲ亂ス 散散ニナル。 散亂

さん (名) 產 (一) 子ヲ生ムコト。(二) 人ノ生レタル地ノ稱。「陳貝ハ楚ノーナリ」某ハ九州ノート」

さん (名) 產 (一) 土地、製造、ヨリ生ズル物。「昆布ハ北海ノー」「磁器ハ瀬戸ノー」(二) 生業。「恆ノーアリ」(三) 生業ノ利益、並ニ所有ノ土地、家屋、財寶、衣服、器具等ノ總稱。財產。身代。身上。所帶。

さん (名) 棧 (一) 板、蓋、ナドニ打着ケタル細長キ材、板ノ反ルヲ防グ。(二) 戸、障子、ノ骨。格。

さん (名) 讚 人ノ徳ナドヲ稱メテ記ス辭。漢文ナルハ、多クハ、四字一句ヅツニテ、韻アリ。

さん (名) 三 三味線ノ絃ノ、最モ細ク最モ下ニアルモノ。

さん (數) 三 參 ミ。ミツ。

さん (接頭) 散 官職ナクシテ、位ノミアルモノ、位ノ上ニ冠ラセテイフ語。「ー一位」ー三位」

さん (接尾) 樣ノ音便、人ノ稱呼ニ添フル尊稱、さまヨリハ輕キニ用ヰル。

さん (接尾) 散 散藥ノ名ニ添ヘイフ語。「伏苓ー」屠蘇ー」

ざん (名) 斬 刑ノ名、死刑ノ條ヲ見ヨ。

ざん (名) 讒 讒言ニ同ジ。「ーヲ信ズ」

さんあく・だう (名) 三惡道 〔連聲ニハ、正シクハ、さむまくだうトイフベキナリ〕 地獄道、餓鬼道、畜生道ノ稱。六道ノ條ヲ見ヨ。

さんい (名) 產衣 ウブギ。

さんいつ (名) 散逸 散佚 散リ失スルコト。紛失。

〔さんえ〕(名) 產衣 ウブギ。

〔さん・おき〕(名) 算置 うらなひスル人。ウラヤヒシヤ。ウラヤサン。

さんか (名) 山家 ヤマガ。

さんか (名) 山河 やまトかはト。山川。「ーノ固メ」

さんか (名) 山下 ヤマモト。フモト。

さんが (名) 參賀 參リテ賀ヲ申スコト。

さんかい (名) 山海 やまトうみト。海陸。「ーノ珍味」

さんがい (名) 三階 二階ノ上ニ、又、一層、家アル家。三重ノ家。 三層樓

さんがい (名) 三界 (一) 佛經ノ說ニ、欲界、色界、無

色界ノ稱。コレヲ苦本トシコレヲ超悟シテ後ニ、道ヲ得タリトス。(二)又、三世。「女ハ一ニ家ナシ」
さん-がいまつ (名) 三蓋松 松ノ枝葉ヲ、笠ヲ側面ヨリ見タル如ク畫キテ、三ツ重ネタル象、紋所ナドニイフ
さん-かう (名) 三綱 君ト父ト夫トノ稱、君ヲ臣ノ綱トシ、父ヲ子ノ綱トシ、夫ヲ妻ノ綱トス、皆其統ベ率ヰルモノナルベキノ意ナリ。
さん-かう (名) 三更 更、ノ條ヲ見ヨ。
さん-かう (名) 參考 マジヘカンガフルヿ。種種ノ書ヲ見合ハセテ考ヘ正スヿ。
さん-かう (名) 參向 マヰリムカフヿ。マヰルヿ。
さん-かく (名) 三角 三ツ角アル形。三稜
さん-がく (名) 散樂 正樂、雅樂ナラヌ樂ノ稱。散樂。
さん-がく (名) 山嶽 ヤマ。タケ。
さん-がく (名) 產額 產物ノ出ヅル高。
さんかく-さう (名) 三角草 春ノ初、花アリテ、紅ト白トアリ、莖、三葉ニ出ヅルヨリ名トストゾ云。
さん-がにち (名) 三箇日 正月ノ元日、二日、三日、ノ稱、年始ノ祝日トス。
〔さん-がのつ (名) 三箇津 古ヘ、筑前ノ博多津、伊勢ノ安濃津、薩摩ノ坊津ノ稱。或ハ、安濃津ヲ除キテ、和泉ノ堺津ヲ加フ。
さん-がのつ (名) 三箇都 〔前條ノ語ノ誤轉〕 京都、江戸、(東京)大坂ノ稱。三都。三府。
さん-かん (名) 三韓 朝鮮ノ古國ナル馬韓、辰韓、弁韓、ノ三國ノ稱。後ニ轉ジテ、新羅、百濟、高麗、ノ稱。

さん-かん (名) 算勘 算盤ニテ勘定スルヿ。
さん-かん (名) 山間 ヤマアヒ。
さむ-がる ル・レ・ラ・リ・レ (自動)(規.一) 寒クオモフ。畏寒
さん-き (名) 山氣 (一)山間ノ靄ナド。(二)ヤマキ。
さん-ぎ (名) 算木 易ニ用ヰル具、小ク方ナル木ニテ、六箇アリ、三箇ニハ、中ニ一刻アリ、他ノ三箇ニハ無シ、コレヲ交ヘ、筮竹ニテ數ヘ出シテ、三個ヅツノ象ヲ作ル、コレヲ卦トイフ、卦ノ象ニ因テ占フナリ。(卦ノ條、見合ハスベシ) 算子
さん-ぎ (名) 參議 (一)オホマツリゴトビト。古ヘ、太政官ノ散官ノ名、諸官ノ中ノ、四位以上ニシテ、有才ナル人ニ勅シテ、官中ノ政ニ參議セシム、中納言ト少納言トノ間ニ居テ、四位ナリトモ、倚、公卿ナリ。一名、宰相。(二)維新ノ後、太政官ノ官、太政大臣、左右大臣ノ下ニ居テ、諸政ニ參議ス。
ざん-き (名) 慙愧 恥ヂ思フヿ。
ざん-ぎく (名) 殘菊 秋、深ケテ、咲キ殘リタル菊ノ花。
さん-きん (名) 參勤 マヰリツトムルヿ。大小名ノ、年ヲ定メテ、領地ヨリ出デテ、江戸ニ在勤スルヿ。「—交代」
ざん-きん (名) 殘金 金錢ノ勘定ニ殘リタル高。
さん-きやう (名) 三卿 德川氏ノ頃ニ、田安、一橋、清水、ノ三邸アリテ、將軍ノ庶子ヲ置キタル稱、賄料、各、十萬石、略、大名ノ如クニシテ、其、三家ニ次グ、其官、常ニ諸省卿ニ任ズレバ稱呼トス。

ざん-ぎやく (名) 殘虐 ムゴク、シヘタグルヿ。
さん-きよく (名) 三曲 筑紫琴ト胡弓ト三味線トヲ合奏スルヿ。
さん-きらい (名) 山歸來 蔓草ノ名、春、宿根ヨリ嫩蔓ヲ生ズ、葉ハ、粗、竹ノ葉ニ似テ、冬モ凋マズ、葉毎ニ二鬚アリ、葉ノ間ヨリ一莖ヲ出シテ、二三十花、簇リ開ク、色、紫黃ナリ、實ハさるとりニ似テ小ク、熟スレバ黒シ、根ヲ藥用トス。土茯苓
ざん-ぎり (名) 散切 散髮ニ同ジ。
さん-ぐう (名) 三宮 太皇太后宮、皇太后宮、皇后宮、ノ稱。
さん-ぐう (名) 參宮 神ノ宮ニ詣ヅルヿ。(多ク伊勢ノ神宮ニイフ)
さん-くづし (名) 算崩 〔算木崩ノ意〕 縞、又、染模様ニ、縱横ノ筋ヲいしだたみニシタル象。
さん-ぐん (名) 三軍 (一)六軍ノ條ヲ見ヨ。(二)大軍。「—帥ヲ奪フベシ」
さん-くわ (名) 產科 醫術ノ一派、專ラ婦人ノ產ニ係ルモノ。婦人科
さん-くわ (名) 酸化 化學ノ語、酸素ト化合スルヿ。
ざん-くわ (名) 殘花 咲キ殘レル花。
さん-くわい (名) 參會 マヰリアフヿ。寄合ニ出會フヿ。
さん-くわい (名) 散會 寄合、果テテ、人人ノ歸リ去ルヿ。

さんくわいき (名) 三回忌 回忌ノ條ヲ見ヨ。大祥

さんくわう (名) 三光 ミツノヒカリ。日ト月ト星トノ稱。

さんくわうてう (名) 三光鳥 (一)鳥ノ名、深山ニ棲ム、其聲、日、月、星(三光)トイフガ如シ、形、もずニ似テ頭、白ク、頷ヨリ、頰ノ下、喉ニ至ルマデ、黑キ毛アリ、腹、白ク、背ハ淡紫色ニシテ、翅ハ淡藍色ニ白斑ヲ雜フ、尾ハ、二羽、甚ダ長ク、淺藍色ニシテ、端ハ白シ、觜、尖リテ赤ク、目ハ、黃赤ニシテ、邊、薄赤ク、脚、赤ク、爪、黃ナリ。山鵲 (二)又、まめまはしノ一名。

さんぐわつ (名) 三月 年ノ第三ニアタル月。彌生。

さんぐわつだいこん (名) 三月大根 大根ノ一種、秋ノ末ニ種ヲ下シテ、春ノ末ニ根ヲ取ルモノ、專ラ春ノ末ノ食用トス、肥エテ、白クシテ、皮、厚シ。楊花蘿蔔

さんくわん (名) 散官 常ニハ守ル所ノ職務ナキ官ノ稱。

さんくわん (名) 參觀 マヰリテミルヿ。

さむけ (名) 寒氣 (一)寒キホド。サムサ。(二)寒サニ身ヲ侵サルルヿ。風邪ニ感ズルヿ。惡寒

さんけ (名) 三家 德川氏ノ時ニ、特ニ其親近ノ支家ナル尾張、紀伊、水戶、ノ三德川氏ヲ稱セル語、爵位、宗家ニ次ギテ、大名ノ首座ニ居ル。

サンゲ (名) 懺悔 〔懺ハ、梵語、懺摩ノ略、悔過ト譯ス、重言ナリ〕佛經ノ語、過ギシ惡業ヲ陳ベテ、悔イ改ムルヿ。

ザンゲ (名) 前條ノ語ノ訛。「一ニ罪ガ消エル」

さんけい (名) 參詣 マヰリマウツルヿ。神佛ヲ拜ミニ行クヿ。

さんけい (名) 三景 日本ノ中ニテ最モ勝レタル三所ノ景色、即チ、陸前ノ松島 安藝ノ嚴島、丹後ノ天橋立ノ稱。又、紀伊ノ和歌ノ浦、陸前ノ千賀ノ鹽釜、(即チ松島)切渡ノ文珠(即チ天橋立)ヲモイフト云。

さむけし・キ・ケレ・ク・ク (形・二) 寒 寒キ狀セリ。「朝朗、鳴ク音寒ケキ、初雁ノ」行キ返リ、浦傳ヒスル、小夜千鳥、明石モ須磨モ、風ヤ寒ケキ」

さむけだ・つ・ツ・テ・タ・チ・テ (自動) (規・一) 寒氣立 身ニ、寒氣ヲ感ズ。サウケダツ。

ざんげつ (名) 殘月 曉ニ、山ノ端ニ入リ殘リタル月。

さんげふ (名) 產業 ナリハヒ。渡世ノ仕事。

さんげん (名) 三絃 (一)支那ニ、絃三筋ノ樂器ノ稱。(二)三味線。

ざんげん (名) 讒言 シコツルヿ。人ノ善ヲ惡トシテ、他ニ告グルヿ。

さんこ (名) 三鈷 獨鈷ノ條ヲ見ヨ。

さんご (名) 珊瑚 植蟲ノ名、海底ノ石ニ生ズ、灌木ノ枝アルガ如シ、海中ニアルトキハ、柔軟ナリ、水ヲ出デテ、乾ケバ、固マリテ石ノ如シ、色紅ニシテ美ナレバ、磨キテ珠ナドトシ、飾トシテ貴ブ、舶來品ナリ、近年、土佐等ノ海ヨリモ生ズ(珊瑚珠ノ條、見合ハスベシ)

さんご (名) 產後 子ヲ生ミタル後。

さんこう (名) 三后 太皇太后、皇太后、皇后、ノ稱。

さんこう (名) 參候 參リテ候フヿ。

ざんこう (名) 讒口 讒言ニ同ジ。

さんこうきうけい (名) 三公九卿 支那ノ周ノ世ノ官ニ、大師、大傅、大保、ヲ三公トイヒ、少師、少傅、少保ヲ、三孤、又ハ、三少トイフ。又、冢宰、司徒、宗伯、司馬、司寇、司空、ヲ六卿トイヒ、三孤ト合ハセテ、九卿トイフ。秦ニハ太尉 兵ヲ主リ、丞相、百揆ヲ總ベ、御史大夫、相ニ貳フ、ノ三職アリ。前漢ニハ、大司馬、大司徒、大司空、ヲ三公トス。後漢ニハ、大尉、司徒、司空ナリ。唐モ亦同ジ。本朝ニハ、太政大臣、左大臣、右大臣ヲ三公トス。(公卿ノ條、見合ハスベシ)

さんこく (名) 慘酷 ムゴク、テヒドキヿ。

さんごく (名) 三國 日本ト唐土ト天竺トノ稱。「一傳來」「一一」

ざんこく (名) 殘酷 殘忍ニ同ジ。

さんごじゆ (名) 珊瑚珠 珊瑚ノ枝幹ヲ磨キテ珠トシテ貴ブ、舶來品ノ、色、淺紅黃ニシテ光リ、縱ニトセルモノ、(珊瑚ノ條、見合ハスベシ)緒締、簪等ノ飾リ木賊ノ如キ細紋アルヲ上品トス、深赤ニシテ、紋理ナキヲ、血玉トイヒテ下品トス。赤珊瑚 又、白珊瑚トイフハ、嫩クシテ、未ダ紅ニナラザルモノナリ、外ニ縱文アリ、折レバ、心ハ桃紅色ナリ。白珊瑚 又、似テ黑キハ、うみまつナリ。黑珊瑚

さんごじゆ (名) 珊瑚樹 (一)珊瑚ノ、彫琢セズ、樹枝

ノ如キヲイフ語。(二)樹ノ名、成長シ易シ、高サ一二丈、枝葉繁茂シ、葉ノ長サ、四五寸、粗、からたちはなニ似タリ、春夏ノ際ニ、細小ノ白花、簇リ開ク、子ハ、まさきノ子ニ似テ赤ク、珊瑚ノ珠ヲ綴ルガ如シ、多ク庭ニ植ウ。ギサンゴ。

さんごぢさ (名) 【珊瑚樹萵】 西洋種ヲ移ス、たうちさノ一種ニシテ、莖ト葉脈トハ紅紫ナリ、花實モ、たうちさニ異ナラズ、根ハ、小キだいこんノ如ク、外、紅ニシテ、切レバ紅白ノ渦アリ、故ニうづだいこんトモイフ、食用トス。一名、アカヂサ。火焰菜

さんこのまつ (名) 【三鈷松】 松ノ一種、一蒂ニ、葉ノ三ツヅツナルモノ、高野山ニアリトイフ。三針松 三獄松

さんごのゆふべ (名) 【三五夕】 陰暦、十五日ノ夜ノ稱、多ク中秋ノ月ニ就キテイフ。

サンゴべい (名) 沙穀米ノ音便。

さんごやちゆう (名) 【三五夜中】 陰暦、八月十五日ノ夜ノ稱、即チ、中秋ノ月ニ就キテイフ。

さむさ (名) 【寒氣】 寒キ氣候ノ身ニ染ムコト。サムケ。カンキ。

さんざ (名) 【參座】 マドキニ入ルコト。寄合ノ座ニマジハルコト。

さんさい (名) 【三才】 天ト地ト人トヲ並ベイフ稱。

さんさい (名) 【散齋】 アライミ。

さんさい (名) 【山妻】 愚妻ナドイフニ同ジ。

さんざい (名) 【散財】 タカラヲチラスコト。金錢ヲ費ヤスコト。

ざんざい (名) 【斬罪】 死罪ノ條ヲ見ヨ。

さんさう (名) 【山莊】 山地ナドニ構ヘタル別莊。

さんざう (名) 【三藏】 (一)佛經ノ、經藏、律藏、論藏ノ稱。(二)又、天竺文ヲ漢文ニ翻譯セル僧ノ、一ニ通ジタル者ノ稱。

さんざし (名) 【山査子】 草ノ名、高サ四五尺、叢生ス、枝叉、多ク茂リテ、刺アリ、春、葉ヲ生ズ、互生シテ、長サ一寸許、五七岐ニシテ、鋸齒アリ、枝ノ梢ニ、白花、簇リ生ズ、梅花ニ似テ、瓣、皆、上ニ向フ、實、秋熟ス、林檎ニ似テ、六七分、赤、又、黃ナリ、核ハ、牽牛子ノ如シ、肉ヲ藥用トス。又、大ーートイフハ、高サ、二三丈ニ至ル、葉、大クシテ梨ノ如ク、七岐或ハ九岐ニシテ、互生ス、花、傘ノ狀ヲナス、花、實、形、色、ーニ同ジ。羊杌子

〔さんざふらふ〕 (句) 【參候】 然ニ候フノ音便、背ヒ應フル敬語。

さんざん (副) 【散散】 さんざんよニ同ジ。

さんさんくど (名) 【三三九度】 祝儀ノ獻盃ノ禮ニ、三度ヅツ三度、獻酬スルコト。(多ク婚禮ニイフ)九獻。

さんざんよ (副) 【散散】 殘ル處ナク。甚シク。「愛クシキ裝束、サンザンニナリニケリ」ー打散ラシテ」ー打破ル」

ざんざめく (自動) (規.一) さざめくノ音便。言ヒサワグ。

さむし (形.二) 【寒】 熱極メテ乏シ。甚シク涼シ。冷ヤカナリ。

さむし (形) 淋シノ訛。

さんじ (名) 【三時】 時ノ條ヲ見ヨ。

さんじ (名) 【山寺】 ヤマデラ。「ーノ鐘」ーノ梵」

さんじ (名) 【參事】 政事ニ參リ贊クル職。

ざんじ (副) 【暫時】 シバシ。スコシノ間。霎時

さんしう (名) 【三秋】 秋、三箇月ノ稱。

さんじき (名) 【棧敷】 さじきノ音便、其條ヲ見ヨ。

さんしち (名) 【三七】 (一)廣東人參ノ類、血止ノ藥用トス。(人參ノ條、見合ハスベシ)(二)又、宿根草ノ名、形、あざみニ似テ、刺ナシ、秋、高サ、五六尺、黃ナル花ヲ開ク亦、根ヲ血止ノ藥トス。

さんしつ (名) 【產室】 ウブヤ。

さんしつ (名) 【散失】 散リ失スルコト。紛失。

さんじつ (名) 【三日】 (一)正月ノ初メノ三日ノ稱、三箇日ニ同ジ。(二)又、德川氏ノ頃、每月ノ朔日、十五日、廿八日ヲ式日トシタル稱。

さんじふ (數) 【三十】 十ヲ三倍ニセル數。ミソ。ミソヂ。

さんじふばんじん (名) 【三十番神】 日蓮宗ニテ祀ル神神、日蓮ノ時、伊勢八幡ノ二神ヲ勸請シ、日像ノ時、更ニ二十二社等ノ神ヲ勸請シ、月ノ三十日ニ配當シテ、法華ノ守護神トセリ。

さんじふろくかせん (名) 【三十六歌仙】 柿本人麿、山部赤人、紀貫之、凡河內躬恒ヲ始トシテ、凡ソ三十六人程ノ歌仙ノ秀歌ヲ、各一首ヅツ選ビタルモノ、十八人ヅツ、左右ニ分チテ、相配セシム、一條帝ノ頃、藤原公任ガ選ビタル所ナリ。

さんにん (名) 散人 世事ノ外ニ居ル人ノ自稱。
さんにん (名) 山人 山ナドニ隱遁セル人ノ自稱。
さんしや (名) 山車 ダンジリ。ダシ。
ざんしや (名) 讒者 讒言スル者。
さんしやう (名) 山上 ヤマノウヘ。
さんじやう (名) 參上 マウノボルコト。マヰルコト。
さんじやく (名) 山鵲 略、鵲ニ似テ、文采アリ、白冠、赤觜、尾白クシテ長ク、海外ヨリ渡リ來ル。
さんじやくおび (名) 三尺帶 種種ノ模樣ニ染メタル綿布ノ、鯨尺三尺程ナルヲ、直ニシゴキテ帶トスルモノ、下民ノ用ナリ。
ざんしゆ (名) 斬首 クビキルコト。
さんじゆう (名) 三從 女ノ守ルベキ三ツノ道、卽チ、家ニ在リテハ、父ニ從ヒ、嫁ギテハ、夫ニ從ヒ、夫死スレバ、子ニ從フベシトイフ。
さんじゆうけいてい (名) 三從兄弟 マタイトコ。
さんしゆつ (名) 產出 產物ノ出ヅルコト。
さんじゆつ (名) 算術 數學ノ一部、專ラ數ヲ計ル術、平算。算盤、又ハ、算木ヲ用ヰテ計ルヲ和算トス八算、見一、相場割等、コレニ屬ス。又、數字ヲ記シテ計ルヲ洋算トス、加、減、乘、除、分數、比例、開平、開立等、コレニ屬ス。
さんしゆのじんぎ (名) 三種神器 八咫ノ鏡ト、草薙ノ劍ト、(初名、天叢雲ノ劍)八尺瓊ノ曲玉トノ三ツノ神器ノ稱、天照太神ヨリ、瓊瓊杵尊ニ授ケタマヒシ神寶ニシテ、天皇ノ天日嗣ヲ知シメス御璽トス。

さんしゆん (名) 三春 春、三箇月ノ稱。
さんしゆゆ (名) 山茱萸 イタチハジカミ。樹ノ名、葉ハおほあづちニ似テ、毛ナク、對生ス、春分ノ頃ニ、一苞、數花ヲ生ズ、黃ニシテ三分許、四瓣ノ長キ蘂アリ、實ノ形、おほきう如シ、藥用トス。
さんしよ (名) 山椒ノ約。
さんじよ (名) 產所 ウブヤ。產屋
ざんしよ (名) 殘暑 秋ニ入リテ尙殘レル暑サ。
さんしよく (名) 蠶食 蠶ノ、桑ノ葉ヲ食フガ如ク、端ヨリ少シヅツ食ヒ取ルコト。人ノ國ヲ次第次第ニ奪ヒ取ルコト。
さんしよのうを (名) さんせうのうをニ同ジ。
〔さむしろ (名) 狹筵 〔さハ發語〕むしろトイフニ同ジ。「キリギリス、鳴クヤ霜夜ノ、さむしろニ」〕
さんす・スル・スレ・セ・シ・セヨ (他動) (不規・二) 贊 助ク。
さんす・スル・スレ・セ・シ・セヨ (他動) (不規・二) 讃 褒ム。
さんす・スル・スレ・セ・シ・セヨ (他動) (不規・二) 算 數フ。
さんず・ズル・ズレ・ゼ・ジ・ゼヨ (自動) (不規・二) 散 散ル。散レテ失ス。「人—」會—」
さんず・ズル・ズレ・ゼ・ジ・ゼヨ (他動) (不規・二) 散 チラス。費ヤス。「財ヲ—」
さんず・ズル・ズレ・ゼ・ジ・ゼヨ (自動) (不規・二) 產 生ル。生フ。生ズ。デクル。
さんず・ズル・ズレ・ゼ・ジ・ゼヨ (他動) (不規・二) 產 出ダス。デカス。「米ヲ—」生絲ヲ—」

さんず・ズル・ズレ・ゼ・ジ・ゼヨ (自動) (不規・二) 參 マヰル。
ざんす・スル・スレ・セ・シ・セヨ (他動) (不規・二) 讒 シコヅ。譖ナルヲ惡ナリト告グ。
さんすくみ (名) 蛙ハ蛇ヲ畏レ、蛇ハ蛞蝓ヲ畏レ、蛞蝓ハ蛙ヲ畏レテ相竦ム、交モ相制スレバナリ、俗ニコレヲ—トイフ。
さんすゐ (名) 山水 山ト水トアル景色。
さんずゐ (名) 三水 〔「氵」ヲ三水トイフニ對ス〕漢字ノ偏ノ「氵」ノ字ノ稱、字書ニテ水ノ首部ニ屬ス、汀、汁、汗、江、汝、河、ナドノ如シ。散水 水邊
さんぜ (名) 三世 佛經ノ說ニ、過去、現在、未來ノ三ツノ世ノ稱、人ノ魂魄、流轉輪廻シテ此—ニ生レ代ハリ出ヅトシテイフナリ。生前ノ世ヲ、過去、前世マヘノヨ、ナドイヒ、生死ノ間ヲ現在、現世、今生ナドイヒ、死後ノ世ヲ、未來、ノチノヨ、後世、來世、後生、當來ナドイフ、スベテ、三世ニ隨ヒテ起ル因、緣、果ナドニ就キテ說クコトナリ。
さんせい (名) 參政 執政ノ次ニ居テ、政事ノ議ニ參ル職。
さんせい (名) 贊成 タスケナスコト。荷擔。
さんせう (名) 山椒 古名、ハジカミ。又、イタハジカミ、(はじかみノ條、見合ハスベシ)樹ノ名、山ニ生ズ、叢生シテ丈ニ過ギズ、枝幹ニ、刺、殊ニ多シ、葉ハ、小葉ノ野薔薇ニ似テ、鋸齒、粗クシテ長シ、春、芽ヲ採リテ、食ノ助ケトシテ食フ きのめトイフ、雄ヲはな—トイフ、花ノミナリ、雌ヲみ—トイフ、實ノミナリ、實、甚ダ小ク

圓シ、嫩、熟、共ニ採リテ食ノ味ヲ助ク、熟スレバ、赤ク辛クシテ香アリ、皮モ赤刻ミテ食用トス、辛シ、からかはトイフ、藥用トシテ、ー皮トイフ。 秦椒

さん-せう (名) 三焦 古名、ミノワタ。漢方醫ノ說ニ、體中、六腑ノ一、決瀆ノ官、水道ヲ利ス、上焦ハ、心ノ下、胃ノ上口ニアリ、中焦ハ、胃ノ中脘ニアリ、下焦ハ膀胱ノ上口ニアリトス、サレド、詳ナラズ。

さん-せう (名) 三笑 支那ノ畫ニ、虎溪ノー圖トテ、三人立チテ相笑フ狀ヲ寫ス、廬山ノ惠遠法師、客、陶淵明、陸修靜ヲ送リ、與ニ語リテ、道合フ、覺エズ送リテ虎溪ヲ過グ、因テ大ニ笑ヘリ、其象ナリト云。

さん-せう (名) 參照 アチコチ、テリアハスルヿ。

さんせう-いばら (名) 山椒薔薇 はらノ類、冬月、花咲クモノ。 鬬雪紅

さんせう-うを (名) 山椒魚 (項ノ疣、山椒ノ樹ノ皮ニ似テ、且體ニ山椒ノ臭アレバ名トスト云、或云、椒皮ヲ食フト) (一)爬行ノ動物、溪澤ニ生ジテ、水陸共ニ生ク、大ナルハ七八尺、鯰ニ似テ、鬚無ク、頭圓ク扁ク、眼甚ダ小ク、四足ノ前足ハ四指ニシテ、後足ハ五指ナリ、背ノ皮ハいぼがへるノ背ノ如クニシテ、黑キ斑アリ、項ノ邊ニ疣多ク、腹ハ黃ナリ、聲、嬰兒ノ泣クガ如ク、肉味美ナリトイフ、半身ヲ割キテ、水ニ投ズレバ、終ニ復タ全身トナルナドイヒテ、半割ナドイフ名モアリ。 鯢魚 (二)又、一種、箱根ノ湖水ニ產ズルモノ、形、小ク、とかげニ似テ、頭、圓ク、扁ク、頸、長シ、背、黑褐ニ、腹、赤クシテ細カキ紋アリ、小兒ノ藥トス。 黑魚

さんぜ-さう (名) 三世相 俗間ニ、佛說ニ人ノ生年ノ五行ノ相生、相剋ナドノ理ヲ交ヘ、人相ヲ以テ前世、現世、後世ノ因果、善惡、吉凶ナド說クモノ。

ざん-せつ (名) 殘雪 ノコンノユキ。春ニ入リテ、消エ殘リタル雪。

さむせん (名) 三味線ニ同ジ。

さん-せん (名) 山川 やまトかはト。山河。

さん-ぜん (名) 產前 子ヲ孕ミテ生ムベキ前。「ー產後」

さん-セン (名) 參禪 禪ノ道ヲ受ケ學ブヿ。

さん-ぜん-せかい (名) 三千世界 大千世界ノ條ヲ見ヨ。

さん-そ (名) 酸素 化學ノ語、元素ノ一、氣體ニテ、大氣中ノ一成分トナリ、物ノ燃燒ヲ成ス、又、動物呼吸生活ニ必須ナルモノ。

ざん-そ (名) 讒訴 シコヅルヿ。人ノ善ヲ惡トシテ、謗リ告グルヿ。

さん-ソウ (名) 山僧 (一)山寺ノ僧。(二)僧。

++ざん-ぞう (名) 讒訴ノ訛。

さん-ぞく (名) 三族 父ト、子ト、孫トノ族。或云、父母ト、兄弟ト、子孫トノ族。或云、父ノ族ト、母ノ族ト、妻ノ族ト。

さん-ぞく (名) 山賊 山中ナドニ棲ミテ行劫ナドスル者。ヤマダチ。

さん-ぞん (名) 三尊 彌陀如來ト、夾侍ノ觀音、勢至ノ二菩薩トノ稱。

さむ-ぞら (名) 寒空 冬ノ寒キ氣色ノ空。 寒天

さん-だい (名) 參內 內裏ヘマヰルヿ。朝廷ニ出ヅルヿ。 參朝

さんだい-がさ (名) 參內傘 (一)差傘ノ柄ノ長キモノ、行クトキ、後ヨリサシカザス、公卿ノ參內スルトキ用ヰルヨリ名トス、相當ノ官位ナキモノハ用ヰルヿ能ハズ。(二)草ノ名、綿棗兒ノ一名。

さんだい-しふ (名) 三代集 古今集、後撰集、拾遺集、ノ三ツノ歌書ノ稱。

さん-たい-せい (名) 三台星 支那ノ天文學ニ、紫微星(卽チ天帝)ノ左右ヲ守ル三ツノ星、上台ヲ虛精ト號シ、司命ニテ、大尉トシ、中台ヲ陸淳ト號シ、司中ニテ司徒トシ、下台ヲ曲順ト號シ、司錄ニテ、司空トス。因テ三公ヲ台輔ナドトイフ。

さん-たう (名) 算當 算ヘ當ツルヿ。算用。勘定ツモリ。 計算

さん-だう (名) 參堂 人ノ家ヲ訪フヿ、ノ敬語。(手紙ノ語)

さん-だう (名) 棧道 カケハシ。

ざん-たう (名) 殘黨 討チ漏ラサレタル徒黨ノ者。

さん-だはら (名) 棧俵 米俵ノ兩端ノ蓋ニ用ヰル藁作リノ圓ク扁キモノ。サンダラボフシ。

さん-たん (名) 山丹 ヒメユリ。

さん-たん (名) 讚嘆 感ジテ美ムルヿ。

さん-だん (名) 算段 (算勘ノ手段ノ略カ) 謀リテ手段ヲ求ムルヿ。才覺。 心計

さん-たん-くわ (名) 山丹花 暖地ノ產、琉球ヨリ來ル、高サ三四尺、枝、葉、對生ス、葉ハくちなしニ似テ、淺綠ナリ、初夏ニ、深紅ノ花簇リ開ク、丁子ノ花ノ如ク、細筒ノ上ニ、四瓣分ル。 賣木子

さんだ-やき (名) 三田燒 攝州、八部郡、三田ニ產スル磁器ノ稱、青磁ヲ上トス。

++さんだらぼふし (名) さんだはらニ同ジ。

さん-ち (名) 產地 產物ノ出ヅル土地。

サンチイム (名) 仏 〔佛語、Centime.〕 佛蘭西ノ小銅錢ノ名、法ノ百分ノ一、我ガ一厘九毛三六。

さん-ちや (名) 山茶 ツバキ。

さん-ちやう (名) 山頂 山ノイタダキ。ミネ。 巓

さん-ちやく (名) 參着 マヰリツクヿ。其所ニ到リツクヿ。

さん-ちゆう (名) 山中 ヤマナカ。

さん-ぢよ (名) 三女 さんによニ同ジ。

さん-ついたち (名) 三朔日 德川氏ノ制ニ、元日ト、六月朔日ト、八朔トノ式日ヲ合セ稱セル語。

さん-づの-かは (名) 三途河 又、サウツカハ。佛說ニ、冥土ニアリトイフ川ノ名、地獄道、畜生道、餓鬼道ノ三惡道、(火途、血途、刀途ナリ)此川ヨリシテ別ル。此ニアル樹ノ下ニ、老婆居リテ、亡者ノ衣ヲ奪ヒ取ルト云、コレヲ一ノ渡トイフ。俗ニ訛リテ、シヤウツカノババ。 奪衣婆

さん-てう (名) 參朝 朝廷ヘマヰルヿ。參內。

さん-と (名) 三都 ミツノミヤコ。京都、江戶、(東京)大坂ヲ並ベイヘル稱。三箇都。

さん-ど (副) 三度 ミタビ。

さん-とう (名) 三冬 冬ノ三箇月ノ稱。

ざん-とう (名) 殘燈 消エ殘レル燈火。「—、影、暗シ」

さん-とく (名) 三德 智ト仁ト勇トノ稱。(各條ヲ見ヨ)

さん-どく (名) 慘毒 慘タラシキ災害。

さんど-ぐり (名) 三度栗 ささぐりノ類ニシテ、一年ニ三度、實ルモノ。 茅栗一種

サントメ (名) さんとめがは、又ハ、さんとめじまノ略。

サントメ-がは (名) 棧留革 〔さんとめじまノ條ヲ見ヨ〕印度ヨリ渡セルなめしがは、縮文アリ、色モ種種ナリ、今ハ和製ニ多シ。

サントメ-じま (名) 棧留縞 〔初メ、印度東境ノ地、聖多默(San Thomas.)ヨリ來リシガ故ニ名トス〕縞織ノ厚美ナル絹綿布ノ名、初メ、印度ノ產、後ニハ、西洋ヨリ來レリ、赤絲入リノ竪縞ヲ奥島トイヒ、紺ニ淡縹ノ縞ナルヲ青手トイフ。後ニ、和製出來テ、和さんとめトイヒ、(或ハ、京奧縞トモイフ、稍、異ナリ)舶來ナルヲ唐さんとめトイヒ、又、略シテ唐棧トノミモイフ。

さん-あく-だう (名) 三惡道ニ同ジ、連聲ノ轉呼ナリ。

さん-なん (名) 三男 (一)三人ノ男子。(二)第三ノ男子。

ざん-にん (名) 殘忍 苛ク暴キヿ。ナサケナキヿ。慈悲ノ絕エテ無キヿ。

さん-によ (名) 三女 (一)三人ノ女子。(二)第三ノ女。

さん-によう (名) 算用ニ同ジ、連聲ノ轉ナリ。

さん-ぬる (動) 去リヌ、ノ分詞法ノ、去リヌル、ノ音便、過ギタル。前ノ。「—年」「—月」

ざん-ねん (名) 殘念 (一)念ノ殘ルヿ。 遺憾 (二)悔ミ怨ムヿ。クチヲシキヿ。 遺恨

さん-のう (名) 山王ニ同ジ、連聲ニ呼ブナリ。

さん-の-まる (名) 三丸 丸、ノ條ヲ見ヨ。

さん-ば (名) 三番 さんばそうノ略。

さん-ば (名) 產婆 トリアゲババ。 蓐母

さん-ぱい (名) 三拜 三度、拜スルヿ、天竺ノ拜禮ニテ佛家ヨリ起ルト云。「—九拜」

さん-ぱい (名) 參拜 マヰリテヲガムヿ。

さん-ぱい-えき (名) 酸敗液 留飲ノ條ヲ見ヨ。

さん-ぱい-ず (名) 三盃酢 味醂、或ハ酒)ト醬油ト酢トヲ、各、一盃、即チ當分ニ盛リタルモノ、物ヲ漬ケテ食フニ用ヰル。

さん-ぱう (名) 三方 食物ヲ戴スル器、神供、貴人ノ膳部、或ハ、儀式ノ用トス、即チ、檜ノ白木ニテ作レル方形ノ折敷ニ、臺ヲ重ネタルモノニテ、コレヲ衝重トイフ、臺ノ傍ニ、孔ヲ穿ツ、コレヲくりかたトイフ、其三面ニ孔アルモノ、即チ一ナリ。又、孔ノ四面ニアルヲ四方トイフ。(小キヲ小四方ト云) 又、孔ナキヲ供饗トイフ、後ニハ、コレモ孔アリ、且、盤上、四隅ニ飾アリトイフ。

さん-ぽう (名) 三寶 ミツノタカラ。佛經ニ佛ト法ト僧トヲ併セテイフ語。

ざん-ぼう (名) 讒謗 ソシルヿ。ワルクイフヿ。

さんばうくわうざん（名）三寶荒神 くわうざんノ條ヲ見ヨ。

さんはかせ（名）算博士 大學寮ノ官、算術ノ事ヲ掌ル。

さんばし（名）棧橋 岸ヨリ水ノ上ニ突キ出シテ作レル木造ノ階、人物ノ舟ニ上下スル路トス。

さんばそう（名）三番叟 申樂ノ翁ノ曲ニ出ツル者ノ稱、黑キ假面ニテ舞フ。

さんぱつ（名）散髮（一）チラシガミ。（二）髮ヲ削ラズ、結ハズ、其端ヲ切リテ、撫デツケテオクモノ。ザンギリ。

さんぱふ（名）算法 算術ニ同ジ。

さんぱん（名）杉板 三板 支那ニテ、大船ニ添ヘテアル小舟ノ名。傳馬舟。

さんび（名）讃美 褒ムルヿ。

さんび（名）酸鼻 ムゴタラシキヲ悲ミ傷ムヿ。

さんぴつ（名）算筆 算術ト手蹟ト。

井さんぴん（名）三一 （一）雙六ノ語、二個ノ采ノ目ニ、三ト一ト並ビ出ヅルヿ。（二）江戸ノ鄙語ニ、食祿薄キ若黨侍ナドヲ罵リ呼ベル語。（多クハ、三兩ニ一人扶持ノ宛行ナルヨリイフト云）

さんぷ（名）產婦 子ヲ生ミテ尙、蓐床ニアル婦。

さんぷ（名）參府 大小名ノ江戸ニ參勤スルヿ。

さんぷ（名）三府 東京、京都、大坂ノ稱、府ノ條ヲ見ヨ。

さんぶぎやう（名）三奉行 德川政府ニテ、寺社奉行、勘定奉行、町奉行ノ稱。


さんぷく（名）三伏 （一）初伏、中伏、末伏ノ稱。夏至ノ後ノ第三ノ庚ヲ初伏トシ、第四ノ庚ヲ中伏トシ、立秋ノ後ノ初庚ヲ末伏トス、極暑ノ候ノ名ナリ。或ハ、小暑ノ後ノ初庚、二庚、三庚トモス。（二）泛ク夏ノ暑サノ稱。「一ノ熱」

さんぷく（名）山腹 ヤマノハラ。頂ト麓トノ間。

さんぷく（名）三復 三度繰返スヿ。同ジ事ヲ度度スル事。「一熟讀」

さんぷくつゐ（名）三幅對 幅ノ條ヲ見ヨ。

さんぶつ（名）產物 其土地ヨリ產スル天然幷ニ人造ノ物。

ざんぶつ（名）殘物 ノコリモノ。アマリモノ。クヅ。カス。

さんぶと（副）物ノ水ニ落チ入ル音ナドニイフ語。ザブリトザンブリ。

さんぶん（名）散文 常ノ文章ヲ、和歌、詩、賦等ノ、句ニ局促アルモノニ對シテイフ語。

さんぶり（副）さんぶとニ同ジ。

さんぺい（名）散兵 兵隊ヲ、密ニ組マズシテ、間ヲ隔テテ、散ラシテ布クモノ。

ざんぺい（名）殘兵 敗北死傷ニ殘レル兵卒。

さんぽ（名）散步 何處ヲ當テトモナク、タドリアリクヿ。遊步。

さんぼう（名）參謀 軍陣ノ謀議ニ參ル職
サンボテ（名）さぼてんニ同ジ。

さんぼん（名）三盆 〔始メテ齎セル支那人ノ、官ノ三品ナリシヨリ呼ベリト云〕砂糖ノ一種、上等ナルモノ、初メ、支那ヨリ渡レリ、後ニハ、和製出來テ、唐一、和一ナド分チテ呼ブ、まろまたヲ壓シテ、汁ヲ滴ラセ、手ニテ煉リ、貯ヘテ成ル、色、純白ナリ。糖霜

さんま（名）小隼 三馬 魚ノ名、形、さよりニ似テ、色、蒼黑ナリ、秋冬ノ際ニ、安房上總ノ海ニ多シ、多ク、淡ク鹽ニ漬ケテ、四方ニ送ル、賤民ノ食トス。上方ニ、サヨリ。秋光魚
〔さんまい（名）散米 ウチマキ。
サンマイ（名）三昧 〔梵語、正定、正受、平等ナド譯ス〕（一）佛經ノ語ニ、思ヲ專ラニシ、想ヲ寂ムルヿ。心ヲ一所ニ住メテ移ラスヿ。「念佛一」法華一」（二）スベテ、一途ニ心ヲ傾クルヿ。專ラソレノミヲ用ホルヿ。「一一」（三）一入定ノ地ノ義ヨリシテ、墓所ノ稱。刃物一」（上方）葬地
さんまた（名）三股 端ニ叉ヲ作レル棒、物ヲ高キニ懸クルナドニ用ヰル、マタブリ。杈
さんみ（名）三位 位ノ連聲、くらゐノ條ヲ見ヨ。「一中將」
さんみ（名）酸味 酸キ味。
さんみやく（名）山脈 ヤマノスヂ。山山ノ連リテ、數十百里ニモ亙レルモノ。
〔さんもん（名）三門 門ノ建築ニ、中央、左、右、ト門ノ三ツ連レルモノト云。
さんもん（名）山門 （一）寺ノ前ニアル樓門。（二）比叡山延暦寺ノ異稱。
さんや（名）山野 やまとのはら。「一ニハせると」

さんやく (名) 山藥 やまのいもヲ藥用トスルトキノ名。
さんやく (名) 散藥 コグスリ。
さんよ (名) 參與 政事ニ參リ與カルヿ。
ざんよ (名) 殘餘 ノコリ。アマリ。
さんよう (名) 算用 算盤ニテ數ヘツモルヿ。
さぶらう (名) 三郎 第三ノ男子、常ニ其幼名通稱ナドトス。サブラウ。
さむらひ (名) 侍 サブラヒ。公家武家ニ仕ヘテ、祿ヲ受ケ、身分ヲ得、帶刀シテ、兵役ニモ出ヅル者ノ總稱。武士モノノフ。士。(さぶらひノ條、見合ハスベシ)
さむらひ-えぼし (名) 侍烏帽子 本名、横さびノ烏帽子。頂ニテ、三角ニ折リ、皺ハ横ニ直ナリ、古ハ平人ノ常用ナリキ、後、專ラ侍ノ素袍ノトキニ用ヰル。
さむらひ-どころ (名) 侍所 (一)關白家ニテ、侍ノ伺候スル所。(二)鎌倉將軍ノ世ノ役所ノ名、武士ノ職務ナキヲ侍トイヒ、其伺候スル所ナリ、其長ヲ別當トイヒ、守護、地頭、軍役ノ事ヲモ支配ス。(三)室町將軍ノ時ニ至リ、其長ヲ一ノ司、又ハ所司ト稱シ、山名、赤松、一色、京極ノ四氏、互ニ代リテ補ス、コレヲ四職トイヒ、刑罰ヲモ掌ル。事アレバ、家臣ヲシテ代理セシム、之ヲ所司代トイフ。(所司代ノ條、見合ハスベシ)
(さむらふ-ふ・へ・へ・ひ・へ) (自動) (規・一) 候侍 さもらふ、さぶらふニ同ジ。
さんらん (名) 散亂 散リ亂ルルヿ。チリヂリニナルヿ。
さんらん (副) 燦爛 キララカニ美シク。「光輝—」
さんらん-し (名) 蠶卵紙 タネガミ。
さんり (名) 三里 灸穴ノ名、膝ノ下ノ外傍ノ、稍、凹ミタル處。
さんりん (名) 山林 山ニアル林。
さんりゃく (名) 三略 支那ノ兵書ノ名、六韜ノ條ヲ見ヨ。
さんりょう (名) 山陵 ミササギ。
さんりょう-しん (名) 三稜鍼 醫術ニ用ヰル三ツ稜アル鍼、肉中ニ刺スニ用ヰル。(刺胳ナドニ)
さんろ (名) 山路 ヤマヂ。ヤマミチ。
さんろう (名) 參籠 マヰリゴモルヿ。神社佛閣ニ、祈念ノ爲ニ、數日夜籠ルヿ。通夜シテ祈ルヿ。
さんろく (名) 山麓 フモト。
さんろん-しゅう (名) 三論宗 佛教八宗ノ一、中論、百論、十二門論ノ三部ヲ所依トス。
さんわう (名) 山王 近江ノ日吉ノ神ノ稱、大巳貴命ヲ祭ル、其外、七座ノ神神ヲ合ハセテ、—權現トイフ。
さんゐ (名) 三位 くらゐノ條ヲ見ヨ。
さんゐ (名) 散位 官職ナクシテ位ノミアルノ稱、散二位、散三位ナドイフ。
さんゐ (名) 簒位 臣トシテ君ノ位ヲ奪フヿ。
さんゑ (名) 產穢 子ヲ生ミタルトキ、父母ノ身ノ穢ノ稱、父、七日、母、三十五日トス。(けがれノ條、見合ハスベシ)
さめ (名) 鮫鯊 (狹目ノ義ニテ、體ニ比ブレバ、眼至テ細ケレバイフカト云) 海獸、胎生ナリ、全ク魚ノ形シテ鱗ナク、皮、厚ク黒シ、頭ニ近キ鰭ハ翅ノ如シ、背上ニ鬣ノ如キ刺アリ、眼青ク、頰赤ク、腮、五ツニ切レ、口ハ頷下ニアリ、皮ニ、黒キ沙ノ如キモノ着ケリ、剝ギテ、骨、角ナド、堅キ物ヲ磨ルニ用ヰル、捕フル者ハ、丈許ノ者ニ限ル、味、甘ケレドモ、美ナラズ、かまぼこニ作ルニ欠クベカラザルモノトス、子、母ノ口ヨリ腹ニ出入ス、出入子トイフ。其大ナルハ、數丈ニ及ブ、ふかトイフ。(其條ヲ見ヨ) 種類、甚ダ多シ、猫—、幡—、蝶—、撞木—、姥—、小判—、星—等、其他、倘アリ、各條ニ注ス。さめ、ふかノ類ハ、其鰭ヲ食用トス、ふかのひれノ條ヲ見ヨ。又、刀劍ノ飾リニ用ヰル鮫ノ砂ハ、皆舶來ナリ、つかざめトイフ、大粒ナルニテ柄ヲ卷キ、細粒ナルハ、鞘ニ塗リ込ム。(つかざめ、さめざやノ條ヲ見ヨ)
さめ (名) 雨 [天爾波ノ上ニ、雨ノ約マレル語ナリト云] 雨ニ同ジ、熟語ニノミ用ヰル。「春—」村—」小—」氷—」
さめうま (名) 白眼馬 馬ノ、二目白クシテ魚ノ目ニ似タルモノト云。魚眼 環眼馬
さめざめと (副) 潸潸 涙ヲ流シテ、泣キ入ル狀ニテイフ語。「—泣ク」鶯ノ、春さめざめと、鳴キ居タル、竹ノシヅクヤ、涙ナルラム」
さめざや (名) 鮫鞘 刀ノ鞘ニ、鮫ノ皮ヲ卷キタルモノ。多クハ、漆ニテ塗リ込メ、皮ノ砂ノ尖ヲ磨リテ、白點ヲ現ハス。

さめはだ (名) 鮫膚 人ノ肌ノ、生得ニテ、粗糙スルモノ。

††さめる (動) 覺ム、又ハ、冷ム、ノ訛。

さも (副) 〔然モ、もノ感動詞ヲ添ヘ〕(一)ソノゴトクニ。ソノヤウニ。「―アリナム」(二)ソノ事情ニカナヒテ實ニ。「―嬉シサウニ」

○―似タリ。ソノ如クナリ。彷彿 髣髴

さもあらばあれ (句) 遮莫 任他 〔然モ有ラバ有レ、ノ義〕爲シカタ無クバソノママニ任セム、ママヨ。約メテ、サマラバレ。サバレ。「さもあらばあれ、人ハ見ズトモ、花ノ木ハ、風隱レニテ、植ウベカリケル」

††さもし・シキ・シケレ・シク・シク (形・二) 〔心根ノ淋シ、ノ轉カ〕鄙劣ナリ。(落魄ナドニ因テ起ルニイフ)

さもんじ (名) 左文字 南北朝ノ頃、博多ノ鍛冶、左衛門三郎某ノ鍛ヘタル刀ノ稱、正宗ノ弟子ニテ、名アリ、銘ニ左ノ字ヲ切ル。(或云、備前ノ鍛工モ、此稱アルモノアリト)

ざもと (名) 座元 芝居、見世物ナドノ興行場ノ主。

さもん (名) 左門 左衛門ノ略。

さもも (名) 〔さハ早月ノ意〕(一)〔麥ノ秀ヅル頃ニ熟スル李。麥李 (二)今、又、夏ノ半ニ熟スル一種ノ桃。五月早桃

さもらふ・フ・ヘ・ハ・ヒ・ヘ (自動) (規・一) 〔さハ發語ニテ、もらふハ守ルノ延カ〕候フニ同ジ。守リ伺ヒ居ル。「大御舟、竟テテ佐守布、高島ノ、三尾ノ勝野ノ、渚シオモホユ」風吹ケバ、浪カ立タムト、伺候ニ、都多ノ細江ニ、浦隱レヲリ」

さや (名) 鞘 〔狹屋ノ義カ、差ス室ノ略カ〕(一)刀ノ刃ヲ差シ納メ置ク筒ノ如キモノ、長短、大小、刃ニ合ハセテ作ル、多ク木造ニテ漆塗ナドニス。(二)筆ノ毛ノ尖ニ冠ラセオクモノ、細キ竹筒ナド用ヰル。カサ。筆帽

さや (名) 莢 〔鞘ト同義〕豆類ノ實ヲ被ヒテ生フル殼。

さや (名) 紗綾 〔さあやノ約〕絖地ノ織物ノ名、綾ニ似テ、文ニ卍字、稻妻、菱垣ナド、種種ノ形象ヲ浮織ニセルモノ。飛―ハ、地、厚ク、りゅうもんノ如ク、處處ニ花文アリ。ぬめ―、もんなし―ハ、共ニ、文ナキモノ。

さやいんげん (名) いんげんささげノ條ヲ見ヨ。

さやう (副) 然樣 ソノヤウニ。ソノゴトク。

さやがた (名) 紗綾形 紗綾ノ織文、即チ、卍ノ字ヲクヅシテ、綴リ連ネタル象。

さやかに (副) (一)分明ニ。サダカニ。ハキト。「入方ノ日影、―サシタルニ」―澄メル、秋ノ夜ノ月」秋來ヌト、眼ニハ―、見エネドモ」村鳥ノ、朝立チ往ニシ、君ガ上ハ、―聞キツ、思ヒシ如ク」分明 (二)響、冱エテ。「其聲寥亮」

さやぐ・グ・ゲ・ガ・ギ・ゲ (自動) (規・一) (一)そよぐニ同ジ。サワサワト鳴ル。「篠ノ葉ノ、―霜夜ヲ、我レ獨リ寐ル」木ノ葉サヤギヌ」草葉モ―、風ヲサヘ」颯颯 (二)騷グ。「閙喧擾之響焉」

さやけし・キ・ケレ・ク・ク (形・二) 分明ニテアリ。ハキトシタリ。「射ル的形ハ、見ルニ―シ、待タルル月ノ心モトナキニ、星ノ光バカリ、サヤケク」氷レル月ノ、影ゾサヤケキ」

さやさや (副) 物ノ摩レ合ヒナドシテ、サワサワト鳴ル音ニイフ語。「木ノ―」人ノ―トシテ、參ル音シケレバ」颯然

さやし (名) 鞘師 刀ノ鞘ヲ作リテ、漆塗リニスルヲ業トスル工。

さやだう (名) 鞘堂 堂ノ上ニ、更ニ、覆ヒ作レル堂、風雨ヲ防グ設ク。

さやつきどり (名) 獨春鳥 〔さやハ、騷グ意カト云〕鳥ノ名、色、黃ニシテ、其聲、春ク者ノ相杵スルニ似タルモノ、トアリ、今、鷹五位鷺ト呼ブモノ、コレナラムト云。

さやに (副) サヤギテ。サワサワトソヨギテ。「小竹ノ葉ハ、三山モ―、サワゲドモ」颯然

さやに (副) サヤカニ。ハキト。「甲斐ガ根ヲ、―モ見シカ」雲ノ上ニ、月ヨリ―、冱エワタレ」分明

さやばしる・ル・レ・ラ・リ・レ (自動) (規・一) 鞘走 刀ノ刃、鞘ヨリ自ラ拔ケ出ヅ。刀脫室

さやま (名) 狹山 小山。端山。「五月闇、さやまガ峯ニ、トモス火ハ、雲ノ絕間ノ、星カトゾ見ル」

さやまき (名) 鞘卷 (一)コシカタナ。短刀ノ鐔ナキモノ、拔クトキ、鞘ト共ニ脫クルガ故ニ、下緒ヲ鞘ニ卷キテ、腰ニ結ヒツケ置ク。(二)後世ハ、常ノ打刀ノ、柄ト鞘トヲ絲ニテ卷キタルモノ、即チ、古ヘ、いとまきノ太刀トイヒシモノナリトゾ。

さやめく・ク・ケ・カ・キ・ケ (自動) (規・一) サワサワト音ス。サヤグ。「兵ドモ、サヤメキ連レテ、皆、小松殿ヘゾ馳セタリ」

ケル」

（さや・る・る・れ・ず・り・れ）（自動）（規．一）障ルノ古言。「百日シモ、行カヌ松浦路、今日行キテ、明日ハ來ナムヲ、何カ佐夜禮留」往ナナムト思ヘド、子等ニ佐夜利奴」

さやあんどう（名）あんどうノ條ヲ見ヨ。

さゆ（名）百湯（素湯ノ轉カ）湯ノ物ヲ雜ヘヌモノ。（茶湯、鹽湯ナドニ對ス）

さ・ゆ・ゆ・ゆる・ゆれ・え・え・えよ（自動）（規．二）冱｜冴（一）寒クアリ。冷ユ。「池ノ氷ゾ、サエマサリケル」草ノ袂ニ、露ヤ、サユラム」朝立ツ雲ノ、サユルヨリ」霜サエテ」風サユル」（二）澄ミテ明カナリ。（月影ナド）澄明（三）殊ニ鮮ナリ。映ユ。（色ニ）鮮明（四）響キ、分明ニ聞ユ。ヒビキトホル。（聲ニ）亮亮（五）澄ミテ鋭敏ナリ（心氣ニ）

（さゆり（名）（さハ發語）百合トイフニ同ジ。

（さよ（名）小夜（さハ發語ナリ）夜トイフニ同ジ。（和歌ニイフ語ナリ）「｜深ケテ」

さよう（名）作用ハタラキ。ナスワザ。

さようげん（名）作用言 語學ノ語。動詞、又、動作言ニ同ジ。

（さよごろも（名）小夜衣 夜着ル衾。「サラヌダニ、重キガ上ノ、さよおろも、我ガツマナラヌ、ツマナ重ネソ」夜衾

（さよなか（名）小夜中 夜中トイフニ同ジ。「｜ト、夜ハ更ケヌラシ」

（さよみ（名）貲布｜帋布（狹讀ノ義、絲ヲ數フルニ、幾讀トイフ、經絲ノ數少キヲイフト云）サヨミヌノ。古ヘ志なのきノ皮ヲ紡ギテ製セシ布。（今ノさいみハ、此轉ナリ）

さより（名）針魚（小紕ノ義ニテ、其細長ナルヲ名トスルカト云）古名、針魚、海魚ノ名、形、きすニ似テ、長キ一尺餘、身圓ク、頭小ク、眼大ナリ、上喙ハ短ク尖リテ劍ノ如シ、下喙ハ長ク黑クシテ、鐵針ノ如ク、端ニ赤ミアリ、鱗極メテ細カク、色、淡碧ニシテ、肉、潔白ナリ、春ヲ節トシ、膾トシテ佳ナリ。上方ニ、サンマ。鱵 又、沖｜アリ、だつノ條ヲ見ヨ。

さら（名）皿｜盤（淺甕ノ略カトイフ、或ハ、鈔鑼ノ音ナラムトイフハ、イカガ、さらけ、さらゝノ條ヲ見ヨ）（一）開キテ淺キ器、多ク陶器ナルニイフ、食物ヲ盛ル。（二）ひさざらノ略。

さら（名）秒欏 オニヘゴ。

（サラアサ（名）さらさノ條ヲ見ヨ。

さらいげつ（名）（再來月ノ約）來月ノ次ノ月、一月隔テテ後ノ月。

さらいねん（名）（再來年ノ約）來年ノ來年。一年置テ後ノ年。明明年。

（さらがへ・る・る・れ・ら・り・れ（自動）（規．一）更返 更ニ元ニ立返ル。「正止ムマジク覺サルレバ、さらがへりテ、マメヤカニ聞エ給フ」ココニモ、カシコニモ、怨ジウラミテ、右ノ大臣ハ、更ガヘリタル文ヲゾ、書キ通ハシ給ヒケル」

（さらけ（名）淺甕（淺笥ノ約ト云）淺キ甕。

†さらけだ・す・す・せ・さ・し・せ（他動）（規．一）（浚ヘ出スノ訛カト云）悉皆、ヒロゲ出ス。

サラサ（名）更紗（一）古ク、さらあさ。又、さやむろぞめ。舶來織物ノ名、南印度ノそらだ（或ハ、さらあだ）ノ地ノ産ヲ絶品トシ、暹羅國ヨリモ出セリト云、かなきんニ、五彩ニテ、種種ノ花文ヲ押シ染ム、今ハ、多ク西洋ヨリ來ル、コレヲ唐｜トイフ、和製モアレド、水ニ消エヤスシ。印花布 花布 又、花文ノ上ニ、印金ノ如クシタルヲ、金｜トイフ。（二）花ノ色ナドニ、紅白雜レルモノナド稱スル語。

さらさら（副）絶エテ、ノ意ナルさらニヲ重ネテ、意ヲ強クスル語。「美作ヤ、久米ノ更山、｜ニ、我ガ名ハ立テジ、万代マデニ」｜知ラズ」｜無シ」

さらさら（副）物ノ觸レ合ヒテ立ツ音ニイフ語。「伊豫簾、｜ト鳴ルモ、ツツマシ」風打吹キテ、海ノ面、イトサワガシウ、｜トサワギワタリ」竹ノ葉ニ、霰降ル夜ハ、｜ニ」玉川ニ、晒ラス調布、｜ニ」數珠｜ト押揉ム」

さらさら（副）（一）物事ノ、障リナク滯リナク成リ行ク狀ニイフ語。「｜ト書キ流ス」（二）ゾクゾクシカラヌ狀ニイフ語。

さらさら（副）手觸ノ粗粗シク滑ラカナラヌ狀ニイフ語。粗糙

さらし（名）晒（一）晒スコト。（二）麻布、綿布、ノ晒シタルモノ。（晒スノ條ヲ見ヨ）漂布（三）德川氏ノ刑ニ「犯人ヲ市上ニ拘縛シテ、其罪狀ヲ榜ニ掲ゲテ、衆人ニ示スモノ、本刑ニ加ヘテ行フコトモアリ。又、斬罪ノ首、屍、ヲ晒スコトモアリ。肆

さらしなそば（名）更科蕎麥 信州、更科郡中ヨリ

產スル紵麥ノ稱、絕品ナリトス。

さらしもの (名) 【晒者】 晒ノ刑ニ行フ罪人。 肆

さらしもめん (名) 【晒木綿】 晒シタル綿布。(晒スノ條ヲ見ヨ) 漂布

さらしや (名) 【晒屋】 麻布、綿布、ヲ晒スヲ業トスル工。(晒スノ條ヲ見ヨ)・漂工

サラじゆ (名) 【娑羅樹】 (さらそうじゆノ條ヲ見ヨ) 錦葵ノ屬、幹ハ裸ニシテ、百日紅ノ如シ、枝、葉、互生シ、葉ハ端、廣ク、甚ダ薄シ、夏、單葉ノ四瓣ノ白花ヲ開ク、さざんくわニ似テ、凋ミ易シ、又、シヤラジユ。ナツツバキ。

さらす・ス・セ・サ・シ・セ (他動)(規.一) 【晒曝】 (曝サスノ轉カ) (一)露天ニ置キテ、雨風ノアタルマヽニシオク。「雨ニー」風ニー」(二)麻布、綿布等ヲ、色ヲ白クセシメムト、灰汁ニテ、煮洗ヒテ、空氣ニアツ。 漂白 (三)現ニ、世ノ人ノ見聞ニアタル。「恥ヲー」顏ヲー」(四)晒ノ刑ニ行フ。(晒ノ條ヲ見ヨ) 肆

〔さらず (副) 避ケ逃ガレラレズシテ。(避ル、ノ條ヲ見ヨ) 「迎ヘニ、人人、參デ來ンズ、さらず罷リヌベケレド」

さらずは (接) 然アラズトキハ。

サラそうじゆ (名) 【娑羅雙樹】 (娑羅ハ、梵語ニテ、堅固ト譯ス、冬、夏、凋マヌ意) 佛經ニイフ樹ノ名、槲ニ似テ、皮、青白ク、葉ハ光澤アリト云、其林、他ノ林ヨリ高クシテ、四方ニ雙樹アリテ、特ニ高シ、皆、一ハ枯レテ、一ハ榮ユ、佛、涅槃ニ入ルトキ、垂レ覆ヒテ、樹、白色ニ變ズト云。シヤラソウジユ。

さらち (名) 【更地】 (サラニ物ナキ地ノ意カ) 家モ樹木モナキ空ナル土地。明地。 空地

卄さらつく・ク・ケ・カ・キ・ケ (自動)(規.一) 粗糙スル。

〔さらでだに (副) 然アラデダニノ約。サラヌダニ。「ー、散レバ空シキ、花ノ色ニ」ー、心ノトマル、秋ノ野ニ」

さらでは (副) 絕エテ。一向ニ。サラサラ。「其山ヲ見ルニ、ー上ルベキヤウ無シ」懸想シ侍リケル女ノ、ーカヘリゴトセザリケレド」ー、カカル人ノ御アリサマヲ見ザリツレド」

さらに (副) 【更】 アラタメテ。別段ニ。「サラニ又、老ノ涙ノ、露ゾ添フ」蹈ミ分ケテ、サラニモ訪ハム、モミヂ葉ノ」○更ナリ。アラタメテ、言フニ及バズ。勿論ナリ。

さらぬがほ (名) 然アラヌ面持。何事モナキ體。「思シヌベキ事ヲモーニノミ」

〔さらぬだに (副) 然アラヌダニ。サウナクトテモ。

さらぬてい (名) 然アラヌ體。何事ナキ氣色。

〔さらぬわかれ (名) 逃レ難キ別レ。(避ル、ノ條ヲ見ヨ) 「老イヌレバ、ーノ、アリトイヘバ」

さらば (接) 然アラバノ約。然アラムニハ。

さらば (感) 〔然ラバ、行カム、ノ意〕 人ニ別カルルトキ、立出ヅルトキ、ナドニイフ語。「ートテ歸リ給フ」ートテ、此人ヲ返シ給フ」ーヨト、別レシ時ニ、言ハマセバ、我モ泪ニ、オボホレナマシ」

さらばかり (名) 【盤秤】 秤ノ、稍大ナルモノ、ちぎりヨリ少量ナルヲ秤ルニ用ヰル。

さらひ (名) 【浚】 (一)サラフコト。搔キ除クルコト。(二)掃除。

「さらひスル、室ノ八島ノ、コトトヒニ、身ノナリハテム、程ヲ知ル哉」

さらひ (名) 【竹杷】 (浚ヒノ義) 農具、柄、長ク、頭ニ齒アリ、土塊ヲ搔キサラヒ、穀ヲ搔キアツムルナドニ用ヰル。

さらひ (名) 復習フコト。繰返ヘシ學ブコト。 復習

さらふ・フ・ヘ・ハ・ヒ・ヘ (他動)(規.一) 【浚渫】 (更ニスル意) (一)更ニ堀ル。埋マリタル物ヲ堀リ除ク。「井ヲー」川ヲー」溝ヲー」(二)取リ除クル。播ヒ除クル。「引キー」搔キー」(三)横合ヨリ出デテ取ル。奪ヒ去ル。「足ヲー」盜ミー」

さらふ・フ・ヘ・ハ・ヒ・ヘ (他動)(規.一) (前條ノ語ト同意) 更ニスル。繰返シテ學ビ習フ。「讀物ヲー」琴ヲー」 復習 溫習

さらふ・フル・フレ・ヘ・ヘ・ヘヨ (他動)(規.二) 浚フ、(規.一)ニ同ジ。

さらへ (名) 竹杷ノ訛。

さらへる・ヘル・ヘレ・ヘ・ヘ・ヘヨ (他動)(規.四.變) 【浚】 さらふ(規.二)ノ訛。

〔さらぼふ・フ・ヘ・ハ・ヒ・ヘ (自動)(規.一) 〔さらハ曝ノ轉〕(一)雨露ニ曝レテ、骨ノミトナル。「莊子之レ楚、見ニ空髑髏一、髐然有レ形」(二)衰ヘ壞ル。「瘦セ給ヒケルコト、イトホシゲニ、サラボヒテ、肩ノ程ナドハ、イタゲナルマデ、衣ノ上マデ、見ユ」山陰ニ、瘦セサラボヘル、犬櫻、オヒハテタレテ、ヒク人モナシ」老イー」

さらめ (名) 砂糖ノ一種、粒、大ナリテ砂ノ如ク、ざらめ

おろし二似タルモノ。

〔さらめか・す・ス・セ・サ・レ・セ (他動)(規・一) サラメクヤウニテス。サラサラト音ヲ立ツ。「湯ニ入テ、さらめかし沸カス二」

〔さらめ・く・ク・ケ・カ・キ・ケ (自動)(規・一) サラサラト音立ツ。

さらり・と (副) (一)滯リナク。ササハリナク。サラサラ。(二)瀟洒ト。

さらり・と (副) さらさら二同ジ。

〔サリ (名) 舎利二同ジ。

さり・ル・レ・ラ・リ・レ (自動)(不規・四) 【然】〔然有リ、ノ約〕ソノ如クナリ。シカリ。「ートテ」「ートモ」「ーヌベキ」「ーナガラ」サルベキ人」サラヌ顔」サラヌ體」

さり・ル・レ・ラ・リ・レ (自動)(不規・四) 〔天爾波ノ休メ詞トイフ去ニ、ありノ約マリタル語、常ニ去ノ字ナド假借ス〕來ル。至ル。(熟語ニノミ用キル)「夕サラバ、君ニ逢ハムト、思ヘコソ、日ノ暮ルラクモ、ウレシカリケレ」稲ノ穂ノ、諸穂ニサレバ」春サリニケリ」秋サレバ」夕サレバ」夜サリ」夜サリツカタ」

さり (名) 【砂利】〔礫ノ約カ〕小石、砂、ノ交リタルモノ。ジャリ。ザレ。砂石

ざり・ル・レ・ラ・リ・レ (助動) 助動詞ノずト、動詞ノありト約マレル語。「打ター」受ケザル」着ザレバ」

さりがた・し・キ・ケレ・ク・ク (形・一) 避ケ難シ。打棄テカヌル。(避ル、ノ條ヲ見ヨ)「さりがたき要用」

さりがに (名) 〔退蟹ノ義〕津輕、松前等、東北國ノ溪流ニ產ズ、後方ヘ退リ行ケバ名アリ、頭ハ、蟹ノ如ク、身ハ、蝦ノ如シ、味モ蝦ニ似タリ、故ニ、えびがにノ名モアリ。蝲蛄 其頭ノ中ニ、おくりかんきりトイフモノアリ、其條ヲ見ヨ。

さりげな・し・キ・ケレ・ク・ク (形・一) 然ル氣色ナシ。事ナキ狀ナリ。「庭ノ面ハ、マダ乾カヌニ、夕立ノ、空サリゲナク、澄メル月哉」サリゲナク、トカク引キツクロフヤウニテ」サリゲナキ體ニモテナシ」

さりじやう (名) 【去狀】離緣狀ニ同ジ。

さりながら (接) 【乍去】然アリナガラ。然リトハイヘド。シカシナガラ。雖然

サーリン (名) 〔紗綾ノ唐音ナラム〕紗綾、ノ類。

さーりやく (名) 【作略】己ガ心ニテ好キ程ニ取リハカラフヿ。

さる (名) 【猿】(一)獸ノ名、深山ノ林中ニ棲ム、丈、二尺四五寸ナルヲ常トス、狀、粗、人ニ似テ、能ク坐リ、能ク立チテ行ク、四肢、皆、手ニシテ、各、五指アリ、全身ノ毛色、茶褐色ニシテ、臀ニ、毛ナク、尾短ク、面、臀、甚ダ赤シ、果實ヲ食トス、食ヲ嗛ニ貯ヘ、漸ク出シテ食フ、聲、咳スルガ如シ、性、怜悧狡猾ニシテ、畜ヒテ、種種ノ伎藝ヲ致スベシ、然レドモ、心、終ニ馴レズ。ヱンコウ。マシラ。マサル。獼猴 大、小、種類多シ、手長ー、尾長ー、四國ーナド、尙アリ、各條ニ注ス。(二)戸ニ作リツケテ閉ヅルトキ差シ込ミテ、締トスル具。(猿ノ竿ニスガレル形セルヨリイフト云)(三)人ノ、猾智ニコザカシキヲ罵ル語。

さる (名) 【申】〔猿ノ義〕(一)えとノ名、其條ヲ見ヨ。(二)時ノ名 其條ヲ見ヨ。(三)方角ノ名、えとノ條ヲ見ヨ。

さ・る・ル・レ・ラ・リ・レ (自動)(規・一) 【去】(一)在處ヲ離レテ行ク。トホザカル。退ク。(二)ヘダタル。離ル。「相ーヿ三里」距 (三)過グ。歷。「今ヲーヿ十年」(四)色、消ユ。褪ス。「雨降レバ、色、サリ易キ、花ザクロ」(五)失ス。消ユ。「痛ー」除 ○世ヲー。死ヌ。死

さ・る・ル・レ・ラ・リ・レ (自動)(規・一) 【行】〔去ル意ノ轉カ〕動キ移ル。「居ー」退ー」

さ・る・ル・レ・ラ・リ・レ (自動)(規・一) 【避】〔去ルト通ズルカ〕避ク。避ク。「路モサリアヘズ、花ゾ散リケル」早苗取ル、深田ニワタル、イナ舟ノ、下リ立ツコトノ、サリ難キ哉」サリ難キホダシニ覺エ侍リテ」川風ハ、サラカタ無ミ」人ノ思ハムコト、サリ所ナキニ」何遂謝耶」此語、多ク、打消ニ用キテ、避ケラレズ、遁レラレズ、ノ意ヲナス。「迎ヘニ人來ンズ、サラズ罷リヌベケレバ」老イヌレバ、サラヌ別レノ、アリトイヘバ」エサラヌスヂニテ、物セラレン人サヘ」

さ・る・ル・レ・ラ・リ・レ (他動)(規・一) 【去】〔避ルト同意カ、或ハ、去ヲそつト讀ムべキ誤カ〕退クル。除ク。逐フ。遣フ。「本ノ妻ヲバサリツツ、若ク貌好キ女ニ思ヒツキテ、ソレヲ妻ニテ」好キ裝束着タル女ノ居タルヲ見ケレバ、我ガサリニシ舊キ妻ナリケリ」不淨ヲー」垢ヲー」毒ヲー」

さ・る・ル・ル・レ・レ・レ・ロ (自動)(規・二) 【曝】久シク雨風ナドニ當リテ、壞レ朽ツ。「サスガニサレタル遣戸口」サレタル呉竹」サレカウベ」片岸ノ、松ノウキネーシ、ビシハ、されバヨツヒニ、アラハレニケリ」

さる (動) (一)然リ、ノ分詞法。ソノ如クニテアル。ソノヤウナル。「一事ハ、ノラジ」一勇士ナレバ」(二)物事ヲ知レドモ、名ヲ指サヌ時ニ用ヰル語。「一人」一處」一方」一頃」或　某

ざる (名) 笊〔笊籬ノ音轉ナラムト云、和名抄ニ笊籬トアリ、うんせんノあげざるナリ、下學集ニ、笊籬、味噌漉ト注セリ〕竹ヲ削リテ編メル圓ク開キタル器ノ稱。カタミ。イカキ。

さる・る・る・れ・れ・れ (自動) (規、二) 戯　わざるノ約。タハムル。「一入リヌル磯ノト、口ズサビテ、口オホヒシ給ヘルサマ、イミジウザレテウツクシ」何事モ聞キワカデ、ザレアリキ」年ノ程ヨリハ、ザレテヤアリケム、ヲカシト見ケリ」草ガチナドニモザレ書カズ、メヤスク書キスサビタリ」

サルカ (名) 〔播語ナラム〕鳥ノ名、きうくわんニ同ジ。

さるがう (名) 散樂ノ條ヲ見ヨ。〔さるがく、秦吉了

さるがき (名) 猿柹 (一)澁柹ノ一種、形小クシテ、簇リ生ルモノ、まめがきトスベシ、センナリガキ。ヤマガキ。猴棗 (二)まなのがきノ一名。(三)いぬびはノ一名。(駿州)

〔さるがく (名) 散樂〔散樂ノ音ノ轉、或ハ、神代紀ノ猨女ノ故事ニ起ルトイヒ、又ハ、戯樂ノ轉ナラムナドイフハ、イカガ〕散樂ノ轉、諧謔ノ事ヲ演ルモノ、音樂、舞曲備ハレルニハアラデ、一時ノ戯レニ演ルモノノ如シ、(後ノ能ノ間ノ狂言、此遺流ナルベシ)音便ニ、さるがうトモイフ。「世ニナキ程ノさるがくナリケリ」皆、人人、物ノ音、仕ウマツリ合ハセテ、順ノ舞、歌ウタヒ、さるがうセヌナシ」さるがうスル人ニテ、カメマヒヲス、上下、一タビニ、ホホト笑フ」掲焉ナル火影ニ、さるがうガマシク、ワビシゲニ、人ワロゲナルナド、サマザマニ」殿ノ御さるがう言ニ、イミジク笑ヒテ」

さるがく (名) 猿樂　申樂〔散樂ノ轉〕散樂ヨリ轉ジテ、音樂歌舞備ハリテ、職業トシテ演ル戯藝。田樂、傀儡、品玉等、皆、コレナリ。後ノ能モコレニ起ル、四座ノ一ナドイフ、能ノ條ヲ見ヨ。

さるがしこ・し・き・けれ・く・く・か (形、一) 〔猿ノ如ク慧シノ意〕サカシラナリ。コザカシ。黠慧

さるかせ (名) さるながせニ同ジ。(南部)

〔さるがふ・ふ・へ・へ・は・ひ・へ (自動) (規、一) 〔散樂ノ音ヲハタラカス〕散樂ヲナス。諧謔ヲナス。「徒然ナグサムル物、男ノ打チさるがひ物善ク言フガ来タルハ」

さるぎ (名) 猿木〔猿ヲ厩ノ厭勝トスト云〕厩ニテ、馬ヲ繋グ木。

さるぐつわ (名) 猿轡　人ノ聲ヲ出サシメヌ爲ニ、口ニ食マセ、頸ニ約ムル具。鉗

さるこ (名) 猿子　袖無シ羽織ノ綿入レタルモノ、猿廻シノ猿ニ着セ、常ニモ小兒ノ用トス。

⁺⁺さるすべり (名) 百日紅ノ訛。サルスベリ。

さるしばゐ (名) 猿芝居　猿廻シヲ見世物トスルモノ。猴戯

さるすべり (名) 猿滑　又、サルナメリ。樹ノ名、高サ、丈餘ニ及ブ、枝、幹、甚ダ屈曲シ、皮、薄ク滑ニシテ、猿モ攀ヂ難シトテ名アリ、葉ハ、橢圓ニシテ、對生シ、小花、樹梢ニ簇リテ開ク、瓣、皺ミテ、色、紫紅ナリ、爛漫愛スベシ、花時、甚ダ長ク、夏ノ半ヨリ秋ノ半ニ亙ル、故ニ百日紅ノ名モアリ。紫薇　百日紅

さるぢゑ (名) 猿智慧　サカシゲナル智。コザカシキ。サルリコウ。黠智

さるつかひ (名) 猿遣　さるまはしニ同ジ。

さるとり (名) 〔此草、刺、多シ、猿モ登ル事能ハズシテ人ニ捕ヘラル、故ニ名トスト云〕蔓草ノ名、山野ニ多シ、蔓ハ、節毎ニユガミテ、堅クシテ光リ、堅キ刺アリ、大ナルヲ箸トシ、楊枝トス、春、舊キ蔓ヨリ芽ヲ生ズ、葉ハ、互生シテ、葉毎ニ一鬚アリテ、物ニ絡フ、形、圓ク厚ク滑ニシテ、縦線アリ、新葉ノ間ニ、一寸餘ノ穂ヲ出シ、六瓣ノ花、簇リ開ク、大サ二三分、淺黄微緑色ナリ、實ハ、正シク圓ク、大サむくろじノ如ク、熟スレバ赤シ、根ハところニ似テ、大クシテ凹凸多シ、藥用トス、藥舖ニ、和ノ山歸來ト呼ブ。ウグヒスノサルガキ。オホウバラ。サルトリイバラ。エビイバラ。カキムバラ。ガンダチムバラ。拔葜

さるとり-いばら (名) さるとりニ同ジ。

〔さる-なめり (名) 猿滑　木ノ名、さるすべりニ同ジ。「足引ノ、山ノ崖路ノ、さるなめり、スベラカニテモ、世ヲワタラバヤ」

さるに (接) 然　然アルニ。シカルニ。

さるのこしかけ (名) 猿腰掛　靈芝ノ類、木ニ生ズ、甚無シ、大ナルハ四五尺ニ及ブ。胡孫眼

さるのまくら (名) 猿枕　介ノ名、たまのまくらノ一

種大クシテ、徑、五六寸ニ至ル、面、稍高ク、腹平ニシテ、邊ニ、五ツノ長キ孔アリテ、困ニ通ル。海燕 一種

さるは (接) 然アルハ。シカルハ。

さるひき (名) 猿牽 さるまはし、さるつかひニ同ジ。

さるほどに (接) 去程 然アル程ニ。然アルアヒダニ。

さるぼほ (名) 猿頰 (一)猿ノ頰ノ内ノ食ヲ貯フル處。猨嗛 (二)面頰ノ一種、頤ノミナルモノ。(めんぽほノ條ヲ見ヨ)(三)介ノ名、あかがひニ似テ小ク、大ナルハ一二寸、殼、圓ク厚クシテ、筋、深ク、甚ダ粗シ、肉味、劣ル。(殼ノ裏面ノ形、猿ノ頰ニ似タレバイフカ)ツメキリガヒ。蚶 瓦鰤子 (四)小キ桶ノ柄アルモノ、水ヲ汲ムニ用ヰル、其形、圓クシテ、一方狹ク、一方廣ク、猿ノ面ニ似タリ。

さるまつ (名) 猿松 俗ニ、サカシラニテ、善ク口ヲタタクモノノ渾名。

さるまなこ (名) 猿眼 猿ノ眼ノ如キ眼。大キクテ凹ミテ瞰ムガ如キ眼。「丈七尺許ナル男ノ、大力ノモノノ、十餘人ガ力モチタリト聞エシさるまなこノ赤髭ナルガ」

さるまはし (名) 猿廻 猿ニ種種ノ伎ヲ敎ヘテ、舞ハシメテ、錢ヲ乞フ者。サルツカヒ。サルヒキ。狙公 狙翁

〔さるまろ (名) 猿丸 猿トイフニ同ジ。「サラヌダニ、猿丸ト、犬トハ、カタキナルニ」

さるもの (名) 名ノ、然、聞エタル者。「―アリト聞エタル」彼レモ―」

〔さるものにて (副) 然アルモノトシテ。言ヲモサラナレバ、ソレハソレトシテ。勿論トシテ。「ワザトノ御學問ハ、さるものにて、琴笛ノ音ニモ、雲居ヲヒビカシ」文才ヲバさるものにて言ハズ」心ニモ入レデ、タダさるものにて置キタリ」悲シキ事ヲバさるものにて」さる物ニシナシテ、永ク見ルヤウニ侍リナマシ」

さるももひき (名) 猿股引 股引ノ、短クシテ纔ニ膝ニ至ルモノ。(猿廻シノ穿クニ起ルカ) 襠袴

さるりこう (名) 猿利口 さるぢゑニ同ジ。

さるわか (名) 猿若 寛永中、中村勘三郎道順ノ始メタル歌舞妓ノ稱、猿樂ヨリ作リタレバ稱トシ、猿若ヲモ氏トス。

さるを (名) 猿尾 三味線ノ名所ニテ、棹ノ胴ニ接ク處ノ稱、背、圓ク短ク曲リテ出デテ、猿ノ尾ノ如シ。

さるをがせ (名) 猿麻桛 又、ヒカゲノカツラ。マツノコケ。サガリゴケ。苔ノ類、深山ノ松樹ナドノ幹ニ着キテ生ズ、皮ニ着ケル處ハ、一條ニシテ太ク、末ハ、多ク枝ヲ分チテ、長ク垂レ下ルコト、總ノ如シ、白クシテ、綠ヲ帶ブ、細ソキハ絲ノ如ク、二三寸、太キハ三五尺ニ至ル。霧草。サルカセ。松蘿 女蘿 蔦蘿

ざれ (名) 戲 戲ルルコト。タハムレ。

ざれ (名) 砂利ニ同ジ。(九州)

ざれうた (名) 戲歌 戲言ヲ詠ミタル和歌。

されかうべ (名) 髑髏 首ノ曝レテ骨ノミトナレルモノ。シャリカウベ。シャリツコツ。

〔ざれくつがへる ル・レ・ラ・リ・レ (自動)(規・一) 甚シク戲ル。「ざれくつがへる今樣ノヨシバミヨリハ、コヨナウ奧ユカシト、思シワタルニ」

ざれごと (名) 戲言 戲ルル言葉。戲レ言フコト。ジヤウダン。

されど (接) 然アレドモ。サリナガラ。雖然

されば (接) 然アレバ。シカレバ。然則

〔ざればむ ム・メ・マ・ミ・メ (自動)(規・一) 戲 戲ルル狀ヲナス。戲ムレカカル。「アシゲナルヲ、マギラハシ、ざればみテ書タルサマ、品ナシ」若ヤカナルカタチ人ノ、ヒタフルニ、ウチハナヤギ、さればめル、イト多ク數知ラズマデ、ツドヒ侍リツツ」

されまつ (名) 曝松 松ノ一種、低クシテ、枝、茂リテ、古木ノ如キモノ、鉢植トシテ弄ブ。天目松

〔ざれもの (名) 戲者 好ミテ戲ルル人。オドケモノ。

される (動) 曝ル、ノ訛。

ざれる (動) 戲ル、ノ訛。

ざろく (名) 〔坐スル曲彔ノ略カト云〕 椅子ノ類、背ヲ凭スルモノ、木ノ匡ニ籐ヲ編ミツケテ作ル。ヨリカカリ。敧床 靠背

ざろん (名) 梅ノ一種、一朶ニ數花開クモノヲ花座論トイヒ、(鴛鴦梅)一花ニ數實ヲ結ブモノヲ實座論トイヒ、(品字梅)共ニ、八重、一重、紅、白ノ數種アリト云。

ざわう (名) 藏王 藏王菩薩。金剛藏王、大竺ノ神、忿怒降魔ノ相ヲナシ、右ニ三鈷ヲ持シ、右足ヲ擧グ。大和ノ金峯山ニ祀リテ、―權現トイフ。

さわがし シク・シケレ・シク・シ・シ (形 二) (一)用事多端タリ。「イデ、此返事ハ、サウカシクトモ、我セムト宣ヒテ」(二)騷

ギタチタリ、靜ナラズ。サワガハシ。カマビスシ。　騷然

さわがす・ス・セ・サ・シ・セ　(他動)(規・二)　騷　騷グヤウニナス。　擾

〔さわがはし〕　(形)　騷　さわがしニ同ジ。

さわぎ　(名)　騷　サワグヿ。「天ノ下ノ人ノさわぎナリ」我ホノ、ワカク、イハケナキニ任セテ、サルさわぎヲサヘ、引出デテ」　騷擾

さわぐ・グ・ゲ・ガ・ギ・ゲ　(自動)(規・一)　騷　(一)動キテ音起ツ。聲ヲ揚ゲテ喧シクナス。(二)驚キ畏レナドシテ落チツカズ。鎭マラズ。「心ー」「胸ー」

さわさわ　(副)　爽爽　サワヤカニ。サツパリト。「知ラザリシサマヲモ、さわさわトハ、エアキラメ給ハデ」馬ノ前ニハ、草一把モオカズ、さわさわト掃カセテゾアリケル」　爽然

さわさわ　(副)　騷騷　騷グ音、物ノ相觸レテ鳴ル音、ナドニイフ語。　騷然　颯然

さわさわ　(副)　前條ノ語ニ同ジ。

さわだつ・ツ・テ・タ・チ・テ・テ　(自動)(規・二)　騷立　騷グ狀ニナル。サワガシクナル。

〔さわだつ〕・ツ・テ・タ・チ・テ・テ　(自動)(規・二)　爽立　さわやぐニ同ジ。サワヤカニナル。

〔さわたる〕・ル・レ・ラ・リ・レ　(自動)(規・二)　狹渡　〔さハ發語〕渡ル、トイフニ同ジ。(和歌ノ語)「時鳥、鳴キテサワタル」雲間ヨリ、サワタル月ノ」ツクツクト、ナガムル月ニ、浮雲ノ、サワタルホドニ、夜ハナリニケリ」

さわやか　(副)　爽　(一)殘リナク快ク。サツパリト。「トモカク思シワクラムサマナドヲ、サワヤカニ示リニシカナ」サワヤカニ、物モ、宣ハセネバ」イミジウ悲シク、我ガ心地ノ、サワヤカニ手ナラネバ」ツクツクト伏シテ」御心地、イトサワヤカニ、ノコリナクナリ給ヒヌ」(二)分明ニ。ハキト。「辨舌ー」　明亮

さわやぐ・グ・ゲ・ガ・ギ・ゲ　(自動)(規・一)　爽　淨ク快クナル。サワヤカニナル。「晴レバレシカラヌ空ノ氣色ニ、エサワヤギ給ハネド」物ノ氣ニワヅラヒ給フ人ハ、重シト見レド、サワヤギ給フヒマモアリテ」

さわらび　(名)　早蕨　〔さハ早ノ約カト云〕わらびヲ芽出ノ時ニ稱スル語。

〔さゐ〕　(名)　佐韋　〔さゆりノ約轉カト云〕百合ノ古名。

さゐ　(名)　差違　タガヒ。チガヒメ。

ざゐ　(名)　座位　座ノ位。ヰドコロノ次第。

〔さゐさゐ〕　(副)　騷騷トシテ。サヱサヱ。「珠衣ノ、さゐさゐ沈ミ、家ノ妹ニ、物言ハズ來テ、思ヒカネツモ」アリ衣ノ、さゐさゐ沈ミ、家ノ妹ニ」

〔さゐさゐし〕・シキ・シケレ・シク・シク　(形・二)　騷騷トシタリ。「光モナク黒キカイネリノ、さゐさゐしく張リタル一ト重ネ」

〔さゑさゑ〕　(副)　さゐさゐノ條ヲ見ヨ。

さゑん　(名)　菜園　〔字ノ音ノ約ト云〕ハタケ。

さゑもん　(名)　左衞門　衞門府ノ條ヲ見ヨ。

さを　(名)　竿　〔小尾ノ義カト云〕(一)竹ノ幹ノ枝葉ヲ去レルモノ、種種ノ用トスルニイフ。「鳥刺ノー」釣ノー」(二)水底ニツツバリテ、舟ヲ行ル竿。　篙　(三)ハカリザヲ。(其條ヲ見ヨ)　衡　(四)簞笥、長持、ナドニ差シテ擔グル木ノ棒。(五)夫ヨリ轉ジテ、簞笥、長持、ナドヲ數フルニイフ語。「長持、三ー」(六)段別地坪ヲ量ルニ定規トスル棒ノ名、度ヲ盛レリ。　量丈　(七)夫ヨリ轉ジテ、段別地坪ヲ量ルヿ。「ーヲ入ルル」　打量　(八)三味線ノ胴ト轉手トノ間ノ柄ノ名。　棹　(九)羊羹ナド餡メタル細長キ菓子折ヲ數フル語。

〔さを〕　(名)　發語ノさニ、靑ノ約マレル語、靑トイフニ同ジ。「人魂ノ、佐靑ナル公ガ、但獨リ、アヘリシ雨夜ハ、久シクオモホユ」色ハ、雪、ハツカシク白ウテ、さをニ」靑ミ衰ヘ給ヒツルニモ、色ハ、さをニ、白クウツクシゲニ」

さをいれ　(名)　竿入　檢地ニ、間竿ヲ入レテ量ルヿ。　量土　量丈

さをがね　(名)　竿金　金銀ヲ鎔シテ、竹筒ニ流シ込ミ、竿ノ如ク鑄タルモノ、中世、入用ノ程ヅツ切リテ、貨幣ニ用ヰタリ。

さをさす・ス・セ・サ・シ・セ　(他動)(規・一)　篙ヲ水底ニ突キ張リテ舟ヲ遣ル。　撐

〔さをしか〕　(名)　小男鹿　〔さハ發語〕牡鹿トイフニ同ジ。(和歌ノ語)　牡鹿

さをだけ　(名)　竿竹　竿トイフニ同ジ。

〔さをとし〕　(名)　さをととしニ同ジ。「さをとしノ二月ノ十日頃ニ、難波ヨリ船ニ乘リテ」

さをとめ　(名)　早乙女　〔早苗少女ノ略ト云〕田植スル女ノ稱。　挿秧婦

〔さをどる〕・ル・レ・ラ・リ・レ　(自動)(規・二)　〔さハ發語〕躍ル、トイフニ同ジ。「さをどる雉子、雉シキルナリ」

し じ

し 五十音圖、佐行第二ノ假名。（さノ條ヲ見ヨ）しノ音ハ、他ノ音ノ下ニアルトキ、其發聲ヲ失ヒテ、韻ノいトナルコトアリ、まして（況）ながし（長）さしつおさへつ（差抑）ナドノ、まいて、ながい、さいつおさへつ、トナルガ如シ。

じ しノ濁音ノ假名。（さノ條ヲ見ヨ）此音ハ、他ノ音ノ下ニアルトキハ、發聲ヲ失ヒテ、韻ノいトナルコトアリ、あるまじノ、あるまい、トナリ、おなじとしノ、おないどし、トナルガ如シ。

し （名）羊蹄菜 草ノ名、しのねノ條ヲ見ヨ。

し （名）爲ルコト。「惟喬ノ御子、例ノ狩シニオハシマストモニ」云云

し （名）〔爲ノ義、常ニ師ノ字ヲ假ル〕諸ノ工匠ノ稱。（熟語ニノミ）「塗－」「染－」「弓－」「矢－」工

し （名）師 學問藝術ヲ弟子ニ敎フル人。先生。師匠。「－ニ就ク」「－ノ恩」

し （名）詩 支那ノ歌、やまとうたニ對シテからうたトモイフ、一句ハ、常ニハ、五字、或ハ、七字ナリ、コレヲ、五言、又ハ、七言トイフ。又、四言、六言、九言、モアリ、句毎ニ、末ニ同ジ韻ノ字ヲ履ミテ、歌フニ便ニス、（轉句トイフハ、履マズ）又、句中ノ字ハ、一句毎ニ、互ニ平、仄ヲ用ヰ、或ハ、同類ノ語ヲ相對セシムルモアリ 其外句ノ多少等ニテ、古詩、律、排律、絶句等ノ體アリテ、種種ナリ、各條ニ注ス。

し （名）史 （一）昔ヨリ世世ニ起リ來リシ種種ノ事柄ヲ記シタル書物。歴史。（二）事ヲ記ス官。（三）古ヘノ太政官ノ主典、左、右、大、少、アリ、一切、官中ノ文書ヲ知リ、諸司諸國ノ庶務ヲ記錄ス。（四）神祇官ノ主典。

し （名）志 紀傳體ノ歴史ニ、本紀、列傳、ノ外ニ、天文、地理、禮樂、政刑、等ノ事ヲ、別ニ一部トシテ、記シテ添フルモノ。

し （名）使 古ヘ使ヲ奉ジテ巡行スル官、又、事アルニ臨ミテ一時設ケラルルモアリ、四等ノ官ヲ、長官、次官、判官、主典トス、觀察－、按察－、防鴨河－、修理宮城－、防城－、造寺－、等アリ。

し （名）司 古ノ官ノ名、省ノ被管ニシテ、寮ノ次タリ、四等ノ官ハ、正、佑、令史ニテ、次官ヲ欠ク、主水－、主膳－、等、コレナリ。

し （名）士 （一）學藝ナドアリ、又、仕官ナドシテ、人民ノ上流ニ居ル人類ノ稱。「－、農、工、商」（二）サムラヒ。武士。

し （名）子 （一）コ。コドモ。（二）爵ノ名、其條ヲ見ヨ。（三）師ヲ尊稱スル語。夫子。先生。「－ノ曰ク」「孔－」「孟－」

し （名）死 （一）死ヌルコト。「－ヲ畏ル」（二）刑ノ名、死罪ノ條ヲ見ヨ。

し （名）絲 毛ノ十分ノ一。（毫ノ條ヲ見ヨ）

し （代）汝 己 ナムヂ。オノレ。イマシ。「三枝ノ、中ニテ寐ムト、愛クシク、志ガ語ラヘバ、何時シカモ、己之母ヲ、取ラクヲ知ラズ、己之父ヲ、取ラクヲ知ラニ」しガカナケバ、誰カ懸ケヨ、アタラ墨繩」アナ、ワカワカシノヒルネヤ、しガ身ノ程知ラズコソ、イト心憂ケレトテ、打チアザワラヒ給フ」

し （數）四 （一）ヨ。ヨツ。（二）四方。（熟語ニ）「－海」「－隣」

し （動）爲トイフ動詞ノ第五變化。（爲ノ條ヲ見ヨ）

し （助動）過去ノ意ヲイフ助動詞ノ第二變化、きノ條ヲ見ヨ。「行キ－時」「アリ－世」

し （辭）〔夫、ニ通ズルナルベシ〕第二類ノ天爾波、指ス意アリテ、ぞニ似タリ、常ニ休メ詞トイフ、サレド自ラ意味アルナリ。「神－知ラナム」「涙－流ル」「夢ニ－見ユル」「音ノミ－泣カユ」「我ト－言ヘバ」「生キ－生ケルモノ」「無キニ－モアラズ」

じ （名）字 （一）言語ヲ文書ニ寫スニ用ヰル標、各國、相異ナリ、假名、漢字、諺文、梵字、洋字、等、皆コレナリ。文字。モンジ。（二）假名ニ對シテ、專ラ、漢字ノ稱。

じ （名）時 （一）トキ。「今宵、此ノワタリニトマリテ、初夜ノじ果テム程ニ、彼ノ居タル方ニモノセム」暫ジ候フベキヲ、じノ程ニモナリ侍リヌベケレバト、マカリ申シテ出ヅル」（二）時ヲ稱フルニ、熟語トシテ用ヰル語。（ときノ條ヲ見ヨ）「午前十－」「幾－」「何－」

じ （名）寺 寺。（熟語ニノミ用ヰル）「延暦－」「東大－」

じ (助動) 不 〔此語、語尾ノ變化ナシ〕 ずノ豫期ニテ、動作ヲ推量シテ、打消ス助動詞。「行カー」有ラー」受ケー」見ー」

じあい (名) 自愛 自ラ其身ヲ大切ニスルヿ。

じあい (名) 慈愛 メグミ。イツクシミ。

しあがり (名) 仕上 シアガルヿ。爲シテ成ルヿ。落成

しあが・る・ル・レ・ラ・リ・レ (自動) (規・一) 仕上 爲テ成ル。爲シ果ツ。デキアガル。落成

しあ・ぐ・グル・グレ・ゲ・ゲ・ゲヨ (他動) (規・二) 仕上 爲テ終フ。爲シ遂グ。デカス。成功

しあげ (名) 仕上 シアグルヿ。デカシタルヿ。成功

しあげる (動) 仕上 しあぐノ訛。

しあさつて (名) 明明後日 やのあさつてノ條ヲ見ヨ。

しあはせ (名) 仕合 爲合ハセタル時ニ、運ニ當リ、不運ニ當ルヿ。「ー善シ」ー惡シ」 命運

しあひ (名) 仕合 互ニ爲ルヿ。武藝ナド、二人闘ヒテ技ヲ比ブルヿ。試技

しあ・ふ・フ・ヘ・ハ・ヒ・ヘ (他動) (規・一) 爲合 互ニ爲ス。共ニ行フ。

じあまり (名) 字餘 歌ノ句ハ、句毎ニ五音、或ハ、七音ナルヲ常トスルヲ、六音、或ハ、八音ニ詠ムヿ。ーニ入ルベキ音ハ、あ、い、う、お、四ツノ音ニ限ルト云、或ハ、わヲモ詠ミ入ル、韲シ、母韻、半母韻ナレバ、善ク約マリテ、障ラズ聞ユルナリ。又、「御垣守ル、衞士ノ燒ク火ノ、夜ハ燃エテ」ナドモアレバ、えモ詠ミ入ルベキガ如シ。三十六音ノ歌、「ワタツ海ノ、波間掻キワケテ、潜ク蜑ノ、息モツキアヘズ、物ヲコソ思ヘ」讃岐 「忘レヌラム、恨メシト思ヒ、思フトテモ、待ツベキニアラズ、言ハムトモ言ハジ」 定家

しあん (名) 思案 オモヒメグラスヿ。カンガヘ。フンベツ。思考

〔しい (名) 〔青ノ音カト云〕 怪獸ノ名、詳ナラズ、往年、吉野山ニ出デタルモノ、狼ニ似テ大ク、斑毛アリ、走ルヿ飛ブガ如ク、觸ルル所、人面、手、足、喉ヲ傷ツク、即チコレナラムト云、或云、筑紫、周防ニハ多クシテ、鼬ニ似テ、夜、善ク人家ニ入リ、多ク牛馬ヲ害スルモノト。黒眚

しい (名) 紫衣 紫衣ニ同ジ。

しい (名) 緇衣 僧服ノ稱。墨染ノ衣。

しい (名) 私意 ワタクシヲ計ル心。「ーヲサシハサム」

じい (名) 侍醫 古ヘ、典藥寮ノ官、常ニ禁中ニ候シ、御診ヲ掌ル。今、宮内省ノ官、職掌同ジ。

しいう (名) 私有 其人自己ノ所持。(官有、共有、ナドニ對ス)

じいう (名) 自由 己ガ心ノママニテ、他ニ關ラヌヿ。爲ルヿノ思ヒノママニテ、障ハルヿナキヿ。

しいか (名) 詩歌 〔字ノ音ノ延〕 詩ト和歌ト。

〔しいかう (名) 至孝ノ延。

しいぎやく (名) 弑虐 〔字ノ音ノ延〕 君父ヲ弑シテ惡虐無道ナルヿ。

〔しいし (名) 孜 〔假名遣サダカナラズ、或ハししトモアリトイヘバ、音便ニテしいナルベシ、又、しひし、しゐしナドトモアリ〕 網ヲ張ル具、今、しんしトイフ、其條ヲ見ヨ。「ソレモイサ、ツメニ藍シム、コトノハノ、しゐしトリオク、タスキスガタヨ」

しいし (名) 四時ノ延。

しい・す・スル・スレ・セ・シ・セヨ (他動) (不規・二) 弑 〔字ノ音ノ延、弑虐ナドトモイフ、或ハ、古言、殺スノ延ナリトモイヘド、語尾ノ變化異ナリ〕 君父ナド、尊長ノ人ヲ殺ス。「父ヲー」君ヲー」

しいだ・す・ス・セ・サ・シ・セ (他動) (規・一) 爲出 行ヒ起ス。シイヅ。シデカス。

しい・づ・ヅル・ヅレ・デ・デ・デヨ (他動) (規・二) 爲出 しいだすニ同ジ。

〔しいとく (名) 至徳ノ延。

しいん (名) 子音 發聲ノ條ヲ見ヨ。

しいら (名) 鱰 魚ノ名、多ク南海ニ産ズ、大サ三尺ニ近シ、頭、方ニシテ、身、扁ク、色、背黒シ、鱗、細カク、皮厚ク、肉白ク、腹ノ下ニ、堅キ刺アリ、撒万䱐ガル、故ニ九万疋ノ名モアリ、多ク乾魚トス。ネコヅラ。トウヤク。長崎ニ、ヒイラ。勒魚

しいれ (名) 仕入 シイルルヿ。買ヒ入レ置キテ賣ルニ供フルヿ。

しい・れる・レル・レレ・レ・レ・レヨ (他動) (規・四・變) 仕入 作リ貯フ。買入レ置キテ賣ルニ供フ。

しう (名) 洲 (一)洲。(二)地理學ニ、地球ノ上ノ陸地ノ續キテ廣大ナル部ノ稱。地球ノ上ノ地ヲ、亞細亞ー、歐羅巴ー、亞非利加ー、北亞米利加ー、南

亞米利加ー ノ五ツニ分ツ、コレヲ五大ートイフ。近年、亞細亞ノ東南洋ヨリ太平洋中ニ散在セル大小數多ノ島地ヲ合ハセテ、一ートシ、阿西亞尼加ート稱シテ、六大ートス。或ハ又、南北亞米利加ーヲ一ートト見テ、尙、五大ートスルモアリ。

しう (名) 州 支那ニテ、國中ノ區分ノ稱 其中ニ又郡、縣等アリ。我國ニテハ國ニ同ジ 即チ、大和國ヲ和ートイヒ、武藏國ヲ武ートイフ類ナリ 郡、亦其中ニアリ。

しう (名) 主 しゆうノ條ヲ見ヨ。

しう (名) 醜 (一)ミニクキコト。(二)恥。ーヲ萬世ニ遺ス。

じう (名) 時雨 (一)ソノ時節ノ雨。(二)シグレ。

じうい (名) 獸醫 獸ノ病ヲ療スル醫。

しういつ (名) 秀逸 秀デスグレタルコト。(多ク詩歌ナドニ云フ)

しうう (名) 驟雨 ニハカアメ。ユフダチ。

しうう (名) 秋雨 秋降ル雨。

しうえき (名) 周易 〔支那 周ノ文王、作リタレバイフ〕易ノ書。易經。

しうか (名) 秀歌 秀逸ナル和歌。

しうかいだう (名) 秋海棠 草ノ名 陰濕ノ地ニ生ズ、莖、葉、略、蕗ニ似テ、小ク、柔カニシテ、光澤アリ、赤ミヲ帶ブ、莖ヲ出シテ、秋ノ初ヨリ末ニ亙リテ、花ヲ開ク 瓣、又ハさくらさうノ花ニ似テ淡紅ニシテ、愛スベシ、枝葉ノ間ニ子ヲ結ブ、形、色、むかごノ如ク、大サゑんどうノ如シ。

しうかう (名) 醜行 恥ヅベキ所行。

しうかう (名) 修好 ヨシミヲサムルコト。國ト國ト善ク音信スルコト。

しうがく (名) 就學 學問ヲ始ムルコト。

しうき (名) 臭氣 クサキ臭。クサミ。

しうき (名) 周忌 一周忌ニ同ジ 回忌ノ條ヲ見ヨ。

しうき (名) 秋季 (一)秋ノ季。(二)誤テ、秋ノ時。秋時

しうぎ (名) 祝儀 (一)祝ヒノ儀式。賀儀 (二)俗ニ、ートシテ與フル金錢品物。ヒキデモノ。ハナ。纏頭

しうきく (名) 蹴鞠 クヱマリ。ケマリ。鞠ヲ蹴テ戲ルル技。靴ニテ、且蹴上ゲ且承ケテ、地ニ落チシメズ、鞠ハ革ニテ圓ク作ル、徑七八寸、內ニ空氣ヲ滿タシメテ括ル、其場ヲ鞠坪、又、懸トイフ、方、六間、或ハ八間、或ハ十二間、四方ニ竹ノ圍ヒヲ作リ 四隅ニ、松(乾)櫻(艮)楓(坤)柳(巽)ヲ植ウルヲ四本懸トイフ、其他、一本懸、三本懸、五本懸、六本懸ナドモアリトゾ、其裝束、蹴法ニ儀則種種アリ。

しうぎん (名) 秀吟 秀逸ナル詩歌。

しうきよく (名) 終局 〔局ハ碁盤ナリ〕(一)碁ヲ打チ終フルコト。(二)事ノヲハリ。トヂメ。

しうく (名) 秀句 (一)詩歌ナドノ中ノ秀逸ナル句。(二)和歌、文章 物言ヒ、ナドニ、いひかけノ巧ミナルモノ。(いひかけノ條ヲ見ヨ)

しうくわい (名) 周回 メグリマハリ。

しうくわく (名) 收穫 トリイレ。收納。

しうけつ (名) 終結 事ヲ終スルコト。トヂメ。

しうげん (名) 祝言 (一)祝ヒノ詞。賀詞 (二)轉ジテ直ニ、イハヒ。祝儀。賀儀 (三)又、專ラ婚禮。婚儀

しうごく (名) 囚獄 ヒトヤ。牢。

しうごくし (名) 囚獄司 ヒトヤノツカサ。古ヘ刑部省ニ屬セル司、囚獄ヲ掌ル。

しうさい (名) 秀才 (一)學才ノ秀デタルコト。又、其人。(二)進士ノ稱。(三)文章得業生ノ稱。

しうさい (名) 周歲 全一年。

しうさん (名) 聚散 聚マルト散ルト。ー離合

しうし (名) 祝詞 イハヒノコトバ。祝ヒヲ述ブル文。「年頭ノ御ー」賀詞

しうし (名) 修史 歷史ヲ作リナホスコト。

しうし (名) 舟子 フナコ。カコ。センドウ。

しうし (名) 舟師 フナイクサ。海軍。

しうし (名) 收支 收入ト支出ト。

しうし (名) 終始 始終ニ同ジ。

しうじがく (名) 修辭學 文學ノ一部、能ク談論批評、著作スルヲ敎フル學問。

しうしふ (名) 蒐輯 ヨセアツムルコト。

しうしん (名) 修身 身ヲヲサムルコト。人ト人トノ交リト、コレニ就キテ起ル務メト、ヲ正シク行フコト。人倫道德ノ道。

しうじん (名) 囚人 メシウド。

しうしんがく (名) 修身學 哲學ノ一部、修身ノ事

ヲ敎フル學。
しうーしやう (名) 愁傷 ウレヘイタムヿ。ナゲキ。カナシミ。(多ク死ニイフ)
しうーしやう (名) 周章 アワツルヿ。
じうーじやく (名) 柔弱 にうじやくニ同ジ。
しうーしゆ (名) 袖手 手ヲ袖ニ入レテアルヿ。フトコロデ。(骨折ラヌ意ニイフ)「ー傍觀」
じうーじゆつ (名) 柔術 やはらノ條ヲ見ヨ。
じうーじゆん (名) 柔順 スナホナルヿ。
しうーしよく (名) 秋色 秋ノ景色。
しうーしよく (名) 修飾 ツクロヒカザルヿ。
しうーしよく (名) 就職 職ニツクヿ。
しうーせい (名) 修正 ヲサメタダスヿ。ナホシ。
しうーせい (名) 醜聲 恥トナルウハサ。「ー、外ニ聞ユ」
しうーぜい (名) 收税 税ヲ取立ツルヿ。
しうーせん (名) 周旋 (一)事ヲ行フニ、アチコチト立チマハルヿ。奔走。(二)セワスルヿ。トリモチ。
しうーせん (名) 鞦韆 支那ニテ、縄ニ縋リテスル戲レ、輕趫ヲ習フモノ。
しうーぜん (名) 修繕 家作ノツクロヒ。修復。
しうーそ (名) 愁訴 ウレヘウッタフルヿ。歎キ告グルヿ。
しうーたい (名) 醜體 恥ツベキ爲體。
しうーたう (名) 周到 アマネクトドキワタルヿ。
しうーたん (名) 愁歎 ウレヘナゲクヿ。
しうち (名) 仕打 シカタ。フルマヒノ狀。擧動
しうーちく (名) 修築 ヲサメキヅクヿ。家作ノツクロヒ。

しうーちん (名) 袖珍 〔袖ニ入ルベキ義〕携フルニ便ニセムトテ、甚ダ小ク製セル書物ノ稱。
しうーちやう (名) 酋長 魁帥。蠻民ナドノ長。
しうーちやく (名) 祝着 祝ヒオモフヿ。ヨロコブヿ。慶賀
しうーてき (名) 讎敵 アタカタキ。
しうーてん (名) 周天 行星ノ、軌道ヲヒトメグリ、メグルヿ。
しうと (名) 舅 〔しひとノ音便〕(一)又、シヒト。夫ノ父。(二)又、妻ノ父。外舅 婦翁 岳父
しうーと (名) 囚徒 メシウド。
〔しうーとく (名) 宿德 (一)身ニ德ヲ積ミタル人。「しうとくノ僧都僧正ノ際ハ、世ニイトマナク」比叡ノ山ニ、云云、しうとくニテマシマシケル大德ノ、ハヤウ死ニケルガ室ノ前ニ」延ニ諸宗宿德僧百人」(二)沈着キテ威望アルヿ。「イトしうとくニ、面持歩行ナド、大臣ト言ハムニ足ラヒ給ヘリ」見シヨリモ、イトしうとくニ、淸ゲニ手ナリニタルカナ」
しうとめ (名) 姑 〔しひとめノ音便〕(一)又、シヒトメ。夫ノ母。(二)又、妻ノ母。外姑
しうーなふ (名) 收納 收納ニ同ジ。
しうーにふ (名) 收入 ヲサメイルルヿ。トリイレ。
〔しうねし (形) 執念 しふねしノ音便、其條ヲ見ヨ。
しうーは (名) 秋波 (一)アキノナミ。(二)ヨコメツカヒ。イロメ。
しうーび (名) 愁眉 ウレヘノマユ。愁フル面持。「ーヲ開ク」
しうーふ (名) 醜婦 容貌ノミニクキ女。アクヂヨ。

しうーぶん (名) 秋分 二十四氣ノ一、秋ノ中ニシテ、春分ト同ジク、晝夜平分ノ時ナリ、今、大抵、九月ノ二十三日ニアタル。
しうーへん (名) 周邊 メグリノフチ。マハリ。
しうーみ (名) 臭味 ニホヒ。カ。クサミ。
じうーん (名) 時運 トキノメグリアハセ。
しうーめい (名) 醜名 恥トナル外聞。
しうーらん (名) 秋蘭 蘭ノ條ヲ見ヨ。
しうーらん (名) 周覽 歷巡リテ覽ルヿ。
しうーりう (名) 周流 (一)メグリナガルルヿ。(二)ヘメグルヿ。
じうーりん (名) 蹂躪 フミニジルヿ。
じうーるゐ (名) 獸類 ケダモノノタグヒ。
しうーれい (名) 秀靈 秀デスグレタルヿ。
しうーれん (名) 聚斂 アツメヲサムルヿ。苛ク租税ヲ取立ツルヿ。
しうろ (名) 袖爐 ソデガウロ。
しうゐ (名) 周圍 マハリ。メグリ。四面ノアタリ。
しえ (名) 紫衣 僧衣ノ紫色ナルモノ、許サレテ服ス、妄ニ用ヰルヿ能ハズ。
しーえう (名) 至要 至テ大切ナルヿ。
しーえき (名) 使役 ツカフヿ。逐ヒ使フヿ。
じーえき (名) 時疫 トキノケ。其時ニ流行スル病
しーえふ (名) 枝葉 エダハ。
しーえん (名) 紙鳶 イカノボリ。タコ。
しおき (名) 仕置 (一)爲置クヿ。(二)懲メ取締ルヿ。

(三)惡シキヲ懲ラスヿ。刑罰。刑

しおきば (名) 仕置場 仕置スル所、刑罰ヲ行フ地。刑場 法場

しおく・ク・ケ・カ・キ・ク (他動)(四) 仕置 爲テ遺ス。

しおち (名) 爲落 爲ベキヿヲ忘レテ、爲ザルアヤマチ。テヌケ。デオチ。オチド。遺錯

しおふす・スル・スレ・セ・セ・セヨ (他動)(規・二) 爲果 爲テ果ス。爲遂グ。竣功

しおん (名) 師恩 師ノ恩。

しおん (名) 四恩 佛經ノ說ニ、天地、國王、父母、衆生、ノ四ツノ恩。

じおん (名) 字音 音ノ條ヲ見ヨ。

しか (名) 鹿 獸ノ名、本名、鹿ナリ、しかトイフハ、古クハ牡ノ名ニテ、牝ヲめかトイヘリ、今ハ牝牡ニ通ジテ、しかトイフ、山ニ棲ム、牡ハ形、馬ヨリ小ク、犬ヨリ大ナリ、背ノ毛色、赤クシテ黄ヲ帶ビ小ク白キ斑アリテ美シ、四時ニ毛色ヲ變フ、雙角アリテ、枝多ク、年年、夏ニ落チテ、再ビ生ズ、上齒ナシ、牝ハ形、牡ヨリ小ク、角ナク、斑ナクシテ、白毛雜リテ、上齒アリ、角、皮、皆、用多ク、肉モ食フベシ。カノシシ。

しか (副) 然 前ノ物事ヲ指シテ、ソノ如クトイフ意ヲイフ語。ソノヤウニ。サヤウニ。然。「―スル」―思フ」―イフ」―ハアレド」

じか (名) 自家 オノレ。

しかい (名) 四海 (一)四方ノ海。「―ノ內」―、浪、靜ナリ」(二)天下。世界。「富―ヲ保ツ」

しがい (名) 死骸 カバネ。シカバネ。屍

じがい (名) 自害 自ラソコナフヿ。己レ傷ツケテ死ヌルヿ。(多ク婦人ノ喉ヲ刺スニイフ) 自刃

しかいふ (句) 云爾 漢文ノ末ニ用ヰル助辭ノ云爾ヲ訓ム語ニテ、然言フ、ノ義。サレド、云爾ハ、云云、爾、ノ省語ナリトイヒ、共ニ、如レ此如レ此ノ意ニテ古クハ、しかしかト訓メリ、ソレヲ正シトスベシト云。

しかう (名) 至孝 シイカウ。至極ノ孝行。「親ニ事ヘテ、―ナリ」

しかう (名) 四更 更、ノ條ヲ見ヨ。

しかう (名) 思考 カンガヘ。思案。

しかう (名) 施行 トリオコナフヿ。

しかう (名) 嗜好 スキコノミ。

しがう (名) 諡號 オクリナ。

じかう (名) 侍講 君側ニ侍リテ、書ヲ講ズル職。

じかう (名) 時好 トキノコノミ。ハヤリ。

じかう (名) 事項 箇條。コトガラ。

じがう (名) 寺號 寺ノ名。

しかうして (接) 而 然シテノ延。ソノ如クアリテ。サウシテ。

しかかり (名) 仕懸 (一)シカカルヿ。爲始ムルヿ。(二)爲テ中途ナルヿ。

しかかる・ル・レ・ラ・リ・レ (他動)(規・一) 仕懸 (一)爲始ム。(二)爲テ中途ナリ。

しかく (名) 四角 周圍ニ角ノ四ツアル形。四稜

しかく (名) 詩客 詩人ニ同ジ。

しかく (名) 資格 身分。

しかく (名) 刺客 暗殺ヲ行フ者。

しかく・クル・クレ・ケ・ケ・ケヨ (他動)(規・二) 仕掛 (一)爲始ム。(二)仕向クル。我ヨリスル。「議論ヲ―」夜討ヲ―」

しかく (副) 若 然ニ同ジ。

〔しがく (名) 試樂 音樂ヲ先ヅ試ミルヿ、(雅)ノ音取、箏ノ爪調、琵琶ノ撥合セ等、コレナリトゾ。御賀ニハ、試樂調樂ナドイヒテ、舞樂ノ試ミドモアリ」行幸ナドアリテ、しがくナド、ノノシル頃」

しがく (名) 史學 歷史ノ學問

しかくだけ (名) 四角竹 竹ノ一種、幹ノ徑、七八分ニシテ、四稜ニテ、稜、銳カラズ、肌ニ、ザラツキアリ、根ノ上ノ三五節ノ周ニ、小根連リ出デテ刺ノ如シ、切テ多クハ杖トス。四方竹。方竹

卄しかくばる・ル・レ・ラ・リ・レ (自動)(規・一) 四角張 四角ノ形トナル。カドバル。

しかけ (名) 仕掛 (一)シカクルヿ。爲始メテ最中ナルヿ。(二)物事ヲ爲ルニ供フル方法。カラクリ。裝置 (三)婦人ノ服。ウチカケ。カイドリ。

卄しかける (動) 仕掛 しかく、ノ訛。

しかし (接) 併 しかしながら、ノ略。

しかしか (副) 云云 (然然ノ義) 語多キトキ、略スルニイフ語。彼ノ如ク、此ノ如ク。カヤウカヤウ。「―ト申ス」―ナムト聞ユ」―ノ事アリテ」

〔しかしながら (副) (然ナガラニ、天爾波ノ休メ詞トイフヲ加ヘタル語ニテ、さしながらナドト同用法ノ語カ)

シカナガラ。サナガラ。　一切

しかしながら（接）〔下〕併〔前條ノ語ノ轉、併ノ字ヲ用ヰルハ、其遺意ナリト云〕然リトイヘドモ。サレドモ。サリナガラ。略シテ、シカシ。　雖然

〔しかすがに〕（副）〔然スルカラニ、ノ約略ト云〕シカシナガラニ。サスガニ。然ハイフモノノ。「山ノ際ニ、雪ハ零ツツ、然為我二、コノ河楊ハ、萌エニケルカモ」風マゼニ、雪ハ降リツツ、—、霞タナビキ、春來リニケリ」思フハ、アリト無ケレド、故郷ハ、—コソ、戀シカリケレ」

しかた（名）〔仕方〕為ベキ手段。仕様。仕法。　方法

しかたけ（名）〔鹿茸〕菌ノ名、傘ヲ張リテ生ズ、白クシテ毛刺アリ。一名、針茸。ウシノシタ。　獨格

しかたばなし（名）〔仕形話〕手ナドニテ、種種ノ狀態ヲ示シナガラ、物語ルコト。　手語

しかつべらし・シキ・シケレ・シク・シシ（形・二）〔然リツベキラシ、ノ略カ〕（一）ウベウベシ。モツトモラシ。ダウリアルゴトシ。（二）ヨウダイアル。

しかつめらし（形）前條ノ語ニ同ジ。

しかと（副）〔聢〕〔然、ト同意カ〕（一）タシカニ。必ズト。カタク。「—決ムル」確　（二）分明ニ。チガヒナク。「—分ル」分明

しがなし（形・二）貧シ。物乏シ。「シガナイ暮ラシ」

しがね（名）昆布。（松前）

しかのたま（名）〔鹿玉〕芝、茸ノ類、深山ノ朽木アル邊ニ生ジ、花紋アルアリ、食ズベシトモイフ。

しかのみならず（接）〔加之〕〔然而已ナラズノ義〕然アルノミニアラズシテ。ソノウヘニ。

しがばち（名）〔しがハ、古名すがるノ轉ニテ、共ニ、鳴ク聲ニテ呼ベルナラム、似我ノ字ノ音ナリナドトモイフハ、附會ナルベシ〕古名、スガル。サソリ。又、コシボソ。蜂ノ一種、長サ八分許、幅一分許、腰甚ダ細ク、全身深黒ナリ、夏、人家ニ入リ、葦簾、又ハ、筆管ノ中ナドニ巣ヲ作ル、其子ノ卵、粟粒ノ如シ、螟蛉ノ子、又ハ蜘蛛ナド取リ來リテ、中ニ入レ、其子ニ粘ス、糧トスルナリ、更ニ泥ニテ隔テヲナスコト、數重ナリ、其子糧ヲ食ヒ、數日ニシテ羽化ス、其聲しがしがト聞ユ、遂ニ飛去ル。（支那ニテハ、螟蛉有レ子、蜾蠃負レ之トテ此蜂、螟蛉ノ子ヲ養ヒ、似レ我似レ我トテ化セシムトテ、養子ノ譬トス）　蜾蠃　蠮螉　土蜂　細腰　又、一種、長サ一寸許、青黑クシテ、梁、柱、等ノ蛀孔ニ巣ヲツクルアリ、あなばちトイフ。　青蜂　又、三分許、やまばちニ似テ小ク、柱、或ハ、器物ノ蛀孔ニ巣ヲツクルモアリ。

しかばね（名）〔屍〕〔しにかばねノ意〕かばねトイフニ同ジ。死骸。

しかふ・フル・フレ・ヘ・ヘ・ヘヨ（他動）（規・二）〔仕替〕替ヘテ為ス。改メテ為ル。シナホス。　改作

〔しがふ・フ・ヘ・ヘ・ヒ・ヘ〕（他動）（規・一）〔結フ、ト通ズト云〕草ヲ刈リ束ネテ、其末ヲ結ビ合ハス。「山賤ノ、野飼ノ駒モ、歸ルナリ、裸脊ニ草ヲ、しがひカケツツ」春草や、しがふバカリニ、ナリヌラム」ミマクサニ、春ノヲスキ、しがふトテ」

しかぶえ（名）〔鹿笛〕しゝぶえノ條ヲ見ヨ。

しかへし（名）〔仕返〕（一）シカヘスコト。再ビ為ルコト。シナホシ。　改作　（二）仇ヲ報ユルコト。返報。「イサカヒノ—」ケンクワノ—」　復讎

しかへす・ス・セ・サ・シ・セ（他動）（規・一）〔仕返〕再ビ為ル。シナホス。　改作

しかへる（動）〔仕替〕しかふ、ノ訛。

〔しかまかう〕（名）〔飾磨紺〕飾磨ノ褐ニ同ジ、褐ノ條ヲ見ヨ。

しがみつく・ク・ケ・カ・キ・ケ（自動）（規・一）力ヲ込メテ取リツク。強ク攫ミカカル。「ヤガテ敵ニシガミツキテ、刀ヲ奪ヒ取リテ」

しかみつら（名）顰ミタル顔。

しかみひばち（名）〔獅嚙ノ義ト云、或ハ、獅ノ面ノ顰ミタルヲイフカ〕具鍮、銅、鐵、ナドノ圓形ノ火鉢ニ、三脚アリテ、ソレニ獅子ノ面ヲ鑄ツケタルモノ。

しかむ・ム・メ・マ・ミ・メ（自動）（規・一）〔顰〕縮ミテ皺ヲナス。シワム。「面—」

しかむ・ムル・ムレ・メ・メ・メヨ（他動）（規・二）〔顰〕縮メテ皺ヲオコス。シワムル。「顔ヲ—」

しかん（名）〔支干〕十二支ト十干ト。（えとノ條ヲ見ヨ）

じかん（名）〔時間〕トキノマ。トキノアヒ。トキ。

しかめる（動）〔顰〕しかむ（規・二）ノ訛。

しかも（接）〔然モ、感動詞ノもヲ添ヘタル語〕證ヲアゲテ確ナル意ヲイフ語。「人ニモ聞キ、—、我レ見タリ」

あからきちや (名) 信樂茶 近江甲賀郡、信樂ノ地ニ產ズル茶ノ稱。

あからきやき (名) 信樂燒 近江ノ信樂ニテ製シ出ス陶器、色、濁黃ニシテ、釉ハ、うをかきいろ、叉ハ、ねぞみナリ、質、稍、粗ニシテ、砂ヲ含ミテ固シ。

あからば (接) 然 然アラムニハ。サラバ。ソレナラバ。然則

あからみ (名) 篩 シガラムコト。流水ヲ塞カムトテ、杙ヲ打チツケテ、橫ニ竹木ヲカラミツケタルモノ。「水ノー」水柵 和歌ニ、袖ノー、風ノー、苔ノー、花ノー、ナドイフハ、借リ譬ヘテイフナリ。

〔あから-む・ム・メ・マ・ミ・メ (他動)(規・二)〔繁ク絡ム、意カ〕(一)絡ミツクル。「秋萩ヲシガラミ伏セテ、鳴ク鹿ノ」秋萩ヲ、シガラム鹿ノ」(二)竹木ヲカラミテ、篩ヲ作ル。「涙川、流ルル跡ハ、ソレナガラ、シガラミ止ムル、面影ゾナキ」

あかり (名) 呵 (一)呵ルコト。(二)德川氏ノ刑ニ、庶人ノ閏刑ノ最モ輕キモノ、其罪ヲ呵リテ免ス。

あかり・ル・レ・ラ・リ・レ (自動)(不規・四) 然 然アリ、ノ約ソノ如クニテアリ。タガヒナシ。

あかる・ル・レ・ラ・リ・レ (他動)(規・二) 叱呵 (叱呵ノ音カトイフハ、イカガ) 聲ヲ勵マシ言ヒテ禁メ戒ム。咎メ言フ。

○然ルベキ。相當ナル。

あかるほ (接) 然 然アルニ。サルニ。

あかれども (接) 然 ソノ如クニハアレドモ。シカシナガラ。雖然

あかれば (接) 然 (一)然アルトキハ。然則 (二)サテ。ソコデ。(手紙ノ文ニ)

〔あき (名) 器ノ底ニ敷キタルモノ。「姬君ノ御櫛ノ箱、云云、其箱ノあきニ大納言殿書カセ給フ」御沓ノあきニ千鳥ヲ書カレタリケルヲ見テ」

あき (名) 閾ノ略。

あき (名) 坑夫ノ語ニ、鑛山ニ堀入ル坑ヲイフ。鑛坑

あき (名) 式 (一)萬事ノ禮ヲ行フニツキテ定マレル則。儀式。法式。「御即位ノー」見參ノー」婚禮ノー」ー作法」(二)律令格式ノ條ヲ見ヨ。

〔あき (名) 式神ノ條ヲ見ヨ。

あき (名) 識 (一)物ノ道理ヲ識リテアルコト。「ー多シ」ー少シ」(二)物事ニ、見トホシノツクコト。見識。「ー高シ」才、學、ー」

あき (名) 職 官ノ名、中宮ー(中ニ、太皇太后宮ー、皇太后宮ー、皇后宮ーアリ)アリ。叉、大膳ー、左京ー、右京ー、修理ー(以上ヲ四職トイフ)等、倘アリ、各條ニ注ス。四等ノ官ハ、皆、大夫、亮、進、屬ナリ。「あきノ御曹司ノ辰巳ノ隅ノ」頭ノ辨ノあきニマヰリテ」あきへナム參ル、コトゾケヤアル」

あき (名) 四氣 四時ニ同ジ。

あき (名) 四季 (一)四時ノ季。季ノ條ヲ見ヨ。(二)四時ノ誤、其條ヲ見ヨ。

あき (名) 指揮 サシヅ。下知。

あき (名) 子規 ホトトギス。

あき (接尾) 敷 (一)敷キタル疊ノ數ニテ、座敷ノ大サヲイフ語。「四疊ー」十疊ー」(二)敷地ノ略。「川ー」道ー」屋ー」

あき (名) 田鳥鴫 (羽音ノ繁キ故ノ名カト云) 鳥ノ名、夏秋、田澤ニ居ル、形、くひなニ似テ小ク、觜、長ク、頭ヨリ翼マデ、茶褐色ナリ、背ハ、灰黑ニシテ小キ白斑點アリ、胸、腹、白シ、形、色、種類、多シ。鷸

あき (名) 仕儀 (趣義ノ轉カ、時宜ノ轉カ) コトノサマ。ナリユキ。シダイガラ。「其場ノーニ因テ」カカルートナル」

〔あき (名) 食 クヒモノ。ショクモツ。「アスラノ食トセヨト、アテラレタリ」

あき (名) 磁器 ヤキモノ。セトモノ。(いしやきナルニイフ)

あき (名) 兒戲 小兒ノタハムレ。

あき (名) 辭氣 コトバツカヒ。モノイヒナリ。

あき (名) 自棄 自暴自棄ノ條ヲ見ヨ。

あき (名) 時機 時ノホド。ヲリ。ゴロ。「ーヲ牛ハズ」

あき (名) 時宜 時ノ宜キニ從フコト。程好キ塡。「ーニ因テ行フ」ーヲ見計ラフ」

あき (名) 辭宜 謙リテ辭ムコト。辭退。エンリヨ。「ーニ及ブ」ー作法」辭謙

あき (名) 時儀 (一)應對ニ、先ツ時候ノ挨拶ヲ述ブルコト。(二)轉ジテ、頭ヲ低レテ禮スルコト。拜スルコト。ヌカツクコト。エシヤク。「ーヲスル」叩頭

あきいし (名) 敷石 平カナル石ヲ地ニ敷キ並ベタルモノ、人ノ蹈ミ行クニ供フ。イシダタミ。甃石

あきうつし (名) 敷寫 すきうつしニ同ジ。

しきかい (名) 色界 佛教、三界ノ一。(三界ノ條ヲ見ヨ)

しきがは (名) 敷皮 毛皮ノ敷物。皮褥

しきガハラ (名) 敷瓦 地ニいしだたみニ敷キ並ベタル瓦。方磚 甃

しきがみ (名) 敷紙 (一)物ノ下ニ敷キタル紙。「硯ノ蓋ニ雪ヲ入レテ出サレタリケルしきがみニ書キツケ侍リケル」(二)紙ノ敷物、糊ニテ厚ク貼リ、澁ナド延ク。

〔しきがみ (名) 式神 識神 陰陽道ニテ行フ呪詛ノ妖術。しきノ神、又、しきトノミモイヘリ。「晴明、キト見テ、云云、しきニウテケルニカ、此島ハ、しきがみニコソアリケレ」陰陽師ヲカタラヒテ、しきヲ伏セタリケルナリ」仰ヲソムカジトテ、しき伏セテ、既ニしき神カヘリテ、己レロ只今しきニウテテ死ニ侍リヌ」

しききん (名) 敷金 借家ノ家賃ノ滯ラムトキノ保證トシテ、豫メ家主ニ預ケ置ク若干ノ金錢。

しきげ (名) 式外 式社ノ條ヲ見ヨ。

しきざき (名) 四季咲 草木ノ、四時ニ花ヲ開ク類ノ稱。(薔薇ノちやうしゅん(ゆんナド) 長春花

しきし (名) 色紙 和歌ヲ記スニ用キル紙、厚キ紙ヲ方形ニ裁チテ、多クハ、五彩ノ模様、金銀箔、ナド施ス。

しきじ (名) 職事 (一)職務アル官。(散官ニ對ス)(二)藏人ノ一稱。

しきじつ (名) 式日 儀式ノアル日。

しきしまの (枕) 敷島 (崇神、欽明、二帝ノ都セラレシ大和ノ國ノ磯城島ノ地名ニ起ル) (一)大和ノ國ノ枕詞。「一ノやまとノ國ノ石上、振ノ里ニ」又、大和ヲ略シテモイフ。「一ノ、人ハワレジク」一ノ、三輪ノ社ノ」(二)轉ジテ、日本ノ枕詞。「一ノ、やまとノ國ハ、事靈ノ、所佐國ゾ」オシナベテ、今朝ハ霞ノ、一ヤ、やまともロコシ、春ヲ知ルラム」又、日本ヲ略シテ、「朕カハリタル、イミジウメデタシ、一ヤココノ事トハ見エズ、高麗、唐ニヤトマデ見エケル」(三)轉ジテハ、一ノ道トツケテ、和歌ノ道ノ事トス、即チ、一ノ和歌ノ道ノ略ナリ。「一ノ道モ、盛リニ起リテ」コレノミゾ、人ノ國ヨリ、傳ハラデ、神代ヲ承ケシ、一ノ道」

しきしゃ (名) 式社 延喜神名式ノ内ニ載リタル神社ノ稱。コレヲ式内トイヒ、載ラザルヲ式外トイフ。

しきしゃ (名) 識者 識量アル人。

しきじゃう (名) 色情 イロゴノミノココロ。

しきせ (名) 四季施 (四時ニ衣服ヲ與フル義ナリトイヘド、爲着ノ義ナラム) 奴婢ニ、時候ニ應ズル衣服ヲ、主人ヨリ作リ與ヘテ着スルコ、給金ニ代フルアリ、給金ニ添ヘテ與フルアリ。

〔しきだい (名) 色代 (顔色ヲ改メテ禮スル意カ) (一)人ニ禮スルコ。エシヤク。「雲ノ上人、御前ニ侍リテ、メデタキ御事ト、色代申シテ」一定、皇子ニテゾオハシマサムトテ、ヨソ人モ色代申シケリ」揖禮 (二)轉ジテ、口ニ追從言フコ。セジ。「色代モ、御年ヨリモ遥ニ若ク見エ給フ、トイフハ嬉シク、殊ノ外ニ老テコソ見エ給ヘ、ト言ヘバ、心細ク」或人、妻ヲオクリケルガ、雨ノ降リケレバ、色代ニ、雨降レバ留リ給ヘトイフヲ」

しきだい (名) 式臺 (送迎ノ式ヲ行フ臺ノ義カ、或ハ、送迎シ色代スル處ノ意カトモイフ) 玄關ノ前ニ設ケタル板敷ノ處。

しきだう (名) 食堂 食堂ニ同ジ、寺ニイフ。

〔しきたへの (枕) 敷栲 敷妙 衣、袖、床、枕、家、ナドノ枕詞。

しきたり (名) 仕來 シキタリタルコ。ナラハシ。先例。慣例 慣行

しきたる・ル・レ・ラ・リ・レ (他動) (規. 二) 仕來 古ヨリ爲ツ今ニ至ル。因習

しきち (名) 敷地 其所用ニ供フル一區ノ地。「屋一路一」川一」學校ノ一」

しきつて (副) (頻リテノ音便) 屢、繰リ返シテ。切ニ。「一頼ム」

〔しきでん (名) 職田 又、職分田。古ヘ官職ニツキテ給セラルル田ノ稱、太政大臣ニ四十町、左右大臣ニ三十町、大中納言ニ二十町等、等級アリ、又、太宰府ノ官、國司、郡司ニモアリ。

しきない (名) 式内 式社ノ條ヲ見ヨ。

〔しきなみ (名) 頻浪 頻リニ寄セ來ル波。「ワタツ海ニ寄セテハ返ル、一ノ、數限リナキ、君ガ御代哉」

〔しきなみに (副) 頻並 頻リニ。シバシバ。「内裏ヨリ頻並ニ召シケレバ」シキナミニ集ヒタル車ノ奥ニテム居タレバ、出ヅベキ方モナシ」

しきび (名) 樒 しきみニ同ジ。

しきふ (名) 支給 アテガフヿ。ワタスヿ。

しきふ (副) 至急 極メテ急グヿ。オホイソギニテ。

しきぶしやう (名) 式部省 ノリノツカサ。古ノ八省ノ第二、卿ヲ親王ノ任トス、國家ノ典章禮儀ヲ統ベ、六位以下ノ文官ノ奏任奏授ノ事ヲ掌リ、貢舉考課ヲ知ル。

しきぶとん (名) 敷蒲團 ふとんノ條ヲ見ヨ。

しきべつ (名) 識別 ミワケ。ミキハメ。

〔しきます〕 (動) 敷座 知ス、ノ意ノしく條ヲ見ヨ。

しきまつば (名) 敷松葉 松ノ落葉ノ枯レタルヲ、庭、路地ニ敷クモノ、地上ノ霜除トス。

しきみ (名) 閾 〔しきハ敷ノ義ニテ、みハ限リノ意カ、或云、敷持ノ約ニテ、下ニ敷キテ戸ヲ持ツ意ナリト〕 門戸ノ下ニ設ケテ、内外ノ限リトスル横木。トジキミ。ジキヰ。今、門ナルヲ地幅トイフ。

しきみ (名) 樒 梻 〔葉ノ繁キ故ノ名、字モ木密ヲ二合シテ作レリ、多ク佛ニ供スレバ、木佛ノ二合字モアリ〕 樹ノ名、山中ニ多シ、樹甚ダ高カラズ、葉ハ互生シテ、さかきノ葉ヨリ狭ク長クシテ厚ク、肌、美ハシ、冬凋マズ、香氣アリ、春ノ末、葉ノ腋ニ、數花ヲ開ク、大サ一寸許、大抵十四瓣ニシテ、小蓮花ノ如ク、白クシテ黄ヲ帶ブ、實ハ、八莢アリテ、車輪ノ如シ、核ヲ藥トス、枝、葉、根、實、皆毒アリ、枝葉ヲ切リテ、花ト稱シテ、專ラ佛前墓前ニ供ヘ、葉ヲ抹香ニ製ス。 舶茴香

しきん (名) 資金 モトデ。

しきんせき (名) 試金石 カネツケイシ。

しきんぢやう (名) 紫金錠 藥ノ名、麝香龍腦ナドニテ製シ、方形ニ切リ、金銀箔ヲ貼ス。

〔しきも〕 (名) 敷裳 敷キ用ヰル衾ノ類。「敷藻相フ、屋ト念ヒテ」朝手作ヲ、信巾裳成スハ」

しきもく (名) 式目 制度ノ箇條書。「貞永ー」「建武ー」

〔しき-もし・キ・ケレ・ク・ク〕 (形・二) 扶疎 〔頻繁シ、ノ義〕 甚ダ繁シ。(もしノ條ヲ見ヨ)

しきもの (名) 敷物 スベテ、敷キテ坐ル物、おざ、蒲團、しとね、敷皮、毛氈ナド、皆コレナリ。 舗藉 舗設

しぎやき (名) 鴫燒 茄子ヲ輪切ニシテ、串ニ貫キ、油ヲ塗リテ炙リ、味噌ニ砂糖味醂ヲ擂リ雜ヘタルヲ塗レルモノ。 炙茄

しきゆう (名) 子宮 女人陰部ノ内部ニテ、膀胱ト直腸トノ間ニアル腔、胎卵ヲ受ケ、胎兒ノ成形ニ達スルマデヲ此ニ養フ。コツボ。

しきよ (名) 死去 死ヌルヿ。 死

しきよく (名) 色欲 女色ト欲心ト。

しきよく (名) 私曲 ヨコシマナルヿ。己ガ利ヲ計ルヿ。

〔しきり〕 (名) 履物、しきれニ同ジ。

しきり (名) 仕切 (一)シキルヿ。間ヲ隔ツルモノ。ヘダテ。「線ノー」「垣ノー」 隔障 (二)商家ニ、帳面ノ勘定ヲ締切ルヿ。

しきりに (副) 頻 繁ク。ツヅケテ。タビタビ。シバシバ。

しきりやう (名) 識量 智力ノ、理ノ判斷ニ聰キヿ。物事ニ、大キク高ク見極ノツクヿ。

しきる・ル・レ・ラ・リ・レ (自動) (規・一) 頻 〔頻キ、ヲハタラカス〕 繁クナル。度重ナル。續キ至ル。頻ク。「内ヨリノ御使、夜、晝、ワカズ、シキリテ參リツキタリ」疾ク參リ給ヘキ御使、シキレド、思ホシモタタズ」中將ニヤ、三位ニヤナド、ヨロコビヲシキリタル人ハ」雪折レノ、聲シキルナリ、高圓ノ宮ノ梢ヤ、アレマサルラム」「雨、降リー」

しきる・ル・レ・ラ・リ・レ (他動) (規・一) 仕切 (一)間ヲ隔ツ。限リヲナス。「座敷ヲー」 限隔 (二)帳面ノ勘定ヲ締切リテ數フ。(商家ニ)

〔しきれ〕 (名) 尻切 〔しりきれノ略〕 草履ノ底ヲ革ニテ包メルモノ。シキリ。セキレ。後ノ雪踏ハ、此製ニ起ル。

じきろう (名) 食籠 食物ヲ盛ル器、多クハ、蓋アリテ、上、下、形、圓キモノヲイフ。

〔しきゐ〕 (名) 席 〔敷居ノ義〕 地ニ敷キテ坐ルモノ、おざノ類。

しきゐ (名) 敷居 〔閾ノ轉カ〕 引戸、障子、等ノ下ニアル横木。 下檻 上ニアルヲ鴨柄、叉、鴨居トイフ。 上檻 共ニ細キ溝(檻槽)ヲホリテ、戸、障子ヲハメテ、左右ニ引キテ開閉ス。

しく (名) 宿 宿ノ條ヲ見ヨ。

しく (名) 四句 偈ノ條ヲ見ヨ。

しく (名) 市區 市街ノ地ノカギリ。

しく・ク・ケ・カ・キ・ケ (他動) (規・一) 敷 鋪 (一)地ニ延ベ平ニヒログル。「席ヲー」「蒲團ヲー」「毛氈ヲー」(二)遍ク及ボス。觸レ示ス。ヒロム。「命令ヲー」 布

しく・ク・ケ・カ・キ・ケ (自動)(規・二) 藉播延 四方ニ延ブ。遍ク及ブ。ヒロマル。流布ス。「號令、天下ニ一」名聲、世ニ一」
〔しく・ク・ケ・カ・キ・ケ (他動)(規・二)〔知ルト通ズ〕知ス。領ス。「瑞穂ノ國ト、神隨、太敷キ座シテ」日本ノ國ハ、皇祖ノ、神ノ御代ヨリ、敷座セル、國ニシアレバ」
しく・ク・ケ・カ・キ・ケ (自動)(規・二) 若 如 及ブ。トドク。肩ヲ比ブ。「コレニ一モノナシ」彼ニハ若カズ」
しく・ク・ケ・カ・キ・ケ (自動)(規・二) 頻 しきるニ同ジ。「波ノサワギニ、風ゾしくメル」白露ニ、風ノ吹キしく、秋ノ野ハ」磯越ス浪ノ、しきテシ思ホユ」彌しき降レル、夜ノ白雪」
しぐ (名) 至愚 至テ愚ナルヿ。
じく (名) 塾 じゆく條ヲ見ヨ。
しぐう (名) 四隅 ヨスミ。
しぐさ (名) 仕種 テダテ。シカタ。シウチ。
しくしく (副)〔頻ク頻ク義〕頻リニ。打續キテ。「春雨ノ、一降レバ」奥山ノ、樒ガ花ノ、名ノ如ヤ、一君ニ、戀ヒワタリナム」一泣ク」一痛ム」
＋＋じくじく (副) 水氣ヲ含メルモノヲ押シ蹈ミナドシテ水ノ出ヅル状ニイフ語。
＋＋しくじり (名) しそこなひニ同ジ。失敗
＋＋しくじる・ル・レ・ラ・リ・レ (他動)(規・二)〔爲挫クルノ略カ〕しそこなふニ同ジ。失敗
しくす (動) 祝 しゆくすノ條ヲ見ヨ。
しくち (名) 紫口 魚ノ名、いせぶひノ條ヲ見ヨ。

しくちぼら (名) 紫口鯔 魚ノ名、いせぶひノ條ヲ見ヨ。
しくはす・ス・セ・サ・シ・セ (他動)(規・二) 爲合 互ニ同時ニ爲ス。
しぐま (名) 羆〔白熊ノ意カ、或ハ、字ヲ析キテ四熊ト讀メル語トスルハ、イカガ〕熊ニ似テ、更ニ大ク、頭長ク、脚高ク、色黄白ニシテ、極メテ多力ナルモノト云。
しぐま (名) 狸ノ類、毛黒クシテ、爪、熊ノ如キモノト云。
しくみ (名) 仕組 (一)シクムヿ。工夫シテスルヿ。クハダテ。(二)芝居ニ、狂言ノ趣向。脚色
しくむ・ム・メ・マ・ミ・メ (他動)(規・二) 仕組 工夫シテ爲ス。企ツ。
しくんし (名) 四君子 唐畫ニ、蘭、竹、梅、菊、ノ稱。
しぐる・ル・ル・レ・レ・レ・ロ (自動)(規・二) 時雨〔しハ濕ル意トモ、頻ク意トモ云、ぐるハ昏ルナリ〕時雨、降ル。
しぐれ (名) 時雨 シグルヿ。秋冬ノ際ニ、且ツ降リ且ツ晴ルル小雨ノ名。液雨
しぐれはまぐり (名) 時雨蛤 蛤ノむきみヲ、味噌ノたまりしるニ山椒生姜等ヲ加ヘタルニテ、煮染メタルモノ、伊勢ノ桑名、四日市、ノ邊ニテ製スルモノ名アリ。
＋＋しぐれる (動) しぐるノ訛。
しくわ (名) 齒科 醫ノ一科、專ラ齒ヲ療スルモノ。齒醫者。
じくわ (名) 自火 己ガ家ヨリ發シタル火災。〔類燒ニ對ス〕

しくわい (名) 詩會 詩ヲ作ラムトテ寄合フヿ。吟社
じぐわさん (名) 自畫讃 己ガ作レル畫ニ己レ、讃ヲシルスヿ。
しぐわつ (名) 四月 年ノ第四ノ月。卯月。
しくわん (名) 仕官 官ニ仕フルヿ。仕ヘテ官職ニアルヿ。
しくわん (名) 士官 武官ノ、兵ヲ指揮スルモノ。今、陸軍ノ大中少尉ノ稱。
しくわん (名) 祠官 神社ニ事フル人。カンヌシ。
しくわん (名) 史官 記錄ノ事ヲ掌ル官。
しぐわん (名) 志願 ココロザシネガフヿ。心實ノネガヒ。
じくわん (名) 次官 長官ノ條ヲ見ヨ。
しけ (名) 絓 (一)繭ノ外面ヨリ繰リ取リタル絹絲ノ粗ナルモノ。「一絲」一絹」(二)しけぎぬ。
しけ (名) 濕氣 (一)水氣ノ多キヿ。シメリケ。〔濕地ナドニ〕(二)風雨ノ續クヿ。〔舟人ノ語〕運陰 (三)轉ジテ、風雨ノ續クヨリ漁ニ獲物ノ乏シキヿ。〔漁夫ノ語〕不漁
じけ (名) 寺家 寺ノ家人。
しけい (名) 死刑 死罪ノ條ヲ見ヨ。
じけい (名) 慈惠 メグミ。ホドコシ。
〔しげいさ (名) 淑景舎 禁中殿舎ノ名。桐壺。
しけいと (名) 絓絲 絓ニ同ジ。
しけう (名) 司教 天主教、希臘教、等ニテ、高等ノ教師ノ稱。

〔しげき〕(名) 繁木 繁リタル木。「路モ見エヌしげきヲ中ヲワケ給フニ」コトナラバ、山下水ト、ナリナナム、人目しげきノ、中モ行クベク」茂林

しげき (名) 刺激 ツキオコスヿ。ハゲマスヿ。

しげき (名) 刺擊 刺シ擊ツヿ。

しけぎぬ (名) 絓絹 しけいとニテ織リタル絹布ノ稱、細(ホソ)しけ、太(フト)しけナドノ別アリ、多ク裱具ナドニ用ヰル。

しげ・し・キ・ケレ・ク・ク (形・二) 繁 (一)繁(シゲ)リテアリ。(草木ナドニ)(二)細カニテ多シ。シキリナリ。密ナリ。(事ニ)(三)屢ナリ。重ナル。「シゲク渡ラセ給フ」内ヨリ、御使、雨ノ足ヨリモー」

しけし (名) 字消 文字ヲ塗リ消スニ用ヰル白墨ノ稱。

廿しけしけ (副) (頻頻(シクシク)ノ轉カ) ツクヅクヨクヨク。

しげしげ (副) 繁繁 甚ダ繁ク。シバシバ。タビタビ。「ー來ル」頻數

しげどう (名) 重籐 弓ノ幹ヲ、籐(トウ)ニテ、幅一寸許、間、五分許ヅツ隔テテ、繁ク卷キタルモノ、大將ノ持弓トス。五所、或ハ、七所ナルヲ村(ムラ)ー トイフ。

しげふ(ギヨウ) (名) 試業 習ヒ得タル學藝ヲ試ミルヿ。

しげふ(ギヨウ) (名) 事業 ワザ。シゴト。

しげみ (名) 草木ノ殊ニ繁リタル處。「ヤヘムグラ、ーガ下ニ、結ブヲブ、オボロノ清水、夏モ知ラレズ」翳薈

しけん (名) 試驗 (一)ココロミタメスヿ。(二)學校ニテ、時ヲ定メテ、問題ヲ出シテ答ヘシメ、ナドシテ、生徒ノ學ビ得タリヤ、得ズヤヲタメスヿ。

しけん (名) 事件 事(コト)ノクダリ。コトガラ。

しげん (名) 示現 神佛ノ靈ノ、奇異ヲ示シアラハスヿ。

しげん (名) 時限 トキノカギリ。

しげんじ (名) 〔紫荊樹(シケイジュ)(はなずはう)ノ音ヲ訛リテ誤用ス〕さつまふぢニ同ジ。

〔しげやま〕(名) 繁山 樹木ノ繁レル山。「筑波山、ハヤマー繁ケレド」

しげり (名) 繁 繁ルヿ。シゲミ。「夏山ノ、ーヲワケテ、鳴ク鹿ヲ」川邊ナル、松ノーハ」

しけ・る・ル・レ・ラ・リ・レ (自動)(規・一) 濕氣 〔字ノ音ヲハタラカス〕(一)濕氣(シケ)ヲオコス。水氣ニ浸サル。シメル。(濕地ノ物ナドニ)(二)雨風、續ク。(舟人ノ語)

廿しけ・る・ケル・ケレ・ケ・ケ・ケ (自動)(規・四・變) 濕氣 前條ノ語ニ同ジ。

しげ・る・ル・レ・ラ・リ・レ (自動)(規・一) 繁・茂・滋 多ク生ヒ重ナル。盛ニ延(ハ)フ。殖ユ。(草木ノ枝葉ナドニ)

〔しこ〕(名) 醜 (一)醜惡(ミニク)キモノヲ疾(ニク)ミ罵ル語。「ーノ丈夫(マスラヲ)」「ーツ翁(オキナ)」「ー男(ヲ)」「ー女(メ)」「ーノ夷等(エミシラ)」「ーホトトギス」(二)又、身ヲ昇下シテイフ。「今日ヨリハ、顧ミナクテ、大君ノ、之許(シコ)ノ御楯(ミタテ)ト、出立ツ我ハ」

〔しこ〕(名) 尻籠・矢籠 〔矢壺(ヤツボ)ノ音ニテ、つぼやなぐひノ類ナラムカトモイフ〕(一)古クハ、矢ノ盛ルモノノ總名。(二)後ニハ、一種、やなぐひニ似テ、粗略ナルモノノ稱。

しこ (名) 魚ノ名、ひしこヲししこト訛レルノ約。(東京)「ーノ酢煎(スイリ)」

しご (名) 死期 死ヌル時。死ヌヘキ際(キハ)。イマハ。「預メーヲ知ル」

しご (名) 死後 死シタル後(ノチ)。

しご (名) 私語 ササヤクヿ。ヒソヒソバナシ。

しこ (名) 自己 オノレミヅカラナルヿ。自身

しこ (名) 事故 コトノユエ。ワケガラ。シサイ。

しご (名) 耳語 ミミウチ。ミミコスリ。

しご (接) 爾後 然(シカ)アリテ後。ゾノノチ。ゴノノチ。

しこう (名) 祗候 敬シミテ侍リ居ルヿ。

しこう (名) 伺候 サブラフヿ。侍リ居ルヿ。

しこう (名) 至公 至テオホヤケナルヿ、聊モ偏頗ナキヿ。「ーノ論」

しこう (名) 時候 空氣ノ、四時ニ亙リ、寒、暑、晴、雨、等ニ因テ、變化シ移リユクヿ。氣候。ヤウキ。

廿しこうりう (名) 自己流(ジコリウ)ノ延。

しごき (名) 扱 (一)シゴクヿ。(二)一幅(ヒトノ)ノ布帛ヲ、若干ノ長サニ切リ、ゾノママニシゴキテ、帶トスルモノ。

しごく (名) 至極 上ナク極(キハ)マリタルヿ。最上。

しごく (副) 至極 最モ極メテ。ゴノウヘナク。

しご・く・ク・ケ・カ・キ・ケ (他動)(規・一) 扱 締メテ扱ク(コ)。「縄ヲー」「槍ヲー」

しこく (名) 自國 己(オノ)ガ國。

しこく (名) 時刻 トキ。ヲリゴロ。時期

しこくさる (名) 四國猿 猿ノ屬、甚ダ小クシテ、飼ヒテ善ク馴ルルモノナレバ、多ク伎藝ナド教フ、多ク四國ニ産スレバ名アリ、紀州ノ粉川(コガハ)ヨリモ出ヅレバ、勢州ニテ、粉川猿トモイフ。

しこらかす (動) しこじらすニ同ジ。

しこじらす・ス・セ・サ・シ・セ (他動)(規.一) 病ヲシコジルルヤウニナス。癒シ損フ。シコジラカス。シコラカス。

しこじる・ル・ル・レ・レ・レ・レロ (自動)(規.二) 病、癒エ損フ。

しごせん (名) 子午線 天文學、地理學ノ語、其地ノ天上地下ニ、南北兩極ニ通ジテ引ケル想像ノ大圏線、赤道ト打違ヘニ、地球ヲ東西ニ分ツ。

〔しこ-つ・ツル・ツレ・ヅ・ヅ・ヂ・ヂロ (他動)(規.三) 讒 (強言ノ約轉カト云、或ハ醜ヲハタラカセタル語カ) 誹リ告グ。讒ス。ヨコス。

しごと (名) 仕事 (一)爲ル事。爲スベキ業。事業 (二)はりしごとノ略。

しごとし (名) 仕事師 土木ノ雜役ヲ業トスルモノ。(東京) 土工夫

しごとば (名) 仕事場 工作製造スル所。工場

〔しこ-な (名) (醜名ノ義カ、譏ツル名ノ意カ) 戯レ謗リテ名ヅクル名。アダナ。綽名 渾名

しこなし (名) シコナスコト。フルマヒ。

しこなす・ス・セ・サ・シ・セ (他動)(規.一) 爲ベキ方法ニ善クアハセテスル。程好クフルマフ。

じごふ-じとく (句) 自業自得 佛教ノ語、自ラ爲セル業ニテ、自ラ其果ヲ得。己ガシタル事ニテ、己レ其報イニ當ル。(多クハ惡業ニイフ)

しこみ (名) 仕込 仕込ムコト。

しこみづゑ (名) 仕込杖 杖ノ幹ノ中ニ、刀槍ノ刃ヲ作リ込ミタルモノ。棍頭槍

しこむ・ム・メ・マ・ミ・メ (他動)(規.一) 仕込 (一)漸クニ敎ヘ馴ラス。敎ヘコム。馴致 (二)作リテ貯フ。備ヘトシテ作ル。(三)買ヒ入レ置ク。仕入レル。(商品ヲ)(四)中ニ込メテ作ル。ツクリコム。「杖ニ刀ヲ―」

しこん (名) 紫根 むらさきノ條ヲ見ヨ。

じこん (接) 自今 イマヨリ後。コノノチ。

しこり (名) シコルモノ。病ニ因テ内中ニ塊ノ如キモノノ起ルコト。痼

じこ-りう (名) 自己流 學藝ナドニ、師ノ流義ヲ傳ヘタルニハアラデ、自己ノ考ヘツケニテ行フヲ、一ノ流義トシテ戯レ呼ブ語。ジコウリウ。我流。

しこる・ル・レ・ラ・リ・レ (自動)(規.一) (緊リ凝ルノ略カ) 痼ヲオコス。

しころ (名) 錏 (後衣ノ意カト云) (一)冑ノ後ニ垂レテ、頸ヲ被フモノ。(二)土藏ニ差シカケテ、庇ノ如ク作レル土藏。

じざ (名) 侍坐 侍リテスワリヲルコト。

しさい (名) 仔細 細カナルコトワケ。ゴヱヨシ。コトガラ。イハレ。「事ノ―言ハセテ聞カセムトテ」「―無シ」 事由

しさい (名) 紫菜 アマノリ。

しざい (名) 死罪 刑ノ最モ重キモノ、其命ヲ斷ツ、絞罪、斬罪ノ二等アリ、絞ハ喉ヲ絞メテ殺シ、身首ヲワカタズ、斬ハ首ヲ切リ放ス。又、斬罪ニ加フルニ、梟首ノ刑アリ、卽チ、日ヲ期シテ、其首ヲ獄門ニ晒ラシテ衆ニ示スナリ。德川氏ノ制ニハ、死罪ト斬罪トヲ分チ稱シテ、死ヲ輕トシ、斬ヲ重トス、(絞ハナシ)又、其他ニ、火炙、獄門、磔、鋸引等アリ、各條ニ注ス。

じさい (名) 自裁 ハラキリ。自殺。

じざい (名) 自在 (一)思ヒノママニテ物ニ障ハラヌコト。自由。(二)ジザイカギ。

じざい-かぎ (名) 自在鉤 爐、竈、ナドノ上ニ、鐵瓶、釜、ナドヲ、梁ヨリ釣リ懸クルニ用ヰル鉤、其繩、又、竿ニ、機アリテ、自在ニ低昂スベシ。活套

しさいに (副) 子細 コマカニ。クハシク。「―見」

しさう (名) 四三 (さうハ、さむノ音便) 雙六ノ語、二個ノ采ノ目ニ、四ト三トノ出ヅルコト。

しさう (名) 思想 心ニ思ヒウカブルコト。

しさく (名) 詩作 詩ヲツクルコト。作リタル詩。

じさく (名) 自作 ミヅカラツクルコト。手製。

じさし (名) 字指 書ヲ習ヒ讀ムトキ、書中ノ字ヲ指スニ用ヰル具、木竹ニテ作ル、箸ノ如シ。字突。代指

しさす・ス・セ・サ・シ・セ (他動)(規.一) 爲止 爲テ半途ニ止ム。シノコス。

しさつ (名) 視察 ミトドケ。

じさつ (名) 自殺 自ラ身ヲ殺シテ死ヌルコト。

しさん (名) 四散 四方ニ散ルコト。チリヂリニナルコト。

じさん (名) 自讃 己レ自ラ褒ムルコト。

しざる・ル・レ・ラ・リ・レ (自動)(規.一) (後去ルノ略カト云) 退ク。スザル。アトシザリスル。(歩、坐、共ニ) 卻行

〔しし (名) 肉宍 肉ニ同ジ。

〔しし (名) 獸 (獵リテ肉ヲ取ル意カ) (一)ケダモノ。ケモノ。「猪ノ―」鹿ノ―」氈―」―狩」(二)轉ジテ、直ニ、

猪、又ハ、鹿ノ稱。

しし（名）猪〔猪ノ獸ノ略〕ゐのししノ條ヲ見ヨ。

しし（名）尿〔しとヲ略シテ重ネイフ語〕ユバリ。小便。（小兒ニ）

しし（名）獅子（一）カラシシ。熱地產ノ獸、極メテ强ク猛クシテ獸中ノ王ト稱ス、形、黃狗ノ如ク、高サ三尺、長サ六尺ヨリ九尺ニ至ル、頭大ク、腰細ソク、毛色蒼黃ナリ、眼圓ク、尾長クシテ、端ニ毛毬アリ、牡ニハ鬣アリ、牝ニハ無シ。獅（二）獅子頭ノ略。「—ヲカブル」（三）獅子舞ノ略。「—ヲ舞フ」

〔しし〕（名）四至 四方ノ界目。境内。

しし（名）嗣子 家ヲ嗣グベキ子。家督スベキ子。（嫡子、長子ナラズシテ、次三男ナドヲ家督ニ定メタルニイフ）

しし（名）四子（一）四人ノ子。（二）第四ノ子。四男。

しし（名）刺史（一）國ノ守ノ唐名。（二）支那ニハ、州ノ長官。

しし（副）孜孜 勤ムル貌ニイフ語。「—汲汲」

しし（感）（一）警蹕ノ聲。（二）鎭メ禁ムルニ發スル聲。

しし（名）〔縮ミタル意カト云〕赤子ノ陰部。朘

しじ（名）四時 延ベテ、しいしトイフ。春、夏、秋、冬ノ稱、卽チ、一年ヲ四分セルモノ。四氣。四季。

じし（名）次子 次男ニ同ジ。

じし（名）侍史 右筆。モノカキ。

じじ（名）時事 當時ニ起レル世上ノ事柄。

じじ（副）時時 トキドキ。シバシバ。「—現ハル」

〔ししいでん〕（名）紫宸殿ノ讀癖、其條ヲ見ヨ。

ししうど（名）土當歸ノ類、莖、葉、大抵、相似テ、毛茸甚ダ多クシテザラツク、食フベカラズ、夏ノ後、薹ヲ出シ、葉、互生ス、秋ニ至リ、高サ六七尺、枝ノ端毎ニ、小白花簇リ開ク、根、白クシテ氣烈シ、藥用トス。イヌウド。ウマウド。獨活

ししがしら（名）獅子頭 木ニテ獅子ノ頭ヲ刻リ作レルモノ、布ヲ添ヘテ體トシ、獅子舞ニ用ヰル。

ししかまる（自動）（規.一）ル・レ・ラ・リ・レ 蹙 ししまる、ちぢまるニ同ジ。「此時、蛇、シジカマリタリケリ」

ししかむ（自動）（規.二）ム・メ・マ・ミ・メ 蹙 ちぢむニ同ジ。「御書ハ、昔ダニアリシヲ イト、ワリナウ、シジカミ」似氣ナキモノ、シジカミタル髮ニ裝ツケタル」

ししがり（名）猪狩〔獸狩ノ意ナルベシ〕多人數、山ニ入リテ、猪、鹿、兎、猿等ノ獸ヲ狩リ取ルコト。山獵

ししくはず（名）猪不食（一）おにおはノ一名。（二）おはおはノ一名。（三）やぶからじノ一名。

〔ししこらかす〕（他動）（規.二）ス・セ・サ・シ・セ 病ヲ癒シ損フ。「シシコラカシツル時ハ、ウタテ侍ルヲ、疾クコソ試ミサセ給ハメ」（瘧ニ）「瘧ココチニワヅラヒテ、シシコラカシテアリケルニ」

〔ししじもの〕（名）鹿自物 鹿トイフ物。「—膝折伏」

ししそんそん（名）子子孫孫 子孫ヲ重ネテイフ辭。マゴマゴマデ。

ししたけ（名）猪茸 原野ノ濕地ニ列リテ生ズ、蓋、小ク、莖、高ク、肥エテ、形、漏斗ノ如ク、莖ノ中、空シ、背ハ、鹿ノ毛ノ如ク、蓋、莖、共ニ、鱗ノ如ヤ刺アリテ暗褐色アリ、乾セバ黒ク、味甚ダ佳ナリ。名、革茸。茅蕈

じじつ（名）時日 ときとひと。光陰。「—ヲ移サズ」

じじつ（名）事實 コトノマコト。コトノココロ。コトツケ。「—ヲ正ス」

ししづく（名）肉荳蔲 にくづくニ同ジ。

〔ししは〕（副）繁ク。「荒磯ノ上ニ、打靡キ—生ヒタル馬尾藻モ」山ハシモ、—アレドモ、川ハシモ、多ニユケドモ」

〔ししのひたひぐさ〕（名）たからしニ同ジ。

〔ししびしほ〕（名）肉醬 肉ニテ作レル醬。シホカラ。醢

〔ししびと〕（名）宍人 魚肉ヲ割烹スル者ノ稱。

しじふ（名）詩集 詩ヲ集メ記シタル書物。

しじふ（數）四十 十ヲ四倍ニシタル數。ヨソヂ。

ししぶえ（名）鹿笛 獵夫ノ鹿ヲ誘フタメニ吹キ用ヰル笛、鹿ノ耳皮、或ハ腹籠リノ皮ヲ用ヰルト云。

しじふから（名）四十雀〔雀、四十ヲ、其一鳥ニ代フル意ト云、或云、四十ハ群ガル意ナリト、或云、鳴ク聲ヲ名トセルナリト〕やまがらノ屬、秋ノ末、群ヲナシテ來ル、頭、黒ク、兩頰、白ク、黒白ノ圈、頸ニ至ル、胸、背、灰青色、翅、黒クシテ灰白ナル縱紋アリ、腹白ク、胸ヨリ尾マデ、黒キ雲紋アリ、聲、淸滑ニシテ、善ク囀ル。白頰鳥

しじふくにち（名）四十九日 佛法ニ、人死シテ七七日ニ法事ヲ修スルコト。

しじふはつて (名) 四十八手 相撲ニイフ語、古法ニ、四手アリ、頭ニテスルヲ、反トイヒ、手ニテスルヲ捻トイヒ、腰ニテスルヲ投トイヒ、足ニテスルヲ掛トイフ、此四手ニ、各、十二手ノ變化アリ、コレヲ一トイフトゾ。

ししふんじん (副) 獅子奮迅 刺擊ノ法ニイフ語、獅子ノ怒リ奮フガ如ク、疾クシテ烈シ。

(しじま (名) 無言 〔口ノ蹙マル間ノ意ト云〕 物言フヿヲ止ムルヿ。無言。「憂キ身ニハ、しじまヲダニモ、エコソセネ、思ヒアマレバ、獨言タレテ」幾ソタビ、君ガしじまニ、マケヌラム、物ナ言ヒソト、言ハヌ頼ミニ」八講ナドノ論議ノ時ニ、證義者、かねトイヘバ、威儀師、磬ヲ打鳴ラシテ、其後、論議ヲ止ム、コレヲ一ノかねトイフトゾ。

ししまひ (名) 獅子舞 大ナル獅子頭ヲ被リテ行フ舞、太神樂ニ行ヒテ、惡魔ヲ祓フトス、神前ノ獅子狛犬ヲ舞ハスルモノナルベシ。

(しじまふ・フ・ヘ・ハ・ヒ・ヘ (自動)(規・一) 〔蹙マルノ意カ〕 進ミ得ズ、又退キ得ズ。「山中嶮絶無復可行之路、乃捷遑不知其所跋渉、俯迎喉咽進退而血泣」 進退維谷

しじまる・ル・レ・ラ・リ・レ (自動)(規・一) 蹙 ちぢまるニ同ジ。

しじみ (名) 蜆 〔縮貝ノ義カ〕 介ノ名、淡水、鹹水、共ニ産ス、どぶがひ、屬ニシテ、殼、圓ク小ク、刻ミ多シ、泥中ニアルハ黒ク、沙中ニアルハ黄ナリ、大ナルモノハ、八九分アリ、久シキモノハ、禿ビテ白キモアリ、肉味美ニシテ、多ク味噌汁トス。

しじみがひ (名) 蜆貝 しじみニ同ジ。

しじみばな (名) 蜆花 こごめざくらニ同ジ。

しじん (名) 始審 訴訟ノ第一ノ審判。(控訴ニ對ス)

しじむ・ム・メ・マ・ミ・メ (自動)(規・一) 縮 ちぢむ(規・一)ニ同ジ。

しじむ・ムル・ムレ・メ・メ・メロ (他動)(規・二) 縮 ちぢむ(規・二)ニ同ジ。「袴ノ丈、狩衣ノ裾マデ、延ベ、シジメ給ヒケルヲ」

しじん (名) 四神 四方ノ稱。東ヲ青龍トイヒ、西ヲ白虎トイヒ、南ヲ朱雀トイヒ、北ヲ玄武(龜ノ象ヲ圖ス)トイフ、天ノ四方ノ星象、各、其形ヲナセリトテ名ツクルナリ。又、地相ノ、此天象ニ相應スルヲ、一相應トイフ、左ニ流水アルヲ青龍トシ、右ニ長道アルヲ白虎トシ、前ニ汙池アルヲ朱雀トシ、後ニ丘陵アルヲ玄武トシ、コレヲ最貴ノ地トスト云。

しじん (名) 詩人 詩ヲ好ミテ作ル人。詩作ニ巧ミナル人。詩客。

じしん (名) 自身 オノレミヅカラナルヿ。自身。躬

じしん (名) 侍臣 側勤メノ臣。

じじん (名) 慈仁 メグミ。イツクシミ。

じじん (名) 自刃 自殺。自害。

じしんぎ (名) 時辰儀 時計。

ししんけい (名) 視神經 眼ニアリテ、物ヲ視ルヲ主ル神經。

しすむし (名) 蜥蜴ノ類ニシテ、草中ニ居リ、甚ダ人ヲ畏レテ走ル、やもりニ似テ痩セ、長サ五六寸許、灰色、或ハ褐色ニシテ、背ニ黒キ條一道アリ、脇ニ黒キ斑アリ、五指ナリ。蛇醫

ししんでん (名) 紫宸殿 ししいでんトモ、禁中ノ正殿ノ名、大禮、正式ヲ行ハルル處。一名、南殿。

じしんばん (名) 自身番 〔市人ノ私ニ警戒スル意カ〕 往時、江戸ノ市中ニ、町町ノ事ヲ掌リシ番屋ノ稱、町役人、コヽニ出ヅ。

(ししむら (名) 〔肉叢ノ義〕 截レル肉ノ塊。臠

‡しじめ (名) 蜆 しじみ、ノ訛。

‡しじめばな (名) しじみばなノ訛。

ししや (名) 使者 ツカヒノモノ。君命ヲ受ケテ使ニ行ク役。

じしや (名) 寺社 寺ト社ト。神社ト佛閣ト。

じしや (名) 侍者 ソバヅカヘノモノ。

ししやう (名) 師匠 〔師ニ匠成ノ能アリ〕 師、ノ條ヲ見ヨ。

ししやう (名) 死傷 死ニタルト創ツキタルト。死人ト手負ト。

しじやう (名) 祠掌 神人ノ卑キモノ。

しじやう (名) 私情 一己ノ便ヲ希フココロ。

じじやう (名) 事情 コトノココロ。コトワケ。コトガラ。

じじやう (名) 辭讓 謙ダリ讓ルヿ。辭退。辭宜。

じしやく (名) 磁石 (一)ハリスヒイシ。鑛物ノ名、鐵鑛屬、色、黒ク、或ハ褐色ヲ帶ブ、外面ニ細カキ孔アリ、毛ノ如キモノアリ、孔ノ中ノ色、鐵錆ノ如シ、天性アリテ、能ク鐵ヲ吸ヒ、又、南北極ヲ指ス。(二)一盤ノ略。

じ‐じやく (副) 自若 ソノマヽニテ變ハラズ、物事ニ遇ヒテ、動セヌ狀ニイフ語。「一トシテ動カズ」一タリ」

じしやく‐ばん (名) 磁石盤 方角ヲ測リ知ル器ノ名、鋼ノ針ヲ、磁石ニ磨リテ其性ヲ移シ、小キ盤ノ中央ニ立チタル針ノ上ニ、横ニ浮カセテ置ク、盤動ケバ、針旋リテ、其一端ハ、常ニ必ズ北ヲ指ス、盤ノ周圍ニ、東西南北ノ字ヲ盛リ、又、周天、百二十二分チ、十二支ニ配ス。西洋製ナルハ、四方四隅ノ間ヲ、更ニ細カク分チテ三十二方トス。磁針 羅經盤

じしや‐ぶぎやう (名) 寺社奉行 德川氏ノ政府ニ、全國ノ神社、佛寺、神官、僧侶ノ訴訟、戶籍等、一切ノ事ヲ統ベ掌ル職。

じ‐しゆ (名) 自首 自訴ニ同ジ。

じ‐しゆ (名) 自主 獨立シテ事ヲ行ヒ他人ノ關涉ヲ受ケズ賴マヌ了。自立。

し‐じゆう (名) 始終 ハジメ、ヲハリ。

し‐じゆう (副) 始終 初ヨリ終リマデ。絕エズ。常ニ。始末終

じ‐しゆう (名) 時宗 叉、時衆。佛敎ノ一派、淨土宗ヨリ分ル、建治二年、伊豫ノ僧一遍、創ム、常ニ諸國ヲ遊行シテ弘法ス、故ニ、遊行上人、遊行派等ノ稱アリ

じ‐じゆう (名) 侍從 天子ニ近侍スル官。古ハ、中務省ニ屬シ、正一八人、常侍、規諫、拾遺、補闕ノ任ナリ、次一ハ九十二人、諸官ヨリ擇バレテ、昇殿ヲ聽サレ、御前ノ雜事ニ給仕ス。此官多クハ他官ヨリ兼ヌ。

〔じ‐しゆ‐かう (名) 十種香 梅檀、沈水、蘇合、薰陸、鬱金、白膠、青木、零陵、甘松、鷄舌ノ十香ナリト云。後ノ十炷香モコレニ本ヅク。

し‐しゆく (名) 止宿 トマリヤドル了。假ニ數日月ヲ期シテ、他ノ家ニ宿リ居ル了。假寓

し‐じゆく (名) 私塾 私シニ設クル塾。(公立ノ學校ナドニ對シテイフ)

し‐しゆつ (名) 支出 支拂ヒヅカヒハラヒ。仕出シ。

じ‐じゆん (名) 耳順 六十歲ノ異稱。

し‐しよ (名) 四書 經書ノ條ヲ見ヨ。

じ‐しよ (名) 字書 字引ノ條ヲ見ヨ。

じ‐しよ (名) 辭書 字引ノ條ヲ見ヨ。

じ‐じよ (名) 自序 己ガ著述ニ、自ラ序文ヲ作ル了。

じ‐しよう (名) 自稱 (一)自ラ稱フル了。(二)語學ノ語代名詞ノ、自ラ己ガ名ニ代ヘテ用ヰルモノノ稱、我、僕、余、ナドノ如シ。

じ‐じよう (名) 自乘 算術ノ語、其數字ホドノ數ヲ掛クル了、例ヘバ、五ニ五ヲ掛クレバ二十五トナルガ如シ。

じ‐しよく (名) 辭職 職ヲ罷メラレム了ヲ請フ了

しじら (名) 縮羅 ねりぬきノ條ヲ見ヨ。

〔しじらぎ (名) 縐 縮ノ緘文。

しじる ル・ル・レ・レ・レ・レヨ (自動)(規.二) 縮 ちぢるニ同ジ。

〔しじ‐わき (名) 膝 (肉分ノ義ナラム) 肌理。膚理。

〔しす スル・スレ・セ・セ・セヨ (他動)(規.二) 殺 死ナス。コロス。「將ニ殺サレ其三弟ニ命ハ那志勢多麻比曾」

し‐す スル・スレ・セ・シ・セヨ (自動)(不規.二) 死 死ヌ。ミマカル。

じ‐す スル・スレ・セ・シ・セヨ (他動)(不規.二) 辭 (一)イナム。辭退ス。返ヘス。(二)暇申ス。罷ル。

〔しすう ウル・ウレ・エ・エ・エヨ (他動)(規.二) 爲居 据ウ、トイフニ同ジ。「只、畫ニ書キタル姫君ノヤウニ、しすゑラレテ打チミジロキ給フ事モ難ク」尼ニナシテ、深キ山ニヤしすゑテ」

しすます ス・セ・サ・シ・セ (他動)(規.一) 爲濟 爲テ遂グ。爲シテ果ツ。

し‐すゐ (名) 死水 止水 流レヌ水。タマリミヅ。

じ‐すゐ (名) 自水 自ラ水ニ身ヲ投ゲテ死スル了。入水。ミナゲ。投身

じ‐すゐ (名) 自炊 身自ラ飯ヲ炊グ了。(奴婢ニセサスルニ對ス)

〔しずゑ (名) 尻居 土器ノ下ニ敷クモノ。孽子。

し‐せい (名) 死生 死ヌルト生クルト。イキ、シニ。生死。「一、命アリ」

し‐せい (名) 四聲 韻ノ條ヲ見ヨ。

し‐せい (名) 四姓 源氏、平氏、藤原氏、橘氏ノ稱。

し‐せい (名) 至誠 マゴコロ。

し‐せい (名) 施政 マツリゴトヲホドコス了。政治

じ‐せい (名) 辭世 (世ヲ罷ル意) 死ヌル際ニ作リテ遺ス詩歌。絕命詞

じ‐せい (名) 時勢 トキノイキホヒ。世ノナリユキ。「一ニ從フ」

しせい（名）自製 自ラ製ルコト。自作。手製。

しせい（名）自生 オノヅカラ生ユルコト。（人ノ植エ作ルニ對ス）

しせき（名）咫尺 相向ヒテ甚ダ距離無キコト。「—ノ間」天顔—」

しせき（名）事蹟 事ノアトカタ。

しせきえい（名）紫石英 （一）色ノ紫ナル石ノ名、石英ヨリハ碎ケヤスシ、六面ニ結晶セルモノアリ、碎ケバ八面トナル。（二）又、ムラサキズヰシヤウ。（すゐしやうノ條ヲ見ヨ）

しせつ（名）使節 （節ハ節刀ヲ持スル義）國君、又ハ、政府ノ命ヲ奉ジテ、他國ニ使ヒスル官人。

しせつ（名）師說 師匠ノ說。

しせつ（名）時節 （一）時候。「暖和ノ—」清明ノ—」（二）トキゴ。トキ。ヲリ。「—到來」

しせん（名）詩箋 詩ヲ記スニ用ヰル紙、多クハ種種ノ色ニ染ム。

しせん（名）死戰 死物狂ノタタカヒ。

しぜん（名）自然 オノヅカラ然ルコト。天然。

しぜん（名）至善 至極ノ善。

しぜん（名）慈善 メグミ。イツクシミ。

しぜんに（副）自然 オノヅカラ。天然ニ。

しそ（名）紫蘇 草ノ名、春苗ヲ生ズ、莖、方ナリ、葉ハ、圓クシテ尖リ、邊ニ大鋸齒アリテ、皺多シ、鋸齒ノ深キハ、兩面、紫ナリ、コレヲ花—、縮緬—、唐—、ナドイフ、上品ナリ、（鷄蘇）裏、紫ニ、表、綠ナルヲ、片面—トイフ、下品ナリ、葉、皆、香氣アリ、食用トシ、又、梅漬ナドニ用ヰテ、紫汁ヲ取ル、秋、長キ穗ヲ成シ、細紫花ヲ開ク、子細カク、芥子ノ如シ、亦食用トス。

しそ（名）始祖 先祖、元祖ニ同ジ。

しそ（名）私訴 民事ノ訴訟。

（しそ（名）辭書 辭職ノ上書。「斯ル程ニ、大貳ノしそ、タビタビ奉リ給ヘバ」大貳ノしそトイフモノ、オホヤケニ奉リタリケレバ」

しそ（名）自訴 己ガ罪ヲ己レ自ラ悔イテ訴ヘ出ヅルコト。自首

しそく（名）紙燭・脂燭 禁中ナドニテ、席中ニ松明ノ如ク用ヰルモノ、松ノ細ソキ材ノ一尺五寸許ナルガ端ヲ焦シ、油ヲ塗リテ火ヲ點ス、本ヲ青紙ニテ卷クトゾ。又、紙縷ニ油ヲ浸シテ點スモアリ。「しそく召シテ、アリツル扇御覽ズレバ」脂燭ヲサシテ、人人見レバ」宿直人起シテ、しそくサシテ參レトイヘ、ト宣ヘバ」紙燭ノ歌、脂燭ノ詩、ナドイフハ、幾寸點ル間ニ、ト限リヲ立テテ、歌ヲ詠ミ、詩ヲ作ルヲイフ。

しそく（名）四足 （一）ヨツアシ。足ノ四ツアルコト。（獸ニイフ）四脚（二）轉ジテ、直ニ、ケダモノ。ケモノ。「—ヲ食フ」獸

しそく（名）子息 ムスコ。（敬語トス）

（しぞく（名）親族ニ同ジ。チスヂノモノ。「此ノ大德ノしぞくナリケル人ノ娘ノ」しぞくニ侍リケル女ノ」藤壺ノ御方ノしぞくタチノ」

しぞく（名）氏族 氏ノ中ノモノドモ。ウカラ。ヤカラ。

しぞく（名）士族 往時ノ、宮方、將軍、公家衆、大名等ノ家臣ヲ併セテ一族トシタルモノノ身分ノ稱、華族ト平民トノ間ニアリ。

（しぞく・く・ケ・カ・キ・ケ（自動）（規、一）退 しりぞくニ同ジ。「サシシアキテ、花ノ陰ニ立チ隱レテ」濟ケドモ濟ケドモ、後方シアキニシアキテ」

しそこなひ（名）爲損 シソコナフコト。シソンジ。ヤリソコナヒ。シクジリ。失錯

しそこなふ・フ・ヘ・ヘ・ヒ・ヘ（他動）（規、一）爲損 爲テ誤ツ。シソンズ。ヤリソコナフ。シクジル。失錯

（しそ・ず・ズル・ズレ・ゼ・ゼ・ゼヨ（他動）（不規、二）爲損ズニ同ジ。シソコナフ。「如何ニシテ、斯ク、恥カクスコトハ、シツルゾ、云云、しそじテ侍リシナド聞ユ」

しそつ（名）士卒 士分ト雜兵トヅハモノ。

しそまき（名）紫蘇卷 梅干、たうがらしノ實ナドヲ、紫蘇ノ葉ニ卷キテ、鹽漬トシタルモノノ名。

しそ・む・ムル・ムレ・メ・メ・メヨ（他動）（規、二）爲初 爲始ム。

しそん（名）至尊 至リテ尊キコト。即チ、天子ノ稱。

しそん（名）子孫 祖ヨリ、子、孫、曾孫ト、代代打續キテ生レ來レル人人。後胤。末孫。

しそんじ（名）爲損 シソンズルコト。シソコナヒ。失錯

しそん・ず・ズル・ズレ・ゼ・ジ・ゼヨ（他動）（不規、二）爲損 シソコナフ。失錯

した（名）下 （一）上ノ反對。シモ。（二）表ノ反對。ウラ。「—ニ着ル」（三）低キコト。劣リタルコト。卑シキコト。後ニナルコト。「—役」支配—」—働キ」—手」—ニ付ク」

下流 (四)先ツ試ミニスルコト。「ー書キ」ー讀ミ」ーゴシラヘ」(五)用ヰ舊シタル後。(六)人家ニ用ヰ舊シタル品物ヲ賣拂フコト。「ーニ取ル」ーニヤル」

○ーニ居ル。ウヅクマル。ヒザマヅク。 蹲踞

〔あた〕(名)心〔胸ノ下ノ義カ〕心ノ底。「ーノ思ヒ」ーノ歎キ」ー苦シ」ー戀シ」ー安シ」ーニノミ、戀フレバ苦シ」戀シクバ、ーニヲ思ヘ」アリガタキ御顧ミヲ、リナリツルヲ」歸リヤ出デ給フト、ー待チヲリケリ」心中

あた (名)舌 動物ノ口中ノ機關、喉ヨリ長ク出デ、物ヲ味フ用ヲナス。人ニアリテハ、兼ネテ物言フ用ヲナス。

○ーヲフルフ。肯ハズ、又、驚キ恐ル。 掉舌 ○ーヲ卷ク。驚キテ物言ヒ得ズ。 卷舌

あた (名)簧〔舌ノ義〕笙ノ管頭每ニ、横ニ其中ニ著クルモノ、吹ケバ鼓動シテ、音ヲ起ス、元ハ、竹、鐵、或ハ、金葉ニテ作レリト云、今、常ニハ響銅ニテ作リ、あらむせき(又、笙石)ヲ塗ル。

あた (名)鑞舌〔舌ノ義〕篳篥ノ上端ニ挿ミ、含ミテ吹キテ、音ヲ發セシムルモノ、形、舌ノ如シ、鑞ニテ作ル、鵜殿蘆ヲ用ヰル。

〔あた〕(名)時ノ意ニテ、今、行キあぁ、歸リあぁ、起キあぁナドイフあぁコレナリト云。「トホシトフ、ゴナノ白嶺ニ、逢思太モ、逢ノヘ思太モ、汝ニコソ寄サレ」ヒナグモリ、碓氷ノ坂ヲ、越エ志太ニ、妹ガ戀シク、忘ラエヌカモ」

あた (名)齒朶〔垂ル意カト云〕草ノ名、苗ハぜんまいノ如ク、長ズレバ、形、雉尾ノ如シ、葉、兩兩相對ズレバ

諸向ノ名モアリ、大小二種アリ、單ニ、ートイフハ、大ーナリ、一名、穗長(京都)又、裏白、(東國)新年ノ飾リニ用ヰル、小ーハ、形、小シ、松茸ノ下敷ナドトシ、又、活花ニモ用ヰル。 羊齒

あた (名)自他 己レト他人ト。我ト人ト。「ー平等」ー倶ニ」

あたい (名)四體 頭ト身ト手ト足ト。

あたい (名)死體 シカバネ。死骸。

あだい (名)四大 正シクハ、四大種トイフ、天竺ニテ、地、水、火、風、ノ稱、支那ニイフ五行ノ如シ。

あだい (名)至大 至テ大ナルコト。「ー至廣」

あだい (名)次第 (一)ツイデ。前後ノナラビ順。「ーヲ正ス」ーニ從フ」(二)テツヅキ。ナリキタリ。「此ノーニ因テ」如何ナルーニテ」 來由

あだい (接尾)次第 次第ニ任セテ。「出來ー送ルベシ」

あたい (名)辭退 謙ダリ辭ムコト。辭宜。 謙辭

あたい (名)事體 事ノ狀。コトガラ。

あたい (名)自體 己ガ體。

あたい (副)自體 モトヨリ。ゼンタイ。「ーアルモノ」

あだい (名)時代 トキゴゾノ頃ノ世。年代。「鎌倉ー」足利ー」

あだいいよ (副)次第 次第ヲ追ヒテ。順ニ。ヤウヤウニ。ダンダンニ。「ー進ム」ー上ル」

あだいいよ (接尾)次第 ニ任セテ。ノマニマニ。「心付キー申サム」心ースル」

あだいもの (名)時代物 古キ時代ノ物。久シク世ヲ歷タル物事。

あたう (名)至當 至極、相當セルコト。「ーノ論」

〔あだう〕(名)四道 大學寮ノ條ヲ見ヨ。

あだう (名)祠堂 家ノ中ニ、祖先ノ靈位ヲ祀ル所。持佛堂。

あだうきん (名)祠堂金 菩提寺ニ設ケタル一ガ祠堂ノ祀ニ供フル金、即チ、寺ニ寄附スル先祖代代ノ供養料。

あたうち (名)舌打 シタウツコト。舌ニテ上齶ヲ撫デ彈キテ鳴ラスコト、物ヲ味フトキ、又ハ、意ノ如クナラズイマイマシク思フトキ、又ハ、犬猫ヲ呼ブトキ、ナドニスルコトナリ。クチツヅミ。シタツヅミ。 咤 鼓舌

〔あたうつ〕ウ・ツ・タ・テ・テ (自動)(規・二)舌打 舌打ヲナス。 咤 鼓舌

〔あたうづ〕(名)襪 あたぐつノ音便、其條ヲ見ヨ。

あたおび (名)下帶 はだのおびニ同ジ。

あたがき (名)下書 文章畫圖ナド、先ヅ試ミ書クコト。草稿。下書。(淨書ニ對ス) 草案

あたがさね (名)下襲 又、カサネ。束帶ノ時、袍ノ下ニ著ル衣ノ名、小袖ノ上ニ著ル。其背後ノ裾ヲ裾トス。

あたかた (名)下方 囃子ノ條ヲ見ヨ。

〔あたかた〕(名)〔下形ノ義〕下地。「御調度ドモ云云、物ノー畫様ナドヲモ御覽ジ」大將モ、サル世ノオモシトナリ給フベキーナレバ」

あたがつて（接）隨〔あたがひてノ音便〕夫レニ就キテ。就テ。因テ。（手紙ノ語）
あたがね（名）〔用ヰ舊シタル物ヲ賣拂フヲあたトイフ〕人家ノふるかねヲ買受クル商。
〔あたがひ（名）〔下交ノ義ナラムト云〕衣ノ下前ナラムカ。シタガヘ。「縑ノ雛衣三ツ縫ヒタリ、あたがひドモニ斯ウヲ書キタリケル」唐衣、馴レニシツマヲ、打返シ、我ガあたがひニナス由モガナ」
あたがふ・フ・ヘ・ハ・ヒ・ヘ（自動）（規．一）從隨〔下ヲハタラカス〕（一）後ニ附キテ行ク。伴ハル。（二）倣フ。眞似ル。遵（三）ソノ意ノ如クニテル。同意ス。順（四）ソノママニナル。隨（五）服從ス。降參ス。服從
あたがふ・フル・フレ・ヘ・ヘ・ヘヨ（他動）（規．二）從 他ヲ我ニ從フヤウニナス 服從セサス。
〔あたがへ（名）あたがひニ同ジ。「魂ノ、通フアタリニ、アラネドモ、結ビヤセマシ、あたがへノツマ」
あたぎ（名）下着 上衣ノ下、肌着ノ上ニ着ル衣。中單
あたく（名）支度（一）物事ヲ用意シ調ヘ設クルヿ。（二）衣服ヲ着調フルヿ。結束（三）食事ヲ調フルヿ。餐
あたく（名）私宅 ワタクシノ家。己ガ家。（官宅ニ對ス）
〔あたく・ク・ク・カ・キ・ケ（他動）（規．一）碎キ折ル。拉グ。荒ラス。「小ノ山ヤ、野風ニー、刈萱ノ、シドロニフミモ、亂レ散ルカナ」鶯ノ、シダカム中ニ、梅ノ花、散リ殘ラナム、春ノ形見ニ」蹈ミー」

あたく（名）自宅 己ガ家。我ガ家。

〔あたぐつ（名）襪〔下履ノ義〕音便ニ、シタウツ。束帶ノ時ニ、靴ノ下ニ用ヰル足袋ノ如キモノ、帛ニテ作ル。

〔あたくひ（名）頤〔下顎ノ義ナラム〕頤ノ下。

あたぐみ（名）下組 豫テノ用意支度。

あたぐら（名）下鞍 又、シックラ。馬具ノ名、鞍ノ下ニテ馬ノ背ニ當ツルモノ、藁ニテ作リ、革ニテ面ヲ被フ。今、切付。韉
あたごころ（名）下心 心ニ、預メ期スルヿ。ココロガマヘ。

あたごしらへ（名）下拵 豫メ取リ設クルヿ。準備
あたし・シキ・シケレ・シク・シク（形．二）親（一）血縁近シ。（二）交リニ隔テナシ。昵カラズ。ムツマジ。ネンゴロナリ。ココロヤスシ。

あたし（名）仕出（一）シダスヿ。作リ出ダスヿ。（二）調ヘテ送ルヿ。調進。（料理ナドニ）

あたしく（副）親 ミヅカラ。マノアタリニ。「一行フ」一見タリ」

あたじき（名）下敷 物ノ下ニ敷ク物。

あたした（名）下下 官ニ對シテ、世ノ民ドモ。人民。シモジモ。「一ノ難儀」

あたしだ（副）水ノ滴ル狀ニイフ語。ジトジト。

〔あたしだど（副）萎エテシナダル狀ニイフ語。「練絹ノヤウニ、一ナリタル」

あたしみ（名）親 シタシムヿ。交リニ隔テナキヿ。

あたしむ・ム・メ・マ・ミ・メ（自動）（規．二）親〔心染ムノ義〕親シクス。心ニ隔テナク交ル。むつむ。睦マジクス。ネンゴロニス。懇意ニス。ココロヤスクス。


あたしんず・ズル・ズレ・ゼ・ジ・ゼヨ（自動）（不規．三）親〔あたしみすノ音便〕あたしむニ同ジ。

†あたしもの（名）ひたしものノ訛。

あたす・ス・セ・サ・シ・セ（他動）（規．一）仕出（一）作リテ出ダス。（二）調ジテ送ル。調進ス。（料理ナドニ）（三）營ミテ大ニナス。「身代ヲ一」

〔あたすだれ（名）車帷〔下簾ノ義〕車ノ簾ノ内ニ懸クル帷ニテ、白絹ニテ、裾濃ナドナリトニ云。「尼ノ車、シリロヨリ水晶ノ數珠、薄墨ノ袈裟、衣ナド、イミジクテ、簾ハ上ゲズ、下スダレモ、薄色ノ、裾少シ濃キ」スダレ打上ゲ、シタスダレ引上ゲテ戴セ給フ」

あたずり（名）下摺 版ヲ試ミニ摺ルヿ。試刷
あたたか（副）健（一）シタタカニ。甚ダシク。「一打タル」（二）多ク。アマタ。「一アル」

あたたかに（副）健 嚴ク。甚ダシク。甚ダ強ク。「御佩刀ノ緒ヲ、シタタカニ結ビ垂レ」イト、シタタカナル、ミヅカラノ祝ヒ事ドモカナ」走リ出デムトシケレバ、シタタカナル者ドモ、六八シテ止メケルニ、其身ノ強キヿ言フバカリナシ」若キ人ハ、物ノ程知ラヌヤウニ侍ルコソ、ナドシタタカニ言フ聲ノ」

あたたかもの（名）健者 剛ノ者。勇士。（前條ヲ見ヨ）

〔あたたみ（名）小贏子 細螺 介ノ名、きさごノ古名。

あたたむ・ム・ム・ムレ・メ・メ・メヨ（他動）（規．二）認〔下認ムノ義〕「一見留ム。見極ム。

したたむ・ムル・ムレ・メ・メ・メヨ (他動)(規.二) (一)取リ調フル。取リマカナフ。支度ス。「國ノ政ヲシタタメ行ヒ」昔コソ、受領ドモモ、任ノ程、其國ヲシタタメシカ、此頃ハ名バカリニテ、イツクニモ守護トイフモノ云云」歌ノ雙紙ドモ、擇リシタタメ」打散ラシ給ヘル物ドモ取リシタタム」御門ナドモ、ワザト、シタタムル人モナキニヤ、入リテ見出シ給フニ」御燈ノ事ドモ、シタタメ出デ、イソガセバ」魚ナドシタタメテ桶ニ入レテ」寄合ヒテ大雁ヲ食ハムトテシタタメケル所ヘ」物食ヒシタタメテ出デ行クヲ」 調治 (二)調ヘ食フ。「晝飯ヲー」 喫 (三)書キ調フル。(常ニ認ノ字ヲ假借ス)「手紙ヲー」 記

〔したたむ・ム・メ・マ・ミ・メ (自動)(規.一) 物言ヒ、訛ム。ナマル。「東國ニテ、養ハレタル、人ノ子ハ、舌ダミテコソ、物ハ言ヒケレ」

〔したため (名) シタタムルコ。取リ調フルコ。「後ノーナドモ、イトハカナクシテケルヲ」

‡したためる (動) したたむノ訛。

したたらず (名) 舌不足 舌ニ不具ナル所アリテ、言語ノ自在ナラヌコ。

したたり (名) 滴 シタタルコ。シタタルモノ。シヅク。

したたる・ル・レ・ラ・リ・レ (自動)(規.一) 滴 〔下垂ル、ノ義〕垂リテ落ツ。雫トナリテ落ツ。「水ー」「雨ー」「酒ー」

〔したぢ (名) 助枝 壁ノ骨トスル木舞。(かべしたぢノ條ヲ見ヨ)

したぢ (名) 下地 (一)物事ヲスルニ、預メ供ヘ設クルモノ。物事ノ起ル基トナルモノ。(二)醤油ノ一名。(吸物ヲ作ル下地ノ義)

したぢまど (名) 壁ノ一部ヲ塗リ殘シ、助枝(木舞)ヲソノママニ格子トシタル窓。

したつ・ツル・ツレ・テ・テ・テヨ (他動)(規.二) 爲立 (一)作リナス。コシラヘタツル。「ツクロヒ假粧シ、劣ラジトシタテタル、女畫ノヲカシキニ、イト善ウ似テ」(二)衣ヲ裁チ縫フ。「睦月ノ御裝束ナド、云云、イト清ラニ、シタテ給ヘルヲ」 裁縫 (三)敎ヘコム。ソダテアグル。シコム。「舞ナラハシナドハ、里ニテ、イト善ウシタテテ」御子モ、腹腹イト多カルヲ、云云、マタナク、シタテサセ給フ」 養成 (四)別段ニ支度シテ送ル。「飛脚ヲー」「馬ヲー」 差遣

〔したづかさ (名) 下司 卑シキ官人。ゲシ。ゲス。

〔したつき (名) [illegible] 物言ヒノ明カナラヌコ。シタタラズ。

したつづみ (名) 舌鼓 したうちニ同ジ。

したづみ (名) 下積 積荷ナドノ、下ノ方ニナリタルモノ。

したて (名) 仕立 (一)作リナスコ。(二)衣ヲ裁チ縫フコ。「ー物」「ーカタ」「ー屋」 裁縫 (三)ヲシヘコムコ。ソダテアグルコ。シコミ。「弟子ノー」 養成 (四)別段ニ支度シテ送ルコ。「ーノ飛脚」「ーノ舟」

したで (名) 下手 相手ノ次ニ付クコ。「ーニナル」ーニ出ル」

〔したてゆばり (名) 臨瀝 〔したてハ、滴ル意〕病ニ因テ小便ノ滴ルコ。 淋瀝

〔したてる・ル・レ・ラ・リ・レ (自動)(規.一) 下照 下葉赤ク照ル。「橘ノ、之多泥流庭ニ、殿立テテ」春ノ苑、クレナヰ匂フ、桃ノ花、下照ル道ニ、出デ立ツ少女」

‡したてる (動) 仕立 したつノ訛。

〔したどき (名) 舌ニ瘡ノ如キモノ生ズルコ。小兒ニアリ。 鵞口瘡

〔したどし・キ・ケレ・ク・ク (形.一) 舌疾 物言ヒ速シ。「セウサイセウサイトイフ聲ゾ、イトシタドキヤ」ゲニ、イカデ、此ノシタドサ、ヤメ侍ラム」 疾語

〔したどに (副) 舌疾 物言ヒ速ク。クチバヤニ。「宜フケハヒノーアワツケキヲ」 疾語

〔したなき (名) 〔心泣ノ義〕隱ビテ泣クコ。「ーシテ、頻ニウナヅキツツ、メデカンジケリ」

したなめづり (名) 舌ニテ唇ヲ嘗ムルコカ。「アヒタリツル軍ドモ、目ヲ怒ラシ、舌ナメヅリヲシテ、我ヲ見付ケテ、疾ク率テ來カシト思ヒタル氣色ニテ、立チサマヨフヲ見ルニ」

したならし (名) 下馴 豫メ慣ハシ置クコ。

〔したのおび (名) 下帶 裝束ノ下ニ着ルモノノ帶ナリト云。東帶ニハ、上下ニ帶スレバイフトゾ。「シタノオビノ、道ハカタカタ、ワカルトモ、行キメグリテモ、逢ハムトゾ思フ」

したば (名) 下葉 枝ノ下ノ方ノ葉。「萩ノーハ、紅葉アヘムカモ」

したば (名) 下端 下ノ方。下ノ部。

したはし・シキ・シケレ・シク・シク (形.二) 慕 慕スベキアリ。ナツカシ。

したはたらき (名) 下働 他ノ手下ニ屬キテ、其指圖ニテハタラクコ。又其人。

〔したばふ・フル・フレ・ヘ・ヘ・ヘヨ (自動)(規.二) 下延 下ニ延ヘ

フ。心、其方ヘ向ク。「隱沼ノ、下延オキテ」住吉ノ、濱松ガ根ノ、之多婆倍テ、我ガ見ル小野ノ、草ナカリツネ」

〔あたばへ〕(名)下延 シタバフルヿ。心ノ向クヿ。「我ガ志多婆倍ヲ、言出ツルカモ」

あたはら (名)下腹 古名、コノカミ。腹ノ臍ノ下ノ部。又、コガミ。ホガミ。 小腹

〔あたひ〕(名)下樋 箏ノ腹ノ空ナル所。「琴取レバ、嘆キ先立ツ、蓋シクモ、琴ノ下樋ニ、嬬ヤコモレル」

〔あたび〕(名) シタテルヿ。紅葉。「秋山ノ、舌日ガ下ニ、鳴ク鳥ノ」

あたび (名)下火 火炎ノ、勢衰ヘテ消エムトスルヿ。

あたひげ (名)下髭 下ノ唇ノ髭。

あたひば (名)〔幕葉ノ義ト云〕草木ノ葉ノ下ニツケル小キ葉ノ稱。

〔あたひも〕(名)下紐 下裳ノ紐ナリト云。人ニ戀ヒラルル時ハ、下紐解クルヿアリト言ヒナラハシテ、歌ニハ多ク其意ニイヘリ。「泣ク泣クモ、今日ハ吾ガ結フ、ーヲ、イツレノ世ニカ、解ケテ見ルベキ」戀シトハ、サラニモ言ハジ、下ヒモノ解ケムヲ人ハ、ソレト知ラナム」

あたひらめ (名)舌平目 鰈ノ類、形、狹ク長ク薄キヿ、牛ノ舌ノ如ク、草鞋ノ底ノ如シ、故ニ、牛ノ舌鰈、くつぞこナドノ名モアリ、大ナルハ、一尺四五寸ニ至ル、左、黒クシテ、右、白キヿ、鰈ニ同ジク、但シ、口ハ下ノ方ニ偏リテ、少シ曲レリ。 鞋底魚

あたぶ・フ・ヘ・ヘ・ヒ・ヘ (他動)(規、二)慕 (一)懷カシク思フ。

戀ヒ思フ。(二)追ヒツカムト行ク。「後ヲー」追蹤

〔あたぶ・ブル・ブレ・ビ・ビ・ビヨ〕(自動)(規、三) 萎ブノ意ニテ、ヤガテ、紅葉スルヲイフト云。「秋山ノ、下部留妹、ナユ竹ノ、トヲヨル子等」

〔あたぶり〕(名)舌風 モノイヒブリ。「シタブリ、イトサワヤカナリ」

〔あたまつ・ツ・テ・タ・チ・テ〕(他動)(規、一) 心ニ待チ受ク。「女御、云云、オハシマシヤスルト、シタマチ給ウケルニ、オハシマサザリケレバ」歸リヤ出デ給フト、シタマチ居リケリ」

あたまへ (名)下前 衣ノ前ノ、合ハスレバ下ニナル所。シタガヒ。シタンマヘ。

〔あたみ〕(名)〔滑ミノ義ナラムト云〕 底ハ方ニシテ、上ハ圓キ筐、トアリ、今ノ米揚笊ノ類カト云。

あたみ (名)下見 〔誶ノ轉ナルベシ〕家ノ四面ノ壁ヲ板ニテ被ヒテ風雨ヲ防グモノ。 壁板

あたみ (名)下見 あたよみニ同ジ。

あたむ・ム・メ・マ・ミ・メ (他動)(規、一)湑 〔下ヲハタラカス〕液ヲシタタラス。「酒ヲー」水ヲー」

あたん (名)紫檀 熱國產ノ樹、材ヲ舶來ス、色、紫黒ニシテ、老木、嫩木ニ因テ、色ニ深淺アリ、質、堅實ニシテ美シケレバ、種種ノ器ニ作リテ貴ブ。

あダン (名)師檀 寺僧ト檀那ト。「ーノ契」

あだん (名)示談 雙方ノ爭ヒヲ、訴訟ナドニモセズシテ、相對ノ話合ヒニテ治ムルヿ。熟談。和談。

あたんまへ (名) あたまへノ音便。

あため (名)下目 貶シメテ見ルヿ。侮ルヿ。「ーニ見ル」蔑視

あため (名) 擗ノ實。

〔あたも〕(名)下裳 女ノ裳、衣ノ下ニ著レバイフトゾ。「人知ルヤ、ーノ紐ヲ、解キソメテ、君ト契ヲ、結ブ夜トハ」

〔あたもゆ・ユル・ユレ・エ・エ・エヨ〕(自動)(規、二)下萌 地ヨリ萌エ出ツ。「今ヨリハ、春ニナリヌト、カゲロフノ、下モエイソグ、野邊ノ若草」又、燃ユルニ掛ケテ、「春日野ノ、草葉ハ燒クト、見エナクニ、シタモエワタル、春ノ早蕨」又、心焦ルニ掛ケテ、「藻鹽燒ク、蜑ノ焚ク火ノ、下ニノミ、モエツツカラキ、我ニヤハアラヌ」

あたやく (名)下役 支配下ノ小役人。 下僚

あたやしき (名)下屋敷 あもやしきニ同ジ。

あたよみ (名)下讀 人ノ前ニテ、書ヲ讀ミ又ハ講ズベキ前ニ、先ヅ自ラ讀ミ解キオクヿ。下見。 覆案 案講

‡あたら (名)〔爲たらくナドノ略ニテ、體たらくナドイフニ同ジキカ〕行事ノ撿束(常ニ反語ヲ添フ)「ーガ無イ」不ー」

‡あだらく (名)自墮落 志ノ堅固ナラヌヿ。身持ノ取締リナキヿ。フシダラ。 放縱

あたり (名)枝垂 シダルヿ。枝ノ下ニ垂ルモノ。シダレ。「ー柳」ー櫻」 垂條 垂枝

あたりがほ (名)〔爲タリ顏ノ義ナラム〕 シスマシタリト誇ル顏色。「此主ノ、ーニ、タシカニ取ラムト宣フハ、ヲコノ事ゾカシ」我ハト思ヒテ、ーナル人、謀リ得タル」

得色」

しだり-ざくら (名) 枝垂櫻 彼岸櫻ト同種ニシテ、枝ノ垂ルモノ、殊ニ大木トナル、花ノ形モ全ク同ジクシテ、亦、同時ニ咲ク、但シ、色薄シ。シダレザクラ。イトザクラ。

しだり-やなぎ (名) 枝垂柳 やなぎノ條ヲ見ヨ。

(一)しだり-を (名) 垂尾 長ク垂ル尾。「山鳥ノ尾ノ一ノ」

しだ-る・れ・ら・り・れ (自動)(規.一) 垂 (下垂ルノ意カ) 撓ヒ垂ル、ノ意カ」垂ル。下ル。「垂氷ノイミジウ、シダリ」三熊野ノ、ナギノ葉シダリ、降ル雪ハ」青柳ノ、ワヅカニシダリハジメタラム心チシテ」雪ヲ重ミ、シダレルミサノ、枝ナレバ」

しだ-る・る・るれ・れ・れ・れよ (自動)(規.二) 垂 前條ノ語ニ同ジ。

(一)しだる-し・き・けれ・く・く (形.一) シタシタトナル。シナダレタリ。「シタルキ麻ノ、衣ススギテ」

しだれ (名) 枝垂 しだりニ同ジ。

しだれ-ざくら (名) しだりざくらニ同ジ。

しだれ-やなぎ (名) しだりやなぎニ同ジ。

艹しだれる (動) しだる(規.二)ノ訛。

した-ゑ (名) 下繪 下書ノ畫。試圖

(一)した-を (名) 前夫 前ノ夫(後夫ニ對ス)

(一)したを-る・る・るれ・れ・れ・れよ (自動)(規.二) 下折 折レ俯ス。「オシナベテ、草葉ノ上ヲ、吹ク風ニ、先ヅシタヲルル、野邊ノ刈萱」

(一)したをれ (名) 下折 シタヲルルコト。折レ俯スコト。

しち (名) 質 (字ノ音、ちナルベシ) (一)約束ヲ守ルベキ證トシテ、他ニ渡シオクモノ、違フレバ其物ヲ償ヒトスル意ナリ。「若シ、黄金賜ハヌモノナラバ、裘ノ一返ヘシタベトイヘルコトヲ見テ」「人一」(二)物ヲ一トシテ金錢ヲ貸借スルコト。

しち (數) 七 ナナ。ナナツ。

(一)しぢ (名) 榻 車輿ノ轅ノ臺、踏臺、腰掛ノ類。戀歌ニ、多ク、一ノ端書ト詠メルハ、昔シ、男、女ニ懸想シテ、九十九夜マデ通ヒテ、車ノ榻ニ其數ヲ記シタリシニ、百夜ニ滿ツル夜障ル事アリテ逢ハズナリシ故事ナリト云。「ツラカリシ、百夜ノ數ハ、忘ラレテ、猶頼マルル、一ノハシガキ」百夜マデ、逢ハデ生クベキ、命カハ、書キモ始メジ、一ノハシガキ」

(一)じち (名) 實 實トイフニ同ジ。マコト。「サレド、じちノ御心ハ、イト哀レニウシロヤスクゾ、思ヒキコエ給ヒケル」じちノ母君ヨリモ、此御方ヲバ睦マジキモノニ頼ミ聞ユ」

じ-ち (名) 自治 人民、自ラ、其分內ノ政治ヲナスコト。(政府ノ治ニ對ス)

しち-えう (名) 七曜 (一)支那ノ天文說ニ、日月ト、水火木金土ノ五星トヲ倂セイフ稱。(二)一週七日ノ日毎ニアル稱、第一日ヲ日曜日トシ、順ヲ追ヒテ月曜日、火曜日、水曜日、木曜日、金曜日トシ、第七日ヲ土曜日トス。

し-ちく (名) 絲竹 いとたけノ條ヲ見ヨ。

し-ちく (名) 紫竹 苦竹ノ一種、生ヒタル年ハ綠ニシテ、翌年ヨリ紫黒色ニ變ハルモノ。

しち-くさ (名) 質種 質物トスベキ物。

しち-ぐわつ (名) 七月 年ノ第七ニ當ル月。文月。フヅキ。

しち-けい (名) 七經 經書ノ條ヲ見ヨ。

しち-ご-さん (名) 七五三 (一)祝儀ノ物事ニ用ヰル數。一、三、五、七、九、ヲ陽ノ數トシ、其中ノ三ツヲ用ヰル、陽氣ハ物ヲ成生セシムレバ取ルナリトイフ。(二)杜連。

しち-ごん (名) 七言 詩ノ條ヲ見ヨ。

しち-じ (名) 七時 ときノ條ヲ見ヨ。

しち-じふ (數) 七十 十ヲ七倍ニセル數。ナナソ。ナナソヂ。

しち-じふ-に-こう (名) 七十二候 氣候ノ條ヲ見ヨ。

しち-じやう (名) 七情 喜ブコト、怒ルコト、哀ムコト、樂ムコト、愛スルコト、惡ムコト、欲スルコトノ七ツノ情。

しち-しよ (名) 七書 支那ノ兵書ノ、孫子、吳子、司馬法、尉繚子、三略、六韜、太宗問對、ノ總稱。

しち-しよく (名) 七色 いろノ條ヲ見ヨ。

しち-せき (名) 七夕 五節句ノ一、陰曆七月七日ナリ。(たなばたまつりノ條、見合ハスベシ)

しちたう (名) しちたうゐノ略。

しち-だう (名) 七道 東海道、東山道、北陸道、山陰道、山陽道、南海道、西海道、ノ稱。今、北海道ヲ倂セテ八道ノ稱モアリ。

しち-だう-がらん (名) 七堂伽藍 山門、佛殿、法堂、方丈、食堂、浴室、東司、皆具ハリタル伽藍ノ稱。(或ハ方丈、食堂ヲ僧堂、廚トス)

しちたうゐ (名) 【七島藺】 草ノ名、薩摩ノ南海ノ七島ノ地ニ產スレバ名トス、元ハ琉球ノ產ナレバ、琉球藺トモイフ、今ハ四國九州ニモ多シ、莖、三稜ニシテ、かやつりぐさニ似テ長大ナリ、高サ四五尺ニ及ブ、葉短クシテ互生ス、梢ニ穗ヲ生ズ、茶褐色ニシテ、亦かやつりぐさノ穗ニ似テ大ナリ、莖ヲ刈リテ、乾シテ、疊表ヲ織ル、琉球表トイフ、粗ナレドモ强シ。略シテ、シチタウ。莕茳

しちでう (名) 【七條】 袈裟ノ七幅ニテ製セルモノ。

しちどやき (名) 【七度燒】 滅金ノ最モ精ナルモノ、數度施シテ燒キツク。

しちふくじん (名) 【七福神】 大黑天、蛭子ノ神、毘沙門天、辨財天女、福祿壽、壽老人、布袋和尙等ノ福神ノ稱。

シチン (名) 【繻珍】 〔唐音、七絲緞ノ略、葡萄牙語 Setim. 佛語 Satin. 蘭語 Satijn〕 緞子ノ一種、舶來ス、細カキ花文ヲ織出シ、絲ニネバリ少ク、黃赤ノ雜色多シ。又、シュチン。七絲緞

しちめんてう (名) 【七面鳥】 鷄ノ類ニシテ、甚ダ大ナルモノ、北亞米利加ニ野生シ、今ハ諸國ニ畜ヒテ、肉ヲ賞美ス、面色、時時變ハルガ故ニ名アリ、羽色、雜彩ニシテ、尾ヲ開ケバ團扇ノ如シ、咽ニ肉アリテ垂ル。白露國鷄

しちもつ (名) 【質物】 金ヲ借ルニ質トシテ渡ス物。典質

しちや (名) 【七夜】 兒ノ生レテ七日ニ當ル日ヲ祝フ稱。

しちや (名) 【質屋】 質物ヲ取リテ金ヲ借スヲ業トスル商家。典舖

しちやう (名) 【使廳】 檢非違使ノ廳。

しちやう (名) 【紙帳】 紙ニテ作レル蚊屋。

しちやう (名) 【支廳】 出張ノ役所。

〔しちやう〕 (名) 【仕丁】 (一)ツカヘヨホロ。古ヘ、役ニ因テ使ハルル丁。(二)又、主殿寮ニ屬シテ、禁中ヲ掃除シ、庭燎ヲ焚クナド、雜役ニ使ハルル者。

しちゆう (名) 【市中】 イチノナカ。マチナカ。

しちゆう (名) 【寺中】 (一)テラノウチ。寺內。(二)俗ニ、塔頭。

しちよ (名) 【四女】 (一)四人ノ女。(二)第四ノ女。

じぢよ (名) 【次女】 第二ノ女。

じぢよ (名) 【侍女】 コシモト。

しちよう (名) 【輜重】 軍ニ送ル小荷駄ノ車。

しちよう (名) 【至重】 至テ重ンズベキヿ。

〔じちよう〕 (名) 【實用】 律儀ノ意カ。「昔シ、男アリケリ、イト忠ニ、じちようニテ、アダナル心無カリケリ」

〔しちらい〕 (名) 失禮トイフニ同ジ。

しちりけつかい (句) 【七里結界】 (一)四方七里ヲ結界ス。(結界ノ條ヲ見ヨ)(二)俗ニ、しちりけつぱいナド訛リテ、嫌ヒ防キテ、近ヅケヌ意ニ用ヰル。

しちりん (名) 〔火氣、爐ニシテ、炭ノ價七厘ニテ、煮ルニ足レバイフトゾ〕 涼爐ノ類、土製ニシテ、粗大ナルモノ、廚ノ用トス。

しつ (名) 【質】 (一)物ノ成立テル元。タチ。モチマヘ。(二)人ノウマレツキ。タチ。素性。

しつ (名) 【室】 (一)座敷。部屋。居間。(二)內室。奧方。

しつ (名) 【瑟】 おほごとノ二十五絃ナルモノ。

しつ (名) 【濕】 濕瘡ノ略。

〔しづ〕 (名) 【賤】 〔下ノ意〕 イヤシキヿ。イヤシキ者。「一ガ家」一ガ伏屋」一ノ庵」一ノ女」一ノ男」

〔しづ〕 (名) 【倭文】 〔沈ノ義ナリト云、或云、線ノ轉ナリト〕 古ヘノ織物ノ名、梶、麻、苧等、其緯ヲ靑赤ナドニ染メテ、亂レタルヤウノ文ニ織リナスモノトイフ。シヅオリ。シツリ。シドリ。シヅ機。文布。「一ノ苧環」一幣」神ノ社ニ、照ル鏡、一ニ取リ添ヘ、コヒノミテ」大君ノ、御帶ノ一機、結ビ垂リ」一機ノ、經緯亂ル、思ヒセマシヤ」一機ニ、ヘツルホドナリ、白絲ノ、斷エヌル身トハ、思ハザラナム」

〔しづ・づる・づれ・で・て・でよ〕 (他動) (規.二) 【垂】 垂ラス。「榊葉ニ、木綿取リシデテ」イソノカミ、ブルヤ男ノ、太刀モガナ、組ノ緖シデテ、宮路通ハム」玉ガシハ、庭モ葉廣ニ、ナリニケリ、コヤ木綿シデテ、神祭ルコロ」

じつ (名) 【實】 (一)マコト。虛ナラヌヿ。僞リナキヿ。「一ノ親」一ノ話」(二)芝居ノ語ニ、善人ニ扮ツヿ。「一事」一役」

じつ (名) 【日】 ヒ。ニチ。(熟語ニノミ用ヰル)「一一」一月」

しつあう (名) 【執拗】 カタイヂ。

しつい (名) 【失意】 志望ヲ失ヘルヿ。不滿足。

じつい (名) 【實意】 マゴコロ。深切。誠心

じついん (名) 【實印】 印形ノ條ヲ見ヨ。

〔しづえ (名) 下枝 下ノ方ノ枝。シタエ。「谷深キ、松ノ―ニ、吹キトメテ、深山ノ嵐、聲シツムナリ」
〔しづおり (名) 倭文織 倭文ニ同ジ。
しつか (名) 膝下 ヒザモト
じつか (名) 實家 養子 養女ナドノ里方。
しつかい (副) 悉皆 コトゴトク。ミナ。ノコラズ。一切。
じつかい (名) 十界 佛經ノ説ニ、佛、菩薩、縁覺、聲聞、天上、人間、修羅、畜生、餓鬼、地獄、ノ十ノ界。
しつかう (名) 執行 トリオコナフ事。
しつかう (名) 膝行 ヒザマヅキテ進ム事。「―頓首」
じつかう (名) 實行 實地ニ行フ事。實施。
じつかう (名) 實效 マコトノシルシ。目前ニ現ハレタル利目。「―ヲ奏ス」
しづかには (副) 靜 (一)音ナク。騒ガシカラズニ。落チ着キテ。(二)穩ニ鎭マリテ。「四海、波風―」
じつかん (名) 十干 えとノ條ヲ見ヨ。
しつかり (副) 〔確ノ延〕 確ト。堅固ニ。タシカニ。 確
しつき (名) 濕氣 シメリケ。濕氣。
しつき (名) 漆器 ヌリモノ。
じつき (名) 字突 おさしニ同ジ。
じつぎ (名) 實義 眞心ヲツクス事。 誠意
じつきやう (名) 實況 有體ノ景況。
しつく・クル・クレ・ケ・ケ・ケヨ (他動) (規・二) 仕付 (一)作リ付クル。シタツル。(二)田植ヲナス。(三)禮儀ヲ敎ヘ慣ラス。 敎成
しつく (名) 疾苦 ヤミクルシム事。「民ノ―ヲ救フ」

しづく (名) 雫 〔沈ム意〕 水ノシタタリ。 涓滴 點滴
〔しづく・ク・ケ・カ・キ・ク (自動) (規・一) 〔沈ミ透クノ意カト云〕 水ノ中ニ透キ映リテ見ユ。「大海ノ、水底照ラシ、石着ク玉、齋ヒテ採ラム、風ナ吹キコソ」藤波ノ、蔭ナル海ノ、底清ミ、之都久石ヲモ、玉トゾ我ガ見ル」水ノ面ニ、―花ノ色、サヤカニモ」
しつくい (名) 漆喰 〔石灰ノ字ノ唐音〕 石灰、叉ハ、蠣灰ヲ、ふのりヲ煮タル汁ニ入レテ、をさヲ雜ゼテ溶シタルモノ、壁ノ上塗ニ用ヰ、或ハ、石、瓦、ノ隙ヲ塞グ、色白シ、或ハ種種ノ色ヲモ加フ。
しつくす・ス・セ・サ・シ・セ (他動) (規・一) 爲盡 爲スベキ限リ爲ス。
〔しづくら (名) 下鞍ニ同ジ。「赤駒ニ、志都久良打チ置キ、ハヒノリテ」
しつくり (副) 物事ノ善ク食ヒ合フ意ニイフ語。「―合フ」「―治マル」 適合
しつくわ (名) 失火 誤チテ發セル火災。
じつくわい (副) 日外 イツゾヤ。
しつけ (名) 仕付 (一)シツクル事。作リツクル事。シタツル事。(二)田植。「―時」(三)新ニ仕立テタル衣服ノ折目ヲ馴ラサムガ爲ニ、絲ニテ粗縫ニ縫ヒツケオク事。
しつけ (名) 躾 〔前條ノ語意ニ同ジ〕 儀式、饗應、應對、接待等ニ、物事ノ扱ヒ、起居擧動ノ行儀ヲ敎ヘナラス事。 禮容
しつけ (名) 濕氣 (一)シメリケ。空氣ニ濕多キ事。(二)水地ナドノ濕ル事。

しつけい (名) 失敬 失禮ニ同ジ。
じつけい (名) 實景 眞景ニ同ジ。
しつけかた (名) 躾方 躾ノ法則。禮儀ノ敎ヘ
〔しづけし・キ・ケレ・ク・ク (形・一) 靜ナル狀ナリ。「アヘテ漕ギ出ム、海上モ之頭氣師」
じつげつ (名) 日月 ひとつきとつきヒ。
じつげふ (名) 實業 農、工、商ナド、實地ニ行フ事業。(學問理論ノ業ナドニ對ス)
しつけん (名) 執權 (一)政事ノ權ヲ執ル事 (二)鎌倉將軍ノ頃、執政第一ノ職ノ稱
しつげん (名) 失言 イヒソコナヒ。言葉ノアヤマチ。
じつけん (名) 實檢 物ノ實否ヲ撿ムル事。「首―」
じつけん (名) 實驗 マコトノタメシ。正シク試ミル事。(理論ニ對ス)
++しつける (動) 仕付 しつくノ訛。
〔しづごころ (名) 靜心 靜ケキ心。落着キタル心。「―無キ、我戀ノ」「―無ク、花ノ散ルラム」春ハ惜シ、時鳥ハタ、聞カマホシ、思ヒワヅラフ、―哉」
しつこし・キ・ケレ・ク・ク (形・一) クドクドシ。ウルサシ。シツッシ。シッツコシ。 煩縟
じつさい (名) 實際 實地ノ場合。
しつさう (名) 濕瘡 瘡ノ名、皮膚ニ細カク發シテ、甚ダ痒キモノ、忽チ全身ニ殖エ、殊ニ他ニ傳染スル性アリ。シツ。 疥癬
しつさく (名) 失錯 アヤマチ。シソコナヒ。シクジリ
しつし・キ・ケレ・ク・ク (形・一) しつこしニ同ジ、

しつじ (名) 執事 (一)家人ノ專ラ家政ヲ掌ルモノノ稱。(二)鎌倉ノ頃、政所、問注所、等ノ職名。(三)足利將軍ノ頃、執政ノ職、後ニ管領ト改ム。

じつし (名) 實子 マコトノコ。(養子ナドニ對ス)

〔じつし〕(名) 十死 舊曆ノ上ニ、大凶日ノ稱。

じつし (名) 實施 實行ニ同ジ。

じつじ (名) 實事 マコトノコト。虛ナラヌ事柄。

しつしつ (名) 蟋蟀 コホロギ。

しつしつ (副) 甚ダ靜ニ。「前ナル谷ヨリ、雲、ートト上ルニ、イト物悲シウテ」「ー起チテ」徐徐

じつしやう (名) 實正 マコトナル事。タシカナル事。僞リナキ事。正實

じつしやう (名) 實性 物事ノタシカナルトコロ。「ーヲミトドケテ」

じつじやう (名) 實情 マコトノココロ。飾ラヌ事譯。

じつしゆう (名) 十宗 佛教ノ八宗ニ、禪宗、淨土宗ヲ加ヘタル稱。

じつしゆかう (名) 十炷香 しゆかうノ條ヲ見ヨ。

じつしよう (名) 實證 タシカナル證據。確證

〔しつ・す・スル・スレ・セ・シ・セヨ〕(他動)(不規・二) 執 深ク心ニ掛ク。「法住寺殿ハ、サシモ執シオボシメシ、造リミガカレタリケレドモ、一時ガ程ニ燒ケ亡ビヌ」

じつ・す・スル・スレ・セ・シ・セヨ (自動)(不規・二) 實 中ニ實ツ。

しつせい (名) 執政 政ヲ執ル事。專ラ政權ヲ統ベ行フ職。

じつせつ (名) 實說 マコトノ說。虛ナラヌ話。

しつそ (名) 質素 衣食住ヲ飾ラヌ事。奢ラヌ事。儉約ナル事。儉素

しつそう (名) 失踪 カケオチ。シユツポン。

しつたい (名) 失體 體裁ヲ失フ事。面目ヲソコナフ事。不體裁。

じつたい (名) 實體 マコトノカタチ。本體。正體。

しつたう (名) 失當 相當ヲ失ヘル事。理ニ當ラヌ事。

しつたつ (名) 執達 上ノ意ヲ承ケテ、下ニ通ズル事。(官府ノ指令ニイフ)

〔シツダン〕(名) 悉曇 (梵語、成就、又、所生、ノ義、一切ノ事言、文字ニ因テ成就ストイフ意)(一)梵字ニ、音ヲ生ズル根本ノ字。即チ、母韻。(梵字ノ條、見合ハスベシ)(二)轉ジテ、梵字、音韻、ノ總稱。

しつち (名) 濕地 水澤ノ邊ノ低クシテ濕氣多キ地。沮洳

じつち (名) 實地 マコトノ場合。推シ量リナドナラヌ事。有體。實際。

じつちく (名) 實竹 竹ノ一種、幹ノ中ノ、實チテ空ナラヌモノ、石地ナドニ生ズ、陸前松島ノ福浦島ノ產、名アリ、多ク印材ナドトス。實心竹

じつちよく (名) 實直 實體ニ同ジ。

しつつよし (形) しつよしニ同ジ。

しつつゐ (名) 失墜 空シク失フ費。無用ノ入費。耗費

じつて (名) 十手 捕手ノ用ヰル具、鐵製ノ短キ棒ニテ鉤アリ。手木。(柔術ノ條、見合ハスベシ) 鐵尺

じつてい (名) 實體 心、所行、ノ眞實正直ナル事。實直

じつてつ (名) 十哲 孔子ノ弟子ノ十人ノ優レタルモノ、即チ、顏回(子淵)閔損(子騫)冉耕(伯牛)冉雍(仲弓)宰予(子我)端木賜(子貢)冉求(子有)仲由(子路)言偃(子游)卜商(子夏)ノ稱。

しつてんばつたう (句) 七顚八倒 七タビ轉ビ、八タビ倒ル。苦痛ニ堪ヘズシテ、烈シク身ヲモガク。顚轉

しつと (名) 嫉妬 ネタミ、ソネミ。悋氣。

しつとく (名) 失德 身持ヲアヤマテル事。人柄ノ瑕。

じつとく (名) 十德 (一)中世用ヰタリシ服ノ名、製、素袍ノ如クニシテ、腋ヲ縫ヒツク、侍ナルハ、葛布ニテ、白、或ハ、黑ニ染メ、胸紐アリテ、上ニ帶ス、中間、小者ナルハ、布ニテ作リ、胸紐ナク、下ニ四幅袴ヲ着ク。其袴ハ、前、後、四幅ニテ、膝頭ニ至リ、裾、稍、狹シ、下ニ脚半ヲ着ク。(二)後ニハ、專ラ、醫師ノ禮服トス、腰以下、襞アリ。

しつとり (副) シツヤカニ。シトヤカニ。深沈

じつなし・キ・ケレ・ク・ク (形・二) (古ク、術無シ、ノ訛) 爲ムカタナシ。セウコトナシ。(上方語)

じつに (副) 實 マコトニ。僞リナク。

しつねん (名) 失念 モノワスレ。忘却

〔しつのめ〕(名) 賤女 イヤシキヲンナ。

〔しつのを〕(名) 賤男 イヤシキヲノコ。下郎

しつぱい (名) 失敗 シソコナヒ。シクジリ。

しつばう (名) 失望 ノゾミヲ失フ事。アテノハヅルル事。

しつ-ぽう (名) 七寶 (一)ナナツノタカラ。佛經ニ謂フ所、金、銀、瑠璃、硨磲、瑪瑙、琥珀、珊瑚ノ稱。(或ハ、琥珀、珊瑚ヲ玻璃、瑇瑁ニ代フルアリ、又、眞珠ヲ加フルモアリ)(二)七寶燒ノ略。

しつ-ぽう (名) 十方 四方ト四隅ト上下トノ稱。「―世界」

〔しつぽう-ぐれ〕 (名) 十方暮 舊暦ノ上ニ、甲申ヨリ癸巳マデ十日ノ稱、此間十方ノ氣、暗剋シテ和合ヲ去ルトイヒ、相談事ニ忌ムト云。

しつぽう-ながし (名) 七寶流 七寶燒ニ同ジ。

しつぽう-やき (名) 七寶燒 又、七寶流シ。略シテ、七寶。銅器ノ上ニ、はりがねヲ用ヰテ、種種ノ鑤樣ヲ作リツケ、五彩ノやきものぐすりニテ其隙ヲ塡メ燒キ成セルモノ。 大食窰 嵌寶

〔しつはた〕 (名) 賤機 〔賤ハ借字〕 倭文ヲ織ル機。倭文(倭文ノ條ヲ見ヨ)

〔しつはた-おび〕 (名) 賤機帶 倭文ノ帶。(倭文ノ條ヲ見ヨ)「古ヘノ、シヅハタ帶ヲ、結ビ垂リ、誰チフ人モ、君ニハマサジ」

しつ-ばらひ (名) 後拂 〔しりはらひノ音便〕 シンガリ。アトオサヘ。 殿

しつ-ぴ (名) 失費 ツヒエ。モノイリ。イリヨウ。「莫大ノ―」

しつ-ぴ (名) 實費 マコトノ入費。(口錢ナド加ヘヌヲイフ)

しつ-ぴつ (名) 執筆 筆ヲ執リテ物書クコト。

しつ-ぷ (名) 實父 マコトノチチ。(養父ナドニ對シテイフ)

しつ-ぷ (名) 實否 實ナルト否ラザルト。實カ虛カ。「―ヲ糺ス」 信否

しつ-ぷう (名) 疾風 疾ク吹ク風。

しつ-ぷう-もくう (句) 櫛風沐雨 風ニ梳リ、雨ニ髮洗フ。山野ニ奔走勤勞ス。

しつ-ぺい (名) 執柄 (一)政事ノ權柄ヲ執ルコト。(二)關白ノ異稱。

しつ-ぺい (名) 竹篦 〔漆箆ノ音ナリト云〕 (一)竹製ノ杖ノ如キモノ、禪家ニテ、人ヲ打ツニ用ヰルモノトイフ。(二)又、俗ニ、戲レニ、指ヲ指ニテ張リ反セテ、其彈ク力ニテ、人ノ肌ヲ打ツコト。

しつ-ぺい (名) 疾病 ヤマヒ。ビヤウキ。

〔しつぺい-け〕 (名) 執柄家 攝家ニ同ジ。

しつ-ぼ (名) 實母 マコトノハハ。ウミノハハ。(養母、繼母ナドニ對ス)

〔しつ-ぽう〕 (名) 實法 〔字ノ音、しつぼふノ音便〕 篤實。實體。「しつぽうノ者ニハ、物仰セ惡ケレバトテ、笑ヲ含マセオハシマス」イト、しつぽうニ、三ツ喰ヒテ」

しつ-ぼく (名) 質樸 質朴 心、所行、律儀ニテ取リ飾リナキコト。 樸直

シツ-ポク (名) 卓子 〔卓袱ノ唐音ト云〕 (一)唐風ノ食事ニ用ヰル卓ノ名、四脚ニシテ、高サ三尺許、周ニ布帛ヲ垂ルト云。其飲食ヲ、―料理トイヒ、其精進ナルヲ普茶トイフ。(二)蕎麥切ニ松茸、椎茸、蒲鉾、菜、ナド加ヘテ羹タルモノ

††しつ-ぽり (副) シメヤカニ。「―濡ルル」「―語ラフ」

しつ-まる・ル・レ・ラ・リ・レ (自動) (規・一) 鎭 (一)靜ニナル。落チ着ク。騷ギ止ム。(二)騷亂止ミテ、穩ニナル。(世ノ亂ナドニ) 鎭定 (三)ヲサマル。オチツキトマル。「痛ミガ―」 止 (四)其地ニ留リテ遷ラズ。鎭座ナル。(神ノ靈ナド)(五)氣象、浮キテ居ラズ。「年ノ程ヨリモ、ヨナク大人ビシヅマリ給ヘル」イト、シヅマリタル人ナリ」 沈着 (六)寢ヌ。「カリナルヤウニテ、大殿籠レバ、人人モシヅマリヌ」人シヅマル程、夜イタク更ケテ」 就寢

しつ-みやう (名) 實名 名ノ條ヲ見ヨ。

しつ-む・ム・メ・マ・ミ・メ (自動) (規・一) 沈 (一)水ノ中ニ下ル。底ノ方ヘ行ク。(浮ブノ反)(二)シヅマル。落チ着ク。「谷深キ、松ノ下枝ニ、吹キトメテ、深山ノ嵐、聲シヅムナリ」 鎭定 (三)身分卑クテアリ。貴キニ昇リ得ズ。「物ノ品貴ク生レナガラ、身ハシヅミ、位、ミジカクテ」濁リニモ、染マヌ蓮ノ、身ナリセバ、―トモ世ヲ、歎カザラマシ」 沈滯 沈淪 (四)奈落ニ陷ル。ウカバズ。「イカデ、カノシヅミ給フラム罪、救ヒ奉ルコトヲセムト」(五)深ク煩フ。「秋ノ暮ニ、病ニシヅミテ、世ヲノガレ侍リニケル」(六)浮キ立タズ。氣ガフサグ。「慰ムカタナク、思シシヅミテ」 悒鬱 (七)泣キ俯ス。「シヅミ入リテ、伏シヌ」涙ニ―」

しつ-む・ム・ム・ムル・ムレ・メ・メヨ (他動) (規・二) 沈 (一)沈ムヤウニナス。水ノ中ニ下ス。(二)官位ヲ卑クシテ置ク。「祈リツツ、猶コソ頼メ、陸奥ニ、しづめ給フナ、浮島ノ神」

しつ-む・ム・ム・ムル・ムレ・メ・メヨ (他動) (規・二) 鎭 (一)抑ヘテ治

ム、靜ニ定ム。(二)其處ニ止メ据ウ。鎭座セサス(神ノ靈ナド)(三)寐サス。「秋ノ夜ハ、人ヲシヅメテツレヅレト、掻キ鳴ス琴ノ、音ニテカレケル」
しつめい (名) 實銘 實體ニ同ジ。 實値
しつめいし (名) 實名詞 名詞ノ條ヲ見ヨ。
しづめる (動) 沈鎭 しづむ(規・二)ノ訛。
しつもん (名) 質問 文義ノ解ケヌヲ聞キ質スコト。
〔しづやかに (副) 靜ニ。シヅケク。「今ハ、長雨ガチナリ、ー降リテ暮ラス日、時鳥、カスカニ鳴キワタリ」イデ、ー心ニクキケハヒ」 深沈 靜謐
しつよう (名) 實用 人間肝要ノ事ニ用アルコト。(飾リ、慰ミナドニ對ス)
じつらい (副) 日來 ヒゴロ。
しつらひ (名) シツラフコト。設ケ装フコト。「小キ御調度ドモ、ウツクシゲニ、調ヘサセ給ヘリ、云云、御ー雛遊ノ心チシテヲカシウ見ユ」サスガニ、寢殿ノ内バカリハ、アリシ御ーニカハラズ」 装置
しつらふ・フ・ヘ・ハ・ヒ・ヘ (他動)(規・一)〔爲飾フ意カ〕取飾フ。構ヘ設ク。飾リツクル。「舜ハ閨ヲシツラヒナドス」御車入レサセテ、西ノ對ニ御座ナドヨソフ、云云、假初ナレド淸ゲニシツラヒタリ」物運ビ、簾掛ケー」 装置
〔しづり (名) 倭文 しづおりノ略、しづノ條ヲ見ヨ。
〔しづり (名) シヅルコト。枝ヨリ落ツル雪。シヅレ。「奥山ノ、しづりノ下ノ、袖ナレヤ、思ヒノ外ニ、ヌレヌト思ヘバ」
〔しづる・ル・レ・ラ・リ・レ (自動)(規・一)〔垂ルト通ズ〕木ノ枝ニ降リカカリタル雪落ツ。(前條ヲ見ヨ)

〔しづる・ル・ル・レ・レ・レ・レ (自動)(規・二) 前條ノ語意ニ同ジ。「朝マダキ、松ノウラ葉ノ、雪ハ見ム、日影サシ來バ、しづれモゾスル」
〔しづれ (名) シヅルルコト。枝ヨリ落ツル雪。シヅリ。「雪ヲ重ミ、垂レルミサノ、枝ナレバ、サハル小笠ニ、しづれ落ツナリ」
しつれい (名) 失禮 禮ヲ失フコト。ヰヤナキコト。無禮。失敬。
しつろく (名) 實錄 實ノ記錄。アリシ事ヲ、飾ラズ隱サズ、記シツケタル文書。(小説ナドニ對ス)
しづわ (名) 後輪 〔しづハ、下ノ義〕 鞍ノ條ヲ見ヨ。
して (名) 仕手 〔爲人ノ義〕(一)爲ル人。行フ人。(二)能、狂言ナドニ、舞曲ノ中ノ主トナル技ヲ行フ役。コレニ伴フモノヲ、連トイヒ、其相手トナルモノヲ、脇トイフ。謠物、語物、モ、ソレト同ジ所ヲ述ブル役ノ稱トス。
して (辭) (一)ありて、又、て、ノ意。「長クー細シ」斯クー別ル」巧ニー速ナリ」言ハズー知ル」 而 (二)を使ひて、以て、にて、ノ意。「門明ケテ、惟光ノ朝臣出來ルー奉ラス」アリツル御隨身ー遣ハス」二人ー結ビシ帶ヲ一人ーー」書キ馴レタル手ー、口ドク返シナドシ侍リキ」 使 以
しで (名) 四手 〔垂デノ義〕(一)玉串、注連ナドニ垂デカクルモノ、古ヘ、多クハ、木綿ヲ用ヰ、木綿ーナドイフ、紙ヲ切リテモ用ヰルヲ紙ートイフ。(二)しでやなぎノ略。

しで (名) 死天山ノ條ヲ見ヨ。
してい (名) 師弟 師ト弟子ト。「ーノチナミ」
してい (名) 子弟 子ト弟ト。「ーノ教育」
してう (名) 翅鳥 (一)疾ク飛ブ鳥。「ーノ翔」(二)圍碁ノ語ニ、逃レムトスル石ヲ、兩邊ヨリちどりがけニ追ヒツムルコト。 征
してう (名) 鷙鳥 鷲、鷹、ナド、猛クシテ、他ノ生鳥ヲ擊チ食フモノノ稱。
してうじゆう (名) 施條銃 小銃ノ筒ノ裏面ニ、細ソキ螺旋ノ溝ヲ刻リツケタルモノ、彈丸ヲ發スルコト殊ニ疾クシテ、且遠キニ及ブ。ライフル。
〔しでうつ・ツ・タ・チ・テ (他動)(規・一) 繁ク打ツ。(砧ニテ)「小夜深ケテ、衣ー、聲聞ケバ、イソガヌ人モ、寐ラレザリケリ」月影ニ、衣ー、音冱エテ、鹿鳴キ明カス、秋ノ山里」
しでこぶし (名) 木ノ名、辛夷ノ條ヲ見ヨ。
しでざくら (名) 四手櫻 しでやなぎニ同ジ。
〔しでたをさ (名) しでのたをさニ同ジ。
しでのき (名) 四手木 しでやなぎニ同ジ。
〔しでのたをさ (名) 郭公ノ異名、賤ノ田長ノ義ニテ、勸農ノ意ニテ鳴ク鳥ナレバ名ヅクト云。又、シデタヲサ。或云、元來、其鳴聲ナルヲ、田長ヲ呼ブコトニ聞キナシテ名トスルナリト。「イクバクノ、田ヲ作レバカ、ホトトギス、ーヲ、朝ナ朝ナ呼ブ」早苗取ル、時ニシモ鳴ク、時鳥、ートハ、宜モイフナリ」ヒヂ笠ノ、ヒヂ笠ノ、雨モヤ降ラナム、シデタヲサ、雨宿リ、笠宿リ、宿リテマカラム、シデタ

ヲサ」

をての-やま (名) 死天山 佛經ニ云ヘル所ニテ、逝キテ歸ラヌ道ナリト云。冥途。「ーー越エニシ人ヲ、慕フトテ、跡ヲ見ツツモ、ナホ惑フ哉」「ー越エテヤ來ツル、時鳥、戀シキ人ノ上語ラナム」或ハ、死出ナドトモ記シ、ーーノ旅ナドモイヘリ。

をてん (名) 支店 デミセ。

をてん (名) 師傳 師ヨリ受ケ傳ヘタルヿ。

をてん (名) 字典 漢字ノ字引。字書。

をてん-をゃ (名) 自轉車 乘リテ、己ガ足ニテ蹈ミ廻ラシ行ク車、一輪、二輪、三輪等、其製種種ナリ。

をてんわう (名) 四天王 〔一〕佛經ニ、帝釋ノ外臣ニシテ、武將ノ如キモノ、即チ、東方、持國天王、南方、增長天王、西方、廣目天王、北方、多聞天王ノ稱、以テ四方ヲ護ルト云。〔二〕轉ジテ、武將ノ護衛トスル家人ノ最モ剛勇ナル者ヲ四人擇ヒテ呼ブ稱。賴光ノー(貞通、季武、綱、公時)木曾ノー(今井兼平、樋口兼光、楯親忠、根井行親)ナドイフ。〔三〕又、技藝ニ最モ勝レタル者四人ヲ取リ出デテ呼ブ稱、和歌ノー(頓阿、兼好、淨辨、慶運)弓馬ノー(武田信光、小笠原長清、海野幸氏、望月重隆)ナドイフ。

をでやなぎ (名) 四手柳 喬木ノ名、山ニ多シ、幹、粗糙キテ、白キ斑アリ、葉ハ、櫻ニ似テ小ク、互生ス、初出ニハ白キモアリ、春ノ末ニ、穗ヲナシ枝ヲ分チテ白キ花ヲ開ク、五瓣ナリ、細長ク數十垂レ簇リテ開クヿ、紙四手ヲ掛ケタルガ如シ、實圓ク、大サ三分許ナリ、稀ニハ紅花ナルモアリ、あかしでトイフ、シデ、シデノキ。シデザクラ、ザイフリ。 枎栘

をと (名) 〔濕ル意カト云〕小便。「生レ給ヒシスチハチヨリ、御懷抱チ奉リ給ハズ、御をとニソホチオハシマス」「此宮ノ御をとニ濡ルルハ、ウレシキワサカナ」或ル夜、法師をとノシタカリケレバ

をどう (名) 紫銅 カラカネ。

をどう (名) 兒童 ワラベ。コドモ。

をどうし (名) 自動 語學ノ語、動詞ノ性質ニ、其動作ノ意ノ、他ノ物事ニ係ラズ、獨リ自ラ通ズルモノ、「鳥啼ク」「犬眠ル」ノ「鳴ク」「眠ル」ノ如シ、コレヲー詞トモイフ。又、其意ノ、他ノ物事ヲ處置シ、必ズ其物事ヲ要シテ意ヲ成スヲ、他動トイフ、「書ヲ讀ム」「字ヲ記ス」ノ「讀ム」「記ス」ノ如シ、コレヲ他動詞トモイフ。(篇首ノ語法指南ノ動詞ノ性ノ條ヲ見ヨ)

をどうし-を (名) 自動詞 前條ヲ見ヨ。

をとぎ (名) 粢 〔白淅ノ略カト云〕米粉ニテ作レル餅ノ名、神前ニ供フ、形、鷄卵ノ長キガ如シ。

をとぎつば (名) 粢鍔 鍔ノ形ノ、橢圓ニシテ、粢ノ如クナルモノ。

をとく (名) 至德 シイトク。德ノ至極ナルモノ。

をとぐ・ぐ・ぐ・げ・げ (他動)(規.二) 爲遂 爲テ成ス。爲果ス。成就ス。

をとく (名) 自得 自ラ心ニ能ク覺リ得ルヿ。(學藝ノ奧義ナドニ)

をどく (名) 侍讀 君側ニ侍リテ、書ヲ讀ムヲ教フル職。

をどけなし・き・けれ・く・く (形.二) 〔靜氣無シノ轉カト云〕亂レタリ。締リナシ。シドナシ。「大隅ノ守ナル人、云云、郡司ノ、シドケナカリケレバ、云云、先先ノヤウニ、シドケナキ事アリケルニハ、罪ニマカセテ、重ク輕ク戒ムル事アリケレバ」「八十有餘ノ后、授ニ此曲ー之由、云云、老耄ノ間、無ニ四度解ー授ケタリケリ」「シドケナキ、寐クタレ髮ヲ、見セジトヤ」「御鬘ツキノ、シドケナキヲ、ツクロヒ給フ」「直衣バカリ、シドケナク着ナシ」 亂次

をどける (動) 爲遂 をとぐノ訛。

をとをと (副) 靜ニ歩ミナドスル狀ニイフ語。シヅシヅ。

をどをど (副) 〔をとをとノ轉〕濡レマサル狀ニイフ語。ジタジタ。

をとだる (名) 四斗樽 樽ノ、大キクシテ、酒ヲ四斗容ルルモノ。サレド、今ハ、稍小クナリテ、三斗一 三升ヲ容ルベキヲイフ。

をとど (副) 〔一〕シタタカニ。甚シク。「負ハレタル男、負ヒタル男ノ肩ヲ、シトド食ヒケレバ」「シトド打チ給ヘバ」〔二〕又、甚シク濡ルル狀ニイフ。ジトジト。「白露ニ、ーニモ我ガ濡レニケル哉」「汗ニーニ濡レテ」「御衣ノ袖モ、ーニナリヌマデ泣キ給フ」「雨降レバ、岸モーニナリニケリ」

をとど (名) 巫鳥 鵐 〔巫鳥ノ字ハ、古語拾遺ニ、片巫ニ志止止鳥ト注セルニ起ルカ、或ハ、からをとどトモイヘリ〕小鳥ノ名、山林ニ棲ム、雀ニ似テ、黃

赤ニシテ、翅ニ黒キ縦ノ斑アリ、脚掌、黒ク、眼ニ、菊座ノ如キ圏アリ。ノジコ、アヲジ、クロジ、ナド種類多シ。

しとどめ (名) 【鵐目】 刀ノ鞘ノ栗形、或ハ、和琴 箏ナド、諸ノ器ノ孔アル處ノ縁ニ填ムル金具ノ名、形、しとどノ目ノ如シ。

しどなし・キ・ケレ・ク・ク (形・一) しどけなしニ同ジ。

しとね (名) 【茵褥】 〔下寐ノ轉カト云〕 坐ル下ニ敷ク敷物。褥。座蒲團。

しとみ (名) 【蔀】 〔下止ノ義カト云〕 檐ノ日覆、日除、ニ用ヰル戸、高貴ノ家、神社佛閣ナドニ用ヰル。其ノ釣リアグベク作レルヲ、上ー、釣ー、ナドイフ。

しどみ (名) 樹ノ名、木瓜ノ屬、山野ニ多シ、高キハ三四尺ニ至ル、枝ニ刺多シ、葉ハ、ひぼけニ似テ小シ、春、五瓣ノ紅黄花ヲ開ク、單瓣ニシテ、大サ八分許、實ハ、夏、熟ス、一寸許ニシテ、頭、尾、凹シ、花ノ白キモアリ、しろぼけトイフ。シドメ。 【樝子】

しとむ・ム・ム・ムレ・メ・メ・メヨ (他動)(規・二) 【爲留】 擊チテ獵。擊チハタス。「槍ニテー」鐵砲ニテー」

しとめ (名) しとみノ訛。

しとやか・な (副) 〔靜ヤカノ轉ト云〕 起居動止ノ落チ着キタル狀ニイフ語。 優容 閑雅

〔しとり (名) しつおりノ約、倭文ノ條ヲ見ヨ。

〔しとりべ (名) 【倭從】 〔後執部ノ義カト云〕 從者ニ同ジ、供人。

しとる・ル・レ・ラ・リ・レ (自動)(規・一) 【濕】 シメル。ウルホフ。

しどろ (副) 【取次】 次第無ク打亂レタル狀ニイフ語。

列次モ無シ。シドロモドロニ。「蹈ミシダキ、朝行ク鹿ヤ、過ギヌラム、ー見ユル 野路ノ刈萱 連ナリテ、風ニ亂レテ、鳴ク雁ノ、ー聲ノ、聞ユナル哉」朝寐髮、亂レテ戀ゾ、シドロナル」シドロナル、箏ノスサビヲ、見ルカラニ」

しどろもどろ (副) しどろヲ更ニ甚シクイフ語。甚シク打亂レテ。「ー醉ヒテ」我ガ心 ー ナリニケリ、袖ヨリ外ニ 涙漏ルマデ」又、ココノカヘヤノ色紙ノ、云云、筆ニマカセテ、亂レ書キ給ヘル狀、見所限リナシ、ー愛敬ツキ見マホシケレバ

しな (名) 【品・科】 (一)物事ノタグヒ。種類。(二)上下優劣ノタガヒ。段。格。「ーヲ異ニス」 階級 等差 (三)階段。階 (四)身柄。人品。品。「人ノ、品高ク生レヌレバ、人ニモテカシヅカレテ」まゐ下リ、顏、ニクサゲナル人ニモ立チマジリテ」サブララ中ニ、品、心ノスグレタル限リヲ擇リテ」 品位 品格 (五)物ノ種種ナルモノ。イロ。「一ー」二ーー」(六)事ノ狀態。「ーニ因レバ」(七)物。貨物。「此ー粗末ナレド」ーガ切レテ」

しな (接尾) 〔時ノ意ヲイフ古言ノまだノ轉ナラム〕 時ツイデ。「行キーニ見ル」寐ーノ」起キーー」歸リー」

しな (名) 【科】 しなのき條ヲ見ヨ。

じない (名) 【寺内】 寺ノアル一構ノ地ノ内。寺ノ境内。

しなえる (動) しなゆノ訛。

〔しながどり (枕) 〔鳰ノ事ナリト云〕 枕詞トシテ、用例、下ノ如シ。「志長鳥、居名野ヲ來レバ、有間山」四長鳥、居名ノ湖ニ」水長鳥、安房ニ繼ギタル、梓弓」

〔しなかはをどし (名) 【品革縅】 鎧ヲ、藍皮ニ紋アル革ニテ縅シタルモノト云。

しなぎれ (名) 【品切】 賣品ノ、賣リ盡クシテ無クナレルコト。

〔しなさかる (枕) 【級坂在】 〔級坂ノアル義ニテ、愛發ノ關路ヲ始メトシテ、スベテ坂路多ケレバイフトゾ〕 越ノ國(北陸道)ノ枕詞。「級坂在、故志ニシ住メバ」之奈謝可流、越ニ五年、住ミ住ミテ」

しなさだめ (名) 【品定】 〔さだめハ論ノ意〕 人、物、ノ品格等級ヲ論ズルコト。 考選 品隲

しなしな (副) 撓ヒタワム狀ニイフ語。「ースル」

〔しなじなし・シキ・シケレ・シク・シク (形・二) 【品品】 品格高シ。上品ナリ。「ケダカク品品シウ、ヲカシゲナルコト、田舍人ノ子トイフベカラズ」男ドモ、多ク、シナジナシカラヌケハヒ、サヘヅリツツ入リ來タレバ」田舍ビタルサレ心、モテツケテ、品品シカラズ」

しなじん (名) 【支那人】 〔支那、或ハ、震旦トモ記ス、印度ヨリ稱シタル名ニテ、文物國ノ義ナリト云、舊約全書ニ Sinoa トアルモ是ナリトゾ、或云、秦ノ威、胡ニ震ヒシカバ、其名ヲ印度ニ傳ヘタルナリト〕 唐土ノ人。カラビト。唐人。

しなす・ス・セ・サ・シ・セ (他動)(規・一) 爲ル。爲ス。「池ノ心、廣クシナシテ、メデタクツクリ」水ノ流レモ、ヲカシウ、シナシタリ」帶、ハカナゲニ、シナシテ、數珠、引キ隱シテモタマヘリ」

〔しなす・ス・セ・サ・シ・セ (他動)(規・一) 寐サス。「陸奧ノ、十

編ノ菅薦、七編ニハ、君ヲしなしテ、三編ニ我レ寐ム」サレド、ゴハ一成語ナラズ、万葉集ニ「安宿シ勿レ令レ寢」安寢シ、不レ令レ宿」ナドアルヲ誤解セルニテ、しハ天爾波ノ休メ詞トイフモア、なすハ寐ノ敬語ナリ。（なすノ條ヲ見ヨ）

しなたま（名）品玉 猿樂、田樂ノ類、玉ヲ空ニ投ゲ上ゲテ、手ニ受ケテ、弄ビナドスル技。弄丸、弄槍、弄鈴ナド種種ノ技アリ。 弄丸

しなだる（ル・ル・レ・レ・レ・ロ）（自動）（規・二） 撓ヒテ傾キカカル。ゴタル。（八ニ）

〔しなてる（枕）級照 〔級立テル、ノ約ニテ、級ノ立テル物ハ、片ハヘナル故ニイフトゾ〕 片トイフ語ノ枕詞。「級照、片足羽河」斯那提流、片岡山」

〔しなとのかぜ（名）科戸風 〔神代紀、級長戸邊ノ命、風ノ神ノ名ナリ〕 風ノ名。「アナ心憂、ソノヨノ罪ハ、皆ーニタグヘテキ、ト宣フ」山ノ端ノ、ーハ、吹キ拂ヘ、傾ブク月ヤ、シバシトマルト」

しなのうめ（名）信濃梅 梅ノ一種、花、一重ニシテ白ク、下ニ向ヒテ開ク、實ノ形、正シク圓クシテ、大サ、金柑ノ如シ、一二三十、一枝ニ簇リテ垂ル、梅雨中ニ早ク熟シ、核ヲ併セテ食フベシ。一名、コウメ。 消梅

しなのがき（名）信濃柹 樹、葉、常ノ柹ニ同ジクシテ、實ノ大サ、金柑ノ如ク、稍長キアリ、又、圓キアリ、冬ノ初ニ熟ス、色、黃ニシテ、味、甘シ、皮ノ去ラズ、乾シテ食フ、核ハ胡麻ノ如シ。 君遷子

しなのき（名）科木 〔皮ノしなしなスル意カト云〕 喬木ノ名、深山ニ生ズ、葉ハ、桑ノ如ク、鋸齒、雲頭ノ如クニシテ、互生ス、夏、葉ノ中心ヨリ梗叉ヲ出シ、五瓣ノ細白花ヲ開ク、樹皮、淡黃褐色ニシテ、火繩ニ製シ、又、繩トシテ強シ、或ハ、紡ギテ疊ノ緣トシ、下品ノ蚊帳トス。一名、ボダイジユ。 菩提樹一種

しなひ（名）撓フヿ。曲リ垂ルルヿ。「藤ノ花、しなひ長ク、色好ク咲タル」藤ノ花アリケリ、花ノしなひ、三尺六寸バカリナムアリケル」青柳カ、しなひヲ見レバ、今盛リナリヤ、今盛リナリヤ」 所垂

しなひ（名）竹刀 〔撓竹ノ意〕 劍術ヲ習フニ用ヰル竹ノ刀。

‡しなびる（動）萎 しなぶノ訛。

しなふ（フ・ヘ・ハ・ヒ・ヘ）（自動）（規・一） 張ル力アリテ撓ム。シナヤカニ曲ル。シナシナスル。シナユ。「其秋、垂穎、八握莫莫然、甚快也」眞木ノ葉ノ、之奈布勢能山、慕バズテ、吾ガ超エ行ケバ、木ノ葉知リケム」鞭ー」竹ー」 撓 靱

しなぶ（ブ・ブル・ブレ・ビ・ビ・ビヨ）（自動）（規・三） 萎 〔撓フノ轉ナルベシ〕 水氣盡キテ皺ム。萎レ衰フ。

しなぶれ（名）品觸 盗マレ紛失ナドシタル品物ヲ世ニ觸レ示シテ求ムルヿ。

しなほす（ス・セ・サ・シ・セ）（他動）（規・一） 爲直 改メテ爲ス。 改作

〔しなむ（ム・ム・ムレ・メ・メ・メヨ）（他動）（規・二） 囮 かくすノ古言。

しなん（名）指南 〔指南車ニ起ル、其條ヲ見ヨ〕 （一）敎ヘ示スヿ。（二）學藝ヲ敎フルヿ。 敎授

しなん（名）四男 （一）四人ノ子。（二）第四ノ息。四男。

じなん（名）次男 第二ノ息。次子。 次子

しなんしや（名）指南車 支那ノ古ヘニ、周ノ周公ノ造レリトイフ車ノ名、遠行スル者ヲシテ路ニ迷ハザラシメムガ爲ニ、方角ヲ示スモノニテ、車ノ上ニ木偶アリ手ヲ擧ゲテ南ヲ指ザシ、車ハ回轉ストモ、其指ス所ハ移ラザルヤウニ作レルモノナリト云。

しなもの（名）品物 其類ノ物。

しなやかに（副） （一）靱フ狀ニテ。 靱 （二）カドカドシカラズ。ナヨヨカニ。タヲヤカニ。（婦人ノ風采ナドニ） 婀娜

しなゆ（ユル・ユレ・エ・エ・エヨ）（自動）（規・二） しなふト意同ジ。ナヨヨカニ項垂ル。「夏草ノ、念ヒ之奈要テ、慕ブラム、妹ガ門見ム、靡ケ此ノ山」君ニ戀ヒ、之奈要ウラブレ、吾ガ居レバ、秋風吹キテ、月傾キヌ」 撓

しなる（ル・ル・レ・レ・レ・レロ）（自動）（規・二） 爲馴 爲テ馴ル。

しに（名）死 死ヌルヿ。「生ケル世ノ、しにハ心ニ、マカセネバ、人戀フト、ハカナキしにヲ、我レヤセム」此殿ノ御しにコソ、イトアヘナキ事ニ、世ノ人聞ユルスヅロナルしにヲスベカメル哉、トテ樞取泣ク」

しにいる（ル・ル・レ・ラ・リ・レ）（自動）（規・一） 死入 死ヌ、トイフニ同ジ。「ー魂ノ、ヤガテ此御カラニ止マラナムト思ホユルモ、ワリナキ事ナリヤ」

しにおくる（ル・ル・ルレ・レ・レ・レヨ）（自動）（規・二） 死後 共ニ

死ヌベキニ、後レテ死ナズ。

〔しにかばね（名）死屍　しかばね、かばねニ同ジ。「タダ、野原ニ行キテ、しにかばねヲ伏セルヲ見ヨ」〕

〔しにかへ・る・ル・レ・ッ・ヨ（自動）（規・一）死返　死入ルホド心ニ堪ヘカヌ。「シニカヘリ思フ心ハ、知リ給ヘリヤト言ヒツカハス」アサハカナル若人ドモハ、シニカヘリ懐シガレド」親ノ一ヲバ、サシオキテ、モテアツカヒ、歎キテナム侍リシ」〕

しにかほ（名）死顔　死人ノ顔色。

〔しにす・スル・スレ・セ・シ・セヨ（自動）（不規・二）死ヲナス。死ヌ。「戀スルニ、シニスルモノニ、アラマセバ、千度ゾ我ハ、死ニカヘラマシ」誠ニ、物思ニ、シニスルモノトハ、此御アリサマニテゾ、見侍リヌル」逢ヒ見テハ、シニセヌ身トゾ、ナリヌベキ」〕

しにせ（名）〔爲似ノ義〕（一）父祖ノ業ヲ守リ繼ギユクヿ。「親ノ一」守世　（二）數代承繼ギ來レル商業。老舖

しにそこな・ふ・フ・ハ・ヒ・ヘ（自動）（規・一）死損　死ナムトシテ、死ヌルヿヲ得ズ。無益ニ生キテアリ。

しにた・ゆ・ユル・ユレ・エ・エ・エヨ（自動）（規・二）死絶　悉ク死シテ、人種無クナル。「一家一」無噍類

しにのこ・る・ル・レ・ラ・リ・レ（自動）（規・一）死殘　彼レ死シテ、我レ存命フ。生存

しにみづ（名）死水　今際ニ、口中ニ注グ水。末期ノ水。「一ヲ取ル」

しにん（名）死人　死シタル人。シビト。

しにめ（名）死目　死際ニ相會フヿ。「親ノ一一一ニ逢ハズ」

しにものぐるひ（名）死物狂　命限リニ奮ヒ働クヿ。出死力

しにわか・る・ルル・ルレ・レ・レ・レヨ（自動）（規・二）死別　他ハ死シ、我ハ存命ヘテ、相別ル。（生別ルニ對ス）

しにわかれ（名）死別　死別ルルヿ。

〔しぬ（名）𦀌　しのニ同ジ。〕

しぬ・ヌル・ヌレ・ナ・ニ・ネ（自動）（不規・三）死（過ギ往ヌノ約ト云フ）（一）命、失ス。息、絶ユ。ミマカル。死ス。（二）死入ルホド堪ヘカヌ。「御机帳ノウシロナドニテ聞ク女房、しぬべく覺ユ（可笑シサニ）「アサハカナル若人ドモハ、しにカヘリ懐シガレド」（三）物事ニ、活用、神氣、無クナル。「手際ガ一」勢ガ一」カネヅカヒガ一」（四）碁ニ、石ヲ圍マレテ取ラル。

しぬ・く・ク・ナ・カ・キ・ケ（他動）（規・一）爲拔　爲盡スニ同ジ。「亂暴ヲ一」

〔しぬ・ぐ・グ・ゲ・ガ・ギ・ゲ（他動）（規・一）凌　しのぐニ同ジ。「高山ノ、菅ノ葉之努藝、零ル雪ノ」宇陀ノ野ノ秋萩師努藝、鳴ク鹿モ」〕

〔しぬ・に（副）撓ヒテ。シヲレテ。シノニ。「秋ノ穗ヲ、之努ニ押シ靡ベ、置ク露ノ」淡海ノ海、夕浪千鳥汝ガ鳴ケバ、心モ思努ニ、古ヘ思ホユ」〕

〔しぬのめの（枕）篠目　思テ、トイフ語ノ枕詞。「細竹目ノ、人不顔面、公ニ勝ヘナクニ」小竹ノ眼ノ、思ヒテ寐レバ、夢ニ見エケリ」〕

〔しぬびこと（名）誄　しのびごとニ同ジ。〕

〔しぬぶ・ブ・ブ・バ・ビ・ベ（他動）（規・一）𢘟　思テ（規・一）ニ同ジ。オモフ。「空蟬ノ、世ハ常ナシト、知ルモノヲ、秋風寒ミ思努妣ツルカモ」〕

しね（名）稻　〔天爾波ノしニ、いねノ約マリタル語カ〕稻ニ同ジ、熟語ニノミ用ヰル。「和一」荒一」陸一」粳一」糯一」

〔しねいと（名）䋄　布帛ノ織リ餘リノ絲。〕

じねん（名）自然　オノヅカラ然ルヿ。自然。

じねんと（名）自然粇　竹ノ實、數十年ヲ歷テ生ズ、形、穀ノ如ク、味、粳ノ如シ、飯トシテ食フベシ。ササミドリ。竹米。竹實。（竹ノ條、見合ハスベシ）

じねんじやう（名）自然生　やまのいもノ條ヲ見ヨ。ジネンジヨ。

じねんじよ（名）前條ノ語ノ約。

〔しの（名）撓フヿ。靡クモ。「三雪降ル、秋ノ大野ニ、旗薄、四能ヲ押シ靡べ」冬枯レノ、一ノ小薄、打チナビキ」〕

しの（名）篠　〔前條ノ語ノ一物ノ名トナレルナリ〕（一）竹ノ小ク細ソク叢生スルモノノ總稱。シヌ。（二）又、一種、小キ竹ノ、節、高カラズ、皮、白クシテ脱セザルモノ。めだけ、やだけナド、種類多シ。シノダケ。（三）シノエ。○一ヲ束ヌ。一ヲツク。篠ヲ束ネタル如ク降ル。「武藏野ノ、篠ヲタバネテ、降ル雨ニ、螢ナラデハ、鳴ク蟲モナシ」

しのうこうしやう（名）士農工商　士ト農ト工ト商ト。（各條ヲ見ヨ）コレヲ四民トイフ。

〔あのうつはもの (名) 瓷器 ヤキモノ。スヱモノ。

あのぎ (名) 凌 シノグヿ。コラヘトホスヿ。「一時ノ—」

あのぎ (名) 鎬 〔あの八篠、ぎ八刃ノ意ナラムト云〕 刀ノ刃ノむねニトホリテ高ク起レル線。 刀背稜 稜道

○—ヲケヅル。刀ニテ烈シク闘フ。

あのぐ シノ・ゲ・ガ・グ・ゲ (他動)(規・二) 凌 (一)歷テ行ク。押シ分ケテ通ル。侵シユク。「野邊ノ草ヲシノギテ、手向ヲ結ビツツ」山里ノ槇ノ葉シノギ、降ル雪ノ」秋萩シノギ、鹿ノ鳴クラム」涙ヲ—」雨ヲ—」雲ヲ—」暑サヲ—」(二)侮リ犯ス。「人ヲ—」 凌侮

あのだけ (名) 篠竹 あの二同ジ。「—ノ、節ハアマタニ見ユレドモ、ヨヨニ疎クモ、ナリマサル哉」

〔あのゝよ (副) (一)あめゝヲ轉、撓ヒナビキテ。「風吹ケバ、—亂ルル、刈萱モ、夕ハフキテ、露コボレケリ」(二)繁ク。「秋ニナリ、風ノ涼シク、カハルニモ、涙ノ露ゾ、—散リケル」

あのね (名) 羊蹄菜 〔古名、あナリ、大黃ヲ大あト云ヒ、知母ヲ山あトイフモコレナリ、根ヲ藥用トスルニ因テ、ねヲ添ヘシ〕 古名、あ。又、あらくさ。今、又、ぎしぎし。野大黃。草ノ名、水邊ニ多シ、一根ヨリ叢生ス、葉ハ幅一寸許、長サ一尺餘、春ノ末、薹ヲ起スヿ二三尺、小葉互生ス、夏ニ至リ、梢頭葉間ニ穗ヲ出シ、節每ニ、十數花層ヲナス、大サ一分許、三瓣、三蕚、淡綠色ニシテ、蘂ハ淡黃ナリ、子ハ蓼ノ如シ、根ヲ藥トス、和大黃トイフ。

あののめ (名) 東雲 〔枕詞ヲ直ニ用ヰタルナリ、次條ヲ見ヨ〕 アカツキ。アケボノ。 曉天

〔あののめの (枕) 篠目 あののめノ轉、ほがらほがらトイフ語ノ枕詞。「—ホガラホガラト、明ケ行ケバ、己ガキヌギヌ、ナルゾカナシキ」

〔あののをふぶき (名) 草ヲ靡ケテ吹ク風ナリト云。或云、薄ノ穗ノ吹雪トナリテ散ルヿナラムカト。「アフミヂノ、—ハヤ、引カズ子持チ、待チヤカヌラム、—ヤ、サキンタチヤ」草分クル、衣手涼シ、アダシ野ノ、—、心シテ吹ケ」

〔あのはこ (名) 溲器 〔尿ノ箱ノ義ト云〕 溲瓶ノ類。溲器

あのび (名) 忍 (一)隱ルヿ。匿スヿ。竊ニスルヿ。「—ニ、御文、通ハシナドシテ」(二)シノビアリキ。 微行 (三)全ク身ヲ隱シテ、夜、敵陣、又ハ、人家ニ隱ビ入ルトイフ術。忍術。「—ノ術」 遁形 (四)身ヲヤツシテ、敵地ナドニ入リ込ミ、動勢ヲ探ルヿ。間者。オンミツ。「—ノ者」 偵 諜

あのびありき (名) 貴人ナドノ、人目ヲ隱ビ身ヲヤツシテ出デアリクヿ。ミノビ。「六條ワタリノ御—ノ比」 微行

あのびがへし (名) 忍返 垣、屛、ナドノ上ニ、尖リタル竹木ヲ列ネ釘シタルモノ、人ノ隱ビテ超エ入ルヲ防グ。 遮欄

〔あのびこと (名) 誄 〔思言ノ義〕 死者ヲ悼ミテ其平生ノ功德ナドヲ述ブルヿ。シヌビゴト。

〔あのびごと (名) 隱言 ササメゴト。ヒソヒソバナシ。「アリツルードモハ、耳止マルコトヤ、マジリタリツラム」 密語

〔あのびごと (名) 隱事 隱シテスル事。「カカル御—ニヨリ、ヤマザトノ御アリキモ、ユクリカニ、思シ立ツナリケリ」 密事

〔あのびなき (名) 忍泣 隱ビテ聲ヲ立テズニ泣クヿ。

〔あのびね (名) 忍音 卯月ノ時鳥ノ初音ニイフ語、隱ビテ鳴ク意。(早月ニ鳴クヲ時トストゾ)

あのびのを (名) 忍緒 〔元ハ兜ノ内ニ隱バセテ、髮ニ括リツケタル物ノ名ナリト云〕 兜ニ着ケテ、頤ニ結ブ緒。

あのびやかに (副) 隱 隱ブ狀ニテ。竊ニ。「—、心ニクキ限リノ女房四五人サブラハセ給ヒテ、御物語セサセ給フナリケリ」 密

あのぶ (名) 草ノ名、あのぶぐさノ條ヲ見ヨ。

〔あのぶ ブ・ベ・バ・ビ・ベ (他動)(規・二) 思 思フ。慕フ。戀フ。シヌブ。「思ヒ出ヅル、我ガ世ノ程ノ、昔シダニ、あのべバ違ク、山ノ端ノ月」昔ショリ、離レガタキハ、浮世哉、互ニあのぶ、中ナラネドモ」

〔あのぶ ブル・ブレ・ビ・ビ・ビョ (他動)(規・三) 思 前條ノ語意ニ同ジ。「亡キ人ヲ、あのぶる宵ノ、村雨ニ濡レテヤ來ツル、山時鳥」イツトナク、濡ルル袂ハ、古ヘヲ、あのぶる露ト、ナリヌベキ哉」

あのぶ ブ・ベ・バ・ビ・ベ (自動)(規・二) 忍 堪フ。コラフ。シヌブ。ガマンスル。「狩人ノ、入野ノ雉子、妻戀ヒニ、あのびもレヌ音ハ、我モ立テツツ」人知レヌ、身ヲ空蟬ノ、木隱レテ、あのべバ袖ニ、餘ル露哉」怒ヲ—」痛ミヲ—

あのぶ ブル・ブレ・ビ・ビ・ビョ (自動)(規・三) 忍 前條ノ語意

ニ同ジ。「世ノ中ノ憂キモツラキモ、あのぶれバ、思ヒ知ラズト、人ヤミルラム」玉ノ緒ヨ、絶エナバ絶エネ、ナガラヘバ、あのぶるコトノ、ヨワリモゾスル」

（あのぶ・ブ・ベ・ブ・ビ・ベ（他動）（規一）隱 隱ス。露ハレヌヤウニス。「オノヅカラ、逢フ夜稀レナル、契リヲバ、あのぶトテモ、誰カ知ルベキ」ツラシトモ、言ヒテ心ヤ、ナグサムト、あのぶデダニモ、人ヲ戀ヒバヤ」

（あのぶ・ナル・ブレ・ビ・ビ・ビヨ（他動）（規三）隱 前條ノ語意ニ同ジ。「涙ヲモ、あのぶる頃ノ、我ガ袖ニ、アヤナク月ノ、宿リハ莪」思フニハ、あのぶるコトゾ、負ケニケル、色ニハ出デジト、思ヒシモノヲ」

あのぶ・ブ・ベ・ブ・ビ・ベ（自動）（規二）隱 隱ル。隱レテ通フ。「霜枯レノ、野中ニ凍ル、忘レ水、あのぶ影ナキ、冬ノ夜ノ月」「誓リ來ル、花橘ノ、道ヲアケテ、あのぶ寐床ヲ、人ニ知レヌル」月清ミ、シノブル道ゾ、あのむレヌ、夜ニ隱レナド、何ニ思ヒケム」人目ヲ―」世ヲ―」

あのぶ・ナル・ブレ・ビ・ビ・ビヨ（自動）（規三）隱 前條ノ語意ニ同ジ。「月清ミ、あのぶる道ゾ、シノバレヌ、夜ニ隱レテト、何ニ思ヒケム」人ノあのぶる方、夜中ナド打チ驚キテ」

あのぶえ（名）篠笛 一種ノ竹ノ横笛ノ名、里神樂、俗曲ノ囃子、ナドニ用ヰル毛ノ。シノ。

あのぶぐさ（名）忍草［土ヲ離レテモ、久シキニ堪ヘ忍ビテ枯レヌ意ト云］（一）山谷ノ土石上ニ生ジ、蔓延ス、蔓ハ即チ根ニシテ、箸ノ太サニテ、褐色ニシテ毛アリ、春、舊根ヨリ葉ヲ生ズ、形、甚ダ細小ニシテ、海金沙ノ梢葉ノ如シ、花ナシ。あのぶぐりトイフハ、此ノ莖葉ヲ用ヰルナリ。蔓ヲ採リ、環ヲ連ネテ綰ネ、夏、人家ノ簷ナドニ掛ケテ、綠葉ヲ賞ス、土ヲ離レテ久シク枯レズ。海州骨碎補（二）又、古歌ナドニ詠ムハ、のきあのぶト呼ビ、簷、或ハ、舊樹ノ皮、又ハ、枝ノ間ニ生ジテ垂ル、土石ノ間ニモアリ、一根ニ叢生ス、葉ノ幅二三分、長サ三五寸、甚ダ厚ク、深綠色ナリ、背ニ金星アリ、兩對シテ、大サ一分許、冬ヲ歷テ枯レズ、年久シキモノハ、葉ノ長サ七八寸ニ至ルモアリ。瓦韋

（あのぶずり（名）忍摺 古ヘ、布帛ニ、忍草ノ莖葉ヲ、種種ノ色ニテ、摺リツケタルモノト云、其文、亂髮ノ如ク、打違ヘニ戾レタル狀ニ摺リ出シテ美シ、あのぶもぢずりナドトモイフ。陸奥ノ郡名ナル信夫ニ言ヒ掛ケテ歌ニ詠メルヲ、其郡ニ產ズナドイフハ誤レリ。

（あのぶもぢずり（名）前條ヲ見ヨ。

あのめ（名）長間篁［篠芽ノ義ト云］笋、青クシテ、最モ晚ク生ジ、味ノ太ダ若キモノト云。あのめ竹、篠細シ。又、シノベダケ。長間竹

（あのや（名）篠屋 篠、葦ナドニテ葺キタル小屋。「旅人ノ、カリフ―ニ、年暮レテ」蘆ブ―ノ、夜ノ秋風」

あば（名）柴［繁木ノ意カ］山野ノ雜木。又、其枝ナド伐リテ、薪トシ、垣ニ結ヒナドスルモノ。「―摺衣」不二ノ―山」―積舟」―垣」―ノ門」―ノ庵」

（あば（名）柴草［繁草ノ意カ、薬、藜也］荒地ニ生ズル藜、莠、ノ類ノ雜草ノ稱ナリト云。シバクサ。「玉鉾ノ、道ノ―草、打チ靡キ、舊キ都ニ、秋風ゾ吹ク」道ノ―草、蹈ミツケテ」

あは（名）芝［繁葉草ノ意カ、芝ノ字ハ瑞草ノ名ニテ當ラズ］細小ナル蔓草ノ名、蔓ノ地ニ着ク處、皆、細根ヲ生ジテ、延ヒテ織ルガ如シ、いとをさきノ秧苗ニ似テ、枝椏無シ、根、細ソク、相延結ス、秋、細ソキ莖ヲ出シ穗ヲ成ス、ちやひきぐさノ穗ノ如クニシテ細ソし、庭地築山ナドニ布キ植エテ美シ。結縷草 共一種、更ニ細小ニシテ美ナルヲ高麗―トイフ。

あは（接頭）（一）繁ク。「―鳴ク」―建ツ」―タタク」（二）繁キ。「―ユバリ」

あはい（名）支配［支、分也、配、隸也］受持チテ、取締リヲスルコト。其部ヲ統ベ治ムルコト。管轄

あはいにん（名）支配人 商家ナドニテ、店ヲ支配スル者ノ稱。管家

あはう（名）四方（一）東、西、南、北。（二）諸方。「敵ヲ―ニ受ク」―八面」

あばう（名）死亡 死ニ失スルコト。

あばう（名）脂肪 動物ノあぶら。

あはうおし（名）四方輿 板輿ニ同ジ。

あばうじあき（句）自暴自棄 自ラ身ヲソコナヒテ、自ラ身ヲ棄ツ。

あはうちく（名）四方竹 四角竹ニ同ジ。

あはうはい（名）四方拜 元日ノ寅ノ刻ニ、天皇、清涼殿ノ東階ノ前庭ニ出御マシマシテ、天地、四方、山陵、ヲ拜セラレ、年災ヲ祓ヒ、寶祚ヲ祈ラセラルル儀。

あはえび（名）芝蝦 うみえびノ一種、武州芝浦ニ

産スルモノ、長サ三四寸ニ過ギズ、殼、薄ク白ク、手、足、鬚、共ニ短ク細ソシ、煮レバ淡紅ニシテ、味佳シ。青蝦
あは-がき (名) 柴垣 柴ヲ編ミ結ヒ作レル垣。
あは-かり (名) 柴刈 柴ヲ刈リ取リテ、薪トスルコ。又、其人。芻蕘
あは-がる・ル・ル・レ・レ・レ・レロ (自動) (規・二) 嗄 〔咳キ嗄ル意ト云〕 聲、澁リテ嗄ル。シヤガレル。〔風邪ノ聲、老人ノ聲ナドニ〕
〔あは-くさ (名) 薬草ニ同ジ、其條ヲ見ヨ。
あは-ぐり (名) 柴栗 古名、ササグリ。栗ノ一種、叢生シテ、高サ、五六尺ニ過ギズ、毛毬モ小ク、中ニ、一、二、三ノ子アリ、形小ケレドモ、味好シ。茅栗
あは-し・キ・ケレ・ク・シ (形・二) 吝 財物ヲ、費ヤスベク與フベキ所ニ、惜ミテ出サズ、ヤブサカナリ。吝嗇ナリ。
あはし (副) 暫 少シノ間ホド。チヨツトノ間。暫時。「－留マル」－待テ」
あは-あは (副) 屢數 〔繁ヲ重ヌ〕 繁ク。繰返シテ。頻リニ。タビタビ。幾度モ。「－來ル」－聞ユ」－空シ」
あはす (名) 極月 師走 〔歲果ノ略轉カト云、或ハ萬事爲果ノ月ノ意カ〕 十二月ノ一稱。極月。臘月
あは-たた・く・ク・イ・カ・キ・ケ (他動) (規・一) 〔繁叩クノ義〕 眶ヲ繁ク開閉ス、屢、瞬ヲナス。「眼ヲ－」
〔あは-た・つ・ツ・テ・タ・チ・テ (自動) (規・一) 〔繁起ツノ義〕 音、繁ク聞ユ。「堀江漕グ、イツテノ舟ノ、梶ツクメ、音、シバダチヌ、ミヅハヤミカモ」 島陰ニ、－波ノ、立返リ」
あは-つ・ツ・ル・ツレ・テ・テ・テヨ (他動) (規・二) 爲果 爲シテ終ハル。
〔あは-なく・ク・イ・カ・キ・ケ (自動) (規・一) 〔繁鳴クノ義〕 繁ク鳴ク。「山時鳥、來鳴ケ、シバナケ」 川ノ瀬毎ニ、千鳥－」
あは-のと (名) 柴門 柴ニテ作レル門。
あは-のとぼそ (名) 柴扉 〔とぼそハ戶樞ナリ〕 あはのとノ誤。「山里ノ、－ハ、鎖トヂテ、年ノ明クルモ、知ラズヤアルラム」
〔あは-はゆ・し・キ・ケレ・ク・シ (形・二) 鹹 あははゆしニ同ジ。
あは-はら (名) 芝原 芝ノ生ヒタル平地。芝生。
あは-ほふ (名) 仕法 シカタ。爲ル手段。方法
あは-ほふ (名) 司法 法律ノ違犯ヲ正シ、其執行ヲ司ルコ。
あは-ふ (名) 芝生 芝ノ生ヒタル一面ノ地。芝原。「野邊ノ－」路ノ－」
〔あはぶか・ふ・フ・ヘ・ハ・ヒ・ヘ (自動) (規・一) 咳 あはぶくノ延、咳ヲスル。「糟湯酒、打チ啜ヒテ、之波夫可比、鼻ビシビシニ」 噎、鼻ヲ噎ツル、劍太刀、身ニ副フ妹ガ、思ヒケラシモ」
あはぶき (名) 咳 (一)シハブクコ。シハブキ。咳。(二)コワヅクリ。セキハラヒ。
〔あはぶきやみ (名) 咳嗽ノ病。咳ノ病。「此曉ヨリ、－ニヤ侍ラム」 今年ハ、如何ナルニカ、－ハヤリテ、人多ク失セ給フ中ニ」 咳嗽
あは-ぶ・く・ク・ク・カ・キ・ケ (自動) (規・一) 咳 屢吹クノ轉カ、澁吹クノ轉カ〕 咳ヲスル。シハブル。シハブカフ。
あはふ-おやう (名) 司法省 一國ノ司法ノ事、即チ訴訟刑罰ノ事ヲ統べ掌ル省。大審院、諸裁判所等、皆、コレニ屬ス。
〔あは-ぶ・る・ル・レ・ラ・リ・レ (自動) (規・四) 咳 次條ノ語ニ同ジ。シハブク。咳ヲスル。〔老人ニイフ〕「何トモ聞キワクマジキコノ爲カノモ、あはぶる人ドモ、スズロハシクテ、濱風ヲ引キアリク」
〔あは-ぶ・る・ル・ル・レ・レ・レ・レヨ (自動) (規・二) 咳 あはぶくニ同ジ。咳ヲスル。「二上ノ、山飛ビコエテ、雲隱リ、翔リ往ニキト、歸リ來テ、之波夫禮告グレ、招グ由ノ、ソコニ無ケレバ」
〔あはぶるひびと (名) あはぶひびとノ誤ニテ、即チ欬嗽スル老人ヲイフ語ナラムト云。〔あはぶかふノ條ヲ見ヨ〕「見奉リオクルトテ、コノモカノモニ、アヤシキあはぶるひ人ドモ集リキテ」 我ニ劣ル、人コソナケレ、山里ニ、ナツ引キヲル、あはぶるひ人」
あはん (名) 師範 師トナリ範トナルコ。師。師匠。
あはん (名) 幟半 鎧ノ指物ノ小旗ノ名。
あはん (名) 私版 人民ニテ板行スル書物。官版ニ對ス。
あばん (名) 繻袢ノ訛。
あはん-がくかう (名) 師範學校 學校ノ教員トナルベキ人ヲ教ヘ仕立ツル學校。
あはん-きん (名) 四半斤 一斤ノ四ツ割リ一ツ。

しはん-ぶん (名) 四半分 四ツニ割リタル一ツ。四分一。

しば-やま (名) 柴山 雜木矮樹ノ生ヒタル山。「富士ノー」

〔しば-ゆばり (名) 淋病 〔繁溺ノ義〕 痳病ニ同ジ。

しばらく (副) 暫須臾 (一)少シノ間ホド。シバシ。(二)假リニ。カリソメニ。「ー任カス」「ー措ク」 姑 (三)誤テ、久シク。ヒサシブリニテ。「ー逢ハナンダ」「ー待タセラレテ」

しばり-くび (名) 縛首 縛リナガラニ首ヲ斬ルコト。(切腹ニ命ゼラルルニ對シテイフ語カ)

しば-る・ル・レ・ラ・リ・レ (他動)(規・一) 緫 〔緊張ルノ轉カト云〕 (一)絲繩ナドニテ束ネ緊ム。結ヒツクル。括ル。(二)捕繩ニテ、人ヲ搦メイマシム。 捕縛

〔しば-ゐ (名) 芝居 芝生ノ地ニ居ルコト。「ースル、山松陰ノ、夕涼、秋思ホユル、ヒグラシノ聲」

しばゐ (名) 芝居 〔慶長中、出雲ノ巫女、阿國、京都ノ四條河原ニ芝居シテ演セシヨリイフ〕 (一)歌舞妓ノ異稱、其條ヲ見ヨ。 演劇 (二)芝居興行ノ建物。歌舞妓ノ座。 劇場

しひ (名) 私費 官費ナラデ、人民自ラ費用ヲ出スコト。

しひ (名) 椎 シヒノキ、喬木ノ名、山中ニ多シ、葉ハ、樫ニ似テ、狹ク長ク薄ク硬ク、面ハ深緑ニ、背ハ褐色ニシテ光リ、多枯レズ、花ハ、葉ノ間ニ生ズ、尾ノ状ノ穗ニテ、淡黄ナリ、子ヲしひのみトイフ、樫ノ子ヨリ小クシテ、外ニ粗皮アリテ全ク包ム、樫ノ子ノ椀ノ形ナルト異ナリ、炒リテ食フ、味佳シ。 柯

しび (名) 鮪 〔味、甚ル意カト云〕 魚ノ名、まぐろノ類、大ナルハ、七八尺ヨリ一丈許アリ、黒灰色ニシテ、黄ナル點アリ、肉赤クシテ血點アリ。 金鎗魚

しび (名) 鴟尾 宮殿ナドノ屋ノ棟ノ端ノ飾物。クツガタ、オニガハラ、シャチホコノ類。

しび (名) 紫薇 サルスベリ。

じひ (名) 慈悲 佛經ノ語、慈ハ、能ク他ト樂ム心、悲ハ、能ク他ノ苦心ヲ拔クコト。イツクシミ。アハレミ。ナサケ。

じひ (名) 自費 己レ自ラ費用ヲワキマヘテ、事ヲ爲スコト。(他ノ力ヲ借ラヌ意)

じひ (名) 侍婢 コシモト。側仕ヘノ女。

じびき (名) 字引 漢字ヲ集メ列ネテ、其形、音、意義等ヲ說キタル書ノ名、字ノ解シ難キトキ、引出シテ見ルニイフ。 字書 又、和語、其他、諸外國ノ言語ヲ集メ說キタルニモイフ。辭書。

〔しひ-ごと (名) 誣言 事ヲ誣ヒテ言フコト。讒言。

〔しひ-しば (名) 椎柴 椎ノ木ノ叢立チタル所ヲイフカ。「トカヘル山ノートノミ契リ給ヒケリ」神山ノ、ー隱レ、シベバモ」 喪服ノ染草トナルトテ、喪服ヲーノ袖トイフ。「思ハズヤ、ーノ、袖ニウキネノ、カカルベシトハ」「ーニ、カヘヌヲ歎ク、涙モテ、深クヤ袖ノ、色ヲ染メツル」同ジ諒闇ナレド、一天下ノ人、烏ノヤウナリ、四方山ノー、殘ラジト見ユルモ、哀レニナム」

じひ-しん-てう (名) 慈悲心鳥 鵰ノ類ニテ大ナリ、野州日光山等ノ深山ニ棲ム、背、黒褐ニシテ、腹、黄ナリ、啼ク聲、慈悲心ト聞ユ、鵰ニ先ダチテ啼キ、後レテ止ム。

しび-せい (名) 紫微星 支那ノ天文學ニ、天ノ紫微宮ノ内ニアリトイフ星ノ名、即チ、天帝ニテ、傍ニ三台星アリテ守ル。

しひたぐ (動) 虐 しへたぐノ誤。

しひ-たけ (名) 椎茸 椎ニ生ズル菌、又、かし、かしは、しで、なら等ニ生ズルヲモイフ、今、多クハ人力ニテ生ゼシム、椎ヲ伐リテ、程好ク朽チタルニ、泔水ヲ注ギ、席ヲ被ヒテ、秋雨ノ候ニ、槌ニテ擊テバ、多ク生ズ、蓋ノ大ナルハ、七八寸ニ至ル、蓋、圓ク、莖、短ク、面、黒ク、背、黄ニシテ、香氣アリ、生ナルハ、香、淡シ、故ニ、多クハ、日光、或ハ、火ニ乾シテ貯フ、殊ニ芳香甘美ナリ。 香蕈

じひつ (名) 自筆 自ラ書キタルコト。親シク書キタル筆ノ蹟。(代筆、寫シ、ナドニ對ス) 手書 親書

しひ-つ・く・クル・クレ・ケ・ケ・ケヨ (他動)(規・二) 強付 強ヒテ差シツク。無理ニ勸ム。

しひて (副) 強 必ズト迫リテ。押シテ。無理ニ。「サスガニ恥ヂテ言ハズ、ー問ヘバ」「ワビヌレバ、ー忘レムト、思ヘドモ」

〔しひと (名) 舅 しうとニ同ジ。

しびと (名) 死人 死ニタル人。死人。

しびと-ばな (名) 死人花 まんじゆしやげノ異名、多ク墓所ニ生ズレバ名ツク。

〔しひとめ (名) 姑 しうとめニ同ジ。

しひな (名) 粃 〔しひなせノ略〕 古言、シヒナセ。穀ノ實ノ

ラズシテ、もみがらノミナルモノ。轉ジテ、草木ノ實ニモイフ。

〔あひなせ〕(名)【粃】〔あひハ、縮小ルル意ニテ、なハ、之ナルカ、せハ早稲ナドノせナリ〕今、略シテ、あひなトイフ、前條ヲ見ヨ。

〔あひね〕(名)【瘤】〔强根ノ義カト云〕あぶニ同ジ。

あひのき(名)【稚木】椎ノ條ヲ見ヨ。

あひのみ(名)【稚實】椎ノ條ヲ見ヨ。

シ-ビン(名)溲瓶ノ條ヲ見ヨ。

あびん(名)【自鬘】自ラ己ガ髪ヲ結フコト。

〔あひら〕(名)【褶】表裳ニ同ジ、男ハ、袴ノ上ニ、女ハから裳ノ上ニ着ルモノナリトゾ、ウハミ。「侍從モ、アヤシキあひら着タリシヲ、アザヤキタレバ、其裳ヲ取リ給ヒテ、君ニ着セ給ヒテ」白キ衣ノ、言ヒシラズ、ススケタルニ、キタナゲナルあひら、引キ結ヒツケタル腰ツキ」

あひら(名)魚ノ名、あいらニ同ジ。

あひり(名)【痺】あひれニ同ジ。

〔あひる〕(自動)(規.二)(秕ナドノ意)脹レタルガ空シクナリテ縮ム。「水ツキモセズ出デ來テ、御腹、タダ、あひれニあひれテ、レイノ人ノ腹ヨリモ、ムゲニナラセ給ヒヌ」縮小

あひる(動)强フ、又ハ、誣フノ訛。

あひる(自動)(規.二)【痺】【麻痺】〔澁ルノ轉カ〕(一)病ニテ、人ノ體ニ、感覺運動ノ力、無クナル。(二)長坐ノ脚ナド、一時、血ノ運行ヲ止メテ、感覺ヲ失ヒ、疼ク如ク痛ム。コレヲ あひれヲキラス、あひれガキルル、ナドイフ。脚痺

あひれ(名)【痺】シヒルルコト。(前條ヲ見ヨ)

あひれぐすり(名)【痺藥】麻醉ヲ發サシムル種種ノ藥ノ稱(麻醉ノ條ヲ見ヨ)麻藥

あひれる(動)【痺】あひるノ訛。

あぶ(名)【紙布】紙ニテ作レル布、岩城ノ刈田郡白石ノ產ナリ、典具帖紙ヲ細ソク切リテ、絲ニ拈リ、コレヲ緯トシ、絹絲ヲ經ニ加ヘテ織ル、甚ダ輕シ、夏ノ衣トス。

あぶ(名)【集】詩、文、和歌、ナドヲ集メ記シタル書。「何某、家ノ―」

〔あぶ〕(名)【執】執着ノ心。執念。「憂キナガラ、ナガラフルダニ、アルモノヲ、何ニ此世ニ、あぶヲトドメム」猶、ミツカラ、ラシト思ヒキコエシ、心ノあぶナム、止ルモノナリケル」身ニ官祿アラズ、何ニツケテモ、執ヲトカム」

あふ(他動)(規.三)【强】押シテモノス。無理押ヲスル。オシツクル。「今ヨリハ、思フコトヲモ、言ハデ歷ム、あふるハツラキ、モノニゾアリケル」

あふ(他動)(規.三)【誣】【罔】然アラヌヲ、枉ゲテ然アリト言フ。非ヲ理ニ言ヒナス。

〔あふ〕(自動)(規.三)【癈】機能ヲ失フ。「目―」「耳―」

あぶ(名)【澁】〔澁ノ字ノ音カトイフハイカガ〕(一)澁キ味。未熟ナル柹梨ノ心、又ハ、栗ノあまかはナドノ味。(二)柹澁。

〔あぶ〕(名)【四分】長官、次官、判官、主典ノ稱。(長官ノ條ヲ見ヨ)

あぶ(名)【使部】雜事ニ使ハルル小役人。

あぶ(名)【自負】自ラ己ガ才學功業ナドヲ誇ルコト。自慢。

あぶ(感)【十拾】ト・トヲゾ。

あぶあく(名)【十惡】佛經ノ語、殺生、偸盜、貪欲、愚痴、邪淫、忘語、綺語、惡口、兩舌、瞋恚ノ稱。

あぶいた(名)【四分板】板ノ厚サ四分ナルモノ。

あぶいち(名)【四分一】(一)四ツニ分チタル一ツ。四ツ割リ一ツ。(二)銅四分ノ一、銀ヲ合ハセタルモノ、今、常ニ、銅百ニ、銀七十(下等ナルハ、五十或ハ廿五)トス、色、灰黑ナリ、種種ノ小器具ニ作ル。朧銀

あぶいちぐわつ(名)【十一月】年ノ第十一ノ月。霜月。

あぶいちあ(名)【十一時】時ノ條ヲ見ヨ。

あぶいちめんくわんぜおん(名)【十一面觀世音】觀世音ノ像ノ、頭上ニ、小キ九面アリ、頂ニ、又、一佛アリ、本體ト合ハセテ、十一面アルモノ、慈、悲、忿怒、嘲笑等ノ相ヲ爲ス。

あぶうるか(名)うるかノ條ヲ見ヨ。

あぶかき(名)【澁柹】柹ノ一種、實ノ味、甚ダシク澁キモノ、柹澁ヲ取リ、或ハ、さはしがきトシテ食フ、種類多シ。渋柹

あぶかは(名)【澁皮】(一)樹ノあまかは。(二)果ノ實ノあまかは。

あぶいあぶ(名)【習合】神道ノ一派、其條ヲ見ヨ。

しぶかみ（名）澁紙 紙ヲ、糊ニテ續ギ貼リ重ネテ柿澁ヲ延キテ乾シタルモノ、敷紙トシ、又、荷物ナド包ムニ用キル、

しぶき（名）蕺 草ノ名、どくだみノ古名。

しふぎ（名）集議 アツマリテ、評議スルコ。

しぶき（名）澁木 もゝかはノ條ヲ見ヨ。

しぶき（名）繁吹 繁吹クコ。シブカレテ散ル水。「雨ノ―」「瀧ノ―」

じふき（名）什器 ウツハ。ダウグ。什物。

しぶく・ク・ケ・カ・キ・ケ（自動）（規、二）繁吹 繁ク吹ク。「風、小雨ヲ―」

しぶく・ク・ケ・カ・キ・ケ（自動）（規、二）〔澁ル意〕障ル。支ヘラル。「霜枯レノ、蘆間ニしぶく、釣舟ヤ、心モユカヌ、我身ナルラム」高瀬舟、しぶくバカリニ、モミヂ葉ノ、流レテクダル、大井川哉」蒓ノモトヲ脇ニハサミテ、前ノ谷ヘ躍リオツ、蒓、風ニしぶかレテ、谷ノ底ニ、鳥ノヰルヤウニ、ヤヲラ落チニケレバ、ソレヨリ逃ゲテ往ニケリ」

しふく（名）時服 其時候ニ隨ヒテ着ルベキ衣服。「―一重ヲ賜フ」

しぶくさ（名）羊蹄菜 ぎしぎしニ同ジ。

しふくわい（名）集會 ツドヒアフコ。アツマルコ。ヨリアヒ。

じふぐわつ（名）十月 年ノ第十ニアタル月。神無月。小春。

しふくわん（名）習慣 ナラハシ。ナラヒ。シキタリ。クセ。

じふごや（名）十五夜 （一）陰暦ニ、十五日ノ夜ノ稱。三五ノ夕。（二）專ラ、陰暦八月十五日ノ夜ニ、滿月ノ光ヲ賞スル稱、秋ノ半ニシテ、暑カラズ、寒カラズ、天澄ミテ、月色甚ダ明ナレバ、特ニ明月ト稱シ、中秋ノ月ナドイヒ、一年ノ觀月ノ節トシ、宴ナド開ク。中秋

じふさんぎやう（名）十三經 經書ノ條ヲ見ヨ。

じふさんだいしふ（名）十三代集 新敕撰、續後撰、續古今、續拾遺、新後撰、玉葉、續千載、續後拾遺、風雅、新千載、新拾遺、新後拾遺、新續古今 等ノ十三部ノ歌集ノ稱。

じふさんや（名）十三夜 （一）陰暦ニ、十三日ノ夜。（二）專ラ、陰暦九月十三日ノ夜、月ヲ賞スル稱、八月十五夜ノ中秋ノ月ニ次ギテ、特ニ觀月ノ節トス。

しふじ（名）習字 テナラヒ。

しぶし・キ・ケレ・ク・ク（形、二）澁 （一）澁ノ味アリ。舌ヲ刺シテシメヨスルガ如キ快カラヌ味アリ。（澁柹ノ味ナド）（二）澁リタリ。圓轉ナラズ。「鶯ノ、聲マダしぶく、聞ユナリ、スダチノ小野ノ、春ノ曙」 澁滯 （三）俗ニ瀟洒シテ雅ナリ。クスミテイキナリ。（東京）瀟洒

じふじ（名）十字 （一）十ノ字。十文字。（二）（饅頭ノ類、上ニ十字シテ食ヘバイフ。

じふじ（名）十時 時ノ條ヲ見ヨ。

じふじか（名）十字架 西洋ノ刑具、直ナル柱ニ横木ヲ添ヘテ、十字ノ形ニ作レルモノ、罪人ヲコレニ上セテ、釘付ケニシテ殺ス。耶蘇基督、此刑ニテ殺サレタレバ、耶蘇敎ニテ、其敎門ノ標識トス。

じふしちし（名）十七史 史記、前漢書、後漢書、三國史、晉書、宋書、南齊書、梁書、陳書、後魏書、北齊書、周書、隋書、南史、北史、唐書、五代史等、支那ノ十七種ノ歷史ノ稱、コレニ遼史、宋史、金史、元史、ヲ加ヘテ、二十一史トイフ。

しぶしぶ（副）澁リ澁リテ。否ミナガラ。「只、成レトアリケレバ、童、しぶしぶ小法師ニナリニケリ」上ハ―ニ思召シタルヲ、强ヒテ御迎ヘシ給ツ」女、御殿ニ參レト宣ヘルヲ、―ナル狀ナラバ」女君、レイノ―ニ心モ解ケズモノシ給フ」

じふしまい（名）十姉妹 薔薇ノ類、舶來品ナリ。ホサツイバラ。

しふしん（名）執心 佛經ノ語、固ク執リテ思ヒ入ル心。深ク望ヲカクルコ。

しぶせん（名）澁煎 柹澁ノ汁ニテ煎ルコ。（糊ナド）

じふぜん（名）十善 佛經ノ語、十惡ヲセヌコ。「―ノ君」

しぶたい（名）澁滯 シブリトドコホルコ。ズラスラトトホラヌコ。

しふぢかん（名）集治監 既決ノ囚人ヲ集メ置キテ、各、其刑ニ服セシムル所。

しぶちや（名）澁茶 煎カラシテ、味澁クナレル茶。

しふぢやく（名）執着 佛經ノ語、執心シ思ヒ入ルコ。深ク思ヒヲカクルコ。

じふつ（名）事物 モノゴト。

しぶつら（名）澁面 不滿足ニテ、意ノ澁リ居ルトキノ顏色ニイフ語。澁面。

しぶとし・キ・ケレ・ク・ク (形・二) (強ヒ太シ、ノ略カト云) 難ニ堪ヘテ強シ。懲リズマニ強情ナリ。「ユユシク大ナル鼯鼠ノ、年舊リ、毛ナド禿ゲ、しぶとげナルニテゾアリケル」「此者、シブトキ鳥滸ノ者ニテ」

じふにきゆう (名) 十二宮 太陽ノ纏度ヲ記セル帶ヲ十二ニ分テル稱、總天ヲ周環シ、幅ヲ十六度トシ、十二ニ分チ、白羊宮、金牛宮、雙女宮、巨蟹宮、獅子宮、室女宮、天秤宮、天蠍宮、人馬宮、磨羯宮、寶瓶宮、雙魚宮ノ名ヲ附ク、皆、星宿ノ象ニテ名ヅク。

じふにぐわつ (名) 十二月 年ノ第十二ノ月、年ノ終リノ月。シハス。極月。

じふにし (名) 十二支 えとノ條ヲ見ヨ。

じふにじ (名) 十二時 時ノ條ヲ見ヨ。

じふにしちやう (名) 十二指腸 (指十二本並ベタル長サナレバイフ) 醫術ノ語、小腸ノ一部、胃ノ下部ニ附キテ曲レル處。

じふにひとへ (名) 十二單 (襲衣ノ單ヨリ名トス) (一)女官ノ裝束ノ稱、許サレテ服ス、先ヅ、白小袖ヲ着、其上ニ單、五衣、表衣ヲ重ネ、打掛ケニ着テ、其上ニ唐衣ヲ着ル、袴ハ、緋ノ精好ニテ、背ノ腰ニ、別ニ裳ヲ着ク、其五衣ハ練貫ノ袷ニテ、色相同ジ、表衣ハ別ニ織物ナリ、唐衣ハ素襖ノ如ク、ゆきハ短ク、腰マデニテ織物ナリ、裳ハ白ノ生絹ニテ、繪ヲカク。又、十二ノ御衣。(二)草ノ名、古名、ウルキ、又、ウルヒ。山中ノ陽地ニ生ズ、莖、方ニシテ紫色ナリ、高サ三五寸、葉ハをとこゑニ似テ、鋸齒アリ、對生ス、莖葉ニ白毛多シ、春夏ノ交、莖ノ頭ニ、穗ヲナシテ、密ニ五瓣ノ小花ヲ綴リ開ク、大サ三分許、本ハ筒ナリ、白クシテ紫ヲ帶ブ、又、紫碧ノモノ、白色ノモノモアリ、花ノ後、萼中ニ、小子四粒アリ、夏月熟シテ枯レ、後ニ、舊根、復タ生ズ。夏枯草

じふにぶん (副) 十二分 十分ヲ過ギテ。實ニ足ラヌ及バヌヿ無ク。

じふにんなみ (名) 十人並 人ノ容貌、伎倆、ナドノ、尋常ナルヿ。尋常一樣

じふにりつ (名) 十二律 音樂ノ調子ノ上ニ、壹越、斷金、平調、勝絶、下無、雙調、鳧鐘、黄鐘、鸞鏡、盤渉、神仙、上無、ノ十二ノ稱。又、十二調子。

自然ノ聲音ヲ、宮、商、角、徴、羽ノ五音トシ、其音ノ高低ヲ次第スルモノ、即チ十二ノ調子ナリ、コレヲ壹越ヨリ唱ヘ始ムレドモ、末ノ上無ニ次グモノハ壹越ニテ、循環シテ止マザルヿ、上ノ圖ノ如シ。十二律ニ因テ、五音ヲ定ムルニハ、宮ヲ基トシテ、商ハ、宮ヨリ高キヿ二律ナリ、羽ハ、徴ヨリ高キヿ二律ナリ、他ハ圖ヲ見テ知ルベシ。宮ト徴トノ兩音ヲ和合音トス、其音ニ高低アレドモ、相親和シテ、其調ヲ同ジウス、スベテ、和合音ヲ圖ニ就キテ定ムレバ、左ヨリ環リテハ、第八ニ當リ、右ヨリ環レバ、第六ニ當ルヲ制トス、故ニ圖ノ如ク姑ク宮ヲ壹越ト定ムルトキハ、徴ハ左環シテ、第八ノ黄鐘ナリ、然レドモ、若シ或ハ宮ヲ下無ト定ムレバ、徴ハ第八ノ上無トナルナリ、餘ハ此理ニテ知ルベシ。 前圖ノ中ニ記入セル黄鐘(黄鐘ト異ナリ)大呂等ノ稱モ、亦別ニ十二律ノ名目ニシテ前ノ十二律ト相配シテイフ。コレヲ、又、十二箇月ニモ配當シテ稱ス、即チ、大簇(正月)姑洗(三月)蕤賓(五月)夷則(七月)無射(九月)黄鐘(十一月)以上ヲ六律トモイフ、夾鐘(二月)仲呂(四月)林鐘(六月)南呂(八月)應鐘(十月)大呂(十二月)以上ヲ六呂トモイフ。

〔しふねがる・ル・レ・ラ・リ・レ (自動) (規・一) 執念 執念深クスル。「シウネガリテ聽カズニ」

〔しふねし・キ・ケレ・ク・ク (形・二) 執念 (字ノ音ヲハタラカス) 執念深シ。音便ニ、しうねしトモイフ。「彼ハ、シフネク止メテ、マカリニケルニコソ」「今ヒトタビ見奉ルハ、世モヤト、命ヲサヘ、シフネウナシテ念ジケルヲ」「アマジヤ、シウネキ御モノノケニワヅラヒ給ヒテ」

しふねん (名) 【執念】 佛經ノ語、固ク執リテ移ラヌ一念。深ク思ヒ込ミテ動カヌヿ。執着ノオモヒ。(多ク頑ナル意ニ用ヰル)

じふねん (名) 【十念】 淨土宗ニテ、信者ニ六字ノ名號ヲ授ケテ、佛ニ結緣セシムルヿ。

じふのう (名) 【十能】 〔五德ニ對シテイフ語カ〕 炭火ヲ盛リテ運ブ器、銅鐵製ニテ、木柄アリ。オキカキ。(京都)ヒカキ。(南都、奧州) ‖火斗 湿火‖ 臺ヲツケタルヲ、臺ートイフ。

じふはう (名) 【什寶】 寶トシテ秘藏スル什物。

じふはちこう (名) 【十八公】 〔松ノ字ノ異體ナル枩ノ字ヲ析キテ三字トシテイヘルナリ〕 松ノ異名。

じふはちささげ (名) じふろくささげノ條ヲ見ヨ。

じふばんじたて (名) 【十番仕立】 〔江戸麻布ノ十番(地名)ニ馬乘アリテ用ヰシヨリ起ル〕 馬乘袴ノ、まちノ甚ダ高ク、襠、甚ダ廣キ製ノ名。

じふぶん (名) 【十分】 物事ノ、全ク具ハリ滿チ足ヒタルヿ。缺クルヿナキヿ。

じふぶんに (副) 【十分】 全ク滿チ足ヒテ。タップリ。

じふまんおくど (名) 【十萬億土】 極樂ノ條ヲ見ヨ。

しぶん (名) 【詩文】 詩ト文章ト。(各條ヲ見ヨ)

しぶん (名) 【士分】 侍タル身分。

しぶん (名) 【衆分】 しゆぶんノ訛、盲官ノ條ヲ見ヨ。

じぶん (名) 【時分】 トキ。ヲリ。ゴロ。ホド。「程ヨキー」イツーーヲ伺フ」

じぶん (名) 【自分】 オレ。自身。

じぶん (代) 【自分】 自稱ノ代名詞。我。吾

しぶめん (名) 【澁面】 〔或ハ皺面ナド記ス〕 シブツラ。「ーツクル」

じふもつ (名) 【什物】 (一)ウツハ。ダウグ。(二)什寶。

じふもんじ (名) 【十文字】 十ノ字ノ形。‖十字形‖

じふもんせん (名) 【十文錢】 寶永四年ニ鑄タル錢ノ名、面ニ、寶永通寶ノ字アリ、背ノ緣ニ、永世久用ノ字アリ、形、大ク、一枚ヲ小錢十枚ニ當ツ、幾クモ無クシテ、通用ヲ止ム。

じふや (名) 【十夜】 淨土宗ノ佛事、陰曆十月六日ヨリ十五日マデ、十夜ノ間、別時念佛ヲ唱フ。

じふやく (名) 〔蕺藥ノ音ト云、或云、馬ニ飼ヒテ十種ノ效アレバ、十藥ノ義ナリト〕 草ノ名、どくだみニ同ジ。

しぶりばら (名) 【澁腹】 下痢ニシテ、澁リテ善ク通ジカタキ病。‖結痢‖

しぶる・ル・レ・ラ・リ・レ (自動)(規.一) 【澁】 (一)滑カナラズ。障ハリテ通セズ。スラスラトホラズ。キシム。‖澁滯‖ (二)不得心ニテ、進ミテセズ。否ム心アリ。「使、しぶる氣色ナガラ、持テ歸リケリ」左衞門督ナドモ、イタクしぶりシヲ制シノタマヒテ」世ノ中ハ、秋ニテリユク若栗ノ、しぶりしぶりや、エミテ過ギナム」追メテシテラムモ、サバカリニテ、尋常ビ、ウタテケレバ、渡リ給ヒテ」

じふろくささげ (名) 【十六豇】 ささげノ一種、莢ノ長キヿ、一尺餘ニ至ルモノ、豆、多クシテ、肥エタルハ、十六、乃至、十八粒アリ、故ニ、十八ささげ、ノ名モアリ、未

熟ナルハ、莢ト共ニ食フベシ、豆ノ色、淡紅ナリ。‖裙帶豆‖

じふろくむさし (名) むさしノ條ヲ見ヨ。

じふろくや (名) 【十六夜】 陰曆十六日ノ夜ノ稱。多ク、いさよひノ月ニ就キテイフ。

じふわう (名) 【十王】 佛經ニ、冥府ニアル十人ノ王。

しふゐ (名) 【拾遺】 (一)遺レルヲ拾フヿ。漏レタルヲ補フヿ。(多ク著書ニイフ)(二)官名、侍從ノ唐名。

しべ (名) 【蘂】 〔心瓣ノ音カト云〕 花ノ中心ニアルモノ、多クハ、極メテ細ソキ莖ノ端ニ黃粉アリ、即チ、草木ノ生殖ノ機ニテ、雄ー、雌ーノ二アリ、雌ハ多ク中ニアリ、雄ハ多ク周ニアリ。

しべ (名) 【稭】 わらしべノ條ヲ見ヨ。

しへい (名) 【紙幣】 金札。銀札。

じへう (名) 【辭表】 官位ヲ辭スルニ奉ツル狀。

しへたぐ・グル・グレ・ゲ・ゲ・ゲロ (他動)(規.二) 【虐】 〔強ヒテ上グ、ノ約カ、強ヒ遂グ、ノ約轉カ〕 非道ニアツカフ。苛ク慘クス。セタグル。

しべつ (名) 【死別】 シニワカレ。

しべん (名) 【支辨】 アテガヒ。仕拂。遣拂。

じへん (名) 【事變】 變事ニ同ジ。

じべん (名) 【自辨】 自ラ入費ヲ仕拂ヒテ物ヲトトノフルヿ。

しほ (名) 【試補】 見習ヒノ職。

しほ (名) 【鹽】 〔白穗ノ略カト云〕 (一)潮水ニテ製スル鹹ユキモノ、潮水ヲ沙上ニ澆ギテ、日ニ曬シ、凝ラセ

テ沸シテ、蒸テ成ル、固マリテ白クシテ砂ノ如シ、其他、製法、種種アリ、又、山鹽モアリ、(其條ヲ見ヨ)食ニ鹹味ヲ與ヘ、又、肉菜ナド貯フルニ用ヰル。食鹽。(二)鹽ニ漬ケタルヿ。「ー魚」ー鰮」ー鯛」 醃 (三)鹽氣。「ーアマシ」ーカラシ」 鹹味
○ーニスル。鹽漬ニテス。 醃藏 ○ーヲ出ス。水ニ浸シテ鹽氣ヲ去ル。

しほ (名) 潮 汐 (一)うしほ。(其條ヲ見ヨ)「ー汲ム」ー道」ー風」(二)潮ノ差引ノ汐合ノ意ヨリ轉ジテ、ホドアヒ。ヲリ。時節。「月ノ出ー、入ー」稲ノ刈リー」水ノ海ト、落ツル涙ハ、ナリニケリ、逢フベキしほモナキトキ聞クヨリ」ソレヲーニ言ヒ出ス」 機會

しほ (接尾) 入 〔汐合ノ意ニテ、染ムル淺深ノ程合ニ寄セテイフ語カト云、或ハ入ノ音ノ轉トイフハイカガ〕浸シテ染ムル度ヲ數フルニイフ語。「初ー」一ー」二ー」八ー」千ー」幾ー」紅ノ、八鹽〔染メテ、オコセタル、衣ノ裾モ、トホリテヌレヌ」波ニノミ、浸レル松ノ、深緑、幾ートカハ、知ルベカルラム」 染

しぼ (名) 皺 〔絞ノ略カ〕 烏帽子ノ肌ニ作リ爲ス皺ノ稱。粗キヲ大ートイヒ、密ナルヲ小ーナドイフ。 皺文 又、革ニモイフ。

じぼ (名) 字母 假名、梵字、洋字等、音ヲ綴リ成ス母トナル程ノ字ノ稱。

じぼ (名) 字模 活字ノ鑄型ヲ造ル型。

しほあひ (名) 汐合 (一)潮水ノ差引キノ程。汐時。「アナシ吹ク、瀬戸ノーニ、舟出シテ」(二)潮ノ滿チ合フ所。(三)ヲリ。ホドアヒ。ゴロ。「ーヲ計ル」 機會

しほおし (名) 鹽壓 蔬菜ナドヲ鹽ニシテ、石ニテ壓シテ漬クルヿ、多ク香ノ物ニイフ。

しほかぜ (名) 潮風 海上ノ風。

しほがま (名) 鹽竈 (一)潮水ヲ鹽ニ煮作ルニ用ヰル竈。(二)乾菓子ノ名、みぢんこヲ砂糖ニ和シテ、固メテ、方形ニ切レルモノ、初メ陸前ノ鹽釜浦ニテ製シ出シタルニ起ルトイフ。(三)櫻ノ一品ノ名、葉マデ(濱デ)見事ナリトイフ意ナリトゾ。

しほから (名) 鹽辛 魚介ノ肉ニテ、鹹カラク作レル醬 鱐 魚醬 腸ニテ作レルヲわたートイフ。 鮾鯢

しほから・し・キ・ケレ・ク・ク (形・二) 鹽辛 しほはゆし、しははゆしニ同ジ。 鹹

〔しほがれ (名) 〔汐涸ノ義ナラム〕 汐干ニ同ジキカ。「波コサヌ、浦ノ干潟ノ、ーニ、心ト起チテ、鳴ク千鳥哉」

しほぎ (名) 鹽木 鹽竈ニ用ヰル薪。

しほくみ (名) 潮汲 (一)鹽ニ製スル潮水ヲ汲ムヿ。又、其人。(二)蝶ノ類、花ヲ吸ヒテ、暫シモ止マラズ飛ビメグルモノ。

しほけ (名) 潮氣 潮ノ氣。潮風ノ濕。

しほけ (名) 鹽氣 鹽ノ味。 鹹味

しほけぶり (名) 鹽烟 鹽竈ノ烟。「須磨ノ浦ノ、アマリニ燃ユル、思ヒ哉、燒クーノ、人ハ靡カデ」

しほけむり (名) 潮烟 潮水ノ波ノ、磯ニ碎ケテ飛ビ散ルモノ。

しほさいふぐ (名) 〔潮先ノ音便カ〕 河豚ノ類、形、小ク、毒ナク、腹ノ脹ルルヿ最モ甚シキモノ。イソフグ。

しほざかな (名) 鹽魚 鹽漬ニシタル魚。 醃魚

しほさき (名) 潮先 (一)潮ノ滿チ來ル時。「風渡ル、浦ノ湊ノ、ーニ、波乘リ越エテ、鷗鳴クナリ」(二)物事ノ始マル時。「イデ、此ノーヲカリテ、ナサクジリツ」

〔しほさゐ (名) 〔潮騷ノ轉〕 潮ノ滿チ來ルトキ、浪ノ騷ト起ツヿ。「潮左爲ニ、五十戸兒ノ島邊、漕グ船ニ、妹乘ルラムカ、荒キ島曲ヲ」牛窓ノ、浪ノ鹽左猪、島響ミ、湍ツしほさゐ、高ク立チ來ヌ」

しほしほ (副) 潸 しをしをノ誤。

〔しほしほと (副) 濡レソホツル狀ニイフ語。「馴リ着テ、我身ニマトフ、唐衣、ーコソ、泣キ濡ラサルレ」飽カズ悲シク、止メカタク、ー泣キ給フ」吾妹子ガ、袖モ志保保ニ、泣キシ思ハユ」

〔しほじむ・ム・メ・マ・ミ・メ (自動)(規・二) 〔幾入千染ム意〕 慣ル。ゴナル。馴染ム。「斯ル住居ニ、シホジマザンマシカバ、メヅラカニ覺エマシ」シホジミヌル人コソ、物ノヲリフシニハ、頼モシケレ」此方ニシホジミタル人ハ、イカニモ心ヤスゲナリ」僞リノ、世ニシホジマヌ、人ナラバ」

しほじむ・ム・メ・マ・ミ・メ (自動)(規・二) 潮染 潮水ニ染ム。潮氣ニ濕ル。「世ヲウミニ、ココラシホジム、身トナリテ、ナホ此岸ヲ、エコソ離レネ」心ヨリ、タダ憂キ事ニ、シホジミテ、入江ノホタテ、カラキ世ノ中」(共ニ前條ノ語ノ意ニ掛ク)

しほじり (名) 鹽尻 鹽濱ニテ、砂ヲ積ミ上ゲテ圓ク高ク塚ノ如クシタルモノ、コレニ潮水ヲ汲ミカケテ、日ニ

晒ス。「富士ノ山ハ、云云、形ハ、ーノヤウニナムアリケル」

【鹵垢】

しほせ (名) 【潮瀬】 潮ノ流ルル處。「碇オロス、方コソナケレ、伊勢ノ海ノ、ーニカカル、礒ノ釣舟」見渡セバ、海ト川トノ、行キ合ヒノ、ーニカカル、水ノ白波」

しほせんべい (名) 【鹽煎餅】 米ノ粉ニ鹽ヲ加ヘ、捏ネヒラメテ、炙リ燒キテ、淡ク醬油ヲ延キタルモノ。

しほだし (名) 【鹽出】 鹽漬ノ物ヲ水ニ浸シテ鹽氣ヲ除クコト。

しほだち (名) 【鹽斷】 鹽氣アル食物ヲ斷チテ食ハザルコト。(立願ノ行ナドニ)

しほたる・ルル・ルレ・レ・レ・レヨ (自動) (規、二) 【潮垂】 (一)潮水ヲ垂ラス。(磯ノ袖ノ濡レタルニイフ)「乾サデコソ、見ルベカリケレ、須磨ノ磯ノ、シホタレワブル、袖ノ月影」(二)轉ジテ、涙ニテ袖濡レソホヅ。「アサリスル、磯ノ衣ニ、アラネドモ、シホタレマサル、袖ノ上哉」「人知レヌ、戀ヲシスマノ、浦人ハ、泣キシホタレテ、過スナリケリ」(三)又、轉ジテ、泣キ入ル。歎キニ沈ム。「前ノ世、ユカシウナムト、打返シツツ、御シホタレガチニノミオハシマス」「イト哀レニテ、打チシホタレサセ給ヒヌ」七歲ニテ舞セサセ給ヘル、云云、萬人シホタレヌ人無カリケリ」(四)齋宮ノ忌詞ニ、泣ク。

しほぢ (名) 【潮道】 (一)海上、潮ノ差引ノスヂ。(二)船路。海路

しほぢ (名) 【鹽地】 樹ノ名、はりぎりニ同ジ。

〔しぼち (名) 【新發意】 しんぼちニ同ジ。「彼ノ國ノ前ノ守、しぼちノ娘ノカシヅキタル」

しほづけ (名) 【鹽漬】 肉菜ナドヲ鹽ニ漬ケテ貯フルモノ。

【醃藏】

しほつばし (形) しほはゆしノ訛。

しほで (名) 【鞆】 〔後方手ノ約轉カ、或云、鹽出ノ義、海アレバイフト、又、四方出、四方手、四緒手ナドトモ記セリ〕 鞍ノ前輪後輪ニ、各、二處ヅツ着クル紐、卽チ、むながい、しりがいヲ止ムルモノ。後輪ノーヲ、古クハ、かれひつけトイヒ、今ハ左ニアルヲ鳥付トイヒ、右ニアルヲ物付トイフ。

しほで (名) 〔細蔓ノ物ニ絡フコト、鞆ノ如シトテ名トス〕 草ノ名、春、舊根ヨリ苗蔓ヲ生ズ、葉ハさるとりノ葉ニ似テ、縱紋多ク、柔ニシテ、互生ス、葉ノ本ニ細蔓アリテ、物ニ絡フ、花ハ、葉ノ間ニ生ジテ、一二三十簇ル、形、色、らまぎノ花ニ似タリ、實ハ、豆ノ如ク、熟スレバ黒シ。

【牛尾菜】

しほどき (名) 【潮時】 (一)潮水ノ差引スル時。(二)シホアヒ。ヲリ。 【機會】

〔しほどく・クル・クレ・ケ・ケ・ケヨ (自動) (規、二) 〔鹽解ノ義カ〕 しほたるニ同ジ。濡レソホヅ。「寄ル涙ニ、立チ重ネタル、旅衣、シホドケシトヤ、人ノイトハム」時シモコソアレ、雨少シ降リテ、田子ノ袂ドモ、シホドケタリ」夜モスガラ、泣キアカシ給ヒケル御衣ノ氣色、イト、シホドケゲニテ、引キ被カセ給ヒケル」

〔しほなわ (名) 【鹽沫】 潮ノ沫ノ約。ーノ留ル限リ、ナドイフ、海潮ノ滿チ行ク時ニ流ルル沫ノ至リ留マル限リ、ノ意ニテ、四海ノ果マデ、ノ意。「皇神乃敷坐島能八十島者、谷蟆能狹度極、鹽沫能留限云云」

しほば (名) 【鹽場】 (一)鹽濱。(二)鹽ノ產スル地。

しほはま (名) 【鹽濱】 潮水ヲ晒シテ鹽ヲ煑作ル海岸沙濱ノ地。 【鹽田】

しほはゆし・キ・シ・ケレ・ク・ク (形、二) 【鹹】 〔鹽映シ、ノ義ト云〕 鹽ノ味アリ、鹽氣アリ。シハユシ。シホツバシ。シヲバシ。シホカラシ。カラシ。

しほひ (名) 【汐干】 (一)汐ノ引キ去レルコト。「ーノ潟」「ーノ磯」「ーノ道」荒ツ海ノ、ー潮滿チ、時ハアレド」沖ツ風、更ケテハイトド、月影モ、寒キーニ、千鳥鳴クナリ」(二)今、專ラ、引汐ノ乾潟ニ出デテ、魚ヲ捕リ、介ヲ拾ヒテ遊ブコト、特ニ、陰曆三月三日ノ大汐ナルニイフ、ザレド、春夏ノ交ノ長閑ナル日、皆、宜シ。

しほひがた (名) 【汐干潟】 汐干ニアラハルル干潟。 【斥鹵】

しほびき (名) 【鹽引】 (一)生魚ニ鹽ヲ延キテ漬ケタルモノ。シホヅケ。シホモノ。 【醃魚】 (二)專ラ、鮭ノ鹽漬ノ稱。生ナルモノノ鱗、鰓、膓ヲ去リ、鹽ニ漬ケテ、數日ニシテ成ル、或ハ、鹽ヲ腹中ニ滿テテ、わらづとニ包ミ、梁ニカケテ、鹽汁ノ滴ルヲ待チ、復タ個ク包ミ貯ヘテ成ルモアリ。又、鰤ニモイフ。

〔しほひるに (名) 【潮涸瓊】 しほみつにノ條ヲ見ヨ。

しほふきがひ (名) 【汐吹貝】 介ノ名、形、あさりニ似テ、殼薄ク、紋ナク、味劣ル、常ニ、海中ニテ、口ヲ開キ、汐ヲ吹ク。

しほぶた (名) 【鹽豚】 豚ノ肉ヲ鹽漬ニシタルモノ。

醃豚

しほぶろ (名) 鹽風呂 鹽水ヲ沸シテ浴スルモノ。鹽湯。

〔しほほま〕 (副) 〔しほしほノ約〕 しほしほニ同ジ。「鹽垣ノ、隈處ニ立チテ、吾妹子ガ、袖モ志保保ニ、泣キシゾ思ハユ」

しほみち (名) 潮道 海中ニ、潮水ノ差引ニ烈シク流レ行ク路筋。

しほみづ (名) 潮水 ウシホ。

しほみづ (名) 鹽水 食鹽ヲ眞水ニ加ヘタルモノ。

〔しほみつに〕 (名) 潮滿瓊 神代紀ニイヘル所ニテ、潮ヲ滿チシムル珠ナリト云。又、潮ヲ乾シムルモノヲ潮涸瓊トイフ。

しほん (名) 四品 (一)親王ノ位。(品ノ條ヲ見ヨ)(二)誤テ、臣位ノ四位ノ稱。「―ノ侍從」

しほん (名) 資本 モトデ。

しほむ・ム・メ・マ・ミ・メ (自動) (規・二) 萎凋 衰ヘテ皺ミ、縮ム。シナブ。シヲル。「花―」葉―」

しほもの (名) 鹽物 鹽魚、魚醢、ナドノ總稱。

しほもみ (名) 鹽揉 胡瓜ナド、刻ミテ、鹽ヲフリカケ、手ニテ揉ミ和シタルモノ。

しほや (名) 鹽屋 (一)鹽濱ノ鹽竈ノ小屋。(二)鹽ヲ賣ル商家。鹽賈

しほやき (名) 鹽燒 潮水ヲ煮テ、鹽ニ作ルコト。又其人。鹽丁 鹽戸

しほゆ (名) (一)潮水ヲ沸カシテ浴ムルコト。鹽風呂。「明石トイフ所ニ、―浴ミニマカリテ」津ノ國ニ山路トイフ所ニ、參議爲道朝臣、―浴ミテ侍ルト聞キテ遣ハシケル」(山路ノ莊、菟原郡、海濱ナリ)(二)鹽氣ノアル溫泉。「ワタツミハ、遙ケキモノヲ、イカニシテ、有馬ノ山ニ、―沸クラム」(三)白湯ニ食鹽ヲ加ヘテ飲ムモノ。

しほり (名) 絞 (一)シボルコト。(二)シボリゾメ。

しほりぞめ (名) 絞染 染模樣ノ名、布帛ノ處處ヲ、絲ニテ綴ヂ括ル、コレヲ目結トイフ、染メテ後ニ解ケバ、括リタル痕、白キ地ニ殘リテ文ヲナス。クリゾメ。シボリ。纐纈

しほりばなし (名) 絞放 絞染ノ括リヲ解キテ熨サズ、縮ミタルマヽノモノ。

しほる・ル・ル・レ・レ・レ・レヨ (自動) (規・二) 萎 しをるノ誤。

しほる・ル・レ・ラ・リ・レ (他動) (規・一) 絞 (一)捩ヂ締メ壓シテ、水氣ヲ滴ラス。「入リオハシタル狀、―バカリナリ、步行ヨリオハシタルナメリ」(雨ニ濡レテ)「僞リノ、涙ナリセバ、唐衣、シノビニ袖ハ、シボラザラマシ」(二)強ヒテ抑ヘ拭フ。「手習ヒステ給ヘルヲ取リテ、目ヲ押シシボリツヽ見給フヲ」(三)強ヒテナス。押シテナス。「蟬聲ニシボリ出シ」(四)絞染ヲナス。(五)壓シテ液ヲ出ス。「酒ヲ―」油ヲ―」搾 (六)虐ゲテ取ル。「運上ヲ―」民ノ膏血ヲ―」聚斂 (七)寄セ疊ミテ括ル。「幕ヲ―」暖簾ヲ―」擠

しま (名) 島 〔四面局ラレテ、狹、又ハ、締ノ義、梵語ニモ、四摩トイフトゾ〕(一)海、湖、沼、池ナドノ中心ニ現ハレテアル地。スベテ、四面、水ニ圍マレタル一區ノ地。(二)庭ノ泉水、築山、「屬ニ目ヲ山齋ニ歌、「鴛鴦ノ棲ム、君ガ此ノ之麻、今日見レバ、面白キ石ニ云云 或人ノミサソシノ前ノ溝ニ立タリシヲ、鳥好ミ給フ君ナリ。此石ヲ奉ラムト宣ヒテ」

しま (名) 縞 〔島物ノ略、此織法ノ物、中古、南蠻諸島ヨリ、始メテ渡セレバ名トス〕 古ク、島物。布帛ノ織樣ニ種種ノ染絲ヲ經緯ニシテ、線ヲ織リ出セルモノノ總名。柳條

しまい (名) 姉妹 あねトいもうとト。女ノ兄弟。

しまい (名) 百寶 しまへノ條ヲ見ヨ。

しまう (名) 縞鵜 鵜ノ類ニテ、羽ニ星アルモノト云。

しまか (名) 縞蚊 やぶかニ同ジ、脚ニ斑アレバイフ。

〔しまがくる〕・ル・ル・レ・レ・レ・レヨ (自動) (規・二) 島隱 島ノ陰ニ隱ル。「ホノボノト、明石ノ浦ノ、朝霧ニ、島ガクレ行ク、舟ヲシゾ思フ」八十梶懸ケ、島隱去者、吾妹兒ガ、留レト振ラム、袖見エジカモ」

しまがに (名) 島蟹 蟹ノ類ノ最モ大ナルモノ、海ニ產ス、甲圓ク、頂、尖リ、甲上ノ理、密ニシテ、腹白ク、螯青シ、故ニあをはさみノ名モアリ、螯、脚、細ソクシテ長シ、脚ノ長サ、三尺餘ニ至ルモノアリ、螯、脚、共ニ刺多シ。ウミガニ。蠘

〔しまき〕 (名) シマクコト。烈シク吹ク風。「―吹ク、響キノ灘ノ、舟渡リ、心戒フモ、誰ニ因リテカ」瀬戸渡ル、棚無シ小舟、心セヨ、霰亂ルル、―横ギル」

〔しまく〕・ク・ケ・カ・キ・ケ (自動) (規・一) 〔繁卷ク意カ〕 風烈シク吹ク。(早風ナドナルカ)「クレ舟ヨ、朝妻ワタリ、ケサナ

ヲ、伊吹ノ岳ニ、雪ーナリ」涙ノ寄ル、伊良胡ガ崎ヲ、渡ル舟、ハヤ漕ギ寄ヨ、シマキモゾスル」

しまぐに (名) 島國 島ニテ一國ヲ成セルモノ。海國

しまげら (名) 小島ノ名、きつゝきノ條ヲ見ヨ。

〔しまし〕(副) 暫 しばしノ古言。「奈呉ノ海ニ、船之麻志借セ、沖ニ出デテ、波立チ來ヤト、見テ歸リ來ム」

しまだ (名) 島田 しまだわげノ略。

しまだい (名) 島臺 洲濱ノ臺ノ上ニ、松、竹、梅ナド作リ立テ、尉姥、鶴、龜ナドヲ飾レルモノ、蓬萊山ノ形ナリトイヒ、婚禮ノ時ナドノ飾物トス。

しまだひ (名) 縞鯛 黒鯛ニ似テ小ク、四五寸ニ過ギズ、眼、上ニ近ク、鰭、腮、尖リテ、體ニ青白ノ斜紋アルモノ、味ハ鯛ヨリ劣ル。

しまだわげ (名) 島田髷 〔駿州島田驛ノ遊妓ノ髪風ニ起ル〕一種ノ婦人ノ髪ノ結ヒ樣ノ名、東京ニテハ、多ク、未ダ嫁ガザル處女ノ結フモノトス。

しまつ (名) 始末 (一)ハジメ、ヲハリ。モト、スヱ。(二)事ノ始終ノ來歷ノワケガラ。「斯ルー」顛末 (三)事ノ始終ヲ調ヘ治ムルヿ。「ーヲツクル」「ーヲスル」「後ノー」調治 (四)善ク始終ヲ考ヘテ、入費ヲ計ルヿ。儉約。儉

〔しまつどり〕(枕) 〔島之鳥ノ義〕鵜ノ枕詞。「鮎走ル、夏ノ盛リト、之麻都等里、鵜養ガトモハ、行ク川ノ」後ニハ、直ニ、鵜ヲ呼ベリ。

しまながし (名) 島流 流罪ニ同ジ、其條ト遠島ノ條トヲ見ヨ。

〔しまね〕(名) 島根 (一)島トイフニ同ジ。「沖津ー」(二)島國。「大倭ー」

しまねずみ (名) 縞鼠 蝦夷地、及ビ、歐羅巴、亞非利加ノ北部ニ產ス、きねずみノ類ニシテ、土中ニ棲ム、果ヲ食トス、長、五寸許、尾、三寸許、背上、茶黄色ニ五條ノ黒道アリテ、頗ル美シ、走ルヿ最モ速ナリ。花金鼠

しまひ (名) 仕舞 (一)シマフヿ。ヲハリ。スヱ。ハテ。終結 (二)假粧。粉装

しまふ・フ・ヘ・ハ・ヒ・ヘ (他動)(規.二) 仕舞 (一)爲シ終フ。遂ゲ成ス。濟マス。「仕事ヲー」「稽古ヲー」畢 卒 (二)藏ム。入レ込ム。「書物ヲ匣ニー」藏

しまふ・フ・ヘ・ハ・ヒ・ヘ (自動)(規.二) 仕舞 終ハル。ヲサマル。ヤム。「雨ガ止ンデー」「鎔ケテー」了

じまへ (名) 自前 〔自賣ノ訛ナラム〕抱ヘ主ナドニ賴ルニアラズシテ、已レ獨立ニテ營業スルヿ。

じまん (名) 自慢 自滿 已レ自ラ好シトシテ誇ルヿ。自負

しまめぐり (名) 島廻 鷲ノ一種、甚ダ小クシテ、冠毛ナク、觜、脚、灰青ナリ。小鷲

しまもの (名) 島物 縞ノ條ヲ見ヨ。

〔しまもり〕(名) 島守 島ヲ守ル者。島人。

しまり (名) 締 (一)締ルヿ。ユルミナクナルヿ。緊縮 (二)結バルヿ。約 (三)固ク鎖シオクヿ。「戸ノー」關鍵 (四)取リシマルヿ。統ベ治ムルヿ。管治

しまる・ル・レ・ラ・リ・レ (自動)(規.二) 締 (一)ユルミナクナル。キックカタマル。緊縮 (二)結バル。ムスバル。「帶ガー」「繩ガー」約 (三)鎖サレテアリ。「戸ガー」閉 (四)放縦ナルガ改マリテ正シクナル。「行狀ガー」檢束

しまる・ル・レ・ラ・リ・レ (他動)(規.二) 締 統ベ治ム。取リシマル。「店ヲー」管治

〔しまわ〕(名) 島曲 海ノ、島ニテ匝レル處。

しみ (名) 紙魚 〔濕ノ約カ、或云、新撰字鏡ニ、蟫ノ字ヲ志彌ト訓セリ、徐心切ニテ、尋ノ音モアレバ其轉カト〕蟲ノ名、衣帛、書籍ナドノ間ニ、濕氣ヲ得レバ生ジテ物ヲ害ス、大ナルハ、四五分、全身、初ハ青ク、老ユレバ白ク光リテ銀ノ如シ、多足、能ク走リ、尾ニ一岐アリテ、略、魚ノ尾ニ似タリ。シミムシ。キララムシ。蟫 衣魚

しみ (名) 染 (一)染ムヿ。(二)物ノ染ミテ汚レタルトコロ。「衣ノー」「疊ノー」汚染

〔しみ〕(名) 凍 凍ムヿ。氷。(今モ奥羽ニテハイフ)「夕來レバ、霙ニしみや、融ケヌラム、垂氷ツタヒニ、雫落ツナリ」

しみ (名) 華美ナラヌヿ、ぢみノ條ヲ見ヨ。

じみ (名) 滋味 ウマミ。滋養トナリテ旨キ食物。

しみこむ・ム・メ・マ・ミ・メ (自動)(規.一) 染込 深ク染ム。浸リコム。浸入

しみじみ (副) 染染 心ニ深ク染ミテツクヅクヨクヨク。「差入リタル月ノ光モ、一際ート見ユルゾカシ」「ー好イト思フニマダー話サズ」

しみつ (名) 清水 〔しみみづノ約ト云〕泉ノ淸キモノ。淸泉

しみつく・ク・ケ・カ・キ・ケ (自動)(規.一) 染着 染ミテ入ルゾマル。

(しみみに) (副) 繁ク。「藤原ノ、都志彌美爾、人ハシモ、滿チテアレドモ、君ハシモ、多クイマセド、云云、長月ノ、時雨ノ秋ハ、大殿ノ、砌志美彌爾、露負ヒテ、靡ケル萩ヲ、珠ダスキ」萱草、垣モ繁森、植エタレド」

しみん (名) 四民 ヨツノタミ。士ト農ト工ト商トノ稱。

(各條ヲ見ヨ)

しみむし (名) 蟲ノ名、しみニ同ジ。

(しみらに) (副) [しみハ繁ノ意ニテ、らハ助辭ナラム] 繁ク。シメラニ。「赤根刺ス、晝ハ之彌良爾、烏玉ノ、夜ハスガラニ、寢モ寐ズニ、妹ヲ戀フルニ、生ケル便ナシ」赤根刺ス、晝ハ終爾」赤根指ス、晝ハ之賣良爾」

‡しみる・ミル・ミレ・ミ・ミ・ミヨ (自動)(規.四) 染ム、(規.一)ニ同ジ。

‡しみる・ミル・ミレ・ミ・ミ・ミヨ (自動)(規.四) 染 熟語ニ用ヰテ、其狀ニ化シ染ム意ヲイフ語ニ似タリ。「學者ー」小供ー」婆ー」

しみわたる・ル・レ・ラ・リ・レ (自動)(規.一) 染亙 遍ク染ム。浸潤

しむ・ム・メ・マ・ミ・メ (自動)(規.一) 染 (一)ウルホヒトホルゾムゾマル。「水ー」沾ー」色ー」滲 (二)染ミテ痛ム。「傷ニー」目ニー」刺滲 (三)深ク感ズ。徹ル。「身ニー」心ニー」香ニー」濁リニー」感觸 感染

(しむ・ム・メ・マ・ミ・メ) (自動)(規.一) 凍 (寒サ染ム意カ) こほるニ同ジ。(今モ、奥州ニテ、しみるトイフ)。「春來テモ、猶、しみコホル、山里ハ、筧ノ水ノ、オトヅレモナシ」日頃

降ル雪、云云、降リカサナリツツ、消エヤルベクモアラズしみワタルヲ」

しむ・ムル・ムレ・メ・メ・メヨ (他動)(規.二) 占 我ガ有トス、得テ取ル。領ズ。「三島江ノ、玉江ノ薦ヲ、標之ヨリ、己ガトゾ思フ、未ダ苅ラネド」此ノ國ノ奥ノ郡ニ、人モ通ヒ難ク深キ山アルヲ、年頃モしめ置キナガラ」山陰ノ、岩井ノ水ニ、宿しめテ、夏ヲヨソニモ、過シツル哉」座ヲー」地ヲー」

しむ・ムル・ムレ・メ・メ・メヨ (他動)(規.二) 緊 (一)ユルミナクスル。緊ク引キチヂムル。緊縮 (二)束ネ結フ。ムスブ。「帶ヲー」繩ヲー」約 (三)閉ツ。トザス。入レ收ム。「戶ヲー」抽匣ヲー」閫 (四)數ヲ一ツニ合ハス。「金高ヲー」シメテ千圓」合計 (五)シボル。「油ヲー」搾 (六)クビル。クグル。「喉ヲー」縊

しむ・ムル・ムレ・メ・メ・メヨ (他動)(規.二) 染 染ミサス。「淺カラズしめタル紫ノ紙ニ」侍從(香)ヲ薰カシテ物ゴトニしめタルニ」香、焚キ染メテ」養染メヲ」

しむ・ムル・ムレ・メ・メ・メヨ (助動) 令 使 他ヲ使役シテ動作ヲ爲サスル意ノ助動詞。(篇首ノ語法指南ノ助動詞ノ條ヲ見ヨ)「行カー」取ラー」受ケー」見ー」

しん (名) 心 (一)ココロ。「善ー」惡ー」ーカラ思フ」(二)ココロ。心ノ臟。心臟。五臟ノ一、血ノ運行ヲ司ルモノ、胸廓ノ中位前部ニアリテ、左ニ倚ル、即チ第五六肋骨ノ間、胸骨ニ近ク搏動ヲ覺ユルモノナリ、拳狀ノ小器 シテ、間斷ナク血ノ運行ヲ保續シ、動脈ヘ送リ、靜脈ヨリ還リ入ル。(三)タダナカ。マンナカ。中心

(四)物ノ直中ニアル物ノ稱。「樹ノー」梨ノー」筆ノー」蠟燭ノー」

しん (名) 信 (一)マコト。五常ノ一、僞ハラズ欺カヌ事。信義。(二)疑ハヌ事。信向。(三)オトヅレ。タヨリ。

しん (名) 眞 (一)マコト。虛ナラズ僞ハリナラヌ事。(二)楷書。「ー、行、草」

しん (名) 新 (一)アタラシキ事。「ーヲ好ミ、舊ヲ棄ツ」(二)穀、果實、醸造、製造ノ物ナド、スベテ、今年新ニ成レルモノノ稱。(陳ニ對ス)「ー米」ー茶」ー酒」ー茶」ートひねト」

しん (名) 神 (一)かみ。(二)靈妙不可思議ニテ、測リ知ラレザル事。「其效ーノ如シ」(三)精神。「ーヲ傷マシム」

しん (名) 臣 オミ。君ニ仕フルモノ。ケライ。

しん (代) 臣 自稱ノ代名詞、君上ニ對シテ用ヰル。

(漢文ニテ)

じむ (名) 事務 勤メノ上ノ用事。

じん (名) 腎 古言、ムラト。又、腎ノ臟。五臟ノ一、形、長ク扁クシテ、二體アリ、色、赤褐ナリ、腸ノ後ニアリテ、尿水ヲ分泌スル機關ナリ。漢方醫ノ說ニテハ、鉄リテ、精液ノ府ナリトス。

じん (名) 仁 五常ノ一、「又、三德ノ一、博ク物ヲ愛スル心。イツクシミ。

じん (名) 人 仁 人。「豫テ親シキーニテ」此ノ某ー申スーハ」彼ノー」

しんあい (名) 親愛 シタシミ、イツクシム事。

しんあい (名) 仁愛 メグミ、イツクシムヿ。
しんあう (名) 深奥 オクフカキヿ。「其理－ナリ」
しんあん (名) 新案 アラタナル工夫。
しんい (名) 深意 深キ意味。「－ノアル所」
しんい (名) 辛夷 木ノ名、コブシ。
〔しんい (名) 瞋恚 佛經ノ語、イカリ。ハラダチ。
しんいう (名) 親友 親シキ友。交リ深キトモダチ。
しんう (名) 甚雨 ツヨキアメ。暴雨
しんえい (名) 神影 神ノ畫像。
しんえい (名) 神詠 神ノ詠ミ給ヘリトイフ和歌。
しんえい (名) 人影 ヒトカゲ。
しんえん (名) 人烟 人家ノ竈ノ烟。「－天ニ接ス」
しんか (名) 臣下 臣トイフニ同ジ。(君上トイフニ對ス)
しんか (名) 人家 人ノ住メル家。
しんかい (名) 新開 荒地ヲ、新ニ、田畠宅地道路ナドニ開クヿ。新墾
しんかう (名) 信向 信迎 (一)佛經ノ語、心ニ佛ノ道ヲ信ズルヿ。歸依。(二)信トシ肯フヿ。
しんかう (名) 深更 夜ノ深ケタルヿ。ヨフケ。「夜モ－ニ及ビ」
しんがう (名) 信號 相圖ノシルシ。
しんかき (名) 眞書 筆ノ甚ダ細ソキモノ、眞字、即チ、楷書ヲ細カク書クニ用ヰル。
しんがく (名) 心學 天明年間、中澤道二トイフモノノ唱ヘ起シタル一種ノ教、神道、儒教、佛法ノ趣意ヲ混ヘテ、常ノ話ニ說キテ、人ニ諭シ、身ヲ修メシム、

一時、大ニ世ニ行ハレヌ。又、道話。
しんがく (名) 神學 神ノ事ヲ研究スル學。
しんかげりう (名) 眞影流 劍術ノ一派、德川氏ノ初年、泉州堺ノ人、上泉伊勢守(初名、主水)ノ創メタリシモノ。又、愛洲移香トイフモノアリ、影流(或ハ陰流)ノ祖タリ、其術共ニ、鹿島ノ神ノ所傳ナリト說ケリ。
しんかたかな (名) 眞片假名 眞字ト片假名トヲ雜ヘテ記ス文ノ稱。
しんかでん (名) 神嘉殿 古ヘ、大內裏ノ中ノ中和院ノ正殿ノ名、神事ニ用ヰラル。
しんかん (名) 宸翰 天子御直筆ノ文書。
しんかん (名) 甚寒 甚ダシキ寒サ。沍寒
しんがり (名) 殿 (後驅ノ音便)軍、退クトキ、最後ニ立チテ、追ヒ來ル敵ヲ防グヿ。後拂。
しんき (名) 神器 神靈ナル器。神ニ屬スル器。
しんき (名) 心氣 (一)ココチ。ココロモチ。「－常ナラズ」(二)俗ニ、心氣、ムスボホレテ、悶ヘ思フヿ。(上方ノ語)「－ニ思フ」－クサイ」懊惱
しんき (名) 心機 心ノハタラキ。氣轉。
しんき (名) 新規 (一)新ニ立テタル規。(二)スベテ、物事ヲ新ニスルヿ。改新
しんき (名) 新奇 新ラシク、メヅラシキヿ。「－ノ說」
しんぎ (名) 信義 信ノ道ヲ守リ遂グルヿ。不實ヲセヌヿ。「－ヲ守ル」
しんぎ (名) 眞僞 まことゝいつはりと。「－ヲ別ツ」

しんぎ (名) 信疑 信ズルト疑フト。「－相半ス」
しんぎ (名) 審議 審ニ審ク議評スルヿ。
しんぎ (名) 心木 心ニナルモノ。直中ニアリテ、物ノソレニ因リテ廻ルモノ。デク。シンボウ。軸
しんき (名) 人氣 世上ノ人ノ思ヘ。人人ノ氣合。「－ニカナフ」－ニサハル」－ガ立ツ」人心
しんぎ (名) 仁義 仁ト義ト。(各其條ヲ見ヨ)
しんぎ (名) 神祇 天津神、國津神。神神。「－、釋敎、戀、無常」
しんぎく (名) (一)春菊ノ訛。(二)野春菊ノ略訛。
じんぎくわん (名) 神祇官 カミツカサ。古ヘ、太政官ノ上ニアル官、神祇ノ祭禮、巫祝、龜卜、社領、社人、等ノ事ヲ掌ル、四等ノ官ハ、伯、副、祐、史ナリ。
しんきつれう (名) 秦吉了 鳥ノ名、きうくわんニ同ジ。サルカ。
しんきに (副) 新規 アラタニ。アタラシク。「－ニ作ル」
じんぎはく (名) 神祇伯 カミツカサノカミ。神祇官ノ長官。
しんきふ (名) 賑給 (一)ニギハスヿ。ホドコスヿ。(二)(古ヘ、五月ニ、賤民ニ米鹽ヲ賑ハシ給フ公事ノ名、大臣、障ニ就キテコレヲ定メ、京中ノ條里小路ヲ分チテ、檢非違使、承ハリテコレヲ引クト云。
しんきん (名) 宸襟 天子ノ御胸中。「－ヲ安ンズ」－ヲ惱マス」
しんきん (名) 親近 チカシキヿ。
しんぎん (名) 呻吟 ウメクヿ。

しんきやう（名）［神鏡］(一)八咫鏡。(二)神ノ靈トスル鏡。(三)神體ノ前立ノ鏡。

しんきよ（名）［腎虚］漢方醫ノ説ニ、精液ノ盡キタリトイフ病。

しんきり（名）［心切］蠟燭ノ心ノ燼ヲ剪ミ切ル具。燭剪。

しんきろう（名）［蜃氣樓］海上、又ハ、沙漠ニテ、空氣ノ反射ニ因テ、遠方ノ樓屋人物ナドノ、鏡ニ映レル如ク、二重ニ、空中ニ現ハレ出ヅルモノ、空氣極メテ穩ナル時ニアリ。伊勢ニテ、あがふ。其四日市ニテ、和のわたり。嚴島ニテ、ほうらいじま。周防ニテ、はまあそび。越後ニテ、きつねのもり。津輕ニテ、きつねだな。

しむ・く・クル・クレ・ケ・ケ・ケヨ（他動）（規．二）［仕向］人ニ向ケテスル。アテガフ。

しんく（名）［辛苦］辛キ目ニアヒテ、甚シク心身ヲ使フヿ。

しんく（名）［眞紅｜深紅］マコトノ紅染。（あかねナドノ僞染ニ對ス）

しんく（名）［神供］神ヘノ供物。

しんく（名）［甚句、又ハ、甚九ナド記ス、創意ノ人ノ名カ、或云、神供ノ歌ナリト］小謠ノ名、七、七、七、五、ノ四句ニ成ル、諸國、其土地限リニアリテ、皆曲調ヲ異ニス。

しんぐう（名）［神宮］(一)カミノミヤ。(二)伊勢ノ太神宮。

しんぐん（名）［進軍］軍勢ヲ進ムルヿ。出陣。

しんくん（名）［仁君］仁德アル君。

しんくん（名）［人君］衆人ニ君タル人。

しんくわ（名）［進化］物事ノ開ケ進ムニ隨ヒテ移リ化リ行クヿ。

しんくわ（名）［親和］(一)シタシミ、ヤハラグヿ。和熟。(二)コナレテマザルヿ。

しんくわ（名）［人和］衆人ノ心、相和合スルヿ。人氣ノ寄ルヿ。「一ヲ得」

しんぐわい（名）［心外］思ノ外ナルヿヲ身ニ受ケテ恨ミ憤ルヿ。以テノ外ノヿ。「一ニ思フ」「一ノ至リ」

しんくわん（名）［神官］神ニ事フル人。カンヌシ。

しんぐわん（名）［心願］ココロノネガヒ。心實ノ願望。

しむけ（名）［仕向］シムクルヿ。アツカヒ。

しんけい（名）［眞景］マコトノ景色。實景。（畫空事ナドニ對シテイフ）

しんけい（名）［神經］動物ノ體中ノ知覺ト運動トノ機、極メテ細微ナル白キ線ニテ、腦髓、脊髓ヨリ出デ、凡ソ體中ノ諸部ニ至ラザル所ナシ。

しんけい（名）［深閨］奥深キ閨。富貴ノ家ノ奥ノ間。「一ノ中ニ養ハル」

しんけい（名）［仁惠］イツクシミ。メグミ。

しんげき（名）［進擊］ススミ、ウツヿ。攻メカカルヿ。

しんげつ（名）［新月］(一)朔ノ月。(二)月初メノ夜ノ月ノ泛稱。

しんけつ（名）［人傑］スグレタル人物。

しんけん（名）［眞劍］(一)マコトノ刀劍ニテ鬪フヿ。（劍術ノ竹刀、木刀ナドニ對ス）「一ノ勝負」(二)轉ジテ、俗ニ、眞ナルヿ。マジメ。ホンタウ。ホンマ。［實地］

しんけん（名）［進獻］マヰラセ、タテマツルヿ。獻上。

++しむける（動）［仕向］しむく、ノ訛。

しんこ（名）［新粉ノ意カ］粳米ノ粉ヲ、水ニ揑ネテ、蒸シテ、餅ノ如クシタル物ノ稱。［粉餈］

しんご（名）［盡期］ツクルトキ。カギリ。際限。「新年ノ御慶、一アルベカラズ」

しんこう（名）［人口］ヒトカズ。人別ノ數。人頭。

しんこう（名）［人工］人ノシワザ。人造。（天工ニ對ス）

しんこく（名）［神國］神ノ開キ給ヒ治メ給ヘル國。即チ、日本國ノ稱。

しんこく（名）［新刻］新版ニ同ジ。

しんこん（名）［心魂］心ノ底。「一ニ徹ス」

しんこん（名）［新婚］新ニ婚禮スルヿ。

〔しんこんじき（名）［神今食］つきなみのまつりノ條ヲ見ヨ。

しんごんしゆう（名）［眞言宗］（眞如ノ密言ノ義ト云）佛敎八宗ノ一、大日經、蘇悉地經等ノ秘密眞言ノ敎ヲ所依トス、僧空海（弘法大師）入唐シテ、コレヲ傳ヘ來リテ創ム。（平城嵯峨帝ノ頃）後、紀伊ノ根來ノ僧覺鑁、新ニ一派ヲ興シテ、（白河堀河帝ノ頃）古義ト新義トニ別ル。

しんさ（名）［審査］善ク檢査スルヿ。

しんさい（名）［親裁］ミヅカラ裁決シ給フヿ。高貴ニ就キテイフ。

しん-さい (名) 震災 地震ノワザハヒ。
しん-さい (名) 人才 才智アル人物。
しん-さう (名) 神葬 神道ノ儀式ニテ、死者ヲ葬ルヿ。
しん-ざう (名) 新造 (一)新ラシク造ルヿ。「｜ノ船」(二)轉ジテ、俗ニ、未ダ嫁入セヌ處女ノ泛稱。處女
しん-ざう (名) 心臟 心ノ條ヲ見ヨ。
しん-ざう (名) 人造 人ノ造レルモノ。人工。人作。(天造ニ對シテイフ)
しん-さく (名) 人作 人造ニ同ジ。
しん-さつ (名) 診察 醫ノ、脈ヲ取リナドシテ、病ノ症ヲ候フヿ。
しん-さん (名) 心算 ムナカンヂヤウ。ムナツモリ。
しん-ざん (名) 新參 (一)イママヰリ。新ニ仕ヘタルヿ。(古參ニ對ス) 新仕 (二)スベテ、新ニ仲間ニ入リテ事ニ未熟テルヿ。 新入
しん-ざん (名) 深山 ミヤマ。奥山。「｜幽谷」
しんし (名) 簇簁 〔しいしノ條ヲ見ヨ〕 又、ジイシ。キヌバリ。布帛ノ兩縁ニ、挽メ差シテ張ル竹ノ串ノ如キモノ、洗張リシ、又ハ、染ムルトキニ用ナリ。
しん-し (名) 親子 おやトおト。「｜ノ情」「｜兄弟」
しん-し (名) 信士 在俗ニテ、佛門ニ入リ、又ハ、佛葬セル人ノ法名ノ下ニツクル語、信士男ノ略ナリ。又、女ナルヲ信女トイフ、信士女ノ略ナリ。〔優婆塞ノ條ヲ見ヨ〕
しん-し (名) 進士 及第ノ條ヲ見ヨ。

しん-し (名) 紳士 身柄ノ人。
しん-し (副) 參差 物ノ丈ノ揃ハヌ狀ニイフ語。
しん-じ (名) 神璽 八尺瓊ノ曲玉ノ稱。
しん-じ (名) 眞字 楷書ニ同ジ。
しん-じ (名) 心事 心ニ思ヒ設ケテアル事。「｜ヲ明カス」
しん-じ (名) 神事 神ヲ祭ル事。マツリ。
しん-じ (名) 人事 人間ノ事。人ノスベキ事。「｜ヲ盡シテ、天命ヲ待ツ」
しん-じち (名) 眞實ニ同ジ。「幼ナク年足ラヌ程ニオハストモ、しんじちノ親ノヤンゴトナク思ヒオキテ給ヘラムヲ、忠ニしんじちニ」
しん-じつ (名) 眞實 マコトナルヿ。イツハラヌヿ。忠實、誠心
しん-じつ (名) 人日 五節句ノ一、陰曆、正月七日。(七種ノ條ヲ見ヨ)
ジンジビア (名) 〔英語、Ginger beer.〕 生薑ニテ釀セル飲物ノ名。
しん-しん (名) 搢紳 〔搢、挿也、紳、大帶也、搢ニ笏ッ於ニ腰帶ニ也〕 官位高キ人ノ稱。
しん-しん (名) 心神 ココチ。精神。「｜爽快」
しん-じん (副) 駸駸 進ミユク狀ニイフ語。
しん-じん (名) 信心 (一)信向ノココロ。「｜肝ニ銘ズ」(二)信向シテ祈念スルヿ。「｜スル」
しん-しん (名) 人身 人ノ身。カラダ。
しん-しん (名) 人心 ヒトノココロ。「｜同ジカラザルヿ、

國ノ如シ」「｜恂恂」
しん-しん (名) 人臣 臣タル者。臣下ノ人。(人君ニ對スル語)
しん-しん (名) 仁心 仁ノココロ。慈ミ深キ心。
しん-じん (名) 仁人 仁心アル人。「｜君子」
しんしん-きゆうり (名) 人身窮理 生理學ニ同ジ。
しん-しん-と (副) 深深 夜ノ深ケ行ク狀ニイフ語。「夜モ｜深ケワタル」
しん-しん-と (副) 森森 森林ノ繁リテ、高ク生ヒ立チタル狀ニイフ語。「樹木｜生ヒ茂ル」
しん-しや (名) 辰砂 〔支那、辰州產ノ丹砂、上品ナレバ遂ニ名トナル〕 本名、丹砂。礦物ノ名、硫化汞ナリ、深山ノ石崖ノ間ニ生ズ、多クハ、水銀、珪石、等ノ中ニ混ズ、緋色ニシテ、大ナルハ鷄卵ノ如ク、小キハ石榴ノ子ノ如シ、研シテ銀朱ニ代ヘ、漆器ヲ塗リ、又、藥用トモス。(丹砂ノ條、見合ハスベシ) 丹砂 朱砂
しん-しや (名) 親炙 親炙ノ條ヲ見ヨ。
しん-じや (名) 信者 信心ノアル人。信向スル人。信徒
しん-じや (名) 仁者 仁心アル者。
しん-じや (名) 神社 カミヤシロ。 神祠
しん-じやう (名) 身上 (一)ミノウヘ。〔己〕ガ身ニカカハルヿ。(二)轉ジテ、身代。所帶。 家產
しん-じやう (名) 進上 マヰラセ、タテマツルヿ、贈ルヿノ敬語。 呈

じん-じやう (名) 尋常 (一)ヨノツネ。アタリマヘ。ナミ。ツウレイ。(二)轉ジテ、ツネナミニテ目立タズ、何トナク品ノ好キヿ。柔和。キヤシヤ。「―ナ生レツキ」―ナ姿」(三)又、轉ジテ、物ノ成立ノ細小ナルヿ。

じんじやう-いちやう (句) 尋常一樣 ヨノツネナリ。ツネナミナリ。

しん-じやう-さい (名) 新嘗祭 ニヒナメマツリ。

じん-じやう-さい (名) 神嘗祭 カムナメマツリ。

じんじやう-に (副) 尋常 ヨノツネニアルベキヤウニ。ケナゲニ。殊勝ニ。「―白狀セヨ」―勝負セム」

しん-しやく (名) 斟酌 事ノ心ヲクミツクルヿ。

しん-しゆ (名) 新酒 今年釀シタル酒。

しん-しゆ (名) 神酒 神ニ供スル酒。ミキ。

しん しゆ (名) 進取 ススミトルヿ。進ミ出デテ事ヲスルヿ。「―ノ氣象」

しん-じゆ (名) 眞珠 あこやがひヨリ出ヅル珠ノ名、銀色ニ光リ、略、透明リテ、瑪瑙ノ如シ、形、正シク圓シ、層膏ミアルヲ上品ナリトス、質、甚ダ堅クシテ、碎ケバ、層層相重ナルヿ、鮓答ノ如シ、內、外、色同ジ、形色ニ種類多シ、藥用トシ、又、飾トス。タマ。シラタマ。アコヤタマ。珠 或ハ蚫、蛤、ナドヨリモ出ヅ。

しん-じゆ (名) 神樹 (一)神木ニ同ジ。(二)近年舶來セル一種ノ木、其成長甚ダ速ナルモノ、葉、互生シテ、材、亦良シ。

じん-しゆ (名) 人種 ヒトダネ。人ノ種類。人ノ骨格、膚色、言語ナドノ粗、一類ナルヲ、一大部トシテ、世界ノ人民ヲ若干ニ類別スル稱。「亞細亞―」歐羅巴―」

しん-しゆう (名) 眞宗 一向宗ニ同ジ。

しんじゆ-がひ (名) 眞珠貝 あこやがひニ同ジ。(肥前)

しん-しゆく (名) 伸縮 ノビチヂミ。

しん-じゆつ (名) 心術 ココロダテ。

じん-じゆつ (名) 仁術 醫術ノ稱。「醫ハ―ナリ」

しん-しゆん (名) 新春 アラタナル春。(陰曆ニテ、新年ノ意ニ用ヰル)

しん-しよ (名) 信書 テガミ。フミ。書狀。

しん-じよ (名) 寢所 ネヤ。ネマ。(貴人ニ) 內寢 寢室

しん-じよ (名) 糝薯 魚肉ヲタタキ、うどんこ、或ハ、薯ナドヲ加ヘテ、程好ク固メテ、汁ニ煮タルモノ、吸物ノ種ナドニス。「鯛ノ―」蝦ノ―」

じん-しよ (名) 甚暑 甚ダシキ暑サ。「―ノ砌リ」酷暑

じん-じよ (名) 仁恕 アハレミテ、ユルスヿ。

しん-しよく (名) 寢食 寢ヌルト、食フト。(人ノ日日スル事ノ意)「―ヲ安ンセズ」―ヲ忘ル」

しん-しよく (名) 神職 神官ニ同ジ。カンヌシ。

しん-しよく (名) 神色 カホイロ。「―變ゼズ」

しん-ず・ズル・ズレ・ゼ・ジ・ゼヨ (他動)(不規.二) 信 信ナリト思ヒコム。疑ハズ。信向ス。

しん-すゐ (名) 薪水 水ヲ汲ミ、飯ヲ炊クヿ。「―ノ勞ヲ取ル」

しん-すゐ (名) 心醉 事ニ耽リテ心ノ惚クルヿ。

しん-すゐ-しき (名) 進水式 新造ノ船ヲ始メテ水ニ浮ブル時ニ行フ式。

しん-せい (名) 親征 天子自ラ出デテ征伐シ給フヿ。

しん-せい (名) 神聖 靈シク貴ク人間ノ外ナルヿ。

しん-せい (名) 新製 新ニ作ルヿ。

じん-せい (名) 仁政 惠ミ深キ政治。

じん-せい (名) 人世 人ノ世ノナカ。世間。

じん-せい (名) 人生 人ノ世ニ生キナガラヘテアル間。「―七十古來稀」

しん-せう (名) 秦椒 山椒ノ條ヲ見ヨ。

しん-せき (名) 親戚 親類ニ同ジ。

しん-せき (名) 眞蹟 眞筆ニ同ジ。

しん-せき (名) 親炙 親シク其人ニ接スルヿ。

じん-せき (名) 人跡 人ノ往來ノアト。人影。人目。「―絕エテ」―稀ナル」

しん-せつ (名) 深切 志ノ深クシテ切ナルヿ。心實ニ事ヲナスヿ。懇ニモノスルヿ。

しん-せん (名) 神仙 神、又ハ、仙人。

しん-せん (名) 深淺 深キト淺キト。「―ヲ測ル」

しん-せん (名) 新鮮 アタラシキヿ。舊ビヌヿ。「―ナ空氣」

しん-ぜん (名) 神前 カミノオマヘ。神社ノ廣前。

じん-ぜん (副) 荏苒 (展轉也) 歲月ノ移リカハリ、メグリユク狀ニイフ語。「―十歲ヲ歷テ」

しん-そ (名) 親疎 親シキト、疎キト。血緣ト他人ト。

しんそう（名）深邃 深閫ナドイフニ同ジ。「―ノ中ニ生育ス」

しんぞく（名）親族・親屬 親類ニ同ジ。

しんそく（副）神速 勝レテ速カニ。

しんそく（副）迅速 極メテ早ク。

しんそこ（名）心底〔しんていヲ湯桶讀ニセル語カ〕ココロネ。マゴコロ。

しんそつ（名）眞率 人ノ氣象、物事ノ成立ナドニ、有體ニテ包ミ飾リナキコト。

しんだ（名）糂粏 細末ノ糠ニ、麹ト鹽トヲ加ヘテ釀セルモノ、酢、又ハ、酒ニテ食フ。又、―味噌。西京ニ、ヌカミソ。

しんたい（名）身體 身。カラダ。

しんたい（名）神體 神社ニ、神ノ靈トシテ祀ル像ナド。

しんたい（名）進退 (一)すすむトしりぞくト。「―維谷ル」(二)起居振舞。「―動作」(三)心ノママニ扱フコト。自由ニ使フコト。「小法師バラノ持タルベウモアラズ屛風ナドノ高キ、イト能クしんたいシ」兩國ノ間ハ、國司目代ノ外ハ、皆、秀衡ガしんたいナリ」此男、其所ノ長者トナリテ、彼ノ妻ト具シテ、子孫榮エ、多クノ人ヲ進退シ」

しんだい（名）身代 ミノシロ。所有ノ土地、家屋、財寶、一切ノ物ノ稱、或ハ、知行、扶持、ヲモ籠メテイフ。身上。所帶。財產。家產。

しんだい（名）神代 カミヨ。

しんたいうかがひ（名）進退伺 官人ノ、過失ナドアリシヲ畏ミテ、自ラ罪ヲ請ヒ、身ノ處置ヲ伺フコト。

しんだいかぎり（名）身代限 借財ヲ償フコト能ハズシテ、官ノ裁判ノ上ニテ、身代ノアル限リヲ、貸主ニ與ヘテ、貸借ヲ濟マスコト、但シ、身代ノ立チ直レル後ハ、何時ニテモ、子孫マデモ、其不足ヲ補フベキ責アリ。

しんだいすぎ（名）神代杉 杉ノ材ノ、數千百年モ、水中、土中、等ニ埋モレテアリシモノ、諸國、往往掘リ出ス、材ノ色、淡黑クシテ、木理細カク美シク、器ニ作リテ珍重ス。

しんたう（名）神道 カミノミチ。元ハ天祖天神ノ敎ヘ示シ給ヒシ道ニテ、ソレヲ尊奉シ、ヤガテ其靈ヲモ齋キ祀ルコトナルニ、後ニ、佛法、儒敎ナド、盛ニ起レルニ及ビテ、別ニ一ノ宗敎ノ如クナレリ。後ニ、佛氏ノ本地、垂跡ノ說ニテ、神、佛、二敎ノ旨ヲ合ハセテ、一派ヲ起セリ、コレヲ兩部トイフ、修驗道コレナリ、然レドモ、兩部トイフハ、元ト眞言ノ胎藏界、金剛界、兩部ノ義ニテ、神佛ノ兩道ジイフニハアラズトモ云。又、神、儒、佛、ノ三敎ヲ牽合シテ習合トイフモアリ。扨、上ノ二派ナラヌ純粹ナルモノヲ唯一ナドイヘリ、然レドモ、是モ、天人唯一ノ義ニテ、神道唯一敎トイフニハアラズト云。

しんたう（名）新刀 アラミ。新ニ鍛ヒ出デタル刀ノ刃。

しんだう（名）新道 新ニ切リ開キタル道。

しんだう（名）人道 (一)交接ノ道。(二)人ノ往來スベキ道。(馬車道ト別テル道ニイフ)

しんたうりう（名）神道流〔或ハ新當トモ記ス〕劍術ノ一派、下總香取ノ人、塚原木傳ノ創メタルモノ。

しんたく（名）神託 神ノ託宣。

しんたく（名）新宅 新ニ作リタル家。

しんたつ（名）進達 官府ヘノ文書ナド、取次ギトドクルコト。

しんだミソ（名）糂粏ニ同ジ。

しんだん（名）診斷 診察シテ病症ヲ見極ムルコト。

しんち（名）新地 新ニ切リ開キタル土地。

しんぢ（名）鍼治 鍼ヲ用ヰテ病ヲ治ムルコト。（鍼ノ條ヲ見ヨ）

しんちく（名）新築 新ニ築キ作ルコト。

しんちん（名）新陳 あたらしきトふるきト。「―交替」

しんちん（副）深沈 シヅマリカヘリ、又ハ、オチツキタル狀ニイフ語。「秋夜――大度アリ」

しんちや（名）新茶 茶ヲ製シタル頃ニ、其茶ヲ呼ブ稱。今年製シタル茶。

しんちゆう（名）眞鍮 銅、十二、亞鉛、三ヲ合ハセタルモノノ名、色黃ナリ。元來、鍮石トテ天然ノモノアリテ、波斯國ニ出デ、黃金ノ如キモノナリトテ、コレヲ―トイヒ、人造ナルハ假鍮トイフナリト云。然レドモ、今一般ニ、人造ノモノニテ、常ニ―ト呼ブナリ。黃銅
しんちゆう（名）心中 ココロノウチ。ムネノオモヒ。

しんぢゆう（名）心中〔互ニ心中立スル義〕相對死ニ同ジ。情死
しんぢゆうだて（名）心中立 人ト契リテ其信義ヲ

守リトホスヿ。
しん-つう (名) 心痛 ココロノイタミ。深ク苦ニ思フヿ。痛心
じん-づう (名) 神通 次條ノ語ニ同ジ。
じん-づうりき (名) 神通力 神ノ通力。
しん-てい (名) 新帝 新ニ位ニ卽キタマヘル帝。
しん-てい (名) 心底 ココロノソコ。心ニ深ク思ヒコメテアル所。
しん-てい (名) 進呈 進上ニ同ジ。
〔じん-てい (名) 入定 時ノ名、にんぢやうノ條ヲ見ヨ。
しん-てう (名) 新調 アラタニ調フルヿ。新規ニ作ルヿ。
〔じん-でう (名) 晨朝 明六ツ時ノ稱。(鐘ノ聲ナドニイフ「一ノ鐘」)
しん-てん (名) 親展 直披ニ同ジ。
しん-てん (名) 神殿 神ヲ祀レル殿。
しん-てん (名) 寢殿 貴族ノ家ノ表座敷。正寢 路寢
しん-でん (名) 新田 新ニ開發シタル田地。
しん-てんおう (名) 信天翁 鳥ノ名、アハウドリ。
しん-と (名) 新渡 アラタニ渡リタル物。近キ頃外國ヨリ舶來シタル品物。(古渡ニ對ス)
しん-と (名) 信徒 信者ニ同ジ。
しん-と (副) 〔深ノ音カ〕 靜マリカヘル狀ニイフ語。「世間ガーースル」
しん-ど (名) 震怒 烈シク怒リタマフヿ。(多ク帝王ニイフ逆鱗)

+しんどい (形) 〔辛勞ノ訛轉カト云〕 かひだるしニ同ジ。(上方ノ語)
しん-とう (名) 心頭 心ノ上。「一ニカケテ」
しん-とう (名) 神燈 神ニ供スル燈火。ミアカシ。
しん-どう (名) 震動 フルヒウゴクヿ。動キ響キテ鳴リワタルヿ。「大地一」「屋鳴一」
〔じん-どう (名) 神頭鏃頭 一種ノ製ノ鏃ノ名。
しん-とく (名) 神德 神靈ニ同ジ。
じん-とく (名) 仁德 仁ノ物事ニ施キ及ブヿ。(仁ノ條ヲ見ヨ)
しん-ないぶし (名) 新內節 俗謠ノ一種、鶴賀新內トイフ者ノ創意セル者。
〔しん-に (名) 瞋恚ニ同ジ、連聲ノ轉ナリ。
しん-に (副) 眞 マコトニ。僞リナク。「一然リ」
しん-にふ (名) 侵入 オカシイルヿ。押シテ入リコムヿ。
しん-にん (名) 信任 信ジテ事ヲ任スルヿ。
しん-にん (名) 新任 アラタニ、官ニ任セラレタルヿ。
しん-にゆう (名) 之繞 しんねうノ條ヲ見ヨ。
しん-によ (名) 眞如 マコト。(佛經ノ語)「一ノ月」
しん-によ (名) 信女 信士ノ條ヲ見ヨ。
しん-ねう (名) 之繞 〔字ノ音、しねうノ音便〕 漢字ノ左下ニアル、辶ノ字ノ稱、字書ニテ辵ノ首部ニ屬ス、迂、迎、遠、近、進、退ナドノ如シ。
しん-ねん (名) 新年 アラタナル年。改マリタル年。
しん-ねんえんくわい (名) 新年宴會 新年ノ賀トシテ、百官ニ賜ハル宴。(一月五日)

しん-のう (名) 親王ノ連聲ノ轉。
しん-のざう (名) 心臟 心ノ條ヲ見ヨ。
じん-のざう (名) 腎臟 腎ノ條ヲ見ヨ。
しん-のはしら (名) 心柱 新ニ宮殿ナド建ツル時、先ヅ中央ニ立ツル柱ノ稱ナリト云。
しん-のはしら (名) 𣏐 〔心ノ柱ノ義、字ハ梵語、薩多羅ノ略ノ諧聲字ナリト云〕 塔ノ中ノ心ノ柱ノ稱。
しん-ぱい (名) 心配 心ヲクバルヿ。ココロヅカヒ。アンジ。苦慮
しん-ぱい (名) 神拜 神ヲ拜ムヿ。
しん-ばう (名) 辛抱 〔心法ヲ守ル意カト云〕 守リテ堪フルヿ。コラヘ忍ブヿ。耐忍
しん-ぱう (名) 神寶 神ト崇ムル寶。神社ニ藏メテアル寶物。
しん-ぱう (名) 申報 ツゲシラセ。報告。
じん-ばう (名) 人望 人人ノ望。世ノ人ノ信向シテ恃ミトスルヿ。人氣。(功德學藝アル人ナドニ向ヒテ)「一アリ」一ヲ失フ」
しん-ばつ (名) 神罰 神ノ通力ニテ中ツル罰。
しん-ぱつ (名) 進發 出デ立ツヿ。(多ク出陣ニイフ)
しん-ぱん (名) 新版 新ニ版木ニ刻リタルヿ。新刻 新雕
しん-ぱん (名) 審判 裁判ニ同ジ。サバキ。
+しん-ぱり (名) せんばりニ同ジ。
じん-ぴ (名) 神秘 神事トシテ秘メ置クヿ。

しんぴ (名) 【秦皮】 トネリコ。
しんぴつ (名) 【宸筆】 帝王ノ御手蹟。
しんぴつ (名) 【眞筆】 其人ノ眞ニ書キタル筆ノ跡。(僞筆ニ對ス) 眞蹟
じんぴん (名) 【人品】 ヒトガラ。人ノ性質、風采。
しんぷ (名) 【神符】 神社ヨリ出ス守札ノ類。
しんぷ (名) 【親父】 チチ。テテオヤ。
しんぷ (名) 【新婦】 ハナヨメ。
しんぷく (名) 【心服】 心ヨリシテ從フ〻。
しんぷく (名) 【臣服】 臣下トナリテ服從スル〻。
しんぶつ (名) 【神佛】 かみトほとけト。「―ノ加護」
しんぶつ (名) 【眞物】 マコトノモノ。僞ナラヌモノ。
じんぶつ (名) 【人物】 (一)ヒト。人ノ姿。(畫ナドニ)「―花鳥」(二)其人ノ生レツキ。ヒトガラ、人品。「好―」「希世ノ―」
しんぶん (名) 【新聞】 (一)新ニ世上ニ出來レル事件ヲ傳ヘテ、人人ノ聞キ込ム〻。日毎ニ世間ニ起レル事ノ話。(二)新聞紙ノ略。
しんぶんし (名) 【新聞紙】 日日ノ新聞ヲ書キ集メテ、版行シ賣出スモノ。
しんぺい (名) 【親兵】 近侍警備ノ兵。
しんべう (名) 【神妙】 しんめうノ音便。
しんぺん (名) 【神變】 神ノ通力ナドノ測リ知ルベカラズ變ハル〻。「―不可思議」

しんぽ (名) 【進步】 步ミ進ムル〻。物事ノ次第ニ善キニ移ル〻。
しんぽう (名) 【深謀】 深ク思ヒ構ヘタルハカリコト。「―遠慮」
しんぽう (名) 【心棒】 心木ニ同ジ。
しんぽく (名) 【神木】 社地ノ樹木ノ中ニ、殊ニ其神ニ緣故アルモノトシテ祀ル樹ノ稱。神靈ノ宿レリトイフ木。 神樹
しんぽく (名) 【親睦】 シタシミ、ムツム〻。ナカヨクスル〻。
〔しんぽち〕(名) 【新發意】 又、シボチ。佛敎ノ語、新學ノ意、新ニ俗ヨリ佛門ニ入リシ人ノ稱。(入道ノ條、見合ハスベシ)
じんま (名) 【蕁麻】 イラクサ。
しんまい (名) 【新米】 今年成リタル米。(去年ノ陳米ニ對ス)
しんまく (名) 【身莫】 (身莫レ犯ノ略トイフ) 一身ヲ守ル〻。已ガ身ノ處置ヲナス〻。身ジンマク。 守身
しんまへ (名) 【新前】 新參ニ同ジ。
しんみ (名) 【親身】 (一)父子兄弟ナドノ甚ダ親シキ屬。「―モ及バヌ介抱」(二)心實。深切。「―ノツキアヒ」
〔しんむみさう〕(名) 【浸淫瘡】 ミツクサ。瘡ノ名、初メ甚ダ小ク、先ヅ痒クシテ、後ニ痛ミテ瘡トナリ、液出デテ肌ヲ浸シ、延蔓シテ體ニ遍クナルモノ。
しんみち (名) 【新路】 (一)新ニ開キタル路。 新道 (二)東京ニテ、町家ノ間ニアル狹ク細ソキ路。小路。

(三)元ハ新開ナルヲイヘリシ語ナラム)
しんみつ (名) 【親密】 シタシク、チカシキ〻。
じんみん (名) 【人民】 タミ。クニタミ。
〔しんみらいさい〕(句) 【盡未來際】 未來ノ際ヲ盡シテ。後ノ後マデ。
しんめ (名) 【新芽】 今年生ヒタル芽。
しんめ (名) 【神馬】 神社ニ供ヘテ、其神靈ノ乘ル料トスル馬。
しんめい (名) 【神明】 (一)神。「―佛陀」「―ニ誓フ」(二)天照太神宮ヲ祀ル一稱。
しんめい (名) 【身命】 からだ、又、いのち。「―ヲ抛ツ」「―ヲ惜マズ」
じんめい (名) 【人命】 人ノ命。「―ニカカハル」
じんめい (名) 【人名】 人ノ名。(地名ナドニ對ス)
しんめう (名) 【神妙】 (一)奇シク妙ナル〻。靈妙不可思議ナル〻。(二)健ナル所行ヲ褒ムル語。殊勝。奇特。シンベウ。
〔じんめさう〕(名) 【神馬藻】 (なのりそヲ、勿騎ソト解キテ、神馬ノ字ヲ當ツ) ナノリソ。ホダハラ。
じんめん (名) 【仁免】 アハレミテ、ユルス〻。
しんめんもく (名) 【眞面目】 マジメ。アリテイ。
しんもつ (名) 【進物】 マヰラスル物。贈物。 贈貽
しんもん (名) 【神文】 誓ヲ立テテ神ニ告グル文。
じんもん (名) 【訊問】 トヒタダス〻。
しんや (名) 【深夜】 夜ノ深ケタル時。ヨフケ。深更。
しんやう (名) 【新陽】 新春ニ同ジ。

しんよ (名) 神輿 ミコシ。

しんよう (名) 信用 信(マコト)ナリトシテ用ヰルコト。偽リナシト思ヒコムコト。信向。

しんよく (名) 人欲 人ノ欲心。

しんらい (名) 迅雷 烈シキ雷鳴。「—風烈」

しんらう (名) 心勞 心ノ苦勞。ココロヅカヒ。キボネヲリ。心配。苦慮

しんらう (名) 辛勞 ホネヲリ。苦勞。

しんらまんざう (句) 森羅萬象 天地ノ間ニ、萬物ノ、種種ノ有樣ニテ、數限リモナク存在スル狀ヲイフ辭。

しんり (名) 眞理 マコトノコトワリ。適當ノスヂ。

しんり (名) 審理 訴訟ノシラベ。

しんりがく (名) 心理學 哲學ノ一部、人ノ心ノ作(ハタラキ)用(ダウキ)ト發象(アリカタ)トヲ知ル學。智、情、意、等ノ理ヲ究ムル學。

しんりき (名) 人力 (一)人ノチカラ。ジンリヨク。(神力、佛力ナドニ對シテイフ)(二)人力車。

しんりきしや (名) 人力車 人ヲ載セテ人力ニテ挙ク小キ車。歩挽車

しんりつ (名) 震慄 フルヒ、ワナナクコト。

しんりん (名) 親臨 親シク其場ニ臨ミタマフコト。(高貴ニ就キテイフ)

しんりん (名) 森林 モリ。ハヤシ。

しんりん (名) 人倫 五倫(ゴリン)ノ條ヲ見ヨ。

しんりやう (名) 神領 神社ニ屬(ツ)キタル領地。

しんりやく (名) 侵略 侵シ掠メ取ルコト。

しんりよ (名) 神慮 神ノ心。

しんりよ (名) 宸慮 天子ノ御心。

しんりよ (名) 振旅 〔整レ衆也〕軍ヲ收メテ凱陣スルコト。

しんりよく (名) 心力 心(ココロ)ノチカラ。思ヒノタケ。「—ヲ盡ス」

しんりよく (名) 新綠 初夏ノ草木ノ青葉。

しんりよく (名) 人力 人ノチカラ。人ノ智慧。ジンリキ。「—ノ及バヌ所」

しんりよく (名) 盡力 チカラ(ヲ)ツクスコト。ホネヲルコト。

しんるゐ (名) 親類 父方ノ親族ノ稱。親戚 婚姻(母方)ニテ結ビタル方ヲ緣家(エンカ)、緣者(エンジヤ)トイフ。サレド、今ハ、雙方ニ通ジテ—トモイフ。

しんるゐ (名) 人類 (一)人ノタグヒ。(他ノ動物ノ類ニ對シテイフ)(二)人種。

しんれい (名) 神靈 (一)神ノタマシヒ。(二)神ノ徳ノ靈妙不可思議ナルコト。

しんれき (名) 新曆 こよみノ條ヲ見ヨ。

しんろ (名) 進路 行ク手ノ路。「—ヲ妨グ」

しんわう (名) 親王 皇太子ノ外、皇子皇孫ニ賜ハル稱號。皇女ナルヲ内—トイフ。號ヲ賜ハラヌヲ諸王トス。出家ノ後ニ、親王宣下アリシヲ、法—トイヒ、—ノ出家シタマヘルヲ入道—トイフ。

しんゐ (名) 神威 神(カミ)ノ威光。

しんゐ (名) 人爲 人ノシワザ。(天然ニ對ス)

しんゐん (名) 新院 院(ヰン)ノ條ヲ見ヨ。

しんゐん (名) 人員 ヒトカズ。人數(ニンズ)。

しんゑん (名) 深遠 深ク遠クシテ測リ知ラレヌコト。

しめ (名) 鴲 小鳥ノ名、まめまはしニ似テ、稍大ク、頭、腹、黄白ニシテ、黄ナル斑アリ、觜、太ク短ク、白クシテ、力アリ、背、尾、ハ紫ニシテ、翼ノ上下、黒クシテ白羽ヲ挾ム、脚ハ淡黄ナリ。蠟觜鳥

(しめ (名) 標 (一)しりくめなはノ約ナルしめなはノ略。木ヲ立テ繩ヲ引キワタシナドシテ標(シルシ)トスルモノ、山路ノ導(シルベ)ナドトシ、又ハ内外ノ界ナド示ス。「後レ居テ、戀ヒツツアラズハ、追ヒ及カム、道ノ阿回(クマワ)ニ、標(シメ)結ヘ吾ガ兄(セ)」「大伴ノ、遠神祖(トホツカムオヤ)ノ、奥城(オクツキ)ハ、著(シル)ク標(シメ)立テ、人ノ知ルベク」「鴫ノヰル、野澤ノ小田ヲ、打返シ、種蒔キテケリ、しめ延(ハ)ヘテ見ユ」「一葉ヨリ、我ガしめ結ヒシ、撫子ノ、花ノ盛ヲ、人ニ折ラスナ」(二)物事ニ限リヲ立テテ、入ルヲ禁ズルコト。「斯ウしめノ外ニハモテナシ給ヘデ」「身ヲシ斯ク、しめノ外ナレ、ソノカミノ、心ノ中ヲ、忘レシモセズ」

しめ (名) 注連 しめなはノ條ヲ見ヨ。「玉柏、繁リニケリナ、五月雨ニ、葉守ノ神ノ、しめ延(ハ)フルマデ」

しめ (名) 埿 土ノ粘リナキモノ、砂利ノ如シ、濕地ヲ築立テ、礎ヲ固ムルナドニ用ヰル。

しめ (名) 締 〆 「〆ハトノ字ノ崩レナリ」(一)數ヲ一ツニ合ハスルコト。合計 (二)手紙ヲ封ジテ糊シタル上ニ標ス字。緘封 (三)紙十束、即チ、百帖(デフ)ノ稱。「紙三(ミ)—」

しめい (名) 指名 ナザシ。

しめいしよう (名) 自鳴鐘 鈴打(リンウチ)ノ時計。

しめうり (名) 締賣 商人ノ、物ヲ買ヒシメ置キテ、多ク利アルトキ賣出スコト。

しめかざり (名) 注連飾 しめなはノ條ヲ見ヨ。

しめかす (名) 搾滓 鰯ノ脂、胡麻ノ油、ナドヲ搾メテ採リタル後ノ滓、肥料トス。

しめがね (名) 締金 帶、紐、ナドノ端ニ付クル金具、機アリテ、締ム。

しめぎ (名) 搾木 胡麻ノ油ヲ搾メ取ル機械。

しめきり (名) 締切 シメキルコト。シメキリタル所。

しめきる・ル・レ・ラ・リ・レ (他動)(規.一) 締切 鎖ス。塞グ。終結ヲナス。

しめくくり (名) 締括 シメククルコト。統ベ治ムルコト。

しめくくる・ル・レ・ラ・リ・レ (他動)(規.一) 締括 (一)固ク束ネ結ブ。緊束 (二)統ベ治ム。トリシマル。統轄

しめころす・ス・セ・サ・シ・セ (他動)(規.一) 締殺 喉ヲ縊リテ殺ス。絞殺

しめし (名) 示 (一)示スコト。見スルコト。(二)指シテ敎ヘ諭スコト。

しめし (名) 濕 (一)濕スコト。ヌラスコト。(二)赤子ノ尿ヲ濕シテ取ル布。

〔しめ‐しめと〕 副 最ト打チシメリタル狀ニイフ語。シメヤカニ。「夜、イタク更ケユキ、云云、―入目スクナキ、宮ノ内ノアリサマニ」「火燒屋、幽ニ光リテ、人氣スクナク―シテ」「心ノ中ヲ、泣ク泣ク、―言ヒツヾケ給ヘル」サシモ狂ヒツルガ、―鎭マリテ」

しめす・ス・セ・サ・シ・セ (他動)(規.一) 示 〔爲見スノ轉カ〕 (一)見ス。見シム。「汐干ナバ、玉藻刈リツメ、家ノ妹ガ、濱裹乞ハバ、何ヲ示サム」マソ鏡、懸ケテ思ベト、マツリダス、形見ノ物ヲ、人ニ之賣須ナ」(二)指シテ敎ヘ告グ。

しめす・ス・セ・サ・シ・セ (他動)(規.一) 濕 (一)水氣ニ染マシム。ヒタス。ヌラス。(二)水ニテ消ス。(火ヲ)

しめすへん (名) 示偏 漢字ノ偏ニアル示ノ字ノ稱、社、祈、祖、祝、神ナドノ如シ、省キテハネニモ作ル。

しめだいこ (名) 締太鼓 太鼓ノ條ヲ見ヨ。

しめだか (名) 締高 數ヲ集メ合ハセル高。合計

しめぢ (名) 占治 〔濕地茸ノ略カ〕 菌ノ名、秋、山中ニ生ズ、形、松茸ニ似テ小ク、寸許ニ過ギズ、莖、短クシテ、肥エテ圓シ、蓋ノ面ハ、淡黒クシテ、背ト莖トハ白シ、味、甘美ナリ。玉蕈 又、黄―(黄蕈)紫―、鼠―等アリ、皆、色ニ因テ名ヅク、又、細小ニシテ簇リ生ブルヲ、千本―トイフ。

じめつ (名) 自滅 己レト滅ブルコト。己ガ所作ニテ己ガ身ヲ亡フコト。

しめつく・ク・クル・クレ・ケ・ケ・ケヨ (他動)(規.二) 締付 緊シク締ム。

しめて 副 締 數ヲ集メ合ハセテ。都合。合計

しめなは (名) 標繩 しりくめなはノ約略。〔其條ヲ見ヨ〕引キ延ヘテ内外ノ界ノ標トスル繩。「祝部等ガ、齋フ社ノ、モミヂ葉モ、―越エテ、散ルトフモノヲ」早苗取ル、山田ノ筧、漏リニケリ、引ク―ニ、露ゾコボルル」

しめなは (名) 注連〔七五三〕 前條ノ語ニ同ジ、特ニ、神事ニ引キ延ヘ用ヰルモノ、亦、内外ヲ限リテ不淨ヲ入レザル意ナラム、其製、藁ニテ左ニ綯ヒタル繩ニテ、八寸許毎ニ、藁ノ端ヲ出シテ垂ル、七條、又、五條、又、三條ナリ、處處ニ、紙四手ヲモ挿ミ垂ル。シリクメナハ。シリクベナハ。略シテ、シメ。新年ヲ賀シテ、飾リニ張ルモコレナリ。シメカザリ。(しりくめなはノ條ヲ見ヨ)

しめん (名) 四面 (一)四方ノ面。ヨモノムキ。(二)四方、皆同ジキ距離ナルコト。「五間―」「十間―」方積 (三)メグリ。マハリ。グルリ。「―ニ敵ヲ受ク」四周

しめん (名) 紙面 文書ノ面。手紙ノ上ノ文言。「裏情、―ニ溢ル」「―ノ趣キ」

〔しめ‐やか‐に〕 副 深沈 景況、氣象ナドニ、打チシメリ、鎭マリタル狀ニイフ語。「サバカリ勢ヒイカメシクオハセシオトドノ御名殘ニハ、云云、引キタガヘタルヤウニ、殿ノ中、―ナリユク」「雨ナド降リテ、シメヤカナル夜」寺寺ノ初夜モ、皆、行ヒハテテ、イトシメヤカナリ」年二十一二三バカリノ程ニテ、ココロバセ―」イト子メカシウ、―ウツクシキ狀シタマヘリ」

〔しめ‐やぐ・グ・ゲ・ガ・ギ・ゲ〕 (自動)(規.一) 深沈ニテアリ。打チシメリテ居ル。「面杖ヲツキテ、恍レテ居タルヲ、少將、イツトテ見給ヒテ、ナド惟成ハイタウシメヤギタル、物ヤ失ヒタル、トテ笑ヒ給フニ」

しめよす・ス・スル・スレ・セ・セ・セヨ (他動)(規.二) 締寄 締メテ一ツニスル。

〔しめ‐らに〕 副 しみらにニ同ジ。

しめり (名) 濕 (一)水ニシメルコト。シトリ。(二)水ニテ消ユルコト。(火ノ)(三)雨。「―ガアル」「―ガ欲シ」

しめりけ (名) 濕氣 水ニシメリタル程ノシツケ。シツキ。

しめ・る・ル・レ・ラ・リ・レ (自動)(規・二) 沈 (一)鎭マル。衰ヘユク。「庭燎モ影、シメリタルニ稍、影ー、藩ノ漁火」ヤウヤウ、風ナホリ、雨ノ脚、シメリ、星ノ光モ見ユルニ」曉方ニ、風、少シ、シメリテ、村雨ノヤウニ降リ出ヅ」(二)物思ヒニ氣沈ム。シヲレテアリ。「シメリテオハスル、イト心苦シ、御目ノイタウ泣キ腫レタル」打チシメリテ、思ヘリ顔ナリ」イト戯レヲカシウオハセシ人トモ覺エズ、イミジウ、シメラセ給ヒテ、タダアベイニモアラズ歎キノミセサセ給ヘバ」

しめ・る・ル・レ・ラ・リ・レ (自動)(規・二) 濕 〔前條ノ語ノ轉〕(一)濡レテシヲルル。シトル。(二)水ニテ消ユ。(火ニ)

しめる (動) 占ム、締ム、染ム、(規・二)令ム、等ノ訛。

しも (名) 下 (一)上ニ反シテ低キ方。シタ。(二)末。後。次。終リ。「ーノ句」ーニ記ス」(三)昇シキ事。劣リタル事。(人、物、ノ階級ニ)(四)君主、朝廷、ナドニ對シテ、臣下、人民。「上ハーニ助ケラレ、ーハ上ニナビキテ」上ニ倣フー」(五)奴婢ノ類ノ卑シク召仕ハルルモノ。「ー人」ー童」ー仕ヘ」ー男」○ーノ句。和歌ノ末ノ、七、七、ノ二句ノ稱。○ーノ十日。月ノ廿一日ヨリ以下ノ稱。下旬

しも (名) 霜 〔萬物萎ム意ナリト云〕(一)秋、冬、露ノ凍リテ白クナルモノ。(二)白髮ヲ譬ヘテイフ語。「見ルモ憂シ、向フ鏡ノ、秋ノ影、衰ヘマサル、ーノ逢ニ」ーノ眉」頭ノー」

しもが・る・ル・ル・レ・レ・レ・ル (自動)(規・二) 霜枯 霜ニ逢ヒテ枯ル。「冬深ミ、オフノ浦風、サエサエテ、霜枯レニケリ、伊勢ノ濱荻」

しもがれ (名) 霜枯 (一)シモガルル事。草ノ霜ニ逢ヒテ枯レ萎ム事。「ーノ、音ニモ冬ハ、知ラレケリ、秋ヲモ告ゲシ、荻ノ上風」(二)冬ノ寒キ空合ノ景。「ー三月」 荒寒

しもく (名) 耳目 みみとめト。聞クト見ルト。「世ノーヲ驚カス」

〔しもくち (名) 瘃|凍瘡 〔霜朽ノ義〕・しもやけニ同ジ。「星ノ上ノ霜、イト白シ、ワラハベ、昨夜ノ姿ナガラ、しもくちマジナハムトテサワグモ、イト哀レナリ」

〔しもぐもり (名) 霜曇 夜、霜、降ラムトテ、霧ノ如ク陰ル事。モヤ。「霜曇入ストニカアラム、久堅ノ、夜度ル月ノ、見エヌ念ヘバ」

しもげる・ゲル・ゲレ・ゲ・ゲ・ゲヨ (自動)(規・四・變) 霜氣 霜ニ傷メラレテ腐ル。(芋、菜、ナドニ)

しもごえ (名) 下肥 糞ヲ肥ニ用ヰルトキノ稱。

しもざま (名) 下様 〔下方ノ義〕(一)下ノ方。シモツカタ。(二)身分ナキ世ノ民。シモジモ。シタジタ。 民間

しもじも (名) 下下 下様ノ者共。下下。 下民

〔しもつかた (名) 下方 下ノ方。シモザマ。

しもつき (名) 霜月 〔霜ノ盛ニ降ル月ナレバイフカ〕陰暦、十一月ノ稱。

〔しもつやみ (名) 下闇 下旬ノ闇ノ稱ト云。「カヒクタス、鵜舟ニカガル、篝火ノ、見エヌ夜モナキ、ー哉」五月、ーニ、サミダレモ過ギテー」

〔しもと (名) 蘗|楉 〔繁本ノ義ト云、稚木ハ本ニ枝繁キ意ニテ、卽チ、若木ノ二合字モアリ〕若キ木立ノ枝ノ茂キモノ。「泊瀬ノ山ハ、眞木立ツ、荒山道ヲ、石ガ根ノ、楚樹押シ靡ベ、坂鳥ノ、朝越エ座シテ」其聚脚如ニ弱木原ノ」百ノ木、若ダチテ、イトしもとガチニ差シ出デタル」刈リテ薪トシ、集メテ葛ニテ結ヘバ、和歌ニ多ク、ー結フ、トシテ葛城山ニ掛ケテ、枕詞ノ如ク用ヰタリ。「ー結フ、葛城山ニ、降ル雪ノ間ナク時ナク、思ホユル哉」

〔しもと (名) 笞 〔前條ノ枝ヲ用ヰレバイフ〕刑ノ具、鞭ツ物。(笞罪ノ條ヲ見ヨ)「笞杖、大頭、三分、小頭、二分」楚取ル、五十戸長ガ聲ハ、寢屋處マデ、來立チ呼ビヌ、カクバカリ」

しもにだんのはたらき (名) 下二段活用 語學ノ語、規則動詞ノ第二類ノ語尾變化ノ稱。(篇首ノ語法指南ノ動詞ノ條ヲ見ヨ)

しもばしら (名) 霜柱 嚴寒ノ頃ニ、地面、霜ノ爲ニ凍リテ、脹レ起リ立ツモノ。 冰筝

しもぶくら (名) 下脹 下ノ方ノ脹ラカナル事。シモブクレ。(顔ナドニ) 下豐

しもぶくれ (名) 前條ノ語ニ同ジ。

しもふり (名) 霜降 霜ノ降リカカレル如ク細カク白キ斑ヲ稱スル語、布、帛、羅紗、ナドノ織樣、染樣、ニイフ。「ー羅紗」

しもふりまつ (名) 霜降松 五葉ノ松ノ一種、葉ノ色、白粉ヲ含ミテ、霜ニ遇ヘルガ如キモノ。 白松

しもべ (名) 下部 雜事ニ召使ハルル卑シキ者ノ稱。下男。奴僕

しもん (名) 諮問 トヒハカルヿ。タヅネトフヿ。

じもんじたふ (句) 自問自答 自ラ、己レニ問ヒテ、己レ、自ラ答フ。獨リ心ニ思ヒテ判斷ス。

しもんせん (名) 四文錢 寛永錢ノ條ヲ見ヨ。

しもやけ (名) 〔霜焼ノ義〕 古言、シモクチ。手足ノ端ナド、烈シキ寒サニ傷メラレテ、痒ク痛ク、腫レテ瘡トナルモノ。ユキヤケ。凍瘡 瘃

しもやしき (名) 下屋敷 かみやしきノ條ヲ見ヨ。

しもよ (名) 霜夜 霜降リテ寒キ夜。「キリキリス、鳴クヤ、一ノ、サムシロニ」「一ノ鐘」

しもよけ (名) 霜除 草木ノ霜ニ傷メラレムヲ防ガムガ為ニ、薦、藁ナドニテ覆フヿ。護霜

しや (名) 紗 生絹ノ織物ノ名、織目疎ニシテ、甚ダ輕ク薄シ、帷、又ハ、夏ノ羽織ナドトス。

しや (名) 赦 國ニ吉凶祥災等ノ大事アリタルトキ、罪人ヲ赦サルルヿ。常一、大一、非常一ノ三等アリ。常一ハ、八虐、及ビ、故殺人ノ外ハ、皆、赦サル。大一ハ、強盜、竊盜、私鑄錢ノ外ハ、常一ノ原サザルヲモ赦サル。非常一ハ、悉皆、赦サル。

しや (名) 射 六藝ノ一、弓射ル術。弓術。「一ヲ學ブ」

しや (名) 社 ヤシロ。神社。祠

しや (名) 社 一事業ノ為ニ、數人仲間ヲナスモノ。組合。「一ヲ立ツ」「一ヲ結ブ」

〔しや〕 (感) 〔しやつトイフ代名詞ノ約ナラム、其條ヲ見ヨ〕 人ヲ罵ルトキ發スル聲。「一首切テ捨テムヿ、只今ニコソアレ」「一面ヲムズムズト蹈マレケル」「一冠ヲ打落セ」「一衣ノ領取テ引立テヨ」

じや (名) 蛇 ヲロチ。ウハバミ。蟒蛇 大蛇

じや (名) 邪 ヨコシマナルヿ。正シキノ反。「一ハ正ニ克タズ」「一デモ非デモ」

じやいん (名) 邪淫 佛教五戒ノ一、淫ルルヿ。

しやう (名) 仕様 物事ヲ為ル手段。仕法。方法 手段

しやう (名) 笙 又、サウノフエ。シヤウノフエ。雅樂ニ用ヰル樂器ノ名、匏ヲ切リテ、上ニ十七ノ管ヲ環ニ立テ並ベ、管毎ニ簧(其條ヲ見ヨ)アリ、律ヲ異ニス、匏ヲ、つぼ、又ハ、かしらトモイヒ、今ハ、桐ニテ製シテ塗ル、ココニ孔アリテ、吹キテ簧ヲ鼓動シテ音ヲ發ス。

しやう (名) 莊 庄 (一)又、莊。莊園。莊園。中世、朝廷ヨリ、國國ノ田園ヲ、褒賞ナドニ、皇子、諸臣等ニ賜ハリシモノ。サレド、後ニハ、私ニ開墾シ、或ハ、他ヲ兼幷シ、強奪セルモ多シ。(二)後ニハ、其主、無クナリテモ、名ノミ殘リテ、一村數村ノ稱トナリ、郷ト並ベイヘリ。

しやう (名) 省 官府ノ稱、古制ニハ、中務、式部、治部、民部、兵部、刑部、大藏、宮内ノ八アリ、上ハ、太政官ニ屬キ、下ニハ、寮、司ヲ統ブ、其四等ノ官ヲ卿、大輔、少輔、丞、錄トス。今ノ制ハ、宮内、外務、内務、大藏、陸軍、海軍、司法、文部、農商務、遞信ノ十トス。

しやう (名) 性 (一)人ノウマレツキ。性質。性分。(二)陰陽家ノ語、人ノ生レタル年ノ支干ノ五行ヲ、其人ノウマレツキトシ、相生、相尅ノ理ヲ說キテ、人ト人トノ間ノ過、不過、又ハ、吉、凶、ナド定ムルヿ。「五行ノ條、見合ハスベシ」「金一」「水一」 主命 (三)物ノ自然ノ成立。タチ。性合。「銀ノ一」「織物ノ一」 質 (四)タマシヒ。性根。「一ガナイ」「一ガツク」「一ヲ失フ」 精神

しやう (名) 將 (一)スベテ、一軍ヲ率ヰル職。軍勢ノ長。(二)古ヘノ近衞府ノ官名、大一、中一、少一、ニ分ル、今ノ陸軍ニモアリ、各條ニ注ス。

しやう (名) 相 支那ノ官名、執政ノ大臣ノ稱。宰相。三公ノ總稱。

しやう (名) 上 ウヘ。天子ヲ指シテ呼ビ奉ル語。ジヤウ。(漢文ノ上ニテ)

しやう (名) 症 〔字ハ病證ノ合字〕 病ノ性。病氣ノ成立。病性

しやう (名) 生 生キテ居ルヿ。イノチ。「一アルモノ」

しやう (名) 正 (一)タダシキヿ。マコトナルヿ。ソノママナルヿ。「一ノ物」「一デ見スル」(二)諸司ノ長官。(司ノ條ヲ見ヨ)(三)位ノ等級ニ添フル語(くらゐノ條ヲ見ヨ)但シ、神ノ位ニハ、清ミテ一ト讀ミ、人ノ位ニハ、濁リテじやうト讀ムヲ習ヒトスト云。「一一位」「一二位」

しやう (名) 商 (一)アキビト。アキンド。(二)五音ノ一、十二律ノ條ヲ見ヨ。

しやう (名) 賞 ホムルヿ。褒メテ物ヲ賜ハルヿ。褒美。「軍功ノ一トシテ賜フ」

しやう (名) 章 文書ノ中ノ大段落ノ稱。
じやう (名) 滋養 飲食ノ物ノ、身體ニ養ヒトナルコト。
じやう (名) 情 (一)喜ビ、怒リ、哀ミ、樂ムナド、人ノ心ニ觸レテ起ルスベテノ感動。「―ニ感ズ」(二)情愛。ナサケ。「―ガアル」「―ガ深イ」 情意 ○―ガコハイ。―ヲ張ル。强情ナリ。偏意地ヲオコス。 剛愎 執拗
ぢやう (名) 鎖 〔鏁ノ音ノ轉、鏁ハ鎖ノ俗體トアリ、今、又、當字ニ錠ノ字ヲモ用ヰル〕 門戸、笈、櫃ナドニ付ケテ、差シ固メテ締リトスル金具ノ名、銅鐵製ノ筒アリ、櫃トイフ、(鎖管 鎖筒) 別ニ彈機アルモノアリテ、筒ニ挿セバ、中ニテヒロガリテ脱ケズ、コレヲ―ノはねトイフ。(鍵 鎖 鏈 鎖須) 又、別ニ、匙ノ如キモノアリ、筒ノ小孔ヨリ入レテ、はねニ引キ懸ケテ拔ク、鑰コレナリ。其他、えびぢやうナド種種ノ製ノモノモアリ。和名抄ニ、鏁子、藏乃賀岐トアリ、蓋シ、古クかぎトイヘルハ、卽チ鎖ニテ、鎖筒、鎖須ノ總名ナリシニ、後ニ專ラ解クモノ(鑰)ノ名トナレルナラム、萬葉集ニ、家爾有之、櫃爾鏁刺、藏而師、トアリ、鏁或ハ、かぎト訓ムベシ。「コボコボト引キテぢやうノイタク銹ビニケレバ、明カズトウレフルヲ」戸ニぢやうヲ强クサセリ」云云、サレバぢやうヲサシ、築地ヲ高ク築キタル」
しやう (名) 狀 (一)アリサマ。ヤウス。(二)事狀ヲ記シテ上ツル文書。「疏―」「具―」(三)轉ジテ、手紙。書狀。 書翰
じやう (名) 上 (一)カミ。ウヘ。第一ニ勝リタルコト。「―ノ品」「―、中、下」(二)上聲。(韻ノ條ヲ見ヨ)
しやう (名) 上 天子ヲ呼ビ奉ル語、濁ミテ讀ムじやうニ同ジ。
じやう (名) 城 キ。シロ。(熟語ニノミ用ヰル)「―中」「―内」「―外」江戸―」
じやうあい (名) 情愛 ナサケ。イツクシミ。「―厚シ」
しやうあく (名) 掌握 掌中ニ握ルコト。我ガ物トシタルコト。「政權、―ノ中ニアリ」天下ヲ―ス」
しやうあひ (名) 性合 性ノ狀。物ノタチ。「鐵ノ―」 質
じやうい (名) 上意 (一)朝廷ノ趣意。「―下達ス」(二)君主ノ心。「―ニ因テ」「―ノ趣キ」
じやうい (名) 攘夷 〔攘、郤也、除也〕 侵シ來ル夷狄等ヲ攘ヒ退クルコト。
じやうえ (名) 淨衣 白キ狩衣ノ稱、製作、着樣、スベテ狩衣ニ同ジ、古ヘハ、白布製(白張)ニテ、庶人ノ禮服ナリキ、後ニハ、平絹ナドニテモ製ス、多ク神事ニ用ヰル。
しやうえんじ (名) 生臙脂 (一)染料ノ名、支那ヨリ舶來ス、はなもつやう汁ニテ綿ニ染メテ渡ス、綿、薄ク圓クシテ、徑七八寸、乃至、三四寸、皆、紫紅色ナリ、湯ニ浸シテ、汁ヲ絞リ、又、湯煎ニシテ、煎ジ乾カシ、色ヲ濃クシテ用ヰル、下品ナルハ黒ミアリ。 胡臙脂 綿臙脂 (二)草ノ名、あかひゆノ一名。
しやうか (名) 商家 アキウドヤ。アキンドミセ。
しやうか (名) 上下ニ同ジ。「貴賤―」
しやうか (名) 唱歌 今、學校ノ課業トシテ教ヘ歌ハシムル歌、西洋樂器、或ハ、箏ニ合ハス。
しやうが (名) 唱歌ニ同ジ。「二返リバカリ彈キ給フニ、イトウツリナキ聲ヲ、オトシ、アゲ、しやうがスニ」
しやうが (名) 生薑 生姜 〔字ノ音ノ急呼カト云、或ハ生荷ナドトモ書ス、或云、蘘荷ハ女かナリ、生荷ハ夫かニテ雌雄ニ比ス、ソレヲめうが、せうがト延ベテイフナリト〕 古名、クレノハジカミ。或ハ、アナハジカミ。又、ツチハジカミ。後ニハ、單ニ、ハジカミ。(はじかみノ條ヲ見ヨ) 菜蔬ノ名、舊根ヲ貯ヘテ、春ノ末ニ植ウ、莖、高サ一尺許、葉ハ、竹、又ハ、めうがニ似テ、互生ス、夏ノ末、新根ヲ生ズ、横ニ連リテ、列指ノ如ク、皆、莖ヲ出ス、根ハ、白ク、莖ノ本ハ、赤シ、根、霜後ニ老熟シテ、味辛シ、藥用トシ、又、食用トシテ味ヲ助ク。 薑
じやうか (名) 城下 (一)城ノシタ。城ノ外。「―ノ盟」(二)大名ノ居城ノ邊ニアル市街。 城市
じやうが (名) 嫦娥 〔嫦娥、羿ノ妻、竊ニ羿ノ不死藥ヲ奔レ月」 月ノ異名。
しやうかい (名) 詳解 書中ノ文義ナドヲ詳ニ解キ記セルモノ。
しやうがい (名) 生涯 人ノ世ニ生キテアル間。一生。 終身 畢生
しやうがい (名) 生害 自ラ、咽突キ、腹切リナドシテ死ヌルコト。自害。 自刃
しやうかう (名) 將校 上官ノ武官ノ稱。

じやうかう (名) 情交 殊ニ親シキマジハリ。
じやうかう (名) 常香 絶エズ佛前ニ供フル香。
じやうかうばん (名) 常香盤 常香ヲ焚クニ用ヰル香爐、形、多クハ方ニシテ、灰ニ渦ノ如キ溝ヲ作リ、末香ヲ盛リ、端ヨリ火ヲ點ス、烟久シク絶エズ。
しやうがくばう (名) 正覺坊 うみがめニ同ジ。
しやうかん (名) 傷寒 病ノ名、熱病ノ如クニシテ、重キモノ。
しやうかん (名) 賞鑑 名作ノ書畫器物ナドノ賞翫鑑定。
じやうかん (名) 上澣 上旬ニ同ジ。
しやうき (名) 正氣 精神ヲ失ハヌヿ。心ノ現ナルヿ。(狂氣、氣絶ナドニ對ス)
しやうき (名) 正忌 祥月ノ忌日。
しやうぎ (名) 將棋 二人相對シテ行フ戲レ、將棋盤トイフ木ノ盤アリ、面ニ、縱、横、各、九行ノ線ヲ引キテ、八十一ノ目アリ、又、駒(棋子)トイフ小木片アリ、王將(一)金將(二)銀將(二)飛車(一)角行(一)桂馬(二)香車(二)步兵(九)等ノ名ヲ記シ、雙方、同ジ數ヲ置キテ用法アリテ、相鬪ヒ、王將ヲ、擒ニシテ勝ツ、コレヲ行フヲ、差ストイヒ、擒ニスルヲ、詰ムトイフ。象棋 又、大——トイフアリ、方法、頗ル異ナリ。廣象棋
しやうぎ (名) 床机 牀杌 陣中狩場ナドニテ、一人ニ用ヰル腰掛ノ名。胸ヲ打違ヘニシ、軸アリテ、折リ疊ムベク作レルヲ、疊ミ——ナドイフ、尻ノ當ル所ニ革ナド張ル。胡牀。交椅

しやうぎ (名) 商議 相談。評議。
しやうぎ (名) 娼妓 アソビ。遊女。
じやうき (名) 上氣 (一)逆上。(二)狂氣。
じやうぎ (名) 情誼 情愛ノ義理。
しやうぎだふし (名) 將棋倒 小兒ノ戲レ、將棋ノ駒ヲ、數箇、一行ニ少シヅツ間ヲ隔テテ、魚貫ケテ並ベ立テ、端ノ一ツヲ推シ倒セバ、次第ニ推サレテ皆倒ルルヲ見テ戲ル。
しやうぎばん (名) 將棋盤 將棋ノ條ヲ見ヨ。
しやうきん (名) 正金 (一)眞ノ金錢。(紙幣ニ對ス)(二)現金。
しやうきん (名) 償金 ツグノヒキン。
じやうきやう (名) 上京 京ヘ上ルヿ。
じやうきやく (名) 上客 數人ノ客ノ中ニ、特ニ上座ニ就カスル客。上賓
しやうきやく (名) 償却 ツグノフヿ。返濟。
しやうぐん (名) 將軍 (一)軍ヲ統ベ率ヰル職。一軍ノ長。將。大將。(二)古ヘ、事アリテ、出デ征スルトキニ命ゼラルル官。其制、兵士一万人以上ナレバ、——一人、副——二人、軍監二人、軍曹四人、錄事四人ナリ。五千人以上ニハ、副——一人、軍監一人、錄事二人ヲ減ジ、四千人以下ニハ、更ニ、軍曹二人ヲ減ズ。大軍ナレバ、——ノ上ニ、大—— 一人ヲ置クヿアリ、鎭守府大——、征夷大——等ナリ。(三)鎭守府ノ長官。(四)征夷大——ノ略。(其條ヲ見ヨ)

しやうくわ (名) 紫陽花 アヂサヰ。
しやうくわい (名) 商會 商社ニ同ジ。
じやうぐわい (名) 城外 シロノホカ。
じやうくわう (名) 上皇 太上皇ノ條ヲ見ヨ。
じやうくわく (名) 城郭 シロ。クルワ。
しやうぐわつ (名) 正月 陰曆ニテ、年ノ第一ノ月。睦月。
しやうくわん (名) 莊官 (一)莊司。(二)莊屋。
しやうくわん (名) 賞翫 モテハヤスヿ。愛デ弄ブヿ。
しやうくわん (名) 將官 武官ノ大將、中將、少將、ノ稱。
しやうくわん、(名) 商館 商家ノ屋敷。(多ク開港場ノ外國人ノヲイフニイフ)
しやうくわん (名) 償還 ツグノヒカヘスヿ。
〔しやうぐわん (名) 政官 太政官ノ官人。「彼ノ内記ハ、しやうぐわんナレバ、後レテゾ參レル」
じやうくわん (名) 上官 等級ノ高キ官人。上役。
じやうくわん (名) 上浣 上旬ニ同ジ。
じやうぐわん (名) 情願 情實ヲ說キテ請ヒ願フヿ。心願。
〔しやうげ (名) 生氣 陰陽家ニ、正月ヲ子トシ、順ニ、十二箇月ニ十二支ヲ配シ、之ヲ八卦ノ方位ニ當テテ、其人ノ其年ニ吉キ方位ヲイフヿ、——ノ方ナドイフ。又、東ハ靑色ナドトシテ、其用ヰルベキ色ヲモ定ム、——ノ色ナドイフ。
しやうげ (名) 障礙 ササハリ。サマタゲ。邪魔

おやうげ (名) 上下 (一)かみトしもト。うへトしたト。(二)のぼるトくだるト。アガリ、オリ。(三)往キト復リト。(片路トイフニ對ス、舟子、舁夫ナドノ語) 往復 (四)裃。「麻—」

おやうけい (名) 上卿 (一)禁中ニ、某ノ公事アルトキ、大臣、大、中納言等、臨時ニ其奉行ト定メラルル名目。(二)何官ニテモ、其日ノ議事ノ首座トナル名目。

おやうけつ (名) 猖獗 タケリクルフ。「賊勢—」

おやうげふ (名) 商業 アキナヒノナリハヒ。

おやうげん (名) 將監 近衞府ノ判官。

おやうけん (名) 上件 カミノクダリ。前ニアリシ事柄。

おやうげん (名) 上元 節日ノ一、陰曆正月十五日ナリ、亥ノ時ニ、赤小豆ノ粥ヲ食ヒ、年中ノ疫ヲ避クトス。又、七月十五日ヲ中元トイヒ、十月十五日ヲ下元トイフ、支那ニテハ、廿二、夕ヨリ太乙ヲ祀リ、人、皆、燈ヲ觀テ、朝ニ至ル、我國ニテハ、中元ニ燈ノ事アルノミ、下元ハ用ヰズ。

おやうげん (名) 上弦 ゆみはりづきノ條ヲ見ヨ。

おやうげん (名) 狀元 及第ノ條ヲ見ヨ。

おやうげんぎ (名) 象限儀 物ノ角度ヲ測リ求ムル器、天體、山川、等ノ高度、距離角ナド測量スルニ用ヰル、三百六十度ノ圏ヲ四分シテ、九十度ノ角度ニテ定ム。其六分シテ六十度ナルヲ、六分圏儀トイヒ、八分シテ四十五度ナルヲ、八分圏儀トイフ。

おやうご (名) 鉦鼓 雅樂ニ用ヰル樂器、からかねニテ造リ、圓クシテ皿ノ如シ、架ニ懸ケテ叩ク。カネ。

おやうこ (名) 商賈 アキウド。アキンド。

おやうご (名) 正午 眞晝時。

おやうこ (名) 上古 オホムカシ。太古。

おやうこ (名) 上戸 (支那ニ、庶民婚禮、上戸八瓶、下戸二瓶ナドイフコ見エテ、元ト民戸ノ上戸ヲイヘルガ轉ゼルナリト云) 酒ヲ好ムコ。多ク酒ヲ飲ムコ。大戸 飮ミ得ヌヲ下戸トイフ。小戸

おやうご (名) 漏斗 (上戸ノ義、酒ヲ飮ミ込ムヨリ名トストニ云、或云、承壺ノ音ナラムカト) 器ノ名、銅、又、木ナドニテ作ル、上ハ開キ、底ハ甚ダ細ソクスボマリテ孔ヲ通ズ、德利、壺、ナド 口ノ狹キ器ノ口ニ挿シテ、酒水ナドヲ、口ノ外ヘ翻サヌヤウニ注ギ入ルルニ用ヰル。又、穀ヲ俵ノ口ヨリ入ルルニ用ヰルハ、竹ナドニテ編ミテ大ク作ル。

おやうこう (名) 相公 執政宰相ノ尊稱。

おやうこく (名) 相國 (一)支那ニ、宰相ノ稱。(二)左右大臣ノ唐名。サウコク。

おやうこく (名) 生國 生レタル土地。生地

おやうこく (名) 上國 偏鄙ノ地ヨリ、京ノ近邊ノ地ヲ稱スル語。

おやうこく (名) 上刻 刻ノ條ヲ見ヨ。

おやうこく (名) 上告 上ニ告グルコ。申シ立ツルコ。

おやうざ (名) 上座 カミクラ、上ノ方ノ座。上席。

おやうさい (名) 上裁 高貴ノ、親シク事ヲ裁決セラルルコ。

おやうさう (名) 將曹 近衞府ノ主典。

おやうさう (名) 章草 漢字ノ書體ノ名、草書ノ一種、支那、後漢ノ章帝ノ造レル所ナリト云フ。

おやうさく (名) 匠作 修理職ノ唐名。

おやうさく (名) 上作 (一)好キ出來。(二)穀物ノ實入リ、畠物ノ生立、ナドノ甚ダ好キコ。

おやうさし (名) 狀差 柱ナドニ懸ケオキテ、見終ハリタル來狀ヲ差シオク具。

おやうし (名) 賞詞 ホメコトバ

おやうし (名) 賞賜 褒美ニ物ヲ賜ハルコ。

おやうじ (名) 障子 古ク、サウジ。家ノ中ニテ、物ノ隔テニ立ツルモノノ稱、襖—アリ、(賢聖ノ—、ノ類)今、ふすまトノミイフ、衝立—アリ、(荒海ノ—、昆明池ノ—、ノ類)今、ついたてトノミイフ、又、格ニ紙一片ヲ張レルヲ明—トイフ、(其條ヲ見ヨ)今單ニコレヲ—トノミイフ

おやうじ (名) 莊司 莊園ノ主ヨリ、其地ニ置キテ其莊ノ事ヲ司ラシムル者ノ稱。

おやうじ (名) 尙侍 ナイシノカミ。

おやうじ (名) 掌侍 ナイシノジョウ。

おやうじ (名) 生死 生クルト死ヌルト。シニイキ。—ノ境」

おやうし (名) 上巳 (舊ハ上ノ巳ノ日ナリ) 五節句ノ一、陰曆三月三日ナリ、重三トモイフ、桃花、草餅、白酒ナドヲ節物トス、女子、雛遊ヲス。俗ニ、上巳。

おやうし (名) 上使 公方ヨリ大小名等ヘ遣ハス使

者ノ稱。

じやうし (名) 上梓 出版ニ同ジ。

じやうし (名) 城址 シロアト。

じやうし (名) 情死 アヒタイジニ。シンヂユウ。

しやうしくわい (名) 尚齒會 高年ノ人ヲ擇リ請ジテ、宴ヲ饗シ、詠歌詩作ナドアル事、其數七人ナルヲ常トシ、齡高キ方ヲ上座トス。

じやうしほ (名) 上潮 あげしほノ條ヲ見ヨ。

しやうじぢやうや (名) 生死長夜 佛說ニ、人ノ世ニ生キテアル間ヲ、長キ夜ノ夢ニ譬ヘタル語、死シテ始メテ覺ムトス。

じやうじつ (名) 情實 (一)コトノココロ。コトワケ。(二)道理ノ外ニ、人情ノ捨テラレヌ事。

じやうじつしゆう (名) 成實宗 佛敎八宗ノ一、成實論ヲ所依トス、白雉四年、南都ノ僧道照、敕ヲ奉ジテ入唐シ、長安ノ地ニテ、玄弉三藏ヨリ傳ヘ來レリ。

しやうじん (名) 正眞 マコトナル事。僞ナラヌ事。

しやうじん (名) 精進 (一)又、サウジン。サウジ。佛經ノ語、意ヲ精ニシテ道ニ進ム事。一心ニ佛道ヲ勉メ修ムル事。(二)身ヲ淨メ、潔齋スル事。(三)一スル人ハ、美食肉食セヌ意ヨリ轉ジテ、膳部ニ、菜蔬ノミ用ヰル事。素膳 コレヲ止メテ肉食ニカヘルヲ、一ヨリ落ツ、一落チ、ナドイフ。開齋 開葷

じやうしん (名) 上申 事ヲ官ニ申シ立ツル事。

じやうじん (名) 情人 コヒビト。互ニ戀ヒ思フ人。

しやうじんあげ (名) 精進揚 あげものノ條ヲ見ヨ。

しやうじんおち (名) 精進落 精進ノ條ヲ見ヨ。

しやうじんもの (名) 精進物 蔬菜海藻ノ類、ズベテ肉ナラザル食物。

しやうじんれうり (名) 精進料理 肉類ヲ用ヰズ、菜蔬ノミナル料理。素膳

しやうしや (名) 商社 商業ノ會社。商人ノ組合ヒテ營業スルモノ。商會。

しやうじや (名) 精舍 (精練行者ノ居ノ意) 寺ノ稱。

じやうしや (名) 常赦 赦ノ條ヲ見ヨ。

しやうじやう (名) 猩猩 (一)支那ニ想像ノ獸ノ名、能ク物言フト云、又云、毛色、黃ニシテ、面、人ノ如ク、聲、小兒ノ啼クガ如ク、好ミテ、酒ヲ飮ムト。常ニ、畫ニ、人面ニシテ人立シ、頭髮、甚ダ多ク長ク朱紅ニシテ、酒ニ醉ヘル所ヲカケリ。(二)好ミテ、酒又ハ醋ノ上ニツク小キ飛蟲ノ名。サシ。サケノハヘ。醯鷄

しやうじやう (名) 清淨 淸クシテ穢レナキ事。「一潔白」

じやうじやう (名) 上聲 韻ノ條ヲ見ヨ。

じやうじやう (名) 上上 此上ナク勝レタル事。極メテ好キ事。

じやうじやう (名) 情狀 事ノアリサマ。事ノワケガラ。

しやうじやうせせ (名) 生生世世 佛經ノ語、人ノ生レ變ハリテ世ニ出ヅル度每ニモノスルニイフ語。

しやうじやうのり (名) 猩猩海苔 うけうどノ條ヲ見ヨ。

しやうじやうひ (名) 猩猩緋 (猩猩ノ血ニテ染ムルモノナドイフ) 染色ノ名、紅色ノ極メテ濃ク鮮ナルモノ。此染色ナル舶來ノ羅紗ナドニイフ。

しやうじやひつすゐ (句) 盛者必衰 盛ナル者ハ必ズ衰フ。(佛經ノ語)

しやうじやひつめつ (句) 生者必滅 生レル者ハ必ズ滅ブ。(佛經ノ語)「一會者定離」

じやうしゆ (名) 城主 一城ノ主。

じやうじゆ (名) 成就 成リ調ヒタル事。デキアガリ。シアガリ。「大願一」

じやうじゆん (名) 上旬 旬ノ條ヲ見ヨ。上澣。上浣。

じやうしよ (名) 上書 己ガ趣意ヲ記シテ官ニタテマツルモノ。

じやうしよう (名) 上衝 ノボセ。

しやうす・スル・スレ・セ・シ・セヨ (他動)(不規.二) 賞 襃ム。稱フ。

しやうず・ズル・ズレ・ゼ・ジ・ゼヨ (自動)(不規.二) 生 (一)生ル。生フ。生ユ。「草一」「花一」「芽一」(二)イデクル。起ル。「善心一」「禍一」

しやうず・ズル・ズレ・ゼ・ジ・ゼヨ (他動)(不規.二) 生 (一)生ス。生デカス。成ラス。「花ヲ一」「金ヲ一」(二)發ス。「善心ヲ一」「禍ヲ一」

しやうず・ズル・ズレ・ゼ・ジ・ゼヨ (他動)(不規.二) 請 請ヒテ招ク。請待ス。請ズ。「トモアレ、カクモアレ、先ヅ、請ジ入レ奉ラム」招請 延請

じやうず (名) 上手 藝術ニ巧ナルヿ。手際ノ好キヿ。巧者。巧手 妙手

〔じやうず (名) 上衆 貴人ノ稱。(賤人ヲ下衆トイフニ對ス)「ヤンゴトナキ人ニ、イタウ劣ルマジウ上ずメキタリ」オホエ、イトヤンゴトナク、上ずメカシケレド」

しやうすゐ (名) 將帥 軍ヲヒキヰル人。大將。

しやうずゐ (名) 祥瑞 メデタキシルシ。吉瑞。

じやうすゐ (名) 上水 清キ川水池水ナドヲ、溝又ハ樋ニテ、市町等ノ地ニ導キ來リテ、飲料其他ノ用ニ供フルモノ。

じやうせい (名) 上世 カミツヨ。オホムカシ。

じやうせき (名) 上席 上座ニ同ジ。

しやうせん (名) 商船 賣買ノ貨物ヲ積ミ送ル船。(兵船、軍艦ナドニ對シテ云フ)

しやうぜん (名) 生前 生キテ居テ未ダ死ナザル前。(死後ニ對ス)

じやうせん (名) 上船 船ニ乘ルヿ。

しやうぜんげん (名) 將然言 語學ノ語、動詞、形容詞、助動詞、ノ接續法ノ一ツノ態度、篇首ノ語法指南ノ動詞、形容詞、ノ法ノ條ヲ見ヨ。

じやうそ (名) 上疏 事ヲ記シテ官ニ告グルモノ。上書。

しやうぞく (名) 裝束 (一)ヨソホフヿ。イデタチ。ザウソク。(多ク衣冠ヲ着ルニイフ) 裝飾 (二)轉ジテ、衣服。着物。

しやうたい (名) 正體 (一)正シキ體マコトノ身。(二)精神。正氣。「―ヲ失フ」「―ナクナル」(三)故ノ姿。「化物ノ―」

しやうだい (名) 請待 饗應ナドニ、客ヲ請ヒ招クヿ。延請

じやうたい (名) 狀態 アリサマ。ヤウス。ナリフリ。

じやうだい (名) 上代 カミツヨ。オホムカシ。上古。上世。

じやうだい (名) 城代 一城ヲ留守スル職。

しやうたう (名) 正當 正シク理ニ當ルヿ。相當。

〔しやうだう (名) 聖道 寺院ノ兒童ノ稱。

じやうたつ (名) 上達 學術ノ進ミトドクヿ。巧ニナルヿ。上手ニナルヿ。

じやうだん (名) 上段 (一)上ノ段。(二)家ノ中ノ、上ノ方ノ一室ニ、床ヲ更ニ一段高ク設ケタル所、貴客ヲ請ズル所トス。(三)劍術ニ、刀ノ構ヘ方ノ稱、兩手ニ柄ヲ握リテ、頭上ニ振リカザスヿ。

じやうだん (名) 常談 (一)ツネノハナシ。平話。(二)平話、雜談、ノ意ヨリ轉ジテ、ザレコト。戲レ言フ話。(或ハ、笑談ノ音カ、或ハ、雜談ノ訛カ)「―ヲイフ」 諧語 (三)又、轉ジテ、タハムレ。オドケ。「―ヲスル」 戲謔

じやうち (名) 上地 土地ヲ官ニ上納スルヿ。

しやうぢき (名) 正直 心ノタダシクナホキヿ。僞ハラヌヿ。

しやうちゆう (名) 掌中 タナゴコロノウチ。手ノ内。「―ノ珠」

じやうちゆう (名) 城中 城ノ內。

じやうぢゆう (名) 常住 佛經ノ語、常ニトドマリテアルヿ、イツモカハラヌヿ。(無常ノ反)

じやうぢゆう (副) 常住 ツネニ。イツニテモ。「―アリ」「―ツカフ」

†しやうつかのばば (名) 〔三〕途河婆ノ訛 さんづのかはノ條ヲ見ヨ。

しやうつき (名) 祥月 (元ハ正月ト書ケリシニ正忌ヲ正日トイヘリ)正月ニ紛ギルレバ、祥ト改メタリトニ云フ) 忌日ノ條ヲ見ヨ。

しやうてん (名) 賞典 褒美ニ賜ハル金、祿、ナド。

しやうてん (名) 商店 アキナヒミセ。商家ノ見世。

しやうてん (名) 聖天 天竺ノ神ノ名、正シクハ大聖歡喜天トイフ。

じやうでん (名) 上田 上等ノ田地、地肥エタ、稻ノ實リ好キ田。(中田、下田ナドニ對シテイフ)

じやうど (名) 淨土 佛經ニ、佛、在シテ、三毒五濁ノ業ナキ世界。極樂國。(極樂ノ條、見合ハスベシ)

しやうとう (名) 正統 正シキ血系。本家嫡流ノ代代相續。(分家、庶流ノ系ナドニ對ス)

じやうとう (名) 上等 上ナル等。物事ノ最モ勝リタルヿ。

じやうとう (名) 常燈 佛前ニ常ニ絕エズ供スル燈火。終夜點ス御燈。常燈明。 長明燈

じやうとうみやう (名) 常燈明 常燈ニ同ジ。又、海岸ナドニ立テタル燈明臺ヲモイフ。

しやうとく (名) 生得 生レナガラニ得タルヿ。ウマレツキ。

「一ノオ」

じやうどしんしう (名) 浄土新宗 一向宗(イツカウシユウ)ニ同ジ。

じやうどしう (名) 淨土宗 佛敎ノ一派、天台宗ヨリ出デ、美作ノ僧源空(法然上人、又、圓光大師、建暦二年寂ス)ノ創(ハジ)メタルモノ、淨土專念宗トモイフ。

じやうない (名) 城内 シロノウチ。

しやうなう (名) 樟腦 樟(クス)ノ材ヨリ採リテ、藥用其他種種ノ用トスルモノ、樹ノ中心ノ赤黒クシテ香氣強キ部ヲ、釜ニテ煎ジ、蓋(フタ)ノ砂盆(スナバチ)ニ結スルヲ採ル、白クシテ雪ノ如シ。

じやうなふ (名) 上納 物ヲ官(カミ)ヘ納(ヲサ)ムルヿ。(年貢、運上ナド)

(しやうにち (名) 正日 (一)喪ニ丁(アタ)リテ四十九日目ノ稱。新敕撰(雜、三)ニ、八條院(六月二十六日崩)隱レサセ給ヒテ、御正日、八月十五夜ニ當リテ侍リケルニ、雨降リケレバ詠メル、トテ歌アリ。「御法事ナド過ギヌレド、正日マデハ、猶籠リオハス」(二)又、一周忌ノ忌日ノ稱。(三)又、年年ノ正忌ノ稱

しやうにん (名) 上人|聖人 沙門ノ秀業ノ稱、一心ニ阿耨菩提心(無上覺ノ義)ヲ行フ者ニ名ヅクト云、或云、内ニ德智アリ、外ニ勝行アリテ、人ノ上ニ在ル者ヲ名ヅクト。

しやうにん (名) 上人 僧位ノ名、法橋(ホツケウ)ニ當ル。

しやうにん (名) 商人 アキビト。アキンド。 商賈

しやうね (名) 性根 根性(コンジヤウ)ニ同ジ。

しやうねん (名) 生年 生キテアル齡(ヨハヒ)。年齡(トシ)。「一十八歳」

しやうのふえ (名) 笙笛 笙(シヤウ)トイフニ同ジ。

しやうはい (名) 賞牌 功ヲ賞(ホ)メタル標(シルシ)トシテ與フルモノ、多クハ金銀銅ナドノ圓ク扁キモノニ、其事柄ヲシルシツク。

しやうばい (名) 商賣 アキナヒ。ウリカヒノヿ。

じやうばこ (名) 状箱 書状ヲ往復(ヤリトリ)スルトキ、入ルルニ用ヰル小キ匣。 封筒

しやうばつ (名) 賞罰 賞ト罰ト。(各條ヲ見ヨ)

しやうはふ (名) 商法 アキナヒ。商賣。

しやうばん (名) 相伴 饗應ノ席ニ伴ヒ、主人ヲ助ケテ客ノ相手トナルヿ。 伴食 陪食

じやうばん (名) 城番 城ニ在番スル警固ノ兵士。

しやうばんしゆう (名) 相伴衆 室町政府ノ時、一ノ重職ノ稱。

じやうはりのかがみ (名) 淨玻璃鏡 佛說ニ、地獄ノ閻魔ノ廳ニアリトイフ鏡ノ名、能ク亡者ガ生前ノ善惡ノ業ヲ照シ顯ハストイフ。

しやうび (名) 賞美 ホメタタフルヿ。ホメハヤスヿ。

しやうび (名) 薔薇 灌木ノ名、イバラ。バラ。

じやうび (名) 常備 常ニ備ヘテ置クヿ。

しやうひつ (名) 正筆 眞筆(シンピツ)ニ同ジ。

じやうびへい (名) 常備兵 常備ノ兵。平時ニテモ備ヘ置ク兵隊。(豫備、後備ニ對ス)

しやうひん (名) 商品 アキナヒモノ。商賈ノ代物。

じやうひん (名) 上品 (一)品柄ノ勝レタルモノ。 絶品 (二)品(ヒン)ノ好キヿ。見ノ氣高(ケダカ)キヿ。 高雅

しやうふ (名) 生麩 〔正シクハ、小粉(セウフン)ノ音ニテ、細末ナルヲイフト云、或云、糗粉(シヤウフン)ナリト〕麩(フ)ヲ製スルトキ水ノ底ニ澱(オド)ミタル粉ヲ乾シ曝シタルモノ、多クハ煮テ煉リテ糊トス。

しやうぶ (名) 菖蒲 古名、アヤメ。アヤメグサ。草ノ名、水澤ニ生ズ、葉、根、花、スベテ、石菖ノ如クニシテ大ク、長サ四五尺ニ及ブ、香氣モ多シ、端午ニ、此葉ヲ檐(ノキ)ニ挿シナドシテ祝フ。 白菖 泥菖

じやうふ (名) 上布 麻布ノ上等製ナルモノ、苧(カラムシ)ノ絲ニテ織ル、越後、陸奥 大和、周防等ニ產ズ、縞(シマ)アリ、絣(カスリ)アリ。 苧麻布 薩摩ーハ生麻ナリ 其條ヲ見ヨ。

じやうぶ (名) 上部 ウヘノカタ。

しやうぶがたな (名) 菖蒲刀 端午ニ、童子ノ弄ブ木刀ノ稱、彩色アル紙又ハ布ニテ卷ク、元ハ、菖蒲ヲ卷ケルカ、勝負ニ寄セテ祝ヒ弄ブナリ。

しやうぶかは (名) 菖蒲革 鹿ノなめしがはヲ地ヲ藍ニシ、菖蒲ノ花葉ノ粗ナル形ヲ、處處ニ白ク染メ出セルモノ、又、駒形、爪形、杉立(スギダテ)ナドノ文モアリ もえぎニ染ムルモアリ、山城ノ八幡(ヤハタ)山ノ麓、大谷ニテ染メ出ス、勝負、又ハ勝武ノ音ニ寄セテ、多ク武具ニ用ヰテ祝フ。

じやうぶくろ (名) 状袋 封筒(フウトウ)ニ同ジ。

しやうぶたたき (名) 菖蒲叩 端午ニ、童子ノ菖蒲

ノ業ニテ綯ヘル縄ヲ以テ、地ヲ叩キテ相戯ルルコト、勝負ノ名ニ寄セテスルコトナリ。

しやうふだん (副) 常不斷 常ニ斷エズ。イツニテモ。ジヤウヂユウ。

しやうぶつ (名) 正物 正シキ物。マコトノモノ。ホンモノ。(僞物ニ對ス) 眞物

じやうぶつ (名) 成佛 佛經ノ語、佛ト成ルコト。死者ノ佛果ヲ得ルコト。

しやうぶん (名) 性分 ウマレツキ。生得。

じやうぶん (名) 上聞 君主ノ聞キ知ラルルコト。「一ニ達ス」 上聽

しやうへいがは (名) 正平革 天平革ノ條ヲ見ヨ。

しやうへいもん (名) 昌平紋 他ノ布帛ニテ切拔キテ作レル紋ヲ、紹ノ羽織ナドノ紋所ニ貼付ケタルモノ。キツケモン。

しやうへう (名) 商標 一ノ商品ニ、他ト區別セムガ爲ニ、特ニ定メテ記シ用ヰル種種ノ標目。

しやうへう (名) 上表 表ヲタテマツルコト。(表ノ條ヲ見ヨ)

しやうぼく (名) 上木 版木ニ刻リ起スコト。版行。

しやうみ (名) 正味 (正身ナルベシ) (一)物ノ皮滓屑ナドナラヌ眞ノ好キ部。(二)物ヲ量ルニ、風袋ヲ除キタル目方。

しやうみ (名) 賞味 褒メナガラ味フコト。賞美シテ食フコト。

じやうみ (名) 上巳ノ湯補闕

〔しやうみやう (名) 聲明 天竺ノ五明ノ一、聲韻ノ學、悉曇ヨリ梵唄ノ事、皆コレナリ。

しやうみやく (名) 靜脈 脈ノ條ヲ見ヨ。

〔じやうめ (名) 上馬 駿レタル馬。「世ニナキートモ」名高キ一ツ」

しやうめい (名) 正銘 正シキ銘ノアルコト。僞ナラヌコト。

しやうめん (名) 正面 マムキ。正シク面ヲ向クルコト。(側面、背面ナドニ對ス)

しやうや (名) 庄屋 (莊司ノ遺名) 地方ニテ、一村、或ハ、數村ノ長ノ稱、其領主ヨリ命ジテ、其地ノ事ヲ司ラシメ、郡代、代官、コレヲ統ブ、土着ノ民ヲ用ヰテ、多ク代代ノ役トス。名主。里正 其數十村ヨリ一郡ヲモ支配スルヲ大ートイフ。

しやうゆ (名) 醬油 食物ニ味ヲ添フル鹹美ナル液物ノ名、大麥ヲ搗キテ、炒リテ、碾キタルモノト、大豆ヲ煮タルモノトヲ合セテ、麹トシ、更ニ、鹽ヲ煮タル水ト和シテ、桶ニ入レ、數十日攪キマゼタルヲ一ノ諸味、又ハ一ノみトイフ、(醅) 釀シテ數十月ノ後、コレヲ搾リ、汁ヲ煎煉シテ成ル、食物ヲ浸シテ食ヒ、或ハ、物ノ煮ルニ加フ、吸物ヲ作ル基トナルヨリシテ、下地ノ名モアリ。又、たまり、たれ、ノ別アリ、各條ヲ見ヨ。

しやうゆのもろみ (名) 醬油諸味 醬油ノ條ヲ見ヨ。

しやうよ (名) 稱譽・賞譽 ホムルコト。ホメタタフルコト。

しやうよ (名) 賞與 賞メテ物ヲ與フルコト。

じやうよ (名) 讓與 他ニ讓リアタフルコト。

じやうよく (名) 情慾 色情ノ動クコト。

しやうらい (名) 生來 ウマレナガラナルコト。ウマレツキ。性分。

しやうらい (名) 將來 (一)將テ來ルコト (二)將ニ來ラムトスル時。未來。後來。ノチノチ。

じやうらいむし (名) 螻蛄。(京都)

じやうらく (名) 上洛 洛ヘノボルコト。(貴人ニテイフ)

〔じやうらふ (名) 上臈 (一)臈ヲ積ミタル人。(臈ノ條ヲ見ヨ) (二)二位三位ノ典侍ノ稱。公卿ノ女ヲ小ートイフトゾ。(三)泛ク、身分貴キ婦人ノ稱

しやうらん (名) 上覽 ミソナハスコト。覽サセタマフコト。天子ノ御覽。僭シテ、公方ニモイフ。

しやうりう (名) 上流 (一)ミナカミ。カハカミ。(二)上ノ方。カミテ。ウハテ。

しやうりく (名) 商陸 ヤマゴバウ。

じやうりく (名) 上陸 船ヨリ陸地ニ上ルコト。

しやうりやう (名) 商量 ハカラフコト。考ヘワクルコト。

しやうりやう (名) 聖靈・精靈 佛家ノ語、死者ノ靈。今、專ラ、七月ノ盂蘭盆會ニ祭ルニ就キテイヒ、一祭リナドイフ。(うらぼんノ條ヲ見ヨ)

しやうりやうとんぼ (名) きやんまニ同ジ。

しやうりやうはつた (名) いなごまろニ同ジ。

しやうりやく (名) 上略 其處ヨリ前ニアル文句ヲ略キテ記サヌコト。中程ヲ略クヲ中略トイヒ、末ナルヲ下略トイフ。

じやうるり（名）｜淨瑠璃｜（一）俗間ノ歌謡ノ名。昔シ、三河ノ矢作ノ驛ニ兼高長者トイフ者アリテ、藥師ニ祈リテ一女ヲ得テ、ー ト名ヅケヌ、後、永祿中、織田信長ノ侍女小野於通、彼女ノ源牛若ト契レル事アリシヲ、ー物語トテ、十二段ニ作レルヲ、慶長中、岩船檢挍、琵琶ニ合ハセテ語物トシ、後、又、瀧野檢挍、角澤檢挍コレヲ三味線ニ合ハセテ語リ弘メタリ。（二）其後、別ニ種種ノ物語ヲ作出シ、歌曲ノ數派ニ分レヌ、サレド、尙、ー節ト呼ビテ、凡ソ三味線ニ合ハスル語物ノ總名トナレリ。（三）今、又、專ラ、義太夫節ノ稱。

しやうるゐ（名）｜生類｜生キトシ生ケルモノ、凡ソ生キテ命アルモノ。動物。

じやうるゐ（名）｜城壘｜（一）城ノ土居。（二）城。砦。

しやうれい（名）｜奬勵｜ススメ、ハゲマスコト。

じやうれい（名）｜常例｜常ニ例トシテ行フコト。ナラハシ。シキタリ。

しやうれいどく（名）｜傷冷毒｜風濕、リウマチスノ類。

しやうれいどく（名）｜瘴癘毒｜沼沚ナドノ蒸發氣ノ人體ノ害毒トナルモノ。

しやうろ（名）｜正路｜人ノ行フベキ正シキ道。正直ナル所行。｜正道｜

じやうゐ（名）｜讓位｜帝王ノ位ヲ讓ラセ給フコト。（卽位ノ條、見合ハスベシ）

じやうゐん（名）｜上院｜國會ノ中ノ、貴族ヨリ選ビ出セル議員ノ詰ムル所。一般人民ノ議員ノ詰ムル所ヲ下院トス。

しやうゐん（名）｜莊園｜莊ノ條ヲ見ヨ。

しやか（名）｜釋迦｜（梵語、舍枳也讀尼ノ略、不空成就ノ義ト云）又、釋迦佛。佛敎ノ太祖、中天竺、摩伽陀國淨梵王ノ子。釋迦牟尼佛トモイヒ、如來ノ一トス。

しやが（名）｜車駕｜天子ノ御車ヲ行幸アル時ニ就キテイフ語。

しやが（名）｜胡蝶花｜（射干（ひあふぎ）ノ音ヲ誤用シタル語ト云）かきつはたノ屬、葉、冬枯レズ、春、花アリ、白クシテ靑ミアリテ、心ハ橙黃ナリ。

じやが・いも（名）じやがたらいもノ中略。

じやかう（名）｜麝香｜麝トイフ獸ヨリ出ヅル香料ノ名、其陰部ノ上皮内ニ膜囊アリ、形、圓クシテ、鳩ノ卵ノ如シ、香料其内ニアリ、其氣最モ烈シク蕪ズ、常ニ藥用トシ香料トシテ珍重ス、此ノ獸ハ、亞細亞中部ノ山ニ棲ム、麞ニ似テ、長、三尺許、上腭ニ二牙アリ、下ニ反リテ口外ニ出ヅ、全身、淡褐色ナリ。

じやかう・ねこ（名）｜麝香猫｜印度等ノ熱地ニ產ス、體、猫ニ似テ、二尺許、頭ハ狐ノ如シ、陰部ニ麝香ノ氣アリトイフ、小蟲諸鳥ヲ捕ヘテ食トス。｜靈猫｜

じやかう・ねずみ（名）｜麝香鼠｜鼠ニ似テ、頭狹ク、身ニ麝ノ香アリトイフ、南地ニ產ス。｜香鼠｜

じやかご（名）｜蛇籠｜長ク大ク粗ク編メル竹籠ノ内ニ、大小ノ石ヲ滿テタルモノ、山川ナドノ岸ニ積ミテ、堤ノ用トシ、水流ノ防トス、形、大蛇ノ臥セルガ如クモレバイフ。｜石籠｜

じやがたら・いも（名）（瓜哇島ノ Batavia.（又、咬𠺕吧）ノ舊名、Jacatra. ニ起ル）草ノ名、莖、高サ二三尺、曲ガリ傾キテ延フ、葉ハ、五葉、或ハ、七葉、對生シ、面、皺ミテ凹ク、毛アリ、花ハ、脣形ニシテ白シ、根ニ數塊ヲ生ズ、丸ノ如クニシテ、大、小、均シカラズ、味ハ、さつまいもノ如クニシテ淡シ。略シテ、ジヤガイモ。｜馬鈴薯｜

じやがたら・みかん（名）（じやがたら柚トイフベキノ誤、前條ヲ見ヨ）朱欒ニ同ジ。（京都）

しやかん（名）泥工ノ稱、さくわんノ訛、其條ヲ見ヨ。

しやがむ（自動）（現・二）蹲マル。｜蹲踞｜

じやがん・せき（名）｜蛇含石｜金牙石ニ同ジ。

しやがれる（動）｜嗄｜しはがるノ訛。

しやぎ（名）｜謝儀｜謝禮ニ同ジ。

じやき（名）｜邪氣｜風邪。カゼヒキ。

じやき（名）｜蛇木｜はひびやくしんニ同ジ。

しやきん（名）｜砂金｜金ノ砂ノ形ヲナセルモノ、天然ニ、急流ノ底ナドニ、砂ニ雜リテアリ、粒ノ大、小、均シカラズ、黃色淺シ、金類ノ第一等トス、或ハ礦石ヲ碎キテ、水ニ淘リテ取ルモアリ、共ニ鎔カシテ用ヰル。古ハ、砂ノママニテ、秤ニカケテ、貨幣ノ用トセリ、コレヲ絹ナドニ包ム、一包ハ十兩ニテ、代、二千四、錢、二十貫ニ當ル。コレヲ包モノヲ、ー裹トイフ、形ニ、二三樣アリ、今、俗、訛シテ、茶巾包トモ云。

しやきん（名）｜謝金｜謝禮ニ贈ル金錢。

しやきやう (名) 舍兄ニ同ジ。
じやきよく (名) 邪曲 ヨコシマナルコト。ワルダクミ。
しやぎり (名) 劇場ノ幕切レ、打出シナドニスル一種ノ囃子ノ稱。
しやく (名) 尺 (一)尺度ノ名、丈ノ十分ノ一。十寸。(ものさしノ條ヲ見ヨ)(二)長サ。丈。「—ガ短イ」—ヲ取ル」
しやく (名) 笏 (笏ノ音ハ忽ナリ、骨ニ通ズルヲ忌ミテ、笏モ物ヲ量レバ、尺ノ音ヲ借リテイフトゾ、或云、笏尺ノ略ニテ、一笏ハ一尺ナリト) 束帶ノトキ、右手ニ持ツモノ、牙、又ハ、一位木、或ハ櫻、柊等ノ薄キ板ニテ、長サ一尺二寸、幅二寸許、尙、位ニ因テ差アリ、元ハ、事ヲ書シテ、忘ルルニ備フルモノナリト云。
しやく (名) 爵 支那、周ノ封建ノ世ニ、隨地ニ封セラレタル大小ノ國君ニ賜ヘル世襲ノ家格身分ノ稱、公、侯、伯、子、男、ニ分チ、コレヲ五等ノ—トイヒ、コレヲ統ベテハ、諸侯トイヘリ。又、諸侯ノ臣ニモ、卿、大夫、士、ノ三等ノ—アリ。後、郡縣ノ世トナリテモ、五等ノ—ハ、倘、高官、有功ニ賜フ。本朝ニテモ、近年、華族ニ、五等ノ—ヲ賜ハリ、世襲セシメラル。
しやく (名) 癪 病ノ名、婦人ニ多シトス、胸部、急ニ痛ミテ、烈シキ痙攣ヲ發シ、倒レテ人事ヲ辨セザルニ至ル。積聚
しやく (名) 酌 酒ノ酌ミテ盃ニ注ギ入ルルコト。「—ヲスル」行觴
しやく (名) 勺 枡目ノ名、合ノ十分ノ一。又、地坪ニイフモ同ジ。俗、常ニ、勺ノ草書ヲ崩シ、夕ト書シテ、せきト讀ム。
しやく (名) 杓 柄杓ニ同ジ。
しやく (名) 釋 しやくなげノ略、蝦蛄ノ條ヲ見ヨ。
しやく (名) 釋 文ノ難義ヲ解ク文。注。
シヤク (名) 釋 天竺、淨釋王ノ姓、即チ、釋迦ノ略、一般ニ僧タル者ノ姓トス、佛門ニ入レバ釋迦氏ノ種ヲ紹グ意ナリ。
しやく (接尾) 尺 魚ヲ數フルニイフ語。尺。「鮭一—」
しやく-か (名) 借家 借家ニ同ジ。
じやく-かん (副) 若干 ソコバク。ソクバク。
しやく-きん (名) 借金 借財ニ同ジ。
しやく-くわえび (名) 〔石南花蝦ノ略ナルベシ〕蝦蛄ノ條ヲ見ヨ。(西國)
じやく-くわん (名) 弱冠 〔周制、男子、二十、加レ冠〕二十歲ノ異稱。
しやく-けう (名) 石橋 能ノ曲ノ名、石ノ橋ノ傍ニ牡丹園アリ、技者、獅子ノ裝ヲナシ、長ク紅ナル毛ヲ被リテ舞フ。
シヤク-けう (名) 釋敎 釋迦ノ敎。即チ、佛敎。「神祇—」
しやく-ざい (名) 借財 他ヨリ借リタル金錢。オヒメ。借金。借錢。カリ。債
しやく-し (名) 杓子 飯、又ハ、汁ナドヲ抄ヒ取ル具、頭、皿ノ如クニシテ柄アリ、飯—、介—等アリ。○—定木。曲レルヲ以テ則トス。(飯杓子ノ形ヨリシテイフ)
じやく-す・スル・スレ・セ・シ・セヨ (自動) (不規・三) 寂 (寂ニ入ル意) 死ヌ。(僧ニイフ)
しやく-せん (名) 借錢 借財ニ同ジ
シヤク-そん (名) 釋尊 釋迦ノ尊稱。
しやく-たいげ (名) 赤帶下 病ノ名、おしけノ條ヲ見ヨ。
しやく-たく (名) 借宅 借屋ニ同ジ。
しやく-ち (名) 借地 地代ヲ出シテ借リテ用ヰル地面。
しやく-ぢやう (名) 錫杖 僧、修驗者、ノ携フル杖、頭ニ數箇ノ環アリ、行クニ、地ヲ突キテ、響ヲナリシメ、惡蟲毒獸ヲ警ムトイフ。
しやく-てん (名) 釋奠 又、サクテン。セキテン。天子ノ行ハセ給フ孔子ノ祭ノ稱。陰曆、二月、八月、ノ上ノ丁ノ日ニ、大學寮ニテ行ハレ、十哲ヲ配セ祀リ、牲ヲ供セラル。諸侯以下ノ、略シテ、唯、蘋藻ノミヲ供スルヲ、釋菜トイフ。
しやく-どう (名) 赤銅 銅百ニ、蒼鉛三十、金七、(下等ナルハ、四、或ハ、一)ヲ加ヘテ、鎔和シタルモノ、黑クシテ紫ヲ帶ブ。烏銅 烏金
しやく-とり (名) 酌取 酒ノ酌ヲスル人。行觴者
しやく-とりむし (名) 尺取蟲 古名、招蟲。夏秋ノ間、草木ノ上ニ生ジテ葉ヲ食フ、形甚ダ細長クシテ、小ナルハ寸ニ及バズ、大ナルハ二三寸ニ過ギ、兩端ニ足アリ、腰ヲ屈メ首尾相就キテ、屈メ又伸ベテ行ク、

其狀、人ノ二指ニテ尺ヲ取ルガ如シ、色ハ綠色、灰色、褐色等アリ、後ニ蝶ニ化ス。ツエツキムシ。スントリムシ。尺蠖

しやくなぎ (名) (一)石南花ニ同ジ。(二)蝦蛄ニ同ジ。

しやくなげ (名) 石南花 (一)灌木ノ名、高サ六七尺、叢生ス、葉ハ枝ノ梢ニ簇リ、末、狹ク、本、廣ク、厚クシテ、面ハ深綠ニシテ、背ニ褐毛アリ、互生シ、冬枯レズ、夏ノ初ニ、淡紫ノ花ヲ開ク、つつじニ似テ大ナリ、五瓣、又ハ、七八瓣ニシテ、簇リ開ク、又、白花ノモノモアリ。サクナンゲ。シヤクナギ。(二)蝦蛄。

しやくにん (名) 酌人 酌取。酒席ニ侍リテ酌ヲスル女。

しやくねん (名) 若年 トシワカ。青年

しやくば (名) 借馬 賃ヲ出シテ借ル乘馬。

しやくはい (名) 若輩 (一)若年ノトモガラ。(二)少年ノ未熟ニシテ物事ニ不案内ナルコト。

しやくはち (名) 尺八 又、サクハチ。笛ノ一種、筒ノ上端ヲ歌口トシ、竪ニシテ吹クモノ、長サ一尺八寸ヲ制トスレバ名トス、面ニ四孔アリ、背ニ一孔アリ。竪笛

しやくはちいか (名) 尺八烏賊 烏賊ノ一種、身狹ク長クシテ、竹筒ノ如キモノ、多クするめトス。墳管

〔しやくびやうし (名) 笏拍子 拍子ノ條ヲ見ヨ。

しやくふ・ふ・へ・へ・ふる・ふれ (他動)(規.二) 〔杓ヲハタラカス〕 汲ミ取ルコト。

しやくま (名) 赤熊 はぐまノ條ヲ見ヨ。

〔しやくまく (名) 寂莫 佛經ノ語、物靜ニシテ心ノシヅマルコト。「寂莫ノ、苔ノ岩戸ノ、シツケキニ、涙ノ雨ノ、降ラヌ日ゾナキ」

しやくむ・む・め・ま・み・め (自動)(規.二) 〔杓子ノ凹ミニ因テイフ語カ〕 中、凹ミテ、丈チヂム。「顔―」

しやくめつ (名) 寂滅 佛經ノ語、物ノ自ラ形ヲ失フコト。ホロブルコト。死ヌルコト。

しやくや (名) 借屋 家賃ニテ借リテ住ム家。借家。借宅。賃房

しやくやく (名) 芍藥 古名、エビスグスリ。又、ヌミグスリ。草ノ名、牡丹ニ似テ、草本ナリ、冬、紅芽ヲ生ジテ、春、叢生ス、高サ一二尺、葉ハ三枝九葉ナリ、春夏ノ交、牡丹ヨリ後レテ花ヲ開ク、莖梢ニ、一花アリ、五瓣黄心ニシテ、牡丹ニ似テ、狹ク長シ、色ハ、紅、白、紫、等、種類甚ダ多シ、常品ハ碎瓣アリテ花心ヲ見ハサズ、上品ナルハ黄心ヲ露ハス、家園ニ植エテ、花ヲ賞ス、根、數箇ノ長キ塊ヲナス、藥用トス。

しやくやく (名) 雀躍 小躍リシテ喜ブコト。

しやくよう (名) 借用 他ノ物ヲ借リテ用キルコト。

しやくらん (名) 借覽 他ヨリ書物ヲ借リテ覽ルコト。

しやくり (名) 吃逆ノ訛。

しやくりあげる (動) さくりあぐノ訛。

しやくりなき (名) 息ヲ内ヘ引キツツ泣クコト。(しやくりあぐノ條ヲ見ヨ)

しやくりやう (名) 酌量 クミワクルコト。斟酌。

しやくる・る・れ・ら・り・れ (他動)(規.一) 〔杓ヲハタラカス〕 凹ヲ起ス如クニ刳ル。

しやくろ (名) 石榴ノ訛。

しやくろぐち (名) ざくろぐちノ條ヲ見ヨ。

しやくわい (名) 社會 (一)同ジ趣キノ人人。同志ノ仲間。(二)一國一州ナド、相賴リテ生活スル一團ノ人民ヲ總稱スル語。

しやくわうじ (名) 石王寺 石ノ名、丹波ノ石王寺山ニ産ス、白條銀紋アリ、硯トス。

しやけ (名) 社家 神社ニ事フル家。神主。

しやけ (名) 鮭 さけノ訛。

しやけい (名) 舍兄 家ノ兄。アニ。シヤキヤウ。家兄

しやけつ (名) 蛇結 〔其莖、蛇ヲ結ブガ如シ〕 かはらふぢニ同ジ。

ジヤケツ (名) 〔英語、Jacket.ノ訛〕 洋服ノ外套ノ短キ製ノモノ。

しやけん (名) 邪險 慈悲ノ心ナク、慘タラシク人ヲ扱フコト。

しやこ (名) 硨磲 はまぐりノ類、至大ナルモノ、大ナルハ箕ノ如シ、舶來ス、形、横ニ長クシテ、殻甚ダ厚シ、内ノ色ハ白ク光リ、外ノ色ハ微褐色ニシテ、凸キ渠五條アリ、切リ磨スレバ、白玉ノ如クニシテ、細カキ文理アリ、七寶ノ一トシ、飾トス。

しやこ (名) 鷓鴣 鳥ノ名、支那ニイフ、形、母鷄ニ似テ、頭ハ鶉ノ如ク、胸ニ白ク圓キ點アリ、背ニ紫赤ノ浪ノ文アリ、常ニ南ニ飛ブトイフ、日本ニ産セズ。

しやこ (名) 蝦蛄 〔石南花ノ略ナル石花蝦ノ轉〕

蝦ノ類、相似テ、長サ四五寸、頭、尾、形同ジ、鬚、手、足、多シ、背ニ十餘ノ節アリ、灰白ニシテ碧ヲ帶ブ、煮レバ淡紫色ニシテ、石南花ノ花色ノ如シ、賤民、鹽水ニユガキテ、食フ。シヤクナゲ。シヤクナギ。シヤククワエビ。シヤク。

しやこたん-だけ (名) 積丹竹 斑竹ノ一種、北海道積丹ノ地ニ產ズ、雲文アリ。

じや-こつ (名) 蛇骨 (一)大蛇ノ骨。(二)化石ノ名、いしわたノ條ヲ見ヨ。

しや-ざい (名) 謝罪 罪ノワビヲイフコト。

しや-さん (名) 社參 神社ニ參詣スルコト。

しや-し (名) 奢侈 衣食住ノオゴリ。「―ニ長ズ」

しや-じ (名) 社寺 神社ト佛寺ト。寺社。

しや-じ (名) 寫字 文字ヲ寫シ記スコト。

しや-じ (名) 謝辭 (一)謝禮ノ詞。(二)謝罪ノ詞。

しや-しん (名) 寫眞 (一)イキウツシ。寫生。(二)寫眞鏡トテ、硝子ヲ裝置ケタル器械ヲ用ヰ、別ニ硝子板ニ一種ノ藥法ヲ施シ、コレニ山水人物等ノ眞影ヲ寫シ取ル術、再ビソレヲ一種ノ紙ニモ移ス。(三)其術ニテ寫シ取リタル畫。

しやしん-きやう (名) 寫眞鏡 前條ヲ見ヨ。

じや-しやう (名) 邪正 ヨコシマナルト、タダシキト。「善惡―」

じや-しゆうもん (名) 邪宗門 (一)邪法ノ宗門。(二)切支丹宗。

しや-しよく (名) 社稷 (一)支那ニテ、新ニ國ヲ建テタル時、壇ヲ築キテ祀ル神ノ名、社ハ土神ナリ、稷ハ穀神ナリ。(二)轉ジテ、朝家ノ成立。「―ヲ保ツ」「―滅亡ス」

しや-す・スル・スレ・セ・シ・セヨ (他動)(不規.二) 謝 (一)罷ル、辭シ去ル。(二)絶ツ。斷ル。(三)衰ヘ凋ム。「花―」(四)カタジケナシト禮ヲ述ブ。「恩ヲ―」(五)自ラ缺チナリト詫ブ。「罪ヲ―」

しや-す・スル・スレ・セ・シ・セヨ (自動)(不規.二) 瀉 腹、瀉ル。

じや-すゐ (名) 邪推 惡意ノ推量。理ナラヌウタグリ。惡猜

しや-せい (名) 寫生 イキウツシ。

しや-せつ (名) 社說 新聞紙ノ初ナドニ、其編輯人ノ記シテ掲グル論。

しや-ぜつ (名) 謝絶 拒ミ辭ムコト。コトワルコト。

じや-せつ (名) 邪說 正道ニ背ケル說。「異端―」

しや-ぜんさう (名) 車前草 オホバコ。

しや-そう (名) 社僧 神社ニ專フル僧。

しや-そく (名) 社則 社ノ規則。(社ノ條ヲ見ヨ)

じや-そく (名) 蛇足 〔韓退之ノ詩ニ、畫レ蛇着レ足、無ニ處用一〕 餘計ニテ無用ナルコト。

じや-だう (名) 邪道 (一)ヨコシマナル道。不正ノスヂ。(二)魔道。

しや-ち (名) 車地 大石家屋ナド、重キ物ヲ牽キ、叉ハ、擧グルニ用ヰル具、形、大ナル轆轤ノ如ク、地ニ立ツケテ、繩ヲ軸ニ絡ヒ、軸ヲ廻ラシ繩ヲ卷キテ牽ク、其類ニ、マンリキ、ロクロ、マキロクロ、マキドウ、カグラサン、ナドアリ、形、種種アリ。引重器 車盤 絞車

しや-ち (名) 社地 神社ノアル一構ヘノ地。

しやち (名) 鯱 しやちほこノ略。

じや-ち (名) 邪智 ワルヂエ。惡才。「佞奸―」「―深シ」

しや-ぢく (名) 車軸 (一)車ノ軸。心木。心棒。(二)草ノ名、葉ノ狀、車軸ノ如シ。

○―ヲ流ス。雨ノ大ニ降ル狀ニイフ語。

しやち-ほこ (名) 鯱 〔背八千矛ノ約カト云〕(一)海獸ノ名、伊勢ノ海ニアリテ、黒とんはうトイフトゾ、形、魚ノ如ク、全身、黒色或ハ灰色ニシテ、大ナルハ五七尺ニ及ビ、兩ノ鰭ハ、翅ノ如ク、脊ニ鬣刺アリテ、尾ニ遒ル、波上ニ躍リテ、日ニ映ズレバ、金色ニ見ユ、額上ニ噴潮ノ孔アリテ、群行シテ潮ヲ吹ク、能ク鯨ノ喉ニ飛入リテ、鯨ヲ殺ス、コレヲしやちきりトイフト云。(二)宮殿、城門、櫓、ナドノ棟ノ端ニツクル飾物、其梟、頭ハ、龍ノ如ク、身ハ魚ノ如ク、全身、鋭キ鰭刺アリテ、其尾、天ニ反ルモノヲ瓦製銅製ナドトス、火災ヲ厭フモノナリトゾ、前項ノ魚ノ象ナルベシ。鴟尾 蚩尾 (三)叉、海獸、さかまたノ一名。

しや-ちやう (名) 社長 社ノ長。組合仲間ノ頭。

しや-ちゆう (名) 社中 組合仲間。

シヤツ (名) 〔英語、Shirts. ノ訛〕 洋服ノ襦袢ノ名。

しやつ (代) 〔己ノ意ノ古言ヲしトイフ語ニ奴ノ約マレル語ナラム、叉、或ハ、夫奴ノ約ニモアラム力〕 彼ニ同ジ、罵リテイフ。「しやつ捕ラヘテ引寄セヨ」しやつ輩ハ猿ニシテ、心ハヒサギメニ劣レリ」

卄しやつきり (副) 確ト立チテ動カヌ狀ニイフ語。挺然

卄しやつくり (名) 吃逆ノ訛。

しやつけう (名) 石橋、或ハ、釋敎ノ條ヲ見ヨ。

シャッフ (名) 〔佛語、Chapeau.〕 西洋製ノ帽子ノ名、羅紗、毛皮、ナドニテ造ル、形、種種ナリ。シャッポ。

しやてい (名) 舍弟 家ノ弟。オトウト。家弟

しやてき (名) 射的 的ヲ立テテ、小銃ニテ打ツワザヲ習フ。

しやてつ (名) 車轍 ワダチ、車ノ過ギタル痕。

しやとう (名) 社頭 神社ノホトリ。

しやにち (名) 社日 春分、秋分、ノ前後ニ近キ戊ノ日ノ稱。春ノ―(春社)ニハ種ヲ蒔キ、秋ノ―(秋社)ニハ五穀ヲ刈リテ、田ノ神ヲ祭ルベキ日トス。

しやにん (名) 社人 神社ニ事フル人。カンヌシ。

じやねん (名) 邪念 不正ノ思ヒ立チ。惡念。

じやのめ (名) 蛇目 紋所ノ名、太キ環ノ象ヲ圖ス。

シャバ (名) 娑婆 〔梵語、忍界、忍土、ナド譯ス、衆生ノ三毒諸煩惱ヲ忍受スルガ故ニイフトゾ〕又、娑婆。佛經ニ、三千大千國土ノ總名、卽チ、此ノ世。現世。

しやばく (名) 沙漠ニ同ジ。

じやはふ (名) 邪法 正シキ道ニ背ケル敎ヘ。

じやばら (名) 蛇腹 蛇腹伏ノ略、縫紋ナドノ緣ニ、左縒右縒ノ絲ヲ幷ベ伏セテ、綴ヂツケタルモノ、古ヘノ伏組ナリ。

じやびせん (名) 蛇皮線 琉球ノ樂器、三味線ニ似テ、胴ヲえらぶうなぎノ皮ニテ張ル。

しやふ (名) 車夫 クルマヒキ。シャリキ。

卄しやぶる・ル・レ・ラ・リ・レ (他動)(規、二) 舐ルニ同ジ。

しやべつ (名) 差別 ケヂメ。サベツ。區別。辨別

卄しやべる・ル・レ・ラ・リ・レ (自動)(規、一) 多ク煩ハシク物言フ。饒舌 多辯

シャボ (名) 朱欒ノ條ヲ見ヨ。

シャボテン (名) さぼてんニ同ジ。

しやほん (名) 寫本 書キ寫シタル書物。(版本ニ對ス)

シャボン (名) 石鹼 〔西班牙語、Xabon. 佛語、Savon. 石鹼ハ其音譯字ナリ〕(一)物ヲ洗ヒテ、油、垢、ナドヲ脫スニ用キルモノ、亞爾加里ト膏油トニテ製シ、固マラセテ成ル、水ニ溶シテ用キル。(二)スベテ、油ヲ落スモノノ名、無患子ノ皮、白豆ナド、皆言フ。

ジャボン (名) 朱欒ノ條ヲ見ヨ。

シャボンまめ (名) 石鹼豆 まろあづきノ一名、あらひまトシテ、油ヲ洗ヒ落スガ故ニ名トス。

じやま (名) 邪魔 (一)害ヲナス魔。惡魔。(魔ノ條ヲ見ヨ)(二)物事ノ妨ゲトナルモノ。ササハリ。ゴシャウ。「―ニナル」「―ヲ拂フ」障礙

しやみ (名) しやみせんノ略、しやみせんノ條ヲ見ヨ。

シャミ (名) 沙彌 〔梵語、息慈ト譯ス、息レ惡行レ慈ノ意〕始メテ佛門ニ入リ髮ヲ剃リシ男子ノ稱。女ナルヲ―尼トイフ。

しやみせん (名) 三味線 さみせんノ條ヲ見ヨ。

しやみせんぐさ (名) さみせんぐさニ同ジ。

シャミニ (名) 沙彌尼 沙彌ノ條ヲ見ヨ。

シャム (名) しやもノ條ヲ見ヨ。

じやんけん (名) 〔兩拳ノ訛カ〕石拳ニ同ジ、東京兒童ノ語。

しやむしよ (名) 社務所 神社ノ事務ヲ執ル所。

卄シャンス (名) 〔相思ノ唐音ト云〕情人。(九州)

しやんと (副) (一)正シク整ヒタル狀ニイフ語。「―シテ置ク」整然 (二)傾カズ項垂レズ確立スル狀ニイフ語。「―シテ居ル」挺然

シャンパン (名) 三鞭酒 〔佛國ノChampagne.ノ地ヨリ製出ス〕佛蘭西ヨリ舶來スル一種ノ酒、烈シク揮發シ泡立チテ甘美ナルモノ。

シャムロぞめ (名) 暹羅染 更紗ノ條ヲ見ヨ。

しやめん (名) 赦免 罪ヲ赦スコト。

シャモ (名) 〔暹羅鷄ノ轉略〕正シクハ、シャム。鷄ノ一種、初メ暹羅ヨリ渡セリトイフ、形大ク、高サ二尺許、肩、張リ、冠、小ク、羽、毛、多クハ禿ゲテ、尾、殊ニ短ク、脛、太ク、距尖リテ長ク、能ク鬪フ。鬪鷄 其小キモノヲ通事トイフ。

シャモ (名) 蝦夷ヨリ內地ノ人ヲ稱スル語。

しやもじ (名) 杓文字 飯杓子ニ同ジ。(女房詞)

しやもつ (名) 謝物 謝禮ノ贈物。

シャモン (名) 沙門 〔梵語、沙迦摩那ノ約、勤息ト譯ス〕善ヲ勤メ惡ヲ息ムル人、卽チ僧ノ泛稱 桑門

しや-もん-す・スル・スレ・セ・シ・セヨ (他動)(不規・二) 借問 (借與ノ假通)設初ニ問フ。問フ。

しや-もん-せき (名) 蛇紋石 礦物、色、暗綠ニシテ美シ。

しや-やう (名) 斜陽 夕日。夕陽。

しや-らく (名) 洒落 人ノ氣象ノ、嚴格ナラズシテ打チ開ケタルコト。「風流ー」

シヤラ-じゆ (名) 娑羅樹 さらじゆノ條ヲ見ヨ。

しやら-す・ス・セ・サ・シ・セ (他動)(規・一) 戯レルヤウニナス。「猫ヲー」

シヤラ-さう-じゆ (名) 娑羅雙樹 さらそうじゆノ條ヲ見ヨ。

しやり (名) 錫ノ鉛ヲ雜ヘザル上品ナルモノ、鐃ナドニ作ル。唐錫 純錫

シヤリ (名) 舍利 〔梵語、設利羅ノ略、元ハ、米粒ノ義、佛骨相似タレバ、轉ジテ、骨身ナド譯ス〕(一)又、舍利。佛ノ火葬ノ骨。(二)白キ石ノ名 津輕ノ今別平館ノ濱ニ生ズ。(三)蠶ノ病ノ名、十分ニ成長シテ、絲ヲ吐カズ、白ク乾固リテ死ス。オシヤリ。殭蠶

しやり (名) 砂利ニ同ジ。

しや-り-えん (名) 瀉利鹽 硫酸マグネシア。製鹽ノカタマリ、即チ、にがしほニテ、氷ヲ砕ケルガ如シ、下劑トス。

しやり-かうべ (名) 髑髏 されかうべノ訛。

しや-り-き (名) 車力 車ニテ荷ヲ運送スルヲ業トスル者。車胸夫

シヤリベツ (名) 舍利別 〔Syrupus.〕砂糖ヲ、水ニテ煮テ、濃キ液トシタルモノ、藥ニ加ヘテ飲ミ用キル。

しや-りん (名) 車輪 クルマワ。

○廿ーニナル。奮ヒテ働ク。

しや-りやう (名) 社領 神社ニ屬キタル領地。

廿しやれ (名) 〔洒落テイフ言葉ノ意ナラム、しやれるノ條ヲ見ヨ、或ハ、戯ノ轉カ〕地口ノ短キガ如キモノニテ、談話ノ間、座興ナドニ、戯レテ言フモノ。

しや-れい (名) 謝禮 カタジケナシト禮スルコト。

しや-れい (名) 射禮 禁中、正月ニ、弓ヲ射シメラルル公事、十五日ニ、先ヅ、兵部省手番トイフコトアリテ、射手ヲ整ヘ定メ、十七日ニ建禮門ニテ行ハル。

しやれ-かうべ (名) 髑髏 されかうべニ同ジ。

しやれ-き (名) 曝レタル材。

廿しやれ-もの (名) (一)洒落タル振舞ヲナス人。(二)華美ナル着飾ヲナス人。

廿しやれる (動) 曝ルノ訛。

廿しやれる・レル・レレ・レ・レ・レヨ (自動)(規・四・變)〔人情世態ニ曝レタル意ト云、或ハ、戯ルノ轉カ〕(一)世俗ヲ脱ケタル物言ヒ振舞ヲナス。洒落 (二)轉ジテ、華美ニ着飾ル。色メカシク裝フ。嬌飾

しやれる・レル・レレ・レ・レ・レヨ (自動)(規・四・變)〔戯ルルノ轉訛〕狎レテ戯ル。(犬、猫ナド)

しや-ゐん (名) 社員 同ジ社ノ人。

しゆ (名) 朱 (一)辰砂。(支那ニ)(二)銀朱、其條ヲ見ヨ、(三)銖ノ略字、其條ヲ見ヨ。

しゆ (名) 銖 (一)秤目ノ名、兩ノ條ヲ見ヨ。(二)舊キ貨幣ニ、歩ノ四分ノ一、或ハ、兩ノ十六分ノ一、即チ銀目ノ三匁七分五厘ナリ、常ニ略シテ朱ノ字ヲ書ス。

しゆ (名) 主 (一)ヌシ。アルジ。(二)キミ。シユウ。主君。(三)モト。オモナルモノ。ヲサ。「ートシテ」ータルモノ

しゆ (名) 首 (一)ハジメ。カシラ。「コレヲートス」(二)刑法ニ、罪ヲ犯シタル發頭人。(從ニ對ス)

しゆ (接尾) 首 詩歌ヲ數フルニイフ語。「歌十ー」詩三ー」

しゆ (接尾) 種 クサ。イロ。「肴一ー」菜三ー」

しゆ (接尾) 衆ノ條ヲ見ヨ。「女中ー」子供ー」

しゆ (名) 儒 支那ノ古ヘノ聖人ノ道ヲ學ビ得テ、之ヲ守リ、之ヲ敎ヘナドスル人。儒者。

しゆ (名) 壽 (一)コトホギ。イハヒ。(二)ヨハヒ。ヨーシ。年齡。「ー百歲」

しゆ (名) 樹 木ニ同ジ。

しゆ (接頭) 從 くらゐノ條ヲ見ヨ。「ー三位」ー五位」

しゆ-い (名) 趣意 ココロバセ。カンガヘ。ミコミ。

しゆ-いん (名) 朱印 足利氏、德川氏ノ世ニ、命令書ノ証トシテ用キタル印、朱肉ニテ押ス。其黑肉ニテ押シタルヲ黑印トイヒテ貴シトス、又、墨付トモイヘリ。

しゆ-う (名) 雌雄 (一)めト、をト。(鳥類ニイフ)(二)カチマケ。勝負。「ーヲ決ス」

しゆう (名) 主 己ガ仕フル君。主君。「—ノ仰セ」—命」—用」
○—ヲ取ル。仕フ、仕
しゆう (名) 宗 佛敎ノ流派ニ、其宗トシテ守ル所。宗門。「天台—」眞言—」
しゆう (名) 衆 (一)モロビト。諸人。「—、皆、賢ナリトイフ」(二)人數ノ多キ方。「寡ハ—ニ敵セズ」(三)所衆ノ略。
しゆう (接尾) 衆 一群ノ人ノ下ニ添ヘテ統ベイフ辭。或ハ約メテ、衆トモイフ。ドモ。タチ。等。(稍、敬フ意ニイフ)「役人—」年寄—」子供—」
じゆう (名) 從 刑法ニ、首ニ從ヒテ、共ニ惡ヲナセル者。
じゆう (名) 銃 ツツ。(筒ノ條ヲ見ヨ)
しゆうぎ (名) 衆議 多勢ノ評議。「—紛紛」—ニ任ス」
じゆうき (名) 戎器 戰爭ニ用ヰル器械。
じゆうぐん (名) 從軍 軍ニ從ヒテ出デ行クコト。
しゆうくわ (名) 衆寡 人數ノ多キト少キト。「—敵セズ」
じゆうぐわん (名) 銃丸 鐵砲ノ玉。「—雨ノ如シ」
じゆうけい (名) 從兄 イトコ。(年上ノ)
しゆうけう (名) 宗敎 神佛等ノ敎ヲ、旨ト押シ立テテ、コレヲ信ジ、コレヲ守リ、コレヲ行ヒテ、人ノ心ヲ治ムル事ノ總稱、神道、佛敎、耶蘇敎、回回敎等、皆是レナリ。
しゆうけつ (名) 終結 トヂメ。ヲハリ。

しゆうごろし (名) 主殺 主君ヲ弑スル惡逆ノ所行。弑君
じゆうさう (名) 銃鎗 劍ノ條ヲ見ヨ。
しゆうし (名) 宗旨 (一)其宗門ノ旨。(二)俗ニ、宗門。
しゆうし (名) 螽斯 キリギリス。
じゆうし (名) 從子 甥。
じゆうじ (名) 從事 事ニ從フコト。事業ヲシテアルコト。
しゆうしげん (名) 終止言 語學ノ語、直說法ニ同ジ。
しゆうじつ (副) 終日 朝ヨリタマデ。ヒネモス。イチニチ。
しゆうしん (名) 終身 身ノ死スルマデノ間。一生。生涯。
しゆうじん (名) 衆人 モロビト。諸人。
じゆうしや (名) 從者 主君ニ從フ者。供人。從者。
しゆうじゆう (名) 主從 主君ト從者ト。主僕
しゆうしよ (名) 衆庶 モロビト。衆人。諸人。
しゆうせつ (名) 衆說 衆人ノ說。
じゆうぜん (副) 從前 マヘカタ。以前。
じゆうそふ (名) 從祖父 父ノ從兄弟。
じゆうそぼ (名) 從祖母 從祖父ノ妻。
じゆうたい (名) 銃隊 小筒組。鐵砲組。
じゆうたん (名) 絨毯 舶來ノ花毛氈ノ一種、おもく、敷物トス。
しゆうちゆう (名) 衆中 多人數ノ中。
じゆうてい (名) 從弟 イトコ。(年下ノ)

じゆうてき (名) 戎狄 エビス。
しゆうと (名) 宗徒 宗門ノ信者。
しゆうは (名) 宗派 宗門ノ派。
しゆうひやう (名) 衆評 衆人ノ評。
じゆうふ (名) 從父 ヲヂ。伯父。叔父。
じゆうふく (名) 戎服 軍ニ用ヰル衣。西洋製ノ戰等ノ服。戎衣
じゆうふけい (名) 從父兄 イトコ。從兄ニ同ジ。
じゆうふてい (名) 從父弟 イトコ。從弟ニ同ジ。
じゆうぶん (副) 充分 十分ニ同ジ。
じゆうへい (名) 從兵 手勢。
じゆうぼ (名) 從母 母方ノヲバ。
じゆうまん (名) 充滿 十分ニ滿ツルコト。イツパイニナルコト。
しゆうめい (名) 主命 主君ノ命。君命
しゆうもく (名) 衆目 多クノ人目。
しゆうもん (名) 宗門 宗ノ條ヲ見ヨ。
しゆうや (副) 終夜 ヨモスガラ。ヨドホシ。
しゆうよう (名) 主用 主君ニ言付ケラレタル用事。
じゆうらい (副) 從來 モトヨリ。マヘカタヨリ。
じゆうらん (名) 縱覽 思ヒノママニ覽ルコト。遍ク諸人ニ見スルコト。
じゆうれふ (名) 銃獵 銃ニテ鳥獸ヲ獵スルコト。(弓矢ナドニ對ス)
しゆうろん (名) 宗論 佛敎宗派ノ優劣ヲ論ジ合ヒテ勝負ヲ決スルコト。
しゆうろん (名) 衆論 衆人ノ論。

しゆうわう (名) 縱橫 たてとよこと。

しゆうわうむげ (副) 縱橫無礙 四方ニ礙ルモノ無ク。衆ヲ相手ニシテ思フサマニ。「—切リマクル」「—論破ス」

しゆえう (名) 需要 經濟學ノ語、用アリ要アルヿ。(供給ニ對ス)

しゆえん (名) 酒宴 サカモリ。集リテ酒飲ミ樂ムヿ。

しゆおん (名) 主恩 主君ノ恩。

しゆか (名) 首夏 ナツノハジメ。陰曆、四月ノ稱。

しゆかい (名) 酒海 古ヘ、酒ヲ盛ル器ノ名。

じゆかい (名) 授戒 始メテ佛門ニ入ル者ニ戒ヲ授クルヿ。又、受クル方ヨリシテハ受戒トイフ。(戒ノ條ヲ見合ハスベシ)

(じゆかい) (名) 受戒 前條ヲ見ヨ。

しゆかう (名) 趣向 (一)ココロザシ。オモムキ。(二)カンガヘ。シクミ。工夫。意匠

しゆかく (名) 酒客 サケノミ。

じゆがく (名) 儒學 儒者ノ學問。

しゆかん (名) 手簡 テガミ。書狀。

しゆがん (名) 主眼 メボシキ所。メヌキ。

しゆき (名) 手記 手ヅカラ記シツクルヿ。

しゆき (名) 酒氣 (一)酒ノ臭。(二)酒ニ醉ヒタルヿ。

しゆぎ (名) 主義 論ノ旨ト立ツル所。說ノモトダテ。

しゆきう (名) 守舊 舊習ヲ守ルヿ。

しゆきふ (名) 首級 (級ノ條ヲ見ヨ) 討取リタル首。

しゆきん (名) 手巾 テヌグヒ。

しゆきやう (名) 酒狂 醉ヒテ怒リ狂フヿ。サカガリ。

しゆぎやう (名) 修行 (一)佛法ニ、行ヲ修スルヿ。(二)スベテ、藝術ヲ研キ習フヿ。「武者—」

しゆぎやう (名) 執行 (一)事務ヲ執リ行フヿ。執行。(二)寺院ノ事務ヲ統ブル職(しふぎやうトモ讀ム)「法性寺ノ—」「祇園ノ—」「吉野ノ—」

しゆきゆう (名) 守宮 ヤモリ。

じゆぎよ (名) 入御 內ニ入リ給フヿ。(帝王ニ申シ、僭シテハ、公方ニモイフ)

しゆきよう (名) 酒興 酒ニ醉ヒタル上ノ興。

じゆきよう (名) 入興 興ニ入ルヿ。遊ビノ一段面白クナルヿ。

しゆぎよく (名) 珠玉 眞珠ト玉ト。「金銀—」

しゆく (名) 宿 ウマヤ。街道ノ宿アル處。驛。宿場。驛

しゆく (接尾) 宿 旅ノ宿リヲ數フル語。トマリ。「一—」「三—」

じゆく (名) 塾 學術ヲ敎フル者ノ家ニテ、弟子ヲ寄宿セシムル室。

しゆくい (名) 宿意 カネテノ意趣。

しゆくえん (名) 宿緣 宿世ノ緣。

しゆくえん (名) 祝宴 祝ヒノ酒盛。賀宴

じゆくおん (名) 熟音 五十音中ノあ、い、う、え、お、ノ五母韻ヲ除キテ、其他、スベテ、發聲ト、母韻ト熟シテ成就スル音ノ稱。(篇首ノ語法指南ノ初ヲ見ヨ)

しゆくが (名) 祝賀 イハヒ。コトホギ。

じゆくかう (名) 熟考 ツラツラカンガフルヿ。深ク思案スルヿ。

じゆくぎ (名) 熟議 善ク評議シ合フヿ。

しゆくぐわん (名) 宿願 久シク掛ケシ願ヒ。

じゆくご (名) 熟語 數語相連リテ一語ノ意義ヲナスモノ。

じゆくごはふ (名) 熟語法 語學ノ語、動詞ノ語尾ノ變化ノ、他語ト熟語トナルモノ、篇首ノ語法指南ノ動詞ノ法ノ條ヲ見ヨ。

しゆくごふ (名) 宿業 宿世ノ業。

しゆくこん (名) 宿根 本草家ノ語、草ノ、其年ニ苗枯レテ根存リ、明年、其根ヨリ苗ヲ生ズルモノ。其草ヲ—草トイフ。

しゆくこんさう (名) 宿根草 前條ヲ見ヨ。

(しゆくし) (名) 宿紙 又、すくし。漉返シノ紙、色、薄黑ケレバ、薄墨紙トモイヒ、古ヘ、禁中ノ雜用トセルモノ。

しゆくし (名) 宿志 カネテノココロザシ。

しゆくし (名) 夙志 夙クヨリ立テタルココロザシ。

しゆくし (名) 祝詞 (祝詞ナルベシ) 賀儀ナドノ席ニテ、祝フ意ヲ述ブルコトバ。多クハ、文ニ綴リ記セルヲイヒ、又、祝文ナドトモイフ。

じゆくし (名) 熟視 ツラツラミルヿ。善ク見ツムルヿ。

じゆくじ (名) 熟字 漢字ノ、數字相連リテ一語ノ意義ヲナスモノ。漢字ノ熟語。

しゆくじつ (名) 祝日 祝フ事アル日。イハヒビ。

しゆくしゆ (名) 祝酒 祝ヒニ飲ム酒。

しゆく・じゆ (名) 宿儒 博學年功ノ儒者。
しゆく・しよ (名) 宿所 ヤドルトコロ。住ム家。スマヒ。
しゆく・す・スル・スレ・セ・シ・セヨ (自動)(不規・二) 宿 ヤドル。泊ル。
しゆく・す・スル・スレ・セ・シ・セヨ (他動)(不規・二) 祝 〔祝スノ誤〕 イハフ。コトブク。賀
じゆく・す・スル・スレ・セ・シ・セヨ (自動)(不規・二) 熟 (一)養ラレテ成ル。(二)熟ム。ツユ。(稻、果ナドニ)(三)雜リテ熟ル。(釀ス物ナドニ)(四)全ク調フ。十分ニ成ル。「相談―」(五)爲ルニ馴ル。巧ニナル。上手ニナル。熟練ス。練磨ス。(學術ナドニ)
しゆく・すゐ (名) 宿醉 フツカヱヒ。
じゆく・すゐ (名) 熟睡 靜ニ善ク寐入ルヿ。熟眠。
じゆく・すゐ (名) 熟醉 十分ニ醉フヿ。
じゆく・せい (名) 塾生 塾ニ居ル生徒。
しゆく・せう (名) 縮小 チヂマルヿ。チヒサクナルヿ。
しゆく・だい (名) 宿題 詩ノ題ニ、會日ノ數日前ニ出シ置キテ作ラシムルモノ。(席上ノ題ニ對ス)
じゆく・たつ (名) 熟達 熟練シ上達スルヿ。上手ニナルヿ。
じゆく・だん (名) 熟談 (一)善ク話シ合フヿ。(二)示談。和談。
しゆく・ち (名) 朱口 魚ノ名、いせごひノ條ヲ見ヨ。
じゆく・ち (名) 熟知 善ク知リ居ルヿ。
しゆく・ちん (名) 宿賃 宿料ニ同ジ。
しゆく・ぢよ (名) 淑女 德行アル女。

しゆく・ちよく (名) 宿直 トノヰ。トマリバン。
しゆく・つぎ (名) 宿繼 宿場ヨリ宿場ヘ、人馬ヲ繼ギ替ヘテ、荷ヲ送ルヿ。驛送 遞送
しゆく・てい (名) 宿酲 フツカヱヒ。
じゆく・てつ (名) 熟鐵 キタヒガネ。ナマガネ。(鐵ノ條ヲ見ヨ)
じゆく・どく (名) 熟讀 善ク讀ミ味フヿ。「―玩味」
しゆく・ば (名) 宿場 驛、又、宿ニ同ジ。
しゆく・はう (名) 祝砲 祝儀ニ放ツ大砲。
しゆく・ばう (名) 宿坊 貴族ノ大寺ニ詣ヅルトキ、其塔頭ナドヲ休息所ニ用ヰルモノ。
しゆく・はつ (名) 祝髮 〔祝、斷也〕 髮ヲ剃リ去リテ佛門ニ入ルヿ。落飾。
しゆく・ふ (名) 叔父 ヲヂ。父ノ弟。
しゆく・ぶん (名) 祝文 祝詞ノ條ヲ見ヨ。
しゆく・へい (名) 宿弊 惡シキ習慣。
しゆく・ぼ (名) 叔母 ヲバ。父ノ妹。
しゆく・まう (名) 宿望 久シク掛ケシ望ミ。
じゆく・みん (名) 熟眠 熟睡ニ同ジ。
しゆ・くん (名) 主君 アルジノキミ。シユウ。主人。
しゆく・や (副) 夙夜 明暮。朝夕。「―匪懈、以事一人」
しゆく・ゆう (名) 祝融 〔祝、大也融、明也〕 (一)支那ニ、火ノ神。(二)火災。「―ノ災」
しゆく・らう (名) 宿老 (一)年功ヲ積ミタル老人。 耆老 (二)轉ジテ、老中、家老、年寄役ナドノ稱。

じゆく・らん (名) 熟覽 ツラツラ打チ見ルヿ。
じゆく・りよ (名) 熟慮 善ク思ヒハカルヿ。
しゆく・れう (名) 宿料 旅宿、寄宿、ノ食料。宿賃。
じゆく・れん (名) 熟練 學術ヲ學ビ馴レテ、巧ニナルヿ。
じゆく・ろ (名) 熟路 通ヒ馴レタル路筋。
しゆ・くわん (名) 首卷 書物ノ首ノ巻。
しゆく・ゑい (名) 宿衞 宿直シテ衞ルヿ。
しゆく・ゑん (名) 宿怨 遺恨ニ同ジ。
しゆ・げふ (名) 修業 業ヲヲサムルヿ。學ビ習フヿ。稽古。
じゆ・げふ (名) 受業 學業ノ敎ヘヲ受クルヿ。
じゆ・げふ (名) 授業 學業ヲ敎ヘ授クルヿ。
しゆ・げん・じや (名) 修驗者 次條ヲ見ヨ。
しゆ・げん・だう (名) 修驗道 〔優婆塞ニテ、隱ノ學ヲセズ、唯、驗ノ行ノミ修ムレバイフトゾ〕 佛敎ノ一派、醍醐ノ僧、聖寶(宇多帝寛平九年寂ス)コレヲ起シ、役公小角ヲ祖トス、胎藏界、金剛界ノ兩部ヲ旨トシ、加持祈禱ヲナシ、本地垂跡ノ說ヲ以テ、神ニモ事フ、コレヲ兩部神道ナドイフ、顯、密、二派、當山修驗(眞言宗、三寶院)本山修驗(天台宗、聖護院)アリ。其人ヲ修驗者トイヒ、半頭髮ヲ蓄シ、篠掛、袈裟、頭巾ヲ着ケ、大刀ヲ佩ビ、金剛杖ヲツキ、法螺ヲ吹キテ、山野ニ露宿シ、修行ス、故ニ山伏ノ名モアリ、吉野ノ大峯ニ入ルヲ先務トス(おほみねいりノ條ヲ見ヨ)
しゆ・ご (名) 守護 (一)護ルヿ。(二)源頼朝ノ、朝廷ニ

發シテ、警備ノ爲ニ、諸國ノ國司ニ副ヘテ置ケル職、同時ニ、莊園ニ副ヘタルヲ地頭トイヒ、皆、賴朝ノ家臣ヲ以テ補セリ。後ニ、國司、莊司、權ヲ失ヒ、一地頭、世襲シテ領主ノ如シ、是レ、後ノ大名小名ノ起レル所ナリ。

しゆごう (名) 准后 (一)女官ノ、皇子皇女ヲ生ミマヰラセタルナドニ、時トシテ賜ハル稱號、皇后ニ准ズル意ナリ。(二)誤テ、准三后ノ略稱。

しゆざ (名) 朱座 德川氏ノ時ニ、朱ヲ調進セシメシ所ノ稱、尙、遍ク世ニモ專賣セリ。

しゆざ (名) 首座 カミクラ。上座。上席。

しゆざい (名) 主宰 頭立チテツカサドルコト。

しゆざう (名) 酒造 酒ヲ釀シツクルコト。

しゆさんぐう (名) 准三宮 攝政關白ナドニ、時トシテ授ケラルル重キ稱號、三宮ニ准ジテ、其給祿ヲ賜ハル、准三后。

しゆさんごう (名) 准三后 准三宮ニ同ジ。

しゆし (名) 殊死 必死ニ同ジ。「一シテ戰フ」

しゆじ (名) 朱字 印ノ文字ノ部ヲ凸ク刻リテ、朱肉ニテ押セバ、字ノ朱色ニ現ハルモノ。朱文 又、字ヲ凹クシテ、白ク現ハスヲ白字トイフ。白文

しゆじん (名) 主人 (一)家ノ主。アルジ。(二)己ガ仕フル君。シユウ。

しゆしや (名) 取捨 取ルト、捨ツルト。用ヰルト、用ヰヌト。

しゆしや (名) 儒者 儒ノ條ヲ見ヨ。

しゆしやう (名) 首唱 初ニ唱フルコト。言ヒ出スコト。

しゆしやう (名) 首相 首座ニ居ル宰相。

しゆしやう (名) 主將 總大將。

しゆしやう (名) 主上 天子ヲ其御身ニ就キテ指シ呼ビ奉ル語。上

しゆじやう (名) 衆生 佛經ノ語、モロモロノ生ケルモノ。世上ノアラユル動物。

しゆじやく (名) 朱雀 朱雀ニ同ジ、四神ノ條ヲ見ヨ。

しゆじゆ (名) 侏儒 脊ノ低キ人ノ稱。一寸法師。

しゆじゆ (副) 種種 クサグサ。サマザマ。イロイロ。

しゆしよう (名) 殊勝 (一)佛經ノ語、殊ニ勝レタルコト。德ノ驚歎スベキコト。(二)ケナゲナルコト。神妙。奇特。

しゆしよく (名) 酒色 飲酒ト女色ト。「一ニ耽ル」

しゆしよく (名) 殊色 勝レタル容姿。「一アリ」

しゆす (名) 繻子 絹布ノ一種、地、厚クシテ甚ダ光澤多キモノ、緯ヲ經ノ間ニ隱シテ織ル。八絲緞

しゆす スル・スレ・セ・シ・セヨ (他動)(不規・二) 修 ヲサム。オコナフ。「法ヲ一」

しゆず (名) 數珠 ずずニ同ジ。

しゆずかけばと (名) 數珠掛鳩 ずずかけばとニ同ジ。

しゆずり (名) 朱硯 朱墨ヲ研ルニ用ヰル硯。

しゆずみ (名) 朱墨 辰砂ト銀朱トヲ、秦皮ノ水ニテ、膠ニ和シテ固メタルモノ、研リテ朱色ノ書畫ナドヲカク。朱錠子

しゆすゐ (名) 入水 自ラ水ニ入リテ死ヌルコト。身投、自水。投身

しゆせい (名) 酒精 アルコオル、燒酎。

しゆぜい (名) 酒稅 酒ヲ賣買スルニ課スル稅。

しゆせいたう (名) 壽星桃 カラモモ。

しゆせき (名) 酒席 酒宴ノ席。

しゆせき (名) 手跡 フデノアト。其人ノ書キタル文字。墨蹟

しゆせきえい (名) 酒石英 葡萄酒ヲ貯ヘタル樽ノ中ニ自ラ生ズルモノ、形、色、共ニ、石英ニ似タリ、酒石酸ニ製ス。

しゆせきさん (名) 酒石酸 酒石英ニテ製スル藥品、甚ダ酸シ。

しゆぜん (名) 修繕 修繕ニ同ジ。

しゆぜん (名) 受禪 帝位ノ讓ヲ受ケタマフコト。卽位ノ條ヲ見ヨ。

しゆぜんかん (名) 主膳監 春宮坊ニ屬シテ、皇太子ノ御膳ノ事ヲ掌ル監、四等ノ官ハ、正、祐、(判官ヲ闕ク)令史ノミナリ。

しゆぜんじ (名) 修禪寺 伊豆ノ修禪寺ノ地ヨリ出ヅル紙ノ名。

しゆせんし (名) 鑄錢司 古ヘ、錢ヲ鑄造ルコトヲ掌ル司。

しゆせんど (名) 守錢奴 金持ノ吝キヲ罵リイフ語。

しゆそ (名) 首鼠 ドチラツカズナルコト。「一兩端」

しゆそ (名) 呪詛 呪ヒ詛フコト。

しゆそく (名) 手足 てとあし。トデアシ。
しゆだい (名) 入內 皇后、中宮等ノ、册立ノ前ニ、先ツ式ヲ具シテ禁內ニ入リタマフヿ。
じゆだう (名) 儒道 儒ノ敎ヘ。
しゆだん (名) 手段 テダテ。シカタ。シヤウ。仕法。
しゆぢ (名) 主治 藥ノ功能アルトコロ。
シユチン (名) 繻珍 しゆちんノ條ヲ見ヨ。
しゆちやう・す・スル・スレ・セ・シ・セヨ (他動)(不規・二) 主張 己ガ說ヲ推シ張ル。言ヒ張ル。
しゆちゆうくわ (名) 酒中花 山吹ノ莖ノずゐニテ、花鳥ノ形ナド作リテ、押シ縮メタルモノ、盃ニ浮ベテゾノ脹レテ開クヲ見テ酒興トス。
じゆつ (名) 術 (一)ワザ。藝。(二)テダテ。パカリゴト。「敵ノ一ニオツ」(三)陰陽師、修驗者ナドノ、呪又ハ詛ニ修スル事。
しゆつが (名) 出駕 駕籠ニ乘リテ出ヅルヿ。(貴人ニ)
しゆつかう (名) 出港 船ノ湊ヲ出ヅルヿ。船出。
じゆつかう (名) 熟考 ツラツラ考フルヿ。善ク思ヒメグラスヿ。
しゆつかく (名) 出格 格ヲ出ヅルヿ。掟ニ拘ハラヌヿ。別格。別段。
しゆつきん (名) 出勤 勤メニ出ヅルヿ。上衙
しゆつきん (名) 出金 金錢ヲ出スヿ。
しゆつぎん (名) 出銀 出金ニ同ジ。
しゆつきやう (名) 出京 (一)京ヲ出デテ、田舍ヘ趣クヿ。(二)誤テ、田舍ヨリ京ヘ行クヿ。上京。

しゆつぎよ (名) 出御 天子ノ、外ヘ出デサセ給フヿ。僭シテ、公方ニモイフ。
しゆつぐん (名) 出群 拔群ニ同ジ。
しゆつくわ (名) 出火 火ヲ出シテ家ノ燒クルヿ。火災。失火
しゆつくわい (名) 出會 イデアフヿ。デアヒ。
じゆつくわい (名) 述懷 懷ヲ述ベ言フヿ。
しゆつぐわん (名) 出願 ネガヒイヅルヿ。
しゆつけ (名) 出家 (一)家ヲ出ヅルヿ。父母生死ノ家ヲ出デテ、佛門ニ入ルヿ。(二)僧ノ通稱。僧
じゆつけい (名) 術計 テダテ。パカリゴト。「一盡キテ」
しゆつげん (名) 出現 出デアラハルルヿ。(神佛ノ靈ナドニ)
しゆつごく (名) 出獄 出牢ニ同ジ。
じゆつこん (名) 入魂 〔字ノ音じふこんノ音便、或云、熟懇ノ音カト〕殊ニ親シク交ルヿ。心交
しゆつざ (名) 出座 其座ニ出ヅルヿ。
しゆつさん (名) 出產 生レ出ヅルヿ。出生。(胎兒ニ)生誕
しゆつし (名) 出仕 (一)出デテ仕フルヿ。(二)勤ニ出ヅルヿ。出勤。上衙
しゆつしん (名) 出身 官ニ擧ゲ用ヰラルルヿ。立身。
しゆつしやう (名) 出生 (一)出產。(二)其土地ノ生レナルヿ。「某國ノ一」
しゆつしよ (名) 出處 デドコロ。
しゆつ・す・スル・スレ・セ・シ・セヨ (自動)(不規・二) 卒 死ヌ、ニ同ジ、但シ、五位以上ノ人ニ就キテイフ。支那ニテハ、大夫ノ死ニイフ。

〔しゆつせ (名) 出世 佛家ノ語、出世間ニ同ジ。
しゆつせ (名) 出世 世ニ成リ出ヅルヿ。仕官シテ榮アルヿ。出身。立身。發跡
しゆつせい (名) 出精 精ヲイダスヿ。務メ勵ムヿ。勵精
しゆつせき (名) 出席 其席ニ出デアフヿ。
しゆつせけん (名) 出世間 佛經ノ語、俗ノ世間ヲ出離シテ僧トナルヿ。
しゆつせん (名) 出船 デフネ。船出。開洋
しゆつそ (名) 出訴 ウツタヘイヅルヿ。
しゆつたい (名) 出來 しゆつらいノ連聲。
しゆつたつ (名) 出立 〔出立ノ湯桶讀〕旅ヘノ出立。タビダチ。發途
しゆつぢん (名) 出陣 戰ニ出ヅルヿ。出兵
しゆつちやう (名) 出張 〔出張ノ音讀〕デバルヿ。其方ヘ出向クヿ。
しゆつつ (名) 出津 船ノ津ヲ出ヅルヿ。出港
しゆつてん (名) 出典 某事ハ某典籍ニアリト其出處ヲイフヿ。
しゆつとう (名) 出頭 身ノ其處ニ出デ向フヿ。
じゆつなし・キ・ケレ・ク・ク (形・二) 無術 爲ム方ナシ。困ジタリ。今、ジツナシ。「老衰病後、雜役無レ術」女ガ曰ク、今朝ヨリ腹ヲ術ナク病テアリ」主ノ僧、ジユツナゲナル氣色ニテ」

しゆつにふ (名) 出入 イデイリ。デハイリ。

しゆつば (名) 出馬 馬ニ乘リテ立出ツルヿ（貴人ニ）

しゆつばい (名) 出梅 梅雨ノ條ヲ見ヨ。

しゆつぱつ (名) 出發 イデタツヿ。出向フヿ。

しゆつぱん (名) 出版 書物ヲ版ニ刻リ、摺リテ、世ニ出スヿ。版行。梓行 印行

しゆつぱん (名) 出帆 船ノ、帆ヲ上ゲテ港ヲ出ツルヿ。フナデ。

しゆつぴ (名) 出費 入費ヲ出スヿ。

しゆつぴん (名) 出品 品物ヲ出スヿ。（博覽會ナドニ）

しゆつぷ (名) 出府 都ヘ出ツルヿ。

しゆつぼつ (名) 出沒 出デモシ、隱レモスルヿ。「一變化」

しゆつぽん (名) 出奔 出デ奔ルヿ。逃ゲテ他ヘ行クヿ。カケオチ。逐電。

しゆつやく (名) 出役 出張ノ勤メ。赴任

しゆつらい (名) 出來 〔出來ノ音讀〕物事ノ成リ調ヒタルヿ。ジユツタイ。成就

しゆつらう (名) 出牢 牢屋ヨリ出サルルヿ。出獄

しゆつらん (名) 出藍 〔荀子、青出レ于レ藍而青レ于レ藍〕本ヨリ出デテ、却テ本ニ勝ルヿ。他ニ學ビテ、他ヨリ上ニ出ツルヿ。「一ノオ」一ノ譽レ」

しゆつり (名) 出離 佛經ノ語ニ、俗ノ世ヲ出デ離ルルヿ。

しゆてん (名) 主典 長官ノ條ヲ見ヨ。

しゆと (名) 首途 カドデ。タビダチ。

しゆとう (名) 種痘 ウヱバウサウ。

しゆどく (名) 酒毒 酒ヲ飲ミ過スニ就キテ、血脈ナドニ生ズル病。

しゆなふ (名) 收納 租稅物成ノトリイレ。收穫

じゆなふ (名) 受納 ウケヲサムルヿ。（贈物ナド）

しゆにく (名) 朱肉 朱色ノ印肉。

しゆにく (名) 酒肉 酒ト肴ト。

しゆにん (名) 主任 專ラ任セラレタルヿ。受持。

しゆぬり (名) 朱塗 朱漆ニテ塗レルヿ。朱漆 朱髹

じゆばん (名) 襦袢 〔字ハ、汗ニ濡ルル半衣ノ意カ、或云、蠻語ニテ、しはんトイフノ轉ナリト〕肌ニ親シク附ケテ着ル單ノ短キ衣。ハダギ。襯衣

しゆび (名) 首尾 (一)首ト、尾ト。初ト終ト。(二)其事ノヒトクダリ。始末。顚末 (三)事ノ成行。「一ヨシ」「一ワルシ」結果 (四)事ノ前後ノ支度。「一ヲスル」計畫

しゆび (名) 麈尾 しゆみノ條ヲ見ヨ。

しゆびき (名) 朱引 (一)朱墨ニテ物ニ線ヲ引クヿ。(二)東京ニテ、府內ト府外トノ境ノ稱。朱抹

しゆびん (名) 溲瓶 〔字ノ唐音〕臥床ニ備ヘテ、尿スルニ用ヰル陶製ノ器。シビン。

しゆふ (名) 首府 一國ノ政府ノアル都ノ稱。

しゆふく (名) 修復 ヲサメナホスヿ。ツクロヒ。

しゆふく (名) 首伏 罪ヲ白狀スルヿ。

しゆへき (名) 酒癖 サカクセ。酒ニ醉ヘバ、惡シキ癖ノ出ツルヿ。

しゆぼう (名) 首謀 事ヲ企テタル發頭人。（多ク惡事ニイフ）

しゆぼく (名) 入木 〔晉、王羲之、書レ榜、筆入レ木三寸〕又、ニフボク。書法ノ異名。

しゆみ (名) 麈尾 〔麈、似レ鹿大者、群鹿隨ヘ之、視ニ其尾所レ轉而往、古之談者、揮焉〕拂子ニ同ジ。又、シユビ。

しゆみせん (名) 須彌山 〔梵語、蘇迷盧、約、妙高山ト譯ス〕又、須彌山。スミヤマ。佛說ニ、山ノ極メテ大ナルモノ、四州ノ地心ニシテ、大海ノ中ニアリ、高サ、八万四千由旬、日、月、橫ニ回リテ、地ニ出入セズトイフ。

しゆみだん (名) 須彌壇 佛像ヲ安ク臺。佛ノ座。

じゆみやう (名) 壽命 イノチ。ヨハヒ。命數

しゆん (名) 旬 (一)古ヘ、禁中ノ公事ノ稱。夏ト冬トニアリ、夏ナルヲ孟夏ノ一トイフ、夏ノ時候ノ改マル初ニ、臣下ニ御酒ヲ賜ヒ政ヲ聞召ス義ナリトゾ、扇ヲ賜フ、冬ナルモ同ジヿニテ、孟冬ノ一トイヒ氷魚ヲ賜フ、合セテハ、二孟ノ一トイヘリ。其他、內裏新營ノ後、始メテ南殿ニテ行ハルルヲ、新所ノ一トイヒ、即位ノ後、始メテ政ニ臨ミ給フヲ萬機ノ一トイヒ、十一月一日、冬至ニ當ル年ニ行ハルルヲ、朔旦ノ一ト云フトゾ。(二)二孟ノ一ノ物ハ扇氷魚ナル意ヨリ轉ジテ、果、蔬ナド、スベテ食物ノ成熟シテ恰モ食フベキ時ノ稱。(三)又、轉ジテ、物事ニ、其時ニ至リ其度ニ相應スル

ヿ。

じゆん (名) 旬 十日一期ノ稱。一日ヨリ十日マデヲ上—(又上瀚、上浣)トイヒ、十一日ヨリ二十日マデヲ中—(又中瀚、中浣)トイヒ、二十一日ヨリ末ヲ下—(又下瀚、下浣)トイフ。

じゆん (名) 順 (一)正シキニ順フヿ。(逆ニ對ス)(二)順ル序。次第。「—ニ並ブ」

じゆん (接尾) 巡 メグリ。「一—」「二—」

じゆん-えき (名) 純益 純萃ノ利益。全クマウケ。

じゆん-かう (名) 巡幸 天子ノ御巡廻。

じゆん-かう (名) 巡行 メグリユクヿ。アルキマハルヿ。遍歷。

じゆん-かう (名) 順講 輪講ニ同ジ。

しゆん-かん (名) 春寒 春ノ寒サ。

しゆん-かん (名) 瞬間 マタタク間。

しゆん-き (名) 春季 (一)春ノ季。(二)春ノ時。

しゆん-きく (名) 春菊 秋、種ヲ下ス、葉ハ、細ソク白クシテ互生ス、冬ト春ノ間、コレヲ食フ、春、薹ヲ出ス、高サ一二尺、春ノ末、梢ニ白花ヲ開ク、單葉ノ菊花ニ似テ、大サ一寸餘、蘂、黄ナリ。キクナ。シンギク。茼蒿 又、野—アリ、其條ニ注ス。

じゆん-きん (名) 純金 純萃ノ黄金。雜ヘモノナキ金。

じゆん-ぐり (名) 順繰 次第ヲ追ヒテモノスルヿ。

しゆん-ぐわ (名) 春畫 淫レタル事ヲカキタル畫本。

じゆん-くわい (名) 巡廻 ミマハリ。ミメグリ。

じゆん-くわん (名) 循環 環ニツキテメグルヿ。メグリメグリテ止マヌヿ。

じゆん-けい (名) 閏刑 老、幼、癈疾、或ハ、爵位アル者ナドニ、本刑ヲ加ヘズシテ、代ヘテ行フ刑、贖罪、禁錮等アリ。

しゆんけい-ぬり (名) 春慶塗 (泉州堺ノ漆工、春慶、(天正慶長ノ頃)始ム) 漆塗ノ一法、純粹ナル薄キ漆一品ニ、油ヲ加ヘテ塗ル、淡黄褐色ニシテ、透明リテ、木地見ユ。

しゆんけい-やき (名) 春慶燒 尾州瀨戸ノ陶工、加藤四郎入道春慶(藤四郎トイフ、永平寺ノ開祖道元禪師ニ從ヒ入宋シテ傳フ、安貞ノ頃ノ人)ノ燒キ始メタル磁器ノ稱、茶褐ノ質ニ、黄ナル釉ヲ斑ニ加フ、茶壺ナドニ多シ。

しゆん-けつ (名) 俊傑 智能ノ衆ニ超エタルヿ。又、其人。

じゆん-げつ (名) 閏月 ウルフヅキ。

じゆん-けん (名) 巡見 メグリテ見分スルヿ。ミマハリ。

しゆん-こう (名) 竣功 デキアガリ。

じゆん-さ (名) 巡査 警察ノ吏、專ラ、路上ヲ巡リテ警ムルモノ。

しゆん-さい (名) 俊才 才智ノ俊レタルヿ。又、其人。

じゆん-さい (名) 蓴菜 古名、ヌナハ。水草ノ名、池澤等ノ中ニ生ズ、葉ノ形、橢ニシテ、深綠色、厚クシテ光ル、莖ハ葉ノ中央ニツク、葉ハ、水面ニ浮ビテ、根ハ水底ニアリ、故ニ、莖、長クシテ蔓ノ如シ、莖ト葉ノ背トニ、涎アリテ氷ノ如シ、嫩葉ハ、卷キテ荷ノ卷葉ノ小キガ如シ、春夏ノ間、採リテ食フ、夏ノ末、花ヲ開ク、細瓣ニシテ、紅紫ナリ。蓴

しゆん-さん (名) 春蠶 蠶ノ春子。

じゆん-し (名) 殉死 主君ノ死ヲ追ヒテ自殺スルヿ。オヒバラ。

じゆん-じ (副) 順次 ジユングリニ。ジユンバンニ。

しゆん-しう (名) 俊秀 才智ノ秀デタルヿ。

しゆん-じう (名) 春秋 (一)春ト秋ト。(二)一箇年。(漢籍讀ニ)「三—ヲ歷テ」(三)轉ジテ、ヨハヒ。トシ。年齡。「—高シ」「—ニ富ム」

じゆん-じつ (名) 旬日 十日。

じゆん-じゆく (名) 順熟 善ク和ギ睦ムヿ。和熟。「家内—」

しゆん-じゆん (名) 逡巡 アトシザリ。シリゴミ。

じゆん-じゆん-に (副) 順順 次第ニ順テ。輪番

じゆん-じよ (名) 順序 ツイデ。次第。ジユン。

しゆん-しよく (名) 春色 春ノ景色。

じゆん-しよく (名) 潤色 飾リテ色澤ヲ添フルヿ。

じゆん-ず ・ズル・ズレ・ゼ・ジ・ゼヨ (自動)(不規・三) 準 ノットル。ナラフ。ナゾラフ。ヨソフ。「コレニ—」

じゆん-すゐ (名) 純粹 雜モノナクシテ善キ部ノミナルヿ。

しゆん-そく (名) 瞬息 マタタク間。

しゆん-そく (名) 駿足 駿馬ニ同ジ。

じゆん-だいじん (名) 准大臣 大臣ニ准ゼラルル稱號、大臣ノ祿ヲ賜ハリ、内大臣ノ下、大納言ノ上ニ居ル。

じゆん-たう (名) 順當 理ニ順ヒテ相當ナルヿ。

しゆん-たく (名) 潤澤 (一)ウルホヒツヤ。(二)物ノ餘分ニアルヿ。

しゆん-たつ (名) 順達 廻狀ニ同ジ。(官府ヨリノ達シニイフ)

しゆん-だん (名) 春暖 春ノ時候ノアタタカサ。

しゆん-ち (名) 馴致 ヤウヤクニ馴レ至ルヿ。

しゆん-とう (名) 順痘 症ノ善キ疱瘡。

しゆん-なん (名) 殉難 國家ノ禍難ノ爲ニ忠死スルヿ。

しゆん-に (副) 順 序ニ順ヒテ。次第次第ニメグリテ。順次

しゆん-ねん (名) 閏年 ウルフドシ。

しゆん-ば (名) 駿馬ニ同ジ。

しゆん-ぱい (名) 巡拜 巡リテ禮拜スルヿ。(神社佛閣ヲ) 歷拜

しゆん-ぱく (名) 純白 眞白マッシロ。

しゆん-ぱん (名) 順番 順ニ代ル代ル、其事ニ當ルヿ。輪番

しゆん-び (名) 準備 ソナヘ。マチマウケ。用意。支度。

しゆん-ぴつ (名) 潤筆 書畫ヲ書キタルニ報ユル贈物。

しゆん-ぷう (名) 順風 追手ノ風。オヒカゼ。(逆風ニ對ス)

しゆん-ぶん (名) 春分 二十四氣ノ一、春ノ中ニシテ、晝夜平分ノ時トス、今、大抵、三月二十一日ナリ。

しゆん-め (名) 駿馬 勝レテ善キ馬。强クシテ能ク走ル馬。駿馬。駿足。

しゆん-やうし (名) 順養子 弟ヲ嗣子トシテ、兄ノ子ヲ、又、其嗣子トシ、或ハ、養父ノ末子ヲ養子ノ嗣子トスルナドノ稱。

しゆん-らん (名) 春蘭 山ニ生ズ、葉ハ、粗、秋蘭ニ似テ、狹ク短ク、春ノ半ニ花ヲ開ク、一莖ニ一花ナリ、亦、粗、秋蘭ノ花ニ似テ小ク、香無シ。

しゆん-らん (名) 巡覽 歷巡リ見マハルヿ。

しゆん-りやう (名) 循良 性質ノスナホナルヿ。

しゆん-れい (名) 巡禮 諸國ヲ歷巡リ、所在ノ神社佛閣ニ詣デ禮拜スルヿ。又其人。(多クハ、三十三所ノ觀音詣ニイフ)

しゆん-ろ (名) 順路 行クニ、正シクテ便ヨキ路筋。(迂路ナドニ對ス)

しゆん-ろく (名) 馴鹿 トナカイ。

しゆ-もく (名) 撞木 鉦ヲ打鳴ラス具、形、丁ノ字ノ如シ。

しゆ-もく (名) 樹木 木。木木。「—鬱蒼タリ」

しゆもく-ざめ (名) 撞木鮫 頭、撞木、即チ、丁ノ字ノ形ヲナシ、其兩端ニ眼アリテ、甚ダ異形ナリ、鰭、尾、大ク、性猛シ。カセブカ。雙髻鯊

しゆもく-づゑ (名) 撞木杖 頭ノ撞木ノ形シタル杖。カセヅヱ。丁字杖

しゆ-もつ (名) 腫物 ハレモノ。瘡。デキモノ。腫瘍

しゆ-もん (名) 呪文 陰陽家、修驗道、等ニ、呪ニ唱フル詞。

しゆ-ゆ (名) 茱萸 (字ヲ常ニぐみニ當ツルハ誤ナリ) 山—ハ、灌木ニシテ、二丈餘、葉ハおのおづちニ似テ、毛ナク、對生ス、春、葉ニ先ダチテ、枝ノ節毎ニ、四瓣ノ黃花、簇リ開ク、大サ三分許、實ハおなきう實ノ如ク、秋後、熟シテ赤シ。吳—ハ、喬木ニシテ、高サ丈餘、枝、四方ニハビコリ、根ニひこばえ叢生ス、葉ハ、椿ニ似テ大ク、數少ク、厚クシテ、對生ス、夏、黃白花、枝ノ梢ニ簇リ開ク、略、楓ニ似タリ、實ノ大サ、二分餘、扁クシテ五稜アリ、紫赤ナリ。古名、カハハジカミ。食—モ、喬木、二三丈、枝條繁茂ス、木ニ刺多シ、葉ハ、おにぐるみニ似テ、狹ク長ク鋸齒アリ、一葉ニ、二三十ノ小葉排生ス、夏、枝ノ梢ニ、花、簇リ開ク、花、實、共ニ略、楓ノ如シ。

しゆ-ゆ (副) 須臾 シバシ。スコシノマ。暫時。

しゆ-よ (名) 入輿 コシイレ。(貴人ナルニイフ)

しゆ-よ (名) 授與 サヅケアタフルヿ。

しゆ-よう (名) 主用 主君ノ用。シユウヨウ。

シユラ (名) 修羅 (梵語) (一)又、修羅。アソラ。大。(二)阿修羅ノ略。(其條ヲ見ヨ)「—ノチマタ」—道 (三)大ナル石ヲ載セテ引クニ用ヰル車ノ名。(阿修羅王ト戰ヘル帝釋ヲ大石ニ寄セテイフ)

しゆ-らい (名) 入來 入リ來ルヿ、來リ訪フヿノ敬語。

しゆ-らう (名) 入牢 牢ニ入ルルヿ。入牢。入獄

しゆらう-じん (名) 壽老人 支那、宋ノ元祐中ノ人ニテ、壽星ノ化身ナリトイフ、七福神ノ一トシテ常ニ畫ク、其像、白髮多ク垂レ、秀目豐髥、幅巾野服ニテ、身ノ長三尺、頭ト相半シ、杖ヲ携ヘ、團扇ヲ持シ、鹿ヲ伴フ所ヲ圖ス。(福祿壽ノ條、見合ハスベシ)

前極老人

しゆらく (名) 入洛 京ニ入ルコト。(貴人ニイフ)

しゆらん (名) 酒亂 醉ヘバ荒レ狂フコト。酒狂。酗

しゆらん (名) 朱蘭 紫蘭ニ同ジ。

しゆり (名) 修理 ツクロヒ。修復。修繕。

しゆりけん (名) 手裏劍 手ノ裏ニ執リテ、敵ニ投ゲツクルニ用ヰル小キ刀、小柄ノ刀ノ如クニシテ、柄ヲモ鐵製ニ作リツク。

しゆりしき (名) 修理職 ヲサメツクルツカサ。古ノ職ノ一、宮城ノ破壞ヲ修理スル事ヲ掌ル。

しゆりやう (名) 首領 長。カシラ。

じゆりやう (名) 受領 (一)受ケヲサムルコト。(二)國司ノ官ニ任ズルコト。ズラウ。ズレウ。其京ニ居テ任ズルヲ遙任トイフ。(三)專ラ、國守ノ稱。

しゆる (動) 強フ、又ハ、誣フ、ノ訛。

しゆるゐ (名) 種類 クサグサノタグヒ。

しゆれん (名) 手練 手際ノ練磨シタルコト。巧手

しゆろ (名) 棕梠 又、スロ。樹ノ名、暖國ノ產、直ニ聳エテ、枝無ク、梢ニ葉ヲ叢生ス、一莖散岐ニシテ、團扇ノ如ク、車輪ノ如シ、冬枯レズ、夏、花穗ヲ垂ル、黃白色ニシテ、魚卵ノ如シ、(棕魚)後ニ實ヲ生ズ、幹ハ赤黑ク節ヲナシテ、絲毛、絡ヒテ生ズ、毛ヲ去リテ、材ヲ皮ノママニテ用ヰル。棕櫚 毛ハ錯綜織ルガ如シ甚ダ強クシテ、用多シ、繩トシテ、ー繩トイヒ、帶トシテ、ー帶トイフ。棕繩 棕帶

しゆろ (名) 手爐 テアブリ。

しゆろ (名) 朱鷺 トキ。

しゆろう (名) 鐘樓 鐘ヲ釣リ置ク建物カネツキダウ。

しゆろう (名) 酒樓 料理屋。料理茶屋。

しゆろさう (名) 棕梠草 古名、ヤマウバラ。シシノクビノキ。春、宿根ヨリ散葉叢生ス、幅五六分、長サ一尺、棕梠ノ秧ニ似タリ、夏、二三尺ノ莖ヲ出シ、小葉互生シ、上ニ枝ヲ分チテ花ヲ開ク、紫黑色ニシテ、大サ三四分、六瓣ナリ、日光山ニモ多ケレバ、日光蘭ノ名モアリ。藜蘆

しゆろちく (名) 棕梠竹 竹ノ一種、中、實ス、枝無クシテ、高キハ丈餘ニ至ル、幹ニ黑キ毛アリ、節、高カラズ、葉、棕梠ニ似タリ。棕竹 又、犬ートイフハ、高サ四五尺、扇ノ骨ニ作ル。樸竹 又、琉球ートイフハ、觀音竹ニ同ジ。

しゆゐ (名) 首位 第一ノ位。

しゆゑい (名) 守衞 マモルコト。警固。

しよ (名) 書 (一)文字ヲ書クコト。手。筆蹟。書法。「ーヲ學ブ」「ーニ巧ナリ」(二)文書。書物。書籍。本。「ーヲ讀ム」「ーニ記ス」

しよ (名) 暑 (一)夏ノ日ノアツサ。(二)小暑、大暑、二候三十日ノ間ノ稱。(三)後、轉ジテ、夏ノ土用十八日ノ間ノ稱。(寒ニ對ス)

しよ (接頭) 諸 モロモロノ。「ー國」「ー人」「ー家」

しよ (接尾) 所 トコロ。場所。「休息ー」「學問ー」

じよ (名) 自餘、爾餘 コレヨリ外。「ーノ人人」

じよ (名) 序、敘 ハシガキ。序文。

しよいう (名) 所有 己ガ物トシテ有チ居ルコト。モチモノ。

しよう (名) 私用 (一)私事ニモチヰルコト。(官金ヲース)(二)公用ナラヌ自分ノ用事。私事

しよう (名) 使用 ツカフコト。モチヰルコト。

しよう (名) 証 アカシ。シルシ。證據。證

しよう (名) 升 枡目ノ名、斗ノ十分ノ一。合ノ十倍。

しよう (名) 稱 トナヘ。呼名。

じよう (名) 判官 (諸省ノ丞ノ音モテ一般ノ稱トス、或云、丞ノ音ニテ、長官ノ旨ヲ承クル意ナリト) 長官ノ條ヲ見ヨ。

じよう (名) 尉 (丞ノ音) 衞門府、兵衞府、撿非違使等ノ判官。

じよう (名) 尉 (或ハ、丈ノ音カトモイフ) (一)老翁ノ稱。「ートと姥ト」(二)炭火ノタチテ白キ灰ヲ生ジタルモノノ稱。(黑炭ノ白灰ニ變ハルヲ、老翁ノ白髮ニ寄セテイフ語ナラム)

しようあい (名) 鍾愛 メデイツクシムコト。

しよういん (名) 承引 ウケヒクコト。承知。承諾。肯

しようかう (名) 昇降 ノボルト、クダルト。アガリ、オリ。

しようがう (名) 稱號 (一)トナヘ。名。(二)苗氏。

じようがひげ (名) 尉髭 麥門冬ノ條ヲ見ヨ。

しようき (名) 鍾馗 支那ノ唐ノ世ニ、終南山ノ進士ナリトテ、玄宗皇帝ノ夢ニ見エテ、天下ノ虛耗ノ妖孽ヲ厭ハムトイヒシ人、常ニ畫キテ、魔ヲ驅ルトス、其像、巨眼多髯ニシテ、黑キ衣冠ヲ着ケ、拔劍シテ、

小鬼ヲ稱ス。

しようき (名) 蒸氣 湯氣。

しようききかい (名) 蒸氣器械 器械ニ裝置アリテ、蒸氣ノ力ニテ廻ラスモノ。汽機

しようきしや (名) 蒸氣車 蒸氣器械ヲ用ヰテ、鐵道ノ上ヲ走ラスル車。汽車。汽車

しようきせん (名) 蒸氣船 蒸氣器械ヲ、車又ハ螺旋ニ仕掛ケテ、水ノ上ニ進マシムル船。汽船。汽船 火船

しようぎよ (名) 松魚 (鰹節ノ、松ノ節ニ似タルヨリイフ名) (一)鰹。(二)鮭ノ朝鮮名。

しようく (名) 承句 詩ノ條ヲ見ヨ。

しようぐんぼく (名) 勝軍木 ヌルデ。

しようけん (名) 證券 證據ノ券。證文。

しようけんいんし (名) 證券印紙 政府ヨリ發行シテ、民間一般ノ證券ニ貼リ用ヰシムル小キ切手ノ如キモノ、以テ後日ノ公證ニ供ス、金高又ハ約束ノ事柄ニ因リテ、種種差等アリ。

しようこ (名) 證據 證トシ據所トスル物又事。證左

しようこ (名) 稱呼 トナヘヨビナ。

しようこだ・つ・ツル・ツレ・テ・テ・テヨ (他動)(規・二) 證據立 證據ヲ示スアカス。證明

しようこにん (名) 證據人 證人ニ同ジ。

しようさ (名) 證左 證據ニ同ジ。

しようさいふぐ (名) しほさいふぐノ條ヲ見ヨ。

しようさん (名) 稱讚 ホメタタフルヿ。ホメソヤスヿ。

しようさん (名) 勝算 勝ツベキ胸算用。

しようしん (名) 衝心 病ノ内臓ニ迫ルヿ。「脚氣ノ—」

しようしん (名) 昇進 官位ニノボリススムヿ。

しようしやう (名) 丞相 支那ニ、執政大臣ノ官。(三公九卿ノ條ヲ見ヨ)

しようしよ (名) 證書 證文ニ同ジ。

しようす・スル・スレ・セ・シ・セヨ (他動)(不規・二) 稱 (一)トナフ。ヨブ。ナヅク。イフ。(二)褒ム。稱フ。

しようす・スル・スレ・セ・シ・セヨ (他動)(不規・二) 證 證據立ツ。アカス。

しようず・ズル・ズレ・ゼ・ジ・ゼヨ (自動)(不規・二) 乘 ノルツケコム。カコツク。「興ニ—」醉ニ—」亂ニ—」

しようず・ズル・ズレ・ゼ・ジ・ゼヨ (他動)(不規・二) 乘 算術ノ語、掛算ヲナス。掛ク。

しようせき (名) 證跡 證據トナルアトカタ。

しようぜつ (名) 勝絶 十二律ノ一、其條ヲ見ヨ。

しようせん (名) 乘船 船ニ乘ルヿ。上船

しようだく (名) 承諾 ウベナフヿ。承引。承知。

しようち (名) 承知 (一)ウケタマハリ知ルヿ。領命 (二)ウケヒクヿ。ウケガフヿ。ウベナフヿ。承引。納得。承諾。背

しようち (名) 勝地 景色ニ勝レタル地。名所。

〔しようぢん (名) 承塵 上ニ施シテ塵土ヲ承クルモノトアリ、天井ナルニヤ、長押ナルニヤ。

しようちやう (名) 冗長 徒ニナガタラシキヿ。「—ノ文」

しようてん (名) 昇天 天ニノボルヿ。「龍ノ—」

しようでん (名) 昇殿 禁中殿上ニ昇ルヿヲ聽サルルヿ、即チ、四位以上、及ビ、六位ノ藏人ナリ。聽サレザルヲ地下トス。

しようとう (名) 昇等 等級ノノボルヿ。

しようとつ (名) 衝突 ツキアタルヿ。ブツカルヿ。

しようにん (名) 證人 證ニ立ツ人。證據人。

しようにん (名) 承認 承ケ引キテ可シト認ムルヿ。

しようにゆうせき (名) 鍾乳石 ツラライシ

しようば (名) 乘馬 (一)馬ニ乘ルヿ。「—ニテ行ク」騎 (二)乘馬。

しようはい (名) 勝敗 カチマケ。勝負。

しようはつ (名) 蒸發 水ノ、熱ニ蒸サレ湯氣ト爲リテ發ツヿ。

しようはつき (名) 蒸發氣 水氣ノ蒸發スルモノ。

しようひ (名) 冗費 徒用ノ入費。

しようびん (名) 鳥ノ名、そびノ訛、かはせびニ同ジ。

しようぶ (名) 勝負 勝ツト負クルト。カチ、マケ。勝敗

しようぶく (名) 承服 肯ヒテ從フヿ。納得。

しようぶごと (名) 勝負事 賭事。博奕。賭博

しようへい (名) 昇平 大平ニ同ジ。

しようべい (名) 蒸餅 麵包ニ同ジ。

しようま (名) 升麻 アハボ。

しようみやう (名) 稱名 佛名ヲ稱フルヿ、念佛。

ちようめ (名) 乘馬 人ノ乘ルニ供フル馬。(駄馬ニ對ス) 駄馬
ちようめい (名) 證明 證據立ツルヿ。アカシ。
ちようもん (名) 證文 後ノ證トスル文書。 證書
ちようやう (名) 稱揚 ホメソヤスヿ。
ちようよ (名) 乘輿 天子ノ召サセ給フ車馬ヨリ衣服器具一切ノ御物ノ稱。
ちようよ (名) 剩餘 アマリ。餘分。
ちようよう (副) 從容 人ノ氣象、風采ノ、優裕シテ迫ラズ急ガヌ狀ニイフ語。
ちようり (名) 勝利 闘ヒ又ハ爭ヒニ勝ツヿ。
ちようりう (名) 蒸溜 水物ヲ沸カシテ其蒸氣ヲ冷シテ、其露ヲ滴ラセ溜ラスルヿ。
ちようろ (名) 松露 植物ノ名、松ノ樹ノアル邊ノ沙ノ中ニ生ズ形、むかごニ似テ、圓ク大ク、外ハ褐色ニシテ、肉ハ白シ、純白ニシテ軟カナルヲ上品トス、春ノ末ヨリ夏ニワタリテ、盛ニ生ズ、食用トス、香氣アリ。 麥蕈
ちようろ (名) 衢路 物事ノ湊リツキアタル所。
ちようろ (名) 如雨露 如露ニ同ジ。
ちようろくわん (名) 蒸露鑵 らんびきニ同ジ。
(ちようゐ (名) 稱唯 命ヲ承ハリテ答フル聲、起狀ニをゝをトイフト云。
ちよえ (名) 所依 依ルトコロ。
ちよえん (名) 初緣 始メテノ緣組・初度ノ娵入。(再緣ニ對ス)
ちよえん (名) 所緣 ユカリ・シルベ。

ちよか (名) 書家 文字書ク技ニテ家ヲ成ス人。
ちよか (名) 初夏 (一)夏ノ初メ。(二)陰暦、四月ノ稱。
ちよかう (名) 初更 更ノ條ヲ見ヨ。
ちよがく (名) 初學 ウヒマナビ。始メテ學問ニ就クヿ。
ちよかん (名) 書翰 テガミ。書狀。
ちよかんぶくろ (名) 書簡袋 封筒ニ同ジ。
ちよき (名) 暑氣 アツサ。夏、太陽ノ熱ノ烈シキヿ。
ちよき (名) 書記 (一)文字ヲ書キシルスヿ。(二)書キシルス役、モノカキ。カキヤク。
ちよきくわん (名) 書記官 (一)書記ノ事ヲ掌ル官。カキヤク。(二)今、內閣、諸省、元老院、府縣等ノ長次官ノ下ニアル官、奏任ノ官ナリ。
ちよきす・スル・スレ・セ・シ・セヨ (他動)(不規・二) 庶幾 (一)コヒネガフ。(二)近シ。
ちよぎやう (名) 所行 オコナヒ。フルマヒ。シワザ。 行爲
ちよく (名) 私欲 己レニノミ利セムトスル心。
ちよく (名) 嗜欲 嗜ミ欲スルヿ。
ちよく (名) 食 (一)物食フヿ。「一ススム」(二)食物。「米ヲ一トス」
ちよく (名) 職 (一)ツトメ。ヤクメ。(官ノ條ヲ見ヨ)(二)ナリハヒ。職業。
ちよく (名) 燭 蠟燭ニ點シタル燈火。
ちよく (名) 卓 机ノ脚高キモノ。
ちよくあたり (名) 食中 多量ニ物ヲ食ヒ、或ハ消化シ難キモノヲ食ヒテ、胃ニ變ヲ起シ、吐瀉ナドスル病。急性胃加多兒。ショクショウ。 食傷

ちよくいふ (名) 食邑 知行所。
ちよくえん (名) 食鹽 食用トスル鹽。
ちよくかうのにしき (名) 蜀江錦 (一)支那蜀江ノ產ナル錦ノ稱、上品ナリトス。(二)今、常ニハ、錦ノ織樣ニ、切籠ノ如キ文ヲ織リ成セルモノヲ稱ス、コレヲ蜀江形ナドイフ。
ちよくかく (名) 食客 カカリウド。キサフラフ。
ちよくき (名) 食氣 物食ハムト欲スル心。食欲。(病人ニ)
ちよくげふ (名) 職業 ツトメ。ナリハヒ。家業。
ちよくげん (名) 食言 言ヒ契リタル事ヲ違フルヿ。
ちよくご (名) 食後 飯ヲ食ヒタル後。メシスギ。
ちよくこう (名) 職工 職人ニ同ジ。 工匠
ちよくこん (名) 蜀魂 ホトトギスノ異名。
ちよくざい (名) 贖罪 ぞくざいノ條ヲ見ヨ。
ちよくじ (名) 食事 飯ヲ食フヿ。 餐
ちよくじ (名) 植字 活字ヲ植ヱ組ムヿ。
ちよくしやう (名) 食傷 ショクアタリ。
ちよくしやう (名) 職掌 ツトメカタ。役目。
ちよくしよ (名) 蜀黍 モロコシキビ。モロコシ。
ちよくしよ (名) 溽暑 ムシアツキヿ。
ちよくす・スル・スレ・セ・シ・セヨ (他動)(不規・二) 食 クラフ。ハム。タブ。
ちよくせい (名) 職制 勤メ方ノ制。
ちよくせん (名) 燭剪 蠟燭ノシンキリ。

しよく-せん (名) 卓氈 卓ヲ被フニ用ヰル毛布。
しよく-たい (名) 食滞 食物ノ胃ニ滞リテ消化レヌヿ。
しよく-だい (名) 燭臺 蠟燭ヲ立ツル具、臺ト棹トアリテ、其上ニ立ツ。ラフソクタテ。燭架
しよく-だう (名) 食道 咽ヨリ胃ヘ、飲食ノ物ノ下ル道、大ナル膜ノ管ナリ。
しよく-だう (名) 食堂 食事スルニ用ヰル座敷。
廿しよく-ち (名) 初口 ハジメ。ハジマリ。
じよく-ち (名) 辱知 相識トナリテ辱ナキ意ヲイフ敬稱。
しよく-ちゆう (名) 植蟲 動物學ノ語、極メテ小キ蟲ノ集リテ植物ノ如キ形ヲナスモノ、即チ、珊瑚ノ類。
しよく-ぢよ (名) 織女 たなばたノ條ヲ見ヨ。
しよく-にん (名) 職人 タクミ。大工、左官ナド、スベテ手技ニテ物造ルヲ生業トスル者ノ總稱。職工。工匠
しよく-ぶつ (名) 植物 根、土中ニアリテ、夫ヨリ莖幹ヲ生ジ、夫ヨリ枝葉ヲ生ジ、又、花ヲ生ジ、實ヲ結ブ物ノ總名、木、灌木、亞灌木、草、其他、凡ソ、土上ニ生ズルモノ、皆是レナリ、根ハ、實ヨリ生ズルアリ、或ハ、宿根ノ殖エテ長ズルアリ、殊ニ、苔、菌ニ至リテハ、其状甚ダ異ナルモノ多シ。(動物、礦物ニ對ス)
しよく-ぶつがく (名) 植物學 博物學ノ一部、植物ノ品類、構造、等ヲ知ル學。
しよく-ぶん (名) 職分 職トシテ爲スベキヿ。
しよく-みん (名) 殖民 無人ノ地ニ、民ヲ移シ住マシムルヿ。

しよく-む (名) 職務 職トシテスベキ事。
しよく-もつ (名) 食物 クヒモノ。食フベキ物。
しよく-よう (名) 食用 食物ニモチヰルヿ。
しよく-よく (名) 食欲 食氣ニ同ジ。
しよく-りやう (名) 食糧 食用トスル糧。糧食
しよく-れう (名) 食料 (一)食フベキモノ。食物。(二)日日ノ食事ノ代金。
しよく-ろく (名) 食祿 食ムニ受クル祿。
しよ-ぐわ (名) 書畫 書ト畫ト。
しよ-くわい (名) 初會 始メテ相會フヿ。初對面。生客
しよ-ぐわ-くわい (名) 書畫會 寄合ヒテ書畫ヲカクヿ。
しよ-ぐわでふ (名) 書畫帖 書畫ヲ貼リ込メル折手本。
しよ-くわつ (名) 所轄 支配ニ同ジ。
しよ-くわん (名) 所管 アツカルトコロ。支配。
しよ-ぐわん (名) 所願 ネガフトコロ。ネガヒノスヂ。
(しよく-ゐ (名) 即位 そくゐノ條ヲ見ヨ。
(しよく-ゑ (名) 觸穢 穢レニ觸レタルヿ、服忌、産穢、月經、或ハ蹈合ナド、皆イフ。古ヘ、神事ニ、人ノ死ニハ、三十日、(葬日ヨリ計ル)同産、七日、畜ノ死、五日、同産、三日、(鷄ハ忌マズ)喪ヲ弔ヒ、病ヲ問フハ、三日ナドトアリ。
しよ-け (名) 所化 僧家ニテ、弟子ノ稱、(能化ニ對ス)

しよ-けい (名) 庶兄 妾腹ニ生レタル兄。
じよ-けう (名) 助教 學校ニテ、教授ヲ助クル職。
じよ-げつ (名) 如月 キサラギ。
しよ-けん (名) 所見 (一)見ルトコロ。見タルモノ。(二)意見ヲツクル所。
しよ-けん (名) 書見 書物ヲ見ルヿ。書ヲ讀ムヿ。讀書
じよ-ご (名) 助語 助辭ニ同ジ。
しよ-こう (名) 諸侯 (一)支那ニテ、公、侯、伯、子、男、ノ爵アル者ノ總稱。(爵ノ條ヲ見ヨ)(二)大名。
じよ-ごん (名) 助言 助ケテ、言葉ヲ添フルヿ
しよ-さ (名) 所作 爲ストコロ。シワザ。オコナヒ。ふるまひ。
しよ-さい (名) 書齋 書ヲ讀ミ、物書クニモチヰル部屋。
しよ-ざい (名) 所在 (一)物ノ在ルトコロ。(二)ココ、カシコ。〇ーガ無イ。身ノ在ルベキ所ヲ求メ得ズ。身ノ落着キナシ。テモチブサタナリ。
廿じよ-さい-な-し・き・けれ・く・く (形・二) 無如才 氣轉利キテ、遺失無シ。
しよ-ざう (名) 所藏 己ガ物トシ、藏メテアルヿ。
しよ-さつ (名) 書札 カキモノ。
しよ-し (名) 所司 さむらひどころノ條ヲ見ヨ。
しよ-し (名) 庶子 嫡子ノ外、次男、三男、或ハ妾腹ノ子ナドノ稱。
しよ-し (名) 處士 士ノ仕官セヌモノノ稱。
しよ-し (名) 書肆 本屋ニ同ジ。

しよじ (名) 助辭 漢語ノ、他ノ語ニ附キテ、其意味ヲ助ケ補フモノ。即チ、焉、哉、乎、耶、ナドノ類。助語。
しよじ (名) 叙事 文ニ、事柄ヲアリノママニ記シツクルモノ。
しよしう (名) 初秋 (一)秋ノ初メ。(二)陰暦、七月ノ稱。
しよしき (名) 諸式 〔諸色ナルベキカ〕モロモロノ物。品品ノモノ。「ー高直」
しよしき (名) 書式 願書、證文、ナドニ制ノアル文體。
しよしだい (名) 所司代 (一)室町政府ノ頃、侍所ノ所司ノ、其家人ヲシテ代理セシムル職名。(侍所ノ條、見合ハスベシ)(二)織田氏、豊臣氏、徳川氏ニ至リテハ、其任ズル人、陪臣ナラネドモ、其稱ヲ改メズシテ、京都ニ置キテ、禁裏ニ係ル一切ノ事、及ビ、近畿ノ民政ヲモ掌ラシムル職ノ稱トナレリ。
しよしちにち (名) 初七日 ふたなのかノ條ヲ見ヨ。
しよしん (名) 初心 學術ノ學ビ始メナルコト。初學
しよしん (名) 書信 手紙ノオトヅレ。
しよじん (名) 庶人 身分ナキ人。庶民。平民。
しよしや (名) 書寫 書キ寫スコト。
しよじやう (名) 書状 テガミ。フミ。 書翰
しよじやく (名) 書籍 書物ニ同ジ。
しよしやく (名) 叙爵 始メテ從五位下ニ叙セラルルコノ稱、五位ヨリ以上ハ、位田ヲモ賜ヒ、大ニ規模トスル所ナレバ、殊ニ稱ス。

しよしゆつ (名) 庶出 庶腹ニ生レ出デタルコト。
しよしゆん (名) 初春 (一)春ノ初メ。初春。(二)陰暦、正月ノ稱。
しよじゆん (名) 初旬 上旬ニ同ジ。
しよしよ (名) 處暑 二十四氣ノ條ヲ見ヨ。
しよしよ (名) 處處 トコロドコロ。ココカシコ。ソコラココラ。
しよじよじ (副) 徐徐 シヅシヅト。ソロソロト。
しよ-す・スル・スレ・セ・シ・セヨ (他動)(不規.二) 書 カク。シルス。
しよ-す・スル・スレ・セ・シ・セヨ (他動)(不規.二) 處 サダメオコナフ。取リ計ラフ。取リサバク。「事ヲー」死刑ニー」
しよ-す・スル・スレ・セ・シ・セヨ (他動)(不規.二) 恕 思ヒ遣リテ免ス。
しよ-す・スル・スレ・セ・シ・セヨ (他動)(不規.二) 叙 〔位階ニ叙ツル意〕位ヲ進メ賜フ。新ニ賜フニハ、授ク、トイフ。
しよせい (名) 書生 書ヲ讀ミ學ブ人。學業ヲ習フ者。
しよせい (名) 所生 (一)生ミシ子。「之ヲ視ルコトーノ如シ」(二)生ミノ親。「ーノ恩」之ニ事フルコトーノ如シ」
しよせい (名) 助勢 助力ニ同ジ。
しよせん (副) 所詮 詮ズルトコロ。理ノツマル所。 究竟
しよせん (名) 如船 うきぶくろ、うきぐつ、ニ同ジ。
しよぞく (名) 所屬 臨キ從ヒテアルモノ。
しよそん (名) 書損 カキソコナヒ。
しよぞん (名) 所存 心ニ存ズル所。カンガヘ。オモヒ。ミコミ。 思慮
しよたい (名) 所帶 (一)身ニ帶ブル所ノモノ。財産。身代。身上。「ーヲ没收ス」 家產(二)家ヲ立テ、生業ヲ成スコト。世帶。「ーヲ持ツ」ーヲ潰ス 生計

しよたいぶ (名) 諸大夫 五位ノ通稱
しよたいめん (名) 初對面 始メテノ對面。初會 生客
しよだし (名) 序出 書キハジメ。發端。
しよだな (名) 書棚 書籍ナド載セテオクニ用キル棚。 書架
しよだん (名) 初段 段、及ビ、皆傳、ノ條ヲ見ヨ。
しよたん (名) 助炭 〔炭ノ數エヲ助クル意カ〕木匡ニ紙ヲ張リ、爐、箱火鉢、ナドノ上ニ被フモノ、火氣ヲ散ラシメズ用トス。 覆罩
しよち (名) 處置 サダメオコナフコト。アツカヒ。ハカラヒ。
しよち (名) 所知 知ルトコロ。所領。「家豐ニ、從者多ク、ーヲモマウケテ、云云」攝津國ノーヨリ」近江ノ國ノーノ券ニテ候フトテ」
しよぢ (名) 所持 持チテアルコト。有チテ居ルコト。
しよちゆう (名) 暑中 (一)夏ノ暑サノ間。(二)夏ノ土用十八日ノ間。(寒中ニ對ス、暑ノ條ヲ見ヨ)「ーノ見舞」
しよちゆう (名) 書中 文書手紙ノ文言ノ中。
しよぢよ (名) 處女 ムスメ。キムスメ。
しよつちゆう (副) 〔初中終ノ略訛〕常ニ絶ユルコトナク。不斷。始終。(東京)
しよて (名) 初手 初ニ手ヲ下スコト。ハジメ。最初。 當初

しよ-てい (名) 書體 (一)書キタル文字ノ姿。書風。(二)漢字ノ種種ノ書方、即チ、楷書、行書、草書、篆書、隷書ナド。

しよ-でん (名) 所傳 ツタフルトコロ。

しよ-ど (名) 初度 ハジメノタビ。初手。初回

しよ-とう (名) 初冬 (一)冬ノ初メ。(二)陰曆、十月ノ稱。

じよ-どうし (名) 助動詞 語學ノ語、動詞、又ハ、他ノ助動詞ノ下ニ添ヒテ、其意ヲ盡サザルヲ助クル語ニテ、語尾ニ變化アルモノ、例ヘバ、見ルなり、讀ミけり、受ケさす、取ラず、行カしめたりナドノなり、けり、さす、ず、しめ、たりノ如シ。(篇首ノ語法指南ノ助動詞ノ條ヲ見ヨ)

しよ-とく (名) 所得 得ルトコロ。得テ所有スル利益。

しよ-とくぜい (名) 所得稅 人人ノ所得、即チ、商賣財產等ノ收納ノ金高ニ應ジテ課セラルル稅。

しよ-なのか (名) 初七日 人ノ死シテヨリ七日ニ當ル日ヲ、佛事ヲ修スルニ就キテイフ稱。初七日。

しよ-にち (名) 初日 ハジメノヒ。物事ヲ始ムル日。

しよ-にん (名) 諸人 モロビト。衆人

じよ-にん (名) 叙任 位ニ叙シ、官ニ任ズルヿ。

しよ-はう (名) 諸方 ココカシコ。アチラコチラ。各方

しよ-はう (名) 處方 病ニ應ジテ藥ヲ與フルヿ。

しよ-はふ (名) 書法 文字ヲ書ク法。筆法。

しよ-はん (名) 諸般 種種。イロイロ。

しよ-びやう (名) 諸病 モロモロノヤマヒ。

‡しよ-ふ フ・ヘ・ヘ・ヒ・ヘ (他動)(規.一) 脊負フ、ノ約。負擔

しよ-ふう (名) 書風 文字ノカキブリ。書體。

しよ-ぶん (名) 處分 取計ラヒ扱フヿ。

じよ-ぶん (名) 序文 序ノ文章。ハシガキ。

しよ-ほ (名) 初步 事ノ入口。手始メ。

しよ-ぼ (名) 庶母 父ノ妾ナド。

‡しよぼしよぼ (副) [そぼノ轉カ] (一)小雨ノソボフル狀ナドニイフ語。シボシボ。(二)目ノ淚ニ濕リテアル狀ニイフ語。

しよ-ほつ (名) 初發 ハジメノオコリ。ハジマリ。

しよ-まう (名) 所望 ノゾミ。コノミ。注文。囑望

しよ-みん (名) 庶民 (一)モロモロノ民。(二)平民。

しよ-む (名) 庶務 雜多ノ事務。

しよ-む (名) 所務 ツトムルトコロ。ツトメ。

シヨンズヰ (名) 祥瑞 [字ノ唐音] 磁器ノ製樣ノ名、伊勢ノ人、五郎太夫トイフ者、明國ニ渡リ、陶法ヲ學ビ、一ト號ス、永正十年、歸朝シテ、其法ヲ肥前ノ有田唐津ノ人ニ傳フ、染付ノ甚ダ光澤アリテ、最モ良キモノニテ、質、甚ダ密ニ、釉甚ダ白シ。

‡しよんぼり (副) [しよぼノ音便延] 獨リ居テ淋シク侘シキ狀ニイフ語。

しよ-めい (名) 署名 姓名ヲ記シツクルヿ。

じよ-めい (名) 助命 命助カルヿ。殺スベキヲ免ズルヿ。

しよ-めん (名) 書面 カキモノノオモテ。文言ノ上。文面。

しよ-もつ (名) 書物 フミ。文書ヲ綴ヂタル物、版本、寫本、共ニイフ。本。綴本。書籍 書冊

しよ-や (名) 初夜 (一)古クハ、前夜ノ夜半ヨリ今朝マデノ稱、コレヲ今日ノートス。又、今日ノ夕ヨリ夜半マデヲ、今日ノ後夜トイフ。(二)今、常ニイフ所ハ、夕ヨリ夜半マデノ稱。夜半ヨリ朝マデヲ後夜トス。(三)又、漏刻ニテハ、亥ノ二刻ヨリ子ノ二刻マデノ稱 子ノ三刻ヨリ丑ノ四刻マデヲ後夜トス。(時及ビ刻ノ條ヲ見ヨ)(四)又、或ハ、戌ノ刻ノ稱。子ノ刻ヲ中夜トシ、寅ノ刻ヲ後夜トス。

しよ-よう (名) 所用 モチヰルヿ。ツカフモノ。

しよ-らう (名) 初老 齡ノ四十歲ニ及ビタルヿ。

しよ-らう (名) 所勞 イタヅキ。ヤマヒ。ワヅラヒ。病患

じよ-りき (名) 助力 助クル力。力ヲ添フルヿ。テツダヒ。ジヨリヨク。助勢。幇助

しよ-りん (名) 書林 本屋ニ同ジ。

じよ-りん (名) 如鱗 [魚鱗木ノ略訛カ] 木理ノ鱗ノ如キ文ヲナスモノ、くす、けやき等ノ材ナドニイフ。

しよ-りやう (名) 所領 領スル所。領分。領地

しよ-りよう-れう (名) 諸陵寮 ミササギノツカサ。古ヘ、治部省ニ屬セル寮、山陵ノ事ヲ掌ル。

じよ-りよく (名) 助力ニ同ジ。

しよ-るゐ (名) 書類 カキモノ。カキツケ。

しよ-れい (名) 諸禮 交際、諸儀式ニ、物事ノ扱ヒ、坐作進退等、一切ノ禮儀作法。シツケ。シツケカタ。

じよ-れん (名) 如簾 葭ノ莖ニテ編メル小キ簾ノ如キモノ、食器ノ上ヲ被フナドニ用ヰル。

じよ-れん (名) 鋤簾 砂ヲ掻キ寄スル具。

じよろ (名) 如露 又、ジヨウロ。如雨露。鉢植、花壇、ノ草木ナドニ、水ヲ注グニ用ヰル器、銅ニテ製ス、水ヲ貯フル所ハ、桶物ノ如ク、長キ管アリテ出デ、管ノ末ニアマタ、細カキ孔ヲ穿テリ、水ヲ送レバ、孔ヨリ雨露ノ如ク噴キ出ヅ。

じよわう (名) 諸王 皇子皇孫ノ、親王宣下モ無ク、又、姓ヲ賜ハリ臣籍ニモ入レサセラレズシテアル稱。

じよゐ (名) 所爲 爲セル事。シワザ。所作。

じよゐ (名) 初位 そゐノ條ヲ見ヨ。

じよゐ (名) 暑威 夏ノ暑サノ烈シキ一。

じよゐ (名) 叙位 (一)位ニ叙スル一。(叙ス、ノ條ヲ見ヨ) (二)古ク、正月五日(或ハ六日)ノ禁中ノ公事、諸臣ノ叙位ヲ行ハル。

じよゐん (名) 書院 (一)讀書、講學ノ所。(二)轉ジテ、貴族ノ家ニテ、客殿、表座敷ノ稱。

じよゐんばんぐみ (名) 書院番組 徳川氏ノ制ニ、殿中ノ書院ヲ警衞スル組組ノ士。

しら (名) 白 (一)白ノ轉、熟語ニノミ用ヰル。「一菊」一紙」一絲」一旗」一露」(二)染メズ、塗ラズ、ソノママナル一。「一齒」一鞘」一木」 素

じらい (接) 爾來 然アリシヨリ此方。ソレヨリ後。

しらいと (名) 白絲 (一)染メヌ白キ絲。(二)しんまノ餅ニテ捩ヂテ枠絲ノ如ク作レルモノ。(女房詞) 捻頭

じらう (名) 次郎 二郎 次男ニ同ジ、多ク其幼名トス。

しらうを (名) 白魚 河海ノ間ニ生ズ、長サ二三寸、幅二三分、身、扁ク、質、尖リ、形、鮎ニ似テ細長ク、鱗無シ、全身白ク、稍青ミアリテ、只、睛ノ黒キヲ見ルノミ、冬、春ノ間ヲ候トス。 鱠殘魚

しらが (名) 白髪 (しらかみノ略) (一)年老テ髪ノ色ノ白クナレルモノ。シラカミ。(二)(木綿。(白髪ニ似タレバイフ、元ト、木綿ノ枕詞ニ、白髪付トイヘリシヨリ轉ズ)「四ツノ船、早還リ來ト、白香着ケ、朕ガ裳ノ裾ニ、垂デテ待タナム」(三)今、婚禮ナドノ贈物ニ、麻ノ稱。

しらかげ (名) 白鹿毛 馬ノ毛色、鹿毛ニ白毛ノ雜レルモノ。 驃

（しらがさね (名) 白重 陰暦、四月朔日ヨリノ更衣ニ、白キ襲衣ヲ用ヰル一。「夏衣、タチキル今日ノ、一、知ラジナ人ニ、ウラ手シトハ」

しらかし (名) 白樫 樫ノ條ヲ見ヨ。

（しらかす (名) 醨 (白糟ノ義ナラム) 白酒甘也トアリ、今、饅頭ノ皮ヲ作ルもとトスル甘酒ナラムカ。

しらかす・ス・セ・サ・シ・セ (他動)(規.一) しらすニ同ジ。

しらかはいし (名) 白川石 山城ノ愛宕郡、白川村ノ東北ノ山中ヨリ出ヅル石、色白シ、多ク切出シテ、橋、碑、礎ナドトス。

しらかべ (名) 白壁 白キ漆喰ニテ上塗シタル壁。 粉壁

しらがまじり (名) 白髪雜 黒髪ニ白髪ノ生ヒ雜レル一。 頒白

しらがまつ (名) 白髪松 松ノ一種、其葉、半ハ白ク、半ハ緑ナルモノ。

しらかみ (名) 白紙 白キ紙。文字書カヌ紙。

しらかんば (名) 白樺 樺ニ同ジ。

しらかゆ (名) 白粥 粥ノ物ヲ雜ヘヌモノ。

しらき (名) 白木 (一)塗ラヌ木地ノ材。 樸 (二)樹ノ名、實ノ油ヲ鐵器ニ塗ルモノ。

（しらぎごと (名) 新羅琴 (しらハ斯羅ニテ、きハ國ノ約カト云) 琴ノ十二絃ナルモノニテ、絃ノ名ニ、十干ノ字、及ビ、天地ノ字ヲ用ヰルトゾ、初メ新羅國ヨリ來レルカト云。

しらぎり (名) 白桐 桐ノ條ヲ見ヨ。

じらく (名) 刺胳 醫術ニ、手足ノ動脈ヲ刺シテ血ヲ去ル一。

しらく・クル・クレ・ケ・ケ・ケヨ (自動)(規.二) 白 (一)白クナル。「若カリシ、肌モ皺ミヌ、黒カリシ、髪モ白斑ケヌ」イタダク髪ノ、シラクルマデニ」シラシラト、シラケタル夜ノ、月影ニ、雪掻キワケテ、梅ノ花折ル」シラケテ見ユル狐カナ」(二)褪ル。ウスラグ。醒ム。「興一」(三)負色ニナル。シラム。 星敗色

しらぐ・グル・グレ・ゲ・ゲ・ゲヨ (他動)(規.二) 精 米ヲ搗キ、糠ヲ去リテ、白クナス。

（しらくち (名) 獼猴桃 又、コクハ。共ニ、紀伊、陸中ニテハ、今モイ リ藤生ノ植物、他樹ニ着キテ生ズ、莖、圓クシテ毛アリ、實、鷄卵ノ大サニテ、冬ノ初ニ熟ス、食フベシ。

しらくぼ (名) 瘡ノ名、次條ヲ見ヨ。

しらくも (名) 白雲 (一)白キ雲。(二)兒童ノ頂ニ生

ズル一種ノ瘡ノ名、白クシテ鮮ノ状ヲナス。又、シラクボ。(頭ナレバ雲トイフカ) 輪癬 白禿瘡

廿あらける (動) 白 あらくノ訛。

廿あらける (動) 精 あらぐノ訛。

あらお (名) 白子 又、シロコ。魚ノ雄ノ腹ニアル白キ鰾ノ如キモノ、即チ、精ナリ。雄魚精

あらおけ (名) 白苣 はなおけノ條ヲ見ヨ。

あらさや (名) 白鞘 刀ノ新刃ナドノ、白木作リノ假リノ鞘、及ビ柄。(栫附キニ對ス) 素鞘

あらあぼり (名) 白搾 あまのあぶらノ條ヲ見ヨ。

あらあらし・シキ・シケレ・シク・シク (形・二) 白白 (一)現ニ白ク見ユ。「人モ見バ、アナー、オイ狐、イトドモ書ノ、マジラヒナセソ」平白 (二)興醒ム。「イミジク美美シクヲカシキ君達モ、隨身無キハ、イトー」(三)俗ニ、知レドモ知ラヌ顔シテアリ。

あらあらと (副) 白白 白ク明ク。「夜ノー明ケワタルホドニ」「ー、シラケタル夜ノ、月影ニ」

(あらす (名) 白洲 白キ砂ノ洲。「友千鳥、群レテ渚ニ、渡ルナリ、沖ノーニ、潮ヤ滿ツラム」白沙

あらす (名) 白洲 (白砂ヲ敷キタル所ノ義ナラム) 裁判所ノ糺問ノ場。訟廷 法廷

あらす (名) 白子 魚ノ名、いさざニ同ジ。

(あらす・ス・セ・サ・シ・セ (他動) (規・一) 知 あろすニ同ジ。領リ給フ。「其光彩亞レ日、可ニ以配レ日而治」(三)「笠ノ杜ノ、神シ知三」

あらす・スル・スレ・セ・セ・セヨ (他動) (規・二) 爲知 他ノ知ルヤウニナス。告ゲ聞カス。通報

あらす・ス・セ・サ・シ・セ (他動) (規・一) 他ヲジレルヤウニナス。戲レニ困セテナブル。ジラカス。

あらすぼし (名) 白子乾 白子、即チ、鰯ヲ煮テ乾シタルモノ。チリメンザコ。鶏毛脡

あらずみ (名) 白炭 えだずみノ條ヲ見ヨ。シロズミ。

あらずみ (名) 白墨 繪具、胡粉ヲ製煉シテ固メ作ル。

あらせ (名) 爲知 (一)知ラスルコト。告グルコト。通報 (二)キザシ。前表。兆

廿あらせる (動) 知ス(規・二)ノ訛。

あらた (名) (一)杉ノ材ノ白キモノ。(杉ノ條ヲ見ヨ) (二)スベテ、木ノ材ノ色白キ部。(あかみノ條ヲ見ヨ)

あらたけ (名) 白茸 一種ノ菌、色白シ、味佳ナリト云、

あらたま (名) 白玉 (一)色白キ玉。(二)眞珠。(三)(鰒魚)「磯ノ上ニ、爪木折リ燒キ、汝ガ爲ニ、吾ガ潛キ來シ、奥津ー」(四)白玉粉トイフハ、糯米六分、粳米四分ヲ水ニ漬シ、磨キテ粉トシ、水ヲ去リテ乾シテ成ル、寒晒シニ製セルモノ、最モ潔白ナリ。コレヲ水ニテコネテ、丸トシテ煮デタルヲ、ートイフ、冷水ニ浸シ砂糖ヲ加ヘ、夏ノ食物トス。(五)山茶ノ一種ノ、花ノ色白キモノ。

(あらたみ (名) 疝 (痴痛ノ約轉ト云) 又、アダバラ。腹ノ急ニ痛ム病。

あらち (名) 白血 病ノ名、おしけノ條ヲ見ヨ。

廿あらぢ (名) 爲垿 爲テ垿アクルコト。「ーヲツケル」

あらお (名) 白地 燒物又ハ瓦ナドノ下地ノ、未ダ燒キ成サヌモノ。坏

あらちや (名) 白茶 染色ノ名、茶色ノ甚ダ淡クシテ黄赤ヲ帶ブルモノ。

廿あらつお (名) 白子ノ訛、其條ヲ見ヨ。

あらつち (名) 白土 (一)土ニ似テ色ノ甚ダ白キモノ。堊 (二)又、礦物ノ名、土ニ似テ、又、石ノ細ク、甚ダ堅シ、碎キテ粉トシ、磁器ヲ作ル、其粘ナキヲ粳土トス、肥前ノ松浦郡泉山ニ產スルヲ比類無シトス、伊萬里土。白堊 (三)漆喰。

あらつゆ (名) 白露 葉ノ上ナドノ露ノ白ク見ユルモノ。

あらと (名) 白砥 砥ノ一種、粗砥ト合砥トノ間ニ用ヰルモノ、色薄白シ、伊豫ノ宇和島ノ產ヲ上トス。

あらなみ (名) 白波 (一)波ノ打寄セテ白ク見ユルモノ。(二)盜人ノ異名、後漢ノ靈帝ノ時、賊、張角、西河ノ白波谷ニテ盜ヲナセルヨリシテイフ。「風吹ケバ、冲津ー、立田山、夜ニヤ君ガ、獨リ越ユラム」玉櫛笥ヲ盜マレシ兒ノ詠メル歌「ーノ、立チ來ルママニ、玉櫛笥、二見ノ浦ハ、見エズナリニキ」

あらぬひ (名) 不知火 (景行帝ノ舊事) 古ヘノ筑紫ノ火ノ國、今ノ肥後ノ天草ノ海上ニ、毎年、八朔ノ曉ニ、燐火ノ、燈火ノ如ク、無數、連リ光リテ現ハルルモノ。此語、筑紫ノ枕詞トモス。

あらは (名) 白齒 はぐろめニテ染メヌ齒。(多ク、未婚ノ女ニイフ) 素齒 皎齒

あらち

あらは

あらは (名) 白刃 刀ノ刃ヲ鞘ヨリ拔キタルニイフ語。ヌキミ。

あらは (名) 白羽 矢ノ羽ノ、斑ナツ、純白ナルモノ。

〔あらはだ〕 (名) 白肌 なまつはだノ條ヲ見ヨ。

あらはり (名) 白張 ハクチヤウ。白キ布ノ狩衣ノ名、糊ヲコハク張ル。布ノ淨衣。

あらひげ (名) 白髭 老人ノ鬚ノ白クナレルモノ。「チチノミ、父ノミコトハ、タクツヌノ、之頁比氣ノ上ユ、涙垂リ歎キノタバク」

あらびやうし (名) 白拍子 昔ノ遊女ノ舞ノ名、鳥羽院ノ頃ニ、島ノ千歲、和歌ノ前、二人ノ遊女、舞始メタリト云、或云、通憲入道、作リテ磯ノ禪師ニ舞ハシメタリト、初ハ水干ニ、立烏帽子、白鞘卷ヲサシテ舞ヒシカバ男舞トイヘリ、後ニ、水干ノミ用ヰタレバ、白拍子ト名ヅケタリ、物ヲ數ヘ歌ヒタリトゾ。

あらふ (名) 白面 酒ニ醉ハヌ常ノ時。

あらふ (名) 白斑 他ノ色ノ地ニ、白ク出デタル斑。

〔あらふ〕 (助) 合 互ニ爲スル意ヲイフ助詞、常ニ恥ヂ一、言ヒ一、引キ一、ナド熟語ニノミ用ヰル、各條ヲ見ヨ。(或ハあらろふトモ)「一ノ臨」

あらぶ・ブル・ブレ・ベ・ベ・ベヨ (他動) (規・二) 調 〔白ヲ活用シテ、明白ニスル意カト云〕 (一)音ノ律呂ヲ合ハセ調フ。奏ツ。「トリドリニ、物ノ音ドモ、シラベ合ハセテ遊ビ給フ」箏ノ琴ハ、云云、平調ニ押シクダシテシラベ給フ」琴ノ音ニ、ヒビキカヨヘル、松風ニ、シラベテモ鳴ク、蟬ノ聲哉」(二)カレコレト照リ合ハセテ見ル。査 點檢 (三)罪狀ヲ糺ス。吟味ス。詮議ス。糺問ス。審理

あらべ (名) 調 (一)シラブルコト。音ノ律呂ヲ調フルコト。「常磐ナル、松ノ一ニ、彈ク琴ハ、緒每ニ君ハ、千年トゾ鳴ル」(二)カレコレト照リ合ハセテ見ルコト。査 點檢 (三)罪狀ヲ問ヒ糺スコト。吟味。詮議。糺問。審理

あらべ・かは (名) 調革 (鼓ノ調べノ緒ノ如ク懸クレバイフ) 蒸氣器械ノ車ナドニ、細長キ革ヲ環ノ如クニシテ引懸ケテ廻ラスモノ。

あらべ・のを (名) 調緒 腰鼓ノ兩面ノ皮ノ緣ニ貫キカガリテ、胴ニ引キ寄セ絡フ紐、擊ツ時、手ニテ締メツ緩メツシテ調子ヲ操ル。

あらべ・やく (名) 調役 (一)下案ナド調べ作ル役目。(二)罪狀糺問ノ役目。

あらべる (助) 調ブノ訛。

あらほし (名) 白乾 肉、菜ナド、スベテ、鹽モ何モ添ヘズ、ソノママニ乾スコト。スボシ。風乾

あらます・ス・セ・サ・シ・セ (他動) (規・一) 白 (白ムノ他動、あらむノ條ヲ見ヨ) 敵勢ヲ挫ク。「コレヲあらまさジト、平家ノ方ヨリ、云云、オメイテカカル」敵ヲ射一」

〔あらまゆみ〕 (名) 白眞弓 白木ノ眞弓。「陸奧ノ安達ノ原ノ、一、心コハクモ、見ユル君哉」

〔あらまゆみ〕 (枕) 白檀弓 張ル、射ル、引ク、ナドイフ語ノ枕詞。「一 今春山ニ、行ク雲ノ」白檀、石邊ノ山」白檀、斐太ノ細江ノ」

あらみ (名) 虱 〔白蟲ノ約ト云〕 古名、又、ギササ。シラムシ。動物ノ膚ノ不潔ナルヨリシテ生ズル甚ダ小キ蟲、六足ニシテ、足每ニはさみアリ、二角アリ。頭髮、又ハ陰毛ニ生ズルモノヲ、毛ジ一 つび一ナドイフ、其形、稍、異ナリ。

あらむ・ム・メ・マ・ミ・メ (自動) (規・二) 白 白クナル。明ルクナル。曉ノ空トナル。「月出ヅル、軒ニモアラズ、山ノ端ノ、一モ知ラジ、夜ノ白雪」「東ガ一」

あらむ・ム・メ・マ・ミ・メ (自動) (規・二) 白 (一)(衰ヘ荒ム。「此琴ドモヲバ イカデ作リシゾ、手觸レデ久シクナリニケルニ、聲モあらまズ、七ツナカラ、同ジ聲ニハ イカデ調ヒタルゾ、ト問ヒ給フ」(二)軍ノ勢、挫クル。敗北セムトス。(兵仰ギテ、兜ノ裏ヲ現ハシテ、白ク見ユルヨリイフトゾ) 星敗色

あらん (名) 紫蘭 草ノ名、人家ニ植エテ花ヲ賞ス、葉ハちやまささ似テ、縱ニ皺多シ、夏月、莖ヲ生ジ、三四葉互生シ、上ニ數花ヲ開ク、蘭ニ似テ、紅紫ナリ。朱蘭。白及 白芨

〔あらむし〕 (名) 白蟲 あらみニ同ジ。

あらむし (名) 白蒸 おはめしノ條ヲ見ヨ。

〔あらめ〕 (名) 白眼 白睛ニ同ジ。「御目ハあらめニテ伏シ給ヘリ、人人、御口ニ水ヲスクヒ入レ奉ル」

あらも (名) 白藻 海草、石ノ上ニ生ズ、形、鬚ノ如ク、枝アリテ、一二尺ニ至ル、生ナルハ、淡紫ニシテ、晒セバ、白シ、生ニテ食フ。

あり (名) 後 (一)ウシロノ方。ノチ。アト。「一ニ立ツ」車ノ一」「一 前見レバ、人一 人モ見エズナリヌ」(二)スヱ。ハテ。

シマヒ、最後（三）廿俗ニ、所作ノ報イ。「借財ノ—」「過チノ—」

しり（名）尻〔身ノ後ノ義ナラム〕（一）脊ノ下ノ、肉ノ出デテ、坐スレバ席ニツク所。ヰサラヒ。ヰシキ。（二）スベテ、物ヲ居ヱテ地ニツク所。「瓶ノ—」底（三）キヌノシリ、ノ略。裾。「下襲イト長ウ、しり引キテ」「關白、御下襲ノしり疊ミ寄セテ、殿上ニカヘリイツ」

○—ヲハシヨル。端折ル、ノ條ヲ見ヨ。

しり（名）私利　一己ノ利益。「—ヲ營ム」

じり（名）事理　事ノスヂ。「—ヲ辨ヘズ」

しりあひ（名）知合　知リ合フコト。チカヅキ。相識

しりあ・ふ・フ・ヘ・ヘ・ヒ・ヘ（他動）（規・一）知合　交リテ互ニ相知ル。相識

じりう（名）支流（一）エダガハ。（二）分家ノ系。

（しりうごつ・ツ・テ・タ・チ・テ（自動）（規・一）後言ヲ言フ。カゲゴトヲイフ。「しりうごち聞エ給フニツケテモ」「メサマシキ女ノ宿世哉ト、己ガジシハ、しりうごちケリ」

（しりうごと（名）後言〔しりごとノ延〕其人ノ聞カヌ所ニテ、其人ノ上ヲ言フコト。カゲゴト。カゲグチ。「—ニモ聞エ給フメルコソ、サカシダツ人ノ、己ガ上知ラヌヤウニ登エ侍レ」「イト、無禮ナル—ナリカシ」

（しりうど（名）知人　しりびとノ音便。「イカニ、聖ノ御坊ハ、しりうど持チ給ハヌカ」

しりうま（名）尻馬　人ノ乘リタル馬ノ後ニ乘ルコト。「—ニ乘ル」重騎・累騎

‡しりおし（名）尻押　助勢シ勸メソソノカスコト。唆使

（しりおも（名）重下〔令ニ人下部疼重ニ〕赤痢、白痢ノ稱。

しりがい（名）鞦　次條ノ語ノ音便。

（しりがき（名）鞦〔尻繋ノ義〕馬具ノ名、今、音便ニしりがいトイフ、おしかけノ條ヲ見ヨ。

じりき（名）自力　ミヅカラノチカラ。己レ一人ノ働キ。（他力ヲ假ラヌニイフ）

（しりきれ（名）尻切　藁草履ノ類。シキレ。「足駄、しりきれナド取ルワラハベノ、法師ニナリタル」

（しりくべなは（名）次條ノ語ニ同ジ。

（しりくめなは（名）尻久米繩〔しりハ本ノ意、くめハ籠ニテ、藁ノ本ヲ斷チ去ラヌ意ナリトゾ、サレバ端出之繩トモ記セルアリ、或云、後方限目ノ義ナリト〕繩ヲ引キ延ヘテ、其處ヲ指シ示シ、入レシメヌ標トスルモノナリトゾ。「古事記、石屋戸ノ條「布刀玉命、以ニ尻久米繩一控ニ度其御後一白言、從ニ此以内一不レ得ニ還入一」轉ジテ、しりくべなは。約略シテ、標繩。更ニ略シテ、注連。（各條、見合ハスベシ）新年ノ門ニ飾ルモ、コレナリ。「九重ノ門ノしりくめノ繩ノ鯔ノ頭、柊ラ」

‡しりごみ（名）後込　あとしざりニ同ジ。逡巡

しりざや（名）尻鞘　虎、豹、熊、鹿、水豹ナドノ毛皮モテ、太刀ノ鞘ニ合ハセテ袋ニ作リ、其上ニ懸クルモノ、遠行ノ時、雨露ヲ防グ用トストゾ。毛太刀。又、絹ニテ作リ、虎豹ノ斑ナド畫キタルヲ繪ノ—トイフト云。「武夫ノ、太刀しりざやノ、虎ノ尾ハ、此ノ國ニテモ、蹈マバ恐ロシ」刀韈

（しりざら（名）後盤臺子　酒盃ヲ居ウル物。瓶子ヲ居ウル物ヲ酒臺トイフ。

しりじり（副）〔躪ル意カ〕足、踏ミ固メツツ、漸クニ押シ進ム狀ニイフ語。「—詰メ寄ス」

しりぞ・く・ク・ケ・カ・キ・ケ（自動）（規・一）退〔後退グノ轉ト云、或ハ、後放クノ轉カ〕後ヘ退ク。後ヘ引ク。シザク。サガル。

しりぞ・く・クル・クレ・ケ・ケ・ケヨ（他動）（規・二）退（一）後ヘ退クル。後ヘ引カス。サグ。卻（二）遣フ。逐ヒカヘス。

‡しりぞける（動）退　前條ノ語ノ訛。擯斥

（しりたぶら（名）尻ノ肉多キ處。シリタムラ。シリブタ。シリムタ。今、俗ニ、シリコブラ。シリタブ。シリベタ。臀肉

（しりたむら（名）前條ノ語ニ同ジ。

しりつ（名）私立　私ニ作リ立ツルコト。（官立、公立ナドニ對ス）

じりつ（名）自立　ヒトリダチ。他力ニ頼ラヌコト。

（しりはら（名）産後腹　あとばらニ同ジ。

（しりび（名）後干　末ノ弱クナルコトト云。「イト、しりびニ、人ワロキコトゾヤ」歌ノ結句ノ、タヨワキナドヲモイフトゾ。龍頭蛇尾

しりび（名）後火　火災ノ風上ノ方ヘ燒ケユクコト。

しりびと（名）知人　相識ル人。シリウド。友。

しりへ（名）後方　シリノカタ。ウシロノ方。

〔しりへで〕（名）後手 手ヲ後方ヘマハスヿ。ウシロデ。
「後手投₂擲與之」しりへでニ縛リ、大キナル木ニ縛
リツケタリ」
しりん（名）四隣 四方ノトナリ。
しりん-しや（名）四輪車 四ツノ輪アル車。
しりめ（名）後目 睛ノミ動カシテ後方ヲ見ヤルヿ。
「ーニ見オコセ給ヒテ」イトネタゲナルしり目ナリ」ーニ
見ル」 睥睨
○しりもち（名）尻餅 俗ニ、後方ヘ倒レ、尻ニテ地ヲ
衝クヿ。腰ヲツクヿ。尻居。「ーヲツク」
しりやう（名）死靈 死者ノタマシヒ。死シタル人ノ怨
念ナドノ祟ヲナスヿ。（生靈ニ對ス）
しりやう（名）私領 ワタクシノ領分。自分ノ領地。
（公領、御領ナドニ對ス）
しりやう（名）寺領 寺ニ屬キタル領地。
しりやく（名）史略 史ノ事ヲ略キテ短ク編メルモノ。
しりよ（名）思慮 オモンバカリ。カンガヘ。
しりよく（名）死力 必死ノ力。「ーヲ竭ス」
しりよく（名）資力 資金ノ高。
しりよく（名）視力 眼ノ物見ルチカラ。
〔しりゐ〕（名）尻居 後方ヘ倒レテ、尻ヲ地ニ着クルヿ。
「其轡ヲ持チナガラ、しりゐニマロビヌ」
しりを（名）尻尾 尾トイフニ同ジ。
しる（名）汁液 （一）物ヨリ滲ミ出デナドシテ流ルルモ
ノノ總稱。（水、血、脂、酒ナドノ）（二）アツモノ。スヒモノ。 羹
〔しる〕（名）醨 〔液ノ義〕酒ノ滓キモノ。モソロ。「初穗者、
汁醨毛穎醨毛」
〔しる・ル・レ・ラ・リ・レ〕（他動）（規・一）知識 （一）物事ノ理
ヲ心ニ承ク。解シテアリ。心得テアリ。（二）交リテ顔
ヲ見覺ユ。チカヅキニテアリ。知リ合フ。「ー人」「舊しり
テ侍リケル女ノ」 面識 相識
〔しる・ル・レ・ラ・リ・レ〕（他動）（規・一）知領 ツカサドル。占
ム。領ス。治ム。「今ハ、兵部卿ノ宮ノ北ノ方コソハ、しり給
フベケレバ、彼ノ宮ノ御料トモイヒツベク」自ラ領ズル所ニ
侍ラネド、又しり傳ヘ給フ人モ無ケレド」感心ノアマリ
ニしる所ナド給ヒタリ」道因法師、尾張ノ國ニしる所
シアリテ、暫シ侍リケル頃」
〔しる・ル・ル・レ・レ・レ・ロ〕（自動）（規・二）痴 心、愚ニナル。惚
クル。無知ナリ。「世間ハ愚人ノ、吾妹兒ニ、告ゲテ
語ラク」心地、タダしれニしれテ」此ノ宮達、五六人
オハスルニ、スベテしれ頑ナシキガ無キナリ」子ノ大人ブル
ニ、親ノ立チカハリ、しれ行クヿハ、幾何ナラヌ齡ナガラ」
しる・ル・ル・レ・レ・レ・ロ（動）知ラル、ノ約。他ノ知ルヿトナル。
「響リ來ル、花橘ノ、道ヲアケテ、隱ヅ寐床ヲ、人ニ知レ
ヌル」人知レズコソ、思ヒ初メシカ」人知レヌ、我ガ通路
ノ、關守ハ」忍ビアマリ、人ニ知レツツ、鳴ク雉子」
しる-あめ（名）汁飴 飴ノ條ヲ見ヨ。
〔しる-かゆ〕（名）汁粥 かゆノ條ヲ見ヨ。 粥 薄糜
しる-こ（名）汁粉 赤小豆ノ餡ヲ、汁ニ溶キテ煮タル
モノ、餅ヲ入レテ食フ。しるもちトモイフ。
しるし（名）標印 〔記シノ義〕（一）物ノ他ト紛レヌ心
覺エトナルモノ。（二）證トナルモノ。證據。 徵 證左 （三）
紋所。「家家ノー」 徽號 （四）キザシ。氣、前表、
兆 （五）キキメ。功能。 效驗 （六）首級。
しるし（名）璽 〔前條ノ語ニ同ジ〕三種ノ神璽。「今
當レ上ニ天皇璽符」ーノ箱」
〔しる・し・キ・ケレ・ク・ク〕（形・一）著 〔白、又ハ、知ル、ニ通ズ〕
際立チタリ。アキラカナリ。明白ナリ。イチジルシ。「愛
デデ、ざザメキ騷ク聲、イトしるし」梅ノ花、匂フ春ベハ、
クラブ山、闇ニ越ユレド、しるくゾアリケル」篝火ノ、影しる
るけれバ、ヌバ玉ノ、夜川ノ底ハ、水モ燃エケリ」君モ顔ノ
氣色ヤしるカラムト思セバ、立チ給ヒヌルニ」
〔しるしばかり〕（副）少シ。イササカ。「ーモ開エサセ給ヘ」
猶、ー宣ヘト、切ニ宣ヘド」ー打チホノメク、鯨ノ臭ナド
ハ、コトニモアラズ」
しるす・ス・セ・サ・シ・セ（他動）（規・一）記 書 誌 （一）書キ
ツク。（二）前兆ヲ示ス。「新シキ、年ノ初ニ、豐ノ年、思
流須トナラシ、雪ノ降レルハ」 徵 （三）覺エテ居ル。記
臆ス。「積レル年ヲ、しるせレバ、五ノ七ハニ、ナリニケリ」
しる-べ（名）導 〔知方ノ義〕（一）敎ヘ知ラスルヿ。ミチ
ビキ。指南。（二）行ク手ノ路ヲ案内スルヿ。又、其人。
導者
しる-べ（名）知邊 〔前條ノ語ニ同ジ〕 交リテ相知レ
ル方。緣アル人。 知緣
〔しる-まし〕（名）怪 兆。前表。「今睍ニ是怪ー者、甚
慴レ之」雨ニ石鏃ニ之怪、兵役示レ凶也」
シルリング（名）時令志 〔Shilling.〕 英國銀貨ノ
名、金磅ノ二十分ノ一。十二片。我ガ凡ソ二十四

錢九匣。

しれい (名) 【使令】 指圖シテ使フヿ。

しれい (名) 【指令】 願ヒ、伺ヒナドノ文書ニ、官ヨリ示ス指圖。

しれい (名) 【辭令】 官ニ任ジ、職ニ補スル時、其事ヲ記シテ授クル文書。

（しれ-がまし・シキ・シケレ・シク・シク (形・二) 痴レタルラシ。「世ノ中ノシレガマシキ名ヲ取リシカド」ート心ユカズ宣ヘド」

（しれ-しれ-し・シキ・シケレ・シク・シク (形・二) 最ト痴レタル狀ナリ。「世ニナキシレジレシサモ、又、ウシロヤスキモ、此世ニタグヒナキ程ヲ」思ヒ寄ラザリケルコトヨト、シレジレシキ心チス」

（しれ-しれ-と (副) 最ト痴レタル狀ニテ。サモ無知ニ見エテ。「コレガ文ヲ誰ガ取ラセシト言ヘバ、童、ー打チ笑ミテ、トモカクモ言ハデ、走リニケリ」

廿しれ-つたし・キ・ケレ・ク・ク (形・二) 懊惱ル思ヒアリ。(東京)

（しれ-ばむ・ム・メ・マ・ミ・メ (自動) (規・二) 痴レテ見ユ。「幼キ程ハ、ウックシキ御心ナラデ、ウタテ、ヒガヒガシク、シレバミテ」

しれ-もの (名) 【白物】 痴レタル者。愚ナルモノ。アハウ。バカ。「世ニタガヘルしれものニテ過シ侍ルゾヤ」 痴漢

廿しれる・レ・レ・レ・レル・レレ・レヨ (自動) (規・四・變) 思ヒノ如クナラヌヲ悶エ怒ル。 懊惱 焦燥

（しれ-わらひ (名) 痴レタルヤウニ笑フヿ。「アノ法師、我等ヲ討タムトテ、コテタヲ守ラヘ、ーシテアルハ、タダゴトナラズ」

しろ (名) 【白】 色ノ名、雪ノ如キ色。サレド、物理學ニテハ、色トセズ、七色ノ、一ツニ混合シタルモノトス。○ー黒ヲワクル。善惡ヲ判ツ。

しろ (名) 【代】 (一)其用トナルモノ。其料ノモノ。「苗ー」「壁ー」(二)其代リトナルモノ。カハリ。「棚霧ラヒ、雪モ降ラヌカ、梅ノ花、咲カヌガ代ニ、添ヘテダニ見ム」鶯ノ、鳴カムしろニハ、我ゾ鳴ク、花ノ匂ヤ、暫シ止マルト」(三)其物ノ代リトシテ渡ス金錢。價。代物。「身ノー」

（しろ (名) 【代】 田ノ廣サヲ量ル語、一百五十步ヲ五十ートスト云。「五百ー小田」「十ー田」

しろ (名) 【城】 【山背ニ山城ノ字ヲ充テテ、舊訓ヲ存シタルヨリ起レル語ナラム、或ハ、城ヲ作ル代ノ地ノ意カ、或云、領知ノ意カト】 古言、城。敵ヲ防ガムガ爲ニ、四方ヲ堅固ニ構ヘタル一區ノ地ノ稱、外ニ土石ノ郭、堀、ナドアリ、內ニ家アリ、兵ヲ屯シテ住ム。

しろ-あづき (名) 【白小豆】 赤小豆ノ、子ノ色白キモノ、洗粉ニ用ヰレバしやぼんまめトモイヒ、又、菓子ノ白餡ナドトス。 白豆

しろ-あと (名) 【城趾】 昔シ城ノアリシ地。

（しろい-もの (名) 【粉】 しろきものノ條ヲ見ヨ。

（しろ-うと (名) 【白人】 【しろひとノ音便】 白癜ヲ疾メル人。

しろ-うと (名) 【素人】 藝術ナドノ職業ノ人ニ對シテ、ソレヲ學バヌ人ヲ稱スル語。(黑人ニ對ス)

しろ-うま (名) 【白馬】 毛色ノ白キ馬。アヲウマ。

しろ-うり (名) 【白瓜】 春、苗ヲ生ジ、蔓ヲ延ク葉、實ク、花、黃ニシテ、並ニ、冬瓜ノ如クニシテ小シ、實ハ、夏秋ノ間ニ、黃瓜ニ次ギテ熟ス、黃瓜ヨリ長大ニシテ、刺ナク、色、白青シ、糟漬ニシ、鹽漬ニシ、又、生ニテモ食フ。京ニ、アサウリ。 越瓜

しろ-かね (名) 【銀】 【白金ノ義】 金類ノ一、常ニ銀ト呼ブ、色白クシテ、磨ケバ殊ニ輝ク、水ヨリ重キヿ、十倍半ナリ、貨幣トシ、諸ノ器飾トシ、黃金ニ次ギテ貴重セラル。

しろ-かみ (名) 【白髮】 しらがニ同ジ。「降ル雪ノ、之路髮マデニ、大君ニ、仕ヘマツレバ、貴クモアルカ」

（しろ-き (名) 【白酒】 黑酒ノ條ヲ見ヨ。

（しろ-ぎぬ (名) 【俗白衣】 墨染ノ服ナラヌ俗人ノ稱。(僧ニ對ス、緇素ノ義ナリ)

（しろき-もの (名) 【粉】 【白キ物ノ義】 顏ニ傅ケテ白ク粧フモノ、古ヘ米ノ粉ニテ製セルガ如シ。音便ニしろいものトイフ。「唐衣ニ、しろいものウツリテ、斑ニナラムカシ」顏ニハ、紅、しろいものヲツケタラムヤウナリ」 今ハ、鉛粉ニテ製シテ、おしろいトイフ。

しろ-こ (名) 【白子】 (一)人ノ、生レナガラニ、全身ノ膚色ノ、粉ノ如ク白キ性ノモノ、髮褐色ニシテ滑ク、大抵、眼モ赤クシテ、眼力弱ク近眼ナリ。シロッコ。シラッコ。(二)魚ノしらこ。

しろ-ざけ (名) 【白酒】 飮物ノ名、精ゲタル糯米ヲ久シク味醂ニ浸シテ、味醂ヲ加ヘナガラ、磑ニテヒキテ成ル、色白クシテ、甚ダ濃シ、多ク上巳ノ雛遊ニ用ヰ

ル。

しろさんご (名) 白珊瑚 さんごじゆノ條ヲ見ヨ。

しろ・し・キ・ケレ・ク・ク (形・二) 白 白ノ色ナリ。

しろした (名) 白下 〔白沙糖ノ下地ノ意〕 砂糖ノ條ヲ見ヨ。

しろしめす・ス・セ・サ・シ・セ (他動)(規・一) 知食 知スヲ更ニ敬ヒテイフ語。

#しろしろ (副) 目ヲ注ケテ見廻ハス貌ニイフ語。「―見ル」

〔しろす・ス・セ・サ・シ・セ (他動)(規・一) 知 (一)知ル、ノ敬語。知ス。「道道ノ、物ノ上手ドモ、多カルコロホヒ、クハシウしろしメシトトノヘサセ給ヘルケナリ」(二)領シタマフ。統ベ治メタマフ。「天下知シ食ス」

しろずみ (名) 白墨 しらずみニ同ジ。

しろたへ (名) 白栲|白妙|白細 〔妙、細、ハ借字〕(一)栲ヲ、其色ノ白キニ就キテイフ語。「白栲ニ、服取リ着テ」白細ニ、舎人装ヒテ」(二)轉ジテ、白キコト。「白妙ノ、カカレル雲ハ」鶯ノ、羽白妙ニ、泡雪ゾ降ル」

しろたへの (枕) 白妙 衣、袖、たすき、轉ジテハ、雲、雪、等ノ枕詞。

#しろつを (名) しろをニ同ジ。

#しろつぽ・し・キ・ケレ・ク・ク (形・二) 白ミヲ帶ビタリ。

しろつる (名) 白鶴 形、大ク、[illegible]、白ク、翼ノ端、僅ニ黒シ、頂ヨリ眼ヲメグリテ、淡赤ク、嘴、脚、モ淡赤シ。

しろで (名) 白手 磁器ノ白キ釉ナル製ノ名稱。〔錦手、金襴手、染付ナドニ對ス〕 白瓷器

〔しろとり (名) 白鳥 白鳥ニ同ジ。

しろなすび (名) 白茄 茄子ノ色白キモノ。 銀茄

しろなまづ (名) なまづはだノ條ヲ見ヨ。

〔しろなまり (名) 白鑞 〔白鉛ノ義〕(一)錫。(二)シロメ。

しろはう (名) 白保 あさくさがみノ條ヲ見ヨ。

〔しろふ (動) 合 互ニモノスル意ノ語、常ニ熟語ニ、突キ―、引キ―、言ヒ―、ナド用ヰル、各條ヲ見ヨ。

しろふぢ (名) 白藤 藤ノ一種、花、白ク、莖、葉、皆、細小ナルモノ。

しろぼけ (名) 白木瓜 あとみノ條ヲ見ヨ。

しろまなこ (名) 白眼ニ同ジ。

しろまめ (名) 白豆 大豆ノ一種、粒ノ色、白クシテ黃ヲ帶ブルモノ、單ニまめ、又ハ、大豆トノミモ呼ブ。 黃大豆 夏、熟スルヲ、あつまめトイフ、粒、小クシテ下品ナリ、豆腐ニ製ス、故ニとうふまめノ名モアリ、 梅豆 又、秋、熟スルヲ、あきまめトイフ、粒、大クシテ上品ナリ、味噌ニ釀ス、故ニみそまめトモ呼ベリ。 報秋豆

しろみ (名) 白身 (一)材、又ハ肉ナドノ色白キ部。〔しらた、あかみノ條、見合ハスベシ〕(二)卵ノ中ノ白キ液。(たまごノ條ヲ見ヨ)

しろみ (名) 白鑞ニ同ジ。

しろみソ (名) 白味噌 製法、常ノ味噌ニ同ジクシテ、但、豆ノ皮ヲ去リ、白麹ヲ用ヰテ釀スモノ、色白ク、味甘シ。

しろみづ (名) 白水 精米ヲ淅ギタル水、色白ク濁ル、物ヲ洗ヒテ垢ヲ去ルナド種種ノ用トス。 泔

しろむ・ム・メ・マ・ミ・メ (自動)(規・一) 白 白クナル。「女郎花、色カハリ、尾花ノ袖モ、白ミワタリツツ」

しろむ・ム・ムル・ムレ・メ・メヨ (他動)(規・二) 白 白クナス。「衣モしろめズ、同ジススケニテアリケレバ」

しろん (名) 私論 ワタクシノ論。一人一己ノ論。

しろむく (名) 白無垢 無垢ノ條ヲ見ヨ。

しろめ (名) 白眼 睛ノ白キ部。シラメ。シロマナコ。 白睛

しろめ (名) 白鑞 〔白メ、ノ義〕 古名、シロナマリ。純錫十兩ニ、鉛一斤ヲ雜ヘタルモノ、鎔シテ、銅からかねナドニテ作レル鍋藥鑵ナドノ内面ニ塗リツケテ、其臭ヲ防グナドニ用ヰル。又、シロミ。ピヤクラフ。

しろもの (名) 代物 價ニ代スベキ商品。 貨物

#しろりと (副) チヨツト物ヲ見認ムル狀ニイフ語。「―ネメツケテ」 瞥視

〔しろを (名) 鮊 鰣殘魚ノ古名ナルベシ

しわ (名) 皺 〔萎ノ轉ナラムカ〕 皮撓ミテ其面ニ、理ノ細カニ縮ミテ寄ルモノ。又、紙、布、帛、或ハ波ノ面ナドニモイフ。「クレナヰノ、面ノ上ニ、何クユカ、斯和搔キ垂リシ、丈夫ノ」菊ノ花、ヒヂテ流ルル、水ニサヘ、浪ノしわナキ、宿ニザリケル」涙ノしわニヤ、オボホレム」老ノ浪ノ、しわ延ブバカリニ」

しわう (名) 雌黃 (一)礦物ノ名、舶來ス、藥用トシ、古ヘ、繪ノ具トセリ、硫黃ト砒素トノ混合シタル物ニテ、色、黃ニシテ光ルコト金ノ如シ、硫黃ニ似タレドモ、碎ケ易シ、今ハ人造ノ品ニ分チテ、コレヲ石―トイヘリ。

又、キワウ。石黄 (二)今、專ラ繪ノ具ニ用ヰルハ人造ニテ、亦、舶來品ナリ、樹ノ脂ニテ製ストイフ、黃赤ニシテ塊ヲナセリ。草ートモイフ。藤黄

しわく・クル・クレ・ケ・ケ・ケヨ (他動)(規・二) 仕分 ソレゾレニ別ク。區別ス。區處

しわくた (名) 〔皺腐ノ義〕甚シク皺寄リタルコト。

しわくちや (名) 前條ノ語ノ訛。(東京)

しわぐむ・ム・メ・マ・ミ・メ (自動)(規・二) 皺ムニ同ジ。「しわぐみ、惡サゲナル顏シテ」

しわけ (名) 仕分 シワクルコト。區別。區處

しわける (動) 仕分 しわくノ訛。

しわざ (名) 仕業 爲ルワザ。爲シタル仕事。所爲 行爲

しわし・キ・ケレ・ク・ク (形・二) 吝 (假名遣、サダカナラズ、皺ヨリ出デタル語カトモイフ、しはしノ條ニモ出セリ) ヤフサカナリ。吝嗇ナリ。

〔しわぶ・ブル・ブレ・ビ・ビ・ビヨ (他動)(規・三) 爲侘 爲ルニ難ム。「コレモカレモ、月日ヲ歷テ、家ノ門ニ立チテ、萬ニ志ヲ見エケレバしわびヌ」

しわむ・ム・メ・マ・ミ・メ (自動)(規・二) 皺 皺、起ル。シワヨル。「若カリシ、膚モ皺ミヌ、黑カリシ、髮モ白斑ヌ」

しわよる・ル・レ・ラ・リ・レ (自動)(規・二) 皺寄 皺、タタナハル。シワム。

しわる・ル・レ・ラ・リ・レ (自動)(規・二) 撓 〔しなるノ轉ナラム〕撓ム。シナフ。

しゐ (名) 四位 くらゐノ條ヲ見ヨ。

じゐ (名) 字彙 字書ニ同ジ。

しゐそざん (句) 尸位素餐 才德無キニ、位ニ居リ、功勞無キニ、祿ヲ受ク。

〔しゐん (名) 四韻 八句ノ詩ナリト云。「博士ノ人人ハ、しゐん、タダノ人ハ、大臣ヲ始メ奉リテ絶句作リ給フ」

しゐん (名) 子韻 發聲ノ條ヲ見ヨ。

じゐん (名) 寺院 テラ。

じゐん (名) 次韻 和韻ノ條ヲ見ヨ。

しゑん (名) 私怨 一人一己ノ遺恨。

〔しゑや (感) 歎息ノ聲。「アラカジメ、人言繁シ、斯シアラバ、四惠也吾ガ背子、奥モ如何ニアラメ」靈ヂハフ、神モ吾ヲバ、打棄乞、四惠也命ノ、惜シケクモナシ」

しをしをと (副) 萎萎 萎レニ萎レテ。勢ヲ喪ヒ、氣ヲオトシテ。悄悄

〔しをに (名) 紫菀ノ古キ音。

しをん (名) 紫菀 〔根、紫而柔宛〕古名、ノシ。又、シヲニ。春、舊根ヨリ叢生ス、葉、互生シ、邊ニ鋸齒アリ、秋ニ至リ、莖、七八尺、梢ニ枝ヲ分チ、數百ノ花、傘ノ狀ヲナシテ開ク、單瓣ニシテ、形、よめなノ花ニ似テ、淡紫ニ青ミアリ。又、花ノ黃ナルモアリ。黃菀 又、葉ノ小ク柔ニシテ、花ノ白キヲ小ー、姫ー、ナドイフ。女菀

しをらし・シキ・シケレ・シク・シク (形・二) 〔萎ルル意ナラム〕穩順ニシテ禮アリ。柔順ニシテ憐ムベシ。

しをり (名) 栞 〔撓リ、ノ義、借字ニ、枝折ナドトモ記ス〕

(一)栞ルコト。山ニ分ケ入ル路ニテ、木ノ枝ヲ折リカケ置キテ、歸ルサ、又ハ再ビ來ム時ノ導トスルモノ。「ーセシ、柴ノ小枝ノ、埋モレテ、歸ル山路ノ、雪ニ惑ヌ」アサマシヤ、雪踏ミ分ケシ、深山路ノ、ーヲ見レバ、相ナリケリ」吉野山、去年ノーノ、路カヘテ、マダ見ヌ方ノ、花ヲタヅネム」(二)文房ノ具、書物ヲ讀ミサシタル時、紙ノ間ニ挿ミオキテ、後ノ目標トスルニ用ヰルモノ、長方形ノ厚紙ヲ絹ナドニテ糊リ包ミ、或ハ薄キ木ニテモ作ル。

しをりど (名) 栞折戶 木ノ枝ヲ撓リカケナドシテ作レル扉。

しをる・ル・レ・ラ・リ・レ (他動)(規・二) 撓 〔撓ハ撓折ル意カ〕撓ハス。撓メ傷ムル。「岡ノ邊ヤ、靡カヌ松ハ、靡ヲナシテ、下草ー、山オロシノ風」秋風ハ、軒端ノ松ヲ、ー夜ニ、月ハ雲居ヲ、ノドカニテ行ク」マキモクノ、山ニヤ雪ノ、積ルラム、アナシノヒバラ、風ーナリ」花見ムト、端山繁山、分クル間ニ、心ヲサヘモ、シヲリツル哉」(栞ルニ掛ケタリ)

〔しをる・ル・レ・ラ・リ・レ (他動)(規・二) 栞 〔撓ル意〕栞ヲナス。「歸ルサノ、道ノ導ニ、宮城野ノ、花マツ萩ヲ、シヲリテゾ行ク」降ル雪ニ、シヲリシ柴モ、埋モレテ、思ハヌ山ニ、冬籠リスル」

〔しをる・ル・レ・ラ・リ・レ (他動)(規・二) 責 〔撓ル意〕責ム。折檻ス。糺明ス。「女ヲバ罷出サセテ、殿ノ藏ニ籠メテ、シヲリ給フケレバ、藏ニ籠リテ泣ク」此北ノヘヤニ籠メテ、物ナ食ハセソ、シヲリ殺シテヨ、ト父中納言、老イホケテ、物ノ覺エヌママニ宣ヘバ」

しをる・ルル・ルレ・レ・レ・レヨ (自動)(規・二) 萎 〔撓ヒ折ルル

意カ〕(一)撓ヒ弱ル。撓ミ凋ム。シナブ。「事繁ミ、相問ハザルニ、梅ノ花、雪ニ之乎禮テ、移ハムカモ」吹クカラニ、秋ノ草木ノ、シヲルレバ」霜迷フ、空ニシシレシ、雁ガネノ、歸ルツバサニ、春雨ゾ降ル」五月雨ニ、シヲレツツ鳴ク、時鳥」(二)勢力、弱ル。氣ヲおとス。「ムゲニ、思ヒシヲレテ」ネザメネザメ、思シシヲルルヲ」悄然

すゐれる (動) 【】 前條ノ語ノ訛。

す ず

す 五十音圖、佐行第三ノ假名。(さノ條ヲ見ヨ)

ず すノ濁音ノ假名。(さノ條ヲ見ヨ)

す (名) 【洲】 (栖ノ義ニテ、人ノ住ム所ヲイフト云、或云、清ノ義、砂ニ汗泥ナキヲイフト、或云、洲ノ音ノ約ナリト) 水中ノ淺キ處ニテ、土砂ノ現ハレ出デタル處。

す (名) 【酢 醋】 古俗、又、カラザケ。味酸キ液ノ名、玄米ヲ蒸シ、熱ニ乘ジテ、麴、水ヲ加ヘ、桶ニ密閉シ、其間、時時開キテ攪キマゼ、斯クスルヿ、六七十日ニシテ熟シテ成リ、搾リテ用ヰル、其他、釀法、倘種種アリ、或ハ、敗酒、澁柹ヨリモ製スレド、下品ナリ、食物ニ酸キ味ヲ添ヘ、又ハ、染料ナドトシテ用多シ。

す (名) 【巢 窠 栖】 (住ムト通ズ) (一)鳥ノ、自ラ構ヘテ、ソノ棲トシ、又卵ヲカヘシ、雛ヲ育ツル所。通ジテ、獸、蟲ニモイフ。「鼠ノ一」蜂ノ一」(二)轉ジテ、スベテ物ノ群リ潜ミ居ル處。「盗人ノ一」淵藪

す (名) 【簀】 (透ク意カ) (一)竹條、又ハ葦莖ナドニテ粗ク編メル席。「一ノ子」(二)スダレ。「一ノ內、心恥カシウ覺ユレバ、心ツカヒセラレテ」御一」芦一」簾 (三)馬尾、銅線ナドヲ縱横ニ透アルヤウニ編メルモノ。アミ。「水嚢ノ一」羅

す (名) 【鬆】 (透ク意) 牛蒡、大根ナドノ心、或ハ黍過シタル豆腐ノ肌ナドニ生ズル極メテ細カク貫リタル無數ノ孔。

す (名) 【蜘網】 (巢ノ義カ、簀ノ義カ) 古ク、くものい。蜘蛛ノ口ヨリ吐ク絲ノ如キモノ、蜘蛛ノ條ヲ見ヨ。

す (名) 【馬尾】 (水嚢ノ簀ニ用ヰルヨリイフカ) 馬ノ尾ノ毛ヲ、種種ノ細工ニ用ヰルトキノ稱。

す (名) 【砂】 すなニ同ジ。「キリギリス、聲ハイツクゾ、草モナキ、白一ノ庭ノ、秋ノ夜ノ月」

す・スル・スレ・セ・シ・セヨ (他動) (不規・二) 【爲】 業ヲオコナフ。ナスイタス。

す・スル・スレ・セ・セ・セヨ (助動) 【令】 他ヲ使役シテ動作ヲ起サシムル意ノ助動詞。「行カ一」往ナ一」有ラ一」

す (接頭) 【素】 (直ノ意カ、素ノ音ノ轉カ) (一)物事ノ、裝ハズ、被ハズ、他物ヲ加ヘズシテ、アリノママナル。「一顏」一手」一足」一話」一謠」一面」一飯」一通リ」(二)又、俗ニ、平凡ノ意トシテ罵ル語トス。「一浪人」一丁稚」

ず (接頭) 【數】 物事ノ數アルヲイフ語。「一日」一年」一八」一代」一度」一十」一百」一千」

ず (接尾) 【子】 漢語ノ下ニ添ヘテ意ナキ語。「扇一」鐺一」盃一」金一」拂一」

ず・ズル・ズレ・ゼ・ジ・ゼヨ (自動) (不規・二) 爲ノ轉ニテ、ぬ、又ハ、んノ下ニアルトキ、連濁ニ呼ブモノ。「迎ヘニ、人人マウデ來ムず」君ハ此文綃ニア會ヒ給ハムぞるト」尼君ノ最期ニ過ヒ侍ラムぞれバ、ユユシキ事出デ來ナムず」夜モ明ケムずト思ヒ」行カムずモノヲ」以上ハ「來ムとす」給ハムとす」ナドノ略カ。又、「諳ンず」重ンず」ナドハ「諳ニス」重ミス」ナドノ音便ナリ。

ず・ヌ・ネ・ズ・ズ (助動) 【不】 動作ヲ反面ニ說キテ打消ス助動詞。「打タ一」受ケ一」似一」有ラ一」

すあう (名) 【素襖】 素袍ノ條ヲ見ヨ。

すあし (名) 【素足】 (一)履物ナキヿ。ハダシ。徒跣 (二)足袋ヲハカヌヿ。

すあひ (名) 【牙儈】 (爲間ノ義カ) 賣買ノ間ニ媒スルヲ生業トスル者。ナカガヒ。サイトリ。

すあひ (名) (巢間ノ義カ) 鳥銃ノ筒ノ中。銃膛

すあへ (名) 【酢韲】 物ヲ酢ニ韲ヘタルモノ。

すあま (名) 洲濱ノ音便訛。

すあを (名) 【素襖】 素袍ノ條ヲ見ヨ。

すい (名) 〔常ニ粹ノ字ナド記セド、好、數寄ナドノ音便ナラム、或ハ推シテ知ル意カ〕 人ノ氣性ニ、洒落ニシテ物堅カラズ、人ノ苦心ナドヲ言ハヌニ覺リ、思ヒ遣リテモノスルヿ。

すいがい (名) 【透垣】 次條ヲ見ヨ。

すいがき (名) 【透垣】 (すきがきノ音便) 竹ヲ並ベテ結ヘル籬。更ニ、音便ニ、すいがいトモイフ。「本院ノをら

がきニ、朝顏ノ花、咲キカカリ侍リケルヲ」竹ノそいがいが籠メテ」そいがいノ、タダ少シ折レ殘リタル」
すいと (名) 蟲ノ名、くだまきニ同ジ。(近江)
すいば (名) 酸葉 〔すきはノ音便〕 古名、すし。草ノ名、水邊山麓ナドニ生ズ、形狀、スベテ羊蹄ニ似テ、葉、細小ニシテ、味酸シ、春、薹ヲ起シテ花ヲ開ク、色、紅、或ハ、紫ナリ、秋ノ紅葉モ、紅、或ハ、紫ニシテ、觀ルニ堪フ、根ハ牛蒡ニ似テ、横ニ延フ。スカンボ。スカンボウ。 酸模
(すいはら (名) 紙ノ名、杉原ノ條ヲ見ヨ。
(すいものぐさ (名) 〔味、酸シ〕 酢漿ニ同ジ。
すいり (名) 酢煎 物ヲ汁ニ煮テ、酢ヲ加ヘタルモノ。
すう (名) 數 (一)カズ。「—ガ知レヌ」(二)天命。「鬮ノ—」まなノ—」
すう (ウル・ウレ・ヱ・ヱ・ヱヨ) (他動)(規・二) 据 (一)置キサダム。スワラス。止ラス。「イカナレバ、大内山ノ、路ニサヘ、今ハナコソノ、關ヲすうらム」暫シ、雨ダリニオハシマセト言ヒテ、搔キ抱キテ、雨ダリニ、ツイすうト思ヒシニ」机ヲ—」礎ヲ—」鷹ヲ肘ニ—」 安置 (二)定ム。鎭ム。オチツクル。「心ヲ—」魂ヲ—」腹ヲ—」(三)艾ヲ灸穴ニツケテ灼ク。「灸ヲスヱテ」 灼灸
すうえう (名) 樞要 物事ノ要ノトコロ。
すうがく (名) 數學 物事ノ數、量等ヲ測リ知ル學、即チ算術、幾何學、代數、三角術、代數幾何、微分、積分等ノ總稱。
すうき (名) 數奇 〔不遇也〕 フシアハセ。

すうき (名) 樞機 (一)戸ノクルル。(二)物事ノ要ノトコロ。
すうげつ (名) 陬月 正月ノ異名。
すうし (名) 數詞 語學ノ語、數ヲイフ言、ひとつ、ふたつ、とを、もも、ち、よろづ、一、五、十、百、千、万、ナド皆是レナリ。(篇首ノ語法指南ノ數詞ノ條ヲ見ヨ)
(すうず (ズル・ズレ・ゼ・ジ・ゼヨ) (他動)(不規・二) 誦スノ音便。「好キ、惡シキ、ニクキ所ナドヲソ、サダメ言ヒシロヒ、ズウジ」
ズウフル (名) ろうぷるノ訛。
すうもく (名) 數目 數ノ見出シ。
すうりやう (名) 數量 カズ。カサ。分量。
すえる (動) 饐ユノ訛。
すうか (接頭) 數箇 數アル。若干ノ。「—日」—月」—年」—國」—所」
すが (名) 菅ニ同ジ、熟語ニ用キル。「—鷹」—笠」—原」
すがいと (名) 〔清絲ノ義カ〕 練ラヌ生絲ヲ縒リ合ハセタルモノ、種種ノ用トス。
(すがかき (名) 清搔 スガカクコト。和琴ノ彈法ノ名。「同ジ—ノ音ニ、萬ノモノノ音、コモリテ」神代ヨリ、今ニカハラヌ—モ、彈クハヒトツノ、大和琴ノ音」
(すがかく (ク・ケ・カ・キ・ケ) (他動)(規・一) 清搔 清搔ヲナス。「和琴ノ調ベヲスガカキテ」
(すがき (名) 簀垣 〔或ハ透垣ノ約カ〕 竹ノ籬。「心アヒノ、風ホノメカセ、八重—、隙ナキヲチニ、立チヤスラフト」
(すがき (名) 簀搔 床ニ構キタル簀子。「山賤ノ、—ノ床ノ、下サエテ」山賤ノ、廬屋ニ構ケル、竹—、フシニクシトモ、思ヒケル哉」蘆ノ篠屋ノ、篠—」
(すがき (名) スガクコト。蜘網ヲカクルコト。「秋風ハ、吹キナ破リソ、我ガ宿ノ、アバラカクセル、蜘ノ—ヲ」
(すがく (ク・ケ・カ・キ・ケ) (自動)(規・一) 蜘、網ヲ構ク。「蜘蛛ノ、—淺茅ノ、末每ニ、亂レテ消ヌル、白露ノ玉」ササカニ、空ニスガケル、絲ヨリモ」
すがも (名) 菅蓆 菅ニテ編メル席、古ヘ陸奥ノ產トシテ名アリ、今、陸前、宮城郡、利府鄕、加瀨村ヨリ出ス、山野自生ノ菰ヲ晒シテ、水ニ浸シ、綿布ニテ拭ヒ、絹絲、綿絲ヲ緯トシ、大小、方形、十段ニ編ム。「陸奥ノ、十編ノ—、七編ニハ、君ヲ寐サセテ、三編ニ我レ寐ム」
すかし (名) 透 (一)透スコト。(二)刻リ又ハ開キテ、隙ヲ起セル所。 透涼
すかしたごばう (名) 草ノ名、田間ニ生ズ、莖ノ高サ一尺許、葉ノ形、いぬがらしニ似テ、鋸齒深シ、花モ實モいぬがらしニ同ジ。 風花菜
すかしぼり (名) 透刻 刻物ノ細工ニ、表ヨリ裏ヘ刻リ貫キ透シタルモノ。 漏空鏤
すかす (ス・セ・サ・シ・セ) (他動)(規・一) 透 (一)透クヤウニナス、隙ヲ起ス。(二)疎ニナス。竹木ノ枝ナドノ繁キ部ヲ切リ滅ラス。「枝ヲ—」竹林ヲ—」 疏通 洮 (三)隙ヨリ透ス。「紙ヲスカシテ、光ヲ見ル」簀子ヲスカシテ、影差ス」
すかす (ス・セ・サ・シ・セ) (他動)(規・一) 賺 〔他ノ用心ニ透

アラシムル意カ」(一)欺キ誘フ。ダマス。タブラカス。「ツラキ哉、アバラ離ノ、カクレテ、我ヲスカシテ、逢ハヌ心ハ」「イト、サバカリナラム邊リニハ、離レカハ、ズカサレ寄リ侍ラム」「殘リヲ言ハセムトテ、サテサテ、ヲカシカリケル女カナト、スカイ給フ」(二)慰メ、ナダム。「小兒ノ泣クヲ—」慰喩

〔すがすがし シキ・シキ・シケレ・シク・シク (形・二) 清清 〔清ガシノ約ヲ重ネタル語ト云〕(一)爽カニテ快シ。「吾來ニ此地」「我御心、須賀須賀斯」(二)滯リナシ。「スガスガシクモ、ナシアケ奉リ給ハデ、スガスガシウモ申サデ、斯クタメラヒ」「スガスガシウ爲ハテ給ヘレバ」「暫シト留メ奉ラセ給ヘレバ、エスガスガシカラズ、思シ滯ラセ給フ」

〔すがすがと (副) 清清 サワヤカニ滯リナク。「—モ、エマヰラセ奉リ給ハヌナリケリ」「—モ思シ立ツベキ状ニモアラザリケリ」

すかすかと (副)〔すくすくとノ訛ト云〕滯リナク直チニモノスル状ニイフ語。「—押シ入ル」

すがた (名) 姿 〔爲形ノ義ト云〕(一)身體ノナリフリ。ミエ。貌。(二)アリサマ。オモムキ。容子。ナリユキ。「世ノ—」「平定ノ—」形勢

すがたみ (名) 姿見 大ナル鏡ノ、衣服ヲ裝フトキ、全身ヲ映シテ見ルモノ。照身大鏡

〔すがなし キ・ケレ・ク・ク (形・二) 四所無シノ略カト云。「心ニハ、緩ブコトナク、スガノ山、スガナクノミヤ、戀ヒワタリナム」

〔すがぬき (名) 菅拔 〔或ハ清拔ノ借字カ〕茅輪ニ同ジ。小ク作リテ、首ニモ懸クルガ如シ。「水無月ノ、今日ゾ夏越ノ、祓シテ、—棄ラツ、サホノ河原ニ」六月祓詩「未レ知何物號ニ管拔ニ結レ草如レ輪令ニ首蘂ニ」

〔すがぬく ク・ケ・カ・キ・ケ (自動)(規・一) 管拔ヲ懸ク。「身ハ棄テテ、人形トダニ、思ハヌヲ、何ニすがぬく禊ナルラム」

〔すがね (名)〔素鐵ノ意カ〕鑄鐵ナルベシ。「能登ノ國ニハ、クロガネトイフモノ、すがねトイフ程ナルヲ取リテ、守ニトラスルモノ、六十人ゾアナル」

〔すがのねの (枕) 菅根 長キ、亂ル、根、ネドイフ語ノ枕詞。「—、長キ春日ヲ」「—念ヒ亂レテ」「—、慟愍君ガ、結ビテシ」

すがひ (名) 酢貝 (一)からくもがひノ屬、形、さざえノふたニ似テ、大サ一二三分、外ハ凸クシテ、淡白ク或ハ淡青シ、内ハ平ニシテ、淡褐ナリ。皿ニ酢ヲ盛リテ、撒箇ヲ其縁ニ置ケバ、暫シシテ、沫ヲ吐キ、皿ノ底ニ相繞ル。相思螺 郎君子 (二)料理ニ、鮑、赤貝ナドノ肉ヲ、生ニテ刻ミテ、酢ニ浸セルモノ。

すがひ (名) 番 つがひノ轉。「鷄ニ—」

〔すがひすがひ (副) 次條ノ語ヲ重ネタル語カ、或ハ、透合ノ略カ。「山賤ノ、スドノ竹垣、枝モ狹ニ、夕顏ナリヌ—」「垂リ咲ク、荻ノ古枝ニ、風カケテ、—、男鹿鳴クナリ」

〔すがふ フ・ヘ・ハ・ヒ・ヘ (自動)(規・一) 次 〔次グノ延〕次グ。並ブ。追付ク。匹敵ス。「オドロオドロシキ鼾シツツ、前ニモ打チスガヒタル尼ドモ二人臥シテ、劣ラジト鼾合ハセタリ」「人知レズ思ヒ給ヘ志シタルヲ、カウイフ、サイハヒ人ノ腹ノ后ガネコソ、マタ生ヒスガヒヌレ」亞 四

すがほ (名) 素顏 假粧セヌ顏。

〔すがむ ム・メ・マ・ミ・メ (自動)(規・一) 眇 眇ニテアリ。「伊勢瓶子(平氏)ハ酢瓶(眇)ナリケリト、ハヤシタリケリ」「目ノすがみタリケレバ、取リナシハヤサレ」

すかんぽ (名) 草ノ名、すいばニ同ジ。(東京)

すかんぽう (名) (一)すいばニ同ジ。(二)虎杖ノ別名。

すがめ (名) 眇 〔すがみ目ノ約〕片眼常ノ如クナラヌ不具ノ名。

すがもん (名) すがいとノ縫紋。

〔すがやかに (副) 清清シク、滯リナク。「此ノメノト、出デタチ、イトスガヤカナル氣色ニテ」「御莊御莊ノ券ナドヲ—奉リハテテ、事ノアヤシサモ」「内ニハ、今ハ、宣耀殿ノ女御ノ御事ヲ、イカデト思シメセド、—殿ニハ申サセ給ハヌ程ニ」

〔すがら (接尾)〔盡ル、ヨリ轉ズ〕盡ルマデ。「此ノ夜須我良ニ、寢モ寢ズニ」「夜干玉ノ、夜ハ須我良ニ、曉ノ、月ニ向ヒテ」「白露ヲ、草葉ニオキテ、秋ノ夜ヲ、聲モ—ニ、鹿ゾ鳴クナル」「夜モ—」「大夜—」「小夜—」

〔すがら (接尾)〔直從ノ約カ〕ナガラノ意ナリ。「行ク—、心モユカズ、別レ路ハ、ナホ故郷ノ、事ゾカナシキ」「小忌衣、摺リステ着ツル、露ケサハ、春ノ日—、マダゾ忘レヌ」「秋霧ノ、立チヌル—、心アテニ」「路—」「身—」

すかり (名)〔縋ノ義ト云、或ハ鎖ノ轉カ〕數珠ノ總ノ、フサネテ網ノ如ク編メル所ナリト云。又、法螺ニ懸

クル網ヲモイフトゾ。又袋ノ製ニモイフ、つがりノ條ヲ見ヨ。

すがり（名）［蜾蠃］すがるノ轉。（奥州）

すかりと（副）一刀ニ切ル聲ナドニイフ語。

（すがる）（名）［蜾蠃］〔鳴ク聲ヲ名トセルカ〕（一）似我蜂ノ古名。（二）轉ジテ、草木ノ花ニムツレテ露ヲ吸フ虻ノ類マデヲモイフ。「―鳴ク、秋ノ萩原、朝立チテ、旅行ク人ヲ、何時トカ待タム」萩ノ末枝ニ、―鳴クナリ」（三）誤テ、鹿ノ事トモス。「奥山ニ、掻キコモリナム、後ハサハ、をがる猿ヤ、友トナルベキ」

すがる・ル・レ・ラ・リ・レ（自動）（規、二）［縋］〔下ルト通ズルカ〕取リツク。寄ル。頼トシテツラマル。「ミノ蟲ノ、―木ノ葉モ、落チハテテ、ツク方モナキ、秋ノ暮哉」誰トテモ、止マルベキカハ、アダシ野ノ、草ノ葉毎ニ、―白露」道遠シ、腰ハ二重ニ屈マレリ、杖ニスガリテ、ココマデモ來ル」縄ニ―」袖ニ―」言葉ニ―」 攀縁

すがる・ル・ルレ・レ・レ・レロ（自動）（規、二）［盡］［闌］〔末枯ルノ略カト云〕末ニナリテ盡キムトス。消エムトス。（香ニ、聲ニ、時刻ニ、刀ノ燒ニ）

すがれる（動）前條ノ語ノ訛。

（すき）（名）［主基］［次基］〔濯キノ約ニテ、潔齋ノ意ナリト云〕大嘗會ノ條ヲ見ヨ。

すき（名）［鉏］［鋤］〔鋤クノ名詞法〕地ヲ堀ル具、幅廣キ刃ニ、直ニ柄ヲスゲテ、直ニ地ニ突キ入レテ用ヰル。（鍬ノ横ニモチヰルト用ヲ異ニス）鍤

すき（名）［透］（一）透キタル間。アヒ。ハナレメ。スキマ。「戸ノ―」隙 （二）ヒマ。イトマ。「仕事ノ―」間暇 （三）怠ル機。「―ヲネラフ」―ニツケイル」虚

すき（名）［好］（一）好クヿ。コノミ。嗜好 （二）モノズキ。好事。「十三日ノ月、ハナヤカニ指出デタルニ、タダ、アタラ夜ノ、ト聞エタリ、君ハ、すきノサマヤ、ト思セド」（三）好色。「古ヘノすきハ、思ヒヤリ少キ程ノアヤマチニ」人ノ御名モ、我ガ爲モ、すきガマシウ、イトホシキニ」すきバミタル氣色アルカトハ、思シカケザリケリ」 多情

すき（名）［數寄］〔前條ノ語意ニ同ジ、好事ノ意〕風流文雅ノ技、殊ニ茶會ノ技ニ、心ヲ寄スルヿ。

すぎ（名）［杉］〔スクスクト生ヒ立ツ木ノ義〕喬木ノ名、幹、直ニ聳ユ、葉ハ針ノ如ク、枝ニ着キテ生ジ、硬クシテ、稍扁シ、冬、紅葉シテ落チズ、夏ニ至テ、新葉ト代ハル、實ハ壘壘シテ、細毬ノ如シ、種ヲ下シテ、育テテ、材ヲ取ル、皮ハ屋ヲ葺クベシ。材、最モ良クシテ、凡ソ、建築製作ニ用ヰザル所ナシ、材ニ、赤、白、ノ二種アリ。赤―ハ油―トモイフ、色、紫ヲ帶ビテ、香氣多ク、材、實シテ、最モ良シ。赤杉 しらたハ、色白クシテ、朽チ易ク下品ナリ。白杉

（すぎ）（名）［次］次トイフニ同ジ。「次 次此云二須岐一也 丹波國訶沙郡、云云」

（スギ）（名）［村］〔韓語〕又、スギリ。村。（村主モコレナリ）

すきあぶら（名）［梳油］髪ヲ梳クニ付クル油、胡麻ノ油ニ、生蠟ヲ和シテ、香料ナド加ヘテ煉ル、甚ダ固カラズ。ソノ蠟多クシテ固キヲ鬢付油トイフ。

すきうつし（名）［透寫］書畫ノ上ニ、薄キ紙ヲ載セ、下ノ書畫ヲ透キトホラセテ、寫シ取ルヿ。シキウツシ。臨摹

すきかげ（名）［透影］物ノ影ノ、物ノ隙ニ透キテ見ユルヿ。「火點シタル―」ワカキ女ドモノ―、見エ侍ル」卯月ノ單メクモノ着籠メ給ヘル髪ノ―」

すぎかは（名）［杉皮］杉ノ幹ノ皮ヲ、長サ二尺許ツツニ剝ギ取リタルモノ、屋根ヲ葺キ、壁板トスルナド、用多シ。

すきかへし（名）［漉返］漉キ返ヘシテ作レル紙。宿紙。還魂紙

すきかへ・す・ス・セ・サ・シ・セ（他動）（規、一）［漉返］古紙ヲ洗ヒ溶シテ、再ビ漉キテ紙ニ作ル。

すきぎれ（名）［漉切］紙ヲ漉キ損ヒテ、透ア生ジタルモノ。抄絶

すきぐし（名）［梳櫛］齒、甚ダ密ニシテ、髪ノ油垢ヲ梳キ去ルニ用ヰル櫛。密篦子

（すきごころ）（名）［好心］好色ノ心。「アナガチナル―ハ、サラニナラハヌヲ」

（すきごと）（名）［好事］好事ノ事。好色ノ事。「イトド、斯ル―ドモヲ、末ノ世ニモ聞キ傳ヘテ」サスガニ、人ノ言ヒ寄ラムモ、ツキナシカシ」

（すぎすぎ）（副）［次次］〔次グ次グノ條ヲ見ヨ〕次次ニ。續キテ。「此度ノ御子ハ、男ニテナム、オハシマシケル、スギスギ、イトヲカシゲニテ、オハスルヲ」マダ幼キナド、スギスギニ五六人アリケレバ」濃キ、薄キ、スギスギニ、アマタ重ナリタルケヂメ」

(すきずきし・シキ・シ・シ・シク・シク (形・二) 好好 (一)モノズキラシ。好事ラシ。ズキヤウラシ。「スキズキシキ歌語リナドモ、互ニ聞エカハサセ給フツイデニ」ワザト迎ヘ出デムモ、ーカルベシ」(二)好色メキテ見ユ。「女トイフモノノ心深サヲ、アマタ見聞キシカバ、サラニ、スキズキシキ心ハ、ツカハジトナム」 多情

すきと (副) 殘リ無ク。サッパリ。スッキリ。 空盡

すきとほる・ル・レ・ラ・リ・レ (自動)(規・一) 透通 物、物ヲ透キテ、映リテ見ユ。 透明 透徹

すぎな (名) 杉菜 草ノ名、水邊沙地ニ多シ、春、舊根ヨリ、先ヅ花ヲ生ズ、莖、高サ數寸、梢ニ花アリテ、筆ノ頭ノ如シ、コレヲつくづくし(筆頭菜)トイフ、其二三寸ナルヲ採リテ食フ、莖ニ節アリ、花、終リテ、葉、生ズ、細カク短ク、八九寸、節毎ニ、細枝、簇リ生ジテ、杉ノ葉ニ似タリ。 問荊

すぎなり (名) 杉形〔杉樹ノ枝葉ノ形ノ、森ノ字ノ如クナルヨリイフ〕 中央、尖リテ、左右、次第ニ張リ下リタル形ノ稱、物ヲ積ミ又盛ル形ナドニイフ。「ーニ積ム」「ーニ盛ル」 金字形

すきにかは (名) 透膠 支那舶來ノ膠 阿膠ニ對シテ、常ノ井水ニテ製セルモノノ稱ナリ。 黃明膠

すぎばし (名) 杉箸 杉ノ材ニテ削リ作レル箸。

すぎはひ (名) 生業 世過ニ營ム業。

すきはら (名) 空腹 胃ノ空トナルコ。クウフク。 枵腹

すぎはら (名) 杉原 紙ノ一種、播州、揖東郡、杉原村ノ產、音便ニすいはらトモイヘリ、今ハ、多ク、加西郡、三原村ヨリ出ス、奉書紙ノ屬ニシテ、稍薄クヤハラカナリ。多クハ、糊ヲ加ヘテ、糊入ト稱シ、與ノーハ少シ。又、小杉原アリ、判小シ、略シテ、小杉トモ稱ス。

すきびたひ (名) 透額 冠ノ一種、甲ニ小キ月形ヲ透シ作レルモノ、元服以後、十六歲未滿ノ時ニ用ヰルモノトゾ。

(すぎふ (名) 杉生 杉ノ生ヒ立チタル所。「集メ來シ、シルシモアレヤ、我ガ山ノ、ーノ窓ニ、殘ル白雪」

すきま (名) 透間 (一)透キタル間。ヒマ。「手枕ノ、ーノ風モ、寒カリキ」 罅隙 (二)怠ル機。「スベテイトー無キ心モアリ」 虛 破綻

すきみ (名) 透見 物ヲ透シテ見ルコ。隙ヨリ窺フコ。ノゾクコ。 窺隙

すきみ (名) 薄ク切リタル肉。

(すぎむら (名) 杉叢 杉ノ叢立チタル所。「ートト、言ヒテシルシモ、ナカリケリ、人ノ尋ネズ、三輪ノ山モト」

(すきもの (名) 好者 (一)モノズキ。好事ノ人。ズキキヤウモノ。「アハレ興アル夜哉、若シ我ナラヌー、今夜、世間ニテアラナム、今夜、心エタラム人ノ、來リ遊ビセヨカシ」隨身、笙ノ笛ヲ持タセタルーナドアリ」(二)好色ノ人。「梅ノ花、咲キテノ後ノ、みなレバヤ、ートノミ、人ノ言フラム」梅ノ枝ニ敷カレタル紙ニ、ート、名ニシ立テレバ、見ル人ノ、折ラデ過グルハ、アラジトゾ思フ」

すきや (名) 透綾〔すきあやノ約〕 生絹ニテ、物ノ透キトホリテ見ユルバカリニ、薄ク織レル織物、夏ノ服トス。

すきや (名) 數寄屋〔數寄ノ條ヲ見ヨ〕 茶會ノ爲ニ、殊ニ建テ設クル小キ庵ノ名。カコヒ。茶寮。

(すぎやう (名) 修行ニ同ジ。「尼君ノ最期ニ遇ヒ侍ラムズレバ、遠キすぎやうナド、エツカウマツルマジケレド」

(すぎやう (名) 誦經 (一)佛經ヲ誦ムコ。僧ニ讀經セサスルコ。「御すぎやうナド、アマタ、セサセ給ヒテ、ゾナタニ向ヒテナム、念ジクラサセ給ヒケルモ」御ハテニモ、誦經ナド、取リワキ、セサセ給フ、云云、黃金百兩ヲナム、別ニ、セサセ給ヒケル」(二)誦經ノ施物。「小式部ノ內侍、ミマカリテ後、常ニ持チテ侍リケル手箱ヲ、誦經ニセサストテ」我裝束上下帶太刀マデ、皆すぎやうニシケリ」

(すぎやうざ (名) 修行者 佛法修行ノ者。「尊キすぎやうざ、カタラヒテ率テ來タルカト、問ヒ給ヘど」

すぎやき (名) 薄切肉ニ醬油ヲツケテ燒クコ。

すぎやまりう (名) 杉山流 鍼治ノ一派、元祿中、江戶ノ盲人、撿挍杉山和一ノ創メタルモノ。

++すぎる (動) 過スノ訛。

(すきわざ (名) 好事 好色ノ事。「心ノスサビニ任セテ、斯クースルハ、イトト、世ノモドキ、負ヒヌベキ事ナリ」

すぎをり (名) 杉折 杉ノ甚ダ薄キ材ニテ扁ク作レル小匣、假ニ菓子食物ナドヲ入ルルニ用ヰル。

すく・ク・ケ・カ・キ・ケ (他動)(規・一) 好 (一)好ム。愛ヅ。嗜ム。(二)過ギテ好ム。(好事ノ意)「君達ニアラネド、其心、イタクすきたる者ニ言ハレ、心バセナドアル人ノ」抑モ、此成範卿ヲ、櫻町中納言ト申シツル事ハ、勝レテ心すき給ヘル人ニテ、常ハ、吉野山ヲ戀ヒツツ、町ニ櫻ヲ植ヱナラベ」(三)好ム。(色ヲ)「昔シノ若人ハ、斯クすける物

思セヲナムシケル」すき給ハザラムモ、情ナク、サウザウシカルベシ」多情

（すく・ク・ケ・カ・キ・ケ（他動）（規・一）食〔好キテ食フ意カ〕クラフ。ハム。タブ。「穀ヲ斷チ、鹽斷チテ、木實、松ノ葉ヲすきテ」物一口ト、勸メ奉リ給ヘバ、すき給ヒツ」先ヅ湯參レトテ、云云、物取リテすかセ給ヘバ、エすかセ給ハズ」

すく・ク・ケ・カ・キ・ケ（自動）（規・一）透（一）物ニ、間生ズ。隙アリ。生疎（二）物ヲ徹リテ影見ユ。（光ニ、色ニ）透徹（三）疎ニナル。「枝ガー」人込ミガー」稀疎（四）クツログ。明ク。「腹ガー」胸ガー」（五）暇ヲ生ズ。「仕事ガー」手ガー」生暇

すく・ク・ケ・カ・キ・ケ（他動）（規・一）漉〔水ノ透クヤウニスル意カ〕紙ヲ作ル。（紙ノ條ヲ見ヨ）抄紙

すく・ク・ケ・カ・キ・ケ（他動）（規・一）梳〔透キトホルヤウニスル意カ〕櫛ノ齒ニ通スクシケヅル。「髮ヲー」

すく・ク・ケ・カ・キ・ケ（他動）（規・一）結〔透クヤウニ結フ意カ〕絲ニテ目ヲ編ミ結ビ作ル。「網ヲー」結網

すく・ク・ケ・カ・キ・ケ（他動）（規・一）鋤〔スクスクト突入ルル意カ〕鋤ニテ土ヲ堀リカヘス。「田ヲー」畠ヲー」鋤

すく・ク・ケ・カ・キ・ケ（他動）（規・一）〔前條ノ語ノ意カ〕薄ク切ル。「此芋ヲムキツツ、すき切リニ切レバ」すき肉」

すく・クル・クレ・ケ・ケ・ケヨ（他動）（規・二）助 たすくニ同ジ。

（すぐ・グ・ゲ・ガ・ギ・ゲ（自動）（規・一）次 次グニ同ジ。（名詞法ニ、すぎトイヒ、重ネテすぎすぎトイヒ、延ベテすがふナドイヘリ）

すぐ・グル・グレ・ゲ・ゲ・ゲヨ（他動）（規・二）着〔着クル、ノ轉カ〕差シ込ミテ付ク。ハメコム。「屐子鞋ノ緒ナドすげサセ」斧ノ柄ハ、朽チナバ又モ、すげカヘム、憂キ世ノ中ニ、歸ヘラズモガナ」箒ノ毛ヲー」烟管ヲー」

すぐ・グル・グレ・ギ・ギ・ギヨ（自動）（規・三）過（一）越エテ行ク。通ル。「山ヲー」川ヲー」（二）前ヲ歷テ行ク。「門ヲ過ギテ入ラズ」（三）移リ行ク。去ル。「年ー」時ー」（四）死ヌ。「過ギニシ人」（五）程ヲ超ユ。度ニ餘ル。「言葉ガー」分量ガー」（六）勝ル。マサル。超ユ。「オカ、人ニー」超絶

すぐ 副 直 タダチニ。ソノママ。「ー行ク」ー分ル」

（すくえう（名）宿曜 二十八宿九曜ノ行度ヲ以テ、人ノ運命ヲ考フル技。其人ヲー師ナドイフ。「今年ハ、人ノ愼ムベキ年ニモアリ、すくえうナドニモ、心細ソクノミ言ヒテ侍レバ」すくえうノカシコキ道ノ人ニカウガヘサセ給フニモ」

すぐさ（名）酸草 かたばみニ同ジ。（東京）

すぐさま 副 直樣 タダチニ。スグニ。直

（すくし（名）宿紙〔宿ヲ歷テ成ルヨリ名トスト云〕漉返シノ紙。宿紙ニ同ジ。

（すぐす・ス・セ・サ・シ・セ（他動）（規・一）過（一）過スニ同ジ。（二）打チ棄ツ。「御年、ネビサセ給ヒヌレド、カヤウノ方ハ、エスグサセ給ハズ」（三）齡ノ程ヲ超ユ。「女君ハ、少シ、スグシ給ヘル程ニ、イト若ウオハスレバ、ニゲナク恥カシトオボイタリ」スグシタル人人、皆立チマジリテ」

（すくすくし・シキ・シケレ・シク・シク・シク（形・二）一向ナリ。スクヨカナリ。キスクナリ。「常ハ、イト、スクスクシクテ、心ヅキナシト思ヒ侮ル」スクスクシキ立文ヲ取リ添ヘテ、興ナク走リ參ル」スクスクシウ歩ミテ」

（すくすくと 副 滯ラズ速ニ成リユク狀ニイフ語。「ササナミ路ヲ、ー我ガイマセバヤ」此兒養フ程ニ、ー大キニ成リマサル、三月許ニ成ル程ニ、ヨキ程ナル人ニナリヌレバ」火ノ光リ見ユル方ヘ、ーオハスレドモ」

すくせ（名）宿世（一）佛經ノ語、前世ニ同ジ。「ーノ業」ーノ緣」（二）前世ノ宿緣。「ーナド言ヒテラムモノハ、目ニ見エヌワザニテ、親ノ心ニ任セ難シ」今ハ御身ニ添ヒテ出デ入リ給フモ、アラマホシキ御すくせナリカシ」斯ル君ニツカウマツラデ、すくせツタナク、カナシキコト」

すぐち（名）巢口 小銃ノ孔ノ端。「ーヲ揃ヘテ放ツ」銃口

すくなし・キ・ケレ・ク・ク・ク（形・一）〔少甚シノ意カ〕（一）チヒサシ。小（二）スコシナリ。ワヅカナリ。多カラズ。少 寡

（すくなひこのくすね（名）〔少彥名藥根ノ義ナラム〕又、イハグスリ。石斛ノ古名。

すぐに 副 直（一）直ク。曲ラズニ。眞直ニ。「一筋ニ、人ヲモ身ヲモ、思フ哉、打ツ墨繩ノ、スグナレトノミ」スグナル心ノ友ト、ナラハズバ、何ヲ學ビノ、窓ノ呉竹」（二）タダチニ。隔テナク。ヂカニ。（三）忽チ。時ヲ置カズ。ヂキニ。

すくね（名）宿禰〔少兄ノ約、王子ヲ大兄ト稱スルニ對ス〕（一）古ヘ、臣等ヲ尊ビ親シミテ呼ベル稱。（二）後ニ、姓ノ名。

すくひ（名）救（一）救フコト。（二）賑ハスコト。賑恤（三）

兵ヲ出シテ他ヲ救フ。加勢。助勢。 援兵

すくひ-あみ (名) 叉手網ニ同ジ。

すくひ-だま (名) 〔たまハ、古言攩網ノ轉カ〕 叉手網ニ同ジ。

すくひ-まい (名) 救米 救ヒ賑ハス米。 賑恤米

すくふ・フ・ヘ・ヘ・ヒ・ヘ (他動)(規・一) 救 濟 拯 (助ク、ノ延カ) (一)力ヲ添ヘテ難ヲ免カレシム。危キヲ助ク。(二)饑餓貧困ニ物ヲ與フ。賑ハス。 賑恤 (三)兵ヲ出シテ、他ヲ助ク。加勢ス。 援

すくふ・フ・ヘ・ヘ・ヒ・ヘ (他動)(規・一) 抄 (一)匙ノ頭ナドニテ、物ヲ掠ムルガ如クニ汲ミ取ル。シャクフ。(二)カキサラフ。「足ヲー」

すくふ・フ・ヘ・ヘ・ヒ・ヘ (自動)(規・一) 巣 巣ヲ構フ。「鶯ノすくへル枝ヲ折リ取ラバ」

すくまる・ル・レ・ラ・リ・レ (自動)(規・一) 竦 次條ノ語意ニ同ジ。

すくむ・ム・メ・マ・ミ・メ (自動)(規・一) 竦 (一)屈ミテ動キ得ズ。スクマル。「身モスクミテ侍ルナド」足手ナド、タダスクミニスクミテ」(二)縮ム。「唐ノ紙ノイトスクミタルニ、更ニ書キ給ヘル」スクミタル衣ドモ押シ遣リ」

すくむ・ム・ムル・ムレ・メ・メロ (他動)(規・二) 竦 竦ムル如クニナス。縮ムル。「木枯シノ、吹キスクメタル、冬ノ夜ニ、月見テ寒キ、我ガ袂哉」眞名ヲ走リガキテ、サルマジキドチノ女ノ文ニ、半バ過ギテ書キスクメタル、アナ、ウタテ」言ヒー」押シー」首ヲー」無理ズクメ」往生ズクメ」 跼屈

++すくめる (動) 前條ノ語ノ訛。

〔すくも (名) 稽 モミヌカ。(今モ藝州ノ邊ニテハイフトゾ)

〔すくも (名) 藻屑ナリトイヒ、葦ノ根ナリトモイフ、サレド次條ノ泥炭ノ事ナラムカ。「難波女ガ ー焚ク火ノ、深キ江ニ、上ニ燃エテモ、行ク螢哉」ー焚ク、藻鹽ノ烟」山賤ノ、蚊ヲイトヒケル、ー火ニ」

すくも (名) 泥炭ノ稱。(近江ノ栗太郡)

すくも-いし (名) 石炭ノ一名。

〔すくも-むし (名) 蠐螬 〔竦蟲ノ轉カ〕 地蟲ニ同ジ。

〔すく-やか-は (副) 健 スクスクト強ク。スコヤカニ。「固ヨリ、ズクヤカナル者ナレバ、強ク取テ放サズ」スクヤカナラム者ヲ三十餘人バカリ賜ハリテ迎ヘ侍ルベシ」

すぐ-やき (名) 直燒 刀ノ燒ノ名、肌理ヲ眞直ニ現ハスモノ。 直文

すぐ-やり (名) 直鎗 素鎗ニ同ジ。

〔すく-よか-は (副) 傾カズ撓マズ、スクスクトシタル狀ニイフ語。「イトー起キ居給ヒテ」只ノ人ハ、ソノ大臣ニ遇テ、サヤウニーハ言ヒテムヤ」スクヨカナラヌ山ノ氣色」ー言ヒテ、物强キ狀、シタヽヘレバ」スクヨカナル時モナク、シヲレ給ヘルヲ」侘シケレバ ー心ツキナシトハ、見エ奉ルトモ」紫ノ濃カナル紙、ーテ」

〔スグリ (名) 村主 〔韓語ニ、村ヲすき又すぐりナドイフ〕 姓ノ名。

すぐる・ル・レ・ラ・リ・レ (他動)(規・一) 選 (勝ル、ノ他動カ) (一)選ブ。擇リ取ル。「御方方ノ人人、世ノ中ニ押並ベタラヌヲ擇リ調ヘ、すぐりテ候ハセ給フ」選ビすぐりタル上手」精兵ヲー」(二)善惡ヲ試ム。「槍ヲー」藥ヲー」

すぐる・ル・ル・レ・レ・レ・ロ (自動)(規・二) 勝 (過グ、ノ轉カ) (一)他ニ超ユ。勝ル。秀ツ。抽ンヅ。拔群ナリ。(二)スコヤカナリ。堅勝ナリ。 健

++すぐれる (動) 前條ノ語ノ訛。

〔すぐろ (名) 春ノ燒野ノ草木ノ末黒キコナリトゾ。「栗津野ノ、ーノ薄、角グメバ」武藏野ノ、ーガ中ノ、下ワラビ」ーニ燒クル、下草ニ」今日ハ、山邊ノ、ー刈ルラム」鼠渡ル、小田ノーノ、常磐木ニ、秋ヲ聞カスル、百舌ノ聲哉」

〔スグロク (名) 雙六 すごろくニ同ジ。

すけ (名) 助 助クルコ。タスケ。手傳ヒ。「シマツドリ、鵜飼ガ徒、今須氣ニ來ネ」

〔すけ (名) 稽柱 (助ケ、ノ義) 家ノ傾キ倒レムトスルヲ助ケ支フル柱。ツツバリ。「平家ナル、宗盛イカニ、騒グラム、柱ト頼ム、助ヲ落シテ」

すけ (名) 次官 輔 弼 佐 亮 介 助 (助ノ義) 長官ノ條ヲ見ヨ。

〔すけ (名) 出家ノ約。「すけノ本意遂ゲサセ給ヒヌベキ御心設ケ」

すげ (名) 菅 (菅ノ字ハかやナルヲ誤用ス) 草ノ名、形狀、スベテ、茅ニ似テ、滑ニテ毛ナシ。葉ノ廣キモノヲ笠トシ、狹キヲ簑トス、因テ、簑ー、笠ー、ノ稱アリ。 薹

すけ-がう (名) 助郷 驛路ノ夫役ノ足ラヌ時ニ、其邊ノ在郷ヨリ人夫ヲ助ケニ出スコ。

すげがさ (名) 菅笠 すげノ葉ニテ編メル笠。 蓑笠
すげがな (名) 助假名 ふりがなノ條ヲ見ヨ。
すけぜい (名) 助勢 援ニ送ル軍勢。加勢。 援兵
すけだち (名) 助太刀 助ケテ鬪フヿ。(仇討、刃傷、ナドニ)
すけて (名) 助手 助クル人。手傳ヒ。
すげない (形) すげなしノ轉訛。
すげなし・キ・ケレ・ク・ク (形・二) (凄甚シ、ノ意カ) 人ヅキワロシ。愛想ナシ。ツレナシ。「此ノ御方方ノ、スゲナウモテナシ給ハムニハ、殿ノ中ニハ立テリナムヤ」オノ程ヨリハ用ヰラレズ、スゲナクテ身貧シク」 無情
(すげむ・ム・メ・マ・ミ・メ (自動)(規・一) 齒疎ナリ。(老人ノ)「口打チスゲミテ」イタウスゲミタル口ツキ、思ヒヤラルル聲ヅカヒ」
すけん (名) 素見 (素見物ノ略カ) 見ルノミニテ買ハヌヿ。ヒヤカシ。
すげも (名) 菅藻 あまもノ一名。
すけそ (動) 助クノ訛。
すける (動) 着クノ訛。
すごく・ク・ケ・ケ・カ・キ・シ (他動)(規・二) 素扱 徐ヲ扱ク。(相手ナキニ扱ク意カ、或ハ、しごくノ轉カ)
すこし (副) 少 多クノ反。ワヅカニ。イササカ。スクナク。チット。此語ニ形容詞ノ如キ語尾ヲ付シ、形容法ニ、すこしき、副詞法ニ、すこしくナド用ヰルハ訛ナラム、すこしヲ直說法(終止)ニ用ヰルベクモアラズ。
すごし・キ・ケレ・ク・シ (形・二) 凄 恐ロシク、スサマジ。淋シク

ギビワルシ。「タダ、見ル人カラ、艷ニモ、スゴクモ見ユルナリケリ」言ハム方ナクスゴキ言ノ葉」スゴキ哉、加茂ノ河原ノ川風ニ、鬢毛亂レテ、鷺立テルメリ」 荒涼
すこしき (形) 少 すこしノ條ヲ見ヨ。
すこしく (副) 少 少シニ同ジ、其條ヲ見ヨ。
すごす・ス・セ・ソ・シ・セ (他動)(規・一) 過 (一)過ギシム。送ル。スグス。「見ー」聞キー」月ヲー」年ヲー」(二)程ヲ越ス。餘計ニスル。「言ヒー」酒ヲー」
すごすご (副) 興醒メテ草草ニ去ル狀ナドニイフ語。
すこたん (名) 俗ニ、取リ外シタル意ニイフ語。ソコツコ。ゴツコツ。「ー去ル」ー歸ル」
すこぶる (副) 頗 (少シ其氣味アル意) (一)少。「嵯峨ト淳和トハ、スコブル其趣オハシマシケルトゾ、申シ傳ヘテ侍ル」(二)程ニ比ベテハ多ク。餘程。
(すごも (名) 簀薦 竹ヲ簾ノ如ク編ミテ、白キ生絹ヲ裏ニツケ、白キ綠アルモノ、食机ノ下ニ敷クニ用ヰル。 食單
すごもり (名) 巣籠 巣ニ籠リ居ルヿ。「鶴ノー」
すごもる・ル・レ・ラ・リ・レ (自動)(規・一) 巣籠 (一)巣ノ中ニ籠ル。「鶴ノ多ク、世ヲ歷テ見ユル、濱邊コソ、千年ー、心ナリケレ」氷解ク、風ノ音ニヤ、スゴモレル、谷ノ鶯、春ヲ知ルラム」松ガ枝ニ、ー蟬モ」(二)蟲、冬、土中ニ隱ル。 蟄
すこやか (副) 健 スクヤカニ。身體ニ障ルコト無ク。病ナク。チャウブニ。タッシャニ。
すごろく (名) 雙六 (古音、すぐろくノ轉、字ノ朝鮮音スゴロク

ナルベシ、此戲レ、天竺ニ出デ、波羅塞戲ト名ヅク、支那ニ入リ、初メ、六箸ヲ投ジ、白棊、黑棊、各、六ハヲ行ル、故ニ名トス) 古ク、スグロク。二人相行フ戲レ、木盤アリ、(局)盤方、各、十二ノ格アリ、各、馬、十二ヲ並ベ、黑白ヲ以テ分ツ、二箇ノ采ヲ竹筒ニ入レテ、代ル代ル振リ出シ、其出デタル數ホド、格ヲ數ヘテ、馬ヲ送リ、早ク敵ノ格中ニ送リ了リタル方ヲ勝トス。 雙陸 道中ートイフハ、江戶ニ始マリ、東海道五十三驛ヲ、渦ノ狀ニ圖シ、中央ヲ京都トシ、數人、順ニ一ツノ采ヲ振リ、其出デタル數ホド、己ガ馬ヲ送リ、早ク京ニ到レルヲ勝トス、小兒ノ玩ナリ。

すさ (名) 寸莎 (すすノ轉カ、つたトモイヘリ) 東國ニ、つた。壁土ニ雜ヘテ、乾キテ後ニ裂レザラムつなぎトスル物。藁ヲ寸許ニ刻ミテ、荒壁ニ用ヰルヲわらずさトイフ。上塗ノ漆喰ニハ、麻又ハ紙ヲ刻ミテ、ふのり汁ニ雜ヘテ用ヰル、コレヲ麻ずさ、紙ずさナドイフ。

(ずさ (名) 從者 從者ニ同ジ。主人ニ從フ者。供人。家人。「有リ難キモノ、主、謗ラヌ人ノずさ」

(ずさ (名) 儒者ニ同ジ。

(ずさい (名) 秀才ニ同ジ。「學生ドモ、御前四人、ずさい二人、進士二人」

すさき (名) 洲崎 洲ニシテ崎トナリ、水中ニ差シ出デタル處 沙嘴
(すざく (名) 朱雀 四神ノ條ヲ見ヨ。スジャク。シュジャク。

すさび (名) 荒 スサブヿ。愈進ムヿ。「厭フベキ、コハマホロシノ、世ノ中ニ、アナアサマシノ、戀ノーさ」此頃ハ、月ニ手

ホソ、馴レマサル、猴ラレヌマノ、老ノ一ニ」歎キアマリ、筆ノ一ニ、盡セドモ、思フバカリニ、カカレザリケリ」心ノ一ニ任セテ、斯ク好事スルハ」

すさび (名) 遊 心ノ荒ビテスル遊戯ノ事。「御方方、繪物語ナドノ一ニテ、明カシ暮ラシ給フ」古物語ナドヤウノ一ゴトニテコソ、徒然ヲモマギラハシ」用ナキ一ナリヤ」筆ノ一」手一」口一」

すさ・ぶ・ブ・ベ・メ・ビ・イ (自動)(規・一) 荒 (一)すさむ(規・二)ニ同ジ。愈進ム。「ミヤビタル、聲ニモアル哉 鹿ノ音ノ、深キ山邊ニ、スサブモノカラ」雨降リスサブ、夕暮ノ空」落チスサブ、槇ノ下露」朝露ニ、咲キスサビタル、月草ノ」扇御覽ズレバ、ヲカシウ、スサビ書キタリ」火箸シテ、灰ナド掻キスサビテ」彈キ一」歌ヒ一」 愈進 (二)荒ビ行キテ闌ルル。衰ヘ止ム。「思ヒカネ、打チ寐ル宵モ、アリナマシ、吹キダニすさべ、庭ノ松風」初雪ノ、降リスサビタル、雲間ヨリ、ヲガムカヒアル、三日月ノ影」書クベキ言ノ葉モ、例ナラネバ、筆打チ置キツツ、スサビ居給ヘリ」 闌盡

すさ・ぶ・ブル・ブレ・ビ・ビ・ビヨ (自動)(規・三) 荒 〔荒ブ、ニモノ發語ノ添ヒタル語カトモ思ハルル〕 前條ノ語意ニ同ジ。愈進ム。荒ブ。「心ツカラノ、トノタマヒすさぶるヲ、ゲニカタハライタシト、人人、例ノ聞ユ」(すさびノ例多ケレド、前條ノ語ノ變化ト分別シ難ケレバ、スベテ前ニ掲ゲヌ)

すさま・じ・ジキ・ジケレ・ジク・ジク (形・二) 〔惡シキニ荒ム意〕 (一)ニ不興ナリ。面白カラズ。興醒ム。「スサマジキモノ。晝吠ユル犬。火起サヌ火桶。兒ノ亡クナリタル産屋。博士ノ打續キ女子生マセタル。除目ニ官得ヌ人ノ家。極月ノ晦日ノ長雨」ナカナカ無禮ニ侍ラムトテ、スサマジゲナル御氣色ナレバ」物食ヒ酒飲ミツル遊ビモ、皆スサマジクナリテ、一人起チ、二人起チ、皆起チテ往ヌ」饗應、スサマジカラヌヤウニセヨ、ト言ヒケレバ」 無興 索莫 (二)轉ジテ、物凄シ。「月ノ光リ清ク、スサマジキ夜」風吹キ雨降リテ、スサマジカリケルニ」天ツ空、雲立チサワギ、山風ニ、音スサマジク、降ル霰哉」 荒涼 (三)又、轉ジテ、恐ルベク甚シ。「スサマジキ力量」 可恐

すさ・む・ム・メ・マ・ミ・メ (自動)(規・一) 荒 〔進ムノ轉ナラム〕 愈進ム。甚シク成リユク。スサブ。「手習ノヤウニ、書キスサミ給フ」五月雨ノ、降リスサミヌル、小山田ニ」秋霧ノ、晴レスサミタル、尾上ヨリ」山人ノ、焚キスサミタル、椎柴ノ」時雨スサメル、遠山ノ松」雨降リ一」風吹キ一」 愈進

〔すさ・む・ムル・ムレ・メ・メ・メヨ (他動)(規・二) 荒 荒マシメ闌レシム。棄ツ。措ク。止ムル。「我ヲバ、スサメタリト、氣色取リ怨ジ」御心、イトヲカシウ、ナヨビカニオハシマシ、人ヲスサメサセ給ハズ」常盤、清盛ニスサメラレテ」隙モナク降リモスサメヌ、五月雨ニ、ツクマノ沼ノ、水草ナミヨル」土壁ニ、窓塗リ殘ス、庵マデモ、スサメヌ宿ル、秋ノ夜ノ月」

〔すさ・む・ムル・ムレ・メ・メ・メヨ (他動)(規・二) 賞翫 心ノ荒ミニ賞翫ス。遊ビモノトス。「山高ミ、人モスサメヌ、櫻花、甚クナ佗ビソ、我レ見ハヤサム」春駒ノ、スサムル草ノ、若草モ、ツマニハ若カヌ、モノニゾアリケル」火オコサヌ、夏ノスビツノ、心ヂシテ、人モスサメヌ、スサマジノ身ヤ」君モスサメ給ハズ世ノ人モ憐ブコトナシ」

すさる (動) 退ルニ同ジ。

すし (名) 鮨 〔酸シノ義、鮨、䱽之最細者也、今、誤用ズ〕(一)魚ノ肉ヲ酢ニ漬ケタルモノ。 鮓 (二)又、專ラ、飯鮓ノ稱、即チ、飯ニ酢ヲ塗シタルヲ鮓ニ添ヘ、又、或ハ、菜蔬ヲ雜テ加ヘタルモノヲイフ。ソノママナルヲちらし一トイヒ、匣ニ入レテ壓シ固メテ切ルヲおし一トイヒ、握リ搏ムルヲにぎり一トイフ。

〔すし (名) 酸摸 〔古ハ羊蹄菜ノ義〕 酸葉ノ古名。

すし・キ・ケレ・ク・ク (形・一) 酸 酢ノ味ナリ。梅ノ實ノ味ナリ。スツパシ。

すしやう (名) 種姓 素姓 氏姓、世系ノ出ヅル所。

すしやく (名) 朱雀ニ同ジ。

すす (名) 煤 (一)竈、烟出ナドニ、煙ヨリ成リテ凝リ着ク黑キモノ。(二)煙ト埃ト雜ハリテ、梁、天井ナドニ積リ着キテ、蛛網ノ如ク黑ク垂ルルモノ。

すず (名) 鈴 〔音ヲ名トス、或云、音ノ清シキ意カト〕(一)金類ニテ造リ、丸ノ如ク中空シキモノ、下ニ横ニ細キ孔アリ、内ニ銅珠ヲ含ム、振リ鳴ラシテ音ヲ出サシム、大、小、種種ニシテ、神事ニ用ヰ、或ハ什器ニ付ケテ飾トス。(二)又、神樂ナドニ用ヰル神樂一トイフハ、銅針ニテ作レル枝ニ、小キ鈴十二顆ヲ綴ル、柄アリテ振リテ鳴ラス。

すず (名) 錫 〔清鉛ノ意カ〕(一)古名、シロナマリ。鑛物ノ名、其純ナルヲまやり 純錫 トイヒ、多クハ塊ヲ成

ス、鉛ニ似テ、色白ク、質、鉛ヨリ堅ケレド、鎔ケ易シ、鑞ナド作ル。まやりニ鉛ヲ雜ヘタルモノ、卽チーナリ、諸器具ニ作ル。(二)錫ニテ造レル壜ノ名。

(すず (名) 篠 竹ノ一種小キモノ。シノ。ササ。「吉野山、ーノカリネニ、霜冱エテ、松風ハヤシ、夏ケヌ此ノ夜ハ」「逢フ人モ、ナキタゲヒ哉、山伏ノ、ーワケワブル、峯ノ通路」ー懸」

(ずず・す ズル・スレ・セ・ジ・セヨ (他動)(不規・二) 誦 讀ム。「歌ヲ、返ヘス返ヘスずし給ウテ、返シ、エシタマハズ」講師モ、エ讀ミヤラデ、句毎ニずしノノシル」

ずず (名) 數珠 數箇ノ珠ヲ絲ニテ貫キテ環トシタルモノ、僧ノ念佛ナド課シ唱フルニ、爪ニテ珠ヲ繰リテ其遍數ヲ計ルニ用ヰル、コレヲ爪繰ルトイフ、珠ハ、菩提子、木槵子、或ハ水晶ナドニテ作ル。ジユズ。其珠ノ數、種種ナルモアレド、常ニハ百八箇トス、(時ノ數、一九、ヨリ六九、五十四ニ終ル、晝夜百八ニ據ルトゾ) 念珠

すずがき (名) 鈴柹 猿柹ニ同ジ。

すずかけ (名) 篠懸 修驗者ノ服ノ上ニ被フ衣、麻ニテ作ル、深山ニ入レバ、篠茂レルガ故ニ、其露ヲ防グモノナリト云。(俗、誤リテ袈裟ノ名トス)

ずずかけばと (名) 數珠掛鳩 山ニ多シ、形、鴿ヨリ稍小クシテ、羽ノ色、數十品アリ、皆、頸ニ白キ斑アリ、聲高クシテ清ム。又、八幡鳩。 斑鳩

すずかぜ (名) 涼風 初秋ノ頃ノ涼シキ風。

すすき (名) 薄 草ノ名、葉ハ茅ノ如ク、長、四五尺、色白シ、緣、利クシテ人ニ傷ツク、秋ニ至リ、長キ莖ヲ出シ、白キ花ヲ開ク、穗ヲ成シテ、葦ノ花ノ如シ、コレヲ尾花トイフ。 芒

すずき (名) 鱸 魚ノ名、河海ノ間ニ產ス、春ノ末、川ニ泝リ、秋ニ至リテ海ニ入ル、夏月ノ川ーヲ殊ニ美味ナリトス、口、大ク、鱗、細カク、鰭ニ似テ、質白ク、黑キ斑アリ、頭、大ク、鰭、翅、堅キ「鯛ノ如シ、最モ小キヲせいごトイヒ、長ジテ尺餘ナルヲふつこトイヒ、更ニ長ジタルハ、卽チーナリ。

すすく クル・クレ・ケ・ケ・ケヨ (自動)(規・二) 煤 煤ニ染ミツク。煤ノ色ヅク。ススバム。ススデ。ススル。 染煤

すすぐ グ・ゲ・ガ・ギ・ゲ (他動)(規・一) 濯 滌 洒 (一)水ニテ、物ノ汚レヲ洗ヒ淨ム。洗濯ス。「衣ヲー」(二)クチススグ。ウガヒスル。「口ヲー」 嗽 (三)淸クナス。汚名ヲ去ル。「無キ名ススガム、瀧ツ瀨モナシ」恥ヲー」「寃ヲー」 雪

すずくさ (名) 鈴草 だうくわんさうニ同ジ。

すすける (動) 煤クノ訛。

ずずご (名) ずずだまニ同ジ。(關東)

ずずごだま (名) ずずだまニ同ジ。(關東)

すずさいこ (名) 鈴柴胡 草ノ名、山野ニ多シ、春、宿根ヨリ生ズ、莖、細ソク堅ク、高サ一二尺、葉ノ形、なでしこニ似テ、對生ス、夏、莖ノ頭ニ、枝ヲ分チテ、五瓣ノ黃紫花ヲ開ク、大サ三分許、莢ヲ結ブ、長サ一寸許、圓クシテ尖ル。 徐長卿

すずし (名) 生絹 (淸シノ義) 生絲織ノ練ラヌ絹布ノ名、練ニ對シテイフ、輕ク薄クシテ紗ノ如シ。「ーノ衣」

すずし シキ・シケレ・シク・シク (形・二) 涼 (一)稍ク寒シ。程好ク冷カナリ。(暑日ノ風ナドニ)(二)サワヤカナリ。澄ミテ淸シ。「鈴ノ音ー」眼中ー」 淸爽

すずしろ (名) (淸白ノ義カト云) 大根ヲ、春ノ七種ニ用ヰル時ノ稱。 蘿蔔

(すずしろ (名) 鬐 (蘿蔔ノ苗葉ノ地ニ敷ケル狀ニ似タレバ名トストニ云、罌粟坊主ナドイフガ如シ) 小兒ノ髮ヲ剪ミ餘セルモノ。

すすだけ (名) 煤竹 (一)竹ノ煤ケテ、色ノ赤黑クナレルモノ。(二)色ノ名、卽チーノ色。 古銅色

ずずだま (名) 數珠玉 (薏苡ノ古名ノつしだまヨリ轉ジテ、今、又數珠ノ意トス) 草ノ名、原野ニアリ、春、宿根ヨリ叢生ス、莖葉ハ、薏苡ニ異ナラズ、子大クシテ白ク光ル、或ハ、黑キアリ、又、黑白ノ斑ナルアリ、皮、甚ダ堅クシテ、中ニ自ラ穴アリ、兒童、採リテ絲ニ貫キ、數珠ノ如クシテ玩ブ。ズズゴダマ。 川穀

(すすたる ル・レ・ラ・リ・レ (自動)(規・一) 煤垂 煤、垂リ下ル。「難波人、葦火焚ク屋ノ、ススタレド、己ガ妻コソ常メヅラシキ」隣ヨリ、葦火ノ烟、漏レ來ツツ、焚カヌ宿ニモ、ススタリヌベシ」

すすどし キ・ケレ・ク・ク (形・一) 銳 (進疾シノ意ト云) するどしニ同ジ。「サレバコソト思ヒ、ススドク步ミテ過グルヲ」

(すずとり (名) 弄鈴 たまとりノ條ヲ見ヨ。

すずな (名) 菘 (すずハ小キ義ト云) たうなニ同ジ、專ラ、春ノ七種ニ用ヰル時ノ稱トス。

すずなり (名) 鈴成 果ナドノ、神樂鈴ノ如ク、房トナリテ生レルヲイフ語。 離離

すずはき (名) 煤拂ニ同ジ。

〔すずばな (名) 洟ノ垂ルルヲ啜リ引クコトナルベシ。「穢氣ナルモノ、一シ歩ク見」鼻高ナルモノ、先ハ赤ミテ、穴ノアタリ濡レバミタルハ、一ヲ拭ハヌナメリ」洟ヲダニ、ススリモアヘズ、我レガ身ニ、イカニ添ヘタル、戀ノ涙ゾ」

すずはむ・ム・カ・マ・ミ・メ (自動)(規・一) 煤ク、ニ同ジ。

すずはらひ (名) 煤拂 家ノ内ノ煤埃ヲ大ニ掃除スルコト、多ク歳ノ末ニ行フ。ススハキ。 除殘 暑中ニ行フヲ土用掃トイフ。

すずぶ・ブル・ブレ・ビ・ビ・ビヨ (自動)(規・三) 煤ク、ニ同ジ。

すずふりばな (名) 鈴振花 とうだいぐさニ同ジ。

すずぶる・ル・レ・ラ・リ・レ (自動)(規・一) 煤ク、ニ同ジ。

すすみ (名) 進 (一)ススムコト。前ヘ又ハ上ヘ行クコト。(二)イサミ。ハヤリ。「心ノ一」氣ノ一」(三)漸ク巧ニナルコト。上達。「學問ノ一」

すずみ (名) 納涼 スズムコト。涼シキ空氣ニアタルコト。

すずみだい (名) 納涼臺 夏時、地上ニ居エテ、納涼ニ用ヰル腰掛ノ類。 涼床 涼榻

〔すずみだか (名) 雀鷂 〔雀鷹ノ轉、善ク雀ヲ捉フレバイフ〕 えつさいノ條ヲ見ヨ。

〔すずみとる・ル・レ・ラ・リ・レ (自動)(規・一) 納涼 すずむニ同ジ。

すすむ・ム・メ・マ・ミ・メ (自動)(規・一) 進 (一)退クノ反。前ヘ行ク。出ヅ。(二)心ニ思フ所ヲセムトス。勇ム。ハヤル。「ヒタオモムキニ、ススミ給ヘル御心ニテ」待ツコトノ、心ニ一、今日ノ日ハ氣ガ一」心ガ一」(三)上ヘ行クノボル。「官位一」(四)好キニ移ル。漸ク勝ル。上達ス。(學術ニ)

すすむ・ムル・ムレ・メ・メ・メヨ (他動)(規・二) 進 (一)進ムヤウニナス。前ノ方ヘ遣ル。出ス。「膝ヲ一」兵ヲ一」(二)上ノ方ヘ遣ルノボス。「位ヲ一」(三)他ヲ論シテ爲サス。勝ヒ立ツ。「學問ヲ一」 勸 獎 (四)參ラス。奉 「酒ヲ一」 勸 星 (五)採リ用ヰラレムコトヲ取持ツ。「人ヲ一」 薦

すずむ・ム・メ・マ・ミ・メ (自動)(規・一) 納涼 暑サヲ醒サムト、身ヲ涼シキ空氣ニ當ツ。

〔すずむし (名) 鈴蟲 〔聲ヲ名トス〕 蟲ノ名、古歌ニイヘリ、即チ今ノまつむしニテ、其聲、ちんちろりんト聞ユルモノ、まつむしノ條ヲ見ヨ。(すずむし、まつむし、ノ名、古、今、相反セリ) 金鐘兒

すずむし (名) 鈴蟲 蟲ノ名。古名、まつむし。こほろぎノ屬、色黑ク、松蟲ニ似テ、首、小ク、尻、大ク、脊、スボク、腹、黃白ナリ、秋ノ夜鳴ク、其聲りんりんトイフガ如シ、畜ヒテ聲ヲ愛ス。 金琵琶

すすめ (名) 勸 勸ムルコト。論シテ事ヲセサスルコト。「人ノ一ニ從フ」

すずめ (名) 雀 (すずハ鳴ク聲、或云、小キ意ナリト) 小鳥ノ名、人ノ善ク知ル所ナリ、人家、堂、社等ノ簷ノ間ナドニ巣クフ、全身、黑褐ニシテ、背ニ斑アリ、頷、胷、黑ク、尾、寸餘、爪、距、黃白ナリ、躍ルノミ、歩マズ、其卵ニ斑アリ、

すずめうを (名) 雀魚 すずめふぐニ同ジ。

すずめがくれ (名) 雀隱 春ノ末ニ、草木ノ芽葉ノ、漸ク生ヒ立チテ、雀ノトマリテ身ノ隱ルル程ニナルコト。「三月ニナリヌ、木ノ芽、一ニナリテ」萌エ出デシ 野邊ノ若草、今朝見レバ、一ニ、ハヤナリニケリ」

すずめがひ (名) 雀貝 磯ノ石或ハ蚫ノ殼ニ着キテアリ、殼、一片ニシテ、よめがさらニ似テ、小ク厚ク尖リテ、形、略、雀ノ如ク、又、千鳥ノ如シ、色ハ、淡白ク、又ハ褐色ナリ、品類多シ。別名、イソガヒ、チドリガヒ。

すずめのたご (名) 雀擔桶 古名、スズメノツボ。いらむしノ巣、秋ノ後、樹ノ枝ニ作ル、白乳ノ如ク、身ヲ其中ニ隱ス、後ニ凝リテ卵ノ如ク堅シ、長サ五六分、淡黑クシテ、竪ニ白キ紋アリ、雀、好ミテ中ノ蛹ヲ食フ、古ク藥用トセリ。スズメノマクラ。 雀甕

〔すずめのつぼ (名) 雀壺 すずめのたごニ同ジ。

すずめのまくら (名) 雀枕 すずめのたごニ同ジ。

すずめのゑんどう (名) 雀豌豆 のゑんどうノ條ヲ見ヨ。

すずめのをおけ (名) 雀苧桶 宿根草、春、一根ニ叢生ス、高サ一尺餘、葉ハ楕ニシテ對生シ、莖ト共ニ微毛アリ、夏ノ初メ、梢ノ葉ノ間ニ、數花ヲ開ク、五瓣ニシテ白シ。 白前

すずめはぎ (名) 雀萩 ひめはぎニ同ジ。(東京花戸)

すずめふぐ (名) 雀河豚 魚ノ名、北海ニ產ス、形、河豚ニ似テ小ク、大サ三四寸ニ過ギズ、灰白色ナリ、全身ニ、堅キ甲アリテ、紋ヲナス、額ニ二角アリテ、前ニ

向ヒ、腹ノ兩翼、長ク後ニ向フ、腹、脊、方ニシテ、四稜アリ、喙ハ、鳥ノ觜ノ如シ、全體、稍、雀ノ飛ベルガ如シ、食フベカラズ。スズメウヲ、イシフグ。䲁魚

（すずめゆみ（名）雀弓 小キ弓ノ、雀ナド射テ捕ルモノ楊弓ノ類。雀小弓。「シノタメテ、一張ル、ヲノワラハ」

++すすめる（動）進ム、（規、二）ノ訛。

すずらん（名）鈴蘭 いちやくさうニ同ジ

すずり（名）硯〔墨磨ノ約〕古名、スミスリ。墨ヲ水ニ和シテ研リオロスニ用ヰル器、石又ハ瓦ナドニテ、方、圓、種種ノ形ニ作ル、面ヲ少シ窪メテ、其上方ニ、一層凹キ處ヲ作ル、海（硯池）トイフ、水ヲ貯フ。ススリイシ。

すずりいし（名）硯石 硯トイフニ同ジ。

（すずりがめ（名）硯瓶 水滴。又ハ、スミスリガメ。「御前ノ撫子ヲ、八ノ折リテ持テ參リタルヲ、宮ノ御前ノ御すずりがめニサセ給ヘルヲ、東宮取リ散ラサセ給ヘバ」

すすりなき（名）啜泣 鼻ニ氣ヲ引キススリナガラ泣クコ。

すずりばこ（名）硯箱 硯、墨、筆等ヲ入レ置ク小キ匣。硯函

すずりぶた（名）硯蓋（一）硯箱ノ蓋。昔シハ、ソレヲ花果ナド載スルニ用ヰタリ。（二）轉ジテ、後世、別ニ其形ノ器ヲ作リテ、口取肴ナド盛ルニ用ヰル、廣蓋ノ類ナリ。

すする・ル・レ・ラ・リ・レ（他動）（規、一）啜〔音ヨリイフ〕（一）口ニ吸ヒ入ル。「粥ヲ一」（二）垂ルル洟ヲ氣ト共ニ鼻ヘ引キ入ル。「洟ススリアヘリ」洟ヲダニ、ススリモアヘズ、我レガ身ニ、イカニ添ヘタル、戀ノ涙ゾ」

（すずろありき（名）漫歩 何處ヲ當テトモナク歩ムコ。

（すずろく・ク・ケ・カ・キ・ケ（自動）（規、一）漫不覺 心、スズロニ進ム。氣進ム。「イトスズロキテ、頓ニ言ヒモ出サズ」心ヲカハセケルニヤ、アリケム、此男、イタク、スズロキテ」

（すずろに（副）漫不覺（一）何故トモナク、心進ミテ。ソゾロニ。「昔シ、男、一陸奧ノ國マデ、惑ヒ往ニケリ」眺ムレバ、一落ツル、涙哉、イカナル空ゾ、秋ノ夕暮」（二）然ハスマジキニ不覺ニ。ハシタナク。「コレヲ、タダニ奉ラバ、スズロナルベシトテ、人人ニ歌讀マセ給フ」今モ昔モ、スズロナル事ニテ、身ヲハフラカスラム」

（すずろはし・シキ・シケレ・シク・シク（形、二）漫然 心、スズロニナル。ハシタナシ。不覺ナリ。「聞ク人、タダナラズ、スズロハシキマデ、愛敬ツキ」ソレニツケテモ、ケシカラヌ事ドモ出デ來テ、帥殿、イトド世ノ中、スズロハシウ思シ歎ク

すそ（名）裾 襴 裔 裙〔末衣ノ略カ〕（一）衣ノ下ノ緣。衣服ノ脛脚ニ接スル所。（裾トイヒ襴トイフニハ、別アリ、各條ヲ見ヨ）（二）山ノ麓。「山ノ一」富士ノ一野」麓 山脚（三）馬ノ四足ヲ洗フコ。（俗ニ、四下ノ合字ヲ用ヰル、又、此語、四足ノ音ノ轉トイフハ、イカガ）洗馬

（そそ（名）呪詛ニ同ジ。「右大將ノ朝臣ヲ仇ニテ、そそシ奉ル」陰陽師シテ、河原ニ出デ、そその祓ヘシタル」

すそご（名）裾濃 染色ノ名、衣又ハ鎧ノ絲ナドニ同ジ色ニテ、上ノ方ヲ淡ク、裾ノ方ヲ、濃ク染メ出シタルモノ。「紫一」紺一」蘇芳一」

（すそつき（名）襴〔裾着ノ義〕襴ノ條ヲ見ヨ。

（すそつけのころも（名）襴衫〔襴ヲ着ケタル衣ノ義〕直衣ニ同ジ。

すその（名）裾野 山ノ麓ノ遠ク延ビテ野ヲナセル所。「富士ノ一」

（すそわ（名）裾回 麓ノアタリ。「筑波根ノ、すそわノ田居モ、住ミ馴レニケリ」

すそわけ（名）裾分 物ノ餘分ヲ分ケテ人ニ贈ルコ。（多ク卑下ニ對シテイフ）

すそを（名）〔裾緒ノ義ナラム〕臥機ニ同ジ。

（すだく・ク・ケ・カ・キ・ケ（自動）（規、一）集 アツマル。多ク集フ。「水鳥ノ、須太久水沼ヲ」人集キテ、物騷ガシク、幼ナキ君達ナド、スダキアワテ給フ」小男鹿ノ、一麓ノ下萩ハ」蘆ノ葉ニ、一螢ノ」葎生ヒテ、荒レタル一宿ノ、ウレタキハ、カリニモ鬼ノ、一ナリケリ」

すだこ（名）酢蛸 茹蛸ノ肉ヲ酢ニ浸シタルモノ。

++すたすた（副）急ギ歩ム狀ニイフ語。「一駈ケル」

（すたすたに（副）寸寸 次條ノ語ニ同ジ。

ずたずたに（副）寸寸〔古言、をたをたにノ轉〕細カニ斷レ斷レニ。「一ニ切ル」寸斷

すだち（名）巣立 スダツコ。雛ノ巣ヨリ飛ビ立ツコ。「雀ノ一」巣起 出窩

すだつ・ツ・テ・タ・チ・テ（自動）（規、一）巣立 鳥ノ子、巣ヨ

リ飛ビ立チ去ル。「鳥栖立テ、飼ヒシ雛ノ子、栖立チナバ」春ノ來テ、明クル朝ケノ、谷ノ戸ヲ、スダチモヤラデ、鶯ゾ鳴ク」 巣起 出窩

〔すだつ〕ツル・ツ・レ・テ・チ・テロ (他動)(規.二) 巣立 巣立ツヤウニスル。「松ガ枝ノ、通ヘル枝ヲ、塒ニテ、すだてラルベキ、鶴ノ雛哉」水ノ面ニ、飛ビ交フ春ノ、ツバクラメ、すだてムコトモ、思ヒヤラレテ」

〔すだま〕 (名) 魍魅 〔棄魂ノ略カト云、或ハ、生魂ノ義カ〕 山林ノ異氣ヨリ生ズル精物ナリト云。

すたり (名) 廢 スタルコト。すたれニ同ジ。

すたる ル・レ・ラ・リ・レ (自動)(規.一) 廢 次條ノ語意ニ同ジ。

すたる ル・ル・ルレ・レ・レ・レヨ (自動)(規.二) 廢 棄テラル。不用トナル。衰ヘ行ク。流行ラズナル。

すたれ (名) 廢 スタルコト。不用ニナルコト。流行セヌコト。

すだれ (名) 簾 〔簀垂ノ義〕 又、を。細ソク削リタル竹ニテ、帳ノ如ク編メルモノ、物ノ隔テトシ、日光ヲ遮ルナドニ懸ケ垂ル。又、葦ノ莖ニテ編メルヲよしすだれトイフ。 簾

すだれびやうぶ (名) 簾屛風 簾ヲ張リ込メタル屛風、內外ヲ透カシテ見ルベシ。

すだれふ (名) 簾麩 麩ヲ、紙ノ如クニ製シ、簀ノ間ニテ相凝シテ、細カキ凹凸ノ條ヲ出シタルモノ。

すたれる (動) 廢ル(規.二)ノ訛。

すぢ (名) 筋 〔直路ノ意カト云〕 (一)肉ノ中ニ、直キ理アリテ堅クシテ彈カアルモノ、骨ノ關節ナドニ綴ヒテ、

屈伸運用セシム。(二)細ク長キ條。細長ク通リタルモノ。「一ヲ引ク」「一ヲツク」髮一」絲一」路一」川一」 線 條理 (三)物ノ面ノ文。「手ノ一」 紋理 (四)チスヂ。素姓。家筋。筋目。「ヨキ人ノ一」母方ノ一」 血系 (五)スヂミチ。道理。コトワケ。ワケガラ。「眞ノ一」事ノ一」 理 理由 (六)其方樣ノ事。「イカナル一ニ、思ヒ寄ラマシ」大和言ノ葉モ、唐土ノ歌モ、只ハソノ一ヲゾ、枕言ニセサセ給フ」其一ノ學問」其一ノ指圖」

すぢ (接尾) 筋 細長キモノヲ數フルニイフ語。「帶一一」三一ノ路」 條

すぢあひ (名) 筋合 事ノ理ノ趣キ。

すぢがき (名) 筋書 事ノ理ヲ書キ付ケタルモノ。

すぢがね (名) 筋金 (一)細長キ銅鐵ナドヲ、槍ノ柄、刀ノ鞘ナドニ、填メ込ミタルモノ。(二)銅鐵ノ細長キ板ヲ、門ノ扉ノ目板ニ貼リ用キタルモノ。

すぢかひ (名) 筋違 スヂカフコト。斜ニ打チ交ヒタルコト。スミチガヘ。(縱橫ノ直キニ對ス) 斜線

〔すぢかふ〕フ・ヘ・ヘ・ヒ・ヘ (自動)(規.一) 筋違 〔條交フ、ノ義ト云〕 (一)斜ナル線ニ打チ交フ。筋違ニナル。「スヂカヒタル程ニテ臥シタルベキ」 交叉 (二)他ト趣キヲ異ニス。乖ク。「アマリ、世ニスヂカヒテ、スズロナル山籠リガチニ物セサセ給フ、ヒガヒガシキヤウナリ」 睽異

すぢかまぼこ (名) 筋蒲鉾 蒲鉾ノ粗製ナルモノ、魚ノ筋、皮ナドヲ、肉ニ雜ヘテ作ル。

すぢこ (名) 筋子 鮭ノ子ヲ、胞ニ包マレタルママ、鹽漬ニシタルモノ、甘子トモイフ、卵ノ形、くさいちごノ子ホ

ドニテ、紅黃ニシテ、赤點アリ。又、胞ヲ劈キテ、粒粒離シテ漬ケタルヲ、散子トイフ。

〔すぢなし〕キ・ナレ・ケ・ク (形.二) 無筋 爲ベキ道無シ。セムスベナシ。「行カム行カムト、タダ宣リニ宣リ給ヘバ、爲ム筋ナクテ、御車引出シツ」板屋ハ、雨ノ音、カシガマシキコソ、スヂナク侍リケレ、ナド聞エ給ヒテ」杜斫レ、棟木崩レテ、一」

すぢみち (名) 筋道 事ノ理ノトホルトコロ。 條理

すぢむかひ (名) 筋向 筋違ニ向ヒ合フコト。少シ外レテ、相對シ居ルコト。スヂムカフ。 斜對

すぢむかふ (名) 前條ノ語ニ同ジ。

すぢめ (名) 筋目 (一)線ノ互ニ相分ルル處。 條理 (二)家筋ノ別レ目。「一正シキ家」 家系

すぢりもぢり (副) 身ヲスヂリ、又モヂリテ。「翁、伸ビアガリ、屈マリテ、云云、一、曳聲ヲ出シテ、一庭ヲ走リ廻ハリ舞フ」

すぢる ル・レ・ラ・リ・レ (他動)(規.一) 捩 〔筋ヲ活用セル語カト云〕 身ヲ曲ゲクネラス。モヂル。

すつ ツル・ツレ・テ・テ・テロ (他動)(規.二) 棄 捨 不用トシテ投ゲヤル。差措キテカマハズ。ハフル。ホカス。ウッチャル。「芥ヲ一」家ヲ一」世ヲ一」命ヲ一」身ヲ一」乘リ一」脫ギ一」思ヒ一」

すつかり (副) すつぱりニ同ジ。

すつきり (副) すきとニ同ジ。

すつくと (副) 〔スクスクト、ノ轉〕 直ク立チ上ガル狀ナドニイフ語。「一立ツ」

すつけ (名) 酢漬 食物ヲ酢ニ漬クルコト。 酢藏

すつと (副) 物事ノ他ニ抽ンデタル狀ニイフ語。「―先ニ出ヅ」―勝ル」

すつぱ (名) 水破 (一)兵家ニ、間者ノ稱。 間諜 (二)++畿內邊ニ、竊盜ナド事トスル者ノ稱。「―ノ皮」

++すつぱい (形) 酸シ、ノ訛。

++すつぱり (副) 全ク。悉ク。ズツカリ。「―仕上ゲル」―忘レタ」―無クナル」 悉皆

すつぽん (名) 鼈 〔葡萄牙語ナリトイフ說モアリ〕(一)古ク、カハガメ。龜ノ類、池沼中ニ產ズ、形、龜ニ似テ、甲、圓ク薄ク、四邊ニ肉裙アリ、口、尖リテ、脊、高クシテ横紋アリ、大ナルハ徑二尺ニ至ル、肉ノ味甚ダ美ナリ。ドロガメ。ドンガメ。ドウガメ。トチガメ。(二)犀斗。(三)樽ノ蓋。

++すつぽり (副) 物事ノ工合好ク成リ行ク狀ニイフ語。「―ハマル」―ヌケル」

すで (名) 素手 手ニ得物ヲ持タヌコト。カラテ。「―ニテ立向フ」 空手 白手

++すてうり (名) 捨賣 價ノ低キヲ厭ハズ、捨ツルガ如ク、賣ルコト。

ステエシヨン (名) 停車場 〔英語、Station.〕 鐵道ノ處處ニ、蒸氣車ヲ停メテ發着セシムル所。鐵道ノ驛。

すてがな (名) 捨假名 〔助假名ノ誤カトモイフ〕 ふりがなヲ條ヲ見ヨ。

すてがね (名) 捨鐘 時ノ鐘ヲ撞ク時、先ヅ三度撞クコト、人ニ知ラスル爲ニテ、捨テテ時ノ數ニ加ヘズ。

すてご (名) 棄子 竊ニ路端ナドニ棄テラレタル小兒。(親ノ貧ニ迫リナドシテスルワザナリ) 棄兒

すてことば (名) 捨詞 去ルトキ言置ク言葉。

すてごへん (名) 棄子偏 漢字ノ偏ニアル子ノ字ノ稱、即チ子ノ字ニテ、孔、孤、孩、孫、ナドナリ。

すでに (副) 既已 〔既、盡也〕 (一)盡ク。全ク。「天ノ下、須泥爾被ヒテ、降ル雪ノ」全壞無レ色」已因レ訓逃者、詞不レ逮レ心」(二)前ニ。夙ク。マヘカタ。未ダ、ノ反。「君ニ因リ、吾ガ名ハ須泥爾、立田山」―去レリ」―終ハリキ」(三)轉ジテ、ハヤ。モハヤ。「タダ、締メニ締メマサリケレバ、スデニ、沫ヲ吹キテ死ナムトシケリ」夕暮ハ、必ズ人ヲ、戀ヒ馴レテ、日モ傾ケバ、スデニ戀シキ」

++すてね (名) 捨直 捨賣ニスル價。

すてふだ (名) 捨札 罪人ヲ刑ニ行フトキ、札ニ其罪狀ヲ記シテ衆ニ示シ、刑ニ行ヘル後モ、尙數日其地ニ揭ゲ置クモノ。 法場加木 犯由牌

すてぶち (名) 捨扶持 老幼、婦女、癈疾ナド、全ク無用ノ者ノ扶助ニ與フル扶持米。 散秩

すてむち (名) 捨鞭 馳ケ去ル時ニ、馬ノ尻ニ鞭打ツコト。「―ヲ打ツ」

++すてる (動) 棄ツ、ノ訛。

〔すてをぶね (名) 捨小舟 乘リ捨テテ人ナキ舟。

すてど (副) 數度 タビタビ。シバシバ。スタビ。 數回

ストウブ (名) 〔英語、Stove.〕 かつぺるニ同ジ。

すどほり (名) 素通 其前ヲ過ギテ立寄ラヌコト。

すな (名) 砂 をなごノ略。石ノ極メテ細カキモノ。イサゴマサゴマナゴ。

〔すない (接頭) 少 正ノ條ヲ見ヨ。

〔すないおほともひ (名) 左右少辨ノ古稱。

〔すないものまうし (名) 少納言ノ古稱。

すながね (名) 砂金 砂金ニ同ジ。

すなぐさ (名) 砂草 かにぐさニ同ジ。

すなけむり (名) 砂烟 砂ノ吹キ散ラサレテ、空ニ漂ヒ烟ノ如ク見ユルモノ。

すなご (名) 砂子 〔砂之子ノ轉カ〕 (一)砂。イサゴ。「御前ニ、―撒カセ、前栽植エサセ」波ノ間ニ、―蹈ミ越エ、鳴ク田鶴ハ」(二)金粉銀粉ヲ蒔繪ニ蒔キツケ、又襖紙ナドニ押シモチキルモノ。「金―」銀―」―紙」

すなこし (名) 砂漉 桶ニ、淨キ砂ヲ貯ヘ、濁レル水ナドヲ注ギテ、下ニ漉シ出スコト、濁リハ、砂ニ留リテ清水トナル。

すなずり (名) 膄 〔砂摩ノ義〕 魚ノ腹ノ下ノ肥エタル處。

すなぢ (名) 砂地 地面ニ、土無ク、砂ノミナル所。

すなどけい (名) 砂時計 時ヲ計ル具、硝子ノ壺ノ、中括レテ、括レタル處ニ小キ孔アリ、上ニ砂ヲ貯ヘテ倒ニシ、砂ノ孔ヨリ下ヘ漏レ下ル時間ヲ計リテ、時ヲ知ル。 沙漏

すなどり (名) 漁 スナドルコト。イサリ。レフ。

〔すなどる・る・れ・ら・り・れ (他動) (規) 一 漁 〔磯魚捕ノ轉カ、或云、簀魚捕ノ義カト〕 魚ヲ求メテ捕ル。イサル。レフヲスル。「吾ガ漁有ル、藻臥束鮒」

すなは（名）砂場 砂地ニ同ジ。

すなはち（副）即〔次第ノ語ノ轉〕天レカツノママ。取リモアヘサズ。ヤガテ。「―是レナリ」

すなはち（接）乃則卽便〔其程ノ轉ト云フ、當レリ、「春立タム、スナハチ毎ニ」生レ給ヒシ、スナハチヨリ」ナド見ルベシ、爾之後ノ轉、直路ノ轉、ナドイフハイカガ〕（一）其時ニソコデ。サウシテ。「如レ此云 期、乃チ詔ニ汝者自レ右廻リ、逢、云云」八服遠呂智、信ニ如レ言來、乃毎レ船垂ニ入己頭ニヤラ叩キケレバ、―、明ケテ、誰ソト問へバ」乃 （二）ヤガテ。直ニ。即座ニ。即時ニ。「猩公時、鳴キシ聲時、君ガ家ニ往ケト追ヒシハ、至リケムカモ」片時、外ニ止ル事ナク、秘ニ内ニ參リテハ、―急ギ罷出ツ」生レ落ツル、―、女、己ガ布ノ懷ニ抱キテ」雪、云云、降ル、―、消エヌ」即時 （三）其ノ如クナルトキハ。然ルトキハ。（漢籍讀ニ）「思ヘバ―得」則

すなほ（副）〔素直ノ義カ〕（一）有リノママニツクロフコトナク。「千早振神代ニハ、歌ノ文字モ定マラズ、―シテ、事ノ心、分キ難カリケラシ」樸素 淳朴 （二）轉ジテ、正直ニ。「人ヲ謀ルコアラムニ、―眞ト思ヒテ、言フママニ謀ラルル人アリ」身ヲ脈ル、人ヨリ手ホ、男山、スナホナルヲゾ、守ルトハ聞ク」朴直 （三）又、轉ジテ、柔和ニ。人ニ逆ハズ。淳 從順

すなめり（名）〔砂滑ノ義カ〕海獸ノ名、東南海ニ産ズ、鯨類ノ小キモノニテ、いるかノ屬ナリ、長サ、一二三尺ヨリ七八尺ニ至ル、全身黑ク、腹ハ灰黑ナリ、頭圓ク、眼小ク、頭上ノ噴孔、半月ノ形ノ如シ、冬ヲ時トシテ食フ、味いるかニ似テ劣ル、ナメウヲ。ナメリ。

すに（名）酢煮 汁ニ酢ヲ加ヘテ煮ルコ。ズイリ。

（すね（名）髓 骨中ノ脂。髓。

すね（名）臑〔脛骨中ニモ髓アル旨リイフカ〕脛ニ同ジ。脛

すねあて（名）臑當 鎧ノ具、臑ヲ包ムモノ、即チ脛巾ナリ。脛甲

すねる・ネル・ネレ・ネ・ネ・ネヨ（自動）（規・四・變）我意ヲ張リテ、グネクネシクスル。盜リ憤テ他ニ從ハズ。拗戾

すのこ（名）簀子（一）竹ヲ編ミタルモノ。簀。（二）床、椽、ナドニ作リタル簀。スガキ。（三）專ラ―ノ椽ヲイヒ、板椽トナレルヲモイヘルガ如シ。「人ノ許ニマカリテ、入レザリケレバ、スノコニ臥シ明カシテ」

すのこがは（名）簀子皮 いわしくぢらノ條ヲ見ヨ。

すのもの（名）酢物 料理ニ、魚肉、蔬菜、スベテ酢ニ浸シタルモノ。

すは（感）〔然ハ、ノ意カ、其ハ、ノ意カ〕人ヲ驚カシ告ゲ示スナドニ發スル聲。「スハ見給ヘトテ、古狸ヲ投ゲ出シタリケリ」スハヤ敵ゴザンナレ」驚破

すはう（名）素襖〔古ク、すあをトアリ、素襖ノ音ニテ布ノ襖ノ意ナリトモイフ、或ハ、布ノ袍ト見テモ通ゼムカ〕古ヘ、庶人ノ常服、後ニ侍ノ禮服タリ、製、直垂ニ異ナラズ、但シ、布地、五ツ所紋ニテ 腰板、相引ニ、紋三所アリ、菊綴、胸紐、皆、革緒ニテ、下ニ長袴ヲ着ク、上下、同ジ染色トス、藍色、褐色等、種種ナリ。

スハウ（名）蘇方 蘇枋 蘇芳〔無來語、さぱん（Sapan.）ノ轉ナリトイフ〕（一）熱帶地方ニ産ズル樹ノ名、落葉木ニシテ、蝶形ノ黃花ヲ開クトイフ、外皮ハ白シ、皮ヲ去リテ、材ニテ舶來ス、楊弓ナドニ作ル、又、其削片ヲ、水ニテ濃ク煮テ、紫色ヲ染ムル染料トス、（二）又、其染料ニ白礬ヲ加ヘテ染メタル色ノ名、紅染ニ似テ微シ暗シ。

スハウのき（名）蘇芳木 はなすはうヲ見ヨ。

スハウはな（名）蘇芳花 はなすはうヲ見ヨ。

（すはえ（名）楚 氣條〔スクスクト生エタルモノノ意〕枝ノ細ク直キモノ。シモト。訛シテ、ズハエ。

すはえ（名）前條ノ語ノ訛。

すばく（名）寸白（一）寸白蟲ニ同ジ。（さなだむしノ條ヲ見ヨ）（二）東京ニ、婦人ノ疝氣ノ隱語。訛シテ、ズバコ。

すばしおし・キ・ケレ・ク・シ（形・二）すはやしニ同ジ。

すはしり（名）〔洲走ノ義〕鯔ノ條ヲ見ヨ。

すはだ（名）素肌 衣無クシテ、肌ノ顯ハナルコ。アカハダカ。赤裸 甲冑ヲ着ヱズシテ、戰ニ出ヅルヲ、―者トイヒ、又、―攻メ、ナドモイヘリ。

ずばと（副）勢ニ乘リテ斬リ又ハ射ル音ナドニイフ語。「―斬ル」

すばなし（名）素話（一）酒食ナキ會話。白話 （二）鳴物ナキ落咄。

〔すはなる・ルル・ルレ・レ・レ・レヨ（自動）（規・二）〔素離ル、ノ意カ〕獨リ離レテ居ル。「今宵ハ、スハナレタル心チシテ無

儻ナリヤ」

すはひ（名）牙儈 すあひノ誤。

すはひら（名）諏訪平 麻布ノ名、袴地トス、信州、諏訪郡、上諏訪ヨリ製出ス。

すはま（名）洲濱 鄒 （一）洲アル濱邊ノ凹凸セル處。（二）轉ジテ、スベテ製作畫様、模様等ノ縁ニ、其象ヲカタドレルモノ。（三）又、其、形ニ作レル物ノ臺、—ノ臺ナドイフ、島臺モコレナリトゾ。（四）餅菓子ノ名、飴トきなこトヲ和シテ、たけのかはニ包ミ、竪ニ數條ノ渠ヲ押シツケ、解キテ輪切ニシ、縁、凹凸ノ形ヲナス。

すばまる・ル・レ・ラ・リ・レ（自動）（規、一）統 ヒトツニナル。集マリ定マル。マトマル。スマル。スバル。

すばやし・キ・ケレ・ク・タ（形、二）素早〔そハ發語カ〕 爲ルコト敏シ。氣轉ハヤシ。スバシコシ。 敏捷

〔すはやり（名）楚割〔楚ト割トノ約、楚割トモイフハ、更ニ其約ナリ、楚ノ音ナラズ〕 魚肉ヲ細ソク割リテ乾シテ小枝ノ如キモノ、削リテ食用トセシカ如シ、鯛ノ—、平魚ノ—、鮫ノ—、—鮭、雜魚ノ—、ナド古ク見エタリ。後ニ、楚割。 魚條

〔すはら（名）〔素腹ノ義カ〕 婦人ノ子ヲ孕マヌヲ稱セル語。「御子モオハセヌ女御ノ、后ニ居給ヒヌル事、云云、—ノ后トゾツケ奉リタリケル」

〔すばらし・シキ・シケレ・シク・シタ（形、二）甚ダ盛ニ大イナリ。嚴シ。 雄偉

すばる（名）昴〔統ル意〕 星ノ宿ノ名、七星相聚リ統べ括ラレタル如キ象ヲナセルモノ、古ソハ、六星、火神ナリ、トアリ、後世觀測シテ七星ナリトゾ。又、六連星。

すばる・ル・レ・ラ・リ・レ（自動）（規、一）すばまるニ同ジ。

すひあげ（名）吸上 管ニ機アリテ、水ヲ吸上グルモノ

〔すひかづら（名）〔花、甘ク、蟲ナドノ吸フモノナレバイフカト云〕 忍冬ノ古名。

すひがら（名）吸空 烟草ヲ吸ヒタル後ノ灰。 烟蠹

すびき（名）素引 弓ニ矢ヲ矧ガズシテ弦ノミ引クコト。 虛控

すひくち（名）吸口 （一）烟管ノ口ニ當ル處。（烟管ノ條ヲ見ヨ）（二）柚子、きのめ、ふきのたうナド、吸物ニ加ヘテ、香ヲ添フルモノ。

すひだし（名）吸出 膏藥ノ、膿ヲ吸出サシムルニ用ヰルモノ、はぶりノ類。

〔すひつ（名）〔炭櫃ノ略ト云〕 爐。ヰロリ。「スサマジキモノ、火熾サヌ火桶、—」枕ノ方ニ—アリ、コレヲ柴折リクブルヨスガトス」

すひとる・ル・レ・ラ・リ・レ（他動）（規、一）吸取 吸ヒ出シテ取ル。

すひふくべ（名）吸瓢 醫術ノ具、硝子製ニテ、圓ク、內、空シク、口、窄マリタルモノ、附木ノ火ニテ內ノ空氣ヲ燒キ、水蛭ニ血ヲ吸ハセタル後ナドニ當テ、吸ヒツカシメ、血ヲ吸出サシム。

すひもの（名）吸物 アツモノ。味噌汁、すまし汁ナドニ、菜肉ヲ入レテ煮タルモノ。

すふ・フ・ヘ・ハ・ヒ・ヘ（他動）（規、一）吸 （一）氣ト共ニ口ヘ引キ入ル。「汁ヲ—」烟草ヲ—」（二）吸ヒ取ル、「膿ヲ—」血ヲ—」 吮 （三）浸ミコマス。「地、水ヲ—」 吸收 （四）引キ寄ス。「磁石、鐵ヲ—」 引

すぶ・ブル・ブレ・ベ・ベ・ベヨ（他動）（規、二）統 總 〔窄クスル意〕 （一）ヒトツニナス。集メクルマトムル。束ヌ。（二）配下ニ治ム。支配ス。 管

すぶすぶと（副）すぶりとノ條ヲ見ヨ。

すぶた（名）簀蓋 竹ノ簀ニ、捲物ヲ緣トシタルモノ、夏、飯櫃ノ蓋ナドトス。

すぶりと（副）水ニ入ル音ニイフ語。—落チ入リヌ」

ずぶりと（副）〔前條ノ語ヲ濁ル〕 水ニ入リ、又ハ柔キ物ニ突キ込ム音ナドニイフ語。ズンブリト。「—ハマル」—刺シ込ム」 重ネテハ、ずぶずぶトモイフ。

すべ（名）〔爲方カ、爲可カ〕 爲ベキ手段。「言ハムモ—無ク、爲ムモ—知ラズ」セムーナシ」

〔すべがみ（名）皇神 神ノ尊稱。スメガミ。スメラガミ。

すべからく（副）須〔可爲カル、ノ延〕 豫メ爲ベキ方法ヲ立テ又ハ示スヤウナル意ニイフ語。多クハ下ニ再ビをべしト受ク。「スベカラクハ、次第ノママニ、一ノ御子ヲコソ、春宮トスベケレド、後見スベキ人無キニ因リ思ヒカケズ」スベカラク行フベシ」

〔すべす・ス・セ・サ・シ・セ（他動）（規、一）滑ラカス。滑ラカシテ脫グ。「御衣ヲスベシ置キテ、ヰサリ退キ給フ」脫ギスベシタル薄衣ヲ取リテ」

すべすべ（副）滑滑 甚ダ滑ラカニ

＋スベタ（名）〔鋤ノ葡萄牙語、Espada.（英、Spade.）ノ

訛ニテ、其頭ノ象ヲ牌面ニ記シタルモノヨリイヘルカ〕骨牌ニイフ語 一枚ガ一ニナラデハ價セヌ平凡ナル牌ノ稱。

＋すべつよい (形) 滑ラカナリ。

すべて (副) 總、統、都、渾 (一)悉ク束ネテ。殘ラズ。皆。(二)オヨソ。總ジテ。オシナベテ。凡

すべむつ (名) 皇睦 又、スメムツ。天皇ノ御親族。皇祖。皇親

〔すべら (接頭) 皇 〔統ベ知リマス意〕天神、天皇等ニ係ル語ニ冠シテ尊稱スル語。スペ。スペラ。スメ。スメラ。「一太御神」「一君」

すべらかし (名) 婦人ノ、髪ノ末ヲ背ニ滑ラカシ、長ク垂レ下クルヿ。鬢ヲ抑フ。サゲガミ。墜髻

すべらか・す・ス・セ・サ・シ・セ (他動) (規.一) 滑ルヤウニナス。滑ルヲ止メ得ズ。

すべらかに (副) 滑 滑ル状ニ。ナメラカニ。

〔すべらがみ (名) 皇神 すべがみニ同ジ。

〔すべらぎ (名) 皇 〔統君ノ轉約〕天ノ下ヲ統ベ知シメス大君、即チ、大日本ノ主ダチ給フ天皇ヲ稱シ奉ル稱。スメラギミ。スメラギ。スメロギ。スメラミコト。

すべり (名) 滑 スベルヿ。滑カニハシルヿ。「一ガヨイ」

すべりひゆ (名) 滑莧 古名、ウマビユ。草ノ名 夏ノ初メ生ズ、莖圓クシテ赤ク、地ニ布キテ直ニ立タズ、苗ハ食スベシ、葉ハ對生シ形、楕ニシテ端廣ク、厚ク、長サ五七分、光ル、葉ノ間ニ、黄花ヲ開ク、大サ一分許、十瓣ナリ、實ハ、尖扁ニシテ、内ニ細子アリ、馬齒莧

すべ・る・ル・レ・ラ・リ・レ (自動) (規.一) 辷 (一)滑ラカニ障リナク行ク。滑リ走リテ止マラズ。滑 (二)御位ヲ降リ給フ。降リ居給フ。「御位ヲスベリテ、新院トゾ申シケル」遜位 (三)居ナガラニ、ニジリ移ル。「強ヒテ引キ入リ給フニツキテ、スベリ入リテ」近ク、スベリ寄リテ」物笑ヒニ堪ヘネバ、スベリ出デテナム、ナグサメケル」馬ヨリスベリ下リテ」(四)罷ル。退出ス。「殿上人、アマタ立テデリシヲ、ヤウヤウ、スベリ失セナドシテ」(五)足、滑ラカニ走リテ止メ得ズ。「スベリテコロブ」失脚
○＋ロガー。謬リテ言フマジキヲ言フ。失言

＋すべる (動) 統ブノ訛。

ズボウトウ (名) 〔蘭語 Drop zoet hout.〕和蘭ヨリ舶來セシ痰ノ藥、甘草ノ濃キ煮汁ナリ。オランダ、タンキリ。甘草膏

すぼし (名) 素乾 日ニモ火ニモ當テズシテ乾スヿ。カゲボシ。風乾

すぼ・し・キ・ケレ・ク・シ (形.一) 窄 (一)窄ミテ細ソシ。(二)ミスボラシ。「富メル家ノ隣ニ居ルモノハ、朝夕、スボキ姿ヲ恥ヂテヘツラヒツツ」

〔ずほふ (名) 修法 佛法ノ祈リヲ行フヿ。「すほふ、讀經、祭リ、祓ヘト、道道ニサワグ」

すぼまる・ル・レ・ラ・リ・レ (自動) (規.一) 窄 すぼむニ同ジ。

すぼ・む・ム・メ・マ・ミ・メ (自動) (規.一) 窄 〔末含ムノ意カト云〕末、次第ニ細ソク狹クナル。スボル。スボル。ツボム。

すぼ・む・ム・ムレ・メ・メ・メ (他動) (規.二) 窄 窄ムヤウニナス。ツボム。「口ヲー」「傘ヲー」

ずぼん (名) 洋服ノ表ノ股引。

スポンジ (名) 〔英語 Sponge.〕海綿。ウミヘチマ。カイメン。

＋すぼめる (動) すぼむ (規.二) ノ訛。

＋すま (名) 隅 すみノ訛。

すまき (名) 簀卷 (一)簀ニテ卷キ括ルヿ。(二)人ヲ一ニスルヿ、往時ノ私ノ刑罰ナドニアリ、斯クシテ水中ニ投ゲ入レナドス。

すまごと (名) 須磨琴 絃一線ナル琴、別ニ曲アリ、謠アリ。一絃琴。

すまし (名) 澄 (一)水ヲ澄スヿ。濁リヲナクスルヿ。(二)スマシジル。

すまし (名) 濟 (一)濟スヿ。洗ヒ淨ムルヿ。「賀茂川ニ、御髪一ニ、云云、出デ給ヘリ」洗淨 (二)〔洗セ濟シナドヲ務メトスル下司ノ女。「オホヤケ人、をまし、專女ナドシテ、絶エズイマシメニヤリ」須麻志ノ女官」

すましじる (名) 澄汁 鰹節ノ煮出シニ、薄ク醬油ヲ加ヘタルモノ、吸物ノ汁トス。スマシ。〔味噌汁ニ對ス〕

〔すましもの (名) 穢 〔至穢ニシテ、常ニ濟シ洗フベキモノノ意〕たふさぎニ同ジ、チヒサキモノ

すま・す・ス・セ・サ・シ・セ (他動) (規.一) 澄 (一)水ヲ澄ムヤウニナス。濁リヲナクス。(二)落チ着カス。靜ニ鎭ムル。「泉ノ水、遠クスマシヤリ、水ノ音マサルベキ岩ヲ立テナラベ、瀧オトシテ」「心ヲー」「耳ヲー」「聞キー」「見ー」(三)＋眞目ナル面持ヲナス。〔顏色ヲ澄マス意〕 おすむ 自動ノ動作トシテモイフ〕

すま・す・ス・セ・サ・シ・セ (他動) (規.一) 濟 〔前條ノ語ノ轉〕

洗ヒ淨ム。「マツ水トテ、御足一ニ半挿タラユニテ、御手スマサス、手ツカラゾ、スマシケル」洗淨

すます・ス・セ・シ・ス・セ（他動）（規・二）濟 (一)濟ムヤウニナス。濟ス。遂グ。終フ。完 (二)借リテ還ヘス

すまひ（名）住 住フコト。スミカ。住處

すまひ（名）相撲 〔爭ヒノ義〕 二人、力ヲ闘ハスル技、其相當ルヲ、取ル、トイフ、其手種種アリ。(次條、見合ハスベシ) 古ヘ。一ノ節トテ禁中、七月ノ公事タリ。先ヅ、左右ノ近衛、方ヲ分ケテ、國國ヘ部領使ヲ下シテ相撲人(防人)ヲ召ス、廿六日ニ仁壽殿ニテ、內取(地取)トテ習禮アリ、御覽アリ、力士、犢鼻ノ上ニ狩衣烏帽子ニテ取ル、廿八日南殿ニ出御、召合アリ、勝負ヲ決ス、其中ヲ選リテ、拔出トテ翌日、復タ、御覽アリ。角觝

すまふ（名）相撲 角力 〔前條ノ語ノ訛〕 (一)前條ノ技ニ同ジ、特ニ後世、專ラ其技ノミヲ業トスル者出デテ、常ニ觀場ヲ立テテ行フヲニイフ、場ヲ土俵ニテ築キ裸體素手ニテ取ル、力士ニ大關、關脇、小結前頭等ノ等級アリ、勝負ヲ判スル者ヲ行司トイフ其技ニ反、捻、投、掛、ノ四手アリテ、各十二ニ分レテ四十八手ナドイヘリ。角觝 (二)相撲ヲ取ル人。スマフトリ

すまふ・フ・ハ・ム・ヒ・ヘ（自動）（規・一）爭 (一)アラソフ。負ケジト張リ合フ。「秋風ニ、折レジトー、女郎花、イクタビ野邊ニ、起キ伏シヌラム」中將ノ帶ヲ引キ解キテ、脫ガセ給ヘバ、脫ガジトーヲニ アラガヒテ、爲ジトスマヒケレド」(二)相撲ヲ取ル。角觝 (三)辭ム。辭退ス。「サル例モアリケレバ、スマヒ果テ給ハデ、太政大臣ニ成リ給ヒ」固ヨリ歌ノ詞ハ知ラザリケレバ、スマヒケレド、强ヒテ詠マセケレバ」推辭

すまふ・フ・ハ・ヘ・ヒ・ヘ（自動）（規・二）住 すむノ延ニテ、相同ジ。

すまふとり（名）相撲取 相撲ヲ業トスル者。力士。

すまふとりぐさ（名）相撲取草 (一)めひじはノ一名。(東京) (二)すみれノ一名。

〔すまろぐさ（名）〔葉ノ細カニ統リ聚ルヨリイフカト云〕 天門冬ノ古名。

すみ（名）炭 〔染ミノ轉カ〕 (一)木ノ餘燼ノ黑キモノ。(二)又、製造シテ、火鉢、爐ナドノ中ニ置キ、火ヲ熱ジテ火ヲ貯フルモノ 木ヲ伐リテ炭竈ニテ燻ベ燒キテ作ル、色、純黑ナリ くのぎ、なら、かしナドノ材ヲ用ヰル。

すみ（名）墨 〔油煙ノ炭ノ意ナラム〕 (一)書畫ヲカクニ用ヰル黑キ汁ヲ出スモノ、油烟ヲ膠汁ニ溶キ、香料ナド加ヘ、搗ネテ模ニ入レ、固メ作ル、硯ニテ、更ニ水ニ研リ溶キテ用ヰル、上品ナルハ、胡麻ノ油煙ナリ、菜種油ナルヲ次トス、古ヘハ、專ラ松烟ヲ用ヰタレド、今ハ下品トス。(二)轉ジテ、繪ノ具ノ、固メテ研ルベク作レルモノ。「朱—」藍—」(三)墨繩ノ略。「—ヲ打ツ」(四)墨染。「—ノ衣」(五)スベテ、黑キ煤ノ如キモノノ稱。「鍋ノ—」(六)烏賊ノ體中ヨリ出ヅル墨ノ汁ノ如キモノ。

すみ（名）隅 (一)角ノ內ノ方。圍マレタル所ノ最モ奧ナルトコロ。(二)角。角

すみ（名）椢 おりんぼノ條ヲ見ヨ。

すみあらす・ス・セ・サ・シ・セ（他動）（規・二）住荒 住ミテ舊ス。「八十アマリ、西ノ迎ヘヲ、待チカネテ、スミアラシタル、柴ノ庵ゾ」

すみいろ（名）墨色 (一)墨付ノ色合。(二)陰陽家ニ、ノハニ、墨ニテ花押ナド書カシメ、其色合ヲ占ヒテ、其人ノ身ノ上ノ吉凶ヲイフ一種ノ術。

〔すみうかる・ル・ル・レ・レ・レ・レロ（自動）（規・二）住浮 住カ處ニ落チ居ズシテ出デ行ク。「老ノ後、都ヲ住ミウカレテ、野中ノ淸水ヲ過グトテ」

すみうち（名）墨打 墨繩ニテ線ヲツクルコト。

すみか（名）住處 栖 住ムトコロ。スマヒ。

すみかき（名）炭搔 炭ヲ搔ク具。炭鉤

〔すみがき（名）墨書 只、繪ヲカクコトヲ、作繪ニ對シテイフ語、古ヘハ、繪ヲカキテ後ニ、彩色ヲバ別人ニセサスル事アリシ故ニ、別チテ—、作繪トイヒ、作繪トハ、即チ彩色スルコトナリトゾ。「繪所ニ上手多カレド、すみがきニ擇バレテ、ツギツギニ、サラニ、劣リ勝ルケヂメ、フトシモ見エワカレズ」

すみかま（名）炭竈 炭ヲ燒キ作ル竈製、かはらがまノ如ク、口アリ、窓アリ、開閉スベシ、中ニ木ヲ積ミ、火ヲ熱ジテ燻ベ燒ク。炭窯

すみき（名）椢 〔隅木ノ義、椢、椽之方者〕 屋ノ四隅ニ斜ニ下ル大ナル椽。斜椢

すみきりかく（名）隅切角 方ナル形ノ四隅ヲ切リ落シタル形。(匣、盆ナドニ)

すみおむ・ム・メ・マ・ミ・ノ (自動)(規・二) 住込 寄公住ニアリツク。

すみさし (名) 墨刺 竹條ノ端ヲ細カニ割キタルモノ、墨斗ニ添ヘテ、筆ノ用トス。墨芯 𥷚

(すみすり (名) 硯 (墨研ノ義) すずりニ同ジ。

(すみすりがめ (名) 水滴器 すずりがめニ同ジ。

(スミせん (名) 須彌山ニ同ジ。

すミソ (名) 酢味噌 料理ニ、味噌ヲ酢ニ和ヘテ擂リ溶シタルモノ、肉菜ニ塗シテ食フ。

すみぞめ (名) 墨染 (一)衣ノ黒ク染メタルモノ、僧ノ服ニイフ。(二)喪服ノ鼠色ニ染メタルモノ。

(すみぞめの (枕) 墨染 夕、暗キ、ナドノ枕詞。

すみだはら (名) 炭俵 炭ヲ納ルル俵、萱ナドノ莖ヲ、皮ナガラニ編ミテ作ル。

すみちがへ (名) 隅違 隅ヨリ隅ヘ亙ルコ。スヂカヒ。(縦横ニ對ス)

すみづか (名) 墨柄 墨ヲ挿シテ研ルニ用キルモノ。スミハサミ。 秘閣

すみつき (名) 墨付 (一)墨ノ染ミツク状。「黒キ紙ニ、夜ノ一モ、タドタドシケレバ」白キ色紙ノ厚ゴエタルニ、云云、一見所アリテ書キ給フ」(二)黒印ノ稱、朱印ノ條ヲ見ヨ。

すみつく・ク・ケ・カ・キ・イ (自動)(規・二) 住着 住ミテ落チ着ク。住居定マル。 占居 安堵

すみつぼ (名) 墨壺 工匠ノ具、木製ニシテ池アリ、中ニ墨汁ヲ貯フ、墨繩、墨刺、ノ墨ノ用トス。(各條ヲ見ヨ) 墨斗

すみどり (名) 炭取 炭ヲ取リ別ケテ運ブ器、籠、匣ナド、製種種ナリ。 炭斗

すみながし (名) 墨流 紙ヲ染ムル模樣ニ、墨汁ヲ水ノ上ニ流シテ亂レタル狀ノモノ。又、五彩ナルニモイフ。

すみなは (名) 墨繩 工匠ノ直キ線ヲ作ルニ用キル具、墨壺ノ一方ニ、輪アリ、細ソキ麻繩ヲ卷キ置キ、其端ハ、墨壺ノ中ヲ潜リテ、他ノ緣ノ小孔ヨリ出ツ、其端ニ、小キ錐アリ、かるこトイフ、コレヲ材ノ一端ニ刺シ、繩ヲ強ク引キ張リ、控キテ放テバ、材ニ、直キ墨ノ痕ヲツク、コレヲ、墨ヲ打ツ、トイフ。又、ロクズミ。常ニ、泛ク、直キコノ意ニモイフ。「カニカクニ、物ハ念ハズ、斐太人ノ、打ツ墨繩ノ、直一道ニ」 繩墨

(スミのやま (名) 須彌山ニ同ジ。「自ラ、すみの山ヲ右ノ手ニササゲタリ」

すみばさみ (名) 墨挾 墨柄ニ同ジ。

すみび (名) 炭火 炭ニ熾リツキタル火。

すみやかに (副) 速 (進ミヤカノ義カト云) 時ヲ歷ルコ極メテ短ク。ハヤク。タチマチ。

すみやき (名) 炭燒 炭ヲ燒キ作ルヲ生業トスルコ。又其人。

(すみやく・ク・ケ・カ・キ・ケ (自動)(規・二) 速 スミヤカニナル。急グ。「君ヲ我ガ、思フ心ハ、オホハラヤ、イツシカトノミ、スミヤカレツツ」(炭燒ニ掛ク) 焦燥

すみやぐら (名) 角櫓 郭ノ角ニ立テル櫓。 角樓

すみれ (名) 菫 (花ノ形、墨斗ノ墨窓ニ似タレバ墨入ノ略ナラムカト云) 草ノ名、原野ニ多シ、高サ四五寸、葉、長ク叢生スルコ、柳ノ如シ、春ノ末、莖ヲ出シテ花ヲ開ク、豌豆花ニ似テ甚ダ小ク、紫色ナリ、又、白キモアリ、花ノ蒂、曲リ垂レテ、鉤ノ如シ、小兒、コレヲ相交ヘ、引キ合ヒテ、玩トス、故ニすまふとりくさノ名モアリ。 紫花地丁 又、葉、圓キアリ、駒ノ爪トイフ。 菫菜

すみゑ (名) 墨繪 彩色ナク、墨ノミニテ畫キタル畫。 水墨畫

すむ・ム・メ・マ・ミ・メ (自動)(規・二) 住 (巢ヲ活用セル語ナラム) (一)居所ヲ定メテ居ル。居着ク。スマフ。(二)男、女ノ許ニ通ヒテ交會ス。「アベノ大臣ハ、火鼠ノ裘持テイマシテ、カクヤ姫ニすみ給フトナ」業平朝臣、紀有常ガ女ニ住ミケルヲ」離ビテ、人すみ侍リケル女ノ親ニ代ハリテ」(三)巢ニ居ル。其所ヲ栖トシテ居ル。(鳥、獸、蟲、魚ナドニ) 栖 棲

すむ・ム・メ・マ・ミ・メ (自動)(規・二) 澄 濟 (濟シキ意)(一)濁リナクナル。埃ナク、淨ク、透明ルヤウニナル。「水一」酒一」(二)曇ナク明ラカナリ。「月モ、入ル方ニナルママニ、スミマサリテ」小止ナカリシ空ノ氣色、ナゴリナク、スミワタリテ」(三)他ノ音ヲ雜ヘズ、冱エテ聞ユ。「物ノ音、スミマサル心チシテ」笛竹ノ、ヨヲサヘ月ヤ、照ラスラム、空ニモ聲ノ、スミノボル哉」(四)物靜ニ落チ着ク、クスム。「イトド、心スメルヤウニテ、世ニ、カヘリミスベクモ思ヘラズ」物深ウナリヌル人ノ、スミ過ギテ」ケダカク スミタル氣色アリサマヲ見ルニモ」イト貴ニ、スミタル、物ノチツカシキ狀添ヒテ」

（五）假名ノ音ニ、淸音ナリ、即チ、濁音、半濁音ナラズ。（篇首ノ語法指南ノ其條ヲ見ヨ）

すむ　ム・メ・マ・ミ・メ　（自動）（規.一）　濟　〔事果テテ澄ム意カト云〕成ル。終ハル。果ツ。シマフ。「事－」完

すん　（名）　寸　（一）度目ノ名、尺ノ十分ノ一。分ノ十倍。（二）寸法。「－ヲ取ル」

〔すん〕（名）　順ニ同ジ。次第ニメグルコト。「人人、物ノ音仕ウマツリアハセテ、すんノ舞歌ウタヒ」斯クテ、すんノ和歌、行政ノ少將ノ書キック」盃ノすんノ來ルヲ」大御酒、アマタタビ、すん、流レテ」ツギツギニ、皆、すん、流ルメレド、醉ノマギレニ、ハカバカシカラデ」

すん-いん　（名）　寸陰　暫シノ暇。寸暇。「－ヲ惜ム」

すん-か　（名）　寸暇　少シノ暇。寸隙。「－無シ」

ずん-ぎり　（名）　寸切　〔直切ノ音便轉カト云〕眞直ニ斷チ切ルコト。ツツギリ。（勾配モナク、面モ取ラズ）直截

すん-くわん-しやく　（名）　寸關尺　手首ノ下ノ、動脈ノ搏ツ處。即チ、醫者ノ常ニ脈ヲ診ル所。

すん-げき　（名）　寸隙　少シノ隙。寸暇。

すん-こう　（名）　寸功　イササカナル手柄。「－無シ」

すん-し　（名）　寸志　イササカバカリノ志。微衷

〔すん-ざ〕（名）　從者ノ音便。「使ヒヨキすんざ」

すん-しやく　（名）　寸尺　寸ト尺ト。寸法。

〔すん-ず〕　ズル・ゼ・ジ・ズ・ズレ・ゼヨ　（他動）（不規.三）　誦スノ音便。誦ム。「カヘスガヘス、同ジ事ヲすんじテ」歌ヲすんずる聲ニテ、云云、ト聞ユルニ」ワビシノ事ヤ、イカデ彼ガヤウニすんぜデ、ナド宣フ」

すん-ぜん-しやく-ま　（句）　寸善尺魔　善キ事ハ甚ダ少クシテ、惡シキ事ハ甚ダ多シ。

すん-だん　（名）　寸斷　ズタズタニ切ルコト。切リキザムコト。

すん-ち　（名）　寸地　スコシノ地。寸土。「－モ餘サズ」

すん-てつ　（名）　寸鐵　釘ホドノ鐵。甚ダ小キ刃物。「－人ヲ殺ス」

すんでに　（副）　既ニノ音便。ホトンド。スンデノコト。

すん-とり-むし　（名）　寸取蟲　しやくとりむしニ同ジ。

〔すむ-のり〕（名）　紫苔　あまのり、むらさきのりニ同ジ。

すん-ぱく-ちゆう　（名）　寸白蟲　〔色白、其長一寸〕さなだむしノ條ヲ見ヨ。

すん-ぶん　（副）　寸分　スコシ。イササカ。「－違ハズ」

すん-ぽふ　（名）　寸法　長短ノ度。

〔すむやけ-し〕　キ・ケレ・ク・ク　（形.一）　速　スミヤク狀ナリ。スミヤカナリ。「八國ハ、住ミ惡シトゾイフ、須牟也氣久、ハヤ歸リマセ、戀ヒ死ナス時ニ」新撰字鏡「悤傯、須牟也介志、又伊止奈志」又「遑、迫急、須牟也介志」

〔すめ〕（接頭）　皇　すべ、すべらニ同ジ。「－神」「－親」

〔すめ-みま〕（名）　皇孫、天孫　天照太神ノ御子孫ノ稱。

すめん　（名）　素面　劍槍術ニ、面ヲ被ラズシテ鬪フコト。「－素籠手」

〔すめ-むつ〕（名）　皇親　すべむつニ同ジ。

〔すめら〕（接頭）　皇　すべらニ同ジ。天祖天皇ノ御上ニ係ル物事ニ冠ラセテ尊稱スル語。「－太御神」「－御軍」「－御國」

〔すめら-ぎ〕（名）　天皇　すべらぎニ同ジ。

〔すめら-みこと〕（名）　天皇　すべらみことニ同ジ。

〔すめろ-ぎ〕（名）　天皇　すめらぎノ轉、すべろぎニ同ジ。

すもじ　（名）　鮨ニ同ジ。（婦人ノ語）

スモタラ　（名）　香合ニ用ヰル六種ノ香ノ一、初メ、蘇門答剌島ヨリ渡セルモノナラム。

すもどり　（名）　素戾　用事ヲ果サズシテ、空シク歸リ來ルコト。

すもとりぐさ　（名）　すまふとりぐさニ同ジ。

すもも　（名）　李　〔酸桃ノ義〕樹ノ名、枝、幹、桃ニ似テ、高サ丈餘ニ及ブ、春、桃ニ次ギテ、五瓣ノ白花、簇リ開ク、梅ノ花ニ似テ、稍小ク、花落チテ葉生ズ、亦、桃ニ似テ小ク、鋸齒細カニシテ、互生ス、實ヲ結ブコト、諸果ヨリ夥シ、梅ノ實ヨリ小ク、正シク圓クシテ、夏ノ末、熟シテ赤ク光ル、核小ク、味、甘ク酸シ。又、實ハ白ク青キアリ、青李トイフ。

すもり　（名）　毈　〔巢守ノ義〕卵ノ、皆孚リテ巢立チタル後ニ、孚ラデ巢ノ中ニ殘レルモノ。

すやき　（名）　素燒　陶器ノ、一度燒キ成シテ釉ヲカケヌモノ。生瓷

すやすや　（副）　心穩ニ寐入ル狀ニイフ語。（疲レタル後ナド）「－眠ル」熟眠

すやり　（名）　素槍　常ノ槍ノ、刃ノ直ナルモノ。スグヤリ。（十文字槍、鎌槍ナドニ對ス）直槍

すゆ　ユル・ユレ・エ・エ・エヨ　（自動）（規.二）　餿　〔酸クナル意〕飲食ノ物、暑濕ナドニ傷メラレテ、酸味ヲ生ズ。

†すゆる (動) 据ウ、ノ誤。

すら (辭) 徊 〔夫ノ轉ニテ、指ス意ニ起ルカ〕 第二類ノ天爾波、おほ、やもり、ノ意ヲ本義トスレド、だニト同意ニモ用ヰル。(徊、さへトノ別ナド、委シク、篇首ノ語法指南ノ天爾遠波ノ條ニ說ケリ、就キテ見ヨ)「草木スラ、春ニハナベテ、逢坂ノ」我ガ身スラ、容レラレズ」

すらすら (副) 滑リナク。ヤスラカニ。ヨドミナク。「―トホル」―讀ム」

スランガステエン (名) 吸毒石 〔蘭語、Slang. (蛇) Steen. (石)〕 又、うみをひいし。往時、蘭人ノ舶來シタル藥、西洋島中ニ產スル毒蛇ノ腦中ノ石ナリトイフ、大サ、黑碁子ノ如ク、水ニ浸セバ、泡、出ツ、蛇毒ナド一切ノ壓毒ノ處ニ着クレバ、膿ナド吸ヒ出シテ、毒ヲ解ス、後、又、乳汁ニ投ズレバ、吐キ出ス。

すらりと (副) (一)ヤスラカニ、障リナク。ズラズラ。「刀ヲ―拔ク」事―行ハル」(二)直ク曲リナク。スクスクト。「脊―高シ」

(すり (名) 匣 竹細工ノ匣ニテ、旅ノ用トスルモノ。

†すり (名) 〔摩ノ義〕 路行ク人ニ摩リ寄リテ、其携フル品ヲ掠メ盜ムコト、又其盜人。キンチヤクキリ。チボ。 攫徒

(すりい (名) 修理ニ同ジ。修復。ツクロヒ。

すりうす (名) 磨臼 籾ヲ磨リ破ル具、竹木ヲ編ミテ緣トシ、土ニテ塡メテ、圓ク、扁シ、コレヲ二座重ネテ、中央ニ軸アリ、下座ハ動カズ、上座ニ手アリテ廻ハス、籾ヲ送レバ、其間ニテ相磨レテ、皮破レ、米損セズシテ出ヅ。約メテ、スルス。一名、タウウス。 磨礱

†すりかへる・ル・ヘレ・ヘ・ヘ・ヘロ (他動)(規.四.變) 摩替 人知レズ、物ト物トヲ換ヘ置ク。(僞物ヲ眞物ニナド)

すりきず (名) 擦疵 擦リムキタル創ノ傷。 挫傷

すりこぎ (名) 〔擂粉木ノ義〕 擂鉢ノ物ヲ擂ル具、多ク椒樹ノ幹ヲ用ヰル。畿內以西ニ、連木。 擂槌

すりこばち (名) 〔擂粉鉢ノ義〕 すりばちニ同ジ。

(すりごろも (名) 摺衣 古ヘ、山藍、月草、其他ノ物ヲ以テ、種種ノ象ヲ衣ニ摺リツケ染メ出シタルモノ。靑摺ノ衣、丹摺ノ袖、紫ノ根摺ノ衣、榛摺、忍摺、摺狩衣、摺袴ナドイフ、皆コレナリ。

(すりしき (名) 修理職ニ同ジ。

すりつけぎ (名) 擦付木 火ヲ發スルニ用ヰル具、近年、西洋製ニ倣ヒテ作ル、小楊枝ホドノ木ニ藥品ヲツケ、其小匣ニ、又、藥品ヲ塗リ置キ、相擦リテ火ヲ發ス。ハヤツケギ。メッチ。マッチ。 燐寸

(すりつづみ (名) 摺鼓 羯鼓ノ類ニテ、指ニテ摩リ鳴ラスモノ如シ。

すりぬか (名) 磨糠 もみぬかニ同ジ。

†すりぬける・ケル・ケレ・ケ・ケ・ケロ (自動)(規.四.變) 摩脫 群集ノ中ヲ摩リ通リテ出ヅ。

すりばち (名) 擂鉢 味噌、胡麻、ナドヲ擂リテ潰スニ用ヰル器、深ク大ク開キタル陶器ニテ、內面ニ細カキ刻ミアリ、擂槌ニテ擂ル。又、スリコバチ。山陽道、四國ニ、カガツ。 擂盆

すりばちむし (名) 擂鉢蟲 樹ノ陰ナドノ沙土ノ中ニ、擂鉢ノ形ニ孔ヲ作リ、其底ニ棲ミテ、蟻ナドノ小蟲ヲ陷レテ食トス、形、はへとりぐもニ似テ、大ナルハ六七分、六脚ニシテ、首ニ兩鉤アリ、行クニ、後ヘ退ル、身ニ、横條多ク、毛アリ、後ニ、うすばかげろふトイフ蜻蛉ニ羽化ス。一名、アトズサリ。アトビサリ。アリノヂゴク。 砂挼子

すりほん (名) 摺本 版木ヨリ摺リ取リタル書物。スリマキ。版本。(寫本ニ對ス) 印本

(すりまき (名) 摺卷 すりほんニ同ジ。

すりみ (名) 擂肉 魚肉ヲ擂リテ潰シタルモノ、丸ジテ、吸物ナドニ入ル。

すりむく・ク・ク・カ・キ・ケ (他動)(規.一) 擦剝 擦リ剝ク。(皮膚ニ傷ツクルナドニ) 挫傷

すりもの (名) 摺物 版木ヨリ摺リ取レル書畫。

(すりやう (名) 受領ニ同ジ。

すりよる・ル・レ・ラ・リ・レ (自動)(規.一) 摩寄 相摩ルバカリニ近寄ル。

すりゑ (名) 擂餌 鶯、駒鳥、さざい、ナド小鳥ヲ畜フニ用ヰル餌、はつたい、炒リタル玄米、燒餅、とちやう、蕪、芹ナドヲ水ニ雜ゼテ擂ル、單ニ、穀菜ナル餌ニ對シテ、生餌トモイフ。

する・ル・レ・ラ・リ・レ (他動)(規.一) 擦摩 (一)物ニ強ク觸レシム。コスル。(二)擦リオロス。ミガク。研グ。「丘ヲ―」墨ヲ―」 劘 硏 (三)擂槌ノ尖ヲ當テテハシテ、碎キ潰ス。「味噌ヲ―」胡麻ヲ―」 擂 (四)磨礱ヲマハシ、其間ニ相觸レシメテ碎キテ粉ニナス。ヒク。「籾ヲ―」

磯　(五)卄俗ニ、用ヰ盡ス。費ヤシテ無クナス。「身代ヲ一」「元手ヲ一」耗

する・る・れ・ら・り・れ　(他動)(規・一)　摺　〔前條ノ語意ニ同ジ〕版木ニ、墨、繪ノ具ヲ塗リ、紙ニコスリテ移シ取ル。搨

卄ずる・る・れ・ら・り・れ　(他動)(規・一)　〔摩ル義〕そりノ盜ミヲナス。(そりノ條ヲ見ヨ)　掠奪

する・る・る・る・れ・れ・れ・れよ　(自動)(規・二)　摩　強ク觸ル。擦ル如ク當ル。

する　(動)　剃ルノ訛。

する　(動)　爲ノ變化、其條ヲ見ヨ。

する　(助動)　令ノ變化、其條ヲ見ヨ。「行カ一」「取ラ一」

卄ずる・る・れ・り・り・し　(自動)(規・一)　〔摩ル、ノ轉訛〕　滑リ行ル。

するがばんし　(名)　駿河半紙　紙ノ一種、多ク、駿州庵原郡ニ産ス、みつまたノ液ニ、糊ヲ入レテ作ル、質ハ、雁皮紙ニ似テ、弱クシテ、裂ケ易シ、下品ナリトス。

〔するがまひ　(名)　駿河舞　東遊ニ同ジト云。

するがらん　(名)　駿河蘭　蘭ノ條ヲ見ヨ。

卄ずるける・る・る・る・れ・れ・れ・ろ　(自動)(規・四・變)　怠ルニスル々スル。怠漫

卄ずるし・き・く・けれ・く・し　(形・一)　務ムルニ緩シ、爲ベキ事ト知リナガラ怠ル。横着ニテ爲ズ。怠漫

するす　(名)　磨礱　すりうすノ約。

ずるずる　(副)　締リナク、滑ル狀ナドニイフ語。

するすると　(副)　(一)滯リナク、スラスラ。「參リ給フベシト聞エナガラ、如何ナル故ニカ、一モ覺シタタヌハ」三所ニ植エテケリ、例ヨリモ一生ヒ立チテ」(二)ナメラカニ。「一スベル」

するどし・き・く・けれ・く・し　(形・一)　鋭　〔反さとしノ轉カ〕(一)刃、利クシテ、善ク切ルベシ。(二)勢ヒ疾シ。パゲシ。タケシ。

するぼ　(名)　草ノ名、つるぼニ同ジ。

するめ　(名)　鰑　烏賊ヲ割キ開キテ乾シタルモノ、炙リテ食フ、多ク祝ヒノ肴トス。膴鰲

するめいか　(名)　鰑烏賊　烏賊ノ一種、多クするめトスレバ名アリ、身、稍、長クシテ、體ニ、赤黑ノ斑アリ、後ニハ白クナル、いかのかふ無クシテ、薄キ骨アリ、硝子紙ノ如シ。柔魚

するめがね　(名)　錫金　ぜんまいノ條ヲ見ヨ。

するりと　(副)　すらりとニ同ジ。

すれあふ・ふ・ふ・へ・は・ひ・へ　(自動)(規・一)　摩合　(一)互ニ摩ル。(二)交リ惡シクナリテ互ニ惡ム。乖睽

すれちがふ・ふ・ふ・へ・は・ひ・へ　(自動)(規・一)　摩違　相觸レテ行キ交フ。肩摩

卄すれる・れる・れる・れ・れ・れ・れ・れ・れよ　(自動)(規・四・變)　摩　(一)摩ルノ訛。(二)卄種種ノ交際ヲシキタリテ狡猾子ル。

卄ずれる・れる・れる・れ・れ・れ・れ・れ・れよ　(自動)(規・四・變)　〔摩ルルノ訛〕自然ニ滑リ行ル。移動

〔すゐろ　(名)　棕櫚ニ同ジ。「一朝タタキ、梢バカリニ、書立テテ、もろノ葉過グル、村時雨カナ」

すわり　(名)　坐　スワルコト。居ツクコト。「器ノ一ガヨイ」

すわりかぶら　(名)　坐蕪　あふみかぶらニ同ジ。

すわりずまふ　(名)　坐相撲　坐リナガラ、相撲ヲ取ルコト。ヰズマフ。

すわりもち　(名)　坐餅　かゞみもちニ同ジ。

すわる・る・れ・ら・り・れ　(自動)(規・一)　坐　〔居ウノ自動〕(一)膝ヲ折リ、足ヲ重ネテ、體ヲ席ニ落チツクル。シタニヰル。坐ス。(二)定マリテ動カズ。居所、善ク適フ。(物事ニ)治定　(三)舟、水底ニ着キテ動カズ。ヰル。舟膠　○目ガ一。睛動カズ。凝目

ずゐ　(名)　髓　古名、スネ。骨ノ中ニアル脂ノ如キモノ。腦一、脊一ナドイフモコレナリ。

ずゐ　(名)　蘂　シベ。

ずゐ　(名)　穗　穗ノ中ノ莖。ワラシベ。「藁ノ一」

ずゐい　(名)　隨意　ココロマカセ。

ずゐいち　(名)　隨一　第一。サキガケ。魁

ずゐえい　(名)　垂纓　纓ノ條ヲ見ヨ。

ずゐえう　(名)　水曜　七曜ノ條ヲ見ヨ。

ずゐがい　(名)　水害　田畠ノ洪水ノワザハヒ。

ずゐかう　(名)　推考　オシハカリ考フルコト。

ずゐかう　(名)　推敲　詩文ヲ作ルニ、考ヘヲ熟ラシ苦ク練ルコト。

ずゐかう　(名)　瑞香　ヂンチヤウゲ。

ずゐかう　(名)　隨行　後ニ隨ヒテ行クコト。隨身

ずゐかん　(名)　水干　(一)糊ヲ用ヰズ水張ニシテ干

シタル絹。「―ノ袍」―ノ狩衣」(二)常ニ、専ラ―ノ狩衣ノ略稱、製、狩衣ニ異ナラズ、但シ、菊綴平ニシテ菊花ノ如ク、一處ニ二ツヅツ着ク、胸紐ノ、前ハ領ノ上角ニアリ、後ハ領ノ中央ニアリ、二條ヲ右ノ肩ノ上ニテ打違ヘモヂリテ、胸ニテ結ブ、或ハ、一重ノ紗、精好、平絹等、定メナク、色多クハ白シ、袴ハ直垂ノ袴ノ如シ。

すゐ-かん (名) 水旱 洪水ト旱魃ト。

すゐ-き (名) 水氣 (一)ミヅケ。シメリ。(二)海川ノ面ヨリ立昇ル水烟。(三)病ノ名、體中ノ水樣液ノタマリテ、全身、又ハ、一部ニ張リ脹ルルモノ。 水腫

ずゐ-き (名) 隨喜 佛經ノ語、服從シテ喜ブコト。「―ノ涙」

ずゐ-き (名) 芋莖 〔假名遣サダカナラズ、隨喜ニ寄セテイヘル女アリトイヘバ、此ニ收メヌ、或ハ、寠引ノ義ニテ寠アリテ引乾スベキ意ナリトモイフハ、イカガ〕いもがら條ヲ見ヨ。

すゐ-ぎう (名) 水牛 (一)印度ニ野生スル獸、形、牛ヨリハ甚ダ肥大ニシテ、毛、粗ク、灰蒼色ナリ、角モ、大ナリ。 番牛 (二)又、其角ノ稱、舶來ス、長大ニシテ、稜アリ、扁ク黑クシテ堅實ナリ、彫刻シテ種種ノ飾トス、半透明ナレバ、玳瑁ニモ僞ル。 番牛角

すゐ-きん (名) 水禽 ミヅトリ。

すゐ-ぎん (名) 水銀 ミヅカネ。

すゐ-きやう (名) 醉狂 醉ヒテ狂フコト。酒狂。

すゐ-きやう (名) 粹狂 〔醉狂シタル如キ意カ、粹ニ狂スル意カ〕モノズキ。好事。

すゐ-きよ (名) 吹擧 人ヲ官途ニ勸ムルコト。 推薦

すゐ-ぎよ (名) 水魚 水ト魚ト。交リ善キコト。「―ノ交」

すゐ-ぐん (名) 水軍 船手。海軍。

すゐ-くわ (名) 水瓜 〔西瓜ノ唐音ナリトモイフ〕蔓生、春ノ半ニ種ヲ下ス、花葉、まくはうりニ似タリ、瓜ハ、秋ノ初ニ熟ス、大サ、冬瓜ノ如ク、皮ハ深綠ニシテ、堅ニ淺キひだアリ、肉赤ク、核黑ク、水氣多ク、味甘シ、果トシテ生ニテ食フ。大坂ニテ、さいうり。 西瓜 又、皮、白ク、肉、淡黃ニシテ、核、赤キモノアリ、しろ―トイフ。 月明瓜

すゐ-げん (名) 水源 ミナモト。

すゐ-さう (名) 水葬 水ニハウムルコト、古ヘ、下民ノ屍ヲ水中ノ島ニ棄ツルヲイヘリトゾ。 後世ニハ、屍ヲ水中ニ流シ棄ツルヲイフ。(土葬、火葬ナドニ對ス)

〔すゐ-さう〕 (名) 水晶ニ同ジ。「貴ナルモノ そいさうノ數珠」

すゐ-さう (名) 水草 ミヅクサ。

ずゐ-さう (名) 瑞相 メデタキキザシ。吉兆。

すゐ-さつ (名) 推察 推シハカリテ知ルコト。推量。

すゐ-さん (名) 推參 オシテマヰルコト。我ヨリ訪フコト。

すゐ-し (名) 水死 水ニ溺レテ死ヌルコト。 溺死

すゐ-し (名) 水師 船手。海軍。水軍。

すゐ-じん (名) 水神 水ノ神。 水伯

すゐ-じん (名) 醉人 酒ニ醉ヒタル人。ナマヱヒ。

ずゐ-じん (名) 隨身 隨ヒテ行クコト。供ヲスルコト。供人。「同ジクハ、ずゐじんシテヲ歩キ給ヘ」ワヅラハシキずゐじんヲ、イナトテ返シ給フ」(二)近衞ノ舍人ノ、兵仗ヲ帶シ、即チ、弓箭帶劔シテ供奉スル者ノ稱。上皇ニモ給シ奉リ、(十四人)攝政、關白、(十人)兵仗ヲ賜ヘル大臣、(八人)同納言參議(六人)及ビ大將(八人)ニモ從フ。又中將(四人)少將(二人)衞門兵衞ノ督(四人)佐(二人)ナドニ從フハ、小―トイフトゾ。

ずゐじん-もん (名) 隨身門 神社ノ門ニ、左右ニ、兵仗ノ隨身ノ裝シタル像ヲ置ケルモノ、豐磐間戶命、奇磐間戶命ノ二神ナリトイフ。俗ニ、コレヲ矢大神、左大神、ナドト呼ベリ、矢ハ右ナルベキヲ矢ヲ負ヘレバ訛レルナルベシ。

すゐ-しやう (名) 水晶 コホリイシ。珪酸礦屬、自然ナルハ、形、皆、六稜ニシテ、石英トイヒ、細工シタルヲ―トイフ、色、純白ナルヲ常トス、コレヲしろ―トイフ、最モ透明ニシテ、堅シ、琢キテ、眼鏡、數珠、其外、種種ノ飾リトシテ珍重ス。 白石英 又、滿俺ヲ含ミテ、色ノ紫ナルアリ、むらさき―トイフ。 紫石英 又、酸化鐵ヲ含ミテ、色黑キヲくろ―トイフ。 黑石英 又、色ノ紅ナルアリ、べに―、又紅石英トイフ。 紅石英

〔すゐ-しやう〕 (名) 水精 ミヅトリグモ。

ずゐ-しやう (名) 隨性 生得シタル運命。

すゐしやう-らん (名) 水晶蘭 いうれいたけニ同ジ。

すゐ-じやく (名) 垂迹 本地（ホンヂ）ノ條ヲ見ヨ。
すゐ-じやく (名) 衰弱 オトロヘヨワルヿ
すゐ-しゆ (名) 水手 フナコ。カコ。
すゐ-しゆ (名) 水腫 病ノ名、水氣（スヰ）ニ同ジ。
すゐ-じようき (名) 水蒸氣 地上ノ水ノ、日ノ熱ノ爲ニ、蒸氣トナリテ空ニ上ルモノ。
すゐ-す (ス・ス・スレ・セ・シ・セヨ) (他動)(不規・二) 推 オシハカル。推量ス。推察ス。
すゐ-せい (名) 水星 太陽ヨリ第一位ノ行星（カウセイ）ノ名、八十八日ニシテ、太陽ヲ一周ス、行星ノ中ノ最モ小キモノナリ。
すゐ-せい (名) 彗星 ハウキボシ。
すゐ-せい (名) 水勢 水ノ流ルル勢（イキホ）ヒ。「一滔滔」
すゐ-せき (名) 燧石 ヒウチイシ。
すゐ-せん (名) 水仙 草ノ名、根ハ、らつきよう、又ハ、蒜（ヒル）ニ似テ長ク、赤キ皮アリテ包ム、冬、葉ヲ生ズ、亦、相似タリ、春ノ初メ、莖ヲ出ス、葱（ネギ）ニ似タリ、頭ニ六瓣單葉（ヒトヘ）ノ白花ヲ開ク、蘂、黃ナリ、金盞銀臺トイフ、又、重瓣（ヤヘ）ノモノモアリ、玉玲瓏トイフ。近年舶來スル臺灣種ハ、根大ク、水ノミニシテ花ヲ開ク、土ニ下セバ、一年間花ナシ。
すゐ-せん (名) 水線\|水纖（スヰキヨ） 食物、葛切（クズキリ）ノ事ナリト云。
すゐ-せん (名) 推薦 吹擧ニ同ジ。
すゐ-せん (名) 水戰 フナイクサ。
すゐぜんじのり (名) 水前寺海苔 川苔（カハノリ）ノ一種、肥後ノ託麻郡水前寺村ヨリ產ズルモノ。

すゐ-そ (名) 水素 化學ニテ、元素ノ一、氣體ニシテ、元素中ノ最モ輕キモノニテ、燃ユベキ瓦斯ナリ、特（ヒト）リ成立ツヿナシ、酸素ト化合シテ、水ヲ成ス、動植物體中ニモ、皆備ハル。
すゐ-そん (名) 水損 田畠ノ水害ノ損亡（ソンマウ）。
すゐ-そん (名) 推尊 推シイタダキ尊ブヿ
すゐ-そく (名) 推測 オシハカルヿ。
すゐ-ぞく (名) 水族 水中ニ生ズル動物ノ總稱。
すゐ-たい (名) 推戴 オシイタダクヿ
すゐ-たい (名) 衰頽 オトロヘユクヿ。
すゐ-たう (名) 醉倒 酒ニヱヒテ、タフルルヿ
すゐ-だう (名) 水道 上水ヲ導ク溝（ミチビ）。 水涸
すゐ-だう (名) 隧道 トンネル。
すゐ-たふ (名) 出納 金錢ノ出シ入レ。スヰナフ。
すゐ-ちゆう (名) 醉中 酒ニ醉ヒテ居ル間（アヒダ）。
すゐ-てい (名) 水底 ミナソコ。
すゐ-てき (名) 水滴 ミヅイレ。
すゐ-てつ (名) 水蛭 ヒル。
すゐ-でん (名) 水田 ミヅタ。
すゐ-とう (名) 水痘 ミヅイモ。
スヰ-トン (名) 水團 〔字ノ唐音〕 うどんのこヲ水ニ捏（コ）ネテ、程ヨク摶（カタ）メ、汁ニ落シテ、煮タルモノ。
すゐ-なう (名) 水嚢 〔漉水囊ノ略〕 古名、ミヅブルヒ。今、又、ミヅコシ。形、篩ノ如クニシテ、馬尾（バス）ニテ、簀（ス）ヲ細カニ編ミ作レルモノ、水ト物トヲ漉シ分クルニ用ヰル。羅斗 濾水羅

すゐ-なふ (名) 出納（スヰナフ） 出納ニ同ジ。
すゐ-なん (名) 水難 水ノ災難。〔洪水、覆船ナド〕
〔すゐ-にち〕 (名) 衰日 陰陽家ニテ、子午ノ年ノ生レニハ、丑未ノ日、ナドト定マリアリテ、人ノ忌ミ愼ムベキ日ノ稱。
すゐ-は (名) 水破 鷲ノ黑キ羽ニテ矧（ハ）ギタル矢ノ名、兵破（ビヤウハ）（或ハ氷破）ト並ベイフ、兵破ハ山鳥ノ羽ナリ。
すゐ-ば (名) 水馬 馬術ニ、馬ニ伴ヒテ、水ヲ泳ギ渡ラスルヿ。
すゐ-はく (名) 水伯 水神（スヰジン）ニ同ジ。
すゐ-ばち (名) 垂撥 花瓶（ハナイケ）ヲ懸クル具、大サはしらかくしノ如ク、形、琵琶ノ撥（バチ）ノ如シ、床ノ間ノ中央ナドニ垂レ掛ケ、中程ニ釘アリテ、花瓶ヲ懸ク。
すゐ-はん (名) 水飯 (一)古クイヘルハ、水多ク炊ギタル飯ニテ、ひめナリト云。「すゐはんナド、取リ取リニ、サウドキツ食（ク）フ」水飯ヲ二一搔キバカリニ、口ニ搔キ入レテ」(二)今、ミヅメシ。水漬ノ飯。
すゐ-ひ (名) 水飛 〔水簸（ミヅヒ）ノ誤カ〕 極メテ細末ナル粉ヲ得ル法、粉ヲ水ニ搔キ雜ゼテ、粗（アラ）キハ澱ミ、細カキハ浮ベル部ヲ、別ノ器ニ移シ、斯クスルヿ數度ニシテ、ソノ澱ミタルヲ乾カシテ取ル。 漂去
すゐ-び (名) 衰微 オトロヘテカスカニナルヿ。
すゐ-ひつ (名) 水筆 筆ノ一種、毛ヲ多クシテ行書、草書ナド書クニ用ヰルモノ。
すゐ-ひつ (名) 隨筆 思ヒノママニ筆記シタルカキモノ。筆ズサミノ著述。

すゐひん (名) 蕤賓 (一)十二律ノ一、其條ヲ見ヨ。(二)陰曆、五月ノ異稱。

〔すゐひやう (名) 隨兵 供ニ從フ兵士。

すゐふ (名) 水夫 カコ。舟子。

〔すゐぶん (名) 隨分 分際ニシタガフ丁。分相應。「カヤウニーノ勇士共モ、ワロビレテ進ミ得ズ」ーノ思案ヲメグラシ」小キ足ニ、少シモナキ力ヲ、ズヰアント出シテ蹈ミゲリ」ズヰアンニ宜シキモ多カリ」

すゐぶん (副) 隨分 分際ニシタガヒテ。分相應ニ。「ー辨說ノ僧ナリケリ」ー好シ」ー面白シ」

すゐふろ (名) 水風呂 すゑふろノ誤。

すゐへい (名) 水平 ミヅモリ。

すゐへう (名) 水豹 アザラシ。

すゐほ (名) 推步 天文學ノ語、數ヘテ推シ測ル丁。

すゐま (名) 揣摩 ハカル丁。オシハカル丁。

すゐみやく (名) 水脈 地ノ下ニテ水ノ通ズル脈。

すゐめん (名) 水面 ミヅノオモテ。

すゐもん (名) 水門 ヒノクチ。閘

すゐやう (名) 水楊 カハヤナギ。

すゐらいくわ (名) 水雷火 火藥ヲ水中ニ仕掛ケテ、敵船ヲ打壞ルモノ。

すゐらふじゆ (名) 水蠟樹 イボタ。

すゐり (名) 水利 (一)高低ヲ測リテ水ヲ流シ導ク丁。(二)水ノ上ノ運漕ノ便利。

すゐりやう (名) 推量 オシハカル丁。推察。

すゐれん (名) 水練 水ヲ泳グ技。オヨギ。

すゐろ (名) 水路 船路。

すゑ (名) 末 (一)ノチ。ヲハリ。シモ。ハシ。木ノ尻。(二)梢「鶯ノ、ワカヤカニ、近キ紅梅ノーニ打鳴キタルヲ」ーノ露、本ノ雫ヤ、世ノ中ノ、後レ先ダツ、例シナルラム」梢 (三)終ラムトスル時。シマヒ。「年ノー」月ノー」季 (四)兄弟ノ中ノ最モ幼キモノ。スヱコ。季子 (五)子孫。後胤。「平家ノー」裔 (六)後ノ時。未來。「ーヲ考フ」行クー」後來 (七)政事、風俗ノ漸クニ衰ヘ亂ルル丁。末世。「ーノ世」世ハートナル」澆季 季世

〔すゑ (名) 假髻 〔末ノ字ヲ當テタルモ見ユ、或ハ、髮ノ上ニ居ノ義カ〕婦人ノ髮ノ上ニ添ヒ飾ルモノ、髮、髢ノ類。

〔すゑ (名) 陶 〔居ノ義ト云〕スヱモノ。ヤキモノ。

〔すゑがま (名) 陶竈 かはらがまノ條ヲ見ヨ。陶竈

すゑこ (名) 季子 最モ後ニ生レタル子。バツシ。季子

すゑずゑ (名) 末末 (一)後ノ時。行ク末。後來 (二)子孫。(三)賤シキ者ドモ。

すゑぜん (名) 据膳 食膳ヲ人ノ前ニ居ヱツクル丁。

すゑつかた (名) 末方 末ノ方。「タダ末ツカタヲ、イササカ彈キ給フ」二月ノー」

〔すゑつむはな (名) 末摘花 紅花ノ一名。

すゑなり (名) 末成 草木ノ實ノ最後ニ生ルモノ。「瓜ノー」

すゑひろ (名) 末廣 (一)扇子ノ異名、開ケバ其末廣クナレバイフ、祝ヒノ贈物ナドニ稱ス又、スヱヒロガリ。(二)中啓。

〔すゑひろがり (名) 末廣 前條ヲ見ヨ。

すゑふろ (名) 居風呂 〔持運ビテ、何處ニモ居ヱツクベケレバイフ〕大ナル桶ニ竈ヲ作リツケテ、湯ヲ沸カシテ浴スルニ用ヰルモノ。ズヰフロ。其桶ヲー桶トイフ。

すゑもの (名) 陶物 〔机上ニ居ヱ置クモノノ義〕やきものニ同ジ。陶器

すゑもの (名) 居物 土壇ニ、罪人ノ屍ナドヲ居ヱテ、刀劍ノ試斬ヲスル丁、土壇ーナドイフ。

++すゑる (動) 据ウノ訛。

せ ぜ

せ 五十音圖、佐行第四ノ假名。(さノ條ヲ見ヨ) 此音ハ、下ニ、う、又ハ、ふ、(うト呼ブモノ)ヲ受クレバ、あよト呼ブ丁アリ、せうと(兄人)せふ(妾)ノ如シ。

ぜ せノ濁音ノ假名。(ざノ條ヲ見ヨ) 此音ハ、うニ連ナルトキ、あよノ如ク呼ブ丁アリ、ぜうらん(擾亂)ノ如シ。

せ (名) 背 〔背ト通ズ〕(一)動物ノ胸腹ノ後ニテ、項ト腰、尻トノ間。背。ソビラ。セナカ。(二)身ノ丈。セタケ。セイ。「ーノ高サ六尺」(三)ウシロ。陰ノ方。「山ノー」

せ (名) 瀨 湍 〔迫ト通ズルカ〕(一)川ナドノ、水淺ク洲ノ上ヲ流レ、人ノ渉リナドスル處。(淵ニ對ス)(二)差シ當ル際、事ニ出會フ時、又處。「哀レト思フ、セニ早ク見ム」聞カズトモ、ココヲセニセム、時鳥、山田ノ原ノ、杉ノ叢立」憂キー」逢フー」嬉シキー」戀シキー」浮

ム―」遂ル―」

〔せ (名) 兄 〔朝鮮語ニモ、兄ヲせトイフト云〕 古ヘ、兄又ハ夫ナド、スベテ、女ヨリ男ヲ親ミ呼ベル稱。「―人」―子」吾ガ―」妹ト」

〔せ (名) 石華 動物、石蜐ニ同ジ。せい。

せ (名) 畝 段別ノ名目、段ノ十分ノ一。三十歩。

せ (動) 爲ノ變化、其條ヲ見ヨ。「―シム」―ズ」―ム」

せ (助動) 令ノ變化、其條ヲ見ヨ。「讀マ―」取ラ―」

ぜ (名) 是 正シク善キ事。(非ニ對ス)「其事―ナリ」コレヲ―ナリトス」―ト非ト」

せい (名) 石華 せノ延 石蜐ニ同ジ。

せい (名) 脊ノ延。セタケ。身ノ丈。「―ガ高イ」

せい (名) 精 (一)クハシキ事。コマカキ事。巧ニシテ勝レタル事。(粗ニ對ス)(二)タマシヒ。イキホヒ。勵ムカ。「―ガヨイ」―ガック」―ガ強イ」―ヲ出ス」―ヲ入ルル」―イツパイ」 精力 (三)精靈。幽靈。「木魂ノ―」

せい (名) 勢 (一)イキホヒ。チカラ。「水―」(二)睾丸。「丈夫淫亂、割ニ其―ニ」(三)ツハモノ。イクサ。軍勢。「其―、凡ソ三萬」 兵勢 兵數

せい (名) 制 (一)サダメ。オキテ。法度。(二)オホセ。命令。下知。

せい (名) 製 ツクリ。ツクリカタ。コシラヘ。

せい (名) 聖 (一)ヒジリ。聖人。(二)帝王ニ係ル事ニ冠シテ尊稱スル語。「―意」―旨」―慮」―斷」―朝」―恩」―時」―代」

せい (名) 性 性ニ同ジ。サガ。タチ。

せい (名) 生 生キテアル事。イノチ。「―ヲ保ツ」―アレバ死アリ」

ぜい (名) 稅 (一)古制ニハ、租ヲ貯ヘテ、水旱ナドニ備フル者。正稅。(二)政府ヨリ、農工商等ノ營業交易等ニ課セテ、其物ノ一部、又ハ若干ノ金ヲ納メシムル者。運上。

ぜい (名) 筮 占ノ條ヲ見ヨ。

せい-いく (名) 生育 生ヒソダツ事。

せい-い-たい-しやうぐん (名) 征夷大將軍 (一)古ヘ、蝦夷ヲ征伐スルニ遣ハサレシ將軍ノ號。(二)後、源賴朝、此職ニ任ジ、又、日本總追捕使ト爲リテ、全國ノ兵馬ノ權ヲ執リシヨリ、後來、足利氏、德川氏ニ至リテ、凡ソ全國文武ノ政權ヲ執ル者、皆之ニ任ズル事トナリ、遂ニ武家ノ天下ヲ主宰スル者ノ職名ト爲ル。又、單ニ、將軍トモイヒ、或ハ、公方、大君、ナドトモ稱ス。

せい-う (名) 晴雨 晴ルルト雨降ルト。「―ニ拘ラズ」

せい-う-き (名) 晴雨儀 空氣ノ量、即チ、壓力ヲ量リテ、天候ノ晴雨、山ノ高低、ナド測知ル器械。又、晴雨計。風雨針。

せい-う-けい (名) 晴雨計 前條ノ語ニ同ジ。

セイウチ (名) 海馬 〔蘭語、原字未ㇾ詳〕 海獸、北氷洋ニ產ス、形、略、あざらしニ似テ、大サ牡牛ノ如シ、陸ニアリテハ遲緩ナレドモ、水ニアリテハ活潑ナリ、人ニ襲ハルレバ、最モ猛シ、脂、肉、皮、共ニ味美ナリ。上腭ニ、長大ナル牙二ツアリテ、下ニ向フ、せいくるトイフ、蘭人舶來セリ、彝消トナレリト云、又彫刻ニ用ヰル、質、象牙ニ似テ、稍劣ル。一名、水象牙。

せい-うん (名) 青雲 クモノウヘ。朝廷。高位高官。「―ノ志」

せい-えき (名) 精液 睾丸ノ內ヨリ分泌ヘル一種ノ液、中ニ精蟲ヲ含ム。

せい-おん (名) 清音 語學ノ語、音ノ淸ミタルモノ、即チ、濁音半濁音ナラズ常ノ音ノ稱

せい-か (名) 勢家 勢ヒアル家。時メク家。「權門―」

せい-か (名) 盛夏 夏ノ最中。暑ノサカリ。

せい-か (名) 聲價 評判ノ位附。「―ヲ落ス」

せい-がい-なみ (名) 青海波 次條ヲ見ヨ。

せい-がい-は (名) 青海波 舞樂ノ曲ノ名、龍宮ノ曲ナリトイフ、舞人ノ服ニ、波ノ文ヲ染ム、其紋、あをさぎニ、藍ニテ、渦ヲ四分シタル如キヲ並ベ重ヌ、常ニ、コレヲ染模樣トシテ青海波ナドイフ。

せい-かう (名) 精巧 細工ノ細カク巧ミナル事

せい-がう (名) 精好 精好織ノ略、絹ノ織物ノ名、練絲ヲ經トシ、生絲ヲ緯トシテ織ル、又、經、緯、共ニ練絲ナルモアリ、厚クシテ美シク、多ク袴地ナドトス。

せい-がく (名) 星學 天文學ニ同ジ。

せい-かく-くわつよう (名) 正格活用 語學ノ語、規則動詞ニ同ジ。

せい-かん (名) 征韓 朝鮮國ヲ征伐スル事

せい-き (名) 精氣 (一)タマシヒ。精神。(二)物ノ純粹ナル氣。「酒ノ―

せい-き (名) 旌旗 ハタ。
せい-き (名) 生氣 氣アリテ生キテアルヿ。
せい-き (名) 世紀 (一)時代。(二)百年ヲ一期トスル稱。
せい-き (名) 成規 定メテアル規則。
せい-きう (名) 請求 コヒモトムルヿ。
せい-きふ (名) 性急 氣ノ急クヿ。氣ノ短キヿ。短氣。
せい-きん (名) 精勤 職ヲ勵ミ勤ムルヿ。
せい-きん (名) 制禁 禁制ニ同ジ。
せい-きん (名) 生擒 イケドリ。
せい-きよ (名) 逝去 死ヌルヿ。(敬語ニ) 逝
せい-ぎよ (名) 制御 抑ヘテ統ベ治ムルヿ。
ぜい-ぎよ (名) 青魚 カドニシン。
セイクル (名) 〔蘭語、原字未レ詳〕 海馬ノ條ヲ見ヨ。
せい-ぐわ (名) 淸華 又、華族。三公ニ任ゼラルルヲ先途トスル家筋ノ稱、卽チ、源氏ノ久我、藤原氏ノ三條、(轉法輪)西園寺、德大寺、花山院、大炊御門、今出川、(菊亭)ノ七家ニ、後ニ、源氏ノ廣幡、藤原氏ノ醍醐ヲ加ヘラレテ、合九家ナリ。
せい-ぐわい (名) 制外 オキテノホカ。法度ノ咎メヌヿ。
せい-くわつ (名) 生活 (一)生キテアルヿ。(二)スギハヒ。クラシ。
せい-ぐわん (名) 誓願 誓ヒテ願ヲ立ツルヿ。
せい-ぐわん (名) 請願 コヒネガフヿ。
ぜい-くわん (名) 稅關 開港場ニアリテ、輸出輸入ノ稅ヲ收ムル官衙。

せい-けい (名) 生計 生活ノ手段。クチスギ。
せい-けい (名) 世系 代代相續ノ血系。
せい-けつ (名) 淸潔 キヨク、イサギヨキヿ。汚レナキヿ。
せい-けつ (名) 生血 イキチ。
せい-げふ (名) 生業 ナリハヒ。スギハヒ。
せい-げふ (名) 成業 業ヲ成就シタルヿ。
せい-けん (名) 生絹 (一)キギヌ。(二)スズシ。
せい-けん (名) 政權 政事ヲ執リ行フ權力。
せい-けん (名) 聖賢 聖人ト賢人ト。
せい-げん (名) 誓言 イヒフラスヿ。
せい-げん (名) 制限 定メテアル限リ。
ぜい-げん (名) 贅言 無用ノ言。
せいご (名) 鱸ノ小キモノ。
せい-ご (名) 正誤 誤リヲ正スヿ。ナホシ。
ぜいご (名) 鰺ノ條ヲ見ヨ。
せい-こう (名) 成功 功ヲ成シタルヿ。仕事ノ仕上リ。
せい-こく (名) 正鵠 的ノ黑星。
せい-こつ (名) 整骨 ホネツギ。
せい-こん (名) 精根 精力。根氣。
せい-ごん (名) 誓言 チカヒノコトバ。 矢言
せい-ざ (名) 星座 ホシノヤドリ。天文學ニテ、天ノ某恒星ハ、某地位ニアリトイフヿヲ定メムガ爲ニ、一方ノ衆星ヲ集メ見テ、各各、種種ノ形象ニ擬ヘテ呼ブ稱、二十八宿、十二宮、ナド、コレナリ。星宿
せい-さい (名) 精細 手際ノ、クハシク、コマカキヿ。
せい-さい (名) 制裁 オサヘテアツカフヿ。

せい-さう (名) 星霜 トシツキ。年月。「百年ノ—ヲ歷テ」
せい-ざう (名) 製造 ツクリゴシラヘ。製作。
せい-ざう (名) 聖像 孔子ノ像。
せい-さく (名) 製作 製造ニ同ジ。
せい-さつ (名) 制札 禁制法度ノ旨ヲ札ニ記シテ、路傍ナドニ建テ置クモノ。高札。 榜文
せい-さつ (名) 生殺 活カスト、殺スト。「—ノ權」—與奪」
せい-さん (名) 淸算 勘定ノ仕上ゲ。決算。
せい-さん (名) 生產 ナリハヒ。クラシ。
せい-し (名) 世子 諸侯ノ嫡子ノ稱。(漢文ニ)
せい-し (名) 誓詞 誓約ノ文言。誓文。起請。 誓書
せい-し (名) 誓紙 誓詞ノ文書。
せい-し (名) 勢至 菩薩ノ名、大勢至カアリ、智慧光ヲ以テ一切ヲ照ラストイフ。
せい-し (名) 政始 政事ヲ始ムル式(一月四日)
せい-し (名) 制止 イマシメトドムルヿ。
せい-し (名) 靑史 記錄、歷史ノ異名。
せい-し (名) 製絲 繭ヲ生絲ニ、綿ヲ木綿絲ニ引クヿ。
せい-じ (名) 政事 マツリゴト。政治ノワザ。
せい-じ (名) 靑磁 磁器ノ製ニ、文ナクシテ、淡綠、又ハ淡藍ノ釉ヲ全體ニカケタルモノ。 靑瓷
せいしつ (名) 制蹕 貴人ノ通行ノ時、路行ク人ヲ警ムル聲。 喝道

せい-しつ (名) 性質 ウマレツキ。サガ。タチ。性。
せい-しつ (名) 青漆 漆ニもえぎノ色ヲ加ヘタルモノ。
せい-じつ (名) 誠實 マゴコロナルコト。僞リナキコト。
せい-しふ (名) 世襲 役目 身分 財産等 家柄ニ屬キテ、代代承ケ續グコト。
せい-しん (名) 精神 (一)心ノハタラキ。タマシヒ。(二)氣力。根氣。
せい-しん (名) 星辰 星トイフニ同ジ。
せい-しん (名) 誠心 眞實ノ心。マゴコロ
せい-しん (名) 生辰 生レタル日。誕生ノ日。
せい-しん (名) 世臣 譜第ノ臣下。
せい-じん (名) 聖人 ヒジリ。智德勝レテ神ノ如ク、萬事ニ通ゼザルコトナキ人。支那ニテ、古代ノ堯、舜、禹、湯、文王、武王、周公、孔子等ノ稱トス。
せい-じん (名) 正人 心、所行、ノ正シキ人。「一君子」
せい-じん (名) 成人 (一)人ト成ルコト。大人トナルコト。(二)生ヒ立ツコト。「一ノ上」
せい-じん・ず・ズル・ズレ・ゼ・ジ・ゼヨ (自動)(不規・二) 成人 大人トナル。オヒタツ。成長ス。
せい-じやう (名) 聖上 天子ヲ尊ビテ呼ビ奉ル語。
ぜい-じやく (名) 脆弱 モロクヨワキコト。
せい-しゆ (名) 聖主 聰明叡智ナル君主。
せい-しゆ (名) 淸酒 濁酒ナラヌ常ノ淸ミタル酒。
せい-しゆく (名) 星宿 ホシノヤドリ。星座。
せい-しよ (名) 淸書 キヨガキ。淨書
せい-しよく (名) 正色 いろノ條ヲ見ヨ。

せい-す・スル・スレ・セ・シ・セヨ (他動)(不規・二) 制 (一)定ム。立ツ。(掟ヲ)(二)爲ルコト勿レト警ム。禁止ス。
せい-す・スル・スレ・セ・シ・セヨ (他動)(不規・二) 征 謀叛ノ軍ヲ攻メ討ツ。征伐ス。
せい-す・スル・スレ・セ・シ・セヨ (他動)(不規・二) 製 ツクル。コシラフ。
せい-すゐ (名) 盛衰 盛ルト衰フルト。「世ノ一」「人ノ一」
せい-すゐ (名) 淸水 キヨキミヅ。シミヅ。
せい-せい (名) 精製 殊ニ丁寧ニ製リ出スコト。
せい-ぜい (副) 精精 力ノ及ブタケ。竭力
せい-せい-と (副) 淸淸 爽カニ快ク。「心一スル」
せい-せき (名) 成績 成就ノアトカタ。デキバエ。
せい-せん (名) 精選 スグリタルコト。エリヌキ。
せい-ぜん (副) 整然 善ク整ヒテ。
せい-ソウ (名) 淸僧 肉食妻帶セヌ僧。
せい-そく (名) 正則 本筋ノ法則。(變則ニ對ス)
せい-そく (名) 聲息 オトヅレ。音信。「一通ゼズ」
せい-そん (名) 生存 イキナガラフルコト。イキノコルコト。
せい-ぞろへ (名) 勢揃 軍勢ヲ集メ揃フルコト。整軍
せい-た (名) 脊板 (一)圓キ材ヲ、方ニ挽割リテ殘レル凸ナル板。(二)腹卷ノ一部。(其條ヲ見ヨ)
せい-たい (名) 政體 政治ノタテカタ。「立憲ノ一」「共和ノ一」
せい-だい (名) 盛大 極メテ盛ンナルコト。
せい-たう (名) 政道 政事ノ道。マツリゴト。

せい-たう (名) 政黨 政治ノ道ニ、一ツノ主義ヲ立ツル一群ノ仲間。
せい-たう (名) 征討 征伐ニ同ジ
せい-だう (名) 聖堂 孔子ヲ祀ル祠。聖廟。
セイタカ (名) 制吒迦 (梵語) 不動明王ノ脇士ノ名、左ニ三鈷ヲ握リ、右ニ金剛棒ヲ杖ツク。
†ぜい-たく (名) 贅澤 衣服住ノ無益ノ奢。奢靡
せい-だん (名) 政談 政事ニ就キテノ話。
せい-ぢ (名) 政治 政事ヲ施シ行フコト。
ぜい-ちく (名) 筮竹 めどぎノ條ヲ見ヨ。
せい-ちや (名) 製茶 茶ノ條ヲ見ヨ
せい-ちやう (名) 成長 生ヒ立ツコト。育チアガルコト。
せい-ちゆう (名) 正中 タダナカ。マンナカ。
せい-ちゆう (名) 誠忠 忠義一途ナルコト。
せい-ちゆう (名) 精蟲 精液ノ中ニ含メル一種ノ活動物、能ク自ラ運動ス、頭、豐大ニ、身、稍、扁平ニシテ、尾ハ細微ナリ、絶エズ尾ヲ振ヒテ動ク、動物ノ子ヲ生ズル種子ナリ。
せい-ちよく (名) 正直 心、所行、ノ正シク直キコト。シャウヂキ。
せい-てい (名) 制定 作リ定メテ掟ト立ツルコト。
せい-てい (名) 蜻蜓 ヤンマ。
せい-てい (名) 成丁 法律ノ上ニ、成人シテ一人前ノ分際ニ達シタル稱、即チ、滿二十年ナリ、古制ニテハ、二十歳タリ。
せい-てん (名) 晴天 晴レタル空合。(雨天ニ對ス)

せい-てん-はく-じつ (名) 青天白日 世間晴レテ包ミ隱スヿナキヿ。
せい-と (名) 生徒 弟子。學校ニテ敎ヲ受クル人。
せい-ど (名) 制度 ノリ。オキテ。サダメ。
せい-とう (名) 青銅 錢ノ異名。アヲザシ。「一三貫文」
せい-どう (名) 成童 齡ノ十五歲ニ達シタル稱。
せい-とん (名) 整頓 トトノヒサダマルヿ。カタヅクヿ。
せい-ねん (名) 青年 トシワカ。ワカウド。ワカモノ。
せい-はい (名) 成敗 成ルト敗ルルト。成就ト失敗ト。
せい-ばい (名) 成敗 〔事ヲ成シ、又、敗ル意〕(一)政事ヲ取扱フヿ。「攝政關白ノ御一ニモ及バズ」(二)罪ナフヿ。仕置。刑罰(三)斬リ棄ツルヿ。
せい-ばつ (名) 征伐 謀叛ノ軍ヲ攻メ平グルヿ。征討。
せい-はふ (名) 製法 コシラヘカタ。作ル手段。
せい-はん (名) 成版 整版 活字版ニ對シテ、常ノ版木ノ稱。
せい-ひつ (名) 靜謐 世ニ亂レナク靜ナルヿ。
せい-ひん (名) 淸貧 諂ハズ貪ラズシテ身貧シキヿ。
〔せい-びやう〕 (名) 精兵 弓勢ノ强キヿ。(小兵ニ對ス)
せい-ふ (名) 政府 一國主宰ノ大權ヲ執リテ、萬機ノ政ヲ統ベ行フ所。
ぜい-ぶつ (名) 贅物 餘計ニテ無用ナル物。
せい-ぶつ-がく (名) 生物學 理學ノ一部、動植物ノ生活スル理ヲ知ル學。
せい-ぶん (名) 精分 精神氣力ノモト。「一ヲツクル」

せい-ぶん (名) 成分 數物結ビツキテ一體ヲ成ス其體ノ中ノ一部。(化學ナドニイフ)
せい-へい (名) 精兵 スグリタルツハモノ。エリヌキノ兵。
せい-へい (名) 生兵 アラテ。未ダ戰ハヌ兵。
せい-べう (名) 聖廟 聖堂ニ同ジ。
せい-ぼ (名) 歲暮 トシノクレ。十二月ノ末ノ稱。
せい-ぼ (名) 生母 ウミノハハ。實母。
せい-ほん (名) 製本 書物ヲ綴ヂ作クルヿ。釘書
セイミ (名) 舍密 〔蘭語、Chimie.〕 化學ニ同ジ。
せい-みつ (名) 精密 クハシクコマカキヿ。
せい-みん (名) 生民 アヲヒトクサ。民。人民。
せい-む (名) 政務 政事ノ上ノ務。
せい-めい (名) 生命 イノチ。「一ヲ保ツ」
せい-めい (名) 姓名 姓ト名ト。
せい-めい (名) 淸明 二十四氣ノ條ヲ見ヨ。
せい-めう (名) 精妙 精巧ニシテ勝レタルヿ。
せい-もく (名) 聖目 〔碁聖ヨリ出デタル語カト云、或ハ、井目、制目トモ記ス〕 ヒジリメ。碁盤ノ目ノ上ニ記セル點ノ稱、中央ト上下ト左右ト四隅トニ合九點アリ、技ノ劣レル者、打ツニ先立チテ、此點ニ石ヲ置ク。北斗七
せい-もん (名) 誓文 誓約ノ文言。
せいもん-ばらひ (名) 誓文拂 京都ニテ、陰暦十月ノ二十日ニ、四條京極ノ惡王子ノ社ニ詣ヅルヿ、關西ノ俗ニ、此日、呉服商ナド特ニ賣出シヲナス。
せい-やう (名) 青陽 春ノ異名。多ク初春ニイフ。

せい-やう (名) 西洋 日本、支那、等ヨリ、歐羅巴洲ノ諸國ヲ稱スル語。「一人」「一風」「一[illegible]」「一服」
せいやう-ふ (名) 西洋布 カナキン。
せい-やく (名) 製藥 藥ヲツクルヿ。製造シタル藥。
せい-やく (名) 誓約 誓ヒテ約束スルヿ。
せい-らい (副) 生來 ウマレナガラ。
〔セイラス〕 (名) 〔印度ノ錫蘭島ヨリ起ル〕 往時、蘭人ノ舶來セル一種ノ縞織、綢織物ノ稱。
ぜい-らん (名) 青蘭 葉ハははきぎニ似テ、莖梢葉間ニ、青キ花ヲ開ク、蘭ニ似テ香無シ。
せい-らん (名) 晴嵐 ユヤケ。「粟津ノ一」
せい-り (名) 整理 トトノヘヲサムルヿ。カタヅクルヿ。
せいり-がく (名) 生理學 理學ノ一部、動植物ノ諸機關ノ構造、主用、等ヲ知ル學。人身究理。
せいり-がく (名) 性理學 哲學ノ一部、心理學ノ屬、人ノ精神ノ本質ヲ說ク學。(此語、或ハ無形理學ノ譯トモス)
せい-りつ (名) 成立 ナリタチ。
せい-りやう (名) 淸涼 スガスガシキヿ。サワヤカニスズシキヿ。
せいりやう-でん (名) 淸涼殿 古クハ、せいらうでん。禁中、主上ノ常ノ御殿ノ號。
せい-りやく (名) 省略 ハブクヿ。ノゾキヘラスヿ。
せい-りやく (名) 政略 政事ノ上ノハカリゴト。政事ヲ行フ驅引。
せい-りよう (名) 青龍 四神ノ條ヲ見ヨ。

せいりよく (名) 精力 根氣。氣根。
せいりよく (名) 勢力 イキホヒ。威勢。
せいれい (名) 政令 政府ノ命令。
せいれい (名) 精靈 死者ノタマシヒ。幽靈。
せいれい (名) 蜻蛉 アキツ。トンバウ。
せいれき (名) 西曆 西洋諸國ニテ用ヰル曆。
せいれつ (名) 整列 ソロヒテナラブヿ。
せいれん (名) 清廉 所行ノ潔白ナルヿ。(多ク金錢ノ上ニイフ)
せいろう (名) 井樓 ヤグラ。
せいろう (名) 蒸籠 古クハ、コシキ。糯米、團子、饅頭ナドヲ蒸ス器、木製ニシテ、形、方、或ハ、圓ナリ、底ヲ簀トシ、湯氣ヲ透シテ蒸ス。 蒸桶
せいろう (名) 靑樓 遊女屋。揚屋。妓樓。
せいろく (名) 世祿 世襲ノ家祿。
せいわ (名) 淸和 春ノ氣候ナドノ、寒、暖、中ニ適ヘルヿ。
せいわうぼ (名) 西王母 壽星桃ノ一名。
せいゐき (名) 西域 支那ヨリ印度波斯邊ヲ指シテイフ稱。
せいゑん (名) 聲援 チカラゾヘ。助勢。
せう (名) 兄鷹 〔せハ夫ノ義、うハ鷹ノ音ノ約ト云〕 鷹ノ雄ノ稱。(鷹ノ條ヲ見ヨ)
せう (名) 小 (一)チヒサキヿ。大ノ反。(二)一箇月ノ日數ノ、二十九日、或ハ二十八日ナルノ稱。(大小ノ條ヲ見ヨ) (三)脇差ノ一稱(大小ノ條ヲ見ヨ) (四)鷹ノ雄ノ稱。(鷹ノ條ヲ見ヨ)
せう (名) 簫 樂器ノ名、竹ヲ編ミ列ネテ吹ク、大ナルハ二十三管、小ナルハ十六管、管ノ長、短、齊シカラズ。鳳ノ翼ニ象リ作レルモノト云。セウノフエ。
せう (名) 少輔 〔字ノ音、せうふノ讀癖〕 諸省ノ次官、大輔ニ次グ。訛シテ、セウイウ。
せう (名) 抄 枡目ノ名、才ノ條ヲ見ヨ。
せう (名) 抄鈔 書キ寫スヿ。ヌキガキ。
せういう (名) 少輔 〔大輔ヨリ混訛ス〕 少輔ニ同ジ。
せうえう (名) 逍遙 氣晴ニ行デ遊ブヿ。「川ー」舟ー」
せうが (名) 生薑ノ條ヲ見ヨ。
せうかい (名) 紹介 ナカダチ。トリモチ。ハシワタシ。ヒキアハセ。
せうかう (名) 燒香 (一)香ヲ燒クヿ。(二)香ヲ燒キテ佛ニ手向クルヿ。 上香 進香
せうかう (名) 小康 世ノ少シ太平ナルヿ。
せうがく (名) 小學 (一)兒童ニ敎フル學藝ノ科。(二)小學校。
せうがくかう (名) 小學校 小學ノ學科ヲ敎フル學校。
せうかち (名) 消渴 (一)カチノヤマヒ。渴シテ飮ヲ欲シ、小便通セザル病。(二)婦人ノ淋病ノ隱語。
せうかん (名) 小寒 二十四氣ノ條ヲ見ヨ。
せうきやく (名) 消却 (一)消スヿ。費ヤスヿ。(二)濟マスヿ。返却。(借財ナド)
せうきよく (名) 消極 積極ノ條ヲ見ヨ。
せうくわ (名) 消化 胃ノ中ノ物ノコナレ。
せうくわい (名) 照會 トヒアハセ。カケアヒ。
せうくわう (名) 消光 日ヲ暮ラスヿ。
せうことなし・き・けれ・く・し (形、一) 〔せうハ爲ムノ音便〕 爲ベキ手段ナシ。ゼムスベナシ。
せうこん (名) 招魂 タマヨバヒ。死者ノ靈ヲ招キ祀ルヿ。
せうさ (名) 少佐 陸軍ノ武官 中佐ノ下、大尉ノ上ナリ。
せうさう (名) 少壯 トシワカ。二十歲前後ノ稱。
せうざう (名) 肖像 畫像ナドニ、其人ノ容貌ニ肖セテ寫シタルモノ。
せうさん (名) 小產 流產ニ同ジ。
せうさん (名) 消散 キエテナクナルヿ。
せうさん (名) 硝酸 化學ノ語、窒素ト酸素トノ化合。
せうさんぎん (名) 硝酸銀 銀ヲ硝酸ニ溶シタルモノ、藥用トシ、寫眞術ナドニ用ヰル。
せうし (名) 笑止 他人ノ人笑トナレルヲ、氣ノ毒ニ思フヿ。カタハライタキヿ。「ーノ至リ」
せうし (名) 硝子 ビイドロ。ガラス。
せうし (名) 抄紙 カミスキ。
せうし (代) 小子 自稱ノ代名詞、謙稱ナリ。
せうし (名) 小事 些細ナル事柄。
せうし (副) 少時 シバシ。暫時。

せうしつ (名) 燒失 ヤケウスルヿ。
せうしん (名) 小身 身代少キモノ。少祿ノ者。
〔せうじん (名) 小人 ワカウド。年若キ人。 少年
せうじん (名) 小人 (一)無智ノ民。(二)心狹ク邪ナル人。「女子トート」
せうしや (名) 瀟灑・瀟洒 (一)清爽ナルヿ。サツパリシタルヿ。(二)人ノ氣象ニ、俗ヲ脱ケテ淡泊ナルヿ。シヤレタルヿ。風雅ナルヿ。
せうしやう (名) 少將 (一)古ヘ、近衞府ノ次官、中將ニ次グ。(二)今、陸軍ニ、第三等ノ武官。
せうじやう (名) 霄壤 天地トイフニ同ジ。「ーノ差」
せうしゆん (名) 小春 コハル。陰曆、十月ノ異名。
せうじゆん (名) 照準 テリアハセ。メアテ。
せうしよ (名) 詔書 みことのりノ文書。
せうしよ (名) 小暑 二十四氣ノ條ヲ見ヨ。
せうしよく (名) 小食 物食フ量ノ少キヿ。
せうす・スル・スレ・セ・シ・セヨ (自動)(不規・二) 消 消ユ。亡クナル。「憂へー」
せうす・スル・スレ・セ・シ・セヨ (他動)(不規・二) 消 ケス。コナス。費ヤス。暮ラス。「日ヲー」
せうすう (名) 少數 數ノスクナキヿ。
せうすゐ (名) 憔悴 ヤセオトロフルヿ。ツカルルヿ。
せうすゐ (名) 小水 ユバリ。小便。
せうせい (名) 小成 事ノ少シバカリ出來上リタルヿ。「ーニ安ンズ」
せうせい (代) 小生 自稱ノ代名詞、謙稱ナリ。

せうせう (副) 少少 スコシ。ワヅカバカリ。 些少
せうせき (名) 硝石 礦物、窒素ヲ含メル動植體ノ腐敗シテ、土中ノ成分ト化合シテ成ルモノ、今、人造ノモノ多シ、白ク透明ニシテ光リ、甚ダ細長ク、纖維ヲナシテ、碎ケ易シ、火藥、硝酸等ノ製造ニ用ヰ、又藥用トモス。
せうせつ (名) 小說 〔小人之說也〕 實說虛說ヲ雜ヘテ戲作セル讀本、多ク通俗ノ文體ニ記ス。
せうせつ (名) 小雪 二十四氣ノ條ヲ見ヨ。
せうぜん (副) 蕭然 シメヤカニ。モノサビシク。
せうそく (名) 消息 オトヅレ。タヨリ。セウソコ。音信。
〔せうそこ (名) 消息 〔字ノ音ノ轉〕 (一)オトナフヿ。オトヅルルヿ。案內。「月ノ明キ夜、門ノ前ヲワタルトテ、セウソコ言ヒ入レテ待リケレバ」入リテセウソコ言ヨトノタマヘビー文」(二)音信。書通。「日頃歷ルマデ、セウソコモ遣ハサズ」
せうたい (名) 小隊 隊ノ條ヲ見ヨ。
せうだい (名) 招待 招キテ待チ受クルヿ。
せうたん (名) 小膽 氣ノチヒサキヿ。
せうだん (名) 笑談 常談ノ條ヲ見ヨ。
せうぢ (名) 小路 〔小路ノ湯桶讀ナラム〕 コミチ。コウヂ。(大坂、堺等) 徑 小巷
せうちう (名) 燒酎 酒糟、敗酒ナドヲ蒸溜シテ製スル一種ノ酒、氣極メテ烈シ。アルコオル。
せうちやう (名) 小腸 はらわたノ條ヲ見ヨ。
せうぢやう (名) 消長 ノビチヂミ。盛衰。

せうづ (名) 小豆 アヅキ。(大豆ニ對ス)
せうでう (副) 蕭條 シメヤカニ。モノサビシク。
〔せうと (名) 兄人ノ音便、兄トイフニ同ジ。兄。(弟人ニ對ス)「明クレバ、五日ノ曉ニ、せうとタル人、外ヨリ來テ」「サブラフ人人、御ウシロミタチ、御せうとノ兵部卿」
せうどく (名) 消毒 病ノ毒ヲ滅スルヿ。
せうなごん (名) 少納言 スナイモノマウシ。太政官ノ判官、小事ヲ奏宣シ、鈴印傳符ヲ請進シ、飛驛函鈴ヲ進付ス、中務省ノ侍從ヲ兼ヌ。後ニ、奏宣ノ事ハ藏人ニ遷ル。
せうに (名) 小兒 コ。チゴ。ヲサナゴ。コドモ。
せうに (名) 少貳 太宰府ノ次官、大貳ニ次グ。
せうにくわ (名) 小兒科 醫ノ一科、專ラ小兒ノ病ヲ治ムルモノ。 小方脈
せうねつ (名) 焦熱 佛說、地獄ノ一。(地獄ノ條ヲ見ヨ)
せうねん (名) 少年 ワカモノ。ワカウド。
せうはい (名) 招牌 看板ニ同ジ。
せうばい (名) 消梅 シナノウメ
せうばう (名) 消防 火災ヲ消スヿ。火消
せうばう (名) 燒亡 家ナドノ燒ケ失スルヿ。
せうひ (名) 消費 ツヒヤスヿ。ツカヒツクスヿ。
〔せうび (名) 少微 〔古名、そびノ訛〕 魚狗ニ同ジ。
せうび (名) 焦眉 危急ニ迫ルヿ。「ーノ急」
せうふ (名) 樵夫 キコリ。
せうふく (名) 小腹 シタハラ。

せうへい (名) 哨兵 見張リノ兵。番兵。
せうべん (名) 少辨 官名。辨ノ條ヲ見ヨ。
せうべん (名) 小便 ユバリ。小水。小用。
せうぼ (名) 召募 メシツノルヿ。ヨビアツムルヿ。
せうまう (名) 燒亡 やけほろぶニ同ジ。
せうまん (名) 小滿 二十四氣ノ條ヲ見ヨ。
せうめつ (名) 消滅 キエテナクナルヿ。「罪障ー」
せうよう (名) 小用 ユバリ。小便。(大用ニ對ス)
せうらん (名) 昭覽 明ラカニ見給フヿ。「天ノー」神明ノー」
せうらん (名) 擾亂 イリミダルルヿ。「世ノー」
せうりよ (名) 焦慮 思ヒヲ焦スヿ。氣ヲモムヿ。心配。
せうるゐ (名) 噍類 〔噍、嚙也、活而噍食者也〕イキモノ。人畜。「ー無シ」
せうれう (名) 蟭蟟 ミシミシゼミ。
せうれう (名) 鷦鷯 ササキ。ミソサザイ。
せうろく (名) 小祿 少キ祿。「ーノ家」
せうろく (名) 抄錄 ヌキガキ。
せうゐ (名) 少尉 陸軍ノ士官、中尉ニ次グ。
せおふ・ふ・ヘ・ヘ・ヒ・ヘ (他動)(規.一) 脊負 脊ニ負フ。負フ。シヨフ。 餌
せかい (名) 世界 (一)過去現在未來ヲ世トシ、東西南北上下ヲ界トス。世(ヨノナカ)。世間。天ガ下。(二)地球ノ表面ニ山海動植ノ現在スル狀。(三)物ノ一類一群ノ中。「動物ー」「學者ー」
〔せがい (名) 〔脊檐ノ義ト云〕舟端ニ、椽ノ如ク板ヲ互シタル所ト云フナダチ。「皆紅ノ扇ノ、日出シタルヲ、船ノせがいニ挿ミ立テテ、陸ニ向ヒテゾ招キケル」
せかいさう (名) 善界草 〔能ノ善界ノ曲ニ、赤熊ヲ被ルヲ、花ノ形ニ見立テテ名トス〕おきなぐさニ同ジ。
せがき (名) 施餓鬼 餓鬼ニ施スヿ。無緣ノ亡者ノ靈ニ讀經供養スルヿ。
せかせか (副) 氣ノ甚ダ急ク狀ニイフ語。「氣ガースル」
せがむ・む・め・ま・み・め (他動)(規.一) 責メ迫ル。强ヒテ乞フ。ネダル。セビル。 督促 强請
せがれ (名) 倅 〔瘦枯ノ約、倅、俗倅字トアリ、憔悴ノ義、或ハ、倅、副也、遊倅、倅之未、仕者トアル、其訛ナラムカ〕(一)他人ニ對シテ己ガ子ノ謙稱。(二)〔少壯ヲ賤シメテ呼ブ語。 豎子

せき (名) 咳 (一)咳クヿ。外ヨリ氣管ヲ侵スモノアルトキ、コレヲ塞キ止メムト聲ヲ立テテ氣息ヲナス肺ノ作用。シハブキ。 謦欬 (二)病ニテ起ルハ、氣道ニ病ム所アリ、絶エズ呼氣激動シテ聲ヲ成ス、但シ痰ヲ吐クアリ、吐カヌアリ。 欬嗽
せき (名) 關 〔塞キノ義〕(一)國境、或ハ要害ノ地ノ路ニ設ケ置ク門、吏ヲ置キテ、往來ノ人ヲ塞キテ糺スセキノト。關所。關門。(二)水ヲ塞ク所。ヰセキ。「ー口」 堰 (三)轉ジテ、事ノ侵シカヌルヿ。「心ノー」「人目ノー」(四)相撲ノ長。(大關ノ條ヲ見ヨ)
せき (名) 圍碁ノ語、黑白相圍ミテ、中ニ若干ノ目アレドモ、先ニ石ヲ下スハ負クル手トナリテ、彼、我、共ニ捨キテ有トセザルモノ。 持

せき (名) 席 (一)ムシロ。坐ルニ敷ク具、おざ、しとね、椅子、スベテイフ。「ーヲ定ム」「ーヲ起ツ」(二)座敷、部屋。「ー上」同ー」「ー室」(三)人寄席ノ略。(東京)
せき (名) 夕 枡目ノ名、勺ノ條ヲ見ヨ。
せき (名) 籍 戸籍ノ略。「ーヲ送ル」
せき (名) 尺 さかノ條ヲ見ヨ。
せき (接尾) 隻 (一)對ナル物ノ片方ヲ數フル語。「屏風ーー」沓ーー」(二)魚、鳥、舟、ナドヲ數フル語。
せきあく (名) 積惡 積善ノ條ヲ見ヨ。
せきいう (名) 石油 石炭油ニ同ジ。
せきえい (名) 石英 水晶ノ條ヲ見ヨ。
せきかい (名) 石階 石段ニ同ジ。
せきかう (名) 石膏 硫酸鑛鷄ノ礦物、藥用、其他ノ用トス、色白クシテ、微シ油色ヲ帶ビ、芒紋アリ、碎ケバ白シ、鬆軟ニ碎ケ易キヲ軟ートイヒテ、眞トス、又、堅キヲ硬ートイフ、長石ナリ。
せきがき (名) 席書 手習フ生徒ノ、特ニ寄合ヒテ、其席上ニテ字ヲ書クヿ。
せきがく (名) 碩學 學問ノ博クシテ至リ深キヿ。
せきかんたう (名) 石敢當 いしがんたうトモ讀ムト云 九州邊ニテ、橋又ハ路ノ要衝、又ハ、人家正門ノ處ナドニ、小石碑ヲ立テテ刻付クル語、向フ所敵ナキ意ニテ、厭勝ナリト云。
せききよく (名) 積極 電氣ニイフ語 コレニ反對スルヲ消極トイフ、陰陽トイハムガ如シ。
せきぐち (名) 關口 堰ノ水ノ出ヅル處。

せきくわい (名) 石灰 (一)イシバヒ。(二)シックイ。
せきくわい-せき (名) 石灰石 イシバヒイシ。
せきくわく (名) 尺蠖 シャクトリムシ。
せきくわさい (名) 石花菜 トコロテングサ。
せきけつめい (名) 石決明 アハビ。
せきけん (名) 石鹸 シャボン。
せきこう (名) 斥候 モノミ。
せきこく (名) 石斛 古名、スクナヒコノクスネ、イハグスリ。草ノ名、山中ノ岩石ニ生ズ、莖ノ長サ三四寸、叢生ス、もくぞくニ似テ細ク、黄緑色アリ、節ノ間、一寸許アリ、節毎ニ、一葉ヲ生ズ、竹ノ葉ニ似テ、小ク厚ク、光ル、夏、節ノ下ニ、一白花、並ビ生ズ、えびねらんノ花ニ似タリ、實ハ蘭ニ似テ小シ。
せきこく (名) 石刻 石ニ刻リキザミタルモノ。
せきこつ (名) 脊骨 セボネ。
せきこむ・ム・メ・マ・ミ・メ (自動)(規.一) 急込 強ク急ク。咳ツ。イキセク。 喉急
せきさい (名) 釋菜 釋奠ノ條ヲ見ヨ。
せきざう (名) 石造 イシヅクリ。
せきし (名) 赤子 アカゴ。
せきしうりう (名) 石州流 (一)茶湯ノ一流ノ名、片桐石見守貞昌(宗關ト號ス)ヲ流祖トス。(二)又、生花ノ一流ノ名。
せきしつ (名) 石室 石作リノ室。岩屋。
せきしふ (名) 積習 久シキナラハシ。
せきしん (名) 赤心 アカキココロ。マゴコロ。

せきしやう (名) 石菖 古名、イシアヤメ。草ノ名、水邊ノ石上ニ多ク、一根ニ叢生ス、採テ鉢ニ移シ、青葉ヲ愛ス、種類多シ、葉、細ソクシテ、中、厚ク、兩邊薄シ、深緑ニシテ、冬枯レズ、春ノ末、莖ヲ出シ、穗ヲ生ズ、長サ一二寸、形、つくづくしノ如ク、細ソク堅クシテ緑ナリ、大ナルハ八九寸 小キハ三四寸 根ニ節多シ、藥用トス。
せきじやう (名) 席上 (一)集會ノ場。(二)詩ノ題ノ會ノ席ニテ出スモノ。(宿題ニ對ス)
せきしゆ (名) 赤手 素手。カラテ。
せきじう (名) 石絨 イシワタ。
せきしゆぎよ (名) 石首魚 イシモチ。
せきじゆん (名) 席順 座ノ次第。 班次
せきしよ (名) 關所 關ノアル所。關。
せきしやうにゆう (名) 石鐘乳 ツララライシ。
せきしよやぶり (名) 關所破 關所ヲ欺キテ過ギ、或ハ間道ナドヲ廻リテ過グルコト、重罪トセリ。 斬關
セキスタント (名) 六分圏儀 〔蘭語、Sextant.〕 象限儀ノ條ヲ見ヨ。
せきせゐ (名) 脊髓 せぼねノ條ヲ見ヨ。
せきぜん (名) 積善 善キ行ヒヲ積ムコト。 惡ヲ積ムヲ積惡トイフ。「一ノ家ニ餘慶アリ 積惡ノ家ニ餘殃アリ」
せきぞろ (名) 節季候 (節季ニテ候フノ意) 歳ノ末ニ、乞食ノ類ノ、毎家ニ到リ、錢ヲ乞フモノ、笠ヲ被リ、面ヲ包ミ、初ニ一トイフ語ヲ繰返ヘシテ、歌ヒ躍ル。

打野狐
せきだ (名) 雪蹈ノ訛
せきたい (名) 石帶 又、いしのおび。束帶ノ時、袍ノ腰ヲ束ヌル帶、革ニテ製シ、黒漆ニ塗ル、飾ニ玉ヲ付クルヲ至貴トシ、たまのおびトイフ、位ニ因テ、瑪瑙、犀角、蠟石等アリ、皆、方、或ハ圓ニシテ、種種ノ文ヲ刻メルモアリ、白キ縫絲ニテ、數箇ヲ並ベテ、綴ヂ着ク。
せきだい (名) 石臺 (一)鉢植ヲ置ク臺。(二)方圓ノ箱ニ、草花ヲ植ヱ、山水ノ景ナドヲ摸シタルモノ。 石盆 栽盆
せきだう (名) 赤道 地球ノ眞中ヲ横ニ周ラセテ引キタル線ノ稱、其周、一万〇百六十三里四町十九間一尺二寸。
せきだかづら (名) 雪蹈葛 絡石ノ一種ニシテ、葉至テ小キモノ、冬、紅或ハ紫ニ變ジ、土石ノ間ニ繁延ス。 石血
せきたつ・ツル・ツレ・テ・テ・テル (他動)(規.二) 急立 ウナカス。イソガス。 督促
せきたふ (名) 石塔 (一)石作リノ五輪ノ塔。(二)墓石。
せきたん (名) 石炭 礦物ノ名、前世界ノ木ノ化石ナリ、黒ク重キヲ上品トス、炭ニ代ヘテ燒クニ、火勢最モ強シ、臭氣アリ、其中ニ、無焔炭トイフハ、高度ノ熱ヲ發ス、褐炭トイフハ、多ク木理アリテ、褐色ニシテ輕シ、下品トス。古名、燃土。方言、ウンジ。烏石。石炭。炭石。岩木。黛石。 煤炭

せきたんあぶら (名) 石炭油ニ同ジ。

せきたむし (名) 雪蹈蟲 おめむしニ同ジ。

せきたんゆ (名) 石炭油 石炭坑ヨリ流レ出ヅルモノ、有機物ノ石炭ニ化スル際ニ旁生セルモノニテ、其成分ハ、特ニ炭素ト水素トナリ、肉汁ノ如クニシテ、黒褐色ナリ、淡キアリ、濃キアリ、遠江、越後、信濃等ノ各地ニ産ス、精製シテ燈油ノ用トス。臭水。セキタンアブラ。石油。石腦油

せきち (名) 瘠地 ヤセチ。草木ノ生立ノ惡シキ地。

せきぢ (名) 關路 關所ノアル路。

せきちく (名) 石竹 古名、カラナデシコ。撫子ノ屬、野生ニ無シ、家ニ植エテ花ヲ賞ス、莖短ク撫子ノ如クニシテ、花瓣ノ端分レズシテ、皆、鋸口ナリ、春ノ末ニ開ク、花色種種ニシテ、觀ルニ堪フ。

せきちやうせい (名) 石長生 ハコネグサ。

せきぢよ (名) 石女 ウマズメ。

せきて (名) 關手 〔關直ノ約〕 關ヲ通ル者ヨリ取ル錢。關錢。「鎌倉殿、云云、ーヲ取テ 關守共ノ兵粮米ニ宛ヨト候間、ーヲ給ハラムトゾ申シケル」

せきてい (名) 席亭 人寄席。(東京)

せきてん (名) 釋奠 おやくてんノ條ヲ見ヨ。

せきど (名) 瘠土 ヤセツチ。草木ノ成長惡シキ土。

せきど (名) 尺度 モノサシ。

せきとく (名) 尺牘 手紙。漢文ノ書状。

せきとり (名) 關取 おほぜきノ條ヲ見ヨ。

せきなうゆ (名) 石腦油 石炭油ニ同ジ。

せきにん (名) 責任 セメ。引受ケテ務ムベキ事。

せきねん (名) 積年 年積レルコト。多年。

せきのと (名) 關門 關ノ門。關。

せきばく (副) 寂莫 物淋シキ状ニイフ語。寂寥。

せきはん (名) 赤飯 (一)アヅキメシ。アカノメシ。(二)今、專ラ、赤小豆ヲ加ヘテ蒸シタル强飯。

せきばん (名) 石盤 陶土質ノ石ヲ薄ク剝ギテ、石筆ニテ字ヲ記ス用トスルモノ、記シテハ拭ヒ、拭ヒテハ記ス。

せきばん (名) 石版 一種ノ石ヲ版トシ、其術アリテ、書畫ヲ書キテ紙ニ摺リ取ルモノ、其石、白砥ノ如クニシテ堅シ、獨逸ヨリ舶來スルヲ上トス。

せきばらひ (名) 咳拂 コトサラニ咳ヲセクコト。コワヅクリ。謦咳

せきひ (名) 石牌 イシブミ。

せきひつ (名) 石筆 (一)黑石脂ヲ、筆ノ形ニ削リ成シタルモノ、黑石脂トイフハ、黑キ粘土ニテ、乾ケバ青ミアリ、コレヲ管ニ挿ミ、墨ヲ用ヰズシテ、字ヲ記ス、行クニ携フルモノナリ。(二)轉ジテ、墨斗。(三)今、又、一種ノ石ヲ、箸ノ如ク作レルモノ、筆トシテ、石盤ニ字ヲ記スニ用ヰル、字白ク移ル。

せきひん (名) 赤貧 極メテ貧シキコト。

せきふん (名) 石盞 うまのたまノ條ヲ見ヨ。

せきめん (名) 赤面 恥ヂテ顏ヲアカラムルコト。赧顏

せきもり (名) 關守 關ヲ守ル役人。關吏

せきやう (名) 夕陽 ユフヒ。イリヒ。

せきやう (名) 施行 僧侶、窮民ナドニ、物ヲ施シ與フルコト。賑給

せきゆ (名) 石油 石炭油ニ同ジ。

せきらん (名) 石蘭 (一)がんぜきらんニ同ジ。(二)石韋ノ漢名。

せきり (名) 瀬ヲ押シ切リ流レ行クコト。「底淘ミ、流シ絶エセヌ、佐保川ノ、ーノ瀬ヤ、万代ノ數」鳧川ノ、ーノ舟ノ、綱手繩」隅田川、ーニ綯フ、水ノ泡ノ

せきりう (名) 石榴 ザクロ。

せきりん (名) 石痳 病ノ名、腎或膀胱ノ中ニ、石ノ如キ物ヲ生ズ、小キモノハ、尿ニ混ジテ出デ、大ナルハ、七八寸ニ至リテ尿道ニ障ハル、即チ八ノ斛舒ナリ。

せきりよく (名) 石綠 ロクシヤウ。

せきる・ル・レ・ラ・リ・レ (他動) (規．一) (瀬切ルカ、塞切ルノ略カ) 塞ク。セキトム。サヘギル。(水ナイフ) 塞

せきれ (名) 履物ノ名、あきれノ轉。

せきれい (名) 鶺鴒 水鳥ノ名。古名、ニハクナブリ。トツギヲシヘドリ、燕ニ似テ、青灰色、頸ノ下、眼ノ後ニ、黑キ條アリ、嘴尖リ、腹白ク、胸ニ黑キ文アリ、水邊ニ居テ、小蟲ヲ食トス、尾甚ダ長ク、常ニ上下ス、又、能ク高ク飛ビテ聲ヲナス、其胸ノ黃ナルヲ黃ートイヒ、背ノ黑キヲ脊黑ートイヒ、背白ク項黑キヲ白ートイフ。一名、ニハタタキ。イシタタキ。

せきれう (名) 席料 席ヲ貸シテ受クル代料。

せきれう (副) 寂寥 寂莫ニ同ジ。

せきわう (名) 石黃 雌黃ノ條ヲ見ヨ。

せきわき (名) 闕腋 おほせきノ條ヲ見ヨ。
〔せく〕(名) 節供ニ同ジ。「五月五日ニナリテ、せくナド、イトゲウラカニテウジテ」七月七日ニナリヌ、加茂川ニ云云、其日、せく、河原ニマキレリ」
せく・ク・ケ・カ・キ・ク (他動)(規・二) 塞堰 〔狹ヲ活用ス〕閉デ塞ギテ通サズ。サヘギル。ササフ。ゼギル。「水ヲー」思ヒカハシタル若キ人ノ中ニ、せく方アリテ」涙セキアヘズ」
せく・ク・ケ・カ・イ・ケ (自動)(規・二) 咳 〔聲ヲ塞ク義〕咳ヲナス。〔咳ノ條ヲ見ヨ〕「咳ヲー」
せく・ク・ケ・カ・キ・ク (自動)(規・二) 急 イラダツ。ハヤル。急グ。「心ー」 噪氣
せく・ク・ケ・カ・ル・ケ (他動)(規・二) 急 促ガス。急ガス。セル。「セキタツル」 督促
〔ぜく〕(名) 詩ノ絶句ニ同ジ。「博士ノ人人ハ、四韻、タダノ人ハ、大臣ヲ始メ奉リテ、ぜく作リ給フ」オノオノ、ぜくナド作リワタシテ」
〔せぐくまる・ル・レ・ラ・リ・レ〕(自動)(規・二) 跼 〔脊屈ル義〕體、前ヘ傾ク。ゴゴム。
〔せぐつ〕(名) 僂 せむしニ同ジ。
せぐろどる (名) おほさぎノ條ヲ見ヨ。
せけん (名) 世間 ヨノナカ。人間世上。
せげん (名) 〔女衒ノ音轉カト云〕遊女奉公ノ牙儈スル者ノ稱。判人。
〔せこ〕(名) 兄子 兄又ハ夫ナド、スベテ、女ヨリ男ヲ親ミテ呼ブ稱。「吾ガー」イカナラム、ーカ旅寐ノ、草枕」

せこ (名) 勢子 〔責子ノ意カト云〕又、カリコ。獵ノ時、鳥獸ヲ驅リ出ス夫卒。 列卒
セコンド (名) 〔英語、Second.〕秒。
せさい (名) 世才 世俗ノ事情ニ通ゼル才。俗才。世智。〔學問ノ才ナドニ對ス〕「ーニ長ク」
〔せざい〕(名) 前栽 せんざいニ同ジ。
ぜさいぐすり (名) 定齋藥 散藥ノ名、中暑ニ效アリトス、明ノ沈惟敬、嘗テ此藥方ヲ豐公ニ獻ジ、公コレヲ猿樂師定齋トイフ者ニ授ケタリト云、其子孫、大坂ニ居リテ、相傳シテ賣ル。
〔ぜざう〕(名) 軟障 ぜんぢやうノ條ヲ見ヨ。
せささはおり (名) 脊裂羽織 羽織ノ製ニ、脊縫ノ中央以下ヲ縫ハズシテ裂ケタルモノ、馬上又ハ旅行ニ用ヰル。セワリバオリ。ブッサキバオリ。 燕尾披
せさす (動) 「爲」トイフ動詞ノ變化ノ「爲」ニ、助動詞ノ「令ス」ノ添ヒタル語、各條ヲ見ヨ。
せじ (名) 世事 (一)ヨノナカノコト。人ノ世ニアリテイトナムベキ萬ノ事。「ーニ疎シ」「ーニ奔走ス」(二)轉ジテ、俗ニ、人ニ應對スルニ、ーナド話シテ、愛相好クアヘシラフ。「ーヲ言フ」「ーヲツカフ」「ーカナイ」 欵待
〔ぜじ〕(名) 禪師ニ同ジ、僧ノ泛稱。
〔せじがき〕(名) 宣旨書ニ同ジ。
せしむ (動) 「爲」トイフ動詞ノ變化ノ「爲」ニ、助動詞ノ「令ム」ノ添ヒタル語、各條ヲ見ヨ。
せじん (名) 世人 ヨノヒト。世上ノ人。
せしめうるし (名) 石漆 漆ノ一種、上品ニシテ、物ヲ接グニカ強キモノ、奧羽、下野邊ヨリ產ス。
せじやう (名) 世上 ヨノナカ。世間。
〔ぜじやう〕(名) 軟障 ぜんぢやうニ同ジ
せしゆ (名) 施主 (一)僧ニ物ヲ施行スル人。檀那。(二)又、葬儀、法事、供養ナドスル主。 香主
〔せす・ス・セ・サ・シ・セ〕(他動)(規・二) 爲 爲ノ敬語。爲給フ。「安見シシ、吾ガ大王、神ナガラ、神サビ世須ト、芳野川」國見シせしテ」
〔せす・スル・スレ・セ・シ・セヨ〕(他動)(不規・三) 施 施行ス。ホドコス。「衆生ニ穀ヲせしテ」カヒナキ身ヲバ、熊猨ニモせし侍リナム」札ヲ見レバ、云云、日本ノ衆生俊蔭ニ施スト書ケリ」
ゼス (名) 耶蘇ニ同ジ。
せすぢ (名) 脊筋 脊骨ノ上ニ當リテ、竪ニ長ク凹ミタル處。
ぜぜ (名) 〔錢ヲ略シテ重ヌ〕錢ニ同ジ、小兒ノ語。
ぜぜがひ (名) 錢貝 ぜにがひ、きさごニ同ジ。
せせくる・ル・レ・ラ・リ・レ (他動)(規・一) せせるニ同ジ。
せせこまし・シキ・シク・シ (形・二) 狹ク寛裕ナシ。 陝隘
せせなぎ (名) 〔せせらぎノ轉訛〕人家ノ間ニ、水ヲ流シ去ル溝。ドブ。ゲスヰ。 瀆
〔せせらぎ〕(名) 淺 〔ささらぐノ轉〕淺キ瀬ニ水ノ流ルル處。「ー水ニ、馬ノ足冷シテ」
せせらわらひ (名) 嘲笑 悔リアザワラフ。
せせる・ル・レ・ラ・リ・レ (他動)(規・一) (一)ツツキホル。ゼセクル。

飾 (二)非ヲ飾ク。ぜセクル。詐

せぞく (名) 世俗 世ノナラハシ。

せそん (名) 世尊 佛經ノ語、佛ノ衆徳ヲ備ヘテ無上ニ世ニ尊キヲ稱スル語。

せそんじりう (名) 世尊寺流 書風ノ名、藤原行成ノ流ナリ。

せたい (名) 世態 世ノ中ノアリサマ。「人情ー」

せたい (名) 世帶 所帶ノ轉訛。

(せだえ (名) 瀬斷 瀬ヲ流ルル水ノ絶ユルヿ。「住ミ馴レシ、佐野ノ中川、ーシテ、流レカハルハ、涙ナリケリ」

せたぐ・ぐル・グレ・ジ・ガ・ゲ (他動)(規.二) 虐 ゐへたぐノ約。

せたけ (名) 脊丈 身ノ丈。ぜぜイ。「ー延ビテ」

(せたむ・ムル・ムレ・メ・メ・メヨ (他動)(規.二) 〔責メ嬌ム、ノ略カ、責メ傷ムノ略カ〕 強ク責ム。サイナム。「罪ノ輕重ニ隨ヒ、打チセタメ、罪セラルルヿイト多シ」妻ヲサイナミセタメテ問ヒケレバ」 痛責

(せち (名) 節 四時氣候ノ變ハル節。節。節日。

せち (名) 世智 世才。俗才。「ーニ長ク」

(せちく (名) 節供 節日ニ供フル食物、元日ノ膳、正月十五日ノ七種粥、上巳ノ草餅、端午ノ粽、七夕ノ索餅、玄猪ノ亥子餅ナドナリ。約メテ、節供。今、婦人ノ語ニおせちトイフモ此轉ナリ。

(せちに 副 切 心ニ深ク、シキリニ。ヒタムキニ。

せちにち (名) 節日 氣候ノ變ル節ナドニ、祝儀ナド行フベキ日。

(せちぶ (名) 次條ノ語ニ同ジ。

(せちぶん (名) 節分 (一)氣候ノ、立春、又ハ、立夏、立秋、立冬ニ移ル時ノ稱。又、せちぶ。「せちぶんノ翌朝、四月一日、宮ニテ」長月ハ、明日コソ、せちぶト聞キシカ、トナグサム」(二)後ニハ、專ラ、立春ナルニイフ、せつぶんノ條ヲ見ヨ。

(せちみ (名) 〔節忌ノ約〕 齋日ニ精進潔齋スルヿ。「八日、云云、今日せちみスレバ、魚用キズ」

(セチリ (名) 刹利ニ同ジ。「言フナラク、奈落ノ底ニ、入リヌレバ、せちりモ首陀モ、ワカレザリケリ」

せちゑ (名) 節會 朝廷ニテ、節日其他定レル公事アル時ノ集會ノ稱、饌ヲ群臣ニ賜フ。白馬ノートノ豊明ノートヲ大節トシ(六位以上ニ賜フ)元日ノート踏歌ノートヲ小節トス、(五位以上ニ)其他、立后、立坊、任大臣、相撲ノー、ナドモアリ。

せつ (名) 節 (一)氣候ノ變ル節。「ーガオツイ」ーガハヤイ」(二)トキ。ヲリ。ゴロ。「此ー」其ー」 期 (三)ミサヲ。「ーヲ守ル」 節操

せつ (名) 説 意見ヲ説キ述ブルモノ。

せつ (名) 拙 ツタナキヿ。キツ。「ーヲ掩フ」

せついん (名) 雪隱 〔福州ノ雪峯義存禪師、常ニ隱所ヲ掃除シテ、大悟ヲ得タリ、因テ名トスト云、或云、雪竇禪師、靈隱寺ノ司廁ノ職タリシヨリイフト〕 廁ノ異名。セッチン。

(せつか (名) 脊梁 〔背塚ノ義カト云〕 馬ノ脊筋。又、ゼミネ。

せつがい (名) 殺害 コロシソコナフヿ。(人ニイフ)

ぜつかう (名) 絶交 交際ヲ絶ツヿ。(朋友ニ)

せつかく (名) 折角 〔前漢ノ五鹿充宗ノ故事ニ起ルト云〕 ホネヲルヿ。「爲朝、久シク鎭西ニ居住仕テ、云云、中ニモ、折角ノ合戰、二十餘箇度ナリ」

せつかく (副) 折角 ホネヲリテ。ツトメテ。

せつかひ (名) 〔狭匙ノ音便ナラム〕 飯杓子。頭ノ牢片ナルモノ。

せつかち (名) 〔急勝ノ音便カ〕 性急。短氣(東京)

せつかん (名) 切諫 強ク諫ムルヿ。

せつかん (名) 折檻 〔前漢ノ朱雲ガ故事ヲ誤用ストイフ〕 罪ヲ懲サムト責メサイナムヿ。

せつき (名) 節季 十二月ノ末ノ稱。トシノクレ。歳暮。歳末 窮陰

せつき (名) 節義 節ヲ守リ、義ヲ立ツルヿ。

せつきやう (名) 説經 (一)僧ノ、經文ノ趣意ヲ説キテ信者ニ聞カスルヿ。(二)妻帶ノ法師ニテ、佛法ノ尊キ事ドモヲ詞ニツヅリ、浮世語リヲ雜ヘ、節ヲツケテ歌ヘルモノ。其人ヲー師トイフ。後ニ、更ニ轉ジテ、一種ノ俗謠トナル。

せつく (名) 節句 〔節供ノ誤轉〕 人日、上巳、端午、七夕、重陽、ノ五箇ノ節日ノ稱、コレヲ五ートイフ。節日 佳節

せつく・ク・ケ・カ・キ・ケ (他動)(規.一) 責付 急キ促ス。催促ス。セツック。督促

ぜつく (名) 絶句 詩ノ一體、律ノ中ノ二ノ對句ヲ

絶テ、首尾ノ四句ニテ成ルモノ.
††せつくる・し・シク・シケレ・シク・シク (形・二) 迫リテ苦シ。ゼツナシ。
せつくわきう (名) 雪花菜 キラズ。トウフガラ。
せつくわん (名) 攝關 攝政ト關白ト。
せつけ (名) 攝家 攝政關白ニ補セラルルヲ先途トスル家筋、藤原氏ノ近衛、九條、二條、一條、鷹司ノ五家ニテ、コレヲ五一トイヘリ。
ぜつけい (名) 絶景 勝レテ好キ景氣。絶勝
せつけう (名) 說教 宗旨ヲ信者ニ說キ聞カスルコト。
せつけん (名) 節儉 儉約ニ同ジ。
せつげん (名) 節減 約メ減ラスコト。
††せつおむ (動) せきおむノ音便。
せつさう (名) 節操 ミサヲ。
せつし (名) 切齒 ハガミ。ハギリ。ハギシリ。
せつしや (代) 拙者 自稱ノ代名詞、稍下賤ナルニ對シテ用ヰル。
せつしやう (名) 攝政 天子ヲ輔佐シ奉リ、代リテ萬機ノ政ヲ攝ネ行フ職、多クハ大臣ノ人、コレヲ帶ブ、幼帝、女帝ノ時ナドニ置ク。
せつしやう (名) 殺生 佛敎、五戒ノ一、生アル物ヲ殺スコト。
せつしよ (名) 切所 峠、路ナドノ要害ノ處。難所。
ぜつしよく (名) 絶食 絶エテ物ヲ食ハヌコト。
せつす・スル・スレ・セ・シ・セヨ (自動) (不規・二) 接 ツツク。ツナガル。

せつす・スル・スレ・セ・シ・セヨ (他動) (不規・二) 攝 兼ヌ。後見トシテ他ノ事ヲアツカフ。「政ヲ一」
せつす・スル・スレ・セ・シ・セヨ (他動) (不規・二) 節 程ニスル。ヒカヘメニナス。「用ヲ一」「行ヒヲ一」
ぜつす・スル・スレ・セ・シ・セヨ (自動) (不規・二) 絶 (一)勝ル。(二)タユ。無クナル。「言語ニ一」タチコユ。「古今ニ一」
せつせい (名) 攝生 養生ニ同ジ。
せつせい (名) 節制 扣目ニ抑フルコト。
ぜつせい (名) 絶世 世ニ立テ越エタルコト。「一ノ美人」
せつせつ (副) 節節 ヲリヲリ。トキドキ。時時
せつせん (名) 接戰 テヅメノタタカヒ。
ぜつせん (名) 舌戰 イサカヒ。口論。論判。
ぜつそ (名) 舌疽 舌ニ生ズル腫物ノ名。
せつソウ (代) 拙僧 僧ノ自稱ノ代名詞、謙稱ナリ。
せつぞく (名) 接續 ツヅクコト。ツナグコト。
ぜつそく (名) 絶息 息ノ絶ユルコト。
せつぞくし (名) 接續詞 語學ノ語、同格ノ語、句、文、等ヲ接續セシムル語ノ稱、「月、又、花」山ヲ越エ、且、水ヲ渡ル」春過ギヌ、さて、夏來ル」ノ、又、且、さて、ノ如シ。
せつぞくはふ (名) 接續法 語學ノ語、螢首ノ爵法指南ノ動詞ノ法ノ條ヲ見ヨ。
せつた (名) 雪蹈 〔或ハ、雪駄ト毛書シ、せきだトモイフ、千利久、作リテ雪中ノ路次ニ用ヰ始メタリトイヘド、或ハ番語ナラムカ〕 たけのかは草履ノ底ニ、牛皮ヲ合ハセタルモノ。ゼキダ。皮鞋

せつたい (名) 接待 (一)客ヲアツカヒモテナスコト。應接。(二)テルマヒ。ホドコシ。施與
ぜつだい (名) 絶大 勝レテ大ナルコト。
ぜつたいぜつめい (句) 絶體絶命 逃ルベキ手段盡ク。(古 家ノ語ナリトイフ)
せつたう (名) 節刀 〔節ハ、旋牛ノ尾ニテ作リ、使臣ノ執ルモノ、今、刀ニ代フ〕 天子ヨリ使臣ニ賜ヒテ標トスル刀ノ稱、軍旅ヲ統ベ、征伐ヲ專トスル時ニ賜フ。
せつたう (名) 竊盜 コヌスミ。コヌスビト。
ぜつたう (名) 絶倒 大ニ笑ヒテ、ノケゾルコト。「捧腹一」
せつたく (名) 拙宅 己ガ家ノ謙稱。弊屋
せつだん (名) 切斷 タチキルコト。
せつだんげん (名) 截斷言 語學ノ語、直說法ニ同ジ。
せつち (名) 設置 マウケテオクコト。取リ立ツルコト。
††せつちん (名) 雪隱 せついんノ連聲。
ぜつちやう (名) 絶頂 山ノ頂ノ上。頂上。絶巓
せつちゆう (名) 折衷 取捨シテ平當ヲ得ルコト。
††せつつく (動) 責付 せつくノ音便訛。
ぜつつゐ (名) 絶對 理學ニイフ語、獨特ニテ、對スベキ物ナキコト。無雙。
せつとう (名) 雪洞 爐ノ上ニ被フ具、木竹ノ木匡ヲ白紙ニテ貼リテ、窓ヲ存ス。ボンボリ。
ぜつとう (名) 舌頭 クチサキ。言葉。
せつとうご (名) 接頭語 常ニ他ノ語ノ頭ニ接キテ其意味ヲ添フル語ノ稱。「初春」新參リ」小山」幾

年」諸手」眞砂」ナドノ、初、新、小、幾、諸、眞、ノ如シ。

せつとく (名) 說得 說キ諭シテ得心セサスルコト。

セツナ (名) 刹那 〔梵語〕佛經ニ、時ノ極メテ短キノ稱、壯士ノ一彈指ノ間ヲ云フトゾ。(極メテ長キ劫ニ對ス)百二十一ヲ、呾刹那トイヒ、其六十ヲ、臘縛トイヒ、其三十ヲ、牟呼栗多トイヒ、其五十ヲ、一時トシ、六時ヲ一日夜トス。

せつなし・キ・ナレ・ク・ク (形・二) 〔京畿ニ、おゆつなし、おつなしナドイフ語ノ轉カ〕 壓シ迫ラレテ苦シ。セツクルシ。

せつに (副) 切 セチニ。シキリニ。迫リテ。

ぜつねん (名) 絶念 思ヒ切ルコト。アキラムルコト。斷念

せつぱ (名) 切羽 〔狹鍔ノ約カト云、或ハ添鍔ノ約轉カ〕 刀ノ鍔ノ兩面、柄ト鞘トニ當ル處ニ添フル薄キ楕圓ナル金物、穴アリ、刀心ヲ貫ク。

せつぱ (名) 說破 言ヒ說キテ、他ノ論ヲ破ルコト。

せつぱく (名) 切迫 サシツマルコト。クツロギナキコト。

せつぱん (名) 折半 二ツ割リ。半分別ケ。

ぜつぱん (名) 絶版 版木ヲ毀チテ、摺出シヲ絶ツコト。

ぜつぴ (副) 是非ノ音便。カナラズ。キツト。

せつびご (名) 接尾語 常ニ他ノ語ノ尾ニ接キテ、其意味ヲ加フル語ノ稱、「我等」「物共」「赤氣」「遠さ」ナドノ、等、共、氣、さ、ノ如シ。

せつぴつ (名) 拙筆 下手ナル手跡。

ぜつぴつ (名) 絶筆 (一)筆ヲ絶ツコト。書キ止ムルコト。

(二)死際ニ書キタル文書。

せつぷ (名) 節婦 節ノ正シキ女。

せつぷく (名) 切腹 (一)自ラ、腹ヲ切リ割キ、且、喉ヲ斷チテ死ヌルコト。ハラキリ。屠腹 (二)德川氏ノ制ニ、士族ノ閏刑ノ最モ重キモノトシ、命ジテ一セシム、罪ノ輕重ニ從ヒテ、其祿ヲ奪フアリ、子孫ニ與フルアリ、或ハ減ジテ與フルアリ。賜死

せつぶん (名) 節分 〔せちぶんノ條、見合ハスベシ〕 立春ノ前夜ノ稱。(今、大抵二二月三日) 此夜、追儺、豆打、ナド行フ。

せつぷん (名) 接吻 唇ト唇ト寄セテ相吸フコト。

せつぶんさう (名) 節分草 古名、イヘニレ。宿根草、小寒ノ頃、莖ヲ出スコト、一寸許、端ニ一葉アリテ、中ニ花ヲ包ム、節分ノ頃ニ開ク、梅花ニ似テ、白クシテ、白キ蘂多シ、花落チテ葉生ズ、とりかぶとノ葉ニ似テ、甚ダ小シ。一名、イチゲサウ。菟葵

ぜつぺき (名) 絶壁 山ノキリギシ。

せつぽふ (名) 說法 宗旨ヲ信者ニ說キ開カスルコト。(日蓮宗ニ)

ぜつみやく (名) 絶脈 脈ノ絶ユルコト。死ヌルコト。

せつめい (名) 說明 トキアカシ。解說

ぜつめい (名) 絶命 命ノ絶ユルコト。死ヌルコト。

ぜつめう (名) 絶妙 勝レテ妙ナルコト。

せつやう (名) 攝養 身體ヲ保養スルコト。養生

せつゆ (名) 說諭 トキサトスコト。イヒキカセ。

せつよう (名) 節用 費用ヲ約ムルコト。儉約

セツリ (名) 刹利 刹帝利 又、セチリ。天竺ニ、四姓ノ內、王種ノ稱。

せつりつ (名) 設立 マウケタツルコト。取立ツルコト。

ぜつりん (名) 絶倫 特リ同類ヨリ拔ンデタルコト。

せつれつ (名) 拙劣 ツタナクオトレルコト。下手。

せつろく (名) 攝籙 〔代ニ天子ニ執レ籙也、籙、符也〕 攝政ノ異稱。

ぜつゐき (名) 絶域 極メテ遠ク離レタル國。

せと (名) 迫門 瀬戸 (一)海ノ、陸地、或ハ、島山ノ間ニ迫リテ通フ處。海峽 (二)瀬戸物ノ略。

せと (名) 〔背門ノ義ト云〕 裏門。ウラグチ。

せどうか (名) 旋頭歌 和歌ノ一體、五字七字、七字ノ三句ナルヲ混本歌トイフ、本(上ノ句)ニ末(下ノ句)ヲ混ジタル如クナレバナリ。(或云、常ノ歌ノ、一句無キモノナリ、五字、七字、何レヲ闕カモ心ニ任ス) コレヲ二首合ハセタル如ク、即チ、本、末、共ニ、各、五七七ノ六句ニ讀ムヲ一トス、本ヲイフト思ヘバ末トナリ、末カト思ヘバ又本ニカヘル、因テ「頭ヲ旋ラス歌」トイフトゾ。後ニハ、常ノ歌ノ下ノ句ノ方ニ、七字ノ句、或ハ五字ノ句ヲ加ヘタルヲモイフ。

せともの (名) 瀬戸物 〔次條ヲ見ヨ〕 やきものニ同ジ。

せとやき (名) 瀬戸燒 尾州、春日井郡、瀬戸村ヨリ産スル磁器ノ稱、いしやき、そめつけヲ專トス、其製出極メテ盛ニシテ、遍ク諸國ニ出ス、東國ニテハコレヲ瀬戸物トイヒテ、終ニ磁器ノ總名トス、後ニ、河

帝貞應年間、加藤四郎左衞門景正、渡宋シテ其術ヲ傳フ、春慶燒ノ條、見合ハスベシ)

せな (名) 〔兄名ノ義カト云〕 兄。又、男ヲ、女ヨリ親シミテ呼ブ語。「夜モアケバ、狐ニハメナム、家鷄ノ、マダキニ鳴キテ、―ヲヤリツル」

せな (名) 脊トイフニ同ジ。

せなか (名) 背中 (一)背ノ中央、脊梁ニ當ル處。背筋。脊膂 (二)汎ク、背。背

ぜに (名) 錢 〔字ノ音、せぬノ轉〕 又、鳥目。青銅。アシ。通用ノ貨幣ノ、銅或ハ眞鍮ニテ吹キタルモノ、古キモノハ、形、圓ク薄クシテ、中央ニ方ナル孔アリ、一文ニ當ルモノアリ、又、四文ノモノ、百文ノモノアリ、面ニ文字アリ、コレヲ文字、又、形トイフ、背ニ文ナキヲ、ぬめ、又、なめナドイフ。又、一文、四文ナルニ、鐵ナルモアリ、あぺせん、びたせんナドイフ。又、新製ノモノハ、一厘、五厘、一錢、二錢ノ四種アリ、皆銅ニシテ、孔ナシ。

ぜに-あふひ (名) 錢葵 あふひノ一種、莖、短ク、夏ノ初メ、葉ノ間每ニ、多ク花ヲ開ク、錢ノ大サニテ、單瓣、淡紅色ニシテ、紫色ノ縷文アリ、一名、コアフヒ。錦葵

ぜに-うち (名) 錢打 下民ノ小兒ノ賭戲、地ニ線ヲシルシ、數錢ヲ抛チ、別ニ一錢ヲ以テ、敵ノ指ス錢ニ打チツケテ、中ルヲ勝トス。アナイチ。擲錢

〔ぜに-がさ (名) 錢瘡 たむし、古名。 錢癬

〔ぜに-がた (名) 錢形 又、カミゼニ。紙ヲ錢ノ形ニ切リテ神ニ供フルモノ、錢切ノ幣。 紙錢

ぜに-がひ (名) 錢貝 きさごニ同ジ。

ぜに-がめ (名) 錢龜 常ノ龜ノ子ノ大サ寸許ニシテ形、錢ノ如キモノノ稱。

ぜに-がめ (名) 錢瓶 錢ヲ納メテ出デザルヤウニ作レル器。

〔ぜに-きり (名) 錢切 ぜにがたノ條ヲ見ヨ。

ぜに-ざ (名) 錢座 金座ノ條ヲ見ヨ。

ぜに-さし (名) 錢差 古名、ぜにづら。錢ノ孔ニ差シ貫キテ、數枚ヲ束ヌルニ用ヰル細キ繩。略シテ、サシ。緡 繦

ぜに-たむし (名) 錢癬 ぜにがさ、又ハたむしニ同ジ。

ぜに-づつ (名) 錢筒 竹筒ニ孔ヲ穿チテ、錢ヲ入ルルモノ、日掛ノ錢ナド貯フルニ用ヰル。

〔ぜに-づら (名) 繦 〔錢貫ノ義〕 ぜにさしニ同ジ。

ぜに-ばこ (名) 錢箱 錢ヲ入レ置ク匣。

せ-にふ (名) 施入 ホドコシイルコト。施物ヲ贈ルコト。

ぜに-むし (名) 錢蟲 やすでニ同ジ。

せ-ぬひ (名) 背縫 裑ノ背ノ中央ノ、二布ヲ縫ヒ合ハセタル所。「見苦シキモノ、衣ノ―片寄セテ着タル人」 襀

せ-ぬひ (名) 狹縫 袋物ノ縫法ニ、縫目ノ圭ノ處ナド、狹メテカガルコト。

せはし・シキ・シケレ・シク・シウ (形・二) 忙 〔狹シヨリ、急迫ノ意ニ轉ズ〕 急ガハシ。事繁クテ暇ナシ。「山里ノ、筧ノ水ノ、ゼハシキニ、ナホ有明ノ、月ゾ宿レル」

〔せはし・サ・ケレ・ク・ウ (形・一) 狹 せましニ同ジ。クツロギナシ。「イカニセム、井ノ底ニ見ル、大空ノ、我身一ツニ、ゼバキウキ世ヲ」

〔せはし・シキ・シケレ・シク・シウ (形・二) 狹 前條ノ語ニ同ジ。「陸奧ノ、ケフノ郡ニ、織ル布ノ、セバシキ世ニモ、逢ヒニケル哉」世ノ中ハ、秋ノ山田ノ、庵ナレヤ、アセノ通路、セバシカルラム」

せはしない (形) 忙 せはしトイフニ同ジ。

〔せはせはし・シキ・シケレ・シク・シウ (形・二) 約 ツヅマヤカナリ。「約 而 爲レ泰、難乎有レ恒矣」

せばまる・ル・レ・ラ・リ・レ (自動)(規・一) 狹 狹クナル。ツマル。 窄

せばむ・ムル・ムレ・メ・メ・メヨ (他動)(規・二) 狹 狹クナス。ツヅムル。 窄

〔せひ (名) 鯯 小魚ノ名、詳ナラズ。

〔せび (名) 蟬 せみニ同ジ、其條ヲ見ヨ。

ぜひ (名) 是非 よきトあしきト。善惡。邪正。「―ヲワカツ」「―善惡」

ぜひ (副) 是非 ぜひともノ略。ゼッピ。「―行ク」
○―ニ及バズ。爲ム方無シ。已ムコヲ得ズ。

せび-くぢら (名) 〔其背、常ニ水面ニ浮ビテ乾テアレバ名トストゾ〕 鯨中ノ最大ニシテ最上ナルモノ、大ナルハ六七丈、脂ヲ得ルコト二百石ニ至ル、全身黑クシテ腹白シ、脊鰭無ク、齒モ無ク、但、筬ト唱フル粗大ナル鬚ノ如キモノ、上腭ニアリテ、櫛ノ齒ノ如シ。又、ゼミクヂラ。 鯨

ぜひ-ともに (副) 是非共 是非、何レニテモ必ズセヨ

ニセヒ。

ぜひなし・シ・ケレ・タ・ク (形・二) 無是非 (一)是非ヲ論セズ。「中宮ハ、若宮ノ御事定マリヌルヲ、例ノ人ニオハシマサバ、ゼヒナク嬉シカヨコソハ、思召スベキヲ」柳ノ枝ヲ用意シテ、ゼヒナク人ヲ打チ侍ル間」(二)セムカタナシ。已ムコヲ得ズ。

ぜひとも (副) 是非 ぜひともに同ジ。

せひやう (名) 世評 世上ノ評判。世間ノウハサ。

せびらき (名) 脊開 魚ヲ、脊梁ニ沿ヒテ割キ、腹ノ皮ヲ殘シテ、全體ヲ開クコ。

せびる・ル・レ・ラ・リ・レ (他動)(規・一) 責メ乞フ。セガム。ネダル。強請

せひれ (名) 脊鰭 鰭ノ條ヲ見ヨ。

せふ (名) 妾 ソバメ。ヲンナメ。テカケ。メカケ。

せふけい (名) 捷徑 チカミチ。

せぶし (名) 瀬伏 瀬ニ伏シ潛ムコ。「カヒノボル、鵜舟ノ縄ノ、シゲケレバ、一ノ鮎ノ、行ク方ヤナキ」瀬ニ伏ス鮎」

せふふく (名) 妾腹 妾ニ生レタルコ。オトリバラ。ゲシャクバラ。メカケバラ。庶出

せぶみ (名) 瀬踏 (一)瀬ノ深キカ淺キカヲ踏ミテ測ルコ。(二)轉ジテ、物事ヲ爲スニ、先ヅ試ミルコ。タメスコ。

せふり (名) 捷利 勝利ニ同ジ。

せぼね (名) 脊骨 脊筋ノ項ヨリ尻ニ亙リテ、柱ノ如キ骨ノ名、椎骨ト名ツクル二十四枚ノ骨、積ミ重リテ成ル、最モ下ナルヲ尾骶骨トイフ、骨毎ニ孔アリ、上下貫通シ、中ニ脂ノ如キモノ満ツ、コレヲ脊髄トイヒ、腦髄ト通ズ。膂 脊梁骨

せまい (名) 施米 ホドコシノ米。施行ニスル米。

せまし・キ・ケレ・ク・ク (形・二) 狹 (一)幅少シ。廣カラズ。セバシ。(二)ユルヤカナラズ。クツロギナシ。「心ー」狹隘

せまる・ル・レ・ラ・リ・レ (自動)(規・一) 迫逼 〔狹ヲ活用ス〕(一)狹クナル。緊シク着キ合フ。「間ー」(二)近寄ル。近付ク。臨ム。「眞ニー」終リニー」(三)貧ニ陷ル。「百姓窮乏也」(四)〔昇進セズ。大學ノ道ニイヒテ、窮者ナドイヘリ。「セマリ、シレタル大學ノ助」斯クテ、ハグクミ侍ラバ、セマリタル大學ノ衆トテ、笑ヒアナヅル人モ侍ラジト思ウ給ソルナド」窮途

せみ (名) 蟬 〔鳴ク聲ヲ名トス、蟬ノ音轉ナリトイフハ非ナリ、新撰字鏡、蟬、世比〕又、セビ。蟲ノ名、夏、にしぜち、土中ニテ皮ヲ脱シテ、形ヲ成シ、樹根ニ上ル、數日ニシテ、再ビ蛻ケ、羽アリテ飛ブ、頭、方ニシテ、眼、露ハレ、兩翼、六足、羽ヲ振ヒテ鳴ク、聲高シ、翼、薄クシテ紗ノ如ク、淺褐色ナリ。秋ー、春ー、夏ー、熊ー、ミシミシー、ヒグラシ、ツクツクボフシ等、種類多シ、暮春ヨリ秋マデアリ。

せみ (名) 滑車 〔形、蟬ノ樹ヲ抱ケルガ如シ〕轆轤ノ小キモノ、帆柱ナドノ上ニ着ケ、縄ヲ通シ、物ヲ引上グルナドニ用ヰル。

せみくぢら (名) せびくぢらノ轉。

せみね (名) 脊梁 〔脊峯ノ義カ〕せつかニ同ジ。

せむ・ムル・ムレ・メ・メ・メヨ (自動)(規・二) 迫逼 〔狹ヲ活用ス〕セマル。ツキツマル。「丈夫ヤ、高圓山ニ、迫有者、里ニ下リ來ル、鼯鼠ゾコレ」月月、滯ル事數クテ斯ク年モセメツレバ、エ思ヒノ如クモ爲敢ヘズ」引キ放ナテ出デ給フヲ、セメテ及ビテ」イト、セメテ、戀シキ時ニ」人ヲ戀ヒ、セメテ涙ノコボルレバ」(せめてノ條、見合ハスベシ)山川ノ、ミナギル水ノ、音聞ケバ、セムル命ゾ、思ヒ知ラルル」

せむ・ムル・ムレ・メ・メ・メヨ (他動)(規・二) 責 〔前條ノ語ノ轉〕迫リテ苦ムル。「身ノ憂サヲ、思ヒツヅル、侘人ノ、心ヲセムル、木枯ノ風」憂キ事モ、ツレナキ事モ、モロトモニ、我ガ身ヲノミゾ、セムル頃哉」我ニ知ラセデ、親、同胞、一ツ心ニテ、我ヲヤセメサセムズ」

せむ・ムル・ムレ・メ・メ・メヨ (他動)(規・二) 攻 〔前條ノ語意ニ同ジ〕敵軍ヲ襲ヒテ戰フ。戰ヒヲ爲掛ク。〔防グニ對ス〕

せん (名) 餞 ハナムケ。「出羽ノ國ニ下リ侍リケルニ、せん賜ヒケルニ」遠クマカリケル人ニ、餞シ侍リケル所ニテ」

せん (名) 專 モツパラトスルコ。專一。「五六年ノ祭ニハ、已ヲせんニテゾアリケル」

せん (名) 詮 〔詮、具說也、解喩也〕仕業ノ效。カヒ。「一無キコ」社司ドモ、せん盡キテ、眠リ居タリケル程ニ」

せん (名) 先 (一)サキ。イヤサキ。後レヌコ。「ーヲ越ス」(二)マヘカタ。以前。「ー人」ーノ事」(三)碁又將棋ニ、先手ノ略。

せん (名) 栓 〔栓、木釘也、和名抄、岐久岐〕物ノ孔ニ差シコミテ、物ノ動カヌヤウ、又ハ、漏ラヌヤウニ、固

メ止ムルニ用ヰル具、楔ノ用ヲナシテ、拔差スベシ。塞子
せん（名）疝 大小腸、腰、腹、ノ邊ノ病ノ泛稱。疝氣。

せん（名）錢 (一)ゼニ。(二)晉キ錢ニ、貫ノ千分ノ一、文ニ同ジ。(三)匁ノ唐名。(四)新シキ錢ニ、一圓ノ百分ノ一。十厘。

せん（名）鏟 木ヲ削ル器。

せん（名）仙 仙人ニ同ジ。

せん（名）線 イトスヂ。スヂ。

せん（數）千 チ、百ノ十倍。

ぜん（名）善 心、所行、ノ正シク善キヿ。（惡ニ對ス）

ぜん（名）膳 (一)飯菜ヲ具フルヿ。(二)轉ジテ、食事ノ器ヲ載スル盤、即チ折敷。脚アルヲモイフ。食盤
ぜん（名）前 サキ。マヘ。「其ノ－ニ」

ゼン（名）禪 梵語、禪波羅密ノ略、定ノ義、斷結正觀、思惟修、明心達理ナドト義譯ス。

ぜん（接尾）膳 (一)椀ニ盛レルモノヲ數フル語。「飯三－」「汁一－」椀 (二)箸、二本一對ノ稱。「箸、一－」「火箸、二－」

ぜん-あく（名）善惡 善ト惡ト。「－邪正」「－ヲ擇バズ」

せん-いう（名）專有 專ラニ所有スルヿ。

せん-いち（名）專一 唯是レノミトスルヿ。

せん-えう（名）專要 最モ要トスルトコロ。

せん-か（名）泉下 黃泉ノ下。

ぜん-か（名）全家 家族ノ總體。

〔せん-かい（名）線鞋 履ノ、紐ニテ締メ又解クベク作レルモノナラム、つらぬきノ類カ。

〔せん-かう（名）淺香 沈香ノ、甚ダ堅カラズシテ、水ニ入ルレバ、浮バズ沈マズ、水ト平ナルモノト云。「沈ノ箱ニ、せんかうノ下机」

せん-かう（名）線香 諸香料ヲ細末ニシ、糊ニテ固メ、線ノ如ク製セルモノ、端ニ火ヲ點ジテ、爐灰ニ立ツ、多ク佛前ニ供ス。炷香
せん-かう（名）潛幸 隱ビテノ行幸。

せん-かう（名）先考 子ノ、亡キ父ヲ稱スル語。考トイニ同ジ。

せんかう-はなび（名）線香花火 紙捻ニ花火ノ藥ヲヒネリコミタルモノ、端ヨリ火ヲ點ジテ、小兒ノ玩トス。

せん-がく（名）先覺 先ニ覺レルヿ。（學問ニ、智識ニ）

せん-がく（名）淺學 淺ハカナル學問。

せん-が-でら-まゐり（名）千箇寺參 日蓮宗ノ信者、諸國ノ千箇ノ寺院ヲ巡拜セムト旅立ツモノ、順禮ノ類ナリ。

せ-むかたなし（形、二）(キ・ケレ・ク・シ) 爲ベキ方法無シ。セムスベナシ。失措
ぜん-かつ（名）全蠍 サソリ。蟲ノ名、乾シテ舶來ス、長サ三寸許、蠶ノ蛹ノ如クニシテ、色青ク、八足アリ前ニ、別ニ、長キ兩手アリテ、端ニはさみアリ、尾細長ク、せんはうノ尾ノ如クニシテ、末ニ勾刺アリ、蜘蛛類ノ最モ毒アルモノニテ、藥用トス、全ク用ヰルハ－ニテ、尾ヲ用ヰルヲ蠍梢トイフ。蠍
ゼン-かふ（名）禪閤 太閤ニテ佛門ニ入レル人ノ稱。

せん-がん（名）扇眼 扇子ノカナメ。

せん-き（名）先規 先先ヨリノ規格。

せん-き（名）戰記 戰爭ノ事ヲ記シタルモノ。軍記。

せん-き（名）疝氣 疝トイフニ同ジ。

せん-ぎ（名）僉議 衆人ノ評議。「院ノ殿上ニテ、俄ニ公卿ノ－アリケリ」「－シタリケレバ、數千人ノ大衆、云云、尤尤トゾ同ジケル」

せん-ぎ（名）詮議 〔前條ノ語ノ轉カ〕(一)評議シテ、理ヲ明ラムルヿ。(二)罪人ノ糺問。吟味。按治
せん-ぎ（名）僭僞 臣トシテ君ニナゾラフルヿ。帝王ノ事ヲ犯シテスルヿ。

ぜん-き（名）前記 前ニ記シタル箇條。

ぜん-きん（名）前金 マヘキン。マヘバラヒ。

せん-きやう（名）仙境 仙人ノ住メル境涯。

せん-きやく-ばんらい（句）千客萬來 千人ノ客、萬度來ル。（商家ノ商賣繁昌ヲ祝ヒテ記ス語）

せん-きゆう（名）川芎 〔本名、芎藭ナリ、蜀ノ川州ノ產ヲ上品トスレバ特ニ名トス〕古名、ヲンナカツラ。草ノ名、高サ、一二尺、葉ハ夏ノ芹葉ニ似テ枝多シ、莖葉共ニ淺綠色ニシテ、香氣多シ、秋月、花實アリ、形狀、當歸ニ同ジ、根ヲ藥トシ、葉ヲ蘼蕪トイヒテ、藥用トス。

せん-きよ（名）選擧 人ヲ選ビアゲテ、役ニ就カスルヿ、
せん-きよ（名）船渠 どつくノ條ヲ見ヨ。

せん-ぎよ（名）鮮魚 アザヤカナル魚。アタラシキ魚。

ぜん-く（名）前驅 騎馬ノ先供。サキノリ。

せんぐう (名) 遷宮 神宮、新ニ造營アリテ、神靈ノワタマシアルヿ。

せんくづ (名) 鏟屑 鐵砂。

せんくん (名) 先君 先代ノ君。亡キ主君。

せんくわ (名) 仙過仙花 紙ノ一種、厚クシテ極メテ强キモノ、色、純白ナラズ、伊豫ノ宇和島ニ産ズルモノ名アリ。

ぜんくわい (名) 全快 病ノ全ク癒エタルヿ。

せんげ (名) 宣下 宣旨ノ下ルヿ。定レル除目ノ時ナラズシテ、臨時ニ官職ニ任セラルルニイフ。「兵仗ー」禁色ー」「將軍ー」

せんげ (名) 遷化 死ヌルヿ。(多ク僧ニイフ)

せんけ (名) 禪家 禪宗ノ寺。

せんけうし (名) 宣敎師 耶蘇敎ノ敎師。

せんけつ (名) 鮮血 イキチ。ナマチ

せんげつ (名) 先月 今ノ月ノ前ノ月。アトゲツ。去月。客月

ぜんげつ (名) 前月 マヘノツキ。其月ノ前ノ月。

せんげふ (名) 專業 專ラニ營ム職業。

せんけん (名) 先見 事ニ先立チテ考ヘックル意見。前以テ目ノックヿ。

せんけん (名) 淺見 淺ハカナル意見。

せんけん (副) 嬋娟 女ノ美クシキ貌ニイフ語

せんげん (名) 宣言 言ヒ述ブルヿ。イヒフラスヿ

ぜんけん (名) 全權 十分ニ威權ヲ持ツヿ

ぜんげん (名) 前言 前ニ述ベタル言。

ぜんけんこうし (名) 全權公使 公使ノ第一等ノモノ、特命ートイフ。其次ニ辨理公使、代理公使ナドアリ。

ぜんこ (名) 前胡 草ノ名、山ニ多シ、苗、三葉ニシテ、漸ク長ズレバ、岐ヲ分チ、臺ヲ出ス、高サ七八寸、葉ハ互生シテ、おきうどニ似タリ、秋、枝ノ端ニ、紫黑ノ花ヲ開ク、形、胡蘿蔔ノ花ノ如ク、傘ノ狀ヲナス

ぜんご (名) 前後 まへとうしろと。さきとのちと。アトサキ。

ぜんご (名) 善後 後日ノ爲ヲ謀ルヿ。「ーノ策」

ぜんこ (名) 鰺ノ條ヲ見ヨ。

せんこう (名) 戰功 タタカヒノイサヲ。戰爭ノ手柄。

せんこう (名) 先後 アトサキ。前後。

せんこく (名) 宣告 裁判ノ言渡シ。

せんこく (副) 先刻 サキホド。イマシガタ。

せんごく (名) 戰國 諸國互ニ戰フヿ。戰爭ニテ亂レタル世ノ中。

ぜんこく (名) 全國 國中ノ總體。

せんごくどほし (名) 千石通 簁ノ一種、上ニ大ナル匣アリ、下ニ斜ナル篩アリ、上ヨリ舂米ヲ下セバ、下ヨリ出デテ、糠ト米ト、自ラ相分ル、又、もみがらヲモ去リ、米ノ精粗ヲモ分ツ。又 萬石通シトイフハ風車ヲ用ヰル。

せんごくぶね (名) 千石船 親船ノ千石ホドノ荷ヲ積ムベキモノ。

ぜんこん (名) 善根 佛敎ノ語、善果ヲ得ベキ所業。

功德。

せんころ (副) 先頃 サキゴロ。

せんざ (名) 遷座 座ヲ他ヘ遷シ奉ルヿ。(神ニ、天子ニ)

せんさい (名) 先妻 コナミ。前ノ妻。前妻

せんざい (名) 千歲 チトセ。千年。

せんざい (名) 前栽 (一)庭前ニ栽エタル草木。(後園ニ對シテイフ)「前ざいドモナド、小キ木ドモナリシモ、イト繁キ蔭トナリ」亭子院ノ御前ニ、前栽植エサセ給ヒテ」嵯峨ニ、前栽掘リニマカリテ」 庭樹 (二)又、其植込ノ地、「鈴蟲採リニヤリテ、ーノ中ニ放チ」元ヨリアリシー、イト茂ク荒レタリケルヲ」ーニ、竹ノ中ニ、櫻ノ咲キタルヲ見テ」 前園 (三)前栽物ノ略。野菜。アヲモノ。「ー賣リ」 蔬菜

ぜんざい (句) 善哉 善キ哉。「ー善哉」

ぜんざいもち (名) 善哉餅 汁粉ノつぶしあんナルモノノ稱。(畿內)

せんさう (名) 戰爭 タタカヒ。イクサ。合戰。

せんさく (名) 穿鑿 アナグリモトムルヿ。

せんざんかふ (名) 穿山甲 鯪鯉ノ條ヲ見ヨ。

せむし (名) 傴僂蠕僂 (脊蟲ノ義カト云) 古言、クグセ。セグツ。クツマ。不具ノ名、脊屈リテ出デ、肩聳エ、仰グヿ能ハザルモノ。

せむし (名) 瀨蟲 いさざむしニ同ジ。石蠶

せんし (名) 戰死 戰ヒテ死ヌルヿ。討死。

せんし (名) 撰絲 羽二重ノ類、加賀、丹後、美濃等ニ產ズ。

せん-じ (名) 宣旨 任官ノ敕ヲ、直ニ頭辨ニ下サルルヲ、口宣トシ、頭辨コレヲ上卿ニ傳フルヲ、口宣案トシ、上卿、其旨ヲ受ケテ外記ニ下知スルヲ一トス。外記、其旨ヲ書シテ出スヲ綸旨トス、コレヲ頭辨ヨリ任ズベキ人ニ授ク。

せん-じ (名) 煎脂 いろりノ條ヲ見ヨ。

ぜん-じ (名) 前司 前ノ國司。「近江ノ―」三河ノ―」

ゼン-じ (名) 禪師 (一)汎ク、法師ノ稱。「俗ナルぜんじナル、アマタ參リ集リテ」(二)天子ヨリ高德ノ禪僧ニ賜ハル號、後世ハ、妄ニ自ラモ稱ス。

ぜん-じ (副) 漸次 次第次第ニ。ダンダンニ。

せん-じう (名) 專修 ソレノミ專一ニ修ムルヿ。

せん-しう-ばん-ぜい (句) 千秋萬歲 〔千秋萬歲ニ起ル〕千萬年モ永ク續カムヿヲ祝フ語。

せん-しう-らく (名) 千秋樂 (一)雅樂ノ曲ノ名。(二)俗ニ、演戲ナドノ終リノ稱。

〔せんじがき (名) 宣旨書 宣旨ノ書付。オホセガキ。

せんじ-ちや (名) 煎茶 煎ジタル茶。(葉茶ニ對ス)

せん-じつ (副) 先日 サキノヒ。過ギシ日。前日

ぜん-じつ (副) 前日 前條ノ語ニ同ジ。

せん-じふ (名) 煎汁 いろりノ條ヲ見ヨ。

せん-じん (名) 先進 學問官途等ニ、先ニ進メル人。

せん-じん (名) 先人 子ノ、亡キ父ヲ稱スル語。

ぜん-じん (名) 善心 善ノ心。「―ニ立返ル」

ぜん-じん (名) 全身 總身。身ノ内ノ總體。

ぜん-じん (名) 漸進 順ヲ追ヒテ、ヤウヤクニ進ムヿ。

せん-しん-ばん-く (句) 千辛萬苦 千萬ノ辛苦ヲナス。種種樣樣ニ苦勞ス。

せん-じや (名) 撰者 書物、文章、ナドノ作者。

せん-じやう (名) 船將 (一)軍艦ノ大將。(二)船ノ長。

〔せん-じやう (名) 先生 (一)先生ニ同ジ。(二)官ノ名、帶刀ノ長。

せん-ぢやう (名) 戰場 戰ヒノアル所。イクサバ。合戰場。

〔ぜん-じやう (名) 軟障 帷幕ノ如キ物ニテ、松ナド畫キタルモノト云。又、ゼジヤウ。ゼンザウ。ゼザウ。「イト、オロソカニ、ぜんじやうバカリヲ引キメグラシ」渡殿ニハ錦ヲ敷キ、アラハナルベキ所ニハ、ぜんじやうヲ引キ」引キタルぜさうナドモ、ハナチタグリ」

せん-しやく (名) 疝癪 胸腹ノ痛ミテ痙攣ヲ起ス病。(男子ニ)

ぜん-しやく (名) 前借 マヘガリ。豫借

せん-しや-まん-べつ (句) 千差萬別 種種樣樣ニ異ナリ。

ゼン-しゆう (名) 禪宗 佛教ノ流派、臨濟宗、曹洞宗、黃蘗宗ノ總稱。

せん-じゆ-くわんおん (名) 千手觀音 觀世音ノ像ノ、左右、各、二十臂アルモノ、二十五有ニ各、四十臂アリテ、千手ナリ。

ぜん-しよ (名) 前書 前ニ書シタル文。前文。「―ノ通リ」

ぜん-しよう (名) 全勝 マルガチ。十分ニ勝チタルヿ。

‖せん-じる (動) 煎ズノ訛。

せん-す (名) 扇子 アフギ。

せん-す・スル・スレ・セ・シ・セヨ (他動)(不規・二) 撰 文章、又ハ、書物ヲ作ル。

せん-す・スル・スレ・セ・シ・セヨ (自動)(不規・二) 僭 臣ニシテ、君ニ擬フ。

〔せん-ず・ズル・ズレ・ゼ・ジ・ゼヨ (自動)(不規・二) 先 先ニナル。サキンズ。「月日ヲ過シ侍ルホドニ、せんぜラレ奉リ侍リヌレバ、今ハ一ノ舞ニテ」

〔せん-ず・ズル・ズレ・ゼ・ジ・ゼヨ (他動)(不規・二) 撰 擇ヒ入ル。「古今ニ入ラヌ歌ヲ、昔シノモ、今ノモ、せんぜサセ給ヒテ後ニせんずトテ、後撰集トイフ名ヲツケサセ給ヒテ」

せん-ず・ズル・ズレ・ゼ・ジ・ゼヨ (他動)(不規・二) 煎 ニル。湯ニ羨出ス。(藥、茶ナドニ)

〔せん-ざい-まん-ざい (名) 千秋萬歲 萬歲ノ條ヲ見ヨ。

せん-ずる-ところ (接) 所詮 〔詮、具說也〕理ヲ推シテ明ムルニ。所詮。

せん-ぜい (名) 前水 泉水 庭前ニ設ケタル池 園池

ぜん-ぜ (名) 前世 マヘノヨ。(三世ノ條ヲ見ヨ)

せん-せい (名) 先生 (一)學術ニ長ケタル人ノ尊稱。(二)師ヲ尊ビテ呼ブ語。又、師ヲ呼ビカクル代名詞トモス。

せん-せい (名) 專制 擅制 政體ニ、君主ノ思ヒノママニ政ヲ行フモノ。(立憲、共和、ナドト別ツ)

ぜん-せい (名) 善政 正シク善キ政治。

ぜん-せい (名) 全盛 極メテ盛ナルヿ。榮華ノ極マレルヿ。

ぜん-せう (名) 全燒 マルヤケ。全ク燒ケ失セタルヿ。
ぜん-ぜん (名) 先前 マヘマヘ。マヘカタ。
ぜん-ぜん (副) 漸漸 ヤウヤクニ。次第次第ニ。
ぜん-せんげつ (名) 先先月 一月隔テテ前ノ月。先月ノ先月。前前月
せん-そ (名) 踐阼 即位ノ條ヲ見ヨ。
せん-ぞ (名) 先祖 トホツオヤ。家系ノ初代ノ人。
せん-そく (名) 洗足 泥ナドニ汚レタル足ヲ洗フヿ。
ぜん-そく (名) 喘息 氣管枝、氣胞、ノ筋纖維ニ痙攣ヲ起ス病、呼吸迫リテ、咳ニ伴ヒ、痰ヲ吐ク。
せん-だい (名) 先代 今代ノ前ノ代ノ人。前代。
ぜん-たい (名) 全體 總身。總體。
ぜん-たい (副) 全體 元ヨリ。モトモト。元來
ぜん-だい (名) 前代 (一)前ノ代。(二)先代。
せん-だい-はぎ (名) 千代萩 草ノ名、葉ノ形、ゑんじゅニ似テ、高サ二三尺、夏、莖ノ梢ニ、黃ナル花ヲ開ク、豆ノ花ニ似タリ、莢、圓クシテ、長サ一寸許、內ニ子ヲ滿ツ、豌豆ノ如クニシテ稍小シ、熟スレバ、苗枯ル、春、子ヲ下ス、生ジ易シ。望江南
せん-だい-ひら (名) 仙臺平 陸前仙臺ニ產ズル精好織ノ稱、即チ、其地ニテハ精好トイフ、綺地トシテ最上品ト賞セラル。
せん-だい-まい (名) 仙臺米 陸前陸中ノ舊仙臺領ニ產ズル米ノ稱、上品ニハアラネド、產出殊ニ多クシテ、多ク東京ニ來ルガ故ニ、米市場ニ本穀ノ名ヲ專ラニス。

せん-だい-みそ (名) 仙臺味噌 陸前仙臺地方ノ一種ノ製法ノ味噌、味佳ナリ。
ぜんだいみもん (句) 前代未聞 前ノ世ニ未ダ聞カズ
せん-たう (名) 錢湯 市中ノ浴場ノ、錢ヲ取リテ、諸人ニ浴セサスルモノ。湯屋。風呂屋。混堂
せん-だう (名) 仙道 海道ノ條ヲ見ヨ。
せん-だう (名) 先導 シルベ。サキダチ。案內。
せん-たく (名) 洗濯 衣ヲ洗ヒススグヿ。浣衣
せん-だつ (名) 先達 〔先立ノ湯桶讀カ〕(一)藝術ニ、最モ長ケテ、同輩ノ師トモナルベキ者。(二)修驗者ニ、勸行ヲ積ミテ、峯入ノ時ナド、同行ニ先立チテ先導スルモノ。香首
せん-だつて (副) 先達 さきだつてニ同ジ。過般
ぜん-だて (名) 膳立 膳ヲ居ヱナラブルヿ。陳膳
ぜん-だな (名) 膳棚 膳、椀、ナド載セオク棚。食架
せん-だん (名) 專斷 (一)一人、專ラニ決斷スルヿ。(二)ホシイママニ取計ラフヿ。
センダン (名) 栴檀 〔梵語、又、栴檀那、贊那龔〕佛經ニ、南天竺ニ生ズル香木ノ名、能ク病傷ヲ治ストイフ。赤キヲ牛頭トイヒ(牛頭山ニ生ズ)上トシ、黑キヲ紫檀トイヒ、白キヲ白檀トイフトゾ。
センダン-いた (名) 栴檀板 鎧ノ具、右ノ肩ヨリ胸ニカケテ着クルモノ、左ニアルヲ鳩尾(又、きうび)トイフ、共ニ胴ノ釣ヲ切ラルルヲ防グモノト云
センダン-のき (名) 栴檀樹 〔或云、千段木ノ義ニテ、此樹皮ノ灰汁ニテ絲ヲ練リテ糾トスルニ、一時ニ千段ヲ染ムベケレバイフトゾ〕あふちニ同ジ。楝

せんだん-まき (名) 千段卷 繁藤ノ弓ノもとはず、うらはずノ處ニ、籐ヲ更ニ斜ニ十文字ニ卷キタルモノ。
せん-ち (名) 淺智 アサハカナル智慧。〔短才〕
ぜん-ち (名) 全治 病ノ全ク癒エタルヿ。全快。
ぜん-ちしき (名) 善智識 佛敎ニ、能ク人ヲシテ善法ニ入ラシムルヿ、即チ、高德敎化ノ僧ノ稱。
せん-ぢん (名) 先陣 サキゾナヘ。先手。先鋒
せん-ちや (名) 煎茶 葉茶ヲ湯ニ煎出シテ、其汁ヲ飲ムモノ。又、葉茶ニ熱湯ヲ注ギテ、其氣ヲ出スニモイフ。
せん-ちやう (名) 船長 船ノ長。
ゼン-ぢやう (名) 禪定 (一)佛敎ニ、入定三昧ノ稱。(二)駿河ノ富士山、加賀ノ白山、越中ノ立山、等ニ信者ノ登リテ修行スルヿ。
せん-ぢゆう (名) 先住 寺ノ前ノ住持。(現住、後住ニ對ス)
せん-て (名) 先手 碁、又、將棋ヲ始ムル時、先ニ手ヲ下ス方ノ稱、相手ニ一目劣ルナリ。略シテ、先。又先ニ攻メカカル勢ナル手(後手ニ對ス)
せん-てい (名) 先帝 先代ノ帝。
ぜん-てい (名) 前程 旅路ノ行手。
ぜん-てう (名) 前兆 キザシ。前表。
ぜん-でう (名) 前條 マヘノクダリ。前ノ箇條。
せん-てつ (名) 先哲 先輩ノ哲人。

せん-てん（名）先天 生レヌ先。生前ニ受ケ得ルヿ。「ーノ病」

せん-てん（名）旋轉 クルクル旋ルヿ。

せん-と（名）遷都 都ヲ他ノ地ニ遷スヿ。

セント（名）仙〔Cent.〕米國ノ銅錢ノ名、弗ノ百分ノ一、即チ我ガ一錢。

せん-ど（名）先途 (一)進ミ行ク先。成リ行キノ極。至極ノ處。「君ノーヲミトドク」ココヲートー闘フ」(二)其家筋ニ先例アル至極ノ官途。「清華ハ三公ニ任スルヲートス」極官
せん-ど（副）先度 サキゴロ。サキダッテ。前回
ぜん-と（名）前途 ユクサキ。ユクテ。

せん-とう（名）仙洞 (一)太上皇ノ御所。(二)太上皇。

せん-とう（名）先登 イチバンノリ。

せん-どう（名）船頭 (一)フナヲサ。船長 (二)誤テ、フナノリ。フナコ。カコ。舟子
せん-どう（名）煽動 アフギタツルヿ。ススメソソノカスヿ。

〔せん-どう-か（名）旋頭歌 せどうかノ條ヲ見ヨ。

せん-とく（名）宣德 支那、明ノ宣德年中ニ製セル銅器陶器ナドノ稱、大抵、宣德ノ字ヲ銘ス、佳品ナリトテ名アリ。銅器ハ、紫銅製、多ク、色黄ヲ帶ブ、香爐ナドニ多シ。陶器ナルハ、種種ナリ。宣窰
ぜん-なん（名）善男 佛法ニ歸依スル男子ノ稱。女子ナルヲ善女トイフ。

せん-なり-がき（名）千成柹 さるがきニ同ジ。


せん-なり-べうたん（名）千成瓢簞 へうたんノ條ヲ見ヨ。

せん-なり-ほほづき（名）千成酸漿 ほほづきノ一種、實、甚ダ小クシテ、數多ク集リテ結ブモノ、色綠ナリ。苦蘵
センニ（名）禪尼 禪門ノ條ヲ見ヨ。

せん-にち-さう（名）千日草 高サ一二三尺、莖ハ、秋海棠ニ似テ、淡紫色ナリ、葉ハ、けいとうニ似テ大ク、面ニ毛アリ、秋、深紫ノ花ヲ開ク、重瓣ニシテ、圓クシテ、楊梅ニ似タリ、盛リ甚ダ久シキガ故ニ名アリ。千日紅
せん-にふ（名）先入 先ニ心ニ入リタルヿ。「ー主ト爲ル」

せん-にん（名）仙人 ヤマビト。人間ヲ離レテ、山ナドニ棲ミ、老テ死セズトイフ人ノ稱、神變ノ術ヲ得トイフ。

せん-にん（名）專任 專ラニ任セラレタルヿ。

ぜん-にん（名）善人 心ノ善ナル人。

せんにん-しやう（名）仙人掌 サボテン。

ぜん-によ（名）善女 善男ノ條ヲ見ヨ。

せん-ねん（名）先年 サキツトシ。過ギシ年。往年。

ぜん-ねん（名）前年 其年ノ前ノ年。

せん-のう-げ（名）仙翁花ノ連聲。

ぜん-の-つな（名）善綱 (一)佛像ノ手ナドニ、綱ヲ懸ケテ引クモノ、佛ニ縋ル意トス、開帳ノ結緣、祈願、又ハ、臨終ノ時ナドニスルヿナリ。(二)葬送ノ時、棺ニ着ケテ引キ行ク索。紼

せん-ばい（名）專賣 一人ニテ專ラ賣ルヿ。

せん-ぱい（名）先輩 年齡學問等ニ先キ立チタル人。

せん-ぱう（名）先方 サキカタ。相手ノ方。

〔ぜん-ぱう（名）前坊 前ノ東宮。

せん-ぱく（名）淺薄 アサハカナルヿ。

せん-ぱく（名）阡陌 縱横ノ路。

せん-ば-こき（名）千把扱 いなこきニ同ジ。

せん-ばん（副）千萬 切ニ。シキリニ。「ー忝シ」「ー賴ム」「氣ノ毒ーニ思フ」

せん-ぱん（副）先般 サキゴロ。サキダッテ。前回
ぜん-ばん（名）前晚 ヨベ。前夜。

せん-ばり（名）栓張 戸ヲ閉ヂタル上ニ、更ニ突キ張リオク棒。シンバリ。「ーヲカフ」支柱
せん-ぴ（名）先非 過ギシアヤマチ。「ーヲ悔ム」前非
せん-ぴ（名）先妣 子ノ、亡キ母ヲ稱スル語。

ぜん-び（名）善美 善クシテ美ハシキヿ。「ーヲ盡ス」

ぜん-び（名）全備 十分ニ備ハルヿ。缺クルヿナキヿ。

ぜん-ぴ（名）前非 先非ニ同ジ。

せん-ぴつ（名）染筆 筆ヲ染ムルヿ。物書クヿ。

ぜん-ぷ（名）膳夫 カシハデ。飲食ノ物ヲ調フル人。

ぜん-ぶ（名）膳部 膳ニ具フル諸品。

ぜん-ぶ（名）全部 一部ノ書ノ冊數ノ揃ヒタルモノ。

ぜん-ぷ（名）前夫 シタヲ。前ノ夫。

せん-ぷう（名）旋風 ツムジカゼ。

せん-ぷく (名) 潜伏 潜ミ伏スヿ。匿ルヽヿ。
ぜん-ぶん (名) 全文 一文章ノ總體。
ぜん-ぶん (名) 前文 前ニ記シタル文。前書。「一ノ趣き」
せん-ぶり (名) 〔千度振出シテモ苦味アレバイフトゾ〕(一)龍膽ノ一種、形狀スベテ龍膽ニ似テ小ク、高サ一二寸、根、莖、味、苦シ、藥トス。一名、當藥。石龍膽一種 又、大ートイフハ莖七八寸アリ。(二)又、亞灌木ノ名、いぬやたふしニ同ジ。
せん-べい (名) 煎餅 (一)〔麪粉ヲ油ニテ煎リタルモノ。(二)麪粉ニ糖蜜ヲ加ヘテ、捏ネテ、鐵ノ方圓種種ノ模ニ入レテ焙リ燒ケルモノ、薄片トナル。
〔せん-べい-ばん (名) 煎餅盤 餠ヲ炒ル鐵盤ナリトゾ。
ぜん-ぺう (名) 前表 マヘカタノキザシ。マヘビロノシラセ。䋄 前兆
せん-べつ (名) 餞別 馬ノハナムケ。
せん-べん (名) 先鞭 サキガケ。ヌケガケ。
ぜん-ぺん (名) 全篇 一篇ノ文又ハ書物ノ總體。
ぜん-ぺん (名) 前篇 篇、ノ條ヲ見ヨ。
せん-ぺん-いちりつ (句) 千篇一律 千篇ノ詩、皆同ジ律ナリ。事ノ趣キ、皆同ジクシテ、變化無シ。
せん-ぺん-ばん-くわ (句) 千變萬化 千萬ノ變化ヲナス。種種無量ニ變ル。
せん-ぽう (名) 先鋒 先手。先陣。
〔セン-ぽふ (名) 懺法 懺悔修行スルヿト云。「法華三

味行フせん法ノ聲、山オロシニツキテ聞エタル、イト尊ク」
せん-ぽんしめぢ (名) 千本占治 玉蕈ノ一種、林間ニ生ズ、形小ク、一根塊ヨリ、數多群リ生ズ、味美ナリ。
せん-まい (名) 洗米 アラヒヨネ。カシヨネ。
ぜん-まい (名) 〔新撰字鏡ニ薇ヲ万可古ト訓セリ、其芽、錢ノ大サニ卷ケバ、錢卷ノ音便ナラム、或云、錢ノ形ニ廻轉スレバ、錢舞ノ音便カト〕(一)草ノ名、一わらびトイフベキノ略、山野ニ多シ、數莖、一根ヨリ叢生ス、春、芽ヲ採リテ食用トシ、乾シテモ貯フ、芽ノ形、卷曲シテ、綿アリテ包ム、開ケバ藤ノ葉ノ如クニシテ、厚ク、尖ラズ、莖、長サ三尺許、別ニ花穗ヲ出ス、高サ葉ト同ジク、枝ヲ分チテ、黃褐色ノ穗ヲ布ク、長サ一寸許。一名、オニワラビ。イヌワラビ。薇 又、犬ーアリ、其條ヲ見ヨ。(二)薇ノ芽ノ如ク、渦ノ形ニ卷ケル銅線ノ稱、機ヲ動カスニ用ヰル、卷キぜるめニ似タレバ、ぜるめがねトモイフ。(三)轉ジテ、諸ノ機關ノ稱。「ージカケ」「ーザイク」
せん-まん (數) 千萬 萬ヲ千倍ニシタル數。
せん-みん (名) 賤民 賤シキ民。下民
せん-みやう (名) 宣命 神事、改元、大赦、立后、立坊、任大臣ナドノ時ノ詔命ヲ、文ニ宣ベ記シタルモノ、一種ノ文體アリテ、上古ノ語ヲ用ヰル。
せん-む (名) 先務 第一ノツトメ
せん-む (名) 專務 專一ノツトメ。
せん-めい (名) 鮮明 アザヤカニ、アキラカナルヿ。美シク分明ナルヿ。

せん-めん (名) 扇面 (一)扇ノ地紙。(二)扇。
せん-もん (名) 專門 普通學ニ對シテ、專ラ、一學術ノ高尙ナルヲ稱スル語。
セン-もん (名) 禪門 男子ノ佛門ニ入リシモノノ稱。女ナルヲ禪尼トイフ。
せん-や (名) 先夜 サキノヨ。過ギシ夜。
ぜん-や (名) 前夜 ヨベ。夜前。昨夜。
せん-やく (名) 煎藥 煎ジテ用ヰル藥。(丸藥、粉藥ナドニ對ス) 湯藥
せん-やく (名) 先役 (一)前ニ其役ヲ勤メタル人。(二)其役ノ古參ノ人、
せん-やく (名) 先約 前方ノ約束。
せん-ゆ (名) 僭踰 分際ヲ越エテモノスルヿ。
せん-りう (名) 川柳 寶曆明和ノ頃、綠亭川柳(柄井八右衞門)等ノ詠ミ始メタル五七五三句ナル一種ノ歌ノ稱、前句附ノ一變シテ極メテ狂體ナルモノナリ、其撰集ヲ川柳點、又ハ、柳樽トイフ。
せんりう-てん (名) 川柳點 前條ヲ見ヨ。
せん-りつ (名) 戰慄 フルヒワナナクヿ。
セン-りん (名) 禪林 禪宗ノ寺院ノ稱。
せん-りやう (名) 千兩 〔實、百兩金ニ勝レバ名トストス云〕 草ノ名、山林中ニ生ズ、性、日ヲ畏ル、一株ヨリ叢生シテ、莖、高サ二三尺、深青ニシテ泡節アリ、葉ハ對生シテ橘ノ葉ニ似タリ、夏、小白花ヲ開キ、秋冬、紅實、纍纍トシテ艷シク、南天燭ノ如ク、又

珊瑚珠ニ似タリ。草珊瑚
ぜんりやう (名) 善良 正直ニシテ温順ルヿ。
せんりやうばこ (名) 千兩箱 壹分銀、廿五兩包、
數、四十、合千兩ヲ入ルベク作レル箱、筋鐵ナド入ル。
せんりやく (名) 戰略 戰爭ノ謀。合戰ノ駈引。
せんりよのいつしつ (句) 千慮一失 多クノ思慮ノ中ノ僅ナル失誤。
せんれい (名) 先例 先先、行ヒ來リシ例。
せんれい (名) 洗禮 耶蘇敎ニ入ル時ニ行フ儀式。
せんれつ (名) 譾劣 〔譾、淺也〕 才學ノ淺ハカニシテ劣レルヿ。
せんろ (名) 船路 フナヂ。
せんろ (名) 線路 ミチスヂ。
せんろつぽん (名) 〔纖蘿葍ノ音轉ト云〉 大根ヲ甚ダ細長ク切リ刻ミタルモノ。
せんわう (名) 專横 所行ノホシイママナルヿ。
せんゐ (名) 纖維 スヂ。キメ。
ぜんゐ (名) 禪位 讓位ニ同ジ。
せんゑつ (名) 僭越 身ノ分ヲ越エテモノスルヿ。
せんゑん (副) 潺湲 水ノサザラギ流ルル狀ニイフ語。
せんをうげ (名) 仙翁花 〔始メテ山城嵯峨ノ仙翁寺ヨリ出ヅ〕 草ノ名、春、宿根ヨリ苗ヲ生ズ、莖、圓ク、高サ一二尺、叢生ス、葉ハ千日草ニ似テ兩對ス、秋ニ入リ、莖ノ頂ニ、五瓣ノ花ヲ開ク、石竹ニ似テ大ク、色ハ紅、白、黃等ナリ。剪秋羅 又、同種ニシテ、春ノ末ニ、淺紅、深紅、白、黃等ノ花ヲ開クヲ、まつもと

—トイフ。剪春羅 又、同種ニシテ、夏ノ半ニ、紅黃、又ハ紅白間色ノ花ヲ開クヲ岩菲トイフ。剪夏羅
せめ (名) 責 (一)責ムルヿ。クルシメ。折檻。「火水ノ—」地獄ノ—」 苛責 (二)身ニ請負ヒテ逃レラレヌヿ。引受ケネバナラヌヿ。「職業ノ—」其—ニ任ズ」 責任 (三)ニテ、環ノ形シテ、鞘ノ用ヲナシ、器ノ細ソキ端ヨリ塡メテ、太キ方ヘ送リ、締メツケ置ク用トスルモノ。シメ。(筆ニ、太刀ノ鞘ニ、扇子ニ、帆柱ニ)
〔せめ・く・ク・ケ・カ・キ・ゲ (他動) (規・一) 鬩 〔迫ムル意〕 恨ム。恨ミ訟フ。「兄弟墻ニ—」老イヌトテ、ナドカ我身ヲセメキケム、老イズバ、今日ニ逢ハマシモノヲ」
せめて (副) 〔迫メテ、ノ意ヨリ轉ズ、迫ム、ノ條ヲ見ヨ〕 (一)〔切ニ。強ヒテ。無理ニ。「御涙モコボレヌベキヲ、—紛ラハサセ給ヒテ」—見カクシ給フ御マジリコソ、ワヅラハシケレトテ」許サレ給ハザリケル御暇ヲ、—罷出給ヒニシ、云云、許サレザリシヲ、強ヒテ罷出ツルナリト申シシカド」(二)〔轉ジテ、甚シク。切ニ。「高麗ノ紙ノ薄樣ダチタルガ、—ナマメカシキヲ、此ノ物好ミスル人人、心ミムトテ」色ハ、—青カリケレバ、青ツネノ君トゾ、殿上君達ハ、ツケテ笑ヒケル」(三)又、轉ジテ、願フ事叶ハヌニ、倘、強ヒテ、十ニ一ツニ一ツナリトモ。セメテノ事ニ。巳ムヿヲ得ズバ。「斯クテ、隱ヒテ逢ヒ給ウケルニ、云云、院ニテハ、逢フマジケレバ、—今宵ハナ參リ給ヒソト止メケリ」世ニ漏ルル、ウキ名ヲ—限リナク、ツツミシ人ニ、知ラセズモガナ」セメテナホ、茂ル木蔭ニ、宿ラバヤ、青葉モ花ノ、跡ナラヌカハ」

セメンシイナ (名) 〔蘭語、Cemencinæ.〕 粉藥ノ名、腸中ノ蟲ヲ驅ルニ用キルモノ。
せめよ・す・スル・スレ・セ・セ・セヨ (自動) (規・二) 攻寄 攻メ掛リ近寄ル。
††せめる (動) 迫ム、責ム、攻ム、等ノ訛。
せもつ (名) 施物 ホドコス物。惠ミ與フル品。(僧ナドニ) 嚫
せやく (名) 施藥 藥ヲホドコシ與フルヿ。
せやくゐん (名) 施藥院 施ヲ讀マズ、やくゐトノミ讀ム、古ヘ、官ヨリ京地ニ設ケテ、飢病ノ徒ニ施藥セラレシ所。—使アリ、其長官ヲ別當トイフ、悲田院ニ屬ス。
せよ (名) 施與 ホドコシアタフルヿ。惠ミ與フルヿ。
せり (名) 芹 〔一處ニ競リテ生フレバイフト云〕 草ノ名、水中ニ生ズ、葉、冬ヲ經テ枯レズ、三片ヲナシテ互生ス、夏、最モ茂ル、莖ヲ出スヿ一二尺、枝ノ頭毎ニ、小白花、數十、傘ノ狀シテ簇リ開ク。一名、川—。田ニ植エテ、專ラ莖葉ヲ食用トスレバ田—ノ名アリ。水芹 又、根ノ賞スベキヲ以テ根—ノ名モアリ。其陸生ノモノヲ畠—野—トイフ。旱芹
せり (名) 競 (一)競ルヿ。キソフヿ。(二)セリウリ。
せ・り・ル・レ・ラ・リ (助動) 〔爲有リ、ノ約カ、「爲」ニ「有リ」ノ語尾ノ添ヒタルモノカ〕 過去ノ意ヲイフ助動詞、爲テアリ、ノ意。つ、ぬ、たり、ナドト意同ジ但シ、名詞、副詞ニノミ添フ。「導—」紅葉—」烈シク—」詳ニ—」
せりあ・ぐ・グル・グレ・ゲ・ゲ・ゲヨ (他動) (規・二) 迫上 (一)迫

マリテ推シ上グ。(二)競リキソヒテ價ヲ高クス。

せりあひ (名) 競合 競リ合フ。競爭

せりあ・ふ・フ・ヘ・ヘ・ヒ・ヘ (自動)(規・一) 競合 互ニ競ル。キソヒアフ。競爭

せりうり (名) 競賣 買人ニ價ヲ競ハセテ、ソノ最モ高キニ賣ル。

せりだし (名) 迫出 セリダスヿ。推シテ出スヿ。

せりだ・す・ス・セ・サ・シ・セ (他動)(規・一) 迫出 迫マリテ推シ出ス。

せりた・つ・ツル・ツレ・テ・テ・テロ (他動)(規・二) 迫立 烈シク迫マル。セキタツ。督促

せりつ・む・ムル・ムレ・メ・メ・メロ (自動)(規・二) 迫詰 極マデ迫マル。捉迫

せりにんじん (名) 芹人參 胡蘿蔔ノ條ヲ見ヨ。

せりふ (名) 臺詞 〔競リ言フノ約カト云、臺詞ハ舞臺詞ノ略カ〕 演戲ノ間ニ、俳優ノ互ニ述テル詞ノ稱。賓白

せ・る・ル・レ・ラ・リ・レ (他動)(規・一) 迫 (一)狹クナス。(二)セマル。ウナガス。セキタツル。捉迫

せ・る・ル・レ・ラ・リ・レ (他動)(規・一) 競 〔前條ノ語意ニ同ジ〕 (一)キソフ。キホフ。アラソフ。競爭 (二)價ヲ競ヒテ高クナス。

せれう (名) 施療 無代ニテ惠ミニ療治スルヿ。

せゐわ (名) 世話 世ノウハサバナシ。

せわ (名) 世話 〔忙ノ義ナラム、サレド、常ニ、當字ニ世話ト記セレバ、姑ク其假名遣ニ因ル〕 事ヲ謀リ辨ズルヿ。「人ノ―」子ノ―」―ヲスル」―ニナル」―掛リ」―ヤキ」

せわた (名) 脊膓 古ク、ミナワタ。鮭ノ鰓ヲ去リテ後、脊骨ニ粘リテアル紫黑ニ凝レル血液ヲ刮ゲ取リテ、しほからトセルモノ。

せわにん (名) 世話人 取持スル人。世話役。

せわやく (名) 世話役 事務ヲ辨ズル役。主事

せわりぐそく (名) 脊割具足 はらまきニ同ジ。

せわりばおり (名) 脊割羽織 せさきばおりニ同ジ。

せゐ (名) 所爲 〔字ノ音、そゐノ轉〕 爲ルヨリ起ル事。ユヱ。「病ノ―」時候ノ―」

そ ぞ

そ 五十音圖、佐行第五ノ假名。(さノ條ヲ見ヨ)

ぞ そノ濁音ノ假名。(さノ條ヲ見ヨ)

〔そ〕 (名) 衣 〔身ニ添ヒテ切ナレバイフカト云〕 コロモ。キヌ。(熟語ニノミ用ヰル)「御―」―手」

〔そ〕 (名) 麻 アサ。麻ヲ割キテ用ヰルモノ。(熟語ニノミ)「綜―」青―」

〔そ〕 (名) 背 〔脊ト通ズ〕 セ。セナカ。(熟語ニノミ)「―ビラ」―ガヒ」―向ク」

そ (名) 租 官ヨリ、田地ニ課セテ、其收獲タル米穀ノ若干分ヲ納メシムルモノ。又、國中ノ正丁一人ヲ、一年ニ日數ヲ定メテ、公ノ用ニ使フヲ役トイフ、役ニ當ラザレバ、コレヲ日數ニ當テテ、定規ノ布ヲ納メシム、コレヲ庸トイフ。又、正丁一人ヨリ、其地ノ土產ニ隨ヒテ、定規ノ絹布、麻布、又ハ諸雜物ヲ官ニ納レシムルヲ、みつぎ、又、調トイフ。以上ヲ租庸調ノ賦トイフ。又、租ト調トヲ合ハセテ課トイヒ、役ト合ハセテ課役トモイフ。後世ニハ、租ヲ年貢トイヒ、役ヲ夫又ハ夫役ナドトイフ。

そ (名) 祖 (一)オホヂ。ヂヂ。祖父。(二)先祖。「一家ノ―」

そ (名) 疏 書物ノ記注。

そ (名) 疽 腫物ノ名。癰ノ條ヲ見ヨ。

〔そ〕 (名) 蘇酥 〔胡語ナリト云〕 酪ノ類、牛羊ノ乳ヲ煎煉シテ製ス。

そ (名) 疎 (一)マバラナルヿ。(密ノ反)(二)ウトウトシキヿ。「交―ナリ」

そ (名) 粗 アラキヿ。劣レルヿ。粗末。(精ノ反)「甚ダ―ナリ」―品」

そ (代) 其夫 それニ同ジ。「―ヲダニ」―ハ知ラズカシ」―ガ中ニ」此ヤそナルラム」そコソハ」―モ」―奴」

〔そ〕 (數) 十 トヲ。ジフ。(熟語ニノミ用ヰル)「三―」四―」五―」八―」幾―」―代田」―河」

〔そ〕 (副) 勿トイフ副詞ト共ニ、動詞ヲ挾ミテ禁止スル意ニ用ヰル語、勿ノ條ヲ見ヨ。

ぞ (辭) 第二類ノ天爾波、多クノ中ニテ、一ツヲ指ス意ノ語。「カレ―善キ」コレ―惡シキ」行キ―ウツラフ」恨ミ―スベキ」然―アルラム」カク―アルベキ」見テ―知ル」又、意ハ同ジケレドモ、言語ノ末ニ居テ、指シ示シ

又ハ問ヒ掛クル意トナルアリ。「思フバカリ―」鳴キワタラム―」世ノ今ハ―」誰ガ子―」如何ニ―」何處ニ―」


そあく（名）粗惡　甚シク粗末ナル事。

そい（名）疎意　疎ンズル意。

そい（名）素意　素志ニ同ジ。
＊そいつ（代）其奴ノ訛。
そう（名）奏（一）帝王ニ事ヲ聞エ上グル事。（二）音樂ヲ奏スル事。「國栖ノ―」

ソウ（名）僧〔梵語、僧伽ノ略、衆、或ハ、和合、或ハ、無諍ナドト譯ス〕家ヲ捨テテ、佛門ニ入レル人ノ總稱。法師。出家。坊主。

そう（接頭）總　スベテノ。總體ノ。アラユル。「―大將」―模樣」―金」―名代」―殘ラズ」―掛リ」

そう（接尾）艘　船ヲ數フルニイフ語。「大船一―」小舟三―」隻
そう（接尾）層　倍ニ同ジ。「十―」百―」

〔そう〕（名）族ノ音便。一族。ヤカラ。ウカラ。「ヨロコビシタマヘル人人、此御ぞうヨリ外ニ、人ナキコロホヒニナムアリケル」大夫ノ監トテ、肥後ノ國ニ、ぞうヒロクテ、カシコニツケテハ覺エアリ」

〔そう〕（名）判官ニ同ジ。「文屋康秀ガ三河ノぞう（掾）ニナリテ」淡路ノぞうノ任果テテ」今日ハ右近ノ藏人ノぞう（將監）ツカウマツレリ」

そう（接頭）贈　死シテ後ニ賜ハル官位ニイフ語。「―從一位」―太政大臣」


ソウ-い（名）僧衣　僧ノ着ル衣服、別ニ其製アリ、墨染ノ衣。ゴロモ。

そう-おん（名）宋音　漢字ノ宋ノ世ノ音、高倉帝、承安以後、僧覺阿、入宋シ、僧明庵歸朝ノ頃ヨリ、宋國ノ字音ヲ傳ヘ、其後、宋ノ禪僧、多ク歸化シテ傳ハル、行脚、普請、下火ノ類、是レナリ。

そう-か（名）宗家　本家ニ同ジ。
＊そう-か（名）總嫁　夜發ニ同ジ。（上方）
ソウ-かう（名）僧綱　僧官ノ、僧正、僧都、律師等ノ總稱。
そう-がかり（名）總掛　衆人擧リテ、事ニ爲掛ルコト。盡衆
そう-かく（名）總角　アゲマキ。
そう-がく（名）奏樂　音樂ヲカナツルコト。
そう-がく（名）總額　總高ニ同ジ。
ぞう-がく（名）增額　高ヲ增スコト。
そう-がみ（名）總髮　そうはつニ同ジ。
ぞう-きふ（名）增給　給料ヲ增スコト。
そう-きん（名）送金　金錢ヲ送ルコト。
そう-くわ（名）葱花　輿ノ飾、擬寶珠ノ條ヲ見ヨ。
ソウ-くわん（名）僧官　僧ニ任ズル官、僧正、僧都、律師等アリ。
ぞう-くわん（名）贈官　死者ニ贈リ賜ハル官。
そう-けい（名）聰慧　サトキコト。サトリカシコキコト。
そう-けい（名）崇敬　アガメウヤマフコト。
そう-けい（名）總計　統ベ寄セテ數フルコト。

ぞう-げん（名）增減　ますトへるト。

そう-さい（名）總裁　スベツカサドルコト。長。カシラ。

そう-さい（名）總菜　食事ノ菜ノ、衆人ニ一樣ニ供フベク調理スルモノ。

そう-さく（名）搜索　サグリモトムルコト。サガスコト。

そう-しつ（名）宗室　帝王ノ親族。

そう-じて（接）總　スベテ。オホヨソ。大凡
そう-しん（名）總身　身ノウチノコラズ。カラダヂユウ。ウミ。遍身
ぞう-しん（名）贈進　贈リマヰラスルコト。

そう-じや（名）奏者（一）事ヲ奏聞スル者。（二）僭シテ、關白、公方ニモ申次ノ役ノ稱トス。

そう-じや（名）總社　古ヘ、諸國ノ國府ノ傍ニアリテ、國內ノ諸神ヲ祭ル處。

そう-しやう（名）宗匠　和歌、連歌等ノ先達ノ稱。後ニハ、俳諧、茶道等ノ師ニモイフ。

ソウ-じやう（名）僧正　僧官ノ第一ノモノ大、正、權アリ、大ヲ大納言ニ、正ヲ中納言ニ、權ヲ參議ニ准ズ。

そう-じゆ（名）奏授　敕授ノ條ヲ見ヨ。

そう-しよう（名）總稱　一ツニ總ベテ呼ブ稱。

そう-す・スル・スレ・セ・シ・セヨ（他動）（不規・二）奏（一）帝王ニ聞エ上グ。奏聞ス。（二）奏ヅ。「樂ヲ―」（三）遂グ。成ス。「功ヲ―」

そう-せい（名）叢生　叢リ生フルコト。（草ノ莖ナドニ）

そう-せい（名）奏請　奏聞シテ請フコト。

そう-せき (名) 蹤跡 アトカタ。
そう-せき (名) 送籍 此地ノ戸籍ノ名ヲ他ノ地ノ戸籍ノ上ニ送リ移スコト。
そう-そ (名) 曾祖 曾祖父ニ同ジ。ヒヂヂ。
そう-そう (名) 怱怱 急ガハシキコト。騷ガシキコト。「冠ヲサヘ突キ落サレタリケレド、アマリノ―ニ周章テツツソレヲモ知ラデ」世間モ何トナク、―ナリツレバ、馳セ參レリ。カヤウノ大事ヲ思召シタチケルニ
そう-ぞう (副) 總總 スベテ。ヒキクルメテ。
そう-ぞく (名) 宗族 本家ト分家末家等ト。
そう-そふ (名) 曾祖父 ヒヂヂ。ヒイヂヂ。
そう-そぼ (名) 曾祖母 ヒババ。ヒイババ。
そう-そん (名) 曾孫 ヒマゴ。ヒコ。
そう-だ (名) 魚ノ名、さうだがつをノ略。
ソウダ (名) 曹達 (Soda) (一)酸化ノ「ソヂユウム」(元素)鹽基ヲ一ニシテ、酸類ト合ヒテ鹽類トナルモノ。硫酸―、炭酸―、硝酸―ノ如シ。(二)今、常ニ炭酸―ノ略稱、其條ヲ見合。
そう-たい (名) 總體 悉ク統ベタルコト。全體。
そう-たい (副) 總體 取リスベテ。ノコラズ。ソウベツ。
そう-だい (名) 總代 總名代ニ同ジ。
そう-たか (名) 總高 總ベ數ヘタル數。シメダカ。
總額 ―
そう-たつ (名) 送達 オクリトドクルコト。
ぞう-たふ (名) 贈答 贈ルト答フルト。ヤリトリ。「詩歌ノ―」「進物ノ―」

ぞう-ちやう (名) 增長 增シ長クルコト。次第ニ甚シクナルコト。(多ク惡シキニイフ)「惡心―」
ソウ-ヅ (名) 僧都 僧官ノ名、僧正ニ次グ。大、少、各、正、權アリ、四位ノ殿上人ニ准ズ。
ソウ-ぞ (名) 僧徒 僧ノトモガラ。
そう-とく (名) 總督 行軍ヲ總ベ帥ヰル最上ノ官。
そう-にん (名) 奏任 敕任ノ條ヲ見ヨ。
ぞう-ばい (接尾) 層倍 倍トイフニ同ジ。「二十―」「百―」
ソウ-ばう (名) 僧坊 僧ノ居ル家。
そう-はつ (名) 總髮 額上ノ月代ヲ剃リ去ラズ、全髮ヲ生シテ、頂ニ束ネテ髻ヲ作ルコト。ソウガミ。ガツソウ。
そう-ふ (名) 送付 オクリツクルコト。トドクルコト。
〔そう-ぶん (名) 所分 分ケ與フルコト。配分。「親シキ限リ、サブラヒケル程ニツケテ、皆そうぶんシタマヒテ」親ノ所分ヲ故ナク人ニ押シ取ラレ」
そう-べう (名) 宗廟 帝王ノ先祖ノ靈屋ノ稱。
そう-べつ (名) 送別 旅立ツ人ヲ見送ルコト。
そう-べつ (副) 總別 スベテ。オホヨソ。
ぞう-ほ (名) 增補 增シ補フコト。(著述ナドニ)
そう-み (名) 總身 そうみんニ同ジ。
そう-みやう (名) 總名 一類ノ物事ヲ總ベテ呼ブ名。
そう-みやうだい (名) 總名代 仲間總體ノ名代。總代。
そう-めい (名) 聰明 聞クト見ルトノ敏キコト。聖ルノ銳キ―。「―睿智」

そう-めん (名) 素麪 索麪ノ誤。
そう-もん (名) 奏聞 天子ニ聞エ上グルコト。
そう-もん (名) 總門 外構ヘノ第一ノ正門。
ぞう-よ (名) 贈與 オクリアタフルコト。物ヲ贈ルルコト
そう-よう (名) 總容 他ノ家族一同ヲ呼ブ語。「手紙ニ」
そう-り (名) 腠理 肌理。
そう-りだいじん (名) 總理大臣 内閣首座ノ大臣。政府執政第一ノ官。首相。
そう-りやう (名) 總領 (一)スベヲサムルコト。(二)父ノ跡目ヲ繼グベキ子。家督ノ嫡子。(次男三男庶子ニ對ス) 元嗣 (三)轉ジテ、男女ニ通ジテ、第一ノ子。長子・長女
ソウ-りよ (名) 僧侶 僧ノトモガラ。僧徒。
そう-ろく (名) 總錄 〔僧錄司ノ轉カ〕 官官ノ條ヲ見ヨ。
ソウ-ろく-し (名) 僧錄司 足利義滿ノ時、始メテ置ケル職トイフ、法儀ヲ掌リ、僧事ヲ錄シ、論事ヲ決斷ス。京都ノ五山ノ―アリ。德川氏ニ至リ、初メ京ノ南禪寺ノ金地院ヲ江戶ニ移シテ其事ヲ掌ラシメシカ、後ニ、寺社奉行ヲ置キテコレヲ廢セリ。
そう-ろん (名) 總論 著作ノ初ナドニ、其大要ヲ摘ミテ論ズル文。
ソウ-ゐ (名) 僧位 僧ニ敍スル位、法印、法眼、法橋、和尙、上人、等アリ、各條ニ注ス。
ぞう-ゐ (名) 贈位 死者ニ贈リ授ケラルル位。

〔そがぎく〕(名) 黃菊 〔仁明帝、黃菊ヲ好ミ給ヒケレバ、其年號ニ因テ承和菊ト呼ブナリト云〕 黃菊ノ稱。「我サラバ、標結ヒ立テム、岡ノ邊ニ、人モスサメヌ、そがぎくノ花」 そが菊ノ色ナル河、一タビ澄ミテ」(支那ノ黃河ヲイフ)

〔そがひ〕(名) 背向 〔背向ノ略〕 背ノ方。背面

〔そき〕(名) 〔退クノ名詞法〕 遠ク離レタル處。「筑紫ニ至リ、山ノ曾岐、野ノ衣寸見ヨト、伴部ヲ班チ遣ハシ」路傍」根ノ國、そきノ國」

そき (名) 枌 木ヲ薄クソギ作レル小板、柿ノ如クニシテ、長サ尺許、幅三四寸、屋ヲ葺ク。

〔そきへ〕(名) 退部 〔退キタル方ノ義〕 遠ク離レタル方。「天雲ノ退部ノ限」山河ノ、曾岐敝ヲ遠ミ」

〔そく〕(名) 職 ちよくニ同ジ。ツカサ。「サヤウノ事繁キそくニハ堪ヘズナムトテ」此右大臣、今少シナシアゲテ、我ガ代リノそくヲモ讓ラム」

そく (名) 息 息男、子息ナドニ同ジ。

そく (名) 仄 韻ノ條ヲ見ヨ。

〔そ・く・ク・ケ・カ・キ・ケ〕(自動)(規・一) 退 放ル。離ル。「倭方ニ、西風吹キアゲテ、雲離レ、曾岐居リトモ、我レ忘レメヤ」天雲ノ曾久方ノ極」國ノ退立限」後ソク」

〔そ・く・クル・クレ・ケ・ケ・ケヨ〕(他動)(規・二) 退 放ク。離ス。「抑ニ退御琴」不レ控默坐」葦蘆キソケテ、御船來ニケリ」夏草ノ刈リソクレドモ」ササラガタ、錦ノ紐ヲ、解キソケテ、アマタハ寐ズト、只一夜ノミ」後ソクル」

そく (數) 百 〔束ノ音カ、足ノ音カ〕 毛百ニ一ー」二ー」

そく (接尾) 束 (一)〔稻十把ヲ十合ハセタル稱、古升ニテ、精米五升ヲ得〕(二)スベテ、束ネタル物ヲ數フルニイフ語。「薪百ー」(三)弓矢ノ長サヲ計ル語、即チ、一握指四本ノ幅。「二ー人張、十五ー」(四)紙ヲ數フル語、帖ノ十倍。

そく (接尾) 足 (一)兩足ニ着クル物ノ一揃ヒヲ數フルニイフ語。「脚半一ー」足袋二ー」沓五ー」(二)兩足ヲ一ツニ合ハセテ飛ブニイフ語。「一ーニ飛ブ」

そ・ぐ・グ・ゲ・ガ・ギ・ゲ (他動)(規・一) 殺 省キ減ス。「イミジウ、ソガセ給ヘレド、御迎ヘニ云云、人人多ク參リ」事ドモ、ソギ棄テテ、世ノツラヒアルマジク省カセ給ヘド」コトサラ事ソギテ、イカメシウモ侍ラザリシトイフ」勢ヲー」

そ・ぐ・グ・ゲ・ガ・ギ・ゲ (他動)(規・一) 削 〔前條ノ語意ニ同ジ〕(一)物ノ末ヲ尖ルヤウニ斜ニ削リ落ス。剡 (二)髮ノ末ヲ切リ落ス。「イト、ラウタゲナル髮ドモノスソ、花ヤカニソギワタシテ」イト清ラナル御髮ヲソグ程、心苦シゲナルヲ」

そ・ぐ・グル・グレ・ゲ・ゲ・ゲヨ (自動)(規・二) (一)削ギタル狀ナル。「木ガー」竹ガー」(二)逸レテユク。

ぞく (名) 俗 (一)民ノナラハシ。下民ノ風儀。「風ヲ移シ、ーヲ變フ」(二)僧ノ境涯ヨリ、世間ノ人ヲ呼ブ稱。「僧ー」(三)文雅ナラズ鄙ビタルコト。「雅ー」

ぞく (名) 賊 (一)ヌスビト。(二)不忠ノ者、謀叛ノ輩、外國ノ寇ナドヲ罪シテ呼ブ語。「ー臣」國ー」ー魁」ー兵」ー軍」

ぞく (名) 續 ツヅキ。續編。

ぞく (名) 粟 枡目ノ名、才ノ條ヲ見ヨ。

ぞく (名) 屬 (一)屬キタルモノ。其類ノモノ。(二)支配ノ下ニ屬クモノ。配下。

ぞく (名) 族 ウカラ。ヤカラ。

そく・いん (名) 惻隱 傷ハシク思フコト。

そく・か (名) 足下 アシノシタ。「ーニ踏ヘテ」 脚下

そく・か (代) 足下 對稱ノ代名詞、同等ノ人ヲ敬フニ用キルソコモト。貴殿。(漢文ノ上ニ)

ぞく・か (名) 俗家 世俗ノ家。

ぞく・かん (名) 俗間 世俗ノ間。民間。

そく・きん (名) 即金 即時ニ金錢ヲ拂ヒ渡スコト。

ぞく・きょく (名) 俗曲 歌曲ノ、俗間ニ行ハレ、三絃ニ合ハセテ謠フモノノ總稱。

ぞく・ぐん (名) 賊軍 朝敵ノ軍勢。外國ノ寇。

ぞく・くわい (名) 賊魁 賊軍ノ長。

そく・けつ (名) 即決 即座ニ裁決スルコト。

そく・けつのくわん (名) 則闕之官 〔有德之撰、無ニ其人一則闕〕 太政大臣ノ異稱。

ぞく・げん (名) 俗言 サトビコトバ。俗語。

ぞく・ご (名) 俗語 サトビコトバ。俗間ノナマリコトバ。

そく・こう (名) 即功 即時ニ效驗アルコト。(藥ナドニ)

そく・こく (副) 即刻 タダチニ。タチドコロニ。スグニ。

ぞく・こく (名) 屬國 他ニ屬キテアル國。獨立ナラヌ國。

そくこん (副) 【即今】 タダイマ。

ぞくこん (副) 【屬懇】 最モネンゴロニ。心實ニ。「―ココロヤスシ」「―執心ナリ」

そくさい (名) 【息災】 (一)災ヲ息ムルヿ。(二)身ニ恙ナキヿ。無事。

ぞくさい (名) 【俗才】 世俗ノ事ニ行キワタル才。世才。

しょくざい (名) 【贖罪】 又、ショクザイ。物ヲ出サシメテ罪ヲ贖ハシムルヿ、罪ノ輕重ニ因リテ、其物ニ多少アリ、古ヘハ銅ヲ納レシメヌ、後ニハ金錢ナリ。

そくさいえんめい (句) 【息災延命】 災ヲ息メ、命ヲ延ブ。(神佛ノ通力ニテ)

そくざ (副) 【即座】 其座ニテ直チニ。タチドコロニ。「―ノ答ヘ」

ぞくさんこく (名) 【粟散國】 〔小王衆多猶ニ粟散ニ〕 佛經ニイヘル語、小キ國國ノ稱。

そくし (名) 【即死】 即時ニ死ヌルヿ。(殺傷ナドニ)

そくじ (名) 【仄字】 仄韻ノ字。

そくじ (副) 【即時】 ソノトキスグニ。タチドコロニ。タダチニ。

ぞくじ (名) 【俗事】 文雅風流ノ道ヨリ、世事ノ煩ハシキヲイフ語。

ぞくじ (名) 【俗字】 俗間ニ用ヰル正シカラヌ體ノ漢字。

そくしう (名) 【束脩】 〔支那ノ古俗ニ脩ヲ用ヰタリ〕 入門ノ時ニ贄トシテ奉ツル物。

そくしつ (名) 【側室】 ソバメ。妾。(貴人ニ)

そくじつ (副) 【即日】 其日ニ直ニ。

ぞくじん (名) 【俗人】 學問文雅ノ道ニ入ラヌ世俗ノ人。

そくしんそくぶつ (句) 【即身即佛】 佛經ノ語、其身、ソノママ佛ナリ。

ぞくしょう (名) 【俗稱】 (一)俗間ノ稱。(二)俗名。

ぞくす (自動)(不規.二) 【屬】 (一)ツク。タグフ。「其種類ニ―」(二)從フ。クミス。下ニツク。「敵ニ―」

ぞくずゐし (名) 【續隨子】 ホルトサウ。

そくせい (名) 【即世】 死ヌルヿ。(人ニ)

そくせい (名) 【促聲】 ツノ部ノ初ノツノ條ヲ見ヨ。

そくせき (名) 【即席】 其場ニテ直ニモノスルヿ。「―料理」「―話シ」

ぞくせき (名) 【屬籍】 戸籍ノ屬キテアル地。人別ノアル處。

ぞくせつ (名) 【俗說】 俗間ニ言ヒ傳フル說。

そくせん (名) 【燭剪】 蠟燭ノシンキリ。ショクセン。

ぞくぞく (副) 事ノ身ニ迫マリテ感ズル狀ニイフ語。「―寒イ」「―恐シイ」「―嬉シイ」

ぞくぞく (副) 【續續】 ヒキツヅキテ。打連レテ。「―進ミ來ル」

そくたい (名) 【束帶】 〔石帶ニテ束ヌル義〕 正禮ニ裝束スル稱、冠、袍、石帶、下襲、裾、表袴、劍、笏、靴ノ沓、具備シテ裝フヿ。

ぞくたい (名) 【俗體】 僧ナラヌ平人ノ體。

しょくたく (名) 【囑託】 賴ミ委ヌルヿ。

そくたふ (名) 【即答】 タダチニ答フルヿ。

ぞくだん (名) 【俗談】 俗間ノ話。文雅風流ナラヌ話。

ぞくぢん (名) 【俗塵】 世事ノ煩ハシキヲ厭ヒテイフ語。

そくぢょ (名) 【息女】 ムスメ。(貴人ニ)

そくつう (名) 【足痛】 アシノイタミ。

ぞくと (名) 【賊徒】 (一)ヌスビトドモ。(二)朝敵ノヤカラ。

そくとう (名) 【喞筒】 ミヅアゲ。ミヅテッパウ。ポンプ。

そくなん (名) 【息男】 ムスコ。子息。

そくはく (名) 【捉迫】 セマルヿ。セリツムルヿ。

そくはく (名) 【側柏】 コノテガシハ。

そくばく (名) 【束縛】 シバリククリテ自由ナラシメヌヿ。

そくばく (副) 【若干】 そこばくニ同ジ。

そくはつ (名) 【束髮】 (一)髮ヲタバヌルヿ。(二)今、西洋婦人ノ結髮ノ風ヲ稱スル語。

ぞくひ (名) 【續飯】 飯ヲ糊ニ押シナシタルモノ。飯糊。

そくび (名) 【外頸】 〔そハ發語カ、其ノ意ヲ〕 頸ヲ鄙リテ呼ブ語。「馬ノ尾ヲ切リ、足打折リ、舍人ノそくびヲツキ、寺內ノソトヘ追ヒ出ス」「―ヒキヌク」

ぞくぶつ (名) 【俗物】 無學不風流ナル人。

ぞくぶん (名) 【俗文】 通俗ニ記ス高尚ナラヌ體ノ文章。

ぞくへん (名) 【續編】 第二ノ編。

ぞくみやう (名) 【俗名】 (一)俗稱。通稱。(名ノ條ヲ見ヨ)(二)佛家ニ、法名ニ對シテ、其人ノ在俗ノ名。

ぞくむ (名) 【俗務】 俗事ノツトメ。

ぞくやく (名) 【俗役】 文學ノ道ヨリシテ、尋常ノ役人ノ勤メヲイフ語。

そくよう (名) 俗用 俗事ニ同ジ。
ぞくり (名) 俗吏 俗役ノ役人。
ぞくり (名) 屬吏 下役ニ同ジ。
そくりき (名) 足力 按摩ノ技ニ、手足共ニ用ヰテ行フモノ。
そくりやう (名) 測量 器械ヲ用ヰ、數學ノ技ヲ以テ、物ノ高サ、深サ、長サ、廣サ、遠サ、ナドヲ測リ知ルコト。
そくわ (名) 麁菓 粗末ナル菓子。
ぞくわ (名) 俗話 文學ノ道ヨリシテ、尋常世間ノ話ヲ稱スル語。
そくわい (名) 素懷 素志ニ同ジ
そくわつ (名) 疎闊 ウトウトシキコト。疎遠。
そくゐ (名) 即位 (一)帝王ノ位ニ即キ給フコト。(二)古ハ、即位ト踐祚ト別無シ、中世以後、先帝崩ジマシマシテ、嗣君、先ヅ、位ヲ繼ギ給フヲ踐祚ト申シ、後ニ更ニ、其正式ノ大禮ヲ行ハセラルルヲ即位(しよくゐト讀ム)ト申ス、即位ノ禮ヲ行ハルト申スベキ略ナリ。又、先帝、故アリテ位ヲ去ラセラレ、嗣君コレニ繼ガセラルルニ、讓ラセラルルニ就キテハ讓位ト申シ、受ケサセラルルニ就キテハ受禪ト申ス、其義相同ジ。
そくゐん (名) 仄韻 韻ノ條ヲ見ヨ。
そくゑ (名) 觸穢 しよくゑニ同ジ。
そげ (名) 竹木ノ削ゲタル端。又其端ノ肌ニ立チテ傷ツクルモノ。トゲ。竹木刺
そけい (名) 麁景 麁末ナル景物。(商家ノ店開キナドニ出スニ就キテイフ謙語)
そげき (名) 狙擊 ネラヒウチ。
そけん (名) 素絹 素キ絹ノ服。(僧服ニイフ)
そけん (名) 訴權 裁判所ヘ訴ヘ出ヅベキ權理。
†そげる (動) 削 そぐ(規.二)ノ訛。
そこ (名) 底 〔退ノ轉カト云〕(一)凹ミタル内ノ下ニ當ル處。「盃ノ―」海ノ―」谷―」(二)(天ニ對シテ)地ノ稱。「―津石根」(三)至リ極マル處。キハミ。ソコヒ。「思ヒ遣ル、便ノ知ラネバ、片椀ノ、底ニゾ吾ハ、戀ヒナリニケル」老ノ―」(四)奧深ク隱レタルトコロ。「心ノ―」考ヘノ―」―意」―心」―意地」―氣味」
〔そこ (名) 塞 〔前條ノ語意ニ同ジ、境界ノ極ノ意〕(一)要害ノ地ノ内外ヲ隔ツル處。(二)壘壁。
そこ (代) 其處 (一)ソノトコロ。稍身ヨリ離レタル地位ニ用ヰル代名詞。(ここ、又ハ、かしこナドニ對ス)(二)對稱ノ代名詞、稍下輩ナルニ用ヰル。(足下ノ音トイフハアラジ)「―バカリヲ形見ニ見ルハ、口惜シクナム」宰相ト―トノ程ナラムト推シ量リツトテ、イミジウ笑ハセ給こ」吾子
そご (名) 齟齬 クヒチガフコト。前、後、事ノ相違スルコト。
そこい (名) 底意 シタゴコロ。
そこゐん (名) 底心 シタゴコロ。
そこそこ (副) 落着カズ取急グ状ニイフ辭。イソイソ。「支度モ―立出ヅ」倉皇
そこつ (名) 粗忽 事ヲイルカセニスルコト。念ノ入ラヌコト。輕忽
そこづみ (名) 底積 積ミタル物ノ下ノカニテリタルモノ。
†そこで (接) 其時ニ。スナハチ。乃
そこなふ フ・ヘ・ハ・ヒ・ヘ (他動)(規.一) 損 (一)瑕ヲツク。コハス。コボツ。ヤブル。損ズ。ソコネル。「物ヲ―」事ヲ―」心地ヲ―」(二)打チ創ツク。切リ傷ムル。「人ヲ―」傷 殘害 (三)アヤマル。爲損ズ。「聞キ―」言ヒ―」考ヘ―」失錯
†そこねる ネル・ネレ・ネ・ネ・ネヨ (他動)(規.四.變) 損 そこなふニ同ジ。
〔そこはかと (副) 〔其處果處ノ義ト云、或云、其處量ノ意ト〕ソコトモ、カシコトモ。何地トモ。「―見エヌ山路ニ、言問ヘバ、今宵モウトシ、白露ノ宿」何處ニカ、君ヲバ置キテ、歸リケム、―ダニ、オモホエヌ哉」暮レガタキ、夏ノ日クラシ、眺ムレバ、―ナク、物ゾ悲シキ」
そこばく (副) 若干 〔許多バカリノ略轉カト云〕數アルヲ慥ニ指シ示サズシテイフ語。ソクバク。イクツカ。
そこひ (名) 〔ひハ此病ノ總名〕眼ノ病、外見ハ常ノ如クニシテ、瞳子動カズシテ物見エズ。黒內障 黒障眼 又、瞳子ノ色、青色、灰白色、赭色等ニシテ透明ナラヌモアリ。白內障 又、外障アリ、瞳子ノ上ニ物ヲ生ジ、遮リテ見エズ。
〔そこひ (名) 〔退方ノ轉ト云〕物事ノ至リ極マル處。キハミ。ハテ。「天地ノ、曾許比ノ內ニ、吾ガ如ク、君ヲ戀フラム、人ハ實アラジ」―ナキ、淵ヤハサワグ、山川ノ、淺キ瀬ニコソ、アダ波ハ立テ」イトおシキ御色合ノ、イ

も知ラズ、清ラナルニ」際涯

そこまめ (名) 底豆 肉刺ノ、足ノ底ノ肉中ニ生ジタルモノ、熱シ腫レ腫ミテ甚シク痛ム。牛程蹇

そこもと (代) 其許 (一)其ノ所。ソコ。「中島ノ松ヲマハリタル女アリ、ソコモトニ、紙ノ端ニ書キテ、斯クオシック、歌」(二)轉ジテ、對稱ノ代名詞、稍下輩ナルニ用ヰル。ソコ。ソノモト。ソナタ。吾子

〔そこら (副) 許多 〔其處等、此處等ノ二語ニテ、數多キ意ヲイフヲ、一語ツツ各自ニ用ヰテモ、其意ヲナスモノト云〕 數多ク。アマタ。ゴコラ。サハニ。「諸人ノ、ソコラ新リシ、シルシアラバ、ソコラノ人ノ、謗リ恨ミヲモ憚ラセ給ハズ」ソコラ契リシ、言ノ葉ヲ」

そこり (名) ソコルコト。潮ノ全ク退クコト。

そこる (自動)(規.一) 〔底ヲハタラカス〕 潮退キ涸レテ水底ヲ現ハス。潮涸

そさい (名) 蔬菜 アヲモノ。ヤサイモノ。ハタケモノ。

そさう (名) 粗相 (一)粗略ナルコト。粗忽。(二)アヤマチ。シソコナヒ。過失

そざう (名) 粗糙 粗クシテ、ザラザラスルコト。

そさん (名) 素餐 功勞無クシテ祿ヲ食ミ居ルコト。

そし (名) 祖師 (一)一派ノ宗門ノ祖ノ尊稱。(二)日蓮宗ニテ、專ラ、其祖、日蓮ノ尊稱。

そし (名) 素志 本生思ヒツケテアル志。宿志。素懷。素意。

〔そしい (名) 疏食 〔字ノ音、そしノ轉〕 粗食ニ同ジ。「飯ニ疏食ニ飲レ水」

そしき (名) 組織 クミタテ。

そしき (名) 粗食 粗末ナル食膳。

〔そしし (名) 膂宍 〔背肉ノ義〕 脊筋ノ肉。

そして (接) 而 さうしての約。

そしやう (名) 訴狀 訴訟ノ文書。訴牒

そしゆ (名) 麁酒 品味ノ劣レル酒。(人ニ勸ムルニイフ謙語)

そしよう (名) 訴訟 ウッタヘ。公事。

そしよく (名) 粗食 そしきニ同ジ

そしらぬかほ (名) 〔しらぬハ、複語〕 知リテ知ラヌ顔色スルコト。

そしり (名) 誹 ソシルコト。惡ク言ヒナスコト。「人ノ──」世ノ──」

そしる (他動)(規.一) 誹 謗 譏 毀 詆 他ノ行事ヲ惡ク言ヒナス。人ヲ惡シク稱シテ、其德ヲ損ス。

〔そしろだ (名) 千代田 代ノ條ヲ見ヨ。

〔そす (他動)(規.一) 過 スゴス。スグス。(熟語ニノミ)「心得ルマデ好ミシ給ヘル人人ニ酒强ヒソシナドシテ」責メソサセ給ヘルニ困ジ」老人ドモハ爲ソシツト思ヒ」言ヒソシテ」

そす (自動)(不規.二) 殂 死ヌ。但シ、多クハ、僭僞ノ帝王、又ハ、外國ノ帝王ナドヲ貶シテ、崩ズニ代ヘ用ヰル。

そす (自動)(不規.二) 蘇 ヨミガヘル。イキカヘル。

そすい (名) 疏水 地ヲ切リ開キテ水ヲ通ジ遣ルコト。

そせい (名) 粗製 粗末ナル作リ方。

そせい (名) 蘇生 ヨミガヘルコト。イキカヘルコト。

そぜい (名) 租稅 租ト稅トノ條ヲ見ヨ。

そせん (名) 祖先 先祖ニ同ジ。

〔そそ (感) 夫レ夫レト指シ示ス聲。「アナタニ人ノ聲スレバ、そそナド宣フニ、聞キモ入レネバ」只今オハスルヤウニテ打叩キ給フ、そそヤナド言ヒテ、火取直シ格子取放チテ入レ奉ル」そそや開ケ、明クル端山ノ時鳥」驚破

〔そそ (感) 葉ノ風ニソヨグ音。又ハ羽打ツ音ナドニイフ語。「荻ノ葉ニ、そそや秋風、吹キヌナリ」竹ノ葉ニ、そそや鶯ノ、音スナリ」羽音モそそや、哀レカクナリ」颯颯

そそう (名) 祖宗 先祖ト中興ノ祖ト。

そそかし (形.二) 急急スル狀ナリ。アワタダシ。ソソカシ。「ソソカシゲニ、急ギワタルモ、彼レガ身ニハ、何バカリノ悦ビカアラム」打笑ヒテ何トモ思ヒタラズ、イトソソカシウ、ハヒオリサワギ給フ」急遽

〔そそき (名) 飛廉 又、フホホテグサ。草ノ名、夏ノ末ニ子ヨリ生ズ、葉ハあざみニ似テ黄綠ニシテ、刺多シ、秋冬ハ地ニ就キテ叢生ス、春、薹ヲ出スコト三五尺、枝、葉、共ニ互生ス、莖ニ、薄キ羽、數條起リテ、ひれノ如クニシテ、刺更ニ多シ、夏、枝ノ末每ニ白花ヲ開ク、あざみニ似テ小シ、後ニ絮トナリテ飛ブ、絮每ニ一子アリ。オニマユハキ。

〔そそく (自動)(規.一) そそくるニ同ジ。「結

君オハシテ、ソソキ歩キ給フヲ」雛ヲシスヱテ、ソソキ居タマヘリ」格子ソソキ明ケテ、人人ノゾゾクベカメリ」急遽

〔そそ・く・クル・クレ・ケ・ケ・ケヨ〕（自動）（規・三）亂レワワクル。ゲムクダツ。「ソソケタル廬ノ生ヒサマナド」髮ー」鬢ー」蓬蓬

そそ・ぐ・グ・ゲ・ガ・ギ・ゲ（他動）（規・一）沃注漑（一）撒キカクル。流シカク。「水ヲ草木ニー」（二）注ギ入ルル。「酒ヲ瓶ニー」注入（三）其方ヘ向クル。「意ヲー」注意

〔そそ・くる・ル・レ・ラ・リ・レ〕（自動）（規・一）急ハシクモノスル。ゾソク。「御座所ノ塵拂ヒゾソクリテ」アマガツナド、御手ツカラゾソクリオハスルモ、イトワカワカシ」木草ヲ取集メテ、珍ラカナル藥玉セム、ナド言ヒテゾソクリ居タル」急遽

廿そそつかし（形）そそかしノ音便。

そそのか・す・ス・セ・サ・シ・セ（他動）（規・一）慫慂唆 漫ニ進ムヤウニナス。勸ムル。「タビタビゾノカシ聞エ給ヘド、トカク聞エスマヒテ」琴ゾノカサレテ、ホノカニ掻キ鳴ラシ給フ」御粥ナドゾノカシ聞ユレド」

〔そそ・めく・ク・ケ・カ・キ・ケ〕（自動）（規・一）騷騷スル。サザメク。「コナタニモ、心ノドカニ居ラレタラズ、ゾソメキ歩クニ」己ガジシノイドナミニ、起キ出デテ、ゾソメキ騷グモ」瀧口ノ、弓ナラシ、沓ノ音ゾソメキ出ツルニ」

〔そそ・る・ル・レ・ラ・リ・レ〕（自動）（規・一）進ミ昇ル。「白雲ノ、千重ヲ押シ分ケ、天曾曾理、高キ立山」

そそ・る・ル・レ・ラ・リ・レ（他動）（規・一）（一）搖リ動カス。「ユスリアゲヨ、ゾソリアゲヨ」子ヲ抱キアゲテゾソリ」（二）サアメク

〔そそろ（名）膕 鷲鳥ノ、食已リテ、其皮毛ノ丸ノ如キヲ吐クモノ。

〔そそろかよ〕副 身ノ丈ノ聳エテ高キ狀ニイフ語。「コレハ、今少シーナマメケル氣色マサリ給ヘリ、カレハ、少シササヤカニ小キ方ニヨリタマヘリ」丈ダチ物物シウーヲ見エ給ヒケル」

〔そそろ・く・ク・ケ・カ・キ・ケ〕（自動）（規・一）漫ニ不覺 漫ニテル。スズロク。「言ヒヤル方モナクテ、ゾソロキ居タリ」ソソロキ歌フ」

〔そぞろごと〕（名）漫言 何トナク漫ニイフ言。スズロゴト。「ゾソロゴトニ、徒然ヲバナグサメツツ、世ニアルベキ人數トハ思ハズナガラ」

〔そぞろさむ・し・ク・ケレ・カ・ク〕（形・一）漫寒 何トナク漫ニ寒シ。ゾゾトスル。「荻吹ク風ノ音モ、ゾソロサムク」万ノ事ゾソロサムク、面白サモ、アハレサモ、立チゾヒタリ」

そぞろに（副）漫ニ不覺ニ坐 何故トモナク、心進ビテズズロニ。「霞モ霧モ隔テヌ空ノ氣色ノ、何トナク、ゾソロニ、ヲカシキニ」ゾソロナル人ノ手ヨリ、物ヲ多ク得テケリ」主ノ女房モ下女モゾソロナル氣色ナレバ」

〔そぞろは・し・シキ・シケレ・シク・シク〕（形・二）漫ニ心進ム狀ナリ。スズロハシ。「イトド及ビナキ心チシタマフニ、ゾソロハシキマデナム」

そだ（名）粗朶〔殺枝ノ略カト云〕木ノ枝ヲ伐リ取レルモノ、薪トシ、堤ヲ築ク料トシ、海苔ヲ取ルひびトス。柴

そだち（名）育 ソダツ」ソダチタル狀。「一ガ早イ」成育

そだ・つ・ツ・テ・タ・チ・テ（自動）（規・一）育〔副立ツノ義カト云〕時ヲ歷テ大クナル。生ヒ立ツ。延ブ。成長ス。成育

そだ・つ・ツル・ツレ・テ・テ・テヨ（他動）（規・二）育 育ツヤウニナス。養ヒテ生シ立ツル。成長セサス。

そだて（名）育 ソダツル」ソダツル狀。「一ガ善イ」

〔そち〕（名）帥 太宰府ノ長官、帥ニ同ジ。

そち（代）其方（一）稍、身ヨリ離レタル方位ニ用ヰル代名詞。ソノカタ。ソナタ。ソッチ。（をち、又、あちナドニ對ス）（二）下輩ニ用ヰル對稱ノ代名詞。

そちや（名）粗茶 品ノ劣レル製茶。（人ニ勸ムルニイフ謙語）

そつ（名）帥〔字ノ音、そのナルベキヲ斯ク讀來レリ〕又、そち。太宰府ノ長官、正、權アリ。

そつ（名）卒 雜兵。足輕。

廿そつ（名）〔損墜ノ音カト云〕（一）ツヒエ。入費。（二）遺失。「一ハナイ」

そつきよ（名）卒去〔字ノ音、しゆつきよノ誤〕五位以上ノ人ノ死去ノ稱。（卒ス、ノ條ヲ見ヨ）

廿そつくび（名）そくびノ音便。「一引キ拔ク」

そつくり（副）アリノママ。ソノママ。宛然

そつげふ（名）卒業 學業ヲ學ビ卒ヘタルコト。

そつじ（名）率爾 言語、動止ノ輕率ナルコト。「一ノ問」一ノ振舞」

そつす（動）卒ス、ノ誤。

そつせん（名）率先 衆ヲ率ヰテ先立ツコト。

そつぜん (副) 卒然 輕率ナル狀ニイフ語。

そつたふ (名) 卒倒 卒ニ氣絶シテ倒ルルヿ。時ヲ移シテ蘇ヘルニイフ。假死

そち (代) 其方 そちらノ音便。

そつちゆう (名) 卒中 次條ノ語ニ同ジ。

そつちゆうぶ (名) 卒中風 病ノ名、血腦ニ迫マリテ、直ニ死ヌルモノ。

そつと (副) そつとノ音便。靜ニ。ひそかニ。

ぞつと (副) 身ノ毛イヨダツ狀ニイフ語。「―恐ロシ」「―嬉シ」

井そつぱ (名) 反齒 〔そりはノ音便〕 前齒ノ前ヘ反リテ脣ヨリ出ヅルモノ。出齒。

ソップ (名) 肉汁 〔英語 Soup ノ訛〕 肉ヲ煮出シタル汁ニ、多少、調味シタルモノ。

そで (名) 袖 〔衣手ノ義ト云、或ハ衣出ノ約カ〕 (一)衣ノ左右ノ、肩ヨリ兩腕ヲ被フ處。(二)混ジテ、袂。(三)鎧ノ具、頸ヨリ懸ケテ、肩ヲ被フモノ。肩甲 (四)涙ヲ拭ヒテ浸リタル袖。「―ノ雨」「―ノ水」「―ノ時雨」「―ノ波」

そでうつし (名) 袖移 物ヲ現ハサズシテ、兩人ノ袖ヨリ袖ヘ移シ送ルヿ。

そでがうろ (名) 袖香爐 衣中ニ用キル香爐ニテ、機環アリテ、轉廻シテ、爐ノ體、常ニ平ナルヤウニ作レルモノト云。袖爐。

そでがき (名) 袖書 古ノ公文書ニ、別ニ、當職ノ人ノ、行ヲ下ゲテ文ヲ書キ入ルルヿ。

そでがき (名) 袖垣 竹垣ナドノ、物ニ添ヘテ低ク取付ケタルモノ。

〔そでがさ〕 (名) 袖笠 袖ヲ被キテ笠ニ代フルヿ。「何ニセム、我レカザスラシ―ノ、下ニテ涙、雨ト降リヌルヒ」

そでがらみ (名) 袖搦 つくぼうノ條ヲ見ヨ。

〔そできちやう〕 (名) 袖几帳 袖ヲ揚ゲテ顏ヲ隔テ掩フヿト云。「袖ヲフタギツユ見オコセズニ云云、サテ後ニ、―ナド取リノケテ思ヒナホリ給フメリシ」

そでぐくり (名) 袖括 狩衣、水干、直垂、等ノ袖口ノ下ニ、緒ヲ、大針、小針、交互ニ刺シタルモノ、手ヲ遣フトキ、此緒ヲシメテ、袖ヲ手首ニ括リ結フ。其端ノ垂レタルヲつゆトイフ。

そでぐち (名) 袖口 (一)簾ノ下ヨリ、女房ノ衣ノ袖ヲ出スヿト云。「所所ノ御サジキ、心心ニシツクシタルシツラヒ、人ノ―サヘ、イミジキ見モノナリ」(二)袖ノ端ノ手首ノ出ヅル所。袪

そでごひ (名) 袖乞 〔僧ノ托鉢スルニ、袖ニ鉢ヲ載セテ米ヲ乞ヒ受クルヨリ起レル語カ〕 乞食スルヿ。モノモラヒ。

そでじるし (名) 袖標 かさじるしノ條ヲ見ヨ。

そてつ (名) 蘇鐵 〔枯レムトスルトキ鐵釘ヲ打込メバ蘇ストゾ〕 暖地ノ樹、幹、直ニ聳ユ、大ナルハ丈餘、皮ニ鱗甲アリ、葉ハ、梢ニ叢生ス、莖ノ長サ、二三尺、細カク深キきざみアリテ、魚ノ刺ノ如シ、葉ノ形、鳳尾ニ似タリ、雄ニ花アリ、長サ、一二尺、幅、二三寸、下垂ス、松毬ニ似テ、鱗甲甚ダ多ク、淺黃色ナリ、雌ニ實アリ、桃ニ似テ、外皮ハ薄ク赤ク、内皮ハ厚ク白シ、内ニ白仁アリ、細末トシテ食フベシ。鳳尾蕉

そでづきん (名) 袖頭巾 頭巾ノ一種、衣ノ袖ノ如ク製シテ、袖口ノ處ヨリ面ヲ出シテ頭ヲ包ム、婦人ノ用ナリ、東國ニ、御高祖頭巾。

そでどめ (名) 袖止 ふりそでノ條ヲ見ヨ。

そでなし (名) 袖無 羽織ノ如クニシテ、胴ノミニテ兩袖ナキモノ。褙 背心

〔そではん〕 (名) 袖判 〔袖書ノ轉ナラム〕 鎌倉室町ノ頃ノ公文書ニ、可シト認メテ押ス判ノ稱。

そでまくり (名) 袖捲 働クトキナド、袖ヲ捲リテ臂ヲアラハスヿ。マクリデ。ウデマクリ。「賤ノ女ガ、妻木採リニト、朝起キテ、イロイロ衣、―シツ」 擄臂

そと (名) 外 〔背面ヲ略シテ誤用セル語ト云、或ハ其外ノ意カ〕 (一)外。ホカ。外面。(二)門ノ外。(三)屋ノ外。ノデン。露天

そと (副) 緩ク。和ヤカニ。ソツト。

そとうみ (名) 外海 内海ニ對シテ、大海ノ稱。外洋

そとがまへ (名) 外構 家屋敷ノ門、垣、屛、ナドノ作リ狀。

そどく (名) 素讀 書物ヲ讀ミ習フニ、意義ヲ解クヿナク、口ハ聲立テテ文字ノミ讀ムヿ。ソヨミ。(初學ニイフ)

そとぐるわ (名) 外郭 城ノ最モ外ナル郭。羅郭

そとのり (名) 外法 うちのりノ條ヲ見ヨ。

ソトバ (名) 卒堵婆 〔梵語、高顯ノ義、方墳ナドト意譯ス〕 佛、高顯ノ物ヲ好ムトテ、木石ニテ、地水

火風空ノ五層ノ高キ物ヲ作リテ佛ニ供スルモノ。略シテ、塔婆トモイフ。高ク寀ニ作レルヲ、更ニ略シテ、塔トノミイフモ是レナリ。
そとぼり (名) 外堀 外郭ノ外ノ堀。外濠
〔そとも〕(名) 背面 〔背之面ノ約〕(一)山ノ陰。(かげとものモ條ヲ見ヨ)(二)スベテ、後ノ方。(三)轉ジテ、外。ホカ。ソト。外面
そとわに (名) わにあしノ條ヲ見ヨ。
そなた (代) 其方 〔そのかたノ約〕(一)稍、身ヨリ離レタル方位ニイフ代名詞。ソチ。(あなた、又、かなたナドニ對ス)(二)對稱ノ代名詞、下輩ニ用ヰル。
そなはる・ル・レ・ラ・リ・レ (自動)(規・一) 備 (一)足ハヌヿナクテアリ。揃ヒ調フ。(二)自然ニ有チテアリ。持前ニアリ。「身ニ—」
そなふ・フル・フレ・ヘ・ヘ・ヘヨ (他動)(規・二) 備具 (一)足ラハヌヿナク調ヘ設ク。取リ揃ヘ待ツ。(二)備ヘテ奉ル。「神ニ供物ヲ—」奏聞ニ—」 供
そなへ (名) 備 (一)ソナフルヿ。調ヘテ待ツヿ。用意。支度。(二)敵ノ來ルヲ待受ケテ兵ヲ配ルヿ。又其兵。「先—」 陣 隊
そなへもち (名) 供餅 神ニ供フル鏡餅。
卄そなへる (動) 備フ、供フ、ナドノ訛。
そなる・ルル・ルレ・レ・レ・レヨ (自動)(規・二) 磯馴 〔副馴ル、ノ意カト云、或ハそハ磯語カ〕 枝、幹、傾キテ生ヒ延ブ。「荒磯ノ波ニソナレテ、濱松ハ、ミサゴノヰルゾ、タヨリナリケル」「三吉野ノ、北山陰ニ、立テル松、幾秋風ニ、ソナレ來ヌラム」
そなれ (名) 磯馴 (一)ソナルルヿ。地ニ傾キテ生フルヿ。「—ノ松」「—木」(二)はひびやくしんノ一名。
〔そに〕(名) 又、そび。魚狗ノ古名。
そにん (名) 訴人 ウッタヘイヅル人。訴訟スル人。首告人
〔そね〕(名) 确埆 石雜リノ瘠地。(土佐ノ長岡郡ニ、大埆小埆ノ村名アリ、陸前ノ遠田郡ニ、大埣中埣ノ村名アリ)
そねまし・シキ・シク・シケレ・シカ・シク (形・二) 嫉 ソネムベクアリ。
そねみ (名) 嫉 ソネムヿ。ネタミ。
そねむ・ム・メ・マ・ミ・メ (他動)(規・一) 嫉 羨ミ極マリテ憎ム。他ノ能ヲ妬ミテ仇セムトス。
その (名) 園 〔背野ノ義ニテ、前栽ト對スル語ト云〕(一)圍アリテ蔬菜、果木ナド植ヱル地。(二)齋宮ノ忌詞ニ、穴。
その (代) 其 稍、身ヨリ離レタル物事ヲ指シ示シテイフ代名詞。(あの、かの、あのナドニ對ス)
そのうち (副) 其内 近キ頃ニ。近日。
そのうへ (副) 其上 ソレニ加ヘテ。カツ。且 加之
そのかみ (名) 當時 〔其上ノ義〕既往ノ其時。ソノムカシ。「石上、布留ノ社ノ、ソノカミヲ、舊キ心ハ、今モ忘レジ」ソノカミヲ、老木ハウベモ、朽チヌラム、植ヱシ小松モ、丈生ヒニケリ」
そのかみ (副) 當時 (一)〔事アリテ其時。乃チ。「一人ハ足ヲ捉ヘ、今一人ハ、手ヲ捉ヘテ、死ニケリ、ソノカミ、親イミジク騷ギテ」一人ハ頭ノ方ヲ射ツ、今一人ハ尾ノ方ヲ射ツ、ソノカミ、何レトイフベクモアラヌニ、女思ヒワヅラヒテ」(二)過ギシ其時ニ。「ソノカミ、謠マジウ思ヒ給ヘリシ同ジ程ノ人、多ク失セ侍リニケル世ノ末ニ」
そのはう (代) 其方 對稱ノ代名詞、下輩ニ用ヰル。
そのふ (名) 園生 園ノ物ヲ植ウベキ處。園 圃
そのまま (副) 其儘 形ヲ變ヘズニ。ソックリ。
そのもと (代) 其許 對稱ノ代名詞、稍下輩ナルニ用ヰル。ソコモト。
〔そは〕(名) 岨 〔背端ノ義カト云〕山ノ傍ノ嶮岨ナル所。キリギシ。ガケ。
〔そば〕(名) 稜 〔前條ノ語ノ轉〕(一)角。(二)〔衣ノ端。「指貫ノそば挾ミテ、絹ノ狩衣メキタル着テ」袴ノそば高ク挾ミテ」
そば (名) 側 傍 〔岨ノ轉、或ハ沿場ノ約カ〕カタハラ。カタワキ。ホトリ。アタリ。
そば (名) 蕎麥 〔稜麥ノ略〕(一)古名、ソバムギ。クロムギ。夏、種ヲ下ス、莖ノ高サ、一二尺、圓クシテ赤ク光ル、葉、互生シ、おかさニ似テ、短ク薄クシテ光滑ナリ、秋、莖ノ梢ニ、白花、簇リ生ズ、實、三稜ニシテ、皮黑ク、子白シ、磨キテ粉トシ、多ク、そはきり、そばがきトシテ食フ。(二)そばきりノ略。
そばう (名) 粗暴 振舞ノ無禮ニシテアラアラシキヿ。
〔そばうり〕(名) 胡瓜 〔實ニ稜アレバイフ〕黃瓜ノ古名。又、カラウリ。
卄そばえる (動) そばゆノ訛。

ソハカ（名）【薩婆訶】梵語、善說、又ハ、散去ナドト譯ス、呪文ノ末ニイフ語。
そば-がき（名）【蕎麥搔】蕎麥粉ヲ熱湯ニテ搔キ捏ネタルモノ、汁ニ浸シテ食フ、ソバネリ。黑兒
そば-かす（名）〔蕎麥滓ノ義カ〕古名、かをも。面皮ノ病、皮ニ米粒ノ如キモノヲ生ズ。䵟面
そば-がら（名）【蕎麥殼】蕎麥ノ實ヲ磨キテ脫ゲタル殼。
そば-きり（名）【蕎麥切】蕎麥粉ヲ水ニ捏ネテ、延ベテ細ク切リタルモノ、製法、饂飩ニ同ジ、煮デテ、汁ニ浸シ、或ハ、汁ニ煮テ食フ。略シテ、ソバ。河漏
そば-こ（名）【蕎麥粉】蕎麥ノ子ヲ磨キテ粉トセルモノ、色白シ、そばきり、そばねりトス。蕎麥麪
そはそは（副）心、擧動ノ落着カヌ狀ニイフ語。
〔そばそば・し・シキ・シケレ・シク・シカ〕（形・二）（稜ヲ重ネテ活用ス）（一）カドダツ。カドカドシ。「上甋稜而棲二金爵一」（二）交リニ圭立テテ、ヨソヨソシ。「弘徽殿ノ女御、又、此宮トモ、御中ソバソバシキ故、打チソヘテ、モトヨリノ惡サモ立出デ」常ハ少シソバソバシク心ヅキ無キ人ノ」圭角
そば-だ・つ・ツ・テ・チ・テ・テ（自動）（規・一）【峙】〔稜立ツノ義〕獨リ別ニ聳ユ。殊ニ高ク立ツ。（山ナドニ）
そば-だ・つ・ツル・ツレ・テ・テ・テヨ（他動）（規・二）【欹】峙ツヤウニナス。一端ヲ上ゲ起コス。「耳ヲ一」枕ヲ一」
そば-づかへ（名）【側仕】主君ノ側近ク仕フル者近侍
そば-づゑ（名）【傍杖】（一）諍鬪ノ傍ニ居テ、其打合フ杖ニ中タルヿ。（二）不慮ノ禍ニ出合フヿ。
そば-ねり（名）【蕎麥煉】そばがきニ同ジ。
〔そば-のき（名）樹ノ名、詳ナラズ、和名抄ニ、曾波乃岐トアリ、（但シ其當テタル棱棱ノ字ハ、方形ノ材ニテ、樹名ナラズ）枕冊子ニ「そはノ木、ハシタナキ心チスレドモ、（稜ト聞ユレバナリ）花ノ木ドモ散リ果テテ、押シナベタル綠ニナリタル中ニ、時モ分カズ、濃キ紅葉ノ、ツヤメキテ思ヒカケヌ靑葉ノ中ヨリ差出デタル、愛ヅラシ」トアリ、かなめノ木ヲ、山人ハートモイフ、春ノ末ニ、若葉、赤クツヤヤカナレバ、是レカト云。
そば-のき（名）〔花、白ク、蕎麥ニ似タレバイフカ〕樹ノ名、山ニ生ズ、葉ハ櫻ノ如ク、花ハ白クシテ水仙ニ似テ、夏ノ初ニ簇リ開キテ雪ノ如キモノトゾ。
そはん（名）【粗飯】旨カラヌ飯。（人ニ勸ムル時ノ謙語）
〔そば・む・ム・メ・マ・ミ・メ〕（自動）（規・一）【側】（側ヲ活用ス）（一）側ニ居ル。カタヨル。「モヤノ中ノ柱ニソバメル人ヤ、我ガ心カクルト、マヅ目トドメ給ヘバ」近クサブラフ人モ、少シ退キツツ、御木丁ノ後ニソバミアヘリ」打チソバミテ書イ給フ」打守リ給ヘバ恥ラヒテ、少シソバミ給ヘル」（二）傍ヘ向キテクネル。「ソバミ恨ミ聞エ給フベキナラネバ」
そば・む・ムル・ムレ・メ・メ・メヨ（他動）（規・二）【側】（一）側ムヤウニナス。傍ヘ向クル。「引キソバメテ急ギ書キ給フ」冠モ打チソバメテ差入レ、指貫直衣ナドヲ引キサゲテ」（二）爪彈キシテ打チモ向ハズ。「カヤウノ事、書キ載セヌモ、憚リ多ク、カタハライタク侍レドモ、何トナク、見捨テ難キニ因リテ、我ヲソバムル人ノ心ヲ顧ミザルベシ」（三）カドダツル。（目ニ）「此院ニ、目ヲソバメラレ奉ラムヿヘイト恐ロシク」側目 反目
〔そば-むぎ（名）【蕎麥】〔稜麥ノ義、殼ニ稜角アリ〕今、略シテそばトノミイフ、其條ヲ見ヨ。又、クロムギ。
そば-め（名）【側目】カタハラメ。傍ニ居テ見遣ルヿ。傍視
そば-め（名）【妾】〔側女ノ義〕正妻ノ外ニ娶ル妻、ヲンナメ。テカケ。メカケ。妾
そば-や（名）蕎麥切ヲ作リテ賣ル家。
そば・ゆ・ユル・ユレ・エ・エ・エヨ（自動）（規・二）〔側ヲ活用セル語カ〕戲ル。タハムル。「ソバエタル小舍人童ナド、引取ラレ、泣クモヲカシ」尋常ノ人ナドハ、血酔ナドスルヲカシ、辨慶ハ、血ノ出ヅレバ、イトド血ソバエシテ、人ヲ人トモ思ハズ」
そば・る・ル・レ・ラ・リ・レ（自動）（規・一）【添】谷シ加ハル。添フ。
〔そひ（名）【傍】カタハラ。カタワキ。ホトリ。「伊香保ロノ、蘇比ノ榛原、ネモコロニ」山田ノそひニ、男鹿鳴クナリ」蘓ノそひノマル柳」
〔そひ（名）【醥】そへニ同ジ、酒ノ條ヲ見ヨ。
〔そひ（名）【陰頹】【下重】〔添ノ義カト云〕病ノ名、陰囊ノ腫レ脹ルルモノ。今そひふぐりトイフトゾ。
〔そひ（名）鳥ノ名、そにノ轉、今、又、轉ジテ、せひ、又ハ、ちようびんトイフ、魚狗ノ條ヲ見ヨ。
⁂そびえる（動）聳ユノ訛。
⁂そびく・ク・ケ・カ・キ・ケ（他動）（規・一）〔傍牽クノ意カト云〕

探リ知ラムガ爲ニ誘フ。「人ノ心ヲ―」

そひね（名）副寐　そひぶしニ同ジ。

そひば（名）添齒　やへばニ同ジ。

そひぶし（名）副臥　他ニ副ヒテ寐ルヿ。ソヒネ。侍寢

そひん（名）麁品　粗末ナル品物

そびやかす・ス・セ・サ・シ・セ（他動）（規・一）聳　聳ヤカニナス。高ク立ツル。「肩ヲ―」

〔そびやかま（副）聳エ延ビヤカナル狀ニイフ語。「御狀、長―ケダカキモノカラ」姫君ハ、マダ小クオハスルガ、貴ニソビヤカナル御貌ノ、御髮、丈ニ少シアマリタリ」〕

〔そびやぐ・グ・ゲ・ガ・ギ・ゲ（自動）（規・一）聳ヤカニテアリ。「イタウ、ソビヤギ給ヘリシガ、少シ、ナリアフホドニナリ給ヒニケリ」〕

そびゆ・ユル・ユレ・エ・エ・エヨ（自動）（規・二）聳　高ク起リ立ツ。ソバダツ。「山―」肩―」

〔そびら（名）背　〔背平ノ義カ〕脊。セナカ。〕

廿そびれる・レル・レレ・レ・レ・レヨ（自動）（規・四・變）機、逸レテ遂ゲズ。シコジレル。「言ヒ―」行キ―」寐―」

そふ（名）祖父　オホヂ。ヂヂ。

そふ・フ・ヘ・ヘ・ハ・ヒ・ヘ（自動）（規・一）添　（一）其上ニツク。加ハル。添ハル。「數―」色―」（二）附キ從フ。連ルル。「親ニ―」君ニ―」副　傍（三）相並ビ配フ。「夫婦ナドニ」配（四）因ルツタハル。「山ニ―」岸ニソヒテ行ク」沿

そふ・フル・フレ・ヘ・ヘ・ヘヨ（他動）（規・二）添　（一）加フ。足ス。益ス。（二）從ハス。屬クル。副（三）ヨソフ。ナゾラフ。「タナギラヒ、雪モ降ラヌカ、梅ノ花、咲カヌガ代ニ、そへテダニ見ム」諷言」諷歌」準擬

〔そふき（名）歷草　そほきノ條ヲ見ヨ。〕

そふく（名）粗服　粗末ナル衣服。

そぶつ（名）粗物　粗末ナル品物。

そぶり（名）素振　顏色動作ノ氣色。

そへ（名）添　（一）添フルヿ。加フルヿ。（二）屬キ從ハスルヿ。副（三）添髮ノ略。（四）飯ノ菜

〔そへ（名）酘　〔添ノ義〕古言、そひ。酒ノ條ヲ見ヨ。〕

そべう（名）祖廟　先祖ノ靈屋。

〔そへうた（名）諷歌　物ニ擬ヘテ論ス意ヲ詠メル和歌。〕

そへがき（名）添書　文書ニ添ハテ記ス文。

そへがみ（名）添髮　髮少キ人ノ髮ニ添ヘ入レテ結フモノ、他人ノ髮ヲ束ネテ製ス。略シテ、ソヘ。又、イレガミ。イレゲ。カモジ。髮髢

そへかん（名）添翰　添狀ニ同ジ。

そへぐるま（名）副車　乘替ヘノ車。

そへことば（名）副詞ニ同ジ。

そへじやう（名）添狀　人、物、ヲ送ルトキ、其旨ヲ記シテ添ヘテ遣ル書狀。添書。添翰。添書

そへぢよ（名）添書　添狀ニ同ジ。

そへぢ（名）添乳　小兒ニ乳ヲ添ヘテ飮マスルヿ。乳哺

〔そへな（副）心ニさうなやト領狀シタル意ヲイフ語ト云。「―トテ　トスレバカカリ、斯クスレバ、アナ言ヒシラズ、逢フサ離ルサニ」ツラサヲバ、戀ヒテゾ知リヌ、―トテ、思ヒヤムベキ、心ナラネバ」ケフ―、クレザラメヤハト、思ヘドモ、堪ヘヌハ人ノ、心ナリケリ」己レハ聞ユル文學カナト言ヘバ、―ト應ヘテ、己レハ聞ユル塩光カナト言フ、又―ト答フ」〕

そへやく（名）添役　本役ニ添ヘテ其勤ヲ助クル役。副官

廿そへる（動）添フ（規・二）ノ訛。

〔そほ（名）赭　色ノ赤キ土ノ名、物ニ塗ル。「旅ニシテ、物戀シキニ、山下ノ、赤ノ曾保船、沖ニ漕ク見ユ」〕

そぼ（名）祖母　オホバ。ババ。

〔そほき（名）歷草　和名抄牛馬ノ體ノ條ニ、曾保岐、俗云曾布岐トアリ、新撰字鏡、骨部ニ、腹傍空處、曾保支トアル是ナラムカ、或云、馬ノ胸前、草ヲ排キテ行ク所ヲ草分トイフ、歷草、或ハ是レナラムト。〕

〔そほづ（名）〔雨露ニ濡ヂテ立テル者ノ意〕案山子ノ類。「足引ノ、山田ノそほづ、己レサヘ、我ヲ欲シトイフ、愛ハシキコト」秋ノ田ニ、立テルそほづノ、姿マデ、霜ニマヨヘル、冬ノ山里」山田守ル、そほづノ身コソ、哀レナレ、秋果テヌレバ、訪フ人モナシ」（此歌、僧都玄賓ノ歌ニテ、そほづヲ僧都ニ掛ケタリト云）〕

〔そほづ・ツ・テ・タ・チ・テ（自動）（規・一）濡　濡ルル。「淺ミニヤ、人ハ下リタツ、我ガ方ハ、身モソホツマデ、深キ戀路ヲ」五月雨ノ、暇シナケレバ、ソホダレテ、山田ハ水ニ、マカセテゾ見ル」〕

〔そほづ・ツル・ツレ・チ・チ・チヨ（自動）（規・三）濡　前條ノ語意ニ同ジ。「旅衣、ツヒニソホヂム、ヨリヨリハ、別レシ袖ヲ、

思ヒオコセヨ」老イニケル、齡モ皺モ、延ブバカリ、菊ノ露ニゾ、今朝ハソホヅル」

〔そほど〕(名)〔濡デ人ノ約カト云〕そほづニ同ジ。案山子ノ類。「所謂久延毘古者、於今者山田之曾富騰者也、此神者、足雖不行盡知天下之事ノ神也」

〔そほめる〕(自動)(規.二) シホシホト濡ル。

〔そほふる〕(自動)(規.二) シホシホト降ル。「小雨ニ―」「彌彦ノ、オノレ神サビ、青雲ノ、タナビク日スラ、小雨曾保零」

そほん (名) 素本 本文ノミ載セタル書。白文ノ書物。(注解、返リ點ナドアルモノニ對ス) 白本

〔そぼる〕(自動)(規.二) 戯 タハムル。戯ル。「今ノ世ノ上手ニオハスレド、餘リソボレテ癖ソ添ヒタメル」「イ桑、柑子ヤウノ物ドモ、云云、人人ソボレ取リ食フ」「イヨイヨ、ホコリカニ打チトケテ、笑ヒナド打チソボルレバ」

そま (名) 杣 (一)山ニ樹木ヲ植付ケテ材木ヲ採ル處。杣山。(二)杣ヨリ取リタル材。杣木。「―板」「―取リ」「―下シ」(三)杣人。杣取。

そまぎ (名) 杣木 (一)杣山ニ生ヒタル樹。(二)又、ソレヲ伐リ出セル材。

そまくだし (名) 杣下 杣木ヲ川上ヨリ流シ下ス事。「―、霞タナビク、春來レバ、雪消ノ水モ、聲合ハスナリ」

そまつ (名) 粗末 麁末 (一)粗ク作レル事。精製ナラヌ事。雜。「―ノ品」粗 (二)粗略。粗忽。「―ニ扱フ」 輕忽

そまとり (名) 杣取 杣木ヲ伐リ取ル事。又、其人。

そまびと (名) 杣人 杣木ノ材ヲ伐リ取ル人。木客

そまやま (名) 杣山 杣ニシタル山。

そまり (名) 染 染マル事。染ミタル色合。

そまる (自動)(規.二) 染 (一)色ニ染ム。色ヅク。染ム。(二)他ノ風ニ觸レ移ル。其氣ニ移リツク。カブル。「香ニ―」「病ニ―」「惡シキ風俗ニ―」 感染

〔そみかくだ〕(名)〔蘇民書札ノ約ニテ、次條ノ符ヲ書キテ人ニ與フルヨリイフカト云〕 修驗者、山伏、ノ異名。「シラカシノ、知ラヌ山路ヲ、そみかくだ、高根ノツキ、蹈ミヤナラセル」

そみん-しやうらい (名) 蘇民將來 疫ヲ避クル神符ニ記ス語。素盞烏尊、南海ニ赴キ、蘇民將來ノ家ニ宿リ給ヘル時、疫行ハレシカバ、茅輪ヲ作リ、懸ケテ、疫ヲ免レシメ給ヒキ、後世、疫アレバ、門戶ニ懸ケテ、蘇民ノ子孫ナリトノ意ヲ示スモノトゾ。

そむ (自動)(規.二) 染 ソマル。色ニ染ム。「色ニ―」「赤ニ―」

○心ニ―、可シト思フ。得心ス。

そむ (他動)(規.二) 染 (一)色アル水ニ浸シテ色ヲツクル。染ミコマス。(二)紅、墨、繪具ナドニテ塗ル。

○筆ヲ― 書畫ヲカク。

そむ (他動)(規.二) 初 始ム。(熟語ニテミ用ヰル)「聞キ―」「見―」「思ヒ―」 刱

そん (名) 損 利ヲ失フ事。益ノナクナル事。損亡。

そん (名) 孫 (一)ウマゴ。マゴ。(二)子孫。後胤。「十世ノ―」

そん (名) 巽 辰巳、即チ東南ノ方

そん-い (名) 尊意 オボシメシ。尊慮ニ同ジ。

ぞん-い (名) 存意 カンガヘ。ミコミ。

そん-か (名) 村家 村里ニアル家。ヰナカヤ。

そん-か (名) 尊下 尊丈ニ同ジ。

そん-がい (名) 尊骸 貴人ノ亡骸ヲ尊ビイフ詞。

そん-がい (名) 損害 ソコナハルル事。損亡。

そん-がう (名) 尊號 尊ビ呼ブ號。

そん-かん (名) 尊翰 尊書ニ同ジ。

そん-がん (名) 尊顏 面會ノ敬語。(手紙ニ)

そん-きん (名) 損金 損亡トナリタル金錢。

そん-きやう (名) 尊敬 タフトビウヤマフ事。ソンケイ。

そん-きよ (名) 蹲踞 ウヅクマル事。

そむく (自動)(規.一) 背 (背向クノ義)(一)背ノ方ヘ向ク。(二)戻ル。違フ。「法度ニ―」「約束ニ―」 乖 (三)逆フ。手向ヒスル。ハムカフ。「君ニ―」 畔 叛 反

そむく (他動)(規.二) 背 背ヘ向ク。「顏ヲ―」

そん-くん (代) 尊君 對稱ノ代名詞、敬稱トス。アナタ。

ぞん-ぐわい (副) 存外 オモヒノホカニ。「―多シ」

そんけい (名) 尊敬ニ同ジ。
そんけい (名) 尊兄 他ノ兄ヲ呼ブ敬語。兄御。令兄
卄そむける (動) そむく(規・二)ノ訛。
そんとう (代) 尊公 尊君ニ同ジ。
そんざい (名) 存在 ソノマヽニアルヿ。
卄ぞんざい (名) (存在ノママノ意カト云) 丁寧ニセヌヿ。粗略。
そんさう (名) 村莊 村里ニアル屋敷又ハ別莊。
そんし (名) 尊師 師匠ヲ敬ヒ呼ブ語。
そんじ (名) 損 ソンズルヿ。コハレ。イタミ。
ぞんじ (名) 存 存ズルヿ。知ルヿ。オボエ。「御—ノ通」
ぞんじがけなし・キ・ケレ・ク・ウ (形・二) 無存懸 オモヒガケナシ。
そんしつ (名) 損失 損亡ニ同ジ。
そんしん (名) 尊信 尊ビ信向スルヿ。
そんしや (名) 村社 村村ニテ共ニ祭ル神社。
そんしや (名) 尊者 (一)大饗ノ時ニ、旨ト立ツル人ノ稱。(二)佛ノ、德、行、智、具ハリテ尊ブベキモノノ稱。
ぞんしやう (名) 存生 イキナガラヘテアルヿ。存命。生存
そんしよ (名) 尊書 他ノ書狀ヲ呼ブ敬語。
そんしよう (名) 尊稱 タフトブトナヘ。
ぞんじよらず (副) 不存寄 オモヒヨラズ。ハカラズ。
ぞんじより (名) 存寄 オモヒヨリ。ミコミ。意見
卄ぞんじる (動) 損ズノ訛。

そんす・スル・スレ・セ・レ・セヨ (自動) (不規・二) 存 ソノマヽニアリ。ノコル。ナガラフ。(亡ブ、ノ反)
そんす・スル・スレ・セ・シ・セヨ (他動) (不規・二) 存 ソノマヽニアラシム。ノコス。保ツ。(無クス、ノ反)
そんす・ズル・ズレ・ゼ・ジ・ゼロ (自動) (不規・二) 損 コハルル。ソコナハル。毀傷
そんす・ズル・ズレ・ゼ・ジ・ゼロ (他動) (不規・二) 損 (一)ソコナフ。コハス。イタムル。毀傷 (二)アヤマル。ソコナフ。「聞キ—」言ヒ—」
ぞんず・ズル・ズレ・ゼ・ヂ・ゼロ (他動) (不規・二) 存 (一)思フ。考フ。思惟 (二)知ル。ココロウ。オボユ。識
そんそう (名) 尊崇 タフトビアガムルヿ。
そんたい (名) 尊體 他ノ身體ヲ敬ヒテ呼ブ語。御身(書狀ナドニ)
そんだい (名) 尊大 タカブルヿ。オホフウ。
そんたいじん (名) 尊大人 他ノ父ヲ尊ビテ呼ブ語。尊父。
そんたく (名) 忖度 オモヒハカルヿ。他ノ心ヲ推察スルヿ。
そんちやう (名) 尊長 メウヘ。
そんぢやう (名) 尊丈 書狀ナドノ宛名ノ下ニ記ス敬語。
ぞんねん (名) 存念 オモヒヨリ。カンガヘ。存慮。思慮
そんのう (名) 尊王 そんわうノ連聲。
そんばう (名) 存亡 のこるトほろぶるト。立ツト立タヌト。「國ノ—」

そんぴ (名) 尊卑 たふときト、いやしきト。「貴賤—」
そんぷ (名) 尊父 他ノ父ヲ呼ブ敬語。父御。尊大人
そんぷうし (名) 村夫子 田舍ノ學者ノ稱。
ぞんぶんに (副) 存分 オモヒノママニ。任意
そんぼう (名) 尊奉 タフトビマモルヿ。
そんまう (名) 損亡 損毛 利ヲ失フヿ。損失
ぞんめい (名) 尊命 オホセ。貴命
ぞんめい (名) 存命 イキナガラヘテアルヿ。存生。生存
そんらく (名) 村落 ムラザト。
そんり (名) 村里 ムラザト。
そんりよ (名) 尊慮 他ノ思慮ノ尊稱。オボシメシ。
ぞんりよ (名) 存慮 カンガヘ。ミコミ。存念。思慮
そんれう (名) 損料 衣服調度ナドヲ貸シテ、其損スル償トシテ收ムル錢。(商業トスルニイフ)
そんわう (名) 尊王 帝王ヲ尊奉シテ、覇者僭者夷狄ナドヲ御スル—。
そんわう (名) 孫王 帝王ノ孫。皇子ノ子。
そめ (名) 染 染ムルヿ。染色。
そめいろ (名) 染色 染メ出シタル色合。
ソメイロ (名) 蘇迷盧 (梵語) 須彌山ニ同ジ。
そめかは (名) 染革 染メタルつくりかは。イロガハ。
そめかへし (名) 染返 ソメカヘスヿ。改メテ染ムルヿ。
そめかへす・ス・セ・サ・シ・セ (他動) (規・二) 染返 褪メタル色ヲ改メテ染ム。

そめがみ (名) 染紙 (一)染メタル紙。(二)齋宮ノ忌詞ニ、佛經ノ稱。(多ク黃蘗ニテ染ムレバイフ)

〔そめき (名) 騷 ソメクヿ。イソキサワグヿ。「丈夫ハ、友ノ騷ニナグサモルヽモアラムヲ、我ゾ苦シキ」戀ノそめきニ暇ナカリケリ」

+そめき (名) ソメクヿ。騷ギ遊ビアリクヿ。

〔そめ‐く (ク・ケ・カ・キ・ケ) (自動)(規、一) 騷 そそめくニ同ジ。イソキサワグ。「二郎君、三郎君、ゾメキテオハシテ」

+そめ‐く (ク・ケ・カ・キ・ケ) (自動)(規、一) 〔前條ノ語ノ轉〕騷ギテ遊ビ歩ク。

そめくさ (名) 染種 物ニ色ヲ染メ付クル用トスルモノ。染料。染料

そめつ‐く (ク・クル・クレ・ケ・ケ・ケヨ) (他動)(規、二) 染付 染メテ其色トス。

そめつけ (名) 染付 磁器ニイフ語、呉須ノ條ヲ見ヨ。

〔そめどの (名) 染殿 古ヘ、禁中ニアリテ、布帛ヲ染ムル處。

そめぬき (名) 染拔 ソメヌクヿ。地ヲ染メテ、模様ノミ白ク存スヿ。雙鉤染

そめぬ‐く (ク・ケ・カ・キ・ケ) (他動)(規、一) 染拔 染拔ニ染ム。

そめもの (名) 染物 染ムベキ物。布帛ヲ染ムル業。

そめものし (名) 染物師 染物ヲ業トスル工人。コンカキ。コウヤ。ソメヤ。染工

そめや (名) 染屋 そめものしニ同ジ。

+そめる (動) 染ム、(規、二)初ム、等ノ訛。

そも (接) 抑 〔其亦ノ義〕上ヲ指シテ下ヲ起ス語、多クハ、意味ナク、文ノ首ニ用ヰル。

ソモサン (副) 什麽生 支那宋ノ代ノ語、如何ニトイフニ同ジ。

そもじ (代) 〔其文字ノ義、其方ノ略〕對稱ノ代名詞。(婦人ノ語)

そもそも (接) 抑 (一)抑ヲ重ネテ意ヲ強クイフ辭。(二)アルヒハ、マタハ、タダシ。(漢籍讀ニ)「コレヲ求ムルカ、ーコレヲ與フルカ」

そや (名) 征矢 〔直矢ノ轉ニテ、雁股、尖矢ナドニ對スル名ナリトイフ〕常ニ戰陣ニ用ヰル矢ノ稱。三羽ニ矧グ。(上差、中差、ノ四羽ナルト異ナリ)

〔そや (名) 初夜 (一)初夜ニ同ジ。「そやト言ヒシカド、夜モイタウ更ケニケリ」(二)ーノ勸行、「そや、未ダ勸メ侍ラズ」寺寺ノそやモ皆行ヒ果テテ」

そやつ (代) 其奴 他稱ノ代名詞、罵リ呼ブニ用ヰル。

+そゆる (動) 添フ (規、二)ノ訛。

そよ (副) 物ノ吹カレ又搖ラレ、相觸レテ鳴ル音ニイフ語。「笹ノ葉ハ、深山モーニ、亂ルラム」楢ノ葉ニーや秋風、ソヨクナリ」ト鳴ル、秋ノ荻ダニ、ナカリセバ」稻葉ノト言フ人ノナキ」(多ク、夫ヨノ意ニ掛ク) 颯然

そよ‐ぐ (ク・ゲ・ガ・ギ・ゲ) (自動)(規、一) 戰 ソヨソヨト音立ツ。

そよそよ (副) そよヲ重ネタル語。サヤサヤ。「秋風ノ荻ノ葉ニテ驚ク、風吹ケバ楢ノ枯葉ノート」人人オビエサワキテ ト、身ニシロキ サマヨフ氣色ドモ、衣ノ音モ、耳カシマシキヽルヂス」 颯颯

そよふ‐く (ク・ケ・カ・キ・ケ) (自動)(規、一) 風、そよソヨト吹ク。陣陣

そよみ (名) 素讀ニ同ジ

〔そよめ‐く (ク・ケ・カ・キ・ケ) (自動)(規、一) 戰ソ快ナリ。ソヨヨト音立ツ。「打チソヨメキテ、人人別ルル氣色ゾナリ」立寄レバ袖ニー、風ノ音ニ、近クハ聞ケド逢ヒモ見ヌ哉」

そら (名) 空虛 〔梵語ニ、修羅トイフ、相似タリ〕(一)天地ノ間。虛空。「天津ー」「久方ノー」「人ー」(二)トキ。ヲリ。時節。「五月雨ノー」「春雨ノー」「小春ノー」天 天時 (三)差ス方。差掛ル場合。「草枕、旅ノ寐ノ如ク、思フ空、安カラヌモノヲ」嘆ク空過シ得ヌモノヲ」コレヲ、帝、御覽ジテ、イトド歸リ給ハムーモナク思サル」家ヲ離レ境ヲ去リテ、明ケ暮レ、安キーナク歎キ給フニ」群レヰル鳥ノ、立ツーソナキ」玉鉾ノ、道ノーニテ、消エニセバ」旅ノー」(四)取リトメヌヿ。イタヅラナルヿ。ウハノソラ。「秋風ハ、身ヲワケテシモ、吹カナクニ、人ノ心ノ、ーニナルラム」春霞、立チツル方ヲ、ナガメツツーナル戀モ、我ハスル哉」浮空 (五)スベテ其實ナキヿ。「ー目」「ー耳」「ー薫」「ー賴メ」虛 (六)心ノ推シ量リノミナルヿ。「夫レ然アラジト、ーニイカガハ、推シハカリ思ヒクタサム」法華經ヲ受ケ習ヒテ、晝夜ニ讀誦ス、ーニウカベタリ」ーニ讀ム」諳 (七)イツハリ。ウソ。「ー言」「ー寐」「ー泣」虛僞
○足ヲーニス、浮キ立チ、落着カズ。

そらいろ (名) 空色 大空ノ色、即チ、淡藍ノ色。

天青色

そらうそぶく ク・ケ・カ・キ・ン (自動)(規・二) 空嘯 仰ギテウソブク。

そらおそろし シキ・シケレ・シク・シク (形・二) 空恐 何トナク漫ニ恐ロシ。「知ラヌ人ニ具シテ、サル道ノ歩キヲシタラムヨト ソラオソロシク覺ユ」

そらおぼえ (名) 空覺 書物ニ據ラズ、諳ニ文句ヲ覺エテ居ルヿ。諳記

〔そらおぼめき (名) 虚ニオボメクヿ。知ラヌ顏スルヿ。「ツレナクーシタルハ、世ニアラジナ」

〔そらおぼれ (名) 虚ニ恍惚レタル容子スルヿ。ソラトボケ。「吾身コソ、アラヌサマナレ、ソレナガラ、ースル、君ハ君ナリ」「ーシテナム、ハカラレマカリアリク」

そらごと (名) 虚言 イツハリゴト。ウソバナシ。キヨゴン。

〔そらし (名) 藁本 〔根上、苗下、似二藁根一〕 草ノ名、莖、葉、根、味、粗、川芎ニ似テ、葉稍、細シ、夏ノ半ニ白花ヲ開キ、子ハ秋ニ熟シ、根ハ紫ナリトイフ。ササハソラシ。

そらす ス・セ・サ・シ・セ (他動)(規・二) 反 反ルヤウニナス。張リ曲グル。「死入リテ足ヲ踏ミソラシケレバ」

そらす ス・セ・サ・シ・セ (他動)(規・二) 逸 (一)逸ルル如クニナス。逃ス。「鷹ヲー」(二)狙ヒヨリ外レテ飛バス。「矢ヲー」「銃丸ヲー」○話ヲー。餘事ニ言ヒマギラス。○人ヲソラサズ。人ノ氣ヲシラマサズ。

そらだき (名) 空燒 何處ヨリトモ知ラレヌヤウニ、香ヲ薰ラスルヿ。「火取ドモ、アマタシテ、ケブタキマデ扇ギ散ラセバ、差寄リ給ヒテ、空ニ燒クハ、イヅクノ烟ゾト、心ツカレヌコソヨケレ、トノタマフ」暗薰

そらだきもの (名) 空薰物 空燒ノ薰物。「ー、イト、ケブタウ薰リテ」「ースルヤラムト、カウバシキ香シケリ」「匂ヒクル、ーヲ、尋ヌレバ、垣根ノ梅ノ、ハカルナリケリ」

〔そらだのめ (名) 虚賴 空シク賴ニ思ハスルヿ。(他ヨリ)賴ト思ヒテ詮ナカリシヿ。「定メナク、消エカヘリツル、露ヨリモ、ースル、我ハナニナリ」

そらで (名) 空手 風疾ノ類、何ヲ病根トモナキヤウニテ、腕ノ病ミ痛ムモノ、五十歳ノー、六十ノーナドイフ。手氣

そらどけ (名) 空解 帶紐ナドノ徒ニ解クルヿ。

‡そらとぼけ (名) 空惚 知リテ知ラヌ風スルヿ。佯

〔そらね (名) 虚音 實ナラヌ鳴聲。眞似ル聲。「聲立テテ、鳴クトイフトモ、時鳥、袂ハ濡レジ、ーナリケリ」「鷄ノー」

そらね (名) 虚寐 寐タル風スルヿ。「逢ハデアリナムト思フ人ノ來タルニ、ーヲシタルヲ」佯眠

そらまめ (名) 空豆 秋、種ヲ下シテ、夏、熟ス、苗ノ高サ、三四尺、莖ハ方ニシテ中空シ、葉ハべんけいさうニ似テ厚ク、四葉一蔕ナリ、肥エタルハ六葉トナル、春、葉ノ間ニ花ヲ開ク 大クシテ白ク、黒キ斑アリ、莢ヲ結ビ、側立シテ空ニ向フ形、圓ク、指ノ如シ、初メ、綠ニシテ、熟スレバ黒シ、豆ハ豌豆ヨリ大クシテなたまめヨリ小シ、未熟ナルハ、莢ト共ニ煮食フベシ。蠶豆

〔そらみつ (枕) 虚見津 大和トイフ語ノ枕詞。

そらみみ (名) 空耳 (一)聞キ違フルヿ。「隱ビタル郭公ノ、遠ク、ーカト覺ユルマデタドタドシキヲ」(二)聞キテ聞カヌ風スルヿ。

そらんず ズル・ズレ・ゼ・ジ・ゼヨ (他動)(不規・二) 諳 〔諳ニスノ音便〕 諳ニ覺ユ。

そらめ (名) 空目 (一)見違フルヿ。「尋ネ來バ、高圓山ノ、花盛、雲ト見ツルハ、ーナリケリ」誤認 (二)睛ヲ上ヘ向クルヿ。「ソラメヅカヒ」「ーヲツカフ」天吊上瞼

そらよみ (名) 空讀 文句ヲ諳ニ讀ムヿ。諳誦

そらわらひ (名) 空笑 虛ニ笑フヿ。笑ノ實ナラヌモノ。乾笑

そり (名) 反 反ルヿ。反リタル形。「梓弓、サコソハ、ーノ高カラメ」「刀ノー」反張

そり (名) 橇 〔形ノ反タルヨリ云フ〕 寒國ニテ、雪ノ降レル上ヲ乘リ行ク具、板ニテ作リ、雪ノ上ヲスベラカシテ行ク、或ハ泥澤ノ上ニモ用ヰル。

そりかへる ル・レ・ラ・リ・レ (自動)(規・一) 反返 甚シク反ル。反張

そりけ (名) 剃毛 剃リ落シタル髮ノ毛。(さかやきニ生ヒタル短キニイフ)

そりはし (名) 反橋 橋ノ中央甚ダ高ク反リタル如ク作リ架ケタルモノ。「遣水ノウヘナカニ、ーヲ、左右ニハ高欄ニシテ、瓦葺ニシタリ」「ー渡殿ニハ錦ヲ敷キ」輪橋

そりやく (名) 粗略 オロソカニスルコト。丁寧ナラヌコト。

そる (自動)(規.一) 反 張リ曲ル。曲リカヘル。「弓ニ、刀ニ、身ニ」

そる (他動)(規.一) 剃 〔去ルノ轉カト云〕毛髪ヲ根ヨリ薙ギ切ル。俗ニ、スル。「髪ヲー」「髭ヲー」

〔そる (自動)(規.一) 逸 行クマジキ方へ飛ビ行ク。逸ルル。「今朝ハシモ、そるハシ鷹ノ、影モ見ジ、野モリノ鏡、薄氷シテ」「マシロノ鷹ノ、そりハテテ、招カレヌ事ノ、カナシサニ」

それる (自動)(規.二) 逸 (一)前條ノ語ニ同ジ。「手ニスヱテ、出デシ鶻モ、逸レヌレバ、野邊ノ花ニヤ、亂レアヒナム」(二)狙ニ外レテ飛ビ行ク。(矢ニ、銃丸ニ) 流 (三)程度ヲ外レテ進ム。「心ー」「氣ー」

それ (代) 夫 其 (一)稍、身ヨリ離レタル物事ニ用ヰル代名詞。(あれ、叉ハ、かれ、あれ、ナドニ對ス)(二)人ニモイフ。其人。「有ニ女人ー曰ニ速津媛ー爲ニ一處之長ー其聞ニ天皇車駕ー」女御、高子ト申ス、イマソカリケリ。ソレ、失セ給ヒテ」(三)それがし。「ーノ年、十二月ノ二十日アマリ」 某

それ (接) 夫 指シテ意輕ク、文ノ首ニ用ヰル語。「ーツラツラ惟ルニ」

それがし (代) 某 〔夫ガ主ノ約カト云〕(一)他稱ノ代名詞、名ヲ知ラヌ人叉ハ物事ヲ指スニ用ヰル。ナニカシ。何ノ誰。「帶刀ノーナドイフ人、使ニテ夜ニ入リテ物シケリ」「三井寺ニ、ートイフ僧ニテッラヘテ、書供養ヲセサセテタベト言ヒテ」「ーガ子」「ーノ年」(二)自稱ノ代名詞。我。「ーガ思フ所ハ」

それぞれ (副) 夫夫 オノオノ。メイメイ。

それだま (名) 逸玉 逸レテ外ヘ飛ビタル銃丸。ナガレダマ。流丸

それや (名) 逸矢 狙ヨリ逸レテ飛ベル矢。ナガレヤ。流矢

それる (動) 逸ル、(規.二)ノ訛。

そろ (動) 候フ、ノ略訛。

そろう (名) 疎漏 オロソカニシテ手落チアルコト。

そろそろ (副) 徐徐 オモムロニ。シヅシヅ。ソロリト。

ぞろぞろ (副) 多ク連ルル狀ニイフ語。ゾロリト。 陸續

そろばん (名) 算盤 十呂盤 〔算盤ノ唐音ナルベシ〕算術ニ用ヰル器、淺ク横長キ匣ノ中ニ、横ニ隔アリ、けた(脊梁)トイフ、コレニ、竪ニ竹串ヲ挿ミテ、數箇ノ玉(珠)ヲ貫ク、けたヨリ上ナル玉ヲ五ノ位トシ、下ナルヲ一ノ位トス、玉ヲ上下シテ數フ。

そろひ (名) 揃 (一)ソロフコト。ソロヒタル狀。 齊 (二)衆人同ジ製作染色ノ衣服ヲ着ルコト。

そろふ (自動)(規.一) 揃 (一)齊シクテアリ。相同ジクテアリ。 齊 (二)皆調ヒ備ハル。 具備

そろふ (他動)(規.二) 揃 (一)齊シクス。スベテ同ジヤウニナス。 整 (二)調へ備フル。 具備

そろりと (副) 徐 そろそろニ同ジ。

ぞろりと (副) ぞろぞろニ同ジ。

〔そろゐ (名) 〔丈モ、細サモ、揃ヒテ生フレバイフトゾ〕藺トイフニ同ジ。「ー生フル、野澤ノ新田、打返シ」

〔そわり (名) 楚割 すはやりノ約。

〔そゐ (名) 初位 くらゐノ條ヲ見ヨ。

〔そゐ (名) 所爲 爲タル事。シワザ。

そゑん (名) 疎遠 ウトウトシク、トホドホシキコト。音信ノ中絶ユルコト。 契闊 疎闊

た だ

た 五十音圖、多行第一ノ假名。此一行ノ假名、た、ち、つ、て、と、ノ五音ノ內、た、て、と、ノ三音ハ、其發聲、舌ノ尖、強ク上齶ニ當リテ出デ、而シテ、共ニ、あ、い、う、え、お、ノ韻ト熟シテ成ル。たハ、下ニ、う、叉ハふ(ぅニ轉ジテ呼ブモノ)アレバ、とノ如ク響クコトアリ、たうげ(峠)たふば(塔婆)ノ如シ。

だ ぢ、づ、で、ど、ト共ニ、五十音圖、多行ノ濁音ノ假名。此五音ハ同行ノ清音ナルた、ち、つ、て、と、ノ音ヲ進ク呼ブガ如クシテ出ヅ。だハ、下ニ、う、叉ハふ(ぅト呼ブモノ)ヲ受クルトキハ、どノ如ク呼ブコトアリ、だう(堂)もんだふ(問答)ノ如シ。

た (名) 田 耕シテ稻ヲ植ヱツクル地、大抵平地ヨリ低クシテ、水ヲ貯フベクナス。 水田 叉、をかぼヲ植ウルニハ、畠ヲモ用ヰル。 陸田

た (名) 手 手ノ轉、熟語ニノミ用ヰル。「ー巻」「ー枕」「ー綱」「ー繰ル」「ー向クル」

た (名) 他 (一)ホカ。餘。「ーノ事」「ーノ物」(二)外ノ人。

他人。「一ノ身ニ代ル」自一」

た (代) 誰 たれニ同ジ。「御室ニ、築クヤ玉垣、築キ餘シ、誰ニカ毛依ラム、神ノ宮人」誰ガ脫ギカケシ、藤袴ゾモ」乃チ明ケテ、誰ソト問ヘバ」

た (發語) 動詞形容詞ニ冠スル發語、意無シ。「一比ブ」一謀ル」一忘ル」一走ル」一弱シ」一易シ」一遠シ」

〔だ (名) 攤錢ノ略。錢ニテ行フ賭事。ゼニウチ。「ハシタナキ目ヲコソ見給ヘレ、だニ負ケセマリテ」上達部ドモ、殿ヲ始メ奉リテ、攤、打チ給フ」賽ヲ取レバだ打タムヿヲ思フ」

だ (名) 駄 (一)馬ニ荷ヲ載セテ送ルヿ。駄 (二)又其荷物ヲ數フル語、三十六貫目ヲ一駄ノ重サトス。「本馬、一一」薪、五一」(三)俗ニ、劣レル又巧ナラヌ物事ニ被ラセテイフ語。「一物」一洒落」(駑馬ヨリ起ル)

ダアス (名) 打 〔英語、Dozen.ノ訛〕 數十二箇一組ノ稱。(舶來品取引商ノ語)

タアレル (名) 〔Thaler.〕 普魯士國ノ銀貨ノ名、我ガ七十四錢六厘餘ニ當ル。

〔たい (名) 對屋ノ略。「西ノたいニ住ム人アリケリ」本院ノヒムガシノたいノ君ニマカリカヨヒテ」ハルバルト多カルたいドモ廊渡殿ニ滿チタリ」

たい (名) 苔 胃、腸等ニ熱アルトキ、舌ノ面ニ生ズル苔ノ如キモノ、病ニ因リテ、白、黃、黑等アリ。

たい (名) 隊 若干ノ兵卒、組ヲ結ビテ、長、コレヲ率ヰルモノ、人數ノ多少ニ因リテ、其制種種ナリ、大一中一、小一 ナドアリ。「一ヲ組ム」

たい (名) 體 カラダ。身。カタチ。スガタ。

だい (名) 臺 (一)凡案ナド、スベテ物ヲ載スルモノノ總名。案 発 (二)山岡ノ平カニシテ臺ノ如キ地ノ稱 (關東)「湯島ノ一」鴻ノ一」(三)臺尻ノ略。(鳥銃ノ)(四)臺木ノ略 (接木ノ)

だい (名) 大 (一)オホイナルヿ。太キヿ。(小ニ對ス)(二)一月ノ日數ノ、三十日或ハ三十一日ナル稱。(大小ノ條ヲ見ヨ)(三)刀ノ一稱。(大小ノ條ヲ見ヨ)(四)鷹ノ雌。(鷹ノ條ヲ見ヨ)

だい (名) 代 (一)王侯士庶ノ家ニ、父子世世相代リテ、其家ヲ繼ギテ主タル年月ノ間。「親ノ一」子ノ一」一ガハリ」 世 (二)他ニ代リテ、用ヲ辨ズル人。名代。

だい (名) 代 シロ。物ノ價ニ代フル金錢。代料。代金。價金

だい (名) 題 (一)書籍ノ號ヲ初ニ書キ揭グルモノ。(二)詩歌文章ノ一首ノ主意ヲ短ク初ニ揭グルモノ。或ハ一ツノ主意ヲ出シ示シテ、ソレヲ目安トシテ詠ムニモイフ。

だい (名) 第 〔有ニ甲乙次第一故云〕 屋敷。宅。

だい (接頭) 第 物事ノ次第ヲ示ス辭。「一一」一五」一十」

たい-い (名) 大意 オホヨソノ意味。

たい-い (名) 大醫 學術ノ勝レタル醫師ノ稱。

たい-いう (名) 大優 心ノ寬クシテ迫ラヌヿ。大度

たい-いつよりやう (名) 太一餘糧 イハツボ。

たい-いん (名) 退隱 官途ヲ退キテ隱居スルヿ。

たい-いん (名) 太陰 月ニ同ジ。

たいいん-れき (名) 太陰曆 こよみノ條ヲ見ヨ。

たい-う (名) 大雨 オホアメ。甚シク降ル雨。

だい-えい (名) 題詠 題ヲ設ケテ歌ヲ詠ムヿ。

たい-えう (名) 大要 大凡、要トスル所。

たい-えつ (名) 大悅 大ニヨロコブヿ。

だい-おん (名) 大恩 厚ク深キメグミ。

だい-おん (名) 大音 オホゴエ。高ク聲立ツルヿ。大聲

だい-おん (名) 大陰 八將神ノ一、大歳神ノ皇后、曆ニ、其年ノ此方角ニ於テハ、婦人ノ穢ヲ忌ミテ、産ヲセズ、其外婦人ノ事ニ就キテ忌ム。

だいおん-けうしゆ (名) 大恩敎主 佛經ニ、釋迦ノ尊稱。

だい-おんじやう (名) 大音聲 オホゴエ。大音。大聲

たい-か (名) 大家 (一)大家ニ同ジ。(二)學藝ニ勝レタル人。

たい-か (名) 大廈 大ナル建物。「一高樓」

だい-か (名) 代價 アタヒ。シロ。代料。

たい-が (名) 大河 オホカハ。永ク、幅廣ク、流ルル川。

たい-がい (副) 大概 オホヨソ。オホカタ。ダイテイ。

だい-かい (名) 大海 (一)オホウミ。ソトウミ。(二)末茶ノ茶入ノ一種ノ製ノ物ノ名。

たい-かう (名) 大行 (一)大ナル行事。「一ハ細瑾ヲ

顧ミズ。(二)帝、崩御アリテ、未ダ諡ヲ奉ラヌ間ノ尊稱。(行キテ還リ給ハヌ意)「―天皇」「―皇帝」
たいかう (名) 【大綱】 オホツナ。オホククリ。大要。
たいかう (名) 【退校】 生徒ノ學校ヲ去ルヿ。
だいかう (名) 【題號】 書物ナドノ外題ノ號。
たいかく (名) 【體格】 カラダノナリタチ。カツプク。
だいがく (名) 【大學】 (一)學術ノ最モ高等ナルモノヲ教フルヿ。(二)大學校。
だいがくかう (名) 【大學校】 大學ノ學科ヲ教フル學校。
だいがくのかみ (名) 【大學頭】 大學寮ノ長官。
だいかぐら (名) 【太神樂】 戲曲ノ一種、太太神樂ノ轉ナルベシ、東京ニテ、市中ヲ行キ、獅子舞、品玉ナドノ曲ヲ演ズ。
だいがくれう (名) 【大學寮】 古ヘ式部省ニ屬セル寮紀傳 明經 明法 算道ノ四道ノ事ヲ掌ル、四道ニ各、博士アリ、紀傳ハ、歷史及ビ詩文ヲ專ラトス又、文章博士トモイフ、明經ハ、經義ヲ專ラトシ明法ハ、律令格式ヲ修メ、算道ハ、算經ヲ主トス外ニ、音博士書博士アリ、東西ノ曹司アリテ、菅原大江ノ二家、コレヲ司リテ教授ス。此寮又釋奠ノ事ヲモ掌ル。
だいかさ (名) 【臺傘】 たてがさノ條ヲ見ヨ。
だいかつ (名) 【大喝】 大聲ニ叱リツクルヿ。
たいかふ (名) 【太閤】 關白ノ子、關白トナリシ時、其父ナル前ノ關白ヲ稱スル號。其人落髮スレバ禪閤トイフ。

たいかん (名) 【大旱】 オホヒデリ。甚シキ旱魃。
たいがん (名) 【對顏】 對面ニ同ジ。
たいがん (名) 【對岸】 相向ヒタル岸。ムカフガシ。
だいかん (名) 【大寒】 二十四氣ノ一。(其條ヲ見ヨ)
たいき (名) 【大氣】 (一)空氣。(二)心ノ寛キヿ。【大度】
たいき (名) 【大器】 勝レタル器量。(人ノ智德ニ)「―晚成」
たいぎ (名) 【大義】 義ノ重キモノ。「―親ヲ滅ス」
たいぎ (名) 【大儀】 (一)骨折リテ勞レ倦ミタルヿ。「―ニナル」「―ニ思フ」(二)臣下ニ對シテ其骨折ヲ慰勞スル詞。
だいぎ (名) 【臺木】 つぎきノ條ヲ見ヨ。【樹砧】
だいぎ (名) 【代議】 人民ノ公選セル議員ノ人民ニ代ハリテ政事ヲ議スルヿ。
たいきふ (名) 【大急】 甚ダ急グヿ。オホイソギ。【至急】
たいきん (名) 【大金】 多クノ金錢。
たいきん (名) 【大禁】 重キ禁制。「國ノ―」
だいきん (名) 【代金】 アタヒノシロ。代料。
だいきやう (名) 【大饗】 饗ノ大ナルモノ。二宮ノ―ハ、禁中正月二日ノ公事ナリ、群臣、中宮東宮ニ拜禮シテ後ニ、玄輝門ノ西廊ニテ中宮ノ饗ニ就キ、次ニ、東廊ニテ東宮ノ饗ニ就ク。又、大臣ノ―ナドイフハ大臣ニ任セラレタル人アル時ニアリ。
だいきやうじ (名) 【大經師】 經師ノ條ヲ見ヨ。
たいきやく (名) 【對客】 客ニ出會ヒテ、アヘシラフヿ。

だいぎやく (名) 【大逆】 君父ヲ弑シナドセシヿ。「―無道」
だいきゆう (名) 【大弓】 半弓楊弓ナドニ對シテ、常ノ弓ノ稱。
たいきよ (名) 【大擧】 オホシゴト。大軍ヲ起スヿ。
たいきよ (名) 【大虛】 オホゾラ。
たいきよ (名) 【退去】 シリゾキサルヿ。タチノクヿ。
たいきよく (名) 【太極】 支那ノ理學ニ、天地未分ノ前ニ、元氣混ジテ一ニシテ、世界萬物ノ元始タルモノノ稱、別レテ天地陰陽ノ兩儀トナルトイフ。
たいきり (名) 【大切】 (一)大鋸ニ同ジ。(二)鶺鴒ノ一種、其條ヲ見ヨ。
だいく (名) 【大工】 (一)工匠ノ棟梁。(番匠ノ條、見合ハスベシ)(二)今、專ラ、木工ノ通稱。【木工】
だいぐうじ (名) 【大宮司】 オホミヤヅカサ、神人ノ長ノ號、伊勢 熱田 宇佐 阿蘇等ニイヒ、筑前ノ宗像、香椎 越前ノ氣比ノ社ニモイヘリ。
たいくつ (名) 【退屈】 待チクタビルルヿ。【厭倦】
たいくん (名) 【大君】 德川氏ノ頃、外國トノ交際ニ就キテ將軍ノ別稱トシタル僭號。
たいぐん (名) 【大軍】 多キ軍勢。
たいぐん (名) 【退軍】 軍勢ヲ引上グルヿ。【退陣】
だいくんゐ (名) 【大勳位】 勳位ノ無上ノモノ。
たいくわ (名) 【大火】 大ニ燒ケヒロガリシ火災。
たいくわ (名) 【大禍】 滅門ノ條ヲ見ヨ。
たいくわい (名) 【大塊】 造物者ノ名。

たい-くわうたいとう (名) 太皇太后 皇后ノ條ヲ見ヨ。

たいくわうたいとうぐうしき (名) 太皇太后宮職 中宮職ノ條ヲ見ヨ。

だい-くわん (名) 代官 (一)名代ノ職 (二)武家ノ世ニ、地方ノ役 其支配地ノ年貢、公事、人別、ヲ統ベ掌ル。德川氏ニテハ、コレヲ郡代ノ次トシ、勘定奉行ニ屬ス。郡官 縣令

だい-ぐわん (名) 大願 大ナルネガヒ。望ミ深キ祈願。(神佛ニ一ー成就)

たい-け (名) 大家 富メル或ハ貴キ家筋ノ稱。

たいげ (名) 帶下 病ノ名、おしけノ條ヲ見ヨ。

たい-けい (名) 大慶 大ニ祝ヒ喜ブコト。

だいげき (名) 大外記 オホイシルスツカサ。外記ノ條ヲ見ヨ。

たい-けつ (名) 對決 裁判ニ、訴訟人ト相手方トヲ對ヒ合ハセテ、訟ヲ聽クコト。對理 對審

たい-げふ (名) 大業 重大ナル事業 オホシゴト。

たい-けん (名) 帶劍 刀劍ヲ腰ニ帶ブルコト。

たい-げん (名) 大言 誇リタカブル言。高言。

たい-げん (名) 體言 語學ノ語、名詞、其他、スベテ語尾ノ變化セヌ語ノ稱。

だい-げん (名) 代言 他人ニ代リテ訴訟ノ事ナドヲ扱フヲ業トスルコト。其人ヲ一人トイフ。

(だい-げんすゐ) (名) 大元帥 天竺ノ神、阿多縛ノ稱、明王部ノ總司タリ。禁中ノ公事ニ、大元帥法(帥ヲ讀マズ)トテ、治部省ニテ、正月八日ヨリ、七日間、御祈ヲ修セラル、此法ハ、官ノミ修シテ、臣下ハ行フコト能ハズトゾ。

たい-こ (名) 太鼓 樂器ノ名、木ニテ筒ヲ作ル、胴トイフ、中、空シク貫ケリ、兩面ニ馬皮ヲ張リ、桴ニテ擊鳴ラス。大ー、小ーナドイフハ、皮ヲ釘ニテ胴ニ張リツク、又、腰鼓ノ如ク、皮ヲ絲ニテ胴ニカラゲ、締メテ張ルヲ締ートイフ。

たい-こ (名) 太古 オホムカシ。

たい-ご (名) 隊伍 兵隊ノ組。

++だいこ (名) 大根ノ約。

(だい-ご) (名) 醍醐 (胡語ナリト云) 酥ヲ精製シテ取ル液、甚ダ甘美ニシテ、藥用ナドトストト云。

たい-こう (名) 太后 皇后ノ條ヲ見ヨ。

たい-こう (名) 退紅 染色ノ名、紅ノ淡クシテ桃色ナルモノ、卑杳テド持ツ昇官ノ狩衣ナドニ染ムルニイフ。

たい-こう (名) 大功 大ナル功 オホテガラ。

だい-こう (代) 乃公 我ニ同ジ、自尊シテイフ。(漢文ニ)

たい-こく (名) 大國 境ノ廣キ國。

だいこく (名) 大黒 (一)大黒天ノ略。(二)俗ニ、梵妻ノ渾名。廚ニ居レバイフトゾ。

だい-こく-てん (名) 大黒天 (一)梵語ニ、摩訶(大)迦羅。(黒)天竺ノ神、飲食ヲ充饒ス、因テ廚ノ神トス。(二)今、又、福神ノ名、常ニ、狩衣ノ如キ服ヲ着、帽ヲ蒙リ、左肩ニ袋ヲ負ヒ、右手ニ打出ノ小槌ヲ持チ、米俵ノ上ニ居ル所ヲ畫ケリ、或云、是レ、大國主命、又、大巳貴命ニテ、ソレヲ大國、又ハ、大巳貴ナド音讀セルモノナリト。

だい-ごく-でん (名) 大極殿 大安殿。古ヘ、八省院ノ正中ニシテ、天子朝ニ臨ミ給フ正殿ノ號。

だいこくばしら (名) 大黒柱 大極柱 商家ナドニテ、特ニ家ノ中央ニ立ツル甚ダ太キ柱ノ名。

たい-こ-せき (名) 太湖石 支那產ノ石、巖巒溪崖ノ形アリ、洞穴突兀トシテ甚ダ奇ナリ、大ナルハ庭ニ飾リ、小キハ几案ニ置キテ玩トス。本邦ニハ美濃ノ明星山ヨリモ產ス。

だい-こん (名) 大根 (おほねニ當テタル字ヲ音讀ス) 古名、オホネ。春ノ七種ニハ、すゞしろ。菜ノ名、專ラ根ヲ食用トシテ、冬ヲ時トス、葉ハ、かぶらヨリ頗ク粗クシテ、細カキ毛アリ、春夏ノ間、高キ薹ヲ出シ、花ヲ開ク、花ハあぶらなニ似テ、紫碧、淡紫、白等アリ、角ヲ結ブ、子ハ黃赤色ニシテ、あさのみノ如シ、根、白クシテ、常種ナルハ、徑、一二寸、長サ、一二尺、又、巨大ノモノ、細小ノモノ、種類多シ、煮食、生食、醃食、乾食、皆宜シ、莖葉モ食スベシ。蘿蔔 萊菔

たいこ-むし (名) 太鼓蟲 やまめニ同ジ。

++たいこ-もち (名) 太鼓持 (幇客ノ大盡ヲ大神ニ寄セテイヘル語ナリトゾ) 男藝者ノ異名。

たい-ざ (名) 對座 相對ヒテ坐ルコト。偶坐

だい-ざ (名) 臺座 佛像器物ナド載スル臺。

たい-さい (名) 太歲 (一)木星ノ一名。(二)八將神ノ

コ、其年ノ此方角ニ向ヒテ吉事ヲナセバ福來ルト云フ、但シ、木星ナレバ、向ヒテ、木ヲ伐ルヲ忌ム、
たいさい (名) 【體裁】 ていさいトイフニ同ジ。
たいざい (名) 【滯在】 逗留ニ同ジ、
たいざい (名) 【待罪】 罪アリテ罰ヲ蒙ルヲ待チ居ルコト。
だいざい (名) 【大罪】 重大ノ罪。
たいさう (名) 【體操】 身ヲ健ニセムガ爲ニ、身體ヲ動カス術、手足ヲ動カシ、或ハ走リ、跳リ角ヒ、或ハ、玉ヲ投ゲ、繩ニ懸ルナド、種種ナリ、
たいさう (名) 【大棗】 なつめノ條ヲ見ヨ
たいさう (副) 〔大相ノ字ト云、或ハ大層カ〕 甚ダ多ク。甚ダ勝レテ。イト。最モ。「ー廣イ」「ーアル」
たいさうけい (名) 【太早計】 甚ダハヤマルコト。
だいさぎ (名) 【大鷺】 形、常ノ鷺ヨリ大クシテ、頂ニ長毛ナク、脊、秋ニ至レバ黃トナル、脚ノ淡黃ナルモアリ。白鶴子
たいさく (名) 【對策】 〔對ニ策問ニ也〕 朝廷ニテ、人物ヲ採ル時、其學識ヲ試ミムト、題ヲ出シテ答文ヲ作ラシムルコト。
だいさく (名) 【代作】 他ニ代ハリテ、詩歌文章ナド作ルコト、
たいさん (名) 【退散】 (一)集マレル人人ノ思ヒ思ヒニ退キ出ルコト。(二)逃ゲ去ルコト。「怨敵ー」
たいさん (名) 【大山】 オホヤマ。頂高ク裾廣キ山
だいさん (名) 【代參】 他ニ代ハリテ神佛ニ參詣スルコト

たいさんぶくん (名) 【泰山府君】 (一)支那、泰山ノ神、道家ニテ祀ル、天ニ輔星トイヒ、地ニートイフトゾ、素盞烏命ニ配シテ、陰陽家、佛家ニテモ祭ル、祈レバ能ク人命ヲ長クストイフ。(二)櫻ノ一種 枝ニ曲折アリテ、花ハ枝ノ處處ニ簇リ、花、大ク、千瓣ニシテ濃紅ナリ開クコト遲ク、盛リ久シ、昔シ、櫻町中納言成範、櫻花ノ盛リ短キヲ歎キテ、ーニ祈リ、三七日、此花ノ齡ヲ延ベタリトテ、名トストゾ。
〔たいし〕 (名) 【舵】 たきしノ音便、舵。
たいし (名) 【太子】 預テ帝王ノ位ヲ嗣ギ給フベク定メテアル皇子ノ尊稱、更ニ尊ビテ、皇太子トモイフ。ヒツギノミコ。マウケノキミ。ハルノミヤ。東宮。
たいし (名) 【大史】 官名、史ノ條ヲ見ヨ。
たいじ (名) 【胎兒】 ハラゴモリノ子、
だいし (名) 【大師】 (一)朝廷ヨリ高德ノ僧ニ賜ハル號、多クハ死後ニ贈ラル。但シ、禪宗ニテハ、國師トイフ。(二)眞言宗ニテ、專ラ弘法ーノ稱
だいじ (名) 【大士】 菩薩ヲ稱スルニ添フル語
だいし (名) 【大姉】 〔佛、諸天女ヲ稱シテ、諸姉トイヘルヨリ轉ズト云〕 女人ノ戒名ノ末ニ添フル語。
だいじ (名) 【大事】 (一)重キ事柄。尋常ナラヌ事。(二)ーハ愼ムベキ意ヨリ轉ジテ、大切ニスルコト。嚴ニ守ルコト。「ーニスル」「ーニ思フ」 鄭重
○ー無シ。爲ストモ妨ゲナシ。仔細ナシ。
だいじ (名) 【題辭】 書物ノ初ニ記ス數句ノ語

たいじざいてん (名) 【大自在天】 天竺ニテ、摩醯首羅ノ神ノ稱。
たいじだいひ (名) 【大慈大悲】 佛經ニ、觀世音ノ慈悲ヲ稱ヘイフ語。
たいしん (名) 【大身】 身代ノ多キ人。高祿ノ者。
たいしん (名) 【退身】 官ヲ辭シ、身ヲ退クコト。
たいしん (名) 【對審】 對決ニ同ジ。
たいじん (名) 【大人】 (一)オトナ。成長シタル人。(二)德アル人。(小人ニ對ス)(三)他ノ父ノ敬稱。
だいじん (名) 【大臣】 (一)オホマチギミ。オホマツチギミ。オホイマウチギミ。太政官ノ上官ノ稱 太政ー、左ー、右ー、內ー等アリ、各條ニ注ス。(二)汎ク、政府執政ノ高官ノ稱。(三)今、內閣ニ、諸省ニ、其最高官ノ稱。
だいじん (名) 【大盡】 〔大身ノ轉カ〕 (一)田舍ナドニテ、身代ニ富メル家ヲ稱スル語。豪家 (二)俗ニ、遊里ニ財ヲ散ズル客ノ稱。豪客
だいじんぐう (名) 【太神宮】 天照太神ノ宮。伊勢ノ
だいじんけ (名) 【大臣家】 近衞ノ大將ヲ兼任セズシテ大臣ニ任ゼラルルヲ先途トスル家筋ノ稱、源氏ノ中院、藤原氏ノ正親町三條、三條西、ノ三家ナリ。
だいしんゐん (名) 【大審院】 最上ノ裁判所ノ稱。
たいしや (名) 【代赭】 〔本名、赭石ナリ、支那、山西ノ代州ノ產ヲ上品トスレバ名トス〕 鑛物ノ名、赤鐵鑛赤ク黑ク、土塊ノ如シ、大小定マラズ、堅クシテ、外面

ニ洸ノ如キモノアルヲ上品トス、破レバ鐵色ノ光リアリ、研レバ朱黄色ヲナス、繪ノ具ニ用ヰル。赭石 今ハ、人造ノ物アリ、專ラ繪ノ具トス、赤褐色ナリ。

たい-しや (名) 大赦 赦ノ條ヲ見ヨ。

だい-じや (名) 大蛇 ヲロチ。ウハバミ。

たい-しやう (名) 大將 (一)近衞府ノ長官。(二)今、陸軍、海軍、第一等ノ武官。(三)泛ク、軍ヲ率ヰル長。一軍ノ總頭將軍。 主將

(たい-じやう) (名) 怠狀 (一)オコタリブミ。我ガ怠リノ過ヲ詫ブル旨ヲ記シテ人ニ送ル手ノ。アヤマリ證文。(二)詫ビ入ルヿ。アヤマルヿ。「サマザマ怠狀申サレケリ」車ヨリ引キオロシテ、サル事言ハジト、怠狀ヲセサセケリ」

たい-しやうぐん (名) 大將軍 (一)將軍ノ條ヲ見ヨ。(二)八將神ノ一、曆ニ、其年ノ此神ノ居ル方(吉方ト反對ス)ヲ、三年塞ルトシテ、百事ニ、皆忌ム。(三)(巨魁。「昔シ、袴垂トテ、イミジキ盜人ノ一アリケリ」

だい-じやうくわん (名) 太政官 だじやうくわんニ同ジ。

たい-しやうこく (名) 大相國 太政大臣ノ唐名。

だい-じやう-だいじん (名) 太政大臣 だじやうだいじんニ同ジ。

だい-じやうゑ (名) 大嘗會 古言、大嘗。轉ジテ、オホンベ。オホベ。又、オホナメ。天皇御卽位ノ後、始メテ行ハセラルル新嘗ノ稱、神事ノ最大ナルモノノ一トス。(但シ、古クハ、新嘗、大嘗、ヲ分タザリキ、大新嘗、每季ノ大嘗祭ナドトモ見ユ)祭場ヲ大嘗宮トイフ、兩處ニ分ル、左、卽チ、東ナルヲ悠紀トイヒ、右、卽チ、西ナルヲ主基(又、次基)トイフ、神饌ノ穀ハ、預メ悠紀、主基ノ國郡ヲト定シテ奉ラシメ、陰曆十一月、中ノ卯ノ日、天皇、先ヅ悠紀ノ嘗殿ニ御シテ、神事アリ、次ニ主基ニ遷御ス、儀、悠紀ノ如シ。

たい-しやく (名) 帝釋 梵天帝釋ノ略、佛經ニ、忉利天喜見城ノ主、卽チ、天帝ナリ、三十三天ノ尊ト號ス。

たい-しやく (名) 貸借 貸スト借ルト。カシカリ。

たい-しや-せき (名) 代赭石 代赭ノ條ヲ見ヨ。

たい-しゆ (名) 太守 (一)上總、常陸、上野、ノ三國ノ守ノ稱、特ニ親王ノ任セラルル官ト定メラレテ此稱アリ、但シ、遙任ニテ下向ナシ、介、代リテ守ノ事ヲ行フ。(二)後世、誤リテ、國主大名ノ稱。(三)支那ニテハ郡ノ長官。

たい-しゆ (名) 大酒 オホザケ。過分ニ酒ヲ飮ムヿ。多飮

たい-しゆ (名) 對手 相手。

たい-しゆ (名) 大樹 (一)大ナル樹 大木。(二)將軍ノ異稱。(支那、後漢ノ馮異ノ故事ニ起ル)

たい-しゆつ (名) 退出 シリゾキイヅルヿ。罷ルヿ。罷散

たい-しよ (名) 大暑 (一)二十四氣ノ一。(其條ヲ見ヨ)(二)夏ノ甚シキ暑サ。極暑。酷暑

だい-しよ (名) 代書 代筆ニ同ジ。

だい-じよ (名) 大序 歌舞妓ノ狂言ノ發端。開場

たい-しよう (名) 對稱 語學ノ語、代名詞ノ、話シカクル方ニ用ヰルモノノ稱、汝、君、貴殿ナドノ如シ。

たい-しよく (名) 對食 相向ヒテ食事スルヿ。相伴。

たい-しよく (名) 大食 オホグヒ。分外ニ物ヲ食フヿ。多食

たい-しよくくわん (名) 大織冠 古ヘ、位ニツキテ授ケラレシ冠ノ名、織ニテ作ル、後ノ正一位ニ當ル。

だい-じり (名) 臺尻 小銃ノ本ニ、木造ニテ添ヘタル者ノ幅廣ク扁クシテ凹ミアリ、放ツトキ、頰ニ當テ狙ヒヲ定ム。銃牀

たい-す スル・スレ・セシ・セヨ (自動)(不規・二) 對 (一)ムカフ。向ヒ合フ。「山ニ—」(二)應フ。比ベナル。「大ニ對シテ小トイフ」

たい-す スル・スレ・セシ・セヨ (他動)(不規・二) 帶 オブ。佩ク。「弓矢ヲ—」「刀ヲ—」

だい-す (名) 臺子 茶湯ノ式ニ用ヰル棚ノ如キモノ、正式ニ用ヰルモノトシ、四柱ニテ、上下ニ板アリ、風爐、茶椀、茶入、建水、諸具ヲ載ス、舊—、竹—、爪紅—等アリ。

だい-す スル・スレ・セシ・セヨ (他動)(不規・二) 題 外題、題目、ヲ記ス。

たい-すう (名) 大數 オホヨソノ數。

だい-すう (名) 代數 (一)代ヲ重ヌル數。(二)數學ノ一部、分量ヲ計ル術、標字ヲ以テ數字ニ代ヘテ行ヘバイフ。

たい-すゐ (名) 大水 オホミヅ。洪水。

たいせい (名) 胎生 人獸等ノ、腹籠リニテ子ヲ生ムヿ。(鳥魚ナドノ卵生ニ對ス)

たいせい (名) 泰西 西洋ニ同ジ。

たいせいでん (名) 大成殿 孔子ヲ祀ル堂ノ稱。

たいせう (名) 對照 テリアハスルヿ。ミクラブルヿ。

だいせう (名) 大小 (一)おほいなるトちひさきト。(二)陰曆ニ、一箇月ノ日數ノ三十箇日ナルヲ大(大盡)トシ、二十九日ナルヲ小(小盡)トイフ。陽曆ニテハ、三十一日ナルヲ大トシ、三十日ナルヲ小トス。(三)刀ト脇差ト共ニ帶ブル時ニ、統ベテイフ語、即チ、刀ハ大ニテ、脇差ハ小ナリ。

たいせき (名) 大石 オホイシ。イハホ。

たいせち (名) 大切 次條ノ語ニ同ジ。「心カシコカラム御乳母ハ、人ノ御爲ニたいせちノモノニテアリケル」

たいせつ (名) 大切 丁寧ニスルヿ。懇ニ扱フヿ。オゴソカニ護ルヿ。大事ニスルヿ。 鄭重

たいせつ (名) 大雪 (一)多ク積レル雪。(二)二十四氣ノ一。(其條ヲ見ヨ)

たいせん (名) 大船 オホフネ。大ナル船。

たいせん (名) 大川 オホカハ。大河。

たいぜん (副) 泰然 落着キテ、驚カズ動カヌ狀ニイフ語。

だいぜんしき (名) 大膳職 オホカシハテノツカサ。職ノ一、宮內省ニ屬シ、膳部ノ事、諸臣ニ賜ハル饗膳ノ事等ヲ掌ル。

だいせんせかい (名) 大千世界 佛經ニ、須彌山ノ外ニ、八山アリテ圍繞ス、幷ニ、一ノ日月、晝夜ニ回リテ四天下ヲ照スヲ、一國土ト名ツク、其一千ヲ積ミテ、小千世界ト名ツケ、又其一千ヲ積ミテ、中千世界ト名ツケ、又其一千ヲ積ミタルヲ、一トストト云。更ニ其三千ヲ積ミテ、三千ートト名ツクトゾ。

たいそ (名) 太祖 其朝ノ初代ノ帝王ノ稱號。

たいそう (名) 大簇 (一)十二律ノ一、其條ヲ見ヨ。(二)陰曆、正月ノ異名。

だいソウジやう (名) 大僧正 僧正ノ條ヲ見ヨ。

たいそく (名) 大息 オホイキ。タメイキ。

たいだ (名) 怠惰 オコタルヿ。ナマケ。

たいたい (名) 對對 相對ヒテ優劣上下ナキヿ。 對等

だいたい (名) 大隊 隊ノ條ヲ見ヨ。

だいたい (副) 大體 オホヨソ。

だいだい (名) 橙 [代代ノ意、或ハ蔕ニ臺二ツアレバイフト云フハアラジ] 樹ノ名、幹、高ク、嫩キハ刺アリ、老ユレバ無シ、葉ハ、扁ク大ク、兩刻缺アリテ兩段ノ如シ、くねんぼノ葉ニ比スレバ短シ、夏ノ半ニ、小白花ヲ開ク、實ノ形、くねんぼヨリ大ク、皮ノ肌、細カク、臭氣アリ、味苦ク、食フニ堪ヘズ、穰ヨリ酢ヲ取ル、實ノ蔕、二重ナリ、冬ニ熟シテ黃ニ變ジ、春又綠ニ回ル、此ノ如クニシテ、年年落チズシテ形大クナル、故ニ代代ト名ツケテ、春ノ春盤等ノ飾トシテ祝フ。 回青橙 今、多クハ、臭橙ヲ以テマガヘテ用ヰル。

だいだいかぐら (名) 太太神樂 神樂ノ條ヲ見ヨ。

[たいだいし・シキ・シケレ・シク・シ] (形.二) (怠怠ノ音カナドト云、訛訛シ、ノ轉ニテ横サマニユガメル意トイフハイカガ) 等閑ナリ。疎略ナリ。カロガロシ。アルマジキ事ナリ。「竹取ノ翁ヲ召シテ仰セ給フ、汝ガ持テ侍ルかぐや姫奉レト云云、御使ヲ給ヒシカド、カヒナク見エズナリニケリ、斯クタイダイシクヤハ習ハスベキト仰セラル」面ヲ守ラセ給ヒテ、物モ宣ヒ給ハズ、タイダイシト思シタルナリケリ」「帝ノ愛シ給ヘル鷹ヲ逸シタルニアヤマチシタル者ヲ イカデカ使ハムトテ、云云、女ノタイダイシキゾトテ、館ノ內ニモ置給ヘラザリシカバ」

だいだいり (名) 大內裏 古ヘノ宮城ノ稱、京都ノ中央北部ニテ、大極殿、內裏諸宮殿、其他官、省、寮、司、職等ノ諸官府アリシ一郭ノ地ナリ、東西八町、南北十町、四方、各、三門、合十二門アリ。

たいたう (名) 帶刀 腰ニ刀ヲ帶ブルヿ。

だいだう (名) 大道 幅廣キ道。(橫路、小路ニ對ス)

だいたうまい (名) 大唐米 [舶來種ナレバイフ] 稻ノ一種、葉細ソク短ク、熟スルヿ早クシテ、夏秋ノ際ニ收ム、米モ多シ、粳ニ似テ、粒小ク細長ク、性甚ダ淡ク粘ナクシテ、消化シ易ケレバ、病人ノ食ナドトス。一名、タウボシ。又、粒多クハ赤ケレバ、あかおめノ名モアリ。 秈

たいだん (名) 對談 相對ヒテ話スヿ。談合。

だいたん (名) 大膽 肝太キヿ。何事ヲモ畏レヌヿ。 膽大

たいぢ (名) 退治 敵ヲ退ケ討チ平グルヿ。 討平

だいち (名) 大地 天ニ對シテ、地ヲ廣ク大ク言フ時

たい-ぢん (名) 對陣 相對ヒテ陣取ルヿ。

たい-ぢん (名) 退陣 ヂンバラヒ。退軍

たい-ちやう (名) 台聽 聽キ入ルルヿノ敬稱。(三公ニ)

たい-ちやう (名) 隊長 一隊ノ兵ノ長。

だい-ちやう (名) 大腸 はらはたノ條ヲ見ヨ。

だい-ちやう (名) 臺帳 商家ニ賣買ノ高ヲ記シ置キテ、諸勘定ノ基トスル帳面ノ稱 賣買ノ多カラムヲ祝シテ大福帳ナドトモ呼ブ。

だい-ぢやうぶ (名) 大丈夫 丈夫トイフニ同ジ。マスラヲ。

だい-ぢやうぶ (名) 大丈夫 (一)殊ニ健全ナルヿ。(二)極メテ堅固ナルヿ。決シテ危キヿ無キヿ。萬全

たい-ちゆう (名) 胎中 ハラゴモリ。

＊たい-ぢる-ヂル・ヂレ・ヂ・ヂ・ヂロ (他動)(規・四) 退治 討チ平グ。ホロボス。討平

だい-づ (名) 大豆 (一)豆ノ一種、夏、種ヲ下ス、苗高二三尺、葉圓ク尖ル、秋、小白花ヲ開キ、叢ヲ成ス、莢ノ長サ、一寸餘、豆ハ、味噌、豆腐、醬油ヲ造リ、又、油ヲ取ルナド、用多シ、豆ノ色種種ナリ、シロマメ、クロマメ、アヲマメ、ウヅラマメ等各條ニ注ス。(二)專ラ、黄大豆ノ稱。

たい-てい (副) 大抵 オホヨソ。オホカタ。タイガイ。

たい-てき (名) 大敵 人數多ク勢強キ敵。「—ト見テ恐ルルヿ勿レ」油斷—」

たい-てん (名) 退轉 身代潰レテ、他處ニ移ルヿ。

破産

たい-ど (名) 大度 度量ノ寛ク大ナルヿ。「寛仁—」

たい-ど (名) 態度 ナリフリ。

たい-とう (名) 擡頭 文中ノ敬フベキ語ヲ、次ノ行ヘ送リ、欄ヨリ上ヘ出シテ記スヿ、一字上ゲ(一擡頭)二字上ゲ(二擡頭)等、其語ニ因リテ、次第アリ。

たい-とう (名) 對等 相向ヒテ等シキヿ。

だい-どう-せう-い (句) 大同小異 大ニ同ジクシテ、少シ異ナリ。大凡ハ似テ、僅ニ違フ。

だい-とう-りやう (名) 大統領 共和政治ノ國ノ政府ノ最高官ノ號。

たい-どく (名) 胎毒 古言、クサ。兒ノ胎中ヨリ受ケタル瘡。浸淫瘡

だい-とく (名) 大德 僧ノ、行滿チ德高キモノノ稱。ダイトコ。後ニハ、僧ノ汎稱トモス。

〔だい-とこ (名) 大德 前條ノ語ニ同ジ。

だい-どころ (名) 臺所 〔臺盤所ノ略〕廚ニ同ジ。

たい-ない (名) 胎內 ハラゴモリ。

だい-ない-き (名) 大內記 內記ノ條ヲ見ヨ。

だい-なごん (名) 大納言 オホイモノマウスツカサ、官名、中納言ト共ニ、太政官ノ次官ナリ、正、權、アリ、內ニ奏シ外ニ宣スルヲ掌ル、右大臣以上ト、大政ニ參議ス、大臣闕クレバ、代リテ理ス、故ニ亞相ノ稱モアリ。

だい-なごん-あづき (名) 大納言小豆 (一)あづきノ一種、粒大ク、深紅ニシテ、味最モ美ナルモノ。猪肝赤 (二)はおりかづきノ(上方)

だい-なし (名) 〔無臺ノ義ニテ、臺座後光ヲシマフナドイフト同意カト云〕甚ダシク亂レ毀レ汚レタル物事。

たい-なふ (名) 怠納 納ムルヲオコタルヿ。(租稅ナド)ニイフ語(關東)

だい-に (名) 大貳 太宰府ノ次官、少貳ノ上ニアリ。

だい-にち (名) 大日 佛經ニ、如來ノ一 卽チ、日輪ナリ、梵語ニ、毘盧遮那トイフ。

たい-にん (名) 耐忍 耐ヘ忍ブヿ。コラフルヿ。辛抱。

たい-にん (名) 大任 重キ役目。大役。

だい-にん (名) 代人 代ハリテ、事ヲ辨ズル人。名代。

だい-ねんぶつ (名) 大念佛 念佛宗ノ條ヲ見ヨ。

〔たい-のや (名) 對屋 古ヘ、禁中貴族等ノ邸ニ、寢殿ニ斜ニ對ヒテ、別ニ設ケタル家、多クハ廊ニテ通ズ、卽チ女房ノ住ム長局ナリ、其製、角木ヲ入レズ、狐戶ナシトゾ。略シテ、東ノ對、西ノ對、北ノ對、一ノ對、二ノ對ナドイフ。

たい-は (名) 大破 家ナドノ甚シク破レ毀ルルヿ。

だい-ば (名) 臺場 大砲ノ臺ヲ居ヱテ敵ニ備フル處、四方、郭ヲ築キ、海陸要害ノ地ニ設ク。砲臺

たい-はい (名) 大盃 オホサカヅキ。

たい-はう (名) 大砲 オホヅツ。(鐵砲ノ條ヲ見ヨ)

たい-はく (名) 太白 (一)金星ノ一名。(二)白砂糖ヲ精製シテ、色ノ純白ナルモノ。上白 (三)固飴ノ色白キモノ。

だい-はちぐるま (名) 代八車 大八車 〔車ノ力、八

人ニ代ル意ト云〕 荷車ノ一種、大キクシテ、二三人ニテ牽クモノ。

たいはん (副) 大半 十ニ八九ハ。オホカタ。過半。

だいばん (名) 臺盤 (一)食器ヲ載スル具、形、机ノ横長キガ如シ。(二)飯。(薩州)

だいばんどころ (名) 臺盤所 (一)臺盤ヲ置ク所。即チ、膳ヲ調フル所。(二)大臣、大將、ノ内室ヲ尊稱、後ニ轉ジテ、御臺所トモイフ。(婦ハ中饋ヲ主ル意ニテ稱ストゾ)

だいひつ (名) 代筆 他ニ代ハリテ物書クコト。代書

たいびやう (名) 大病 重ク癒エ難キ病。大患

だいひやう (名) 大兵 身體ノ長大ナルコト。(小兵ノ反)

たいふ (名) 大夫 (一)支那ニ、爵ノ名、諸侯ノ長臣。(爵ノ條ヲ見ヨ)(二)大名ノ家老ノ稱。

たいふ (名) 大夫 (一)五位ノ通稱。右近ーハ五位ノ右近衛將監ナリ、ーノ尉ハ五位ノ撿非違使尉ナリ、無官ノーハ公卿ノ息ノ官無キ者ノ稱。(童形ヨリ五位ナリ)以上、正シクハ、たいぶト濁リテ呼ブトゾ。(二)能、狂言、其他雜技ノ者、或ハ遊女ノ上頭ナル者ノ稱、元ト、宮中ニ召サルル時、位無ケレバ入ルコトヲ得ズ、因テ假ニ五位ニ准ゼラレシヲ、因襲シテ稱セシニ起ルト云。

たいふ (名) 大輔 省ノ次官、少輔ノ上ニ居ル。

たいぶ (名) 大部 册數多キ一部ノ書籍。

だいぶ (名) 大夫 官名、職ノ長官。(中宮職、春宮職、大膳職、修理職、左京職、右京職等)

だいぶ (副) 大分 オホカタ。餘程。

たいふう (名) 大風 オホカゼ。烈シク吹ク風。

だいふく (名) 大福 大ニ富ミテ福アルコト。ー長者

だいふくちやう (名) 大福帳 臺帳ノ條ヲ見ヨ。

だいふくもち (名) 大福餅 餅ニ餡ヲ包ミテ、兩面ヲ鐵板ノ上ニテ炙リタルモノ。

だいブツ (名) 大佛 オホボトケ。木造銅造ノ大ナル佛像。多クハ大日如來、釋迦如來ナリ。

だいぶん (副) 大分 オホカタ。餘程。ダイブ。

たいへい (名) 太平 泰平 世、大ニ治マリテ、人人安堵シテ暮シ居ルコト。昇平。

たいへいらく (名) 太平樂 雅樂ノ曲ノ名。又、破陣樂。

だいへう (名) 代表 代ハリテ示スコト、

たいべつ (名) 大別 オホワケ。大凡ニ別ツコト、

たいへん (名) 大變 大ナル變事。オホゴト、

だいべん (名) 大辨 官ノ名、辨ノ條ヲ見ヨ。

だいべん (名) 大便 糞ヲマルコト。クソ。

たいほ (名) 台輔 三台星ノ條ヲ見ヨ。

たいほ (名) 逮捕 罪人ヲ召取ルコト。

たいほ (名) 退歩 アトシザリ。アトモドリ。

たいぼく (名) 大木 太ク高ク生立チタル樹。巨樹

たいま (名) 大麻 (一)オホヌサ。幣ヲ美メテイフ語。(二)麻ノ漢名。

たいま (名) 對馬 將棋ノ語、雙方、對對ニ、同ジ數ノ馬ヲ置キテ差スコト。即チ優劣ナキナリ。(優レル方ニテ馬ヲ落スコトアルヨリイフ) 對手

たいまい (名) 瑇瑁 玳瑁 龜ノ屬、熱帶ノ海ニ產ス、形、うみがめニ似テ、首ハ鳥ノ如ク、背尖リ、前肢長ク、後肢短シ、甲、十三片、鱗次シ疊ミテ、一片ナラズ、甲ノ邊缺ケテ鋸齒アリ、色、黃褐ニシテ、黑キ斑アリ、粗、透明ナリ、煮テ柔皮ノ如クニシテ、櫛、笄ナド、飾物ニ用ヰテ珍重ス、極メテ美麗ナリ。俗ニ鼈甲。

たいまい (名) 大枚 高ノ多キコト。(多ク金錢ニイフ) 多額

たいまう (名) 大望 オホイナルノゾミ。心ニ非分ノ事ヲ企ツルコト。非望

たいまつ (名) 松明 〔燒松ノ音便〕 松ノ脂多キ處ヲ割キ束ネテ、火ヲ點ジテ燈トスルモノ。

たいまん (名) 怠慢 オコタルコト。ナマケ。怠惰

たいミンちく (名) 大明竹 めだけノ一種、長一丈許、葉短ク細ソク、上ニ向ヒテ叢生スルモノ。

だいみやう (名) 大名 〔名田ノ稱ニ起ルトイフ〕 鎌倉時代ヨリ、將軍ノ家臣ノ守護地頭等ヲ、所帶ノ大小ニ因リテ稱スル號、大ナルハーニシテ、小ナルヲ小名ナドイヘリ。德川氏ノ時ニ至リテハ、領地知行ノ持高一万石以上ノ者ノ總稱、外様、譜第ノ別ナク、其土地人民ヲ私有シテ、一地方ノ君タリ。

だいみやう (名) 大明 曆ノ語、至テ吉ナル日ノ稱、何事ニ用ヰテモ皆利アリトゾ。

だいみやうおもと (名) 〔大名萬年青〕 おもとノ種、斑入ノモノノ稱。

だいみやう-だけ (名) 大明竹 幹ハ雄竹ニテ、葉ハ雌竹ナルモノニテ、因テ業平竹トモイフトゾ。(たいみんちくニ同ジキカ)

だいみやく (名) 代脈 醫者ノ弟子ノ、師ニ代ハリテ患者ノ脈ヲ診ルコト。

〔たいめ (名) 對面 たいめんノ約。「日日ニたいめシケルニ、イカナル日ニカアリケム、たいめセザリケル時、詠ミテ奉ル」

だいめ (名) 代目 (一)田一町ニ、四分ノ一ヲ去ルコトト云。(二)茶室ノ製ニ、疊一疊ノ四分ノ一ノ所ニ、爐ヲ設ケ、又ハ板間ニスルナドヲイフ。(臺目トモ記ス)

たいめい (名) 台命 三公ノ命令。

だいめい-し (名) 代名詞 語學ノ語、名詞ニ代ヘ用ヰテ、ソレヲ指シテイフ語、即チ、人ニ、我、汝、彼、誰ノ如ク、事物地位方向等ニ、これ、それ、ここ、そこ、かしこ、あなた、そなた、かなたナドノ別アリ、篇首ノ語法指南ノ名詞ノ條ニ委シ。

たいめん (名) 對面 相對フコト。會ヒテ語スコト。對顏

たいめん (名) 體面 體裁。面目。

たいめん-じよ (名) 對面所 大小名ノ邸ナドニ、來客ニ對面スルニ用ヰル表座敷ノ稱。

だいもく (名) 題目 (一)表題。外題。(二)日蓮宗ニテ、特ニ、法華經ノ表題、即チ、南無妙法蓮華經ノ稱、コレヲ七字ノ一ナドイフ。

だいもつ (名) 代物 アタヒノシロ、代料。

だいもん (名) 大紋 本名、ヌヒモタタレ。布製ノ直垂ニテ、家ノ紋ヲ大キクツクルモノ、上ノ紋ハ、五ツ處ナルコト、素袍ノ如ク、下ハ長袴ニテ、腰板ニ紋ナク、合引ト尻ト股ノ左右トニ紋アリ、諸大夫ノ服トス。

だいもん (名) 大門 大寺ナドノ總門。

たいや (名) 逮夜 忌日ノ前夜ヲ、佛事供養スルニ就キテイフ語。宿忌 齋宿

たいやう (名) 太陽 日ニ同ジ。日輪。

たいやう (名) 大洋 大海ニ同ジ。

たいやう (名) 對揚 匹敵ハスルコト。「敢對ニ揚天子之休命ニ幽顯一、人神咫尺」

たいやう-かい (名) 太陽界 天文學ニ、太陽ヲ中心トシテ、之ニ屬スル天體、即チ、諸ノ行星、陪星、彗星、等ヲ合ハセテ、一大區ト見テ稱スル語。

たいやう-れき (名) 太陽曆 およみノ條ヲ見ヨ。

だいやく (名) 大役 勤メノ重キ役柄。

たいやく (名) 退役 職ヲ辭シテ退クコト。罷官

ダイヤモンド (名) 〔英語、Diamond.〕 金剛石。

たいよ (名) 貸與 カシアタフルコト。

たいらう (名) 大老 德川氏ノ時ニ、執政無上ノ職、老中ノ上ニアリ、一人ニ限ル、將軍幼少ノ時ナドニ置キテ、常ニハ闕ク。

たいらう (名) 太牢 天子ノ社稷ノ祭ノ稱、牛、羊、豕ヲ供フ。諸侯ハ羊ヲ供フ、少牢トイフ。

たいらん (名) 大亂 國中大ニ亂レテ相戰フコト。

たいらん (名) 台覽 覽ルコトノ敬語。(三公、公方ニ)

だいり (名) 內裏 大內裏ノ內ニテ、別ニ、天子ノ住マハセラルル一區ノ宮殿アル處。大內。禁中。禁裏。御所。皇居。禁廷。禁闕。

だいり (名) 代理 他ニ代リテ事ヲ理メ扱フコト。

たいりう (名) 滯留 逗留ニ同ジ。

だいりき (名) 大力 人ノ力ノ勝レテ強キモノ。怪力

たいりく (名) 大陸 大洋ニ對シテ、陸ヲ大ク廣キニ就キテ言フ時ノ語。

だいり-せき (名) 大理石 石灰質ノ礦石、緻密ニシテ、白色ナルアリ、斑文アルアリ、磨ケバ、光澤アリテ、甚ダ麗ハシ、種種ノ飾ニ用ヰル。

たいりやく (副) 大略 オホヨソ。大概。

だいれい-ふく (名) 大禮服 重キ儀式ニ用ヰル禮服、西洋服ノ製ニシテ、官等ニ因テ徽飾ニ差アリ。

だいれう (名) 代料 價ノ代。物買フニ渡ス金錢。代金。代物。價金

たいろ (名) 大呂 (一)十二律ノ一、其條ヲ見ヨ。(二)陰曆、十二月ノ異名。

たいろく (名) 大祿 高多キ祿。

たいわ (名) 對話 相向ヒテ話シ合フコト。

だいわう (名) 大黃 古名、大羊蹄。草ノ名、葉、根上ニ叢生ス、白桐葉ニ似テ、闊大ニシテ、鋸齒ナク、光ル、夏、中心ヨリ圓キ莖ヲ出ス、高サ六七尺、其葉互生ス、莖ノ頂、及ビ、梢ノ葉ノ間每ニ、小花ヲ開キ、穗ヲナス、綠色ナリ、根ヲ藥用トス。

だいゐ-とく (名) 大威德 佛經ニ、明王ノ一、西方ヲ護ル、六面、六臂、一切惡毒龍ヲ摧伏スト云。

たう (名) 〔薹ノ音便ト云、或云、塔ノ音〕 古言、ククタチ。菜、ふきけし、たのね、わさびドノ中心ヨリ出デテ花ヲ生ズベキ莖。「菜ノ花ガ一ニタツ」「蕗ノ一」 薹心 花莚

たう (名) 黨 〔一〕トモガラ。ナカマ。「一ヲ結ブ」〔二〕一隊ノ兵。「兒玉ノ一」「丹ノ一」

たう (名) 刀 カタナ。「一ヲ把ル」「一ヲ脫ス」

たう (名) 盜 ヌスミ。ヌスビト。「一ヲ防グ」

たう (名) 當 事ノ理ニ當ル。「其一ヲ得ズ」

たう (接頭) 當 名詞ノ上ニ冠シテ、此ノ、其ノ、今ノ、ナドノ意ヲナス語。「一六月」「一年」「一日」「一人」「一地」「一國」「一家」

たう (接頭) 唐 〔一〕唐土、即チ、支那ノ物ニ冠シテイフ語。「一人」「一船」「一墨」「一本」轉ジテ、スベテ、諸外國ノ物ニモイフ。「一物」「一木綿」〔二〕又、形ノ尋常ニ異ナリタル物ニ冠スル語。「一箕」「一鍬」「一臼」

たう (接尾) 湯 煎藥ノ名ニツクル語。「葛根一」「枇杷葉一」

だう (名) 堂 〔一〕大ナル家。寢殿。〔二〕寺ニ、佛像ヲ祀ル家。「本一」「釋迦一」

だう (名) 道 〔一〕ミチ。「山一」「海一」〔二〕ヲシヘ。宗旨。「儒一」「佛一」「修驗一」〔三〕京都ヨリ四方ヘ行クベキ道ニ當レル國國ヲ總ベテイフ稱、即チ全國ノ大別ナリ、畿內ヲ本トシテ、東海、東山、北陸、山陰、山陽、南海、西海ノ七一ニシテ、近年、新ニ北海一ヲ加フ。

だう (名) 道 支那ニ行ハルル一種ノ宗教ノ名、老子ヲ祖トシテ、玄元皇帝トイフ、其流ヲ一家トイヒ、其人ヲ一士トイフ、奇異ノ術ヲナシ、呪、符、醫、藥、等ノ事ヲ行フ。

たう-あみ (名) 唐網 とあみノ條ヲ見ヨ。

たう-い (名) 擣衣 砧ニテ衣ヲ擣ツ。

たう-い-そくめう (句) 當意即妙 當座ノ氣轉、甚ダ妙ナリ。

たう-いん (名) 唐音 唐音ニ同ジ、漢音ノ條ヲ見ヨ。

だう-いん (名) 導引 〔血脈ノ運行ヲ導ケバイフトゾ〕 按摩。揉療治ニ同ジ。

たう-うす (名) 唐臼 すりうすニ同ジ。

たう-おん (名) 唐音 漢音ノ條ヲ見ヨ。

たう-か (名) 蹈歌 古ヘ、正月、禁中ノ公事、十五日ニ、男一アリ、(中古ヨリ絕ユ)十六日ニ、女一アリ、少年童女、年始ノ祝言ヲ歌ヒテ舞フ、其曲ノ終ニ、必ズ重ネテ萬年阿良禮(有ラレヨ、ノ意)ト唱フ、故ニ、あられはしりトモイヒ、後ニ萬歲樂トモイヘリ。此日節會アリ

たう-か (名) 稻荷 〔一〕稻荷ノ神。〔二〕東國ニテ、狐ノ異名。(狐ヲ稻荷ノ神ノ使トス)

だう-かう-だな (名) 道幸棚 〔創意者ノ名ニ起ル〕 茶室ノ爐傍ノ壁ニ、袋戶棚ノ如ク茶器ヲ藏スベク作レル所、常ハ壁後ニアルベキ水屋ヲ此ニ置ケルナリ。

たう-がき (名) 唐柹 いめびはニ同ジ

たう-がく (名) 唐樂 雅樂ノ條ヲ見ヨ。

たう-がさ (名) 唐瘡 黴毒ニ同ジ。

たう-かん (名) 盜汗 ネアセ。

たう-がん (名) 唐雁 鵝鳥ニ同ジ。

たう-がらし (名) 唐辛 〔豐公征韓ノ時、種ヲ得タリト云〕 草ノ名、春ノ半ニ種ヲ下ス、葉ハ柳ニ似テ小ク、又、胡椒ニ似テヤハラカナリ、叢生ス、枝脇シ、夏ノ半ニ小白花ヲ開ク、實ハ莢ニシテ、ささげノ如クニシテ圓ク長シ、初メ青ク、熟スレバ赤シ、又、黃ナルモアリ、子ヲ併セテ食フ、味極メテ辛シ、食ニ添ヘテ、味ヲ助ク。別名、高麗胡椒。南蠻胡椒。南蠻ガラシ。ナンバン。 蕃椒

たう-がらす (名) 唐鴉 かささぎニ同ジ。(九州)

たう-き (名) 當歸 草ノ名、苗高サ一二三尺、葉互生シ、厚ク細長ク、數枝數葉ヲ一葉トス、深綠ニシテ光澤アリ、夏、枝ノ頭ニ、小白花簇リ開キテ傘ノ狀ヲナス、根ヲ藥用トス。

たう-き (名) 陶器 スヱモノ。ヤキモノ。(つちやきトイフ)

たう-きび (名) 唐黍 〔一〕もろこしきびノ一名。(京都)〔二〕なんばんきびノ一名。(筑前、加賀、仙臺)

たう-ぎん (名) 當今 當代ノ今上。イマウヘ。

たう-きょく (名) 當局 其事ノ受持ニ當リ居ルモノ。

たう-ぎり (名) 唐桐 ひぎりニ同ジ。

だう-ぐ (名) 道具 〔僧家ノ語ニ起ルト云〕 〔一〕其道道ニ用ヰル具。〔二〕武家ニテ、專ラ槍ノ稱、武道第一ノ具トシテイフ。槍 〔三〕轉ジテ、一切ノ器ノ稱、「大工一」「家財一」 用器 什具

たう-ぐし (名) 唐櫛 梳櫛ノ一種、齒ノ甚ダ細カク

密ナルヿ。閟

だうぐたて (名) 道具立 所用ノ器具ヲ調ヘ並ブルヿ。

たうぐは (名) 唐鍬 鍬ノ一種、頭ヲ全ク鐵ニテ作リテ木ノ柄アリ、樹ノ根ヲ堀起スナドニ用ヰル。钁

だうぐもち (名) 道具持 槍持ニ同ジ。

だうぐや (名) 道具屋 古道具ヲ商フ家。骨董行

たうくるみ (名) 唐胡桃 くるみノ條ヲ見ヨ。

たうぐわ (名) 唐犂 カラスキ。

だうくわんさう (名) 道灌草 〔中世、東京ノ道灌山ニ瀆種ヲ栽エシヨリ名アリ〕古名、鈴草。又、菥蓂。秋分ニ種ヲ下ス、葉ハなでしこニ似テ淡綠ニシテ對生ス、春ニ至リ、葉ノ幅四五分、長サ一尺餘、莖、高サ二尺許、春夏ノ際ニ枝ノ上毎ニ、鐸ノ如キ五瓣ノ紅白小花ヲ開ク、後、房ヲ結ブ、殼ニ五稜アリ、子ハ豆ノ如ク、熟スレバ黒シ、藥用トス 王不留行

たうけ (名) 當家 此ノ家。我ガ家。

たうげ (名) 峠 〔手向ノ音便、其條ヲ見ヨ〕(一)坂路ノ登リツメタル處。嶺 (二)世俗ニ、極果。「熱ノ―」

だうけ (名) 道家 道ノ條ヲ見ヨ。

だうけ (名) 道化 〔齋藤道三ノ義子義龍ト不和ノ時、我ニ同ゼム者ハ剃髮セヨト令シ、道化某髮ヲ半剃シ兩端ノ意ヲ示セシヨリイフト云、サレド牽强ナラム、おどけノ轉ナルベキカ〕戯レヲ行ヒ、人ノ笑ヲ起スヿ。戯ルルヿ。オドケ。滑稽

たうけい (名) 刀圭 藥ヲ盛ル匙。轉ジテ醫術ノ稱トモシ、醫者ヲ一家ナドイフ。

だうけがた (名) 道化形 歌舞伎ニ、滑稽ノ役ヲナスモノ。淨

たうげつ (名) 當月 コノツキ。今月。本月

たうけん (名) 唐犬 〔舶來種ナリ〕犬ノ一種、大ナルモノ、高サ三四尺ニ至ル、力殊ニ强ク、多ク狩ニ用ヰル。獒

たうけん (名) 刀劍 カタナ。ツルギ。

だうける ケル・ケレ・ケ・ケロ (自動)(規、四、變) 道化 滑稽ヲナス。戯ル。フザケル。戯謔

たうこう (名) 陶工 ヤキモノシ。

たうこぎ (名) 〔田ノ五加木ノ義〕草ノ名、春ノ末、濕地ニ生ズ、參秩ノ如シ、成長スレバ、莖、方ニシテ、細長キ五葉、排生シテ一葉ヲナシ、粗キ鋸齒アリ、節ニ對シテ生ズ、秋、高サ二三尺、枝ノ梢毎ニ、黄花ヲ開ク、後、數十ノ毬ヲナス。

たうごく (名) 當國 此ノ國。我ガ住ム國。

たうごばう (名) 唐牛蒡 やまごばうニ同ジ。商陸

たうごま (名) 唐胡麻 古名、カラエ。カラカシハ。春分ニ種ヲ下ス、苗ノ高サ丈餘、莖、直上シテ中空シク節アルヿ竹ノ如シ、皮白クシテ粉アリ、葉ハ節ニ互生シ、大サ一尺、九岐ニ分レテ鋸齒アリ、秋、莖ノ梢、又ハ、葉ノ間ニ花アリ、黄白色ニシテ、聚リ開クヿ神樂鈴ノ如シ、實ニ毬アリ、中ニ三子アリ、ひましのあぶらヲ採ル。蓖麻

たうごま (名) 唐獨樂 獨樂ノ條ヲ見ヨ。

たうこん (名) 刀痕 かたなきずノ痕。

たうこん (副) 當今 イマ。今ノ時ニ。現時

たうざ (名) 當座 (一)其座ニ當リテノヿ。座上。席上。「―ノ興」(二)和歌ノ題ノ、其會ノ席上ニテ出ヅルノ。(兼題ニ對ス)(三)當分ノ中。假初ニ數日ノ間。

たうざい (名) 當歲 其年ノ生レナルヿ。「―ノ兒」―ノ駒」生齒

たうささげ (名) 唐豇 いんげんささげニ同ジ。

たうざちやう (名) 當座帳 商家ニテ、賣買取引金錢ノ事ヲ假初ニ記シ置ク帳面ノ名、後ニ、臺帳、其他ニ分ケ記ス。

たうさん (名) 倒產 (一)破產。分散。(二)サカゴ。逆產。

たうざん (名) 唐山 モロコシ。カラ。唐土。支那。

たうサン (名) 唐棧 さんとめじまノ條ヲ見ヨ。

たうさんぼん (名) 唐三品 さんぼんノ條ヲ見ヨ。

たうし (名) 唐紙 支那製ノ一種ノ紙、新竹ヲ水ニ浸シ、楮ノ皮ヲマジヘテ煮テ漉クトイフ、長五尺許、幅二尺半許、肌、濃ニシテ厚ク重ク、裂ケ易シ、淺黄赤色ナルヲ上品トシ、白クシテ堅キヲ下品トス。竹紙

たうじ (名) 當時 差當リタル今ノ時。「何事モ申セ、又偏ニ賴ミテアラムズルゾ、マヅ當時寒ゲナリ、此衣着ヨトテ」現時

たうじ (副) 當時 ソノカミ。事アリシ其時ニ。

だうし (名) 導師 (一)佛敎ニ、能ク衆生ヲ說キテ、

無生死ノ道ニ導ク者。(二)佛葬ノ時ニ法儀ノ主トナル僧。
だうし (名) 道士 道ノ條ヲ見ヨ。
たうじつ (名) 當日 ソノ日。其事ニ當ル日。
たうじん (名) 唐人 (一)もろこしノ人。支那ノ人。(二)轉ジテ、諸外國ノ人。
だうしん (名) 道心 (一)佛道ニ歸依スル心。「幼クヨリ、イミジウ―オハシテ、法華經ヲ明ケ暮レ誦ミ奉リテ」(二)十三或十五歲以上ニシテ、佛道ニ入リシ者ノ稱、一寺ノ住職トナル能ハズトゾ。新ニ―トナレル者ヲ、今―トイフ。
だうじん (名) 道人 (一)佛門得道ノ者ノ稱。其未ダ得道セザル者ヲ道者トイフトゾ。(二)支那ニテ道家ニ入レル人。又、世俗ノ事ヲ棄テタル人ノ自稱。
たうじんぶえ (名) 唐人笛 嗩吶。喇叭。
たうじんまめ (名) 唐人豆 落花生ニ同ジ。
だうしや (名) 道者 (一)道人ノ條ヲ見ヨ。(二)打連レテ神社佛閣ニ詣ヅル旅人ノ稱。道衆。
たうしやう (名) 堂上 (一)四位以上、昇殿ヲ聽サレタル官人ノ稱、意、殿上ニ同ジ。(地下ニ對ス)(二)轉ジテ、汎ク搢紳家ノ稱。
たうしゆ (名) 當主 イマアルジ。當代ノ戶主。
だうしゆう (名) 道衆 道者ノ條ヲ見ヨ。
たうしよ (名) 當處 コノトコロ。此ノ土地。當地。本地
たうしよ (名) 當初 ソノカミ、ハジメ、初手。

たうしよく (名) 當職 其職ニ當リ居ルコト。
たうず・ズル・ズレ・ゼ・ジ・ゼヨ (他動)(不規.二) 討 ウツ。征伐ス。
たうすず (名) 唐錫 純錫ニ同ジ。
たうせい (名) 當世 イマノヨノナカ。今世
たうせつ (名) 當節 イマノトキ。今ノ世。現時
たうせん (名) 唐船 モロコシブネ。支那製ノ船。
たうせん (名) 當選 エラビニアタルコト。
たうせん (名) 當籤 鬮ニアタルコト。
たうぜん (名) 當然 マサニ然ルベキコト。理ノ善ク當ルコト。アタリマヘ。「理ノ―」
たうぞく (名) 盜賊 ヌスビト。盜
だうぞく (名) 道俗 僧ト俗人ト。
だうそじん (名) 道祖神 サヘノカミ。
たうだい (名) 當代 (一)イマノヨ。當世。今世 (二)當今ノ世繼。「―ノ主人」
たうた (名) 田歌 たうゑうたニ同ジ。
たうたう (副) 堂堂 巖ニ盛ニ。立派ニ。「威儀―」
たうたう (副) 滔滔 (一)水ノ漫ク大ニ流ルル狀ニイフ語。「水勢―」(二)辨舌ノ滯ラヌ狀ヲイフ語。「辨舌―」
たうだう (名) 當道 (一)此ノ道。我ガ學ブ道。(二)醫家ニ、內科ノ稱。
だうだう (副) 堂堂 物事ノ盛大嚴重ナル狀ニイフ語。「―タル大國」議論―」
たうち (名) 當地 此ノ土地。當處。本地

たうぢ (名) 湯治 溫泉ニ浴シテ病ヲ治スルコト。
たうちさ (名) 唐苣 草ノ名、葉ハ菘ニ似テ闊クシテ尖リ、甚ダ厚シ、四時食フベシ、故ニ不斷菜、不斷草ノ名モアリ、夏ノ初メ、莖ノ高サ、二三尺、葉ノ間ニ、白花簇リ開ク、はられんさうノ花ニ似タリ、根ハ紡錘ノ形ヲナシテ、色赤シ、食フベシ。菾菜
たうちやう (名) 唐茶宇 琥珀織ノ條ヲ見ヨ。
だうぢやう (名) 道場 (一)沙門ノ、心ヲ靜ニシ道ヲ修スル處。寺。(二)武道ノ諸術ヲ習フ場所ノ稱。「劍術ノ―」「槍ノ―」
たうちやく (名) 到着 イタリツクコト。トドキタルコト。
たうぢゆう (名) 當住 現住ニ同ジ。
だうちゆう (名) 道中 旅路ニアルコト。旅中。旅上
だうちゆうき (名) 道中記 (一)旅路ノ宿宿、里程、名所、古跡ナド記シテ、旅人ノ導トスル小本。(二)旅路ノ記。紀行
だうちゆうし (名) 道中師 常ニ旅シテ人ノ用ヲ辨ズルヲ業トスル者。(飛脚、荷宰領ノ類)
だうちゆうすごろく (名) 道中雙六 雙六ノ條ヲ見ヨ。
たうちよく (名) 當直 トノヰ。當番。
たうてい (副) 到底 ツマルトコロ。トドノツマリ。
だうてい (名) 道程 ミチノリ。
たうてん (名) 唐天 舶來ノ天鵞絨。
たうど (名) 唐土 モロコシ。カラ。唐山。支那
たうど (名) 陶土 陶器ヲ作ルニ用ヰル一種ノ土。
たうとう (副) 到頭 トドノツマリ。終ニ。

たうとく（名）道德 人倫五常ノ道ヲ修メ行フコト。

たうとつ（名）唐突 不意ニモノスルコト。ダシヌケ。

たうな（名）唐菘 又、スズナ。ツケナ。フユナ。シロナ。又、單ニ、菜トノミモイフ。形、あぶらなニ似テ大ク、色淺ク、葉最モ厚クシテ、筋白シ、専ラ鹽漬トス、東京、三河島ノ產、最モ名アリ、高サ二尺餘ニ至ル。菘

たうなす（名）唐茄 南瓜ノ一種、形、稍扁ク大クシテ、味甘シ、茄トハイヘド、瓜ノ類ナリ。（東京）京都ニカボチヤ。蕃南瓜

たうなん（名）盜難 盜ミニ遇フワザハヒ。―除ケ

たうにん（名）當人 事ニ當ル其人。本人

たうねん（名）當年 コトシ。今年

たうねん（副）當年 ソノカミ。ソノコロ。當時。

たうのいも（名）唐芋 又、アカイモ。芋ノ屬、水田ニ植ウ、苗、さといもヨリ長大ニシテ、莖ハ紫赤ナリ、根大ク子小シ、莖、根、共ニ食フベシ。紫芋

たうのつち（名）唐土 鉛ヲ薄片トシ、醋ニテ蒸シテ採レル粉、白キ粉トナリテ、藥料ナド種種ノ用ヲナス、京都ニオシロイ。下品ナルハ、白堊ニ、下品ノ鉛粉ヲ少シ合ハセテ作ル。

たうは（名）黨派 仲間徒黨ノワカレ。

たうば（名）湯婆 たんぽニ同ジ。

たうはう（名）當方 コナタ。我ガ方。

たうばう（名）逃亡 逃ゲテ身ヲ隱スコト。出奔。逐電

たうはさみ（名）唐鋏 鋏ノ一種、二刃ヲ打違ヘ向ヒ合ハセテ、中央ニ釘シ、本ノ兩端ニ孔アリ、コレニ大指ト人差指トヲ差シ入レテ用キル。燕尾鋏

たうばん（名）當番 勤メニ當ルコト。當直。（非番ニ對ス）

たうばり（名）賜 タウバルコト。賜ハル爵祿ノ類。「御―ノツカサ、カウブリ、何クレノ事ニ觸レテ」正月ノ加階―ノ事　イトユカシウ覺エケレド」

たうばる（他動）（規．一）賜 たばるノ延。賜ル。「此ノ子ハ、マロニタウバラム、手ニ添エテ、粟津ノ原ノ、ミクルスノ」

たうひつ（名）唐筆 支那舶來ノ筆。

たうひやくせん（名）當百錢 天保錢ノ條ヲ見ヨ。

たうふ（名）當否 理ニ當ルト當ラヌト

たうぶ（他動）（規．二）賜 賜ブ。（規．二）ノ延。賜フ。「笙ノ笛、云云、ソレハ陛下ニたうぶ」上ノヲノコドモ、酒たうびケルツイデニ」

たうぶ（自動）（規．二）給 給フ。（規．二）ノ延。給フ。他ノ動作ニ添ヘテイフ敬語。「物ノカタメト侍リたうぶ人ナリ」御館ヨリ出デたうびシ日ヨリ」

たうぶ（自動）（規．三）給 前條ノ語意ニ同ジ。「深キ山ニ棄テたうびよトノミ責メケレバ、責メラレワビテ」座ヲ引キテ起チたうびナムナド、オドシイフモ、イトヲカシ」

たうぶ（自動）（規．二）給 給フ。（規．二）ニ同ジ。己ガ動作ニ添ヘテイフ敬語。「斯ク申シ侍リたうべバ、云云、惡念深ク侍リたうぶラム」

たうぶ（他動）（規．二）食 食フ。（規．二）ノ延。食フ。飲ム。「酒ヲたうべテ、食ベ醉ウテ」

たうふく（名）道服 中世、貴人ナド、道路ニテ、塵ノ衣ニカカラジノ爲ニ、上ニ被フ服、廣袖ニテ羽織ノ長キモノノ如ク、腰ヨリ下ニひだアリ、直綴ノ如シ。今ノ羽織ハコレヨリ起レリトイフ。

たうぶつ（名）唐物 支那及ビ諸外國ヨリ舶來セル品物ノ稱。舶貨

たうぶん（名）當分 今ヨリ行先數日ノ間。當座

たうぼく（名）唐墨 カラスミ。支那製ノ墨。

たうぼふし（名）唐法師 大唐米ニ同ジ。

だうはふ（名）道法 ミチノリ。

たうほん（名）唐本 支那ヨリ舶來セル書物。

だうま（名）駄馬 〔駄ハ馱ノ譌〕（一）馱荷ヲツクルニ用キル馬。荷着馬。馱馬（二）乘馬トナラズ、―トスル意ヨリ轉ジテ、力劣レル下等ナル馬ノ稱。駑（三）駄馬。

たうまろくゐ（名）稻麻竹葦 物ノ甚ダ群リ入リ亂レタルヲ譬ヘテイフ語。

たうまんぢゆう（名）唐饅頭 餅菓子ノ名、かすてらノ製ノ如クニテ固キモノヲ皮トシ、内ニ餡ヲ包ム、形圓ク扁シ。又、かしはもちノ如ク包ミテ兩頭ノ尖リタルヲ中華饅頭トイフ。

たうまめ（名）唐豆 ふたまめニ同ジ。

たうまる（名）唐丸 〔舶來種ナリ〕雞ノ屬ノ最モ大ナルモノ、形、ふやもニ似テ、高サ三四尺、尾短シ、鬪フニ最モ强シ。鶤雞 此一種、冠ニ大鋸ノ齒ノ如キア

ルヲ大切トイフ。

たうまる‐かご (名) 唐丸籠 (一)鶤鷄ヲ入ルル圓キ竹籠。(二)又、形、夫レニ似テ人ヲ載スル駕籠、平民ノ重罪ノ者ヲ送ル用トス、上ニ網ヲ被フ。(網乘物トハ異ナリ) 囚轎

たうみ (名) 唐箕 穀ノ粃ヲ分クル具、圓キ匣ノ中ニ風車ノ如キモノアリ、稻ノ穗ヲコキオトシタルヲ、上ヨリ落シテ、風車ヲ廻ハセバ、精ナルハ下ニ落チ、粃ハ一方ヘ飛ビ去ル。又、磨リタルヲ落セバ、米トもみがらト相分ル。 扇車 颺扇

たうみやう (名) 唐名 カラナ。唐土ノ稱。「黄門ハ中納言ノ—」

だうみやう‐じ (名) 道明寺 糒ノ、河州志紀郡ナル道明寺(尼寺)ヨリ製出スルモノノ稱、精製ナリトテ名アリ、現時、其村内ヨリ盛ニ產出ス。

〔たうめ (名) 專專女 (專、或ハ、たくめトモ訓ム、其音便ナラムト云、(次條ヲ見ヨ)サラバ、たくめハ逞女ナドノ意カ、或ハ姥ノ延トイフハアラジ、サラバ、刀自ノとうじノ如ク、とうめナラザルベカラズ) (一)老イタル女ノ稱。「翁人、一人、たうめ、一人、アルガ中ニ、心地惡ミシテ、物モアシ給ハデ」 老女 老婦 (二)老イタル狐ノ稱。(いがたうめノ條ヲ見ヨ)「紙賜ハリテ、コレヲ包ミテ、罷リテ、たうめや子共ナドニ食ハセムト言ヒケレバ」(狐ノ詞ナリ)於ニ齋宮御在所近邊ニ射ニ殺白專女ニ

〔たうめ (副) 專 もはらノ古言ナリト云。又、たくめ「故、汝、專領ニ東國ニ故、專、汝往將レ問者」遣ニ專使ニ以徵ニ髮長媛ニ 古事記傳ニ云、此語ハ、老女ノ專(前條ノ)ヲ、專一ノ義ノ古言ナリト、夙クヨリ心得誤レルニテ、アルマジキ訓ナリ、スベテもはらト訓ムベキナリ、たくめトアルモ然リト。(前條ヲ見ヨ)

たう‐もめん (名) 唐木綿 西洋舶來ノ綿布、絲細ソクシテ、織幅廣シ。 闊機布

たう‐もろこし (名) 玉蜀黍 (もろこしきびヲ略シテ、更ニ唐ヲ加ヘタル語) なんばんきびノ一名。(關東)

たう‐やく (名) 當藥 (善ク病ニ當ル意) (一)藥ノ名せんぶりニ同ジ。(二)草ノ名、酸摸ノ一名。

たう‐ゆみ (名) 唐弓 わたゆみニ同ジ。

たう‐よう (名) 當用 差當リタル用事。

たう‐よし (名) 唐蘆 竹ノ一種、蘆ノ形ニ似テ、甚ダ大クシテ厚シ、海外ヨリ海濱ニ漂着ス、採リテ花插ナドトス、根甚ダ大ナリ。 蘆竹

たう‐らい (名) 當來 マサニ來ルベキ時。後來。未來。

たう‐らい (名) 到來 (一)イタリキタルヿ。「時節—」(二)他ヨリ贈リ來シタルヿ。「音物——物」

たう‐らう (名) 蟷螂 カマキリ。「—ノ斧」

だう‐らく (名) 道樂 (一)其道ヲ學ビテ耽リ樂シムヿ。好事モノズキ。(二)轉ジテ、惡シキ遊ビニ耽ルヿ。放埒。放蕩 (或云、墮落ノ音、薩州ニテハ沒落トイフトゾ) 遊蕩

たう‐り (名) 棠梨 コリンゴ。

だう‐り (名) 駄賣 駄荷ニテ賣ルヿ。オロシウリ。

だう‐り (名) 道理 道ノ理。スヂミチ。ワケ。ユヱ。

たう‐ろ (名) 當路 要路ニ當リテ居ルヿ。

だう‐ろ (名) 道路 ミチ。街道。往還。

だう‐ろく‐じん (名) 道陸神 道祖神ノ訛。

たう‐ろん (名) 討論 互ニ批難シ議論スルヿ。

だう‐わ (名) 道話 心學ノ條ヲ見ヨ。

たう‐わく (名) 當惑 事ニ差當リテ惑ヒ苦シムヿ。思案ニ盡クルヿ。途方ニ暮ルルヿ。

たう‐わた (名) 唐綿 きわたニ同ジ。

た‐うゑ (名) 田植 早苗ノ七八寸ナル頃ニ、苗代ヨリ常ノ水田ニ移シ植ウルヿ、種蒔ヨリ五十日前後ナリ、四五根ホドヅツ、一株トシ、數寸ヲ隔テ正シク並ベ植ウ。 插秧

たうゑ‐うた (名) 田植歌 田植ニ、早乙女ノ、連レテウタフ歌。田歌。

たえ‐い・る・ル・レ・ラ・リ・レ (自動)(規・一) 絕入 息絕ユ。死ヌ。

〔たえ・す・スル・スレ・セ・シ・セヨ (自動)(不規・二) 絕 絕エルヿナル。絕ユ。盡ク。「流レ絕エセヌ」常陸ナル、奈佐可ノ海ノ、玉藻コソ引ケバ絕スレ、アドカ絕セム」人知レバ、音ヤハ絕スル、時鳥」

たえ‐ず (副) 不絕 續キテ。常ニ。

たえ‐だえ (副) 絕絕 殆ド絕エムトシテ。トギレトギレニ。「イト近ケレバ、心細ゲナル御聲、タエダエ聞ユヲ」山深ミ、春トモ知ラヌ、松ノ戸ニ、タエダエ掛ル、雪ノ玉水」思ヒヤレ、筧ノ水ノ、タエダエニ、ナリユク程ノ、心細サヲ」

たえ‐て (副) 絕 サラサラニ。一向ニ。一圓ニ。「世ノ中

ニ、「ー櫻ノ、無カリセバ」此ノ女ノ歌ハ、ー宮仕ヘツカウマツルベクモアラズ」

たえて (副) 絶 (前條ノ語意ノ轉) 跡ニ離レテ。絶倫ニ。「ー短キ、夏ノ夜ニ」

たえは・つ・タエ・ツレ・テ・テ・テヨ (自動)(規・二) 絶果 全ク絶ユ。

たえま (名) 絶間 絶ユル間。中絶ノ間。間斷

たえる (動) 絶ユノ訛。

たおろし (名) 駄卸 一駄ノ荷ヲ、ソノママニ賣ルコト。オロシウリ。(小賣ニ對ス)

たか (名) 鷹 (猛キ意カト云) (一)鷙鳥ノ名、養ヒテ狩ニ用ヰル、性、猛クシテ、且、食ヲ貪ルガ故ニ、鳥ヲ捕ヘシムルニ最モ良シトス、頭扁ク、頂ニ微角アリ、眼、圓ク大ク鋭ク、金色ニシテ稜アリ、觜、曲リテ利ク、脚、剛クシテ黄ニ、爪、堅ク鋭シ、背、蒼白ニシテ、胸、白ク、黒斑或ハ赤斑アリ、尾ニ黒白ノ重文アリ。一歳ナルヲわかートイフ。黄鷹 二歳ナルヲかたかへりトイフ。(孵ル意ニテ其色ノ變ハルヲイフトゾ) 撫鷹 三歳ナルヲもろかへりトイフ。青鷹 又、其雄ヲ兄鷹トイフ、今訛シテ小トモ記ス、雌ハ雄ヨリ大ナリ、大鷹トイフ、今大トイフ。(二)紙鳶ノ異名。(信、越)

たか (名) 高 (一)數量ヲ總ベククリテイフ語。嵩。額 (二)專ラ、田畠物成ノ嵩ノ稱。「十万石ー」ー十町五段」

たか (名) 矼 たけニ同ジ、熟語ニノミ用ヰル。「ー藪」「ー席」

たが (名) 箍 (絡ヌル意) 竹ノ外皮ヲ割キテ、綰ネテ輪トセルモノ、樽、桶、盥、ナド圓キ器ノ外ニハメテ、締メカタムル用トス、又、木皮、銅、鐵ナド用ヰルモアリ。京ニ、カツラカケ。

たかあし (名) 高足 田樂ノ技ニ、木履ノ齒ノ高キモノニテ行フモノ。

たかい (名) 他界 (人間界ヲ去リテ、他ノ界ニ行ク意) 佛氏ノ語、死スルコト。(今、專ラ貴人ノミニイフ)

〔たかうな〕 (名) 筍 たかむなノ音便。

〔たかうながたな〕 (名) 笄刀 元服ノ理髪ニ用ヰル具。

たかがひ (名) 鷹飼 鷹ヲ養ヒテ、狩ニ用ヰルヲ職トスル者。鷹匠。鷹師

たかがり (名) 鷹狩 鷹ヲ使ヒテ狩スルコト。鷹野。放鷹

たかく (名) 多額 嵩ノ多キコト。カサダカ。

たかさご (名) 高砂 (一)播磨ノ地名ニ、ー、又、尾上、アリテ名高ク、常ニ相連ネテ呼ブヨリシテ、遂ニ、尋常ノ山ノ尾上ニ掛ケテ、歌ニ、多ク「ーノ尾上ノ櫻」ーノ尾上ノ松」ーノ尾上ノ鹿」(轉ジテハ、ーノ峯ナド詠ジテ、唯、山トイフ意ニ用ヰル、猶「陸奥ノしのぶもぢずり」津ノ國ノなにはおもはず」ノ類ノ如シト云。(砂長爲」山ナドイフ説ハ拙シトゾ)(二)播磨ノーノ地、風景好ク、ーノ松トイフモアリテ、名高ク、古今集ノ序ニ、「ー住江ノ松モ、相生ノヤウニ覺エ」ナド記セルヨリ、更ニ相老ノ意ニ寄セテ、謠曲ニモ作リ、又、松ニ老翁、老婦、鶴龜ナドノ象ヲ畫キ、常ニ祝賀ノ事ニ用ヰル。(三)臺

灣島ノ一名。(琉球ニテハ今モ然呼べリ)

たかし・キ・シ・ケレ・ク (形・二) 高 (一)上ヘ延ビテアリ。重ナリ多シ。低シノ反。「山ー」樹ー」(二)貴シ。「官ー」位ー」心ガケ聞エ給フ人、タカキ、賤シキ、アマタアリ」都ノタカキ人ニ奉ラムト思フ心、深キヨリ」劇貴 (三)強シ。烈シ。「聲ー」音ー」(四)長ク。ツモル。「年ー」齡ー」(五)勝レタリ。マサリタリ。「心ー」見識ー」眼ー」(六)價、多ク貴シ。價昂 ○サ鼻ガー。驕レヲ得。得意 ○サ頭ガー。高ブル。傲

たかしほ (名) 高潮 海潮ノ高ク滿チ來リテ陸ニ上ルモノ。津濱。「寶龜六年ト云フ年六月十六日ニ風大ニ吹テ、雨多ク降ル、コレニ依テ高鹽上テ、大小ノ諸ノ木、多ク河ヨリ流レ下ル」波風吹テ、高しほトイフモノ入リテ、イト恐ロシク、屋ドモ皆流レテ」海嘯

たかしまいし (名) 高島石 近江ノ高島郡阿彌陀山ニ產スル石、硯石トシテ良シ、色黒ク、緻密ナリ。

たかじやう (名) 鷹匠 鷹飼ノ職。

たかせ (名) 高瀨 (一)川ノ瀨ノ淺キ處。「鵜飼舟、ー差シ越ス、程ナレヤ、ムスボホレ行ク、篝火ノ影」(二)高瀨舟。「難波津ニ、下スーノ、越ス棹ニ、幾度起チ又、鴨ノ群鳥」

たかせぶね (名) 高瀨舟 (高背ノ義ニテ、形ニ因テイフト云) (一)艇ノ小クシテ深キモノトモ云。艇 (二)今、又、川船ノ一種、頗ル大ナルモノノ稱。

たかたか (副) 高高 十分ニ積リテ「ーー十人位」

〔たか-たか-に〕(副) 高高 高ク仰ギテ遙ニ見遣ル狀ニイフ語。「高山ニ、高部サワタリ、高高爾、吾ガ待ツ君ヲ、待チ出ナムカモ」「石ノ上、振ノ高橋、高高爾、妹ガ待ツラム、夜ゾ深ケニケル」ハシケヤシ、妻モ子共モ、多可多可爾、待ツラム君ヤ、島隱レヌル」

たか-たか-ゆび (名) 高高指 〔丈高指ノ訛カ〕中指ニ同ジ。

〔たか-たぬき〕(名) 鞢 鷹ヲ使フニ用ヰル手貫、今ノ弓懸ノ如キモノナリトゾ。

たか-だんし (名) 高檀紙 檀紙ノ條ヲ見ヨ。

たか-つかさ (名) 鷹司 古ヘ、鷹ヲ養ヘル所、兵部省ニ屬セリ。

たか-つき (名) 高坏 食物ヲ盛ル器、かはらけノ下ニ捲物ノ輪ヲ添ヘタルナリ。後ニハ、木ニテ、全體、作付ケニシ、漆塗ナドニモルアリ、菓子ナド盛ルニ用ヰル。一名、腰高。

たか-て-こ-て-に (副) 高手籠手 背ク人ヲ縛リ上グル狀ニイフ語。「一縛ル」「一イマシム」

たか-とうだい (名) 高燈臺 〔とうだいぐさノ類ニテ、高ケレバイフ〕草ノ名、春、宿根ヨリ叢生ス、莖圓ク、高サ四五尺、葉ハ小ク、色、深綠微黑ニシテ、中道白シ、葉ヲ斷テバ、白汁出ヅ、夏ニ至リ、莖梢ニ、四瓣淡紫黃色ノ花ヲ開ク。大戟

たか-どの (名) 樓 閣 〔高殿ノ義〕家ノ上ニ、又、家ヲ重ネテ作レルモノ、眺望ノ爲ニス、二階ヨリ三四五階ナルニモ通ジテイフ。「高殿ヲ、高知座シテ、上リ立チ、國見ヲスレバ」

たか-どり (名) 高取 知行領地等ノ高ヲ多ク所帶スルモノ。

〔たか-な〕(名) 大芥 〔高菜ノ義、莖高ケレバイフトゾ〕大葉芥ノ古名。(今モ九州ニテハイフトゾ)

〔たが-ぬ・ヌル・ヌレ・ネ・ネ・ネヨ〕(他動)(規・二) 綰 綰グ。束ヌ。「手束杖、腰ニ多何禰テ、斯ク行ケバ、人ニ惡マエ、斯ク行ケバ、人ニ厭ハエ」

たか-ね (名) 高根 高キ嶺。峻嶺

たか-ね (名) 高音 (一)高キ音。(音樂ノ調ニ)(二)三絃ヲ合奏スルトキニ交フル一種ノ調子ノ名、甲音、乙音、ノ調子ヲ五ニ用ヰルモノニテ、即チ、本調子ニハ、二上リヲ用ヰ、二上リニハ、三下リヲ用ヰ、三下リニハ、本調子ヲ用ヰル。又、上調子。

〔たが-ね〕(名) 飴 〔飴ハ引キ綰ネテ製スルモノナレバイフカ、或云、綰煉ノ約轉カト〕飴ノ古名。「以二八十平瓮一無レ水造レ飴」

たが-ね (名) 鏨 〔斷金ノ略カト云〕鋼ニテ製セル小キ刀ノ名、鑿ノ如ク用ヰテ、金鐵等ノ器ニ、文字模樣ナド彫ルニ用ヰル。

たか-の (名) 鷹野 鷹ヲ使ヒ、山野ニテ鳥ヲ狩ルコト。鷹狩。放鷹

たか-の-つめ (名) 鷹爪 末茶ニスル製茶ノ一種、上品ナルモノノ銘。

たか-の-は (名) 鷹羽 鷹ノ尾ノ羽、黑白ノ斑、重ナリテ列ヲナス、矢ニ矧ギ、又紋所ニ畫クナドニイフ。

たか-の-は-だひ (名) 鷹羽鯛 魚ノ名、形、略、鯛ニ似テ、大ナルハ一尺五六寸ニ至ル、淡黑ニシテ紫ヲ帶ビ、細斜文アリテ、鷹ノ羽ノ文ニ似タリ、脊、肩、高ク、頭、圓カラズ、眼、稍、上ニ迫リテ、口小ク、肉唇重出シ、尾ニ白點アリ、味美ナラズ。

たか-の-は-どぢやう (名) 鷹羽泥鰍 攝州東大寺ノ川ニ產ズ、形、常ノどぢやうノ如ク、大サ五六寸、頭背ヨリ尾ニ至ルマデ、淡黑キ紋アリテ、鷹羽ノ紋ノ如シ、味佳ナリ。

たか-の-め-ゆわう (名) 硫黃ノ條ヲ見ヨ。

たか-ば (名) 鷹場 鷹狩スル場所。

たか-ばうき (名) 竹箒 竹ノ小枝ヲ束ネテ作レル帚、地上ヲ拂フニ用ヰル。

〔たか-ばかり〕(名) 尺 〔竹量ノ義〕竹ノものさし。裁縫ニ用ヰル物差。

たか-はた (名) 高機 機ノ一種、錦、綾、等花紋アルモノヲ織ルモノ、大クシテ、上ニ縱橫ノ架アリ、人其上ニ居リテ、機ヲアヤツル、其人ヲ空引トイフ。化機

たか-はやし (名) 竹林 竹ノ林。タカヤブ。

たか-はり-でうちん (名) 高張挑燈 挑燈ニ長キ竿ヲ添ヘテ、高ク揭グルモノ。略シテ、タカハリ。

〔たかひ〕(名) 劍柄 たかみノ轉。劍ノ柄。「劍太刀ノ、手頴押シネリ、白檀弓、靫取リ負ヒテ」

たがひ (名) 違差 タガフコト。チガヒ。「毫釐ノ一」

〔たか-ひかる〕(枕) 高光 日トイフ語ノ枕詞。「一日ノ御子」「一日ノ宮人」

たかびく (名) 高低 たかきトひくきト。

たかひせん (名) 互先 圍碁ノ語、代ル代ル、先手ヨリテ打ツコト、即チ優劣ナキ相手ノ稱ナリ。 對手

たかひちがひに (副) 互交 互ニ入リ交ヒテ。 交互 交錯

たかひに (副) 互 〔違ニノ義〕 此方ヨリシ、又彼方ヨリシテ。カタミニ。カハルガハル。

(たかぶ・ブル・ブレ・ビ・ビ・ビヨ) (自動) (規・三) 高 たかぶるニ同ジ。「心高無レ順」

たがふ・フ・ヘ・ヘ・ヒ・ヘ (自動) (規・一) 違 差 〔手交フノ義〕 (一)相合ハズ。カナハズ。チガフ。相違ス。(二)背ク。外ル。「法ニ一」約ニ一」

たがふ・フル・フレ・ヘ・ヘ・ヘヨ (他動) (規・二) 違 (一)違フヤウニナス。相合ハシメズ。チガハス。(二)背カシム。外ス。「約ヲ一」

たかふだ (名) 高札 (一)かうさつノ條ヲ見ヨ。(二)入札ノ價高キモノ。

たかぶる・ル・レ・ラ・リ・レ (自動) (規・一) 高 (一)高ク強ク成ル。「痛ガ一」 亢 (二)誇ル。驕ル。押柄ナリ。 傲

(たかべ) (名) 𪄟 沈凫 鴨ニ似テ小ク、尾長ク、背ニ斑アルモノト云。即チあぢニ同ジク、今ハ尾長がもトモイヒ、通ジテ小がもトイフモノ是レナリトゾ。越後ニ、タカホ。南部ニ、タカブ。「一ハ漕ガズ、有ラクモ知シ、潛スル、鷲ト高部ト、船ノ上ニ住ム」高山ニ、高部サワタリ」

(たがへし) (名) 相扠 〔手返シ、ノ義、打返ス意トモ云〕 拳ヲ人ニ加フル技ト云。サレド拗腕ヲモ訓ズルヲ見レバ、今ノうでおしノ類カト云。

(たがへす・ス・セ・サ・シ・セ) (他動) (規・一) 耕 〔田返スノ義〕 たがやすニ同ジ。「新撰字鏡、猶、耕也、田加戸須」

(たがへり) (名) 手返 タガヘルコト。(次條ヲ見ヨ)「御狩スル、野中ノ木居ノ、繁ケレバ、空取ル鷹ノ、たがへりモセズ」

(たがへる・ル・レ・ラ・リ・レ) (自動) (規・一) 手返 合ハセ遣リタル鷹、鷹飼ノ手ニ返ル。「オボツカナ、たがへる鷹モ、イカナラム、狩場ノ小野ノ、雪暮ノ空」御狩スル、末野ニ立テル、一ツ松、たがへる鷹ノ、木居ニヤモセム」

たがへる (動) 違 たがふ(規・二)ノ訛。

たかまがはら (名) 高天原 次條ノ語ニ同ジ。

たかまのはら (名) 高天原 〔たかまハたかあまノ約、原ハ廣キ義〕 此ノ國土ヨリ日神ノ御座スル處ヲ稱スル語。

たかまる・ル・レ・ラ・リ・レ (自動) (規・一) 高 高クナル。アガル。

(たかみ) (名) 劍頭 〔手上カ、握ノ轉カ〕 劍ノ柄。又、タカヒ。「次集ニ御刀之手上ニ血自ニ手俣ニ漏出所レ成神名、云云」

たかみ (名) 高處 高キトコロ。「一ノ見物」

たかみくら (名) 高御座 (一)天皇ノ就キ給フ御座ノ稱、御即位、朝賀、外客拜朝等ニ用ヰタマフ、飾レル狀、鳳輦ノ如シトゾ。(二)轉ジテ、天皇ノ御位ノ稱。「高御座 天ノ日嗣ト、天皇ノ、神ノミコトノ、聞シ食ス、國ノマホラニ」 天位

たかむ・ム・ムレ・メ・ミ・メヨ (他動) (規・二) 高 高クナス。モタグ。

たかむしろ (名) 符席 竹ヲ削リテ編メル席。 簟

たかむな (名) 筍 笋 〔竹芽菜ノ轉ト云〕 たけのこ、ヲ菜トシテ食フ時ノ稱。音便ニ、タカウナ。

たかむら (名) 篁 〔竹叢ノ義〕 竹ノ叢立チタル所。タカハラ。タカバヤシ。

たがめ (名) 蟲ノ名、かうやひじりニ同ジ

たかもり (名) 高盛 膳部ノ儀ニイフ語、飯ヲ椀ノ縁ヨリ高ク盛リ上グルコト。

たかやかに (副) 高ク。タカラカニ。「物語、一ニシタマフ」ニ 丈一」白ク枯レタル荻ヲ 一ニカザシテ」

タガヤサン (名) 〔蠻語ナリト云〕 熱帶地ノ樹、棕櫚ノ屬、樹ハ木斛ニ似テ、花ハとべらノ如ク、香高シトゾ、材ヲ舶來スルヲ珍重ス、黒褐色ニシテ、木理、くわりんニ似テ、紋多ク、堅ク重シ。 鐵刀木

たがやす・ス・セ・サ・シ・セ (他動) (規・一) 耕 〔たがへすノ轉〕 田畠ノ土ヲ堀リ返ヘシテ、穀菜ヲ植ウルニ備フ。

たかやぶ (名) 竹籔 タカムラ。タカバヤシ。ヤブ。 竹叢

たから (名) 寶 〔田自出ツル意ニテ、穀ヲ本ニイヘル語カ、又ハ、力ノ轉カ、田税、公民ノ語アリ、或云、貴キ意カト〕 (一)價アリテ富ヲナシ貴ブベキ品物ノ稱。財寶。寶物。(二)專ラ、金銀。「一ヲ費ヤス」 財 貨 (三)見アルヲ幸福トシテイフ語。「一ノ王ゾトテ、此子ヲササゲテ養フ」故朱雀院ノ御一物ハ只此宮ノミコソ、アンナレ」

たからかに (副) 高 高ク。タカヤカニ。「衣一引キ上ゲテ」イトー打笑ヒテ」一讀ミ上グ」

たからがひ (名) 寶貝 〔古代ハ貨幣ノ用トセリ故ニ

名アリト云〕小キハそらまめノ如ク、大ナルハ小兒ノ拳ノ如シ、兩頭狹クシテ圓ク、背ハ高シ、腹ハ平ニシテ、左右ヨリ卷キテ内ニ向ヒ、中央、縱ニ長キ孔ヲナス、其左右ニ、齒ノ如キ刻ミアリ、故ニ齒貝ノ名モアリ色ハ、白質紫點、紫質白點、黄質纈絲文等、斑文數百品ニ至ル、質硬ク、紙ヲ磨リテ滑ニスルニ宜シ、故ニ紙磨貝ノ名モアリ。貝子 又、子安貝アリ、其條ヲ見ヨ。

たがらし（名）田芥〔（一）草ノ名、多ク水田中ニ生ズ、花、葉、共ニ芹ニ似テ、直上スルコト五六寸、田植ノ頃ニ開ク、故ニたねつけはなノ名モアリ、後ニ小キ莢ヲ結ブ。碎米薺 （二）いぬがらしノ一名。

たがらし（名）田枯〔田ノ稻ヲ枯セバイフ〕草ノ名、秋冬ヨリ水田ナドニ生ズ、葉ハ、ぎんぽうげニ似テ、毛ナクシテ光リ、黄緑ニシテ厚ク、叢生ス、春、莖ヲ出ス、高サ一二尺、中空シ、葉、互生ス、葉ノ間ニ、枝ヲ生ジ枝ノ末毎ニ、五瓣ノ黄花ヲ開ク、亦ぎんぽうげニ似テ小シ、實ノ形、楊梅ノ如クニシテ小ク長ク、熟スレバ深緑ナリ。一名、田芹。石龍芮

たからづくし（名）寶盡 繪ニ種種ノ寶物ノ象ヲ集メテ畫クモノ、如意寶珠、寶鑰（吉祥天ノ）打出ノ小槌、金嚢（大黑天ノ）隱簑、隱笠、丁子、（異邦ノ黃金ノ形ナリトゾ）花輪違（圓形ニ方孔アリ、錢ナリトゾ）等ナリ。

たからのやま（名）寶山 佛經ニイフ所、寶ノ多クアル山ノ稱ト云。「信爲レ手、云云、無レ信亦如レ是入ニ佛法寶山一都無レ所レ得」十二人ノ智德、各、一ニ入テ、手ヲ空シク還リ給フ」

たからぶね（名）寶船 寶貨ト七福神トヲ載セタル船ノ繪、廻文ノ俗歌ヲ記ス、俗間ニ、正月二日ノ夜、コレヲ枕ノ下ニ敷キテ吉夢ヲトス。昔ハ、節分ニ、舟ヲ畫キテ、窮鬼ヲ棄テタルナリ、中世ニハ、米俵ノミ積ミタル船ヲ畫キテ、除夜ニ枕ニ敷ケリ。

たからもの（名）寶物（一）寶トスル物。ハウモツ。寶貨 （二）生兒ノ稱、たからノ條ヲ見ヨ。

たかる・ル・レ・ラ・リ・レ（自動）（規・二）集〔立チカカル意カト云〕アツマリツク。「蠅ガ―」人ガ―」

〔たかぞ・ル・ル・ル・レ・レ・レロ（自動）（規・二）集 前條ノ語意ニ同ジ。「膿沸虫 流」蛆多加禮、盪ギテ」

たがる・ル・レ・ラ・リ・レ（自動）（規・一）欲 動詞、形容詞ニ添ヒテ、欲シ望ム意ヲイフ語、助動詞ノ如シ。度シト思フ。「行キ―」聞キ―」眠―」

たかわらひ（名）高笑 聲高ラカニ笑フコト。哄笑

たき（名）瀧〔たぎる意〕（一）河瀬ノ水ノ疾ク奔リ流ルルモノ。急流。奔湍 （二）轉ジテ、垂水。即チ、水ノ高キヨリ直ニ落ツルモノ。懸泉 瀑布

〔たぎ（名）彈碁 彈碁ノ條ヲ見ヨ。「碁、雙六、たぎノ盤ドモ取出デ、心心ニスサビクラシ給ヒツ」碁、雙六ハノ盤、調度、たぎノ具ナド田舍ワザニシルシテ」

〔たきあかし（名）炬火〔燒明ノ義〕たてあかしニ同ジ。「たきあかしノ光ノ、心モトナケレバ、云云、紙燭ヲサセテ、人人ハ見ル」

たきう（名）打毬（一）まりうち。（二）又、數人、騎馬ニテ毬ヲ投ゲ爭フ技、馬場ノ一端ニ、的トスル孔ヲ設ケ、紅白ニ分テル若干ノ毬ヲ場ニ投ゲ出シ、馬上ヨリ長キ柄ノ叉手ヲ用ヰテ、互ニ、我ガ毬ヲ抄ヒ彼ノ抄フヲ妨ゲ、毬ノ數アル限リ、早ク抄ヒテ孔ニ投ゲ入レ了リタル方ヲ勝トス。

たきかご（名）抱籠 竹細工ノ籠、夏ノ夜、寢ルニ抱キテ、涼ヲ取ルモノ。竹夫人

たきがしは（名）抱柏 紋所ノ名、倒ナル柏ノ葉、二片左右抱キ合ヒタルガ如キ象ヲ圖ス。

たきがら（名）燒空 燒キ了ヘテ灰トナレルモノ。（香ナドノ）燼

たきぎ（名）薪 竈、爐ナドニ燒クベキ木。マキ。タキモノ。

たきぎこる（枕）薪伐 鎌倉山ノ枕詞。

たきぎのう（名）薪能 奈良ノ興福寺前ノ芝生ニテ、陰曆二月ニ、七日間行フ神事。昔シ、猿澤ノ池邊ニ、土穴出來テ、黑煙起リ、觸ルル者、疫ニ染ム、穴ニ薪ヲ積ミ燒キテ鎭マリシヨリ始マルトテ。

たきぐち（名）瀧口〔禁中御湯殿ノ瀧ノ下ニ勤番スレバイフト云〕藏人所ニ屬シテ、御所ヲ護ル武士ノ稱、武勇ノ士ヲ擇ビテ候セシム、六位ノ侍ナリ。

たきこむ・ム・メ・マ・ミ・メ（他動）（規・一）抱込 抱キテ遁サズ。擁

たきさし（名）焚殘 焚キ殘シタルモノ。モエサシ。燼

〔たきし（名）舵〔たきハ、舟ヲ左右シテ行ルコトイフ、其轉カト云〕舵ニ同ジ、但シ、今ノ舵ト異ナルカ

如シ。音便ニ、タイシ。「然、今吾足不レ得レ歩成ニ當藝斯形ニ（倭建命ノ足ノ腫レ給ヒシ所ニ）

たきあむ（他動）（規・二）燻染 香ヲ焚キテ、衣ニ染ミサス。

たきあむ（他動）（規・二）抱縮 強ク抱ク。抱持

〔たぎ・つ〕（自動）（規・一）滾 (一)沸キ上ガル。逆巻ク。タギル。「川瀬ノ水ノ」「落チ多藝知、流ルル水ノ、磐ニ觸リ、澱メル澱ニ、月ノ影見ユ」天ノ川、白浪凌ギ、落沸ツ、速湍渉リテ」(二)心烈シク昂ツ。「歎キセバ人知リヌベミ、山川ノ、瀧ツ情ヲ、塞敢ヘタルカモ」タギツ心ヲ、塞キゾカネツル」燥急

たきつ・く（他動）（規・三）焚付 (一)火ヲ燃ス。「火ヲー」(二)俗ニ、ソソノカス、オダツル。煽動　教唆

たきつけ（名）焚付 火ヲ焚キツクルニ用ヰル枯柴ナドノ燃エ易キ物。梢柴

たきつぼ（名）瀧壺 瀧ノ下ノ淵。瀑潭

たきび（名）焼火 (一)篝ノ火。燎 (二)爐ニ焼ク薪ノ火、當リテ身ヲ暖ムルナドニイフ。

〔たきふさ〕（名）頭髻（綰総ノ義）髻ノ古名。今ノたぶさ。「箭瓶ニ頭髻ニ、自ニ項髪中ニ採ニ出設弦ニ」

たきめうが（名）抱茗荷 紋所ノ名、めうがのまヲ、二ツ、左右抱キ合ヒタルガ如キ象ヲ圖ス。

たきもの（名）薫物 煉香ノ稱。

たきもの（名）焼物 タキギ。マキ。薪

たきもり（名）抱守 兒ヲ抱キ守ル人。カシヅキ。傅

たきやう（名）他郷 我ガ故郷ナラヌ地。

たきやう（名）他行 家ヲ出デテ、外ヘ行クヿ。他出

たぎやう（名）多行 五十音圖ノ第四ノ行ノ名。

たぎらかす（他動）（規・一）滾ルヤウニナス。煮エ立タス。「御堂ノ南面ニ、鼎ヲ立テテ、湯ヲタギラカシツツ」

たぎ・る（自動）（規・一）滾 (一)たぎつニ同ジ。逆巻クワキアガル。「河ノ瀬ノ、激ルヲ見レバ、玉モカモ、散リ亂レタル、此ノ河門カモ」(二)湯、沸キカヘル。煮エ立ツ。「此ノ水、熱湯ニタギリヌレバ」(三)殊ニ勝ル。「打絶エテ、落ツル涙ニ、ナルタキノ、タギリテ人ヲ、見ヌガワビシサ」「藝ー」卓越

〔たく〕（名）栲ニ同ジ。「ー繩」「ー衾」「ーノ領巾」

たく（名）宅 (一)家。スミカ。(二)己ガ家。自宅。

たく（名）卓 シヨク。ツクヱ。テエブル。

たく（他動）（規・二）焚（梵語ニ、陀呵、此云レ焼トアルモ似タリ）(一)燃シツクル。「火ヲ」(二)くべテ焼ク。「薪ヲ」(三)炊グ。炊ル。「飯ヲー」炊 (四)焼キテ薫ラス。「香ヲー」炷

たく（自動）（規・二）長 (一)高クナル。十分ニ延ブ。「日ー」「脊ー」「春ー」「智ー」「齢ー」(二)盛リ過グ。闌ニテル。「更ー」「年ー」闌

〔たく〕（他動）（規・二）綰〔手ヲ活用セル語カ〕(一)取リ上グ。掻キ上グ。「多氣バヌレ、多香ネバ長キ、妹ガ髪」若草ヲ、髪ニ多久ラム、妹ヲシゾ思フ」小放ニ、髪多久マデニ、並ビ居ル」人皆ハ、今ハ長シト、多計トイヘド、君ガ見シ髪、亂レタリトモ」(二)手綱ヲ掻イ繰リテ行ル。「石瀬野ニ、馬太伎行キテ、ヲチコチニ」(三)骨折リテ漕ギテ行ル。「大舟ヲ、荒海ニ漕ギ出デテ、八船多計」住吉ノワタリヲ漕ギ行ク、云云、ユクリナク風吹キテ、タケドモタケドモ、シリヘシゾキニシゾキテ」

〔たぐ〕（他動）（規・二）〔手上グノ約カ〕(一)舉グ。モタグ。「妻モアラバ、採リテ多宜マシ、佐美ノ山、野ノ上ノ蒿、過ギニケラズヤ」磐上ニ、小猿米焼ク、米ダニモ、多礙テ通ラセ、山羊ノ老翁」(二)手綱ヲタグリテ歩マス。「駒ハ多具トモ、我ハソト思ハジ」

だく（名）馬術ニイフ語、だくあしノ略。

だく（動）抱 いだくノ約。

だくあし（名）馬術ノ語、馬ノ足並ノ、拍子、稍、忙シクナリテ、未ダ駈足トナラヌヿ。

たくあん・づけ（名）澤庵漬〔澤庵和尚ノ創意ニ出ヅト云、或云、たくはへづけノ轉カト〕乾シタル大根ヲ、糠ト鹽トヲ加ヘテ、壓シテ漬ケタルモノ、永ク貯ヘテ、香ノ物トス。

だくおん（名）濁音 語學ニ、が、ぎ、ぐ、げ、ご、ざ、じ、ず、ぜ、ぞ、だ、ぢ、づ、で、ど、ば、び、ぶ、べ、ぼ、ノ二十音ノ稱。

たく・けん（名）卓見 人ニ勝レタル見識。

たくご（名）橐吾 ツハブキ。

たくさん（副）澤山〔多山ニ當字シテ音讀セル語ナラムト云〕多ク。アマタ。サハ。ゴロ。十分ニ。

たくしつ (名) 澤漆 トウダイグサ。
たくしや (名) 澤瀉 サジオモダカ。常ニ誤テ、常ノおもだかトス。
たくしゆ (名) 濁酒 ニゴリザケ。
〔たくじり (名) 手抉 古へ、てづくねノ陶器ノ名。
たくす・スル・スレ・セ・シ・セヨ (他動) (不規・二) 託 寄ス。任ス。委ス。アヅク。
だくす・スル・スレ・セ・シ・セヨ (他動) (不規・二) 諾 ウケガフ。ウベナフ。ウケヒク。承引ス。
たくせつ (名) 卓絶 他ニ勝レヌキンデタルコト。
たくせん (名) 託宣 神靈ノ、人ニ託リテ、其意ヲ宣フコト。カムガカリ。神憑
たくぜん (副) 卓然 獨リ抽ンデタル狀ニイフ語。
たくち (名) 宅地 住居ニ用ヰル地。屋敷地。
〔たくづめの (枕) 栲綱 白、トイフ語ノ枕詞。「ー、白キタダムキ」ーノ、白髭ノ上ニ」
〔たくなはの (枕) 栲繩 長キ、トイフ語ノ枕詞。「ーノ、長キ命ヲ」ーノ、千尋繩打延ヘ」
たくハツ (名) 托鉢 僧ノ、鉢ヲ持シテ、人ニ就キテ米錢ヲ乞フコト。
〔たくはふ・フ・ヘ・ヘ・ヒ・ヘ (他動) (規・二) 貯 次條ノ語意ニ同ジ。「御櫛笥ニ、多久波比置キテ、イツクトフ、珠ニマサリテ、思ヘリシ」
たくはふ・フル・フレ・ヘ・ヘ・ヘヨ (他動) (規・二) 貯儲畜 〔足シ加フル意カト云〕 物ヲ積ミ納メ後ノ用ニ供フ。溜ム。

たくはへ (名) 貯 タクハフルコト。貯ヘタル物。
たぐひ (名) 比 儔 類 タグフコト。同ジ並ナル物事。ルヰ。シヱル井。
たぐふ・フ・ヘ・ヘ・ヒ・ヘ (自動) (規・一) 比 類 同ジ並ニナル。並ビ副フ。「事繁キ、里ニ住マズバ、今朝鳴キシ、鴈ニ副ヒテ、往ナマシモノヲ」イカツチノ、光ノ如キ、コレノ身ハ、死ノ王、常ニ多具覇利」白露ノ、消ユルニタグフ、命トモガナ」
たぐふ・フル・フレ・ヘ・ヘ・ヘヨ (他動) (規・二) 比 伴 並べ副フル。連レ伴ハシム。「花ノ香ヲ、風ノ便ニ、タグヘテゾ、鶯サソフ、シルベニハヤル」我ヒトツ、タグフル風ヲ、八十島ノ、松ノ嵐ニ、アフギクラベヨ」思ヘドモ、身ヲシワケネバ、目ニ見エヌ、心ヲ君ニ、タグヘテゾヤル」
〔たくぶすま (枕) 栲衾 白、トイフ語ノ枕詞。「ー、白山風ノ」ー、新羅ノ國」
たくぼく (名) 啄木 (一)鳥ノ名、きつつき。(二)紐ノ打樣ノ名、種種ノ色絲ニテ打チ交セテ、斑ナルモノ、鳥ノ木ヲ啄ミタルガ如シ、卷物、掛物ナドニ用ヰル。
たくま (名) 琢磨 ミガキトグコト。學藝ノ鍛錬。「切磋ー」
たくまし・シキ・シケレ・シク・シク (形・二) 逞 十分ニ滿チ足レリ。勢壯ンナリ。「黑栗毛ノ馬、高サ八寸、太クタクマシキガ」荒磯ノ、岩モトユスリ、立ツ波ノ、タクマシキマデ、濡ルル袖哉」愛レ才心倜儻」
たくみ (名) 工 巧 (一)タクムコト。イトナムコト。「アゲクレハ、物思フコヲ、ーニテ、ワリナク胸ヲ、知ル人ゾナキ」經營

(二)器械ヲ用ヰテ、一切ノ物ヲ造ルヲ業トスル者ノ總稱。職人。工匠 (三)專ラ、木工ノ稱。即チ、木材ニテ、家橋ナド作ルヲ業トスル者。大工。番匠。「飛驒ノー」木工
たくみづかさ (名) 內匠寮 たくみれうニ同ジ。
〔たくみどり (名) 巧婦 〔漢名、一名、巧雀、字ニ因ル訓ナリ、其巢ヲ作ルコト巧緻ナレバ名アリ、即チ鷦鷯ナリ、和名抄、鷦鷯トセシハ誤レリ〕 鳥ノ名、さざき。又、みそさざいニ同ジ。
たくみに (副) 巧 手際好ク。上手ニ。巧者ニ。
たくみのかみ (名) 內匠頭 ウチノタクミノカミ。內匠寮ノ長官。
たくみれう (名) 內匠寮 ウチノタクミノツカサ。古ヘ、中務省被管ノ寮、工匠ノ事ヲ掌ル。
たくむ・ム・メ・マ・ミ・メ (他動) (規・一) 工 〔手組ミテ考フル意トモ云〕 (一)考ヘ計ル。イトナム。經營 (二)企ツ。タクラム。「隱謀ヲー」企圖
〔たくめ (副) 專 たうめノ條ヲ見ヨ。
だくらう (名) 濁醪 ニゴリザケ。
たくらく (名) 卓犖 他ニ超エ優リタルコト。
たくらぶ・ブル・ブレ・ベ・ベ・ベヨ (他動) (規・二) 較 比 〔たハ發語〕 くらぶニ同ジ。
たくらみ (名) タクラムコト。クハダテ。計畫
たくらむ・ム・メ・マ・ミ・メ (他動) (規・一) 〔たくむノ延〕 タクム。企ツ。考ヘ計ル。(多ク惡意ニ) 計畫
たくらん (名) 澤蘭 サハアララギ。

たぐり（名）吐〔搔キ上グル意ノたぐるヲ名詞法ト云〕吐クコ。反吐ツクコ。タマヒ。「多具理爾生神名、云云」悶熱懊惱、因為吐」

たぐる・ル・レ・ラ・リ・レ（他動）（規．一）〔手繰ル義カ〕奪フ如ク引キ寄ス。「引キー」搔キー」

たぐる・ル・レ・ラ・リ・レ（他動）（規．一）手繰 手許ヘ搔キアゲ繰リ寄ス。「繩ヲー」綱ヲー」

たくれる・レル・レレ・レ・レ・レロ（自動）（規．四．變）捲ラレテ皺寄ル。「皮ガー」

たくわ（名）多寡 おほきトすくなきト。

たくわん（名）たくあんづけノ略轉。

たくわん（名）兌換〔兌、貺易也〕金錢紙幣ノ引替。兩替。

たくゑつ（名）卓越 他ニ抽ンデ勝ルコ。

たけ（名）丈〔長ノ義〕（一）立テル高サ。「身ノー」（二）轉ジテ、長サ。「布ノー」（三）十分ノ程。アルカギリ。「物思フ、袖ニ歎キノ、ー見エテ」心ノー」思ヒノー」

たけ（名）竹〔丈高ク生ヒ延ブレバイフ〕植物ノ名、眞ートイフハ、蘆ニ似テ、大ナルコ木ノ如ク、幹、圓クシテ直立シ、中空シクシテ、處處ニ節アリテ隔ヲナシ、節毎ニ枝葉ヲ生ズ、數十年ニシテ、花ヲ開キ實ヲ結ビテ枯ル、其實ヲじねんごトイフ、（其條ヲ見ヨ）幹ハ、管ーナリテ堅キガ故ニ、樋、筒、柄、竿、笛ナドトシ、或ハ箍トシ、或ハ割キテ籠席ナドヲ編ミ、縮ネテ箍トシ、肉ヲ叩キテ火繩トスルナド、其用甚ダ多シ、其芽ヲたけのこトイフ。（其條ヲ見ヨ）竹ノ類ニ、はちく、めだけ、やだけ、かんちく、まうそうちく、しの、ささ等、倘多シ、各條ニ注ス。

たけ（名）茸〔丈長ク直立スル意ト云、香ノ猛キ意ト云フハイカガ〕きのこニ同ジ。クサビラ。菌 蕈

たけ（名）嶽 岳〔高ノ轉〕山ノ高大ナルモノ。ミタケ。

たけ（名）他家 ホカノイヘ。我ガ族ナラヌ家筋。

たけ（名）岳 たけニ同ジ。

たけ（接尾）丈 限リライフ接尾語。「コレー取ルヒアル一使フ」

たけい（名）多藝 種種ノ藝術ヲ心得居ルコ。多能

たけうま（名）竹馬（一）小兒ノ玩具、竹竿ニ、馬ノ頭ヲ作レルモノ、胯ニ挾ミ行キテ、騎馬ノ姿ヲナス。（二）又、一種、二竿ノ竹ニ、岐ヲ作リ、兩足共ニ騎リ、兩手ニテ竹ノ上端ヲ持シテ歩ムモノ。

たけかんむり（名）竹冠 漢字ノ上ニアル竹ノ字ノ稱、竿、笠、筏、笛ナドノ如シ。竹字頭

たけからす（名）岳鳥 みやまがらすニ同ジ。

たけがり（名）茸狩 山ニ遊ビテ茸類ヲ尋ネテ採ルコ。キノコトリ。

たけくぎ（名）竹釘 竹ヲ削リテ作レル釘。

たけし・キ・シ・ケレ・ク・カル（形．二）健 猛 强シ。烈シ。壯ニ勇マシ。

たけたかゆび（名）丈高指 なかゆびニ同ジ。

たけだけし・シキ・シ・シケレ・シク・シカル（形．二）〔猛猛ノ義カ〕シブトシ。ヅブトシ。押シガ强シ。「盗人ー」

たけだち（名）丈立 立チタル高サ。「舞人ハ、云云、貌清ゲニ、ー齊シキ限リヲ擇ラセ給フ」ーソゾロカニ、物シ給フニ太サモ合ヒテ」

たけたば（名）竹束 竹ヲ束ネタルヲ楯トスルモノ、銃丸ヲ防グニ用ヰル。竹牌

たけだびし（名）武田菱 甲斐ノ武田氏ノ紋所ノ名、菱形ノ中ニ、斜ニ十文字アルモノ。又、割菱。

たけつ（名）多血 人ノ體ニ、生得ニテ血ノ多キモノ。

たけなが（名）丈長（一）紙ノ名、奉書紙ノ屬、厚クシテ糊ナク、丈長シ。（二）其紙ニテ作レルひらもとゆひ。

たけながし（名）竹流 金銀ヲ鎔シテ、竹筒ニ鑄込ミ、切リテ貨幣ニ用ヰタルモノト云。

たけなは（名）竹繩 竹ヲ割キ、肉ヲタタキテ、繩ニナヒタルモノ、物ヲ束ネ、又ハ、火繩トス。

たけなはに（副）酣〔たけハ、長クル意、なはハ、形狀ノ語、或ハ、酒宴ノ約略ト云フハイカガ〕（一）酒宴ノ最中ニ。「盛ニ樂、故臨ニ其酣時ニ盛ニ樂」酒酣（二）轉ジテ、盛リ過ギテ、稍、シメリタル程ニ。ウスラギスカレテ。「夜ー」齡ー」闌

たけのかは（名）竹皮（一）竹ノ幹ノ皮ヲ裂キタルモノ。籜（二）たけのこニ絡ヒテ生ズル皮、長ズルニ隨ヒテ自ラ脫ス、淡褐色ナリ、まだけナルニハ紫ノ斑アリ、はちくニハ無シ、物ヲ包ミ、或ハ細ク割キテ笠履ナド編ム。籜

たけのこ（名）竹子 竹ノ初生ノ名、孟宗竹ハ、最モ早ク、春ノ初ニ生ジ、はちく、コレニ次ギ、まだけ、又、コレニ

次ク、皆、皮ヲ去リテ、煮テ食フベシ、食フニ就キテハ、たかむなトモイフ。筍 笋

たけのおがさ (名) 竹子笠 竹籜ヲ綴リテ作レル笠。箬笠

たけのおがひ (名) 竹子貝 螺ノ類、形、たけのこニ似テ、長サ三四寸、美シキ斑アルモノアリ。

たけのその (名) 竹園 〔支那、梁孝王ノ竹園ノ故事ニ起ル〕 親王、皇子、ノ異稱。「色カヘヌ、竹ノ園ナル、鶯ハ、幾萬代メ、春ヲ待ツラム」(親王ヲ賀セル歌)

たけのそのふ (名) 竹園生 前條ノ語ニ同ジ。「竹ノ園生ノ末葉マデ、人間ノ種ナラヌゾ、ヤンゴトナキ」

〔たけのは (名) 竹葉 〔酒ノ異名竹葉ヲ文字讀ニセル語〕 酒ノ異名。ササ。「竹ノ葉ニ、籬ノ菊ヲ、折リソヘテ、花ヲフクラム、玉ノ盃」

たけのみ (名) 竹實 おねんおニ同ジ。

〔たけ・ぶ・フ・ベ・バ・ビ・ベ (自動) (規・一) 猛ク叫ブ。「如ニ沫雪一蹶散而伊都之男建蹈建而待問」叫ビオラビ、足摺シ、牙喫建怒テ」丈夫ノ、思ヒ多鷄備テ」執レ楯叱ニ於軍中一

たけぶんがに (名) 武文蟹 〔尊良親王ノ臣、秦武文、元弘ノ亂ニ兵庫ノ湊ニ死セルガ化セリトテ名ツク〕 平家蟹ニ同ジ。鬼蟹

たけん (名) 他見 他人ニ見スルコト。「一ヲ許サズ」

たけん (名) 多言 多ク物言フコト。口數ノ多キコト。

たけやり (名) 竹槍 竹ノ幹ノ梢ヲ殺ギ尖ラセ、油ヲ塗リテ炙リテ、槍ノ用トスルモノ。

たけり (名) 〔猛リノ義〕 牛、鯨、膃肭ナドノ陰莖ヲ藥用トスル稱。勢

〔たける (名) 梟帥 古ヘ、一群ノ猛キ夷族ノ長ヲ呼ベル語。「八十一」熊襲一」川上一」出雲一」

たけ・る・ル・レ・ラ・リ・レ (自動) (規・二) 猛 猛クナル。

たける (動) 長ク、ノ訛。

たお (名) 蛸 鮹 〔たハ、手ノ轉、おハ、許多ノ意カ、或ハ、海鼠ノ義カト云〕 蛸ハ、漢名、海蛸子ノ略、蠨蛸ニ似テ、海中ニアレバイフ、魚偏ニ作レルハ和字ナリ〕 海産ノ動物、烏賊ニ似テ差大ク、八脚、長大ニシテ、二鬚ナシ、足毎ニ二條ノ疣相連リ、凸クシテ累累タリ、體小ク、骨ナク、眼口ハ大クシテ、身ト足トノ間ニアリ、全身白クシテ赤ミアリ、煮レバ深紅トナル。章魚 鱆 又、いひー くもー かひー てながーナドアリ、各條ニ注ス。

〔たお (名) 馬脊瘡 馬ノ病ノ名。

たお (名) 〔蛸ノ疣ニ似タル意カ〕 手足ナドノ皮ニ、勞作ニ因リテ、堅キ處ヲ生ジタルモノ。 胼胝

たお (名) 凧 いかのぼりニ同ジ。(關東)

〔たお (名) 田子 農民 田人。「早苗 取ル、一ノモスソモ、アラナクニ、濡衣ヲノミ、ナドカ着ルラム」

たお (名) 擔桶 〔田籠ノ義ト云、或云田子桶ノ義、駿州田子ノ浦ノ汐汲桶ニ起ルト〕 專ラ水ヲ擔フニ用キル桶。ニナヒヲケ。

だと (名) 唾壺 室ノ隅ナドニ置キテ、唾ヲ吐ク承トスル壺。又、灰吹。

たおがしら (名) 鉸具ノ條ヲ見ヨ。

たとく (名) 他國 我ガ生レノ國ナラヌ國。

〔たおし (名) 鱆 魚ノ名、詳ナラズ、今ノさおしカトイフ。

たおし (名) 腰輿 〔手輿ノ義、肩輿ト別ツ〕 輿ノ、人ノ手ニテ擡ゲ行カシムルモノ、其高サ、腰ニ至ル。

たおつぼ (名) 蛸壺 蛸ヲ捕ル器、陶製ノ壺ニ桐ノ木ノ浮ヲツケテ、一晝夜 海中ニ置キ、蛸自ラ其中ニ入ルヲ捕ル。

たおのて (名) 草ノ名、さはおなんノ異名。

たおのぼう (名) 擔桶棒 アフゴ。テンビンボウ。

たおのまくら (名) 蛸枕 介ノ名 海ニ産ス、形、圓ク扁クシテ、大サ四五分ヨリ、一二三寸ニ至ル、灰白色ナリ、面ハ、中央少シ高クシテ、櫻ノ花ノ如キ紋アリ 腹ハ、平ニシテ、荷ノ葉ノ紋アリ、中央ニ小キ穴アリ、是レ口ナリ、生ケルハ、外ニ短キ刺多ク、綠色、又ハ紫色ナリ。海燕

たおぶね (名) 蛸舟 海産ノ動物、身ハ蛸ニ似テ、別ニ薄キ殼アリ、殼ノ形ハあらむがひノ如ク黃白ニシテ文理アリ、大ナルハ七八寸、晴天ニ海面ニ浮ビ、二脚ヲ帆トシ、六脚ヲ棹トシテ遊行ス。一名、カヒダコ。紅魚

たおまくら (名) たおのまくらニ同ジ。

たごん (名) 他言 他人ニ語リ告グルコト。「一ヲ憚ル」

〔たおむら (名) 〔手腓ノ義〕 たたむき、うでニ同ジ。又、タクムラ。腕

たさい (名) 多才 才智ノ勝レタルコト。「博學一

たざい (名) 多罪 罪多キ丁。(過失、無禮ヲ詫ブル詞)

だざいふ (名) 太宰府 オホミコトモチノツカサ。古へ、筑前ニ置カレタル府、更ニ古クハ鎭西府トイヘリ、九州二島ノ事ヲ管領シテ、唐、三韓 諸蕃ノ事ヲ掌ル、四等ノ官ハ帥、貳、監、典ニテ、帥ハ親王ノ任タリ。

〔たざく (名) 短册ニ同ジ。「銀ニ塗リモノシタル鑰ドモ、たざく付ケツツ、イト多カル中ニ」

たし (名) 足 足ス丁、益シ加フル丁。補闕

たし・キ・ケレ・ク・ク (形・二) 痛シ、甚シ、ノ意ニテ、接尾語ノ如ク用キル語。「憂ー」「愛ー」

たし・キ・ケレ・ク・ク・カ (形・二) 動詞ニ屬キテ、望ミ欲スル意ヲイフ語、其用接尾語ノ如シ。「オホナラバ、カモカモセム、ヲ、恐ミト、振痛袖ヲ、忍ビタルカモ」「イザ如何ニ、深山ノ奥ヲ、尋ネテモ、心知リタキ、秋ノ夜ノ月」「アリタキ事ハ、マコトシキ文ノ道、作文、和歌」

たじ (名) 他事 ホカノコト。「ーニマギラス」

たじ (名) 多事 コトオホ。仕事ノ繁キ丁。

だし (名) 出 (一)出ス丁。(二)出風ノ略、北國ニテ、辰巳ノ風ノ稱(船ヲ西北ナル日本海へ出ス意)(三)煮出汁ノ略。

だし (名) 山車 (飾物ニ出ス意カ) 祭禮ノだんじり。(東京)

だしいれ (名) 出入 いだすトいるるト。出納

たしかに (副) 慥 〔たしかノ條ヲ見ヨ〕 カタク。サダカニ。シカト。カナラズ。キツト。

たじし (名) (田獸ノ義) 牛ノ一名。(東國)

たじたじ (副) 小兒、醉人、ナドノ、タジロキ、ヨロメキ歩ム狀ニテイフ語。

〔たしだしに (副) 慥 たしかにノ條ヲ見ヨ。

たじつ (名) 他日 ホカノ日。後ノ日。イツカ。

たしなし・キ・ケレ・ク・ク (形・二) 無足 乏シ。タラハズ。窮乏

たしなみ (名) 窘 (一)窘ムコト。クルシミ。(二)嗜ムコト。コノミスキ。嗜好 (三)ココロガケ。用意、覺悟。「武士ノー」「女ノー」用意

〔たしなむ・ム・メ・マ・ミ・メ (自動) (規・一) 窘困 窮シテクルシム。辛苦ス。「被レ迫 窘 而、尿出、懸レ於レ褌」「嬰レ羅困厄」ミコトノリヲ受ケテ、此道ニタシナムコトハ、子ワメグミテ親ノワザヲツガシメムトナリ」

たしなむ・ム・メ・マ・ミ・メ (他動) (規・一) 嗜 (窘ミテ好ムノ意カ)(一)タシム。コノム。好ク。「和歌ノ道ヲタシナミテ、其名聞エル人ナリ」(二)轉ジテ、豫テ心掛ク。常ニ用意ス。不時ノ用ニ備フ。「行儀ヲー」「藝ヲー」用意

たしなむ・ム・ムル・ムレ・メ・メ・メヨ (他動) (規・二) 窘 苦ムル。ナヤマス。コマラス。

〔たしに (副) 慥 カタク。シカト。丁寧深切ニ。「多斯爾ハ率寐ズ、後毛組ミ寐ム、其ノ思妻、哀レ」「所レ造ニ天下ニ大神命詔、此國者丁寧所ヒ造、國在都而」又、たしかに、トモイヒ、重ネテ、たしだしに、トモイフ。「多志陀志爾 率寐テム後ハ」

たしぬく・ク・ケ・カ・キ・ク (他動) (規・一) 出拔 他ノ隙ヲ伺ヒ、先ンジテ事ヲナス、騙シテ先ヲカク。

たしぬけ (名) 出拔 不意ニモノスルコト。唐突 突然

たしまへ (名) 足前 足ラヌニ足ス分。補闕

たしみ (名) 嗜 タシムコト。コノミスキ。

たしむ・ム・メ・マ・ミ・メ (他動) (規・一) 嗜 〔たしなむノ約カ〕 タシナム。コノムスク。

たしや (句) 多謝 深ク 忝ナキ 意ヲ述ベテ禮ヲイフ語。

たしやう (名) 他生 佛説ニ、來世ニ生レ出ヅルコト。「袖振リ合フモーノ縁」

たじやう (名) 多情 (一)情多キコト。(二)心ノ移リ易キコト。

だじやうくわう (名) 太上皇 天子、位ヲ降リ居サセ給ヘル後ニ奉ツル尊號。オリヰノミカド。太上天皇。略シテ、上皇、又、仙洞。出家セサセ給ヘルヲ院ト申ス。

だじやうくわん (名) 太政官 オホイマツリゴトノツカサ。一國萬機ノ政ヲ總ブル官。左右辨官、八省、諸國ヲ統ブ。

だじやうだいじん (名) 太政大臣 オホキオホイマウチギミ。オホマツリゴトノオホマツキミ。オホキオトド。太政官至極ノ官、左右大臣ノ上ニ居ル、職掌無シ、一人ニ師範トシテ、四海ニ儀刑タリ、有徳ノ人ヲ待チテ任ズ、其人無ケレバ闕ク、故ニ則闕ノ官トモイフ。

だじやうてんわう (名) 太上天皇 太上皇ノ條ヲ見ヨ。

たしやく (名) 他借 外ヨリ金錢ナド借入ルルコト。

だじやく (名) 懦弱 惰弱 氣性ノ弱キコト。勇ミ勵ム氣ノナキコト。イクヂナキコト。

たしゆう (名) 他宗 外ノ宗旨。

たしゆつ (名) 他出 他行ニ同ジ。

たしよ (名) 他所 ホカノトコロ。ヨソ。

たじろく・ク・ケ・カ・キ・ケ (自動) (規.一) 〔たハ發語、じろくハ退ク意、身じろく、目じろくナド同ジ〕 避ケ退クシリゴミスル。退避 避易

たす・ス・セ・サ・シ・セ (他動) (規.一) 足 缺ケタルニ補フ。益シ加フ。

だす (動) 出 いだすノ約。

たすう (名) 多數 數ノ多キコト。人數ノ多キコト。

たすう-けつ (名) 多數決 會議ニ、同意ノ人ノ多數ナル方ニ決ムルコト。

たすかる・ル・レ・ラ・リ・レ (自動) (規.一) 助 助ケラレテ免ル。救ハレテ用立ツ。

たすき (名) 手繦 手襁 襷 〔新撰字鏡ニ、繦、負兒帶也、須支、トアリ、サレバ、手ニ懸クル襁ノ義ナラムト云、襷ハ擧衣ノ和合字ナリ〕 (一)勞作スル時ニ、袖ヲ腕肩ニ束ヌル紐ノ名、背ニテ打交ヒニ結フ。「諸人、各、着ニ木綿手襁」而赴」釜探湯」木綿手次、腕ニ懸ケテ」 (二)織文、染文ナドニ、線ヲ斜ニ打交ヘタル象。「鳥ー」三重ー」龍膽ー」

たすく・クル・クレ・ケ・ケ・ケヨ (他動) (規.二) 助 扶 佐 輔 〔手助クノ義カ〕 (一)力ヲ添ヘテ功ヲナサシム。テツダフ。助力ス。扶助ス。(二)助ケテ免レシム。救フ。救助ス。

たすけ (名) 助 扶 タスクルコト。スケ。テツダヒ。助力。

たすけことば (名) 助動詞ニ同ジ。

〔たすけのほね (名) 肋 かたはらぼねニ同ジ。

たすけぶね (名) 扶舟 難破ノ船、溺レムトスル人、などヲ救ハムトテ出ヅル舟。救生舡

たせい (名) 他姓 ホカノウヂ。己レト異ナル姓。

たぜい (名) 多勢 人數ノ多キコト。オホゼイ。「ーニ無勢」

たせう (名) 多少 多キト少キト

たせう (副) 多少 幾何カ。イクラカ

たぜり (名) 田芹 (一)芹ニ同ジ。(二)石龍芮。

たぞ (句) 誰ナルゾト問フ語。

だそう (名) 駄送 荷ヲ馬ニ負ハセテ送ルコト。

たそがれ (名) 黃昏 〔誰ゾ、彼カ、ト見分ケ難キ義、ー時ノ略〕 夕。暮方。タソガレドキ。

たそがれどき (名) 黃昏 たそがれニ同ジ。

たそく (名) 多足 オギナヒ。タシマヘ。補

だそく (名) 蛇足ニ同ジ。

たそぶ (名) 〔田澁ノ轉カ〕 地澁ニ同ジ。

ただ (名) 徒 (一)何ノ康モナキニイフ語。何トモナキコト。(二)ヨノツネ。ツネナミ。奇ラシカラヌコト。「ー事」「ーナル人」マダ、イト若ウテ、后ノ、ただニオハシケル時トさ

ただ (副) 徒 (一)何トモナク。何ノ事ナシニ。イタヅラニ。「ー有明ノ月ゾ殘レル」(二)價金ヲ出サズシテ。「ー取ル」「ー貰フ」

ただ (副) 唯 惟 只 (一)是レノミ。外ニハ無クモハラ。「ー此人故ニ」(二)イツソノコトニ。餘事ヲ措キテ。ヒタスラ。「憂キ身ヲバ、我ダニ厭フ、厭ヘタダ、そヲだニ同ジ心ト思ハム」「ー賴メ」「ー泣キ伏スノミ」(三)ワヅカニ。タツタ。「ー二三日ノ間」

ただ (副) 直 ヂキニ。タダチニ。スグニ。「ー此ノ西表ニシモ、持佛スヱ奉リテ行フ尼ナリケリ」「御額髮、頭ツキヲカシサ、ー、兒ヤウニ見エ給ヒテ」

ただ (名) 〔否ダ否ダノ略カ〕 小兒ノクネリムツカルコト。

〔たたあはせ (名) 立合 相撲ノ行司。

だたい (名) 墮胎 コオロシ。

ただいま (副) 只今 今。マノアタリ。今今。スグリマ。即今

たたうがみ (名) 疊紙 〔たたみがみノ音便〕 又、フトコロガミ。紙ヲタタミテ懷中シ、不時ノ用ニ供フルモノ。ハナガミ。

〔たたうど (名) 徒人 ただびとノ音便。

たたかひ (名) 鬪 (一)タタカフコト。擊チ合ヒテ勝ヲ爭ヒ。(二)軍ヲスルコト。合戰。戰爭。戰

たたかふ・フ・ヘ・ハ・ヒ・ヘ (自動) (規.一) 鬪 〔叩キ合フノ約〕 (一)互ニタタク。擊チ合ヒテ勝ヲ爭フ。(二)互ニ軍勢ヲ出シテ攻メ合フ。軍ヲス。合戰ス。戰爭ス。戰(三)技ヲ比ベテ、優劣ヲ爭ソフ。(碁、將棋ナドニ)

たたき (名) 叩 敲 (一)タタクコト。打ツコト。(二)德川氏ノ頃ノ刑ノ名、古刑ノ笞杖ニ當ル、追放ヨリ輕シ、輕、重、二等アリ。(三)鰹、烏賊、ナドノ肉筋膓ナドヲ叩

キテ作レル鹽辛。鬱（四）たたきつちノ略。（おはせつちノ條ヲ見ヨ）（五）石切ノ語ニ、石面ニ突キタル痕ノ如キ細カキ文ヲ作レルモノ。（六）漆塗ノ語ニ、細カキ皺ノあおらおりノ如キ文ヲ作レルモノ。

たたきがね（名）鉦〔敲金ノ義〕佛具、鉦鼓ニ似テ、地ニ伏セテ、撞木ニテ敲キ鳴ラスモノ。又、ふせがね。略シテ、かね。

たたきつち（名）叩土　あはせつちノ條ヲ見ヨ。

たたきはなし（名）敲放　敲ノ刑ニ行ヒテ、乃チ、放チ遣ルコト。（他ノ刑ヲ加ヘヌ意）

たたく・ク・ケ・カ・キ・ケ（他動）（規、二）叩　敲（一）シバシバ續ケテ打ツ。「鉦ヲ―」大鼓ヲ―」戸ヲ―」（二）傷メムト撃ツ。「人ヲ―」毆　（三）鳴ク。（水鷄ニ）「夏ノ夜ハ、槇ノ戸タタキ、門タタキ、人ダノメナル、水鷄ナリケリ」○手ヲ―。兩ノ掌ヲ打チ合ハス。拍手

〔たたおと（名）徒言　何トイフ廉モナキ言葉。アリママノ詞。

〔たたおと（名）徒事　ヨノツネノコト。（變事ニ對ス）「―ニテアラズ」

たたし（名）糺　糺スコト。糺明。詮議。吟味。

たたし・シキ・シケレ・シク・シク（形、二）正　（一）直シ。曲レルコトナシ。（二）善ク理ニ適ヘリ。邪ナラズ。正直ナリ。

たたし（接）但　〔去ハ、抑フル意ナル天爾波ノ去ナラム〕（一）上文ニ添ヘテ、別ニ其意ヲ說ク語。（二）又ハ。或ハ。「行クカ、―止マルカ」

〔たた・す・サ・セ・サ・シ・セ（自動）（規、一）立　立ツ、ノ敬語。「天忍穗耳命於天浮橋、多多志而、見渡シニ、妹尊ハ立志、是方ニ、吾ハ立チテ」

たたす・ス・セ・サ・シ・セ（他動）（規、二）正　（一）正シクナス。善ク改ムナホス。「誤ヲ―」容ヲ―」（二）誤レリヤ否ヲ問フ。質問ス。質　（三）理非ヲ究メ分ツ。糺明ス。詮議ス。吟味ス。「邪正ヲ―」罪ヲ―」糺

〔たたすつかさ（名）〔糺司ノ義〕彈正臺ニ同ジ。

〔たたずまひ（名）佇　（一）タタズマフコト。（二）立チタル容子。「人ノ―」山ノ―」霞ノ―」雲ノ―」庭ノ―」岩ノ―」

〔たたずまふ・フ・ヘ・ハ・ヒ・ヘ（自動）（規、一）佇　たたずむノ延。

たたずむ・ム・メ・マ・ミ・メ（自動）（規、一）佇　〔立チ休ム、ノ約〕暫シ立ツ。行クニ立チ止マル。

〔たたち（名）直道　直キ路。スグミチ。「月夜好ミ、妹ニ逢ハムト、直道カラ、吾ハ來ツレド、夜ゾ深ケニケル」徑路

たたちま（副）直　〔直道ニ、ノ義〕（一）迂遠クチク。ウチツケニ。チカニ。（二）時ヲ歷ズニ。スグニ。チキニ。

たたなか（名）直中　正シキ中。マンナカ。正中

たたなはる・ル・レ・ラ・リ・レ（自動）（規、一）疊　タタマル。カサナル。委積

〔たたなめて（枕）楯並　〔たたハ楯ノ轉〕射、トイフ辭ノ枕詞。「―伊那佐ノ山ノ」―伊豆美ノ河ノ」

たたよ（副）徒　イタヅラニ。ムダニ。「君ガタメ、出デテ來ザリシ、月ダニモ、入ラデハたたよ歸ルモノカハ」

たたよ（副）直　タダチニ。チキニ。「吾妹見ガ、形見ノ衣、下ニ着テ―逢フマデハ、吾レ脫ガメヤモ」戀シトへ、誰ガ名ツケケム、事ナラム、死ヌトゾ、―言フベカリケル」

〔たたは・し・シキ・シケレ・シク・シク（形、二）〔滿フ狀ヨリイフ〕（一）滿チ足ラフ。「春花ノ、貴カラムト、望月ノ、滿波之ケムト、吾ガ思ヘル、皇子ノ命ハ」（二）轉ジテ、大ク嚴ナリ、イッシカモ、日足ラシマシテ、十五月ノ、多田波思ケムト（容貌魁偉）

たたひと（名）凡人　〔徒人ノ義〕音便ニ、タダウト、ナミノヒト。ツネノヒト。凡人。

たたふ・フ・ヘ・ハ・ヒ・ヘ（自動）（規、二）湛　滿ツ。充滿ス。滿チテ流レズ。「時、伊弉冊尊脹滿太高」キヨミ川、出ヅル湊ニ、潮滿テバ、塞カレテタタフ、浦ノ入海」

たたふ・フ・フル・フレ・ヘ・ヘ・ヘヨ（他動）（規、二）湛　塞キ止メテ滿ス。「涙ヲ袖ニ、タタフレバ」池ニ水ヲタタヘテ」

たたふ・フ・フル・フレ・ヘ・ヘ・ヘヨ（他動）（規、二）稱　〔前條ノ語意ニ同ジ、物事ヲ滿テ足ラハシテ言フ意〕褒メテ言フ。

たたへおと（名）稱辭　德ヲ擧ゲ盡シテ美メ言フコト。「稱辭竟ヘ奉リ、皇神等能前爾白久」

たたまり（名）疊　タタマルコト。カサナルコト。積ルコト。

たたまる・ル・レ・ラ・リ・レ（自動）（規、一）疊　疊ミタルヤウニナル。カサナル。積ル。重疊　積重

たたみ（名）疊　（一）タタムコト。（二）薦、席、薄縁ノ類。「韓國ノ、虎トイフ神ヲ、云云、其皮ヲ、多多彌ニ刺シテ」高麗縁ノタタミヲムシロ、云云、引キヒロゲテ見レバ」（三）今、常ニ、室中ノ根太ノ上ニ、一面ニ敷キ込

ミ、貫キテ、上ニ坐臥スルモノ、藁ヲ、厚サ一寸餘ニシテ、絲ニテ刺シ固ム、コレヲ床トイフ、尋常ナルハ、長サ六尺、幅三尺、京間、田舍間ノ別アリ、其表面ヲたたみおもてニテ被ヒ、兩邊ヲ布ニテ包ミテ綴ル、其布ヲ縁トイフ。(四)又、草履、雪駄、下駄ノ表ニ付クルモノ、藺、又ハ、竹ノ皮ヲ細ク裂キテ、編ミ作ル。

たたみいわし (名) 【疊鰯】 鰯ヲ煮テ、薄ク、密ニ、縱横ニ並ベテ、乾シ固メテ帖トシタルモノ。(或云、鯷ナリト)

たたみおもて (名) 【疊表】 藺草ノ類ノ莖ヲ緯トシ、麻絲ヲ經トシテ織レル席、疊ノ床ノ表面ニ被ヒテ綴リツク、備後表、近江表、琉球表等アリ、各條ニ委シ。

たたみかく ・クル・クレ・ケ・ケ・ケヨ (自動)(規.二) 【疊掛】 ツツケザマニナス。「タタミカケテ斬ル」

たたみさし (名) 【疊刺】 疊ヲ刺シ作ルヲ業トスル者。

たたみざん (名) 【疊算】 婦女子ノスル占事、簪ナドヲ偶然ニ疊ノ上ニ落シ、落チタル處ヨリ、編目ヲ端マデ數ヘモテユキテ、其丁半ノ數ニテ事ヲ占フ。

たたみや (名) 【疊屋】 たたみさしニ同ジ。

たたむ ・ム・メ・マ・ミ・メ (他動)(規.一) 【疊】 (一)折返シテ重ヌ、積ミカサヌ。「衣ヲ—」紙ヲ—」屏風ヲ—」山ハザマ、キビシク—、岩角ニ、九重ニ、タタメル玉ノ、御階ヨリ」氷ノ上ニ、—白波」(二)俗ニ、取片付ケテ他ヘ移ス。「所帶ヲ—」

たたん (名) 【多端】 コトオホ。仕事ノ簾ノ繁キコト。

（たたむき (名) 【腕】 〔手手向ノ義カト云〕 うでニ同ジ。

‡たたゆる (動) 湛フノ訛。

（たたよはし ・シキ・シク・シケレ・シカ・シク (形.二) 【漂】 (一)漂フ状ニテアリ。(二)堅固ナラズ。落着カズ。浮キテアリ。「タダヨハシク御後見ナクテ、タダヨハシクオハシマサムヨリハ」蛻ケタル蟲ノ殼ナドノヤウニ、マダ、イト、タダヨハシゲニオハス」(病後ノ状)

たたよはす ・ス・セ・サ・シ・セ (他動)(規.一) 【漂】 漂フ如クニナス。

たたよふ ・フ・ヘ・ハ・ヒ・ヘ (自動)(規.一) 【漂】 浮ビテ一處ニ止マラズ。動キテ定マラズ。「舟—」雲—」波—」

たたら (名) 【蹈鞴】 ふいがうノ大ナルモノ、足ニテ蹈ミテ空氣ヲ送ル、大ナル鑄物ニ用ヰル。

たたらかす ・ス・セ・サ・シ・セ (他動)(規.一) 【爛】 爛ルルヤウニナス。

たたらつか (名) 〔たたりかたヨリ轉ズ〕 勾欄ノ柱ノ方木ヲ戴クモノ。

（たたらめ (名) 【[illegible]】 〔爛目ノ義〕 ただれめノ古言。

（たたり (名) 【絡垜】 方ナル臺ニ、柱ヲ立テ、絲ヲ絡ヒ引キカクルモノ、關西ニテハ今モイフ。關東ニ、繰臺。

たたり (名) 【祟】 祟ルコト。鬼神ノ禍ヲナスコト。

（たたり ・ル・レ・ラ・リ (自動)(不規.四) 立チテアリノ約。「春霞 タタルヤイヅコ、三吉野ノ 吉野ノ山ニ、雪ハ降リツツ」

（たたりかた (名) 【樋】 〔絡垜ノ形シタレバイフ〕 (一)桁ノ上ノ料。(二)犂ノ名所。未詳

たたる ・ル・レ・ラ・リ (自動)(規.一) 【祟】 鬼、神、禍ヲ降ス。罰ヲアツ。

ただる ・ルル・ルレ・レ・レ・レヨ (自動)(規.二) 【爛】 〔徒荒ルノ約カト云〕 腫レテ、皮肉傷ル。

ただれ (名) 【爛】 タダルルコト。タダレタル状

ただれめ (名) 【爛目】 古言、タダラメ。目ノ病、爛レテ傷ルルモノ。

たち (名) 【太刀】 〔斷ノ義〕 (一)刃物ノ細長クシテ人ナド斬ルベキモノノ稱、古代ナルハ、スベテ諸刃ナルガ如シ、ツルギ。其片刃ナルヲかたなトイフ。(二)後ニ、制、刀ノ如クニシテ大ナルモノノ稱

たち (名) 【館】 〔建ノ義カ〕 (一)又、ムロツミ。官使ナドノ假ニ寓スル家。ヤカタ。(二)城ニ以テ狹小ナルモノ。タテ。

たち (名) 【立】 (一)立ツコト。(二)旅立。首途。發程 (三)イデタチ。「一人—ノ往來」二疋—ノ馬車」三挺—ノ舟」(四)過ギ行クコト。「月日ノ—」經過 (五)燃エテ盡クルコト。「油ノ—」蠟燭ノ—」消盡

たち (名) 〔おひたちノ略カ〕 ウマレツキ。モチマヘ。性。性質

たち (接尾) 【達】 〔立ノ義カ〕 人ニ係ル名詞ニ添ヒテ其衆ヲ統ベイフ接尾語。「皇子—」公—」友—」親—」人—」等

（たちあかし (名) 【炬火】 たてあかしニ同ジ。

たちあがる ・ル・レ・ラ・リ・レ (自動)(規.一) 【立上】 (一)坐レルヨリ起ツ。(二)タチマサル。勝ル。

たちあひ (名) 【立合】 タチアフコト。出合フコト

たちあふ ・フ・ヘ・ハ・ヒ・ヘ (自動)(規.一) 【立合】 (一)互ニ行キ會フ。(二)事ヲ撿セムガ爲ニ行キ會フ。(檢使ナド) (三)相手ニ出向ヒテ、鬪フ。

たちあふひ (名) 立葵 はなあふひノ一名、其葉ノ立チタル象ヲ紋所ニスルニイフ。蜀葵
たちいへ (名) 立家 建家ニ同ジ。
たちいり (名) 立入 家ニ出入ノ者。(堂上方ニ)
たちいる・ル・レ・ラ・リ・レ (自動) (規・一) 立入 (一)入ル。深ク入ル。(二)タヅサハル。カカハル。干涉
たちいを (名) 太刀魚 たちのうをニ同ジ。
たちうち (名) 太刀打 太刀ニテ鬭フコト。
たちうり (名) 立賣 路傍ニ立チナガラ物ヲ賣ルコト。
たちうり (名) 裁賣 用ヰル程裁チ切リテ賣ルコト。
たちうを (名) 太刀魚 たちのうをニ同ジ。「西瓜ノ―」まぐろノ―」
たちえ (名) 立枝 聳エテ生ヒタル枝。「梅ノ―」柴ノ―」桐ノ―」
たちおくる・ル・ル・ム・レ・レ・レヨ (自動) (規・二) 立後 後ニ立ツ。劣ル。
たちおと (名) 太刀音 太刀ニテ鬭フ音。
たちかぜ (名) 太刀風 太刀ヲ振ヒテ發ル風。
たちかづき (名) 〔戰場ニテ木ノ大太刀ヲ擔キタル世ノ諺ト云〕 左ノ肩ノ中程ノ名所。
たちかへり (名) 立返 (一)カヘリゴト。返書。返歌。(二)行キツキテ止マラズ、直ニ歸リ來ルコト。
〔たちがみ (名) 鬣 たてがみニ同ジ。又、ウナガミ。
〔たちから (名) 稅 〔田力ノ義〕 稅ノ條ヲ見ヨ。
〔たちから (名) 手力 カトイフニ同ジ。「春ノ花、今ハ盛リト、匂フラム、折リテカザサム、多治可良モガモ」

たちがれ (名) 立枯 樹ノ、立チナガラ枯ルルコト。
たちき (名) 立木 地ニ生ヒ立チ居ル樹。
たちぎえ (名) 立消 (一)火ノ半ニシテ消ユルコト。(二)轉ジテ、事ノ半途ニシテ止ムコト。中絕。
たちぎき (名) 立聞 物蔭ニ立チテ、他ノ話シヲ竊ミ聽クコト。隱聽 傍聽
〔たちぎみ (名) 立君 ツジギミ。夜發。
たちくらみ (名) 立暗 立チナガラ眩暈スルコト。
たちこゆ・ユル・ユレ・エ・エ・エヨ (自動) (規・二) 立越 マサルルズグル。閾
たちつけ (名) 裁着 伊賀袴ニ同ジ。
たちど (名) 立處 立ツトコロ。
たちどころに (副) 立所 タダチニ。スグニ。卽時ニ。立
たちどまる・ル・レ・ラ・リ・レ (自動) (規・一) 立止 行キナガラ止マル。タタズム。
たちぬひ (名) 裁縫 布帛ヲ裁チテ、衣ナドニ縫ヒ作ルコト。
たちのうを (名) 太刀魚 形、はもニ似テ、細長ク、薄ク扁ク、鱗ナク、青クシテ雲母ノ色アリテ、刀ノ刃ノ如シ、大ナルハ、長サ五六尺ニ至ル。中國ニ多シ。タチイヲ。タチウヲ。帶魚
たちのく・ク・ク・カ・キ・ケ (自動) (規・一) 立退 他處ニ移ル。タチサル。
たちは (名) 立葉 荷葉ノ一莖ヅツニ立チタルヲイフ語
たちは (名) 起端 起チテ去ルベキ機。「―ヲ失フ」―モ無シ

たちはき (名) 帶刀 〔太刀佩ノ義〕 春宮坊ノ侍衞ノ士、三十人アリ。音便ニ、タテアキ。
たちばな (名) 橘 〔田道間花ノ約〕 (一)今ノ通名、柑子。又、柑ノ名。暖地ノ產ニテ、高サ丈許、枝ニ刺多ク、葉ハ、冬モ凋マズ、兩頭尖リ、綠ニシテ光ル、長サ一二寸許、夏ノ初、五瓣ノ小白花ヲ開ク、甚ダ馨シ、實圓ク、瓤ハ數箇ノ瓣ニ分ル、皮薄ク、皺細カク、光リテ、瓣ノ形、暖トナリテ外ヨリ見ルベキコト、柑類ト相反ス(漢字ノ橘ハ、古ニ、たちはなトイヒ、今ハ、かうじトイフ、卽チ本條ナリ、柑ハ、古ニからじトイヒ、今ハ、みかん類ノ總名トス、惑ヒ易シ)(二)今、俗間ニ、通ジテたちばなトイフハ、前條ノ一種、小キモノニテ、庭際ニ植エ、春盤ニ用ヰル、(好事ノ音ニ據ル)形、きんかんヨリ稍大ク、シテ、皮ノ皺組クシテみかんノ如シ。一名、ハナタチバナ。猴橘 (三)又、中古、なつみかんノ一名。臭橘 (四)今、又、からたちばなノ略稱。百兩金
たちはなる・ル・ル・レ・レ・レヨ (自動) (規・二) 立離 遠ク離ル。隔絕
〔たちはめ (名) 屬紅 〔裁食ノ義カト云〕 綴ク下ニ牛皮ヲ着ケタルモノ、今ノ革肽ノ類。
たちばら (名) 立腹 (一)怒リ易キコト。「―ニオハスル大殿ニテ、此御娘ヲ、勘事シテ、見給ハズナリヌ」(二)立チナガラ腹切ルコト。「―ヲ切ル」
〔たちひ (名) 多遲 虎杖ノ古名

たちまじる・ル・レ・ラ・リ・レ (自動)(規・二) 立交 其群ニ入ル。 相伍

たちまち (副) 忽乍 〔立待、ノ義カト云、或云、立間道ニテ立所ノ意ト〕 俄ニ。急ニ。スグニ。卽チ。早速。

〔たちまちぐさ (名) 芊扁 〔藥功ノ忽チアル意カト云〕 草ノ名、葉ハ石龍芮ニ似テ、夏ノ末ニ花アリ、秋ノ半ニ實ヲ結ブモノナリトゾ。今ノげんのしようこナラムカト云。

たちまちのつき (名) 立待月 〔立チヤスラヒテ山ノ端ヲ出ヅレバイフ〕 陰曆、十七日ノ夜ノ月ノ稱。

たちまふ・フ・ヘ・ハ・ヒ・ヘ (自動)(規・二) 立舞 入リ交ル。タチマジル。「咲キニケリ、雲ヲ一、生駒山、花ノ林ノ、春ノ曙」「木枯シニ、一鹿ノ、聲ノ夕暮」「遂ニ、ナホ、世ニ一ベクモ覺エヌ物思ヒノ」 相伍

井たちまへ (名) 立前 人夫ナドノ其勞動ニ當ル賃錢。

だちん (名) 駄賃 駄送ノ運賃。

たちもとほる・ル・レ・ラ・リ・レ (自動)(規・二) 徘徊 もとほるニ同ジ。

たちもの (名) 斷物 斷チテ食ハヌ物。 禁忌

たちものばうちやう (名) 裁物庖丁 紙、布帛ナド裁ツニ用ヰル刀、其刃廣ク圓シ。

たちやく (名) 立役 歌舞妓ニ、男形ニ扮ツモノ。 生

たちゆく・ク・ケ・カ・キ・ケ (自動)(規・二) 立行 (一)過ギ行ク。歷。(年月ニ) 經過 (二)生活ノ道ヲ得。

たちよる・ル・レ・ラ・リ・レ (自動)(規・二) 立寄 (一)寄リ沿フ。「小蔭ニ一」 (二)行キスガラニオトヅル。 過訪

たちわうじやう (名) 立往生 立チナガラ死ヌルヿ。

たちわかる・ルル・ルレ・レ・レ・レヨ (自動)(規・二) 立別 別レ行ク。

たちわき (名) 立涌 織模樣ノ名、中、豐レテ、兩端窄マリタル線ヲ連接ス。袍ニハ、大一、小一、雲一、龍膽一等アリテ、仙洞、親王、攝關等、各其別アリトゾ。タテワキ。

たちゐ (名) 起居 起チ又居ルヿ。

たつ (名) 龍 〔起ツ義カ〕 (一)リヨウ。リユウ。想像ノ動物ノ名、鱗蟲ノ長ト云、常ニ蟄ク所ハ、身、大蛇ノ如ク、背ニ、九九、八十一鱗アリ、四足、各、五指アリ、耳アリ、二角アリ、長キ鬚アリ、面甚ダ長ク、最モ猙獰キ相ヲ見ハス、能ク雲ヲ與シ雨ヲ致シ、水ニ潛ミ、天ニ上リ、神靈測ルベカラズトイフ。(二)紙鳶ノ異名。(九州)

たつ (名) 辰 〔龍ノ義〕 (一)支干ノ名、其條ヲ見ヨ。(二)時ノ名、其條ヲ見ヨ。(三)方角ノ名、えとノ條ヲ見ヨ。

たつ・ツ・テ・タ・チ・テ (自動)(規・一) 立 (一)直ク竪ニナル。(二)組立テテ成ル。「家一」 建 (三)坐レルヨリ起ク。 起 (四)オキアカル。尖リ生フ。「毛ガ一」「圭ガ一」「穗ニ一」 竪立 (五)突キ刺ル。(針、刺、矢ナドニ) 刺 (六)オコル。タチアカル。トビノボル。(烟、霞、霧、氣、砂、埃ナドニ) 上騰 (七)動キ出ヅ。發ル。(風、波、泡、人氣ニ) 發 (八)顯ニナル。人ニ知ラル。「目ニ一」「名ガ一」 發露 (九)始マル。開ク。「市一」「會一」 開 (十)成リ定マル。慥ニナル。全クナル。「法一」「規則一」「證據一」「家一」「身一」

「志ガ一」 成立 (十一)モチヰニナル。「用ニ一」「役ニ一」 有用 (十二)位ニツナハル。(帝、后、太子、世嗣ニ) (十三)閉ヂラレテアリ。シマル。(戸、障子ニ) 閉 (十四)旅ニ出ヅ。首途ス。 發程 (十五)罷ル。退キ去ル。「席ヲ一」 退出 (十六)飛ビ去ル。(鳥ニ) 飛去 (十七)過グ。歷。(年月日時ニ) 經過 (十八)燃エテ減ク。「油ガ一」「蠟燭ガ一」 燼 (十九)來ル。至ル。「春一」「秋一」「立チヌル月」「立タム月」 到來 (二十)意義ナクシテ他ノ動詞ト熟語トナル。「立チ勝ル」「立チ越ユ」「立チ歸ル」「立チ戻ル」 ○腹ガ一。怒ル。 怒 ○刃ガ一。切ラル。○齒ガ一。嚙マル。又、手向ヒ得。○湯ガ一。タギル。 沸 ○男ガ一。顏ガ一。面目ヲ失ハズ。

たつ・ツ・テ・タ・チ・テ (他動)(規・一) 絕 斷 裁 (一)切リハナス。分ケテ兩ツニナス。「絲ヲ一」「布帛ヲ一」「衣ヲ一」 (二)トドム。ヤム。「酒ヲ一」「毒ヲ一」 禁斷

たつ・ツル・ツレ・テ・テ・テヨ (他動)(規・二) 立 (一)竪ニ据ウ。(二)倒レタルヨリ起ス。 起 竪 (三)組上ゲテ作ル。築ク。「家ヲ一」「門ヲ一」 建 (四)引キオコス。尖ラス。「圭ヲ一」「鋸ノ目ヲ一」「磑ノ目ヲ一」 起 (五)刺ス。貫ク。「矢ヲ一」「針ヲ一」 刺 (六)オコス。動カス。飛バス。揚グ。イキホハス。「波ヲ一」「砂ヲ一」「埃ヲ一」「烟ヲ一」「人氣ヲ一」「心ヲ引キ一」「名ヲ一」 發揚 (七)始ム。開ク。發ス。「市ヲ一」「會ヲ一」「願ヲ一」「誓ヲ一」 開 發 (八)停ム。「馬ヲ一」「車ヲ一」「杖ヲ一」 停 (九)去ラス。遣フ。退カス。「座ヲ一」「逐ヒ一」 遣 (十)成

シ定ム。慥ニナス。全クス。「法ヲ―」規則ヲ―」證據ヲ―」義理ヲ―」家ヲ―」身ヲ―」志ヲ―」名ヲ―」成立‖ (十一)モチヰニナス。「用ニ―」役ニ―」(十二)位ニ在ラシム。(帝、王、后、太子、世嗣) (十三)閉ヅ。トザス。サスノシム。「戶ヲ―」障子ヲ―」閉‖ (十四)他ノ動詞ト熟語トナリテ、事ヲ盛ニスル意ヲナス。「作リ―」飾リ―」燒キ―」切リ―」

○髮ヲ―。剃ラズシテ生ヒシム。○聲ヲ―。高ク呼ブ。喚‖ ○茶ヲ―。末茶ヲ湯ニカキマズ 點茶‖ ○腹ヲ―。怒ル。怒‖ ○男ヲ―。顏ヲ―。面目ヲ全クス。

たづ (名) [田鶴] (田鶴ノ略、常ニ田ニ居レバイフ) 鶴トイフニ同ジ。又、古ヘニハ、鵠ヲモ鸛ヲモイヘリ。

たつ (名) 魚ノ名、形、さよりニ似テ、大ク長ク、一二三尺ニ及ブ、上脊長シ、鱗細ク、腹白ク 背靑クシテ黃ヲ帶ブ 味佳ナラズ。一名、オキザヨリ。ナダザヨリ。鱵魚一種‖

だつえば (名) [奪衣婆] さんづのかはノ條ヲ見ヨ。

たつがしら (名) [龍頭] 器ノ飾ニ、龍ノ頭ヲ作レルモノ。兜ノ立物ニスルハ、鍬形ノ中ニ居ウ、大將ノ用トス。

だつかん (名) [脫監] ラウヤブリ。

たつかゆみ (名) [手束弓] 弓ヲ手ニ握ルニ就キテイフ語。

〔たつき (名) [鐇] (立削ノ轉カト云) 杣人ノ用ヰル斧ノ大ナルモノ。

たづき (名) [方便] (手着ノ義ト云) タヨリ。ヨルベ。ヨスカ。タドキ。「曉ノ、カハタレ時ニ、島カギヲ、漕ギニシ舟ノ、他都枳知ラズモ」梓弓、末ノ多頭吉ハ、知ラネドモ、心ハ君ニ、緣リニシモノヲ」

たつくり (名) [田作] (田ノ肥トスレバ云) ごまめニ同ジ。

たつくわん (名) [達觀] 世ノ形勢ナドニ、廣ク大ク見通シヲツクルヿ。

だつこう (名) [脫肛] シリイヅルヤマヒ。病ノ名、肛門內ノ筋肉ノ、外ヘ脫ケ出ヅルモノ。

〔たつごも (名) [立薦] 防壁‖ 屛、障ノ類。「多遲比野ニ、寐ムト知リセバ、多都碁母モ、持チテ來マシモノヲ、寐ムト知リセバ」

たづさはる・ル・レ・ラ・リ・レ (自動) (規・一) [携] (手障ル意カ) (一)たづさふ (規・一) ニ同ジ。連ル。「細ナル殿ニ携ハリ、二人入リ居テ、老イモセズ」人言ハ夏野ノ草ノ、繁クトモ、妹ト吾トシ、携ハリ寐バ」(二)カカハル。カカラフ。與ス。係 干涉‖

〔たづさふ・フ・ヘ・ハ・ヒ・ヘ (自動) (規・一) [携] 相連ルル。「男山、鳩ノ杖ニハ、タツサヒヌ、ナラ坂ノボル、シルシアラセヨ」雨降リテ、道モアシキニ、鴨島ノ、タツサヒ來ルハ、メグリヤハアラヌ」連‖

たづさふ・フル・フレ・ヘ・ヘ・ヘヨ (他動) (規・二) [攜] (手支フル意カ) 引キ連レテ行ク。持チテ行ク。

たつし (名) [達] 官ヨリ下ニ事ヲ通ズルヿ。

だつし (名) [脫屣] (孟子、舜視レ棄二天下一猶レ棄二敝屣一) 帝王ノ位ヲ降リ居給フニイフ語、敝レタル履ヲ脫ギ棄ツルガ如ク、露惜ミ給ハヌ意。

だつじ (名) [脫字] ヌケジ。落字。

たつじん (名) [達人] 學術ノ奧義ニ達キタル人。

たつしゃ (名) [達者] (一)學藝ノ達人。(二)專ラ、步行ニ勝レタルヿ。健步‖ (三)轉ジテ、身ノスコヤカナルヿ。ヂヤウブ。壯健‖

たつす・スル・スレ・セ・シ・セヨ (自動) (不規・二) [達] トドク。イタル。オヨブ。

たつす・スル・スレ・セ・シ・セヨ (他動) (不規・二) [達] (一)トドクル。オヨボス。(二)告ゲ知ラス。(官ヨリ)

だつす・スル・スレ・セ・シ・セヨ (自動) (不規・二) [脫] (一)ヌクル。ヌケイヅ。「皮ヲ―」俗ヲ―」(二)漏レ落ツ。「文字―」(三)逃グ。

だつせき (名) [脫籍] 名ノ人別帳ニ脫ケタルヿ。

だつそ (名) [脫疽] 病ノ名、手足ノ端等、血ノ運行絕エ、生機ヲ失ヒテ腐ルルモノ。

だつそう (名) [脫走] 逃グルヿ。出奔。

だつぞく (名) [脫俗] 世俗ヲモヌケタルヿ。

たつた (副) [唯] たたノ音便。ゴレノミ。「―一ツ」

だつたう (名) [脫刀] 帶ビタル刀ヲ脫グヿ。

〔たつたつし・シキ・シケレ・シク・シク (形・二) たどたどしニ同ジ。「夕闇ハ、路多豆多頭四、月待チテ、往マセ吾ガ背子、ソノ間ニモ見ム」

たつたひめ (名) [立田姬] 大和ノ平群ニ座ス女神、秋ヲ司ル神トス。

たつちゆう (名) [塔頭] (字ノ音ノ音便) 大寺ノ境內ニアル小寺。寮。寺中。

たつて (副) [達] (至テ、ノ約カ、絕エテ、ノ轉カ) 强ヒテ。

押シテゼヒトモニ。「一望ム」一辭ム」至切

たつとし (形) 貴 たふとしノ音便。

たつとぶ (動) 尊 たふとぶノ音便。

たつとむ (動) 尊 たふとむノ音便。

たづな (名) 手綱 古名、クツワヅラ。くつわニ繫ケテ、騎レル人ノ手ニ執リ、馬ヲ御スル綱。轡

たづぬ・ヌル・ヌレ・ネ・ネ・ネヨ (他動) (規、二) 尋 (一)物事ノ跡ヲ認メ求メ行ク。(二)物事ノ見エズ知ラレヌヲ探ル。サガス。搜索 繹 (三)問フ。聞キタダス。質問 (四)オトヅル。トブラフ。訪

たつのいぐさ (名) 龍膽草ヲ文字讀ニシタル語。

たつのおとしご (名) 〔龍ノ落子ノ義〕 海產ノ動物、長サ一二寸ヨリ三四寸、首ハ馬ノ如ク、身ハ蝦ノ如ク、全身甲皮ニシテ、稜アリ、腰ヨリ下、四稜ニシテ節アリ、尾ノ末、長ク尖ル、褐色ナリ、或ハ銀色白色ナルモアリ、乾セバ尾ヲ内ニ卷ク、雌雄ヲ對トシテ、婦人、鏡奩ニ納メテ安產ノ守トス。タツノコマ。タツノステ一。タツノオロシゴ。カイバ。畿内ニ、ウミウマ。海馬

たつのおろしご (名) 前條ノ語ニ同ジ。

〔たづのき (名) 女貞 ねずみもちノ古名。

たつのくち (名) 龍口 (一)銅鐵ナドニテ龍頭ヲ作リ、其口ヨリ水ヲ吐ク如ク出サシムルモノ。(二)堰ノ水ヲ吐キ出ス所。

たつのたま (名) たつのおとしごニ同ジ。(薩州)

たつのすてご (名) たつのおとしごニ同ジ。

〔たつのひげ (名) 龍鬚 草ノ名 おひげニ同ジ。

〔たつび (名) 田中螺 田螺ニ同ジ。

たつぴつ (名) 達筆 (一)能書。(二)勢善ク書クヿ。

だつぶん (名) 脫文 脫ケタル文句。

たつぷり (副) 〔たふやかノ轉〕 溢ルルホド。十分ニ。不足ナク。湛湛

たつまき (名) 龍卷 烈シキ旋風ノ爲ニ、海水ノ卷キ上ゲラレテ、柱ノ狀ヲ成シテ空ハ昇ルヿ、龍ノ天ヘ昇ルモノト想像シテ名アリ、陸上ニテモ土砂ヲ卷上グルヿアリ。

たつみ (名) 辰巳 方角ノ名、辰ト巳トノ間、卽チ東南ノ間。巽

たつみあがり (名) 〔龍蛇ノ騰ルニ比シテイフカト云〕 氣象言語ノ暴ク銳キヿ。

だつらく (名) 脫落 ヌケオツルヿ。漏ルルヿ。

だつりやく (名) 奪略 ウバヒトルヿ。カスムルヿ。

だつろう (名) 脫漏 漏レ脫ケタルヿ。

たて (名) 竪 縱 〔立ノ義〕 (一)物ノ上下ノ距離。(左右ノ横ニ對ス。)(二)機織ルニ、縱ニ亙ス絲。(緯ニ對ス。) 經

たて (名) 干 盾 楯 〔立ノ義、或云、隔ノ約〕 戰場ニ用ヰル具、常ニハ楠ナドノ厚板ニテ作ル、長サ四五尺、幅一二三尺 身ヲ蔽ヒテ敵ノ矢丸ヲ防グ、コレヲ並ベ立ツルヲつくトイフ。古製ナルハ、長大ニシテ、面ニ牛皮ヲ縫合ハセテ張ルモアリ、サレバ楯ヲ作ル工ヲ楯縫トイヘリ。

〇一ーヲツク。負ケジト競フ。ハムカフ。抗敵

たて (名) 舘 (一)館ノ轉。(其條ヲ見ヨ)(二)上州、新田郡、館村ニ產スル烟草ノ名。

たて (名) 漁スル法、たてぼしニ同ジ。

たて (名) 藁席ニテ作レル俵ノ如キモノ、茶、綿ナド納ルルニ用ヰル。

たて (名) 立 旨ト押立ツル趣意。

たて (接尾) 立 動詞ト熟シテ名詞トナリ、爲テ新ナル意ヲイフ語。「煮一」炊一」切リ一」生レ一」

たで (名) 蓼 〔爛レノ意ニテ、口舌ニ辛キヨリイフト云〕 草ノ名、水邊ニ生ズ、秋、苗ノ高サ、一二尺許、枝梢毎ニ、長キ穗ヲ出ヘ、花ハ白クシテ、蕚ハ綠ナリ、葉ノ圓キヲ藍一トイヒ、細長キヲ柳一トイフ、共ニ、葉ノ味辛シ、食用トス、異種ノモノニ對シテ、眞一、本一 等ノ名モアリ。

だて (名) 伊達 〔伊達政宗ガ部兵ノ衣飾華美ナリシニ起ルトイフ、或云 男達ノ略ト〕 盛ニ飾リ衒フヿ。葉手。豪華

だて (接尾) 立 他語ト熟シテ名詞トナリ、其風スル意ヲイフ語。「カシコ一」カマヒ一」亭主一」男一」

〔たてあかし (名) 炬火 〔立明ノ義〕 松明ノ類。タチアカシ。

たてあき (名) 帶刀 たちはきノ音便。

たてあみ (名) 立網 ちあみニ同ジ。

たてある (名) 蓼藍 あゐニ同ジ。

たていし (名) 立石 (一)庭ニ築キ立テタル石。「水立、一 前栽、ナドノアリサマ、云云」ハヌ入江ノ水ナド」

(二)路程ナドノ標ニ立テテアル碑ノ類。標石

だてう (名) 駝鳥 〔形、稍、駱駝ニ似タレバイフ〕鳥ノ名、亞非利加、亞剌比亞等ノ原野沙漠ニ棲ム、鳥類ノ最大ナルモノ、高キハ七八尺ニ及ビ、力强シ、草ト蟲トヲ食フ、飛ブ丁能ハズ、馳スル丁極メテ速ナリ、形、稍、鷄ニ似テ、頸甚ダ長ク、脚、長ク太ク、二指ナリ、羽、黑色ニ白色ヲ交ヘテ長シ、土人騎ル。

たてえぼし (名) 立烏帽子 えぼしノ條ヲ見ヨ。

たてかく・クル・クレ・ケ・ケ・ケヨ (他動)(規、二) 立掛 立テテ寄リ掛ラス。

たてがさ (名) 立傘 長柄ノ傘ヲスボメテ袋ニ入レタルモノ。又、被笠ヲ袋ニ入レ棒ヲ添ヘタルモノヲ臺笠トイフ、共ニ、貴人ノ行列ニ立テテ持タス。

たてかハら (名) 竪瓦 瓦ノ面ノ平ナルモノ、壁ノ腰ナドニ添ヘテ覆ニ用ヰル。

たてかふ・フル・フレ・ヘ・ヘ・ヘヨ (他動)(規、二) 立替 一時、他ニ代ハリテ、財ヲ出シ置ク。「金子ヲ—」

たてかへ (名) 立替 タテカフル丁。

たてがみ (名) 鬣 〔立髮ノ義〕古言、項髮。タチガミ。馬、又、獅子ノ項ニ叢生スル長キ毛。

たてぐ (名) 建具 〔閉ツル具ノ意〕戸、障子、襖ナド、ズベテ、敷居鴨居ノ間ニ、引キ閉テスル物ノ總名。

たてこもる・ル・レ・ラ・リ・レ (自動)(規、一) 楯籠 城ニ入リテ防ギ守ル。籠城ス。守城 據城

たでず (名) 蓼酢 蓼ノ葉ヲ擂リテ酢ニ和シタルモノ、物ニ注ギ食フ。

たてたし (名) 建足 母屋ニ足シ添ヘテ建テタル家。

たてつく・クル・クレ・ケ・ケ・ケヨ (他動)(規、二) 立付 (一)戸障子ヲ閉ヂテ柱ニツクル。(二)俗ニ、續ケザマニ爲ス。

たてつけ (名) 立付 (一)タテツクルフ。戸障子ヲ閉ヂテ柱ニ合フ丁。(二)續ケザマニ爲ル丁。

たてつぼ (名) 建坪 建家ノ坪數。

たてどひ (名) 竪樋 雨樋ノ柱ノ如ク作リテ、竪ニ用キルモノ。

たてぬき (名) 經緯 機ノ絲ノ經ト緯ト。タテヨコ。樣ニ亂ルル意ニモイフ。「賤機ニ、亂レテゾ思フ、戀シサハ—ニシテ、織レル我身カ」立田川、錦織リカク、神無月、シグレノ雨ヲ、—ニシテ」

たては (名) 立場 驛路ニテ、人夫ノ、杖ヲ立テテ、駕籠長持ナドヲ停メテ息フベキ所。

たてひき (名) 立引 タテヒク丁。

たてひく・ク・ケ・カ・キ・ケ (他動)(規、一) 立引 〔立替引ノ意カ〕人ノ爲ニ出費ヲ辨ズ。(厚意俠氣ニテ)

たでひわ (名) 蓼鶸 眞鶸ヨリ稍大クシテ、處處青黃ナリ、好ミテ麻ノ子ヲ食フ。

たてふだ (名) 立札 木札ニ、事ヲ記シテ、路端ナドニ立テテ人ニ示ㇲモノ。榜牌

たてぶみ (名) 立文 きりかみノ條ヲ見ヨ。

たてぼし (名) 立干 漁ノ一法、遠淺ノ海中ニ簀ヲ立テテ、汐干テ後ニ魚ノ止マレルヲ捕ル。

〔たてまだす・ス・セ・サ・レ・セ (他動)(規、一) 奉出 たてまつるニ同ジ。(まだすノ條ヲ見ヨ)「差レ使天、奉出須此狀乎」使乎奉出世利」禮代乃幣乎令ニ捧齎天、獻出事乎」

たてまつる・ル・レ・ラ・リ・レ (他動)(規、一) 奉 (一)贈ルノ敬語。マヰラス。進ズ。獻上ス。「御酒—」物—」(二)着セ申ス。召サセマヰラス。「御裿着ノ事、一ノ宮ノ奉リシニ劣ラズ」御衣ナド奉リ直ス」帝、カグヤ姬ヲ止メテ、云云、御輿ニ奉リテ後ニ」夜ノ明ケハテヌ前ニ御舟ニ奉レトテ」ソレヨリゾ御馬ニハ奉リケル」

たてまつる・ル・レ・ラ・リ・レ (自動)(規、一) 奉 己ガ動作ノ動詞ニ添フル敬語。「御碁遊バシケル 負ケ奉リテ」率テ步キ奉リテ」見—」拜ミ—」獻ジ—」供奉シ—」

たでむし (名) 蓼蟲 おかねむしノ一種、最モ小ク、一分許ニシテ、色ノ黑キモノ。

たてもの (名) 立物 (一)埴輪ノ一稱。(二)兜ノ目庇ノ上、眞向ニ付クル飾物、龍頭、半月、家ノ紋ナド、種種ナリ、鍬形ナド添フマヘダテモノ。(三)長ト推立ツル者。頭立ツモノ。魁 長

たてもの (名) 建物 宮、殿、堂、社、家、藏等、スベテ造リ建テタルモノノ總稱。

たてや (名) 建家 建テテアル家。建物。家作。タチヤ。(建坪ヲ測ル時ナドニイフ語)

たてやま (名) 立山 禁山ニ同ジ。

たてら (移尾) 〔かしまだてナドノ意カ〕身ノ分際ニ負ハヌモノスル意ヲイフ語。「年頃懸想シ給ヘルハノ云云、出給フヲ盜ミ給フナリ、法師ダテラ、斯クアナガチ

ナル事ヲシタマヘバ」女—。

たてる (動) 立ツ(規·二)ノ訛。

たでる·デル·デレ·デ·デ·デヨ (他動)(規·四·段) 湯ノ熱ニテ蒸シ潤ス。「腫物ヲ—」

たてわき (名) 立涌 たちわきニ同ジ。

たてなやま (名) 立小山 女形ノ條ヲ見ヨ。

たどう (名) 他動 自動ノ條ヲ見ヨ。

たどうし (名) 他動詞 自動ノ條ヲ見ヨ。

〔たどき〕(名) 方便 たづきニ同ジ。タヨリ。ヨスガ。「新羅ヘカ、家ニカ歸ル、壹岐ノ島、行カム多登伎モ、思ヒカネツモ」陰夜ノ、田時モ知ラヌ、山越エテ、往マス君ヲバ、何時トカ待タム」

〔たどころ〕(名) 田所 田。田地。

〔たとしへなし〕·キ·ケレ·ク·ク (形·二)〔喩ヘ無シ、ニテ志ハ体ノ詞カト云、或ハ、辿ル方無シ、ノ意カ〕比フルニ甚ダ違ヘリ。「タトシヘナキモノ、夏ト冬ト、夜ト晝ト、黒キト白キト」心ノ限リ盡シタリシ御スマヒナリシカド、アサマシウ田舍ビタリシモ、タトシヘナクゾ思ヒクラベラルルヤ」タトシヘナク小暗シ」

たどたどし·シキ·シケレ·シク·シク (形·二) 辿ル状ナリ。オボツカナシ。慥ナラズ、確トセズ。タヅタヅシ。「目モ、タドタドシク、今ハ覺エ侍ルヲ」夕闇ノ路、タドタドシケナル」經ナド習ヒテ、イミジク、タドタドシクテ、忘レガチニテ」

〔たとひ〕(名)〔譬フ(規·二)ノ名詞法〕喩ヘニ同ジ。又、コトワザ。イヒクサ。「水ノ面ニ、ウツレル月ノ、たとひニテ、アルカナキカノ、世ニモアル哉 世ニアリテ信セズトイフたとひノヤウナリ」累代ノたとひニモヤナラムトテ」

たとひ (副) 縦·假令·假使 〔前條ノ語ノ轉カ〕事ヲ設ケテ豫メ料ル意ヲイフ語。ヨシヤ。(下ニ反語ヲ受ク)「若使吾兒所御之國宥浮寶者未是佳也」タトヒ時移リ、事去リ、樂シミ、悲シビ、行キカフトモ」斯ル老法師ノ身ニハ、タトヒ、憂ヘ侍リトモ、何ノ悔カ侍ラム」

〔たとふ〕·フ·ヘ·ヘ·ヒ·ヘ (他動)(規·二) 譬 次條ノ語意ニ同ジ。(名詞法ニたとひアリ)

たとふ·フル·フレ·ヘ·ヘ·ヘヨ (他動)(規·二) 譬·喩 他事ニ擬ヘテ言フ。寄セ比ブ。

たとへ (名) 譬·喩 譬フルコト。他事ニ擬ヘテ言フ語。

たとへば (副) 例 〔譬ヘバノ義〕物ニ譬ヘテ言ヘバ。例ヲ示セバ。「タトヘバ、繪ニカケル女ヲ見テ、徒ラニ心ヲ動スガ如シ」

〔たとへば〕(副) 假令 〔前條ノ語ノ訛ナラム〕縱。ヨシヤ。「今行末ハ、稻妻ノ、光ノ間ニモ、定メナシ、たとへは獨リ、ナガラヘテ、過ニシバカリ、過ストモ、夢ニ夢見ル、心チシテ、隙行ク駒ニ、異ラジ」タダ頼メ、たとへは人ノ、僞リヲ、重ネテコソハ、又モ恨ミメ」

〔たどほし〕·シキ·シケレ·シク·シク (形·二) 遠 〔たハ發語〕とほしニ同ジ。「玉鉾ノ、道ヲタドホミ、山川ノ、隔リテアレバ」

タドン (名) 炭團 又、タンドン。消炭又ハ堅炭ノ屑ヲ、海羅ノ汁又ハ濃キ米泔ニテ捏ネテ、丸トシテ乾シタルヲ、火ヲ點ジテ久シキヲ保ツ、貧民ノ用トハ。

〔たどり〕(名) 鴾 〔田島ノ義カト云、字ハ突厥雀ニテ當ラズ〕田雲雀ノ古名ト云。新撰字鏡「鴾、比波利、又、太止利」。

たどり (名) 辿 (一)タドルコト。尋ネ迷ヒ行クコト。「家ヲ出デテ、見ルダニ明キ、夜半ノ月、入ラム山路ノ、タドリアラスナ」(二)其筋ヲ知リ分クルコト。「ソノタドリ深キ人ノ」(琴ノ道ニ)心ワカキ、タドリノ少キナド」

〔たどりばら〕(名) 妾腹ノ子ノ稱。

たどる·ル·レ·ラ·リ·レ (他動)(規·一) 辿 〔手取ル義〕(一)尋ネ探リ取ル。「御障子ノ外ニ居サリ出デサセ給フヲ、イト、ヨウ、タドリテ引キトドメ奉リツ」 摸索 (二)知ラヌ道ヲ色色ト迷ヒ尋ネ行ク。「道モ知リ給ハネバ、五六日ニテ、タドルタドル、オハシ着キニケル」 尋 (三)知リ分ケムト様様ニ思フ。「今ハ斯ク古ヘノ事ヲモ、タドリ知リ給ヒヌレド」ヲサナ心ニ、深クモタドラズ」タドラム人ハ、心得ツベケレド」 尋思

たな (名) 棚 物ニ板ヲ、平ニ亙シカケテ、物ヲ載セ置ク用トスルモノ。

たな (名) 店 (一)みせたなノ略、其條ヲ見ヨ。(二)轉ジテ、商家ノ稱。(三)貸家。借家。「—賃」「—借リ」

〔たな〕(名) 蒲公草 〔田菜ノ義カ〕たんぽぽノ古名カ。

たなうけ (名) 店請 店借ノ人ノ身元引請。「—人」「—状」

〔たなうち〕(名) 手中 〔手之内ノ轉〕たなごころニ同ジ。

〔たなうら〕(名) 手裏 〔手之裏ノ轉〕たなごころニ同

ジ。

たなおろし（名）[棚卸‖]（一）商家ニテ、盆暮ナドニ、店頭ニアル貨物ヲ、悉皆、下リオロシテ、其數ヲ調ブルコト。（二）轉ジテ、俗ニ、他人ノ失ヲ擧ゲテ、一一、述べ立ツルコト。

たながり（名）[店借] 家ヲ借リテ住ムコト。‖僑寓‖

たなぎやう（名）[棚經] 盂蘭盆會ノ生靈祭ノ棚ニ向ヒテ、僧ノ讀經スルコト。

たなぐも（名）[棚蜘蛛] くもノ條ヲ見ヨ。

たなこ（名）[店子] 貸家ニ住ム者。（家主ニ對シテ云フ）

たなご（名）（一）魚ノ名、川ーハ、流水ニ棲ム、長サ一二寸、首小ク、身扁ク闊ク、鱗アリテ鯛ノ如シ、腹ノ下ノ鰭ニ、紅、白、黒等アリ、又、秋、身ニ紅ヲ帶ブルアリ、又、全身黄ヲ帶ブルモアリ。‖鱮魚‖（二）海ーハ、海ニ生ズ、長サ四五寸ヨリ尺ニ至ル、形、鯛ニ似テ小ク、頭小ク、身扁ク色白シ。[海鯽]

たなごころ（名）[掌]〔手之心ノ轉〕手ノ裏面。タナソコ。タナウチ。タナウラ。テノヒラ。○ーヲカヘス。甚ダ容易キ意ヲイフ語。○ーヲ指ス。憭ニシテ分明ナル意ヲイフ語。

たなざらし（名）[棚晒] 商家ノ店頭ノ貨物ノ、久シク賣レズシテ、舊ビタルコト。

〔たなしし（名）[膜]〔棚肉ノ義ト云〕膜ニ同ジ。

〔たなすゑ（名）[手末]〔手之末ノ轉〕手ノ端。手ノサキ。「千引石擘ニ手末ニ而來」

〔たなすゑのみつぎ（名）[手末調]〔女ノ手末ニテ造レルモノナレバイフ〕調ニスル布帛ノ稱。「於レ是初令レ貢ニ男ノ弓端之調、女ノ手末之調ニ」

〔たなそこ（名）[掌]〔手之底ノ轉〕たなごころニ同ジ。

たなだて（名）[店立] 借家ヨリ逐立テラルルコト。

たなちん（名）[店賃] やちんニ同ジ。

〔たなつもの（名）[穀]〔種之物ノ轉ト云、或云、田成之物ノ略〕田ニ成ルモノ。即チ、稻。「乃以ニ粟稗麥豆ニ爲ニ陸田種子一、以レ稻爲ニ水田種子ニ」又、田畠ノ物ニ通ジテ、五穀ヲ統べテモイフ。

〔たななしをぶね（名）[棚無小舟] 船棚無キ小舟。（船棚ノ條ヲ見ヨ）「蘆間行ク、ー、人知レズ、コガルトスレド、サハリガチナル」

〔たなは（名）[手繩] 鵜飼ノ、鵜ニツケテ使フ繩。「篝火ノ、早瀬ニ下ス、鵜飼舟、サバクたなはノ、影ゾ亂ルル」

たなばた（名）[棚機]〔其構ヘニ棚アレバイフ〕（一）機ト云フニ同ジ。（二）〔棚機津女ノ略〕機織ル女。「棚機ノ、五百機立テテ、織ル布ノ、秋去リ衣、誰レカ取リ見ム」（三）轉ジテ、七夕ニ祭ル織女トイフ星ノ稱。又、オリヒメ。初秋ノ頃ニ、牽牛（彦星）織女ノ二ツノ星、天河ノ邊ニ現ハル、支那ニテ、想像ノ説ニ、七夕ニ、烏鵲、翼ヲ延べテ橋トシ、織女渡リテ、牽牛ト交會ストイフ、其織女ノ字ヲ、棚機津女ニ附會シ、且略シテ呼ベルナリ。七夕ノ祭、又、乞巧奠トモイフ、庭ニ机ヲ立テ、物ヲ供ヘ、香ヲ焚キ、五色ノ絲ヲ竿ニ懸ク、ねがひノ絲ナドイフ、又、梶ノ葉ニ文字ヲ記シテ、水ニ流シナドス。今、俗間ニハ、五色ノ紙ニ文字ヲ記シテ、竹枝ニ繋ケテ揭グ。

〔たなばたつめ（名）[棚機津女]（一）古ヘ、機織ル女ノ稱。「我ガ爲ト、織女ノ、其屋戸ニ、織ル白布ハ、織リテケムカモ」（二）織女トイフ星ノ稱。（たなばたノ條ヲ見ヨ）「牽牛ト、織女ト、今夜逢フ、天ノ河戸ニ、波立ツナユメ」

たなびく（自動）（規、一）[薄靡]〔棚延ノ義カ、起チ靡クノ略カ、或云、たハ發語ナリト〕薄ク横ニ長ク靡ク。（雲、霞、烟ナドニ）‖靉靆‖

〔たなひぢ（名）[手肱]〔手之肱ノ轉〕肱トイフニ同ジ。

〔たなまた（名）[手股]〔手之股ノ轉〕指ト指トノ間。

たなもの（名）[店者] 商家ニ勤ムル番頭手代ナドノ稱。

〔たなれ（名）[手馴] 手馴レタルコト。「ーノ琴」「ーノ駒」「ーノ鷹」

〔たなゐ（名）[種井]〔たねゐノ轉、或云、田之井ノ轉〕春、苗代ヲ起ス時、稻ノ種ヲ漬サムカ爲ニ、田ノ側ニ掘ル井。「秋刈リシ、室ノヲシネヲ、思出デテ、春ゾたなゐニ、種ヲカシケル」

たに（名）[谷‖溪] 兩山ノ間ノ窪キ地。

〔たに（名）[商布]〔手布ノ轉ト云〕調、庸ニ納ルル外、自用トシ又ハ交易ニ用ヰル布ノ稱ト云。

たに（名）〔背、凹ミテ、谷ノ如キ意ト云〕蟲ノ名、叢林ニ生ジ、犬牛馬等ニ着キテ、皮中ニ食ヒ入ル、大サならおまノ如ク、八足ニシテ、黒白ノ斑アリ、飢ヱタルハ扁ク、飽キタルハ圓シ。今、訛シテ、ダニ。‖牛蝨‖

だに (名) 蟲ノ名、前條ノ語ノ訛。

だに (名) 駄荷 駄送ノ荷。

だに (副) (唯ニノ約カ) 第二類ノ天爾波、輕キヲ擧ゲテ、餘ノ重キヲ言外ニ引證スル意ノ語。「憂キ身ヲバ、我ー厭フ、厭ヘタダ、夫ヲー同ジ、心ト思ハム」深山ニハ、松ノ雪ー、消エナクニ」其邊ノ垣ニモ家ノ外ニモ居ル人ー、容易ク見ルマジキモノヲ」

たにあひ (名) 谷間 谷ト谷トノ間。タニマ。

(たにぎる・る・れ・ら・り・れ) (自動) (規.二) 手握 拳ヲ固ム。「面忘レ、ダニモ得爲ヤト、手握リテ、打テドモ懲リズ、戀ノ奴ハ」

(たにぎる・る・れ・ら・り・れ) (他動) (規.二) 手握 手ニ握ル。「波自弓ヲ、多爾藝利持タシ、麻可胡矢ヲ、手挾ミ添ヘテ」

(たにぐく) (名) 谷蟆 (谷間ニ棲ミテ、くくト鳴ケバイフト云) 蟾蜍ノ古名。「谷蟆能狹度極」多爾具久ノ、サワタルキハミ」

たにし (名) 田螺 古名、タツビ。今、又、タツブ。ツブ。田澤ニ生ズ、湖海ニモアリ、形、はいニ似テ短ク、一頭ハ闊ク、一頭ハ漸ク狹ク尖ル、長サ一寸許、殼薄クシテ蒼黒色ナリ、肉ハ、頭黒ク、身白シ、春夏ノ交ニ多ク、賤民ノ食トス。田嬴

たにぜり (名) 谷芹 前胡ニ同ジ。

たにのと (名) 谷戸 谷ノ入口。谷口

たにふところ (名) 谷懷 谷間ノ圍マレタル如キ處。

たにま (名) 谷間 たにあひニ同ジ。

たにん (名) 他人 (一)ホカノヒト。我レナラヌ人。(二)血緣無キ人。

たにんず (名) 多人數 多クノ人。オホゼイ。衆

たにわたり (名) 谷渡 (一)草ノ名、山野ニ生ズ、高サ二三尺、一根ニ叢生ス、葉ノ形、萩ニ似テ細長ク、二葉ヅツ生ズ、夏、小キ穗ヲ成シテ花ヲ開ク、紅ニシテ紫ヲ帶ブ、後ニ莢ヲ結ブ。歪頭菜 (二)れんげうノ垂條ナルモノ。(れんげうノ條ヲ見ヨ)

(たぬき) (名) 手貫 .籠手ノ類、鷹ーアリ。臂韝

たぬき (名) 狸 (皮、臂韝ニ佳ナルヨリ名トスルカト云) (一)獸ノ名、狐ニ似テ、毛色暗灰ニシテ、黒褐ナル長毛ヲ雜フ、鼻ノ邊黒ク、目ノ邊白シ、尾太クシテ、胸ニみづかきアリ、夜出デテ食ヲ求ムル事、狐ノ如シ、毛ヲ筆トシ、皮ヲ鞴ノ用トス、人家ニ近ク穴居スルモノハ、頭疲セテ狐ノ如ク、肉食スベシ、頭ノ圓クシテ猫ノ如キハ、臭氣アリ、食スベカラズ。(二)俗ニ、僞ル事。佯

たぬきねいり (名) 狸寐入 眠リタル風スル事。佯睡 狢睡

(たぬし・しき・しく・しけれ・しく・しく) (形.二) 樂 たのしニ同ジ。「睦月立チ、春ノ來ラバ、斯クシコソ、梅ヲ折リツツ、多努之岐終ヘメ」

たね (名) 種 (田根ノ義カト云) (一)草木ノ再生ノ基トナルモノ。核子ノ類。(二)俗ニ、核。(三)動物ノ子孫ヲ生スル基。胤 (四)物ヲ作リ成スベキ基トナルモノ。「菓子ノー」「麪包ノー」「手品ノー」(五)事ノ發生スル基。事ノオコリ。「大和歌ハ、人ノ心ヲートシテ、萬ノ言ノ葉トゾナレリケル」思ヒノー」議論ノー」爭ヒノー」起因 (六)事ノ據リドコロトシテ用ヰルモノ。「著述ノー」工夫ノー」案

たねおろし (名) 種卸 たねまきニ同ジ。

たねがき (名) 實柹 賤民ノ賭事ニ、柹ノ核ノ奇偶ヲ豫メ言ヒ中テテ、切テ見テ勝負ヲ決スル事。

たねがしま (名) 種子島 (昔、南蠻人、牟羅叔舍、始メテ大隅ノ種子島ニ持渡レリ) (一)元ハ、鳥銃ノ稱。銃 (二)後ニ、其短ク小クシテ片手ニテ用ヰルベキモノノ稱。ピストル。短銃

たねがはり (名) 胤變 兄弟姉妹ノ内ニ母ハ同ジクシテ、父ノ異ナルモノ。タネチガヒ。(はらがはりニ對ス) 異父

たねがみ (名) 種紙 蠶ノ雌蛾ノ、卵ヲ生ムニ當リ、紙ヲ與ヘテコレニ生ミツケシメタルモノ、一蛾ニ二百餘ヲ生ム、粒粒均シク敷キテ堆積セズ、日ヲ歷レバ、色黃黑ニシテ、けしのみノ大サニテ扁シ、來春ノ種トス。蠶卵紙

たねせん (名) 種錢 錢ヲ鑄ル時、先ヅ、其形ヲ精美ニ作レルモノ、以テ鑄型ヲ作ル。母錢

たねちがひ (名) 胤違 たねがはりニ同ジ。

たねつけばな (名) 種付花 碎米薺ニ同ジ。

たねとり (名) 種取 新聞紙ニ載スベキ事柄ヲ探リ來ル事。探訪。

たねほん (名) 種本 著述、書、畫、ナドノ、據リドコロトスルモノ。原本

たねまき (名) 種蒔 稻ノ籾種ヲ、苗代ニ蒔キツクルヿ、八十八夜前後ニ、籾ヲ水ニ浸シ、乾シテ芽秧トシテ蒔ク。タネオロシ。

たねん (名) 多年 久シキ年月。「―ノ苦心」

たねん (名) 他念 ホカノココロ。餘念。「―無シ」

たねもの (名) 種物 畠ニ蒔クベキ蔬菜ノ種。

たのう (名) 多能 人ニ藝能ノ多キ丅。

たのくさ (名) 田草 稻田ノ中ニ生ズル雜草、農民コレヲ去ルニ甚ダカム。莠。

〔たのごひ (名) 手巾 てぬぐひニ同ジ。

たのし・シキ・シケレ・シク・シク (形・二) 樂 〔日神、天磐屋戸ヲ出給ヘル時、群神、手伸シテ悦ビ歌ヘルニ起ルトゾ〕 喜バシク快シ。心ニ滿足ノ感アリ。

〔たのしび (名) 樂 たのしみニ同ジ。

〔たのしぶ・ブ・ベ・ベ・ビ・ベ (自動) (規・二) 樂 たのしむニ同ジ。

たのしみ (名) 樂 タノシムヿ。ナグサミ。興。

たのしむ・ム・メ・マ・ミ・メ (自動) (規・一) 樂 樂シク感ズ。快キニ滿足ス。

たのしむ・ム・メ・マ・ミ・メ (他動) (規・一) 樂 樂シキモノニ思フ。好ミ喜ブ。「詩歌ヲ―」茶ヲ―」

たのも (名) 田字藻 かつみノ條ヲ見ヨ。

たのみ (名) 田實 稻ノ子。「後蒔ノ、オクレテ生フル、苗ナレド、アダニハナラヌ、―トゾ聞ク」

たのみ (名) 顆 (一)タノムヿ。タヨリ。(二)結納。

たのみいる・ル・レ・ラ・リ・レ (他動) (規・一) 顆入 深ク頼ム。

たのむ・ム・メ・マ・ミ・メ (他動) (規・一) 頼 恃 憑 〔たハ發語、のむハ、祈ム、ナラムカ〕 (一)助ケセムトタヨル。力ト思ヒ寄ル。(二)語ラヒ誂フ。「或日、人アリテ、此忠行ヲ頼ミテ、祓ヲセサスル事アリ、云云、祓終リヌレバ、頼ミタル人歸リヌ」尼ニ向ヒテ、ツレヅレナルニ、女ノ童求メテ得サセヨト頼ムニ」 囑 (三)主君トス。「―人」

〔たのむ・ムル・ムレ・メ・メ・メヨ (他動) (規・二) 顆 頼ミニ思ハス。アテニサセル。(人ヨリ)「たのむるヲ、頼ムベキニハ、アラネドモ、待ツトハナクテ、待タレモヤセム」人ノたのめテ來ズ侍リケレバ」女、猶、今年ヲダニ待チ暮ラセトたのめケルヲ」

たのむ (感) 〔案内ヲ頼ム意〕 人家ヲ訪ヒ案内ヲ請フ聲、ものまうニ同ジ。

たのも (名) 田面 田ノオモテ。田ノ上。

たのもし (名) 頼母子 〔相救ヒテ頼モシキ意〕 數人相結ビテ、先ツ期限何箇月、金幾何ト定メ、月毎ニ、各、其一分ノ金ヲ出シテ、鬮ヲ引キ、當リタルモノ、其金ヲ得テ利用シ、斯クシテ、順番ニ、且ツ出シ且ツ得ルヿ。貧困ノ人ヲ助ケムトテスルヿナリ、融通盡クルヿナシトテ、無盡トモイフ。

たのもし・シキ・シケレ・シク・シク (形・二) 頼 頼ムベクアリ。恃トスベク見ユ。

たば (名) 束 東ネタルモノ。「竹ノ―」藁五―」

だば (名) 駄馬 駄送ニ用ヰル馬。荷馬。

たはう (名) 他邦 ホカノクニ。ヒトノクニ。外國。

たばう (名) 多忙 甚ダイソガハシキヿ。繁用。

たばかり (名) (一)〔たハ發語〕 タバカルヿ。思ヒ計ルヿ。「鑰ナケレバ、明クベキタバカリヲシツツ、戳ヲ明ケサセ給フ」車持ノ御子ハ、心タバカリアル人ニテ」 計畫 (二)謀リ欺クヿ。 欺罔

たばかる・ル・レ・ラ・リ・レ (他動) (規・一) 〔たハ發語〕 (一)〔計ル〕 ハカラフ。思ヒメグラス。思案ス。「此ノ翁ノ子安貝ハ、惡シクタバカリテ取ラセ給フナリ、サテハ、エ取ラセ給ハジ」人ノ命ヲ助クト思シテ、此事、成シタバカリ給ヘ」 計畫 (二)〔語ラフ〕 相談ス。「時方ニタバカラセ給ヒテ」彼ノ大將出デテ、人ニタバカリ給フヤウ」 諮詢 (三)謀リテ欺ク。タブラカス。 欺罔

たはく・クル・クレ・ケ・ケ・ケヨ (自動) (規・二) 戲 (一)戲ル。フザル。オドケル。フザケル。(二)淫ル。

たはけ (名) 戲 (一)タハクルヿ。オドケ。(二)他ノ淺慮ナルヲ罵リ呼ブ語。アハウ。

タバコ (名) 烟草 〔蘭語、Tabaco. 北亞米利加、墨是哥國ノ一州Tabascoニ起ル、歐洲人始メテ、此ニテ得タリ〕 草ノ名、春、種ヲ下シテ、夏移シ植ウ、夏ノ季ニ、莖、高サ三五尺、圓ク大ク木ノ幹ノ如シ、葉ヲ形、楕圓ニシテ、末尖リ、互生シテ、柄短ク、葉ノ面ニテ莖ヲ抱ク、一葉ノ大サ尺ニ過グ、莖、葉、共ニ毛茸アリ、秋、莖ノ頭ニ椏ヲ出シ、數多ノ花ヲ開ク、大サ寸許、漏斗狀ニテ、淡紅紫色ナリ、實ノ内ニ、無數ノ細子アリ、黃褐色ナリ。秋、葉ヲ晒シ、火ヲ點ジテ烟ヲ吸フ、今、世界中ニ用ヰザル地ナシ。之ヲ用ヰルニ、きざみ―、まき―、かぎ―等アリ、各條ヲ見ヨ。又、葉ヲ蒸シテ、丸トシテ嚼ムヲ、嚼―トイフ。

タバコいれ (名) 烟草入 刻烟草ヲ盛ル小キ袋、行クニ攜フ。烟袋

たばこと (名) 戯言 妄語 戯ケタル言。

たばこと (名) 戯事 戯ケタル所業。

タバコぼん (名) 烟草盆 火入、灰吹、ナド、烟草ヲ吸スベキ要具ヲ載スル扁キ匣。烟盤

たばさむ・ム・メ・マ・ミ・メ (他動) (規・二) 手挾 手ニ挾ミ持ツ。

〔たばし・シク・シケレ・シク・シク (形・二) 淫レタル狀ナリ。「新撰字鏡、泆、樂盧也、婬也、耽也、太波志」

たばしる・ル・レ・ラ・リ・レ (自動) (規・一) 手走 〔たハ發語カ、或ハ、飛走ノ略カト云〕 トビハシル。ホドバシル。「霰――水――」迸

たばぬ・ヌル・ヌレ・ネ・ネ・ネヨ (他動) (規・二) 束 ツカヌ。絡ヒ結フ。

〔たばふ・フ・ヘ・ハ・ヒ・ヘ (他動) (規・一) 保ツ。カバフ。「身ヲタバハムニハ、軍場ヘ向ハヌニハ若カジ」コレヲ後日マデタバヒ置クニ由ナシ」 庇 回護

〔たばぶる・ル・ル・レ・レ・レ・レヨ (自動) (規・二) 戯 〔戯レ觸ル意カト云、或ハ、溢ルニ、たノ發語ノ添ヘルモノカ〕 たはむるニ同ジ。

〔たはぶれ (名) 戯 たはむれニ同ジ。

たはむる・ル・ル・レ・レ・レ・レヨ (自動) (規・二) 戯 〔たはぶるノ轉〕 輿トシテ可笑シキ事ヲナス。タハル。タハブル。アザル。ザル。タハク。オドク。ダウケル。フザケル。

たはむれ (名) 戯 タハムルヿ。ザレ。オドケ。

〔たはやすし・キ・ケレ・ク・ク (形・二) 容易 たやすしニ同ジ。「新羅、怨曠積年、不可ニ輕爾而伐ニ、ナミナミタハヤスキ御フルマヒアラネバ」

たはら (名) 俵 〔束藁ノ略カ、田原藤太ヲ俵藤太ニ通セリ〕 藁ニテ編ミ作レル大ナル袋、穀物ヲ盛リ包ム。俵。米苞 又、炭――ハ、蘆ナドヲ用ヰル。

たはる・ル・ル・レ・レ・レ・レヨ (自動) (規・二) 戯狂 (一)タハム。アザル。タハク。「容艶、緣リテゾ妹ハ、多波禮タリケル」「オホヤケザマハ、少シタハレアザレタル方ナリシ」秋來レバ、野邊ニタハルル、女郎花」(二)男女禮ナラズシテ交ル。「新撰字鏡、淫、私逸也、太波留」淫

〔たばる・ル・レ・ラ・リ・レ (他動) (規・一) 賜 たまはるノ約轉。「千磐破、神ノ社ニ、我ガ掛ケシ、幣ハ將賜、妹ニ逢ハナクニ」針袋、コレハ多婆利ヌ、摺袋、今ハ得テシガ、翁サビセム」玉ニ貫キ、消タズ賜ラム、秋萩ノ」

たはれめ (名) 遊女 〔淫女ノ義〕 ウカレメ。アソビ。イツヂヨ。

〔たはれを (名) 蕩子 〔狂男ノ意〕 放蕩ナル者。

たひ (名) 鯛 〔瀨名〕 鯛 魚名、似レ鯽而紅鱗、トアリテ當レリ、後世ハ、專ラ、赤鯛魚トイフ〕 海產ノ魚、形、鯽ニ似テ扁ク、鱗、鰭、淡紅ニシテ、潮ヲ離ルレバ赤ク變ジ、鰭、殊ニ紅ナリ、同類ニ對シテ、眞――ノ名アリ、古ク、赤女トイヘルモコレナリ、肉白シ、味ハ、――、又、赤春ヲ最美トスレドモ、四時皆佳ナレバ、慶賀ノ魚ノ第一トス、大ナルハ二尺餘ニ至ル。又、相似テ小キヲかそおトイフ。棘鬣 鯛ノ類名、種類甚ダ多シ、各條ニ註ス。

たび (名) 旅 家ヲ出デテ遠キニ行キ途中ニアルヿ。家ヲ離レテ一時他鄉ニ在ルヿ。

たび (名) 度 ヲリ。トキ。度。「見ル――每ニ」「行ク――ニ――重ル」「一――」「三――」此――」回

〔たび (名) 手火 松明ノ類。「天皇ノ、神ノ御子ノ、御襯ニ、手火ノ光ゾ、幾許照リタル」 乘炬、此云ニ多妣ニ

〔たび (名) 古ヘ、皮靴ノ一種。「和名抄、單皮履(履底、單皮ナルモノ歟、野人以ニ鹿皮ニ爲ニ半靴ニ、名曰ニ多鼻ニ、宜レ用ニ此單皮二字ニ乎」(或云、旅用ノ靴ノ意カト)

たび (名) 足袋 〔前條ノ語ノ轉ニテ、革ナルヲ元トストス云、或云、蘭語、Tapis.ノ移レルカト〕 アシテロ。足首ニ着スルモノ、室中ニ用ヰ、履ノ內ニ用ヰル、袋ノ如ク製ス、古ヘ、多クハ革ナリ、今、專ラ布帛ニテ作ル。襪子

ダビ (名) 荼毗 〔梵語、闍鼻多ノ略、焚燒ノ義〕 火葬ニ同ジ。

たびうど (名) 旅人 たびびとノ音便。

たびかさなる・ル・レ・ラ・リ・レ (自動) (規・一) 度重 事シバシバナル。

たびごろも (名) 旅衣 旅ニ着ル衣服。客衣

〔たびしカハラ (名) 〔たびしハ、日本靈異記ニ、礫ヲたびいしト訓メル、飛礫ノ轉ニテ、其約メナリト云〕 石瓦ナドイフニ同ジ。ソレニ寄セテ、數ニモアラヌ下賤ノ民ヲイフ。「筑紫ニテ、大貳ノ、御門ニ菩提子ヲ奉リア

ゲラルルニ「麿クラム、玉ノ緒ヲ、タノム哉、數ニモアラヌ、ー「ゴ」草枕、ーマデ、松ノ千年モ君ハ、トノミ祈リテ」山陂、ーマデモ」 丸礫

たびどころ（名）旅所 古ク、旅ノ宮、祭禮ニ、神輿ヲ暫シ駐ムル所。オタビ。 行廟

たびすがた（名）旅姿 旅ニ出立ツ裝ヒ。

たびすずり（名）旅硯 旅ニ攜フル小キ硯。

たびソウ（名）旅僧 旅行ノ僧。 客僧

たびだち（名）旅立 旅路ニ出立ツ了。門出。發足。出立。 發程 首途

たびたび（副）度度 シバシバ。每度。再再。

たびたまふ・フ・ヘ・ヒ・ヘ（他動）（規・一）賜給 賜フ、ヲ更ニ敬ヒイフ語。

たびぢ（名）旅路 旅行ノ路。 行路

〔たびと〕（名）田人 田ヲ耕シ作ル人。田子。

たびね（名）旅寐 旅ノ宿リニ寐ル了。 羇宿

たびのむまげんばち（名）〔佐渡方言〕魚ノ名、海底岩石ノ間ニ産ス、形狀、小鯛ニ似テ、圓クシテ肥エ、鱗大クシテ硬ク、全身らみすずめニ類ス、鱗每ニ稜アリテ文ヲナシ、形、松ノ實ニ似タレバ、長崎ニテ、まつかさうをナド名ツケ、皮ヲ剝ギテ食フ、肉硬ク、味美ナラズ、背ノ首ニ近キ處ニ、針三本アリ、中ナルハ一寸許、兩邊ナルハ五六分許、又、腹ニ一大針アリテ角ノ如シ、開ケバ左右ニ分レ、小魚ヲ刺シ食フ。一名、オニダヒ。伊勢ニ、キリンウヲ。 君魚

たひのゑ（名）鯛餌 古名ホ、蟲ノ名、淺キ泥海ノ底ニ生ズ、蚯蚓ノ如クニシテ大ク、長サ六七寸アリ、漁人、捕リテ、專ラ鯛ヲ釣ル餌トス。

たひばり（名）田雲雀 古名、タドリ。ひばりニ似テ稍小ク、全身、灰色ニシテ黑ミアリ、但シ、胸ハ黃白ニシテ、黑キ斑アリ。イナビ。イヌヒバリ。イヌビ。

たびびと（名）旅人 旅ニアル人。タビウト。 旅客

たびまくら（名）旅枕 旅寐ニ同ジ。 客枕

たひミソ（名）鯛味噌 鯛ノ肉ヲ煮テ乾シテ碎キテ、砂糖ナド加ヘ、味噌ト擂リ和セタルモノ。

たひめん（名）鯛麪 索麪ニ鯛ノ肉ヲ交ヘテ煮タルモノ。

たひら（名）平 〔直平ノ約カ〕（一）タヒラカナル了。ヒラタキ了。（二）山間ニアル縱橫敞豐ノ平地ノ稱。（信州ニテ、佐久ー、善光寺ー、ナドイフ）

たひらかに（副）平 （一）タヒラニ。ヒラタク。（二）オダヤカニ。シヅカニ。ヤスラカニ。恙ナク。「世ー治マル」波ー」產ー」 治平 平穩

たひらがひ（名）玉珧 介ノ名、たひらぎノ訛。

たひらぎ（名）成 〔平ギノ義〕和睦。ナカナホリ。「ーヲ行フ」

たひらぎ（名）玉珧 江瑤 〔平箭ノ轉ニテ、殼ヲモテイフト云〕介ノ名、海ニ產ス、形、とぶがひニ似テ大ク、長サ一尺餘、一頭ハ尖リ、一頭ハ漸ク闊クシテ、幅五六寸アリ、殼薄クシテ黑ク、肉ハ腥クシテ食フベカラズ。訛シテ、タヒラガヒ。大阪ニ、エボシガヒ。其中央ニ、肉柱アリ、白ク圓ク、徑一寸許、輪切ニスレバ形團扇ノ如シ、故ニ、東京ニテだんせんトイフ、炙リ又煮テ食フ、味美ナリ、別ニ一柱アリ、小シ。 江瑤柱

たひらぐ・グル・グレ・ゲ・ゲ・ゲ（自動）（規・二）平 タヒラカニナル。治マル。鎭マル。亡ブ。「亂ー」賊ー」

たひらぐ・グル・グレ・ゲ・ゲ・ゲョ（他動）（規・二）平 叛逆ノ軍ナド討チ鎭ム。退治ス。「亂ヲー」賊ヲー」

たひらけし・ク・ケレ・ク・キ・ク（形・二）平 靜ナリ。オダヤカナリ。「ミオゴキル、荒磯ニ立ツ、波ナレバ、タヒラケクコソ、我ガ國ハアレ」平ラケク、安ラケシ」

たひらこ（名）田平子 かはらけなノ一名、正月ノ七草ノ時ノ稱。

たひらめ（名）鮃ニ似テ、脊黑ク、腹白ク、形、薄ク扁クシテ、稍圓シ、大抵、二三寸、腹尾ニ近キ處、淡赤シ、味美ナラズ。

たひらに（副）平 高低ナク。勾配ナク。

たふ（名）太布 答布 布ノ名、あなのき或ハ楮ノ皮ヲ紡ギテ織ルモノト云。

〔たふ〕（名）答 （一）コタヘ。返禮。「下リテたふノ拜シタマフ」（二）返報。意趣返シ。「我ハト思ヒテ、シタリ顏ナル人、謀リ得タル、云云、コレガたふハ必ズセムズラムト、常ニ心ヅカヒセラルルモヲカシキニ」悲シキ目ヲ見セシカバゾノ答ニ炙リ殺サムズルゾトテ、火ヲ山ノ如ク燒キケレバーノ矢」

タフ（名）塔 〔卒堵婆ノ略ナル塔婆ノ略〕佛殿ニ添ヘテ建ツル家、多クハ、狹ク高ク、地、水、火、風、空ノ五層ニ作ル、五重ノートイフ、又、三重、十三重ナドモア

り。（卒堵婆ノ條、見合ハスベシ）

たふ（ル・ラレ・ヘ・ヘ・ヘ・ヘロ）（自動）（規・二）堪任耐勝 當リ得。撓マズ支フ。ゴラフ。忍ブ。「命モたふマジク、身ヲクダキテ、思シ慰フヲ」若ニー」寒サニー」見ルニタヘズ」

〔たぶ（ア・マ・ブ・ビ・ヘ）（他動）（規・二）賜 たまふニ同ジ。「竹取ヲ呼出シテ、女ヲ我ニたべト伏シ拜ミ」此女、若シ奉リタルモノナラバ、翁ニカウブリ、ナドカ、たむセザラム」制シテたむネバ、マタコソ食ベ醉ハネ」友ダチニ馬ヲたむムト申シタリケルヲ」只ノ舎人馬副二八二一四たむス」

〔たぶ（ア・マ・ブ・ビ・ヘ）（自動）（規・二）給 たまふニ同ジ。（敬語ニ）「斯ル歌ヲナム、神代ヨリ神モ詠ミたび」御舟ヨリ仰セたぶナリ、朝北ノ、出デ來ヌ先ニ、綱手早引ケ」

〔たぶ（ア・マ・ブ・ビ・ヘ）（他動）（規・二）食〔賜ブノ轉〕食フ。飲ム。「物モエたはデ疲レ臥シ」大柑子ヲ、コレ、喉乾クラム、たべトテ、云云、取ラセタリケレバ」

たぶ（アル・アレ・ベ・ベ・ベロ）（他動）（規・三）食 前條ノ語ニ同ジ。「人人アマタ、マウデ來テ、酒ナドたぶるツイデニ」

だふ（名）懦夫 氣ノ弱キ人。臆病者。イクヂナシ。

〔たぶさ（名）腕〔たぶしノ轉カ、或云、手總〕手首ニ同ジ。「折リツレバ、たぶさニ穢ル、立テナガラ、ミヨノ佛ニ、花奉ル」たぶさノ血ヲサシアヤシテ」

たぶさ（名）髻〔古言、たきぶさノ略〕髮ヲ頂ニ束ネタル處。モトドリ。

〔たふさぎ（名）犢鼻褌〔股塞ノ略カト云〕股引ノ短キガ如キモノ、腰ニ着テ陰部ヲ掩フ、猿股引ノ類。ステシモノ。チヒサキモノ。シタノハカマ。今、上總ニテ、トウサギ。

〔たぶし（名）手ノ節。「釧着ク、手節ノ崎ニ、今モカモ、大宮人ノ、玉藻刈ルラム」（志摩ノ答志郡ナリ）

たふしよ（名）答書 コタヘノカキモノ。返書。

たふす（ス・セ・サ・シ・セ）（他動）（規・二）倒（一）立テルヲ横ニ伏サス。ネカス。（二）コロバス。コケサス。（三）斬リ倒シ殺ス。斃 殪

〔たぶせ（名）田ノ中ノ伏屋。萬葉集「然トアラヌ、五百代小田ヲ、刈リ亂リ、田廬ニ居レバ、都シ思ホユ」同「碓ハ、田廬ノ許ニ、吾兄子ハ、ニフブニ笑ミテ、立チマセリ見ユ」注「田廬者、多夫世反」

〔たぶて（名）飛礫〔手棄ノ轉カト云〕つぶてノ古言。「多夫天毛、投ゲ越シツベキ、天ノ川、隔テレバカモ、アマタスベナキ」

たふとし（キ・ケレ・ク・ク）（形・二）貴 貴〔たハ發語、ふとハ太ニテ美ムル語、太占、太玉串ナドノ意〕（一）愛デタク好シ。樂シ。「君ガ裝シ、多布斗久アリケリ」春花ノ、貴クアラムト、言ハムスベ、セムスベ知ラニ、極マリテ、貴キモノハ、酒ニシアルラシ」（二）品位高ク崇メ重ンズベシ。勝レテ價アリ。タツトシ。

〔たふとぶ（ブル・ブレ・ビ・ビ・ビロ）（他動）（規・三）尊 たふとむニ同ジ。「目ヲイヤシミ、耳ヲタフトブル餘リ」

たふとむ（ム・メ・マ・ミ・メ）（他動）（規・二）尊 崇メ重ンズ。敬ヒテ大切ニ扱フ。タツトム。タツトブ。

たぶね（名）田舟 田ノ中ニ用キル小キ舟。

たふのや（名）答矢 敵ニ射返ヘス矢。

タフバ（名）塔婆 卒塔婆ノ條ヲ見ヨ。

たふべん（名）答辨 コタヘ。イヒヒラキ。

〔たぶみ（名）田文 田畠ノ段別、山川、高原、ナド記セル官府ノ牒。圖帳。水帳。田籍

たぶん（名）他聞 外ニ聞ユルコト。「ーヲ憚ル」

たぶん（名）多分 數量ノ多キコト。「ーノ恩賞」

たぶん（副）多分 オホカタ。オホクハ。大抵

〔たふやかに（副）餘ル程ニ。タツプリ。「散飯、ー取ヲ佛前ニ供ヘテ」

たぶらかす（ス・セ・サ・シ・セ）（他動）（規・一）誑〔狂ルノ他動〕欺キ迷ハス。ダマス。

たふる（ル・ル・レ・レ・レロ）（自動）（規・二）倒仆僵（一）立テルモノ横ニテル。伏ス。（二）コロブ。コケル。（三）死ヌ。斃 殪

〔たぶる（ル・ル・レ・レ・レロ）（自動）（規・二）狂〔心クルフモノ〕クルヒニテル。キチガヒニナル。「多夫禮タル、醜ツ翁ノ」世人謗曰ニ狂心渠ニ

たふれい（名）答禮 禮ニ答ヘテ禮スルコト。

〔たへ（名）栲〔借字ニ、多ク、妙ノ字ヲ記ス〕又、たく。古ヘ布類ノ稱、多ク穀ノ木ノ皮ニテ織レル木綿ノ布ヲイフ、白ー、和ー、ーノ綺ナドイヒテ、色白ケレバ、常ニ白キ意ノ語ニ代ヘ用キル。又、粗ーハ、麻ノ皮ノ絲ニテ、織目粗ク織レル布ナリ。

〔たべ（名）田部 屯家ノ田ノ耕作ニ役スル民戸。

〔たへこもる（ル・レ・ラ・リ・レ）（自動）（規・一）堪ヘ忍ビテ籠リ居ル。「斯ル山里ニ、今ハト思ヒーハ、難キ事ナリ」

〔たへに（副）妙〔感ニ堪ヘノ義カト云〕愛デ賞ムベク。

盛スベク勝レテ。「萬ノ物ノ音、調ベラレタルハ、たへニ面白クアヤシキマデヒビク」山部赤人トイフ人アリケリ、歌ニアヤシクたへナリケリ」
たべん (名) 多辨 多ク物言フコト。クチマメ。
たべもの (名) 食物 タベモノ。ショクモツ。
たへる (動) 堪フノ訛。
たべる (動) 食フノ訛。
たぼ (名) 髱 (たわノ轉カ) 髮ヲ綰ヒテ、項ト頸凹トノ間ニ髮ヲ挽メテ張出スモノ。又、たぶ。畿内以西ニ、つと。又、たな。
だぼく (名) 打撲 ウチミ。
たぼさし (名) 髱差 婦人ノ髱ヲ張出サムガ爲ニ、内ニ包ミ入ルル紙製ノ具。
たぼはぜ (名) 魚名、ちちかぶりノ條ヲ見ヨ。
たま (名) 玉 〔眇圓ノ略カト云〕 (一)玉。瑪瑙、ナド、石類ノ美シキモノノ總名、多クハ圓ク彫琢シテ飾トスルニイフ。(二)眞珠。珠 (三)轉ジテ、スベテ物事ヲ美メテイフ語。「一ノ顏」一ノ盞」一垣」一裳」一床」 (四)又、轉ジテ、圓キ體ヲ成セルモノノ總稱。「露ノ一」波ノ一」珠 丸 (五)鉛鐵製ノ圓キモノ、銃砲ノ中ニ込メテ放ツ。彈丸 銃丸
たま (名) 魂 靈 たましひノ條ヲ見ヨ。
たまがき (名) 玉垣 瑞垣ノ條ヲ見ヨ。
たまがしは (名) 玉柏 (一)槲ヲ美メテイフ語。「ミヲ山ニ、ジジニ生ヒタル、一、豐ノ明リニ、會フガ樂シサヤ、會フガ樂シサヤ」(二)萬年草ノ一名。(漢名、玉柏ヲ文字讀ニシタル語)
(たまがしは (名) 〔たまハ、圓キ意カ、かしはハ、堅磐ノ略ト云〕 石ノ稱。「難波江ノ、藻ニ埋ルル、一、現ハレテダニ、人ヲ戀ヒバヤ」知ラセバヤ、思ヒ入江ノ、一、舟サス棹ノ、下ニコタヘテ」
たまかす (動) 騙 だますニ同ジ。
(たまかつら (名) 玉桂 (一)月中ノ桂ノ樹。(二)月ノ異名。
(たまかづら (名) 玉縵 玉鬘 (一)古ヘ、玉ヲ緒ニ貫キテ、頭ニ懸ケ垂レテ飾トスルモノ。(二)髮。カモジ。(三)華鬘。
(たまかづら (枕) 玉鬘 懸ク、トイフ語ノ枕詞。「一、懸ケヌ時ナク、戀フレドモ、如何ニツ妹ニ、逢フ時モ無き」
(たまかづら (名) 玉葛 〔實アレバ玉トイフ〕 (一)葛ニ同ジ。「谷狹ミ、峯邊ニ延ヘル、一」(二)又、蔓草、地ニ布ク、葉ハ忍冬ニ似テ厚ク、春、青緑ノ小花ヲ開ク、愛スベシ。
(たまかづら (枕) 玉葛 長ク絕エヌ意ニ用ヰル枕詞。「一、絕エルコトナク、アリツモ」一、彌遠長ク、祖ノ名モ、繼ギユクモノヲ」一、賴ミハ絕エジ」
たまかに (副) 〔手全ニノ義ト云〕 (一)貞實ニ。小心 (二)ツツマヤカニ。儉約ニ。儉
(たまき (名) 手纏 (一)古ヘ、手ニ纏ヒ被フモノ、玉ヲ以テ飾レルガ如シ。又、手結。「海神ノ、多麻伎ノ玉ヲ、家苞ニ、妹ニヤラムト、拾ヒ取リ」(二)後ニ、專ラ、射韝ノ具ニイフ。又、小手。即チ、今ノ弓籠手。射韝
たまき (名) 環 鐶 〔玉卷ノ義カト云〕 輪ノ如ノ孔アル玉、古ヘ、指ナドニ着ケテ飾トセシガ如シ。環。「小車ノトドマルコトナク、たまきノ端無キ例シ」
(たまきはる (枕) 魂剋 〔魂極ル義ニテ、人ノ生涯ヲ遙ニカケテイフ語ト云〕 命、內、世ナドイフ語ノ枕詞。
たまきりう (名) 玉置流 書法ノ一流、御家流ヨリ分レ、玉置半助ヲ祖トス。
(たまぐし (名) 玉串 玉籤 〔手向串ノ約カト云〕 (一)榊ノ枝ニ木綿ヲ付ケタルモノ、神ニ奉ツル。美メテ、太一ナドイフ。(二)轉ジテ、榊。「オノヅカラ、猶木綿懸ケテ、神山ノ、一ノ葉ニ、殘ル白雪」
(たまくしげ (名) 玉櫛笥 櫛笥ヲ美メテイフ語。「少女等ガ、珠篋ナル、玉櫛ノ、神サビケムモ、妹ニ逢ハズアレバ」
(たまくしげ (枕) 玉櫛笥 明ク、覆フ、身、蓋、奧ナドイフ語ノ枕詞。
たまくら (名) 手枕 腕ヲ枕トスルコト。テマクラ。
††たまくらかす (動) 騙スニ同ジ。眩惑
††たまげる・ケル・ゲレ・ゲ・ゲヨ (自動)(規.四.變) 魂消 (たまきえヲ約メテ活用ス) 驚ク、肝ヲ潰ス。ビックリスル。喪膽
たまご (名) 玉子 (一)古名、カヒコ。カヒ。鳥ノ胎、生ミテ後ニ、翼ニテ被ヒテ孵ス、其形、玉ノ如ク、多クハ橢圓ニシテ、殼ニテ被ヒ、內ニ水ノ如キ凝液アリテ、黃ニシテ玉ノ如キ濃液ヲ包ム、コレヲきろみ(蛋白)きみ

（蛋黃）トイフ。卵　鳥モ、亦皆卵ニテ生ミ、蟲類ニモ、卵ニテ蓬ムモノ多シ、是等ハ自然ニ孵ル。（二）專ラ、鷄ノ卵。「一色」

たまごいろ（名）玉子色（一）鷄卵ノ殼ノ色。即チ、薄黃ニ薄鼠ヲ滯ビタル色。（鳥子紙ノ色ナド）鷄卵色（二）又、蛋黃ノ色、即チ、黃。黃

たまござけ（名）玉子酒　酒ニ鷄卵ノ液ヲ搔キマゼテ暖メタルモノ。

たまごとぢ（名）玉子綴　料理ニ、汁物ノ上ニ鷄卵ノ液ヲ注ギテ表タルモノ。

たまごなり（名）玉子形　圓ク長キ形。イビツ。橢圓

たまごやき（名）玉子燒　鷄卵ノ液ニ、砂糖、醬油ナド加ヘテ搔キマゼ、油ヲ延キタル鍋ニテ炙リ燒キタルモノ。

たまごゆ（名）玉子湯　鷄卵ノ液ニ砂糖ヲ加ヘ、熱湯ニ搔キマゼタルモノ。

たまさかに（副）偶 適 邂逅〔さかハ放ル意カト云〕偶ニ。同ジ。稀ニ。アクラバニ。

たましうち（名）騙討　人ヲ欺キ誘ヒ、不意ヲ狙ヒテ殺スコ。

たましづめのまつり（名）鎭魂祭　宮内省ニテ行ハルル祭事、新嘗祭ノ前日、即チ、陰曆、十一月中ノ寅ノ日ナリ、（今、十一月二十二日）離遊ノ魂魄ヲ招キテ、身體ノ中府ニ鎭メシムト云。チンコンサイ。

たましひ（名）魂 靈〔靈之火ノ義カ、或ハ、ましひハ奇ノ意カト云〕（一）又、たま。動物ノ身ニ生得ニ宿レル知識ニテ、心ノハタラキヲ主ルカノモノ。心ノアルジ。時トシテ身ヲ離ルトイヒ、人死スレバ、身ハ地ニ歸シ、魂ハ天ニ歸スナドイヘリ、ゴレ、心トノ差ナリ。（二）又、心神。精神。氣力。「大和―、負ケジ―」精神

〔たましろ（名）靈代　神人ノ靈ニ代ヘテ、標トシテ祭ルモノ。レイダイ。

たますす・ス・セ・サ・シ・セ（他動）（規．二）騙　アザムク。タブラカス。ダマカス。ダマクラカス。

たますり（名）玉工　玉ヲ磨リ作ル工人。タマツクリ。玉師。

たまたま（副）適 偶 會　稀ニ時ニ遇ヒテ。タマニ。タマサカニ。（まはまはノ反）

たますだれ（名）珠簾〔たますだれノ略ト云、サレド、次條ノ枕詞ヲ、小簾ニ掛ケテ、言ヒ馴レテ、轉ゼル語ナラム〕簾。又、玉ナド飾レル簾。「―ノ、編目ノ間ヨリ、吹ク風ノ」軒近ク、紛フ螢ノ、透影ニ、ゲニ―ノ、簾掛ケテケリ」

たまだれの（枕）玉垂〔玉ハ、緒ニ貫キテ物ニ掛ケ垂レテ飾トスレバイフトゾ〕緒トイフ語ノ枕詞。「―、小簾ノ間通シ」―、越野ニ過ギヌ」

〔たまちはふ（枕）靈幸〔神ハ、人ノ靈ヲ幸ヒ保ツ意ト云〕神ノ枕詞。萬葉集ニ「靈治波布、神モ我ヲバ、打棄コソ、シヱヤ、命ノ、惜ケクモナシ」此語、先輩、皆枕詞トスレド、或ハ平語ナラムカ、サルハ、其用例、萬葉集一處ノ外ニ見當ラズシテ、且、歌詞モ、靈ト命トヲ對照セシメテ、十分ニ意味アレバナリ、試ニ、千速振ト代ヘテ見ヨ、歌意ノ索莫タルヲ覺エム。

たまつき（名）玉突　近年西洋ヨリ傳ヘタル戯、机ノ如キ大ナル盤ニ、若干ノ象牙ノ丸ヲ置キ、棒ノ頭ニテ一丸ヲ突キ、他ノ丸ニ中テテ勝負ヲ爭フ。

たまつくり（名）玉造　玉工ニ同ジ。

たまづさ（名）玉章〔次條ノ枕詞ノ轉〕ミ手紙。

たまづさの（枕）玉梓〔玉ノ梓弓ノ義ニテ、射遣ル意ヨリイフトゾ〕書ヲ通ハス使ノ枕詞。「玉梓ノ、使ノ言ヘバ、梓弓、音ノミ聞キテ」

たまつばき（名）玉椿（一）つばきヲ美メテイフ語。（二）つばきノ一種、あらたまニ同ジ。（三）香椿ノ一名。

たまてばこ（名）玉手箱〔魂出匣ノ意カ〕（一）雄略帝ノ時、丹後、與謝郡、水江ノ浦島子ガ海宮ニ入リテ得タリトイフ匣ノ名。（二）にしきさう、實。

〔たまどこ（名）玉床　臥床ヲホメテイフ語。「明日ヨリハ、吾ガ玉床ヲ、打拂ヒ、君ト寢ネズテ、獨リカモ寐ム」

〔たまどこ（名）靈床　古ヘ、一周ノ間、死者ノ床ヲソノママニ置ケルモノト云。「家ニ來テ、吾ガ屋ヲ見レバ、玉床ノ、外ニ向キケリ、妹ガ木枕」（妻ノ死ヲ傷ム詠ナリ）

たまとり（名）弄丸　數箇ノ丸ヲ空中ニ投ゲ、手ニ受ケ取リテ上下スル技。品玉。又、鈴ナル皆ヒトトイフ。弄鈴

たまにま（副）偶〔手間ノ義カト云〕稀ニ。ワトラニ。タマサカニ。タマタマ。ヲリフシ。（屢ノ反）

たまねぎ（名）玉葱　葱ノ類ニテ、根、大ナル塊ヲナス

近年西洋舶來ノ種ナリ。

たまのかうぶり (名) 玉冠 御即位ニ召ス御冠、金ニテ打延ベテ、瓔珞ヲ付ケト云。公卿ノ禮服ニ用ヰルハ、組緒ヲ付クト云。冕

たまのを (名) 玉緒 玉ヲ貫ケル緒。「寒ク日毎ニナリユケバ、玉ノ緒解ケテ、コキチラシ、霰亂レテ、霜ゴホリ」

たまのを (名) 玉緒 〔魂ノ緒ノ義、絶ユルニ寄セテ緒ト云〕命。イキノヲ。「－ヨ、絶エナバ絶エネ」

たまのをの (枕) 玉緒 長キ、短キ、絶エ、亂レ、間、顯、ナドイフ語ノ枕詞。

〔たまのをばかり (副) 玉緒許 〔枕詞ニテ、玉緒ノ短キ、トイフヨリ云〕暫シノ程。「ナカナカニ、人トアラズハ、桑子ニモ、ナラマシモノヲ、－」

たまはす・スル・スレ・セ・セ・セヨ (他動) (規二) 賜 頂戴セシム。「禄ドモハ、中宮ノ御方ヨリ－」果物ナド侍リヌベクバ、少シタマハセヨ」

〔たまははき (名) 玉箒 〔圓ク生ヒ出ヅレハ玉トイフカト云〕(一)地膚ノ古名ニテ、箒トスレバイフトゾ。「玉箒、刈來鎌麿、室ノ樹ト、棗ガ本ト、掻キ掃カムタメ」(二)又、古ヘ、正月初子ノ日ニ、蠶飼スル屋ヲ掃ク箒ノ稱、前項ノ草ヲ用ヰタルナルベシ、或云、蓍草ヲ用ヰタリト。萬葉集ニ「初春ノ、初子ノ今日ノ、多麻婆波伎、手ニ取ルカラニ、搖ラク玉ノ緒」(コレハ玉ヲ以テ飾レルヲノ如シ)玉バハキ、春ノ初子ニ、手折リモテ、玉ノ緒長ク、榮ユベラナリ」玉バハキ、初子ノ松ニ、取リ添ヘテ、君ヲ祝フ、賤ノ小屋マデ」

たまはる・ル・レ・ラ・リ・レ (他動) (規一) 賜 受ク、貰フ、サヅカルノ敬語。タバル。イタダク。頂戴ス。

〔たまひ (名) 歐吐 反吐ツクコト。タグリ。

たまふ・フ・ヘ・ハ・ヒ・ヘ (他動) (規一) 賜 與フ、呉ル、取ラス、授クノ敬語。賜ブ。タウブ。クダサル。

たまふ・フ・ヘ・ハ・ヒ・ヘ (自動) (規一) 給 〔賜フノ轉〕他ノ動作ノ動詞ニ、敬語トシテ言ヒ添フル語。「思シ－」聞召シ給ハズ」賜ビタマヘ」

〔たまふ・フル・フレ・ヘ・ヘ・ヘヨ (自動) (規二) 給 己ガ動作ノ動詞ニ、敬語トシテ言ヒ添フル語。「見タマフル」見タマフレバ」思ヒタマヘツル」聞キタマヘテ」ハ「見奉ル」見奉レバ」思ヒ奉リツル」聞キ奉リテ」ナド言ハムガ如シ。(此語、多クハ、見ル、思フ、聞ク、ノ三語ニツク)「斯ル御事ヲ見給フルニツケテ」思ヒ給ヘ寄ラザリシ御アリサマヲ見給フレバ」棄テ難ク思ヒ給ヘツル事ハ」マコトゾラゴト、見給ヘムトテ、マウデ來ツルナリ」イト、イトホシクナム、聞キ給フル」主ノ娘共多カリト聞キ給ヘテ」

たまへん (名) 玉偏 漢字ノ偏ナル王ノ字、玉ノ省ナリ、玩、珍、珠、球、理ノ如シ。玉字旁

たまほこの (枕) 玉桙 〔ヲ＝言掛クル語カト云〕道トイフ語ノ枕詞。

たままつり (名) 靈祭 死者ノ靈ヲ祭ルコト、古ヘハ、特ニ、十二月晦日ニ行ヘリトゾ。「靈祭ル、年ノ終ニ、ナリニケリ、今日ニヤ、マタモ逢ハムトスラム」今ハ專ラ、中元ノ生靈祭ヲイフ。

たまみそ (名) 玉味噌 製法、常ノ味噌ニ同ジク、但シ、搗カズシテ、麹ニテ切リ碎キ、丸トシテ、藁ニ包ミテ、貯ヘテ用ヰル。

たまみづ (名) 玉水 あまだりニ同ジ。「峯ニ日ヤ、今朝ハウララニ、サシツラム、軒ノ垂氷ノ、下ノ－」簷滴

たまむし (名) 玉蟲 山中ニ生ズ、多ク榎ノ木ニ生ズト云、叩頭蟲ニ似テ、長サ一寸許、幅三四分、六足ナリ、背ニ硬キ甲アリテ、竪ニ碧ト緑トノ條アリ、腹ハ緑ナリ、甲、腹、共ニ金光ヲ帶ブ、婦人、粉匣中ニ收ム、人ヲシテ相愛セシムト云。吉丁蟲

たまもく (名) 玉目 くす、けやき、ノ材ナドノ、木理ノ、渦巻キテ、數多、密ニ文ヲナセルモノ。

たまもの (名) 賜物 賜フ物。賜ハリタル物。

たまもよし (枕) 玉藻吉 讚岐ノ枕詞。

たまや (名) 靈屋 帝王公侯ノ亡キ靈ヲ祀ル建物、多ク其墓ノ側ナドニ建ツ。廟

〔たまゆら (副) 玉響 〔物ニ著ケタル玉ノ、搖キ觸レ合フ音ノ幽カナル意ヨリイフト云〕(一)幽ニ。「玉響ニ、昨日ノ夕、見シモノヲ、今日ノ朝ニ、戀フベキモノカ」(二)轉ジテ、暫シバカリ。「搖キ暮ラシ、玉ユラ止マズ、降ル雪ノ、幾重積リヌ、越ノ白山」露繁キ、鳥羽田ノ面ノ、秋風ニ、玉ユラ宿ル、宵ノ稻妻」

〔たまよばひ (名) 魂喚 死者ノ魂ヲ呼ビ返スコト。復

たまり (名) 溜 タマルコト。物ノ集ルコト。「水ノ－」兵卒ノ－」

たまり (名) 溜 醬油ノ一種、製ハ、略、常ノ醬油ニ同ジク、釀シ成レル後、籠ヲ差入レテ、其中ニ汁ノ溜リ

タルヲ取ル、即チ醬油ノ古製法ナリ　豆醬

たまりのま（名）溜間　徳川氏ノ江戸城中ニアリシ室ノ名、親族及ビ老功ノ譜代大名、此ニ入ル。

たまりみづ（名）溜水　溜リテ流レヌ水。潴　潦

たまる・ル・レ・ラ・リ・レ（自動）（規．一）溜〔止ル、積ル、ニ通ズト云〕（一）止マル。積ル。集マル。タタチハル。「雲ニタマラヌ、有明ノ月」野邊ニ出デテ、春ノ日摘メド、タマラヌハ、マダウラワカキ、若菜ナリケリ」留　集　委積（二）水、一處ニ止マリテ流レズ。湛フ。渟　潴（三）堪ヘ止マル。コラヘタモツ。「秋霧ノ、峯ニモ尾ニモ、立ツ山ハ、紅葉ノ錦、タマラザリケリ」此文ヲ、云云、男配セケレド、タマラザリケレバ、コレヤコレヤト、四五人マデハ、アハセケレドモ、猶タマラザリケレバ、爲侘ビテ、後ニハアハセザリケリ」堪

たまる・ル・レ・ラ・リ・レ（自動）（規．一）默〔止ル、ニ通ズト云〕物言ヒヲ止ム。モダス。

たみ（名）民〔田身ノ義ナラム、田部、田人ナドノ意ニテ、農人ヲ本トシテイフト云〕一國中ニ住メル程ノアラユル人ノ稱。君主政府ニ治メ從ヘラレテアルスベテノ人人。アヲヒトクサ。人民。百姓。

たみぐさ（名）民草　あをひとくさノ條ヲ見ヨ。

たみこゑ（名）訛聲　訛ミタル音聲。

〔たみのつかさ（名）民部省ニ同ジ。

たみゑ（名）彩畫　彩ミタル畫。

〔たむ・ム・メ・マ・ミ・メ（自動）（規．一）回〔撓ム意ト云〕クネリメグル。「岡前ノ、多未タル道ヲ、人ナ通ヒソ」沖津島鴨トフ舟ハ、也良ノ崎、多未テ漕ギ來ト、聞カレコヌカモ」拷回ム舟ハ、釣セスラシモ」武庫ノ浦ニ、拷轉ム小舟」金氏村中一病夫、生涯濩落性靈迂」回　淵

〔たむ・ムル・ムレ・メ・メ・メヨ（自動）（規．二）回　前條ノ語意ニ同ジ。「岡ノ岬、伊多牟流毎ニ、ヨロツタビ、顧ミシツツ」（伊ハ發語）許伎多武流、浦ノ盡、行キ隱ル、島ノ崎崎」

〔たむ・ム・メ・マ・ミ・メ（自動）（規．一）訛〔前前條ノ語意ヨリ轉ズ〕物言ヒ訛ル。「ヲカシク書キタリト思ヒタル詞ゾ、イト、タミタリケル」氣色界シク、詞タミテ」東ニテ、養ハレタル、人ノ子ハ、舌ダミテコソ、物ハイヒケレ」鶯ハ、田舍ノ谷ノ、巣ナレドモ、タミタル音ヲバ、鳴カヌナリケリ」今、專ラ、濁リテだむトイフ。

〔たむ・ム・メ・マ・ミ・メ（他動）（規．一）彩　イロドル。彩色ス。「源氏十卷、タミタル料紙ニ書キテ」色添フル、繪島ガ浦ノ、月ヲマタ、薄ダミワタル、夕霞哉」繪ヲ書キタム」今、濁リテ、ダミ繪、ダビ繪、薄ダミ、金ダミ、銀ダミ、ナドイフ、コレナリ。彩色

たむ・ムル・ムレ・メ・メ・メヨ（他動）（規．二）揉（一）水竹ナド、炙リ又ハ濡シナドシテ、伸ベ或ハ屈メテ、形ヲ改ム。（二）轉ジテ、スベテ、物事ヲ改メ正シクス。責メテナホス。「行跡ヲ—」風俗ヲ—」矯（三）僞ル。「詔ヲ矯ム」（即チ、いつはるト訓ムベキ誤ト云）（四）控ヘ支ヘ持ツ。（狙ヒテ未ダ放タヌニイフ）「弓ヲ—」鳥銃ヲ—」持滿　支持（五）轉ジテ、片目塞ギテ狙ヒ見ル。

たむ・ムル・ムレ・メ・メ・メヨ（他動）（規．二）溜（一）留ム。集ム。積ム。聚　畜積（二）塞キ止メテ流サズ。湛フ。「水ヲ—」淵　潴

たん（名）丹（一）支那ニテ、丹砂。即チ、辰砂ノ一名。（二）今、鉛ニ硫黃硝石ヲ加ヘテ燒キテ製セルモノ、鉛丹トモイフ、即チ、鉛ノ酸化ナリ、色、赤クシテ黃ヲ帶ブ、繪ノ具トシ、藥用トス、泉州堺ノ產ナル長吉丹ヲ上品トス。黃丹（三）煉藥丸藥ノ名ニ付クル語。「五雲—」長生—」萬金—」

たん（名）段　反〔反ハ段ノ草體ノ譌〕（一）距離ノ名、即チ、三十歩。（二）田畠ノ段別ノ名目、町ノ十分ノ一。古ヘハ、長サ三十歩、廣サ十二歩、即チ、三百六十歩。後世ハ、三百歩、即チ、十七間二尺一寸四方。畝ノ十倍。

たん（名）端　反　布帛ニイフ一定ノ長ノ稱。即チ、鯨尺二丈六尺（或ハ五尺、又七尺）幅九寸ナリ、コレヲ、尋常、一人ノ衣服ヲ作ル料トス。コレヲ倍ニスルヲ匹トス。

たん（名）痰　咳ニ伴ヒテ肺ヨリ出ヅル膿ノ如クニシテ粘リアル液。

だむ（動）訛ム、ノ條ヲ見ヨ。

だむ（動）彩ム、ノ條ヲ見ヨ。

〔だん（名）緞　五彩ノ絲ニテ織リ成シ、又ハ、種種ノ色ニ染メ成シタルモノノ稱、鎧ノをどしノ絲、平緒、馬ノおしかけナドニイフ。「紫ノ—」花田ノ—」蘇芳ノ—」

〔だん（名）毯　五色ノ絲ノ毛織物。今ノ毯子ノ類。布帛ヲ染メテコレニ代用スルヲ毯代トイフ。

だん（名）段（一）キダ。キザハシ。「階ノ—」級　（二）科

尊卑優劣ノ差。等級 (三)碁、將棋、ノ技ニ、巧拙ノ等級ノ名目、最下ヲ初一トイヒ、夫ヨリ、二ー三ーヨリ、八ー九ーニ至ル。(四)文章中ノ大ナル切目。段落 (五)轉ジテ、手紙ノ語ニ、件、廉。「右ノー」此ノー」

だん (名) 壇 物ヲ居エムガ爲ニ、少シ高ク構ヘ作レル處。「石灰ノー」佛ー」護摩ー」

だん (名) 男 (一)ヲトコ。(二)セガレ。ムスコ。(三)爵ノ名。其條ヲ見ヨ。

たん-いつ (名) 單一 ヒトヘナルコト。雜レルモノナキコト。

たん-おん (名) 單音 五十音中ノ、あ、い、う、え、お、ノ五音ノ稱。又、母韻。(篇首ノ語法指南ノ初ヲ見ヨ)

たん-か (名) 短歌 ミジカウタ。

ダン-か (名) 檀家 檀家ニ同ジ

だん-かふ (名) 談合 〔かたりあふニ當テタル字ヲ音讀セル語〕カタラヒ。ハナシアヒ。相談。

たん-がん (名) 赧顏 赤面ニ同ジ。

だん-がん (名) 斷岸 キリギシ。ガケ。「ー絶壁」

ダンガラ (名) 丹殼 〔番語ナラム〕熱帶地方ノ常綠木ノ皮、交趾ヨリ舶來ス、皮ノ厚サ三四分、紫赤色ナリ、元來、外皮ハ黒ケレドモ、多ク削リ取リテ來ル、煮テ汁ヲ取リテ、染料トス。 紅樹皮

〔たん-き (名) 彈碁 古クハ、約メテ、たぎ。(其條、見合ハスベシ)遊戲ノ具、兩人、盤ニ對坐ス、盤ノ面、凸起ナリ、黒白ノ碁子、各、六枚(一說ニ八枚)アリ、雙方、盤ノ隅ニ、一枚ヲ置キ、指ニテ彈キテ、中ノ央起ヲ越シテ、敵ノ碁子ニ打チテ當ツレバ、敵ノ其碁ヲ取ル、當テ損ズレバ我ガ碁ヲ取ラル、斯クシテ、碁ノ早ク盡キタルヲ負トストゾ。

たん-き (名) 短氣 キミジカナルコト。心ノ急キガチナルコト。性急。短慮。「ーハ損卦」 噪急

たん-き (名) 膽氣 肝太キコト。勇氣。

だん-き (名) 暖氣 氣候ノ暖ナルコト。

〔だん-き (名) 團喜 歡喜團ニ同ジ。

だん-ぎ (名) 談義 (一)事ノ義理ヲ語ルコト。(二)淨土宗ニテ、其宗旨ヲ信者ニ說キ聞カスルコト。

だん-きん (名) 斷金 〔易、二人同レ志、其利斷レ金〕契約ノ堅キニイフ語。

たん-きりあめ (名) 痰切飴 膠飴ヲ引キ延ヘテ、五七分ニ切レルモノ、痰ヲ治ストゾ。

たん-きりまめ (名) 痰切豆 黒豆ノ類、甚ダ小キモノ、苗モ小クシテ、末ハ蔓トナル、痰ヲ治ストテ名アリ。一名、ウヰラウマメ。 穭豆

たむ-く・クル・クレ・ケ・ケ・ケヨ (他動)(規.二) 手向 〔手ニ捧ゲテ供フレバイフトゾ〕(一)神佛ニ奉ル。(幣物ヲ)「立田山、神ノ御衣ニ、タムクトヤ、暮行ク秋ノ、錦織ルラム」獻 (二)旅立ツ人ニ餞ス。(行ク路路ノ神ニ手向クベキ料ニ贈ルヨリ轉ズ)「老ヌトテ、マタモ逢ハムト、行ク年ニ、涙ノ玉ヲ、タムケツル哉」 餞

たん-ぐわん (名) 彈丸 テツパウダマ。

たん-ぐわん (名) 歎願 ナゲキテネガフコト。

たむけ (名) 手向 (一)手向クルコト。神佛ニ幣ヲ奉ルコト。「三室山、遠ツ宮居ノ、神サビテ、風ノミ花ノ、タムケヲゾスル」 奉幣 (二)旅ノ餞。(手向ク、ノ條ヲ見ヨ)「伊豫介、神無月ノ朔日頃ニ下ル、女房ノ下ラムニトテ、タムケ、心コトニセサセ給フ」 餞 (三)越エ行ク山ノ坂路ノ登リ果テタル處。(ソコニテ、神ニ手向ヲスレバイフ)今、音便ニ、峠。「佐保過ギテ、寧樂ノ手祭ニ、置ク幣ノ」三越路ノ、多武氣ニ立チテ、妹ガ名言リツ」 嶺

ダン-け (名) 檀家 其寺ニ屬キタル檀那ノ家。ダンカ。

たん-けい (名) 短檠 燈臺ノ短ク低キモノ。其長ク高キモノヲ、高檠、長檠、ナドイフ。

たん-けい (名) 端溪 支那、廣東省、肇慶州ノ端溪ヨリ出ヅル石ノ稱、專ラ硯ニ作リテ絶妙ナリトス、色、多クハ、暗紫ニシテ、質、極メテ緻密ナリ、水ヲ踏フルコト數日ニシテ乾カズ。 端硯

たん-げつ (名) 端月 正月ノ異名。

だん-けつ (名) 團結 同志ノ人人ノ組合。

たむけのかみ (名) 手向神 道ノ山嶺ナドニアリテ、行ク人ノ幣ヲ手向クル神。道祖神。

たむける (動) 手向クノ訛。

たん-ご (名) 端午 〔古ヘハ、端ノ午ノ日ヲ用ヰタルカ〕五節句ノ一、陰曆、五月五日ナリ、重五トモイフ、菖蒲、粽、ナドヲ節物トス。俗間ニテハ、男子ノ節句トシ、幟、甲冑、刀、軍人形、ナド、飾リ、柏餅ヲ食フ。

たん-ご (名) 單語 一箇ノ言。

だん-ご (名) 團子 (一)米ノ粉ヲ水ニ捏ネテ、摶メテ丸トシタルモノ、蒸シテ食フ。イシイシ。 糰 又、數餚

串ニ貫キテ、醬油ニテ附燒ニシ、或ハ、餡、きなこナド塗シテモ食フ。(二)(銃丸ノ)(ー火矢ナド) 銃丸

だん-とく (名) 暖國 氣候ノ暖キ國。

だん-ごく (名) 斷獄 罪狀ヲ判決スルコト。

たんご-つむぎ (名) 丹後紬 紬ノ一種、丹後、與謝郡、岩瀧村ヨリ產出スルモノ。

〔だんおびや (名) 團子火矢〕〔丸、團子ノ如クナレバイフ〕中世、鳥銃ノ一稱。銃

たん-おぶ (名) 瘤トイフニ同ジ。

たん-さ (名) 丹砂 辰砂ニ同ジ、支那ニ、仙術アリテ、コレヲ煉ルコト數返シテ白銀トシ、九返シテ黃金トス、人コレヲ服スレバ、精神ヲ養ヒ、魂魄ヲ安ンズナドイフ。

たん-さい (名) 短才 劣レル才。足ラヌ智慧。

たん-さい (名) 淡菜 イガヒ。

だん-ざい (名) 斷罪 斬罪ニ同ジ。

たん-さく (名) 探索 サグリモトムルコト。サガスコト。

たん-ざく (名) 短籍 短册 短尺 (一)紙ヲ細ソク切リテ、字ヲ記シ、物ノ標ニ付ケナドスルモノ。タンジャク。タザク。「令レ探ニ短籍ニ書以ニ仁義禮智信五字ニ隨ニ其字ニ而賜レ物」(二)和歌ヲ書スル料ノ紙、厚キ紙ヲ、竪、一尺一寸五分、幅、一寸八分ニ裁ツ、多クハ、面ニ彩色ヲ施シ、或ハ、金銀ノ箔ナドオク。タンジャク。

〔たむさけ (名) 甜酒〕味旨キ酒。

たん-さん (名) 炭酸 化學ノ語、炭素ト酸素トノ化合。

たんさん-ソウダ (名) 炭酸曹達 食鹽ヨリ製煉シテ得ルモノ、結晶シテ、白ク、透明ナリ、硝子、石鹼、ノ製造ニ用キ、又、藥用、化學用トス。略シテ、曹達。

たむし (名) 田蟲 〔瘡ノ狀、田ニ蟲ノ入リタルガ如クナレバイフトゾ〕古ク、錢瘡。膚ニ生ズル瘡ノ名、輪ノ狀ヲナシテ、皮ノ面、薄ク色ツキ、漸ク徙リテ增長ス、痒シ。ゼニダムシ。癬 頑癬

だん-し (名) 檀紙 古ク、ミチノクガミ。紙ノ一種、上品ナルモノ、古ヘ、檀ニテ製セリトゾ、今ハ楮ナリ、厚クシテ白シ、面ニ細カキ皺文アルヲ、高ートイフ。(又、鷹ー)大高ー、小高ー、アリ、皺ノ細粗ト紙ノ大小トニ因リテ名ヲ分ツ。又、引合アリ、其條ニ注ス。

だん-し (名) 男子 (一)ヲトコノコ。ナンシ。(二)ヲトコ。丈夫。

だん-じ (名) 男兒 前條ノ語ニ同ジ。

だん-じき (名) 斷食 僧、俗、行ヲ修シ、祈願ナドスルニ、若干ノ日數ヲ限リテ、食ヲ斷チテ居ルコト。

たん-じつ (名) 短日 冬ノ短キ日。

たん-じふ (名) 膽汁 膽ノ中ニアル液ノ名、肝ヨリ出ヅル一種ノ液、此ニ入リ來リ、膽ノ膜ヨリ出ヅル一種ノ液ト化シテ成ル、色、黃綠ニシテ臭アリ、甚ダ苦シ、飮食物ニ混ジテ消化セシムル用ヲナス。

たん-じん (名) 丹心 マゴコロ。赤心。

たん-じん (名) 誕辰 タンジャウビ。

たん-じや (名) 丹砂 丹砂ノ條ヲ見ヨ。

たん-じやう (名) 誕生 人ノ生レ出ヅルコト。

だん-じやう-たい (名) 彈正臺 タダスツカサ。古ノ八省ノ一、國ノ刑憲儀法ヲ掌リ、風俗ヲ肅シ、百官ノ罪惡ヲ糺シ、冤枉ヲ詰リ、內外ノ非違ヲ彈奏ス、其奏彈ハ太政官ヲ經ズシテ、直ニ奏聞ス。四等ノ官ヲ尹、弼、忠、疏トイフ。

たんじやう-び (名) 誕生日 人ノ生レタル日。誕辰

たん-じやく (名) 短册 短册ノ條ヲ見ヨ。

たん-じゆう (名) 短銃 タネガシマ。ピストル。

たん-じよ (名) 端書 ハシガキ。ハガキ。

だん-じり (名) 車樂 山車 〔臺釧ノ轉カ〕祭禮ノ行裝ニ引キ廻ハス飾物ノ名、山、人物、草木、禽獸ナド、甚ダ高ク作リ立テテ、錦繡ナド絡ヒ、車ニ載セテ囃シ行ク。關東ニ、だし。京畿ニ、山、鉾、ナドイフモコレナリ。

たん-す (名) 簞笥 大ナル匣ノ、横ニ口アリテ、中ニ棚アルモノ、種種ノ調度ヲ載ス。「書ー」茶ー」菓子ー」廚櫃 又、抽匣アリテ、專ラ、衣服ヲ收ムルヲ、小袖ートイフ、後世ノ製ナリ。衣廚

たん-ず・ズル・ズレ・ゼ・ジ・ゼヨ (自動)(不規・二) 歎 ナゲク。愛ヘ詫フ。

たん-ず・ズル・ズレ・ゼ・ジ・ゼヨ (他動)(不規・二) 彈 ヒク。搔キ鳴ラス。カナヅ。「琴ヲー」箏ヲー」

だん-ず・ズル・ズレ・ゼ・ジ・ゼヨ (他動)(不規・二) 談 ハナス。カタラフ。

たん-せい (名) 丹誠 〔丹心ノ誠〕信實ニ、精ヲスルコト。心ヲ盡シテモノスルコト。

たん-せい (名) 丹青 〔繪具ノ色〕彩色繪ノ稱。

たん-せき (名) 旦夕 アサユフ。アケクレ。アサバン。朝夕。
「一ニ迫ル」

だん-ぜつ (名) 斷絶 キレタユルヿ。種ノ盡クルヿ。

だん-せん (名) 團扇 (一)ウチハ。(二)玉珧ノはしら。

だん-ぜん (副) 斷然 決定シテ。思ヒ切テ。

たん-ぜんすがた (名) 丹前姿 〔昔シ、江戸、神田、松平丹後守、上屋敷前ニ、町屋風呂アリテ湯女居ル、其遊客ヲ、異名ニ、丹前ニカカル人トイヘルニ起ル、丹後殿前ノ意〕 昔シ、江戸ニ流行セシ一種ノ遊冶遊俠ノ風俗ノ稱。

たん-そ (名) 炭素 化學ノ語、元素ノ一、固體ニテ、動植物ノ體中ニ必須ナルモノ、大氣中ニテ燃セバ、炭酸氣トナル、金剛石、石墨、石炭、木炭等是ナリ。

たん-そく (名) 歎息 歎キテ溜息スルヿ。

たん-そくし (名) 歎息詞 感動詞ニ同ジ。

たん-だい (名) 探題 (一)內宴重陽ノ宴ナドニテ詩歌ヲ賦スル時、題ヲ探リテ、分チ取ルヿ。(二)鎌倉北條氏ノ頃ニ、六波羅一、(京都)中國一、(長門)筑紫一、(筑前)陸奧一ナドアリテ、遠隔重要ノ地方ニ置ケル職名、其一地方ノ事ヲ奉行シ、訴訟成敗ヲ掌リ、外寇ナドノ鎭トス。

たん-たう (名) 短刀 刀ノ短ク小キモノ。

たん-たう (名) 擔當 ウケモチ。ヒキウケ。擔任。

〔たむだく〕(自動)(規、一) 拱 〔手ニテ身ヲ抱ク義〕 兩手ヲ組ム。コマヌク。音便ニ、タンダク。「食國ノ遠ノ御朝庭ニ、汝等ガ、斯ク退リナバ、平ケク、吾ハ

遊バム、手抱キテ、我ハ在サム」手ヲタンダキテ」

だん-だん (名) 段段 オホクノキダ。上下ノワカチ。

だん-だん (副) 段段 次第ニ。ヤウヤウ。「一上ル」一進ム」

だん-だらすぢ (名) 〔緂緂筋ノ訛カト云、緂ノ條ヲ見ヨ、或ハ、緞垂ノ訛カ〕 染模樣ナドニ、竪筋ヲ、一筋ヅツ、異ナル色ニ染メタルモノ。或ハ、幕ヲ、一幅ヅツ、異ナリタル色ノ布ヲ以テ縫ヒ列ネタルモノ。

だん-ち (名) 暖地 氣候ノ暖キ土地。

たん-ちやう (名) 丹頂 鶴ノ一種、形大クシテ白ク、頂、深紅ニ、脊、青緑ニシテ、脚、蒼黑ナリ、翼ノ下ノ羽、色黑シ。 仙鶴

ダン-ちゆう (名) 檀中 檀家ノ中。

ダン-ツウ (名) 毯子 〔字ノ唐音、今、段通ナド記ス〕 毛織物、舶來ス、厚クシテ五彩ナリ、敷物トス。

たん-てい (名) 探偵 マハシモノ。シノビノモノ。オンミツ。

たん-てき (名) 端覿 端的 マノアタリ。デキメン。

たん-でん (名) 丹田 臍ヨリ一寸程下ノ處。

たんと (副) 〔膽斗ノ音トイフハ牽强ナラム、或云、梵語ナリト、或云、西班牙語、Tanto.(多)ノ移レルナリト〕 オホク。澤山ニ。ドッサリ。 夥多

ダンドク (名) 檀特 〔梵語ナラム〕 草ノ名、高サ三四尺、葉ハ、芭蕉ニ似テ稍硬シ、長サ尺餘、幅三四寸、秋ノ初、莖ヲ抽キテ、穗ノ如キ深赤ノ花ヲ開ク、愛スベシ、圓ク黑キ子ヲ結ブ、固クシテ、數珠トスベシ。 閑蕉 曇華

だん-どり (名) 段取 俗ニ、ココロガマヘ。工夫。意匠

ダンナ (名) 檀那 旦那 〔梵語、陀那鉢底ノ略轉、布施、又ハ、施主ノ義〕 (一)僧ヨリ、其道ニ惠ミヲ與フル信者ヲ稱スル語。檀越。(二)檀家。壇中。(三)轉ジテ、家人婢僕ヨリ、其主君主人ヲ、恩義アルニ就キテ稱スル語。 主公 (四)又、轉ジテ、商人ノ顧客ヲ敬ヒテ呼ビ、又、賤人ヨリ貴人ヲ尊ビテ呼ブ語。或ハ、其代名詞ノ如クモ用ヰル。 顧主 花主

たん-なう (名) 膽囊 膽ノ條ヲ見ヨ。

ダンナ-デラ (名) 檀那寺 我ガ歸依スル寺。菩提所。 香華院

たん-に (副) 單 ヒトヘニ。唯。

たん-にん (名) 擔任 ウケモチ。ヒキウケ。擔當。

たん-ねん (名) 丹念 〔丹誠ノ念〕 事細ニ心ヲ付ケテモノスルヿ。

だん-ねん (名) 斷念 思ヒ切ルヿ。アキラメ。絶念。

たんのう (名) 〔足ヌ意カ〕 十分ノ滿足。

たん-ぱう (名) 探訪 事ノ容子ヲサグルヿ。キキヌキ。

ダン-ぱう (名) 檀方 檀家ニ同ジ。

たん-ぱく (名) 淡泊 アッサリシタルヿ。サッパリトシタルヿ。衒ハズ飾ラヌヿ。

たん-ぱく (名) 蛋白 卵ノシロミ。

だん-ばしご (名) 段階子 木ニテ段ヲ造リ成セル階子。キザハシ。(梯ナル梯子ニ對シテイフ)

たんば-タバコ (名) 丹波烟草 丹波ノ各郡ニ產スル烟草、名產トス、福知山、篠山、山本ヲ最トス。

だんぱつ (名) 斷髮 髮ヲ切リテ垂レオクモノ。ギリカミ。

たんばん (名) 膽礬 鑛物ノ名、郎チ、硫酸銅ニテ毒物ナリ、銅山ノ坑中ニ垂レテ生ズ、長サ、數分ヨリ寸ニ至ル、形、細長ク、稜アリテ石英ノ如シ、或ハ、單生シ、或ハ、長、短、雜リテ叢生ス、深藍碧色ナリ。石膽

だんぱん (名) 談判 談ラヒテ事ヲ判ツヿ。カケアヒ。

たんび (名) 嘆美 感心シテ褒ムルヿ。感嘆。

廿たんび (名) 度ノ音便訛。「其ノ一ノ」行ク一ニ」

だんびら (名) 段平〔平廣ノ轉訛カト云〕 太刀打刀ナドノ刃ノ、幅廣キモノノ稱。 闊劍

だんぶくろ (名) 段袋〔駄荷袋ノ訛〕(一)布製ノ大ナル袋、絹綿ナド盛ルニ用ヰル。(二)まちだかノ袴ノ甚ダ細キモノ。洋服ノ股引。

たんぺいきふ (副) 短兵急〔短兵ハ、刀ナリ、長兵ノ槍長刀ニ對シテ云〕 刀ヲ振リ持チテ手詰ニ。「一攻メカカル」

たんべつ (名) 段別 (一)田一段毎ニモノスルヿ。「一ニ兵糧米ヲ宛ツ」(二)轉ジテ、田畠ノ、町、段、畝、步等ノ名目。

たんぼ (名) 田圃 田畠ノ地。

たんぽ (名) 蒲公英 たんぽぽノ略。

たんぽ (名) 〔蒲公英ノ絮ノ形ヨリイフカ、或云、佛蘭西語、Tampon.(砲口ノ塞)ニ起ルト〕 革又布ニ、綿ナド包ミテ丸ヲナセルモノ、稽古槍ノ頭ニ付ケ、又、石摺ノ墨ヲ塗ル用ナドトス。

タンポ (名) 湯婆〔字ノ唐音〕 銅器、大サ枕ノ如ク、口アリテ、中ニ湯ヲ盛ル、冬月、腰脚ヲ暖ムルニ用ヰル。一名、湯温石。重言ニ、ユタンポ。

たんぽぽ (名) 蒲公英〔古名、たなナリ、たんハ、其轉ニテ、ぽぽハ、花後ノ絮ノぽぽけタルヨリイフカト云〕 古名、タチ。又フヂナ。草ノ名、原野ニ多シ、葉ハ、冬ヨリ、盛ニ地ニ布キテ叢生ス、なづなノ葉ニ似テ大ナリ、切レバ白キ汁出ヅ、春、煮テ食スベシ、春ノ末、數圓莖ヲ出ス、高サ五寸許、內空シク、頂ニ一黃花アリ、單葉ノ菊花ノ如シ、又、白花ナルモアリ、後ニ、絮トナリテ、莖頭ニ玉ヲナシ、風ニ飛ブ。略シテ、タンポ。

だんまつま (名) 斷末魔 死際。イマハ。臨終。

廿だんまり (名) 默ノ音便訛。

たんめい (名) 短命 短キ命。年若クテ死ヌルヿ。

たんもの (名) 段物 反物〔布帛ハ段ヲ以テ數レバイフ、反ハ段ノ草體ノ誤〕 衣服トスベキ織物ノ總名。太物。 段匹 貨段

たんや (名) 鍛冶 カヂ。

たんや (名) 短夜 夏ノ短キ夜。

たんやく (名) 彈藥 銃砲ノ丸ト合藥ト。

だんらく (名) 段落 件ノ段。文章ノ中ノ切目。

たむらさう (名) 田村草 山野ニ多クアリ、脚葉ハ地ニ布キテ叢生シ、霜雪ノ時ニハ、背、紫色ニシテ、暖氣ニ向ヘバ、綠ニ變ズ、葉ハ、五葉、七葉、鋸齒アリ、春後、方莖ヲ出スヿ七八寸、葉、對生ス、秋ノ中ニ、長キ穗ヲナシ、淡紫花ヲ開ク、六七葉、一節ニ遶リ層層尺餘ニ至ル、コレヲ秋ノ一トイフ。鼠尾草 又、夏ノ一トイフアリ、幽谷ニ生ジ、夏、深紫ノ大花ヲ開ク。又、春ノ一ハ、形、小ク、莖、葉、青シ、春ノ末、花ヲ開ク、白ク小シ。

だんらん (名) 團欒 親シキ中ノ團居。クルマヰ。

だんりん (名) 檀林 寺ノ稱。

たんりやく (名) 膽略 肝太ク思慮アルヿ。

たんりよ (名) 短慮 短氣ニ同ジ。

たんりよく (名) 彈力 ハジクチカラ。ハネカヘスチカラ。

たんれん (名) 鍛鍊 (一)鍛ヒ錬ルヿ。(二)藝術ニ、稽古ノ功ヲ積ムヿ。善ク習ヒ究ムルヿ。錬磨。

たむろ (名) 屯〔手群ノ轉、其手其手ニ群レ居ル義ト云〕 人ノ集ル處。軍兵ノ陣處。

だんろ (名) 暖爐 ストウブ。カッベル。

だんわ (名) 暖和 氣候ノ暖ニシテ長閑ナルヿ

だんわ (名) 談話 ハナシ。モノガタリ。

ダンヲチ (名) 檀越〔舊譯ナリト云〕 檀那ニ同ジ。

ため (名) 爲 (一)所以。ワケ。「龍ノ馬モ、今モ得テシガ、アヲニヨシ、奈良ノ都ニ、行キテ來ム丹米」戀ヒ死ナム、後ハ何セム、生ケル日ノ、ためコソ人ハ、見マク欲シケレ」(二)タスケ。タヨリ。利益。「彼ノ爲ノタメマデ、カミシモ、思シヤリテ、奉リ給フ」君ノ御一ニハ」一ヲ思ノ」一ユナル」(三)其上ニ係ハルヿ。「我ガ一ニハ、父ナリ君ナリ」

ため (名) 溜 (一)溜ムルヿ。集メ置ク處。「水一」「芥一」(二)罪人ノ病者ヲ入レ置ク牢。

ため (名) 徒目 〔むだめノ略カト云〕 (一)古ク、闕、又、闕目、碁ニ、雙方ノ地界ニアリテ、何レノ所有ニモアラヌ地。闕 (二)轉ジテ、俗ニ、何ノ益モナキコト。爲シテ詮ナキコト。ムダ。無益

ためいき (名) 溜息 溜メテ後ニ長クツク息。(思ヒツメタル後ナドニ) 太息 長息

ためいけ (名) 溜池 用水ヲ溜メテ置ク池。水塘

ためし (名) 試驗 タメスコト。ココロミ。

ためし (名) 例様 〔試ノ轉〕 嘗テ試ミテアリシ先蹤。カタ。テホン。例。

ためしぎり (名) 試斬 刀ノ鋭キ鈍キヲ試ミムトテ、罪人ナドヲ斬ルコト。試劔

ためす・ス・セ・サ・シ・セ (他動) (規.一) 試驗 用ニ立タムヤ否ヤヲココロミル。

ためは (副) 爲 其故ニ因テ。「一費セル金若干」

ためぬり (名) 溜塗 漆塗ノ色ニ、赤黒キモノ。

ためらふ・フ・ヘ・ハ・ヒ・ヘ (自動) (規.一) 依違 躊躇 〔矯メテ居ル意カ〕 心ニ決著セズシテアリ。

ためる (動) 撓ム、又、溜ム、ノ訛。

〔たも〕 (名) 攩網 サデアミ。スクヒダマ。「篝火ノ、火影ニ見レバ、マスラヲハ、たも暇ナク、鯉子汲ムラシ」

たも (名) 〔寶ノ玉ノ如キノ轉カト云〕 (一)樹名、やぶにつけいニ同ジ。一名、タマ。ダモ。タブ。 (二)又、草名、もろあふひノ一名。

たも (辭) たまへトモトヲ重ネテ中略セル辭。「蔓草モロ、猶不レ可レ除、況君之寵弟乎」

たもち (名) 保 タモツコト。永ク堪ヘ續クコト。保持

たもつ・ツ・テ・タ・チ・テ (他動) (規.一) 保 〔手持ツ義〕 (一)護ル。永ク持チコラフ。「若レ保ニ赤子ニ」「身ヲ一」「家ヲ一」「國ヲ一」「世ヲ一」「城ヲ一」 (二)我ガ物トシテアリ。所持シテアリ。「地ヲ一」「金ヲ一」 有

たもつ・ツ・テ・タ・チ・テ (自動) (規.一) 保 永ク續ク。失セズシテアリ。「木ハ百年一」 存 保持

たもと (名) 袂 〔手本ノ義〕 (一)袖ノ下ニ垂レテ、袋ノ狀ヲナセル處。「我ガ袖ハ、多毛登トホリテ、濡レヌトモ、戀忘レ貝、採ラズバ行カジ」若キ男ドモノ、袂ヨリ手出シタル」(袖ナリ) (二)混ジテ、袖。 (三)麓。「山ノ一」 麓 (四)際。側。「橋ノ一」「垣ノ一」 際 側

たもとおとし (名) 袂落 烟草入、汗拭ナドヲ插ム小キ袋ノ名、二箇ヲ、紐ノ兩端ニ付ケテ、懷中ヨリ雙ノ袂ノ中ニ落シ置ク。

たもとどけい (名) 袂時計 時計ノ、甚ダ小ク製造セルモノ、圓ク扁シ、衣中ニ持チテ、行クニ携フ。懷中時計。根付時計。ヲッチ。

〔たもとほる・ル・レ・ラ・リ・レ〕 (自動) (規.一) 徘徊 〔たハ發語〕 もとほるニ同ジ。メグル。「多古ノ島、飛ビ多毛登保里、葦鴨ノ、集ク古江ニ」乎踰ノ岬、漕ギ多母等保里」

たもん (名) 多門 〔永祿中、松永久秀、大和ノ志貴山ノ毘沙門堂(多聞天)ノ上ニ、此ノ構造ノ城ヲ築キ、多門城ト名ツケタルニ起ルト云〕 城ノ周垣ヲ長屋造ニシタル處ノ稱。

たもんてん (名) 多聞天 毘沙門天ニ同ジ。

たやす・ス・セ・サ・シ・セ (他動) (規.一) 絶 絶ユルヤウニナス。斷ツ。盡ス。

たやすく (副) 輙 〔たやすしノ副詞法〕 易ク。雜作モナク。容易ニ。

たやすし・キ・ケレ・ク・ク (形.二) 容易 〔たハ發語ナリ〕 易シ、ニ同ジ。爲ルニ難カラズ。ヤウイナリ。

たゆ・ユル・ユレ・エ・エ・エヨ (自動) (規.二) 絶斷 (一)切レテ續カズ。盡ク。止ム。(二)死ヌ。「絶エ入ル」夜中打過グル程ニナム、絶エ果テ給ヒヌル」(三)遥ニ離ル。衆ニ超ユ。「彼ノタエタル岑ニウツロヒ給ヒニシ」勇力人ニ一」 絶倫

たゆ (動) 堪フ、ノ訛。

たゆし・キ・ケレ・ノ・ク (形.二) 弛懈 (一)疲レテ萎ユルヲ覺ユ。タルシ。ダルシ。「足一」「手一」(二)心、行キ届カズ、心ノ働キ遲シ。「アヤシク、タユク、オロカナル本性ニテ」タユキ心ドモハ、タユタヒテ」

たゆたふ・フ・ヘ・ハ・ヒ・ヘ (自動) (規.一) 搖蕩 (一)ユタユタ搖レテ定マラズ。「大船ノ、猶預不定見レバ、慰モル、心モアラズ」天雲ノ、絶多比ヤスキ、心アラバ」(二)思ヒテ決セズ。タメラフ。「心弱ク思ヒ給ヘテ、タユタフコトノミ侍リツツ」 依違

〔たゆひ〕 (名) 手結 手纏ニ同ジ。(足結ニ對ス)「丈夫ノ、手結ガ浦ニ、海少女、鹽燒ク烟」

たゆみ (名) 弛 タユムコト。油斷。「一無ク」

たゆむ・ム・メ・マ・ミ・メ (自動) (規.一) 弛怠 〔垂レ緩ムノ轉カト云〕 心倦ミ怠ル。油斷ス。

〔たゆ・む・ムル・ムレ・メ・メ・メロ（他動）（規・二）弛 弛ムヤウニテス、怠タラズ、油斷セサス、

たよう（名）多用 用事ノ多キ了。多事

たよく（名）多欲 欲ノ深キ了。

〔たよせ（名）〔手寄ノ義カト云〕たよりニ同ジ。便次ニテスル了。「白波ニ、色見エ紛フ、幣帛ヲ、たよせニ受ケヨ、神ノ此神」忍ビカネ、摘ミシラスルヲ、女郎花、たよせニ折ルト、思ヒ疎ムナ」

たより（名）便（一）タヨルテ。ヨルベ。タノミ。テヅル。（二）ツイデ。都合好キ時。便次（三）オトヅレ。音信

たよ・る・ル・レ・ラ・リ・レ（自動）（規・二）便〔手繰ル義カト云〕緣ヲ求ムヨルベニツク。傳ニ賴ム。賴

たよわ・し・キ・ケレ・ク・ク（形・二）手弱〔たハ發語ナラム〕弱シ。カヨワシ。（婦人小兒ナドニ）

たら（名）鱈〔雪候ノ魚ナレバ字ヲ作ル、或云、肉色雪ノ如キニ因ルト〕魚ノ名、北海ニ產ズ、形、略、鱸ニ似テ、頭トロト大ク、鱗細カク、青黃ニシテ白ミアリ、皮薄ク、肉白ク、冬ヲ時トス、頭ニ白石二枚アリ、多ク、乾シ又ハ鹽漬ニシテ、遠キニ送ル、干ー、棒ーナドイフ。大口魚

〔たら（名）楤 和名抄ニ、小木叢生シテ刺アルモノトス、詳ナラズ。今別ニたらのきアリ、其條ヲ見ヨ。

タラ（名）多羅 多羅樹ノ條ヲ見ヨ。

だら（名）陀螺 バイゴマ（獨樂ノ條ヲ見ヨ）

ダラ（名）兎 どろぼうノ條ヲ見ヨ。

たらう（名）太郎 長男ノ稱。

タラ-えふ（名）多羅葉（一）貝多羅葉。（其條ヲ見ヨ）（二）又、樹ノ名、幹、青白ク、高キハ二三丈、葉ハあをきノ如ク、鋸齒細クシテ、厚ク堅シ、夏、小白花ヲ開ク、子ハ赤小豆ノ如ク簇ル、冬熟シテ赤黑シ。

だらく（名）墮落 佛經ノ語、法心ヲ失ヒテ、俗心ニ墮ツル了。

ダラクマ（名）〔Drachma.〕西洋ニテ、藥材ニ用ヰル秤目ノ名、英、米ナルハ、我ガ一匁〇三匣六毛半强。佛ナルハ、一匁〇二匣强。普魯士ナルハ、九分七匣四毛半强。

だらけ（接尾）〔滴滴スル意カ〕名詞ノ接尾語、塗レ汚レタル意ヲイフ。「泥ー」血ー」灰ー」

††だら・ける・ケル・ケレ・ケ・ケ・ケロ（自動）（規・四・變）〔弛ク垂ルル意〕締ナク緩ム。怠クナル。弛慢

タラ-えふ（名）多羅樹〔多羅、梵語、岸ト翻ス〕又、貝多。天竺ノ樹ノ名、佛經ニ言ヲ所、形、棕梠ノ如ク、直ニ聳エテ八九丈、花ハ黃栗ノ如シトゾ、國人其葉ヲ採リテ字ヲ寫ス。（貝多羅葉ノ條ヲ見ヨ）

〔たら・す・ス・セ・サ・シ・セ（自動）（規・二）足 足ルノ敬語。「天ノ原、振放見レバ、大王ノ、御壽ハ長ク、天足ラシタリ」

たら・す・ス・セ・サ・シ・セ（他動）（規・二）垂（一）掛ケ下グ。垂ル。「總ヲー」（二）流シ落ス。シタタラス。「涙ヲー」涎ヲー」滴

††たら・す・ス・セ・サ・シ・セ（他動）（規・二）〔足ラシメテ欺ク意カト云〕賺ス。騙ス。タラカス。

たらずまへ（名）不足前 補フ分。足シ前。

たらたら（副）滴滴 水ナドノ滴ル狀ニイフ語。

だらだら（副）（一）漸クニ傾キ下ル狀ニイフ語。「ー下リ」ー急ニ」（二）盛ニ滴ル狀ニイフ語。「血ー流ル」

たらちねの（枕）垂乳根〔乳モテ足ラシ育ツル意ト云、或云、日足ノ略轉ナリト、ねハ美稱ナリ〕母、ノ枕詞。「垂乳根ノ、母ガ養フ蠶ノ、眉隱リ」ーノ、親ノ守リト、アヒソフル」（母親ナリ）後ニハ、兩親ニ通ジテモ用ヰ、又、別ニ、たらちめ（母）たらちを（父）ナドイフ語モ出デ來テ、ソレヲ、又、直ニ、名詞トシテ、父母ノ事ニモ用ヰル。

〔たらちめ（名）たらちねのノ條ヲ見ヨ。

〔たらちを（名）たらちねのノ條ヲ見ヨ。

ダラニ（名）陀羅尼〔梵語、能持、又、總持多含等ノ義、集ニ種種善法ヲ能持令ニ不レ散不ニレ失〕諷詠スベキ經文ノ名、其用、聲音ニアリ。

ダラニ-すけ（名）陀羅尼助〔僧ノ、陀羅尼ヲ誦スル時、睡ヲ防グ助トシタルニ起ルト云〕黃蘗ノ生皮ヲ煉リツメテ製セル藥ノ名、味、極メテ苦シ、吉野大峯ノ洞川ニテ作リ、大峯ニテ燒キタル香ノ佃煤ニ、百草ヲ交ヘ、加持シタルモノト僞ル。（或ハ、せんぶりノ根ニテモ製ス。

たらのき（名）楤木 樹ノ名、山ニ多シ、一幹直立シテ枝條無シ、大ナルハ丈餘ニ至ル、幹ニ刺多シ、故ニ「鳥止ラズ」ノ名モアリ、春、幹ノ上ニ芽ヲたらのめ、ふきのたうノ如シ、食用トス、味、うどノ如シ、故ニ、うどもどき、又、うどめ（吻頭）ト名ヅク、葉長ズレバ、軟條、幹ノ頭ニ

布キテ傘ノ如ク、葉ハ、枝ヲ分チテ、小葉多ク排生ス、あふちノ葉ニ似テ大ク、刺多シ、夏、葉ノ間ニ、穗ヲ垂レテ、小白花ヲ開ク、實ハ小ク圓ク、熟スレバ黒シ。又、木ニ刺アリテ、葉大ク、刺ナク、背ニ毛アルヲ、雌ートイフ、木中ニ心アリテ、やまぶきノ心ニ似テ大ナリ、採テ、酒中花ナド製ス。

たらは・す・ス・セ・サ・シ・セ (他動)(規・一) 足 足ラヤウニナス。十分ニス。滿足セサス。「霞立ツ、長キ春日ヲ、天地ニ、思ヒ足ハシ」

たらひ (名) 盥 〔手洗ノ約〕 (一)水又ハ湯ヲ盛リテ、手又ハ面ヲ洗フニ用ヰル平キ器。テウヅダラヒ。(二)轉ジテ、スベテ、製、桶ノ如クニシテ扁ク、湯水ヲ盛リテ物ヲ洗フ器。「洗濯ー」洗足ー」

たらふ・フ・ヘ・ハ・ヒ・・ (自動)(規・一) 足 (一)足ル、ノ延。不足ナク滿ツ。(二)其分際ニ堪フ。「大臣ト言ハムニ、タラヒ給ヘリ」心バヘナドモ、タラヒテ生ヒ出デ給フ」

ダラム (名) 〔英語、Dram.〕 英國ノ重量ノ名、兩ノ八分ノ一。六十ゲレイン。我ガ四分七厘一六七。

たらりと (副) 取締ナク。定度ナク。「ー下ル」ー延ビテ」

たり・ル・レ・ラ・リ・レ (助動) 〔て、ありノ約〕 動作ノ過ギ去レル意ヲイフ助動詞、意、つ、ぬ、ナドニ同ジ。「行キー」受ケー」見ー」

たり・ル・レ・ラ・リ・レ (助動) 〔と、ありノ約〕 物事ヲ指シ定ムル意ヲイフ助動詞、常ニ、名詞、又ハ漢語ニノミ付ク。「明クレバ、五日ノ曉ニ、兄人たる人外ヨリ來テ」君、君ー、臣、臣ー」人之所ニ以爲ニレ人」赫赫ー」寂莫ー」悠分僩分

たり (接尾) 人 〔箇坐ノ約轉カト云〕 數ヲイフ詞ニ添ヒテ人ヲ數フルニ用ヰル語。「三ー」五ー」幾ー」

たりう (名) 他流 外ノ流義。

たりき (名) 他力 他人ノチカラ。人ノ助ケ。「ーヲ仰グ」

〔たりくび (名) 垂領 〔盤領ニ對シテ、着垂ルル意〕 盤領ノ條ヲ見ヨ。

たりお (名) [illegible] おほやりノ條ヲ見ヨ。

たりやう (名) 多量 分量ノ多キコ。

たりる (動) 足ル、ノ訛。

たる (名) 樽 〔古事記ニ、本陀理トアルハ、秀罇ニテ、瓶子ノ類、口ヨリ酒ノ垂リ出ツル意 其轉ナリト云、又、韓語ニモ泰留トイフトゾ〕 製、桶ノ如ク、酒、醤油、油ナド貯フルニ用ヰル器、常ニハ蓋ヲ被ヒテ、別ニ口ヲ穿チテ出ス。

たる・ル・レ・ラ・リ・レ (自動)(規・一) 足 (一)十分ナリ。滿チ調フ。欠ケタルコ無クテアリ。不足ナシ。足ラフ。(二)其分際ニ堪フ。「タラヤギタル氣色、御子タチト言ハムニ足リヌベシ」用ヰルニー」

〔たる・ル・レ・ラ・リ・レ (自動)(規・一) 垂 (一)物ノ端、下ヘオモムク。サガル。ブラサガル。「可雞ノ垂尾」(二)滴ル。

たる・ル・ル・レ・レ・レヨ (自動)(規・二) 垂 (一)前條ノ語意ニ同ジ。サガル。カカル。「幕ー」(二)流レ落ツ。シタタル。「水ー」滴

たる・ル・ル・レ・レ・レヨ (他動)(規・二) 垂 (一)下グ。垂ラスブラサゲル。「首ヲー」手ヲー」(二)懸ケ約ル。ツルス。「簾ヲー」(三)後ニ遺ス。「惠ヲー」跡ヲー」

たるがき (名) 樽柹 澁柹ノ澁味ヲ樽抜ニシタルモノ。(さはすノ條ヲ見ヨ)

たるき (名) 垂木 古クハ、垂木。又、ハヘギ。棟ヨリ檐ヘ幾筋モ連ネテ垂シ亙ス長キ材。榱 椽

たるし・キ・ケレ・ク・ク (形・一) 怠 〔垂ルル意カ〕 たゆしニ同ジ。「乾ー」間ー」腕ー」 倦怠

だるし (形) 怠 前條ノ語ノ訛。

たるだい (名) 樽代 酒ヲ買フベキ料ノ金錢ノ稱、贈物ニスルニイフ。

たるぬき (名) 樽拔 醂スノ條ヲ見ヨ。

〔たるひ (名) 垂氷 雨雪ノ水ノ、軒、岩角、ナドヨリ滴リナガラニ、凍リテ垂ルルモノ。(今モ、仙臺ニテハイフ)今、訛テ、ツララ。 氷柱

ダルマ (名) 達磨 〔梵語、法ノ義、又、たらま〕 天竺ノ僧ノ名、支那ニ入リテ、梁ノ武帝ニ見エ、江ヲ渡リテ、魏ノ少林寺ニ入レリ、世ニ、其緋衣ヲ着テ、面壁坐禪シタル像ヲ畫キテ種種ノ象ニ用ヰル。

ダルマぎく (名) 達磨菊 だるまさうニ同ジ。

ダルマさう (名) 達磨草 莖、直立シテ枝ナク、葉、圓ク段刻アリ、色、淺綠ニシテ、厚ク、柔カニシテ潤ヒアリ、文理、皺ノ如シ、數十葉、叢叢莖ヲ抱キテ生ズ、狀、はまぎくニ似タリ、秋冬ノ交ニ、單瓣ノ白花ヲ開ク、頗ル菊花ニ似タリ。一名、達磨菊。 池濡金遊

〔たるみ (名) 垂水 瀑布ニ同ジ。「命ヲ、幸クアラムト、

石ハシル、垂水ノ水ヲ、結ビテ飲ミツ」

たるみ (名) 弛 タルムコト。ユルミ。

たる・む・ム・メ・マ・ミ・メ (自動)(規・一) 弛 〔垂ル、ノ轉カ〕引張ル力弱ル。タユミタワム。「梅ガ枝ハ、土ニツクマデ、降ル雪ニ、松ノ梢ハ、タルマザリケリ」縄―」天幕―」

たれ (名) 垂 (一)垂ルルコト。垂レタルモノ。(二)垂駕籠ノ席戸。

たれ (名) 〔たれみそヨリ轉ズ〕(一)蒲焼ニ抹ケテ焼ク汁物ノ名、醤油ニ味醂ヲ加ヘ、白油麻ヲ擂リ入レテ用ヰル。(二)又、味噌ニ、醤油、味醂ナド加ヘテ擂リタルモノ、肉ヲ煮ル時、味ヲ添フルニ用ヰル。

たれ (代) 誰 ソレト定メズ、又ハ、其名ヲ知ラヌ人ノ名ニ用ヰル代名詞。ダレ。

だれ (代) 誰 前條ノ語ノ訛。

たれ・かご (名) 垂駕籠 駕籠ノ形、稍、小クシテ、左右ノ戸ヲ、席ニテ作リ垂レカケタルモノ。

たれ・こ・む・ム・ム・ムレ・メ・メ・メロ (他動)(規・二) 垂籠 帳簾ナド垂レカケテ、内ニ籠ル。「タレコメテ、オハシマシテ」タレコメテ、春ノ行方モ、知ラヌ間ニ」

たれ・みそ (名) 垂味噌 物ヲ煮ルニ用ヰル汁物ノ名、味噌一升ニ、水三升ヲ合セ、三升ニ煮ツメテ、袋ニ入レ、滴ラシメタルモノ、後世、醤油ノ製起リテ、此法衰ヘタリ。

たれる (動) 垂ル(規・二)ノ訛。

〔たわ (名) 〔撓ム意〕(一)又、タヲリ。山ノ頂ノ撓ミタルガ如キ處。今モ、中國西國ニテハイフ。「自ニ山多和―引ニ越御船―逃上行也」(二)枕ニ壓サレテ、髮ニ、撓ミタル所ノ出來タルコト。「寐シ黒髮ノ、ネクタレノたわ」朝寐髮、誰ガ手枕ニ、たわツケテ」

たわい・な・し・キ・ケレ・ク・ク (形・二) 〔利分無シ、ノ轉カト云〕思慮辨別ナシ。張リ合ヒナシ。

たわ・す・る・ル・ル・ルレ・レ・レ・レロ (自動)(規・二) 忘 〔た八發語〕わするニ同ジ。

〔たわ・よ (副) 撓ムマデニ。「深山路ニ、嵐ヤイタク、吹キヌラム、網代モタワニ、紅葉ツモレリ」露ヲ重ミ、イトドタワナル、萩ガ枝ニ」

たわ・む・ム・メ・マ・ミ・メ (自動)(規・一) 撓 〔手回ヲ活用スルカ〕(一)壓サレテ曲ル。カガマル。シナフ。「梁―」鞭―」(二)倦ミテ弱ル。タユム。「志―」思ヒ―」

たわ・む・ム・ム・ムレ・メ・メ・メロ (他動)(規・二) 撓 壓シテ屈メ曲グ。シナハス。「弓ヲ―」

〔たわ・やめ (名) 手弱女 〔わやハよわト通ズト云〕丈夫ニ對シテ、女ヲ、手弱キニ就キテイフ語。タヲヤメ。「逢ハム日ノ、形見ニセヨト、多和也女ノ、思ヒ亂レテ、縫ヘル衣ゾ」

〔たわわ・よ (副) たわよヲ重ネテ約メタル語。撓ムマデニ。「折リテ見バ、落チゾシヌベキ、秋萩ノ、枝モタワワニ、置ケル白露」音ヲ轉ジテ、とをゝトモイフ。「秋萩ノ、枝モ十尾ニ、置ク露ノ、消ナバ消ヌトモ、色ニ出デメヤモ」

〔たゐ (名) 田居 里離レタル田ドコロニ、秋、假廬ヲ作リテ居ル所ト云。又、泛ク、田舍ノ意。「春霞、タナビク田居ニ、廬シテ、秋田刈ルマデ、思ハシムラク」筑波根ノ、裾回ノ田井ニ、秋田刈ル」(井ハ借字ナリ、たなゐト異ナリ)

〔たゐ・なか (名) 田居中 田居ノ中。田舍。

だゑん (名) 楕圓 圓クシテ長キコト。玉子形。小判形。

〔たを (名) 〔古言、たをりノ略〕山頂ノ路アル處。峠。(中國) 嶺

たを (名) 髫 たほ、つとニ同ジ。

たを・たを・と (副) たをやかよニ同ジ。「指貫ノ裾マデ、―、貴ニモメカシウ着ナイ給ヘリ」子メキ、オホドカニ、―見エレド」

たを・やか・よ (副) 〔たをハ撓ム意〕(一)シナヤカニ。「萩ハ、イト色深ク、―咲キタルガ」(二)擧止アラアラシカラズ、シナヤカニ。シトヤカニ。タヲタヲト。(婦人ニ) 婀娜

〔たを・や・ぐ・ク・ケ・カ・キ・ケ (自動)(規・一) 婀娜 タヲヤカナル狀ニナル。「人ガラノ、タヲヤキタルニ、强キ心ヲ强ヒテ加ヘタレバ」

たを・やめ (名) 手弱女 たわやめニ同ジ。柔和ナル女人。

〔たをり (名) 山頂ノ撓ミタルガ如キ處。タワ。「高山ノ、峯ノ手折ニ、射目立テテ、鹿待ツガゴト」足引ノ、山ノ多乎理ニ、此ノ見ユル、天ノ白雲」

たを・る・ル・レ・ラ・リ・レ (他動)(規・一) 手折 折ル、トイフニ同ジ。(歌詞)「吾ガ宿ノ、瞿麥ノ花、盛リナリ、手折リテ一目、見セム兒モガモ」岩奔ル、瀧無クモガナ、櫻花、手折リテモ來ム、見ヌ人ノタメ」

ち ぢ

ち　五十音圖、多行第二ノ假名、たノ條ヲ見ヨ。

ぢ　ちノ濁音ノ假名、だノ條ヲ見ヨ。

ち（名）【血】（一）動物ノ體中ニ在テ、常ニ心臟ヨリ動脈靜脈ニ通ジ、全身ヲ循環運行スル紅ナル液ノ名、生活ヲ保ツニ大切ナルモノナリ、人、獸、鳥等ニアリテハ溫ニシテ、魚ナルハ冷ナリ、但シ、蟲ニハ血ナキモアリ。（二）病ノ名、血氣ニ同ジ。

ち（名）【乳】（血ノ化シテ成ルト云）（一）女人、兒ヲ生メル後、其乳房ヨリ出ヅル白ク濁レル汁、生兒コレヲ吸ヒテ育ツ、獸類モ亦皆然リ。乳汁。チチ。「女ノ乳ノホツク侍リケレバ」乳飮メヤ君ガ、母モトムラム」（二）乳房。「單ヘノ御衣ノ、胸少シ明キタルヨリ、御乳ノ、例ナラズ黑ウ見ユルニ」

ち（名）【乳】（形、乳首ニ似タレバイフ）幟、旗、帳、幕、帆、草鞋、ナドノ緣ニ、數多並ベテ付クル小キ環ノ如キモノ、棒、竿、帆桁、綱、紐、ナドヲ貫キテ引キ張ル用トス。又、乳形耳。耳

ち（名）【茅】（千ノ義ニテ、叢生スルヨリイフカト云）草ノ名、禾本ニシテ、葉ハ稻ニ似テ薄ク、高サ三四尺、叢生ス、春、新芽ヲ出ス時、葉ノ中ニ花ヲ包ムコト細筍ノ如シ、コレヲ茅花トイフ、夏、穗ヲ出シテ、長ク白キ絮アリ、火口ヲ作ル。又、莖葉ニテ屋ヲ葺ク。一名、チガヤ、白茅

〔ち（名）【父】父、常ニ重ネテ、ちちトイフ。熟語ニハ、連聲ニテ濁ル、大父、小父ナドコレナリ。「橫臼ニ釀ミシ大御酒、旨ラニ聞シモチ食セ、麻呂ガ知」

〔ち（名）【鉤】ツリバリ。「責ニ其故鉤」

〔ち（名）【路】みちニ同ジ。熟語ニテミ用ヰル。「ー饗」ー別」ー股」連聲ニハ濁ル、其條ヲ見ヨ。

〔ち（名）【風】かぜニ同ジ。熟語ニノミ用ヰル。「疾ー」東ー」荒ー」

ぢ（名）【地】（一）ツチ。クガ。大地。濁リテ、ぢ。（天ニ對ス）「ーニ落ツ」（二）地面。土地。（三）鄉土。其ノ處。「此ーノ人ニ當ー」

〇ーニ落ツ。全ク廢ル。「名教落レ地」

ぢ（名）【智】五常ノ一。三德ノ一。心ニ物事ノ理ヲ敏ク覺リテ、是非ヲ分別スルヲ得ル力。智惠。

ぢ（名）【治】世ノヲサマリ。太平。「ーニ居テ亂ヲ忘レズ」延喜天曆ノー」

ぢ（名）【笞】シモト。笞罪ノ條ヲ見ヨ。

ぢ（名）【痴】オロカナルコト。アハウ。愚

ぢ（名）【徵】五音ノ一、十二律ノ條ヲ見ヨ。

ぢ（數）【千】（一）百ヲ十倍セル數。千。（熟語ニテミ）「ー年」（二）數多キコト。「ー度」ー重」ー里」

ぢ（接尾）【箇】箇ニ同ジ、其條ヲ見ヨ。「二十ー」百ー」連聲ニハ、ぢト濁ル、其條ヲ見ヨ。

ぢ（名）【路】（一）路ヲ連聲ニ濁ルナリ、みちニ同ジ、熟語ニテノミ用ヰル。「旅ー」山ー」舟ー」陸ー」東ー」越ー」大ー」小ー」（二）旅ニ、一日ニ行クベキ程ノミチノリ。「三日ー」五日ー」程

ぢ（名）【地】（一）ツチ。クガ。淸ミテ、地。陸。地面。地所。土地。「ーニ落ツ」ーヲ平ス」ーノ風」浴ノ風」（二）其鄉土。「ーノ人」ーノ產物」本土（三）ウマレツキ。モチマヘ。「ー聲」本性（四）碁ニ、我ガ石ニテ圍ミテ其內ニ占メタル空隙、卽チ、其隙ノ、他ヨリ廣キヲ以テ勝トスルナリ。（五）物ノ成レル基質。「布ノー」絹ー」木ー」下ー」質（六）紙、布帛ナドノ面ノ、模樣ノカカラヌ處。「白ー」紺ー」赤ー」染ー」（七）文章ノ中ノ記者ノ詞ノ稱。（文中ノ人ノ問答ノ詞ナドニ對シテイフ）「草紙ー」ーノ文」

ぢ（名）【痔】病ノ名、肛門ニ腫ヲ發シ、時ニ、血或ハ粘液ヲ瀉ス。ー漏、穴ー、疣ー、ナドアリ、各條ニ註ス。

ぢ（名）【柱】又、琴柱。琴、箏ノ、張レル絃ノ下ニ加ヘテ立テテ、更ニ高クモタゲテ、張リヲ強クスル具、雙脚アリテ、彎リテ開ケリ、頭ニ刻ミアリテ絃ヲ受ク。

ぢ（名）【持】（一）歌合ニ、雙方優劣勝負ナキコト。アヒモチ。（二）圍碁ノ語、持碁ニ同ジ。（支那ニテ持トイフハ不レ能ニ相害ニ、ニテ、せきナリ）

ぢ（接尾）【箇】箇ノ轉ノ箇ヲ連聲ニ濁ルモノ。「三十ー」五十ー」

ちあひ（名）【血合】まぐろ、かつを、ナドノ肉ノ一部ニ、紫黑ナル血ノ色ヲナセル處。紫血肉

ぢあひ（名）【地合】布帛ヲ織リ成セル程合。

ちあへのまつり (名) 道饗祭 みちあへのまつりニ同ジ。

ちあみ (名) 地網 地引ニ用ヰル大ナル網、海上ニ、其一邊ヲ浮子ニテ浮ベ、一邊ヲ鎭子ニテ水底ニ沈メ、數人ニテ海岸ヘ引寄セテ内ニ入レル魚ヲ捕ル。一名、ヒキアミ。又、投網ニ對シテ、立網。

ちあん (名) 治安 國内ノ治平安泰。

ちあれ (名) 血荒 流産ノ穢レニイフ語、但シ、胎兒ノ未ダ形ヲ成サズシテ墮リタルニ云フ。

ちい (名) 祖父 (一)小兒ノ語、おぢノ音便。オホヂ。(二)スベテ、小兒ヨリ老人ヲ呼ブ語。爺爺

ちいみ (名) 血忌 暦ノ下段ニ記ス語、鍼、灸、嫁、娶、奉公人ノ雇入レ、ナドニ忌ム日ノ稱。

ちいん (名) 知音 〔支那ニ、伯牙鼓レ琴、鍾子期善聽レ之、ノ故事ニ起ル〕(一)心ノ友。(二)シルベ。シリアヒ。知ル人。知人

ちう (名) 鈕 印又ハ鏡ナドノつまみ。

ちうし (名) 乳牛 子ヲ生メル牝牛ノ乳ヲ採ルベキモノ。

ちうじき (名) 晝食 ヒルケ。ヒルメシ。中食。

ちうせき (名) 疇昔 キノフ。昨日。

ちうせん (名) 抽籤 クジビキ。クジトリ。

ちうたひ (名) 地謠 能ニ、舞フ者ノ傍ニ居テ、其謠曲ノ地ノ文ノ所ヲ謠フ。

ちうちやう (名) 惆悵 イタミナゲクコト。

ちうちよ (名) 躊躇 タメラフコト。タユタフコト。

ちうはん (名) 晝飯 ヒルケ。ヒルメシ。チウジキ。

ちうびう (名) 綢繆 密ニ絡フコト。マトヒツクコト。

ちうみつ (名) 稠密 シゲキコト。コミアフコト。「人家―」

ちうや (名) 晝夜 ひるトよるト。ヨルヒル。

チエエ (數) 七 〔字ノ唐音〕 猜拳ノ語、ナナツ。七。

チエエン (名) 鏈 〔英語、Chain.〕 英國ノ里程測量ノ度名、六十六英尺。我ガ二丈六尺三寸八分四二。(十一間三寸八分四二)

ちえん (名) 遲延 オソナハルコト。

〔ちおも (名) 乳母 メノト。ウバ。

ちか (名) 地價 地面賣買ノ價。

ちかい (名) 持戒 佛敎ノ戒ヲ守ルコト。

ちかく (名) 知覺 (一)知リ覺ルコト。(二)耳目等ノ五官ニ、外物ノ觸ルルヲ感ジテ知ルコト。

ちがく (名) 地學 地理學ニ同ジ。

〔ちかおとり (名) 近劣 ちかまさりノ條ヲ見ヨ。

〔ちかごと (名) 誓言 誓言ニ同ジ。「必ズ後ニ逢ハムト、―ヲ立テサセテ」神佛ニモ思フ事申スハ、罪アル業カハト、イミジキちかおとヲシツツ」

ちかごろ (副) 近頃 コノゴロ。近來。

ちかし・き・け・し・き・ゝ (形・二) 近 (一)距離短シ。程ナシ。遠カラズ。(二)時、多ク隔ラズ。(三)親シ。疎カラズ。「血緣―」交―」(四)似寄リタリ。殆ド齊シ。「類―」(五)殆ド居ク。及バムトス。「百年ニ―」庶幾○目―。近眼ナリ。短視

ちかし・しき・しけれ・しく・しう (形・二) 近 交リ近シ。親シ。

ちかし (名) 地貸 貸地シテ地代ヲ取ルコト。

ムツマジ。「チカシキ中ニ」チカシクスル」近親 狎昵

ちかた (名) 地方 (一)都府市中ニ對シテ、國國田舍ノ地ヲ稱スル語。(支配スルナドニ就キテ云フ)「―役人」(二)海上ヨリ陸地ノ方ヲ稱スル語。

ちがたな (名) 血刀 血ニ塗レタル白刃。

ちかだん (名) 直談ノ訛。

ちかため (名) 地固 地形ニ同ジ。

ちかぢかに (副) 近近 多クノ日數ヲ歷ズシテ。キンキンニ。(未來ニイフ)

ちかづき (名) 近付 交リテ相知ルコト。面識

ちかづく・く・か・き・け (自動) (規・一) 近付 (一)近ク寄リ添フ。チカヨル。接近 昵近 (二)時來ラムトス。近ク來ラス。

ちかづく・くる・くれ・け・け・けよ (他動) (規・二) 近付 近ク寄ス。近ク來ラス。

〔ちかながら (副) 近クアリナガラ。「時鳥、來居ハ―、待遠ニノミ、聲ノ聞エヌ」

ちかね (名) 地金 (一)金、錢、かなもの、ナドニ作リ成スベキ下地ノかね。(二)滅金ノ臺トスルかね。(三)轉ジテ、俗ニ、本心。本性。

ちかま (副) 直 ちきまノ訛。タダチニ。

ちかひ (名) 誓盟 チカフコト。神佛ヘ掛ケテノ約束。

ちがひ (名) 違 チガフコト。タガフコト。同ジカラヌコト。

ちがひだな (名) 違棚 棚ヲ、左右ヨリ交互ニ釣リ出シテ作レルモノ、床間ノ傍ナドニ作リ添フ。

ちかふ・ふ・へ・へ・ひ・へ (他動) (規・一) 誓盟 神佛ヘ掛ケ

ヲ欺カヌヲ契ル。誓約ス

ちがふ・ふ・ふ・へ・へ・へ (自動)(規。二) 違 たがふノ轉。相違ス

ちがふ・ふ・ふ・ふる・ふれ・へ (他動)(規。二) 違 (一)タガフル。ハツス。アヤマツ。(二)異ニナス。別ニス

ちがふ・ふ・ふ・ふ・へ・へ (自動)(規。二) 交 [打交フノ略ニモアルカ] 互ニ外レテ入リマジル。行キ合ハズ。交フ。「程モナク、立チヌル跡ヘ、返ル波、筏ニチガフ、アヂノ村鳥」浮雲ニ、早クチガヒテ、行ク月ノ」鵜飼舟、チガフ手縄ヲ、サバクトテ」行キー」摩レー」

ちがふ・ふ・ふる・ふれ・へ・へ (他動)(規。二) 交 (一)行キ合ハヌヤウニ入レ交ズ。交ス。「鵲ノ、チガフル橋ノ、間遠ニテ」木丁ドモノ、立テチガヘタルアハヒヨリ、見通サレテアラハナリ」チカヘ遣戸」刺シー」(二)外ス。「骨ヲー」

ちがへやりど (名) 違遣戸 敷居ノ二筋溝ノ上ニテ左右ヨリ打交ヘテ引クベキ遣戸。

ちがへる (動) 違フ(規。二)交フ(規。二)等ノ訛

〔ちかまさり (名) 近優 遠ク見タルヨリハ、近寄リテ見テ優ルコト。「呼バレテ、寄リ來ヌ、ーシテ、ラウタキコト、物ニ似ズ」コレト反對ナルヲ近劣トイフ。「人ニ見エ給ハム、サリトモ、ちかおとりシテハ、思ハズアヤラム」

ちがみ (名) 地紙 扇ノートイスベキノ略。一種ノ厚キ紙ヲ、扇ニ張ルベク、裁チタルモノ。

ちかみち (名) 近路 (一)路程ノ近キ路。迂路ニ對ス。(二)覺リ易キ方法。早ク辨ズル手段。

ちかめ (名) 近眼 眼球ノ凸ニナリテ、近キモノノミ鋭ク見エテ、遠キ物ノ朦朧トシテ見エヌモノ。生得ナルアリ、年來細カキ物ヲ見ツケテ成ルアリ。キンガン。短視 近視眼

ちがや (名) 茅 茅ノ草。(茅ノ條ヲ見ヨ)

〔ちかやかに (副) 近 近ク。近寄リテ。「ーテ、昔シ物語モ打語ラヒ給ヘカシ」ー臥シ給ヘ」

ちかよる・る・る・る・れ・れ (自動)(規。一) 近寄 近ク寄リツク。チカヅク。

ちから (名) 力 [筋幹ノ略カト云] (一)動物ノ體ニ備ハリテ、動キ又動カスヲ得ル作用。(二)轉ジテ、萬物ノ壓サレ撓ミナドシテ生ズル張。「風ノー」彈ノー」弓ノー」矢ノー」革ノー」(三)物事ヲ成サムトスルニ助ケトナルモノ。タノミ。タヨリ。「ーニテル」ーニス」ートス」頼ム」所持 (四)威勢。キキメ。驗。「神ノー」願ノー」藥ノー」學問ノー」效驗 效力 (五)氣力。イキホヒ。「ーヲ落ス」ーヲツクル」ー無シ」氣力

〔ちから (名) 税 [民ノ力ノ義] 民ヨリ貢ニスル物ノ總名。租、庸、調ヲ通ジテイフ。タヂカラ。ミツギモノ。年貢。

ちがら (名) [地唐臼ノ略] 碓ニ同ジ。

ちからおとし (名) 力落 望ヲ失ヒ、恃無クナリナドシテ、氣力ヲ喪フコト。落膽

ちからがね (名) 力金 鐙頭ニアリテ、鐙靼ヲ繋グ金具。ヒヂヨガネ。

ちからがは (名) 逆靼 [力革ノ義] (一)鐙頭ヲ鐙靼ニ繋グモノ。蓋シ、古ヘハ、鐙頭ニ鉸具ナク、別ニ鉸具アリテ、革ニテ鐙頭ニ繋ギ、以テ鐙靼ノ孔ニ穿チテ懸ケタルカト云。(二)今、誤テ、鐙靼ノ稱。

〔ちからぐるま (名) 力車 物ヲ積ミテ、人ノ力シテ引ク車。「戀草ヲ、力車ニ、七車、積ミテ戀フラク、吾ガ心カラ」力車ニ、毛モイハヌ大木ドモニ、綱ヲツケテ、喚ビノシリ、引キモテ行キ」

ちからこぶ (名) 力瘤 力ヲ出ス時、二ノ腕ノ邊ニ、筋肉ノ張リテ固ク脹レアガルモノ。

ちからしば (名) 力芝 [引キ拔キ難ケレバイフ] 草ノ名、路旁ニ多シ、葉ハ長クシテ麥ノ如ク、多ク叢生ス、根甚ダ固シ、秋、數莖ヲ出シ、梢ニ穗ヲナス、ゑのころぐさノ穗ニ似テ長大ナリ、紫黒ニシテ、粗ク長キ毛多シ、毛毎ニ小子アリ。狼尾草

〔ちからしろのぬの (名) 庸布 [税代布ノ義] 又、チカラヌノ。庸ニ奉ル布。(租ノ條ヲ見ヨ)

ちからづく (名) 力盡 力ノ限リヲ盡クシテ、勝負ヲ爭フコト。ウデヅク。(道理ノ爭ヒニ對ス)

ちからづく・く・く・く・け・け (自動)(規。一) 力付 氣力ヲ生ズ。勢ヲ得。健ニ成リ始ム。(病ノ快氣ニ趣クナドニ)

〔ちからぬの (名) 庸布 ちからしろのぬのニ同ジ。

〔ちからのつかさ (名) 主税寮ニ同ジ。

〔ちからひと (名) 力人 (一)力ノ強キ者。「當麻蹶速者、天下之力士也」使ニ力人持ミ兵守ミレ家」(二)健兒。「命ニ健兒ー相撲」

ちからまけ (名) 力負 角力ナドニ、分外ニ力ヲ入レタルガ爲ニ、却テ其機ニテ負クルコト。

ちからみづ (名) 力水 角力ノ土俵際ニ、桶ニ水ヲ

措ヘ置キテ力士ニ與フルモノ。化粧水。

ちからもち (名) 力持 石ナド、スベテ重ク大ナル物ヲ捧ゲテ、種種ノ技ヲナシ、觀場トスルモノ。

ちからりやう (名) 主税寮 チカラノツカサ。古ヘ、民部省ノ被管ノ寮、租税ノ事、及ビ、倉廩出納、諸國田租舂米ノ事ヲ掌ル。

ちからわざ (名) 力業 力ヲ使ヒテスル作業。(智ヲ用ヰル業ニ對ス) 力作

ちかり (名) 地借 他人ノ地面ヲ借リテ住ムコト。(地貸ニ對ス)

ちき (名) 扛秤 [鈎木ノ義カト云、新撰字鏡ニ、鈎、三十斤爲レ鈎也、法也、知伊、トアルモ是レカ] 秤ノ一種、今、ちきりトモイフ、其條ヲ見ヨ。

ちき (名) 知己 己レノ心ヲ善ク知レル友。心ノ友。

ちぎ (名) 千木 [氷木ト共ニ、肱木ノ上略、叉ハ、中略ニテ、其形屈折スレバイフトゾ。(枡トハ別ナリ) 或ハ、風木ノ義トイヒ、垂木又ハ交木ノ約、ナドイフハ、スベテイカガ] 一名、氷木。上代ノ家作ニ、切棟作リノ屋根ノ左右ノ端ニ用ヰル長キ材ニテ、其本ハ前後ノ軒ヨリ上リテ、棟ニテ行合フヲ組交ヘ、其組目以上、其梢ヲ、ソノママ長ク出シテ空ヲ衝クモノ。其組目ヨリ下ハ、椽ト並ビ、叉、屋ノ妻ニテハ、搏風トナル。千木、今、神社ニノミ用ヰル、其梢ノ一角ヲ殺ゲ、かたそぎトイフ、伊勢ノ内宮ナルハ内角ヲ殺キ、外宮ナルハ外角ヲ殺ゲ、共ニ風穴ヲ明ク。

ちぎ (名) 乳木 にうぼくニ同ジ、護摩ノ條ヲ見ヨ。

ちぎ (名) 地祇 クニツカミ。

ちぎ (名) 遲疑 タメラフコト。タユタフコト。

ちきう (名) 地球 吾人ノ棲メル此大地ノ名、廣大無邊ナル土ノ球ナリ、卽チ、太陽ヨリ第三ニ位セル行星ニシテ、西ヨリ東ヘ旋リ、二十四時ニシテ自轉ス、コレヲ一晝夜トス、叉、三百六十五日六時餘ニシテ、其軌道ヲ行キテ、太陽ヲ一周ス、コレヲ一年トス、其大サ、赤道ノ處ニテ、周、凡ソ一万〇百六十三里、直徑、凡ソ三千二百四十七里アリ。

ちきうぎ (名) 地球儀 地球ノ形ヲ模シ作リテ、其海陸山川等ノ形象、經緯度、等ヲ圖シタル球。

ぢきさん (名) 直參 直ニ其主君ニ仕フル者。(陪臣ニ對ス)

ぢきしよ (名) 直書 (一)直筆。自筆。(二)直筆ノ書狀。

ぢきそ (名) 直訴 中次ヲ歴ズシテ、直ニ上ニ訴フルコト。

ぢきたつ (名) 直達 人傳ナラズニ屆クルコト。

ぢきだん (名) 直談 人傳ニ因ラズシテ、直チニ話シ合フコト。

ぢきでん (名) 直傳 餘人ノ手ヲ歴ズ、直チニ其師ヨリ傳フルコト。(藝術ナドニ)

ぢきとつ (名) 直綴 [上衣ノ偏衫ト下衣ノ帬子トヲ直ニ綴リタルモノ] 僧ノ服ノ名、腰以下ニひだアリ。

ぢきに (副) 直 (一)間ニ他ノ物事ヲ挿マズニ。タダチニ。ヒタト。ヂカニ。(二)ヤガテ。タチマチ。スグニ。間ナク。

ぢきひ (名) 直披 手紙ノ表書ニ記ス語、他見ヲ許サズ、必ズ自身ニ封ヲ披キ給ヘ、トノ意ナリ。親展。

ぢきひつ (名) 直筆 自ラ書キタルコト。自筆。直書、(代筆ニ對ス) 親書

ちぎやう (名) 知行 知リ行フ地。武家ノ世ニ、武士ノ宛行ハレテ領スル土地。采地 食邑

ぢきやう (名) 持經 常ニ身ヲ放タズ誦ム佛經。

ぢぎやう (名) 地形 家ヲ建テムトスルトキ、其下ノ地ヲ平ニシ築キ固ムルコト。ヂカタメ。「一ヲ平ス」「一ヲ固ム」

ちきやうだい (名) 乳兄弟 同ジ乳母ニテ育チタル者ノ互ニ呼ブ稱。阿嬭兒

(ちきり (名) 巾) 領巾ノ類カ。

ちきり (名) 縢 (一)機ノ具、經絲ヲ卷キ持ツモノ、中括レテ兩頭廣シ。今、關東ニ、緒卷。(二)チキリジメ。

ちきり (名) 扛秤 [扛秤ノ轉、其條ヲ見ヨ、或云、乳切秤ノ略ニテ、衡ヲ乳切木ニ掛クレバイフト、或云、分銅ノ形、縢ニ似タレバイフト] 又、ちき。秤ノ大ナルモノ、盛出、一貫目ニテ、二人ニテ擔ヒテ掛ケテ用ヰル。

ちぎり (名) 契 (一)チギルコト。契約。約束。(二)宿世ノ緣。「コレヤ、ゲニ人ノ言フメル、逃レ難キ御契ナリケム」

ちぎりき (名) 乳切木 [丈ヲ己ガ胸ノ乳マデニ比ベテ切ルモノナレバイフトゾ] 棒ノ如キ杖、防禦ナドニ用ヰル。ボウチギリ。「イサカヒ過ギテノ一、杖」

ちきりとぢ (名) 縢綴 物ノ合目ニ嵌メ込ミテ、かをがひノ用ヲナサシムルモノ、形、中括レテ、兩頭廣ク、縢ニ

似タリ、又、分銅ノ如シ。又、立鼓。略シテ、チキリ。 杻

ちぎる・ラ・リ・ル・ル・レ・レ (他動)(規・一) 契 〔手握ル、ノ約ト云〕 豫メ行末ノ事ヲ定メテ互ニ言ヒ固ム。契約ス。約束ス。

ちぎる・ラ・リ・ル・ル・レ・レ (他動)(規・一) 〔手切ルノ轉〕 刃物ナラズ、手ニテ捩チテ引キ斷ツ。モギトル。「袖引キー」 捩斷

ちぎれる・レル・レレ・レ・レ・レヨ (自動)(規・四・變) 捩ラレテ切ル。 捩斷

ちく (名) 軸 (一)古名、ヨコガミ。車ノ心木。輪ノ轂ノ中ニ貫キテ、車ヲ持スル棒。(車ト輪トノ條ヲ見ヨ) (二)スベテ、圓キモノ、又ハ、卷クモノノ心木。「地ー」卷物ノー」 (三)轉ジテ、直ニ、掛物。掛字。(四)筆ノ管。筆管 (五)蒂。「靑ーノ梅」(六)羽ノ莖。

ちく (接尾) 軸 掛物ヲ數フルニイフ語。

ちくいち (副) 逐一 (一)ヒトツヒトツニ。一ツ毎ニ。一一。(二)ツバラニ。クハシク。

ちぐう (名) 値遇 出會フコト。デクハスコト。

ちくえふ (名) 竹葉 (一)竹ノ葉。(二)支那ニ、酒ノ異名。(色ヲ以テ名トス)「豫北ー」

ちくけつ (名) 歃血 ハナヂ。

ちくさ (名) 千草 (一)種種ノ草。「貫キトムル、秋シナケレバ、白露ノ、ーニ置ケル、玉モカヒナシ」夕暮ノ、野邊吹過グル、秋風ニ、ーヲ傳フ、花ノ上ノ露」(二)チクサイロ。

ちくさ (名) 千種 クサグサ。サマザマ。「八ーニ、草木花咲キ」秋ノ野ニ、亂レテ咲ケル、花ノ色ノ、ーニ物ヲ、思フ頃哉。

ちぐさ (名) 乳草 ががいもニ同ジ。

ちくざい (名) 蓄財 金錢ヲタクハフルコト。

ちくさいろ (名) 千草色 〔鴨跖草色ノ訛カトモ云〕 モエギイロ。

ちくさし・キ・ク・シ・ケレ・ク・カ (形・二) 乳臭 (一)乳ノ臭アリ。(二)イトケナシ。ヲサナシ。(三)思慮未熟ナリ。アヲシ。(少年ヲ罵ル語)

ちくさし・キ・ケレ・ク・カ (形・二) 血臭 血ノ臭アリ。ナマグサシ。 腥

ちくし (名) 竹紙 (一)鳥子紙ノ薄キ製ノモノ。(二)又、雁皮紙ノ異名、薄キコト竹ノあまかはノ如シトイフ意。(三)唐紙。(其條ヲ見ヨ)

ちくし (名) 竹枝 (一)タケノエダ。(二)土俗ヲ詠ズル詩ノ稱。

ちくじ (副) 逐次 次第ニ隨ヒテ。順順ニ。

ちくしやう (名) 畜生 (一)佛經ノ語、禽獸蟲魚等、人ニ畜ハルルモノノ總稱。(二)轉ジテ、獸。(三)人ヲ獸ヨト罵リ呼ブニ用キル語。

ちくしやうだう (名) 畜生道 佛說ニ、冥土ノ六界ノ一、亡者、此ニ行ケバ、其生前ノ業ニ因リテ、生ヲ畜生ニ變へ、苛責ヲ受クトイフ。

ちくしやうばらみ (名) 畜生孕 俗ニ、多產、又ハ、一產數子ノモノヲ、獸ノ如シト謙ヒテイフ語。

ちくすゐじつ (名) 竹醉日 支那ニテ、陰曆、五月十三日ノ異稱、此日ニ竹ヲ植ウレバ繁茂スト云フ。

ちくそ (名) 血屎 白痢ノ條ヲ見ヨ。 赤痢

ちくたう (名) 竹刀 シナヒ。(劍術ノ)

ちくち (名) 地口 世ニアリフレタル成語ニ、聲音ノ似寄タル別語ヲ寄セテ、一語ニ二樣ノ意味ヲ含マシムル語、又ハ、句ノ稱、滑稽ノ戲レニスル事ナリ。又、語路トイフモノアリ、共ニ、文ニ記スニイフ。相似テ口ニ話スハ洒落ナリ。

ちくでう (副) 逐條 箇條ノ順ニ隨ヒテ。

ちくでん (名) 逐電 〔相馬ノ語ニ起ル、天馬脫レ御追レ風逐レ電〕 身ニ障ルコトナド起リ、住處ヲ去リテ、跡ヲクラマシ逃グルコト。出奔。カケオチ。

チクドン (名) 筑登之 琉球ノ官名、里之子ノ次ニテ、最下ノ官ナリ。

ちくば (名) 竹馬 タケウマ。

〇ーノ友。ヲサナトモダチ。ウナヰバナリ。

ちくはく (名) 竹帛 〔支那ノ古代ニハ、書ヲ竹簡又ハ帛ニ記シタレバイフ〕 書物ノ異名。歷史。「名ヲーニ垂ル」

ちぐはぐ (名) 物ノ、カナタコナタニ入リ交リテ揃ハヌコト。

ちくはつ (名) 蓄髮 髮ノ毛ヲ生スコト。(剃髮ノ人ノ)

ちくび (名) 乳首 乳房ノ中央ニ、小ク突キ出デタルモノ、女ナルハ極メテ細カキ孔、數多アリテ、乳汁ヲ出ス。乳頭

ちくふじん (名) 竹夫人 ダキカゴ

ちく-べい（名）竹米 タケノミ。ジネンゴ。

ちぐも（名）地蜘蛛 つちぐもニ同ジ。

ちく-りん-たう（名）竹林島 ルリテウ。

ちぐるま（名）地車 大石ナド、スベテ、至テ重キ物ヲ運送スルニ用ヰル車ノ名、四輪ニシテ低シ
ちくるゐ（名）畜類 家ニ畜フけもの。ケダモノ。

ちく-わ（名）竹輪 かまぼこノ條ヲ見ヨ。

ぢくわ（名）地火 陰暦ノ上ニイフ語、地ニ火氣アル時ナリトテ、此日ニハ、樹ヲ植エ、礎ヲ居エ、柱建ナドニ忌ムトス。

ぢぐわい-はふ-けん（名）治外法權 居留ノ外國人ノ、其國ノ法律ニ服從セズシテ居ラルル權。

ちくわん（名）遲緩 ノロキコト。

ちくゐん（名）竹園 タケノソノ。親王ノ異稱。

ぢげ（名）地下 (一)堂上、殿上ニ對シテ、五位以下ノ未ダ昇殿ヲ聽レザル官人ノ稱。(二)轉ジテ、禁裏ニ仕フル公家衆ヨリシテ、其以外ノ人ヲイフ稱。

ぢげ（名）治下 (一)支配下。(二)支配下ノ村村。

ちけい（名）地形 クニガタ。土地ノ高低遠近ナドノ狀。「一ヲ觀ル」「一ヲ察ス」

ちけい（名）笞刑 笞罪ノ條ヲ見ヨ。

ちけい（名）智慧 チヱ。

ちけい（名）智計 カシコキハカリゴト。

ちけふ（名）地峽 湖海ノ上ニ兩ノ陸地ノ間ヲツナグ狹ク長キ地ノ稱。

ちけん（名）地劵 官ヨリ授クル土地所有ノ證書。沽券。


ちけん（名）知見 知ルト見ルト。サトリ。見識。

ちけむり（名）血烟 人ヲ斬リテ血ノ迸ルコト。

ちご（名）兒〔乳子ノ義〕(一)乳ヲ呑ムホドノ子。チノミゴ。赤子。乳兒 (二)ワラハ。子供。「御遊ビガタキノワラハベ、兒ドモ、イトメヅラカニ」(三)特ニ、寺院ナドニテ召仕フ童兒ノ稱。

ぢご（名）持碁 碁、打果テテ、持トナリテ、勝負ナキコト。和局
〔ちご-おひ（名）兒生 小兒ノ成長。「上ノ女房ナド、見奉リテ、上ノ御一、タダ斯ウゾオハシマシシナド、老イタル人ハ聞エサセアヘリ」

ちこく（名）遲刻 刻限ヨリ遲クナルコト。

ぢごく（名）地獄〔地下ノ獄ノ義〕(一)佛氏ノ說ニ、冥土ナル六界ノ一、亡者ノ苛責ヲ受クル處。等活、黑繩、合會、叫喚、大叫喚、焦熱、大焦熱、阿鼻ノ八大地獄アリト云。又、冥府。梵語ニ、奈落。(二)硫黃ノ出ヅル山ナドノ、常ニ燒ケテ烟ノ出ヅル處ノ稱。(三)俗ニ隱賣女ノ異名。(東京)

ぢこく-てんわう（名）持國天王 佛經ニ、四天王ノ一、東方ヲ守護ストイフ。

ちござくら（名）兒櫻 山櫻ノ一種、其瓣、內ヘ反ル、一重ニシテ、花小ク、白クシテ疎ナリ。

ぢこつ-ぴ（名）地骨皮 枸杞ノ根ノ皮ヲ藥トスル名。

ちご-ばな（名）兒花 白頭翁ニ同ジ。(畿內)

ぢごゑ（名）地聲 ウマレツキノ聲。


ちさ（名）萵苣 菜ノ名、苗高サ三四尺、初メ地ニ布キテ四散シ、長ズレバ薹ヲ起ス、葉ハ芥ニ似テ、厚ク軟ニシテ皺アリ、互生ス、生食、煮食スベシ、又、鹽ニ漬ケテモ食フ、春ノ末、梢ニ多ク淡黃花ヲ開ク、小菊花ノ如シ。

ちさ（名）樹ノ名、ちさのきノ條ヲ見ヨ。

ちさい（名）致齋 マイミ。(あらいみノ條ヲ見ヨ)

ちさい（名）笞罪 古ヘノ五刑ノ一、最モ輕キモノ、笞ニテ、脊、臀、腿等ヲ打ツ、打ツ數、十ヨリ五十ニ至ルマデ、五等アリ。

ぢざい-はふ（名）治罪法 犯罪ヲ處置スル法律。

ぢざう（名）地藏 六道能化ノ菩薩。

ちさし（形）小 ちひさしノ約。

ちさのき（名）樹ノ名、山野ニ多シ、高サ丈餘、枝、四方ニハビコル、春、新葉ヲ生ズ、形、橢ニシテ尖リ、鋸齒ナク、互生ス、夏、葉ノ間ニ、五瓣ノ白花ヲ開ク、莖、長ク垂レ、大サ六七分、形、柑橘ニ似テ、香アリ、實ハ、おかがしノ如ク、長サ三分許、秋熟シテ黑ク、上ニ白キ粉アリ、仁ニ油アリ、小鳥ノ餌トス、木ノ皮、白クシテ、青ト黑トノ細カキ斑アリ、器物ニ造リ、又、多ク傘ノ轆轤トス、故ニろくろぎノ名モアリ。齊墩樹
ちさん（名）遲參 刻限ヨリ遲クマヰルコト。

ぢさん（名）持參 物ヲ持チテマヰルコト。

ぢさん-きん（名）持參金 婚聟ノ緣ヅク時ニ、自ラ持參シテ贈ル金錢。

ちし（名）地誌 地理ヲ記シタル書。地理書。

ちじ (名) 致仕 仕ヲ致スヿ。官職ヲ辭シテ退クヿ。「太政大臣、ちじノ表奉リテ、籠リ居給ヒヌ」

ちじ (名) 知事 府、藩、縣、ノ長官。

ちし (名) 地子 〔地ニ生ズル息ノ義〕古ヘ、諸國ノ公田ノ剰田ヲ、國司ヨリ人ニ貸シテ佃ラシメ、秋ニ至リテ、若干ノ稻ヲ納レシムルモノ、上中下田ニテ差アリ。「勅、大和國、田租地子稻、永充ニ平城宮雜用料ー」

○ー錢。地子ノ租ニ代ヘテ納ルル錢。

ちしき (名) 智識 (一)智ト識ト。「ーヲヒロム」(二)智ト識トヲ具ヘタル人。「明僧ー」

〔ちしき (名) 地敷 敷物ノ名、唐莚ニ大文ノ高麗緣ヲ付ケタルモノト云。

ちしご (名) 知死期 陰陽家ニテ、人ノ死期ヲ知ルトイフ法、其人ノ生年月ノ支干ヲ推シテイフ。

ちしつ (名) 地質 土地ノ性。土質。

ちしつ (名) 痔疾 痔トイフニ同ジ。

ちしつがく (名) 地質學 理學ノ一部、地質、即チ、地殼ノ成立、地殼ヲ成セル諸物ノ位置、及ビ其創造變化等ヲ究メ知ル學。

ちしばり (名) 地縛 〔根、土中ニ延蔓スレバイフ〕(一)草ノ名、園庭ニ自生ス、形、にがなニ似テ長ク、根細ソク白クシテ、土中ニ蔓延スレバ、つるにがなノ名モアリ、一葉ヲ生ジ、或ハ叢生ス、春、莖ノ高サ四五寸、細ソクシテ直上シ、頭ニ黃花ヲ開ク、たんぽぽノ花ニ似タリ。剪刀股 (二)又、草ノ名、ひじはノ一名。

ちしぶ (名) 地澁 田溝ナドノ溜水ノ面ニ、鐵銹ノ如ク光リテ浮ケルモノ。又、ソブ。田ソブ。地渋 地㵎

ちしほ (名) 血汐 血ノ流レ出ヅルモノ。チシル。「ーニ染マル」

ちしほ (名) 千入 〔入ノ條ヲ見ヨ〕幾度モ染ムルヿ。「ーノ色」ーニ染ム」

ちじん (名) 地神 クニツカミ。

ちじん (名) 知人 交リテ相知ル人。シルベ。チカヅキ。

ちしん (名) 地震 古言、ナヰ。大地ノ面ノ震ヒ動クヿ、地下ノ火氣ノ上ヘ洩レムトシテ起ルモノト云。

ちしや (名) 智者 智アルモノ。カシコキ人。

ちしや (名) 萵苣ノ訛。

ちじやう (名) 痴情 ホダサルル情愛。

ちしやく (名) 地借 ぢかりニ同ジ。

ちしゆ (名) 地主 ヂヌシ。其地ノ主トナリテ守護スル神。「ーノ神」ー權現」

ちじゆつ (名) 治術 療治ノ仕方。

ちしよ (名) 地所 土地。地面。場所。

ちじよく (名) 恥辱 ハヂ。ハヅカシメ。

ちしり (名) 地尻 一區ノ地面ノ後ノ方。

ちしる (名) 乳汁 女ノ乳首ヨリ出ヅル汁。

ちしろ (名) 地代 借地ノ料。地代。

〔ちす (名) 帙簀 竹ヲ簀子ニ編メル帙ノ名、錦ナドノ緣ニ、金襴ナドヲ裏ニシテ、緖アリトゾ、物ノ本、經卷ナド包ム。「御經ヨリハジメ、玉ノ軸、羅ノ表紙、ちすノ飾リモ」

ちす・スル・スレ・セ・シ・セヨ (自動) (不規・二) 治 癒ユ。ナホル。平癒ス。「病ー」

ちす・スル・スレ・セ・シ・セヨ (他動) (不規・二) 持 モツ。タモツ。

ちすぢ (名) 血筋 (一)チノミチ。血ノ運クルみち。ミヤク。脈 (二)ウカラ。ヤカラ。身內。血緣。血派。血緣 (三)祖、父、子、孫等代代相續スルヿ。血統 血系

ちせい (名) 治世 (一)治マレル世ノ中。太平ノ世。(亂世ニ對ス)(二)世ヲ統ベ治メ給フ間。政事ヲ執リ給フ年月。「ー五十年」在位

ちせい (名) 地勢 土地山川ノ高低遠近等ノ形勢。地形。

ちせき (名) 治蹟 政治ノデキバエ。

ちそ (名) 地租 租トイフニ同ジ。

ちそ (名) 紫蘇ノ訛。(東京)

ちそう (名) 馳走 〔設ケニ奔走スル意〕モテナシ。フルマヒ。饗應。饗

ちそう (名) 地層 地質學ノ語、地殼ノ各種ノ土石等ノ、順ニ相重ナリタルヿ。

ちそく (名) 遲速 おそきトはやきト。

ちたい (名) 遲滯 オツナハリ、トドコホルヿ。

ちたい (名) 地體 モト。ネ。オホネ。根本。

ちだい (名) 地代 ヂシロ。借地ノ料。

ちたう (名) 薙刀 ナギナタ。

ちたたら (名) 地蹈鞴 蹈鞴トイフニ同ジ。

ちだま (名) 血珠 珊瑚珠ノ、色ノ血ノ如キモノ。

ちだんだ (名) ぢたたらノ音便訛。

○ー蹴ム。怒リ躍リテ烈シク地ヲ蹈ム。

ちち（名）父〔元、一音ちナルヲ重ネテイフ、梵語ニモ多多トイフトゾ〕（一）我ヲ生メル男。男親。カゾ。トト。テテ。（母ニ對ス）（二）子アル男。「人ノータルモノ」

ちち（名）乳〔乳ヲ重ヌ、小兒ノ語ニ起ル〕（一）乳汁。（二）乳房。

ちぢ（數）千〔千箇ノ義〕アマタ。サマザマ。クサグサ。「ーノ色」ーノ草葉」ーノ黃金」ーニ物思フ」ーニ染ム」ーニ悲シキ」

ぢぢ（名）祖父〔おほぢヲ略シテ重ヌ、小兒ノ語ニ起ル〕（一）おほぢニ同ジ。父ノ父。（二）又、母ノ父。外祖（三）泛ク、老人ヲ呼ブ語。オキナ。翁 老爺

ちちうへ（名）父上 己ガ父ノ尊稱。家大人

ちちかた（名）父方 父ノ血系ニ屬キタル族。（母方ニ對ス）「ーノをぢ」ーノいとこ」內戚

〔ちちかぶり（名）鰍 杜父魚ニ似テ小ク、背黑ク、腹、油色ニシテ、鱗無キモノ。近江ノ石部ニテ、今、ちちんかぶり、とちんかぶりナドイフ。京ニ、ぶとりくらひ。又、東京ニ、だぼはぜアリ、此類ナリ。又、杜父魚ヲ、近江、伊勢ニ、ちちこ、ちちんこ、とちんこナドイフモ、此轉ナリ。

ちぢかまる・ル・レ・ラ・リ・レ（自動）（規、一）縮 ちぢむ（規、一）ニ同ジ。シジカマル。チヂコマル。

ちぢかむ・ム・メ・マ・ミ・メ（自動）（規、一）縮 ちぢむ（規、一）ニ同ジ。ジジカム。

ちぢく・クル・クレ・ケ・キ・ケヨ（自動）（規、二）縮 縮マル、ニ同ジ。ジジジク。「髮ー」卷局

ちちぐさ（名）乳草〔斷テバ白汁出ヅ〕けしあざみニ同ジ。

ちぢける（動）縮 ちぢくノ訛。

ちちご（名）父御 他ノ父ノ尊稱。テテゴ。尊大人

ちぢこまる・ル・レ・ラ・リ・レ（自動）（規、一）縮 ちぢむ（規、一）ニ同ジ。チヂカマル。

ちちだ（名）父字 反切ノ條ヲ見ヨ。

〔ちちのはぐさ（名）紫參 いぶきとらのをノ類。

〔ちちのみの（枕）〔今モ箱根ノ邊ニテ、銀杏樹ヲ、乳ノ木トイフ、（老樹ニハ、乳房ノ如キモノ垂ルレバイフカ）サレバ、其實ヨリイヘルナラムト云〕父ノ枕詞。「知智乃實乃、父ノミコト、ハハソバノ、母ノミコト」

ちちぶぎぬ（名）秩父絹 絹布ノ稍粗ナルモノ、常ニ縹色ナドニ染メテ、衣服ノ裏地ナドトス、武州、秩父郡、大宮邊ノ產ナリ。

ちぢまる・ル・レ・ラ・リ・レ（自動）（規、一）縮 ちぢむ（規、一）ニ同ジ。シジマル。

ちぢみ（名）縮（一）チヂムコト。チヂミタルコト。（二）緯ヲ紡ギ、經ヲ紡ガズシテ織レル布帛ノ名、絹ー、木綿ーアリ。（越後ーハ製異ナリ、其條ヲ見ヨ）

ちぢむ・ム・メ・マ・ミ・メ（自動）（規、一）縮 短ク狹ク小クナル。皺ミ寄ル。（延ブ、ノ反）シジム。チヂマル。シジマル。チヂカム。シジカム。チヂカマル。シジカマル。チヂコマル。

ちぢむ・ムル・ムレ・メ・メ・メヨ（他動）（規、二）縮 短ク狹ク小クナス。皺寄ラス。シジムル。チヂムル。

ちちんこ（名）〔ちちかぶりノ條ヲ見ヨ〕杜父魚ノ異名。トチンコ。（近江、伊勢）

ちぢむさし・キ・ケレ・ク・ク（形、一）〔ちぢハ老爺ノ義カ〕甚ダ穢シ。キタナゲナリ。不潔

ちぢめる（動）縮 ちぢむ（規、二）ノ訛。

ちぢやう（名）治定 ヲサマリサダマルコト。オチツキキマルコト。

ちぢり（名）松毬〔縮リノ義カ〕まつふぐりニ同ジ。（畿內、西國）

ちぢる・ルル・ルレ・レ・レ・レヨ（自動）（規、二）縮 皺ミ寄ル。カガマリメグル。シジル。チヂクル。シジクル。卷局

ちぢれげ（名）縮毛 縮ルル癖アル髮。鬈髮

ちつ（名）帙 文卷。書物ノ被トスルモノ、今ノ多クハ、厚キ紙ニ布ヲ貼リ、折リテ包ム。

ちづ（名）地圖 海陸山川國郡等ヲ、天ヨリ平面ニ見タル狀ニ書キタル圖。

ちつきん（名）昵近 シタシミチカヅクコト。

ちつきんしゆう（名）昵近衆 側役。近習。

ちつきよ（名）蟄居（一）退キテ隱リ居ルコト。（二）德川氏ノ制ニ、士族ノ閏刑ノ名、閉門ヨリ重ク、改易ヨリ輕シ、閉門ノ上ニ、其期限ノ間、犯人ヲ一室ニ籠メ置ク。又、併セテ隱居セシメ、其家祿ヲ子孫ニ給スルヲー隱居ト稱シ、又、期限ナキヲ永ーー卜稱ス。

ちつけ（名）乳附 生兒ニ先ヅ乳ヲ含ムル女。「オドロオドロシウ、オキテサセ給ヒテ、御ちつけニシモアラズ、ヤガテ、御乳母ノ中ニ入レサセ給ヒツ」

ちつ-とう (名) 剔紅 堆紅ノ類。

ちつ-じよ (名) 秩序 ツイデ。次第。順序。

ちつ-す・スル・スレ・セシ・セヨ (自動)(不規・二) 蟄 (一)スゴモル。蟲、冬ニ至リ、地中ニ伏シ隱ル。(二)轉ジテ、人モ、退キテ隱レ居ル。「蟄シテ居ル」

ちつ-そ (名) 素素 元素ノ一、氣體ニテ、不燃ノ瓦斯ナリ、大氣中ノ一成分トナリ、其五分ノ四ヲ成ス、人ノ生活ヲ保タシメザルモノニテ「アンモニヤ」、硝酸、ナドノ中ニ化合シテアリ。

ちつ-ちよく (名) 黜陟 人ヲ官途ナドニ上ゲ下ゲスルヿ。

ちつ-つき (名) 地續 土地ノ連リツヅキタルヿ。

ちつ-と (副) 些 ちとノ音便。

ちつ-と (副) 動カズ移ラヌ狀ニイフ語。「―シテ居ル」「―見ツメテ」 凝坐 凝視

ちつ-ぷく (名) 蟄伏 スゴモルヿ。蟲ノ、冬、地中ニ伏シ隱ルルヿ。

ちつ-ぼ (名) 地坪 地面ノ坪數。(建坪ナドニ對ス)

ちと (副) 些 (一)スコシ。ワヅカニ。イササカ。チツト。(量ニ) (二)シバシ。暫時。(時ニ) 少時

ちとう (名) 地頭 (一)源賴朝ノ時ヨリ、諸國ノ莊園ニ置ケル職。賴朝、自ラ之ヲ統ベテ、總―トナル。(守護ノ條ヲ見ヨ)(二)後ニハ、一區ノ地ノ領主ノ稱。

ちとせ (名) 千歲 千年 (一)千ノ年。センザイ。センネン。(二)擻ヘツクセヌ年。「―ノ命」「―ノ松」

ちとせがひ (名) 千歲貝 螺ノ類ニシテ小ク、淡黃ニ

シテ褐色ノ橫線アル者。

〔ちとせのよろこび〕 (名) 千年聲 千秋樂、萬歲樂、ト頌スル聲ナリト云。「琴ノ音モ、竹モ千年ノ、聲スルハ、人ノ思ヒニ、カナフナリケリ」

ちどん (名) 癡鈍 氣轉ノ鈍キヿ。

ちどめ (名) 血止 傷ツキテ出ヅル血ヲ止ムル藥。

ちどめ-いし (名) 血止石 無名異ノ條ヲ見ヨ。

ちどめ-ぐさ (名) 血止草 べんけいさうニ同ジ。

〔ちどり〕 (名) 千鳥 多クノ鳥。「吾ガ門ノ、榎ノ實モリハム、百千鳥、千鳥ハ來レド、君ゾ來マサヌ」

ちどり (名) 千鳥 衞 〔千ハ群飛スル意カ、或云、鳴ク聲ヲ名トストヽ〕 水禽ノ名、冬月、多ク河海ノ上ニ群リテ鳴ク、飛ブニ回旋リタル列ヲナス、鳴ニ類シ、鶺鴒ニ似テ小ク、頭、背、蒼黑ニシテ、頰白ク、眼ノ後ニ黑キ條アリ、背ハ青黑クシテ、胸翅ハ黑シ、腹白ク、尾短ク、脛、黃蒼ニシテ細長シ、四指ニシテ、前三、後一ナリ、種類多シ、海―。(呼潮)河―(水喜鵲)等アリ。

ちどり (名) 地鳥 にはとりノ條ヲ見ヨ。

ちどり (名) 地取 相撲ノ技ヲ習フヿ。

ちどり-あし (名) 千鳥足 〔千鳥ハ兩足打交ヘテ走リ、歩ミヲ亂ルルモノナレバイフトゾ〕 路ヲ行クニ、右ヘ片寄リ、又左ヘ片寄リテ歩ムヿ。(醉人ナドニ) 蹣跚

ちどり-がけ (名) 千鳥掛 〔千鳥ノ列リテウネリ飛ブ象ヨリイフ〕 繡縫ニ、絲ヲ斜ニ打交ヘツツ掛ケユクヿ。

ちどり-がひ (名) 千鳥貝 とぶがひノ類、形、鳥ノ如ク、色白クシテ、茶色ノ條アリ。

ちどり-ぐさ (名) 千鳥草 淫羊藿ニ同ジ。

ちない (名) 地內 一區ノ地ノ構內。「寺ノ―」

ちなみ (名) 因 チナムヿ。ユカリ。

ちなむ・ム・メ・マ・ミ・メ (自動)(規・二) 因 〔道並ムノ義カト云〕 緣ニツク。因ル。タヨル。

ちならし (名) 地平 地面ノ高低ヲ平ニスルヿ。

ちなり (名) 地鳴 地震ナドノ時ニ、地ノ下ニテ、鳴リ響キテ音スルヿ。

〔ちぬ〕 (名) 海鯽魚 〔泉州ノ海上、卽チ、茅渟ノ海ニ出ヅルヲ佳賞セルニ起ル〕 魚ノ名、くろだひノ條ヲ見ヨ。

チンダヒ。

ちぬし (名) 地主 其土地ヲ所有スル主。

ちぬる・ル・レ・ラ・リ・レ (自動)(規・一) 衅 〔血塗ル義〕 牲ノ血ヲ器ニ塗リテ祭ル。(支那ニテ)

ちねずみ (名) 地鼠 ひみずニ同ジ。

ちのみご (名) 乳吞兒 乳ヲ吞ミテ居ルホドノ兒。乳兒。アカゴ。 乳兒 孩兒

ちのみち (名) 血道 (一)脈。(二)病ノ名、血運ノ頭ニ迫ルモノ、多ク婦人ノ病ニイフ。(血ノ滯ノ義カトモ云) 血風

ちのり (名) 地乘 馬術ノ語、地道ヲ乘ルヿ。

ちのわ (名) 茅輪 又、菅貫。夏越ノ祓ニ用キル具、茅ニテ大ナル輪ヲ作リ、人、コレヲクグル、疫ヲ避クトゾ。(蘇民將來ノ條、見合ハスベシ)

ちはう (名) 地方 チカタ。其一方ノ地。

ちはうくわん (名) 地方官 國郡府縣ノ地方ヲ攻

配スル官。

ちはうぜい (名) 地方稅 府縣ニテ、其地方限リニ取立ツル稅ニテ、其地方限リニ支拂フモノ。(國稅ニ對ス)

ちばしる (自動)(規.二) 血走 (一)血、ホトバシル。(二)眼ノ色、赤ラミテ鋭クナル。(烈シク怒レル時ナドニ)

ちはつ (名) 薙髮 剃髮ニ同ジ。

ちばなれ (名) 乳離 小兒ノ、稍、成長シテ、乳ヲ呑ムヲ止ムルコト。斷乳

〔ちはふ (他動)(規.一) 幸 さちはふノ略。幸ヲ與フ。(神ヨリ)「男ノ神モ、許シ給ヒ、女ノ神モ、千羽日給ヒテ」靈治波布神、モ吾ヲバ、打棄テコソ」

〔ちはや (名) 襅 (逸速ノ約ニテ、衣袖ヲ收メテ、働クニ便ニスル意ト云) 襷ノ類カ、詳ナラズ、古ク、常ニ、襷ト並ベ記シテ、之ヲ勘フルニ、條トイヘリ、巫ノ襅、覡ノ木綿襷、其用ヲ同ジウスルモノナルベシ。又、後世稱スルハ巫女ノ服ニテ、小忌衣ノ類、白布ニテ、身ニ一幅、袖一幅ニ作リ、模ヲ以テ、山藍ニテ、水草蝶鳥ナド摺リツケ、袖ヲ纏ハズ、紙捻ニテ括ルト云。

〔ちはやびと (枕) 次條ヲ見ヨ。

ちはやぶる (枕) (逸速ブル、ノ約ニテ、其勢ヲイフト云) (一)神ノ枕詞。「知波夜夫流、神ヲコトムケ」道速振、荒振國神等」殘賊強暴橫惡之神」轉ジテ「千磐破、金ノ三崎」―加茂ノ社」―香椎ノ宮」(二)又、宇治ノ枕詞。(物部ヲ氏人トイヒテ、其勇威ノいちはやきヲイフ語ナリトゾ)又、千早人トモイフ。「千早振、氏ノ渡リニ」千早人、宇治ノ度リニ」又、「千磐破、人ヲ和スト、不奉仕、國ヲ治ムト」

〔ちびき (名) 千引 千人ニテ引クベキ程ノ重サノモノ。「千人所引磐石」

ぢびき (名) 地引 地網ヲ海底ニ張リテ陸ヘ引寄スルコト。マキアミ。

ちひさがたな (名) 小刀 刀ノ短クシテ脇差ヨリ長キモノ、中古ニイヘル鞘卷ナリトゾ、武家ニ、狩衣素袍ノ時ニ用ヰル。

ちひさし (形.二) 小 (一)嵩少シ。大キカラズ。(二)低シ。幽ナリ。「聲―」(三)幼シ。イトケナシ。(四)イササカナリ。ワヅカナリ。(事ニ)

〔ちひさやかに (副) 小 小キ状ニ。「十五六ノ程ニテ、イト―」渚ニチヒサヤカナル舟寄セテ」

〔ちひさわらは (名) (小童ノ義) 内豎ノ條ヲ見ヨ。

ちびふで (名) 禿筆 毛ノスリキレタル筆。

ぢびやう (名) 持病 常ニ病ミ艱ム病。宿疾

ちびる (動) 禿ブ、ノ訛。

〔ちぶ (名) 乳癰 妬乳 (乳生ノ義カト云) 婦人ノ乳ノ腫ルル病。

〔ちふ (動) 「ト言フ」ノ音便約。「韓國ノ、虎云神ヲ、生取ニ、八頭取リ持チ來」

ちぶる (自動)(規.三) 禿 (潰ルト通ズト云) 摩レテ潰ル。「筆ノ毛―」

ぢふく (名) 地幅 門ノ閾。

ちぶくら (名) 乳脹 三味線ノ、棹ノ上、絲倉ノ下、左右ヘ圓ク脹レタル處ノ名。訛シテ、チブクロ。

ちぶさ (名) 乳房 人ノ胸ノ左右ニ凸ク出デタルモノ、小キ頭アリ、乳首トイフ、男ナルハ低小ニシテ更ニ用ナシ、女子ナルハ大ク出ヅ、兒ヲ生メバ乳首ヨリ乳汁ヲ出ス、兒ヲ哺育スルニ大切ナルモノナリ。獸ナルハ、胸腹ニアリテ、其數許多アルモアリ。

ぢぶしやう (名) 治部省 ヲサムルツカサ。古ヘノ八省ノ一、吉凶ノ禮儀、雅樂、僧尼、及ビ、蕃人、陵墓ノ事ヲ掌ル。

ぢぶつ (名) 持佛 常ニ身ニ持チ添ヘテ祈念スル佛體。

ぢぶつだう (名) 持佛堂 持佛、又ハ父祖ノ位牌ナド安置シテ置ク室ノ名。祠堂

ヂフテリア (名) 實布的里亞 [Diphtheria.] 馬脾風ノ條ヲ見ヨ。

〔ちぶりのかみ (名) 道觸神 旅路ニ、海、陸、共ニ、其路ニ行キ觸ルル所ノ神ヲ、手向ケスルニツキテイフ稱ナラムト云。「行ク今日モ、歸ラム時モ、玉鉾ノ、―ヲ、祈レトゾ思フ」

ちぶるひ (名) 血振 婦人ノ産後ノ病。血暈

〔ちへ (名) 千重 アマタ重ナリタルコト。「白雲ノ、智弊ニ隔テル、筑紫ノ國ハ」

ぢへい (名) 治平 世ノ治リテタヒラカナルコト。太平。

ぢへい (名) 地平 大地ノ平面。

††ちぼ (名) 路上ノ竊盜、すりニ同ジ。(大坂)

ちぼう (名) 智謀 善ク慮リ得タル謀。

ちまき（名）粽・糉・角黍〔茅卷ノ義、古ヘハ、茅ノ葉ニテ卷ケリト云〕糯米ヲ水ニ浸シタルモノ、又ハ、粳粉ヲコネテ芋子ノ如クシタルモノヲ、菰又ハ筳ノ葉ニ卷キ、煮テ熟セシメタルモノ、端午ノ時食トス。

ちまきざさ（名）粽筳 隈筳ノ異名、此葉ニテ粽ヲ包ムガ故ニ名トス。

ちまた（名）岐・衢〔道股ノ義〕(一)路ノ支アリテ方方ヘ分ケ行クベキ所。辻。(二)トコロ。場所。「合戰ノ―」「修羅ノ―」場

ちまたのかみ（名）衢神・岐神 (一)衢ヲ守ル神。(二)猿田彥ノ神。

ちまつり（名）血祭 戰ノ前ニ、牲ノ血ヲ以テ、軍神ヲ祭リ勝ヲ祈ルコト。釁

ちまなこ（名）血眼 怒リテ血バシリタル眼。

ちまはり（名）地廻 地方ヨリ送リ來ルコト。（海路遠隔ノ地ナドヨリ來ルニ對ス）「―ノ米」「―ノ酒」

ちまぶれ（名）血塗 血ニ染ミ塗レタルコト。チミドロ。チダラケ。衊

ちまよふ・ふ・へ・へ・ひ・へ（自動）（規・二）血迷 烈シク怨ミ怒リナドシ、上衝テ、精神、狂フ。

ちみ（名）地味 地質ノ肥瘠。

ちみ（名）魑魅 スダマ。「―魍魎」

ちみ（名）〔素地ノ飾ラヌ意ナラム、或ハ、老成染ナドノ略語カトモイフ〕(一)人ノ裝飾氣象ナドニ、衒ハズ、華ヤカナラヌコト。華美ノ反。樸素 (二)スコヤカナルコト。（輿羽）健全

ちみち（名）地道 (一)徐ニ步ムコト。緩步 (二)馬術ノ語ニ、馬ノ足並ヲ常ノ如ク步マスルコト。地乘。(三)權變ヲ用ヰズ、尋常ノ程度ヲ守リ行クコト。

ちみつ（名）緻密 キメコマカナルコト。

〔ちみどろ（名）血塗 ちまぶれニ同ジ。

ちみやく（名）地脈 地形ノ連レルスヂ。

ちん（名）賃 (一)錢ニテ雇ヒ使フコト。(二)作業、借用、ニ報ユル錢。チンセン。「船―」「手間―」「駄―」「運―」「店―」傭功錢

ちん（名）鴆 支那ニテ、鳥ノ名、梟ニ似テ、紫黑ニシテ、喙、赤黑ク、頸ノ長サ七八寸、大毒アリ、酒ニ加ヘテ、人ヲ殺スニ用ヰルト云フ。（或云、鴆毒トハ、孔雀ノ頭毛ノ毒ナリト）

ちん（名）珍 メヅラシキコト。「希世ノ―トス」

チン（名）亭〔字ノ唐音〕園庭丘陵ナドニ立ツル小キ家ノ名、多クハ、堀立作リニテ四柱ノミノモノニ云フ。アヅマヤ。「紅葉ノ―」「時雨ノ―」

チン（名）狆〔外國語ナラム、字ハ中ノ唐音ニ因テ作レル和字カ、或ハ、小ノ轉カトモ云〕狗ノ一種、舶來ノ種ヨリ繁殖シ、家中ニ畜フコト猫ノ如シ、大サ猫ノ如クナレドモ、小キヲ貴フ、毛長クシテ、白毛ニ黑斑アルヲ常トス、性、怜悧活潑ナリ。拂菻狗 其至テ小ナルヲまくら―トイフ、馬鐙狗

ちん（代）朕 帝王ノ自稱シ給フ代名詞。マロ。（文章ノ上ニ）

ちん（名）陣 (一)戰爭ニ軍勢ヲ列ヌルコト。「魚鱗鶴翼ノ―」「長蛇ノ―」(二)軍勢ノ屯スル所。陣所。陣屋。「―ヲ取ル」「―ヲ張ル」兵營 (三)近衞、衞門等、武衞ノ官人ノ居ル所。「左近ノ―」「右衞門ノ―」「春宮ノ帶刀ノ―」

〔ちん（名）沈香ノ略。「―ノ枕」「―ノ櫛」「―ノ箱」

ちんあつ（名）鎭壓 オシシヅムルコト。

ちんえい（名）陣營 陣屋ニ同ジ。

ちんかい（名）塵芥 チリアクタ。「命ヲ―ヨリ輕ンズ」

ちんかう（名）沈香 熱地ニ產スル香木ノ名、樹ハ、もちのきニ似タリト云フ、材ヲ舶來ス、其節、木心、堅ク重クシテ、水ニ沈ムガ故ニ名アリ、香料トス、黑色、赤色等、品類多シ。略シテ、ちん。

ちんかうぼく（名）沈香木 木ノ名、葉、かしはノ如ク、秋、紅葉スルモノ。

ちんがさ（名）陣笠 戰場ニ用ヰル笠、薄キ鐵ナドニテ作リ、雜兵ノ兜ノ用トス、或ハ、木製、塗漆ニテ、將士ノ用トスルモアリ。

ちんがね（名）陣鐘 陣中ニ用ヰル半鐘、打チテ軍勢ノ驅引ヲ示ス。

ちんがひ（名）陣貝 陣中ニテ、軍勢ヲ進退スルニ吹キ用ヰル法螺貝。哱囉

ちんき（名）珍奇 メヅラシキコト。

ちんきち（名）陣吉〔武田信玄ノ命名セル所ト云〕布ノ財布ノ稱。

ちんきん（名）沈金 漆器ニ、畫樣ヲ毛刻リニシテ刻目ニ金粉ヲ込メタルモノ、赤地ナルヲ金朱ト云ヒ、

黒地ナルヲ金黒トイフ、香合、印籠等ニアリ、多ク琉球ニ産ズ。又、ー蒔繪。ー刻。錢金

ちんぎん (名) 賃銀 賃錢ニ同ジ。

ちんきやく (名) 珍客 タマサカニ來レル客。

ちんくわ (名) 鎭火 火災ノ鎭マリ消ユルヿ。

ちんくわさい (名) 鎭火祭 ヒシヅメノマツリ。

ちんご (名) 鎭護 禍難兵亂ナド、鎭メ守ルヿ。「王城ノー」

ちんこきり (名) 賃粉切 賃錢ニテ、烟草ヲ刻ムヲ業トスルヿ。

ちんこんさい (名) 鎭魂祭 タマシヅメノマツリ。

ちんざ (名) 鎭座 神靈ノ其地ニ鎭マリ座スヿ。

ちんざう (名) 珍藏 珍器ナド、愛シテ藏メ置クヿ。

(ちんし) (名) 鎭子 筵席ナドノ鎭壓ニスルモノカ。

ちんじ (名) 珍事 (一)メヅラシキコトガラ。(二)變事。椿事。「ー出來」

○ー中天。珍事中ニシテ止ム。

ぢむし (名) 地蟲 (一)園圃ノ土中ニ生ズ、形ハいもむしノ如ク、長サ一寸許、色白クシテ、首赤ク、尾黒シ、草ノ根ヲ食ヒ、嫩苗ヲ切リテ害ヲナス、故ニねきりむしノ名モアリ、土上ニ出ヅレバ竦ミテ動カズ、故ニ、古名ヲすくもむしトイフ、春ノ後、土中ニテ復蛸ニ化シ、後ニ羽化シテ蟬トナル、其一種、長サ三寸許ナルハ、秋蟬、山蟬トナル。蠐螬 (二)又、蟲ノ名、アアジヤコ。

ぢんじ (名) 塵事 世間ノ俗事。(厭ヒテイフ)

ちんしや (名) 陳謝 ワビヲイフヿ。アヤマルヿ。

ちんじやう (名) 陳情 情實ヲ述ブルヿ。

ちんじゆ (名) 鎭守 (一)兵ヲ以テ其地ヲ鎭メ守ルヿ。(二)其土地ヲ鎭メ守ル神。

ちんじゆつ (名) 陳述 言葉ニ述ブルヿ。

ちんじゆふ (名) 鎭守府 古ヘ、陸奧國膽澤郡ニ置カレタル府、邊要ヲ守リ、蝦夷ヲ鎭メ、國司ト並ビテ事ヲ行フ、四等ノ官ハ、將軍、副將軍、軍監、軍曹、ナリ。此將軍、三位以上ノ人ノ任ズルトキハ、ー大將軍トイフ。

ちんしよ (名) 珍書 世ニ珍ラシキ書物。

ぢんしよ (名) 陣所 陣ヲ設ケタル所。陣屋。

ちんず・ズル・ズレ・ゼ・ジ・ゼヨ (他動)(不規・二) 陳 (一)言葉ニ陳ブ。(二)言ヒシロフ。言張ル。抗言

ちんすゐ (名) 沈醉 醉ヒツブルルヿ。

ちんせい (名) 鎭星 土星ノ一名。

ちんせい (名) 鎭靜 シヅマルヿ。

ぢんせい (名) 塵世 世俗ヲ厭ヒテイフ語。

ちんぜいは (名) 鎭西派 淨土宗ノ一派、筑後ノ善導寺ノ開山、聖光(法然ノ弟子)ニ起ル。

ちんぜいふ (名) 鎭西府 (一)古ヘ、筑紫ニ置キテ鎭撫トセラレタル府。將軍、判官、主典等ノ官ヲ立ツ。(二)後ニ、太宰府ノ一稱。

ちんせつ (名) 珍說 メヅラシキハナシ、

ちんせん (名) 賃錢 雇ハレ仕事ニテ得ル錢。

ぢんせん (名) 陣扇 グンバイウチハ。

(チンダ) (名) 往時、南蠻人蘭人等ノ舶來セシ酒ノ名。

ちんたい (名) 鎭臺 (一)一地方ノ鎭守ノ兵營。(二)又、一地方ヲ治ムル官。(文官ニ)

ぢんだい (名) 陣代 陣屋ヲ留守スル役、地方ノ代官。

ぢんだいこ (名) 陣太鼓 軍勢ノ駈引ヲ示スニ打ツ太鼓。戰鼓

ぢんだて (名) 陣立 軍勢ヲ列ネテ戰ニ備フル法。排陣 陣伍

ちんだひ (名) 魚ノ名、ちぬニ同ジ。クロダヒ。

ちんだん (名) 珍談 珍ラシク面白キ話。

††ちんぢばしより (名) 〔爺端折ノ音便〕 衣ノ脊縫ノ、裾ヨリ七八寸上ノ處ヲ摘ミ塞ゲテ、帶ノ結目ノ下ヘ挿ミ端折ルヿ。

ぢんぢやうげ (名) 沈丁花 〔香、沈香ノ如ク、花、丁子ニ似タリトテ名トス〕 樹、高サ三四尺、枝幹繁茂シ、多ク二叉ヲナス、葉、細長クシテ厚ク、互生シ、冬ヲ歷テ凋マズ、春ノ半ニ、枝ノ頂ニ花アリ、數十、聚リ開ク、筒咲ニシテ、末、四瓣ニ分ル、丁子ノ如シ、大サ四五分、內ハ粉紅、外ハ紫赤ニシテ、香氣烈シ、實ヲ結バズ。瑞香

ちんちやく (名) 沈着 落チツキテ輕率ナラヌヿ。

ちんちよう (名) 珍重 (一)珍シトシ重ンズルヿ。(二)メデタシト喜ビ祝フ語。「ーノ至」ーニ存ズ

ぢんつう (名) 陣痛 產ナドニ、ムシノカブルヿ。

ちんてい (名) 鎭定 シヅマリサダマルヿ。(戰亂ナド)

ちんでん (名) 沈澱 水ニ沈ミヨドムヿ。ヲドムヿ。

ちんどり (名) 陣取 ヂンドルコト。陣立。

ちんどる・ル・レ・リ・レ (自動)(規・二) 陣取 陣所ヲ設ク。陣ヲ張ル。陣立ヲナス。 敗陣

ちんのざ (名) 陣座 禁中ニテ、節會、神事、敘位、等ノ公事ノ時、上卿ノ其事ヲ執行フニ着ク座。左近衛ノ一ハ、日華門ノ内ニアリ、右近衛ノ一ハ月華門ノ内ニアリ。

ちんば (名) 跛 〔跉跛ノ音カ〕 (一)不具ノ名、片足蹇ヘテ、歩ムニ正シカラザルモノ。カタチンバ。ビッコ。(二)轉ジテ、俗ニ、スベテ、對ノ物ノ揃ハヌコ。

ちんばう (名) 珍寶 メヅラシキタカラモノ。

ちんはおり (名) 陣羽織 陣中ノ服、製、羽織ニ似テ、袖無シ、鎧、具足、ノ上ニ着ル、將士ノ用ナルハ、絹、羅紗ナドニテ作リ、繡縫ナドシテ飾ル。 甕甲

ちんばらひ (名) 陣拂 陣ヲ引拂ヒテ退クコ。 退軍

ちんぴ (名) 陳皮 〔陳久ナルヲ良トスレバ云〕 柑子ノ熟シテ皮ノ黄ニナレルヲ乾シテ藥料トスルモノ、今、多ク、蜜柑ノ皮ヲ代ヘ用ヰル。

ちんぴん (名) 珍品 メヅラシキシナモノ。

ちんぷ (名) 鎭撫 亂ヲ鎭メ、民ヲ治ムルコ。

ちんぷ (名) 賃夫 賃錢ニテ雇フ人夫。

ちんぷ (名) 陳腐 フルクサキコ。

ちんぶつ (名) 珍物 メヅラシキモノ。

ちんぶん (名) 珍聞 メヅラシキウハサバナシ。

ちんぷれ (名) 陣觸 出陣ノ號令。

ちんぼつ (名) 沈沒 水ニ入リテ沈ムコ。

†ちんまり (副) 〔つづまりノ音便〕 ツヅマヤカニ。程好ク小ク。

ちんみ (名) 珍味 メヅラシキクヒモノ。

ちんもく (名) 沈默 オチツキテモノイハヌコ。

ちんや (名) 陣屋 (一)軍勢ノ屯スル假屋。 兵營 (二)城、館、ノ小キモノ。(小諸侯ノ居所、郡代代官ノ居、ナドニイフ)

ちんりん (名) 沈淪 沈ミテ浮バヌコ。(多ク、立身ノ道ヲ得ヌ意ニイフ)

ちんれつ (名) 陳列 ナラベタツルコ。

ちめ (名) 血眼 逆上ノ眼病。

ちめい (名) 地名 土地ノ名。

〔ちめぐさ (名) 敗醬 〔血眼草ノ義、赤眼障膜ヲ治ストゾ〕 女郎花ノ古名。

ちめん (名) 地面 (一)平地ノ面。(二)一區ノ地。田宅ノ地。地所。(多ク其廣狹ヲ量ルニイフ)

ちも (名) 知母 古名、ヤマシ。草ノ名、春、宿根ヨリ叢生ス、葉ハ芒ノ葉ノ如クニシテ、狹ク厚ク、深緑色、長サ一二三尺、夏月、葉ノ中ニ莖ヲ起ス、高サ二三尺、其端ニ、一尺許ノ小ク長キ花、繁ク綴リテ穗ヲナス、其色、淡紫碧、後ニ、長サ三四分ノ細莢ヲ結ブ、内ニ三稜ノ黒子アリ。

ちもく (名) 除目 〔官ニ除シ目錄ニ記ス意〕 古ヘ、諸臣、任官ノ公事。(大臣ノ外) 正月十一日ヨリ十三日マデニ、縣召ノ一アリ、春ノ一トモイフ 諸國司ヲ召シテ任官アリ。秋ニ、京官ノ一アリ、秋ノ一トモイフ。(元ハ三月三日前ニ行フベキヲ、後ニ、秋トナリ、或ハ冬ニモ亙レリ) 在京諸司ノ官人ヲ任ゼラル。又、大臣ヲ任ゼラルルナドヲ、臨時ノ一、又、小一トモイフ。

ちもん (名) 地紋 織物、染物ニ、地ノ模樣。

〔ちもり (名) 道守 (一)道ヲ守ル者。ミチモリ。(山守、野守ノ類) (二)道路ヲ巡リテ非違ヲ督ムルモノ。 追邏

ちもり (名) 地守 他人ノ土地ヲ守リ居ル者。

ちや (名) 茶 (一)樹ノ名、古ク支那種ヲ移シテ、今諸州ニ遍シ、樹高サ四五尺、さざんくわニ類ス、花モ相似テ小ク、色白クシテ黄ヲ帶ブ、黄蘂多シ、秋ノ末開ク、實圓クシテ褐色ナリ、葉、長サ寸許、深緑ニシテ光ル、此嫩葉ヲ製シテ、熱湯ヲ加ヘ、其氣ヲ飲料トス、其味、甘苦芳香、今、上下、日常、愛シ用ヰル所ナリ。製法、夏ノ初ヨリ嫩葉ヲ摘ム、又、二番芽、三番芽モアリ、葉ヲ蒸シ、手ニテ揉ミ、火ニテ乾ス、コレヲ、製茶、葉茶、ナドイフ、品位、製法、種種ナリ、湯ニ煎、或ハ熱湯ヲ注ギテ飲ムヲ、煎茶トイフ、又、粉末ニシ湯ニ攪キマゼテ用ヰルヲ、末茶、碾茶、ナドイヒ、コレニ濃茶、薄茶ノ品アリ、各條ニ注ス。(二)茶ノ樹ノ葉。「一ヲ摘ム」一ヲ製ス」(三)蒸シ製シタル茶。葉茶。「一ヲ賣ル」一ヲ碾ク」一ヲ入ル」(四)煎ジ出シタル茶汁。煎茶。「一ヲ飲ム」一ヲ勸ム」(五)色ノ名、茶色ノ條ヲ見ヨ。

ちやいれ (名) 茶入 茶家ニ、末茶ヲ盛ル小キ器ノ

名、濃茶、薄茶ニ因テ、其形、製作、種種ニシテ、棗、大海、肩衝ナドノ品アリ、多クハ、漆器、陶器ナリ。茶注 注壺

ちや-いろ (名) 茶色 〔煎茶汁ノ濃キ色ヨリイマカ〕赤黄ノ混和シテ黒ミアル色。茶褐色

チヤウ (名) 茶宇 ちやうだまノ條ヲ見ヨ。

ちやう (名) 町 (一)段別ノ名目、即チ、十段。古ヘハ、三千六百歩、今ハ、三千歩、天正年中ヨリ減ジタリトゾ。(二)量地ニ、六十間。一里ノ三十六分ノ一。(三)市街ノ區分ノ名、元ト、六十間ヨリ起リテ、今ハ、廣狹齊シカラズモアリ、一ー目、二ー目ナドイフ。(略字ニ、丁トモ記ス)(四)マチ。市。「ー村」某ー」

ちやう (名) 帳 帳臺ナドノ上ニ垂ルルとばりノ類。

ちやう (名) 帳 〔帳、計簿也〕金錢勘定ノ事ナド記ス書物。帳面。又、日記、書留ノ類ヲモイフ。

ちやう (名) 疔 腫物ノ名、面部ニ發シテ、極メテ險症ナルモノ。(俗ニ、癰ト混ジ誤ル)

ちやう (名) 廳 (一)ツカサ。役所。「太政官ノー」府ー」縣ー」(二)專ラ、檢非違使ノ廳。使廳。

ちやう (名) 長 (一)ヲサ。カシラ。第一ナルモノ。「百夫ノー」獅子ハ百獸ノー」酒ハ百藥ノー」(二)齢長ケタルモノ。トシウヘ。「ー卜幼ト」年長 (三)長ケ勝レタルモノ。「ーヲ取リ、短ヲ補フ」

ちやう (名) 腸 ハラワタ。

ちやう (名) 丁 (一)數ノ名目、丁半、丁百、ノ條ヲ見ヨ。(二)町。

ちやう (接尾) 丁 書物ノ中ノ紙ヲ數フル語。

ちやう (接尾) 挺 丁 〔或ハ、手ノ轉カ〕細長キモノヲ數フル語。(鋤、鍬、鉋、銃、蠟燭、墨、艪、櫂ナド)又、駕籠ヲ數フルニモイフ。(丁ニ因テイフカ、棒ニ因テイフカ)

ちやう (接尾) 張 弓琴ナド、弦絃ヲ張ル物ヲ數フル語。「弓、十ー」琴、五ー」

ぢやう (名) 丈 (一)度ノ名目、尺ノ十倍。(二)タケ。ナガサ。「段物ノー」(三)長老ノ稱。丈人。(尉ノ條、見合ハスベシ)(四)轉ジテ、人ノ名宛ノ下ニ添ヘテ記ス語、殿ノ意ナリ、但シ、遊藝ノ者ナド、稍、下輩ナルニ用ヰル。

ぢやう (名) 定 夫レト定メタルモノ。必定。「ーノ中リヲ知ラズ」有ルベキモノーナリ」何レモ此ノーナルベシ」ー直段」ー得意」ー客」

ぢやう (名) 杖 ツヱ。刑ノ名、杖罪ノ條ヲ見ヨ。

ぢやう (名) 娘 ムスメ。(稍、身分アル人ニイフ)

ぢやう (名) 錠 鎖ノ條ヲ見ヨ。

ちやう-あひ (名) 帳合 帳面ノ金錢出入ヲ引合ハセ取調ブルモノ。對賬

ちやう-うち (名) 町打 町間ノ數ヲ定メ、的ヲ建テ、銃砲ヲ打チ習フモノ。

ちやう-か (名) 町家 マチヤ。商人ノ家。

ちやう-かう (名) 長庚 金星ノ條ヲ見ヨ。

ぢやう-ぎ (名) 定木 定規 (一)物ヲ眞直ニ裁チ、或ハ、眞直ナル線ヲ作ルニ、當トシテ用ヰル直ク細長キ材。界尺 界方 其樋ノアルヲ樋ートイフ。(二)メアテ。テホン。模範

ちやう-きう (名) 長久 ナガクヒサシキモノ。イツマデモ絶エヌモノ。「武運ー」

ちやう-ぎん (名) 挺銀 丁銀 慶長年中、一作レル銀貨ノ名、一枚、四十三匁アリ、棒又ハ板ナリ、切リテ通用セリ。

ちやう-くわん (名) 長官 官ノ長。(長官ノ條ヲ見ヨ)

ちや-うけ (名) 茶請 煎茶ヲ飲ム時ニ、併セテ食フ菓子ノ類。茶ノ子。點心

ちやう-けい (名) 長兄 第一ノ兄。

〔ちやう-けい-し (名) 長慶子 雅樂ノ曲ノ名、ちやうげんしト讀ムトゾ、常ニ、舞樂ノ終ニ、曲ノミヲ奏ス。

ちやう-けし (名) 帳消 金錢勘定ノ、皆濟ナドトナリテ、帳面ノ記事ヲ墨消ニスルモノ。完賬

ちやう-けん (名) 長絹 (一)古ヘ、一種ノ絹布ノ名、平絹ナドト別ツ。水干、直衣、狩衣ナドニ作ル。(二)服ノ名、即チ、ーノ水干ノ略ナリ、製、直垂ノ如クニシテ、袖括アリ、菊綴ハ、水干ノ如クニシテ、前ニ四處、背ニ三處ナリ、元、長絹ニテ作レリ、後ニハ、紗、練ナド、定メナシ、色、多クハ白キヲ用ヰル、胸紐ハ、衣ノ内ニテ、左右ヘ打交ヘ、項ヲメグラシ、左右ノ肩ヨリ下ゲテ、兩脇ヨリ衣ノ外ヘ出シテ胸ニテ結フ、袴モ直垂ノ如シ。

ちやう-けん (名) 町間 町見 測量ノ語、高低遠近ノ町間尺ヲ量ルモノ。

ちやう-ごぶ (名) 丁五十 丁百ノ條ヲ見ヨ

ぢやう-ごふ (名) 定業 定レル業報。

ちやう-ざ (名) 長座 ナガヰ。長ク座ニアルモノ。

ちやうざい（名）杖罪 古ヘノ五刑ノ一、笞ヨリ重ク、徒ヨリ輕シ、杖ニテ撃ツ、其數、六十ヨリ百ニ至ルマデ、五等アリ。

ちやうし（名）長子 第一ノ子。長男。

ちやうじ（名）丁子 (一)丁香トイフ樹ノ實、熱帶地ノ産ナリ、樹ハ肉桂ニ似テ、葉、稍、細ソク、柳ノ葉ニ似タリ、花ハ、枝ノ端ニ簇ル、初メ白ク、後ニ緑ニシテ、香極メテ高シ、終ニ萎ミテ落チズ、色赤ク固マリテ、遂ニ變ジテ實トナル、即チ、丁子ナリ、其形、小キ釘ノ如シ、多ク實ヲ舶來シテ、香料藥料トス。丁香 (二)チヤウジゾメ。(三)チヤウジビキ。(四)チヤウジガシラ。

ちやうじ（名）停止 差止ムルコ。禁ズルコ。「鳴物ー」

ちやうじがしら（名）丁子頭 燈心ノ燼ノ、結ビテ塊ヲナシテ、形、丁子ノ如クナレルモノ、俗間ニ、コレアレバ、明日、得ルコアリトテ祝ス。燈花
ちやうしき（名）定式 定リタル儀式。イツモノキマリ。

ちやうじぞめ（名）丁子染 香染ニ同ジト云。

ちやうじつ（名）長日 夏ノ長キ日。

ちやうじびき（名）丁子引 唐紙ナドノ染色ノ名、白地ニ、茶色ノ横線ヲ細カク引ケルモノ。

チヤウジユマ（名）茶宇縞 〔印度ノ刹兀兒國ノ名ニ起ル〕絹布ノ名、舶來品ナリ、琥珀織ニ似テ、輕ク薄ク、甚ダ精美ナリ、嘗チヤウ、紋チヤウ、アリ、多ク袴ニ用ヰル。椒花緞
ちやうじん（名）丈人 〔丈夫ト意同ジ、其條ヲ見ヨ、或云、倚杖ノ義ニテ尊稱ナリト〕長老ノ尊稱。

ちやうじや（名）長者 (一)年長ノ人。「爲ニ長者ニ折レ枝」(二)衆人ニ長タル德アル人。「寛大ノー」ー ノ風アリ」
ちやうじや（名）長者 (一)長タル人。(二)氏上。(其條ヲ見ヨ)(三)京都ノ東寺ノ長ノ稱。(四)富貴有德ノ人。カネモチ。モノモチ。富豪 素封
ちやうじやう（名）頂上 (一)イタダキ。絶頂。テッペン。絶巓 (二)此上無キコ。最上。
ちやうじゆ（名）長壽 イノチナガキコ。長命。
ちやうじゆ（名）聽衆 キクヒト。聽聞スル人人。(說法ナドヲ)
ちやうしゆん（名）長春 (一)トコシナヘニ春ナルコ。四時ニ花アルコ。四季咲。(二)薔薇ノ一種、木本ニシテ、葉ハ、一蔕毎ニ、三五七葉ヲ生ズ、花ニ、一重モ八重モアリテ、多クハ紅ナリ、早春ヲ候トスレドモ、四時ニ花アリ。月季花 月月紅
ちやうしゆんくわ（名）長春花 舶來ノ金盞花ノ一名。
ちやうす（名）茶臼 末茶トスベキ葉茶ヲ碾クニ用ヰル石臼、山城宇治ノ朝日山ノ石ヲ良シトス。茶碾
ちやうず（ズル・ズレ・ゼ・ジ・ゼヨ）（自動）（不規・二）長 (一)タク。生ヒ立ツ。成長ス。「日ニー」(二)巧ニナル。他ニ勝ル。「技ニー」
ちやうせい（名）長生 ナガイキ。長命。
ちやうせい（名）長逝 死ヌルコ。(稍、敬ヒテイフ)
ちやうせん（名）地黄煎ノ音便。(京都)

ちやうそくりう（名）長京流 〔鍼ハ人ノ名、ジヨンニ起ルトモ云〕馬術ノ一流ノ名、昔シ、盲盤人ノ傳ヘシ所ト云。

ちやうだい（名）帳臺 室中、席上ニ更ニ座ヲ設ケテ、上ニ帳ヲ垂レタル所、高貴ノ用ナリ。

ちやうだい（名）頂戴 貰フコノ敬語。イタダクコ。

ちやうだい（名）町代 町役人ノ名主ニ次グモノ。(江戸)

チヤウチン（名）提燈 〔或ハ挑燈、字ノ唐音ノ轉〕蠟燭ヲ點ジテ、夜、行クニ携フル具、數多ノ細キ竹ノ輪ヲ骨トシテ紙ニテ貼レルモノヲ被ヒトス、形、圓クシテ、伸縮自在ナリ。燭籠 小田原ー、弓張ー、高張ー、箱ー、ぶらー、ほほづきー、ナドアリ、各條ニ註ス。

ちやうちやう（副）丁丁打打 物ヲ打ツ響ニイフ語。「ーハッシト打ツ」

ちやうちやく（名）打擲 人ヲ撃チタタクコ。

ちやうぢよ（名）長女 第一ノ女。

ちやうづけ（名）丁付 書物ノ枚數ノ順ヲ記スコ。

ちやうづめ（名）定詰 役所ニ詰切リニテ勤ムルコ。常參 長直
ちやうと（名）長途 遠キ旅路。「ーノ疲レ」

ちやうと（副）丁打 相撃ツ響ニイフ辭。「ー打ツ」

ちやうど（副）丁度 〔或ハ、調度ノ音ニテ揃フ意カ〕(一)好キ程ニテ。ホドヨク。ヲリヨク。適 (二)マサシク。アダカモ。サナカラ。宛然
ちやうない（名）町内 其町ノ内。「ー安全」

ちやうなみ (副) 町並 町毎ニ。
ちやうなん (名) 長男 第一ノ息子。長子。
ちやうにん (名) 町人 町ニ住ム人。アキウド。市民
ちやうば (名) 町塲 人夫ノ、役ニ宛テラレテ、運送路普請ナドスベキ路程ノ間。
ちやうば (名) 帳場 商家ノ店先ニテ、帳附出納ノ事ナドスル所。
ちやうはうけい (名) 長方形 四角ニテ長キ形。
ちやうはつ (名) 長髪 月代ヲ剃ラズシテ、長ク生ヒタルヿ。
ちやうはん (名) 丁半 (或ハ重半トモ記ス、實ハ調端ノ轉ナリト云) (一)雙六ノ采目ノ數ニイフ語。數ノ相遇ヒテ一ツニ分ツベキ二、四、六、八、十等ヲ、丁(偶)トイヒ、コレニ反シタル一、三、五、七、九等ヲ半(奇)トイフ。轉ジテ、泛ク數ニ用ヰテ、二日、四日等ヲ丁日(偶日、雙日)トイヒ、三日、五日等ヲ半日(奇日、隻日)ナドトイフ。(二)采ヲ用ヰテスル博奕ノ名、采ノ目ノ數ヲ丁ト呼ビ半ト呼ビ中テテ賭ク。
ちやうび (名) 丁日 前條ヲ見ヨ。
ちやうびやく (名) 丁百 (調百ノ誤ト云) 錢ニ、百文ニ全ク百文ヲ用ヰルモノ。(九六百ナドニ對ス) 足百錢 其五十文ナルヲ丁五十トイフ。
ちやうぶ (名) 町歩 段別ノ町ヲ數フル語、町トイフニ同ジ。「五十―」「百―」
ぢやうふ (名) 定府 徳川氏ノ時、大小名ノ主從ノ、江戸ニ居着キテアル稱。(領地ヨリ年年參勤交替スルモノニ對ス)
ぢやうふ (名) 丈夫 (支那ノ古ヘニ、人ノ長、周制ノ尺ニテ一丈ナルヲ正制トス、故ニイフ、大―トイフモコレナリ) マスラヲ。男子ノ稱。
ぢやうぶ (名) 丈夫 (一)スコヤカナルヿ。身體ニ病ナキヿ。壯健 (二)確トシテ破レ難キヿ。堅固。堅牢
ちやうぼ (名) 帳簿 帳、帳面、ニ同ジ。
ちやうほん (名) 張本 (預爲ニ後地一曰ニ張本一) (一)事ノ起ル原由。オコリ。(二)張本人。「盜人ノ―」
ちやうほんにん (名) 張本人 事ヲ起セル人。發頭人。(多ク惡事ニ云フ) 首謀
ぢやうまへ (名) 錠前 錠トイフニ同ジ。鎖。
ちやうまん (名) 脹滿 病ノ名、水腫ノ一種、水様液ノ、腹膜ニ溜リテ、腹、大ニ脹ルルモノ。
ぢやうみやう (名) 定命 佛家ノ語、前世ノ因ニテ、限ラレ定メラレタル命數。
ちやうめい (名) 長命 ナガキイノチ。ナガイキ。
ちやうめん (名) 帳面 帳ノオモテ。帳。計簿
ぢやうめん (名) 定免 定式ニ免ズルヿ。(年貢、運上ナドニ)
ちやうもん (名) 聽聞 キクヿ。(說法、講釋、ナドヲ)
ぢやうもん (名) 定紋 紋ノ條ヲ見ヨ。
ちやうや (名) 長夜 冬ノ長キ夜。
ぢやうやく (名) 定役 武家ニ、諸役所ノ勘定掛ナドノ雜事ノ下役。
ちやうらう (名) 長老 (一)年長ケテ尊ムベキ人ノ稱、先生トイハムガ如シ。(二)禪家ニテ、齒、德、並ニ高キ僧ノ稱號。
ちやうり (名) 長吏 寺務ヲ統ブル長。(勸修寺、園城寺等ニ)
ちやうり (名) 長吏 張里 (元、其頭人ノ稱ナリトモイフ) 居兒 ノ稱。(東國)
ぢやうれい (名) 定例 定リタル例。定式。
ぢやうろく (名) 丈六 (丈夫、八尺爲度、如來倍之) (一)長一丈六尺ノ佛像。常ニ、趺坐ノ坐像ニ作ル、コレヲ一足組、又、一居、ナドイフ。(二)轉ジテ、アグラカクヿ。ロクニヰルヿ。趺坐
ちやかす ス・セ・サ・シ・セ (他動)(規.一) 嘲リ侮ル。嘲弄ス。侮弄
ちやかつしよく (名) 茶褐色 チヤイロ。
ちやがま (名) 茶釜 釜ノ一種、上ノ方、窄クシテ、口、狹キモノ、專ラ茶ヲ煮ルニ用ヰル、鐵又ハ眞鍮ナドニテ作リテ、鍔アリ。(關東ノ稱)畿内西國ニ、鑵子。
ちやきん (名) 茶巾 茶家ニテ、茶碗ヲ拭フ麻布、朝鮮照布ヲ上トス。拭盞巾 受汚
ちやきんづつみ (名) 茶巾包 砂金包ノ訛。(砂金ノ條ヲ見ヨ)
ぢやく (名) 持藥 共人ノ常ニ服用スル藥。(强壯劑ナド)
ちやくい (名) 着衣 着タル衣服。着服。
ちやくがん (名) 着岸 船ノ岸ニ着クヿ。
ちやくがん (名) 着眼 目ノツケドコロ。

ちやくぎよ (名) 着御 到着ノ敬語、(天子ニ)
ちやくこ (名) 着袴 ハカマギ。
ちやくざ (名) 着座 座ニツクヿ。スワルヿ。
ちやくし (名) 嫡子 嫡妻ノ腹ニ生レタル長男ニテ、父ノ後ヲ嗣グベキモノ。嫡子。嫡男。
ちやくじつ (名) 着實 落着キテ輕率ナラヌヿ。
ちやくしゆ (名) 着手 手ヲツクルヿ。トリカカリ。
ちやくしよく (名) 着色 イロツケ。イロドリ。
ちやくす (自動)(不規.二) 着 ツク。イタリツク。到着ス。到
ちやくす (他動)(不規.二) 着 ツク。キル。着用ス。「衣服ヲー」 穿衣
ちやくそん (名) 嫡孫 嫡子ノ嫡子。
ちやくたい (名) 着帶 懷妊シテ五箇月ニ、ゆはたおびヲ締ムル式。
ちやくたう (名) 着到 イタリツクヿ。馳セ付クヿ。
〔ちやくだのまつりごと〕 (名) 着鈦政 朝家ノ公事。着鈦トハ、元來、囚獄司ニテ、徒役ノ罪人ノ足ニ、鈦(鐵鎖)ヲ着ケテ、三四人相連ネ置クヿナリ。後ニ陰曆五月ノ公事トシテ、撿非違使ニテ、其儀式ノミ行ハル、輕罪ノ決斷ヲ濟マス意ナルベシ。
ちやくちやく (副) 着着 一歩ツツ。「ー歩ヲ進ム」
ちやくぢよ (名) 嫡女 嫡妻ニ生レタル長女。
ちやくなん (名) 嫡男 嫡子ニ同ジ。
ちやくふく (名) 着服 着タル衣服。着衣。
ちやくよう (名) 着用 衣服ヲ着ルヿ。

ちやくりう (名) 嫡流 嫡子ノ血系。本家ノ家筋。(末家分家ナル庶流ニ對ス)
ちやくわい (名) 茶會 チヤノユ。チヤヱ。
ちやぐわし (名) 茶菓子 煎茶ニ添フル菓子。茶ノ子。茶請。點心
ちやし (名) 茶師 葉茶ヲ製シ又賣ルヲ業トスル者。
ちやしつ (名) 茶室 カコヒ。數寄屋。
ちやしぶ (名) 茶澁 茶碗ノ裏ナドニツク煎茶ノ滓。
ちやじん (名) 茶人 (一)茶道ヲ好ム人。(二)ー八、禪悟好事ヲ以テ世俗ニ異ナルヨリシテ、俗ニ、尋常ニ異ナル嗜好アル人ノ泛稱。モノズキ。奇人 畸人
ちやしやく (名) 茶杓 小キ匙ノ、末茶ヲ汲ミ取ルニ用ヰルモノ、竹又ハ象牙ナドニテ、甚ダ細ソク作ル。茶匙 撩雲
ちやせん (名) 茶筅 (一)末茶ヲ湯ニ點ツルニ用ヰル筅、三寸許ナル竹筒ノ、半以上ヲ、極メテ細ソキ穗ニ作ル。(二)髻ヲ長ク結ヒ、其端ホホケテ、一ノ如キモノ。
ちやだい (名) 茶臺 茶碗ヲ載スル臺、圓クシテ、鍔アリ、脚アリ、漆器ナルモノ多シ。茶托
ちやだい (名) 茶代 茶店ナドニ息ヘル時ニ與フル錢。
ちやたう (名) 茶湯 茶ヲ煎ジタル湯、專ラ佛ニ供スルニイフ。
ちやだう (名) 茶道 茶會ノ技。
ちやたく (名) 茶托 茶臺ニ同ジ。
ちやだし (名) 茶出 急須ニ同ジ。
ちやだんす (名) 茶簞笥 棚アル匣ニテ、特ニ茶道具ヲ載セ置クニ用ヰルモノ。茶廚

ちやつ (名) 楪子 (字ノ唐音) 木製ノ漆器、菓子ナド盛ルモノ、圓キ盆ノ如クニシテ、底ニ陶器ノ絲尻ノ如キモノアリ、茶家ニ、銘銘盆ナドイフ。
ちやづけ (名) 茶漬 飯ニ煎茶ヲ注ギテ食フヿ。
ちやつぼ (名) 茶壺 製茶ヲ貯ヘ置ク壺。其末茶ニスベキヲ納ルルニハ、茶家ニ種種ノ名目アリテ、形状一ナラズ。
ちやつみ (名) 茶摘 茶樹ノ芽ヲ摘ミ取ルヿ。
ちやのこ (名) 茶子 (一)茶菓子。チヤウケ。點心 (二)俗ニ、爲ルニ甚ダ容易キヿ。(侮ル意ニ)
ちやのま (名) 茶間 人家ニ、家族ノ食事ナドスル室。
ちやのゆ (名) 茶湯 次條ノ語ニ同ジ。
ちやのゑ (名) 茶會 又、チヤノユ。特ニ客ヲ會シテ饗應シ、濃茶、薄茶、ヲ點テテ供スルヿ。特ニ其作法アリテ、技藝ノ一トス、足利將軍義政ノ頃、僧珠光ヨリ起リ、相傳ヘテ天正中、千利休ニ至リテ、作法定マリ、其流、後ニ、千家、遠州流、石州流ナド數十派ニ分ル。
ちやばい (名) 茶梅 サザンクワ。
ちやばうき (名) 茶帚 小キ羽帚、特ニ茶爐ノ邊ヲ拂フニ用ヰルモノ。拂末
ちやはうじ (名) 茶焙 葉茶ヲ火ニ焙ルニ用ヰル具、曲物ニ、紙ノ底アリテ、柄アリ。
ちやばうず (名) 茶坊主 武家ニテ、茶道ノ者ノ稱、剃髮ナルガ故ニ云フ。

ちやばこ (名) 茶箱 葉茶ヲ詰メテ運送スルニ用ヰル箱、內外ヲ紙張リニシ、柹澁ヲヒク。

ちやばしら (名) 茶柱 番茶ナドノ莢花ノ中ニ、偶、茶ノ莖ノ雜レルガ、竪ニ立チテ浮ブモノ、俗ニ、吉事ノ兆トス。

ちやばなし (名) 茶話 煎茶ヲ飮ミナガラ話シ合フヿ。

ちやばん (名) 茶番 (一)茶ヲ煎ズル役ノ者。(二)ー狂言ハ、仕形、身振、ヲ以テ地口ノ事ヲスルヿ、立チー、口上ーナドアリ。

ちやひきぐさ (名) 茶碾草 〔小兒、穗粒ヲ取テ、爪ノ上ニ載スレバ、旋クルヿ茶臼ヲ碾クガ如シ、因テ名アリ〕 一名、カラスムギ。原野ニ多シ、秋冬、苗ヲ生ジ、春ニ至テ甚ダ繁ク、麥ノ苗ニ似タリ、春ノ末、一二尺ノ莖ヲ出ス、葉、互生シ、莖ノ末ニ、長キ穗ヲナシ、細枝ヲ分チテ、多ク小苞ヲ垂ル、長サ六七分、末尖レリ、間ニ小キ蘂ヲ出ス、是レ花ナリ、後、苞中ニ實アリ、己レヲ春ノートモ云フ。 雀麥 夏ノーハ、葉長ク、夏ノ初ニ穗ヲ出ス、莖、高サ、二三尺、其末、八九寸、穗トナル、穗ノ形狹シ、枝ナク、苞多ク連リテ下垂セズ。 燕麥

ちやひしやく (名) 茶柄杓 茶ヲ點ズル時、湯ヲ釜ヨリ汲ミ取ルニ用ヰル小キ柄杓。

ちやびん (名) 茶瓶 (一)茶ヲ煎ズルニ用ヰル釜。(二)又、外出ノ時、茶瓶、爐、茶道具、一切ヲ備ヘテ、從者ニ擔ヒ行カシムル具。辨當ヲモ加ヘタルヲ茶辨當トイフ。

ちやぶくろ (名) 茶袋 (一)葉茶ヲ貯フル紙袋。(二)葉茶ヲ入レテ湯中ニ煎ズルニ用ヰル布ノ袋。

ちやぶね (名) 茶船 運送ニ用ヰル一種ノ川船ノ名。

ちやべんたう (名) 茶辨當 茶瓶ノ條ヲ見ヨ。

チヤボ (名) 矮鷄 〔舶來種ナリ、占城國ヨリ渡來ノモノナラムカ〕 鷄ノ類ニシテ、極メテ小キモノ、脛、僅ニ一二寸、其小クシテ美シキヲ愛ス、觜脚ノ黃ナルヲ上品トス。其最モ小キヲ、南京ー、又ハ、地摩トイフ、眼、脚、黃ナリ。

チヤボひば (名) 檜葉ノ丈甚ダ低キモノ。 矮柏

ちやぼん (名) 茶盆 茶瓶茶碗ナド載スルニ用ヰル盆。 茶盤

ぢやま (名) 地山 地方、即チ、陸地ノ山。〔海舶舟子ノ語、島山ニ對シテイフカ〕

ちやまる (名) 茶丸 絹布ノ名、茶宇縞ノ一種。 閃色

ちやみせ (名) 茶店 路傍ニ、行人ヲ息ハシメ、煎ジ茶ナド供スル小店。

チヤン (名) 瀝青 〔Chian turpentine. ノ略ナラム〕 松脂ニ油ヲ加ヘテ、煮テ煉リ合ハセタルモノ、粘リテ固ク黑シ、材ニ塗リテ、朽ツルヲ防ギ、又其隙ヲ塞グナドニ用ヰル。

ちやんぎり (名) 〔響ヲ名トセルナラム〕 俗間ニ、一種ノ樂器、笛太鼓ノ囃子ニ合ハセ用ヰル、即チ、鉦ナリ、但シ、左手ニ持チテ、一條ノ細ソキ枹ノ尖ニ玉アルヲ以テ、其內面ヲ摩リ且叩ク。 鉦

チヤンチン (名) 樹ノ名、香椿ノ訛。

++ちやんちやん (名) 辮髮 〔飴賣ル者、淸國人ノ頭風服飾ニ扮シテ鉦ヲ叩キ賣ルアリ、其響ヨリイヘル語ナラム、小兒ノ服ニイフモ然リ〕 (一)俗ニ、淸國人ノ頭髮ノ風、即チ、辮髮ノ稱。(其條ヲ見ヨ)ケシボウズ。(二)又、小兒ノ着ル袖無キ羽織ノ稱。

ちやんと (副) 聢ト。オゴソカニ。正シク。

++ちやんぶくろ (名) 茶袋ノ音便。

ちやめし (名) 茶飯 (一)茶ヲ煮タル湯ニテ炊キタル飯、但シ、鹽、少許ヲ加フ。又、奈良ー、きがらーナドイフアリ、各條ニ註ス。(二)今、專ラ、きがらーノ稱。

ちやや (名) 茶屋 (一)製茶ヲ賣ル家。葉茶屋。 茶肆 (二)總ベテ、飮食遊興等ノ客ヲ遇スル家。〔路傍ノ茶見世ヨリ變ジタル語カ〕「ー小屋」料理ー」待合ー」芝居ー」引手ー」

ちやり (名) 血槍 烈シク戰ヒテ血ニ塗レタル槍。

++ちやり (名) 茶利 洒落。オドケグチ。 諧謔

チヤルメラ (名) 嗩吶 〔胡語〕 支那ノ樂器、喇叭ニ似テ七孔アリ、頭尾ハ銅ニテ、管ハ木ナリ。唐人笛。 太平簫

ちやれう (名) 茶寮 スキヤ。カコヒ。

ちやわ (名) 茶話 チヤバナシ。

ちやわん (名) 茶碗 (一)茶ヲ飮ムニ用ヰル磁器ノ稱。今、專ラ末茶ニ用ヰルモノハ、形狀、大、小、種種ナリ。煎茶ヲ飮ムニ用ヰルハ、多クハ形小ナリ、茶呑ートイフ。

茶甌 茶盌 其稍大クシテ、飯ヲ盛ルニ用ヰルヲ、飯ー、又、茶漬ーナドイフ。(二)古クハ、泛ク磁器ヲモイヒ、茶碗ノ桃ナドイヘリ。

ちやわんぐすり (名) 茶碗藥 やきものぐすりニ同ジ。

ちやわんむし (名) 茶碗蒸 料理ニ、魚鳥ノ肉、蔬菜等ヲ鷄卵ノ液ニ和シ、大ナル茶碗ニ盛リテ蒸セルモノ。

ちやわんもり (名) 茶碗盛 料理ニ、肉菜ヲ澄シ汁ニ煮テ大ナル茶碗ニ盛レルモノ。

ちやゑん (名) 茶園 チヤバタケ。茶圃

ちゆ (名) 地楡 アヤメタム。ワレモカウ。

ちゆ (名) 治癒 病ノナホルヿ。平癒。

ちゆう (名) 中 (一)ナカ。マンナカ。カタヨラヌヿ。(上下、前後、左右ナドニ對ス)(二)内。(外ニ對ス)「國ー」「城ー」

ちゆう (名) 空中 (佛經語中有ノ轉カ) ナカゾラ。空虛ノ間。中天。「ーニカカル」ーニテガル」

ちゆう (名) 忠 (一)眞心ヲ盡シテ欺カスヿ。マメヤカナルヿ。(二)專ラ、眞心ヲ以テ主君ニ仕フルヿ。(三)彈正臺ノ判官、大少アリ。

ちゆう (名) 注 註 文句ノ意ノ解シ難キヲ説キ諭ス文。ワケガキ。トキアカシ。

ぢゆう (名) 住 スムヿ。住ミテ居ルヿ。「相模ノー」

ぢゆう (名) 重箱ノ略。「ーノ内」

ぢゆう (接尾) 重 カサネ。重リタル物ヲ數フル語。「重箱ニー」「三ーノ箱」「五ーノ塔」 層

ちゆうあう (名) 中央 タダナカ。マナカ。マンナカ。

ちゆうい (名) 注意 ココロヲトドムルヿ。氣ヲツクルヿ。

ちゆういん (名) 中陰 (一)佛家ニ、人ノ死後ノ、七七、四十九日ノ間ノ稱。(二)中有。

ちゆうう (名) 中有 (一)佛經ノ語、現世ト冥途トノ間ニアル暗キ界。「ーニ迷フ」(二)中陰。

ちゆうえふ (名) 中葉 中世ニ同ジ。

ぢゆうえん (名) 重縁 親類縁家ト重ネテ縁組スルヿ。重婚

ぢゆうおく (名) 住屋 住宅ニ同ジ。

ぢゆうおん (名) 重恩 オモキメグミ。

ちゆうか (名) 仲夏 陰暦、五月ノ異稱。

ちゆうか (名) 中夏 中華ニ同ジ。

ちゆうかい (名) 註解 註ニテ文義ヲ説明カスヿ。

ちゆうがく (名) 中學 小學ト大學トノ間ニ教フル學科。

ちゆうがくかう (名) 中學校 中學ノ學科ヲ教フル學校。

ちゆうがた (名) 中形 染模樣ノ名、大形小形ニ對シテ云。

ちゆうかん (名) 忠諫 忠義ノ心ヲ以テ諫ムルヿ。

ちゆうかん (名) 中間 アヒダ。ナカ。ハサマリタルヿ。

ちゆうかん (名) 中澣 中旬ニ同ジ。

ちゆうき (名) 中氣 中風ニ同ジ。

ちゆうぎ (名) 忠義 眞心モテ仕フル節義。忠節。

ちゆうきん (名) 忠勤 マメヤカニ勤ムルヿ。眞心ヲ以テ職ヲ行フヿ。

ぢゆうきよ (名) 住居 スミカ。スマヒ。住所。

ちゆうぐう (名) 中宮 (一)古ヘ、皇后ノ御所ノ稱。或ハ、三宮ノ總稱トモス。(二)後ニハ、直ニ皇后ノ稱。(三)又、後ニハ、皇后ノ外ニ設ケラレタル妃ノ位ノ稱、皇后ト並ベ置カル。

ちゆうぐうしき (名) 中宮職 ナカノミヤノツカサ。古ヘ、中務省ニ屬スル職、皇后宮ノ事ヲ掌ル、太皇太后、皇太后、オハスレバ、分レテ、三宮ニ、各、其職ヲ置カル、四等ノ官ハ、大夫、亮、進、屬ナリ。後ニ、皇后、中宮、並ビ立テラルルニ及ビテハ、皇后宮職、中宮職、並ニ置カル。

ちゆうくわ (名) 中華 (一)四方ノ夷狄ニ對シテ、中央ノ開ケタル國。中夏。中國。(二)支那人ノ自國ヲ自稱スル語。

ぢゆうくわ (名) 重科 重罪ニ同ジ。

ちゆうくわまんぢゆう (名) 唐饅頭ノ條ヲ見ヨ。

ちゆうくわん (名) 中澣 中旬ニ同ジ。

ちゆうけい (名) 中啓 扇ノ親骨ノ端ヲ、外ヘ反ラシテ作レルモノ、摺ミテモ、尚、頭ノ方、中バ啓ケリ。折腰扇

ちゆうけん (名) 中堅 大將ノ本陣。「ーヲ衝ク」

ちゆうげん (名) 中元 節日ノ一、陰暦七月十五日ナリ、上元ノ條ヲ見ヨ。

ちゆうげん (名) 忠言 忠諫ノ言。「ー耳ニ逆フ」

(ちゆうげん (名) 中間 (一)何方ヘモツカズ中程ナルヿ。中間。「今宵宿ラムニ、ーニ潮滿チ來ナド」ーナル折ニ」(二)中間男。(次條ヲ見ヨ)「許サレテ、御ーニナサレニ

ケリ、御幸ノ時ハ烏帽子カケシテ云云」

ちゆうげんをとこ (名) 中間男 (一)古クハ、侍ト小者トノ中間ニ召仕ハルル者。(はしたものト言ハムガ如シト云) 略シテ、中間トモイフ。(二)後世、中間トイフハ、奴隷ノ中ニ頭立チタルモノ。

ちゆうこ (名) 中古 ナカムカシ。

ちゆうこう (名) 中興 衰ヘタルヲ中度ニ興スヿ。

ちゆうこく (名) 忠告 實意ヲ以テ、他ノ過失ナドヲ告ゲ諫ムルヿ。ココロヘ。

ちゆうごく (名) 中國 (一)國ノ中央ノ部。(二)山陽道ノ一稱。(山陰道ト南海道トノ間ナレバイフトゾ)後ニハ、山陰道ヲ籠メテモイフ。(三)中華。

ぢゆうごん (名) 重言 同ジ言葉ヲ重ネテツカフヿ、半紙ノ紙、後ノ後悔ノ如シ。

ちゆうざ (名) 中座 寄合ノ座ヲ中途ニ去ルヿ。

ちゆうさい (名) 仲裁 爭ヒノ間ニ立入リテ、是非ヲ分ケ、事ヲ扱ヒ濟マスヿ。講和 調停

ちゆうざい (名) 駐在 外國ニトドマリテ居ルヿ。(公使ナドニ)

ぢゆうざい (名) 重罪 オモキツミ。重科。

ちゆうさつ (名) 駐剳 駐在ニ同ジ。

ちゆうし (名) 中止 中途ニテ止ムルヿ。

ちゆうし (名) 忠死 忠節ヲ盡シテ死ヌルヿ。

ちゆうしう (名) 仲秋 陰暦、八月ノ異稱。

ちゆうしう (名) 中秋 陰暦、八月十五日ノ稱、其夜ノ滿月ヲ賞スルニ就キテイフ、十五夜ノ條ヲ見ヨ。

ちゆうじき (名) 中食 ヒルゲ。ヒルメシ。晝食。

ちゆうしこ (名) 中鉋 あらしこノ條ヲ見ヨ。

ちゆうしん (名) 忠臣 忠義ノ道ヲ守ル臣。

ちゆうしん (名) 注進 事ヲ注シテ上ニ進ムルヿ。差起レル事件ヲ、急ギ上ニ告グルヿ。申報

ちゆうじん (名) 中人 中等ノ身分ノ人。

ぢゆうしん (名) 重臣 重役ノ臣。

ちゆうじやう (名) 中將 (一)古ヘ、近衞府ノ官、少將ト共ニ、次官ナリ、正權アリ。(二)今、陸軍海軍ニ、第二等ノ武官。

ちゆうしやく (名) 注釋 注解ニ同ジ。

ちゆうじやく (名) 鍮石 眞鍮ノ條ヲ見ヨ。

ちゆうしゆ (名) 中酒 飯ヲ食フ半ニ酒飲ムヿ。

ちゆうしゆん (名) 仲春 陰暦、二月ノ異稱。

ちゆうじゆん (名) 中旬 旬ノ條ヲ見ヨ。

ちゆうしよ (名) 中書 中務ノ唐名。

ちゆうしよ (名) 中暑 暑氣ニ中リテ病ムヿ。ショキアタリ。

ぢゆうしよ (名) 住所 スミカ。スマヒ。住居。

ぢゆうしよく (名) 住職 住持ノ役目。

ちゆうす・スル・スレ・セ・シ・セヨ (他動)(不規・二) 誅 法ニ由リテ殺ス。成敗ス。

ぢゆうす・スル・スレ・セ・シ・セヨ (自動)(不規・二) 住 スム。スマフ。

ちゆうせい (名) 中世 中頃ノ世。ナカムカシ。

ちゆうせう (名) 中宵 ヨナカ。夜半。

ちゆうせき (名) 柱石 柱ト礎ト。國家ノ依賴トナル大臣ナドヲ譬ヘテイフ語。「ーノ臣」

ちゆうせつ (名) 忠節 忠義ノミサヲ

ちゆうぜつ (名) 中絶 ナカタユルヿ。半途ニ止ムヿ。

ぢゆうそう (名) 住僧 其寺ニ住メル僧。

ちゆうたい (名) 中隊 隊ノ條ヲ見ヨ。

ぢゆうだい (名) 重代 先祖ヨリ代代傳ヘタルヿ。「ーノ厚恩」家「ーノ太刀」 世世 傳家

ぢゆうだい (名) 重大 オモクオホイナルヿ。事柄ノ容易ナラヌヿ。

ちゆうたう (名) 偸盜 佛敎、五戒ノ一、即チ、盜ミスルヿ。

ちゆうだう (名) 中道 中途ニ同ジ。半途。「ーニシテ廢ス」

ぢゆうたく (名) 住宅 住居ノ家。

ちゆうだん (名) 中段 (一)ナカノキダ。(二)暦ノ一トイフハ、建、除、滿、平、定、執、破、危、成、納、開、閉トイフ十二語ヲ、陰暦ノ中段ニ書入ルルモノ、コレヲ十二直トイヒテ、日每ニ配當シテ、各事ニ吉凶アルヲイフ、陰陽師ノ語ナリ。

ちゆうだん (名) 中斷 眞中ニテ切ルルヿ。

ぢゆうぢ (名) 住持 一寺ノ主タル僧。住職。寺主

ぢゆうぢゆう (副) 重重 カサネガサネ。タビタビ。「ー恐レ入ル」

ちゆうちよく (名) 忠直 忠義正直。

ぢゆうづめ (名) 重詰 重箱ニ詰メタル物。

ちゆうつゐはう (名) 中追放 追放ノ條ヲ見ヨ。

ぢゆう-つゐはう (名) 重追放 追放ノ條ヲ見ヨ。
ぢゆう-てい (名) 重體 重キ容體。(病ノ)
ちゆう-てん (名) 中天 ナカゾラ。空中。
ちゆう-と (名) 中途 (一)行ク路ノ中程。(二)事ノ半ナルヿ。半途。
ちゆう-とう (名) 仲冬 陰暦、十一月ノ異稱。
ちゆう-どく (名) 中毒 ドクアタリ。
ちゆう-なごん (名) 中納言 ナカノモノマウスツカサ。太政官ノ官、令外ノ官ナリ、職、大納言ニ近ク、事機密ニ關ス、正、權アリ。
ちゆう-にく (名) 中肉 人ノ體ノ、肥エズ瘦セズ、程好キヿ。
ちゆう-にち (名) 中日 佛家ニ、彼岸七日間ノ、正中ニ當ル日ノ稱、卽チ、春分、秋分ノ日ナリ、七日間、法會ヲ行フニ、此日、最モ勤ム。
ぢゆう-にち (名) 重日 陰暦ノ上ニイフ語、巳亥ノ日ニアリ。
ちゆう-にふ (名) 注入 ソソギイルルヿ。ツギコムヿ。
ちゆう-にん (名) 仲人 ナカダチ。仲裁スル人。
ぢゆう-にん (名) 住人 其地ニ住メル人。「武藏國ノ—」
ちゆう-ねん (名) 中年 (一)人ノ生立ノ兒童ト老人トノ間。(二)年季奉公ナドニ、年、稍、長ケテヨリ入リタルヿ。(子飼ニ對ス)
ちゆう-のり (名) 中乘 歌舞妓ノ語、空中ニ懸リテ技ヲ演スル事。

ぢゆう-はう (名) 重寳 大切ナル寳物。
ぢゆう-ばこ (名) 重箱 食物ヲ盛ル器、方形ニシテ淺ク、同ジ製ノ者ヲ三五箇重ヌ、多クハ漆器蒔繪ナドナリ。食籠
ぢゆう-はん (名) 重版 他ノ版行セル本ヲ、竊ニ別ニ刻リテ賣出スヿ。僞版
ぢゆう-びやう (名) 重病 オモキヤマヒ。大病。大患
ちゆう-ぶ (名) 中部 マンナカノトコロ。
ちゆう-ぶ (名) 中風 次條ノ語ニ同ジ。
ちゆう-ぶう (名) 中風 病ノ名、半身、或ハ、一部ノ、麻痺レテ功用ノ止ミ、血ノ運行、度ヲ失ヒテ發ル。中氣。
ちゆう-べん (名) 中辨 官名、辨ノ條ヲ見ヨ。
ちゆう-ほん (名) 中本 (一)小菊紙ニ摺リテ、其大サニ仕立テタル書物。(二)人情本ノ異名。(常ニ中本ノ仕立ナレバイフ)(三)今、又、半紙判ノ本。
ぢゆう-みん (名) 住民 其地ニ住メル民。居民
ちゆう-もく (名) 注目 目ヲツクルヿ。
ちゆう-もん (名) 中門 貴人ノ屋敷ニ、外門ト寢殿トノ間ニ設ケタル門。
ちゆう-もん (名) 註文 (一)物ヲ誂ヘ作ラスルニ、其形、寸法ナド註セル書付。(二)轉ジテ、直ニ、誂ヘ作ラスルヿ。製造ノ好ミ。
ぢゆう-やく (名) 重役 重キ役目。
ちゆう-よう (名) 中庸 何レニモ片寄ラズ、程好キヿ。
ちゆう-らう (名) 中老 武家ニ、奧向ノ女ノ役目、老女ノ次ニ居ル。

ちゆう-らふ (名) 中臈 (一)臈ノ條ヲ見ヨ。(二)掌侍ノ稱。
ちゆう-りう (名) 中流 川ノ眞中。
ちゆう-りく (名) 誅戮 法ニ由リテ殺スヿ。
ちゆう-りつ (名) 中立 マンナカニ立ツヿ。何レニモ片寄ラズシテ居ルヿ。
ちゆう-りやく (名) 中略 上略ノ條ヲ見ヨ。
ちゆう-れん (名) 注連 シメ。シメカザリ。
ちゆう-ろ (名) 中呂 (一)十二律ノ一、其條ヲ見ヨ。(二)陰暦、四月ノ異稱。
ちゆう-ゐん (名) 中院 院ノ條ヲ見ヨ。
ちよ (名) 千代 チトセ。千年。數多ノ年月。千載
(ちよ (名) 千夜 數多ノ夜。「秋ノ夜ノ、—ヲ一夜ニ、ナセリトモ」
(ちよ (名) 千節 數多ノ節。「我ガ宿ノ、—ノ川竹、節遠ミ」一節ニ、—ヲ籠メタル、杖セバ」
ぢよ (名) 女 (一)ヲンナ。「美—」「—アリ玉ノ如シ」(二)ムスメ。「誰氏ノ—」
ぢよ (名) 除 算術ノ語、ワリザン。
ちよい-と (副) ちよつとニ同ジ。
ちよう (名) 寵 メデイツクシムヿ。「—ニ誇ル」
ちよう (名) 重 數ノ名目、丁半ノ條ヲ見ヨ。
ちよう-あい (名) 寵愛 メデイツクシムヿ。カハユガルヿ。
ちよう-あく (名) 懲惡 勸善懲惡ノ條ヲ見ヨ。
ちよう-えき (名) 懲役 刑ノ名、古ノ徒罪ナリ、種種ノ

工事ニ役使ス、輕キハ數日ヨリ、重キハ數年ニ亙リ、終身ナルヲ極トス。

ちよう-おん (名) 寵恩 寵愛ノメグミ。

ちよう-かい (名) 懲戒 コラシイマシムルヿ。コラシメ。

ちよう-きう (名) 重九 重陽ニ同ジ、即チ、九月九日ノ節句ノ稱。

ちよう-ぐう (名) 寵遇 寵愛ノトリアツカヒ。

ちよう-こう (名) 徵候 シルシ。キザシ。

ちよう-さん (名) 重三 上巳ニ同ジ。

ちよう-しふ (名) 徵集 メシアツムルヿ。トリアツメ。

ちよう-しん (名) 寵臣 寵愛ノ臣。キリモノ。

ちよう-す ・スル・スレ・セ・シ・セヨ (他動)(不規・二) 徵 證據立ツル。

ちよう-そ (名) 重祚 〔阼ニ作ルハ非ナリ〕 帝王、位ヲ退キ給ヘル後、再ビ位ニ即カセラルルヿ。

ちよう-てい (名) 重訂 再ビ改正スルヿ。(著書ナドニ)

ちよう-てふ (名) 重疊 (一)カサナリタタマルヿ。(二)事ノ彌ガ上ニナリテ滿足ナルヿ。

ちよう-にん (名) 重任 任、滿テル後、重ネテ更ニ任セラルルヿ。

ちよう-ねん (名) 重年 奉公ノ年期ヲ重ネテ勤ムルヿ。

ちよう-はう* (名) 重寶 ちゆうはうノ誤。

ちよう-はん (名) 重半 丁半ノ條ヲ見ヨ。

ちよう-ふく (名) 重複 同ジ物事ノ二重ニナルヿ。

ちよう-へい (名) 徵兵 國中一般ヨリ、丁年ノ男子ヲ徵シ、コレヲ擇リテ、年限ヲ定メ兵役ニ就カシメラルルヿ。

ちよう-ぼ (名) 徵募 メシツノルヿ。呼集ムルヿ。

ちよう-やう (名) 重陽 〔九ヲ陽數トス〕 又、重九。五節句ノ一、陰曆九月九日ナリ、菊、茱萸ヲ節物トス。

++ぢよう-ろ (名) 女郎ノ訛。(東京)遊女。

ちよう-ろぎ (名) 草石蠶 〔朝露葱ノ義カトモイフ、イカガ〕 草ノ名、春、苗ヲ生ズ、莖、方ニシテ、葉ト共ニ毛刺アリ、葉ハ荏ノ葉ニ似テ、狹クシテ皺アリ、黃綠ニシテ對生ス、秋ニ至リ苗ノ高サ一二尺、梢ニ、二三寸ノ穗ヲナシ、淡紫ノ花ヲ開ク、紫蘇ノ花ニ似テ大ナリ、冬ニ至リ、根ノ下ニ、別ニ蠶ニ似タル根ヲ生ズ、長サ一寸許、連珠アリテ、一頭ハ狹ク尖リ、一頭ハ蛹ノ形ニ似テ、色白シ、冬、春、採リテ食フ、生、熟共ニ佳ナリ。チヨロギ。

ぢよ-がく (名) 女學 女子ノ學問。

ぢよ-がくかう (名) 女學校 女子ノミニ敎フル學校。

ちよ-がみ (名) 千代紙 西內紙ニ、種種ノ花紋ヲ五彩ニ摺リ出シタルモノ。

ちよき (名) 次條ヲ見ヨ。

ちよき-ぶね (名) 猪牙舟 〔小早キヿヲちよきちよきトイフニ起ル、ちよろトイフ小舟モコレナリト云、或云、長吉トイフ者作リ始ムト、或ハ、形、猪牙ニ似タレバイフト云フハイカガ〕 甚ダ小ク長ク作レル舟ノ名、極メテ快シ。東京ニテハ專ラ川ニ用ヰル。略シテ、チヨキ。 梭舡

ちよ-きん (名) 貯金 金錢ヲタクハフルヿ。カネヲタムルヿ。

ちよく (名) 勅 (一)ミコトノリ。(二)種種ノ語ノ上ニ添ヘテ、天子ノ親シクセサセタマフ意ヲ示ス語。「―願」「―許」「―筆」

ちよく (名) 直 ナホキヿ。正直。

++ちよく (名) 〔安直ノ略語ニ起レルカ〕 ツツマヤカナルヿ。オモオモシカラヌヿ。テガル。(東京) 簡易

チヨク (名) 猪口 〔鍾ノ字ノ朝鮮音、ちゆく、轉ト云〕 酒杯ノ、陶製ニテ、形、小ク、窄ミタルモノ。 鍾子 酒盞

ちよく-おん (名) 直音 語學ノ語、拗音ナラヌ常ノ音ノ稱、篇首ノ語法指南ノ初ヲ見ヨ。

ちよく-か (名) 直下 眞下。マツシタ。「赤道―」

ちよく-かく (名) 直角 鐵尺ノ角ノ如キ正シキ角。

ちよく-がく (名) 勅額 勅筆ノ額面。「―門」

ちよく-かつ (名) 直轄 直支配。

ちよく-かん (名) 勅勘 勅命ノ勘當。

ちよく-かん (名) 直諫 打付ケニ諫言スルヿ。諷諫ナドニ對ス。

ちよく-きよ (名) 勅許 勅命ノ免許。

ちよく-ぐわん (名) 勅願 勅命ノ所願。

ちよく-けい (名) 直徑 サシワタシ。

ちよく-げん (名) 直言 憚カラズ、枉ゲズシテ物言フヿ。

ちよく-ご (名) 勅語 ミコトノリ。

ちよく-さい (名) 勅裁 勅命ノ裁決。

ちよくさい (名) 敕祭 敕命ノ祭。

ちよくし (名) 敕使 敕命ノ使。 天使

ちよくじゆ (名) 敕授 天子親シク位ヲ授ケサセ給フ〻、五位以上、是レナリ。又、六位、七位ヲ奏授トイヒ、八位以下ヲ判授トイフ、其別、敕任、奏任、判任ノ如シ。(敕任ノ條ヲ見ヨ)

ちよくしよ (名) 敕書 敕命ノ文書。

ぢよくせ (名) 濁世 佛敎ノ語、濁レル世、即チ、此ノ人間界。

ちよくぜい (名) 直稅 國庫ヘ直納スル稅。

ちよくせつ (名) 直接 ウチツケ。サシツケ。

ちよくせつぱふ (名) 直說法 語學ノ語、動詞ノ法ニ、動作ヲアリノマヽニ說キテ言ヒ切ル態ノモノ、即チ、行ク、受ク、落ツ、見ル、來、爲、死ヌ、有リ、ナドノ如シ。截斷言、終止言。(籍首ノ語法指南ノ動詞ノ條ヲ見ヨ)

ちよくせん (名) 敕宣 ミコトノリ。敕命ノ宣旨。

ちよくせん (名) 敕撰 敕命ニテ書物ヲ作ラセラルル〻。

ちよくせん (名) 直線 眞直ナル線。

ちよくたふ (名) 敕答 (一)天子ノ御答。(二)誤テ、敕諚ニ答ヘ奉ツル〻。

ちよくちやう (名) 直腸 はらわたノ條ヲ見ヨ。

ちよくぢやう (名) 敕諚 ミコトノリ。敕命。

ちよくにん (名) 敕任 天子、親シク官ニ任セサセ給フ〻、大納言以上、辨官、諸長官等、是レナリ。其以下、大抵、主典以上、大臣ノ奏聞ニ因テ任ズルヲ、奏任トイヒ、又其以下、奏聞ニ及バズ、太政官ノ判斷ニテ任ズルヲ判任トイフ。又、式部省ノ判斷ニテ補スル舍人、史生等ヲ判補トイフ。現今ハ、最高ナル親任官アリ、其以下、敕任ニ一等、奏任ニ六等、判任ニ十等ノ差アリ、各官衙ノ官、各此別ニ從フ。

ちよくひつ (名) 敕筆 天子ノ御手蹟。 宸筆

ちよくふう (名) 敕封 敕命ノ封印。

ちよくくん (名) 儲君 マウケノキミ。太子。

ちよくめい (名) 敕命 ミコトノリ。敕諚。

ちよくやく (名) 直譯 原書ノ文言ノマヽニ飜譯スル〻。(義譯ニ對ス)

ちよくりつ (名) 直立 眞直ニ突立ツ〻。

ちよくれい (名) 敕令 敕諚ノ命令。

ちよくろ (名) 直廬 禁中宿直ノ曹司、攝關大臣、大納言等ノ休息スル所。

ぢよくわん (名) 女官 にようくわんニ同ジ。

ぢよけい (名) 女系 によけいニ同ジ。

ぢよけい (名) 女兄 アネ。

ぢよこうぢやう (名) 女紅場 女ノ手仕事ノ仕事場。

ちよざう (名) 貯藏 タクハヘヲサムル〻。物ヲ溜ムル〻。

ちよさく (名) 著作 著述ニ同ジ。

ちよじ (名) 儲貳 マウケノキミ。太子。儲君。

ぢよし (名) 女子 (一)ヲンナノコ。(二)ヲンナ。

ぢよし (名) 女史 女ノ學者ノ稱。

ぢよじ (名) 女兒 ヲンナノコ。女子。

ぢよじつ (名) 除日 (舊年ヲ除ク意) オホツゴモリ。大晦日。

ぢよしん (名) 女神 メガミ。女ノ神。

ちよしや (名) 著者 著述シタル者。カキテ。作者。

ちよじゆつ (名) 著述 アラハシノブル〻。事ヲ記シテ書物ニ作リ世ニ出ス〻。著作。

ちよしよ (名) 著書 著述シタル書物。

ぢよしよく (名) 女色 女ノ色香。「一ニ耽ル」

ぢよ・す・スル・スレ・セ・シ・セヨ (他動) (不規・二) 除 (一)官ニ任ズ。(任ズノ條ヲ見ヨ)(二)算術ノ語、割算ヲナス。

ぢよせい (名) 女性 女ニ生レツキタル〻。

ぢよせき (名) 除籍 戶籍ヨリ名前ヲ除ク〻。

ぢよぞく (名) 除族 罪ニ因テ、華族士族タル身分ヲ除カルル〻。

ぢよち (名) 除地 除キテ年貢ヲ取ラヌ地。

ちよちく (名) 貯蓄 タクハフル〻。金錢ヲ溜ムル〻。

ぢよぢやうふ (名) 女丈夫 ヲトコマサリ。

ぢよちゆう (名) 女中 (一)婦人ノ泛稱、稍、敬ヒテイフ。(二)仕官奉公スル女ノ稱。「奥一」御殿一」

ぢよちゆうことば (名) 女中詞 女房詞ニ同ジ。

チヨツキ (名) 〔英語、Jacket. ノ訛ト云フ〕 洋服ノ外套ノ下ニ着ルモノ、腹背ヲ被ヒテ、袖無シ。

‡ちよつくり (副) ちよつとニ同ジ。

ちよつと (副) 鳥渡 一寸 少シ、暫シ、チヨイト。 些
暫時

ぢよ-てい (名) 女貞 ネズミモチ。

ぢよ-てい (名) 女弟 イモウト。

ちよ-と (副) ちよつとニ同ジ。

ぢよ-ふく (名) 除服 喪服ヲ脫グ事。喪ニ籠レルヨリ起ツ事。

ちよ-へい (名) 楮幣 金札。紙幣。

ちよ-ぼ (名) 樗蒲 〔胡語ナリト云〕 カリウチ。博奕ノ名、其擲ツモノヲかりトイフ、之ヲ彩色スルニ因テ采トモイフ、古ヘ用ヰタルハ、四木ナルカ如ク、其面ヲ黒白ニ分チ、雉犢等ヲ畫キ、擲チテ其出ヅル象ヲ以テ勝負ヲ決スルモノト云。

++ちよぼ (名) 歌舞妓ヲ演スル間ニ、傍ニ居テ、其脚色ノ地ノ文ヲ、淨瑠璃節ニテ語ルモノ、能ノ地謠ノ如シ。

++ちよぼ-いち (名) 樗蒲一 一采、一ツニテ行フ博奕ノ名。

++ちよぼくれ (名) 東京ニテ、乞食僧ノ、穢雜ノ物語ニ、節ヲツケテ、快辨ニ述ベテ錢ヲ乞フモノ。

++ちよぼ-ちよぼ (副) 點點 疎ニ點ヲ打ツニイフ語。

++ちよんぼり (副) 少シバカリ。ヒトツマミホド。 蕞爾

ちよ-めい (名) 著名 名高キ事。高名。

ぢよ-めい (名) 除名 其名前ヲ帳面ナドヨリ除キ去ル事。

ぢよ-もく (名) 除目ノ條ヲ見ヨ。

ぢよ-や (名) 除夜 大晦日ノ夜。

ぢよ-ら (名) 女蘿 サルヲガセ。

ぢよ-らう (名) 女郎 〔女童ヲめろト約シテ、女郎ノ字ヲ當テテ、音讀セル語ナラムトモイフ〕 (一)婦人ノ稱。「京―」(二)遊女ノ稱。(東國)

ぢよらう-ぐも (名) 女郎蜘蛛 蜘蛛ノ一種、身瘦セテ、長サ一寸許、黃赤斑ニシテ、八脚ニ黃斑アリ、樹ノ間ニ巢ヲ張リ、晝夜、蟲ヲ捕リ食フ、絲、黃ニシテ強ク、粘リアリ。 絡新婦

ちよ-りつ (名) 佇立 タタズム事。

ちよろ (名) 〔猪牙舟ノ條ヲ見ヨ〕 傳馬舟ノ甚ダ小キモノ、極メテ速シ、海ニ用ヰル。

ちよろぎ (名) 草石蠶 ちようろぎニ同ジ。

ちよろけん (名) 著羅絹 〔蠻語ナラム〕 絹布ノ類、初メ、和蘭、廣東ヨリ來レリ、改機ニ似テ樗文アリ。 瑣服

ぢらい-くわ (名) 地雷火 地下ニ窃ニ火藥ヲ埋メ置キテ、敵來リ蹈ム時ニ、火ヲ發スル如ク仕掛クルモノ。

ちらし (名) 散 (一)チラス事。チラシタルモノ。(二)弘ニ配ル引札。

ちらし-がき (名) 散書 女房ノ文ニ、歌ヲ散ラシテ書クヨリ起リテ、色紙、艶書、ナドニ、文ヲ數句ヅツ、紙中處處ニ、飛ビ飛ビニ書ク事、或ハ間行ニ記スモアリ。

ちらし-がみ (名) 散髮 髮ヲ結ハズ散ラシテアル事。亂髮。

ちら-す・す・せ・さ・し・せ (他動)(規.一) 散 (一)散ルヤウニナス。バラバラニス。亂ス。(二)言ヒ觸ラス。「ちらすナヨ、逢フト見ル夜ノ、夢語リ」心ヨリ外ニちらすべキナラネド」言ヒ―」

ちら-ちら (副) (一)雪、落花、ナドノ飛ビ散ル狀ニイフ語。霏霏 (二)燈火ノ光ナドノ閃メク狀ニイフ語。 閃閃

ちら-つく・く・け・か・き・け (自動)(規.一) 閃 チラチラスル。ヒラメク。

ちら-と (副) ちらりとニ同ジ。

ちら-ばる・る・れ・ら・り・れ (自動)(規.一) 散亂 散リ亂ル。

〔ちら-ふ・ふ・へ・は・ひ・へ (自動)(規.一) 散ルノ延。チリボフ。

ちら-ほら (副) 疎ニ。アチコチニ少シヅツ。 稀疎 點點

ぢ-らん (名) 治亂 世ノ治マルト亂ルルト。

ちらり-と (副) 影、光、ノ瞬ク間ニ顯ハレ見エル狀ニイフ語。チラト。「―見認ム」「―見ユ」 瞥見

ちり (名) 散 チル事。散リ亂ルル事。「黃葉ノ散之亂ニ、妹ガ袖、サヤカニモ見エズ」「―ノ迷ヒ」「―ノ別レ」

ちり (名) 塵 〔散ノ義〕 (一)土砂ナドノ飛ビ散ルモノ。ホコリ。(二)芥。(三)佛家ニテ、世俗ノ人事ヲ厭ヒテイフ語、濁世、六塵ナドイヒテ、染ミ汚ルル譬ヘテイフ。「―ノ世」「―ノ身」「―ノ外」「―ニ交ル」「―ヲ出ヅ」(四)ワヅカナル事。ツユ。「―バカリダニ、忍バジナ」「―バカリ、隔テナクテ、ナラヒタルニ」「―ホドモ無シ」

ぢ-り (名) 地理 地球ノ形狀、海、陸、山、川、地質、人種、動植鑛物、國、都、人口、物產等ノ事。

ぢ-り (名) 地利 (一)居ル所ノ地勢ノ便利。(戰爭ナドニ)「天時、―、人和」(二)土地ヨリ生ズル耕作、牧畜、山林、鑛物等ノ利益。「―ヲ盡クス」

ぢり-がく (名) 地理學 地理ノ事ノ學問 地文學、邦制―、天文―等ニ分ル。

ちりか・ふ・フ・ヘ・ム・ヒ・ヘ (自動)(規.二) 散交 カナタコナタヘ飛ビチガフ。

ちりがみ (名) 塵紙 粗製ナル紙ノ名、楮ノ外皮ノ内ノ粗皮ヲ雜ヘテ漉ク、紙ニ塵滓アリ。 楮皮紙

ちりけ (名) 身柱 〔散毛ノ義ニテ、髮ノ散リテ屆ク處ノ意カ、或云、散氣ノ義、元、小兒ノ病名ナリト〕灸穴ノ名、項ノ下、兩肩ノ中央、脊骨ノ上ノ處。

ちりしよ (名) 地理書 地理ヲ記シタル書。

ちりたり (感) 笛ノ曲ノ譜ニイフ聲。チリヤタラリ。「笛ノ音ノ、春面白ク聞ユルハ、花ノチリタリト、吹ケバナリケリ」

ちりぢ (名) 塵地 漆塗ノ語、梨地ニ同ジ。薄ーハ、略シテ薄塵トモイフ、村梨地ニ同ジ。

ちりちりと (副) 縮縮 物ノ縮ミ皺寄ル狀ニイフ語。「ー寄ル」ーチヂム」

ちりぢりに (副) 散散 散リニ散リテ、チラバリテ、バラバラニ。 離散

ちりづか (名) 塵塚 塵芥ヲ一處ニ積ミ置ク處。ハキダメ。ゴミタメ。

ちりとり (名) 塵取 塵芥ヲ載セテ取棄ツル具、ゴミトリ。 塵斗

ちりばむ・ム・ム・メ・マ・ミ・メ (自動)(規.二) 塵ニ染ム。埃ニ塗ル。 塵汚

ちりばむ・ム・ム・メ・メ・メ・メ (他動)(規.二) 鏤 〔ちりハ縮ムノ意カ、或云、塵ニテ、微細ノ意、はむハ塡ムノ義ナラム〕刻リツクル。彫リキザム。

〔ちりひぢ〕 (名) 塵泥 塵ト泥ト。チリアクタ。「高キ山モ麓ノーヨリ成リテ」知里比治ノ數ニモアラヌ、我故ニ、思ヒワブラム、妹ガ愛シサ」

〔ちりぼ・ふ・フ・ヘ・ヘ・ヒ・ヘ〕 (自動)(規.二) 散亂 (一)散リ亂ル。チラバル。「春ハ、ー花ヲ惜ミ」陸奧紙、云云、几帳ノ許ニチリボヒタル」(二)散散ニナル。流離フ。「打棄テ侍リナム後ハ、思ハズナル狀ニ、チリボヒ侍ラムガ悲シサニ、尼ニナシテ」京ヨリチリボヒ來タルナドヲ、タヨリニツケテ、呼ビ集メ」 離散 流離

ちりめん (名) 縮緬 〔縮ノ轉カ〕絹ノ織物ノ名、撚リタル生絲ニテ織リ、後ニ練リテ縮マスルモノ。 綢紗

ちりめんざこ (名) 縮緬雜魚 (一)鰯魚。(二)シラスボシ。

ちりめんじそ (名) 縮緬紫蘇 紫蘇ノ條ヲ見ヨ。

ちりめんまめ (名) 縮緬豆 うづらまめニ同ジ。

ちりやく (名) 智略 カシコキハカリゴト。智謀。

ちりやたらり (感) ちりたりノ條ヲ見ヨ。

ちりよ (名) 智慮 カシコキオモンバカリ。智深キ考ヘ。

ちりよう (名) 螭龍 アマリヨウ。

ちりよく (名) 智力 チヱノハタラキ。

ちりれんげ (名) 散蓮花 陶製ノ小ク短キ匙、形、蓮花ノ一瓣ノ如シ。

ちる・ル・レ・ラ・リ・レ (自動)(規.二) 散 (一)別レ行ク。離レ去ル。パラパラニナル。「人ー」(二)落チ亂レ飛ブ。「花ー」紅葉ー」(三)亂レテアリ。チラバル。(調度ナド) 散亂 (四)外ヘ漏レ聞ユ。「心ヨリ外ニちりモセバ、輕輕シキ名サヘ取添ヘム」(五)染ミモロガル。「墨ガー」

ちれう (名) 治療 療治ニ同ジ。

ちろ (名) 地爐 床ニ切リタル爐。ヰロリ。(風爐ニ對ス)

ちろう (名) 痔漏 痔ノ名、直腸ニ腫ヲ生ジ、孔ヲナシ、膿ヲ出ス。アナヂ。バスヂ。

ちろり (名) 銚釐 〔銚ノ音ノ轉カ、或ハ、地爐裏ニテ温ムレバイフトモ云、或ハ容易ク温マル意ノ略カ〕銅又ハ眞鍮製ノ、筒形ニシテ注口アル器、專ラ酒ヲ温ムルニ用ヰル。 銚

ちわ (名) 痴話 戲レテ話シ合フヿ。(男女ノ中ニ)

ちわう (名) 地黃 宿根草、春、地ニ就キテ叢生ス、葉ハ、からしニ似テ、厚クシテ皺アリ、鋸齒、粗ク、淡綠ニシテ、面、背、毛アリ、後ニ莖ヲ出ス、高キハ一尺許、葉、互生ス、夏、莖ノ梢ニ、枝ヲ分チテ花ヲ開ク、胡麻ノ花ニ似テ、黃白、或ハ、淡紫ナリ、實アレドモ熟セズ、莖ノ傍ノ芽ヲ分チテ植ウ、根ヲ藥用トス。

ちわうせん (名) 地黃煎 飴ニ地黃ノ根ヲ加ヘテ、製煉シタルモノ。

ちわり (名) 地割 土地ヲ道路宅地ナドニ割リツクルヿ。

ちゐ (名) 地位 ヰドコロ。場所。

ちゑ (名) 智惠 智ニ同ジ。サトリ。

ちゑのいた (名) 智惠板 次條ヲ見ヨ。

ちゑのわ (名) 智惠輪 小兒ノ智ヲ導クニ用ヰル玩具、方圓種種ニ作レル木ヲ寄セ集メテ、樣樣ノ物ノ形ヲ象リ作ラシム。智惠ノ板。

つ　づ

つ　五十音圖、多行第三ノ假名、たノ條ヲ見ヨ。此音ハ、他ノ音ノ間ニアルトキ、促聲ノ如ク呼ブコトアリ、やつこ(奴)ノやつことナリ、はつはう(發砲)ノはつばうトナルガ如シ。

づ　つノ濁音ノ假名、だノ條ヲ見ヨ。

つ　五十音ノ外ノ一種ノ假名。此假名ノ聲ハ、他ノ音ノ間ニテ、促ルガ如クシテ發ス、故ニ之ヲ促聲ト名ヅク、もはら(專)ノもつぱらトナリ、もとも(最)ノもつともトナルガ如シ。或ハ他ノ音ヲ轉ジテ發スルコトアリ、かへりて(却)ノかへつてトナリ、をうと(夫)ノをつとトナリ、はふと(法度)ノはつとトナルガ如シ。

つ　(名)　津　〔附ク、集フ、ナドノ意〕(一)船ノ泊ツル處。フナツキ。ミナト。「難波ノー」安濃ノー」　湊　港　(二)轉ジテ、濟リ。渡シ場。　津　濟　渡口

つ　(名)　唾　つばきニ同ジ。「固ー」ー吐き」

つ　(助動)(ツ・ツル・ツレ・テ・テ・テヨ)　了　〔止ノ轉カ〕動作ノ過ギ去レルヲイフ助動詞、粗、たりニ同ジ。「行キー」受ケー」落チー」見ー」

つ　(辭)　之　第一類ノ天爾波、名詞ト名詞トノ係屬ヲ示スモノ、意、のニ同ジクシテ、用法古シ、多ク借字シテ、津ト記ス。「天津風」國津神」内ー國」沖ー風」下ー方」晝ー方」

つ　(接尾)　箇　個　數詞ノ下ニ付キテ、言ヒ据エテ數ヘユク語。「ヒトー」フター」イツー」ナナー」幾ー」五百津ノ御統」此語、十進以上ナレバ、ち、又、ぢトモ轉ズ、「ハタチ」ミソヂ」ヨソヂ」百チ」千ヂ」

づ　(名)　圖　(一)紙面ニ、海陸、山川、城池、人居等ノ形狀ヲ、天ヨリ俯シ見タル狀ニ書ケルモノ、其位地廣狹等ヲ知ル用トス。地圖。繪圖。(二)轉ジテ、畫。「寒鴉枯木ノー」

づ　(名)　〔圖ノ音ニテ圖ル所ノ意カ、或ハ度ノ音轉カ〕思フトコロ。ミコムツボ。「ーニ中ル」ーニ外ル」ーボシ」ーニ乘ル」　心算

づ　(名)　頭　カシラ。カウベ。「ーヲアグ」ーガ高イ」

づ　(名)　徒　徒罪ノ條ヲ見ヨ。

〔つい　(動)　「突ク」ノ熟語法ナル「突キ」ノ音便。多クハ、意輕ク、そのまゝ、ちよつとノ意ヲナス。「暫シ立テルニ、人騷ガシク、ツイ倒シツベク歩キ交ヘバ」紙ヲ、云云、腰ニツイハサミタレバ」琵琶ヲ、云云、撥ヲツイサシ給ヘルヲ」土器ニツイ据エツ」筆モツイユガミテ」即チ、矢ヲ取ラセタリケレバ、ツイ立チテ、甲矢ヲ射ルニ」ツイヒザマヅキテ」ツイ居ル」

つい　(副)　〔前條ノ語ノ轉〕(一)ソゾロニ。思ハズ。ハカラズ。「ーシタコト」ーカウナッテ」(二)デキニ。チヨツト。「ーソコニアル」ー今シガタ」

〔ついがき　(名)　築墻　〔つきかきノ音便〕築地ニ同ジ。

つい-がさね　(名)　衝重　三方ノ條ヲ見ヨ。

つい-たけ　(名)　〔突丈ノ音便〕衣服ヲ作ルニ、布帛ヲ身ノ丈ホドニ裁チ作ルコト。(婦人ノ服ナド、丈ヨリ長ク作ルニ對ス)

〔つい-たち　(名)　月立　〔つきたちノ音便〕月ノ立ツコト。翌月ニ入ルルコト。「ー六日ノ夜中ニテ、二條殿ニ還テセ給フ」此ノー八日ヨリ、世ノ中、心チワヅラヒ給ヒシ」　月初　初旬

ついたち　(名)　朔　〔前條ノ語意ニ同ジ〕正シクハ、ーノ日。陰暦ニ、月ノ第一ノ日。一日。

ついたて　(名)　衝立　次條ヲ見ヨ。

つい-たて-さうじ　(名)　衝立障子　又、ツイタチサウジ。襖障子ノ如クニシテ、臺アリ、席上ニ立テテ物ヲ遮ルモノ、屏風ノ一片ナルガ如シ。今、略シテ、ついたてトノミイフ。「人ノ家ニツギツキシキ物、ついたてさうじ」清涼殿ノ弘庇ニ、ついたち障子ヲ立テテ、昆明池ヲ圖セラレタリ」　硬屏

ついぢ　(名)　築地　〔築泥ノ約〕古ク、ツイヒヂ。築墻。柱ヲ立テ、板ヲ添ヘ、泥土ニテ其間ヲ塡メテ築キタル垣、上ヲ瓦ニテ葺ク。　牆屏　コレニ、漆喰ニテ、細ソキ横筋ヲ幾筋モ塗リ入ルルヲ、筋屏トイフ、御所、宮家ニテノミ用ヰラル。

つい-づ　(他動)(規.二)(ヅル・ヅレ・デ・デ・デヨ)　次序　叙　〔次ギ出ツノ音便約〕上下前後ノ段ヲ分ツ。次第ヲ立ツ。順番ヲ定ム。「以二從二一位藤原伊周一班二大臣下、納言上一」

ついて　(接)　就　夫ニ就キテ、ノ音便略。ソレユヱ。然ルニ因テ。(手紙ノ文ニ)

ついで (名) 次序 次第 (一)ツイヅルヿ。次第。順番。(二)ソノ時。便リ好キ時。「—ニ言フ」—ヲ待ツ」—ニスル」

便次

ついで (接) 尋 次ギテノ音便轉。其後ニ次ギテ。引續キテ。程ナク。(漢籍讀ニ云フ)

ついばむ・ム・メ・マ・ミ・メ (他動)(規・一) 啄 嘴ニテ、突キ食ムノ音便] 鳥、物ヲ食フ。

ついひぢ (名) 築墻 [築泥ノ音便] 築地ノ條ヲ見ヨ。

ついまつ (名) 續松 [つぎまつノ音便、絡ヒ繼グ意] 松明ニ同ジ。「馬ニ乘リケル者ノ、下リザリクレバ、云云、ついまつシテ打落サムトシケルヲ」

ついゐる・ヰル・ヰレ・ヰ・ヰ・ヰロ (自動)(規・四) (一)突キ居ルノ音便。ツクバフ。カシコマル。「獨リゴチ給フヲ、御隨身ツイ居テ」仲正、貲ノ子ニツイ居ル、北ノ方、云云」(二)只、チヨツト居ル。「橋ヲ上リモ果テズツイ居給ヘレバ」木丁ノ下ニ、ツイ居給ヘバ」

つう (名) 通 (一)通力。神通。「—ヲ得」(二)卄俗ニ、人ト交ルニ、善ク他ノ内情ナド察シテ頑ナラヌヿ。(野暮ノ反)

つう (接尾) 通 證文、手紙ナドヲ數フル語。

つうおん (名) 通音 語學ノ語、音ト音ト相通ヒテ變ハルモノ、きみ(君)ノきびトナリ、われ(我)ノわれトナルガ如シ。

つうかう (名) 通行 カヨヒユクヿ。トホルヿ。

つうがく (名) 通學 カヨヒゲイコ。

つうぎ (名) 通義 人間押シナベテノ道理。

つうきん (名) 通勤 カヨヒツトメ。

つうくわ (名) 通貨 通用ノ貨幣。

つうけい (名) 通計 總數ヲ一ツニ合ハセ計ルヿ。

つうけん (名) 通券 通行ニ用ヰル手形。

つうご (名) 通語 トホリコトバ。

つうじ (名) 通 (一)通ズルヿ。カヨヒ。トホリ。(二)大小便ノカヨヒ。

つうじ (名) 通事 通詞 (一)古言、ヲサ。外國ノ言語ヲ學ビ知リテ、談合ノ間ニ立入リ、雙方ノ話ヲ相通ジ告グルヿ。又、其人。通辯。舌人 (二)鬪雞ノ小キモノ。

つうしん (名) 通信 オトヅレ。タヨリ。

卄つうじん (名) 通人 俗ニ、善ク他ノ内情ナド察シテ頑ナラヌ人ノ稱。野暮ナラヌ人。

つうしやう (名) 通商 兩國ノ人互ニ相賣買スルヿ。交易。

つうじやう (名) 通常 通例ニ同ジ。

つうしよう (名) 通稱 (一)俗名。[名、ノ條ヲ見ヨ](二)物事一般ノ通名。通名。

つうず・ズル・ズレ・ゼ・ジ・ゼロ (自動)(不規・三) 通 (一)カヨフ。トホル。トドク。(二)善ク知ル。習ヒテ精シ。「學藝ニ—」(三)密通ス。(四)大小便、カヨフ。

つうず・ズル・ズレ・ゼ・ジ・ゼロ (他動)(不規・三) 通 (一)カヨハス。トホス。(二)知ラス。告グ。

つうせん (名) 通船 カヨヒブネ。往來スル船。

つうぞく (名) 通俗 高尙ナラズシテ世俗ニ通ズルヿ。世間ニカヨフヿ。「—ノ文」—ノ禮」

つうだつ (名) 通達 告ゲヤルヿ。シラセ。

つうち (名) 通知 シラセ。沙汰。

つうはう (名) 通寶 錢ノ面ニ鑄付クル語、世ニ通用スル寶ノ義。「寬永—」永樂—」

つうふう (名) 痛風 病ノ名、傷冷毒ノ類、小關節ヲ侵シ、痛ミ急ニシテ、痙攣ヲ起ス。

つうべん (名) 通辯 通事ニ同ジ。

つうよう (名) 通用 (一)互カニカヨハシモチヰルヿ。兩樣ノモチヰナルヿ。(二)金錢ノ世ノ賣買ノ媒ニ用ヰラレ行ハルルヿ。(三)カヨヒユクヿ。トホルヿ。通行。「—門」

つうりき (名) 通力 神佛ノ萬事ニ自在ナル不可思議ノ威力。

つうれい (名) 通例 (一)ナラハシ。シキタリ。(二)ヨノツネナルヿ。ナミ。通常

つうろ (名) 通路 カヨヒヂ。通行ノ路。

つゆる (動) 潰ユノ訛。

つか (名) 塚 [築ノ轉ト云] (一)土ヲ小高ク築キテ墓トシタルモノ。(二)汎ク、墓。墓 (三)スベテ、物ノ標ナドニ、土ヲ高ク盛リ築ケルモノ。「一里—」堠

つか (名) 柄 [劍頭ノ略轉ト云、或ハ、束ノ義カ] (一)刀劍ノ柄ノ掴ムベキ處、卽チ、鍔ヨリ上、刀心ノ入レル處。刀欛 (二)筆ノ管。ヂク。筆管

つか (名) 束 [掴ム義] (一)四指ヲ合ハセテ握リタル長サノ名、幾握リト度ルニ云フ。束。「十握ノ劍」八

束髭」 握把 (二)束柱ノ略、其條ヲ見ヨ。

つが (名) 栂 樹ノ名、とがノ條ヲ見ヨ。

つか-いと (名) 柄絲 刀ノ柄ニ卷クニ用ヰル一種ノ組絲。 緱

つかうまつ-る・る・れ・ら・り・れ (自動)(規・一) 奉仕 つかへまつるノ音便。仕フノ敬語。「男ノ、公ニツカウマツリ、ハカバカシキ世ノカタメナルベキモ」

つかうまつ-る・る・れ・ら・り・れ (他動)(規・一) 仕 (前條ノ語ノ轉) 爲、爲ス、行フノ敬語。更ニ、音便ニ、ツカンマツル。約メテ、ツカマツル。「幼キ者共ニ、袴着ツカウマツラムト思ヒ侍ルニ」專ラ、サヤウノ宮仕ヘツカウマツラジト思フヲ」殿上ノ男共、和歌ツカウマツリケルニ」

つか-がしら (名) 柄頭 刀ノ柄ノ頭ニ被フ金具。專ラ、略シテ、かしら。「緣、頭」 鐔

〔つかさ (名) 高處 (積重ナル意ニテ今、嵩トイフ語モ此略ナリト云) (一)高キ處。「倭ノ、此ノ高市ニ、小高ル、市ノ都加佐」佐保川ノ、岸ノ官ノ、柴ナ刈リソ」里モケニ、霜ハ置クラシ、タカマドノ、山ノ司ノ、色ヅク見レバ」足引ノ、山谷越エテ、野豆可佐ニ、今ハ鳴クラム、鶯ノ聲」(二)重立チタルモノ。ヲサ。カシラ。 首長 頭目

つかさ (名) 官司 (前條ノ語ニ同ジカラムト云) (一)政府ノ政事ヲ掌ル所。官、省、臺、職、坊、寮、司、監、署、府、使、廳等、各、其統ブル所、屬スル所ニ因テ、字ヲ異ニス。役所。 官衙 (二)政事ヲ掌ルコト。役目。勤メ。職務。 官職

つかさ-どる・る・れ・ら・り・れ (他動)(規・一) 掌 司 主 (官ヲ取ル義) 役目トシテ取扱フ。取統ブ。

つか-ざめ (名) 柄鮫 鮫ノ皮ノ砂アル所ヲ、刀ノ柄ニ卷クモノ、皆、舶來ス 其中ニ、數個大粒ナルアリ、親鮫トイフ、あんだんきびノ如シ、黄、白、二種アリテ、皆、光澤アリ。

つかさ-めし (名) 京官 (官召ノ義) 除目ノ條ヲ見ヨ。

〔つか-なみ (名) 稾積 (束並ノ義) 藁ヲ疊ノ廣サニ組ミテ敷クモノナリトゾ。「嵐ノミ、絶エヌ深山ニ、住ム民ハ、幾重カ敷ケル、十編ノ一」

づがに (名) 津蟹 (常ニ唾ヲ吐ケバイフトゾ) 蟹ノ一種、河、海、共ニ生ジ、石間ニ棲ム、殼圓クシテ、緣ニ缺アリ、螯最モ大クシテ、螯ト脚トノ本ニ、黒褐ナル細毛アリ、食フベカラズ。 毛蟹

つか-ぬ・ぬ・ぬる・ぬれ・ね・ね・ねよ (他動)(規・二) 束 ヒトツニクク。タバヌ。絡ヒ縛ル。「薪ヲ一」 ○手ヲ一。 コマヌク。又、爲スベキコトナクテアリ。 拱手 束手

〔つがのきの (枕) 樛木 (黄楊ノ轉ニテ、常葉ナレバ繼ぐニ掛ケテイフトゾ) 彌繼嗣ニ、トイフ語ノ枕詞。「樛木ノ、彌繼嗣ニ」繁ニ生ヒタル、都賀ノ木ノ、彌繼嗣ニ」

つかのま (名) 束間 (一握程ノ間ノ意) 暫シノ間。「夏野行ク、牡鹿ノ角ノ、束間モ、妹ガ心ヲ、忘レテ念ヘヤ」 霎時

つかばしら (名) 束柱 (支柱ノ意、或云、短クシテ、握ミテ度ルベキ意) 梁ト棟トノ間、又ハ、緣側ノ下ナドニ立ツル短キ柱。今、專ラ、略シテ、束。

つかは-す・す・せ・さ・し・せ (他動)(規・一) 遣 (使ハシノ延ト云) (一)他ヘ送ル。遣ル。贈物トス。此語、他ヨリ我ガ方ヘ致スルニモイフ。「月明ク侍リケル夜、人ノ、螢ヲ包ミテツカハシケレバ、雨降リケルニ、申シツカハシケル」マダ清書モセヌ本ヲツカハシ侍リケルヲ、返シツカハストテ」(他ヨリ致スル方ナルハ、次條ノ敬語ノ方ナラムカ)(二)上ヨリ下ヘ與フ。呉ルル。 下賜

〔つかは-す・す・せ・さ・し・せ (他動)(規・一) 遣 使フ、遣ル、ノ敬語。遣リ給フ。此語、語體、既ニ敬語ナレバ、「トニ、給フ、ヲ添フルコトナシト云。「大君ノ、兎伽破須ラシキ」天皇ノ所使之妾者」御隨身舍人シテ、取リニ一」

つかひ (名) 使 (一)ツカフコト。モチヰ。(二)他ヘ送リ遣リテ用事ヲ辨セシムル者。使者。(三)某神ノ使フト信ズル動物ノ稱。春日ノ鹿、熊野ノ烏、八幡ノ鳩、山王ノ猿、稻荷ノ狐ノ類。

つがひ (名) 番 (一)番フコト。(二)番ヒタルモノ。ノミアヒ。「骨ノ一」 關節 (三)禽獸ノ牝牡一對。 匹偶

つかひおな-す・す・せ・さ・し・せ (他動)(規・一) 用ヰ難ヌルヲ善ク用ヰル。工夫シテ用ニ立タス。 活用 運用

〔つかひざね (名) 使眞 (さねノ條ヲ見ヨ) 使ノ中ノ宗ト重キ人。 正使

つかひばん (名) 使番 武家ニ、本陣ノ號令ヲ諸陣ニ傳フル役。使者ノ事ヲ掌ル役。

つがひめ (名) 番目 番フ處。組合フ部。「骨ノ一」

鬮節

つかひもの (名) 遣物 オクリモノ。進物。贈貽

つかふ・フ・ヘ・ハ・ヒ・ヘ (他動)(規・一) 使遣 (一)役ニ立テムト用ヰル。動カシ扱フ。「人ヲ一」金ヲ一」槍ヲ一」鷗ヲ一」鷹ヲ一」猿ヲ一」使用 (二)行フ。爲ス。「手品ヲ一」魔法ヲ一」賂ヲ一」行 (三)俗ニ、食フ。「兵糧ヲ一」辨當ヲ一」食

つかふ・フル・フレ・ヘ・ヘ・ヘヨ (自動)(規・二) 事 (使ハル、ノ約ト云)(一)謙ミテ尊長ニ侍リテ、其用ヲナス。「父ニ一」君ニ一」夫ニ一」(二)官ニ就キテ職ヲ行フ。仕官ス。仕

つかふ・フル・フレ・ヘ・ヘ・ヘヨ (自動)(規・二) 支閊 (衝クヲ延ベテ自動トス)(一)妨ゲアリテトホラズ。障ル。サシツカフ。トドコホル。プサガル。抵捂 (二)痞ヲ起ス。痞

つがふ・フ・ヘ・ハ・ヒ・ヘ (自動)(規・一) 番 (繼キ合フ、ノ約、或云、次グ、ノ延)(一)二ツノモノ相合フ。組合フ。對ニナル。對偶 (二)遊牝ム。

つがふ・フル・フレ・ヘ・ヘ・ヘヨ (他動)(規・二) 番 (一)番フヤウニナス。組合ハス。(二)弦ニ當テハム。「矢ヲ一」(三)確ト相契ル。「言葉ヲ一」

つがふ (名) 都合 (手番ノ略轉ニテ、字ハ假借ナリト云) 手筈ヲ調フルコト。テツヅキ。「一ヲスル」一ヲ善クスル」一ガヨイ」一ガワルイ」一次第ニ」

つがふ (副) 都合 スベアハセテ。總ヘ締メテ。「一百八ニナル」一千圓アリ」

つかぶくろ (名) 柄袋 刀ノ柄ヲ被フ袋、多クハ錣マデ掛ケテ被フ。雨雪旅行ナドニ用ヰル。

つかふまつる (動) 仕 つかうまつるノ誤。

つかへ (名) 仕 ツカフルコト。官ニ就キテアルコト。仕官。「一ノ道」一ヲ辭ス」

つかへ (名) 支閊 (一)ツカフルコト。ササハリ。サシツカヘ。トドコホリ。プサガリ。抵捂 (二)病、胸ニ迫リテ、塞ルガ如キ感ヲナスコト。痞

つかへまつる・ル・レ・ラ・リ・レ (自動)(規・一) 奉仕 仕フ、ノ敬語。仕ヘ奉ツル。專ラ、音便ニ、ツカウマツル。「降ル雪ノ、白髪マデニ、大皇ニ、都可倍麻都禮バ、貴クモアルカ」

つかへる (動) 事フ、又、支フ、ノ訛。

つがへる (動) 番フ、(規・二)ノ訛。

つかまつる・ル・レ・ラ・リ・レ (他動)(規・一) 仕 つかうまつる、ノ約。爲ス、爲スノ敬語。

つかまへる・ル・ル・レ・ヘ・ヘ・ヘヨ (他動)(規・四・變)(摑ム、ノ延) 捕フ、ニ同ジヅラマヘル。捉

つかまる (動) (摑ム、ノ延) つらまるニ同ジ。

つかみあひ (名) 摑合 ツカミアフコト。素手ニテ闘フコト。紛拏

つかみあふ・フ・ヘ・ハ・ヒ・ヘ (他動)(規・一) 摑合 互ニ摑ミテ闘フ。素手ニテ闘フ。相拏攫

つかみどり (名) 摑取 アラアラシク摑ミテ取ルコト。

つかむ・ム・メ・マ・ミ・メ (他動)(規・一) 摑 (爪嚙ム、ノ略カト云) 爨ヒ握ル。抑ヘムト取ル。捽 攫

つかんまつる (動) 仕 つかうまつるノ音便。

つかゆる (動) 支フ、ノ訛。

つから (接尾) (之自ノ義) 名詞ニ添ヘテ副詞トシ、自、又、從、ノ意ヲナス語。「己一」身一」心一」手一」口一」

つからかす (動) 疲 つからすニ同ジ。

つからす・ス・セ・サ・シ・セ (他動)(規・一) 疲 疲レシム。

つがり (名) 連鎖 (一)(聯綴ルコト。絲シテカラゲツヅルモノ。舞人ノ摺衣ニつがり組アリ。「今朝ハマタ、誰着テ見ヨト、藤袴、玉貫ク露ノツガリシツラム」(二)(鏈。鐵ツガリ。鎖 (三)今、茶入袋ナドニ、口ヲ鏈ノ如ク作レルモノ。又、絲ニテ綴リ作レル袋ヲモイフ。共ニ訛シテ、をがりトモイフ。

〔つがりぐさ〕(名) 秦艽 (鎖草ノ義) 又、ハカリクサ。苗、葉、げんのしようこ、又、鳥頭ニ似テ、夏秋ノ交、紫花ヲ開ク、葛ニ似タリ、實ヲ結ブ、根、皆、網ノ如ク相交ル。

つかる・ル・レ・ラ・リ・レ (自動)(規・一) 漬 (漬ケラル、ノ約轉) 浸ル。漬ケテ熟ス。

つかる・ル・ル・ル・レ・レ・レヨ (自動)(規・二) 疲勞 (使ハル、ノ約ヨリ轉ジタルカ、或云、唾涸ル、ノ義ト) 體ニ氣力ヲ失フ。勢無クナル。クタビル。ヨワル。

〔つがる・ル・レ・ラ・リ・レ〕(自動)(規・一) 聯綴 (將フト通ズト云、或云、連續ル、ノ略カト) 相繫リ連ル。「豐國ノ、香春(地名)ハ吾家、紐兒(女名)ニ、伊都我里居レバ、香春ハ吾家」サブルソノ兒ニ紐ノ緒ノ、移都我利合ヒテ、鳰鳥ノ、二人並ビ居」(伊ハ發語)

つがるぬり (名) 津輕塗 本名、殼塗、陸奥ノ津輕郡弘前ニ產ズル漆器、紅、黃、綠、黑等混淆シテ、文細カク、亂雲ノ如ク、鮮美ニシテ、堅實ナリ。

つかれ (名) 疲 ツカルヿ。クタビレ。ヨワリ。

つかれる (動) 疲ル、ノ訛。

つき (名) 月 〔光ノ竭クル義カト云〕(一)陪星ノ名、我ガ地球ニ陪從ス、相距ルヿ十万里弱ナリ、直徑、八百六十四里許、二十七日七時四十三分十一秒餘ニテ地球ヲ周リ、同ジ日數ニテ自轉シ、又、地球ト共ニ、一年ニテ、太陽ヲ周ル、太陽ノ光ヲ得ルニ因リテ、地球ヨリ、新月、滿月ノ晦明ヲ見ル。太陰。玉兎。嫦娥。(二)泛ク、陪星ノ稱。「木星ノ—」「土星ノ—」

つき (名) 月 (一)一年十二分ノ一。元來、陰曆ニテ、凡ソ月ノ朔ヨリ晦ニ至ル間ニテ、三十日、乃至、二十九日。陽曆ニテハ朔晦ニ係ハラズシテ分チ(こよみノ條ヲ見ヨ)四月、六月、九月、十一月ヲ三十日トシ、他ノ月ヲ三十一日トス、但シ二月ハ二十八日ニテ、四年(閏年)每ニ一日ヲ加フ。(二)一箇月每ニスルヿ。「—番」「—代リ」「—雇ヒ」「—拂ヒ」

つき (名) 坏 〔土筒ノ約轉カト云、陶瓦未レ燒曰レ坏〕物ヲ盛ル器ノ名、古ヘ、專ラ土器ナリ、後ニハ、種種ノ製ナルニモイフ。「沈ノ箱ニ、瑠璃ノつき、二ツスヱテ、大キニマロカシ、ツツ入レ給ヘリ」酒—」「高—」「片—」

つき (名) 槻 〔强木ノ略カト云〕樹ノ名、けやきノ類、甚ダ相似テ、葉ノ刻缺多クシテ細カク、木理、縱橫ニシテ、けやきノ木理ノ縱ナルト異ナリ 古ヘ弓ノ材トセリツキノツキゲヤキ。

〔つき (名) 調 みつぎ、及ビ、調ノ條ヲ見ヨ。「—ノ布」

〔つき (名) 桃花鳥 鳥ノ名、ときノ古名。

つき (名) 附 (一)附クヿ。從フヿ。(二)ヨリツキ。タツキ。テガカリ。「人ニ逢ハム、—ノ無キニハ、思ヒオキテ」便宜 (三)貴人ノ傍ニ附添フ役ヅキソヒ。「御—」「—ノ者」扈從

つき (接尾) 付 名詞ニ接キテ、其容子ヲイフ語。ヌガタ。「顏—」「目—」「手—」「言葉—」狀

つぎ (名) 次 (一)次グヿ。後ニ付クヿ。「—ノ日」「—ノ年」「—ノ事」「—ノ品」「—ノ倅」(二)〔世繼。家督スベキ子。「—ノ君トナラセ給フベキ皇子オハシマサズ」年頃モ、—ノオハシマスマジキニヤト、口惜シキヿニ」繼嗣

つぎ (名) 繼 (一)接グヿ。合ハスルヿ。(二)故衣ノ破レムトスル所ニ、他ノ布帛ヲ當テテ綴リ補フヿ。「—ヲアテル」補綴

つきあかり (名) 月明 月ノ光。月影。

つきあげど (名) 突上戶 戶ヲ垂レ下グルヤウニ作リ、晝ハ、斜ニ棒ニテ突キ上ゲテ、庇ノ用ヲナサシムルモノ。ツキアゲビサシ。アゲビサシ。活簷

つきあたり (名) 突當 (一)ツキアタルヿ。行キ合ヒテ相當ルヿ。衝突 (二)ユキアタリ。「路ノ—」

つきあたる・ル・レ・ラ・リ・レ (自動)(規.一) 突當 行キ合ヒテ相當ル。ユキアタル。衝突

つきあひ (名) 符合 (一)ツキアフヿ。互ニ付クヿ。(二)交リ。交際

つきあふ・フ・ヘ・ハ・ヒ・ヘ (自動)(規.二) 符合 (一)互ニ付ク。(二)交ル。

つきうす (名) 搗臼 うすノ條ヲ見ヨ。

つきおくり (名) 月送 今月ノ事ヲ、來月ヘト、次次ヘ送ルヿ。

つきかげ (名) 月影 (一)月ノ光。ツキアカリ。(二)月ノ光ニテ、物ノ影ノ窓紙ナドニ映ルヿ。

つきがけ (名) 月掛 日掛ノ條ヲ見ヨ。

つきがた (名)、月形 弦月ノ形。圓キモノ半ハナル形。弦月形

つきがね (名) 鐘 〔撞鐘ノ義〕つりがねニ同リ。

つきがんな (名) 突鉋 かんなノ條ヲ見ヨ。

つぎき (名) 接木 立木ノ幹ニ、他ノ木ノ小枝ヲ切リ取リテ、接ギテ生ヒシムルヿ。大抵、同種ノ木ニテ接ケ、幹ノ方ヲ接臺又ハ臺木、(樹砧 盤砧)トイヒ、枝ノ方ヲ接穗(接頭)トイフ、幹ノ皮肉ノ間ヲ裂キテ、穗ヲ挿ミ、絡ヒ置ケバ、數日ニシテ粘着ス、此法ノルヲ臺接(挿臺)トイフ。又、他ノ立木ニ生ヒタルママナル穗ヲ寄セテ接キ、粘着シテ後ニ斷チ切ルヲ、呼接又、寄接トイフ。

〔つきくさ (名) 露草ノ古名、花、朝ニ開キ、晝ニ萎ム、碧色ニシテ、採テ衣ニ摺ル、善ク染ミ着ケ、着草トイフ、(月影ニ開ケバ月草トイフト云フハ非ナリ)又、ウツシバナ。ウツシグサ。花色、花色衣ナドイフモコレナリ。鴨頭草ニ、衣色取リ、摺ラメドモ、移フ色ト、言フガ苦シサ」

月草ノ、移ヒヤスク、思ヘカモ」朝咲キ、夕ハ消ヌル、鴨頭草ノ」夕サレバ、山ノ端出ツル、月草ノ、ウツシ心モ、君ニ染メテキ」 鴨跖草

つきげやき (名) 槻トイフニ同ジ。

つきこめや (名) 舂米屋 米ヲ舂キ精ゲテ賣ル商家。ツキヤ。(玄米ニテ賣ルニ對ス)

つきごろ (副) 月頃 數月コノカタ。 月來

〔つきしろ〕 (名) 月代 月ノ出デムトスル時、空ノ白ムヿ。「艪櫂立テ、湊モ知ラズ、夕闇ニ、船漕ギ出ス、夜半ノつきしろ」遲ク出ツル月ノ、月代バカリ見エテ、山ノ端ノ松ナドヲ 出デモヤラヌヲ

つきしろ (名) 月代 月額 (冠ノ半額ヲ半月形トモイフニ起レルカト云) 男子ノ、冠ノ下ノ髮ヲ、半月ノ如ク剃ルヿト云。ツキビタヒ。サカヤキ。「年傾キテ、髻ヲ切リ、つきしろ見エワタリ、麻ノ衣ニヤツレ侍ルハ」アサマシクヤツレタル僧ノ、近ク家ヲ出デニケリト見エテ、つきしろチド、アザヤカニ見エタルガ出デ來レリ」

つきしろ (名) 月白 月額ニ同ジ。(馬ノ) 戴星馬

〔つきしろふ〕ふ・へ・ふ・ひ・へ (自動)(規.一) 互ニ突ク。舂中。膝ナド、ツツキアフ。「君、宣ヘ宣ヘト、ツキシロヒ ササメキテ」若キ人人モ、傍痛ク、差過ギタリト ツキシロヒ侍ルメルモ、コトワリニナムトテ」ツキシロヒ目クハス」ツキシロヒテ、爪彈キヲシ」

〔つきす〕す・スル・スレ・セ・シ・セヨ (自動)(不規.二) 盡 盡クルヿトナル。盡ク。「盡キセヌ流レ」「可クモアラネバ、ナカナカ、片端モ、エマネバズ」ツキセズ語ラヒ慰メ聞エ給フ」

つきそひ (名) 附添 附添ヒ護ル人。カシヅキ。 傅

つきたつ つ・ツル・ツレ・テ・テ・テヨ (他動)(規.二) 繼立 驛ニテ、人馬ヲ繼ギ替ヘテ出ス。

つきたらず (名) 月不足 胎兒ノ十箇月ニ滿タズシテ生レタルヿ。

つきぢ (名) 築地 海沼ナドヲ埋メテ築キ立テタル地。

〔つきづきし〕し・シキ・シク・シカ・シケ (形.二) 付付 似合ハシ。似付カハシ。プサハシ。(つきなしノ反)「ソノ方ニツキヅキシキハ、皆擇ラセ給ヘレド」人ノ消息ツキヅキシク言ヒツベカラム者一人、ト召セバ」人ノ家ニツキヅキシキ物、帝ノアタラシキ。懸盤。大キヤカナル童女。好キハシタモノ」 適合

つぎつぎ (副) 次次 相次ギテ、續キテ。 遞次

つきつむ む・ムル・ムレ・メ・メ・メヨ (他動)(規.二) 突詰 つきとむニ同ジ。

つぎて (名) 繼手 繼目ニ同ジ。

つきとむ む・ムル・ムレ・メ・メ・メヨ (他動)(規.二) 突止 (一)確ト突キテ動カサズ。「槍ニテ一」 (二)根元マデ押シ究ム。極ヲ抑フ。ツキツム。 尋究

つきなし し・キ・ク・ケレ・カ・カ (形.一) 無付 (一)寄付ク便無シ。「逢フヿノ 今ハハツカニ、ナリヌレバ、夜深カラデハ、ツキナカリケリ」(二)似合ハシカラズ。相應セズ。不都合ナリ。「女身ノアリサマヲ思フニ イト ツキナク、マバユキ心チシテ」親君ト申ストモ、斯クツキナキ事ヲ宣フヿ、事行カヌモノ故、大納言ヲ誹リ合ヘリ」

つきなみ (名) 月並 月毎ニアルヿ。 月次

つきなみのまつり (名) 月次祭 陰暦、六月、十二月、兩度行ハルル神事。其月ノ朔日ニ、天皇、忌火ノ御飯ヲ聞召ス、コレヲ神事ノ初トシ、十一日、神今食ヲ行ハルル前ニ、神祇官ニテ、祝詞ヲ宣ベ、全國官國幣ノ諸社ニ、幣物ヲ奉ル、同夜、神今食ヲ行ハル、主上戌ノ刻ニ、神嘉殿ニテ、伊勢ノ大神ヲ、親シク膳ヲ供シ、祭ラセラルルヿ終夜ナリ、其式、大抵、大嘗會ニ同ジ。

〔つきねぐさ〕 (名) 及已 (擣根草ノ義カト云) 草ノ名、ふたりしづかノ古名。

〔つぎねふ〕 (枕) 次嶺經 山背ノ枕詞。

つきのえん (名) 月宴 月ヲ眺メツツ酒宴アルヿ、 觀月宴

つきのかつら (名) 月桂 支那ニテ、想像ノ說ニ、月ノ中ニ桂樹アリ、其高サ百丈、人アリ、常ニ樹ヲ伐ル、樹ノ創、隨テ合ス、其人ヲ吳剛トイフトゾ。

つきのさはり (名) 月障 月經ニ同ジ。

つきのしづく (名) 月雫 葡萄ノ實ノ砂糖漬、甲州ニ產ス。

つきのでしほ (名) 月出汐 月ノ出ヅルト共ニ差シ來ル潮。

〔つきのめの〕 (名) 調布 調ニ納ムル布。(租ノ條ヲ見ヨ)

つきのみやこ (名) 月都 月宮殿ニ譬ヘテ、都ヲ美ムル語。

つきのめぐり (名) 月經ニ同ジ。

つきのもの (名) 月經ニ同ジ。

つきのわ (名) 月輪 (一)圓キ形。(二)熊ノ喉ニアル白キ斑毛。(熊ノ條ヲ見ヨ)(三)袈裟ニ飾ル環、象牙ナドニテ作ル。(四)藁ニテ輪ニ作レル釜敷。

つぎば (名) 繼場 驛ノ、人馬ヲ繼ギ替フル處。問屋場。

つぎはし (名) 繼橋 柱ヲ立テ板ヲ幾所モ繼ギテ渡セル橋ナリトゾ。「檀ノ―」眞間ノ―」

つきばん (名) 月番 同役ナドト、一箇月ヅツ、受持ヲ定メテ勤ムル事。 直月

つきひ (名) 月日 (一)天ノ月ト日ト。「―ノ光」 日月 (二)年ノ月ト日ト。「―ヲ送ル」 光陰

つきひがひ (名) 月日貝 蛤ノ類、大サ二三寸、殼圓ク、半片ハ白ク、半片ハ紅ナリ、柱、一寸許、味美ナリ。 日月蠔

つきびたひ (名) 月額 (一)月代ニ同ジ。(男子ノ髮ノ)(二)馬ノ額ニ白キ斑毛アルモノ。古名、ウビタヒ。今、又、額白。月白。 戴星馬

つきびと (名) 附人 附添ヒ護ル人。カシヅキ。 傔

つきふ (名) 月賦 年賦ノ條ヲ見ヨ。

つぎほ (名) 接穗 接木ノ條ヲ見ヨ。

つきまち (名) 月待 衆人集リテ、月ノ出ヅルヲ待チテ拜スル事、十七夜待、二十三夜待ナドアリ。

つきみ (名) 月見 月ノ光ヲ眺メテ興ズル事、多ク、八月十五夜ナルニイフ。九月十三夜ナルヲ後ノ―トイフ。 觀月

づきん (名) 頭巾 頭ニ被リテ寒氣ヲ防ギナドスルモノ、布帛ニテ縫ヒ作ル、製ハ、方、圓、種種ナリ。

つぎめ (名) 繼目 (一)二ツノ物ヲ接ギ合ハセタル所。ツギテ。 接縫 (二)家督相續スル事。

つきもの (名) 付物 (一)其物ニ附屬シテアルベキ物。(鎖ニ鍵、硯ニ墨ナド)(二)附キ從ヒテアル人。 從屬 (三)鬼神ノ靈ノ、人ニ憑キカカレルモノ。モノノケ。 鬼憑 邪祟

つぎもの (名) 繼物 故衣ノ破レニ、布帛ヲ當テテ、綴リ補フ事。 補綴

つきや (名) 舂屋 つきよねやニ同ジ。

つきやく (名) 月役 月經ニ同ジ。

つきやま (名) 築山 園庭ナドニ築キ立テタル小キ山。 假山

つきよ (名) 月夜 月ノ光明アル夜。(闇夜ニ對ス)

つきよがらす (名) 月夜烏 夜半ナドニ、月ノ光ニ鳴ク鴉。ウカレガラス。 夜月烏

つきる (動) 盡クノ訛。

〔つく (名) 木菟 みみづくニ同ジ。

つ・く・ク・ケ・カ・キ・ケ (自動)(規.一) 着 附 付 (一)直ト相合フ。共ニ寄ル。ネバル。(二)行キ到ル。トドク。及ブ。到着ス。「都ニ―」洪水、床ニ―」 到 (三)從フ。カシヅク。附屬ス。「師ニ―」親ニ―」敵ニ―」勢ヒニ―」 附隨 服屬 (四)感ズ。カブル。「病ガ―」 感染 (五)憑ル。カカル。ノリウツル。「邪祟―」狐ガ―」 狐憑 (六)土ト馴染ム。「根ガ―」(七)籠ル。「巣ニ―」塒ニ―」(八)登ル。「位ニ―」 卽位 (九)勤メニ掛ル。(去ルノ反)「職ニ―」業ニ―」 就 (十)價ス。直ル。「價、百圓ニ―」 直
○氣ガ―。性ガ―。ヨミガヘル。 蘇生 ○座ニ―。坐ル。 坐 ○手ニ―。從フ。 屬 ○火ガ―。燃ユ。トボル。

つ・く・ク・ケ・カ・カ・ク (自動)(規.二) 漬 浸ル。ツカル。「水ニ―」鹽ニ―」

つ・く・ク・ケ・カ・キ・ク (他動)(規.一) 突 衝 (一)一氣ニ押シ遣リテ當ツ。「槍ニテ―」拳ニテ―」(二)棒ノ末ヲ當テテ鳴ラス。「鐘ヲ―」 撞 (三)杵ノ末ヲ當テテ碎ク。ウスヅク。「麥ヲ―」餅ヲ―」藥ヲ―」 擣 搗 舂 (四)吐ク。「食ヒト食ヒタル人、人モ、子共モ、我モ、云云、物ヲつきマドヒ合ヒテ、死ヌベクコソアレ」反吐ヲ―」 歐 嘔
○息ヲ―。呼吸ス。○譃ヲ―、僞ル。○惡對ヲ―。罵ル。

つ・く・ク・ケ・カ・キ・ク (他動)(規.一) 築 (突ク義) 土石ヲ突キ固メテ積ミ建ツ。キヅク。「石垣ヲ―」竈ヲ―」

つ・く・クル・クレ・ケ・ケ・ケヨ (他動)(規.二) 着 附 付 (一)着クヤウニナス。直ト相合ハス。共ニ寄ス。ネバス。(二)添フ。加フ。負ハス。「人ヲ―」力ヲ―」勢ヲ―」惡名ヲ―」 附加 添加 (三)塗ル。マブス。染ム。「粉ヲ―」墨ヲ―」色ヲ―」オシロイヲ―」 塗 染 (四)貼ル。「藥ヲ―」張紙ヲ―」 貼 (五)記ス。書キ載ス。「帳面ニ―」標ヲ―」 記入 (六)達クル。及ボス。(熟語ニ)「待チ―」

聞キー」
○心ヲー　氣ヲー。守リ思フ。注意　○手ニー。從フル。服　○目ヲー。狙ヒ見ル。注目　○火ヲー。燃ス、トボス。點火

つぐ（他動）（規、二）漬　ヒタス。ウルホス。「水ニー」「鹽ニー」「糟ニー」ぬかみそニー」

つく（自動）（規、三）盡　（一）無クナル。費エ失ス。消ユ。（二）終ハル。果ツ。シヲフ。「年ー」「仕事ー」

つぐ（名）樹ノ名、薩隅南島ノ產、棕櫚ニ似タリ、其毛ヲ漆刷又ハ船ノ綱ニ用ヰテ、久シキニ堪フ。一名、クロツグ。

つぐ（自動）（規、二）次　亞　後ニ付ク。其下ニ位ス。從フ。ツヅク。

つぐ（他動）（規、二）繼　續　接　（一）添ヘテ付クル。斷エタルヲツヅクル。（二）代ハリテ後ヲ承ク。相續ス。「位ヲー」「家ヲー」「名ヲー」嗣　承　襲　（三）粘バシ補フ。縫ヒ綴ツ。「鉄片ヲー」「衣ノ破綻ヲー」ツギヲ」補綴　（四）後ヨリ加フ。足ス。「炭ヲー」
○骨ヲー。骨節ノ外レヲ正ス。整骨

つぐ（他動）（規、二）注　〔繼ク淺〕加ヘ入ル。注ギ入ル。タラシコム。「湯ヲー」「酒ヲー」

つぐ（他動）（規、二）告　語　言葉ニテ傳フ。言ヒ聞カセ知ラス。

づく（廿）木菟ノ訛。ミミヅク。

づく（名）銑　鐵ノ條ヲ見ヨ。ヅクテツ。生鐵

づく（名）豆蔻　（草豆蔻ノ略）植物ノ實、舶來シテ藥トス、龍眼子ノ如クニシテ尖ル、多クハ、皮ヲ去リテ仁ノミヲ渡ス、辛ク馨シ。草豆蔻　又、白ーアリ、亦舶來ノ藥品ニシテ、殼ヲ帶ブ、牽牛ノ子ノ如ク殼白ク厚シ。

づく（接尾）盡　名詞ニツキテ、アル限リヲ盡クス意ヲイフ語。「金ー」「カー」「心切ー」「相談ー」

つくいも（名）佛掌薯　つくねいもニ同ジ。

つくし（名）土筆　つくづくしノ略。

づくし（接尾）盡　名詞ニツキテ、其一類ノ物ノミ悉ク擧グル意ヲイフ語。「國ー」「紋ー」「一ノ字ー」

つくしごと（名）筑紫琴　（一）箏ノことノ一稱、宇多帝ノ頃、筑紫ノ石川色子トイフ命婦、豐前ノ彥山ニテ、異朝ノ人ニ習ヒテ、妙術ノ名ヲ得タルヨリイフトゾ。（二）今、又、俗間ニ行ハルル十三絃ノ琴ノ名、樂箏ヨリ轉ジテ異ナリ、別ニ曲アリ、俗謠ナリ。後奈良院、永祿以前、肥前ノ人賢順、此術ヲ創シ、後、寬文ノ頃、筑後ノ善導寺ノ僧法水ヨリ弘マレリト云。

つくす（他動）（規、二）盡　竭　悉　（一）盡クルヤウニナス。用ヰテ殘リ無クス。（二）盡クルマデスル。アルカギリナス。「世ヲー」「心ヲー」「財ヲー」「身ヲー」「智ヲー」「忠ヲー」

づくせん（名）銑錢　銑ニテ吹キタル錢。ナベセン。

つくだ（名）佃　（作田ノ義）古ク、ツクリダ。人ノ耕作スル田。墾田　熟田

つくだに（名）佃煮　（東京佃島ニ起ル）極メテ小キ雜魚ヲ醬油ニテ煮染メタルモノ。（東京）

つくづく（副）（就クヲ重ネタル語）物ヲ打チ守ル意ニイフ語、善ク善ク念ヲ入レテ、ツラツラ。「ー思フ」「ート見ル」熟思　熟視

つくづくし（名）土筆　（突クヲ重ヌ、突出ノ意）杉菜ノ花、其條ヲ見ヨ。ツクシ。筆頭菜

つくつくぼふし（名）（鳴ク聲ニ、法師ヲ添ヘタルカ）古クハ、クツクツボウシ。蟬ノ一種、形、小ク、色黑シ、秋ノ半ヨリ季ニワタリテ、日暮ニ鳴ク、其聲、おしいつくつくト聞ユ。寒蟬

つくてつ（名）銑鐵　銑ニ同ジ。

つぐなふ（動）償　つくのふノ誤。

つくねいも（名）佛掌薯　（形、ツクネタルガ如シ）薯ノ屬、蔓、葉、形狀、全クやまのいもニ似タリ、但シ、葉稍圓シ、根、最モ肥大ニシテ、尺餘ニ至ルアリ、老薑、芋魁ノ如ク、扁クシテ枝アルモアリ、肥厚ニシテ人ノ形ノ如キモアリ、味モ美ナリ、但シ粘リ少シ。略シテ、ツクイモ。

†つくねんと（副）（ツクネラレタル如ク居ル意カ）爲ル事無クテ徒ニ居ル狀ニイフ語。「ー日ヲ送ル」「ー坐テ居ル」徒爾

つくねる（他動）（規、四）（變）捏　（束又ノ訛カ）手ニテ押シコネテ作ル。「土ヲー」「團子ヲー」

つくのひ（名）償　ツクノフコト。アカナヒ。ウメアハセ。

つくのふ（他動）（規、一）償　物ノ報ニ物ヲ出ス、所値ヲ還ヘス。マドフ。ウメアハセヲスル。

つくばね（名）衝羽根　（一）羽子。（二）灌木ノ名、諸

國深山ニ多シ、高サ七八尺、葉ハいばたニ似テ、末尖リ、兩對ス、立夏ノ後、枝ノ頭ニ、四瓣ノ淡緑花ヲ綴リ開ク、大サ三分許、實ハまろまめノ如クニシテ、上ニ細長キ四翅アリ、羽子ノ如シ、鹽漬ニシ或ハ炙リテ食スベシ、味、榧ノ實ノ如シ、常州筑波山ニ產ズルモノ名アリ。一名、コギノキ。又、ハゴノキ。胡鬼子

つくはねさう（名）衝羽根草 東北州ノ深山ニ生ズ、一根一莖ニシテ、葉ハささゆりノ葉ニ似テ薄ク、縦文アリ、四枚、莖ノ端ニ集リテ、傘ヲ張レルガ如シ、又、三五葉、七八葉ニ至ルモアリ、其上ニ、一莖ヲ出シ、一花ヲ開ク、四出、緑色ニシテ、内ニ、金線、八條、長ク出デ、別ニ蘂アリ。王孫

つくばひ（名）蹲 (一)ツクバフ。(二)庭ニ、手洗フ水鉢ノアル處、蹲ヒテ洗ヘバイフ。（茶寮ナドニイフ）

つくばふ・フ・ヘ・ヘ・ヒ・ヘ（自動）（規・一）蹲踞〔突這フノ轉カト云〕うづくまるニ同ジ。

つくぼう（名）突棒 人ヲ捕フルニ用キル武器、頭、撞木ノ如クニシテ、齒多シ、一名、撞木。又、鋲アリ、頭ニ叉多シ、敵人ノ袖ニカラム。一名、ソデガラミ。又、刺叉アリ、頭、琴柱ノ脚ヲ倒ニセルガ如シ、敵人ノ喉ヲ押ス、別名、コトヂボウ。クビガネ。又、サツマタ。以上、合ハセテ、三道具トモイフ、共ニ頭、鐵製ニシテ、木柄、長サ、七尺五寸アリ。

つぐみ（名）鶇〔噤ミノ義、夏至ノ後聲無ケレバイフ〕又、馬鳥。鳥ノ名、山中ノ樹孔巖穴ニ棲ム、形、もずヨリ大ク、全身、紫灰ニシテ、腹ハ、黄白ニ紫黄ノ斑アリ、翼、尾、黒ク、脚、嘴、青シ、秋、群ヲ成シテ來リ、立春ヨリ囀リ、夏至ノ後聲無シ。一名、鳥馬。又、黒一ハ、全身、灰黒ニ黒斑アリ、頭、翼、尾純黒ニシテ、頰、白ク、嘴、脚、黄ナリ、山ニ棲ミ、善ク囀ル、人捕ヘテ飼フ、能ク諸鳥ノ音ヲナス。

つぐむ・ム・メ・マ・ミ・メ（他動）（規・一）噤〔湮含ムノ約カト云〕口ヲ閉ヂテ言ハズ。モダス。ダマル。

〔つくも（名）江浦草 水藻ノ名、詳ナラズ。

〔つくも（數）九十九 次條ヲ見ヨ。

〔つくもがみ（名）老嫗ノ白髮ノ江浦草ニ似タルヲイフ語ナリト云。伊勢物語、老女ノ歌「百年ニ、一年足ラヌ、一、我ヲ戀フラシ、俤ニ見ユ」（盡百ト言ヒ掛ケタルモノカト云）此歌ニ因テ、九十九ヲつくもト訓メリ。

〔つくもどころ（名）作物所 古ヘ、禁中ニアリテ、製造、彫刻、鍛冶ナド、種種ノ細工スル所、別當、預、ノ職アリ。

〔つくよ（名）月夜 つきよノ古言。「時鳥、此從鳴キ渡レ、燈火ヲ、都久欲ニ擬ヘ、其影モ見ム」

〔つくら（名）鰯鯎 魚ノ名、いなノ小キモノ、今モ伊勢ニテハイフ。關東ニ、をぼまり。

つくり（名）作造 (一)作ルコト。(二)作リタル狀、ゴシラヘ。(三)ヨソホヒ。粧飾

つくり（名）字旁〔作リノ義カ〕偏ノ條ヲ見ヨ。

つくりかは（名）革〔作皮ノ義〕なめしがはニ同ジ。

つくりかへ（名）作替 改メテ作ルコト。改作

つくりごと（名）作事 無キヲ有リタル如ク作リ出セル事。假託

つくりごゑ（名）作聲 生得ナラヌ聲ヲナスコト。粧聲

つくりたつ・ツル・ツレ・テ・ツ・テヨ（他動）（規・二）作立 盛ニ粧フ。飾ル。

つくりつけ（名）作付 取放シノナラヌヤウニ、取付ケテ作リタルコト。

つくりどり（名）作取 耕作シテ其收納ヲ全ク己レニ取ルコト。（無年貢ノ田ナドニ云）

つくりばな（名）造花 五彩ノ紙帛ナドニテ、種種ノ花ノ形ヲ作リナシテ、飾リトスルモノ。剪綵花

つくりばなし（名）作話 無キヲ有リタルヤウニ作レル物語。小說

つくりひげ（名）作髭 髭ナキ人ノ、別ニ毛ヲモテ髭ヲ作リテ面ニ付ケテ飾ルモノ、ツケヒゲ。（俳優ナドニ）假髯

つくりみ（名）作身 料理ニ、切リタル魚肉。鱠

〔つくりみづ（名）[illegible]〔作水ノ義〕水ヲ沸カシテ、冷シテ飲ムモノ。又、煮御水。

つくりもの（名）作物 (一)天然ナラヌ人ノ作リ出セル物。人造物 (二)擬ヘテ作リタル物。僞物

〔つくりゑ（名）作繪 すみがきノ條ヲ見ヨ。

つくる・ル・レ・ラ・リ・レ（他動）（規・一）作造〔付クル意ヨリ轉ジタル語カ〕(一)物ヲ構ヘ成ス。コシラフ。イトナム。調フル。デカス。「家ヲ一」身代ヲ一」米ヲ一」罪ヲ

―」(二)整ヘ粧フ。「顔ヲ―」裝ヲ―」粧 (三)書キツヅル。詠ム。「書ヲ―」歌ヲ―」詩ヲ―」述作 (四)擬ヘ成ス。イツハリデカス。「病ヲ―」つくり話」つくり髭」擬作 (五)切リキザム。料理ス。「イザ此雉子ヲ生ナガラつくりテミム」魚ヲ―」つくり肉」割肉 (六)告ゲ鳴ク。「鷄、時ヲ―」時夜 (七)耕ス。「田ヲ―」耕

つくろひ (名) 繕 ツクロフヿ。補ヒ修ムルヿ。

つくろふ (ふ・フ・ヘ・ヘ・ヒ・ヘ)(他動)(規、一) 繕 〔作ル、ノ延〕(一)補ヒ作ル。修メナホス。修復ス。(二)整ヘ粧フ。「衣紋ヲ―」容子ヲ―」修飾

つくゑ (名) 机・案 〔坏据ノ約ト云〕(一)飲食ノ器ヲ載スル臺。食案 (二)フミヅクエ。フヅクエ。專ラ書籍ヲ載スル臺。書案

つげ (名) 黃楊 常綠ノ灌木、山ニ多シ、高サ五六尺、枝葉繁茂ス、故ニ多ク墻トス、葉、深綠ニシテ、小ク細長ク、厚クシテ、細鋸齒アリ、互生ス、夏、葉ノ間ニ、小白花ヲ開ク、實圓ク、熟スレバ黑シ、材堅ク白シ、諸ノ器ニ作ル。他名ニ對シテ、いぬ―トモイフ。柞木 又、姫―アリ、高サ一二尺ニ過ギズ、多ク庭際ニ植ウ、枝、葉、對生シ、葉、小ク、長サ二分許、鋸齒無シ、花、實、無シ、材、黃ヲ帶ビテ、最モ堅緻ナレバ、版木、櫛、入齒ナドトス。黃楊

つげ (名) 告 (一)告グルヿ。イヒキカセ。(二)託宣。「神ノ―」

つけあはす (ス・ス・スル・スレ・セ・セ・セヨ)(他動)(規、二) 附合 並ベ合ハス。添ヘテアヘシラフ。配置

つけあはせ (名) 附合 ツケアハスルヿ。配置

つけあひ (名) 付合 連歌ヲ俳諧體ニ付ケ合フモノ

つけいし (名) 附石 かねつけいしノ略。

つけいり (名) 附入 (一)ツケイルヿ。(二)城ヲ攻ムルニ敵ノ退キ入ルニ、隙アラセズ附キテ攻メ入ルヿ。

つけいる (ル・ル・ル・レ・リ・レ)(自動)(規、一) 附入 (一)機ヲ便次ニ事ヲ爲ス。ツケコム。乘機 (二)敵ノ退クニ付キテ城ニ攻メ入ル。(前條ヲ見ヨ)

つけかけ (名) 附掛 帳面ナドニ、價ヲ增シテ記シ付クルヿ。

つけがみ (名) 附紙 (一)文書ノ中ノ心當テノ處ナドニ、標ニ紙ヲ付ケ置クモノ。不審紙。(二)サゲガミ。附箋

つけぎ (名) 附木 燧火炭火ヲ燃シ付ケテ物ニ移ス具、檜ノ材ヲ五寸許ノ薄片トシ、硫黃ヲ水ニ煉リテ、其端ニ塗リテ乾ス。一名、ユワウギ。引火奴 又、をり―、はや―アリ、各條ニ註ス。

つけぐすり (名) 附藥 肌ニ貼ケテ用ヰル膏藥ナドノ稱。(のみぐすりニ對ス) 外服藥

つけぐち (名) 告口 此人ノ隱事過失ナドヲ、窃ニ他ノ人ニ告グルヿ。イヒツケグチ。密告

つけこむ (ム・ム・ム・メ・マ・ミ・メ)(自動)(規、一) 附込 つけいるニ同ジ。

つけじろ (名) 附城 出城ニ同ジ。

つけずまひ (名) 屬強 〔付爭ノ義ナラム〕馬ノ進マヌ癖。

つけだし (名) 附出 (一)帳面ナドニ記シ始ムルヿ。起筆 (二)若干ノ數ヲ除キテ、後ノ分ヘ送リテ記シ付クルヿ。

つけたり (接) 附 添ヘ加ヘテ。並ニ

つけぢゑ (名) 附智惠 いれぢゑニ同ジ

つけとどけ (名) 附屆 時ヲ定メテ贈ル謝禮ナドノ金錢。

つけな (名) 漬菜 たうなニ同ジ。

つけね (名) 附根 枝ノ、幹ニ接ク處。股ノ―

つけね (名) 附直 買方ヨリ付ケタル直段。

つけばな (名) 付鼻 人造ニテ補フ鼻。假鼻

つけび (名) 附火 窃ニ人家ニ火ヲ放チテ燒ク犯罪。ヒツケ。放火

つけびと (名) 附人 傅ニ添フル人。

つけひも (名) 附紐 小兒ノ衣ノ帶スル所ニ縫ヒ付ケテ置ク紐、絡ヒ結ビテ其上ニ帶ス。七歲ニシテコレヲ去ルヲ、ひもときノ祝ヒトイフ。

つけふだ (名) 附札 サゲフダ。ツケガミ。附箋

つけまげ (名) 附髻 他ノ髮ニテ髻ヲ作リテ、髮ニ添フルモノ。髢

つけもの (名) 漬物 蔬菜ヲ鹽ニ漬ケタルモノ。香ノ物。

つけやき (名) 附燒 醬油ヲ塗リ付ケテ炙ルヿ

つけやきば (名) 付燒刃 つけぢゑニ同ジ。

つける (動) 付ク、(規、二)漬ク(規、二)等ノ訛。

つげる (動) 告グノ訛。

つごもり (名) 晦 〔月隱ノ略、新撰字鏡、晦、豆支己毛利〕(一)月ノ光ノ全ク虧ケテ、影ナキニ至レルヿ。(二)陰暦ニテ、一箇月ノ末ノ日。三十日。

づざい (名) 徒罪 古ヘ、五刑ノ一、杖ヨリ重ク、流ヨリ輕シ、年ヲ定メテ使役ス、一年ヨリ三年ニ至ル、半年毎ニ、一等トシテ、總ベテ五等アリ。

づさう (名) 頭瘡 天窓ニ發スル一種ノ瘡。

ヅサン (名) 杜撰 〔宋音ナラム、杜、假也〕詩文著述ナドニ、妄ニ典故出處モ無キ事ヲ述ブルヿ。

つじ (名) 旋毛 つむじノ略。

つじ (名) 辻 〔旋毛ト通ズ、其略ナリ、辻ハ逵ノ省、或云、十字街ノ十ニ、之繞セルナリト〕古言、ツムジ。路ノ縱横ニ通ジタル處。數條ノ路筋ノ打違ヒタル處。ヨツツジ。 十字街

づし (名) 廚子 〔元、廚ニテ食物ヲ載スルモノカ〕(一)櫃ヲ立テタル如クニテ、棚アリ、雙戸ナドアルモノ、調度書畫ナド載ス。(二)又、製、ソレニ似テ、佛像ヲ安置スル家ニ用ヰルモノ。 佛龕

づし (名) 途子 ヨコマチ。横町。 横巷

つじうら (名) 辻占 (一)古ヘノ夕爾占。辻ニ立チテ、往來ノ人ノ無心ノ言語ヲ聞キテ、事ノ吉凶ヲ占フヿ。(二)轉ジテ、俗間ニ、小キ紙ニ種種ノ語句ヲ記シタルヲ、卷キタル煎餅ナドノ内ニ插ミ、偶然ニ探リ取リテ、當座ノ事ヲ占ヒテ興トスルモノ。

つじがうしやく (名) 辻講釋 辻ニ出デテ軍談シテ錢ヲ乞フモノ。大道講釋。

つじかぜ (名) 旋風 つむじかぜニ同ジ。

つじがため (名) 辻固 辻ニ備フル警固。

つじぎみ (名) 辻君 〔立君トモイヘバ、辻ニ立チ居ル意ナラム〕夜發ニ同ジ。

つじぎり (名) 辻斬 夜、辻ニ佇ミテ、不意ニ往來ノ人ヲ斬ルヿ、往時、武士ノ試斬ナドニモシヿナリ。

つじだう (名) 辻堂 辻ノ傍ニ建テテアル佛堂。

〔つしたま (名) 薏苡ノ古名。

つじばんしよ (名) 辻番所 往時、江戸ノ屋敷町ノ辻辻ニ立テ置ケル番所、路上ノ警備トス。

つしまぎり (名) 對馬桐 いさぎりニ同ジ。

つしまど (名) 對馬砥 剃刀砥ノ一種、對馬ヨリ出ヅ、漆ノ類ナド磨ギ、又ハ研出ニ用ヰル。一名、蟲喰砥。 鷄肝石

〔つじむ・ム・メ・マ・ミ・メ (自動)(規.一) 〔集ヒ染ム意カ〕肌ニ色ヅキ染ム。「前ノ方ヲ見レバ、ツジミタルモノアリ、コレハ瘡ニテコソアリケレ」刑鞭ノ爲ニツジミ黑ミ」

〔つしやかに (副) 強ク慥ニ。重重シク。ヅッシリト。「御心地モサワダチ給ヒ、云云、―チ、貴ニナリマサリ給ヒ」「姫君ノ、イト、シドケナク、物ハカナキ狀ニノミ、何事ヲモ覺シ宣ヒシカド、心ノ底ノツシヤカナル所ハ、コヨナクモオハシケルカナ」白キ薄樣ニ、―、書イ給ヘレド、殊ニヲカシキ所モナシ」

づしよれう (名) 圖書寮 フミノツカサ。古ヘ、中務省ニ屬セル寮、圖書、修史、佛典、校寫、裝潢、紙、筆、墨ノ事ヲ掌ル。

つた (名) 蔦 〔傳フ意ト云〕蔓草、鬚根ヲ以テ、樹石土壁等ニ着キテ延ブ、葉ハ互生シテ、三尖ニシテ鋸齒アリ、光澤アリ、小キハ一二寸、大ナルハ尺許、夏葉ノ間ニ、淡黃花、攢十、簇リ生ズ、五瓣ニシテ二分許、實圓ク、熟シテ黑シ、紅葉美シ、人家ニ植エ、樹壁等ニ延ハシメテ賞ス。 地錦

つた (名) 〔寸寸ノ義カ、或ハ、傳ニテ繋グ意カ〕壁土ニ加フルモノ、すさノ條ヲ見ヨ。

ヅダ (名) 頭陀 〔梵語ナリ、修治、修行ナド譯ス〕僧ノ、旅行シテ、行ク行ク食ヲ乞ヒ、露宿ナドシテ、修行スルヿ。又、抖擻。禪ニ、行脚トイフ、或ハ、其狀ニ因テ、雲水トモイフ、時宗ニ、遊行トイフモコレナリ。

つたうるし (名) 蔦漆 蔓草、山野ニ多シ、蔦ノ如ク樹石ニ取リツキテ生ジテ、物ニ絡ハズ、葉ハ三葉ヅツ集リ生ジ、漆ノ葉ニ似テ、大ナリ、夏、葉ノ間ニ、黃白花ヲ開ク、蔦ノ花ニ似テ、實モ亦似タリ。一名、ヤマウルシ。 蔓生鉤吻 野葛

つだし (名) 津出 荷船ヲ湊ヨリ出シ遣ルヿ。 出港

〔つたつたに (副) 寸斷 細カク切レ切レニ。ヅタヅタニ。又、スタスタニ。「素盞鳥尊、乃拔ニ所レ帶十握劍ー寸斬ニ其蛇ー」朝日サス、カタノムラ霧、晴レヤラデ、山ツタツタニ、見ユル秋哉」

づたづたに (副) 前條ノ語ニ同ジ。又、スタズタニ。「―斬ル」

つたなし・キ・ケレ・ク・シ・ク (形.二) 拙 〔傳無シノ意カト云〕

(二)巧ナラズ。精シカラズ。劣ル。鈍シ。未熟ナリ。下手ナリ。「技ー」(二)運、惡シ。薄命ナリ。「カバカリツタナキ身ノアリサマ」宿世ー。運ー。(三)憶セリ。鄙怯ナリ。「ー返ヘセ」怯

つたはる・ル・レ・ラ・リ・レ (自動)(規.一) 傳 (一)往時ヨリ移リ來ル。「先祖ヨリー」(二)縁リ沿ヒテ移リ行ク。ツタフ。「水筧ヲー」崖ニツタハリ行ク」 緣

つたふ・フ・ヘ・ハ・ヒ・ヘ (自動)(規.一) 傳 行キタル所ヨリ、又他所ヘ行クヲツタハル。「自ニ其島ニ傳而幸ニ行吉備國ニ」麻古ガ手ハナレ、島豆多比行ク」ヨヨニツタヘル、呉竹ノ」タエダエノ、雲間ヲー」影ニコソ、行クトモ見エレ、秋ノ夜ノ月」

つたふ・フル・フレ・ヘ・ヘ・ヘヨ (他動)(規.二) 傳 (一)受ケテ授ク。(二)受ケ繼グ。「ハカバカシク、ツタヘ取リタルコハ、ヲサヲサナケレド」ツタヘ聞ク」

ツダぶくろ (名) 頭陀袋 (一)頭陀ノ僧ノ、雜具入レテ、頸ニ懸クル袋。(二)今、又、死者ヲ葬ムルトキニ頸ニ懸クル袋。(幣袋ノ誤カトモイフ)

つたへ (名) 傳 ツタフルコ。受ケ授クルコ。

つたへる (動) 傳フ、(規.二)ノ訛。

〔つだみ (名) 哯吐 〔つハ乳ノ轉、たみハ歐吐ノ約ト云〕乳兒ノ、乳ヲ口ヨリ餘マスコ。

〔つたよふ・フ・ヘ・ハ・ヒ・ヘ (自動)(規.一) 〔傳ヒ蕩フ意カト云〕 尋リサマヨフ。「不レ知ニ道路ニ留ニ連島浦ニ自ニ北海ニ廻レ之」ワブル山、世ニテル路ヲ、蹈ミタガヘ、或ヒー身ヲ如何ニセム」

つち (名) 土 (一)此地球ノ大塊ヲ組成シ山野ヲ成スモノ。(二)或ハ、其中ノ岩石鑛物ト別チテ、地球ノ表面ヲ被ヒ、柔カクシテ草木ヲ生シ立ツルモノ。

つち (名) 地 (前條ノ語ニ同ジ) 大地ノ天ニ對スル稱。即チ地球。地。「天ー」

つち (名) 槌 物ヲ叩クニ用キル木製ノ具、頭、圓ク長クシテ、横ニ柄ヲ挿ス。其小キヲさい・トイヒ、頭、鐵製ナルヲ、金ートイフ。

つちかふ・フ・ヘ・ハ・ヒ・ヘ (自動)(規.一) 培 〔土養フ義〕土ヲ被ヒテ養フ。(草木ニ)

〔つちぎみ (名) 土公 土公神ノ條ヲ見ヨ。

つちぐも (名) 土蜘蛛 蜘蛛ノ一種、頭大ク體痩セ、赤黑クシテ 足ニ爪アリ 巣ハ、袋ノ如クニシテ、半ハ地ニ入ルコニ三五寸、子ヲ其内ニ育ス、袋ヲ引出セバ、子四方ニ散ズ 蜘蛛ノ子ヲ散ラスガ如シトテ、衆ノ散亂スルニ譬ヘテイフハコレナリ。一名、アナグモ。又、フクログモ。又、ヂグモ。

〔つちぐも (名) 土蜘蛛 〔高尾張ノ夷、其形、蜘蛛ニ似タレバ名トシ、コレニ準ヘテ其他ヲモ呼ベルカト云、或云、土籠ノ約ト〕上古 穴居ノ夷族ノ、猛ク暴クシテ人ヲ害フ者ノ稱。神武紀ニ「高尾張邑、有ニ土蜘蛛ニ其爲レ人也、身短而手足長、與ニ侏儒ニ相類」攝津國風土記ニ「土蜘、此人、恒居ニ穴中ニ故賜ニ賤號ニ曰ニ土蛛ニ」

つちぐら (名) 窖 (一)地ヲ穿チテ穀ヲ藏ムル所、今ノ穴藏ノ類。(二)土ニテ塗リ作レル藏。土藏。(石藏、板藏ニ對ス)

つちくれ (名) 土塊 (一)土ノ大小方圓ノ塊。(二)齋宮ノ忌詞ニ、墓ノ稱。

つちくればと (名) 土塊鳩 きじばとニ同ジ。

つちけむり (名) 土煙 土砂ノ、風ニ吹キ揚ゲラレテ煙ノ如ク見ユルモノ。

つちすり (名) 腴 〔土摩ノ義〕魚ノ腹ノ肥エタル處。スナズリ。

〔つちだら (名) 獨活 〔土桜ノ義カト云〕草ノ名、うどノ古名。

つちつま (名) 〔線褄ノ訛ナラム〕衣服ノ裁縫ヨリ起リテ、俗ニ物事ノ理ノ合フ所。スヂミチ。ーーカ合ハヌ。條理

つちど (名) 土戸 土藏ノ戸口、窓、等ニ用キル引戸、面ヲ泥土漆喰ニテ塗リ作ル。其前ニ、別ニ更ニ土戸ヲ設ク、其左右ニ開クベク作レルヲ觀音開キトイヒ、同ジク引戸ナルヲ大坂戸トイフ。土扉

つちにんぎやう (名) 土人形 泥土ニテ人物ヲ作リテ燒キ成シタルモノ。土偶

つちのえ (名) 戊 〔土ノ兄ノ義〕 えとノ條ヲ見ヨ。

つちのと (名) 己 〔土ノ弟ノ義〕 えとノ條ヲ見ヨ。

つちのらう (名) 土牢 土窟ヲ獄屋トスルモノ。

〔つちはし (名) 土橋 土橋ニ同ジ。

〔つちはじかみ (名) 生薑ノ古名。(はじかみノ條ヲ見ヨ)

つちはち (名) 土蜂 蜂ノ一種、地ニ小キ穴ヲ穿チ、其中ニ深ク巣ヲ作ル、形やまばちノ如シ、赤、巣ヨリ

蜜ヲ採ルベシ。一名、アナバチ。

つちはつた（名）蟲ノ名、形、いなごニ似テ、淺黒色ニシテ黒キ斑アリ、能ク高ク飛ブ。一名、トビムシ。グソバッタ。土蚱

つちはんめう（名）土斑猫 古名、にはつつ、斑猫ノ類、山野、土石ノ間ニ棲ミ、時ニ出デテ行ク、長サ一寸餘、幅三四分、色黒クシテ碧色アリ、短キ翅アレドモ飛バズ。地膽

（つちはらひ（名）土拂 車ノ具、泥ヲ除クルモノ、卽チ、下簾ナラムト云。乘泥 屏泥

つちぶね（名）土舟 土ヲ載セテ運ブ舟。

つちふまず（名）土不踏 足ノ裏ノ中程ノ凹ミタル處。涌泉穴

（つちふる・ル・レ・ラ・リ・レ（自動）（規、一）霾（土降ル、ノ義）土砂、大風ニ吹キ揚ゲラレテ降ル。

つちへん（名）土偏 漢字ノ偏ニアル土ノ字ノ稱、地、坂、垣、埃、城ノ如シ。

つちぼたる（名）地螢（翼ナク地ニアル意カ）螢ノ屬、水中ニ生ジ、形、細長クシテ、翼ナク、尾ニ光アリ。蛻前ニ、ミツボタル。螢蛆

つちボトケ（名）土佛 泥土ニテ作リテ燒キ成セル佛像。土佛。塑像

つちや（名）土屋（一）岩屋。土窟（二）壁土ナド賣ル商。

づちやう（名）圖帳 古ヘ、民部省ニテ、國郡ノ田畠等ヲ牓示セル地圖。圖籍

つちやき（名）土燒 やきものノ條ヲ見ヨ。陶

つちわり（名）土割 農具、槌ノ柄ノ長キモノ、土塊ヲ割リ碎キテ、田ヲ平ニス。耰

つつ（名）筒（包ム意ナラム）（一）圓ク長クシテ、中ノ空ナルモノ。管。（二）スベテ、形ノソレニ似タルモノ。「一袖」煙管一」（三）鐵砲ノ體、卽チ、玉藥ヲ込ムル處。（四）轉ジテ、直ニ、鐵砲。「大一」小一」（五）轂ノ一名。（六）井戸側。「井一」

つつ（辭）乍（過去ノ意ヲイフ助動詞ノつヲ重用スル語）第三類ノ天爾波、動詞ノ間ニアリテ、此ノ事ヲシナガラ、彼ノ事ヲモスル意ヲイフ語。ナガラ。「行キ一見ル」降リ一アリ」

つづ（數）十（十箇ノ轉カト云）トヲ。十。「一ヤ二十歳」或ハ、十九ノ意トス、誤ナラム。

ヅーツ（名）豆子（字ノ唐音、豆ハ高坏ノ類）小キ椀ノ如キモノ、中深シ。

づつ（接尾）宛（箇箇ノ義ナラム、宛ハ充ノ誤用）各自ニ配リ充ツル意ヲイフ語。アテ。「鳥ノ子ヲ、十一十ハ、重ヌトモ」下紅葉、一葉一散ル、木ノ本ニ」片端一見ルニ」少シ一語リ聞エ給フ」一ツ一取ル五ツ一分クル」

づつう（名）頭痛 頭ノ痛ム病。

つつえり（名）筒領 盤領ノ條ヲ見ヨ。

つつが（名）恙（病ヲつつみトイフ、其轉カ、蟲ノ名トスルハ恙ノ字ニ拘ハル說ナラム）病ナドノ禍難。「一無シ」一アラセズ」異ナル御一モワタラセ給ハズ」

つつがハラ（名）筒瓦 ながはらニ同ジ。

つつかひ（名）支フモノ、ツッパリ。支柱

つつかふ・フ・ヘ・ハ・ヒ・ヘ（他動）（規、一）突キ當テテ支フ。支フ。支

つつき（名）續 ツヅクコト。ツヅクモノ。

つつぎり（名）筒切 長キ物ヲ横ニ切ルコト。輪切。

つつく・ク・ケ・カ・キ・ケ（他動）（規、一）突（突キ突ク、ノ略）屢突クツツク。

つづく・ク・ケ・カ・キ・ケ（自動）（規、一）續（繼ギ繼グ、ノ略）長ク繼グ。連ナル。ツナガル。絕エズ承ケ來ル。

つづく・クル・クレ・ケ・ケ・ケロ（他動）（規、二）續 續クヤウニナス。連ヌ。ツナグ。繼エヌヤウニ送ル。

（つづけ（名）淋滲 鳥ノ羽ノ初生ノモノ。

つづけさまよ（副）續樣 ツヅケテ。止メズニ。連次

つづける（動）續ク（規、二）ノ訛。

つつさき（名）筒先 鐵砲ノ筒ノ端。筒口。巢口。

つつざき（名）筒咲 花ノ瓣ノ、裂ケズシテ筒ノ如ク咲クモノ。（朝顏ナド）筒瓣

「一ヲ揃ヘテ打ツ」銃頭

つつじ（名）躑躅 灌木ノ名、山ニ自生シ、人家ニモ植ヱ、高サ丈餘、葉ハ桃ニ似テ排生シ、花ハ春夏ノ交ニ開ク、五瓣、一重ニシテ紅ト白トアリ。又、花ノ紫ナルヲ、淀川一トイヒ、黄ナルヲ、もちーートイフ。

つつしみ（名）愼（一）ツツシムコト。（二）刑ノ名、逼塞ノ條ヲ見ヨ。

つつしむ・ム・メ・マ・ミ・メ（他動）（規、一）愼 謹 又、愼ム心

ヲ付ケテモノス。恭シク守リテナス。

つつしりと (副) 〔つしやかノ轉〕 重ク。重重シク。

〔つつしる〕 (他動)(規・一) 〔續クル意〕 (一)少シヅツモノス。一言ヅツ歌フ。「影毛言シナド、ツツシリ歌フホドニ」(二)少シヅツ食フ。一口ヅツ食フ。「物欲シキママニ、急ギテ此ノ鮭、鯛、鹽辛ナドヲ、ツツシルホドニ」 嘰

〔つつしろふ〕 (他動)(規・一) 前條ノ語ノ延。「堅鹽ヲ、取リ都豆之呂比、糟湯酒、打チススロヒテ」

つつそで (名) 筒袖 袖ノ袂無クシテ、筒ノ如キモノ。ツツソデ。ツツボウ。 窄袖

つつたつ (自動)(規・一) 突立 〔つきたつノ音便〕 眞直ニ立チアガル。 卓立

つつつく (動) 突 つつくノ音便。

††つつつぼう (名) 筒袖ニ同ジ。

つつばる (動) 突キ張ルノ音便。

〔つつまし〕 (形・二) 可愼 愼ムベクアリ。心、差扣ヘラル。恥カシ。「人侍ラバコソ、ツツマシクモ思サメ」「人ヤ怪シマムト、ツツマシウテ、奥ニ向ヒテ居給ヘリ」「イト恥カシク、ツツマシゲニ紛ラハシ隱シテ」

つつまやかよ (副) 約 約マル狀ニ。狹ク小ク手輕ニ。

つつまり (名) 約 ツツマルコト。小クマトマルコト。

つつまる (自動)(規・一) 約 〔ちぢまるト通ズ〕 狹ク小クマトマル。簡易ニナル。

つつみ (名) 包 (一)包ムコト。(二)物ヲ包ム物。「綾ノ裏ツケテ綿入レタル御ーニ包マセ給フ」紙ヲ、二十ーニ包ミテ賜ハセタリ」 被 (三)包ミタル物。「忍ビタル女ノーノ、忘レテ侍リケルヲツケテツカハス」 裹

つつみ (名) 堤 〔水ヲ包ミテ溢レシメヌ意、或云、土積ノ約〕 (一)土ヲ長ク高ク築キテ、水ノ流レヲ止ムルモノ、田ノ用水ヲ湛ヘ、或ハ川水ノ溢ルルヲ防ギ、且ハ道路ニ用ヰル。土手。(二)用水ノ溜池。 塘

〔つつみ〕 (名) 愼 ツツムコト。ツツシミ。遠慮。「姫君オハスルト見ル方ニーモ無ク入リ給ヒテ」

〔つつみ〕 (名) 病 〔愼ノ義〕 ヤマヒ。病氣。「言幸ク、眞福ク座セト、恙無ク、福ク座サバ」

〔つつみ〕 (名) 鼓 〔響ヲ以テ名ツク、唐ノ天竺伎ニ、都曇鼓アリ、亦響ヲ以テイフ、暗合ナリ〕 革ヲ張リテ撃チ鳴ラス樂器ノ總名。即チ、今俗ノ大鼓。「齊フル、鼓ノ音ハ、雷ノ聲ト聞クマデ」時守ノ、打チ鳴ス鼓、數ミ見レバ」又、古ヘ、大ートイフハ、四ノートモイフ、大ナリ、今モ雅樂ニテ大鼓トイヒテ用ヰル。又、古ヘ、三ノートイフハ、今俗ノ腰鼓ナルガ如シ。(次條ヲ見ヨ)其他、をりー ふりー アリ各條ニ註ス。

つづみ (名) 腰鼓 古名、呉鼓、又、三ノ鼓、樂器ノ名、今、專ラ、猿樂ニ用ヰルハ、櫻ノ材ニテ胴ヲ作ル、中括レテ、内空シ、別ニ、猿ノ革ヲ鐶ノ如ク張レルモノヲ、胴ノ兩端ニ添ヘ、調ベノ緒ヲ以テ、革ノ端ニ貫キテ、胴ニカガリ締ム、左手ニテ、緒ヲ締メツ緩メツシテ、調ベヲ取リ、右手ニテ撃チ鳴ラス、形ニ因テ大ー(又、大胴)小ー(又、小胴)ノ別アリ。

〔つつみがはら〕 (名) 疏瓦 〔棟ヨリ軒ニ至ル、堤ノ如クナレバイフ〕 牡瓦、筒瓦ニ同ジ。

〔つつみやき〕 (名) 裹燒 肉ヲ裹ミテ燒クコト。 炮 炰

つつむ (他動)(規・一) 包 裹 物ノ全體ヲ被ヒ圍ム。被セテ内ニ籠ム。

つつむ (他動)(規・一) 愼 〔包ム意〕 (一)ツツシム。憚カル。タシナム。「猶、世ノ人ノ心ヲツツミテ、北ノ方ニハ物モ聞エ給ハズ」カレモコレモ、志ハアリナガラ、ツツムコトアリテ、エ逢ハザリケレバ」恥カシゲナルニツツマレテ、トミニモエ打チ出デ給ハズ」(二)秘ム。隱ス。「ツツミカクス」 隱匿

つつむ (他動)(規・二) 約 〔ちぢむト通ズ〕 狹ク小クマトム。簡易ニナス。

〔つつめく〕 (自動)(規・一) 囁 ささやくニ同ジ。「船君ノ、云云、善シト思ヘルコトヲ、エシモコソ強ヒヘトテ、ツツメキテヤミヌ」

††つつもたせ (名) 〔筒爲持ノ義カ、善ク轉デヲイフトゾ〕 俗ニ、騙姦 ヲシテ金錢ヲ強奪リ取ルコト。 奸囮

つづら (名) 葛 〔蔓ノ連ナル意ノ名カ、或ハ籠ニ綴ル故ノ名カ〕 又、ツヅラフヂ。アヲカヅラ。蔓草、山野ニ甚ダ多シ、蔓、極メテ長ク延ブ、葉、互生シ、へくそかづらニ似テ、厚クシテ、短キ毛アリ、形、圓尖、橢ニ尖等、種種ナリ、春夏ノ交、新葉ノ間ニ小花ヲ開ク、さるとりノ花ノ如シ、實、圓ク、大サ二三分許、熟シテ黑色淡青ニシテ粉ヲ帶ブ、蔓ニテ籠ヲ織ル。 木防已

つづら (名) 葛籠 前條ノ草ノ蔓ニテ織レル籠、まるつるヲ經トシ、わりづるヲ緯トス、或ハ、削リタル竹、又ハ、檜ノ薄板ニテ編ミ作リ、紙ニテ貼ルモアリ、多ク、衣服

ナド納ル。衣箱

つづらふぢ (名) 葛ニ同ジ。

つづらをり (名) 葛折 〔葛蔓ノ折レ曲レルガ如キ意〕 (一)甚シク、ウネリマガリタル坂路。「遠クテ近キモノ、鞍馬ノ一」ナカナカニ、一ナル、路絶エテ、雪ニ隣ノ、近キ山里」 九折坂 羊腸 (二)馬術ニ、幾遍モ折返シテ馬ヲ乗廻ハス法。

つづり (名) 綴 (一)ツヅルコト。ツギアハスルコト。(二)綴リタル衣。僧ノ衣。「一ノ袖」 衲衣

つづりさせ (句) 衣ヲ綴リ刺セ。きりぎりすノ鳴ク聲、然聞ユトテ歌ニ詠メリ。「秋風ニ、綻ビヌラシ、藤袴、一テフ、キリギリス鳴ク」キリギリス、一トゾ、鳴クナレド」

つづる・ル・レ・ラ・リ・レ (他動) (規・一) 綴 (一)ツヅクル。繼ギアハス。「衣ヲ一」(二)連ネ作ル。「詩歌ヲ一」

つづれ (名) 綴 〔つづりノ轉〕 敝レタルヲ縫ヒ綴レル衣。 襤褸

つづゐ (名) 筒井 圓ク堀リタル井。

つて (名) 傳 〔つたへノ約〕 (一)人傳。言傳。トホマハシ。「一ニ承ハレバ、若宮ハ春宮ニ參リ給ヒテ」カヤウノ一ナル御消息ハ」立田山、麓ノ里ハ、遠ケレド、嵐ノ一エ、紅葉ヲゾ見ル」(二)タヅキ。テヅル。ゴンビキ。 貫緣

〔つて (動) 傳 「傳フ」ノ變化ノつたへノ約。「春來レバ、雁歸ルナリ、白雲ノ、道行キブリニ、言ヤつてマシ」時鳥、君ニつてなム、故鄕ノ、花橘ハ、今ゾ盛リト」

つと (名) 苞苴 〔褁ム意〕 (一)物ヲ藁ナドニ包ミタル毛ノ。アラマキ。ワラヅト。「暫シトテ、山井ノ清水、ムスビツツ、乾飯ノ一ヲ、取リゾ出デツル」(二)轉ジテ、其土地ノ產物ヲ携ヘ行クニ、就キテイフ語。「山一」濱一」旅行一」道行一」 土產 (三)又其土產ヲ携ヘテ、人ニモ贈リ、家ヘモ持テ歸ルニ就キテイフ語。イヘヅト。ミヤゲモノ。「伊勢ノ海ノ、沖津白浪、花ニモガ、裹ミテ妹ガ、家裹ニセム」都ノ一ニシツベキ御贈物ドモ」筑紫ヨリ、此マデ來レド、一モナシ」

つと (名) 髱 〔苞ノ意ト云〕 たぼノ條ヲ見ヨ。

つと (副) 動カズ移ラヌ狀ニイフ語。ヂツト。「外ヘモサラニ行カデ、一居ニケリ」御胸ノミ一塞ガリテ」目ヲシ一付ケ給ヘレバ、オノヅカラ傍目ニ見ユ」イデ、此直衣着ム、ト宣ヘド、一促ヘテ、サラニ許シ聞エズ」一寄リ添ヒテ」

つど (副) 都度 其度每ニ。「其一」事アル一」

つとさし (名) 髱差 たぼさしニ同ジ。

つとどうふ (名) 苞豆腐 豆腐ヲ藁苞ニ入レタルモノ。

つとに (副) 夙 〔初時ニノ約カト云〕 朝ニ早ク。早朝ニ。「夙與午、裳ノ裾濡レヌ」朝ニ行ク、雁ノ鳴ク音ハ」是以晨興夕惕」夙志レ于レ學ナドヲつとにト讀ムハ非ナリ)

つどふ・フ・ヘ・ハ・ヒ・ヘ (自動) (規・一) 集聚 〔津ヲ活用ス〕 集マル。寄リ會フ。「人人、アマタ、參リツドヒテ」

つどふ・フル・フレ・ヘ・ヘ・ヘヨ (他動) (規・二) 集聚 集ム。寄ス。「人人、多ク、ツドヘ給ヒテ」

つとまる・ル・レ・ラ・リ・レ (自動) (規・一) 勤 〔勤メラル、ノ約ヨリ轉ズ〕 勤ムルコトヲ得。役目ヲ遂グ。

つとむ・ムル・ムレ・メ・メ・メヨ (他動) (規・二) 務勉 〔夙ヲ活用シ、早朝ヨリ事ヲ行フヨリイヘル語カ〕 (一)氣ヲ勵マシテ行フ。精ヲ出シテスル。(二)君ニ仕フ。奉公ス。役目ヲ行フ。 勤

つとめ (名) 務勤 (一)ツトムルコト。爲スベキ事。(二)君ニ仕フルコト。役目。奉公。 職務

〔つとめて (副) 〔つとハ夙ナリ、めてハ、向ケテノ約カト云〕 其翌朝ニ早ク。「今宵モナホイラズナリヌ、又一モ同ジヤウニ」雨ノ降リタル一ナドハ」明クル一參ラセ給フ」一寐過シ給ヒテ」 明早 明旦

づどり (名) 圖取 物ノ形ヲ圖ニ寫シ作ルコト。

つな (名) 綱索 〔繫グ意ナラム〕 (一)繩、紐、ノ太キモノノ稱、麻、藁、棕梠ノ毛ナドニテ綯ヒテ作ル、纜線ナルモノアリ。(二)縋リテ賴ミトスルモノ。「命ノ一」

つながる・ル・レ・ラ・リ・レ (自動) (規・一) 繫 繫ガレテ續ク。ツラナル。

‡づない (形) 嚴シ。大キシ。 偉大

つなぎ (名) 繫 ツナグコト。ツナグモノ。

つなぐ・グ・ゲ・ガ・ギ・ゲ (他動) (規・一) 繫 (一)綱、繩、紐、絲、ナドニテ、離レヌヤウニ結ヒ付ク。繫ケ止ム。(二)永ク續ケ保ツ。「命ヲ一」

つなし (名) 魚ノ名、このしろノ類、腹、薄ク、形、小シ。(中國、九州)「都奈之取ル、比美ノ江過ギテ、多古ノ島、飛ビタモトホリ」

つなそ (名) 綱麻 黃麻ニ同ジ。

〔つなで (名) 綱手 船ニ繫ケテ挽ク綱。引舟ノ引綱。

「磯ノ小舟ノ、―愛シモ」 牽紋

〔つなぬき (名) 〔綱貫ノ義カ〕 皮履ノ類、つらぬきニ同ジ。

つなひき (名) 綱曳 (一)物ニ綱ヲ繫ケテ曳キ行クコト。(二)数人、大綱ノ両端ヲ曳キ合ヒテ、勝負ヲ争フ戯。

つなみ (名) 津浪 古ク、高潮。海水ノ大ニ起リテ、陸ニ上リ、人家田畠ナド流シ去ルモノ、海面、甚シキ空氣ノ壓力ヲ受ケ、或ハ、海底ニ地震アルニ起ルト云フ。海嘯

つなわたし (名) 綱渡 急流ノ川ナドニテ、大綱ヲ兩岸ニ亙シテ、綱ニ循ヒ、船ヲ渡スモノ。紐舟

つなわたり (名) 綱渡 輕業ニ、空中ニ綱ヲ張リテ、其上ヲ渡リ行クモノ。戯繩 蹈索

〔つぬ (名) 角 つのノ古言。

＃つぬけ (名) 圖抜 物ノ大サノ、尋常ノ程ヲ外レタルコト。(東京鄙語)

つね (名) 常 恒 (一)何時モソノママナルコト。トコシナヘナルコト。變ラヌコト。(二)朝夕ノ習ヒ。平生平日。フダン。平常 (三)並ニ異ナラヌコト。ヲツツネ。アタリマヘ。尋常

つねつ (名) 頭熱 頭ニ熱アルコト。ノボセ。

つねづね (副) 常常 イツモカハラズニ。平生。居常

つねてい (名) 常體 平生ノ状。尋常ノ姿。

つねは (副) 常 トハニ。イツモ。平生。フダン。

＃つねる (動) 抓ルノ訛。(東京)

つの (名) 角 〔衝延ノ意カ〕 (一)古言、ツヌ。牛、羊、鹿等ノ頭ニ生ズル骨ノ如キモノ、堅クシテ長ク、端尖ル。(二)冠ノ笄。(かんむりノ條ヲ見ヨ) (三)刺。「榮螺ノ―」

つのかくし (名) 角隱 婦人ノ佛參ナドニ用ヰル一種ノ製ノ帽子。

つのがみ (名) 角髪 小兒ノ髪風、あげまきニ同ジ。

つのぎり (名) 〔角切ノ義ニテ、莢ノ裂ケタル形ニイフカ〕 蘿摩ノ實、其條ヲ見ヨ。

〔つのぐむ (自動) (規、一) 芽、角ノ如ク出テ初ム。「三島江ニ、ツノグミワタル、蘆ノ根ノ」小笠原、燒野ノ薄、ツノグメバ」「―荻ノ、行末ノ秋」

つのざめ (名) 鮫ノ屬、砂無クシテ、色、白クシテ光ル―銀箔ノ如シ、背鰭ニ長キ鋸刺アリ、尾ハ次第ニ細長クナリテ、絲ノ如ク、たちのうをニ似タリ、盤ニ置ケバ、平假名ノつノ字ノ形ヲナス、因テ名トス。一名、箔鮫。劍鯊

つのだらひ (名) 角盥 小キ盥、深クシテ 左右ニ柄アリテ、角、叉、耳ニ似タリ、下ニ座アリ、多クハ、漆器ナリ、手ヲ洗ヒ、齒黒メニ口ヲ嗽グナドニ用ヰル。又、ミミダラヒ。

つのだる (名) 角樽 柄樽ニ同ジ。

つのつき (名) 角突 (一)ウシアハセ。闘牛 (二)轉ジテ人ノ交ニ隙アリテ相逆フコト。怨隙

つのはず (名) 角筈 〔髪ノ體ヲ角ト見テイフカ〕 齋宮ノ忌詞ニ、優婆塞。

〔つのふで (名) 角筆 字指、字突、ノ類。

つのまた (名) 角叉 〔鹿角菜ハふのりニテ當ラズ〕 海草ノ名、東海ニ産ス、形、ふのりニ似テ、廣ク大ナリ、色、蒼灰ニシテ、乾セバ黑シ、食スベシ、サレド、大抵、糊ニ用ヰル。

〔つのむし (名) 蛩蠊 油蟲カト云。

つのむし (名) 角蟲 (一)カミキリムシ。(薩州) (二)カブトムシ。(和州)

つのめだつ (自動) (規、一) 角目立 目角ヲ立ツ。睚眦

〔つのゆみ (名) 角弓 弓筈ヲ角ニテ作レル弓ナルベシ。

つのり (名) 募 (一)ツノルコト。招キ集ムルコト。「―ニ應ズ」(二)愈愈烈シクナルコト。愈劇

つのる (他動) (規、一) 募 〔强ク宣ル意カ〕 甚シク求ム。力メテ招キ集ム。

つのる (自動) (規、一) 募 愈、烈シクナル。强ル。カウズ。「病―」「暑氣―」 愈劇

つは (名) 草ノ名、つはぶきニ同ジ。

つば (名) 唾 つばきニ同ジ。

つば (名) 唾 つばきニ同ジ。

つば (名) 鍔 〔古言、つみはノ略、留刃ノ轉カ、或ハ抓刃ノ義カト云〕 (一)古ク、ツミハ。刀劍ノ金具、扁クシテ、孔アリ、形、方、圓、種種ナリ、刀心ヲ貫キテ刃ト柄トノ間ニ挿メテ、緣、四方ヘ餘リ出ヅ、握ル手ヲ防ギトスルナリ。鐔 (二)釜ノ胴中ノ周リニ庇ノ如ク出デタルモノ、竈ノ緣ニ懸クル用トス。

つばいもも (名) 椿桃 〔つばきももノ音便訛、實、光リテ椿ノ實ニ似タリ〕 古名、ツバキモモ。桃ノ一種、其

實ニ毛ナクシテ、熟スレバ赤ク光ルモノ。李桃 光桃 油桃 又、熟スレドモ青キモノアリ青づばいトイフ。

つばがたな (名) 鍔刀 うちがたなニ同ジ。

つばき (名) 椿 〔津葉木ノ義ニテ、光澤アルヲイフカ、椿ハ和字ナリ、春、花アレバ作ル〕 常綠木、高サ、丈餘、枝、幹交加ス、葉ハ茶ニ似テ、硬ク大ク厚クシテ光リ、面ハ綠ニ、背ハ淡シ、秋、冬、花アレドモ、春、最モ多シ、花瓣、本ハ筒ニシテ、端ハ分ル、花甚ダ鮮麗ニシテ、重瓣、單瓣、大、小、形、色、種類多シ、實ハ無果花ノ實ノ如シ、油ヲ榨リ取ル、鐵器ニ塗リテ鏽ヲ止メ、或ハ、髮ヲ梳クナドニ用キル。山茶花

つばき (名) 唾 津 〔唾吐ノ義〕 又、單ニ、唾。口內四邊ノ膜ヨリ出ヅル液、粘リアリ、口舌ヲ濕シ、食物ニ和シテ、胃ニ入リ消化ヲ助ク。ツバシル。ツハ。ツバ。

つばきむし (名) 〔唾蟲カ椿蟲カ〕 あわふきむしニ同ジ。

〔つばきもも (名) 椿桃 つばいももノ條ヲ見ヨ。

つばくら (名) 燕 つばくらめノ略。

つばくらぐち (名) 燕口 一種ノ製ノ袋ノ名、布帛ニテ作ル、其口開クコト、燕ノ尾ノ如シ。

つばくらめ (名) 燕 玄鳥 乙鳥 〔つばくらハ鳴ク聲、めハ群ノ約ト云、或ハ、土喰黑女、翅黑女、光澤黑女、ノ略轉ナドイフハ、イカガ〕 或ハ、ツバビラコ。ツバビラク。略シテ、ツバクラ。ツバメ。小鳥ノ名、春分ニ暖地ヨリ來リ、秋分ニ去ル、紫黑ニシテ、翅長ク、尾モ長クシテ、叉ヲナス。人家ノ檐ニ巢クヒテ子ヲ育スルモノハ、形小ク、腹ノ下白ク、胸紫ナリ、小つばめトイフ。越燕 又、堂舍ノ垂木ノ間ニ、土ニテ巢ヲ結ブハ、形大ク、聲大ク、ひばりノ如キ斑アリ、腹ノ下黃ナリ、雨ノ前ニハ、必ズ群ヽ飛ブ、大つばめトイフ。胡燕

つばさ (名) 翼 翅 〔鳥總ノ轉カト云〕 鳥ノ左右ノ手肢、因テ飛ビ、因テ雛ヲ育スルモノ。

つばな (名) 茅花 (一)茅ノ花。茅針 (二)轉ジテ、直ニ、茅ノ稱。

つばなかす・ス・セ・サ・シ・セ (他動)(規.一) 〔茅花ノ穗ノ如クスル意カト云〕 摘ミ弘ゲテホホケサス。〔國マレル綿ナドヲ〕 綻

〔つばびらこ (名) 燕 つばくらめニ同ジ。

つばぶき (名) 〔津葉蕗ノ義ニテ、光澤アルヲイフカト云〕 又、ツハ。草ノ名、莖、葉、略、蕗ニ似テ、莖ノ色、灰紫ニシテ、葉厚ク、深綠色ヤハラカニシテ光ル、秋、莖ヲ出シ、杈ヲナスコト一二三尺、單瓣ノ黃花ヲ開ク、形、略、をぐるまノ花ニ似タリ。橐吾

つばめ (名) 燕 つばくらめノ略。

つばめがひ (名) 燕貝 蛤ノ類、形、小ク、稍長シ、褐色ニシテ、殼薄シ。

つばもの (名) 兵 〔鍔物ノ略ニテ、兵器、特ニ、鍔アレバイフトゾ〕 (一)戰ニ用キル刀鋒ノ類ノ總名。武器。兵器。「設二兵仗一夾二衞乘輿一」「聚二士卒兵器一以遏二新羅一」(二)轉ジテ、武器ヲ執ル人。イクサビト。戰ニ出ヅル者。兵士 軍人 (三)更ニ轉ジテ、剛キ者。勇士。

〔つばものとねりのつかさ (名) 兵衞府ニ同ジ。

〔つばもののくらのつかさ (名) 兵庫寮ニ同ジ。

〔つばもののつかさ (名) 兵部省ニ同ジ。

つばらかに (副) 委曲 つまびらかにニ同ジ。ツバラ。

〔つばらつばらに (副) 曲曲 甚ダ委曲ニ。「淺茅原、曲曲ニ、物念ヘバ」

つばらに (副) 委曲 つまびらかにニ同ジ。ツバラカニ。

つはり (名) 惡阻 擇食 ツハルコト。婦人懷妊シテ二三箇月ニ起ル病、胸惡シクシテ、吐氣ヲ催シ、酸味ヲ欲ス。

つはる・ル・レ・ラ・リ・レ (自動)(規.一) 〔銜キ張ル意カト云〕 芽ム。キザス。ミチミル。惡阻ヲ起ス。「葉隱レ、ツハルト見エシ、程モナク、子ハウミ梅ニ、ナリニケル哉」木ノ葉ノ落ツルモ、先ヅ落チテメグムニハアラズ、下ヨリキザシツハルニ堪ヘズシテ落ツルナリ」

つはる・ル・レ・ラ・リ・レ (自動)(規.一) 熟ユニ同ジ。

つひ (名) 終 〔終ニ死ヌル時ノ意ナラム〕 身ノ果。死ヌルコト。「一ノ道」「一ノ別レ」「一ノ烟」「一ノ住處」 終焉

〔つひ (名) 海螺 〔粒、壺、ト通ズ〕 海產ノ螺類ノ總名。ツブ。貝

〔つび (名) 玉門 〔語原、前條ノ語ニ同ジ〕 陰門ニ同ジ。

つひえ (名) 弊 (一)弊ユルコト。惡シクナリ行クコト。「政事ノ一」「敵國ノ一ニ乘ル」(二)費ユルコト。用キテ減リ行クコト。入費。費

つひえる (動) 弊 潰 費 つひゆノ訛。

つひき (名) 圖引 圖ヲ作ルコト。

＊つひおらみ (名) 虱ノ、陰毛ノ中ニ生ズルモノ、形、扁ク、八脚ニシテ、色、白キアリ紅ナルアリ。ツビジラミ。陰蝨 或ハ、頭髪中ニモ生ズ。ケジラミ。

つひよ (副) 終|遂|竟 (一)終リニ。果ハ。ツマルトコロ。トウトウ。「―成ル」「―此ニ至ル」「―行ク」(二)未ダ。今マデ絶エテ。「―ニ逢ハズ」「―見ズ」

つひやす・ス・セ・サ・シ・セ (他動)(規・一) 費 費ユルヤウニナス。次第ニ用ヰ盡ス。ツカヒナクス。

つひゆ・ユル・ユレ・エ・エ・エヨ (自動)(規・二) 弊 (一)惡シクナル。ヨワル。亂レ壞ル。新撰字鏡「瘠、瘦也、豆比由」年頃、イタウ、ツヒエニタレド、猶物清ゲニ」風俗―」政事―」(二)用ヰテ次第ニ滅リ行ク。「時―」「力―」錢―」費 (三)崩レ破ル。「果、熟エテ―」「軍―」潰

つぶ (名) 粒 (一)米穀ノ形ヲ、其圓ナルニ就キテイフ語。「米ノ―」(二)轉ジテ、玉、丸藥、ナド、スベテ、小ク圓ラナルモノ。顆 (三)算盤ノ珠。珠 (四)むくろじノ實、

つぶ (名) 螺 〔古言、つびノ轉〕 螺、ばい、等ノ總稱。

つぶきん (名) 粒銀 きんだまノ條ヲ見ヨ。

つぶさよ (副) 具|備 漏ツルコトナク調ヒ備ハリテ。ツバラニ。クハシク。事細カニ。明細ニ。

つぶし (名) 潰 (一)ツブスコト。推シ崩スコト。(二)無クスルコト。亡ボスコト。廢滅 (三)金類ノ器ヲ鎔シテ地金トスルコト。

つぶしアン (名) 潰餡 餡ノ條ヲ見ヨ。

＊つぶおらみ (名) つひおらみニ同ジ。

つぶす・ス・セ・サ・シ・セ (他動)(規・一) 潰 (一)押シテ崩ス。コハス。ヤブル。(二)アル物ヲ無クス。絶ヤス。滅ボス。「家ヲ―」「溝ヲ―」「町ヲ―」廢|毀 (三)金類ノ器ヲ鎔シテ地金トス。○肝ヲ―。驚ク。

つぶだつ・ツ・テ・タ・チ・テ (自動)(規・一) 粒起 許多ノ粒ニテアリテ發リ起ツ。「大柑子ノ膚ノヤウニ、ツブダチテ脹レタリ」

〔つぶ-つぶ-と〕 (副) 委曲 ツバラカニ。ツブサニ。クハシク。「理ナル由ヲ―聞エレバ」「片端ヨリ―語リテ」―書キ給ヘル狀」

〔つぶ-つぶ-と〕 (副) (一)圓カニ脹レテ。「―肥エテ」―胸脹レテ、オハシケル」(二)張ル狀ニイフ語。「胸、―、鳴リサワゲド、能ク忍ビ隱シテ」(三)水ナドノ粒トナリ迸ル狀ニイフ語。「軒ノ玉水―」「涙ヲ―落シテ」刀ニ隨ヒテ、血ノ―出デ來ケルヲ」

〔つぶ-つぶ-と〕 (副) 水ニ入リ、又、針ヲ刺ス音ナドニイフ語。「―水ノ底ニ沈ミケルニ」針ヲ―縫付ケテ」

つぶて (名) 飛礫 〔たぶてノ轉〕 古言、タブテ。小石ヲ投ゲツクルコト。投ゲ遣ル小石。

＊つぶとし・キ・ケレ・ク・シ (形・二) 圖太 〔或ハ、志ぶとしノ轉カ〕 憎氣ニ肝太シ。

〔つぶ-なぎ〕 (名) 踝 くるぶしニ同ジ。ツブブシ。

〔つぶね〕 (名) 奴 〔つぼねノ轉ニテ、曹ニ居ル者ノ意ト云〕 ヤツコ。下部。下男。「和名抄、奴、豆不禰」怪シノ僧ノ、云云、何事モ心得タリケレバ、人人、我モ我モト、爭ヒ雇ヒ侍リ、云云、徳ヲ匿シテ五年ノ程、ヤスキつぶねトナリテ、イマソカリケム」

〔つぶ-ねぐさ〕 (名) 杜衡 〔其根、成レ窠トアレバ、窠根ノ意カ〕 又、フタマカミ。草ノ名、葉ハ葵又細辛ニ似テ香アリ、細紫花ヲ開ク、根モ細辛ノ如ク、黄白ナリ。

〔つぶ-ぶし〕 (名) 踝 〔粒節ノ義ト云〕 くるぶしニ同ジ。ツブナキ。

つぶやく・ク・ケ・カ・キ・ケ (自動)(規・一) 呟 〔委曲ト言フ意〕 獨リ、クドクド物言フ。ブツブツ言フ。囁

つぶらかよ (副) 圓 ツブラニ。マロク。

つぶらよ (副) 圓 〔粒ノ如キ意〕 圓ク脹ラカニ。ツブラカニ。

〔つぶり〕 (名) 鷂子 鷂ノ屬、形、色、鳶ニ似テ、白斑アリ、今、つぶりトイフモノ、コレナリトゾ。

つぶり (名) 頭 〔圓ノ轉ニテ、元、禿頭ノ稱ナラムト云〕 カウベ。カシラ。ツムリ。

つぶる・ル・ル・レ・レ・レロ (自動)(規・二) 潰 (一)押サレテ崩ル。ヒシグル。コハレヤブル。(二)稜アルモノ摩レテ滅ブ。禿ブ。「印ノ字―」「鑢ノ目―」禿 摩滅 (三)アルモノ無クナル。スタル。ホロブ。絶ユ。「家ガ―」「國ガ―」廢滅 ○肝―。驚ク。驚愕 ○胸―。悲ミ悼ム。痛心 ○耳―。聾トナル。聾 ○目―。盲トナル。失明

つぶれ (名) 潰 (一)ツブルルコト。ヒシグルコト。(二)摩レテ禿ブルコト。摩滅 (三)ホロブルコト。廢レ絶ユルコト。「家ノ―」「國ノ―」廢滅

つべたがひ (名) うつぼがひニ同ジ。ツメタガヒ。

井つべたし (形) 冷 つめたしノ訛。

〔つべたまし・シキ・シク・シ・シケレ・シク・シカ (形・二) 恐ロシ。「大高ヤカニ、目アシ、ツベタマシクテ、荒ラカニ、「オドロオドロシク」國圖ヨリ駈上セタル夷ドモナレバ、云云、ツベタマシゲナル顔、氣色、ウトマシゲナルコトザマナリ」

つぼ (名) 壺 (一)陶器ノ、體圓ク、口ノ窄ミタルモノ。(二)膳部ニ、菜ヲ盛ル小ク深ク高キ器。(三)笙ノ匏。(笙ノ條ヲ見ヨ)(四)ヒヂツボ。ツボガネ。(五)狙フ所。見込ノ所。ツボシ。「思フ―」謀ル―」

つぼ (名) 坪 (一)殿中ノ間、或ハ垣ノ内ノ庭ナド、一區ノ窄マリタル地ノ稱。(常ニ壺ノ字ヲ借書ス)「桐―」「梨―」「梅―」「―前栽」「臺盤所ノ―ニ、雪ノ山作ラレテ侍リケル朝」「―ノ内」(二)地面ノ廣狹ヲ量ル語、六尺四方ニシテ、即チ、段別ノ歩ニ同ジ。其十分ノ一ヲ合トイヒ、合ノ十分ノ一ヲ勺トイフ。(三)轉ジテ、スベテ、物ヲ度ルニ、縱横同ジ寸尺、即チ、平方形ノ稱、錦繡、古渡リノ更紗ナドニ、一尺四方、又ハ、一寸四方ナルヲイフ。

つぼ-あぶみ (名) 壺鐙 古代ノ鐙ニ、形、壺ノ如ク、足首ノ半ノミ懸クル製ノモノ。

つぼ-いり (名) 壺煎 つぼやきニ同ジ。

〔つぼ-うち (名) 投壺 〔壺打ノ義〕 又、ツボナゲ。壺ノ中ヘ矢ヲ投ゲ入ルル技。

つぼ-かね (名) 壺金 ひぢ(肱)ノ條ヲ見ヨ。

つぼ-ぎり (名) 壺錐 錐ノ一種、刃ノ形、管ヲ半ニ割リタルガ如シ、圓キ孔ヲ揉ミ穿ツニ用ヰル。

つぼ-くち (名) 壺口 人ノ、口ヲ窄メ尖ラセタルヲ云。

〔つぼ-さうぞく (名) 〔衣ヲツボネ折ル意ト云〕 女ノ、市女笠ニ、薄絹着タル裝束ナリトゾ。

井つぼ-ぼし (名) 圖星 見込ノ處。的。「―ニ中ル」

〔つぼ-すみれ (名) 〔花、ツボメル如クナレバイフカト云〕 菫ニ同ジ。「山吹ノ、咲キタル野邊ノ、都保須美禮、此ノ春ノ雨ニ、盛ナリケリ」

〔つぼ-なげ (名) 投壺 つぼうちニ同ジ。

〔つぼ-ぬ・ヌル・ヌレ・ネ・ネ・ネヨ (他動) (規・二) 局 窄メ圍ム。「ハカナク、屏風木丁バカリヲ引キツボネテ、隙モナク並ミ居タリ」

つぼね (名) 局 〔引キツボネタル處ノ意〕 (一)宮殿ナドノ中ニ、別ニ隔テテアル室。曹司。用部屋。(二)局ヲ有スル女官ノ稱。「長橋ノ―」丹波ノ―」 房長

つぼね-まち (名) 局町 後宮ニ、局アマタ連レル所。

つぼ-のみ (名) 壺鑿 鑿ノ一種、刃、一片平ニ、一片圓シ、圓キ孔ヲ鑿リ穿ツニ用ヰル。

つぼ-ま・ル・ル・レ・ラ・リ・レ (自動) (規・一) 窄 ツボムヤウニナル。スボマル。

つぼみ (名) 蕾 花ノ初生ノ未ダ開カザルモノ。

つぼ・む・ム・メ・マ・ミ・メ (自動) (規・一) 窄 (一)狹ク小クナル。スボム。ツボマル。(二)蕾ニテアリ。含ム。

つぼ・む・ムル・ムレ・メ・メ・メヨ (他動) (規・二) 窄 ツボムヤウニナス。スボムル。「傘ヲ―」

〔つぼ-や (名) 壺屋 古ヘ、人家ニアリテ、物置ノ如キモノト云。

つぼ-やき (名) 壺燒 榮螺ノ肉ヲ刻ミ、其殻ヲ用ヰテ鍋トシ、醤油ナド注ギ入レテ煮ルモノ。ツボイリ。

つぼ-やなぐひ (名) 壺胡籙 やなぐひノ條ヲ見ヨ。

つま (名) (一)夫婦互ニ相呼ブ稱。メヲト。ツレアヒ。他ノ動物ノ雌雄牝牡ニモイフ。「物部ノ、八十伴雄ト、出デ行キシ、愛シ夫ハ」「―呼ブ鹿ノ」春ノ野ニ、アサル雉子ノ、―戀ニ」「―呼ビカハシ、田鶴サハニ鳴ク」上ツ瀬ニ、蛙―呼ブ」 配偶 匹偶 (二)専ラ、妻ノ稱。妻。ニヨウバウ。 婦 妻 (三)料理ノ點綴ニ配フル蔬菜ノ類。

つま (名) 〔行キツマル處ノ意カ、爪ト通ズ〕 (一)端。縁。邊。際。「軒ノ―」簷ノ―」「戸ノ―」扇ノ―」「―近キ花橘ノ、イト白ク散リタルヲ」木丁ヨリ琴ノ―バカリサシ出シテ」 端 (二)緣トナル端緒。ミチビキ。テビキ。「思ヒノ―ナルベキヲ、ナド思ヒカヘスヲ」昔シ思ヒ出デラルル―ナリ」白露ノ、置ク―ニスル、女郎花」秋風ヤ、涙催ス、―ナラム」袖ハ涙ノ、―ニザリケル」 端緒

つま (名) 褄 〔前條ノ語意ニ同ジ〕 衽ノ腋ヨリ下ノ縁。

つま (名) 爪 爪ノ轉、熟語ニノミ用ヰル。「―音」「―彈キ」「―先」「―立ツル」「―ツク」「―操ル」

〔つま-いり (名) 蹄漏 〔爪入ノ義ト云〕 牛馬等ノ蹄ノ病。

つま-おと (名) 爪音 (一)琴ヲ彈ク音。「琴ノ音、云云、今メカシウ、―好クテ」(二)馬ノ蹄ノ音。「木葉散ル、山路ノ石ハ、見エネドモ、猶アラハルル、駒ノ―」

つま-がけ (名) 爪掛 下駄ノ爪先ニ懸ケテ、泥ヲ防

グ具、革、油紙ナドニテ作ル。

つまぎ (名) 爪木 爪折リタル薪。「磯ノ上ニ、爪木折リ燒キ」オリクダル、一伐ル男ニ、物申ス、彼ノ嶺ナルハ雲カ櫻カ」

つまぐる・ル・レ・ラ・リ・レ (他動)(規、一) 爪繰 爪先ニテ繰ル。「數珠ヲ一」矢ヲ一」

つまくれなゐ (名) 爪紅 (一)漆器ナドニ、縁ノミ紅ニ塗レルモノ。「一ノ扇」、一ノ臺子」(二)鳳仙花ノ異名、爪ヲ剪レル後ヲ、此花ニテ染ムト云。

つまごと (名) 妻琴 〔爪琴ノ義〕常ノ箏ヲ爪ニテ彈クニツキテイフ稱。

つまごひ (名) 妻戀 匹偶ヲ相戀フルコト。「一スラシ、鹿ゾ鳴クナル」春ノ野ニ、アサル雉子ノ、一ニ」

つまさき (名) 爪先 足ノ指ノ端。足尖

つまさきあがり (名) 爪先上 ナダラカナル登リ路ノ稱。

つまさる・ル・ル・レ・レ・レ・ロ (自動)(規、二) 〔抓セラル、ノ約カ〕引ル。ヒカサル。ホダサル。「身ニ一」情ニ一」 牽制

つまし・シキ・シケレ・シク・シク (形、二) 〔約シノ意カ〕ツツマヤカナリ。儉約ナリ。儉

つましらべ (名) 爪調 箏ナド彈ク初メニ、先ヅ調子ヲトトノフルコト。

つまじるし (名) 爪標 標ニトテ爪ニテ痕ヲツクルコト。

〔つます・ス・セ・サ・シ・セ (他動)(規、一) 摘 摘ム、ノ敬語。「此ノ岳ニ、菜採須兒」少女ガ、春菜都麻須ト、紅ノ、赤裳ノ裾ノ」

つまだつ・ツ・ツル・ツレ・タ・チ・テ (自動)(規、二) 爪立 足ノ指ヲ立テテ立ツ。セイノビスル。翹足

つまづく・ク・ク・ケ・カ・キ・ケ (自動)(規、一) 躓 蹉跌 〔爪突ク義〕(一)歩ミテ、過チテ物ニ蹴當ツ。ケツマヅク。(二)事ヲ行フニ妨ゲニ會フ。障ル。

〔つまで (名) 杣人ノ木作リシテ端アル材。「田上ノ山ノ、眞木裂ク、檜ノ嬬手ヲ、云云、泉ノ河ニ、持チ越セル、眞木ノ都麻手ヲ、百足ラズ、筏ニ作リ、上スラム」角嬬手」

つまど (名) 妻戶 〔端戶カ偶戶カ〕寢ノ戶。舞戶ニテ兩方ヘ開クモノ。

〔つまどひ (名) 妻問 ツマドフコト。男女相語ラフコト。懸想。「シツハタノ、帶解キカヘテ、伏家立テ、妻問シケム」

〔つまどふ・フ・フ・ハ・ヒ・ヘ (自動)(規、一) 妻問 匹偶ヲ求ム。「一千鳥、聲頻ルナリ」一鹿ノ、明方ノ聲」一雉子ノ聲ニ立ツラム」

つまどる・ル・レ・ラ・リ・レ (他動)(規、一) 褄取 衣ノ褄ヲ取ル。

つまはじき (名) 爪彈 爪ヲ大指ノ腹ニカケテ彈クコト、心ニ叶ハヌ意、又ハ、賤シミ嫌フ意ヲ示ス。指彈

〔つまばらめ (名) 代指 〔爪孕ノ義ト云〕指ノ病ナルベシ。

つまびらかに (副) 詳 審 〔委曲ニ通ズ〕ヒトツヒトツニ事ヲ分ケテ。事細カニ。委細ニ。クハシク。ツバラニ。ツバラカニ。ツブツブト。

つまみ (名) 撮 (一)ツマムコト。指ノ先ニテ取ルコト。「一一」(二)器ノ撮ミ取ルベキ處ニ高ク付ケタルモノ。取手。「鍋ノ一」印ノ一」 鼻鈕

‡つまみぐひ (名) 撮食 食物ヲ撮ミテ盜食スルコト。偸嘴

つまみな (名) 撮菜 むたけあノ芽生ノ、繁ク生ヒタル所ヲ、撮ミ透カシテ取レルモノ。鷄毛菜

つまむ・ム・メ・マ・ミ・メ (他動)(規、一) 撮 〔爪ヲ活用ス〕(一)爪ニテ取ル。指ノ先ヲ聚メテ挾ミ取ル。(二)要用ノ部ノミ約メテ取ル。撮要

つまやうじ (名) 爪楊枝 小楊枝ニ同ジ。

つまよる・ル・レ・ラ・リ・レ (他動)(規、一) 爪搓 爪ノ上ニテ搓リテ曲直ヲ試ミル。「籐ノ内ニ、矢ヲツマヨル音ノスルガ、其矢ノ來テ身ニ立ツ心チシテ」

つまり (名) 詰 (一)ツマルコト。フサガリ。「身ノ一」塞 (二)ツマル處。果。ユキアタリ。「ココノ一」カシコノ一」隅

つまり (副) 詰 遂ニ。終ニ。果ハ。到底

つまる・ル・レ・ラ・リ・レ (自動)(規、一) 詰 (一)フサガル。支ヘ止マル。通ゼズ。「穴一」息一」匣ニ一」塞 (二)セマル。キハマル。窮窟ニナル。極トナル。「氣ガ一」言葉ガ一」返答ニ一」金錢ニ一」窮迫 (三)短ク少ナル。小ク減ル。「日ガ一」丈一」短促

〇ツマラズ。事、落着セズ。

つまをりがさ (名) 爪折傘 長柄ノ傘ノ、骨ノ端ヲ、内ヘ爪折リ作レルモノ、官人ノ用トス。

つまをる・ル・レ・ラ・リ・レ (他動)(規、一) 爪折 端ヲ折ル。

つみ (名) 罪 〔愼ノ約ト云〕(一)人ノ惡行、穢レ、禍ナド、スベテ、厭ヒ惡ムベキ凶シキ事ノ稱。(二)專ラ、政府

ノ法律ヲ破ル所行。(三)又、佛ノ教法ヲ破ル所業、後ニ其罰ノ果ヲ受クトス。罪業

〔つみ〕(名) 錘 〔摘ノ義〕紡錘ニ同ジ。

〔つみ〕(名) 柘 〔蠶、其葉ヲ摘ミ食フヨリイフカト云〕やまぐはニ同ジ。

つみ (名) 雀鷂 えつさいノ條ヲ見ヨ。

つみいれ (名) 摘入 捏ネタル小麥粉、擂リタル魚肉ナドヲ、少シヅツ摘ミ取リテ、汁ニ入レテ煮タルモノ。「うどんノ―」餅ノ―」

つみきん (名) 積金 金錢ヲ、時時、若干ヅツ積ミ貯フルコト。

つみくさ (名) 摘草 春ノ野ニ出デテ、蕨ノ芽、土筆、草花ナドヲ摘ミテ遊ブコト。踏青

つみ・す・スル・スレ・セ・シ・セヨ (他動)(不規・二) 罪 罪ニ當テ刑ニ行フ。ツミナフ。

つみた (名) 摘田 田ノ、水深クシテ、田植スル能ハザル處ニ、苗代ヲ起サズ、直ニ穀ヲ蒔キツケテ、苗ノ七八寸ニ至レル頃、其繁キ處ヲ摘ミ去リテ、其餘ヲ長ゼシムルモノ。

つみた・つ・ツル・ツレ・テ・テ・テヨ (他動)(規・二) 積立 次第ニ積ミ貯ヘ行ク。

つみな (名) 摘菜 はたけなノ芽出シヲ摘ミ取レルモノ

つみな・ふ・フ・ヘ・ヘ・ヒ・ヘ (他動)(規・一) 罪 罪ニ行フ。罪ス。

〔つみな・ふ・フル・フレ・ヘ・ヘ・ヘヨ〕(他動)(規・二) 罪 罪ニ會ハス。罪ス。「法律乃任田罪奈倍給不倍之」

つみに (名) 積荷 舟車ニ積メル荷。載貨

〔つみは〕(名) 鐔 鍔ノ古言、其條ヲ見ヨ。

つみほろぼし (名) 滅罪 佛教ニ、善根ヲ行ヒテ、罪業ヲ消滅セシムルコト。

つむ (名) 紡錘 〔つみノ轉、摘ム意〕(一)古名、ツミ。紡車ノ具、太キ鐵針ヲ竿ニ挿シタルモノ、綿ヲ抽キテ絲ニ紡ギ出シテ卷ク。關西ニ、緒卷。(いとぐるまノ條ヲ見ヨ)(二)うまおひむしノ異名。

つ・む・ム・メ・マ・ミ・メ (自動)(規・一) 積 ツモル。カサナル。「降リ積ミシ、高根ノ深雪、融ケニケリ」笹ノ葉ニ、降リ積ム雪ノ、末ヲ重ミ」乘リ積メル、人ヲシ渡ス、舟ナレヤ」

つ・む・ム・メ・マ・ミ・メ (他動)(規・一) 積 (一)次第ニ高ク重ヌ。上ニ上ニト置ク。盛リアグ。(二)運ビテ載ス。「荷ヲ船ニ―」車ニ―」(三)増ス。殖ス。「齡ヲ―」功ヲ―」(四)集メ儲フ。溜ム。「金錢ヲ―」蓄

つ・む・ム・メ・マ・ミ・メ (他動)(規・一) 抓 爪ト爪トニテ強ク挾ム。ツメル。ツネル。「親、腹ダチテ、娘ヲ、イトアサマシク、ツミケル」手ヲ、イタク、ツマセ給ヘルコソ」

つ・む・ム・メ・マ・ミ・メ (他動)(規・一) 摘 〔前條ノ語ノ轉〕指ニテ取ル。撮ミ去ル。「若菜ヲ―」綿ヲ―」花ヲ―」

〔つ・む・ム・メ・マ・ミ・メ〕(他動)(規・一) 向齒ニテ嚙ム。カジル。「似氣ナキヲ。髭ガチナル男ノ、椎つみタル」齧

つ・む・ム・メ・マ・ミ・メ (自動)(規・一) 詰 ツマル。セマル。「織物ノ地ガ―」理ニ―」將棋ガ―」

つ・む・ム・ム・ムレ・メ・メ・メヨ (他動)(規・二) 詰 (一)入ル。込ム。滿ス。オシコム。隙ヲ塞グ。塡 (二)寛ギ無ツス。迫ムル。「言ヒ―」追ヒ―」詰メ寄ス」理窟ヲ―」將棋ヲ―」究 促迫 (三)約メ縮ム。短ク小クナス。「オヲ―」縮 約 (四)其事ニノミ打掛リ居ル、絶エザラス。續クル。「晝夜泣キ―」日ヲツメテ行ク」藥ヲツメテ飮ム」(五)止ム。塞グ。「息ヲ―」屛息

つ・む・ム・ムレ・メ・メ・メヨ (自動)(規・二) 詰 〔職務一方ニ打掛リ居ル意カ〕勤メニ出ツ。「役所ニ―」當直

〔つ・む・ム・ムレ・メ・メ・メヨ〕(他動)(規・二) 集 あつむノ略。「思フ事、誰ニ言ハマシ、藻鹽草、掻キツメテゾニ、見ミヤセム」蘆人ハ、又モコソ燒ケ、懲リズマニ、猶刈リツムル、物語ソハ」深山木ヲ、朝ナタナニ、伐リツメテ」泣キツメシ冬ノ涙ハ、コホリニキ」

〔つむがりのたち〕(名) 都牟刈大刀 〔つむがりハ、剃ク截ル狀ヲイフ語ニテ、今、づかり、そつかりナド、イフ意ナリトゾ、つるぎ(劍)モ此語ノ約ナリト云〕劍ノ利キヲ美メテイフ稱。「都牟刈之大刀、云云、是者草那藝之大刀也」

つむぎ (名) 紬 粗ナル繭ヨリ紡ギ取リタル絲ニテ織レル絹布、精ナラザレドモ、強シ。

づんぎり (名) 頭切 ずんぎりノ條ヲ見ヨ。

つむ・ぐ・グ・ゲ・ガ・ギ・ゲ (他動)(規・一) 紡 〔摘ミ積ク意カト云〕綿ヲ紡車ニテ引キナガメテ絲トス。

〔つむくり〕(名) 獨樂ノ古名。今、陸中南部ニ、ブヅムク

リ。

つんさ・く・ケ・レ・カ・キ・ケ (他動)(規・二) 突裂 〔突キ裂ク、ノ音便〕 突キテ裂ク。強ク破ル。

つむじ (名) 旋毛 廻毛 馬ナドノ毛ニ、旋リ生ヒテ、渦ノ形シタル處。人ナルハ、頂ノ百會ノ邊ニアリ。ツジ。

〔つむじ〕 (名) 十字 〔前條ノ語ト通ズ〕 今、約メテ、辻トイフ、其條ヲ見ヨ。

つむじかぜ (名) 旋風 旋リテ渦ヲ成シテ吹ク風。暴風ノ旋リテ吹クモノ。ツジカゼ。

つんばい (名) 飄石 〔圓貝ノ轉、ナドイフハイカガ〕 竿ノ端ノ絲ニ、小石ヲ掛ケテ、礫ニ投ゲ付クルモノ。ブリヅンバイ。

つんぼ (名) 聾 ミミシヒ。不具ノ名、耳ニ聲ヲ聞クベキ感覺ヲ失ヘルモノ。

つむり (名) 頭 つぶりニ同ジ。カウベ。カシラ。

〔つむれ〕 (名) 培塿 〔土群ノ略ト云〕 土ノ小高クナレル處。小キ岡。

つめ (名) 爪 〔端ト通ズルカ〕 (一)指ノ尖ニ生ズル堅キ角質ノモノ。(二)琴爪。假甲 (三)鈎、牙籤ノ類、スベテ、物ヲ鈎リカケ、引キカクルモノノ稱。鉤 ○ー食フ。臆シ恥ヂラフ。

つめ (名) 詰 (一)詰ムルコト。(二)端。際。「橋ノ北ー」

つめあひ (名) 詰合 共ニ勤メニ出デ居ルコト。

つめいん (名) 爪印 文書ノ中ノ己ガ名ノ下ニ、爪ニ墨シテ印シテ證トスルコト、婦人、罪人ナドノ實印ナキ者ノスルコトナリ。爪判。

つめきり (名) 詰切 ツメキルコト。休ミナク勤メテアルコト。常直

つめきりがひ (名) 爪切貝 さるぼほニ同ジ。

つめき・る・ル・レ・ラ・リ・レ (自動)(規・一) 詰切 休ミ無ク勤メテアリ。常直

つめしよ (名) 詰所 役人ノ勤メニ出ヅル所。直所

つめたがひ (名) つべたがひニ同ジ。

つめた・し・キ・ケレ・ク・ク (形・二) 冷 〔爪痛シノ約ト云〕 ヒヤヤカナリ。

つめばら (名) 爪腹 其身ノ爪尖ヲ以テ切腹スルコト。

つめ・る・ル・レ・ラ・リ・レ (他動)(規・一) 抓 〔爪ヲ活用ス〕 抓ムニ同ジ。ツネル。

つめる (動) 詰ム、集ム、(規・二)等ノ訛。

つめれんげ (名) 爪蓮華 草ノ名、形、いはれんげニ似テ、葉尖リ、多ク聚リ重ナル、葉ノ長サ一寸許、幅三分許、甚ダ厚クシテ風蘭ノ如ク、淡緑ナリ、春以後、莖ヲ出ス、高サ七八寸、白花、長穗ヲナシテ開ク、山中原野ニ生ジ、人家ニ盆栽トス、或ハ、古キ瓦屋ノ上ニモ自生ス、因テかはらまつノ名モアリ。瓦松 昨葉何草

＋つもぶり (名) 瞬 つぶもりノ訛。(上方)

つもぢ (名) 津綟子 麻ノ綟子ノ一種、伊勢ノ津ヨリ産出スルモノ、夏羽織ナドトス。

つもり (名) 積 (一)ツモルコト。カサナリ。タタマリ。(二)數ヘ計リ試ミルコト。計算 (三)思ヒハカルコト。ココログミ。心算

つも・る・ル・レ・ラ・リ・レ (自動)(規・一) 積 〔積ム、ノ延カ〕 積ミテ嵩多クナル。カサナル。タタマル。「雪ー」「功ー」「齡ー」「苦勞ー」「金錢ー」「年月ー」

つも・る・ル・レ・ラ・リ・レ (他動)(規・一) 積 〔積ミ盛ル意カト云〕 (一)數ヘ計リ試ミル。算用ス。計算 (二)心ニ思ヒ計ル。豫メ考フ。心算

つや (名) 艶 色、鮮ニ麗ハシク、潤フガ如ク光ルコト。光澤

〔つや〕 (名) 邸家 〔津屋ノ義、津ハ集ル意〕 貨物ヲ停メ、賣リテ賃ヲ取ル處。後ノ問丸。問屋。

つや (名) 通夜 ヨドホシ。佛堂ニ參籠シテ終夜祈誓シ、或ハ死者ノ殯ノ前ニ終夜打守リ居ルコト。

つやつや (副) 一切 サラサラニ。イササカモ。一向ニ。絶エテ。〔下ニ反語ヲ置ク〕「ー物モ覺エズ」「ー見モ知ラヌ物ヲ」「ーナツカシキ思ヒモナシ」

つやつやと (副) 光澤多クツヤヤカニ。「墨バカリゾ、ーシテ、只今書キ給ヘル狀ナルニ」「髮ノ裾ニタマリタル髮、ーシテ、スソホソカラズ」

つやぶきん (名) 光澤布巾 綿布ニいぼたらふヲ染マシメタルモノ、器物ヲ拭ヒテ、光澤ヲ生ゼシムルニ用ヰル。光澤布。

つやめ・く・ク・ケ・カ・キ・ケ (自動)(規・一) 艶 ツヤヤカニ見ユ。麗ハシク光ル。「讓葉ノ、イミジウ、フサヤカニ、ツヤメキタル」

つややかに (副) 光澤アリテ。艶ハシク光リテ。瑩瑩

つゆ (名) 液 津 (一)シル。水氣。濕リ。(二)羹出汁ニ

醬油ヲ加ヘタルモノ、吸物ナドニ用ヰル。又、其一種、濃ク製セルモノ、蕎麥切、饂飩、索麪ナド浸シ食フ。汁

つゆ (名) 露 〔前條ノ語ニ同ジキカ、或云、粒齊ノ意ニテ、圓クシテ淨キヲイフト〕(一)空氣中ノ水蒸氣ノ、濕メリテ津トナレルモノ、多ク、夏秋ノ夜ニ、草木ノ葉ナドニ凝リツキテ珠ヲナス、ソノ凝リツクヲ「置ク」トイフ。(二)スコシナルコ。イササカナルコ。「―ノ間」―バカリ」―程モ」(三)ハカナク消エ易キコ。「―ノ命」―ノ世」―ノ身」(四)水干、狩衣、ナドノ袖括ノ緒ノ垂リタル端。(露ノ滴リ垂ルニ擬ヘテイフカ)

つゆ (名) 梅雨 〔濕多キ義ナラム、梅實ノ熟ユル意トイフハイカガ〕夏ノ半ノ霖雨ノ稱。ツイリ。サミダレ。(梅雨ノ條ヲ見ヨ)

つゆ (副) 露 少シモ。イササカモ。塵モ。チットモ。(下ニ反語ヲ用ヰル)「―知ラズ」―疑ハズ」―マドロマズ」

つ・ゆ・ユル・ユレ・エ・エ・エヨ (自動)(規・二) 潰 熟 熟シテ潰ル。熟ムツハル。

つゆあけ (名) 出梅 梅雨ノ條ヲ見ヨ。

つゆあふひ (名) 梅雨葵 はなあふひニ同ジ。

つゆくさ (名) 露草 〔善ク露ヲタモテバイフ〕原野ニ多シ、莖、幹、地ニ布キ、節毎ニ、葉ヲ互生ス、形、竹ノ葉ニ似テ厚シ、夏、枝梢ノ間毎ニ花ヲ生ジ、朝ニ開キ、午前ニ萎ム、深碧色ニシテ二瓣ナリ、形ニ因テ、帽子花、螢草、ノ名アリ。古名ヲつきくさトイフ、染料トス。(其條ヲ見ヨ)又、ウツシバナ。ウツシグサ。アヲバナ。アヰバナ。莢ヲ結ブ、實、小豆ノ如ク、豆中ニ細子アリ。鴨跖草 又、同種ニシテ、長、三四尺、花、葉、共ニ大ナルモノアリ、大―トイフ、今、專ラ花瓣ノ液ニテ藍紙ヲ製ス。

つゆけ・し・キ・ケレ・ク・カ (形・二) 露氣 露ノ濕氣アリ。シメリオホシ。ツユッポシ。

つゆじも (名) 露霜 秋深ケテ、露ノ、半ハ霜トナレルモノ。ミツジモ。「秋萩ノ、枝モトヲヲニ、露霜置キ、寒クモ時ノ、ナリニケルカモ」

つゆねぶり (名) 露舐 兎ノ子ノ異名。

つゆはらひ (名) 露拂 先導シテ路ヲ開クコ。

つよ・し・キ・ケレ・ク・ク (形・一) 強 (一)撓マズ挫ケズ、弱カラズ。スコヤカナリ。ヂヤウブナリ。(二)猛シ。勇氣多シ。剛 (三)烈シ。甚シ。アラシ。「雨風―」暴

つよ・む・ムル・ムレ・メ・メ・メヨ (他動)(規・二) 強 強クナス。

つよ・る・ル・レ・ラ・リ・レ (自動)(規・一) 強 強クナル。「切ニ思ヒツヨリ給ヒテ、起キ出デ給ヘレド」北風ノ、タユミナク吹キツヨリスラム時ハ」

〔つら (名) 頰 〔圓ナル意カ〕ほほニ同ジ。顏ノ兩旁、目ノ下ノ所。「―骨」―カマチ」頰時有二一箇小男一、云云、大己貴神、即取置二掌中一而翫レ之、跳齧二其頰一

つら (名) 面 〔前條ノ語ノ轉〕(一)顏。オモテ。(二)スベテ、物ノ上ノ平ナル部。オモテ。表面。「海―」山―」川―」池ノ―」水ノ―」

つら (名) 列 連 行 〔連ルニ通ズ〕ツラナルコ。並ビタルモノ。並。列。連中。「常世出デテ、旅ノ空飛ブ、雁ガネモ、―ニ後レヌ、程ゾナクサム」同胞ノ―ニ思ヒ擬エタマヘレド」

＋つらあて (名) 面當 仇ノ眼前ニテ、其恥トモナルベク物事ヲアツカヒ示スコ。アテコスリ。

〔つらかまち (名) 輔 かまちノ條ヲ見ヨ。

つらがまへ (名) 面構 顏ノ貌。カホツキ。

つら・し・キ・ケレ・ク・カ (形・二) (一)他ニ對シテ酷シ。ナサケナシ。「ツレナクテ、―ト思ヒケルモ知ラデ」我ヤ憂キ、君ヤツラキト、千早振、神テフ神ニ、問ヒテ見シガナ」ツラカリシ、秋ノ別レニ、ツレナクモ、枯レナデ菊ノ、何殘ルラム」酷 (二)堪フルニ苦シ。難儀ナリ。厭苦

つらだましひ (名) 面魂 面色ニ其勇氣ノ現ハレテアルコ。

つらつら (副) 倩 〔古言、つらつらつらノ約、倩ハ猜ノ誤用カ〕念ヲ入レ押シ究メテ。ヨクヨク。ネンゴロニツクヅク。「―顧ミルニ」―思フ」―考フ」熟

つらつら (副) 滑滑 甚ダナメラカニ。ツルツル。

つらづゑ (名) 頰杖 ほほづゑニ同ジ。支頤

つらな・る・ル・レ・ラ・リ・レ (自動)(規・一) 連 列 陳 〔列成ルノ義カト云〕一列ニソロヒテアリ。ナラビツク。

つらにく・し・キ・ケレ・ク・カ (形・二) 面憎 オモニクシ。其顏色、見ルニ憎シ。

つら・ぬ・ヌル・ヌレ・ネ・ネ・ネヨ (他動)(規・二) 連 列 陳 (一)一列ニソロヘオク。ナラベツクル。(二)引連ル。伴フ。「後陵トツラネ給ヒテ、フタツトイフ山ニ入リ給フ時」

〔つらぬき (名) 貫〔紐ニテ貫キ結フ意ニモ〕 武用ノ具、皮ニテ作リ、脚ニ穿ク毛アルナキ。 鞜

つらぬ・く・ク・ケ・カ・キ・ケ (他動) (規・一) 貫 〔連貫ク義ト云〕 (一)端ヨリ端マデ通ス。突キ穿ツ。貫ク。 (二)初ヨリ終マデ仕遂グ。

〔つらねうた (名) 連歌ノ條ヲ見ヨ。

〔つらねお (名) 鼸鼠 〔列鼠ノ義〕 小鼠相銜ミテ行クモノトアリ、詳ナラズ、肥前ノ島原ニ、七郎鼠トイフアリ、コレナリトモイフ。

つらぶち (名) 面扶持 家族ノ人頭ノ數ニ因テ與フル扶持米。メンブチ。 口米

つらほね (名) 頰骨 顴 ほほぼねニ同ジ。

つらまへる・ヘル・ヘレ・ヘ・ヘ・ヘヨ (他動) (規・四・見) 捕フツカマヘル。 拿 捕

つらまる・ル・レ・ラ・リ・レ (自動) (規・一) (一)捕ヘラルツカマル。 (二)スガルツカマル。 倚持 縋

〔つらら (名) 氷 〔滑滑ノ約ト云〕 氷。コホリ。「ツララヰシ、汀ヲ渡ル、春風ニ、池ノ心モ、融ケヤシヌラム」 朝日サス、軒ノ垂氷ハ、融ケナガラ、ナドカツララノ、ムスボホルラム」ツララ閉ヂ、駒蹈ミシダク、山川ヲ」

つらら (名) 氷柱 〔前條ノ語ノ誤用〕 垂氷。

つららいし (名) 氷柱石 古名、石乳。山中ノ洞穴ナドニ、礦物ノ液ノ、滴リナガラ凝リテ、氷柱ノ如ク垂ルノ、大ナルハ、柱ノ如ク、臼ノ如ク、小キハ、筆ノ管ノ如シ、其中、皆、實ス、白クシテ、黄又赤ミアルアリ、透明ナルコ瑪瑙ノ如キヲ上品トストゾ。 石鍾乳 鍾乳石

又、其内ノ空ナルモアリ。 鵝管石

づらりと (副) 長ク列リテ。打續キテ。「一並ブ」

つり (名) 釣 (一)釣ルコ。引キ懸クルコ。 吊 (二)物ヲ釣リ懸クルニ用ヰル絲又紐ノ類。 吊絲 (三)釣絲ニ餌ヲツケテ、魚ヲ釣リ捕ルコ。 釣 (四)拂ヒタル貨幣ノ、品物ノ價ヨリ多キ時ニ、其不足ノ釣合ヲ補ハムガ爲ニ返ヘス錢。ツリセン。 貼錢 補足

つりあひ (名) 釣合 ツリアフコ。カネアヒ。 權衡

つりあひにんぎやう (名) 釣合人形 玩具ノ名、竹ヲ骨トシ、紙ニテ人ノ形ヲ作リ、兩脚ノ端ニ、無患子ヲおもりニツク、中心ノ骨ヲ以テ立ツルニ、兩脚ノ重サノ釣合ニテ、倒レズ傾カズ。東京ニ、彌次郎兵衞。京都ニ、彌之助。伊賀ニ、張合人形。其他、水汲人形、正直正兵衞、等ノ名モアリ。 定風珠

つりあ・ふ・フ・ヘ・ハ・ヒ・ヘ (自動) (規・一) 釣合 (一)兩方相對シテ平等ナリ。割合、互ニ相應ズ。モチアフ。カネアフ。(大小、輕重、多少ナド) 平均 (二)相應ズ。似合フ。 適

つりいと (名) 釣絲 釣竿ノ端ニ結ビツクル麻絲、端ニ鉤ヲツク。 緡 釣綸

つりがき (名) 釣柹 つるしがきニ同ジ。

つりがね (名) 釣鐘 からかねニテ鑄成シタル大ナル瓶ノ如キモノ、倒ニ釣リカケテ、棒ニテ衝キテ、大ナル響ヲ出サシム、多ク寺院ニ用ヰル。カネ。オホカネ。ツキガネ。 鐘

つりがねさう (名) 鐘草 (一)山野ニ多シ、春、舊根ヨ

リ芽ヲ生ズ形、圓クシテ、鋸齒アリテ、わさびノ葉ニ似タリ、食フベシ、春後、莖ヲ出ス、葉ハ、桔梗ニ似テ、大ナル鋸齒アリ、互生或ハ對生ス、秋、高サ一二三尺、梢ニ叉ヲ分チテ花ヲ開ク、形、風鈴ノ如クニシテ、長サ五分許、末、五瓣ニシテ、内ニ白キ蘂アリ、枝上ニ連リテ垂ル、色ハ藍紫、淡紫、白、等ナリ、根、人參ニ似タリ、藥用トス。又、ツリガネニンジン。 沙參 (二)ぼたんづるノ一名。

つりがねにんじん (名) 前條ノ語ニ同ジ。

つりざを (名) 釣竿 釣スルニ用ヰル細キ竹竿、端ニ釣絲ヲツケ、鉤ヲツク。

つりおとみ (名) 釣菹 おとみノ條ヲ見ヨ。

つりせん (名) 釣錢 つりノ條ヲ見ヨ。

つりだい (名) 釣臺 板ヲ架トシ、竹ヲ綰ネテ釣トシテ、物ヲ戴セ舁キ行クニ用ヰル具。

つりて (名) 釣手 (一)釣スル人。 (二)蚊屋ナド釣リ懸クルニ用ヰル紐。 帳纓

つりどうろう (名) 釣燈籠 燈籠ノ釣リ垂ルベキモノ。 吊燈

つりどの (名) 釣殿 水ニ臨ミテ作リタル殿。

つりとほし (名) 釣筵 筵ノ大ニシテ、綱ニテ釣リ下ゲテ用ヰルモノ。

つりばし (名) 釣橋 兩岸ヨリ綱ニテ釣リ懸ケテ亙セル橋、柱ナシ、藤葛ナドニテ釣ルモアリ。西洋製ナルニハ、鐵綱ヲ用ヰル。 吊橋

つりはしご (名) 釣梯子 梯子ノ、綱ニテ作リ、竪、

狙、ナドニ釣リ懸ケテ用ヰルモノ。鉤梯

つりばり (名) 釣針 魚ヲ釣ルニ用ヰル針、釣絲ノ端ニツケテ、餌ヲ貫ク、針ノ端、内ニ向ヒテ、倒ナル刺アリテ、魚ノ脣ニ懸ルヤウニ作ル。魚鉤

つりぶね (名) 釣舟 釣スルニ用ヰル小舟。

つりぼり (名) 釣堀 池ヲ堀リテ魚ヲ畜ヘ、遊人ノ釣スルニ供フル所。

つる (名) 鶴 〔聲ヲ以テ名トストイフ〕(一)又、田鶴。水鳥ノ名、大ナルハ、高サ五六尺、頸、觜、脚、共ニ甚ダ長シ、高ク翔リ、又能ク水ヲ渉リ、魚ヲ食トス、世ニ、長壽瑞祥ノ鳥トシ、肉ヲ饗膳ノ珍貴ナルモノトス、種類多ク、羽色形狀モ種種ナリ。眞名ー、白ー、黒ー、丹頂、鍋ー等、其他、各條ニ註ス。(二)鶴觜鋤ノ略。

つる (名) 蔓 〔古言、つらノ轉、連ノ意〕(一)蔓草ノ莖、甚ダ細長ク生ヒテ、地ニ這ヒ、又ハ、物ニ絡ハル。「藤ノー」「蔦ノー」(二)鑛山ノ鑛物ノアル脈。鑛脈

つる (名) 弦 〔蔓ノ義カ、吊ル意カ〕ゆみづるノ條ヲ見ヨ。

つる (名) 鉉 〔前條ノ語ノ轉〕(一)鍋ニツケタル弓形ノ取手ナベヅル。提梁 (二)枡ノ上面ニ、斜ニ亙シテ作リツケタル鐵線、斗搔ヲ用ヰル準トス。斗梁

つ・る・ル・レ・ラ・リ・レ (他動)(規・一) 釣 (一)垂レ懸ケテ持タシツルス。「棚ヲー」「蚊屋ヲー」吊 (二)魚鉤ニ懸ケテ魚ヲ上ゲ。釣 (三)欺キ誘ヒテ捕フ。「狐ヲー」○首ヲー。縊ル。吊死 ○目ヲー。空目ヲツカフ。

天吊

つ・る・ル・レ・ラ・リ・レ (自動)(規・一二) 釣 一處ニ引ク如ク寄ル。引カレチヂム。「筋ー」「髮ノ毛ー」攣急 拘攣

つ・る・ル・ル・ル・レ・レ・レロ (自動)(規・二) 釣 前條ノ語意ニ同ジ。「髮ノ毛ガー」攣急

つ・る・ル・ル・レ・レ・レロ (他動)(規・二) 連 從ヘ行ク。携フ。「若葉サス、野邊ノ小松ヲ、引キツレテ、元ノ岩根ヲ、祈ル今日哉」「供ヲー」提携

つ・る・ル・ル・レ・レ・レロ (自動)(規・二) 連 伴フ。ツヾキ從フ。ツレダツ。「連レテ歌フ」「音ニー」「世ニー」「時節ニー」伴隨

つる (助動) 過去ノ助動詞、つノ變化、其條ヲ見ヨ。「鳴キー」「見ー」

つるあまちや (名) 蔓甘茶 蔓草ノ名、原野ニ生ズ、葉ハかあむぐらニ似テ、柔ニシテ小ク、淡緑ニシテ鋸齒アリ、花、實、共ニ、やぶからしニ似テ小ク、葉ノ味、甘シ、亦、四月ノ灌佛會ニ用ヰル。一名、アマクサ。絞股藍

つるぎ (名) 劍 〔つむがりノ條ヲ見ヨ〕物ヲ斬ル鐵器、細長クシテ刃アルモノ。太刀。古代ナルハ、大抵、諸刃ナルガ如シ、尖ハ、中央ニテ尖ル。劍

つるぎば (名) 劍羽 鴛鴦ノ背尾ニ立ツ小羽ノ名、形、劍ノ尖、或ハ扇子ノ半開、又ハ、銀杏ノ葉ニ似タリ。イテフバ。オモヒバ。

つるくさ (名) 蔓草 莖ノ蔓トナリテ生ズル草ノ稱。

つるくび (名) 鶴頸 (一)德利ナドノ口ノ、細長ク鶴ノ頸ノ如キモノノ稱。(二)ゆふがほノ一種、實ノ形圓ク、徑、四五寸ニシテ、尺餘ノ柄ノ如キ帶アルモノ、乾シテ、二ツニ割キ、中ヲ空ニスレバ自然ノ杓ヲナス。長柄葫蘆

つるしがき (名) 釣柿 又、ツリガキ。エダガキ。秋、澁柿ノ半熟ナルヲ採リ、皮ヲ剝キ、竿ニ釣リテ乾シタルモノ、初メ乾スコト、一月許、色、黒褐ニシテ潤ヒ、味甘クナルヲ、あまぼしトイヒ、亦食フ。コレヲ、又乾シテ、又收メテ、冬ニ至レバ、全ク黒クナリテ、上ニ白粉ノ如キモノヲ生ジテ成ル、味最モ甘シ。コロガキ。白柹 露柹

つるしぎり (名) 釣切 魚ノあんかうヲ割ク法、繩ニテ下脣ヲ貫キ、梁ニ懸ケ、腹ニ水ヲ滿タシメテ後ニ、皮、骨、肉、ヲ割キ、最後ニ胃ヲ破リ水ヲ去ル、然セザレバ、肉、皮骨ヲ離レズト云フ。

つ・る・す・ス・セ・サ・シ・セ (他動)(規・一) 釣 絲ニテ釣リ下ゲ。吊

つるだち (名) 蔓立 本草學ノ語、草ノ莖ノ、蔓トナリテ生ズル性ノモノノ稱。(木本ニ對ス) 藤本 蔓生

つるつる (副) 滑ラカニスベル狀ニイフ語。

つるにがな (名) 蔓苦菜 剪刀股ニ同ジ。

つるのはし (名) 鶴觜 地ヲ穿ツニ用ヰル具、頭、鐵製ニシテ、長ク曲リ尖ルコト、鶴ノ觜ニ似タリ。又、ツルハシ。略シテ、ツル。鶴觜鋤

つるのまる (名) 鶴丸 紋所ニ、鶴ノ翼ヲ延ベタル形ヲ、環ノ如ク畫ケルモノ。

〔つるはぎ (名) 鶴脛 衣ノ裾短クテ、脛ノ長ク現ハレタ

ルヿ。「賀茂川ヲ、男ノ袴ヲ脱ギテ手ニサヽゲテ渉ルヲ見テ「賀茂川ヲ、ーニテモ、渡ル哉、狩袴ヲバ、ヲシト思ヒテ」

つるばみ（名）|櫟|〔鶴食ノ義ト云〕（一）團栗ノ古名。（二）又、古ヘ、其梂ヲ染料トシテ染メタル黒キ染色ノ名。鈍色。（どんぐりノ條ヲ見ヨ）

〔つるび〕（名）|遊牝‖孳尾| ツルブヿ。ツルムヿ。

〔つるぶ・ブ・ベ・ベ・ビ・イ〕（自動）（規、二）|婚|〔連ブノ意カ〕交合スツルム。

つるぶくろ（名）|弦袋| 豫備ノ弓弦ヲ藏メオクモノ。ツルマキ。

つるべ（名）|釣瓶|〔ヘハ甕ナリ〕井ノ水ヲ汲ミテ釣リアグル桶、釣瓶繩或ハ竿ニテ釣ル。吊桶

つるべうち（名）|連發| 鳥銃ヲ並ベ續ケテ放ツヿ。

つるべなは（名）|釣瓶繩| 釣瓶ニツケテ、水ヲ汲ムニ用ヰル繩。ホツナ。ヰドツナ。ヰドナハ。綆‖汲索

つるぼ（名）|蔓穗| 草ノ名、原野ニ多シ、春、舊根ヨリ叢生ス、葉、甚ダあまなニ似タリ、秋、莖ヲ出シ、頂ニ、二三寸ノ穗ヲ成シテ、淡紫花ヲ綴リ開ク、形、麥門冬ノ花ニ似タリ、根、小塊ヲ成ス、煠デテ食スベシ。一名、スルボ。又、參內傘。綿棗兒

つるまき（名）|弦卷| 豫備ノ弓弦ヲ卷キ置ク具、皮ニテ環ノ如ク作リ、太刀ナドニ下ゲテ携フ。ツルブクロ。

つるむ・ム・マ・ミ・メ（自動）（規、一）|交|〔つるぶノ轉〕禽獸交合ス。ツルブ。サカル。孳尾‖遊牝

つるむらさき（名）|蔓紫| 蔓草ノ名、春、種ヲ下ス、葉ハ、圓尖ニシテ、厚ク光リ、淡綠ニシテ、互生ス、夏ノ末ニ、葉ノ間毎ニ穗ヲ出シ、圓小顆ヲツヅル、白クシテ、頭ニ五瓣アリ、其色粉紅ニシテ、漸ク長ジテ實トナル、初ハ綠ニシテ、圓扁、大サ三分許、竪ニひだ多シ、後ニ紫ニ變ジ、熟スレバ黒シ、此汁ニテ物ヲ染ム、深紫ニシテ美ナレドモ、久シカラズシテ、色變ズ、錦畫ニ用ヰル、むらさきがみコレナリ。落葵

つるれいし（名）|蔓茘枝|〔錦茘枝ノ名ニ據テ呼ブ〕蔓草ノ名、春、種ヲ下ス、莖、細クシテ絲ノ如シ、葉ノ大サ三寸許、五七岐ニシテ鋸齒アリ、淺綠ナリ、葉毎ニ一鬚アリ、葉ノ間ニ、五瓣ノ黄花ヲ生ズ、大サ六七分、後ニ瓜ヲ結ブ、皮ニ疣多ク、長サ三寸、徑二寸許、初ハ綠ニシテ、末ヨリ漸ク黄ニ變ジ、熟スレバ、自ラ裂ケテ紅肉ヲ見ハス、肉ハ六七分許ノ大サニシテ、多ク重ナル、味甚ダ甘シ、內ニ、皆、一核アリ。苦瓜‖錦茘枝

つれ（名）|連|（一）連ルルヿ。伴ヒテ行クヿ。「道ーー」二人ー」伴隨（二）伴ナカマ。伴侶（三）能、狂言、ニテ、仕手ニ伴ヒテ技ヲ演スル者ノ稱。（仕手ノ條ヲ見ヨ）

つれあひ（名）|連合|（一）ツレアフヿ。（二）夫婦互ニ呼ブ語。偶。メウト。四偶

つれあふ・フ・ヘ・ハ・ヒ・ヘ（自動）（規、一）|連合|（一）伴フ、互ニ連ル。伴隨（二）夫婦トナル。ツレソフ。配偶

つれこ（名）|連子| 再緣ノ婦ノ連レテ來レル前夫ノ子。

つれそふ・フ・ヘ・ハ・ヒ・ヘ（自動）（規、一）|連添| 夫婦相連レテ住ム。ツレアフ。配偶

つれだつ・ツ・テ・タ・チ・テ（自動）（規、一）|連立| 相連レテ出ヅ。伴ヒテ行ク。携伴

つれづれ（名）〔連連ノ義ニテ、思ヒ續クル意カ、或ハ、つらつら（熟）ト同意カ〕（一）獨リ物ヲ思ヒツヅケ、ナガメテアルヿ。「ーノ、ナガメニマサル、涙川、袖ノミ濡レテ、逢フ由モナシ」（二）轉ジテ、獨リ事ナクシテ淋シキヿ。「東ノ院ニ離レ給ヘル御方方ハ、年月ニ添ヘテ、ーノ數ノミマサレド」春ノ日ノ、ナグサメガタキ、ーニ、幾度今日モ、書寐シツラム」ーマサル、春雨ゾ降ル」徒然

つれづれと（副）〔前條ヲ見ヨ〕（一）思ヒツヾ打ナガメテ。ツクヅクト。ツレヅレニ。「ツレヅレト、空ゾ見ラルル、思フ人、天降リ來ム、物ナラナクニ」ツレヅレニ思ヒツヅクルモ、打返シ、イトアヂキナシ」（二）獨リ淋シク。ツレヅレニ。「己ガツレヅレト暇アルマヽニ」イトヾツレヅレニ、人目モ見エヌ所ナレバ、心ヤスク」講師待ツ程ニ、我モ人モ久シウツレヅレナルニ」徒然

つれづれに（副）前條ヲ見ヨ。

つれなし・キ・ケレ・ク・ク（形、二）|強顏|〔つれもなしノ條ヲ見ヨ〕氣強ク、ソシラヌ顏シテアリ。

つれひき（名）|連彈| 琴、三味線ナド、相合ハセテ彈クヿ。合奏

つれぶし（名）|連節| 相共ニ謠フヿ。合唱

〔つれもなし・キ・ケレ・ク・ク（形、二）〔連レ緣ルベキナキ意カ〕（一）故由モ無シ。「イカサマニ、思ホシメセカ、由緣モ無キ、眞弓ノ岡ニ、宮柱、太シキマシテ」山吹ノ花

取持チテ、都禮毛奈久、離レニシ妹ヲ、懷ビツルカモ」(二)轉ジテ、寄ル便ナシ。氣强シ。ツレナシ。「ツレモナキ、人ニ負ケジト、ゼシホドニ、我モアダナハ、立チゾシニケル」

つれる (動) 連ル (規.二) 釣ル (規.二) 等ノ訛。

づゐう (名) 杜漏 (杜撰ヨリノ轉カ) 事ヲ行フニ取締リナキ事。ヤリバナシ。無撿束

つゐ (名) 對 ムカヒテソロフ事。ツガヒ。「一ノ衣裳」一ニスル」三幅一」

つゐ (接尾) 對 對ノ物ヲ數フル語。「燭臺一一」

つゐ-か (名) 追加 後ヨリ加ヘ補フ事。

つゐ-く (名) 對句 律ノ條ヲ見ヨ。

つゐ-けい (句) 追啓 後ヨリ加ヘテ申ス。(手紙ノ語)

つゐ-こう (名) 堆紅 堆朱ノ條ヲ見ヨ。

つゐ-こく (名) 堆黑 堆朱ノ條ヲ見ヨ。

つゐ-しゆ (名) 堆朱 漆器ニ、刻ラムト思フ深サホド、朱漆ヲ厚ク塗リアゲテ、繪樣ヲ刻上ニシタルモノ、多ク、盆、香合、印籠、ナドニアリ。又、底ニ朱ヲ塗リテ、上ニ黑漆ヲ塗リカケ、刻リテ、朱ノ處マデ刻リツメタルヲ堆紅トイヒ、其黑漆ナルヲ堆黑トイフ。又、其文ノ渦ノ連リタル如ク、又、唐草ノ蔓ノ如クナルヲ、屈輪トイフ。

つゐ-しよう (名) 追從 人ノ後ニ服キ從フ事。コビヘツラフ事。オモネル事。又、ツヰソウ。音便ニ訛シテツヰセウ。ツイセウ。「雛遊ノつゐしようヲモ、懇ニマツハレアリキテ」彼ノ鹿ヲ馬ト言ヒケム人ノヒガメルヤウニ、つゐしようスルナド」此河内守ニ、云云、つゐそうシ寄リテ、イトアサマシキ心ノ見エケレバ」つゐせうシ氣色取リツツ」時ニ從フ世人ゾ、下ニハ鼻マジロキヲシツツ、ついせうシ「氣色取リツツ、從フ程ハ」 諂諛

つゐ-す・スル・スレ・セ・シ・セヨ (自動)(不規.二) 對 ムカヒテソロフ。

つゐ-ぜん (名) 追善 (追薦カ) 死者ノ年回ナドニ佛事供養スル事。 追福

つゐ-ぞう (名) 追贈 死後ニ官位ヲ賜ハル事。

つゐ-たう (名) 追討 追ヒカケテ討チ取ル事。(官軍ニ云)

つゐたう-し (名) 追討使 追討ノ爲ニ差遣ハサルル使。ウテノツカヒ。

つゐ-な (名) 追儺 おにやらひノ條ヲ見ヨ。

つゐ-はう (名) 追放 オヒハナツ事。德川氏ノ世ノ刑ノ名、數等アリ、所拂(所構)江戶拂(江戶構)江戶十里四方拂、輕一、中一、重一、等ナリ、敲ヨリ重ク、遠島ヨリ輕シ、皆、鄕里ヨリ追ヒ拂ヒテ、永ク本籍ヘ歸ル事ヲ免サズ。又、其輕キモノニ門前拂ナドモアリ。

つゐ-ぶ (名) 追捕 官ヨリ吏ヲ遣シテ、不良ノ徒ヲ追ヒ捕フル事。

つゐ-ふく (名) 對幅 幅ノ條ヲ見ヨ。 對軸

つゐ-ふく (名) 追福 追善ニ同ジ。

つゐぶ-し (名) 追捕使 古ヘ、國國ニアリテ其部內ノ追捕ノ事ヲ行フ職。其ノ殊ニ地ヲ廣ク預リ領スルヲ總一トイフ。源賴朝、奏請シテ、諸國ニ總一ヲ置キ、自ラ六十六國總一ニ補シテ、全國ノ追捕ノ事ヲ統ベタリ。(後ニ守護、地頭、ノ職ヲ置クニ及ビテ、蓋シ廢セリ)

つゑ (名) 杖 (衝居ノ略カト云、或ハ突杖ノ略カ、ア謂ヨリゑニ約マル) (一)竹木ノ細ク長キモノ、老人ナド、地ニ突キツツ行キテ、身ヲ扶ク。(二)古ヘノ尺度ノ名、杖モテ度レルニ起ル、後ノ丈ニシテ短カリシガ如シトイフ。「御身長、一丈二寸」杖不足、八尺之嘆」(三)杖罪ノ者ヲ撃ツ刑具、節目ヲ削リ去ル、長サ三尺五寸、大頭、徑、四分、小頭、三分。

つゑ-つきえび (名) 杖突蝦 てながえびニ同ジ。

つゑ-つきむし (名) 杖突蟲 しやくとりむしニ同ジ。

て で

て 五十音圖、多行第四ノ假名。(たノ條ヲ見ヨ) 此音ハ、下ニ、う、又ハ、ふ(うニ轉ズルモノ)ヲ受クレバ、ちよノ如ク變ズルコトアリ、てうづ(手水)てふ(蝶)ノ如シ。

で てノ濁音ノ假名。(だノ條ヲ見ヨ) 此音ハ、う、又ハ、ふ(うト呼ブモノ)ニ連ナルトキハ、ぢよノ如ク呼ブコトナリ、でう(條)でふ(帖)ノ如シ。

て (名) 手 (取ノ約ト云) (一)兩肩ヨリ左右ヘ出デタル肢。即チ、肩ヨリ指ニ至ル總名。(二)手[illegible]。「[illegible]一ヲ取ル」一ヲ握ル」(三)タナゴコロ。テノヒラ。「一ヲ打ツ」一ヲ叩ク」一ヲ合ハス」 掌 (四)物ノ手ニ取ルベキ處。柄。取手。鉉。「籠ノ一」桶ノ一」鍋ノ一」 提梁 (五)蔓草ヲ絡ハスベキ爲ニ立ツル竹木。「朝顏ノ一」

以ノ―」(六)文字ヲ書クヿ。手跡。「―習」―ヲ書ク」―ガ上ル」―者」書‖(七)行フヿ。爲ルヿ。シワザ。「―ヲ盡クス」―ヲ出ス」―ヲ入ル」―ヲ引ク」―ヲ付ク」行爲‖(八)事ヲスル手。仕事。「―ガ明ク」―ガ無イ」―ガ塞ガル」人―ヲ假ル」―ヲ空シウス」作業‖(九)業ヲ行フ方法。術。「琴ノ―」將棋ノ―」相撲ノ―」―ヲ易ヘテスル」此ノ―デ行ク」術‖(十)手ヅカラスルヿ。自ラ行フヿ。「―織リ」―作リ」―打チ」―隨ヒ」自‖(十一)己レニ屬ク者。配下。「―ノ者」―下」部下‖部衆‖(十二)人ノ一組。兵士ノ隊。「先―」一―ノ大將」二―ニ分カル」―ヲ分クル」水ノ―」隊‖(十三)方。向。(傳ノ約カト云)「山ノ―」行ク―」上―」下―」繩―」方‖(十四)多クヒ。品類。「錦―ノ皿」錦襴―」稻ノ中―」奥―」品‖樣‖(十五)的矢ニテ、矢二筋ノ稱。「矢、一―」(十六)刀、矢、ナドニテ傷ツクルヿ。切疵。「淺―」深―」―ヲ負フ」創傷‖(十七)マジハリ。カカハリ。「―ヲ切ル」―ガ切ルル」―ガ放ル」交際‖關係‖
○―ヲ下グ。―ヲ突ク。負ケテ從フ。謝ル。屈服‖謝罪‖○―ヲ燒ク。仕損フ。シクジル。失敗‖○―ヲ下ス。爲始ム。下手‖○―ヲ合ハス。拜ム。合掌‖合十‖○―ヲ濡サズ。骨折ラズニ。袖手‖○―ニ掛ク。手ヅカラ爲ス。○―ニ入ル。―ニ落ツ。我ガ物トナル。獲‖○―ニ餘ル。―ニ合ハズ。我ガ力ニカナハズ。扱ヒ難シ。○―ニ汗ヲ握ル。甚シク氣遣ヒ思フ。○手ニ取ルバカリ。甚ダ近ク。

て(辭)而‖(過去ノ助動詞ノつノ變化ナルてノ轉)第三類ノ天爾波、事終リテ後ニ移ル意ヲイフモノ。(篇首ノ語法指南ノ天爾遠波ノ條ヲ見ヨ)「雨降リ―、地固マル」嬉シク―、獨リ笑ム」

て(接尾)人‖(ひとノ略轉)其事ニ當ル人。「射―」爲―」討―」捕―」賣―」買―」

で(名)出‖(一)出ノ約。出ヅルヿ。「水ノ―」人ノ―」(二)物ヲ用ヰテ盡キ難キヿ。嵩ノ足フヿ。「―ガ無イ」―ガアル」

で(辭)第三類ノ天爾波、打消ノ助動詞ノず(不)ト天爾波ノて(而)トノ約。「行カ―アリ」歸ラ―ヤミナム」

で(辭)よてノ約轉。其條ヲ見ヨ。「筆―書ク」二人―行ク」何―アル」

てあき(名)手明‖仕事ノ絶エテアルヿ。間暇ニテ居ルヿ。遊手‖

てあそび(名)手遊‖物ヲモテアソブヿ。玩弄‖

てあたり(名)手當‖(一)手ニ觸レ當ルヿ。「―次第ニ」(二)テザハリ。觸手‖

てあつ・し・キ・ケレ・ク・ク(形・二)手厚‖扱フヿ丁寧心切ナリ。鄭重‖

てあて(名)手當‖(一)豫メ其用ニ備フルヿ。マウケ。支度。用意。「軍ノ―」旅ノ―」準備‖(二)手當ニ與フル金錢。資給‖

てあはせ(名)手合‖(一)相手トナルヿ。「碁ノ―」對手‖(二)賣買ノ約束ヲ結ブヿ。

廿てあひ(名)手間‖トモガラ。ナカマ。徒‖

であひ(名)出合‖(一)デアフヿ。相會フヿ。出會。會合‖(二)並ベテ善ク合フヿ。「色ノ―」配合‖

であひがしら(名)出合頭‖雙方ヨリ端ト行キ合フ機。

であ・ふ・フ・ヘ・ハ・ヒ・ヘ(自動)(規・一)出合‖(一)互ニ出デテ會フ。ユキアフ。出會ス。會合‖(二)並ベテ善ク合フ。アテハマル。「色ト色ト―」配合‖

てあぶり(名)手焙‖手ヲ焙ルニ用ヰル小キ火鉢ノ類。手爐‖

てあま・す・ス・セ・サ・シ・セ(他動)(規・一)手餘‖己ガ力ニ扱ヒ得難シ。モテアマス。

〔デアマン〕(名)蘭語、Diamaut.〕金剛石ニ同ジ。デヤマン。訛リテ、ギヤマン。ギヤマンテ。

てあら・し・キ・ケレ・ク・ク(形・二)手荒‖扱フヿ暴ク苛シ。苛遇‖

てい(名)帝‖ミカド。皇帝。

てい(名)體‖カタチ。スガタ。アリサマ。ヤウス。「―ヲ變ヘテ」事ナキ―ニ」

てい(名)亭‖亭。アヅマヤ。

てい(名)邸‖ヤシキ。

てい(名)泥‖(一)泥。「斯クテ、皆人、でいノ如醉ヒテ、足ヲサカサマニ、倒レヨロボヒッツ」(二)金銀ノ粉ヲ膠水ニ溶シタルモノ。(金泥ノ條ヲ見ヨ)「黃金ノ―」白金ノ―シテ書カキタリ」匣ノ中ニ、泥ニテ草手ヲ書キタル

ど

〔ティウス〕(名) 天主 でうすノ條ヲ見ヨ。
てい-か (名) 定價 定メテアル價。定直段。
てい-かう (名) 抵抗 サカラフヿ。ハムカヒ。テムカヒ。敵對。
てい-かう (名) 丁香 丁子
てい-か-かづら (名) 定家葛 〔定家ノ謡曲ヨリ名トス、トソ、或云、庭下カト〕蔓草、山野ニアリ、物ニ絡ヒテ延フ、葉ハかうらじニ似テ兩對シ、冬凋マズシテ、紅紫色ニ變ズ、夏、葉ノ間ニ、細ソキ莖ヲ出シ、枝ヲ分チテ、五瓣ノ花ヲ開ク、大サ錢ノ如ク、色白クシテ、後ニ黄トナル、香氣アリ、莢ヲ結ブ。絡石
てい-がく (名) 定額 定マリタル高。
てい-き (名) 定期 定メタル日限。
てい-ぎ (名) 廷議 朝廷ノ評議。朝議。
てい-きふ (名) 涕泣 涙ヲ流シテ泣クヿ。
てい-きん (名) 庭訓 ニハノヲシヘ。父ヨリ子ニ對スル教訓。
てい-きん (名) 提琴 清樂ニ用ヰル胡弓。
〔てい-け〕(名) 天氣 〔字ノ音ノ轉〕天氣ニ同ジ。約メテ、てけトモイフ。「追風ノ、吹キヌル時ハ、行ク船モ、ほで打チテコソ、嬉シカリケレ、トソ、ていけノ事ニツケテ斯ルど、てけノ事ハ楫取ノ心ニ任セツ」
てい-け (名) 手活 手ヅカラ花ヲ花瓶ノ水ニ挿スヿ。「—ノ花」
てい-げふ (名) 帝業 天子ノ天下ヲ統ベ給フ事業。
てい-げん (名) 定限 カギリ。キマリ。
てい-こく (名) 帝國 皇帝ノ知シ召ス國。(王國ニ對ス)

てい-さい (名) 體裁 アリサマ。スガタ。ミエ。テイタラク。タイサイ。
てい-さう (名) 貞操 ヲンナノミサヲ。貞節。
てい-し (名) 停止 トドムルヿ。差止ムルヿ。停止。
てい-しん-しやう (名) 遞信省 郵便、電信、燈臺、商船等ノ事ヲ管スル省。
てい-しやう (名) 呈上 贈ルヿ、ノ敬語マヰラスルヿ。進上。呈
てい-しや-ぢやう (名) 停車場 ステエシヨン。
てい-しゆ (名) 亭主 (一)商家ナドノ主人ノ稱。(二)俗ニ、夫。(農工商ニ)
てい-しゆつ (名) 提出 持チ出スヿ。
てい-しよく (名) 抵觸 サシサハリ。サシツカヘ。
てい-す・スル・スレ・セ・シ・セロ (他動)(不規・二) 呈 贈ル、ノ敬語。マヰラス。進上ス。
てい-すゐ (名) 泥醉 甚シク醉ヒタルヿ。
てい-せい (名) 定星 恒星ニ同ジ。
てい-せい (名) 訂正 誤リヲ調ベ正スヿ。(文章ナドニ)
てい-せい (名) 鄭聲 淫奔ナル音樂。
てい-せつ (名) 貞節 ヲンナノミサヲ。貞操。
てい-そう (名) 遞送 繼ギ送ルヿ。
てい-そく (名) 鼎足 カナヘノアシ。物、三方ニ相對シ居テ、相持チナルヿ。其相對シテ居ルヲ鼎立トイフ。
てい-そく (名) 定則 定マレル則。オキテ。
てい-た (名) 手板 小キ板ヲ、朱漆、黄漆ナドニテ塗リタルモノ、字ヲ、記シテハ拭ヒ、拭ヒテハ記ス用トス。ヌリイタ。漆板

てい-たい (名) 停滯 トドコホルヿ。食物ノ消化レヌヿ。
てい-たう (名) 抵當 ヒキアテ。
てい-たし・キ・ケレ・ク・シ (形・二) 手痛 仕向クルヿ烈シ。テツヨシ。激烈
てい-たん (名) 泥炭 石炭ノ未ダ全ク化セザルモノ、沼澤ノ地ニ多シ、即チ、草木ノ、土中又ハ水底ニ埋マリテ、層ヲナスモノナリ、黒褐ニシテ、軟脆ナリ、多ク枝葉ヲ雜フ、赤薪トスベク、其灰分ヲ肥シトスベシ、江州ニテ、スクモ。
てい-たらく (名) 爲體 (體タル、ノ延) アリサマ。スガタ。ナリユキ。體裁
てい-ぢよ (名) 貞女 貞節ヲ守ル女。
てい-ちやうに (副) 鄭重 丁寧ニ。テアツク。テオモク。
て-いつぱい (副) 手一杯 爲シ得ルカギリ。
てい-と (名) 帝都 皇帝ノ居給フ都。
てい-ど (名) 程度 ホド。ホドラヒ。
てい-とう (名) 低頭 頭ヲ低レテ禮スルヿ。「—平身」
てい-とく (名) 提督 艦隊ナドノ總督。總大將。
てい-ねい (名) 泥濘 泥深キヿ。ヌカルミ。
てい-ねいに (副) 丁寧 善ク善ク心ヲツケテ。ネンゴロニ。心切ニ。
てい-ねん (名) 丁年 人ノ一人前ニ成長シタルヿ、古ヘハ二十歳、今ハ滿二十年。

ていばう (名) 堤防 堤ヲ築キテ水ヲフセグコト。
ていはく (名) 碇泊 船ノ碇ヲオロシテ泊ルコト。
ていはつ (名) 剃髮 髮ヲ悉ク剃リ去ルコト、多クハ、僧トナルニイフ。
ていふつ (名) 鼎沸 鼎ノ沸キ立ツ如ク騷ギ立ツコト。
ていめい (名) 締盟 盟ヲ結ビテ相交ルコト。
ていらず (名) 手不入 (一)手ノカカラヌコト。爲ルニ及バヌコト。(二)未ダ一度モ用ヰタルコトナキコト。
ていらん (名) 提籃 手籠。
でいり (名) 出入 (一)いづるトいるト。デハイリ。出入。(二)ウツタヘ。訴訟。公事。(法律ニ違ヒテ出入アル意カ)(三)常ニ親ミテ其家ニ出入スルコト。(四)常ニ買付ケラレテ、主顧トシ出入スル家。(商人ヨリイフ)
ていりう (名) 檉柳 御柳。
でいりこ (名) 出入子 鯢ノ子ノ稱、胎生ニシテ、驚ク時ハ、母魚ノ腹ニ出入ストテ云。
ていりつ (名) 鼎立 鼎足ノ條ヲ見ヨ。
ていれ (名) 手入 ツクロヒ。ナホシ。修補
ていゐ (名) 廷尉 檢非違使佐ノ唐名。
ていゐん (名) 定員 定マリタル人數。
てう (名) 朝 (一)朝廷。「一ニ立ツ」(二)御代。御宇。「奈良ノ一」
てう (名) 調 (一)ツキ。古ヘ、諸國ノ土產ノ布帛等ヲ定規ニ因テ、官ニ納メシムルモノ。(租ノ條ヲ見ヨ)(二)音樂ノ調子。
てう (名) 兆 キザシ。シルシ。前表。「豐年ノ一」

てう (數) 兆 (一)數ノ名、十億。(二)或ハ億億。
てう (名) 條 スヂ。クダリ。段。「右ノ一一」
でう (接) 條 ニ就キテ、問。(手紙ノ文ニ)「到着候一、差出申候」
でう (接尾) 條 事柄ノ廉、或ハ、絲、帶、繩、又ハ、路、川ナド、スベテ、長ク連リタルモノヲ數フルニイフ語。「規則、三一」帶、一一」數一ノ路」
てういん (名) 調印 印ヲ押スコト。(證書ナドニ) 捺印
てうおん (名) 朝恩 天朝ノ恩。
てうか (名) 朝家 帝王ノ御家。
てうが (名) 朝賀 天皇、元日、辰ノ刻ニ、大極殿ニ出御アリテ行ハルル儀、群臣禮服シテ位ニ列シ、主上、高御座ニ就キ給ヒ、群臣再拜ス、次ニ舞蹈スレバ、武官、萬歲ノ旗ヲ揮フ。又、朝拜。
てうがふ (名) 調合 種種ノ藥ヲ、分量ニ合ハセテ盛ルコト。調劑
てうぎ (名) 朝儀 朝廷ノ儀式。
てうぎ (名) 朝議 朝廷ノ評議。廷議。
てうきん (名) 朝覲 (一)諸侯ノ天子ニ見ユルコト。(二)一ノ行幸トイフハ、主上、年ノ初(正月二日)ニ、上皇、國母、等ノ宮ニ行幸アルコト、東宮モ成人ノ時ニハ、此儀アリ。(或ハ、年始ナラヌニモ申ス)
てうくわ (名) 超過 (一)他ニ越ユルコト。勝ルコト。(二)餘ルコト。程ニ過グルコト。
てうくわ (名) 調和 トトノヘヤハラグルコト。程好ク和セ合ハスルコト。

でうくわん (名) 條款 箇條。事ノ廉廉。
でうけん (名) 條件 クダリ。事柄。廉。
てうこう (名) 朝貢 來朝シテ貢物ヲ獻ズルコト。
てうこく (名) 彫刻 文ヲ刻リキザムコト。
てうさ (名) 調査 取調ブルコト。
てうさい (名) 超歲 年ヲコユルコト。越年。(新年ノ祝詞ニ)
てうざい (名) 調劑 藥ヲ調合スルコト。
てうさん (名) 朝參 官人ノ朝廷ヘマヰルコト。
てうさんだいぶ (名) 朝散大夫 從五位下ノ唐名。
てうし (名) 調子 (一)樂器ノ音ノシラベ。卽チ、其高低長短ノ程。(二)轉ジテ、事ノホドラヒ。工合。程度
てうし (名) 銚子 (一)酒ヲ盛リテ盃ニ注グ器、金類ニテ作ル、長キ柄アレバ、柄ナキ提子ニ對シテ、長柄ノ一トモイフ、注口ノ兩方ニアルヲ兩口トイヒ、一方ナルヲ片口トイフ。(二)轉ジテ、注グ、酒瓶ノ稱。
てうしちぢみ (名) 銚子縮 木綿縮ノ一種、常陸、鹿島郡、波崎ニ產ジ、對岸ナル下總ノ銚子湊ヨリ諸方ヘ出ス、經ヲ二線ニス、強シテ名アリ。
てうしぶえ (名) 調子笛 長短十二ノ細管ニ、各、機アリテ、十二律ノ音ヲ發スルモノ、樂器ノ調子ヲ合ハスル時、吹キテ其調ヲ定ムル用トス。律管
てうしん (名) 調進 トトノヘテマヰラスルコト。調達。
てうじゆう (名) 鳥銃 鐵砲ノ條ヲ見ヨ。
てうす・スル・スレ・セ・シ・セヨ (自動) (不規・二) 朝 朝廷ヘマヰル。朝參ス。

てうず・る・る・れ・じ・せ・せよ (他動)(不規.三) 吊 トブラフ。トムラフ。

てうず・ずる・ずれ・じ・ぜ・ぜよ (他動)(不規.二) 調 物ヲ調ヘテ供用ニ供フ。

テウス (名) 天主 〔又、でいうす。羅甸語、神ノ義ナル Deus.（又、Deitas. 英、Deity.〕 常ニ、天主。耶蘇教ニテ尊奉スル神ノ稱。造物者ナリト云。

てう-せき (名) 朝夕 あさトゆふト。アケクレ。

てうせん-あさがほ (名) 朝鮮朝顔 まんだらげニ同ジ。

てうせん-あめ (名) 朝鮮飴 牛肥飴ノ類。

てうせん-うぐひす (名) 朝鮮鶯 かうらいうぐひすニ同ジ。

てうせん-ぎぼふし (名) 草ノ名、ぎぼうしゆノ條ヲ見ヨ。

てうせん-こま (名) 朝鮮駒 小鳥ノ名、形、こまどりニ似テ、頭ト脊トハ赤ク、咽ハ黒ク、胸ト腹トハ白シ。一名、リウキウコマ。アカヒゲ。

てうせん-ざくろ (名) 朝鮮石榴 石榴ノ一種、高サ尺ニ滿タズシテ花實アリ、肥地ナレバ丈許ニ至ルモアリ、花ノ色殊ニ赤シ、不時花アリテ、花、實、常ニアリ、形、共ニ、小シ。一名、ナンキンザクロ。 火石榴

てうせん-はまぐり (名) 朝鮮蛤 蛤ノ一種、殼、大クシテ、三四寸ニ過ギ、唇厚ク、色白ク、斑アリ、肉美ナリ、殼ヲ貝合ニ用ヰ、又、碁ノ白石ニ作ル、故ニ、碁石貝、又、碁石蛤ノ名モアリ、多ク、九州、南海ニ產ズ。 蛤蜊

てうせん-べつかふ (名) 朝鮮鼈甲 擬製ノ玳瑁ノ稱、うみがめノ甲ノ斑アル處ニ、水牛角ニテ黒キ斑ヲ入レ作ル。或ハ、牛角、又ハ、馬爪ヲ用ヰルモアリ。

てうせん-まつ (名) 朝鮮松 からまつニ同ジ。

てう-だつ (名) 調達 トトノヘトドクルコト。金子品物ナド、取リソロヘテ送ルコト。

てうち (名) 手打 (一)空手ニテ搏チテ殺スコト。「祖裼暴虎」 手搏 暴 (二)手ヅカラ人ヲ斬ルコト。「貴人ニイフ、手討ナド記ス」 手刃 (三)掌ヲ打合ハセテ、音ヲセサスルコト、市人ノ賣買又ハ和睦ナドニ、約束ヲカタムル證トス。 拍手 (四)手ヅカラ作ルコト。〔蕎麥切ナド〕

てうちてうち (名) 〔手打ノ音便〕 兩ノ掌ヲ打合ハスルコト、小兒ヲ弄スルニイフコトナリ。

テウ-チン (名) 挑燈 〔唐音〕 提燈ニ同ジ。

でう-ちゆう (名) 條蟲 サナダムシ。

てうづ (名) 手水 〔てみづノ音便〕 (一)テミヅ。手又ハ顔ヲ洗ヒ滌ムル水。（神佛ノ拜ニ、朝起ニ、廁ニ）(二)廁ニ行クコトヲ憚リテ稱スル語。更ニ轉ジテ、尿ノ稱。(婦人ノ語)

てうづだらひ (名) 手水盥 手水ヲ盛ル盥。 洗手盤

てうづば (名) 手水場 (一)廁ノ傍ナドニテ、手水ヲツカフ所。(二)轉ジテ、廁。(婦人ノ語)

てうづバチ (名) 手水鉢 手水ヲ湛ヘ置ク鉢。

てう-てい (名) 朝廷 帝王百官ノ行政ノ所。一國ノ政府。

てう-てい (名) 調停 仲裁ノ扱ヒ。

てう-てき (名) 朝敵 朝家ニ叛ク敵。官ニ叛キテ軍ヲ起ス者。謀反人。 反賊

てう-ど (名) 調度 (一)手廻ノ所用ノ具。什器。道具。「旅ノ一」衣類一」(二)武家ニ、專ラ、弓矢ノ稱。(武道第一ノ具ナレバイフ)

てうど-かけ (名) 調度懸 (一)弓矢ヲ掛ケ飾ル具。(二)主君ノ弓矢ヲ持チテ從フ役。

てうな (名) 手斧 〔てをのノ音便〕 テヲノ工匠ノ具、斧ニテ削リタル後ヲ平ニスルニ用ヰル。今ノ製ナルハ、刃ノ徑、三寸許、木柄、長サ二尺餘、頭、内ヘ曲リ、刃ヲ内ヘ向ケテ用ヰル。 釿

てう-ば (名) 調馬 馬ヲ乘リ馴ラスコト。

てう-はい (名) 朝拜 朝賀ニ同ジ。

てう-ばう (名) 眺望 ナガメノゾムコト。景色ヲ見渡スコト。

てう-ふ (名) 調布 ツキノヌノ。

てう-ぶく (名) 調伏 (一)佛力ヲ賴ミ禱リテ、怨敵邪祟ナドヲ降伏セシムルコト。〔眞言、天台ニ〕(二)人ヲ呪咀シテ殺スコト。

てう-ほふ (名) 調法 用ヰテ甚ダ便利ナルコト。用ノ足ルコト。

てう-ま (名) 鳥馬 〔和名抄ニ、都久美、馬鳥トアリ、其轉倒カトモイフ、イカガ〕 鳥ノ名、つぐみニ同ジ。

てう-み (名) 調味 食物ニ味ヲツクル

てう-めい (名) 朝命 朝廷ノ命令。

てう-もく (名) 鳥目 〔鵝眼錢ノ條ヲ見ヨ〕 錢ノ異名。

でうもく (名) 條目 事ノ條條ヲ立テテ書キ連ヌルモノ、箇條。

てうや (名) 朝野 朝廷ト民間ト。

てうやう (名) 朝陽 アサヒ。日ノ出。

でうやく (名) 條約 條目ヲ立テテ約定スルヿ。

てうり (名) 調理 (一)事ヲ程善ク調ヘ治ムルヿ。(二)料理。

でうり (名) 條理 事ノスヂミチ。理合。

でうれい (名) 條例 條目ニ立テタル掟。

てうれう (名) 蜩蟟 ミンミンゼミ。

てうれん (名) 調練 兵法ヲ以テ、兵隊ヲ戰ニ習ハスルヿ。陣立ノ稽古。操練

てうろう (名) 嘲弄 アザケリナブルヿ。侮弄

てうゐ (名) 朝威 朝廷ノ威力。

テエブル (名) 卓 〔英語、Table.〕机ノ脚ノ高キモノ、食事、書見ナド、種種ノ用トス。

テエル (名) 兩 支那ノ金量ノ名、凡ソ我ガ一圓五十六錢二厘。

て-おき (名) 手置 常常、心ヲ用キテ、取扱ヒ置クヿ。

て-おくれ (名) 手後 爲ルニ機ノ後ルルヿ。失期

て-おち (名) 手落 仕業ノ仕殘シ。シオチ。テヌケ。オチド。脫誤 遺失

て-おひ (名) 手負 鬪ヒテ創ヲ負ヒタルヿ。負傷

て-おぼえ (名) 手覺 豫テ爲テ、其手段ヲ覺エテ居ルヿ。

て-おもし・キ・ケレ・ク・シ (形・二) 手重 (一)爲ルニ容易ナラズ。オツコウナリ。難 (二)扱フヿ丁寧ナリ。「手重クモテナス」 鄭重

て-おり (名) 手織 布帛ノ、手ヅカラ織リタルモノ。(工人ノ織レルニ對ス)「一ノ綿布」

て-か (名) 手下 てした ニ同ジ。

でがうし (名) 出格子 窓ノ格子ヲ、張出シテ作レルモノ。

て-がかり (名) 手懸 物事ヲ探リ索ムル緣トナルモノ。

て-かき (名) 手書 文字ヲ巧ニ書ク人ノ稱。手者。能書。

て-がく・クル・クレ・ケ・ケ・ケヨ (他動)(規・二) 手懸 我ガ仕事トシテ爲ス。與管

て-かけ (名) 妾ニ同ジ。

でがけ (名) 出掛 出デムトスル時。デシナ。

て-かご (名) 手籠 物ヲ入レテ提ゲ行クニ用キル小キ籠。手提ノ籠。提籃。

て-がさ (名) 手傘 さしがさニ同ジ。

て-かし (名) 手械 テカセ。手錠。(枷ノ條ヲ見ヨ)

††でか・し・キ・ケレ・ク・ク (形・二) 大 オホイナリ。イカシ。

て-かず (名) 手數 爲ルニ次第ノ多キヿ。手數。

でか・す・ス・セ・サ・シ・セ (他動)(規・一) 出來 (一)出來ルヤウニナス。起ス。(二)仕遂グ。成ス。果ス。

て-かせ (名) 手械 てかしノ轉。

でかせぎ (名) 出稼 家ヲ出デ、他所ニテ稼グヿ。

て-がた (名) 手形 〔押手ト意同ジ〕(一)公私ノ文書ニ、後ノ證トシ標トスルモノ、古ヘハ、其人ノ掌ニ墨ヲ塗リテ、其形ヲ押セリ。後世ハ、專ラ印ヲ押 (二)後ニハ、直ニ、其文書ノ稱。切手。切符。券 契疏 (三)轂ニ刻ミアル處、騎ルニ手ヲ懸ク。

て-がた・し・キ・ケレ・ク・シ (形・二) 手堅 爲ルヿ慥ニテ危カラズ。堅固ナリ。

て-がね (名) 手鐵 手械。德川氏ノ制ニ、庶人ノ閏刑ノ名、鐵環二箇、連合シタルニテ、兩手ヲ束ネ、鎖ヲオロス、三十日、五十日、或ハ、一百日ニ至ル。又、手錠。

て-がはり (名) 手替 仕事ニ替リ合フ人。

でがはり (名) 出替 (一)我レ出デテ彼レ入ルヿ。入リカハルヿ。交替 (二)奴婢ノ、年每ニ雇期限ヲ終ヘテ相代ハルヿ、昔ハ、二月ナリキ、今ハ三月トス。

て-がひ (名) 手飼 手ヅカラ飼フヿ。我ガ家ニ飼フヿ。「一ノ犬」

て-がみ (名) 手紙 〔書紙ノ義ト云〕(一)古クハ、半切紙ノ稱。(二)今ハ、用事ヲ記シテ他ヘ言ヒ送ル文書ノ稱。フミ。消息。書狀。書翰。手簡 尺牘

て-がら (名) 手柄 〔手幹ノ義カト云〕イサヲ。事ヲ善ク爲遂ゲタルデキハエ。功名。功 勳

て-がる (名) 手輕 爲ルニ容易キヿ。手重カラヌヿ。簡易 輕便

て-がる・し・キ・ケレ・ク・シ (形・二) 手輕 爲ルニ容易シ。扱フヿ重重シカラズ。簡易

て-き (名) 敵 (一)カタキ。我ニ寇ナス者。仇。(二)戰ヒノ

相手。寇。
てき（接尾）的（墓地、怪底、ナドノ、地、底、ト同音ノ語ナリ）漢語ノ末ニツク語、之ノ意ヲナス。
てぎ（名）手木　十手ニ同ジ。
でき（名）出來　(一)デクルヿ。作リテ成レル狀。出來。(二)出來合ノ略。「一ノ品」
できあがり（名）出來上　デキアガルヿ。作リテ成ルヿ。成就
できあがる・ル・レ・ラ・リ・レ（自動）（規．一）出來上　作リテ成ル。成就　竣功
できあき（名）出來秋　秋ニ、稻、實リテ刈入ルル時。秋收
できあひ（名）出來合　作リテ成リテアルヿ。作リ置キテ、賣ルニ備ヘテアルヿ。（誂ヘニ對ス）
てきい（名）適意　(一)ココロニカナフヿ。(二)心ノママニスルヿ。隨意。
てきえう（名）摘要　肝要ノ處ヲ摘ミ取ルヿ。
てきき（名）手利　手技ノ敏クシテ巧ナルヿ。巧手
てきぎ（名）適宜　ホドヨキヿ。相應。
できごころ（名）出來心　不圖起レル思ヒツキ。
できごと（名）出來事　不圖起レル事柄。
てきさい（名）嫡妻　正妻。（妾ニ對ス）
てきし（名）嫡子　ちやくしニ同ジ。
できし（名）溺死　水ニ溺レテ死ヌルヿ。水死。
てきしゆ（名）敵手　相手。
てきしよう（名）的證　分明ナル證據

てきす・スル・スレ・セ・シ・セヨ（自動）（不規．二）敵　敵トナル。抗フ。敵對ス。

てきす・スル・スレ・セ・シ・セヨ（自動）（不規．二）適　カナフ。アタル。相應ス。

てきず（名）手疵　鬪ニ負ヒタル切疵。負傷
てきせつ（名）適切　極メテ善ク適當スルヿ。

てきそん（名）嫡孫　ちやくそんニ同ジ。

てきたい（名）敵對　敵トナルヿ。テムカヒ。ハムカヒ。抗敵
てきたう（名）適當　恰モ好ク程ニ當ルヿ。相當、
てきたふ・フ・ヘ・ヘ・ヒ・ヘ（自動）（規．一）敵對（字ノ音ヲ活用ス）敵對ヲナス。テムカフ。ハムカフ。抗敵
てきちゆう（名）適中　正シク中ルヿ。

てきちよく（名）躑躅　(一)タメラフヿ。タユタフヿ。(二)ツツジ。

てきど（名）適度　程ニカナフヿ。

てぎね（名）手杵　杵ノ一種、木幹ノ、中括レテ、手ニテ握リ、眞直ニ搗クベク作レルモノ。細腰杵　コレニ用ヰル臼モ、立鼓ノ形セリ。

てぎは（名）手際　仕業ノ成リタル狀。デキバエ。

できは（名）出際　家ヲ出デムトスル時。デシナ。デシマ。デガケ。

できばえ（名）出來映　成就シテ映アルヿ。好キ手際。

てきはき（副）（的白ノ音轉カト云、イカガ）用辨ニ敏キ狀ニイフ語。カヒガヒシク。スバヤク。ハキハキト。敏捷

てきはつ（名）摘發　見出シテ發クヿ。

できぶげん（名）出來分限　にはかぶげんニ同ジ。

てきぼ（名）嫡母　父ノ嫡妻。

てぎん（名）手金　手付金ノ中略。

てきめん（名）覿面　マノアタリ。目ノ前ニ驗ノ著キヿ。「因果一」一ニ藥ガ利ク」

できもの（名）出來物　皮膚ニ生ズル瘡癤ノ總名。ハレモノ。腫物。フキデモノ。瘡　瘍腫
てきやく（名）敵藥　藥ノ互ニ害トナルモノ。

てきよう（名）適用　當テハメ用ヰルヿ。

できる・キル・キレ・キ・キ・キヨ（自動）（規．四）出來　でくニ同ジ。

てぎれ（名）手切　交渉ヲ絶ツヿ。絶交
できれ（名）出切　衣ヲ裁チテ餘リタル切屑。

てきれい（名）的例　分明ナル例。

てぎれい（名）手綺麗　手際ノ穢カラヌヿ。

でく（名）木偶（でくぐつノ略カ）人形ニ同ジ。

でく・クル・クレ・キ・キ・キヨ（自動）（規．三）出來（出來ノ約ニテ、語尾ノ變化ヲ轉ズ）(一)出デ來。顯ハレ出ヅ。(二)作リテ成ル。デキル。シユツタイス。成就　(三)爲スヿヲ得。デキル。能爲
でくぐつ（名）傀儡　くぐつノ條ヲ見ヨ。

テグス（名）天蠶絲（天絲、又ハ、蟲絲ノ唐音カト云）天蠶ノ腹中ヨリ取ル絲ノ名、其蟲ノ繭ヲ作ラザル前ニ、其頭ヲ斷チ、脊ヲ竪ニ割キ、腹（中ヨリ）二條ノ絲ノ如キモノヲ引出シテ、酢ニ浸シテ延バス、大抵、長

サ二六尺ニ至ル、光澤アリテ透明ナリ、多ク釣緡ノ端ニ用ヰル。

てぐすねひく（自動）（規、二）〔手藥煉引ク〕ノ訛カト云、くすねノ條ヲ見ヨ〕（一）手ニ唾シテ弓ヲ弄スルヲイフトゾ。（二）轉ジテ、十分ニ支度シテ、敵ノ來ルヲ待設ク。

てぐすむし（名）天蠶 栗、楠、くぬぎ、とち、楢、等ニ棲ミテ、其葉ヲ食フ蟲、形、略、いもむしニ似テ、長サ三寸許、背ニ長キ白毛アリ、故ニ白髮太郎ノ名モアリ、色、初メ、黑ク、後ニ、綠ニ變ジ、頭ト足トハ紫黑ナリ、四度ノ起眠ヲナシ、毛ヲ脫シテ、繭ヲ作ル、拇指ノ大サニテ、暗褐色ナリ、固クシテ、かあみノ如シ、絲ニ紡ギテ、ゴレヲ緯トシ、絹絲、山繭、ノ絲ヲ經トシテ織レルモノヲ、むしのを織リ、トイフ、又、此蟲ノ腹ヨリ、專ラてぐすヲ取ル。（其條ヲ見ヨ）

てくせ（名）手癖 盜ミスル惡習。「―ガワルイ」

てくだ（名）手段〔手段ノ轉カ、或云、手笭ノ義ニテ、機織ヨリ起レル語ナリト〕人ヲ扱ヒテ駈引スル手段。

でぐち（名）出口 門戶ナド、外ヘ出ヅベキ所。

でくのぼう（名）（一）傀儡。デクルボウ。（二）氣轉ナキ人ヲ罵ル語。（東京鄙語）

でくはす（自動）（規、一）〔いでくひあはすノ約轉〕不圖出デ會フ。磕ト逢フ。邂逅

てくばり（名）手配 事ヲ行フニ、ソレゾレノ備ヘヲ爲スコト。テワケ。テハイ。部署

てくび（名）手頸（一）手ノ端ノ、甲、掌、指、ノ部ト臂トノ關節。古ク、タタムキ。今、又、ウデクビ。腕（二）手ノ端。

てくぼく（名）高ク低ク平カナラヌコト。凹凸

てぐり（名）手繰（一）手ニテ繰リ取ルコト。「―ノ網」―ノ絲」（二）仕事ノ暇ヲ繰合ハスルコト。

てぐるぼう（名）傀儡。

てぐるま（名）輦〔手車ノ義、牛ニ駕セズ、人ノ手ニテ舁ケバイフ〕屋形車ノ、輪ナクシテ、人ノ舁キ行クモノ、乘御ノ用ニテ、大抵、行幸ニ用ヰラル、親王大臣等ニ許サルルコトモアリ。其屋形ノ上ニ、金鳳ヲ立ツルモノヲ鳳輦トイフ。

てぐるま（名）手車 自分所用ノ人力車。

〔てけ（名）天氣 ていけノ條ヲ見ヨ。

てこ（名）梃〔手木ノ義ト云〕物ヲコジアゲナドスルニ用ヰル棒、鐵―、―鋤ナドアリ。木梃 槓杆

てごころ（名）手心 心ノ覺エニテ、好キ程ニ事ヲ行ヒモテユクコト。

てごたへ（名）手應 矢、鳥銃、ニテ物ニ射中テ、又、槍ニテ突キ止メタル時ナドニ、我ガ手ニ應フル感覺。

てごはし（形、二）手强 相手トシテ勝チ難シ。手ニアハズ。手ニアマル。テツヨシ。

てこまへ（名）手子前 梃ヲ持ツ役ノ者、

てごめ（名）手込 他ノ承諾ナキニ、理不盡ニ其人ノ身體又ハ所有ノ物ナドヲ、處分スルコト。

てごろ（名）手頃 己ガ力ノ程ニ適フコト。「―ノ槍」

―ノ棒」

てざいく（名）手細工 手先ニテスル細工。手工

てさう（名）手相 人ノ手理ヲ相テ、豫メ其人ノ運命ヲ占ヒ言フコト。

でさかり（名）出盛 盛ニ出デ來ル頃。「人ノ―」

てさき（名）手先（一）手ノ先。指。「―ニアタル」（二）召捕ノ役人ノ使フ奴。ヲカヒキ。

でさき（名）出先 家ヲ出デテ外ニ居ル處。

てさく（名）手作 テヅクリ。手製。自作

てさぐり（名）手探 暗夜ニ、又、盲人ナドニ、手先ニテ物ヲ探リモトムルコト。摸索

てさげ（名）手提 物ヲ入レテ手ニ提ゲ携フル籠又袋ナド。

てざはり（名）手障 手ニ觸ルル感ジ。テアタリ。

でし（名）弟子〔事師如父兄故曰弟子〕師ニ從ヒテ敎ヲ受クル人。門人。門弟。

でしいり（名）弟子入 始メテ師ノ門ニ入リテ弟子トナルコト。入門

てしごと（名）手仕事 テワザ。手先ニテスル仕事。手工

てした（名）手下 己ガ使フモノドモ。手下。

てしな（名）手品 品玉ノ類、手ニテ物ヲ弄シ、空ヲ示シテ、忽チ其中ヨリ物ヲ現ハスナド種種ノ技ヲナス、テヅマ。藏擷

でしな（名）出際ニ同ジ。

てしほ（名）てしほざらニ同ジ。

でしほ (名) 出汐 いでしほノ約。月ノ出ヅルト共ニ、潮ノ滿チ來ルヿ。「明石潟、月ノーヤ、滿チヌラム、須磨ノ波路ニ、千鳥門渡ル」

てしほざら (名) 手鹽皿 皿ノ小キモノ、香ノ物ナド盛ル。小碟

てしほにかけて (句) 手ヅカラ世話ヲシテ。「ー育ツ」

でしな (名) 出際ニ同ジ。

てしや (名) 手者 手書ニ同ジ。

てしやく (名) 手酌 手ヅカラ酌ヲシテ酒飲ムヿ。獨酌

てしゆ (名) 手酒 手ヅカラ釀セル酒。家釀

てじゆん (名) 手順 爲ルヿノ次第。デツヾキ。

てしよく (名) 手燭 燭臺ノ、小クシテ柄アリテ、室內ナド持チ行クニ用キルモノ。デトボシ。

でじろ (名) 出城 本城ヨリ張リ出シテ築ケル郭。出丸。附城。別堡

てすう (名) 手數 手數ニ同ジ。

てすき (名) 手透 仕事ノ暇。間隙

廾ですぎる・ギル・ギレ・ギ・ギ・ギヨ (自動)(規・四) 出過 差出ヅ、ニ同ジ。

てすさび (名) 手遊 手ニテスルナグサミモテアソビ。「夏ノ夜ノ、月待ツホドノ、ーニ、岩漏ル淸水、幾結ビシツ」

てすり (名) 手摺 〔縋ルヨリイフ〕 欄干ニ同ジ。

てせい (名) 手製 テヅクリ。

てせい (名) 手勢 手下ノ軍勢。部兵

てぜま (名) 手狹 場所ノ狹キヿ。

でぞめ (名) 出初 始メテ出ヅルヿ。(新年ナドニ云)

でそろふ・フ・ヘ・ヘ・ヒ・ヘ (自動)(規・二) 出揃 皆揃ヒテ出ヅ。「人ガー」穗ガー」齊出

てだい (名) 手代 (一)手附ノ條ヲ見ヨ。(二)商家ニテ、番頭ト丁稚トノ間ニ使ハルルモノ。

てだうぐ (名) 手道具 手廻ノ器。調度。

てだし (名) 手出 (一)他ノ事ニ升カヽヅラヒテ爲ルヿ。イロフヿ。干涉 (二)我ヨリ先ヅ仕掛クルヿ。「打擲ノー」下手

てだすけ (名) 手助 他ノ仕事ヲ助ケテスルヿ。幇助

でたち (名) 出立ノ約。

でたつ (動) 出立ツノ約。

〔てだて〕 (名) 手楯 楯ノ狹ク長クシテ手ニテ持ツモノ。步楯

てだて (名) 手段 〔手立ノ義ニテ、獻立ナドノ意カ〕事ヲ爲ス次第。デツヾキ。シエダン。テクダ。

でだな (名) 出店ニ同ジ。

てだま (名) 手玉 (一)掌ノ上ニテ、玉ヲ投ゲ上ゲ弄プヿ。(二)人ヲ捉ヘテ、輕輕ト投ゲ遣ルヿ。「人ヲーニ取ル」ーニ投グ」(三)女兒ノ戲ニ、赤小豆ヲ包ミタル布帛ノ小キ袋ヲ、いしなごノ如ク弄ビテ遊プモノ。ポテダマ。

廾でたらめ (名) 口ニ出ヅルマヽニ虛言ナド述ベ、法ニモ理ニモ留ラヌ仕業ナドスルヿ。安 杜撰

てだれ (名) 〔手足ノ轉、手ニ足ラヌノ反對ト云〕手段ニ熟練シタルヿ。「ーニ狙ヒテ射落ス」ーノ技」巧手

てぢか (名) 手近 手許ニ近キヿ。手ノ屆クホドナルヿ。接近

てぢかし・キ・ク・シ・ケ (形・二) 手近 手許ニ近シ。手ノ屆ク程ナリ。接近

てちがひ (名) 手違 爲ルヿノ違ヒタルヿ。

てちやう (名) 手帳 手扣ヘニ雜事ヲ書キ留ムル小本。オボエチヤウ。手冊 掌記冊

てぢやう (名) 手錠 てがねニ同ジ。

てぢやうぶ (名) 手丈夫 (一)造リテ堅固ナルヿ。堅牢 (二)テガタキヿ。タシカナルヿ。安全

てつ (名) 鐵 鋏 〔俗字ニ、鉄〕 (一)クロガネ。金屬ノ名、金屬ノ中ニテ、最モ廣ク世ニ用ヲ成スモノ、鐵分ヲ含メル種種ノ鑛ヨリ製煉シテ得。鑄鐵、鍛鐵、鋼ノ三アリ。鑄鐵ハ、古名、アラガネ。先ヅ其鑛ヲ鎔シテ鐵分ヲ取リ成レルモノ、コレヲ銑トモイフ、最モ多ク炭素ヲ含ミ、堅クシテ折レ易ク、折目、粗ク粒立ツ、灰色ナリ、鍋釜ノ類ヲ鑄テ造ル、故ニ名アリ、又、鍋鐵。生鐵 鍛鐵ハ、古名、ネリガネ。鑄鐵ヲ更ニ鍛煉セルモノニテ、コレヲ鍜トモイフ、殆ド炭素分無シ、水ヨリ重キヿ、七倍八分、銀白色ニシテ折レ難ク、折レバ折目、竹ヲ折レルガ如シ、展ベ易キガ故ニ、コレヲ鍛ヒテ種種ノ器ヲ作ル、故ニ名アリ。又、ナマガネ。ヤハラカガネ。熟鐵 柔鐵 鋼モ、生鐵ヨリ鍛煉シテ成ル、但シ、

炭素ノ量、熟鐵ヨリ多シ、灰色ニシテ白ク、極メテ堅ク彈力アリ、折レバ、折目、細カク粒立ツ、刃物ノ刃、又ハ諸器械ナドニ作ル、刀劍、斧、鉋、庖刀、剃刀、小刀、等ニテ、鍛煉ノ法、種種ナリ。 鋼鐵 剛鐵 (二)鐵色。

てついで (名) 【手序】 仕事ノ便次ニスルコト。 手次

てついろ (名) 【鐵色】 黑ニ赤ミアル色。

てつおなんど (名) 【鐵御納戸】 染色ノ名、おなんど色ニ紺氣多キモノ。鐵色ニ綠ヲ含ムモノ。

てつかい (名) 【鐵枴】 鐵ニテ作レル杖。

てつがく (名) 【哲學】 無形理學、心理學、性理學、修身學等ノ總稱。

てつかふ (名) 【手甲】 手袋ノ、手ノ甲ノミ被フモノ。

てつがふ (名) 【手都合】 〔手番ノ轉ト云〕 爲ルコトノ便次、テツイデ。 手次

てつかへ (名) 【手支】 仕事ノ差支。

てつかみ (名) 【手摑】 手ニテ摑ムコト。(箸ヲ用ヰヌニ云フ)

てつか-ミソ (名) 味噌ニ、炒豆、刻ミ牛蒡ナド加ヘ、油ニテ煮リタルモノ。

てつから (副) 【手】 〔手之從ノ義〕 己ガ手ニテ。自ラ。自身ニ。「―者ル」「―授ク」

てつき (名) 【手付】 手ノ事ヲ爲サムトスル風。

てつき (名) 【手附】 頭人ノ手下ニ附キテ、書記ナドスル小吏、代官ノ―ナド、是レナリ。更ニ、其下ニ付ク者ヲ手代トイフ。

てつきう (名) 【鐵橋】 〔字ノ音ノ轉〕 或ハ、鐵弓トモ書ス〕 細キ鐵ニテ作レル格子ノ如キモノ、火ノ上ニ亙シテ、肉ナド炙ルニ用ヰル。 鐵架

廿てつきり (副) 定メテ。果シテ。

てつくね (名) 【手揑】 古ク、タクジリ。陶器ノ、旋盤ヲ用ヰズ、手ニテツクネテ造ルモノ。 揑造

てづくり (名) 【手作】 (一)手作ノ布ノ略。女ノ手織ノ布。「多麻河ニ、晒ラス氏豆久利、サラサラニ」(二)又、夫レヲ調布トスルモノ、手末ノ調ト言ハムガ如シ。(三)手ヅカラ作ルコト。手製。手作。 手製

てつけ (名) 【手付】 手付金ノ略。

てつけう (名) 【鐵橋】 鐵ニテ作レル橋。カネノハシ。

てつけきん (名) 【手付金】 物ヲ買フベシト約シタル證ニ、先ヅ其價ノ中ノ若干分ヲ拂ヒ置クモノ、コレヲ拂フヲ、打ツトイフ。略シテ、手付。又、手金。 贉金

てつさく (名) 【鐵柵】 鐵ニテ作レル垣。

てつじん (名) 【哲人】 智德アル人。

てつしや (名) 【鐵砂】 鐵ノ砂ノ如クナリテ地中ニアルモノ。 砂鐵

てつしやう (名) 【鐵漿】 ハグロメ。カネ。

てつす・スル・スレ・セ・シ・セヨ (自動) (不規.二) 【徹】 トホル。トドク。

てつす・スル・スレ・セ・ジ・ゼヨ (他動) (不規.二) 【撤】 取リ除クル。

てつせう (名) 【鐵蕉】 蘇鐵。

てつせき (名) 【鐵石】 (一)鐵ト石ト。(二)甚ダ堅固ナルコト。デカタキコト。「―ノ心」

てつせん (名) 【鐵扇】 骨ヲ鐵ニテ作レル扇子。

てつせん (名) 【鐵線】 (一)鐵ノはりがね。(二)鐵線蓮ノ略。

てつせんれん (名) 【鐵線蓮】 蔓草、人家ニ植ヱテ花ヲ賞ス、春、宿根ヨリ叢生シ、色赤ク、竹木ニ絡ヒテ甚ダ長シ、葉ハ、三葉、一葉ヲナシ、夏、一莖一花ヲ開ク、大サ二寸餘、六瓣、或ハ、八瓣、色、碧或ハ白ニシテ、中心ニ、小紫瓣簇リテ、菊ノ花ノ如シ。略シテ、テツセン。キクガラクサ。

てつだう (名) 【鐵道】 蒸氣車ヲ走ラスルニ作リ置ク路、二線ノ鐵條ヲ數十百里モ亙シテ、車輪其上ヲ走ル。

てつだう-ばしや (名) 【鐵道馬車】 鐵道ヲ造リテ其上ヲ走ラスル馬車。

てつたう-ぼく (名) 【鐵刀木】 タガヤサン。

てつだひ (名) 【手傳】 (一)テツダフコト。助ケテ爲ルコト。テダスケ。加巧 幇助 (二)助ケテ爲ル人。スケテ。 助手 副手

てつだ・ふ・フ・ヘ・ヘ・ヒ・ヘ (他動) (規.一) 【手傳】 他ノ仕事ヲ助ケテ爲ス。 加巧

てつち (名) 【調一重一】 〔字ノ音ノ轉〕 雙六ノ語、二ツノ采ノ目ニ、共ニ一ノ數ノ出ヅルコト。

てつち (名) 【丁稚】 〔丁兒ノ音カト云、或ハ、雙角ヲ重一ト見テイヘル語カ〕 職人商人ノ弟子ノ稱、幼少ヨリ、年季ヲ定メテ、且養ヒ、且敎ヘ、且使役スルモノ。 小厮

てつ・ちる ル・レ・チ・チ・チロ (他動)(規・四) 捏 (字ノ音カ) コネル。ツクネル。

〔てつつ〕 (名) 〔手筒ノ如ク働カヌ意ト云〕 爲ル事ノハカバカシカラヌヿ。不調法。「一トイフ文字ヲモ書キワタシ侍ラズ、イトヽーニテ、アサマシク侍リ」己レハ、ローニテ、人ノ笑ヒ給フバカリノ物語ハ、エシ侍ラジ」織紙、裁縫、甚以手筒也」

てづつ (名) 手筒 主將ノ自ラ用ヰル銃。

てつづき (名) 手續 爲ルヿノ次第。テハズ。手順。

てつつゐ (名) 鐵椎|鐵鎚 カナヅチ。ゲンノウ。

てつてい (名) 徹底 底ノ底マデ徹ルヿ。「悟道ー」

てつてい (名) 鐵蹄 カナグツ。

てつてふぽん (名) 隸帖本|粘葉本 やまとどぢニ同ジ。

てつとうてつび (句) 徹頭徹尾 最初ヨリ末ノ末マデ。

てつぱう (名) 鐵砲 (一)武器ノ名、鐵、或ハ、眞鍮、からかねニテ作ル、其體ハ、長キ筒ニテ、其一端ヲ塞ギ、丸ト火藥トヲ込メ、火門ヨリ火ヲ通ジテ、丸ヲ遠キニ放ツ。其大ナルモノヲ、大筒トイヒ、車ニテ運用ス。砲 小キヲ小筒トイフ、臺尻アリ、腕ニタメテ、狙ヒ打ツ。鳥銃。銃 又、元込アリ、其條ヲ見ヨ。(二)居風呂桶ニ仕掛ケテ、火ヲ焚ク鐵筒。

てつぱつ (名) 鐵鉢 鐵製ノ鉢、僧ノ食器ナリ。

てつびん (名) 鐵瓶 香湯ヲ沸カスニ用ヰル鐵製ノ器、注口アリ鉉アリ。鐵銚

てつぷん (名) 鐵粉 鐵ヲ碎キテ粉トセルモノ、藥用トシ、花火ノ合藥ニ加ヘ、或ハ蒔繪ノ用トス。

てつぺき (名) 鐵壁 鐵板ヲ張レル壁。「ーモ徹レト突ク」

てつぺん (名) 天邊 イタダキ。頂

てつぺんかけたか (感) 鵑ノ鳴聲ノ調ニイフ語、然聞ユトゾ。(關東)ホゾンカケタカ。

てづま (名) 手妻 手品ニ同ジ。

てづめ (名) 手詰 嚴シク詰メ寄スルヿ。猶豫セサセヌヿ。「ーノ勝負」「ーノ談判」 促迫

てつめんぴ (名) 鐵面皮 恥ヲ知ラヌヿ。アツカハ。

てづもり (名) 手積 手ニテ大凡ヲ量リ試ルヿ。(枡、秤、ナド借ラヌ意) 手量

てつや (名) 徹夜 ヨモスガラ。ヨドホシ。

てづよ・し キ・ケレ・ク・ク (形・二) 手强 爲向クル仕方烈シ。テゴハシ。テイタシ。

てづり (名) 手釣 魚ヲ釣ルニ、竿ヲ用ヰズ絲ノミ手ニ取リテ釣ルヿ。

てづる (名) 手蔓 縋ルベキ緣。傳手。テガカリ。 貪緣

てて (名) 父 父ニ同ジ。「ー親」

てて (名) 手手 小兒ノ語、手トイフニ同ジ。

ててご (名) 父御 ちちごニ同ジ。

ててなしご (名) 無父子 母ノ手ノミニテ育ツル子。ミナシゴ。 孤

ででむし (名) 蝸牛 〔角ノ出出蟲ノ義〕 かたつむりニ同ジ。デンデムシ。(畿內)

〔ててれ〕 (名) 囮 〔鳥捕ノ轉ト云〕 鳥ヲ網スル者ノ用ヰル囮。

ててれ (名) 〔綴レノ轉カト云〕 賤民ノ服用スルモノ。

でどころ (名) 出處 物事ノ出デタル原ノ處。

てどほ (名) 手遠 手許ヨリ遠キヿ。手ノ屆カヌヿ。

てともし (名) 手點 手燭。カンテラ。

てどり (名) 手取 技ニ巧ナルヿ。(角力ナドニ)

てどり (名) 手捕 素手ニテ捕フルヿ。 徒搏

てどりなべ (名) 手取鍋 提梁アル鍋。

てながえび (名) 手長蝦 かはえびノ一種、長サ二三寸、首大ク、前ノ兩脚、身ヨリ長シ、黑ト白トアリ、雄ニハ螯アリ、味淡クシテ佳ナリ、夏ノ初メ、多ク漁ス。 草蝦

てながざる (名) 手長猿 猴ノ屬、印度南海諸島ニ產ス、背黑クシテ、長、三四尺、多クハ歩立ス、手長クシテ地ニ達ス、常ニ樹上ニ棲ミ、數十匹、手ニ手ヲ握リ、連リ下リテ、溪水ヲ飮ム、性、常ノ猴ニ異ナリテ、溫柔ナリ。 猿

てながじま (名) 手長島 想像ノ異人國ノ稱、其人、臂甚ダ長ク、垂レテ地ニ至ルナド云フ。 長臂國

てながだこ (名) 手長蛸 蛸ノ一種、足ノ甚ダ長キモノ、食ヘバ醉フ。一名、アシナガダコ。 石距

てなづ・く ク・ケ・ケ・ケロ (他動)(規・二) 手懷 懷ケテ親マス。

てなは (名) 手繩 (一)幕ノ乳ニ貫キテ、串ニ打互ス

繩。(二)人ヲ捕ヘテ縛ルニ用ヰル繩。ハナナハ。トリナハ。
てなべ (名) 手鍋 鉉アル鍋。手取鍋。
てなみ (名) 手並 技ノ程。ワザマヘ。ウデマヘ。伎倆 技量
てならす・ス・セ・サ・シ・セ (他動) (規・二) 手馴 手ヅカラ育テテ馴ラス。(鳥獸ナド)
てならひ (名) 手習 文字書クヿヲ習フヿ。書學 習字
てならひざうし (名) 手習草紙 紙ヲ帳面ノ如ク綴ヂテ、手習スルニ用ヰルモノ。
てなる・ル・ル・レ・レ・レ・レヨ (自動) (規・三) 手馴 用ヰルニ馴ル。慣用
てなれ (名) 手馴 手馴レタルヿ。「ーノ琴」「ーノ駒」慣用
てには (名) 天爾波 次條ノ語ノ略。
てにをは (名) 天爾遠波 〔をよおとてんノ條ヲ見ヨ〕(一)語學ノ語、言語文章ノ間ニアリテ、上ノ意ヲ承ケテ下ニ接クル一類ノ語ノ稱、例ヘバ「行キて見ル」「馬に乘ル」「花を觀ル」「風も吹ク」ノて、に、を、もノ如シ、其類尙多ク、凡ソ三類ニ分ル、篇首ノ語法指南ノ天爾遠波ノ條ヲ見ヨ。略シテ、天爾波。(二)またはづかひノ法。「ーガ合ハヌ」語法
てぬぐひ (名) 手拭 一幅ノ綿布ヲ、鯨尺三尺ニ切リタルモノ、手、顏、ヲ洗ヒタル後ヲ拭ヒ、或ハ浴ミニモ用ヰルモノナリ。手巾 帨
てぬけ (名) 手拔 てぬかりニ同ジ。
てぬるし・キ・ケレ・シ・ク・ク (形・二) 手緩 爲ルヿ鋭カラズ。
(手痛シノ反) 緩慢
〔てのあや (名) 手文 てのすぢニ同ジ。䐗
てのうち (名) 手內 (一)タナゴコロ。テノヒラ。掌 (二)手並。ワザマヘ。「刀ノー」伎倆 (三)乞食僧ナドニ、錢ナド施スヿ。
てのうら (名) 手裏 タナゴコロ。テノヒラ。「ーヲ翻スガ如ク」掌
てのごひ (名) 手拭 てぬぐひニ同ジ。
てのすぢ (名) 手筋 古ク、テノアヤ。掌ノ皮ニアル紋理。䐗 手理 人相家、占者ナド、其紋ノ狀ヲ相テ、其人ノ吉凶ヲ說クヿアリ。
てのび (名) 手延 爲ルヿノ機ニ後ルルヿ。失期
てのひら (名) 手平 タナゴコロ。テノウラ。掌
てのもの (名) 手者 自ラ率ヰル者。手下。部下
では (名) 出端 立チ出ツベキ機。「ーヲ失フ」
でば (名) 出齒 (一)前齒ノ前ヘ反リ出デタルモノ。反齒。露齒 反齒 (二)ではらちやうノ略。
ではいり (名) 出這入 出入ニ同ジ。出入
廿ではうだい (名) 出傍題 〔傍題ノ條ヲ見ヨ〕口ニ任セテ虛言ナドイフヿ。デタラメ。
てばこ (名) 手箱 手廻リノ小キ調度ナド入ルル匣。
てばしこし (形) てばやしニ同ジ。快手
てはじめ (名) 手始 事ヲ爲シ初ムルヿ。開手 着手
てはず (名) 手筈 事ヲ行フ前ニ、其順序ヲ定メ置クヿ。手續。テクバリ。手順。部署
てばたき (名) 手拍 (一)兩ノ掌ヲ打合ハスルヿ。手打。拍手 (二)俗ニ、物無クナリテ空手ニテアルヿ。
廿てばな (名) 手鼻 紙ヲ用ヰズ、指ヲ鼻ノ孔ニ當テテ洟涕ヲ噴リ去ルヿ。(鄙人ノスルヿナリ)
ではな (名) 出端 出デ行カムトスル機。デキハ。
でばな (名) 出端 茶ヲ淹タル初ニ、香味ノ好キヿ。ニバナ。「番茶モー」
てばなし (名) 手放 テバナスヿ。手ヲ添ヘズシテアルヿ。放手
てばなす・ス・セ・サ・シ・セ (他動) (規・二) 手放 (一)持チタルヨリ放ス。放手 (二)己ガ管理ヲ放シテ遣ル。放遣
でばばうちやう (名) 出齒庖丁 〔創意者堺ノ鍛工某ノ露齒ナリシニ起ルト云フ〕庖丁ノ刃ノ、廣ク厚キモノ、魚鳥ノ骨ナド切ルニ用ヰル。
てばやし・キ・ケレ・シ・ク・ク (形・二) 手早 事ヲ爲ルニ疾シ。テバシコシ。快手
ではらひ (名) 出拂 デハラフヿ。悉ク出デタルヿ。
ではらふ・フ・ヘ・ハ・ヒ・ヘ (自動) (規・一) 出拂 悉ク出ヅ。殘リナク出デ行ク。
でばり (名) 出張 デバルヿ。出張。
でばる・ル・レ・ラ・リ・レ (自動) (規・一) 手張 仕事、分ニ過グ。手ニ餘ル。
でばる・ル・レ・ラ・リ・レ (自動) (規・一) 出張 本所ヨリ他ノ用所ヘ出デ行ク。出張ス。
てびかへ (名) 手控 (一)手許ニ控ヘトシテ留メオクヿ。(二)手控ニ事ヲ書キ留メ置ク小本。手帳。

手册

てびき (名) 手引 (一)手ニテ引出スコト。「夏引ノ、ーノ絲ヲ、繰返シ」(二)他ノ手ヲ引キテ導クコト。誘引。案内。 援引

でびたひ (名) 出額 額ノ廣ク高ク出デタルコト。 隆額

てびと (名) 手人 (一)工匠。職人。「百濟所獻手末才伎」使ニ高麗ニ召ニ巧手者ニ」(二)手下ノ人。手ノ者。 手下 部下

てひどし・きシ・ケレ・ク・ク (形・二) 手强シ。手痛シ。 劇烈

てびやうし (名) 手拍子 歌舞ニ、掌ヲ打チテ拍子ヲ取ルコト。

てびろし・きシ・ケレ・ク・ク (形・二) 手廣 (一)爲ルコト多シ。(二)構ヘ廣シ。(家屋敷ナドノ)

てふ (名) 蝶 (一)蟲ノ名、けむし、いもむし、いらむし、等ノ羽化セルモノ、身小ク、四翅大ク、六脚ナリ、其形、色、大、小、種種ナリ、好ミテ草木ノ花ニ飛ビ集ル、後、菜葉ニ黃ナル小卵ヲ遺ス、卵、化シテ蟲トナリ、蛹トナリ、後ニ、又、羽化ス。コテフ。テフマ。テフテフ。(二)河豚ノ膓中ニ居ル蟲ノ名。(河豚ノ條ヲ見ヨ)

てふ (名) 牒 官府ノ移文。

てふ (動) 「と云ふ」ノ音便約。

てふ (接尾) 貼 藥ヲ調合シテ包ミタルヲ數フル語。ツツミ。服。「藥三ー」

てふ (名) 帖 折本。折手本。

でふ (接尾) 帖 紙ヲ賣ルニ、若干枚ニ分ツ稱、半紙ハ二十枚、美濃紙ハ四十八枚ナド、其他、紙ノ種類ニ因テ、種種ナリ。十ーヲ一〆トイフ。

でふ (接尾) 疊 疊ヲ數フル語。「疊三ー」十ー敷」

てふあし (名) 蝶足 膳ナドノ脚ノ、蝶ノ翅ヲヒロゲタル形ニ作レルモノ。

てふう (名) 手風 文字ノカキブリ。 書風

〔でふぎ (名) 帖木 戶鏁 扉ノ緣ニ着ケテ、兩扉相合ヘル所ノ隙ヲ掩フモノ。今、襖障子ニ用ヰル帖木板トイフモノ是ナリ。

てぶくろ (名) 手袋 手首ニ被フ袋、五指相分ルルヤウニ作ル、めりやす又ハ革ナドニテ製ス。 手套

てふさめ (名) 蝶鮫 〔皮ノ砂ヲ薄ク磨レバ、蝶ノ形ヲナセバイフトゾ〕鮫ノ類、北海ニ產ス、長サ四五尺、身長ク、嘴尖リテ出デ、砂ハ、背腹脇ニ、條ヲナシテ、首ヨリ尾ニ至ル。 潛龍鯊

てふず・ズル・ズレ・ゼ・ジ・ゼヨ (自動)(不規・二) 牒 牒ヲ送ル。書通スル。「牒ジ合ハス」

てふだ (名) 手札 名札ニ同ジ。

てふつがひ (名) 蝶番 〔元ハ多ク蝶ノ象ニ製シタルカ〕開戶ナドノかまちト柱トニ亙シテ打チ付ケ、機アリテ、開閉ノ關節トスル金具。屛風ナルハ紙ニテ作ル。 扇鉸

てふてふ (名) 蝶トイフニ同ジ。(關東)

てふてふし・シキ・シケレ・シク・シク (形・二) 喋喋 多言リテ喧シ。クチヤカマシ。

てふてふと (副) 喋喋 クチヤカマシク。ペチヤペチヤ。

でふね (名) 出船 船ノ湊ヨリ乘リ出ヅルコト。デフチデ。

てふはながた (名) 蝶花形 銚子、提子等ニ飾ルモノ、紙ニテ、蝶ノ形ヲ折リ作リテ着ク、蝶ハ酒毒ヲ解ストテ用ヰルト云、婚禮ニハ雌蝶雄蝶ナドトテ、折法アリ。

てふま (名) 蝶トイフニ同ジ。

てぶんこ (名) 手文庫 手箱ニ用ヰル文庫。

てふよう (名) 貼用 貼リツケ用ヰルコト。「印紙ー」

てぶら (名) 〔手振ノ訛〕 空手。素手。 徒手

てぶり (名) 手風 風俗。「アマザカル、鄙ニ五年、住ヒツツ、都ノ提夫利、忘ラエニケリ」

〔てへ (動) 「と言へ」ノ約。「戀てへバ、知ラヌ道ニモ、アラナクニ」命令法ナルハ「今更ニ、訪フベキ人モ、オモホエズ、ヤヘムグラシテ、門サセリてへ」

でべそ (名) 出臍 臍ノ高ク出デタルモノ、初生ニ胞ヲ斷チ損ジテ起ル。 突臍

てへん (名) 手偏 漢字ノ偏ニアルまノ字ノ稱、卽チ、手ノ字ノ省ナリ、打、折、押、拔、ナドノ如シ。 挑手

てへん (名) 天邊 兜ノ名所、鉢ノ頂ノ處。

〔てへり・ル・レ・ラ・リ・レ (他動)(不規・四) 弖 「と言へり」ノ約、古ク、詔敕奏書ナドニイフ語。

〔てへれむ (接) 弖 「と言へれむ」ノ約。然レバ。(前條ヲ見ヨ)

てほどき (名) 手解 敎ヘ初ムルコト。(藝術ヲ)

てほん (名) 手本 (一)手習ノ標的トスル文字ヲ書ケル帖。 字帖 (二)倣ヒテ作ルベキ基トナルモノ。 模式 (三)倣ヒテ行フベキ事。タメシ。先例。 龜鑑 模範

てま (名) 手間 (一)事ヲ爲スニ費ユル暇。「—ヲトル」—ガ掛ル」(二)工匠ノ勞作。手工 (三)手間賃ノ略。(四)手間仕事ノ略。

てまくら (名) 手枕 腕ヲ曲ゲテ、枕ニ代ヘテ臥スコト。タマクラ。

〔てまさぐり〕(名) 手弄 手ニ持テアソブコト。「扇ヲテマサグリニシテ、畫ハ誰ガ書キタルゾナドノタマヒテ」琴ヲ手マサグリニ掻キナラシ」

てましごと (名) 手間仕事 工匠ノ、手間ノカカルニ應ジテ賃ヲ受ケ仕事スルコト。入仕事。(豫メ日限金高ヲ定ムル請負仕事ニ對ス)

てまちん (名) 手間賃 手間ノ報ニ取ル賃錢。仕事ニテ得ル錢。作料。工錢

てまどり (名) 手間取 一時、手間賃ニテ雇ハレテ仕事スルコト。傭功

てまね (名) 手眞似 手モテ、物事ノ狀ヲ眞似テ人ニ示スコト。手語

てまねき (名) 手招 手ヲ擧ゲテ招クコト。招手

てまはし (名) 手廻 期ニ先立チテ支度スルコト。備戒

てまはり (名) 手廻 (一)手ノ居ク邊。テモト。テヂカ。座右 身邊 (二)主將ノ傍ヲ護ル兵士。親兵 麾下

てまへ (名) 手前 (一)我ガ手ノ前。己ガ方。(二)其地ヨリ此方。「橋ヨリ—」(三)人ノ見ル前。「人ノ—モ恥カシ」(四)仕方。テツヅキ。ワザマヘ。「茶ノ湯ノ—」

てまへ (代) 手前 (一)自稱ノ代名詞、稍、謙シテ用ヰル。自分。(二)轉ジテ、對稱ノ代名詞、下輩ニ用ヰル。其方。

でまへ (名) 出前 飲食店ニテ、品ヲ、註文シタル客ヘ送ルコト。仕出シ。(來客ニ供スルニ對ス)

てまめ (名) 手實 事ニ實ナルコト。

てまり (名) 手毬 (一)綿ヲ心トシ、彩絲ニテ絡ヒカガリテ飾リタル毬、女兒、コレヲ掌ニテ地ニ打チカヘシテ弄ブ、コレヲ—ヲつくトイフ。紗毬 (二)樹ノ名、高サ五七尺、葉ハはねうつぎニ似テ、圓クシテ皺アリ、夏ノ初、小花簇リ開ク、圓サ一二寸、手毬ノ如ク、初メ青クシテ、後ニ白シ。綉毬 (三)櫻ノ一種、千瓣ニシテ、數十花、簇リ開クコト、手毬ノ如シ、遲ク開ク、其花ノ、小クシテ淡紅ナルヲ、小—トイヒ、大クシテ白キヲ、大—トイフ。

でまる (名) 出丸 出城ニ同ジ。(丸ノ條ヲ見ヨ)

てみじかま (副) 手短 クダクダシカラズ。カイツマンデ。簡略

てみせ (名) 手爲見 技前ヲ例ニ示スコト。

でみせ (名) 出店 本店ヨリ他ヘ出張リテ開キタル店。デダナ。支舖

てみづ (名) 手水 (一)手ヲ洗フベキ水。テウヅ。(二)手ヲ洗ヒテ滴ル水。「—ヲカクル」

でみづ (名) 出水 大雨ニテ、川池ナドノ水ノ、大ニ益スコト。溢流

てむ (助動) 過去ノ助動詞ノつノ變化ナルてニ、未來ノ助動詞ノむノ添ハリタルモノ。「行キ—」見—」

てん (名) 天 (一)アメ。ソラ。虛空。(二)造化。天然。自然。「—ノ爲セル所」—命」—運」—才」—質」(三)天子ニ係ル物事ニ添ヘテ尊稱シ奉ル語。「—覽」—顏」—盃」—朝」(四)卄俗ニ、初。最初 (天窓ヨリ轉ジタルカ)「—カラ出來ヌ」—デイケヌ」

てん (名) 貂 〔字ノ音ノ轉カトモ云、和字ニ猑ノ字ヲ用ヰル〕 いたちノ一種、毛、深クシテ、黃黑ニシテ光ル、尾、粗大ナリ、山地ノ古屋ナドニ棲ム。

てん (名) 點 (一)墨朱ナドニテ記ス小ク圓キ標。「—ヲ打ツ」—ヲツク」(二)漏刻ニテ時ヲ計ルニイフ語。(漏刻ノ條ヲ見ヨ)「寅ノ一—」丑ノ二—」(三)漢文ヲ訓讀スルニ、字ノ旁ニツクル標。(をことてん、ふりがなノ條ヲ見ヨ)「—ヲ付クル」(四)詩文ニ批點スルコト。添削。ナホシ。(五)人ノ瑕ヲ摘ミ指ヲサスコト。「人ニてんヅカルベキ振舞ハセジ」てんヅカレ給フマジクト萬ニ思シノタマフ」

てん (名) 篆 篆書ノ條ヲ見ヨ。

てん (名) 傳 (一)事歷ヲ記シテ世ニ傳フルモノ。(二)史ニ、人臣ノ一代ノ事ヲ記スモノ。(本紀ニ對ス) 敍傳ヲ列ヌルヲ列傳トイフ。

てんいちじん (名) 天一神 なかがみノ條ヲ見ヨ。

てんいちてんじやう (名) 天一天上 陰曆ニイフ語、天一神ノ天ニ上リ居ル間ノ稱、なかがみノ條ヲ見ヨ。

てんうん (名) 天運 天然ノ運命。

てんおん (名) 天恩 (一)造化ノ恩。(二)天子ノ恩。

(三)陰曆ニイフ語、天ヨリ恩澤ヲ降シ、萬民禍ヲ藥ル最上吉日ノ稱ト云。

てんか (名) 天下 (一)アメノシタ。世界。(二)日本支那ニテ、其國内ノ稱。「一ヲ取ル」一太平」一一統」

てんか (名) 殿下 王、太子、親王、諸王等ノ名宛ノ下ニ記シテ尊稱トスル語。又、關白ニモ通ジテ用ヰル。或ハ單ニ記シテ、代名詞ノ如クニモ用ヰル、但シ、スベテ、文章ノ上ノ事ナリ。

てんか (名) 田家 ヰナカヤ。

てんがい (名) 天蓋 (一)キヌガサ。高キ柄ノ先、大ニ曲リテ、其端ニ蓋ノ如キ物ヲ釣リ下ゲテ、飾リヲ垂レ、佛像ノ上、或ハ、葬送ノ棺ノ上ナドニカザス。佛蓋 寶蓋 (二)虛無僧ノ被ル編笠ノ名、高ク深クシテ、全ク面ヲ隱ス。

てんがい (名) 天涯 ソラノハテ。

てんがいざめ (名) 天蓋鮫 はたざめニ同ジ。

てんがいばな (名) 天蓋花 まんじゆしやげニ同ジ。

てんがく (名) 田樂 (一)元ハ、農人ノ、耕作ノ勞ヲ慰メムガ爲ニ、鼓笛ニテ、可笑シキ技ヲ演セルモノ。(二)後ニ轉ジテ、法師ノ業トナリ、腰鼓、銅鈸子、編木、高足、弄玉ナド、種種ノ技ヲ行フ、鎌倉ノ頃ヨリ室町ノ世ニカケテ、大ニ行ハレ、遂ニ家ヲ立テテ、本座、新座、ナド分レ、舞ノ手ヲカヘテ、古事ヲ數十番ノ曲ニ作リ、能藝トイフ事ヲ新作スルニ至レリ。猿樂ノ能起テ、衰ヘヌ。(三)田樂豆腐ノ略。

てんがくどうふ (名) 田樂豆腐 〔田樂スル法師ノ竿ニ上リテ踊ル狀ニ似タルヨリイフトゾ〕 豆腐ヲ方ニ切リ、串ニ貫キ、炙リテ、味ヲツケタル味噌ヲ塗シタルモノ。略シテ、田樂。

てんがじゆう (名) 天鵝絨 ビロウド。

てむかひ (名) 手向 テムカフコト。ハムカヒ。敵對。抗敵

てむかふ・ふ・へ・へ・ひ・へ (自動) (規・二) 手向 逆ヒ敵スベムカフ。テキタフ。抗敵

でむかふ・ふ・へ・へ・ひ・へ (自動) (規・二) 出向 出デテ其方へ趣ク。

でむかへ (名) 出迎 立チ出デテ人ヲ迎フルコト。

てんかん (名) 癲癇 病ノ名、物ニ遇ヒテ、俄ニ痙攣ヲ起シ、知覺ヲ失ヒ、地ニ倒レ、口ヨリ沫ヲ吹ク、習クシテ治ス。癲疾 癇病

てんがん (名) 天顔 天子ノ御顏。龍顏。「一咫尺」

てんがんきやう (名) 天眼鏡 人相見ノ用ヰル柄アル硝子ノ鏡、圓ク凸ニシテ、影ヲ透シテ大ク見スニンサウメガネ。

てんがんすゐ (名) 點眼水 メグスリ。

てんき (名) 天氣 (一)天ノ陰晴風雨等ノアリサマゾラアヒ。天色 天象 (二)一ヨシトイフヲ略シテ、專ラ晴レタル空。「一ニナル」 天晴

てんき (名) 天機 (一)造化ノ機密。「一ヲ洩ラス」(二)天子ノ御機嫌。龍顏ノ御氣色。〔或云、天氣ノ義ナリト〕「一ヲ伺フ」

てんき (名) 天癸 ツキノサハリ。月經。

テンキ (名) 〔蝦夷語ナラム〕 北海道ニ產スル一種ノ草ノ名、莖極メテ細ソク靱ハシ、夾袋、提籃ナド、編ミ作ル。

てんき (名) 電氣 或物相摩レテ熱又光ヲ發スル氣、常ニ硝子ヲ摩リテ生ズ、天ノ雷電ハ、即チ、空氣ノ相摩レテ起ルナリ。エレキテル。

てんきう (名) 典廏 馬寮ノ唐名。(うまのつかさノ條ヲ見ヨ)

てんきう (名) 天牛 カミキリムシ。

てんきん (名) 轉筋 コムラガヘリ

てんきよ (名) 轉居 轉宅ニ同ジ。ヤウツリ。

てんく (名) 轉句 詩ノ條ヲ見ヨ。

てんぐ (名) 天狗 (一)支那ニ、奔星ノ類、聲アルモノト云。(二)怪物ノ名、深山ニ棲ミ、形ハ人ノ如クニシテ、鼻高ク翼アリテ飛行ストイフ。(三)俗ニ、己ガ技ニ誇ルコト。(鼻ヲ高クストイフ意) 自負

てんぐだひ (名) 天狗鯛 鯛ニ似テ、背ノ出デタルモノ、東南ノ海ニ產ジ、冬ニ春ヲ美ナリトス。

てんぐでふ (名) 天具帖 典工帖 天部上 紙ノ一種、濃州武藝郡ニ產ズルモノ、楮ノ皮ヲ精製シ、極メテ薄ク製ス、白ク美シク強シ、紙布トシ、漆ヲ漉ス用トシ又、版木ニ貼ルニ用ヰル、サレド、今ハ糊ヲ多ク加ヘテ、吉野紙ニ似タルアリ。胡粉ニテ模様ヲ押シタルヲ紋一トイフ。

てんぐのまさかり (名) 天狗鉞 雷斧石ニ同ジ。

でんぐりがへし (名) 兩掌ヲ地ニ立テ、兩脚ヲ天ニシ、身ヲ後ヘ翻スコト。又、デングリカヘリ。又、手ヲ地ニ付ケ

ズシテ、空中ニテ回ルヲちゆうがへりトイフ。
てん-くわ (名) 天火 陰暦ニイフ語、天ニ火氣甚シキ時ニテ、此日ニハ、屋根葺、棟上、竈造ナドヲ忌ムト云。
てん-くわ (名) 詔爪 マクハウリ。
てん-くわう (名) 電光 イナビカリ。イナツマ。「一石火」
てん-くわふん (名) 天花粉 〔天花ハ雪ノ義〕 きからすうりノ根ヲ、葛粉ヲ製スルガ如ク水飛シテ、其粉ヲ取レルモノ、藥用、其外、種種ノ用ヲナス。僞物ニ、葛粉、あやうふ、ヲ用ヰルモノ多シ、又、からすうりノ根ニテ僞リ作ルモアリ。
てん-けい-びやう (名) 天刑病 癩病ニ同ジ。
てん-けん (名) 點撿 ヒトツビトツニ撿ムルコ。
てん-けん (名) 天嶮 天然ノ嶮岨。自然ノ要害。
てん-げん-じゆつ (名) 天元術 (一)古法ノ數學、スベテ、算木ヲ以テ行フ。(二)後ニ、算盤出來テヨリ、算盤ニテ行フベキモノト點竄トヲ除キテ、其餘、尙、算木ヲ用ヰテ行フ高尙ナル術ノ稱。
てん-と (名) 典故 事ノ舊例アルモノ。故實。
てん-とく (名) 篆刻 〔多ク篆書ヲ用ヰレバイフ〕 印ニ文字ヲ刻リツクルコ。
てん-とつ (名) 天骨 人トナリ。ウマレツキ。天性。「一邪見、不信三寶二回雪ノ袖ヲヒルガヘス、生レナガラニシテ、一ヲ得タリ」
てん-どん (名) 傳言 コトヅテ。寄語
てん-さい (名) 天裁 天子ノ御裁決。

てん-さい (名) 天災 天然ノワザハヒ。(地震、風、雷、洪水、火災ナド)
てん-さい (名) 天才 生レツキタル才智。
てん-さく (名) 添削 詩歌文章ヲ直スコ。
てん-さん (名) 天蠶 テグスムシ。
てん-ざん (名) 點竄 〔點シ又竄ク義〕 代數ニ同ジ。(和算二)
てん-し (名) 天子 〔白虎通、王者、父レ天、母レ地〕 天下ノ主。一國ノ無上ノ君ノ尊稱。
てん-じ (名) 典侍 內侍ノ次官。
てん-しふ (名) 傳習 傳ヘラレテ習フコ。
てん-しん (名) 點心 食事ト食事トノ間ニ物ヲ食フコ。茶請ノ菓子。チャノコ。茶菓子。
てん-じん (名) 天神 (一)アマツカミ。「一地祇」(二)天滿宮。
てん-じん (名) 轉軫 〔轉手ヲ訛リテ、又當字ス〕 三味線ノ頭ノ、絲倉ヨリ海老尾マデノ稱。
てん-しん (名) 電信 電信機ニテ通ジタル音信。電報。
てん-しん-き (名) 電信機 電氣ヲ用ヰテ、千万里ノ地ニ、音信ヲ瞬息ニ通ズル機、銅線ヲ兩地ニ亙シ置キテ、機械ニテ電氣ヲ發シテ相通ズ。
てん-しや (名) 田舍 ヰナカ。
てん-しや (名) 傳寫 文字ノマタウツシ。「一ノ誤」
てん-じやう (名) 天上 (一)ソラノウヘ。アメ。(二)天ヘ昇ルコ。「龍ノ一」昇天

てん-じやう (名) 天井 (一)中世ニ、組入、古クハ、殿上ノ四傍ニ設ケテ鐶ニテ懸ケタルガ如シ、(二)後ニ、屋ノ裏ニ、太キ方ナル椽多ノ棧ヲ、平ニ井桁ノ目ノ如ク組ミテ、上ニ板ヲ張リタルモノ、今、格一トイフ。今、常ニハ、横棧ノミノ板張ナルガ多シ。天花板
てん-じやう (名) 殿上 禁中ニテ、清涼殿ノ上、又紫宸殿ノ上ヲモイフ。四位以上(六位ノ藏人モ)此ニ昇ルコヲ許サル。(昇殿ノ條、見合ハスベシ)
てん-じやう-びと (名) 殿上人 昇殿ノ許リタル官人ノ稱。クモノウヘビト。雲客。
てん-しや-にち (名) 天赦日 陰曆ニ、曆面第一ノ大吉日ニテ、何事ニ用ヰテモ吉ナリト云、春ハ戊寅、夏ハ甲午、秋ハ戊申、冬ハ甲子ノ日ナリ。
テンシユ (名) 天主 耶蘇敎ノ神でうすノ音譯字、其條ヲ見ヨ。
てん-しゆ (名) 天守 〔公方ノ城ニ天守ト書シ、國守ノ城ニ殿主ト書スナドイヘリ〕 天守ハ、松永久秀ガ志貴ノ多門城ニ始マリ、織田信長ガ安土城ニ盛ナリト云、共ニ天主敎ヲ信ジタレバ、或ハ、天主ヲ祀レルモノチラムカ、且、近古ノ築城術モ、洋人ノ傳ヘタルモノノ如シ、或ハ、佛敎ノ四天王ヲ置キテ守護セシムルモノナリトモイフハイカガ〕 城ノ本丸ノ中ニ、特ニ高ク設クル物見櫓ノ稱、三層、五層、八棟作リナドニ建ツ。望樓
てん-しゆ (名) 轉手 琵琶ノ頭ニ貫キテ、絃ヲ卷キツクルモノ。三味線ニテハ、絲卷。

てんじゆ (名) 傳授 藝術ヲ傳ヘ授クルコト。(皆傳ノ條、見合ハスベシ)

テンシユ-けう (名) 天主教 〔でうすノ條ヲ見ヨ〕 耶蘇教ノ一派、即チ、其舊キモノ、羅馬ノ法王ヲ首領トス、故ニ羅馬教トモイフ、往時、切支丹宗門トイヒシモノ、是レナリ。

てん-しよ (名) 篆書 漢字ノ書體ノ古キモノ、周、秦、以上ハ皆此體ナリキ、今モ印文額面ナドニ用ヰル、大ー、小ーナドノ別アリ。

てん-しよ (名) 添書 添狀ニ同ジ。

てん-ず・ズル・ズレ・ゼ・ジ・ゼヨ (自動) (不規.二) 轉 カハル。ウツル。

てん-すゐ (名) 天水 アマミヅ。

てんすゐ-をけ (名) 天水桶 雨樋ヨリ導キテ天水ヲ貯ヘ置ク大桶、火災ヲ防グ備ヘトス。

てん-せい (名) 天性 ウマレツキ。生得。

てん-ぜん (名) 典膳 内膳司ノ判官。

でん-せん (名) 傳染 病ノウツリウツルコト。

てん-せん-くわ (名) 天仙果 イヌビハ。

でん-そ (名) 田鼠 ムグラモチ。

てん-そう (名) 傳奏 武家傳奏。禁裏ニテ、武家ヨリノ奏聞ヲ傳達スル職。

てん-そう (名) 天窓 (一)アタマ。(二)テンマド。ヒキマド。

てん-たい (名) 天體 天文學ノ語、天ニアル日月星辰等ノ總稱。

てんだい-しゆう (名) 天台宗 佛教ノ八宗ノ一、延暦ノ頃、僧最澄(傳教大師)支那ノ天台山(浙江台州府)ノ智者大師ヨリ傳フ、法華經ヲ所依ノ本經トシテ、一代ノ諸經ヲ判ス。

てん-だう (名) 天道 (一)天ノ道。造化靈妙ノ威德。「嬉シキワザカナ、ーノ我ニ物ヲ賜ブナリケリト思ヒテ」「ー八人ヲ殺サズ」(二)俗ニ、天ノ日。太陽。(佛氏ノ一大日ノ稱ニ起ルト云)「ーサマ」 天日

てん-だう (名) 顚倒 ヒックリカヘルコト。サカサマナルコト。

てん-だう (名) 天堂 耶蘇教ノ極樂淨土。

でん-だう (名) 傳道 宗旨ヲ傳ヘ弘ムルコト。(耶蘇教ニ)

てんだう-ぼし (名) 天道乾 (一)日光ニ晒シテ乾スコト。暴乾 (二)ホシミセ。星貨舖

てんだう-むし (名) 天道蟲 あかねむしノ一種、大サ三分許、形圓ク、色赤クシテ、黑キ小點アリ。瓢蟲

てん-たく (名) 轉宅 住居ヲ他ヘ移スコト。ヤウツリ。轉居

でん-たつ (名) 傳達 人ヨリ人ヘ、傳ヘトドクルコト。

てん-ち (名) 天地 (一)天ト地ト。アメツチ。乾坤。(二)物ノ上下ノ部。ウヘシタ。「紙ノー」

てん-ち (名) 轉地 場所ヲ替フルコト。トコロガヘ。

でん-ち (名) 田地 田トナリテアル地。(畠地、宅地ナドニ對ス)

テンヂク (名) 天竺 〔身毒、天篤ニ轉ジ、又、天竺ニ轉ズ〕 (一)印度ノ古名。(二)邦語ニ、天。ソラ。

テンヂク-なすび (名) 天竺茄 まんだらげニ同ジ。

テンヂク-ねずみ (名) 天竺鼠 元ハ、南亞米利加洲伯西爾國ノ產ナリ、舶來シテ人家ニ畜フ、形狀ハ、兎ト鼠トノ間ニシテ、兎ヨリ小ク、性、兎ニ似タリ、毛ハ、白、黑、橙黃ナドヲ交ヘテ、甚ダ美シ、肉ノ味、兎ニ似テ淡シ、俗ニ、誤リテ、まるもつトモ稱ス。豚鼠

テンヂク-もめん (名) 天竺木綿 洋人ノ舶來ハル一種ノ綿布ノ、厚クシテ強キモノ。

てん-ちや (名) 點茶 末茶ヲ湯ニタツルコト。

てん-ちやう (名) 天聽 天子ノ聽キ給フコト。叡聞。

てんちやう-せつ (名) 天長節 〔光仁天皇、其御誕日ニ名ヅケ給ヒシニ起ル〕 天皇降誕ノ日ヲ賀シ奉リテイフ稱。今上ナルハ、十一月三日ナリ。

てん-ちゆう (名) 天誅 天罰ニ同ジ。

てん-ちゆう (名) 殿中 殿ノ中。(多ク公方家ノ居所ニ云)

てん-てい (名) 天帝 天命ヲ主宰スル神。造化ノ神。

てん-てう (名) 天朝 ミカド。天子ノ朝廷。

てん-てき (名) 點滴 シタタリ。アマダリ。

てんで-に (副) 〔手ニ手ニノ音便〕 オモフオモフ。メイメイ。テンデン。各自

でんでむし (名) でゞむしノ音便。

テント (名) 天戸 〔英語、Tent.〕 西洋製ノ露宿ノ天幕。

てん-とう (名) 纏頭 歌舞ノ者ヘノカヅケモノ、衣服ヲ其頭ニ纏ヒテ與フ。今、多クハ、金錢ナリ。

てん-とう (名) 點頭 ウナヅクコト。

てん-とう (名) 點燈 火ヲトボスコト。アカリヲツクルコト。

てんどう (名) 傳燈 佛敎ニテ、其道ノ統ヲ承ケ傳フルコ。自ラ行シ、彼ヲ化スルトキハ、功德彌增シテ法光絕エズ、亦無盡燈トモイフ。

てんどく (名) 轉讀 大部ノ經文ノ處處ヲ摘ミテ讀ムコ。「大般若經ヲー」

てんどくゑ (名) 天得寺 紬デタル蘂ヲ綿ニ充テ、紙ヲ外被トシテ、布團ニ製セルモノ、賤民ノ用トス。

てんなんしやう (名) 天南星 草ノ名、春、宿根ヨリ生ズ、一根、一莖、高サ、一二三尺ヨリ六七尺ニ至ル、圓クシテ直立シ、淡綠ニシテ白斑アリ、二葉互生シ、夏ノ初メ、莖ノ頭ニ花ヲ開ク、本ハ筒ノ如ク、先ハ開キテ、蓮花ノ一瓣ノ如シ、綠ト紫黑トノ縷アリ、筒ノ中ニ、長ク圓キ黃白色ノ蘂アリ、後、實ヲ結ブ、赤クシテなんてんニ似タリ、根ハ、圓扁ナルコ、おんにやくノ如シ、藥用トス。ヤマゴンニヤク。

てんにん (名) 天人 佛說ニ、天上ヲ飛行スル女神、頭ニ華鬘ヲ着ケ、羽衣ヲ着、身ニ光アリトイフ。天女

てんにん (名) 轉任 他ノ官ニ任ズルコ。ヤクガヘ。

てんにんざ (名) 天人座 筑紫琴ノ名所。

てんによ (名) 天女 (一)佛敎ニ、女神ノ名ノ下ニ添フル語。「辨財ー」「吉祥ー」(二)天人。

てんねん (名) 天然 自ラ然ルコ。自然。

てんねん (名) 天年 天然ノ壽命。(變死ナドニ對ス)「ーヲ以テ終ハル」

てんのう (名) 天皇、又、天王ノ連聲。

てんば (名) 天馬 非常ナル駿馬ノ稱、一日ニ千里ヲモ走ルモノヲ名ヅクト云。

てんば (名) 傳播 世上ニ傳ハリヒロマルコ。

てんぱい (名) 天盃 天子ヨリ賜ハル盃。

てんぱう (名) 電報 電信ニ同ジ。

てんぱうせん (名) 天保錢 銅錢ノ名、天保六年、九月鑄テ、十月朔日發行ス、形、楕圓ニシテ、方孔アリ、面ニ、天保通寶、背ニ當百ノ字アリ、一枚ヲ百文ニ當ツ、故ニ、當百錢、百文錢ノ名モアリ、現今ハ、八厘ニ通ズ。

てんばた (名) 田畠 田ト畠ト。田圃

てんばつ (名) 天罰 天道ノ罰。惡人ニ天然ニ報イ來ル禍。

てんぱつ (名) 顯發 顯發ニ同ジ。

てんぴ (名) 天日 (火ト別チテ天ヲ加フ) 天ニ照ル日。太陽。「ーニ乾ス」

テンピン (名) 天平、天秤 (天平ノ唐音、秤ノ音ハ去ようニテ稱ニ同ジ) (一)秤ノ一種、衡ノ兩端ニ皿ヲ釣リ、一方ニ物ヲ載セ一方ニ分銅ヲ載セテ、輕重ヲ量ルモノ。(二)釣鈎ヲ、ーノ如ク、一線ニ二箇用ヰルモノ。(三)兩事相均シキコ。事ニ二ツニ係ルコ。(四)天平棒ノ略。

てんぴん (名) 天稟 ウマレツキ。生得。天性。

テンビンぼう (名) 天平棒 兩端ニ荷ヲ掛ケテ、擔フニ用ヰル棒。アフコ。タゴノボウ。 枴擔

てんぴやうがは (名) 天平革 白革ニ、地ヲ柿色ニシテ、模樣ヲ白ク摺リ出セルモノ、唐草、不動ノ像、八幡ノ二字、梵字、天平十二年八月等ノ文ヲ、白圏ノ中ニ柿色ニテ現ハス。此版木、肥後ノ八代郡古閑橋ニ傳ハリテ製出セシヲ、中古、禁止トナル、正平年中、征西將軍懷良親王、別版ヲ免サル、コレヲ正平御免革トイフ、古製ニ同ジクシテ、牡丹、唐草、獅子等ニ、正平十六年六月一日ノ字アリ。

てんぷ (名) 天賦 ウマレツキ。モチマヘ。

てんぷ (名) 田麩 鰹節ヲ細末ニシ、砂糖醬油ニテ煮染メタルモノ。又、魚肉ヲ淪デテ、乾シテ碎キ、鹽砂糖ヲ加ヘテ炒リタルモノヲモイフ。

てんぷ (名) 田夫 ヰナカビト。無智ニシテ禮儀ヲモ知ラヌ人。「ー野人」 田舍漢

てんぷく (名) 顚覆 クツガヘスコ。ヒツクリカヘルコ。

てんぶつ (名) 典物 質物ニ同ジ。

てんぶん (名) 傳聞 人傳ニ聞キ知ルコ。

てんぷん (名) 澱粉 水底ニヨドミタル粉。又、粉ゴチ。

テンプラ (名) 天麩羅 (語ノ姿ト調理ノ趣トヲ考フルニ、洋語ナラムト思ハル、斯班牙語、Templo.(寺)ノ料理ノ尊ナラムトイフハ牽強カ、或云、支那ニテ、現ニ轉不稜トイフ、是レナリト、或云、油ヲ天麩羅ト記セルナリト、其他、山東京傳ノ天竺浮浪人云云ノ說ナド、尙多ケレド、何レモイカガ) 魚介ノ肉ヲ、麪粉液ニ塗シテ、胡麻ノ油ニテ煮ケタルモノ。魚肉ノ揚物

てんぺん (名) 天變 天上ノ變動。(風、雷、日蝕、彗星ノ異ナド)「ー地異」

てん-ぺん (名) 轉變 物事ノウツリカハルコト。「有爲―」
てん-ぽ (名) 田圃 田ト畠ト。デンバタ。
＃てん-ぼう (名) 手棒 俗ニ、手ヲ傷メナドシテ、指、手首、ナドナキ不具ノ名。
てんぼう-えび (名) 手棒蝦 うみえびノ一種、片手ノ特ニ大ナルモノ。大脚蝦
てんぼう-がに (名) 手棒蟹 蟹ノ一種、海ニ産ジテ、色赤ク、其螯、一ハ大ク一ハ小キモノ。擁劍
＃でん-ぽふ (名) 〔江戸、淺草、傳法院ノ奴隷ノ、亡狀ニシテ、寺境ノ觀場ニ押入リタルニ起ルト云〕 東京ノ鄙語ニ、觀場、劇場ナドニ、錢ヲ出サズシテ押入リ見物スルコト。アヲタ。又、市中ノ婦女ノ、市虎ノ風スルヲでんぽふ肌ナドイフモ是レナリ。
でん-ぽふ (名) 傳法 傳授ノ法。
てん-ま (名) 傳馬 〔傳ハ驛ノ如シ〕 (一)道中ノ驛驛ニテ、公用ノ役ニ出ス馱馬。公役驛馬 (二)傳馬船ノ略。
てん-ま (名) 天魔 魔トイフニ同ジ。
てん-まう (名) 天網 天ノ網。天罰。
てん-まく (名) 天幕 (一)天井ニ懸ケサグル幕。(二)露天ニ布ヲ張リテ屋トスルモノ。
てん-まつ (名) 顚末 事ノモトスヱ。始終。
てん-まど (名) 天窗 屋根ニ開キタル窗、日光ヲ導キ、又ハ、竈ノ烟ヲ漏ス用トス、其戸ヲ、綱ニテ引キテ開閉スレバ、引窗トモイフ。
てんま-ぶね (名) 傳馬船 運送ニ用ヰル端船ノ名、海ニハ親船ノ通ヒニ用ヰル。杉板船
てんみやう-がま (名) 天明釜 又、天猫。伏見帝ノ頃ニ、下野、安蘇郡、天明ノ地ニ産ジタル鐵釜ノ稱、茶家ニ珍トス、文アルアリ、無キアリ。
てん-めい (名) 天命 造化ノ然スル所。天然ノメグリアハセ。天運。
てん-めい (名) 天明 ヨアケ。アケガタ。
てん-めう (名) 天猫 天明釜ノ條ヲ見ヨ。
てん-もく (名) 天目 〔支那建安ノ天目山ノ產ヲ元トストゾ〕 (一)茶家ニ、茶碗ノ一種、すりばちなりニシテ、淺ク開キタルモノノ稱。(二)泛ク、茶碗ノ稱。(四國、九州、中國、北國)
てん-もん (名) 天文 古キ意ニハ、日、月、星、辰、風、雲、雨、雪等ノ、常時變時ノ事ヲ說クコト。新シキ意ニハ、日、月、星、地等、天體ノ大小、形狀、位置、距離、運行、回轉ノ時期、及ビ、日月蝕等ノ事。
てんもん-がく (名) 天文學 天文ノ學問、理學又數學ニ屬ス。星學。
てんもん-だい (名) 天文臺 天文ヲ觀測ルベキ爲ニ建テタル高キ臺。觀象臺
てんもん-どう (名) 天門冬 古名、スマロクサ。草ノ名、海邊沙地ニ多シ、春ノ末、宿根ヨリ叢生シ、蔓甚ダ繁延ス、葉ハ、杉ノ如クニシテ長ク、ヤハラカニシテ光ル、夏、葉ノ間ニ、小白花ヲ開キ、後、圓キ實ヲ結ブ、あんてんヨリ小ク、熟スレバ白クシテ、中ノ黑子透キテ見ユ。根ニ細長キ塊、多ク着ク、藥用トシ、又、砂糖ニ漬ケテ、菓子トモス。
てんもん-はかせ (名) 天文博士 古ヘ陰陽寮ノ官、天文ノ事ヲ掌ル。
てん-や (名) 店屋 (一)商人店。肆 (二)專ラ食物ヲ賣ル店。食肆
てん-やく (名) 轉役 他ノ役目ニ移ルコト。ヤクガヘ。轉任
てんやく-れう (名) 典藥寮 クスリノツカサ、古ヘ宮内省ニ屬セル寮、醫藥ノ事ヲ掌ル。
てん-ゆ (名) 諂諛 オモネルコト。ヘツラフコト。
でん-らい (名) 傳來 ツタハリキタレルコト。受ケ繼ギ來リシコト。「三國―」先祖―」
てん-らん (名) 天覽 天子ノ見ソナハスコト。
てん-らん (名) 展覽 物ヲ並ベテ見ルコト。
てん-り (名) 天理 天然ノ道理。
てん-りん-ざう (名) 轉輪藏 經藏ノ中ニ設ケテ、經文ヲ收ムル書棚ノ稱、其製、多クハ、八面ニシテ、軸ノ上ニ旋轉セシム、信者、推シテ一回スレバ、誦讀ニ同ジトス。略シテ、輪藏。
てん-りやう (名) 天領 (一)天子ノ御領ノ地。(二)[illegible]シテ、公方ノ領地。
てん-わう (名) 天皇 スメロギ。スメラギ。大日本國ニ君臨セサセ給フ大君主ノ大尊號。
てん-わう (名) 天王 (一)佛家ニテ、神ノ名ニ添ヘテイフ稱。「牛頭―」「四―」(二)專ラ、牛頭天王ノ稱。「―祭」

てんわうじ-かぶら (名) 天王寺蕪 攝州、天王寺村ニ產スル一種ノ蕪ノ名、形、稍細長ク、味最モ美ナリトス。

てんわう-せい (名) 天王星 行星ノ一、太陽ヨリ第七ニ位ス、土星ヨリ稍小シ、八十四年ニシテ、太陽ヲ一周ス、陪星、六ツアリ。

てんわ-き (名) 電話機 電氣ノ機械ヲ用ヰテ、遠處ノ人ト話ヲ相通ズル手。

てん-ゐ (名) 天位 天子ノ御位。天祚。

てん-ゐ (名) 天威 天子ノ御威光。「一咫尺」

‡でめ (名) 出目 人ノ眼ノ、尋常ヨリハ凸ク出デタル手。凸眼

てもち (名) 手持 物ヲ用ヰ扱フ事。「一ガワルイ」

てもち-ぶさた (名) 手持不沙汰 爲スベキ事無クテ徒然ナル事。空手ニテ間ノワロキ事。無聊 無籍在

てもと (名) 手許 手ノ屆クアタリ。手近。手廻リ。

てもなく (副) 無手 (一)容易ク。「一出來ル」(二)論ヲ用ヰズ、ソノママ。「一此體ナリ」

てやり (名) 手鑓 槍ノ細ク短キモノ。短槍

テラ (名) 寺 〔朝鮮古語、でる、ノ轉、今言、ちら〕佛ヲ祀リ、僧モ此ニ居リテ、佛教ヲ修スル家。寺院。精舍。梵刹。伽藍。

テラ-いり (名) 寺入 寺小屋ニ入門スル事。入學

テラ-うけ-じやう (名) 寺請狀 寺證文ニ同ジ。

テラ-おや (名) 寺小屋 〔中世、教育ノ事、專ラ僧寺ニ關シタルニ起ル〕往時、兒童ニ、初步ノ讀書、手習ヲ教フル小學校ノ稱。蒙館

てらし-あは-す・スル・スレ・セ・セ・セヨ (他動)(規、二) 照合 相比ベテ見ル。合ハセテ糺シ見ル。テリアハス。參照

テラ-しよう-もん (名) 寺證文 德川氏ノ初ニ、切支丹ノ邪宗ノ者、其志ス所ノ佛教佛寺ニ歸依シ、其寺ノ住持ニ、檀家ト認メシメ、奉行所ヘ出サシメシ證書、後ニ至リテモ、年ヲ期シテ、寺院ヨリ其檀家ナルヲ證シテ出セリ。寺請狀。

てら-す・ス・セ・サ・シ・セ (他動)(規、一) 照 (一)光ヲ物ニ與ヘ映ス。(日、又、火ナドニ)(二)相比ブ。見合ハス。「照シ合ハス」參照

〔てら-つつき (名) 啄木 鳥ノ名、きつつきニ同ジ。

てら-てら (副) 照リ光ル狀ニイフ語。

テラ-なつとう (名) 寺納豆 歲暮ニ、寺僧ヨリ檀家ヘ贈ル濱名納豆ノ稱、曲物ニ、薄キ板ヲ三角ニ折曲ゲ紙ヲ貼リ底トシテ盛ル。

てら-ふ・フ・ヘ・ハ・ヒ・ヘ (他動)(規、一) 衒 〔照ル、ヲ他動ニ活用ス〕世ニ顯ハシテ誇リ示ス。テラス。テラハス。ミセビラカス。ヒケラカス。「名ヲ一」

テラ-まゐり (名) 寺參 寺ヘ行キテ、佛、又ハ、祖先ノ墓ヲ拜スル事。佛參。展墓

てり (名) 照 (一)照ル事。ヒカル事。(二)光澤。

テリアカ (名) 底野迦 〔羅甸語、Theriaca.〕獸咬解毒ノ膏藥、猪脂等、數品ノ藥ヲ研リ合ハセテ、蜂蜜ニテ煉ル。

てり-あは-す・スル・スレ・セ・セ・セヨ (他動)(規、二) 照合 比ベ合ハセテ見ル。テラシアハス。參照

てり-あ-ふ・フ・ヘ・ハ・ヒ・ヘ (自動)(規、一) 照合 比ベテ互ニ合フ。相對ヒテ差ハズ。照應

てり-つ-く・クル・クレ・ケ・ケ・ケヨ (自動)(規、二) 照付 烈シク照ル。(夏ノ日ナド)

てりてり-ばうず (名) 照照坊主 東京ノ俗ニ、女兒ノ晴ヲ祈ル時ニ、紙ニテ人形ヲ作リテ檐ニ懸クルモノ、晴ルレバ物ヲ供フ。テルテルバウズ。掃晴娘

てり-ふ (名) 照布 白麻布ノ一種、上品ナルモノ、茶家ニ用ヰテ茶巾トス、濕ノ乾ク事速シ、朝鮮一トイフヲ賞ス。

てり-やき (名) 照燒 醬油味醂砂糖ナドヲ和シテ煮詰メタル汁ヲ、炙リタル魚肉ニ塗リ、再三、附燒ニシタル手。

て-る・ル・レ・ラ・リ・レ (自動)(規、一) 照 光リ映ル。カガヤク。

で-る・デル・デレ・デ・デ・デヨ (自動)(規、四、變) 出 〔いでる ノ約〕出ヅ、ノ訛。

てるてる-ばうず (名) てりてりばうずニ同ジ。

テレガラフ (名) 〔英語、Telegraph.〕電信機ニ同ジ。

‡てれん (名) 手練ノ湯桶讀。テナミ。ワザマヘ。(多ク騙スニ云)「一手段」

テレンプ (名) 〔蘭語、てれいぷノ轉ト云、原字詳ナラズ〕駱駝ノ毛ノ織物ノ名、舶來ス、紋びろうどノ織方ニテ、毛立ツ、褥物ナドトス。

テレメンテイナ (名) 丁列綿油 〔西班牙語、Trementina. 英語、Turpentine.〕松杉類ノ脂ニテ製

セル油ノ如キモノ、舶來シテ、藥料、塗料等種種ノ用ヲナス。テレビンテイナ。テレメン油。松節油

テレメンゆ (名) 前條ヲ見ヨ。

てれる・レル・レ・レ・レ・ロ (自動) (規、四、變) (照ラサルノ轉カ) 興白クル。不興トナル。失興

てわけ (名) 手分 仕事ヲ分ケテ、各自ニ爲スコト。部署

てわざ (名) 手業 手ニテスル業。手仕事。手工

てわたし (名) 手渡 人傳ナラズ、親シク授クルコト。(體ナルヲ證ス) 手授

でゐ (名) 出居 いでゐノ約、其條ヲ見ヨ。「御でゐノ狀、故殿ノオハシマシシツラヒニ、ツユカハラズ」—ノ侍」—ノ衆」

ておけ (名) 手桶 取手アル桶、專ラ水ヲ汲ミテ提ゲ行クニ用ヰル。提桶

ておどり (名) 手踊 坐リテ、手振ノミニテ踊ルコト。

〔てをの (名) 手斧 今、音便ニ、てうなトイフ、其條ヲ見ヨ。又、テウノ。チヨンノ。

と　ど

と 五十音圖、多行、第五ノ假名。(たノ條ヲ見ヨ)

ど とノ濁音ノ假名。(たノ條ヲ見ヨ)

と (名) 門戸 (一)出入ノ口。カドモン。入口。戸口。(二)水ノ流レノ出入スル處。瀬戸。「由良ノ—」水—」川—」

と (名) 戸 門、入口、窓、等ニ閉テ塞グモノ、木ノ框ニ板ヲ張ル。舞—、開—、妻—、遣—、引—、雨—、格子—等アリ、又、土—、アリ、各條ニ註ス。

と (名) 砥 (鋭クナスモノノ意カ) 又、砥石。刃物、金物ナドヲ磨グニ用ヰル石ノ名、初ニ用ヰルヲ粗—トシ、次ニ、青—、合—、白—、ナド用ヰ、最後ニ、眞—ヲ用ヰル、其質、種種ニシテ、刀、剃刀、庖刀、小刀、鑿、鑢、等ニテ、其用ヲ異ニス、各條ヲ見ヨ。

〔と (名) 外 ホカ。ソト。「とヨリ見ム人ハ、ヲカシウ、内ニ、イカナル人ノアラム、ト思ヒヌベシ」夜打チフケテ、とノ方ヲ見出シタレバ」—山」—ツ宮」—ツ國」

と (名) 斗 枡目ノ名、十升、石ノ十分ノ一。

と (名) 籐ノ略。「—細工」—ヲ卷ク」

と (名) 徒 トモガラ。ナカマ。「我ガ—ニアラズ」

と (數) 十 (止ノ意カ) 五ヲ二倍セル數。トヲ。「—度」—返」

と (辭) 第一類ノ天爾波、指ス所アルモノ、其意、種種ナリ。(一)差シ定ムル意ヲナスモノ。「某—イフ人」夫—定ム」是—知ル」(二)の如く、ノ意ヲナスモノ。「白雪ノ、コナタカナタニ、立チワカレ、心ヲ幣ト、碎ク旅哉」雪—散ル」霜—消ユ」(三)として、ノ意ヲナスモノ。「花—見ル」露—置ク」(四)又ノ意ヲ示スモノ。「吹キ—吹キヌル」降リ—降ル」有リ—アル」

と (辭) 與 前條ノ差シ定ムル意ノと、ト意同ジクシテ、用法ヲ異ニシ、同趣ノ語句ヲ並ベ繋グコト、接續詞ノ如シ。「我—汝—アリ」花—月—ノ眺メ」內—外—ニアリ」讀ム—書ク—ヲ教フ」流レ木ト、立ツ白浪ト、燒ク鹽ト」

と (辭) 雖ニ同ジ、其條ヲ見ヨ。「嵐ノミ、フクメル宿ニ、花薄、穗ニ出デタリト、カヒナカラム」アマタハ耕ズト、只一夜ノミ」

ど (名) 度 (一)長短ヲ計ルコト。(二)モノサシ。「—量衡」(三)程。限リ。「飲食ノ—」—ヲ過ス」—ヲ失フ」(四)天球地球ノ周ヲ、三百六十ニ分テル一ツノ名目。地ニテハ、二十八里八町十八間四尺三寸五(一分)經度、緯度、共ニイフ。コレヲ六十ニ分テルヲ分トイヒ、分ヲ六十ニ分テルヲ秒トイフ。(五)幾何學等ニテモ、圓キ物ノ周ヲ三百六十ニ割リタル一ツ。(六)寒暖計ノ段、其條ヲ見ヨ。(七)タビ。回。「—ヲ重ヌ」一—」三—」每—」幾—」回次 (八)コロ。時代。「享保ノ—」

ど (名) 筌 鰻ナド捕フル具、竹ニテ、圓ク長ク編ミテ、內ニ機アリ、入ルベクシテ出ヅル能ハザルヤウニ作ル。延ベテ、ドウ。「—ヲフセル」筌

ど (名) 奴 ヤツコ。シモベ。「—ト爲ル」

ど (辭) 雖ニ同ジ、其條ヲ見ヨ。「問ヘ—答ヘズ」

とあみ (名) 投網 (唐網ノ約) 又、唐網。漁リニ用ヰル網、圓ク廣ク大ク作リ、水ノ上ヲ蔽ヒテ投ゲ下ス。ウチアミ。撒網

といし (名) 砥石 砥トイフニ同ジ。

といた (名) 戸板 (一)戸ヲ板ニ代ヘ用ヰテ物ヲ載スルトキノ稱。(二)といたひらめノ略。

といたひらめ (名) 魚ノ名、平目ニ似テ大ナルモノ。板魚

△どいつ (代) 何奴 何レノ者。ナニヤツ。タレヤツ。

とう (名) 杜宇 ホトトギス。

とう (名) 籐 植物ノ名、熱地ニ產ス、蘆ニ似テ蔓生シ、葉ハ竹ニ似テ、強ク、光澤アリ、枝無ク、地ニ延フコト、長キハ一二町ニ至ル、莖ノ中、實シ、皮、黄白ニシテ光ル、細キハ絲ノ如ク、太キハ寸許、剝ギテ、皮、肉、共ニ、一席、一細工ニ用ヰル、約メテ、ト。省籐

とう (名) 薹ノ條ヲ見ヨ。「蕗ノ一」

とう (名) 頭 藏人頭ノ略稱、此職ハ、殿上ヲ管領スル貫首ナルガ故ニ、特ニ音ニテ呼アトゾ。「とう就キ給ハヌ程ハ、殿上ノ臺盤ニ人モ就カズ」一ノ中將」一ノ辨」

とう (名) 讀 句、ノ條ヲ見ヨ。

とう (副) 疾ク、ノ音便。「旅寐ノ宿リハ、云云、最とう明ケヌル心地シテ」一カラ考ヘテ」

とう (接尾) 等 等。ドモ。ナド。

とう (接尾) 頭 匹ニ同ジ。「牛一一」馬二一」

どう (名) 胴 (一)動物ノ身ノ、首手足ヲ除キテ、幹ノ部。ガラダ。身幹 (二)鎧、又、具足ノ胴ヲ被フ部。身甲 (三)腰鼓太鼓ノ體、木製ニテ中空シ、其兩端ニ革ヲ當ツ。○一ノ間。船ノ中央ノ室。中倉

どう (名) 銅 アカガネ。

どう (名) 筒 雙六ハ、博奕ニ、采ヲ入ルル筒。「一ヲ取ル」

どう (名) 筊ノ延、其條ヲ見ヨ。

どう (副) (何ノ略ノ延) 如何ニ。何ト。イカヤウニ。「一スル」一イフ」一カ」一ニカ」 如何

どう (接頭) 同 オナジキ。オナジ。「一人」一年」一日」一國」一格」一姓」一席」

どう-い (名) 同意 (一)オナジココロ。思ヒノ同ジキコト。(二)同ジ意味。義理ノ同ジキコト。同義

とう-うん (名) 東雲 シノノメ。

どう-えう (名) 動搖 (一)ウゴキユルグコト。(二)亂レサワグコト。騷動。「世ノ一」 騷擾

どう-おん (名) 同音 (一)音ノ同ジキコト。「一ノ字」(二)聲ノ調子ノ同ジキコト。「異口一」 同聲

とう-か (名) 登遐 (遐キニ登リ給フ意) 崩御ニ同ジ。

どう-か (副) 何トカ。イカヤウニカ。ナニトゾ。ドウゾ。

とう-がい (名) 燈盞 アブラザラ。 燈盞

どう-かう (名) 同行 連レ立チ行クコト。ミチヅレ。

どう-がく (名) 同學 相共ニ學問スルコト。「一ノ友」

どう-がね (名) 胴金 刀ノ鞘ノ中程ニ填ムル環ノ如キ金具。

とう-かん (名) 等閑 ナホザリナルコト。

とう-がん (名) 冬瓜 とうぐわノ訛。(關東)

どう-がめ (名) 胴龜 (泥龜ノ轉カ) すつぽんニ同ジ。

とう-き (名) 騰貴 物ノ價ノ貴クナルコト。

とう-き (名) 投機 機ニツケイルコト。商人ノ相場ヲ測リテ賭引スルコト。

どう-き (名) 動氣 血ノ運ルコト烈シクシテ、心臟ノ動クコト。ムナサワギ。(劇シク働キ、俄ニ驚キタルナドニ) 心悸動

どう-ぎ (名) 胴着 衣ノ短キモノ、冬、上着ト肌着トノ間ニ用ヰル。

どう-ぎ (名) 動議 會議ニ、意見ヲ言ヒ出ダスコト。

とう-きふ (名) 等級 クラヰ。シナ。キザ。

どう-きん (名) 同勤 同ジ役目ヲ勤ムルコト。同役。同僚

どう-きん (名) 同衾 トモネ。ヒトツネ。

どう-きやう (名) 同鄕 鄕里ノ相同ジキコト。

どう-ぎやう (名) 童形 貴人ノ元服以前ノ稱。

どう-ぎやう (名) 同行 連レ立チテ行クコト。ミチヅレ。同伴。(多ク旅ニ云フ)

どう-きよ (名) 同居 同ジ家ニ相住ムコト。

とう-きよく (名) 登極 (極ハ北極ノ意) 即位ニ同ジ。

どう-ぎり (名) 胴切 胴ヲ横ニ切ルコト。ツツギリ。

とう-ぐう (名) 東宮 元ト皇太子ノ座シマス宮ノ稱、轉ジテ、直ニ、皇太子ヲ申シ奉リ、御身ノ上ニハ、即チ東宮ト書シ、御居所ニハ春宮ト書シテ、侚、とうぐうト讀ムヲ例トス。ミコノミヤ。ハルノミヤ。

とう-ぐう-ばう (名) 春宮坊 ミコノミヤノツカサ。春宮ノ事ヲ掌ル官。又、坊官。四等ノ官ハ、大夫、亮、進、屬ナリ。(前條、見合ハスベシ)

とう-くらう (名) 藤九郎 鳥ノ名、あはうどりニ同ジ。

とう-くわ (名) 燈花 チャウジガシラ。

とう-ぐわ (名) 冬瓜 (霜ヲ歷テ、冬ニ亙リテ熟スルヲ

〔艮トスレバ名アリ〕春ノ末、苗ヲ生ジ、蔓ヲ延ク、葉、圓ク大クシテ尖ル、莖、葉、皆、毛刺アリ、夏秋ノ交、黄花ヲ開キ、實ヲ結ブ、嫩キハ皮ニ毛アリ、故ニ、氈瓜ノ名モアリ、形、圓クシテ、をゐくわノ如キアリ、又、稍、長キモアリ、大ナルハ、徑、尺餘、皮、固ク厚ク、初ハ綠ニシテ、後ニ蒼ク、皮ノ上ニ白粉ヲ塗レルガ如シ、肉白シ、羨テ食ヒ、蜜ニ漬ケテ果トモス。訛リテ、とうがん。

どうくわ（名）【銅貨】銅ニテ造レル貨幣。錢。

とうぐわい（名）【等外】（一）等級ノ外。（二）判任官ノ下ノ吏。

どうけ（名）【同家】同ジ家筋。同族

とうけい（名）【統計】統ベ合セテ數フルコト。

とうけい（名）【鬪鷄】トリアハセ。蹴合。

どうけつ（名）【同穴】死シテ同ジ穴ニ葬ラルルコト。「偕老一」

どうけん（名）【同權】互ニ同ジ程ノ權理ヲ有ツコト。

どうこ（名）【銅壺】竈ヲ銅ニテ作レルモノ、其中ヲ空クシテ、水ヲ貯ヘ、物ヲ羨ル火氣ノ傍ニテ、其水、自ラ沸ク。銅竈 又、小キモノハ、火ノ傍ノ灰中ニ埋メ、湯ヲ沸シ、酒ナド溫ム。

どうこん（名）【痘痕】イモ。アバタ。

どうさ（名）【動作】ウゴキハタラクコト。タチヰフルマヒ。「進退一」

ドウサ（名）【礬水】〔明礬ノ閩語、どうそノ轉トニフ、原字詳ナラズ〕又、ドウス。明礬ノ水。今、膠ト明礬トヲ和シテ、紙ナドニ延キテ用ヰルモノ、コレヲ膠地、又、どうさ紙（礬紙）トイフ、膠ハ墨ノ發色ノタメニシ、明礬ハ染マヌタメニス。

どうざ（名）【動座】座所ヲ他ヘ移スコト。（貴人ニ）

とうざい（感）【東西】觀場ナドニテ、東西四方ノ見物人ノ鳴リヲ鎭ムルニ發スル語。（相撲ニ始マルトゾ）

どうさつ（名）【洞察】ミトホスコト。ミヌクコト。

どうさん（名）【動產】不動產ノ條ヲ見ヨ。

どうざん（名）【銅山】銅ヲ堀出ス山。

ドウサラバサラ（名）【鯆鲞】へいさらばさらノ訛。

〔どうじ（名）刀自ノ延、其條ヲ見ヨ。

とうじ（名）【冬至】二十四氣ノ一、太陽ノ、黄道ニ於テ、赤道ヨリ南、最モ遠キ處ニ至レル時。此時、晝、最モ短クシテ、夜、最モ長シ、今、大抵、十二月二十二日ナリ。陰曆ニテハ、十一月中ニアリ、コレヲ節日トシテ賀ス、殊ニ其朔日ニ當レルハ、朔旦一トイヒテ、二十年ニ一度アリテ、瑞祥トシテ、禁中ニ公事アリ。冬至ニ反シテ、太陽ノ最モ北ニ遠シ、晝、最モ長ク、夜、最モ短キ時ヲ夏至トス、今、大抵、六月二十二日ナリ。（回歸線ノ條、見合ハスベシ）

とうじ（名）〔造酒司、酒甕神ニ、大邑刀自、小邑刀自アリ、又、其酒甕ニ、大とじ小とじノ名アリ、コレヨリ起レルカト云、或ハ、支那、周代ニ、杜氏酒ヲ醸セレバ云トニフハ、イカガ、サラバ假名遣異ナリ〕酒ヲ醸ス者ノ稱。サカトウジ。

どうし（名）【動詞】又、用言。作用言。活語。語學ニテ、物事ノ動作ヲ言ヒテ、且、其語尾ヲ變化スル語ノ稱。例ヘバ「鳥、啼く」「花、落つ」ノ「啼く」「落つ」ハ、鳥ト花トノ動作ヲ言ヘガ如シ、而シテ、更ニ「啼き」啼け」落ち」落つる」ナド、其語尾ヲ變化ス。（篇首ノ語法指南ノ動詞ノ條ヲ見ヨ）

どうし（名）【瞳子】ヒトミ。

どうし（接尾）【同士同志】どちノ轉ノどしノ延。ツレ。ナカマ。「女一」仲間一」

どうじ（名）【童子】ワラベ。コドモ。

とうじうめ（名）【冬至梅】梅ノ一種、最モ早ク冬至ノ頃ニ開クモノ。

どうじがうし（名）【童子格子】〔酒顛童子ノ服文ヨリイフ俗稱ナリ〕格子縞ノ太クシテ子持筋アルモノ。

とうじせん（名）【冬至線】回歸線ノ條ヲ見ヨ。

〔とうしみ（名）【燈心】〔とみハ心ノ音轉〕次條ノ語ニ同ジ。

とうしん（名）【燈心】油火ヲ點スニ、油ニ漬シテ心トスルモノ、綿布綿絲ヲ用ヰル、今、又、細藺ヲ蒸シ、皮ヲ裂キテ瓤ノ白ク輕虚ナルヲ取リテモ用ヰル。トウシミ。トウスミ。燈炷

とうしん（名）【投身】ミナゲ。

どうしん（名）【同心】（一）心ヲ同ジクスルコト。同意。「一味一」一協力」（二）武家ニテ、賤シキ卒ノ稱。卒

とうしん-おさへ（名）【燈心抑】銅鐵製ノ小キ具、燈盞ニ添ヘテ、燈心ヲ壓シ、又ハ掻キ立ツルニ用ヰル。カキタテボウ。燈杖

とうしんぐさ (名) 燈心草 ほそゐニ同ジ。

どうじめ (名) 胴締 紐又ハ革ノ幅狹キ帶、一重廻リニシテ、端ニ金具ナドアリテ締ム。

とうしや (名) 謄寫 書キ寫スヿ。

どうしや (名) 同車 車ニ合乘スルヿ。

どうしや (名) 硇砂 〔硇、音鐃〕 窒素、水素、鹽素ノ化合物、動物ノ糞ナドヨリ採ル、白クシテ、鹽ノ如シ、硇砂精ヲ製ス。

どうしやせい (名) 硇砂精 硇砂ノ鹽素ヲ去リタル モノ、燒キタル石灰ヲ硇砂ニ混ジテ、燒キテ成ル。アンモニアヅク。

とうしゆく (名) 投宿 宿ルヿ。宿假ルヿ。

どうしゆく (名) 同宿 (一)同ジ家ニ宿ルヿ。アヒヤド。(二)同ジ寺ニ寓スル僧。

とうしよ (名) 投書 文書ヲ送リ遣ルヿ。

とうじ (名) 東司 〔登司、廁神也ト云〕 廁ニ同ジ。(多ク寺ニイフ)

とうず・ズル・ズレ・ゼ・ジ・ゼヨ (自動) (不規・二) 投 入ル。乘ル。

とうず・ズル・ズレ・ゼ・ジ・ゼヨ (他動) (不規・二) 投 投グ。投ゲツケイル。「窮鳥懷ニ—」機ニ—」入ル。「錢ヲ—」

どうず・ズル・ズレ・ゼ・ジ・ゼヨ (自動) (不規・二) 動 (一)心動ク。ムナサワギス。轉動ス。「更ニ動ゼズ」(二)動氣ヲ發シテ眩暈ス。

どうず・ズル・ズレ・ゼ・ジ・ゼヨ (自動) (不規・二) 同 與ス。同意ス。「共企ニ—」

‡どうせみ (名) 燈心 どうしみノ訛。

どうせ (副) 何レニシテ。ツマリ。ドウデ。「—勝タレヌ」

とうせい (名) 冬青 モチノキ。

どうせい (名) 動靜 うごくトしづかナルト。亂ルルト治マルト。「世ノ—ヲ候フ」

どうせい (名) 同勢 同行ノ人數。ミチヅレノ人人。

どうせう (名) 洞簫 笛ノ一種、竪ニ吹クモノ、尺八ニ似テ短ク細シト云フ。ヒトヨギリ。

とうぜん (名) 東漸 東ノ方ヘ進ムヿ。「佛敎—」

どうせん (名) 同船 船ニ合乘スルヿ。

どうぜん (名) 同前 (一)前ノ事ニ同ジキヿ。(二)同ジキヿ。同樣。

とうそ (名) 登祚 天子ノ位ニ上リ給フヿ。

どうぞ (副) ヒタスラ。ナニトゾ。「—願フ」「—賴ム」情願

どうそう (名) 同窓 同居シテ學問スル友。同學。

とうだい (名) 燈臺 (一)製、燭臺ノ如クニシテ、上ニ燈盞ヲ置キ、油火ヲ點ス具、竹—、結ビ—、ナドアリ。燈架 (二)通ジテ、燭臺ノ稱。(三)燈明臺。(四)燈臺草。

どうたい (名) 童體 ワラベナルヿ。コドモナルヿ。

とうだいぐさ (名) 燈臺草 濕地ニ生ズ、一根一莖ニシテ、高サ七八寸、葉ハ互生シ、形、をぺりひゆニ似テ薄ク、末、稍、廣シ、春夏ノ間、莖ノ頭ニ、五葉對生シ、五枝ヲ分チ、四瓣ノ小綠花ヲ開ク、後、花ノ中ヨリ小莖ヲ生ジテ、實ヲ結ブ。鈴振花。澤漆

どうだい・つつじ (名) どうだんつつじニ同ジ。

どうだう (名) 同道 ミチヅレ。同伴。同行

どうだん (名) 同斷 〔同ジ理ニ借字シテ音讀セル語〕 相同ジキヿ。同樣。同前。

どうだん・つつじ (名) 〔又、どうだいつつじトモイフ、燈臺躑躅ノ轉ニテ、枝梢ノ形ヨリイフカ〕 灌木ノ名、枝葉繁茂シ、葉ハ長橢ニシテ、端、尖リ、背、光澤アリテ、互生シ、枝上ニ簇ル、春ノ末、葉ノ間ヨリ、細梗ヲ垂レテ、壺狀ノ白花冠ヲ出ス、秋ノ末、葉、紅葉シテ甚ダ鮮紅ナリ、多ク庭際ニ植ウ。略シテ、ドウダン。又、ドウダイツツジ。或ハ、ヤシホツツジ。(伊勢) 滿天星

トウ・チン・かう (名) 透頂香 藥ノ名、元人、陳宗敬、應安年中、歸化シテ、筑前博多ニ住シテ傳ヘタリト云、宗敬、嘗テ禮部員外郞タリシカバ、外郞藥ノ名モアリ、今、相州、小田原ノ宇野氏製シテ賣ル、黑色方形ナリ、痰ヲ治ストゾ。

どうづき (名) 胴突 〔土突ノ延〕 礎ノ下ノ地ナド、突キ固タムルヿ。地形。ヂガタメ。

〔どうで (動) 取出デノ音便。「イツクヨリどうで給フ言ノ葉ニカアラム」〕

どうで (副) 何レニストモ。ツマリ。ドウセ。「—出來ヌ」

どうてんかう (感) 東天紅 曉ノ鷄ノ聲ヲ調ニイフ語。

どうと (副) 物ノ倒レ、又、崩レカカル響ニイフ語。「—落ツ」「—倒ル」

どうどう (副) 〔止止ノ延カ〕 終ニ。ツマリ。果ハ。到頭

どうどう (副) 水ノ流レ落ツル響ニイフ語。滔滔

どうどうたらり（名）〔胡國ノ樂器ニ、都曇、又、答臘アリ、鼓ノ屬ニテ、共ニ其音ヲ以テ名トスルガ如シ、ゴレカトモ云〕鼓ノ譜ニイフ語。

どうどうめぐり（名）〔大道廻ノ轉カト云〕小兒ノ戲、直ニ立チナガラ、自ラ身ヲ回旋スヿ。（東京）環舞

どうどり（名）頭取 カシラダツ人。ヲサ。長

どうよ（副）疾ニノ音便。ハヤクヨリ。

どうにん（名）頭人 ヲサ。カシラ。頭取。頭目

どうによ（名）童女 メノワラハ。ヲンナノコ。「童男—」

どうねん（名）同年（一）オナジトシ。（年月ノ）（二）同ジ齡。

どうのちゆうじやう（名）頭中將 藏人頭ニシテ、近衞ノ中將ヲ兼ネタルモノノ稱。

どうのべん（名）頭辨 藏人頭ニテ辨官ヲ兼ネタルモノノ稱。

どうはい（名）同輩 オナジトモガラ。身分ノ同ジキ者。儕輩

どうはう（名）同胞 ハラカラ。兄弟姉妹。

どうばう（名）童坊 足利將軍義滿ノ時、輔佐ノ臣、細川頼之、俳優ノ徒ヲ剃髮セシメ、將士ノ間ニ、詼諧周旋セシメシ者ノ稱、廉恥ノ心ヲ起サシメ、諂諛ノ風ヲ矯メムノ意ニ出ヅトゾ。（義政ノ時ニ同朋ノ字ニ改ムト云、其條ヲ見ヨ）

どうばつし（名）銅鈸子 どびやうしノ條ヲ見ヨ。

どうはん（名）同伴 トモナフヿ。ツレダツヿ。ミチヅレ。同道。同行

どうばん（名）銅版 銅ノ板ニ、藥ヲ用キテ、文字畫圖ヲ腐ラセ彫リツケ、版木トシテ摺ルモノ。

どうひ（名）橙皮 橙ノ皮ヲ乾シタルモノ、藥用トス。

どうひつ（名）同筆 同ジ人ノ書キタルコト。

++どうビン（名）〔銅瓶ノ音ニテ、其形狀相似タレバイフカト云〕章魚ノ異名。ドンビ。（伊勢）

どうひゆ（名）橙皮油 橙皮ヨリ採レル液。

どうふ（名）豆腐 大豆ニテ製スル食物、大豆ヲ水ニ漬シ、水ヲ加ヘテ碾キ、其液ヲ煮テ、布袋ニテ榨リテ、滓ヲ去リ、（此滓ヲきらずト云）其液ニ鹵汁ヲ加ヘ、稍、凝レルヲ、布ヲ敷ケル匣ニ汲ミ入レ、布ヲタタミ、壓ヲ置キ、水ノ滴リ去レルヲ、冷水中ニ漬シテ成ル、純白ニシテ、極メテ、ヤハラカシ、生、炙、煮、共ニ食フ。菽乳

どうふう（名）東風（一）ヒガシカゼ。コチ。（二）春ノ風。

どうふがら（名）豆腐滓 きらずニ同ジ。カラ。

どうふく（名）同腹（一）同ジ腹ニ生レタルヿ。母ノ同ジキヿ。ハラカラ。同母（二）志ヲ同ジウスルヿ。同心。一味。同志

どうぶくら（名）胴脹 兩端、窄クシテ、中部、圓ク脹レ張レル形。

どうぶつ（名）動物 イキモノ。體中ニ機關ヲ具ヘ、命ヲ保チ、感覺アリテ、常ニ自由ニ動クベキ勢力ヲ具スル物ノ總名、人、獸、禽、蟲、魚、介等、皆是レナリ。（植物、礦物ニ對ス）

どうぶつがく（名）動物學 博物學ノ一部、動物ノ成立、棲息、品類、等ヲ知ル學。

どうぶつゑん（名）動物園 種種ノ動物ヲ畜ヒテ人ノ觀ルニ供フル所。

どうぶん（名）等分 ヒトシクワカルルヿ。長短多少ノ相同ジキヿ。平等。「三味ノ藥ヲ—ニ盛ル」晝夜—」

どうぶるひ（名）胴震 全身ノワナナキフルフヿ。（甚シク畏レ、又ハ烈シク寒サニ感ジテ）

どうへう（名）投票 イレフダ。入札。

どうべう（名）投錨 錨ヲオロスヿ。碇泊。

どうへん（名）同邊 同ジ狀。變リナキヿ。「病體ナド—」

どうぼ（名）同母 母ノ相同ジキヿ。ハラハラ。同腹。（異母ニ對ス）

どうぼう（名）同朋〔童坊ノ條、見合ハスベシ〕武家ノ殿中城中ニテ、諸士ノ雜役ニ使ハルル者ノ稱、剃髮ナリ。

どうまき（名）胴卷 甚ダ細長キ袋、金子ナドヲ入レテ、腹ニ卷キツク、旅行ナドノ時ノ用トス。

どうまる（名）胴丸 鎧ノ一種、其製、胴ノ左ニ、つがひ無クシテ屈伸シ、右ノ脇マデ、十分ニ合フモノト云。

どうみやう（名）燈明 ミアカシ。神佛ノ前ニ供フル燈火。

どうみやうだい（名）燈明臺 海岸ナドノ高キ處ニ、塔ノ如ク高ク築キテ、上ニ燈火ヲ點ズル建物、元來ハ神佛ニ供スル燈明ナリ、後ニハ、專ラ、夜中、往來ノ船ノ、認メテ方角ヲ知ル便トス。又、燈臺。

どうみやく (名) 動脈 脈ノ條ヲ見ヨ。

とうむしろ (名) 籐席 籐ノ條ヲ見ヨ。又、トムシロ。

とうめい (名) 透明 スキトホルコト。(水晶、硝子、水ナド)

どうめい (名) 同盟 相盟フコト。ナカマトナルコト。

どうめう (名) 同苗 〔同苗字ノ略〕 同ジ苗字。

どうも (副) 如何ニスレドモ。「―見エズ」

どうもう (名) 童蒙 童ヲ、物事ノ理ニ蒙キニ就キテ稱スル語。

どうもん (名) 同門 同ジ師ニ就キテ居ルコト。相弟子。

とうやう (名) 東洋 (一)亞細亞洲ノ東ノ方ノ泛稱。(西洋ニ對ス)(二)支那ヨリ我ガ日本國ヲ稱スル語。

どうやう (名) 同樣 同ジ樣。オナジキコト。

どうやく (名) 同役 同ジ役目ニアルコト。又、其人。同勤。相役。同僚。

とうゆ (名) 桐油 (一)あぶらぎりノ實ヨリ榨リ取レル油、わたたねあぶらヲ雜ヘテ、燈油トス。(二)―紙ノ略。(三)―合羽ノ略。

とうゆガッパ (名) 桐油合羽 桐油紙ニテ作レル合羽、下襲ノ用トス。

とうゆがみ (名) 桐油紙 桐油ヲ延キタル紙、サレド、今ハ專ラ、荏ノ油ヲ用キル、物ヲ包ミテ濕ヲ防ギ、雨ヲ凌ギ、又ハ、合羽ニ作ル。アブラガミ。

とうよう (名) 登庸 官途ニアゲモチキラルルコト。

丼どうよく (名) 〔貪欲ノ訛カト云〕(一)ムサボルコト。欲ノ深キコト。(二)苛キコト。非道。

とうよし (名) 籐葦 籐トイフニ同ジ。

どうらん (名) 銃卵 胴亂 〔元ハ銃丸ノ袋ナリト云フ〕革ニテ作レル方形ノ袋、印、藥ナド貯ヘテ、腰ニ下ゲ携フ。佩囊

どうらん (名) 動亂 世ノ動キ亂ルルコト。ミダレ。サワギ。騷動。擾亂

とうりう (名) 逗留 (一)進マヌコト。(二)旅ノ地ニ、暫シ寓マルコト。滯留

とうりやう (名) 棟梁 (一)棟ト梁ト。(家作ニ肝要ナル材ノ意)(二)轉ジテ、國ノ重職ニ居リテ、大政ニ任ズル人物。「―ノ才」(三)工匠ノ長。(都料匠ノ轉ナリトモ云フ) 工師

とうりやう (名) 統領 頭領 衆ニ長タル職。

どうるゐ (名) 同類 オナジタグヒ。ナカマ。黨

どうれ (感) 〔誰ノ延轉〕 門戶ニ、ものまう、たのむトオトナフニ答フル聲。

どうれう (名) 同僚 同役ニ同ジ。

とうろう (名) 燈籠 燈火ヲ點ス具、竹木ニテ木匡ヲ作リテ、被ヒトシ、紙、紗ナドニテ張リ、檐ナドニ懸ク。

とうろうばな (名) 燈籠花 (一)まんおゆあやげノ一名。(二)山慈姑ノ一名。

とうわう (名) 藤黃 雌黃ノ條ヲ見ヨ。

どうわすれ (名) 胴忘 不圖忘レテ思ヒ出ダサヌコト。健忘

どえう (名) 土曜 七曜ノ條ヲ見ヨ。

とか (名) 都下 都ノ內。ミヤコ。

とが (名) 栂 樅ノ屬ニシテ、樹、葉、相似タリ、材、良ク、木理密ナリ、多ク柱トシ、匣ナドトス。又、ツガ。

とが (名) 咎 科 (一)ツミ。罪科。アヤマチ。(二)瑕。難。「花見ニト、群レツツ人ノ、來ルノミゾ、アタラ櫻ノ、とがニハアリケル」

とかい (名) 渡海 海ヲ船ニテ渡ルコト。航海

とかう (名) 徒行 徒步ニテ行クコト。

とかう (副) 左右 とかく音便。「―スル程ニ」

とかき (名) 概 〔斗搔ノ義カト云〕 枡ニ穀ヲ盛リタル後ヲ、緣ト平ニ均ス短キ棒。マスカキ。カイナラシ。

とかく (副) 左右 取捨 兎角 〔第一類ノ天爾波ノとト副詞ノ斯トヲ連ネタル語、兎角龜毛ノ說ハ附會甚シ〕(一)カレコレ。アチコチ。ナニヤカヤ。トカウ。「―申スベキニアラズ」「―シテ出立チ給フ」此二語ノ間ニ、他語ヲ挿ミテ用キルコト多シ。「とニかくニ」「とテモかくテモ」「とニモかくニモ」「とやかくや」「とサマかうサマ」ナド、其意推シテ知ルベシ。(二)ヤヤモスレバ。トモスレバ。「―爭ヒノ端トナル」

とかげ (名) 〔好ミテ壁間ニ居ル、戶陰ノ義カト云〕(一)蟲ノ名、古クイヘルハ、今ノ守宮ナルガ如シ。(二)今云フモノハ、蛇ニ似テ小ク、四足アリ、長サ六七寸、體肥エテ、細キ鱗アリ、尾甚ダ長ク、脆クシテ、斷エヤスシ、堤、石垣ナドノ間ニ棲ミテ、小蟲ヲ食トス。蜥蜴 背、尾、碧綠ニシテ條アルヲ、青―、又、縞―トイヒ、赤キヲ、赤―トイフ。又、一種、あをむしトイフアリ、其條ヲ

見ヨ。

とか・す・ス・セ・サ・シ・セ (他動)(規・二) 溶 (一)溶クルヤウニテ解クニ云フ。「氷ヲ—」藥ヲ水ニ—」 融 (二)トロカストラカス。 鎔

〔と-がた〕 (名) 枓 〔斗形ノ義、形、斗ニ似タリ〕 柱ノ上ナル方ナル木ノマスガタ。

〔と-あち〕 (名) 兎綱 兎ノ毛ヲ絲ニ和ヘテ織レルモノト云。

とが-にん (名) 咎人 咎アル人ノツミビト。罪人。 犯人

とかへりのはな (名) 十返花 松ハ、百年ニ一返、千年ニ十返、時ナラヌ花咲クト言傳ヘテ、其花ノ稱、和歌ナドニ、千年ヲ祝フ語トス、其花、紺色ニテ、松黄ノ端ニ咲クトゾ。

と-がまずみ (名) 土竈炭 炭ノ一種、竈ノ蓋ヲ開キテ燒ク、質脆ク、夾ニタチヤスシ。ラクダズミ。

〔と-かみ〕 (名) 楣 〔戸上ノ義ト云〕 門楣ノ横梁。ネズミバシリ。ネズバシリ。

とが・む・ム・ム・メ・メ・メヨ (他動)(規・二) 咎尤 (一)非ヲ詰ル。非難ス。怪シミ糺ス。 詰責 (二)傷ヒテ熱ヲ起サス。(腫物ナドニ)

とがめ (名) 咎 トガムルコト。ナジルコト。非難。

〔と-がり〕 (名) 鳥狩 鳥ヲ狩ルコト。(スル、獵夫ノ弓弦、打チ絶エテ)

とがり (名) 尖 トガルコト。鋭キ端。

と-が・る・ル・レ・ラ・リ・レ (自動)(規・一) 尖 〔鋭クナル意〕 端、鋭クアリ。鋭ク起リタツ。

とき (名) 時 〔常ノ轉カ、或ハ疾ノ意カト云〕 (一)光陰ノ移リ行ク間。「—ヲ移ス」—ヲ費ス」(二)一晝夜ノ間ヲ若干ニ割リタル稱。一晝夜ヲ、二十四ニ平分シ、而シテ、眞夜中過ギヨリ眞晝中ニ至ル間ヲ十二ニ分チ、第一時ヨリ數ヘテ、第十二時(正午)ニ終ハル、コレヲ午前トイフ、又、眞晝過ギヨリ眞夜中ニ至ルモ、前ニ同ジク、コレヲ午後トイフ。(後ノ表ヲ見ヨ) 此一時ヲ、更ニ六十ニ割リテ、分トイヒ、分ヲ、更ニ六十ニ割リテ、秒トイフ。(三)又、舊制ニテハ、一晝夜ヲ十二ニ割リ、眞夜中ヲ九ツ時ト稱シ、八ツ時、七ツ時、六ツ時、五ツ時、四ツ時、(時ヲ、九ツ、八ツ、七ツナド稱スルコ、漏刻ノ條ヲ見ヨ)ト眞晝マデヲ六分シテ稱シ、眞晝ヲ又九ツ時ト稱シ、前ト同ジ稱ニテ、眞夜中前ニ終ル。此法ハ、六ツ時ヲ、日出、日沒、ト定ムルガ故ニ、春夏秋冬、晝夜ノ伸縮ヲ生ズルニ隨ヒテ、一時ニ長短ヲ生ズ、一晝夜十二時ヲ百刻ト定メ、其極差ハ、夏至ニテ、晝、六十刻、夜、四十刻トシ冬至ハコレニ反シ、其間、次第ニ伸縮シテ、春分秋分ハ、晝夜平分、各、五十刻ニテ、一時ハ、八刻ト三分ノ一ナリ。此時ヲ、又、十二ニ別ツ、八ツ七分、ナドイフ、コレナリ。今、春分秋分ノ時ヲ、今制、舊制、相合ハセテ、後ノ表ニ示ス。又、其十二時ヲ十二支ニ配當シテ呼ブコアリテ、此制ノ一時ニハ、更ニ三分シテ、上刻、中刻、下刻、ノ稱アリテ、午ノ上刻、申ノ下刻ナドイヘリ。(スベテ、刻ノ條、見合ハスベシ)

今制	舊制		
午前			
第一時		(九ツ半時)	
第二時	夜	八ツ時	丑ノ時
第三時		(八ツ半時)	
第四時	曉	七ツ時	寅ノ時
第五時		(七ツ半時)	
第六時	明	六ツ時	卯ノ時
第七時		(六ツ半時)	
第八時	朝	五ツ時	辰ノ時
第九時		(五ツ半時)	
第十時	晝	四ツ時	巳ノ時
第十一時		(四ツ半時)	
第十二時(正午)	晝	九ツ時	午ノ時
午後			
第一時		(九ツ半時)	
第二時	晝	八ツ時	未ノ時
第三時		(八ツ半時)	
第四時	夕	七ツ時	申ノ時
第五時		(七ツ半時)	
第六時	暮	六ツ時	酉ノ時
第七時		(六ツ半時)	
第八時	宵	五ツ時	戌ノ時
第九時		(五ツ半時)	
第十時	夜	四ツ時	亥ノ時
第十一時		(四ツ半時)	
第十二時(子夜)	夜	九ツ時	子ノ時

(四)泛ク古今ノ年代。世。「何レノ御ーニカアリケム」平城ノ朝ノー」鎌倉ノー」世 (五)頃。ヲリ。時分。「ーハ彌生ノ朔日」ーハ秋ニナムアリケル」日ノ出ルー」ハノ行クー」(六)ソノコロ。「ーノ帝」ーノ人」當時 (七)程好キ機。「ーヲ得テ」ーニ遭フ」ーヲ失フ」ー到ル」時機 (八)時メキ榮ユル程。「イトーナル人人、多クサブラフナレバ」ーナリケル人ノ、俄ニー無クナリテ歎クヲ」(九)其世ノナリユキ。時節ノイキホヒ。「ーニ從フ」ーニ逆レテ」時勢 (十)語學ニ、動詞、助動詞、ノ變化ノ、過去、現在、未來、ヲ分別スル稱、篇首ノ語法指南ノ助動詞ノ條ヲ見ヨ。

○ーノ間。シバシ。暫時。瞬時

とき (名) 齋 〔日、出デテ漸ク盛ナル時ニ食フ事ナリトゾ〕僧家ニ食事ノ稱。午後ノ食ヲ、時ナラヌニ食フモノトシ、非時トイフ。

とき (名) 鬨 鯨波 〔禁中ニテ、夜、時ヲ奏ス聲ニ起ルト云、或ハ、戰ハムトスル時ノ聲ノ義カ〕戰ノ初ニ、兩軍相發スル合圖ノ聲。大將、えいえいトニ聲言ヘバ、諸軍一同ニ、あらト聲ヲ揚ゲ、斯クスルコト三度ナリ、コレヲーノ聲ヲ作ルト云フ、敵モコレニ應ズルコト同ジ。勝ーハ、戰勝チテ後、大將、床机ニ倚リ、凱陣ノ酒ヲ飮ムトキ、右手ニ勝栗ヲ取リ、左手ニ扇ヲ開キ、扇ギナガラ聲ヲ發シテ、諸軍ノ應ズルコト、出陣ノーノ如シ。凱歌

とき (名) 桃花鳥 鴇 〔つきノ轉〕古名、ツキ。鳥ノ名、形、鷺ニ似テ、頂ニ長毛ナク、背ハ灰色ナリ、翅ノ裏、紅ニシテ美シ。朱鷺

とき (名) 兎葵 イヘニレ。ザツテンサウ。

とぎ (名) 伽 (一)夜ノ徒然ナルナドニ侍リテ、話ノ相手ナドスルコト。陪伴 (二)看病。

とぎ (名) 硎 研グコト。研ギタル狀。(刀、鏡ナドニ)

どき (名) 土器 カハラケ。素燒ノヤキモノ。

ときあかし (名) 說明 トキアカスコト。解說

ときあかす・ス・セ・サ・シ・セ (他動)(規・一) 說明 說キテ理ヲ分明ニス。事ノ分カルヤウニ話ス。解說

ときいろ (名) 鴇色 染色ノ名、鴇ノ翅ノ色、卽チ、薄紅ノ灰色ヲ帶ブルモノ。水紅色

ときう (名) 兎裘 〔左傳、魯國ノ地名〕老イテ當ニ死スベキ住地。

ときう (名) 屠牛 牛ヲ屠リ殺スコト。

ときぐし (名) 解櫛 櫛ノ齒ノ踈ナルモノ、粗ク髮ヲ解クニ用ヰル。梳

ときし (名) 硎師 刀、鏡ナドヲ研グヲ業トスル者。研工 磨工

〔ときじ・ジキ・ジナレ・ジク・ジク (形・二) 非時 時ナラズ。不時ナリ。「睦月立ツ、春ノ初ニ、斯クシツツ、相シ笑ミテバ、等時自ケメヤモ」三芳野ノ、耳我ノ山ニ、時自久ゾ、雪ハ降ルトフ」山越ノ、風ヲ時自ミ、寐ル夜落チズ、家ナル妹ヲ、懸ケテ慕ビツ」吾ガ宿ノ、非時藤ノ、メヅラシク、今モ見テシガ、妹ガ咲容ヲ」

〔ときじくのかくのこのみ (名) 非時香菓 〔此菓ハ夏ヨリ成リテ、秋ヲ經、霜雪ニモ堪ヘ、採リテ久シク腐ラザレバ、ときじくトイフ、(前條ヲ見ヨ)かくハ、香、或ハ、香菓、ノ韓字音カ、馨ハシキ意ト見ルハ非ナリト云〕橘ノ古名。

ときだし (名) 硎出 蒔繪ノ一法、金銀ノ粉ヲ蒔キツケタル上ニ、漆ヲカケテ、其上ヲ磨ギテ、下ノ色ヲ陰然ト現ハスモノ。縹霞彩

ときつかぜ (名) 時津風 時ニ相應シテ吹ク風。

ときどき (副) 時時 ヲリフシ。ヲリヲリ。

ときとして (副) 時 偶ニ。

ときなか (名) 時半 半時。「サテ、ーバカリアリテ、御簾上ゲサセ給ヒテ」倒レ伏シテ、ーバカリ絶エ入リニシ」

ときのけ (名) 時氣 えやみニ同ジ。時疫

ときのこゑ (名) 鬨ノ條ヲ見ヨ。

ときは (名) 常磐 常盤 〔常磐ノ約〕永久變ハラヌコト。トコシナヘナルコト。(祝詞ニ)

ときは (名) 常葉 〔とこはノ轉〕松柏ナドノ、四時、葉ガヘセヌモノ。常綠

ときはあけび (名) 灌木、むべニ同ジ。

〔ときはかきは (副) 常磐堅磐 〔かきはハ、堅キ磐ノ略約〕トコシナヘナルコト。万代不易ナルコト。

ときはぎ (名) 常葉木 四時、常葉ナル、即チ、葉ノ枯レ落チヌ樹木ノ稱。常綠木

ときはぐさ (名) 常葉草 (一)松ノ異名。(二)寒葵ノ一名。

ときふす・スル・スレ・セ・シ・セヨ (他動)(不規・三) 說伏 說キ

テ従ハズ。言ヒ負カス。

ときべ (名) 解部 古ヘ、刑部省ニ屬セル官、大、中、少、ト六十人アリ、罪人ヲ糺問シ、白狀ヲ作リ、判事ニ上ル。(大同中、夙ク廢セラル)

ときん (名) 頭巾|兜巾 修驗者ノ被ル頭巾、布ニテ作ル、後ニ固ク圓ク小ク作リ、額上ニ置キ、紐ニテ頤ニ約ス、コレヲ五智ノ寶冠トイヒ、十二因緣ノ襞アリトイフ。

ときん (名) 鍍金 滅金ニ同ジ。

ときんいばら (名) 荼蘼ノ一名。

ときめかす・す・ス・セ・サ・シ・セ (他動)(規.一) 時 時メク程ヲ示ス。

ときめく・く・ク・ケ・カ・キ・ケ (自動)(規.一) 時 榮ユル時ニ遇フ。好キ運ニ遇ヒテ盛ル。

ときもり (名) 時守 漏刻ノ節ヲ候フ吏。守辰丁

ときやう (名) 讀經 僧ノ經文ヲ讀ムコト。

ときよ (名) 渡御 ワタラセラルルコト。イデマシ。(高貴ニ、神輿ニ)

ときよ (名) 蠹魚 シミ。シミムシ。

ときよう (名) 度胸 物ニ畏レヌ心。キモダマシヒ。「ーヲ定ム」「ーガヨイ」「ーガワルイ」 膽略

とぎる・る・ル・ル・レ・レ・レ・レロ (自動)(規.二) 跡切 (一)往來ノ足跡絕ユ。トダユ。 斷跡 (二)絕ユ。中絕ス。

とぎれ (名) 跡切 トギルルコト。トダエ。中絕。

とく (名) 德 (一)心ノ善ク正シクシテ、スベテ人ノ道ニカナヒタルコト。道德。(二)志行學術等ノ勝レタルヨリ起ル名望。威德。「人ヲ服スルーアリ」「ーヲ損ズ」(三)ハタラキ。イサヲ。功德。「蠶ニ絲ヲ吐クーアリ」(四)(メグミ。恩德。「宰相ノ中將ノ、とく見ル事、ソナタニ向ヒテ、拜ムベシナドイフ」「客人、殿ノ御とくニ、イモカユ食ヒツト言ヒアヘリ」(五)(其物事ノ爲ニ然ルコト。蔭。「指貫ノ括リノとくニ、希有ノ命ヲコソ生キタリケレ」「郡司モ、由ナキ人ヲ憐ミオキテ、ソノとくニハ、果テハ勘當カウブルニコソアナレ」(六)福分。富。有德。「時ノ受領ハ、世ニ德アルモノト言ヘバ」「風ノ吹キツクルヤウニ、德ツキテ、イミジキ德人ニテゾアリケル」

とく (名) 得 得ルコト。マウケ。利益。

とく・く・ク・ケ・カ・キ・ケ (他動)(規.一) 解 (一)結目ヲ分ケハナス。ホドク。(二)晴ラス。散ラス。「疑ヲー」「怒ヲー」(三)入リ亂レタルヲ理ム。「髮ヲー」(四)罷ム。「官ヲー」

とく・く・ク・ケ・カ・キ・ケ (他動)(規.一) 溶 (解ク義) (一)水ニ雜ゼテユルクス。トカス。「繪具ヲー」「糊ヲー」 融 (二)トロカス。トラカス。 鎔

とく・く・ク・ケ・カ・キ・ケ (他動)(規.一) 說 (解ク義) 理ヲ話シ分ク。言ヒ述ブ。

とく・く・クル・クレ・ケ・ケ・ケヨ (自動)(規.二) 解 (一)結目分カレハナル。ホドクル。(二)(職ニハナル。「左近將監、とけテ侍リケル時ニ」 罷官 (三)思ヒ晴ル。散ル。「疑ー」「怒ー」「餘怨ー」 霽意 (四)隔心ナクナル。心置キナクナル。「餘リ麗ハシキ御アリサマ、とけ難ク、恥カシゲニノミ思ヒシヅマリ給ヘルヲ」(五)入リ亂レタルガ理マル。「髮ー」(六)落ツ。サガル。「雷ガー」 雷落

とく・く・クル・クレ・ケ・ケ・ケヨ (自動)(規.二) 溶 (解クル義) (一)水ニ雜リテユルクナル。「氷ー」「雪ー」「蠟ー」 泮 融 (二)鑠ク。 鎔

とく (副) 疾 ハヤク。スミヤカニ。急ニ。

とぐ・ぐ・グ・ゲ・ガ・ギ・ゲ (他動)(規.一) 硎 (銳クスル意カ) (一)摩リテ光澤ヲ出ス。ミガク。「鏡ヲー」「蒔繪ヲー」 研 磨 (二)砥ニ摩リテ銳クス。「刀ヲー」 磨 (三)摩リテ水ニ洗フ。カス。「卯ノ花モ、袖ノヒモロキ、とぎテケリ」「米ヲー」 淅

とぐ・ぐ・グル・グレ・ゲ・ゲ・ゲヨ (他動)(規.二) 遂 成シ果ス。行ヒ終フ。成就セサス。

どく (名) 毒 (一)生活アル者ノ身ヲ害フモノ。(藥ニ對ス)(二)毒藥。「ーヲ飮マス」(三)正シキヲ害スルモノ。ヨコシマ。ワザハヒ。惡。

どく (動) 退ク、(規.一)ノ訛。(關東)

どくあたり (名) 毒中 毒物ヲ食ヒテ、胃ニ欣衝ヲ發スルコト。 中毒

とくい (名) 得意 (一)意ヲ得タルコト。望ミノ滿足シテ喜ビ居ルコト。「ーノ顏」(二)(心ヲ知レル友。「又、道ハ、彼國ノとくいニテ、年頃、相語ラヒ侍リツレド」「此ノとくいノ人人、四五人許、來集リニケル」(三)常ニ馴染ミ熟練シタルコト。得手。「ーノ技」 慣手 (四)馴染リ轉ジテ、商家ニ、常ニ賣付ケノ客。ウリコミサキ。 顧主 花主

どくうつぎ (名) 毒空木 灌木、山野、殊ニ河原ニ多シ、叢生シテ、高サ一二三尺ヨリ五六尺ニ至ル、幹

ハ、らつぎニ似テ、葉ハ兩對排生シ、形、長ク尖リテ、三ツノ縦道アリ、夏ノ初、赤キ穗ヲ出シテ、細小ノ花簇リ生ズ、莢ヲ結ブ、圓ク扁クシテ、熟スレバ甚ダ鮮紅ナリ、大毒アル植物ナリ。カハラウツギ。オニウツギ。

どくえ (名) 毒荏 あぶらぎりニ同ジ。

どくがい (名) 毒害 毒藥ヲ飲マセテ殺スヿ。毒殺

とくかう (名) 德行 道德ノ行跡。

どくがく (名) 獨學 師友ナキ學問。

とくぎ (名) 德義 道德ノ上ノ義理立。

どくぎん (名) 獨吟 (一)獨リ詩歌ヲ吟ズルヿ。(二)俗謠ニ、脇、連ナクテ、一人ニテ謠フヿ。

とくきよ (名) 特許 特別ノ免許。

とくくわ (名) 德化 德ニ化スルヿ。善キ風ニ傚ヒ移ルヿ。

どくくわつ (名) 獨活 シシウド。

どくけし (名) 毒消 中毒ヲ消スヿ。消毒 解毒

とくげふせい (名) 得業生 大學校ノ卒業ノ生徒。(とくごふしやうノ條、見合ハスベシ)

とくけん (名) 特權 特別ノ權柄。

とくこ (名) 獨鈷 (一)鈷ハ、天竺ノ兵器、今專ラ、佛具トシ、眞言宗等ニテ用ヰル、本名、杵ナリ、摧破ノ杵トテ、怯ヲ鋭キ煩ヲ斷ツトス、銅ニテ作リ、其兩端、一尖ナルハ、即チ一ナリ。又、其兩端、三叉、又ハ、五叉ヲナセルモノナドアリ、コレヲ、三鈷、五鈷、ナドイフ。(二)帶地ナドノ織紋ノ名、一ノ形ヲ列ネテ織出ス。(三)僧家ニテ、經師ノ隱語。

〔とくごふしやう (名) 得業生 古ヘ、大學寮ノ學生ノ、其業ヲ成就セル者、四道、各コレアリ。

とくさ (名) 木賊 〔砥草ノ義、木骨ヲ擦ル、故ニ木ノ賊ノ名アリ〕 草ノ名、山谷水邊ニ生ジ、人家ニモ植ウ、冬凋マズ、葉無クシテ、莖ノミ一根ヨリ叢生ス、莖ノ中空シクテ、徑、二分餘、直立、二三尺、寸餘毎ニ節アリ、深緑ニシテ、のぎそち高ク、糙澁ナレバ、木骨ヲ礎リテ、砥ノ用ヲナサシム、夏、莖ノ梢ニ花ヲ生ズ、つくづくしノ花ニ同ジ。

とくざい (名) 贖罪ノ誤。

どくさい (名) 獨裁 帝王、一己ノ意ノママニ、萬機ノ政務ヲ裁斷スルヿ。

とくさいろ (名) 木賊色 緑ニ黒ミアル色。

とくさく (名) 得策 執行シテ利アル方ノ計畫。

どくさつ (名) 毒殺 毒害ニ同ジ。

とくさぶき (名) 木賊葺 御所、社、寺、等ノ板屋根ノ葺樣ノ名、板厚サ、一分半、或ハ二分、兩面、兩傍、木口、共ニ、鉋削リニテ、葺足、平均、一寸五分ナルモノト云。又、板ノ厚サ三分以上ナルヲ、栩葺トイフトゾ。

とくし (名) 特旨 特別ナル思召。

とくし (名) 篤志 アツキココロザシ。甚ダ心切ナルヿ。

とくしつ (名) 得失 得ルト失フト。損得。利害。

とくじつ (名) 篤實 心切ニテ正直ナルヿ。

とくしん (名) 得心 心ニ諾フヿ。納得。

どくしん (名) 獨身 ヒトリミ。(配偶ナキニ)

〔とくじん (名) 土公神 ツチギミ。陰暦ノ上ニ、地ノ神ノ稱、春ハ竈ニアリ、夏ハ門ニアリ、秋ハ井ニアリ、冬ハ庭ニアリ、其四時ニ隨ヒテ、此四ツモノヲ動カスベカラズト云。

どくしやく (名) 獨酌 相手ナクテ獨リ酒飲ムヿ。

どくじゆ (名) 讀誦 讀ミ誦フルヿ。「御經―」

とくしよ (名) 讀書 書物ヲ讀ムヿ。「―ノ聲」

とくしよく (名) 得色 得意ノ顏色。シタリガホ。

とくせい (名) 德政 (一)仁德ノ政。(二)足利義勝義政ノ頃、令ヲ出シテ、公ヨリ、貸付ケタル錢穀ナドヲ、元利、スベテ免ジタルヿ。德政ニ似タレドモ、コレニ因テ、民間ノ負債貨物ヲモ一般ニ償ハザルヿトセリ、サレバ、其實ハ暴政ナリ、德川氏ノ世ニ、棄捐トイヘルモ是レナリ。負債除放

とくせき (名) 督責 取締リ促ルヿ。

どくせん (名) 得選 〔釆女ノ中ヨリ選バルレバイフトゾ〕 厨子所ノ女官ノ稱。

とくせん (名) 特選 コトサラナルエラビ。

とくそう (名) 德宗 鎌倉ノ頃、北條氏一家ノ總領タル者ノ知行所ノ稱、―領トイフ。

とくそく (名) 督促 取締リウナガスヿ。

とくだう (名) 得道 佛道ノ悟ヲ得タルヿ。

とくたく (名) 德澤 德化ノ餘澤。恩ノ及プ所。

どくだち (名) 毒斷 病又ハ藥ニ害トナラム食物ヲ斷チテ食ハヌヿ。禁食 禁忌

とくだつ (名) 得脫 佛經ノ語、煩惱ヲ脫ルルヿヲ得

ルヿ。「成佛ー」

どく-だみ (名) 蕺草 〔毒痛ノ意カト云〕 古名、シフキ、草ノ名、何地ニモ多シ、春、舊根ヨリ生ズ、高サ七八尺、葉ハ互生シ、圓ク尖リテ厚ク、甚ダ臭氣アリ、夏、四瓣ノ白花ヲ開ク、根食フベシ。又、ジフヤク。

どく-だん (名) 獨斷 一己ノ見込ニテ決斷スルヿ。

と-ぐち (名) 戸口 門戸ノ出入スベキ所。

とく-てん (名) 特典 出格ナル掟。

どく-と (副) 篤 ツラツラ。ヨクヨク。念ヲ入レテ。トツクリト。「ー考フ」「ー見ル」 熟考 熟覽

とく-ど (名) 得度 〔度スノ條ヲ見ヨ〕 佛道ニ入ルヿ。

とく-とく (副) 疾疾 ハヤク。イソギテ。イマスグニ。「ー行ケ」

どく-どく (副) 水ノ烈シク沸キ流レ、又ハ、血ノ迸リ出ヅル狀ニイフ語。 混混

どく-どく-し ・シク・シケレ・シク・シク (形・二) 毒毒 (一)毒アルガ如シ。(二)淡泊ナラズ。クドシ。シツツコシ。

ドクトル (名) 〔蘭語、Doctor.〕 醫師。

とく-に (副) 疾 既ニ。ハヤク。前ニ。「ー去レリ」

とく-に (副) 特 コトニ。コトサラニ。別段ニ。

〔とく-にん (名) 德人 有德ノ人。富メル人。福者。「ソレヨリ打チハジメ、風ノ吹キツクルヤウニ、德ツキテ イミジキ德人ニテゾアリケル」〕

とく-は (名) 特派 殊更ニ差シ遣ハスヿ。

とく-び-とん (名) 犢鼻褌 〔犢鼻ハ、脛ノ三里ノ上ノ灸穴ノ名ト云〕 タフサキ。猿股引ノ類。

とく-ひつ (名) 禿筆 チビフデ。キレフデ。フルフデ。

どく-ふ (名) 毒婦 心惡シク人ヲ害スル女。 惡婦

とく-ぶん (名) 得分 得タル分。マウケ。利分。

とく-べつ (名) 特別 コトサラナルヿ。格別。格段。

どく-ほ (名) 獨步 ヒトリアルキ。同伴ナキヿ。

〔どく-まくり (名) 海仁草 まくりノ條ヲ見ヨ。〕

どく-み (名) 毒試 食物ニ毒アリヤ無シヤヲ嘗メテ試ルヿ。

どく-むし (名) 毒蟲 人ノ身ヲ害フ蟲。ドクチユウ。

とく-めい (名) 特命 コトサラナルオホセツケ。

どく-や (名) 毒矢 毒藥ヲ、鏃ニ塗リタル矢。 藥矢

どく-やく (名) 毒藥 毒トナリテ人ヲ害スベキ藥。

とく-よう (名) 德用 用ヰテ益ノ多キヿ。利方。

と-ぐら (名) 塒 鳥栖 〔鳥座ノ義〕 鳥ノねぐら。

どく-らく (名) 獨樂 (一)獨リ樂シムヿ。(二)獨リ酒飮ムヿ。 獨酌 (三)ツムクリ。コマ。

とく-り (名) 德利 〔備前燒ハ、粗ナレドモ、堅固ニシテ德利ノ名世ニ高キヨリシテ名トストゾ〕 陶製ノ、細ク高ク、頸窄マリタル瓶ノ稱、酒、酢、醬油ナド貯フルニ用ヰル。トツクリ。 壜子

どく-りつ (名) 獨立 ヒトリダチ。

どく-りよく (名) 獨力 唯一人ノ仕業。一手。

とぐろ (名) 〔所座ノ轉カ〕 蛇ノ、其身ヲ渦ノ如ク卷キテ、ワダカマルヿ。「ー卷クトイフ」 蜷局

どく-ろ (名) 髑髏 サレカウベ。

と-くわい (名) 都會 大ナル市街。ミヤコ。

ど-ぐわい (名) 度外 心ニ掛ケヌヿ。カマヒツケヌコト。

「ーニ置ク」

とげ (名) 刺 〔鋭毛ノ義カト云〕 (一)草木ノ莖葉ナドニ生フル針ノ如キモノ。芒。トギ。「薔薇ノー」 (二)竹木ノ削ケタル端ナドノ、人ノ肌ニ立チテ傷ツケタルモノゾケ。(三)魚骨ナドノ、喉内食道ノ邊ニ立チテ、傷ヲナスモノ。古クハ、ノギ。 骨鯁

とけ-あ・ふ ・フ・ヘ・ヘ・ヒ・ヘ (自動) (規・一) 解合 陽心、互ニ解ク。 和熟

と-けい (名) 時計 〔支那ニ、方角、日晷ヲ測ル磁針ヲ、土圭トイフ、其轉カト云、近代ノ製ナルニ、慶長十五年始メテ斯班牙國ヨリ渡レリ〕 時刻ヲ測リ知ル機械、銅、鐵製ノ刻齒アル輪ヲ、數箇相接シ、ぜんまいナド、種種ノ機アリテ運轉シ、針アリ、廻リテ、前面ノ時ノ字ヲ指シ示ス。 時辰儀 時到レバ自ラ鳴ル機アルヲ鈴打ナドイフ。 自鳴鐘 柱ー、掛ー、袂ー、根付ー、懷中ー、等ノ稱アリ、又、水ー、砂ーモアリ、各條ヲ見ヨ。

と-けい (名) 徒刑 徒罪ノ條ヲ見ヨ。

ど-げざ (名) 土下座 地上ニ跪ツキテ禮スルヿ。

と-けつ (名) 兎缺 イグチ。ミツクチ。

と-けつ (名) 吐血 血溢レテ肺ヲ塞ギ、激シテ其血ヲ吐クヿ。 咯血

と-けん (名) 杜鵑 ホトトギス。

とける (動) 解ク、(規・二) 溶ク(規・二)ノ訛。

とげる (動) 遂グノ訛。

とける (動) 退ク(規・二)ノ訛。(東京)

とこ (名) 所 〔止處ノ義カ〕 ところニ同ジ。

とこ (名) 床牀 〔所ノ義〕 (一)特ニ寐ヌルニ設クル所。ネドコ。臥床 (二)(車ノ屋形。車箱 (三)疊ノ心。(たたみノ條ヲ見ヨ)(四)床間、ノ略。(五)髮結床ノ略。(六)鐵砧ノ略。(七)室床ノ略。(八)川ノ底。川床

とこ (名) 犁底 犁ノ名所、ねさりニ同ジ。

とこ (代) 何處 いづこノ約轉。

[と-とう (名) 土公 どくさんノ條ヲ見ヨ。

と-とう (名) 土工 開發、道普請、ナドノ作事。

とこ-しなへ-に (副) 常長鎭 〔常シ並ニ、ノ轉、とこハ休メ詞ト云、或云常押並ニ、ノ約カト〕 イツマデモ變ハラズニ。永久ニ。トコシヘニ。

[とこ-しばり (名) 床縛 〔床ハ車ノ屋形ノ稱〕 車ニ付キテ、車箱ヲ連ネテ縛バル索。軸

[とこ-し-へ-に (副) 長 とこしなへにニ同ジ。

とこ-ずれ (名) 床擦 久シク病床ニアリテ、肩、腰、臀ナド、擦レ傷ミテ、其部ノ生機ヲ失ヒテ發スル瘡ノ稱。トコゾメ。蓐瘡 眠瘡

とこ-つち (名) 床土 まさつちニ同ジ。

とこ-づめ (名) 〔病床ニ寐詰メタル意カ〕 とこずれニ同ジ。

[とこ-とは-に (副) 常 〔とはハ常磐ノ略カト云〕 永久變ハルコトナク。トコシヘニ。

とこ-なつ (名) 常夏 (一)何時モ夏ナルコト。トコシヘナルコト。「立山ニ、降リオケル雪ノ、等許奈都ニ、消ズテワタルハ、神隨トゾ」(越中ノ立山ナリ)ーニ、鳴キテモ歴ヱ、時鳥、繁キ深山ニ、ナニ歸ルラム」(二)野生ノ撫子ノ異名。花ノ盛リ、春ヨリ秋ニ亙レバイフ。(なでしこノ條ヲ見ヨ)「秋深ク、色移リ行ク、野邊ナガラ、ナホーニ、見ユル撫子」冬テレド、君ガ垣ホニ、咲キヌレバ、ウベーニ、戀シカリケリ」

[とこ-なつか-し・シキ・シケレ・シク・シク (形、二) 常懷 常ニナツカシ。「撫子ノ、トコナツカシキ、色ヲ見バ、モトノ垣根ヲ、人ヤ尋ネム」

とこなべ-やき (名) 常滑燒 尾州、知多郡、常滑村ニテ製スル陶器、瓶甕ノ類多シ、質粗ナレドモ堅シ、多クハ赭赤ナリ、薄ク釉ヲ施ス、茶褐、又ハ黄ナリ。

とこ-の-ま (名) 床間 人家ノ、客間ナトノ上座ニ、地板ヲ一段高ク構ヘタル處、古ヘ、寢床ノ設ケナリトイヒ、或ハ、佛龕ヲ置ゲリトモイフ、今ハ、常ニ、書畫幅ヲ掲ゲ、置物花瓶ナド飾ル。

とこ-ばしら (名) 床柱 床間ノ前ノ左右ニ用ヰル柱ノ稱。茶室ナドナルハ、他ノ柱ト變ヘテ、異様ナル材ナド用ヰル。

とこ-ばなれ (名) 床離 寐床ヨリ、起キ出ヅルコト。

[とこ-ふ・ラ・ヘ・ハ・ヒ・ヘ (他動) (規、二) 詛 〔說キ請フ意カト云〕 のろふニ同ジ。

とこ-ぶし (名) 常節 蚫ノ一種、小クシテ一二三寸ニ過ギズ、味、淡シ、殼、薄ク、形、瘦セテ、孔ノ數多シ。鰒

とこ-ぶち (名 床緣 床間ノ前ノ下ニ、横ニ亙ス材ノ稱。

とこ-みせ (名) 床店 持チ運ブベク作レル小キ店、街上ニテ物ヲ賣ルニ用ヰル。屋臺店。浮舖

[とこ-めづら-し・シキ・シケレ・シク・シク (形、二) 常ニメヅラシ。「難波人、葦火燒ク屋ノ、ススタレド、己ガ妻コソ、トコメヅラシキ」

[とこ-やみ (名) 常闇 永久闇ナルコト。「六合之內、常闇而不レ知ニ晝夜之相代ー」

[とこ-よ (名) 常夜 永久夜ナルコト。常闇。「天照大御神、閉ニ天石屋戸ー而刺許母理、云云、葦原中國悉闇、因レ此而常夜往」

[とこ-よ (名) 常世 永久變ハラヌコト。(祝スル語)「神ノ御手モチ、彈ク琴ニ、舞スル女、登許余ニモカモ」伊勢國則常世之浪、重浪歸國也」我ガ國ハ、常世ニ成ラム」

[とこ-よ-の-くに (名) 常世國 〔底依國ノ轉ニテ絕遠ナル意ト云〕 (一)遙ニ離レテ容易ク往來シ難キ國土ノ泛稱。「御毛沼命者、跳ニ波穗ー渡ニ坐于常世國ー」命ニ田道間守ー遣ニ常世國ー令レ求ニ非時香菓ー」心カラ、とこよヲ捨テテ、鳴ク雁ヲ」(二)轉ジテ、遠キ不變不死トイフ國土。「水江浦島子、入レ海到ニ蓬萊山ー我妹兒ハ、常世國ニ、住ミケラシ、昔シ見シヨリ、若エマシニケリ」絕域 仙鄕 (三)黃泉。「常呼ニト、吾ガ行カナクニ、小金門ニ、物悲シラニ、念ヘリシ、吾ガ兒ノ刀自ヲ」

ところ (名) 野老 〔根ニ鬚多シ、故ニ野老ノ字ヲ用ヰル〕 蔓草ノ名、春、舊根ヨリ苗ヲ生ジ、蔓、甚ダ長

ク延テ、葉ハ互生シテ、楕圓ニシテ尖リ、たてをおノミニシテ、やまのいもノ葉ニ似テ大ナリ、根モ相似タリ、蒸セバ黄色トナリ、鬚アリテ白ク、味甘ク、少シ蘞シ。萆薢 又、鬼ーアリ、其條ヲ見ヨ。

ところ (名) 處|所 〔所ニ、ろノ助辭ノ添ヘルナラム〕(一)場。場所。居所。地。トコ。(二)其郷土。「ーノ人」本地 (三)官署ノ稱。「大歌ー」「藏人ー」「内侍ー」「納ー」「臺盤ー」

ところ (名) 所 事ヲ指シテイフ辭。部。「心憎キーナキアリサマヲ」「汝ガ恨ムー、其謂レナキニアラネド」「見ルーニ違ハズ」「知ルーニアラズ」「言フーノモノ」

ところ (接) 處 然ルニ。(手紙ノ文ナドニ)「相糺候ー、其儀無レ之」

ところ (接尾) 所 人ヲ數フルニイフ語。ハシラ。方。(貴人ニ)「宮、二ーオハシマス」

ところがき (名) 所書 文書ニ、人ノ住所ヲ書キ入ルルコト。

ところがへ (名) 所替 (一)場所ヲ他ヘ移スコト。轉地 (二)大小名ノ領地ヲ他所ニ移シテ與フルコト。移封

〔ところせ・し・キ・ケレ・ク・ク (形・二) 所狹 (一)其場狹シ。物滿チテ過ギテ狹キホドナリ。「狹キ縁ニ、所セキ緋ノ御裝束ノ下襲ナド、引キチラサレタリ」(二)窮窟ナリ。オッコウナリ。手重シ。「ソコニ參リキテ、承ラマホシキ事アレド、エサスガニ、所セキ心地シテ」「心モトナクアリツルニ」文ニテハイカガ、長長トモ書カム、自ラワタラムトスレバー」

ところてん (名) 心太 〔心太ヲ心太ト讀ミタルヨリ轉ズ〕古名、ココロフト。コルモハ。ところてんぐさヲ、水ニテ善ク洗ヒテ晒シ、其ノ白クナレルヲ煮テ、熱ニ乘ジ、滓ヲ漉シ去リ、冷ヤシテ、凝リ固マラシメタルモノ、コレヲ細條トシ、醬油、酢、ナドニテ食フ、夏ノ時食トス。瓊脂

ところてんぐさ (名) 心太草 〔前條ヲ見ヨ〕海草、海中ノ砂石ニ着キテ生ズ、高サ三四寸、枝多ク、甚ダ細クシテ亂絲ノ如シ、紅、白、黄、紫、碧等ノ數種アリ、採リテ乾シテ、ところてんトス。石花菜

ところのしゆう (名) 所衆 藏人所ノ衆ノ略。古へ、藏人所ニ屬シテ、雜務ヲ辨ズル者、六位ノ侍ノ然ルベキ者、コレニ補ス。略シテ、衆。

ところばらひ (名) 所拂 刑ノ名、徳川氏ノ制ニ、其住所ヨリ追ヒ拂フモノ。(追放ノ條ヲ見ヨ)

とざい (名) 吐劑 胃中ノ物ヲ吐カスル藥。

とさう (名) 抖擻 とそうニ同ジ。

どさう (名) 土葬 土中ニ葬ムルコト。(火葬、水葬ナドニ對ス)

どざう (名) 土藏 ツチグラ。四面ヲ、泥土、漆喰、等ニテ塗リ被ヘル倉、火災ヲ防ガム設ケトス。

とさか (名) 鳥冠|鷄冠 古名、冠。鷄類ノ頂ニアル肉狀ノモノ、赤クシテ、刻多シ。雉、七面鳥、等、皆然リ。

とさかのり (名) 鷄冠菜 古名、トリサカノリ。海中ノ石ニ着キテ生ズ、形、略、鷄冠ニ似テ、高サ一二寸、刻ミ深キアリ淺キアリ、赤、白、黄、綠、紫、黑等、數色アリ、食用トス。鷄脚菜

とざし (名) 扃 鎖スモノ。門戸ヲ刺シ固ムル鎖、掛金、ノ類。

とざ・す・ス・セ・サ・シ・セ (他動)(規、一) 鎖 〔戸鎖スノ義〕戸ヲ閉ヂテ鎖ヲオロス。閉ヅ。締ム。

とさぶし (名) 土佐節 土州ノ海邊ニ産スル鰹節ノ稱、大ナルハ一二尺、肥實ニシテ、品味、鰹節ノ最上トス。

〔とさま (名) 外方 ホカノカタ。ソトノハウ。「少シとさまニ向キテ見給ヘバ」

とざま (名) 外樣 〔前條ノ語意〕徳川氏ノ頃、將軍ノ家門譜代ナラヌ大名ノ稱。外藩

とさまかうさま (副) アレヤコレヤト。左右ノ條ヲ見ヨ。

どさん (名) 土産 (一)其土地ノ産物。(二)イヘヅト。ミヤゲ。(土産ノ物ヲ齎スヨリ轉ズ)

どさりと (副) 重キ物ノ地ニ落ツル響ニイフ語。

とさゑ (名) 土佐繪 土佐氏一派ノ畫風ノ稱。寛元ノ頃、土佐守藤原經隆、(家ヲ春日トイフ)畫ヲ善クス、子孫、土佐守ニ任ジ、其裔、遂ニ、家ヲ土佐ト稱シテ、其畫法ヲ傳ヘ、一家ノ風ヲ成ス、行光、光重、廣周、光信等、名アリ。

††とざゑもん (名) 〔力士、黑船(或ハ、鳴瀬川)土左衛門トイヘル者、極メテ肥大ナリシニ譬ヘテ言ヒ始メタリト云〕東京ノ俗ニ、水ニ溺レタル屍ノ稱。溺屍

とし (名) 年|歳 〔過グルコト疾シノ義カト云〕(一)太陽ノ、黄道ヲ一周シテ元位ニ復ル間、又ハ、地球ノ、

軌道ヲ行キテ太陽ヲ一周スル間ノ稱。即チ、三百六十五日五時四十八分四十九抄一、サレド、常ニハ、コレヲ三百六十五日トシ、四年毎ニ、其五時餘ヲ合ハセテ一日トシテ、三百六十六日トシ、コレヲ閏年トス、是レ太陽曆ノ年ナリ。又、太陰曆ニテハ、三百六十日トシテ、五年毎ニ、二度ノ閏月ヲ置ク。(うるふ、又、おほみそか條、見合ハスベシ)(二)他ノ行星ニテモ、各、其軌道ヲ一周スル一期ノ稱。(三)齡。年齡。行年。「―六十」―積ル」―高シ」(四)世。時代。「―ヲ歷テ」(五)稻ヲ、其年ニ善ク實ルニ就キテイフ語。「我ガ欲リシ雨ハ降リキヌ、斯クシアラバ、言アゲセズトモ登思ハ榮エム」―祈」

とし (名) 徒死 徒ラニ死ヌルコト。イヌジニ。

とし・キ・ケレ・シ・ク (形・一) 疾 進ムコト早シ。後レズ。遲カラズ。

とし・キ・ケレ・シ・ク (形・一) 利 鋭 (一)スルドシ。鈍カラズ。好ク切ルル。(刀劍ニ)(二)覺早シ。カシコシ。敏

〔とじ〕 (名) 刀自 〔戶主ノ約ト云フ、イカガ、字、或ハ、刀自ヲ合シテ一字ニモ作レリ、ゾハ麻呂ノ麿ノ如シ、サルヲ、和名抄ニ、支那ノ古語ニ、謂二老母一爲レ負トアル負ノ字ノ譌トセルハ附會ナリ、刀自ハ老婦ニ限ルニアラズ〕(一)一家ノ妻ナド、スベテ、婦人ノ專ラ家事ヲ主ハ稃ノ者ノ稱。延ベテ、とうじ。允恭紀ニ、忍坂大中姬、母ニ隨テ家ニアリ、苑中ニ遊ビ給ヘル時、鬪鷄國造、嘲リテ、壓乞、戶母、戶母此日二觀自一ト呼ベルコアリ。萬葉集ニ、大伴坂上郎女、其留宅ノ女ニ

贈レル歌ニ、吾兒乃刀自云云、又、淨御原御宇天皇之夫人、字曰二氷上大刀自一。靈異記訓釋ニ、家室。遊仙窟ニ、娘子既是主人母。伊勢物語ニ、家とうじ、マメニ思ハムトイフ人ニツキテ、云云、なんあるじニ盃取ラセヨ。主婦 (二)轉ジテ、人ニ仕ヘテ其家事ヲ掌ル婦ノ稱。「宮宮ノとじ專女ニテモ、コノ御子ヲダニ生ミタラバ」(三)又、下臈ノ女官ノ稱。「刀自、御膳宿、臺所、各別也、云云、是一向御膳役者也」

とじ (名) 屠兒 エトリ。ヱタ。

とじ (副) 途次 ミチスガラ。

どし (接尾) 同士 どちノ轉。連。「仲間―」女―」思フ―」―軍」

どしうち (名) 同士打 味方ト味方ト鬪フコト。同黨ノ打合。內訌

としうへ (名) 年上 齡ノ他ヨリ長ケタルコト。年長

としかさ (名) 年嵩 齡ノ他ヨリ多キコト。高齡

〔とじきみ〕 (名) 戶閾 しきみトイフニ同ジ。

〔としぎり〕 (名) 年切 〔年嫌ヒノ約ト云〕 樹木ノ、年ニ因テ、實ヲ結バヌコト。(多ク、人ノ時ニ過ハヌナドニイフ)「イカデカノ、―モセズ、種モガナ、荒レタル宿ニ、植エテ見ルベク」「逢フコトヲ、―シタル、吾ガ身哉、花咲キ難キ、モノナラナクニ」

としご (名) 年子 年毎ニ打續キテ生ルル子。

としこし (名) 年越 舊年ヨリ新年ニ移ルコト、節分ノ夜、又、大晦日ノ夜ニイフ。送歲

としごひのまつり (名) 祈年祭 陰曆、二月四日ノ祭事、神祇官ニテ行ハル、時令ノ度ニ順ヒ、年穀ノ豐熟ナラムコトヲ祈ラル、全國、官幣國幣ノ諸神ヲ祀ル。キネンサイ。

としごろ (名) 年頃 (一)齡ノ其程トナリシコト。「―ニ成ル」成年 (二)トシバヘ。齡ノ程。年紀

としごろ (副) 年頃 數年コノカタ。年來。「―思フ所」年來

としし (名) 兎絲子 ネナシカヅラ。

としした (名) 年下 齡ノ他ヨリ後レタルコト。幼齡

としだま (名) 年玉 〔年ノ賜物ノ意ト云〕 新年ノ祝ヒニ用ヰル贈物。歲贄

として (辭) (一)とてニ同ジ。「何時―思ハヌハナシ」(二)と、ありての意。「忽然―現ハル」赫赫―」寂莫―」

としとくじん (名) 歲德神 又、歲神。陰陽師ノ稱スル神、曆ノ上ニテ、其年ノ大將軍塞リノ方ト相對スル方ヲ司ル神トス、其塞リトイフニ對シテ、明ノ方トモイフ、百事ニ福アリトシテ祭リ、コレヲ吉方、惠方ナドトモイフ。

としなみ (名) 年並 年次 毎年ナルコト。

としのいち (名) 歲市 年ノ暮ニ新年ノ用具ヲ賣ル市。

としのうち (名) 年內 (一)一年ノ間。年中。「年ノ內ハ、皆春ナガラ、暮レナム、花見テダニモ、慰キ世過サム」(二)今年ノ內。年內。(年末ニ)「年ノ內ニ、春ハ來ニケリ、一年ヲ、去年トヤ言ハム、今年トヤ言ハム」

〔としのは〕(副) 【毎年】 年毎ニ。去年モ今年モ。「毎年爾、來鳴クモノユヱ、霍公鳥」毎年謂之等之乃波ニ「得志能波爾、春ノ來タラバ」

〔としのを〕(名) 【年緒】 年ノ長ク續クコト。「一長ク、我モ思ハム」「一長ク、戀ヒヤワタラム」

としは (名) 【年端】 齡ノ程。「一モユカヌ」

〔としば〕(名) 【鳥柴】 鷹ノ捕リタル鳥ヲツクル木ナリト云。「暮レテ行ク、一ノ、雉ヲ、アラタマノ、春ヤ櫻ノ、枝ニツケマシ」

としばへ (名) 【年延】 齡ノ程。年輩。トシゴロ。年紀

としび (名) 【年日】 生レタル年ノ支干ト同ジ支干ノ日、灸治ヲ忌ムナドニイフ。

としま (名) 【年增】 さかリ過ギタル女。婦人ノ、凡ソ二十歳過ギテ四十歳頃マデノ稱。

とじまり (名) 【戸締】 戸ヲ閉ヂ鎖ナド刺スコト。

〔としみ〕(名) 〔落忌ノ約カト云〕 精進ヲ止ムルコト。シヤウジンオチ。源氏物語、少女ノ卷、賀ノ事ヲイヘル所ニ、御としみノ事トアルヲ、年滿ニテ賀ノコト解ケルハ、非ナリ、賀ニ佛事ヲ修スル事アリテ、其精進落ノ儀デリ。蜻蛉日記、初瀬詣ノ所ニ「ツバ市ニ歸リテ、としみナドイフメレド、我ハナホおやうじナリ」又、同ジ寺ニ詣デタル歸ルサノ事ヲイヘル所ニ「宇治ニテ、云云、としみノ設ケアリケレバ、云云」其下ノ詞ニ、氷魚ヲ贈リタル事アリ。落窪物語、石山詣ノ所ニ「歸リ給ハムニハ、御としみヲソシタマハム」

どじん (名) 【土人】 其國ニ生レツキタル民。

とじめ (名) 【戸締】 徳川ノ制ニ、庶人ノ閏刑ノ名、戸ヲ閉ヂ、休業セシム、重キハ、一百日ナリ、輕キハ、三十日以内ニシテ、コレヲ押籠トイフ。

としや (名) 【吐瀉】 ハキクダシ。

どしや (名) 【土砂】 (一)ツチ、スナ。(二)土砂加持ノ條ヲ見ヨ。

とじやう (名) 【都城】 (一)都市ノ郭アル處。(二)薩摩ニテ、在鄉ノ士族ノ聚落。

とじやう (名) 【登城】 城ニ參上ルコト。

どじやうざん (名) 【土常山】 キアマチヤ。

どしや-かぢ (名) 【土砂加持】 眞言宗ニテ行フ儀、土砂ヲ清水ニテ洗ヒ、護摩ヲ修シテ、加持ス、此砂ヲ屍ニ撒ケバ、日ヲ歷タルモノモ、筋骨硬バラズト云フ。

としやく (名) 【杜若】 (一)ヤブメウガ。(二)誤テ、カキツバタ。

としゆ (名) 【徒手】 カラテ。スデ。テブラ。

としゆけい (名) 【吐綬鷄】 カラクンテウ。

としゆ-せき (名) 【吐酒石】 吐劑ニ用ヰル藥。

としよ (名) 【圖書】 書籍地圖ノ類。

としよう (名) 【杜松】 ムロノキ。

としよく (名) 【徒食】 ヰグヒ。ネグヒ。

としよ-くわん (名) 【圖書館】 又、書籍館。多ク圖書ヲ集メ置キテ、人ノ覽ルニ供フル所。

としより (名) 【年寄】 (一)老イタル人。老人 耆老 (二)武家ノ職名、家老ニ次グモノ、(三)町村ニ長タル者ノ役名。坊正 里長

としよりよい (名) 〔鳴ク聲、年寄來ト聞ユト云〕 鳥ノ名、まめまはしニ似テ、稍小ク、胸ニ彩毛多シ、頭ニ白キ斑點アリ、聲、かつをうをりノ如シ、或ニ云、をを かけはとノ異名ナリト。

としよる・ル・レ・ラ・リ・レ (自動)(規・一) 【年寄】 老ユ。齡積ル。

としわか (名) 【年若】 齡ノ積ラヌコト。十五六歳ヨリ二十歳前後ノ稱。若年。青年

としわすれ (名) 【年忘】 特ニ歳暮ニ設クル酒宴ノ稱、其年中ノ勞苦ヲ忘レムトノ意ト云。別年

としをとこ (名) 【年男】 武家ニテ、追儺ノ豆打ヨリ、スベテ新年ノ諸儀式ヲ行ハスル役。

どす・スル・スレ・セ・シ・セヨ (他動)(不規・二) 【度】 (一)濟度ス。(濟度ノ條ヲ見ヨ)(二)俗人ヲ僧トス。

どすう (名) 【度數】 タビカズ。回數

とすぐろし・キ・ケレ・ク・ク (形・二) 穢氣ニ黑シ。

とすべり (名) 【戸辷】 いほたらふノ條ヲ見ヨ。

とせ (名) 【年歳】 〔年經ノ約〕 年ヲ數フルニイフ詞。熟語ニノミ用ヰル。「一一」「五一」「百一」「千一」幾一

とせい (名) 【渡世】 ヨワタリ。スギハヒ。ナリハヒ。生業

どせい (名) 【土星】 太陽ヨリ第六ニ位スル行星ノ名、地球ノ直徑ヨリ、九倍半、大ナリ、重輪アリテ、コレヲ繞リ、又陪星、七箇ナリ、二十九年半ニテ、太陽ヲ一周ス。

どせう (名) 【泥鰌】 どぢやうノ條ヲ見ヨ。

とせん (名) 渡船 ワタシブネ。フナワタシ。 渡舟

とぜん (名) 徒然 ツレヅレナルコト。物サビシクテ居ルコト。爲ルコト無クテ退屈ナルコト。

とそ (名) 屠蘇・椒酒 山椒、防風、肉桂、桔梗、白朮、等ヲ調合シテ、紅帛ノ鱗形ノ袋ニ入レ、酒ニ浸シタルモノ、特ニ元旦ニ飲ムモノトシ、年少ヨリ年長ト、次第ニ飲ム、一年ノ邪氣ヲ避クトス。又白散ハ刻ミナカラ、銚子ニ入ルルモノナリトゾ。

とそう (名) 抖擻 〔又、抖擻、擧ニ索物一也〕頭陀ノ條ヲ見ヨ。

とぞく (名) 土俗 土地ノ風俗。トコロノナラハシ。

とそく (名) 土足 履物ヲ穿キタルママノ足。「—ニテ上ル」「—ニテ蹴ル」

どだい (名) 土臺 (一)家作ニ礎ノ上ニ横ヘ、柱ノ下ヲ受クル材。(二)俗ニ、事ノ基。オホネ。 基本

とたう (名) 徒黨 黨ヲ結ブコト。相約シテ共ニ事ヲ行ハムトスル徒。(多ク惡計ニイフ)

とたう (名) 渡唐 唐土ヘ渡リ行クコト。

とたうき (名) 土當歸 草ノ名、ウド。

とだえ (名) 跡絶 トダユルコト。往來ノ絶ユルコト。斷ルルコト。「久シキ—ヲモ、カウタマサカナル人トモ思ヒタラズ」「瀬瀬ノ岩浪、—シテ」「晴レ初ムル、雲ノ—ノ」

〔とだち〕 (名) 鳥立 狩場ノ水草ノ地ナド、鳥ノ集ルヤウニシナシ置ク處、其飛立ツニ鷹ヲ合ハストス云。「ヤカタ尾ノ、眞白ノ鷹ヲ、引キスヱテ、宇多ノとだちニ 狩リクラシツル」

とだな (名) 戸棚 棚ニ戸アルモノ。 板廚

トタン (名) 亞鉛・倭鉛 〔蕃語ナリト云〕鑛物、元素ノ一、他鑛ト化合シテ出ヅ、最モ多ク爐甘石ヨリ取ル、質、結晶樣ニシテ、堅ク折レ易ク、鉛ヨリハ鎔ケ難シ、灰白ニシテ青ミアリテ光ル、銅ニ和シテ眞鍮ヲ作リ、或ハ、薄ク葉鐵ノ如ク製シテ、工作ニ用ヰ、其他、電氣機械 並ニ化合品トシテ用多シ、和産ナシ、舶來品ヲ用ヰル。

とたん (名) 機 ヲリ。ハヅミ。ヒヤウシ。

どだん (名) 土壇 土ニテ築キタル壇。

とだゆ・ユル・ユレ・エ・エ・エヨ (自動)(規、二) 跡絶 〔あとたゆノ約〕往來絶ユ。斷レテツヅカズ。トギルル。「戀ヒワブル、涙ノ隙ハ、ナキモノヲ、ナド逢フコノ、トダエソメケム」「トダエオキ侍リシ程ニ跡モナクコソ、搔キケチテ失セニシカ」 絶跡

とち (名) 杼・橡・杤 喬木、深山ニ多シ、葉、長大ニシテ朴ニ似テ細齒アリ、其七葉列ビテかへでノ葉ノ如キヲ一葉トス、夏ノ初、枝ノ梢ニ、五六寸ノ穗ヲナシ、五瓣ノ淡紅花ヲ綴リ開ク、大サ四五分アリ、材眞クシテ、間道アリテ美シ。 七葉樹 實ハ、秋、熟ス、つむきうノ實ニ似テ、外皮、厚サ二分許、茶褐色ナリ、熟スレバ、自ラ、三ツニ裂ケテ落ツ、内ニ一子アリ、扁ク圓ク、栗色ナリ。 天師栗 此實ヲ、米粉ニ交ヘ、餅トシテ食フベシ、とちもちトイフ。

とち (名) 鼈 すつぽんニ同ジ。トチガメ。

とち (名) 土地 (一)地。地面。場所。(二)ソノトコロ。郷里。「—ノ者」 本土

とぢ (名) 綴 トヂルコト。トヂタル狀。

どち (代) 〔いづちノ約訛〕イヅク。イヅレ。ドッチ。

どち (接尾) 共 互ニ同類ナルヲイフ語。ドシ。ドウシ。連。ナカマ。「男—」「女—」「若キ—」「思フ—」「思ハム—」

とちかがみ (名) 〔鼈鏡ノ義〕水草ノ名、池澤ノ中ニ生ズ、葉ノ大サ寸許、圓ク厚クシテ、一缺アリ、黄緑ニシテ光ル、葉ノ下ノ中心ニ、泡子アリテ鼈ノ背ノ如シ、數葉圓ク布ク、秋ノ半ニ、莖ヲ出シ、三瓣ノ白花ヲ開ク、大サ五六分ナリ。 蘋 水鼈

とちがめ (名) 鼈 すつぽんニ同ジ。

++とちくるふ・フ・ヘ・ハ・ヒ・ヘ (自動)(規、一) 〔共狂フ意カ〕戲レ合フ。

とぢこむ・ムル・ムレ・メ・メ・メヨ (他動)(規、二) 閉籠 戸ヲ閉ヂテ其内ニ籠メ置ク。 幽閉

とぢこもる・ル・レ・ラ・リ・レ (自動)(規、一) 閉籠 戸ヲ閉ヂテ、内ニ籠リ居ル。 籠居

とぢしろ (名) 綴代 書物帳面ノ紙ノ端ニ、綴ヂムガ爲ニ餘シ置ク所。

とぢほん (名) 綴本 トヂマキ。綴ヂタル書物。(卷物、折本ナドニ對ス) 册子

とぢまき (名) 綴卷 前條ノ語ニ同ジ。

とぢむ・ムル・ムレ・メ・メ・メヨ (他動)(規、二) 綴 事ヲ終ヘ結ブ。「極月ノ二十日ノ程ナレバ、大方ノ世ノ中トヂムル空ノ氣色ニツケテモ」 終結

とぢめ (名) 綴 トヂムルコト。終ヘ結ブコト。 終結

とちやう (名) 斗帳 帳ノ短小ナルモノ、帳臺ノ上、又

ハ、神佛ノ龕ノ上ナドニ垂ル。

どぢやう (名) 鰌 〔塵添壒囊鈔ニ、土長ノ音ヲ當テタリ、或云、泥鰌ノ音ノ轉訛カト、或ハ泥生、又、土生ノ音ノ轉トモイフ、常ニどぜうト記スハイカガ〕 魚ノ名、淡水ニ產ズ、形、鰻ニ似テ短ク、黑キ斑アリテ、腹白ク、鬚アリ、泥中ニ潛ミ、時時、水面ニ浮ビテ沫ヲ吐ク、泥中ノモノハ、肥エテ斑、薄ク、沙中ノモノハ、瘦セテ、斑、分明ナリ。泥鰌

どぢやく (名) 土着 其土地ニ住ミツキテ居ルコト。

とぢゆう (名) 途中 路ヲ行キテアル時。路上

とぢゆう (名) 杜仲 樹ノ名、ハヒマユミ。マサキ。

どちら (代) 何方 (一)イヅカタ。イツク。(二)イヅレ。ドレ。

とぢる (動) 閉ヅ、又、綴ヅノ訛。

と・づ・ヅル・ヅレ・ヂ・ヂ・ヂヨ (他動)(規・三) 閉 明キタルヲ塞グ。締ム。鎖ス。「戸ヲ―」眼ヲ―」通路ヲ―」 ○ロヲ―。默ル。噤

と・づ・ヅル・ヅレ・ヂ・ヂ・ヂヨ (自動)(規・三) 閉 締リ合フ。塞ル。「氷―」胸―」

と・づ・ヅル・ヅレ・ヂ・ヂ・ヂヨ (他動)(規・三) 綴 〔前前條ノ語ノ轉〕 重ネテ結ビ綴ル。一ツニ縫ヒツク。「書物ヲ―」

とつおいつ (副) 〔取りつ置きつ、ノ音便轉〕 手ニ取リ又地ニ置キテ。身、落チツカズ、心、一決セズシテ。「―案ジ煩フ」

〔とつぎをしへどり (名) 〔交接教鳥ノ義〕 鶺鴒ノ古異名。

とつ・ぐ・グ・グ・ガ・ギ・ゲ (自動)(規・一) 嫁 〔處繼グ、ノ義カ〕 (一)夫婦トナル。「妹脊、二柱、嫁繼給ヒ」渡邊ニテ番ガ妹ニとつぎケリ」好キ夫ニアハセムトシケルヲ、商人ニとつぎテ」(二)交合ス。「交道」交接教鳥」

〔とづ・く・ク・ケ・カ・キ・ク (自動)(規・一) 屆 〔留着ク、ノ義〕 とどく(規・一)ニ同ジ。

〔とづ・く・クル・クレ・ケ・ケ・ケヨ (他動)(規・二) 屆 とどく(規・二)ニ同ジ。

ドック (名) 船渠 〔英語、Dock.〕 海岸ナドニ設ケタル深ク大ナル渠ニテ、船ヲ造リ又ハ修復スル所。

〔とつくに (名) 外國 (一)畿內ノ外ノ國。「隨ニ其情願一令レ班ニ邦畿之外ニ」 畿外 (二)外國。異國。

とつくり (名) 德利ノ音便。 壜子

とつくりいちご (名) 覆盆子 蔓草、甚ダ茂ル、莖ニ刺多シ、葉ハ、互生シテ、五葉、七葉、着キテ、荼蘼ノ葉ニ似テ短シ、夏、枝ノ端ニ、五出ノ白花ヲ開キ、一朶、數十蕚、枝ヲ分ツコト、のいばらノ如クニシテ、花ハ小シ、實、熟スレバ、紅紫色ナリ、形、壜子ノ如シ。又、ナツイチゴ。

とつくりと (副) 篤トノ音便訛。

とつこつ (副) 突兀 物、高ク低ク尖リ聳エテ。

どつさり (副) (一)ドサリト。重キ物ノ落ツル響ニイフ語。(二)重キヨリ轉ジテ、多ク。タクサンニ。(關東)「―アル」

とつしゆつ (名) 突出 ツキイヅルコト。

とつせん (名) 突戰 突出デテ戰フコト。

とつぜん (副) 突然 不意ニ。不圖。ダシヌケニ。

とつつけ (名) 鳥付 鞍ノ條ヲ見ヨ。

とつて (名) 取手 器具ニ、手ニ取ルベク突出デタル處。柄ツマミ。柄 提梁 鼻鈕

とつと (副) 噇 衆人一同ニ高ク聲ヲ出スニイフ語。「―笑フ」―叫ブ」 哄

どつなぎ (名) 外繫 〔留繫ノ義カト云〕 馬ヲ繫ギ止メ置ク杙。ヨセバシラ。 柳

とつぱい (名) 頭盔 〔字ノ音ノ訛カ〕 兜ノ鉢。

とつぴ (名) 貂皮 〔豹貔ノ音ト云、或ハ韃語カトモ云〕 貂ニ似タル獸、朝鮮ニ產ス。 貂鼠

とつべん (名) 訥辨 物言フコトノ敏カラヌコト。 訥

〔とつみや (名) 外宮 (一)常ノ大宮ノ外ニアリテ行幸アル宮。「吾ガ大王ノ、常宮ト、仕ヘマツレル雜賀野ユ」(紀伊ニ幸スル時ノ歌)月モ日モ、カハリユケドモ久ニ經ル、三諸ノ山ノ、礪津宮ドコロ」古キ都ノ跡津宮ドコロ」 離宮 (二)伊勢ノ天照太神ノ外宮。卽チ、豐受太神ノ座ス宮。外宮。「次登由宇氣神、此者、坐ニ外宮之度相一神者也」

とて (辭) 迚 (一)天爾波、第一類ノとト第三類ノてト、ノ間ニ、他語ヲ略セルモノ、ト思ヒテ、ト言ヒテ、ナドノ略。「書ヲ讀マムー机ニ凭ル」花見ニー出デ行ク」(二)雖。トテモ。「然リー」然レバー」才子ナリー學バズ」

どて (名) 土手 〔或ハ、土堤ノ音カト云〕 つつみニ同ジ。 堤 封疆

とてい (名) 徒弟 〔門徒弟子ノ義〕 弟子。門人。

どてふ (名) 度牒 俗人ヲ僧尼ニ度スルトキニ、官ヨリ其名籍ヲ可シテ渡ス牒。

とても (副) 次條ノ語ノ略。イカニシテモ。「―斯ク、假リノ世ナラバ、假リニダニ、ナド亡キ人ノ、歸ヘラザルラム」

とてもかくても (副) 如何ニシテモ。シヲモシ。（とかくノ條ヲ見ヨ）

†とてら (名) 〔てゝれノ轉ナラム〕 昇人ノ冬ノ服、羽織ノ如クニシテ、厚ク綿ヲ入ル。（東國） 褞袍

とと (名) 父 父ノ轉。（小兒ノ語） 爺爺

とゝ (名) 鷄 〔鳥ヲ略シテ重ヌ〕 鳥。鷄。（小兒ノ語）

とゝ (名) 魚 〔鯥粗語ナリトモ云〕 ウヲ。（小兒ノ語）「魚屋」

とど (名) 止 （一）キハマリ。ハテ。「―ノツマリ」 到頭 （二）鯔ノ十分ニ成長シタルモノノ稱。

とど (名) 鰕 〔或ハ蝦夷語カ〕 （一）海獸ノ名、北海ニ多シ、膃肭ニ似テ大ナリ、但シ、齒ハ常ノ如シ、背ニ斑文アリ。 海猽 （二）海驢。（能州）

とど (名) 椴 〔或ハ蝦夷語カ〕 えぞまつニ同ジ。

どゞ (副) 度度 タビタビ。シバシバ。 頻數

とゞいつ (名) 都都一 よしこのぶしニ同ジ。

とゞきにんじん (名) 沙參 つりがねさうニ同ジ。

ととく (名) 都督 全軍ヲ統ブル職。總大將。

とゞく・ク・ケ・カ・キ・ケ (自動)(規.一) 屆 〔とづくノ轉〕 古ク、トヅク。至リ着ク。及ブ。達ス。「手―」目―」思ヒ―」心、萬事ニ―」

とゞく・クル・クレ・ケ・ケ・ケヨ (他動)(規.二) 屆 （一）古ク、トヅクル。至ラス。及ボス。送リ着クル。 致 （二）官ニ告グ。申シ上グ。

とゞけ (名) 屆 （一）トドクルコト。至ラスルコト。（二）事ヲ官ニ告グルコト。

とゞこほり (名) 滯 トドコホルコト。

とゞこほる・ル・レ・ラ・リ・レ (自動)(規.一) 滯 〔止凝ル意ト云〕 半途ニテ支フ。止リテ進マズ。

とゞのつまり (名) 〔止ノ詰ノ義〕 事ノ終ニ至レルコト。果。 到頭

ととのふ・フ・ヘ・ハ・ヒ・ヘ (自動)(規.一) 調 （一）修マリ揃ヒテ全クナル。 齊 整頓 （二）皆、備ハル。「器ガ―」 全備 （三）律ニ協フ。「調子―」 協律 （四）成ル。十分ス。成就ス。「謀―」相談―」 成功

ととのふ・フル・フレ・ヘ・ヘ・ヘヨ (他動)(規.二) 調 （一）揃ヘ成ス。善ク修ム。 齊 整頓 （二）悉ク備フ。「道具ヲ―」 備 （三）律ニ合ハス。「調子ヲ―」 協律 （四）買フ。

〔ととのほる・ル・レ・ラ・リ・レ (自動)(規.一) 調 ととのふ（規.一）ニ同ジ。

とゞまつ (名) 椴松 椴トイフニ同ジ。

とゞまる・ル・レ・ラ・リ・レ (自動)(規.一) 留止 〔取リ止マル意カ〕 行カズシテ一處ニ居ル。トマル。

とゞむ・ムル・ムレ・メ・メ・メヨ (他動)(規.二) 留止停 〔取リ止ムル意カ〕 （一）抑ヘテ遣ラズ。行カシメズ。止ム。（二）着クル。「氣ヲ―」目ヲ―」耳とどめ給ヘルニ」 （三）後ニ遺ス。「カグヤ姫ヲとどめテ歸リ給ハムコトヲ、アカズ口惜シク思シケレバ」 留 遺

とゞめ (名) 止 人ヲ殺シテ、終ニ喉ヲ刺シ、全ク息ノ根ヲ止ムルコト。「―ヲ刺ス」

〔とゞめく・ク・ケ・カ・キ・ケ (自動)(規.一) 轟 トドロメクゾヤワヤト騷ギ立ツ。「大勢、思ヒ思ヒニとどめきケレバ、行チマギレテ聞エザリケレバ」攻メヨ、懸ケヨ、隙アラセソ、トとどめきケレバ」 喧擾

とゞや (名) 魚屋 （一）魚ヲ賣ル家。ウヲヤ。（近畿） （二）―ノ茶碗トイフハ、朝鮮產ノ一種ノ陶器ニテ、茶家ニ珍重スルモノ、泉州堺ノ豪商魚屋トイフ者、始メテ得タレバイフトゾ。

とゞろかす・ス・セ・サ・シ・セ (他動)(規.一) 轟 （一）トドロクヤウニテス。ドロドロト響カス。（二）名高クナス。遍ク世ニ知ラシム。「名ヲ一世ニ―」

とゞろく・ク・ケ・カ・キ・ケ (自動)(規.一) 轟 （一）ドロドロト鳴リ響ク。鳴動ス。（雷、車、瀧ノ響ナドニ）（二）名高クナル。遍ク世ニ知ラル。「功名、天下ニ―」

とゞろゝ (副) 轟轟 物ノ轟キ響ク音ニイフ語。ドロドロト。「岩モ―、落ツル水」雷ノ空モ―」

〔とゞろめく・ク・ケ・カ・キ・ケ (自動)(規.一) 轟 とどろくニ同ジ。

トナカイ (名) 馴鹿 〔蝦夷語〕 寒帶地ノ獸、唐太島ニモ產ス、鹿類ノ大ナルモノニテ、體、馬ヨリ稍小ク、牝、牡、共ニ角アリテ、角ニ叉多シ、性、柔順ナレバ、土人畜ヒテ、雪中ニ橇ナドヲ牽カシム、殊ニ疾シ、肉、食フベク、皮、衣トスベシ。

どなた (代) 何方 （一）何レノ方。イヅカタ。（二）誰ノ敬語。

となふ・フル・フレ・ヘ・ヘ・ヘヨ (他動)(規.二) 唱 〔音ヲ活用

ふ (一)述ベ言フ。(二)呼ブ。稱ス。「名ヲ何トー」稱 (三)誦ミ言フ。「念佛ヲー」「呪文ヲー」誦 (四)呼ビ行ク。綱レマハル。徇

となへ (名) 唱 (一)トナフルコト。(二)呼名。稱號。稱

と-なべ (名) 土鍋 土燒ノ鍋。瓷鍋

〔と-なめ (名) 臀呫 〔後嘗ノ義〕蜻蛉ノ、雌雄、互ニ尾ヲ銜ミテ、輪トナリテ飛ブコト云。「猶如蜻蛉之臀呫」

となり (名) 鄰 (一)トナルコト。並ビツヅキタル家。(二)國郡、町、村ナドノ、相境ヒスルモノ。

となる・ル・レ・ラ・リ・レ (自動)(規・一) 鄰 〔戸並ムノ轉カ〕(一)家、並ビツヾク。(二)國郡、町、村、相境ス。境フ。

とにかくに (副) とかくノ條ヲ見ヨ。

とにもかくにも (副) とかくノ條ヲ見ヨ。

とね (名) 刀禰 〔或云、伴之部ノ約、或云、殿寐ノ略〕(一)高キ卑キ、凡ソ、朝廷ニ仕フル官人ノ總稱。「刀禰召、少納言、唯、出召、王卿以下、列入」百官主典以上、稱二刀禰一 (二)轉ジテハ、卑下ノ吏胥ノ、村長、里長、等、凡ソ公事ニ預ル程ノ者ノ稱。「大原刀禰等、於二内院下部一不レ隨二行事所召一」「伊勢島ヤ、海人ノー等ナ」

とねり (名) 舍人 〔或云、刀禰入ノ約、或云、殿入ノ約〕(一)天皇皇族ノ近侍雜使ノ官、攝關以下、人臣モ、賜ハレバ具ス。大ー、内ー、小ー等アリ、各條ニ註ス。(二)又、牛車ノ牛飼、乘馬ノ口取、ナドノ稱。

とねりこ (名) 秦皮 樹ノ名、葉ハ對生シテ鋸齒アリ、夏、花ヲ開キ、實ヲ結ブ、長サ一寸許ノ薄片ニシテ、松子ニ似テ大ナリ、熟スレバ褐色ニシテ、穗ヲナシテ垂ル、樹ノ皮ヲ秦皮トイヒテ、藥トシ、又、煮テ膠ヲ取ル。

との (名) 殿 〔戸名ノ轉ニテ、諸殿、其名ニ因テ分テバイフカト云〕(一)帝王高貴ノ住マルル高大ナル家ノ稱。(二)居所ヨリ轉ジテ、直ニ、貴人君主ヲ尊ビ呼ブ語。(代名詞ノ如クモ用ヰル)(三)攝關ノ稱、殿下ナドイフガ如シ。關白ノ子又ハ猶子ヲ、ーノ中將、ーノ法印、ナド呼ブモ、是レナリ。(四)中世、婦ノ良人ヲ呼ブ語。(五)後ニ轉ジテ、婦人ヨリ一般男子ヲ敬ヒ呼ブ語。「ー方」「ー御」

との (名) 殿 殿ヨリ轉ジテ、人名ニ添ヘテ敬ヒ稱スル語、後世、書體ニテ、尊卑ヲ分チ、楷、行、草、假名ナド書キ分ケテ用ヰル。(さまノ條、見合ハスベシ)

との (代) 何 何レノ。

とのこ (名) 砥粉 〔砥ノ用ヲナス粉ノ義〕黄土ヲ燒キテ粉トセルモノ、物ニ塗ケテ研ギ磨キナドスルニ用ヰル。磨刀泟

とのご (名) 殿御 婦人ヨリ一般男子ヲ敬シテ呼ブ語。

〔とのごもる・ル・レ・ラ・リ・レ (自動)(規・一) 殿隱 〔寢殿ニ入ル意〕寢ヌノ敬語。御寢ナル。「夜ハ、コナタニとのごもれ」御脇息ニ押シカカリテオハシマスママニ、ヤガテ御とのごもりニケリ」

とのさま (名) 殿樣 主君貴人ヲ尊ビ呼ブ語。

とのさまばつた (名) 蟲ノ名、ばつたノ條ヲ見ヨ。

とのばら (名) 殿原 男子ヲ敬ヒ呼ブ語。

とのびと (名) 殿人 貴族ノ家人、又ハ、其家ニ出入伺候スル者ノ稱。

〔とのへ (名) 外重 〔九重ノ重ナリ、多ク、誤テ外衞ト書ス〕禁中、宮門ノ外ヲ守ル職。左右衞門ノ陣。「皇祖ノ、神ノ御門ニ、外重ニ、立チ候ラヒ、内重ニ、仕ヘマツリテ」とのへ守ル身ノ、御垣守ヲサヲリシクモ、思ホエズ」

とのみち (副) 何レニシテモ。

〔とのもづかさ (名) 次條ノ語ニ同ジ。

〔とのもりのつかさ (名) 次條ノ語ニ同ジ。

とのもれう (名) 主殿寮 〔殿守ノ官ノ義〕トノモリノツカサ。トノモヅカサ。古ヘ、宮内省被管ノ寮、供御輿輦等ノ事、及ビ、殿庭洒掃、燈燭、庭燎等ノ事ヲ掌ル。

とのゐ (名) 宿直 〔殿居ノ義、里居、夜居ノ如シ、殿寢ノ義トスルハ非ナリ〕(一)禁中官署ニ宿リテ勤ヲ守ルコト。(二)皇后、女御、ナドノ御添臥。「御門、セムカタナウ悲シウオボサルルニ、御方方ノ、御とのゐナドモ、絶エテシタマハズ」

〔とのゐぎぬ (名) 次條ノ語ニ同ジ。

〔とのゐさうぞく (名) 宿衣 直衣、衣冠ナルコト云。(束帶ニ對ス)トノヰギヌ。トノヰスガタ。

〔とのゐすがた (名) 前條ノ語ニ同ジ。

〔とのゐまうし (名) 宿直奏 禁中、宿直ノ者、夜中、時時、其姓名ヲ奏スルコト

〔とのゐもの (名) 宿直物 宿直ニ用ヰル衣服臥具。

〔とのゑ (名) 外衛 外衛ノ誤。

とば (名) 苫 とまノ訛

どば (名) 駑馬 力劣レル馬、歩ムニ遲キ馬。

とはう (名) 途方|度方 (一)事ヲ爲ベキ方。「―ヲ失フ」「―ニ暮レテ」(二)條理。「―モ無イ」―途轍モ無イ」

とばかり (副) 〔とハ天爾波ナリ〕 暫シノ程。「―見ツル」「―アリテ、此事ヲ言出シタリケレバ」

とばく (名) 賭博 博打。博奕。

どばし (名) 土橋 古クツチバシ。木ニテ杜梁ヲ作リ、上ニ土ヲ覆ヒタル橋。圯橋

とばしり (名) 迸 (一)トバシルコト。飛ビ散ルコト。「水ナドニ」(二)俗ニ、傍ニ居テ、禍ニカカルコト。トバチリ。

とばしり (名) 戸走 いほたらふノ條ヲ見ヨ。

とばしる・ル・レ・ラ・リ・レ (自動)(規.一) 迸 〔飛走ルノ略〕 飛ビ散ル。タバシル。ホドバシル。「水ノ、深ウハアラネド、人ノ歩ムニツケテ、とばしりアゲタル」

とばす・ス・セ・サ・シ・セ (他動)(規.一) 飛 (一)飛ブヤウニナス、散ラス。「三枚飛バシデ」(二)驅ル。馳ス。「馬ヲ―」[illegible] (三)間ヲ措ク。

とはずがたり (名) 不問語 人ノ問ヒモセヌニ、己レ自ラ語リ出ヅルコト。

とばつけ (名) 土礫 はりつけノ條ヲ見ヨ。

とばと (名) 堂鳩 はとノ條ヲ見ヨ。

〔とばま (副) 常 〔常磐ニノ略〕 トコトハニ。トコシナヘニ。常ニ。不斷。「富士ノ根ノ、燃エツツ、―思ヘドモ」

とばり (名) 帳 〔戸張ノ義ニテ、戸ヲ閉ヅベキ處ニ張リテ、明ヲ取ル意ト云〕 布帛ノ類ヲ張リ垂ルルモノ。長暖簾ノ類。帷幔

とばゑ (名) 鳥羽繪 一種ノ粗筆畫、諧謔ナル人物ナド畫ク。保延ノ頃、鳥羽僧正(覺猷)ニ始マルト云。

とひ (名) 都鄙 みやこトゐなかト。

とひ (名) 徒費 空シク費ヤスコト。ムダヅカヒ。

とひ (名) 樋 〔戸樋ノ義カト云、或ハ通樋ノ意カ〕 (一)樋ニ同ジ。(二)屋ノ檐ノ雨滴ヲ承ケシムル具、竹管ヲ用ヰルヲ―竹トイヒ、木ニテ方形ノ筒ニ作レルヲ匣―トイヒ、共ニ、雨―トモイフ。其横ニ長ク檐ニ亙スヲ、横―トイヒ、横―ノ端ニ、竪ニ立ツルモノヲ、竪―トイフ。承霤

とひ (名) 問 問フコト。聞キタダスコト。「―ヲ發ス」

とび (名) 鳶鴟 〔高ク飛ブ故ノ名カト云〕 (一)鳥ノ名、形、鷹ニ似テ、稍大ク、色、紫黒ニシテ、尾ノ形、扇子ヲ開キタルガ如シ、觜、長ク曲ル、天、朗晴ナレバ、高ク空ヲ翔ル、多クハ市中ニ居テ、鷄ノ雛、雀ノ子、魚腸ナドヲ捉ヒテ食トス。(二)鳶口ノ略。(三)鳶ノ者ノ略。

どび (名) 荼蘼 蔓生ノ灌木、高キハ丈餘ニ至ル、枝ニ刺多シ、葉ハ、五葉一朶ヲナシ、薔薇ニ似テ、冬枯レズ、花ハ、夏ノ初ニ盛ニ開ク、白クシテ青ミアリ、千瓣ニシテ、徑一寸許、山伏ノ袈裟ノ菊綴ノ如シ、ソレヲ誤リテ頭巾薔薇ノ名モアリ。

とびあはす・スル・スレ・セ・セ・セヨ (他動)(規.二) 問合 事ヲタシカメムト問フ。カケアフ。照會

とびあはせ (名) 問合 トヒアハスルコト。カケアヒ。照會。

とびいし (名) 飛石 書院茶室ナドノ路次ニ並ベ据ウル平面ナル石、人ノ歩ムニ供フ。

とびいり (名) 飛入 (一)草木ノ花ノ色ニ、他色ノ入リテ斑ヲナセルモノノ稱。(二)仲間ノ外ノ者ノ、不意ニ入込ムコト。

とびいろ (名) 鳶色 鳶ノ羽ノ色、即チ、紫黒ノ色。栗色ノ淡キモノ。茶褐

とびかふ・フ・ヘ・ハ・ヒ・ヘ (自動)(規.一) 飛交 互ニ飛ビ行キ飛ビ來ル。

++とびきり (名) 飛切 殊ニ他ニ超エテ勝レルコト。最上。極上。

とびぐち (名) 鳶口 棒ノ端ニ、鳶ノ觜ノ如キ鐵鈎ヲ着ケタルモノ、物ヲ鈎シ又ハ壞スナドニ用ヰル。

とびだうぐ (名) 飛道具 鐵砲弓矢ナド、遠クヨリ飛バシテ敵ヲ攻ムル武器ノ稱。

とひだけ (名) 樋竹 樋ノ條ヲ見ヨ。

とびち (名) 飛地 居村ヨリ他村ヲ隔テテアル屬地。

とびちがふ・フ・ヘ・ハ・ヒ・ヘ (自動)(規.一) 飛違 (一)飛交フ。(二)++懸ケ隔タル。甚ダ違フ。「話ガ―」 懸隔

とひつ (名) 土筆 (一)ツクツクシ。(二)燒筆ノ漢名。

とびのうを (名) 飛魚 古名、トビヲ。東南海ニ多シ、春夏ノ交、鰹ニ先ダチテ出デ、夏後、無シ、長サ尺許、形、そばしりニ似テ、兩脇ノ鰭、翼ノ如ク長クシテ

尾ニ至ル、能ク水ヨリ出デテ、群リテ海上ヲ直進飛行ス、背、碧ニシテ、腹、白シ、鹽ニ漬ケテ食用トス。文鰩魚

とびのもの (名) 鳶者 江戸ニテ、町火消ノ役ニ出ツル者ノ稱、鳶口ヲ持テバ名トス。

〔とびのを (名) 鵄尾 牛車ノ名所、轅ノ如クニテ、軍ノ後ニ出デタルモノト云。音便ニ、トミヲ。

〔とびのをごと (名) 鵄尾琴 和琴ノ一種、其頭ノ製、曲リテ上ヘ出デ、鳶ノ尾ノ形シタルモノ。音便ニ、トミヲゴト。

とびはちぢやう (名) 鳶八丈 太織ノ一種、鳶色ト黄色トノ絲ニテ、縱橫ニ、黄八丈縞ニ擬ヘテ織レルモノ。

とびはなる・ルル・ルレ・レ・レ・レヨ (自動) (規、二) 飛離 (一)飛ビテ退ク。(二)懸ケ隔タル。甚ダ異ナリ。懸隔

とびひ (名) 飛火 (一)火災ノ火片ノ、風ニ飛ビテ、隔リタル家ニ燃エツクモノ。(二)小兒ノ面ナドニ生ズル瘡ノ名、忽ニシテ點點蔓延ス。

とびまる (名) 問丸 〔古ヘ、商家ナドノ家號ヲ丸トイヘリ、今ノ屋ノ如シトゾ〕 問屋ニ同ジ。

ど-びん (名) 土瓶 陶製ノ器、湯ヲ沸シ、茶ヲ煑ルナドニ用ヰル、注口アリ、提梁アリ。

とびむし (名) 飛虫 (一)濕處ニ生ズ、形、蝦ニ似テ、大サ二三分、灰白色ニシテ、足、多シ、眼黑ク、兩ノ髭長ク、翅無ク、跳ル「、蚤ノ如シ。ミムシ。ハネムシ。

とびや (名) 問屋 〔とひハ集ノ約カ、古ク、集屋〕 古ク邸家。中世ニ、問丸。製造人ヨリ品物ヲ集メ置キテ、コレヲ請賣ノ者ニ賣ル商家。卸賣ノ商店。音便ニ、問屋。行家

ど-びやうし (名) 銅拍子 〔銅鈸子ノ音ノ訛〕 (一)樂器、形、鐃鈸ノ如クニシテ小ク、眞鍮ニテ作ル。銅鈸子 (二)蓴菜ノ異名、葉ノ形似タレバイフ。(和州)

とひやは (名) 問屋場 宿場ノ人馬ヲ繼ギ立ツル家。トンヤバ。驛亭

＊ど-ひやくしやう (名) 土百姓 農民ヲ賤ミテ呼ブ語。

とびら (名) 扉 〔戸片ノ義〕 開戸ノ戸。

〔とびらのき (名) 石楠草ノ俗稱トアリ。今とべらのきトイフモ是レカ。

〔とびを (名) 飛魚 とびのうをニ同ジ。

〔とふ (名) 十編 編目ヲ十筋ニ編ミタルモノ、「―ノ菅薦」「―ノ藁薦」

と-ふ (名) 都府 ミヤコ。

と-ふ・フ・ヘ・ハ・ヒ・ヘ (他動) (規、一) 問 〔外言フノ約カト云〕 (一)聞キタダス。タヅヌ。「理ヲ―」「事ヲ―」(二)安否ヲ聞ク。トブラフ。オトヅル。ミマフ。「路蹈ミ分ケテ、―人ハナシ」トハレシ中ゾ、今ハ絶エヌル」 訪 (三)亡キ人ノ追福ス。トブラフ。「亡キ跡ノ、三十アマリノ、三年マデ、―テ老ノ、憂サモ忘ルル」 追福

〔とふ (動) 「ト云フ」ノ音便約。「吾レノミゾ、君ニハ戀フル、吾ガ背子ガ、戀フト云事ハ、言ノ慰ゾ」

と-ぶ・ブ・バ・ベ・ビ・マ (自動) (規、一) 飛 〔疾ヲ活用セル語カ〕 (一)翼ヲ動カシテ、空ヲ行ク。翔ル。「鳥―」(二)吹キ上ゲラレテ散リ行ク。「紙―」「塵―」 翻 (三)ヲドル。跳ヌ。「蟲―」 跳 (四)間、隔タル。間ヲ置ク。「二三枚飛ンデ畫アリ」 隔

とぶ (名) 溝 〔とぶとぶスル意カ、或云、泥淵ノ略〕 溝。下水。

とぶがひ (名) 溝貝 淡水ノ産、溝渠ナドニモアリ、形、狹ク長クシテ、一頭ハ廣シ、大ナルハ、長サ尺ニ至ル、殼ノ外ノ薄皮ニ横文アリテ、色黑シ、故ニ、からすがひノ名モアリ、黑皮ノ内ニ白粉アリ、其内甚ダ堅ク、色白ク青紫ヲ帶ビテ光ル、肉白ク、味佳ナラズ。 蚌

と-ぶぎよ (名) 杜父魚 イシブシ。カジカ。

と-ふく (名) 屠腹 ハラキリ。切腹。

ど-ふくりやう (名) 土茯苓 山歸來ノ條ヲ見ヨ。

と-ぶくろ (名) 戸袋 雨戸ヲ、晝間、引キ入レテ收メ置ク處。戸室

ど-ぶつ (名) 土佛 (一)ツチボトケ。土ニテ作リテ燒キナセル佛像。(二)土偶ノ布袋和尚ノ像ヨリ轉ジテ、俗ニ肥エタル人ヲ嘲リ呼ブ語。

〔とぶとりの (枕) 飛鳥 〔鳥ノいそかノ古名ハ、あそかナルベク、ソレニ掛ケテイヘルナラムト云〕 明日香(和州ノ地名)ノ枕詞。後ニハ、用ヰ馴レテ、飛鳥ノ字ヲ直ニあすかト讀ムニ至ル。

〔とぶひ (名) 飛火 古ク、狼烟ノ類、山岡ニ土壇ヲ築キ、薪ヲ積ミ、寇ナドアル時、火ヲ點ジテ合圖トシタリト云。 烽火

とぶらひ (名) 訪 (一)トブラフヿ。オトヅレ。見舞。(二)亡キ人ノ追福。トムラヒ。弔

とぶら・ふ・フ・ヘ・ハ・ヒ・ヘ (他動)(規・一) 訪 (一)安否ヲ訪フ。オトヅル。見舞フ。(二)喪アル人ヲ訪ヒテ悼ム。弔 (三)亡キ魂ニ追福ス。トムラフ。追福

どぶろ (名) 土風爐 土燒ノ風爐。

‡どぶろく (名) 濁醪 〔醪醸醱ノ訛カト云〕 濁酒ノ滓ヲ漉サヌモノ。モロミザケ。

どへい (名) 斗柄 北斗、又、破軍星、ノ條ヲ見ヨ。

どへう (名) 土俵 俵ニ土ヲ籠メタルモノ、積ミテ土手ノ用トス。土豚 土囊

どへうば (名) 土俵場 角力ヲ行フ場、周ヲ圓ク土俵ニテ積ミ上ゲ、中ニ砂ヲ籠ム。花場

とべらのき (名) 〔古ニイヘルとひらのきノ轉ナラム〕 樹ノ名、幹、高サ丈餘、葉ハ、石楠ニ類シテ、短ク厚ク、哆頭光澤アリ、冬枯レズ、枝葉繁密ナリ、夏、花、梢間ニ簇ル、五出又ハ六出ニシテ、厚張ナリ、大サ半寸許、初メ白ク、落ツル頃ハ黃ニシテ香アリ、三圓實、自ラ開ケ、紅子アラハル、まさきノ實ノ如シ。海桐花

とほ (名) 徒歩 カチ。カチアルキ。

とほあさ (名) 遠淺 海濱ノ、海上遠クマデ底淺キ處。

とほかさがけ (名) 遠笠懸 かさがけノ條ヲ見ヨ。

どぼく (名) 土木 普請。作事。

どぼく (名) 奴僕 シモベ。ヤツコ。下男。ヌボク。

‡とぼ・ける・ケル・ケレ・ケ・ケ・ケヨ (自動)(規・四・變) 恍惚 〔遠恍クノ略訛カ〕 (一)恍ク。シレジレシクナル。(二)恍ケタル風ヲシテ戲ル。

とほざか・る・ル・レ・ラ・リ・レ (自動)(規・一) 遠 〔遠離ルノ義〕 (一)遠ク離レ退ク。トホノク。(二)疎クナル。疎遠ニナル。疎闊

とほざ・く・クル・クレ・ケ・ケ・ケロ (他動)(規・二) 遠 〔遠放クノ義〕 遠クヘ退ケ遣ル。「人ヲ―」小人ヲ―」

とほさむらひ (名) 遠侍 古ヘ、武家ノ邸ニテ、中門ノ傍ニアル廊ノ如キ處、番ノ侍、此ニ居ル。寢殿ノ側近ク候フ處ヲ、單ニさむらひトイフ。

とほし (名) 通 (一)トホスヿ。(二)人夫駄馬ナド、宿場ニテ繼ギ替ヘズシテ行クヿ。

とほし (名) 簁 〔通シノ義〕 篩ノ一種、底ヲ竹ニテ目ヲ粗ク編メルモノ。其銅線ナルヲ、かなートイヒ、其大クシテ、繩ニテ釣リテ用ヰルヲ、つりートイフ。

とほ・し・キ・ケレ・ク・ク (形・一) 遠 (一)距離多シ。遙ナリ。(二)時ニ久シキ間アリ。(過去ニモ、未來ニモ) 久遠 (三)疎シ。親シカラズ。「遠キ親類」 疎 (四)アサハカナラズ。深シ。「遠キ慮」 深遠

とぼし (名) 照火 火ヲトボスモノ。松明紙燭ノ類。

とぼ・し・シキ・シケレ・シク・シク (形・二) 乏 古ク、トモシ。物欠ケテアリ。不足ナリ。

とぼしあぶら (名) 燈油 燈火ニ用ヰル油、多クハ、桐油ニわたたねノ油ヲ雜ヘテ用ヰル。

〔とほしろ・し・キ・ケレ・ク・ク (形・一) 遠ク著シ。氣高ク鮮ナリ。「山高ミ、河登保志呂之」御車ノ紋コソ、キララカニ、トホシロク侍リケレ」初ノ歌ノヤウニ限リナク、トホシロクナドハ、アラネド「優ニタヲヤカナリ」

とほ・す・ス・セ・サ・シ・セ (他動)(規・一) 通徹 (一)端ヨリ端マデトドカス。末マデ至ラス。(二)通ハス。通行セサス。往來セシム。「人ヲ―」風ヲ―」(三)濾ス。「水ヲ―」湯ヲ―」(四)貫ク。穿ツ。洞 (五)遂グ。果ス。「讀ミ―」歩キ―」(六)悉ク歷。全ク過ス。「冬ヲ―」土用ヲ―」(七)人馬ヲ繼ギ替ヘズシテ行ク。

とぼ・す・ス・セ・サ・シ・セ (他動)(規・一) 點 トモス。燃ヤス。火ヲツク。「燈火ヲ―」蠟燭ヲ―」

とぼそ (名) 樞 〔戶臍ノ義〕 (一)榍、閾、ニ孔ヲ穿チタル處。開戶ノかまちノ上下ノ端ニ出デタルモノヲさまらトイフ、相合ハセテくるるトナリテ、戶ヲ回轉開閉ス。(二)誤テ、戶。扉。「柴ノ―」

〔とほつおや (名) 遠祖 (一)先祖。(二)高祖父。カミオホヂ。

とほで (名) 遠出 家ヲ出デテ遠クヘ行クヿ。遠行

‡とほとほ (副) 老人ナドノ、ヨロボヒ歩ム狀ニイフ語。蹣跚

とほとほ・し・シキ・シケレ・シク・シク (形・二) 遠遠 (一)甚ダ遠シ。(二)疎疎シ。疎遠ナリ。「ウタテ、トホドホシクノミ、モテナサセタマヘバ」 契闊

〔とほなげ (名) 遠射 〔遠投ノ義、投ゲハ射ルナリ〕 遠クヘ矢ヲ射遣ルヿ。遠矢。

とほの・く・ク・ケ・カ・キ・ケ (自動)(規・一) 遠退 トホザカル。間隔タル。

とほのみかど (名) 遠朝廷 (一)遠處ニアル官府。「大王ノ、等保能美可度ゾ、美雪降ル、越ト名ニ負ル」(二)專ラ、太宰府。「大王ノ、遠乃朝庭ト、アリカヨフ、島門ヲ見レバ、神代シオモホユ」(筑紫ニ下ル歌)(三)又、三韓ヲモ稱ス。「スメロギノ、等保能朝廷ト、可艮國ニ、渡ル我ガ世ハ」(壹岐ニテノ歌)

とほのり (名) 遠乘 馬ヲ遠路ニ乘馴ラスコト。遠馬。

とほまはし (名) 遠廻 廻路ニテ送ルコト。打付ケナラズモノスルコト。迂廻

とほみ (名) 遠見 (一)遠ク見渡スコト。「一ノ景」遠望 (二)高キ處ヨリ、敵軍ノ動靜ナドヲ、遙ニ見守ルコト。「一番所」「一櫓」「一ノ兵」遠候 哨

とほみち (名) 遠路 遠キ路ヲ歩ムコト。遠足。遠行

とほめ (名) 遠目 遠キ處ヲ見遣ルコト。遠見

とほめがね (名) 遠眼鏡 遠キ物ヲ近ク大ク見スル眼鏡、筒ノ中ニ、二三枚ノ硝子鏡ヲ裝置ケテ成ル。望遠鏡 千里鏡

とほや (名) 遠矢 トホナゲ。矢ヲ數町ノ遠キニ射遣ルコト。遠射

とほり (名) 通 (一)トホルコト。トドクコト。(二)拔ケ通フコト。貫キ通スルコト。カヨヒ。「水ノ一」「風ノ一」(三)行ハルルコト。通用。流通。「金錢ノ一」「名ノ一」(四)行キ過グルコト。往來。「人ノ一」往來 (五)往來スル路。ワウライ。ワウクワン。通街 (六)向。方。スヂ。「指ノ向ク一」方 (七)揃ヒ。組。「衣裳二一」(八)ソノ如クナルコト。「右ノ一」「此ノ一」「見ルーノ狀」

とぼり (名) 點ルコト。燃ユルコト。「蠟燭ノ一」

とほりことば (名) 通語 世間押シナベテ用ヰル言葉。

とほりじ (名) 通字 人ノ實名ニ、祖先ヨリ世世傳ヘテ付クル文字。賴光、賴義、賴家ノ賴ノ如ク、淸盛、重盛、知盛ノ盛ノ如シ。

とほりな (名) 通名 世ニ押シナベテ知ラルル名。

とほりや (名) 通矢 矢數ノ條ヲ見ヨ。

とほる·ル·レ·ラ·リ·レ (自動)(規.一) 通 徹 (一)端ヨリ端マデトドク。末マデ至ル。(二)透キテ見ユ。透 徹 (三)拔ケ通フ。貫キ通ズ。「風ー」「穴ー」洞 (四)行キ過グ。カヨフ。往來ス。「路ヲー」「門ヲー」經過 (五)行ハル。通用ス。「金錢ー」「名ー」公行 (六)善ク分ル。解セラル。通ズ。「意味ー」「趣意ー」通解

とぼる·ル·レ·ラ·リ·レ (自動)(規.一) 點 トモル。燃ユ。「火ー」

とま (名) 苫 〔泊レバ被フ故ノ名カト云〕菅茅ナドニテ編ミ作レルモノ、船ナドニテ、屋ヲ覆ヒ雨露ヲ防グニ用ヰル。

どま (名) 土間 (一)家ノ中ニテ地板ナキ處。(二)東京ノ劇場ニ、舞臺ノ前面ナル低キ觀場ノ稱。(昔ハ地板無カリキ)

とます (名) 斗枡 一斗枡ニ同ジ。

とます·ス·セ·サ·シ·セ (他動)(規.一) 富 富ムヤウニナス。豐ニス。有福ナラシム。

とまつ (名) 塗抹 ヌリツクルコト。ヌリケスコト。

とまどひ (名) 戶惑 寐惑。夜中、俄ニ目ヲ醒マシ、燈モ無ク、方向ヲ失ヒテ迷フコト。

とまへ (名) 戶前 入口ノ戶ヲ立ツル所。「土藏ノ一」

どまんぢゆう (名) 土饅頭 土ヲ圓ク成リ上ゲテ築キタル墓。

とまや (名) 苫屋 苫ニテ葺キタル小屋。「蓬ノ一」

とまり (名) 止留 (一)トマルコト。止ムコト。(二)ヲハリ。ハテ。シマヒ。

とまり (名) 泊 (一)船ノ泊ル處。津。湊。船着。(二)旅ニテ宿ル處。宿 (三)トノヰ。トマリバン。宿直

とまりがけ (名) 泊掛 他ヘ一二夜ノ宿リヲ掛ケテ出デ行クコト。

とまりばん (名) 泊番 トノヰ。官署ニ宿リテ夜ヲ守リ勤ムルコト。トマリ。宿直

とまる·ル·レ·ラ·リ·レ (自動)(規.一) 止留 〔處ヲ活用セル語カ〕(一)一處ニ居テ動カズ。動キ止ム。トドマル。(二)果トナル。終ハル。「痛ミー」「聲ー」(三)塞ガル。閉ヅ。「關ー」「通行ー」塞

とまる·ル·レ·ラ·リ·レ (自動)(規.一) 泊 〔前條ノ語意ニ同ジ〕(一)船、港ニカカル。(二)ヤドル。宿

とまれかくまれ (句) ともあれ、かくもあれノ約 とかくノ條ヲ見ヨ。

とみ (名) 富 富ムコト。ユタカナルコト。有福。「招カネド、アマタノ人ノ、集ク哉、とみトイフモノゾ、樂シカリケル」

とみ (名) 富 〔貧者ノ富トナル意〕衆人ヨリ少シヅツ、金錢ヲ集メテ、鬮ヲ引キテ、當リタル若干ノ人ニ、

其金ノ全高ヲ割リ與ヘ、扨、其内ヨリ他ヘ施與セシムルヿ。此事、往時、神社、佛閣ノ再建集金ノ爲ナドニ行ヘリシガ、夙クヨリ禁ゼラル。

とみ（名）急〔疾みノ義、頓ノ轉、ナドイフハ非ナリ〕急ナルヿ。俄ナルヿ。「とみノ事トテ、御書アリ、驚キテ見レど」

とみに（副）急〔前條ヲ見ヨ〕急ニ。俄ニ。早速ニ。

〔とみのを（名）鴟尾 とびのをノ音便。

とみん（名）土民 其本土ノ民。

とむ・ム・メ・マ・ミ・メ（自動）（規．二）富〔積ムト通ズト云〕田宅貨財ノ所持多クナル。豐ニナル。有福トナル。

とむ・ム・ムレ・メ・メ・メヨ（他動）（規．二）止 停（一）進マシメズ。動カサズ。トドム。「車ヲー」（二）抑ヘ支ヘ。禁ジ制ス。「他出ヲー」抑 禁（三）遺ス。トドム。「功業ヲー」留 遺（四）宿ス。宿

とむ・ム・ムレ・メ・メ・メヨ（他動）（規．二）尋 タヅヌ。「誰シカモ、とめテ折リツル、春霞、立チ隱スラム、山ノ櫻ヲ」所射鹿ヲ、認ムル河邊ノ、和草ノ」とめ來カシ、梅盛リナル、我ガ宿ヲ」

トン（名）欄〔字ノ唐音〕支那舶來ノ椅子ノ形、樽ノ如キモノ稱、多クハ磁製ナリ。

トン（名）噸〔英、Ton.〕英吉利ノ重量ノ名、（一）千二百四十磅、我ガ二百七十貫九百四十六匁。

千六百九十三斤四一。

どん（名）鈍 ニテキヿ。ノロキヿ。

どん（名）殿ノ音便、稍、下輩ナルニ呼ブ、或ハ、奴婢ナドニ互ニ呼ブニ用ヰル。

とん-えい（名）屯營 タムロ。陣屋。

どん-えふ（名）嫩葉 ワカバ。芽出シノ葉。

どん-がめ（名）團龜〔泥龜ノ轉〕すつぽんニ同ジ。

どんがめ-いかき（名）かめのまざるニ同ジ。

どんがめ-むし（名）かうやひじりニ同ジ。

トン-キン（名）東京 安南ノ地名、織物陶器ナドノ名トス。

とん-ぐう（名）頓宮 假ニ構ヘタル宮。

どんぐり（名）團栗〔橡栗ノ音便訛ト云〕（一）古名ツルバミ。櫟ノ實、形、圓ク尖リテ、ひとつみノ栗ノ如シ、熟スレバ、黄褐色ニシテ、大サ二八七分アリ、實ノ本ニ梂アリテ、實ノ半ヲ包ム、其刺、粗ク柔ニシテ刺サズ、コレヲまやくし、又、よめのおきナドイフ、古ヘハ、此殼ヲ染料トシ、つるはみいろトイヘリ、薄鼠色ナリ。橡 皂斗（皂斗ノ字ハ、實ト梂トノ形ニ起ル、支那ニテモ染料トス、故ニ、皂字ヲ黑ノ義トス）（二）又、櫟、樫等ノ實ノ總名。

とん-ざ（名）頓挫 文法ノ語、議論文ナドニ、中途ニ姑ク論鋒ヲ收ムルヿ。

とん-し（名）頓死 卒中風ナドニテ俄ニ死スルヿ。卒死

とん-じ（名）遁辭 ノガレコトバ。ニゲコウジヤウ。

とん-じ（名）豚兒 他ニ對シテ、我ガ子ノ謙稱。

どん-じき（名）鈍色 にびいろニ同ジ、僧ノ服ニイフ。

とん-しふ（名）屯集 タムロスルヿ。寄リ集マルヿ。

とん-しゆ（名）頓首 支那ノ拜禮、頭ニテ地ヲ叩クヿ。首ヲ垂レテ地ニ至ルヿ。今、多ク、書翰上書等ノ末ニ、敬語トシテ用ヰル。

とん-しよ（名）屯所 タムロ。

とん-しようボダイ（句）頓證菩提 直ニ菩提ノ道ニ入ル。

‡どん-じり（名）〔止後ノ訛〕最モ後ナルヿ。

と-むしろ（名）藤席 とうむしろニ同ジ。

ドンス（名）緞子〔字ノ唐音、或ハ純子ナド記ス〕綿子地ノ絹布ノ名、地厚クシテ光澤多シ、紋アルアリ、無キアリ。閃緞

とん-せい（名）遁世 遯世 世ヲ遁ルルヿ。世俗ヲ去リテ佛門ニ入ルヿ。

どん-たう（名）鈍刀 ニテキカタナ。ナマクラ。

‡ドンタク（名）〔蘭語、Zun dag. ノ訛〕日曜日。休日。

とん-ち（名）頓智 臨機ニ出ヅル智。早速ノ智惠。機智

どん-ちやう（名）緞帳 だんだら筋ノ幕。

とん-ぢやく（名）頓着〔貪着ノ誤〕（一）佛經ノ語、其事ニ深ク思ヒヲカクルヿ。執着。貪着（二）掛念。案ジ。心配。「ーセズ」無ー」

‡どん-づまり（名）〔止ノ詰ノ音便轉〕物事ノ果。終局

どん-てん（名）曇天 曇リタル空。

とん-と（副）一向ニ。サラサラニ。絶エテ。「ー知ラヌ」ー似ヌ。

とんど (名) 爆竹 〔止ノ火ノ意カ、或云、唐土ノ故事ナドイフベキヲ訛レルニヤト〕 正月十五日ニ、松竹標縄ナドヲ收メテ燒クヿ、左義長ノ條ヲ見ヨ。

とん-とん (副) 戸ナドヲ叩ク音ニイフ語。ホトホト。剝啄

どん-どん (副) (一)太鼓ヲ打出ス音ニイフ語。鬨鬨 (二)水ノ瀧トナリテ落ツル響ニイフ語。ドウドウ。礮礮 滔滔

ドンドル (名) 雷藥 〔蘭語、Dondor.〕 小銃ノ管ニ塗リテ、打テバ、火ヲ發スル藥。

とんと (副) 頓 俄ニ。急ニ。

トンネル (名) 隧道 〔英語、Tunnel.〕 山ノ腹、又ハ、川ノ底、ナドヲ堀リ貫キテ、道路、鐵道、水道ナドノ通路トスル處。

とんばう (名) 蜻蛉 〔飛坊ノ音便ナラム、或云、飛羽ノ轉ト〕 古名、アキツ。エムバ。今、又、約メテ、トンボ。蟲ノ名、春夏ノ間、水蠆、水ヲ出デテ、蒲、菅、ノ葉ナドニ上リ、其背裂ケテ、羽化シタルモノ、六足ニシテ、頭、大ク、目、大ク露ハレ、頸ハ細クシテ蠅ノ如シ、腰、尾、甚ダ細長ク、尾ノ末ニ岐アリ、四ツノ翅、細長ク出デ、薄クシテ紗ノ如シ、大、小、形、色、種類多シ、秋ニ至リ、卵ヲ流水ノ中ニ遺シ、又、やまめトナル。あかー、かねつけー、おはぐろー、おやうりやうー、やんま等、各條ニ註ス。

とんび (名) 鳶ノ音便。

とんびカッパ (名) 鳶合羽 羅紗製ノ合羽、近年西洋ノ製ヲ傳フ、袖、廣ク長クシテ、翅ノ如シ。

とんびだこ (名) 紙鳶 鳶ノ形ニ作レルいかのぼり。

とん-びやう (名) 頓病 俄ニ差起レル病。「頓死ー」卒患

とんぶり (名) 丼 〔外國語ナラムカ〕 (一)陶製ノ一種ノ形ノ鉢。(二)匣袋ノ稱。

どんぶり (副) 丼 物ノ水中ニ落チ入ル音ナドニイフ語。

とんぼ (名) 蜻蛉ノ約。

とんぼ-がへり (名) 翻筋斗 〔筋斗同ニ斤斗ニ斤斫レ〕 木之具、頭重柄輕、用レ之則斗轉、爲ニ此伎ニ者似レ之」(一)蜻蛉ノ烈シク飛ビ進ミテ俄ニ返ヘルガ如ク、身ヲヒルガヘスヿ。(蹴鞠劍術ナドニ云フ)(二)童子ノ戲ニ、兩手ヲ地ニシ、兩脚ヲ天ニシ、左右ヘ、身ヲ輪ノ如ク廻ラスヿ。

とん-や (名) 問屋ノ音便。

とんやば (名) 問屋場ノ音便。

どん-よく (名) 貪欲 ムサボリ欲スルヿ。飽マデ欲、深キヿ。

とむらひ (名) 訪 (一)トムラフヿ。安否ヲ問フヿ。トブラヒ。ミマヒ。(二)喪アル者ヲ訪ヒ慰ムルヿ。弔 (三)亡キ魂ノ追福。(四)俗ニ、ノベオクリ。葬送。(東京)

とむらひ-がつせん (名) 弔合戰 戰死者ノ仇討ニスル合戰。

とむら-ふ-・フ・ヘ・ム・ヒ・・ (他動) (規・一) 訪 〔とぶらふノ轉〕 (一)トブラフ。人ノ安否ヲ問フ。ミマフ。(二)喪アル者ヲ訪ヒ慰ム。弔 (三)亡キ魂ニ追福ヲナス。

〔とめ〕 (名) 姥 〔專女ノ約カトモ云〕 老女ノ稱。「石凝姥、此云ニ伊之居梨度咩ニ」

とめ (名) 止留 トムルヿ。ヤムルヿ。

とめ-かは (名) 留川 漁業ヲ禁ジテ置ク川。

とめ-ど (名) 止處 止ムベキ處。トマリ。カギリ。際限。「一無ク」際涯

とめ-ば (名) 留場 山川原野ニ漁獵伐木ナド禁ジ置ク處。禁地

とめ-ばり (名) 留針 (一)裁縫スル間ニ、折目ナドニ假ニ刺シ止メ置クニ用ヰル針。(二)めどナキ針、物ヲ假ニ刺シ止ムルニ用ヰル、近年舶來ノ品ナリ。ピン。

とめ-やま (名) 留山 獵、伐木等ヲ禁ジ置ク山。タテヤマ。禁山

とめる (動) 止ムノ訛。

とも (名) 伴侶徒 (一)一群トナリテ相連ルル者。トモガラ。ナカマ。(二)連レ立チテ路ヲ行ク者。ツレ。「アツマノ方ヘ、ともトスル人、ヒトリフタリ、誘ヒテ行キケリ」同行 (三)物事ノ類同ジキモノ。屬 倫

とも (名) 朋友 〔前條ノ語意ニ同ジ〕 相知リテ常ニ相交ル人。トモガキ。トモダチ。知音。得意。

とも (名) 供 〔後ニ伴トナル義〕 後ニ從フ人。シドリベ。從者。從者 傔

とも (名) 艫 〔供ノ義、支那諸字書ニ、舳艫首尾ノ解、相反スルモノ多シ、和名抄ニ、艫ヲ度毛ト訓ジ、舳ヲ閇ト訓ズ、新撰字鏡ニ、艫ヲ戸ト訓ジ、舳ヲ止毛ト訓ズ、靈異記訓釋モ、舳ヲともトセリ、今、和名

抄ニ據ル」船ノ後邊。

とも (名) 鞆 〔手面ノ約ト云、或云、音物ノ約略、或云、止弦ノ約、鞆ハ和字ナリ〕古へ弓射ル時ニ、左ノ臂ニ着クル具、形圓ク、革ニテ作リ、巴ノ字ノ象ヲ畫キ、革緒ニテ約ズ。此物、弦ノ臂ニ觸ルルヲ避クルモノナリト云、或云、觸レシメテ音ヲ發セシメ、音ヲ以テ威スヿ、鳴鏑ノ如キモノナリト、後說、得タルガ如シ、次ノ用例ヲ見ヨ。「弓矢鞆音不」聞國」「丈夫ノ、鞆ノ音スナリ」丈夫ノ、手ニ巻キモタル、鞆ノ浦回ヲ」引放ツ、手束ノ弓ノ、矢ヲ早ミ、鞆音ニ的ノ、鳴リ交ハス哉」

とも (辭) 𪜈 第三類ノ天爾波、どトノミモイフ、上ノ語ノ意ヲ翻スル意ノモノ、但シ未定ナルニイヒテ、既定ノ意ノどもニ對ス、(篇首ノ語法指南ノ天爾遠波ノ條ヲ見ヨ)「擊ツー碎ケジ」「酌ムー盡キジ」「善クー惡シクー」

とも (辭) 𪜈 どトノミモイフ 前條ノ語意ニ同ジクシテ既定ノ意ヲイフ、「擊テー碎ケズ」「酌メー盡キズ」「善ケレー惡シケレ」

とも (名) 吃 どもりニ同ジ。

とも (接尾) 共 名詞ニ添ヒテ其同類アルヲ統ベテイフ接尾語。「物ー」「事ー」「親ー」「女ー」「舟ー」「車ー」等

〔ともかがみ〕(名) 友鏡 彼レト是レトヲ照シ合ハセテ見ルヿ。「黑髮ト雪トノ中ノ憂キ見レバ、ーヲモヅラシトゾ思フ」

ともがき (名) 友垣 〔垣ハ相扶持スル意ト云、或云友ガ君ノ略カト〕ともだちニ同ジ。

ともかくも (副) 左右ニ取捨 其事ハ如何ニアリトモ。(とかくノ條ヲ見ヨ)

ともがしら (名) 供頭 供廻ノ行列ヲ取締マル役。

ともかせぎ (名) 共稼 父子、夫婦、ナド相共ニ働キ稼グヿ。

ともがら (名) 儕 〔伴族ノ義〕共一類ノ者ヲ統ベテイフ語。ムレ。ヤカラ。ナカマ。

ともぐひ (名) 共食 (一)同類相害スルヿ。(禽獸ナド)(二)都會ノ地ナド、其住民同士ニテ互ニ賣買ノ利ヲ得テ、互ニ其生ヲ營ムヿ。

ともし (名) (一)燈火。(二)獵人ノ、夏ノ頃、火串ニ松ヲ燃シテ、鹿ノ寄ルヲ待チテ射ルヿト云。「五月闇、茂キ端山ニ立ツ鹿ハ、ともしニテノミ人ニ知ラルル」「鹿ハイカニ、シヅゴコロナク思フラム、トモスともしハ、野ニモ山ニモ」照射

ともし・シキ・シク・シケレ・シク・シク (形、二) 乏 (一)珍ラシク飽キ足ラズ思フ。「味凝、文ニ乏寸、高光ル日ノ御子」「武庫ノ浦ニ、榜ギタム小舟、粟島ヲ、背ニ見ツツ、乏シキ小舟」(二)羨マシ。「日下江ノ入江ノ蓮、花蓮、身ノ盛リ人、登母志岐ロカモ」「吾妹子ニ、吾ガ戀ヒ行ケバ、乏雲、並ビ居ルカモ、妹ト勢ノ山」(三)不足ナリ、少シ。トボシ。乏

ともしび (名) 燈火 點シタル火、油火、蠟燭火、篝火、皆イフ。アカシ。アカリ。

ともしらが (名) 友白髮 夫婦共ニ長壽シテ白髮ノ齡ニ至ルヿ。偕老

ともす・ス・セ・サ・シ・セ (他動)(規、一) 點 燈心、蠟燭ナドニ火ヲツク。トボス。

ともすれど (副) 〔どハ天爾波ナリ〕ヤヤモスレバ。マタシテモ。

ともぜい (名) 供勢 供ニ連ルル人數。

ともぞろへ (名) 供揃 供廻ノ者ヲ打揃ハシムルヿ。

ともだち (名) 友達 多クノ友。トモガキ。朋友

ともづな (名) 纜 〔艫綱ノ義〕船ヲ繋ギ止ムル綱。

ともどち (名) 互ニ友ナルヿ。友達同士。

ともども (副) 共與 相伴ヒテ。ヒトツニナリテ。

ともなふ・フ・ヘ・ハ・ヒ・ヘ (自動)(規、一) 伴 伴ニナル、連レ立ツ。「降レバ散リ、散レバ降ルカト、聞ユルハ、木ノ葉ー時雨ナリケリ」

ともなふ・フ・ヘ・ハ・ヒ・ヘ (他動)(規、一) 伴 引キ連ルル、誘フ、同伴ス。「ミソギスル、加茂ノ川風、吹クラシモ、涼ミニ行カム、妹ヲトモナヒ」

ともに (副) 倶 共 與 偕 相伴ヒテ、ヒトツニナリテ、一處ニ。類同ジクテ。

ともね (名) 共寝 一ツ衾ニ入リテ寝ルヿ。ヒトツネ。同衾

〔とものみやつこ〕(名) 伴造 〔伴ハ一部ノ意、倘、みやつこノ條ヲ見ヨ〕上古、諸部ノ長トシテ、各其部ヲ掌ル職。「若憂訴之人、有二伴造一者、其伴造、先勘當而奏」

〔とものみやつこ〕(名) 伴御奴 主殿寮ノ下部ノ禁

庭ノ掃除ナドスル者。「殿守ノ、ー、心アラバ、此春バカリ、朝淨メスナ」

〔とものを（名）伴緒〔伴ハ部ノ意、をハ長ノ本語ニテ渠帥ハ勇長ナルガ如シト云、或云、緒ニテ玉ヲ貫キ統ブルニ譬フ、貫首ナドイフ貫ノ如シト〕上古、其部屬ノ長ノ稱。「五伴緒」靫負伴男、劒佩伴男、伴男能八十伴男乎始弖、官官爾仕奉留人等」

ともまはり（名）供廻　貴族ノ供人ノ一群。部從

ともり（名）吃　ともどもりノ略。ドモルヿ。ママナキ。

ともる・ル・レ・ラ・リ・レ（自動）（規・一）點　火燃ユ。（油火、蠟燭火ナドニ）トボル。

ともる・ル・レ・ラ・リ・レ（自動）（規・一）吃〔つまる、とまるニ通ズ〕ともどもるノ略。人ノ癖ニ、物言フニ支ヘ促ル。（不具ノ如シ）

ともろ（名）艫艪　艫ノ方ニテ使フ艪。（脇艪ナドニ對ス）

ともゑ（名）鞆繪巴　古ヘ、鞆ノ面ニ畫キタル文、水、中ヨリ沸キテ外ヘ旋ル象、即チ、巴ノ字ノ象ヲナス、今、多ク、太鼓、瓦、ノ面ナドニ畫ク、又、多ク紋所トモシテ、左ー、右ー、二ツー、三ツーナドアリ。

ともゑガハラ（名）巴瓦　牡瓦ノ端ニ底アリテ、鼓ノ面ニ似テ、巴ノ紋ナドアルモノ、簷ノ端ニ用ヰル。瓦當　花頭瓦

とや（名）鳥屋（一）鷄鷹ナドヲ宿ス室。塒（二）夏ノ末ニ、鷹ノ羽ノ次第ニ落ツルヿ、後ニ再ビ羽ヲ生ジテ、冬ニ至リテ初メノ如シ。

とやき（名）土燒　つちやきニ同ジ　やきものノ條ヲ見ヨ。

〔とやま（名）外山　奥山ニ對シテ、端ナル山ノ稱トニ云。「深山ニハ、霰降ルラシ、とやまナル、マサキノカツラ、色ヅキニケリ」三吉野ノ、奥ユカシクモ、思フ哉、ーハ淺キ、初雪ノ庭」

とよ（名）豐〔富世ノ意カト云〕（一）物ノ足ヒテ饒ナルヲ稱フル語。「ーノ宮人」ーノ明」ー秋津島」（二）五穀ノ多ク登ルヿ。豐年。「ーノ年」ーノ雪」

とよ（名）樋ノ訛。（東京）

どよう（名）土用（一）暦ニ、十八日一期ノ稱、一年ニ四度アリ。春ノー ハ、淸明ノ後十三日（四月十七日）ヨリ十八日間ニシテ、終レバ立夏ナリ。夏ノーハ、小暑ノ後十三日（七月廿日）ヨリ立秋ニ至ル。秋ノーハ、寒露後十三日（十月廿日）ヨリ立冬ニ至ル。冬ノーハ、小寒後十三日（一月十七日）ヨリ立春ニ至ル。土旺（二）俗間ニ、專ラ、夏ノー十八日間ノ稱。

どようさぶらう（名）土用三郎　夏ノ土用ニ入リシヨリ三日目ノ稱、其日ノ氣候ニテ耕作ノ豐凶ヲトスルニイフ。俗間ニ、梅雨太郎、八專二郎、土用三郎、寒四郎ノ稱アリ、年中ニ四ツノ厄日トス。

どようだけ（名）土用竹　鳳凰竹ニ同ジ。

どようなみ（名）土用浪　夏ノ土用中ニ、海上ニ、風無クシテ浪ノ騷ツヿ。

どようはき（名）土用掃　すすはらひノ條ヲ見ヨ。

どようほし（名）土用乾　むしぼしニ同ジ。

〔とよ・ぐ・ク・ケ・カ・キ・ル（自動）（規・一）喧嘩　どよむニ同ジ。

〔とよさかのぼる・ル・レ・ラ・リ・レ（自動）（規・一）豐榮登　盛ニ映エテ昇ル。（朝日ナドニ云）

〔とよのあかり（名）豐明〔豐ハ稱辭ナリ、あかりハ、御酒ニテ顏ノ照リ赤ラブ義トニ云〕（一）汎ク朝廷ノ御宴會ノ稱。節會。宴樂（二）又、專ラ、新嘗祭ノ翌日（陰暦十一月中ノ辰ノ日）ノ節會ノ稱、コレヲ豐明節會トイフ、豐樂院ニテ前日神供ノ新穀ヲ、君モ聞食シ、群臣ニモ賜フナリ。

〔とよ・む・ム・メ・マ・ミ・メ（自動）（規・一）響動　鳴リ渡ル。「邊ヲ見レバ、白浪散動」足引ノ、山ニモ野ニモ、御狩人、得物矢手挾ミ、散動ミタル見ユ」雉子ハ登與牟」山トヨムマデ、鳴ク鹿ニ」

〔とよ・む・ム・メ・マ・ミ・メ（他動）（規・二）響動ムヤウニナス。トヨマス。「戀ヒ死ナバ戀ヒモ死ネトヤ、時鳥、物思フ時ニ、來鳴キ等余牟流」山モトドロニ、小牡鹿、妻呼ビ令響」

とよめ・く・ク・ケ・カ・キ・ケ（自動）（規・一）響動ムニ同ジ。

〔とよも・す・ス・セ・サ・シ・セ（他動）（規・一）響動ムヤウニナス。「アハヌノ雉子、騰余謀作儒」我ガ宿ニ、月押シ照レリ、時鳥、心アル今夜、來鳴キ令響」扇レ天扇レ地上ニ詣于レ天」

〔とよ・る・ル・レ・ラ・リ・レ（自動）（規・一）外寄　外ノ方ヘ寄ル。（奥寄ル、ノ反）「妙ニヲカシキ事ハ、とよりモゾヲカキ出

ヅル人人アリケレド」

とら（名）虎〔朝鮮語ナラムカ、人ヲ捕ル意ノ名トイフ〕ヘイカガ、或云、支那ニテ、楚人、虎ヲ於菟トイフ、於ハ發聲ニテ、（越ノ於越ノ如シ）其菟ヲ傳ヘテ、らノ助語ヲ添ヘテイヘルナリト云、此說モ附會ナラムカ〕猛獸ノ名、亞細亞大陸ニ多シ、高サ三尺許、長六尺許、大ナルハ丈許、頭、猫ニ似テ、體ニ比ブレバ小ク、尾長シ、獅ニ次ギテ猛クシテ、他獸ヲ捕リ食フ、背ノ毛黃赤色ニシテ、遍ク太キ黑線アリテ美シ、コレヲ虎斑トイフ、敷物ナドトシテ珍トス、面、喉、腹下、色白シ。

とら（名）寅〔虎ノ義〕（一）えとノ名、其條ヲ見ヨ。（二）時ノ名、其條ヲ見ヨ。（三）方角ノ名、えとノ條ヲ見ヨ。○一ノ月。正月。

どら（名）銅鑼 樂器、紫銅ニテ作リ、形 銅盤ノ如ク、枹モテ擊ツ、今、多ク、佛家ニテ用ヰル。

とらい（名）渡來 外國ヨリ海ヲ渡リ來ルコト。

とらう（名）徒勞 空シク骨折ルコト。ムダボネヲリ。

とらかす（他動）（規、一）盪 蕩（一）盪ケシム。心ヲ喪ハシム。タブラカス。「狐、人ヲ一トテハ、化シテ婦人トナリテ、顏色ヨク」（二）鎔ケシム。トカス。鑠

とらぎす（名）虎鱚 きすノ條ヲ見ヨ。

とらく（自動）（規、二）盪 とろくニ同ジ。

ドラクマ（名）西洋量目ノ名、だらくまニ同ジ。

とらげ（名）虎毛 虎斑ニ同ジ。「一ノ駒」

とらす（他動）（規、二）取 受ケ收メシム。「志バカリニ、コレヲトテ取ラスレバ」贈物ニトテ取ラセ給ヘル」

〔とらでん（名）圜亂旋 とらんでんニ同ジ。「獅子一」〕

‡とらねこ（名）飼主無クテ、サマヨヒアル猫。

とらのを（名）虎尾（一）宿根草 原野濕地ニ生ズ、高サ二三尺、葉ノ長サ三四寸、末尖リ、深綠ニシテ厚ク、皺アリ、鋸齒アリテ、互生ス、夏ノ末、莖ノ端ニ、穗ヲ成シテ、五瓣ノ細小白花ヲ綴リ開ク、穗、二三寸ニシテ、末窄ク獸ノ尾ノ如シ。珍珠菜（二）櫻ノ一種、花、千瓣ニシテ淡紅ナリ、枝ニ密付シテ開クコト毬ノ如シ、其枝長ク總圓ニシテ、疎ナル所アルコト、虎尾ノ斑ノ如シ、開クコト最モ遲ク、樹枝ニ曲折ナシ。

とらはれ（名）囚（一）捕ヘラルルコト。「一ト爲ル」（二）捕ヘラレタル人。トリコ。召人。

とらふ（名）虎斑 虎ノ條ヲ見ヨ。

とらふ（他動）（規、二）捉 執〔取ル、ノ延〕（一）抑ヘ取ル。「袂ヲ一」手ヲトラヘテ」（二）抑ヘテ搦メ取ル。ツカマヘル。ツラマヘル。「人ヲ一」捕

とらふぐ（名）虎河豚 河豚ノ、背ニ虎斑アルモノ。

とらふだけ（名）虎斑竹 まだらだけニ同ジ。

とらふまめ（名）虎斑豆 大豆ノ一種、子白クシテ、黑キ文アルモノ。

ドラム（名）西洋量目ノ名、だらむニ同ジ。

〔とらんでん（名）圜亂旋 舞樂ノ曲ノ名。トラデン。〕

とり（名）鳥 禽（一）二翼二脚ニシテ、全身ニ羽生ヒ、空中ヲ飛ビ翔ル動物ノ總名、皆、卵生ナリ、或ハ、高ク飛ブコト能ハザルモノモアリ。（二）專ラ、鷄、鶏。「一ノ音」「一合」

とり（名）酉〔鷄ノ義〕（一）えとノ名、其條ヲ見ヨ。（二）時ノ名、其條ヲ見ヨ。（三）方角ノ名。西。〔えとノ條ヲ見ヨ〕

とり（名）取 取ルコト。「琴ノ御コト、とりニツカハシテ」

とり（名）鳥ノ背骨ノ邊ニ付キテアル一種ノ凝血ノ如キモノ、毒アリトス。

とりあぐ（他動）（規、二）取上（一）取リテ擧グ。（二）受ケテサバク。（訟訴ナドニ）「御取上ゲニナラズ」受理（三）官ニ取リ入ル。取リ立ツル。「運上ヲ一」收公（四）奪ヒテ官ニ收ム。召シ上グ。「役義ヲ一」褫（五）兒ヲ產ムコトヲ扱フ。收生

とりあげばば（名）取上婆 古ク、トリアゲウバ。產婦ヲ介抱シテ、兒ヲ產マシメ取上グルヲ業トスル女。產婆。穩婆 穩婆

とりあつかひ（名）取扱 トリアツカフコト。パカラヒ。處理

とりあつかふ（他動）（規、一）取扱 扱フ、ニ同ジ。パカラフ。處理

とりあはす（他動）（規、二）取合 擇ビ取リテ、程好ク寄セ合ハス。湊合

とりあはせ（名）取合 トリアハスルコト。湊合

とりあはせ（名）鷄合 牡鷄ヲ鬪ハシメテ觀ル戲、グアヒ。鬪鷄

とりあひ（名）取合 (一)互ニ取ルコト。(二)爭ヒ。イサカヒ。

とりあへず（副）不取敢 (一)物ヲ取リ果セズ。「取ル物モー、立チ出ヅ」(二)猶豫ナク。「高潮トイフモノニテ、ソコーー人害ナハルルトハ聞ケド」(三)餘事ヲ差置キ先ヅ。「一差シ出シ申候」

とりあみ（名）鳥網 古ク、又、トナミ。網ヲ樹ノ枝ナドニ張リ置キテ、鳥ヲ追ヒ懸ラセテ捕フルモノ。鳥羅

とりいづ・づ・づる・づれ・で・で・でよ（他動）（規・二）取出 取テ出ダス。

とりいる・る・る・るる・るれ・れ・れよ（自動）（規・二）取入 寵ヲ得ムト媚ビツク。貪緣

とりうち（名）鳥打 弓ノ名所、弓束ニ同ジ。弣

とりえ（名）取得 人ノ才能學藝ノ取リ用キルベキ所。トリドコロ。長所

とりおき（名）取置 (一)取リ置クコト。收藏 (二)葬ル

とりおく・く・く・か・き・け（他動）（規・一）取置 (一)取リ收メテ置ク。收藏 (二)葬ル。

とりおこなふ・ふ・ふ・へ・ひ・へ（他動）（規・一）執行 扱ヒ行フ。

とりおさふ・ふ・ふる・ふれ・へ・へ・へよ（他動）（規・二）取抑 (一)抑ヘ止ム。抑留 (二)捕フ。擒メ取ル。拿捕

とりおどし（名）鳥威 田畠ノ鳥ヲ威シテ逐ヒ散ラス具。案山子ノ類。

とりおとす・す・す・せ・さ・し・せ（他動）（規・一）取落 誤テ落ス。漏ラス。遺失 脫失

とりおひ（名）鳥追 〔元ハ、田畠ノ鳥ヲ追ヒ散ラスニ歌ヘルモノナリトゾ〕年ノ初ニ、乞兒ノ婦女ナドノ、一種ノ祝歌ヲ三絃ニ合ハセ、門ニ立チテ錢ヲ乞フモノ。

とりおや（名）取親 〔取リ育ツル意カ〕養父ニ同ジ。

とりか（名）取箇 課シ取ル年貢ノ高。

とりかかり（名）取掛 爲始ムルコト。着手

とりかかる・る・る・るる・るれ・り・れ（他動）（規・二）取掛 爲シ始ム。着手

とりかご（名）鳥籠 古ク、鳥籠。鳥ヲ飼ヒ置ク籠、竹ヲ細ク削リ、透間アルヤウニ、方、圓、種種ニ作ル。

とりかた（名）捕方 捕手ニ同ジ。

とりかぢ（名）取舵 おもかぢノ條ヲ見ヨ。

とりがなく（枕）鷄鳴 〔曉ト言掛ケタル語ト云〕東國トイフ語ノ枕詞。

とりかはす・す・す・せ・さ・し・せ（他動）（規・一）取交 互ニ取ル。遣取ス。易ヘ合フ。「證文ヲー」交換

とりがひ（名）鳥貝 形、おかがひニ似テ、大サ三寸許、白クシテ端ハ淡紫ヲ帶ブ、殼ニ縱文ナシ、裏ハ淡紅ニシテ、肉ノ形、鳥ノ喙ノ如シ。

とりかふ・ふ・ふる・ふれ・へ・へ・へよ（他動）（規・二）取替 (一)他ノ物ニ易フ。(二)易ヘテ取交ハス。交換

とりかぶと（名）鳥冠 (一)舞樂ノ時ニ、伶人ノ用キル冠、形、鳥ノ翼ヲ收メタルガ如シ。(二)草ノ名、苗、高サ四五尺、葉、互生シ、刻ミアリテ、深綠ニシテ光ル、秋、莖ノ梢ニ、穗ヲナシテ花アリ、唇形ニシテ、形、伶人ノ鳥冠ノ如シ、深碧、淡紫、白色等アリ、莖、葉、根、皆、劇シキ毒アリ。一名、カブトギク。双鸞菊 根ニ、烏頭、附子、ノ名アリ、各條ニ註ス。

とりかへ（名）取替 取替フルコト。交換

とりかへし（名）取返 トリカヘスコト。收復

とりかへす・す・す・せ・さ・し・せ（他動）（規・一）取返 再ビ取リテ故ノ如クス。トリモドス。收復 回收

とりかへる（動）取替フノ訛。

とりきむ・む・むる・むれ・め・め・めよ（他動）（規・二）取極 ソレト定ム。決定

とりきる・る・る・るる・るれ・り・れ（他動）（規・一）取切 (一)取テ終ヘル。(二)一切ノ事ヲ總ベ行フ。「取切テ行フ」總管

〔とりくび（名）耒轅 犂ノ名所、耒梢ヨリ耒箭ニ亙リ、其端、繩ニ接ス、形、曲リテ、鳥ノ頸ノ如シ。今、ネリ。

とりくみ（名）取組 トリクムコト。相手トナルコト。

とりくむ・む・む・め・ま・み・め（自動）（規・一）取組 手ニ手ヲ取リテ組ミツク。相手トナル。

とりけし（名）取消 トリケスコト。無シトスルコト。

とりけす・す・す・せ・さ・し・せ（他動）（規・一）取消 無シトス。廢ムル。

とりこ（名）虜俘 〔捕籠ノ義カト云〕敵人ヲ生捕ニセルモノ。

〔とりこ（名）鳥籠 とりかごニ同ジ。

〔とりこ（名）取子 養子。モラヒ子。「取子ヲシテ、幼キヨリ、ハグクミ養ヒケリ、此兒、二ツトイヒケル年」

とりこし (名) 取越 取リ越スコト。「法會ノ―」
とりこす・ス・セ・サ・シ・セ (他動)(規・一) 取越 爲スベキ時ヨリハ早ク行フ。
とりこみ (名) 取込 (一)取リ込ムコト。收ムルコト。收取 (二)事ノ多ク集ルコト。多忙
とりこむ・ム・メ・マ・ミ・メ (自動)(規・一) 取込 事多ク集リ來ル。多忙
とりこむ・ム・メ・マ・ミ・メ (他動)(規・一) 取込 取テ內ヘ入ル。收ム。收取
とりこむ・ムル・ムレ・メ・メ・メヨ (他動)(規・二) 取籠 內ニ包ム。カコム。押籠メニナス。
とりころす・ス・セ・サ・シ・セ (他動)(規・一) 取殺 祟リテ殺ス。鬼殺
とりさかな (名) 取肴 配膳ニテ、酒ノ肴トスルモノノ稱。
〔とりさかのり〕 (名) 鷄冠菜 とさかのりニ同ジ。
とりさし (名) 鳥刺 竿ノ端ニ黐ヲ塗リタルヲモテ、小鳥ヲ刺シ捕ルコト。又其人。サイトリサシ。
とりさた (名) 取沙汰 世間ノ噂。風評。風說 物議
とりさふ・フル・フレ・ヘ・ヘ・ヘヨ (他動)(規・二) 取支 爭ヒノ間ヲ巡リテ鎭メナダム。遮護
とりしまり (名) 取締 取締ルコト。守リ警ムル役。「身ノ―」「家內ノ―」「店ノ―」管理 監守
とりしまる・ル・レ・ラ・リ・レ (他動)(規・一) 取締 嚴シク統ベ治ム。守リ警ム。管理 監守
とりしらぶ・ブル・ブレ・ベ・ベ・ベヨ (他動)(規・二) 取調 調ブ、トイフニ同ジ。

とりしらべ (名) 取調 取調ブルコト。
とりだすき (名) 鳥襷 綾、緞子、ナドノ織模樣ノ名、縱橫ノ波線ノ中ニ、尾ノ長キ鳥、二疋ヅツ相向ヒタル象ヲ織出ス、指貫奴袴ナドニ用ヰル。鳥緞
とりたつ・ツル・ツレ・テ・テ・テヨ (他動)(規・二) 取立 (一)別段ノモノトス。「若キ人人ハ、例ノサルマジキ事ヲモ、トリタテテ、愛デアヘリ」取リタテタル御後見モオハセズ」 (二)促シ集ム。「年貢ヲ―」徵集 (三)擧ゲ用ヰル。召出シテ使フ。登庸
とりたて (名) 取立 (一)取リ立ツルコト。(二)促シ集ムルコト。「年貢ノ―」徵集 (三)擧ゲ用ヰルコト。登庸
とりちらす・ス・セ・サ・シ・セ (他動)(規・一) 取散 調度ナド亂シ置ク。トリミダス。
とりつき (名) 取付 (一)トリツクコト。スガルコト。(二)爲始ムルコト。
とりつぎ (名) 取次 (一)取リ次グコト。此ニ受ケテ彼ニ送ルコト。ナカツギ。遞傳 轉致 紹介 (二)訪ヘル人ノ旨ヲ主人ニ傳ヘ告グルコト。將命
とりつく・ク・ケ・カ・キ・ケ (自動)(規・一) 取付 (一)縋リテ固ク取ル。攀 (二)端緒ヲ得。爲始ム。「商賣ニ―」 (三)憑リテ祟ル。「狐、―」「生靈、―」邪祟
とりつぐ・グ・ゲ・ガ・ギ・ゲ (他動)(規・一) 取次 (一)此ニ受ケテ彼ニ送ル。間ニ居テ雙方ノ物事ヲ傳フ。轉致 紹介 (二)門ニ訪ヘル人ノ用事ヲ主人ニ傳ヘ告グ。將命

とりつくろふ・フ・ヘ・ハ・ヒ・ヘ (他動)(規・一) 取繕 (一)ツクロフ。(二)過失ヲ掩ヒテ取リ成ス。「落度ヲ―」彌縫
とりつづく・ク・ケ・カ・キ・ケ (自動)(規・一) 取續 (一)ツヅク。(二)生業ヲ營ミ行ク。
とりつむ・ムル・ムレ・メ・メ・メヨ (他動)(規・二) 取詰 急ニナス。短ク烈シクス。
とりて (名) 捕手 罪人ヲ召捕ル役人。捕方。捕吏
とりで (名) 砦 寨 壘 〔取出ノ義〕本城ヨリ近ク取出デテ築ケル小城。假ニ柵ナド構ヘテ兵士ヲ置ク所。
とりどころ (名) 取所 才藝ノ取リ用ヰルベキ所。取得。長所
とりとまらず (名) 鳥不止 (一)樹ノ名、おとりとまらずニ同ジ。(二)又、たらのきニ同ジ。鳥不宿
とりとむ・ムル・ムレ・メ・メ・メヨ (他動)(規・二) 取留 (一)確ト取ル。(二)慥ナリト證ス。確證
とりどりに (副) 取取 思ヒ思ヒニ。カレモコレモ。銘銘ニ。
とりなし (名) 執成 トリナスコト。トリツクロヒ。先容
とりなす・ス・セ・サ・シ・セ (他動)(規・一) 取成 執成 (一)此物ヲ變ヘテ彼物トス。「令レ取二其御手一者、即取二成立氷一、亦取二成劔刃一」 (二)取繕フ。先容
とりなは (名) 捕繩 人ヲ捕ヘテ縛ル繩。ハヤナハ。
とりにがす・ス・セ・サ・シ・セ (他動)(規・一) 取逃 捕ヘムトシテ逃レラル。
〔とりのあしぐさ〕 (名) 〔根ノ、鷄、鵝ノ蹼、ナドニ藥効アル

ニイフニヤ〕升麻ノ古名。ウタカクサ。

とりのあと（名）鳥跡〔黄帝之史、蒼頡、眺ニ鳥跡ニ始作ニ書契ニ文字、又、手跡ノ異稱。

とりの・く・クル・クレ・ケ・ケ・ケヨ（他動）（規・二）取除 除ケ遣ル。除ク。排除 撤

とりのけ（名）取除 取除クルヿ。排除

とりのこ（名）鳥子（一）卵。（二）鳥子紙ノ略。

とりのこいろ（名）鳥子色 鷄卵ノ殼ノ色。即チ、淡黄ニシテ潤ミタル色。

とりのこがみ（名）鳥子紙 楮トがんぴトノ液ヲ雜セテ漉キタル紙、とりのこ色ナリ、越前、丹生郡中、及ビ、敦賀ノ產ヲ最トス、肌、ナメラカニシテ書クニ好ク、强クシテ裂ケ難シ。薄様ニ對シテ、古名、厚様。

とりのぼ・せる・セル・セレ・セ・セ・セヨ（自動）（規・四・變）取上 烈シク怒リ、或ハ思ヒ迫リナドシテ、物事ノ辨別ヲ失フ。上衝

とりのまち（名）酉待 武州、足立郡、花又村ナル鷲ノ神ノ祭ノ名、十一月酉ノ日ニ執行フ、今、東京府內ニモ、處處ニテ祀ル。

とりはからひ（名）取計 取計フヿ。アツカヒ。處分

とりはから・ふ・フ・ヘ・ヘ・ヒ・ヘ（他動）（規・一）取計 計ヒ行フ。アツカフ。處分

とりはだ（名）鳥肌（一）寒クシテ膚ニ毛孔ノイヨダツヿ。寒栗（二）人ノ生得ニテ、膚ノ粗糙ナルモノ。

とりはづし（名）取外 取着ケ又取外スヿノ自在ナルヿ。

とりはづ・す・ス・セ・サ・シ・セ（他動）（規・一）取外（一）外ス。二同ジ。「戸ヲー」（二）取ルベキヲ誤テ落ス。失手

〔とりはは（名）取母 養母。

とりはらひ（名）取拂 トリハラフヿ。除クヿ。撤去

とりはら・ふ・フ・ヘ・ハ・ヒ・ヘ（他動）（規・一）取拂 除ク。除ケテ去ツ。撤去

とりひき（名）取引 賣買ノ受授。（商人同士ナルニ云）

とりま・く・ク・ケ・カ・キ・ケ（他動）（規・一）取卷 圍ム。內ニ籠ム。圍繞

とりまはし（名）取廻 トリマハスヿ。トリナシ。處分

とりまは・す・ス・セ・サ・シ・セ（他動）（規・一）取廻 程善ク扱フ。トリナス。處分

とりみだ・す・ス・セ・サ・シ・セ（他動）（規・一）取亂 調度ナド散ラシ亂ス。トリチラス。

とりむす・ぶ・ブ・ベ・バ・ビ・ベ（他動）（規・一）取結 結ビ交ハス。「約定ヲー」結約

とりめ（名）鳥目 眼ノ病、晝ハ能ク見テ、暮ヨリ夜ニ入レバ見エズナルモノ、多ク夏月ニ發シ、小兒多ク患フ。雀盲

とりもち（名）執持 トリモツヿ。他ヲ助ケテモノスルヿ。

とりもち（名）鳥黐 もちノ條ヲ見ヨ。

とりもちのき（名）もちのきノ條ヲ見ヨ。

とりも・つ・ツ・テ・タ・チ・テ（他動）（規・一）取持（一）持ツ。「手束弓、手ニ取持チテ、朝獵ニ」（二）其事ヲ身ニ負ヒ持チテ執行フ。「內外乃政乎取持天勸仕奉

リ巳止」宮違ノ御アツカヒナド、取持チテシタマフ狀モ（三）雙方ノ間ヲ取リ成ス。人ヲ助ケテ為ス。幇助

とりもど・す・ス・セ・サ・シ・セ（他動）（規・一）取戻 取返ス。二同ジ。回收

とりもなほさず（副）取不直 改メズニ。ソノママ。

とりもの（名）捕物 召捕ルベキ罪人。

とりや（名）鳥屋（一）小鳥ヲ籠ニ飼ヒテ商フ家。（二）食用ノ鷄鶩ナド賣ル家。

どりやう（名）度量（一）尺ト枡ト。（二）人ノ心ノ、寬クシテ、能ク物事ヲ容ルルニ堪フルヿ。

とりやり（名）取遣 我ニ取リ、又、彼レニ遣ルヿ。取リ交スヿ。ヤリトリ。「盃ノー」「手紙ノー」受授 贈答 往復

どりゆう（名）土龍 ムグラモチ。

どりよく（名）努力 ツトムルヿ。セイヲダスヿ。

とりよ・す・ス・セ・サ・シ・セ・セヨ（他動）（規・二）取寄 物ヲ我ガ方ヘ送ラス。

〔とりわき（副）取分 次條ノ語ニ同ジ。「斯ク、トリワキ思ヒ給ヘル御覺ノ程ハ」

とりわけ（副）取分 殊ニ。別シテ。トリワキ。特

とりゐ（名）鳥居〔元ト、笠木ノ名ニテ、鷄ヲ栖マスベケレバイフトゾ〕神社ノ門、二柱ノ上ニ笠木ヲ亙シテ、屋ナシ。神祠衡門

と・る・ル・レ・ラ・リ・レ（他動）（規・一）取 執 採（一）手ニ持ツ。「筆ヲー」「杯ヲー」「箸ヲー」（二）持チテ使フ。モチキル。「弓矢取ル身」打物取リテハ」使用（三）集メ

收ム。「柴ヲ—」「菌ヲ—」 採‖ (四)捕フ。抑フ。擒ニス。「式部卿ノ宮ヲとり奉リテ、東國ヘ趣キ」「魚ヲ—」「鼠ヲ—」「召シ—」「搦メ—」 捕‖ (五)殺ス。討チ取ル。「人取ニ天皇ニ」(眉輪王ノ弑逆ニ云)「千萬ノ軍ナリトモ、言擧ゲセズ取而來ヌベキ、男トゾ思フ」「組テ—」「射テ—」 殺‖ (六)受ケ收ム。「勘定ノ金ヲ—」「拂ヒヲ—」 收‖ (七)請ヒ受ク。「指圖ヲ—」「暇ヲ—」 請‖ (八)身ニ受ケ得。身ニ負フ。「無キ名ヲ—」「譽レヲ—」 受‖ (九)我ガ物トス。我ガ手ニ收ム。「名ヲ—」「得ヲ—」「勝ヲ—」「世ヲ—」「天下ヲ—」「權ヲ—」「政事ヲ—」 占得‖ (十)官ニ取リ收ム。召シ上グ。「奪ニ當麻蹶速之地ニ悉賜ニ野見宿禰ニ」「官とらレテ侍リケル時」「大納言ノ大將ヲとり奉リ給ヒテ、治部卿ニナシ奉リ給ヘリ」 褫奪‖ (十一)奪フ。盗ム。「ハキタル履モ雪ニ取ラレ、着タル笠モ風ニ取ラル」「女ヲバ取リテ、共ニヰテ往ニケリ」「人ノ物ヲ—」「金ヲ—」 奪‖ (十二)生ゼシム。發ス。「酒ヨリ酢ヲ—」「石ヨリ火ヲ—」 令生‖ (十三)除ケ置キテ貯フ。「忘レ草、種とらマシヲ、逢フ事ノ、イト斯ク難キ、モノト知リセバ」「取テ置ク」 留‖ (十四)導キ入ル。「筧ニテ水ヲ—」「窓ヨリ日ノ光ヲ—」 引‖ (十五)選ビ用ヰル。「人ヲ官ニ—」「其說ヲ—」「才ヲ—」「取ルニ足ラズ」 採用‖ (十六)慰メ懷クル。「何事ヲとり申サムト、思ヒメグラスニ」「御ケシキ—」「人ノ心ヲ—」「機嫌ヲ—」 攬‖ (十七)引キ寄ス。「迎ヘ—」「呼ビ—」「聞—」 (十八)迎ヘ受ク。引キ受ク。「我ヲ捨キテ、二妻とるや」舞ノ師ドモナド、世ニ並ベテナラヌヲとりツ、云云「習ヒケル」「聟ヲ—」「嫁ヲ—」「弟子ヲ—」 (十九)除ク。去ツ。「毒ヲ—」「血ヲ—」「滓ヲ—」 去‖ (二十)脫グ。「羽織ヲ—」「被物ヲ—」 脫‖ (廿一)定メ設ク。占ム。「陣ヲ—」「宿ヲ—」 (廿二)行フ。爲ス。「角力ヲ—」「垢離ヲ—」「酌ヲ—」 行‖ (廿三)費ヤス。「手間ヲ—」「暇ヲ—」 費‖ (廿四)打チ合ハス。「拍子ヲ—」「間ヲ—」 打拍‖ (廿五)數フ。差ス。計ル。「尺ヲ—」「數ヲ—」 計‖ (廿六)他ノ動詞ノ上ニ熟語トナリテ、意ナク用ヰルモアリ。「取リ繕フ」「取リハヤス」「取リ捌ク」「取リ失フ」「取リマカナフ」「取リ別キテ」「取リノボセル」 取 ○命ヲ—。殺ス。○師匠ヲ—。入門ス。○主ヲ—。仕フ。○年ヲ—。老ユ。○筆ヲ—。書ク。記ス。○脈ヲ—。診察ス。○場ヲ—。塞ガル。

ドル (名) 弗 どるらるノ略。

ドルばこ (名) 弗匣 銅鐵ニテ、極メテ厚ク堅固ニ造レル廚子ノ如キモノ、扉、鎖ナド嚴重ニ設ケ、金銀ヲ藏ムルニ用ヰ、火災ニ燒ケズ、又、盗難ニ備フベシ。金庫。

ドルラル (名) 弗 〔英語、Dollar.〕 米利堅及ビ墨西哥國ノ銀貨ノ名、凡ソ我ガ一圓ニ當ル。ダラ。ドル。洋銀。

どれ (代) 何 いづれノ約轉。

どれ (感) 思ヒ立チテ事ヲ行フ時ニ發スル聲。ヤオレ。イザ。

どれい (名) 奴隷 ぬれいニ同ジ。下部。下男。

どれきせい (名) 土瀝青 礦物ノ名、石炭油ノ酸化シ凝結シテ生ズルモノ、黑色緻密ニシテ、塊ヲナス、油煙ヲ製シ、又道路ヲ修ムルナドニ用ヰル、

とろ (名) 瀞 波ノ靜ナル處。奥羽ノ地名ニ、長—、鵜—ナドアリ。

どろ (名) 泥 〔盪ケタル意〕ひぢ。土ノ水ニ雜リテ融ケタルモノ。

とろかす (他動)(規.一) 盪 とらかすニ同ジ。

どろがめ (名) 泥龜 すつぽんニ同ジ。

とろく (自動)(規.二) 盪蕩 (一)解クル。撿束ヲ失フ。トラク。(二)金類、沸キ鎔ケテ湯トナル。 鑠

とろし (形.一) 盪 鈍シ。ノロシ。タユシ。 鈍

とろとろ (副) (一)盪ク弛キ狀ニイフ語。トロリト。「火ヲ—焚ク」(二)眠氣ヲ催ス心地ニイフ語。トロリト。

どろどろ (副) 雷鳴、又ハ、橋上ノ車馬行人ノ響ナドニイフ語。トドロニ。ゴロゴロ。 轟轟 殷殷

どろどろ (副) 泥ノ如ク盪ケタル狀ニイフ語。

とろとろび (名) 漫火 氣ノ盪ク弱キ火。トロビ。

‡どろぼう (名) 〔取リ奪フノ轉、又ハ、取坊ノ轉、ナドイフ、イカガ、又、佛語ニDerobee.(英語、Robbery.)ト云フモ、相似タリ〕(一)盜人。(東國)(二)西國ニテハ、放蕩無賴ノ者ノ稱。(蕩ケタル者ノ意カ)

とろび (名) 漫火 とろとろびニ同ジ。

とろめん (名) 鹹ニ同ジ。

トロメン (名) 兜羅綿 〔梵語、細綿絮ノ義ト云〕舶來ノ毛布ノ名、古渡ナルハ、兎ノ毛ヲ綿絲ニ和シテ

織レルモノ。後ナルハ、毛ヲ雜ヘズ、幅、一尺五寸許、色ハ、鼠色、藤色、薄柿色、ナド多シ、和製ナルモアリ。褐子 襪褐

どろよけ (名) 泥除 車ノ輪ノ上ニ施シテ、輪ノ廻リテ泥土ヲハネアグルヲ防グ具。

とろりと (副) 盪 とろとろニ同ジ。

とろろ (名) (一)黄蜀葵ノ略。(二)薯蕷汁ノ略。

とろろあふひ (名) 黄蜀葵 〔盪ノ義、根ノ粘液ニイフ〕(一)葵ノ一種、草本ナリ、春、種ヲ下ス、莖、一二尺、毛茸アリ、葉、互生シ、五尖、或ハ、七尖ニシテ、刻ミアリ、暑月、莖頭、又ハ、葉間毎ニ、花ヲ開ク、五瓣、淡黄色ニシテ、瓣ノ根ハ深紫ナリ、大サ二三寸アリ、其根ハ、圓錐形ニシテ、粘液多シ、碎キテ水ニ浸シ、其液ヲ紙ヲ漉ク糊トシ用ヰル。一名、ネリ。カウヤ。タモ。(二)一種、莖ノ大ナル者アリ、高サ六七尺、葉モ大ク、花ノ大サ、三四寸アリ、植エテ花ヲ賞スルノミ。一名、オホカウヤ。秋葵

〔とろろ・く・ク・ケ・カ・キ・ケ〕 (自動) (規・一) 盪 とろくニ同ジ。

とろろじる (名) 薯蕷汁 〔盪汁ノ義〕 薯蕷ヲ擂リテ、熱キ味噌汁ニ溶カシタルモノ。

〔とわた・る・ル・レ・ラ・リ・レ〕 (自動) (規・一) 疾渡 疾ク渡ル。「此ノ夕、降リ來ル雨ハ、彥星ノ、とわたる舟ノ、櫂ノ雫カ」

〔とわた・る・ル・レ・ラ・リ・レ〕 (自動) (規・一) 門渡 川門、海門、ナド渡ル。「夜ヲ寒ミ、明石ノ浦ノ、濱風ニ、とわたる千鳥、聲サワグナリ」

どゐ (名) 土居 古ク、ツチヰ。城ノ周ノ土ノ垣。城堡

とゐきん (名) 斗爲巾 箏ノ絃ノ名、十三絃ノ中ノ、第十一ノ絃ヲ斗トイヒ、第十二ヲ爲トイヒ、第十三ヲ巾トイフ。(箏ノ條、見合ハスベシ)

どゐぶき (名) 土居葺 瓦葺ノ屋ニ、先ヅ梳ヲ粗ク葺クモノノ稱。其上ニ泥土ヲ盛リ、其上ニ瓦ヲ載ス。

とを (數) 十 〔をハ尾ノ義カト云〕 五ヲ二ツ合ハセタル數。十。

とをか (名) 十日 (一)日數ヲ十合ハセタル稱。(二)月ノ第十二當ル日。

とをかえびす (名) 十日惠比須 正月十日、攝州大坂ノ南郊ナル蛭子ノ神ノ祭ノ稱。

とをだんご (名) 十團子 駿州ノ宇津谷峠ニテ賣ル團子ノ稱、黄白赤等ニ染メテ、十ヅツ數珠ノ如ク貫キテ賣ル。

〔とをよ・る・ル・レ・ラ・リ・レ〕 (自動) (規・一) 〔とをハ撓ノ轉〕 撓ミ寄ル。タヲヤカニ寄ル。「秋山ノ、シタブル妹、なよ竹ノ、騰遠依ル子等ハ」「ナユ竹ノ、十緣ル御子、サニヅラフ、吾ガ大王ハ」安治村(鳥ノ)、十依ル海ニ、船浮ケテ」

〔とををを〕 (副) たわわノ條ヲ見ヨ。

な

な 五十音圖、奈行第一ノ假名。此一行ノ假名、な、に、ぬ、ね、の、ノ發聲ハ、舌ノ尖、上齶ヲ撫デ、稍、鼻ニ關ルルガ如クシテ出デ、あ、い、う、え、お、ノ韻ト熟シテ成ル。なノ音ハ、下ニ、う、又ハ、ふ(うト呼ブモノ)アル時ハ、のノ如ク口ビクアリ、なうずゐ(腦髓)なふじゅ(納受)ノ如シ。

な (名) 名 〔爲ノ意ニテ、人物ノ爲リタル狀ヲイフトゾ、形モ是レナリ〕(一)物事ニ定マリテ付キタル稱ニテ、人ノ、其物事ヲ、他類ニ別チテ、指シテ呼ブモノ。人ニハ、一族ノ稱ナル姓、氏、苗字、ニ對シテ、族中ノ一人ニテ用ヰルモノヲイフ、元來、實ノ名ハ、一ツニテ、鎌足、眞備、道眞、ナド是レナリ、後世、此外ニ九郞、義經、多門兵衞(正成)藤吉郞(秀吉)ナド、別ニ用ヰルモノ起リテ、コレヲ俗名、通稱、ナドイヒテ、常ニ專ラ呼ベリ、因テ實ノ名ヲ、名乘、又ハ、實名ナドトイフ。今世ハ、又、一ツニ定マル。又、幼ー、忌ー、贈ー、おさー、號、ナドアリ、各條ニ註ス。(二)評判。名聞。「ーヲ取ル」「ーヲ流ス」「ーヲ落ス」 名聲 聲聞

〔な〕 (名) 字 〔名ノ義ト云〕 文字。(熟語ニ用ヰル)「眞ー」「假ー」命ニ境部連石積等ニ更肇俾レ造ニ新字一部四十四卷ニ

〔な〕 (名) 肴 〔嘗ムベキ物ノ意〕 菜、魚、皆同意ノリ〕 魚菜等、スベテ、酒飯ニ添ヘテ食フベキ物ノ稱。菜。「酒ー」「伊勢ノ海人ノ、朝魚夕菜ニ、潛クトフ、鰒ノ貝ノ、片思ヒニシテ」

〔な〕 (名) 魚 〔前條ノ語意ニ同ジ〕 魚ヲ、食フニ就キテ呼ブ語。「多貝志比賣(神功)神ノミコトノ、魚釣ラストト、御立シセリシ、石ヲ誰レ見キ」魚屋」 眞魚箸」

な (名) 菜 〔前前條ノ語意ニ同ジ〕 (一) 草ノ莖葉根ノ食フベキモノ總稱。(二) 專ラ蕓薹又ハ菘ノ稱。

な (名) 儺 オニヤラヒ。追儺。「九重ノ雲ノ上ヨリ、遣ラフなゾニフル年ト、イフなヲ遣ラフ、音高ミ」

な (代) 汝 なんぢニ同ジ。ナレ。イマシ。「汝ヲト吾ヲ、人ノ離クナル」時鳥、汝ガ啼ク里ノ」

な (副) 勿 動作ヲ禁ジ止ムル語、用法、二樣アリ。動詞ノ下ニ用ヰルモノ。「人ヲ忘ルー」色ニ出ツー」我ヲ恨ムー」斯ト思フー」又、そトイフ語ト共ニ、他ノ動詞ヲ挾ミテ用ヰルモノ。「ー忘レソ」ー恨ミソ」ー思ヒソ」

な (助動) 過去ノ助動詞ノぬノ變化。(其條ヲ見ヨ) 「降リなマシ」歸リ來なナム」立チ別レなバ」

な (感) 願フ意ヲイフ感動詞。「遊ビ暮ラサー」出デテ行カー」イザ結ビテー」

な (感) 泛ク感情ニ發スル聲、よニ似テ少シ歎ク意アリ。「契リキー」長閑シー」移リニケリー」問ヘカシー」恨ミツベシー」我ハ戀ヒムー」

なあ (感) 前條ノ語ノ延。

なあて (名) 名宛 手紙ナド、當テテ遣ルベキ人ノ名。

ない (名) 𠆢 〔字ノ音〕 カラナシ。ペニリンゴ。

ない (感) 〔也ノ音便カト云〕 呼ブニ應ヘ、又ハ同意ヲ表スル聲。(奥州、江州、肥前) 唯 諾

ない-い (名) 內意 心中ニ思フ所。シタゴコロ。

ない-えん (名) 內宴 古へ、禁中、正月廿一日ノ公事、內內ノ節會ナリ、仁壽殿ニテ、文人ニ題ヲ賜ハリ、詩ヲ作リテ奉ルヲ、御前ニテ講ジ、宴ヲ賜ハル。

ない-おう (名) 內應 內通ニ同ジ。

ない-かく (名) 內閣 政府ノ諸大臣ノ大政ヲ會議スル所。

ない-がしろ-ほ (副) 蔑 〔無キガ代ニノ音便〕 (一) 無キガ如クニ。輕ンジ侮リテ。「世ヲー思ヒテ」帝王ヲー シ」 (二) シドケナク。「裝束、シドケナゲニテ、參リ給ヘリ、鬢ノワタリモ、打チトケテ、ナイガシロナル御打チトケスガタノ」小袿ダツモノ、ー着ナシテ」

ない-き (名) 內記 ウチノシルスツカサ。古へ、中務省ノ官、大ー、少ー、アリ、詔敕宣命ヲ作リ、五位以上ノ位記ヲ奉行シ、又、宮中一切ノ事ヲ錄ス。

ない-ぎ (名) 內儀 ウチカタ。內方。令閨

ない-きやく (名) 內客 內內ニモテナス客。

ない-くう (名) 內宮 伊勢ノ皇太神宮ノ稱。(豐受宮ヲ外宮トイフニ對ス)

ない-くん (名) 內訓 內內ニスル指圖。

ない-くわ (名) 內科 醫術ニ、專ラ、內臟ニ係ル病ヲ治スルモノ。本道。當道。(外科、產科、眼科ナドニ對ス)

ない-ぐわい (名) 內外 うちトほかト。ウチソト。

ない-くわんりやう (名) 內管領 鎌倉ノ執權北條氏ノ執事。

ない-げ (名) 內外 ウチソト。ナイグワイ。「ー清淨」

ない-けう-ばう (名) 內教坊 古へ、禁中ニテ、舞妓ヲ置キ、女樂ヲ敎ヘラルル所、節會、踏歌、等ノ時ニ奏セシム。

ない-けん (名) 內見 內內ニテ見ルコト。內覽。

ない-こう (名) 內攻 病ノ、外ヘ發セズ、內ヘ侵シ入ルコト。病ヲオシコムコト。「熱ノー」濕瘡ノー」

ない-こく (名) 內國 クニノウチ。國內。(外國ニ對ス)

ない-さい (名) 內濟 公ニセズシテ、私ニテ事ヲ濟マスコト。(訴訟ニ及ブベキ事ナドニ) 私和

ない-し (名) 內侍 (一) 內侍司ノ女官ノ稱。(二) 專ラ、掌侍ノ稱。

ない-し (接) 乃至 (一) 數ノ上下ヲ擧ゲテ、中ヲ略スル語。「四十ー五十」(二) 或ハ。又ハ。

ない-しつ (名) 內室 貴族ノ妻ノ敬稱。奥方。夫人

ない-じつ (名) 內實 內內ノ事情。ウチマク。實情

ないし-どころ (名) 內侍所 (一) 禁中、温明殿ノ別名、八咫ノ神鏡ヲ此ニ安シ、內侍コレヲ守護ス。又、賢所。(二) 轉ジテ、直ニ、八咫ノ神鏡ノ稱。

ないし-の-かみ (名) 尙侍 內侍ノ長官。シャウジ。

ないし-の-ぜう (名) 掌侍 內侍ノ判官。單ニ內侍トノミモイフ、正、四人、權、二人アリ。其第一ナルヲ一ノ內侍、又ハ、勾當ノ內侍トイフ、常ニ長橋ノ局ト稱ス。

ないし-の-すけ (名) 典侍 內侍ノ次官。テンジ。

ないし-の-つかさ (名) 內侍司 禁內ノ女官、後宮ノ雜事、奏請、傳宣ノ事ヲモ掌ル、尙侍。典侍。掌侍ノ三等アリ、女孺、命婦、采女、コレニ屬ス。

ない-しん (名) 內心 シタゴコロ。ソコシン。

ない-しんわう (名) 內親王 ウチノミコ。親王ノ條ヲ

見ヨ。
ない-きやう (名) 【內情】 內內ノ情實。ウチワノコトガラ。
ない-きやう-がん (名) 【內障眼】 眼ノ病、ソコヒ。
ない-しやく (名) 【內借】 ウチガリ。
ない-じゆ (名) 【內豎】 チヒサワラハ。チサワラハ。古ヘ、禁中殿上ノ驅使ニ充テラルル童。其司ヲ內豎所トイヒ、長官ヲ別當トイフ。
ない-しよう (名) 【內證】 〔佛經語ニ出ヅト云〕 現ハニセズ內內ニスルヿ。ウチワ。ナイショ。內密。
ない-しよく (名) 【內職】 本分ノ職ノ外ニ私ニナス生業。
ない-せき (名) 【內戚】 父方ノ親族。
ない-ぜん-し (名) 【內膳司】 ウチノカシハデノツカサ。古ヘ、宮內省被管ノ司、御膳ノ事ヲ掌ル。
ない-そん (名) 【內損】 腹內ヲ損フヿ。腸胃ヲ病ムヿ。
ない-だいじん (名) 【內大臣】 ウチノオホオミ。ウチノオトド。太政官ノ官、古ハ左右大臣ノ上ニ居リ、後ニハ其下ニ居ル、令外ノ官タリ。今、又宮內省ノ高官。
ない-だん (名) 【內談】 ウチワノハナシ。內話。
ない-ち (名) 【內地】 (一)邊地ニ對シテ、一國ノ本土ナル稱。(二)內國ノ地。國內。「―雜居」
ない-ぢん (名) 【內陣】 佛堂ノ奧ノ本尊ヲ安置スル處。
ない-つう (名) 【內通】 味方ノ內ヨリ裏切シテ敵ニ事ヲ通ズルヿ。內應。
ない-てん (名) 【內典】 佛家ニテ、己ガ奉ズル佛經ノ稱。(外典ニ對ス)
ない-ない (副) 【內內】 ウチウチニテ。ウチワニテ。

ない-はう (名) 【內方】 ウチカタ。內儀。令閨
ない-ふ (名) 【內府】 內大臣ノ唐名。
ない-ぶ (名) 【內部】 ウチノカタ。
ない-ふく (名) 【內服】 藥ヲ飲ミ用キルヿ。(外服ニ對ス)
ない-ふく (名) 【內福】 陽ニハ知ラレズ陰ニハ富メルヿ。
ない-ぶん (名) 【內分】 (一)ウチワケ。(二)公ニセヌヿ。ウチワ。「―ニテ濟マス」
ない-べん (名) 【內辨】 御卽位、及ビ、元日以下ノ諸節會ニ、宗ト事ヲ執ル職ノ稱、一ノ上、承明門內ニテ諸事ヲ辨備ス、故ニ云フ。又、第二ノ大臣、門外ニテ諸事ヲ辨備ス、コレヲ外辨トイフ。諸ノ公事ニハ上卿ナリ。
ない-みつ (名) 【內密】 ウチワニ祕ムルヿ。ナイショ。
ない-むしやう (名) 【內務省】 地理、戶籍、警察、監獄、衞生、圖書ノ出版、神道佛教等ノ內國ノ事ヲ掌ル省。
ない-やく (名) 【內約】 內內ノ約束。
ない-よう (名) 【內用】 ウチワノ用事。
ない-ら (名) 〔內攔カ或ハ內勞カ〕 馬ノ病。又、猫ノ病。
ない-らん (名) 【內亂】 國內ノ亂レ。
ない-らん (名) 【內覽】 內見ニ同ジ。
ナイリ (名) 【泥黎・奈利】 梵語、奈落ニ同ジ、卽チ地獄。
なう (名) 【腦】 古言、ナヅキ。腦蓋ノ中ニ滿チテ、ヤハラカキ灰白色ノ物、形、卵ノ如クニシテ、面、凹凸不整ナリ、腦髓(俗ニならみそ)トモイフ、動物ノ體ニ至重ナル部ニテ、心識、意動、皆コレニ因ル、又、此ヨリ神經ヲ派出シテ、體中ノ諸部ニ通ズ。

なう (感) 人ヲ呼ビカクルニ發スル聲。
なう-がい (名) 【腦蓋】 頭ノ頂ノ圓キ骨、八枚ノ骨鋸齒ノ如ク組合ヒ、中ニ腦ヲ包ム。頭蓋。天窓ノ鉢。
なう-じゆう-けつ (名) 【腦充血】 血運ブ腦ヲ犯ス病。
なう-ずゐ (名) 【腦髓】 腦ノ條ヲ見ヨ。
なう-ちゆう (名) 【囊中】 (一)フクロノウチ。「―ノ物ヲ探ルガ如シ」(二)財布ノ中。「―空シ」
なうて (名) 【有名】 名高キヿ。評判ノ著キヿ。名代。
なう-てん (名) 【腦顚】 天窓ノ上。イタダキ。
なう-びやう (名) 【腦病】 腦髓ノ病。
なう-まく (名) 【腦膜】 腦髓ヲ被フ膜。
ナウマク (名) 【那謨】 南無ノ條ヲ見ヨ。
なう-みそ (名) 【腦味噌】 腦髓ニ同ジ。
なう-らん (名) 【惱亂】 惱ミ苦ミテ、心ノ亂ルルヿ。
なう-れん (名) 【暖簾】 〔字ノ音、なんれんノ音便、或ハ、元明代ノ音トモイフ〕 布帛ノ帳、張リテ日光ヲ除ク、商家ニハ家號ナド記シテ目標トス、のられんトモ書シ、又、略シテ、のれんトモイフ。
なえばむ (自動)(規.一) 萎エカカル。「御衣ドモナド、ナエバミテ」
なえる (動) 萎ユノ訛。
なおや (名) 【名親】 なづけおやニ同ジ。
なか (名) 【中】 (一)物事ノ兩端四方ナドヨリ內ナル所。

何レヘモ片寄ラヌ所。マンナカ。(二)内。(外、又、表ニ對ス)(三)交リ。ナカラヒ。「男、女ノ—ノモヤハラゲ」逢ヒ見ヌ—」カハル色ヲ、誰レ朝露ニ、カコチテモ、—ノ契ヲツキ草ノ花」—タガヒ」—惡シ」 交情

ながあめ (名) 長雨 數日降リツヅク雨。 霖

(ながい (名) 長寢 久シク眠ルコト。神武紀「天皇適寤、忽然而寤之曰、吾何長眠若此乎」

ながいき (名) 長生 長ク生クルコト。長命。長壽。

ながいも (名) 長薯 やまのいもノ條ヲ見ヨ。

なかいり (名) 中入 劇場觀場ナドニテ、中頃ノ暫シノ休ミ。 小收場

なかうた (名) 長歌 和歌ノ一體、句數ノ多キモノ、五音七音ト綴リ行キテ、句數定マラズ、末ハ七音二句ニテ結ブ(コレヲ短歌トモ解スルハ非ナリ)コレニ對シテ、常ノ五七五七七ノ五句三十一音ナル和歌ヲ短歌トイフ。

ながうた (名) 長唄 俗謠ノ一種、寬永ノ頃、杵屋勘五郎創ム、三絃、太鼓、腰鼓、笛等ニ合ハスベシ。

なかうど (名) 媒 [古言、仲人ノ音便] 婚姻ノ媒スル人。

ながえ (名) 轅 [長柄ノ義] 車ノ具、軸ニ亙リテ、長ク前ヘ出デタル二條ノ材、牛馬ニ繫ス。

ながえ (名) 長柄 (一)柄ノ長キ武器ノ稱、特ニ、專ラ、槍ヲ稱ス。(二)瓶ノ柄ノ長キモノ、貴人馬上ナドノ時ニ、後ヨリカザス。(三)銚子ノ柄ノ長キモノ。

ながおひ (名) 長追 敵ヲ遠クマデ追フコト。 長驅

なかがき (名) 中垣 相隣レル中ノ隔テノ垣。「家ヲ預ケタリツル人ノ云云、—コソアレ、一ツ家ノヤウナレバ、望ミテ預レルナリ」時時、—ノ垣間見シハベルニ」

なかがひ (名) 中買 一方ヨリ買ヒテ一方ヘ賣リ、其間ノ口錢ヲ得ルヲ生業トスル商。サイトリ。 接賣 牙保

(なかがみ (名) 天一神 [長神ノ義、太白神ノ、日每ニ遊行スルト同ジカラズ、故ニ云、中神ノ義トスルハ非ナリトゾ] 陰陽家ニ祭ル神ノ名、十二神將ノ主トシ、星ナルガ如シ。此神、己酉ノ日、天ヨリ下リテ、東北ノ隅ニ居ルコト六日、又正東ニ移ルコト五日、此ノ如ク、順次ニ南西北ト廻リ、四方ニハ五日ヅツ、四隅ニハ六日ヅツ、移リ居ルコト四十四日、癸巳ノ日、正北ヨリ天ニ上リ、己酉ニ再ビ下リテ、復タ、八方ヲ遊行ス。此神、遊行ノ方角ヲ、ふたがりトイヒ、向ヒ犯スコトヲ忌ム、コレヲ物忌トイフ、其日ニ他出ナドスル時ハ方違ヲナス。又、此神、天ニ上リテアル十六日間ヲ、天一天上トイヒテ、四方ヘ行クニ障リヲ言ハズ。

ながかみしも (名) 長上下 肩衣ノ下ニ長袴ヲ用ヰルモノ、上下同ジ染色ナルニイフ。

(なかぐさ (名) 白頭公 おきなぐさニ同ジ。

なかぐち (名) 中口 古ク、中言。雙方ノ間ニ立入リテ、事ヲ惡シサマニナド言ヒ做スコト。

ながぐつ (名) 長靴 深ク脛マデ掩フベク作レル靴、雨路ニ用ヰル。

なかくぼ (名) 中窪 中、窪ミテ、旁ノ高キコト。ナカビク。 凹

なかくみ (名) 中汲 濁酒ノうはずみトよどみトノ間ヲ汲ミ取リタルモノ。 酒汁

なかぐろ (名) 中黒 紋所ノ名、輪ノ中ニ、横ニ、太キ一畫アルモノ、新田氏ノ章ナリ。

(ながけし・き・けれ・く・く (形・二) 長 長シ。「ナガケクモ、額メケル哉、世ノ中ヲ、袖ニ涙ノ、カカル身ヲモテ」

なかご (名) 中子 (一)物ノ中心ノ部。心。 中心 (二)刀心。(三)瓜橘ナドノ實ノ内ノ柔キ肉。 瓤 (四)齋宮ノ忌詞ニ、佛。(心ヲ以テ宗意トスル意カト云)

なかごと (名) 中言 なかぐちニ同ジ。「蓋シクモ、人ノ中言、聞ケルカモ、幾許待テドモ、君ガ來マサヌ」

なかごろ (名) 中頃 半ナル時。

ながささげ (名) 長豇 おふろくささげニ同ジ。

なかざし (名) 中差 (一)箙ノ矢ノ稱、うはざしノ條ヲ見ヨ。(二)婦人ノ髻ノ中央ニ挿ス笄ノ類。

ながし (名) 流 (一)流スコト。(二)臺所ナドニ、物ヲ洗フ承ケニ用ヰル淺キ槽、一隅ニ孔アリテ、水ヲ流シ遣ル。ハシリ。 洗水槽

ながし・き・けれ・く・く (形・二) 長 (一)丈ノ度多シ。一筋ニ延ブ。短カラズ。(二)時、絕エズツヅク。久シ。 永久

なかじま (名) 中島 水中ノ島。

ながしめ (名) 流目 睛ヲ斜ニ轉ジテ見ルコト。 流眄

ながす・す・せ・さ・し・せ (他動) (規・二) 流 (一)流ルルヤウニナス。泛ベ遣ル。浮カス。(二)出シ滴ラス。「血ヲ—」(三)洗ヒ去ル。「垢ヲ—」(四)流罪ニ行フ。放ツ。(五)世上ニ弘

ム。（悪シキ意ニ）「心憂キ名ヲノミ流シテ」好心ニ任セテ、サルマジキ名ヲモナガシ」（六）質物ニ、請ケ戻サズシテ、他ノ有トスルニ任ス。「質ヲー」

ながすくぢら（名）長須鯨 鯨ノ一種、極メテ長大ナルモノト云。

なかずみ（名）中墨〔墨縄ニ起ル〕物ノ眞中ノ處。「柱ノー」中心

なかずり（名）中剃 なかぞりノ訛。

ながそで（名）長袖 武士ニ對シテ、僧侶醫師ナドノ、武具セズ、常ノ衣服ノミニテアル者ノ稱。方外。

なかぞら（名）半空 半天（一）空中ノ若干ノ高キ處。（二）轉ジテ、心ノ空ナルコト。有頂天。「初雁ノ、ハツカニ聲ヲ、聞キシヨリ、ナカゾラニノミ、物ヲ思フ哉」（三）ドチラツカズナルコト。ナカラハント。「降リ亂レ、汀ニ氷ル、雪ヨリモ、ナカゾラニテゾ、我ハ消ヌベキ」行クベキ方モ惑ハレテ、歸リ入ラムモナカゾラニテ」（四）半途ニスルコト。「葛城ヤ、久米路ノ橋ニ、アラバコソ、思フ心ヲ、ナカゾラニセメ」

なかぞり（名）中剃 頂髮ノ中央ノ所ヲノミ剃リ去ルコト。ナカスリ。

なかだか（名）中高 中、高クシテ四邊ノ低キコト。凸

なかたがひ（名）中違 交リノ惡シクナルコト。有隙

なかだち（名）中立 雙方ノ中ニ立入リテ、事ヲ取次ギ意ヲ通ズルコト。媒介

ながだち（名）長太刀 武器 刃、一二三尺アリテ、長キ柄アリ、石突アルモノ、肩ニ掛ケテ行ク、戰場ニテ人馬ノ足ヲ薙ギ倒スニ用ヰル。一名、野太刀。

なかたび（副）中度 半ナル時ニ。

ながたらし・シキ・シケレ・シク・シタ（形・二）倦ムホド長シ。永クシテ厭ハシ。冗長

〔なかち（名）仲子 兄弟ノ仲ナル者。第二ノ子。欽明紀「長曰ニ箭田珠勝大兄皇子一、仲曰ニ譯語田渟中倉太珠敷尊一、少曰ニ笠縫皇女一」都武賀野ニ、鈴ガ音聞ユ、可牟思太ノ、殿ノ奈可知シ、鳥狩スラシモ」

ながち（名）長血 病ノ名、おしけノ條ヲ見ヨ。

なかつかさ（名）中務省 ナカノマツリゴトノツカサ。古ヘ、八省ノ第一、最モ重職ナリトス、侍從獻替ノ職ニシテ、詔勅ノ通ズル所、宮中一切ノ事ヲ統領シ、文官ニシテ帶劍シ、侍衞ノ任アリ、中宮職、及ビ、大舍人、圖書、內藏、縫殿、陰陽、內匠、ノ六寮ヲ管ス。

〔ながづかへ（名）長仕 分番無ク當直スルコト。ヒラヅメ。長上

〔なかつかみ（名）中津神〔八將神ノ豹尾神、其位、中宮ニアレバ云フトゾ〕豹ノ古名。

なかつぎ（名）中次（一）双方ノ中ニ居テ事ヲ取次グコト。紹介（二）末茶ノ茶入ノ一種、其製、蓋ト體ト、高サ、同ジクシテ、中央ニテ合フモノ。

ながつき（名）長月〔稻熟月ノ約カト云、夜長月ノ意トイフハイカガ〕陰曆、九月ノ異稱。

なかつせむ（句）微 なかりせむノ音便。

ながつぼね（名）長局 局ノ數多連リタル處。局町。（後宮ニ云）

なかづみ（名）中積 積荷ノ中程ニアルモノ。

なかて（名）中手 早稻ノ條ヲ見ヨ。

〔ながて（名）長手〔長路ノ轉〕遠キ路。「ヌバタマノ、昨夜ハ還ヘシツ、今宵サヘ、吾ヲ還ヘスナ、路ノ長手ヲ」

なかなか（副）中中（一）〔半ラニテ。半途ニテ。「葛城ヤ、久米路ニ渡ス、岩橋ノ、ーニテモ、歸リ爭哉」（二）ナマナカニ。「中中ニ、人トアラズハ、酒壺ニ、成リニテシガモ、酒ニ染ミナム」石ノ上、布留ノ中道、ーニ見ズバ戀シト、思ハマシヤハ」（三）轉ジテ、却テ。結句。「イトイタウ、面瘦セ給ヘレド、ナカナカ、イミジウ、ナマメカシウテ」中中ニ、見ザリシヨリモ、相見テハ、戀シキ心、益シテ思ホユ」逢フ事ヲ、今宵今宵ト、賴メズバ、ー春ノ夢モ見テマシ」ヒタテルニ、死ナバー、サモアラバアレ、生キテカヒナキ、物思フ身ハ」（四）今、結句ノ意ヨリ轉ジテ、頗ル。相應ニ。「ー面白シ」ー善イ」（五）又、轉ジテ、容易ニハ。「ー出來ヌ」ームツカシ」

なかなか（感）〔中ニモノ意カト云〕然リト應フルニ發スル語。（能ノ狂言詞ナドニ）

ながながし・シキ・シケレ・シク・シク（形・二）長長 甚ダ長シ。甚ダ久シ。

なかなかに（副）なかなかノ條ヲ見ヨ。

〔ながなきどり（名）長鳴鳥〔他鳥ヨリハ鳴ク聲勝レテ長ケレバイフトゾ〕にはとりノ異名。「常夜ノー」鷄

なかなほり（名）中直 中違ノ改マルコト。破レタル交リノ、再ビ結ボホルルコト。タヒラギ。和睦。

なかにし (名) 【長螺】 へなたりニ同ジ。
なかだんのはたらき (名) 【中二段活用】 語學ノ語、規則動詞ノ第三類ノ語尾變化ノ一稱。(篇首ノ語法指南ノ動詞ノ條ヲ見ヨ)
なかには (名) 【中庭】 家ノ間ニテル庭。
(なかのおほいまうちぎみ) (名) 左中辨、又、右中辨ニ同ジ。
なかのくち (名) 【中口】 玄關ト臺所口トノ間ナル入口。
なかのび (名) 【長延】 路、垣、溝、ナドノ長サ。(土木建築ニイフ語)
(なかのまつりごとのつかさ) (名) 中務省ニ同ジ。
(なかのみやのつかさ) (名) 中宮職ニ同ジ。
(なかのものまうすつかさ) (名) 中納言ニ同ジ。
なかば (名) 【半】 〔中端ノ意カ〕 (一)二ツニ分ケタル一ツ。半分。(二)モナカ。最中。「酒宴ノ一」
なかば (副) 【半】 半分ホド。「一成レリ」
なかばかま (名) 【長袴】 袴ノ製ノ、裾長ク、足ヲ包ミテ、一尺餘リ後ニ引クモノ、素袍、大紋、長上下等ニ用ヰル。
なかはし (名) 【長橋】 禁中、御殿ヨリ南殿ヘ亘セル廊ノ稱ト云。○一ノ局。勾當内侍ノ稱。
なかはまちりめん (名) 濱縮緬ノ條ヲ見ヨ。
なかひく (名) 【中低】 中窪ニ同ジ。
なかひく・クル・ク・カ・キ・ケ (自動) (規・二) 【永引】 事ノ決着、永クナル。オソナハル。延引ス。 ‖遲滯‖

なかひつ (名) 【長櫃】 櫃ノ形長キモノ。長持ノ類。
(なかひと) (名) 【媒】 〔中人ノ義〕 媒介トナル人。ナカウド。「一ニ謀ラレテ言ヨモ、イトヲコナリ」
(なかひと) (名) 【長人】 長命ナル人。「タマキハル、内ノ阿曾、汝コソハ、世ノ那賀比登」(武内宿禰ノ事)
なかぼうかご (名) 【長棒駕籠】 乘物ノ、棒ノ長クシテ、數人ニ舁カスルモノ、貴人ノ用ナリ。其兩端、切リタルガ如ク、稍、短キヲ切棒トイフ。
なかま (名) 【仲間】 共ニ事ヲ計ル人人。伴。組。 ‖伴侶‖ 夥伴‖
なかまき (名) 【長卷】 太刀ノ、刃、三尺許、柄、四尺許、布ニテ巻ケルモノ、先陣ニ用ヰル。
なかむ・ムル・ムレ・メ・メ・メロ (他動) (規・二) 【眺】 〔長見ルノ轉〕 (一)ツクヅクト久シク打守リテ見ル。見詰メテ居ル。(物思フトキナド)「暮レ難キ、夏ノ日暮ラシ、ナガムレバ、ソノ事トナク、物ゾ悲シキ」如何ニセマシト、思シ煩ヒテ、ツクヅクトナガメ伏シ給ヘリ」 ‖悵望‖ (二)遠ク見渡ス。遙ニ望ム。 ‖瞭望‖ 臨眺‖
なかむ・ムル・ムレ・メ・メ・メロ (他動) (規・二) 【長】 長クナス。引キ延バス。
なかむ・ムル・ムレ・メ・メ・メロ (他動) (規・二) 【詠】 聲ヲ長ク引キテ歌フ。吟ズ。「法勝寺ノ塔ノ上ニ、夜、ナガメケル歌」
なかむかし (名) 【中昔】 上古ト近古トノ間。 ‖中古‖
なかむし (名) 【長蟲】 蛇ノ異名。
なかんづく (接) 【就中】 〔中ニ就キ、ノ音便轉〕 其中ニテ取リワケテ。殊ニ。

なかめ (名) 【眺】 (一)ナガムルコ。ツクヅクト見詰メテ居ルコ。(物思フトキナドニ)「ツレヅレト、思ヘバ長キ、春ノ日ニ、頼ムコトハ、ナガメヲゾスル」 ‖悵望‖ (二)見渡スコ。遠ク望ムコ。 ‖瞻望‖ 臨眺‖
(なかめ) (名) 【霖】 ながあめノ約。「卯ノ花ヲ、腐ス霖雨ノ水ハナニ」
なかめる (動) ながむ、ノ訛。
なかもち (名) 【長持】 長櫃。櫃ノ、長クシテ、專ラ物ヲ入レ擔ヒテ持チ運ブ用トスルモノ。
なかもち (名) 【長持】 久シク保ツコ。永ク支フルコ。 ‖持久‖
なかや (名) 【長屋】 (一)棟長ク建テタル家。「橘ノ、寺ノ長屋ニ、吾ガ率宿シ、ウナヰハナリハ、髮上ゲツラムカ」 (二)今、數多ノ家ヲ、一棟ニ長ク造リ連ネタルモノ。 ‖連房‖
なかやかに (副) 【長】 長キ状ニ。
なかやしき (名) 【中屋敷】 上屋敷ノ條ヲ見ヨ。
なかやすみ (名) 【中休】 仕事ノ間ニ、暫シ休ムコ。 ‖小憩‖
なかやど (名) 【中宿】 次條ノ語ニ同ジ。
なかやどり (名) 【中宿】 兩地ノ間ノ宿リ。「物詣デノ一」
なかやまごんにやく (名) 【中山崑蒻】 常州中山ニ産ズル崑蒻、下總ノ市川行德ノ邊ニテ製シテ賣ル、小ク楕圓ニ作リテ、紅白黑等ニ染ム。
なかゆひ (名) 【中結】 (一)腰中ニ帶ヲ結フコ。「一、打チシテ、高足駄ヲハキテ紋ツキテ」(二)包物ノ中程ヲ紐ニテ結ビ固ムルコト。

なか-ゆび (名) 中指 五指ノ内ノ、眞中ニアル指。タケタカユビ。タカタカユビ。

なか-よし (名) 中善 交リノ睦マジキコト。親善

なから (名) 半 〔らハ助語〕ナカバ。ナカホド。半分。

ながら (接) 乍 〔半途ノ意カ〕乍、兩辭也、一有一無爲」乍 打反ヘシ読ク語。トハイヘド。ナレドモ。「我ガ身ー、心モ任セズ」我ガ心ー、斯ル筋ニオフケナク」サリー」乍レ併

ながら (接尾) 隨 〔爲從ノ意カ、或ハ、長ラ、ニテ延アル意カ〕(一)名詞、動詞ニ屬キテ副詞トスル接尾語、そのままに、ノ意ヲナス。「神隨」昔ーノ、山櫻哉」御簾ノ内ー寫ヲ」一年ハ、春ーニモ、暮レナナム、花ノ盛リヲ、飽クマデモ見ム」居ー知ル」(二)又、ソレゴメニ。共ニ。「御子ドモ、六八人ー引キ連レテオハシタリ」牛ー引キ入レツベカラム所ヲ」枝ー見ヨ」(三)又、專ラ、動詞ニツキテ、つつ、又ハ、且、ノ意ヲナス。「讀ミー書ク」

ながら-く (副) 〔長クノ訛延〕永ク。久シク。

なから-ひ (名) 〔中合ノ轉カ〕人ト人トノ中。雙方ノ交リ。ツキアヒ。アヒダガラ。「サラニ、御宮仕ヘノヤウニモアラデ徒人ノ御ーノヤウニテゾ、オハシマスヤ」男女ノー」交際

〔ながら-ふ〕フル・フレ・ヘ・ヘ・ヘヨ (自動) (規、二) 〔流ル、ノ延、古言ニ、降ルヲ流ルト云、流ル、ノ條ヲ見ヨ〕降ル。万葉集ニ「久堅ノ、天ノ時雨ノ、流相見レバ」又、「流經ル、妻吹ク風ノ、寒キ夜ニ」ノ妻ハ雪ノ誤カト云、或ハ、衣端トスレバ、長ク延フル意ニテ、次條ノ語意ニ同ジ、又「沫雪ノ、消ヌベキモノヲ、今マデニ、流經者、妹ニ逢ハムトゾ」トアルハ、次條ノ語ヲ兼ネテ言ヘルナラム。

ながら-ふ フル・フレ・ヘ・ヘ・ヘヨ (自動) (規、二) 存命 〔長歷ノ義ト云〕生キテ長ク世ニアリ。死ナズシテ世ニ殘ル。存命ス。長生 生存

なから-むすめ (名) 半息子 壻ヲイフトゾ。

なかり-せば (句) 微 無クアリクラバ。ナカッタラ。ナカッセバ。

なが-る ルル・ルレ・レ・レ・レヨ (自動) (規、二) 流 〔長ヲ活用ス〕(一)水、低キニ因テ行ク。(二)降ル。「久堅ノ、天ヨリ雪ノ、那何列來ルカモ」子松ガ末ユ、沫雪流」降 (三)鎔ケテ滴ル。「蠟燭ー」鎔 (四)浮ビ漂ヒ行ク。「舟ー」筏ー」浮下 (五)移リ行ク。「空澄ム月ノ、影ゾ流ルル」流レテ早キ、月日ナリケリ」經過 (六)〔存命フ。生キ殘ル。「ナガレテ止マラム名ヲ思シツツミニナム」ナガレテノ物語トモナリヌベキコトナリ」ナガレテノ、世ヲバ頼マズ、水ノ上ノ、沫ニ消エヌル、憂キ身ト思ヘバ」生存 (七)世ニヒロマル。「セクカラニ、淺クゾ見エム、山川ノ、流レテノ名ヲ、ツツミハテズバ」流布 (八)次第ニ巡ル。「次次ニ、皆、(盃ノ)順流ルメレド、醉ノ紛レニ、ハカバカシカラデ」巡 (九)逸ル。「流レ矢」流レ丸」逸 (十)サスラフ。サマヨフ。「流レワタル」流離 (十一)流産ス。(十二)質物ヲ請戻サズシテ、所有ノ權ヲ失フ。滿沒 (十三)行ハレズ。止トナル。「相談ガー」

なかれ (動) 勿 莫 毋 無有リ、ノ約ノ命令法、行爲ヲ禁止スル語。

ながれ (名) 流 (一)流ルルコト。流ルル狀。「水ノーニ隨フ」(二)小キ川。「ーヲ涉ル」流水 (三)蠟燭ノ鎔ケテ流ルルモノ。燭淚 (四)盃酒ノシタタリ。「御簾ノ内ヨリーノ御土器、賜ハラズヤ」餘瀝 (五)其風ヲ承ケ傳ヘタルコト。流義ノ末。「古人ノーヲ汲ム」流風 (六)質物ヲ贖フベキ期ヲ失ヒテ賣ラルルコト。滿沒 (七)行ハレヌコト。廢止。「相談、ートナル」

ながれ (接尾) 流 旗ヲ數フル語。「白旗二ー」旒

ながれ-くわんぢやう (名) 流灌頂 水邊ニ、卒都婆ヲ四柱トシ、白布ヲ釣リヒロゲ、樒ノ葉ナド添ヘタルモノ、水ヲ注ギテ、此水ニ觸ルベキ魚類 無緣ノ死骸白骨等ノ、得脫ノ緣トスト云、常ニハ、專ラ、難產ノ亡靈ノ手向トス。

ながれ-や (名) 流矢 それやニ同ジ。

なが-わきざし (名) 長脇差 往時、關東ニテ、常ニ脇差ノ長キモノヲ帶シテ居ル博徒ノ異名。

なか-ゐ (名) 仲居 中ニ使ハルル下女。遊里ノ婢。〔緣内〕

なが-ゐ (名) 長居 (一)永ク一所ニ居ルコト。「ーハ畏レアリ」(二)厭クホド久シク座ニアルコト。長座。「ーノ客」

〔なぎ〕 (名) 水葱 〔菜葱ノ義ト云〕水草ノ名、みづあふひノ類、古ヘ植ヱ作リテ食トセリ。又、其葉ノ細ソキヲ、小ートイフ、花、春咲ク、紫ニシテ美ナリ。

なぎ (名) 椰 〔葉、水葱ニ似タレバ名トスルカト云、字ハ

那木ノ合字〕松柏科ノ樹、高サ二三丈、老ユレバ、皮自ラ落チテ紅膚トナル 葉ハ、竹ニ似テ厚ク、縦理アリテ對生ス、面、深緑ニシテ、背、淺緑ナリ、兩面滑美ニシテ、甚ダ強シ、材淡黄赤ナリ。竹柏

なきいる（ル・レ・ラ・リ・レ）（自動）（規・一）泣入 泣キ沈ム、ニ同ジ。

なぎ（名）凪 凪グヿ。海上、波風ノ穏ナルヿ。

なきがほ（名）泣顔 泣ク顔色。ナキツラ。

なきがら（名）亡軀 亡キ人ノムクロ。シカバネ。死軀

なきごと（名）泣言 難澁ヲ歎キ話スヿ。

なきごゑ（名）泣聲 泣カムトシテ語ル聲。

なぎさ（名）渚〔波際淺ノ約轉カ〕水陸ノ界ニテ、波ノ打寄スル所。ナミウチギハ。

なきしづむ（ム・メ・マ・ミ・メ）（自動）（規・一）泣沈 甚シク泣キテ伏ス。泣キ入ル。

なきじやうご（名）泣上戸 酒ニ醉ヘバ泣ク癖ノアルヿ。泣酒癖

なきたま（名）亡魂 世ニ亡キ人ノ靈。バウコン。亡靈

‡なきつら（名）泣面 泣顔ニ同ジ。

なきな（名）無名 跡方無キ評判。虚聞 寃聞

なぎなた（名）長刀〔薙ノ刀、ノ約カト云〕武器、刃、幅廣ク長ク反リテ、長キ柄アリ、薙ギ拂フニ用ヰル、將士ノ用ヰタリ。後世ハ、多ク、婦女僧侶ノ用トシテ、將士ハ槍ヲ主トスルヿトナル。薙刀 眉尖刀

なぎなたかうぢゆ（名）いぬえニ同ジ。

なきねいり（名）泣寐入〔一〕小兒ノ泣キナガラ眠ニ就クヿ。〔二〕‡轉ジテ、俗ニ、事ニ不滿足ナガラモ自ラ止ムヿ。

なぎやう（名）奈行 五十音圖ノ第五ノ行、即チなにぬねのノ行。

なぎやうへんかく（名）奈行變格 語學ノ語、不規則動詞ノ第三類ノ語尾變化ノ一稱、「死ヌ」往ヌ」ノ二動詞ニ限ル。（篇首ノ語法指南ノ動詞ノ條ヲ見ヨ）

なきりばうちやう（名）菜切庖丁 庖丁ノ刃ノ薄キモノ、專ラ蔬菜ヲ刻ムニ用ヰル。薄刃。菜刀

なぎる（動）凪グノ訛。

なきわらひ（名）泣笑 泣キナガラ笑フヿ。（小兒ナド）

なく（ク・ケ・カ・キ・ケ）（自動）（規・一）泣 哀ミ、痛ミ、怨ミ、又ハ、感、極マリ、ナドシテ聲ニ發ス。イサツ。

なく（ク・ケ・カ・キ・ケ）（自動）（規・一）啼〔一〕赤子、聲ヲ出ス。〔二〕禽、獸、蟲、聲ヲ出ス。叫ブ。啼 鳴

〔なく（助動）不ノ延。「他國ニ、君ヲ往マセテ、イツマデカ、吾ガ戀ヒ居ラム、時ノ知ラナク」深山ニハ、松ノ雪ダニ、消エナクニ、都ハ野邊ノ、若菜摘ミケリ」

なぐ（グ・ゲ・ガ・ギ・ゲ）（他動）（規・一）薙 横サマニ拂フヤウニ切ル。「薙ギ拂フ」薙ギ倒ス」

〔なぐ（グ・ゲ・ガ・ギ・ゲ）（自動）（規・一）和 次條ノ語意ニ同ジ。「數ナラヌ、世ヲウキ舟ノ、寄邊無ミ、響キノ灘ノ、なぎヲコソ待テ」

なぐ（グル・グレ・ギ・ギ・ギヨ）（自動）（規・三）和 ヤハラグ。靜マリ收マル。オダヤカニナル。オチツク。ナゴム。「ココダクモ、繁キ戀カモ、奈具流日モ無ク」見ル毎ニ、情奈疑ムト、繁山ノ、谷邊ニ生フル、山振ヲ、宿ニ引植エテ」雲ぞなく、なぎたる朝ノ、我ナレヤ」

なぐ（グル・グレ・ギ・ギ・ギヨ）（自動）（規・三）凪〔前條ノ語ニ同ジ、字ハ風止ノ合字〕風吹キ止ム。風止ミ、波平ニナル。

なぐ（グル・グレ・ゲ・ゲ・ゲヨ）（他動）（規・二）投 擲 取リテ飛バセ遣ル。ナゲウツ。ハフリダス。○身ヲ—。自ラ水ニ入リテ溺ル。投身

なぐさみ（名）慰〔一〕ナグサムヿ。氣晴ラシ。〔二〕タノシミ。アソビ。娯樂

なぐさむ（ム・メ・マ・ミ・メ）（自動）（規・一）慰〔和グト通ズ〕物思ヒヲ晴ラシテ暫シ樂ム。

‡なぐさむ（ム・メ・マ・ミ・メ）（他動）（規・一）慰 愚弄リテ樂ム。「人ヲ—」愚弄

なぐさむ（ムル・ムレ・メ・メ・メヨ）（他動）（規・二）慰 慰ムヤウニナス。物思ヒヲ紛ラハシ樂マシム。

なぐさめ（名）慰 ナグサムルヿ。

なくす（ス・セ・サ・シ・セ）（他動）（規・一）〔無ク爲、ノ義ニテ、語尾ノ變化ヲ轉ズ〕ウシナフ。ナクナス。失

なくなく（副）泣泣 泣キツ泣キツ。泣キナガラ。

なくなす（ス・セ・サ・シ・セ）（他動）（規・一）〔無ク爲スノ義〕〔一〕無キヤウニナス。失フ。ナクス。失〔二〕死ナス。「年頃、人知レズモ、思ヒケム人ヲモナクナシテ、物心細ク、ナガメ居給フナルヲ」死別

なくなる（ル・レ・ラ・リ・レ）（自動）（規・一）〔無クナル義〕〔一〕

無キヤウニナル。失ス。滅ク。消ユ。ホロブ。失亡 (二)死ヌ。殁ス。「男君ニハ、ヤガテ、ナクナリテ生レ給ヘルヲ」死

〔なぐはし・しレシキ・ケレ・シク・シク (形・二) 名細〔美シ、ノ條ヲ見ヨ〕名、美ハシ。「名細キ、稻見ノ海ノ」

〔なぐはし (枕) 名細 吉野ノ枕詞。

なぐらと (名) 名倉砥 砥ノ一種、三河、設樂郡、名倉村ノ川中ヨリ出ヅルモノ、合砥トス。

┼なぐ・る・ル・レ・ラ・リ・レ (他動) (規・一) 〔薙グ、ノ轉訛カ〕 横サマニ打ツ。タタク。打擲ス。毆打

┼なぐ・れる・レル・レレ・レ・レ・レロ (自動) (規・四・變) 〔薙グ、ノ轉訛〕 横サマニ逸レ行ク。

なげ (名) 無氣 無キガ如キ。「一ノ哀レモ、カクル人ノアラム折ニヤ」言ノ葉ヲ、一ナルモノト、思ヒセバ、何カハ人ノ、ツラクシモアラム」一ノ應ヲダニモ、セサセ給ハズ」一ノ詞」一ノ情ケ」一ノ筆遣ヒ」

なげう・つ・ツ・テ・タ・チ・テ (他動) (規・一) 拋擲 〔投ゲ打ツ、ノ義〕 投ゲテ遣ル。

〔なげか・し・シキ・シケレ・シク・シク (形・二) 可歎 なげかはしニ同ジ。「斯ル處ニ、思ヒヤウナラム人ヲスヱテ住マバヤトノミ、ナゲカシウ」

なげかは・し・シキ・シケレ・シク・シク (形・二) 可歎 歎クベクアリ。憂シク悲シ。

なげき (名) 歎 (一)ナゲクコト。溜息ツクコト。歎息 (二)憂ヘ。カナシミ。悲歎

なげきことば (名) 歎詞 感動詞ニ同ジ。

なげ・く・ク・ケ・カ・キ・ケ (自動) (規・一) 歎・嘆 〔長息ス、ノ意〕 (一)心ニ思ヒ結ボホルルコトアリテ、大息ス。溜息ヲツク。歎息ス。「此床ノ、ヒシト鳴ルマデ、嘆キツルカモ」ツレモナキ、人ヲ戀フトテ、山彦ノ、答ヘスルマデ、嘆キツルカモ」歎息 (二)又、專ラ、憂ヘテ息ツク。愁ヘ哀ム。悲歎 (三)轉ジテ、切ニ願ヒ請フ。歎願

なげさや (名) 投鞘 毛皮ナドノ槍鞘ノ、末ヲ長クシテ、後ヘ折リ垂ラシテ置クモノ。

なげし (名) 長押 〔あがおしノ約〕 鴨柄ノ上、又、敷居ノ下ニ、別ニ横ニ長ク亙ス材。後世、上ナルヲ、單ニ、一トイヒ、下ナルヲ、下一トイフ。「御簾ヲ打チ被キテ、一ノ上ニ上リテ」口遊ビシテ、一ニ寄リ給ヘリ」御簾ヲ懸クルコトハ、云云、長サハ、一ノ下ヨリ、下ノ一ノ花釘ノ隱ルル程ニ取ルナリ」

なげやり (名) 投槍 槍ノ、短キモノ、敵ヘ投ゲ遣リテ中ツ。

なげやり (名) 投遣 ナゲヤルコト。差置クコト。放置

なげや・る・ル・レ・ラ・リ・レ (他動) (規・一) 投遣 (一)投ゲテ送ル。(二)差置キテ、ソノママニナシオク。放置

なげる (動) 投グ、ノ訛。

なごし (名) 夏越 〔神ヲ和シ、ノ意ト云〕 陰暦、六月晦ニ行フ大祓、人ニ茅輪ヲクグラセ、菅拔ヲカク。水無月ノ祓。夏祓。「ミナカミモ、荒ブル心、アラジカシ、波モなごしノ、祓シツレバ」

〔なご・し・キ・ケレ・ク・ク (形・一) 和 和ギタリ。ナダラカナリ。「船ニ、波ノカケタル狀ナドハ、サバカリナゴカリツル海トモ見エズカシ」高麗ノ紙ノ、肌細カニあおうナツカシキガ」

〔なご・す・ス・セ・サ・シ・セ (他動) (規・一) 和 和クナス。ナゴムルノ。ナダム。

なごのうみ……

なごはなし (名) 名詞ニ同ジ。證言。

なごのわたり (名) 〔和ノ渡ノ意カ〕 蜃氣樓ニ同ジ。ナゴウ。(勢州四日市)

〔なご・む・ム・メ・マ・ミ・メ (自動) (規・一) 和 和クナル。和グ。ヤハラグ。「イト、若ヤカニ、心ウツクシウ、ラウタキモノニ、心ハ、タ、オハスル人ナレバ、ナゴミツツ物シタマフヲ」古ヘニ、リハヘナシケル、神ダニモ、今日ノミシギニ、一トゾ聞ク」

〔なご・む・ムル・ムレ・メ・メ・メヨ (他動) (規・二) 和 和ムヤウニナス。ナダム。ヤハラグル。ナゴス。「千磐破、神ノ心ヲ、ナゴメヌバ、八十ノ禍事、何ト逃レム」

なごどん (名) 納言 大一、中一、少一、アリ、各條ヲ見ヨ。

〔なごやか・よ (副) 和 和キ狀ニテ。オダヤカニ。オナツキテ。「ナマメカシサ添ヒテ、ナツカシウ、一ゾオハシマス」

なごやせん (名) 名古屋扇 尾州名古屋ニ産スル一種ノ製ノ扇子、骨ノ數、密ニ多クシテ、地紙ニ澁ヲ敷ク。

なごらん (名) 名護蘭 沖繩島、中頭ノ名護岳ニ產ズル草、蘭ニ似タリ。

なごり (名) 餘波 〔波殘リ、ノ略ト云〕 (一)海上ニ、風吹キ止ミテ、尙、波ノ鎭マラヌコト。「奈吾ノ海ノ、朝ゲノ奈凝、今日モカモ、磯ノ浦回ニ、亂レテアラム」伊勢ノ海ニ、一ヲ高ミ、ワブル海人モ、物思フコトハ、エゾモ忘レジ」催馬樂ニ「風シモ吹イタレバ、なごりシモ立テレバ」(二)

轉ジテ、汀ニ、波ノ引去リテ後ニ、猶、ココカシコニ波水殘レルモノ。「難波潟、潮干ノ奈凝(ナゴリ)、善ク見テナ、家ナル妹ガ、待チ問ハムタメ」打棄テテ、立ツモカナシキ、浦風ノ、ナゴリイカニト、思ヒヤル哉」

なごり (名) 名殘 〔前條ノ語ノ轉〕 (一)物事ノ過ギ去レル後ニ、其氣(ケ)ノ殘レルコト。「夕去レバ、君來マサムト、待チシ夜ノ、名凝(ナゴリ)ゾ今モ、寢ネガテニスル」ヲカシカリツル人ノ―戀シク」 餘韻 (二)漏レ殘ルコト。「男御子生レ給ヒヌレバ、ナゴリナク、内ニモ宮ニモ人喜ビ聞エ給フニ」屏風ダツモノ、ナゴリナク押シ明ケテ」 遺漏 (三)轉ジテ、別レム後ニ、心ノ殘ルベキコト。「美シト、見ル度毎ニ、撫子ノ、花ノ―ハ、惜シクヤハアラヌ」イカニセム、トマラヌ春ノ、別レニモマサリテヲシキ、人ノ―ハ」

なごりをし・シキ・シケレ・シク・シク (形・二) 名殘惜 別ルルコト惜シ。離別ノ情ニ堪ヘズ。

〔なごろ〕 (名) 〔波凝ノ約カト云〕 海上ニ、風荒レ、波高ク立チテ、音スルコトナリト云。「其夜、南ノ風吹キテ、なごろイト高シ」オマヘトイフ所ニテ、風吹キナドス、なごろト申スモノ立ツト言ヒ騷グ」漕ギ行ク程ニ、―猶高シトテ、漕ギ戻ル」手モタユク、浦傳ヒシテ、漕グ船ハ、沖ノ―ヲ、怖ヅルナルベシ」

なさけ (名) 情 〔中心(ナカサケ)裂ノ意カト云〕 (一)心根。物ノ哀レヲ知ル心。情愛。アハレミ。慈悲。「心引ク、方バカリニテ、ナベテ世ノ、人ニ―ノ、アル人ゾナキ」―ヲ掛ム」―見ユ」(二)風流ノ心。「物ノ―知ラヌ山賤モ、花ノ陰ニハ、ナホ休ラハマホシキニヤ」(三)男女ノ戀情。「思寐ノ、吾ガ心ヨリ、見ル夢ヲ、誰ガ―トテ、袖濡ラスラム」

なさけなし・キ・ケレ・ク・ク (形・一) 無情 (一)情愛無シ。無情ナリ。(二)不風流ナリ。「例ノ船子ドモ、カラドマリヨリ、川尻押ス程ハ、ト歌フ聲ノ、ナサケナキモ哀レニ聞ユ」

なざし (名) 名指 其名ヲ指シテ示スコト。 指名

なし (名) 梨 〔奈子ノ音カトモ云、外國渡來ノ物カ〕 樹ノ名、高サ、二三丈、花ハ桃ニ次キテ開キ、花梗、長クシテ簇リ生ズ、白クシテ五瓣ナリ、花衰ヘテ、葉出ツ、形、圓ク尖リ、厚クシテ光リ、細カキ鋸齒アリ、互生ス、實ヲ賞スルガ故ニ、架ヲ作リ、枝ヲ揉メテ支フ。實ノ形、圓ク、淡褐色ニシテ、密ニ粉點アリ、中ニ黑キ小核十餘アリ、水氣多クシテ美ナリ。アリノミ。花、實、共ニ、品類多シ、支那ニテハ、材ヲ版木トス。

なし・キ・ケレ・ク・ク (形・一) 無 (一)有ラズ。存(ノコ)ラズ。(二)世ニアラズ。死ニタリ。「無キ人」無キ魂」無キ後(アト)」無キ影」 亡 死 (三)家ニ居ラズ。ルステリ。「老イラクノ、來ムト知リセバ、門サシテ、なしト答ヘテ、逢ハザラマシヲ」云云ノ許ニ至リテ、なかリケレバ、斯クナム參(マヰ)デ來タル、ト言ヒ置キテ歸リタル」 不在

なし・キ・ケレ・ク・ク (形・一) 甚(イタ)シ、ノ意ニテ、接尾語ノ如ク用ヰル語。「怖(オヂ)―」苛(イラ)―」荒ケ―」思(オボ)ツカ―」ハシタ―」

なしうち (名) 梨子打 烏帽子ノ皺(シボ)ヲ、梨子ノ膚ノ斑ノ如ク作レルモノ。

なじか (副) 〔何シカ、ノ略ト云〕 イカデカ。イカニシテ。「人ノモドキヲバ、―、少シモ、イタシトセム、イカナリトモ、―ハ、挾マレヌヤウヤアルベキ」

なしくづし (名) 濟崩 借リタル金高ノ内ヲ、若干ヅツ、次第ニ返濟スルコト。

なしぢ (名) 梨子地 古ク、塵地(チリヂ)。蒔繪ニ、金銀粉ノ斑點ヲ梨子ノ膚ノ斑ノ如ク作レルモノ。 梨文 庶處ニアルヲ村―トイフ。

なしつぼ (名) 梨壺 禁中殿舍ノ名、本名、昭陽舍。

なじみ (名) 馴染 (一)ナジムコト。馴レタルコト。 熟 (二)親シキ友。 熟知

なじむ・ム・メ・マ・ミ・メ (自動) (規・一) 馴染 〔なれしむノ約〕 馴レテ親シクナル。ナツク。 熟 親昵

なじる・ル・レ・ラ・リ・レ (他動) (規・一) 詰 問ヒ究ム。咎メ問フ。

なす (名) 茄子(ナスビ)ノ略。

なす・ス・セ・サ・シ・セ (他動) (規・一) 爲 作 (一)仕事ヲアツカフ。爲(ス)。行フ。(二)此物ヲ變ヘテ彼物ニ爲ス。「尼ニナシテ」無キモノニ―」水ヲ湯ニ―」取―」言ヒ―」見―」 做

なす・ス・セ・サ・シ・セ (他動) (規・一) 成就 コシラフ。作リ出(イダ)來(カ)ス。仕上グ。

なす・ス・セ・サ・シ・セ (他動) (規・一) 生 産(ウ)ム。「汝(ナガ)所レ生(ウム)兒(コ)、必當レ男矣」己ガなさヌ子ナレバ、心ニモ從ヘズ」

なす・ス・セ・サ・シ・セ (他動) (規・一) 濟 借リタルヲ返ヘス。濟マス。償フ。 償還

〔なす・ス・セ・サ・シ・セ (他動) (規・一) 鳴 鳴ラス、ニ同ジ。「時

守ノ、打鳴鼓、數ミ見レバ」秋風ニ、搔キ—琴ノ、聲ニサヘ」

〔なす ス・セ・サ・シ・セ (自動)(規・一) [寐] 寐、寢ヌノ古言。「沖津波、來寄ル、荒磯ヲ、色妙ノ、枕ト卷キテ、奈世流妹カモ」吾ヲ待ツト、奈須ラム妹ヲ」安寢不レ令レ宿、君ヲナヤマセ」安宿勿レ令レ寢」

〔なす (接尾) 〔似ス、ノ轉カト云〕似タル意ヲ言フ語、の如く。「海月那洲、漂ヘル」如ニ狹蠅、皆滿」五月蠅奈周、騷ク兒等」哭兒成、慕ヒ來マシテ」水泡なす、脆キ命モ」

なすび (名) [茄子] 〔中溢實ノ約略カト云〕木本ノ植物、春、種ヲ下ス、高サ一二三尺、葉ノ大サ、掌ノ如シ、夏ヨリ秋ニ亙リ、紫花ヲ開ク、五瓣相連リテ、蘂ハ黃ニ、蔕ハ綠ナリ、實、瓜ノ如ク、形、圓ク長ク、紫黑色ニシテ、瓤ニ細子多シ、鹽漬ニシテ、香ノ物トシ、或ハ炙リ、又ハ、煑テ食フ。略シテ、ナス。又、實ニ、白キモアリ、綠ナルモアリ。形長キモノヲ、なが—トイフ。[水茄] 實、小ク、初メ白クシテ、熟スレバ黃トナルヲ銀—トイフ。[黃茄] 又、橫ニ廣クシテ、堅ニひだアルアリ、巾着—トイフ。

〔なずらふ フ・ヘ・ヘ・ヒ・ヘ (自動)(規・一) [準] なぞらふ(規・一)ニ同ジ。類フ。「歸リ來ル、路ニテ今朝ハ、迷フラム、コレニテナズラフ、花ナキモノヲ」

〔なずらふ フル・フレ・ヘ・ヘ・ヘロ (他動)(規・二) [準] なぞらふ(規・二)ニ同ジ。比ブ。「秋ノ夜ノ、千夜ヲ一夜ニ、ナズラヘテ、八千夜シ寐バヤ、飽ク時ノアラム」

なする ル・レ・ラ・リ・レ (他動)(規・一) 〔撫摩ルノ略カ〕摩リテ付クル。塗リツクル。[塗抹]

〔なせ (名) [名兄] 〔名ハ美稱ト云〕男子ヲ親ミテ呼ブ語。「吾夫君」我那勢命」イトコ、名兄ノ君」

なぜ (副) 次條ノ語ノ略。

なぜな (副) [何故] 〔何ゾ、ノ轉ト云〕如何ナル故ニテカ。ドウシテ。

なぞ (名) [謎] なぞなぞニ同ジ。

なぞ (句) 何ゾ。如何ナルモノゾ。何故ゾ。「御前近キ欄子ドモヲ、なぞ、怪シ、ト御覽ズルニ」なぞノ車ゾ、暗キ程ニ出ヅルハ、ト日トドメサセ給フ」玉川ニ、晒ラス調布、サラサラニ、昔シノ人ノ、戀シキヤなぞ」コハ、なぞアナワカワカシ」

なぞ (接尾) 等ノ訛。

なぞなぞ (名) [謎辭] 言葉ニ、物事ノ實ヲ隱シテ、其意ハ何ゾ何ゾ、ト問ヒカケテ、解キ答ヘシムル戲。「小一條殿ノナゾナゾ物語ニ「勝タズ負ケズノ、花ノ上ノ露」ト言ヒケルニ「スマヒ草、合ハスル人ノ、無ケレバヤ」人ノなぞなぞあはせシケル所ニ、云云、アナタノ人モ、コナタノ人モ、心モトナク打守リテ、なぞなぞトイフ程、イトヾ心モトナシ」

〔なぞふ フ・フル・フレ・ヘ・ヘ・ヘロ (他動)(規・二) [準擬] なぞらふ(規・二)ニ同ジ。比ブ。「ウルハシミ、吾ガ思フ君ハ、撫子ガ、花ニ奈曾倍テ、見レド飽カヌカモ」

なぞへ (名) 〔準ヘノ義〕斜ナルコト。ハス。「—ニ切ル」[傾斜]

〔なぞらふ フ・ヘ・ハ・ヒ・ヘ (自動)(規・一) [準淮] 〔並揃フ意カト云〕次ニ類フ。ナズラフ。准ズ。「見ヌ人ノ、形見ガテラハ、折ラザリキ、君ニナゾラヘル、花ニシアラネバ」

なぞらふ フル・フレ・ヘ・ヘ・ヘロ (他動)(規・二) [準淮擬] 比ブ。タグフ。ナズラフ。ナゾフ。ヨソフ。

〔なそり (名) [納蘇利] 〔韓語ナラムカ〕雅樂ノ曲名、高麗樂ナリ。又 ナツソリ。

なた (名) [鉈] 刃、厚クシテ、幅、廣ク、稍、弓形ヲナシタル刀、短キ柄アリ、薪柴ナド斷ツニ用ヰル。[彎刀]

なだ (名) [灘] 〔波高ノ略ト云、灘、奔流也、攻瀨ノ意ニ用ヰタルカ〕海路ノ、寄ルベキ湊ノ遠クシテ、渡ルニ難キ所ノ稱。船路ノ難所。「なだノ海ハ、荒レヤマサラム、沖津浪、和マム方ノ、淺キ求メヨ」遠江—」響—」水島—」[洋]

なだい (名) [名題] (一)姓名ヲ表題ニ掲グルコト。(二)轉ジテ、名ノ著キコト。名高キコト。ナウテ。(多ク、借字ニ、名代ト記ス)「名代ノ產物」[著名]

なだいめん (名) [名對面] [名謁] 宿直ノ侍臣ナドノ、其名ヲ名乘ルコトト云。

なだかし キ・ケレ・ク・ク (形・一) [名高] 名、弘ク世ニ聞ユ。評判高シ。[著名] [有名]

なださより (名) [灘鹹] 魚ノ名、だつニ同ジ。

〔なだたし シキ・シケレ・シク・シク (形・二) [名立] 名ニ立ツベクアリ。「コレハ、イト醜ク言ヒナシツベキ便リナリト覺ユ」イトナダタシヤ」

なだたる (動) [名立] 名ニ立チテアリ ヲ約メテ、分詞法ニ用ヰル語。名ニ聞エタル。「—葉ヨリ、—園ハ、菊ナレビ」

(なだて (名) 名立 名ニ立ツヤウニスルコト。「女郎花、咲ケル野邊ニテ、宿リヌル、花ノーニ、ナリヤシヌラム」

なたね (名) 菜種 あぶらなノ實。

なたまめ (名) 鉈豆 春ノ末、種ヲ下ス、蔓生、一二丈ヲ延ク、葉ハ、ささげヨリ大ク、花モ大クシテ紫ナリ、莢ノ形、長大ニシテ、曲レルコト、鉈ノ如シ、未熟ナルハ、莢ト共ニ、煮テ食フベシ、豆ノ長サ、八九分、淡紅ニシテ光ル。一名、タチハキ。(九州) 刀豆 又、一種、花ノ白キモノアリ、豆モ白シ、しろーートイフ。

なだ・む ムル・ムレ・メ・メ・メヨ (他動) (規・二) 宥 (一)ナダラカニナス。和ラゲ鎭ム。「身ノ憂サヲ、思ヒナダムル、カヒモナク、騒ギ出デヌル、我ガ涙哉」怒ヲー」 鎭定 (二)寛メ免ス。「憚ル所ナク、倒アラムニ任セテ、ナダムルコトナク、キビシウ行へ」 宥

なだめ・さけ (名) 灘目酒 攝州、西宮邊ヨリ、兵庫邊マデノ海上ヲ、灘目トイフ、其海岸一帶ノ各地ヨリ製出スル酒ノ稱、池田伊丹ト並ベ稱セラル。略シテ、灘酒。

なだらかは (副) 平穏 (一)ユルクオダヤカニ。タヒラカニ。(二)勾配强カラズシテ。 斜平

なだら・む ムル・ムレ・メ・メ・メヨ (他動) (規・二) 平穏ニナス。「萬ノ事ニ、カタハシ、ナダラメテ、カドカドシキ故モツケジ」

なだ・る ルル・ルレ・レ・レ・レヨ (自動) (規・二) 傾 「長垂ル、ノ意カト云」 (一)斜ニ傾キテアリ。(二)斜ニ崩エ落ツ。 頽

なだれ (名) 傾 (一)ナダルルコト。斜ニ傾キタルコト。「山ノー」 傾斜 (二)斜ニ崩エテ落ツルコト。次第ニ押シテ崩ルルコト。「雪ー」「人ー」 頽

なちぐろ (名) 那智黑 紀州、那智ノ海濱ヨリ産ズル石、色純黑ナリ、試金石、碁石、硯、庭石、ナドトス。

なつ (名) 夏 「成立ツ意、稻ニ就キテイフトゾ」 一年四時ノ一、春ノ後、秋ノ前(卯月ヨリ水無月マデ)ニテ、最モ熱キ候ナリ。

な・づ ヅル・ヅレ・デ・デ・デヨ (他動) (規・二) 撫 (一)掌ニテ、ナダラカニ擦ル。(二)イツクシム。アハレム。「天下乃公民乎惠賜比撫賜牟止奈毋」 撫恤 (三)齋宮ノ忌詞ニ、打ツ。

なついちご (名) 夏莓 とつくりいちごニ同ジ。

なつうめ (名) 夏梅 (一)娑羅樹。(二)木天蓼。

なつがき (名) 夏蠣 おろびがきニ同ジ。

なつかげ (名) 夏陰 夏ノ繁レル木蔭。「夏影ノ、房ノ下ニテ、衣裁ツ吾妹」

なつか・し シキ・シケレ・シク・シク (形・二) 可懷 (一)懷クベクアリ。親シク睦マジ。「我ガ門ユ、鳴キ過ギワタル、時鳥、イヤナツカシク、聞ケド飽足ラズ」下衆共、アヤシゲナル柚ヤ梨ヤナドヲ、ナツカシゲニ、持タリテ食ヒナドスルモ」(二)ユカシク、シタハシ。

なつき (名) 夏季 夏ノ時。 夏時

なつぎ (名) 夏着 夏ノ時候ニ着ル衣。 夏衣

(なづき (名) 腦 腦ノ古言、今モ奥州ニテハイフ。

(なづき (名) 名簿 「名付ノ義カ」 我ガ姓名ヲ記シ付ケタル札、入門又ハ降參ノ證ナドニスルモノナリトゾ。又、名簿。

なつぎく (名) 夏菊 菊ノ一種、夏、早ク開クモノ。

なつ・く ク・ケ・カ・キ・ケ (自動) (規・一) 懷 「馴付ク意」 馴レテ付ク。親シミ從フ。馴染ム。

なつ・く クル・クレ・ケ・ケ・ケヨ (他動) (規・二) 懷 懷クヤウニナス。馴レ親シマシム。

なづ・く クル・クレ・ケ・ケ・ケヨ (他動) (規・二) 名付 (一)名ヲ付ク。 命名 (二)イフヲ。トナヅ。稱ス。「都ヲ東京トー」

なつぐみ (名) 夏茱萸 高サ、丈餘、枝葉繁茂ス、枝ハ、ぐみヨリ柔ニシテ、葉ノ形、稍長ナリ、互生ス、春ノ末、葉ノ間ニ、花ヲ垂ル、ぐみニ似テ小シ、實ハ、なんてんヨリ大ク、ぐみニ次ギテ熟ス、赤クシテ白キ斑アリ、食フベシ。 木半夏

なつげ (名) 夏毛 鹿ノ毛ノ、夏ノ中以後、黃ニナリテ、白星、鮮ニ出ヅル頃ノ稱、行縢等ニ用ヰルニ就キテイフ。

なづけ (名) 菜漬 漬菜ヲ鹽ニ漬ケタルモノ、香ノ物トス。 醃菜

なづけおや (名) 名付親 兒生レテ七日目ニ、其名ヲ命ズル人ノ稱、常ニ、多ク、母方ノ祖父ノ命ズルモノトス。名親。

なつける (動) 懷ク、(規・二)ノ訛。

なづける (動) 名付ク、ノ訛。

なつよ (名) 夏蠶 春蠶ノ卵ノ、夏ニ至リテカヘルモノ、起眠スルコト、亦、四度ニシテ、繭ヲ成シ、蛾ニ化スルコト、春蠶ニ同ジケレドモ、其ノ間ノ日數短シ。二番蠶。

原鑑

なつこだち (名) 夏木立 夏ノ候ニ、生ヒ繁レル木立。 緑樹重陰

〔なづさはる・ル・レ・ラ・リ・レ (自動)(規・一)〔なづさふノ延〕狎ル。馴染ム。「夜モスガラ、ナヅサハリヌル、妹ガ袖、名殘惜シクモ、オモホユル哉」 親昵

〔なづさふ・フ・ヘ・ヘ・ヒ・ヘ (自動)(規・二)〔滯ムニ通ズト云〕(一)水ニ着ク。浮ブ。沈ム。渡ル。皆云フ。「海人ノ燈火、沖ニ奈都佐布」八雲刺ス、出雲ノ子等ガ、黑髮ハ、吉野ノ川ノ、奧ニ名豆頒」(溺死ニイフ) 海原ノ、遠キ渡リヲ、遊士ノ、遊ブヲ見ムト、莫津左比ゾ來シ」鳰鳥ノ、奈津左比來ムヲ」(二)轉ジテ、馴レ添フ。ナジム。「皇神ノ、御手ニ取ラレテ、ナツサハマシヲ」イト面立タシウ、ナツサヒ仕ウマツリケム」常ニ參ラマホシウ、ナツサヒ見奉ラバヤト覺エ給フ」 親昵

なつしよ (名) 納所 (一)年貢ナド納ムル所。(二)寺院ニテ、寺務ヲ掌ル所。又其僧。(布施物ヲ納ムル所ノ意カ) 知事僧

なつぜみ (名) 夏蟬 蟬ノ一種、夏ノ半ニ、朝ヨリ暮マデ鳴キテ、聲ニ抑揚アルモノ、長サ六分許、淡黑クシテ、羽ハ透明ナリ。 蟪蛄

〔なつそり (名) 納蘇利 なそりノ條ヲ見ヨ。

なつだいこん (名) 夏大根 大根ノ一種、夏、復タ種エテ根ヲ採ルモノ。 夏蘿蔔

なつつばき (名) 夏椿 (一)娑羅樹ノ一名。(二)金櫻子ノ一名。(三)木天蓼ノ一名。

なつとう (名) 納豆 〔寺納豆ニ起リ、納所ノ僧ノ豆ノ義カト云、イカガ〕(一)古製ナルハ、即チ、濱名納豆。(其條ヲ見ヨ) 鹹豉 (二)今、常ニ稱スルモノハ、白大豆ヲ煮テ麴トシ、粘泥ヲ生ズルヲ伺ヒ、藁ニ包ミテ貯ヘテ成ル。マメナツトウ。イトヒキナツトウ。 豆黃

⁺⁺なつとうえぼし (名) 納豆烏帽子 〔頂ノ折目、寺納豆ノ曲物ノ敗物ノ折目ニ似タリ〕 さむらひえぼしノ俗稱。

なつとく (名) 納得 心ニ解シテ承引クコト。聞キ入ルルコト。得心。

なづな (名) 薺 〔撫菜ノ義ニテ愛ヅル意カト云〕草ノ名、所在ノ地ニ叢生シ、初生ハ蔬トスベシ、葉ハ、たんぽぽニ似テ、岐アリ、春ノ初、莖ヲ出シ、四瓣ノ小白花ヲ開ク、穗長シ、後ニ、細小ナル莢ヲ結ブ、形、三味線ノ撥ニ似タレバ、さみせんぐさ、又、ぺんぺんぐさノ名モアリ。

なつみかん (名) 夏蜜柑 柑ノ類、實、存シテ夏ニ至リ、花ト共ニアリ、故ニはなたちばなノ名モアリ、實ノ色黑シ。 盧橘

なづむ・ム・メ・マ・ミ・メ (自動)(規・一) 泥滯 (一)滯リ澁ル。「入ニ其海鹽一而那豆美行時、歌曰、海行者、腰那豆牟」近カラヌ、道ノ間ヲ、煩ミ參來テ」山川ニ、吾ガ馬難ム」吾ガ黑髮ニ、降リ名積ム、天ノ露霜」來ト來テハ、川ノ堀江ノ、水ヲ淺ミ、舟モ我身モ、ナヅム今日哉」此君、ナツミテ、泣キムツカリアカシ給ヒツ」(二)轉ジテ、一方ニノミカカハル。「僻說ニ―」 拘泥

なつむし (名) 夏蟲 夏生ズル諸ノ蟲ノ稱。「―ノ、火蟲ノ衣ニ、二重着テ」(飛蛾)「ツツメドモ、隱レヌモノハ、―ノ、身ヨリ餘レル、思ヒナリケリ」(螢)「ヤヘムグラ、茂キ宿ニハ、―ノ、聲ヨリ外ニ、訪フ人モナシ」(蟬)

なつめ (名) 棗 〔夏芽ノ義〕(一)樹ノ名、夏ノ初ニ至リテ、始メテ芽ヲ出ス、葉、尖リテ光リ、互生ス、夏ノ半ニ、葉ノ間ニ花ヲ開ク、白クシテ青ミアリ、實、熟スレバ赤シ、小クシテ橢圓ナリ、生食スベシ、曝シ乾シテ藥トス、枝ニ刺アリ、幹、外、白ク、內、赤クシテ堅シ、支那ニテ版木トス。朝鮮―ハ、葉、大ク、實モ大ク肥エテ、本、太ク、末、尖ル、亦、乾シテ藥用トス。 大棗 (二)末茶ノ茶入ノ一種、形、橢圓ナルコト、棗ノ實ヲ立テタルガ如キモノ、多クハ黑漆器ナリ。

なつもも (名) 夏桃 桃ノ一種、夏早ク熟スルモノ。 五月早桃

なつやせ (名) 夏瘦 暑氣ニ弱リテ瘦スル病。「石麻呂ニ、吾レ物申ス、夏瘦ニ、吉シトフモノゾ、鰻取リ食セ」 注夏病

なつゆき (名) 夏雪 樹ノ名、高サ丈餘、葉ハ、うめもどきニ似テ長ク、互生ス、夏、枝ノ頭ニ、五瓣ノ花、簇リ開ク、形、さんざしノ花ニ似テ、稍小ク、色白クシテ、遠ク望メバ、雪ノ如シ、實、秋熟ス、形、色、あづきノ如ク、食フベシ。

〔なで (辭) 過去ノ助動詞ノぬノ變化ナルなノ、ずしてノ意ナルでニ接シタルモノ。果テズシテ。「消エ―」絕エ―」

なでかく (名) 撫角 匣、角盆、ナドノ角ヲ、圓ク面取

リタルモノ。委蝕

なでぎり (名) 撫斬 押シ引キテ斬ルコト。

なでしこ (名) 撫子 〔家經朝臣和歌序、鍾愛抽ニ衆草ニ、故曰ニ撫子ニ、艶狀共ニ千年ニ、故曰ニ常夏ニ〕又、常夏。草ノ名、山野ニ多シ、高サ尺餘、莖ニ節アリ、葉ハ竹ノ葉ニ似テ小ク、深緑ニシテ對生ス、夏秋ノ交ニ、花ヲ生ズ、瓣ノ端、細ニ分レテ、絲ノ如シ、淡紅色ナリ、後ニ小キ角ヲ結ブ、圓ク長シ、内ニ扁ク黑キ小子アリ。瞿麥 一種、家ニ植エテ花ヲ賞スルモノハ、花大クシテ、一重、八重、形、色、種種ニシテ、甚ダ美ナリ。韓ー(石竹)ニ對シテ、和ートモイフ。今、又、河原ー。洛陽花 又、阿蘭陀ーアリ、其條ヲ見ヨ。

なでつく・くル・クレ・ケ・ケ・ケヨ (他動)(規・二) 撫付 (一)撫デテ押シ付ク。「御髪ノ末ノ、所狹ウ、ヒロゴリタルヲ、イト苦シト思シテ、額ナド、ナデツケテオハスルニ」(二)髪ノ亂レタルヲ、櫛ニテ搔キ上グ。

なでつけ (名) 撫付 頭髪ノ風ニ、全髪ヲ結ハズ、頂後ヘ梳キ垂レテオクモノ。

〔なでふ〕 (句) 〔多ク、當字ニ、何條ト記ス、假名遣、違ヘリ〕何ト言フ、ノ約メル、何ニ云フ、ノ約轉、分詞法ニ用ヰル。音便ニ、ナンデフ。「召寄セタリトモ、ナデフ事カアラム」サル幼キ程ナレバ、ナデフ業ヲモエセズ」ナデフ契リカ侍リケム」ナンデフ事モ侍ラズ」ナンデフ心地スレバ、斯ク物ヲ思ヒタル狀ニテ、月ヲ見給フゾ」

〔なでふ〕 (副) 〔前條ノ語ノ轉〕何トシテ、イカデ、ナンデフ。「今更ニ、ナデフ、然ル事カハ侍ルベキ」ナデフ、斯ル好事ヲシテ、斯ク侘シキ目ヲ見ルラム」ナンデフ然ル事カ侍ラム」

〔なでん〕 (名) 南殿 紫宸殿ノ一名。「ーノ櫻」

なでもの (名) 撫物 身ヲ撫デ禍ヲ移シテ、祓ヒ棄ツル具、形代ノ條ヲ見ヨ。

なでる (動) 撫ヅノ訛。

など (副) 何故 〔何トノ約カ〕何トシテ。何故ニ。ナゼ。「ナド、宮ヨリ召シアルニ參リ給ハヌ」ナド、斯クシモ思フラム」ナド時鳥、聲絕エヌラム」

など (接尾) 抔 〔何トノ音便ナルなんどノ約〕名詞ニ接キテ、正シク其物ニ限ラズ、外ニモ倘アル意ヲイフ語。等。ナンド。 等 或ハ、他ノ種種ノ語句ニモ接キテ餘事アルヲ示ス。「院ノ御サジキヨリ、千賀ノ鹽釜ナドヤウノ御消息、ヲカシキ物ナド、持テマヰリカヨヒタルナドモ、メデタシ」惡カメリナド言ヒテ」何事ゾナド問フ」悲シナド言ハムカタナシ」物ヲ食ヒナドシテ」馬ニナド乘リテ」

などころ (名) 名所 (一)姓名ト住所ト。 名貫 (二)一器物ノ内ノ箇箇ノ名目。「刀ノー」鎧ノー」(三)名所。名高キ所。 勝地

などて (副) 何トシテ。何故ニ。ナゼ。「ナドテ、乘リ添ヒテ行カザリツラム」

なとり (名) 名取 遊藝人ナド、師ヨリ許サレテ、長立チタル藝名ヲ得タルコト。

などる・ル・レ・ラ・リ・レ (他動)(規・一) 〔撫ヅノ轉カ〕塗リタル上ヲ、復タ塗ル。 抹

なな (數) 七 六ニ一ヲ加ヘタル。「七度」ー月」

ななくさ (名) 七種 (一)芹、薺、御行、繁蔞、佛座、(田平子)菘、蘿蔔ノ七種ノ菜ノ稱、(秋ノ七草ニ對シテ、春ノートイフ)正月七日ニ、コレヲ羹トシ食フ、萬病ヲ除クトイフ。後世、七日ノ朝ニ、唱ヘ言シテ、此七菜ヲ打チハヤシ粥ニ炊ギテ食ヒ、七種粥トイフ、後ニハ、薺ノミ用ヰ、又、後ニハ、あぶらなノ葉ヲ用ヰル。又、古ヘ、正月十五日ニ、米、大豆、赤小豆、粟ナド七種ノ穀菜ヲ雜ヘ煮テ、七種ノ粥トイヘリ、是モ、今ハ變ジテ、赤小豆粥トナル。(二)轉ジテ、正月七日、即チ、人日ノ稱。(五節句ノ一)

ななくさ (名) 七草 秋ニ咲ク七種ノ草花ノ稱、秋時ノ觀トス。(春ノ七種ニ對シテ秋ノ七草トモイフ)萬葉集ニ「秋ノ野ニ、咲キタル花ヲ、指折リ、搔キ數フレバ、七種ノ花」芽之花、乎花、葛花、瞿麥之花、姫部志、又藤袴、朝貌之花」(旋頭歌ナリ)トアリ、朝貌ハ槿花ヲイヘルカ、牽牛花ヲイヘルカ、今、或ハ、朝顏ヲ桔梗ニ代フ。

ななくさがゆ (名) 七種粥 七種ノ條ヲ見ヨ。

ななこ (名) 魚子 斜子 (一)又、魚ノ子。金物細工ナドニ、小キ粒ヲ、密ニおきあげ刻リニシテ、魚ノ卵ノ如キモノ。 粟紋 (二)一種ノ織法ノ絹布ノ名、織目、密ニ斜ニ打違ヒテ見ユ、魚子ノ如シ。

ななし (名) 名無 名ノ付キテ無キコト。 無名

〔ななしおよび〕 (名) 無名指 べにさしゆびニ同ジ。

ななそ (數) 七十 十ヲ七ツ合ハセタル數。七十。
ななそぢ (數) 七十 前條ノ語ニ同ジ。
ななつ (名) 七 時ノ名、ときノ條ヲ見ヨ。
ななつ (數) 七 六ニ一ヲ加ヘタル數。七。
ななつげ (名) 〔斜毛ノ意カト云〕 指ニ聚リ生フル毛。
ななつさがり (名) 七下 (一)晩ノ七時ヲ過ギタル頃。暮ニ近キ時。申下 (二)俗ニ、衣ノ染色ノ褪メタルナドニイフ語。
ななまがり (名) 七曲 路又ハ坂ナドノ、幾重モ曲レルニイフ語。九折路
ななめならず (句) 不斜 なのめならずノ轉。オホカタナラズ。(なのめよノ條ヲ見ヨ)「喜ブヿ一一」
ななめよ (副) 斜 〔なのめよノ轉〕 (一)高キヨリ筋違ニ低ク傾キテ。ナゾヘニ。「一下ル」(二)隅ヨリ隅ヘ。ハスカケニ。「一互ス」
なに (代) 何 名ヲ知ラヌ物事ニ用ヰル代名詞。「一ニ包マム」一トまれ 一ヲカ取ルべき」
なに (副) 何 何トテ。ナドイカデ。「花ニ飽カデ、一歸ルラム」春霞、一隱スラム、櫻花、散ル間ヲダニモ、見ルべキモノヲ」
なおふ・ふ・ハ・ハ・ヒ・ヘ (自動) (規・二) 名負 身ニ其名ヲ付ク。名ノ意ニ相應シキ名ヲ持タリ。「ソノ虻ヲ、蜻蛉速食、此ノ如、那爾淤波ムト、空見ツ、倭ノ國ヲ、蜻蛉島ニ云」又、休メ詞ヲ加ヘテ、なよしおふトモイフ。「名ニシ負ハバ、イザ事問ハム都鳥」我宿ニ、おふちノ花ハ咲キタレド、名ニシモ負ハヌ物ニテアリケル」

なにがし (代) 某 〔何ガ主ノ約ト云〕 (一)人又ハ物事ニ、其名ヲ指シテ言ハヌ時ニ用ヰル代名詞。「長門ノ前司一ノ朝臣」一ノ阿闍梨」富士ナノ山、一ノ岳ナド」北山ニナム、一寺トイフ所ニ」(二)自稱ノ代名詞。オノレ。ソレガシ。「斯ク、一ガ心ヲ致シテ仕ウマツル御修法ニ」一ガ及ブベキ程ナラネバ」
なにくれ (代) 〔何是ノ轉カトモイヘド、何彼ノ轉ナラム、おれやあのナドイフモ「此レヤ彼ノ」ナリ〕 アレヤコレヤ。イロイロ。「宮ノ御裝ヒ、一ト、メヅラシキ狀ニ調ジ出デ給ヒ」山ノ座主、一ノ僧タチモ」何ガシ、くれガシ」何ノ御子、くれノ源氏」
なにさま (副) 何樣 其故アリゲニテ。イカサマ。
なよしおふ (動) 名負 なおふニ同ジ。
なにしよ (副) 何 何トシテ。イカデ。
なにすれぞ (副) 何爲 何トスレバゾ。何トシテカ。ナンスレゾ。「時時ノ、花ハ咲ケドモ、奈爾須禮曾、母トフ花ノ、咲出來ズケム」
なにとぞ (副) 何卒 ヒタスラ。ドウゾ。情願
なにはばら (名) 難波薔薇 又、ナニハウバラ。蔓生ノ灌木、刺多シ、葉ハ、萩ニ似テ、厚ク滑カニシテ、互生ス、夏、葉ノ間ニ、五瓣ノ白花ヲ開ク、大サ三寸許、つはきニ似タリ、香氣多シ、又、淡紅ナルアリ、重瓣ナルモアリ。ナツツバキ。金櫻子
なにぶん (副) 何分 (一)如何ニナセドモ。「一見エヌ」(二)ヒタスラ。ナニトゾ。「一賴ム」
なにほど (副) 何程 イクバク。ドノクラヰ。幾許

〔なぬか (名) 七日 〔七日ノ轉カ、七日ノ略轉カ〕 なのかニ同ジ。
なぬし (名) 名主 〔名田ヲ帶セル主ノ義ニ起ルカト云〕 町村或ハ鄕ノ長。田舍ニ、庄屋。 坊正 里正
なのか (名) 七日 〔なぬかノ轉〕 (一)日數七ツ。ナヌカ。(二)月ノ第七ノ日。ナヌカ。
〔なのめよ (副) 大概ニ。オホカタニ。「カバカリ聞キテ、ナノメニ思ヒ過スベク侍ラザリシ人ヲ」行先永ク見エムト思ハバ、ツラキ事アリトモ、念ジテ、ナノメニ思ヒナリテ」心憂キ事哉ト、ナノメナラズ歎キケルガ」御哀レ、イトドマサリテ、心苦シキ事、ナノメナラズ」
なのり (名) 名告 名告ルヿ。「若シ、サヤウナル名ノリスル人アラバ、耳トドメヨ」
なのり (名) 名乘 〔名告ノ義〕 實名ニ同ジ、名ノ條ヲ見ヨ。
〔なのりそ (名) 神馬藻 〔允恭十一年紀ニ、衣通姬ガ、海ノ濱藻ノ云云、ト詠マレシ歌ヲ、天皇、他人ニ聽カシムベカラズト宣ヒシヨリ、時人濱藻ヲ「莫告ソ藻」ト謂ヘルニ起ル、神馬ノ字ハ「莫騎」ノ義訓〕 海藻ノ名。又、ナナリソ。今ノ、穗俵。
なのる・ル・レ・ラ・リ・レ (自動) (規・一) 名告 自ラ己ガ名ヲ告ル。自名
なは (名) 繩 索 〔直ト通ズト云〕 (一)藁麻棕梠ノ毛ナドヲ細長ク綯ヒタルモノ。(二)繩ニテ、山林田畠ナドノ面積廣狹ヲ計ルヿ。「一ヲ打ツ」一ヲ入ル」天正度ノ一」一延ビ」 量丈

なは (名) 〔滑生ノ義カト云〕 菌。茸 (西國)

〔なばえ (名) 〔苗生ノ約カト云〕 芽出。「春雨ハ、イヤ降リニケリ、河邊ナル、ヰグヒノ柳、ースルマデ」

〔なはさは (名) 鯆 〔鯆ハ江豚ナリ當ラズ〕 魚ノ名、詳ナラズ、鯱魚ヲ、今、播磨備前ニテ、のうそうトイヒ、乾シタルモノヲのうさはトイフ、是レナラムカト云。

なはしろ (名) 苗代 〔なへしろノ轉〕 稻ノ種ヲ苗トスル代ノ田、穀ヲ撒日水ニ浸シ、コレヲ蒔キ付ケテ苗トス、長ジテ七八寸トナレバ、常ノ田ニ移シ植ウ。秧田

なはしろいちご (名) 苗代莓 亞灌木、山野ニ生ズ、莖五六尺、葉ハ三葉ヅツ一處ニ集マリテ生ズ、形圓ク長ク、鋸齒アリテ、背白シ、夏ノ初、枝ノ頭ニ叉ヲ分チテ、多ク紅花ヲ開ク、大サ四分許、夏ノ半、苗代時ニ、實、熟ス、赤クシテ、他ノ莓ヨリハ粒大ナリ、食フベシ。藕田藨

〔なはせみ (名) 蚱蟬 蟬ノ雌ノ鳴カヌモノ。啞蟬

なはつき (名) 繩付 繩ニテ縛ラレタルヿ。(罪人ニ、生擒ニ) 就縛

なはて (名) 繩手 〔繩道ノ轉ト云、繩ハ直キ意〕 田ノ間ノ路。畷

なはのび (名) 繩延 (一)引延ベタル繩ノ長サ。(二)段別ノ高ノ、量丈ヨリモ餘分ニアルヿ。

なははしご (名) 繩梯子 繩ニテ造レル梯子、鈎アリテ、高キニ繫ケテ用ヰル。繩梯

なははり (名) 繩張 繩ヲ引張リテ、一區ノ地界ヲ定ムルヿ、內外ヲ限ルニイヒ、或ハ、城砦第宅ノ敷地ノ構ヘヲ打立ツルニモイフ。

なはめ (名) 繩目 繩ニテ縛ラルルヿ。(罪人ニ、生擒ニ) 「ーニカカル」「ーノ恥」 縲紲

〔なば・る・ル・レ・ラ・リ・レ (自動) (規・一) 隱 かくるノ古言。又、ナマル。「吾ガ兄子ガ、何處行クラム、オキツ藻ノ、隱ノ山ヲ、今日カ越ユラム」

なびか・す・ス・セ・サ・シ・セ (他動) (規・一) 靡 靡クヤウニナス。「コチタキ御髮ノ」云云、少シコナタニ、ナビカシテ引カレタル程」

なび・く・ク・ケ・カ・キ・ケ (自動) (規・一) 靡 〔萎エ延ク意カト云〕 (一)風ニ從ヒテ横サマニ撓ミ延フ。(二)他ノ意ニ屬キ從フ。

なびろめ (名) 名弘 商人藝人ナドノ其名ヲ世ニ披露スルヿ。

な・ふ・フ・ヘ・ハ・ヒ・ヘ (他動) (規・一) 綯 數ノ線ヲ交ヘ合ハセユク。アザナフ。縒ル。「繩ヲー」

〔な・ふ・フル・フレ・ヘ・ヘ・ヘヨ (自動) (規・二) 痿 萎ユ。蹇グ。自在ナラズ。(手足ナドニ)「新撰字鏡、攣、手奈戸、癖、足奈戸」竹取物語「弓矢ヲ取リタテムトスレドモ、手ニカモナクナリテ、なへカガマリ」

〔な・ぶ・ブル・ブレ・ベ・ベ・ベヨ (他動) (規・二) 並 列ヌ。ナラブル。並ムル。「駒ナベテ、イザ見ニ行カム」押シナベテ」宿モ狹ニ、植エナベツツゾ、我ハ見ル、招ク尾花ニ、人ヤ止ルト」

なふきん (名) 納銀 金銀ヲ拂ヒ納ルルヿ。

なふおふ (名) 納受 ウケヲサムルヿ。ウケタクルヿ。

なふだ (名) 名札 古ク、ナヅキ。人ノ名前ヲ記シタル紙札、面會ノ時ナドニ示スニ用ヰル。テフダ。名刺

なふはい (名) 納盃 酒宴ノ終結ニ飮ム盃。終獻

なぶりおろし (名) 嬲殺 困シメツ困シメツシテ殺スヿ。弄殺

なふりやう (名) 納涼 スズミ。

なぶ・る・ル・レ・ラ・リ・レ (他動) (規・一) 嬲 〔狎觸ノ轉カト云〕 戲レニワヅラハス。人ヲ玩弄物ニシテ困ラス。嘲弄ス。調戲 嬲

なへ (名) 苗 〔延ノ約カ〕 (一)草木ノ萌エ出デタルモノ。「稻ノー」瓜ノー」杉ノー」(二)專ラ、稻ノ苗。「早ー」叢ー」

なべ (名) 鍋 〔肴瓮ノ義〕 魚菜ヲ烹ルニ用ヰル器、釜ニ似テ淺シ、鐵銅眞鍮ナルヲ、かなートイヒ、陶器ナルヲ、土ートイフ。

なべがね (名) 鍋鐵 鐵ノ條ヲ見ヨ。生鐵

〔なへ・ぐ・グ・ゲ・ガ・ギ・ゲ (自動) (規・一) 蹇 足ニ病アリテ、步行自在ナラズ。

なべずみ (名) 鍋墨 鍋釜ノ底ニ、烟ノ煤ノ如ク凝リ着キタルモノ。釜墨

なべせん (名) 鍋錢 〔なべがねノ錢ノ義〕 鐵ニテ吹キタル錢。(寬永錢ノ條、見合ハスベシ)

なべづる (名) 鍋鶴 眞名鶴ノ一種、灰色ナルモノ。灰鶴

〔なべて (副) 並 オシナベテ。ヒキクルメテ、一切。概

なへどこ (名) 苗床 苗ヲ作ル地。苗代。

〔なべに〕(接尾) 並 ニ連レテ。ト共ニ。「雁鳴ヲ、聞キツル奈倍ニ、高松ノ、野上ノ草ゾ、色ツキニケル」我ガ門ニ、稻負鳥ノ、鳴クなべに、今朝吹ク風ニ、雁ハ來ニケリ」或ハなべトノミモイフ。「今朝ノ朝ケ、雁ガ音寒ク、聞キシ奈倍、野邊ノ淺茅ゾ、色ヅキニケル」

なほ (副) 尚 猶 仍 (一)ソレデモヤハリ。「旅衣、八ツ着重ネテ、寢ヌレドモ、ー膚寒シ、妹ニシアラネバ」久方ノ月ノ桂モ、秋ハー、紅葉スレバヤ、照リマサルラム」(二)マダ。マダマダ。「ツラケレド、恨ミムトハタ、思ホエズ、ー行先ヲ賴ム心ニ」尋ネツル、花ハ限リモナカリケリ、ー山深ク懸ル白雲」(三)轉ジテ、ソノウヘニ。イヨイヨ。「イトドー、涙ノ色ノ、深キ哉、再ビ着ツル、墨染ノ袖」ー好シ」ー永引ク」

〔なほ〕(副) 直 徒ニ。ヨノツネニ。「色ゴノミノ歌ニテハ、なほゾアリケル」斯樣ノ物待テ來ル人ニ、なほシモエアラデ、少ケキワザセサス」父ハ直人ニテ、母ナム藤原ナリケル」咲キシ時、なほコソ見ツレ、桃ノ花、散レバ惜シクゾ、思ヒナリヌル」

なほさら (副) 尚更 ソノウヘニ。イヨイヨ。

なほざりに (副) 等閑 〔直(タダ)ゾアリ、ノ約ト云〕 世ノ常トシテ、深クモ心ヲ付ケズニ。

なほざる ル・レ・ラ・リ・レ (他動)(規・一) 等閑 〔前條ノ語ヲ活用ス〕 等閑ニナス。 付等閑

なほし (名) 直 (一)テホスコト。正シク改ムルコト。 匡正 (二)補ヒ修ムルコト。ツクロヒ。 修補 (三)味醂ニ似テ燒酎ノ氣アル酒。

なほし (名) 直衣 又、スグツケノコロモ。官服ノ名、制、大抵、袍ニ同ジクシテ、地ト紋トニ差ヒアリ、烏帽子指貫ヲ用ヰル。

なほし シ・キ・ケレ・ク・ク (形・一) 直 (一)歪ミ無シ。眞直ナリ。(二)正シ。スナホナリ。正直ナリ。「心ー」事ー」理ー」

なほしばひ (名) 直灰 酒ノ腐敗ヲ直スニ用ヰルモノ、本石灰一斗ニ、豐後灰四升ヲ煎リテ、濕リヲ加ヘテ用ヰル。

なほす ス・セ・サ・シ・セ (他動)(規・一) 直 (一)直クナス。正シクス。 匡正 (二)補ヒ改ム。ツクロフ。 修補 (三)癒ス。治ス。「病ヲー」 治

なほなほ (副) 尙尙 (一)マスマス。イヨイヨ。「ー烈シクナル」(二)後ヨリ追ヒテ。添ヘテ。(手書ノ添書ニ)

なほなほがき (名) 尙尙書 端書。手紙ノ奧ニ、尙尙ト書キ添フル詞。追啓。

〔なほなほし〕 シキ・シケレ・シク・シク (形・二) 直直 〔直ノ意〕 尋常ナリ。ナンノコトモナシ。ナンデモナシ。「只人ノ、スクヨカニ、ナホナホシキヲノミ、今ノ世ノ人ノ、カシコクスル、シナナキワザナリ」見給ヘヨ、ケサウビタル文ノ狀カ、サテモ、ナホナホシノ御狀ヤ」

〔なほなほに〕 (副) 直直 〔直ノ意〕 ヨノツネニ。オダヤカニ。「足柄ノ、箱根ノ山ニ、延フ葛ノ、引カバ寄リ來ネ、心奈保那保爾」

〔なほびと〕 (名) 直人 タダビト。家柄ナラヌ人。「父ハなほ人ニテ、母ナム藤原ナリケル」なほ人ノ、上達部マデ、ナリノボリタル」

〔なほらひ〕 (名) 直會 〔直合ノ約、齋ヲユルベテ平常ニ復ル意〕 神祭終ハリテ後ノ宴會。

なほる ル・レ・ラ・リ・レ (自動)(規・一) 直 (一)直クナル。改マル。 復 歸正 (二)癒ユ。治ス。「病ー」 痊 (三)齋宮ノ忌詞ニ、死ヌ。(忌ミテ反語ヲ用ヰルト云フ) 死 (四)正シク坐ル。(或ハ、直居ルノ約カトモ云) 正坐

なま (名) 生 動物植物ノ、煮ズ燒カズ乾サズシテ、ソノママナルモノ。「ーノ魚」ーノ玉子」ー物」ー木」ー竹」

なま (接頭) 生 (一)成リ調ハヌ。熟セヌ。「ー煮エ」ー燒ケ」ー乾」ー覺エ」ー聞キ」ー物識」ー兵法」 未熟 (二)年功ナク十分ニ世馴レヌ。未熟ノ。「ー公達」ー學生」ー侍」ー女房」 青面 (三)假初ニ。深カラズ。少シ。「ー賢シ」ー恥カシ」ー腹立タシ」ー憎シ」ーヲカシ」ー白シ」

なまがね (名) 生鐵 鐵ノ條ヲ見ヨ。 熟鐵

なまがひ (名) 生貝 料理ニ、鮑ノ生肉ヲ刻ミテ、水ニ浸シタルモノ。

なまかべ (名) 生壁 (一)壁ニ泥ヲ塗リテ、未ダ乾カヌ間ノ稱。(二)染色ノ名、藍氣鼠ノ濃キモノ。

なまぎき (名) 生聞 ナマナカニ聞取リテ、知リ得タリトスルコト。未熟ナルニ物識ブルコト。

なまぐさし シ・キ・ケレ・ク・ク (形・二) 生臭 魚肉ナド、生ナル臭アリ。 腥臊

なまくび (名) 生首 斬レルママノ人ノ頭。〔髑髏ニ對ス〕

＋なまくら (名) 〔鍛ヒノ熟セヌ意〕 刃ノ鈍キコト。 鈍

なまける ケル・ケレ・ケ・ケ・ケヨ (自動)(規・四・皃) 懶 「なまる」

意〕 オコタル。ズルケル。

なまこ (名) 海鼠 本名、こ。今、熬こナドニ對シテ、生ナルモノ稱ヲ通名トス。海產ノ動物、形、略、水蛭ニ似テ、長サ、五七寸、大ナルハ尺餘ニ至ル、鱗骨鰭尾無ク、全體、疣多クシテ、軟滑ナリ、口ハ刀痕ノ如シ、腹ハ平ニシテ白ク、背ノ黑キモノ、味、最モ佳ナリ、冬ヲ時トス。又、黃ヲ帶ブルモアリ、略、虎斑ニ似タレバ、とらこトイフ、味劣ル、皆、腸ニテこのわたヲ作ル。 沙噀 又、いりこ、ほしこ、くしこ、からこアリ、いりこノ條ニ註ス。

なまこかべ (名) 海鼠壁 土藏塗屋ナドノ外壁ニ、方形ナル平瓦ヲ、密ニ並ベテ打付ケ、其縱橫ノ隙間ヲ、漆喰ニテ、盛リ上ゲニ塗リタルモノ。

なまこガハラ (名) 海鼠瓦 牡瓦ニ同ジ。

なまごろし (名) 生殺 半殺スヿ。ハンゴロシ。

〔なまし (助動) 助動詞ノ過去ノ意ヲイフぬノ變化ノなト、推量ノ意ヲイフましト挾シタル語。「今日來ズバ、明日ハ雪トゾ、降リー」

なまじひ (副) 憖 〔生強ノ義ト云〕 心ニ欲セヌヲ自ラ強ヒテ。「物思フト、人ニ見エジト、奈麻強ニ、常ニ思ヘド、アリゾカネツル」「重ネタル仰ニ、イナミガタクテ、ーマカリケル道ニ」

なます (名) 膾 鱠 古クハ、魚肉ヲ生ニテ細ク切リタルモノ。今ハ、專ラ、ソレヲ酢ニ和シタルヲ云フ。

なます・ス・セ・サ・シ・セ (他動) (規・一) 焠 〔生スノ義ニテ、鈍クスル意カ〕 鍛工ノ語、燒キタル鐵ヲ水ニ入レテ鍛ツ。

なまち (名) 生血 イキチ。

なまづ (名) 鯰 〔滑ラカナル意〕 魚ノ名、淡水ノ產、頭大ク額扁ク、口大クシテ鬚アリ、腹大ク、下體狹クシテ、尾ニ岐ナシ、全身扁クシテ、鱗無ク、甚ダ粘滑ナリ、腹、白クシテ、流水ノ產ハ、背、蒼黑ニシテ、味美ナリ、止水ノ產ハ、背、黃ヲ帶ビテ、劣ル。又、あかー、ころー、アリ。 鮧魚

なまづはだ (名) 癜風 〔鯰膚ノ意カ〕 人ノ頸邊胸前腋下ナドノ膚ニ、痛痒ナクシテ、黑キ斑剝ヲ生ズルモノ。略シテ、ナマヅ。其斑ノ白キヲ、古ク、白膚トイフ。今、シロナマヅ。 白癜

なまづめ (名) 生爪 指ニ生ヒテアル爪。「ーヲ拔ク」「ーヲハガス」

なまなかに (副) 生半 事全ク調ハヌニ。ナカラハンニ。

〔なまなまに (副) 〔生生ノ義〕 未熟ニ、半途ニ。不十分ニ。「ー學ビテ、思ヒカナハヌ類ヒアリケリ」ナマナマノ博士」ナマナマノ上達部」

なまへ (名) 名前 名トイフニ同ジ。(八ニ) 人名

なまみ (名) 生身 生キテアル身。イキミ。

なまめか・し・シキ・シケレ・シク・シク (形・二) (一)ナマメキテ見ユ。艶ニ美シ。 婀娜 (二)色モテ媚ブル狀ナリ。イロメカシ。 嬌冶

なまめ・く・ク・カ・キ・ケ (自動) (規・一) 〔生めくノ義〕 (一)物、未ダ成リ定マラズシテ、若キ程ナリ。(二)轉ジテ、若クシテ、艶ニ美シク見ユ。「其里ニ、イトナマメイタル女ハラカラ住ミケリ」 婀娜 窈窕 (三)又、轉ジテ、艶ニ媚ヲ含ム。イロメク。「此車ヲ、女車ト見テ、寄リ來テ、トカク、ナマメク間ニ」 嬌冶

なまものしり (名) 生物識 學ビテ、ナマナカナルニ、自ラ物識ブルヿ。半面學

なまよひ (名) 生醉 なまゑひノ訛。

〔なまよみの (枕) 〔生弓ノ反ルト掛ケタル語カト云〕 甲斐國ノ枕詞。

なまり (名) 鉛 〔生ル意ニテ、固カラヌ意〕 古クハ、黒なまり。金類ノ一、色、薄藍ナリ、水ヨリ重キヿ十一倍半アリ、諸金ノ中ニテ、最モ柔ク、最モ撓メ易ク、又最モ鎔ケ易シ。又、錫ヲ、古クハ、白なまりトイヘリ。

なまり (名) 訛 訛ルヿ。訛リタル言語。

なまりぶし (名) 生節 鰹節ヲ製スル初ニ、先ヅ火ニ炙リテ水氣ヲ去レルマデノモノ、食用トス。ナマブシ。ナマリ。

〔なま・る・ル・レ・ラ・リ・レ (自動) (規・二) 隱 なばるノ轉、かくるノ古言。「押照、難波ノ小江ニ、廬作リ、難麻理テ居ル、葦蟹ヲ」

なま・る・ル・レ・ラ・リ・レ (自動) (規・二) 訛 〔生ヲ活用ス〕 ヨコナマル。片言イフ。物言ヒ、則ニ違フ。

なま・る・ル・レ・ラ・リ・レ (自動) (規・二) 鈍 〔生ヲ活用ス〕 鍛ヒノ法、拙クシテ、鈍クナル。(刃ニ)

なまわか・し・キ・ケレ・ク・ク (形・二) 生若 頗ル若シ。「ナマワカキ身ニテ」

〔なまゐ (名) 淬瀉 〔生湎ノ義ト云〕 さじおもだかノ古名。

なまゑ (名) 生餌 すりゑノ條ヲ見ヨ。

なまゑひ (名) 生醉 〔熟醉ニ對スル意カ〕 酒ニ醉ヒタル人。ナマヨヒ。 酒風漢

なみ (名) 並 (一)並ムコト。ナラビ。 列 (二)ヨノツネ。アタリマヘ。ツウレイ。 尋常 (三)時毎ニ又物毎ニスルコト。「日—」「月—」「門—」「町—」

なみ (名) 波 浪 濤 〔並水ノ義カ〕 (一)水ノ面ノ、風ニ吹カレテ、動キテうねヲナスモノ。(二)年老テ、膚ニ皺ヲ生ズルコト。「老ノ—」「額ノ—」「年—」

なみうちぎは (名) 波打際 波ノ打チ寄ル岸。ナギサ。

なみかぜ (名) 波風 風荒ク吹キテ、波高ク立ツコト。 風波

なみき (名) 並木 街道ノ兩側ニ、一列ニ松杉柳ナドノ樹木ヲ植ヱ行ケタルモノ、路幅ヲ示シ、又風ヲ防ギ、日光ヲ遮ル設ケトス。 列樹 行樹

なみ-す・スル・スレ・セ・シ・セヨ (他動) (不規・二) 無 〔無ミスノ義〕 無キ者ト見做ス。ナイガシロニス。侮ル。

なみせん (名) 浪錢 寛永錢ノ條ヲ見ヨ。

なみだ (名) 泪 涙 涕 〔泣水垂ノ意カト云〕 眼ノ内部ノ腺ヨリ分泌シ出ヅル水。音便ニ、ナンダ。—ノ玉、—ノ雨、—ノ淵、—ノ瀧ナドイフハ、皆、涙ノ甚シク垂ルヲ物ニ擬ヘテイフナリ。
○血ノ—。思ヒ迫リニ迫リテ出ヅル涙。 血涙 ○—ニ暮ル。—ニ沈ム。甚シク泣ク。○—脆シ。動モスレバ泣ク。

〔なみだぐまし・ジキ・シケレ・シク・シ〕 (形・二) 涙グムヤウナリ。「妹ト來シ、敏馬ノ埼ヲ、歸ルサニ、獨リシテ見レバ、涕具末之モ」哀レニ、ナミダグマシク思シ出デラルル事ドモ多カリ」 潸然

なみだぐ-む・ム・メ・マ・ミ・メ (自動) (規・一) 涙ヲキザス。泣カムトス。 潸然

〔なみだたり〕 (名) 承泣 〔涙垂ノ義〕 灸穴ノ名、目ノ下、七分ノ處。

なみなみ (名) 並並 ヨノツネ。ヒトトホリ。ツウレイ。「—ノ人」 尋常

なみなみと (副) 〔波波ノ義〕 溢レテ波ヲ起スホドニ。「酒ヲ盃ニ—盛ル」

なみまくら (名) 波枕 船路ノ旅。

なみよけ (名) 波除 海岸ノ海中ニ築ケル堤、波ノ打チ寄スルヲ防グ。 防波堤

なみゐ-る・ヰル・ヰレ・ヰ・ヰ・ヰヨ (自動) (規・四) 並居 並ビテ居ル。 列坐

ナム (名) 南無 又、なも。梵語、那謨ノ轉、歸命頂禮ノ義、佛ニ祈ル時ニ發語ノ如ク用ヰル。「—阿彌陀佛」「—三寶」

〔なむ・ム・メ・マ・ミ・メ〕 (自動) (規・一) 並 ナラブ。ツラナル。「並ミ居ル」並ミ寄ル」

〔なむ・ムル・ムレ・メ・メ・メヨ〕 (他動) (規・二) 並 ナラブル。ツラヌ。並テ。「友名目テ、遊バムモノヲ、馬名目テ、行カマシモノヲ」植ヱ並ムル、人ゾ知ルベキ、花ノ色ハ」

なむ・ムル・ムレ・メ・メ・メヨ (他動) (規・二) 舐 舌ノ尖ニテ撫デテ味ヲ試ム。舐ル。

なむ (助動) 過去ノ助動詞ノぬノ變化アルなニ、未來ノ助動詞ノむノ添ハリタルモノ。「行キ—」去リ—」アリ—」

なむ (助動) 〔此語活用ナシ〕 願ヒ望ム意ノ助動詞、「行カ—」去ラ—」有ラ—」

なむ (辭) 第二類ノ天爾波、物事ヲ指シ定ムル意ヲイフ、ぞニ似テ平穩ナリ。又、ナモ。(此語、散文ニ多ク、和歌ニ少シ)「是レ—夫レナル」斯ク—アリケル」

なん (名) 難 (一)ワザハヒ。災難。「—ニ遇フ」(二)批難スベキ所。キズ。「ソレバカリヲゾ、なんニ思ヒ聞エタリ」其外ハ、ツユなんツクベクモアラズ」「—無シ」 瑕

なん (名) 男 (一)ヲトコ。「—女」(二)ムスコ。セガレ。「何某ノ—ナリ」

なん (代) 何 なにノ音便。「—ノ料ニカ」—ノ爲ニ」—人」—時」

なん (接頭) 何 幾ノ意。「—年」—代」—遍」—度」—箇」

なん-ぎ (名) 難義 解シ難キ義理。「—ヲ解ク」

なん-ぎ (名) 難儀 難澁ナル事柄。ナヤミ。 艱難

ナン-キン (名) 南京 (一)支那ノ地名ヨリ來リテ、種種ノ舶來品ノ名ニ被ラスル語。「—兎」—鼠」—竹」(二)ぼうぶらノ一名。(大坂)

ナンキン-うさぎ (名) 南京兎 うさぎノ條ヲ見ヨ。

ナンキン-だけ (名) 南京竹 幹、細ソクシテ、高サ五六七尺ニ過ギズ、其筍、叢外ニ出デズ。 義竹

ナンキン-ねずみ (名) 南京鼠 はつかねずみノ條ヲ見ヨ。

ナンキン-はぜ (名) 南京黄櫨 支那種ヲ移シテ、各

地ニ植ウ、枝葉甚ダ繁密ナリ、葉ノ形、圓扁ニシテ、互生シ、芽出シハ紅ニシテ、長ズレバ綠ナリ、秋、紅葉シテ、美シ、夏三四寸ノ穗ヲ生ジテ、黃白色ノ花ヲ開ク、栗ノ花ノ如シ、實ハ、穗ノ本ニ生ズ、形圓シ、熟スレバ黑褐色ナリ、内ニ三子アリテ豆ノ如シ、外ニ白粉アリテ核ヲ包ム、支那ニテハ、此白粉ヲ蠟トス、核ノ仁ヨリ油ヲ採リテ、燈油トス。一名、タウハゼ。
烏臼木

ナンキン-ばと (名) 南京鳩 船來シテ籠ニ飼フ、頂、背、紫青ニシテ、斑ヲナシ、頸ニ黑キ紋アリ、眼ノ邊、少シ赤ク、頰、胸、青ク、腹、紫紅ナリ、翼、黑ク、尾、嘴、脚、青シ。

ナンキン-まめ (名) 南京豆 落花生(ラククワセイ)ニ同ジ。

なん-ぎやう (名) 難行 行(ギヤウ)ノ堪ヘ難キモノ。「一苦行」

なん-きよく (名) 南極 北極ノ條ヲ見ヨ。

なんこ (名) 〔何箇(ナンコ)ノ義〕 數人、各、窃ニ、若干ノ小石ナドヲ握リテ出シ、互ニ其總數ヲ言ヒ中テテ勝負スル戲。 猜拳 藏鉤

なん-こつ (名) 軟骨 動物ノ體中ニアリテ、骨ニ似テ軟(ヤハラ)カニシテ彈力アル物、骨節ノ端ヲ包ミテ 其相當ルヲ防グ。

なん-こん (名) 男根 陰莖ニ同ジ。

なん-さん (名) 難產 產(サン)ニ臨ミテ胎兒ノ安ラカニ出デヌ了。

ナム-さんぼう (名) 南無三寶 〔南無ト三寶トノ條ヲ見ヨ〕 (一)佛ヲ祈念スル語。(二)廿俗ニ、失敗(シクジリ)ヲロ惜シク思フ時發スル語、感動詞ノ如シ。略シテ、南無三。(佛ニ救助ヲ訴フル意カ)

なん-し (名) 男子 (一)ヲトコノコ。(二)ヲトコ。

なん-じふ (名) 難澁 (一)爲ルニ難クシテ澁ブル了。(二)困ル了。艱ム了。難儀。 艱苦

なん-しやう (名) 難症 癒エ難キ病症。

なん-じよ (名) 難所 行キ過ギ難キ所。(山路又ハ荒海ナドノ) 嶮處

なん-しよく (名) 男色 男ト男ト相姦スル了。

なん-ず・ズル・ズレ・ゼ・ジ・ゼヨ (他動)(不規・二) 難 非ヲ詰ル。批難ス。

なんすれぞ (副) 何爲 なにすれぞノ音便。

なん-せん (名) 難船 船ノ難風ニ遇ヘル了。

なん-せん-ぶしう (名) 南瞻部州 佛經ニ、現世界ナル此土ノ稱。(閻浮提(エンブダイ)ノ條ヲ見ヨ)

なんぞ (副) 何 なにぞノ音便、何トシテ。イカデ。「一然ラム」

なん-だい (名) 難題 (一)詩歌ノ題ノ意ノ詠ミ難キモノ。(二)解キ難キ問題。 難問 (三)爲シ難キ事ヲ、爲ヨト責ムル了。無理ナル言ヒ掛ケ。

なむぢ (代) 汝 爾 〔元ハ、なノ一音ナリ、むちハ、睦ノ義ナリト云、きむぢナドイフモ、きハ君ナリ、或云、名持ノ轉ニテ、美名アルヲ稱スル語ナリト〕 對稱ノ代名詞。我ト對シテ我ガ話シ掛クル人ノ名ニ代ヘテイフモノ。ナ。ナレ。イマシ。ミマシ。

なん-じ (名) 難治 病ノ癒エ難キ了。「一ノ症」

なん-てい (名) 南庭 禁中、殿上ノ南ノ庭場。

なん-てう (名) 南朝 (一)延元元年、後醍醐帝、大和ノ吉野ニ遷リ給ヒ、同時ニ、足利尊氏、京都ニテ、光明帝ヲ即位セシメ奉ル、コレヨリ、吉野ヲ一ト稱シ、京ヲ北朝ト稱ス。其後、一ハ、後村上、後龜山ノ二帝ヲ歷、又、北朝ハ、崇光、後光嚴、後圓融、ノ三帝ヲ歷、凡ソ五十七年ニテ、兩朝、北朝ノ後小松帝ニ合セリ。(二)支那ニテイフハ、仁德帝ノ頃ヨリ、其國、南北ノ二部ニ分レ、其東晉、宋、齊、梁、陳、ヲ一トシ、魏、(北、東、西、)北齊、北周、等ヲ北朝トシ、二百七十餘年ヲ歷テ、隋ニ合セリ。

(なんでふ(ザフ)) (句) なでふノ條ヲ見ヨ。

なん-てん (名) 南天 〔南天燭ノ略〕 灌木ノ名、人家ニ多ク植エテ、其綠葉紅實ヲ賞ス、一根ニ、數莖、叢生ス、葉ハ、棟(アフチ)ニ似テ鋸齒ナク、冬枯レズ、梅雨中、枝ノ頭ニ、長キ穗ヲ出シ、多ク小枝ヲ分チテ、五瓣ノ小白花ヲ開ク、蘂、黃ナリ、實、圓ク小ク、熟スレバ赤ク、穗ニ綴リテ垂ル、甚ダ美シ、春ニ至リテ、尚アリ。 南天燭 又、實ノ色ノ白キアリ、白(シロ)一トイフ。

なん-でん (名) 南殿 なでんト讀ム。紫宸殿ノ一名。

なん-ど (名) 納戶 〔納殿(ヲサメドノ)ノ轉カ〕 衣服調度ヲ納メ置ク室(ヘヤ)。貴族ノ家ニテ、物多ク納メ置クヲ、大(オホ)一ナドイヒ、朝夕ニ用キル程置クヲ、小(コ)一ナドイフ。 套房

なんど (接尾) 抔 などノ條ヲ見ヨ。

なん-となれば (接) 何則 何故ニトナレバ。ナゼトイヘバ。

なんなんとす (動) 垂 なりなむとすノ音便。

なんば (名) 【難破】 船ノ、難風ニ逢ヒテ破ルルヿ。

なんばん (名) 【南蠻】 (一)南ノ方ノエビス。(二)足利氏ノ末世ニ渡來セシ西洋人、殊ニ、葡萄牙人、西班牙人ノ稱、多ク、南方ノ呂宋亞瑪港邊ヨリ渡リシカバ名トス。(三)ソレヨリ轉ジテ、其渡セル物事ニ被ラスル詞。「―黍」―鐵」―砂」(四)―がらしノ略、即チ、たうがらしノ一名。

なんばんがらし (名) 【南蠻辛】 たうがらしニ同ジ。

なんばんきび (名) 【南蠻黍】 苗ハ、もろこしきびニ似テ短ク、高サ三四尺、夏、葉ノ間毎ニ、長大ナル苞ヲ生ジ、上ニ、長キ紅絲ヲ垂ル、熟シテ苞ヲ開ケバ、其子、棕梠ノ花ノ如クニシテ大ナリ、粒ノ赤キモノハ糯(モチ)ナリ、はぜトシテ佳ナリ、色ノ黄ナルハ粳(ウル)ナリ、炙リテ食フ。略シテ、なんばん。一名、タウモロコシ。(關東)タウキビ。(筑前、加賀、仙臺) 玉蜀黍

なんばんずな (名) 【南蠻砂】 硼砂(ホウシヤ)ノ條ヲ見ヨ。

なんばんてつ (名) 【南蠻鐵】 舶來ノ鐵ニテ、精煉ナルモノト云、兜、鍔、ナドニ作リテ賞ス。

なんばんまつやに (名) 【南蠻松脂】 俗、蕉陸ノ稱。

なんびやう (名) 【難病】 癒エ難キ病。

なんぶ (名) 【南部】 (一)南ノ方ノ處。(二)甲州、南部、ノ地ヨリ織出ス種種ノ織物、―紬、―縮緬ナドイフ。

なんぷう (名) 【南風】 ミナミカゼ。

なんぷう (名) 【難風】 吹キ荒レテ船路ニ艱難(ナヤミ)ナル風。

なんぶつ (名) 【難物】 扱ヒ惡キ物。又、其人。

なんぽ (副) 何程(ナニホド)ノ略轉。

(なんめり (助動) なるめり、ノ音便、約メテ、ナメリ。「昔シ男、忘レヌルナンメリト問言シケル女ノ許ニ」

なんもん (名) 【難問】 容易ク答ヘ難キ問。難題。

なんれう (名) 【南鐐】 (一)銀ノ美ナルモノ。(二)轉ジテ、銀ノ異名。(三)古キ貨幣ノ名、銀一兩ノ八分ノ一ニ當ルモノ。即チ、二朱銀。

なんろ (名) 【南呂】 (一)十二律(ジフニリツ)ノ一、其條ヲ見ヨ。(二)陰曆ノ、八月ノ異稱。

なめ (名) 〔滑ノ義カト云〕 馬具、はだつけニ同ジ。

なめ (名) 【白痢】 〔滑ノ義ト云〕 痢病ノ類。白痢(ビヤクリ)。又、血屎(チグソ)アリ。赤痢

なめ (名) 【縵面】 錢ノ背ノ、文字ナクシテ滑カナル面。又、メ。(錢ノ條、見合ハスベシ)

なめくぢ (名) 【蛞蝓】 〔なめハ滑ノ義、くぢハ緣行ノ意カ〕 蟲ノ名、蝸牛ニ似テ殼ナク、背、灰黄白色ニシテ黑斑アリ、長サ二三寸、亦、頭ニ兩肉角アリ、驚ケバ角ヲ縮ム、水濕ノ處ニ棲ミ、晝伏シ夜出ヅ、多ク雨後ニ行ク、全身粘液(ヌメリ)多ク、行キタル跡ニ雲母ノ如キ痕ヲ殘ス。ナメクヂリ。

なめくぢり (名) 前條ノ語ニ同ジ。(京都)

なめし (名) 【菜飯】 あぶらなノ葉ヲ蒸シテ細ニ刻(キザ)ミタルヲ、飯ニ塗(マブ)シタルモノ。或ハ、蕪、大根、ナドノ葉ヲモ用ヰル。

(なめ・し・キ・ケレ・ク・シ (形・二) 【無禮】 〔滑(ナメ)ノ義ニシテ、意ルカ、或ハ並(ナミ)ノ義ニテ、貴賤ヲ押並ニスル意カト云、イカガ〕 禮(ヰヤ)無シ。無禮ナリ。ブシツケナリ。「イトナメシト思ヒケレドモ、志ハイヤマサリケリ」ナメキ人ゴツ、イトド憎ケレ」擧動(フルマヒ)ノ、ナメウ覺ユルヿ、物ニ似ズ」

なめしがは (名) 【韋】 又、ツクリカハ。鞣(ナメ)シタル皮。(次條ヲ見ヨ)

なめ・す・ス・セ・サ・シ・セ (他動)(規・一) 【鞣】 〔滑(ナメ)ニスル義〕 毛皮ノ毛脂ヲ去リテ柔ニス。其法、藁灰(ワラアク)汁ニ、糠ヲ雜ヘテ、略、酸メタルモノヲ用ヰテ、皮ノ表裏ヲ善ク揉ミテ、コレヲ洗ヒ、張リテ晒シ、稍、乾キタル時、篦ニテ肌肉ヲ刮(コソ)ゲ去ル。

なめ・ずる・ズ・ル・レ・ヨ・リ・レ (他動)(規・一) 【舐摩】 舌ニテ、脣ヲ嘗ム。(物食ヒタル後ナドニ)

なめもの (名) 【嘗物】 ひしほニ同ジ。

なめらかに (副) 【滑】 澁リ滯ルヿ無ク。潤ヒスベリテ。スベシテ。ヌメラカニ

(なめり (助動) なる、めり、ノ略。ナンメリ。「盜人ニハアラヌナメリ」是レナメリ」

なめる (動) 嘗(ナ)ム、ノ訛。

(なも (辭) 第二類ノ天爾波、なむニ同ジ、ぞニ似テ緩ナリ。「神ニ―アリケル」

なもみ (名) 〔神麹ニ、此生汁ヲ用ヰル、生揉ノ意カト云、蝮蛇ニ嚙マレタルニモ、揉ミテ付クト云〕 (一)草ノ名、野生アリ、春生ジ、秋枯ル、葉ハ、茄ノ葉ニ似テ、緣ニシテ刺ナク、互生ス、莖、高サ三四尺、夏、莖ノ頂ニ白花ヲ開ク、實ハおなもみノ實ニ似テ小ク、兩頭尖リテ刺アリ、今、コレヲ雄(ヲ)―トイフ。卷耳 枲耳 蒼耳

(二)又、雌ーアリ、原野ニ多シ、春生ス、葉ハひまはりニ似テ、小ク薄ク、柔ニシテ毛アリ、對生ス、莖、方ニシテ、高サ三四尺、秋、枝ノ端毎ニ花ヲ開ク、蕚、五ツニ分レ、細長クシテ厚ク、毛アリテ粘バル、蕚ノ上ニ小梂アリ、梂ノ上ニ細小ナル黄花ヲ開ク。 豨薟

なや (名) 魚屋 魚ヲ賣ル店。魚問屋。 魚肆

なや (名) 納屋 物ヲ藏メ置ク小屋。モノオキ。

なやす・ス・セ・サ・シ・セ (他動)(規・一) 萎ユルヤウニナス。ヤハラカニナス。

なやまし・シキ・シケレ・シク・シク (形・二) 惱 惱ム感ジアリ。

なやます・ス・セ・サ・シ・セ (他動)(規・一) 惱 惱ムヤウニナス。痛メ苦ムル。ナヤムル。

なやみ (名) 惱 ナヤムコト。クルシミ。

なやむ・ム・メ・マ・ミ・メ (自動)(規・一) 惱 (萎病ム意カト云) 思ヒワヅラフ。痛ミ苦シム。

なやむ・ムル・ムレ・メ・メ・メヨ (他動)(規・二) 惱 なやますニ同ジ。

(なやらひ (名) 追儺 オニヤラヒ。ツ井ナ。

なゆ・ユル・ユレ・エ・エ・エヨ (自動)(規・二) 萎痿 氣力ヲ失フ。衰ヘシボム。グタグタトナル。シナユ。シヲルル。

(なゆみ (名) 橊斗 (繩弓ノ略カト云、或云、孔弓ノ略ト) 鼠ヲ射ル斗。

なよし (名) 名吉 〔否ニ通フヲ忌ミテ、反語ノ美稱ヲ用ヰルト云〕 魚ノ名。鯔ニ同ジ。又、名吉。(ぼらノ條ヲ見ヨ)

なよせ (名) 名寄 名アル所ノ寄セアルヲイフト云。(歌ノ題ナドニ)「歌枕、ー」

なよたけ (名) 弱竹 又、ナユタケ。ナヨヤカナル竹。女竹ノ事カト云。

なよなよと (副) 萎エ靡ク狀ニ。ナヨヨカニ。「萩 云云、朝露ニ濡レテ、ーヒロゴリ」

(なよびかに (副) ナヨビタル狀ニ。ナヨビヤカニ。ナヨヨカニ。「御心、イト、ヲカシウ、ナヨビカニ、オハシマシ、人ヲスサメサセ給ハズ」

(なよぶ・ブル・ブレ・ビ・ビ・ビヨ (自動)(規・三) 萎エタル狀ナリ。ナヨヨカナリ。シナヤカナリ。「ナヨビタル御衣ドモ脫ギ給ヒテ」御心、ナヨビタル方ニ過ギテ」

(なよめかし・シキ・シケレ・シク・シク (形・二) ナヨナヨト見ユ。「宮ノ心ハ、ラウラウシク、コレハ、ナヨメカシクオハスメルナ、トテ呼ビ奉リ給ヘレバ、オハシタリ」

(なよよかに (副) なよなよとニ同ジ。「白キ御衣ノ、ナヨヨカナルニ」

なよらかに (副) 前條ノ語ニ同ジ。ナヨナヨト。「直衣ノ、少シナヨラカナルニ」

なら (名) 楢 槲ノ一種、葉ノ小キモノ、葉ノ長サ、三寸許、實ノ長サ、八九分。一名、ナガカシ。又、コバウソ。(かしはノ條ヲ見ヨ) 槲一種 又、小ーアリ、其條ニ註ス。

ナラク (名) 奈落 梵語、或ハ、那洛伽、地獄ト譯ス。又、奈利。

(ならく (助動) 助動詞ノなりノ變化ナルなるノ延、副詞ノ如ク用ヰルモノ。「聞道」見說」言說」言フナラク。奈落ノ底ニ入リヌレバ、刹利モ須陀モ、分カザリケリ」

ならさらし (名) 奈良晒 和州奈良ヨリ製シ出ス麻布、苧ノ皮ヲ剝ギ、內ノ白絲ニテ織リ、灰ニテ煮テ、搗キテ洗ヒ、砂場ニ晒ス。 苧麻布

ならし (名) 平 平スコト。均シクスルコト。 平準 平均

ならし (名) 鐁 剗刀 木ヲ削リテ平ニスル器。

ならし (名) 馴 馴ラスコト。馴ルルヤウニスルコト。 馴致

(ならし (助動) なる、らし、ノ約。

ならす・ス・セ・サ・シ・セ (他動)(規・一) 平 (一)高低ヲ平カニス。「官人ドモ、手每ニ箒取リ、砂子ナラス」 平準 (二)多少大小ヲ均シクス。 平均

ならす・ス・セ・サ・シ・セ (他動)(規・一) 鳴 鳴ルヤウニナス。音ヲ立タス。「琴ヲー」鼓ヲー」

ならす・ス・セ・サ・シ・セ (他動)(規・一) 馴 馴ルルヤウニナス。 馴致

ならずもの (名) 漂泊ノ遊民ノ、人非人ノ振舞スルモノ。ワルモノ。 無賴漢

ならちやめし (名) 奈良茶飯 茶飯ニ、大豆、小豆、栗、ナド加ヘタルモノ、奈良ノ東大寺興福寺等ニテ炊ギ初メシヨリイフトゾ。

ならづけ (名) 奈良漬 糟漬ノ一種、上品ナルモノ、初メ、奈良ヨリ製シ出シタリト云。

ならにんぎやう (名) 奈良人形 奈良ニテ刻ミ作ル一種ノ製ノ人形、春日ノ社ノ改築ノ舊材ヲ用ヰルト云、種種ニ彩色ス、能狂言ノ人形多シ。

ならはかす ス・セ・サ・シ・セ (他動)(規・一) 習スニ同ジ。

ならはし (名) 習 (一)習ハスヿ。馴レシムルヿ。「手枕ノ、スキマノ風モ、寒カリキ、身ハ一ノモノニゾアリケル」 習慣 (二)シキタリ。ナラヒ。風儀。 習俗

ならはす ス・セ・サ・シ・セ (他動)(規・一) 習 (一)學バシム。(二)馴レシム。 慣

ならひ (名) 習 (一)習ラフヿ。繰返シ學ブヿ。(二)ナラハシ。シキタリ。 習慣

ならひ (名) 東北ノ風ノ稱。(關東)

ならび (名) 並 ナラブヿ。列ナミ。 列

ならびなし キ・ケレ・ク・ク (形・二) 無並 共ニ競フベキモノ無シ。類ヒナシ。 無雙

ならびに (接) 並 相並ブ物事ヲ接グ接續詞。及ビ。「人一馬」

ならふ フ・ヘ・ハ・ヒ・ヘ (自動)(規・一) 傚 倣 〔並ブ意カト云〕 從ヒテスル。眞似テスル。

ならふ フ・ヘ・ハ・ヒ・ヘ (他動)(規・一) 習 屢、學ビ爲ス。受ケタル敎ヘヲ繰返ス。

ならぶ ブ・ベ・バ・ビ・ベ (自動)(規・一) 並 列 一列ニ揃ヒ居ル。ツラナル。並ム。

ならぶ ブル・ブレ・ベ・ベ・ベヨ (他動)(規・二) 並 列 一列ニ揃ヘ列ヌ。序ヅ。並ベル。

なり (名) 形 〔爲ノ意、爲リタル狀ナリ〕 (一)物ノ、外ヨリノ主。形ノ狀。スガタ。 形體 態貌 (二)ヨソホヒ。キカザリ。「一ヲツクル」 衣飾

なり (名) 鳴 鳴ルヿ。高キ音。ヒビキ。「一ヲ鎭ム」一止マス」一高シ」

〔なり (名) 業 〔生リ出ヅル義カト云〕 なりはひニ同ジ。「久方ノ、天路ハ遠シ、ナホナホニ、家ニ歸リテ、奈利ヲシマサニ」

‡なり (名) 〔癩ニ成リノ隱語カ〕 カタヰ。癩病。 癩

なり リ・ル・レ・ラ・リ (助動) 也 〔に、あり、ノ約〕 物事ヲ指定シ、或ハ解説スル意ノ助動詞。聞ユルー、爲ルー、善キー、然ー、宜ー、コレー、ソレー、人ー、花ー、ノ如シ。(篇首ノ語法指南ノ助動詞ノ條ヲ見ヨ)

なり リ・ル・レ (助動) なトイフ感動詞ニ、語尾變化アルモノニテ、動作ヲ言ヒ終ヘタル餘意ニ發スル助動詞。「ヤガテ鹿ノ音、聞ユー」秋ノ野ニ、人マツ蟲ノ、聲スー」花ノ衣ニ、ナリヌー」(篇首ノ語法指南ノ助動詞ノ條ヲ見ヨ)

なりあがり (名) 成上 ナリアガルヿ。

なりあがる ル・レ・ラ・リ・レ (自動)(規・一) 成上 貧賤ヨリ富貴トナル。ヘアガル。

なりあふ フ・ヘ・ハ・ヒ・ヘ (自動)(規・一) 成合 成リ調フ。「吾身者、成成不成合所一處在」親ナシト聞キ侮リテ、幼ク、ナリアハヌ人ヲサシコエテ」

なりいづ ヅル・ヅレ・デ・デ・デヨ (自動)(規・二) 成出 (一)生リテ世ニ出ヅ。 生出 化生 (二)官途ニ進ム。出世ス。 起身

なりおとる ル・レ・ラ・リ・レ (自動)(規・一) 成劣 劣ル方ニ爲ル。「我レ、年比、沈ミテ、昨日今日ノ若人ドモニ多ク超エラレテ、ナリオトリツルナム、恥ニ思ヒケル」

なりかはる ル・レ・ラ・リ・レ (自動)(規・一) 成代 共人ト成リテ代ル。「親ニー」 代

〔なりかぶら (名) 鳴鏑 かぶらやニ同ジ。

なりさがる ル・レ・ラ・リ・レ (自動)(規・一) 成下 富貴ヨリ貧賤ニ移ル。

なりたち (名) 成立 成リタツヿ。

なりたつ ツ・テ・タ・チ・テ (自動)(規・一) 成立 確ト成ル。形ヲ成ス。

〔なりどころ (名) 〔産業處ノ義〕 生産ノ出ル所。田宅。「幸ニ飛鳥皇女田庄ニ」

なりなむとす スル・スレ・セ・シ・セヨ (自動)(不規・二) 垂向 〔爲リナムトス、ノ義〕 全ク其時ト爲ラムトス。音便ニ、ナンナントス。

なりはひ (名) 生業 〔はひハ助辭、礎はひノ如シ〕 又、業。農事ヲ元トシテ、スベテ、人ノ生活トスル業。スギハヒ。ヨスギ。家業。渡世。

〔なりひさご (名) 生瓢 ひさごノ條ヲ見ヨ。

なりふり (名) 形振 姿ノ容子。 姿態

なりまさる ル・レ・ラ・リ・レ (自動)(規・一) 成優 優ル方ニ爲ル。

なりもの (名) 鳴物 音樂ニ用ヰル絲竹金鼓等ノ器ノ總名。 樂器

なりゆき (名) 成行 ナリユクヿ。

なりゆく ク・ケ・カ・キ・ケ (自動)(規・一) 成行 ソノ如ク爲リナガラ世ヲ歷。

なる ル・レ・ラ・リ・レ (自動)(規・一) 生 (一)無カリシ物、

新ニ世ニ出デ來。生ヒ出ヅ。「生リ出ヅ」生リ坐ス」(二)草木、實ヲ結ブ。ミノル。「果ー」 結實

なる・ル・レ・ラ・リ・レ (自動)(規・一) 成 成シテ終ハル。デキアガル。成就ス。

なる・ル・レ・ラ・リ・レ (自動)(規・一) 爲 (一)此狀ヨリ彼狀ニ移ル。別ノ姿ト變ハル。「善クー」惡シクー」一ツニー」(二)裏返リテ、王ト變ズ。(將棋ノ駒ニ)

なる・ル・レ・ラ・リ・レ (自動)(規・一) 鳴 音ニ立ツ。ヒビク。「鐘ー」山ー」手ー」名、世ニー」

なる・ル・レ・ラ・リ・レ (自動)(規・一) 成 御出座アラセラル。「主上ナラセオハシマシテ、內侍所ノ御拜ミ、云云」又、親王ニモ申シ、僭シテ、攝家、公方ニモイフ、御成ナドイフモ、是レナリ。

なる・ル・ル・ルレ・レ・レ・レヨ (自動)(規・二) 慣 (一)屢、出合フ。習ヒテ常トナル。(二)親シミ懷ク。 馴 (三)親シミテ戲ル。 狎

なる・ル・ル・ルレ・レ・レ・レロ (自動)(規・二) 熟 混リ合ヒテヒトツニナル。善ク熟ス。「味噌ガー」

なる・かみ (名) 鳴神 イカヅチ。カミナリ。 雷

なるこ (名) 鳴子 小キ板ニ、小キ竹管ヲ、絲ニテ掛ケ連ネタルヲ、繩ニテ張リ、引ケバ、管、板ニ觸レテ、音ヲ發スルモノ、田畠ノ上ニ、鳥ヲ驚カシ逐フナドニ用ヰル。引板。

なるこゆり (名) 鳴子百合 宿根草、春、山中ノ陰地ニ生ズ、莖ノ高サ一二尺、或ハ、四五尺、少シ斜ニシテ直立セズ、莖、圓ク、綠ニシテ光ル、葉ハ、略、百合ニ似テ互生ス、夏ノ初メ、花ヲ開ク、本ハ筒ニシテ、末ハ五瓣ニ分ル、初生ハ、脣ヲ收メタルガ如シ、故ニ、古名ヲ笑草トイフ、花色、白クシテ靑ミアリ、連リ咲キテ垂ルヿ、鳴子ヲ掛ケタルガ如シ、實ハ、なんてんニ似テ、稍大ク、熟スレバ黑シ、根白ク、橫ニ生ジテ節アリ、蒸テ食スベシ、又、藥用トス。 黃精

なるたきど (名) 鳴瀧砥 砥ノ一種、山城、葛野郡、鳴瀧山ヨリ產スルモノ、合砥、眞砥ニ用ヰル。

なるたけ (副) 成丈 成ルベキ限リ。カノトドクホド。

〔なるはじかみ (名) 〔なるハ、結實ノ義〕朝倉山椒ノ古名。(はじかみノ條ヲ見ヨ)

なるほど (副) 成程 其理ノ如ク。マコトニ。實ニ。

なるみしぼり (名) 鳴海絞 綿布ノしぼり染ノ一種、尾州、知多郡、有松村ニ產ジ、愛知郡、鳴海驛ニテ賣ル、染色ノ褪メヌヲ以テ名アリ。本名、有松絞。

なれ (名) 慣 慣ルルヿ。習ヒテ常トナルヿ。

〔なれ (代) 汝 汝ニ同ジ。ナムヂ。「千早振、宇治ノ橋守、なれヲシゾ、哀レト思フ、年ノ歷ヌレバ」

なれあひ (名) 馴合 馴レアフヿ。

なれあ・ふ・フ・ヘ・ヘ・ヒ・ヘ (自動)(規・一) 馴合 (一)互ニ馴ル。相親シム。(二)竊ニ相約シテ他ヲ欺ク。

なれなれ・し・シキ・シケレ・シク・シク (形・二) 馴馴 甚ダ馴ルル狀ナリ。

なれのはて (名) 〔爲ノ果ノ訛カ〕零落ノ極。

なれる (動) 慣ル、(規・二)熟ル、(規・二)ノ訛。

〔なゐ (名) 地震 〔鳴居ノ意カト云〕地震ノ古言、今モ、中國西國ニテハイフトゾ。「ー震ル」

〔なをり (名) 波折 波ノ高ク立ツヿ。「潮瀨ノ、那袁理ヲ見レバ、遊ビ來ル、鮪ガ鰭手ニ、妻立テリ見ユ」 白波ノ、八重折ルガ上ニ、海小舟」

〔なをり (名) 名折 名ヲ損ズルヿ。今、ナヲレ。「大將軍トコソ、見マヰラセ候ヘ、キタナシヤ、源氏ノ名をりニ、返ヘシ合ハセ給ヘ」

なをれ (名) 名折 前條ノ語ノ轉、恥トナリ、名ヲ損ズルヿ。

に

に 五十音圖、奈行第二ノ假名、なノ條ヲ見ヨ。

〔に (名) 土 ツチ。「赤ー」靑ー」白ー」丸邇坂ノ土ヲ、初土ハ、膚赤ラケミ」

〔に (名) 丹 〔赤土ニ起ル〕赤キ色。古ヘノ繪具、赤土ヲ用ヰタルナルベシ、今ノ、黃土ノ類ナラム。(今ノ丹トハ異ナリ)「丹塗矢」丹摺ノ袖」

〔に (名) 瓊 〔丹ノ義〕赤キ玉ノ名。ヌ。

に (名) 荷 物ヲ人馬舟車ニテ運ブ時ノ稱。荷物。 行李

に (名) 貳 官名、太宰府ノ次官、大、少アリ。

ニ (名) 尼 比丘尼ノ略。アマ。

に (數) 二 貳 (一)フタ。フタツ。(二)三味線ノ第二ノ絃。

に (動) 似 似ル、ノ條ヲ見ヨ。

に (動) 煑 煑ユ、煑ル、ノ條ヲ見ヨ。

に (助動) 過去ノ助動詞ナルぬノ變化、其條ヲ見ヨ。「行キーケリ」失セーシ時」落チーキ」變ハリータリ」

〔に〕(助動) 不ノ變化ノぬノ轉。「知ラー」飽カー」言ヘバ得ー」

に (辭) 第一類ノ天爾波、動詞ノ動作ノ移リ互ル所ヲ示ス、其意種種ナリ。(一)相對スルモノヲ指スモノ。「人ー與フ」師ー問フ」親ー別ル」(二)地位ヲ示スモノ。「舟ー載ス」机ー置ク」紙ー記ス」京ー至ル」於 于 (三)方向ヲ示スモノ。へ。「京ニアリワビテ、アヅマー行キケルニ」竹生島ーマウデ侍リケル時」(四)差抑ヘテイフとノ意ナルモノ。「木モ石ー成ル」水ヲ湯ーナス」(五)又、並ブル意ノとノ如キモノ。「日ー月ー」尾花ガ風ー、庭ノ月影」重用シテ、動詞ノ間ニ入ルルモノ。「降リー降ル」聞キー聞キ」語リー語ル」(六)添フル意ナルモノ。「花ー嵐」(七)にて、に於て、ノ意ナルモノ。「朝ー起ク」途ー説ク」(八)の爲に、に因て、ノ意ナルモノ。「花見ー行カム」入手ー死ヌ」多キー驚ク」(九)に就きて、ノ意ナルモノ。「遊ブー樂シ」悟ルー易シ」

に (辭) 第三類ノ天爾波、思フニ違ヒテ意ノ反スル意ヲ示スモノ。「庭ノ面ハ、マダ乾カヌー、夕立ノ、空サリゲナク、澄メル月哉」睦言ハ、マダ盡キナクー、明ケヌメリ」

に-あげ (名) 荷揚 船ノ積荷ヲ陸ヘ上グルフ。

に-あは-し・シキ・シケレ・シク・シ (形・二) 似合 似合ヒテ見ユ。似ツカハシ。適

に-あ-ふ・フ・ヘ・ヘ・ヒ・ヘ (自動) (規・二) 似合 恰モ善ク合フ。釣合フ。適合

〔に-いし〕(名) 丹石 (一)代赭石。(二)黄土。

ニイラ (名) 木乃伊 みいらノ訛。

に-う (名) 乳 (一)乳。チシル。(二)貫乳ノ略。

にう-かう (名) 乳香 薫陸ノ條ヲ見ヨ。

にう-がん (名) 乳癌 乳房ニ發スル一種ノ瘡。

にう-しう (名) 乳臭 乳臭キフ。「少年ノ思慮未熟ナルヲ劣シメテイフ語」

にう-じふ (名) 乳汁 チシル。

にう-じやく (名) 柔弱 心、身、共ニ健カラヌフ。

〔にう-の-かゆ〕(名) 酪 〔乳ノ粥ノ義〕酪ニ同ジ。

にう-ハチ (名) 乳鉢 藥ヲ煉リ又ハ細末ニスルニ用ヰル小キ鉢、乳棒ニテ擂ル、共ニ、陶製或ハ硝子製ナリ。

にう-ぼ (名) 乳母 チオモ。メノト。ウバ。

にう-ぼう (名) 乳棒 乳鉢ニ用ヰル杵ノ如キモノ。

にう-ぼく (名) 乳木 チギ。(護摩ノ條ヲ見ヨ)

にう-ま (名) 荷馬 ニオヒウマ。荷ヲ負ヒ運ブ馬。駄馬

にう-め (名) 煑梅 梅ノ實ヲ砂糖ニテ煑タルモノ。

にう-めん (名) 入麵 〔煑麵ノ延、入ハ當字ニテ假名違ヒ〕索麵ノ條ヲ見ヨ。

にう-り (名) 煑賣 酒飯ノ菜肴ヲ煑テ賣ルモノ、

にうり-ざかや (名) 煑賣酒屋 卑シキ飲食店ノ稱。熟飯鋪

にう-わ (名) 柔和 人ノ氣質ノ、モノヤハラカナルフ。穩順

にえ (名) 錵 〔煑ノ義〕刀ノ燒トイフ語、刃ノ前ニ、鍛法ニ因テ種種ノ文理ノ見ハルルモノ。

にえ-かへ-る・ル・レ・ラ・リ・レ (自動) (規・一) 煑返 甚シク煑ユ。沸キ上ル。タギル。タギツ。ニエタツ。滾 沸騰

にえ-た-つ・ツ・テ・タ・チ・ツ (自動) (規・一) 煑立 前條ノ語ニ同ジ。

にえ-ゆ (名) 煮湯 沸キ立チタル湯。熱湯。滾湯

にえる (動) 煑ユノ訛。

〔に-おもひ〕(名) 瓶 〔煑御水ノ義〕つくりみづニ同ジ。

に-かい (名) 二階 (一)廚子ノ棚。「沈ノー」二階ニ、詩繪ノ硯箱ヲモ置キ、火取ニ空燕ノ匂、辭バシクキコユ」(二)タカドノ。家ノ上ニ又アル家。重屋 樓

にが-き (名) 苦木 秦皮ニ同ジ。

にが-し・キ・ク・レ・ク・ク (形・二) 苦 (一)舌ニ快カラヌ味、即チ、熊膽ノ如キ味アリ。(二)苦ムベシ。快カラズ嫌ハシ。「興モ醒メテ、事にがくナリヌ」苦イ顏」

にが-しほ (名) 苦鹽 常ノ鹽ノ、濕氣ヲ引キテ滴リテ液トナレルモノ、味、極メテ苦シ、豆腐ヲ作ルナド種種ノ用ヲナス、ニガリ。極暑ノ時ニ、海濱ニテ潮ノ變ジテ成レルヲモイフ。滷滷 鹵汁

にが-す・ス・セ・サ・シ・セ (他動) (規・一) 逃 逃ゲシム。ノガス。

にが-て (名) 苦手 人ノ氣性ノ、相克タズシテ、忌ミ嫌フモノ。

にが-な (名) 苦菜 (一)龍膽ノ古名。(二)又、一年草、路旁ニ多シ、葉ノ長サ、二三寸、一根ニ叢生シ、春、臺ヲ出スフ一尺餘、葉ハ互生シ、梢ニ枝又ヲ分チ

テ、黄花ヲ開ク、たんぽぽノ花ニ似テ、大サ四五分ナリ。黄花菜

にが-にが・し（形・二）苦苦 甚ダ苦ミ思フ。快カラズ嫌ハシ。

にが-にし（名）苦螺 海ニ生ズ。形、はいヨリ大ク長ク、頭尾、尖ル、色黄白ニシテ赤ミアリ、外ニ黒褐ナル短キ角アリ、肉ハあかにしニ似テ美ナリ、腸ノ辛キヿ蓼ノ如シ。蓼螺

にかは（名）膠〔煮皮ノ義〕牛ノ皮ヲ煮テ採レル液、乾シテ貯ヘ、煮テ物ヲ粘シツクルニ用ヰル。（あけう、すきにかはノ條、見合ハスベシ）

に-かふ（名）二合 二字ノ名乗ヲ、一字ヲ常體ニ書シ、下ノ一字ヲ省シテ花押トシ、合ハセテ一字ニ作ルヲ、コレヲ一ノ判トイフトゾ。又、下輩ヘハ、下ノ花押ヲノミ記シ、更ニ下ナルヘハ、直ニ二合トイフ字ヲ書ストゾ。（書判ノ條、見合ハスベシ）

にがほ（名）似顏 人ノ顏ノ眞相ヲ寫シ取レルモノ。肖像

にが・む・ム・メ・マ・ミ・メ（自動）（規・一）苦 嫌ヒテ、顏、顰ム。苦イ顏ヲスル。不興ニナル。ニガル。「イトワビシウ、心地惡シウナリテ、イカニ仕ラムトテ、ニガミテ」煙ノ中ヨリ、ニガミ出デタル殿守司ノ者ノ顏ドモ」顰蹙

にが・む・ム・ムル・ムレ・メ・メ・メロ（他動）（規・二）苦 顰ムル。（嫌ヒテ顏ヲ）顰蹙

にかよ・ふ・フ・ヘ・ハ・ヒ・ヘ（自動）（規・一）似通 互ニ似ル。「ニカヨヒタルモ、思ヒナシニヤ、哀レナリ」

にがり（名）鹵汁 にがしほニ同ジ。

にが・る・ル・レ・ラ・リ・レ（自動）（規・一）苦 にがむ（規・一）ニ同ジ。ニガイ顏ヲスル。「己レガヤウナル侍ナドハ、云云、アラ便無ト言ヒケレバ、明兼、にがりニケリ」誠ニ理リナリケレバ、聞ク人人、皆、にがりアヘリ」顰蹙

にが-わらひ（名）苦笑 苦ミ思ヒナガラ笑フヿ。冷笑

〔に-き（名）日記ニ同ジ。「吾ガ世ニアリケル事ドモ、月日タシカニ記シツツ、にきシテ、サルベキ所所ハ綺ニカキ」

に-き（名）二氣 陰ト陽ト。

に-き（名）二季 季ノ條ヲ見ヨ。

にき（助動）過去ノ助動詞ノぬノ變化ナルにニ、又、過去ノ助動詞ノきヲ重用シタルモノ。「行キー」別レー」

〔にき（接頭）和、熟 荒ノ反。修メタル。精シキ。柔カナル。「ー栲」ー稲」ー布」

〔にき-あね（名）和稲 稲ヲ米ニシタルモノ。（拔穂ノ荒稲ニ對ス）

〔にき-たへ（名）和栲 白キ布。栲ノ條ヲ見ヨ。

にき-て（名）幣〔前條ノ語ノ約〕專ラ幣ニ用ヰル布。ミテグラ。幣束。御幣。紙ナルニモイフ。

にき-にき・し・シキ・シケレ・シク・シク（形・二）賑賑 甚ダ賑ハハシ。般賑

にき-は・す・ス・セ・サ・シ・セ（他動）（規・一）賑 豐ニナス。盛ナラシム。

にき-はは・し・シキ・シケレ・シク・シク（形・二）賑 豐ニ見ユ。ニギヤカナリ。

にき-はひ（名）賑 ニギハフヿ。

にき-は・ふ・フ・ヘ・ハ・ヒ・ヘ（自動）（規・一）賑〔和ヲ活用ス〕(一)富ミ足ラフ。豐ニナル。ニギフ。「民ノ竈ハ、ニギハヒニケリ」(二)榮ユ。繁昌ス。ニギヤカニナル。昌盛

にき-び（名）面皰〔にきみノ轉〕古ク、ニキミ。顏ノ皮ニ生ズル小キ瘡、米粒ノ大サニシテ、白シ、痛ミ無ク、膿ヲモ結バズ。

〔にき-ぶ・ブ・ブル・ブレ・ビ・ビ・ビヨ（自動）（規・二）和 ニギハフ。ニギム。「天皇ノ、命畏ミ、柔備ニシ、家ヲサカリテ」丹杵火ニシ、家モ出デテ、緑兒ノ、泣クヲモ置キテ」

〔にき-ほ・ふ・フ・フル・フレ・ヘ・ヘ・ヘヨ（他動）（規・二）賑 賑ハス。持統紀「優ニ賜正廣肆、百濟王ニ各有差」以優ニ儒道ニ

〔にき-み（名）痤癤〔和名抄ニ痤癤ヲ分チテ、邇岐美、賀太禰、トス、謂レナシ〕(一)瘡ノ名、大サ、梅李ノ如ク、血膿ヲ出スモノト云。「內ニ、御にきみ、オハシマシテ、醫師ドモ參リナドシテ、少シワヅラハシウ申シケリ」內ノ御ーノ事、猶、オコタラセ給ハネバ」(二)又、今ノ面皰。「醫心方、皰」

〔にきみ-ばな（名）酸巢 ざくろばなニ同ジ。

〔にき-む・ム・メ・マ・ミ・メ（自動）（規・一）和 にきぶニ同ジ。續紀「其人等乃和美安美應久爲久云云」

〔にき-め（名）和布 わかめニ同ジ。

にき-やか-よ（副）賑 豐ニ榮エテ。盛ニ。繁昌ニ。昌盛

にぎ-り（名）握 (一)ニギルヿ。(二)ニギリカハ。ユヅカ。

にぎり-かは（名）握革 ゆづかニ同ジ。

にぎり-おぶし（名）握拳 おぶしトイフニ同ジ 拳

にぎりめし (名) 握飯 飯ヲ握リテ固ク固メタルモノ、携フルニ便ニス。 屯食
にぎる・ル・レ・ラ・リ・レ (他動)(規.一) 握 (一)五指ヲ内ヘ屈ム。「拳ヲ一」(二)五指ト掌トニテ持ツ。ツカム。「弓ヲ一」(三)我ガ物トス。「天下ノ權ヲ一」
にく (名) 肉 (一)シシ。ミ。動物ノ體ノ大半ヲ成スモノ、紅ニシテ柔キ固形ノ物ナリ、筋ト共ニ骨ヲ包ミテ、皮ニ被ハル。(二)厚サ。「板ノ一」(三)印肉ノ略。
〔にく (名) 羺 〔字ノ呉音〕(一)敷物。シトネ。(二)羚羊ノ一名、羺ニ好ケレバイフ、氈鹿トモイフモ、同意ナリ。
にぐ・グル・グレ・ゲ・ゲ・ゲヨ (自動)(規.二) 迯 〔字ハ逃ノ草書ノ誤用〕 逃レテ去ル。避ケテ走ル。 逃 遁
にく-あひ (名) 肉合 肉ノ肥エタル狀。
にく-いれ (名) 肉入 肉池ニ同ジ。
にく-いろ (名) 肉色 膚ノ色。淡紅ニシテ黑ミアル色。
にく-がん (名) 肉眼 眼鏡、望遠鏡、顯微鏡、ナドヲ用ヰズ、常ノ眼ニテ物ヲ見ルコト。
にく-けい (名) 肉桂 熱帶地方ニ生ズル桂ノ皮ヲ藥用トスル稱、其樹ハ、大木ニシテ、四時、新葉ヲ生ジテ茂ル、葉、細長クシテ、三ノ縱道ノ、葉ノ末マデ通リタルヲ異トスト云。 桂 其根幹ノ皮ノ厚キ處ヲ取レルヲ一トシ、枝ノ皮ナルヲ桂枝トイフ、色、黃赭ニテ、味、辛ク甘シ、和產ナルハ、根ノ皮ヲ取ル。
〔にく-さげ (名) 憎氣 ニクラシキサマ。ニクテイ。
〔にく-さび (名) 〔荷楔ノ義ニモアルカト云〕 舟ノ兩ノ舷ヲ、藥ニテ包ミカコヒテ、波ヲ避クルモノニテ、今モ、肥後ニテハイフト云。「一ツ、繋クベカリケル、難波潟、舟打ツ波ニ、イコソネラレネ」
にくし・キ・ケレ・ク・シ (形.一) 憎惡 (一)憎ムベクアリ。可愛クナシ。(二)爲スニ難シ。爲シ易カラズ。カヌル。(熟語ニ用ヰル)「見一」讀ミ一」言ヒ一」 難
にく-じき (名) 肉食 肉ヲ食物トスルコト。ニクショク。「一妻帶」
にくしみ (名) 憎 にくみニ同ジ。
にく-しん (名) 肉親 親子兄弟ナド、血系ノ近キ人。
にく-しよく (名) 肉食 (一)肉ヲ食物トスルコト。肉食。(穀蔬ノ食ニ對ス)(二)常ニ美食シテ貧苦ヲ知ラヌコト。「一ノ徒」
にく-たい (名) 肉體 カラダ。(靈魂ニ對ス)
にく-だつ (名) 肉脫 肉ノ脫チテ身ノ瘦スルコト。
にく-ち (名) 肉池 印肉ヲ貯ヘテ置ク器。ニクイレ。 印色池
にく-づき (名) 肉月 〔服、朕、ナドノ月偏ト別ツ〕 漢字ノ偏ニアル月ノ字ノ稱、即チ、肉ノ字ナリ、肌、肘、肝、肥、股、等ノ如シ。 肉旁
にく-づく (名) 肉豆蔻 シシヅク。熱地ノ果ノ仁、舶來シテ藥用トス、樹ハ梨ノ如ク、葉ハ桃ノ如ク、花ハ薔薇ニ似テ、稍小ク、香アリ、實ヲ蜜ニ全漬ニス、大サあんずノ如シ、核ハ橢圓ニシテ皺アリ、色黃ナリ、其內ノ仁ヲ肉トス、辛ク苦ク澁クシテ、香氣烈シ。
にく-てい (名) 憎體 ニクラシキサマ。
にく-にくし・シキ・シケレ・シク・シ (形.二) 憎憎 甚ダ憎シ。
にく-べい (名) 肉餅 カマボコ。
にくみ (名) 憎 ニクムコト。ニクシミ。
にくむ・ム・メ・マ・ミ・メ (他動)(規.一) 憎 惡 疾 仇トシ忌ミ嫌ヒ思フ。
にぐら (名) 荷鞍 荷馬ニ置ク鞍、乘馬ノ物ト、製、異ナリ。 駄架
にくらし・シキ・シケレ・シク・シ (形.二) 憎 憎ムベシ。憎シ。 生憎
にぐるま (名) 荷車 荷ヲ運送スル車、人ノ引クアリ、牛馬ニ牽カスルアリ。 任車 輜重
にぐろめ (名) 裏黑 銅百匁ニ、ふろめ三十匁ヲ加ヘテ、鎔化シタルモノ。ニグルミ。 烏銅
に-ぐわつ (名) 二月 一年ノ第二ノ月。更衣。
にげ-あし (名) 逃足 逃ゲテ行クコト。
〔にげがむ (動) 齝 にれがむニ同ジ。
にげなし・キ・ケレ・ク・シ (形.一) 無似氣 似合ハシカラズ。フサハシカラズ。釣合ハズ。「イト若ウオハスレバ、ニゲナク恥カシト思イタリ」
にげ-みち (名) 逃路 逃グル路。避クベキ方。
にげ-みづ (名) 逃水 武藏野ニイフ語、春夏ノ際ノ長閑ナル日ニ、遠ク望メバ、茂レル若草ノ、末ノ動キテ、ジロジロト水ノ流ルルガ如ク見ユルヲイフ、近ヅケバ無クシテ、又、遠クニ見ユ、故ニ名トス。「東路ニ、アリトイフナル、逃水ノ、逃ゲカクレテモ、世ヲ過ス哉」
にげん-きん (名) 二絃琴 絃二筋ナル琴。八雲琴。
にげる (動) 逃グノ訛。

〔にお（接頭）|和柔| 和ノ轉、意同ジ。「—毛」—草」

〔におくさ（名）|和草| 嫩草カト云、或ハ、女蔵䔥（笑草）ニ同ジキカトモ云。「籬垣ノ、中ノ似兒草、ニコヨカニ、我ト咲マシテ、人ニ知ラユナ」足柄ノ、箱根ノネロノ、爾古具佐ノ、花妻ナレヤ、紐解カズ寐ム」

〔におけ（名）|和毛| 鳥獸ノ羽毛ノ、薄ク細カク柔ク生ヒタルモノ。フクダケ。|我|

におごり（名）|煮凝| 魚ナド煮タル汁ノ凝リ固マレルモノ。

におしらべ（名）|荷拵| につくりニ同ジ。

におす・す・せ・さ・し・せ（他動）（規、一）|濁| におらすニ同ジ。「苗代ノ、水汲ミニゴシ、今日ヨリハ、早苗取ルラム、カツマタノ里」

〔におずみ（名）|和炭| 又、カヂズミ。今ノ消炭ノ類カト云。

におにおと（副）〔和和ノ義〕少シ笑ヒ笑ヒスル顔ノ狀ニイフ語。|莞爾|

におひ（名）|白魚|〔みおひノ訛、或ハ似鯉ノ義トスルハイカガ〕みおひノ訛。

におみ（名）|煮込| 種種ノ物ヲ入レ雜セテ煮ルコト。

〔におむ・む・め・ま・み・め（自動）（規、一）|和| なおむ（規、一）ニ同ジ。崇神紀「是以、天神地祇、共和享而風雨順レ時」

にごん（名）|二言| 言ヒテ又言フコト。既ニ言ヒタルヲ言ヒ改ムルコト。「—ハ言ハズ」武士ニ—無シ」

におやかま（副）|和| （一）モノヤハラカニ。ニヨカニ。|婉|

（二）笑顔作リテ愛相ヨク。ニコニコト。|莞爾|

〔におよかま（副）|和| 物ヤハラカニ。「秋風ニ、靡ク川邊ノ、ニコ草ノ、爾故餘可爾シモ、思ホユルカモ」|婉|

におらす・す・せ・さ・し・せ（他動）（規、一）|濁|（一）濁ルヤウニナスニゴス。不淨ニス。（二）分ラヌヤウニナス。紛ハス。ニゴス。「言葉ヲ—」

におり（名）|濁|（一）ニゴルコト。（二）世上ノ人事ニ、私シ事ノ多クナルコト。「—ナキ、御代ニ相見ル、澄田川」イカデカク、—ノ末ニ、生レ來テ、月澄ム秋ヲ、アマタ見ツラム」|澆季|（三）佛氏ニテ、煩惱慳欲。「開クナル、悟リノ花ハ、世ノ中ノ、—ニ染マヌ、蓮ナリケリ」|濁世|（四）澁ルコト。トドコホリ。「言葉ノ—」（五）濁音ノ符ニツクル點。

におりさけ（名）|濁酒| 一種ノ醸造ノ酒ノ、糟ヲ漉サズシテ用キルモノ。（清酒ニ對ス）ダクシユ。モロミ。

におりと（副）〔和ノ義〕笑顔作ル狀ニイフ語。ニッコリト。|莞爾|

におる・る・れ・ら・り・れ（自動）（規、一）|濁|〔鈍リ凝ル意カ〕（一）泥又埃ニ雜リテ汚ル。（水、酒、ナドノ）（二）世上ノ人事ニ、私シ事多クナル。「事ヘ來テ、一ツ流レノ、絶エセネバ、ニゴラジト思フ、我ガ心哉」（三）語學ニ、清音、變ジテ濁音トナル。（濁音ノ條ヲ見ヨ）（四）澁ル。トドコホル。「言葉—」

におろ（名）〔煮頃ノ義ニテ、煮ルニ程好キ意ト云〕近江ノ湖ニテ、一種ノ鮒ノ稱、形圓ク、源五郎鮒ニ次キテ大ナリ。

にさい（名）|二歲|（一）生レテ二年ナルモノ。（多ク魚ニイフ）（二）俗ニ、少年ヲ劣シメテ罵ル語。

にさい（名）二重ニナルコト。（東京）|重複|

におかな（名）|煮肴| 料理ニ、魚肉ヲ、醤油、味醂、鰹節、等ニテ淡ク煮タルモノ。

にし（名）|西|〔日ノ往シ方ノ義トイヒ、或ハ、和風ノ約ニテ、風ヲ元トスル語カ（荒風旋風ノ類）トモ云、共ニイカガ〕（一）方角ノ名、南ト北トノ間ニテ、東ト反對スル方。即チ、日ノ入ル方。西ノ方。（二）西ノ風。「倭方ニ、爾斯吹キアゲテ、雲離レ、退キ居リトモ、我レ忘レメヤ」（三）西方ノ淨土。「老イヌレバ、兩オモテモ、スサマジヤ、ヒタオモムキニ、西ヲ賴マム」イカナラム隈ニモ、心バカリハ、西ノ山モトニ、アクガレハテ」

にし（名）|螺| 殼ニ、左ヘ旋レル縱道アル介ノ總名、多ク八膽アリ、長—、赤—、苦—、田—等、各條ニ註ス。

にし（助動）過去ノ助動詞、めノ變化ナルにト、きノ變化ナルしトノ合ヒタルモノ。「入リ—日」行キ—人」

にじ（名）|虹|霓|蜺|〔丹白ノ意カトイフ〕古ク、又、ヌジ。太陽ノ光ノ、大氣中ノ水氣（雨）ニ映リテ、七色（紫、紺、青、綠、黃、柑、赤）ノ彩ヲアラハスモノ、朝ニハ西天ニ見ハレ、暮ニハ東天ニ見ハル。

にじ（名）|二字| 實名、又ハ、名乘ニ同ジ、多クハ二字ナレバイフ。「—ヲ帶ス」

にじ（名）|二時| ときノ條ヲ見ヨ。

にしき（名）|錦|〔丹頻ノ義ニテ、赤色ノ繁ク濃閙ナキ意ト云、或云、丹繁ノ義、或ハ、丹白黃ノ意ト云フハイカガ〕（一）五彩ノ絲ニテ種種ノ模樣ヲ織出セ

ル厚クシテ極メテ美ナル絹布ノ名。綺（カムハタ）ハ、古代ヨリアリテ、直ニにしきト稱セリ、後ニ、韓國ノ織工來リテ製セルヲ韓錦（カラニシキ）トイヒ、後、又、支那ヨリ舶來スルモノ多ク、コレヲ唐錦（カラニシキ）ト稱シ、從來ノ者ヲ大和錦（ヤマトニシキ）トイフ。後、織法衰ヘテ、後世、再ビ支那法ヲ傳フ。(二)スベテ、美クシク麗ハシキ物ノ稱。「紅葉（モミヂ）ノ—」「春ノ—」○—ヲ着ル。富貴ノ身トナル。前漢、朱買臣傳「富貴不レ歸ニ故鄕ニ如ニ衣レ繡夜行ニ」夜ノ—ナドイフモ、コレナリ。

にじき（名）二食 一日ニ、食事ヲ二度ニ限ルコト。

にしきがは（名）錦革 革ヲ紫地ニ染メテ、文ヲ白ク出シタルモノ、貴人ノ用トス。コレニ對シテ、柿色地ニ、白ク唐草菊紅葉ナドヲ染出シタルヲ、御免革ト稱シテ、平人モ用ヰル。

〔にしきぎ〕（名）錦木 一尺許ナル本ヲ色取レルモノ、古ヘ、陸奥ノ俗ニ男、女ニ逢ハムトスル時、コレヲ其門ニ立ツ、女逢ハムト思ヘバ、取リ入ル、取リ入レザレバ、男、更ニ加ヘ立テテ千束ヲ限リトストス云。「思ヒカネ、今日立テソムル、錦木ノ、千束モ待タデ、逢フ由モガナ」徒ラニ千束朽チニシ、錦木ヲ、猶懲リズマニ、思立ツ哉」

にしきぎ（名）錦木 まゆみノ條ヲ見ヨ。

にしきぐさ（名）錦草 路傍ニ生ズル小草、夏秋ノ間ニ多シ、莖、地ニ就キテ立タズ、細クシテ赤ク、毛アリ、葉ハ綠ニシテ紫ヲ帶ビ、背ニ毛アリ、夏、五瓣ノ小黃花ヲ開ク、形、をへりひゆノ花ノ如シ。地錦。

にしきだひ（名）錦鯛 形、鯛ニ似テ肥大ナリ、一二尺ナルヲ常トシ、大ナルハ六七尺ニ至ル、鱗、鰭、刃ノ如ク、紅光アルコト、錦ノ如シ、肉白ク、味美ナリ。鐵甲魚

にしきづた（名）錦蔦 きづたノ葉ノ邊ニ、紅白色ノ相雜レルモノ。

にしきで（名）錦手 染付（ソメツケ）ノ磁器ニ、五彩ノ釉（クスリ）ニテ文ヲ畫キタルモノ、初ハ、支那舶來ナリ、今ハ和製多シ。一名、赤畫（アカヱ）。五色花瓷 又、染付ニテ、處處ニ、金ニテ文ヲ畫ケルアリ、コレヲ金襴手（キンランデ）トイフ。

〔にしきへび〕（名）錦蛇 小蛇ノ錦文アルモノカ、和名抄ニ、蚺蛇ノ字ヲ當テタレド、只其錦文ノ同ジキニ就キテ當テタルナルベシ、古事記、垂仁條ニ、吾見ニ異夢ニ云云、錦色小蛇纏ニ繞我頸ニ云云」トアルナド、コレナルベシ。又、蚺蛇ハ、熱國ノ深山ニ棲ム、其年ヲ經タルモノハ、太サ二三圍、長サ二丈餘ニ至リテ、能ク鹿ヲ呑ムトイフ、全身斑文アリ、錦色ヲナス、其膽ハ、藥用ニスベシトイフ

にしきゑ（名）錦畫 人物花鳥等ヲ版木ニ彫リ、五彩ニテ畫ニ摺リ出スモノ、江戸ノ製産ナレバ、江戸畫トモイヒ、初メ一枚ナリシカバ、一枚畫ノ名モアリ、後ニハ、二枚三枚續キナルモ起ル。

にしぢんおり（名）西陣織 京都ノ西陣ノ地ヨリ織出ス錦綾絹帛類ノ稱、全國第一精巧ナルモノトス。

にして（副）にてト意同ジ、「山吹ノ、花色衣、主ヤ誰レ、問ヘド答ヘズ、クチナシニシテ」人—鳥ニ如カザルベケムヤ」

にしどち（名）復蛹 蟲ノ名、地蟲（ヂムシ）ノ、土中ニテ蛹（サナギ）トナレルモノ、褐色ニシテ、一二寸、形、蠶ノ蛹ニ異ナラズ、小兒捕ヘテ指ニテ摘ミ、西何處（ニシドチ）、東何處トイヘバ、腰以下ヲ左右ニ動カシテ、東西ヲ答フルガ如シ。訛シテ、ニシヤドッチ。一名、ニラダウムシ。

〔にしのあるじ〕（名）西主 西方淨土ノ阿彌陀佛ノ稱。「我ガ賴ム、西のあるじニ、契リケル、今日ノ今宵ゾ、月ノサヤケサ」

にしのうち（名）西内〔初產ノ村名ナリ〕紙ノ名、常州、那珂、久慈、多賀郡內ニ產ズルモノ、訴狀、手形ナドニ用ヰル。

ニシバ（代）蝦夷語、對稱ノ代名詞、殿（トノ）ト言ハムガ如シ。

にしび（名）西日 西天ニ傾キタル日ノ光。夕陽

にじふ（數）二十 十ヲ倍ニセル數。ハタ。ハタチ。

にじふいちだいしふ（名）二十一代集 八代集ト十三代集トヲ合ハセタル稱。

にじふいつし（名）二十一史 十七史ノ條ヲ見ヨ。

にじふしかう（名）二十四孝 支那ニテ、舜、漢文帝、曾參、閔損、仲由、董永、剡子、江革、陸績、唐夫人、吳猛、王祥、郭巨、楊香、朱壽昌、庾黔婁、老萊子、蔡順、黃香、姜詩、王褒、丁蘭、孟宗、山谷等、二十四人ノ孝行ヲ以テ著キ人ノ稱。

にじふしき（名）二十四氣 曆ノ語、五日ヲ一候トシ、三候ヲ一氣トシ、二氣ヲ一月トシ、四時、十二月、一年ニテ、二十四氣、七十二候ナリ、陰曆、陽曆對照スレバ次表ノ如シ。

春	立春	陰暦、正月節 陽暦、二月三日	雨水	陰暦、正月中 陽暦、二月十八日
	啓蟄	陰暦、二月節 陽暦、三月五日	春分	陰暦、二月中 陽暦、三月廿日
	清明	陰暦、三月節 陽暦、四月五日	穀雨	陰暦、三月中 陽暦、四月廿日
夏	立夏	陰暦、四月節 陽暦、五月五日	小滿	陰暦、四月中 陽暦、五月廿一日
	芒種	陰暦、五月節 陽暦、六月五日	夏至	陰暦、五月中 陽暦、六月廿一日
	小暑	陰暦、六月節 陽暦、七月七日	大暑	陰暦、六月中 陽暦、七月廿三日
秋	立秋	陰暦、七月節 陽暦、八月七日	處暑	陰暦、七月中 陽暦、八月廿三日
	白露	陰暦、八月節 陽暦、九月七日	秋分	陰暦、八月中 陽暦、九月廿三日
	寒露	陰暦、九月節 陽暦、十月八日	霜降	陰暦、九月中 陽暦、十月廿三日
冬	立冬	陰暦、十月節 陽暦、十一月七日	小雪	陰暦、十月中 陽暦、十一月廿二日
	大雪	陰暦、十一月節 陽暦、十二月七日	冬至	陰暦、十一月中 陽暦、十二月廿二日
	小寒	陰暦、十二月節 陽暦、一月五日	大寒	陰暦、十二月中 陽暦、一月廿日

にじふにしや (名) 二十二社 京都王城ノ鎭護ト定メテ祭ラセラルル二十二所ノ神ノ稱、圓融帝一條帝以後、時ヲ定メテ奉幣アリ。即チ、伊勢(伊勢)石清水、賀茂、松尾、平野、稻荷(山城)春日(大和)大原野(城)大神、石上、大倭、廣瀨、龍田(和)住吉(攝津)日吉(近江)梅宮、吉田(城)廣田(攝)祇園、北野(城)丹生川上(和)貴船(城)ナリ。

にじふはつしゆく (名) 二十八宿 支那古法ノ天文學ニテ、周天ノ星宿ヲ、二十八ニ分チテ稱スル du、天ノ四方ニ、各、七ツヅツアリ。

東方	角	亢	氐	房	心	尾	箕
北方	斗	牛	女	虚	危	室	壁
西方	奎	婁	胃	昴	畢	觜	參
南方	井	鬼	柳	星	張	翼	軫

にじふろくやまち (名) 二十六夜待 陰暦、正月七月ノ二十六日ノ夜半ニ、月ノ出ヅルヲ拜スルコ、出デムトシテ、光ヲ放ツ時ニ、三尊ノ彌陀ノ象ヲ現ズナドイフ。(今ハ專ラ七月トス)

にしむ・ムル・ムレ・メ・メ・メロ (他動)(規・二) 煮染 汁ノ全ク染ミ入ルマデ煮ル。

にしん (名) 二親 フタオヤ。チチハハ。兩親。

にしん (名) 貳心 フタゴコロ。「―ヲ懷ク」

にしん (名) 鯡 (一)身ノ義ニテ全體ヲ二ツニ割キテ乾ス意ナラムト云、或云、二親ノ義、かぞのおノ親ナレバイフト) 魚ノ名、東北ノ海ニ多シ、秋ヨリ春ニ亘リテ漁ス、大ナルハ一二尺、形、ぼらニ似テ平タク、又さばニ似テ、眼大ク赤ク、夜、光ル、色、蒼碧ニシテ、鱗落チ易ク、肉、脆ク、赤ク、細刺多キコ鰯ニ似テ、味更ニ美ナリ、多ク脊肉ヲ乾シテ遠キニ送ル、澁味アリ、貧人ノ食トス。一名、鰊。 青魚 其鯑ヲかぞのことトス。(其條ヲ見ヨ)

にじむ・ム・メ・マ・ミ・メ (自動)(規・二) (一)〔鈍染ノ義カト云〕(一)染メテ、色合、サヤカナラズ。(二)染ミツツ、ヒロガル。(墨、又油ナド)

にしめ (名) 煮染 種種ノ魚菜ヲ醬油鰹節ナドニテ煮染メタルモノ。

にしやどうち (名) 復蹟 にしどうちニ同ジ。

にしゆきん (名) 二朱金 古キ金貨ノ名、二銖ニアタルモノ、即チ、金壹兩ノ八分ノ一。

にしゆぎん (名) 二朱銀 古キ銀貨ノ二銖ニ當ルモノ、即チ、銀壹分ノ二分ノ一。南鐐。

にじりがき (名) 躙書 筆ニテ紙ヲ躙ルヤウニ文字書クコ。(未熟ニシテ、ズラズラト書カレヌ意)

にじる・ル・レ・ラ・リ・レ (他動)(規・一) 躙 壓シナガラ、ジリジリト摩リ動カス。

にす・スル・スレ・セ・セ・セロ (他動)(規・二) 似 (一)似ルヤウニナス。眞似ル。 模倣 (二)擬ヘ僞ル。 贋作

にすゐ (名) 冫 (三)水ノ「氵」ニ對シテ、二水ノ義) 漢字ノ偏ノ「冫」ノ字ノ稱、氷ノ字ナリ、冶、冷、凉、准、凝ノ如シ。 冰水

にせ (名) 僞似 似セテ僞ルコ。「―金」「―首」 贋

に・せ (名) 二世 佛經ノ語、現世ト來世ト。(三世ノ條ヲ見ヨ)「―安樂」夫婦ハ―」

にせもの (名) 僞似物 似セ擬ヘタルモノ。僞物。 贋物

にせゑ (名) 僞似繪 人物ノ生寫ノ繪。「忽ニ、花ノ御姿ノカハラセ給ヒタルヲ、信實ヲ召シテ、似せ繪ニ寫サセラレテ、七條院ヘ奉ラセ給ヒケレバ、御覽ジテアヘズ、云云」 肖像

にたうりう (名) 二刀流 劍術ノ一流、大小ノ二刀ヲ、左右ノ手ニテ用キルモノ、二刀流トモ稱ス、宮本無三四ニ始マルトニフ。

にたき (名) 煮焚 食物ヲ煮或ハ焚クヿ。烹爨

にだしじる (名) 煮出汁 鰹節ヲ削リテ、其味ヲ湯ニ煮出シテ、其滓ヲ去レルモノ、吸物ナドノ汁ニ用ヰル。略シテ、ニダシ。又、ダシ。

にだ・す・セ・サ・シ・セ (他動) (規. 一) 煮出 湯ニ煮テ、其味ヲ出ス。

にたやまおり (名) 仁田山織 上州ノ仁田山ニ産スル織物、—絹、—紬アリ。

にたり (名) 荷足 川ニ用ヰル一種ノ運漕舟ノ名。

にたり (名) 〔似タリ、ノ義〕 牛ノ角ヲ用ヰテ、玳瑁ニ贋セタルモノ、煮テヤハラカニシテ作ル。

〔にたり (助動) 過去ノ助動詞ノぬノ變化ノにト、たりト、合ヒタル語。「面痩セニタリ」事、變ハリニタレバ」

にたりがひ (名) 〔女陰ニ似タレバイフ〕 淡菜ノ異名。

にち (接尾) 日 日ヲ數フルニイフ語。(年月日ノ)「一—」「百—」幾—」

にちえう (名) 日曜 七曜ノ條ヲ見ヨ。

にちげん (名) 日限 ヒギリ。日數ノ限リ。期日

にちにち (副) 日日 ヒビ。日毎ニ。毎日。

にちにちくわ (名) 日日花 ハゲイトウ。

にちぼつ (名) 日沒 日ノ入リ。イリアヒ。

にちや (名) 日夜 晝ト夜ト。

に-おゆう (名) 二重 フタヘ。

にちよう (名) 日用 日日ニ用ヰルヿ。「—ノ品」

にちりん (名) 日輪 日。天ノ日。太陽

にちりんさう (名) 日輪草 ヒマハリ。

にちれんしゅう (名) 日蓮宗 佛敎ノ一派、安房ノ僧日蓮(後宇多帝、弘安五年寂ス)ノ始メタルモノ、天台宗ヨリ分レテ、法華經一部ヲ所依トス。俗ニ、法華宗。

にちろく (名) 日錄 日記ニ同ジ。

にちゐき (名) 日域 日本國ノ異稱。

につかは・し・シキ・シケレ・シク・シク (形. 二) 似付 似付キテ見ユ。似合ハシ。

につき (名) 日記 日毎ニ起レル事ヲ記シツケテ置クモノ。日錄。日誌。日乘

につきふ (名) 日給 給料ノ、日毎ニ充テ與フルモノ。

につきん (名) 日勤 日毎ニ出デ勤ムルヿ。

につ・く・ク・ケ・カ・キ・ク (自動) (規. 一) 似付 似合フ。善ク似ル。

につ・く・クル・クレ・ケ・ケ・ケヨ (他動) (規. 二) 煮着 汁ノ善ク染ムヤウニ煮ル。「醬油ニテ—」

にづくり (名) 荷作 物ヲ束ネテ荷ニ作ルヿ。ニゴシラヘ。裝貨

につくわ (名) 日課 日毎ニ課スル仕事。

につくわう (名) 日光 日ノ光リ。

につくわうたうがらし (名) 日光唐辛 野州、日光町ヨリ製出スル紫蘇卷ノ蕃椒。

につくわうらふせき (名) 日光蠟石 野州、日光山、足尾山邊ヨリ生ズル一種ノ蠟石。

につくわうらん (名) 日光蘭 ねぢろさうニ同ジ。

につけ (名) 煮着 魚菜ヲ醬油鰹節ナドニテ、煮着ケタルモノ。

につける (動) 煮着クノ訛。

につからし (形) につかはしニ同ジ。

につおり (副) 莞爾 にこりとニ同ジ。

につさん (名) 日參 神社佛閣ヘ日毎ニ參詣スルヿ。

につし (名) 日誌 日記ニ同ジ。日乘

につしん (名) 日新 物事ノ日ニ日ニ新タニ成リ行クヿ。

につしやう (名) 入聲 韻ノ條ヲ見ヨ。

につしやう (名) 日章 日ノ丸ノ旗印。

につしゅつ (名) 日出 ヒノデ。

につしよく (名) 日蝕 日蝕ノ條ヲ見ヨ。

につせう (名) 日數 ヒカズ。

につそく (名) 日蝕 ハエツクルヿ。日ト地球トノ間ニ月ノ交會シテ、日ノ光ヲ掩フヿ、朔日ニアリ、其光ヲ掩フヿヲ「蝕ス」トイフ。又、日ト月トノ間ニ、地球ノ交會シテ、月ノ光リヲ蝕スルヲ月蝕トイノ、望ニアリ。十八年毎ニ、日蝕ハ四十一度月蝕ハ二十九度アリ、日蝕ハ、毎年、多キハ七度、少キハ二度ナリ、月蝕ハ一年無キヿモアリ。又日月ノ面ノ、若干分ヲ蝕スルヲ分蝕トイヒ、全面ヲ蝕スルヲ皆既トイフ。日蝕皆既ハ、月最モ低キ時ニ、視徑日ヨリ大クシテ、日ノ全面ヲ遮リ得ルモノナリ、又、月ノ最モ高キ時ハ、其全體、日ノ面ニ當レドモ、日ノ視徑ヨリ小クシテ全ク掩フヿ能ハズ、日ノ周ニ、環ノ如キ餘光ヲ存ス、コレヲ金環蝕トイフ。以上、皆、見ル所ノ一地ニ就キテイロ、

谷地、各異ナリ。又、日帶蝕、月帶蝕、ノ稱アリ、晝夜ノ際ヲ帶ビテ、日月ノ虧ゲナガラ出入スル故ノ名ナリ。

にったいしよく (名) 日帶蝕 日蝕ノ條ヲ見ヨ。

にったう (名) 入唐 日本ヨリ唐國へ往クフ。

にったう (名) 日當 一日分ノ手當金。日給。

にっちゆう (名) 日中 (一)日ノアル間。晝。 晝間 (二)晝中。眞晝。 日午

にっとう (名) 日東 日本國ノ異稱。

にっぽんばれ (名) 日本晴 快晴シテ極メテ長閑ナルキノ稱。

につむ・ムル・ムレ・メ・メ・メヨ (他動) (規・二) 煮詰 水氣ノ全ク盡クルマデ煮ル。

にて (辭) 天爾波第一類ノにト、第三類ノてト、ノ間ニ他語ヲ略シタルモノ、其意、種種ナリ。(一)ニ於て、ノ意ナルモノ。「京―逢フ」田舍―見ル」(二)ニ因て、ノ意ナルモノ。「筆―書ク」水―洗フ」(三)ニありて、ナドノ意ナルモノ。「頭ハ人―、身ハ魚ナリ」家ハ昔シ―、人ハアラズ」(四)ニ爲して、ノ意ナルモノ。「月影ヲ、色―咲ケル、卯ノ花ノ」

にど (副) 二度 フタタビ。 二回

にどざき (名) 二度咲 かへりざきニ同ジ。

にとり (名) 煮取 いろりノ條ヲ見ヨ。

にな (名) 蜷 〔みなノ轉〕古ク、ミナ。介ノ名、湖川溝渠ニ生ズ、長サ一寸許、一頭ハ尖リ、一頭ハ漸ク廣ク、四分許アリテ、筆ノ頭ノ如シ、殼ハたにしヨリ厚ク

シテ海キ壓アリ、全身黑シ、賤民其肉ヲ食フ、コレヲ川―トイフ。 蜷贏 又、海ニ生ズルアリ、海―トイフ、其條ヲ見ヨ。

になし・キ・ケレ・ク・シ (形・一) 無二 二ツト無シ。類ナシ。並ナシ。最上ナリ。「イトになく愛デ給ヒケリ」イトになら思ヒカハス中ナリケリ」 無雙

になひをけ (名) 擔桶 水ヲ汲ミテ運ブ手桶ノ大ナルモノ、天平棒ニテ擔フ。

になふ・フ・ヘ・ハ・ヒ・ヘ (他動) (規・一) 擔 〔荷ヲ活用ス〕肩ニ掛ケテ運ブ。カタグ。カツグ。

にぬき (名) 煮拔 水ヲ多クシテ飯ヲ炊キ、其粘液ヲ取リテ、糊ナドノ用トスルモノ。オネバ。 炊湯 飯粘

にぬし (名) 荷主 荷物ノ持主。貨物ノ主。 貨主

にねん (名) 二念 念ヲ二樣ニカクルフ。「―無シ」

にのあし (名) 二足 歩ミノ二足目。猶豫スルフ。タメラフフ。「―ヲ踏ム」 蹈躇

にのうで (名) 二腕 肩ト肘トノ間。

にのまひ (名) 二舞 (一)舞樂ニ、安摩トイフ舞アリ、其次ニ舞フ舞ノ名、可笑シキ舞ナリ。(二)轉ジテ、何ニモアレ、人ノ後ニ出デテ、其眞似ヲナスヲイフ語。「暫シ心ヲノドメテド思ヒテ、月日ヲ過シ侍ル程ニ、先ゼラレ奉リ侍リヌレバ、今ハ二ノ舞ニテ、人ノ御マネヲスルニテリヌベキガ、イトロ惜シキナリ」

にのまる (名) 二丸 丸ノ條ヲ見ヨ。

にのみや (名) 二宮 一宮ノ條ヲ見ヨ。

には (名) 庭 (一)堂屋階前ノ平地ノ稱。「吾ガ園ノ、李ノ花カ、庭ニ散ル、ハダレノ未ダ、殘リタルカモ」(二)後世、專ラ、前栽、園生ナド、家ノ前後ノ空地ニ、樹木草石築山泉水ナドノ景色ヲ作レル處。 園池 (三)事ニ用キル空地。場。場所。「大ナル矢ニテ射レバ、其庭ニ射殺シツ」法ノ―」合戰ノ―」 場 (四)海上平カニシテ、船ヲ乘出スニ好キフ。「氣比ノ海ノ、庭好クアラシ、苅鷹ノ、亂レ出ヅル見ユ、海人ノ釣船」アヘテ漕ギ出ム、爾波モ靜ケシ」

にはうめ (名) 庭梅 灌木、庭際ニ植ウ、高サ一二三尺、枝條、叢生ス、葉ハ、ももニ似テ小ク、互生ス、春、葉ノ間ニ、五瓣ノ花ヲ開ク、大サ四分許、白花、紅邊、甚ダ美シ、實圓ク、四五分、仲夏ニ熟シテ赤シ、食スベシ。東京ニ、コウメ。 郁李

にはか (名) 俄 俄遊ビ。俄狂言。酒席ノ間ナドニテ、俄ニ趣向ヲツケテ、滑稽ノ事ヲ演シ興ズルモノ。

にはかあめ (名) 俄雨 夏ノ空ナドニ、俄ニ烈シク降リ來ル雨。 急雨 驟雨

にはかに (副) 俄 急ニ。思ヒ設ケヌニ疾ク。

にはかぶげん (名) 俄分限 俄ニ大利ヲ得テ富ヲナセルモノ。デキブゲン。 暴富

にはくさ (名) 地膚 ははきぎナルベシ。又、マキクサ。

にはくなぶり (名) 〔にはハ庭、くなハ婚合グ、ノくな、ふハ觸ニテ、尾ヲ搖カシテ庭中ニ觸ル意ト云〕鶺鴒ノ古名。

にはこ (名) 庭子 農家ニテ、奴、婢、夫婦トナリテ生ミタル子ノ代代、其家ニ仕フルモノ。 家生奴

にはあぶ (名) 庭蝱 厨ノ土間ナド、人ノ多ク出入スル地面ニ凹凸ノ多ク生ジタルモノ。 千歩峯

にはざくら (名) 庭櫻 (一)庭ニアル櫻。家櫻。(二)にはうめノ一種、苗大クシテ、高サ四五尺、叢生ス、葉モ長大ナリ、葉ニ先立チテ、千瓣ノ白花ヲ開ク、やまぶきノ花ニ似テ、稍小シ、實無シ。 多葉郁李

〔にはそ〕(名) 甘遂 又、ニヒソ。草ノ名、苗、一莖ニシテ、莖ノ端ニ六七葉ヲツク、莖、短小ニシテ、葉ニ汁アリ、根ノ皮赤ク、肉白ク、連珠ヲナス。東京ニテ、夏燈臺。

にはたたき (名) 〔庭敲ノ義カ〕 鶺鴒ニ同ジ。

にはたづみ (名) 行潦 〔俄泉ノ意ト云、或云、俄立水ノ義ト〕 雨ノ降リテ俄ニ地上ニ溜リテ流ルルモノ。「甚ダモ降ラヌ雨故、庭立水、イタクナ行キソ、人ノ知ルベク」 此語、流ル、トイフ語ノ枕詞ノ如クニモ用ヰタリ。「庭多泉、流ルル涙、止メゾカネツル」 爾波多豆美、流ルル涙

にはぢやう (名) 庭帳 年貢ノ事ヲ記ス帳。

にはつくり (名) 庭作 園庭ノ樹石築山泉水ナドヲ構ヘ造ルヲ業トスル者。ウヱキヤ。 場師

〔にはつつ〕(名) 地燈 荒青 〔庭ニ穴シテ生ズレバイフカト云〕 蟲ノ名、つちはんめう、おにはんめう、ノ總名。

〔にはつとり〕(枕) 庭津鳥 〔人家ノ庭ニ棲メバイフ〕 鷄ノ枕詞。「―、迦祁ハ鳴ク」 庭津鳥、可鷄ノ垂尾ノ」 此語、後ニ、庭鳥トノミモイヒ、直ニ、鷄ノ名トス。

にはとこ (名) 接骨木 〔庭常ノ義ニテ、庭ニ繁ル意カトモ云〕 灌木ノ名、深山ニ多ク、又、人家ニモ植ウ、高サ丈餘、枝條四方ニ茂リ、幹、ネヂレテねぢきノ如シ、葉ハ、藤ニ似テ大ク、鋸齒アリ、對生ス、春、枝頭ニ、小白花簇リ開クヿ、傘ノ如シ、實、小豆ノ如ク、秋冬ノ、紅ニ熟シテ春ニ至ル。

にはとり (名) 鷄 〔鷄ノ枕詞ナル「庭ツ鳥」ヨリ轉ズ〕 本名、カケ。又、クタカケ。異名、ナガナキドリ。ユフツケドリ。ウスベドリ。鳥ノ名、常ニ人家ニ畜フ、人ノ知ル所ナリ、高ク飛ブヿ能ハズ、雄ニ、赤キ冠アリ、又距アリテ、闘ヲ好ム、毛色種種ナリ、時ヲ告ゲテ鳴ク、肉幷ニ卵ヲ食用トシテ滋養ノ功アリ、舶來ノ同類ノモノニ對シテ地鳥トイフ。又、シヤモ、カシハ、チヤボ、ウコツケイ、タウマル、等アリ、各條ニ註ス。

にはな (名) 煮端 茶ヲ煮タル初ニ、香味ノ最モ好キ程ノ稱。テバナ。

〔にはなへ〕(名) 新嘗 〔新饗ノ約〕 にひなめニ同ジ。

にはのり (名) 庭騎 場ニテ馬ヲ乗リ馴ラスヿ。

にはび (名) 庭火 庭上ニ焼キテ燈ニ用ヰル火。多ク、御神樂ナドノ時ニ、禁中ノ庭上ニ焼ク篝火ヲイフ。 庭燎

にはん (名) 二判 俗ニ、事ヲ二ツニ判ジテ一決セザルヿ。事ノ不定ナルヿ。ドチラツカズナルヿ。

〔にはむ・ム・メ・マ・ミ・メ〕(自動)(規.一) 鈍 鈍色ナリ。「ニバメル御衣奉レルモ、夢ノココチシテ」

〔にはもせに〕(副) 庭狹 庭モ狹クナル程ニ。「―生フル草」「―散ル花」

にはやなぎ (名) 庭柳 草ノ名、路旁ニ多シ、高サ六七寸、長ジテ尺餘ニ至ル、葉ハ互生シ、はうきぐさニ似テ、短ク厚ク、尖ラズ、深緑ナリ、莖ニ節アリ、夏、葉ノ間ニ、一小花ヲ開ク、白クシテ赤ミアリ、形、蓼ノ花ニ似タリ。 萹蓄

にひ (接頭) 新 新ラシキ。アラタナル。「―島守」「―防人」「―參リ」「―枕」

にびいろ (名) 鈍色 衣服ノ染色ノ名、薄黒キモノ、喪服トス、橡、墨染モコレナリ、僧服ニハ鈍色トイフト、墨ニ、少シ青花ヲ加ヘテ、匂ヒアラシメタルヲ、青鈍ナドイフ。

〔にひそ〕(名) 甘遂 草ノ名、にはそニ同ジ。

にひたし (名) 煮浸 料理ニ、鮎鮒ナド、全身ヲ燒キテ後ニ、醤油味醂鰹節等ニテ煮テ、尙、其汁ニ浸シ置クモノ。

〔にひなへ〕(名) 新嘗 〔新饗ノ約〕 にひなめニ同ジ。

にひなめ (名) 新嘗 〔新饗ノ約轉、口ニ嘗ムル意ト思ヒ紛フベカラズ、嘗ハ、支那ノ秋祭ノ名ナルヲ借レルナリ〕 又、ニヒナヘ。ニハナヘ。シンジヤウサイ。神事、陰暦十一月、中ノ卯ノ日(陽暦、十一月廿三日)ニ行ハル、其年ノ新稻ヲ神ニ奉ラセタマヒ、主上、御自ラモ食シ召ス。

〔にひはり〕(名) 新治 新ニ治リタル田。新田。 新墾

〔にひまぐさ〕(名) 藺茹 ねあざみニ同ジ。

にひまくら (名) 新枕 男女始メテ同衾スルヿ。

〔にひまゐり〕(名) 新參 イマヰリ。新參。

〔にひむろ〕(名) 新室 新ニ作リテ成レル家。多ク、其移

居ナドニイフ。「―宴」―遊ビ」

にひやく-とをか (名) 二百十日 暦ニ、立春ヨリ二百十日ニ當ル日ノ稱、處暑ヨリ十日目、今、大抵九月一日ナリ、此頃、早稲ノ花、盛リナリ。更ニ、十日ヲ經テ、中稲ノ花盛リノ候ヲ、二百二十日トイフ。此間、動モスレバ風雨起ル、農民ノ恐ルル候トス。

にぷ-かう (名) 入校 入學ニ同ジ。

にぷ-がく (名) 入學 始メテ學校ニ入ルヿ。入門。

にぷ-きん (名) 入金 金錢ヲ拂ヒ入ルルヿ。入銀。

にぷ-ぎん (名) 入銀 入金ニ同ジ。

に-ぶきん (名) 貳分金 古キ金貨ノ名、一箇ニテ、金貳分ニアタル。

にぷ-こう (名) 入貢 外國人ノ入朝シテ貢ヲ奉ツルヿ。

にぷ-こく (名) 入國 領主ノ始メテ其領地ニ入ルヿ。入部。就封

にぷ-さつ (名) 入札 イレフダ。投票。

にぶ・し・キ・ケレ・ク・シ (形、二) 鈍 (一)利カラズ。善ク切レズ。(刃物ニ)(二)覺ルヿ遲シ。ノロシ。(心ニ)

にぷ-しゅ (名) 入手 手ニ入ルヿ。我ガ物トナルヿ。落手

にぷ-じゅく (名) 入塾 塾ニ入リ寄宿スルヿ。

に-ふだ (名) 荷札 荷ニ付クル木札、荷主ノ名又ハ在中ノ品ナド記ス。

にぷ-たう (名) 入湯 湯ニ入ルヿ。浴スルヿ。浴

にぷ-だう (名) 入道 (一)佛ノ道ニ入ルヿ。(二)佛ノ道ニ入レル人ノ稱、但シ、三位以上ノ人ニ限リテ稱ス。其以下ハ新發意ト稱ストゾ。(三)俗ニ、僧形ノ妖怪ノ名。

にぷだう-しんわう (名) 入道親王 親王ノ條ヲ見ヨ。

にぷだう-むし (名) 入道蟲 (一)ニシドチ。(二)アマノジヤコ。

にぷ-ぢやう (名) 入定 佛家ノ語、死ヌルヿ。

にぷ-つ (名) 入津 船ノ津ニ入ルヿ。進港

にぷ-てう (名) 入朝 朝廷ヘ參ルヿ。來朝。

にぷ-ない-すずめ (名) 入内雀 〔藤原實方ノ故事ニ因テ名トスト云、イカガ〕雀ノ屬、甚ダ小クシテ長ク、臭氣アリ、頭、背、赤ク、腹、白ク、觜、脚、灰色ナリ、但シ、雌ハ、頭、背、黄灰色ナリ。黄雀

に-ぶね (名) 荷舟 荷ノ運送ニ用ヰル舟。貨船

にぷ-ばい (名) 入梅 梅雨ノ條ヲ見ヨ。

にぷ-ひ (名) 入費 イリメ。金錢ノ費エ。費用

にぷ-ぶ (名) 入部 入府 〔其部曲ニ入ル義〕領主ノ、始メテ其領地ニ入ルヿ。入國。就封

にぷ-ぷ (名) 入夫 寡婦ノ家ニ入聟トナレル人。

にぷ-ぼく (名) 入木 じゆぼくノ條ヲ見ヨ。

〔にぶ・む・ム・メ・マ・ミ・メ (自動)(規、一) 鈍 鈍色ニナル。ニバム。「黒橡衣ニナラセ給フ、世ノ中ノナカ九ハ、皆にぶみワタリタリ」

にぷ-めつ (名) 入滅 佛經ノ語、死ヌルヿ。(多ク釋迦ノ死ニイフ)

にぷ-めん (名) 入麪 にうめんノ條ヲ見ヨ。

にぷ-もん (名) 入門 師ノ門ニ入リテ弟子トナルヿ。デシイリ。入學。

にぷ-よう (名) 入用 (一)用ヰル所アルヿ。イリヨウ。(二)イリメ。ツヒエ。入費。費用 所用

にぷ-らう (名) 入牢 牢ニ入ルヿ。入牢。入獄

にぶ・る・ル・レ・ラ・リ・レ (自動)(規、一) 鈍 鈍クナル。

〔に-へ (名) 新饗 〔にひあへノ約〕新物ヲ神ニモ人ニモ饗スルヿ。「大嘗」ニホドリノ、葛飾早稲ヲ、爾倍ストモ」(隣里相集リテ饗スルヿト云)

にへ (名) 贄 苞苴 〔前條ノ語ノ轉〕朝廷又ハ神等ニ貢獻スル種種ノ土產ノ物ノ稱。貢物。供物。

にべ (名) 鮸 魚ノ名、いしもち、くち、ノ成長シタルモノ、長サ三尺許、形、あまだひニ似テ長シ、背ニ、紅ト淡黒トノ斑アリテ、腹ハ黄ナリ、赤首ニ一白石アリ、腹中ノ白鰾ニテ鰾膠ヲ製ス。

にべ (名) 鰾膠 〔鮸ノ膠ノ略カ、或ハ粘ノ轉カ〕鮸ノ鰾ニテ製スル膠、或ハ、はもノ鰾、又ハ鯉ノ皮ニテモ製ス、物ヲ粘スニ、力甚ダ強シ。

〔にへ-さ-に (副) 多 多ク。多ニ。神功紀「吾國多有ニ是珍寶ニ同「新羅貢物者、珍異甚多」

にへ-どの (名) 贄殿 古ヘ、禁中ニテ、諸國ヨリ貢スル御贄ノ魚鳥ヲ納メ料理スル所。

に-べん (名) 二便 大便ト小便ト。

にほ (名) 鳰 〔字ハ入鳥ノ合字〕又、ミホ、鳥ノ名、かもニ似テ小ク、おかもヨリ大ク、頭、背、翅、蒼黒ニシテ斑アリ、胸、黄ニシテ紫斑アリ、腹白ク、觜短ク黒ク、

尾毛短シ、脚ハ赤クシテ尾ニ近クアノ、常ニ水ニ出沒シ、藻、木葉ナド集メテ、水上ニ巣ヲ浮ベ作ル。カイツムリ。ムグリ。ムクツテウ。 鷿鷈

にほてる (枕) 鳰照 〔次條ノ語ヲ訛リ、且、次條ノ注末ニ引ケル歌ヲ誤解シテ用ヰル語ナリト云〕 近江ノ湖ノ枕詞。

にほどりの (枕) 鳰鳥 〔鳰ハ水ヲ潜ケバイフ〕 潜ク、トイフ語ノ枕詞。「一寶鳥ノ、潜ク池水、心アラバ」爾保枅里ノ、葛飾早稲ヲ」古事記ニ「邇保枅理ノ、淡海ノ海ニ潜キセナ吾」トアルハ、句ヲ隔テテ、潜キ、ニカカルナリ。

にほはし シキ・シケレ・シク・シク (形・二) 匂 ニホヒヤカナリ。「鼻ナドモ、アザヤカナル所ナウ、ネビレテ、匂ハシキ所モ見エズ」

にほはす サ・ス・セ・サ・シ・セ (他動)(規・二) 匂 (一)匂フヤウニナス。ツヤヤカニナス。 映發 (二)香ニ立タス。カヲラス。 薫 (三)ホノメカス。「マホニハアラネド、打チ匂ハシオキテ」 諷

にほひ (名) 匂 (一)ニホフ。氣色ノ映ユル。「繪ニカケル楊貴妃ノ貌ハ、云云、筆限リアリケレバ、イト匂ヒナシ」飽カザリシ、君ガ匂ノ、戀シサニ」 氣韻 (二)色ノ光ル。艶。「アザヤカニ、物清ゲニ、若ウ盛リニ匂ヲ散ラシ給ヘリ」 艶 (三)香。カヲリ。 薫 (四)ヒカリ。威光。「官、位、世ノ中ノ匂モ何トモ覺エズ」(五)鍛ヒニ因テ、刀ノ刃ノ膚ニ、研キアゲテ生ズル艶アル文理。錵ノ映エテ立ツモノ。

〔にほひか (名) 匂香 香トイフニ同ジ。「梅ノ花、折レバコボレヌ、我ガ袖ニ、一移セ、家苞ニセム」

にほひぶくろ (名) 匂袋 懸香。種種ノ香料ヲ、袋ニ包ミタルモノ、身ニ持チ、物ニ懸ク。

〔にほひやかなり (副) 匂 ツヤヤカニ、ニホヤカニ。「イト、一、美シゲナル人ノ、イタウ面瘦セテ」「イト、一、笑ヒ給ヒテ」 艶

にほふ フ・ヘ・ハ・ヒ・ヘ (自動)(規・二) 匂 〔萬葉集ニ、紅、丹穗經、又ハ、着丹穗哉、ナド記セリ、丹秀ヲ活用シタル語ニテ、赤キニ就キテ云フカト云、匂ハ韵ノ字ノ省〕 (一)氣色、映エテ立ツ。ウルハシクホノメク。(色ニ、香ニ、聲ニ、譽ニ) 映發 煥發 (二)專ラ、色ニ就キテ、ツヤヤカナリ。ツヤメク。「朝露ニ、匂フ紅葉ノ、散ラマク惜シモ」紫草ノ、匂ヘル妹ヲ、ニククアラバ」朝日影、匂ヘル山ニ、照ル月ノ」目見ノ、ナツカシゲニ匂ヒ給ヘル状」 艶 (三)專ラ香ニ立ツ。カヲル。 薫 馨 (四)映アリ。ピカル。「細ヤカニ思シオキテタルニ匂ヒ出デ、宮ノ内、ヤウヤウ人目見エ」カシヅカレ給ヘル御宿世ヲゾ、我ガ家マデハ匂ヒ來ネド面目ニ思スニ」 餘光

にほん (名) 二品 (一)親王ノ位、品ノ條ヲ見ヨ。(二)通ジテ、二位ノ稱。

にほんざし (名) 二本差 武士ヲ稱スル俗語、刀ト脇差トヲ帶スレバイフ。

〔にほやかなり (副) 匂 にほひやかなりニ同ジ。

にまめ (名) 煑豆 大豆黒豆ナドヲ、砂糖醬油ナドニテ、味濃ク煑染メタルモノ。

にん (名) 任 身ニ任セラレタル職分。身ニ負ヘル務メ。役目。「陸奥ノ國ノ守ニ罷下リケルニ、云云、任果テテ後ニ」其一ニ當ル」我ガ一ニアラズ

にん (名) 仁 核ノ中ノ肉、其植物ノ、コレニ因テ芽ヲ生ズルモノ。

にん (名) 人 ヒト。人體。「一ヲ見テ、法ヲ說ク」

にん (接尾) 人 人ヲ數フル語。「十一」「百一」「幾一」

にんい (名) 任意 ココロマカセ。隨意。

にんか (名) 認可 可シト認メテ許スー。

にんかい (名) 人界 人間ノ條ヲ見ヨ。

にんき (名) 人氣 ぢんきニ同ジ。

にんぎやう (名) 人形 木又ハ土ヲ以テ、人ノ形ヲ作リテ、小兒ノ玩物トスルモノ。デク。 偶人 木偶 土偶

にんぎやうしばゐ (名) 人形芝居 あやつりノ條ヲ見ヨ。

にんぎやうつかひ (名) 人形遣 あやつりノ條ヲ見ヨ。

にんぎやうで (名) 人形手 更紗ニ、唐子人形ヲ染メナシタルモノ、此類、古渡ニアリテ、良品ナリトス。

にんぎやうまはし (名) 人形廻 あやつりノ條ヲ見ヨ。

にんぎよ (名) 人魚 (一)支那ニテ、鯪鯉ノ一名、其面、略、人ニ似タレバイフ。(二)又、鯢魚ノ一名、其聲、小兒ノ啼クガ如クナレバイフ。

にんぎよ (名) 人魚 想像ノ動物ノ名、常ニ圖スル所ハ、半身以上ハ人ニテ、以下ハ魚ナリ、面、女兒ノ如シ、俗ニ、コレヲ食ヘバ、人ヲシテ老イザラシムトイフ。

にんぐわい (名) 人外 人ノ道ニ外レタルモノ。

にんくわん (名) 任官 官ニ任ズルヿ。役目ニツクヿ。

にんけふ (名) 任俠 ヲトコギ。ヲトコダテ。

にんげん (名) 人間 (一)ヨノナカ。世間。「一萬事塞翁馬」閑看一得意人」(二)佛經ニ、六界ノ一、即チ、此ノ世界。人間界。人界。(三)俗ニ、誤テ、人。

にんげん (名) 任限 在職ノ期限。

にんげんかい (名) 人間界 人間ノ條ヲ見ヨ。

にんこく (名) 任國 國司ノ任。受領。

にんさう (名) 人相 (一)人ノ容貌。相。(二)又、人ノ容貌ヲ視テ、預メ其人ノ心術、夭壽、貧富、禍福等ヲ説ク一種ノ技。

にんさうがき (名) 人相書 隱レタル罪人ナド捜サム便リニ、其人相似顔ヲ畫キタルモノ。

にんさうみ (名) 人相見 人相ヲ視定ムルヲ業トスル者。相師

にんさうめがね (名) 人相眼鏡 天眼鏡ニ同ジ。

にんしん (名) 姙娠 孕ミタルヿ。ミモチ。懷姙。

にんじん (名) 人參 (根、人形ノ如キモノヲ良トシテ名アリ) 古名、カノニケグサ。クマノイ。藥草、一莖直上シ、梢ニ三枝ヲ分チ、枝毎ニ五葉ヲ生ズ、うこぎノ葉ノ如シ、皆鋸齒アリ、年久シキハ數枝數葉ニ至ル、枝ノ中ニ一莖ヲ生ジ、其梢ニ細小花簇リ生ズ、五瓣ニシテ淡綠色ナリ、中ニ白蘂アリ、亦、うこぎノ花ニ似タリ、花後ニ、實ヲ結ブ、形圓クシテ綠ニ、秋冬ニ至リ、紅ニ熟ス、根ヲ藥用トス、是ハ、和產普通ノモノニシテ、形、質、品類、尙多シ。御種一トイフハ、享保中、

將軍吉宗、朝鮮ノ種ヲ諸國ニ植エシメシモノ、直根ニシテ實、早ク熟シ破レバ二三子アリテ平タシ、今產ズルハ、尾州雲州會津ニテ、信州ナルハ、人民ノ自植ナリ、宇都宮ノ產ヲ最モ良シトス。又、廣東一トイフハ、寬延ノ初、支那ヨリ渡ル、多クハ、根形肥大ニシテ、橫紋多シ。

にんじん (名) 胡蘿蔔 本名、芹人參。今、常ニ略稱ス。菜ノ名、芹ノ屬、夏、種ヲ下シ、冬春、根ヲ採ル、春ノ末、五瓣ノ小白花ヲ綴リ開キテ笠ノ如シ、莖ニ白毛アリ、根細長シ、色、赤アリ、黃アリ、又紫ヲ帶ブルアリ、味、淡ク甘シ、秋、其葉ヲ採リ食フ時、葉一ノ稱アリ。又、菜ニンジン。畠ニンジン。八百屋ニンジン。

にんじんぼく (名) 人參木 漢種ヲ移ス、叢生シテ、高サ丈餘ニ至リ、枝葉對生ス、春、新葉ヲ生ズ、三葉一蒂、後ニ五葉トナリテ、人參ノ葉ノ如シ、新枝ハ、方ニシテ綠ニ、舊枝ハ、圓クシテ褐色トナル、折レバ、中ニ方心アルヿ、衆木ニ異ナリ、夏、枝ノ梢每ニ、七八寸ノ穗ヲ生ジ、淡黃ナル小花ヲ綴リツク、實ハ胡麻ノ大サニテ黑シ。牡荊

にんじやう (名) 人情 人ノ心。ナサケ。イツクシミ。情愛。

にんじやう (名) 刃傷 刃ニテ人ニ傷ツクルヿ。刃劍ノ切合。

にんじやうぼん (名) 人情本 男女ノ痴情ヲ記シタル戲作ノ書。中本。

にんじゆつ (名) 忍術 しのびノ條ヲ見ヨ。遁形

にんしよ (名) 任所 在勤ノ地。

にんじゆ (名) 人數 (一)ヒトノカズ。人頭。(二)多勢ノ人。「一ヲ繰出ス」

にんず・ズル・ズレ・ゼ・ジ・ゼヨ (自動) (不規・二) 任 引受ケテ受ケ持ツ。「其責ニ一」

にんず・ズル・ズレ・ゼ・ジ・ゼヨ (他動) (不規・二) 任 役目ニ就カス。「官ニ一」又、舊官ヲ除キ、新官ニ任ズルヲ、除ストイヒ、職ニ任ズルヲ、補ストイヒ、(亦闕ヲ補フ意)將軍ニ任ズルヲ、拜ストイフ。

〔にんず・ズル・ズレ・ゼ・ジ・ゼヨ (自動) (不規・二) 姙 ハラム。ミモチニナル。「晝モ時時渡ラセ給フ、十月バカリヨリ、にんじ給ヒヌ、父宮少シ嬉シト思ス」

にんせん (名) 人選 人物ヲ擇リスグルヿ。

にんそく (名) 人足 (一)人夫。(二)運送ナドニ雇ハレテ稼グ賤シキ者。カルコ。

にんたい (名) 人體 にんていニ同ジ。

にんたい (名) 忍耐 タヘシノブヿ。コラヘテラルヿ。辛抱。

〔にんぢやう (名) 人長 カムワザノヒトノヲサ。神樂ノ舞人ノ稱 卷纓、老懸、摺衣ニテ、榊ヲ取ル。

〔にんぢやう (名) 人定 時ノ名、人ノ眠リ定マル時。即チ、亥ノ時。夜ノ四ツ時。(午後十時)

にんちゆう (名) 人中 ハナミゾ。

にんちゆうはく (名) 人中白 尿ノ中ヨリ生ズル沂ヲ藥用トスル稱。

にんちゆうわう (名) 人中黃 大便ノ溜リ水ヲ製トスル稱。

にんてい (名) 人體 ヒトガラ。人品。ニンタイ。

にんてい (名) 認定 ソレト認メテ決定スルコト。

にんとう (名) 人頭 ヒトカズ。人數。

にんどう (名) 忍冬 〔凌レ冬不レ凋故名〕 古名、スヒカツラ。蔓草、山野ニ生ズ、葉ハ對生シ、楕ニシテ尖リテ毛アリ、夏ノ初メ、花ヲ開ク、香氣アリ、一蔕ニ二花、一節ニ四花同日ニ開ク、本ハ筒ニテ、末ハ二瓣トナリ、上瓣ハ四ツニ分レ、下瓣ハ分レズ、蕾ナルトキハ淡紫ニシテ、開ケバ白クシテ黃ヲ帶ビ、後ニ白ニ變ズ、故ニ、一枝ノ中ニ黃、白、相映ズ因テ、漢名、金銀花ノ名モアリ、葉ヲ藥用トス。

にんにく (名) 忍辱 佛經ノ語、內心、能ク安ンジテ、外所ノ辱境ヲ忍ビ、惡ヲ加ヘラルレドモ、怨ミズ報イサルコ。袈裟ヲ、ー鎧トモイフ、服シテ、能ク、忍辱ヲ持スルモノト云。

にんにく (名) 大蒜 〔忍辱ノ音、僧家ノ隱語ニ起ル、臭、甚シク、五辛中ノ重キモノナレバイフトゾ〕 古名、オホビル。草ノ名、葉ハ平タクシテ、そゐせんヨリ廣クシテ尖リ、臭氣多シ、嫩葉互生シ、夏、粗圓莖ヲ出シ、梢ニ白花ヲ簇生ス、ねぎノ花ニ似タリ、實ニ稜アリ、根ノ形ニ同ジクシテ、甚ダ小シ、根ハ、皮、赤クシテ、六七瓣、簇リテ襷ノ中ニアリ、皮ヲ去リテ、一瓣ヅツ分チ植ウレバ、其年中ハ瓣ヲ增サズ、故ニ、古ク、獨子蒜ノ名モアリ、明年、舊ノ如ク、子ヲ生ズ、根ノ臭甚シ、藥用トス。一種、葉、長大ニシテ、端ノ卷曲スルアリ、東京ニテ、つるくびトイフ、臭少ク、味美ニシテ、早ク生ジ、早ク枯ル、根ノ皮白シ、子ハ莖中ニ胎生ス。

にんのう (名) 人皇ノ連聲。

にん-ぴ-にん (句) 人非人 人ニテ人ニアラズ、ヒトデナシ。（人ヲ賤メ、又ハ無道ノ人ヲ罪シテイフ語）

にん-ぷ (名) 人夫 (一)段別ニ割リ充テテ公役ニ使フ民、古ノ庸役ノ夫ナリ。（租ノ條ヲ見ヨ） 役夫 (二)人足。

にん-ぷ (名) 姙婦 ハラミヲンナ。ミモチヲンナ。

にん-べつ (名) 人別 (一)人每ニモノスルコ。「ー ニ役ヲ充ツ」(二)住民ヲ、人每ニ戸籍ニ記スモノ、其姓名、住所、家族ナド、公ノ帳ニ載リテ、其地ノ住民ト認メラルルナリ。「ー ニ載ル」「ー ヲ移ス」「ー ヲ入替フ」「ー帳」 戸籍 (三)住民ノ數。人頭。「ー 十萬人」 人口

にん-べん (名) 人偏 漢字ノ偏ニアル「イ」ノ字ノ稱、即チ、人ノ字ナリ、仁、代、他、仲、仇、仙等ノ如シ。 立人旁

にんめん-さう (名) 人面瘡 膝頭ニ生ズル一種ノ瘡、腫レ腐レテ人ノ顏ノ如キ狀ヲナスト云。

にんめん-じうしん (名) 人面獸心 面ハ人ナレドモ、心ハ獸ノ如キコ。（惡人ヲ罵ル語）

にん-よう (名) 任用 人ヲ勤メニ採リモチヰルコ。

にん-わう (名) 人皇 神代ト別チテ、神武天皇以後ノ御代御代ノ天皇ヲ申シ奉ル稱。

にんわう-ゑ (名) 仁王會 古ヘ、大極殿、紫宸殿、淸涼殿等ニテ、朝家御祈ノ爲ニ、仁王護國般若經ヲ講ゼシメラルルコ、公事ノ一トス、三月ト七月トニアリ。

に-もつ (名) 荷物 荷トイフニ同ジ。

に-やく (名) 荷役 廻漕ノ船ノ、碇泊シテ、荷ノ上ゲ卸シスルコ。

††にや-ける・ケル・ケレ・ケ・ケ・ケヨ (自動)(規・四・變) 〔弱ノ音ノ活用カ〕 女女シク色メカシクアリ。（男子ニイフ） 嬌冶

にやにや (副) 獨笑シテ居ル狀ニイフ語。

に-ゆ・ユル・ユレ・エ・エ・エヨ (自動)(規・二) 煮 〔熟ノ意ト云〕 (一)煮ラレテ、熱徹ル。 煮熟 (二)湯沸ク。 滾

にゆう (名) 乳 にうノ條ニ入レタリ。

によ-い (名) 如意 佛家ノ具、心ノ表トシテ、菩薩コレヲ取ルト云、玉、鐵、骨、角、竹、木、等ニテ作ル、長サ尺餘、端、卷曲スルコ、篆書ノ心ノ字ノ如シ。如意ハ、元來、梵語、阿那律ノ譯字ニテ、爪杖ナリ、背ニ痒アリ手ノ到ラザル所ヲ搔クコ、人ノ意ノ如キ意ト云。

によい-はうじゆ (名) 如意寶珠 楞嚴經ニ、靈異ナル珠ノ名。世ニ、神功皇后ノ、海中ヨリ獲給ヘリトイフ寶珠ニモイフ。

によい-りん (名) 如意輪 觀世音ノ像ノ、六臂アリテ、如意寶珠ヲ持チタルモノノ稱。

によう-くわん (名) 女官 〔にようヲ引クハ、一稱ノ讀癖ナリ、下、皆、同ジ〕 禁中後宮ニ仕フル女ノ官人ノ總稱。 宮女

によう-ご (名) 女御 女官ノ名、中宮ニ次キテ、寢ニ御ス。コレガ代トシテ召サルルヲ、ー代トイフトゾ。

にようじゆ (名) 女孺 女官ノ名、內侍司ノ屬、掃除、點油、等ヲ掌ル。
にようばう (名) 女房 〔其房ニ就キテイフカ、男房トイフ語モアリ〕(一)禁中ニ宮仕ヘスル女ノ稱。貴族ノ家ニモ、侍女ノ稱トシ、家ノ一ナドイフ。(二)轉ジテ、婦。ツマ。妻。古ヘハ、身分アル人ニモイヘリ、今ハ、下ザマナルニノミイフ。「伊豫介、神無月ノ朔日頃ニ下ル、女房ノ下ラムニトテ、餞、心コトニセサセ給フ」(妻ヲ率テ下ルナリ)
にようばうことば (名) 女房詞 禁中ノ女房ノ稱スル食物ナドノ異名。大抵、後土御門帝ノ頃ニ起リ、衰世ニ、賤シキ物ヲモ、供御ニ供ヘタル隱語ニ始レリト云。鮓ヲすもじ、葱ヲひともじ、團子ヲいしいし、豆腐ヲおかべ、ナドイフ類ナリ。又、女中詞。
にようゐん (名) 女院 國母ノ、佛門ニ入リ給ヒテ、何某門院ノ號ヲ贈ラレタマヘル稱。一條帝ノ母后、藤詮子、始メテ東三條院ヲ號セラレ、後一條帝ノ母后、藤彰子、始メテ、上東門院ヲ號セラル、是ヨリ、女院、門院、ノ號起レリ。
によくわん (名) 女官 にようくわんノ條ヲ見ヨ。
によけい (名) 女系 家筋ノ相續ニ、女子ノ血統。男子無クシテ、家ノ娘ニ入婿シタル系統ナドニイフ。
によごのしま (名) 女護島 女子ノミ棲メリトイフ想像ノ海島ノ名。(八丈島ノ異稱トモ云)
によさう (名) 女相 女體ニ同ジ。
によし (名) 女子 (一)ヲンナノ子。ムスメ。(二)汎ク、ヲンナ。

によしやう (名) 女性 生レテ女ナルコト。ヲンナ。
によぜ (句) 如是 カクノゴトシ。カクノゴトキ。「一我聞」
によたい (名) 女體 體ノ女ナルコト。女相。「一ノ佛」
††にようつきり (副) 獨リ高ク聳ユル狀ニイフ語。兀然
によてい (名) 女帝 ヲミナノミカド。女性ノ皇帝。
によとうぐう (名) 女春宮 皇女ノ春宮ニ立タセ給ヘルモノ。
によにん (名) 女人 ヲンナ。(僧ナドノ語)「一結界」
〔によふ・フ・ヘ・ハ・ヒ・ヘ (自動)(規.一) 呻吟 ウメク。ウナル。「文遣ラムトテ、歌、によひ居ル」一ツ隔テアリ、云云、內ヲ見レバ、人多クアリ、或ハ死ニ、或ハによふ聲ス」萬葉集ニ「不盡ノ根ノ、彌遠長キ、山路ヲモ、妹許ト言ハ、氣爾餘婆ズ來ヌ」(氣ハ息ナリ)トアルモ、コレナルベシ。
によべつたう (名) 女別當 齋宮ノ女官ノ稱ト云。
によほふ (副) 如法 (一)佛經ノ語、法ノ如ク。「彌勒ノ行者ニテ、內院ノ上生ヲ願ヒ、如法修行ノ上人ナリケリ」鈴ノ印ヲ結ビテ振ルニ、如法、有リ難キ鈴ノ音シケリ」(二)モトヨリ。イフマデモナク。「如法、夜半ノ事ナレバ、關守眠リテ驚カズ」茂光ハ、如法、肥エ太リタル男ナリ」如法、卑陋ノ海濱ナレバ、サセル設ケモ無ク候」
によぼん (名) 女犯 僧ノ、邪淫ノ戒ヲ犯スコト。
によらい (名) 如來 〔乘ニ如實之道一來成ニ正覺一〕佛ノ最美稱。「阿彌陀一」「大日一」「藥師一」「釋迦一」
により (名) 似寄 似寄ルコト。近似

によ・る・レ・ラ・リ・レ (自動)(規.一) 似寄 近ク似ル。善ク似ル。近似
によろり (名) 覇王樹 さぼてんニ同ジ。(伊豫)
††によろりと (副) 確トハセズシテ延ビタル狀ニイフ語。(蛇ナドニ) 重ネテ、によろによろトモイフ。
によわう (名) 女王 (一)女ノ王。(二)天子ノ孫女ヨリ、曾孫女、玄孫女マデノ稱。(五世以下ハ、命婦宮人ノ別ニ入ル)
によゐん (名) 女院 にようゐんノ條ヲ見ヨ。
にら (名) 韮韭 古言、みらノ轉。又、カミラ。コミラ。異名、フタモジ。菜ノ名、葉ハ、小葉ノ麥門冬ニ似テ廣ク厚ク色淺シ、一根ニ長ク叢生シ、臭氣多シ、幾度モ刈取リテ、復タ生ズ、夏、薹ヲ生ズ、一尺許、梢ニ、小枝數十ヲ出シ、上ニ三分許ノ六瓣白花ヲ開ク、のびるノ花ノ如シ、實圓ク、內ニ小黒子アリ。野生ナルヲ、やまートイフ、又、水中ニ生ズルヲみづートイフ臭氣ナシ。おほみらハ、らつきやうナリ。
〔にらぎ (名) 葅菹 〔楡樹ノ轉ニテ、菜ヲ楡皮粉ニ和シテ漬クレバイフト云〕漬物ノ古言。菜ヲ鹽又酢ニ漬ケタルモノ。
にらま・ふ・フル・フレ・ヘ・ヘ・ヘ・ヘヨ (他動)(規.二) 瞰 にらむノ延。瞰ミツクル。「目ヲ怒ラカシ、ニラマヘテ」疾視
にらみあひ (名) 瞰合 ニラミアフコト。
にらみあ・ふ・フ・ヘ・ハ・ヒ・ヘ (自動)(規.一) 瞰合 (一)互ニ瞰ム。(二)照リ合フ。照應
にらみくら (名) 瞰競 小兒ノ戯、瞰合ヒテ先ツ笑

モ出シタルモノヲ食トス。目競。

にら・む・ム・メ・マ・ミ・メ（他動）（規・一）［睚白眼］眼ヲ怒ラカシテ見ル。鋭キ眼シテ覗ル。［疾覗］

にる・ニ・ニレ・ニ・ニ・ニヨ（自動）（規・四）［似肖］互ニ同ジ狀ニ見ユ。彼ト是ト、形、相齊シクテアリ。

にる・ニュ・ニレ・ニ・ニ・ニヨ（他動）（規・四）［羮煎烹］沸カシテ熱ヲ徹ス。タク。

にれ（名）［楡］〔粘滑ノ義ト云〕古名、やにれノ略。樹名。寒地ノ產、春、先ヅ花ヲ開キ、實ヲ生ジ、後ニ葉ヲ生ズ、實ハ圓ク薄ク、大サ三分許、內ニ小扁子アリ、葉ハ、櫻ニ似テ短ク、互生ス、內皮ヲ藥トス、秋ーニ對シテ、春ーノ名モアリ。秋ーハ、水邊ニ多シ、大木トナル、葉ハ楕ニシテ、けやきニ似テ、邊ニ鋸齒アリ、互生ス、仲秋、葉ノ間ニ、黃白色ノ小白花ヲ開ク、莢ヲ結ブ、春ーニ異ナラズ。一名、やまー。［榔楡］

〔にれ・がむ・ム・メ・マ・ミ・メ（他動）（規・一）［齝齥］草ヲ噬ミテ呑ミ、再ビ吐キ出シテ食フ。ニケカム。ネリガム。（牛、羊、鹿等ニイフ）

にれ・もみ（名）［榆樅］樹ノ名、栂ニ似テ、大和、下野等ノ山ニ多シト云。

にろく・ぶ・ぢゆう（名）［二六時中］往時、晝六時、夜六時、合ハセテ十二時ノ間。晝夜絕エヌ。

に・わう（名）［仁王］佛法守護ノ二神ノ稱、左輔ヲ密迹金剛トイヒ、右弼ヲ那羅延金剛トイフ、共ニ勇猛獰惡ノ相ヲナス、金剛力士ナドイフ。此二神ノ像ヲ、寺門ノ左右ニ安スルヲ、ー門トイフ。

にわう・もん（名）［仁王門］前條ヲ見ヨ。

に・ゐ（名）［二位］くらゐノ條ヲ見ヨ。

ぬ

ぬ　五十音圖、奈行第三ノ假名。（なノ條ヲ見ヨ）

〔ぬ（名）瓊ニ同ジ。「瓊之音モ瑲瑲ニ」ー矛」

〔ぬ（名）野ノ古言。「次生ニ野神ー名、鹿屋野比賣神」

〔ぬ（名）［沼］ぬまニ同ジ。「隱レぬノ下ヨリ生フル、蓴菜ノ綠ぬニ、浮キタル蓮」

ぬ・ヌル・ヌレ・ネ・ネ・ネヨ（自動）（規・二）［寐寢］眠ニ就ク。寢ヌ。「起クトハ歎キ、寐トハ忍バム」月見テ寐ベキ、心地コソセネ」寐ル夜ノ夢ニ」

ぬ・ヌル・ヌレ・ナ・ニ・ネ（助動）［畢］〔往ヌノ約ト云〕過去ノ意ヲイフ助動詞、粗、つ、又、たりニ同ジ。「行キー」失セぬる」有りなム」

ぬ（助動）［不］打消ノ助動詞ノずノ變化。「見ー人」

ぬえ（名）［鵼鵺］（一）又、ヌエドリ。ヌエコドリ。梟ノ類、世ニ、怪鳥トシテ其鳴クヲ凶兆トス、吉野山等ノ深山ニ棲ム、大サ鳩ノ如ク、黃赤ニシテ、黑斑アリ、背ノ上ハ黑ク、下ハ黃ニシテ、脚ハ黃赤ナリ、晝伏シ、夜出デテ、樹ノ梢ニ鳴ク、聲、小兒ノ叫ブガ如シ。鬼ツグミ。關東ニ、虎ツグミ。（二）近衞帝ノ時、源賴政ガ射テ獲タリトイフ想像ノ怪獸ノ名、猴首、虎身、蛇尾ニテ、聲ハ鵼ノ如シトイヘルヨリ移リテ、世ニ誤テ其名トス。

〔ぬえ・ぉ・どり（名）鵼ニ同ジ。

〔ぬえ・ふ・す・ス・セ・サ・シ・セ（自動）（規・一）［偃］〔萎エ臥スノ轉ト云〕倒レ臥ス。ウツフス。ノエフス。

ぬか（名）［糠］〔脫皮ノ略ト云〕もみがらノ內ニテ米ヲ包ム薄キ皮、搗ケバ粉トナリテ脫ス、牛馬ノ食トシ、田畠ノ肥トシ、鹽ニ和シテ蔬菜ヲ漬ケ、物ヲ洗ヒテ、垢脂ヲ去リ、凶年ニハ食用トスルナド、用多シ、今、粉ートモイフ。［米粃］其上ヲ包メルヲ、あらートモ、もみがら。［糠穅］

〔ぬか（名）［額］〔向ノ轉カト云〕（一）ひたひニ同ジ。「獻ニ御馬一疋ー額有ニ町形廻毛ー賜ニ姓額田部ー也」ーヲサヘ突キテ」ーヲツク」（二）額ヲ突クコ。拜スルー。「アハレナルモノ、ヨキ男ノ、若キガ、御嶽精進シタル、ー云云、曉ノぬかナド、イミジウアハレナリ」初メナキ、罪ノツモリノ、悲シサヲ、ぬかノ聲聲、クドキタツナリ」［叩頭］

ぬか・が（名）［糠蚊］古名、カツヲムシ。マクナギ。蚊ノ類、極メテ小ク、大サ一分許、色白ク、首ニ翠アリ。又、ヌカゴ。［蠛蠓］［蚋子］

〔ぬか・がき（名）［樓額］〔額繫ノ義〕馬具ノ名、今ノおもがいノ中ノ向懸トイフ物カト云。

〔ぬか・がみ（名）［額髮］ヒタヒガミ。今ノ、前髮。

ぬか・くぎ（名）［糠釘］釘ノ極メテ小キモノノ名。

〔ぬか・ご（名）［零餘子］むかごニ同ジ。

ぬか・ご（名）［糠子］蟲ノ名、ぬかがニ同ジ。

ぬか・す・ス・セ・サ・シ・セ（他動）（規・一）［拔］（一）拔キテ除クル。

洩ラス。脱 (二)卄洩ラス意ヨリ轉ジテ、物言フ。(罵ル部語)「タハコト一」

〔ぬか-づき (名) 酸漿 ほほづきニ同ジ。「夕顔ハ、朝顔ニ似テ、云云、云云、憎キ實ノアリサマコソ、イト口惜シケレ、云云、ぬかづきナドイフモノノヤウニダニアレカシ」新撰字鏡「酸醬、加我彌吾、又、奴加豆支」

〔ぬかづき-むし (名) 叩頭蟲 〔額突蟲ノ義〕 こめつきむしノ古名。

〔ぬか-づ・く・ク・ケ・カ・キ・ケ (自動)(規・一) 叩頭 〔額突クノ義〕 額ニテ地ヲ突キテ禮ス。ジギヲナス。

ぬか-づけ (名) 糠漬 糠ニ鹽ヲ交ヘ、麹ヲ加ヘナドシテ、桶ニ貯ヘ置キテ、蔬菜瓜類ヲ漬ケテ、香ノ物トスルモノ。東國ニ、ヌカミソ。

ぬか-どり (名) 額鳥 小鳥ノ名、形、ひはニ似テ小ク、灰色ニシテ、青ミアリ、善ク囀リテ、聲清圓ナリ。

〔ぬかば (名) 板齒 〔向齒ノ轉ト云〕 上ノ前齒。ムカフバ。

ぬか-ばへ (名) 糠蠅 うんかニ同ジ。

ぬか-ぶくろ (名) 糠袋 浴スルトキ、糠ヲ盛リテ膚ヲ洗フニ用ヰル小キ袋。

ぬか-ぼし (名) 糠星 大空ニ滿チ布ケル無數ノ小キ星ノ稱。腓

ぬか-みそ (名) 糠味噌 (一)糂粏。(上方)(二)糠漬。

ぬかり (名) 泥濘 地上ノヌカルヿ。ヌカリミ。(東國)

ぬかり (名) 倥 心ノ倥ルヿ。油斷。

ぬかり-み (名) 泥濘 地上ノヌカル處。

ぬか・る・ル・レ・ラ・リ・レ (自動)(規・一) 泥濘 地ニ泥多クシテ歩ミ難クアリ。

ぬか・る・ル・レ・ラ・リ・レ (自動)(規・一) 倥 〔溫クアル意、或云、他ニ出シヌカルノ轉〕 心ニ油斷シテ爲落ニナル。爲損ズ。

ぬき (名) 拔 (一)拔クヿ。除キ去ルヿ。(二)人ノ小刀ナド拔キ取ル盜人。

ぬき (名) 緯 〔貫ノ義〕 (一)織物ノ横絲。即チ、筬ニ巻キテ、横ニ經絲ヲ貫キ織ル絲。(二)スベテ、竪ト打違ヒテ横ニ亙ル物ノ稱。

ぬき (名) 貫 〔欄額ノ轉カ〕 横ニ柱ヲ貫キ持ツ材。

ぬき-あし (名) 拔足 歩ムニ、足音ヲセサセジト、拔クガ如クニ、足ヲアグルヿ。其蹈ミ出スヲ差足トイフ。踏地 鷲歩

ぬき-いと (名) 拔絲 古着ヨリ拔キ取レル縫絲。

ぬき-うち (名) 拔撃 刀ヲ拔ク手ノママニ切付クルヿ。

ぬき-えもん (名) 拔衣紋 ノケクビ。衣紋ヲ肩ヘ押シ下ゲ、頸ヲ拔キ出シテ着ルヿ。

ぬき-がき (名) 拔書 他ノ書中ヨリ、用アル所ヲ拔キ出シテ書クヿ。抄書 鈔錄

〔ぬき-かぶり (名) 綛車 〔緯繳ノ義カト云〕 絲ヲ絡ニツクル車。今ノいとぐるま。

ぬき-さし (名) 拔差 (一)拔キ出スト、差シ込ムト。抽送 (二)除クト加フルト。加除

〔ぬきす (名) 貫簀 盥ノ上ニ掛クル簀ニテ、手洗フ水ノ外ヘ飛散ラヌ用意ノモノナリトゾ。「古ヘノ、人ノ食サセル、吉備ノ酒、病メバスベナシ、貫簀賜ラム」女ノ手洗フ處ニ、ぬきすヲ打遣リテ、盥ノ陰ニ見エケルヲ」

〔ぬき-すべ・す・ス・セ・サ・シ・セ (他動)(規・一) 脱滑 滑ラカシ脱グ。「ヌギスベシタル薄衣ヲ取リテ」唐衣ハ、ヌギスベシ押遣リ」

ぬき-つ・る・ルル・ルレ・レ・レ・レロ (自動)(規・二) 拔連 打連レテ刀ヲ拔ク。

〔ぬき-で (名) 拔出 相撲ノ條ヲ見ヨ。

ぬき-で (名) 拔手 水練ノ技ニ、兩手ヲ互ニ水ノ上ニ拔キ出シツツ泳グヿ。

ぬき-でわた (名) 拔出綿 ぬきわたニ同ジ。

〔ぬき-ほ (名) 拔穗 稻ノ穗ヲ拔キ取レルモノ

〔ぬき-み (名) 拔身 刀槍等ノ刃ヲ鞘ヨリ拔キタルモノ。白刃。露刃

ぬき-ん・づ・ヅル・ヅレ・デ・デ・デヨ (自動)(規・二) 抽 〔ぬきいづ、ノ音便〕 群ヨリ拔ケ出デテ秀ヅ。拔群ナリ

ぬき-ん・づ・ヅル・ヅレ・デ・デ・デヨ (他動)(規・二) 擢 擇リ拔キテ擧ゲ用ヰル。拔擢ス。

〔ぬき-れ (名) 〔貫入ノ約カト云〕 敷珠。

ぬき-わた (名) 拔綿 古着ヨリ拔キ取レル綿。ヌキテワタ。

ぬ・く・ク・ケ・カ・キ・ケ (他動)(規・一) 拔 抽 (一)引キテ取ル。引キ出ス。「刀ヲ—」「草ヲ—」「毛ヲ—」(二)選リテ取リ出ス。「拔書」抄出 (三)擇リ出シテ用ヰル。ヌキンズ。拔擢ス。「人オヲ—」擢 (四)取テ除ク。省ク。

略ス。「句ヲ—」「手間ヲ—」「十ヨリ三ヲ—」省略
(五)除キ消ス。「染ヲ—」「色ヲ—」。除去 (六)落ス。オトシイル。「城ヲ—」陥城

ぬ・く・ク・ナ・カ・カ・ケ (他動)(規・二) 貫 (一)孔ニ通スツラヌクツキヌク。(二)果タス。遂グ。(熟語ニ)「為—」「言ヒ—」「責メ—」「養—」

ぬ・く・クル・クレ・ケ・ケ・ケロ (自動)(規・二) 抜 (一)放レ出ヅ。揺ギ出ヅ。脱ツ。「刀—」「毛—」「歯—」脱 脱落
(二)勝レテ出ヅ。秀ヅ。ヌキンヅ。抜群ナリ。「世ニぬけ出デヌル人ノ」「家ノ子ノ中ニハ、猶、人ニぬけヌル人ノ」抽 挺
(三)洩ル。落ツ。「文句—」脱 脱漏 (四)數少クナル。減ル。「十ヨリ二ツ—」減 (五)智、足ラズ。「大將ハぬけぬけトシナサレ」(六)消エ失ス。「味—」「匂—」「色—」「氣—」脱失 (七)退キテ出ヅ。逃ル。「仲間ヲ—」「籠ヲ—」「牢ヲ—」脱出

ぬ・く・クル・クレ・ケ・ケ・ケロ (自動)(規・二) 貫 トホル。行キ過グ。「洞ヲ—」「小路ヲ—」「通リ—」貫通 洞過

ぬ・ぐ・ゲ・ゲ・ガ・ギ・グ (他動)(規・一) 脱 取リ放ス。除ケ捨ツ。解ク。「衣ヲ—」「沓ヲ—」

ぬ・ぐ・グル・グレ・ゲ・ゲ・ゲロ (自動)(規・二) 脱 解ケ放ル。取ルル。「着物ガ—」「沓ガ—」

ぬく・し・キ・ケレ・ク・ク・カ (形・一) 温 アタタカナリ。ヌクトシ。

ぬくと・し・キ・ケレ・ク・ク・カ (形・一) 温 アタタカナリ。ヌクシ。

ぬくとま・る・ル・レ・ラ・リ・ル (自動)(規・一) 温 アタタマル。ヌクマル。

ぬくはひ (名) 温灰 火ノ邊ノ温キ灰。ホドバヒ。「—ニ埋メテ栗ヲ燒ク」煻煨 熱灰

ぬぐひいた (名) 拭板 ぬりいたニ同ジ。

ぬぐ・ふ・フ・ヘ・ハ・ヒ・ヘ (他動)(規・一) 拭 〔脱グヨリ轉ジタルカト云〕擦リ除キテ淨クナス。ノゴフ。「汗ヲ—」「墨ヲ—」「ホコリヲ—」

ぬくま・る・ル・レ・ラ・リ・レ (自動)(規・一) 温 アタタマル。ヌクトマル。

ぬく・む・ム・ムレ・メ・メ・メロ (他動)(規・二) 温 アタタム。

ぬくめどり (名) 温鳥 鷹ノ、寒キ夜ニ、小鳥ヲ捕ヘテ、生ケナガラ脚ニ取リ隱シテ、脚ヲ温ムルコト。翌朝、放チ遣リテ、其鳥ヤ捕ラムトテ、其日ハ其方ヘ行カズトゾ。「鷹ノ捕ル、拳ノ内ノ—、凍ル爪根ノ、情ヲゾ知ル」

ぬけあな (名) 抜穴 通リヌケタル穴。拔ケ出ヅベキ穴。

ぬけがけ (名) 抜駈 戰陣ニ、竊ニ出デテ、先駈スルコト。私進

ぬけがら (名) 抜殼 モヌケ。蟬、蛇、ナドノ、時ヲ定メテ脱グ皮。蛻

ぬけくび (名) 抜首 不具ノ名、頸長ク伸縮スルモノト云。ロクロクビ。飛頭

ぬけじ (名) 抜字 寫シ落シタル字。落字。脱字

ぬけに (名) 抜荷 禁制ヲ犯シテ、竊ニ外國ナドヘ送ル商荷。密賣ノ荷。奸闌

ぬけぬけと (副) 他ニ謀ラレテ智ノ足ラヌ狀ニイフ語。「大將ハ、—シナサレ」—判官ニ相續キテ行ク」

ぬけば (名) 抜歯 脱ケ落チタル歯。脱歯

ぬけまる (名) 抜丸 平氏傳家ノ寶刀ノ名。

ぬけまゐり (名) 抜參 〔古ヘ、皇太神宮ニ、臣民ノ私幣スルヲ禁ゼラル、コレヨリ起レル稱カト云〕家長、父兄、ナドノ許シ無キニ、竊ニ家ヲ出デテ、伊勢ノ太神宮ヘ參詣スルコト。

ぬけみち (名) 抜路 (一)街道ノ外ナル近路。間道
(二)逃ルベキ路。逃路

ぬけめ (名) 抜目 (一)洩レ脱クルコト。脱漏 缺陷
(二)シオチ。テヌケ。アヤマチ。遺失

ぬける (動) 抜ク、(規・二)貫ク(規・二)等ノ訛。

ぬげる (動) 脫グ(規・二)ノ訛。

ぬさ (名) 幣 〔祈總ノ約略ト云、總ハ麻ナリ、或云、拔麻ノ略轉カト〕神ニ祈ルニ奉ル物、又、祓ニ出ス物ヲモイフ、麻、木綿、帛、ナド、織レル、織ラヌ、共ニイフ、或ハ、紙ニ代ヘテモ用ヰル。ミテグラ。ニキテ。幣束。

ぬさぶくろ (名) 幣袋 旅行ニ、幣ヲ入レテ携フル袋、幣ハ、絹布ヲ細カニ切リタルニテ、道ノ神ニ手向ケテ散ラシ行ク、袋ハ、透キタルモノナリトゾ。「御麻ノソマツマ、透影ナド、春ノ手向ノぬさ袋ニヤト覺ユ」物ヘマカリケル人ノ許ニ、幣ヲ結ビ袋ニ入レテ遣ハストテ」

ぬし (名) 主 〔之大人ノ約ト云〕(一)人ヲ尊稱スルニ添フル語、大人トイフニ同ジ。「仲麿ノ—」「上ノ—タチ、歌詠ミ給フ」「父—」「藏人ノ—」(二)己ガ主ノ尊稱。殿。「ウタテアル—ノ御許ニ仕ウマツリテ」アハレ—共ノ、—ヲ知リケル」君主 (三)アルジ。其物ヲ所有スル人。持主。「山吹ノ、花色衣、—ヤ誰レ、問ヘド答ヘズ、クチナシニシテ」—ナクテ、荒レノミマサル、山里ニ」主人 (四)

舊ク其地ニ棲ミテ靈アリトスル動物ナドノ稱。「此池ノ一ニ大蛇アリケリ」

めし (代) 主 對稱ノ代名詞、敬シテイフ。「一ヨリハ、我ヤ行カマシ、陸奥ノ、シノブバカリノ カタミバカリニ」イカニ一殿ハ、拜ミ奉ルヤト問ヒケレバ」

めし (名) 塗師 〔ぬりしノ略〕 漆細工スル工人。漆匠

〔めすだ・つ〕ツ・テ タ・チ・テ (自動) (規・一) 〔盗起ツノ義ナラム〕 鷹狩ニ、鳥、草叢ナドニ隱レ、窃ニ逃ゲ去ル。「ハシ鷹ノ、雲ニ翔ルヲ、見ルカラニ、一鳥ノ、心カシコキ」鳥モハヤ、ヌスダチヌラム、稲草ニ、タモロク見ユル、鷹ノフルマヒ」

めすびと (名) 盗人 (一)盗ミスル者。 盗 偸兒 (二)人ヲ罵リ呼ブ語。「カグヤ姫テフ大盗人ガ、人ヲ殺サムトスルナリケリ、家ノアタリダニ(今ハ通ラジ」己レハイミジキ盗人カナ」(國司ノ郡司ヲ罵ル詞) 老賊

めすびとやど (名) 盗人宿 盗人ヲカクマヒオク家。カヒズ。 窩主

〔めすま・ふ〕フ・ヘ・ヘ・ヒ・ヘ (他動) (規・一) 竊 〔ぬすむノ延〕 隱シテモヌス。「心サヘ、奉セル君ニ、何ヲカモ、言ハデ言ヒシト、吾ガ竊マハム」夜深ケヌレバ、辛ソジテ、ぬすまはレテ、衞府ノ所ニオハシテ」

めすみ (名) 盗 ヌスムコト。盗 ウサ、

めすみぐひ (名) 盗食 人ノ見ヌ間ヲ窺ヒ、隱レテ物ヲ食フコト。 偸喫

めすみだけ (名) 盗竹 〔隱レテ縛ラルレバイフトゾ〕 簀子ノ床ノ下ニ横フル竹。

めすみもの (名) 盗物 盗ミ取リタル物。 贓物

めす・む ム・メ・マ・メ・メ (他動) (規・一) 竊 盗 偸 他ノ許サヌ事ヲ、知ラルマジク隱レテナス。他ノ物ヲ窃ニ奪フ。人目ヲ忍ビテ掠ム。「花ノ色ハ、霞ニ籠メテ、見セズトモ、香ヲダニヌスメ、春ノ山風」

〔めた〕 (名) 沼田 めまたニ同ジ。「ヲクロ崎、ぬたノ蓴菜、蹈ミシダキ」

めた (名) 〔沼田膾ノ意カト云〕 魚菜ヲ酢味噌ニ和ヘタルモノ。

〔めた〕 (名) 〔前前條ノ語意カト云〕 猪ノ臥所、其上ニ臥スヲ一打ツト云。「君戀フト、猪ノ刈藻ヨリ、寐覺シテ、浴ミケルぬたニ、ヤツレテゾミル」

めたう・つ ウ・テ・ウ・チ・テ (自動) (規・一) 〔前條ヲ見ヨ〕 (一)猪、草ヲ集メタル上ニ、轉リ臥ス。(かるもかく條見合ハスベシ)「戀ヲシテ、臥猪ノ床ハ、マドロマデ、ヌタウチサマス、夜半ノ寐覺ヨ」 轉頓 (二)人ニ、ヌタクル。ノタクル。モガク。 煩燥

〔めたく・る〕ル・レ・ラ・リ・レ (自動) (規・一) 〔前條ノ語ノ轉〕 ウネリコロガル。モガキマハル。ノタクル。 轉頓

〔めたはた〕 (名) 䟽 角ノ皮ノ波ノ如キ紋、

めつぺい (名) 食物ノ名、のつぺいニ同ジ。

〔めて〕 (名) 鐸 めりてノ略。大ナル鈴。「淺茅原、小谷ヲ過ギテ、百傳フ、奴弖搖クモヤ、置目來ラシモ」

〔めで〕 (名) 白膠木 めりでノ略、めるでノ條ヲ見ヨ。

〔めなは〕 (名) 蓴 〔沼繩ノ義ト云、或云、滑繩カト〕 蓴菜ノ古名。ネヌナハ。

めの (名) 布 〔縫幅ノ意カト云〕 麻、カラムシ、葛、ナドニテ織レル織物ノ總稱。

めのこ (名) 布子 〔古ヘ、麻布ナリシニ起ルト云〕 綿布ノ衣ノ、綿入レタルモノ。(絹布ノ小袖ニ對ス) 綿襖

めのさらし (名) 布晒 布ヲ水ニ洗ヒテ日ニ晒スコト。 曝布

めのびき (名) 布引 (一)麻布ヲ晒サムガ爲ニ、引張ルコト。多クハ、其白ク長ク亙レル狀ヲ借リテ、瀧ナドヲ形容シテイフ。 曝布 (二)菌ノ名、布ヲ引キタルガ如ク生ズ。玉蕈ノ類カ。

めのひたたれ (名) 布直垂 大紋ニ同ジ、

めのめ (名) 布目 布ノ織目ノ文。 羅紋

めのめがみ (名) 布目紙 布目ノ形ヲ擦リ出セル厚キ紙。(表紙ナドニ) 羅紋紙

めはかま (名) 奴袴 〔指貫ニ、袴奴(即チ、袴帑)ノ字ヲ用ヰタルヲ顚倒シ、又誤讀シタル語 元ハ奴僕ノ用ナリナドイヒ、或ハ絹袴ノ略ナリナドイフ、皆、非ナラム〕 指貫ニ同ジ。

めばたまの (枕) 射干玉 〔野羽玉ノ義、射干ノ實ニテ、野ニアリテ、其葉、羽ノ如ク、實圓ク黑ケレバイフト云〕 黑キ、トイフ語ノ枕詞。轉ジテハ、夜、月、夢、暗キ、寢、ナドイフ語ニモ用ヰル。訛シテ、ウバタマノ。ムバタマノ。「奴婆多麻能、黑キ御衣ヲ」黑玉ノ、黑髮山ヲ」烏玉ノ、斐太ノ大黑」野干玉ノ、夜渡ル月ヲ」奴婆多麻能、月ニ向ヒテ」夜干玉ノ、夢ニ見エツツ

〔めはりぐさ〕 (名) 王孫 ツクバネサウ。ツチハリ。

ぬひ (名) 奴婢 下男ト下女ト。
ぬひ (名) 縫 (一)縫フコト。(二)繡。(三)縫殿寮ヲ見ヨ。
ぬひし (名) 縫師 繡ヲ業トスル工人。縫工
ぬひどののつかさ (名) 縫殿寮ノ條ヲ見ヨ。
ぬひどり (名) 縫取 繡ノ上ノ一ツノ技、更紗ナド、模樣ノ上ヲ、其線ノママニ、五彩ノ絲モテ、更ニ縫ヒツヅルモノ。
ぬひどる ル・レ・ラ・リ・レ (他動)(規.一) 縫取 縫取ヲナス。
ぬひはく (名) 縫箔 繡ニ、金絲銀絲ヲ加ヘタルモノ。
ぬひはり (名) 縫針 (一)衣服ヲ縫フニ用ヰル針。(二)針ニ絲シテ、衣服ヲ縫ヒ作ル業。裁縫 女工
ぬひめ (名) 縫目 縫ヒ合ハセタル界。縫界
ぬひもの (名) 縫物 絹布ニ、五彩ノ絲モテ、種種ノ模樣ヲ縫ヒ刺シ作ル技。繡
ぬひもん (名) 縫紋 衣服ニ、紋所ヲ、絲ニテ縫ヒ刺シ作ルモノ。(地ニ染メ出スニ對ス)
ぬひれう (名) 縫殿寮 ヌヒドノノツカサ。古ヘ、中務省ニ屬セル寮、衣服ノ裁縫ノ事ヲ掌ル。
ぬふ フ・ハ・ヒ・ヘ (他動)(規.一) 縫 (一)針ノ目ニ絲ヲトホシテ、布帛ヲ刺シ綴ル。(二)繡ヲナス。繡
ぬぼく (名) 奴僕 ヤッコ。シモベ。下男。ドボク。
〔ぬぼこ (名) 瓊矛 瓊ヲ以テ飾レル矛カト云。「天ノ―」
ぬま (名) 沼 (沼間ノ義カ、古言、ぬ、泥ノ滑ラカナル意) 湖、池ノ泥深キモノ。
ぬまた (名) 沼田 泥深キ田。ヌタ。

〔ぬみぐすり (名) (一)芍藥ノ古名。エビスグスリ。(二)又、枸杞ノ古名。ヌミクスネ。
〔ぬむもの (名) 繡 ぬひものノ訛。和名抄「繡、沼无毛乃」
ぬめ (名) 滑 (一)鏡ノ背ノ文字ナキ方。ナメ。縵面 (二)工匠ノ語、敷居、鴨柄ノ溝ナキモノ。
ぬめ (名) 絖 (滑綾子ノ略カ) 絹布ノ一種、極メテ光澤多ク織成セルモノ。光絹 繻子、綾子、綾、紗綾ナド、皆、絖地トイフ。
ぬめごま (名) 滑胡麻 亞麻ニ同ジ。
ぬめらかに (副) 滑 障リナク、ヌメリテ。ナメラカニ。
ぬめり (名) 滑 ヌメルコト。ヌメラカナルコト。
ぬめる ル・レ・ラ・リ・レ (自動)(規.一) 滑 ヌメラカナリ。スベル。
‡ぬらくら (副) (一)滑ニシテ抑ヘラレズ。(鯰、鰻ナドニ) (二)檢束ナク。(惰夫ナドニ)
ぬらす ス・セ・サ・シ・セ (他動)(規.一) 濡 濡ルルヤウニナス。水ニ濕メス。
ぬらぬら (副) 滑滑 ヌメラカニ。ナメラカニ。ヌルヌル。
ぬり (名) 塗 塗ルコト。塗リタル狀。
ぬりいた (名) 塗板 小キ板ヲ、朱漆、黄漆、ナドニ塗レルモノ、字ヲ記シテハ拭ヒ、拭ヒテハ記スモノ。ヌグヒイタ。テイタ。漆簡
ぬりぐすり (名) 塗藥 瘡ニ塗リツクル藥。
ぬりごし (名) 塗輿 輿ノ一種、溜塗ニ塗リタルモノ、常ノ略儀ニ用ヰル。
ぬりごむ ム・ム・ムル・ムレ・メ・メヨ (他動)(規.二) 塗籠 内ニ籠メテ上ヨリ塗ル。

ぬりごめ (名) 塗籠 家ノ内ニテ、奧ノ方ナドニアリテ、土ニテ厚ク塗リ籠メタル室。古クハ、寢室トセシガ如シ、或云、器財ヲ納メ置ク所ニテ、其用、今ノ納戸ノ如シト。
ぬりし (名) 塗師 塗師ニ同ジ。
ぬりつく ク・クル・クレ・ケ・ケヨ (他動)(規.二) 塗付 (一)塗リテ着ク。(二)カコツク。負ハス。カヅク。「罪ヲ―」
〔ぬりて (名) 鐸 (萬葉集ニ「矢形尾ノ、我ガ大黒(鷹ニ)、白塗ノ、鈴取リツケテ」ナドアルハ、鍍銀カ、サラバ塗ルモノカト云) 鈴ノ大ナルモノ。略シテ、ヌテ。「鐸懸ニ大殿戸ニ欲レ召ニ其老媼ニ之時、必引ニ鳴其鐸ニ」
〔ぬりで (名) 白膠木 ぬるでノ條ヲ見ヨ。
ぬりばし (名) 塗箸 漆塗ノ箸。
ぬりもの (名) 塗物 漆ヲ以テ塗リ作レル器ノ總名。漆器
ぬりや (名) 塗屋 四方外面ノ壁ヲ、一面ニ土厚ク塗リ掩ヒ作リタル家。(壁板ナラヌニイフ)
ぬりゆみ (名) 塗弓 漆塗ノ弓。漆弓
ぬる ル・レ・ラ・リ・レ (他動)(規.一) 塗 (一)物ノ面ニ被ヒテ擦リツクル。ナスル。「漆ヲ―」「泥ヲ―」(二)カヅクル。負ハス。「罪ヲ―」
ぬる ル・ル・ルル・ルレ・レ・レヨ (自動)(規.二) 濡 水ニ染ム。シメル。
〔ぬる ル・ル・ルル・ルレ・レ・レヨ (自動)(規.二) 髮ナド、「ヌルヌル」ト、自ラ解クル。「歎キツツ、マスラヲノコノ、戀フレコソ、吾ガ結フ髮

ノ、濱ヂテ奴禮ケレ」縮ケバ奴禮、縮カネバ長キ、妹ガ髪」

ぬる (動) 寐ノ變化、其條ヲ見ヨ。

ぬる (助動) 過去ノ助動詞ノぬノ變化、其條ヲ見ヨ。

ぬるがね (名) 醫師ノ用ヰル具、やきがねノ條ヲ見ヨ。

ぬるし・キ・ケレ・ク (形・二) 微温 (一)少シ熱シ。ヌクトシ。(二)心鈍シ。氣轉、遲シ。ノロシ。遲鈍

〔ぬるたま (名) 〔寐ル魂ノ義ナラム〕夢。「―ノ、中ニアハセシ好キ事ヲ、ユメユメ神ヨ、チカヘザラナム」「―ノ、夢ハウツツニ、マサリケリ」

ぬるで (名) 百膠木 〔此樹、白膠アリテ、物ヲ塗ルベケレバイフトゾ〕古クハ、ヌリデ。又、ヌデ。一名、勝軍木。樹ノ名、山野ニ多シ、高丈餘、喬木ナラズ、枝四分ニ茂ル、春、新葉ヲ出ス、漆ノ葉ニ似テ、廣クシテ粗齒アリ、對生ス、夏、一尺許ノ穗ヲ生ズ、枝多クシテ細白花ヲ開ク、數百千簇ルコト、漆ノ花ニ似タリ、實ハ垂リテ圓ク平タクシテ、漆ノ實ヨリ小シ、外ニ白粉アリ、味鹹シ、仁ハ茶褐色ニシテ、鹽麩子トイフ、(漢名、或ハ鹽膚子)藥用トス。又、夏以後、葉毎ニ、多ク泡ヲ生ジ、中ニ蟲アリ、秋ニ至リ、早ク紅葉シテ落ツ。此樹、又、五倍子ヲ生ジ、ふしのきノ名モアリ。(五倍子ノ條ヲ見ヨ)

ぬるぬる (副) 滑滑 ヌメラカニ。ナメラカニ。ヌラヌラ。

ぬるまし (形) 微温 ぬるしニ同ジ。

ぬるまゆ (名) 微温湯 微温キ湯。

ぬるむ・ム・メ・マ・ミ・メ (自動)(規・一) 微温 温クナル。

ぬれい (名) 奴隸 ヤツコ。シモベ。下男。ドレイ。

ぬれえん (名) 濡緣 雨戸ノ敷居ノ外ニ作リタル緣側ノ、雨ニ濡ルルニ任スルモノ。

ぬれがみ (名) 濡紙 水ニ濡レタル紙。濕紙

ぬれぎぬ (名) 濡衣 (一)水ニ濡レタル衣。(二)無キ汚名ヲ負フコト。無實。「―ヲ着ル」冤

ぬれごと (名) 濡事 歌舞妓ニ、淫行ノ脚色。

ぬれて (名) 濡手 水ニ濡レタル手。
〇―デ粟ヲツカム。骨折ラズシテ得。

ぬれねずみ (名) 濡鼠 鼠ノ、水ニ濡レタルモノ。人ノ、雨ナドニ逢ヒテ、全身濡レタルニ譬ヘテモイフ。

ぬればむ・ム・メ・マ・ミ・メ (自動)(規・一) 濡 濡レテ見ユ。「穴ノ邊、ヌレバミタルハ、スス涙ヲ拭ハヌナメリ」

ぬれほとけ (名) 濡佛 屋根ナキ所ニ安置セル佛像。露佛

ぬれる (動) 濡ルノ訛。

ね

ね 五十音圖奈行第四ノ假名。(なノ條ヲ見ヨ)此音ハ、下ニうノ音ヲ受クレバ、にょうノ如ク呼ブコトアリ、ねうはち(鐃鈸)ノ如シ。

ね (名) 根 (一)植物ノ莖幹ノ下ノ土中ニアル部、土中ノ水氣ヲ吸ヒテ滋養ヲ取ル。(二)モト。モトヰ。オコリ。根元。原 (三)腫物ノ内ノ固マリタル部。(四)モトドリ。「―ニ掛ク」「―ガ上ル」髻

ね (名) 嶺 峯 〔の上ノ約ナラム、常ニ根ト書ス〕山。ミネ。「筑波―」「高―」「富士ノ―」甲斐ガ―

ね (名) 音 聲 オト。コヱ。「琴ノ―」「雁ガ―」「蟲ノ―」

ね (名) 直 〔音ノ義ニテ、高下輕重アレバイフカト云〕アタヒ。ネダン。價値

〔ね (名) 哭 泣クコト。「哭ニハ泣クトモ、色ニ出デメヤモ」ナド夜毎ニ、―ノ泣カルラム」「―モ泣カレケル」「―泣キガチニテゾ、過シ給フ」「―ヲ泣ク」「―ヲコソ泣カメ」「―ノミゾ泣ク」

ね (名) 鼠 ネズミ。

ね (名) 子 〔鼠ノ義〕(一)支干ノ名、其條ヲ見ヨ。(二)時ノ名、其條ヲ見ヨ。(三)方角ノ名 北ノ方。(えとノ條ヲ見ヨ)

〔ね (名) 姉 あねニ同ジ。「名姉」「いろ―」

ね (名) 寐 寐ルコト。ネムリ。「―モセズ」「―ガ足ラヌ」

ね (助動) 不 打消ノ助動詞ノずノ變化、其條ヲ見ヨ。「行カ―バ」「食ハ―ド」「人コソ見エ―」

ね (助動) 過去ノ助動詞ノぬノ命令法。「行キ―」「去リ―」

ねあがりまつ (名) 根上松 波ニテ土ヲ洗ヒ去ラレナドシテ、根ノ高ク土上ニ現ハレ出デタル松ノ稱。露根松

ねあげ (名) 直上 直段ヲ高クスルコト。價ヲ增スコト。

ねあざみ (名) 閭茹 〔根薊ナドノ義ニヤ〕又、ニヒヅクサ。草ノ名、水邊ニ多シ、早春ニ、宿根ヨリ叢生ス、莖、高

サ二三尺、葉ハ、ひやうやなぎノ葉ニ似テ狹ク、微毛アリ、互生ス、莖梢ニ、五葉對生シテ、五枝ヲ分チ、枝毎ニ四葉對生ス、春ノ末ニ、其上ニ、四瓣ノ淡紫黄ノ小花ヲ開ク、實ハ、續隨子ニ似テ、一分許、中ニ三粒子アリ、夏ノ初、苗枯ル、莖、葉、根、共ニ、切レバ白汁出ヅ。草蘭茹

ねあせ（名）寢汗 眠レル中ニ、自ラ汗ヲ發スルコ。（病ニ疲レシ時ナドニ）盜汗

ねあはせ（名）根合 菖蒲ノ根ノ上ニ和歌ヲ記シ、根ノ長短ヲ合ハセテ勝負ヲ決スルコト云。

ねあはせ（名）音合 地震スル時ニ、雉子ノソレニ應ジテ鳴クコ。

ねいかん（名）佞奸 陽ハ、柔順正直ニ見エ、心ハネヂケテ、ヨコシマナルコ。「一邪智」

ねいき（名）寢息 寢タル間ノ呼吸。「一ヲ窺フ」

ねいしん（名）佞臣 佞奸ナル臣下。

ねいじん（名）佞人 ネヂケビト。邪智アル人。

ねいす・ずル・ズル・ズレ・ゼ・ジ・ゼヨ（自動）（不規・二）佞 邪智ヲ以テ諂フ。オモネル。

ねいせい（名）寧靜 シヅカナルコ。オチツキタルコ。

ねいべん（名）佞辯 佞奸アル辨舌。

ね-いり（名）根入 柱ノ、地ニ入リタル程。「柱ノ一幾尺」

ねいりばな（名）寢入端 寢入リタル初。

ね-い・る・ル・レ・ラ・リ・レ（自動）（規・一）寢入 （一）熟ク眠ル。ネコム。就眠 （二）俗ニ、流行ラヌヤウニナル。「商賣一」

評判一」

ねいろ（名）音色 音ノ立ツホドラヒ。韵ノアヂハヒ。ネザシ。韵

ねうぜつ（名）饒舌 多ク煩ハシク物言フコ。シャベルコ。

ねうだう（名）尿道 尿ノ、膀胱ヨリ體外ニ通フ管。

ねうち（名）直打 （一）價ノ高下ヲ定メ試ミルコ。評價 （二）轉ジテ、アタヒ。直。直段。估價 （三）俗ニ、タフトサ。品。品位

〔ねうねうど（副）猫ノ鳴ク聲ニイフ語。「一、イトラウタゲニ鳴ケバ」

ねうはち（名）鐃鈸 佛家ノ樂器、響銅ニテ作ル、圓クシテ皿ノ如ク、中、凹メリ、二枚、擊合ハセテ聲ヲ發セシム。

ね-おき（名）寢起 （一）寢テ、目ノ覺メテ、起クル時。睡覺 （二）寢メルト、起クルト。起臥

〔ね-おび・る・ル・ル・レ・レ・レヨ（自動）（規・二）寢惚 寢テ、オビル。ネボケル。「辛ウジテ、ネオビレテ、起キ出デタリシ氣色、苛ヘノハシタナキナド、語リテ笑ヒ給フ」宮ノ、御迎ヘニオハシタルト、ネオビレテ思ヒシタリ」夢醒

ね-かけ（名）根掛 婦人ノ髻ニ掛クル飾物。

ねか・す・スル・スレ・セ・セ・セヨ（他動）（規・二）寢 （寢サスノ訛ナラム）（一）寢ルヤウニナス。寢付カシム。「小兒ヲ一」（二）横ニ倒ス。「杖ヲ一」倒 （三）差シ置キテ働ラカセズ。「金ヲ一」（四）麴ヲ暖室ニ入レテ黴ヲ生セシム。（から　ちノ條ヲ見ヨ）

ねがはくは（副）願 〔ねがふもノ延〕願フ所ハ。請ヒ望ムニハ、

ねがは・し・シキ・シケレ・シク・シ（形・二）欲願 願ヲ意ニテアリ。望マシ。

ねがひ（名）願 （一）ネガフコ。望ミ請フコ。（二）神佛ニ望ムコヲ祈ルコ。グヮン。「一ヲ掛ク」

○一ノ絲。たなばたノ條ヲ見ヨ。

ねがひさげ（名）願下 願ヒ出デタル事ヲ廢メムト請フコ。

ねが・ふ・フ・ヘ・ハ・ヒ・ヘ（他動）（規・一）願 〔祈グノ延〕（一）思ヒノ如クナラムコヲ請フ。欲スル所ヲ望ム。（二）祈リ請フ願ヲ掛ク。祈

ねがへり（名）寢返 フシカヘリ。寢タル體ヲ返ヘシテ向キヲ轉ズルコ。轉展反側

ね-から（副）〔根自ノ義〕（一）モトヨリ。（二）サラサラニ。一向ニ。ネッカラ。「一ワカラヌ」

ね-ぎ（名）根際 キハソバ。カタハラ。（近畿）傍側

ねぎ（名）葱 本名、葱、一音ナレバ一文字ノ異名モアリ、根ヲ賞スルニ因テ、根一トイフ、蔬菜ノ名、葉、圓ク長ク、內、空クシテ、末、尖リ、綠ニシテ臭ミアリ、夏、莖ヲ出シテ、小白花、簇リ開ク、後ニ黑キ實ヲ結ブ、葉、四時枯レズ、根ニ深ク培ヒテ、葉ノ本根ノ上、土中ニアリテ白キ部ヲ常食トス。故ニ、根深ノ名モアリ。

ねぎ（名）禰宜 〔祈ノ義〕神主ノ後ニ立ツ者。神人

〔ねぎごと（名）祈事 祈グ事。祈リ願フ事。廟祝

ねぎし（名）根岸 山ノ麓ニ沿ヒタル地。

ねきは（名）寐際　寐ムトスル時。ネシマ。ネシナ。臨寢
ねぎらふ・フ・ヘ・ヒ・ヘ（他動）（規・二）慰勞〔祈グ、ト通ズ〕イタハル。骨折ヲ慰ム。勞ヲ謝ス。
ねきりはきり（副）〔根切葉切ノ義カ〕有ル限リヲ盡クシテ。悉ク。ネコソゲ。悉皆
ねきりむし（名）根切蟲　ちむしニ同ジ
ねぎる・ル・レ・ラ・リ・レ（他動）（規・一）直切　價ヲ減ゼヨト望ム。直段ヲマケサス。擢直
〔ねぐ・グ・ゲ・ガ・ギ・ゲ（他動）（規・一）祈（一）請ヒ申ス。願フ。「夜モスガラ、アケノ玉垣、打チタタキ、何事ヲねぐ、水鷄ナルラム」神ノ社ニ、ねがヌ日ハナシ」（二）慰勞フ。「願ミセズテ、勇ミタル、猛キ軍卒ト、禰疑タマヒ」慰勞
〔ねぐさし・キ・ケレ・ク・ク（形・一）寐臭　寐タリト見ユ。「近江ニカ、アリトイフナル、乾飯山、君ハ越エケリ、人トーニ（義エ臭シ、ト言掛ケタルナリト云）
ねぐさし・キ・ケレ・ク・ク（形・一）寐臭　寐ルニ因テ生ズル臭ミアリ。（臥具ナドニ）
ねくさる・ル・レ・ラ・リ・レ（自動）（規・一）寐腐　程ヲ過シテ久シク寢ヌ。失寐
〔ねくたる・ルル・ルレ・レ・レ・レロ（自動）（規・二）寐腐　寐タルニ因テ亂ル。「打チネクタレテ」ネクタレタル程見エ」
〔ねくたれがみ（名）寐腐髮　ネクタレタル髮。ネミダレガミ。「シドケナヤ、ーヲ見セジトテ」
ねくび（名）寐首　人ノ眠レルヲ窺ヒテ、其首ヲ切ルコト。「ーヲカク」
ねぐら（名）〔寐座ノ義〕鳥ノ夜ニ寐ル處。塒。鳥栖

ねぐらどり（名）宿鳥　ねぐらニアル鳥。寐鳥
ねぐるし・シ・キ・ケレ・シク・シク（形・二）寐苦　寐テ身、心安カラズ、眠ニ就キ難シ。（病ニ、夜熱ニ）
ねくわん（名）寐棺　屍ヲ、寐タルママニテ納ルベク長ク造レル棺。（坐棺ニ對ス）臥棺
ねこ（名）猫〔ねこまノ下略、寐高麗ノ義ナドニテ、韓國渡來ノモノカ、上略シテ こま トモイヒシガ如シ、或云、寐子ノ義、こハ助語ナリト、或ハ如虎ノ音轉ナドイフハ、アラジ〕古ク、ネコマ。人家ニ畜フ小キ獸、人ノ知ル所ナリ、温柔ニシテ馴レ易ク、又能ク鼠ヲ捕フレバ畜フ、然レドモ竊盜ノ性アリ、形、虎ニ似テ、二尺ニ足ラズ、性、睡リヲ好ミ、寒ヲ畏ル、毛色、白、黑、黃、駁等種種ナリ、其睛、朝ハ圓ク、次第ニ縮ミテ、正午ハ針ノ如ク、午後復タ次第ニヒロガリテ、晩ハ再ビ玉ノ如シ、陰處ニテハ常ニ圓シ。
〇ーノ目。屢、變ジテ、着落ナキコト。
ねこあし（名）猫脚　膳ナドノ脚ノ製ニ、上、脹ラカニシテ、中、稍窄ク、下、圓クシテ、猫ノ脛脚ニ似タルモノ。
ねこぎ（名）根扱　樹ヲ根ナガラ引抜クコト。
ねござ（名）寐蓙　寐ルニ敷キテ用ヰル蓙。臥席
ねこざめ（名）猫鮫　さざえわりニ同ジ。
ねこじ（名）根掘　ネコズルコト。根ナガラ掘取ルコト。根引。
〔ねこず・ズル・ズレ・ジ・ジ・ジヨ（他動）（規・三）根掘　根ナガラニ堀取ル。「花見ムト、根コジテ植エシ、若櫻」若木ノ梅ヲ、ネコジツル哉」
ねこぜ（名）猫脊　人ノ體ニ、頸、前ヘ出テ、背、後ヘ聳エタル姿ノモノ。傴背

ねこそぎ（副）根本ヨリ少シモ餘マサズニ。「ー取ル」
ねこだ（名）藁ノ筵。ツカナミ。
ねごと（名）寐言　夢ノ間ニ物言フコト。囈語
ねこなでごゑ　猫撫聲　人ノ物言フニ、温柔ク媚ブルガ如キ狀ノモノ、
〔ねこま（名）猫　ねこノ古名、其條ヲ見ヨ。
ねこまた（名）猫股　猫ノ、年老イテ、尾、兩岐ニ分レ、猛クシテ妖ヲ手ナスモノト云。（和名抄ニ、㹶、禰古末、トアルモノ、是レカトモ云）
ねこみ（副）寐込　寐入リテ最中ナル處ニ。「ーニ蹈込ム」
ねこむ・ム・メ・マ・ミ・メ（自動）（規・一）寐込　寐入ルニ同ジ。就眠
ねごろ（名）直頃　直段ノ代物ト相當シタル所。
ねごろぬり（名）根來塗　鎌倉ノ頃、紀州根來寺ヨリ塗リ出シタル漆器ナリト云、朱漆ニ、黃ヲ帶ビテ、刷毛目アリ、器ノ底ハ皆黑漆ナリ。今モ其製ナルアリテイフ。
ねころぶ・ブ・ベ・バ・ビ・ベ（自動）（規・一）寐轉　横ニ臥シテ居ル。（寐入ラズニイフ）偃臥
〔ねさう（名）年星　陰陽家ニテ、人ノ本命ノ屬星ヲ祭ルコト、子ノ年ノ人ハ、貪狼星ヲ祭リ、丑亥ノ年ノ人ハ巨門星ヲ祭ルナド定メアリ。又、ネンサウ。「世ヲ、イト憂キモノニ思ヒシテ、ねさうナドシタマフ」年星行フトテ、女檀越ノ許ヨリ數珠ヲ借リテ侍リケレバ」

ねざう (名) 寐相 ネズマヒ。ネザマ。「ーガワルイ」

ねざけ (名) 直下 直段ヲ引下グルコト。ネビキ。 下價

ねざけ (名) 寐酒 寐ル際ニ酒ヲ飲ムコト。

ねざさ (名) 根篠 篠ノ一種、一根ニテ遠ク延ヘモノ。 千里竹

ねざし (名) 音差 音色ニ同ジ。

ねざし (名) 根差 (一)ネザスコト。根ノ土中ニ延フコト。「岩ニ生ヒタル、松ノーモ」瀧ツ瀬ニ、ートドメヌ、浮草ノ」(二)人ノ種姓。「ナマナマノ上達部ヨリ、云云、元ノー、卑シカラヌガ」

ねざす ス・セ・サ・シ・セ (自動)(規・一) 根差 根、生ヒテ差シ出ツ。「隱レ沼ノ下ヨリー、アヤメ草」

ねざま (名) 寐狀 ネズマヒ。ネザウ。

〔ねざむ ムル・ムレ・メ・メ・メロ (自動)(規・二) 寐覺 寐タルヨリ覺ム。「小夜深ケテ、ネザメザリセバ、時鳥、人傳ニコソ、聞クベカリケレ」秋ノ雨ノ、窓打ツ音ニ、聞キワビテ、ネザムル壁ニ、燈火ノ影」 眠起

ねざめ (名) 寐覺 ネザムルコト。眠リノ覺ムルコト。 眠起

ねしな (名) 寐際 寐際ニ同ジ。

ねしま (名) 寐際 寐際ニ同ジ。

ねじめ (名) 音締 琴、三味線ナドニ、絃ヲ絲卷ニ卷キ締メテ、音色ヲ出スコト。

ねじろ (名) 根城 本ノ據リ處トスル城。(出城、出丸ナドニ對ス) 據城

ねず (名) 不寐 寐ズシテ夜ヲ守ルコト。「ーヲスル」「ーノ番」 守夜

ねずなき (名) 鼠啼 口ヲ窄メ、氣ヲ吸ヒテ、鼠ノ啼クガ如キ聲ヲナスコト。ネズミナキ。「ウツクシキモノ、雀ノ子ノ、ねずなきスルニ躍リ來ル」

〔ねずはしり (名) 鼠走 どかみニ同ジ。ネズミバシリ。

ねずまひ (名) 寐住 寐タル時ノ狀體。ネザマ。ネザウ。

ねずみ (名) 鼠 〔寐盜ノ約カト云、或云、不寐見ノ義、或云、穴住ノ轉〕 (一)小キ獸、兎ニ似テ、長、四五寸、毛、淡黑クシテ青ミアリ、銳キ四齒アリテ、牙無シ、髭長ク、眼露レ、前爪四ツ、後爪五ツアリ、尾ニ毛ナクシテ、長サ身ニ等シ、都、鄙、共ニ、多ク人家ニ棲ミテ、晝潛ミ、夜出デ、食ヲ盜ミ、物ヲ嚙ミ損フ、或ハ、山野溝渠ノ間ニ棲ムモアリ。(二)ネズミイロ。

ねずみいらず (名) 鼠不入 食物ナド儲ヘ置ク廚子ノ如キモノ、扉アリテ、鼠ノ入ルヲ防グ。 食廚

ねずみいろ (名) 鼠色 薄黑クシテ少シ青ミアル色。鈍色。 灰色

ねずみおとし (名) 鼠落 鼠ヲ陷シテ捕フル器、匣ナドノ中ニ餌ヲ置キ、鼠入レバ、機ニテ落チ被フ。ネズミトリ。 鼠機

ねずみがへし (名) 鼠返 土藏ノ入口ニ仕掛クル板ニテ作レル機、鼠ノ入ルヲ防グ。

ねずみがみ (名) 鼠紙 漉返紙ニ同ジ、鼠色ナレバイフ。

ねずみげ (名) 鼠毛 馬ノ毛色ノ鼠色ナルモノ。 騮

ねずみごめ (名) 鼠米 米ノ一種、鼠ノ臭アルモノ、海西ニ多シ、味ハ美ナリ。

ねずみころし (名) 鼠殺 礬石ノ異名、又、ソレニテ製セル毒藥、鼠ニ食ハシメテ殺スニ用ヰル。ネズミトリ。 殺鼠藥

ねずみだけ (名) 鼠茸 菌ノ一種、秋冬ノ交、朽木或ハ老樹ノ根上ニ盛ニ生ズ、全身鼠色ニシテ、一根ヨリ數十叢生ス、蓋、圓クシテ、形、鋲ノ如ク、長サ一二寸、莖、細小ニシテヤハラカナリ。 掃帚菰

ねずみとり (名) 鼠捕 (一)ネズミオトシ。(二)ネズミコロシ。

ねずみなき (名) 鼠啼 (一)鼠ノ啼ク聲。(二)ネズナキ。

〔ねずみばしり (名) 鼠走 どかみニ同ジ。ネズバシリ。

ねずみはなび (名) 鼠花火 花火ノ小キモノ、蘆ノ管ノ三寸許ナルニ火藥ヲ込メ作ル、火、發スレバ、地ヲ走リ廻ルコト鼠ノ如シ、小兒ノ玩トス。 地花鼠 地火鼠

ねずみばんきり (名) 鼠半切 鼠紙ノ半切紙。

ねずみばんし (名) 鼠半紙 鼠紙ノ半紙。

ねずみもち (名) 鼠梓木 〔實ハ鼠糞ニ似テ、葉ハ冬青ニ似タリ〕 又、タヅノキ。ネズモチ。灌木ノ名、多ク庭際ニ植エ、又籬トス、葉ハ、さかきニ似テ、兩對シ、厚クシテ光リ、冬モ枯レズ、夏、枝ノ梢毎ニ、四五寸ノ穗ヲ生ジ、枝ヲ分チテ、白花ヲ開ク、大サ三分許、實、圓ク長ク、熟スレバ黑シ。又、テラツバキ。 女貞

〔ねずりのころも (名) 根摺衣 紫草ノ根ヲ碎キテ、衣ニ摺リ染メタルモノト云。「戀シクバ、下ニヲ思ヘ、紫ノ、ー、色ニ出ヅナユメ」

ねせ (略) 寐、サセ、ノ略。「ネセテ置ク」オコシー」

ねせうべん (名) 寐小便 イビタリ。ヨツバリ。 溺尿

ねせおこし (名) 寐起 (一)倒シ、又、起スコト。(二)人ヲ擧ゲ用ヰ、又、卻クル權。

ねぜり (名) 根芹 芹ノ條ヲ見ヨ。

ねそびれる・レル・レレ・レ・レ・レロ (自動)(規・四・變) 寐ムトシテ、シコジレテ寐得ズ。

ねだ (名) 根太 地板ノ下ノ横木。

ねだい (名) 寐臺 机ノ如クニシテ大ク、寐床ニ用ヰルモノ。臥榻

〔ねたけし・キ・ケレ・ク・ク (形・二) 妬 ネタマシ。ネタシ。「時鳥、イトネタケクハ、橘ノ、花散ル時ニ、來鳴キトヨムル」

ねたし・キ・ケレ・ク・ク (形・二) 妬 (一)ネタムベクアリ。ネタマシ。ネタケシ。(二)恨ムベシ。ニクラシ。「斯ウ見ツケラルルヲ、ート思ヒド」腕ヲ、イタウ、ツミタマヘレバ、ネタキモノカラ、エタヘデ笑ヒヌ」

ねたば (名) 寐刃 刀ノ刃ノ、切味ノ鈍リタルモノ。「ーヲ合ハス」

ねたまし・シク・シケレ・シク・シク (形・二) 妬 ネタムベクアリ。ネタシ。ネタケシ。

〔ねたます・ス・セ・サ・シ・セ (他動)(規・二) 妬 妬ヤウニナス。憎ラシト思ハシム。人ノ心ヲ苛ス。「庭ノ紅葉コソ、蹈ミ分ケタル痕モナケレ、ナド、ーーナベテヤハナド、ネタマシ聞ユレド」

ねたみ (名) 妬 ネタムコト。ソネミ。嫉妬。

ねたむ・ム・メ・マ・ミ・メ (他動)(規・二) 妬嫉 (一)羨ミ憎ム。ソネム。(二)恨ミニ思フ。憎ラシト思フ。「イト憂シ、ト思ヘド、更ニ、言ヒモネタマズ」

ねだん (名) 直段 アタヒ。ネ。價

ねだやし (名) 根斷 根マデ去リテタヤスコト。剿滅

ねだる・ル・レ・ラ・リ・レ (他動)(規・一) 强ヒテアマエテ乞フ。(小兒ナドニ) 强請

ねぢ (名) 螺旋 〔捩ノ義〕 銅鐵製ノ釘ニテ螺ノ殼ノ如ク左ヘ旋レル條ノ高クアルモノ、コレヲ牡ートス、又、同ジ狀ノ條ノ窪クアルモノヲ、牝ートイフ、相合ハセテ、左ヘ廻セバ入リ、右ヘ廻セバ出ツ。

ねぢあやめ (名) 捩菖蒲 馬藺ニ同ジ。

ねぢき (名) 綟木 山ニ生ズ、樹大ニシテ、皆捩レテ直理ナラズ、新枝ハ色、朱漆ノ如シ、葉ハ互生ス、夏、三寸許ノ穂ヲナシテ白花ヲ開ク、筒形ニシテ、長サ三分許、飯粒ノ如シ、枝ヲ炭トシテ、漆塗ノ磨出ニ用ヰ、かしおもみトイフ。

ねぢく・クル・クレ・ケ・ケ・ケヨ (自動)(規・二) 拗 (一)アルベキママニ直カラズシテ、惡ク曲リクネル。筋違ニ行ク。拗戾 (二)心、クネリテ素直ナラズ。心正シカラズ。ヒガム。執拗 佞

ねぢくび (名) 捩首 首ヲ捩ヂテ斷ツコト。(刀ヲ用ヰズ)

++ねぢくる・ル・レ・ラ・リ・レ (他動)(規・一) 捩ヂテ廻ハス。

++ねぢくれる・レル・レレ・レ・レ・レロ (自動)(規・四・變) 拗レテ旋ル。

〔ねぢけびと (名) 佞人 心、ネヂケタル人。「奈良山ノ、兒手柏ノ、フタ面ニ、カニモカクニモ、佞人ノ友」

ねぢける (動) 拗ケノ訛。

ねぢる・ル・レ・ラ・リ・レ (他動)(規・一) 捩 ねづニ同ジ。戾ラセメグラス。「腕ヲーー」絲卷ヲーー」

ねぢれる・レル・レレ・レ・レ・レロ (自動)(規・四・變) 拗 ニ伏リメグル。クネリマガル。拗戾

ねつ (名) 熱 (一)太陽、火、又、湯ノ氣ノ、身ニ感ズルコト。(二)夏ノ氣候ノ暑キコト。暑 (三)病ニ因ラ、體中ニ、常ナラヌアツサヲ發スルモノ。(四)熱病ノ略。「ーヲワヅラフ」

ねづ・ヅル・ヅレ・ヂ・ヂ・ヂロ (他動)(規・三) 捩 戾ラセメグラス、ユガメマハス。ネヂル。「鎖ヲネヂテ引拔キ」轉手ワネヂテ」

ねつき (名) 熱氣 熱ノ發ツモノ。アツサ。

++ねつから (副) ねからノ音便。

ねつぎ (名) 根續 杜ナドノ根ノ朽チタルヲ、他ノ材ニテ續ギ補フコト。

ねつく・ク・ケ・カ・キ・ケ (自動)(規・一) 寐付 眠ル。寐入ル。就眠

ねづく・ク・ケ・カ・キ・ケ (自動)(規・一) 根付 根ヲ生ジテ地ニ馴ル。(移シ植ヱタル樹ニ)

ねつけ (名) 根付 巾着、印籠ナドノ緒ノ端ニツクル物、帶ニ懸ケテ垂ル。墜子

ねつけつ (名) 熱血 生血ノ熱キモノ。(慷慨極マレル思ヒナドニイフ)「滿腔ノー」

ねつけどけい (名) 根付時計 たもとどけいニ同ジ。

++ねつこ (名) 根子 クヒゼ。木ノ根ノ切株。餘枿

ねつこく (名) 熱國 熱帶ノ地方ノ國。

ねつし・キ・ケレ・ク・ク (形・二) 〔根强シノ略カ、熱ノ音ノ活

用カ）淡泊（サラバリ）トセズ。クダクダシ。シツツコシ。

ねづもん（名）熱心 思ヒヲ焦スヿ。アツクナルヿ。

ねづたい（名）熱帶 回歸線（クワイキセン）ノ條ヲ見ヨ。

ねづたう（名）熱湯 ニエユ。沸キタチタル湯。

ねづち（名）熱地（一）暑キ國。（二）熱帶（ネツタイ）ノ土地。

ねづちゆう（名）熱中 次條ノ語ニ同ジ。

ねつばう（名）熱望 思ヒヲ焦シテ望ムヿ。

ねつびやう（名）熱病 病ノ名、身ニ盛ニ熱ヲ起スモノ。

ねづよ-し・キ・ケレ・ク・カ（形・二）根強 基（モトヰ）固シ。容易ニ動カズ。

ね-どこ（名）寐所 夜寐ル所。ネヤ。ネマ。寢室

ね-どこ（名）寐床 夜寐ルニ用ヰル床。臥床

ねどひはどひ（句）根問葉問 事ノ本末ヲ煩ハシキマデニ問ヒ掛クルニイフ語。

ね-とり（名）寐鳥 栖（スクラ）ニ寐テ居ル鳥。ネグラトリ。宿鳥

ね-とり（名）音取 樂ヲ奏スル初ニ、先ヅ樂器ヲ取リ、奏シ試ミテ調子ヲ合ハスルヿ。

ね-とる・ル・レ・ラ・リ・レ（他動）（規・一）寐取 他ノ夫人ノ情人ト通ジテ、我ガ夫人情トス。（姦婦ニ）

ねなしかづら（名）根無葛 蔓草、春、舊キ實ノ地ニアルモノ、絲ヲ生ズ、絲、延ビテ他ノ草木ニ絡ヘバ、其本ハ枯レ、隨テ長ジ、隨テ枯レ、其絡ヘル所ヨリ、草木ノ液ヲ吸フ、絡フベキ草木無ケレバ枯ル、蔓、初ハ白ク、後ニハ黄白、又黄赤ナリ、太サ一分許、多ク枝ヲ分チ、草木ノ梢ニ被ヒテ索麵ヲ掛ケタルガ如シ、夏ノ末、穗ヲナスヿ、一二三寸ニシテ、小白花ヲ開ク、筒咲ナリ、實ヲ藥用トス。東國ニ、サウメングサ。筑前ニ、ウシノサウメン。菟絲子

ねなしぐさ（名）根無草（一）根ノ無キ草ノ意ニテ、浮キタル事種ニ寄セテイフ語。（二）佛甲草（マンネングサ）ノ一名。

ねなしごと（名）根無言 據處ナキ言。實ナラヌ話。浮言 虛誕

〔ねぬなは（名）蓴菜（ヌナハ）ヲ、根ノ長ク延フニ就キテイフ語。「隱レ沼ノ、下ヨリ生フル、ーノ、ネヌナハ立タジ、來ルナ厭ヒソ」

〔ねのくに（名）根國（根ハ下底ノ義）ヨモツクニ。ヨミノクニ。黄泉

ねのびのあそび（名）子日遊（根延（ネノビ）ノ意ニ寄セテ祝フカトニ云）古ヘ正月子ノ日ニ、人人、野邊ニ出デテ、小松ヲ採リテ千代ヲ祝ヘルヿ。コレヲ「小松ヲ引クトイフ、幄ヲ設ケ檜破子ヲ供シ、和歌ヲ詠ジナドス。

ねのほし（名）子星 北極星ニ同ジ。

ねばう（名）寐坊 イギタナキ人。眠リヲ好ム人。

ねばし・キ・ケレ・ク・カ（形・二）粘 粘（ネバ）ル狀ニテアリ。

ねばす・ス・セ・サ・シ・セ（他動）（規・一）粘 粘ルヤウニナス。糊、膠ニテ貼リ着ク。

ねばつち（名）粘土 一種ノ粘リアル土、壁ニ塗リ、又、瓦器ナドヲ作ル。埴（ハニ）。

ネハン（名）涅槃〔Nirvana.〕梵語、不生（涅）不滅（槃ノ義。多クハ、釋迦ノ入滅ニイフ。

ねばり（名）根張 木ノ根、山ノ麓、又ハ、堤ノ下、ナドノ、傍ヘ頽（ナダ）レ張リタルヿ。

ねばり（名）粘 ネバルヿ。ネバル程。

ねばる・ル・レ・ラ・リ・レ（自動）（規・一）黏 粘 滑ラカニシテ强ク相着ク。（膠、糊、黐、土、髮、ナド）

〔ねび（動）老成 ねぶノ條ヲ見ヨ。

ねびえ（名）寐冷 夏秋ノ夜ナドニ、眠レル間ニ、冷氣ニ侵サルルヿ。

ねびき（名）直引 價ヲ減ズルヿ。ネサゲ。

ねびき（名）根引 根ナガラ引拔クヿ。ネコジ。ネコギ。

〔ねびる（名）澤蒜〔根蒜ノ義カ〕蒜（ヒル）ノ條ヲ見ヨ。

〔ねび-る・ル・ル・ルレ・レ・レ・レヨ（自動）（規・二）老成 ねぶニ同ジ。年深ケタリ。「ネビテ、匂ハシキ所モ見エズ、鼻ナドモ、アザヤカナル所ナウ」

ねぶ（名）合歡木 ねぶのきノ條ヲ見ヨ。

〔ねぶ・ブ・ブレ・ビ・ビ・ビヨ（自動）（規・三）老成（陳（ヒ）ノ上略カトニ云）（一）齡、長ク、年深ケタリ。老ナド。ネビタレド、清ゲニ、年打チネビ、世ノ中ノ、トアル事モシホジミヌル人コソ」（二）年齡ヨリハ大人ビテ見ユ。オヨヅク。マセル。「此君、ネビトトノヒ給フママニ、御貌モ、イト清ラニネビマサラセ給ヘルヲ」主上、今年ハ八歳ニアラセオハシマセド、御年ノ程ヨリ、遙ニネビサセ給ヒテ」風流

ねぶか（名）根深 葱（ネギ）ニ同ジ。

ねぶかはいし（名）根府川石（一）相州、足柄下郡、根府川村ノ山ヨリ生ズル石、敷石、又ハ碑トス、形、多クハ扁滑ニシテ、色、青黑シ、或ハ赤ミ多キモアリ。

(二)又 伊豫ニ產ズル石ヲモイフ。

ねぶたし・・・・・ (形・二) ねむたしニ同ジ、眠ラマホシ。思睡

ねぶち (名) 根鞭 細竹ノ根本ノ、節多キモノヲ、鞭トスルモノ。

ねぶつ (名) 念佛ノ約。「千早振、玉ノ簾ヲ、卷キアゲテ、ーノ聲ヲ、聞クゾウレシキ」寒ー」

ねぶと (名) 根太 古言、カタネ。腫物ノ名、癰ニ似テ輕シ、隨テ治スレバ、隨テ發ス。 血瘍

ねぶのき (名) 合歡木 古名、ネブリノキ。今、又、ネムノキ。略シテ ネブ。ネム。高サ、二三丈、枝、繁茂シ、細小ノ葉、對生ス、さいかちノ葉ニ似テ小シ、晚ニ至レバ、葉、兩兩相合ヒテ眠ルガ如シ、朝ニ至リテ、復タ開ク、仲夏ニ、枝ノ梢每ニ、穗ヲナシ花ヲ開ク、形、細絲ヲ聚メタルガ如シ、色、半ハ白ク、半ハ淡紅ニシテ、長サ一寸餘、後ニ莢ヲ結ブ、長サ三四寸、子ハ米粒ノ如シ。

ねぶみ (名) 直蹈 直段ヲ押シ當テテ定ムルコト。評價

ねぶり (名) 眠睡 ねむりニ同ジ。

ねぶりのき (名) 合歡木 ねぶのきニ同ジ。

ねぶる・・・・・ (自動) (規・二) 眠睡 (寐經ルノ轉カト云、イカガ) ねむるニ同ジ。

ねぶる・・・・・ (他動) (規・一) 舐 舌ノ尖ニテ味ヲ取ル。嘗ム。シヤブル。

ねぼく・・・・・ (自動) (規・二) 寐惚 眠レルヨリ俄ニ覺メテ迷フ、起キテ未ダ夢ニアリ。ネオビル。ネボル。ネボケル。夢顚

ねぼける (動) 前條ノ語ノ訛。

ねぼる・・・・・ (自動) (規・二) 寐惚 ネホク。ネボケル。「ネホレテ候ハムカラニ、サル事ヤハ仕ウマツルベキ」

ねま (名) 寐間 閨 寢所 寢室

ねまき (名) 寐卷 (或云、寐間着ノ義ト) 夜寐ル時ノ用トシテ別ニ製シタル服。 寢衣

ねまちのつき (名) 寐待月 陰曆、十九日ノ夜ノ月ノ稱。又、臥待ノ月。(立待、居待ニ對ス) ヨガレソム、ーノツラサヨリ、二十日ノ影モ、マタヤヘダテム」或ハ、十九日以後ノ月ヲ、泛ク稱シタルモアリ、「寐テ待チシ、二十日ノ月ノ、ハツカニモ、相見シ事ヲ、イツカ忘レム」

ねまつり (名) 子祭 陰曆 十月甲子ノ日ノ大黑天ノ祭。

ねまどひ (名) 寐惑 寐惚ケテ物ニ惑フコト。トマドヒ。「似氣ナキモノ。老イタル男ノ ねまどひシタル」

ねまはり (名) 根廻 木ノ根ノ周圍。 根盤

ねまる・・・・・ (自動) (規・一) 寐 寐ヌ。臥ス。(奧州)

ねみだれがみ (名) 寐亂髮 ネクタレガミ。寐タルニ因テ亂レタル髮。

ねみみ (名) 寐耳 眠レル間ニ、聲ノ耳ニ聞ユルコト。「ーニ聞ク」

○ーニ水。不意ニ驚ク

ねむ (名) 合歡木 ねぶのきニ同ジ。

ねむ・・・・・ (他動) (規・二) 睨 にらむニ同ジ。「ネメツクル」ネメカケテ」

ねん (名) 年 (一)トシ。(數フルニイフ)「一ー」二ー」十ー」幾ー今、人ノ齡ヲ數フルニハ、滿一年ナルヲイフ。「九ー」、三箇月」(二)年季ノ略。「ー明ケ」ー切レ」

ねん (名) 念 (一)オモヒ。カンガヘ。(二)善ク氣ヲツクルコト。「ーヲ入ル」ーヲ推ス」ーニ及バズ」

ねんえき (名) 粘液 粘ル液。

ねんが (名) 年賀 年始ノ祝ヒ。 賀正

ねんがう (名) 年號 年ノ名。日本、支那、ニテ、帝王ノ即位、祥瑞、災異、等ニ會ヘル時、又ハ、辛酉甲子、ノ年ノ至レル時ニ、改メテ共年ニ名ヲツク、萬延、元治、明治ノ如シ、而シテ共年ヲ元年トシ、二年三年ト數ヘ行ク。今ハ、日本、支那、共ニ、帝王ノ一代ニ、一號トセリ。(改元、元年、ノ條、見合ハスベシ)

ねんき (名) 年季 奴婢丁稚ナドノ、人ニ召仕ハルル約束ノ年限ノ稱 一年ヲ一季トス、

ねんき (名) 年忌 回忌ノ條ヲ見ヨ。

ねんき (名) 年紀 (一)トシダテ。年代。(二)トシハヘヨハヒ。

ねんきふ (名) 年給 一箇年ノ給料。

ねんきん (名) 年金 年每ニ賜ハル恩給料。

ねんぎやうじ (名) 年行事 年番ノ行事。

ねんぎよ (名) 年魚 (一)共年ニ生ジテ共年ニ死ヌル魚。(二)鮎。

ねんぎよく (名) 年玉 トシダマ。

ねんぐ (名) 【年貢】 毎年ノ貢物(ミツギモノ)。(多ク米ニイフ) 【歲貢】
ねんくわい (名) 【年回】 回忌(クワイキ)ノ條ヲ見ヨ。
ねんぐわん (名) 【念願】 オモヒネガフヿ。ノゾミ。
ねむけ (名) 【睡氣】 ネムタクナルヿ。
ねんげつ (名) 【年月】 トシ、ツキ。歲月。
ねんげん (名) 【年限】 定メタル若干ノ年。
ねんこう (名) 【年功】 (一)數年ノ骨折。(二)數年ノ熟練。
ねんごろ (副) 【懇】 ねもころノ音便。眞心ヲモテ。手厚ク。心切ニ。
〔ねんさう (名) 年星(キサウ)ノ條ヲ見ヨ。
〔ねんさう (名) 【年三】 正月、五月、九月ニ、佛事齋戒ナドスルヿノ稱。
ねんし (名) 【年始】 年ノ初ヲ、祝フニ就キテイフ語。年頭。年甫。
ねむし・キ・ケレ・ク・ク (形・二) ねむたしニ同ジ。 【思睡】
ねんし (名) 【年齒】 ヨハヒ。トシバヘ。ネンレイ。
ねんじや (名) 【念者】 物事ニ念ヲ入ルル人。
ねんじゆ (名) 【念珠】 (一顆ヲ爪繰ル毎ニ佛ヲ念ズルヨリイフ) 數珠(ズズ)ニ同ジ。オモヒノタマ。
〔ねんず (名) 【念誦】 念佛誦經。「ねんずヲ勸メ給ヘド」ねんずヲ、アハレニシタマフ」
ねんず・ズル・ズレ・ゼ・ジ・ゼヨ (他動) (不規・二) 【念】 (一)心ニ祈ル。「觀世音ヲネンジ奉リテモ、スベナク思ヒ惑フ」(二)堪(コラ)ヘ忍ブ。「ネンジ敢ヘズ打歎ク」苦シキヲネンジテ上ル程ニ」君ノ御タメニ善カルベキ事ヲコソハ、トネンズ」 【堪】
ねんすう (名) 【年數】 トシノカズ。歷タル年年。
ねんせう (名) 【年少】 トシワカ。ワカモノ。
ねんだい (名) 【年代】 歷來リシ年世(トシヨ)。
ねんだいき (名) 【年代記】 古ヘヨリ、年毎ニ起リシ事共ヲ、年ヲ追ヒテ表ニ作リテ記セル書。 【年表】
ねむたし・キ・ケレ・ク・ク (形・二) 眠ヲ催ス。眠ラマホシ。ネブタシ。ネムタシ。ネタシ。ネムシ。 【思睡】
ねんちやく (名) 【粘着】 ネバリツクヿ。
ねんぢゆう (副) 【年中】 一年ノ間、打續キテ。 【終歲】
ねんど (名) 【粘土】 ネバツチ。
ねんど (名) 【年度】 一箇年ノ事ヲ、一仕切リニスルヿ。
ねんとう (名) 【年頭】 年始(ネンシ)ニ同ジ。
ねんとう (名) 【念頭】 心ノ上。心頭。「—ニ掛ケテ」
ねんない (名) 【年內】 今年ノ內。
ねんねん (副) 【年年】 トシドシニ。年毎ニ。
ねむのき (名) 【合歡木】 ねぶのきニ同ジ。
ねんぱい (名) 【年輩】 トシゴロ。齡ノ程。 【年紀】
ねんぱう (名) 【年報】 一箇年ノ事ノ報告(シラセ)。
ねんばん (名) 【年番】 一年ヅツ、相代リテ、勤メニ當ルヿ。
ねんばらし (名) 【念晴】 疑フ心ヲ晴ラスヿ。 【霽意】
ねんぷ (名) 【年譜】 其人一代ノ年代記。
ねんぷ (名) 【年賦】 租稅(クス)、又ハ借錢ナド、總高ヲ若干ニ割リ、年毎ニ賦リ當テテ納ルルヿ。又、一箇月毎ニスルヲ、月賦(ゲップ)、月賦ナドイヒ、一日毎ニスルヲ、日賦(ヒブ)(日步)トイフ。
ねんぶつ (名) 【念佛】 佛ヲ念ズルヿ。南無阿彌陀佛ノ六字ノ名號ヲ唱ヘテ祈ルヿ。ネブツ。
ねんぶつしゆう (名) 【念佛宗】 佛敎ノ一派、僧良忍、天台ヨリ出デテ、別ニ立テタルモノ、融通念佛、又、大念佛、トモイフ。攝州、平野、大念佛寺ハ、崇德帝、天治二年、良忍ノ開基セシ所ナリ、其宗旨、畿內ニ行ハル。
ねんぶん (名) 【年分】 一箇年ニ當ル分(ブン)。
ねんぺう (名) 【年表】 年代記ニ同ジ。
ねんぽ (名) 【年甫】 年始ニ同ジ。
ねんぽう (名) 【年俸】 一箇年ノ給料。
ねんまつ (名) 【年末】 トシノスヱ。歲暮。歲末。
ねんらい (副) 【年來】 トシゴロ。數年コノカタ。
ねむり (名) 【眠・睡】 ネムルヿ。寐入ルヿ。ネブリ。
ねんりき (名) 【念力】 思ヒ込ミタル力。
ねんりよ (名) 【念慮】 オモンバカリ。オモヒヨリ。
ねむる・ル・レ・ラ・リ・レ (自動) (規・一) 【眠・睡】 (ねぶるノ轉、其條ヲ見ヨ) 又、ネブル。身體精神ノ活動(ハタラキ)、共ニ自然ニ止ミ、目ヲ閉ヂテ靜ニ休ム。ネイル。
ねんれい (名) 【年齡】 ヨハヒ。トシバヘ。 【年紀】
ねんれい (名) 【年禮】 年始ヲ祝ハムトテ人家ヲ訪フヿ。 【拜年】
ねんれき (名) 【年歷】 數年ノ來歷。
ねめつく・クル・クレ・ケ・ケ・ケヨ (他動) (規・二) 【俔仗】 強ク睨(ネ)ム。ニラム。 【疾視】

ねめる（動）覗ムノ訛。

〔ねもころ〕（副）懇 〔根モ凝ノ義ニテ、情ノマトハル意カト云〕 深切ニ。懇懃ニ。丁寧ニ。ネンゴロニ。

ねものがたり（名）寐物語 夜、寐ナガラ話シ合フヿ。臥話

ねや（名）閨 臥房 〔寐屋ノ義〕 ヨドノ。夜、寐ヌルニ設ケテアル室。ネドコ。ネマ。

ねやす（名）直安 直段ノ安キヿ。賤價

〔ねやす〕ス・セ・サ・シ・セ（他動）（規・二）埏 黏 煉リテ粘ラス。「埏埴」黏絹」

〔ねやま〕（名）根山 近キ山ナリト云。「峯ノ雲、重ネテ白キ、夕暮ニ、歸ルね山ノ、鳥ノ一聲」

ねらひ（名）狙 ネラフヿ。メアテ。

ねらひうち（名）狙撃 狙ヒスマシテ撃ツヿ。

ねらひすます ス・セ・サ・シ・セ（他動）（規・二）狙澄 善ク善ク狙フ。

ねらふ ラ・ヘ・ハ・ヒ・ヘ（他動）（規・二）狙 〔善ク練リテ見ル意ト云、イカガ〕 目ヲツケテ覘ヒ見ル。

ねり（名）練 （一）練ルヿ。（二）絹、綾、ノ練リタルモノ。（生絹ニ對ス）（三）練貫ノ略。（四）後ニ、練貫ノ地ノ薄キモノ。（五）草ノ名、トロロアフヒ。

〔ねり〕（名）鐵 ねりがねノ略、鐵ノ條ヲ見ヨ。和名抄「鐵、久路加禰、一訓、禰利」

〔ねり〕（名）禾蟲 とりくひニ同ジ。

ねり（名）邌 ネルヿ、靜ニ歩ムヿ。

ねりかう（名）煉香 沈香、檀香、麝香、龍腦、薫陸、ノ類ノ細末ニ、甲香ヲ和シテ、蜜ニテ煉リ合ハセタルモノ。薫物。アハセタキモノ。甲煎

ねりがね（名）錬鐵 鐵ノ條ヲ見ヨ。

ねりかは（名）練革 いためがはニ同ジ。

〔ねりがむ〕（動）齝 にれがむニ同ジ。

ねりぎぬ（名）練絹 熟絹 絹布ノ練リタルモノ。（生絹ニ對ス）

ねりざけ（名）煉酒 製、白酒ニ似テ、甚ダ濃クシテ、粘リ、味、甘美ナルモノ、常ノ酒ニ和シテ、淡クシテ飲ム。

〔ねりそ〕（名）〔捩麻ノ義カ〕 木ノ枝ヲ捩ヂテ繩ニ綯ヒタルモノ、薪ナド束ヌ。「カノ岡ニ萩刈ル男、繩ヲ無ミ、ネルヤねりその、碎ケテゾ思フ」深山木ヲ、ーモテ結フ、賤ノ男ハ」

ねりぬき（名）練貫 〔練緯ノ義〕 生絲ヲ經トシ練絲ヲ緯トシテ織レル絹布ノ名。略シテ、ネリ。織リテ後ニ縮マセタルヲ縬ノートイフ、縬ナラヌヲ、熨目ノートイフ、皆儀式ノ服ニシテ、尊、卑、用ヲ分ツ。

ねりべい（名）練屏 瓦ト土トニテ、層層築キ上ゲタル垣、上ニ瓦ヲ葺ク。土墻

ねりまだいこん（名）練馬大根 武州、豐島郡、練馬村ノ邊ニ産スル大根、甚ダ太ク、味亦美ナリ。

ねりもの（名）煉物 硫黄、蠟ナド、諸藥物ヲ煉リテ、珊瑚、寶石ナド、擬ヘ作レルモノ。

ねりもの（名）邌物 祭禮ニ邌リ行ク車樂、其他、種種ノ飾物ノ稱。

ねりやうかん（名）煉羊羹 やうかんノ條ヲ見ヨ。

ねりやく（名）煉藥 諸藥ヲ調和シテ蜜ニテ煉リ合ハセタルモノ。

ねる ネル（名）小絨 ふらんねるノ略。

ねる ル・レ・ラ・リ・レ（自動）（規・一）邌 徐歩 靜ニ歩ム、ソロソロト行ク。「シロカネノ、メヌキノ太刀ヲ、下ゲハキテ、奈良ノ都ヲ、ネルハ誰ガ子ゾ」我ガ門ヲ、サシワヅラセテ、ネル男、サゾタチマチノ、月ヲ見ルラム」

ねる ル・レ・ラ・リ・レ（他動）（規・一）練 （一）灰汁ニテ煮テ涸シテヤハラカニス。（絹ニ）（二）燒キテ、展、鍛フ。（金類ニ）錬 煉 （三）捏ネマゼテ粘ラス。ネヤス。（膏藥、糊、膠、土、ナド）埏 （四）撓メ作ル。（革ニイフ）（五）展、習フ。繰返シテ精シク學ブ。（學問ニ）練磨

ねる ネル・ネレ・ネ・ネ・ネヨ（自動）（規・四・變）寐 （一）寐、ノ訛。寐ヌ。眠ル。（二）臥ス。横ニナル。倒ル。（三）流行、衰フ。（四）麴、窖ノ中ニテ成ル。（ねかすノ自動）殢

ねれる レル・レレ・レ・レ・レヨ（自動）（規・四・變）熟練 練レテ成ル。展習ヒテ巧ニナル。

〔ねろ〕（名）嶺 〔ろハ助辭〕 嶺トイフニ同ジ。「上野ヌ、伊香保ノ禰呂ニ、降ル雪ノ」足柄ノ、箱根ノ禰呂ニ」

ねわけ（名）根分 根ヲ分ケテ、移シ植ウルヿ。「菊ノー」

ねわする ル・ルレ・レ・レ・レヨ（自動）（規・二）寐忘 寐過シテ、時ヲ失フ。

ねを（名）根緒 三味線ノ絃ノ一端ニ着クル組紐、コレヲ根緒懸ニ懸ケテ、絃ノ他ノ一端ヲ絲卷ニ繋ギテ、相張ル。

ねをかけ (名) 根緒懸 三味線ノ棹ノ一端ノ、胴ヲ貫キテ出デタル所、此ニ根緒ヲ懸ク。

の

の 五十音圖、奈行第五ノ假名。(なノ條ヲ見ヨ)

の (名) 野 〔延ビタル意〕 耕サヌ廣キ平地。原。

の (名) 箆 〔矢ノ度ノ意カト云〕 (一)矢竹。(二)矢幹。

の (辭) 第一類ノ天爾波、上ニ名詞ヲ承ケテ、下ハ動詞形容詞ニ係リ、其動作ヲ起ス所ノ名詞ヲ、特ニ擧ゲ示ス意ノモノ。がニ同ジ。「白雪ノ、カカレル枝ニ、鶯の鳴ク」行交フ人の、花ヲ手向クル」待ツ人のナキ」空のノドケキ」

の (辭) 之 第一類ノ天爾波、名詞ト名詞トノ關係ヲ示スモノ、而シテ、其意種種アリ。(一)所有ノ意ヲ示スモノ。「大君ー御世」人ー國」(二)由ル所、係ル所ヲ示スモノ。「櫻ー花」海ー水」山ー上」世ー中」(三)にて、ある、ノ意ヲ示スモノ。「コレー歌卷」(四)に、ある、ノ意ヲ示スモノ。「越ー白山」阿波ー鳴門」(五)と、いふ、ノ意ヲ示スモノ。「富士ー山」陸奥ー國」(六)の如き、ノ意ヲ示スモノ。「花ー顏」露ー命」(七)種種ノ語ノ末ニ添ヒテ、上下ノ語ノ係屬ヲ示スモノ。「結フー神」口惜シト事」面白ー夜」幾何ー歟」都ヨリー音信」明日マデー命」(篇首ノ語法指南ノ天爾遠波ノ條ヲ見ヨ)

の (接尾) 幅 〔度ノ意ト云〕 布帛ヲ、幅ヲ以テ數フル語、其幅、尋常ノ機ニテ織レルハ、八九寸、乃至、一尺ナリ。「一ー」幾ー」三ー布團」

のあかざ (名) 野藜 藜ノ一種、初出ノ葉、白ク、赤ミアリテ、其苗、葉、共ニ小シ。野灰菜

のあざみ (名) 野薊 薊ノ一種、原野ニ生ズ、一枝、一花、花大クシテ、多クハ淡紫ナリ、莖葉ニ刺多シ。小薊

(のいずみ) (名) 肉刺 〔芒墨ノ音便、刺字ノ意ト云〕 くつぞれ、はなぞれニテ生ジタル肉刺。

のう (名) 能 (一)巧ニ能ク爲シ得ルヿ。(二)技。藝。技量 (三)功能。驗。キキメ。「藥ノー」 功驗

のう (名) 能 散樂ノ餘流ノモノ、應永ノ頃、足利將軍義滿ノ時、觀世世阿彌、始ムト云、初ハ、猿樂ノ能藝ト稱シテ、田樂ノ能藝ニ分テリ、其技、謠曲ニ合ハセテ、種種ノ事跡ヲ演ス。囃子ハ、笛、太鼓、大ツヅミ、小ツヅミ、ナリ。其流派、後ニ觀世、寶生、今春、金剛、ノ四家トナリテ、コレヲ四座ノ猿樂ト稱シ、別ニ又喜多ノ一流アリ。(謠曲ノ條、見合ハスベシ)

のう (名) 農 (一)田畠ヲ耕シ穀菜ヲ作ルヿ。農業。(二)又、其事ヲ業トスル人。農民。農人。ヒヤクシヤウ。

のう (名) 膿 ウミ。(腫物ノ)「ーヲカモス」

のうか (名) 農家 農民ノ家。ヒヤクシヤウヤ。

のうがき (名) 能書 藥ノ功能ヲ書キツケタルモノ。

のうがく (名) 農學 農業ニ係ル學問。

のうぐ (名) 農具 農業ニ用ヰル道具。

のうげ (名) 能化 (一)能ク人ヲ敎化スルヿ。(二)僧ノ師ノ稱。其化セラルル弟子ヲ所化トイフ。

のうげふ (名) 農業 耕作ノ事。農民ノ生業。

のうじ (名) 農時 農業ノ急ガハシキ時節。

のうしやうむしやう (名) 農商務省 農、工、商、ノ業。及ビ、水產、山林、地質、鑛山、專賣特許、等ノ事ヲ總轄スル省。

のうしよ (名) 能書 文字ヲ書クニ巧ナルー。能筆。

(のうせう) (名) 陵苕 次條ヲ見ヨ。

のうぜんかづら (名) 陵苕 凌霄花 〔古名、のせう、又、のうせう、陵苕ノ音ノ轉カ、のうぜんハ更ニ其訛〕古名、ノセウ。ノウセウ。又、マカヤキ。蔓生ノ灌木、繁茂シテ、樹ニ絡ヒ、高キニ登ル、年久シキモノハ、長大ナルヿ藤ノ如シ、葉ハ對生シ、藤ノ葉ニ似テ、粗キ鋸齒アリ、夏秋ノ間ニ、枝ヲ出スヿ、一尺許、兩對シテ花ヲ開ク、形、牽牛ノ花ノ如ク、本ハ筒ニテ、末ハ圓瓣五出シ、內ハ赭黃ニシテ、外ハ淡黃ナリ。

のうにん (名) 農人 農民ニ同ジ。

のうひつ (名) 能筆 能書ニ同ジ。

のうべん (名) 能辯 辨舌ノ敏クシテ巧ナルヿ。

のうま (名) 野馬 牧ニ飼フ馬。野飼ノ馬。ノマ。牧馬

のうみん (名) 農民 農業ヲナス民。農夫。農人。ヒヤクシヤウ。

のうやくしや (名) 能役者 猿樂ノ能ヲ業トスル人。

のうりよく (名) 能力 能ク働キ得ル力。(身體ニ、精神ニ)

のうるし（名）野漆 草ノ名、たかとうだいニ同ジ。

のうれん（名）暖簾 なうれんノ條ヲ見ヨ。

〔のかがみ（名）白前〔野蘿摩ノ義ト云〕草ノ名、をそめのなおけナルベシ。

のがけ（名）野掛 春秋ノ長閑ナル日ナドニ、人ノ連レ立チテ、飲食ヲ齎シ、野山ヲカケテ遊ブヿ。

のがす・ス・セ・サ・シ・セ（他動）（規．一）逃 逃ルルニ任ス。逃ゲシム。ニガス。

のがひ（名）野飼 牛馬ヲ牧ニ飼フヿ。ハナシガヒ。放飼
のがん（名）野雁 頸長ク、尾短ク、雁ニ似タレバ名トスレドモ、野ニ群飛スル陸鳥ナリ、背、脚、鶏ニ似テ黒ク、指ハ前三指ノミニシテ、距ナシ、頭ト肩トノ端、灰色ニシテ、背ヨリ尾マデハ、赤褐ニシテ黒キ横斑アリ、豹ノ斑ノ如クニテ美シ、胸、腹、白ク、頬ニ淡白ノ長鬚アリ。鴇
のがる・ル・ル・ルレ・レ・レ・レヨ（自動）（規．二）逃 遁 退キテ走ル。禍ヨリ離ル。逃ゲ避ク。マヌカル。

のき（名）軒 檐 簷 宇〔延木ノ意カ〕屋根ノ裾ノ、四方ヘ垂リテ差出デタル所。

のぎ（名）芒〔延木ノ意カ〕（一）稲麥ナドノ穂ニ出ヅル剛キ毛ノ如キモノ。ノゲ。（二）魚ノ骨ノ、喉ニ刺サリタルモノ。トゲ。骨鯁
のぎく（名）野菊（一）よめなニ似テ、葉、稍、薄ク小ク、尖リ多シ、花ニ、一重又八重アリテ、色、黄ナリ。（二）又、よめなノ一名。（三）又、あぶらぎくノ一名。


のきしのぶ（名）軒忍 しのぶぐさノ條ヲ見ヨ。

のきならび（名）軒並 並ビテ隣レル家家。比屋
のきば（名）軒端 軒ノ端。又、軒ニ近ク見ユルヿ。「ーノ梅」ーノ山」

のぎへん（名）禾偏〔禾ノ字ヲ析キテ「ノ木」ト讀ミタルモノカ、或ハ禾芒ノ意カ〕漢字ノ偏ニアル禾ノ字ノ稱、私、秋、科、租、税ノ如シ。

のぎめ（名）芒目 陶器鑛物ナドノ肌ニアル芒ノ如キ文理。

のく・ク・ケ・カ・キ・ケ（自動）（規．一）退 避ケテ離レ去ル。シリゾク。避ク。タチノク。

のく・クル・クレ・ケ・ケ・ケヨ（他動）（規．二）退 除 退クヤウニナス。シリゾクル。除ク。取放シテ外ヘ遣ル。

のげ（名）芒ノ訛。

のげいとう（名）野鶏頭 草ノ名、春ノ末ニ、一根ニ一莖ヲ生ズ、高キハ五六尺、葉ハ互生シ、けいとうニ似テ、淡緑ナリ、夏ノ末ニ、枝ノ梢毎ニ、三五寸ノ穂ヲ生ジ、小花、密ニ綴ル、大サ指ノ如ク、本、白ク、末、淡紅ナリ。青葙
〔のけくび（名）仰頸 衣ノ領ヲ脊ニ下ゲテ、仰様ニ着ルヿ。ヌキエモン。「見グルシキモノ。衣ノ脊縫片寄セテ着タル人。又のけ首シタル人」

のけざまに（副）仰様 背ノ方ヘ。アヲノケニ。「ーニ倒ル」

のげし（名）野芥子 けしあざみニ同ジ。（京都）

のけぞる・ル・レ・ラ・リ・レ（自動）（規．一）仰反 仰ギテ背ヘ反ル。ノケニソル。絶倒

のけに（副）仰 仰ギテ背ヘ。「ー反ル」ー倒ル
のける（動）退ク（規．二）ノ訛。
のこぎり（名）鋸〔のほぎりノ轉〕古ク、ノホギリ。木竹ヲ挽キ切ル具、鐵ニテ甚ダ薄ク、平タク、長方形ニ作リ、其一邊ニ、細キ齒ヲ列ネテ刻ミ作リ、齒毎ニ、タガヒチガヒニ刃ヲ立テ、木柄ヲ付ス。
のこぎりびき（名）鋸引 弑逆ノ者ノ刑、徳川氏ノ制ニハ、死罪ノ極ナルモノトス、兩肩角ニ傷ツケテ、其血ヲ鐵鋸竹鋸ニ塗リ、挽キ傷ツケタル狀ヲ表シテ、（古ク、路行ク人ニ挽カシメタリト云）市ニ肆スヿ一日、後ニ引廻シノ上ニ、磔ニ行フ。
のこす・ス・セ・サ・シ・セ（他動）（規．一）殘 遺 殘ルヤウニナス。後ニ留ム。餘マシテ置ク。
〔のごふ（動）拭フニ同ジ。「眞袖モチ、涙ヲ能其比」
〔のこんのゆき（名）殘雪 雪ノ消エ殘リタルモノ。
のこらず（副）不殘 コトゴトク。スベテ。悉皆
のこり（名）殘 ノコルヿ。ノコリタルモノ。
のこりおほし・キ・ケレ・ク・ク（形．二）殘多 心殘リ多シ。殘念ナリ。遺憾
〔のこりしね（名）稆〔殘稲ノ義〕穀ヲ舂キテ米トスルニ、猶、皮ヲ脱セズシテ殘ルモノ。今、アラ。
のこりをし・シキ・シケレ・シク・シク（形．二）殘惜 思ヒ殘リテ惜シ。ノコリオホシ。ナゴリヲシ。遺憾 惜別
のこる・ル・レ・ラ・リ・レ（自動）（規．一）殘 遺 餘リテ後ニ止マル。

のさき (名) 荷前 〔荷前ノ轉、貢物ノ荷ニイフ、前トハ、初穗ト言ハムガ如シ〕古ヘ、年ノ終ニ、十陵、八墓ヘ幣帛ヲ奉ラセラルルヿ、其所司ハ、先ヅ十二月十三日ニ定メラレ、別ニ吉日ヲ擇マル、陵ハ、御歷代天皇、及、天皇ノ御生父母、等ニテ、墓ハ、外戚ノ御祖父母等ナリ、世世、變轉アリ。

廿のさのさ (副) 〔伸ス意〕恣ニ振舞フ狀ニイフ語。ノソノソ。

廿のさばる・ル・レ・ラ・リ・レ (自動)(規.二) 〔伸張ル意カ〕恣ニ延ビヒロガル。驕リテ恣ナリ。偃蹇 橫放

のざらし (名) 野晒 されかうべニ同ジ。髑髏

のし (名) 熨 (一)火ニテ熨スヿ。(二)熨斗。「大キナルのし持チタル女房」云云、席ヲバ腰ニ熨シ撫デテ」熨斗 (三)アシアハビ。

〔のし〕(名) 〔のハ野、しハ羊蹄ナリ〕紫菀ノ古名。

のしあはび (名) 熨斗鮑 鮑ノ肉ヲ、かんぺうヲ剝グ如ク、薄ク長ク剝ギテ、條トシ、引キ延シテ乾シタルモノ。略シテ、ノシ。儀式ノ肴ニ用ヰ、祝事ノ贈物ナドニ添ヘテ飾トス。(延長ノ義ニ因ル)長キママニテ用ヰルヲ、ながのしトイフ。古クハ、剝ガズシテ、打チ展ベテ用ヰ、うちあはびナドモイヘリ。

のしうめ (名) 熨梅 食物、善ク熟シタル梅實ヲ、一夜、桶ニ封ジテ後、擂リ潰シ、布ニ包ミテ絞リ、其梅肉ヲ火ニ掛ケテ、砂糖葛粉ヲ加ヘテ和セシメ、油ヲヒキタル箱ニ入レテ、日ニ乾シテ成ル、切リテ食フ。

〔のしかたのくぎ〕(名) 鉼釘 〔熨斗形ノ釘ノ義ト云、字、或ハ、浮漚釘ニ作ル、形、浮漚ノ如クナレバイフ、今、鋲トイフハ、浮漚ノ音ノ轉カトモイフ〕釘ノ頭ノ、笠ノ形シタルモノ。即チ、今ノ鋲。

のじこ (名) 小鳥ノ名、あをじニ似テ、頭、青黃ニシテ薄ク、鮮ナリ、翅ニ、黃赤黑ノ縱紋アリ、胸ハ黃白ニ、脚ハ細クシテ淡黃赤ナリ。

のしね (名) 野稻 稻ノ一種、旱稻ニシテ、粳アリ、糯アリ、粒、長大ニシテ、潔白ナリ、南蠻渡來ノ種ナレバ梵天米ノ名モアリ。

のしめ (名) 熨斗目 一種ノ絹布ノ、賀服ニ裁スルモノ、經、練絲ニシテ、緯ハ生絲ナリ、無地ニシテ、腰ノ邊ニノミ縞ヲ織出ス、のしあはびノ形ノ如シトテイフトゾ。(ねりぬきノ條、見合ハスベシ)

のしもち (名) 伸餅 餅ヲ、平タク、厚サ五分許ニ伸シタルモノ、切餅トス。

のじゆく (名) 野宿 露天ニ宿スルヿ。路臥

のじゆんぎく (名) 野春菊 山ニ多シ、よめなノ類ニシテ、葉、大ク、黑ミアリ、一根ニ叢生シ、高サ、一尺許、春夏ノ交、花ヲ開ク、よめなノ花ニ似タリ。略訛シテ、シンギク。六月菊

のしろぬり (名) 野代塗 羽後、山本郡、野代ノ地ヨリ製出スル春慶塗ノ稱、最上品ナリトス、檜ニテ器ヲ作リ、漆ノ色、淡クシテ黃色多ク、善ク透キテ木理ヲ見ル、塵ヲ避ケテ、海上ニテ塗ルト云。秋田春慶。野代春慶。

のす・ス・セ・サ・シ・セ (他動)(規.一) 伸 (一)張リテ長ク延ブル。ヒログ。ノバス。(二)熨斗ニテ、布帛ノ縮ミナドヲ伸シ平ラカニス。熨

のす・スル・スレ・セ・セ・セヨ (他動)(規.二) 載 (一)上ゲテ置ク。ノボス。乘ラシム。(二)物ニ書キ記ス。(三)タブラカス、バカル。「計略ニー」

〔のせ〕(名) 鵟鷂 〔野兄鷹ノ略カト云〕鶚ノ類。

〔のせう〕(名) 陵苕 のうぜんかづらノ條ヲ見ヨ。

のぜり (名) 野芹 (一)柴胡。(二)芹ノ條ヲ見ヨ。

のせる (動) 載スノ訛。

のぞき (名) 覗 (一)覗クヿ。(二)ノゾキカラクリ。

のぞきからくり (名) 覗機關 大ナル匣ノ内ニ、種種ノ畫ヲ備ヘ、孔アリテ、覘ケバ、機關ニテ、畫ヲ變ヘテ見スルモノ、兒童ヘノ觀物トス。

のぞく・ク・ケ・カ・キ・ケ (自動)(規.一) 臨 〔延ビ退ク意カ〕臨ム。差シ掛ル。「池ニノゾキタル松ニ、藤カカレリ」水ニノゾキタル廊ニ」

のぞく・ク・ケ・カ・キ・ケ (他動)(規.一) 覘窺 臨クヤウニシテ見ル。ウカガフ。カイマム。「晝ナラマシカバ、ノゾキテ見奉リテシヲ」闇ノ夜ニモ、ココカシコヨリ、ノゾキ、カイマミ、惑ヒアヘリ」「御簾ノ端ヨリ、ノゾキ給ヘルヲ」

のぞく・ク・ケ・カ・キ・ケ (他動)(規.一) 除 〔除退クル意カト云〕省キ去ツ。取リ除ク。

〔のぞこる〕・ル・レ・ラ・リ・レ (自動)(規.一) 除 除カレテ消ユ。齊明三年紀「牟婁温泉、云云、纔觀ニ彼地ニ、病自蠲消」望ミ、ノゾコリ、罪消エテ、人天淨土ニ生レ」

廿のそのそ (副) のさのさニ同ジ。「ー這入ル」

のぞまし・シキ・シケレ・シク・シク (形.二) 可望 望ムベクアリ。

欲シ。

のぞみ（名）望（一）望ムヿ。ナガメ。（二）得ムト願フ目的。所望。

のぞむ・ム・メ・マ・ミ・メ（自動）（規・二）臨 差シ掛ル。向フ。「池ニー」谷ニー」其席ニー」其場ニー」老ニー」

のぞむ・ム・メ・マ・ミ・メ（他動）（規・二）望（一）遠ク打見遣ル。ナガム。（二）コヒネガフ。欲ス。ホシガル。所望ス。

のだいわう（名）野大黄 羊蹄菜ニ同ジ。（京都）

＃のたうつ・ツ・テ・タ・チ・テ（自動）（規・二）ぬたうつニ同ジ。ヌタクル。「ノタウチマハル」

＃のたくる・ル・レ・ラ・リ・レ（自動）（規・二）ぬたうつニ同ジ。ヌタクル。

のだち（名）野太刀（一）〔古ヘ、打刀、腰刀ノ類ヲ、野行ニ佩ブル稱ナルベシ。（二）後世ハ、長太刀ノ一稱。

のだつ・ツ・テ・タ・チ・テ（自動）（規・二）伸立 高ク伸ビ立ツ。成長ス。

のだて（名）野立 野中ニ、駕籠ナド立テテ、小休ミスルヿ。（貴人ノ旅行ニ）

のたまはく（副）宣曰〔のたまふノ延〕宣フニハ。ノタウマクノタバク。

のたまふ・フ・ヘ・ハ・ヒ・ヘ（他動）（規・二）宣〔告リ給フ、ノ略〕告ル、言フノ敬語。

＃のたれじに（名）倒死 路傍ニノタレテ死ヌルヿ。ユキダフレ。

＃のたれる・レル・レレ・レ・レ・レ・レヨ（自動）（規・四・變）倒 路傍ニ、ノタウチテ倒ル。轉溝壑

のち（名）後（一）次ナルヿ。後レタル方。アト。ウシロ。（前、先、反）（二）年月日時ノ未來ノ方。「ーノ爲ニ」ーノ世」ーノ年」ーノ春」後來（三）後胤。子孫。

のぢ（名）野路 野ノ中ノ路。野徑

のちぎ（名）野苣 けしあざみニ同ジ。

のちざん（名）後產 ノチノモノ。胎兒ノ生レテ後、暫シシテ、殘レル胞ノ出ツルヿ。

のちせ（名）後瀨 後日ニ逢ハム時。「後瀨山、後モ逢ハムト、思ヘコソ、死ヌベキモノヲ、今日マデモ生ケレ」見ナホシ給フのちせモヤ、トモ思ヒ侍ルニ」再會

のちぞひ（名）後添 ウハナリ。再度迎ヘタル妻。後妻。繼配

のちのつき（名）後月（一）次ナル月。翌月。（二）陰暦、九月十三夜ノ月。（次條ヲ見ヨ）

のちのつきみ（名）後月見 陰暦、九月十三夜ノ月見ノ稱。（中秋ノ月見ニ對ス、十三夜ノ條ヲ見ヨ）

〔のちのもの（名）後物 後產。「のちのもの毛、イトタヒラカナリ」

のちのよ（名）後世（一）後來ノ年月。（存生中ノ「今ハト、ソムキ捨テ、山籠リシナム後ノ世ニ立チトマリテ、誰ヲ賴ムカゲニテ、物シタマハムトスラム」（二）死シテノ後ノ此ノ世。「丈夫ハ、名ヲシ立ツベシ、後ノ代ニ聞キ繼グ人モ、語リ次グガネ」（三）佛教ニ、後世。後生。未來。（三世ノ條ヲ見ヨ）「斯クシツツ、戀ノ淚ニ、沈ム身ハ、後ノ世トテモ、浮ビシモセジ」契リオク、ソノ言ノ葉ニ、身ヲカヘテ、後ノ世ニダニ、逢ヒ見テシガナ」

のぢん（名）野陣 野宿ノ陣ヲ張ルヿ。露營

〔のづち（名）野槌 動物、詳ナラズ、新撰字鏡ニ、蟵、蝮、共ニ、乃豆知ト訓ゼリ。

のつと（名）祝詞 のりとノ音便。

のつとる・ル・レ・ラ・リ・レ（自動）（規・二）則〔則取ルノ音便〕ソレヲ則トシテ從フ。傚フ。

のつとる（動）乘取 のりとるノ音便。

のつびき（名）退引ノ音便。避ケ退クヿ。（下ニ反語ヲ用ヰル）「ーナラヌ」ーセサセヌ」

のつぺい（名）〔滑ノ意〕豆腐、胡蘿蔔、大根ナドヲ刻ミ雜ヘテ、汁ニ煮テ葛粉ヲ加ヘタルモノ。又、ヌッペイ。

のづら（名）野面（一）石工ノ語、石ノ自然ノ肌。（二）＃俗ニ、恥ヲ知ラヌ顏。アツカハ。靦顏

のてん（名）野天 家ノ外。即チ、屋根ナキ所。露天

〔のと（名）祝詞 のりとノ約。「神主ノ、のとイミジク申シテ、神ノ御前ノ戶ヲ明ケテ」

のど（名）咽喉〔のむとノ約〕又、ノムド。口ノ奧ノ飲食呼吸ヲ通ズル所。即チ、胃管氣管ノアル所。

のどかに（副）〔和氣ニノ轉〕（一）靜ニ。ユッタリトシテ。ノドニ。ノドヤカニ。ノドラカニ。「立チテ、ー袖返へる所ヲート、求メシ山ノ、奧モマタ、アクガレヌベク、松風ゾ吹ク」淚川、ーダニモ、流レナム、戀シキ人ノ、影ヤ見ユルト」悠然（二）空、靜ニ晴レテ、ウララカニ。長閑 晴和

のどくび（名）喉頸 喉ト頸トノ邊。「ーヲ抑ヘテ」

のどけ（名）喉氣 喉ノ腫レ痛ム病。喉痺

のどけし・キ・ケレ・ク・ク（形・二）（一）靜ナリ。ノドカナリ。ユッ

タリトシタリ。「花ニ似ズ、ノドケキモノハ、春霞、タナビク野邊ノ、松ニゾアリケル」大井川、下ス筏ノ、ヒマゾナキ、落チ來ル瀧ノ、ノドケカラネバ」悠然　(二)空晴レテ、ウララカナリ。晴和

のどけ　(副)　のどかニ同ジ。靜ニ。ユッタリトシテ。「アスカ川、シガラミ渡シ、塞カマセバ、流ルル水モ、能杼爾カアラマシ」悠然

のどのどと　(副)　甚ダノドカニ。靜ニ。ユッタリト。「大方ハ、イト騷ガシク、急ガシゲナル頃ナレド、此御方ニハ、ーシテ」悠悠

のどぶえ　(名)　喉吭　又、ノムドブエ。略シテ、フエ。喉ノ氣管ノアル處。吭

のどボトケ　(名)　喉佛　俗ニ、喉ノ中間ノ凸ク出デタル所ノ稱。(男子ニ)結喉

のどまる・ル・レ・ラ・リ・レ　(自動)　(規・一)　和　ユッタリトナル。シヅマル。オチツク。「少シ、心ノドマリテゾ、アサマシキ事ヲ思ヒツヅクルニ」

のどむ・ムル・ムレ・メ・メ・メヨ　(他動)　(規・二)　和　ユッタリトセサス。シヅム。オチツカス。「サノミモ、エ思シノドムマジカリケレバ」ケニ、ミツカラモ、エノドメズ、心アワタダシキ程ニテすご」イト靜ニ、ノドメテ待チ給ヘさ」

のどやか　(副)　靜ニ。ノドカニ。ノドラカニ。「春宮、カヘラセ給ヒヌレバ、ーナリタルニ」時雨甚クシテ、ノドヤカナル日」悠然

のどらか　(副)　のどやかニ同ジ。

のどろか　(副)　滯ロテ止マル所ナク。「ー廣シ」ー大シ」

ー深入ス」

のどわ　(名)　喉輪　鎧ノ具、別ニ喉ノ部ニ添フルモノ、半輪ノ狀ヲナス。

のねずみ　(名)　野鼠　はつかねずみニ同ジ。(越前)

ののさま　(名)　小兒ノ語、月、佛像、等ノ稱。

ののしる・ル・レ・ラ・リ・レ　(自動)　(規・一)　喧呼　聲高ニ言ヒ騷グ。喧シク言ヒタツル。ノノメク。「僧共、召シノノシリ、萬ノ御誦經、云云」歌ヒー」遊ビノノシリ明シ給フ」川ノカヲ見ヤリツツ、響キノノシル水ノ音ヲ聞クニモ」

ののしる・ル・レ・ラ・リ・レ　(他動)　(規・一)　罵　(前條ノ語ノ轉)怒リテ叱リ言フ。罵ル。

ののみや　(名)　野宮　皇女ノ、齋宮齋院ニ立給フベキ時、先ヅ齋戒ノ爲ニ座シマス宮ノ稱。齋宮ナルハ山城嵯峨ノ有栖川ニアリ、齋院ナルハ同紫野ニアリ。

ののめく・ク・ケ・カ・キ・ケ　(自動)　(規・一)　喧呼　聲高ニ呼ビサワグ。ノノシル。「見ル人、皆、ノノメキ感ジ、或ハ泣キケリ」

のばかま　(名)　野袴　袴ノ一種、裾ニ廣キ縁ヲ添ヘタルモノ、遠行スルニ用ヰル。

のばす・ス・セ・サ・シ・セ　(他動)　(規・一)　延 伸　(一)延ベテ引キ張ル。長クヒログ。(二)大クナス。盛ニス。「身代ヲー」(三)長引クヤウニナス。延引セサス。「日限ヲー」(四)溶ス。ユルム。「糊ヲー」膠ヲー」融解

のばはる・ル・レ・ラ・リ・レ　(自動)　(規・一)　延　延ビ引ク。「シヅミタリシ愛ニカハリテ、今マデモ、ノバハリテ」

のばふ・フル・フレ・ヘ・ヘ・ヘヨ　(他動)　(規・二)　延　延ベ引ク。「イカホノ沼ノ、イカニシテ、思フ心ヲ、ノバヘマシ」數知ラズ、君ガ齡ヲ、ノバヘツツ」

のび　(名)　延　(一)延ブルコト。長サ。(二)勞レテ倦ミタルトキ、自ラ手足ヲ伸ブルコト。「ー欠」伸

のび　(名)　野火　春ノ初ナドニ、野山ニ火ヲ放チテ枯草ヲ燒クコト。野燒

のびあがる・ル・レ・ラ・リ・レ　(自動)　(規・一)　伸上　足ヲツマダテ、脊ヲ伸ベテ高クス。翹足

のびのび　(副)　延延　(一)障リナク延ブル狀ニイフ語。「ートスル」伸長　(二)事、長引キテ。延引シテ。「ーニナル」遷延

のびやか　(副)　延　障リナク延ビテ。

のびる　(名)　野蒜　蒜ノ條ヲ見ヨ。

のびる　(動)　延ブ(規・三)ノ訛。

のぶ・ブル・ブレ・ベ・ベ・ベヨ　(他動)　(規・二)　延 陳　(一)長クナス。ヒログル。ノバス。ヒキハル。(二)久シクナス。遲クナス。延引セサス。「日限ヲー」(三)平ニヒロゲテ敷ク。「臥具ヲー」展

のぶ・ブル・ブレ・ベ・ベ・ベヨ　(他動)　(規・二)　申 宣 述 陳　(言ヲ延ブル義)長ク說ク。精シク語ル。

のぶ・ブル・ブレ・ビ・ビ・ビヨ　(自動)　(規・三)　延 伸 暢　(一)長クナル。ヒロガル。(二)久シクナル。遲クナル。長引ク。延引ス。「日限ー」彌久　(三)高クナル。成長ス。「草ー」體ー」脊ー」成長　(四)溶ケテ多量ニナル。「糊ー」膠ー」(五)大ク盛ニナル。「身代ー」

のぶく　(名)　野服　遠行旅行ナドノ時ニ用ヰル衣服、

即チ、野袴、脊割羽織ナド。
(のぶし (名) 野伏 山伏。「山伏ノ、野伏モ斯クテ、試ミツ、今ゾトネリノ、ネヤゾヿノシキ」
のぶせ (名) 野武士 主將ナキ兵ノ、山野ナドニサスラフ者。ノブセリ。
のぶすま (名) 野伏間 〔野衾ノ義、其肉翅ヨリシテイフ〕 むささびニ同ジ。 鼯鼠
のぶせり (名) 野伏 (一)野武士。(二)山野ニ潜ミテ劫奪スルモノ。ヤマダチ。山賊。
のぶだう (名) 野葡萄 えびづるノ一種、葉ノ形、相似テ薄ク、毛ナシ、實大ク、秋ニ熟ス、碧紫紅白緑ノ數色、雜リテ美シ、枯ルルトキハ皆黑シ。 蛇葡萄
のべ (名) 延 延ブルヿ。長クスルヿ。
のべ (名) 野邊 (一)野ノアタリ。(二)葬リニ出ヅルヿ。葬送。「一ノ送リ」(三)火葬。荼毘。「一ノ烟」
のべおくり (名) 野邊送 葬リニ出ヅルヿ。葬送。
のべがね (名) 延金 鍛ヒテ延ベ平メタル金類。
のべがみ (名) 延紙 杉原紙ノ小キモノ、竪七寸許、横九寸許、鼻紙ニ用ヰル。
のべる (動) 延ブ、(規・二)宣ブ、等ノ訛。
(のぼぎり (名) 鐋 〔上切ノ意カト云〕 のこぎりノ古名。
のぼす・スル・スレ・セ・セ・セヨ (他動) (規・二) 登上 (一)上ヘ進ムル。高キヘ遣ル。アグ。(二)載セ記ス。「史ニ一」版木ニ一」(三)京ヘ送リ遣ル。
のぼせ (名) 逆上 血ノ運行ノ上リテ腦ニ迫ルヿ。上氣。上衝。

のぼせる・セル・セレ・セ・セ・セヨ (自動) (規・四・變) 逆上 (一)逆上ヲ病ム。(二)烈シク怒リ、又ハ、苦シミナドシテ、一時、本心ヲ失フ。トリノボセル。血迷フ。
のぼり (名) 登上 (一)ノボルヿ。アガルヿ。(二)登ル路。「坂ノ一」「三里」(三)田舍ヨリ京ヘ行クヿ。上京。(四)袍ノ衽。
のぼり (名) 幟 〔上ノ義カト云〕 旗ノ類、布ノ横ニ許多ノ乳ヲ付ケ、竿ニ通シテ立ツルモノ。
のぼりさと (名) 幟邑 〔字形、幟ノ如クナレバ名トス〕 漢字ノ旁ノ阝ノ字ノ稱。大邑ニ同ジ。
のぼりばし (名) 登階 梯子ニ同ジ。
のぼりりよう (名) 昇龍 畫ニ、龍ノ空ヘ昇ル狀ヲ畫ケルモノ。其降ル狀ナルヲ對ニ畫ク、コレヲ降龍トイフ。
のぼる・ル・レ・ラ・リ・レ (自動) (規・一) 登 昇 升 上 (一)上ヘ進ム。高キヘ行ク。アガル。(二)源ノ方ヘ行ク。サカノボル。「川ヲ一」 遡 (三)田舍ヨリ京ヘ行ク。(四)逆上ル。「御風ニヤトテ、ユデサセ給ヒテ、ノボラセ給フママニ、御口鼻ヨリ、血「アエテ」氣一」 逆上
のま (名) 野馬 野飼ノ馬。野馬。 牧馬
のまめ (名) 野豆 蔓草、山野ニ多シ、春、舊根ヨリ生ズ、蔓極メテ長ク、莖、葉、共ニ茶褐色ナリ、葉ハふぢまめニ似テ小ク、夏、葉ノ間ニ穗花ヲ開ク、形、豆ノ花ニ似テ、淺紫色ナリ、莢ノ長サ五分、子、圓ク黑シ、生ニテ食ヒテ腥氣ナシ。一名、ヤブマメ。 鹿藿
のまを (名) 野輿麻 からむしノ條ヲ見ヨ。

のみ (名) 蚤 〔血ヲ飲ム蟲ノ意カト云〕 細小ナル蟲、夏、濕熱ノ地ニ生ジ、能ク人、畜ニ着キテ血ヲ吸フ、身、一分許、赤クシテ、首、小ク、六足ニシテ、極メテ疾ク跳ヌ雄ハ痩セテ、雌ハ肥ユ。
のみ (名) 鑿 〔木屑ヲ呑ム意カト云〕 工匠ノ具、木ニ方圓ノ孔ヲ穿ツニ用ヰル、直キ刃ニ直キ柄アリ、槌ニテ柄頭ヲ叩キテ穿ツ。 又、形ニ因テ、さす一、まる一、つば一等アリ、各條ニ註ス。
のみ (辭) 第二類ノ天爾波、一アリテ二ナキ意ヲ示スモノバカリ。「我一知ル」善キヲ一取ル」斯グ一アラど 漢籍讀ニハ、文句ノ末ニ居テ言切ルヿアリ。「心ヲ盡ス一」此ノ如キ一」 而已 耳
のみぐすり (名) 飲藥 口ニ飲ミ用ヰル藥。(つけぐすりニ對ス) 内服藥
のみぐち (名) 呑口 樽ニ、孔ヲ穿チ、塡メ込ミ置キテ酒醬油ナド出スロトスル管、栓ニテ拔キ差シス。 注口 管注
のみくひ (名) 飲食 飲ムヿト食フヿト。
のみくひ (名) 蚤食 蚤ノ膚ヲ食ヒタル痕。
のみこむ・ム・メ・マ・ミ・メ (他動) (規・一) 呑込 (一)呑ミテ喉ヘ入ル。 嚥下 (二)理ヲ心ニ承ク。會得ス。合點ス。 了解
のみさし (名) 飲殘 半、飲ミテ殘シタルモノ。「酒ノ一」水ノ一」
のみとりぐさ (名) 蚤取草 ありのたふぐさニ同ジ。
のみむし (名) 蚤蟲 はねむしニ同ジ。

のみもの (名) 飲物 飲ムベキモノ。(水、酒、ノ類) 飲料
のむ・ム・メ・マ・ミ・メ (他動)(規・一) 飲、呑 (一)口ニ入レ喉ヘ下シ、胃ヘ送ル。「酒ヲー」水ヲー」(二)吸ヒ入ル。「烟草ヲー」喫烟
（のむ・ム・メ・マ・ミ・メ (他動)(規・一) 祈乞 請ヒ願フ。祈ル。「天地ノ、神ヲゾ我ガ祈ム、甚モスベナシ」千早振、神ノ社ニ、照ル鏡、倭文ニ取リソヘ、乞ヒ能美テ、吾ガ待ツ時ニ」其單衆知レ不レ得レ免、叩頭曰 叩頭此云ニ廻務ニ
卄のんき (名) 〔延氣ノ音便〕 氣ノ煩ラヒナク伸バハルコ。暢氣
（のむし (名) 蠶 きくひむしノ古名。
（のむど (名) 喉咽 〔呑門ノ義〕 今、約メテ、のど。
（のむどぶえ (名) 吭 今、約メテ、のどぶえ。
（のめ (名) 舩茹 まいはだノ條ヲ見ヨ。
卄のめ・す・ス・セ・サ・シ・セ (他動)(規・一) 前ヘ倒ス。「突キー」
卄のめ・のめ (副) 恥ヂズシテ差出ヅル狀ニイフ語。 覥然
卄のめ・る・ル・レ・ラ・リ・レ (自動)(規・一) 前ヘ倒ル。「ツマヅキー」
（のもせに (副) 野狹 野モ狹クナルマデニ。「ー咲ケル、秋萩ノ花 萩ノー、置ク露ノ」
（のもり (名) 野守 野ヲ守ル者。「春日野ノ、飛火ノー、出デテ見ヨ、今幾日アリテ、若菜摘ミテム」
（のもりのかがみ (名) 野守鏡 野中ノ水ニ影ノ映ルコナリト云。「ハシ鷹ノ、ー、得テシガナ、思ヒ思ハズヨソナガラ見ム」夏草ハ、茂リニケリナ、御狩野ノ、ー、影モ見ヌマデ」

のや (名) 野矢 鹿狩ニ用キル矢。一名、シシヤ。
のら (名) 〔らハ助辭〕 野トイフニ同ジ。「里ハ荒レテ、人ハ舊リニシ、宿ナレヤ、庭モ籬モ、秋ノのらナル」
卄のらいぬ (名) 野犬 飼主ナキ犬。
（のらえ (名) 蘇 〔野荏ノ義〕 紫蘇ノ古名。
（のらね (名) 野鼠 ひみずニ同ジ。
卄のらねこ (名) 野猫 飼主ナクテサマヨヒ居ル猫。
のらまめ (名) 野豆 (一)豌豆ノ古名。(二)又、蠶豆。(尾州)
のり (名) 法則度規範 〔上ヨリ告リ給フコハ掟トナル意〕(一)目當トシテ從ヒ守ルベキモノ。手本トスベキ道。定メテアル理。オキテ。法則。法度。(二)佛法。「ーノ師」ーノ場」ーノ花」ーノ雨」ーノ舟」
のり (名) 海苔 〔滑ノ轉〕(一)水草ノ名、水ノ中ノ木石等ニ着キテ生ジ、採リテ食用トス、鹹水淡水ノ產、種類多シ、あまー、あさくさー、あをー、うつぶるひー、おー等、各條ニ註ス。(二)專ラ、あまのりノ稱。紫菜
のり (名) 糊 〔滑ノ轉〕 飯、しやうふ、ナドヲ煮テ、水ニ煉リタルモノ、物ヲ粘シツクル用トス。
のり (名) 血 〔滑ノ轉〕 血ノ異名。
のりあひ (名) 乘合 舟車ナドニ、衆ト共ニ乘ルコ。「ー舟」ー馬車」 同舟 同車
のりいれ (名) 糊入 (一)糊ヲ盛リ置ク器。 糊斗 (二)紙ノ名、杉原ノ條ヲ見ヨ。
のりうち (名) 乘打 馬駕籠ニ乘リタルママニテ打過グルコ。(憚リテ下ルベキ所ナドニ就キテイフ)

のりうつ・る・ル・レ・ラ・リ・レ (自動)(規・一) 乘移 (一)替ヘテ乘ル。(馬、船、駕ニ)(二)憑ル。カカル。(神ニ、兀盤ニ) 憑
のりかか・る・ル・レ・ラ・リ・レ (自動)(規・一) 乘掛 (一)乘リ始ム。(二)爲シ始ム。
のりか・く・クル・クレ・ケ・ケ・ケヨ (自動)(規・二) 乘掛 乘リテカラ上ル。「船ヲ岩ニー」馬ヲ坂ニー」
のりかけ (名) 乘掛 驛驛ノ駄馬ニ、荷ヲ二十貫目トシ、一人コレニ乘ルコ。(本馬、輕尻、ノ條、見合ハスベシ)
のりかへ (名) 乘替 (一)馬、車、舟ナド、替ヘテ乘ルコ。(二)替ヘテ乘ルニ備フル馬、又車。 副馬 副車
のりき (名) 乘氣 機ニ進ム心。
のりき・る・ル・レ・ラ・リ・レ (自動)(規・一) 乘切 馬ヲ止メズ乘リ過グ。ノッキル。
のりくみ (名) 乘組 ノリクムコ。乘合ヒノ人。
のりく・む・ム・メ・マ・ミ・メ (自動)(規・一) 乘組 共ニ乘リ入ル。乘合フ。
（のりごつ・ツ・テ・ヌ・テ・テ (他動)(規・二) 詔令 〔告言ヲ活用ス〕 言ヒ聞カセ給フ。命ズ。「天神諸命以 詔ニ伊邪那岐命ニ」令ニ諸國ニ
（のりごと (名) 詔令 〔告言ノ義〕 言ヒ聞カセ給フコ。オホセ。「令ニ有司ニ」
のりす・つ・ツル・ツレ・テ・テ・テヨ (他動)(規・二) 乘捨 下リテ放チ遣ル。「馬ヲー」船ヲー」

のりぞめ (名) 乘初 始メテ、馬、船、ナドニ乘ルコト。新造、新調、ニモイヒ、新年ニモイフ。

のりつ・く・クル・クレ・ケ・ケ・ケヨ (自動)(規・二) 乘附 馬ヲ馳セテ到リ着ク。

のりづけ (名) 糊着 糊ニテ粘バシ着ケタルコト。〔釘付ナドニ對ス〕

のりと (名) 祝詞 次條ヲ見ヨ。

のりとごと (名) 祝詞 〔告說言ノ略カト云〕 神ニ告リ申ス詞、又、祓除ノ詞。一定ノ文體アリテ、上古ノ語ヲ用ヰル。略シテ、ノリト。約メテ、ノット。ノト。「中臣ノ、太能里等其等、言ヒハラヘ」使ニ天兒屋命掌ニ其解除之太諄辭一(太諄辭此云ニ布斗能理斗ニ)」大中臣、天津祝詞乃太祝詞事乎宣禮」

のりと・る・ル・レ・ラ・リ・レ (他動)(規・一) 乘取 乘入リテ奪ヒ取ル。〔敵ノ城船ナドヲ〕

のりのし (名) 法師 僧。ホフシ。

のりのつかさ (名) 式部省ニ同ジ。

のりはけ (名) 糊刷毛 糊ヲ塗ルニ用ヰル刷毛。糊刷

のりもの (名) 乘物 (一)人ノ乘リテ行クモノ。「普賢菩薩ノのりものト覺ユ」(白象ノコト)老鶴從來仙洞ノ駕」 乘 駕 (二)後ニ、專ラ、駕籠。(貴人ノ用ナルニ) 轎 肩輿

(のりもの) (名) 賭物 圍碁雙六ナドニ賭クル品物。カケモノ。「上、碁盤ヲ召シテ、仲忠トアソバス、何ヲのり物ニハセム」

(のりゆみ) (名) 賭弓 古ヘ、正月十八日ノ公事、主上、弓場殿ニ臨マセラレ、左右ノ近衞府兵衞府ノ舍人、弓ヲ射テ勝負ヲ試ミルヲ御覽アリ、勝方ノ大將、射手ニ還饗アリ。又、臨時ニ殿上ノ侍臣ドモノ射ルヲ御覽アルヲ、殿上ノ－トイフ。

のる・ル・レ・ラ・リ・レ (自動)(規・一) 乘 (一)移リテ其上ニ居ル。アガル。ノボル。(車、馬、船、駕ニ)(二)其上ニ書キ記サル。「年代記ニ－」 載 (三)欺キニ遇フ。タバカラル。「計策ニ－」(四)機ニツケテ進ム。乘ズ。「勝ツニ－」 與ニ－」(五)盛ニナル。增ス。「面白ミガ－」「あぶらガ－」

(のる・ル・レ・ラ・リ・レ) (自動)(規・一) 似 似ル、ノ古言。「此神形貌、自與ニ天稚彥ニ恰然相似」「艷然、似ニ赤酸醬ニ」

(のる・ル・レ・ラ・リ・レ) (他動)(規・一) 宣告 〔述ブル意ト云〕 言ヒ聞カス。告グ。「名－」

(のる・ル・レ・ラ・リ・レ) (他動)(規・一) 罵 〔怒リ宣ル意〕 辱カシメ言フ。惡口ス。ノノシル。「召ニ兄宇迦斯ニ罵詈曰」己レ故、所詈テ居レど」

のる・ル・レ・ラ・リ・シ (自動)(規・一) 仰 背ヲ高クシテ前へ臨ク。「ノリツ反リツ」

のれん (名) 暖簾 なうれんノ約轉。

(のろ) (名) 麞 鹿ノ類ニテ小キモノト云、日本ニ產セズ。

のろし (名) 狼烟 烽火 飛火。軍中ニテ、合圖ノ爲ニ、烟ヲ打上グルモノ、筒ニ火藥ヲ込メテ製ス、晝ト夜トニテ、製異ナリ。

のろ・し・キ・ケレ・ク (形・二) 遲ク鈍シ。爲ル事、時ニ後ル。遲鈍

のろしもり (名) 烽子 烽火ヲ守ル者。

のろのろ (副) 甚ダ遲鈍ク。遲遲

のろひ (名) 詛 ノロフ。呪詛。

のろ・ふ・フ・ヘ・ハ・ヒ・ヘ (他動)(規・一) 詛呪 〔罵ルノ延カト云〕 トコフ。神佛ニ禱リテ、怨敵ニ禍ヲ蒙ラシム。呪詛ス。

廿のろま (名) 〔次條ノ語ニ起ルト云、或ハ、間ノ遲鈍キヲイヘル語カ〕 氣轉ノ遲鈍キ人ヲ罵ル語。遲鈍

のろまにんぎやう (名) 野呂松人形 操人形ノ一種、野呂松勘兵衞トイヘル者創ム、頭扁ク、色青黑キ木偶ヲ舞ハシテ痴騃タル狂言ヲ演ズ。

のわき (名) 野分 〔野草ヲ吹キ分クル意〕 秋冬ノ際ニ吹ク疾風ノ名。暴風

のゐんどう (名) 野豌豆 (一)原野ニ多シ、秋深ケテ、子ヲ生ズ、冬ヲ歷、春ニ至リ、盛ニ成長ス、莖、地ニ仆ク、一二尺、葉互生ス、翹搖 二種アリ、其一ヲ烏ノ豌豆トイフ、葉ハ、れんげさうニ似テ、數多シ、葉頭ニ鬚ナク、春ノ末、葉ノ間ニ、紅紫花ヲ開ク、豆ノ花ニ似テ大サ三分許、莢、長サ七八分、子圓クシテ、少シ平タク、淺綠色ナリ、又、イヌソラマメ。大巢菜 其一ヲ雀ノ豌豆トイフ、葉最モ細小ニシテ、頭ニ鬚アリ、葉ノ間ニ小莖ヲ出シ、數花ヲ開ク、大サ一分ニ滿タズ、淺紫色ナリ、莢、長サ三四分、內ニ二子アリ。又、イヌヱンドウ。小巢菜 (二)又、はまゑんどうノ一名。野豌豆

はばぱ

は 五十音圖、波行第一ノ假名。此一行ノ假名は、ひ、ふ、へ、ほ、ノ五音ハ、其發聲、喉ヲ摩リテ出デ、其中ニ、ふハ特ニ唇ニ觸レ、而シテ、共ニあ、い、う、え、お、ノ韻ト熟シテ成ル。（奧羽、北陸、山陰、ニテハ、五音、皆、多クハ、唇ニ觸ル）は ハ、下ニ、う、又ハ、ふ（らト呼ブモノ）アルトキハ、ほノ如ク響クコアリ、はうき（箒）はふお（葉子）ノ如シ。又、他ノ音ノ下ニアルトキハ、わノ如ク呼ブコアリ、いは（岩）さは（澤）あはひ（間）ノ如シ。

ば び、ぶ、べ、ぼ、ト共ニ、五十音圖、波行ノ濁音ノ假名。此五音ハ、同行ノ清音ナルは、ひ、ふ、へ、ほ、ノ音ヲ、重ク唇ニ觸レシメテ出ツ。（倘本濁ト連濁トノ別アリ、篇首ノ語法指南ノ濁音ノ條ニ委シ）ば ハ、下ニ、う、又ハ、ふ（らト呼ブモノ）ヲ受ルトキハ、ぼノ如ク呼ブコアリ、ばう（坊）はらばふ（匍匐）ノ如シ。

ぱ ぴ、ぷ、ぺ、ぽ、ト共ニ、五十音圖、波行ノ半濁音ノ假名。此五音ハ、同行ノ清音ナルは、ひ、ふ、へ、ほ、ヲ唇ヲ彈キナガラ呼ビテ出ツ。（亦、本濁ト連濁トノ別アルー、前項ノ如シ）ぱ ハ、う、又ハ、ふ（らト呼ブモノ）ニ連ナルトキハ、ぽノ如クヒビクコアリ、てつぱう（鐵砲）りつぱふ（立法）ノ如シ。

は（名）【葉】草木ノ莖幹枝條等ヨリ生ジテ片片シタル乎ノ、其呼吸ノ機ナリ、形色、種種ナレドモ、楕扁ニシテ縁ナル乎ノ多シ。

は（名）【齒】（一）動物ノ上下ノ齶ニ生ズル骨ノ如キモノ、物ヲ嚙ミ碎ク用ヲナシ、人ニアリテハ、兼ネテ、言語ヲ明白ナラシムル用ヲナス。人ナルハ、上下、各、十六枚アリ、即チ、上下、左右、各、前齒二枚、牙一枚、奧齒（小臼齒二、大臼齒三）五枚ナリ、倘、各條ニ註ス。（二）スベテ、器具等ニ、細カキ刻ミテ並ビ出デタルモノ。「櫛ノー」鋸ノー」（三）車ノ輪ノ縁。（四）下駄足駄ノ下ナル板ノ脚。【假齒】

は（名）【刃】（齒ノ義）刀、小刀、ナド、切物ノ縁ノ、薄ク鋭クシテ物ヲ切ルベキ處。（脊ニ對ス）

は（名）【羽】（一）鳥ノ全身ヲ被フ毛。羽根。（二）ツバサ。「鳥ノー音」鶴ノー風」ー撃ツ」【翼 翅】（三）飛ブ蟲ニアル翅ノ如キモノ。「空蟬ノ、ーニ置ク露ノ」（四）鳥ノ羽ヲ、矢ノ本ニ着ケタルモノ、矢ヲシテ正シク飛バシムル用トス。（五）羽振ノ略。威勢、權威。（鷹飼ノ語ニ起ル）「ーガ利ク」ーヲ伸ス」

〔は（名）【翳】（羽ノ義）又、差羽。羽ニテ作レル團扇ノ如キモノニ、長キ柄ヲ添ヘタルモノ、貴人ノ儀衞ニ用ヰ、頭上ニカザス。「執翳ノ命婦」

は（名）【端】端。ハタ。「山ノー」軒ー」

は（名）【端】（或云、半ノ音カト）仂。ハンパ。「數ノー」錢ノ上ー」【零餘】

は（名）【派】ワカレ。エダ。流義宗旨ノワカレ。

は（辭）【者】第二類ノ天爾波、物事ヲ各自ニ差別スル意ノ語。「八ー去リ、我ー止ル」見ルー嘗シ」取リテー見ム」斯クマデー無シ」如何ーセム」

は（感）（一）笑フニ發スル聲。「ート笑フ」（二）又、呼ブニ應スル聲。

は（感）詠歎ノ聲。「如何ハセムー」我レ登ニ、オトラマシヤー」

は（接尾）【把】束ネタル物ヲ數フル語。「薪一ー」藁三ー」

は（接尾）【羽】鳥ヲ數フル語。「鴨三ー」

ば（名）【場】（場ノ略ト云）トコロ。キドコロ。場所。席。

ば（辭）差別スル天爾波ノ者ノ、音便ニテ濁ルモノ。「コレヲー取ラム」爲ズシーアラズ」

ば（接尾）〔差別スル天爾波ノ者ヨリ轉ジタル語ナラム〕動詞形容詞助動詞ノ接續法ノ語尾ヲナス語、用法ニ、已然ト將然トノ別アリ、委シクハ、篇首ノ語法指南ノ動詞ノ接續法ノ條ヲ見ルベシ。「擊ター響カム」擊テー響ク」善クー取ラム」善ケレー取ル」見ズー、見ネー」行カシメー、行カシムレー」

ばあひ（名）【場合】其場ニ行キ合ヒタル時。【飛時】

はあり（名）【羽蟻】蟻ニ似テ、色白ク、四羽アリテ身ヨリ長ク、身ハ淡赤黑色ニシテ光ル、朽チタル木ノ中ニ生ジ、春暖ニ至リ、羽ヲ生ジテ飛ビ、又羽ヲ脫シ、地上ヲ行キテ死ス。約メテ、ハリ。【飛蟻 白蟻】

はい（名）【鹽】はオノ轉。（京都）

はい（名）【蠅】はヘノ轉。

はい（名）【肺】古名、フクフクシ。動物體內、呼吸ノ機關、左右ニ各一個アリテ、胸腔ノ兩側ニアリ、狀、柔クシテ海綿ノ如シ、心ノ臓ヨリ、暗赤不潔ナル靜脈ノ血ヲ此ニ送レバ、呼吸ニ因テ一新シ、鮮赤清潔ナル血トナリ、再ビ心ノ臓ヘ還リ、動脈血トナル。

はい（名）拜 ヲガムコト。頭ヲ低レテ禮スルコト。「一ヲ行フ」

はい（名）盃・杯 サカヅキ。「一ヲ把ル」

はい（接尾）杯 水物ヲ器ニ盛レルヲ數フル辭。「水二一」「酒三一」

はい（感）應フル聲。唯

ばい（名）〔貝ノ音カト云〕螺ノ類、海ニ產ズ、春夏ノ交ニ多シ、形、たにしニ似テ、長ク厚ク、黑褐ニシテ旋文アリ、肉、食フベシ。黃螺 小甲香 兒童、此殼ノ頭尖ヲ碎キ去リテ、獨樂トス、一 おまトイフ。陀螺

ばい（名）倍 物ノ、其數ニ同ジキ程、其數ヲ增スコト。フタツマシ。バイマシ。一一トイヒ、二一トイフモ同義ナリ。「三一」四一」十一」百一」

ばい（名）枚 夜討ノ軍勢ナド、聲ヲ立テシメジトテ、口ニ含ム具、狀、箸ノ如ク、横ニ口ニ啣ミテ、紐ニテ頂ニ結ブト云。

ばい（名）馬醫 馬ノ病ヲ療スル醫師。伯樂。

はい-いう（名）俳優 （一）ワザヲキ。（二）能、狂言、歌舞妓、等ノ役者。

ばい-う（名）梅雨 〔梅實黃熟ノ候ニテ、黃梅雨ノ義ト云、或云、此候、衣物皆黴ヲ生ズ、黴雨ノ義ナリト〕ツユヅイリ。サミダレ。夏時ノ霖雨ノ名、芒種ノ後、壬ノ日ニ逢フヲ入梅（つゆいり）トシ、夏至ノ後、庚ニ逢フヲ出梅（つゆあけ）トスト云、然レドモ、諸說、區區ナリ、大抵、芒種ノ後、降リ初メテ、凡ソ三十日間ニシテ、雷鳴アリテ絕ユ。

はい-えつ（名）拜謁 會フコト、ノ敬語。マミユルコト。

はい-か（名）配下 支配ノ下。手下。

はい-が（名）拜賀 喜ビ申シノ拜禮。

はい-かい（名）誹諧・俳諧 （一）和歌ノ一種、狂體ニ詠ムヲト云。又一歌。（二）後世、專ラ、連歌ノ發句ナル五七五ノ三句ノミニテ、一首ニ詠ミ成スモノノ稱、因テ、混ジテ、發句トモイフ。

はい-かい（名）沛艾 〔沛艾姿容俊偉貌〕馬ノ勇ミテ騰驤ル狀ニイフ語。「一ノ馬」

ばい-かい（名）媒介 ナカダチ。ナカウド。媒妁。

はい-がく（名）廢學 學問ヲヤムルコト。

‡ばい-かひ（名）賣買 賣買ノ訛。ウリカヒ。

はい-がふ（名）配合 添ヘ合ハスルコト。妻アハスルコト。

はい-かん（名）肺肝 肺ト肝ト。心ノ底。「一ニ銘ズ」「一ヲ摧ク」「一ヲ見ヌク」

はい-がん（名）拜顏 會フコト、ノ敬語。拜面。

はい-き（名）廢棄 止メ棄ツルコト。

バイキン（名）牌金 親雲上ノ條ヲ見ヨ。

ばい-きやく（名）賣却 ウリハラフコト。

はい-ぐう（名）配偶 （一）添ヘアハスルコト。（二）ツレアヒ。夫婦。

はい-ぐん（名）敗軍 軍ノ敗ルルコト。マケイクサ。

はい-くわい（名）徘徊 ソゾロアリキ。何處ヘトモナク步キマハルコト。

はい-くわん（名）稗官 小說ニ同ジ。稗史。「一野乘」

はい-けい（句）拜啓 敬ミテ申ス。（手紙ノ語）

はい-げふ（名）廢業 職業ヲヤムルコト、

はい-けん（名）拜見 見ルコト、ノ敬語。

はい-ざい（名）配劑 藥ノ調合。

はい-し（名）廢止 止ムルコト。トドムルコト。

〔はい-し（名）背子 カラギヌ。

はい-し（名）稗史 小說ニ同ジ。稗官。

はい-じ（名）廢寺 廢レタル寺。

ばい-し（名）倍蓰 〔蓰、五倍也〕數ノ幾倍ニモ增スコト。

はい-しつ（名）廢疾 疾ニ因テ不具ナドトナレルコト。

はい-じん（名）廢人 不具ナドニテ、世ニ用ヲナサヌ人。

ばい-しん（名）陪臣 諸侯ノ臣ヲ、天子ノ朝ニ稱スル語。臣ノ臣。マタモノ。家臣。

ばい-しん-くわん（名）陪審官 裁判ニ立チ合フ職。

はいしや（名）齒醫者 齒ノ病ヲ療スル醫師。牙醫

はい-しや（名）拜謝 辱ナシト禮ヲ述ブルコト。

はい-しやく（名）拜借 借ルコト、ノ敬語。

はい-しやく（名）杯酌 サカモリ。酒宴。

ばい-しやく（名）媒妁 ナカダチ。ナカウド。媒介。

はい-じゆ（名）拜受 受ケイタダクコト。頂戴。

ばい-じゆう（名）陪從 ツキシタガフコト。供ヲスルコト。

はい-しゆつ（名）輩出 打續キテ出デ來ルコト。「人才一」

はい-しよ（名）配所 配流ノ地。流罪ノ地。「願ハクハ、

罪無クシテ、一ノ月ヲ見ム」 謫地
はい-しよう (名) 拜承 ウケタマハルヿ。

ばい-じよう (名) 陪乘 貴人ノ車ニ合乘スルヿ。

ばい-しよく (名) 陪食 食事ノ相伴。

はい-す・スル・スレ・セ・シ・セヨ (自動)(不規・二) 配 齊シクテアリ。偕ル。「共德、天地ニ一」

はい-す・スル・スレ・セ・シ・セヨ (他動)(不規・二) 配 (一)クバル。添ヘ合ハス。(二)連レ添ハス。妻アハス。

はい-す・スル・スレ・セ・シ・セヨ (他動)(不規・二) 廢 止ムル。棄ツ。不用トス。

はい-す・スル・スレ・セ・シ・セヨ (他動)(不規・二) 拜 (一)ヲガム。頭ヲ低レテ禮ス。(二)將軍ノ官ニ任ズ。(任ズノ條、見合ハスベシ)

ばい-す・スル・スレ・セ・シ・セヨ (自動)(不規・二) 倍 二ツ增シニナル。

ばい-す・スル・スレ・セ・シ・セヨ (自動)(不規・二) 陪 附キ從フ。伺候ス。

はい-そう (名) 拜趨 走リ趨クヿノ敬語。參上。

はい-ずみ (名) 掃墨 (はきずみノ音便、俗、訛テ、灰墨ト記ス) 胡麻油菜種油ノ油煙ヲ掃キ落シテ取リタルモノ、膠ニ和シテ墨ヲ製シ、又ハ、漆、澁、ナドニ和シテ塗料トス、一名、油煙墨。極メテ輕ケレバ、藥店ニテハ、輕目ノ名モアリ。又、松ノ材ヲ燒キテ取ルモアリ、下品トス、サレド、藥用ニハ、松烟ナルヲ眞シトスト云。

ばい-せい (名) 陪星 衞星ニ同ジ。

はい-せき (名) 敗績 敗北ニ同ジ。マケイクサ。
はい-せき (名) 排斥 押シテ退クルヿ。
ばい-せき (名) 陪席 尊上ノ席ニ列ナルヿ。
はい-せつ (名) 排泄 體ヨリ漏ラシ出スヿ。(吐瀉ナド)
はい-ぜつ (名) 廢絕 スタレヤムヿ。
はい-せん (名) 盃洗 サカヅキアラヒ。
はい-ぜん (名) 陪膳 供御ヲ奉ル時ニ伺候スル人。
はい-ぜん (名) 配膳 膳部ヲ客ニ配リ供フルヿ。
はい-ぜん (副) 沛然 廣大ナル狀ニイフ語。
はい-そ (名) 敗訴 訴訟ニ負ケタルヿ。負ケ公事。
はい-そう (名) 敗走 戰ニ敗レテ逃グルヿ。敗北。
艹ばいた (名) 夜發ニ同ジ。
はい-たい (名) 胚胎 ミゴモルヿ。ネザスヿ。
はい-だい (名) 廢帝 位ヨリ廢セラレ給ヘル帝。
はい-たう (名) 配當 クバリアツルヿ。ワリワタシ。配分。
はい-たう (名) 佩刀 腰ニ佩ブル刀。刀ヲ佩ブルヿ。
はい-たう (名) 廢刀 帶刀ヲヤムルヿ。
はい-たか (名) 鷂 はしたかノ條ヲ見ヨ。
はい-たつ (名) 配達 クバリトドクルヿ。
はい-だて (名) 膝甲 (脛楯ノ音便ト云) 鎧ノ一部、腰ヨリ垂レテ股膝ヲ被フモノ。
バイタラ-えふ (名) 貝多羅葉 梵語、又、ベイタラ。天竺ノ多羅樹(其條ヲ見ヨ)ノ葉、其國ニテ、此葉ヲ切リテ、紙ニ代ヘ、針ニテ經文ヲ刻リツク、葉ノ長サ四五尺、幅五六寸、固ク厚ク、二ツニ折レテ、萬年靑ノ葉ノ如ク、淡褐色ニシテ光ル、葉ノ背ノ中心ニ、一條ノ竪筋アリテ、高ク出デテ、方形ナリ。

はい-ち (名) 配置 クバリツケテオクヿ。テクバリ。
はい-ちやう (名) 拜聽 聽クヿノ敬語。
はい-ちやう (名) 蠅帳 はへちやうノ轉
ばい-ぢよ (名) 賣女 アソビ。遊女。賣人。
はい-てい (名) 拜呈 贈ルヿノ敬語。進上。
はい-てう (名) 廢朝 主上ノ、御惱又ハ御障ハリナドニテ、朝政ニ臨マセラレヌヿ。又、輟朝。又、臨御モナク、諸司モ政ヲトドムル事アルヲ、廢務トイフ。
はい-てん (名) 廢典 廢レタル儀式。
はい-でん (名) 拜殿 神社ノ前ニ設ケテアル拜禮ヲ行フ殿。
はいと (名) 隼人 はやひとノ條ヲ見ヨ。
はい-どく (名) 拜讀 讀ムヿノ敬語。
ばい-とく (名) 賣得 賣リテ得タル利分。
ばい-どく (名) 黴毒 梅毒 タウガサ。カサ。サウドク。一種ノ瘡ノ名、多クハ、交接ヨリ傳遷シテ、陰部ヨリ病ム、下疳、便毒等ノ別アリ。
はい-とり (名) 蠅捕ノ轉、かまきりニ同ジ。
ばい-にん (名) 賣人 賣女ニ同ジ。
ばい-ばい (名) 賣買 ウリカヒ。アキナヒ。
はい-ばん (名) 杯盤 酒席ノ上ノ杯ト皿鉢ト。「一狼藉」
はい-びやう (名) 肺病 肺ニ起ル病。ラウシヤウ。
はい-ふ (名) 配賦 ワリツケ。ワリワタシ。配分。
はい-ぶつ (名) 廢物 スタレモノ。

はい-ぶん (名) 【配分】 クバリツクルヿ。ワリツケ。 【配賦】

バイブル (名) 【聖書】 〔英語、Bible.〕 耶蘇敎ノ經文。舊約全書ト新約全書トニ分ル。

はい-ぼく (名) 【敗北】 〔北、奔也〕 戰ニ敗レテ逃グルヿ。マケイクサ。敗績。

ばい-ぼく (名) 【賣卜】 錢ヲ受ケテ占ヒスルヿ。

〔はいま (名) 【驛】 はゆまノ條ヲ見ヨ。

はい-みやう (名) 【俳名】 俳諧ヲ詠ミタル時ニ稱スル號。

はい-めい (名) 【拜命】 命ヲ承ハルヿ。(多ク官職ニ補任セラルルニイフ)

はい-めん (名) 【拜面】 會フヿノ敬語。拜顏。

はい-めん (名) 【背面】 ウシロムキ。ウシロスガタ。「ーノ美人」

ばい-も (名) 【貝母】 ハハクリ。アミガサユリ。

ばい-やう (名) 【培養】 ツチカヒヤシナフヿ。(草木ヲ)

ばい-やく (名) 【賣藥】 商人ノ調合シテ賣ル藥。

はい-らう (名) 【肺勞】 肺病ニ同ジ。

はい-りつ (名) 【排律】 詩ノ一體、律ノ條ヲ見ヨ。

はい-りやう (名) 【拜領】 貰フヿノ敬語。イタダクヿ。頂戴。恩賜

はい-りよ (名) 【配慮】 心ヲクバルヿ。ココロヅカヒ。

はい-る (名) 【配流】 流罪ニ行フヿ。

はいる (動) 【這入】 はひるノ條ヲ見ヨ。

はい-れ (名) 【齒入】 古足駄ノ脚ヲ入レ替フルヲ業トスルモノ。

はい-れい (名) 【拜禮】 ヲガムヿ。頭ヲ低レテ禮スルヿ。

はい-れつ (名) 【排列】 ナラベツラヌルヿ。

はう (名) 【方】 (一)ムキ。カタ。「東ノー」「山ノー」「ソノーヲー」 方位 (二)四方。「ー十間」「ー百里」(三)テダテ。シカタ。「製藥ノー」

はう (名) 【袍】 ウヘノキヌ。正禮束帶ノ時ニ用ヰル表衣ノ稱、綾ニテ種種ノ織文アリ、盤領ニテ、長サ、股脛ニ至ル、天子、親王、諸臣等、色ト織文トニテ、其別アリ。製ニ、縫腋、闕腋ノ二樣アリ。縫腋ハ、まつむしのうへのきぬトイフ、兩腋ノ下ヲ縫ヒツケ、裔アリ、襴トイフ、天子、幷ニ、武官ノ用トス。闕腋、又、わきあけのはうトモイフ、腋ノ下ヲ闕キテ縫ハズ、襴無シ、文官ノ服トス。

ばう (名) 【坊】 (一)町。市中。「桃華ー」「銅駝ー」(二)春宮坊ノ略。「坊ニモ奉ラズナリニシヲ」(三)又、直ニ、東宮ヲ申シ奉ル語。「明クル年ノ春、坊定マリ給フニモ」(四)又、僧ノ居所ノ稱。(或ハ、房)(五)轉ジテ、直ニ、僧ヲ呼ブ稱。(六)又、僧ノ頭圓キヨリ轉ジテ、俗ニ、小兒ヲ親ミ呼ブ語、多クハ髮ヲ剃レバナリ。(坊主ノ條、見合ハスベシ)

ばう (名) 【帽】 帽子ニ同ジ。

ばう (名) 【望】 (一)モチ。モチヅキ。(二)陰曆ニテ、月ノ十五日ノ稱。

ばう (名) 【暴】 暴キヿ。非道。「敢ーナリ」以レー代レー」

ばう (接頭) 【亡】 公文書ナドニ、死者ノ名ノ上ニ書シテ生者ト分別スル語。「ー何誰長男」

はう-あん (名) 【方案】 シタゲミ。モクロミ。

ばう-いん (名) 【暴飮】 程ヲ過シテ酒ヲ飮ムヿ。アラノミ。

ばう-う (名) 【暴雨】 烈シク降ル雨。

はう-え (名) 【胞衣】 エナ。

ばう-おく (名) 【茅屋】 (一)カヤヤ。クサヤ。茅葺ノ家。(二)己ガ家ヲ謙稱スル語。

はう-おん (名) 【報恩】 恩ニ報ユルヿ。

はう-おん-かう (名) 【報恩講】 一向宗ニテ執行スル佛事、陰曆、十一月廿二日ヨリ廿八日マデ、讀經法談ス。俗ニ、御講。

はう-が (名) 【萠芽】 メザシ。(草木ノ)

ばう-がい (名) 【妨害】 サマタゲ。ジャマ。

はう-かう (名) 【方向】 ムキ。メアテ。志ノ向フ所。

ばう-かう (名) 【暴行】 アラキシワザ。亂暴ナル所行。

はう-がく (名) 【方角】 〔四方四角ノ意〕 東西南北等ノ方位。方。 方位

ばう-かく (名) 【暴客】 アバレモノ。亂暴人。

はう-か-し (名) 【放下師】 放下僧ノ條ヲ見ヨ。

はう-かん (名) 【芳翰】 他ノ書翰ヲ敬稱スル語。

ばう-かん (名) 【坊間】 マチナカ。市中。

はう-き (名) 【帚】 〔ははきノ音便〕 古クハ、ハハキ。塵ヲ掃フ具、柄アリテ、頭ハ刷毛ノ如シ、什器ヲ掃ヒ、室中ヲ拂ヒ、地上ヲ拂フ等ニ用ヰル、羽ー、棕梠ー、草ー、竹ーナド種種ナリ。

はうき-ぐさ (名) 【帚草】 古名、又、ニハクサ。マキクサ。ハハ

キギ。春、苗ヲ生ズ、高サ四五尺ニ過ギズ、葉、繁ク生ジ、細長クシテ互生シ、深綠ニシテ毛アリ、食用トスベシ、夏、葉ノ間ニ、小白花ヲ開ク、莖ト枝トヲ連ネテ、乾シテ、くさはうきトス。地膚

はうきざや（名）帚鞘 毛皮ニテ作レル尻鞘ノ俗稱、草帚ニ似タレバイフ。

はうきぼし（名）帚星 古言、ハハキボシ。星ノ一種、常ニハ見エズシテ、時アリテ出ヅルモノ、形狀種種ナレドモ、皆、濛氣アリテ尾ノ狀ヲナシテ、帚ノ如シ、散尾アルモアリ。彗星

〔はうきやう（名）方磬 樂器、磬ノ類。

はうきやう（名）包莖 龜頭ノ皮ニ包マレテ開カヌモノ。

はうきやう（名）方桁寶形 木工ノ語、屋根組ニテイフ、棟ノ兩端ヨリ、下棟ヲ、簷ノ四隅マデ下ゲテ作ルモノ。（切棟ノ破風作リナドニ對シテ云）

ばうきやく（名）忘却 ワスルルコト。失念。

ばうぎやく（名）暴虐 暴ク虐グルコト。非理非道ニ人ヲ扱フコト。

ばうきよ（名）暴擧 亂暴ナル振舞。

ばうぎよ（名）防禦 フセグコト。拒ミ守ルコト。

ばうくん（名）亡君 亡クナラレタル主君。先君

ばうくん（名）暴君 暴虐ナル君。

ばうくん（名）傍訓 フリカナ。

〔はうくわ（名）半靴 深靴ノ頭ノ短キモノ。「深靴はうくわナドノ際マデ雪ノイト白クカカリタルコソ、ヲカシケレ」

はうくわ（名）放火 火ヲ放ツコト。人家ニ火ヲツケ燒クコト。ヒツケ。ツケビ。

はうぐわい（名）方外〔方制ノ外ニ置ク意〕武家ニテ、僧、醫師、畫師ナド、長袖ノ者ノ稱。

はうくわう（名）彷徨 ユキサマヨフコト。ウロウロスルコト。

ばうくわう（名）膀胱 ユバリブクロ。腹部ノ中ニアリテ、尿水ヲ湛フル囊ノ如キモノ、薄キ膜ニテ成ル。

はうぐわん（名）判官 （一）マツリゴトビト 官名、長官ノ條ヲ見ヨ。（二）專ラ、檢非違使ノ尉ノ稱。

はうぐわん（名）砲丸 大砲ノ玉。

ばうくわん（名）傍觀 傍ヨリ觀テアルコト。ヲカミ。

ばうくわん（名）坊官 （一）春宮坊ノ官人。（二）僧ニシテ、門跡家ノ家司ノ稱、法體ニテ帶刀ス。

はうけい（名）方形 形ノ四角ナルコト。

はうげき（名）砲擊 大砲ニテ打拂フコト。

はうげせやく（名）方解石 礦物、灰石ノ屬、白クシテ堅ク、明徹ナルヲ上品トス、茶褐色、又ハ、黑色ナルモアリ、碎ケバ大、小、共ニ、皆、斜方六面形トナル。別名、カンスヰセキ。アラレイシ。（美濃）

はうげん（名）放言 思ノ儘ナルコトヲ言ヒ散ラスコト。大言。

はうげん（名）方言 土地限リニ行ハルル言語。

ばうげん（名）妄言 妄ナル言。據處ナキコトヲ言フコト。

ばうげん（名）暴言 亂暴ナル言。惡口。

はうよ（名）母子草ノ音便略。

はうご（名）保護 マモルコト。災害ヲ防ギカバフコト。ホゴ。

はうこく（名）報國 國家ノ恩ニ報ユルコト。「一ノ志」

はうこく（名）報告 告ゲ知ラスルコト。報知。報道。

はうこく（名）邦國 クニグニ。

ばうこく（名）亡國 亡ビタル國。「一…臣」一ノ音」

はうこぐさ（名）母子草ノ音便。

ばうこひようが（句）暴虎馮河 虎ヲ手擊ニシ、河ヲ徒渉ス。命知ラズノ事ヲナス。

はうこん（名）方今 今ノ時ナルコト。現在。當時。

ばうこん（名）亡魂 （一）亡キ人ノ魂。亡靈（二）轉ジテ、其魂ノ、形ニアラハレ現ニ見ユト想像スルモノ。幽靈。妖鬼

はうざい（名）方劑 藥ノ調合。

ばうさい（名）亡妻 死シタル妻。

はうさう（名）疱瘡 古言、モガサ。格段ナル傳染性ノ瘡、形、豌豆ノ如シ、先ヅ面ニ發シ、次ニ全身ニ及ブ、熱ノ往來ニ定期アリ、重キ者ハ其毒ヲ極メ、多クハ死ニ至ル、凡ソ、人、此病ニ罹ラザルコトヲ得ズ、然レドモ、一度病メバ、再ビ傳染スルコトナシ。痘瘡 今ハうゑはうさうノ方アリテ、其厄ヲ避クベシ、其條ヲ見ヨ。

はうざう（名）寶藏 寶物ヲ納メ置ク倉。

はうさん（名）寶算 齡ノ敬語、帝王ノ上ニ申ス。聖壽

〔はうし（名）拍子〔拍子ノ音便〕（一）拍子。「アダ君ケレド、はうし違ハズ、上手メキタリ」（二）神樂ニ用ヰテ節ヲナスモノ、形、笏ノ如ク、二枚相擊チテ、音ヲ發ス、又、笏拍子。俗ニ、シヤクビヤウシ。

はうし (名) 芳志 他ノ深切ナル志。
はうし (名) 方士 仙人ノ怪シキ術ヲ行フ人。マホフツカヒ。
はうじ (名) 牓示 境ニ立テテ標トスル杙ナド。バウジグヒ。サカヒグヒ。
ばうし (名) 帽子 布帛ニテ製セルかぶりものノ總名、僧、男、女、老、幼、其用、其形、種種ナリ。頭巾。今、又、西洋製ノモノハ、羅紗製アリ、紙ヲ心トシテ堅ク製スルアリ、形、方ナルアリ、扁ナルアリ。
ばうじ (名) 房事 房ノ事。媾合。
ばうじ (名) 庖仕 庖廚ニテ、水汲ミ飯炊キナドニ使ハルル男ノ稱。水火夫
ばうしう (名) 報酬 ムクイ。ヘンレイ。
ばうしうずな (名) 房州砂 一種ノ砂、安房ノ平群郡ノ產、多ク、東京ヘ送リ、齒磨、又ハ、磨砂ナドトス。
はうじぐひ (名) 牓示杙 牓示ニ同ジ。
ばうしばな (名) 帽子花 つゆくさノ一名。
はうしん (名) 放心 (一)心ノ身ニ添ハヌ亇。正氣ヲ取失ヒテアル亇。(二)心遣ヒヲ打捨ツル亇。安心。放念。
はうしん (名) 方針 磁石ノ針ノ向ク方。己ガ目差ス方。
はうじん (名) 邦人 クニビト。己ガ國ノ人。
ばうじん (名) 防人 サキモリ。
ばうじん (名) 暴人 亂暴人。アバレモノ。
はうしや (名) 報謝 物ヲ贈リテ報ユル亇。僧ノ佛事ヲ修シタルニ布施物ナド贈ル亇。

はうしや (名) 紡車 イトトリグルマ。イトクルマ。
ばうしや (名) 暴瀉 烈シキハラクダリ。
はうしやう (名) 褒賞 ホムル亇。褒美。
はうじやう (名) 芳情 他ノ深切ナル心。
はうじやう (名) 褒狀 事ヲ褒ムルニ與フル書付。
はうしやうりう (名) 寶生流 猿樂ノ能ノ一派。
はうじやうゑ (名) 放生會 陰曆、八月十五日ノ八幡宮ノ神事、捕ヘ置ケル魚鳥等ノ生物ヲ放ツ。
ばうじやくぶじん (句) 傍若無人 (晉、王猛傳、捫蝨而言、—) 傍ニ人無キガ若シ。(人前ヲ憚ラズ己ガママニ振舞フ意)
はうしゆ (名) 寶珠 寶トスル珠ノ名、珠ニ火焰アルモノナド畫ケリ。「——ノ玉」
はうしゆ (名) 保守 舊慣ヲ守リ行ク亇。
ばうしゆ (名) 芒種 二十四氣ノ一、其條ヲ見ヨ。
はうじゆがしら (名) 寶珠頭 ぎぼうしゆニ同ジ。
はうじゆつ (名) 砲術 大砲ヲ運用スル術。
はうしよ (名) 苞苴 (一)アラマキ。ツト。(二)賄賂ニ用キル品物。音物。
はうしよく (名) 飽食 飽クマデ食フ亇。「——暖衣」
ばうしよく (名) 暴食 程ヲ過シテ食フ亇。アラグヒ。
ばうしよく (名) 望蜀 望ミ遂ゲテ、又其上ヲ望ム亇。
はうじる (動) 焙ズノ訛。
はうず・ズル・ズレ・ゼ・ジ・ゼヨ (他動) (不規・二) 報 (一)ムクユ。「恩ニ——」(二)告ゲ知ラス。
はうず・ズル・ズレ・ゼ・ジ・ゼヨ (他動) (不規・二) 焙 (焙、晉佩、ノ音便) 火氣ヲ與ヘテ濕ヲ乾ス。「茶ヲ——」

ばうず (名) 坊主 房主 (一) 一坊ノ主タル僧。僧惠ガ坊ニ、方違ヘニマカリタリシ夜、雨ノ降リ侍リシニ、坊主ノ許ヨリ言ヒツカハシ侍リシ」 主僧 (二)轉ジテ、汎ク、僧ノ稱。僧 (三)僧ノ圓頂ナルヨリ轉ジテ、スベテ剃髮シタル人ノ稱。(醫、畫工、茶伯、小兒ナド) (四)武家ノ城中邸中ニテ、茶湯ノ事、及ビ雜事ニ使ハルル賤シキ役ノ者、剃髮ナリ。(五)轉ジテ、髮ヲ剃リタル頭。「——ニナル」 圓顱 (六)又、轉ジテ、毛ノ無キモノ、或ハ裸ナル物ヲ呼ブ語。「——麥」「——筆」「——山」
ばうず・ズル・ズレ・ゼ・ジ・ゼヨ (他動) (不規・二) 忘 ワスル。「前後ヲ——」故鄕忘ジ難シ」
はうすん (名) 方寸 (一) 一寸四方。(二)心。胸中。「——ノ中」「——亂ル」
ばうずむぎ (名) 坊主麥 麥ノ一種、芒無キモノ、小麥ニ多シ。火燒麥
ばうすゐ (名) 紡錘 ツム。(絲取ル)
はうすゐ (名) 方錐 ヨツメギリ。
はうせい (名) 方正 心、行狀、ノ正シキ亇。
ばうせい (名) 暴政 暴虐ナル政事。
ばうせう (名) 芒消 礦物、斥鹵ノ地ニ生ズ、搔キ寄セテ、汁ヲ一煎シテ、結成ス、末鹽ノ如ク、色黃白ナリ、コレヲ朴消トイフ、再ビ製シテ、細キ芒ヲ生ズルヲ——トス、色白ク、氷ノ如ク蠟ノ如シ、皆、水ニ入ルレバ消ユ、下劑トス。苦鹽。
はうせき (名) 紡績 絲ヲツムグ亇。

ばうせつ (名) 妄說 妄ナル說。據處ナキ說。

はうぜん (名) 寶前 神佛ノ前。廣前。

ばうせん (名) 防戰 フセギタタカフ了。

ばうぜん (副) 茫然 據ル所ナキ狀、又ハ呆レテ思案ナキ狀ナドニイフ語。

はうそ (名) 樹ノ名 ははその音便。

はうそ (名) 寶祚 帝王ノ位ノ尊稱。寶位。

ばうぞく (名) 〔放俗ノ音カト云、或云、凡俗ノ音ノ轉カト〕品格ヲ失ヘル了ナルベシ。「一藍ノ小袿ダツ物、ナイガシロニ着ナシテ、クレナヰノ腰、引キ結ヘル際マデ、胸アラハニ、はうぞくナルモテナシナリ」人多ク見ル時ナム、スキタル物着タルハ、はうぞくニ覺ユル」

はうそん (名) 保存 ほぞんニ同ジ。

はうた (名) 端唄 葉唄 俗謠ノ一種、文句ノ短キモノ、遊妓ナド、唄フ。

はうだい (名) 砲臺 臺場。

はうだい (名) 傍題 和歌ニ、題ノ宗ト詠ムベキ物ノ外ニ、傍ナル用手キ物ヲ詠ミ添フル了ニテ、春月ノ題ニ雨梅ナドノ雜ルヲイフトゾ。

はうだい (接尾) 放題 〔前條ノ語ノ轉カト云〕動詞ト熟語ニナリテ、意ノママニモノスル意ノ語。「見ー」取リー」爲ー」出ー」

はうたう (名) 餺飥ノ音便、其條ヲ見ヨ。

はうたう (名) 放蕩 放埒、ニ同ジ。

はうだう (名) 報道 シラスル了。報告。報知。

はうだて (名) 方立 〔古言、根ノ音便〕門柱ノ兩旁ノ木、扉ヲ着ク。「餘ル矢ガ、法莊嚴院ノ門ノ方立ニ、筈中責メテゾ立チタリケル」

はうたふ (名) 報答 コタヘ。返事。

はうち (名) 報知 告ゲ知ラスル了。報告。

はうちく (名) 放逐 逐ヒ遣ラフ了。

はうちは (名) 羽團扇 鳥ノ羽ニテ作レル團扇。羽扇

はうちやう (名) 庖丁 〔莊子ニイヘル廚人ノ故事ヨリイフ〕(一)庖廚ニアリテ魚鳥ヲ料理スル人。庖丁者。庖丁師。庖丁人。料理人。(二)轉ジテ、料理スル了。「サウナキ庖丁者ナリ、云云、イミジキ鯉ヲ出シタリケレバ、皆人、別當入道ノ庖丁ヲ見バヤト思ヘド」鶴ノー」割烹 (三)ー刀ノ略、肉菜ヲ截ルニ用ヰル刀。出刃ー、菜切ー、刺身ーナドアリ。庖刀 厨刀

はうぢやう (名) 方丈 〔唐、王玄策、至二天竺維摩室一計レ之得二十笏一、故云二方丈室一一丈四方之義、笏、尺也〕(一)寺ノ長老ノ居ル所ノ稱。(二)轉ジテ、其所ニ住ム人ノ稱。住持。

ばうちやう (名) 傍聽 人ノ說クヲ傍ニテ聽ク了。

ばうちやう (名) 膨脹 脹ルル了。

ばうちやう (名) 暴漲 水、俄ニミナギル了。

はうちやく (名) 寶鐸 風鈴ニ似テ、甚ダ大ナル者ヲ、堂塔ノ簷ナドニ懸ケテ飾トス。

はうつ・タ・テ・ツ・チ・テ (自動)(規、一) 羽搏 鳥、兩翼ヲ相打ツ。ハタタキス。鼓翼

はうづ (名) 方圖 方度 サダメ。カギリ。際限。(下ニ反語ヲ用ヰル)「ーガ無イ」制限

ばうて (名) 其場ノ現狀ニ被壓ル了。

はうてき (名) 放擲 ナゲウツ了。打捨テ置ク了。

ばうと (名) 暴徒 亂暴人ノ、ノバレモ。

ばうどう (名) 暴動 亂暴ナル振舞。

はうにん (名) 放任 打任セテ係ハラヌ了。

ばうねん (名) 放念 心遣ヒヲヤムル了。心配セヌ了。

はうばい (名) 傍輩 (一)同ジ君ニ仕フル者ノ互ニ相稱スル語。同僚 (二)同ジ師ニ事フル者ノ相稱スル語。放心

はうばう (名) 方方 カタガタ。アチラコチラ。諸方。同門

ばうばう (副) 茫茫 (一)廣クシテ、見極メナキ狀ニイフ語。「ータル大海」原野ートシテ」(二)草、髮ナドノ亂レ生ヒタル狀ニイフ語。 莽莽 蓬蓬 諸處

ばうはち (名) 亡八 忘八 〔仁義禮智孝悌忠信ヲ失ヘル意ト云〕クツワ。娼家ノ異稱。

はうはつ (名) 砲發 大砲ヲ打チカクル了。

ばうはつ (名) 暴發 亂暴ニオコリタツ了。アレタチ。

はうはふ (名) 方法 シカタ。テダテ。手段。

はうひ (名) 放屁 ヘヒル了。

はうび (名) 褒美 (一)褒ムル了。(二)褒メテ物ヲ與フル了。賞與

ばうふ (名) 亡父 他ニ對シテ、亡キ父ヲ稱スル語。

先人

ばうふ（名）防腐 腐リヲ防ギトムルヿ。（藥ナドニ）

ばうふう（名）防風〔其功防ニ中風ニ〕古名、ハマスカナ。ハマニガナ。草ノ名、一根ニ叢生ス、葉ハ、粗、芹ニ似タリ、三年ノ者、薹ヲ抽ヅ、高サ三尺許、繁ク枝叉ヲ分チ、夏秋ノ交ニ、細叉毎ニ小白花ヲ開ク、おほうどノ花ノ如シ、根ハ牛蒡ニ似タリ、藥用トス。又、伊吹ー（筆ー）濱ー、（八百屋ー、伊勢ーチドハ、各條ニ註ス。

ばうふう（名）暴風 吹キ荒ルル風。

ばうふうう（名）暴風雨 烈シキ風雨。

はうふく（名）抱腹 捧腹ノ誤。

はうふつ（副）髣髴 彷彿（一）サモ似タル意ニイフ語。（二）又、ソレカアラヌカト見テ分明ナラヌ意ニイフ語。

はうぶつ（名）方物 其地方ノ產物。

〔はうぶる（動）葬 はふるノ延轉。

はうへい（名）砲兵 兵隊ノ大砲ヲ運用スルモノ。

はうべん（名）方便〔正法之門不レ易レ到、隨レ方便人之傍門〕佛經ノ語、權ニ言ヲ設ケ、手段トシテ、其道ニ導ク用トスルヿ。

はうへん（名）褒貶 褒ムルト貶ストト。

はうぼう（名）魴鮄〔方帽ノ音カトモ云、イカガ〕魚ノ名、形色、氣味、全クかながしらニ似テ、長ク、鱗細カク、淡黑ヲ帶ブ、左右ノ翅、長大ナレバ、時ニ海上ヲ飛ブ、翅ノ下ニ、三條ノ刺アリ、吻ニ堅キ鬣アリ、大ナルハ尺餘ニ至リ、肉厚ク白ク、味甘美ナリ。竹麥魚

はうむり（名）葬 ハウムルヿ。葬送。

はうむる・ル・レ・ラ・リ・レ（他動）（規・一）葬〔古言、はふるノ延ナルはうぶるノ轉〕死者ノ屍ヲ送リ出シテ、土中ニ埋メ隱クス。

はうめい（名）芳名 カウバシキ名。譽レアル名。

はうめいしゆ（名）保命酒 備後ノ鞆津ニテ製出スル一種ノ銘酒ノ名、味醂ニ似テ芳烈ナリ。

はうめん（名）放免（一）罪アル者ヲ放チ免サルルヿ。（二）〔檢非違使ノ廳ニ使ハルル下部ノ稱、元ト罪人ノ放免セラレタルヲ、廳ニ屬セシメタレバイフ、向後ノ悔悟ノ爲ニトナルベシ。此放免、賀茂ノ祭ニ從フ時、身ニ綾羅錦繡ヲ着、上ニ花ナド種種ノ飾物ヲ着ケテ、風流ヲナス習ヒアリ、後ノ邌物ノ如シ コレヲ放免ノつけ物ナドイフ。

はうもつ（名）寶物 タカラモノ。タカラ。

はうもん（名）砲門 大砲ノ巢口。

はうもん（名）訪問 トブラフヿ。ミマヒ。

ばうもん（名）坊門 京都ノ桃華坊銅駝坊ナドイフ坊路ノ稱。

はうやう（名）放鷹 鷹狩。鷹野

はうらく（名）放樂 法樂ノ條ヲ見ヨ。

はうらつ（名）放埒〔人不レ從ニ順法度一如ニ生馬放ニレ埒ノ意ト云〕行ヲ修メズシテ、恣ニ遊樂ニ耽ルヿ。放蕩。遊蕩

はうり（名）方里 一里四方。

はうりせき（名）方里積 地面ノ廣狹ヲ、一里四方ノモノ幾個、ト積リテ測ル稱。一里坪。

はうりやう（名）方領（一）盤領ノ條ヲ見ヨ。（二）堂上家ニ、局住ノ中ニ勤仕スル時、家領ノ外ニ宛行ハル知行ヲイフトゾ。（御方トイフヲ以テイフト云）

はうりやく（名）方略 ハカリゴト。テダテ。

ばうれい（名）亡靈 亡キ人ノ魂。亡魂

はうれいわた（名）芳禮綿 法令綿ノ條ヲ見ヨ。

ハウレンさう（名）菠薐草（字ノ唐音）草ノ名、一根ニ叢生ス、莖高サ一二尺、葉互生シ、三稜ナルヿ鏃ノ如シ、夏ノ初メ、穗ヲナシテ花ヲ開ク、綠色白邊ニシテ、大サ一分許、莖、根、色赤シ、食ヒテ美ナリ。

はうろく（名）焙烙 炮碌 焙爐具 素燒ノ平タキ土鍋ノ名、多ク、米、豆、鹽ナド炒ルニ用キル。イリナベ。東國ニ、イリガラ。京ニ、イリゴラ。炒鍋 土鍋

はうろくびや（名）焙烙火矢 銅製ノ空丸ノ、徑三四寸ナルヲ割リ、火藥ヲ籠メ、道火ヲ差シ合ハセテ、布ニテ包ミ、漆ニテ塗レルモノ、火ヲ點ジテ、敵中ニ投ズ。團焇

はうゐ（名）方位 ムキ。方角。

ばうゑんきやう（名）望遠鏡 トホメガネ。

はえ（名）鮠〔速ノ轉ニテ、泳グー極メテ速ケレバイフカト云〕淡水產ノ魚、形、あゆニ似テ短ク、柳葉ノ如シ、因テやなぎはえナドノ名アリ、鱗、粗ク色、白シ背ハ薄黑クシテ青ミアリ、大ナルハ長サ五寸アリ。京都ニテ、ハイ。東京ニテ、ハヤ。鰷

はえ（名）映 榮 映ユルヿ。ミエノ白キヿ。

はえ（名）南風〔梵語、婆庾（風神）ニ本ヅクカトモ云、牽强ナラム〕南ヨリ吹ク風ノ名。（中國、西國、琉球）

はえぎは（名）生際 額ナドノ、髮ノ生エタル際。髮際

はえばえし・シキ・シケレ・シク・シク（形・二）映映 甚ダ映エテ見ユ。「數珠押シ揉ミナドシテ、伏シ拜ミ居タルヲ、講師モ、ハエバエシウ思フナルベシ」

はえる（動）生ユ、又、映ユ、ノ訛。

はおと（名）羽音 鳥ノ兩翼ヲ相擊ツ音。「春日野ノ、若草山ニ、起ツ雉子ノ、今朝ノ一ニ、目ヲサマシツル」

はおり（名）羽織〔元ト、鳥ノ羽ニテ織レリト云、イカガ、投ノ轉ニテ、衣ノ上ニ投ゲカクル意ナラム、或云、道服ノ端折ノ義ト、サラバ、假名遣、異ナリ〕衣ノ上ニ、更ニ被ヒテ着ル短キ衣、道服ノ一變セルモノト云。外套

はおる・ル・レ・ラ・リ・レ（他動）（規・二）〔羽織ヲ活用ス、或ハ、投ルノ轉カ〕打掛ケテ着ル。（羽織ヲ）

はか（名）蠆〔果處ノ意カト云、或云、朝鮮語ニモはかトニ云ト〕人ノ屍ヲ葬レル所。墳。

はか（名）計 稻ヲ植エ又ハ刈リ、或ハ茅ヲ刈ルナドニ、其地ヲ分ツニイフ語、田ナレバ、一面ノ田ヲ、數區ニ分チ、一一、二一、三一ナドト立テテ、男女打雜リ、一一ヨリ植エ始メ、又、刈リ始メテ、二一、三一、ト終ハル。「秋ノ田ノ、穗田ノ刈婆加、カ寄リアハバ」秋ノ田ノ、吾ガ刈婆可ノ、過ギヌレバ」茅草刈リ、草刈婆可ニ、鶉ヲ立ツモ」

はか（名）果〔前條ノ語ノ轉〕仕事ノススミ。ハカドリ。「一ガ行ク」一ガユカヌ」一取ル」功程

〔はが（名）鞆挾 鞆ニテ鳥ヲ捕フルモノ、今ノはおかト云。

ばか（名）馬鹿〔梵語、慕何、（痴）又ハ、摩訶羅、（無智）ノ轉ニテ、僧ノ隱語ニ起レル語ト云、常ニ馬鹿ノ當字シテ、秦ノ趙高ノ故事トスルハ妄ナラム、湯桶讀ナルモ拙シ〕（一）オロカナルヿ。愚。アハウ。痴呆（二）バカガヒ。

はかい（名）破戒 佛敎ノ戒ヲ破ルヿ。「一ノ僧」一ノ罪」

〔はかう（名）八講 法華八講會ノ條ヲ見ヨ。

ばかうきよ（名）馬鮫魚 サハラ。

バカがひ（名）馬鹿貝 殼ニ橫皺アリ、蛤ニ似テ、淡褐色ナリ、肉ハあかがひニ似テ薄赤シ、はしらノ色赤ク、指ノ頭ノ大サナリ、かひのはしらノ名ヲ專ニス、はしらノ味、極メテ美ニシテ、肉ノ味劣ル、故ニ名アリ。

〔はがき（名）羽書 紙幣。

はがき（名）端書（一）紙片ナドニ、覺書ナドスルヿ。（二）郵便ノ書狀ノ、小片紙ニ書キテ封セヌモノ。

はかく（名）破格 格ヲ外スヿ。

はがくれ（名）葉隱 木ノ葉ノ間ニ隱レテアルヿ。「一ニ、散リトドマレル、花ノミゾ、忍ビシ人ニ、逢フココチスル」

〔はかし（名）佩刀 佩キ給フ刀。ハカセ。景行紀「御刀此云二彌波迦志一」萬葉集「御佩ヲ、劍ノ池ノ」

〔はかすゑ（名）博士 はかせニ同ジ。「御書ノはかしニハ、藏人辨廣業、云云、史記ノ第一卷ヲゾ讀ム」

はかたよ（名）墓所 墓ノアル所。ムショ。ハカ。

はかじるし（名）墓標 墓ノ上ノ木石ノ標。墓碣

はかす（名）齒滓 食物ヨリ生ジテ、固ク齒ニ附ク滓。ハクソ。齒垢

〔はかす・ス・セ・サ・シ・セ（他動）（規・二）佩 佩ク、ノ敬語。「佩セル大刀」御佩

〔はかす・ス・セ・サ・シ・セ（他動）（規・二）化 化ク、ヤウニナス。今、濁リテ、バカス。「サリトモト、賴ム心ニ、ハカサレテ、死ナレヌモノハ、命ナリケリ」魅

〔はがす・ス・セ・サ・シ・セ（他動）（規・二）放 放ツ、ニ同ジ。「赤駒ヲ、山野ニ波賀志、捕リ難テ」

はがす・ス・セ・サ・シ・セ（他動）（規・二）剝 剝ギテ離スヘク。

ばかす・ス・セ・サ・シ・セ（他動）（規・二）化 古クハ、清音ニ、ハカス。人ノ精神ヲ迷ハシタブラカス、ツママ。（狐狸ナドニイフ）魅

はかせ（名）佩刀 又、ハカシ。佩キ給フ刀、大將ノ用ニ云フ。後ニ又、一種ノ製ノモノ起リ、儀式ノ用トス。

はかせ（名）博士〔字ノ音ノ轉、又、はかし一モ見ユ〕（一）古ノ官名、大學寮ニ、紀傳一、（文章一）明經一、明法一、算道一、アリ、又、音一アリ、陰陽寮ニ、陰陽一、曆一、天文一、漏刻一等アリ、皆其道ノ學士ナリ。（二）博ク學ビタル士。學者。モノシリ。儒（三）節博士。（其條ヲ見ヨ）墨譜

はかせ（名）葉風 草葉ヲ吹キテ音ヲナス風。「萩ノ一」竹ノ一」

はかぜ（名）羽風 飛ビテ翅ヨリ生ズル風。「木傳ヘバ、己ガ－ニ、散ル花ヲ、誰ニオホセテ、ココラ鳴クラム」鶯ノ－」蚊ノ－」

はがた（名）齒形 齒ニテ嚙ミツキタル痕。

はかたおり（名）博多織 筑前ノ博多ヨリ產ズル織物、其初、唐土ノ人ヨリ傳習セリトテ、唐織ノ名アリ、絹ト綿トアリ、絹織最モ名アリ、琥珀織ニ似テ、甚ダ厚ク精ナリ、縞織アリ、浮織アリ、多ク、帶地トス。今、上野ノ桐生、武藏ノ八王子、等ニテモ盛ニ擬製ス。

はがため（名）齒固〔齒ヲ固ムル意ト云〕元三ノ日ニ行フ儀、古クハ、猪鹿ノ肉ナド用ヰタリトゾ、後ニハ、押鮎、餅、ナドナリ。

〔はが・つ・ツ・テ・タ・チ・テ（他動）（規・一）離 剝ス、ニ同ジ。神代紀「廢渠槽、此云二秘波鵝都一」

はかどり（名）果取 ハカドルコト。作事ノススミ。進歩

はかど・る・ル・レ・ラ・リ・レ（自動）（規・一）果取〔果ノ條ヲ見ヨ〕仕事、早ク仕上リ行ク。進歩

はかな・し・キ・ケレ・ク・ク（形・一）儚 取リトメタルコトナシ。假初ナリ。苟且

○ハカナクナル。死ヌ。

はがね（名）鋼〔刃鐵ノ義〕鐵ノ條ヲ見ヨ。

はかば（名）墓場 ハカハラ。墓ノアル地。

はかばか・し・シキ・シケレ・シク・シク（形・二）〔計ル意、はかどるナドノはかヲ重用ス〕埒明キテ見ユ。キハキハシ。ハキハキスル。

バカばやし（名）馬鹿囃子 東京ニテ、祭禮ニ行フ一種ノ囃子、里神樂ヨリ變ズト云、笛、大太鼓、付太鼓（締太鼓）摩鉦（チヤンギリ）ヲ用ヰル。

はかはら（名）墓原 墓ノアル地。墓場。ムショ。

はがひ（名）羽交 鳥ノ左右ノ翅ヲ打交ヘタル所。

はがひ（名）齒貝 たからがひ、ニ同シ。

はがへ（名）葉替 葉ノ生ヒカハルコト。「－セシ、葦モマバラニ、ナリハテテ」

はかま（名）褌 袴〔穿裳ノ轉カ〕（一）〔腰脚ヲ絡フ衣、古キハ、陰處ヲ掩フモノニテ、製、猿股引ノ如キモノカ、後ニ、はだはかまトイフモナラム。褌（二）後ニ、專ラ、衣ノ上ニ用ヰテ、腰ヨリ兩脚マデ被フベク寬ク作レル衣、紐ニテ腰ニ約シ、二脚ニ當ル所、分レテ袋ノ如シ。表ノ－指貫ノ－アリ。又、長－、半－、馬乘－、等アリ、各條ニ註ス。袴（三）植物ノ莖ナドヲ絡フ寬キ皮。「薬ノ－」苞（四）方圓ノ小キ匣ヲ酒瓶ノ座トスルモノ。

はがま（名）齒釜 釜ノ鍔アルモノ。

はかまぎ（名）袴着 兒童、五歲ノ時ニ、始メテ袴ヲ着ル儀。（或ハ、三歲、又ハ、七歲）

はかまごし（名）袴腰（一）長袴半袴等ノ、背ノ腰ニ當ル處、中ニ薄キ板ヲ包ム、腰板トイフ、其形、上下平カニシテ、左右、斜ニ外ヘ殺ゲタリ。（二）又、其形ニ築ケル土手ノ稱。

はかまぢ（名）袴地 袴ヲ製スル料ノ布帛。

はかまゐり（名）墓參 亡キ人ノ墓ニマヰリトブラフコト。

ボサン。拜墓

はがみ（名）齒嚙 はぎしり、はぎり、ニ同ジ

はかもり（名）墓守 墓所ノ番人。

はがゆ・し・キ・ケレ・ク・ク（形・二）齒痒 斯クナラムコトヲ欲シテ、然ナラヌヲ、事足ラズ思フ。モドカシ。隔靴搔痒

はからず（副）不圖 心ニ思ヒ圖ラヌニ。不意ニ。フト。

はからひ（名）計 ハカラフコト。

はから・ふ・フ・ヘ・ハ・ヒ・ヘ（他動）（規・一）計〔計ル、ノ延〕（一）思ヒハカル。分別ス。思量（二）語ラヒ謀ル。相談ス。商議 諮詢（三）好キ程ニ扱ヒ行フ。處分

はかり（名）計（一）計ルコト。（二）推シ量ル所。カギリ。メアテ。アテド。「門ニ出デテ、トミカウミ、見ケレド、何處ヲはかりトモ覺エザリケレバ」芳野山、雲ヲはかりニ、尋ネ入リテ、心ニカケシ、花ヲシルカナ」ナド吾ガ戀ノ、逢フはかりナキ」方所（三）枡ニテ、分ケ量ルコト。「－ガヨイ」量

はかり（名）秤 稱 權〔計リ知ル意〕物ノ輕重ヲ計リ知ル器械、はかりざを（衡）ヲ釣リ、其一端ニはかりざらヲ垂レテ物ヲ載セ、一端ニ絲ニテ錘ヲ懸ケ、重ケレバ錘ヲ退ケ、輕ケレバ錘ヲ近ヅケ、絲ノ、衡ノ目ニ當レル所ヲ見テ、輕重ヲ知ル。（はかりざをノ條、見合ハスベシ）又、一種、天平アリ、其條ニ註ス。

〔はかり（名）蹤血〔計リ認ムル意〕血ノ蹤。（獵ナドニ）「認メ行カム、ツデサニ痕ハ、見エズトモ、鹿ノはかりハ、シルトイフナリ」和名抄「蹤血、波加利」

ばかり（辭）計 第二類ノ天爾波、のみニ似テ、他無

キ意ノ語。「我ーアリ」今日ートゾ、田鶴モ鳴クナル」歎クーナリ」

ばかり（接尾）許可 許ノ義）他語ニ添ヒテ副詞トスル語、二義アリ。（一）程、くらゐ、ノ意ナルハ、「二十一重ネタル」曉ー、「憂キモノハナシ」我ー、我ヲ思ハム、人モガナ」如何ー喜バム」人ニ思ハレムー、メデタキ事ハアラジ」死ヌルーニ思ヒ入ル」（二）頃、ノ意ナルハ、「入相ーニ」八月十五日ーノ月ニ」申ノ刻ーニ」何時ー」

〔はかりぐさ（名）秦艽 つがりぐさニ同ジ。

〔はかりおもつ・ク・テ・ダ・チ・テ（他動）（規・一）謀〔次條ノ語ヲ活用ス〕（一）謀計ヲメグラス。タバカル。「將レ殺ニ其三弟一而謀之間」（二）欺ク。「年頃、善カラヌ人ノ、心ヲツケタリケルガ、人ヲはかりおちテ、西ノ海ノ果マデ、取リモテマカリニシカバ」

はかりごと（名）謀〔計事ノ義〕心ニ量リ設ケタル手段。タクミ。モクロミ。計略。計策。

はかりざ（名）秤座 枡座ノ條ヲ見ヨ。

はかりざら（名）秤皿 秤竿ノ一端ニ、絲ニテ懸クル平タキ器、量ルベキ物ヲコレニ載ス。天平ニテハ、二箇ヲ兩端ニ懸ク。盤

はかりざを（名）秤竿 秤ニ用キル竿、上ニ、點、又ハ、刻ミアリテ、貫匁分厘等ノ度ヲ標ス、コレヲ、星、又ハ、目トイヒ、上目、前目、向目ナドノ稱アリ、錘ノ絲ヲ、竿ノ上ニテ、遠近ニ移シテ、量ルベキ物ノ重サト平ナル所ニテ度ヲ知ル。（秤ノ條、見合ハスベシ）衡

はかりべり（名）量減 枡ニテ、餘分ニ量リ込ミテ、嵩ノ減リタルヿ。斗耗

はかりめ（名）秤目 秤竿ノ上ニ刻メル貫匁分厘等ノ標ノ稱。量目

はかる・ル・レ・ラ・リ・レ（他動）（規・一）計測（一）物事ノ程ヲ知ラムト試ミル。ツモル。ハカラフ。（二）秤ニテ、輕重ヲ試ミル。掛ク。權 稱（三）枡ニテ、多少ヲ試ミル。量（四）尺ニテ、長短ヲ試ミル。差ス。度（五）考ヘ分ク。分別ス。タクム。思量 謀（六）語ラヒテ論ジ定ム。相談ス。詢 商議（七）欺ク。ダマス。タブラカス。「心コソ、心ヲハカル、心ナレ、心ノ仇ハ、心ナリケリ」鷄ノ虛音ヲー」

はがる・ル・ル・レ・レ・レ・レヨ（自動）（規・二）剝 剝ゲテ離ル。剝落

はき（名）吐嘔 吐クヿ。胃ヨリ物ヲモドスヿ。「ーガ止マル」

はぎ（名）萩（一）灌木ノ名、山野ニ自生シ、又、多ク庭際ニ植ヱテ花ヲ賞ス、莖、根ヨリ叢生シ、枝長ク、末、垂リテ地ヲ蔽フ、葉ハ、一梗ニ三葉ニシテ、棗ノ葉ニ似タリ、又、あんてんノ若葉ニ似テ、尖ラズシテ、ヤハラカナリ、秋、小花ヲ着ク淡紫色ナリ、白キモアリ。胡枝子（二）襲ノ名目ニ、表、蘇芳、裏、靑ナルモノ。

〔はぎ（名）榛〔はりぎノ略ト云〕はりのきニ同ジ。今、ハンノキ。

はぎ（名）脛 膝ヨリ下、踝ヨリ上ノ部。今、スネ。ムカフズネ。

○ーニ上グ。裾ヲ褰グ。又、愼メル事ヲ見ハシ示ス。「イツシカト、マタク心ヲ、はぎにあげて、天ノ河原ヲ、今日ヤ渡ラム」

はぎ（名）接 接グヿ。着ケ合ハセタル所。「板ノー」衣ノー」接際

はぎき（名）羽利 人ニ威權勢力アルヿ。（鷹飼ノ語ニ出ヅ）

はぎしり（名）齒軋 齒ヲカミナハギ齒ヲスルヿ、人ノ癖トシテ睡中ニナスモアリ、ハガミ。ハギリ。怒リ又ハ苦ミナドシテナスモアリ、ハガミ。ハギリ。齘齒 又、切齒

はきぞめ（名）掃初 正月二日ニ、新年ニ入リテ始メテ屋内ヲ掃除スルヿ。（元日ハ終日掃ハズ）

はきだめ（名）掃溜 ちりづかニ同ジ。

はきと（副）明カニ。サダカニ。ハッキリト。「ー見ユ」ー聞ユ」分明

はぎのと（名）萩戶 淸凉殿ノ東西ニアリ、小萩垣アリトゾ。「ーノ、花ノ下ナル、御溝水、千年ノ秋ノ、影ゾ映レル」

はぎのもち（名）萩餅 粳米、糯米ヲ交ヘテ炊ギ、粗ク擂リ搗キテ搏メ、餡又ハきなこナド塗シタルモノ。一名、萩ノ花。婦人ノ語ニ、オハギ。

はぎはぎ（副）人ノ氣性ニ、辨別ノ甚ダ分明トシテ敏キ狀ニイフ語。活潑

はきふ（名）波及 餘波ノ及ブヿ。トバシリ。

はきもの（名）履物 沓、足駄、草履ナド、スベテ、足ニ着クベキ物ノ總名。履

は-ぎやう（名）波行 五十音圖ノ第六ハノ行、即チ、は、ひ、ふ、へ、ほ、ノ行。

はきやく (名) 破却 ヤブルコト。コボツコト。

はぎり (名) 歯切 はぎしりニ同ジ。ハガミ。

はく (名) 白 シ。シロキコト。「紅ト、ート」

はく (名) 伯 (一)爵ノ名。(其條ヲ見ヨ)(二)神祇官ノ長官。

はく (名) 帛 キヌ。絹布ノ精美ナルモノ。

はく (名) 箔 鉑 (薄ノ訛) 金類ヲ革ニ包ミ、敲キテ、紙ノ如ク薄キ片トシタルモノ、物ニ印シテ飾ル、金ー銀ー、錫ー、銅ー等アリ。溥

はく・ク・ケ・カ・キ・ケ (他動)(規・一) 掃 拂ヒ除ク。ハラフ。掃除ス。

はく・ク・ケ・カ・キ・ケ (他動)(規・一) 吐 (一)口ノ中ノ物ヲ出ス。「唾ヲー」(二)胃ノ中ノ物ヲ壓シモドシ出ス。ヘドツク。嘔 (三)語ル。言フ。「大言ヲー」

はく・ク・ケ・カ・キ・ケ (他動)(規・一) 佩 帶 (一)腰ニ着ク。帶ブ。ワキバサム。差ス。「太刀ヲー」(二)腰ヨリ下部ニ着ク。「袴ヲー」脛巾ヲー」足袋ヲー」沓ヲー」穿 着

[はく・クル・クレ・ケ・ケ・ケロ (自動)(規・二) 化 〔惚ク、ト通ズ〕形ヲ變フ。今、濁リテ、バク。「未練ノ狐、はけ損ジケルニヨ」

はく・クル・クレ・ケ・ケ・ケロ (自動)(規・二) 流通 〔掃ク、ノ自動カ〕(一)滯ラズ流レ行ク。「水ー」(二)殘ラズ賣拂ハル。(商品ニ)

はぐ・グ・ゲ・ガ・ギ・ゲ (他動)(規・一) 剝 (一)離シ取ル。ハガス。ヘガス。ハグル。ヘグ。ムク。脱ガス。裸ニス。「皮ヲー」「衣ヲー」(二)奪フ。召シ上グル。「官位ヲー」褫

はぐ・グ・ゲ・ガ・ギ・ゲ (他動)(規・一) 矢ヲ作ル。「淡海ノヤ、八橋ノ小竹ヲ、不造矢而」

はぐ・グ・ゲ・ガ・ギ・ゲ (他動)(規・一) 接 〔前條ノ語ノ轉カト云〕接グ。着ケ合ハス。綴リ合ハス。「板ヲー」布ヲー」

はぐ・グル・グレ・ゲ・ゲ・ゲロ (自動)(規・二) 剝 (一)脱ゲ離ル。ハガル。「塗、ー」漆、ー」剝落 (二)髪、脱ケテ、禿ル。禿 (三)色、脱クル。消ユ。「色、ー」褪

はぐ・グル・グレ・ゲ・ゲ・ゲロ (他動)(規・二) 矧 塡ム。引キ懸ク。「梓弓、弦緒取波氣、引ク人ハ、後ノ心ヲ、知ル人ゾ引ク」矢ヲハゲテ射ムトスレバ」牛ニヨソ、鼻縄波久例」

ばく (名) 貘 支那ニテ、想像ノ獸ノ名、熊ニ似テ、象鼻、犀目、牛尾、虎脚、畫ケバ邪氣ヲ避クト云ヒ、又能ク惡夢ヲ食フト云フ。

首枷ナドイフモノ、ハゲラレテ」

ばく・クル・クレ・ケ・ケ・ケロ (自動)(規・二) 化 古クハ、清音ニテ、ハク。形ヲ變フ。他ノ物ノ形ニ似セテ變ル。(狐狸ノ妖ナドニ)

ばぐ (名) 馬具 乘馬ニ裝フ鞍、鐙、轡、手綱、押掛、等ノ總名。

はくあい (名) 博愛 博ク物ヲ愛スルコト。

ばくえき (名) 博奕 ばくちノ條ヲ見ヨ。カリウチ.

はくか (名) 薄荷 藥草ノ名、原野ニモアリ、多ク圃ニ培ス、春、舊根ヨリ苗ヲ生ズ、莖、方ニシテ、葉ハ對生シ、形、圓クシテ淺キ鋸齒アリ、面ハ深綠ニシテ、背ハ紫ナリ、長ズレバ綠ニ變ジ、長クナル、秋ニ至リテ、高サ二三尺、葉ノ間ニ、節ヲ圍ミテ、碎小花ヲ叢生ス、白クシテ、少シ紫ヲ帶ブ、葉ニ香氣多ク、藥品ヲ採ル、結晶シテ、色白ク、甚ダ辛シ。一種、姫ー、アリ、小葉ニシテ、少シ香氣アリ。石薄荷

はくが (名) 博雅 博識ニ同ジ。

ばくか (名) 幕下 (一)將軍ノ尊稱。(幕府ノ條、見合ハスベシ)(二)大將ノ配下ニ付ク者。

はくがく (名) 博學 博ク諸學ニ涉レルコト。

はくぎ (名) 薄儀 手薄キ謝禮。(謙語)

はぐき (名) 歯莖 古ク、ハジシ。上下ノ齶ノ、歯ノ根ヲ包ム處。齦 齗

ばくぎ (名) 駁議 批難ニ同ジ。

はくきふ (名) 薄給 手薄キ給料。給料ノ少キコト。

はくきん (名) 白金 ぷらちなノ條ヲ見ヨ。

はくぎん (名) 白銀 (一)シロカネ。ギン。(二)往時、銀ヲ、三寸許ニ平タク長ク橢圓ニ作リテ、紙ニ包メルモノ、通用銀ノ三分ニ當ル、多クハ、賜與、獻星、贈答ナドノ用トス、單ニ、銀、幾枚ナドトモ呼ブ。銀子。

はくぎよ (名) 白魚 (一)シラヲ。(二)シラウヲ。

はぐくむ・ム・メ・マ・ミ・メ (他動)(規・一) 〔羽含ムノ意カ〕(一)親鳥、羽交ヲ以テ、雛ヲ被ヒ育ツ。翼 (二)牢シナヒソダツル。(人ニ) 養育

はくけい (名) 伯兄 第一ノ兄。

ばくげき (名) 駁撃 批難ニ同ジ。

ばくげき (名) 莫逆 〔莫レ逆レ于レ心ニ義〕別懇ナル交リ。「ーノ友」

はぐさ (名) 莠 稂 (端草ノ義カ) 水田中ニ生ジテ、稻ノ成長ニ害アル草ノ名、狗尾草ノ類。
はく-ざめ (名) 餢飳 つのじニ同ジ。
はく-し (名) 白紙 (一)色白キ紙。(二)文字畫圖ヲカカヌ紙。(三)唐紙ノ一種、甚ダ薄ク、色、極メテ白キモノ。
はく-しき (名) 博識 諸ノ學藝ヲ博ク學ビテ識レルコト。
はく-じつ (名) 白日 ヒルナカ。日中。白晝。
はく-じ (名) 白字 朱字ノ條ヲ見ヨ。
はく-じん 名 白刃 シラハ。ヌキミ。
ばく-じん (名) 麥蕈 植物、シヨウロ。
はく-じや (名) 白蛇 色ノ白キ蛇。
はく-じやう (名) 薄情 人情義理ヲ一向ニ思ハヌコト。輕薄
はく-じやう (名) 白狀 (一)罪人ノ白シタル箇條ヲ記シツケタル狀。クチガキ。口供。「西光ガ一ヲ取テ參レト宣ヘバ」(二)轉ジテ、自ラ罪ノ實ヲ白スコト。首伏
はく-しゆ (名) 拍手 掌ヲ打チ鳴ラスコト。テウチ。
ばく-しゆ (名) 麥酒 びいるニ同ジ。
はく-しよ (名) 薄暑 夏ノ初ニ、纔ニ催セル暑氣。
ばく-す ス・スル・スレ・セ・シ・セヨ (他動)(不規・二) 縛 シバル。
ばく-す ス・スル・スレ・セ・シ・セヨ (他動)(不規・二) 駁 非ヲ批ツ。
はく-せき (名) 白皙 膚ノ色ノ白キコト。
はく-せつかう (名) 白雪糕 乾菓子ノ名、落雁ニ似テ、邁實ヲ加フ、色白シ。

ばく-ぜん (副) 漠然 廣ク取リ止メナキ意ニイフ語。バツト。
はくそ (名) 歯屎 はかすニ同ジ。
ばく-だい (名) 莫大 (莫レ大レ之ノ義) 極メテ大ナルコト。最モ夥シキコト。
はく-たいげ (名) 白帶下 シラチ。(帶下ノ條ヲ見ヨ)
〔はく-たく (名) 餺飥 麪粉ニテ製シタル食物。音便ニ、ハウタウ。和名抄「餺飩、博託二音、衦レ麪方切」名也」枕草子「熟瓜はうたら參ラセム」
はく-たく (名) 白澤 支那ニテ、想像ノ獸ノ名、能ク言語シ、又、王者有德ナレバ出ヅト云。
はく-だつ (名) 剝奪 ハギトルコト。ウバヒドルコト。
はく-ち (名) 白痴 不具ノ名、身體ノ發育十分ナラズシテ、尋常ノ人事ヲモ辨別シ得ヌモノ。カラバカ。
ばく-ち (名) 博打 (博局也) (一)古クハ、博打。博奕ヲ打ツ人。バクチウチ。「世ノ中ニカシコキはくちノセマリマドヒタルヲ召シテ」博徒 (二)轉ジテ、博奕ヲイフ。即チ、盤ト采トヲ用ヰテ勝負ヲ爭フ戲、粗、雙六ハノ如シ、錢物ヲ賭ク、コレヲ行フヲ「打ツ」ト云。カリウチ。博奕。後世、骨牌ヲ用ヰテ行フニモイフ、其方法、種種アリ。博奕
はく-ちう (名) 白晝 ヒルナカ。マヒル。日中。白日
ばくち-うち (名) 博徒 (博打打ノ義、重言ナリ) 禁ヲ犯シテ、博奕ヲ打ツヲノミ生業トスル無賴漢。
ばく-ちく (名) 爆竹 左義長ノ火。トンドノ火。
はく-ちやう (名) 白張 白丁 (白張ヲ音讀ス) 傘

持、沓持、口取、等ノ仕丁ノ稱、綿布ノ白張ヲ着ル。
ばくち-やど (名) 博打宿 博徒ヲ隱匿フ家。賭窩
はく-ちゆう (名) 伯仲 (一)兄ト弟ト。(二)優リ劣リノ間。オツツカツツ。
はく-てう (名) 白鳥 (一)古名、ククヒ、コフ、コヒ。シロトリ。秋、冬、田澤ニ多シ、形、雁ヨリ大ク、鵝鳥ニ似タリ、全身白クシテ光ル、頸、甚ダ長ク、喙ノ本、額ニ近ク、赤キ瘤アリ、喙ハ黑褐ニシテ、脚ハ淡黑ナリ聲大ク、脂極メテ多シ。鵠 (二)白磁ノ瓶子ノ口ノ細長キモノ。
ばく-と (名) 博徒 バクチウチ
ばく-ど (名) 麥奴 麥ノ黑穗。
はく-どう (名) 白銅 銅ニ似テ白ク銀色アルモノ。
はく-とうおう (名) 白頭翁 (一)白髮ノ老人。(二)ムクドリ。
はく-ないしやう (名) 白內障 そこひノ條ヲ見ヨ。
ばく-ねう (名) 麥繞 漢字ノ偏ニアル麥ノ字ノ稱、麩、麪、麴ノ如シ。
ばく-のなは (名) 縛繩 不動尊ノ手ニ持テル縄ノ名。
はく-ば (名) 白馬 シロウマ。アヲウマ。
○一ノ節會。あをうまノ節會。
はく-はつ (名) 白髮 シラガ。
はく-はん (名) 拍板 ビンザサラ。
ばく-はん (名) 麥飯 ムギメシ。
ばく-ひん (名) 幕賓 宰相ナドノ、私ニ聘シテ秘書官ノ如ク使フ學者。

はくひよう (名) 薄氷 薄ク張リタル氷。○ーヲ履ムガ如シ。極メテ危シ。
はくふ (名) 伯父 年最モ長ケタル小父。父ノ兄。
ばくふ (名) 幕府 〔將軍之職、在ニ征行ニ所在止以ニ帳幕ニ爲レ治〕(一)將軍ノ居所ノ稱。(二)將軍公方ノ政令ヲ發スル所。武家ノ政府。(朝廷ニ對ス)
ばくふ (名) 瀑布 (一)布晒シ。(二)瀧。
はくぶつがく (名) 博物學 理學ノ一部、動物學、植物學、礦物學ノ總稱。
はくぶつくわん (名) 博物館 動植礦物、天造、人造、古今、中外、百般ノ物ヲ集メテ、衆人ノ覽ルニ供フル所。
はくふん (名) 白粉 (一)色白キ粉。(二)オシロイ。
はくぶん (名) 白文 (一)書物ノ本文ノミ載セタルモノ。(注釋ナドアルニ對ス)(二)白字。
はくぶん (名) 博聞 博ク聞キテ物事ノ旨ヲ識リ居ルヿ。「一強記」
(はくべら (名) 蘩蔞 〔葉配ノ轉カト云〕はこべノ古名。
はくぼ (名) 伯母 年最モ長ケタル小母。父ノ姉。
はくぼ (名) 薄暮 ユフグレ。タソガレ。
はくぼく (名) 白墨 シラズミ。
はぐま (名) 白熊 支那ニ產ズル犛牛トイフ獸ノ尾、舶來ス、牛ニ類シテ、尾、長大ナリ、馬尾ヨリ細ク白クシテ光ル。白纓 白旄 又、黑キアリ、黑熊トイフ。又、染メテ赤キアリ、赤熊ト云。紅纓 何レモ、拂子ニ造リ、(纓尾)或ハ旗、槍、兜ナドノ飾トス。(犛旄)其兜ノ上ニ飾ルヲ唐首トイフ。
はぐま (名) 鬼督郵 (前條ノ語意ニ同ジ) 草ノ名、幽谷ニ生ズ、一根、一莖、直上スルヿ一尺許、葉ハ、枇杷ニ似テ小ク、鋸齒ナク、背ニ毛ナシ、八九葉、莖ノ頂ニ對生シテ、車輪ノ如シ、中心ヨリ莖ヲ出シ、秋、穗ヲナシテ白花ヲ開ク、蒼朮ノ花ニ似テ瘠小ナリ、長サ七八分、幅一二分、末、開キテ細瓣ヲ布クヿ三四分、後ニ架ヲナス、コレヲ車葉ノートイフ。又、叡山ー、檞葉ノー、楓葉ノーナド、種類多シ。
はくまい (名) 白米 搗キ精ゲタル米。精米
はぐんせい (名) 破軍星 北斗ノ第七ノ星ナル搖光ノ一名、又、斗柄トモイヒ、劍ノ形ヲ圖シテ、破軍ノ劍先ナドイフ、毎月運轉シ十二時ニ隨ヒ其處ヲ變フ、陰陽家ニテ、此ノ指セル方ヲ、萬事ニ利アラズトス。(北斗、幷ニ、建ス條、見合ハスベシ)
はくめい (名) 薄命 フシアハセ。
はくめん (名) 白面 スガホ。
はくもくれん (名) 白木蓮 辛夷ノ一種、高サ、二三丈、仲春、花ヲ開ク、形、辛夷ノ花ヨリ大ク、木蓮ノ花ニ似テ、白クシテ淡綠ヲ帶ビ、香氣多シ、花落チテ葉ヲ生ズ。玉蘭
ばくもんどう (名) 麥門冬 古名、ヤマスゲ。草ノ名、人家ニテ、多ク霤滴ノ處ニ植ウ、葉細ソクシテ、長サ一尺餘、一根ニ叢生シ、冬枯レズ、夏、莖ヲ出スヿ四五寸、細小ノ六瓣花、長穗ヲ成ス、淡紫色ナリ、實ハなんてんノ如ク、熟スレバ碧ニシテ、春ニ至リテ尙アリ。リュウノヒゲ。ジョウガヒゲ。又、大葉ノモノハ、長サ一二尺、花莖モ一尺餘、實黑シ。一名、ヤブラン。二種、共ニ根ハ連珠ヲナシテ、髭アリ、藥品トス。
はくや (名) 箔屋 金銀等ノ箔ヲ打チ作ル工人。
ばくや (名) 鏌鋣 名劍ノ名、干將ノ條ヲ見ヨ。
はくやう (名) 白楊 ハコヤナギ。
(ばくやう (名) 博奕 〔奕、羊益切、其呉音やくノ音便〕カリウチ。博打。「はくやうヲシテ、親ニモ同胞ニモ憎マレケレド」
はくらい (名) 舶來 外國ヨリ船ニテ渡シ來ルヿ。
ばくらう (名) 博勞 馬喰 〔支那ノ古ノ馬ノ相者ニ、博勞アリ、伯樂アリ、夫等ノ轉カ。馬工連ヲ音讀シテ轉訛セル語トイフハ、イカガ〕馬ヲ賣買スルヲ業トスル者ノ稱。馬販
はくらく (名) 伯樂 〔支那、秦人、善ク馬ヲ相スル者ノ名ニ起ル〕(一)善ク馬ノ駿駑ヲ相ル人。(二)馬ノ病ヲ療スル者。馬醫
はくらん (名) 博覽 博ク諸書ヲ覽ワタシテ物事ヲ識レルヿ。
はくらんくわい (名) 博覽會 博ク學術、農工商等ノ物ヲ集メテ、衆人ニ覽シムルヿ、其精粗、巧拙、新舊、便否、等ヲ比ベテ評ス。
ばくり (名) 幕吏 幕府ノ官吏。將軍公方ノ臣。
‡はぐる ル・レ・ラ・リ・レ (他動)(規.一) 剝 剝ギ捲ル、襞紙ヲー、羽織ヲー、

はぐるま (名) 齒車 輪ノ周リニ刻ミノアルモノ、諸ノ器械ニ用ヰル。

ばくれつ (名) 爆裂 ハゼワルルヿ。火ニテ破裂スルヿ。

はぐれる・レル・レレ・レ・レ・レヨ (自動)(規.四.變) 〔剝ルノ轉カト云〕 紛レ行ク。路ニ道連ヲ見失フ。

はくろ (名) 白露 (一)シラツユ。(二)二十四氣ノ一、其條ヲ見ヨ。

はぐろ (名) 齒黒 はぐろめニ同ジ。

はくろく (名) 博陸 〔前漢、霍光、封ニ博陸侯ニ〕 關白ノ異稱。

はくろく (名) 薄祿 祿ノ少キヿ。少祿。

はぐろめ (名) 齒黒 鐵ヲ酒ニ浸シテ作レル液、專ラ婦人、又ハ、搢紳家ノ、齒ヲ黒ク染ムル用トス。ハグロ。オハグロ。カネ。鐵漿

はくわい (名) 破壞 ヤブルヿ。コハスヿ。ハヱ。

はくゑん (名) 白猿 老タル猿ノ、毛ノ白クナレルモノト云。

はけ (名) 流通 (一)ハクルヿ。水ノ滯ラズ流ルルヿ。(二)商品ノ、賣ラレ行クヿ。

はけ (名) 刷毛 〔掃毛ノ略カト云〕 (一)獸ノ毛ヲ束ネテ、其端、婆娑タルモノ、糊、漆、ナドヲ物ニ塗ルニ用ヰル。刷子 (二)半髮ノ髻ノ前ノ端。

はげ (名) 剝 (一)剝ゲ離レタルヿ。「漆ノ—」 剝落 (二)髮ノ脫ケテ禿ケタル痕。禿

++ばけ (名) 化 化クルヿ。化ケテアルヿ。アザムキ。グマシ。「—ヲアラハス」—ガアラハル」

○—ノ皮。僞ヲ掩ヒテアルヿ。

はげいとう (名) 葉鷄頭 草ノ名、けいとうノ類、葉ノ色ヲ愛スルモノ、數種アリ。脚葉ノ色、紫ニシテ、秋ニ至リ、頂ニ深紅色ノ葉ヲ出スモノアリ。雁來紅 又、脚葉ハ綠ニシテ、秋、頂ニ黃ナル葉ヲ出スモノアリ。一名、黃雁來。雁來黃

はげし・シキ・シケレ・シク・シク (形.二) 烈、厲 强ク疾シ。勢、スルドシ。嚴シクアラシ。

はげます・ス・セ・サ・シ・セ (他動)(規.一) 勵 勵ムヤウニナス。勇マシム。「氣ヲ—」聲ヲ—」

はげみ (名) 勵 ハゲムヿ。出精。勉强。

はけん (名) 派遣 手分ケシテ送リ遣ルヿ。

はげむ・ム・メ・マ・ミ・メ (自動)(規.一) 勵 氣力ヲ勵シクナス。心ヲ奮ヒ起ス。勇ミナス。

ばけんじよ (名) 馬見所 馬場ノ傍ニアリテ、馬ニ乘リ習フヲ觀ル所。

はけめ (名) 刷毛目 刷毛ニテ物ヲ塗リツケタル痕。紙ノ染模樣、茶碗、鐵釜、ナドノ製作ノ肌ナドニ、其象アルニモイフ。刷痕

ばけもの (名) 化物 狐狸ナドノ、化ケテ怪シキ姿ヲ成セリトイフモノ。妖怪。變化。妖物

ばけものばなし (名) 化物話 化物ノアリシトイフ事ノ話。怪談。鬼話

はげやま (名) 禿山 木ノ生エヌ山。バウズヤマ。

はける (動) 流通 はくノ訛。

はげる (動) 剝ク、(規.二)ノ訛。

ばける (動) 化クノ訛。

はこ (名) 箱 匣 筥 筐 〔蓋籠ノ約ト云、イカガ〕 (一)物ヲ納ルル方圓大小ノ器ノ總名、竹ニテ編メルニイヒ、後ニハ專ラ、木造ナルニイフ。(二)大便スルヿ。〔淸器ニ起ルカト云〕「或ル說經師ノ、云云、はこノシタカリケレバ」或ル日ハ、はこスベカラズト書キタレバ」

はご (名) 綱挾 古言、ハガ。蘆、竹、繩、ナドニ黐ヲ付ケ、囮ヲ置キテ、鳥ヲ捕フルモノ。

はご (名) 羽子 無患子ノ核ニ孔ヲ穿チテ、鳥ノ小羽ヲ四ツ五ツ刺シコミタルモノ。ツクバネ。コギノコ。ネコギ。燕子 別ニ、羽子板、又ハ、胡鬼板トテ、長方形ニシテ柄アル板アリ、コレヲ以テ、羽子ヲ空中ニ衝キアゲ、其落ツルヲ承ケテ、衝キ上ゲツ衝キ上ゲツシテ戲ル、新年ニ女兒ノスルヿナリ。ハネツキ。兩三人、互ニ羽子ヲ衝キ遣リ合フヲ、遣羽子トイフ。オヨバネ。

はごいた (名) 羽子板 羽子ノ條ヲ見ヨ。

はごくむ (動) 育 はぐくむノ訛。

はとゑ (名) 破故紙 補骨脂 草ノ名、高サ、三四尺、葉ハ胡麻ニ似テ短ク、夏秋ノ交、葉間ニ、一寸許ノ穗ヲ出シテ花ヲ開ク、形、萩ノ花ノ如ク、淺紫色、後ニ圓ク小キ實ヲ結ブ、大サ一分餘、熟スレバ、外皮黑ク、內ニ子アリ、形、圓扁ニシテいちびニ似タリ、味、少シ腥クシテ香氣アリ。一名、オランダビユ。

はこし (名) 葉越 樹ノ葉ノ隙ヨリ、物ノ透キテ見ユルヿ。「和歌ノ浦ヲ、松ノ—ニ、眺ムレバ、梢ニ寄スル、海人ノ釣舟」—ノ月ノ影」

はおたへ (名) 歯應 固クシテ噛ムニ應(コタ)ヘノアルヿ

はおぢやうちん (名) 箱提燈 提燈ノ、大クシテ、上下ニ圓ク平タキ蓋(オホヒ)ヲ添ヘタルモノ。

はおねうつぎ (名) 箱根空木 空木(ウツギ)ノ一種、相州箱根山ニ多シ、土人、食料ニ當ツト云、高サ丈許、葉ニ皺アリ、夏ノ初メ、盞狀ノ單瓣花ヲ開ク、白キ、赤キ、雜リ咲ク。略シテ、ウツギ。錦帶花

はおねぐさ (名) 箱根草 相州箱根山ニ多シ、元祿中、蘭人、同山ニテ得テ、藥トス、故ニ、おらんださうノ名モアリ、幽谷ノ石上ニ生ズ、春ノ新葉、紅ニシテ美ナリ、一科ニ叢生ス、莖高サ一二尺、黑クシテ光ル、上ニ、枝叉、多ク分レテ、枝毎ニ一葉アリ、形、銀杏ノ葉ノ如ク、大サ三四分、深綠ナリ、秋、葉ノ背ノ末ニ、小褐片ヲ生ズ、花ナリ、葉ハ、冬ヲ歷テ枯レズ、枝ヲ帚トス。一名、イテフグサ。イテフサウ。石長生

はおのき (名) 羽子木 つくばねニ同ジ。

はおび (名) 運 (一)ハコブヿ。運送。運搬 (二)ススムヿ。ハカドルヿ。「仕事ノ―」 進歩 ○足ノ―。アユミ。歩

はおぶ ブ・ベ・ベ・ビ・ベ (他動)(規.一) 運 持チ、又、積ミ載セテ送ル。運送ス。運搬 ○歩ミヲ―。足ヲ―。歩(アユ)ム。アルク。歩

はおぶ ブ・ベ・ベ・ビ・ベ (自動)(規.一) 運 メグリススム。ハカドル。「仕事ガ―」 進歩

はおべ (名) 蘩蔞 鷄腸草 古名、ハクベラ。草ノ名、庭際、路傍、ニ多シ、四時アレドモ、春、夏、最モ茂ル、莖、カニシテ、地ニ敷クヿ蔓ノ如シ、葉ハ對生シテ、楕ニシテ尖リ、長サ寸餘、春ノ初メ、白花、簇リ開ク、大サ三分許、十瓣ニシテ、狹ク細シ。

はおやなぎ (名) 箱柳 山野ニ多シ、葉、圓クシテ末尖リ、邊ニ鋸齒アリテ厚ク、背ニ白毛アリ、春、葉ニ先立チテ、穗花ヲ開ク、かはやなぎノ穗ヨリ長大ナリ、材、白ク、理、密ニシテ、やなぎおりニ作ル、故ニ名アリ、又、楊枝トス。白楊

〔はこやのやま〕 (名) 藐姑射山 〔莊子、藐姑射山、有ニ神人ニ〕(一)支那ニテ、仙人ノ住メリトイフ想像ノ山ノ名。「心ヲシ、無何有(ムカウ)ノ郷ニ、置キタラバ、藐孤射ノ山ヲ、見マク近ケム」(二)太上皇ノ御所ナル仙洞ヲ祝シテ稱シ奉ル語。

はおろも (名) 羽衣 羽ニテ成レル衣ニテ、天女(テンニン)ノ着ルモノト云。

ばさ (副) 婆娑 (一)舞フ袖ノ翻ヘル狀ニイフ語。(二)物ノ散亂シタル狀ニイフ語。

はざくら (名) 葉櫻 櫻ノ落花ノ後ノ新葉(ワカメ)ヲ賞スル語。

〔はざふ〕 (名) 半挿 はにざふノ略。「盥、はざふノ清ゲナラモ、シバシ賜ハラム」

はざま (名) 迫間 狹間 〔端狹間(ハサマ)ノ義カト云、或ハ、狹間(ハサマリ)ノ意カ〕(一)アヒダ。アハヒ。「門ノ―」岩ノ―」山ノ―」(二)谷。

はさまる ル・レ・ラ・リ・レ (自動)(規.一) 挾 〔被レ挾ノ轉カ〕 物ト物トノ間ニ入ル。介間

はさみ (名) 鋏 (一)物ヲ挾ミ切ル具、二條ノ刃、相向ヒ、本ハ連リテ彈機(ハジキ)ヲナシ、末、打チ交ヒテ挾ム。剪刀 鉸刀 又、唐(タウ)―アリ、其條ニ註ス。(二)蟹ノ前ニアル大ナル左右ノ二脚、其形、―ノ如ク、且、其働キヲナス。蟹螯

はさみうち (名) 挾擊 敵ヲ、中ニ挾ミテ、前後ヨリ攻メカカルヿ。

はさみしやうぎ (名) 挾將棋 將棋盤ニ、雙方、手許ニ、横ニ一列ニ、九ツノ駒ヲ並ベ、互ニコレヲ縱横ニ送リテ、敵ノ駒ヲ、前後ニ、或ハ、左右ニ、挾マムトシ、挾マレジトシ、挾ミテ取リ盡シタル方ヲ勝トスル戲。

〔はさみだけ〕 (名) 挾竹 中世、僕ニ衣袴ヲ擔ヒ行カシムル具、二枚ノ板ニテ、衣袴ヲ覆ヒ、竹ニテ挾ム、後ノ挾箱、此ニ起ル。

はさみばこ (名) 挾箱 〔挾竹(ハサミダケ)ヨリ轉ズ〕(一)箱ニ、棒ヲ添ヘテ、衣服ナド納レテ、僕ニ擔ハセ行クモノ。(二)耳、頭、ノ下ノ、淋衝シテ腫レ脹ルル病。蝦蟆瘟

はさみむし (名) 挾蟲 夏、瓦石ノ間ナドニ多シ、長サ一寸許、幅二分許、背、黑クシテ光リ、身、平タク段節アリテ、むかでノ如シ、六足、上ノ方ニ寄リテアリ、尾ニ岐アリテ、鋏ノ如ク働キ、小蟲ナド挾ミテ、背ヘ曲ゲテ食フ。又、シリバサミ。蠼螋

はさむ ム・ム・メ・マ・ミ・メ (他動)(規.一) 夾 挾 〔端狹(ハサ)ヲ活用シタル語カ〕(一)間ニ籠メテ相押シ持ツ。「脇ニ―」箸ニテ―」(二)鋏(ハサミ)ニテ切ル。「枝ヲ―」髮ヲ―」 剪

はさむ ム・ム・メ・メ・ミ・メ (他動)(規.二) 挿 物ノ間ヘ差入ル。

「花ヲ瓶ニ差シー」透間ニ押シー」

はさん（名）破產 家產ヲ失フヿ。分散。

はさん（名）破算 置キ分ケタル算盤珠ヲ不用トスルヿ。

はし（名）端 (一)物事ノ發ル所。ハジメ。小口。「物思フヿノ、ーニゾアリケル」「爭ヒノー」端緒 (二)物事ノ盡キムトスル所。ヘリ。ハジ。「布ノー」紙ノー」花ビラノー」屛風ノー」文ノー」邊端 (三)疊ノ緣。「高麗はし、暈繝紫はしノ疊」(四)家ノ外面ニ近キ所。「ーノ間ニ、梅、イトヲカシウ咲キタリ」ーノ方ニ立チ出デ見レバ」今日シモ、ーニオハシマシケル」ー近ウ打眺メテ」(五)多クノ內ノ一部分。「世ノ中ニ、大方、古物語ノーナド見レバ」經ノー打チ誦ミ」一端 (六)切テ捨テタル部。「木ノー」紙ノー」斷片 (七)間。アハヒ。「行ク鳥ノ、爭フ端ニ、渡會ノ、齋ノ宮ユ」クモリ夜ノ、迷ヘル間ニ」木ニモアラズ、竹ニモアラヌ、竹ノ節ノ、はしニ我身ハナリヌベラナリ」間人」間

はし（名）橋梁 〔間ノ意ナル端ノ意〕川溝池ナドノ兩岸ノ間、又ハ、家ト家トノ間ナドニ亙シ掛ケテ、往來ノ道トスルモノ、常ナルハ木造ナリ。又、石ー、土ー、鐵ー、アリ。又、丸木ー、舟ー、懸ー、反ー、等各條ニ註ス。

〔はし（名）階 〔橋ト同義〕(一)庭ヨリ堂ニ上ルベキ路トスルモノ。級。キダハシ。キザハシ。アガリダン。「御階ノ櫻」(二)梯子。「神庫雖レ高、我能爲ニ神庫ニ造レ梯」梯

はし（名）箸 〔食ト口トノ橋ノ意ト云、或ハ、間ニ挾メバイフカ〕物ヲ挾ムニ用ヰ、食事ナドスル具、竹木象牙ナドニテ、細長ク作リ、二本ヲ合ハセテ、指ノ間ニ持チテ用ヰル。火箸ハ銅鐵ニテ作ル。

はし（名）觜 くちばしニ同ジ。「白キ鳥ノ、ート足ト赤キ」

〔はし（名）土師 はにしノ略。

〔はし・シキ・シケレ・シク・シク（形・二）愛 イツクシ。イトホシ。「三吉野ノ、玉松ガ枝ハ、波思吉カモ、君ガ御言ヲ、持チテ通ハク」待チカモ戀ヒム、波之伎妻ラハ」吾ガ波斯妻」

はじ（名）黃櫨 〔はにしノ約〕又、ハニシ。今、ハゼ。ヤマウルシ。漆ノ木ノ一種、山中ニ多シ、葉ハ漆ニ似テ粗キ鋸齒アリ、木心、黃ナリ、古ヘ、染料トス、黃櫨染コレナリ、秋早ク紅葉スルガ故ニ、はじもみぢナド、歌ニモ詠メリ。又、一種、實ヨリ蠟ヲ採ルモノヲモ、はぜ、はぜうるし、らふのきナドイフ、諸國ニ多ク栽ウ、葉ハ、漆ニ似テ鋸齒無ク長大ニシテ、實モ亦大ナリ。

はじ（名）端 はしニ同ジ。パタ。ヘリ。

はしいた（名）橋板 橋桁ノ上ニ敷キ並ベタル板、卽チ、人馬ノ踏ミ渡ル處。

〔はしうら（名）橋占 辻占ノ類。安德帝、降誕セラレムトスル時、平相國ノ室、京都一條ノ戾橋ニ車ヲ停メ、橋占ヲ問ヒ、往來ノ童謠ヲ聞キシヿアリ。

〔はしか（名）芒 麥ナドノ芒。

はしか（名）麻疹 〔喉ニ芒ノ立チタル感アレバ名トスト云〕古名、赤斑瘡、アカガサ。病ノ名、皮膚ニ赤斑ヲ生ジ、喉、苦シク、エゴク、イライラス、傳遷ノ毒甚シ、凡ソ、人、一度ハ必ズ此病ニ感ズ、然レドモ、再感セザルヿ、痘ノ如シ。

はしがかり（名）橋懸 能ノ舞臺ノ傍ニ、演者ノ、樂屋ヨリ出デ來ル路、欄干アリテ、廊ノ如ク橋ノ如シ。

はしがき（名）端書 (一)消息文ノ端ノ方ニ、別ニ書キ添フル文。ハシヅクリ。ナホナホガキ。カヘスガキ。(二)書物ノ初ニ、其書ノ由來、書中ノ大要、ナド記シツクル文。序。序文。序 叙

〔はしがくし（名）階隱 階ノ前ニ、二柱ヲ立テテ屋根ヲ作リカケタル所、輿ヲ寄スルニ供フ。

はじかみ（名）椒 〔齒瘟ノ義、辛味、齒ニ疼ク意ト云、或云、罅裂赤子ノ約轉、或云、罅裂子ノ轉、又、或ハ罅韮ノ略トイフ、イカガ〕(一)山椒ノ古名、一名、いたー。（山椒ノ條ヲ見ヨ）古ヘ、椒ヲ單ニはじかみトイフ、神武帝ノ御歌ニ「垣本ニ、植ヱシ波士加美、口疼ク」トアルヲ、薑トスルハ非ナリ、薑ハ後ノ舶來物ナリ。（山椒魚ヲ、はじかみいをトイフモ、椒氣アレバナリ）秦椒 又、朝倉山椒ヲ、生ー、房ー、トイフ。蜀椒 胡椒ヲ圓ートイフ。(二)後ニ、生薑、渡來シテ、卽チ、吳ノー、トイヒ、又、穴ー、土ーナドイヒ、常用スルニ及ビテ、遂ニ單ニはじかみノ名ヲ專ラニス。（生薑ノ條ヲ見ヨ）薑 又、其乾シタルヲ、はじートイフ。乾薑 又、おぶしー、かはー、いたちーナドアリ、各條ヲ見ヨ。

〔はじかみいを（名）椒魚 さんせううをニ同ジ、其條

ヲ見ヨ、其大小、二種、共ニイフガ如シ。

〔はしき〕(形) 愛シ、ノ條ヲ見ヨ。

はじき (名) 彈 (一)ハジクヿ。彈ク力。(二)諸器械ノ機關ニ用キテ、物ヲ彈ク用ヲナサシムルモノ。「竹ノ—」鐵ノ—」 彈機 (三)女兒ノ戲、いしはじきノ條ヲ見ヨ。

〔はしきよし〕(句) 愛哉 〔よハ感動詞、をハ助辭〕愛シト思フヨ。イトホシキ哉。又、ハシケヤシ。「波之吉余思、妹ヲ相見ズ斯クヤ歎カム」—、我ガ兄ノ君」—、妻ノミコトモ」波之家也思、妻モ子ドモモ」

はじく・クル・ケ・カ・キ・ケ (他動)(規・一) 彈 〔撥及ク、ノ意ト云、イカガ〕(一)屈メタルガ返ル力ヲ以テ打ツ。撥メテ放ツ。「陸奥ノ、アダタラ眞弓、波自伎置キテ」指ニテ—」算盤珠ヲ—」(二)受ケツケズシテ散ラス。跳ネ飛バス。「油ガ水ヲ—」

はじく・クル・クレ・ケ・ケ・ケロ (自動)(規・二) 彈裂 〔彈ク、ノ自動〕裂ケテ開ク。ヱミワレテ反ル。ハゼル。

はしぐひ (名) 橋杙 ハシバシラ。橋桁ヲ支フル柱。 橋脚

はしげた (名) 橋桁 橋杙ノ上ニ横タヘ、橋板ヲ支フル材。

はしけぶね (名) 艀 御船 はしけるニ用キル舟。傳馬船。小廻船。

ばしけん (名) 馬齒莧 スベリヒユ。

〔はしけやし〕(句) 愛哉 はしきよしニ同ジ。

はしける・クル・クレ・ケ・ケ・ケロ (他動)(規・四・變) 艀 〔端ヨリ少シヅツ運ブ意カ〕陸ト船トノ間ニ、小舟ニテ物ヲ運ブ。

はじける (動) 彈裂 はじく(規・二)ノ訛

はしご (名) 梯子 (一)古ク、梯。持運ビ寄セカケテ、高キニ登ル具、木竹ノ長キ二條ノ材ニ、又、數條ノ横木(子トイフ)ヲツケテ、足掛リトシテ登ル。(二)キダハシ。ダンバシゴ。 階

はしこし・キ・ク・シ・ケレ・カ・ク (形・二) 敏捷 すばやしニ同ジ。

〔はしし〕(名) 齗 〔齒肉ノ義〕 齒莖ニ同ジ。

はした (名) 〔間ナル意〕(一)物事ノ、何レトモツカズ半ラナルヿ。ナカゾラ。ドチラツカズ中有。半途。「娘ニヤ孫ニヤ、はしたナル大キサノ女ノ」起ツモ—、居ルモ—ニテ」中間 (二)數ノ揃ハヌヿ。半端。奇數 (三)數ノ餘レルヿ。餘計。「錢ノ—」 仂 零餘 (四)はしたものノ略。ハシタメ。下女。 婢

はしたか (名) 鷂 〔敏鷹ノ義〕又、音便ニ、ハイタカ。全形、鷹ニ似テ小ク、腹ニ黄黒又赤白ノ斑アリ、又、胸、腹、灰赤ニシテ黒赤斑ヲ雜ヘ、背、黒ク、光ヲ含ムモアリ、能ク鴨鷲ナドヲ捕フ、是レ雌ナリ。其雄ヲ、このりトイフ、鶉ナドノ小鳥ヲ捕フ。 兄鷂

〔はしだて〕(名) 樹梯 梯子ヲ立テカクルヿ。垂仁紀「神庫雖高、我能爲神庫造梯」云云、諺云、神之神庫、隨樹梯之」天ノ橋立」

はしたなし・キ・ク・シ・ケレ・カ・ク (形・二) 〔なしハ甚シ、ノ意〕(一)中間ニテアリ。寄ル邊ナシ。ドチラツカズナリ。「女ハラカラ、住ミケリ、云云、オモホエズ、故郷ニ、イト、ハシタナクテアリケレバ、心地惑ヒニケリ」歸ラムニモ、ハシタナク、心ヲサナク出デ立チニケルヲ」 不着落 依違 (二)取付キ端ナシ。間ガワルシ。ビンナキ間ナリ。「ハシタナキ物。人ノ呼ブニ、我レカトテ差出デタルモノ。マシテ、物取ラスル折ハ、イトド」人ノ思ホスラムヿモ、ハシタナクナリテ」 無稱在 (三)付キナクテ不都合ナリ。アサマシ。「云云、云云、持タキナガラ、タビタビ強ヒ給ヘバ、ハシタナクテ、モテワヅラフ狀」益ナキ物、取リ出デケルカナ、ハシタナシト思ヒ給ヘリ」雨風、ハシタナクテ、歸ルニ及バデ」 困殺 (四)付キナク愛相ナシ。ツレナシ。ナサケナシ。「打絶エテ、オトヅレモセズ、ハシタナカリシニ」ワザト侍ルメルヲ、ハシタナクハ、エ歸シ侍ラズ」男、心變ハリテ、常ニ、ハシタナケレド侍ドモ、ハシタナク言ヒケレバ、泣キツツ歸リテ」 無情

〔はしたなむ〕・ムル・ムレ・メ・メ・メロ (他動)(規・二) 〔はしたなくナラシムル意〕取付キ端ナク仕向ケテ困ラス。「コナタ、カナタ、心ヲ合ハセテ、ハシタナメ、ワヅラハセ」タグ、笑種ニツクリ給ヘド、世人ハ、ハヂガテラ、ハシタナメ給フナド、サマザマ言ヒケリ」 困殺 窘殺

はしため (名) 〔次條ノ語意ニ同ジ〕下女。ミヅシメ。 婢

はしたもの (名) 〔身ノ程、高クアラヌナド、又、ムゲニ下衆ニモアラズ、中間者ノ意ニテ中間男ナド言ハムガ如シト云〕召仕ノ女ノ稱。「はしたもの、女房ノ局ノ人ナド、ヲカシク、シタテテ」

はしちか (名) 端近 家ノ端ニ近キヿ。アガリハナ。「例ハ、殊ニ一ナル出居ナドモセヌヲ」

はしづくり (名) 端作 端書ニ同ジ。(消息文、懷紙

ノ和歌、ナドニ)

(はしづま (名) 愛妻 愛シキ妻。イトホシキ妻。「吾ガ波斯豆摩ニ、イ及還ハムカモ」愛伎妻等ノ)

はしづめ (名) 橋詰 橋ノ盡クル處。橋ノタモト。

はおどみ (名) 半蔀 蔀ノ、卸シテ、下マデハナク、半バナルモノ。

はしなく (副) 無端 何ノ端トモナク。圖ラズ。ユクリナク。

はしぬひ (名) 端縫 はぬひニ同ジ。「ー行過ソ」

はしばこ (名) 箸箱 箸ヲ納メ置ク細ク長キ匣。箸筩

はしばみ (名) 榛 〔葉皺ノ義、或云、榛柴實ノ略〕樹ノ名、高サ丈許、冬ハ葉無クシテ、節毎ニ小キ穗ヲ兩兩下垂ス、長サ一寸許、幅二分許、淺褐色ニシテ、はりのきノ蕾ニ似タリ、春ニ至テ開クトキハ、形長大ニシテ黄色ナリ、春ノ末、花落チテ葉出ヅ、形圓クシテ、五短尖アリ、邊ニ鋸齒アリテ皺紋多シ、大サ三四寸、互生ス、實ノ大サ、おほどりノ如クニシテ圓尖ナリ、白仁アリ、生食スレバ栗ノ如シ。

はしばみ (名) 端食 指物細工ノ語、版木ナドニ、板ヲ反ラセヌ爲ニ、兩端ノ切口ニ細キ材ヲ填メコムヿ。

はしひめ (名) 橋姫 橋ヲ守ル女神ナリト云、多ク、山城ノ宇治橋ニイフ。「サムシロニ、衣片敷キ、今宵モヤ、我ヲ待ツラム、宇治ノー」(愛姫ニ寄セテ詠メリト云)

はしぶとがらす (名) 嘴太鴉 からすノ條ヲ見ヨ。

はしぶね (名) 端舟 小キ舟。艇

はしぼそがらす (名) 嘴細鴉 からすノ條ヲ見ヨ。

はじまり (名) 始・初 ハジマルヿ。オコリ。發端。

はじまる・ル・レ・ラ・リ・レ (自動) (規・一) 始 新ニ發ル。

はじむ・ムル・ムレ・メ・メ・メヨ (他動) (規・二) 始 (端ヲ活用ス) 新ニ發スシダス。

はじめ (名) 始 (一)始ムルヿ。デハジメ。(二)オコリ。ハジマリ。發端。

はじめ (副) 初 是レヨリ先ニ。マヘカタ。「面ヲフタギテ候ヘドモ、ー善ク御覽ジツレバ」

はじめて (副) 始 新ニ。新規ニ。

はじめる (動) 始 はじむ、ノ訛。

はしもと (名) 橋本 橋ヲ亙セル所ノ岸。

はしもり (名) 橋守 橋ヲ守ル者。「宇治ノー」瀬田ノー」

ばしや (名) 馬車 馬ニ牽スル車。

ばしやう (名) 馬上 ウマノウヘ。馬ニ乘リテ居ルヿ。

ばしやうぢやうちん (名) 馬上提燈 馬上ニテ用ヰル提燈、製、正圓ニシテ、長キ柄アリテ腰ニ差ス。

はしやうふう (名) 破傷風 病ノ名、金瘡、挫傷ナドノ口ヨリ、風ノ犯シ入レルモノトイヒ、筋ニ烈シキ痙攣ヲ起スモノ、危キ症トス。

はしやぐ・ク・ケ・ガ・ギ・ゲ (自動) (規・一) 乾燥 カワク。ヒル。

ばしやく (名) 馬借 駄賃ヲ取テ馬ヲ借スヿ。

はしゆつ (名) 派出 手分ケシテ出シ遣ルヿ。

ばじゆつ (名) 馬術 馬ニ騎リテ走ラスル術。

(はじゆみ (名) 波士弓 黄櫨ニテ造レル弓。「持ニ天之波士弓、天之加久矢、射ニ殺其雉ニ」

はしゆん (名) 波旬 〔梵語〕惡魔。「天魔ー」

ばしよ (名) 場所 トコロ。ホドコロ。バセキ。

はしよる・ル・レ・ラ・リ・レ (他動) (規・一) 端折 〔はしをるノ約〕(一)端ヲ折リテ褰グ。揚ゲテ帶ニサム。「裾ヲー」「ちりヲー」 褰 (二)省キ詰メテ短クス。省略

はしら (名) 柱 〔屋根ト地トノ間ニアル物ノ意カト云〕(一)家作ニ、土臺ノ上ニ直立シテ、棟梁ヲ受ケ、屋根ノ全體ヲ支フル長キ材。又、スベテ、立テタル物ノ左右前後ニ立テ添ヘテ、其全體ヲ持タルモノ。「几帳ノー」門ノー」垣屏ノー」(二)かひのはしらノ略。蛤丁

はしら (接尾) 柱 〔立チ並ビオハスルヲ數フル意ノ語ナラムト云、或ハ、古以ニ貴人ニ喩ニ於レ木、故爲ニ一柱一木ニ、以ニ賤人ニ喩ニ於レ草、故謂ニ青人草ニトモ云、附會ナラム〕神、佛、貴人、ヲ敬ヒテ數フル語、幾所、幾方ナド言ハムガ如シ。「三柱ノ神」皇子、二柱」太政大臣、一柱」觀世音菩薩、一柱」

はしらかくし (名) 柱隱 聯ノ、板製ニテ、柱ノ幅ノ程ナルモノ、柱ニ懸ケテ被フ。柱聯

はしらかす・ス・セ・サ・シ・セ (他動) (規・一) 走 走ルヤウニナス。疾ク疾クト送リ遣ル。

はしらだて (名) 柱建 新ニ家ヲ造ルニ、先ヅ柱ヲ立ツルヿ、儀式ナド行フ。

はしらどけい (名) 柱時計 時計ノ柱壁ナドニ懸クベク作レルモノ。カケドケイ。柱漏

〔はしらぬき〕（名）桷領　柱ノ上ナカ、横ニ貫ク材ト云。
はしり（名）走　(一)ハシルヿ。(二)滑ラカニ動キ行クヿ。
スルヿ。「戸ノ―」滑走　(三)臺所ノ流シ。洗水槽
(四)極メテ新シキヿ。初。斬新
バジリ（名）〔羅甸語、Unguentum basilicum.〕吸
出ニ用キル膏藥ノ名、松脂ト猪脂トニテ製ス。
はしりうま（名）奔馬　(一)疾ク走リ行ク馬。(二)ク
ラベウマ。ウマカケ。競馬
はしりがき（名）走書　草書平假名ナド、引キ續ケ
テ、手早ク、スラスラト書クヿ。快揮
はしりくらべ（名）走競　數人、共ニ走リテ、其遲速
ヲ競アルヿ。カケクラベ。趨競
〔はしりしゆ〕（名）走衆　雜事ノ使ヲ辨ズル役目。
はしりずみ（名）走炭　はねずみニ同ジ。
はしりづかひ（名）走使　馳廻リテ使ハルル奴。走卒
はしりび（名）走火　はねびニ同ジ。ト旦。「人ニ逢ハム、
ツキノナキニハ、オモヒオキテ、胸ハリシビニ、心燒ケヲリ」
火星
〔はしりゆ〕（名）走湯　温泉。「マシラヲノ、濱ノ―、浦サ
ビテ、今ハミユキノ、影モウツラズ」走湯ノ、神トハ、ムベゾ言
ヒケラシ、ハヤキシルシノ、アレバナリケリ」伊豆ノ走湯山
ノ温泉ニイヘリ
はしる・ル・レ・ラ・リ・レ（自動）（規．一）走｜奔｜趨　(一)疾ク
行ク。早ク行ク。馳スワシル。趾ク。「人―」馬―」車―」
(二)逃ル。ニグ。遁　逃　(三)疾ク流レ行ク。「水―」(四)
飛ビ散ル。ホトバシル。「血―」筆―」火―」迸　(五)
逸ルル如クニ自ラ行ク。「玉、盤ニ―」刀―」奔逸
(六)自在ニ運ル。「才―」筆―」英發　快揮
○胸―。胸騒ギス。心、ワクワクス。
はしろ（名）端城　出城。砦。子城
はしわたし（名）橋渡　ナカダチスルヿ。トリモチ。媒介
はしゐ（名）端居　家ノ端ニ近ク出デ居ルヿ。
はす（名）鰣　〔古言、はその轉〕(一)海魚ノ名、ひらニ
同ジ、其條ヲ見ヨ。(二)今、又、近江ノ湖中ニテはす
トイフハ、春夏ノ交ニ多シ、形、鮒ニ似テ、大ナルモノモ尺
ニ過ギズ、背、青ク、腹、白ク、肉モ白クシテ細刺多ク、味
ハ鱠ニ似タレド、美ナラズ。
はす（名）蓮　はちすノ略。「―ノ實」―ノ絲」―ノ葉」
はす（名）斜　〔蓮ノ卷葉ノ形ニ因ルカト云〕ナナメナル
ヿ。スヂカヒ。ハスカケ。ナゾヘ。「―ニ切ル」―ニ殺グ」―ニ行
ク」
はす・スル・スレ・セ・セ・セヨ（他動）（規．二）馳　走ラス。「馬ヲ
―」車ヲ―」
はす・スル・スレ・セ・セ・セヨ（自動）（規．二）馳　走ル。「馳セ集
ル」馳セ加ハル」
はず（名）弭　〔端末ノ略カト云〕(一)矢ノ頭、又ハ、弓
ノ兩頭ノ、弓弦ヲ受クル處。別チテ矢―、弓―、トイフ。
各條ヲ見ヨ。(二)筈ト弦ト合フ處ヨリ轉ジテ、事ノ
當ニ然ルベキヿ。スヂ。道理。理
はすいけ（名）蓮池　蓮ノ生ヒタル池。
はすいも（名）蓮芋　芋ノ屬、莖ノ色白クシテ、中ニ孔
アルヿ蓮ノ莖ノ如シ、莖、根、共ニ、さといもヨリ小ク、共
ニ、生食熟食スベシ、根ノ形、味、栗ニ似タリ、故ニ、くり
いもノ名モアリ。白芋
はずさし（名）筈刺　矢筈ヲ刺スニ用キル小刀。晉
便ニ、ハシザシ。
はすお（名）蓮莖　あなぢニ同ジ。
はすのはがひ（名）蓮葉貝　たこのまくらニ同ジ。
はすのひ（名）蓮飯　〔ひハいひノ約〕強飯ヲ、熱ニ乘
ジテ蓮ノ葉ニ包ミタルモノ、孟蘭盆ノ生靈祭ニ供フ。
はすは（名）〔斜端ノ意カ、或云、蓮葉ノ義、一葉ヅツ
飛除キテ寄リ添ハヌ意ヨリイフト、牽強ナラム〕(一)
處女ナドノ性質、身持ノ落チツカヌヲイフ語。輕佻
(二)旅店ノ婢。(畿内)
はずみ（名）ハズムヿ。ハネカヘルヿ。勢ニ乘ルヿ。「毬ノ―」
氣ノ―」反跳　機勢
はずむ・ム・メ・マ・ミ・メ（自動）（規．一）〔彈クニ通ズト云〕當
レル勢ニテ返ル。ハネカヘル。勢ニ乘ル。「毬―」氣―」
跳躍　反跳　乘勢
○息―。イキグハシクナル。アヘグ。喘
はすめし（名）蓮飯　蓮ノ若葉ニテ飯ヲ包ミテ蒸シ
タルモノ。又ハ、若葉ヲ蒸シテ細カニ刻ザミ、鹽ニ和シ
テ、飯ニ雜ヘタルモノ。荷葉飯
ばせゐぼく（名）馬醉木　アセミ
〔はせ〕（名）玉莖　陰莖ニ同ジ。和名抄「玉莖、破前」
古語拾遺「男莖形」
はせ（名）糯　〔爆ノ義〕糯米ノ穀ヲ、略、濕シテ炒リ
タルモノ　爆ゼ脹レテ、稃、自ラ脱ス、白クシテ雪花ノ

如シ、乾菓子ノ種トシ、又魚ヲ養フ餌トス。

はぜ (名) 沙魚 〔馳ノ義カト云〕 魚ノ名、淡水鹹水ノ際ニ產ズ、形、まちニ似テ小ク、大ナルハ五寸許、口、廣ク、腮、大ナリ、身薄黒クシテ斑アリ。一種、大クシテ虎斑アルヲ、とらふ―トイヒ、又深黒ナル斑アリテ、頭尾最モ黒キヲ、衣―トイフ。 鰕虎魚

はぜ (名) 黄櫨ノ轉、其條ヲ見ヨ。

ばせう (名) 芭蕉 古ク、ハセヲ。草ノ名、暖國ノ產、莖ノ圍ミ、尺ニ及ビ、虛軟ナルコト、芋莖ノ如ク、皮、重ナリテ包ム、高サ五七尺、葉、長大ニシテ丈ニ及ビ、幅一二尺、花ハ數年ヲ隔テテ開ク、故ニ優曇華ノ名アリ、長キ莖ヲ生ジ、頂ニ大ナル一花ヲ下垂ス、蓮花ノ蕾ニ似テ、黄白色ナリ、實、五稜ニシテ綠ナリ、食フベシ、花ヲ生ズレバ、旁ヨリ小苗ヲ生ジテ、本根ハ枯ル。

ばせうふ (名) 芭蕉布 沖繩島ノ產、芭蕉ノ一種、花ノ紫赤色ナルモノアリ、(香蕉)其莖ノ纖維ノ、細美ニシテ强韌ナルヲ採リテ、布ニ織レルモノ。 蕉紗

はぜうるし (名) 黄櫨ノ條ヲ見ヨ。

はぜばな (名) 糅花 おほめざくらニ同ジ。(上方)

はせひき (名) 馳引 馬ヲ馳セ弓ヲ引クコト。武邊ノ鍛錬。

はせん (名) 破船 船ノ、風雨ナドニ遇ヒ、岩礁ニ觸レナドシテ、破レ毀ルルコト。難船。

ばせん (名) 馬氈 クラオホヒ。鞍ノ上ニ被フモノ、虎、豹、熊、鹿、葦鹿ナドノ皮ヲ用キル。 鞍褥

はせる (動) 馳スノ訛。

はぜる・ぜル・ぜレ・ぜ・ぜ・ぜロ (自動)(現・四・變) 罅裂・爆 裂ケテ開ク。脹レテハジクル。「金瘡ノ肉―」栗毬―」炒米―」

(はせを (名) 芭蕉ノ古キ假名遣。和名抄「芭蕉、波勢乎波」イササメニ、時待ツ間ニゾ、日ハ歷ヌル、心ばせをば、人ニ見エツツ」

はぞ (名) 鰣 はす、及ビ、ひら、ノ各條ヲ見ヨ。

はそん (名) 破損 ヤブレコハルルコト。「―ヲツクロフ」

はぞり (名) 端反 端ノ、上或ハ外ヘ反リタル形。「―ノ陣笠」―ノ椀」

はた (名) 畠・畑 〔水田ニ對シテ、乾田ノ轉ナラム、或云、火田ノ轉ニテ、やきはたニ起ルト、字ハ、白田、又ハ、火田、ノ合字〕 又、ハタケ。地ヲ耕シ、畦ヲ作リテ、麥粟、豆、蔬菜、瓜、果等ヲ植エ作ル處。 陸田 白田 圃 燒―、切―、ナドモアリ、各條ヲ見ヨ。

(はた (名) 繒・服 機ニテ織リ成シタルモノ。織物。「千繒高繒」倭文幡ノ帶」うす―」(羅)かむ―」(綺)結―」(纈) 古ヘニ織リテシ八多ヲ、此ノ夕、衣ニ縫ヒテ、君待ツ吾ヲ―織」(服部)―ヲ織ル」 布帛

はた (名) 機 〔繒具ノ略ト云〕 又、ハタモノ。布帛ヲ織ル器械、經絲ヲ互シ、緯絲ヲトホシテ織ル。 絹―、高―、木綿―等、種種ナリ。

はた (名) 旗・旌・幡 〔繒ヲ用キレバ云フカ〕 (一)文武ノ式、又ハ、佛式等ニ、立テテ目標トスル具、布帛ニテ長ク製シ、其一端ヲ竿ノ端ニ繫ケ、高ク立テテ、翻ヘル如クス。(二)紙鳶ノ異名。(九州)

(はた (名) 鰭 〔魚ノ旗ノ義カト云、ひれモ、領巾ナラムト云〕 (一)鰭ノ古言。「鵜河立チ、捕ラサム鮎ノ、其ガ波多ハ、吾ニ掻キ向ケ、思ヒシモハバ」又、大小ノ魚ヲ、古キ異名ニ、鰭廣物、鰭狹物トイフ。「青海原乃物者、波多能廣物、波多能狹物」(二)今、又、一種ノ魚ノ名 もうを、かさご、ト一類ノモノニテ、みづふみノ傍ニアル三硬骨ノ狀、少シ異ナリ。

はた (名) 端 ハシ。ヘリ。ヘタ。ホトリ。

はた (副) 將 〔者又ノ略カ〕 亦、ト同ジクシテ、意、稍、急ナルガ如キ語。ヤハリ。「見テモ思フ、見ズはた如何ニ歎クラム」イツはた人ニ、逢ハムトスラム」恐ミユト、―オモホエズ」

はた (接) 將 〔前條ノ語ノ轉〕 (一)或ハ。又ハ。(漢籍讀ニ)「秦カ、漢カ、―近代カ」(二)書狀ノ文ニ、但シハ。「―又」

はた (數) 二十 〔二十ノ略轉カ〕 十ノ倍。二十。「トヲ、はた、みソ、ヨソ、ナド數フル狀」―箇」―年」―重」

はた (名) 皮 〔端ノ義ト云〕 (一)皮ニ同ジ。「貲―」(膚)檜―」樹ノ―」紙ノ―」(二)專ラ、人體ノ皮。ハダヘ。カハベ。 膚

○―ヲ脫グ。袒ヌグ。

バタ (名) 牛酪 〔英語、Butter.〕 牛ノ乳ヲ製煉シテ成レル脂ノ如キモノ。酪。ボオトル。

はたあし (名) 旗脚 旗ノ末ニ垂ルモノ。 旒

ばだい (名) 馬代 馬ヲ贈ルニ代ヘテ贈ル金。黄金一片ナルヲ、大―、トイヒ、南鐐一片ナルヲ、小―、トイ

フトゾ。

はたいろ（名）|旗色| 戰場ニテ、旗ノ飜ル狀ニ就キテ、勝敗ノ象ノ現ハレ見ユルヿト云。

はたおび（名）|腨帶| はたのおびニ同ジ。

はたおり（名）|機織| 機ニテ布帛ヲ織ル工人。|織工|

はたおりむし（名）|機織蟲| 蟋蟀ニ同ジ。

〔はたおりめ（名）|機織女| 蟋蟀ノ古名。

はだか（名）|裸| 〔腨赤ノ約〕(一)衣ナクテ、腨ノ現ハレテアルヿ。アカハダ。(二)スベテ、被物ナキヿ。「―麥」―文」

はたがしら（名）|旗頭| 一地方ノ若干ノ大小名ノ長。「九州ノ―」中國ノ―」|覇者|

はだかまゐり（名）|裸參| 寒夜ナドノ行トシテ、裸ニテ神佛ニ詣デ祈願スルヿ。

はだかむぎ（名）|裸麥| 大麥ノ一種、芒ノ容易ク脫クルモノ。

はだかむし（名）|裸蟲| (一)羽毛ナキ蟲ノ泛稱。(二)人ノ異名。

はだかる・ル・レ・ラ・リ・レ（自動）（規．一）|開| (一)ヒロガリヒラク。「コレヲ聞クニ、アサマシク、目口モ、ハダカリテ覺ユ」(二)跨ヲヒロゲテ立ツ。「人ノ前ニ立チ―」

はたき（名）〔埃拂ノ義〕チリハラヒ。ホコリハラヒ。室內器物ノ塵埃ヲ拂フ具、羽毛又ハ裂キタル紙ナドヲ束ネテ、柄ヲ添フ。|拂塵|

はたぎ（名）|腨着| 腨ニ着ケテ着ル衣、ジユバン。|襯衣|

はたく・ク・ケ・カ・キ・ケ（他動）（規．一）|碎|擊| (一)搗キ碎ク。

タタク。「麥ヲ―」(二)拂フ。「塵ヲ―」|拂| (三)ナ破リ失フ。「身上ヲ―」

はたく・ケ・ケレ・ケ・ケ・ケ・ケヨ（他動）（規．二）|刷| 搔キ落スヿ。ソケオトス。和名抄「馬刷、千麻波太氣」塵ヲ―」粉ヲ―」

はたく・ケ・ケレ・ケ・ケ・ケ・ケヨ（他動）（規．二）|開| ヒラク。延バス。「大手ヲ―」

〔はたぐも（名）|旗雲| 雲ノ、旗ノ如ク棚引ケルモノ。「渡津海ノ豐―ニ、入日サシ」

はたけ（名）|畠| 〔畠毛ノ義カト云〕畠ニ同ジ。

〔はたけ（名）|疥| 〔痒クシテ搔刷クル意カ、萬安方疥〕腨ニ生ズル瘡、痒クシテ、搔ケバ乾痂ヲ生ズルモノ。|乾疥|

はたけな（名）|畠菜| 蕓薹ノ一種、形狀、相同ジクシテ、稍、低ク、莖ノ色淺キモノ、若葉ト蕾トヲ食フヲ主トス、又、油ヲモ採ルベシ。

はたける（動）はたく、ノ訛。

はたご（名）|旅籠| (一)旅行ニ、馬ノ食ヲ盛ル籠。|篼| (二)〔轉ジテ、旅行ノ食物雜品ヲ入ルル器。「はたごニ掛ニ、路ノ程ノ物入レテ、好キ馬ニ負セタリ」宿ヲ借リ、―開キテ、物ナド食ヒ」―馬、皮籠馬ナド來着キタリ」|行李| (三)今、專ラ、旅人ヲ宿シ、或ハ其食事ナド取リマカナフヲ業トスルヿ。又、其家。「―商賣」「旅―」―ヲ取ル」|逆旅|旅館| (四)旅籠錢。「―ヲ拂フ」|宿錢|

はたごせん（名）|旅籠錢| 旅籠屋ノ宿賃。|宿錢|

はたごや（名）|旅籠屋| 旅人ヲ宿シ、或ハ其食事ヲ取リマカナフヲ業トスル家。宿屋。|旅館|

はだざむし・キ・ケレ・ク・シ・カ（形．二）|腨寒| 肌ニ觸レテ冷カナルヲ覺ユ。〔春初秋末ノ風ナドニ〕

はたさめ（名）|幡鰒| 一名、天蓋鰒。形、天蓋ニ似タリ、褐色ニシテ、味美シ、此沙皮ヲ、物ヲオロスニ用キテ、最トス。

はだし（名）|跣| 〔肌足ノ約〕履ナク、素足ニテ地ヲ行クヿ。

はたしあひ（名）|果合| 殺シ合フヿ。互ニ恨ミ又怒レル事ナドアリテ、雙方相約シテ、相手ノ孰レカ死ヌルマデ闘ヒテ、遺恨ヲ晴ラスヿ。決闘。

はたしじやう（名）|果狀| 果合セムトノ旨ヲ言ヒ送ル書狀。

はたもた（名）|旗下| 旗頭ノ指圖ニ從フヿ。支配ノ下。「―ニツク」|麾下|

はたして（副）|果| 案ノ如ク。思ヒシ如ク。終ニ。〔漢籍讀ニ〕

はたおね（名）|機綜| あねいとニ同ジ。

はたおるし（名）|旗標| 旗ニ記シテ標トスル種種ノ象。|旗章|

はたおろ（名）|鰭白ノ義カ〕魚ノ名、形、略、ちいをニ似テ、身、平タク、首、短ク、鱗、細カシ、鰭ニ黑白ノ文アリ、冬、春、出ヅ、味、淡シ。

はたす・ス・セ・サ・シ・セ（他動）（規．一）|果| (一)仕遂グ。終ヘ成ス。(二)殺ス。「打チ―」果シ合フ」

〔はたすすき〕（名）旗薄 薄ノ、高ク穗ニ出デテ、旗ノ如クナルニ就キテイフ語ト云。「深雪降ル、秋ノ大野ニ、旗須爲寸、シノヲナシナミ」此語、穗ニ出ヅ、トイフ句ノ枕詞ノ如クニモ用ヰル。「幡萩、穗ニ出ヅル吾レヤ」―穗ニ出デシ君ガ」

はだせ（名）膚背 ハツセ。馬ニ鞍ヲ置カズシテアルモノ。

〔はたそで〕（名）端袖 鰭袖 袍、直衣、直垂、ナドニ、袖ヲ長クセム爲ニ、袖ノ端ニ、又、半幅ニテ着クル袖ナリト云。其奥ノ袖ヲ、大袖トイフトゾ。「赤地ノ錦ノ直衣ニ、大頸、端袖ハ、紺地ノ錦ニテゾ、タタレケル」大袖摺レ之、端袖、小草計摺レ之」

〔はたたかみ〕（名）霹靂 ハタタク雷。雷ノ烈シキモノ。

はたたき（名）兩翼ヲ相擊ツ事。ハバタキ。 鼓翼

〔はたたく・ク・ケ・カ・キ・ケ〕（自動）（規.一）霹靂 雷、烈シク鳴ル。ハタメク。「水無月ノ照りはたたくニモ、サハラズ來ニケリ」

はたち（數）二十 （二十箇ノ義）（一）十ノ二倍。二十。（二）二十年ノ齡。 二十歲

はたつけ（名）膚付 馬具ノ名、馬ノ兩脇ノ、鐙ノ當ル所ニ垂レ被フモノ。 膁脊

〔はたつもり〕（名）（畠之守ノ義カ、令法ノ條ヲ見ヨ）樹名、令法ノ事ナリト云。「我ガ戀ハ、深山ニ生フル、―、積モリニケラシ、逢フ由モナシ」

〔はたて〕（名）盡 果。限リ。「敷キマセル、國ノ波多氐ニ、咲キニケル、櫻ノ花ノ」此人ヲ、鵠ク目ニ見ス見ズ、雲ノ―ニ迷ハシテ」雲ノ―マデ、響キ上ル心地スルニ」

際涯

はたと（副）礑 物ノ相擊ツ音、事ノ差當ル狀、ナドニイフ語、ハツタト。「經ヲ―打明ケテ」冠ヲ―打落ス」手ヲ―拍ツ」―忘ル」―差支フ」

はだぬぎ（名）膚脫 ハダヌグ事。 肉袒

はだぬぐ・グ・ゲ・ガ・ギ・ゲ（自動）（規.一）膚脫 衣ノ上半ヲ脫ギテ膚ヲ現ハス。肉袒 左右ニ脫グヲ、諸肌脫グ、トイフ。兩袒 又、其一方ヲ脫グヲ、片肌脫グ、トイフ。 偏袒

はだのおび（名）膚帶 男子、腰ノ邊ノ膚ニ絡ヒツケテ、陰部ヲ被フモノ、鯨尺六尺ノ布ヲ用ヰル。ヅリフドシ。フンドシ。シタオビ。ハダオビ。 褌

はたのだいこん（名）相模ノ波多野ノ地ニ産スル大根。

はだばかま（名）膚袴 膚ニ着ル猿股引ノ類。「鹿島與一トテ、無雙ノ水練アリ、鎧脫ギ置キ、はだばかまヲカキ」 褌

はたはた（名）鱩 鰰 （霹靂ノ時ニ多シト云）羽後ノ國ノ海中ニ産スル魚、冬時ニ漁ス、洋中ニ群遊ス、漁スル事鰯ノ如シ、長サ七八寸、色、銀ノ如シ、土人、甚ダ嗜ミテ賞食フ。 雷魚

はたはた（名）螇蚸 （羽ノ聲ヲ名トス）蟲ノ名、蚱ニ似テ、細ク長ク、三四寸、色、黃ニシテ、飛ブ時ニ、羽ニ聲アルモノ。東京ニ、バツタ。

〔はたはり〕（名）機張 布帛ノ幅。「水海ニ、秋ノ山邊ヲ、映シテハ、はたはり廣キ、錦トゾ見ル」 幅員

はだへ（名）膚 肌 （皮邊ノ義ト云）人獸ノ體ノ表面ニ、皮ノ被ヘル處。カハベ。ハダ

はたほこ（名）幢 橦 （幡桙ノ義）鉾ニ小旗ヲ着ケタルモノ。

はだん（名）破談 定メタル相談ヲ止ムル事。

はたんきやう（名）巴旦杏 （東印度ノ島名、巴旦、番丹ニ出ヅ）（一）あめんどうノ漢名。（二）又、李ノ類ニテ、葉、厚ク深綠ニシテ、一重ノ小白花枝ニツキテ繁ク開クモノ、春ノ末、花落チテ葉ヲ生ズ、實、十百簇リ生ズ、俗ニ、誤テ、亦、アメンドウ。 牛心李

はためく・ク・ケ・カ・キ・ケ（自動）（規.一）鳴動 鳴リ響ク。ハタタク。「雷、鳴リ―」火、迸リ―」

はたもと（名）旗本 （一）大將ノ陣所。 旗下 麾下 （二）大將ノ陣所ヲ衞ル兵士。 麾下兵 （三）德川氏ノ制ニハ、家臣ノ、知行万石未滿以下謁見以上ノ者ノ稱。

はたもの（名）機 （繒物ノ義、機ノ條ヲ見ヨ）（一）布帛ヲ織ル具、今、略シテ、機。「機ノ、蹈木持テ行キテ、天ノ河、打チ橋ワタス、君ガ來ムタメ」韓衣、立田ノ山ノ、モミヂ葉ハ、はた物モナキ、錦ナリケリ」（二）機ニテ織リタル物。織物。

〔はたもの〕（名）機物 （機ノ木匡ヲ用ヰルニ起ルカ）刑ノ名、後ノ土磔ノ類カ。（はりつけノ條、見合ハスベシ）「はたもの結ヒテ、張リカケテ殺シケリ」中世ニ、はたものニ上グ、ナドイヘルハ、十字架上ノ磔ナリ。

はたらかす・ス・セ・サ・レ・セ（他動）（規.一）働 ハタラクヤウニ

ナスヿ、ウゴカス。

はたらき (名) 働 (一)ハタラクヿ。勉メテ行フヿ。動作 (二)骨折。イサヲ。手柄。「拔群ノ―」 功勞 (三)動キテ用ヲナスヿ。才能ノ機轉。「藥ノ―」「機械ノ―」「―ノアル人」 功用 機巧 (四)使ハルル小者。使奴 (五)語學ノ語ニ、語尾ノ變化。活用。(働詞、形容詞、助動詞ニ)

はたらき・かけ (名) 働掛 (一)我ヨリ他ニ擧動ヲ仕掛クルヿ。他ニ襲ヒ掛ルヿ。其仕掛ケ來ルヲ待受クル身構ヘヲ、受身トイフ。(相撲、柔術ナドノ語) (二)語學ニ、動詞ノ動作ヲ起ス性ノモノノ稱、例ヘバ「押ス」打ツ」中ツ」ノ如シ。又、其動作ヲ受クル性ナルヲ、受身トイヒ、助動詞ヲ添ヘテ意ヲ成サシム、例ヘバ「押さる」打たる」中てらる」ノ如シ。(篇首ノ語法指南ノ助動詞ノ條ヲ見ヨ)

はたらきことば (名) 働詞 語學ノ語、語尾ノ變化アル語、即チ、動詞。用言。作用言。活語。

はたら・く・ク・ケ・カ・キ・ケ (自動) (規、一) 働 〔字ハ人動ノ合字〕 (一)動ク。勉メテ事ヲ爲ス。骨折リテ行フ。動作 勞働 (二)動キテ用ヲナス。功能ヲナス。(藥ニ、機械ニ) 奏功 (三)語學ノ語ニ、語尾、變化ス。活用ス。(動詞、形容詞、助動詞ニ)

〔はたらに〕 (副) 斑 マバラニ。マダラニ。ハダレニ。「春來レバ、吹ク風ニサヘ、櫻花、庭モはたらに、雪ハ降リツツ」鴨鳥ノ、上毛ノ―、置ケル朝露」

ばたらひ (名) 馬盥 馬ヲ洗フニ用キル大盥。

〔はたらゆき〕 (名) 斑雪 斑ニ降レル雪。ハダレユキ。「今年、イタウ荒ルル事ナクテ、はたら雪、再ビバカリゾ降リツル」

はた・る・ル・レ・ラ・リ・レ (他動) (規、一) 徵 責メウナガス。催促ス。

〔はだれ〕 (名) 斑雪ノ略。ハダラユキ。「吾ガ園ノ、李ノ花カ、庭ニ散ル、波太禮ノイマダ、殘リタルカモ」 笹ノ葉ニ、薄太禮降リオホヒ」

〔はだれに〕 (副) 斑 マバラニ。マダラニ。ハダラニ。「沫雪カ、薄太禮爾降ルト、見ルマデニ、流ラヘ散ルハ、何ノ花ゾモ」雪ハはだれに降ツタリケリ、枯野ノ氣色、誠ニ面白カリケレバ」

〔はだれ・ゆき〕 (名) 斑雪 はだらゆきニ同ジ。略シテ、ハダレ。「はだれ雪、降ルカト見レバ、九重ニ、散リカサナレル、花ニテアリケル」

はち (名) 蜂 小飛蟲ノ名、六脚、二翅、腰、甚ダクビレタリ、尻ニ螫アリテ、人ヲ刺ス。其巢ハ物ニ掛ケテ作ル、蜓房ヲ倒ニシタルガ如シ。 蜂房 種類多シ、くまー、みつー、つちー、あをー、やまー、おほー、あかー、あかー、等多シ、各條ニ註ス。

ハチ (名) 鉢 〔梵語、鉢多羅ノ略、應器ト譯ス〕 (一)天竺ノ食器、鐵ー、石ー、瓦ー、アリ。 (二)瓶ヨリハ開キ、皿ヨリハスボミタル器ノ稱、多クハ陶製ナルニイフ。磁盆 木製ナルヲ木ー、トイフ。 (三)植木鉢ノ略。又、ソレヲ數フル語。「梅一ー」「蘭三ー」 花盆 (四)草木ヲ堀リ起シテ、其根ト土ト塊ヲナシタル所ノ稱。

(植木師ノ語) (五)腦蓋骨ノ一名、其形ニ因テ名トス。「天窓ノー」「ー合ハセ」 腦蓋 (六)轉ジテ、兜ノ頂ヲ蓋フ部。 盔

はち (數) 八 ヤ。ヤツ。

はぢ (名) 恥辱 恥ヅルヿ。面目ヲ失フヿ。恥辱。

ばち (名) 罰 神佛ノ通力ニテ、人ノ惡ヲ罰シ懲スヿ。「ーガアタル」 冥罰

ばち (名) 撥 琵琶ニ用ヰテ、絃ヲ彈キ鳴ラス具、木製、本、窄クシテ、端、大ニ開キテ扁平ナルヿ、銀杏葉ノ如シ、其角ニテ彈ク。三味線ニモ用ヰル、但シ、木製、牙製等ニテ、端、甚ダ開カズ。

ばち (名) 桴枹 〔前條ノ語ノ轉〕 太鼓、銅鑼、ナドヲ撃チテ音ヲ發セシムル棒。ブチ。

ハチ・あはせ (名) 鉢合 二人、心付カズ行キ合ヒテ、頭ト頭トヲ打チ當ツルヿ。

ばち・あはせ (名) 撥合 琵琶ヲ彈ク初ニ、先ヅ調子ヲ彈キ試ミルヿ。

はち・いん (名) 八音 金、石、絲、竹、匏、土、革、木、ノ八物ヨリ發スル音。皆、樂器トシタルニイフ。

はぢ・い・る・ル・レ・ラ・リ・レ (自動) (規、一) 恥入 深ク恥ヅ。

ハチ・うゑ (名) 鉢植 植木鉢ニ植ヱタルモノ。「ーーノ松」 盆栽

はち・えふ (名) 八葉 紋形ノ名、八瓣ノ蓮花ノ象。

ばち・かは (名) 撥革 〔撥面ノ轉〕 三味線ノ胴ノ、皮ノ上、撥ノ端ノ當ルベキ處ニ、別ニ小ク貼レル革、小犬ノ皮ヲ製シテ用ヰル。

はぢがまし・シキ・シケレ・シク・ルル (形、二) 羞 恥ト見ユ。「我ナガラモ、世ニハヂカマシク、ネタク覺エシ」

はちぎやく (名) 八逆 古律ニ、謀反、謀大逆、謀叛、惡逆、不道、大不敬、不孝、不義、ノ八罪、罪ノ極メテ重キモノトシ、常赦ニ赦サズ。

はちく (名) 淡竹 〔或ハ、葉竹、端竹、早竹、半竹、ナド書ス、或云、白竹ノ略〕 竹ノ一種、節ニ白粉アリ、節ノ間、眞竹ヨリ短ク、大ナルハ、周リ、四五寸、長サ、一二三丈、筍早ク生ジ、籜、白クシテ斑ナク、味苦カラズ、眞竹ト反對ス。

はちく (名) 破竹 竹ヲ割ルニ、一度、端ニ刃ヲ加フレバ、餘ハ容易ク末マデ裂クルコ。勢ノ烈シクシテ抑ムベカラザルコ。「一ノ勢」勢、一ノ如シ

はちぐわつ (名) 八月 年ノ第八ノ月。葉月。

はちけん (名) 八間 大ク平タキ懸行燈ノ名、臺所ナドノ梁ニ懸ケテ、廣ク照ラサシム。一名、八方。

ハチ-さかな (名) 鉢肴 配膳ノ餚、燒魚ナドヲ、鉢ニ盛リテ出スモノ。

はちじ (名) 八時 時ノ條ヲ見ヨ。

はちじふ (數) 八十 十ヲ八倍ニシタル數。ヤソ。ヤソヂ。

はちじふ-はちや (名) 八十八夜 暦ニ、立春ヨリ八十八日ニ當ル日ノ稱、春霜ヲ置クコ、此節ヲ限リトシ、農家ニ、耕作ノ候トス。今、大抵、五月二日。

はぢしむ・ムル・ムレ・メ・メ・ヨ (他動)(規、二) 〔令恥ノ轉〕 はづかしむニ同ジ。凌辱

はぢらふ・フ・ヘ・ハ・ヒ・ヘ (自動)(規、一) 恥 互ニ相恥ヅ。「恥ヂシラヒタルスガタ、イト、メヤスク、イトホシキ状ナリ」

はちす (名) 蓮|芙蕖 〔蜂窩ノ義、蓮房ノ形ヨリシテ名トス〕 常ニ略シテ、はす。草ノ名、池沼ニ生ズ、春宿根ヨリ新葉ヲ出ス、初出ハ小シ、錢葉トイフ、次出ハ稍大クシテ水面ニ浮ブ、水葉トイフ、次ニ、根ノ節ニ兩對シテ二莖ヲ生ズ。其一ハ、葉ニテ、立葉トイフ、莖長ク水上ニ出ヅ、初ハ卷ケリ、卷葉トイフ、葉開ケバ、形、圓クシテ、徑、尺餘ニ至ル。荷 莖ハ、葉ノ背ノ中央ニツキテ、其中、數細孔ヲ通ズ、折レバ絲アリ。藕絲 其一ハ、花莖ナリ、花ノ形、大ク、千瓣ニシテ、中ニ黄蕋多シ、色ニ、紅ト白トアリ、炎天ニ開ク、甚ダ美ニシテ、香氣高シ。芙蓉 菡萏 花房ハ、蜂ノ巣ヲ立テタルガ如ク、數穴アリ。蓮 中ニ、數小ノ實ヲ結ブ、橢圓ニシテ、仁、白シ、味、淡甘ナリ。菂 根、長ク延ビテ、節アリ、中ニ數細孔ヲ通ズ、蓮根トイヒ、蔬トシ食フ。藕

はちす (名) 木蓮ノ略、木槿ニ同ジ。

はちだいしふ (名) 八代集 三代集(古今、後撰、拾遺)ニ、後拾遺、詞華、金葉、千載、新古今、ノ五部ノ歌集ヲ合セテイフ稱。

ハチ-たたき (名) 鉢叩 空也念佛ノ條ヲ見ヨ。

はちぢん (名) 八陣 兵法ニイフ八様ノ陣立。孫子ノ一、呉起ノ一、孔明ノ一ナド、區區ナリ、常ニ、魚鱗、鶴翼、常蛇、雁行、龍騰、鳥翔、ナドイフ、是レナリ。

〔はちぢやう (名) 八丈 物ニ、八丈絹トモ見ユ、絹布ノ名、古ヘ、諸國ヨリ織出セルガ如シ、尾張一、美濃一、ナド見ユ、其長サノ八丈アルガ故ノ名ナラムカ、美濃國長絹トモ見エタリ。

はちぢやう (名) 八丈 〔世ニ、八丈ハ八郎ノ訛、八郎爲朝ノ名ヲ島名トセリトイヘド、或ハ、是モ、古ヘ、前條ノ八丈絹ヲ織出セルヨリ島名トセシニカ〕 伊豆ノ八丈島ヨリ織リ出ス絹布、島人ハ丹後織トイフ、古ヘハ山繭ヲ用ヰ、今ハ常ノ繭ナリ、黄絲ト樺色絲トノ縱横ノ縞織ナルヲ、黄八丈トイフ、黄色ノ染料ハ、青茅ヲ用ヰルヲ上トシ、楊梅ノ皮ヲ次トス、樺色ナルハ、山桂ノ皮ナリ、スベテ、褪色セズ、練絲ノ力ヲ失ハズトテ名アリ。其幅ノ狹キヲ、着料トイフ。又、黒八丈アリ、椎ノ皮ト土泥トヲ染料トス。(黒八丈ノ條ニ詳ス)

はちにんげい (名) 八人藝 隱處ニアリテ、一人ニテ、數人ノ音聲、動作ヲナシテ聞カシムル戲藝。象聲

ハチ-のき (名) 鉢木 植木鉢ニ植エタル樹。盆樹

はちはいどうふ (名) 八盃豆腐 水、四盃、醬油、二盃、酒、二盃ノ割合ニテ煮タル汁ヲ以テ、細ソク温飩ノ如ク切リタル豆腐ヲ煮タルモノ。古クハ、ウドンドウフ。

〔はちふく・ク・ケ・カ・キ・ク (自動)(規、一) 〔蜂ノ怒ルヲ吹キ拂ヒ寄セツケヌ意ニリイフトニ云〕 嫌ヒテ嘯ク。「何シニ參リツラムトはちふく」鼻ナド打チアカメツツ、はちふき言ヘバ」

ハチ-まき (名) 鉢卷 (一)頭ノ顱ヲ、布ナドニテ卷クコ。抹額 帕額 (二)土藏ノ檐下螻羽下廻リニ、一段厚ク土ヲ塗レル處。

ハチまへ (名) 鉢前 厠ノ傍ニ、手水鉢ヲ置ク處、樹石ナドヲ點綴ス。

はちまんざ (名) 八幡座 〔武神八幡神ノ宿ル所ト祝スル稱カ〕一名、神宿。兜ノ鉢ノ眞中ニアル孔、菊座ナドノ金物ヲツク。

はちまんばと (名) 八幡鳩 〔鳩ヲ八幡宮ノ使トシテイフ〕すずかけばとニ同ジ。

はちみつ (名) 蜂蜜 蜜蜂ノ巣ヨリ取レル蜜、食用藥用トス、即チ、眞ノ蜜ナリ、(氷蜜、砂糖蜜ニ對シテ云) 蜜蜂、百花ノ蘂、又ハ樹脂ノ蝋分アルヲ集メ、其巣ノ中ニ、一種ノ液ヲ釀シテ食用トス、色白ク膏ノ如キヲ上品ナリトス、黄ヲ帶ビ青ヲ帶ビタルモアリ、山中、木石ノ間ニ自釀スルヲ、やまみつ (山蜜 石蜜) トイフ、上品ナレドモ少シ、常ニハ、人家ニ匣又ハ桶ヲ設ケテ、巣トシテ釀サシム、コレヲ、かひみつ、又、いへみつ (家蜜) トイフ、春ノ彼岸ヨリ、冬ノ初マデナリ、餘ハ巣中ニ蟄ス。(みつはちノ條ヲ併セ見ヨ)

ばちめん (名) 撥面 琵琶ノ胴ノ、撥ノ當ル所ニ革ヲ貼リタル處。

はぢや (名) 葉茶 茶ノ葉ヲ蒸シ製シタルモノ。(茶樹茶湯ト言ヒ分クル語)「―壷」―屋」

はちやがき (名) 蜂屋柹 美濃、各務郡、蜂屋村ニ產スル一種ノ柹、澁柹ニシテ、實ノ形長シ、つるしがきトシテ絕品トス。

はぢらふ・ふ・ふ・へ・ひ・へ (自動)(規.一) 羞澁 恥ヅル氣色ヲナス。ハヅカシガル。ハニカム。「幼キ心地ニ、少シハヂラヒタリシガ、ヤウヤウ打解ケテ、物言ヒ笑ヒナドシテ、ムツレ給フヲ」

はぢる (動) 恥ヅノ訛。

はちわうじ (名) 八王子 素戔烏尊ノ五男三女ヲ合セ祀ル稱。

はちゐ (名) 八位 くらゐノ條ヲ見ヨ。

はつ (名) 鮪ニ同ジ。又、ハツノミ。(上方)

は・つ・つる・つれ・て・て・てよ (自動)(規.二) 果 (一)極ニ至ル。ヲハル。キハマル。盡ク。「年―」春―」暮レ―」行キ―」(二)死ヌ。「燈火ナドノ消入ルヤウニテ、はて給ヒヌレバ」死

〔は・つ・つる・つれ・て・て・てよ〕(自動)(規.二) 泊 〔行キ果ツル意カト云〕行キ着キテ泊ル。(船ニ)「漕ギ波底ム、泊リ泊リニ、荒キ風、波ニアハセズ」百船ノ、泊ツル停ト、八島國、百船人ノ」

はつ (接頭) 初 〔端之ノ義カ〕初メノ。新ラシキ。「―雪」―春」―午」

はづ (名) 巴豆 〔巴蜀ノ地ニ產シテ、形、豆ノ如クナレバイフ〕植物ノ實、舶來ス、殼内ニ二三子アリ、豆ニ似テ長シ、仁ヲ藥用トシ、又、油ヲ採ル。其木ハ、灌木ニシテ、葉ハ葛ニ似タリト云フ。

は・づ・づる・づれ・ぢ・ぢ・ぢよ (自動)(規.三) 恥 羞 慚 愧 心ニ過失ナルヲ知リテ、人ノ知ルヲ畏ル。譽レヲ汚シ面目ヲ失フト思フ。オモテブセナリ。

ばつ (名) 罰 罪ヲ責メテ懲スコト。仕置。

ばつ (名) 跋 書物ノ末ニ記シ添フル文。オクガキ。

ばづ (名) 馬爪 ウマノツメ。(玳瑁ナドニ僞セ作ルニイフ)

はついく (名) 發育 ソダチユクコト。成長。

はつう (名) 初卯 一月ノ初ノ卯ノ日。東京ニテハ、此日、人、多ク、東郊ノ龜井戶ナル妙儀ノ神ニ詣ヅ。又、二ノ卯、三ノ卯、ナドノ稱アリ。

はつうま (名) 初午 二月ノ初ノ午ノ日。此日、山城ノ稻荷ノ神ノ祭アリ。又、二ノ午、三ノ午、ナドアリ。

ばつえふ (名) 末葉 末流。末孫。

ばつおん (名) 發音 音ヲ出スコト。出ヅル音。

はつか (名) 二十日 〔二十日ノ轉〕(一)月ノ第二十ニ當ル日。(二)日數、二十。

はつか (名) 薄荷 ハクカノ連聲。

〔はつかう〕(名) 八講 法華八講會ノ條ヲ見ヨ。

はつかう (名) 發向 タチムカフコト。イデムクコト。

はつかう (名) 發行 (一)世ニ弘メ出スコト。(二)賣リ出スコト。(三)ハヤルコト。流行。

はつかう (名) 醱酵 酒ヲ釀スニ、酒母ノ泡ヲ盛リ上グルコト。

〔はつかうふ〕(名) 八講布 中古、越中加賀ヨリ產スル麻布ノ名、禁中ノ法華八講會ノ布施ニ用ヰラルルヨリシテ名トストト云。

はつかく (名) 發覺 隱事ノアラハルルコト。露顯。

〔はつかぐさ〕(名) 二十日草 〔白樂天、新樂府、牡丹芳ニ、落開花落二十日、一城之人皆如レ狂〕牡丹ノ異名。「咲キシヨリ、散リハツルマデ、見シ程ニ、花ノ下ニテ、廿日經ニケリ」

はづかし・シキ・シケレ・シク・シク (形・二) 恥 (一)恥ヅベクアリ。オモテモナリ。面目ナシ。慚愧 (二)優リタル人ニ逢ヒテ、恥ヂラハレテ相向ヒ惡シ。「イトハヅカシキ御氣色ニ、何事ヲカハ、應ヘ聞エム」斯ク、ハヅカシキ人參リ給フヲ、御心ヅカヒシテ、見エ奉ラセ給ヘ」 羞澁

はづかしむ・ムル・ムレ・メ・メ・メヨ (他動)(規・二) 辱 恥ヲ見スハヂシム。

ばづかつ (名) 菝葜 サルトリ。

はつがつを (名) 初鰹 かつをノ條ヲ見ヨ。

〔はつかに (副) 僅纔 (極ツル意) ハツハツニ。ワツカニ。イササカ。「春日野ノ、雪間ヲワケテ、生ヒ出來ル、草ノハツカニ、見エシ君ハモ」今宵ノ遊ハ、長クハアラデ、ハツカナル程ニト思ヒツルヲ」

はつかねずみ (名) 鼷鼠 (僅鼠ノ義ナラム、或云、常鼠ノ生レテ廿日許ノ大サノ義ナリト、イカガ) 鼠ノ類ノ小キモノ、長、二寸餘、人家ニ近キ土中ニ穴居シ、時時出デテ、器物ヲ嚙ミ、食ヲ盜ミ、害ヲナス。一名、アマクチネズミ。ノネズミ。コギシロ。又、白毛、或ハ、雜駁毛ノモノアリ、匣ニ養ヒ、車ヲ廻ハサシメ、小兒ノ玩トス、南京鼠トイフ。

はづかん (名) 發汗 汗ノ出ヅルコ。(病ニ就キテイフ)

はづかん (名) 發刊 出版ニ同ジ。

〔はつき (名) 枝アル木ニ一本ヲ柱トシ、コレニ竿、繩、ナドヲ互シテ、物ヲ懸ケテ晒ラスモノト云。又、はて。「藻鹽燒ク、海人ノ濡衣、乾ス見レバ、磯邊ノ松ゾ、はつきナリケル」濡衣、今ソーニ、掛ケテ乾ス」

はづき (名) 葉月 (稻穗ノ發月ノ意ト云、或云、葉落月ノ意ナリト、イカガ) 陰暦、八月ノ一稱。

ばづきん (名) 罰金 罰ノ償トシテ出サシムル金錢。過料。過代。

はづきやう (名) 發狂 狂氣トナルコ。

はづきり (副) 分明 はきと ニ同ジ。

ばづくん (名) 拔群 群ヨリ拔ケ出デタルコ。「一ノ功」 出群

はづくわい (名) 發會 始メテ會ヲ開クコ。

はづくわう (名) 八荒 八方ニ同ジ。四方四隅。

はづけ (名) 八卦 卦、易、算木、等ノ條ヲ見ヨ。

ばづけ (名) 末家 分家ニ同ジ。(本家ニ對ス) 庶族

はづけい (名) 八景 諸處ノ名所ニ、八種ノ景色トテ並ベ稱スルモノ。支那ノ瀟湘ノ某某地ニ、晩鐘、夜雨、晴嵐、歸帆、暮雪、秋月、落雁、夕照、等ノ勝ヲ稱セルニ起リテ、我邦ニテモ、近江ー、金澤ー、ナド多シ。

はづけん (名) 發見 見出スコ。ミツクルコ。

はづけん (名) 發遣 出シヤルコ。送リツカハスコ。

ばづこ (名) 跋扈 ヲドリハヌルコ。恣ニ振舞フコ。ノサバルコ。

ばづざ (名) 末座 座ノ末ノ方。席末

はづさく (名) 八朔 農家ニテ、陰暦、八月朔日ノ稱、始メテ當年ノ穀ヲ收メ、田實ノ節トテ、米ヲ折敷土器ナドニ入レテ、コレヲ賴ニ寄セテ主人ニ奉リ、又、人ノ許ヘモ贈ル。ソレヨリ移リテ、人家、互ニ種種ノ贈物ヲナス。又、德川氏ノ制ニテハ、天正十八年ノ八朔ニ、祖、家康、駿州ヨリ始メテ江戸城ニ移リシ日ナリトテ、祝ヒテ、特ニ節日ノ一トシタリ。

はづさん (名) 八算 和算ノ算術ニ、掛算、割算ナド、目安、一桁ナルニ行フモノノ稱。其二桁以上ナルニ行フヲ、見一トス。

ばづし (名) 末子 スヱコ。末男。季子

はづしん (名) 發信 音信ヲ出シヤルコ。

はつしも (名) 初霜 秋冬ノ間ニ、始メテ置ク霜。早霜

はづしやう (名) 八省 省ノ條ヲ見ヨ。

はづしやうじん (名) 八將神 陰陽家ニイフ神神ノ名、太歳、大將軍、大陰、歳刑、歳破、歳殺、黃幡、豹尾ノ八神ナリ、年年、方角ノ十二支ニ當テテ、吉凶ヲイフ。

はづしやうゐん (名) 八省院 又、朝堂院。古ヘ、大内裏ノ内ニアリテ、八省百官ノ庶政ヲ行ハルル處、其正殿ヲ太極殿トス、天子、朝ニ臨ミ、位ニ即キ給ヒ、及ビ諸官ノ告朔ノ所。

はづしゆう (名) 八宗 佛教ノ八箇ノ宗派、皆、佛教、印度ヨリ支那ニ入リテ後ニ分レテ、又、我國ニ入リシモノ、即チ、倶舍、成實、律、法相、三論、天台、華嚴、眞言、ナリ、今、天台、眞言、特ニ盛ナリ。又、淨土宗、一向宗、日蓮宗、時宗、等ハ、我國ニテ分レタリ。

はづしようまめ (名) 八升豆 葉ハ、あたまめヨリ大ク、花、深紫色ニシテ美シク、穗ヲ成シテ生ズ、莢ハ、そら

まめニ似テ大ク、毛アリ、熟スレバ、黒クシテ、筋見ハル、豆ハ、そらまめヨリ大ク、あたまめヨリ小ク、白クシテ灰斑アルアリ、灰色ニ黒斑アルアリ。

〔はつす（ス・セ・サ・シ・セ）（他動）（規．二）解〕脱解ルルヤウニナス。ホツス。ホグス。「絲ヲ一」

はつす（ス・スル・スレ・セ・シ・セヨ）（自動）（不規．三）發 （一）オコル。起リ立ツ。「氣一」熱一」（二）旅ニ出立ツ。「都ヲ一」

はつす（ス・スル・スレ・セ・シ・セヨ）（他動）（不規．三）發 （一）オコス。生ゼシム。「怒ヲ一」聲ヲ一」（二）放ツ。射テ遣ル。「矢ヲ一」銃ヲ一」

はづす（ス・セ・サ・シ・セ）（他動）（規．二）外〔解スノ轉濁〕（一）填リタル所ヨリ取リ除ク。「弦ヲ一」戸ヲ一」弛除（二）取リソコナフ。中ツノ反。「オノツカラ、手枕はづし、寐ナホレバ、我レ思ハズニ、妹ムツケタリ」的ヲ一」時ヲ一」失（三）俗ニ、避クゴク。「座ヲ一」其場ヲ一」躱避

ばつす（ス・スル・スレ・セ・シ・セヨ）（他動）（不規．三）罰 罰ニ充テ行フ。

はつすん（名）八寸 足付ノ膳ノ、高サ八寸ナルモノ。

ばつすゐ（名）抜萃（一）群ヨリ抽デタルコト。抜群。（二）誤テ、用アル部ヲ擇リ抜キテ書クコト。抄錄

〔はつせ（名）〕膺脊ニ同ジ。鞍置カヌ馬。「日暮ルレバ、野飼ノ駒モ、歸ルナリ、はつせニ草ヲ、シガヒカケツツ」

はつせい（名）發聲 コヱヲタツルコト。先ヅ出ヅル聲。

はつせい（名）發生 物ノ生ヒ出ヅルコト。

ばつせき（名）末席 席ノスヱノカタ。席末

ばつせふ（名）跋涉〔草行曰レ跋、水行曰レ涉〕山川ヲ經テ行クコト。

はつせん（名）八專 暦ノ上ノ語、壬子ノ日ヨリ癸亥ノ日ニ至ル十二日間ノ稱、一年ニ六度アリ、但シ、其中、丑、辰、午、戌、ヲ間日トイヒテ除キ、其餘、八日ヲ得レバ名トス、壬モ、子モ、水ニテ、支、干、比和ストテ、此間、雨アリトイヒ、又、嫁娶ヲ忌ム。

ばつそん（名）末孫 子孫。後胤。裔孫

はつそら（名）初空 初春ノ空。「今朝ヨリハ、雪消ノ雲ノ、跡晴レテ、緑ニカヘル、春ノ一」

はつだ（名）發兌 書物ノ賣出シ。

ばつた（名）〔蝗蚱ノ略訛〕關東ニテ、蟲螽ノ類ノ總名。とのさま一ハ、おほいなごニ同ジ。くるま一、一名、きちきち一ハ、おほいなごノ更ニ大ナルモノ。其他、つち一 くそ一、等アリ、各條ニ註ス。

ばつたい（名）糗麨〔はたきノ音便訛、臼ニテ碎ケバイフナラム、或云、初田饗ノ約〕農家ニテ、米、麥、ノ新穀ヲ焦シテ、粉ニシタルモノ、家家ヘ贈ル。麥ノ一ハ、むぎこがしナリ。

はつたいいし（名）糗石 鐵鑛ノ、砂礫粘土等ト結合セルモノ、圓ク塊ヲ成ス、大ナルハ、徑、尺ニ至ル、殼堅ク、色、黑褐ナリ、內、空シクシテ、白色或ハ青白色ノ細粉滿ツ、糗ノ如シ。ハツタイセキ。コモチイシ。イシナダンゴ。カナツボイシ。禹餘糧

はつだけ（名）初茸 秋、諸菌ニ先立チテ生ズレバ名アリ、山中ノ樹下草中ニ生ズ、形、松茸ヨリ小ク、初生ヨリ傘ヲ張ル、黃赤色ニシテ紫ヲ帶ビ、手ニ觸ルレバ靑色ニ變ズ、味、甘シ。靑頭菌

はつたつ（名）發達 ノビタツコト。成長

はつたん（名）八端 又、八端掛。黃褐色ノ絲横ノ縞織ノ絹布。

バッチ（名）〔朝鮮語、今モ言フト云、或ニ云洋語はんつ（股引）ノ轉〕股引ノ絹布製ナルモノ。

ハッチ、ばつぜ（名）鉢坊主 托鉢スル乞食僧ノ俗稱。化飯道人

はつちん（名）八珍 盛大ナル食膳ノ稱。

ばつおよ（名）末女 スヱノムスメ。季女

バッテイラ（名）〔西班牙語、Batel.〕西洋形ノ端艇。

ばつてき（名）拔擢〔はつたくノ訛〕人ヲ引拔キテ擧ゲ用キルコト。

はつと（名）法度 オキテ。サダメ。法。禁制

はつと（副）〔はト聲立ツル意〕俄ニ驚ク狀ニイフ語。「一思フ」一驚ク」

ばつと（副）取締ラヌ狀、取留メヌ狀、ニイフ語。漫然 漠然

〔はつとがり（名）初鳥狩〕小鷹狩ニ同シ。「伊波世野ニ、秋萩シヌギ、馬並メテ、始鷹獵ダニ、セズヤ別レム」

はつとり（名）初鷄 元朝ノ鷄ノ聲。

はづな（名）端綱〔或云、張綱ノ略〕馬ノ口ニ着ケテ牽ク綱。羈紲

ばつなん（名）末男 スヱノムスコ。季子

はつね（名）初子 正月ノ初ノ子ノ日。子日、及ビ、玉箒ノ條ヲ見ヨ。

はつね（名）初音 鶯、鵑、ナドノ、其年始メテ啼キ出ヅル聲、歌ナドニ賞シテイフ。

はつのみ（名）鮪ニ同ジ。マグロ。（上方）

はつぱ（數）八八 八ニ八ヲ乘ケタル數。即チ、六十四。

〔パツパ（名）法王〔羅甸語、Papa.（父）英語、Pope.〕羅馬ノ法王。（其條ヲ見ヨ）

はつばい（名）發賣 ウリダシ。ウリヒロメ。

ばつぱい（名）罰杯 事ノ罰トシテ飮マスル酒。

はつぱう（名）發泡 膏藥ノ名、膚ノ一處ニ貼リテ水泡ヲ生ゼシメ、他處ノ毒ヲ此ニ漏スナドニ用ヰル、芫菁ナドヲ煉リテ作ル。

はつぱう（名）八方 （一）四方ト四隅ト。（二）メグリ。諸方。「一ヨリ攻來ル」（三）大ナル懸行燈ノ名、八間ニ同ジ。

〔はつはつ-ニ（副）端端 ハツカニ。ワヅカニ。イササカ。「山ノ端ニ、差出ツル月ノ、端端ニ、妹ヲゾ見ツル、戀シキマデニ」

はつはな（名）初花 （一）初春第一ニ咲ク花。「谷風ノ、融クル氷ノ、隙毎ニ、打出ツル浪ヤ、春ノ一」（二）若木ニ始メテ咲ク花。「我ガ園ノ、桃ノ一、咲キニケリ、三千代過グベキ、春ノシルシニ」（三）最初ニ咲ク花。「夏山ノ、青葉マジリノ、遲櫻、一ヨリモ、珍ラシキ哉」

はつはなぞめ（名）初花染 紅花ノ初花ニテ染ムルモノ。「クレナヰノ、一ノ、色深ク、思ヒシ心、我レ忘レメヤ」

はつはる（名）初春 春立チタル初。

はつぴ（名）半被、法被 〔半被ノ音便、法被ハ當字〕武家ニテ、隷卒ノ表衣ニ着スル羽織ノ如キモノ、家ノ標ナド染付ク。

はつひので（名）初日出 元朝ノ日出。人人、特ニコレヲ拜ス。

はつぷ（名）發布 世上ニ觸レ告グルコ。

パツプ（名）〔蘭語、Pap.〕湯ニ漬シタル麪包、小兒ノ食ニ起ル〕醫ノ語、麪包ヲ熱湯ニ漬シタルニテ、腫物ヲ熱蒸テ、結膿ヲ促スモノ。

はつぷん（名）八分 漢字ノ書體ノ名、秦ノ項ニ始マル、其體、八ノ字ヲ分散シタルガ如シ、或云、小篆二分ト隸書八分ト雜ル體ナリト。

はつぷり（名）半頭、半首 （一）兜ノ類ノ、錏無キモノ。（二）額金ヲ入レタル鉢卷。又、ハツビ。題鐵。

はつぺう（名）發表 出シアラハスコ。衆ニ示スコ。

はつほ（名）初穗 （一）稻ノ穗ノ結ビ初メタルモノ。「風渡ル、野田ノはつほノ、打靡キ、ヨゾニツケテ、秋ゾ知ラル」（二）又、ソレヲ採リテ、先ツ神ヘモ朝廷ヘモ奉ツルモノ。轉ジテハ、何ニテモ、物ノ初成ヲ奉ルヲモイフ。「蕨、ツクヅクシ、ヲカシキ籠ニ入レテ云云、はつほナリトテ奉レリ」所ニ鑄作ル之早穗二十文」（新錢ナリ）

はつめい（名）發明 （一）始メテ考ヘ出シ、又、見出スコ。新工夫。發見。（二）賢ク物ヲ考ヘ分クルコ。サカシキコ。リコウ。怜悧。

はつもとゆひ（名）初元結 元服ノ時ニ髮ヲ結フ紐、紫ノ組絲ヲ用ヰルトゾ。「幼ナキ、一ニ、長キ世ヲ、契ル心ハ、結ビコメツヤ」

はつもの（名）初物 穀果蔬菜ノ初生ナドニテ、其時ニ取リテ、新シク出來タルモノ。時新

はつやま（名）初山 靈山ナドニ、其年、第一ニ登リ詣ヅルコ。或ハ、始メテ其山ニ登ルコ。

はつゆき（名）初雪 冬ノ初ニ、始メテ降ル雪。

はつゆめ（名）初夢 元日ノ夜ノ夢、其吉凶ヲイフ。今ハ、二日ノ夜ノ夢トシ、寶船ノ繪ヲ枕ノ下ニ敷クコアリ。

はつらんはんせい（句）撥亂反正 騷亂ヲ治メテ、平和ニ復ス。

ばつりう（名）末流 子孫ノ末。後胤。裔孫

はつ-る・ル・レ・ラ・リ・レ（他動）（規・一）削 少シヅツ削リ取ル。ヘヅル。「手斧ニテ木ヲ一」

〔はつ-る・ル・ル・レ・レ・レ・レヨ（自動）（規・二）脫解〔極ナルノ意ト云〕織リ、編ミ、束ネタル物、端ヨリ脫ケ離ル。ホツル。ホグル。「藤衣、ハツルル袖ノ、絲ヨワミ」ハツレタル伊豫スダレ」イミジク、ハツレソソケタリ」（髮ニ）

はづ-る・ル・ル・レ・レ・レ・レヨ（自動）（規・二）外 〔前條ノ語ノ轉〕（一）塡リタルヨリ外ヘ移ル。外ヘ逸レテ退ク。「戶、一」脫出（二）中ラズ。適ハズ。ハマラズ。タガフ。「法一」道ニ一」「擇ビニ一」「工夫一」失錯

はづれ（名）外 （一）ハヅルルコ。中ラヌコ。ハマラヌコ。（二）ハテ。ハシ。ツマリ。「町ノ一」端

はつろ (名) 發露 アラハルヿ。露顯。

(はつを (名) 極尾 尾ノ中ノ長キ尾。シダリヲ。「山鳥ノ、尾ロノ波都乎ニ、鏡カケ」高砂ノ、山ノ山鳥、ヲノヘナル、ーノ垂尾、長ク懸ラム」

はて (名) 果 (一)果ツルヿ。ヲハリ。スエ。シマヒ。(二)山野、海洋ナドノ極。カギリ。際涯 (三)專ラ、喪ノ終ハル時。四十九日ニモ、一周忌ニモイフ。「御四十九日ニナリヌ、コタミコソ、はてノ事ナレバトテ」覺快法親王、カクレハベリテ、周忌ノはてニ」圓融院ノ御はてノ年、皆人、御服ヌギナドシテ」

(はて (名) 八手 稻ヲ懸ケテ乾ス木。又、ハツキ。「山賤ノ、はてニ刈リ乾ス、麥ノ穗ノ」宿モ狹ニ、朝ゴト稻ヲ、乾スヨリハ、はてヲ結ヒテゾ、懸クベカリケル」

はて (感) 怪ムトキ、惑フトキ、ニ發スル聲。怪底

はで (名) 〔葉出ノ義カト云〕 華ヤカニ飾リ衒フヿ。樸ノ反。華美 衒耀

ばてい (名) 馬蹄 ウマノヒヅメ

ばてい (名) 馬丁 (一)馭馬ノ口付。馬子。ウマヒキ。(二)乘馬ノ口付。ベッタウ。

はてし (名) 果、トイフニ同ジ。「ーガナイ」

はてはて (名) 果果 ハテノハテ。スエノスエ。トドノツマリ。「世ノ中ヲ、斯ク言ヒ言ヒノ、はてはてハ、イカニヤイカニ、ナラムトスラム」終極

はてる (動) 果ツノ訛。

バテレン (名) 伴天連 〔葡萄牙語、Padre. 父ノ義〕 昔シ、切支丹宗ノ宣教師ノ稱號。其次ナルヲ、以留満(兄弟ノ義)トイフ、皆、人名ニ添ヘテ「ウルカン、伴天連」フラテン、伴天連」又ハ「ケリコリ、イルマン」ミリコス、イルマン」ナドイヘリ。

はと (名) 鳩 〔羽疾ノ義カト云 イカガ〕 鳥ノ名、山野ニ棲ムヲ、野ーナドイフ、頂、背、綠ニシテ、頰邊、黃ニ、胸ニ綠斑アリ、腹、白クシテ、綠文アリ、翼、尾、黑ク、觜、青ク、脚、赤シ。野鴿 又、野ーヲ家ニ畜フヲ、家ー、飼ヒー、堂ー(約メテどばと)トイフ、大サ八九寸、頸、短ク、胸、高ク、尾、短ク、羽色、種種ナレドモ、藍紫ナルヲ常トス。家鴿 此二種ハ、堂塔ノ簷、又ハ、土庫中ニ巣クフ。又、きじーアリ、外國ヨリ來ル、形、あをはとニ似テ、常ノ鴿ヨリ小シ、全身、深綠ニシテ、胸ノ色淡シ、觜、脚、深紅ナリ。鳩 綠鳩 又、山ー、數珠掛ー、アリ、各條ヲ見ヨ。

はと (名) 波戶 〔泊ノ轉カト云〕 又、波戶場。土石ニテ、海川ノ中ヘ築キ出セル堤ノ如キモノ、波除トシ、又、船荷ヲ揚グル路トス。埠頭 馬頭

ばとう (名) 拔頭 舞樂ノ曲ノ名、或ハ、撥頭ニ作ル、西域ノ人、虎ニ傷ツケラル、其子、山ニ入リ、虎ヲ求メテ殺セリ、其舞ナリト云。

ばとうくわんぜおん (名) 馬頭觀世音 觀世音ノ三面八臂ナルモノ

ばとうゆ (名) 馬桐油 桐油合羽ノ大ナルモノ 旅人、馬上ニ用ヰテ、荷ト共ニ身ヲ被フ。

(はとくさ (名) 大青 〔青、藍也〕 又、クルクサ。藍ニ、二種アリ、葉ノ大ナルモノヲ、大青トス、即チ、菘藍。(舶來品)一名、大藍葉。葉ノ小キヲ 小青トイフ、即チ、蓼藍。一名、小藍。

はとば (名) 波戶場 波戶ノアル所。埠頭

はとはねずみ (名) 鳩羽鼠 染色ノ名、鼠色ニ濃キ紫ヲ帶ビタルモノ。

(はとふく (自動)(規.一) 鳩吹 掌ヲ合ハセテ吹キ鳴ラシテ、鳩ノ鳴聲ヲナス、秋ノ初、獵夫ノスル事ニテ、鹿ヲ呼ヒ、又ハ、鹿アリト人ニ知ラスルニスルヿナリトゾ。「今日ヨリハ、鳩吹ク聲ハ、聞ユラム、朝ケノ風モ、秋ヲ告グナリ」

はとむぎ (名) 鳩麥 草ノ名、薏苡ニ似タリ 近年肺病ニ效アリトテ用ヰル。

はとむね (名) 鳩胸 (一)不具ノ名 胸高ク出デテ、俯ク能ハザルモノ。龜胸 雞胸 (二)鎧ノ胸ノ高クナリタル所。

はとめ (名) 齒止 車ノ輪ニツケテ 其運グルヲ止ムル機械。

はとり (名) 服部 織部 〔機織ノ約〕 機ヲ織ル業。又、其人。「人ノ國ニ、織ルテフー、傳ヘテモ、アヤシヤイカニ、ココニシモ着ル」漢ー」呉ー」 機織 織工

(はとり (名) 執翳 翳ヲ執リカザス者。「ーノ女孺」

パトロン (名) 〔蘭語、Patroon.〕 はやおニ同ジ。

はとを (名) 鳩尾 せんだんいたノ條ヲ見ヨ

はな (名) 花 華 (一)植物ノ枝幹ニ生ジテ、實ヲ結ブ機關ヲ具フルモノ、瓣ト蘂ト萼トニテ成ル。(二)花ノ咲ケル枝。「ーヲ手折ル」ーヲ差ス」(三)專ラ、櫻ノ花

ノ稱。「ーノ雲」ー見」(四)麗ハシキ亇。ハナヤカナル亇。繁華。「ーノ顏」ーノ姿」ーノ衣」ーノ都」華 (五)花ニ似タル物ニ與フル事。(名)ニ従ナル亇。「霞立チ、春日ノ里ノ梅ノ花、波奈ニ訪ハムト、吾ガ思ハナクニ」君ニヨリ、我ガ名ハ花ニ、春霞、野ニモ山ニモ、立チニケル哉」(六)ホマレ。外見。「一生ノー」榮 (七)カヅケモノ。技藝ヲ奏セシ者ニ、當座ノ賞ニ與フル物。元ハ眞ノ花ヲ與ヘタリ、後ニハ、專ラ、衣類金錢トナル。纏頭 (八)東京ニテ、樒ノ枝葉ヲ佛ニ供スル時ノ名、花ニ代フル意ナリ。(九)俗ニ、博奕ノ一種、花合ノ略。

はな (名) 端 (一)物事ノ最モ先ナル所。マツサキ。ハジメ。(二)山ノ端。崎。山嘴

はな (名) 鼻 〔端ノ義〕顏ノ中央ニ高クナレル所、二孔ニ成リテ、嗅グ亇、及ビ、呼吸ヲ司ル。○ーヲ高ウス。ーニ掛ク。誇ル。自慢ス。自負 ○ー高シ。譽ヲ得テ映アリ。○ー明ク。ダシヌカル。○ーヲ明ス。ダシヌク。○ーヲツク。主君ノ前ヲ遠ザケラル。

はな (名) 洟 鼻ノ内ノ粘膜ヨリ分泌シ出ヅル液。ハナシル。ハナミヅ。「言ヒ知ラズ悲シキニ、云云、ヨコカシコ、はな打チカムモノアリ」はなススリアヘリ」はな垂ル間モナク、カミテ物言フ聲」

はなあはせ (名) 花合 (一)櫻花ヲ獻ジ、左右ニ分ケテ優劣ヲ闘ハスル亇ト云。闘花 (二)一種ノ博奕、骨牌ニ百花ヲ畫キタルヲ合セテ取ル。單ニ、花。メクリフダ。闘花牌

はなあぶ (名) 花虻 あぶノ條ヲ見ヨ。

はなあふひ (名) 花葵 本名、カラアフヒ。一名、タチアフヒ。人家ニ多ク植エテ花ヲ賞ス、宿根ヨリ生ジ、葉ハ、あふひヨリ大クシテ、莖ノ高サ、七八尺ヨリ丈ニ至ル、梅雨前、葉ノ間毎ニ、一花ヲ生ズ、故ニ、つゆあふひノ名モアリ、むくげノ花ノ如クニシテ大ク、白、紅、紫、等種種ナリ、單瓣アリ、重瓣アリ、幹ノ下邊ヨリ開キテ、梢ニ至リテ終ハル、コレヲ梅雨ノ終期トス。蜀葵

はなあやめ (名) 花菖蒲 略シテ、アヤメ。草ノ名、山澤ニ自生シ、人家ニモ多ク植エテ花ヲ賞ス、葉ハ、あやめ、しやうぶニハ似ズシテ、かきつはたニ似テ狹シ、長サ一二尺、叢生ス、圓キ莖ヲ出ス亇、一尺許、夏ノ初ニ、梢ニ花ヲ開ク、はなしやうぶニ似テ小ク、瓣、狹ク、紫碧色ナリ、大、小、數十種アリ。溪蓀

はないかだ (名) 花筏 (一)花枝ヲ折リ添ヘタル筏。(二)又、花ノ水面ニ散リ敷キテ流ルルヲ筏ト見テイフ語。(三)樹ノ名、山林ニ生ズ、高サ數尺ニ過キズ、葉ハ、楕ニシテ、端、尖リ、細鋸齒アリテ互生ス、若葉ハ食フベシ、夏ノ初メ、葉面ノ中央ニ、一花、或ハ、二三花ヲ着ク、淡綠色ニシテ四瓣ナリ、實、黑シ。青莢葉

はないき (名) 鼻息 鼻ニテスル息。呼吸。

はないけ (名) 花瓶 草木ノ花枝ヲ活ケテ、席上ニ飾ルニ用ヰル器、陶、銅、鐵製、竹筒、ナド、形狀モ種種ノ物ヲ用ヰル。ハナガメ。ハナタテ。クワヒン。

はないろ (名) 花色 はなだいろノ略。

〔はないろごろも〕(名) 花色衣 (一)種種ノ色ニ咲ケル花ヲ、衣ト見テイフ語。「山吹ノ、ー、主ヤ誰レ、問ヘド答ヘズ、クチナシニシテ」垣根ニハ、マダ咲キアヘヌ、卯ノ花ノ、ー、袖ゾスズシキ」(二)露草ニテ染メタル衣。「イカニセム、我ガ心ノミ、月草ノ、ー、ウラミラヒツツ」

〔はなうごめく〕(自動)(規.一) 鼻息 鼻、息シテ少シ動ク。(可笑シサヲ忍ビテ)「ソレノミド言ヒケレバ、佐殿、はなうごめかシテハ思ハレケレドモ寄進狀ヲ書キ、判形ヲ加ヘテ、文覺ニ賜フ」

はなうた (名) 鼻唄 聲低ク、鼻ニカケテ小唄ナドウタフ亇。

〔はなうるし〕(名) 花漆 漆ヲ、薄紙ニテ漉シ、搾リナドシテ、製法シテ、物ニ塗ルベク麗ハシクシタルモノノ稱ト云。「ー、コヤスル人ノ、ナカリケル、アナ腹黑ノ、君ガ心ヤ」

はなおち (名) 花落 胡瓜、茄子、ナドノ、花落チテ程歷ヌニ採レル實ノ稱、其嫩キヲ賞シテ食フ。

はなかうじ (名) 花柑子 花咲ケル柑子ノ木。「此頃ハ、伊勢ニ知ル人、オトツレテ、タヨリ色アル、ー哉」

はなかご (名) 花籠 ハナコ。草木ノ花枝ヲ盛リ差ス竹籠。

はなかさ (名) 花笠 造花ナド着ケタル笠、踊ル者用ヰル。

はなかぜ (名) 鼻風 馬ノ鼻息。「川面、白浪蹴ルニ蹴ダテテ、ー吹キテ取テ返ス」

はなかぜ (名) 鼻風 病ノ名、鼻中ノ粘膜ノ、乾燥、

閉塞ヲ感ジテ、屢嚔シテ、淡キ鼻液ヲ流シ、後ニハ濃キ液ヲ出ス。鼻加多兒。

はながた (名) 花形 (一)種種ノ花ノ形。(織文、染模様、ナドニ) 花文 (二)(痘痕。「色黒ク、額ニ、花がた打チツキテ、髮チヂケタル」 痘痕 (三)鏡ノ異名、婦人ノ語。(裏ニ菱花アレバイフ) 菱花 (四)俳優ナドノ、若クシテ華ヤカニ扮ツモノノ稱。

はながたみ (名) 花筐 花ヲ摘ミ入ルル籠。又、磯菜、若菜ナド摘ムニモイフ。「一、メナラブ人ノ、アマタアレバ」磯菜摘ム、アマヲトメラガ、一」

〔はながつみ (名) 古歌ニ詠メリ、諸說區區ナレド、菰ナリト云フ、當レルガ如シ。散木集、雜、下、中納言國信ノ長歌ニ「ハハカラスマノ、花ガツミ、カツ見ル狀ハ、眞コモニテ、名ヲカヘケルモ、ウラヤマシ」著聞集ニ「五月頃、圓位上人、熊野ヘ參リケル道ノ宿リニ、菖蒲ヲバ葺カデ、かつみヲ葺キタリケルヲ見テ「かつみ葺ク、熊野詣ノ、宿リヲバ、菰クロメトヤ、言フベカリケル」今、上野下野ニ、菰ヲ、かちもトイヒ、陸前ニ、かつうトイフ、其訛ナリ、今ハ、常ニ、菰ノ實ヲ、はながつみトモイヘリ。或ハ、四葉菜ヲかつみトイフ、是レナリ、トモイヘド、軒ニ葺クベクモアラズ、又溪蓀ノ一種、葉ノ細ク長ク、今、かまやまいやめトイフモノ、是レ、古ヘニイフはながつみナリトモイフ、花トイフニ由アレド、倘、如何アルベキ。

〔はなかづら (名) 花鬘 舞フ人ノ、時ノ花ヲ採リテ挿頭ニスルモノト云。「漢人モ、舟ヲ遊ベテ、遊ブトフ、今日ゾ吾ガ兒子、花縵セヨ」

はながつを (名) 花鰹 鰹節ノ肉ノ紅ナル所ヲ、花瓣ノ如ク細カニ削リナシタルモノ、食物ノ上ニ蒔ク。

はながは (名) 鼻革 馬ノ鼻ニ着クル革紐。 紲革

はながひ (名) 花貝 さくらがひニ同ジ。

はながみ (名) 鼻紙 常ニ懷中シテ、鼻液ヲ拭フナド、不時ノ用ニ供フル紙。古ク、タタウガミ。フトコロガミ。

はながみいれ (名) 鼻紙入 次條ノ語ニ同ジ。

はながみぶくろ (名) 鼻紙袋 鼻紙、其他、藥品、貨幣ナド入ルル小キ袋、布帛革ナドニテ製シ、行ク時ニ懷中ス。ハナガミイレ。カミイレ。懷中物。 夾袋

はなかんざし (名) 花簪 造花ナド着ケタル簪。

はながめ (名) 花瓶 ハナイケ。クワビン。

はなぎ (名) 鼻木 (一)牛ノ鼻ニ繋クル環。 桊 (二)材木ノ切端。

はなきる・ル・レ・ラ・リ・レ (他動)(規・一) 劓 刑ニ、鼻ヲ切ル。

〔はなくぎ (名) 花釘 頭ニ飾アル釘ナラム、釘隱シノ類カ。「御簾掛クル事、云云、長サハ、長押ノ下ヨリ、下ノ長押ノはなくぎノ隱クル程ニ取ルナリ」

〔はなぐき (名) 鼻莖 ハナスヂ。

はなくそ (名) 鼻屎 鼻ノ孔ノ中ニ、洟液ノ乾固リタルモノ。 鼻渣

++はなくた (名) 鼻腐 俗ニ、鼻ニ、傷ヘル所アリテ、聲ノ濁ル者ノ稱。

〔はなぐはし・シキ・シケレ・シク・シク (形・二) 花細 花、美クシ。「花細シ、葦垣越シニ、只一目、相見シ兒故、千度

歎キツ」又、櫻ノ枕詞トモス。「一、櫻ノ愛、異愛ハ、早ク愛デズ、我ガ愛ヅル兒等」

はなぐもり (名) 花曇 春時、百花ノ開ク頃、空ノ曇リガチナル事。 養花天

はなぐわゐ (名) 花慈姑 おもだかニ同ジ。

はなげ (名) 鼻毛 鼻ノ孔ノ中ニ生ズル毛。○一長シ。誑ラカサレテアリ。○一ヲ拔ク。ダシヌク。

〔はなご (名) 花籠 ハナカゴ。ハナカタミ。「梅摘ム、竹ノ一ノ、ハカナキモ、與ノ道ニ、入ラザラメヤハ」

はなごけ (名) 花苔 山中、土石上ニ叢生ス、高サ二三寸、色白クシテ、莖圓ク細ソク、枝叉ヲ分ツ、內、空シクシテ、花蕊ノ如シ。一名、シラゴケ。 石蕊

〔はなごころ (名) 花心 徒ナル心。一花ナル心。ウハキ。「一ニオハスル宮ナレバ」譬フラム、一ニハ、言ノ葉ノ、秋ニナラバヤ、色變ハルベキ」

はなござ (名) 花席 藺ヲ五彩ニ染メテ、種種ノ文ニ織リタルモノ、席トシ用ヰル。ハナムシロ。 佳文席

はなごゑ (名) 鼻聲 (一)涙ニ咽ビテ鼻ノツマリタル時ノ聲。「屢押拭ヒ、鼻打チカミ給フ、云云、御息所モ、一ニテリ給ヒテ」(二)生得、鼻ニ掛リテ濁リ聞ユル聲。

はなざかり (名) 花盛 花ノ盛ニ開キタル頃。 滿開

はなさき (名) 鼻先 (一)鼻ノ端。 鼻尖 (二)目ノ前。 目前

はなし (名) 話 噺 咄 話スコト。語ルコト。モノガタリ。 話 談

はなしあひ (名) 話合 カタラヒ。談合。サウダンヅク。

商議

はなしあふ（ラ・ヘ・ハ・ヒ・ヘ）(他動)(規.二) 話合 互ニ話ス。カタラフ。談合ス。商議

はなしか (名) 咄家 戯ケ話、落シ話、ナドヲシテ、人ノ興トスルヲ業トスル者。

はなしがひ (名) 放飼 野飼ニ同ジ。

はなしくち (名) 話口 話シ出ス趣キ。話シノ趣意。話頭 話意

はなしづめのまつり (名) 鎮花祭 祭事、陰暦三月ニ、神祇官ニテ行ハル、春花ノ飛散スル頃ハ、疫神分散シテ癘ヲ行フ、コレヲ鎮メムトテノ祭ナリトイフ。

はなしどり (名) 放鳥 又、ハナチドリ。死者ノ冥福ノ爲ニ、捕ヘタル鳥ヲ放チ遣ルコト。放生

はなしほ (名) 花鹽 模ニテ種種ノ花紋ニ製シタル燒鹽、播州赤穂ノ名産トス。印鹽

はなしやうぶ (名) 花菖蒲 葉ノ形、菖蒲ニ似テ、花アリ、形、かきつばたノ花ノ如ク、時モ相次ギテ、夏ノ半ニ開ク、今世、人、多ク其花ヲ賞ス、品類モ極メテ多シ。

はなじゆんさい (名) 花蓴菜 あさざニ同ジ。

はなしる (名) 鼻液 洟ノ條ヲ見ヨ。

はなじろ (名) 鼻白 魚ノ名、ぶりノ條ヲ見ヨ。

〔はなじろむ（ム・メ・マ・ミ・ム）(自動)(規.一) 鼻白 臆シタル顔スル。「サテノ人人ハ、皆臆シガチニ、鼻ジロメル多カリ」

はなす（ス・セ・サ・シ・セ）(他動)(規.二) 離 (一)着キタルヲ、一ツニ解キ別ク。(二)隔テテ遠ク押シ遣ル。(三)放チ遣ル。行クニ任ス。放 縱

はなす（ス・セ・サ・シ・セ）(他動)(規.二) 話 談 〔心事ヲ放ス意カ〕語ル。告グ。言フ。

はなすげ (名) 花菅 知母ニ同ジ。

はなすすき (名) 花薄 薄ノ穗ニ出デタルモノ。

はなすぢ (名) 鼻筋 ハナクキ。鼻ノ骨ノ、眉間ヨリ鼻尖マデ亘ルモノ。「ーガトホル」 鼻梁

はなずはう (名) 花蘇芳 灌木ノ名、多ク人家ニ植ウ、高サ、丈餘、春、先ヅ、深紫花、簇リ開ク、蘇芳ノ汁ニテ染メタル鳥紅色ノ如ク、大サ四分許、形、豆花ノ如シ、或ハ幹ニ生ジ、或ハ枝又ノ間ニ生ズ、後、平タキ莢ヲ結ビテ垂ル、長サ二寸許、內ニ扁小豆アリ、花後ニ葉ヲ生ズ、端、尖リ、本、二叉ニ分レ、光リテ互生ス、大サ三四寸。一名、スハウノキ。紫荊

〔はなずり (名) 花摺 萩又ハ露草ニテ、衣ニ色ヲ摺リ出スコト。「宮城野ノ、野守ガ庵ニ、打ツ衣、萩ガー、露ヤ染ムラム」秋萩ヲ、折ラデハ過ギジ、月草ノ、ー衣、露ニ濡ルトモ」

はなその (名) 花園 花ノアル園。ハナバタケ。

はなぞめ (名) 花染 露草ノ花ニテ染メタルコト。「世ノ中ノ、人ノ心ハ、ーノ、移ロヒヤスキ、色ニゾアリケル」

はなだ (名) 縹 〔花田ノ義カ、露草ノ花ニテ染メタルヨリ名アリト云〕 藍色ノ薄キモノ。花色。

はなたか (名) 鼻高 (一)鼻ノ高キコト。隆準 (二)履ノ名、鼻高ノ條ヲ見ヨ。(三)俗ニ、天狗ノ異名。

はなたちばな (名) 花橘 (一)古クハ、たちばなヲ、其花ヲ賞スルニツキテイフ語。橘 (二)襲ノ色目ニ、表、朽葉色、裏、青色ナルモノヲイフト云。(三)なつみかんノ一名。〔其條ヲ見ヨ〕 盧橘 (四)又、橘ノ一種、實小キモノノ稱、橘ノ條ヲ見ヨ。猴橘

はなぢ (名) 鼻血 鼻ヨリ血ノ出ヅルコト。衄血

〔はなちいで (名) 放出 家作ニイフ語、外ザマ向ヲイフトモイヒ、母屋ノ事ナリトモイヒ、別棟ニ放ナテ造リ出デタル家トモイフ。「寢殿ノーヲ、例ノシツラヒテ、螺鈿ノ倚子立テタリ」

はなちどり (名) 放鳥 (一)水鳥ヲ、翅ヲ切リナドシテ、水ノ上ニ放チ飼フモノ。「島ノ宮、池ノ上ナル、放鳥、荒ビナ行キソ、君座サズトモ」(二)籠ニ捕ヘタル鳥ヲ放チ遣ルモノ。ハナシドリ。「浮カレ行ク、我身ノ果ヤ、ー、暫シトダニモ、誰カ惜マム」

はなつ（ツ・テ・タ・チ・テ）(他動)(規.二) 離 放 (一)二ツニ別ク。ハナス。(二)離シテ遣ル。縱シテヤル。ハナス。放 縱 (三)追放ス。流罪ニ行フ。「公ニ罪セラレ給ヒテ、筑紫ヘハナタレオハセシニ」 謫 (四)出ダス。オコス。發ス。「光ヲー」「聲ヲー」「火ヲー」 發 (五)射ル。飛バセヤル。「矢ヲー」「鳥銃ヲー」 發 放

はなつき (名) 鼻衝 雙方、端ト出會フコト。デアヒガシラ。「大炊御門、猪隈ニテ、殿下ノ出御ニ、はなつきニ參リ合フ」潮ノ滿チケレバ、船ハ浮キタリケルヲはなつきニ少シ吹キ出サレ」

〔はなつく（ク・ケ・カ・キ・ク）(自動)(規.二) 鼻衝 今、土人ノ

前ヲ遣ザケラルルヲ、鼻ヲ衝ク、トイフ、同意カト云。「御供ニ仕ウマツリタリシ八人ハ、皆、ハナツキ放タレヌ、云云、殿ノ男共、多ウ事ニ當リ、ハナツキ放タレシ八人喜ビ合ヘリ」
はなつくり (名) 花作 植木、瓶花、ナドニスル草木ヲ種エ作ルヲ業トスル者。花師
〔はなづくゑ (名) 花几 佛前ニ、經、佛具、ナド載スル机ニテ、脚ニ花形ノ彫物アルモノト云。或ハ、花籠ヲ載スル机ナリトモ云。「佛ノ御カザリ、花ヅクヱノ被ヒナドマデ」
はなづな (名) 鼻綱 牛ノ鼻ニ懸クル綱。牛縻
はなづの (名) 鼻角 犀角ノ條ヲ見ヨ。
〔はなづら (名) 牛縻 〔鼻連ノ義、くつわづらナドノ意〕鼻縄、鼻綱、ニ同ジ。
はなづら (名) 鼻面 鼻ノ端。鼻端
はななは (名) 鼻縄 牛ノ鼻ニ懸クル縄。ハナツラ。「馬ニヨリ、フモダシ懸クルモノ、牛ニヨリ、鼻縄ハクレ」 牛縻
〔はなのあに (名) 花兄 梅ノ異名、百花ニ先ダチテ開ケバイフ。百花魁 又、百花ニ後レテ開ク菊ヲ、花ノ弟、トイフ。
はなのえん (名) 花宴 櫻ノ花ヲ観ツツ酒宴スル事。又、梅花、秋草、ニモイフ。又、菊ノ宴、萩ノ宴、藤ノ宴、ナドモアリ。観花宴
〔はなのおとど (名) 前前條ヲ見ヨ。
はなのつゆ (名) 花露 (一)草木ノ花ノ上ニ置ケル露。(二)薔薇ノ花ヲ蒸溜シタル水、面瘡ヲ治ストイフ。薔薇露 (三)天花粉ニ油ヲ加ヘタルモノ、婦人、白粉ヲ施ス前ニ、頬ニツク。
はなは (名) 塙 〔山鼻ノ端ノ義カ〕山ノ差シ出デタル所。「武隈ノ、ーニ立テル、松ダニモ」
はなばしら (名) 鼻柱 (一)鼻ノ左右ノ孔ヲ隔ツル肉。俗ニ、鼻ノ障子。「水溝在ニ鼻柱下人中ニ」(二)俗ニ、ハナグキ。ハナスヂ。鼻梁
はなはだ (副) 甚 太 孔 〔華ヤカナル意カト云、或ハ、噫程ノ轉カ〕多ク程ヲ過グシテ。イタク。イミジク。大イニ。
はなはだし ・シキ・シケレ・シク・シク (形・二) 甚 太 甚ダ程ヲ超エタリ。イタシ。イミジ。
はなばなし ・シキ・シケレ・シク・シク (形・二) 華 ハナヤカナリ。ミゴトナリ。アッパレナリ。
はなばなと (副) 華 ハナヤカニ。ハナバナシク。「朝日、花花トサシアガル程ニ、木ノ葉ノ、イト花ヤカニ、カガヤキテ」若ク、ヲカシゲニ、「花花ト愛デタク」
はなび (名) 花火 火藥ニ、鐵粉ナド、種種ノ藥料ヲ調合シテ、竹管ニ盛リ、夜、火ヲ點ジテ空中ニ放チ、種種ノ光色ニ種種ノ形象ヲアラハシテ観トスルモノ。烟花
はなびし (名) 花菱 紋所、又ハ、織文ニ、菱形ノ周リヲ花瓣ノ如クニ作リタルモノ。
〔はなひせ (名) 鼻塞 鼻液ノ久シク通ゼズシテ鼻ノ塞ガルモノ。
はなびら (名) 花瓣 花ノ體ノ四方ヘ片片ト出デタルモノ、其一列ナル性ノモノヲ單瓣トシ、數列重リテ生ズルヲ重瓣トス。
はなひる ・ヒル・ヒル・ヒ・ヒ・ヒ (自動) (規・四) 嚏 〔鼻放ルノ義〕嚔ルニ同ジ。嚔ヲナス。
はなぶさ (名) 花房 苵 (一)花ノうてな。蕚 (二)藤ノ花ナドノ、集リテ總ノ状ヲナシタルモノ。「色合好キ、花ぶさ長ク咲キタル藤ノ、松ニカカリタル」
〔はなまじろき (名) 〔瞬ク、ヲ借リテ、鼻ニイヘルカト云〕鼻ヲ微動カス事。ハナウゴメカス事。(表ニハ從ヒテ、心服セヌ意ヲ示ス事ト云)「時ニ從フ世ノ人ノ、下ニハはなまじろきヲシツツ追從シ、氣色取リツツ從フ程は」
はなみ (名) 花見 花ヲ観テ樂ミ興ズル事、專ラ、櫻ニイフ。観花
はなみぞ (名) 鼻溝 鼻ノ下、上唇ノ中央ノ窪ミタル所。人中
はなみち (名) 花道 芝居ニ、演者ノ舞臺マデ通フニ設ケタル長キ路。
〔はなみね (名) 鼻梁 〔鼻峯ノ義カ〕馬ノ鼻莖。
はなむけ (名) 餞 贐 馬ノはなむけノ略、旅立ツ人ヲ送リ、其馬ノ鼻ヘ向ケテ物ヲ贈ル事。轉ジテ、馬ニ向ハズテモ、旅行ノ人ニ贈ルベキノ品物、又ハ、詩歌、タムケ、餞、餞別。
はなむこ (名) 花聟 はなよめノ條ヲ見ヨ。
〔はなめく ・ク・ケ・カ・キ・ケ (自動) (規・一) 華 花ヤギ時メク。「其頃、時ニ遇ヒ、花メカセ給フ后、オハシマシケリ」
はなもつやく (名) 花没藥 繪具ノ名、藥店ノ稱ニ

テ、沒藥ノ類ナラズ、熱地ニ產ズル樹ノ蟲ヨリ生ズルモノト云、舶來ス、長サ一二寸、圓木ヲ二ツニ割リタル形ヲナセリ、內、空シクシテ、草木ノ扁子ノ如キモノ重ナレリ、新澀ナルハ、茶褐ニシテ光リ、破レバ白斑アリ、年ヲ經レバ黑シ、繪ノ具トス。紫鉚

はなもり（名）花守 花ヲ守ル者。

はなやかーに（副）華 （一）盛ニ麗ハシクキラビヤカニ。ハナバナシク。美美シク。ハデニ。（二）キハキハシク。パツト。「ゲニ其匂サヘ、花ヤカニ立添ヘルモスベナクテ」（韮ノ香ニ）何某ガ候フト、イト、ハナヤカニ言フ」

はなやぐ・ク・ケ・カ・キ・ケ（自動）（規・一）華 ハナヤカニナル。ハナバナシクナル。「女房ナドモ、數知ラズ集ヒ參リテ、今メカシウ、花ヤキ給ヘド、御心ノ內ハ」

はなやしき（名）花屋敷 百花ヲ培養シテ、遊人ノ來リ觀ルニ供フル所。百花園

はなよめ（名）花娵 婚姻ノ前後ニ、其娵ヲ呼ブ稱。新婦 其聟ヲ花聟トイフ。新郎

〔はなる・ル・レ・ラ・リ・レ（自動）（規・一）離放（端ニナル意カト云）次條ノ語意ニ同ジ。「童女放奈理ハ、髮上ゲツラムカ」

はなる・ルル・ルレ・レ・レ・レヨ（自動）（規・二）離放 （一）着キタルガ解ク。「糊ー」膠ー」（二）間アリ。隔タリテアリ。「離レテ居ル」（三）別レ去ル。「世ヲー」國ヲー」夫婦ー」（四）綱、解ケテ、逃ゲ行ク。逸ル。「馬ー」逸（五）官職解クル。「五位藏人ナリケルヲ、御讓位ニ遇ヒテはあれケレド」役ニー」扶持ニー」罷

はなれうま（名）放馬 綱ヲ放レテ走ル馬。逸馬

はなれごま（名）放駒 前條ノ語ニ同ジ。

はなれざしき（名）離座敷 母屋ニ離レテアル座敷。ハナレヤ。子亭

はなれじま（名）離島 陸ニ離レテ湖海中ニアル島。孤島

はなれや（名）離家 （一）人里ニ離レテアル家。ヒトツヤ。孤家（二）母屋ニ離レテアル家。

はなれわざ（名）離技 尋常ノ思ヒ及バヌ驚拔ノタル技。驚技

はなわらび（名）花蕨 草ノ名、陰地ニ生ズ、一根、一葉、高サ五寸許、形、蕨ニ似テ、甚ダ小ク太シ、一尺許ノ莖ノ梢ニ、枝ヲ分チテ、粟粒ノ如キ花、多ク攢ル、初ハ綠ニシテ、漸ク黃色ニ變ジ、黃粉ヲ出ス。一名、フユワラビ。陰地蕨 一種、夏生ズルモノアリ、形狀、略相似テ大ク、花ハ金色ヲ帶ブ。

はなを（名）鼻緒 履屐ノ緒ノ、爪尖ノ孔ニ入リテ指ニ懸ル所。轉ジテ、其緒ノ總名トモス。（緒ノ條ヲ見ヨ）鼻繩 履絲

はなをずれ（名）鼻緒擦 ノイズミ。鼻緒ニテ擦レタル足ノ傷。肉刺

はなをれだひ（名）鼻折鯛 長サ、五六八寸ヨリ尺ニ至ル、身、平タク短ク、頭、大ク方形ニシテ高ク起リ、鼻、直ニ折レタルガ如シ、冬、春、共ニ多シ、網ニテ採ル、味、眞鯛ヨリ淡シ。

〔はに（名）埴（黃赤ノ彩アレバ映土ノ約カト云、或云、堀リ初ムル上ノ方ノ土ヲ初土トイフ、其略カト、古事記、應神帝ノ御歌ニ、波都邇ハ、膚赤ラウミ、終土ハ、土黑キ故、トアリ）又、ソホニ。黃赤ニシテ粘リアル土ノ名、陶瓦ニ作ルベシ、古ヘハ、衣ニモ其色ヲ摺リツケタリ、丹摺ノ衣ナド、是レナリ。アカツチ。粘土。ヘナ。

はにかむ・ム・メ・マ・ミ・メ（自動）（規・一）（面映ヤ意カ、又ハ恥カムノ轉カ）羞ヂテ怖ヅ。（小兒ニ）羞澁

〔はにざふ（名）半挿（有レ柄半挿ニ其內ニ在ニ其外ニ故呼ト云）水ヲ盛リテ物ニ注グ器、柄ニ水ヲ通ス道アリ。約メテ、ハザフ。音便ニ、ハンザフ。（其條見合ハスベシ）和名抄「匜、波邇佐布」俗用ニ楾字」神宮儀式帳「御波佐布」はんざふニ、手水ノドス入レテ、盥ノ手モ無キナドアリ」匜

〔はにし（名）土師（埴爲ノ意）略シテ、ハジ。古ヘ、埴輪ニスル土偶等ヲ作ル職。後ニハ、凶禮陵墓一切ノ事ヲ掌ル。又、後ニハ氏トナレリ。

〔はにし（名）黃櫨（埴ノ色ニシタレバイフカト云）略シテ、はじ、はぜ、トイフ、其條ヲ見ヨ。

〔はにふ（名）埴生 埴ノアル地。「白浪ノ、千重ニ來寄スル、住吉ノ、岸ノ黃土粉、匂ヒテユカナ」
○ーノ小屋。賤ガ屋ノ狀ニイフ語。

〔はにべ（名）埴瓮 瓦製ノ瓶。

〔はにま（名）埴馬 埴輪ニ立ツル瓦馬。

はにんぢん（名）胡蘿蔔ノ條ヲ見ヨ。

〔はにわ（名）埴輪 古ヘ、陵墓ノ周リニ、埴ニテ作レル

人、馬、或ハ甕ナドヲ、車輪ノ如クニ、半ハ、地ニ埋メテ立テ列ヌルモノ、上古ノ俗、人ヲ生ケナガラ埋メタルニ代ヘタルナリ。一名、立物。

〔はに-わり〕(名) 半月 〔半割ノ義〕五種不男ノ一其陰部、一月ノ中ニ、半月ハ男ト爲リ、半月ハ女ト爲ルモノト云。又、陰部ノ形ノ、男女ヲ兼ヌルヲ、二形トイフ。人痾 半男女

はぬ・ヌル・ヌレ・ネ・ネ・ネヨ (自動)(規・二) 跳 (一)蹶ル如クニ躍リ起ツ。ヲドリアガル。トビカヘル。(兎、馬、魚、蟲ナドニ) (二)飛ビ散ル。ホドバシル。「水ー」「炭火ー」迸 爆 (三)彈クル。「鍿ー」

はぬ・ヌル・ヌレ・ネ・ネ・ネヨ (他動)(規・二) 撥 (一)末ヲ上ゲテ拂フ。「沖ツ櫂、痛クナ波禰ソ、邊ツ櫂、痛クナ波禰ソ」 (二)字ヲ書クニ、筆ノ毛ノ末ヲ拂ヒ上グル如ク用ヰル。勾 撆 (三)薙ギ斬ル。「首ヲー」刎 (四)投ゲ棄ツ。(難船ナドニイフ)「積荷ヲー」投 (五)取リ出シテ除ケ遣ル。「屑ヲー」除去 (六)+物ノ一部ヲ掠メ收ム。「賃錢ノ一割ヲー」

はぬけ-どり (名) 羽脱鳥 羽ノ脱ケカハル頃ノ鳥。

はぬひ (名) 端縫 布帛ノ端ヲ、細ソク折リ返ヘシテ縫ヒツケオクヿ。ハシヌヒ。

はね (名) 羽根 (一)鳥ノ羽ノ根。翮 (二)轉ジテ、羽。即チ、鳥ノ全身ニ生フル毛。「鶯ノ、ー白妙ニ、泡雪ゾ降ル」羽 (三)又、轉ジテ、翅。「ーヲ交ハス」「ーヲ並ベル」「ーヲ搏ツ」「ーヲヤスム」「ーヲヒログル」翼 翅 (四)矢ノ羽。(羽ノ條ヲ見ヨ) (五)諸器械ナドニ、形ノ翼ニ似タルモノノ稱。「水車ノー」(六)羽子。「ーヲ突ク」

はね (名) 跳 (一)跳ヌルヿ。ヲドリアガルヿ。(二)水泥ナドノ飛ビ散リカカルヿ。「ーガアガル」迸 (三)字ヲ書クニ、筆ノ毛ノ末ヲ拂ヒ上グルヿ。勾 撆 (四)諸器械ニ用ヰル彈力アル鐵。訛シ濁リテ、バネ。「鎖ノー」鎖鬚 彈機 (五)芝居見世物ナドニ、打出シテ見物人ノ散ルヿ。會散

ばね (名) 彈機ノ訛。「馬車ノー」

〔はね-がき〕(名) 羽搔 鳥ノ、觜ニテ已ガ羽ヲシゴクヿ。「鳴ノー」

はね-かす・ス・セ・サ・シ・セ (他動)(規・一) 撥 飛バシ散ラス。「水ヲー」「墨ヲー」

はね-かへ・る・ル・レ・ラ・リ・レ (自動)(規・一) 跳反 (一)跳ネテ戾ル。ハズミカヘル。翻彈 (二)甚シク跳ヌ。跳躍

〔はねず〕(名) 唐棣 郁李ナリト云。唐棣花歌「夏マケテ、咲キタル波禰受、久方ノ、雨打降ラバ、移ロヒナムカ」色ニイフハ、粉紅色ナラム。「唐棣花色ノ、移ロ易キ、心アレバ」山吹ノ、匂ヘル妹ガ、翼酢色ノ、赤裳ノ姿、夢ニ見エツ」淨位已上、幷著ニ朱華ー朱華、此云ニ波泥孺こ

はねずみ (名) 跳炭 ハシリズミ。木炭ノ、火ニ爆ケ飛ブ性アルモノ。爆炭

はねつき (名) 羽根突 羽子ノ條ヲ見ヨ。

はね-つ・く・クル・クレ・ケ・ケ・ケヨ (他動)(規・二) 撥付 撥ネテ戾ス。ウケツケズ。卻

はね-つるべ (名) 撥釣瓶 柱ノ上ニ横木ヲ互シ、其一端ニ石ヲ懸ケ、一端ニ釣瓶ヲ懸ケテ、天平ノ如キモノ、横木ノ左右、抑揚スベク、石ノ重ミヲ借リテ釣瓶ヲ上ゲ、容易ク水ヲ汲ミ上グ。桔槹

はね-の・く・クル・クレ・ケ・ケ・ケヨ (他動)(規・二) 撥除 取出シテ除ケ棄ツ。除去

はね-ばし (名) 撥橋 城門外堀ノ要害ナドニ、綱ニ懸ケテ釣上グベク作レル橋。吊橋

はね-び (名) 跳火 ハシリビ。爆ケテ飛ブ火。爆火

はね-むし (名) 跳蟲 とびむしニ同ジ。

は・ねる・ネル・ネレ・ネ・ネ・ネヨ (自動)(規・四・變) 芝居見世物ナドニ、打出シテ見物人散ル。(東京) 會散

はねる (動) 跳ヌ、又ハ、撥ヌ、ノ訛。

はは (名) 母 我ガ身ヲ生メル女。イロハ。タラチネ。メオヤ。ハハオヤ。ヲンナオヤ。カカ。

はは (名) 幅巾 〔端端ノ義カ、或ハ、はたはりノ略カトモ云、巾ハ幅ノ省〕物ノ横ノ端ヨリ端マテノ距離。横ノ徑。(長サ、厚サニ對ス) 幅 幅員

ばば (名) 祖母 〔おほはヲ略シテ重ヌ、小兒ノ語ニ起ル〕(一)オホバ。父ノ母。(二)母ノ母。外祖母 (三)老婆ノ稱。老嫗

ばば (名) 馬場 〔うまはノ約轉〕馬ニ乘リ習フニ設ケタル一帶ノ平ナル地。調馬場

ばば (名) 屎。(小兒ノ語)

はばうき (名) 羽箒 鳥ノ羽ニテ作レル小キ帚。トリハハキ。ハネハウキ。

〔ははか〕(名) 波波加 樹ノ名、今ノかにはざくらナリト

云。古事記「取₂天香山之天婆婆迦₁」和名抄「朱櫻、波波加、一云、加遍波佐久良」

ははかた（名）【母方】母ノ血筋ニ係ル方。（父方ニ對ス）「―ノオホヂ」「―ノヲヂ」「―ノイトコ」外戚

はばかり（名）【憚】（一）ハバカルコ。畏レ愼ムコ。（二）東京婦人ノ語ニ、廁ニ上ルコノ隱語。上廁

はばかる・ル・レ・ラ・リ・レ（自動）（規、二）（はびこるノ轉ト云、或ハ幅ノ活用カ）滿チ餘ル。ヒロゴル。「彌陀ノ身毛、天ツ二空ニ、ハバカリテ、ヨモセバシトヤ、思ヒ知ルラム」

はばかる・ル・レ・ラ・リ・レ（自動）（規、二）【憚】【難】（沮ムノ自動カ）畏レ愼ム。ヱンリヨスル。

（ははき（名）【帚】（羽掃ノ義、羽ヲ用ヰルニ起ルト云）はうきノ條ヲ見ヨ。

はばき（名）【脛巾】【行纏】（脛穿ノ略）脛ニ絡フ衣。脚絆。脛衣

はばき（名）【鎺】（脛巾金ノ略）鍔ノ上下ノ際ニテ、刀心ニ貫キ、鍔元ヲ固ムル金具、うはー、したートイフ。

（ははきぎ（名）【帚木】はうきぐさニ同ジ。

（ははきぼし（名）【帚星】はうきぼしニ同ジ。

（ははくそ（名）【黒子】（蠅糞ノ轉カト云、イカガ）又、ハハクロ。ホクソ。今、ホクロ。

（ははくり（名）【貝母】（母栗ノ義、根ノ形、栗ニ似テ、母ノ子ヲ抱クガ如クナレバ名トスト云）あみがさゆりノ古名。

（ははくろ（名）【黒子】又、ハハクソ。今、ホクロ。

ははこぐさ（名）【母子草】又、ハハコ。ヒキヨモギ。今、又、音便ニ、ハウコ。原野ニ多シ、秋、苗ヲ生ズ、葉ハ、をぺりひゆニ似テ、薄ク長ク、白毛アリ、冬枯レズ、春夏ノ交ニ、高サ七八寸ヨリ尺ニ至リ、葉、互生シ、梢ニ簇リテ黄花ヲ開ク、古ハ、上巳ニ、此葉ニテ餅ヲ製セリ、故ニ、もちよもぎノ名モアリ、後世ハ艾ニ代フ、此草、正月ノ七種ニテハ、御形ト云。鼠麴草

ははぞ（名）【母字】反切ノ條ヲ見ヨ。

（ははしろ（名）【母代】母トナリテ後見スル人。「高倉ノ院、御在位ノ時、御ははしろトテ、准三后ノ宣旨ヲ被リ」

（ははそ（名）【柞】槲ノ古名。今、音便ニ、ハウソ。

はばたき（名）【羽擊】鳥ノ兩翼ヲ相擊ツコ。ハタタキ。鼓翼

は-はつてう（名）【哵哵鳥】【八哥鳥】鵙ニ似テ幘アリ、群ヲナス、舌長クシテ、其尖爪ノ如シ、コレヲ切レバ能ク諸鳥ノ聲ヲナス、但シ、人語ヲ能クセズトイフ。

はばむ・ム・ム・メ・マ・ミ・メ（他動）（規、一）【阻】【難】妨ゲ支フ。

（ははむ・ム・ムレ・メ・メ・メロ（他動）（規、二）【阻】【難】前條ノ語意ニ同ジ。新撰字鏡「詰、責也、問也、波波女止布」

ばはん（名）【八幡】（倭寇ノ旗ニ、八幡ノ神號ヲ記セルヲ、明人ノ八幡ト呼ベルニ起ルト云）商船ノ國禁ヲ犯シテ外國ニ渡ルコ。轉ジテ、密賣買。ヌケアキナヒ。（長崎）奸闌

ははり（名）【刃針】醫師ノ用ヰル具、針ニ似テ、平タクシテ尖リ、諸刃ナリ、長サ二寸許、幅一三分、瘡ヲ切ルナドニ用ヰル。ランセッタ。ヒラバリ。披鍼

ははる・ル・レ・ラ・リ・レ（自動）（規、二）【幅ヲ活用ス】幅リヒロガル。

はひ（名）【灰】（死火ノ略カ）物ノ、火ニ燃エ果テテ、形ヲ變ジ、白粉トナレルモノ。アク。

ばひ（名）【馬尾】ウマノス。

ばひあふ・フ・ヘ・ハ・ヒ・ヘ（他動）（規、一）奪合フノ約。互ニ奪フ。爭奪

はひいろ（名）【灰色】灰ノ如ク薄黒キ色。鼠色。

（はひうら（名）【灰占】灰ヲ掻キテ事ヲ占フコト云。「テズサビニ、問フ灰占ノ、アタルマデ、ウヅメド消エズ、オモヒナリケリ」

はひおし（名）【灰押】香爐ナドノ灰ヲ押シナラス具。香鍬

はびこる・ル・レ・ラ・リ・レ（自動）（規、一）【蔓延】（這ヒ弘ゴル意カ）（一）延ヒ行クママニ繁ル。（草木ニ）（二）恣行ヲ恣ニス。「盜賊―」橫行 强梁

はひずみ（名）【灰墨】掃墨ノ誤。

ばひとる・ル・レ・ラ・リ・レ（他動）（規、一）奪取ルノ約。競ヒ奪フ。爭奪

はひならし（名）【灰平】爐、火鉢、ナドノ灰ヲ平スニ用ヰルヒノ如キモノ。灰匙

はひびやくだん（名）【矮檜】【矮柏】びやくだんノ一種、直上セズシテ、地上ニ這フモノ。蛇木。

ばひふう（名）【馬脾風】病ノ名、氣道粘膜ニ義膜

ヲ生ジ、聲嗄レ、咳出デ、呼吸甚ダ苦シ、此病、發スルコト急ニシテ、極メテ危シ、専ラ、一二歳ヨリ十歳マデノ小兒ニアリ、傳遷セズト云。格魯布。又、實布的里亞トイフアリ、喉道、氣道、共ニ着キ、大人小兒ニアリ、傳遷ス。咽喉風。

はひ-ふき（名）灰吹 烟草ノ吸殻ノ灰ヲ吹キ入ルル筒。唾壺

はひ-ふき（名）灰吹 銅ヲ吹キテ銀ヲシボル一法、灰ヲ捏ネタルヲ以テ、鞴ノ口ニ、土手ヲツキテ吹ケバイフトゾ。

はひふき-ぎん（名）灰吹銀 銀ノ鑛ヲ吹キ分ケテ、其初ノ混合物ナキモノノ稱。（前條、見合ハスベシ）

ばひ-ほう（名）馬尾蜂 蜂ノ類、木中ニ生ズ、出ヅレバ飛ブコト能ハズ、唯、蠕動クコト數日ニシテ死ス、形、おかはちニ似テ小ク、翅ニ、少シ黒キ處アリ、尾ニ、一條ノ馬毛ノ如キモノ生フ、長サ四五寸、色黒シ、死スルトキハ、分レテ三毛トナル。是レ、其雌ニテ、雄ニハ尾ナシトゾ。

はひ-まつ（名）這松 高山ニアリ、高サ三四尺ヲ過ギズ、枝葉繁密ニシテ、數十百間、地ニ這フ、五葉ニシテ、花ハ深紅ナリ。千歳松

〔はひ-まゆみ（名）杜仲〔這檀ノ義カト云〕まさきニ同ジ。

〔はひ-も（名）〔延芽ノ轉カト云〕竹ノ根ノ、傍出シテ筍ニ似タルモノ。僞筍

〔はひり（名）門ヨリ入リテ家ニ至ル間ノ地。ハイリクチ。「柴ノ屋ノ、はひりノ庭ニ、燻ク蚊火ノ、烟ウルサキ、夏ノ夕暮」妹ガ家ノ、一ニ立テル、青柳ニ

はひ-る・ル・レ・ラ・リ・レ（自動）（規.一）這入ル、ノ約。入ル。

はふ（名）搏風〔或ハ破風〕屋ノ切棟ノ端、雨下シテ山形ヲナス處。圓ク下ヘ反リテ、鍬形ヲ倒ニシタルガ如ク作ルヲ、唐ートイヒ、大棟ノ肩ニ、小棟ヲ寄セカケテ作ルヲ、千鳥ートイヒ、又、梁行ノ椽ノ上ニ、尖レル破風ヲ起スヲ、障泥ートイフトゾ。

はふ（名）覇府 武家將軍ノ政府。幕府。

はふ（名）法〔此字、漢音、はふ、呉音、ほふナリ、衆語ノ此字ヲ冠スルモノ、其慣呼ノ音ニ因テ兩部ニ分チ收ム、はふニ無キ語ハ、ほふヲ見ルベシ〕ノリ。サダメ。オキテ。法度。法律。テダテ。（法ノ條ヲ見ヨ）

はふ・フ・ヘ・ヘ・ヒ・ヘ（自動）（規.二）這（一）手ト足トニテ歩ム。地ニ伏シテ行ク。ハラバフ。（八三）匍匐（二）行ク。歩ム。（獸蟲ニ）蚑行（三）延ビ行ク。ハビコリワタル。（蔓草ニ）延蔓

〔はふ・フル・フレ・ヘ・ヘ・ヘヨ（他動）（規.二）延 這ハス。延ベ引ク。張リワタス。「引板ハヘテ」綱、曳キハヘテ」絲、打チハヘテ」葉守ノ神ノ、標繩はふるマデ」

はぶ（名）雲母ノ一種、黒クシテ青ミアルモノ。

ハブ（名）波布〔琉球語、蝮ノ轉カ、蛇ノ轉カ〕蝮ノ類、琉球諸島ニ産ズ、頭、飯匙ノ如シ、毒極メテ甚シ。飯匙倩

はふ-がく（名）法學 法律ノ學。

はぶか・る・ル・レ・ラ・リ・レ（自動）（規.一）省〔被」省ノ轉〕除ケテ減ル。

〔はぶ・く・ク・ケ・カ・キ・ケ（自動）（規.一）羽振〔ふくハ振ルノ古言〕鳥、羽ヲ振ル。ハフル。「早月待ツ、山郭公、打チハブキ、今モ啼カナム、去年ノ古聲」翥

はぶ・く・ク・ケ・カ・キ・ケ（他動）（規.一）省（一）除キテ減ラス。（二）ヤツス。「世ノ中ニ心ヲトドメジト、ハブキ侍ル身ニテ」俏毀

はふこ（名）這子 玩具ニ、小兒ノ這フ體ヲ作レルモノ、御伽ーナドアリ、天兒ノ遺意ナリト云。

はぶし（名）羽節 羽ノ莖。ハグキ。翮

はぶたへ（名）羽二重〔和名抄ニ帛、波久乃岐奴、トアリ、帛袴ノ訛ナラムト云、或ハ、呉羽穴羽ヲ重ネテ名トストモ云フハ牽強ナラム〕絹布ノ精好緻密ニシテ、薄クシテ甚ダ光澤アルモノ。紋ー、綾ーナドモアリ。光絹

はふてい（名）法庭 裁判所。白洲

ハブテ-コブラ（名）蛇木〔印度語、はぶてハ木ニテ、こぶらハ蛇ナリト云〕植物、藤蔓ノ如キモノ、蘭人舶來シテ、蛇毒ヲ解スル藥トス。

はふでふ（名）法帖 古碑ナドノ古人ノ手蹟ヲ、石摺ニシテ折本トシタルモノ。

〔はふに（名）白粉〔字ノ音、はくふんノ轉ナラム〕まろきものノ類、面ニ傅ク。オシロイ。但シ、古ヘハ、米粉ニテ製シタルカト云。「アヤシキ状シタル女ドモ、黒カイネリ着セテ、はふにトイフモノ、塗リツケテ、カヅラセサセテ」

はふはふ（副）這這 辛ウジテ歩ミテ。「羸サビ、ー上

ル、位山ニ勞ハル事アリテ、云云、—參リテ」—歸リテケリ」

〇—ノ體。失敗リテ、ソコソコニ逃グル状。

〔はふらかす・ス・セ・サ・シ・セ〕(他動)(規・一) 放 放ルルヤウニナス。捨テ遣ル。「常ニ着セ奉レド、ハフラカシ給フニヤ」斯クナカラ、身ヲハフラカシツルニヤト、心細ウ覺セド」

〔はふらす・ス・セ・サ・シ・セ〕(他動)(規・一) 放 前條ノ語ニ同ジ。「天雲ニ、念散ラシ」身ハ捨テツ、心ヲダニモ、ハフラサジ」

〔はふり〕(名) 祝 〔災禍ヲ放ル義カ〕神主ノ條ヲ見ヨ。

〔はふり〕(名) 葬 葬送。「崇子ト申ス皇女、失セ給ヒテ、御はふりノ夜、其宮ノ隣ナリケル男、御はふり見ムトテ」

はぶり (名) 羽振 (一)羽ヲ振ルコト。「時鳥、鳴ク羽觸ニモ、散リニケリ、盛リ過グラシ、藤波ノ花」 (二)鷹飼ノ語。(三)轉ジテ、俗ニ、人ノ世ニ立チマジラフ状。「—ガ好イ」

〔はふりこ〕(名) 祝子 祝ニ同ジ。巫女ニモイフ。

はふりつ (名) 法律 政府ニテ定メテ、遍ク國民ニ遵ヒ守ラシムル掟。法度。

〔はふる・ル・レ・ラ・リ・レ〕(他動)(規・一) 放 (一)放チ棄テ遣ル。「大君ヲ、島ニ波夫良バ」「彌麻之大臣之家内ナ等 乎母波布理不ㇾ賜失不ㇾ賜慈賜波牟」(二)散ラス。「斬ニ波布理其軍士ニ」切ニ斬其蛇ニ」

〔はふる・ル・レ・ラ・リ・レ〕(他動)(規・一) 葬 〔前條ノ語意ニ同ジ〕(一)死者ヲ埋メムト野山ヘ送リ遣ル。葬送ス。「言サヘグ、百濟ノ原ユ、神葬リ、葬リイマシテ」(二)轉ジテ、死者ヲ土中ニ埋ム。延轉シテ、ハウフル。ハウムル。(三)火葬ス。「薪ヲ積ミテハフリテ、上ニ石ノ卒堵婆ヲ建テタリ」サテノミアルベキナラネバ、ハフリケルニ、其火ニ、此女、飛ビ入リテ」

はふる・ル・レ・ラ・リ・レ (他動)(規・一) 投 〔前前條ノ語ノ轉〕投ゲ遣ル。打チ捨ツ。

〔はふる・ルル・ルレ・レ・レ・レヨ〕(自動)(規・二) 放 (一)放レ散ル。散リ亂ル。「屍骨多溢」(二)轉ジテ、サスラフ。サマヨフ。「親無クナリテ後ニ、トカク、ハフレテ、人ノ國ニ、ハカナキ所ニ住ミケルヲ」吾レサヘ打棄テ奉リテ、イカナル状ニ、ハフレ給ハムトスラム」 流離

はふれいわた (名) 法令綿 〔或ハ芳禮ト借書ス〕東京ニテ、もめんわたヲ打チタルモノノ稱。初メ和州奈良ノ法令トイフ地ノ産ヲ、多ク江戸ヘ出シタレバ名アリ。綿毳

はへ (名) 蠅 訛シテ、ハイ。蟲ノ名、蛆ヨリ化ス、身三分許、六足兩翅ニシテ、首赤シ、春ヨリ秋ニ亙リ、食物ニ集リテ、最モ煩ハシ。くろ—ハ、夏ノ初、陽地ニ集リテ飛ブ、色、蒼黑ニシテ、大サ四分許、聲高シ。蒼蠅 ちま—ハ、秋、多ク出デ飛ブ、聲喧シク、臭ニ集リテ、卵ヲ殘ス、大サ五六分、背、薄黑クシテ白キ筋アリ、首、最モ赤シ。大麻蠅 くそ—ハ、青緑ニシテ光リ、聲高シ、糞上ニ集ル。青蠅

はへ (動) 延フノ條ヲ見ヨ。

〔はへぎ〕(名) 榱 〔延木ノ義カ〕たるきニ同ジ。

はへちやう (名) 蠅帳 食物ヲ貯フル小キ廚子、木匡ノ四面ニ紗ヲ張ル、風ヲ通シ、又、蠅ヲ防グ。

はへとりぐも (名) 蠅捕蜘蛛 蜘蛛ノ一種、大サ三四分、白色或ハ灰色ナリ、灰色ニ黒條アルモアリ、褐色ニシテ黒キモアリ、皆、壁梁ニ棲ム、草ニ棲ムハ緑ナリ、共ニ、能ク跳リテ蠅ナドノ小蟲ヲ捕リ食フ、大、小、數種アリ。蠅虎

はへとりばな (名) 蠅捕花 宿根草、山中ノ池邊ニ生ズ、高サ七八寸、葉、互生シテ、半月ノ如シ、二三分、邊ニモアリ、葉ノ上ニ粘液アリテ、黐ノ如ク、蠅、蜻蜓ナド、コレニ粘ル。茅膏菜

はへとりむし (名) 蠅捕蟲 かまきりノ異名。

はへはらひ (名) 蠅拂 蠅ヲ拂フニ用キル拂子。

ばへんさう (名) 馬鞭草 古名、クマツヅラ。原野ニ多シ、春、宿根ヨリ生ズ、方莖、高サ一二三尺、葉ハ、對生シ、初出ハ菊葉ノ如ク、後ニハ尖リナル細鋸齒アリ、夏、枝ノ梢毎ニ、穗ヲ出シテ小花ヲ開キ、秋ニ至ル、花ノ大サ一分餘、淡紫色ナリ。

はべり・ル・レ・ラ・リ・レ (自動)(不規・四) 侍 〔這ヒ入リヲ音便ニはんべりト濁レルヲ更ニ約メタル語ト云〕(一)貴人ノ側ニ伺ヒ居ル。伺候ス。サブラフ。ハンベリ。「此ノ五六日、ココニ侍レド、ウシロサマニ誰誰カ侍ルト問フ」(二)轉ジテ、在リ、居リノ敬語。ハンベリ。ゴザルマス。「ハベラナリナム後モ、ウシロヤスカルベキニ」イカデカ世ニ侍ラムトスラム」已レカ許ニ、愛デタキ琴侍リシ」代ヘサセ給ヘ」今宵、彼ノ宮ニ參ルベク侍リ、明日ヨリハ云云」

言じー」開キー」哀レニヨリ開エハンベリシカ」

はぼたん　(名)　葉牡丹　圃莚、高サ一二尺、頂ニ葉多ク重ナリ生ズ、あぶらなノ葉ヨリ大クシテ厚ク、冬春ノ交、紫色ニ變ジ、葉、皆、相抱キテ、重葉紫牡丹花ノ如シ、春ノ末、葉、漸ク開キテ綠ニ變ズ、春夏ノ交、薹ヲ出シテ花ヲ開ク、四出、淡黃色ニシテ、あぶらなノ花ヨリ大ナリ、莢ヲ結ブ、冬ヲ歷テ枯レズ。一名ボタンナ。インゲンナ。　甘藍

はほん　(名)　端本　册數、闕ケテ、全部ヲ成サヌ書。　缺本　零帙

はま　(名)　濱　〔端海ノ約カト云〕　(一)陸ノ、湖海ニ沿ヒテ平ラカナル所。(二)圍碁ノ語、あげいしニ同ジ。〔濱ノ眞砂ノ意ト云〕「白波ノ、打チヤ返スト、待ツ程ニ、濱ノ眞砂ノ、數ゾ積レル」　死子

ハマ　(數)　八　八ノ唐音カ、拳ニイフ語。

はまぎく　(名)　濱菊　莖、葉、共ニ、だるまさうニ似テ、葉ハ、狹ク長ク刻ミアリ、深綠色ニシテ光ル、秋冬ノ交ニ、白花ヲ開ク、菊ニ似テ大ク厚シ。

はまぐり　(名)　蛤　〔濱栗ノ義〕　介ノ名、形、略、栗ノ子ニ似テ、殼、堅ク厚ク、兩片、形同ジクシテ相合フ、大ナルハ徑二三寸、小キハ五六分、色ハ、灰白ニ紫黑ノ文アルヲ常トスレド、變色モ極メテ多シ。　文蛤

はまぐりば　(名)　蛤刃　刀ニ、刃ヲ研ギツケタモノ。

はまさう　(名)　灌木、はまびひニ同ジ。

はますげ　(名)　濱菅　田野ニ多ク、海邊、殊ニ多シ、葉ハ、すげニ似テ小ク、幅一分許、長サ六七寸、三稜ニシテ光リ、深綠色ナリ、一根ニ叢生ス、夏、一尺許ノ莖ヲ出シ、頂ニ叉ヲ分チテ、紫黃ノ碎花、簇リ生ズ、藥トシテ、香附子トイフ。　莎草　根ニ一塊アリ、麥門冬ノ如クニシテ大ナリ、藥

はまち　(名)　〔はりはちノ略カト云〕　魚名、いなだニ同ジ。(關西)

はまちりめん　(名)　濱縮緬　長濱縮緬ノ略、縮緬ノ上品ナルモノ、近江ノ坂田郡ノ邊ニ産ジテ、長濱ヨリ四方ヘ出ス。

はまなし　(名)　濱梨　いはなしニ同ジ。　越橘

はまなす　(名)　玫瑰　〔濱茄ノ義〕　草ノ名、海邊ニ多シ、薔薇ノ屬ニシテ、荊棘多シ、夏ノ初メ、單瓣五出ノ紫赤花ヲ開ク、又、粉紅モ白モアリ、香、高シ、實、赤クシテ、圓ク長ク、略、茄子ノ如シ。

はまなっとう　(名)　濱名納豆　〔遠州濱松(舊名、濱名)大福寺ノ製ニ始マル〕　食物、黑大豆ヲ烹テ、小麥粉ヲ衣トシテ麴トシ、碎キテ、煎ジタル鹽汁ニ浸シ、生薑、山椒皮、陳皮、紫蘇葉、芥子、ナドヲ刻ミテ加ヘ、壓シテ數十日ノ後、乾シテ成ル。(納豆ノ條、見合ハスベシ)　鹹豉

(はまにがな　(名)　濱苦菜　(一)防風ノ古名。又、ハマスカナ。(二)いてふさうノ一名。

はまにんじん　(名)　濱人參　古名、ヒルムシロ。ハマゼリ。草ノ名、海邊沙地ニ生ズ、苗ノ形、たぜりニ似テ、光リテ香アリ、地ニ就キテ叢生ス、秋、莖ヲ生ジ、細白花、簇リ生ズ、芹ノ花ニ似タリ、後ニ實ヲ結ブ。一名、ヤブジラミ。　蛇床子

はまばうふう　(名)　濱防風　草ノ名、海濱ニ生ジ、畠ニモ作ル、苗、葉、粗、芹ニ似テ、色、淺綠ナリ、一柄ニ三椏ヲナシテ、各、三葉ヲ着ク、莖、紫赤ニシテ、夏ノ初メ、花、簇リ開ク、形、傘ノ如シ、若葉ヲ膾ニ添ヘテ食フ。一名、ヤホヤバウフウ。イセバウフウ。　石防風

はまはひ　(名)　〔濱這ノ義カト云〕　灌木、水邊沙中ニ叢生ス、高サ四五尺、地ニ延キテ蔓ノ如シ、枝葉對生シ、葉ハ圓ク、大サ一二寸、面、深綠ニシテ、背、白シ、夏、枝ノ梢ニ五寸許ノ莖ヲ出シ、枝ヲ分チテ、深碧花ヲ開ク、大サ五六分、本ハ筒ニシテ、末ハ五出ナリ、實、圓ク、胡椒ヨリ大クシテ、熟スレバ黑ク、下ニ五瓣ノ白蔕アリ、仁ヲ藥用トス、此樹、幹、葉、香多シ、粉末トシテ香トス。一名、ハマゴウ。　蔓荊

はまびし　(名)　濱菱　海濱沙地ニ生ジ、地ニ布キテ蔓生ス、葉ハ互生シ、細ソクシテさいかちノ初生ノ葉ノ如シ、夏、葉ノ間ニ五瓣ノ小黃花ヲ開ク、子ノ大サ三分許、三角或ハ四角、角ニ刺アリテ、狀、菱ノ如シ。　蒺藜

はまぼう　(名)　〔濱這ノ意ニモアルカ〕　草ノ名、海邊ニ多シ、花ハむくげニ似テ黃ナリ。一名、キムクゲ。

(はまゆか　(名)　濱床　帳臺ノ類、三尺四方高サ一尺許ノ臺ヲ、四ツ合ハセテ、疊ヲ敷キ、四隅ニ柱ヲ立テ帳ヲ垂レタルモノト云。

はまゆふ　(名)　濱木綿　草ノ名、紀州勢州ノ海濱ニ多シ、莖ハ芭蕉ノ如ク、皮、幾重ニモ重ナル、葉ハ、おもと

ニ似テ長ク、花ハ、幣ニ木綿四手ヲ切リカケタルガ如シ。

はまゆみ (名) 破魔弓 新年ニ小兒ノ玩トスル弓矢。

はまる・る・れ・ら・り・れ (自動)(規.一) 塡 〔被食ノ轉カ〕 (一)合ヒテ入ル。「指、環ニー」戸、敷居ニー」(二)陷ル。「水ニー」騙ニー」 陷沒 (三)打掛リテ居ル。耽ル。溺ル。「遊ニー」 耽

はまゑんどう (名) 濱豌豆 原野海邊ノ沙地ニ生ズ、莖、地ニ布キテ茂リ、葉ノ形、ゑんどうニ似テ、厚ク滑ニシテ、莖、葉、共ニ白色ヲ帶ブ、夏ノ初、一寸許ノ穗ヲ生ジ、多ク紫花ヲ開ク、初メ薄ク、後ニ濃ク、末ニ碧色ニ變ズ、花時、甚ダ久シ、莢ハ、まろゑんどうニ似テ小シ。一名、のゑんどう。 野豌豆

はまをぎ (名) 濱荻 濱邊ニ生ヒタル荻。萬葉集ニ「神風ノ、伊勢ノ濱荻、折リ伏セテ、旅寐ヤスラム、荒キ濱邊ニ」此歌ヲ誤解シテ、何人カ、菟玖波集ニ見エタル連歌ノ本末ヲ合ハセテ一首トシテ「物ノ名モ、所ニヨリテ變ハリケリ、難波ノ蘆ハ、伊勢ノー」トシテ、伊勢ニテ、蘆ノ異名トスト云フハ、非ナリ。

〔はみ (名) 蝮蛇 〔人ヲ害スレバ、食ノ義カト云、倚、へびノ條見合ハスベシ〕 まむしノ古名。

はみ (名) 馬銜 〔食ノ義〕 (一)くつわノ一部、馬ノ口中ニ當ル處。(二)又、荒馬ヲ制セムガ爲ニ、繩ヲ其口ニ食マセテ頂ニ縛リオクモノ。

はみがき (名) 齒磨 楊枝ニツケテ、齒ヲ磨クニ用ヰル粉、房州砂ニテ作ル、紅色ヲ施シ、香料ヲ加ヘナドス。

はみだす・す・せ・さ・し・せ (自動)(規.一) 食出 次條ノ語ニ同ジ。

はみでる・デル・デレ・デ・デ・デヨ (自動)(規.四.變) 食出 挾ミ壓サレテ、外ヘ餘リ出ヅ。ハミダス。

〔はむ (名) 鱧 〔形、蝮蛇ニ似タリ、其轉カト云、イカガ〕 魚ノ名、今ノはも。

はむ・ム・ム・メ・マ・ミ・メ (他動)(規.一) 食 クラフ。クフ。「草ー駒」「祿ヲー」
○言ヲー。言ヒ契リタル約ヲ違フ。

はむ・ム・ム・ムレ・メ・メ・メヨ (他動)(規.二) 食 (一)食マシム。食ハス。「夜モ明ケバ狐ニはめナム鷄ノ、マタキニ鳴キテ、セナヲヤリツル」(二)當テ合ハセテ入ルル。揷ム。「戸ヲー」輪ヲー」箍ヲー」 塡 嵌 (三)オトシイル。打チ込ム。「川ニー」計略ニー」 陷

はん (名) 判 (一)物事ノ優劣可否ヲ分ケ定ムルコト。判斷。「歌合ノー」(二)花押。〔判斷ノ下ニ記スヨリ轉ズ〕(三)轉ジテ、印判。印形

はん (名) 版 版木ニ同ジ。「ーヲ刻ル」ーヲ摺ル」

はん (名) 半 (一)ナカバ。半分 (二)丁ノ反。(丁半ノ條ヲ見ヨ)

はん (名) 飯 イヒ。メシ。「ーヲ喫ス」

はん (名) 藩 〔藩屏ノ義〕 諸侯大名ノ、其土地ヲ鎭メテ、朝廷ノ護衞トナルモノノ稱。「ー主」ー士」

ばむ・ム・メ・マ・ミ・メ (自動)(規.一) 容子ノ、ソレト見ハルル意ヲイフ語、熟語ニ用ヰルコト、接尾語ノ如シ。「老イー」氣色ー」由ー」萎エー」枯レー」黃ー」赤ー」

ばん (名) 盤 (一)サラ。タラヒ。臺。(二)碁盤、又、將棋盤。(各條ヲ見ヨ) 枰

ばん (名) 晩 (一)ユフグレ。(二)轉ジテ、夜。「昨ー」明ー」

ばん (名) 判 紙ナドノ大サヲイフ語。「大ー」小ー」

ばん (名) 鷭 水鳥ノ名、大、小、二種アリ、小ーハ、形、鴨ノ如ク、黑クシテ光リ、背、目ノ上、紅色アリ、脚ニみづかきナクシテ、指甚ダ長シ、常ニ水ニ居ル。 田鷄 大ーハ、形、大ク黑クシテ、頭ノ毛、短クシテ白シ、脚、指、共ニ青黑クシテ、指廣ク、みづかきノ用ヲナス。又、カハガラス。 骨頂

ばん (名) 番 代ル代ル勤メニ當ルコト。當番。順番。「ーヲスル」ーニアガル」ーニ當ル」ー士」ー人」

ばん (數) 萬 ヨロヅ。マン。

ばん (接頭) 番 當番ノ人ノ用ヰル物ニ被ラスル語。其雜用スル意ヨリ轉ジテ、粗品ニ被ラスル語トモナル。「ー袋」ー傘」ー茶」ー手桶」

ばん (接尾) 番 (一)物事ノ等級順序ヲイフ語。「一ー」十ー」幾ー」 號 (二)能、謠曲、雙六、ナドノ一段。段。 闋

パン (名) 麪包 〔葡萄牙語、Pan.〕 小麥粉ニ甘酒ヲ加ヘ、水ニ捏ネ合ハセテ、蒸燒キニシタルモノ、饅頭ノ皮ヲ製スルガ如シ、西洋人、常食トス。アンナシマンヂユウ。

はんえい (名) 繁榮 繁昌ニ同ジ

はんえり (名) 半襟 襦袢、或ハ、婦人ノ褻ノ服ナドニ

襟ノ上ニ頂ニ被ヒテ纏ヒツクル布帛。

はんおう（名）反應 （一）ウラギリ。内應。（二）物ニ應ヘアラハルヿ。

はんか（名）煩苛 煩ラハシク苛キヿ。「政令―」

はんかい（名）半開 （一）ハンビラキ。（花ノ）（二）ハンビラケ。（國ノ）

はんかう（名）版行 （一）書物ヲ版木ニ刻リ、摺出シテ世ニ弘ムルヿ。印行 刊行 （二）俗ニ、誤テ、版木。又、印形。

はんかう（名）〔半髮ノ音便〕髮ヲ、半バ剃レルヿ。

はんかがみ（名）判鑑 印鑑ニ同ジ。

はんがく（名）半額 嵩ノ半分。半高。

ばんがく（名）晩學 年長ケテ晩ク學問ヲ始ムルヿ。

ばんがさ（名）番傘 傘ノ粗製ナルモノノ稱。

ばんがしら（名）番頭 武家ニ、番士一隊ノ長。

ばんかぢ（名）番鍛冶 諸國ノ鍛冶ノ、京ヘ勤番スル者。

††はんかつう（名）半可通 ナマモノシリ。ナマナマニ世馴レテ通人メカスヿ。ナマギキ。半面學
はむかふ・フ・ヘ・ハ・ヒ・ヘ（自動）（規．二）歯向 （一）向ヒテ噛ミツカムトス。（二）敵對ス。サカフ。抗敵
はんかん（名）反間 〔反ニ其説ニ以離ニ間之ニ〕浮言ヲ言觸ラシナドシテ、敵ノ黨ヲシテ、互ニ疑心ヲ起サシムルヿ。

はんぎ（名）版木 カタギ。エリイタ。略シテ、版。文字畫圖ヲ、板ニおきあげ刻リニシタルモノ、墨ヲ塗リ紙ニ摺リ取リテ、書籍等ニ製ス、やまざくらノ材ヲ用ヰル、支那ニテハ、梨、棗ナリ。印板 刻板
ばんき（名）萬機 〔王者一日有ニ萬機之政ニ〕帝王ノ政務ノ稱。

ばんぎ（名）板木 火災ナドノ相圖ニ、叩キテ響ヲ出ス具、二枚ノ厚キ板ヲ貼リ合ハセテ作ル。

はんきう（名）斑鳩 ススカケバト。（古ク、いかるが、即チ、まめまはしトス、誤レリ）

はんきう（名）半球 地理學ノ上ニ、地球ヲ半分ニ別ツ稱。（東西ニ、又ハ南北ニ）

はんぎし（名）版木師 版木ヲ彫ルヲ業トスル工。ハンホリ。ハンギヤ。剞劂工
はんきん（名）繁勤 勤メノ急ガハシキヿ。

ばんきん（名）版金判金 〔判ハ當字ナラム〕古キ貨幣ノ稱、大判、小判、等是レナリ。後ニ多クハ、大判ノ稱トス。

ばんきん（副）晩近 チカゴロ。近世。近年。澆季ノ語ト熟シテ、世ノ惡シキニ趣ケル意ニイフ、末世トイハムガ如シ。

はんきゅう（名）半弓 弓ノ短キモノ。大弓ノ半バノモノ。

はんきりがみ（名）半切紙 杉原紙ヲ、横ニ半バニ切リタルモノ、書狀ニ用ヰル。（切紙ノ條、見合ハスベシ）後ニハ諸種ノ紙ヲ、其形ニ切リテ用ヰル。ハンキレ。

はんくわ（名）繁華 サカエニギハフヿ。（都市ノ）

ばんくわい（名）挽回 引キ返スヿ。ヒキモドスヿ。恢復。

はんぐわん（名）判官 マツリゴトビト。官名、長官ノ條ヲ見ヨ。ハウグワン。

はんぐわんだい（名）判官代 院ノ官ノ名
はんげ（名）半夏 〔花時ニ就キテ名トス〕古名、ホソクミ。藥草ノ名、春、舊根ヨリ數莖ヲ生ズ、葉ハ、莖ノ頭毎ニ三葉ヅツ着ク、形、おもだかノ葉ニ似タリ、夏、別ニ長キ莖ヲ出シテ、頂ニ長キ筒アリ、後、竪ニ開ケテ、深キヒノ如シ、からすびしゃくト云、外ハ綠ニ、内ハ紫黑ナリ、莖アリ、直立スルヿ、鼠ノ尾ノ如シ、根ヲ藥用トス。

ばんけい（名）晩景 夕日ノ影。

はんげき（名）繁劇 イソガハシキヿ。セハシキヿ。

はんげしやう（名）半夏生 〔半夏草ノ若根ノ生ズル頃トテ名トス〕曆ニ、夏至ノ第二候ノ稱、即チ、夏至ヨリ後、十一日ニ當ル日、（今、大抵、七月二日）田植ノ限トス、コレヲ過グレバ熟シガタシ。

ハンケチ（名）手帕 〔英語、Hand-kerchief.ノ訛〕西洋人ノ用ヰル手拭、方形ナリ。

はんけつ（名）判決 可否ヲ判チ決ムルヿ。

はんげつ（名）半月 （一）半箇月。（二）ユミハリヅキ。弦月
はんけん（名）版權 書畫ノ版木ヲ所有シ摺出スル權、政府ノ保護ヲ受ケテ、他人ノ翻刻スルヲ許サズ。版行ノ株。

はんご（名）反語 言ヒ出シタル語ヲ裏返ヘス語、「見ル」ヲ「見ズ」トイヒ、「行カズ」ヲ「行カザラムヤ」トイフ類。

ばん-こ（名）【萬古】永世。永久。「一不易」

ばん-こう-くわ（名）【番紅花】サフラン。

ばん-こく（名）【萬國】世界ノアラユル國國。萬邦。

ばん-こく-こう-はふ（名）【萬國公法】萬國ノ交際ノ上ニ相通ジテ守ルベク立テタル法律。

はん-ごん-かう（名）【反魂香】〔漢武帝、李夫人ノ故事〕想像ノ香ノ名、烟、直上シテ、烟中ニ、死者ノ影ヲ見ハスト云。

ばん-こ-やき（名）【萬古燒】勢州、朝明郡、小向村ニ產スル陶器ノ稱、土ニ棕色ナルアリ、白キアリ、てづくねヲ專ラトス、薄クシテ堅シ、萬古等ノ字ヲ印ス。

ばん-ざい（名）【萬歲】ばんぜいニ同ジ。

ばん-さう-かう（名）【絆創膏】疵ノ上ニ貼リテ、口ヲ開カセヌ爲ニスル膏藥。

はん-さき（名）【半割】さんせうをニ同ジ。

はんざし（名）笘刺ノ音便。

はん-ざつ（名）【繁雜】事、多ク入リマジリタルコト。

はん-ざふ（名）【半插】（一）はにざふノ音便。（二）今、誤テ齒黑メニ用ヰル盥。ミミダラヒ。

はん-さん（名）【半產】流產ニ同ジ

ばん-さん（名）【晚餐】ユフメシ。バンメシ。

はん-し（名）【半紙】元ハ、延紙ヲ半バニ切リタルモノ。今ハ、別ニ製シテ、最モ日常ノ用トスル紙、諸國ヨリ出ツ、岩國一ヲ最トス。

はん-じ（名）【判事】裁判ノ官、罪人ヲ糺問シ、刑名ヲ斷定ス、古ハ、刑部省ニ屬シテ、大、中、少アリ。今、亦、司法裁判ノ官、刑事民事ヲ審理裁斷ス

ばん-し（名）【番士】（一）番組ニ分チタル兵士。隊士（二）番ニ當リテ守ル士。衞士

ばん-じ（名）【萬事】世ニ起ルアラユル事。

ばん-しう（名）【晚秋】秋ノ末。長月。

ばん-しき（名）【盤渉】十二律ノ一、其條ヲ見ヨ。

はん-し-くわ（名）【斑枝花】パンヤ。

はん-した（名）【版下】版木ニ貼リテ刻ルベキ下書。

はん-し-はん-しやう（句）【半死半生】半ハ死シ、半ハ生ク。死生ノ界ニアリ。

はん-しん（名）【半身】身體ノ半（上下ニモ、左右ニモ）

はん-しん-はん-ぎ（句）【半信半疑】半ハ信トシ、半ハ疑フ。

はん-しん-ふ-ずゐ（句）【半身不遂】身ノ左又ハ右ノ感覺ヲ失フ。（中風ノ病ニイフ）

はん-じ-もの（名）【判物】其物事ノ實ヲ言ハズシテ、書畫事物ナドニ寄セテ謎トシ見ハシ、人ニ、推量リ判ジ當テサスルモノ。

は-むしや（名）【端武者】數フルニ足ラヌ武者。

はん-しや（名）【反射】〔はんせきノ誤〕光リノ映リテカヘルコト。

はん-じや（名）【判者】優劣善惡ヲ判斷スル人。

はん-じやう（名）【繁昌】サカユルコト。ニギハフコト。

ばん-じやう（名）【番匠】（一）古ヘ、飛驒、大和、等ノ諸國ヨリ、京都ニ勤番シタル木工ノ稱、大工、小工、番長、ナドノ別アリ。（二）後ニ、木工ノ泛稱。ダイク。

ばん-じやう（名）【番上】順番ニ上直スルコト。

ばん-じやう-づち（名）【番匠槌】さいづちニ同ジ。（畿內）

ばん-じやく（名）【磐石】（一）大ナル磐。（二）極メテ堅固ナルコト。堅牢 更ニ意ヲ強クシテ 大一ナドイフ

ばん-じやく-のり（名）【磐石糊】麩ニテ製セル一種ノ糊、膠ノ如ク、粘リ甚ダ強シ。

はん-しやろ（名）【反射爐】銅鐵ヲ鑠ス一種ノ大ナル機關、大砲ナド鑄立ツルニ用ヰル。

はん-じゆ（名）【判授】敕授ノ條ヲ見ヨ。

はん-じゆく（名）【半熟】半バ熟エタルコト。ナマニエ。

ばん-しゆん（名）【晚春】春ノ末。彌生。

ばん-しよ（名）【番所】番兵番人ノ詰所。バンドコロ。

はん-しよう（名）【半鐘】鐘ノ小キモノ、陣中ニ、寺院ニ、或ハ、火災ノ時ニ、相圖ニ打鳴スニ用ヰル。

ばん-しよう（名）【晚鐘】入相ノ鐘ノ聲。

ばん-じよう（名）【萬乘】〔天子有ニ兵車一萬輛ニ〕天子ノ位ノ稱。「一ノ位」一ノ君」

はん-しよく（名）【繁殖】フエシゲルコト。ハビコルコト

はん-じり（名）【半尻】〔はん-おりノ誤〕狩衣ノ裾ノ短キモノニテ、童形ノ服ナリト云。

はん-じる・ジル・ジレ・ジ・ジ・ジロ（他動）（規・四）【判】推量リテ考ヘ分ク。暗射

はん-す・スル・スレ・セ・レ・セヨ（自動）（不規・二）【反】（一）ウラハラナリ。反對ス。（二）官ニ叛ク。

はん-すり（名）【版摺】版木ヲ紙ニ摺リ取ルヲ業トスル

工人。印刷工

はんせい (名) 反省 己ガ身ノ上ヲカヘリミルコト。

ばんせい (名) 萬世 ヨロヅヨ。萬代。

ばんぜい (名) 萬歳 ヨロヅヨ。帝王其他ノ運祚長久ヲ祝ヒ申ス語。バンザイ。「千秋―」重ネテ、萬萬歳トモイフ。

ばんせう (名) 番椒 タウガラシ。ナンバンコセウ。

はんせき (名) 版籍 版圖ト戸籍ト。人民ト土地ト。

はんせつ (名) 半切 唐紙、白紙ノ一枚ヲ竪ニ二ツニ切リタルモノ。

はんせつ (名) 反切 カヘシ。漢字ノ二字ノ音、相摩シテ一音ヲ成ス法。例ヘバ、天ノ字ノ音ヲ、他前反(又、他前切)トス、其「他」ノ發聲ト「前」ノゼノ韻ノえト、相約マリテ、てトナリ、サテてんトナルガ如シ。其上ナル字ヲ父字(字頭)トイヒ、下ナルヲ母字(字母、母韻字)トイフ。

はんぜん (副) 判然 物、事、分明ニ判レテ。

ばんぜん (名) 萬全 極メテ全キコト。ダイヂヤウブ。

ばんソウ (名) 伴僧 葬儀ノ列ニ伴フ僧。

はんた (名) 繁多 事ノ繁キコト。用事多キコト。

はんだ (名) 盤陀 〔岩代國半田銀山ノ產ニ起ルト云、或云、無來諸島中ノBanda島ノ產ニ起ルト〕はんだ鑞トイフベキ略、鉛ト純錫トヲ合ハセタルモノ。色、蒼白ナリ。鑞、まろめ、ニ用ヰル。

はんたい (名) 反對 ウラウヘ。ウラハラ。

はんだい (名) 飯臺 衆人並ビテ飯食フニ用ヰル卓。

はんだい (名) 盤臺 魚屋ノ淺ク廣ク委角ナル木盤。

ばんだい (名) 番臺 番人ノ坐リテ見張リ居ル高座。

はんたう (名) 半島 三方、水ニテ、一方、陸續キノ地。

はんだく-おん (名) 半濁音 ぱ、ぴ、ぷ、ぺ、ぽ、ノ五音ノ稱。

はんだん (名) 判斷 考ヘ別ケテ決ムルコト。

ばんたん (名) 萬端 萬事ノ端。アラユル事。萬般

++ばんたらう (名) 番太郎 往時、江戸市中ニテ、木戸ノ番屋ノ番人ノ俗稱。

はんち (名) 判知 知行ノ半バ。

はんちく (名) 斑竹 マダラダケ。

ばんちや (名) 番茶 葉茶ノ下品ナルモノノ稱。

ばんちやう (名) 番長 (一)近衞ノ舍人ノ長。(二)侍從ノ長。

ばんづけ (名) 番附 相撲ノ取組、芝居ノ幕切、祭禮ノ邌物ノ行列ナドノ順番ヲ記シタルモノ。編號

はんてん (名) 半纏 羽織ニ似テ、綿ヲ入レタルモノ、半襟ナド掛ケ、胸紐ヲ用ヰズ、賤人ノ用ナリ。

ばんでをけ (名) 番手桶 粗製ナル雜用ノ手桶。

はんと (名) 半途 行ク路ノ半バ。爲ル事ノ半ラナルコト。中道

はんと (名) 版圖 一國政府ノ領地ノ地圖。「日本ノ―」

はんどう (名) 反動 物ニ應ヘテ動キ出ヅルコト。コリカヘシ。

ばんとう (名) 晩冬 冬ノ末。極月。

ばんとう (名) 番頭 商家ノ召仕人ノ長。管店

はんとりちやう (名) 判取帳 商家ニテ、金錢代物ノ受渡ナドノ證印ヲ受ケ置ク帳。

ばんなんくわ (名) 番南瓜 タウナス。

はんにん (名) 判任 勅任ノ條ヲ見ヨ。

はんにん (名) 判人 (一)判ヲ押ス人。(證人ナドニ云)(二)++ゼゲン。

ばんにん (名) 番人 番ヲスル人。守衞ノ卒。衞卒

はんにや (名) 般若 (一)梵語、智慧ノ義。(二)俗ニ、恐ルベキ相ヲナセル鬼女ノ稱。謠曲「葵の上」ニ、僧、鬼女ヲ攘ヒテ「那謨三曼荼云云」鬼女聞キテ恐レ「あら恐しの―聲や」トアリ、コレヨリ誤リテ稱スト云、或云、梵語、般茶ノ轉、怪物ノ義ナリト。女夜叉

はんにやたう (名) 般若湯 僧家ニテ、酒ノ隱語。

ばんねん (名) 晩年 年老イタル時。

はんのき (名) 榛木 〔榛ノ木、ノ音便〕古名、ハリ。パリノキ。又、ハギ。山中ニ生ズ、高キハ二三丈、葉ハ、栗ニ似テヤハラカニ、花モ相似テ褐色ナリ、實ハ杉ノ實ニ似タリ、幹心、白ク、日ヲ見レバ赤ク變ズ、材ヲ薪トシテ烟少シ、又、皮ヲ染料トス。赤楊 又、山―アリ、其條ヲ見ヨ。

はんぱ (名) 半端 半バニテソロハヌコト。ハシタ。

はんばい (名) 販賣 賣ルコト。ウリサバキ。

はんぱう (名) 繁忙 イソガハシキコト。
はんばかま (名) 半袴 袴ノ丈ノ、踝マデナルモノ、(長袴ニ對ス)素袍又ハ肩衣ノ下ニ用ヰル。今、單ニはかまトノミイフ。或ハ、小袴。半袴。
はんぱつ (名) 半髮 男子ノ結髮ノ風ニテ、總髮ニ對スル稱、頂髮ト頷髮トヲ剃リ去リテ、周圍ノ髮ヲ頂ニ束ネ、更ニ曲ゲテ髷トはけトヲ作レルモノ、即チ、維新前、日本貴賤男子ノ一般ノ髮風ナリ、俗ニヤラウアタマ。
ばんばん (副) 萬萬 十分ニ。缺クルコトナク。「一 整フ」
はんぴ (名) 半日 丁半ノ條ヲ見ヨ。 奇日
はんぴ (名) 半臂 兩袖無キ短キ衣ニテ、束帶ノ時ニ、袍ト下襲トノ間ニ用ヰルモノト云。又、ハッピ。
はんぴらき (名) 半開 花ノ半バ咲キタルコト。
はんぴらけ (名) 半開 國民ノ開化ノ十分ナラヌコト。
はんぷ (名) 頒布 ワカチクバルコト。「法令ノ一」
はんぷう (名) 癜風 ナマツハダ。
はんぷく (名) 反覆 (一)ウラカヘスコト。(二)變心シテ信義ヲ破ルコト。
はんぷく (名) 反復 クリカヘスコト。タビタビスルコト。
はんぷく (名) 半腹 山ノ中程ノ處。中腹。
ばんぷく (名) 萬福 福多キコト。幸ノ足ラヒタルコト。
ばんぶつ (名) 萬物 ヨロヅノモノ。アラユルモノ。バンモツ。
ばんぷふたう (句) 萬夫不當 萬人ニテモ敵スベカラズ。
はんぷん (名) 半分 フタツワケ。ナカバ。

はんぺい (名) 半平 (駿府ノ廚人、創製者ノ名ニ起ル) 魚肉ヲ叩キテ、蒸シテ製セル食物、蒲鉾ニ似テ、甚ダヤハラカナリ。訛シテ、ハンペン。
はんぺい (名) 藩屏 (一)垣ニマガキ。屏。(二)守護トナルモノ。「王室ノ一」
ばんぺい (名) 番兵 守備ノ兵。番卒。備兵
はんぺん (名) 食物、はんぺいノ訛(東京)
はんべり (動) 侍 はべりノ條ヲ見ヨ。
はんぽ (名) 反哺 鴉成長シテ、食ヲ親鳥ニ送リ、其養育ノ恩ニ報ユルコト。「烏有ニ一之孝」
はんぽん (名) 版本 版木ニ刻リテ摺リタル書物。(寫本ニ對ス) 印本
はんみち (名) 半道 一里ノ半バ。(里ノ條ヲ見ヨ)
ばんみん (名) 萬民 多クノ民。アラユル民。
はんむ (名) 繁務 シゲキツトメ。用事多キコト。
はんめい (名) 反命 使シテ歸リ、其成行ヲ申述ブルコト。
はんめう (名) 斑猫 蟲ノ名、舶來多シ、和產モアリ、豆葉ノ上ニ生ズ、大サ巴豆ノ如ク、長サ五六分、乃至、一寸、甲アリテ、赤黃ト黑トノ斑アリ、腹、黑ク、首ニ兩ノ短キ鬚アリ、劇毒ノ藥料トス。斑盤 又、あをー、つちー、まめー、みちをしへ、等アリ、各條ニ註ス。
はんも (名) 繁茂 草木ノオヒシゲルコト。
ばんもつ (名) 萬物 世上ニアラユル物。バンブツ。
はんもと (名) 版元 版木ノ主。版本ヲ製シ出ス家。
ばんや (名) 番屋 番人ノ居ル所。番所、
ハンシヤ (名) 斑枝花 (蠻國ノ名ト云) (一)熱地ノ產、樹ノ實ヨリ生ズル絮、舶來ス、外ノ皮ハ、がが(い)もノ實ノ皮ニ似テ、長大ナリ中心ニ白穰アリ、其周ニ絮アリ絮ノ中ニ子多シ、大サ三分許、圓クシテ黑褐ナリ、絮ノ形ハ、ががいもノ絮ノ如ク、白クシテ光アリ、綿トスベカラズ、布團ニ入レテ佳ナリ。(二)又、ががいもノ絮ノ稱。

はんよう (名) 繁用 用事ノシゲキコト。
はんらう (名) 煩勞 心身ヲ用ヰワヅラフコト。
はんらん (名) 汎濫 水ノミナギリアフルルコト。
はんりやう (名) 半兩 支那ノ秦ノ世ニ鑄タル銅錢ノ名、孔ノ左右ニ半兩ノ字アリ 兩ノ半、即チ、八銖ナリ。後漢ノ世ニ鑄タルモアリ。
ばんりやう (名) 盤領 クビカミ。ツツエリ。マルエリ。袍、水干ナドノ領ノ、圓ク仕立テタルモノノ稱。又、素袍ナドノ領ノ、方形ニ仕立テタルヲ垂領、又、方領トイフ。又、カクエリ。
はんれい (名) 凡例 (毎條之頭、發ニ凡字 起レ例也) 著書ノ初ニ編輯ノ大要ヲ例トシテ揭グルモノ。
はんれき (名) 頒曆 曆ヲワカチクバルコト。
はんろ (名) 販路 ウリミチ。ウリサバキクチ。ハケクチ。
はんゐ (名) 範圍 カコヒ。カギリ。區域
(ばんゑ (名) 蟠繪 (盤繪ノ借字、盤曲圓ナル意ナライフ) 袍ノ織模樣染模樣ノ名 獅子ノ丸、熊ノ丸、鸞鵲ノ

九等ナリ。又、萌縮ニモイフ。

はめ (名) 羽目 〔元ハはめはプレニシタレバイフカ〕板ヲ張リテ壁トシタルモノ。(室内ナルニモ、外ナル下見ニ對ス) 板壁

はめる (動) 塡ムノ訛。○ーヲハヅス。ーニカヽル。興ニ乘ル。

はも (名) 鱧 〔古名、はむノ轉、海鰻ノ唐音ト云フハ附會ナリ〕古名、ハム。魚ノ名、畿内中國ノ海ニ多シ、形、うなぎニ似テ大ク、灰色ニシテ、腹、白ク、鬣、長ク尖リテ、齒多シ、背鬣アリテ尾ニ連ル、大ナルハ、長サ三四尺、肉ニ小骨多シ、味、淡甘ニシテ、濡鈍ニシテ佳ナリトシ、或ハ、生、炙、共ニ食フ。海鰻鱺

はもの (名) 刃物 刃ノアルモノ。キレモノ。

はもの (名) 端物 零餘ナル物。

はもん (名) 破門 師ノ門ヨリ逐ハレ、弟子タル誼ヲ絶タルルヿ。

はや (名) 魚ノ名、はえニ同ジ。(東京)

はや (名) 甲矢 〔端矢ノ義〕一手ニ二本ノ矢ノ、初ニ射ル矢ノ稱。次ニ射ルヲ乙矢トイフ。

はや (副) 早 (一)既ニ。疾クニ。モハヤ。(過去ニ)「春霞、春日ノ山ニ、ハヤ立チニケリ」ハヤ七年ノ、秋モ來ニケリ」既 (二)疾ク。スミヤカニ。「渡守、ー舟ニ乘レ、日モ暮レヌト言ヒケレバ」ー行ケ」急急

はや (感) 歟ノ意ノ感動詞。「行カはや」見はや」此ノ「行カバ」見バ」ハ動詞ノ接續法ノ將然ニテ、間ニ「落ケム」ナドイフ意アルヲ略シテ、感動詞ノやニ接シタルナリ、サレド、今ハ、姑ク、一語トス。

はやあし (名) 早足 (一)路行クヿノ速ナルヿ。健歩 (二)急ギ行クヿ。急歩

はやいと (名) 早絲 絲車ト紡錘トニ亙シカクル索。紡車絃

〔はやうた (名) 早歌 神樂歌ノ中ノ一種ノ手。

はやうち (名) 早打 馬ヲ馳セテ急事ノ使スルヿ。急騎

はやうま (名) 早馬 早打チノ使ノ馬。急騎

はやおひ (名) 早追 急事ノ使ノ、驛驛ノ人夫ニ、晝夜ヲ掛ケテ駕籠ヲ追ハシムルモノ。略シテ、ハヤ。飛使

はやがね (名) 早鐘 火災ナド、急事ヲ告グルニ、烈シク衝ク釣鐘ノ聲。又、半鐘ニモイフ。急鐘 警鐘

はやがはり (名) 早變 歌舞妓ノ技ニ、瞬ク間ニ姿ヲ變ヘテ、一人ニテ二人ニ扮ツヿ。

はやく (名) 破約 約束ヲヤブルヿ。

はやく (副) 早速 (一)スミヤカニ。イソギテ。(二)マヘカタヨリ。カネテ。夙

はやご (名) 早具 〔早籠ノ義カ〕紙ニテ作レル小キ筒ニ火藥ヲ包ミタルモノ、小銃ニ込ムルニ用ヰル。パトロン。火藥包

はやこと (名) 早言 物言ヒノ疾キヿ。ハヤクチ。捷口

〔はやさめ (名) 暴雨 ニハカアメ。ムラサメ。

はやし (名) 林 〔生ノ義、蕃殖セシムルヨリイフ〕(一)樹木ヲ多ク植付ケテ叢立チタル處。木立。ハエ。(二)多ク集マリタルヿ。「星ノー」歌ノー」詞ノー」

はやし (名) 囃子 能ニ用ヰル音樂ノ稱、横笛 大ツヾミ、小ツヾミ、太鼓ナリ。又、俗謠ノ長唄ニテモ、三味線ト共ニ、コレヲ用ヰル。又、祭禮ノ車樂ナドニスルハ、大だいこ、小だいこ、横笛、鉦、ナドナリ。鼓吹

はやし・キ・ケレ・ク・シ (形・二) 早 (一)スミヤカナリ。疾シ。速 捷 (二)スルドシ。敏シ。「氣ー」耳ー」敏 (三)先ナリ。初ナリ。早 夙

はやす・ス・セ・サ・レ・セ (他動)(規・二) 生 生ユルヤウニナス。成長セシム。ノバス。「草木ヲー」髮ヲー」

はやす・ス・セ・サ・レ・セ (他動)(規・二) 稱揚 映エサス。褒メテ面目アラシム。「イカデカ、味、マサラヌヤウハアラムナド、ハヤシ言ヒケリ」言ヒー」取リー」モテー」

はやす・ス・セ・サ・レ・セ (他動)(規・二) 囃 〔前條ノ語意ニ同ジ〕(一)聲ヲ出シテ歌曲ノ調ヲ助ク。(二)囃子ヲ奏ス。鼓吹 (三)俗ニ、聲立テテ嘲ル。

はやす・ス・セ・サ・レ・セ (他動)(規・二) 「正月ノ七種菜ニ「切ル」トイフヲ忌ミテ、音ニテ「囃ス」トイヘルニ起レリト云」細ニ切リキザム。「菜ヲー」大根ヲー」餅ヲー」剉

はやず (名) 早醋 粟、又、糯米ニテ製スル醋、釀用トスコンズ。

〔はやち (名) 疾風 暴風 〔ちハ風ノ古言〕疾ク吹キ起ル風。ハヤテ。

はやつけぎ (名) 早附木 すりつけぎニ同ジ。

はやて (名) 疾風 古ク、ハヤチ。俄ニ烈シク吹キ起ル風。

はやと (名) 隼人 (一)隼人ノ約略。(二)東百官ノ

一。

はやなは (名) 早繩〔手早ク縛ル意〕捕繩ニ同ジ。

はやびと (名) 隼人〔其人、勝レテ捷ク猛ケレバ名トストモ云〕古ク、薩摩大隅ニ住メル人種、年毎ニ京ニ分番上下シ、宮門ヲ守リ、行幸ノ先驅ヲシ、大儀ノ日ニ、犬吠ヲナス。約メテ、ハイト。ハヤト。之ヲ管スルヲ隼人司トス、兵部省ニ屬ス。

〔はやひとぐさ (名) 旋花 ひるがほノ古名。

〔はやひとぐさ (名) 大戟 草ノ名、たかとうだいノ古名。

はやぶさ (名) 鶻 隼 鷹ノ類、相似テ蒼黑ナリ、胸、腹、灰白ニシテ赤ミアリ、腹、背、斑文アリ、能ク鴻雁鳧鷺ヲ捕ル、性、猛ナレドモ悍ナラズ。

はやぶね (名) 早舟 急事ナドニ急ギ漕ギ行ク舟。飛舸

はやま (名) 端山 麓ノ山。「麓山、此云二簸耶磨一」筑波山、しやま繁山、繁ケレド」

はやまる・ル・レ・ラ・リ・レ (自動)(規・一) 早 程ヲ過シテ早クス。ハヤル。アセル。燥急

はやみち (名) 早道 (一)近路。急ニ行ハルル手段。捷徑 (二)急ギテ路ヲ行クコ。ハヤアシ。急行

はやむ・ムル・ムレ・メ・メ・メヨ (他動)(規・二) 早 早クナス。イツガス。「駒打チハヤメ」

はやめぐすり (名) 早藥 産ニ臨メル時ニ用ヰテ産ヲ促ス藥。催生藥

はやり (名) 流行 ハヤルコ。時メクコ。

はやりうた (名) 流行唄 一時、民間ニ流行ル小唄。時謠

〔はやりかま (副) 早ル狀ニ。「一言フ」一走リ書キテ」心ニ任セテハヤリカナル好事、ヲサヲサ好マズ」

はやりがみ (名) 流行神 一時、參詣ノ賑フ神。

はやりめ (名) 流行眼 傳遷リ易キ一種ノ眼病。疫眼

はやりやまひ (名) 流行病 一時發リテ傳遷ル疫病ノ類。時疫 天行病

はやりを (名) 早雄 氣ノ進ミハヤルコ。性急。「一ノ若武者」慓敢

はやる・ル・レ・ラ・リ・レ (自動)(規・一) 早 自ラ進ム。急ク。アセル。「心一」燥急

はやる・ル・レ・ラ・リ・レ・ (自動)(規・一) 流行〔前條ノ語意ニ同ジ〕速ク世上ニ行ハル。時メク。流行ス。

はやわざ (名) 早技 巧ニシテ捷キ技。捷技

はやを (名) 早緒 (一)艣繩。(二)紡車絃。

はやをけ (名) 早桶〔急ニ備フル意カ〕大ナル桶ヲ、棺ニ代ヘテ用ヰルモノ、舁人ヲ舁ル用トス。

はゆ・ユル・ユレ・エ・エ・エヨ (自動)(規・二) 生 生フ。萌ユ。延ブ。「草木一」毛一」齒一」爪一」

はゆ・ユル・ユレ・エ・エ・エヨ (自動)(規・二) 映 (一)光、映リ照ル。(二)盛ニ見ユ。榮ユ。

はゆし・キ・ケレ・ク・ク (形・二) 映 映ユル狀ナリ。「面一」眼一」瞼一」

〔はゆま (名) 驛〔早馬ノ約〕驛馬。傳馬轉ジテ。パイマ。「鈴ガ音ノ、波由馬ツマヤ、ツツミ井ノ」驛使」驛路」

バヨネット (名)〔佛語、Bayonet.〕小銃ノ端ニ着クル劍。

はら (名) 腹〔廣ニ通ズ、原、平ナド、意同ジト云〕又、張ノ意〕(一)胸ノ下、腰ノ上ノ部、内ニ腸胃等ヲ包ム。(二)其女ノ腹ニ生レタルコ。「宮一」脇一」妾一」(三)ココロバセ。オモヒ。氣。「一ニ思フ」一合フ」一ニ据ヱテ一惡シ」心 (四)立チタル物ノ中央ナル處。「檜垣ノ一」山ノ一」
○一ガ立ツ。怒ル。○一ガ居ル。思ヒ晴ル。癒意
○一太シ。滿腹テリ。又、大膽ナリ。飽食 膽大
○一減ル。一ヲ減ラス。饑ウ。枵腹 ○一下ル。一ヲ下ス。下痢ス。○一ヲカカフ。可笑シサニ堪ヘズ。捧腹 ○一脹ル。言ハムト欲スルヲ言ハズシテアリ。

はら (名) 原〔廣、平、ト通ズ、或ハ遙ノ意カ、九州ニテハ原ヲもるト云〕(一)平ニシテ廣キ所。「高天ノ一」海一」河一」國一」(二)耕作セヌ平地。野。

ばら (名) 茨、又、薔薇、ノ約。

ばら (接尾) 儕 們 人ニ係ル名詞ニ添ヘテ、一人ナラヌヲイフ語、等。達ドモ。「殿一」女一」法師一」奴一」

はらあて (名) 腹當 (一)甲ノ名、腹ヲ包ミ、脊ニテ合ハス、袖、草摺、無シ、專ラ雜兵ノ用トス。(二)胸腹ノミ被フ短キ衣、旅裝ナドニ用ヰル。ハラカケ。

はらあはせ (名) 腹合 まるおびノ條ヲ見ヨ。

はらいたみ (名) 腹痛 大小腸ニ痛ミヲ起ス病。フクツ

ウ。
はらおび、(名) 腹帶 (一)人ノ腹ヲ括ル帶。ハラマキ。勒肚巾 (二)ユハダオビ。(三)特ニ馬ノ腹ヲ括ル帶。今、約メテ、ハルビ。
はらか (名) 腹赤鮐 (はらあかノ約) 魚ノ名、鱒ナリト云、元旦ニ、內膳司、腹赤ノ贄ヲ供ス、筑紫ヨリ來ル。
はらかけ (名) 腹掛 胸ヨリ腹マデヲ被ヒテ、脊ニ約スル短キ衣。ハラアテ。
はらがはり (名) 腹變 父ノ同ジクシテ母ノ異ナル生ハラチガヒ。別腹。(たねがはりニ對ス)「一ノ兄弟」 異腹 異母
はらから (名) 同胞 同母 (腹自ノ義) (一)母ノ同ジキ兄弟姉妹。同腹。(二)後ニハ、汎ク、兄弟姉妹。
はらぎたなし・キ・ナレ・ケ・ク (形・二) 腹穢 心、ネヂケタリ。根性、ワロシ。「繼母ノ腹キタナキ昔物語モ多カルヲ」
はらきり (名) 腹切 自ラ腹ヲ切リテ死ヌルヿ。(切腹ノ條、見合ハスベシ) 割腹 屠腹
はらくだり (名) 腹下 大便、度ニ過ギテ瀉ルヿ。 下痢
はらぐろし・キ・ナレ・ケ・ク (形・二) 腹黑 心、惡シ。ココロダテ善カラズ。
はらごなし (名) 運動ナドシテ、胃中ノ食物ノ消化ヲ促スヿ。 消食
はらごもり (名) 腹籠 (一)孕ミテ未ダ生レヌヿ。身籠リテアルヿ。胎中。胎內。「一ノ兒」 胎 又、其間ニ、父ノ死シタルヲモイフ。ワスレガタミ。 遺腹 (二)腹中ニ作リ籠メタルヿ。「一ノ觀音」
はらす・ス・セ・サ・ル・レ・セ (他動)(規・一) 晴 (一)晴ルルヤウニテスハルカス。「風、雲ヲ吹キ一」(二)散ラシ消ス。除キテ快クス。「無念ヲ一」「迷ヲ一」 消遣 霽意
はらだたし・シキ・シケレ・シク・シク (形・二) 腹立 腹立ツベクアリ。
はらだち (名) 腹立 ハラダツヿ。イカリ。立腹。 怒
はらだつ・ツ・テ・タ・チ・テ (自動)(規・一) 腹立 怒ル。イキドホル。立腹ス。 怒
はらちがひ (名) 腹違 はらがはりニ同シ。 異腹
はらつづみ (名) 腹鼓 腹ヲ鼓ニ代ヘテ撃チ鳴ラスヿ、衣食ニ滿足シテ幸福ヲ樂ム意。「ハカナキ山賤マデモ一ヲ撃チ」 鼓腹
はらのふえ (名) 天角 (寶螺ノ笛カト云、角ハ獸角ニ似タレバイフ) 戰ニ用ヰルはらがひノ類カ。又、くだのふえアリ、形、細ソキモノカ。 小角
はらばふ・フ・ヘ・ハ・ヒ・ヘ (自動)(規・一) 腹這 腹ヲ地ニシテ這フ。 匍匐
はらはら (副) (一)物ノ散亂摩擦スル音ニイフ語。「木ノ葉ヲ一ト吹キ散ラシ」「栗、一ト落ツ」「燕、一ト逃グ」髮、一ト懸ル」衣ノ音、一トシテ」扇ヲ一トツカヒ」 婆娑 (二)雫ノ滴ル狀ニイフ語。「雨、一ト降リ來テ」「霰、一ト降リ」涙 一ト落ツ」 滂沱 (三)切ニ氣遣ハシク思フ狀ニイフ語。「一思フ」
ばらばら (副) 散散 疎ニ放レテ。チリヂリニ。 離散
はらひ (名) 拂 (一)拂フヿ。(二)賃錢代金ナドヲワタスヿ。
はらひ (名) 祓 解除 (一)祓フヿ。神ニ祈リテ、災穢等ヲ除クヿ。(二)罪ヲ犯セル者ニ科シテ、物ヲ出シ贖ハシムルヿ、其物ヲ棄テテ罪ヲ祓ハシムルナリ。(三)祓ニ誦スル詞。「中臣ノ一」(四)ハラヘグシ。又、ハラヒバコ。
はらひばこ (名) 祓箱 祓串ヲ入レタル匣。
はらふ・フ・ヘ・ハ・ヒ・ヘ (他動)(規・一) 拂 (一)除ケ捨ツ。ノゾク。ハク。ハタク。 掃 (二)觸レ撃ツ。「柳枝、窓ヲ一」(三)追ヒ去ラス。「密談ニ人ヲ一」 屛左右 (四)金錢ヲ授ク。ワタス。「錢ヲ一」「勘定ヲ一」 交付 (五)賣リ拂フノ略。(商人ナラヌニイフ)「不用ノ品ヲ一」(六)追放ノ刑ニ行フ。(追放ノ條ヲ見ヨ)
○逸ヲ一。近ヅキ難シ。
はらふ・フ・ヘ・ハ・ヒ・ヘ (他動)(規・二) 祓 神ニ祈リテ、災、穢レ、罪、ナドヲ拂ヒ去ル。
はらふ・フル・フレ・ヘ・ヘ・ヘヨ (他動)(規・二) 祓 祓ヲ行フ。「水清ミ、流ルル川ノ、サヤカニモ、ハラフル事ヲ、神モ聞カナム」「藤衣、ハラヘテ棄ツル、涙川」
ばらふ (名) 撒斑 玳瑁ノ上ニ、黑キ斑ノ點點ニアルモノ。
はらへ (名) 祓 祓フルヿ。祓ヲスルヿ。「兒ノ祈リ、はらへ、ナドスル女ドモ」はらへ、修法ナド」
はらへぐし (名) 祓串 太神宮ニテ、祓ニ用ヰタル玉串、細ソキ木ニ、紙ヲ細ソク切リテ付ク、コレヲ分チテ

匣ニ入レ、神符トシテ人民ニ配賦ス、俗ニ、祓縮トイフ。

はらまき (名) 【腹卷】 (一)人ノ腹ニ卷ク帶。ハラオビ。勒肚巾 (二)甲ノ一種、胴ノ製、腹ニ卷キテ脊ニ合ハセ、別ニ、脊板トイフモノアリテ、其隙ヲ塞グ如ク作レルヲ、セワリグソク。

ハラミツ (名) 【波羅蜜】 梵語、度彼岸、又ハ、到彼岸ノ義、彼岸ノ條ヲ見ヨ。

はらむ・ム・メ・マ・ミ・メ (自動) (規、二) 【孕・姙・娠】 〔腹ヲ活用ス〕 (一)胎ニ兒ヲヤドス。ミゴモル。ミモチニナル。姙娠ス。懷姙ス。(二)脹ル。フクマル。「秋風ニ、ハラム薄ノ、アル野邊ニ」含

はらん (名) 【葉蘭】 常綠ナレバ、多ク庭際ニ植ウ、葉ハ、青綠ニシテ、長サ二三尺、幅、三四寸、一根一葉ニシテ、叢生ス、葉莖、長シ、花ハ、牛バ、土中ニアリテ、蕗ノ花ノ如シ、冬ヨリアリテ、初夏ニ開ク、七瓣ニシテ、內、紫ニ、外、淡褐ナリ。蜘蛛抱蛋 一葉

はらん (名) 【波瀾】 (一)ナミ。オホナミ。(二)亂レモメアフヒ。

〔はらめ (名) 【孕婦】 孕ミタル女。ハラミヲンナ。

バラモン (名) 【婆羅門】 〔梵語、沒羅憾摩孀ノ約、(Brahmins.)淨行ト譯ス〕 天竺ニ、四姓ノ一、貴族ノ姓ニテ、國民四階級ノ最上タリ、宗門ノ名トモス、即チ、梵天王ノ裔ニシテ、世世、其法ヲ承ケ傳フト稱ス、佛教ヨリモ、甚ダ古ク、且、盛ナリ。

はらや (名) 【水銀粉】 水銀ニ、明礬鹽ヲ和シテ研リ、灰鹽水ニ和シ、鐵器ニ盛リ、炭火ニテ燒キタルモノ、おしろいノ料トシ、又、藥料トス。又輕粉。イセオシロイ。パオシロイ。

はらら・か・す・ス・セ・サ・シ・セ (他動) (規、一) 【散】 ハララカヤウニナス。バラバラニナス。「蹈ニ堅庭ニ而陷レ股、若ニ沫雪ニ以蹴散」

はらら・く・ク・ケ・カ・キ・ク (自動) (規、二) 【散】 バラバラニナル。崩レ散ル。

はららご (名) 【散子】 すぢこノ條ヲ見ヨ。

はらり・づん・と (副) 一刀ニ斬リ下グル勢ニイフ語。「一切下ゲタリ」

ばらり・と (副) 【散】 疎ラニナリテ。疎ラニ散ラシテ。「稲ヲ一蒔ク」 稀疎

はらわた (名) 【腸】 〔腸蟠ノ義カ、腹綿ノ義トモイフ〕 (一)古クハ大腸ノ稱。小腸ヲほそわたトイフ。(二)今ハ、大小腸ノ總名。單ニ、ワタ。又、百尋。即チ、體中、胃ノ下口ヨリ回旋リテ、肛門マデ通ズル膜管ノ稱、消化シタル食物、ココヲ通ズル間ニ、滋養分ヲ取リ、其滓ハ體外ニ出ヅ、全部ヲ上下ニ分チ、上部ヲ小腸トイフ、二丈五尺、下部ヲ大腸トイフ、五尺、小腸ノ上端ノ、胃ニツキテ曲レル所ヲ、十二指腸トイヒ、大腸ノ下端ノ、肛門ニ近キ處ヲ、直腸トイフ。○一ヲ切ル。一ヲ斷ツ。甚シク笑フ。捧腹 ○一ヲ斷ツ。一斷ユ。痛ク悲シム。斷腸

はらゐせ (名) 〔腹ノ居ルヤウニスル意ナラム、或ハ、腹癒ノ意カ〕 怨ミニ報イ、鬱憤ヲ晴ラス事。

はり (名) 【針・鍼】 〔穿ノ轉カト云〕 (一)布帛ヲ縫フニ用ヰル小キ具、鋼ニテ作ル、釘ニ似テ圓ク細長ク、一端ハ尖リテ一端ニ小孔アリ孔ヲみみ、みづ、めどナドイフ、コレニ絲ヲ貫キテ刺シ縫ヒモテユク、孔ナキ止針ナドモアリ。(二)スベテ、物ノ細ク鋭ク出デテ針ノ如キモノ、刺。「一鼠」「一河豚」 刺 (三)蜂ノ尻ニアリテ、鋭クシテ、刺セバ毒ヲナスモノ。ゲン。螫 (四)釣針。魚鉤

はり (名) 【鍼】 〔前條ノ語ニ同ジ〕 鍼醫ノ用ヰル具、金銀等ニテ作ル、形、針ノ如シ。コレヲ針管ニ籠メテ、人身ニ差當テテ刺シコミ、內部ノ病メル機關ヲ衝キテ療ス、醫術ノ一科タリ、 鍼治

はり (名) 【梁】 〔うつばりノ略〕 古名、ウツバリ、柱ノ上ニ、棟ト打違ヒニ亙シ、棟ヲ負ヒ屋根ヲ支フル材、

〔はり (名) 【榛】 はりのき、はんのきニ同ジ

はり (名) 羽蟻ノ約。

はり (名) 【張】 (一)張ル事。突キ張ル力。「一ガアル」(二)イキハリ。ハリアヒ。イキヂ。 抗氣

はり (接尾) 【張】 弓、挑燈、ナドヲ數フル語

ハリ (名) 【玻瓈】 (一)梵語、水晶ナリトイフ。(二)今ヒイドロ。ガラス。

ばり (名) 【罵詈】 惡口イフ事。ノノシル事。メリ。

○一ノ鏡。淨頗黎ノ鏡ニ同ジ。

ばり (名) 〔尿ノ略〕 馬ノ小便。

はりあひ (名) 【張合】 ハリアフ事。セリアヒ。 鬪爭

はりあ・ふ・フ・ヘ・ハ・ヒ・ヘ (自動) (規、一) 【張合】 互ニ負ケ

ジト蛻フ。セリアフ。抗 競爭

はりい (名) 鍼醫 鍼ヲ用ヰテ病ヲ治スル醫師。

はりいた (名) 張板 洗ヒタル布帛、糊シタル紙、ナドヲ貼リ延ベ、又ハ、皮ナド張リ晒スニ用ヰル厚板。

はりがね (名) 針金 〔元ハ鐵線ニイヒ、針ヲ作ル料トセシヨリ名アリ〕銅鐵等ヲ伸ベテ、長ク絲ノ如クシタルモノ、物ヲ束ネ、又ハかなあみナドヲ編ミ作ル。鐵線 銅線

はりがねむし (名) 針金蟲 蝗螂、又ハ、鳥ノ腸ノ中、或ハ、溜水ノ中ニモ生ズ形、よりいとノ如クニテ、長サ一二尺、淡褐色ナリ。一名、アシマトヒ。線蟲

はりがみ (名) 張紙 (一)糊ニテ、物ニ貼リツケタル紙。(二)紙ニ事ヲ記シテ、衆ニ示サムト貼リ掲グルモノ。張札。浮帖

ばりき (名) 馬力 蒸氣ノ力ヲ測ルニイフ語、馬一疋ノ力ニ等シキ力ノ義ニテ、一分間ニ三万五千磅ノ重サヲ舉グベキ力ノ稱。

はりぎり (名) 針桐 山ニ生ズ、白桐ノ如クニシテ大ク、幹枝ニ刺多シ、大木トナレバ、刺、瘤ノ如シ、葉ハ、七尖或ハ九尖ニシテ、鋸齒アリ、かへで、又、とちのきノ葉ノ形ニシテ、尺許アリ、背ニ褐毛アリ、村堅ク白シ。一名、シホヂ。イヌダラ。ホホダラ。ボウダラ。刺楸

はりきる (ル・レ・ラ・リ・レ) (自動) (規. 一) 張切 十分ニ張ル。

バリケン (名) 〔蘭語、ぱるげ(山)えんで(鴨)ノ訛ト云〕おらんだかもニ同ジ。

はりこ (名) 張子 〔張籠ノ略〕はりぬきニ同ジ。

はりこし (名) 張輿 輿ノ一種、疊表ニテ張リ包ミ、押緣ヲ打チタルモノ、略儀ノ用トス。

はりこむ (ム・メ・マ・ミ・メ) (自動) (規. 一) 張込 精ヲ込ム。イキゴム。奮發

はりさし (名) 針刺 針ヲ刺シ止メテ置ク具、布帛ニ綿ヲ包ミテ作ル。

はりしごと (名) 針仕事 針ヲ以テ衣服ヲ縫ヒ作ル技。單ニ、仕事。裁縫 針工

はりすひいし (名) 針吸石 磁石ニ同ジ。

(はりすり) (名) 榛摺 古へ、榛ノ樹ノ皮ヲ以テ、色ヲ布ニ摺リ出シタルモノ。「ーノ衣」

はりせんぼん (名) 針千本 魚ノ名、長サ三五寸、形、球ノ如クニシテ、腮無ク、脊、黒ク、腹、白シ、全身ニ鋭キ刺ヲ生ズ、北海道ノ產ナリ。魚虎 其刺ノ短ク少キヲ、針河豚ト云。

はりたけ (名) 針茸 あかたけニ同ジ。

はりだし (名) 張出 (一)張リテ出スコト。「家ノー」(二)張紙。張札。

(はりつく) (ク・ケ・カ・キ・ケ・コ) (他動) (規. 二) 磔 〔張付クル義、磔、張ニ其戶ー也〕人ノ手足ヲ張リヒロゲテ釘ニテ木ニ打チ着ケ、後ニ、止矢ニテ殺スヲイフトゾ。(次條ヲ見ヨ) 今昔物語「斯クテ、此法師ヲバ引返シテモ何ニカハセムトテ、其所ニはりつけテ、射殺シテケリ」同「盡ノ側ニ、はた物結ヒテ、はりかけテ、殺シケリ」

はりつけ (名) 磔 (一)刑ノ名、前條ノ事ヲシテ殺スコト。(前條ヲ見ヨ) 又、手足ヲ地上ニ張リ付クルアリ、土磔ト云。(二)後ニハ、柱ニ、二ツノ橫木アリテ「キ」ノ字ノ形ナルニ、罪人ヲ大字形ニ縛シテ立テ、槍ニテ、兩腋ヨリ突キ上ゲテ殺スコト、古ク、はたものニ上グ、ナドイヘリ。(中世、切支丹宗ノ僻ヘ、其十字架ノ刑ニ起レルナラム)

はりなすび (名) 針茄 まんだらげニ同ジ。

はりぬき (名) 張拔 ハリヌクコト。物ノ形ヲ、木型ニ作リ、數枚ノ紙ヲ、糊ニテ外ヨリ貼リ、乾シテ截リ、型ヲ拔キ去リテ、再ビ合ハセ作ル。張子。脫沙

はりぬく (ク・ケ・カ・キ・ケ) (他動) (規. 一) 張拔 張拔ニ作ル。

はりねずみ (名) 針鼠 古名、クサフ。今、又、ケハリネズミ。獸ノ名、支那、及ビ、歐羅巴ニ產ズ、體肥ニテ、五寸ヨリ尺許ニ至ル、頭、脚、尾、共ニ小クシテ、全身ニ刺アリ、只、腹ハ毛ノミナリ、刺ハ空管ニテ、長サ二四分、粗クシテ尖リ、黒ト白トアリテ、透明ナリ、物ニ襲ハルレバ圓ク縮ミテ、栗毬ノ如シ、林ニ棲ミ、晝伏シ、夜出デテ、蟲、果、ナドヲ食トス。蝟 猬

はりのき (名) 榛 はんのきノ古名。

はりばこ (名) 針箱 婦人、針、其他、裁縫ノ具ヲ入レ置ク小キ匣。

はりはり (名) 〔噛ム音ヲ名トス〕五分漬ヲ薄ク刻メルモノ。(東京)

はりひぢ (名) 張臂 息込ム時ナドニ、臂ヲ左右ヘ張ルコト。

はりふぐ (名) 針河豚 はりせんぼんノ條ヲ見ヨ。

はりふだ (名) 張札 事ヲ記シテ掲ゲ示ス札。浮帖

はりま (名) 梁間 家ノ梁ノ亙ル間數。(桁行ニ對ス)

〔はりまち (名) 魬 魚ノ名、今ノはまちカト云。

ばりん (名) 馬藺 草ノ名、庭際ニ植ウ、春ノ末、宿根ヨリ數百葉、叢生ス、高サ二三尺、形、あやめノ葉ニ似テ細ク厚ク、緑ニシテ白ミアリテ、ネヂレタリ、因テねぢあやめノ名モアリ、夏ノ半ニ、莖ヲ出シテ、梢ニ六瓣ノ花ヲ開ク、亦、あやめノ花ニ似タリ、色、淡紫碧色ナリ、後ニ莢ヲ結ブ、かきつはたノ莢ニ似テ小ク、内ニ小扁子アリ、色赤シ(蠡實)コレヲ藥用トス。一名、馬楝。

はりもの (名) 張物 布帛ヲ洗ヒテ、糊ヲツケ、板ニ貼リテ乾スコト。

〔はりを (名) 針魚 さよりノ古名ゴトツ、

はる (名) 春 〔萬物、發ル候ナレバイフト云〕一年、四時ノ一、冬ノ次、夏ノ前ニテ、(睦月ヨリ彌生マデ)草木發生ノ候ナリ。

はる・る・れ・り・れ (自動)(規・一) 張 (一)廣ク開ク。ヒロガリ延ブ。開張 (二)一面ニ閉ヂ結ブ。「氷—」凍結 (三)内ヨリ脹レアガル。聳エ立ツ。「乳房、—」「腹、—」「肩、—」脹起 聳起 (四)芽、出ヅ。「春ノ日ニ張ル柳ヲ、取リ持チテ」發芽 (五)増ス。分ニ過グ。殖ユ。進ム。「價、—」「仕事、—」「氣、—」「意地、—」「欲、—」鼎

はる・る・れ・ら・り・れ (他動)(規・一) 張 (一)廣ク開キ延ブル。「幕ヲ—」「網ヲ—」(二)引キ延ヘ亙ス。「弦ヲ—」「綱ヲ—」(三)進ム。奮ヒ起ス。突キ出ス。「論ヲ—」「氣ヲ—」「意地ヲ—」「欲ヲ—」「臂ヲ—」張リ出ス」皇張

はる・る・れ・ら・り・れ (他動)(規・一) 張 〔張リテ付クル意カ〕(一)粘シ着ク。「糊ニテ紙ヲ—」「札ヲ—」「障子ヲ—」「傘ヲ—」貼 (二)張扱ノ細工ヲナス。(三)押シ延ベテ打チ着ク。「天井ヲ—」「羽目ヲ—」「太鼓ヲ—」(四)鐵砲、烟管、ナド、内ノ空ナル器ヲ造ル。(銅鐵板ヲ卷キテ貼リテ繼ゲバイフ)

〔はる・る・れ・ら・り・れ (他動)(規・一) 墾治 〔張リ拓ク意カ〕新ニ地ヲ堀リカヘシテ、田、畠、路、池、ナドトス。開發ス。「新治ノ今作ル路、サヤケクモ」「住吉ノ、岸ヲ田ニ墾リ、蒔キシ稻ノ」池ヲはり、コメタル水ノ、多カレバ」

はる・る・れ・ら・り・れ (他動)(規・一) 批 掴 掌ニテ撃ツ。「憎キ法師ノ言ヒゴト哉トテ、頰骨ヲはりテゲリ」「天窓ヲ—」

はる・る・る・れ・れ・れよ (自動)(規・二) 晴 霽 〔雲ノ張ル意ヨリ轉ジタルカ〕(一)雲霧散リテ、雨雪ナド止ム。「雲、—」「空、—」(二)障レルモノ、開ケ解ケテ明白ニナル。散ル。「疑ヒ—」「思ヒ—」霽意

はる・る・る・れ・れ・れよ (自動)(規・二) 腫 〔張ル、ノ轉カ〕身ニ傷ム所アリテ脹レアガル。

〔はるうへ (名) 春上 東宮ヲ申シ奉ル稱。「マコトヤ、梅壺ノ御方ニ、此春ゝヘヨリ」

〔はるかす・す・せ・さ・し・せ (他動)(規・一) 晴 晴クヤウニナス。晴ラス。「愛執ノ罪ヲハルカシ聞エ給ヒテ」思ヒツメタル事少シ、ハルカサム」胸ニ滿ツ、思ヲダニハルカサア 消遣

はるか・な (副) 遙 〔晴ゲタル意〕(一)遠ク隔リテ。甚ダ離レテ。「—見ユ」「—遠シ」「—隔ツ」(二)時甚ダ過ギテ。久シク。「時、—過ギテ」(三)甚ダ違ヒテ。「—勝ル」「—劣ル」「—善シ」

はるぎ (名) 春着 春ノ候ニ着ル衣。春服

〔はる・く・く・け・か・き・け (自動)(規・一) 晴 〔開ク、通ズト云〕晴ル。開ケ解ク。「御志ヲシメ給ヒニ、彼ノ御ケブリ、ハルクベキ事ヲセサセ給へ」遣悶

〔はる・く・くる・くれ・け・け・けよ (他動)(下二) 晴 晴クヤウニナス。開ク。ハルカス。「世ノ思出、同ジ哀レナル事ヲモ、ハルケヤルベキ方ナキヲ」思フ事ヲモ、片ハシ、ハルケテシカナ」遣悶

はるけし・き・けれ・く・く (形)(二) 遙 ハルカナリ。遠シ。「ハルケキ山ノ雲霞ニマジリ」

はるこ (名) 春子 (一)春、生レタル子。(二)常ノ蠶ヲ、春ニ育ツルニ就キテ稱スル語。(夏子ニ對ス) 春蠶

はるごま (名) 春駒 (一)春ノ野ニ居ル駒。「我カ物ト、シメ野ニ飼ヒシ、—ノ、手ニモカカラズ、荒レマサル哉」(二)馬ノ頭ノ造物ニ、竹ヲ添ヘタルモノ、童子、初春ノ玩トス。

はるさめ (名) 春雨 春ノ候ニ降ル雨。

ハルシヤがは (名) 波斯革 〔Persia.〕あめし革ノ一種、昔シ蘭人、波斯國ヨリ齎シ來リシモノ、色ハ、黒、黄、紅、緑、緒、等アリ。又、波斯絲、波斯鹽、等モア

リ。

〔はるす(ス・セ・サ・シ・セ) (他動) (規、二) 晴 開ク。ハルカス。「麻蘇ノ大御鏡ノ面ヲ押シ波留志テ、見ソナハス事ノ如ク」

はるぜみ (名) 春蟬 蟬ノ一種、最モ早ク鳴出ヅルモノ。春ノ末ニ、山谷ノ樹上ニ集リテ、鳴クコト喧シ、長サ八分許、身、翅、共ニ黒シ。蟳母

〔はるよ (副) 遙 はるかよニ同ジ。「紫ノ、色濃キ時ハ、目モはるよ、野ナル草木モ、ワカレザリケリ」

はるのみや (名) 春宮 東宮ノ條ヲ見ヨ。

はるはる (副) 遙遙 遙ニ遠ク。

はるび (名) 腹帶 馬具、はらおびノ約。

はるび (名) 春日 春ノ日。(歌詞)「長キ春日モ、忘レテ思ヘヤ」

〔はるひの (枕) 春日 (糟垣ヲ霞ニ掛ケテイヘル語カト云) 大和ノ地名ナル糟垣ノ枕詞。後ニハ、春日ト記シテ、直ニかすがト讀ムニ至レリ。

はるぶくろ (名) 春袋 初春ニ、縫ヒ作ル袋、春ヲ張ルニ寄セテ祝フ、古ヘノ天地ノ袋ノ遺ナルカト云。

はるべ (名) 春方 春ノ初ノ氣候。「今ヲート、咲クヤ此花」 春色

はるめく (ク・ケ・カ・キ・ケ) (自動) (規、二) 春 春ノ氣候トナル。生春色

はれ (名) 晴 (一)晴ルルコト。晴レタルコト。(二)オモテダツコト。オホヤケ。(褻ニ對ス)「ーノ歌」ーノ席」ーノ着物」 公

はれ (名) 腫 (一)腫ルルコト。腫レタルコト。(二)水腫。

ばれいしよ (名) 馬鈴薯 ジャガタライモ。

はれぎ (名) 晴着 晴レノ時ニ着ルベキ衣服。

はれつ (名) 破裂 割レサクルコト。爆ゼルコト。「ー丸」ースル」

はれて (副) 晴 オホヤケニ。オモテダチテ。憚ルコトナク。「ー會フ」「ー商フ」 公

はればれし (シキ・シケレ・シク・シク) (形、二) 晴晴 晴レワタリタリ。打開ケテサワヤカナリ。快闊

ばれん (名) 馬簾 (或ハ、馬帘カトモイフ、又、芭蕉ナドモ記ス) 纏ナドノ周リニ着ケテ垂ルル長キ總ノ如キモノ、羅紗、又ハ、厚紙、ナドヲ細長ク裁チテ作ル。

ばれん (名) 馬楝 草ノ名、馬藺ニ同ジ。

ばれん (名) 版木ヲ紙ニ摺リ取ルニ用ヰル具。元ハ、馬楝ノ根ノ細長キヲ用ヰテ刷毛トシ用ヰタリ。今ハ、竹ノ籜ヲ割キテ細キ繩トシタルヲ、渦ニ卷キ、圓平ナル板ヲ添ヘ、コレヲ又籜ニ包ミタルヲ以テ、紙ノ上ヲ摺ル。

はれんち (名) 破廉恥 廉恥ノ心ヲヤブルコト。ハヂシラズ。

はれもの (名) 腫物 瘡ニテ、皮膚ノ腫レタル所。腫物。デキモノ。 腫

はれやかよ (副) 晴 晴レワタリテ。打チ開ケテ。

〔はれらかよ (副) 晴 前條ノ語ニ同ジ。「頽髮、はれらかよ掻キヤリ」

はれる (動) 晴ル、又ハ、腫ルノ訛。

〔はろはろよ (副) 遙遙 ハルカニ。ハルバル。「波魯波魯爾、琴ゾ聞ユル」波呂波呂爾、別レシ來レド」

はわう (名) 霸王 諸侯ノ長。大名ノ旗頭。

はわうじゆ (名) 霸王樹 サボテン。

はわうべん (名) 霸王鞭 キリンカク。

〔はわかれ (名) 歷齒 (齒分ノ義、歷ハ猶レ疎) 齒並ノ透キタルモノ。透齒。

はわけ (名) 葉分 葉ノ間ヲ分クルコト。葉毎ニモノスルコト。「ーノ風」ーノ波」ーノ月」ーノ霜」

〔はゐる (ヰル・ヰレ・ヰ・ヰ・ヰヨ) (自動) (規、四) 齗齼 齒、酢ニ浮ク。

はゑ (名) 破壞 ヤブルルコト。コボルルコト。ハクワイ。

〔はゑつく (クル・クレ・キ・キ・キヨ) (自動) (規、三) 蝕盡 日蝕、皆既トナル。推古紀「三十六年、三月丁未朔、戊申、日有ニ蝕盡一之」

ひ び ぴ

ひ 五十音圖、波行第二ノ假名、はノ條ヲ見ヨ。此音ハ、他ノ音ノ下ニアルトキ、其發聲ヲ失ヒテ、韻ノいニ呼ブコトアリ、いひ(飯)たひ(鯛)かひな(腕)あひだ(間)ノ如シ。

び ひノ濁音ノ假名、ばノ條ヲ見ヨ。

ぴ ひノ半濁音ノ假名、ぱノ條ヲ見ヨ。

ひ (名) 日 (一)太陽界ノ中央ニアリテ、照リ輝ク廣大無邊ナル圓キ體ニテ、諸行星ニ、光ト溫氣トヲ與フルモノ。太陽。日輪。(二)日ノ光。日ノ熱。「ーニ當ル」

一ニ晒ス」「一ノ目ヲ見ズ」日光 (三)日ノ神(天照太神ノ御裔ニマシマス至尊ニ就キテノ御物事ヲ稱ヘ奉リテイフ語。「一ノ御子」「一ノ御門」「一ノ宮」嗣」

ひ (名) 日 (一)地球ノ表面ノ、日ノ光ヲ受ケテアル間。晝。晝間。「一ノ御座」「一ノ裝ヒ」「一ノ中」「一ヲ暮ラス」(二)ニチ。ジツ。地球ノ全ク自轉一回シテ終ハル間ノ稱、即チ、二十四時間。一晝夜。一年三百六十五分ノ一。日本ヲ始メ萬國、率ネ、前夜ノ夜半ヨリ翌夜ノ夜半マデトス、但シ、巴比倫人ハ、日出ヨリ、猶太人ハ、日沒ヨリ算セリ。(三)定メタル日限、日切。「一ヲ延バス」「一ヲ決ム」「一ヲ切ル」刻日 (四)多クノ日。日數。「一ヲ積ム」「一ヲ歷ル」經日 (五)時。時代。頃。「世ニアリシ一」「後ノ一」(六)日毎ニモノスル了。「一一履ヒ」「一賦」「一掛ケ」

ひ (名) 火 (一)物ヲ燒ク元トナルモノ燃エテ赤ク光リテ、極メテ熱シ。(二)火打ノ火。「一ヲ取ル」「一ヲ打ツ」燧火 (三)燈火。「一ヲ揭グ」「一ホノクラシ」「一ヲトボス」燈火 (四)炭火。「一ヲ埋クル」炭火 (五)熾ル了。「一ノ物斷チ」(六)火事。「一ノ元」「一ノ見」「一消」「一ノ用心」火災 (七)怒リ、妬ミ、戀フルナド情ノ極メテ烈シク發スルモノ。「胸ノ一」

ひ (名) 檜 〔火ノ義、此ノ木ニテ鑽レバ火ヲ得、故ニ名トス〕常ニひのき(檜)ノ名、幹、直ク高ク聳エテ、大木トナル、葉ハ、平ニ布キテ茂リ、面、綠ニシテ、背ニ白脈アリ、春ノ末、細小ノ花ヲ開キ、毬實ヲナス、杉ノ實ニ似テ、刺無シ、秋ノ末ニ熟ス、中ニ子アリ、大サ麥ノ如シ、材、堅密ニシテ美シク、且、久シク水濕等ニ堪フルヲ以テ建築造船等ニ必用ナル良材トシ、最モ貴重セラル。扁柏

ひ (名) 梭|杼 機ノ具、緯絲ヲ卷ケル管ヲ容ルルモノ、經絲ノ中ヲクグラシメ、布ノ端ヨリ端ヘ遣リ通ハス。

〔ひ (名) 楲|庩 〔次條ノ語意ニ同ジ〕廁ノ具、糞ヲ受クル器、提ゲ去リテ、水ニテ洗ス。此事ヲ司ル下司ノ女ヲひすましトイフ。和名抄「楲、音威、比、庩也、行清也」今モ廁ノ床ノ孔ノ木匡ニ、樋箱ノ名ヲ存セリ

〔ひ (名) 楲 〔放ル意カ、又、いひトモイフ、いハ發語カ、楲、陂器也、(前條ヲ見ヨ)決水ノ意ヨリ轉用ス〕又、イヒ。今ヒノクチ 武烈紀「塘楲」

ひ (名) 樋 〔前條ノ語ニ同ジ、樋、蓋シ木通ノ二合和字ニ〕(一)又、トヒ。竹木等ノ方圓ノ長キ管、水ヲ遠キニ導キ遣ルニ用ヰル。梘 懸ケ一「下一」「埋ミ一」「受ケ一」ナドアリ。(二)刀ノ刃ニ刻リ作ル細長キ溝。血槽

ひ (名) 隔|重 〔重ト通ズ〕物ヲ隔ツルモノ、事ノ重ナル了。目翳、氷、ヲひトイヒ、曾祖、孫、曾孫、ナドイフひモ是レナリ。

ひ (名) 目|翳 〔前條ノ語意〕眼ノ病、眼睛ノ上ニ、蠅翅ノ如キモノヲ生ジテ、物ヲ隔テテ見エヌモノ。「內障」外障」

ひ (名) 氷|冰 〔前前條ノ語意、水ノ上ニ隔テヲ生ズレバイフ〕(一)水ノ凍レルモノ。コホリ。「氷室」「垂氷」(二)氷雨。雹。「地ノ底、トホルバカリノひ降リ」「雨氷」長和二年三月雷鳴氷降、大如二梅李一

ひ (名) 脾 古名、ヨコシ。內臟ノ一、肋骨ノ內、胃ノ下稍、後方ノ左側ニアリ、形、橢圓ニシテ平ニ、狀、海綿ノ如シ、但シ、其何ノ用ヲ爲スヲ知ラズト云。

ひ (名) 非 (一)然アラヌ了。(二)理ナラヌ了。惡シキ了。(是ニ對ス)「一ニ落ツ」理ヲ一ニ曲ク」(三)アヤマリ。キズ。「一ヲ打ツ」(四)勸メノ明キタル了。「一參議」「一役」「一番」散官

ひ (名) 緋 朱色ノ濃クシテ明彩アルモノ。

ひ (名) 妃 キサキ。

ひ (名) 碑 イシブミ。

ひ (名) 婢 コシモト。ハシタメ。ミヅシメ。下女。

ひ (名) 比 クラベ。タグヒ。「其一ニアラズ」

び (名) 美 (一)ウツクシキ了。(二)味ノ旨キ了。

び (名) 微 カスカナル了。スコシナル了。ヨワキ了。「カ一す」

ひ-あが・る・ル・レ・ラ・レ (自動)(規.二) 乾上 全ク乾ル。乾涸

ひ-あし (名) 日脚|晷 日ノ、空ヲ過ギ行ク了。ミカゲ。「一高シ」「一遲シ」

ひ-あはひ (名) 廂間 〔日光ノ間ノ意ナラム〕家ト家ト間ノ狹キ處。

ひ-あひ (名) 日間 數日ノ間。「一立ツ」「一無シ」

ひ-あふぎ (名) 檜扇 (一)檜ノ薄板ヲ骨トシテ作レル扇、公卿ハ二十五枚、殿上人ハ廿三枚ヲ合ハスト

ッ、絲ニテ綴ツ、又、婦人ノ用ヰルハ、二十九枚ニテ、縮ヲ韰キ、又、綴絲ノ餘リヲ垂ル、之レヲ袙扇トイフト云、皆、官家ノ用ナリ。(二)草ノ名、長葉、互ニ斜ニ並ビテ、平タク生ズ、檜扇ヲ開キタルガ如シ、其中心ニ一莖ヲ出ス、夏秋ノ交、高サ三四尺、梢ニ、多ク小枝ヲ分チテ花ヲ開ク、大サ一寸許、六瓣、細長クシテ、黄赤色ニ紫斑アリ。古名、カラスアフギ。射干 烏扇 又、紅ー、黄ー、アリ、皆、花ノ色ニ因テ名トス。

ひあぶり (名) 火炙 刑ノ名、死罪ノ一ニシテ、放火犯ニ行フモノ、柱ニ縛リ、茅薪ヲ積ミテ、燒キ殺ス。焚殺

〔ひあやふし (句) 火危 禁中ニ、近衞ノ官人、夜、巡行シテ、人ヲ警メツツ呼ビ行ク語。

ひいか (名) 烏賊ノ屬、大サ二寸餘、體中ニ飯粒ノ如キモノアルコト、飯蛸ノ如シ、味、美ナリ。

ひいき (名) 贔負 〔援引ノ延、或云、贔負、作レ力貌、其音ノ延ト、亦通ズ〕 カヲ添ヘテ人ヲ引立ツルコト。愛シテ扶クルコト。

ひいぢぢ (名) 曾祖父 ひぢぢノ延。ヒオホヂ。

ひいづ ヅル・ヅレ・デ・デ・デヨ (自動) (規.二) 秀 〔穗出ヅ、ノ轉ト云〕(一)穗、出ヅ。約メテ、ヒヅ。「イソノカミ、フルノ早稲田ヲ、雖レ不レ秀、繩ダニ延ヘヨ、守リツツ居ラム」(二)甚ダ勝ル。スヰンヅ。

ヒイト (名) 英尺 ふうとノ條ヲ見ヨ。

ヒイドロ (名) 玻璃 硝子 〔葡萄牙語、Vitreo. 梵語、瑠璃、一名、毗頭梨、同根ノ語ニヤ〕 燧石ノ類ノ石ヲ碎キタルヲ(石粉トイフ)鎔シテ吹キ作ルモノ、板ニ作リテ障子ナドニ用ヰ、又、種種ノ器具ニ作ル、極メテ、透明無色ニシテ、堅クシテ、碎ケヤスシ。ギヤマン。ガラス。

ヒイドロ-かがみ (名) 玻璃鏡 玻璃ノ裏ニ水銀ヲ塗リテ鏡トスルモノ。

ひいな (名) 雛 ひひなノ條ヲ見ヨ。

ひいばば (名) 曾祖母 ひばばノ延。ヒオホバ。

ひい-ふつ-と (副) 鳴吻 射ル矢ノ響ニイフ語。「ー切テ放ツ」

ヒイホン (名) 被風ノ唐音。

〔ひいる (動) 冲ルノ音便。

ビイル (名) 麥酒 〔英語、Beer〕 大麥ニ、宿根葎草ヲ加ヘテ釀セル酒、西洋ノ釀法ナリ。バクシユ。ビヤ。

ひいれ (名) 火入 烟草ヲ吸ハムガ爲ノ炭火ヲ盛ル小キ器。火盆

ひ-いろ (名) 緋色 (一)緋ニ同ジ。(二)又、銅器ニ付クル色、棕色ノ、赤クアザヤカナルモノ。

〔ひう ウル・ウレ・エ・エ・エヨ (他動) (規.二) 䐑 薄ク小ク切ル。剝グ。(肉ナド) 古事記「鯨障ル、云云、幾許比惠ネ」禮記、少儀「牛與二羊魚一之腥、聶而切レ之爲レ膾」

びう (名) 微雨 小雨。

ひうち-いし (名) 火打石 石英ノ類ノ粗ナルモノ、色、多クハ、白クシテ青ミアリ、甚ダ堅クシテ、碎ケバ稜多シ、火打鎌ト打チ合ハセ、火口ニ移シテ火ヲ取ル用トス。燧石 火打鎌ハ、鋼ニテ作ル。火刀 其諸具ヲ貯フル小箱ヲ火打箱トイヒ、小キ袋ニ盛リテ行クニ携フルヲ火打袋トイフ。火石袋

ひうち-がま (名) 火打鎌 前條ヲ見ヨ。

ひうち-ぶくろ (名) 火打袋 火打石ノ條ヲ見ヨ。

びうん (名) 微運 フシアハセ。薄命。

ひえ (名) 稗 (一)穀ノ名、水、陸、二種アリ、田ーハ、卑濕地ノ水田ニ植ヱ、畑ーハ、陸ニ植ウ、共ニ、形、粟、黍、ニ似タリ、穗ハ粟ノ如クニシテ小ク、枝多シ、芒アルト無キトアリ、邊鄙ニテ、其子ヲ食用トス。䅶子 (二)又、野ー、草ー、トイフハ、苗、甚ダ稻ニ似テ、莖、平タク、叢生シテ正立セズ、夏ノ後、穗ヲ生ズ、䅶子ニ似テ小ク、綠ナリ、食フベカラズ。稗子 其水田ニ生ズルヲ水ー(水稗)トイヒ、陸ニ生ズルヲ犬ー(旱稗)トイフ。

ひえき (名) 裨益 助ケトナリ利益トナルコト。

ひえつ (名) 披閱 開キテ改メ見ルコト。

〔ひえ-どり (名) 鵯 〔稗鳥ノ義、稗ヲ食ヘバイフナラム、字ハ、盜ジ、稗鳥ノ二合和字〕 ひよどりニ同ジ。

ひえ-まき (名) 稗蒔 小キ鉢ニ、野稗ヲ蒔キテ、其芽出シヲ青田ノ狀ニ見セテ、小兒ノ玩トスルモノ。

ひえん (名) 飛簷 殿堂ノ簷ノ製ニ、二重椽ノ、上ハ延ビ、下ハ縮マリ、四隅ニ至リテ曲リ起チタルモノ。

ひえる (動) 冷ユノ訛。

ひおほぢ (名) 曾祖父 〔ひハ重ナル義〕 祖父ノ父。オホオホヂ。ヒヂヂ。ヒイヂヂ。

ひおほば (名) 曾祖母 祖父ノ母。オホオホバ。ヒババ。

ヒイババ。

ひ-おほひ (名) 日覆 日光ノ當ルヲ覆フモノ。ヒヨケ。

び-おん (名) 美音 ウルハシキ聲。(謡フニイフ)

ひ-が (名) 飛蛾 ヒトリムシ。

ひ-が (代) 彼我 彼レト我レト。自他。「—ノ間」

ひが (接頭) 僻 アルベキ樣ニ違ヒタル。理ニ中ラヌ。ヒガミタル。「—目」—耳」—言」—事」—心」ト樣」—者」—覺エ」—讀ミ」

ひ-がい (名) 被害 害ヲカウムルコト。ソコナハレタルコト。

ひ-かう (名) 披講 開キテ讀ミアグルコト。(詩歌ナドヲ)

び-かう (名) 鼻高 ハナタカ。僧家ナドニ用ヰル履ノ名。

ひかがみ (名) 膕 [引屈ミノ約] 古名、ヨホロ。又、ヨホロクボ。今、又、ヒッカガミ。膝ノ背ノ窪ミテ坐ルトキニ引キ屈ムル處。

ひかき (名) 火搔 (一)薪ノ火ナド搔キ出ス具。オキカキ。 撥火杖 (二)又、十能。 火斗

ひがき (名) 檜垣 檜ノ薄板ニテ網代ニ組ミタル垣ト云。

ひ-かく (名) 比較 クラベアハスルコト。

ひ-がく (名) 費額 入費ノ高。イリメ。

〔ひ-がくし〕(名) 日隱 ヒオホヒ。ヒヨケ。「暮レニケリ、西ノひがくし、取リノケヨ、月ヲ厭フト、人モコソ見レ」南ニ、假ノ—ヲ差シ出シテ」

ひ-かげ (名) 日影 (一)日ノ影。日ノ光。ヒナタ。(二)日脚。

ひ-かげ (名) 日陰 (一)日ノ光ニ映ル物ノ陰。 蔭 (二)ヒカゲカヅラ。 女蘿

ひ-がけ (名) 火掛 おほりがけノ條ヲ見ヨ。

ひ-がけ (名) 日掛 日毎ニ、若干ヅツ、金錢ヲ貯フルコト。月毎ニスルヲ月掛トイフ。

ひかげ-かづら (名) 日蔭鬘 [日影ヲ翳シ隔ツレバ名トストイフ] 新嘗、大嘗、等ノ神事ニ、冠ノ笄ノ左右ニ掛クル物、元ハ女蘿ヲ用ヰキ、後ニハ白青ノ絹絲ニテ造リ、數條ニ垂ル、故ニひかげノ組、ひかげノ絲トモイフ。又、同時ニ、巾子ニ梅花ノ造花ヲ挿ス、心葉トイフ。

ひかげ-かづら (名) 日蔭葛 [前條ノ物ニ用ヰルヨリ名アリト云] さるをがせニ同ジ。ヒカゲ。 女蘿

ひが-ごと (名) 僻事 理ニ中ラヌ事。アヤマリ。

ひ-がさ (名) 日傘 さしがさノ一種、製小ク、紙ニ油ヲ延カズ、日光ヲ遮ルニノミ用ヰルモノ。ヒガラカサ。 涼傘

ひがし (名) 東 [ひむかしノ約、其條ヲ見ヨ] ヒムカシ。ヒンガシ。四方ノ一、南北ノ間ニテ、西ト對ヒ合フ方。即チ、日ノ昇ル方。

ひ-かた (名) 干潟 潮ノ干タル潟。 斥鹵

〔ひ-かた〕(名) 日方 西南ヨリ吹キ來ル風ト云。「天霧ヒ、日方吹クラシ、水莖ノ、岡ノ水門ニ、波立チワタル」

ひがひ (名) 魚ノ名、はぜニ同ジ。(近江)

ひか-ひか (副) 煌煌 光リキラメク狀ニイフ語。ピカピカ。

〔ひか-ひが-し・シ・キ・ケ・シク・シク〕(形・二) 僻僻 甚ダ僻ミタル狀ニテアリ「君ノ、斯ク、マメヤカニ宣フニ、聞キ入レザラムモ、ヒガヒガシカルベシ」

ひか-ふ・フル・フレ・ヘ・ヘ・ヘロ (他動)(規・二) 控 扣 [引ク、ク延] (一)引キ留ム。引キ支フ。「袖ヲ—」馬ヲ—」 控 (二)十分ニセズ。内場ニナス。「酒ヲ—」食ヲ—」話ヲ—」 節 (三)進マズシテ待チ居ル。「次ニ—」 俟 (四)前ニ構ヘ備フ。「堀ヲ—」山ヲ—」(五)手許ニモ書留メ置ク。「帳面ニ—」

ひかへ (名) 控 扣 (一)ヒカフルコト。ヒキトムルコト。(二)不時ノ用ニ備ヘムト添ヘ置クコト。 副 (三)後ノ用ニ書キ留メ置クモノ。 副稿 底本

ひかへ-ばしら (名) 控柱 屏垣ナドニ添ヘテ立ツル柱、其倒ルルヲ支フ。 支柱

ひ-がへり (名) 日歸 其日ノ中ニ、往キテ又歸ルコト。

ひかへる (動) 控フノ訛。

ひがみ (名) 僻 僻ムコト。心、ネヂケタルコト。

ひ-がみ (名) 日髮 日毎ニ髮ヲ結ヒナホスコト。

ひがみみ (名) 僻耳 聞キチガヘ。

ひ-かん (名) 脾疳 小兒、腸胃ノ病、頻ニ食ヒテ、愈、痩スル者。 痞勞

ひが-む・ム・メ・マ・ミ・メ (自動)(規・一) 僻 [僻ヲ活用ス] カタヨル。ヒズム。正シカラズ。ネヂク。「心—」

ひが-む・ムル・ムレ・メ・メ・メロ (他動)(規・二) 僻 僻ムヤウニナス。曲グ。「聞シ召シヒガメタルコトナドヤ侍ラム」

ひ-がん (名) 彼岸 (一)佛經ノ語、生死ヲ此岸トシ、涅槃ヲ彼岸トシ、煩惱ヲ中流トシ、波羅蜜ヲ到彼岸トス。菩薩、無相ノ智惠ヲ以テ、禪定ノ舟航ニ乘ジ、此岸ヨリ彼岸ニ到ラシムト云。(二)佛家ニ、春

分、秋分、ノ日ヲ中日トシテ、其前後、各、三日、合、七日間、佛事ヲ修スル事、コレヲ一會トイフ、此間、道、俗、共ニ、諸佛ニ詣デ、亡靈ニ供養ス。(三)轉ジテ、其七日間ノ氣節ノ稱。

ひがん-ざくら (名) 彼岸櫻 櫻ノ一種、最モ早ク春ノ彼岸ノ頃ニ開クモノ、花、枝梢ニ簇リ、瓣甚ダ開カズ、單瓣ニシテ淡紅ナリ。

ひがん-ばな (名) 彼岸花 まんじゆしやげニ同ジ。

ひが-め (名) 僻目 (一)睛ノ正シカラヌモノ。新撰字鏡「眺、與己目、又、比加目、又、須加目」(二)見違フル事。ミアヤマリ。ミチガヘ。

ひが-もの (名) 僻者 心ノ僻ミタル人。變人。「出デタチモスベカリケル人ノ、世ノ一ニテ、交ラヒモセズ」

ひかゆる (動) 控ユノ訛。

〔ひがら (名) 瞟眼 〔僻目ノ轉カ〕 眇ノ類、

ひがら (名) 日雀 〔其眼、瞟ナレバ名トスト云、或ハ、火雀ノ義ニテ、赤キヲイフカ〕 小鳥ノ名、四十雀ニ似テ小ク、頭、背、灰赤色、頰ノ邊、黑、白、相雜ル、腹、白ク、翅、尾、黑シ、秋ノ末、群リ來ル。

ひ-がら (名) 日次 日數。「一モ無シ」「一モ立チテ」

ひ-がら (名) 日柄 曆ノ上ニテ、其日ノ吉凶。「一ガヨイ」「一ガワルイ」

ひからぶ・ブル・ブレ・ビ・ビ・ビヨ (自動) (規・三) 乾涸 甚シク乾ル。

ひかり (名) 光 (一)ヒカル事。ヒカルモノ。日、又、火等ヨリ發シテ、目ニ物ヲ明ク見スル元トナルモノ。(二)カガヤク事。美シク華ヤカナル事。ハエ。光華 (三)イキホヒ。威光。「我ガ名ヲモ、君ガひかりニ、アラハシテ」「國ノ一」「親ノ一」

ひかり-もの (名) 光物 流星ノ類。流火

ひか・る・ル・レ・ラ・リ・レ (自動) (規・一) 光 〔日赫ル意カ〕 光リヲ放ツ。照ル。カガヤク。

ひき (名) 引 (一)引ク事。率ヰル事。「大君ノ、引キノマニマニ」(二)助クル事。贔負。「辨ノ君ガひきニテ參リタリ」 拔引 (三)紙ノ名、ひきあはせノ略。

ひき (名) 蟇 〔氣ヲ以テ小蟲ヲ引寄セテ食ヘバ名トスト云、イカガ〕 蛙ノ屬、形、大ク、腹、殊ニ大シ、雄ハ瘠セ、雌ハ肥エ、性鈍ク、行ク事遲シ、溝、床下、ナドニ棲ミ、夜出デテ、蚊及ビ諸蟲ヲ食ヒ、晝ハ土石ノ間ニ伏ス、冬春ノ間ニ鳴ク、喧シカラズ、年ヲ歷テ甚ダ大ナルモノアリ。ヒキガヘル。蟾蜍

ひき (接尾) 匹疋 〔馬ニ起リテ、牽ノ義カト云、或ハ、匹疋(響吉切)ノ訛カトモ云〕 (一)獸ヲ數フル語。「馬、三一」「牛、五一」 轉ジテ、鳥、魚、蟲、ニモイフ。(二)鵞目十文ノ稱、百文ヲ十一トシ、一貫文ヲ百一トシ、舊銀貨一分ニ當ツ。(犬追物ニ起ルトイヒ、或ハ、弓射ルニ、鳥ヲ賭ケテ、一疋ヲ十文ニ充テタルニ起ルト云)(三)布帛、二段ノ稱、即チ、鯨尺、五丈二尺。

ひぎ (名) 氷木 千木ニ同ジ、其條ヲ見ヨ。

ひ-ぎ (名) 非義 義理ニ違フ事。「一ノ振舞」

ひ-ぎ (名) 比擬 ヒキクラブル事。ナゾラフル事。

ひき-あ・ぐ・グ・グル・グレ・ゲ・ゲ・ゲヨ (他動) (規・二) 引上 (一)高ク擧グ。(二)軍ヲ擧ゲテ退ク。收兵

ひき-あけ (名) 引明 夜ノ明クル時。ヨアケ。黎明

ひき-あて (名) 引當 金ヲ借ルニ、償ヒノ證ニ當テテ、一時、品物ヲ渡シ置ク事。カタ。抵當

ひき-あは・す・スル・スレ・セ・セ・セヨ (他動) (規・二) 引合 (一)引キ寄セテ合ハス。「襟、引キ合ハセテ」(二)引キ寄セテ比ベテ考フ。「舊例ニ一」 對照 (三)取持チテ對面セサス。紹介

ひき-あはせ (名) 引合 (一)ヒキアハスル事。(二)古ヘ、檀紙ノ皺無キモノ。略シテ、ヒキ。(艶書ニ用ヰタルニ因テ名アリト云)後ニハ、直ニ檀紙ト混ジテ同名トナル。

ひき-あひ (名) 引合 (一)商家ノ語、賣買ノ取組。(二)マキゾヘ。連累

ひき-あ・ふ・フ・ヘ・ハ・ヒ・ヘ (自動) (規・一) 引合 (一)商家ノ語、賣買ヲ取組ム。(二)又、賣買シテ利アリ。

ひき-あみ (名) 引網 地網ニ同ジ。

ひき-いれ (名) 引入 (一)元服ノ時ニ、冠ヲ被ラスル人。烏帽子親ノ類。「枇杷殿ニテ、御冠召サセ給ノ、ひきいれニハ、閑院ノ内大臣」(二)挽物ノ合子、皿、ノ類。約メテ、ヒキレ。或云、組入ニ擬セルモノカト。「齋ノ飯ヲバ、云云、ひきいれノ皿ニ取リ候スベキカ」

ひき-う・く・ク・クル・クレ・ケ・ケ・ケヨ (他動) (規・二) 引受 受ケテ己ガ負フベキ務トス。受持ツ。負擔

ひき-うす (名) 碾臼 磑ニ似テ石ニテ作レルモノ、徑、一尺許、柄アリ、廻ハシテ穀ヲ粉ニ碾キ作ル。イシウス。碾

ひきおひ（名）引負 商家ニ、番頭手代ナドノ、主人ニ代リテ共物ヲ他ニ賣リ込ミ、代金滯リテ、主人ニ償フ能ハザルコ。請賣ノ上ノ借錢。抵負 逋欠

〔ひきおび〕（名）引帶 砲、直衣、等ニ用ヰル小キ帶。

ひきがね（名）引金 鳥銃ノ火門ニアル仕掛、打金ヲ懸ケテ上ゲオキ、引ケバ落チテ、火發ス。搬机

ひきかふ・フル・フレ・ヘ・ヘ・ヘヨ（他動）（規・二）引替 （一）物ト物トヲ替フ。交換 （二）全ク反對トナス。「夫レニモ引キカヘ」反

ひきかへ（名）引替 ヒキカフルコ。交換

ひきかへし（名）引返 （一）ヒキカヘスコ。モドスコ。復 （二）芝居ニ、繰返シテスル早幕。霽齣

ひきかへす・ス・セ・サ・シ・セ（他動）（規・二）引返 モドス。カヘス。繰返ス。復 反復

ひきがへる（名）蟇ニ同ジ。

〔ひききりな〕（副）引切 性急ニ。「イト急ニ物シタマフ本性ナリ、云云、ノドメタル所、サスガニテク、イト引キキリニ、花ヤイ給ヘル人人ニテ」女ノ、斯ク引キキリナルモ、却リテハ輕ク覺ユルワザナリ」

ひきぐすり（名）引藥 膚ニ延キ塗ル藥。

ひきくむ・ム・メ・マ・ミ・メ（自動）（規・一）引組 引キ寄セテ組付ク。「敵ト―」

ひきくるむ・ム・ム・メ・メ・メヨ（他動）（規・二）引括 一處ニ統ブマトム。包括

ひきこし（名）引越 ヒキコスコ。ヤウツリ。轉居

ひきこす・ス・セ・サ・シ・セ（他動）（規・一）引越 （一）他ヲ越シテ引キ上グ。「宰相中將ニテオハスルヲ、云云、ヒキコシテ大納言ニナシ」（二）家ヲ他ヘ移ス。轉居

ひきごと（名）引言 事ヲ說キ明スニ、他ノ事ヲ引キ來リテ、證トシ、譬ヘトシテ、併ハセ說クコ。

ひきこむ・ム・メ・マ・ミ・メ（自動）（規・一）引込 （一）退ク。退 （二）家ニ籠ル。閉居

〔ひきざくら〕（名）蕪夷 樹ノ名、楡ノ類、莢、稍小シト云。

ひきざん（名）引算 算術ノ語、若干ノ數ノ中ヨリ、若干ノ數ヲ減ラシ除クコ。減算

〔ひきし〕・キ・ケレ・ク・ク（形・一）低 ひくしニ同ジ。「丈ハ、ヒキカリシカドモ、肝ハ太キ男ナリ」

ひきしほ（名）引汐 潮ノ沖ヘ引去ルコ。退潮

ひきしぼる・ル・レ・ラ・リ・レ（他動）（規・一）引絞 矢ヲツガヘテ、十分ニ引キ張ル。（弓ニ）滿引

〔ひきしろふ〕・フ・ヘ・ハ・ヒ・ヘ（他動）（規・一）引合 互ニ引張ル。引キズル。ヒコジロフ。「脫ガシト爭フヲ、トカク引キシロフ程ニ」

ひきずる・ル・レ・ラ・リ・レ（他動）（規・一）引摺 長ク地ヲ摺リ曳キテ行ク。「裾ヲ―」重キ物ヲ―」

ひきた（名）引板 〔ひきいたノ約〕鳥威シノ鳴子。ヒタ。「衣手ニ、水澁ツクマデ、植ヱシ田ヲ、引板我レ延ヘ、守レル苦シ」

ひきだし（名）引出 （一）引キテ出スコ。（二）簞笥、机、ナドニ、入籠ニ作レル匣ノ、横ニ拔キサシスベキモノ。抽匣

ひきたつ・ツ・テ・タ・チ・テ（自動）（規・一）引立 發ル。勇マシクナル。榮、添ハル。ヒツタツ。「氣力、―」「景氣、―」銳發

ひきたつ・ツル・ツレ・テ・テ・テヨ（他動）（規・二）引立 （一）立ツル、起ス。（二）勵マス、勇マシム。「氣ヲ―」鼓勵 （三）擧ゲ用ヰル。登庸 （四）捕ヘ起シテ、引キ連レ行ク。拘引

ひきたてゑぼし（名）揉烏帽子ノ條ヲ見ヨ。

ひきちや（名）碾茶 一種ノ製茶ヲ碾キテ粉ニシタルモノ、熱湯ニ搔キマゼテ飲ム。又、末茶。薄茶ト濃茶トノ別アリ、年數ヲ歷タル勝地ノ茶樹ヲ選ビ、濃茶ハ、肥ヲ一年ニ二十度、薄茶ハ五六度與ヘ、葦簾ニテ園ヒテ、霜ヲ防ギ、立夏ノ頃、新芽ノ未開ナルヲ、三葉掛ケテ摘ミ、蒸シテ、焙爐ノ糊氣ナキ厚紙ニ載セテ、手ニテ揉マズ、箸ニテ搔キマゼ、乾キタルヲ棚ニ上ゲテ、遠火ニテ乾シテ成ル、コレヲ貯ヘテ、時ニ臨ミテ碾キテ用ヰル。（茶ノ條、見合ハスベシ）

ひきつく・クル・クレ・ケ・ケ・ケヨ（自動）（規・二）引付 氣絶ス。目ヲマハス。（小兒ノ腦充血ナドニ）

ひきつけ（名）引付 （一）引キ來テ合ハスルコ。（二）先例ヲ記シ置キテ、其事ニ引キ合ハセテ事ヲ處分スルコ。「―ノ沙汰」（三）鎌倉ノ頃ノ職名、評定衆ノ下司ニテ、政所ニ出テ、時時ノ日記ヲ記シ、例證等ヲ書留ム、―衆トイフ。

ひきて（名）引手 （一）戶、衾、障子、ナドヲ開閉スルニ、手ヲ掛クベキ處、金具ナドヲツク。鋪首 （二）導ク人。誘フ人。

ひきでもの (名) 引出物 祝宴饗膳ノ終ナドニ出ス贈物、馬ヲ引キ出シテ贈レルニ起リテ、諸物ニ通ジテモイフ。

ひきど (名) 引戸 敷居、鴨柄ノ溝ニハメテ、左右へ引キ交ヘテ開閉スベク作レル戸。遣戸。(開戸ニ對ス)

ひきとる ル・レ・ラ・リ・レ (自動)(規.二) 引取 (一)罷ル。退キ去ル。退散ス。 退 (二)死ヌ。「息ヲ—」 絶息

〔ひきのひたひぐさ (名) 〔蟇額草ノ義カ〕 細辛ノ古名。

ひきはだ (名) 蟇皮 (一)—革ノ略、革ニ蟇ノ背ノ如キ皺文ヲ作レルモノ。シボミカハ。 皺文革 (二)其革ニテ細ク作レル後鞘、旅行ナドニ用ヰルモノ。

ひきふだ (名) 引札 商家ノ賣弘メナドニ、貨物名、店名、地名、時日、ナドヲ紙ニ記シテ、諸方へ引キ配ルモノ。 招貼

ひきふね (名) 引舟 流ニ溯ル舟ナドニ、綱ヲ付ケテ曳キ行クモノ。

〔ひきへぎ (名) 引倍木 引折 絹帛ノ製ノ名、夏ハ單ヲ板引ニシタルヲ用ヰルト云。約メテ、ヒヘギ。「袖口、衣ノ褄ドモノ、打出シワタシタル、云云、ソガ中ニモ、クレナヰノ撫子ノひきへぎナド、カガヤキワタルニ」 御下襲ノ菊ノひへぎ」

〔ひきぼし (名) 曳干 海藻ヲ引干シタルモノ。「海松ノ—、和布ノ—、世色ノ折敷、四ツシテ、—果物ナドシテ」

ひきまど (名) 引窓 てんまどニ同ジ。

ひきまはし (名) 引廻 (一)德川氏ノ制ニ、斬罪以上ノ重刑ノ附加刑、犯人ヲ馬上ニ縛シ、其罪狀ヲ紙幟ニ記シ、府內、或ハ、犯罪ノ地、犯人ノ住所、ヲ引廻ハシテ、衆ニ示シ、然ル後ニ本刑ニ行フ。(二)丸合羽。(合羽ノ條ヲ見ヨ)

〔ひきまゆ (名) 獨繭 〔繭ハ絲ヲ抽クガ故ノ名ト云〕 一蠶ノ作レル繭。ヒトツマユ。(孖繭ニ對ス) 和名抄「獨繭、比岐万由」 イトホシト、思ヒコソ知レ、ヒキマユノ、カキコモル身ハ、苦シカリケリ」

ひきまゆ (名) 引眉 眉毛ヲ剃リタル痕ニ、又、墨ニテ、眉ノ形ヲ畫キタルモノ。

ひきめ (名) 蟇目 〔響目ノ約、或云、其孔、蟇ノ目ニ似タリト〕 鏃ノ一種 木製ニシテ、鏑矢ノ鏃ニ似テ長ク、凡ソ四寸許 圍ミ五寸、五孔或ハ六孔アリ、射ル物ニ傷ツケヌ爲ノ用トシ、又、空氣、孔ニ觸レテ高ク響ケバ、能ク妖魔ヲ伏スト云フ。

ひきもの (名) 彈物 彈キ鳴ラス物。「ヒキモノ、琵琶、和琴バカリ、笛ドモ、上手ノ限リシテ」

ひきもの (名) 引物 〔引出物ノ轉カ、或ハ引添フルマデノ意カ〕 膳部ニ特ニ添ヘテ出ス肴菓子ノ類、客ノ携ヘ歸ルニ供フ。

ひきもの (名) 挽物 木地物、錫器ナド、轆轤ヲ用ヰテ挽キ彫リ造レル器ノ稱。 旋器

ひ-きやく (名) 飛脚 (一)急事ヲ遠地ニ通ズル使。ハヤビキヤク。 急足 (二)轉ジテ、泛ク、人ノ音信ヲ持シテ遠方へ達スルヲ業トスル者。 脚夫

ひきやく-せん (名) 飛脚船 時日ヲ定メテ急航スル蒸氣船。

ひきゆ (動) 率 ひきゐるノ訛

〔ひ-きよう (名) 比興 事ヲ物ニ托シテ打チ興ズルヿ。

ひ-きよく (名) 秘曲 管絃ノ術ナドニ、秘メテ容易ク傳ヘヌ曲。

ひきよもぎ (名) (一)鼠麴草ノ一名、葉、艾ニ似テ、折レバ白絲ヲ曳ケバ名トス、(和名抄ニ馬先蒿、茵陳蒿ニ訓ジタルハ妥當ナラズ) (二)又、草ノ名、陽地ニ生ズ、高サ一二三尺、葉ハ、艾ノ葉ニ似テ小ク薄シ、花岐多クシテ、毛茸アリ、黃綠ニシテ紫ヲ帶ビ、背ニ白色ナシ、夏秋ノ交、梢葉ノ間每ニ花ヲ生ズ、赤小豆ノ花ニ似テ、大サ一二三分、黃色ナリ、花下ニ細房アリ、長サ五六分 圓クシテ、豎ニ數稜アリ、胡麻ノ房ノ如シ、內ニ小子多シ、罌粟ノ子ヨリ小シ、秋ノ半ニ至リ、苗枯レテ黑ムヿ、衆草ニ異ナリ。 鬼油麻

〔ひきり (名) 火切 火ヲ取ル具、枯レタル檜ノ木口ニ、檜ノ棒ヲ當テ、力ヲ入レテ揉メバ、火出ヅ、ソノ揉ムヿヲ「鑽ル」トイフ、古代ノ法ナリ。 鑽 後世ハ、專ラ、燧ヲ用ヰル。

ひぎり (名) 日切 日數ノ限リ。日限。

ひ-ぎり (名) 緋桐 一名、唐桐。桐ノ一種、植ヱテ花ヲ賞ス、暖地ノ產ニテ、寒ヲ畏ル、高サ一二尺、葉圓クシテ、末、尖リ、邊ニ鋸齒アリ、大ナルハ尺ニ至ル、夏、莖ノ梢ニ、長キ穗ヲ出シ、枝ヲ分チテ、多ク花ヲ開ク、瓣、蕚、共ニ朱ノ如シ、秋ニ至ルマデ開ク。

頻桐‖

ひきりやう (名) 引兩 紋所ノ名、輪ノ中ニ、横ニ二畫アルモノ、足利氏ノ章ナリ。又、フタツビキ。二ツ引兩。其二畫ナルヲ二ツートイフ。

ひきれ (名) 引入 器ノ名、ひきいれノ約。「一合子」

ひきわけ (名) 引分 角力ニ、永ク闘ヒテ果テヌトキ、分ケテ勝負ヲ定メヌヿ。

ひきわた (名) 引綿 もめん綿ノ上ニ眞綿ヲ薄ク延ベ引キ被フモノ。(綿入ノ服ナドニ)

ひきわたす・ス・セ・サ・シ・セ (他動)(規.一) 引渡 (一)長ク引キ張ル。(絲繩ナドヲ)(二)讓リ授ク。「御用ヲ一」罪人ヲ一」

ひきわり (名) 碾割 大麥ヲ、碾ニテ粗ク碾キ割リタルモノ、炊ギ便ニス。 麥屑‖

ひきゐる・ヰル・ヰレ・ヰ・ヰ・ヰヨ (他動)(規.四) 率|帥|將 〔引キ以ル、ノ義〕 引キ連ル。伴フ。新撰字鏡「攜、將行也、比支井天由久」今昔物語「蘇我ノ大臣、太子ニ申シテ、共ニ軍ヲ引將テ、守屋ヲ討タムト爲ル」

ひく・ク・ケ・カ・キ・ケ (自動)(規.一) 引 退ク。後ヘシザル。罷ル。「役所ヲ一」役目ヲ一」敵一」汐一」 退‖

ひく・ク・ケ・カ・キ・ケ (他動)(規.一) 引 (一)取リテ我ガ方ヘ寄ス。前ヘ手繰リテ近ヅク。(二)拔キ出ス。「繭ヨリ絲ヲ一」綿ヲ一」 抽‖ (三)後ニ從ガヘ行カシム。「車ヲ一」舟ヲ一」馬ヲ一」 牽‖ 挽‖ (四)ヒキヰル。連レ立ツ。「宰相中將、上達部ひきテ參リ給フ」 携‖ 伴‖ (五)長ク地ヲ摺リ行ク。「裾ヲ一」跛ヲ一」 曳‖ (六)長ク延ベ張ル。「繩ヲ一」絲ヲ一」幕ヲ一」聲ヲ一」飴ヲ一」 延‖ 張‖ (七)長ク標シヲツク。「線ヲ一」圖ヲ一」墨ヲ一」朱ヲ一」 畫‖ (八)弓弦ヲ張リ開ク。「弓ヲ一」 彎弓‖ (九)援ク。贔負ス。 援引‖ (十)誘ヒ試ム。「心ヲ一」氣ヲ一」貫目ヲ一」(十一)採リ來リテ用ヰル。「古例ヲ一」譬ヘヲ一」古歌ヲ一」 引用‖ (十二)索メ取ル。搜リ出ス。「字引ニテ字ヲ一」鬮ヲ一」 索引‖ (十三)除キ減ラス。「數ヲ一」直段ヲ一」給金ヲ一」 減‖ (十四)退クル。「身ヲ一」陣ヲ一」 退‖ (十五)延ベ塗ル。「蠟ヲ一」油ヲ一」糊ヲ一」藥ヲ一」澁ヲ一」鹽ヲ一」 塗付‖ (十六)研リ潰ス。「刃ヲ一」 磨滅‖ (十七)引出物トス。「大刀一腰ヲ一」肴ヲ一」(十八)拔キ採ル。「小松ヲ一」アヤメヲ一」 採‖ (十九)此語ハ、他ノ動詞ト熟語トナリテ、稍、意ヲ強クス。「引キ越ス」引キ直ス」引キ纏ム」引キ受ク」引キ替フ」

○後ヲ一。續ク。○息ヲ一。吸フ。○湯ヲ一。浴ス。

ひく・ク・ケ・カ・キ・ケ (他動)(規.一) 彈|鼓 〔引ク義〕 絃ノ樂器ヲ、調ニ合ハセテ搔キ鳴ラス。カナヅ。彈ズ。

ひく・ク・ケ・カ・キ・ケ (他動)(規.一) 挽 〔引キ切ル意〕 (一)鋸ニテ切リ割ル。 鋸切‖ (二)轆轤鉋ニテ挽物ヲ造ル。 牽鏇‖

ひく・ク・ケ・カ・キ・ケ (他動)(規.一) 碾 〔引キ廻ハス意〕 碾ニテ廻ハシテ磨ル。 磑‖

ぴく (名) (一)繩ニテ作レル畚ノ類。 塿‖ (二)漁リタル魚ヲ入ルル竹籠。 魚籃‖

ビク (名) 比丘 梵語、乞士ト譯ス、僧ノ稱。女ナルヲ一尼、トイフ。アマ。

ひくし・キ・ケレ・ク・ク (形.二) 低|矮 (一)長、少シ。高カラズ、下ニアリ。ビキシ。(二)身分、下ニアリ。賤シ。 卑‖ (三)高ク響カズ。靜ナリ。「聲一」 低聲‖

ひぐち (名) 火口 鳥銃ノ火皿ニアリテ火氣ヲ筒ノ中ニ通ズル穴。 火門‖

ひくつ (名) 卑屈 氣力ノ挫ケチヂミタルヿ。意氣張ナキヿ。

ひくづ (名) 簸屑 穀、茶、ナドヲ箕ニテ簸ヒ出デタル屑。

ひくて (名) 引手 引ク人。誘フ人。

ビクニ (名) 比丘尼 比丘ノ條ヲ見ヨ。

ぴくぴく (副) 動スレバ臆シ恐ルル狀ニイフ語。 惴惴‖

ひくひどり (名) 火食鳥 〔漢名ノ食火鷄ヲ文字讀ニシタル語ナラム、初メ、火ヲ食フト想像シテ名アリ〕 駝鳥ノ一種、東印度諸島及ビ濠洲ニ棲ム、形、白鳥ニ似テ、高サ五六尺、頸、脚、短ク、脚ハ三指ナリ、羽、黑ク細ソク、垂リテ簑ノ如シ、頸、頭、ニ毛無クシテ淺藍色ナリ、又、頭上ニ角ノ如キ瘤アリ。一名、イシワリ。洋語 カソアル。カズワル。 食火鷄‖

ひぐま (名) 羆 あぐまノ訛。

ひくらうど (名) 非藏人 藏人所ノ下ニ屬シテ、殿上ニ候シ、侍臣ノ驅使ニ供スル職、六位ノ中ヨリ補ス。

ひぐらし (名) 日暮 (一)一日ヲ暮スヿ。(二)蟬ノ一種、身ノ色、淡褐、淺黑、相雜ハリテ、綠條アリ、長サ六分許、羽ノ長サ、身ニ倍シテ、透明ナリ、山中ニテ、秋日、多ク午後ヨリ日暮ニ鳴ク、聲、寂寥ニシテ、かなかなト聞ユトテ、かなかなぜみノ名モアリ。茅蜩

ひぐらし (副) 日暮 日一日。ヒネモス。「御膝ノ上ニテ、一守リ聞エサセ給フ」櫻花、一見ツツ、今日モマタ」終日

ひぐるま (名) 日車 草ノ名、ひまはりニ同ジ。

ひぐれ (名) 日暮 日ノ暮レムトスル時。夕。晩。

ひぐわし (名) 乾菓子 菓子ノ條ヲ見ヨ。

ひくわん (名) 被官 〔被管ノ官ノ義カ〕 附屬ノ官。省ノ下ニ管セラルル寮、司、等ノ稱。

ひけ (名) 引 (一)ヒケルコト。退キ散ルコト。「役所ノ一」退散 (二)勝負ニ負クルコト。マケ。オクレ。「一ヲ取ル」敗 (三)賣買ニ價ノ減ルコト。「一ガ立ツ」「一ヲ取ル」

ひげ (名) 髭 〔秀毛ノ意、或ハ鬚毛ノ意ト云〕 (一)唇、頰、ノ邊ニ生ズル毛。唇ノ上ナルヲかみつ一、又、うはートイフ。髭 頤ニアルヲ、しもつ一、又、したートイフ。鬚 頰ナルヲほほートイフ。髯 (二)獅虎猫ナドノ口ノ邊ニ生ヘル鋭ク長キ毛、

びげき (名) 尾擊 オヒウチ。

〔ひげこ〕 (名) 鬚籠 竹籠ノ、竹ノ端ヲ編ミ殘シテ、鬚ノ如クシタルモノト云フ。「北ノオトドヨリ、云云、ひげこドモ、檜破子ナド、奉レ給ヘリ」賭物ニ出サセ給ヒケルひげこニ、花ヲコキ入レテ」

ひけし (名) 火消 火災ヲ防ギ消スヲ職トスル者。救火夫

ひけしつぼ (名) 火消壺 蓋アル壺、薪ノ燼火ヲ密閉シテ、消炭ヲ作ル。

ひげす・スル・スレ・セ・シ・セヨ (自動)(不規・三) 卑下 己レヲ卑シメテ禮ス。ヘリクダル。謙

ひけつ (名) 秘結 醫ノ語、大便、滯リテ通ゼヌコト。

ひけつ (名) 秘訣 奧ノ手。奧義。

ひけつ (名) 否決 否ナリト決ムルコト。

ひけふ (名) 卑怯 勇氣ナキコト。オクビヤウ。

ひけん (名) 披見 披キテ見ルコト。

ひけん (名) 鄙見 己ガ見込ノ謙稱。

ひける・ケル・ケレ・ケ・ケ・ケヨ (自動)(規・四・變) 引 〔引カルノ訛〕 (一)退散ス罷ル。退ク。「役所ガ一」 (二)怖ツ。臆ス。「心ガ一」氣ガ一」

ひこ (名) 彥 〔ひハ靈異ナドノひニテ、靈異兒ノ義、姫モ靈異女ナリト云〕 男子ヲ美メテ呼ブ語。

〔ひこ〕 (名) 孫 〔ひハ重ナル義、曾孫ヲ更ニひひこトイフモコレナリ〕 子ノ子。ウマゴ。今、マゴ。

ひこ (名) 曾孫 ひひこノ約。孫ノ子。ヒマゴ。ヒイマゴ。

ひこ (名) 小舌 咽喉ノ上ニ垂リタル肉狀ノモノ。

ひご (名) 籤 〔引子ノ略カ〕 竹ヲ極メテ細ク削レルモノ、籠ヲ編ミ、又、提燈ノ骨ナドトス。

ひご (名) 卑語鄙語 イヤシキ言葉。サトビゴトバ。

ひこく (名) 被告 訴ヘラレタル方。訴訟ノ相手方。

〔ひこじろふ〕・フ・ヘ・ハ・ヒ・ヘ (他動)(規・一) 牽 左右ニシテ引ク。ヒキジロフ。ヒコヅラフ。「帶ヲ引解キテ、云云、ヒコジロフ程ニ」ヒコジロヒ閉ヂニクキタハレ聲モ」切ニ引寄セ給フヲ、アナ、ムツカシ、暑ク侍ルニト、ヒコジロヒ給ヘル」

ひこずゐき (名) 白芋ノ莖ヲ乾シテ貯ヘタルモノ、肥後ノ產、名アリ、色、白ク、太ク長ク、味、脆美ナリ。白芋莖

ひごたい (名) 平江帶 〔支那、平江府ヨリ出デ、禪僧ノ稱呼ニ起ルト云〕 草ノ名、春、宿根ヨリ叢生ス、葉ハ、小薊ニ似テ、刺ナク、厚ク大ナリ、葉ノ長サ一尺許、背ニ白毛アリ、夏ノ後、莖ヲ出スコト四五尺、秋ニ至リテ、莖ノ頂ニ、藍紫色ノ小花、簇リテ毬ヲナス。單州漏盧

〔ひこづらふ〕・フ・ヘ・ハ・ヒ・ヘ (他動)(規・一) 牽 〔引釣リ合フノ約ト云〕 引キ張ル。ヒコジロフ。ヒキジロフ。ヒキツル。「曾朋舟ニ、綱取リカケテ、引豆良比」

ひこばえ (名) 蘖 〔孫生ノ義ト云〕 伐リタル根株ヨリ生ジタル芽。

ひごひ (名) 緋鯉 金魚ノ類、畜ヒテ玩ブ、鯉ニ似テ、頭、尖リ、大ナルハ八尺ニ過ゲ、全身赤シ、或ハ、白キモアリ、紅、白、又ハ、黑、白、相雜ハレルモアリ。金鯉

ひごふ (名) 非業 佛家ノ語、其業ニテラヌコト。其罪ナラヌコト。非命。「一ノ死」

ひこぼし (名) 彥星 星ノ名、織女ノ夫トス、イヌカヒボシ。牽牛星

ピコル (名) 擔 支那ノ秤目ノ名、我ガ十六貫二百四十三匁三分強。凡ソ我ガ百斤。

ひごろ (副) 日頃 數日コノカタ。カネテヨリ。「一ノ思

ロ」日來

〔ひさゑ〕（名）【失聲】〔乾聲ノ義カト云〕聲ノ嗄レテ出デヌヿ。

ひさ（名）【膝】〔ひきゐざる意カト云〕股ト脛トノ骨節ノ前面。

ひさいに（副）【微細】コトコマカニ。クハシク。「綿密ー」

ひさう（名）【皮相】ウハベノカンガヘ。「ーノ見」

ひさう（名）【秘藏】秘メ藏ムルヿ。珍重シテ養フヿ。

ひざう（名）【秘藏】前條ノ語ニ同ジ。「ーノ品」ー息子」ー娘

〔ひざう〕（名）非常ニ同ジ。「ひさうニ、ヲカシキ事モコソアレトイフ」我ガひさうノ時ニモ相見デヤミヌベキカ」○ーナキ。（なきハ甚キ義）甚ダ非常ナル。「ひさうなき家刀自ノ、遍ニ打チトケタル」

ひさう-せき（名）【砒霜石】（一）銀銅等ノ鑛ヲ吹キ分クル時ニ出デテ凝結スルモノ、劇毒ナリ。亞酸化砒素。（二）俗ニ、砒石。

ひさかき（名）【柃】〔榊ニ似テ低シ、低榊ノ略カト云〕樹ノ名、山谷ニアリ、高サ二三尺、葉ハ、略、茶ニ似テ、狭ク長ク、鋸齒アリ、花、最モ小クシテ、白ク、臭シ、葉ノ本岐ニ、細小ノ實、毎ニ一顆ヲ生ズ、赤黒クシテ紫ヲ帶フ、今、此枝葉ヲ榊ニ代ヘテ用ヰル。訛シテ、ヒシャカキ。ヒシャシャケ。此樹葉ヲ灰トシ、染家必用ノ灰汁トナル、（柃灰）因テ、樹ニ、灰汁柴ノ名モアリ。

ひざかけ（名）【膝掛】マヘカケ。マヘダレ。

ひざがしら（名）【膝頭】膝ノ高クナリタル處。ヒザカブ。

ひさかたの（枕）【久方・久堅】〔日差方ノ義ト云、或云、天先ツ成レレバ、久堅ノ義、或云、天ハ虛ナレバ、瓠形ノ義、皆、牽强ナラム〕天ノ枕詞。轉ジテハ、雨、月、星、雲ナド、スベテ、天上ノ物ニモ用ヰル。又轉ジテハ、日ノ光、月ノ都ナドヲ略シテ、光、都、ニモ用ヰ、光ヨリ轉ジテハ、鏡ナドニモ用ヰル。

ひさぎ（名）【楸】〔久シキニ耐フル木ノ意カト云〕樹、直ニ聳エ、上ニ枝ヲ分ツ、枝、葉、共ニ對生シ、新出ノ莖葉ハ、共ニ黑クシテ、長ジテ綠トナル、葉ハ、桐ニ似テ、五尖ニシテ、鋸齒ナシ、太サ六七寸ヨリ尺ニ至ル、夏、尺許ノ穗ヲ出シテ花ヲ開ク、胡麻ノ花ノ如クニシテ、淺黃ニ紫點アリ、莢ヲ結ブ、長サ尺餘、垂ルルヿ、十六ささげノ如シ、故ニ、木ささげノ名モアリ、莢、春ニ至リ、自ラ裂ケテ、子、風ニ飛ブ。

〔ひさく〕（名）【杓】ひさごノ轉、ひさやくニ同ジ。

ひさぐ・グ・ゲ・ガ・ギ・ゲ（他動）（規、一）【鬻・販】賣ル。

ひさぐ・グル・グレ・ゲ・ゲ・ゲロ（他動）（規、二）【提】〔引キ下グノ略〕手ニ下グ。ヒッサグ。

ひざくら（名）【緋櫻】櫻ノ一種、花、小ク、千瓣ニシテ、莖、長ク垂リ、苔、甚ダ赤ク、開キテ淡紅ナルモノ。

ひさげ（名）【提子】酒ヲ盛リテ盃ニ注グ器、注口アリ、鉉アリテ提グベシ。（銚子ノ條、見合ハスベシ）注子

〔ひさご〕（名）【杓】〔提子ノ約カ〕水ヲ汲ム器、蓋シ、古キハ、今ノ杓子ノ如クニシテ深キモノ。後ニ轉ジテ、ひさくトイヒ、ひさやくトイヒ、更ニ略シテひしやくトイフ。

ひさご（名）【瓠・匏・瓢】〔杓ノ義、此類ノ長柄壺盧トイフモノ、割キテ木杓ニ代フベシ、故ニ、なりひさごトモイフ、結實杓ノ義〕古ク、又、なりひさご、ゆふがほ、ふくべ、へう、類ノ總稱、各條ヲ見ヨ。

ひざざら（名）【膝皿】古名、ヒザノカハラ。アハタコ。アハタ。膝頭ノ中ニアル皿ノ如キ骨。膝蓋　膝髑　膝骨

ひさし（名）【庇】〔日指被ノ略カト云〕（一）古ヘ、殿ノ正中ヲ母屋トシ、其四面、各一間、狭キ處アリ、コレヲートス、後世、いるかはトイフ。「ひさしニ御座敷キテ大殿隱ル」東ノーノ下リタル方ニ、ヤツレテオハスルニ」（二）後世ハ、家ノ四方ノ軒下ニテ、椽側、戶口、窓ナドノ上ニ、別ニ作リ添ヘテ垂レタル短キ屋。廡

ひさし・シキ・シケレ・シク・シク（形、二）【久】〔日去ノ意ト云、イカガ〕時、遙ナリ。長ク時ヲ歷。永シ。永久ナリ。

ひざし（名）【日指】日光ノ窓ナドヘ差入ルヿ。日景

ひさしぶり（名）【久振】〔久シ舊リノ義〕久シク時日ヲ歷タルヿ。「ーノ面會」ーニテ逢フ」

ひさつ（名）【飛札】飛脚ニテ來リタル手紙。

〔ひざつき〕（名）【膝突】騎物ノ名、半疊ノ薦ナリト云。「ーニ、膝折リシキテ、薦枕、高ク歌ヘル、聲ノサヤケサ」

ひざまくら（名）【膝枕】他ノ膝ヲ枕トシテ臥スヿ。

ひざまづく・ク・ケ・カ・キ・ケ（自動）（規、一）【跪】〔膝曲衝ク意ト云〕地ニ膝ヲ衝キテ屈マリ居ル。

ひさんぎ（名）【非參議】大中納言參議等ニ任ジタル人ニテ、見任ニ居ラヌ者ノ汎稱、又、三位四位ニテ、終ニ參議ニ昇ルベキ人ノ汎稱トモス。

〔ひさめ〕（名）【大雨・甚雨】〔直雨ノ轉ナラムト云〕甚

シク降ル雨。オホアメ。「玉桙ノ、道來ル人ノ、泣ク涙、霈霖ニ降レド」

〔ひさめ〕(名) 氷雨 雹ニ同ジ。

ひざもと (名) 膝元 膝ノ邊。座ニ近キ處。「親ノ―」 膝下

ひざら (名) 火皿 (一)鳥銃ニ、火口ノ窪ミテ火薬ヲ盛ル處。 火藥池 (二)烟管ノ名所、其條ヲ見ヨ。

ひし (名) 菱 〔緊ノ意ニテ、銳刺ヲリイヘルカ、或云、鰭ト通ズト〕(一)水草ノ名、根ハ、水底ニアリテ、葉ハ、水面ニ叢生ス、形、平タク、蝶ノ翅ノ如ク、厚クシテ光ル、莖ハ脹レテ蛙ノ股ノ如シ、夏、小白花ヲ開ク。實、形、三角ナリ、或ハ、四角、兩角モアリテ、堅刺、尖リテ銳シ、秋熟スレバ黑ク、仁、白ク、食スベシ。 菱實 (二)斜ニ横長キ四角ノ形ノ稱、上下ノ角ハ鈍ク、左右ノ角ハ銳シ、 斜角 コレヲ、種種ノ模樣又ハ紋所ナドニ用ヰテ、幸ヒ―、花―、劍―、松皮―、武田―、ナドイフ、各條ニ註ス。

〔ひし〕(名) 䈾 〔菱ノ義、刺アレバイフ、䈾、捕レ魚籠也、當ラズ〕漁具、鐵ヲ棹ノ頭ニツケテ、刺シテ魚ヲ捕ルモノ。矠ノ類。 矠

〔ひし〕(名) 叉鋑 〔語源、前ニ同ジ〕武器、兩岐ノ鐵ニ、長キ柄アルモノ。さすまたノ類。

ひし (名) 鐵蒺藜 〔語源、前ニ同ジ〕軍用ノ具、鐵製、枝刺多キモノ。逆茂木ノ類。

ひじ (名) 非時 〔非時食ノ意、午ヲ過グレバ食ハザルヲ法トス、故ニイフ〕僧家ニテ、午後ノ食事ノ稱。(齋ノ條、見合ハスベシ)

びじ (名) 美事 褒ムベキ事柄。

〔ひしき〕(名) 引敷 敷物。シトネ。今、ヒッシキ。「思ヒアラバ、葎ノ宿ニ、寢モシナム、ひしき物ニハ、袖ヲシツツモ」 裀 衾

ひしき (名) 火敷 香敷ニ同ジ。

ひじき (名) 鹿尾菜 〔ひずきもノ轉略、干杉藻ノ義カト云、イカガ〕古名、ヒズキモ。海藻ノ名、海中石上ニ生ズ、長サ一二三寸、鼠尾ノ如クニシテ、蒼黑ナリ、煮レバ黑ク、脆クシテ、味、淡シ。 羊栖菜

ひし・ぐ・ゲ・ガ・ギ・グ (他動)(規.二) 拉 〔緊ヲ活用シタル語カ〕緊ト壓シ折ル。壓シ潰ス。

ひし・ぐ・グル・グレ・ゲ・ジ・ゲヨ (自動)(規.二) 拉 緊ト壓サレテ潰ル。挫ケ碎クル。 壓碎

ひしくひ (名) 鴻 〔菱食ノ義〕又、オホカリ。鳥ノ名、雁ヨリ大クシテ、背、頸、淡黑褐ニテ、羽ノ邊、白シ、翅ハ深黑ニシテ白邊アリ、腹ハ白クシテ褐ヲ帶ブ、湖澤ニ集リテ、好ミテ菱ノ實ヲ食フ。

ひしこいわし (名) 鯷 略シテ、ヒシコ。東京ニテハ、更ニ略訛シテ、シコ。小魚ノ名、鰯ニ似テ小ク、別種ナリ、處處海中ニ多シ、賤民ノ食トス、鮮ナルハ味好シ、多クハ乾シテ、たつくりトス。 馬鰶

ひしづめのまつり (名) 鎭火祭 祭事、季夏季冬(陰曆、六月、十二月晦)ニ、宮城ノ四方外角ニテ、卜部、火ヲ鑽リテ行フ、火災ヲ防ガム爲ナリ。

ひしと (副) 緊シク壓サレテ鳴ル聲ニイフ語。「此ノ床ノ、

比師跡鳴ルマデ嘆キツルカモ」ヒシヒシト踏ミ鳴ラシツツ」ヒシヒシト、只、食ヒニ食フ音ノシケレバ」

ひしと (副) 緊 〔前條ノ語ノ轉ナラム、俗、犇ノ字ナド記ス〕緊シク、ツヨク。キツク、ハゲシク。緊ミナク。「腕ヲ―握リ」心ニ―カケテ」―思ヒ定メ」馬車、―立テテ」霍麥ヲ―植ヱラレ」互ニ、ヒシヒシト、取リ組ミテ」近ヅカマホシキ人ノ、上戸ニテ、ヒシヒシト馴レヌル、又、嬉シ」

ひし・ぬ・ヌル・ヌレ・ナ・ニ・ネ (自動)(不規.三) 乾死 餓エテ死ヌ。 餓死

ひじは (名) 〔遍芝ノ約轉カト云フ〕草ノ名。雌―ハ、廢地ニ多シ、夏、生ズ、細莖、地ニ布キテ蔓延シ、毎節、根アリテ拔キ難シ、葉ハ、をのおろぐさニ似テ小ク、互生ス、秋、穗ヲ生ズ、芒ニ似テ甚ダ小ク、淡綠ニシテ、蘂ハ、紫又白ナリ。一名、チシバリ。京都ニ、カヤツリグサ。小兒、穗ヲ交ヘテ引合ヒ、又、兩穗ヲ倒ニ立テテ、吹キ倒シテ勝負ス、故ニ、をまふぞりぐさノ名モアリ。 莩 雄―ハ、田野ニ多シ、一根、數十葉、叢生ス、葉ハ細長ク、莎草ノ如シ、秋、莖ヲ出ス、平タクシテ八寸許、穗ハめひじはヨリ大クシテ深綠ナリ、根深クシテ引拔キ難シ。 鵲唐

ひしばひ (名) 菱灰 菱ノ實ノ殼ヲ燒キテ灰トセルモノ、褐色ナリ、香爐ナドニ用ヰル。

ひしほ (名) 醬 〔ひハ隔ツル語、釀造久シキヲ經テ鹽ト隔ツ、故ニ名トスト云、或云、漬鹽ノ意カト〕食物、紳ゲタル小麥ノ飯ニ、大豆糯米ヲ炒リテ粉トセルヲ

雜ヘテ麹トシ、鹽水ヲ煮テ加ヘ、攪キ交ゼテ貯フルヿ數十日ニシテ成ル、多ク瓜蔬等ヲ漬ク。ナメモノ。肉醬 肉ナルヲ、肉ー、又、しほからトイフ。醢

び-じん (名) 美人 顔色ノ麗ハシキ女。美女。

びじん-さう (名) 美人草 〔虞美人草ノ略〕ヒナゲシ。

びじん-せう (名) 美人蕉 ヒメバセウ。琉球ノ産、寒ヲ畏ル、芭蕉ニ似テ小ク、葉モ狹ク短シ、花ハ朱色ニテ、形、めらがノ花ノ如ク、瓣、狹ク、三寸許、左右ニ互生スルヿ四五寸ナリ。女ノ髮ヲ洗フニ、此葉ヲ煎ジテ用ヰ、又、黑燒ニシテ油ニ煉リテ用ヰレバ、禿ゲタルニ髮生ズト云、因テ名アリ。紅蕉

ひしめ-く (自動)(規、一) 犇 ヒシヒシト音ス。押シ合ヒ騷ギ立ツ。

ひし-もち (名) 菱餠 菱形ニ切リタル餠、鏡餠ニ戴ス。

ひ-しや (名) 飛車 將棋ノ駒ノ名、縱、横、直線ニ、幾格ニテモ飛ビ行クヿヲ得ルモノ。

ひ-じやう (名) 非常 ヨノツネナラヌヿ。常並ナラヌヿ。思ヒ設ケヌヿ。

ひ-じやう (名) 非情 木石等ノ、心無キモノ。(動物ノ有情ニ對ス)

び-しよう (名) 美稱 美ムル稱。

び-しやう (名) 微傷 アサデ。ウスデ。少シノ切疵。

ひじやう-しや (名) 非常赦 赦ノ條ヲ見ヨ。

ひしやかき (名) 樹ノ名、ひさかきノ訛。

ひしやく (名) 柄杓 〔ひさご、ひさくノ轉、字ノ音ナラズ〕古クハ、ヒサゴ。又、ヒサク。今、又略訛シテ、シヤク。湯水ヲ抄ヒ取ル器、頭ヲ竹筒又ハ椀物ニテ作リ、長キ柄アリ。杓 水杓

ひ-しやく (名) 飛錫 僧ノ旅行。行脚。雲水。

ひしやしやけ (名) 樹ノ名、ひさかきノ訛。

ビシヤモン (名) 毘沙門 〔梵語、吠室羅摩拏ノ約轉、多聞ト譯ス、福德ノ名、四方ニ聞ユル義ト云〕佛經ニ、四天王ノ一、北方ヲ守護シ、夜叉羅刹ヲ主ルト云。一名、多聞天。

ひ-しゆ (名) 匕首 懷劍ノ類。

ビシユカツマ (名) 毘首羯磨 天竺ノ工匠、善ク佛像ヲ刻ム、今、佛トシテ祭ル。

ひ-じゆつ (名) 秘術 秘メテ容易ク傳ヘヌ術。

び-じゆつ (名) 美術 工夫思考ヲ費シテ、人ノ慰ミノ爲ニスル術ノ稱、詩、歌、音樂、畫、彫刻、等コレニ屬ス。

ひ-じゆん (名) 批准 可否ヲ判決シテ許スヿ。

ひ-しよ (名) 秘書 秘メテ容易ク人ニ示サヌ書籍。

ひ-しよ (名) 避暑 暑ヲ避クルヿ。

ひ-しよく (名) 非職 官ニ在リテ勤メナキヿ。非役。

ひしよ-くわん (名) 秘書官 大臣ニ屬スル書記ノ官。

ひじり (名) 聖 〔日ノ如ク知ル意ト云〕(一)支那ニテイフ聖人聖天子ナドヲ、其德ニツキテ設ケタル訓ト云。(二)ソレヲ借リテ天皇ヲ稱ヘ奉ル語。「日嗣知シ召ス意トイフハ、古意ニアラズト云」「橿原ノ、日知ノ御世ユ」故稱ニ其御世一謂ニ聖帝世一也」大八洲所知志聖乃天皇命」(三)スベテ、凡人ニ勝レタル人ノ稱。「柿本人麻呂ナム、歌ノ一ナリケル」(四)淸酒ノ異名。(支那ニテ、謂ニ淸酒一爲ニ聖人一濁酒爲ニ賢人一)「酒ノ名ヲ、聖ト負セシ、古ヘノ、大キ聖ノ、言ノ宜シサ」(五)高德ノ僧ノ稱。「目蓮ガ、佛ニ近キ一ノ身ニテ」(六)泛ク、僧ノ稱。「中納言、其法師引張レト宣ヘバ、ひじりケ、云云、哀レゲナル顔ヲシテ」(七)僧ノ眞似スルヿ。「イト世ヅカヌーザマニテ、ゴチゴチシウ」ヤルー心ヂニテ、イト嬉シク覺エケレバ」

(ひじ-る (自動)(規、一) 聖 〔前條ノ語ヲ活用ス〕聖トナル。佛、又、僧トナル。「深キ幾ノ中ニア、ひじり入リ居タリケル」

ひ-しろ (名) 樋代 伊勢ノ太御神ノ、御神體ヲ容ルル器ノ名、純金ニテ、橢圓ナリトゾ。

ひ-す (他動)(不規、二) 秘 秘ム。隱シテ示サズ。

ひ-す (他動)(不規、二) 庇 クラフ。ナゾラフ。

ひ-すい (名) 翡翠 ヒスヰノ條ヲ見ヨ。

(ひすかし (形、二) 圖 心、歪ミタリ。カダマシ。

(ひすきも (名) 鹿尾菜 ひじきノ古名。

ビスケット (名) 乾麵包 〔英語、Biscuit.ノ訛〕麵包ヲ固ク燒キ成シタルモノ。

ピストル (名) 短銃 〔Pistol. 創造ノ地、以太利國 Pistola. 府ノ名ニ起ル〕甚ダ小ク短キ銃ノ稱。

(ひすまし (名) 樋洗 廁ノ掃除ヲ司ル下司ノ女。(樋ノ條ヲ見ヨ)

ひずみ (名) 歪 ヒズムヿ。ヒズミタル形。イビツ。

ひずむ (自動) (規. 一) **歪** 方圓ノ形、其規ニ合ハズ、イビツニナル。カタヨル。

ひすゞ (名) **翡翠** (一)鳥ノ名、カハセミ。(二)(鳥ノ尾ノ長キ羽。和名抄「翹、鳥尾上長毛也、俗云、翡翠」鬘ヲ形容シテ翡翠トイフハ、鳥毛ノ長キニ寄セテイフナルベシ。「鬘ハ、スコシ光澤ナルガ、筋モ見エズ、コマゴマト、翡翠ナドイフラムヤウニ、ヒロゴリカカリテ」ひすゞノ鬘狀ニツケテモ、今ハ、何ニカハセサセ給フベキナレバ、御サマヲ變ヘサセ給ヘリ」

び・せい (名) **美聲** ウルハシキコヱ。美音。

び・せう (名) **微笑** ホホヱムコト。ニツコリ笑フコト。

び・せうねん (名) **美少年** 顏色ノ美シキ少年。

ひ・せき (名) **砒石** 礦物ノ名、砒素ト硫黃ト鐵トニ成ル、山中岩石ノ間ヨリ出ヅ、色、黑キアリ、灰色ナルアリ、形、土塊ノ如シ、極メテ烈シキ毒物ナリ。一名、礬石。俗ニ、砒霜石

ひ・せん (名) **被選** 他ニ選バルルコト。

ひ・ぜん (名) 〔皮癬ノ音カ、或云、肥前瘡ノ義、肥前島原ヨリ邪法ヲ流布セシヲ傳染ニ譬ヘテイフト〕濕瘡ノ一種、細カク生ズルモノ、傳染ス。

びぜんやき (名) **備前燒** 備前、和氣郡、伊部村ヨリ製出スル陶器、故ニ忌部燒ノ名モアリ、元ト齋瓮ヲ燒キタレバ地名トシタルニテ、日本最古ノ陶處ト云。今ノ陶、黑褐ニシテ厚ク、極メテ堅質ナリ、茶器、擂鉢、壜子、等多シ。壜子ニ德利ノ稱アルモ、備前燒ハ堅クシテ德利ナリトイヘルニ起ルト云。今、又、偶像諸器等、茶褐ノ釉ヲ施シ、上ニ、更ニ黃ナル釉ヲ撒キタルヲ、特ニいむべやきト稱ス。

ひ・ぜめ (名) **火攻** 火ヲ放チテ攻ムルコト。ヤキウチ。

ひ・ぜめ (名) **火責** 火ニテ拷問スルコト。

〔ひ・そ (名) **檜曾**、**檜楚** 〔そハ楚ノ約、楚割ヲそはやりト約メ、又そわりト約ムルニ同ジト云〕檜ノ木ノ材ノ、細小ニシテ方形ニ削ルベカラザルモノト云。今ノ小丸太ノ類。

ひ・そ (名) **砒素** 元素ノ一、砒石コレナリ。

び・そ (名) **鼻祖** 先祖、元祖、ニ同ジ。

ひそかに (副) **竊**、**竊**、**密** 人ニ知ラレジト隱シテ。シノビカニ。コツソリト。ナイショウニテ。

〔ひ・そく (名) **秘色** 〔初メ、支那ノ越國ニ產ズ、錢氏、國ヲ御スル時ニ燒進ス、民庶用ヰルコトヲ得ズ、故ニ秘色ノ名アリト云〕(一)靑磁ノ磁器ノ名、飯ナド盛ルモノト云。「御臺、ひそくやウノ唐土ノ物ナレド」御膳、沈香、折敷四枚、瓶用ニ秘色二(二)又、衣ノ染色、璃瑠色ナリト云。

〔び・そく (名) **鼻息** ハナイキ。

ひそひそ (副) **密密** 竊ニ物スル狀ニイフ語。シノビヤカニ。コツソリト。「一話ス」 **悄悄**

ひそまる (自動) (規. 一) **潛** (一)ヒソムヤウニナル。隱ル。(二)靜ニナル。ヒツソリトナル。オチツク。 **鎭靜** (三)眠ニ就ク。「心チ惡シミシテ、物モ物シ給ハデ、ヒソマリヌ」 就眠

ひそみ (名) **顰** 眉ノ顰ムコト。「西施ノ一ニ倣フ」

ひそむ (自動) (規. 一) **潛** 〔竊ニナル意〕隱ル。シノビテ居ル。「魚、淵ニ一」

ひそむ (自動) (規. 二) **顰**、**嚬** 〔前條ノ語意ニ同ジ〕(一)眉、皺ム。シカム。「目モ見エヌト、云云、打チヒソミツツ見給フ」悲シト見奉ルニ、口ハ、ヒソミニヒソム」(泣ク眉ノ狀ナリ)(二)老テ、口、スゲム。「百年ニ、老口ヒソミ、ナリヌトモ、我ハ忘レジ、戀ハ益ストモ」

ひそむ (他動) (規. 二) **潛** 潛ムヤウニナス。隱ス。シノバス。「身ヲ一」「聲ヲ一」

ひそむ (他動) (規. 二) **顰**、**嚬** 顰ムヤウニナス。眉ニ皺寄ス。シカムル。(憂フル貌)「眉ヲ一一イタウ搔イひそめテ、カタミニ、心ヅカヒシタリ」

ひそめく (自動) (規. 一) **密語** ヒソヒソト語ル。ササヤク。

ひそやかに (副) 竊ニ。シノビヤカニ。 **悄悄**

ひぞる (自動) (規. 一) **乾反** 乾テ反リカヘル。「板ガ一」

〔ひた (名) **引板** 〔ひきいたノ約ナルひきたノ約〕又、ヒキタ。鳴子ニ同ジ。「ひた引キハヘテ、守ル山田ヲ」田トイフモノノひた引キ鳴ラス音ナド」又、流レ落ツル水口ニ、板ヲ當テテ、水ヲ塞キカクレバ、動搖シテ鳴リ響クモノヲモイフ、皆、鳥獸ヲ驚カシ防グモノナリ。「遠ク、サス、ひたノ面ニ、引ク汝ハ、沈ム所ゾ、悲シカリケル」 水牌

ひた (接頭) **直**、**頓** 〔一ノ轉カト云〕一向ニ。他ヲ雜ヘズ。ヒタスラナル。タダチナル。打付ケナル。「一クレナヰ」

「ー白」「ー黃」「ー兜」「ー面」「ー切リ」「ー趣き」
純ー

ひた（名）【襞積】〔ひハ重ナル義、たハ疊ハル意カ〕又、ヒダメ。衣裳、袴、ナドノ裁縫ニ、細ソク折リタタミテ縫ヒツケタル處。

ぴた（名）【鐚】〔ぴたハ平扁ノ意、滅文ヨリイフカ、字ハ惡錢ノ二合和字〕粗惡ナル錢ノ稱。又、鐵錢ヲモイフ。

ひ-たう（名）【緋桃】桃ノ一種、花ノ色、深赤ニシテ、花ノミ賞スルモノ。

ひ-だう（名）【非道】道理ナラヌコト。無理。

〔ひた-おもて（名）【直面】面ノ現ハナルコト。打付ケナルコト。「明ウ成リユケバ、サスガニ、ーナル心チシテ」ーニハ、イカデカ、現ハシ給ハム」

〔ひた-かふ（名）【直甲】琵琶ノ甲ノ、一枚板ナルモノト云。

ひた-かぶと（名）【直兜】ーー同、甲冑ヲ帶シタルコト。

ひ-たき（名）【火焼】（一）古へ、家ノ内外ニ、夜ノ明リニ、炬火、燎火、篝火ナド焼クコト。「御火焼之老人」火炬小子」炬　（二）爐ノ古言。

ひ-たき（名）【鶲】〔火焼ノ義ニテ、背翅赤ケレバ云フト云〕小鳥ノ名、大サ雀ノ如ク、頭、黒クシテ、白キ細斑アリ、頷、頰、黒ク、背、翅、灰赤ニシテ黒斑アリ、翅ノ上ニ、白羽、黒羽、層層ス、胷、脚、蒼黒ナリ、秋ノ末、來リ、清亮能ク囀ル。又黃ートイフモアリ。

ひたき-や（名）【火焼屋】炬火スル舍。衞士ナドノ庭火、篝火、ナド焼キテ夜ヲ守ル小キ屋。助舖。「ー幽カニ光リテ、人氣少ク、シメジメトシテ」ーノ火焼ク衞士」

ひ-だし（名）【簸出】箕ニテ簸テ出シタル屑。「茶ノー」

ひたし-もの（名）【浸物】ユデモノ。蔬菜ヲユデテ醬油ニ浸シタルモノ。訛シテ、シタシモノ。茹

〔ひ-た-す・ス・セ・サ・シ・セ（他動）（規、一）【養】〔日足スノ義、成長ノ日數ヲ足ラシムル意〕養ヒ育ツ。「本牟智和氣御子、云云、何爲日足奉」權用ニ他姫婦」以乳ニ養皇子ニ唯我獨難ニ養育比陀斯ニ」

ひた-す・ス・セ・サ・シ・セ（他動）（規、一）【浸】【漬】漬ケテ潤ス。濡ラシ濕メス。

ひた-すら（副）【只管】〔直向ノ義ト云〕一向ニ。ヒタブル。ヒタモノ。セチニ。一途ニ。「ーニ思フ」ー賴ム」ー願ノ」

〔ひたた（副）【邈】ワヅカニ。

〔ひた-た-く・クル・クレ・ケ・ケ・ク（自動）（規、二）【叨】【滔】【混】〔直長クノ意カト云〕取締ナクナル。隱レズ現ハニナル。「内ノ御使、エ、ヒタタケテ參ラズ」ナドカ、必シモ、面憎ク、引キ入リタラムガ賢カラム、又、ナドテ、ヒタタケテ、サマヨヒ差出ヅベキゾ」人繁クヒタタケタラム住ヒハ、イト本意ナカルベシ」コレヲゾ、オイラカナル人ト言フベカリケル、云云、又、アマリ、ヒタタケテ、賴モシゲナキモ、イト口惜シヤ」

ひた-たれ（名）【直垂】古へ、庶人ノ服、後ニ禮服トナル、紗、生絹、精好、等ニテ作リ、方領ニテ、紋無シ、袖括リアリ、胸紐、菊綴、皆、組緒ナリ、裾ハ袴ノ内ニ入リ、袴ハ踝ニ至ル、後世ハ長袴ヲモ用ヰル、地、色、文ハ、衣、袴、共ニ同ジ。又、錦ー、布ーアリ、各條ニ註ス、

ひだち（名）【肥立】ヒダツコト。「小兒ノー」病後ノー」

〔ひたち-おび（名）【常陸帶】昔シ正月十四日、常陸ノ鹿島ノ神ノ祭ニ、男女、布ノ帶ニ、想フ男女ノ名ヲ記シテ供ヘ、巫覡ノ結ビテ領ツヲ受ケテ婚ヲ卜定ス、コレヲ帶占トイフトゾ。「衣手ノ、常陸ノ神ノ、誓ニテ、人ノ妻ヲモ、結ブナリケリ」

ひ-だ-つ・ツ・テ・チ・チ・テ（自動）（規、二）【肥立】〔日立ツ義〕（一）日ヲ逐ヒテ成長ス。「赤子ー」（二）日ヲ歷ルママニ快クナル。（病後ナド）

ひた-と（副）【直頓】隔テナク。直チニ。ヒッタリ。「ー寄沿フ」

ひた-ひ（名）【額】〔直日ノ義、先ヅ日ニ當ル所ノ意ト云、或ハ直平ノ意カ〕（一）顏ノ上ノ部、髮際ヨリ眉ノ邊マデノ處。（二）女ノ髮飾ノ具、女房ノ裝束ノ時髮上トテ、オホヒカヅラノヤウニスルモノナリトゾ。和名抄「蔽髮、比太飛、蔽ニ髮前ニ爲レ飾」（三）冠、烏帽子、ノ額ニ當ル所ノ名、厚ー、透ー、薄ー、ナドアリ。（かんむりノ條ヲ見ヨ）（四）物ノ差シ出デタル處。「ナミカクル、岸ノーノ、メひし木ノ」

ひ-だひ（名）【干鯛】乾シテ鹽ニシタル鯛、式ノ贈物ナドニ、鮮ナル物ノ得難キニ代ヘテ用ヰル。

ひたひ-がね（名）【額金】軍用ノ鉢卷ノ額ニ當ツル處ニ入ルル銅鐵ノ薄キ板。題鐵。

ひたひ-がみ（名）【額髮】額ノ上ノ髮。ヌカカミ。今、マヘガミ。

ひたひたおろ (名) 頽白 つきおろニ同ジ。(馬ニ)
ひたぶる (副) 頓ニ一向 ひたすらニ同ジ。
〔ひたみち (名) 直路 ヒトスヂ。一途。「思ヒヤル、心ハ立チモ後レジヲ、タダ一ノ烟トヤ見シ」萬ヅノ哀レヲ思ホシ捨テテ、一ニ出立チ給フ」
ひ-たん (名) 悲歎 カナシミナゲクコト。「一ノ涙」
び-だん (名) 美談 美ムベキ話。
〔ひため (名) 大雨 〔直雨ノ降ル雨ノ義ト云〕 オホアメ。轉ジテ、ヒサメ。
ひたもの (副) 頓一向 ひたすらニ同ジ。
〔ひたやおもり (名) 直隱 〔やハ感動詞ナルカ〕 何ノ故トモ言ハズ、只ヒタスラニ引籠ルコト。只、一筋ナルコト。「艶ナル歌モ詠マズ、氣色バメル消息モセデ、一ニ情ケ無カリシカバ」斯ク世ヲ離ルル際ニハ、心苦シキ事ノ自ラ多カリケルヲ、一ニテヤハ、常ナキ世ニ」
ひだら (名) 干鱈 鱈ヲ薄鹽ニシテ乾シ固メタルモノ。
〔ひたらす・ス・セ・サ・シ・セ (自動)(規.一) 日足 〔日足ルノ敬語〕 人ト成ル。成長ス。「何時シカモ、日足座シテ、望月ノ、タタハシケムト」
〔ひだり (名) 左 (一)人ノ身ノ、南ヘ向ヒテ東ニ當ル方。右ノ反。(二)俗ニ、酒飲ムコト。(左手ヲ鑿手トイフニ寄セテイフナリ)
ひだりがな (名) 左假名 ふりがなノ條ヲ見ヨ。
ひだりきき (名) 左利 人ノ天性ニテ、左ノ手ノ、右ノ手ヨリハ用ノ利クコト。
ひだりまへ (名) 左前 (一)衣ノ右ノ衽ヲ、左ノ衽ノ上ニ合ハセテ着ルコト、古ノ風ナリ。左衽 (二)俗ニ、事ノ、習ヒニ背キテ、逆ニ成リ行クコト。運ノ惡シクナルコト。

ひだりもじ (名) 左文字 文字ヲ裏返シタル形ニ書ケルモノ。錢ノ文ニモイフ。傳形
ひたる・ル・レ・ラ・リ・レ (自動)(規.一) 浸 漬 〔漬デアリ、ノ約轉カ〕 染ミテ潤フ。濡レトホル。ビッツカル。
ひだるし・キ・ケレ・ク・ク (形.二) 饑 〔乾息シ、ノ義カ〕 饑 饑エタリ。腹減リタリ。ヒモジ。
〔ひたれ (名) 膣 鳥ノ尾ノ肉。アブラシリ。
ひぢ (名) 肘 肱 臂 (一)腕ノ中節ノ曲ル處。かひなトたたむきトノ間。(二)臂ニ似テ、曲リ出デタルモノノ稱。「一木」「一金」
ひぢ (名) 泥 〔漬土ノ略カ〕 土ノ水ニ和シタルモノ。ドロ。
ひぢかけ (名) 肘掛 脇足ニ同ジ。
ひぢかけまど (名) 肘掛窓 〔坐シテ肱ヲ掛クベキ意〕 敷居ヲ床ヨリ一尺二三寸許ニ高ク作リタル窓。
ひぢかさあめ (名) 肘笠雨 俄雨ノ稱、俄ニシテ笠モ取リアヘズ、肘ヲ翳シテ笠トスルニイフト云。六帖ニ「妹ガ門、行キ過ギカネツ、ヒヂカサノ、雨モ降ラナム、雨隱レセム」催馬樂ニ「妹ガ門、セナガ門、行キ過ギカネテ、我ガ行カバ、ヒヂカサノ、ヒヂカサノ、雨モ降ラナム、云云」源氏、須磨ニ「ヒヂカサ雨トカ、降リ來テ、イトアワタダシケレバ」サレド、コレハ、万葉集ニ「妹ガ門、行キ過ギカネツ、久方ノ、雨モ降ラヌカ、ソヲ因ニセム」トアルヲ六帖ニ誤リテ、催馬樂以下、皆、其誤ヲ承ケタルナリ、肘ヲ笠ニトイフコト、アルベクモアラズト云。

ひぢがね (名) 肘金 ひぢつぼノ條ヲ見ヨ。
ひぢき (名) 肘木 (一)宮殿社寺等ノ建築ニ、柱ノ上ニ、肘ノ如ク端ヲ差出シテ、科ヲ承クル材。ホウデギ。曲柄 (二)碾臼ノ牽木。
ひぢぢ (名) 曾祖父 ヒオホヂ。ヒイヂヂ。
〔ひぢちかーよ (副) 〔泥近ノ義ニテ、俗ニ土氣ノハナレヌドノ意カト云、或云、肘近ニテ、手ノ短ヤハ氣高カラネバイフカト〕 氣高カラズ。「御髪ノカカリタル程、カシラツキ、ケハヒ、貴ニケダカキ物カラ、一愛敬ヅキ給ヘルケハヒ」「貌ハ一、サスガニ愛敬ヅキタル方ニテ」
ひぢつき (名) 肘突 甚ダ小キ布團ノ如キモノ、机ノ上ニ置キ、肱ヲ突キテ凭ルニ用ヰル。
ひぢつぼ (名) 肘壺 開キ戸ノ樞ニ用ヰル具、鐵ニテ壺ノ如ク作リ、柱ニ釘ス、別ニ肘金アリ、鐵釘ニテ、曲レルコト、肘ノ如シ、戸ニ釘シ、牝、牡、相合ヒテ、樞トナリ、戸ヲ開閉ス。樞 鈕
〔ひぢまき (名) 臂卷 釧ニ同ジ。タマキ。
ひぢまくら (名) 肱枕 己ガ肱ヲ曲ゲテ枕トスルコト。
ひ-ぢやうぎ (名) 樋定木 定木ニ細長キ樋ヲ刻レルモノ。
び-ちゆう (名) 微衷 微意。寸志。
び-ぢよ (名) 美女 ウツクシキ女。美人。
ひぢよーかね (名) 鉸具 〔みづひきがねノ轉カ、被鐙金ノ轉カ〕 又、鉸具。カコガシラ。鞁鐙金。チカラガネ。鐙ノ頭ノ鐵環ノ中ニ小鐵片アリテ旋搖スルモノ。環ニ

鐙靼ヲ挿シ、鐵片ヲ其孔ニ穿チテ止メテ鐙ヲ釣ル、或ハ、此製ノ金具ニテ、革帶ナドニ用ヰルモノニモイフ。

〔ひちら〕（名）餺飥 餅ノ類、麪ニテ作リ餡ヲ包メルモノト云。

ひちりき（名）篳篥 雅樂ノ樂器、笛ニ似テ竪ニ吹ク、歌口ニハ、別ニ蘆舌トイフモノヲ挿ス、碧蘆ニテ作ル。

〔ひぢりこ〕（名）泥 〔泥子ノ義、りハ助辭ト云〕泥ニ同ジ。コヒヂ。ドロ。

ひぢりめん（名）緋縮緬 縮緬ノ深紅ニ染メタルモノ。

〔ひぢをる〕（自動）（規、二）肘折 肘ヲ折リタル如ク曲ル。「ヒヂヲリタル廊」ヒヂヲリテ、行カレムモノカ、春山ノ、ホキ路ノ櫻、今盛リナリ」

ひつ（名）櫃 匣ノ、大クシテ、上ニ向ヒテ蓋アルモノ。長―、韓―、折―、小―、ナドアリ。

ひつ（名）弼 彈正臺ノ次官。大―、少―、アリ。

ひづ（名）氷頭 鮭、鯨、ナドノ頭蓋ノ骨、透明ナルヿ氷ノ如クニシテ、脆クヤハラカナリ、刻ミテ食フ。「―膾」

〔ひづ〕（自動）（規、二）濆沾 次次條ノ語意ニ同ジ。濡ル。ヒタル。「白妙ノ、袖漬ツマデニ、ネノミシ泣カモ」聲ハシテ、涙ハ見エヌ、時鳥、我ガ衣手ノ、ヒヅヲ借ラナム」袖ノミヅヒヅ」

〔ひづ〕（他動）（規、二）濆沾 水ニ濆クル。濡ラス。ヒタス。「天雲ノ、遙ナリツル、桂川、袖ヲヒデテモ、渡リヌル哉」手ヲヒデテ、寒サモ知ラヌ、イヅミニア」

〔ひづ〕（自動）（規、三）濆沾 水ニ濆ク。濡ル。ヒタル。「小男鹿ノ、爪ダニヒヂヌ、山川ノ、アサマシキマデ、訪ハヌ君哉」降リ立テバ、裏マデヒヅル、袂故」

ひつい（名）筆意 書キタル文字ノ趣キ。フデヅカヒ。

ひつか（名）筆架 フデカケ。

ひつかう（名）筆耕 賃ヲ得テ物ヲ寫スヿ。

〔ひつぎ〕（名）日次 日毎ニ貢進スル物。「御狩スル、タカノヲ山ニ、立ツ雉ヤ、君ガ千年ノ、ヒツギナルラム」

ひつき（名）筆記 筆ニテ記スヿ。書キ取ルヿ。

ひつぎ（名）日嗣 〔日神ノ大命ヲ受ケ給ヒ、其大業ヲ嗣ギ嗣ギニ知シ召ス義〕天皇ノ大御位ノ尊稱。天位

○―ノ皇子。皇太子。

ひつぎ（名）棺柩 ひとぎノ轉、其條ヲ見ヨ。

ひつきやう（副）畢竟 ツマルトコロ。終ニハ。

ひつきり（名）挽切 小クシテ歯ノ細カキ鋸。〔木工ノ語〕

ひつく（自動）（規、二）乾付 全ク乾ル。ヒカラブ。

ぴつくり（副）〔びくびく轉〕不意ニ驚ク狀ニイフ語。「―スル」喫驚

ひつくりかへす（他動）（規、一）顚覆 クツガヘス。ウラガヘス。サカシマニナス。

ひつくりかへる（自動）（規、一）顚倒 クツガヘル。ウラガヘル。サカシマニナル。

ひつくわん（名）筆管 フデヅカ。フデノヂク。

ひつけ（名）火付 盜ミセムガ爲ニ、或ハ、怨ニ報イムガ爲ニ、竊ニ人家ニ火ヲ付ケテ燒クヿ。放火

ひつけ（名）日付 文書ニ、其書キタル月日ヲ記シツクルヿ。

ひつけ（名）日着 旅ニ、其日ノ中ニ、其地ヘ到リ着クヿ。

ぴつこ（名）跛 〔足ヲ引ク意ノ訛カ〕ちんば二同ジ。

ひつさぐ（他動）（規、二）提 手ニ引キ下ゲ行ク。ヒサグ。「刀ヲ―」

ひつさん（名）筆算 （一）物書クト算盤取ルト。算筆。「―ニ長ズ」（二）西洋法ナル算術ノ、筆ニテ數字ヲ記シテ行フモノ。（算盤ナルニ對ス）

ひつし（名）必死 死ストモ止マジト、力ノ限リスルヿ。シニモノグルヒ。「―ノ覺悟」―ノ苦ミ」―ニ働ク」

ひつし（名）筆紙 フデトカミト。文ニ書キ取ルヿ。「―ニ盡シ難シ」

ひつじ（名）羊 〔朝鮮語カトモ思ハルレド詳ナラズ〕獸ノ名、外國渡來ナリ、高サ二尺許、長三尺許ナルヲ常トス、牡ニ角アリ螺旋ノ狀ヲナス、牝ニ角ナシ、稀ニハアルモアリ、全身、白又ハ黑、或ハ雜斑ナルモアリ、性、順良、怯弱、常ニ畜ヒテ、其毛ヲ剪ミテ毛布トシテ最モ佳ナリ、肉、亦、甚ダ美ナリ。又、綿羊、野羊アリ、各條ニ註ス。

○―ノ歩ミ。死ニ近ヅクヿ。（正法念經、又、摩耶經、偈「譬ニ旃陀羅驅レ羊就ニ屠所ー歩步近ニ死地ー人命復過レ此」）

ひつじ（名）未 〔羊ノ義〕（一）支干ノ名 其條ヲ見

ヲ。(二)時ノ名、其條ヲ見ヨ。(三)方角ノ名、えとノ條ヲ見ヨ。

〔ひつゝじ〕 (名) 羊躑躅 毒物ノ名、ひをざきノ條ヲ見ヨ。

ひつじさる (名) 未申 方角ノ名、西ト南トノ間。 坤

ひつじや (名) 筆者 筆ヲ執リテ記ス人。

ひつせい (名) 筆勢 書キタル文字ノイキホヒ。筆力。

ひつせい (名) 筆生 書キ役。寫字生。

ひつせい (名) 畢生 一生。生涯。

ひつせき (名) 筆蹟 フデノアト。書キタル文字ノ風。

ひつせん (名) 筆洗 フデアラヒ。

ひつそく (名) 逼塞 〔字ノ音、ひきそくノ音便〕 德川氏ノ制ニ、士族以上ノ閨刑ノ名、閉門ヨリ輕シ、門扉ヲ鎖シ、白晝、出入スルヲ聽サズ、罪ノ輕重ニ因テ、日數ニ多少アリ。其輕キヲ、謹愼ト稱シ、其最モ輕キヲ遠慮ト稱ス。

ひつそり (副) 〔ひそひそノ轉〕 鎖マリテ靜ナル狀ニイフ語。 悄然

ひつだう (名) 筆道 フデノミチ。文字ヲ書キ習フ法。

ひつたん (名) 筆端 筆ノ尖。作レル文章ノ端。

ひつだん (名) 筆談 用事ヲ文ニ書キテ話シ合フコト。〔異國人ニテ話ノ通ゼヌナドニ〕

〔ひつぢ〕 (名) 穭 稻孫 〔刈レル後ノ乾土ヨリ生フレバ名トスルカト云〕 刈リタル後ニ、再ビ自生シテ實ル稻。ひつぢほ、マヽバエ。又、おろかおひトイフ、稀疎ニ生フレバナリ。「刈レル田ニ、生フルーノ、穗ニ出デヌハ」谷深ミ、ソシロノ田居ニ、ヰモリシテ、稀ニゾダテル、一穗ノ稻」

〔ひづち〕 (動) 泥漬キ、ノ略轉ト云。「泣ク涙、雨霖ニ降レバ、白妙ノ、衣泥漬而、立留リ」朝露ニ、玉藻ハ、泥打、夕霧ニ、衣ハ濡レテ」

ひつぢやう (副) 必定 カナラズ。タシカニ。キツト。

ひつてき (名) 匹敵 相手トナルコト。

ひつとう (名) 筆頭 (一)フデノサキ。(二)フデガシラ。

ひつとう (名) 筆筒 フデタテ。

ひつとうさい (名) 筆頭菜 ツクヅクシ。

ひつぱく (名) 逼迫 〔字ノ音、ひきはくノ音便〕 セマルコト。サシツマルコト。極メテ乏シクナルコト。「品ノー」金錢ノー」

ひつぱふ (名) 筆法 (一)筆遣ヒノ法。書法。(二)文ノ書キ方。

ひつぷ (名) 匹夫 庶人ノ稱。ツネノヒト。平人。「ーノ勇」 其女ナルヲ匹婦ト云。

ひづめ (名) 蹄 〔鰭爪ノ意カト云〕 牛馬羊等ノ、形圓キ爪。

ひつよう (名) 必用 必ズ用ヰルベキコト。無クテ叶ハヌコト。

〔ひづら〕 (名) 角髮ノ轉、其條ヲ見ヨ。

ひつらう (名) 筆勞 物書ク骨折。

ひつりよく (名) 筆力 フデノチカラ。筆勢。

ひで (動) 秀ヅノ條ヲ見ヨ。

ひてい-こつ (名) 尾骶骨 カメノヲ。

ひでん (名) 批點 文章ノ文句ヲ賞メテ點ヲツクルコト。

ひでん (名) 秘傳 藝術ナドニ、秘メテ容易ニ傳ヘヌコト。

ひでんゐん (名) 悲田院 〔福田ノ條ヲ見ヨ〕 古ヘ、官ヨリ、京中路邊ノ病者棄兒ナドヲ養フニ設ケラレタル所、施藥院ニ屬ス。後、專ラ乞兒居兒ノ居ル所ノ稱トナル、悲田寺ナドイフ、コレナリ。

ひでり (名) 旱 〔日照ノ義〕 數日、晴レ續キテ、雨降ラズ、水涸レテ草木ノ枯ルルニ至ルコト。カンバツ。

ひと (名) 人 (一)動物中ニテ、其最上等ニ位シテ、言語ト思想トヲ有スルモノ。(二)世ノ中ノ人。「ーニ超ユ」「ーノ憂トナル」 世人 (三)〔大君一人ニ對シ奉リテ、天ガ下ノ人。即チ、臣下。「コレハ君モひとモ身ヲ合ハセタリトイフナルベシ」藤原朝臣伊勢臣」 臣 (四)ホカノヒト。他人。「ーノ手ニカカル」「ーノ國」「ーノ子」我トート」 他人 (五)オトナ。大人。「ートナル」「ーニナル」 成人 (六)俗ニ、ココロネ。ココロダテ。「ーガワルイ」 性行

ひと (數) 一 (一)數ノ對ナキ。ヒトツ。「ー言」「ー筋」(二)一度ノ。「ー雨」「ー眠リ」(三)或ル。ソレガシノ。「ー年」「ー日」(四)常ニ異ナリテ別ナル。「ー風」「ー節」(五)滿チタル。一杯ノ。「ー寺、求メサワグド、サラニ逃ゲテ失セニケリ」「ー宮ノ内、忍ビテ泣キアヘリ」夜ー夜」

ひとあし (名) 人足 人ノ往來。「ー繁シ」 人行

ひとうけ (名) 人請 奉公人、雇人ナドノ身元ノ請人ニ立ツコト。

ひとおと (名) 人音 人ノ居ルオトなひ。

〔ひとがき (名) 人垣 儀式ノ時ナドニ、人ヲ垣ノ如ク立チ並バシムルモノ。「人垣仕奉男女等仁、太玉串令ニ持捧一」

ひとかげ (名) 人影 人ノ影ノ、物ニ映ルモノ。

〔ひとがしら (名) 人頭 人ノ頭ノ骨。サレカウベ。髑髏

ひとかず (名) 人數 (一)ヒトノカズ。人數。人頭。(二)人ト數マヘラルルヿ。「一ニモ思ボサレザラムモノユヱ」「一ナラヌ女バラノ」

ひとかた (名) 人形 (一)諸種ノ物ニテ人ノ形ヲ作リナセルモノ。偶人 俑 (二)祓ノ形代。(三)支那ノ祭ニ人ヲ神ノ形代トスルモノ。(孫、祖父ニ代ル) 尸

ひとかたならず (副) 不一方 一通リノミニテ無ク。サマザマ。

ひとかひ (名) 人買 兒女ナド勾引シテ賣ル盜人 略賣人

ひとがら (名) 人柄 人ノ品位。人品。

〔ひとぎ (名) 棺 柩 〔ひとノきモイフ、孝德紀ニ、棺槨ヲ訓ジ、轜車トモ見エ、奥津城(墓)ナドモイフ、人ヲ納ルルきナリ〕人ノ屍ヲ納ルル匣。轉ジテ、ヒツキ。

ひとぎき (名) 人聞 外ノ人ノ耳ニ聞ユルヿ。世ノ噂トナルヿ。外聞。「一ワロシ」

ひときは (副) 一際 ヒトキダ。一段。ヒトシホ。「一勝レテ」一層

ひときり (名) 人切 死罪ノ罪人ヲ斬ルヲ職トスル者。クビキリ。劊手

〔ひとくさ (名) 人草 あをひとくさニ同ジ、和名抄「人民、比止久佐」

ひとくち (名) 一口 (一)一返ニ食フヿ。「一ニ食フ」(二)一概ニ言フヿ。「一ニ許ス」

〔ひとくに (名) 他國 外ノ國。「比等久爾ニ、君ヲイマセテ」

ひどけい (名) 日時計 日景ヲ以テ時ヲ計ル器、盤ニ針ヲ立テ、日ノ旋ルニ隨ヒテ、其針ノ影ノ移ルヲ見テ計ル。日晷儀

ひとごこち (名) 人心地 次條ノ語ニ同ジ。

ひとごころ (名) 人心 (一)人ノ心。(二)ナサケ。情愛。(三)ヨミガヘルヿ。イキカヘルヿ。「一ガツク」蘇生 人情

ひとごと (名) 人言 ヒトノクチ。世ノ人ノツハサ。「一ノ、繁キニ因リテ」「一ハ、信ナリケリ」

ひとごと (名) 人事 他人ノ事。

〔ひとこのかみ (名) 首長 〔人兄ノ義〕一群ノ人ノ長。「菟田縣之魁帥者也」國郡無ニ君長一

ひとごみ (名) 人込 人ノ甚ダ群カル處。群集。雜沓

ひとごろし (名) 人殺 非理ニ人ヲ殺スヿ。兇犯

ひとさかり (名) 一盛 暫シ盛ルヿ。ヒトシキリ。

ひとさしゆび (名) 人差指 手ノ大指ト中指トノ間ニアル指。食指

〔ひとざま (名) 人狀 ヒトガラ。人體。「コマヤカニ語ラフベキ一ニモアラネバ」

ひとし・し・シク・シケレ・シカ・シク (形・二) 齊 均 等 (一)ヲ活用ス (一)揃ヒタリ、不同ナシ。(二)恰モ同ジ。相似タリ

ひとし・し・キ・ケレ・ク (形・一) 〔非道ヲ活用セシカ、或云、火疾シニテ火急ノ意ト〕(一)苛シ。辛シ。ヒドク扱フ。「一手一」「イラー」酷 (二)甚シ。「ヒドク早イ」甚

ひとしきり (副) 一頻 一時頻リテ、ヒトサカリ。「一山路ニシツル、夕立ノ過ギテゾ濁ル、谷川ノ水」一陣

ひとじち (名) 人質 契約ヲ破ラザラム證トシテ、妻子ナドヲ質トシテ他ヘ送リ置クヿ。質子

ひとしなみ (副) 等並 同ジ列ノモノニ。「サリトモ、スヤツバラヲ、一ハ、シバベリナムヤ」

ひとしほ (名) 一鹽 魚、菜ナドニ、淡ク鹽ヲ引キタルモノ。「鯵ノ一」

ひとしほ (副) 一入 〔入ノ條ヲ見ヨ〕ヒトキハ。ヒトキダ。一段。「一好シ」一層

〔ひとだ・つ・ツ・テ・タ・ト・ツ (自動) (規・一) 人立 人ランノ子ル。成人ス。成人

ひとだね (名) 人種 (一)アル程ノ人ノ數。「一盡ク」(二)人種。(其條ヲ見ヨ)

ひとだのみ (名) 人頼 自ラ爲ズシテ、他人ノカヲ顧ムヿ。

〔ひとだのめ (名) 人頼 人ニ頼モシク思ハセテ、サモアラヌヿ。人ヲタラスヿ。「今日ノ内ニ、否トモ諾トモ、言ヒハテヨ、一ナル、コトナセラレソ」奥山ノ、松ノ葉凌ギ、降ル雪ヘ、一ナル、花ニテアリケル

ひとだま (名) 人魂 燐火ノ、地ヨリ起リテ飛ブモノ、

人ノ魂ト想像ス形、大抵、頭圓ク、尾長ク、色青白クシテ赤ミアリ、地ヲ去ルヿ甚ダ高カラズ、徐ニ浮ビ行ク。人魂火

〔ひとだまひ〕(名) 人給 (一)從者ニ給ヒテ所用セシメラルル物。「人ダマヒナラム御几帳參ラムニ」五月五日能菖蒲、又、人給乃菖蒲」(二)車ニモイフ。「黃金造リノ御車、二ツ、一ノ御車、五ツ、具シテ出デ給ヒ」御車ドモ、立テツヅケツレバ、一ノ奥ニ押シヤラレテ、物モ見エズ」後乘

ひとつ (數) 一箇 (一)數ノ始。對ナキ數。イチ。(二)似タルヿ。同ジキヿ。「ー事」「ー心」「ー色」「ーニナル」「ーニ見ユ」

ひとつがき (名) 一書 目錄ナド箇條多キ文書ニ、一、云云、一、云云、ト掲ゲテ書キ分クルヿ。

ひとつき (名) 人付 人ト人ト親シミツクヿ。「ーカヨイ」

ひとづて (名) 人傳 〔ひとづたへノ約〕他人ニ因テ言ヲ傳フルヿ。ゴトヅテ。寄語

ひとつば (名) 一葉 (一)草ノ名、山中陰地ノ土石ニ生ズ、根ハ、長ク蔓延シテ繁茂シ、處處ニ葉ヲ生ズ、幅一寸餘、長サ六七寸、勁厚ニシテ深綠ナリ、背ニ、褐毛、斜紋アリ、冬ヲ歷テ枯レズ、夏、新葉ヲ生ズ、初ハ白ク、長ズレバ綠ナリ、根ヲ採リ、絡ネテ橡子ナドニ懸ク、時時、水ヲ注ゲバ、年ヲ歷テ、彌茂ル。石韋 (二)又、草ノ名、山谿ノ斷崖ナドニ、一根、數葉、下垂シテ生ズ、葉ノ長サ三寸、幅五六分、帶、

甚ダ細ツク、帶、葉、共ニ甚ダ固ク、面、深綠ナリ、背ハ淡綠ニシテ、小金星、多ク見ハル、冬ヲ歷テ枯レズ。カラヒトツバ。金星草

ひとつばし (名) 一橋 一本ノ材ニテ亙セル橋。マルキバシ。獨木橋

ひとつびる (名) 獨子蒜 大蒜ノ條ヲ見ヨ。

ひとつぶて (名) 人礫 人ヲ捉ヘテ礫ノ如ク投ゲ遣ルヿ。

ひとつぼし (名) 一星 入相ノ空ナドニ、始メテ一ツ見ハルル星。

〔ひとづま〕(名) 人妻 他人ノ妻。「人嬬故ニ、吾レ戀ヒメヤモ」「他妻ニ、吾モマジラム」

ひとつまつ (名) 一松 一本生ヒ立テル松。孤松

ひとつや (名) 一家 山家ナドニ、隣ニ離レテ一戸アル家。ハナレヤ。一軒屋。孤舍

ひとて (名) 一手 (一)唯一人ノ仕業。「ーニ受持ツ」獨力 (二)一ツニ統ブルヿ。「ーニマトム」一括

ひとで (名) 人手 他人ノ助ケ。「ーヲ借ル」

ひとで (名) 人手 介ノ名、形、平タクシテ、四邊ハ深ク五枝ニ分レテ、人ノ手ノ如ク、又、楓ノ葉ノ如シ、故ニ、もみぢ貝ノ名モアリ、其色、赤、褐、黑、等種種ナリ。海盤車 又、蜘蛛ートイフハ、體小ク、其五出、甚ダ細長クシテ、蜘蛛ノ如シ。陽遂足 又、絲巻ートイフハ、其五角、桔梗ノ瓣ノ如シ、徑三寸許、面ハ靑キアリ、黃褐ナルアリ、並ニ丹斑アリ、腹ハ平ニシテ丹褐ナリ、中心ニ口アリ、絲巻トスベシ。海燕

又、裁ートイフハ、五出、長クシテ、皆、枝ヲ分チ、又、數叉ヲ分チテ、蔓ノ如シ。

ひととなり (名) 爲人 質性 ウマレツキ。タチ。ネマヘ。

ひととほり (名) 一通 ヨノツネ。ナミナミ。「ーノ學問」尋常

ひととほり (副) 一通 ヒトタビ。ヒトワタリ。「ー讀」一回

ひととほり (名) 人通 人ノ行キ通フヿ。ユキキ。ワウライ。人行

ひとなか (名) 人中 衆人ノ中。衆中

ひとなだれ (名) 人頽 群集ノ、次第ニ押サレテ、頽レ散ルヿ。

ひとなみ (名) 人並 世ノ常ノ人ノ列ナルヿ。尋常

ひとなる・るる・るれ・れ・れ・れよ (自動)(規.二) 人馴 (一)人中ノ交ニ馴ル。(二)人ニ馴レ親シム。馴染ム。(獸ナドニ)

〔ひとの〕(名) 閾 〔閾殿ノ義カ〕カハヤ。セツイン。「ハコヲシタカリケレバ、云云、急ギ、ひとのへ行キタリ」

ひとばしら (名) 人柱 昔シ、橋柱ヲ立テムトシテ成ラズ時ナドニ、人ヲ生ケナガラニ水底ニ埋ムルヿ、河伯ヘ生贄トスト云。(攝津ノ名柄橋ノ故事ナドアリ)

〔ひとはた〕(名) 〔一端ノ義カ〕器ニ一杯ナルー。「湯舟ニ、葉ヲ細細ト切リテ、ー入レテ」「又ノキレ、小キ唐櫃ニ、ーニテ、成リニケル」

ひとはた (名) 人簱 人ノ齒ノ喉ミ。

ひとはな (名) 一花 (一)一輪ノ花。「ー殘ル、女郎花哉」「ヨシーノ、秋ノ撫子」(二)只一時ナルー。イックワ。

ひとばらひ（名）人拂（一）密談ナドニ、其席ヨリ他人ヲ退クルヿ。屛人（二）貴人ノ路ヲ行ク時ニ、往來ノ人ヲ去ラスルヿ。喝道

ひとひ（名）一日（一）日一ツ、イチニチ。「一モ見奉ラヌハ、イト苦シウ」（二）朔日。「コハイカニ、今日ハ卯月ノ一カハ、マタキニシツル、衣ガヘ哉」

〔ひとびとし・シキ・シケレ・シク・シク〕（形二）人人 人中ニ立交リテ人ラシクアリ。人並ナリ。「イッシカモ、人人シクナリ、面タダシキ目ヲモ見給ヘトコソ、思ヒ奉リシカ」位ナドモ淺ウ、人人シカラヌアリサマニテ」

〔ひとひめぐり（名）太白神〔一日廻ノ義〕陰陽家ニイフ神ノ名、金ノ精ニシテ、大將ノ象、兵凶ヲ司ルト云。此神、一日、十一日、廿一日ハ、東ニアリ、二日、十二日、廿二日ハ、巽ニアリ、此ノ如ク、南、坤、西、乾、北、艮、ト日毎ニ遊行シテ、九ノ日ハ中央ニアリ、十ノ日ハ天上ニアリトス、而シテ、其在ル方ヲバ、百事ニ避クベシトス。簾中抄ニ、太白ヲ一夜廻（ヒトヨメグリ）トモイヘリ。大和物語ニ「逢フ事ノ、方ハサノミゾ、フタガラム、ヒトヨメグリノ、君トナレレバ」金葉集ニ「君コソハ、一夜廻ノ、神ト聞ケ、ナド逢フ事ノ、方違フラム」トアルモ、コレナルベシ。

ひとふで（名）一筆 特ニ書キックルヿ。（手紙ナドニ）「一申進候」

ひとへ（名）一重（一）相重ナラヌヿ。ヒトヒラ。單（二）ヒトヘギヌ。ヒトヘモノ。單衣（三）花瓣ノ一片ヅツナルモノ。（八重ニ對ス）單瓣

ひとへぎぬ（名）單衣（一）衣ノ、一重ニテ裏ナキモノ。ヒトヘモノ。（二）裝束ノ下ニ重ネテ着ル衣ノ名、表衣（ウハギ）ノ色ニ因リテ、其色ニ定メアリ。

ひとへに（副）偏〔一重ニノ義〕其事ニノミ就キテ。ヒトスヂニ。ヒタスラ。

ひとへもの（名）單物 ヒトヘギヌ。スベテ、衣ノ裏無クシテ一重ナルモノノ稱、夏ノ衣ナドニイフ。（袷、綿入、ニ對ス）單衣 今、專ラ絹布綿布製ノモノノ名トシ、麻ナルヲバ、特ニ、帷子（カタビラ）トイフ。

ひとぼしごろ（名）點火頃 日暮ノ燈火ヲ點スベキ頃。黃昏

ひとま（名）人間 人ノ見ヌ間。人ノ居ラヌ間。

ひとます（名）人枡 城ノ枡形。（軍勢ヲ量レバイフ）

ひとまへ（名）人前 諸人ノ見ル所。人目。衆前

ひとみ（名）睛 眸 瞳〔人見ノ義カ〕眼ノ玉ノ黑キ處。クロメ。

ひとみごくう（名）人身御供 昔シ、人ノ身ヲ生贄トシテ神ニ供ヘタルモノ。人牲

ひとみしり（名）人見知 オモテギラヒ。小兒ノ、馴染ナキ人ニ遇ヒテハニカムヿ。羞澁

ひとめ（名）人目 他人ノ見テ知ルヿ。衆目。「一繁シ」「一ヲツツム」

ひとめ（名）一目 一度見ルヿ。「櫻花、イマダフフメリ、一見ニ來ネ」

ひとめかし・シキ・シケレ・シク・シク（形二）人メキテ見ユ。「人道ノ宮モ、此世ノ人メカシキ方ハ、カケハナレ給ヒヌレバ」

ひとめかす・ス・セ・サ・シ・セ（他動）（規一）人メキヤウニナス。「取リツキテ、人メカシナッケ給ヲ、メルニ」

ひとめく・ク・ケ・カ・キ・ケ（自動）（規一）人ラシクアリ。「並ノ人メキテ、心チ無ノ狀ヤ」

ひともじ（名）〔一文字ノ義、一音ナレバイフ〕葱ノ異名。ネギ。（女中詞）

ひとや（名）獄 囚獄〔人屋ノ義、物ヲ納ルルガ如ク、人ヲ籠ムレバ、特ニ云フトゾ〕罪人ヲ捕ヘテ籠メ置ク家。牢屋。獄屋。

ひとやど（名）人宿 雇人ナドノ口入ヲ業トスル家。

〔ひとやり（名）人爲 他人ヨリシテセサスル一。「人ヤリノ、道ナラナクニ、大方ハ、行キ憂シト言ヒテ イザ歸リナム」人ヤリナラズ、物ノ悲シキ」人ヤリナラヌ、物思フラム」人ヤリニ、アラヌモノカラ、恨ムルト」

〔ひとやり（名）人遣 人ヲ追ヒ遣ルヿ。「月影ハ、マダ・夜深シト、ヤスラヘバ、ハヤ人ヤリノ、鷄ハ鳴クナリ」

ひとよぎり（名）一節切 尺八ニ似テ細ク短キモノ、長サ一尺八分、竹ノ一節ニテ作レバ名トス。洞簫

ひとよざけ（名）一夜酒 一夜造リノ甘酒。

ひとよせせき（名）人寄席 人ヲ寄スル觀場（ミセモノバ）ノ、落シ話、軍談、音曲ナド演スルモノ。ヨセセキ。ヨセ。

ひとよづま（名）一夜妻（一）始メテ、一夜逢ヘル女。「吾ガ門ニ、千鳥數鳴ク、起キヨ起キヨ、我ガ一夜妻、人ニ知ラユナ」（二）遊女（ヒトヒメグリ）ノ異名。

〔ひとよめぐり（名）太白神ノ條ヲ見ヨ。

ひとらし・しル・シク・シケレ・シク・シク (形・二) 人ノ如シ。人メカシ。人ノ道アリ。「懸人ノ所業ヲ、禽獸ノ如シナドイフニ對ス」

ひとり (名) 〔熏爐〕 (火探ノ義) 香爐ノ類、外ハ木ニテ、内ニ、銅又陶ヲ塡メ、上ニ銅ノ籠ヲ蓋ヘルモノト云。

ひとり (名) 〔一人〕 (一箇居ノ約カト云) 一ツノ人。伴ナキ人。

ひとり (副) 〔獨〕 (一人ノ義) 已レノミニテ。伴ナクテ。「ー行ク」ー思フ」ー住ム」

ひとひ (名) 〔日取〕 ヒドルコト。其日ヲ定ムルコト。「旅立ノー」 期日

〔ひとりおつ・ツ・テ・ヌ・テ・テ (自動) (規・二) 〔獨言〕 (次條ノ語ヲ活用シタル語) 獨言ヲ言フ。「哀レトモ、打チモトリゴタルルニ」蟲ダニモ、時節ヲ知リタルコト、ヒトリゴツニ」聞キ分クベウ手ク、ヒトリゴチ給フヲ」 獨語

ひとりごと (名) 〔獨言〕 相手ナク、獨リシテ語ルコト。 獨語

ひとりだち (名) 〔獨立〕 (一)他ヲ恃マズシテ、已レ一人ノ力ニテ事ヲナスコト。(二)扶クル伴ナキコト。 孤立

ひとりむし (名) 〔火取蟲〕 諸木ニ生ズル毛蟲ノ羽化セルモノ、大、小、類多シ、形、蠶ノ蛾ニ似テ、翅ハ灰褐色ニシテ粉アリ、瘦、肥大ニシテ、赤キコト紅ノ如シ、或ハ白キモアリ、雄ハ、形、小シ、雌ハ大ク、コレヲうちすずめ、又、ざしなむめトモイフ、晝ハ暗キニ隱レ、夜、燈火ニ集リ、油ニ入リテ死ス。 燈蛾

ひとおゐ・ユ・レ・リ・リ・レ (自動) (規・二) 〔日取〕 日ヲ擇ビ定ム。「四月ノ廿日ノ程ニひとりテ來ムトスル程ニ此廿八日ニテム、舟ニ乘リナム日ドリタリケレビ彼岸ノ程ニ、好キ日ヲ取リテ」

ひどる・ル・レ・ラ・リ・レ (他動) (規・二) 〔火取〕 炙ル。

〔ひとるたま (名) 〔火取玉〕 南蠻西域等ニ產ズル珠ニテ、潔白光明ニシテ、正午ニ、日ニ向テ艾ニテ燒ケバ、火ノ燃ユルモノナリト云。 火珠 火精 水晶硝子ヲ中高ニ硏リテ、日光ヲ透シテ高キ處ニ聚ムレバ火ヲ取ルベシ、コレナルカ。又、水取玉アリ、玻璃ノ類、透明ニシテ、月ノ水ヲ取ルベシト云、詳ナラズ。 水玉 水精

ひとわたり (副) 〔一應〕 (一亙ノ義) ヒトタビ。イチド。一回

〔ひとわらへ (名) 〔人笑〕 人笑ハレノ約。他人ニ笑ハルルコト。「戀ヒ死ナバ、人ワラヘニモナリヌベシ」 胡盧

〔ひとわろし・キ・ケレ・ク・ク (形・二) 〔人惡〕 人目ニ惡シ。外聞ワルシ。「ナマ人ワロク、爪食ハルルド」アナガチニ、カカヅラヒ、タドリヨラムモ、人ワロカルベク」

ひな (名) 〔雛〕 (ひト鳴クヨリ名トスルカト云) (一)鳥ノ子ノ小キモノ。ヒヨコ。(二)スベテ、小キ物ニ被ラセテ呼ブ語。(大ナルヲ馬トイフニ對ス)「ー形」ー桔梗」(三)女兒ノ玩物、小ク人ノ形ヲ作レルモノ。(ひひなノ條ヲ見ヨ)

ひな (名) 〔鄙〕 (日無ノ義、天皇ノ座シマス高日ノ國ニ對シテイフ、ト云) 都ノ外ノ地ノ稱。ヰナカ。邊鄙。

ひなが (名) 〔日永〕 夏ナドノ、日ノ永キ時。

ひながた (名) 〔雛形〕 (雛ハ小キ義) 物ヲ人ニ示スニ便ニセムガ爲ニ、其形ヲ別ニ更ニ小ク模リ造レル物。 樣式

ひなぎきやう (名) 〔雛桔梗〕 又、ヒメギキャウ、宿根草、原野ニ多シ、莖細ソク、高サ七八寸、叢生シテ枝ヲ分ツ、葉ハ、なでしこニ似テ、短ク濶シ、枝ノ頂ニ花ヲ開ク、桔梗ニ似テ小シ、色モ同ジ、四時、花アリ。 細葉沙參

ひなげし (名) 〔雛芥子〕 罌粟ノ一種、亦、秋、種ヲ下ス、苗、葉、共ニ小クシテ白毛アリ、高サ一尺許、花、小クシテ光ル、單瓣アリ、千瓣アリ、色モ數品アリテ、甚ダ美ナリ。一名、虞美人草。美人草。 麗春花

ひなさき (名) 〔雛尖ノ義カ〕 (一)鳥帽子ノ眉ノ中央ニ小ク尖リタル處。(二)女子陰部ノ溺孔ノ端ノ突肉。吉舌。 陰挺

ひなし (名) 〔日濟〕 借錢ヲ日毎ニ若干ヅツ濟シ行クコト。

〔ひなし・カ・ケレ・ク・ク (形・二) 便無シ、ノ約。タヨリナシ。「イカデカ、びなしト思ホサザラム」身ニびなきハ、イト見苦シキヲ」

ひなた (名) 〔日向〕 (日ノ方、ノ約) 日ニ向ヘル方。日ノ照ル處。(陰ニ對ス) 陽

ひなたぼこり (名) 冬ノ日ナドニ、日向ニ出デテ暖マルコト。 負暄

ひなのみやこ (名) 〔鄙都〕 諸國ノ國府ノ稱ト云、

ひなは (名) 〔火繩〕 竹ノ肉ヲ叩キテ繩トシタルモノ、

火ヲ點ジテ永ク消エズ、鳥銃ナドニ用ヰル。
ひなはづつ (名) 火繩筒 火繩ノ火ヲ用ヰテ放ツ銃、即チ、古製ノ鳥銃。
ひなぶ・ブル・ブレ・ビ・ビ・ビヨ (自動)(規・三) 鄙風 鄙ノ風ヲナス。田舍メク。（みやぶノ反）「歌サヘゾ、ヒナビタリケル」ヒナビタル心」ヒナビタル聲」
〔ひなぶり (名) 夷振|夷曲 樂府ニテ、歌曲ヲ其節奏ノ風ニ因テ別チテ、何振某振トイフ、其一曲ノ名。神代紀、二「天ザカル、鄙津女ノ、イワタラス、云云」ノ歌アリテ、夷曲トス、此歌ノ初ニ鄙トイフ語アルヲ採リテ總稱トスト云。（邊鄙ノ風情ノ歌ナドイフハ非ナリ）
ひなみ (名) 日並|日次 日毎ニモスルコト。
ひなん (名) 非難 非ヲ難ズルコト。過失ヲ詰ルコト。非ヲ打ツコト。 批
びなん (名) 美男 顏色ノ美シキ男。 美男子
びなんかづら (名) 美男葛 さねかづらニ同ジ。
ひにく (名) 皮肉 (一)皮ト肉ト。(二)俗ニ、人ノ身ニ切ナルコト。（打付ケナル非難ナド）「―ヲ言フ」
ひにん (名) 非人 〔人非人ノ意カ〕(一)罪人。「罪人、橘逸勢、除ニ本姓ニ賜ニ非人姓ニ」(二)後ニ、專ラ、乞食ノ稱。（貧人ノ轉カトモ云）
〔ひね (名) 晩稻 奥手ノ稻。 和名抄「晩稻、比禰」
ひね (名) 陳 〔前條ノ語ノ轉カ〕穀ノ、去年以前ニ成熟シタルモノ。（今年ノ新米ニ對ス） 舊穀 陳米 他ノ穀ニモイフ。

††ひねくる・ル・レ・ラ・リ・レ (他動)(規・一) 拈リ轉ル。拈リテ弄ブ。 把玩
ひねずみ (名) 火鼠 〔漢名ヲ文字讀ニシタル語〕火浣布ノ條ヲ見ヨ。
ひねもす (副) 終日|盡日 〔日目モ盡ニノ約略ト云、ひめもすトモイフ、夜モスガラ、ニ對ス〕 朝ヨリタマデ。日一日。又、ヒメモス。「比禰毛須ニ、見トモ厭クベキ、浦ニアラナクニ」斯ル程ニ、雪コボスガ如ク降リテ、ヒネモスニヤマズ」ヒメモスニ、己ガ鳴キ織ル、聲ノ文ハ、ゲニ百尋ニ、成リモシヌラム」（鶯ノ歌）
ひねり (名) 拈 (一)ヒネルコト。ヨヂリマハスコト。(二)武器ノ名、そでがらみノ類。ネヂ。(三)尋常ニ異ナリテ、ネヂクレタルコト。
ひねりいだす・ス・セ・サ・シ・セ (他動)(規・一) 拈出 心ニ種種ニ案ジ出ス。（歌ナドニイフ）「辛クヒネリ出シテ善シト思ヘル事ヲ」アヤシキ歌ヒネリ出セリ」
ひねりとめ (名) 拈止 いとをりニ同ジ。
〔ひねりぶみ (名) 短籍 〔拈書ノ義〕數枚ノ短籍ニ、各、事ヲ記シテ折リ拈リ、鬮トシ探リテ探リ當ツルモノ。今ノ探鬮。「有間皇子與ニ蘇我臣赤兄、云云ニ取ニ短籍ニ卜ニ謀反之事ニ」天平二年、宴、令レ探ニ短籍ニ書以ニ仁義禮智信五字ニ隨ニ其字ニ而賜レ物」
ひねりぶみ (名) 捻文 書狀ヲ卷キテ、其端ヲ拈リタルモノ、封トスルナリ。
ひねる・ル・レ・ラ・リ・レ (他動)(規・一) 拈|撚|捻|捫 〔引キ煉ル意カト云〕(一)指ノ頭ニ挾ミテ捩ヂマハスコト。ヨヂル。「紙捻ヲ―」虱ヲ―」(二)曲ゲメグラス。「身ヲ―」體ヲ―」首ヲ―」 回轉
ひねる・ル・レ・ラ・リ・レ (自動)(規・一) 拈 尋常ニ異ナリテネヂク。一風流ヲナス。 拗
ひのえ (名) 丙 えとノ條ヲ見ヨ。
ひのおまし (名) 晝御座 淸涼殿ニアリ、平敷ノ御座ニテ、主上、晝、コレニ座シマス。
ひのき (名) 檜木 檜ニ同ジ。
ひのくち (名) 樋口 古ク、械。又、械、堰ノ口、戸アリテ、水ヲ出シ又ハ塞ク。水門。 閘
ひのくちまもり (名) 〔樋口守ノ義〕 鳥ノ名、みぞごゐニ同ジ。
ひのくるま (名) 火車 (一)地獄ニアリトイフ火ノ燃エツキタル車、惡人ノ亡魂ヲ載セテ苛責スト云。(二)††俗ニ、極貧ニ苦シムコト。 飢火
ひのこ (名) 火粉 火災ナドノ火ノ飛ビ散ルモノ。飛火。火花。 火星 火片
ひのさうぞく (名) 晝裝束 又、晝裝。束帶スルコト。（衣冠又ハ直衣ナルヲ、とのゐ裝束、トイフニ對ス）
ひのし (名) 熨斗 古クハ、ノシ。布帛ノ縮ミナドヲ熨ス具、銅製、杓ノ如ク、火ヲ盛リテ、其底ノ熱ニテ壓ス。
ひのした (名) 日下 天ガ下。世界。地球ノ上。「―開山」
〔ひのためし (名) 氷様 古ヘ、元日ニ、宮内省ヨリ禁中ヘ、去年ノ氷室ノ氷ノ厚薄ノ程ヲ奏スルコト、石

瓦ニテ共雛形ヲ作ルト云、厚薄ヲ以テ豐凶ヲ占フ。

ひのて (名) 火手 火災ノ燃エアガル狀。「一アガル」一ツヨシ」火勢

ひので (名) 日出 朝ニ、日ノ東天ニ見エ初ムルフ。朝日。

ひのと (名) 丁 えとノ條ヲ見ヨ。

ひのはかま (名) 緋袴 紅ノ精好ニテ製セル袴、官家ノ用ナリ。

ひのべ (名) 日延 日切ヲ延バスフ。

ひのまる (名) 日丸 太陽ノ象、即チ、赤色ノ圓キ形、軍扇ナドニ畫キ、又、コレヲ白地ニ染出シテ旗章トスルヲ、我ガ大日本國ノ國旗トス。日章。

ひのみやぐら (名) 火之見櫓 火災ノ時、登リテ其遠近ヲ望ムニ設ケタル櫓。略シテ、ヒノミ。望火樓

ひのめ (名) 日目 日ノ光ニ當ルフ。「神風ニ、伊吹戚ハシ、天雲ヲ、日之目モ見セズ」

ひのもと (名) 火之元 火災ノ起ルベキ原因。「一用心」

ひのもの (名) 火物 煮燒キシタル食物。「一斷チ」火食

ひのよそひ (名) 晝裝束ニ同ジ。

ひは (名) 鶸 金雀 〔弱鳥ノ合字アレバ、ひはひはト弱キ意ナラム〕小鳥ノ名、雀ヨリ小ク、全身黃ニシテ脊ミアリ、頭、背、頸、翅、黑色ヲ交フ、尾、脚、黑ク、腹、黃白ニシテ黃、小ク灰白ナリ、粟稗ヲ食トス、秋來ル、能ク囀リテ、淸滑ナリ、ひゆんちゆんちゆんトト聞ユ、他名ニ對シテ、眞一トイフ。一名、唐一。金翅雀 又、紅一、鷚一、河原一、等アリ、各條ニ註ス。

ひば (名) 檜葉 (一)柏類ノ總名。(二)今、又、アスハヒノキ。アスナラウ。

ひば (名) 乾葉 大根ノ莖葉ヲ乾シタルモノ、賤民ノ食トス。

びは (名) 琵琶 〔本出レ於ニ胡中ニ馬上所レ鼓推レ手曰レ批引レ手曰レ把、蓋シ絃響ヲ名トセルナラム〕樂器、木製、體ヲ甲トイフ、楕扁ニシテ二尺餘アリ、棹ノ頭、轉手ノアル處、背ニ折レタリ、四絃、四柱、抱キテ撥ニテ彈ズ。ヨツノヲ。

びは (名) 枇杷 〔葉ノ形、琵琶ニ似タレバイフト云〕樹、高サ丈餘、葉、冬ヲ歷テ枯レズ、形、長ク大ク厚クシテ、鋸齒細カク、背ニ褐毛アリ、冬月、枝ノ梢每ニ、二三寸ノ穗ヲ出シテ、五瓣ノ小白花、簇リ生ズ、實ハ、夏ノ半ニ熟ス、正圓ニシテ、大サきんかんノ如ク、黃白色ニテ微毛アリ、一枝ニ、二三十簇ル、葡萄ノ如シ、肉、少ク、核、大ク、二核或ハ獨核ニシテ、栗色ナリ、樹、久シキヲ歷ザレバ、實ヲ結バズ。音便ニ、ミハ。

ひはう (名) 誹謗 ソシルフ。惡口。

ひはう (名) 秘方 秘密ニスル調藥ノ法。

びばうじん (名) 未亡人 寡婦ノ異名。元來、自稱ナルベシ、今、多クハ、他ヨリ敬稱ノ如クニ用ヰル。

びはえふたう (名) 枇杷葉湯 枇杷ノ葉ノ、背ノ褐毛ヲ去リテ乾シタルヲ煎ジテ飲ムモノ、暑氣ヲ拂フト云。

ひばかり (名) 〔嚙マルレバ、存命、其日許ノ義ト云〕蝮ノ一種、灰褐ニシテ黃ヲ帶ビ、毒甚シキモノト云。

ひはぎ (名) 引剝 又、ヒキハギ。山野ナド、無人ノ路ニ潛ミテ、往來ノ人ヲ劫シ、衣ヲ剝ギ財ヲ奪フ盜人。オヒハギ。「京都ニテハ强盜ヲシ、邊土ニテハ、ヒキハギヲシテ、過ギ候ヒツルナリ」ヒハギアリテ、人ヲ殺スヤト、ヲメク」行劫

ひはく (名) 飛白 飛帛 漢字ノ古キ一種ノ書體ノ名。

ひばこ (名) 火箱 爐ノ底トスル箱。

ひばこ (名) 樋箱 廁ノ中ノ床ノ孔ノ木匡。

ひばし (名) 火箸 竈、爐、ナドニテ、火ヲ挾ムニ用ヰル銅鐵製ノ箸。火筯

ひばしら (名) 火柱 時アリテ、空中ニ、赤氣ノ立昇リテ見ユルモノ。

ひはだ (名) 檜皮 檜ノ皮、細ニ割キテ種種ノ用トス。マイハダ。檜皮葺トイフハ、殿社ナドノ屋根ニ、檜ノ小方板、厚サ數分ナルヲ密ニ重ネテ葺クモノ。

ひはだいろ (名) 檜皮色 蘇芳ニ黑ミアル色。玫瑰紫

ひばち (名) 火鉢 又、火桶。灰ヲ貯ヘテ炭火ヲ熾シ置ク器、飲湯ヲ沸シ、手ナド焙ル、木製、陶、銅、鐵

製等ニテ、方圓種種ニ作ル。其ノ木匣ニテ、内ニ、銅貝鍮板ヲ貼リタルヲ、箱ードイフ。火爐

ひはちや (名) 鶸茶 染色、もえぎニ黄ノ多キモノ。

〔ひはづ-よ (副) 繊弱 ひはやかよニ同ジ。細ソク、タヲヤカニ。「イトササヤカナル人ノ、常ノ御ナヤミニ痩セ衰ヘ、ヒハヅニテ」イト若ウ、ヒハツナリト見シハ、宰相ノ中將ニテ」二十許ニテ、ヒハツナル僧ノ、經袋、頸ニカケテ」

ひはな (名) 火花 火ノ飛ビ散ルモノ。ヒノコ。「ーヲ散ラシテ鬪フ」

ひ-はは (名) 曾祖母 ヒオホバ。ヒイババ。

びはほふし (名) 琵琶法師 瞽者ノ、平家物語ヲ語リテ、琵琶ニ合ハセテ彈ク者。

ひ-はん (名) 批判 非ヲ批チテ判決スルコト。

ひ-ばん (名) 非番 宿直ニ當ラズシテ居ルコト。(當番ニ對ス) 休下

〔ひはやかよ (副) 繊弱 細ソク、タヲヤカニ。ヒハツニ。「宮、イミジウ、ヒハヤカニテ、メデタウテ入ラセ給フ」

ひ-はら (名) 〔傍腹ノ略カ〕 腹ノ傍。ヨコハラ。 肚側

ひばり (名) 雲雀 〔鳴ク聲ヲ名トスルカト云、或云、日晴ノ轉カト〕 小鳥ノ名、雀ニ似テ大ク、頭、背、黒クシテ暗斑アリ、眼旁、頷、白ク、胸、腹、灰白、脚、細長ク、爪モ長ク、尾モ長シ、原野ノ地上ニ巣クヒ、春閑ケテヨリ朝晴ノ日ニ、雲表ニ直上高飛シ、且上リ且鳴キテ、聲、連綿シテ巳マズ。 告天子 天鷚

ひばりげ (名) 雲雀毛 馬ノ毛色ニ、黄、白、雜ハルモノ。 騆

ひ-ひ (名) 狒狒 怪獸ノ名、深山ニ棲ム、猴ニ似テ、極メテ大ク、又極メテ猛ク、人ヲ見レバ大ニ笑ヒテ、脣、其目ヲ蔽フト云、詳ナラズ、猴ノ年ヲ歷タルモノヲイフニヤ。ヤマワラハ。ヤマワロ。

ひび (名) 皸 古クハ、ヒミ。手足面ナドノ皮、寒サニ冱エ荒レテ微ニ裂ケテ疼クモノ。あかがりノ細カキモノ。

ひび (名) 罅劈痕 〔前條ノ語意ニ同ジ、或云、響ヨリ破ルレバイフト〕 陶器ノ、破レテ痕ヲ生ジ、未ダ離レザル處。割レムトスル瑕。ヒビリ。ヒビレ。ヒビキ。

ひび (名) 海苔ヲ寄生セシメムガ爲ニ、海中ニ立テ列ヌル粗朶ノ稱。

ひ-び (副) 日日 今日モ明日モ。日毎ニ。

ひびか-す・ス・セ・サ・レ・セ (他動)(規・二) 響 (一)響クヤウニナス。「又、斯ク此世ニ餘ルマデ、ヒビカシイトナミ給フハ」(二)ホノメカス。 諷

ひびき (名) 響 (一)ヒビクコト。聲、永ク鳴ルコト。(二)韻。(其條ヲ見ヨ)(三)トドキワタルコト。世ニ聞ユルコト。評判。「世間ノー」 影響 (四)劈痕。ヒビリ。

ひびきいし (名) 響石 鸚鵡石ノ類。

ひび-く・ク・ケ・カ・キ・ケ (自動)(規・一) 響 〔引キ引クノ略カト云〕 (一)音、トドキワタル。(二)韻ヲ生ズ。(韻ノ條ヲ見ヨ)(三)トドキアタル。通ズ。世ニ聞ユ。「名ー」評判ー」諫言ー」 通徹 (四)評判シ騒グ。「大嘗會トテ、又、人人ヒビキノシル」殿上人、殘リナク、ヒビキテ入ラセ給フ」

〔ひび-く・ク・ケ・カ・キ・ケ (自動)(規・一) 㿉 ヒビラク。「垣本ニ、植ヱシ椒、口比比久」

〔ひ-ひこ (名) 曾孫 〔孫ノ條ヲ見ヨ〕 孫ノ子。今、約メテ、ヒコ。又、ヒマゴ。

びびし・シキ・シケレ・シク・シク (形・二) 美美 〔字ノ音ニ語尾ヲ添ヘタル語〕 ウルハシ。ウツクシ。ハナヤカナリ。「イト、ビビシク花ヤカニテ見エ給ヘル」ビビシキ色好ミナリケル」

ひ-びつ (名) 火櫃 火桶、火鉢ノ類。

ひ-ひとひ (副) 日一日 朝ヨリ夕マデ。ヒネモス。「ー、夜スガラ、神佛ヲ祈ル」 終日

ひ-ひな (名) 雛 〔鳥ノ子ハ、小ク愛ラシ、此戲玩、皆、小キ物ヲ用レバ名トスト云、但シ、鳥ノ子ハ、ひなトノミイヘリ、上ノひ、心得難シ、崇神十年紀ノ歌ニ、比賣那素寐、トアルハ、姬之遊ノ約ニテ、雛遊ノ事ナリト云、サラバ、姬雛ノ略ニテモアラムカ、或ハ、ひいなナリ(ひゐなハ非ナリ)トモアリ、ひゐなノ延ナリ、ジレト混ジタル語カ〕 又、ヒイナ。ヒナ。兒女ノ玩具、紙ニテ、小ク、人ノ衣着タル形ヲ作レルモノ、或ハ絹帛ノ衣ナドヲモ着ス。 人勝 コレニ、種種ノ調度ノ、小ク作レルヲ添ヘテ、何時トナク、飾リ弄ブ、コレヲ、ひひな遊ビ、トイフ。 後世、此事、特ニ、上巳ノ日ノ遊ビトナリ、酒飯ナド供フ、上巳ノ撫物ノ紙人形ト混ジタルモノカト云。 今、紙絹ニテ立チタル姿ニ作レルヲ紙びなトイヒ、公卿、官女ノ束帶裝束シテ坐セル形ニ作レルヲ内裏びなトイフ。

ひ-ひやう (名) 批評 非ヲ摘ミテ評スルコト。

ひびやうゐん (名) 避病院 流行病ノ病人ヲ集ムル病院。

ひびやき (名) 磁器ノ釉ニ、細カク密ニ劈痕アルヤウニ燒キ成セルモノ。

ひひらぎ (名) 紅谷樹 柊 〔疼木ノ義、刺、人ヲ刺セバイフ〕 樹名、山中ニ多シ、人家ニ毛籬トス、葉ハ、ねずみもちヨリ小ク厚ク、邊ニ大刻アリテ、尖、皆、硬刺アリ、冬枯レズ、秋冬ノ間、小白花ヲ開ク、香氣アリ、實ハ小圓ニシテ、熟スレバ黒シ、材、白ク堅ク、細文アリテ、象牙ノ文ノ如シ、算盤玉ナド諸器具ニ作ル。枸骨 同種ニシテ、葉ニ刺ナキヲ、雌ートイフ、因テ、常ノモノニ鬼ひひらぎノ名モアリ。

ひびらく・ク・ケ・カ・キ (自動)(規.一) 〔ひらひら動ク意、或云、響ク、ト通ズト〕 (一)微ニ震ヒ動ク。「馬ノ頭、物サダメノ博士ニナリテ、ヒビラキ居タリ」 振蕩 顫 (二)動キ痛ム。ヅキヅキ痛ム。ウヅク。「此病ノ苦痛ニ責メラレテ、寐ラレ侍ラズ、切リ燒クガ如ク、ウヅキ、ヒビラキ」 疼痛

ひびり (名) 劈痕ニ同ジ。

〔ひひる・ル・レ・ラ・リ・レ (自動)(規.一) 冲 〔ひらひらスル意〕 飛ビ上ル。音便ニ、ヒイル。「一飛冲レ天」

ひひる (名) 䖂 〔羽ノひびらく意〕 (一)火取蟲ノ類ノ總名。(二)蠶ノ蛹ノ羽化シタルモノハ、繭ノ一方ヲ破リテ出ヅ、形、ひとりむしニ似テ、淺褐色ナリ、雄ハ痩セテ飛走シ、雌ハ肥大ニシテ動カズ、カヒコノ蝶。蠶蛾 雌雄、交リテ、雄ハ死シ、雌ヲシテ、卵ヲ紙ニ生ミツケシム、コレヲ種紙トス。

ひふ (名) 被風 又、唐音ニテ、ヒイホン。羽織ニ似テ、衽、深ク左右ニ合ヒ、盤領ノ製ナルモノ、僧、隱者、ナド着ル。

ひふ (名) 皮膚 カハ。ハダ。ハダヘ。

ひぶ (名) 日歩 貸金ノ利息ヲ日割リニテ定ムルコト。(月利、年利ニ對ス)

ひぶ (名) 日賦 借錢ナドヲ、日毎ニ若干ヅツ返スコト。日濟。(月賦、年賦ニ對ス)

ひふきだけ (名) 火吹竹 竈ノ下ノ火ナドヲ吹キオコスニ用ヰル竹筒、一端ノ節ヲ存シテ、小キ孔ヲ穿ツ。略シテ、フキダケ。吹火筒

ひふきダルマ (名) 火吹達磨 火ヲオコス具、銅ニテ小キ達磨ノ形ヲ作リ、内ヲ空ニシ、水ヲ貯ヘ、火ノ傍ニ置ク、水沸ケバ、自ラ小キ口ヨリ氣ヲ吹キテ、火ヲオコス。

びふく (名) 微服 貴人ナドノ服裝ヲ俏スコト。

ひぶくれ (名) 火脹 火傷ニテ皮膚ノ腫レ脹レタルモノ。火腫

ひぶせ (名) 火防 火災ヲ防グ神佛ノ通力。火除。「一ノ符」 避火符

ひぶた (名) 火蓋 火繩筒ノ火皿ノ火口ヲ被フ蓋。「一ヲ切ル」 火門蓋

ひぶん (名) 碑文 碑ニ彫ル文章。

ひぶん (名) 非分 分際ニテラヌコト。理ニ當ラヌコト。

びぶん (名) 微分 數學ノ一科。

ひぶるひ (名) 日瘧 瘧ノ日毎ニ發ルモノ。

ひへい (名) 疲弊 (一)ツカレヨワルコト。身力ノ衰フルコト。(二)費多クシテ貯ヘノ乏シクナルコト。

〔ひへぎ (名) 引折 ひきへぎノ條ヲ見ヨ。

ひへん (名) 日偏 漢字ノ偏ニアル日ノ字ノ稱、時、明、晴、暖、ナドノ如シ。日旁

ひへん (名) 火偏 漢字ノ偏ニアル火ノ字ノ稱、烟、焰、燒、燈、ナドノ如シ。火旁

ひぼ (名) 紐 ひもニ同ジ。

びほう (名) 彌縫 トリツクロヒ。トリナシ。

〔ひぼし (名) 火干 魚ヲ炙リ乾シタルモノ。「一ノ年魚」 火乾

ひぼし (名) 干乾 食無クシテ餓ウルコト。絕食

ひぼとき (名) 紐解 ひもときニ同ジ。

ひほん (名) 秘本 秘藏ノ書籍。

ひぼん (名) 非凡 平凡ナラヌコト。

〔ひぼろぎ (名) 神籬 ひもろぎニ同ジ。

ひま (名) 隙 〔日間ノ義、日光ノ差入ルニ就キテイフト云〕 (一)物ト物トノ間ノ透キタル處。スキマ。スキ。「壁ノ一」「闔ノ一」(二)時ノ間。間。「一ヲ惜ム」 光陰 (三)事ナキ間。「雪、少シひまアリ、夜ハ深ケヌラム」 (四)事ヲ行フニ好キ時。「一ヲ伺フ」 機會 (五)仕事無キ間。手隙。 閒暇 (六)主從ノ間ニ、仕ヘノ約ヲ解クコト。イトマ。「一ヲ與ル」「一ヲ乞フ」「一ヲ取ル」 致仕 (七)交ノ中惡シキコト。ナカタガヒ。「ウハベハ、イト好キ御中ノ、昔ショリ、サスガニ、ひまアリケルニ」 有隙

ひ-ま (名) 蓖麻 カラヱ、タウゴマ。

ひまた (名) 晉孫ニ同ジ。又、ヒコ。

ひまし (名) 日增 食物ナド、製シテ日數ヲ歷タルヿ。

ひましに (副) 日增 日每ニ增シテ。「寒氣ー强ク」

ひま-しのあぶら (名) 蓖麻子油 蓖麻ノ子ノ皮ヲ去リ、仁ヲ碎キ、蒸シテ榨リ取レル油、印肉ニ合ハセ、又紙ニ延クナド、種種ノ用トス。

〔ひまぜ (名) 日交 一日置キ。隔日。「ーワカワカシキ瘧ニヤ、日まぜニ發ル事、二ータビニテリヌ」

ひまち (名) 日待 〔日祭ノ意〕 一月ニ三度、旭ヲ拜ムヿ。

ひまはり (名) 日廻 菊ノ屬、春生ズ、高サ五六尺、葉圓ク尖リテ鋸齒アリ、莖、葉、共ニ細毛刺アリテザラザラセリ、梢ニ花ヲ開ク、大サ六七寸、菊花ニ似テ、橙黃色ナリ、花、常ニ點頭シテ、日脚ノ移ル方ヘ向フ、種子、仁、皆、燈油ヲ得ベシ。別名、ヒグルマ。ヒウガアフヒ。ニチリンサウ。向日葵

ひまはり (名) 火廻 兒女ノ戲、數人環坐シ、線香ニ火ヲ點ジタルヲ持チ、同ジ類ノ物ノ名ナド言ヒ言ヒ、次次ヘ廻シ、火、指ニ迫リ、差詰リテ苦ムヲ興トス。

ひまん (名) 肥滿 コエフトリタルヿ。〔人ノ體ニ〕

〔ひみ (名) 皸 〔和名抄、瘃、比美、之毛久知、混同シテ誤レリ、瘃、凍瘡也〕 皸ノ古言。新撰字鏡「皸、比彌」

ひみいわし (名) 氷見鰯 魚ノ名、越中ノ海上ニ產ジ、射水郡氷見港ヲ最トスレバ名トス、鰯ニ似テ大ク、乾シテ遠キニ送ル、味、甚ダ美ナリ。

ひみじか (名) 日短 冬ノ日ノ短キヿ。短日。急景

ひみず (名) 地鼠 〔日ヲ見ズシテ死スレバ名トストモ云〕 古名、野鼠。關東ニ、地鼠。鼠ノ類、むぐらもちニ似テ、體、脚、共ニ小ク、鼻、長ク出デ、尾毛長クシテ廣ク、大サはつか鼠ノ如シ、常ニ山中ノ畑ナドノ土中ヲ潛ミ行キテ、蚯蚓ヲ求メ食フ、大、小、數種アリ。

ひみつ (名) 秘密 秘メテ匿ソカニスルヿ。

〔ひみづ (名) 氷水 氷ヲ泮シタル水。和名抄「氷漿、今按、以レ氷入レ漿也」大御酒參リテ、ひみづ召シテ」

ひ-む・ムル・ムレ・メ・メ・メヨ (他動)(規・二) 秘 隱シテ人ニ示サズ。「ウルハシキ袋ドモシテ、ヒメオカセ給ヘル」

ひん (名) 品 シナ。クラヰ。ミユ。タチ。「ー好シ」ー劣ル」上ー」下ー」

ひん (名) 貧 マヅシキヿ。貧乏。貧窮。「ースル」ーニ迫ル」ーノ盜ミ」

ひん (名) 嬪 古ヘノ女官ノ號、後ノ更衣。

びん (名) 鬢 〔俗ニ、鬂〕 頭ノ左右ノ側面ノ髮。

びん (名) 便 (一)タヨリ。ヨリツキ。タノミ。「ー無シ」ーアル所」ー惡シクテ」(二)手紙ノタヨリ。オトヅレ。「前ー」幸ー」 音信

ビン (名) 瓶 〔字ノ唐音〕 (一)陶鐵器ノ名、土ー、鐵ー、湯ー、ナドアリ、各條ニ註ス。(二)硝子ノ德利。硝子壜

ピン (名) 釘 〔英語、Pin.〕 ハリ。トメバリ。

ピン (數) 一 〔一點ノ意ナル西班牙語、Pinta.(英、Point.)ノ轉訛ナラム〕 骨牌、又ハ、博奕ノ采ノ目ノ面ノ數ノ一ツナルヿ。

ひん-かう (名) 品行 オコナヒ。身持。行跡。

ひん-かく (名) 品格 シナガラ。ミエ。品。「ー好シ」ー劣ル」

ひん-かく (名) 賓客 マラウド。客。

〔ひ-むかし (名) 東 〔日向風ノ義ニテ、風ノ名ヲ本トスルカト云、まハ風ナリ、あらし、つむじノ如シ〕 約メテ、ひがしトイフ共條ヲ見ヨ。音便ニ、ヒンガシ。

ひんがし (名) 東 前條ノ語ノ音便。

びんぎ (名) 便宜 タヨリヨロシキヿ。

ひん-きゅう (名) 貧窮 マヅシキニクルシムヿ。貧乏。困窮。貧苦。

ひん-く (名) 貧苦 前條ノ語ニ同ジ。

〔びん-ぐき (名) 鬢莖 鬢ノ毛筋。「シドケナク、打ブクダミ給ヘルー」

びん-ぐし (名) 鬢櫛 婦人ノ、鬢ヲ搔キ上グルニ用ヰル黃楊製ノ橫長キ櫛。

ひん-けつ (名) 貧血 病ニ因テ血ノ不足ニナルヿ。

びんご-おもて (名) 備後表 疊表ノ一種、備後ノ沼隈御調二郡ニ產ジ、沼隈ノ山南村ヲ最トス、石龍芻ノ莖ヲ刈リテ、白キ土ノ泥中ニ漬シ、乾シテ織ル、疊表ノ最上ナルモノトス。

ひん-さう (名) 貧相 貧シキ狀ノ容貌。 窮相

びん-ささら (名) 拍板 〔びんハ拍ノ音便ナルひやうヨリ轉ジタルカ、或云、拍版ノ唐音〕べはんノ轉訛ナリト〕ささらハ簓ノ義〕本名、拍子。數十枚ノ小板ヲ平面ニ相合ハセ、絲ニテ一端ヲ綴リ、板ト板ト相擊タシメテ鳴ラスモノ、古キ舞ニ用ヰル。

びん-さし (名) 鬢差 婦人ノ、鬢ヲ脹ラカセムガ爲ニ、其内ニ入ルル具、細キ鐵ヲ撓メテ作ル。

ひむし (名) 火蟲 火取蟲ニ同ジ。「夏蟲ノ、鬢務始ノ衣」燈蛾

ひん-せい (名) 貧生 貧窮ナル者。

ひん-せき (名) 擯斥 シリゾクルコト。逐ヒヤラフコト。

びん-せふ (名) 敏捷 仕業ノスバヤキコト。

ひん-せん (名) 貧賤 マヅシクイヤシキコト。

びん-せん (名) 便船 他ノ船ニ便リテ乘リ行クコト。

びん-ぜん (副) 憫然 イタハシク。カハイサウニ。

びん-そぎ (名) 鬢除 かみそぎノ條ヲ見ヨ。

ひん-だう (代) 貧道 〔我寡ニ少此道ニ之謂〕僧ノ自稱ノ代名詞、謙稱ナリ。拙僧。

びん-だらひ (名) 鬢盥 鬢水ヲ盛ル小キ盥。

びん-ちやう (名) 備長 炭ノ一種、紀州ニ產ズ、極メテ堅ク、火勢强ク、長ク火力ヲ保ツモノ、びいぞろヲ鎔シ、鰻ヲ燒クナド、火勢ヲ用ヰルモノニ使フ。

びん-つけあぶら (名) 鬢付油 蠟ト油トニテ固ク煉リ作レルモノ、粘リ强ク、髮ヲネバシツクルニ用ヰル。(をきあぶらノ條、見合ハスベシ)

〔びんづら (名) 鬢頰 角髮ノ音便轉。

ビンヅル (名) 賓頭盧 羅漢ノ名、白頭長眉ノ像ヲ作リ、寺院ノ食堂ニ安ス。

びん-なが (名) 〔鬢長ノ訛、或云、鬢長、カト〕魚ノ名、ひれながニ同ジ。又、ビンナガ。

ひん-ぴやう (名) 品評 シナサダメ。

〔びん-ぶく (名) 〔鬢服ノ音カト云〕官家ニテスル髮飾、髮ヲ、長サ四尺許、太キ筆ノ軸程ニ、油ニテ固メテ、領髮ノ下ニ廻シ、兩方ノ前ヘ下グルモノト云、角髮ノ遺ナルカ。

びん-べん (名) 黽勉 善ク勉ムルコト。精ヲ出スコト。

びんぼ-かづら (名) 次條ノ語ニ同ジ。

びんぼ-づる (名) 烏蘞苺 〔びんぼハ蘞苺ノ音ノ訛カト云〕草ノ名、やぶからしニ同ジ。ビンボカヅラ。

びん-ぼふ (名) 貧乏 マヅシクシテ、物ニトボシキコト。

びんぼふ-がみ (名) 貧乏神 人ニ憑リテ、其人ヲ貧シクセシムトイフ神。窮鬼

びん-みづ (名) 鬢水 髮ヲ梳ルニ用ヰル水。

ひん-みん (名) 貧民 マヅシキタミ。

びん-らう (名) 檳榔 〔或云、無來諸島中ノ Pinlan 島ノ產ニテ、檳榔ハ其音譯ナリト〕熱帶地ノ樹、高サ五七丈、直立シテ枝ナク、葉ハ梢ニ生ジテ蕉葉ニ似タリ、實ハ房ヲナシテ、葉中ヨリ出ヅ、一房ニ數百アリ、其實ヲ一子トイヒテ舶來ス、形、長クシテ尖ル、破レバ紫棕色ニシテ紋アリ、生食シ、又、藥用トス、味、澁ク、稍、甘シ。又、形、大クシテ、圓ク平タキアリ、大腹子トイフ、甘味無シ。(古來、蒲葵ヲ檳榔ト混ジテ呼ベリ、びらうノ條、見合ハスベシ)

ひん-るゐ (名) 品類 タグヒ。種類。シナガラ。

ひ-むろ (名) 氷室 古ヘ、冬ノ氷ヲ夏マデ貯ヘ置ク處、山陰ナドニ穴シテ、厚氷ヲ收メ、陰曆六月一日ニ禁中ヘ獻ズ。

ひん-ゐ (名) 品位 クラヰ。シナガラ。

ひめ (名) 姬 媛 〔彥ノ條ヲ見ヨ〕(一)女子ヲ美メテイフ稱。(二)後ニ、專ラ、貴人ノ女ノ稱。(三)物ノ形狀ノ小キモノニ被ラセテ呼ブ語。「一松」「一萩」「一百合」「一垣」

ひめ (名) 糄糅 〔非米ノ音ニテ、非レ米非レ粥之義ト云〕米ヲ煮テ水ノ多キモノ、トアリテ、即チ、今俗、平常食フ所ノ飯ノ類ナリト云。(古ヘ、飯トイヘルハ、蒸シタル强飯ナリトゾ)「晝下供御、院稱ニ御比米ニ」ひめ糊ハ、コレヲ糊トスルモノト云、枕草紙ニ「御衣、ひめノ濡レタル」トアルヲ糊ナリトイヘリ。

ひめ (動) 秘ム、ノ條ヲ見ヨ。

ひめ-あざみ (名) 姬薊 古名、カマナ。草ノ名、葉、宿根ヨリ叢生ス、其狀一ナラズ、のあざみニ似タルモアリ、去のねニ似テ淺鋸齒アルモアリテ、共ニ、莖葉ニ刺アリ、葉ノ長サ、三五寸ヨリ尺餘ニ至ル、秋ノ末、莖ノ高サ、三五尺、枝ヲ分チテ花ヲ開ク、淡紫色、やまあざみノ花ニ似タリ。一名、カハアザミ。苦芺

ひめい (名) 非命 天命ナラヌコト。災害負傷ナドニテ横死スルコト。(病ナドノ自然ノ死ニ對ス)「一ノ死」

ひめい (名) 碑銘 碑ト銘トノ條ヲ見ヨ。

びめい (名) 美名 譽レアル名。「―ヲ世ニ遺ス」
びめう (名) 微妙 奥深ク妙ナルコト。
ひめうり (名) 姫瓜 瓜ノ類、花、葉、共ニ小ク、夏、瓜ヲ結ブ、大サ二寸許、形、圓クシテ、色、薄青ク、熟スレバ稍、黄ナリ、味、苦クシテ食フベカラズ、小兒採リテ玩トス。 金鵞瓜
〔ひめ-かかみ (名) 〔姫蘿藦ノ義〕 徐長卿ノ古名。
ひめがき (名) 女墻 丈低キ垣。(多ク城ノ垣ニイフ)
ひめききやう (名) 姫桔梗 ひなききやうニ同ジ。
ひめぎみ (名) 姫君 (一)貴人ノ娘ノ尊稱。(二)又、古ヘ、公卿ナドノ第一ノ娘ノ稱、又、大君。第二ナルヲ、中ノ君、トイヒ、以下ヲ、三ノ君、四ノ君、ナドイヘリ。
ひめごぜ (名) 姫御前 姫君トイフニ同ジ。
ひめこまつ (名) 姫小松 (一)姫松。(二)五葉松ノ一種ノモノ。(三)富士松ヲ移シ植ヱタルモノ。(京都)
ひめしをん (名) 姫紫菀 葉ハをぐるまノ葉ニ似テ、小ク、尖ラズ、長サ三寸許、廣サ六七分、互生ス、初メ、地ニ就キテ叢生シ、夏ニ至リテ、莖ヲ出スコト一二三尺、花ハ莖頭ニ集リテ、蓍ノ花ニ似テ小シ、白色、黄蘂、花落チテ、苗枯レ、旁ニ根鬚蔓リテ、苗多ク生ズ。 女菀
〔ひめたちばな (名) 姫橘 金柑ニ同ジ。
ひめぢかは (名) 姫路革 播州ノ姫路ノ地方ヨリ產ズル革、文庫ナド種種ノ器ニ貼リ作ル。
〔ひめつばき (名) 姫椿 ねずみもちノ古名。
〔ひめとね (名) 姫刀禰 六位以上ノ宮女ノ稱ト云。
ひめとらのを (名) 姫虎尾 草ノ名、葉ノ形、細ソクシテ桃ノ葉ノ如ク、鋸齒アリ、深緑色ナリ、苗、高サ三四尺、夏、莖ノ梢ニ、六七寸ノ穗ヲナシテ、淡碧四瓣ノ小花ヲ綴リ開ク、とらのをニ似テ細ソシ。 水蔓青
ひめのり (名) 〔糘ノ糊ノ義〕 飯ヲヤハラカク煮テ、水ヲ加ヘ、碾キ潰シテ作レル糊。 米糊
ひめはぎ (名) 姫萩 山野ニ生ズ、苗、僅ニ三四寸、一根ニ數莖ヲ生ジ、莖每ニ枝ヲ分ツ、葉ハ互生シ、つげノ葉ニ似テ、薄ク小ク、深緑ニシテ、冬枯レズ、春、葉ノ間ニ深紫花ヲ開ク、形、萩ノ花ニ似テ小ク、蘂多シ、實、圓ク平タク、大サ一二三分、内ニ小子アリ。又、スズメハギ。 遠志
ひめはじめ (名) 比女始 暦ニイフ語、正月、糘ヲ供シ始ムルニ吉ナル日ノ稱ト云。或ハ飛馬始ナド記シテ、馬乘初ニ同ジトモ云。
ひめばせう (名) 姫芭蕉 美人蕉ニ同ジ。
ひめまつ (名) 姫松 松ノ小キモノ。ヒメコマツ。
ひめみこ (名) 姫御子 皇女。姫宮。內親王、 公主
ひめもす (副) 終日 ひねもすニ同ジ。
ひめゆり (名) 姫百合 宿根草、人家ニ植ヱテ花ヲ賞ス、一根、一莖、高サ尺餘、葉ハおにゆりニ似テ小ク、色淺ク、密ニ互生ス、夏ノ半ニ、莖ノ頂ニ、六瓣ノ紅黄花ヲ開ク、大サつつじノ花ノ如ク、天へ向フ。 山丹 花ノ深紅ナルヲ、緋百合トイヒ、黄ナルヲ、黄―トイフ。
ひめよし (名) 姫葦 荻ニ似テ細ソキモノ、高サ數尺アリ。 葦
ひめよもぎ (名) 姫艾 艾ノ一種、原野ニ多シ、葉、細ソクシテ鋸齒深ク、枝多シ。 野艾蒿
ひも (名) 紐 〔引結ブ物ノ意カト云〕 調度ニ着ケテ、結ビ束ネ、又、解クベク用ヰル太キ絲ヒボ。其打組ミタルヲ打チ―トイフ。 絛 又、革ナド細ク裁チテモ用ヰル。
〔ひもかがみ (名) 氷面鏡 氷ノ面ノ鏡ノ如ク光ルヲイフ語ナリト云、多ク、紐ニ言ヒ掛ケテ、解クルニ寄セテイフ。「影清ミ、岩間ノ水ノ、―、トケテモ春ノ、向フ今日哉」
〔ひもかがみ (枕) 紐鏡 〔鏡ノ裏ノ紐ハ、常ニ鎣ニ結ビツケテ解クコトナキ故ニ、なときそ(莫解)トイフベキヲ、のとかノ音ニ通ハシテイフト云〕 能登香ノ山ノ枕詞。(何地ノ山ナルカ知ラレズ)「紐鏡、能登香ノ山ハ、誰ガ故ゾ、君來マセルニ、紐解カズ寐ム」
ひもがたな (名) 紐小刀 小キ刀ヲ、懷中ニ佩ビテ下帶ニ差スニ就キテイフ語ト云。 匕首
ひもかは (名) 紐革 革ヲ細ク裁チテ紐トスルモノ。ヒボカハ。
ひもかはうんどん (名) 紐革饂飩 饂飩ヲ平タク細ソク、紐革ノ如ク製シタルモノ。
ひもじ・ジキ・ジク・ジシ・ジケレ・ジカ・ジカ (形、二) 饑 〔ひだるキコトヲ、ひ

文字、トイヒテ、更ニ活用シタル女房詞ナラム」 饑エタリ。腹減リタリ。ヒダルシ。

ひもつけ (名) 紐付 衣服器具ニ、紐ヲツクベキ處。

ひもと (名) 火元 火災ノ起リタル處。 失火主

ひもとき (名) 紐解 女兒七歲ノ賀儀、衣ノ附紐ヲ解キ去ツルナリ。

〔ひもと・く・ク・ケ・カ・キ・ク (自動)(規.一) 紐解 (一)下紐ヲ解ク。「秋風ニ、今カ今カト、ヒモトキテ、ウラマチヲルニ、月傾キヌ」(二)蕾、開ク。「花ノヒモトク御前ノ草叢ヲ見渡シ給フモ」「御前ノ梅、ヤウヤウヒモトキテ」

ひもと・く・ク・ケ・カ・キ・ケ (他動)(規.二) 繙 紐ニテ結ベルヲ解キヒログ。「書ヲ一」

ひもとほし (名) 紐通 什器ニ紐ヲ通スベキ孔。 穿紐

ひもとみ (名) 火元見 火災ノ火元ヲ見屆ケテ告ゲ知ラスル役目。 望火馬

ひもの (名) 檜物 檜ノ薄板ニテ作レル椀物。他ノ材ナルモ通ジテイフ。「一町」「一師」 桮棬

ひもの (名) 干物 魚ニ、鹽ヲ延キナドシテ乾シタルモノ。 鱐腊

ひものし (名) 檜物師 檜物ヲ作ル工人。

ひもん (名) 秘文 秘密ナル呪文。

ひもろぎ (名) 神籬 〔或云、柴室木ノ約轉、或云、秘室木ノ略轉、或云、秀室城ノ轉、其他、諸說、區區ナリ〕 榮樹ヲ建テメグラシ、ソレヲ假ニ神ノ御室トシテ祭ル處ノ稱。又、ヒボロギ。 祟神紀「以ニ天照太神一祭ニ於倭笠縫邑一仍立ニ磯堅城神籬一」註、神籬、此云ニ比莽呂岐一」 神南備ニ、紐呂寸立テテ、齋ヘドモ、人ノ心ハ、守リアヘヌカモ」 後ニハ、神社ノ泛稱トモナリ。 叢祠

ひもろぎ (名) 胙 〔神籬ニ供フル物ノ意〕 神ニ奉ル米餅ナドノ供物ノ稱。 釋奠ニ用ヰタルハ、翌日、大學寮ヨリ内ヘ獻ズルヿアリ。「卯ノ花モ、神ノ一、渐キテケリ、トブサモタワニ、木綿カケテ見ユ」祭リセシ、葉月ノ御食ヲ、取リソヘテ、君ニ供フル、今日ノ一」

ひや (名) 火矢 古クハ、箭ニ火ヲ仕掛ケテ射遣ルヲ。 後ニ、石一、棒一、國子一、はうろく一、ナドイフハ、火藥ヲ仕掛ケテ發スル火器ノ名、各條ニ註ス。

ひや (名) 火屋 火葬場。茶毘所。ヤキバ。「物ヘ詣デテ歸ルニ、火ヤトイフモノヲ作ルヲ、アハレト思ヒテ、歸リテノ夜、云云」 化城 化人場

ひやあせ (名) 冷汗 甚シク恥デ又ハ氣遣ヒタル時ナドニ、身ニ出ヅル汗。(熱シテ出ヅルニ對ス) 慚汗

ビヤ (名) 麥酒 びいるニ同ジ。

ひやう (名) 評 シナサダメ。可否ヲ論ジ分クルヿ。

ひやう (名) 平 韻ノ條ヲ見ヨ。

ひやう (名) 兵 將棋ノ駒ノ名、歩ノ條ヲ見ヨ。

びやう (名) 鋲 古ク、ノシカタノ釘。(其條ヲ見ヨ)釘ノ一種、銅、鐵、眞鍮、或ハ、金銀ニテモ作ル、圓キ頭ヲツケ、打込ミタル痕ノ飾トス。 泡頭釘

びやうか (名) 病家 病人アル家。(醫者ヨリイフ)

ひやうぎ (名) 評議 語ラヒハカルヿ。 商議

びやうき (名) 病氣 ヤマヒ。イタハリ。ワヅラヒ。 疾病

ひやうぐ (名) 兵具 (一)武器。兵器。(二)鎧。具足。

ひやうけつ (名) 評決 評議シテ決定スルヿ。

びやうこん (名) 病根 病ノオコリ。

ひやうごれう (名) 兵庫寮 ツハモノクラノツカサ。古ヘ、衞府ニ屬セル寮、儀仗兵器ヲ善ク安置シ、其出納曝涼ノ事ヲ掌ル。

ひやうごわげ (名) 兵庫髷 婦人ノ一種ノ結髮ノ風ノ名、攝州兵庫ノ佐比江町ノ遊女ヨリ起ルト云。

〔びやうざ (名) 病者 ヤマウド。病人。又、バウザ。「月頃ハ、色色ノびやうざヲノミアツカヒ、心ノ暇ナキ程ニ」重キびやうざノタメ惡シキ事ドモナド」

ひやうし (名) 拍子 〔字ノ音、ひやくしノ音便〕 (一)又、ハウシ。音樂、歌舞ノ調子曲節ヲ助ケテ、其節間ニ合ハスルヿ。「一ヲ取ル」「手一」「足一」 打拍 (二)俗ニ、ヲリ。ホド。コロアヒ。 機

びやうし (名) 病死 病ミテ死ヌルヿ。

ひやうしぎ (名) 拍子木 方ニシテ短キ材、二箇相擊チテ響ヲナサシム、物ノ相圖ノ拍子ヲ取ルニ打チ、或ハ、夜廻リニ人ヲ警ムルナドニ用ヰル。 柝

びやうしん (名) 病身 病多キ身。 多病

ひやうしやう (名) 平聲 韻ノ條ヲ見ヨ。

びやうしやう (名) 病症 病ノ性。 病性

びやうしやう (名) 病床 病人ノ寢床。

ひやうせん (名) 兵船 イクサブネ。

ひやうそく (名) 平仄 韻ノ條ヲ見ヨ。

ひやうそく (名) 秉燭・柄燭 燈蓋ノ一種、中央ニ臍ノ如キモノアリテ、燈心ヲ立ツ。

ひやうぢやう (名) 兵仗 儀衞ノ武器、太刀弓箭ノ類、隨身、コレヲ持ス。文官ニテ、隨身ヲ召連ルルヲ聽サルルヲ、—宣下トイフ。

ひやうぢやう (名) 評定 衆、相評論シ決定スルコト。

ひやうぢやうしゆう (名) 評定衆 鎌倉ノ頃、軍政審事ニ參議スル職。

ひやうぢやうしよ (名) 評定所 訴訟ヲ聽キテ判決スル役所。裁判所。

びやうてい (名) 病體 ヤマヒノアリサマ。病症。ビヤウダイ。

ひやうてう (名) 平調 十二律ノ一、其條ヲ見ヨ。

ひやうど (副) 矢ヲ射遣ル音ニイフ語。「ヨツピイテ、—放ツ」

びやうどう (名) 平等 ヒトシキコト。不同ナキコト。

びやうなん (名) 病難 病氣ノ災難。

びやうにん (名) 病人 病ミテアル人。ヤマウド。 病者

ひやうは (名) 兵破 水破ノ條ヲ見ヨ。

ひやうばん (名) 評判 (一)評シテ判ズルコト。評定。(二)世人ノ評シテ言觸ラスコト。ウハサ。 名聲 聲價

びやうぶ (名) 屏風 室中ニ立テ、風ヲ屏ギ、又ハ物ヲ遮ル具、製、襖ノ如シ。其一枚ナルハ衝立ナリ。今、專ラ、六枚、四枚、二枚等、紙ノ蝶番ニテ續ギ、折リ疊ムヤウニ作レルヲイフ。 連屏 六曲屏風 其低キヲ、枕—ナドイフ。

ひやうぶしやう (名) 兵部省 ツハモノノツカサ。八省ノ第五、諸國ノ兵士、軍旅、兵馬、城隍、兵器、等ノ事ヲ掌ル。

ひやうはふ (名) 兵法 (一)兵法ニ同ジ。(二)專ラ、劍術。

びやうやなぎ (名) 未央柳 〔唐玄宗、未央宮ノ柳ニ起ルカ〕灌木、高サ二三尺、葉ハ、柳ニ似テ、末、圓ク、梅雨ノ頃、花ヲ開ク、形、桃ノ花ニ似テ、黃ナリ、蘂モ黃ニシテ、長ク垂リテ絲ノ如シ、冬ニ至リテ、葉、尚、枯レズ。訛シテ、リヨウヤナギ。 金絲桃

ひやうらう (名) 兵糧 軍人ニ給スル食料。 軍糧

ひやうらうぜめ (名) 兵糧攻 城ヲ圍ミテ、戰ハズ、只、敵ノ兵糧ヲ盡クサシメテ降ラスルコト。 斷食道

ひやうらん (名) 兵亂 イクサノミダレ。戰爭。

びやうゐん (名) 病院 病人ヲ宿シテ療治スル二設ケタル家。

ひやうゑふ (名) 兵衞府 古ヘ、車駕ノ出入ニ、前後ヲ分衞スル武官ノ府、左—、右—、ニ分レ、其四等ノ官ヲ督、佐、尉、志トイフ。

ひやかし (名) 冷 ヒヤカスコト。ヒヤスコト。

ひやかす・ス・セ・サ・シ・セ (他動)(規.一) 冷 (一)冷クルヤウニナス。ヒヤス。漬クル。(二)東京ノ俗語ニ、素見ス。(淺草山谷邊ノ紙漉業ノ者、紙料ノ水ニ冷クル間、北里ニ遊ベル隱語ニ起ルト云)(三)又、轉ジテ、ナブル。嘲弄ス。 愚弄

〔ひやかに〕 (副) 冷 ひややかにニ同ジ。「—打チソソグ、秋ノ村雨、ヒヤカニテ、風ニ先立ツ、下ノ浮雲」

ひ・やく (名) 非役 勤メ無クテアルコト。

ひや・ぐ・ル・レ・ウ・ク・ケ (自動)(規.二) 冷 十分ニ冷タリ冷ユ。

ひやく (數) 百 (一)モモ。十ヲ十倍セル數。(二)數多キ。アラユル。「—藥」「—味」「—官」「—草」

びやくえ (名) 白衣 (一)白キ衣服。(二)白小袖ニ、指貫又ハ袴ナドノミニテ、直衣、直垂、素袍、等ノ表衣ヲ着ヌコト。後ニハ、袴ヲモ脫シ、小袖ノミニテアルヲモイフ。

びやくがう (名) 白毫 佛ノ額ニアル毫、今、佛像ノ眉間ニ、圓形左旋ノモノヲ作ル、光ヲ發シテ無量ノ國ヲ照スト云フ。

ひやくかにち (名) 百箇日 人死シテ百日ヲ歷タル日ノ稱、佛事ヲ修スルニ就キテイフ。

びやくぎふ (名) 百及 紫蘭ニ同ジ。

ひやくくわん (名) 百官 朝廷ノ官省寮司ノ總稱。

びやくと (名) 白狐 毛色ノ白キ狐、年舊リタルモノトイフ。

びやくと (名) 白虎 四神ノ條ヲ見ヨ。

びやくさん (名) 百散 屠蘇ノ條ヲ見ヨ。

〔びやくし〕 (名) 拍子 百子 樂器ノ名、長闊、手ノ如キ板ヲ、十餘枚重ネテ、韋ヲ以テ連ネテ、相拍ツモノト云、びんざさらノ類。 拍板

ひやくじつこう (名) 百日紅 樹ノ名、サルスベリ。

びやくしん (名) 柏心 〔或ハ、白身、白心、栢槇ナド

記ス、柏子ノ音便カ〕又、ビヤクシ。樹ノ名、柏ノ類、幹ハ松ノ如ク、葉ハ一樣ナラズ、或ハ、ひのきノ如ク、或ハ、杉ノ如ク、又、松ノ如ク、種種ノ葉ヲ出ス。檜 逼ー、伊吹ー、ナド、各條ニ註ス。

ひやく-せう (名) 【百姓】〔天下之民、皆有ニ族姓ニ〕 (一)四民ノ通稱。天ガ下ノ民ノ總稱。(二)專ラ農民ノ稱。農

びやく-ぜん (名) 【百前】 草ノ名、スズメノヲゴケ。

びやく-だん (名) 【白檀】〔栴檀ノ條ヲ見ヨ〕 (一)熱地ニ產ズル樹、栴檀ノ類、其材ヲ舶來ス、色、白クシテ黃ヲ帶ブ、香料、藥料、ナドトス。一種、油色ナルヲ黃檀トイフ、亦、藥料トス。(二)又、樹ノ名、次條ヲ見ヨ。

びやくだん-の-き (名) 【白檀木】 一名、和白檀。ひのきノ類ニシテ、幹、必ズ左ヘ旋ル、木理、白檀ニ似テ、稍、香氣アリ。左細柏

びやく-ぢゆつ (名) 【白朮】 蒼朮ノ條ヲ見ヨ。

ひやく-どまゐり (名) 【百度參】 神社佛閣ノ前ヲ、一時ニ往返百度シテ拜スル事、百日百回詣ヅル心ヲ表ス。

ひやく-にち-ぜき (名) 【百日咳】〔發スレバ凡ソ百日ヲ歷ト云〕 病名、小兒呼吸器粘膜ノ加多兒、咳嗽ヲ發ス、傳染ノ性アリ。痙攣咳。

びやく-び (名) 【百微】 草ノ名、フナハラ。

ひやく-ひろ (名) 【百尋】〔長キニ就キテイフ〕 はらわたニ同ジ。腸

ひやく-ぶ (名) 【百部】 古名、ホドツラ・フトツラ。草ノ名、草本ノモノハ、高サ一尺許、數莖、叢生ス、葉、稍圓ニシテ尖リ、縱ニ筋アリ、節毎ニ、四葉對生シテ、おかね苗ノ如シ、光澤アリテ毛刺ナシ、春、花ヲ開ク、大サ錢ノ如ク、本ハ短筒子ニシテ、外ハ瓣ト同ジク淡綠色、中ニ紫蘂アリ、根、數十、連リテ、天門冬ニ似タリ、藥用トス。藤本ノモノハ、春、舊根ヨリ生ジ、節毎ニ四葉對生ス、形、やまのいもノ葉ニ似テ長ク、末、尖ラズ、夏ノ半、葉ノ上、蒂ノ方ニ寄リテ、數多ノ蕾ヲ生ジ、日ニ一花ヲ開ク、形、色、草本ノモノニ同ジクシテ、大サ三四分許、稀ニ實ヲ結ブモアリ。

ひやく-ぽん-づけ (名) 【百本漬】 乾シタル大根白本ヲ、糠一斗、麴四升、鹽三升半、ニテ漬ケタルモノ。

ひやく-まん (數) 【百萬】 萬ノ百倍。

ひやくまん-べん (名) 【百萬遍】 山城北白河ノ知恩寺ニテ修スル佛事、結衆十人、千八十顆ノ大數珠ヲ廻ラシ、念佛百遍シテ、百萬遍ヲ得、疫癘邪祟ヲ禳フト云。俗間ニテモ、衆人、大數珠ヲ廻ラシツツ、佛名ヲ稱シテ行フ。

ひやく-み (名) 【百味】 數多ノ食物。「一ノ飮食」

ひやく-み-だんす (名) 【百味簞笥】 醫家ニテ、諸藥品ヲ貯フル簞笥、小キ抽匣數十百アリ。百眼厨

ひやく-みやく-こん (名) 【百脈根】 草ノ名、ミヤコグサ。

ひやく-ものがたり (名) 【百物語】 數人集リテ、戲レニ種種ノ鬼話ヲ語リ合フ事。

びやく-らふ (名) 【白鑞】 (一)シロナマリ。(二)シロメ。

びやく-り (名) 【白痢】 なめノ條ヲ見ヨ。

ひやく-りやう-きん (名) 【百兩金】 カラタチバナ。

びやく-れん (名) 【白斂】 草ノ名、春、宿根ヨリ生ズ、蔓、甚ダ長シ、初生ノ葉ハ圓クシテ尖リ、次生ナルハ三尖トナリ、共ニ鋸齒アリテのぶだうノ葉ニ似タリ、梢ノ葉ハ五叉ヲナシ、叉毎ニ細葉對生シ、鬚ヲ生ジ物ニ纏フ、夏ノ初、鬚末ニ五出ノ小白花簇リ生ズ、實、大サ豆ノ如ク、初ハ綠ニ、後ニ碧、紫ニ變ジ、秋熟シテ、白色、小黑點アリ、內ノ黑子透キテ見ユ。

ひやく-ゑ (名) 【百會】 前頂ノ後、一寸五分、旋毛アル處ノ名、頂ノ中央ナリ。

ひやす・ス・セ・ウ・レ・セ (他動)(規.一) 【冷】 (一)冷ユルヤウニナス。ヒヤヤカニス。(二)〔刀ニテ人ヲ斬ル。(元祿頃ノ通語)〕

ひやつこし・シ・キ・ケレ・ク・ク (形.二) 【冷】 ヒヤヤカニテアリ、ツメタシ。

ピヤノ (名) 【洋琴】〔Piano.〕 西洋ノ樂器、大ナル匣ノ中ニ、長短ノ鐵線數十條ヲ張リ、別ニ機アリ、指ニテ押セバ、機、線ニ觸レテ音ヲ發ス。

ピヤボン (名) 【口琴】〔音ヲ名トス〕 竹ヲ紙ノ如クニ削リ、長サ四五寸、鐵線ニテ端ヲ卷キ、口ニ銜ミテ吹キ鳴ラスモノ、蝦夷人ノスルモノナリ。

ひや-むぎ (名) 【冷麥】 きりむぎノ條ヲ見ヨ。

ヒヤンチン (名) 【香椿】〔字ノ唐音〕 古名、タマツバキ。今、又、訛リテ、キヤンチン。チヤンチン。樹ノ名、高ク聳ユ、梢ニ多ク枝ヲ分チテ繁茂ス、葉ハ漆ニ似テ長ク、數多シ、香ノ名アレド、臭氣アリ、雄種多ク、雌種少シ。

雌ハ、長キ穗ヲナシ、枝ヲ分チテ、多ク實ヲ結ブ、形、連翹ニ似テ、圓ク長シ、秋、熟シ、堅ニ裂ケテ、子、風ニ飛ブ、形、松子ニ似テ小シ。椿

ひややかに (副) 冷 冷エテ、ツメタク。

ひゆ (名) 莧 草ノ名、所在ニ生ズ、培養スルモノモアリ、苗ハけいとうニ似テ、紅ナラズ、葉モ相似テ、圓クシテ尖リ、互生ス、秋、高サ四五尺、穗ヲナシテ、細小ナル黄白花ヲ開ク、若キ莖葉ハ食フベシ。訛シテ、ヒヨウ。

ひゆ・ユル・ユレ・エ・エ・エヨ (自動)(規・二) 冷 〔氷ヲ活用シタル語カ〕温氣、失ス。熱サ消ユ。ヒヤヤカニナル。ツメタクナル。

ひよう (名) 日傭 ヒヤトヒ。一日限リニ雇ハルルヿ。〔運送土木ノ賤工ナドニイフ〕

ひよう (名) 費用 ツヒエ。イリメ。入費。

ひよう (名) 雹 〔氷雨ヲ氷雨ト音讀シタル語ナラム、或ハ、雨レ氷ノ氷ノ延、又ハ其音讀、或云、雹ノ音便轉、イカガ〕古ク、氷。又、氷雨。夏ノ雷雨ノ時ナドニ、雨ノ凍リテ降ルモノ、半球形ヲナシテ三稜アリ。

ひよう (名) 莧ノ訛。

ひようかい (名) 氷海 北海ノ海面ノ、冬時、一圓ニ氷トナルモノ。

ひようかい (名) 氷解 疑ヒノ全ク會得セラルルヿ。

ひようちゆう (名) 氷柱 タルヒ。ツララ。

ひよく (名) 肥沃 土地ノコエタルヿ。

ひよくのとり (名) 比翼鳥 (一)支那ニテ、想像ノ鳥、雌、雄、各、一目一翼ニシテ、一體ニ連リテ飛ブモノト云フ。(二)又、鳥ノ名、風鳥ノ條ヲ見ヨ。

ひよけ (名) 日除 ヒオホヒ。日ノ光ヲ除クルニ用ヰル簾、暖簾ノ類。

ひよけ (名) 火除 (一)火災ノ延燒ヲ除クルモノ。「—ノ植込」「—地」 防火 (二)又、其神符。火防。「—ノ守」 避火符

ひよつこ (名) 雛 〔ヒヨヒヨト鳴ケバイフ〕鳥ノ子。ヒナ。

ひよつと (副) (一)輕ク容易ク物スル狀ニイフ語。「—シタ事」「—逢フ」「—出ル」 率爾 (二)萬ニ一ト推シハカル意ニイフ語。「—見エタラバ」「—シタラ」 或

ひよつとこ (名) 彦徳 飄男 オドケタル顔ノ假面ノ稱。

ひよどり (名) 鵯 〔ひえどりノ轉、其條ヲ見ヨ〕古クハ、ヒエドリ。小鳥ノ名、形、つぐみニ似テ、尾長ク、蒼灰色、頭上ノ毛、亂レテ起チ、眼ノ邊ニ赤ミアリ、胸腹ハ灰青ニ、腹下ハ灰白ニシテ、共ニ黒斑アリ、觜、黒クシテ利ク、脚、細ソシ、群飛ス。 白頭鳥

ひよどりじやうご (名) 〔鵯上戸ノ義、其鳥、好ミテ此實ヲ食ヘバ云〕蔓草、原野ニ多シ、春、舊根ヨリ生ジ、草木ニ絡フ、毛アリテ牽牛ノ如シ、葉ハ菊ニ似テ、薄ク柔ニ、鋸歯ナク、毛アリ、互生ス、夏、葉ノ間ニ、小枝ヲ生ジ、多ク小叉ヲ分チ、叉毎ニ一花ヲ開ク、白色黄蘂、大サ四分許、實ハなんてんニ似テ大ク、秋、冬、熟スレバ赤シ。一名、ウルシグサ。 蜀羊泉

ひよどりばな (名) 鵯花 山草ノ名、ふぢばかまノ一種、香氣少ク、葉ハ長クシテ岐ナク、桃ノ葉ニ似テ、鋸歯深シ、又、三尖ニシテ、ふぢばかまノ如キモアリ、並ニ兩對ス、莖ニ斑アリテ、葉ト共ニ毛茸アリ、花ニ、白、淡紫、ノ二品アリ。 山蘭

ひよみ (名) 日讀 〔讀ムハ數フナリ、曆ハ日讀ノ轉ナルト同ジ〕曆ニ同ジ。「—ノ酉」

ひよみのとり (名) 日讀酉 酉トイフ字ノ稱、日讀、即チ、曆ノ支干ニ用ヰレバイフ。〔常ノ鳥又ハ隹ニ對ス〕

ヒヨンカツ (名) 〔香褐ノ唐音ニモアルカ〕奇南ノ類ノ、輕虚ニシテ下品ナルモノ。或云、黄熟香トイフモノ、コレナリト。

ひよんのき (名) 樹ノ名、ゆすノ條ヲ見ヨ。

ひよめき (名) 顋門 〔動ク狀ヲ名トス〕嬰兒ノ腦蓋骨ノ未ダ合ハザル時ニ、前頂ノ中央ニテ跳リ動ク處。ヲドリ。

ひより (名) 日和 〔日寄ノ義ニテ、日ノ方ノ意ト云〕晴レテ和ギタル空合。 晴和

ひより (名) 莩 蘆ノ中ノ薄キ白皮。

ひよろひよろ (副) (一)歩ミノヨロメク狀ニイフ語。「足—歩ム」 蹣跚 (二)獨リ、ウネリソビユル狀ニイフ語。「—ト高イ」 挺然

ひよわし・キ・ケレ・ク・シ (形・二) 〔ひハ發語カ、或ハ、ひはひはト弱キ意カ〕脆ク弱シ。ヒハヤカナリ。カヨワシ。 脆弱

ひら (名) 平 (一)タヒラカナルヿ。ヒラタキヿ。「家ドモ、大キナルモ、小キモ、云云、サナガラひらニ倒レ」「—岡」「—地」(二)常。並ミ。直。「—入」「—侍」(三)平椀ノ略、椀ノ、稍、淺クシテ平タキモノ。

ひら (名) 片・枚・葉 薄ク平ラカナルモノ。「好ミ書キ給ヘルひらモアリ」(紙ノ面ナリ)「花ノ四ー五ー」紙一ー」疊二ー」

ひら (名) 䱎 平鰶ノ略。古名、ハソ。魚ノ名、海ニ產ス、形、このしろニ似テ、大ク平タク、全身白クシテ、鱗ハ梅花ノ瓣ノ如シ、腹下ノ鱗ノ三角ナルモこのしろノ如シ、大ナルハ二三尺、肉ニ小骨多シ。

+びら (名) [片ノ訛] 見世物ノ番附、店開キノ祝ヒ物、ナドノ張紙ノ稱。(東京)

ひらう (名) 疲勞 身ノツカルルコト。

びらう (名) 蒲葵 [檳榔ノ誤用、或云、椶ノ一名栟櫚ノ轉訛。蒲葵、檳榔、椶櫚、其狀相似タレバ、古クハ、和漢共ニ混同シテイヘリ、本草和名ニ、檳榔ヲ阿知末佐ト誤訓シタルモ、是レナリ] 古名、アヂマサ。又、ビロウ。樹ノ名、熱地ノ產、椶櫚ニ似テ、葉最モ長大ナリ、長サ五六尺、莖モ四五尺ニ至ル、三稜ニシテ刺アリ。椶櫚ノ葉ハ、本ヨリ分レテ岐ヲナスニ、此樹ノ葉ハ、本、續キテ分レズ、故ニ、此處ヲ取リテ笠ニ作ル。或ハ團扇トスルヲびらうちはトイフ。蒲葵扇

びらうげ (名) 檳榔毛 牛車ノ屋形ノ蔭ニ、蒲葵ノ葉ヲ裂キテ飾レタルモノ、ーノ車トイフ、又、ビロウノクルマ。「びらうげハ、ノドヤカニ遣リタル、急ギタルハ輕輕シク見ユ」「晝ノ裝束、麗ハシクシテ、びらうノ車ニ奉リテ」

ひらおし (名) 平押 一途ニ押シ進ムコト。猛進

〔ひらか (名) 平瓮 土器ノ平形ノモノ。淺キ瓶。

ひらがな (名) 平假名 かなノ條ヲ見ヨ。サウガナ。ヲンナデ。イツモガナ。

〔ひらがね (名) [扁鉦ノ義カ] 金鼓ニ同ジ。

〔ひらがる・ム・レ・ラ・リ・レ (自動) (規・一) 平伏 平タク伏ス。「虎、ヒラガリテ、猫ノ鼠ヲウカガフヤウニテ」

ひらき (名) 開 (一)ヒラクコト。明クルコト。(二)開クルコト。明クコト。(三)始ムルコト。興スコト。「會ノー」發 (四)蕾ノ咲クコト。「花ノー」開花 (五)快ク晴ルルガ如クナルコト。「胸ノー」(六)婚儀ノ宴席ヨリ散リ去ルコト。解散 (七)開戸ノ入口。(八)增スコト。殖ユルコト。(商人ノ語)「直段ノー」

ひらぎ (名) 柊 ひひらぎノ約。

ひらきど (名) 開戸 舞ヒ戸。樞又ハ蝶番ニテ開閉スル戸。(引戸ニ對ス)

〔ひらきばしら (名) 葱臺 [開葱柱ノ意カト云] 橋ノ兩端ノ男柱ノ上ニ、葱花、即チ、擬寶珠アルモノ。

ひらく・ク・ケ・カ・キ・ケ (自動) (規・一) 開・闢・發 (一)自ラ放ル。明ク。「戸ー」(二)蕾ヲ放ツ。咲ク。「花ー」(三)快クナル。晴ル。「胸ー」「氣ー」霽氣 (四)去ル。退散ス。(婚席ニイフハ、歸ルトイフヲ忌ミテイフ語)「席ヲー」「寺ヲー」解散 (五)溢ル。「池ガー」「溝ガー」(六)增ス。殖ユ。(商人ノ語)「直段ー」

ひらく・ク・ケ・カ・キ・ケ (他動) (規・一) 開・闢・披・發 (一)閉ヂ又ハ結ビタルヲ放ツ。被ヒヲ去ル。明クル。「戸ヲー」「封ヲー」(二)障リヲ去ル。解ク。「疑ヲー」捐 (三)始ム。興ス。「宗旨ヲー」「見世ヲー」刱 (四)堀リ起ス。開發ス。「山ヲー」「路ヲー」「田地ヲー」拓

ひらく・クル・クレ・ケ・ケ・ケヨ (自動) (規・二) 開・闢 (一)放レ明ク。(二)蕾ヲ放ツ。咲ク。「花ー」(三)快クナル。晴ル。「笑ミヲ眉、ヒラケタル」「胸ー」「氣ー」霽氣 (四)始マル。起ル。「天地ノヒラケ始マリケル時」開闢 (五)世上ノ物事、人民ノ智識ナド、時ト共ニ移リ進ム。開化

ひらぐも (名) 平蜘蛛 又、ヒラタグモ。蜘蛛ノ一種、全身扁薄ニシテ、左右ニ八足平排ス、大サ一寸許、淡黑褐色ナリ、晝ハ物ノ隙ニ隱レ、夜、壁上ニ出デテ蟲ヲ捕ル、雌ハ巢ヲ作ル、錢ノ大サニテ、白紙ノ如シ、二重ニシテ、中ニ卵ヲ挾ム。壁錢

ひらけ (名) 開 (一)ヒラクルコト。(二)世上ノ物事、人民ノ智識ナドノ、時世ト共ニ移リ進ムコト。開化

ひらざや (名) 平鞘 短刀ノ野太刀、鞘、平タクシテ、梨地、柄ハ白鮫、革緒ヲ着ケ、帶取ハ紫革ナリト云、古ヘ出行ニ佩ブ。

〔ひらあらげ (名) 糲 [平精ノ義、粗ク精ゲタルヲイフ] 玄米ニ同ジ。

ひらたぐも (名) 平蜘蛛ニ同ジ。

ひらたし・キ・ケレ・ク・ク (形・二) 平 壓シ潰セル如ク平ラカナリ。横ニ廣シ。平扁

ひらたぶね (名) 平田舟 [扁ニシテ耕田ノ用トスレバ名トスト云、或云、平板ノ約] 小舟ノ平タクシテ長キモノ。艜

ひらち (名) 平地 平ラカナル地。ヘイチ。

廿ひらつたし (形) 平 ひらたしノ音便。

ひら-づつみ (名) 平包 袱紗、風呂敷、ノ類。 包袱

ひら-づめ (名) 平詰 ナガツカヘ。常ニ當直シテ、非番無キヿ。 長上

ひら-て (名) 平手 掌ヲ平ニ開キタルヿ。(拳ニ對ス)「一ニテ打ツ」 開掌

〔ひら-で (名) 枚手 葉手 柏ノ葉ヲ十枚合ハセテ、竹ノ針ヲ以テ刺シ綴ヂテ、平タク盤ノ如ク作レルモノ。 葉盤 其窪キヲ、くぼてトイフ。 葉椀 共ニ食ヲ盛ルニ用ヰル。後ニハ瓦器ナルニモイフ。(かしはでノ條、見合ハスベシ)

ひら-と (名) 平戶 金線銀線ヲ組ミ編ミテ種種ノ細工セルモノ、初メ、肥前ノ平戶島ニテ、南蠻ノ工ヲ傳ヘシモノナリ。

ひら-なべ (名) 平鍋 淺ク平タキ鍋。

ひら-に (副) 平 〔平押シニ强フル意カト云〕 ヒタスラ。ナニトゾ。「女、ひらに具シテタベト望ミシカバ」「一賴ム」「一所望ス」

ひら-ば (名) 平場 ヒラチ。平地。「一ノ戰ヒ」

ひら-ばかま (名) 平袴 半袴ニ同ジ。

ひら-ばり (名) 平張 〔幄ノ棟アルニ對シテイフト云〕 平ニ張リテ天井トスル幕。日被ヒノ天幕。「殿上人、寢殿ノ御前ノひらばりニ皆就キ給ヘリ」 帟

ひら-ばり (名) 平鈚 刃針ニ同ジ。

ひら-ひら (副) 片片 閃閃 紙、旗、ナドノ風ニ飄ヘリ、或ハ火影ノヒラメク狀ナドニイフ語。

〔ひらぶ (名) 比良夫 〔古史ノ人名ニ、比羅夫トアルハ此名ヲ負ヘルナリト云〕 介ノ名、詳ナラズ。今ノ月日貝トイフモノカト云。(平日ノ轉カト云)

ひら-む・ム・メ・マ・ミ・メ (自動)(規、一) 平 平タクナル。ヒレフス。「手ニヒラメル物障ハリケル時、云云、燕ノマリオケル古糞ヲ握リ給ヘルナリ」 馬ハ、足ヲ損ジテ、ヒラミ伏シニケリ」

ひら-む・ム・ムレ・メ・メ・メロ (他動)(規、二) 平 平タクナス。「壓シヒラメテ」

ぴ-らん (名) 靡爛 タダルルヿ。

ひら-め (名) 平目 鮃 魚ノ名、かれいニ似テ大ク、長サ二三四尺ニ至ル、左片、灰黑ニシテ、兩目アリ、右片、白キヿ、かれいト反對ス、東海ニ多シ、春夏ノ間ヲ候トス。其小ナルヲそげトイフ。 比目魚一種

〔ひら-めか・す・ス・セ・サ・シ・セ (他動)(規、一) 平 平タクナス。ヒラムル。「疊ノ、片ツ方ニ、シドケナク、硏リヒラメカシ」

ひらめか・す・ス・セ・サ・シ・セ (他動)(規、一) 閃 ヒラメクヤウニナス。「刀ヲ振リ一 旗ヲ一」

ひら-め・く・ク・ケ・カ・キ・ケ (自動)(規、一) 閃 ヒラヒラス。或ハ光リ、或ハ光ラズ。(旗色、電光、燈火、劍光、ナドニ)

ひら-もとゆひ (名) 平元結 丈長紙ヲ疊ミテ元結ニ用ヰルモノ、婦人ノ用ナリ。

ひら-や (名) 平屋 二階無キ家作。

ひらり-と (副) 輕ク飜ヘル狀ニイフ語。「一身ヲカハス」「一飛ビオリテ」

ひら-を (名) 平緒 太刀ノ具、束帶ノ時、腰ヨリ袴ノ上ニ垂ルルモノ、文、花鳥ナド種種ナリ、平組ノ緒。

ピリウツ (名) 飛龍頭 〔葡萄牙語ナリト云〕 (一)粳米、糯米、ノ粉ヲ、等分ニ水ニ煉リ合ハセ、煠ゲテ、油ニテ揚ゲタルモノ。(二)今、豆腐ノがんもどき。

び-りき (名) 微力 微力ニ同ジ。

ひり-ひり (副) 刺スガ如ク痛ミ、或ハ、烈シク辛キ狀ナドニイフ語。「疵、一痛ム」山椒ノ子、一辛シ」 痾

〔ひりふ (動) 拾 ひろふノ古言。「沖津白玉、比利比テ行カナ」浦ヲ行キッツ、玉藻比利波ム」

ひ-りん (名) 比隣 軒並ビノ隣。

ひ-りん (名) 鄙吝 ヤブサカナルヿ。シハキヿ。

び-りよく (名) 微力 勢力ノ乏シキヿ。分際ノ少カルヿ。ビリキ。

ピリリ (名) 〔羅甸語、Bilis. 英佛語、Bile. 膽汁ナリ〕 蘭人傳來ノ藥、魚膽ニ藥ヲ加ヘテ煉リ固メタルモノト云、味、甚ダ苦シ、蛇毒、蟲毒、齒痛、霍亂、ナドヲ治ス。

ひる (名) 晝 〔日在ノ約轉カ〕 (一)地球ノ自轉スルニ付キテ、其表面ノ、日光ヲ受ケテアル間。朝ヨリタマデ。ヒルマ。ヒ。(二)眞晝。日中。(朝、夕、ニ對ス)「一ツガタ」「一時」「一飯」「一前」「一過」 午時

ひる (名) 蛭 水蛭 〔ヒラヒラ泳ク意カ、或ハ、痺ル蟲ノ略カ、ハイフカト云、羅甸語ニ Hirudo. トイフモ、暗合セリ〕 蟲ノ名、多ク池澤ナドノ溜水ノ中ニ生ズ、形、竹葉ノ如クニテ、長サ一寸許、泳ク時、身ヲヒラメカス、黃褐色ニテ縱ニ條アリ、其一端ハ口ニシテ、善ク人ニ吸ヒツキ

血ヲ吸フ、醫療ニ用ヰル。又、馬ー、山ー、からかい
ーナドアリ、各條ニ註ス。

ひる (名) 蒜 〔味ノ疼ク意ノ名カト云〕 一名、野
ー、又、根ー。草ノ名、山野、水澤、所在ニ生ズ、葉ハ、
ねぎニ似テ甚ダ細ソク、微稜アリ、年久シキモノハ、徑
二分、長サ一二尺、皺葉、互生ス、臭、ねぎノ如シ、
春、苗根ヲ煮食フ、根ハ白クシテ、棗ノ大サナリ、夏、
一二尺ノ莖ヲ出シ、紫花、簇リ開ク、らつきようノ花
ニ似テ、色淺シ、實ハ、紫黒ニシテ、おにゆりノ子ノ如
シ。 野蒜 山蒜 澤蒜 又、おーハ、野ーヲ畠ニ植
エ作リタルモノ。一名、めびる。 小蒜 又、おほーハ、にん
にくナリ。 大蒜

ひる・る・れ・ら・り・れ (他動)(規.二) 放 體中ヨリ外へ放ツ。
「魚、卵ヲー」尿ー」屁ー」

〔ひる・ひる・ひれ・ひ・ひ・ひろ・(自動)(規.四) 嚔 〔前條ノ語意
ニ同ジキカ〕 ハナヒル。クサメヲナス。

ひる・ひる・ひれ・ひ・ひ・ひや (自動)(規.四) 干 乾 涸 〔日又
ハ火ヲ活用ス〕 (一)水氣、無クナル。濕リ氣、失ス。カワ
ク。ハシャグ。(二)潮、沖ノ方へ退ク。「汐ガー」 退潮 (三)
果ツ。盡ク。「議論ー」 竭

ひる・ひる・ひれ・ひ・ひ・ひろ (他動)(規.四) 簸 箕ニテ穀ナド
揚リ振フ。(屑ヲ去ル)

ひるかぎ (名) 蛭鉤 鉤ノ、中太ニシテ、形、稍、蛭ニ似
タル製ノモノ。

ひるがへす・す・さ・せ・そ・し・せ (他動)(規.二) 翻 飜 ヒラリト
カヘス。裏表ニナス。ウラガヘス。「風、旗ヲー」志ヲー」

ひるがへる・る・れ・ら・り・れ (自動)(規.二) 翻 飜 飄 ヒラ
リトカヘル。裏表ニナル。ウラガヘル。「旗、風ニー」心ー」

ひるがほ (名) 晝顏 古名、ハヤヒトグサ。蔓草ノ名、原
野ニ多シ、春、舊根ヨリ生ジテ、草木ニ絡フ、葉ハ互
生シ、形、長クシテ尖リ、本ニ兩尖アリ、夏、花ヲ開ク、
午前ニ開キテ、日夕ニ萎ム、淡紅ト白トアリ、牽牛(アサガホ)
ノ花ニ似テ小シ。 旋花 鼓子花

ひるげ (名) 晝食 ヒルメシ。チウジキ。 午飯

ひるこ (名) 蛭子 神ノ名、伊弉諾尊ノ第一ノ御
子ノ稱、今俗、惠比須(エビス)ト申シ、商ノ神トス。

ひるさがり (名) 晝下 未(ヒツジ)ノ時。即チ、午後第二時
ノ頃。 下午 昳

〔ひるさき (名) 蒜頭 蒜ノ根ノ玉。 蒜顆

ビルシャナ (名) 毘盧遮那 梵語、光明遍照ノ義、即
チ、大日如來。

〔ひるつき (名) 搗蒜韲 蒜ヲ搗キテ、あへものトシタル
モノ。

ひるね (名) 晝寐 晝間(ヒル)、寐ルコト。 午睡

ひるま (名) 晝間 晝ニテアル間。ヒル。

ひるまき (名) 蛭卷 長刀(ナギナタ)ノ柄又ハ鞭ナドヲ、籐ニテ
間ヲ透カシテ卷クコト、斜ニ卷クモアリ、又銀ノ輪ナル
ヲモイフ、刀劍ノ柄鞘ニモイフ。

ひるむ・む・め・ま・み・め (自動)(規.二) (一)痺(シビ)ル。和名抄
「痿痺(ヒルムヤマヒ)」醫心方「痺(ヒルム)」 痲痺 (二)痿(ナ)エ撓ム。挫ケチヂ
ム。 萎縮

ひるむしろ (名) 蛭床子 〔蛭席ノ義カ〕 (一)(ハマニン

ジン。(二)ヒルモ。

ひるめし (名) 晝飯 晝ノ食事。ヒルゲ。晝食
午飯

ひるも (名) 蛭藻 〔葉、蛭ニ似タリ〕 又、ヒルムシロ。ザ
サモ。水草ノ名、秋、宿根ヨリ生ズ、根ハ水底ニアリテ、
水面ニ浮ブ、莖、細ソクシテ絲ノ如ク、葉ハ竹ニ似テ
滑ラカナリ、花ハ緑ニシテ粟穗ノ如ク、大サ五分許、
形、石菖ノ花ノ如ク密ニ綴ル。 眼子菜

ひるゐ (名) 比類 クラベトナルモノ。タグヒ。「ーナシ」

〔ひれ (名) 領巾 〔振手ノ約、打振ル物ナレバイフト云、
或ハひらひらスル物ノ意カ〕 古ヘ、婦人ノ項ニ掛ケテ
飾トスル布帛。

ひれ (名) 鰭 〔前條ノ語意ニ同ジ、はたモ旗ノ義ナラ
ムト云〕 (一)又、ハタ。魚ノ脊ニ連リテ出デタル鬣(タテガミ)ノ
如キモノ、コレヲ脊(セ)ートイフ、又、左右ニアルハ、小キ翼ノ
如シ、胁ートイフ、即チ四肢ナリ。(二)鯨ノ鰓(エラ)。(三)俗
ニ、人ノ肥エテ横幅アルコト。「ーカアル」

ひれい (名) 比例 (一)例ヲ取テ比ブルコト。テリアハセ。
(二)算術ノ語ニ、物ヲ物ニ比ブル術、單ー、(正轉)合
率ー等アリ。

びれい (名) 美麗 ウルハシキコト。キレイ。

ひれう (名) 肥料 コヤシトスルモノ。

〔びれう (名) 濔漤 びらうノ誤。(びらうげノ條ヲモ見
合ハスベシ)

ひれつ (名) 鄙劣 志、行、共ニ甚ダ鄙シキコト。

ひれなが (名) 鰭長 魚ノ名、まぐろノ一種、胁鰭

長ク黑クシテ、桃色ヲ帶ブ、多ク、澁鋒トス、訛リテ、ビンナガ。(東京)ビンナゴ。(伊勢) 飛魚

ひれ-ふ-す ス・セ・サ・シ・セ (自動)(規、一) 平伏 〔ひらふすノ轉〕 身ヲ平メテ伏ス。平伏ス。「猫ノ鼠ヲ候フヤウニ、ヒレフシテ」

ひ-れん (名) 飛廉 草ノ名、ソソキ。オニノマユハキ。

ひれんじやく (名) 緋連雀 連雀ノ條ヲ見ヨ。

ひろ (名) 尋 〔廣グル義〕 度ノ名、兩手ヲ左右ヘ伸ベヒロゲタル長サ。凡ソ、六尺。

〔ひろい〕 (接頭) 從 正ノ條ヲ見ヨ。

ひ-ろう (名) 披露 文書ヲ披キ露シテ見スルヿ。後ニハ、口傳ヘニテ、人ニ事ヲ告グルニモイフ。ヒロメ。プイチヤウ。

びろう (名) 尾籠 〔痴ニ尾籠ヲ當字トシテ、又、音讀シタル語ト云〕 禮ヲ失フヿ。失禮。無禮。「ーノ振舞」「ーナガラ」 不敬

ビロウド (名) 天鵞絨 〔西班牙語、Velluda.〕 絹ノ織物ノ名、西洋法ヲ傳フ、緯絲ニ銅線ヲ添ヘテ、織リ上ゲテ拔キ去レバ、經絲、わなヲナス、其わなヲ切リ放チテ毛ヲ立タセタルモノ。紋ーハ、種種ノ模樣アリ。縞ーハ筋アリ。又、わなヲ切リ放タヌアリ、コレヲ毛切ラヌー、又、わな天トイフ。

ビロウドせきしやう (名) 石菖ノ一種、葉ノ長サ二三分、密ニシテ、天鵞絨ノ如シ、普ク石ニ着ク。 雀舌

ひろが-る ル・レ・ラ・リ・ツ (自動)(規、一) 弘 廣ク四方ヘ延ビ張ル。 開大

ひろ-ぐ グ・グル・グレ・ゲ・ゲ・ゲロ (他動)(規、二) 弘 ヒロクナス。大ニ延ベ張ル。 展 擴

びろく (名) 微祿 (一)僅ナル祿。小祿。(二)祿ノ滅ズルヿ。零落。「ースル」

ひろこうぢ (名) 廣小路 街路ノ幅廣キ處。 廣陌

〔ひろ-ごる ル・レ・ラ・リ・レ (自動)(規、一) 弘 (一)ヒロガル。「文ハ、ヒロゴリナガラアレド」 開展 (二)ヒロマル。「世ニ御名ノヒロゴリテ」 傳播 (三)殖ユ。「蓮ノ浮葉ノ、ヒロゴリ漂ヒテ」 繁殖

ひろ-し キ・ケレ・ク・ク (形、二) 廣 闊 弘 (一)面積、多シ。空處、多シ。狹カラズ。打開ケタリ。(二)遍ク亙レリ。多ク知レリ。「交ー」「學問ー」 博 (三)ユルヤカナリ。オホヤウナリ。「心ー」 寬

ひろしき (名) 廣敷 〔元ト間所ノ名ト云〕 大名ノ邸ニ、奥向、臺所向ノ稱。

ひろひよみ (名) 拾讀 文中ノ讀得ル字ノミ讀ムヿ。

ひろ-ふ フ・ヘ・ハ・ヒ・ヘ (他動)(規、一) 拾 摭 (一)古ク、又、ヒリフ。地ニ落チタルヲ取上グ。收ム。(二)他ノ落シタル物ヲ得。(三)アチコチヨリ擇ビ取ル。(四)徒步ニテ步ム。(貴人ニイフ、馬、駕籠、ニ對ス) 徒步

ひろぶた (名) 廣蓋 衣服ヲ藏ムル唐櫃衣筥ナドノ蓋ノ稱。又、ソレヲ、服ナド賜ハル時ニ載スル器トシ用ヰル稱。後ニハ、別ニ、其蓋ノ如キ器ヲ作リ、專ラ、客ニ供スル物ナド盛ル。

ひろま (名) 廣間 表座敷、對面所、ナドノ廣キ席ノ稱。

ひろまへ (名) 廣前 神ノ前ヲ敬ヒテイフ語。御前トイフニ同ジ。「神ノー」

ひろま-る ル・レ・ラ・リ・レ (自動)(規、一) 弘 弘ク行ハル。遍ク傳ハル。「名ー」 傳播

ひろ-む ム・ムル・ムレ・メ・メ・メロ (他動)(規、二) 弘 弘ク行ハルルヤウ務ム。遍ク人人ニ知ラス。播ク。「宗旨ヲー」名ヲー」 播 擴

ひろめ (名) 弘 ヒロムルヿ。遍ク人人ニ知ラスルヿ。披露。吹聽。 公告

ひろめ (名) 廣布 昆布ノ一名、海藻中ニテ、幅最モ廣キモノナレバ名トシ、又、寄セテ祝賀ニ用ヰル。

〔ひろ-めく ク・ケ・カ・キ・ケ (自動)(規、一) 弘 ひろがるニ同ジ。「居モ定マラズ、ヒロメキテ、練衣ノ前、下ザマニマクリ」蛇、ヒカヒカトヒロメキテ、ヤガテ死ヌ」

ひろめる (動) 弘ムノ訛。

ひ-わたり (名) 火渡 烈火ノ上ヲ步ミ行クヿ。巫覡道者ナドノスルヿナリ。

ひ-わり (名) 日割 日每ニ幾許ト割リ數フルヿ。(給金ナド)

ビワボン (名) 口琴 びやぼんノ條ヲ見ヨ。

ひ-わりご (名) 檜破子 破子ノ檜物作ナルモノ。

ひ-わる ル・ル・レ・レ・レ・レロ (自動)(規、二) 干割 乾キテ裂ク。

ひ-ゐ (名) 非違 法ニタガフヿ。

ひゐき (名) 贔負 ひいきノ誤。

ひゐな (名) 雛 ひひなノ音便訛。

ひ-を (名) 氷魚 〔ひうをノ約〕 近江ノ湖中、山城ノ

宇治川ニ產ス、形、ざらうをニ似テ小ク、色、潔白ニシテ氷ノ如シ、秋ノ末ヨリ冬ニ亙リテ捕ル。

〔ひをけ〕 (名) 火桶 火鉢ノ木製ニシテ圓キヲカ。「桐ー」

ひをどし (名) 緋縅 鎧ノ縅絲ノ、總ベテ紅染ナルモノ。又、紅染ノ革ナルニモイフ。朱綬

びをん (名) 微温 ヌルキ丁。熱ノ薄キ丁。

〔ひをむし〕 (名) 蜉蝣 朝ニ生ジ夕ニ死ヌル蟲ト云、かげろふ、あさがほノ類ナルベシ。

〔ひをりのひ〕 (名) 〔引折ノ義、當日ハ、射手、裾ノ尻ヲ、袴ヨリ前ザマニ引折リテ前ニ挾メバイフト云、或云、日折ノ義、前日ニ試ミテ次日ニ折返シテスレバイフト、其他、諸說區區ナリ〕 古ヘ、大内ノ馬場ニテ、五月五日ニ左近衞、六日ニ右近衞ノ舍人ノ競馬騎射アリ、其前、近衞ノ馬場ニテ、三日ニ左近、四日ニ右近ノ荒手番(試ミ)アリ、扨、眞手番ノ當日、射手、盛裝シテ、復タ試ミテソノママ大内ヘ乘入ル、此日ヲひをりノ日トイヒ、觀客群聚ス。古今、戀「右近ノ馬場ノひをりノ日、向ヒニ立テタリケル車ノ下簾ヨリ云云」散木、後類「殿下ニテ、五月五日ノ心ヲ仕ウマツレル「ヤカキネモ、花ノ袂ニカヲルナリ、今日ヤ、眞弓ノ、ひをりナルラム」

ふ　ぶ　ぷ

ふ 五十音圖、波行第三ノ假名、はノ條ヲ見ヨ。ふハ、他ノ音ノ下ニアルトキニ、其發聲ヲ失ヒテ、韻ノうノ如クナル丁アリ、いふ(言)ゆふべ(夕)ノ如シ。又、阿段ノ音ノ下ニアルトキニ、おノ如ク呼ブ丁アリ、たふる(倒)あふぐ(仰)ノ如シ。

ぶ ふノ濁音ノ假名、ばノ條ヲ見ヨ。

ぷ ふノ半濁音ノ假名、ぱノ條ヲ見ヨ。

ふ (名) 節 〔ふしノ略〕 物ノ編目。結目。「眞小薦ノ、布ノミ近クテ、アハナヘバ」陸奧ノ、十ふノ菅薦、七ふニハ、君ヲ寐サセテ、三ふニ我レ寐ム」俵ノ「一ノー」「二ノー」

ふ (名) 生 〔生ノ約、或云生ユノ約〕 草木ノ多ク生ヒタル處。「白橿ノ布ニ、横臼ヲ作リ、横臼ニ釀ミシ大御酒」音便ニうトイフ。「杉ー」「蓬ー」「粟ー」「豆ー」「淺茅ー」「芝ー」「園ー」

ふ (名) 斑 〔斑ノ略カ、文ノ音カトモ云、イカガ〕 地ノ色ノ中ニ、他ノ色ノマバラニ雜レルモノ。マダラ。ブチ。「虎ー」「ー入ノ葉」「白ーノ羽」

ふ (名) 麩 (一)〔ムギカス〕小麥粉ノフスマ、即チ、洗粉ニ用ヰルモノ。(二)又、食物、麩ト小麥粉トヲ水ヲ和シ、鹽ヲ少シ加ヘテ、頻ニ揉ミ、頻ニコネテ、水ニ浸シテ、成ル、餅ノ如シ、煮テ食フ。麪筋 (三)燒麩ノ略。

ふ (名) 府 (一)庫。(二)官人ノ居ル所。ツカサ、役所。「近衞ー」「衞門ー」「鎭守ー」「太宰ー」「國ー」(三)支那ニテ、土地ノ區別、時代ニ因テ變化アレドモ、大抵、州、郡、ノ如シ。(四)今、又、行政區域ノ稱、東京、京都、大阪、ノ三都會ニイヒ、近傍ノ郡ヲモ併セ治ム。(縣ニ對ス)

ふ (名) 譜 (一)系圖。(二)音樂ノ曲節ノ次第ヲ記シタルモノ。

ふ (名) 賦 文章ノ一體、古詩ノ流ニテ、對句アリ韻アリ。「吳都ノー」「赤壁ノー」

ふ (名) 步 〔步兵ノ略、雜兵ノ意〕 又、兵。將棋ノ駒ノ名、唯、前ヘ一格ヅツ進ム丁ヲ得ルモノ。

ふ (名) 傅 カシヅキ。「太子ノー」

ふ (名) 腑 臟腑ノ條ヲ見ヨ。

ふ (名) 婦 (一)ヲンナ。(二)妻。「某氏ノー」

ふ (名) 符 (一)シルシノフダ。(二)神佛ノ守札。

ふ・フル・フレ・ヘ・ヘ・ヘ・ヘヨ (自動) (規・二) 經 歷 次第ニ過ギテ行ク。越エテ行ク。移リ進ム。(時ニ、地ニ、事ニ)「千早振、加茂ノ社ノ、姫小松、萬代ふトモ、色ハ變ラジ」「殘リノ齡、ユタカニふベキ心ガマヘモ」「年ヲー」「月日ヲー」「時ヲー」「路ヲー」「門ヲー」「官ヲー」「練磨ノ功ヲー」

ふ・フル・フレ・ヘ・ヘ・ヘ・ヘヨ (他動) (規・二) 綜 〔經ニ通ズト云、或ハ、延フルノ略カ〕 機ニ經絲ヲ引キ延ヘテ織ルニ供フ。訛シテ、ヘル。(此語、ふ、ふる、ナド用ヰタル例ヲ見ズ、サレド、古語ナレバ、此ノ變化ナラザルヲ得ズ)「白露ヲ、玉ニ貫クトヤ、笹蟹ノ、花ニモ葉ニモ、絲ヲミナヘシ」眼機ニ、ヘツル程ナリ、白絲ノ、絕エヌル身トハ、思ハザラナム」我ガ祈ル、願ヒノ絲ノ、年ヲヘテ」

ふ (接頭) 不 (一)他語ノ上ニツキテ、其意義ヲ打消ス語。ソレナラズ。「ー便利」「ー信心」「ー通用」「ー本意」

ー承知」(二)惡シキ。良カラヌ。「ー所存」ー了簡」ー遲」ー行跡」(三)拙キ。醜キ。「ー出來」ー手際」ー釣合」ー器量」

ぶ (名)【分】「叉、步」(一)尺度ノ名、寸ヲ十ニ分テル一ツ。釐ノ十倍。(二)舊キ貨幣ニ、兩ヲ四ツニ分テル一ツ。四銖。銀、十五匁。(三)錢一文ヲ十ニ分テル一ツ。「一文五ー」(四)スベテ、全數ヲ若干ニ割リ分クルニイフ語、「二ー一」ハ二ツニ分テル一ツナリ。「三ー一」五ー一」(五)全數ヲ十ニ分テル一ツ。「五ー五ー」七ー三ー」(六)叉、全數ヲ百ニ分テル一ツ。

ぶ (名)【步】(商家ノ語、割ノ條ヲ見ヨ)「三割五ー」

ぶ (名)【步】段別ニ、曲尺、六尺四方ノ稱、坪。「八段、二畝、五ー」

ぶ (名)【部】(一)物事ノ一方ノ處。類ヲ以テ別ルル處。「上ノー」下ノー」始ノー」終ノー」(二)書物ヲ、册數ニ係ハラズ、始終ノ一體ニテ數フル語。「經、十ー」史、百ー」全ー」

ぶ (名)【武】(一)威力ヲ以テ暴ヲ服スルヿ。能ク兵亂ヲ定ムルヿ。「文ーノ道」偃ㇾ武修ㇾ文」(二)イクサ。軍陣。「ー功」ー器」ー神」ー官」(三)戰ノ力。「ーヲ爭ノ」

ぶ (名)【夫】夫役ノ人夫。(租ノ條ヲ見ヨ)「國ノ内ノーヲ催シテ」弱キ者ハーニ取ラル」

ぶ (自動)(規.三)【如】接尾語ノ如ク熟語ニノミ用ヰテ、「その樣なり」トノ意ヲイフ語。メク。「大人ー」鄙ー」田舍ー」コトサラー」事ナシぶトモ、シルシアラメヤ」

ぶ (接頭)【不】(一)不、ニ同ジ。「ー意氣」ー器用」(二)拙キ。醜キ。「ー細工」ー人相」

ぶ (接頭)【無】他語ニ被ラセテ、其義無シト打消ス語。「ー沙汰」ー用心」ー遠慮」

ぶ-あひ (名)【步合】幾步ト分ツ割合。「利益ノー」手數料ノー」

ぶ-あんない (名)【不案内】案内ヲ知ラヌヿ。其道ニ暗キヿ。

ぶ-い (名)【不意】思ヒ寄ラヌヿ。ユクリナキヿ。意外

ぶ-い (名)【布衣】官位ナキ常人ノ稱。匹夫。

ぶ-い (名)【無異】異變ナキヿ。無事。平安

ぶ-いう (名)【蜉蝣】(一)朝ニ生ジテ夕ニ死ストイフ小羽蟲ノ名。カゲロフ。アサガホ。(二)白露蟲ノ一名。

ぶ-いう (名)【富有】財産ニ富ミタルヿ。モノモチ。

ふい-がう (名)【鞴】(吹皮ノ音便)古ク、フキガハ。今、約メテ、フイゴ。鍛冶ノ火ヲオコスニ用ヰル囊。今、狸ノ皮ニテ作ル、押シツ脹ラシツシテ、氣ヲ驅リ、孔ヨリ吹キ出サセテ火ヲオコス。又、匣ノ中ニ仕掛クルモアリ。

ぶ-いき (名)【不意氣】風流ナラヌヿ。鄙ビタルヿ。不雅

ぶ-いく (名)【撫育】ナデソダツルヿ。恤ミ養フヿ。

ふいご (名)【鞴】ふいがうノ約。

ふいご-まつり (名)【鞴祭】陰曆、十一月八日ニ鍛冶屋ニテ行フ祭。

ぶ-いちやう (名)【吹聽】(風聽ノ音轉ト云、或ハふきがたりナドノ轉カ)人ニ告ゲ知ラスルヿ。披露。(多ク吉事ニ云)

ぶ-いん (名)【無音】音信ヲセヌヿ。無沙汰。契闊

ふう (名)【風】(一)カゼ。(二)ナラハシ。風俗。「土地ノー」國ー」(三)ナリフリ。スガタ。オモムキ。「父ノーアリ」長者ノー」

ふう (名)【封】櫃、袋、ナドノ口ニ、主ナラヌ人ハ開クベカラズ、トノ標ニ紙ニ名ナド記シテ結ヒツケ置クモノ。書狀ノ上包ナルハ、折目糊目ニ墨ナド引ク。

ふう-いん (名)【封印】封ジタル所ニ押ス印形。鈐印

ふう-う (名)【風雨】アメカゼ。フキブリ。アラシ。

ふうう-しん (名)【風雨鍼】晴雨計ニ同ジ。

ふう-が (名)【風雅】ミヤビタルヿ。風流。

ふう-かん (名)【諷諫】他事ニヨソヘテ、ホノメカシ諫ムルヿ。遠廻シノ異見。

ふう-かん (名)【風鑑】人ノ容貌風采ヲ視テ、其賢愚邪正ヲ量リ知ル術。

ふう-がん (名)【風眼】眼ノ病、紅線ヲアラハシ、熱シテ痛ム。風熱眼

ふう-き (名)【風氣】(一)風俗、氣候。(二)風邪。(三)空氣ノ腸ノ中ニ滯ルモノ。

ふう-き (名)【富貴】富ト貴キト。財多ク、位高キヿ。

ふう-ぎ (名)【風儀】風習ノシツケ。

ふう-きん (名)【風琴】西洋ノ樂器、數箇ノ管アリ、仕掛ヲ以テ風ヲ滿タセテ、指ニテ彈ズ。オルガン。

ふう-くわ (名)【風化】政治敎育ナドニテ、人人ノ風

儀ノ善ク變化スルヿ。
ふうくわう (名) 風光 景色。風景。
ふうけい (名) 風景 景色ニ同ジ。風光
ふうげつ (名) 風月 風ニ嘯キ月ヲ眺メテ風流ニ樂ムヿ。「—ノ遊」
ふうこう (名) 風候 カザナミ。
ふうこつ (名) 風骨 スガタ。人ノ容子。
ふうさい (名) 風采 ヒトガラ。ミカケノヤウス。
ふうさい (名) 風災 大風ノ吹キ荒ルルワザハヒ。
ふうさう (名) 風箏 紙鳶ノらなり。
ふうし (名) 夫子 (一)支那ニ、大夫以上ノ稱。(二)又、長者、賢者、先生、等ヲ呼ブ尊稱。
ふうし (名) 諷刺 ホノメカシ、ソシルヿ。アテコスリ。
ふうし (名) 風姿 スガタ。ナリフリ。
ふうしつ (名) 風濕 風疾 りうまちすノ條ヲ見ヨ。
ふうしふ (名) 風習 ナラハシ。ナラヒ。シクセ。
ふうじや (名) 風邪 カゼ。カゼヒキ。
ふうしよく (名) 風色 ケシキ。風景。
ふうじらふ (名) 封蠟 蠟ヲ粘バリ強ク製煉シタルモノ、書狀ノ封ジ目ニ鎔シ付クルニ用ヰル、西洋人ノスルモノナリ。
ふうす・スル・スレ・セ・シ・セヨ (他動)(不規・二) 諷 ホノメカス。他事ニヨソヘテ言フ。
ふうず・ズル・ズレ・ゼ・ジ・ゼヨ (他動)(不規・二) 封 (一)封ヲナス。(二)神佛ノ通力ヲ以テ禁錮ム。「蟲ヲ—」蛇ヲ—」

ふうせつ (名) 風說 世上ノウハサ。風評。風言
ふうせん (名) 風船 人ノ乘リテ空中ヲ飛行スベキ具、布帛ノ大ナル球ニ、水素瓦斯ナドヲ滿タセ、コレニ乘リテ揚ガル。輕氣球。
ふうぞく (名) 風俗 (一)テブリ。人間ニ古ク馴レ行ハレ來リシ事。世ノナラハシ。ナラヒ。(二)俗ニ、衣服ノヨソホヒ。
ふうそん (名) 風損 風災ノ損害。
ふうたい (名) 風帶 〔風ニ飄レバイフカ〕(一)几帳ノ上ヨリ垂ルル細長キ布帛。(二)掛軸ノ裱具ニ、上ノ方ヨリ垂ルル二條ノ帛製ノモノ。驚燕。經帶
ふうたい (名) 封袋 風袋 物ヲ秤ニテ量ル時ニ、其上包、箱、ナドノ稱。(内ノ實物ノ量ヲ正味トイフニ對ス)「正味、二貫目、—五百目」
ふうち (名) 風致 アリサマ。オモムキ。アヂハヒ。
ふうちん (名) 風鎭 掛物ノ軸ノ兩端ニ懸ケテ鎭トスル具、玉石ナド紐ニ貫キテ懸ク。
ふうぢん (名) 風塵 (一)風ニ起ツ塵。(二)世上ノ雜事。
ふうつう (名) 風通 毛織ノ條ヲ見ヨ。
ふうづつ (名) 封筒 書狀ノ上包ミトスル紙袋。狀袋。書翰袋。封皮
ふうてい (名) 風體 ナリフリ。スガタ。風姿
ふうてう (名) 風鳥 尾長鳥。大、小、二種アリ。小ノ一ハ、形、小ク、背ヨリ尾マデ紫褐ニシテ、腹ハ色、薄シ、觜、脚、共ニ黑ク、脇ヨリ尾マデ、長キ羽毛アリ、尾上ニテ、長サ一尺許、此羽毛、白ク薄ク柔ニシテ、透徹ス、或ハ羽毛ノ赤ナルト紺ナルトアリ。大ノ一ハ、形、相似テ大ナリ、頭、黑クシテ綠光アリ、背ハ紫褐ニシテ、腹ノ色薄シ、背ノ正中ヨリ、粗ク黑キ鐵線ノ如キモノ、並ビ出デテ下ニ向ヒ左右ニ開ケテ、末曲レリ。鳥鳳 練鵲

ふうてう (名) 風潮 (一)風ニ隨フ潮。(二)世事ノ成行。時勢。
ふうてん (名) 風癲 モノグルヒ。キチガヒ。狂氣。
フウト (名) 英尺 〔英語、Foot, Feet.〕英國ノ尺度。十二英寸。我ガ一尺〇〇五厘八二。其二尺以上ヲ數フルニハ、ひいとトイフ。
ふうど (名) 風土 其地ノ氣候地味等。
ふうとう (名) 封筒 (一)狀箱。(二)テウツ。狀袋。
ふうとうかづら (名) 風藤葛 草ノ名、蒟醬ノ一種、下品ナルモノ、海濱ニ生ズ、葉ハ、どくだみニ似テ、厚ク、互生シ、深綠色ナリ、切レバ胡椒ノ香アリ、夏、葉ノ間ニ細キ穗ヲ生ズ、長サ一寸許、細小ナル白花ヲ開ク、子ハ累累トシテ穗ヲナス、長サ一二寸、大サ山椒ノ粒ノ如シ。土蓽撥
ふうどく (名) 風毒 りうまちすノ條ヲ見ヨ。
ふうは (名) 風波 (一)ナミカゼ。(二)イサカヒ。アラソヒ。「—ヲ起ス」
ふうはう (名) 風砲 空氣ノ力ニテ玉ヲ送ル銃。
ふうはく (名) 風伯 風ノ神。
ふうはんせん (名) 風帆船 ホマヘセン。(西洋形ナルニ)
ふうひやう (名) 風評 世ノ評判。ウハサ。トリサタ。

ふうふ (名) 天婦 夫ト婦ト。イモセ。メウト。ツレアヒ。

ふうぶん (名) 風聞 世ノ噂ニ聞クヿ。

ふうみ (名) 風味 アヂ。アヂハヒ。

ふうん (名) 不運 フシアハセ。 薄命

ふうん (名) 浮雲 (一)ウキクモ。漂ヘル雲。(二)甚ダ慥ナラヌヿ。アブナキヿ。「富貴ハ、ーノ如シ」

ぶうん (名) 武運 戰爭ノ勝負ノ運。武士ノ運命。「ー長久」「ー拙シ」

ふうらい (名) 風來 何地ヨリトモ知ラレズ、風ニ吹寄セラレタルガ如クニテ來レルヿ。 漂到

ふうらん (名) 風蘭 深山ノ樹木ノ幹ノ間ニ多ク生ズ、葉ハ、おもとニ似テ、長サ一二三寸、六葉ヲ出シ、小白花ヲ開ク、末曲リテ、微香アリ、土無クテ生ク、籃ニ盛リ、軒端ナドニ懸ケテ賞ス。

ふうりう (名) 風流 〔風聲品流〕ミヤビタルヿ。スキ。風雅。

ふうりん (名) 風鈴 鐘ニ似テ甚ダ小キモノ、內ニ物ヲ垂ル、舌トイフ、簷ナドニ懸ケ、舌ニ紙ナド添ヘ、風ニ觸レシメ、其鳴ル音ヲ賞ス。 簷鐸 簷馬

ふうろさう (名) 風露草 げんのしようこノ一種、形狀、相似テ、花大ク、其色ニ、赤ト白トアリ、甚ダ美シ。

ふうゐん (名) 風韻 風雅ノアヂハヒ。

ふえ (名) 笛 〔吹柄、或ハ、吹枝、ノ略カト云〕(一)吹キテ鳴ラス樂器ノ總名、竹管、又ハ、木管ニ數孔アリ、一孔(歌口)ヲ吹キ、指ニテ他孔ヲ開閉シテ曲節ヲナス。橫ナルアリ、竪ナルアリ、橫ー、笙ノー、簫ノー、篳篥、尺八、等皆コレナリ。(二)今、專ラ、橫笛ノ稱。

ふえ (名) 吭 のどぶえニ同ジ。「鳥ノーーヲカク」

ふえ (名) 鰾 魚脬 イヲノフエ。今、又、ミヅフクロ。ウキブクロ。魚ノ腹中ニアリテ、因テ浮沈ヲ自在ニスルモノ、形、橢ニシテ、皮袋ノ如ク、透明ニシテ中空シク、水泡ノ如シ。

ぶえき (名) 無射 (一)十二律ノ一、其條ヲ見ヨ。(二)陰曆、九月ノ異名。

ふえふき (名) 笛吹 (一)笛ヲ吹ク人。雅樂ノ笛ヲ吹ク役目ノ者。 笛手 (二)魚ノ名、やがらニ同ジ。

ふえん (名) 不緣 緣組ノ離ルルヿ。離緣。

ふえん (名) 布衍 敷衍 ノベヒログルヿ。ヒキノバスヿ。「論旨ヲース」

ぶえん (名) 無鹽 鹽氣ナキヿ。生ナルヿ。(魚、介ニ)

ふえる (動) 殖ユノ訛。

ふか (名) 鱶 鮫ノ類、其成長シタルモノトモ云、子ハ胎生ナリ、喙、長ク出デ、腮、五ツニ切レ、口、頷下ニアリ、皮ニ鱗無クシテ、砂着ケリ、砂ノ大サ、六七寸ニテ、銀椀ノ如シ、全身、大ナル者ハ一二三丈、能ク舟ヲ覆ヘシ、人ヲ食フ、種類多シ。別名、フカザメ。シロブカ。メウカザメ。ワニ。(鮫ノ條ヲ併セ見ヨ) 沙魚 鮫鯊

ふか (名) 不可 可カラヌヿ。然ルベカラザルヿ。

ふか (名) 府下 府ノ下。一府ノ區域ノ內。

ぶか (名) 部下 テシタ。支配下。

ふがいなし・キ・ケレ・ク・ク (形・二) 〔言カヒナシノ略ニモアラムカト云、腑甲斐ナドモ記ス、イカガ〕氣慨ナシ。イクヂナシ。意氣張ナシ。

ふかいり (名) 深入 程ヲ過シテ入リ込ムヿ。「敵地ニース」

ふかう (名) 不孝 孝ナラヌヿ。孝行セヌヿ。

ふかう (名) 不幸 (一)サイハヒナキヿ。フシアハセ。不運。薄命。(二)俗ニ、親族ノ死シタルヿ。 遭喪

ぶがう (名) 符號 シルシ。アヒジルシ。

ふがう (名) 富豪 カネモチ。モノモチ。

ふかく (名) 不覺 〔不覺悟ノ略カ〕覺悟ノ慥ナラヌヿ。怠リテダシヌカルルヿ。油斷。

ぶがく (名) 舞樂 雅樂ノ條ヲ見ヨ。

ふかぐつ (名) 深履 くつノ條ヲ見ヨ。

ふかし・キ・ケレ・ク・ク (形・二) 深 (一)下ヘ遠シ。底ニ隔ル。淺カラズ。「海ー」「穴ー」(二)外ヨリ內ヘ遠シ。奧マリタリ。「山ー」「奧ー」 幽深 (三)カリソメナラズ。オモシ。甚シ。「交ー」「契ー」「考ヘー」「欲ー」「深キ仇」 深重

ふかしぎ (句) 不可思議 佛經ノ語、思ヒ議ルベカラズ。フシギナリ。

ぶかしら (名) 武頭 〔武士ノ頭ノ意カ〕物頭ニ同ジ。

ふかす・ス・セ・サ・シ・セ (他動)(規・一) 深 〔深ケシムル意〕夜ノ深クルマデ起キテアリ。「夜ヲー」

ふかす・ス・セ・サ・シ・セ (他動)(規・一) 蒸 〔化ケシムル意〕

蒸シテ熟セシム。

〔ふかそぎ（名）深除 髪除ニ、髪ノ多キヲモテ、深ク除グト祝シタル名目ナリト云。（かみそぎノ條、見合ハスベシ）〕

〔ふかつみ（名）石龍芮 たがらしノ古名。〕

ふかづめ（名）深爪 爪ヲ皮ノ際マデ切ルコ。

ふかで（名）深手 闘ニ重キ疵ヲ受ケタルコ。重手。（薄手ニ對ス）重傷

ふかのひれ（名）鱶鰭 鮫、鱶、ノ鰭ヲ採リテ、皮ヲ去リタルモノ、透明ニシテ光リ、形、針ノ如シ、多ク、支那ヘ送ル、其國人、最モ珍トシテ食用ス、黄、白、二種アリテ、金をぢ、銀をぢトイフ。金絲菜 銀絲菜

ふがふ（名）符合 割符ノ相合ヘルコ。

ふかみ（名）深 水ノ深キ處。淵。「一ニハマル」

〔ふかみぐさ（名）深見草 牡丹ノ條ヲ見ヨ。〕

ふかみどり（名）深綠 綠ノ濃キモノ。

ふかむ・ムル・ムレ・メ・メ・メヨ（他動）（規．二）深 深クナス。

ふかん（名）不堪 藝ニ堪能ナラヌコ。「一ノ藝ヲモチテ、堪能ノ座ニ連リ」

ふき（名）蕗 苳［ふふきノ約］古クハ、フフキ、草ノ名、畠ニ植ヱテ蔬菜トス、冬春ノ交、宿根ヨリ、先ヅ花莖ヲ生ズ、初生ハ、大サ大指ノ如ク、薄青シ、一ノ薹、一イヒ、（款冬花）食用トシテ賞ス、苦味アリ、春、高サ四五寸、梢ニ黄白花ヲ開ク、別ニ莖ヲ出スコ一二尺、葉ノ初生ハ、もみぢニ似テ、叉尖ナク、大ナルハ牛蒡ノ葉ニ似テ圓シ、莖、青白ニ紫ヲ帶ブ、若莖ノ皮ヲ剝ギテ煮食フ、亦、苦味アリ。款冬

ふき（名）袖 衣ノ裾ニ、裏ノ布帛ヲ表ヘ返シテ、縁トシテ縫ヒツケタル處。

ふき（名）不軌 謀叛ヲ企ツルコ。

ふぎ（名）不義（一）義ナラヌコ。義ニ背クコ。（二）ミソカゴト。密通。姦通

ぶき（名）武器 戰ヒニ用ヰル甲冑、刀槍、弓矢、銃砲等、一切ノ器ノ稱。武具。兵器

ふきあげ（名）吹上 水ヲ、樋ニテ、先ヅ低キヘ導キ、夫レヨリ吹キ上ゲシムルモノ。噴泉

ふきう（名）不朽 朽チヌコ。永ク滅ビヌコ。「永世一」

〔ふきがたり（名）〔吹語ノ約ト云、或ハ、吹語カ、今、吹聽ナドイフ語、此轉カ〕己ガ事ヲ差出デテ言フコ。「ソコニ入リ居テ見ルハ、イト面ダタシ、斯ル事ナドヲ自ラ言フハ、ふきがたりニモアリ」〕

〔ふきがは（名）鞴 ふいがうノ條ヲ見ヨ。〕

ふきがへし（名）吹返 兜ノ眉庇ノ左右ニ、耳ノ如ク添ヒテ出デタルモノ、後ヘ反ル。耳門

ふきしく・ク・ケ・カ・キ・ケ（自動）（規．一）吹頻 頻ニ吹ク。「白露ニ、風ノ一、秋ノ野ハ」秋風ノ、ヤヤ吹キシケバ、野ヲ寒ミ」

ふきそくどうし（名）不規則動詞 規則動詞ヲ見ヨ。

ふきだけ（名）吹竹 火吹竹ノ略。

ふきだす・ス・セ・サ・シ・セ（自動）（規．一）吹出（一）涌キ上リ出ヅ。「水一」噴水（二）堪ヘカネテ息ヲ吹キテ笑フ。失笑

ふきだま（名）吹玉 硝子ヲ吹キテ珠ニ作レルモノ。

ふきづくり（名）吹作 〔吹ノ字ニ因テイフカ〕漢字ノ旁ニアル欠ノ字ノ稱、吹、欣、欲、歎、ノ如シ。

ふきでもの（名）吹出物 カサ。デキモノ。腫物。瘍腫

ふきながし（名）吹流 旗ノ類、長キ帛ヲ輪ニ付ケ、帛ノ端ハ撒條ニ斷ル、コレヲ竿ニツケテ立ツ。號旒 號帶

ふきぬき（名）吹貫 風ノ吹キトホル處。

ふきのとう（名）蕗薹 蕗ノ條ヲ見ヨ。款冬花

ふきふ（名）普及 アマネクオヨブコ。ユキワタルコ。

ふきぶり（名）吹降 風吹キ且雨降ルコ。風雨

ふきん（名）布巾 〔或ハ拭布ノ約轉カトモ云〕布ヲ一尺許ニ切リタルモノ、食器ナド拭フニ用ヰル。

ふきもの（名）吹物 樂器ノ、笛、尺八、笙、ナド、スベテ吹キ奏スルモノノ稱。吹器

ふきや（名）吹矢 三尺許ナル木筒ノ中ヘ、紙羽ノ矢ヲ入レ、息ニテ吹キ出シテ、物ヘ射遣ルモノ、小鳥ナド捕フル用トス、兒童ノ玩ナリ。

ぶぎやう（名）奉行（一）命ヲ奉ハリテ執リ行フコ。（二）武家ニテ、種種ノ職ノ長ノ稱、寺社一、勘定一、書物一、旗一、幕一、ナド。又、町一、郡一、長崎一、伏見一、ナドハ、其地ノ地方官ナリ。

ふきよう（名）不興（一）興ノ醒ムルコ。殺風景（二）機嫌ヲ損ジタルコ。怒リ。（貴人ニ）「君ノ一ヲ蒙ル」

鄙恕

ぶきよう (名) 不器用 事ヲ行フニ巧ナラヌヿ。遲鈍

ぶきよく (名) 舞曲 舞ト音樂ト。

ふきよせ (名) 吹寄 風ニテ吹キ寄スルヿ。雜種ノ物ヲ集ムルヿ。

ぶきりやう (名) 不器量 (一)才能ナキヿ。凡器 (二)容貌ノ醜キヿ。醜

〔ふく (名) 鰒鮑 河豚ノ條ヲ見ヨ。

ふく (名) 福 サイハヒ。シアハセヨキヿ。

ふく (名) 副 (一)副フモノ。(二)正官ニ副ヒテ其務ヲ助クル官名ニイフ語。添役。「一將軍」「一使」

ふく (名) 服 コロモ。キモノ。衣服。

ふく (接尾) 服 (一)一度ニ煎ジテ飲ムベキ藥包ヲ數フル語。ヅツミ。「丸藥、三一」散藥、二一」(二)煎藥、煎茶、烟草ナド飲ム度數ヲイフ語。「毒藥、一一」茶、二一」烟草、三一」

ふく (名) 幅 掛物。掛字。軸。「山水ノ一」

ふく (接尾) 幅 掛物ヲ數フル語。軸。「掛物二一」二個揃ヒタルヲ、二一對、又ハ、對一(對軸)トイヒ、三個ナルヲ、三一對ナドイフ。

ふく・ク・ク・カ・キ・ケ (自動)(規.一) 吹 風、動ク。風、動キテ當ル。「東風一」吹キ拂フ

ふく・ク・ク・カ・キ・ケ (他動)(規.一) 吹噴 (一)口ヨリ氣ヲ出ス。息ト共ニ送リ出ス。「息ヲ一」水ヲ一」(二)息ヲ込メテ鳴ラス。「笛ヲ一」法螺ヲ一」(三)沸ク如クニ内ヨリ出ス。「樋ヨリ水ヲ一」山ヨリ火ヲ一」噴出 (四)萠ス。メグム。「芽ヲ一」萠芽 (五)鎔シ分ク。「銀ヲ一」銅ヲ一」鎔解 (六)鑄テ作ル。「錢ヲ一」鍋ヲ一」硝子ヲ一」鑄

ふく・ク・ク・カ・キ・ケ (他動)(規.一) 葺 物ニテ、屋ノ上ヲ蓋ヒ作ル。茅ナルハ繩ニテ綴ヂツケ、瓦、板、おけら、そぎ、銅、ナドナルハ、層層相重ネテ、鐵釘、竹釘、ニテ打チツク。

〔ふく・ク・ク・カ・キ・ケ (他動)(規.一) 振 振ルノ古言。「拔ニ所御佩之十拳劒一而於ニ後手一布伎都都逃來」揮レ劒ヲ

ふく・ク・ク・カ・キ・ケ (他動)(規.一) 拭 (吹キ拂フ意カト云) ぬぐふニ同ジ。

ふく・クル・クレ・ケ・ケ・ケヨ (自動)(規.二) 深 (一)深クナル。長クナル。タケナハニナル。「飛鳥ノ、アスカノ里ニ、秋フケヌ」小笹ガ原ニ、露フケニケリ」月影フクル、淺茅生ノ宿」闌 (二)專ラ、夜ニイフ。「フケニケリ、獨リ寐待ノ、月出デテ」更闌 (三)專ラ、齡ニイフ。「徒ラニ、フクルハヤスキ、老ガ世モ、思ヒ知ラルル、夏ノ夜ノ月」老爛

ふく・クル・クレ・ケ・ケ・ケヨ (自動)(規.二) 化 (前條ノ語意ニ同ジ) (一)蒸シ腐ビテ形ヲ變フ。「米一」陳化 (二)空氣ニ晒ラサレ、解ケテ粉トナル。「石灰一」風化

ふぐ (名) 河豚 (脹ルル意) 古名ハ、淸音ニ、フク。又、フクベ。海產ノ魚、形、蝌斗ノ如ク、大ナルハ尺餘、腮ナク、鱗ナク、尾、細ソクシテ、岐、無シ、腹、最モ大ク、物ニ觸ルレバ、怒リテ腹ヲ脹ラムルヿ毬ノ如シ、背、靑黑クシテ斑アルモアリ、腹、白シ、味、美ナリ、然レドモ、體中、皮邊ニ毒アリ、蝶ト名ツク、形、ソレニ似タリ、麻醉ノ劇毒アリ、食ヘバ多クハ死ス。まほさい一、針一、雀一、等各條ニ註ス。

ぶぐ (名) 不具 (一)具ハラヌヿ。揃ハヌヿ。(二)カタハ。(三)手紙ノ文ノ末ニ記ス語、意ノ盡キヌ意ヲイフ。

ぶぐ (名) 不虞 思ヒハカラザルヿ。「一ノ災」

ぶく (名) 服 (一)喪服。「ぶく、イト黑ウシテ、貌ナド好カラネド」御ぶく、母方ハ、三月コソハトテ、ツゴモリニハ脫ガセ給フヲ」(二)轉シテ、喪服ヲ着テ喪ニ籠リ居ル時限ノ稱。後世、別ニ、忌トイフ事出來テ、服忌、忌服ナド稱ス、合ハスレバ、卽チ、喪ナリ、死者ノ親疎ニ因テ、忌ト服トノ日數ニ長短アリ。譬ヘバ、武家ノ制ニテハ、父母ノ忌ハ、死後五十日トシ、家ニ籠リテ出デズ、更ニ、死後十三箇月ノ間ヲ服トス、忌、明クレバ、常ノ如ク事ヲ執レドモ、服果テヌ間ハ、尙、死穢アリトテ、神事ナドニハ出デズ。其他、祖父母ニハ、忌三十日、服百五十日、兄弟ニハ、忌二十日、服九十日ナド、等級、種種ナリ。

ぶぐ (名) 武具 (一)戰ヒニ用ヰル器。武器 兵器 (二)專ラ、鎧、兜、ナド、戰ヒノ服ノ稱。

ふく-いく (名) 復蛸 蟲ノ名、ニシドチ。

ふく-いく (副) 馥郁 香ノ薰ル狀ニイフ語。「香氣一タリ」

ふく-えき (名) 服役 役ニ就クヿ。懲役ヲ勤ムルヿ。

ふく-かう (名) 腹稿 心ノ中ノシタゴシラヘ。(詩文ノ

ぶく-き (名) 服忌 服ノ條ヲ見ヨ。

〔ふくけ〕(名) 鬅鬆 蓬起ミタル毛。フクダケ。
ふくけい (句) 副啓 添ヘテ申ス。追啓。(書状ノ語)
ふくこ (名) 復故 故ニ復スヿ。
ふくさ (名) 袱紗 〔袱子ノ音轉カト云〕(一)帛ニテ作レル風呂敷。袱包 (二)茶湯ニテ、茶入、茶杓、ナドノ塵ヲ拭ヒ、又ハ、茶椀ヲ受クルニ用ヰルモノノ稱、方、八寸許、紫帛ニテ製ス、或ハ、老人婦人ナドハ、種種ノ色ヲモ用ヰル。
ふくざい (名) 服罪 罪ニ落ツルヿ。
ふくざうなし・キ・ケレ・ク・ク (形・二) 無覆藏 オホヒカクスヿナシ。心ノ底ヲ打明カス。
ふくざうり (名) 福草履 藺ニテ作レル草履ノ、緒、太クシテ、白紙ヲ巻キツケタルモノ。
ふくし (名) 副使 附添ノ使者。(正使ニ)
ふくし (名) 副詞 語學ノ語、常ニ動詞ニ副ヒ、又、或ハ、形容詞、又ハ、他ノ副詞ニモ副ヒテ、其意義ヲ言ヒ添フル語ノ稱、例ヘバ「暫シ、留ル」屢、思フ」尙、早シ」甚ダ、高シ」ノ「暫シ」屢」尙」甚ダ」ナドノ如シ。
〔ふぐし〕(名) 〔掘串ノ約轉カト云〕竹ニテ作レル土ヲ掘ル具。今、訛シテ、ホゼ。鐵ナルヲ鐵ートイフ。
ふくしう (名) 復讐 アダウチ。カタキウチ。
ふくしん (名) 腹心 心ノ底マデ打明カスヿ。「ーノ臣」
ふくじん (名) 福人 福アル人。運ノ好キヿ。福者。
〔ふくしもの〕(名) 肴 〔服シ物ノ義ト云、藥ヲ服ス、ナド是レナリ〕 さかなニ同ジ。和名抄「肴、佐加奈、布久之毛乃」
ふくじゆさう (名) 福壽草 早春、寒ヲ犯シテ、舊根ヨリ生ズ、莖、肥エテ、高サ二三寸、葉ハ胡蘿蔔ニ似テ小ク、花、黄ニシテ、半開ノ菊花ノ如シ、紅ナルモアリ、又、白キヲ帯ブルモアリ、多ク鉢植トシテ、歳首ニ用ヰル、故ニ、元日草ノ名モアリ。側金盞花
ふくしよく (名) 復飾 〔落飾ノ反〕 僧タルヲ止メ、髮ヲ生ヤシテ俗人トナルヿ。還俗。
ふくしよく (名) 復職 故ノ職ニカヘルヿ。
ふくす・スル・スレ・セ・シ・セヨ (自動)(不規・二) 伏 (一)屈シテ從フ。屈伏ス。「威力ニー」道理ニー」罪ニー」(二)伏ス。カクル。ヒソム。「熱、内ニー」災、下ニー」
ふくす・スル・スレ・セ・シ・セヨ (自動)(不規・二) 服 得心シテ附キ從フ。心服ス。「萬民、皆、ー」
ふくす・スル・スレ・セ・シ・セヨ (他動)(不規・二) 服 (一)附キ從ハシム。「敵ヲー」天下ヲー」(二)着ル。(衣ニ)(三)飲ム。食フ。「極熱ノ草藥ヲふくしテ」閼伽桶アル水ニ洗ヒテ、ふくしケリ」
ふくす・スル・スレ・セ・シ・セヨ (自動)(不規・二) 復 カヘル。モドル。「故ニー」
ふくす・スル・スレ・セ・シ・セヨ (他動)(不規・二) 復 (一)カヘス。モドス。(二)クリカヘシテサラフ。讀書ニ云フ。復讀
ふくそう (名) 複數 數ノ二ツ以上ナルヿ。一ツナルヲ、單數トイフ。
++ふくすけ (名) 福助 俗ニ、脊、低ク、頭顱ノ甚ダ大ナル人物ノ像、木偶ニ作リ、瓷ニカキナドシテ、福分アルモノトス。
ふくせき (名) 復籍 故ノ戸籍ニカヘルヿ。「離縁ノ人ナドニイフ」
ふくそう (名) 輻湊 〔如ニ輻湊ーレ轂也〕 諸方ヨリ一處ニ寄リ聚ルヿ。
ふくだけ (名) 蓬起ミタル毛。フクゲ。ムクゲ。
ふくだみ (名) 福多味 鰒ノ肉ト腸トヲ刻ミ、少シ鹽ヲ加ヘタルモノ。フクダメ。 鰒醬
ふくだむ・ム・ム・マ・ミ・メ (自動)(規・一) 蓬起 亂レワクル。ソソケミダル。ホホケダツ。ケバダツ。「シドケナク、打チフクダミ給ヘル鬢莖」御衣ドモノ事、云云、只打チトケタル狀ニ、フクダミテヘタルコソ好ケレ」
ふくだむ・ム・ムル・ムレ・メ・メ・メヨ (他動)(規・二) 蓬起 蓬起ムヤウニナス。ケバダタス。「文、イト、キタナゲニ持チナシ、フクダメテ、上ニ引キタリツル墨サヘ消エ」御髮ナドモ、大殿隱リ、フクダメタレド」
ふくちや (名) 福茶 節分又ハ大晦日ノ夜ニ、祝ヒテ飲ムモノ、煎ジ茶ノ中ニ、黒豆、昆布、山椒ノ子、梅干、ナド入レテ煮ル。
ふくつう (名) 腹痛 ハライタミ。腸ノ痛ム病。
〔ふくつけし〕・キ・ケレ・ク・ク (形・一) 貪 貪ル心アリ。「雪マロバシ、云云、イト多ウ、マロバサムト、フクツケガレド」强ヒテ尋ネ給フラムガ、フクツケキツカシ」
ふくで (名) 〔神佛ニ供ヘテ福田ヲ祈ル意カ〕 東國ニ、鏡餅ノ稱。又、フクデン。

ふく-てつ (名) 覆轍 (一)車ノ倒レタル痕。(二)事ヲ仕損ジタル後。

ふく-でん (名) 福田 佛經ノ語、三寶ノ德ヲ敬フヲ敬田トイヒ、君父ノ恩ニ報ユルヲ恩田トイヒ、貧者ヲ憐ムヲ悲田トイフ、之ヲ三種ノ福田トイヒ此ノ無上ノ功德ハ、無上ノ福德ヲ生ズト云。

ふく-どく (名) 復讀 書物ヲサラヒヨムヿ。

ふく-にち (名) 復日 暦ノ上ニ、旅立ニ吉ナル日。

ふく-びき (名) 福引 祝賀ノ時ナドニ、衆人ニ鬮引ニテ物ヲ分ケ與フルヿ。古ヘ、短籍シテ物ヲ賜ヘルヿアリ、此類ナリト云。

〔ふく-ふくし (名) 肺 〔脹ラカナル意カ、或云、呼吸シテ吹ク意ト〕 肺ノ古名。

ふく-ふく-し・シキ・シケレ・シク・シク (形・二) 福福 福分アリゲナリ。福相アリ。(容貌ナドニ)

ふく-ぶん (名) 福分 福アル分際。運ノ好キヿ。「—アル人」

ふく-べ (名) 匏 瓠 〔脹瓮ノ意カト云フ〕 (一)夕顔ノ一種、實ノ形、圓ク平タキモノ、亦、肉ヲかんぺうトス、或ハ乾シテ中ヲ空ニシ、大小ノ形ニ因テ、炭取、烟草入、ナドトス。(二)へうたんノ一稱。

〔ふくべ (名) 〔形、脹ルルヿ、匏ノ如クナレバイフカト云〕 河豚ノ古名。

ふく-へい (名) 伏兵 フセゼイ。

ふく-ぼつ (名) 覆沒 船、クツガヘリテ、水中ニ沈ムヿ。

ふく-ぼん-し (名) 覆盆子 トツクリイチゴ。

ふくま-る・ル・レ・ラ・リ・レ (自動) (規・一) 含 含マレテアリ。フフマル。ホホマル。

ふく-む・ム・メ・マ・ミ・メ (他動) (規・一) 含 銜 (一)內ニ物ヲ持ツ。包ミテアリ。有ツ。フフム。「口ニ—」水ヲ—」芽ヲ—」(二)心ニ收ム。念ニ止ム。「御含可レ被レ下」恨ヲ—」記念 (三)其狀ヲ帶ブ。「笑ヲ—」怒ヲ—」墨ヲ—」

ふく-む・ム・ムレ・メ・メ・メヨ (他動) (規・二) 含 (一)含ムヤウニナス。口ハ入ルル。ククムル。哺 (二)有タシム。「水ヲ—」

ふく-ん (名) 府君 (一)支那ニテ、府ノ太守ノ尊稱。明府。(二)父ノ死後ノ尊稱。

ふく-めい (名) 復命 カヘリマウシ。使者ノ、返答ヲ得テ、歸リテ告グルヿ。

ふく-めん (名) 覆面 (一)面ヲ覆フヿ。(二)神佛ノ供物ヲアツカフトキニ、紙又ハ帛ニテ、口鼻ヲ覆フモノ。(息ノカカルヲ防グ)

ふくめん-づきん (名) 覆面頭巾 頭巾ノ、深ク顏ヲオホヒテ、眼ノミ現ハルルヤウニ作レルモノ。

ふく-やく (名) 服藥 藥ヲ飮ミモチヰルヿ。

ふく-よう (名) 服用 身ニモチヰルヿ。(衣ニ、藥ニ)

ふく-よう (名) 服膺 心ニ止メテ忘レヌヿ。

〔ふくよか-に (副) 脹 脹レテ。フクラカニ。「綿、フクヨカナル衣、一ツ」

ふく-よし (名) 〔福吉ノ義ニテ倒語カト云〕 癩病ノ異稱。モヨシ。

ふくらか-す・ス・セ・サ・シ・セ (他動) (規・一) 脹 脹ルルヤウニナス。フクラムル。

ふくらか-に (副) 脹 肥エ脹レタル狀ニ。豐肥

ふくら-すずめ (名) 脹雀 肥エ脹レタル雀ノ羽ヲ延バシタル形、紋所トシ、又ハ、彫物、染物、ナドノ模樣トス。

ふくら-に (名) 脹煮 鮑ノ肉ヲ、甚ダ柔ク、旨煮ニシタルモノ。

ふくら-はぎ (名) 脹脛 腓ニ同ジ。

ふくら-む・ム・メ・マ・ミ・メ (自動) (規・一) 脹 脹ラカニナル。膨起

ふくら-む・ム・ムル・ムレ・メ・メ・メヨ (他動) (規・二) 脹 脹ルルヤウニナス。フクラカス。

ふぐり (名) 陰囊ニ同ジ。

ふく-りん (名) 覆輪 鐙鞍ナド、種種ノ器ノ緣邊ノミヲ、金銀錫等ニテ、覆ヒ飾レルモノ。稜裏

ふく-りやう (名) 茯苓 古名、マツホド。寄生ノ植物、黑松ノ舊根株ノ邊ノ土中ニ自生ス、塊ヲナスヿ拳ノ如ク、皮ハ黑クシテ皺アリ、肉ハ白キアリ、赤キアリ、或ハ、外白ク、內赤キアリ、黑松ニハ白ー多ク、赤松ニハ赤ーアリ、輕虛ナルアリ、堅實ナルアリ、藥用トス。

ふくりやう-さう (名) 茯苓草 原野ニ多シ、春、宿根ヨリ生ズ、葉ノ形長ク、一莖、七葉、對生シ、背ニ白毛アリ、春ノ末、五六寸ノ莖ヲ出シ、頂ニ枝ヲ分チテ、五瓣ノ黃花ヲ開ク、形、委陵菜ニ似タリ。一名、亦、カハラザイコ。ウラカヘクサ。鵝腿兒

ふく-る・ル・ルル・ルレ・レ・レ・レヨ (自動) (規・二) 脹 (噴ク、ノ轉カ

ト云〕(二)内ヨリ外ヘ張ル。起チアガル。モチアガル。(三)〔俗ニ、怒ル。ハラダツ。

ふぐるま (名) 文車 書棚ノ類、下ニ輪アリテ牽クベシ。

ふくれ (名) 脹 フクルルコト。脹レタル状。

ふくろ (名) 袋 嚢 〔物ヲ含ミテ脹ルル意〕(一)布、帛、革、紙ナドニテ、物ヲ收メテ、口ヲ閉ヅベク製セルモノ。(二)橘、柑ノ類ノ瓤(ナカゴ)ノ、一ツ一ツニ包マレテアルモノ。(三)母ダツ人ノ稱。オフクロ。〔胎中ニ兒ヲ持タル旨〕(四)俗ニ、事ヲ爲スニ人ニ後ルルコト。〔古ヘ、旅用ノ物ヲ袋ニ入レ從者ニ齎ラセ行ケルヨリイフト云〕

ふくろ (名) 梟 ふくろふノ約。

ふくろくじゅ (名) 福祿壽 (一)福ト祿ト壽命ト。(二)支那ニ、仙人ノ名、宋ノ嘉祐中ノ道士、天南星ノ化身ナリト云、常ニ畫キテ七福神ノ一トス、短身、長頭、多鬚ニシテ、杖ニ經卷ヲ結ビ、鶴ヲ伴フ所ヲ圖ス。俗ニ、フクロクジン。或云、人相ノ法ニ因テ、三德具備ノ相ヲ畫ケルナリト。

ふくろぐも (名) 袋蜘蛛 つちぐもノ條ヲ見ヨ。

ふくろご (名) 袋子 胎兒ノ、薄キ膜ニ包マレナガラ生ルルモノ。

ふくろだたき (名) 袋叩 人ヲ袋ニ盛リテ、上ヨリ撲(ウ)チタタキテ殺スコト。嚢撲

ふくろだな (名) 袋棚 棚ノ、壁ノ外ヘ張リ出シテ袋ノ如ク作レルモノ、戸アリ。袋戸棚。

ふくろづの (名) 袋角 〔形、物ノ袋ニ似タリ〕夏月、鹿ノ角落チテ後ニ生ズルモノ、後ニ落チテ新角ヲ生ズ。鹿茸

ふくろど (名) 袋戸 袋張リノふすま。

ふくろとだな (名) 袋戸棚 袋棚ニ同ジ。

ふくろねずみ (名) 袋鼠 濠洲ノ產、形、鼠ニ似テ、大ナルハ六尺ニ至ル、頭小ク、體大ク、前脚ハ短小ニ、後脚ハ長大ナリ、尾モ長大ニシテ、後脚ト尾トニテ跳ネテ走ル、腹ニ餘皮アリテ袋ノ狀ヲナシ、常ニ其兒ヲ容ル。カンガロ。

ふくろばり (名) 袋張 ふすまノ、兩面ヨリ紙ヲ貼リツメタルモノ。

ふくろふ(ウ) (名) 梟 〔形ノ脹レタル意カ、或云、鳴ク聲ヲ名トストト〕鳥ノ名、又、サケ。形狀、性質、みみづくニ似テ、形大ナリ、但シ、毛角無ク、斑ハ黃黑ナリ、亦、晝伏シ、夜出デテ、小鳥ヲ捕リ食フ、其聲、人ヲ呼フガ如シ、畜ヘバ馴ル。約メテ、フクロ。鵩 羽色ノ黃赤ナルヲ縞(シマ)ートイフ。

ふくろまち (名) 袋町 路ノ行キドマリテ通リ拔ケノナラヌモノ。死巷

ふくろもの (名) 袋物 鼻紙袋、烟草入、ナドヲ製シテ賣ル稱。

ふくわい (名) 附會 附ケアハセ、コジツクルコト。「一ノ説」

ふくわい (名) 不快 (一)ココロヨカラヌコト。「一ニ思フ」(二)ヤマヒ。ワヅラヒ。病

ふくわい (名) 府會 一府下ノ人民ノ選擧シタル議員ノ會議、地方稅ノ出ヅル所ヲ議セシム。

ふくわかし (名) 福沸 正月ニ、神供ノ餠ヲ粥ニ入レテ煮タルモノ。

ふくわけ (名) 福分 祝賀(イハヒ)ノ品物ナドノ餘分ヲ分ケテ人ニ贈ルコト。

ぶくわん (名) 武官 軍陣、警衞、ノ事ニ係ル官。(文官ニ對ス)

ふくゐん (名) 福員 ハバ。ヒロサ。

ぶくゑ (名) 服穢 服忌ノケガレ。

ふけ (名) 雲脂 〔陳化(フケ)ノ義カ〕イロコ。ウロコ。髮ノ根ノ皮ニ生ズル垢。頭垢

ふけ (名) 深田(フケダ)ニ同ジ。

ぶけ (名) 武家 武士ノ家筋。卽チ、鎌倉以後、公家ニ對シテ、將軍、大小名、及ビ其家人ノ稱。武弁

ふけい (名) 不敬 ウヤマハヌコト。失禮。無禮。

ぶけい (名) 無稽(ムケイ)ニ同ジ。

ぶげい (名) 武藝 弓、馬、槍、劍、拳法、砲術、ナドスベテ戰鬪ニ係ル技(ワザ)。武術。武技

ふけいき (名) 不景氣 景氣ノ好カラヌコト。賑ハヌコト。繁昌セヌコト。サビレ。衰況

ふけう(キヨウ) (名) 不孝(フカウ)ニ同ジ。「心ヨロシカラズ、博打、ふけうノ者ニテ、身ノ裝束ナドハ、皆打入レテ」

ふけう(キヨウ) (名) 不興(フキヨウ)ニ同ジ。

ふけきゆう (名) 普化宗 禪宗ノ一派、文明年中、風化道者朗庵、創ム、普化禪師(唐人大中年中

寂ヲ祖トス。朗庵、山城ニ住シ、常ニ尺八ヲ吹キ、四方ヲ遊行ス、其徒ヲ虛無僧（又、虛僧）又、暮露、梵論、梵論字ナドイヒ、亦、常ニ尺八ヲ吹キテ行脚ス。德川氏ノ頃、特許アリテ、武士ノ罪ヲ犯セルモノ、身ヲ此宗門ノ寺ニ寄スレバ逃ルルヿヲ得タリ。

ふけだ（名）深田 泥ノ深キ田。

ふけつ（名）不潔 イサギヨカラヌヿ。穢レ。不淨。

ふげん（名）普賢 德利周遍（普）仁慈惠悟（賢）アル菩薩ノ名、常ニ白象ニ騎ル所ヲ圖ス。

ふげん（名）分限 （一）分限ニ同ジ。ミノホド。分際。（二）專ラ、富メル分際。カネモチ。有德。富豪

ふげんざう（名）普賢象 （一）普賢菩薩ノ騎レル白象ノ稱。（二）櫻ノ一種、花ノ莖、長ク垂リ、色赤ク、千瓣ニシテ、五六花、一處ニ密付ス、瓣、縮ミタルガ如シ、蘂、一二筋ニテ、瓣ノ間ニ、卷葉雜リテ出ヅ、花（鼻）ヨリ葉（齒）出ヅトテ、名ツクト云。

ふける・ル・レ・ラ・リ・レ（自動）（規．二）耽 〔深ク、ノ轉カト云〕程度ヲ過シテ心ヲ寄ス。スサム。オボル。ハマル。

ふける（動）深ク、又ハ、化ク、ノ訛。

ふご（名）畚 〔深籠ノ略ト云、或ハ、含籠ノ意カ〕物ヲ盛リ運ブ竹籠。

ふこ（名）封戶 古ヘ、位又ハ官ニツキテ、地方ノ戶口ヲ給セラレシヿ、其租ハ半ヲ給シ、調及庸、（課丁）ハ皆給ス、太上天皇ニ二千戶、三宮千五百戶、親王、一品八百戶ヨリ、以下次第ニ減ジテ、無品ハ百五十戶ニ至ル、（內親王ハ半減）又、正一位三百戶ヨリ、從三位百戶ニ至リ、太政大臣三千戶ヨリ、左右大臣、內大臣、大中納言、次第ニ減ジテ、參議八十戶ニ至ル。

ふこ（名）武庫 武器ヲ納ムル藏。

ふこう（名）武功 イクサノイサヲ。タタカヒノテガラ。

ふこく（名）布告 世ニ布キ告グルヿ。太政官ヨリ國民ニ遍ク命ヲ傳フルヿ。觸。公移 諸省、府縣廳、等ヨリ、遍ク國民ニ傳フルヲ布達トイヒ、又諸官ヨリ其配下ノ諸衙ニ告グルヲ達トイフ。

ふこく（名）布穀 フフドリ。カツコウドリ。ヨブコドリ。

ふこつ（名）無骨 〔ぶちなし（無骨）ノ音讀〕風骨無キヿ。不風流。ブイキ。粗笨

ふこつそ（名）腐骨疽 骨ノ腐ル病。

ふさ（名）總 （一）組紐ノ端ヲ束ネテ、其餘ヲ散ラシ、花蘂ノ如クセシモノ、飾トス。流蘇 （二）族ノ古言。「總ノ國」（三）藤、萩、山吹、ノ花、又ハ、葡萄ノ實ナド、一莖ニ簇リ垂リタルモノ稱。房

ふさい（名）負債 オヒメ。カリ。借財。

ふざい（名）不在 家ニ居ラヌヿ。ルス。

ふさう（名）扶桑 （一）樹ノ名、佛桑花ノ條ヲ見ヨ。（二）日本國ノ異名。（說文、搏桑、神木、日所ㇾ出也）

ふさう（名）無雙 ナラビナキヿ。比ヒ無キヿ。

ふさがり（名）塞 フサガルヿ。ササハリ。

ふさがる・ル・レ・ラ・リ・レ（自動）（規．二）塞 （一）通ヒ、踏マル。閉ヂテ通ラズ。フタガル。「穴、ー」胸、ー」（二）他ニ所用セラレテ、用ヰルヿ能ハズ。「席ガー」器ガー」手ガー」

ふさぎ（名）塞 フサグヿ。フサガリ。

ふさく（名）不作 作物ノ實ノ少キヿ。違作。不登

ふさぐ・グ・ゲ・ガ・ギ・ゲ（自動）（規．二）塞 フサガル。閉ヅ。痛ミ鬱ス。「胸ガー」鬱塞

ふさぐ・グ・ゲ・ガ・ギ・ゲ（他動）（規．二）塞 〔ふたぐノ轉〕フタグ。蓋ヲナス。他ノ通ヒヲ支ヘ鎖ス。

ふさぐ・グ・グレ・ゲ・ゲ・ゲロ（他動）（規．二）塞 前條ノ語意ニ同ジ。遮リ妨グ。

ふざける・ケル・ケレ・ケ・ケ・ケロ（自動）（規．四．變）巫山戲 戲ル。タハムル。タハクル。戲謔

ぶさた（名）無沙汰 （一）知ラセナキヿ。「ーニ取計フ」（二）音信セズシテアリシヿ。無音。與闕

ぶざつ（名）蕪雜 雜事ノ入リ亂レタルヿ。

ふさに（副）多 オホク。繁ク。サハニ。アマタ。「絹袖ふさに取出デ得サセ」女御、ふさに候ヒ」父君ニ、ー シカケツ」

ふさぬ・ヌル・ヌレ・ネ・ネ・ネヨ（他動）（規．二）總 總ベ括ル。束ヌ。「總ニ擬萬機ニ」

ふさはし・シキ・シケレ・シク・シク（形．二）相應 相應スベキ狀ナリ。釣合ヒタリ。

ふさはじかみ（名）蜀椒 はじかみノ條ヲ見ヨ。

ふさふ・フ・ヘ・ハ・ヒ・ヘ（自動）（規．二）相應 善ク適フ。釣合フ。古事記「是レハ布佐波ズ云云、是モ布佐波ズ」

イト目モアヤニ、一ツ物ナルト見レバコソ、ふさひニハ覺エネ」

ふさふさと（副）〔多ノ義〕繁ク多クフサヤカニ。タツテリト。「御髪、―、短ウテ」

ぶさほふ（名）無作法 作法無キコト。ブシツケ。無禮。失儀

ぶさん（名）不參 マヰラヌコト。行カヌコト。

ふさも（名）總藻 きんぎよもニ同ジ。

ふさやうじ（名）總楊枝 やうじノ條ヲ見ヨ。

〔ふさやか〕（副）〔多ノ義〕繁ク多クフサフサト。タツテリト。「髪ハイト、―、長クハアラネド」

ふし（名）節〔經ル處ノ意カト云〕(一)竹葦ナドノ幹ノ中ニ、隔テトナレルモノ。又、草木ノ幹枝ニモ、間ヲ置キテ、高クナレル處、コレナリ。(二)樹ノ幹ニ、枝ノ差シタル痕。「木ノ―」―穴」(三)動物ノ骨ノツガヒメ。「骨―」クル―」骨節 (四)絹、綿、麻絲ノ處處ニ、瘤ノ如クナレルモノ。「ふしナクテ、君ガ絶エニシ、白絲ハ、ヨリツキ難キ、物ニゾアリケル」―絲」―織」纇 (五)鰹ナド、魚ノ身ヲ、竪ニ四ツニ割キタルモノノ一ツ。「鰹ノ―」ナマリ―」

ふし（名）節〔前條ノ語意ニ同ジ〕(一)事ノ廉。箇條。「ソノふしト、思ヒモワカヌ、涙哉、月ヤハツラキ、秋モ憂カラズ」ツレナキハ、苦シキモノヲト、ヒト―ヲ思シ知ラセマ欲シクテ」條件 (二)時ノ伺フベキ所。機。「斯ウ思ヒ知リケリト見エ奉ル―モアラバヤト思ボセド」呉竹ノ、ウキ―毎ニ、鶯ゾ鳴ク」時期 (三)歌ノ調子ノ高低長短ノ轉ズル處。曲節

〔ふし〕（名）柴〔節ノ義カト云〕柴ニ同ジ。「青柴垣、訓レ柴云二布斯ニ」猪名ノ―原」―柴」

ぶし（名）五倍子｜鹽麩子〔鹽麩子ノ音ノ略カト云、ぬるでノ條ヲ見ヨ〕ぬるでノ樹ニ生ズル物、山中ニ自生ノ者ノ樹枝、或ハ、葉莖、或ハ、葉背ニ、一寸許ノ袋ノ如キモノヲ生ズ、扁圓ニシテ、長短一ナラズ、初メ青ク、後ニ茶褐色トナル、コレ蟲ノ巢ニテ、内空シク、ぬかノ如キ蟲多シ、常ニハ、生―、トイヒ、粉トセルヲ、―ノ粉、トイヒ、はぐろめニ用ヰル、又、藥用トモシテ、五倍子トイフ。

ぶじ（名）不時 時ナラヌコト。定レル時ノ外ナルコト。臨時。

ぶじ（名）不次 次第ニハヅルルコト。常例ニ據ラヌコト。「―ノ恩賞」―ノ登庸」

ぶし（名）武士 常ニ武術ヲ習ヒ、軍陣ニ出ヅルヲ職トスル者。モノノフ。サムラヒ。武者 兵士

ぶし（名）附子 烏頭ノ條ヲ見ヨ。

ぶじ（名）無事 變ハル事ナキコト。恙ナキコト。無難。

ふしいと（名）節絲 節アル絹絲、粗ナル繭ヨリ取レルモノニテアリ。（節ノ條ヲ見ヨ）「―織」纇

ふしおり（名）節織 節絲ニテ織レル絹布。

〔ふしかへり〕（名）臥返 ねがへりニ同ジ。「―コソ、シナマホシケレ」

ふしき（名）節木 (一)節、穴ヲナシテ、中ノ空ナル樹。(二)節多キ木。

ふしぎ（名）不思議〔不可思議ノ中略〕思ヒハカラレヌコト。イブカシキコト。奇恠

ぶじき（名）夫食 人夫ノ食糧。

ふしくれだつ（自動）（規.一）節博立 節、多ク起チテ、凹凸ヲナス。

〔ふしゝば〕（名）柴〔ふしハしばニ同ジ、重ネテイフ〕柴トイフニ同ジ。「カネテヨリ、思ヒシコトヨ、―ノ、コルバカリナル、歎キセムトハ」

ぶじつ（名）不實 マコトナキコト。深切ナラヌコト。人情無キコト。不信 無情

ぶじつ（副）不日 日ナラズ。多クノ日ヲ歷ズシテ。

〔ふしづけ〕（名）柴漬 柴ヲ束ネテ、水ノ中ニ漬ケ置キテ、魚ノ集リ潛メルヲ圍ミテ捕フルモノ。「泉川、水ノミウタノ、―ニ、岩間ノ氷ル、冬ハ來ニケリ」罧

ふしど（名）臥所 夜、臥ス處。ネドコロ。ネヤ。

ぶしのき（名）ふし（五倍子）ノ條ヲ見ヨ。

ふしはかせ（名）節博士〔博士ノ數フルコトヲ云フ、或云、はかせハ拍子ノ書轉トイカガ〕謠物ノ文ノ傍ニ、墨ニテ點ジテ、其節ノ高低長短ヲ指シ示スモノ。又、ハカセ。俗ニ、點ノ象ヨリシテ、胡麻。「天王寺ノ舞樂ノミ、都ニ恥ヂズ、太子ノ御時ノ圖、今ニ侍ルヲはかせトス」墨譜

ふじびたひ（名）富士額 婦人ノ額ノ髮際ノ、富士山ノ頂ノ形ニ似タルモノ。

ふしまちのつき（名）臥待月 陰暦、十九日ノ夜ノ月ノ稱。又、寐待ノ月。「其餘、見合ハスベシ」「數フレバ、昨日ノ月ノ、臥待モ、猶宵ノ間ハ、過ギテ出デニキ」

(二十日ノ歌)或ハ、十九日以後ノ月ヲモイフ。平治物語「廿六日、夜深ケテ、云云、御馬ニ任セテ御幸ナル、未ダ夜半ノ事ナレバ、臥待ノ月モ差出デズ」

ふじまつ (名) 富士松 松ノ一種、冬、落葉スルモノ、富士山ニ多シ、日光山ニモ多ケレバ日光松ノ名モアリ、春、新葉、撒針、圓ク聚リテ生ズ、形、菊花ノ如ク、大サ錢ノ如シ、淡綠、細小ニシテ、ヤハラカナリ、幹ノ皮、鱗ノ狀ヲナサズ。落葉松

ふじんみ (名) 不仁身 〔手足痿痺、曰ニ不仁ニ、或ハ、不死身ナドトモ記ス〕 人ノ體ニ、一種ノ生得ニテ、打テドモ痛マズ、切レドモ血ノ出デヌモノト云。

ふじみなみ (名) 富士南 西南ノ風ノ稱。(關東)

ふしん (名) 不審 ツマビラカナラヌコト。イブカシキコト。

ふしん (名) 普請 〔字ノ宋音〕(一)元ハ、僧家ニテ普ク諸人ニ請ヒテ、造營ノ事ヲ成スコト。(二)轉ジテ、家ヲ建テ城ヲ築キ橋ヲ架スナド一切ノ事。作事。建築 土木

ふじん (名) 不仁 (一)仁慈ノ心ナキコト。情ケノナキコト。(二)醫術ノ語ニ、痺レテ感ジノ無クナルコト。

ふじん (名) 夫人 (一)支那ニテ、古ヘ、天子ノ妻。(二)我ガ朝ニテ、古ヘ、女官ノ號。後ノ女御。(三)又、和、漢、共ニ、貴人ノ妻。オクガタ。

ふじん (名) 婦人 ヲミナ。ヲンナ。(稍、敬シテイフ語)

ぶじん (名) 武神 軍陣ノ神。

ぶじん (名) 武人 軍陣ノ事ヲ職トスル人。軍人。武士。

ふしんがみ (名) 不審紙 書物ノ中ノ文句ノ不審ナル處ニ、紙ヲ付ケテ標トスルコト。ツケガミ。

ふしめ (名) 伏目 ウツムクコト。「見給フモ、スズロニ悲シ、ヲサナ心チニ、サスガニ、打守リテ、ふしめニナリテ、ウツブシタルニ」俯視

ぶしや (名) 歩射 カチユミ。

ふしやう (名) 府生 六衞府、撿非違使、等ノ下官。

ふしやう (名) 不正 タダシカラヌコト。「ーノ行」ーノ品」

ふしやう (名) 不祥 サガナキコト。エンギノワルキコト。不吉。

ふしやう (名) 負傷 テオヒ。ケガ。

ふじやう (名) 不淨 清淨ナラヌコト。穢レ。

ぶしやう (名) 武將 軍陣ノ大將。武道ニ長ケタル大將。

ぶしやう (名) 不精 無性 精ヲ出サヌコト。オコタリガチナルコト。ブセイ。懶惰

ぶしやうだま (名) 獨樂ノ條ヲ見ヨ。

ぶしゆかん (名) 佛手柑 暖地ノ產、葉ハ、もくせいニ似テ、鋸齒ナク、香氣アリ、互生ス、樹ニ刺アリ、實ノ肌、粗ク、柚子ニ似テ長大ナリ、熟スレバ黃ニシテ香氣多シ、本ハ圓ク、柚子ノ如ク、半ヨリ末ハ細ク分レテ、指ヲ列ネタルガ如シ、故ニ、手ー トモイフ、十餘指アリ、初ハ、指ノ末、內ヘ曲ル、後ニハ直シ、內ノ色、白クシテ、瓤、核、共ニ無シ。又まるーアリ、其條ニ註ス、

ふじゆく (名) 不熟 (一)熟エヌコト。「ーノ果」(二)親シマヌコト。「家內ー」

ぶじゆつ (名) 武術 武藝ニ同ジ。武技

ふじゆふせ (名) 不受不施 佛教、日蓮宗ノ一派、文祿四年、備前妙覺寺ノ僧日奧、始メテ唱フ、德川氏ノ世ニハ、堅ク禁制セラレシヲ、明治九年ヨリ公許セラル。

ふじゆん (名) 不順 常ニ順ハヌコト。(多ク時候ニイフ)

ふじよ (名) 扶助 タスクルコト。カヲ添フルコト。

ぶしよ (名) 部署 テクバリ。デワケ。

ふしよう (名) 鳧鐘 十二律ノ一、其條ヲ見ヨ。

ふしよう (名) 不勝 心地ノスグレヌコト。微恙

ふしよう (名) 不承 不承知ノ略。常ニ「ーをする」ーまる」ナドイヒテ、強ヒテ忍ビ肯フ意ニイフ。

ふしようぶしようまで (副) 不承不承 不承知ナガラ強ヒテ。イヤイヤナガラ。

ぶじよく (名) 侮辱 アナドリ、ハヅカシムルコト。

ふしをがみ (名) 伏拜 平伏シテ拜ム所。神社ノ遙入リニ、木ヲ橫タヘテ、不淨ノ者ノ防ギトス、因テソコニテ拜スルコトアリ、ソレヨリ轉ジテ遙拜ノ意ニモイフ。

ふす ス・セ・サ・シ・セ (自動)(規・一) 伏 (一)下ニ臥ル。ヒソム。(二)下ヘ向フ。ウツブス。俯 (三)橫ニナリテ寢ヌ。臥

ふす スル・スレ・セ・セ・セヨ (他動)(規・二) 伏 (一)下ニカクス。潜ムル。藏ム。「兵ヲー」「樋ヲー」(二)下ヘ向カス。俯 (三)橫ニテス。倒ス。臥 (四)クツガヘス。覆

ふす スル・スレ・セ・シ・セヨ (他動)(不規・二) 賦 ツクル。シタガハス。「其後ニー」

ふす スル・スレ・セ・シ・セヨ (他動)(不規・二) 補 職ニ任ズ。(任

ぶノ條ヲ見ヨ)

ふす・すル・スレ・セ・シ・セロ (他動)(不規・二) 【圖】 (一)クバル。割リツクル。(二)作ル。(詩ヲ)

〔ふずく〕 (名) 【粉熟|粉粥】・又、フンズク餅ノ類、點心トス、米粉麵粉ヲ餅トシ、煮テ、あまづらトコネ合ハセ、筒ニ固ク押シ入レテ、突キ出シ、切リテ用ヰルモノト云。「高坏ドモニテ、ふずく參ラセ給ヘリ」

ふすぶ・ぶル・ブレ・ベ・ベ・ベヨ (他動)(規・二) 【燻】 (一)燃ヤシテ烟ニ立タス。クユラス。ケブラス。イブス。クスブ。(二)革、銀器、ナドヲ烟ニ中テテ色ヲツクル。イブシヲナス。(三)〔嫉妬ス。悋氣ヲ仕向クル。「異女ニ物言フト聞キテ、本ノ女ノ内侍ノ、フスベ侍リケレバ」心ヤマシキ物越シニテナム、逢ヒテ侍リシ、フスブルニヤト、ヲコガマシクテ」 妬

〔ふすべ〕 (名) 【贅】 瘤ノ古名。和名抄「贅、布須倍、懸疣、佐賀利布須倍」

ふすべ-がき (名) 【燻柹】 澁柹ノ皮ヲ去リ、竈ノ上ニ釣リ置キテ、黒ク熟セシメタルモノ。アマボシ。 烏柹

ふすべ-かは (名) 【燻革】 革ノ地ヲ松葉ノ烟ニテ燻ベ、模樣ヲ白ク殘シタルモノ。

〔ふすべ-がほ〕 (名) 【妬顏】 憤リ妬ブル顏色。「アヤシウ、ワカワカシキナカラヒノヤウニ、ーニテ、物シ給ヒケルカナ」

ふすべ-ぎん (名) 【燻銀】 銀ヲ燻ベテ、黒キ色ヲツケタルモノ。(燻ノ條ヲ見ヨ)

ふすべる (動) 燻ブノ訛。

ふすぼる・るル・レ・ラ・リ・レ (自動)(規・一) 【燻】 燃エズシテ烟ニ立ツ。クユル。ケブル。クスボル。クスブル。イブル。

ふすま (名) 【衾|被】 〔臥裳ノ轉カト云、或ハ、臥間ノ物ノ意カ〕 寢ヌルトキ、身ノ上ニ被フモノ、方形、長、八尺五寸ト云。紙ニテ作レルヲ、紙ー、トイフ、古ヘ、民間ニテハ、皆、用ヰタリトゾ。

ふすま (名) 【襖】 〔紙衾(前條ヲ見ヨ)ニ似タルヨリイフカト云、或ハ、衾ニ代ヘテ寒ヲ防グ意カ〕 衾障子トイフベキ略、障子ノ一種、格ノ兩面ヨリ紙ヲ貼リ重ネテ作ル。多ク唐紙ニテ張レバ一名、唐紙障子。略シテ、カラカミ。 紙門

ふすま (名) 【麩】 〔麥ノ被衾ノ義カ〕 古名、ムギカス。小麥粉ヲ製セル後ノ皮屑。カラコモミヂ。洗粉トシテ、物ヲ洗ヘバ、能ク脂脂ヲ去ル。

〔ふすゐ〕 (名) 【臥猪】 かるもかくノ條ヲ見ヨ。「ーノ床」谷深ミ、ーノカルモ、搔キ絶エテ」

ふせ (名) 【布施】 〔布襯捨施〕 僧ニ施シ與フル品物。 襯

ふせ-あみがさ (名) 【伏編笠】 編笠ヲ伏笠ニ被リテ行クコ。

ふせい (名) 【賦性】 ウマレツキ。生得。

ふせい (名) 【浮世】 ウキヨ。「ー如レ夢」

ふぜい (名) 【風情】 (一)ケハヒ。オモムキ。アヂハヒ。「ーアル眺メ」何ノーモナシ」 趣致 (二)其趣ノ者共。「彼等ー」「私ー」 流

ふぜい (名) 【賦税】 税ヲ課スルコ。運上ヲカクルコ。

ふせい (名) 【不精】 オコタルコ。ブシヤウ。 怠惰

ふせい (名) 【無勢】 人數少キコ。「多勢ニー」

ふせう (名) 【不肖】 (一)親ノ器量ニ肖ヌコ。「ーノ子」(二)親ニ對シテ、己ガ身ノ謙稱。「ー、男某」(三)汎ク、己ガ身ヲオ鈍シト謙稱スル語。「身ーナガラ」 謭劣

ふせがさ (名) 【伏笠】 笠ヲ前下リニ被リテ行クコ、身ヲ潜ムル人ナドノスルコナリ。

ふせがね (名) 【伏金】 (一)金具ノ平タキモノノ稱。 鍱 (二)タタキガネ。 鉦

ふせき、(名) 【浮石】 カルイシ。

ふせき (名) 【附籍】 他ノ戸籍ニ附屬シテアル戸籍。

ふせぎ (名) 【防禦】 フセグコ。コバムコ。

ふせぐ・グ・ゲ・ガ・ギ・ゲ (他動)(規・一) 【防|禦|距】 〔塞グ、ニ通ズ〕 侵サシメジト守ル。拒ム。

ふせぐみ (名) 【伏組】 おやばらノ條ヲ見ヨ。

ふせご (名) 【伏籠】 籠ヲ伏セテ、上ニ衣ヲ被ヒ、内ニ香爐ヲ置キ、香ヲ燕キシムルモノ。 熏籠 或ハ、單ニ、火ニテ衣ヲ乾カスニ用ヰル。アブリコ。

ふせぜい (名) 【伏勢】 軍勢ヲ、敵ノ心付カヌ地ニ待チ伏セ置キテ、機ニ乘ジテ、不意ニ襲ハスルモノ。 伏兵

ふせつ (名) 【布設】 シキマウクルコ。地ニ作リツクルコ。「鐵道ノー」

ふせつ (名) 【浮說】 ネナシゴト。

ふせつ (名) 【符節】 割符ニ同ジ。「ーヲ合ハスルガ如シ」

ふせどひ (名) 【伏樋】 シタビ。ウヅミビ。土中ニ伏セ埋メタル樋。 暗渠 陰竇

ぶせん (名) 附箋 ツケガミ。サゲガミ。

ぶせんりよう (名) 浮線綾 綾ノ類、浮織ニシタルモノ。

ふせや (名) 伏屋 屋根ヲ地ニ打伏セタルガ如キ低キ家。賤民ノ家。「賤ガー」

〔ぶせや (名) 布施屋 古ヘ、官ヨリ、驛路ノ諸處ニ設ケテ、行旅ノ宿リトセラレタル家。「承和二年、造ニ浮橋｣令レ得ニ通行｣及建ニ布施屋｣備レ于レ橋」

ふせる・ル・レ・ラ・リ・レ (自動) (規・一) 臥 臥スニ同ジ。大和物語「コレヲ思ヒ死ニ傍ニふせりテ死ニケリ」

ふせる (動) 伏ス(規・二)ノ訛。

ぶそく (名) 不足 足ラヌ丁。缺ケタル丁。

〔ぶぞく (名) 風俗 風俗ノ謠物、今様ノ類。

ぶぞく (名) 附屬 付キ從フ丁。又其物。

ふた (名) 蓋 〔隔ト通ズルカト云、或ハ底ト二ノ義カ〕(一)物ノ口ヲ被フベキ物。「匣ノー」茶碗ノー」(二)螺類ノ口ノ被ヒトナルモノ。「榮螺ノー」スガヒノー」 厴

ふた (數) 二 兩 雙 一ヲ倍ニシタル。フタツノ。「一月」「ータビ」

ふだ (名) 札 簡 〔ふみたノ略〕(一)古クハ、フミタ。フンダ。事ヲ記シツクルニ用ヰル木ノ小板。(二)守札ノ略。「御ー」 符 (三)タテフダ。高札。「ーノ辻」 牓

ぶた (名) 豚 家猪 〔肥エタル形狀ヲイヘル語ト云〕ヰノコ。野猪ノ、家ニ畜ハレテ、年久シクシテ、其性ヲ變ジタルモノト云、初メ舶來シ、家ニ畜ヒテ專ラ食用トス、形、野猪ニ似テ肥エ、尾短ク小ク、鼻長ク出ヅ、牙アレドモ、野猪ノ如ク大ナラズ、毛、黑クシテ粗シ、又、雜斑ノモノモアリ、性、鈍ナリ、何物ヲモ擇バズシテ食フ。

ふたあゐ (名) 二藍 染色ノ名、赤藍ト青藍トノ間色。

ぶたい (名) 附帶 ツキソフ丁。トモナフ丁。

ぶだい (名) 譜第 譜代 〔系譜ノ次第ノ義、或云、家譜代代ノ義〕(一)世世家系ヲ繼ギ來ル丁ノ稱。家筋。後紀「夫郡領者、難波朝廷、始置ニ其職｣有勞之人、世序ニ其官｣逮ニ于延曆年中｣遍取ニ才良｣永廢ニ譜第｣」(二)臣下ノ、數代、其君家ニ仕フルモノ。 世臣

ぶたい (名) 舞臺 舞樂、能、芝居ニ、場ノ正面中央ニ、一段廣ク高クシタル處、即チ、技ヲオコナフ處。 戲臺

ぶだいし (名) 傅大士 始メテ轉輪藏ヲ造レル人、寺院ニテ、其像ヲ經藏ノ中ニ安ス、其面、笑フ狀ヲナセバ、俗ニ、笑ヒ佛トイフ。二人ノ童子ヲ脇侍トシ、普成、普建トイフ。

ふたいとこ (名) 二從弟 いやいとこニ同ジ。

ぶたう (名) 舞蹈 (一)拜賀、奏慶、奉幣ニ、或ハ、任官賜物ノ畏マリヲ申スニ、御前ニテ、袖ヲ左右へ打振リ、手舞ヒ足蹈ミテ拜スル丁。「舞蹈、再拜、置レ笏、立、左、右、左、居、左、右、左、取レ笏、小拜、立、再拜」(二)舞ヒ踊ル丁。今、西洋風ノ一種ノ踊ニモイフ。

ぶだう (名) 葡萄 (一)古名、オホエビカヅラ。エビカヅラ。エビ。樹ニシテ蔓生ナルモノ、棚ヲ作リテ延ハシム、葉、大ク、五尖ニシテ、皺粗ク、鬚アリ、春ノ末、穗ヲ成シテ黃白ノ小花ヲ開ク、秋、實ヲ結フ、小圓實、簇リテ房ヲナシテ垂ル、色、多クハ暗紫ナリ、他色ニ對シテ、くろー(紫葡萄)トモイフ、味、甘美ナリ、生、乾、共ニ食フ、又酒ヲモ釀スベシ。しろー ハ、實、熟シテ白シ。水晶葡萄 あをー ハ、實、淡綠ニシテ、透明ナリ。綠葡萄 ながー ハ、其形長シ。馬乳葡萄 (二)色ノ名、即チ、くろーノ實ノ色、紫ノ赤黑キモノ。

ぶだう (名) 無道 人タル道ヲ失ヘル丁。「ーノ君」

ぶだうがき (名) 葡萄柹 柹ノ一種、其實、冬ニ至リテ、大サ蜜柑ノ如キモノ。 丁香柹

ぶだうしゆ (名) 葡萄酒 葡萄ノ實ニテ釀セル紫色ナル酒、西洋製ノモノナリ。又、白ーモアリ。

ぶだうねずみ (名) 葡萄鼠 鼠色ノ赤ミアルモノ。

ふたおき (名) 蓋置 茶家ニテ、釜ノ蓋ヲ載セ置ク小キ竹筒。或ハ陶製ナルモアリ。

ふたおや (名) 二親 父ト母ト。兩親。 雙親

ふたかはめ (名) 二皮眼 ふたへまぶちニ同ジ。

ふたがる・ル・レ・ラ・リ・レ (自動) (規・一) 塞 蓋トナル。フサガル。

ふたぐ・グ・ガ・ギ・ゲ (他動) (規・一) 塞 蓋ヲナス。フサグ。

ふたぐ・グル・グレ・ゲ・ゲ・ゲヨ (他動) (規・二) 塞 前條ノ語意ニ同ジ。フサグル。「道ニフタゲラレテ、滯リ居タル」

ふたこ (名) 二子 絲ヲ二筋カケテ縒リタルモノ。「ー

織」ーみお」 二股絲

ふたご (名) 二子 一産ニ二子ヲ生ムコ。又、其生レタル子。學生 孖子

ふたごころ (名) 貳心 思フ心ノ二樣ナルコ。コトゴコロ。アダシゴコロ。(君臣ノ義ニ、男女ノ情ニ)

(ふたごもり (名) 二籠 雙繭ニ同ジ、中ニ二ツ蛹籠レバイフ。「ヒキマユノ、斯クーセマホシミ、桑コキタレテ、泣クヲ見セバざ」

ふださし (名) 札差 (俵又荷ニ標札ヲ差ス義) (一)官ノ米藏ニ屬シテ、其米ヲ拂受クル商人。(二)宿場ノ問屋場ニテ、荷物ノ貫目ヲ改ムル者。

(ふたさやの (枕) 二鞘 隔ツ、トイフ語ノ枕詞。「人事ヲ、繁ミヤ君ヲ、二鞘ノ、家ヲ隔テテ、戀ヒツツ居ラム」

(ふたしへ (名) 二重 (去ハ休メ詞) 二重、トイフニ同ジ。「イカデカク、心一ツヲ、フタシヘニ、憂クモツラクモ、ナシテ見スラム」

ふだしよ (名) 札所 三十三所ノ觀音詣ノ、其觀音堂ヲ稱スル語、詣ヅル者、詣デタル證ニ札ヲ受ク。

ふたたび (副) 再 (二度ノ義) 二ツ目ノ度 次ノ度。二度。兩度。

ふたつ (名) 布達 布告ノ條ヲ見ヨ。

ふたつ (數) 二箇 一ニ一ヲ加ヘタル數。二。兩。雙。

ふたつまゆ (名) 雙繭 二ツノ蠶ニテ一ツノ繭ヲ作レルモノ。フタゴモリ。

ふたなり (名) 二形 半月ノ條ヲ見ヨ。

ふだのつじ (名) 札辻 官ノ制札ノ立テテアル辻。

ふたば (名) 二葉 草木ノ芽出シノ二葉ナルモノ。多ク、物事ノ初成ノ時ノ譬トス。「深山木ノ、ー三ツ葉ニ、萌ユルマデ」タダ、ーヨリ、「露バカリ隔ツル事ナク生ヒ立チ給ヒテ」梅檀ハーヨリ馨シ」ーノ中ニ刈ラザレバ」

ふたばあふひ (名) 二葉葵 かもあふひニ同ジ。

ふたばぐさ (名) 二葉草 かもあふひニ同ジ。

(ふたふたと (副) 膈膊ク音ニイフ語。バタバタ。パタパタ。「鳥、フタフタト、フタメク音ス」扇引キヒロゲテ、ー打チツカヒ」鯰ノ、ーシテ庭ニ這ヒ出デタリ」白絲ノ頭ヲ紙ニテ包ミタルガ、二三十許、ー落チタリ」

ふたへ (名) 二重 (一)二ツ、カサナリタルコ。ニヂユウ。襟 (二)腰ノ折レカガマリタルコ。「イト、イタウ老テ、ーニテ居タリ」

ふたへまぶち (名) 二重瞼 瞼ノ皮ノ、生得ニテ、二重ニナレルモノ。フタカハメ。重瞼 曾波

(ふたまかみ (名) 杜衡 つぶねぐさニ同ジ。

ふたん (名) 負擔 (一)物ヲ脊ニ負フコ。(二)事ヲ身ニ引キ受クルコ。

ふだん (名) 不斷 (一)斷ユルコナキコ。「御修法ハ、イツトヨク、不斷ニセラルレバ」(二)常ナルコ。平生。平常 (三)褻ナルコ。(晴ニ對ス)「ー着」「ー遣ヒ」

ふだんぎ (名) 不斷着 褻ノ衣。家ニ居テ平日着用スル衣服。(禮服、晴レ着ナドニ對ス) 便服

ふだんざくら (名) 不斷櫻 櫻ノ一種、花ハ、彼岸櫻又ハ姥櫻ニ似テ、簇リテ生ジ、春ノ初ヨリ咲キツツキテ、四時斷エザルモノ。

ふだんな (名) 不斷菜 たうぢさニ同ジ。

ふためく ク・ケ・カ・キ・ケ (自動)(規.二) (一)バタバタト音ヲ立ツ。「鳥、フタフタト、フタメク音ス」鯉、未ダ生キテ、フタメキケルヲ」 膈膊 (二)立チ騒グ。「アワテー」 慌忙

ふたもじ (名) (二文字ノ義、葱ノ一文字ニ對ス) 韮ノ異名。(女房詞)

ふたもの (名) 蓋物 方圓ノ陶器ノ、蓋アルモノ。陶器ノ合子。

フダラク (名) 補陀落 梵語、海島ノ義、今、觀世音、ノ一稱。文德帝、齊衡年中、日本僧、惠謂、唐ノ浙江、明州ノ一海島(今ノ寧波府ノ普陀山)ヲ開キテ、觀世音ヲ祀リ、遂ニ其島名トナレルニ起ルト云。

ふたり (名) 二人 二個ノ人。

ふたりしづか (名) 二人靜 (實ノ形ヲ、義經ガ妾靜ガ長刀ニ擬シテイフト云) 古名、ツキネグサ。草ノ名、陰地ニ多シ、春、宿根ヨリ叢生ス、莖、高キハ一尺許、三四節アリ、其葉、莖梢ニ、二重ニ兩對シ、形、あをきノ葉ニ似テ、細鋸齒アリ、四葉ノ上ニ、細莖二條ヲ出ス、長サ一寸餘、圓小ノ白花簇リ生ス、其色、次第ニ綠ニ變ジテ、後ニ實ヲ結ビ、下垂シテ、二穗トナルヲ常トス。 及已

ふち (名) 淵潭 水ノ澱ミテ深キ處。

ふち (名) 緣 (一)物ノ端メグリ。ヘリ。邊端 (二)刀ノ柄ノ、鍔ニ接スル處ヲ包ム金物。「ー頭」

〔ぶち (名) 斑駮 今、濁リテ、ぶちトイフ。マダラ。和名抄「駮、布知无万」天斑駒」

ぶち (名) 扶持 (一)タスクル事。(二)扶持米。米ニテ給スル祿。(知行ニ對ス) 俸米

ぶち (名) 不治 癒エヌ事。ナホラヌ事。「一ノ病」一ノ症」

ぶぢ (名) 葛 (一)葛、藤、ナドノ蔓。「一カヅラ」藤蔓 (二)一衣ノ略。「一ノ袖」一ノヤツレ」

ぶぢ (名) 藤 〔葛ノ名ヲ專ラニス〕(一)蔓生ノ植物、年久シキモノハ、甚ダ大クシテ木ノ如シ、架ニ延ハシメ花ヲ賞ス、花、夏ノ初ニ、穗ヲナシテ開ク、蛾形ニテ四瓣ナリ、莢ヲ結ブ、なたまめニ似テ小ク、內ニ子アリ、形、碁石ノ如シ。花ノ色紫ナルハ、穗、五六尺ニ至ル。紫藤 白花ナルヲしらーートイフ、穗短ク、開ク事早ク、葉、大クシテ厚シ。(二)染色ノ名、紫藤花ノ色、即チ淡紫。フヂイロ。淡紫

〔ぶち (名) 鞭 〔打ト通ズ、新撰字鏡「鞭、鞦、夫知、夫ハ濁音ナリ」〕むちニ同ジ。「御先ノ露ヲ、馬ノぶちシテ拂ヒツツ入レ奉ル」馬止マリテ行カズ、ぶちヲ揚ゲテ打チ給ヘド」

ぶち (名) 斑駮 古クハ、濟音ニ、ふち。獸ノ毛色ニ、種種ノ色ノ雜レ毛ノマダラ。

〔ぶち (名) 桴枹 〔撥ノ轉カ、或ニ云、擊ノ義ト〕桴ニ同ジ。

ぶちくらざうり (名) 藤倉草履 藺ニテ編ミタル草履ニ、白木綿ノ緒ヲ着ケタルモノ。

ぶちごろも (名) 葛衣 (一)葛布ニテ製セル衣、古ヘ、賤シキ者ナド着タリ。(二)又、葛布ノ喪服ノ稱。縗衣

ぶちさはぎく (名) 藤澤菊 草ノ名、水邊ニ生ズ、葉ハ、ちさノ葉ニ似テ厚ク、深綠ニシテ長キ白毛アリ、春ノ末、莖、高サ二三尺、中空シクシテ、外ニ白毛多シ、莖梢ニ、多ク枝ヲ分チテ花ヲ開ク、黃瓣黃心、形、をぐるまノ花ニ似テ、大サ錢ノ如シ、後ニ白絮トナリテ飛ブ。サハヲグルマ。ウグサ。ウシノシタ。狗舌草

ぶちだな (名) 藤棚 柱ヲ立テ、桁ヲ亙シ、藤ノ蔓ヲ高ク掛ケテ這ハスルモノ。藤架

ぶちつぼ (名) 藤壺 禁中殿舍ノ名、本名、飛香舍。

ぶちとのり (名) 藤戸海苔 紫菜ノ一種、備前ノ藤戸ニ產ス。ウキスノリ。

〔ぶちな (名) 蒲公草 〔藤菜ノ義ニテ、花時ニ因テイフカト云〕蒲公英ノ古名ナラム。又、タナ。

〔ぶちなみ (名) 藤浪 藤ノ花ノ房ノ靡ク事。「一ノ、咲ケル春野ニ」一ヲ、カザシテ行カム」

ぶちばかま (名) 藤袴 〔花ノ色、藤ノ如ク、瓣ノ筩ヲナス事袴ノ如キ意ナリト云〕宿根草、春、苗ヲ叢生ス、莖、圓クシテ、節長ク、葉ハ節ニ對生シ、形、長ク、左右ニ枝アル事燕尾ノ如ク、邊ニ鋸齒深ク、香氣多シ、夏秋ノ際、莖、高サ三四尺、又、六七尺、枝ノ末每ニ、細小花、多ク集リ開ク事傘ノ如ク、淡紫色ナリ。蘭草

ぶちまめ (名) 藤豆 春、種ヲ下ス、蔓甚ダ長シ、葉ハ、葛ニ似テ小ク、毛ナシ、花、穗ノ狀ヲナシテ開ク、莢、平タク、未熟ナルハ莢ノママニ煮食フベシ、豆、匾ク平タシ。京ニテ、インゲンマメ。別名、タウマメ。花ノ色、紫ナルモノハ、豆ノ色、黑褐ナリ。鵲豆 又、白花ナルハ、豆白クシテ、小黑點アリ。

ぶちや (名) 普茶 卓袱ノ料理ノ精進ナルモノ、黃檗宗ノ寺ニテ調ズ。

ぶちやう (名) 符帳 符丁 〔或ハ符牒〕商家ニテ、直段ナドヲ、隱語ニテ物ニ記スモノ。號碼

ぶぢやう (名) 不定 サダマラヌ事。サダメナキ事。「老少一」

ぶちゆう (名) 不忠 忠義ナラヌ事。不臣。

ぶちゆう (名) 府中 國府ノ條ヲ見ヨ。

フツ (名) 佛 佛蘭西ノ略。「一國」一學」一語」一人」

〔ふ・つ・つる・つれ・て・て・てよ (他動)(規・二) 棄 棄ツニ同ジ。「此ノ水、アツ湯ニタギリヌレバ、湯ふてツ、又水ヲ入ルヤガテ、ソノ幣ヲ川ニふてテ」

フツ (名) 佛 (一)佛陀ノ略。ホトケ。(二)佛教。佛法。「一經」一書」一語」一說」

ぶ・つ・つ・て・ち・ち・て (他動)(規・一) 擊ツ、ノ訛。

ふつう (名) 普通 アマネクカヨフ事。ヨノツネ。

ふつう (名) 不通 トホラヌ事。カヨハヌ事。

ふつか (名) 二日 (一)二箇ノ日。(二)月ノ第二ノ日。

ぶつか (名) 物價 賣買ノ物ノ直段。「一騰貴」

ブツ-かく（名）佛閣 寺ノ建物。佛堂。「神社ー」

ふ-つがふ（名）不都合 (一)都合ノ惡シキコト。便利ワロキコト。不便 不利 (二)不埒。フトトキ。不當

ブツ-かふさう（名）佛甲草 イハレンゲ。

ふつか-ゑひ（名）二日醉 次次條ノ語ニ同ジ。

††ぶつか・る・れ・ら・り・る・れ（自動）（規.一）打チ當ル。衝突スシテアルコト。ブッカリ。

ふつか-ゑひ（名）二日醉 酒ノ醉ヒノ、翌日マデ醒メズシテアルコト。フツカヨヒ。宿醒 宿酲

ふ-つき（名）富貴 富貴ノ音便。「ー長命」

ふ-づき（名）文月 ふみづきニ同ジ。

ブツ-き（名）佛器 (一)佛事ニ用ヰル一切ノ器。(二)佛ヘノ供物ヲ盛ル器。

ぶつ-ぎ（名）物議 世ノ取沙汰。世人ノ批評。

ぶつぎり-あめ（名）打切飴 餳ヲ引延バシテ、七八分ニ切リタルモノ。

〔ふつ-く・く・く・け・け（自動）（規.二）憤 イキドホル。フツクム。神代紀「啼泣恚恨」

〔ふつく-む・む・む・め・め（自動）（規.一）憤 イキドホル。フツク。

ふつくり（副）脹ラカナル狀ニイフ語。豐肥

ブツ-くわ（名）佛果 成佛ノ果。(因果ノ條ヲ見ヨ)

ふづくゑ（名）文机 ふみづくゑノ略。

ブツ-け（名）佛家 佛ノ家。寺。

ふつ-げう（名）拂曉 朝ニ早ク起キ出ヅルコト。

ブツ-けう（名）佛敎 ホトケノヲシヘ。佛法。

ふつ-ゐ（名）魚ノ名、おすゐノ條ヲ見ヨ。

ぶつ-こ（名）物故 (言ニ共同ニ於鬼物ニ而已）死スルコト。

ブツ-こう（名）佛工 佛師ニ同ジ。

ぶつ-さう（名）物騷 モノサワガシキコト。世上ニ穩ナラヌ事アルコト。

ブツ-さう（名）佛葬 佛道ノ式ニテ、死者ヲ葬ルコト。

ぶつさう-げ（名）佛桑花 一名、扶桑。灌木、暖地ノ產、琉球ヨリ渡リタレバ、琉球木槿ノ名モアリ、葉ハ、桑ニ似テ、ザラザラセズ、深綠ニシテ互生ス、蔕ニ靑キト紫ナルトアリ、夏ノ末、花ヲ開ク、暖國ニテハ、仲春ヨリ闕キテ仲冬ニ至ル、單瓣、五出ニシテ、むくげノ花ノ如ク、大サ三寸許、蔕、長ク、瓣、深紅ニシテ光ル、長キ一紅蘂ヲ出シテ、黃粉多シ、朝ニ開キ、夕ニ萎ム、後ニ實ヲ結ブ。又、千瓣ナルアリ、黃色ナルアリ。

ぶつさき-ばおり（名）打裂羽織 せさきばおりニ同ジ。

ぶつ-さん（名）物產 產物ニ同ジ。

ブツ-さん（名）佛參 テラマヰリ。寺ニ詣デ、佛、又、墓ヲ拜スルコト。

ブツ-し（名）佛師 佛像ヲ刻ミ作ル工人。佛工

ブツ-じ（名）佛事 佛法ノ祭。法會。法事。

ブツ-じやう（名）佛餉 佛ニ米飯ヲ供フルコト。

ブツ-しやう-しよ（名）佛掌薯 ツクネイモ。

ブツ-しやう-ゑ（名）佛生會 灌佛會ニ同ジ。

ブツ-しゆ-かん（名）佛手柑 ぶしゆかんニ同ジ。

ぶつ-しよく（名）物色 (一)モノノイロ。(二)形ト色トヲ當テニシテ捜スコト。

ブツダ（名）佛陀 梵語、卽チ、佛ノ原語。浮屠。

ふつ-たう（名）沸湯 ニエユ。

ブツ-だう（名）佛堂 佛ノ像ヲ安置スル堂。佛閣。

ブツ-だう（名）佛道 ホトケノミチ。佛ノ敎ヘ。

ブツ-だん（名）佛壇 佛ノ像ヲ安置スル壇。

ぶつ-ちがひ（名）打違 うちちがひノ訛。交叉

††ぶつちやう-づら（名）〔不承面ノ音便訛カ、佛頂面ナド記スハ、イカガ〕不承知ナル顏色。愛相ナキ顏色。

〔ふつつか-な（副）〔太キ意ト云、太束ノ意ニヤ〕(一)太ク丈夫ニ。「イト大キヤカニ、ー肥エ給ヘルガ」御聲、面白ク、少シーモノモノシゲ添ヒテ」(二)轉ジテ、大キク、賤シゲニ。「聲ー、コチゴチシク覺エ」家鳩ノー鳴クヲ聞キ給ヒテ」

ふつつかに（副）不束 〔前條ノ語ノ轉〕無骨ニ。才能足ラズ。

ふつつり（副）〔ふつに、ふつと、ノ轉〕(一)物ヲ斷ツ音ニイフ語。「ー切ルル」(二)コレヲ限リトシテ。コレギリ。「ー思切ル」斷然

ふつ-てい（名）拂底 底ヲ拂ヒテ無キコト。物ノ甚ダ乏シキコト。闕乏

ふつ-と（副）斷エテ。プツニ。プッフッ。プッツリ。「ー思ヒ寄ラズ」涙ノー出デ來ヌ」ー應ヘモセズ」

ふつ-とう（名）沸騰 (一)沸キアガルコト。(二)高ク起リ立ツコト。「物價ー」議論ー」

ふつとう-さん（名）沸騰散 飮物、炭酸曹達ト酒石酸トヲ水ニ攪セタルモノ、泡立チテ沸騰ス。

〔ふつに〕(副) 絶エテ。フッツト。フッツリ。「種種災、皆悉尓消亡給比」求レ之都無レ所レ見」ー思ヒ捨テニケルハ」

〔ふつのみたま〕(名) 韴靈 〔利クシテ、ふつと斷テバ名トスト云〕 上古ノ神劍ノ名。

ふつふつ (副) 斷テ切リテ。ブッツリ。斷然

ブツ-ぽふ (名) 佛法 ホトケノノリ。佛ノ敎へ。佛道。佛敎。

ブツ-ぽふ-ソウ (名) 佛法僧 (一)三寶ノ條ヲ見ヨ。(二)又、鳥ノ名、深山ニ棲ム、雄ハ鳩ニ似テ小ク、頭薄黑ク、羽、綠ニシテ、腹、背、碧綠交リ、喉、碧ニ、翼尾ノ端、黑ク、觜、細ク、觜、脚、赤シ、夜鳴ク、其聲、ぶつぽふそうト聞ユト云。三寶鳥。

ブツ-ま (名) 佛間 佛壇ノアル室。

ブツ-みやう (名) 佛名 (一)ホトケノ名。(二)御佛名トイフハ、禁中ノ公事ナリ、陰曆、十二月十九日ヨリ三日間、清涼殿ニテ、僧ニ、佛名經ヲ誦ミ三世ノ諸佛ノ名號ヲ唱ヘシメラル、六根ノ罪ヲ滅スト云。

ブツ-もん (名) 佛門 ホトケノミチ。佛道。僧ノ境涯。

ブツラウ-キ (名) 佛狼機 〔佛狼ハふらんノ音譯、國名ヲ名トスト云、葡萄牙ナリトイヘド、佛蘭西ノ訛カ、或ハ舶齎セル人名ナリトモ云〕 一名、ブラン。パランカン。ポルトガル。大砲ノ古名。支那ニテハ、明ノ正德十二年ニ、西洋人、廣東ニ渡セリト云ヒ、本邦ニテハ、天文十年、葡萄牙人「フランシスク」九州ニ渡セリト云。

ぶつり-がく (名) 物理學 理學ノ一部、萬物ノ形體現象ノ性質作用ヲ知ル學。窮理學。

ブツ-りき (名) 佛力 佛ノ通力。

〔ふ-づゑ〕(名) 文杖 文挾ノ類。

〔ふて〕(動) 棄ツ、ノ條ヲ見ヨ。

ふで (名) 筆 〔書手ノ略〕 (一)古言、フミテ。音便ニ、フンデ。文字ヲ書クニ用ヰル具、羊、狸、兎、鹿、馬、等ノ毛ヲ束ネ結ヒテ、細ソキ竹管ヲ柄ニ添ヘタルモノ、毛ニ墨汁ヲ染メテ書ク。柄ヲ束又軸トイフ、コレヲ造ルヲ「結フ」トイフ。(二)文字書クコ。記シタルモノ。手。「ーノ跡」ー消ユ」ーヲ試ム」何某ノーナリ」書 ○ーヲ入ル。ーヲ加フ。他ノ文ヲ正ス。添刪 ○ーヲ染ム。字ヲ書ク。染筆 ○ーヲ取ル。物書ク。執筆 ○ーヲ下ス。書ク。記ス。下筆 ○ーノ跡。書キタル字。筆蹟 ○ーノ海。硯。

ふで-あらひ (名) 筆洗 筆ノ墨ヲ洗フベキ水ヲ盛ル器。ヒッセン。

ふ-てう (名) 不調 トトノハヌコ。「談判ー」

ふ-てう-ほふ (名) 不調法 (一)爲ル事ノ行キ屆カヌコ。物事ニラツツカナルコ。(二)アヤマチ。踈忽。

ふで-がき (名) 筆柹 柹ノ一種、きざはしノ類ニテ、靑キ時ヨリ、澁味無ク、食フベシ、長サ二寸半許、廣二寸弱、頭尖リテ、筆ノ頭ニ似タリ、冬ノ初ニ出ヅ。牛心柹

ふで-かけ (名) 筆掛 筆ヲ倒シ掛ケテ置ク具、多ク峯巒ノ形ヲ作ル。筆架

ふで-がしら (名) 筆頭 (一)筆ノ頭。(二)記スニ第一ナルコ。筆頭。(連名ナドニ) 班頭

ふ-てき (名) 不敵 勢ノ當リ難キコ。肝太ク物ヲ畏レヌコ。「大膽ー」

ふで-たて (名) 筆立 (一)筆ヲ以テ書初ムルコ。筆ノタチド。「新玉ノ、年ノ初ノ、ーニ」(二)筆ヲ竪ニ刺シ置ク具、竹又ハ陶製ノ筒ナドヲ用ヰル。筆筒。

ふで-づか (名) 筆柄 筆ノ軸。筆管

ふで-づか (名) 筆塚 敗筆ヲ集メテ、地ニ埋メ、塚ニ築キタルモノ、其用ヲ辨ジタル功ニ報ユル意ト云。退筆塚

ふで-づかひ (名) 筆遣 文字書クニ筆ヲモテヰル方法、書キタル文字ノ趣キ。運筆 筆意

ふで-ばうふう (名) 筆防風 (一)イブキバウフウ。(二)藥舖ニ、防風ノ根ノ、筆頭ノ如キモノノ稱。

ふ-てふ (名) 符牒 符帳ニ同ジ

ふ-てんのもと (名) 普天之下 アメガシタ。天下。「ー、莫レ非ニ王土ニ」

ふで-ゆひ (名) 筆結 筆ヲ作ルヲ業トスル工人。筆匠

ふ-てる・テル・テレ・テ・テ・テロ (自動)(規.四.變) 〔心太ル意カ〕 憤リテ命ヲ聽カズ。恨ミ逆フ。很

〔ふ-と〕(名) 餢飳 〔又、伏兎〕 食物、餅ノ類、油ニテ煎タルモノト云。

フト (名) 浮圖 浮屠 (一)佛陀ト同ジ語ニテ、即チ、佛。(二)僧。(三)塔。

ふと (副) 輕クタヤスキ意ニイフ語。ツイチヨツト。ヂキニ。「我ガ弓ノ力ハ、龍アラバ、ふと射殺シテ」若キ御ドチ、物聞エ給ハムハ、ーシモ染ミツクベクモアラヌヲ」呼ビ給ヘバ、ー寄リタリ」

ふと (副) 不圖 ハカラズ。オモヒガケズ。不意ニ。偶然

ぶと (名) 蟆子 小蟲ノ名、蜂ニ似テ、長サ一分許、色黒ク光ル、山野水邊ニ甚ダ多ク、晝出デ夜伏ス、人ヲ螫セバ、腫レテ癢キコト、數日ニシテ、其害、蚊ヨリ甚シ。

ふどう (名) 不動 佛經ニ、明王ノ一、ー尊トモイフ、顏色、獰惡ニシテ、右ニ降魔ノ劍トイフヲ持チ、左ニ縛ノ縄トイフヲ提リ、背ニ火焰アル象ヲ圖ス、一切ノ鬼魅諸障惱ヲ降伏ストテ云フ。脇士ノ二童子ヲ、制吒迦、矜羯羅トイフ。

ふどう (名) 不同 オナジカラヌコト。ソロハヌコト。

ふどうさん (名) 不動產 財產ノ動カスベカラザルモノ、即チ、土地、家、藏、ナド。其他、一切ノ動カスベキ財產ヲ動產トイフ。

ふとおり (名) 太織 フトギヌ。粗ナル絹絲ニテ織レル一種ノ絹布。約メテ、フトリ。絁

〔ふとぎぬ (名) 絁 (太絹ノ義) フトオリ。フトリ。

ふところ (名) 懷 (含所ノ義) (一)衣ノ衽ヲ着合ハセテ、其衽ト胸トノ間。(二)物ノ間ノ圍マレタル所。「山ー」

〔ふところがみ (名) 懷紙 クワイシ。タタウガミ。ハナガミ。

ふところで (名) 懷手 手ヲ懷ニ入レテ居ルコト。働カズシテ人ノ爲スヲ見テアルコト。袖手

ふとし・キ・ケレ・ク・ク (形・二) 太 (一)圍ミ大イナリ。細ソカラズ。(二)肥エタリ。「太ク逞マシキ馬」(三)俗ニ、肝太シ、ノ略。「太イ奴」
○肝ー。物ニ畏レズ。膽大

ふどし (名) 褌 (踏通シ、ノ約、舊製ハ猿股引ノ如クナレバイフト云、或云、ふもだしノ轉カト) はだのおびニ同ジ。フンドシ。

ふとどき (名) 不屆 心ノ法度ニ屆カヌコト。法ヲ憚ラズシテ犯スコト。

〔ふとの (名) 文殿 フミドノ。書籍ヲ納メ置ク所。文庫。

〔ふとまに (名) 太占 (太ハ美ムル語、まにハ、神ノマニマニ任スル意) 上古ノトノ稱、鹿ノ肩骨ヲ刻ミテ、燒キテ、裂クル文ニテ吉凶ヲ占フト云。

ふとまへ (名) 太前 神ノ前。廣前。神前

フトン (名) 蒲團 (字ノ唐音) 蒲ノ葉ニテ編メル圓座。

フトン (名) 布團 (前條ノ語ノ轉) 布帛ヲ被トシテ、內ニ厚ク綿ヲ入レタルモノ。坐ルニ敷クヲ、座ー、(又、しとね)トイヒ、臥スニ敷ク長方形ナルヲ、敷ートイフ。褥 臥被

〔ふとむぎ (名) 大麥 おほむぎニ同ジ。

ふともの (名) 太物 衣服ニスベキ布帛ノ總稱。段物。

ふともも (名) 太股 股ノ內部ノ脹ラミタル處。腿

ふとり (名) 太織ノ約。

ふとる・ル・レ・ラ・リ・レ (自動) (規・二) 太 肥エテ、大クナル。肉ツク。肥

ふとゐ (名) 太藺 古名、オホヰ。藺ノ一種、水澤中ニ生ズ、一根ニ叢生シ、長、丈餘、葉ノ廣サ五分許、深綠色、正圓ニシテ、心無シ、夏ノ後、梢葉ヨリ、稍下リテ、傍ニ數花ヲ生ズ、形、さんかくをげノ花ニ似テ、褐色ナリ、秋、葉ヲ刈リテ、編ミテ席トス。又、アヲヰ。莞

ふな (名) 鮒 鯽 淡水產ノ魚、大ナルハ尺餘ニ至ル、身、平タクシテ廣ク、首、小ク、脊、淡黑クシテ高ク、腹、黃白ニシテ大ナリ、身ノ平タキヲ上トシ、圓クシテ鯉ノ如キヲ下トス、類名ニ對シテ、眞ートイフ。

ふな (名) 船ニ同ジ。「馬ノ爪、イ盡ス極ミ、布奈ノ舳ノ、イ果ツルマデニ」ー橋」ー子」ー端」

ぶな (名) 橅 落葉ノ喬木、深山ニ生ジ、幹、高ク聳ユ、葉ハ、粗、けやきニ似テ鋸齒ナシ、春、葉ノ間ニ花ヲ着ク、雄ハ長梗ヲ垂レ、梗頂ニ數花簇リテ毬ノ如シ、花ハ淡綠、鐘形、五裂ス、雌ハ、枝頂ニ一花或ハ二三花集リテ、三四ノ苞アリテ包ミ、花ハ四裂ス、實、褐色、三稜ヲナシ、形、蕎麥ニ似テ大ク、炒リ食ヘバ、味、栗ノ如シ、故ニそばのきノ名モアリ、材白ク、種種ノ用ヲナス。山毛欅一種

ふなあし (名) 船脚 (一)船ノ進ムコト。(二)積荷ノ輕重ニ因リテ、船底ノ水ニ沈ミ入ル程合。吃水

ふないくさ (名) 船軍 (一)兵船ノ軍兵。船手。

水軍 (二)船ニテ水上ニ戰フコト。水戰

ふなうた (名) 船歌 艪櫂ヲ押シナガラ、水夫ノウタフ歌。擢歌 欸乃

ふなおろし (名) 船卸 新造ノ船ヲ、始メテ水ニ卸シ浮ブルコト。進水。

ふながかり (名) 船繫 (一)船ヲ繫ゲテ泊ルコト。繫泊 (二)又、其處。湊。舟泊

ふなかた (名) 船方 船ニ乘ルヲ業トスル者。フナノリ。カコ。舟子

ふなぐら (名) 船藏 水邊ニテ船ヲ收メ置ク家。

ふなこ (名) 舟子 船ニ乘リテ船ヲアヤツル人。カコ。フナビト。フナノリ。フナカタ。水夫。水手。センドウ。

ふなじるし (名) 船標 船ニ立ツル旗、吹流シナドノ稱。

ふなぞこ (名) 船底 (一)船ノ底。(二)器ノ形ニ、底ノ弓形ヲナシタルモノ。「—ノ枕」

ふなだな (名) 船棚 船ノ兩舷ニ亙セル板、舟子ノ踏ミテ漕グ處。セガイ。「奈呉ノ海人ノ、釣スル舟ハ、今コソ、船棚打チテ、アヘテ漕出メ」 枻

ふなだま (名) 船靈 船ノ神、住吉ノ神ノ和魂ヲ祭ルト云。船神

ふなつき (名) 船着 船ノ着キテ泊ル處。フナガカリ。フナバ。ミナト。舟泊

ふなて (名) 船手 兵船ノ軍勢。船隊 水軍

ふなで (名) 船出 船ノ沖ヘ乘出スコト。デフネ。開洋

〔ふなどのかみ〕 (名) 岐神 さへのかみニ同ジ。

ふなのり (名) 船乘 (一)船ニ乘ルコト。「—セムト、月待テバ —スラム、少女等ガ」 上船 (二)フナコ。カコ。センドウ。舟子

ふなば (名) 船場 船ノ出入スル所。フナツキ。埠頭

ふなばし (名) 船橋 舟ヲ並ベテ、繩鎖ナドニテ兩岸ニ繫ギテ橋トスルモノ。浮橋

ふなばた (名) 船端 船ノ緣。フナベリ。舷

ふなばら (名) 白薇 〔馬病ヲ治スレバ、槽藥ノ義カトモ云、イカガ〕 (一)草ノ名、山野ノ陽地ニアリ、春、舊根ヨリ生ズ、莖、圓ク、高サ二三尺、葉ハ柹ノ葉ニ似テ、小ク短ク對生ス、莖、葉、共ニ白毛アリ、夏、梢葉ノ間ニ、大サ四五分ノ五瓣紫黑花、穗ヲナシテ、簇リ開ク、形、まんさいかニ似テ大ナリ、後ニ莢ヲ結ブ、長サ二寸許、內ニ白絮ト子トアリ。一名、鹿莚草。(二)又、ヒメカガミ。スズサイコ。徐長卿

ふなびと (名) 舟人 (一)舟ノ中ノ人。(二)フナコ。船頭。

ぶなあん (名) 無難 ササハリナキコト。無事。平安

ふなむし (名) 船蟲 蟲ノ名、河海ノ岸ニ生ジ、好ミテ船底ニツク、色、黑ク、長サ一二寸、長キ髭アリ、走ルコト疾シ。海蛆

〔ふなもよひ〕 (名) 船催 船出ヲ催スコト。「今宵ソト、星ノ逢フ瀨ノ、安川ヤ、月ノ御舟モ、舟もよひシテ」

ふなやかた (名) 船屋形 船ノ屋根。篷廬 舫屋

ふなやど (名) 船宿 船ノ運送ヲ業トスル家。艚戶

〔ふなやもひ〕 (名) 船病 船醉ニテ病ムコト。苦船

〔ふなゆ〕 (名) 淦 〔舟湯ノ義 湯ノ條ヲ見ヨ〕 又、ゆ。舟中ニ漏リ入リタル水。今、アカ。

ふなゆさん (名) 船遊山 船ヲ乘リ廻シテ遊ブコト。舟遊

ふなよそひ (名) 船裝 船ヲ乘出スベキ支度。艤

ふなわたし (名) 船渡 船ニテ往來ノ人、物、ヲ渡スコト。ワタリ。ワタシ。渡頭

ふなゑひ (名) 船醉 船ノ搖ルニ醉フコト。苦船

ふなをさ (名) 船長 舟子ノ長。水夫ノ頭。

ぶにん (名) 補任 職ニ補シ官ニ任ズルコト。

ぶにん (名) 赴任 勤メアル地ヘ出向フコト。

ぶにん (名) 無人 人數ノ無キコト。人手ノ少キコト。

ぶによい (句) 不如意 (一)意ノ如クナラズ。(二)生計ニ物乏シ。

ふね (名) 舟 船 艦 (一)人物ヲ載セテ水ノ上ニ浮ベ渡ス具、木材ニテ中ヲ虛ク作ル。大、小、製作、種種ニシテ、小キハ田舟端舟ヨリ、大ナルハ千石船軍艦等ニ至ル。コレヲ遣ルニ、大小ニ因テ、棹、櫂、艪、ヲ用ヰ、帆ヲ用ヰ、或ハ蒸氣ノ力ヲ借ル。(二)水ヲ盛ル箱形ノ器ノ名。「水—」「湯—」「酒—」「紙漉—」 槽

ぶねい (代) 不佞 〔佞、才也〕 自稱ノ代名詞、謙稱ニ用ヰル。

ぶねう (名) 富饒 富ミテ物多キコト。ユタカナルコト。

〔ふねのぬ〕 (名) 船絮 舟ノ漏ヲ塞グまいはだノ類。

ぶねん (名) 無念 心付カザリシコト。オコタリ。

ふのやき (名) 麩燒 燒麩ニ同ジ。

ふのり (名) 布海苔 海藻、磯ノ石ニ多ク叢生ス、長

サ二三寸、枝アリテ鹿角ノ如シ、枝毎ニ長サ寸許、圓クシテ中空シク、太サ一二分、上下狹シ、紫黒色、採テ味噌汁ニ煮テ食フベシ、沙上ニテ、履水ヲ注ギテ晒セバ、黄白ニ變ズルヲ、薄ク席ノ如ク製シテ貯フ、水ニテ煮テ糊トシ、叉婦人ノ髮ヲ洗フ用トス。 鹿角菜

ふはい (名) 腐敗 クサルルコト。

ふはく (名) 浮薄 氣象ノ輕輕シキコト。輕薄。ウハキ。

ふばこ (名) 文箱 フミバコ。書狀ヲ往復スルトキ、納ルルニ用ヰル小ク細長キ匣。狀箱。

〔ふばさみ (名) 文挾ニ同ジ。

ぶばる・ル・レ・ラ・リ・レ (自動)(規.一) 武張 武勇ナル容子ヲ示ス。

ぶび (名) 武備 イクサノソナヘ。戰ヒノ用意。

〔ふびと (名) 史 〔文人ノ約〕 (一)事ヲ記ス官。(二)古ヘノ姓ノ名。(後ニ連ニ入ル)

ふびん (名) 不便 (一)(便ナキコト。不便。不都合。「御供ニ、人モ候ハザリケリ、ふびんナルワザカナ」「ーナル所ニマウデテ、カシコク打タレ侍リツル」(二)ーノ者ト憐ムヨリ轉ジテ、憐ムベキコト。カハイサウナルコト。(當字ニ、不憫ナド書ス) 愍然

ふびん (名) 不敏 才、敏カラヌコト。不才。(謙稱)

〔ふびやう (名) 風病 カゼカゼヒキ。「ふびやう重キニ堪ヘカネテ、極熱ノ草藥ヲ服シテ」

〔ふふき (名) 蕗ノ古言。 款冬

ふぶき (名) 亂吹 (一)アブクコト。吹キミダスコト。「春風ノ、花ノーニ、埋モレテ」專ラ、雪ニイフ。(常ニ吹雪ト記ス)「降ル雪ノ、ーニトマル、不破ノ中山」 風雪 (二)頒白髮ノ亂レタルモノ。「頭髮斑雜、毛似ニ山羊ニ君聞カバ、啼ケ時鳥、黑髮ノ、ーニテレバ、我レモ劣ラズ」

ふふく (名) 不服 シタガハヌコト。得心セヌコト。

ふぶく・ク・ケ・カ・キ・ケ (自動)(規.一) 亂吹 吹キニ吹ク。烈シク吹キ亂ス。「降リフブキ、雪間モ見エヌ、冬ノ日ノ」

〔ふふどり (名) 布穀鳥 カツコウドリ。ヨブコドリ。

〔ふふまる・ル・レ・ラ・リ・レ (自動)(規.一) 含 フクマル。ホホマル。ツボマル。「蘐草ノ、布敷麻留時ニ」

〔ふふむ・ム・メ・マ・ミ・メ (他動)(規.一) 含 フクム。フホム。「櫻花、未ダ敷布賓利」

ぶぶん (名) 部分 ワケ。物ノ中ノ一處。

ふへい (名) 不平 心ニ不滿足ナルコト。不滿。

ふへう (名) 浮標 海中ノ暗礁、洲、ナドヲ示サムガ爲ニ、其上ニ浮ベ置ク標シノ物。

ふべん (名) 不便 メヨリアシキコト。便利ナラヌコト。

ぶへん (名) 武邊 武道ニ係ハル事。

ふほふ (名) 不法 法ニ合ハヌコト。無理。 非理

〔ふほむ・ム・メ・マ・ミ・メ (他動)(規.一) 含 フフム。フクム。

ふぼん (名) 不犯 女ト交ハラヌコト。(僧ニイフ)「一生ー」

ふまう (名) 不毛 (一)地瘠セテ、草木ノ生長セヌコト。(二)耕サズ植付ケセヌ地。

〔ふまき (名) 帙 〔文卷ノ約〕 書籍ノ上ヲ包ムモノ。

ふまふ・フル・フレ・ヘ・ヘ・ヘヨ (他動)(規.二) 蹈 〔蹈ムノ延〕 蹈ミツケテ抑フ。「衣ノ裾ヲオノオノ、フマヘテ」

ふまん (名) 不滿 心ニ滿足セヌコト。不足ニ思フコト。 不平

ふみ (名) 文 〔經見ノ義カト云、或云、蹈ノ義、舊キ蹟ヲ經歴スル意カト、文ノ音轉トスルハ非ナリ〕 (一)事ヲ書キ記シタル物ノ稱。カキモノ。書物。書籍。 文書 (二)玉章。手紙。(多ク婦人ニ) 書翰 (三)〔詩。「其道ノハ、皆、探韻賜ハリテ、ふみ作リ給フ」

ふみあはせ (名) 蹈合 家中途中等ニテ死穢ニ行合ヒタルヲ穢レトスル稱。イキアレ。觸穢。

ふみいし (名) 蹈石 履脱ノ處ニ据エ置ク石。

ふみうす (名) 蹈臼 からうすニ同ジ。 碓

ふみおとし (名) 履落 詩ノ起句ニ韻ヲ履マヌコト。 出韻

ふみきり (名) 蹈切 人道ノ、鐵道ヲ横切ル處。

ふみしむ・ムル・ムレ・メ・メ・メヨ (他動)(規.二) 蹈締 確ト蹈ム。

〔ふみた (名) 札簡 〔文板ノ約〕 今、略シテ、ふだ。音便ニ、フンダ。

ふみだい (名) 蹈臺 あしつぎニ同ジ。

ふみだん (名) 蹈段 階子ノ段ノ蹈ミテ上ル處。 階

ふみつぎ (名) 蹈繼 あしつぎニ同ジ。フミダイ。

ふみづき (名) 文月 〔穗含月ノ約ト云、或云、穗見月ノ轉〕 陰暦、七月ノ一稱、略シテ、フツキ。 七月

++ふみづくゑ (名) 書案 書籍ヲ載スル机。略シテ、フヅクヱ。今、更ニ略シテ、ツクヱ。

〔ふみて（名）筆〔文手ノ義〕今、略シテ、フデ。音便ニ、フンデ。

〔ふみどの（名）文殿（一）書物ヲ納レ置ク所。文庫。略シテ、フドノ。（二）校書殿。

ふみにじ・る・ル・レ・ラ・リ・レ（他動）（規、一）蹂躙 蹈ミツケテ躙ル。

ふみぬき（名）蹈拔 釘、刺ナドヲ蹈ミテ、履ヲ貫キ、足ニ傷ツケタルヿ。

〔ふみのつかさ（名）（一）圖書寮。（二）書司 ハ、後宮ノ書籍、墨、几案、樂器ナドアル處。「ふんのつかさヲ御琴召シテ」

ふみばこ（名）文箱（一）書籍ヲ入レテ負フ箱。笈。和名抄「笈、不美波古」（二）書狀ヲ入ルル匣。フバコ。「男、イト、イタウ愛デテ、ふみばこニ入レテ持テアリク」

〔ふみばさみ（名）文挾 文書ヲ挾ミテ捧グル杖ノ如キモノ。約メテ、フバサミ。音便ニ、フンバサミ。「名簿ヲ書キテ、一ニハサミテ、云云、郎等ニ持タセテ」「一ニ文ヲサシテ、目ノ上ニ捧ゲテ」

〔ふみはじめ（名）書始 童子ノ讀書ヲ始ムルヿ。「七ツニナリ給ヘバ、ふみはじめナドセサセ給ヒテ」「一ノ宮、御書始、云云、博士、御注孝經ヲ敎ヘ奉リテ」

〔ふみや（名）文屋（一）學問スル所。音便ニ、ふんや。（其條ヲ見ヨ）（二）本屋。書肆。

ふみゑ（名）蹈繪 德川氏ノ頃、長崎ニテ、正月四日以後、官吏、獄舍ニ藏スル六七寸ノ銅板ニ耶蘇ノ像ヲ鑄タルモノヲ、市ニ出シテ諸人ニ蹈マシムルヿ、又、異國船入津スレバ、亦、船中ノ人ヲシテ、コレヲ蹈マシメテ、後ニ上陸ヲ許ス、常時、切支丹宗ヲ嚴禁シ、其信者ナラヌヲ證セシメシナリ、

ふ・む・ム・メ・マ・ミ・メ（他動）（規、一）蹈 踐 履（一）足ノ下ニスヘ足ヲ載セテ壓ス。（二）步ム。「蹈ミ分ク」路蹈ミ違ヘ」淺瀨蹈ム」步（三）守リテ行フ。「約ヲ一」履行（四）詩作ノ語ニ、韻字ヲ句ノ下ニ用ヰル。「韻ヲ履ム」押韻（五）商人ノ語ニ、直段ヲ當テ定ム。（淺瀨ヲ蹈ミ測ルナドノ意カ）「直ヲ一」

〔ふん（名）封ノ音便。「錠ノ上ヲバ、カネヲヨリカケテ、ふんじタリ、ソノふんノ結ビ目ニ」

ふん（名）粉（一）粉。コナ。（二）金銀ナドヲ粉ニシタルモノ、鑪ニテ硏リオロシ、鋼板ノ上ニテ、鐵器ヲ以テ、細ニ壓シ潰シテ粉トス、畫料又ハ蒔繪ノ料トス。「金一」銀一」

ふん（名）糞 クソ。

ふん（名）分（一）秤目、銀目ニ、匁ヲ十ニ分テル一。即チ、十釐。（二）天地ノ經緯度又ハ一時ヲ六十ニ分テル一。六十秒。

ぶん（名）分（一）受持ツ程。或ハ割付クル丈ノ分チ。「己ガ一」人ノ一」此一」其一」三日一」五人一」（二）身ノ程。身分。分際。分限。「一ニ應ジテ」身ノ一ヲ知ラズ」一相應ニ」職一」（三）假ニ定ムルモノ。「親一」子一」兄弟一」假 義

ぶん（名）文（一）アヤ。モヤウ。「五彩、一ヲ成ス」（二）文章。「詩一」（三）書ヲ讀ミテ學藝ヲ修ムルヿ。文學。（武ノ反）「一武ノ道」

ぶんうん（名）紛紜 事ノ亂レモツルルヿ。

ぶんが（名）文雅 文學ノ雅ビタル道。「一風流」

ぶんがく（名）文學（一）書ヲ讀ミテ講究スル學藝、即チ、經史詩文等ノ學。（武術ナドニ對ス）（二）又、語學、修辭學、論理學、史學、等ノ一類ノ學ノ總稱。

ふむき（名）不向 相應セヌヿ。

ぶんぎ（名）紛議 モツレタル議論。

ぶんきうせん（名）文久錢 文久三年ニ、幕府ノ鑄タル銅錢、面ニ文久永寶ノ字アリ、背ニ波文アリ、一枚ヲ四文ニ當ツ、今、一厘五毛ニ通用ス。

ふんぎ・る・ル・レ・ラ・リ・レ（他動）（規、一）蹈切〔ふみきるノ音便〕押シテ進ム。强ヒテ行フ。決行

ふんくわ（名）噴火 火ヲ噴キ出スヿ。「一山」

ぶんくわ（名）文化 文學敎化ノ盛ニ開クルヿ。

ぶんぐわい（名）分外 分限ノ外。

ぶんくわん（名）文官 武官ノ條ヲ見ヨ。

ぶんけ（名）分家 本家ヨリ分レタル家筋。產ヲ分チテ、子弟ナドニ別ニ家ヲ起サセタルモノ。別家。

ぶんげい（名）文藝 文學ニ係ル藝。

ふんげき（名）奮激 烈シク心ヲ奮ヒ起スヿ。

ぶんげふ（名）分業 夫レ夫レ分レテ業ヲ營ムヿ。

ぶんけん（名）分見 分間 山野ノ高低遠近ナド測ルヿ。「一道具」一繪圖」測量

ぶんげん（名）分限 カギリ。ホド。分際。

ぶんこ (名) 文庫 (一)書籍ヲ藏メ置ク庫(クラ)。(二)書册雜品ナド納ルル紙張ナドノ手箱。(文匣(ブンカフ)ノ音カトモ云)

ぶんごうめ (名) 豐後梅 〔初メ豐後ノ大分郡ノ產〕梅ノ一種、樹、長大ニシテ、花モ大ク、淡紅重瓣ナリ、實モ圓ク大ク、肉ト核ト善ク離ルルヿ、桃ノ如ク、甘酸香美ナリ。鵯梅

ぶんこく (名) 分國 分ケテ領スル國。

ぶんこつ (名) 粉骨 力ノ限リ骨折ルヿ。「一碎身」

ふんごみ (名) 蹈籠 野袴ノ裾ノ緣ノ幅狹キモノ。

ぶんさい (名) 文才 文學ノ上ノ才。

ぶんざい (名) 分際 (一)カギリ。ホド。分限。(二)身ノ分(ブン)ニ應ズル程。身ノホド。身分。

ぶんさん (名) 分散 (一)ワカレテチリヂリニナルヿ。(二)借財ナド償フ能ハズシテ、身代ノアルカギリヲ分チテ貸方ヘ濟スヿ。倒帳 破產

ぶんし (名) 分子 物理學ノ語、萬物ヲ形作ル料ノ極メテ細カキ物。

ぶんし (名) 分詞 西洋文法ノ飜譯語、動詞ヨリ分レテ形容詞トナルモノ。動詞ノ、名詞ノ上ニ冠スベキ形ヲナスヿ。

ぶんじ (名) 文事 文學ノ上ノ事。文蟲ノワザ。

ぶんしつ (名) 紛失 マギレウスルヿ。物ノ無クナルヿ。

ぶんしふ (名) 文集 文章ヲ集メタル書。

ぶんしん (名) 分身 一ツノ身ノ、二ツニ分ルルヿ。

ぶんしん (名) 文身 身ヲモドロクルヿ。イレズミ。ホリモノ。

ぶんじん (名) 文人 詩文書畫ナド、文雅ノ事ヲ修ムル人。

ぶんしやう (名) 文章 言語ヲ連ネテ記シツヅリタルヲ。文(ブン)。詩歌ニ對シテハ、句ノ字數ヲ限リ韻ヲ履ム、ナドノ制ナク記シタルヲイフ。散文。「詩歌ー」

ぶんしよ (名) 文書 フミ。カキモノ。モンジヨ。

ぶんしよく (名) 分蝕 日蝕(ニッショク)ノ條ヲ見ヨ。

ぶんしよく (名) 文飾 文句ノ上ノカザリ。

〔ぶんず〕 (動) 封(フウ)ズノ音便。「御文、イトヨクふんじテアリ」「願文ドモヲ、大キナル沈ノ文箱ニふんじコメテ」

ぶんすう (名) 分數 算術ニ、一未滿ノ端數ノ稱。

〔ぶんずく〕 (名) 粉熟 ふずくニ同ジ。

ふんすゐ (名) 噴水 吹キ出ヅル水。フキアゲ。フキミヅ。

ぶんせき (名) 分析 化學ノ語、萬物ノ、數元素ヨリ成レルヲ、術ヲ以テ、各各ニ分ケ知ルヿ。

ふんぜん (副) 憤然 怒ル狀ニイフ語。

ぶんせん (名) 文錢 寛永錢ノ一種、背ニ文ノ字アリ、一文ニ當ツ、寛文年中、京都ノ方廣寺ノ銅大佛ヲ毀チテ鑄タルモノ、錢質甚ダ美ナリ。

++ふんぞる・ル・レ・ラ・リ・レ (自動)(規・一) 蹈反 〔ふみそるノ音便〕足ヲ前ヘ蹈出シテ、體、後ヘ反ル。

〔ふんだ〕 (名) 札 ふみたノ音便、ふだニ同ジ。

ぶんだい (名) 文臺 机ノ小キモノ、書籍短册ナドヲ載スル用トス。 矮几

ぶんだん (名) 分段 物事ノ段落(キレメ)。

++ふんだんに (副) 多 〔不斷ノ音訛ナラム〕 多ク。タクサンニ。タント。

ぶんち (名) 分地 土地ヲ分チテ、子弟ナドニ與フルヿ。

ぶんちん (名) 文鎭 書物、紙、ナドノ飜ヘラヌヤウニ壓シトスル具、鐵、石、ナドニテ、方圓、長短、或ハ、鳥獸ノ形ナドニ作ル。書鎭

ぶんつう (名) 文通 手紙ノ音信(オトヅレ)。書信

ぶんてい (名) 文體 文章ノカキザマ。雅文、俗文、書翰(チヨ)文ナドヲ作ルニ、各、其法アルヲイフ。

〔ふんで〕 (名) 筆 ふみてノ音便、ふでニ同ジ。

ぶんてう (名) 文鳥 小鳥ノ名、舶來シテ人家ニ畜フ、形、らそニ似テ、灰色ナリ、頂、喉、黑ク、頬、白ク、背、腹、紅ヲ帶ビ、觜、脚、共ニ紅ニシテ、美ナリ。

ぶんてん (名) 文典 文法ヲ說ケル書。語學ノ書。

ぶんどう (名) 分銅 ふんどんニ同ジ。

ぶんどう (名) 文豆 (一)ヤヘナリ。(二)ヱンドウ。

++ふんどし (名) 褌 ふどしノ條ヲ見ヨ。

ぶんどん (名) 分銅 〔字ノ音ノ音便〕天平秤(テンビンバカリ)ノ一方ノ皿ニ載セテ、一方ノ物ノ輕重ヲ比ベ知ル具、銅ニテ作ル、形、楕圓ニシテ厚ク、左、右、括(クビ)ル、大小數箇ヲ具フ。ブンドウ。法馬

ぶんどり (名) 分捕 (一)ブンドルヿ。戰場ニテ、敵ノ首ニ、大小刀兜ナドヲ添ヘテ取リ來ルヿ。「ー高名」(二)轉ジテ、敵地ノ物ヲ掠メ奪フヿ。抄掠

ぶんどる・ル・レ・ラ・リ・レ (他動)(規・一) 分捕 分捕(ブンドリ)ヲナス。

ぶんぬ (名) 忿怒 イカルヿ。ハラダチ。

ぶんねん (名) 紛紜ノ連聲。
〔ぶんのつかさ (名) 書司 ふみのつかさノ條ヲ見ヨ。
ぶんぱ (名) 分派 エダワカレ。
ぶんぱい (名) 分配 ワケクバルコト。配分。
ぶんぱう (名) 文房 (一)讀書ノ室。書齋。(二)―ノ具ハ、書、机、筆、紙、硯、墨、等ノ稱。
〔ぶんばさみ (名) 文挾ノ音便。
ぶんぱつ (名) 奮發 心ヲフルヒオコスコト。ヤツキトナルコト。
ぶんぱふ (名) 文法 (一)文章ヲ作ル起結、照應、波瀾、頓挫、等ノ法。(二)文字ノ形及ビ音、言語ノ成立及ビ變化、幷ニ、文章中ニテ言語ノ互ニ相關係結合スル法ヲ說ク學。語學。
ふんばる・ル・レ・ラ・リ・レ (他動)(規・一) 蹈張 〔ふみはるノ音便〕 跨ヲ開キ、力ヲナシテ蹈ム。「鐙ヲ―」 蹶張
ぶんぴ (名) 分泌 液ノ分レテ浸ミ出ヅルコト。
ぶんぴつ (名) 文筆 筆取リテ、文章ヲ書キツヅルコト。「―ノ才」
ぶんぷ (名) 分賦 クバリワクルコト。ワリツクルコト。
ぶんぷん (副) 紛紛 亂レモツルル狀ニイフ語。「飛雪―」
ぶんぷん (副) 芬芬 香ノ馨ル狀ニイフ語。「香氣―」
ぶんべつ (名) 分別 事ノ心ヲワキマフルコト。思量 議論―
ぶんべつ (名) 分別 物事ノ類ヲ分クルコト。
ぶんべん (名) 分娩 子ヲ産ミオトスコト。產。
ぶんぼ (名) 墳墓 ハカドコロ。ツカ。「―ノ地」
ぶんぼく (名) 文墨 詩文書畫ノ事。

ぶんぼてう (名) 蚊母鳥 カスヒドリ。
ぶんぼん (名) 粉本 畫ノ草案。
ぶんまい (名) 分米 祿米ヲ子弟ナドニ分チ與フルコト。
ぶんまはし (名) 筆規 〔振廻ノ轉カ、或云筆廻ノ略ト〕 正シキ圓形ヲ作ル具、直キ竹ヲ幹トシ、支出デテ、斜ニ外ヘ垂ル、支ニ、筆ヲ繼ギテ、幹ヲ立テ支ヲ廻ハセバ、圓キ線ヲナス。古制ナルハ、尺ノ中心ニ錐ヲ立テテ廻ハシタリト云。
ぶんまん (名) 忿懣 イキドホルコト。
ぶんみやうに (副) 分明 アキラカニ。サダカニ。ハキト。ブンミヤウニ。
ぶんめい (名) 文明 文學、智識、敎化、善ク開ケテ、政治甚ダ正シク、風俗最モ善キコト。「―開化」
ぶんめん (名) 文面 文章ノ上ノ趣意。
〔ぶんや (名) 文屋 ふみやノ音便。學問スル處。約メテ、フヤ。「大學寮」學生」大學博士」學館 大學
ぶんや (名) 分野 古キ天文地理學ノ語、大地ヲ區分シテ、天ノ星宿ニ配當シテ呼ブ語。
ぶんやぶし (名) 文彌節 俗謠ノ一種、元祿年中、京ノ人、岡本文彌ニ始マル。
ぶんらん (名) 紛亂 亂レモツルルコト。
ぶんり (名) 文理 キサ。スヂメ。シマモヤウ。
ぶんりう (名) 分流 (一)エダガハ。(二)エダワカレ。
ぶんりやう (名) 分量 秤ニテ計ル輕重ノ當。目方。
ぶんりやく (名) 文略 文句ヲハブクコト。
ぶんれい (名) 文例 文言ノ書方ノ例。

ぶんゐ (名) 文位 勳位ニ對シテ、常ノ位ノ稱。
ぶんゐき (名) 雰圍氣 空氣ニ同ジ。(物理學ノ語)
〔ふ-め・く・ク・ケ・カ・キ・ケ (自動)(規・一) 虻蚊ナド、ぶんト鳴ク。「虻、一ツ、ブメキテ、顏ノメグリニアリケリ、云云、ウルサクブメキケレバ捉ヘテ」
ふもと (名) 麓 〔蹈元ノ略ト云〕 山ノ裾。山ノ下。
〔ふもだし (名) 〔蹈獸ノ義ト云〕 馬ノ具、絆ニ同ジト云。「馬ニコソ、布毛太志懸クモノ、牛ニコソ鼻繩ハクレ」
ぶもん (名) 武門 武士ノ家筋。
ぶもん (名) 部門 分ケテ一廉ニ立テタルモノ。
〔ふや (名) 文屋 ぶんやノ約、其條ヲ見ヨ。
ふや・ぐ・グル・グレ・・ゲ・ゲヨ (自動)(規・二) 潤 水ニ潤ヒテ脹ル。ホトブ。
ぶやく (名) 夫役 エダチ、民ノ公用ニ使ハルルコト。
ふや・す・ス・セ・ウ・シ・セ (他動)(規・一) 殖 殖ユルヤウニ爲ス、益ス。
ふゆ (名) 冬 〔冷ユニ通ズト云〕 一年四時ノ一、秋ノ後、春ノ前(神無月ヨリ極月マデ)ニテ、最モ寒キ候ナリ。
ふ・ゆ・ユル・ユレ・エ・エ・エヨ (自動)(規・二) 殖 〔殖ル意カト云〕 數、嵩、多クナル。增ス。
ぶゆう (名) 武勇 心、力、共ニ、猛クシテ、戰ニ强キコト。
ふゆがれ (名) 冬枯 (一)冬、草木ノ葉ノ枯ルルコト。(二)冬ノ寒クシテ淋シキアリサマ。
ふゆき (名) 冬木 (一)冬ノ木。冬枯ノ木。(二)我ガ宿

ノ、一ノ梅ハ、花咲キニケリ」(二)冬ニ、常葉木。

ふゆぎ (名) 冬着 冬ニ着ル衣服。冬物。冬衣

ふゆげ (名) 冬毛 鳥獸ニ、冬生ズルヤハラカキ毛。毨毛

ふゆごもり (名) 冬籠 フユゴモルコト。

ふゆごもる・ル・レ・ラ・リ・レ (自動)(規.一) 冬籠 冬ノ塞キ間、籠リテアリ。(動物、草、木、皆イフ)「冬ゴモル、里ノ主ハ、答ヘネド、竹ノ編戸ヲ、叩ク木枯シ」離レ奥山ニ、一ラム」

ふゆな (名) 冬菜 唐菜ニ同ジ。

ふゆもの (名) 冬物 冬ニ、着ル物。冬着ノ衣。冬衣

ぶよ (名) 附與 アタフルコト。クルルコト。

ぶよ (名) 不豫 病ムコト。(帝王ニ)

ぶよ (名) 蚋 蚊ニ似テ小ク、飛ブヲ望ムニ霧ノ如キモノ。

ぶよう (名) 芙蓉 (一)蓮ノ漢名。(二)木芙蓉ノ略。

ぶよう (名) 不用 (一)モチヰヌコト。用ナキコト。イラヌコト。無用 (二)事ノ叶ハヌコト。「出給ハムト宣フ程ニ、石山ノ人、ノノシリテ歸リオハシヌ、ぶようナメリトテ、出給ハズナリヌ」君ハ、イカニタバカリナサムト、マダラサナキヲウシロメタク待チワシ給ヘルニ、ぶようナル由ヲ聞エレバ」

ぶらい (名) 無頼 生業ヲ願ミズ、法度ヲ畏レズ振舞フコト。

ぶらう (名) 浮浪 サスラフコト。サマヨフコト。流浪。「一ノ徒」

ぶらう (名) 大角豆ノ一名。(信州、上州、九州)

ぶらく (名) 部落 民家ノ一群ヲナシタル處。

ブラシ (名) 刷子 〔英語、Brush.〕ケハラヒ。ハケ。

ぶらす・ス・セ・サ・シ・セ (他動)(規.一) 降 降ルヤウニナス。クダス。

ぶらす・ス・セ・サ・シ・セ (他動)(規.一) 觸 觸レヒロム。徇フ。「ツツメドモ、涙ノ雨ノ、シルケレバ、戀スル名ヲモ、ふらしツル哉」言ヒ一」徇

フラツコ (名) 硝子壜 〔蘭語、Flask.ノ訛〕西洋舶來ノ硝子ノ頸長キ德利。

ぶらち (名) 不埒 法ニ遵ハヌコト。不法。

フラチナ (名) 白金 〔Platina.〕金類中ノ最モ重キモノ、水ヨリ重キコト、二十二倍、色白クシテ、光澤ハ銀ニ若カズ、甚ダ鎔ケ難シ、種種精微ナル器械ナドニ作ル。

ぶらぶら (副) 振ラレテ落チツカヌ狀ニイフ語。ブラブラ。

ぶらぶら (副) 前條ノ語ニ同ジ。

ぶらん (名) 腐爛 クサレタダルコト。

フランク (名) 法 〔Franc.〕佛蘭西ノ銀貨ノ名、百「サンチイム」、凡ソ我ガ廿一錢五厘。

ブランケット (名) 〔英語、Blanket.〕西洋舶來ノ、密ニ厚ク織リタル毛布ノ名、臥被ノ用トス。氈

ぶらんこ (名) 鞦韆 古ク、ユサハリ。綱ヲ梁ニ釣リ垂レ、身ヲ載セカケテ、搖リ動ク戲。

フランネル (名) 小絨 〔英語、Flannel.〕西洋舶來ノ毛織物、地、薄ク寛ク、甚ダヤハラカナリ、肌着ナドトス。略シテ、ネル。

ぶり (名) 風 〔人、物、ノ振リ動ク狀〕(一)スガタ。ナリフリ。(二)其容子ヲナスコト。オモモチ。「見ヌ一」聞エヌ一」

ぶり (名) 鰤 魚ノ名、身、圓ク大クシテ、頭、大ク、口、尖リ、鱗、細カク、背、脊黒ク、腹、白シ。七八寸ナルヲ、わかなトイヒ、一二尺ナルヲ、いなだ、はまち、トイヒ、年ヲ歷タルヲ、はなじろトイヒ、漸ク大ナルヲ、わらさトイヒ、四五歲ニシテ二三尺ナルハ、即チ、ぶりナリ。海鰱

ぶりあひ (名) 振合 〔觸合ノ義〕他ノ例ト照リ合フコト。

〔ふりいづ・ヅル・ヅレ・デ・デ・デヨ (他動)(規.二) 振出 (一)聲ヲ高ク出ス。振リ立ツル。「知ラレネバ、身ヲウグヒスノ、振出ツツ、鳴キテコソ行ケ、野ニモ山ニモ」(二)紅ヲ水ニ振出シテ染ム。「クレナヰニ、振出ツツ泣ク、涙ニハ、袂ノミコソ、色マサリケレ」クレナヰノ、振出ノ色ノ、岡ツツジ」

〔ぶりう (名) 風流ノ約。「皆、狩衣ニぶりうナシテ、女房ノ車、色色ニ、紅葉ノ匂ヒ出シテ」

ぶりうり (名) 振賣 品物ヲ振リ提ゲ、又ハ擔ヒテ、路ヲ賣リ行クコト。ボテフリ。行賣

〔ふりがたし・キ・ケレ・ク・ク (形.一) 〔舊リ難シノ義〕昔シニ變ハラズ。「イトド昔シ思ヒ出デツツ、フリガタク、ナマメカシキ狀ニモテナシ」アサマシウ、フリガタクモ、今メクカナ」

〔ふりがたし・キ・ケレ・ク・ク (形.一) 〔觸リ難シノ義カ、振捨テ難シ、ノ意カ〕一通リナラズ。「ヨソノ御覺モ心憎ク、我ガ心チモ猶フリガタク」東ノ院ニナガムル人ノ心バヘコソ、フリガタク、ラウタケレ」

ふりがな（名）振假名　漢文ニ和語ヲ當テテ讀ムニ、漢字ノ傍ニ、和語ヲ假名ニテ振リ分ケテ記シツクルコト、「學而時習之」ノ如シ。傍記　傍訓　或ハ「學而習レ之」ノ如ク、てにをはノミヲ記スヲ送假名、助假名、捨假名、ナドイフ。又、其字ノ左ニ「習レ之不亦悦乎」ナド、上ヘ返リテ讀ムベキ標シノミヲ付クルヲ、返點、又ハ、左假名トイフ。鈎挑

ふりかへし（名）やみかへしニ同ジ。

ふりかへ・る・ル・レ・ラ・リ・レ（自動）（規・一）振返　後ヘ返リ向ク。回顧

ふりき・る・ル・レ・ラ・リ・レ（他動）（規・一）振切　振リテ放ス。（捉ラヘラレタル袖ナド）

〔ふりさけみ・る・ミル・ミレ・ミ・ミ・ミヨ（他動）（規・四）振放見　振リ仰ギテ遠ク望ム。「天ノ原、振放見レバ、大王ノ、御命ハ長ク、天足ラシタリ」振放ケテ、三日月見レバ、一目見シ、人ノ眉引、思ホユルカモ」瞻仰

ふりあぎ・る・ル・レ・ラ・リ・レ（自動）（規・一）降頸　頸ニ降ル。フリシク。

ふりあ・く・ク・ケ・カ・キ・ケ（自動）（規・一）降頸　前條ノ語意ニ同ジ。「久堅ノ、雨ハ降頻、思フ子ガ、宿ニ今宵ハ、明カシテ行カム」

ふりす・つ・ツル・ツレ・テ・テ・テヨ（他動）（規・二）振棄　振リハナシテ去ル。「エヤ過ギヌ、コレヤ鈴鹿ノ、關ナラム、フリステガタキ、花ノ陰哉」

ふりそで（名）振袖　男、女、元服以前ニ用ヰル服、袖ヲ甚ダ長ク作リテ、抜下ヲ縫ハズ。元服シテ、常ノ長サニ縮ムルヲ、袖止トイフ。

ふりだし（名）振出（一）振リ出スコト。（二）器ニ小キ穴アリテ、打振リテ、内ノ物ヲ出スモノ。「香煎ノ―」金米糖ノ―」（三）藥ヲ、布ノ小袋ニ入レテ、熱湯中ニテ振リ動カシテ藥氣ヲ出スモノ。「風藥ノ―」（四）道中雙六ニ、采ヲ振リ始ムル處。（五）銀行ニテ、爲替手形ヲ送リ遣ルコト。

ふりだ・す・ス・セ・サ・シ・セ（他動）（規・一）振出（一）打振リテ物ヲ出ス。（二）打振リ始ム。（三）爲替手形ヲ送リ遣ル。（スベテ、前條ヲ見合ハスベシ）

ブリツキ（名）葉鐵〔蘭語、Blik.〕鐵ノ甚ダ薄キ板ニ、錫ヲ塗リタルモノ、西洋ヨリ舶來シ、種種ノ用ヲナス。

ふりつけ（名）振付　歌舞妓ナドニテ、新作ノ踊ニ、手振ヲ付クルコト。

〔ふりつづみ（名）振鼓　樂器、鼓ノ如クニシテ、小クシテ柄アリ、兩旁ニ絲ニテ珠ヲ懸ケ、柄ヲ搖レバ、珠、自ラ革ノ面ヲ撃チテ鳴ル。鞉鼓

ふりづんばい（名）飄石　づんばいニ同ジ。

〔ふりで（名）振出　紅ヲ水ニ振出シテ染ムルコト。（ふりいづ條ヲ見ヨ）「クレナヰノ、―ノ色ノ、岡ツツジ、妹ガ與袖ニ、アヤマタレツツ」

〔ふりは・ふ・フル・フレ・ヘ・ヘ・ヘヨ（自動）（規・二）振延　延ベテ振ル。「春日野ノ、若菜摘ミニヤ、白妙ノ、袖振リハヘテ、人ノ行クラム」（次條ノ語意ニ言ヒ掛ケタリ）

〔ふりは・ふ・フル・フレ・ヘ・ヘ・ヘヨ（自動）（規・二）振延　其方ザマヘ一向キニ物スルコトサラニスルワザワザナリ。「山里ノ人モ久シウ音ヅレ給ハザリケルヲ思ホシ出デテ、振リハヘ遣ハシタリケレバ」タマサカニテモ、カヤウニ振リハヘ給ヘルコソ、タケキ心チスレ」白雪ノ、フリハヘテコソ、トハザラメ」

〔ふりはへて（副）振延　コトサラニ。ワザワザ。（前條ヲ見ヨ）「フリハヘテ、イザ古里ノ、花見ムト、來シヲ句ヒゾ、ウツロヒニケル」醫、フリハヘテ、屠蘇、白散、酒加ヘテ持テ來タリ」

ぶりぶりぎつちやう（名）振振毬杖　男兒ノ玩物、魔ヲ除クトテ、年始ニ用ヰル、槌ノ頭ノ形シタルニ、高砂ノ尉姥ナドノ圖ヲ彩色繪ニス、紐ヲツケテ振リ、又ハ、室中ノ飾物トス。

ふりむ・く・ク・ケ・カ・キ・ケ（自動）（規・一）振向　他ノ方ヘ向ク。回顧

ふりむ・く・クル・クレ・ケ・ケ・ケヨ（他動）（規・二）振向　移シテ他ノ方ヘ向クル。

ぶりやく（名）武略　戰ノ駈引ノ謀。

ぶりよ（名）不慮　思ヒマウケヌコト。不意。「―ノ災」

ぶりよ（副）無慮　亡慮　凡ソ。ムリヨ。

ふりわ・く・クル・クレ・ケ・ケ・ケヨ（他動）（規・二）振分　割リテ分ツ。分賦

ふりわけ（名）振分（一）フリワクルコト。（二）フリワケガミ。「若宮ノ御髮、アサマシク長ク、―ニ生ヒサセ給ヘリ」―ノ髮ヲ短ミ」（三）驛ト驛トノ路程ノ等分ニ分ルル處ナドノ稱。

ふりわけがみ (名) 振分髪 童男女ノ髪ニ、左右ニ振分ケテ垂レタルモノ、末ヲ肩ニ比ベテ切ルトゾ。「少女等ガ、ーヲ、ユフノ山」比ベコシ、ーモ、肩過ギヌ」

〔ふる (名) 柲柄 〔振ル意カト云〕 斧ノ柄。カラ。和名抄「柲、平乃乃江、一云、布流」伊勢ノ海、小野ノ古江ニ、朽チ果テテ」(斧ノ柲柄ト言掛ケタリ)

ふる (名) 古故舊 古キ了。故ナル了。年ヲ歴タル了。「ー人」ー物」ー巣」ー歌」ー言」ー事」ーノ品」

ふ・る・ル・レ・ラ・リ・レ (自動) (規・二) 降 空ヨリ落チ下ル。「雨ー」雪ー」花ー」

〔ふ・る・ル・レ・ラ・リ・レ (自動) (規・二) 觸 アタル。サハル。フルル。「落チタギチ、流ルル水ノ、磐ニ觸リ、淀メル淀ニ、月ノ影見ユ」

ふ・る・ル・レ・ラ・リ・レ (自動) (規・二) 震 震フ。搖リ動ク。「地震ー」

ふ・る・ル・レ・ラ・リ・レ (他動) (規・二) 振 (一)一端ヲ取テ一端ヲ搖リ動カス。揮フ。「刀ヲー」旗ヲー」(二)散ラシテ蒔キカク。「鹽ヲー」砂ヲー」撒 (三)配リツク。當ツ。「栅ヲー」假名ヲー」割リー」振リ分ク」振リ向クル」配 (四)昇キ遷ス。「神輿ヲー」(五)商家ノ語ニ、爲替手形ヲ泛リ出ス。「爲替ヲー」(六)++振リ棄ツ。嫌フ。「男女ノ情ニ」

ふ・る・ルル・ルレ・レ・レ・レヨ (自動) (規・三) 觸 (一)アタル。サハル。「衣ニー」手ニー」(二)因ル。就ク。「時ニフレテ」事ニフレテ」就 (三)狹ム。感ズ。「病ニー」時候ニー」寒サニー」感

○目ニー。見ユ。

ふ・る・ル・ル・ルレ・レ・レ・レヨ (自動) (規・二) 狂 〔傍ニ觸ルル意カ〕 正シキヨリ外ル。カタヨル。クルフ。「氣ガー」東ノ方ニフレテ」

ふ・る・ル・ル・ルレ・レ・レ・レヨ (他動) (規・二) 觸 遍ク告グ。衆人ニ告ゲ知ラス。徇フ。「侍ドモニ用意アルベシトふるベシ」今、專ラ、官ヨリ世ニ令スルニイフ。布告ス。徇 狥

ふ・る・ル・ル・ルレ・ラ・リ・ラヨ (自動) (規・三) 舊 古クナル。年ヲ歷。「賴メコシ、言ノ葉今ハ、返シテム、我身フルレバ、置キドコロナシ」世ノ中ニ、フリヌルモノハ、津ノ國ノ、長柄ノ橋ト、我身ナリケリ」戀シキ事ノ、フリセラルラム」フリユク年ノハ、我身ナリケリ」年舊リタル」

ふる (助) 經、ノ變化、其條ヲ見ヨ

ふるかね (名) 故鐵 銅鐵等ノ諸器ノ、用ヰ舊シ、又ハ、毀ハレタルモノヲ、賣買スルニ就キテイフ語。

ふるき (名) 黑貂 獸ノ名、朝鮮遼東地方ノ產、貂、とつびノ類ニテ、松樹ニ棲ミ、其實ヲ食フト云、毛ノ色、黑シ、數枚ヲ繼ギテ、裘トシ貴ブ。又、白貂モアリト云。

ふるぎ (名) 古着 着舊シタル衣服。故衣

ふるくさ・し・キ・ケレ・ク・ク (形・二) 古臭 甚ダ舊ビタリ。陳腐

ふるさと (名) 古里 (一)古ク、物ノアリタリシ地。「古里ト、ナリニシ奈良ノ、都ニモ、色ハ變ハラズ、花ハ咲キケリ」故蹟 (二)旅ニ居ル人ノ、其本地ヲ指シテイフ語。ゴキヤウ。故鄕 舊里 (三)往時、假初ニ居タリシ地。「人ハイサ、心モ知ラズ、古里ハ、花ゾ昔ノ、香ニ匂ヒケル」曾遊地

ふる・し・キ・ケレ・ク・ク (形・二) 古故舊 (一)久シキ昔シナリ。古ヘナリ。(二)多ク年ヲ歷タリ。「交リー」フルク住メリ」(三)新シカラズ。陳ケタリ。「衣ー」フルキ米」陳

ふるあき (名) 風呂敷ノ訛。

ふる・す・ス・セ・サ・シ・セ (他動) (規・二) 舊 (一)用ヰテ古クナス。舊ビシム。「思フテフ、事ヲゾネタク、フルシケル」ササナミヤ、大津ノ宮ハ、荒レヌレド、春ハフルサズ、立チカハル哉」聞キー」鳴キー」住ミー」着ー」(二)捨ツ。忘ル。「秋トイヘバ、ヨソニゾ聞キシ、アダ人ノ、我ヲフルセル、名ニゾアリケレ」ヒタフルニ、思ヒナ侘ビソ、フルサルル、人ノ心ハ、ソレヨ世ノ常」

ふるだうぐ (名) 古道具 家具諸物ノ用ヰ舊シタルモノヲ、賣買スルニ就キテ呼ブ稱。骨董

ふるち (名) 古血 質ノ惡シキ血。瘀血

ふるて (名) 古手 〔てハ布帛ノ約〕 (一)着舊シタル衣服ヲ賣買スル稱。フルギ。故衣 (二)轉ジテ、調度ノ用ヰ舊シタルヲ賣買スルニモイフ。

ふるとし (名) 舊年 (一)コゾ。去年。(立テル春ヨリイフ)「春立チテ、アシタノ原ノ、雪見レバ、マダーノ、心チコソス」客年 (二)立タム春ヲ對ヘテ、今年ノ內ニモイフ。「ーニ、春立チケル日詠メル」年ノ內ニ、春ハ來ニケリ、云云」

ふるとり (名) 隹 〔常ノ鳥、日讀ノ酉、ニ別チテイフ〕漢字ノ旁ニアル隹ノ字ノ稱。雖、雄、雉、雛、等ノ如シ。

ふるひ (名) 震 (一)フルフコト。ユルグコト。(二)ワナナクコト。ヲノノクコト。(寒サニ、恐レニ) 戰慄 (三)瘧ノ發ルコト。冷戰 寒噤

ふるひ (名) 篩 〔前條ノ語意〕穀ノ米ト糠ト、又ハ、粉ノ粗ト細トヲ振ヒテ漉シ分クル具、棬物ノ底ニ、竹ヲ以テ目ヲ粗ク編ミ作ル。或ハ、銅線、藤葛ニテ編メルモアリ。其甚ダ細カキモノハ、馬尾、布、ナドニテ編ム、又絹ーモアリ。羅斗

ふるび (名) 古 フルビタルコト。年舊リタル狀。

ふるひつく・ク・ケ・カ・キ・ケ (自動)(規.一) 震付 (一)寒クシテ身甚シク震フ。(二)甚シク愛デテ取リツク。

ふるふ・フ・ヘ・ハ・ヒ・ヘ (自動)(規.一) 震 〔震ル、ノ延〕(一)ユルギウゴク。「地ー」身ー」(二)ワナナク。ヲノノク。ブルヘル。(恐レニ、寒サニ) 戰慄 顫 (三)オコリタツ。勢ヒヲナス。「勢、ー」奮 (四)瘧、發ル。冷戰 寒噤

ふるふ・フ・ヘ・ハ・ヒ・ヘ (他動)(規.一) 振 〔振ル、ノ延〕(一)振ル。振リウゴカス。「衣ヲー」(二)用ヰ動カス。アツカフ。「槍ヲー」刀ヲー」筆ヲー」揮 (三)衒フ。ヒカラカス。「威ヲー」

ふるふ・フ・ヘ・ハ・ヒ・ヘ (他動)(規.一) 篩 〔前條ノ語意〕篩ニテ、物ヲ振ヒ漉ス。

ふるぶ・ブル・ブレ・ビ・ビヨ (自動)(規.三) 舊 古クナル。フルメク。

ぶるぶる (副) 震震 寒ク、或ハ、恐レテ、身ノ震フ狀ニイフ語。ワナワナ。戰慄

ふるほん (名) 古本 用ヰ舊シタル書籍ノ賣買スルニイフ稱。故冊子

ふるまひ (名) 振舞 (一)フルマフコト。シワザ。オコナヒ。身持チ。行狀。行跡。行爲 擧動 (二)モテナシ。馳走。饗應

ふるまふ・フ・ヘ・ハ・ヒ・ヘ (自動)(規.一) 振舞 〔態ヲ爲ス意カ〕擧動ヲナス。オコナフ。ナス。行爲

ふるまふ・フ・ヘ・ハ・ヒ・ヘ (他動)(規.一) 振舞 〔下リタチテ物スル意〕モテナス。馳走ヲナス。饗

ぶるゐ (名) 部類 類ニ因テ部ニ分ルルコト。

ふれ (名) 觸 徇ルルコト。官ヨリ遍ク世ニ告グルコト。徇示

ぶれい (名) 不例 例ナラヌコト。病ムコト。ヤマヒ。(貴人ニ)

ぶれい (名) 無禮 禮儀ヲ失フコト。ブシツケ。失禮。

ぶれう (名) 無聊 〔聊、賴也〕賴ミナキコト。徒然ナルコト。

ふれがき (名) 觸書 徇示ノ文書。

ふれがしら (名) 觸頭 觸書ヲ傳フル役目。

ふれした (名) 觸下 觸頭ノ傳ヘヲ受クル者共。

ふれながし (名) 觸流 觸書ヲ遍ク傳フルコト。

〔ふれはふ・フ・ヘ・ハ・ヒ・ヘ (自動)(規.一) 觸 觸ル、ニ同ジ。アタル。サハル。「香ノ馨リニフレバヒ給ヘル御ケハヒニヤ」服ガ垣根ニ、フレバヒテ」彼ノ御アタリニフレバハセムニ、ナドカ豐エノ劣ラム」

ふれん (名) 不廉 直段ノ安カラヌコト。

ふれる (動) 觸ル、(規.二) 狂ル、徇ル、等ノ訛。

ふろ (名) 風爐 席上ニ置キテ茶ノ湯ヲ沸カス爐、製、圓ク開キテ、緣ノ一方ヲ缺キテ、風ヲ通ゼシム、土ー、鐵ー、等種種アリ。

ふろ (名) 風呂 〔前條ノ語ノ轉〕(一)浴スル湯ヲ沸カス槽。ユブネ。浴槽 (二)湯殿。風呂場。(三)湯屋。風呂屋。(四)漆器ヲ塗リ終ヘテ後ニ、藏メテ乾カスニ用ヰル匣。蔭室

ふろく (名) 陸ニアラヌコト。ブソロヒ。不齊

ふろく (名) 附錄 本文ニ附ケ加ヘテ記セル文。

ふろしき (名) 風呂敷 〔元ト風呂場ニ敷キテ足ヲ拭ヘル布ナリト云〕布帛ヲ、大、小、方形ニ縫ヒ作リテ、物ヲ包ムニ用ヰルモノ。包袱

プロテスタント (名) 耶蘇新敎 〔英語 Protestant.〕耶蘇敎ノ一派、西洋千五百二十九年ニ羅馬敎ニ抗シテ、獨逸人、路得ノ首唱セルモノ。

ふろば (名) 風呂場 湯殿ニ同ジ。浴室

ふろふき (名) 風呂吹 大根ヲ、湯ニテ煮テ、熱キニ乘ジ、味噌ナド塗リテ食フモノ、寒時ノ食ナリ。

ふろや (名) 風呂屋 湯屋ニ同ジ。

ふわ (名) 不和 ヤハラガヌコト。ナカタガヒ。「家内ー」

ふわけ (名) 腑分 醫術ノ上ニ、死骸ヲ割キテ、臟腑、其他、體中一切ノ物ノ位置ヲ見分クルコト。解剖

ぶゐ (名) 無爲 爲スコトナキコト。「ー而天下治」

フヰフヰ (名) 回回 〔蒙古語、「ウヰグルス」ニ起ル外

國人ノ義ト云〕蒙古人ノ波斯、「トルキスタン」邊ノ麥哈默教徒ヲ呼ブ語。回回。

ぶゑい（名）武衞 兵衞府ノ唐名。

へべぺ

へ 五十音圖、波行第四ノ假名。（はノ條ヲ見ヨ）此音ハ、他ノ音ノ下ニアルトキハ、其發聲ヲ失ヒテ、讀ノえニ呼ブコトアリ、まへ（前）かへる（蛙）ノ如シ。又、下ニ、うヲ受クレバ、ひよノ如ク呼ブコトアリ、へう（豹）へう（瓢）ノ如シ。

べ へノ濁音ノ假名。（ばノ條ヲ見ヨ）此音ハ、うニ連ナルトキ、びよノ如ク呼ブコトアリ、べう（可）べう（廟）ノ如シ。

ぺ へノ半濁音ノ假名。（ぱノ條ヲ見ヨ）此音ハ、うニ連リテ、ぴよノ如クヒビクコトアリ、いつぺう（一俵）ノ如シ。

へ（名）舳〔先方ノ意カ、艫ノ條ヲ見ヨ〕船ノ前頭。へサキ。

へ（名）瓮〔隔ツル意カト云〕瓶。「忌—」齋—」釣—」

へ（名）戸〔一家ノ部ノ意カ、家ノ約カ、或云、竈ノへ是レナリト〕一個ノ人家。「一人」—籍」—主」

へ（名）綜 引キ延ヘタル機絲ヲ懸クルモノ。和名抄「綜、閉、機縷持レ絲交者」今、關東ニ、イトカケ。關西ニ、カサリ。

へ（名）屁 腸胃ノ中ニ入レル空氣ノ、肛門ヨリ洩ルル

モノ。

へ（名）邊〔端方ノ意ト云〕（一）ハシ。バタ。ヘタ。「床邊」船枻」或ハ、連濁シテ「海べ」濱べ」磯べ」鱸べ」枕べ」（二）専ラ、海邊。「奥へ行キ、—ニ行キ」奥津櫂、—津櫂」—毛沖毛」

へ（動）歷ノ變化、其條ヲ見ヨ。

へ（動）綜ノ變化、其條ヲ見ヨ。

へ（弖）〔方ノ意ト通フナラム〕第一類ノ天爾波、方向ヲ示スモノ。（地位ヲイフにト別ツ）「後—遣ル」前—押ス」奥—深シ」西—長シ」

へ（接尾）重〔經ノ義〕カサネ。カサナリ。タタミ。折。「一—」八—」十—」二十—」千—」幾—」

へ（接尾）方 カタ。ゾノムキ。「往ニシ—」昔シ—」行ク—」後—」旁—」或ハ、連濁シテ「上べ」後べ」夕べ」

べ（名）邊 清音ノ邊ノ條ヲ見ヨ。

べ（接尾）方 清音ノ方ノ條ヲ見ヨ。

べ（接尾）部〔群ノ約轉ト云〕ムレ。トモ。クミ。部。「物ノ—」伴ノ—」ト—」忌—」下—」

へあがる・ル・レ・ラ・リ・レ（自動）（規・一）歷上 昇シキヨリ尊キニ上ル。ナリイヅ。ナリアガル。累進

へい（名）屏〔俗字ニ塀〕（一）垣。（二）今、専ラ、板屏。（土屏、練屏ニ對ス）

へい（名）兵（一）ツハモノ。武器。武具。「—ヲ執ル」（二）イクサビト。軍兵。「—ヲ率ヰテ」（三）軍。戰ヒ。「—ヲ起ス」

へい（名）弊 ツヒエ。アシキナラハシ。

べい（名）米 米利堅ノ略。「—國」—人」

べい（助動）可 可シ、又、可キ、ノ音便。

へいあん（名）平安 タヒラケクヤスラケキコト。無事。安穩。

へい-い（名）平易 タヤスキコト。ヤスラカナルコト。ヤサシキコト。

へい-えき（名）兵役 兵隊ニ召シ使ハルルコト。軍役。

へい-か（名）陛下 天皇、皇帝、ノ御號ニ副ヘ奉リテ尊稱スル語。「皇帝—」或ハ、對稱ノ代名詞ノ如クニモ用ヰ奉ル。

へい-か（名）弊家 拙宅ニ同ジ。

へい-がい（名）弊害 ツヒエ。惡シキ仕癖。

へい-かう（名）并行 相並ビテ行クコト。

へい-がく（名）兵學 兵法ノ學問。軍學。

へい-き（名）平氣（一）氣ノ平カナルコト。心ノ落付キタルコト。「虛心—」（二）喜怒哀樂ニ動セヌコト。從容自若

へい-き（名）兵器 イクサダウグ。武器。

へい-きん（名）平均（一）タヒラカニヒトシキコト。平等。（二）繳又ハ嵩ヲ、若干ノ高ニ、不同ナク割リ分ツコト。ナラシ。

ぺイキン（名）親雲上〔堂上官ト言ハムガ如シト云〕琉球ノ官名、親方ノ次、里之子ノ上ニ居ル、正三品ヨリ從七品ニ至ル。或ハ、牌金。

へい-きよ（名）閉居 戸ヲ閉ヂテ家ニ籠ルコト。籠居。

へい-ぐわ（名）平臥 病ノ床ニ就クコト。臥病

へい-け (名) 平家 平家物語ノ略、琵琶法師ノ語ルニ就キテイフ。「―ヲ語ル」
へいけがに (名) 平家蟹 〔平家ノ一門ノ海ニ沒シタル怨靈ノ化セルモノト云ヒテ名アリ〕 蟹ノ一種、西國ノ海ニ產ス、大、小、一ナラズ、脚、細ソク、長、短、不同ニテ、甲ノ文、眉目鼻口ノ狀ヲナス、讚岐ニ多シ。鬼面蟹
へい-けん (名) 平絹 ヒラギヌ。文(アヤ)無キ絹布ノ稱。羽二重ノ類。
へい-けん (名) 兵權 兵馬ヲ統ベテ戰ヲ起シ得ル權力。
へい-こう (名) 閉口 (一)口ヲ閉ヂテ答ヘ得ヌコト。(二)負ケテ服從スルコト。屈服。屈從
へいさらばさら (名) 鮓答 蘭語 Peter. (石) Bezoar.(羊鹿ニ似タル獸ノ訛ト云) 印度地方ノ羊鹿類ノ獸ノ石糞、舶來ス、淡黑黃褐色ニテ光ル、解毒ノ藥トス。訛シテ、ドウサラバサラ。(うまのたま條ヲ見ヨ)
へい-し (名) 兵士 イクサビト。ツハモノ。軍兵。
へい-し (名) 平士 ヒラザムラヒ。ツネナミノサムラヒ。
へい-じ (名) 瓶子 カメ。形、細ソク長ク、口ノ狹キ瓶、酒ヲ盛ルニ用ヰル。德利。
へい-じつ (名) 平日 (一)ツネノヒ。「―ノ服」(二)平生。フダンノトキ。ツネヅネ。
べい-じゅ (名) 米壽 八十八歲ノ賀ノ祝ヒ。
〔べい-じゅう (名) 陪從 管絃ノ事ニ從フ地下ノ樂人ノ稱ト云。「臨時祭ニ、四位陪從トイフ事ニ召シ出サレテ、賀茂ニ參リテ」舞ヒ人、べいじゅうナドニ、中將、カハラケ取リテ、物カヅク」歌ウタヒ、折フシノ陪從ナドニ召サルルアリ」
へい-しゅつ (名) 平出 文中ニ敬フベキ字アル時ニ、次ノ行ヘ上ゲ出シテ、其字ヲ他ノ行ノ頭ト平等ニ書クコト。(擡頭、闕字ニ對ス)
へい-しょ (名) 兵書 兵學ノ書。
へい-す・スル・スレ・セ・シ・セヨ (他動)(不規・二) 聘 (一)禮ヲ以テ時ニ訪フ。(諸侯ニ)(二)禮ヲ備ヘテ迎フ。「師ヲ―」「妻ヲ―」
へい-ぜい (名) 平生 ツネナミノトキ。フダンノトキ。
へい-そ (名) 平素 前條ノ語ニ同ジ。
へい-そく (名) 幣束 ニギテ。ヌサ。ゴヘイ。
へい-そく (名) 閉塞 トヂフサガルコト。
へい-そつ (名) 兵卒 ツハモノ。軍卒。軍兵。
へい-たい (名) 兵隊 軍兵ヲ一群ニ組ミタルモノ。軍勢。
へい-たん (名) 平旦 寅ノ時。曉七ツ時 午前四時。
へい-たん (名) 兵端 戰爭(イクサ)ノイトクチ。「―ヲ開ク」
•へい-たん (名) 平坦 地ノタヒラカナルコト。
〔べい-だん (名) 餠餤 餠ノ中ニ、煮合ハセタル鵞鴨等ノ子、幷ニ雜菜ヲ裹ミテ、方形ニ切リタルモノト云。
へい-ち (名) 平地 タヒラカナル地。ヒラチ。
へい-ぢゅうもん (名) 屛中門(ヘイヂユウモン) 表門ト母家トノ間ニアル門。又、屛重門。中門。
へい-ぢやう (名) 平定 事ノタヒラギサダマルコト。
へい-どん (名) 幷吞 アハセノムコト。一ツニ從ヘ合ハスルコト。
べい-なふ (名) 米納 租稅ヲ米ニテ納ムルコト。(金納ニ對ス)
へい-にん (名) 平人 ヒラビト。ナミビト。
へい-ば (名) 兵馬 (一)武器ト軍馬ト。(二)軍(イクサ)。戰ヒ。「―ノ事」「―ノ權」
へい-はう (名) 平方 平面ノ方形。(立方ナドニ對ス)
へい-はふ (名) 兵法 イクサノシカタ。軍陣一切ノ法則。兵學。ヒヤウホフ。
へい-ふう (名) 屛風 屛風(ヒヤウブ)ニ同ジ。「六尺ノ―」
へい-ふう (名) 弊風 惡シキナラハシ。
へい-ふく (名) 平服 平日着用スル衣服。(禮服ナドニ對ス)
へい-ふく (名) 平伏 ヒレフスコト。首ヲ地ニシテ拜スルコト。
へい-ぶん (名) 平分 タヒラカニワカツコト。不同ナク分クルコト。
へい-ぼん (名) 平凡 尋常(ヨノツネ)ニテ、他ニ勝(スグ)レタル所ナキコト。
〔へい-まん (名) 屛幔 幕ノ類。「所所ノアゲバリ、へいまんナドノ色、ケザヤカニ」
へい-みん (名) 平民 ナミノタミ、身分ナキ民。
へい-もん (名) 閉門 德川氏ノ制ニ、士族ノ閏刑ノ名、逼塞(ヒツソク)ヨリ重ク、蟄居ヨリ輕シ、輕重ニ從ヒテ、五十日、或ハ、百日間、外ヨリ門ヲ閉ヂテ、奴[illegible]タリトモ出入スルヲ許サズ。門誅
へい-ゆ (名) 平癒 病ノ癒ユルコト。本復。全快。全癒

〔へいらい (名) 平禮 折烏帽子ノ類。サムラヒエボシ。
へいりよく (名) 兵力 軍勢ノイキホヒ。
へいわ (名) 平和 タヒラカニヤハラグ〻。穩ニシテ變ナキ〻。「世ノ―」時候ノ―
へいわ (名) 平話 世ノ常ノ話。「俗談―」
へいをん (名) 平穩 タヒラカニオダヤカナル〻。
へう (名) 豹 ナカツカミ。猛獸、亞細亞ノ東南、亞非利加ノ内地等ニ產ズ、形、虎ニ似テ、長、三四尺、晴、常ニ動キ、飛走殊ニ速シ、虎ヨリ猛クシテ、他獸ヲ捕リ食フ、背ハ黃赤ニシテ、腹白ク、背脇一面ニ、環ノ如キ黑斑アリテ、甚ダ美シ、稀トシテ珍トス。
へう (名) 瓢 (一)ヒサゴ。(二)へうたんヲ酒器トスルモノ。
へう (名) 俵 タハラ。又、ソレニ入レタル物ヲ數フル語。「米十―」炭百―」
へう (名) 表 (一)官へ奉ル文書。「致仕ノ―」「辭―」上―」(二)一書中ノ大意ナドヲ見易クセムガ爲ニ、要事ノミヲ一紙ニ列ネ擧ゲテ、縱橫ノ線ナド引キテ整へ作レルモノ。「統計―」
べう (名) 廟 タマヤ。靈屋。
べう (名) 秒 時又度ノ分チノ名目、卽チ分ヲ六十ニ分テル一ツ。セコンド。
べう (助動) 可クノ音便、べしノ條ヲ見ヨ。
べうえい (名) 苗裔 後胤。末孫。
へうきん (名) 剽輕 慓氣 氣輕ニ戲ルル氣象、オドケダウケ。 滑稽
へうぐ (名) 褾具 紙布ヲ糊ニテ貼リ細工スル〻、卽チ、經、卷物、帖、折本、掛物、襖、ナド作ル業。 表裝

へうげる・ゲル・ゲレ・ゲ・ゲ・ゲヨ (自動) (規・四・變) 慓氣 慓戲 氣輕ニタハムル。ザル。オドケル。フザケル。ダウケル。 滑稽
へうさう (名) 表裝 褾具ニ同ジ。
へうさつ (名) 表札 門、戸口、ナドニ、戸主ノ姓名ヲ記シテ掛ケ置ク木札。 門榜
へうし (名) 表紙 書籍ノ表裏ニ添ヘテ綴ヅル厚キ紙。 書皮 又、板―、革―、モアリ。
へうじゆん (名) 標準 メジルシ。メアテ。
へうせつ (名) 剽竊 掠メ盜ム〻。(他人ノ說ナドヲ)
へうぜん (副) 飄然 漂ヒ定マラヌ狀ニイフ語。
へうそ (名) 瘭疽 指ニ發スル病、一指頭、腐レテ、次第ニ他ノ指ニ及ブ。
へうだ (名) 豹駝 獸ノ名、亞非利加ノ產、高キハ二十尺ニ至ル、前脚ト頸ト甚ダ長シ。ジラッヘ。(古へイヘル麒麟、是レカトモ云)
へうだい (名) 表題 標題 書籍ノ名ヲ特ニ表記スルモノ。外題。 題號
べうだう (名) 廟堂 朝廷トイフニ同ジ。
へうたん (名) 瓢簞 [一簞食一瓢飮ヲ、朗詠集ニ、瓢簞屢空、ト熟語ニ用ヰタルヨリ誤用ス] 夕顏ノ一種、其實ノ形、圓ク長ク、中括レテ兩端脹ラカニテ、肉、苦クシテ食フベカラズ、乾シテ中ヲ空ニシテ酒ヲ盛ル器トス。フクベ。ヒサゴ。ヘウ。 壺盧 百成―ト云フハ、長、四五寸ナルモノ。千成―トイフハ、甚ダ小クシテ、二三寸ナルモノ。 蒲盧

へうちやく (名) 漂着 漂流シテ岸ニ寄付ク〻。
へうちゆう (名) 標註 本文ノ上ノ方ニ註スル〻ガシラガキ。
べうばう (副) 渺茫 渺渺ニ同ジ。「―タル原野」
へうはく (名) 漂泊 ナガレタダヨフ〻。漂流。
へうび (名) 豹尾 八將神ノ一、黃幡ト向ヒ合フ曆ノ上ニ、其年ノ此方角ニ向ヒテ、畜類ヲ求メズ、又大小便セズトス。
べうべう (副) 渺渺 闊ク遠クシテ見限リナキ狀ニイフ語。「―タル大海」
へうめん (名) 表面 オモテ。ウハツラ。
へうりう (名) 漂流 船ノ、風ニ吹カレテ、大海中ニ流レタダヨフ〻。
へかす・ス・セ・サ・シ・セ (他動) (規・一) 剝 はがすニ同ジ。ヘグ。
べかんめり (助動) 可く、ある、めり、ノ約 更ニ約メテ、べカメリ。
べかり (助動) 可く、有り、ノ約。
へがる・ル・ル・ルレ・レ・レ・レヨ (自動) (規・二) 剝 はがるニ同ジ。
へき (名) 癖 クセ。心ノ、事ニカタヨル〻。
へぎ (名) 折 (一)折グ〻。ヘギイタ。(二)折板ニテ作レル折敷。
へぎいた (名) 折板 杉、檜、ノ材ヲ甚ダ薄ク折ギテ割リタル板、鉋ニテ削ラズニ用ヰル。
へきえき (名) 辟易 [辟レ路易ニ舊所一也、辯抑

視ノ他ノ勢ニケオサレテタヂロクヿ。「其勢ニー」

へきやう (名) 僻郷 片田舍。邊鄙ノ地。

へきちよ (名) 壁書 法令ナドノ張紙。

へきちよ (名) 避暑ノ百姓讀。

へきす・スル・スレ・セ・シ・セヨ (自動) (不規・二) 僻 ヒガム。カタヨル。「好ム所ニー」

へきせつ (名) 僻說 ヒガミタル說。偏固ナル說。

へきち (名) 僻地 繁華ニ遠キ地。カタヰナカ。

へきれき (名) 霹靂 カミトケ。ハタタガミ。イカヅチ。

へぐ・グ・ゲ・ガ・ギ・ゲ (他動) (規・一) 折 〔剝グ、ノ約カト云〕 少シ取ル。薄ク削リ取ル。ハガス。ヘガス。ムク。

べくうるし (名) 可漆 〔暹羅ノ邊、琵牛國ノ產ト云〕 漆ノ上品ナルモノノ稱。

へくそかづら (名) 女青 〔臭氣ニ因テ名アリ〕 蔓草、竹木ニ絡フ、葉ハ、略、がゞいもニ似テ薄ク、對生シ、少シ毛アリ、切レバ臭氣甚シ、大、小、長、圓、種種ナリ、夏、葉ノ間ニ、花ヲ開ク、形、牽牛花ニ似テ、大サ三分許、白クシテ、中心紫ナリ、灸ノ痂ノ落チタル痕ノ如シ、故ニ、やいとばなノ名モアリ、實ノ大サ、二分許、秋冬ニ熟シテ黃褐ニ光ル。女青

廿べけ (句) 〔無來語、Pergiノ轉トモ云、愚案、和蘭人、馬鹿ヲ Baka ト記シタルヲ、英人、べけト讀メルニ起レルナラムカ〕 橫濱居留地ニ行ハルル訛語。「可カラズ」トイフ意ヲナス。

廿へこ (名) 褌 ふどしニ同ジ。(九州)

へご (名) 〔琉球語ナラム〕 (一) 琉球ニテ、蕨ノ稱。(二) 草ノ名、薩摩ニテ、オホシダ(おほしだノ條ヲ見ヨ) (三) 又、オニヘゴ。(其條ヲ見ヨ)

廿へこおび (名) 兵兒帶 へこノ帶。(男子ノ)

へこきむし (名) へひりむしニ同ジ。

廿へこむ・ム・メ・マ・ミ・メ (自動) (規・一) 〔減込ム、ノ略カト云〕 くぼむニ同ジ。陷

へさき (名) 舳先 舳トイフニ同ジ

べし・キ・ク・ケレ・ク・カリ (助動) 可 心ニ推シ量リテ定ムル意ノ助動詞。又强ク指シ定メテ命令スル意ナルモアリ。「行クー」「歸ルー」「戒ムー」「愼ムー」

へしくち (名) 壓口 不與ニテ、强ヒテ口ヲ噤ミテ居ルヿ。「初ヨリーシテ、エモ笑ハズ」

へす・ス・セ・サ・シ・セ (他動) (規・一) 減 少クス。ヘラス。

へす・ス・セ・サ・シ・セ (他動) (規・一) 壓 押ス。押シツク。オツペス。「押シー」「へし折ル」「押シ合ヒ、へし合ヒ」

へそ (名) 卷子 〔綜麻ノ義〕 績ミタル絲ヲ、球ノ如ク絡ヒツケタルモノ。

へそ (名) 臍 (一) ほぞニ同ジ。(二) 瓢ノ腹中ニアル形臍ノ如キモノ。

へそのを (名) 臍緒 ほぞのをニ同ジ。

へた (名) 邊端 ハタ。ヘリ。パシ。「海ー」「淡海ノ海、邊多ハ人知ル、沖津浪」

へた (名) 蔕 〔端ノ義〕 茄子瓜子ノ蔕。ホゾ。

へた (名) 下手 〔奥深キニ對シテ、端ノ意ト云〕 巧ナラヌヿ。拙キヿ。(上手ノ反) 拙手

〔べたう (名) 別當ニ同ジ。「妙法寺ノべたう大德ノ」

へだたり (名) 隔 ヘダタルヿ。相離ルル間。距離

へだたる・ル・レ・ラ・リ・レ (自動) (規・一) 隔 隔ツヤウニナル。相距ル。トホザカル。ヘナル。「道ー」「年ー」

〔へだつ・ツ・ツ・タ・チ・テ (自動) (規・一) 隔 〔重ノ立ツ意〕 前條ノ語意ニ同ジ。「遙遙ニ、思ホユルカモ、白雲ノ、千重ニ邊多天留、筑紫ノ國ハ」「飛礫ニモ、投ゲ越シツベキ、天ノ河、敝太而禮バカモ、アマタスベナシ」

へだつ・ツル・ツレ・テ・テ・テヨ (他動) (規・二) 隔 〔重ヲ立ツル意〕 間ニ物事ヲ立テテ塞ク。サヘギル。「山ヲー」「年ヲー」「中ヲー」

へだて (名) 隔 ヘダツルヿ。サカヒ。シキリ。「襖ノー」「心ノー」

〔べち (名) 別 別ニ同ジ。「濟仲、中ニヤウ、べちノ事ニ侯ハズ、黃金百兩ヲナム、べちニセサセ給ヒケル」

〔べちなふ (名) 別納 〔別ノ納殿ノ意カ〕 母屋ノ外ノ雜舍。「べちなふノ方ニテ、曹司シテ、人住ムベカメレド、コナタハ離レタリ」「ーノ御住ヒ」

へちま (名) 絲瓜 〔蠻語ナリト云、詳ナラズ、或云、絲瓜ヲ約メテ、とうりトモイフ、と八伊呂波歌ニテ、へトちトノ間ナレバイフト、强牽ナラム〕 瓜ノ類、春ノ末ニ苗ヲ生ジ、樹竹ニ延ヒテ、蔓ヲ長ズ、葉ノ大サはあふひノ如クニシテ、尖リ多ク、細毛刺アリ、莖ニ稜アリ、夏秋ノ交、五瓣ノ黃花ヲ開ク、胡瓜ノ花ニ似テ、蘂モ黃ナリ、實、圓クシテ甚ダ長ク、若キ時ハヤハラカク、漬ケテ食フ、皮肉ヲ去リテ、筋ヲ存スレバ、狀、海綿ノ如シ、故ニ、絲瓜ノ名モアリ、垢ヲ洗ヒ去ル用トス。イ

トウリ・ドウリ。莖ヲ切リテ、液ヲ滴ラシ取ルヲ、へちまのみづトイフ、清白ナリ、種種ノ用ヲナス、美人水ノ名アリ。絲瓜水

べつ（名）別（一）ワカチ。區別、差別。「夫婦、―アリ」（二）異ナルコ。外ナルコ。「―ノ物」―ノ人」―事」―人」―室」―宅」

べつかく（名）別格 常ノ格ノ外ナルコ。

べつかふ（名）鼈甲（玳瑁ノ裝飾、禁制ノ後、鼈ノ甲ト言做シタル隱語ニ起ル）玳瑁ニ同ジ。

べつき（名）別記 別ニ記シタルモノ。

べつぎ（名）別儀 外ノ事。餘ノ事。「―ニアラズ」他事

ベツキ（名）番瀝青 ぺんきノ條ヲ見ヨ。

〔へ-つくり（名）詳ナラズ。或云、綜作ニテ、機絲ノ綜ヲトトノフル女、即チ、漢土ノ相作女ノ事ヲ歌ニ鵜ト詠ミ合ハスルナリト。散木集、大殿ノ歌絵ノ中ニ「男ノツラツエツキテヰタル、ヱヒ思ヒアリ、又へトイフ物アリ、鵜向ヒテ立テリ、唐ノ女一人アル所ヲ詠メル」好忠集「へつくりガ垣根ノ雪ヲ、ヨソ人ハ、鵜ノ上毛ト、思ヒラムヤゾ」へつくりニ、知ラセズモガナ、難波江ノ、蘆間ヲワケテ、遊ブ鵜ノ子」或ハ料理人ノ事ナリトモ云、サラバ、竈ノ本名ハヘナリ、竈作ノ義、竈ニテ炊烹スル人ノ意カ。

べつくわ（名）別火 炊烹ノ火ヲ別ニスルコ、齋戒ノ人、月經ノ女、ナドノスルコナリ。ペツピ。

べつけ（名）別家 分家ニ同ジ。支家

べつげふ（名）別業 別莊ニ同ジ。

べつこ（名）別戸 別ニ戸籍ヲ立テテ家ヲ成スコ。

べつこん（名）別懇 ワケテネンゴロナルコ。殊ニ親シキコ。

べつさう（名）別莊 離レタル地ニ、別ニ設ケテ置ク屋敷、時時行キテ遊樂スルニ供フ。別業

べつし（名）別紙 本書ノ外ニ添ヘタル書付。

べつして（副）別 ワケテ。殊ニ。殊

べつせき（名）別席 外ノ座敷。他席

べつたう（名）別當（職別ニ專當スル意）（一）特異ナル職ノ長官ノ稱。又、ベタウ。撿非違使、藏人所、院廐、淳和院、奬學院、大歌所等、尚多シ、武家ニテハ、政所、侍所、等ナリ、寺院ノ僧官ニモイフ。（二）院廐ノ―ヨリ轉ジテ、俗ニ、馬飼。乘馬ノ口取。馬丁

べつたく（名）別宅 本宅ノ外ニ設ケ置ク家。

べつだん（副）別段 他ト異ニシテ。別ケテ。特

へつつひ（名）竈 へつひノ音便、かまどノ條ヲ見ヨ。

べつて（名）別手 別ニ立テタル隊。別隊

べつでう（名）別條 常ニ變ハレル事柄。「―無シ」異狀

べつば（名）別派 異ナリタル派。

べつばい（名）別杯 旅立ノ別レノサカヅキ。離盃

〔へ-つひ（名）竈〔本名、ヘナリ、竈之火ノ義〕かまどニ同ジ。今、音便ニ、ヘツツヒ。

べつぴ（名）別火ニ同ジ。

べつぴん（名）別品 別ケテ好キ品。

べつぷう（名）別封 手紙ニ添ヘタル手紙。

べつぷく（名）別腹（一）ハラガハリ。異腹（二）ジキバラ。妾腹

べつみやう（名）別名 本名ノ外ニアル名。異名。

へつらひ（名）諂 ヘツラフコ。媚ヅヰシヨウ。

へつらふ・ふ・へ・ヘ・ヒ・ヘ（自動）（規・一）諂 利ノ爲ニ、他ノ心ヲ喜バセ敬フ。媚ブ。佞スツヰシヨウスル。

〔へつる・ル・レ・ラ・リ・レ（他動）（規・一）折 折グ。取リ減ラス。「新羅所折之國」

へづる・ル・レ・ラ・リ・レ（他動）（規・一）（前條ノ語ノ轉）（一）削リ取ル。ヘグ。ハツル。斫（二）取リ減ラス。省ク。「祿ヲ―」剋減

へど（名）反吐 嘔吐〔反吐ノ音〕古ク、タマヒ。タグリ。胃中ノ飲食物ヲ吐キ戻スコ。吐クヲつくトイフ。

へな（名）〔埴ノ轉カト云〕ハニ。水底ヨリ得ル黑クシテ粘アル泥土、荒壁ヲ塗ルナドニ用キル。ヘナツチ。

〔へなたり（名）甲香〔隔ノ意ニテ、隔リト通ズルカ〕又、貝香。長螺ノ壓、形、馬眼ノ如クニシテ厚ク、褐色ニシテ紋理アリ、製シテ煉香ニ入ル、故ニ、貝香ノ名アリ。長螺ハ、にがにしニ似テ長ク、大ナルハ五六寸、小キハ二三寸、頭ニ禿疣多シ、赤黑、或ハ淡白ナリ。香螺

〔へ-なみ（名）邊波 海邊又ハ舟ノ縁ニ打チカカル波。「沖津浪、邊波立ツトモ」熊野川、瀬切ニ渡ス、杉舟ノ、―ニ袖ノ、濡レニケル哉」

（へ-なる（自動）（規．一）【隔】（重爲ルノ義）へだなるニ同ジ。「天ノ川、弊奈里ニケラシ、山川ノ、へナリテアレバ戀シケク」「春霞、棚引ク山ノ、へなれレど」

（へ-に（名）【臙粉】（延丹ノ約カ）臙脂ヲ白粉ニ和シタルモノ、頰ニ着ケテ粧フ。今、桃色オシロイ。和名抄「臙粉閉邇」齒黑メ、黑ラカニ、着ケテ、へに赤ウ假粧セサセテ

べに（名）【紅】（前條ノ語ノ轉）紅花ノ瓣ヲ榨リテ製煉シタルモノ、水ニ溶ケバ、色甚ダ鮮ニクレナヰナリ、畫料、染料、婦人ノ假粧等ニ用ヰル。（紅花ノ條、見合ハスベシ）臙脂 繪具ニ用ヰルハ、彩色ートイヒテ、製、稍異ナリ。口ーハ、唇ノ假粧ニ用ヰル、京都ノ製ニテ小町ーナドイフ。

べに-がに（名）【紅蟹】あさひがにニ同ジ。

べに-かは（名）【紅革】紅色ノナメシガハ、元ハ蘭人ノ舶來品ナリ。

べに-がひ（名）【紅貝】櫻貝ノ一種、一方、長ク尖リテ、色、深紅ニシテ、極メテ美麗ナリ、大ナルハ一寸。イロガヒ。

ベニカラ（名）【紅殼】べんがらノ條ヲ見ヨ。

べに-さしゆび（名）【紅差指】古名、名無指。手ノ指ノ中指ト小指トノ間ニアルモノ、皿ニ紅又ハ藥ナドヲ研リ溶クニ用ヰレバ名トス。一名、ベニツケユビ。クスリユビ。無名指

べに-ざら（名）【紅皿】假粧ノ紅ヲ溶カシツクル小皿。

べに-すげ（名）【紅萱】萱草ノ一種、葉、細小ニシテ、花、紅色ナルモノ。紅萱

べに-すずめ（名）【紅雀】形、常ノ雀ヨリ小ク、全身、脊、脚、共ニ赤ク、頭、頸、腹下ニ黑キ處アリ、翅、黑クシテ白點アリ、尾モ黑シ、舶來スルヲ籠ニ養フ。

べに-たけ（名）【紅茸】形、略、初茸ニ似テ、蓋ノ色赤ク、背白ク、莖、淡紅ナリ、秋生ズ、毒アリ。紅菌 春生ズルヲうぐひすたけトイフ。

べに-つけゆび（名）【紅付指】べにさしゆびニ同ジ。

べに-ばな（名）【紅花】古名、クレノアヰ。約メテ、クレナヰ。草ノ名、早春ニ種ヲ蒔ク、莖、高サ三五尺、莖葉ニ刺アルコト薊ノ如シ、葉、互生シ、細長クシテ二寸乃至四五寸、黃綠色、邊ニ刺アリ、仲夏、枝ノ末毎ニ花ヲ生ズ、梂ヲ成シテ刺多ク、細瓣、梂上ニ出テ、薊ノ花ニ似テ、紅黃ナリ、瓣ヲ摘ミテ、紅ニ製ス、故ニ末摘花ノ名モアリ。

べに-ひは（名）【紅鶸】眞鶸ヨリ稍小クシテ頭、深紅ニ、胸、淡紅ニシテ、脚黑キモノ。

べに-ます（名）【紅鱒】らみますノ一種、小クシテ肉ノ色甚ダ紅ナルモノ

べに-りんご（名）【紅林檎】古名、カラナシ。又、㮈。林檎ノ屬、寒國ニ生ズ、形、林檎ニ似テ、葉、細長ク、花ハ林檎ニ似テ更ニ紅ナリ、實、林檎ヨリ大ク、熟スレバ內、外、共ニ紅ニシテヤハラカナリ、切リ乾シテ菓トス。アカリンゴ。柰

（へ-めし（名）【戶主】一戶ノ家ノ主人。ヤヌシ。コシユ。（戶人ニ對ス）

へのこ（名）【陰核】（一）陰囊ノ中ノ核。睾丸。和名抄「陰核、乃古」（二）今、俗ニ、誤テ、陰莖。

へび（名）【蛇】（古言へみノ轉、延身ノ約カ）漢ーニ、蟒、一名、反鼻、其鼻反ヘレバナリ、サルヲ、和名抄ニ「俗或呼レ蛇爲二反鼻一其音片尾」トセルハ誤ナラム）古名、へミ。又、クチナハ。異名、ナガムシ。動物、身、細ソクシテ長キコト繩ノ如ク、尾、次第ニ細ソシ、全身、細カキ鱗ニテ被ヒ、脚、耳、顯ハレズ、秋、蟄スル前ニ、皮ヲ蛻ク、白クシテ、薄紙ノ如ク、首尾損セズ、大小、種類、甚ダ多シ。其他、にしきー、からすー、うみー、やまかがし、あをだいしやう、等各條ニ註ス。

へび-いちご（名）【蛇苺】草本ニシテ、原野ニ多シ、秋生ジテ蔓ヲ長ジ、冬モ枯レズ、葉ハ互生シ、三葉一蔕ニ集リ、形、長ク、鋸齒粗シ、春ノ初、葉ノ間ニ、五瓣ノ黃花ヲ開ク、一莖、一花、大サ四五分、實、赤ク、くさいちごノ如シ、毒アリ。一名、クチナハイチゴ。

へび-くち（名）【蛇口】紐綱ナドノ端ヲ綰ネテ環ヲ作ルモノ。

へび-たけ（名）【蛇茸】初茸ニ似テ、蓋ノ裏ニ刻ミナキモノ、毒アリ。紅菰

へび-だま（名）【蛇玉】山松露ニ似タルモノ、毒物ナリト云。

へび-つかひ（名）【蛇遣】乞食ナドノ、黃頷蛇ヲ弄ビ戲レテ錢ヲ乞フモノ。

（へ-ひと（名）【戶人】一戶ノ家內ニ屬スル人。家族。（戶主ニ對ス）戶口

へ-ひり-むし (名) 蟲、長サ八分許、上ハ狹ク、下ハ廣ク、黒クシテ黃赤ノ斑アリ、脚モ黃赤ナリ、夏秋ノ間、陰天晩間ニ出デテ、地上ヲ行ク了速シ、手ニテ按スレバ、氣出ツル了煙ノ如ク、聲アリ、臭アリ。又、へコキムシ。 氣蠜 行夜

へ-ふた (名) 〔戸籍〕 戸籍。人別帳。へフンダ。

へへ (名) 〔含ノ轉ニテ、陰門ノ意カ〕 陰門。ホト。ツビ。クボ。玉門。

べべ (名) 衣服。(畿內、東海道、小兒語)

〔へ-まき〕 (名) 〔臍卷〕 臍ノ攣ヲ卷キ收ムル具。

〔へみ〕 (名) 〔蛇〕 へびノ條ヲ見ヨ。

〔へみ〕 (名) 〔榧〕 樹ノ名、今、丹波ニテ、へみのき、又、山でまりごねづ、ナドイフ、葉ハ樏毬ニ似テ、實赤ク、木ニ節アリ、皮、紫赤ニシテ皴アリ、土人、牛ノ鼻木トシ、又、杖トス。和名抄「梠、倍美」

へん (名) 〔變〕 (一)常ニ變リタル了。非常。「ーニ遇フ」(二)常ナラズシテ、不審ナル了、希有。 異

へん (名) 〔篇〕 (一)詩文ノ、全ク首尾ヲ成シタルモノノ稱。(二)一書中ノ部分。「初ー」「二ー」「前ー」「中ー」「後ー」「上ー」「下ー」

へん (名) 〔偏旁〕 漢字ノ體ノ左方ニ從フモノ。其右ノ方ニアルヲ作トイフ。 傍 字旁 右文 譬へバ、紙硯ノ字ニテ、糸、石ハ偏ニテ、氏見ハ作ナルガ如シ。

へん (名) 〔返遍〕 カヘリ。タビ。度。「ーヲ重ヌ」「十ー」「幾ー」 回

へん (名) 〔邊〕 ホトリ。アタリ。「難波ノへんニオハシマシテ」「ソノー」「ツノー」

べん (名) 〔辨〕 (一)ワキマヘ。差別。(二)官名、大政官ニ屬ス、左右ニ分レテ、各、大中少アリ、八省ヲ分管シ、官中ノ庶政ヲ執行ス。辨官。(三)モノイヒ。コトバヅカヒ。「ーヲ振フ」「ーニ任ス」 口舌

べん (名) 〔便〕 (一)タヨリ。都合。(二)屎。大便。

べん (名) 〔瓣〕 ハナビラ。

ペン (名) 〔洋筆〕 〔英語、Pen.〕 西洋製ノ筆、鵝鳥ノ羽莖又ハ鋼ナドニテ作ル、端、殺ゲテ、刻ミアリ、墨汁ヲ含マシメテ記ス。

へん-えう (名) 〔邊要〕 國境ノ要害。

へん-か (名) 〔返歌〕 カヘシウタ。

べん-かい (名) 〔辨解〕 言ヒ解ク了。イヒヒラキ。

へん-かく (名) 〔變革〕 カハリアラタマル了。

へん-かく (名) 〔變格〕 正格ニ外レテ、別ニ一ツノ格ヲナス了。

へん-がく (名) 〔扁額〕 額。額面。横額。

ベンガラ (名) 〔印度ノ榜葛剌ノ地ニ起ル〕 (一)朱又辰砂ニ次キテ、畫料、染料トスル色赤キモノ、熱帶地ノ樹ノ皮ヲ渡スヲ用ヰル。或ハ綠礬ヲ燒キテ作ル。 礬紅 今、鐵ノせんくづヲ燒キテ、水飛シテモ作ル。俗ニ、紅殼。 鐵丹 (二)ー縞トイフハ、經ハ絹絲、緯ハ綿絲ナル織物ニテ、蘭人ノ舶來シタルモノ。

ペンキ (名) 〔番瀝青〕 〔蘭語、Pik.ノ訛〕 (一)〔西洋船ニ塗ル瀝青。又、ペッキ。ピッキ。(二)轉ジテ、今、一種、洋風ノ塗料、たらのつちト荏ノ油トヲ合ハセテ煮テ、種種ノ色ヲ加ヘ、家屋門扉ナドノ材ヲ塗ル。 油漆

べん-ぎ (名) 便宜ニ同ジ。

べん-きやう (名) 〔勉强〕 骨折リテ勉ムル了。出精。

へん-きやく (名) 〔返却〕 物ヲカヘス了。モドス了。

へん-くつ (名) 〔偏窟〕 心ノ片寄リテカタクナル了。偏固。

へん-くわ (名) 〔變化〕 (一)カハル了。形ノ異ニナル了。(二)語學ノ語ニ、動詞、形容詞、ナドノ語尾ノ形ヲ變フル了、よむ(讀)ノよま、よみ、よめ、トナリ、よし(好)ノよき、よく、よけれ、トナルガ如シ。活用。ハタラキ。(語尾ノ條、見合ハスベシ)

べん-くわん (名) 〔辨官〕 辨ノ條ヲ見ヨ。

〔へん-ぐゑ〕 (名) 〔變化〕 次條ノ語ニ同ジ。

へんげ (名) 〔變化〕 動物ノ、形ヲ怪シク異形ニ變フル了。バケモノ。又、へングエ。約メテへケ。「佛菩薩ノへんげノ身ニヨリ、物シタマフメレ」昔シアリケム物ノ、へんぐゑメキテ」御形モ、へげノ物ノヤウニナリマサリ給フ」狐ノ、人ニ變化スルトハ、昔シヨリ聞ケド」 妖怪

べんけい-さう (名) 〔辨慶草〕 (一)春、舊根ヨリ生ズ、莖、圓クシテ叢生シ、高サ一二三尺、葉、厚ク綠ニシテ白粉アリ、形、ヒノ頭ノ如ク、邊ニ鋸齒アリ、互生ス、秋、梢ニ、五瓣ノ小白花、枝ヲ分チテ、集リ開ク、色淡紅、又、綠色ヲ帶ビタルアリ、地ヲ去リテモ、數日能ク活ク、故ニ、強シトテ名アリ。古名、活草。一名、チドメグサ。イチヤクサウ。イチヤクサ。 景天 (二)又 スズサイ

コ、徐長卿

べんけいじま (名) 辨慶縞 織物ノ縞ニ、いしだたみノ紋ヲ、濃ク淡ク、縱横ニ、打違ヘニ、織リナセルモノ。

へんこ (名) 偏固 心、片寄リテカタクナナルコト。ヘンクツ。

べんご (名) 辨護 言ヒ開キテ回護スルコト。

べんこう (名) 辨口 辨舌ニ同ジ。

へんさい (名) 返濟 物ヲ返シ濟スコト。返辨。

べんざいてん (名) 辨才天|辨財天 天竺ノ女神ノ名、辨舌ノオヲ守リ、又、智慧ノ福ヲ與フトイフ。略シテ、辨天。琵琶ヲ彈ズル相ヲモ畫ク、妙音天女ノ名モアリ。

へんさん (名) 偏衫 袈裟ノ一種、左肩ヨリ右掖ニ懸ク、天竺ノ體ニ、右ノ片肌ヲ脱グコトアリ、コレニ象ルトイフ。

へんさん (名) 編纂 編輯ニ同ジ。

へんし (名) 變死 常ナラヌ死狀。災、又、傷ナドニテ死ヌルコト。非命ノ死。横死。

へんし (名) 片時 カタトキ。シバシ。暫時。「一日ーモ」

へんじ (名) 返事|返辭 カヘリゴト。コタヘ。アイサツ。返答。答辭

へんしう (名) 扁舟 小舟。「ーニ棹シテ」

へんしふ (名) 偏執 カタイヂナルコト。偏固。偏屈。

へんしふ (名) 編輯 諸書ノ事柄ヲ書キ集メテ一書ニ編ミ作ルコト。編纂。

へんしん (名) 變心 ココロガハリ。

へんじん (名) 偏人 心ノ片寄リタル人、尋常ニ外レタル性質ノ人。畸人

へんしや (名) 編者 書ヲ編ミ作ル人。

べんしや (名) 辨者 辨舌ノ巧ミナル人。

へんしやう (名) 返上 返シタテマツルコト。

べんしやう (名) 辨償 ワキマヘツクノフコト。

へんしよ (名) 返書 答ヘノ手紙。回信

べんじよ (名) 便所 カハヤ。セツイン。

へんしよう (名) 泛稱 泛ク指シテイフ稱。

へんず・ズル・ズレ・ゼ・ジ・ゼヨ (自動) (不規・二) 變 カハル。アラタマル。「志ー」顏色ー」

へんず・ズル・ズレ・ゼ・ジ・ゼヨ (他動) (不規・二) 變 カフ。アラタム。「説ヲー」約ヲー」

べんず・ズル・ズレ・ゼ・ジ・ゼヨ (自動) (不規・二) 辨 ワカル。濟ム。成ル。「用事ー」

べんず・ズル・ズレ・ゼ・ジ・ゼヨ (他動) (不規・二) 辨 (一)ワキマフ。解キワク。「是非ヲー」(二)行ヒ成ス。扱ヒテ濟マス。「用ヲー」(三)言ヒ分ク。語ル。述ブ。

ペンス (名) 片 ぺんにいノ條ヲ見ヨ。

べんぜつ (名) 辨舌 物言フコト。語リ述ブルコト。辨口。辯

へんせん (名) 變遷 ウツリカハリ。「世ノー」

べんたう (名) 辨當 (食事ノ用辨ニ當ツル意カ、人數ニ配當シテ、食事ヲ辨ズル意カ) 破子ナドニ、飯菜ヲ盛リテ、行クニ携フルモノ。行廚

へんたふ (名) 返答 カヘリゴト。コタヘ。ヘンジ。アイサツ。

答辭

へんつぎ (名) 偏突 學生ノ戲、詩句ナドノ中ノ字ノ偏ヲ隱シテ旁ノミヲ見セ、何偏ト推シ中テシムルコト。「碁打、へんつぎナド、ハカナキ遊ビ事ニツケテモ、火近ク取リヨセテ、差シツドヒテ、へんヲツク」

べんてん (名) 辨天 辨才天ノ略。

べんでん (名) 便殿 休息ノ御殿。

へんど (名) 邊土 カタヰナカ。邊鄙。

べんどく (名) 便毒 黴毒ノ鼠蹊ニ發シテ、腫レ潰ユルモノ。ヨコネ。

へんなう (名) 片腦 龍腦ノ條ヲ見ヨ。

へんなう (名) 反腦 龍腦ノ條ヲ見ヨ。

へんなふ (名) 返納 カヘシヲサムルコト。返上。

ペンニイ (名) 邊尼|片 (英語、Penny, Fence.) 英國ノ錢目ノ稱、「シルリング」ノ十二分ノ一、我ガ二錢〇一毛七絲。二片以上ヲ數フルニハ、ぺんすトイフ。(其錢無シ、勘定ノ上ノミニイフ)

へんにふ (名) 編入 編ミ入ルルコト。組ミ込ムコト。

へんねんたい (名) 編年體 歷史編輯ノ一體、年立ヲ旨トシ、事柄ヲ分チテ、年ニ係ケテ記スモノ。(紀傳體ナドニ對ス)

へんぱ (名) 偏頗 カタヨルコト。エコヒイキ。

へんぱい (名) 返杯 差サレタル杯ニテ飲ミテ、再ビ其人ヘ差スコト。酬盃

へんぱう (名) 邊防 國境ノ防禦。

へんぱう (名) 返報 讎ヲカヘシムクユルコト

へんぱく (名) 扁柏 檜。ヒノキ。

べんぱく (名) 辨駁 押シ返シテ言ヒ破ルヿ。

べんぱつ (名) 辮髮 清國人ノ頭髮ノ風、頂ノ周ヲ剃リ、中央ノ髮ヲ存シ、其末ヲ組ミテ、長ク後ヘ垂ル。

へんぴ (名) 邊鄙 カタヰナカ。邊土。

べんぴ (名) 便秘 醫ノ語、大便ノ秘結スルヿ。

へんぶつ (名) 偏物 偏固ナル人。偏人。

べんべつ (名) 辨別 ワキマヘ。差別。

ぺんぺんぐさ (名) なづなノ條ヲ見ヨ。

へんぺんと (副) 翩翩片片 ヒラヒラト。落花落葉ナドノ風ニ飄ヘル狀ニイフ語。

べんべんと (副) 便便 時ノ長タラシク延ビユク狀ニイフ語。「ー待タレズ」

へんぽんと (副) 翩翻 ヒラヒラト。旗ナドノ風ニ飄ヘル狀ニイフ語。

べんめん (名) 便面 〔便レ遮レ面也〕團扇ノ異名。

べんり (名) 便利 事ヲ行フニ便好キヿ。

ヘンルウダ (名) 芸香 〔蘭語、Wijnruit.ノ訛〕藥草、蘭人、種ヲ舶來ス、葉ハ、まつかぜぐさニ似テ、小ク厚ク、白色ヲ帶ビ、臭氣甚シ、初夏、莖ノ梢ニ、枝ヲ分チテ、黃花ヲ開ク、四瓣或ハ五六瓣、內ニ毛アリ、實ハ大戟ニ似テ大ナリ、藥トス。

へんれい (名) 返禮 返シ報ユル禮。

へんれき (名) 遍歷 〔ヘメグルヿ〕

二へんゐ (名) 版位 驗ノ木。朝賀祭祀等ノ時ニ群臣百官ノ位ヲ定ムルニ置ク版、皇太子以下、各、方、七寸、厚サ、五寸。和名抄「版位、𨻶爲二一音」

へめぐる・ル・レ・ラ・リ・レ (自動) (規・二) 歷廻 旅シテ諸國ヲ巡ル。遍歷

へや (名) 部屋 家ノ內ニ、某レノ用ニトテ分チテアル室。曹司。曲房

へやずみ (名) 部屋住 嫡子ノ、未ダ家督ヲ相續セズシテアル間ノ稱。

(へら (名) 鎞 〔犂壁也〕犂ノ耳。今ベカ。和名抄「鎞、閉頁」

へら (名) 箆 竹片ヲ細長ク平タク削レルモノ、種種ノ用トス。

へらさぎ (名) 箆鷺 形、常ノ鷺ニ同ジクシテ、冠毛ナク、淡灰白色ナリ、觜、平タクシテ箆ノ如ク、長サ五寸許、端、廣サ一寸許、杓子ノ形ノ如シ。

へらす・ス・セ・サ・シ・セ (他動) (規・一) 減 少クス。省ク。ヘス。

(べらなり・ル・レ (助動) 可キ樣ナリ。「風ハ、心ニ任カスーー心ニ春ノ、立チヌベラナル」古里トロソ、ナリヌベラナレ」(古今集頃ノ語)

サべらばう (名) 〔薄弱萎軟、竪立セヌヲ、へらへらトモべらべらトモイフ、其意カ、延寶ノ頃、大坂ニ可坊トイヘル異相ノ男アリキト云、或ハ、箆棒ノ義、穀潰ノ意ナリト云フハイカガ〕人ノ痴呆ナルヲ罵リ呼ブ語。

へり (名) 縁 (一)端。フチ。「御簾ノー」衣ノー」烏帽子ノー」(二)專ラ、疊ノ兩邊ヲ包ミ綴ル布。繧繝ー、高麗ー、布ー、等アリ、各條ヲ見ヨ。

へりくだる・ル・レ・ラ・リ・レ (自動) (規・二) 謙 〔謙リ下ル義〕他ヲ敬ビ、己レヲ卑クス。身ヲ卑下ス。謙遜ス。

(へる・ル・レ・ラ・リ・レ (自動) (規・二) 謙 己レヲ卑下ス。謙遜ス。「謙リクダル」

へる・ル・レ・ラ・リ・レ (自動) (規・二) 減 少クナル。ゴクシクナル。メル。

○ヘラズ。臆セズ。ヒルミヲ見セズ。メゲズ。「祐慶ハ、少シモヘラズ、扇ヲツカヒテ申シケルハ」文覺ハ、悲シキ目ヲバ見タレドモ、少シモ口ハヘラズ」入道ハ、ヘラヌ體ニテ」心チヲ取リナホシ、ヘラヌ由ニモテナシテ」ヘラズ口」

へる (動) 經ノ訛。

へる (動) 綜ノ訛。

ペルペチユアン (名) 嗶吱 〔蘭語、Perpetuaan.〕蘭人舶來ノ布帛ノ名。又、ヘルヘトアン。

ペレンス (名) 洋靑 べろりんニ同ジ。

へろへろ (副) 萎エテ確ト立タヌ狀ニイフ語。「淸盛ナドガヘロヘロ矢、何程ノ事カ候ベキ」

べろべろのかみ (名) 小兒ノ戲、其事ハ誰カシタルカト疑フ時、占ヒ中ツルワザニテ、紙捻ノ尖ヲ少シ折リ曲ゲテ、兩ノ掌ニ挾ミ、揉ミテ、其觜ノ差シタル者ヲソレナリト定ム。

ベロリン (名) 洋靑 〔Berlin blue.〕一種ノ濃キ紺色ノ畫料染料ノ名、西洋舶來ノ品ナリ、略シテ、ベロ。訛シテ、ベレンス。

へを (名) 鞢 〔綜緒ノ義ト云〕古名、アシヲ。鷹ノ具、鷹ノ脚ニ結ビ係クル紐。

ほぼぽ

ほ　五十音圖、波行第五ノ假名、はノ條ヲ見ヨ。此音ハ他ノ音ノ下ニアルトキハ、其發聲ヲ失ヒテ、韻ノおニ呼ブヿアリ、おほ(鹽)、こほり(氷)ノ如シ。

ぼ　ほノ濁音ノ假名、ばノ條ヲ見ヨ。

ぽ　ほノ半濁音ノ假名、ぱノ條ヲ見ヨ。

〔ほ〕(名)秀　ヒイデタルヿ。ヌキンデタルヿ。「浪ノ―」

ほ(名)穗〔秀ノ義〕(一)穀類ノ子ノ成ル莖ノ尖、穎。(二)鎗ノ刃ノ尖、「鎗ノ―」鎗鋩　(三)思ヒノ、外ニ見エアラハルヿ。「花薄、―ニ出ダスベキ事ニモアラズナリニケリ」―ニ出デテ人ゾ戀シカリケル」―ニアラハレテ、戀ヒヤワタラム」

ほ(名)帆〔秀ノ義カ、或云、風ヲ含ム意ト〕帆柱ニ張リ揚ゲテ風ヲ受ケシメ船ヲ進ムル具、布又ハ席ニテ製ス。

ほ(名)火　火ニ同ジ。「―ノホ」―影」―先」

ほ(名)步(一)アユミ。「十―、二十―」(二)ヒトアユミノ距離ニテ、地ヲ計ルニイフ稱、即チ、大尺五尺。(曲尺ノ八尺)其三百步ヲ里トス。(三)田地ニ、大尺五尺四方ノ稱、步坪。

ほ(名)畝(一)ウネ。(二)支那ニ段別ノ稱。「百―ノ田」

ほ(名)䌹　添役。助役。

ほ(數)百〔百ト通ズト云〕百ニ同ジ、但シ「五―」八―」ト用ヰルノミ。

ほい(名)布衣〔古ク布製ナリシカ〕狩衣ノ無文ノ者。延ベテホウイ。(狩衣ノ條ヲ見ヨ)

ほい(名)本意　ほんいノ略。マコトノココロ。「―無シ」―ナラズ」―遂ゲテ」―ニハアラズ」

ほいと(名)乞兒〔禪家ニテ飯米ヲ陪堂ト云フヨリ轉ジテ米ヲ乞フ意カト云、或ハ廢人ノ轉カトイフ〕ハイカガ〕乞食ノ異名。

ぼいん(名)母音　母韻ノ條ヲ見ヨ。

ホイロ(名)焙爐　焙籠〔禪家ノ語ニテ、字ノ宋音ト云、或ハ火色取ル意カトモ云、イカガ〕火上ニ被ヒテ茶藥品ナド乾カス具、木匡ニ紙ヲ貼リ、中ニ面ノ棚アリ、其底ヲ紙ニテ張ル。烘廚　紙焙

ほう(名)法　此字、呉音ハほふニテ、漢音ハはふナリ、法師、法樂、法服ナド、古クハ音便ニほうトモセリ、三所ヲ見ルベシ

ほう(名)鳳　鳳凰ニ同ジ。「麟―鳳龍」

ほう(名)俸　扶持米。給料。飯米料。

ほう(名)封　大名ノ領地。「萬石ノ―」―内」

ぼう(名)棒(一)木竹ノ幹ノ枝葉ヲ去リ、切リテ手ニ持ツベク作レル物、杖トシ、朸トシ、防禦ノ具トス。或ハ鐵ナルヲモイヒ、其他、大小、細太、スベテ、細長キ物ノ稱。(二)武藝ニ四五尺許ノ堅木ノ棒ヲ用ヰテ敵ニ當ル技。棍手　(三)墨、朱、ナドニテ引キタル線。「―ヲカケル」―ヲ引ク」

ぼう(名)鵬　オホトリ。支那ニテ想像ノ大鳥ノ名鯤トイフ大魚ノ化シテ成ルモノトイヒ、其翼ニ一千里アリト云。

〔ほう-い〕(名)布衣ノ延。

ほう-いう(名)朋友　トモ。トモダチ。

ほう-えう(名)蜂腰　コシヲレウタ。

ほう-えき(名)縫掖　マツハシノウヘノキヌ。袍ノ條ヲ見ヨ。

ぼう-えき(名)貿易　交易ニ同ジ。

ほう-おん(名)鳳音　律ノ上無ノ調ノ稱。下無ナルヲ龍吟トイフ。

ほう-が(名)奉加　神佛ヘ寄進ノ中ニ加ヘタテマツルヿ。

ほうが-ちやう(名)奉加帳　寄進奉加ノ目錄ヲ記ス帳。勸緣疏

ほう-かん(名)幇間　ヲトコゲイシヤ。タイコモチ。

ほう-きやう(名)封疆　諸侯ノ領分境。

ほう-ぎよ(名)崩御　カムサルヿ。帝王ノカクレサセタマフヿ。晏駕。登遐。登仙。

ほうく(動)惚クノ延、其條ヲ見ヨ。「病ミ―」

〔ほうぐ〕(名)反故ノ條ヲ見ヨ。

ほう-くわ(名)烽火　トブヒ。ノロシ。

ほう-けつ(名)鳳闕　禁裡ヲ稱ヘテイフ語。

〔ほう-けつ-く〕(自動)(規.二)法氣付　ほうハほふノ音便〕佛法メク。佛臭クナル。「吉祥天女ヲ思ヒカケムトスレバ、ほうけづきクスシカラムコソ又、ワビシカリヌベケレ」ほうけづき付ゲニテ」

ほう-けん (名) 封建 支那、三代ノ世ニ、天子ノ都、四方、千里ヲ畿内トイヒ、コレヲ天子ノ公領トシ、其他ハ、諸侯ヲ封ジテ、各、其地ヲ私領セシム、コレヲ一ノ制トイフ。秦ノ世ニ及ビテ、全國ヲ一統シ、國内ヲ三十六郡ニ分チ、郡中ヲ若干ノ縣ニ分チ、各、吏ヲ置キテ治メシメ、全國、皆、公領ニシテ、諸侯ノ國ヲ立テズ、コレヲ郡縣ノ制トイフ。其後、州郡府縣等ノ別ニ異同アレド、國内、皆、公領ナルヿ、今ニ至リテ、倘然リ。

〔ほうご〕(名) 反故ノ條ヲ見ヨ。

ほう-こう (名) 奉公 (一)公ニ仕ヘタテマツルヿ。「勉ニ奉公之誠ニ」一ニ忠勤ヲ盡スヿ。(二)主人ヘノ仕ヘ勤メ。「一住ミ」「一人」仕

ホウゴロウ (名) 鳳五郎 〔蘭語、Struis hoger. ノ上略〕駝鳥ニ同ジ。

ほう-さく (名) 豐作 作物ノ豐カニ實ルヿ。滿作。豐熟 稔

ぼう-ざたう (名) 棒砂糖 舶來ノ砂糖、さらめ砂糖ノ如キヲ、圓ク長ク、甚ダ固ク製セルモノ。

ぼう-さつ (名) 謀殺 法律ノ語、十分ニ心ニ思ヒ謀リテ行ヘル人殺シ。(故殺、誤殺ナドニ對ス)

ほう-し (名) 法師ノ音便。

〔ほうしまらひとのつかさ〕(名) 〔法師賓客ノ義〕玄蕃寮ニ同ジ。

ホウ-しや (名) 硼砂 〔Borax.〕ナンバンズナ。礦物、西藏、波斯、等ノ湖ニ生ズ、大、小、塊ヲナス、透明ナルヲ、せきートイヒ、青ク潤ヘルヲ、あぶらートイフ、藥品トシ、又、二種ノ金類ヲ鎔和セシムルニ必用ナルモノトス。

ほう-じゆく (名) 豐熟 豐作ニ同ジ。

ほう-しよ (名) 奉書 (一)室町家ノ頃、公方ノ命ヲ奉リテ、執事奉行ヨリ下ス文書ノ稱。(二)奉書紙ノ略。

ぼう-しよ (名) 謀書 他ノ文書ヲ僞セテ作ルヿ。矯書

ほうしよ-がみ (名) 奉書紙 檀紙ノ、肌、美ニシテ、皺ナキモノ、楮皮ノ精製ナルニ、米粉ヲ加ヘ、のりのきヲ液ヲ糊トシテ、厚ク製ス、純白ナリ、多ク奉書ニ用ヰタレバ名アリ、大一、中一、小一、アリ、越前ノ丹生郡ノ產ヲ上品トス、略延シテ、ホウシヨ。

ほうしよ-つむぎ (名) 奉書紬 〔奉書紙ノ如ク純白ナレバイフカ〕紬ノ精品ナルモノ、殆ト羽二重ニ近シ、越前ノ福井大野ノ邊ヨリ產ス。延ベテ、ホウシヨウツムギ。

ほう-ず ズル・ズレ・ゼ・ジ・ゼヨ (自動) (不規、三) 崩 カムサル。帝、王、カクレサセタマフ。

ほう-ず ズル・ズレ・ゼ・ジ・ゼヨ (他動) (不規、三) 奉 (一)タテマツル。獻ズ。「君ニ一」親ニ一」(二)オシイタダク。ウケタマハル。「勅ヲ一」命ヲ一」

ほう-ず ズル・ズレ・ゼ・ジ・ゼヨ (他動) (不規、三) 封 (一)土ヲ推ク積ム。(二)領地ヲ與ヘテ諸侯トス。大名ニ取立ツ。

ほうせん-くわ (名) 鳳仙花 春、苗ヲ生ズ、莖圓ク太ク、葉ハ、桃ノ葉ニ似テ、密ニ互生シ、莖、葉、共ニ淡綠色ナリ、夏、葉ノ間每ニ、花ヲ開ク、一莖ハ二一瓣、八重ハ多瓣、色ハ、紅、又紫等、種種ナリ。

ほう-たい (名) 繃帶 マキモメン。

〔ほうたん〕(名) 牡丹ノ延。「ソノ下ニ、薔薇、ほうたん、カラナデシコ」

ほうだら (名) 樹ノ名、ほほたらノ訛、はりぎりニ同ジ。

ぼう-だら (名) 棒鱈 鱈ノ肉ヲ乾シ固メタルモノ。

ぼう-ちぎり (名) 乳切木ノ條ヲ見ヨ。

ほう-てん (名) 鳳巓 〔誤テ鳳ノ頂ナリトシテ名ツク〕交趾、九眞、等ニ產ズル水鳥ニ、鸏鶄トイフアリ、大サ孔雀ノ如ク、喙、黃ニシテ尺餘アリ、其頂骨ヲ杯トセルモノト云、黃ニシテ、瑪瑙ノ如シ。

ほう-なふ (名) 奉納 ヲサメタテマツルヿ。神佛ヘノ獻上。

ぼう-ね (名) 棒根 樹ノ根ノ、眞直ニ下ヘ延テルモノ。タツネ。(根鬚ニ對ス) 命根

ほう-ねん (名) 豐年 五穀ノ豐作ノ年。稔歲

ほう-ばい (名) 朋輩 傍輩ノ條ヲ見ヨ。

ぼう-はん (名) 謀判 他人ノ印形ヲ僞セテ用ヰルヿ。ニセハン。

ぼう-びや (名) 棒火箭 鐵製ノ長キ筒ニ、火藥ヲ込メテ、砲ニテ發スルモノ。飛火槍

ほう-ふく (名) 捧腹 大ニ笑フヿ。「一絕倒」「一ノ至」

ボウブラ (名) 南瓜 〔蠻語ナリト云、詳ナラズ〕天正ノ頃、南蠻人ノ渡セルモノト云、春ノ末、種ヲ下ス、蔓、

甚ダ繁シ、一蔓、數十丈ニ至ル、節毎ニ根アリテ地ニ着ク、莖ノ中空シ、葉ハ、からあふひニ似テ、大サ邇ノ葉ノ如ク、秋、黄花ヲ開ク、をゐくわノ花ニ似タリ、瓜ノ形、圓ク平タクシテ、大サ、をゐくわノ如ク、竪ニひだアリ、初メ深緑ニシテ、熟スレバ黄赤ナリ、煮テ食フベシ、京ニテハ、誤リテ、かぼちやトイフ。大坂ニテ、ナンキン。

ぼうふりむし (名) 棒振蟲 夏、蚊ノ卵ノ、溜水ノ中ニテカヘルモノ、形、小釘ノ如クニシテ、尾ノ末ニ岐アリ、身ニ細キ毛アリ、靜ナルトキハ、水面ニ浮ビ、驚クトキハ沈ム、其泳グトキ、體ヲ屈折スルコト、棒ヲ振ルガ如シ、小米粒ノ形ヲナシ、又化シテ蚊トナリテ飛ブ。略シテ、ボウフリ。訛シテ、ボウフラ。 孑孑

ほうへい (名) 奉幣 神ニ幣ヲ奉ツルコト。

ほうほう (副) (一)草ノ生ヒ茂レル狀ニイフ語。「草—ト生茂ル」 丰丰 (二)髮、眉、ナドノ生ヒ立チ亂レタル狀ニイフ語。「—眉」 蓬蓬

ほうめいせちゑ (名) 豐明節會 とよのあかりノ條ヲ見ヨ。

(ほうもち (名) 捧物 ササゲモノ。金銀ノ打枝ニ、種種ノササゲ物ヲ着クト云。「捧物ニ、カネシテ鑪ノ形ヲ作リテ」樣樣ノほうもち捧ゲテ廻リ給フ」御ほうもちハ、銀ノ御盞ノ上ニ蘿結ヒテ、撫子ヲ植エサセ給ヘリ」

ぼうよみ (名) 棒讀 漢文ヲ、返點ニ從ハズ、音讀シテ眞直ニ讀ミ下スコト、例ヘバ不可思議ヲ不可思議ト讀ムガ如シ。

ほうらい (名) 蓬萊 (一)神山ノ名。祝ヒノ具ニ、松竹梅、鶴龜、尉姥、ナド飾リテ、其象トス。(二)次條ノ語ノ略。

ほうらいかざり (名) 蓬萊飾 〔三峰膳トテ、中ニ蓬萊、右ニ方丈、左ニ瀛洲ヲ象ニテ作ルコトアリ、ソレヨリ起レルカト云〕 新年ニ、三方ノ盤ニ、米、熨斗蚫、勝栗、昆布、野老、馬尾藻ナドヲ盛リタルモノ、取肴ナレド、多クハ飾物ノ如クセリ。クヒツミ。 春盤

ほうらん (名) 棒蘭 一名、海松蘭。寄生ノ植物、莖、緑ニシテ圓ク、葉ナク、珊瑚樹ニ似タリ、夏、枝叉ノ間ニ花ヲ生ズ、蘭花ニ似テ小ク、微香アリ。 釵子股

ほうり (名) 鳳梨 アナナス。

ほうる (動) 投 はふるノ誤。

ほうれん (名) 鳳輦 てぐるまノ條ヲ見ヨ。

ほうろう (名) 崩漏 病ノ名、おしけノ條ヲ見ヨ。

ほうわう (名) 鳳凰 支那ニテ、想像ノ瑞鳥ノ名、羽蟲ノ長トス、高サ五六尺、雞頭、蛇頸、燕頷、龜背、魚尾、羽ニ五彩ノ色文ヲ具ス、天下道アレバ見ハルト云。

ほうわうちく (名) 鳳凰竹 竹ノ一種、多ク人家ニ植ウ、幹細ソク、叢生スルコト五七尺、葉ノ長サ一寸許、排生シテ、椶櫚又ハ琉球蘇鐵ノ葉ノ如シ、冬枯ル、夏ノ土用ニ筍ヲ生ズ、故ニ土用竹ノ名モアリ。 鳳尾竹

ボオトル (名) 〔蘭語、Boter.〕 牛酪ニ同ジ。

ホオヰツル (名) 忽微 〔蘭語、Howitzer.〕 大砲ノ、

體、短キ形ノモノ、破裂丸ヲ發スルニ用ヰル。

ほか (名) 外 (一)外。ソト。オモテ。(二)ヨソ。異ナルコト。別ナルコト。「—ノ事」「—ノ人」 他

ほかげ (名) 火影 火ノ影。燈火ノ光。

ほかげ (名) 帆影 帆ノ、目ニ見ユルコト。

ほかけぶね (名) 帆掛舟 帆ヲ揚ゲテ走リ行ク船。

ぼかし (名) 暈 くまどりニ同ジ。

ほかす・す・せ・さ・し・せ (他動)(規.一) 放下 ほはかすノ約。捨ツ。打捨テ置ク。 捨 放置

ぼかす・す・せ・さ・し・せ (他動)(規.一) 暈 くまどるニ同ジ。

ほかソウ (名) 放下僧 田樂ノ類、羯鼓、編小ナドニテ、舞アリ、唱歌アリ。放下師。

(ほかひ (名) 壽 ホガフコト。祝グコト。イハヒ。「酒樂」「大殿祭」

(ほかひびと (名) 乞兒 〔壽詞、言ヒツツ、人家ニ立チテ物ヲ乞フヨリ云〕 乞食ニ同ジ。和名抄「乞兒、保加比比斗、加多井」

(ほかふ・ふ・へ・ふ・ひ・へ (他動)(規.一) 壽 〔祝グノ延、願グ、ノねがふノ如シ〕 祝グ。イハフ。新撰字鏡「祠、春祭也、保加布」

ほかみ (名) 小腹 〔陰上ノ義カト云〕 下腹ニ同ジ。

ほがらか (副) 朗 豁 〔彷明ノ約カ〕 打開リテ明ラカニ。晴レヤカニ。分明ニハレバレシク。「時鳥待タセテ、東雲ノ、—コソ、啼キワタル哉」「肉外ノ才智—シテ」イト—打笑フ」

ほかゐ (名) 行器 〔外居ノ義、脚ノ形ニイフ〕 食物

ヲ盛リテ持チ運ブニ用キル器、形、圓クシテ高ク、蓋アリ、三脚アリテ、脚ノ形、外ヘ反ル。

〔ほき〕(名) 岸險 山腹ノ險ハシキ所。「危サニ、人目ヲ常ニヨカレケル、岩ノ陰踏ム、ほきノ懸路」片山ノ、一ノ澤田ヲ、打チカヘシ」吉野山、一路ツタヒニ、尋入リテ」春山ノ、一路ノ櫻」

ほき (名) 蒲葵 ビラウ。

ぼき (名) 簿記 帳面ニ書キ記スコト。專ラ金錢ノ勘定ヲ西洋法ニテ記スニイフ。

ぼき (名) 母儀 母御ニ同ジ。

〔ほきごと〕(名) 祝詞 神ニ祝ギ申ス詞。

ほきだす (動) 吐キ出スノ訛。

〔ほきち〕(名) 岸險ノ條ヲ見ヨ。

〔ほ-く-クル・クレ・ケ・ケ・ケ〕(自動)(規、二) 惚 〔化ク、ト通ズ〕知覺、變ジテ、鈍クナル。延ベテ、ホウク。又、惚ル。訛シテ、ホケル。又、ボレル。「ムゲニ、ホケテ、晝サヘ眠リガチニ」年ノ數積リ、ホケタル人ノ」老イボケテ」博打ノ、打チホウケテ居タルガ見テ」イミジウ、ホウケテ、物モ覺エヌサウニテ」病ミホウケテ」源氏物語ニ「此、今ノ御娘ノ事ヲ、殿ノ人モユルサズ輕メ言ヒ、世ニモほきタル事ト謗リ言フ」トアルモ同ジト云、サラバ、規則動詞第一類ノ語尾變化モアルニヤ。

ほぐ (名) 反故 (一)又、ホウグ。ホゴ。ホウゴ。ホンゴ。文字ナド書キタル紙ノ、用ナクナレルモノ。ホグカミ。「ムツカシキほぐナド破リテ」ほうぐノ端ダニ落チ散ラヌハ」ほぐ燒ク灰ノ、風ニ吹カレテ」文ノ詞ナドモ、昔ノほうごドモハ、イミジキ」古キほんご引キサガシ」(二)用ナキモノ。不用。「人ノ言葉ヲ一ニスル」

〔ほ-ぐ-グ・ゲ・ガ・ギ・グ〕(他動)(規、一) 祝 稱ヘ祝フ。ホガフ。コトホグ。コトアグ。「豐御酒ニ、吾醉ヒニケリ」君ガ宿ニ、千年保久トゾ」言壽」神賀」 壽 賀

ぼく (名) 木 (一)木。(二)木ノ根ナドノ、晒レテ凹凸ヲナセルモノ、築山ナドニ用キル。火山石ヲくろぼくトイフモ、此名ニ因ル。

ぼく (名) 僕 シモベ。下男。

ぼく (代) 僕 自稱ノ代名詞。ヤツガレ。(謙稱)

ぼくきよ (名) 卜居 善キ地ヲ求メテ住ムコト。

ほくきよく (名) 北極 地球ノ中心ニ、南北ヘ貫ケル軸アリト想像シテ、其北ノ端ノ稱。其南ノ端ヲ南極トイフ。天ニテモ、此兩極ノ向フ方ヲ稱ス。

ほくきよくしゆつち (名) 北極出地 古キ天文地理ノ學ニテ、地球ノ緯度ヲ測ルニイヘル語、北極星ノ地平上ニ出ヅル高サヲ、象限儀ニテ測ルニ、赤道ニテ望メバ、北極星、地平ニアリ、北ヘ向ヒテ、一度進メバ、星、地平ヨリ上ルコト一度、斯ク進ミテ、終ニ九十度ニ至レバ、頂上ニアルベキナリ、一幾十幾度ナドイフ、是ヒナリ。

ほくきよくせい (名) 北極星 天ノ、北極ニ當ル處ニアル星、常ニ其處ニ居テ、他ニ移ラズ、天文ニ於テ、常ニ標準トスル星ナリ、子ノ星、北辰。

〔ほぐし〕(名) 火串 (一)照射ノ松ヲ夾ム木ナリト云。「五月闇、ホグシノ松ヲ、シルベニテ、イルサノ山ニ、トモシヲスル」(二)烽火ノ土壘ノ上ニ立ツル杙。和名抄「烽燧、度布比、火櫼、保久之」

ほくしん (名) 北辰 北極星ニ同ジ。

ほぐす-ス・セ・サ・シ・セ (他動)(規、一) 解 解ク。ホゴス。

ぼくす-スル・スレ・セ・シ・セヨ (他動)(不規、二) 卜 ウラナフ。(占ノ條ヲ見ヨ)

ほぐせ (名) 土ヲ掘ル具、ふぐしノ條ヲ見ヨ。

〔ほくそ〕(名) 燼 〔火糞ノ義、又、ほそくづハ火糞屑ノ意カ〕(一)蠟燭ノモエガラ。又、ホソクヅ。新撰字鏡「燼、保久曾」和名抄「燼、燭餘灰也、保曾久豆」(二)木、又、ながらナドノほくそヲ火打ノ火口トスルモノ。「打出ス、火打ノ石ノ、ほくそ無ミ、何ニモツカヌ、我ガ身ナリケリ」火打、ほくそニ沈ヲシテ」 火引

ほくそ (名) 黒子 ははくそノ訛。ホクロ。

〔ほくそわら-ふ-フ・ヘ・ハ・ヒ・ヘ〕(自動)(規、一) 痴笑 痴笑ヲナス。盛衰記「ホクソ笑ヒテ龍歸リヌ」(源競ガ平宗盛ヲ欺キテ馬ヲ得タル所ノ文)

ぼくだい (名) 墨臺 机ノ上ニテ、墨ヲ載セ置ク具。

ほくだう (名) 北堂 〔女ハ陰ナレバ北トス〕 他人ノ母ノ敬稱。母君。母御。母堂。

ぼくたう (名) 木刀 キダチ。全身、木ニテ作レル刀。

ほくち (名) 火口 古クハ、ホクソ。ホソクヅ。燧火ヲ打チ付ケテ火ヲ取ルモノ、苘麻ノ幹ヲ燒キテ消炭トシテ用キル。又、茅花、又ハ、班枝花ニ、燗酎ト焔硝トヲ加ヘテ、炙テ製シテ、黒、赤、等ノ色ニ染ムルモアリ。 引火奴 火線

ほく-ちよく (名) 樸直 質樸ニシテ正直ナルコ。實體。
ほく-てう (名) 北朝 南朝ノ條ヲ見ヨ。
ほく-てき (名) 北狄 北ノ方ノエビス
ほく-と (名) 北斗 (一)天ノ北極ニ近キ星ノ宿ノ名、七星アリ、其第七ヲ搖光トイフ 一晝夜ニ、十二方ヲ指ス、コレヲ斗柄トイフ。(破軍星ノ條、見合ハスベシ)(二)誤テ、北極星。
ほく-と (名) 墨斗 (一)スミツボ。(二)ヤタテ。
ほく-とつ (名) 木訥 無骨ニテ口數ヲキカヌコ。
(ほ-ぐみ) (名) 穗組 稻穗ヲ組ミテ積置クコト云。「秋ノ田ノ刈穗ノ— イタツラニ積ミアマルマデ賑ヒニケル」露結ブ、早稻田ノ— 打解ケテ」
ほく-めん (名) 北面 (一)北向キ。(二)北面ノ武士トイフハ、院ノ御所ノ守護トシテ召仕ハルル武士ノ稱、白河院ノ御時ニ始マル。上北面トイフハ、諸大夫ニテ殿上ノ北面ニ一間ヲ其處トス。下北面トイフハ、侍ニテ北ノ築地ニ沿ヘル五間屋ヲ其處トス。又、後鳥羽院ノ御時、西面トイフヲ召置カレタルコアリト云。
(ほ-くら) (名) 神庫・寶倉 (秀庫ノ義、其構造高ケレバイフ) (一)神寶ヲ收メ置ク庫。垂仁紀「神庫雖高、我能爲神庫造梯」神庫此云保玖羅」(二)轉ジテ、神社。今、ホコラ。「稻荷ノほくらニ、女ノ手ニテ書付ケテ侍リケル」 神祠 叢祠
ぼく-り (名) 木履 足駄ニ同ジ。(京都)
ほぐ-る ・・・ (自動)(規、二) 解 解クル。ホツル。ホゴレル。(纈絲、織布、ナド)
ほくろ (名) 黑子・黶子 (愚管抄ニははくろトアリ、ははくその轉、其再轉訛ナリ) 古クハ、ハハクソ。今、又、ホクソ。人ノ皮膚ニ生ジテ、小ク黑ク點ヲナセルモノ。
ほく-ゐ (名) 北緯 緯度ノ、赤道ヨリ北ナルモノ。(緯度ノ條ヲ見ヨ)
(ほ-け) (名) 本家 親里。家許。「女ノ裝ヒ、一トクダリ、ほけノ御方ヨリ召シナラベテ賜フ」
(ほけ) (動) 惚ク ノ條ヲ見ヨ。
ぼ-け (名) 木瓜 (字ノ音ノ轉) 古クハモケ。樹ノ名、枝葉ハ、海棠ニ似テ、幹ニ刺アリ春ノ半ニ葉ニ先ダチテ五瓣ノ花ヲ開ク、一重アリ、八重アリ色、紅ナレバ、他名ニ對シテ、緋—(貼幹海棠)ノ名アリ。實ノ長サ二寸許、形、楕圓ニシテ、瓜ノ如ク、熟スレバ黃ナリ。又、花ノ白クシテ紅斑アルヲ さらさ—トイフ。しろ—ハ まそみノ白花ノモノナリ。
ほ-けきやう (名) 法華經 又、妙法蓮華經。佛經ノ名、初メ、七卷、後ニ、八卷二十八品トス、天台宗、特ニ法華宗ニテ、コレヲ奉ズ。
ほげた (名) 帆桁 帆柱ノ上ニ、横ニ亙ス桁ニテ、帆ヲ懸ケテ張ルモノ。 帆架
ほ-けつ (名) 補闕 カケタルヲオギナフコ。
(ほけほけ-し) ・・・ (形、二) 惚惚 甚ダ惚ケテ見ユ。「アヤシウ、ホケホケシウテ、ツクツクト伏シナヤミ給フ」
ほ-けん (名) 保險 險難ノ損亡ヲ償ハムコヲ豫メ請負フコ。
ほこ (名) 鋒・矛・戈 (秀木ノ意カト云) 兵器ノ名、上代ナルハ、桙ノ如キヲモイヘリ、後ニハ、專ラ、諸刃ノ劍ニ、柄アリテ、槍ニ似タルモノノ稱、枝アルモアリ。
ほ-ご (名) 保護 氣ヲ付ケテ守ルコ。カバフコ。
ほご (名) 反故ニ同ジ。
(ほこ-ぎ) (名) 矛木 勾欄ノ柱ノ、矛ノ如ク立テルモノト云。「早技ヲ、並ビナクシ給ヒケレバ、反リカヘリタル靴ハキテ、勾欄ノほこぎノ上、步ミ給フ」
ほこ-さき (名) 鋒先 (一)鋒ノ刃ノ尖。鋒鋩 (二)鋭ク襲ヒカカルコ。「議論ノ—」 鋭
ほこす (動) 解スニ同ジ。
(ほこ-だち) (名) 桙 (桙ノ如ク立テバイフト云) 門ノ兩旁ノ木。後ニ、訛シテ、ホウダテ。ハウダテ。
(ほこ-どり) (名) 弄槍 散樂ノ名、槍ヲ弄スモノ。
ほこら (名) 叢祠 (神庫ノ轉、其條ヲ見ヨ) 神社。多クハ小キモノニイフ。
(ほこら-し) ・・・ (形、二) 可誇 誇ルベキアリ。「空ノケシキ、ホコリナク澄ミワタリテ、漁リスル海人ドモ、ホコラシゲナリ」
ほこり (名) 埃 (誇リノ意ナラム、誇ルノ條ヲ見ヨ) 塵ノ細カク飛ビ散ルモノ。
ほこり-かづき (名) 赤小豆 赤小豆ノ一種、粒小ク、淡黑ニ紫ヲ帶ビテ、外面、麗ハシカラザレドモ、味美ナリ、藥用トス。畿內ニ、ヲハリアヅキ、ダイナゴンアヅキ。
(ほこり-か) (副) 誇 誇ル狀シテ。自慢デアリテ。「好キ

車ニ乘リテ、面持、氣色、ホコリカニ、物思ヒナゲナル狀シテ」 傲然

ほこりだけ (名) 埃茸 植物、夏ノ末、路旁ノ陰地或ハ林中ニ生ズ、根ナク、紫褐色、初ハ小圓ニシテ馬蕈ノ如ク、漸ク大塊トナリテ西瓜ノ如シ、甚ダ輕虛ニシテ、破レバ綿ノ如キモノ多ク重ル、コレヲ打テバ、埃トナリテ飛ビ去ル。オニフスベ。ヤブダマ。 馬勃

ほこりはらひ (名) 埃拂 物ニ積モリタル埃ヲ拂フ具、羽又ハ裂キタル紙ヲ、竿ノ端ニ束ヌ。チリハラヒ。ハタキ。 拂塵帚

ほこる (ル・レ・ラ・リ・レ) (自動)(規・一) 誇 矜 伐 〔大こるノ約、廣こるナドト同意ト云、或云、秀起ルノ約カト〕 得意ヲ衒フ。自慢シテ示ス。鼻ヲ高クス。

ほころび (名) 綻 綻ブルコト。綻ビタル處。

ほころぶ (ブル・ブレ・ビ・ビ・ビヨ) (自動)(規・三) 綻 〔ほぐるト通ズ〕 閉ヂタルガ解クル。ホグル。ホドクル。口ヲ開ク。「衣ー」「縫目ー」 如何ナラム折ニカ、其心バヘーベカラム」人人、皆、ホコロビテ笑ヒヌレバ」ネグラノ鳥モ、ホコロビナマシ」山ノ櫻ハ、ホコロビニケリ」

ほさ (名) 輔佐 君ヲ助ケテ政ヲ執ル職。ウシロミ。(幼君、女主、ナドニ)

ほさき (名) 穗先 (一)穗ノ端。「踏落ツル、草田ノー、打靡キ」 芒 (二)刃ノ尖。「槍ノー」 鋩

ほさく (ク・ケ・カ・キ・ケ) (他動)(規・一) 祝 (一)祝キ言フ。「神祝祝之」(二)俗ニ、辨好ク種種ニ言フ。(賤メテイフ語)

ボサツ (名) 菩薩 (一)又、ボサチ。梵語、菩提(佛道)薩埵(大心衆生、又、覺衆生)ノ略、合ハセテ、大心アリテ佛道ニ入ル義ニテ、即チ、佛ノ次ニ位スル號、或ハ薩埵トノミモイフ。「觀世音ー」勢至ー」文珠ー」普賢ー」虛空藏ー」(二)米ノ異名。

ボサツいばら (名) 菩薩薔薇 十姊妹ニ同ジ。

ぼさん (名) 墓參 ハカマヰリ。

ほし (名) 星 〔火白ノ意カト云〕 (一)晴レタル闇夜ニ、極メテ高ク、天ニ滿チテ、圓ク小ク白ク輝キ見ユルモノ、恆星、行星、陪星、彗星等アリ。(各條ヲ見ヨ)(二)星月夜ノ光。「ーノ紛レノ、宵ノ別レハ」(三)神樂歌ノ名。「雲ノ上ノ、小忌ノ衣ニ、霜サエテ、星歌フナリ、明方ノ空」(四)スベテ、小ク圓キ形ノモノノ稱。「的ノー」「ーヲ書ク」 黶 (五)鐵兜ノ鉢ニ列リテ着キタル微ノ如キモノ。「ー兜」(六)病ニ因テ、眼球ニ生ズル小ク白キ點。 瞖 (七)布帛ノ、黑染、紺染ナドニ生ズル微ノ斑。(八)アテ。メアテ。見込ム所。「思フーニテアタル」

ほし (シキ・シク・シ・シケレ・シカ・シク) (形・二) 欲 得ムコト願ハシ。求ムル心ニテアリ。

ほしあはび (名) 干鮑 鮑ノ肉ヲ素乾ニシタルモノ。

ほしあひ (名) 星合 七夕ニ、牽牛、織女、ノ二星ノ相會スルコト。「ーノ空」七月七日モ、云云、ナガメ暮ラシ給ヒテ、ー見ル人モナシ」

ほしいし (名) 星石 流星ノ如キモノノ、地ニ落チテ塊ヲナセルモノ、石ノ如クニシテ、銅鐵分多シ、他ノ小惑星ノ缺片ナリト云。又、ホシクソ。 隕石

ほしいまゝ (副) 恣 擅 縱 欲シキ儘ニノ音便。思フニ任セテ。心ノママニ專ラニシテ。

ほしか (名) 干鰯 〔乾臭ノ義カ〕 鰯ノ脂ヲ絞リタル滓ヲ、日ニ乾シ固メタルモノ、肥シニ用ヰル、甚ダ臭シ。イワシノシメカス。

ほしかげ (名) 星鹿毛 馬ノ毛色ニ、鹿毛ニ白キ點アルモノ。

ほしかぶと (名) 星兜 星ノ條ヲ見ヨ。

ほしがれひ (名) 星鰈 鰈ノ一種、裏ノ白皮ニ黑點アルモノ、小キハ五六寸、大ナルハ尺餘アリ。アマガレヒ。

ほしくそ (名) 星屎 星石ニ同ジ。 隕石

++ほじくる (動) 穿ル、ニ同ジ。

ほしこ (名) 干海鼠 いりこノ條ヲ見ヨ。

ほしごゐ (名) 星五位 鳥ノ名、形、ごゐさぎニ似テ、頂ニ黑毛アリテ冠ノ如シ、目、深ク、旁ノ毛、長クシテ旋レリ、背、脊白ク、翅、黑クシテ、共ニ、小白圓紋アリ。 旋目

〔ほしし (名) 鯆脩 乾肉ノ約。乾シタル肉。

ほしづきよ (名) 星月夜 暗夜ニ、星ノ光、月ノ如ク見ユルコト。 星夜

ほしづきよ (枕) 星月夜 〔暗ヲ倉ニ言掛ク〕 鎌倉山ノ枕詞。

ほしのり (名) 乾海苔 淺草海苔ノ紙ノ如ク漉キテ乾シタルモノ。

ほしひ (名) 糒 乾飯ノ約。飯ヲ日ニ乾シタルモノ。今、特ニ、善ク精ゲタル糯米ヲ洗ヒテ炊キ、乾シテ、粗ク

磨リ碎キタルモノヲイフ、水ニ潤ヒサセテ食フ、貯ヘテ、軍中又ハ夏月ノ用トス。

ほしマダラ (名) 星斑 牛ノ毛色ニ、星ノ如キ斑アルモノ。 犏牛

ほしまつり (名) 星祭 (一)眞言家ニ、七曜星ノ中ニテ其年ニ當レル星ヲ、當年星トテ祭ルコト。 尊星供 (二)七夕ニ織女星ヲ祭ルコト。

ほしみせ (名) 干見世 路旁ニ、屋ナキ店ヲ出シテ、物ヲ列ネテ賣ルコト。デンタウホシ。 星貨舖

ほしめがね (名) 星眼鏡 天文學ニ用ヰル遠眼鏡。 觀星鏡

ほしもの (名) 干物 日ニ乾ス物。布帛ヲ洗ヒ又染メテ日ニ晒スコト。

ほ-しゃく (名) 保釋 裁判所ニテ、保證金ヲ預カリテ、未決ノ者ヲ釋シテ、暫シ其自宅ヘ預クルコト

ほ-しゅう (名) 保守 習慣ヲ保チ行クコト。ハウシュウ。

ほ-じょ (名) 補助 オギナヒタスクルコト。テツダヒ。

ほ-しょう (名) 保證 請合フコト

ほじ-る・る・れ・ら・り・れ (他動) (規.一) 穿 堀リセセル。ホジクル。

ほ-す・す・せ・さ・し・せ (他動) (規.一) 干 乾 (火ヲ活用ス) (一)日又火ノ熱氣ニ當テテ、水氣ヲ去ル。カハカス。 (二)浚ヘ涸ス。「池ノ水ヲ―」

ホスホル (名) 燐 (Phosphur.) 元素ノ一、黄色、半透明ニシテ、純蠟ノ如シ、尋常ノ氣中ニテ、甚シキ速度ニテ燃エ、酸素瓦斯ニテハ、非常猛烈ニ燃エ、鬼火、狐火、ナドイフモ、是レナリ

ボスメンス (名) (蘭語ナラム、原語詳ナラズ) 熱地ニ產ズル大ナル猿。

ほぞ (名) 臍 次條ノ語ニ同ジ。

ほぞ (名) 臍 (一)又、清音ニ、ホソ。轉ジテ、ヘソ。腹ノ中央ニアル窪ミタル處、即チ、胎中ニアリシトキ、臍帶ノツキタル痕ナリ。 (二)瓜、果、ノ蔕。 (三)工匠ノ語ニ、材ヲ接グトキ、材ノ面ニ、突キ出デタルモノヲ作リ臍穴トテ他ノ材ニアル穴ニ塡ムルモノ。 筍 枘 戶ノ樞ニモイフ、とぼそノ條ヲ見ヨ。 ○―ヲ噬ム。 及バズシテ後悔ス。

ほそ-えい (名) 細纓 纓ノ條ヲ見ヨ。

ほそ-おび (名) 細帶 帶ノ、幅、狹ク短キモノ、下着ナドニ用ヰル。

〔ほそ-き (名) 蔓椒 (細木ノ義カト云) 又、イタチハジカミ。今、蔓山椒。

〔ほそ-くづ (名) 爛 ほくそニ同ジ。

〔ほそ-くみ (名) 半夏 (細組ノ義カ、細汲ノ義カ、花形ニ因テイフナルベシ、今、鴉柄杓ノ名モアリ) 草ノ名、半夏ノ古名。

〔ほそ-け (名) 燹 逆燒 (火退ノ義) 野火ナドノ燒ケ來ルニ向ヒテ、此方ヨリモ火ヲ放チテ燒キ立テ、防ギ退クルコト。向火。

ほそ-し・き・く・けれ・から・かり・かる (形.二) 細 (一)圍ミ嵩少シ。太カラズ。痩セタリ。小シ。 (二)狹シ。「路―」 狹 (三)低クシテ清シ。「聲―」 低 (四)スクナシ、乏シ。僅ナリ。「身代―」「乳―」 乏

ほそ-だち (名) 細太刀 裝束ニ佩ブル螺鈿蒔繪ノ刀ノ稱ト云。

〔ほそ-ぢ (名) 熟瓜 (蔕落ノ約、善ク熟シテ、自ラ蔕落チタルヲイフ) 熟シタル甜瓜。

ほそ-どの (名) 細殿 宮殿ナドノ周ニ、廂ノ邊ニ設ケタル細長キ屋。廊下。 廊

ほそね-だいこん (名) 細根大根 大根ノ種、太サ、指ノ如ク、長サ、尺ニ滿タズ、東京近在ニ產ズ。

ほそ-の-を (名) 臍緒 兒ノ胎ニアル時、臍ヨリ出ジテ胞ニ通ズル細長キモノ、之ニ因テ、氣息、滋養、母ヨリ通ズ。ヘソノヲ。「コレヲ切ルヲ、「續グ」ト云、忌ミテ反語ヲ用ヰルナリ。 臍帶

ほそ-びき (名) 細引 麻ニテ綯ヒ作レル繩。 麻繩

ほ-ぞん (名) 本尊ニ同ジ。

ほ-ぞん (名) 保存 失ハヌヤウニ保ツコト。ハウゾン。

ほぞんかけたか (感) 鵑ノ鳴ク聲調ニイフ辭。(上カテッペンカケタカ。

ほそ-め (名) 細目 (一)目ヲ細ク開キテ見ルコト。「―明ケテ」首筋引キタテテ」 (二)狹ク隙、少ク。(ほそみえノ約)「障子ノ、―ニ明キタル」

〔ほそ-や-く・く・け・か・き・け (自動) (規.一) 細 細ヤカナル、痩セテホツソリトスル。「肥エ給ヘリシ人ノ、少シ、ホソヤキタルニ」

ほそ-る・る・れ・ら・り・れ (自動) (規.一) 細 細クナル、痩ス、「髮ノスソ、少シ、ホソリテ」身―」食事、日ニ―」

(ほそわた (名) 細腸 はらわたノ條ヲ見ヨ。 小腸

ほそゐ (名) 細藺 藺ノ一種、高サ四五尺ニ及ブ、水田ニ植エ作リ、刈リテ疊表ヲ織ル、葉、緣ニシテ黄ヲ帶ビ、稍、脆クシテ、おひげニ及バズ、又、瓤ヲ採リテ燈心トス、因テとうしんぐさノ名モアリ、其皮ヲゐがらトイヒ、繩トシ、又、笠ニ編ム。 燈心草

ほた (名) 榾柮 〔火立ノ意ニテ、燒ク故ノ名カト云〕 木ノ切端、薪トス。ホタギ。

ボダイ (名) 菩提 梵語、正シクハ、菩提ナリ、正道又佛道ノ義ニテ、佛道ニ覺リ入ルヿ。「ー心」「ーノ道」「ーヲ求ム」

ボダイし (名) 菩提子 菩提樹ノ實。ボダイズ。「ぼだいしノ數珠」

ボダイじゆ (名) 菩提樹 (一)佛經ニ、天竺ナル大樹、佛、其下ニ坐シテ、正覺ヲ成等ス、故ニ名トス、四時青翠ナルニ、涅槃ノ日、葉、皆凋ミ、暫クシテ、故ニ復セリト云。ボダイズ。(二)シナノキ。

ボダイしよ (名) 菩提所 代代、歸依シテ葬リスル寺院。ダンナデラ。 香花院

(ボダイせ (名) (一)菩提樹ニ同ジ。「黄金ノ數珠匣ニ、ぼだいせうみヲナム入レサセ給ヒ」(二)菩提子ニ同ジ。「筑紫ニテ、大貳ノ、帝ニぼだいせ奉リアゲラルルニ」

ぼだう (名) 母堂 母君。母御。 北堂

ほだし (名) 絆 (一)絆スヿ。馬ノ脚ヲ繫ギ止ムル繩。(二)物事ニ繫カレテ、身ノ自由ナラヌヿ。テアシマトヒ。「思フ人コソ、ーナリケレ」「妻子ノー」

ほたおり (名) 保多織 縞織ノ綿布ノ一種、讃州香川郡中村ノ產。

ほだす ス・セ・サ・シ・セ (他動)(規.一) 絆 足ヲ繫ギテ止ム。「子ヲ思フ、心バカリニ、ホダサレテ」

ほたてがひ (名) 帆立貝 介ノ名、北海ニ產ズ、殼ノ表ニ、竪ニ廣キ溝アリ、表ハ黄白ニシテ、內ハ白シ、殼ノ一片ハ窪ミ、一片ハ平タクシテ盆ノ如シ、水ニ浮ビテ行ク時、窪キ殼ヲ舟ノ如クシ、平タキ殼ヲ帆ノ如ク立テテ、風ニ乘ジテ走ル、肉、食スベシ、殼ノ大ナルハ、鍋ニ代ヘ、小キハ、杓ノ頭トス。 海扇

ほだてる テル・テレ・テ・テ・テヨ (他動)(規.四.變) 攪 〔秀ニ立ツル義カ〕 搔キマズ。「藥ノ沈澱ヲー」「挨ヲー」

ほだはら (名) 穗俵 〔實ノ形ニ因テ名アリ〕 古名、ナノリソ。ナナリソ。海藻ノ名、長サ三四尺、莖、細ソク、枝、多クシテ、細小ナル葉、互生ス、一分餘ノ圓キ實著ケリ、中、空シクシテ、魚脬ノ如シ、莖、葉、生ナルハ黑クシテ、煮レバ綠ナリ、食スベシ、冬、コレヲ採リ、乾シテ、わらしべニテ、一握許ニ折リ卷キテ束ネ、米俵ノ形ニ作リ、春盤ノ祝具トス。音便ニ、ホンダハラ。一名、神馬藻。 馬尾藻

ぼたん (名) 牡丹 (一)(灌木、本草ニイヘルハ、古名、ヤマタチバナ。フカミグサ。卽チ、今ノ、ヤブカウジ。關西ニ、ヤブタチバナ。(此草、深ク林叢中ニ生ジ、葉、實、冬ヲ凌グ、故ニ、深ミ草、山橘ノ名アリ、次ナル木芍藥ヲ、專ラふかみぐさトイフハ誤レリ)(二)又、灌木ノ名、高サ、二三尺、春、葉ヲ生ジ、夏ノ初メ、花ヲ開ク、花ノ徑、六七寸ニ至ル、重瓣、單瓣、紅、白、紫等、形、色、種類、甚ダ多シ、人家ニ培養シテ、花ヲ賞ス、花中ノ最モ艷ナルモノナレバ、花王ノ稱アリ。音便ニ延ベテ、ボウタン。又、ハツカグサ。木芍藥。

ボタン (名) 紐釦 扣鈕 〔葡萄牙語、Boton.〕 衣ノ緣ナドニ著クル小キ珠ナドノ稱、他ノ緣ノ穴ニ繫ケトドム。

ぼたんづる (名) 牡丹蔓 草ノ名、原野ニアリ、春、舊根ヨリ生ズ、葉ハ、略、牡丹ニ似テ、夏秋ノ間、穗ヲ成シ、四瓣ノ花ヲ開ク、色、白シ、或ハ、淡紫碧色ナルモアリ、花、皆、垂ル。一名、ツリガネサウ。 女萎

ぼたんもち (名) 牡丹餅 餅ヲマロメテ、餡又ハきなこヲマブシタルモノ。約メテ、ボタモチ。

ほたる (名) 螢 〔火垂ノ轉、或云、火照ノ轉〕 蟲ノ名、水地ニ生ズ、大サ三四分、頭、赤ク、雄ニハ黑キ四羽アリテ飛ブ、雌ハ這フノミ、因テ地ー(螢蛆)ノ名アリ、共ニ、尻、銀色ヲナシテ、夜ハ光ルヿ燐火ノ如シ、雄ノ光、殊ニ大ナリ、夏ノ初メ、多ク出ヅ、人、捕ヘテ玩トス。訛シテ、ホタロ。

ほたるいし (名) 螢石 礦物、或ハ塊ヲナシ、或ハ粉トナリ、玲瓏トシテ、綠色、褐紫、淡紅等、種種ナリ、火ニ入ルレバ、燐ヲ現ハス、故ニ名トス、試金術ノ熔媒等トシテ必用ナリ。

ほたるかご (名) 螢籠 木匡或ハ曲物ニ紗ヲ張レルモノ、螢ヲ畜ヒテ玩トス。

ほたるがひ (名) 螢貝 螺ノ類、外ハ圓クシテ粗ク、

内ニ光アルコト、鮑ノ如シ、大サ四五分。

ほたるがり (名) 螢狩 水邊ナドニ出デテ螢ヲ採リテ遊ブコト。

ほたるさう (名) 螢草 柴胡ノ一種、大葉ノモノ、葉ノ形、ぎばうしゆニ似テ小ク、背、白粉ヲ帶ブルガ如シ、秋、莖ヲ立ツルコト、五六尺、梢ニ花ヲ開ク、花、實、共ニ柴胡ニ同ジ。南柴胡

ほつい (名) 發意 思ヒオコスコト。

ほつえ (名) 上枝 〔秀之枝ノ義〕上ノ枝。ハツエ。「妹ガ爲メ末枝ノ梅ヲ、手折ルトハ、下枝ノ露ニ、濡レニケルカモ」青柳ノ、保都枝ヨヂトリ」

ほつかど (名) 發駕 駕籠ニ乘リテ旅ニ立ツコト。貴人ノ門出。

ほつき (名) 發起 (一)考ヘ起スコト。思ヒタツコト。「一スル人」(二)菩提ノ心ヲ起シテ佛道ニ入ルコト。發心。

ほつく (名) 發句 連歌ノ初ノ、五、七、五、ノ三句ノ稱。(俳諧ノ條、見合ハスベシ)

ほつくり (名) 木履 〔字ノ音ノ轉訛〕一木ヲ剜リテ作レル圓キ下駄。

ほつぐわん (名) 發願 神佛ニ願ヲ立ツルコト。

ほつけう (名) 法橋 僧位ノ名、法眼ニ次ギ、律師ノ官ニ相當ス。又、上人。

ほつけしゆう (名) 法華宗 日蓮宗ニ同ジ。

ほつけだう (名) 法華堂 法華三昧常行ノ堂、専ラ貴人ノ遺骨ヲ收ムル所トス。約メテ、ホケダウ。

ほつけはつかうゑ (名) 法華八講會 天台ノ學匠、法華經ノ法問、八座ノ論議アルコト。朝儀ニモ行ハル、一日ニ、朝座、夕座、ノ二度ニテ、一度ニ一巻ヅツ修シ、四日ニ、全部八巻ヲ終フ。略シテ、八講。約メテ、ハカウ。「十二月十四日バカリ、中宮ノ御はかうナリ、云云、初ノ日、云云、次ノ日、云云、又ノ日ハ五巻ノ日ナレバ」

ホツケン (名) 黄絹 〔字ノ唐音、或云、福建ヨリ出ヅル名ナリト〕或ハ、北絹トモ記ス。東京ヨリ渡ル絹布ノ名、黄繭ニテ織ルトイヒ、色、黄ナリ、改機ニ似テ薄シ。

ほつご (名) 發語 (一)先ヅ言ヒ發ス語、「夫レ」抑モ」凡ソ」ノ類。(二)諸語ニ、接頭語ノ如ク添ヒテ、深キ意義無キ語、「さ夜」み山」を田」さ迷ヒ」け劣ル」た比ブ」た易シ」か弱シ」ナドノ如シ。

ほつごん (名) 發言 言ヒ始ムルコト。

ほつさうしゆう (名) 法相宗 佛教、八宗ノ一、諸法ノ性相ヲ判決スルヲ主トスト云。

ほつし (名) 法師 法師ノ音便。

ほつしん (名) 發心 菩提ノ心ヲ發起スルコト。

ほつしもめん (名) 綿布ノ絲ヲ解シ取レルモノ、創ナドニ藥ヲ浸シテ當ツル用トス。綿撒絲。

ほつす・ス・セ・サ・シ・セ (他動) (規.一) 解 はつすノ轉。ホツス。ホゴス。「綿布ヲ一」

ホツス (名) 拂子 〔字ノ唐音〕ハヘハラヒ。佛具トス、白旄ノ毛ヲ束ネテ、柄ヲ附ス、身上ノ惡障難ヲ拂ヒ除クト云フ。麈尾。

ほつす・スル・スレ・セ・シ・セヨ (他動) (不規.二) 欲 〔欲ホリノ音便〕欲シク思フ。得ムト思フ。望ミ願フ。モトム。

ぼつす・スル・スレ・セ・シ・セヨ (自動) (不規.二) 沒 (一)入ル。ハマル。沈ム。埋マル。「日、西山ニ一」水ニ一」(二)闕所ニナル。「官ニ一」(三)死ヌ。果ツ。歿

ホツスがひ (名) 拂子貝 海產ノ蟲、體、線ヲナシテ、甚ダ堅ク、白クシテ透明ナリ、數十條ヨナレリ、束ネタルガ如ク、全體、拂子ノ頭ノ如シ。

ぼつぜん (副) 勃然 物事ノ發リ出ヅル狀ニイフ語

ほつそく (名) 發足 タビダチ。カドデ。シユツタツ 首途

ボツタアス (名) 剝篤亞斯 〔Potash.〕植物ノ灰ヲ製煉シテ取レルモノ、藥用、其他、種種ノ用トス。

ほつたい (名) 法體 僧ト爲リテ、佛法ノ體裁ヲナシテ居ルコト。

ほつたて (名) 堀建 柱ヲ建ツルニ、礎ヲ用ヰズ、根ヲ地ニ埋メテ建ツルコト。

ほつたん (名) 發端 端緒ヲ始ムルコト。ハジマリ。オコリ。

ほつてい (名) 發程 次條ノ語ニ同ジ。(記事、狂言、ナドニ)

ほつと (名) 發途 タビダチ。カドデ。發足。首途

ほつとう (名) 法燈 法ノ燈火。佛家ニテ、多ク學ニ長ケタル人ノ稱トス。

ほつとうにん (名) 發頭人 事ヲ發起シ企テタル者。張本人。

ポツトロオド (名) 鉛筆 〔蘭語、Pot lood.〕筆ノ用

ヲナス具、西洋製ノモノナリ、細ク圓キ木管ニ黒鉛ヲ籠メテ、其尖ヲ削リテ用ヰル。

ほつねつ (名) 發熱 病ニ因テ熱ノ發ルヿ。

ホツプ (名) 〔英語、Hop.〕 草ノ名、カラハナサウ。

ほつらく (名) 沒落 (一)城地ナド、敵ニ攻メ取ラルルヿ。城陷 (二)戰ニ負ケ、家、國、滅ビテ流離スルヿ。

ほつる・ル・ル・レ・レ・レ (自動)(規、二) 解 〔はつるノ轉〕 織リ編ミ束ネタル物、端ヨリ解クル。パツルル。ホドクル。ホグル。ホゴレル。

〔ほて (名) 最手 〔秀手ノ義〕 相撲人ノ長。今ノ大關。次ナルヲ最手脇トイフ。今ノ關脇。

ほてい (名) 布袋 支那、梁ノ頃ノ散聖ノ名、―和尙ト云。彌勒ノ化身ナリト云、畫ニハ、僧體ニテ、甚ダ肥滿セル像ヲ圖ス、杖ニテ一大布袋ヲ荷ヒ、市ヲ遊化シ、十六ハノ群兒コレニ追隨ス。俗間、七福神ノ一トス。

ほていちく (名) 布袋竹 竹ノ一種、幹、短ク、節、繁キモノ、多ク杖トス。佛面竹

‡ほてふり (名) 棒手振 ふりうりニ同ジ。

〔ほでり (名) 〔火照ノ義〕 (一)怒リ、又ハ、恥ヂテ、顏ノ赤ラムヿ。「忽然作レ色」 (二)夕燒ケノ赤ク立ツヿ。

‡ほてる・ル・レ・ラ・リ・レ (自動)(規、一) 熱 〔火照ルノ義カ〕 「山ノ端ニ、ほてりセル夜ハ、室ノ浦ニ、明日ハ日和ト、出ヅル舟人」 晩霞
ほとるニ同ジ。

〔ほと (名) 陰 〔含處ノ義ト云〕 女ノ陰部。「陰生ニ麥及大豆小豆ニ」「美蕃登見レ炙而病臥在」

ほど (名) 塊 〔物ノ中ニ含マレテアルモノノ意、茯苓ナドモコレナリ〕 (一)百部ノ條ヲ見ヨ。新撰字鏡「百部根、富度」 (二)蔓草、山野ニ生ズ、葉ハ、三葉或ハ五葉、互生シ、莖ト共ニ紫黒ヲ帶ブ、夏、葉ノ間ニ花ヲ開ク、數莖、穗ヲ成スヿ一寸餘、形、豆ノ花ニ似テ、淡黃ニ紫ヲ帶ブ、後ニ一寸許ノ莢ヲ結ブ、根、數塊、鬚ニ連リテ、彈丸ノ如シ。ホドイモ。土圞兒 (三)竈ノ下ノ灰ノ中ニ、塊ノ成レルモノ。

ほど (名) 程 〔歷處ノ轉カ〕 (一)物事ノ分限ヲイフ語。尋常、遠近、多少、長短、皆云。ホドラヒ。ホドアヒ。クラヰ。「身ノ―」「人ノ―」「―ニツケテ」路ノ―」「―ヲ隔ツ」「―ナシ」「酒ノ―」「時ノ―」「―ヲ歷テ」 (二)頃。ヲリ。時分。「此ノ―」「宵ノ―」 時期 (三)‡俗ニ、身持、容子。「―ガヨイ」

ほど (接尾) 程 (一)物事ノ分限ヲイフ接尾語。バカリ。ダケ。「三里―歩ム」「百圓―拂フ」「五日―歷テ」續ク―働ク」 許 所 (二)頃ニ。ヲリニ。「今朝―來タリ」後―」「今―」 (三)イヨイヨ。マスマス。「老ユル―壯ナリ」思フ―迷フ」

〔ほとき (名) 缻 〔含坏ノ約轉カ、或云、含處筒ノ約轉ト〕 瓦器、腹大クシテ、口ノスボマリタルモノ、或ハ、樂器トモス。

ほどく・ク・ケ・カ・キ・ク (他動)(規、一) 解 (一)分ケ解ク。「紐ヲ―」「縫目ヲ―」 (二)滿タシテ止ム。「願ヲ―」

ほどく・クル・クレ・ケ・ケ・ケ (自動)(規、二) 解 〔ほどまるト通ズ〕 分カレ解クル。「結ビ―」「縫目―」

ホトケ (名) 佛 〔梵語、佛陀(又、浮圖)ノ轉、略シテ佛、覺ト譯ス、諸法平等ニ覺了シテ餘スヿ無キ義、けハ韓語ヲ添ヘタルモノナラムト云、浮圖家ノ轉ト云フハイカガ〕 (一)天竺ノ釋迦ノ敬ニイフ神ノ稱。 (二)釋迦。 (三)俗ニ、佛葬シタル死者ノ靈。
○―作ル。死顏ニナル。

ホトケのざ (名) 佛座 〔初生ノ圓葉、地ニ敷キテ、佛ノ蓮華座ニ似タリ〕 鵜腸草ヲ、春ノ七種ニ用ヰル時ノ稱。

ほどこし (名) 施 ホドコスヿ。惠ミ與フルヿ。布施。施行。 嚫 喜捐

ほどこす・ス・セ・サ・シ・セ (他動)(規、一) 施 (一)播ルヤウニナス。遍クモノス。延キ布ク。「スベラギノ、普遍キ、惠ミヲヤ、コノミチ月ノ、民ニ―」「世界ニ名ヲホドコシテ」人人、メシメシニ風流ヲホドコシテ」「政ヲ―」「謀ヲ―」「面目ヲ―」 (二)延ベ着ク。「長楹ニ丹青ヲホドコシテ、作花ヲモテ飾リタリ」 着色 (三)遍ク惠ミ與フ。布施ス。施行ス。「僧ニ―」「米錢ヲ―」 嚫 喜捐

〔ほどこる・ル・レ・ラ・リ・レ (自動)(規、一) 播延 延ビヒロガル。行キワタル。顯宗二年紀「稻、斛、銀錢一文、馬被レ野」

〔ほどつら (名) 百部 〔根塊相連レバ名アリ、塊ノ條ヲ見ヨ〕 草ノ名、百部ノ條ヲ見ヨ。

ほととぎす (名) 霍公、郭公、時鳥 〔啼ク聲ヲ名トス、歌ニ「己が名を名のる」ト詠メル多シ〕 (一)鳥ノ名、

山中ノ樹ニ棲ミ、夏ノ初ヨリ、晝夜ヲ分カズ啼キテ、秋ニ至リテ止ム、其聲、叫ブガ如シ、形、ひよどりヨリ痩セテ長ク、頭ハ、黒褐ニ淡褐ノ斑アリ、背ハ、淡青ニシテ、背後、肩、翅、皆、黒褐ナリ、喉ハ淡青ニシテ黄褐ノ横斑アリ、胸、腹、色、淡クシテ黒キ横斑アリ、尾、黒クシテ白斑アリ、是レ雄ナリ。雌ハ、頭、領、深黒褐ニシテ青ヲ帶ビ、黒キ横斑アリ、肩、翼、黒ク、喉、胸、淡褐ニシテ、腹、白ク、胸ヨリ腹マデ黒キ横斑アリ、卵ヲ鶯ノ巣ノ中ニ生ミテ、鶯ヲシテ養ハシムト云フ。異名、シデノタヲサ。杜鵑 子規 杜宇 (二)山草ノ名、莖ノ高サ二三尺、葉ハ紫蕚(サギサウ)ニ似テ、小ク短ク、線多シ、又、篠ノ葉ニモ似タリ、蕾ハ筆ノ如ク、秋、開ク、六出アリ、中ヨリ一蘂出デテ、又、花ノ形ヲナス、蕚毎ニ小紫點多ク、杜鵑ノ羽ノ斑ニ似テ、しぼり染ノ如シ。油點草

ほとばしる ル・レ・ラ・リ・レ (自動)(規.一) 迸 〔播(ホドコ)リ走ル意〕飛ビ散ル。タバシル。トバシル。「水ー」血ー」

〔ほとぶ ブ・ル・ブレ・ビ・ビ・ビヨ (自動)(規.三) 潤 〔太(フト)ブノ轉カ〕潤ヒテ脹ル。フヤケル。「乾飯(カレイヒ)ノ上ニ涙落シテ、ほとびニケリ」

〔ほとほと (副) 殆 幾 〔邊邊(ホトリ)ノ意ト云〕ソノ近キ邊マデ至リテ。今少シニテ。スンデノコトニ。音便ニ、ホトンド。「保等穗跡(ホトホト)妹ニ、逢ハズ來ニケリ」保等保登(ホトホト)死ニキ、君カト思ヒテ」

ほとほと (副) (一)戸ヲ叩ク音ニイフ語。「竹ノ編戸ヲ、ホトト打叩ク」 剝啄 (二)斧ニテ伐ル音ニモイフ。「宮造ル、飛驒ノ工ガ、手斧音、ホトホトシカル、目ヲモ見シ哉(次條ノ語ニ言掛ケタリ) 丁丁

〔ほとほとし シキ・シケレ・シク・シク (形.二) 殆 殆ド迫レリ。イマスコシナリ。「ユクリナク風吹キテ、漕ゲドモ漕ゲドモ、シリヘシゾキニシゾキテ、ホトホトシク打チハメツベシ」恐ロシキ病ツキテ、ホトホトシク、イマスカル」 幾殆

〔ほとほとし シキ・シケレ・シク・シク (形.二) 程程 程歴テ久シ。「ナゲキコル、人イル山ノ、斧ノ柄ノ、ホドホドシクモ、ナリニケル哉」 契闊

〔ほとぼり (名) 熱 ホトホルコト。火ノ熱サ。ホトボリ。ホトリ。「次避ニ火熱(ホトホリ)時、踊語出見、亦言、云云」

ほとぼり (名) 熱 前條ノ語ノ訛。

〔ほとぼる ル・レ・ラ・リ・レ (自動)(規.一) 熱 〔火通(ホトホ)ル、ノ義カ〕(一)熱氣立ツ。ホトル。ホテル。ホトボル。(二)イキドホル。「イミジウ、マメダチテ怨ミ給フ、云云、サルベキ事モナキヲ、ほとぼり出デ給フ」 恐

ほとぼる (動) 熱 前條ノ語ノ訛。

ほとんど (副) 殆 ほとほとノ音便。今少シニテ。

ほとむら (名) 程村 紙ノ名、常州、水戸領、程村ノ産、西内(ニシノウチ)ノ屬ニシテ、精ニシテ厚シ。

〔ほとらひ (名) 〔程合(イ)ノ轉カ〕程(ホド)トイフニ同ジ。

ほとり (名) 邊 〔端(ハシ)ト通ズルカ〕程近キ處。アタリ。ソバ。キハ。

ほとり (名) 熱 ホトルコト。アツサ。

〔ほとりばむ ム・メ・マ・ミ・メ (自動)(規.一) 邊側 ハシヂカナリ。アサハカナリ。「廊ナド、ホトリバミタラムニ仕マセ奉ラムモ、飽カズイトホシク覺エテ、年足ラヌ程ニ中ハストモ、云云、サヤウノ、ホトリバミタラムフルマヒスベキニモアラズ」

ほとる ル・レ・ラ・リ・レ (自動)(規.一) 熱 ほとぼるノ約。アツクナル。ホトボル。ホテル。

〔ほとろ (名) 程 〔ろハ助語〕程(ホド)ニ同ジ。「秋ノ田ノ、穗田ヲ雁ガ音、闇ナルニ、夜ノ穗杼呂(ホドロ)ニモ、鳴キワタルカモ」夜ノー、我ガ出デ來レバ」

〔ほどろ (名) 蕨ノ穗ノ、延ビテ荊棘(オドロ)ニナレルモノ。「春來レバ、折ル人モナキ、早蕨ハ、イツカほどろニ、ナラムトスラム」

〔ほどろに (副) 斑 はだらニ同ジ、マダラニ。「沫雪降レリ、庭モ保杼呂(ホドロ)ニ」

ほなが (名) 穗長 草ノ名、齒朶(シダ)ノ條ヲ見ヨ。

〔ほに (名) 盆 〔字ノ音、盆(ボヌ)ノ轉〕盂蘭盆(ウラボン)ノ略、盆ノ條ヲ見ヨ。

ほね (名) 骨 〔秀根ノ義カ〕(一)動物ノ體中ニアリテ、全體ヲ張リ支フル堅キモノ、長短、細太、一ナラズ、處處、關節(ツガヒ)ニテ組合フ。(二)諸器ノ體ヲ張ルニ用ヰル細長キ竹木ナド。(扇、几帳、傘、壁、障子、燈、行燈、提燈、紙鳶、ナド) ○ーヲ折ル。勉ム。勵ミ爲ス。勞 勸勉 ○ーヲ惜ム。骨折ルヲ厭フ。懶 ○ーニ染ム。ーニコタフ。深ク感ズ。

†ほねがらみ (名) 俗ニ、黴毒(ハイドク)ノ全身ニ延蔓シテ痼疾トナレルモノノ稱。

ほね-ぐみ (名) 骨組 骨ノ關節ノ組合。骨格

ほね-つぎ (名) 骨繼 骨ノ關節ノ外レタルナドヲ治スル技。整骨科

ほね-なし (名) 骨無 不具ノ名、脊髓堅立セズシテ、身起ツヿヲ得ヌモノ。

ほね-なしみ (名) 骨惜 骨折ルヲ厭フヿ。なまケ。懶

ほね-をり (名) 骨折 ホネヲルヿ。勉メテ事ヲスルヿ。精ヲ出シテ働クヿ。粉骨 勤勞

ほね-を-る・ル・レ・ラ・リ・レ (自動)(規.一) 骨折 勉メテ爲ス。精ヲ出シテ働ク。粉骨 勤勞

〔ほの (接頭) 仄ニ。幽ニ。「一思シ寄ル」一語ラフ」一好ク」一見ル」一聞ク」一暗シ」

ほの-か-な (副) 仄側 彷彿 〔おほのかなノ約ト云〕見エテ分明ナラヌ状ニイフ語。オボホシク。カスカニ。ホンノリト。

ほの-ほ (名) 炎焰 〔火ノ穗ノ義〕火ノ燃エアガル尖。火先。火焰。

ほの-ぼの (副) 甚ダ仄ニ。「一見ツル、花ノ夕顏」夜ノ一ト明クルニ 微明

ほの-めか-す・ス・セ・サ・シ・セ (他動)(規.一) (一)髣髴クヤウニ云ス。「一、カヒコソナケレ、逢フ事ヲ、イナミノ浦ノ、海人ノ漁リ火」(二)チラチラ氣振ニ示ス。「心ニ餘リテ、ホノメカシ出デタリシヲ」ホノメカサバヤ、思フ心ヲ」諷示

ほの-め-く・ク・ケ・カ・キ・ケ (自動)(規.一) 髣髴 ホノカニアラハル。チラチラ見ユ。「月一」光一」時鳥、一聲ヲ、何方ト」打チホノメキテ參リ來ナムトテ出デ給フ」

ほ-ばう (名) 捕亡 亡グル者ヲトラフルヿ。メシトリ。

ほ-ばく (名) 捕縛 トラヘテシバルヿ。

ほ-ばしら (名) 帆柱 檣 船ニ立テテ、帆ヲ卷キアグル柱。

〔ほ-ばら (名) 魚膘 魚ノ腹ノ名所。

ほふ (名) 法 〔呉音 ほふ、音便ニ、ほう、漢音、はふナリ、熟語ナルハ用法ニ因テ、ニ所ニアリ、就キテ索ムベシ〕(一)アリ。サダメ。定規。(二)掟。法度。法律。(三)仕方。テダテ。術。手段。(四)算術ニ、目安。

ほふ-いん (名) 法印 (一)第一等ノ僧位、僧正ノ官ニ相當ス。又、大和尚。(二)俗ニ、山伏ノ稱。

ほふ-え (名) 法衣 佛法ノ衣。僧ノ服。法服。

ほ-ふく (名) 匍匐 這フヿ。ハラバフヿ。

ほふ-ぐわい (名) 法外 (一)法ノ外。(佛法ニ)(二)分限ニ外ルルヿ。過度

ほふ-げん (名) 法眼 僧位、法印ニ次ギ、僧都ノ官ニ相當ス。又、和尚。

ほふ-し (名) 法師 又、ホウシ。ホツシ。法ノ師。僧ノ通稱。出家。僧

ほふ-じ (名) 法事 佛法ノ祭事。

ほふ-しき (名) 法式 儀式ナドニ定レル則。

ほふ-しんわう (名) 法親王 親王ノ條ヲ見ヨ。

ほふ-しゆ (名) 法主 佛法一宗派ノ長。

ほふ-だん (名) 法談 一向宗ニテ、信徒ニ、其宗旨ノ趣意ヲ說キ聽カスルヿ。淨土宗ニテ、談義トイヒ、日蓮宗ニテ、說法トイフ、皆同ジ。

ほふ-みやう (名) 法名 佛門ニ入リテ僧トナレル人ニ、其宗門ニテ、別ニ授クル名。(俗名ニ對ス) 在俗ニテモ、其宗門歸依ノ人ナレバ、生前、死後、共ニ授ク。又、戒名。

ほふ-らく (名) 法樂 (一)佛ヲ祭ルニ奏スル音樂。(二)轉ジテ、スベテ神佛ノ手向ニナス業。「一ノ和歌」一ノ能」(三)又、轉ジテ、アソビ。ナグサミ。放樂。「見ルハ一」

ほふ-る・ル・レ・ラ・リ・レ (他動)(規.一) 屠 〔切リ放ル意〕(一)切リ割キ分クル。(禽獸ノ體ナド)(二)悉ク殺シ盡ス。(人ニ)「家ヲ一」城ヲ一」

ほふ-るゐ (名) 法類 同ジ宗旨ノ僧侶ノ互ニ呼ブ稱。

ほふ-わう (名) 法皇 太上天皇ノ、落飾セサセ給ヒ佛門ニ入ラセ給ヘル稱。寬平法皇ニ始マル。

ほふ-わう (名) 法王 (一)孝謙帝ノ、僧道鏡ニ授ケ給ヒシ位、月料、供御ニ准ズ。(二)天主敎ノ總首領ノ號、以太利ノ羅馬ニ居ル。パツパ。ポウプ。

ほふ-ゑ (名) 法會 佛法ノ祭。

ほ-へい (名) 步兵 徒立ノ兵卒。(騎兵砲兵ナドニ對ス)

ほ-へう (名) 墓表 死者ノ履歷ノ大略ヲ記シテ墓ニ彫リ付クルモノ。

ほほ (副) 輕ク笑フ聲ニイフ語。「上下、ヒトタビニ一ト笑フ」

ほほ (名) 頰 〔含ム處〕ツラ。顏ノ一部、目ノ下、鼻口ノ傍。

ほほ (名) 朴 又、ホホガシハ。今ハ又、ホホノキ。大木、深

山ニ多シ、葉ハ、かしはノ如クニシテ、鋸齒ナク、長サ一尺餘、枝梢ニ簇リテ互生ス、夏、上ニ一花ヲ開ク、白木蓮ニ似テ、大サ尺ニ近ク、香氣多シ、花中ニ紫心アリ、亦白木蓮ニ似テ大ナリ、花落チテ、心中ニ紅子ヲ吐ク、おもとノ子ニ似タリ、樹皮ヲ藥トス。商州厚朴

ほほ　(副)　粗略　事ヲ大凡ニ定メイフ語。アラアラ。アラマシ。オホカタ。大抵。「—似タリ」—同ジ」

ほほあて　(名)　頰當　面頰ノ條ヲ見ヨ。

〔ほほかす・ス・セ・サ・シ・セ〕　(他動)(規・一)　放置　今、約メテ、ホカス。棄ツ。打遣リテ置ク。落窪物語「着セ給ヘ、云云、着セ奉レド、ほほかし給フニヤ」

ほほかぶり　(名)　頰被　布帛ニテ頭ヨリ頰ヘカケテ被フコ。今、常ニ、手拭ニテスルニイフ。

ほほけだつ・ツ・テ・タ・チ・テ　(自動)(規・一)　蓬起　フクダム。ケバタツ。

ほほじろ　(名)　頰白　小鳥ノ名、しととノ類、原野ノ地上ニ巣クフ、鶯ヨリ大ク、灰赤色ニテ、背ニ黒斑アリ、眉ト頰ト白ク、翅、尾、鉏、黒ク、尾ノ兩端ニ白羽アリ、腹、微赤黄ナリ、胸下ニ赤斑アリ、脚、赤黄ナリ、春ヨリ聲アリ、圓滑ニシテ、多ク囀ルコ、小鈴ノ音ノ如シ、畜ヒテ聲ヲ玩フ。黄道眉

ほほすけ　(名)　緌　〔頰助ノ義ト云〕　おいかけニ同ジ。

ほほづき　(名)　酸漿　〔頰突ノ義〕　古ク、又、アカカガチ。ヌカツキ。草ノ名、春、宿根ヨリ苗ヲ生ズ、高サ二三尺、葉、橢圓ニシテ粗キ刻ミアリ、夏、葉ノ間ニ花ヲ生ズ、牽牛花ノ如ク五尖アリ、盞形ナリ、花ノ後、萼ヲ結ビテ垂ル、外皮、熟スレバ赤ク、内ニ實アリ、圓クシテむくろじノ大サニテ、熟シタルハ、鮮紅ナリ、女兒、其瓤ヲ去リ、蒂ノ一孔ヲ存シテ、虚殻トシ、頰ノ中ニ含ミ、氣ヲ引キテ脹ラメツ壓シツシテ、鳴ラシテ玩トス。又、千成—、犬—、海—、アリ、各條ヲ見ヨ。

ほほづきデウチン　(名)　酸漿挑燈　鬼燈　挑燈ノ、甚ダ小ク、正圓ニシテ、紙ヲ赤ク染メタルモノ、小兒ノ玩ナリ。

ほほづゑ　(名)　頰杖　ツラヅヱ。肘ヲ立テテ、掌ニテ頰ヲ支ヘ居ルコ、打守リ、思案スル時ナドニスルコナリ。支頤

〔ほほてふ〕　(名)　鳳蝶　〔字ノ音ノ轉ト云〕　あげはのてふニ同ジ。和名抄「鳳蝶、保保天布」

ほほばる・ル・レ・ラ・リ・レ　(他動)(規・一)　頰張　含ミテ頰ノ内ニ滿タス。嚥

ほほひげ　(名)　頰髭　頰ニ生フル髭。髯

ほほべに　(名)　頰紅　化粧ニ、紅ヲ薄ク頰ニサスコ。

ほほぼね　(名)　頰骨　顴　古名、ツラボネ。頰ノ上部、眦ノ下ニ高マル骨。

〔ほほまる・ル・レ・ラ・リ・レ〕　(自動)(規・一)　含　ふふまる、ふくまる、ニ同ジ。「千葉ノ野ノ、兒手柏ノ、保保麻例ド」

〔ほほむ・ム・メ・マ・ミ・メ〕　(他動)(規・一)　含　ふふむ、ふくむ、ニ同ジ。新撰字鏡「剪、莢、花初將レ開、保保牟」

〔ほほむ・ム・ム・ムレ・メ・メ・メヨ〕　(他動)(規・二)　含　含ムヤウニナス。フクムル。「郭公、オカヌナゲキノ、杜ニ來テ、イトド聲ヲ、ホホメツル哉」

〔ほほゆがむ・ム・メ・マ・ミ・メ〕　(自動)(規・一)　頰喎　實ニ違ヒテ語ル。「罪ナキ事モ、付キヅキシウ、マネビナスニハ、—事モアメレバコソ」

〔ほほゆがむ・ム・ム・ムレ・メ・メ・メヨ〕　(他動)(規・二)　頰喎　實ヲ違ヘテ語ル。「式部卿ノ姫君ニ、朝顔奉リ給ヒシ歌ナドヲ、少シヅツ、ホホユガメテ語ルモ聞ユ」

ほほゑむ・ム・メ・マ・ミ・メ　(自動)(規・一)　微笑　忍笑　〔含ミ笑ム意ナラム、或云、頰笑ムノ義、頰ニ其氣色ノ顯ハルル意ト〕　(一)忍ビテ少シ笑フ。ニッコリ笑フ。「—リシキ、恥カシゲナリ」　(二)花、少シ開ク。「梅ハ、ケシキ、ミ、ホホヱミワタレル、取リワキテ見ユ」　微開

ほまち　(名)　〔外持ノ約ナリト云〕　給料ナド、定リテ得ル高ノ外ニ、別ニ私ニ得ル金錢品物。私得

ほまへせん　(名)　帆前船　帆ヲ以テ航海スル船。ホブネ。(蒸氣船ナドニ對ス)

ほまれ　(名)　譽　〔譽メラレ、ノ約〕　人ニ譽メラレテ世ノ聞エニ映アルコ。好キ面目。名譽。

ほむ・ム・ム・ムレ・メ・メ・メヨ　(他動)(規・二)　譽　褒　〔秀ヲ活用ス〕　善シト言ヒハヤス。善キ評ヲ與フ。稱フ。

ほん　(名)　品　親王ノ叙スル位ノ稱、諸臣ノ位トリツ、一—、二—、三—、四—、ノ四等アリ。親王ニシテ、くらゐナキヲ無—トイフ。

ほん　(名)　本　(一)書畫ヲ寫シ又學ブニ、本トシ法トスルモノ。原本。手本。「師師口傳、無本可レ寫、欲

寫無」紙乃「常」本語」之ほん書キテ、習ハセナドシツツ」ほんニモ、ト思スニヤ、手習ヒ繪ナド、サマザマニカキツツ」(二)轉ジテ、トヂズミ。書物。書籍。 書冊 (三)手本ノ意ヨリ轉ジテ、他ノ志操行狀ノ法トシ傚フベキヿ。カガミ。「此君ヲ本ニ、ほんニスベキ」アテナル男ノほんニシツベク物シタマフ」 鑑鑑

ほん (接頭) 本 (一)モトノ。オホネノ。(末ニ對ス)「—國」「—家」(二)マコトノ。ホンタウノ。ホンマノ。(假、僞、ニ對ス)「—物」「—名」(三)外ナラヌ其ノ。「—人」「—年」「—日」「—月」

ほん (接尾) 本 書物、又ハ長キ物ヲ數フル語。「書物、五—」「柱、三—」「竿、一—」

ぼん (名) 盆 (一)ヒラカ、瓦器ノ平形ノモノ鉢。(二)今、專ラ、木製、方圓ノ扁平ナル器、緣淺シ、物ヲ載スル用トス。 承盤

ぼん (名) 盆 (一)盂蘭盆ノ略。又、ボニ。「ぼにノ頃、佛ノ御前ニ候ヒテ」ぼにスル程ニナリニケリ」(二)(轉ジテ、其祭ノ供物布施。「七月十五日、ぼんヲ奉ルトテ急ギ見給ヒテ」七月十五日、ぼん持タセテ山寺ニ詣ヅル所」(三)轉ジテ、其祭、即チ七月十五日前後數日ノ稱、民間、コレヲ一年ノ中トシ、暮ト併ベ稱シテ、一年二季ノ期トス。「—前」「—過」

ぼん (名) 凡 ツネナミ。他ニ勝レヌヿ。

ボン (名) 梵 (一)梵天ノ略。(其條ヲ見ヨ)(二)天竺佛道ノ物事ニ被ラスル語。「—語」「—唄」「—刹」

ほん-あん (名) 翻案 仕組ヲ仕易ヘテスルヿ。

ほん-い (名) 本意 マコトノココロ。ホイ。本懷。

ほん-か (名) 本歌 狂歌、俳諧、ナドニ對シテ、正シキ三十一字ノ和歌ノ稱。

ほん-き (名) 本氣 戲レナラヌ心。浮キタル心ナラヌヿ。正氣。 本心

ほん-ぎ (名) 本紀 紀ノ條ヲ見ヨ。

ほん-くわい (名) 本懷 本意ニ同ジ。

〔ほ-むけ (名) 穗向 稻、薄、ナドノ穗ノ靡キ向フヿ。「—ノ風」「—ノ路」「—ノ絲」

ほん-け (名) 本家 本タル家筋。イヘモト。(末家ニ對ス) 宗家

ぼん-げ (名) 凡下 身分ナキ人。平民。

ほん-けがへり (名) 本卦回 人ノ六十一歲ニナレルヲ稱スル語、本命、即チ、己ガ生年ノ干支ト同ジ干支ノ年ニ、再ビ返リテ廻リ合フヲイフ。 華甲子

〔ほん-ご (名) 反故ノ條ヲ見ヨ。

ボン-ご (名) 梵語 梵天ノ語、即チ、天竺(印度)ノ語。

ほん-こく (名) 翻刻 版本ヲ再ビ版木ニ刻ルヿ。

ほん-こく (名) 本穀 本石 東京ニテ、仙臺米ノ稱、產出多クシテ東京ヘ來ルヿ最モ多シ、故ニ本場ノ穀ノ名ヲ占ム。(米商ノ語)

ほん-ごく (名) 本國 モトノクニ。己ガ生レタル國。

ほん-さい (名) 本妻 ムカヒメ。正シキ妻。(妾ニ對ス) 嫡妻

ぼん-さい (名) 盆栽 ハチウヱ。鉢ノ木。

ボン-さい (名) 梵妻 僧ノ竊ニ畜フル妻。ダイコク。 梵嫂

ほん-ざう (名) 本草 支那ノ古キ藥物學ノ書、神農氏ノ著ト云、藥ハ草ヲ本トスレバ名ヅク、而シテ、動物、礦物、コレニ附セリ。

ほん-ざん (名) 本山 一宗ノ諸末寺ノ長タル寺。本寺。

ボン-さん (名) 梵讃 和讃ノ條ヲ見ヨ。

ボン-じ (名) 梵字 又、悉曇章。(其條ヲ見ヨ)梵天王ノ作リシ文字、即チ天竺ノ文字。母字、即チ、韻字ヲ悉曇トイヒ、發聲ノ字ヲ體文トイヒ、體文ニ添フル韻ノ點畫ヲ摩多ト云。

ほん-しき (名) 本式 法ノ如ク、省略ナドセズ行フ式。

ほん-しん (名) 本心 眞ノ心。正氣。本氣。(迷ヒタル又ハ狂ヒタル心ニ對ス)「—ニ立返ル」

ほん-しや (名) 本社 社地ノ內ニ、主トスル神ノ社。(末社ニ對ス)

ほん-しやう (名) 本性 (一)ウマレツキ。天然ノ性。(二)本心。正氣。(狂氣醉氣ナドニ對ス) 本心

ほん-しよく (名) 本職 モチマヘノ職業。 本業

ほん-しよく (名) 本色 モチマヘ。

ポンス (名) 〔蘭語、Punch.〕 檸檬ト砂糖トニテ製セル飲物。

ほん-せき (名) 本籍 住ミツキテアル地ノ戶籍。(寄留ニ對ス) 本貫

ぼん-せき (名) 盆石 盆繪ニ用キル山岳ノ形シタル石。

ボンせつ (名) 梵刹 寺ニ同ジ。

ほんぜん (名) 本膳 式ノ膳立ニ、飯汁肴ヲ具シテ、第一ニ正面ニ供スル膳ノ稱。別ニ、雑肴ヲ載セテ、更ニ左右ニ供スル膳ニ、二ノ膳、三ノ膳、ナドアリ。

(ほんぞ (名) 本所 ソノトコロ。ソノ役所。「迎ヘノ出シ車、ほんぞノ人人載セテナムアリケル」

ほんそう (名) 奔走 (一)ハシルコト。馳セマハルコト。(二)小兒ナドヲ愛デイツクシムコト。寵愛。「一スル」

ぼんぞく (名) 凡俗 無智無學ナル常ノ人。凡夫。

ほんぞん (名) 本尊 寺院ニテ、主トシテ崇ムル佛像。ホゾン。

(ほむだ (名) 鞆。應神紀「上古時俗號レ鞆謂ニ褒武多一焉」

ほんたう (名) 本當 マコトナルコト。僞リナラズ虚ナラヌコト。眞實

ほんだう (名) 本堂 寺内ニテ主トスル佛堂。

ほんだう (名) 本道 (一)正シキ路。(間道 徑路、ナドニ對ス)(二)醫術ノ語ニ、内科ニ同ジ。

ほんだはら (名) 穗俵ノ音便。

ほんち (名) 本知 本領ノ知行所。舊封

ほんち (名) 本地 (一)本ノ地。本國。本土。(二)此ノ土地。

ほんぢ (名) 本地 佛氏ノ說ニ、日本ノ神モ、天竺ナル本地ノ某佛ノ、跡ヲ此地ニ垂レテ出デ給ヘルモノトシ、本地、垂跡、トイフコトヲ稱ヘテ、天照太神ヲ、本地、阿彌陀佛ノ垂跡トシ、八幡太神ヲ、觀世音ナドトス、兩部神道ノ說、此ニ起ル。

ボンチ (名) 〔英語、Punch.〕西洋ニテ、人形芝居ニ戲謔ヲナス者。又寓意アリテ世ヲ諷スル戲畫ヲモイフ。鳥羽繪ノ類。

ほんぢん (名) 本陣 (一)陣中ニテ、大將ノ居ル所。中軍 (二)宿場ニテ、貴人ナドヲ宿ス大ナル旅店、驛館

ほんて (名) 本手 モチマヘノ技倆。「一ヲ出ス」

ほんてう (名) 本朝 我ガ國ノ朝廷。轉ジテ、泛ク自國ノ稱。國朝。

ほんてうし (名) 本調子 三味線ノ調子ノ名、宮ト徵トノ和合音ヲ得ルモノ、即チ、第二絃ヲ宮トシ、第三絃ヲ徵ノ甲音トシ、第一絃ヲ徵ノ乙音トスルモノ。又、其第二絃ノミヲ、一律高クシテ商ニ上グルヲ、「二あがり」トイヒ、第三絃ノミヲ、一律低クシテ角ニ下グルヲ、「三さがり」トイフ。

ボンてん (名) 梵天 〔梵語、婆羅賀磨天ノ略〕(一)天竺ノ波羅門ニテ、能生萬物ノ主ノ稱、一王ト稱ス。佛敎ニテモ取リテ祭レリ。(二)修驗道ニテ、祈禱ニ用ヰル幣束ノ稱。(梵天ニ奉ツル意)

ボンてんまい (名) 梵天米 のあねニ同ジ。

ポンド (名) 封度 磅 〔蘭語、Pond. 英語、Pound.〕(一)西洋、秤目ノ名、斤ト譯ス。和蘭ナルハ、我ガ百三十三匁、九分五厘。英、米、ナルハ、百二十〇匁、七分四八。(十二兩)(二)英ノ金銀寶石藥材量ナルハ、十二兩。我ガ九十九匁、三分五厘八四。(三)英ノ金貨ノ名、二十「シルリング」四弗四十四「セント」四四。我ガ四圓九十八錢五厘。

ぼんなう (名) 煩惱 佛經ノ語、人世ノ慾情嗔望苦慮等ノ、煩ハシク惱マシキコトノ汎稱、佛道ニテ最モ嫌ヒ棄ツベキモノトス。(菩提ノ正覺ニ對ス)

ぼんなうさぎ (名) 煩惱鷺 鷺ニ似テ小キモノ、アシゴヰ。

ほんなほし (名) 本直 燒酎十石、糯白米二斗八升、米麴一石二斗ニテ釀セル酒、製法、味醂ニ同ジ。

ぼんにん (名) 凡人 ヨノツネノ生レノ人。タダヒト。

ぼんのくぼ (名) 盆窪 〔灸穴ニ、缺盆ノ名アリ、在ニ肩上横骨陷者中一其名ニ起ルカ〕頸ノ中央ノ窪ミタル處。頸窩

ほんのり (副) 〔ほのノ延〕ホノカニ。カスカニ。「一ト東ガ白ム」「一赤ラム」

ボンばい (名) 梵唄 梵天ノ音。佛法ノ讚詠ノ詞。

ほんばう (名) 本坊 一寺ニテ住職ノ住ム處 (塔頭ニ對ス)

ほんばう (名) 本邦 此ノ國。我ガ國。

ほんばこ (名) 本箱 書籍ヲ納メオク箱。書箱

ほんぶ (名) 本部 部類ノ本ナルモノ。

ぼんぶ (名) 凡夫 タダビト。凡人。佛道ニ學リ入ラヌ人。

ポムプ (名) 〔英語、Pomp.〕ミヅハジキ。機ニテ水ヲ揚ゲテ遠キニ遣ル器。喞筒

ほんぷく (名) 本腹 病ノナホルコト。平癒。全快。

ボムベン (名) 〔蘭語、Bombeu.〕 破裂彈。
ぼんぼちたいめ (名) 久シク貯ヘテ、陳ケテ赤黄色トナレル米。コンボチゴメ。 陳倉米
ぼんぼり (名) 〔放ケタル意ヨリイヘルカ〕 (一)中啓ノ扇子ノ、半バ開キタル如キモノ。(二)耳ノ垢ヲ掃フ小キ具、頭ヲ羽ニテ作リテ、柄アリ。ミミハラヒ。 消息子 (三)鯛、鱈、ナドノ生肉ヲ湯ニテ煮テ、肉ヲホグシ、更ニ固メテ、羹出汁ヲ注ギタルモノ、吸物ノ種トス。(四)手燭、茶爐、ナドニ用ヰル紙張ノ蓋。 雪洞
ほんま (名) 本馬 宿場ノ駄馬ニ、一駄ノ定メ、即チ、三十六貫目ヲ負ハスルモノ。(輕尻、乘掛ニ對ス)
ほんま (名) 本眞 マコト。イツハラヌヿ。ホンタウ。
ほんまう (名) 本望 本心ノ望ミ。「―ヲ遂グ」 眞實
ほんまる (名) 本丸 城ノ内郭ノ、主將ノ居ル處。本城。(丸ノ條、見合ハスベシ) 牙城
ほんみやう (名) 本名 實ノ名。(號、渾名、ナドニ對ス)
〔ほんみやう (名) 本命 己ガ生レタル年ノ支干ノ稱。 元命
〔ほんみやう-せう (名) 本命星 佛經ニ、北斗ノ七星ニ、金輪星、妙見星ヲ併セタル稱、人ノ形ヲ司ル。
ほんもん (名) 本文 (一)文書ノ中ノ本ノ文句。(注解ナドノ文ニ對ス) (二)古書ナドニアル典故トスベキ文句。「著者不レ入トイフ―アリ」 典語
ほんや (名) 本屋 (一)母屋。(二)書籍ヲ賣ル商家。 書肆 書林

ほんやく (名) 翻譯 外國ノ語ノ義ヲ取リテ、自國ノ語ニ變ヘテ記スヿ。
ぼんやり (副) 〔ほの、ほんのり、ノ轉訛カ〕 (一)曇リテ分明ナラヌ狀ニイフ語。(燈光、眼力、ナドニ) 朦朧 (二)俗ニ、氣轉ノ鈍キ狀ニイフ語。 惘然 漠然
ほむら (名) 焔 〔火叢ノ義カト云〕 (一)ホノホ。火炎。(二)怒リ又ハ怨ミテ、思ヒ迫リタルヿ。「胸ノ―」
ほんらい (副) 本來 モトヨリ。初メヨリ。元來。
ほんりやう (名) 本領 舊ヨリ持チ傳ヘタル領地。本知。「―安堵」 舊封
ぼんりよ (名) 凡慮 凡人ノ考ヘ。
ほんゐん (名) 本院 院ノ條ヲ見ヨ。
ぼんゑ (名) 盆繪 五彩ノ美シキ砂、山ノ形セル小石、ナドヲ聚メテ、盆ノ上ニ敷キ隙ネ積ミ重ネテ、山水ノ景ヲ寫シ作ル遊技。
ぼんをどり (名) 盆踊 盆祭ノ頃ニ、童男女ナドノ、相連レテ、一種ノ歌舞ヲナスヿ。
ほめそや・す・セ・サ・シ・セ (他動)(規.一) 稱揚 盛ニ褒ム。ホメタツル。
ほもめん (名) 帆木綿 帆ニ用ヰル一種ノ綿布、極メテ厚ク織ル。
〔ほや (名) 寄生 宿木ニ同ジ。ホヨ。
ほや (名) 保夜 老海鼠 〔寄生ノ根ヲ託スル所、其體相似タレバ名トストニ云〕 海產ノ動物、狀、皮ノ嚢ノ如ク、大サ拳ノ如シ、殼堅ク、薄赤クシテ、疣多キヿ海鼠ノ如ク、目、口、無シ、肉ハ、あかがひニ似テ、ほのわたノ氣アリ、多ク鹽トシテ食用トス。 石勃卒 海蛸 相馬百官ニ、海干アリ、らめぼしノ、此ノ保夜ニ似タルヲ以テ、訓ジタルカト云。
〔ほや (名) 穗屋 薄ノ穗ヲカラ葺ケル家。「薄葺ク、ほやノ軒端ノ、一方ニ、靡カバ神ノ、シルシトモ見ム」
ほや (名) 火屋 (一)香爐、手焙、ナドノ上ニ被フ蓋、金類製ニテ透刻ナドニス。 罩蓋 (二)洋燈ノ上ニ被ヒテ、火ヲ圍ム硝子ノ筒。
ほやう (名) 保養 (一)身ノ健全ヲ保チ養フヿ。養生。(二)氣ノ一ニトテ、遊ブヿ。
ほゆ・ユル・ユレ・エ・エ・エヨ (自動)(規.二) 吠 〔獸ノ鳴ク聲、含ムガ如クナレバイフト云〕 犬、高ク聲ヲ出ス。烈シク鳴ク。又、牛、猿、虎、豹、獅子、ナドニモイフ。 吼
ほら (名) 洞 〔含ミテ開ケタル意、廓ノ約ト云〕 崖又巖ナドニ明キテ、空虛ナル穴。
ほら (名) 法螺 寶螺 〔字ノ音ノ約、或ハ、中ノ洞ナル意カ、又ハ、聲ノホガラカナル意カトモ云〕 (一)介ノ名、形、はいニ似テ甚ダ大ク、殼ハ黄白ニシテ、淡紫ノ虎斑アリ、海ニ產ズ、肉、食フベシ。 梭尾螺 舶來ノ大ナルモノハ、長サ二尺ニ至ル、末端ヲ磨リテ孔ヲ作リテ吹ク、其聲、高クホガラカナリ。ホラノカヒ。ホラガヒ。カヒ。軍陣ニ用ヰテ進退ヲ示スヲ陣具トモイフ。 哱囉 又、修驗者、コレヲ吹キテ山ニ入リ、同行ノ導トシ、又猛獸ヲ畏レシム。 梵貝 (二)俗ニ、虛言ヲ語ルヿ。「―ヲ吹ク」 ―ヲ言フ」 虛言
ほら (名) 鰡 〔形ノ圓廓ナル故ノ名カ〕 又、ガヨシ。名

吉。魚ノ名、早春ヨリ、溝渠等ノ淡水ニ產ジ、後、川ニ出デテ、海ニ入ル、成長ニ隨ヒテ、諸國、方言、種種アリ、東京ニテハ、初生ノ一寸許ナルヲ、をぼこトイヒ、二寸許ナルヲ、洲走トイヒ、頗ル長ジタルヲ、いなトイヒ、河海ニ出デ、年ヲ歷テ大ナルハ、ぼらナリ、其ノ更ニ大ナルヲ、とどトイフ、身圓ク、頭、平タクシテ、色黑ク、腹白シ、水中ヲ進行シ、能ク跳リテ、水ノ上ニ出ヅ。

ほり（名）掘（一）掘ル丁。（二）地ヲ長ク掘リ割リテ、水ヲ通ジ運艚ニ便ニスル所。人ノ掘リ作レル川。舟渠（三）古ク、掘柵。防禦ノ爲ニ、城ノ周圍ヲ掘リテ水ヲ湛フル所。塹　壕

ほり（名）彫　彫ル丁。彫物。

ほりあげ（名）刻上　刻物ノ摸樣ヲ、象ヲ高ク、地ヲ低ク、刻ル丁。オキアゲボリ。ウキボリ。陽識　コレト反對ニ刻ルヲ、ほりゐみトイフ。陰識　欵識

〔ほりき（名）塹〔掘柵ノ義〕城ノ周圍ノ掘。和名抄「塹、保利岐」

〔ほりす　スル・スレ・セ・シ・セヨ（他動）（不規・二）欲〔欲ヲスル義〕欲ル。望ム。欲ス。「言ハマクー」見マクー」

ほりとめ（名）掘留　掘溝ナドノ掘リ止メタル處。

ほりぬきゐど（名）掘拔井戶　地下數丈ノ地磐ヲ、鐵挺ニテ掘リ貫キテ、其下ノ自然ノ淸水ヲ取レル井。

ほりぬく　ク・ケ・カ・キ・ケ（他動）（規・一）掘拔（一）土ヲ穿チテ貫ク。（二）物ヲ刻ミテ貫ク。

ほりもの（名）刻物（一）木竹金石等ニ、種種ノ形象摸樣ヲ刻リツクル技。彫刻（二）膚ニ、針ニテ、人物花鳥ナド、種種ノ象ヲ刺シ作リ、墨、朱、ナド差シ入ルル丁　市虎ナド、身ノ飾トス。劄靑

ほりわり（名）掘割　地ヲ掘リ割リテ水ヲ通ズル處。渠

ほりゐど（名）掘井戶　地ヲ掘リテ水ヲ取ル井。〔樋ニテ水道ノ水ヲ引ケル井ニ對ス〕

〔ほる　ル・レ・ラ・リ・レ（他動）（規・一）欲　願ヒ望ム。欲ス。「我ガ保里シ、雨ハ降リキヌ」獨リソ、我ガ來ル、妹ガ目ヲ欲」

ほる　ル・レ・ラ・リ・レ（他動）（規・一）掘（一）地ヲ穿ツ。（二）キザム。切リテ形ヲ作ル。エル。刻（三）彫物ヲナス。彫　鐫

ほる　ル・ルル・ルレ・レ・レ・レヨ（自動）（規・二）恍惚（一）感覺ヲ失フ。放心ス。惚ク。ボケル。「思ヒ歎キテ、ツラ杖ヲツキテほれテ居タルヲ」ほれ惑ヒテ、イトド物覺エ給ハズ」老イー」（二）心ヲ失フマデニ思ヒヲ掛ク。「物ニー」女ニー」心醉

ホルトガル（名）橄欖油（一）橄欖トイフ樹ノ實ヨリ採ル油ノ名、初メ蘭人、葡萄牙ノ產ヲ渡セルガ故ニ名トス、凝リテ、色、黃ナリ、食用トス。略シテ、ホルトノアブラ。又、オレーフ油。又、和產ナルハ、次ノ膽八樹ヨリ採ル。膽八香　又續隨子ノ油ニテ僞ルモノアリ、サレド麻油ノ如クニシテ、色白シ。（二）樹ノ名、橄欖ノ野生ノモノト云、暖地ニ多シ、喬木ニテ、葉ハ、やまももニ似テ薄ク、長サ二三寸許、鋸齒、粗クシテ、互生ス、葉、四時ニ代リテ、落ツルトキハ色赤シ、故ニ、終歲、紅葉相雜ハル、夏、葉ノ間ニ、枝叉ヲ出シ、花ヲ開ク、黃粉ノ如ク、竹柏ノ花ニ似タリ、實、長サ六七分、兩端尖リテ、椎ヨリハ狹小ナリ、熟スレバ、綠ニシテ內ニ核アリ、其仁ヲ搾リテ前條ノ油ヲ採ル、故ニ名アリ。膽八樹　洋產ナルハ實大ナリ。橄欖（三）佛狼機

ホルトさう（名）續隨子　草ノ名、苗、秋ニ生ズ、初出ノ葉ハ、なでしこニ似テ、厚ク黑ミアリテ、背ハ莖ト共ニ白シ、兩葉、節ニ對生シ、節每ニ、互ニ四方ニ出デテ十字ノ如シ、莖、太ク圓ク、冬ニ至リ、高サ一二尺アリ、春生ズル葉ハ廣シ、梢ニ至リ、五葉對生シ、其上ニ、五方ニ小枝ヲ出シ、上ニ兩葉對生シ、其中ニ一花ヲ生ズ、四瓣ニシテ黃紫ナリ、旁ニ叉一莖ヲ斜出シ、上ニ兩葉アリ、其中ニ叉一花ヲ生ズ、此ノ如ク、一節ヅツ增シテ、枝長ク五方ニヒロガル、實ノ大サ、四五分、圓クシテ三道アリ、內ニ三子アリ、たうごまニ似テ小ク、褐色アリ、子ニテほるとノ油ヲ僞製ス、故ニ名アリ。

ホルトのあぶら（名）ほるとがるノ條ヲ見ヨ。

〔ほれぼれし　シキ・シケレ・シク・シク（形・二）恍惚　恍レタル狀ナリ。心ヲ失ヒテ見ユ。「昔ノ事ハ委シウハエ知リ給ハズ云云、今ハ、ホレボレシウナリテ」明ケ暮レ、戀ヒ歎キテ、イトド ホレボレシキ狀ニテナリテ侍レド」

ほれる（動）惚ルノ訛。

ほろ（名）保侶　母衣　縨〔洞ト通ズト云〕（一）鎧ノ

背ニ負ヒテ矢ヲ防グ具、竹ヲ骨トシテ、大ニ張リ、上ニ布ヲ被ヒ、紐ニテ肩腰ニ括リ締ム。(二)又、馬卑ノ屋トスル被ヒナド、其製ノ相似タルモノ。

ぼろ (名) 梵論|暮露 乞兒ノ僧ノ類、後ノ虚無僧コレナリト云。又、ボロボロ。梵論字。梵字。

ほろがや (名) 母衣蚊屋 蚊屋ノ、小クシテ、竹ヲ撓メテ骨トシテ、製ノ母衣ノ如キモノ

ぼろきれ (名) 襤褸 布帛ノ用キ舊シテ、ボロボロシタルモノ。

ほろし (名) 痱子 〔字ノ音ノ轉ト云〕 膚ニ粒立チテ生ズル微細ナル瘡。

〔ほろは〕 (名) 保呂羽 〔含ミタル羽ノ意ト云〕 鳥ノ腋ノ下ノ羽。

ほろぶ・ブル・ブレ・ビ・ビ・ビヨ (自動) (規・三) 亡|滅 形無クナル。絶ユ。滅亡ス。消エ失ス。「國、―」家、―」身、―」罪、―」

ほろぼす・ス・セ・サ・シ・セ (他動) (規・二) 亡|滅 形ヲ無クス。絶ヤス。消ス。「國ヲ―」家ヲ―」身代ヲ―」罪ヲ―」

ぼろぼろ (名) 梵論ノ條ヲ見ヨ。

ぼろぼろ (副) 次條ノ語ノ訛。物ノ、脆ク裂ケ、又ハ崩ルル狀ニイフ語。「衣―切ルル」土―崩ル」

ほろほろ・と (副) (一)物ノ散キ亂ルル狀ニイフ語。ハラハラ。バラバラ。「―落チ亂ルル木ノ葉ノ」僧ナドモ、散ルベキ限リコソ繰出ネ、―騷グヲ見給フニ」(二)物ノ脆ク毀レ又ハ破レ碎クル狀ニイフ語。ハラハラ。ボロボロ。「栗ナドヤウノ物ニヤ、―食フ」袈裟衣、―脫ギ捨テテ」引キシロフ程ニ、綻ビハ、―絶エヌ」―アル布小袖ナド、昔、假リニダニ見ザリシ姿ナレバ」(三)淚ノコボルル狀ニイフ語。ボロボロ。「淚ノ、―コボルルヲ」轉ジテハ、泣ク聲ニモイフ。「候フ人人モ、―泣キアヘリ」―打泣キテ」又、雉子ナドニモイフ。ホロロト。「秋サレバ、野ニ鳴ク雉子ノ、―、淚コボルル、夕マグレ哉」山鳥ノ、―鳴ク、聲聞ケバ」

ほろよひ (名) 微醉ニ同ジ。

ほろりと (副) 淚ノ一滴落ツル狀ニイフ語。「淚ヲ―落ス」

〔ほろろぐ・グル・グレ・ゲ・ゲ・ゲヨ〕 (他動) (規・二) 散 ハララカス。バラバラニナス。「名香、蜜ヲカクシ、ホロロゲテ燒キ匂ハシタル」

ほろろと (副) 雉子ノ鳴ク聲ニイフ語。ホロホロト。「飛立ツ雉ノ、―ゾ鳴ク」

ほろゑひ (名) 微醉 少シ醉ヒタル了。ホロヨヒ。

ほわた (名) 穗絮 茅花、葦、ナドノ穗ヲ綿ニ用キルモノ。茅花絮

ほゐ (名) 補遺 遺リタルヲ拾ヒテ補フ了。(著書ナドニ)

ほゐん (名) 母韻 語學ノ語、あ、い、う、え、お、ノ五音ノ稱。(篇首ノ語法指南ノ初ヲ見ヨ)

ま

ま 五十音圖、末行第一ノ假名。此一行ノ假名、ま、み、む、め、も、ノ五音ハ、其發聲、重ク脣ニ觸レ、兼ネテ鼻ニ觸レテ出ヅ。又、まノ音ハ下ニ、う又ハふ(うト呼ブモノ)ヲ受クレバ、もノ如ク響ク了アリ、まうく(設)まふ(舞)ノ如シ。

ま (名) 間 (一)アヒ。アヒダ。ヒマ。イトマ。「茂ミチ葉ノ、―ナク散リヌル」人ノ聞カヌ―ニ呼寄セ給ヒテ」(二)コロアヒ。ヲリ。「―ヲ見テ言フ」―ニ合フ」―ニ合ハス」―ガワルイ」機會 (三)音樂舞曲ノ調子拍子ノ移リ變ハル機。「―ヲ取ル」―拍子」(四)(家ノ柱ト柱トノ中間。「格子、云云、一間二間ハ下サズ」西ノ二ノ間ノ東ノ―」(五)轉ジテ、家ノ內ヲ仕切リタル處。座敷。部屋。室 (六)疊ノ寸法ニイフ辭、京―、田舍―ノ別アリ、間ノ條ヲ見ヨ。(七)船ノ泊ル所。フナカカリ。ミナト。(常ニ澗ノ字ヲ記ス) 舟泊

ま (名) 馬 うまノ約。「野―」―屋」

ま (名) 目 目ノ轉。「―ノ邊」―ノ前」

ま (名) 眞 マコト。「―ニ承ケテ」

マ (名) 魔 (一)梵語、麻羅ノ略、其條ヲ見ヨ。(二)轉ジテ、心ヲ亂ス靈。惡シキ神。惡魔。「―法」―術」―道」―ガサス」邪神 邪祟

ま (助動) 未來ノ意ヲイフ助動詞ナルむ(將)ノ變化ナルベシ。(篇首ノ語法指南ノ助動詞ノむノ條ヲ見ヨ)「聞カまホシ」行カまホシ」獨リ見ま憂キ、花盛カナ」

ま (副) 今 いまノ約、更ニ加ヘテ。「―少シ」―ヒトツ」

ま（接頭）眞〔御又實ニ通ズ〕（一）マコトノ。僞ナラヌ。「ー心」「ー事」「ー物」（二）正シキ。片寄ラヌ。「ー夜中」「ー向キ」正（三）雜ナキ。「ー白」「ー黒」純

ま（發語）眞〔前條ノ語ノ轉〕美ムル意ノ發語ト云。「ー砂」「ー弓」「ー菅」「ー菰」「ー熊野」

まあひ（名）間合 時ノ間ノ程。時間

〔まい（名）烏牛 毛色ノ黒キ牛。和名抄「烏牛、麻伊」

まい（接頭）毎 物ゴトニ、事ゴトニ、アルヲイフ語。「ー夜」「ー年」「ー月」「ー朝」「ー日」

まい（接尾）枚（一）ヒラ。平ニシテ薄キモノヲ數フル語。「紙、百ー」「板、五ー」「戸、二ー」（二）舊貨幣ニ、金一ートイフハ、七兩二歩ノ稱、銀一ーハ、銀匁四十三匁ノ稱。

まい‐きよ（名）枚擧 一一數ヘアグルヿ。「ースルニ暇アラズ」

まい‐くわい（名）玫瑰（一）支那ニ、美石ノ名。（二）草ノ名、ハマナス。

まいけ（名）眉毛 まゆげノ訛。

まい‐さう（名）昧爽 アカツキ。ヨアケ。拂曉。

まい‐さう（名）埋葬 ハウムルヿ。

マイス（名）賣僧〔字ノ宋音ト云〕（一）商スル僧。（二）僧ヲ罵リテ呼ブ語。

まいて（副）況 ましてノ音便。「まいて、イトアルマジキ御事ナリ」

まい‐ど（副）毎度 タビゴトニ。タビタビ。毎毎

まいば（名）蟠車ノ條ヲ見ヨ。

まいはけ（名）眉刷毛 まゆはきノ訛

まい‐はだ（名）槇皮〔まきはだノ音便、或云、まきハ、卷ノ音便 イカガ〕檜ノ内皮ヲ碎キタルモノ、舟又井戸側ナドノ材ノ接目ニ打込ミテ、水ノ漏リ入ルヲ塞グ。古クハ、舟ノのめ。中古ニのみ。今モ、コレヲ以テ塞グヲ、のめサス、トイフトゾ。船茹

まい‐ぼつ（名）埋沒 埋レテ見エズナルヿ。

まい‐まい（副）毎毎 タビタビ。シバシバ。

〔まいみ（名）眞忌 あらいみノ條ヲ見ヨ。致齋

マイル（名）英里 哩〔英語、Mile.〕英國ノ里程、我ガ十四町四十三間一尺三寸六分。

まう（名）毛 秤目、物差目ノ名目、毫ノ條ヲ見ヨ。

まう‐あく（名）猛惡 猛ク苛キヿ。

まう‐か（名）孟夏 夏ノ初。陰暦、四月。

まう・く・クル・クレ・ケ・ケ・ケヨ（他動）（規．二）設 儲〔設ク、ノ延〕（一）設ク。豫メ用意シ備フ。供ヘテ待受ク。「思ヒー」「酒宴ヲー」（二）作リ備フ。ゴシラフ。「敵ヘヲー」「妻ヲー」「男ヲー」「兒ヲー」（三）錢物ノ利益ヲ得。得ツク。「金ヲー」收益

〔まう・く・クル・クレ・コ・キ・コヨ（自動）（不規．一）參來〔まゐくノ音便〕參リ來。

まう‐くわん（名）盲官 盲人ノ官。盲人ノ、琵琶管絃ノ歌曲、及ビ鍼治導引按摩等ヲ業トスル者ヲ統ベテ、官ヲ定ム、撿校、（法印ニ准ズ）勾當、（法眼、法橋ニ准ズ）座頭、衆分等ト次第シ、更ニ其上ヲ統ブルニ、總撿校、總錄等アリ。

まうけ（名）設（一）マウクルヿ。ソナヘ。マチウケ。（二）錢物ノ利益。得。

まうけのきみ（名）儲君 皇太子ニ同ジ。

まう‐ご（名）妄語 佛敎五戒ノ一、虛言ヲ語ルヿ。

まう‐ざう（名）妄想 佛經ノ語、妄ナル想像。

まうさく（副）申白 申スノ延。申スニハ。「謹拜白」

まうし‐う・く・クル・クレ・ケ・ケ・ケヨ（他動）（規．二）申受 申シ請ヒテ受ク。

まうし‐ご（名）申子 神佛ノ通力ニ祈リ、申シ請ヒテ生ミタル子。

まうし‐つぎ（名）申次 外事ヲ主君ニ申シ次グ役。トリツギ。謁者

まう‐しふ（名）妄執 佛經ノ語、妄ナル執念。

〔まうしぶみ（名）申文 上ヘ申ス文書。奏文 告文

まう‐じん（名）盲人 盲ナル人。メクラ。瞽者

まう‐じや（名）亡者（一）佛敎ニ、死シタル人。又、其魂ノ、尙、人ノ體ヲナシテ冥土ニアルモノノ稱。（二）僧家ニテ、魚ノ隱語。

まう‐しゆん（名）孟春 春ノ初。陰暦、正月ノ異稱。

まう・す・ス・セ・サ・シ・セ（他動）（規．一）申 白〔まをすノ音便〕（一）古クハ、マヲス。言フ、告グ、ノ敬語。「何トー」（二）申シ請フ、ノ略ニテ、願フ。請フ。「申シ受ク」「申シ取ル」「申シ賜ハル」「罷リー」「申シ子」請（三）爲ス、ノ敬語。「御供ー」「不沙汰ー」「賴ミー」

まうせん (名) 毛氈 カモ。毛ト綿トヲ雜ヘテ、粗ニ厚ク押シテ製シテ敷物トスルモノ、種種ノ色ニ染メ、或ハ一面ニ花紋ヲ染メタルヲ花ートイフ、支那產ニテ舶來ス。毯
まうそうちく (名) 孟宗竹 竹ノ一種、百餘年前、支那種ヲ渡セリ、莖、最モ太ク、徑尺餘ニ至ル、筍、最モ早ク、冬ヨリ生ズ。江南竹
〔まうちぎみ (名) 公卿 まへつぎみノ條ヲ見ヨ。
まうづ・ヅル・ヅレ・デ・デ・デヨ (自動)(規・二) 詣 〔まゐいづ、ノ音便約〕(一)參リ出ヅ。來ル、ノ敬語。「出デマウデ來」(二)神佛ヲ拜ムニ行クマヰル。參詣ス。
〔まうと (名) 客 〔參人ノ音便轉ナラム、或云、まらうとノ約〕參リ來タル人。客人。「まうとタチノ、ツキヅキシク、今メキタラムニ、オロシタテムヤト」時時見ル男モハ、まうとハ、何シニ、ココニ度度參ルゾ、ト問フ」
まうとう (名) 孟冬 冬ノ初。陰曆、十月ノ異稱。
まうとう (副) 毛頭 兎ノ毛ノ頭ホドモ。スコシモ。イササカモ。(下ニ打消ノ語ヲ用ヰル)「ー覺エズ」ーコレナシ」
毫
〔まうま (副) 猛 タケク。ハゲシク。「日頃ノ中ニ、今日ナム、イトまうま物イリタラムト見エケル」世ノ中ヲ、昔シ見タル嫗、猶マダ、カカルまうまナル事ヲ見ズ、ナドゾ泣ク泣ク申シ思ヘル」
まうねん (名) 妄念 佛經ノ語。妄ナル念願。迷ヒノ執念。
〔まうのぼる・ル・レ・ラ・リ・レ (自動)(規・一) 參上 〔まゐのぼるノ音便〕參リ上ル。ザンジヤウス。「召ナキ時モ、聞ユベキ事アル折ハ、まうのぼりケリ」

〔まうぼる (動) まうのぼるノ條ヲ見ヨ。
まうもく (名) 盲目 メシヒ。メクラ。
まうら (名) 網羅 網ヲ張リテ悉ク引キ包ムコト。
まうらう (名) 孟浪 孟浪ノ條ヲ見ヨ。
まうりやう (名) 魍魎 ミツハ。水ノ神。或ハ、山川ノ精物。
まうれつ (名) 猛烈 甚ダ烈シキコト。
マカ (名) 摩訶 梵語、大、ノ義。「ー般若」
〔まが (接頭) 禍 〔曲ノ意ト云〕惡キ。凶シキ。邪ナル。「ー津日神」惡事」枉言」
まがき (名) 籬 〔透間アル垣ノ意、或云、馬垣ノ義、ませモ馬塞ナリ、萬葉集ニ「馬柵」新撰字鏡ニ「𣗄、馬夫世支」トアルコレナリト、ませノ條、見合ハスベシ〕柴、竹、ニテ粗ク作レル籬。又、マセ。マセガキ。和名抄「籬、末加岐、一云、末世」
まかげ (名) 目蔭 遠クヲ見遣ル時、日光ヲ遮ラムガ爲ニ、手ヲ目ノ上ニカザスコト。「高キ峯ニ上リ、まかげヲサシテ見渡セど」大キナル鵆ノ云云、御前ニ參リ云云、躍上リ躍上リ、まかげナドシテ失セニケリ」
まかしら (名) 目頭 目ノ端ノ、鼻ニ向ヘル方。〔まじりニ對ス〕內眥
まかす・ス・セ・サ・シ・セ (他動)(規・一) 負 〔負ケサス、ノ轉訛〕負ケシム。
まかす・スル・スレ・セ・セ・セヨ (他動)(規・二) 任 〔任ト通ズ〕

(二)他ノ爲ルママニナス。「風ニー」筆ニー」心ニー」足ニー」任他 隨 (三)他ニ事ヲ委ヌ。委任
〔まかたち (名) 侍婢 〔前子等達ノ約轉ニテ、公卿ヲ「前ツ君」トイフト同意、子等ハ女ノ稱ト云〕君ノ御前ニ侍リ仕フル女。コシモト。古事記「豐玉毘賣之從婢」
まがたま (名) 勾玉 上世、身ノ飾ニシタル玉、瑪瑙質ナルガ多ク、形、種種ナレド、細長クシテ、頭、太ク、末、稍、窄クシテ、曲レルヲ常トス、太キ方ニ孔アリ、其正シク長クシテ管ノ如キモノヲ管玉トイフ、共ニ、大小、形狀、玉質、種種ナリ、絲ニ貫キ、頭、頸、手、足、又ハ、衣服、刀劍、矛等ノ裝飾ニ用ヰタリ。
〔まかづ・ヅル・ヅレ・デ・デ・デヨ (自動)(規・二) 罷出 (一)罷リ出ヅ、ノ約。退出ス。「皆、立チナガラ、マカヅレバ」マカデナムトシ給フヲ、イトマ、更ニ許シ給ハズ」(二)彼方ヲ退キテ此方ヘ參ル。「コナタヘマカデムヤト宣ヒテ」
〔まがつび (名) 禍津日 凶事ノ神。
まかなひ (名) (一)マカナフコト。取リ賄ヘテ供フルコト。「中納言、御物參ラスル御ーニ、中ツカサノ乳母候ヒテ」藏人ドモ、ーノ髮上ゲテ參ラスル程ニ」昔シ思ヒ出デタル御ーノ少將ノ尼ナド」賄 (二)轉ジテ、用度ノ物ヲ給スルコト。宛行。專ラ食事ニモイフ。(常ニ賄ノ字ヲ記ス)「衣類ノー」小遣錢ノー」食事ノー」
支給 供給
まかなふ・フ・ヘ・ハ・ヒ・ヘ (他動)(規・一) 〔設ヲ行フ意カ〕(一)取リ調ヘテ供フ。設ケテ待ツ。「取ニ天香山之

天波波迦ニ而令ニ占合麻迦那波ニ而」彎レ弓占擬射落」イカデカ、御文ナクテハ、トテ御硯紙ナド取リマカナヒ奉リ給ヘバ」擬 (二)轉ジテ、用度ノ物ヲ給ゲ宛行フ。專ラ、食事ニモイフ。(常ニ賄ノ字ヲ記ス)「衣類ヲ―」小遣錢ヲ―」食事ヲ―」支給 供給

〔まがね (名) 眞金 (鑛鐵ニ對シテイフ語ト云) クロガネ。鐵。「―吹クナリ、吉備ノ中山」時トイヘバ、―モ融クル、夏ナレヤ

〔まがねふく (枕) 眞金吹 吉備ノ枕詞。「―吉備ノ中山」

まがひ (名) 紛 マガフコト。マザリミダルルコト。

まがふ・ラ・ヘ・ヘ・ヒ・ヘ (自動)(規.一) 紛混 (目交フノ義カ) 分ケ難ク混リ亂ル。「―方ナキ」霞ニ―」

まがふ・フル・フレ・ヘ・ヘ・ヘヨ (他動)(規.二) 紛混 (一)混ゼ亂ス。(二)似ス。模擬

〔まかぶら (名) 眶 マナカブラ。マブタ。マブチ。「まかぶら窪ク、鼻ノアザヤカニ高ク」

まがへ (名) 紛 (一)マガフルコト。(二)似スルコト。 模擬

まがほ (名) 眞顏 眞目ナル顏。 眞面目

〔まがまがし・シキ・シケレ・シク・シク (形.二) 禍事ラシ。忌ハシ。イマイマシ。サガナシ。「アナマガマガシ、ナデフ尼ニカ成リ給フベキ」イヨイヨ腹立チテ、マガマガシキ事ナドヲ言ヒ散ラシ給フ」不祥

まかんむり (名) 麻冠 まだれニ同ジ。

〔まかやき (名) 陵苕 のうぜんかつらノ古名

まがり (名) 曲 (一)マガルコト。折レタル角。(二)〔マガリモチ。

まがりがね (名) 曲尺 矩 (曲鐵ノ義) 工匠ノ、方形ヲ作ルニ用ヰル具。元ハ、方形ノ板ノ周圍ニ刻ミヲツク、後ニ、其二面ヲ用ヰテ、常ノ物差ニ枝アルガ如シ、故ニ名アリ、鋼又眞鍮ニテ作ル、長キ方ニ、一尺五寸ノ目ヲ盛リ、枝ノ方ニ、七寸五分ノ目ヲ盛ル、裏ニモ目アリテ、うらがね、うらめナドイヒ、算法ノ勾股弦ヲウツシテ盛ル。カネザシ。サシガネ。

〔まかりまうす・ス・セ・サ・シ・セ (自動)(規.一) 罷申 罷ラムコトヲ申シ請フ。暇請ヲナス。「御社ノ方ヲ拜ミ給フトテ、神ニマカリマウシ給フ」唐物ノ使ニ筑紫へ行クマカリマウサムトテ」辭

〔まがりもち (名) 勾餅 略シテ、マガリ。米麥粉ヲ飴ナドニ和シテ固メ、藤葛ノ如ク、捩ヂ曲ゲテ、油ニテ揚ゲタルモノト云。新撰字鏡「餌、萬我利餅」和名抄「糫餅、萬加利」

まかる・ル・レ・ラ・リ・レ (自動)(規.一) 罷退 (間離ル、或ハ眼離ルノ轉カト云) (一)退キ去ルノ敬語。(參ルノ反)退出ス。「御前ヲ―」京ヲ―」辭 (二)轉ジテ、泛ク、往來スノ敬語。(去、來、共ニイフ)「大和ノ布留ノ山ヲ―トテ」大井川ニ入八マカリテ」マカリ通ヒツ」秋ノ野ヲ過ギマカリケルニ」(三)又、轉ジテ、他語ノ上ニ熟語トシテ、意味ナク、敬語トス。「佐保山ノ下ニマカリ宿リテ」舟ヲ海中ニマカリ入レヌベク」罷リ成ラズ」罷リ向フ」罷リ在ル」罷リ出ヅ」罷リ越ス」

まかる・ル・レ・ラ・リ・レ (自動)(規.一) (負ケラルノ約) 價ヲ減ラスコトヲ得。減價

まがる・ル・レ・ラ・リ・レ (自動)(規.一) 曲 (禍ノ活用) (一)屈ミ撓ム。眞直ナラズ。(二)折ルル。「路―」屈折 (三)ユガム。カタムク。「柱―」傾斜 (四)理ニ外ル。ネヂク。「心―」邪

まき (名) 眞木 槇 披 (眞ハ美ムル語) (一)柏、杉、類ノ通名。(二)羅漢松ノ略。(三)薪。(東京)

まき (名) 牧 (むまきノ約、其條ヲ見ヨ) 古ク、ムマキ。郊外ニテ、馬、牛、羊、ナドヲ放シ飼ヒニスル處。

まき (名) 卷 書畫ノ卷物。轉ジテ、書籍。「何ノ卷ノ第一」

〔まき (名) 間木 長押ノ上ナドニ設ケタル棚ノ如キモノナラム。「麥縄云云、大ナル折櫃一合ニ入レテ前ナル間木ニ指上ゲテ置テケリ」荒卷ニ卷ヲ間木ニ捧ゲ置テ」

〔まぎ (動) 覓グ、ノ條ヲ見ヨ。

まきえい (名) 卷纓 纓ノ條ヲ見ヨ。ケンエイ。

まきがみ (名) 卷紙 半切紙ヲ、糊ニテ横長ク接ギテ、卷キ置クモノ、手紙ノ用トス。

まきがり (名) 卷狩 四方ヲ取卷キ、獸ヲ中ニ圍ミテ狩リ捕ルコト。「富士野ノ―」

〔まきくさ (名) 地膚 ははきぎナルベシ。ニハクサ。

まきするめ (名) 卷鯣 鯣ヲ卷キテ、輪切リニシ、渦ノ如クシタルモノ。

まきぞへ (名) 卷添 他ノ罪ニ連レテ、罪ニ陷ルコト。

キアヒ。カカリアヒ。 連坐 連累

まき-タバコ (名) 巻烟草 烟草ノ乾葉ヲ、細長ク巻キ固メタルモノ、一端ニ火ヲ點ジテ、一端ヨリ吸フ。 孖姑烟 又、刻メル烟草ヲ、細長ク紙ニ巻キテ用キルヲ、紙巻タバコトモ云フ。

まき-ば (名) 卷葉 荷葉ノ初生ノ、巻キテ未ダ開カヌモノ。 捲荷

まき-は (名) 眞際 正ニ事ニ臨ム機。

〔まきばしら (枕) 眞木柱 太キ、トイフ語ノ枕詞。

まき-もの (名) 巻物 (一)書畫ナドヲ、横ニ長ク裱裝シテ、軸ニ巻キ收ムルヤウニシタルモノ。 横巻 巻軸 (二)段物ヲ折リ疊マズシテ、軸ニ巻キタルモノ。

まき-もめん (名) 巻木綿 外科ニテ、綿布ヲ、傷處ニ巻キツクルニ用キルニイフ語。 繃帯

まき-やう (名) 末行 五十音圖ノ第七ノ行、即チ、ま、み、む、め、も、ノ五音ノ稱。

まぎら-かす (動) 紛 まぎらはすニ同ジ。

まぎら-はし・シク・シケレ・シク・シク (形・二) 紛 マギルベクアリ。マガヒヤスシ。 疑似

まぎら-はす・ス・セ・サ・シ・セ (他動)(現・一) 紛 紛ルルヤウニナス。マギラカス。

まぎり (名) 間切 琉球ニテ、土地ノ區別ノ稱、内地ノ郷ノ如ク、數村ヲ統ブ。又、數間切ヲ統ブルヲ中頭方、國頭方ナドイフ。

まぎり-がはら (名) 間切骨 〔かはら八頭 骨、膝骨ノ如シ〕 大船ノ底ノ中央ニ、舳ヨリ艫ニ通リテ、全體ヲ支フル長大ナル材、因テ、波ヲ間切ル。略シテカハラ。又、舗。 龍骨

まぎ-る・ル・レ・ラ・リ・レ (自動)(規・二) 間切 (一)舟子ノ語、波間ヲ切リテ行ク。(二)又、側面ヨリ吹キ來ル風ヲ、斜ニ帆ニ受ケシメテ、舟ヲ遣ル。

まぎ-る・ル・ル・レ・レ・レ・レヨ (自動)(規・二) 紛 〔目霧ル、ノ轉カト云〕(一)見分ケ難クアリ。マガフ。(二)マザル。混ズ。「夜ニー」「宵ニー」 混 (三)他事ニ移ル。「心、遊ビニー」

まき-わら (名) 巻藁 藁ヲ巻キ束ネテ、射術ヲ習フ的ニ用キルモノ。 藁砧 草把

まき-わり (名) 薪割 薪ヲ割ルニ用キル刃物。 劈柴

まき-ゑ (名) 蒔繪 描金 漆ト金銀粉トニテ畫ヲ作ル技、器ノ面ニ、先ヅ漆ニテ畫ヲカキ、其漆ノ乾カヌ間ニ、金銀ノ粉ヲ蒔キツケ、後ニ磨キテ光ヲ生セシム、文ヲ高ク作ルヲ、たかーートイヒ、器ノ全體ニ作ルヲ、ひたーートイフ。 泥金畫漆 其他研出、梨地、金貝ナド、種種ノ稱アリ、各條ニ註ス。

まく (名) 幕 (一)布ヲ廣ク長ク縫ヒツヅリテ、物ニ掛ケ、柱ニ張リ、障壁ノ用トスルモノ。(二)芝居ニ、演戲ノ段落ニ、舞臺ノ前ヘ幕ヲ引張リテ遮ルヨリ轉ジテ、演戲ノ一段落ノ稱。 齣

まく (名) 膜 古名、タナシシ。今、又、ウスカハ。肉ノ内ニテ、又肉ヲ包メル薄ク白ク柔キ皮。

まく・ク・ク・カ・キ・ケ (他動)(規・一) 卷 〔圓ク轉ル意カ〕(一)渦ノ如ク、クルクルト折リ疊ム。「簾ヲー」「紙ヲー」「布ヲー」(二)マトフ。カラミツクル。 絡 纒 (三)綱ヲ巻キテ引キ上グ。「帆ヲー」「碇ヲー」

〔まく・ク・ク・カ・キ・ケ (他動)(規・一) 枕 〔纒ク意 まくらト云フ語モ頭ニ纒ク物ナレバイフナラム〕(一)枕トス。マクラク。「玉手差シ纒キ、股長ニ寢ハ寐サムヲ」妹ガ手將レ纒」枕纒ク」君ガ袂ヲ、不レ枕夜モアリキ」沖津浪、來寄ル荒磯ヲ、敷妙ノ、枕ト巻キテ、寐セル君カモ」兒等ガ手ヲ、巻向山ハ、常ナレド、過ギニシ人ニ、行キ巻カメヤモ」(二)轉ジテ、同衾セシム。犯ス。「若草ノ妻ヲモ麻可ズ」秋萩ノ妻ヲ巻カムト」法師云云、目ヲ怒ラカシテ、人ノ妻まく者アリ、云云、佛師ハ必ズ人ノ妻やまきケル」

まく・ク・ク・カ・キ・ケ (他動)(規・一) 蒔 (一)散ラシ植ウ。「種ヲー」 播種 (二)散ラシ掛ク。振リ注グ。「水ヲー」「砂ヲー」 撒 (三)蒔繪ヲナス。「御調度等近代蒔ニ蠟繪ニ蒔キタル硯ノ箱ノ蓋ニ、云云、菓子ヲ入レテ」

〔まく・クル・クレ・ケ・ケ・ケヨ (他動)(規・二) 設 (一)豫メ用意ス。今、延ベテマウク。「此如設備待之時」天ノ河、相向キ立チテ、吾ガ戀ヒシ、君來マスナリ、紐解キ設ケナ」(二)轉ジテ、向クル。「夕方設ケテ、鳴ク河津カモ」鶯鳴クモ、春方麻氣テ」夏儲ケテ、咲キタルハネズ」

〔まく・クル・クレ・ケ・ケ・ケヨ (他動)(規・二) 任 〔罷ラス、ノ約ト云〕 鄙ノ官ニ任ジテ往カシム。「マツロハヌ、國ヲ治メト、皇子ナガラ、任賜者、大御身ニ、大刀取帶バシ」大君ノ、任乃隨意」

まく・クル・クレ・ク・ケ・ケヨ (自動)(規、二) 負輸 (一)力、敵ヘズ。敗ル。勝タズ。敗北ス。(二)カケル。「添ニ一」

まく・クル・クレ・ケ・ケ・ケロ (他動)(規、二) 〔負ケサスル意カ〕 商ニ、價ヲ減ラス。直段ヲ引ク。 減價

〔まく〕 (助動) 未來ノ意ヲイフ助動詞ノむ(將)ノ延、「幣奉リ、君ガ請ヒ祈マク」此ノ長月ノ、過ギマクヲ」又、其副詞法ノ如クモ用ヰル。まトイフニ同ジ。(或ハ、ましノ副詞法カトモイフ)「見マク欲シサニ」唐錦、斷タマク惜シキ」懸ケマク欲シキ」荒レマク知ラヌ」

〔まぐ・グ・グ・ガ・ギ・ゲ (他動)(規、一) 覓 求 モトム。タヅヌ。「八島國、妻娶岐カネテ、遠遠シ」覓國、此云二矩貳磨儀一」更求下爲二大后一之美人上」

まぐ・グル・グレ・ゲ・ゲ・ゲヨ (他動)(規、二) 曲 (一)マガルヤウニナス。折リ屈ムル。撓ムル。(二)理ヲ非ニス。 枉

まぐさ (名) 秣 〔馬草ノ義〕 馬ノ食トスル枯草。飼馬。 馬草 莝

〔まぐさ〕 (名) 楣 門戸ノ上ノ横ノ梁。

まぐそ (名) 馬糞 ウマクソ。バフン。 馬矢

まぐち (名) 間口 家、地面、ノ前面ノ幅。(奥行ニ對ス)

〔まぐなぎ (名) 瞬 〔目ヲ婚合グ意〕 (一)マタタキ。メクバセ。「デハナク、人知レヌ物思ヒサメヌル心チシテ、まくなぎ作ラセテ、差シ置カセタリ」(二)糠蚊ノ類。カツヲムシ。「亂レ飛ビテ人ヲシテ瞬キセシムレバイフ」允恭二年紀「蠛、此云二摩愚那岐一」 蠛蠓

マグネシア (名) 麻屈尼失亞 〔蘭語、Magnesia.〕 「マグネシウム」(金屬ノ元素)ノ酸化物、白粉ヲナス、下劑ニ用ヰル。苦土。

マグネット (名) 〔英語、Magnet.〕 磁石。

まくのうち (名) 幕内 (一)相撲上覽ノ時、力士ノ最モ優リタル者數人、幕ノ内ニ伺候スルヲ得ル者ノ稱。後ニハ、力士上級ノ者ノ稱トナル。(二)東京ノ芝居ニテ、辨當ノ稱。(幕ヲ引ケル間ニモチヰル意)

まぐは (名) 馬鍬 古ク、ウマグハ。水田ヲ犂ニテ鋤キタル後、其泥ヲコナシナラスニ用ヰル具、高サ三尺、廣サ四尺、上ニ柄アリ、下ニ齒アリ、牛馬ニ牽カシメテ用ヰル。 馬杷 耙

まくはうり (名) 眞桑瓜 〔美濃、本巣郡、眞桑村ノ產ヲ賞セシヨリ名トス〕 本名、アマウリ。又、アヂウリ。蔓草、春、種ヲ下ス、葉ノ大サ數寸、夏、黃花ヲ開ク、瓜ハ秋ニ熟ス、長サ四五寸、徑二寸許、末、稍、細シ、熟スレバ、黃ニシテ細ソキ綠道アリテ光澤アリ、味甘シ、果トシテ食フ。 甜瓜

〔まぐはし・シキ・シケレ・シク・シク (形、二) 眼妙 目微 〔旨細シ、ノ約、或ハ、目ニ細シ、ノ意カ〕 ウツクシ。ウルハシ。 美妙

〔まぐはひ (名) 目合 〔目交合ノ約ト云〕 (一)愛デテ目ヲ見合ハスルコト。メクバセ。「須佐之男命、云云、須勢理毘賣、出見、爲二目合一而相婚、豐玉毘賣命、思レ奇出見、乃見感目合、白二其父一曰、云云、即令レ婚二其女豐玉毘賣一」(二)轉ジテ、遘合。(次條ノ意ニ同ジ)「吾欲レ目二合 汝一 吾見二汝之女子一欲二以爲レ妻一

〔まぐはひ (名) 遘合 〔美交合ノ約ト云、或云、前條ノ語意ヨリ轉ズト〕 男女相交ルコト。「吾與レ汝行二廻逢是天之御柱一而爲二美斗能麻具波比一」(美斗ハ御處ノ義、特ニ寢所ヲイフト云)「與レ大初交」終不レ願レ交二於男一

まくら (名) 枕 〔纏座ノ約、物ヲ纏キテ、頭ノ座トスレバイフト云、倚、枕ク、ノ條ヲ見ヨ〕 (一)寐ル時ニ、頭ノ承ケトスル具、括ー、木ー、アリ。(二)寐ルコト。宿ルコト。「新ー」旅ー」草ー」波ー」磯ー」(三)事ノ種子トシ據處トスルコト。「コレニ何ヲカ書カマシ、上ノ御前ニハ、史記トイフ文ヲナム書カセ給ヘル、ト宣ハセシヲ枕ニコソハシ侍ラメ、ト申シシカバ、サバ得ヨトテ賜ハセタリシヲ、云云、多カル紙ノ數ヲ書キ盡サムトセシニ、ートド覺エヌ事ゾ多カルヤ」枕言、歌枕、枕草紙ナドイフモ此意ナリトゾ。

○ーヲカハス。同衾ス。○ーヲ高クス。安ク寐ヌ。又、安心ス。

〔まくらがみ (名) 枕上 寐ネタル枕ノ邊。マクラモト。「夜ノ夢ニ、ーニ、知ラヌ人ノ立チテ」

まくらがみ (名) 枕神 夢枕ニ立チタル神。

まくらがみ (名) 枕紙 枕ノ上ヲ包メル紙。

〔まくら・ク・ク・ケ・カ・キ・ク (他動)(規、一) 枕 〔くハ纏く、ナドノくノ如シ〕 枕ニス。枕ク。「人ノ膝ノ上、我ガ枕カ久長可武」妹ガ袖、我レ枕可牟」天皇枕二皇后膝一而晝寢一

まくらごと (名) 枕言 〔枕ノ條ヲ見ヨ〕 故事ナドノ言ノ種子トナリ據處トナルモノ。ヒキゴト。源氏物語「大和言ノ葉ヲモ、唐土ノ歌ヲモ、只其筋ヲゾまくらごとニセサセ給フ」(帝ノ、長恨歌ヲ據トシテ、御自ラノ悲ニ準ヘ語リ給フヲイフ) 典故

まくらことば (名) 枕詞 某ノ語ヲ言ヒ出デムトスル時ニ、其上ニ被ラシメテ用ヰル一種ノ語、歌ノ調ベノ足ラハヌヲ調ヘ、且ハ詞ヲ飾ルモノナリト云。「ちはやぶる神」あづさゆみ引ク」ぬはたまの黒キ」ナドナリ。〔篇首ノ語法指南ノ枕詞ノ條ヲ見ヨ〕

まくらざうし (名) 枕草紙 〔枕言ヲ記シツケタルモノノ意カ、或ハ、枕邊ノ遊ビニ書キツケタルモノノ意カ〕 (一)何トナキ明ケ暮レノ事種ヲ記シツケタル草紙。「綴ヂオケル、一ノ、上ニコソ、昔語リノ、夢ハ見エケレ」 隨筆 漫筆 (二)俗ニ、春畫ノ草紙。

まくらびやうぶ (名) 枕屛風 低キ小キ屛風、寢ヌル枕邊ニ用ヰル。枕屛

〔まくらまく (動) 枕ク、トイフニ同ジ、其條ヲ見ヨ。

まくらもと (名) 枕許 枕ノアタリ。枕頭

＃まくらゑ (名) 枕繪 春畫。

まくり (名) 海仁草 本名、毒掠ノ略。海藻ノ名、薩摩琉球ニ出ヅ、藥用トスルハ、黃ニシテ黑ミアリ、長サ一二寸、岐アリ、根鬚ナク微毛茸アリ、專ラ、胎兒、初生ノ時、甘草ニ合ハセテ、湯ニ浸シテ飲マシメ、下毒ノ藥トス、因テ名アリ。鷓鴣菜

まくりで (名) 捲手 ソデマクリ。ウデマクリ。「袖振レバ、露コボレケリ、秋ノ野ハ、ーニテゾ、行クベカリケル」

まくる・ル・レ・ラ・リ・レ (他動)(規.二) 捲 〔卷キ轉ルノ略カト云〕 (一)卷キテ明クル。掲ゲ剝グ。メクル。(二)除ケ遣フ。「追ヒー」

まぐれあたり (名) 紛中 圖ラザルニ中ルコト。偶中

まぐろ (名) 鮪 〔眼黑ノ義、或云、眞黑カト〕 魚ノ名、大ナルハ八九尺許、全身、青黑色ニシテ、鱗ナク、腹ハ白クシテ雲母ノ如ク、頰ノ下ニ青キ斑アリ、頭大ク、觜、尖リ、鼻、長ク、口ハ頷下ニアリ、背ニ刺鬣アリ、死スレバ、眼ヨリ血出ヅ、肉ノ色赤シ。畿內ニ、ハツ。西國ニ、メグロ。黑鰻魚 金鎗魚

〔まけ (名) 任 任クルコト。鄙ノ官ニ罷ラスルコト。「大王ノ、任ノマニマニ、シナザカル、越ヲ治メニ、出デテ來シ」任乃隨意」

まけ (名) 瞢 〔目氣ノ義ナラム〕 眼ノ病。ソコヒ。新撰字鏡「瞢、目生」翳也、麻介、又、眊、麻介、目暗」

まけ (名) 負 (一)負クルコト。勝タヌコト。(二)價ヲ減ラスコト。

まけ (名) 族 ヤカラ。タグヒ。「一ー」「ーニ癩病ノー」

〔まけ (動) 設ク、ノ條ヲ見ヨ。

まげ (名) 曲 (一)曲グルコト。(二)髷。

まけいろ (名) 負色 負ケムトスル兆。敗色

まけじごころ (名) 不負心 次條ノ語ニ同ジ。

まけじだましひ (名) 不負魂 他ニ負ケジト爭ヒ競フ心。マケジゴコロ。

まげて (副) 枉 心ナラズニ强ヒテ。無理ニ。

まげもの (名) 曲物 わげものニ同ジ。

まける・ケル・ケレ・ケ・ケ・ケ (他動)(規.四.變) 潑 〔蒔クノ轉カ〕 クツガヘス。「水ヲブチー」

まけわざ (名) 負事 歌合、碁、相撲ナドニ、負ケタル方ヨリ饗應スルコト。「歌合ノまけわざセサセ給ヒケル時」

まけをしみ (名) 負惜 負ケタルニ負ケズト言張ルコト。「前栽シ侍リケルーヲ」 吝改過

まご (名) 孫 うまごノ約、子ノ子。

まご (名) 馬子 うまごノ約、馬ノ口付。又、駄馬ヲ牽キテ、荷ヲ送ルヲ業トスル者。ウマカタ。馬夫

まごころ (名) 眞心 眞實ノ心。僞ラヌ飾ラヌ心。赤心 丹心

まごたらうむし (名) 孫太郎蟲 磐城ノ刈田郡齋川村ノ溪水中ニ產スル一種ノ蟲、形、海蛆ノ如シ、乾シテ、小兒ノ疳ノ藥トス。

まこと (名) 眞實 〔眞事ノ義〕 (一)僞ナラヌコト。ホンタウ。ホンマ。正銘。(二)人ニ對シテ、深切ニシテ欺カヌコト。信 誠

まこと (感) 實 物語ル間ニ、始メテ心ヅキタル、又ハ、事ノ端ヲ語リ改ムル時ナドニ發スル語。「まこと彼ノ物ノ音、イササカ聞カセ給ヘ」コハ如何ナル事ゾ、ト怪シガリテ騒グ、まこと、まこと、アリツル鉢ヲ忘レテ」「ーハ、我ガ言ハム事、聞キテムヤ」「ーヤ、騒ガシカリシ程ノ紛レニ漏ラシテケリ」

〔まことし (形)(二) 實 マコトシヤカナリ、マ

コトラシ。正シ。「マコトシクハ思ヒ立タヌコソ、愚ニ侍ルメレ」マコトシク佛道ヲ心ニ懸ケ給フラム」小袿着テ、マコトシク清ゲナル人ノ」近眞

まことしやかーに (副) 實 實ナルガ如ク。マコトラシク。近眞

まことーに (副) 實|眞|誠 僞リ無ク。實ニ。實ニ。

まこのて (名) 孫手 一二尺ノ竹片ノ端ヲ、指爪ノ形ニ作レルモノ、背ノ痒クシテ手ノ届キ難キ處ヲ、自ラ搔クニ用ヰル。痲姑 爪杖

まこびさし (名) 孫庇 母屋ノ周ノ廂ノ間ノ外ニ更ニ添ヘタル板庇。

まこも (名) 眞菰 〔まハ發語ト云〕(一)本名、コモ。古名、或ハ、カツミ。ハナカツミ。水草ノ名、池澤ニ多シ、春、舊根ヨリ生ズ、芽ハ筍ノ如シ、莖、高サ三四尺、葉ハ互生シテ二三尺、しやうぶニ似テ薄ク、邊ニ刃アリ、秋、莖ノ上ニ、一尺許ノ穗ヲ生ジ、小花多ク綴ル、實ヲ結バズ、秋、根ノ上ニ、こもづのトイフモノヲ生ズ(其條ヲ見ヨ)葉ニテ席ヲ編ム、こもむしろトイフ。 菰 (二)一種、苗、葉、最モ長大ナル者アリ、花後ニ實ヲ結ブ、五六分ノ皮ニテ包ム、內ニ三四分ノ細長子アリ、薄黑クシテ、內白シ、はなかつみ(菰米)トイフ、飯トシ、又團子トシテ食フベシ。

まこもずみ (名) 眞菰墨 こもづのノ條ヲ見ヨ。

まごやし (名) 苜蓿 うまごやしノ條ヲ見ヨ。

まさ (名) 正 (一)正目ノ略。(二)正目紙ノ略。

〔まさか (名) 目前 〔目前ノ轉カ〕マノアタリ。メノマヘ。今差當ル時。「我ガ戀ハ、麻左香モカナシ、草枕、多胡ノ入野ノ、奧モカナシモ」梓弓、末ハシ知ラズ、然レドモ、眞坂ハ君ニ、緣リニシモノヲ」今ノ麻左可モ、ウルハシミスレ」今、俗ニ「ーノ時ニ」ナドイフモコレナリ。

まさかーに (副) 〔前條ノ語意〕(一)マノアタリニ。差シツケテ。〔面ヲ向ケテハ、見ニクキヤウナル意ニイフ〕「ー然ハ言出シカネテ」(二)轉ジテ、ヨモヤ。

まさかり (名) 鉞 〔正刈ノ義ニテ、正中ニ向ヒテ割ル意カト云、或云、眞割切ノ意カト〕斧ニ似テ大ナルモノ、中古ハ、兵器ニモ用ヰタリ、多クハ、木ヲ伐ルニ用ヰル。

まさかりーに (副) 方 〔眞盛ノ義カ〕今、正ニ、差當リテ。眞最中ニ。又、ミサカリニ。「顧眄之間、此云、美屢麻沙加利爾」時孕月已滿、產期方急」

〔まさき (名) 蔓草、まさきのかづらニ同ジ。

まさき (名) 柾 〔眞青木ノ約カ、或云、蘿ニ好シ、蘿木ノ轉ト、字ハ正木ノ合字〕古名、ハヒマユミ。樹、高サ二三丈、葉ハ、楕ニシテ、鋸齒アリ、互生シ、厚クシテ光リ、深綠色、冬凋マズ、春、葉ノ間ニ枝ヲ分チテ、花ヲ開ク、にしきぎノ花ニ似タリ、實、圓ク、大サ南天ノ如ク、秋、熟シテ淡紫色ナリ、自ラ四ツニ裂ケテ、赤肉現ハレ、肉中ニ核アリ。 杜仲一種

〔まさきく (副) 眞幸 〔まハ發語〕幸ク、トイフニ同ジ、さきしノ條ヲ見ヨ。「まさきくト、言ヒテシモノヲ、白雲ニ、立チタナビクト、聞ケバカナシモ」

〔まさきづら (名) 次條ノ語ニ同ジ。

〔まさきのかづら (名) 眞拆葛 〔眞幸ノ蔓、常綠ナルヲイフト云、或云、蔓ヲ眞拆ニ拆キテ[illegible]スル義ト〕又、マサキ。マサキヅラ。常葉ナル蔓草ノ稱ト云。或云、一種ノ蔓草、葉ハなんてんニ似テ黑ミアリ、冬ノ初ニ、古葉ノ紅葉シテ美シキアリ、是レカト。「手ニ次繋ク、天香山之天之日影ニ而爲レ鬘ニ天之眞拆ニス」メロギノ、神ノ宮人、冬薯蕷葛、彌常敷キ、吾ガカヘリミム」深山ニハ、霰降ルラシ、外山ニハ、ー、色ヅキニケリ」青柳ノ絲絕エズ、松ノ葉ノ散リ失セズシテ、ー、長ク傳ハリ」

〔まさぐーる・ル・レ・ラ・リ・レ (他動)(規・一) 弄 〔間探ルノ義カト云、或ハ、まハ發語カ〕モテアソブ。「御衣ノ袖ヲ引キマサグリ」箏ノ御琴、マサグリテ、ヤハラカニ寢ル夜ハナクテ、ト歌ヒ給ノ」

まさご (名) 眞砂 〔眞砂子又ハ眞砂子ノ約、まハ發語〕マナゴ。砂ノ細カキモノ。「庭ノー」「濱ノー」 纖砂

まさーし・シキ・シケレ・シク・シク (形・二) 正 タダシ。マコトナリ。「斯ク戀ヒム、物トハ我モ、思ヒニキ、心ノウラゾ、マサシカリケリ」

まさつ (名) 摩擦 相擦ルコ。コスルコ。

〔まさでーに (副) 〔眞定ノ轉ト云、或ハ正樣ノ意カ〕正シク。慥ニ。「武藏野ニ、占ヘ肩燒キ、麻左底爾モ、告ラヌ君ガ名、占ニ出デニケリ」鴉トフ、大僞鳥ノ、麻左低爾モ、來マサヌ君ヲ、コロクトゾ鳴ク」

まさなーごと (名) 無正事 マサナキ事。小兒ノ戲レヤ

ウノ事。
まさなし・キ・ケレ・ク・ク (形・二) 無正 宜シカラズ。「膝高ニテ宣ヒツ、屋ノ上ニ居ル人ドモ聞クニ、イトまさなし」大宮、這出デ給ヒテ、物共ヲツカミコボシ給ヘバ、此人コソ、イトまさなけれ、斯ルワザハ、女ハセヌモノゾヤ」
まさに (副) 正 (一)タダシク。マサシク。漢籍讀ニ、當ニ云云ニ應ニ云云ナドイフモコレナラム。(二)マサカリニ。ミサカリニ。差當リテ。方 漢籍讀ニ、將ニ云云ニトイフハコレナラム。(三)物語文ニ、豈。イカデ。(下ニ反語ヲ用ヰル)「我ガ子ヲ、何人カ迎ヘ聞コエム、まさに許サや」忍ビテト思ボストモ、人ハまさに知ラジや」まさに、斯クアヤシキ山賤ヲ心留メ給ヒテムや」
まさまさと (副) 〔正正ノ訛ト云、或ハ、眼前ノ略轉カ〕 正シク。眼前憚ル事ナク。ムザムザト。
〔まさめ (名) 正眼 マノアタリ。「マソカガミ、正目ニ君ヲ、相見テバコソ、吾ガ戀ヤマメ」善キ人ノ、麻左米ニ見ケム、佛足スラヲ」
まさめ (名) 正目 木理ノ、眞直ニ揃ヒテ通リタルモノ。(板目ニ對ス)
まさめがみ (名) 正目紙 〔漉目ノ正シキ意ノ名カ〕 杉原紙ノ類ニシテ、厚ク白ク精ナルモノ、奉書紙ニ次ノ、多ク錦繪ニ用ヰル。略シテ、正。
まさゆめ (名) 正夢 夢ノ實事ニ合ヒタルモノ。
まさる (名) 眞猿 〔まハ發語〕 猴トイフニ同ジ。
まさる・ル・レ・ラ・リ・レ (自動)(規・一) 増 殖ユ。加ハル。多クナル。増ス。「悔シキ事、ヤウヤウ、マサリ行ケド」

まさる・ル・レ・ラ・リ・レ (自動)(規・一) 優勝 〔前條ノ語意〕 他ノ上ニ超ユ。勝ル。
まざる・ル・レ・ラ・リ・レ (自動)(規・一) 雜混 入リ亂ル。マジル。
まし (名) 増 (一)増スコト。殖ユルコト。(二)加フルコト。殖ヤスコト。(三)勝ルルコト。マサルコト。「夫レヨリハーナリ」 勝 優
〔マシ (名) 猿 ましらノ略。サル。「ましモナホ、ヲチカタ人ノ、聲カハセ、我レ越シワブル、タコノヨビ坂」 猴
〔まし (代) 汝 いまし又ハみましノ略。ナムヂ。「此ノ川ニ、アサ菜洗フ見、麻之毛吾毛」一所入リ給ヒテ、ましハ、エ知ラジ、君ニ對面セムト宣ヘバ」
まし・マシ・マシカ (助動) 〔將ヨリ轉ズ〕 動作ヲ未然ニ計リテイフ助動詞。稍、願ヒ思フ意ヲ含メテ用ヰルモアリ。「立チ行カー」拾テー」見ー」アラー」花濃、月ノ光ニマガハー」
〔まじ (名) 蠱 まじものニ同ジ。「ー物」ーワザ」
まじ・ジキ・ジル・レ・ジク・ジク (助動) 動作ヲ推シ量リテ打消ス語。マイ。「行クー」見ー」受クー」アルー」堪マジクナム」爲マジキモノ」
††まじくなふ・フ・ヘ・ハ・ヒ・ヘ (他動)(規・一) 〔まじくりヲ行フ意カ〕 紛ラカシ取リ繕フ。
††まじくる・ル・レ・ラ・リ・レ (他動)(規・一) 〔まじなふヨリ轉ズ〕 凶シク呪フ。災ニ引キ入ル。
マシこどり (名) 猿子鳥 あとりノ類、大サ雀ノ如ク、全身、灰黒ニシテ、翅ニ黒キ斑アリ、尾ノ兩端ニ白キ羽アリ、胸、腹、淡紅ニシテ、頭ヨリ胸ニ至ルマデ、白

圏アリ、千葉ノ菊花ノ紋ノ如シ、觜、短クシテ赤黒シ、性、黠猾ニシテ、聲モ喧シケレバ名ツクト云。

〔まじこる・ル・レ・ラ・リ・レ (自動)(規・一) 蠱ニアタル。災ニ入ル。御門祭詞「天能麻我都比登云神乃言武惡事爾相麻自許利相口會賜事無久」道饗祭詞「麁備疎備來物爾相率相口會事無底」神代紀「取レ矢而呪レ之曰若以二惡心一射者則天稚彦必當遭害」(まじこられノ約カ) 遭厄
まして (副) 況 〔勝シテ、ノ義〕 元ヨリアルニ超エテ。ナホサラ。音便ニマイテ。

まじなひ (名) 呪 マジナフコト。神佛ニ祈リテ、其通力ニテ、禍ナドヲ攘ハムコト請フ術。呪禁 厭勝
まじなふ・フ・ヘ・ハ・ヒ・ヘ (他動)(規・二) 呪 〔蠱ヲ行フ意〕 呪ヲナス。

〔ましば (名) 眞柴 柴トイフニ同ジ。「ー吹ク、宿ノ霰ニ、夢覺メテ」

まじはり (名) 交 (一)マジハルコト。マジラヒ。ツキアヒ。(二)遊合。

まじはる・ル・レ・ラ・リ・レ (自動)(規・一) 參交錯 入リ合フ。マジル。マサル。タツサハル。マジラフ。

まじはる・ル・レ・ラ・リ・レ (自動)(規・一) 交 〔前條ノ語ニ同ジ〕 (一)人ト好ヲ通ズ。友トナル。マジラフ。ツキアフ。(二)遊合ス。

まじふ・フ・フル・フレ・ヘ・ヘ (他動)(規・二) 交雜 入レ合ハスマス。

ましま・す・ス・セ・サ・シ・セ (自動)(規・一) 〔上ノ語ニ義アリ〕

下ハ[illegible]ますニ更ニ敬シテイフ語。オハシマス。

まーしん (名) 麻疹 ハシカ。

まじめ (名) 眞面目 本氣ノ顔色。戯レナラヌ事。

(まじもの (名) 蠱物 妖シキ術ニテ、人ヲ呪ヒ詛ヒテ害ヲ加フル毒。蠱毒

まーしやく (名) 間尺 工匠ノ語、作事ノ寸法。常ニ「ーニ合はぬ」ナドイヒテ、算當割合ニ外レテ損アル意ニイフ。訛シテ、間職。

まじゆ (動) 交フノ訛。

まーしやく (名) まーしやくノ訛。「ーニ合ハヌ」

マシラ (名) 猿 (梵語、摩斯吒ノ轉ト云、或云、貝猿ノ轉、或云、中ヲ申ト讀メルニ起ルト、皆牽強ナリ) 猿ニ同ジ。マシマシ。

(まーしらげ (名) 眞精 善ク春キアゲタル米。上白米。

(まじらひ (名) 交 (一)マジラフ。マジルヿ。(二)マジハリ。ツキアヒ。交際

(まじらーふ・フ・ヘ・ヘ・ヒ・ヘ (自動) (規、一) 交參 (まじるノ延) (一)マジル。マザル。マジハル。(二)友トナルマジハル。ツキアフ。交

まぶり (名) 眦 (目後ノ義) マナジリ。メジリ。外眥

まじり (名) 雜 マジルヿ。マザリ。

まじーる・ル・レ・ラ・リ・レ (自動) (規、一) 交雜錯 (一)入リ合フ。マザル。マジハル。マジラフ。(二)分ケ入ル。「海ノ中ニモマジリ失セネ、トオキテ給フ」イサ今日ハ、春ノ山邊ニマジリナム、暮レナバ無ゲノ、花ノ蔭カハ」

(まーおろ・く・ク・ケ・カ・キ・ケ (自動) (規、一) 瞳 (目退クノ義) メバタキヲナスマタタク。

(まじ・わざ (名) 蠱事 蠱物ノ術。詛フ事。

ます (名) 鱒 魚ノ名、東北國ノ產、河海ノ間ニ居テ夏、子ヲ生マムトテ河ニ溯ル、性、强健ナリ、形、鮭ニ似テ、稍、小ク、鱗更ニ細カク、脊、青クシテ、赤キ斑アリ、腹、白シ、眼中、赤條、睛ヲ貫ク、肉ノ赤キヿ鮭ニ似テ、味、更ニ勝ル。海ートイフハ、肉ノ色白シ。

ます (名) 枡 (增ノ義、合ヲ積ミ升ヲ積ミ相增ス意ト云) (一)木造ノ小カナル匣、穀物、酒、油ノ類ノ分量ヲ量ルニ用ヰル、一合ー、一升ー　一斗ー等、其製、大、小、種種ナリ、各條ニ註ス。量　升 (二)一升枡。和名抄「升、麻須、十合器也」今モ、一升、二升ナドイフハ一升ナリ。(三)水道ノ樋ノ相接スル處ニ入ルル大ナル匣。(四)東京ノ芝居ニ、見物場ヲ若干ニ仕切リタル內。

ます・ス・セ・サ・シ・セ (自動) (規、一) 坐 (一)在リ、居ル、ノ敬語。イマス。オハス。ゴザル。「君マサデ、荒レタル宿ノ」(二)有リ、ノ敬語。雄略四年紀「是時、百姓、咸言、有德天皇、也」(三)又、他ノ動詞ニ添ヘテ、意ナキ敬語トス。「出デー」オハシー」坐シー」高知リー」今ノ口語ニハ、人ノ上、己ガ上、共ニ用ヰル。(此用法、或ハ、申ノ方カトモ云)「召シー」頂キー」遊バシませ」參りましテ」此用法、打消ニ、ませぬ、未來ニ、ませう、(ませむノ音便)接續法ニ、ませれば、ナド用ヰテ、語尾、規則動詞ノ第二類變化ト混ジタルガ如シ。

ます・ス・セ・サ・レ・セ (自動) (規、一) 增 益 (一)殖、加ハル。多クナル。殖ユ。(二)勝ル。マサル。「思フニマシテ」超

ます・ス・セ・サ・シ・セ (他動) (規、一) 增 益 數ヲ加フ。多クナス。フヤス。

(ます・ス・セ・サ・シ・セ (他動) (規、一) 申 まをす、まうす、ノ約。「此歌詠ミテヨ、トませ、トテ遣ハス、此御使、云云」無官ニ侍ル由ヲましテ」

ます・スル・スレ・セ・セ・セヨ (自動) (規、二) 老成 夙慧 (まさるノ轉カ) 年齡、程ヨリハ大人ビテ見ユ。ネブ。オヨズクマセル。「山賤ノ、垣ホニ園フ、ませ垣ノ、ませタリトシモ見エヌ君哉」

ます・ズル・ズレ・ゼ・ゼ・ゼヨ (他動) (規、二) 交 雜 混 (一)入レ合ハス。加ヘ合ハス。マジフ。(二)加ヘテ掻キ亂ダス。攪

ますかがみ (名) 十寸鏡 ますみのかがみノ略。マソカガミ。

ますかがみ (枕) 十寸鏡 照ル、磨ク、清キ、ナドイフ語ノ枕詞。マソカガミ。

ますがき (名) 枡搔 斗搔ノ條ヲ見ヨ。

ますがた (名) 枡形 (一)とがたニ同ジ。枓 (二)城ノ一二ノ門ノ間ニ、郭ノ狹ク方形ヲナセル處。武者溜。曲堡

ますざ (名) 枡座 德川氏ノ時、別段ノ免許ヲ得テ、枡ヲ專賣スル所。(座ノ條ヲ見ヨ) 又、秤ヲ賣ル所ヲ秤座トイフ。

(ますほ (名) まそほノ條ヲ見ヨ。「ーノ薄」

ますます (副) 益 增 倍 增シニ增シテ。イヨイヨ。

ますみのかがみ (名) 【眞澄鏡】 殊ニ善ク澄ミテ明ナル鏡。マソミカガミ。マスカガミ。

ますめ (名) 【枡目】 枡ニテ量ル石斗升合等ノ數。量。

ますらたけを (名) 【丈夫】 次條ノ語ニ同ジ。

ますらを (名) 【丈夫】 〔益荒男ノ約〕 男子ノ剛キ者。マスラタケヲ。（手弱女ニ對ス）

ますゐ (名) 【麻醉】 麻藥ヲ服シテ、人身ヲ、全ク知覺ヲ失フコト、時ヲ期シテ醒ム。

(ますを (名) ますほノ條ヲ見ヨ。「—ノ薄」

ませ (名) 【籬】 〔間塞ノ義ト云、或云、馬塞ノ義、倘、まがきノ條ヲ見ヨ〕 竹木ニテ作レル垣、但シ、低キヲ言ヘルガ如シ。又、マセガキ。マガキ。「色カヘヌ、まがきノ竹ノ、ませノ內ニ」 山賤ノ、垣ホニ園ヲ、ませ垣ノ」 御捧物ハ、白金ノ御甕ノ上ニ、ませ結ヒテ」 柜梠越シニ、麥食ム駒ノ」（字ハ巨木若木ノ合字）

(ませ (動) 坐サセノ約。（坐スヲ使役ニ用ヰタル語）「起ニ坐宮ニ權來ニ安置ニ乘レ驛馳奏」 請ニ共佛像ニ」 迎ニ佛像四軀ニ使レ坐ニ于塔內ニ」

ませがき (名) 籬ニ同ジ。

ませかへす (他動)(規、一) 【雜返】 (一)雜スカキマス。攪。 (二)他ノ話ニ、差口シテ戲ル。

ませむ (助動) 推量スル助動詞ノまじノ變化ニテ、ませむ、ましかむト相對シテ、接續法ノ已然ト將然トヲ云フ辭ナラム。「飛鳥川、シガラミ渡シ、塞カませバ、流ルル水モ、ノドニカアラマシ」 斯クバカリ、戀ヒムトカネテ、知ラませば、妹ヲバ見ズゾ、アルベカリケル」

ませる (動) 【老成】 ます（規、二）ノ條ヲ見ヨ。

(ますかがみ (枕) ますかがみニ同ジ。照ル、見ル、磨ク、清キ、向フ、蓋、面、影、ナドノ枕詞。

(まそほ (名) 【眞赭】 〔まハ發語〕 (一)赭ニ同ジ。赤キ土。ソホニ。「眞金吹ク、丹生ノ眞朱ノ、色ニ出デテ、言ハナクノミゾ、吾ガ戀フラクハ」 (二)夫レヨリシテ、色赤キコト。轉ジテ、マスホ。訛シテ、マソヲ、マスヲ、マソウ、マスウ。（十寸穗、眞麻緒、眞蘇芳、ノ義ナドイフ、スベテ據ナシト云）「絲薄、まそほノ色ニ、露ヤ染ムラム」 花薄、月ノ光ニマガハマシ、深キまそほノ、色ニ染メズハ」 汝染ムル、まそうノ小貝、拾フトテ、色ノ濱トハ、言フニヤアルラム」 (三)轉ジテ、直ニ、薄ノ穗ニイヒ、ソレヲ絲ニ比シテイフ。「秋ノ野ニ、機織蟲ノ、經スナリ、まそほノ絲ヲ、風ニヨラセテ」 白妙ノ、まそほノ絲ヲ、繰リサラシ、籬ニサホス、花ノヲスズキ」

(まそみのかがみ (名) ますみのかがみニ同ジ。

(まそを (名) まそほノ條ヲ見ヨ。

また (名) 【叉】 〔間處ノ轉カ、間立ノ略カトモ云〕 本ハ一ツニテ、末ノ二ツニ分レ開キタルモノ。叉、共處。「木ノ—」 指ノ—」 水ノ派」

また (名) 【胯】 〔脚ノ叉ノ義〕 股ト股トノ間。アタクラ。

(また (名) 猴ノ屬、詳ナラズ。（後世ねまたトイフモノ是レカトモ云）和名抄「猓猨、麻多」

マタ (名) 【摩哆】 〔梵語、母ノ義ト云〕 梵字ノ點畫ノ名、梵字ノ條ヲ見ヨ。

また (副) 【亦】 〔又ノ義ニテ、二ツニ涉ル意カ〕 夫レモ同ジク。ヒトシク。「是レ—善シ」 ソレモ—惡シカラズ」

また (副) 【復還】 立返リテ。フタタビ。「行キテ—歸ル」 今日行キ又、明日—行カム」

また (接) 【又】 ソノウヘニ。ソノホカニ。イマヒトツ。ナラビニ。「山—川」 食ヒテ—飲ム」 ○—ノ名。別ニアル名。○—ノ年。翌年。○—ノ日。翌日。

まだ (副) 【未】 いまだノ約。

またいとこ (名) 【又從弟】 (一)再從兄弟ノ子ノ、互ニ相呼ブ稱。三從兄弟 (二)又、再從兄弟。

またうけ (名) 【又請】 請人ノ請人ニ立ツコト。

またうつし (名) 【又寫】 寫シタルヲ寫スコト。轉寫 傳寫

またがし (名) 【又貸】 一方ヨリ借リテ一方ヘ貸スコト。轉貸

またがる (自動)(規、一) 【跨】 (一)跨ギテアリ。「馬ニ—」 (二)此處ヨリ彼處ヘ亙ル。「兩國ニ—」 兩岸ニ—」 亙 涉

(またき (形) 【全】 またしノ條ヲ見ヨ。

(またきに (副) 【豫夙】 〔次次條ノ語意〕 期ヨリモ急ギテ。夙クヨリ。「またきに、此事聞カセ奉ラムモ、バ聡カシク」 時雨ヲバ、待チモツケデヤ、山ノ端ノ、已レ—モミヂソメケム」 朝—」

(またく (形) 【全】 またしノ條ヲ見ヨ。

〔またく・ク・キ・カ・ケ〕(自動)(現・二) 急速 〔待チ遠ク、待チ取ル、ナド待チ受クル事ヲ待ツノ延カ〕 期ヲ待チ切ラズ急ク。ハヤル。ガル。「イツシカト、またくム心ヲ、胸ニアケテ、天ノ川原ヲ、今日ヤ渡ラム」 月卿ニ、使ハ遣ラム、心またく子」 櫻花、またきナ散リソ」 アヤナクテ、またき無キ名ノ、立田川」 ナド秋風ノ、またき吹クラム」 我名ハまたき、立チニケリ」 嗟急

またぐ・グ・ギ・ガ・ゲ (他動)(現・一) 跨 〔跨ヲ活用ス〕 兩脚ヲ張リテ物ヲ跨ノ間ニス。

またぐ・グル・グレ・ギ・ギ・ギョ (他動)(現・二) 跨 前條ノ語ニ同ジ。

またぐら (名) 〔跨座ノ義カ〕 胯トイフニ同ジ。

またけ (名) 眞竹 常ノ竹ヲ、他名ニ對シテイフ稱、大ナルハ、高サ、六七丈、周、一尺五六寸、色、青ク、節間、長シ、筍、後レテ生ジ、大クシテ、籜ニ紫ノ斑アリ、蘞ケレバ、湯ガキテ食フ(淡竹ト反ス) 一名、ヲダケ。カラタケ。 苦竹

〔またし・キ・ケレ・シ・ク〕(形・一) 全 〔眞足ノ意ト云〕 缺ケタル所ナシ。今、音便ニ、マツタシ。「吾ガ命、全有メヤモ」我ガ身ヲまたくシテ、敵ヲ皆亡ボサムト思ヒタレバ」

〔またし・シキ・シケレ・シク・シク〕(形・二) 未 いまだしノ約。未ダ其期ニ至ラズ。「早月來バ、鳴キモ響ヨサナム、時鳥、マダシキ程ノ、聲ヲ聞カバヤ」 錦木ノ、千束ノ數ハ、立テテシヲ、ナド逢フ事ノ、未ダマダシキ」

〔またす・ス・セ・サ・シ・セ〕(他動)(現・一) 率出 〔率リ出スノ略カト云〕 万葉集二「麻都里太須、形見ノ物ヲ、人ニ見スナ」 タテマツル。サシアグル。「我ガ衣、形見ニ率」心サヘ、率有君ニ、何ヲカモ、言ハデ言ヒシト、吾ガ竊マハム」 率ニ遣使」具述」 今事方急、草船遣 奏」

またたき (名) 瞬 マタタクコト。メバタキ。

またたく・ク・キ・カ・ケ (自動)(現・一) 瞬 〔目叩クノ義〕 (一)瞼、屢、開合ス。マジロク。メバタキヲナス。(二)目ヲ瞑ラズ、生キ存命フ。「若君ノ、ラウタクアハレニオハシマスヲ、黄泉ノホダシニ、モテワヅラヒ聞コエテナム、またたき侍ル」 (三)閃ク。「風ニマタタク、宵ノ燈火」大殿油、消エガテニ、マタタキテ」 閃

またたび (名) 木天蓼 〔わたたびノ轉〕 古名、ワタタビ。蔓生ノ灌木、深山ニ生ズ、葉ノ形、楕ニシテ尖リ、細鋸齒アリ互生ス、春ノ若葉、食フベシ、味、辛シ、(故ニ蓼ノ名アリ)仲夏ニ、梢ノ葉ノミ、面ヲ白ク變ズ、同時ニ、葉ノ間毎ニ、一花ヲ生ズ、五瓣白色ニシテ、蕊、綠ナリ、皆下ヘ向ヒテ開ク、形、梅花ニ似タレバ、夏梅、夏椿ノ名モアリ、實、細長ク、棗ノ如ク、內ニ細子アリ、食フベシ、味辛ク、藥用トモス、世ニ猫ノ藥トス、又、花、落チズ化シテ實ノ如クナルアリ、蟲ノ巢ナリ、まきみノ實ニ似テ小シ。

またね (名) 又寐 一度覺メテ再ビ眠ルコト。(多ク曉ニイフ)「鶏ノ音ノ、フタタビツラキ、別レ哉、ーノ夢ノ、覺ムル名殘ニ」

またふり (名) 杈椏 樹ノ枝ノ叉ヲナセル處。

またもの (名) 又者 陪臣ニ同ジ。

マダラ (名) 曼陀羅 (一)梵語、雜色ノ義、(二)淨土實相ノ圖。(まんだらノ條ヲ見ヨ)「法花、まだら掛ケ奉リテ」

マダラ (名) 斑 〔前條ノ語ニ同ジ〕 種種ノ色ノ、疎ニ入リマジリタルモノ。ブチ。「唐衣ニ、白イモノ秒リ、まだらニナラムカシ」 馬ハ紫ノーツキタル」

マダラ-うり (名) 斑瓜 黄ナル斑アル瓜。(今、銀まくはトイフモノカト云) 和名抄「斑瓜、末太良宇利」

マダラ-ぐも (名) 斑蜘蛛 女郎蜘蛛ニ同ジ。

マダラ-じん (名) 摩多羅神 天竺ノ神、常行三昧守護ノ神トイフ、天台宗ニテ崇ム。

マダラ-だけ (名) 斑竹 竹ノ一種、皮、黄白色ニシテ、黒キ虎斑アルモノ、諸器ニ作リ、烟管ナドニ用ヰル。トラフダケ。ハンチク。

〔マダラ-まく (名) 斑幕 幅毎ニ、各色ノ布ヲ用ヰタル、今ノだんだら筋ノ幕ナラム。幔。 斑幔

まだるし・キ・ケレ・シ・ク (形・一) 間怠 手間取リテ遲シ。 緩漫

まだれ (名) 麻垂 〔特ニ麻ノ字ヨリ取リテイフ、鴈垂ナドニ對ス〕 漢字ノ上ニアル广ノ字ノ稱、床、庇、序、廳、ノ如シ。又、マカンムリ。 广頭

またをひ (名) 又甥 甥ノ子。 姪孫

まち (名) 町 〔間道ノ義ニテ、田間ノ道ノ義ト云〕 (一)田ノ中ノ區域。(二)家ノ內ノ別屋。又、其相連ノルモノ。(春坊僧坊ノ類モ是レナリ)「后町」采女町」局町」 坊 別房 (三)郭內ナドノ、人居密接シ、路ヲ以テ分チタル一區域ノ地ノ稱。(桃華坊、銅駝

坊ノ類)「六條京極ワタリニ、中宮ノ古キ宮ノ邊ヲ、四まちヲ占メテ作ラセ給フ」又、泛ク、只、商家ノ軒ヲ並ベル地ヲモ稱ス。(村ニ對ス) 市坊 市街

まち (名) 襠 (區ノ義カ、闕ヲ待チノ義カ」(一)衣服ノ裁縫ノ、布帛ノ幅ノ足ラヌ所ナドニ、別ニ布帛ヲ補ヒテ縫ヒ添フルモノ。(二)袴ノ内股ノ處。

まちあひ (名) 待合 約シテ、人人互ニ待受クルコト。又、其家。

まちいしや (名) 町醫者 武家ノ頃ニ、坊間ニ住メル平民ノ醫師ノ稱。 市醫

〔まちいづ・ツル・ツレ・テ・テ・テヨ (他動)(規・二) 待出 待チツケテ遇フ。「サルベキ方ノツイデ、待チイデテ」

まちうく・クル・クレ・ケ・ケ・ケヨ (他動)(規・二) 待受 迎ヘ待ツ。マチマウクル。 迎接

まちおかし・ク・ケレ・ク・ク・ミ (形・二) 間近 間近シ。程遠カラズ。 接近

まちがひ (名) 間違 マチガフコト。タガヒ。チガヒ。 乖違

まちがふ・フ・ヘ・ヘ・ヒ・ヘ (自動)(規・一) 間違 タガフ。チガフ。アヤマル。 乖違

まちがふ・フル・フレ・ヘ・ヘ・ヘロ (他動)(規・二) 間違 タガフル。チガフル。アヤマツ。シソコナフ。 失錯

〔まちぎみ (名) 群卿 まうちぎみノ約。

〔まちきん・だち (名) まへつぎみノ條ヲ見ヨ。

まちぐわいしよ (名) 町會所 町役人ナドノ、町内ノ務メナドノ爲ニ寄合フ所。

まちだうぢやう (名) 町道場 市中ニアル小キ佛堂。

まちだかばかま (名) 襠高袴 袴ノ内股ノ襠ヲ高ク製シタルモノ、馬ニ乘ルニ用ヰル。

まちぢよらう (名) 待女郎 婚禮ノ時ニ、新婦ニ附添フ侍女。 伴姑

まちつく・クル・クレ・ケ・ケ・ケヨ (他動)(規・二) 待付 待チテ遇フコトヲ得。待受ク。

まちどしより (名) 町年寄 市人ノ長、名主ノ上ニ居ル、江戸、大坂、長崎、ナドニアリ。

まちどほ (副) 待遠 待チ侘ビテ。「—思フ」

まちとる・ル・レ・ラ・リ・レ (他動)(規・一) 待取 待チ受ク。待チ付クル。「夕立ノ雲ヨリ出ヅル、夏ノ日ヲ、待取ルモノハ、蟬ノ諸聲」

まちなみ (名) 町並 町家ノ並ビタル狀。

まちばり (名) 待針 針仕事ニ、縫ヒ止ムベキ處ニ、カネテ標シニ付ケ置ク針。

まちびけし (名) 町火消 (定火消ノ職ニ對シテイフ) 江戸市中ニテ、火消ノ役ニ出ヅル人夫。

まちびと (名) 待人 人ノ來ルヲ待チテアルコト。

まちぶぎやう (名) 町奉行 徳川氏ノ頃、江戸、京都、大坂、駿府、等ニテ、市中ノ租税、戸籍、訴訟、一切ノ事ヲ司ル職。江戸ナルヲ、單ニ—ト稱シテ、權、特ニ重シ。

まちぶせ (名) 待伏 隱レテ人ヲ待チツケテ襲ヒカカルコト。伏勢。 埋伏

まちまうく・クル・クレ・ケ・ケ・ケヨ (他動)(規・二) 待設 カネテ待ツ。待受ク。 迎接

まちまちに (副) 區區 各、異ナリテ。サマザマニ。

マチン (名) 馬錢 (字ノ唐音ト云) 蔓生、黃花ノ植物ノ實ト云、瓜哇島ノ產、舶來ス、大サ、五六分、圓ク平タクシテ、白色、毛茸アリ、犬ヲ毒ストテ名アリ。 番木鼈

まちや (名) 町家 町ノ商家アル地。 市肆 市坊

まつ (名) 松 (一)常緑ノ喬木、幹ニ節多ク、皮ハ鱗甲ノ狀ヲナス、葉ハ針ノ如クニシテ、二針一帶ヲナシテ深緑ナリ、春、黃花ヲ開ク、粉ノ如シ、別ニ實ヲ結ブ、まつふぐりトイフ、(其條ヲ見ヨ)材、用多シ、但シ、脂多シ。くろ—、又、を—トイフハ、皮ノ色、黑ク、葉、粗ク長ク太ク、枝堅シ。 黑松 あか—、又、め—トイフハ、皮、赤ク、葉、細ソク短ク、枝ヤハラカナリ。 赤松 又、葉ニ、五針、三針、一針、ノモノモアリ、葉ノ色ノ黃ナルアリ、白キモアリ、「五葉ノ—」「蝦夷—」「富士—」「とど—」等、各條ニ註ス。(二)松明。(松ノ脂多キ所ヲ用ヰレバイフ)「旅人ノ、トモシステタル、まつノ火ノ」殿守ノ官人ナドノ、長キ松ヲ高クトモシテ」御先ノ松、ホノカニテ、イト忍ビテ出デ給フ」先ニトモシタルまつノ烟」○—ノ言ノ葉。和歌ノ異名。(古今ノ序、松ノ葉ノ散リ失セズシテ、正木ノカヅラ長ク傳ハリ)「住吉ノ、—、替ラズバ、神代ニカヘレ、敷島ノ道」○—ノ位。大夫ノ官、(秦ノ始皇ノ故事) ○—ノ烟。松明ノ烟。又、松ヲ薪トシテ燒ク烟。○—ノ葉。仙人ノ境涯。(仙人松葉爲レ食)「松ノ葉バカリニ思ヒナリニタル身」俗ニ、寸志。「志ハ—」

まつ (名) 末 細末ノ粉。「緑ノ—」

まつ・ツ・テ・タ・チ・チ (他動) (規・二) 待 候 竢 (一)留リテ物事ノ來ムヿヲ望ミ居ル。(二)來ベキ物事ヲ迎ヘ受ク。待チ受ク。「待チ擊ツ」待チ戰フ」待チ取ル」(三)取置キテ、後ノ求メニ供フ。 儲

まつ (副) 先 (一)サキニ。早ク。「シテノ山、麓ヲ見テゾ、歸リユシ、ツラキハヨリ、—越エジトテ」八ヨリモ、—コソ見ツレ」(二)シバラク。マア。「—据エ置ク」 且 姑

まつか (名) 眞赤 眞ニ赤キヿ。 純赤

〔まつかう (名) 抹額 〔字ノ音ノ音便〕 鉢卷ニ同ジ。

まつかう (名) 末香 抹香 樒ノ葉ト皮トヲ乾シテ細末トシタルモノ、褐色ナリ、佛前ノ香トス。

まつかうくぢら (名) 末香鯨 〔身ノ色、末香ニ似タレバイフト云、或、眞甲トモ記ス〕 鯨ノ類、南海ニ多シ、長サ、三丈五六尺ヨリ、大ナルハ七丈ニ至ル、全身、灰黑ニシテ赤ミアリ、頭圓ク平タク、上顎、甚ダ大ク、下顎、小シ、齒アルヿ、常ノ鯨ト異ニシテ、齒ノ大サ、小牛ノ角ノ如シ、腦ヨリ龍涎香ヲ出ス。 齒鯨

まつかさ (名) 松毬 マツフクリ。マツボクリ。チチリ。

〔まつかさね (名) 松襲 襲ノ色目ノ名、表ハもえぎニテ、裏ハ紫ナルモノト云。

まつかぜ (名) 松風 (一)松吹ク風ヲ、其音ニ就キテイフ辭。(二)菓子ノ名、米粉麴粉ニテ、方扁ニ厚ク燒キ作リ、表ニ糖液ヲ塗リ、芥子ヲ撒ク、裏(浦)淋シトテ名ツクト云。

まつかはばうそう (名) 松皮疱瘡 〔痂、松皮ノ如ク重ナレバイフ〕 痘ノ惡性ナルモノノ稱。

まつかはびし (名) 松皮菱 〔松皮ノ如ク重ナレバイフ〕 紋所ノ名、花菱ヲ八重ニ作レルモノ。

〔まつかひ (名) 間使 時時消息スルヿ。「ナノリソノ、己ガ名惜ミ、間使モ、遣ラズテ我ハ、生ケリトモナシ」

まつかふ (名) 眞向 〔或ハ、眞甲、眞額〕 額ノ中央。

まつくら (名) 眞暗 眞ニ暗キヿ。

まつくろ (名) 眞黑 眞ニ黑キヿ。 純黑

まつげ (名) 睫 〔眼之毛ノ義〕 眼瞼ノ緣ニ生ヒタル毛。

まつご (名) 末期 イマハノキハ。シニギハ。 臨死

まつざ (名) 末座 シモクラ。末ノ方ノ座。末席。

まつさき (名) 眞先 最モ先ナルヿ。 最先

まつさを (名) 眞靑 〔まハ發語、あをヲさをトモイフ、或ハ、正靑ノ約〕 眞ニ靑キヿ。 純靑

まつじ (名) 末寺 本山ノ支配下ノ寺。

まづし・キ・ケレ・ク・ク (形・二) 不味 〔次條ノ語ト通ズルカ〕 (一)味、淡シ。旨カラズ。(二)ツタナシ。下手ナリ。 拙

まづし・シキ・シケレ・シク・シク (形・二) 貧 金錢財產ニ乏シク、生活ノ道ニ物足ラズシテアリ。貧乏ナリ。貧窮ナリ。

まつしくらに (副) 驀地 〔或ハ、まじくら、眞時雨ノ轉カト云、或云、眞押鞍、又ハ、馬足暗ノ約轉、專ラ馬上ナルニイフト〕 急ニ烈シク進ミ掛カル狀ニイフ語。イッサンニ。

まつしや (名) 末社 (一)エダガミ。本社ニ附屬スル小キ神社。 裔神 (二)俗ニ、遊里ノ客ヲ取持ツ者。(大盡ヲ大神ニ寄セテイフトゾ)

まつしよ (名) 末書 註釋ノ書。

まつしろ (名) 眞白 全ク白キヿ。 純白

まつすぐ (名) 眞直 全ク直キヿ。

まつせ (名) 末世 スヱノヨ。世ノ降リテ、衰ヘタルヿ。(佛經ノ語)「—ノ人情」

まつだい (名) 末代 死後ノ世世。「名ヲ—ニ殘ス」

まつたく (副) 全 悉ク。スベテ。「—無シ」—知ラズ」

まつだけ (名) 松蕈 菌ノ名、山中、雌松多キ地ニ生ズ、秋ノ半ヨリ末ヲ時トス、低キハ一二寸、高キハ八尺ニ至ル、蓋ノ上ハ紫黑ニシテ、裏ハ白クシテ刻ミアリ、莖ノ皮ハ淡褐ナリ、全體脆クシテ、肉白ク、裂ケ易ク、香氣最モ高シ、炙リ又煮テ食フ、菌ノ中ノ最トス。 松蕈

まつたし・キ・ケレ・ク・ク (形・二) 全 完 またしノ音便。缺クルヿ無シ。十分ナリ。

マッチ (名) 燐寸 めつちニ同ジ。スリツケギ。

まつちや (名) 末茶 ひきちやノ條ヲ見ヨ。

まつて (名) 待手 碁、將棋ニ、敵ノ手ヲ待タセテ、已ガ既ニ下シタル手ヲ改ムルヿ。

まつと (名) 眞人ノ音便、其條ヲ見ヨ。

まつのうち (名) 松內 元日ヨリ七日マデ、松飾アル間ノ稱。

〔まつはしのうへのきぬ〕(名) 縫腋 〔纒シノ袍ノ義、縫ヒテ完ウスル意〕 縫腋ニ同ジ、袍ノ條ヲ見ヨ。和名抄「縫腋、萬都波之乃宇倍乃岐奴」

まつは・す (他動)(規、二) 纒 (一)まとはすニ同ジ。絡ミツクル。「御夢ニモ、タダ同ジ狀ナル物ノミ、着ツまつはし聞ユ、ト見給フ」(二)附キマトハシム。「今ハ只此後ノ親ジイミジウ睦ビマツハシ聞エ給フ」明ケ暮レ御前ニ召シマツハシツツ」まつはさセ給ヘリシコソ、苦シカリシカ」 緜纒 綢繆

まつばら (名) 松原 松ノ木立ヲナセル平地。

まつばらん (名) 松葉蘭 莖、細長ク、叢生シテ、松ノ葉ノ如ク、又海松ノ如シ、葉ナシ、粟狀ノ黄花、莖ノ處處ニツキテ、玉帚ノ如シ、形狀、種類、多シ、鉢植トシテ玩トス。又、帚蘭。

〔まつはる〕(自動)(規、二) 纒 (一)まとはるニ同ジ。絡ヒツク。カラマル。「唐衣、ナレハ身ニコソ、マツハレメ」猶ハ、云ニ云ズ、綱、イト長クツキタリケルヲ、物ニ引キカケ、マツハレニケルヲ」(二)附キマトフ。懷キテ離レズ。「ヨソニ見テ、歸ラム人ニ、藤ノ花、這ヒマツハレヨ、枝ハ折ルトモ」マツハレ追從シ」 緜纒 綢繆

まつびら (副) 眞平 平ニ。ヒトヘニ。ヒタスラ。「―オユルシ」

まつふぐり (名) 松毬 松卵 〔松陰囊ノ義〕 松ノ實、形、小卵ノ如ク黒褐ナル堅キ細鱗、重疊シテ包メリ、長ズレバ鱗裂ク、鱗隙ニ子アリ、大サ柏子ノ如シ。又、マツカサ。畿内ニ、チチリ。東國ニ、マツボクリ。

まつぼくり (名) 松毬 まつふぐりノ訛。(東國)

〔まつほど〕(名) 〔松塊ノ意、ほどノ條ヲ見ヨ〕 茯苓ノ古名。和名抄「茯苓、末都保度」

〔まつむし〕(名) 松蟲 〔其聲、松吹ク風ノ音ノ如クナレバイフカ〕 蟲ノ名、古歌ニイヘリ、即チ、今ノすゞむしニテ、其聲りんりんト聞ユルモノ、すゞむしノ條ヲ見ヨ。(まつむし、すゞむしノ名、古今全ク相反セリ) 金琵琶

まつむし (名) 松蟲 古名、スズムシ。蟲ノ名、野草或ハ松杉ノ籬ニ多シ、こほろぎノ屬、褐色ニシテ、髭、長ク、腹、黄ナリ、秋ノ夜、羽ヲ振ヒテ鳴ク、ちんちろりんト聞ユ。籠ニ養ヒテ聲ヲ賞ス。 金鐘兒

まつも (名) 松藻 (一)海藻ノ名、海中、石上ニ生ズ、狀、松杉ノ葉ニ似タリ、綠色ニシテ、柔脆、香滑ナリ、生、熟、共ニ食ズベシ。(二)きんぎよもノ一名。

まつもと (名) 〔松本仙翁花ノ略、初メ、信州ノ松本ニ出ヅ〕 草ノ名、仙翁花ノ條ヲ見ヨ。 剪春蘿

まつもどき (名) 松擬 〔古ヘ松葉ヲ煮テ藥トシ食ヒタルカ、ソレニ擬シテイフナルベシト云〕 茄子ヲ細ク切リテ、油ヲ加ヘテ煮タル羹。

まつやに (名) 松脂 松樹ニ生ズル脂、採リテ瀝青ナドニ製シ、種種ノ用トス。

まつよひ (名) 待宵 (一)來ベキ人ヲ待ツ宵。「―ニ、深ケ行ク鐘ノ、聲聞ケバ、飽カヌ別レノ、鶏ハモノカハ」(二)陰暦、十四日ノ夜ノ稱、翌夜ノ月ヲ待ツ意。(多ク八月ニ云フ)「―ノ月」

〔まつらふ〕(動) 服 歸順 まつろふ(規、一)ニ同ジ。雄略四年紀「這フ蟲モ、大君ニ磨都羅符、汝ガ形ハ置カム、秋津島日本」

まつり (名) 祭 (一)神ヲ祭ルコト。祭ルワザ。(二)專ラ、山城ノ加茂ノ神社ノ葵祭ノ稱。

まつり (名) 茉莉 熱地ノ樹、舶來ス、寒ヲ畏ル、葉、圓クシテ對生シ、夏秋ノ交、枝ノ端毎ニ、五瓣ノ花アリ、晩ニ開キ、朝ニ落ツ、單瓣ニシテ、くちなしノ花ニ似テ、大サ錢ノ如ク、香氣高シ、初メ白ク、後ニ黄ニ變ズ。

〔まつりごつ〕(自動)(規、一) 爲政 〔政ヲ活用ス〕 政ヲ行フ。「大將、内大臣ニナリ給ヒヌ、世ノ中ノ事ドモ、マツリゴチ給フベク、ユヅリ聞エ給フ」カシコシトテモ、一人、二人、世ノ中ヲマツリゴチ知ルベキナラネバ」

まつりごと (名) 政 〔奉事ノ義、君命ヲ受ケテ、其職ニ仕ヘ奉ル意ヲ元トス、延ベテまつろふ(服從)トイフモ、是レナリ、祭事ヲ元トストイフハ非ナリ、祭モ神ヲ齋ヒ奉ル意ナリ〕 君主、政府ノ、國民ヲ治メ、百般ノ公事ヲ取リサバカルルコト。政事。政道。

〔まつりごとひと〕(名) 判官 〔政人ノ義〕 判官ニ同ジ、長官ノ條ヲ見ヨ。「淡路ノまつりごと人ノ、任果テテ」(國司ノ掾ナリ)

〔まつりや〕(名) 祭屋 神靈ヲ祭ル家。 祠

まつ・る (他動)(規、一) 奉 〔待ツ意カ〕 (一)マヰラス。奉ズ。タテマツル。「豐壽、壽廻ホシ、麻都理來シ、御酒ゾ」山神ノ、奉ル御調ト」マソ鏡、掛ケテ思ヘ

ト、麻都利出ス、形見ノ物ヲ、人ニ見スナ」(二)轉ジテ、動詞ニ添ヘテ敬語トス。「齋ヒ―」仕ヘ―」立テ―」

まつる ル・レ・リ・ル・レ (他動)(規.一) 祭 祀 〔齋ヒ奉ル意〕(一)誠ヲ致シ、儀ヲ正シ、供物奏樂ナドシテ神靈ヲ慰ム。(二)神トシテ鎭メ祟ム。

まつろ (名) 末路 人ノ行末。人生ノ終。

〔まつろふ フ・ヘ・ヘ・ヒ・ヘ (自動)(規.一) 服 歸順 〔奉ルノ延〕又、マツラフ、從ヒ屬ク。服從ス。古事記「令レ和ニ平其麻都漏波奴人等ニ」萬葉集「千磐破、人ヲ和セト、不奉仕、國ヲ治メト」

〔まつろふ フ・フル・フレ・ヘ・ヘ・ヘヨ (他動)(規.二) 服 服從フヤウニナス。從フル。萬葉集「麻都呂倍奴、人ヲモ和シ、掃キ清メ」物部ノ、八十伴雄ヲ、麻都呂倍ノ、向ケノマニマニ」

まて (名) 全手 兩ノ手。諸手。兩手

まて (名) 蟶 〔兩口アリ、全手ノ義カト云、或ハ、和名抄ニ、誤テ本草ノ馬刀ヲ引ケレバ、其音カトモイヘド「馬刀、生ニ江湖中」細長小蚌」トアレバ異物ナリ〕介ノ名、海沙中ニ生ズ、兩殼相合ヒテ、小竹管ノ如ク、長サ三四寸、太サ指ノ如シ、兩頭相通ジ、背黑クシテ黃ヲ帶ブ、肉ハ蠣ニ似テ細長シ。大阪ニ、カミソリガヒ。竹蟶 又、一種、長サ二寸餘、一頭ヨリ兩ノ絲ヲ出スモノヲ、あげまき又ハまてはかまトイフ。蟶

〔まで (動) 詣 まうづノ變化ノまうでノ約。「夕方、まで來ムト言ヒテ待リケルニ」まで來ヌコヲ恨ミ」初瀬ヘまでケル道ニ」

まで (辭) 迄 第一類ノ天爾波。(一)至リ及ブ意ノモノハ、「京ヨリ筑紫―マカル」今日―ニ、來ムト賴メシ」我ガ君ハ、千代ニマシマセ、サザレ石ノ、イハホトナリテ、苔ノムス―」(二)又「程に」ノ意ナルハ、「花ト見ル―、雪ノ降リケル」朝朗、有明ノ月ト、見ル―ニ、吉野ノ里ニ降レル白雪」

〔まてつかひ (名) 眞手番 五月五日ノ競馬、騎射ニ、近衞ノ射手ノ、其當日ノ立合ノ稱。其前ニ試ミニ立合フヲ、荒手番トイフ。

まてばしひ (名) 〔全手葉椎ノ義ト云〕又、マテバガシ。樫ノ一種、葉モ實モ、共ニ大クシテ實、食フベキヲ。

まと (名) 的 〔圓ノ意、形ニ因テイフト云、或云、目處ノ義ト〕弓ヲ射習フ時、矢ヲ射中ツベキ當トシテ立テ置ク具、板、厚紙、革、布、等ニテ作ル、形、方、圓、種種ニシテ、中央ニ圓點ヲ記スヲ常トス。

まと (名) 眞砥 砥ノ一種、質、緻密ナルモノ、刀ヲ磨クニ、最後ノ仕上ゲニ用ヰル。(礪ニ對ス)

まど (名) 窓 牖 〔間戶ノ義ト云〕壁ニ穿チ設ケタル孔、日光ヲ引キ、風ヲ通ズル用トス。

〔まとい (名) 的射 的ヲ立テテ弓ヲ射ルコ。「まといスル、早月ノ今日ノ、梓弓、アヤメノ根ニヤ、添ヘテ引クラム」

まどか (副) 圓 〔全ト通ズト云〕圓クマロラカニ。マンマロク。

まとかは (名) 的皮 ヤマカタ。射場ノ的ノ後ニ張ル皮。

〔まどころ (名) 政所 〔まんどころノ約〕家ノ内ニテ家政ヲ執ル處。「盆ノ事、年頃ハ、まどころ一物シツルモ、離レノシヌラムト、衰レナル人モ、悲シク思ヒハベラカシ」元、勸メタリケル、家司ナド、打付ケニ參リテ、まどころナドイフ方ニ候ヒテ、イトナミケリ」

〔まどし (形) 貧 まづしニ同ジ。「財多ケレバ、身ヲ守ルニまどし」

まどのつき (名) 窓月 菓子ノ名、もなか・類ノ皮、方形ニシテ、中ニ月影ノ形ヲ作ル。

まとば (名) 的場 的ヲ立テテ弓ヲ射習フ處。射圃

〔まとはかす ス・セ・サ・シ・セ (他動)(規.一) 惑 まとはすニ同ジ。「年頃知ラデ、まとはかしツルモ、我ガ罪ニアラズ」

まとはす ス・セ・サ・シ・セ (他動)(規.一) 纏 (一)マトヒツクル。カラム。卷キツクル。マツハス。(二)覆ケテ附キマトハシム。「此若君ヲ、云云、召シまとはし戲レ敵ニシ給フ」綿纏

まどはす ス・セ・サ・シ・セ (他動)(規.一) 惑 他ノ考ヲ亂ス。迷ハス。マドハカス。「置キマドハセル、白菊ノ花」

〔まとはる ル・ル・レ・レ・レ・レヨ (自動)(規.二) 纏 マトフ。カラマル。繚リツク。マツハル。

まとひ (名) 纏 (一)纏フコ。(二)一軍ノ陣所ノ標トシテ立ツル具、竿ノ頭ニ、種種ノ飾物ヲ付ケ、多クハ、其下ニ馬簾ヲ垂ル。防火夫ナド、一隊ノ標ニモ用ヰル。

（國云、的擧ノ義カト）

まどひ (名) 惑 マドフヿ。マヨヒ。當惑。

まどふ・フ・ヘ・ヘ・ヒ・ヘ (自動)(規、二) 纏絡 〔圓ノ活用カ〕卷キツク。カラマル。

まどふ・フ・ヘ・ヘ・ヒ・ヘ (他動)(規、二) 纏絡 卷キツクル。カラム。

まどふ・フ・ヘ・ヘ・ヒ・ヘ (自動)(規、一) 惑 何事何カト思ヒ分ケカネテアリ。迷フ。當惑ス。

〔まどふ・フ・ヘ・ヘ・ヒ・ヘ (他動)(規、二) 償 ツクノフ。埋メ合ハセヲスル。「誠ハ二十貫ト言ヒケレバ、夫レヲモまどひ買ハムト言ヒケリ」

まどほ (副) 間遠 (一)間、遠ク。時、隔リテ。(二)織目、粗ク。「須磨ノ海人ノ、鹽燒衣、筬ヲ粗ミ、間遠ニアレヤ、君ガ來マサヌ」

〔まどまうし (名) 的申 射場ノ的ノ傍ニ居テ、射中ツレバ、旗ヲ擧ゲテ其由ヲ申ス職。司掎

まとまる・ル・レ・ラ・リ・レ (自動)(規、一) 纏 一ツニ統バル。聚結 團結

まとむ・ム・ム・ムル・ムレ・メ・メヨ (他動)(規、二) 纏 〔全クスル意カ〕一ツニ統ブ。聚收

まとも (名) 正面 〔眞之面ノ轉〕正シク向フヿ。シヤウメン。

まどり (名) 間取 家作ノ室ト室トノ位置。

マトロス (名) 水夫 〔蘭語、Matroos.〕舟子。カコ。マドロス。

まどろむ・ム・ム・ムル・ムレ・メ (自動)(規、二) 〔目蕩ムノ義カト云〕暫シ睡ル。交睫

まどゐ (名) 圓居 衆人、輪ノ如ク居並ブヿ。車座。一ツ座敷ノ寄合。團欒

まな (名) 眞魚 〔まハ美ムル語、魚肉ハ食中ノ美ナレバナリ〕魚トイフニ同ジ、魚ヲ膳ニ用ヰル時ノ語。「―食ヒ」「―箸」「―板」「―始」

まな (名) 眞名 眞字 (一)漢字ノ楷書ノモノ。音便ニ、マンナ。(草字ニ對ス)「草ニモまるニモ、サマザマ、メヅラシキ狀ニ書キマゼ給ヘリ」 楷書 (二)漢字ノ意義ヲ取ラズ、唯、其音ヲ借リテ和語ニ當テテ用ヰルモノ、即チ假名ヲ元ノ文字ニテ書クモノ やまかはヲ也末、加波ト書クガ如シ。マンナ。萬葉假名。(片假名、平假名ニ對ス)

まないた (名) 眞魚板 魚肉ヲ料理スルニ用ヰル板、厚クシテ兩脚アリ。俎

まながつを (名) 眞名鰹 〔鰹ハ此魚ヲ元トスルカト云〕新撰字鏡「魴、堅魚」海魚、關西ノ產、東國ニナシ、形鯿ニ似テ、頭、小ク、項縮ミ、身、圓ク平タクシテ、大サ尺餘、鱗、最モ細カク、色、白クシテ青ミアリ、肉、白ク、骨、ヤハラカナリ、脂、多ク、味、濃美ナリ、或ハ、鹽ニシテ乾シテ、遠キニ送ル。鯧魚

〔まなかぶら (名) 眶 〔目之被ノ義カ〕瞼ノ緣。マブチ。和名抄「眶、萬奈加布良」

〔まなぐひ (名) 眞魚咋 魚ヲ料理シ食物トスルヿ。「口大之尾翼鱸、云云、獻天之眞名咋也」

まなこ (名) 眼 〔目之子ノ義〕(一)目ノ中ノ珠。白眼黑眼ノ總稱。マナコダマ。メダマ。和名抄「眼、萬奈古、目子也、瞳、訓、上同」新撰字鏡「睛、眸、萬奈古」醫心方「瞳子」(二)後ニ、泛ク、目。(三)望ミ見ルヿ。「月ノ住ム、空ハヨソニモ、隔ラジヲ、まなこニ餘ル、廣澤ノ池」

〔まなご (名) 眞砂 「眞砂子ノ略カト云」砂ノ細カキモノ。マサゴ。纖砂

〔まなご (名) 〔眞之子ノ義〕マコトノ子。實子。「父君ニ、吾ハ眞名子ゾ、母刀自ニ、吾ハ愛兒ゾ」

〔まなこゐ (名) 眼色 〔眼居ノ義カ、或云、眼率ノ義、又、眼率モ同ジト、眼皮(瞼)ヲ訓ジタルモノハ當ラズ〕マビキ。目ノ、物ヲ見ル狀。メツキ。目色。「鷲ハ、イト見ル目モ見苦シ、まなこゐナドモ、ウタテ、萬ニナツカシカラネド」女房ドモモ、皆御前ノまびきニ隨ヒテ、差出ヅル人モ無カリケリ」

〔まなしかたま (名) 無目堅間 堅ク密ニ編ミテ透目ナキ竹籠。

まなじり (名) 眥 眦 〔目之後ノ轉〕目ノ端ノ、耳ヘ向ヒタル方。マジリ。メジリ。(まがしらニ對ス) 外眦

まなづる (名) 眞名鶴 (一)尋常ノ白鶴ノ稱。鶴立洲「山高ミ、オリヰル雲ト、まなづるノ、立テル川邊ヲ人ヤ見ルラム」(二)今、又、鶴ノ一種、形、丹頂ヨリ小ク、黑鶴ヨリ大ナリ、頷、頰、赤ク、嘴、帶黑クシテ青黃ヲ帶ブ、頂、頸、肩、喉、翼、皆白ク、背ハ灰色ニテ青ミアリ、尾ハ灰色ナリ、胸、腹、黑ク、脚、薄赤シ。(肉、美ナレバ此名アリト云) 鴝鵒

まなばし (名) 眞魚箸 魚ヲ割ク時ニ用ヰル箸、元來、木箸ナリ、後ニ鐵製、長サ一尺六寸、木柄四寸、左ニ持チテ肉ヲ抑ヘ、右ニ庖刀ヲ取ル。

まなはじめ (名) 眞魚始 生兒ニ、始メテ魚肉ヲ食ハスル式、鯛ヲ用ヰルト云。

〔まなばしら (名) 〔學柱ノ意ニテ、諸册二尊ノ、天ノ御柱ヲ廻リテ遘合シ給ヒシニ起レル名カト云、嫁教鳥ト同意カ、新撰字鏡ニ、鴟、彌左古、萬奈柱、鳩、加利、萬奈柱〕 鶺鴒ノ古異名カト云。古事記「麻那婆志良、尾行キ合ヘ、庭雀、ウズスマリ」

マナバン (名) 眞名盤 〔蠻語ナラム〕 香合ニ用ヰル七種ノ香ノ一。

まなび (名) 學 マナブヿ。學問。「―ノ窓」

まなぶ・ブ・ベ・ベ・ビ・ベ (他動)(規・二) 學 〔まねぶノ轉〕(一)倣ヒテ行フ。習フ。(二)物事ノ理ヲ知ルヿヲ求ム。學問ス。

〔まなぶ・ブル・ブレ・ビ・ビ・ビヨ (他動)(規・三) 學 前條ノ語意ニ同ジ。欽達元年紀「辰爾、汝若不レ愛ニ於學一、誰能讀解」此歌ノ道ヲまなぶる事ヲ聞クニ、云云、文ノ道ヲまなびて」

〔まなぶた (名) 瞼 〔目之蓋ノ義〕 まぶたニ同ジ。和名抄「瞼、末奈布太」

〔まなむすめ (名) 眞名娘 〔まなこノ條ヲ見ヨ〕 實子ノ女子。

まにあはせ (名) 間合 急ノ間ニ當ツルヿ。副急

まにあひ (名) 間合 紙ノ名、常ノ鳥子紙ハ、長サ、三尺ニ一枚ナルヲ、別ニ長ク漉キテ、半間ノ間ニ合フヤウニ作レルモノ、屛風、襖ナド張ル。ソノ多ク土ヲ雜ゼタルヲ、どろ―ト云フ。

まにまに (接尾) 隨 隨意 〔儘ニ儘ニノ約〕 夫レニ打任スル意ニイフ語。「山彥ノ、聲ノ―尋ヌハ」秋霧ノ、晴ルル―、見渡セバ」爲ルガ―止メズ」欲シキ―取ル」

まぬ・ヌル・ヌレ・ネ・ネ・ネヨ (他動)(規・二) 眞似 他ニ似セテ爲ス。マネル。模倣

まぬかる・ルル・ルレ・レ・レ・レヨ (他動)(規・二) 免 〔間逃ル、ノ義ト云、或ハ、間脫ル、ノ義カ〕 逃ル。中ラヌヤウニ避ク。アガル、

‡まぬけ (名) 間拔 爲ル事ノ、程ニ外ルルヲ罵ル俗語。

まぬるし・キ・ケレ・ク・シ (形・二) 間緩 爲ル事、期ニ後ル。アノロシ。

まね (名) 眞似 マヌルヿ。倣ヒテ爲ルヿ。模倣

まねき (名) 招 (一)マネクヿ。「―ニ應ズ」(二)機ノ具、足ノ大指ニテ蹈メバ、俯仰シテ綜ヲ上下スルモノ、其狀、招クガ如シ。機蹈 (三)旗竿ノ上ニ懸ケテ指揮スルモノ。旄 (四)見物人ヲ招キ寄スル用トスルモノ。(看板ナド)

まねく・ク・ケ・カ・キ・ケ (他動)(規・一) 招 (一)手ヲ俯仰セシメテ人ヲ呼フ。(二)轉ジテ、使シテ、書狀シテ、誘ヒ呼ビ寄ス。招請

〔まねく (形) 數多 次條ヲ見ヨ。

〔まねし・キ・ケレ・ク・シ (形・二) 數多 〔間無シ、ノ轉カト云〕(一)隙ナシ。繁シ。多シ。發語ヲ加ヘテ、さまねしト云フ。「ウラサブル、心佐麻禰之、久堅ノ、天ノ時雨ノ、流ラフ見レバ」君ガ使ノ、麻禰久通ヘバ」(二)日數ヲ積ムヿ多シ。「逢ハヌ日麻禰美、思ヒゾ吾ガスル 月重ネ、見ヌ日佐麻禰美、戀フル空」月日ノ、數多ク成リヌル」

〔まねぶ・ブ・ベ・ベ・ビ・ベ (他動)(規・二) 學 〔眞似ヲ活用ス、或云、ぶハ履行ノ約轉ト〕(一)まなぶニ同ジ。眞似テ習フ。(二)轉ジテ、其有樣ノ儘ヲ人ニ告グ。「目ニモ耳ニモ止マルワザヲ、疎キ人ニワザト打チまねばムヤ」此夢、アフマデ、マタ、人ニまねぶナ、ト宣ヒテ」

まねる (動) 眞似 まぬノ訛。

まのあたり (副) 面眼 眼ニ見ル邊ニテ。

まのがる (動) 免 まぬかるニ同ジ。

〔まのし (名) 眼ヲ伸シテ見張ルヿト云。「中納言、其法師引キ張レ、ト宣ヘバ、聖、まのしヲシテ阿彌陀佛ニ申シテ、トカク如何ニモシ給ヘ、ト言ヒテ、アハレゲナル顏ケシキヲシテ」

〔まのまへ (名) 眼前 マノアタリ。メノマヘ。

‡まのろし (形) まぬるしニ同ジ。

まはし (名) 廻 (一)マハスヿ。メグラスヿ。回轉 (二)褌 ニ締ヒ着ルモノ。(婦人ニ、力士ニ)

まはしガッパ (名) 廻合羽 合羽ノ、袖ナク、身ヲ締フベク作レルモノ。坊主合羽。

まはしぎり (名) 廻錐 (一)ロクロガナ。(二)マヒギリ。

まはしもの (名) 廻者 窃ニ送リ遣リテ、敵ノ容子ナド探リ窺ハスル者。シノビノモノ。間者。間諜

まはしら (名) 間柱 柱ト柱トノ間ニ立ツル柱。
まはす・さ・す・せ・そ・せ (他動)(規・一) 廻 (一)圓ク輪ノヤウニ動カス。メグラス。回轉 (二)送リメグラス。遍ク行キワタラス。「手紙ヲ―」「人ヲ―」「酌香ヲ―」「氣ヲ―」
まはたき (名) 瞬 マタタキ。メバタキ。
まはゆ・し・キ・ケレ・ク・カ (形・二) 目映 (一)光、烈シク赫キテ、正シク見難シ。マボシ。マブシ。「日影―」 羞明 (二)盛ナルニ對シテハ恥カハシク、寛涼ナルニ對シテハメザマシク、目ソバメラル。
まばらま (副) 疎 (間散ニノ義) 間、透キテ、粗ク。
まはり (名) 廻 (一)マハルコト。メグルコト。回轉 (二)周圍。四方ノアタリ。ベリ。周邊 (三)路ヲ巡リテ警固スル番兵。巡邏
まはり (接尾) 週 〔七日廻トイフベキ略カ〕七日一期ノ稱。(服藥ニ、祈願ニ)「ヒト―」「フタ―」「ミ―」 週七日
まはりあはせ (名) 廻合 歷廻リ來テ出デ合フコト。人ノ運命ニ、吉、凶、共ニ、其機ニ巡リ逢フコト。メグリアヒ。輪廻
まはりどうろう (名) 廻燈籠 かげどうろうニ同ジ。
まはりどほ・し・キ・ケレ・ク・カ (形・二) 廻遠 行クニ時ヲ費ヤスベク遠シ。爲ルニ暇取ルベクアリ。迂遠
まはりはしご (名) 廻梯子 階段ノ、旋リツツ登ルベク作レルモノ。螺旋梯
まはりばん (名) 廻番 順ニ隨ヒテ勤メニ當ルコト。順番マハリモチ。輪番

まはりぶたい (名) 廻舞臺 芝居ノ舞臺ノ中央ヲ、床下ニ機アリテ、廻ル如ク造レルモノ。
まはりみち (名) 廻路 遠キ路ヲ取リテ行クコト。迂路
まはりもち (名) 廻持 順番ニ受持ツコト。輪番
まはる・ら・り・る・る・れ (自動)(規・一) 廻 (一)輪ノ如ク圓ク動ク。メグル。回轉 (二)繞リ行ク。アチコチト步ム。巡廻 (三)遠キ路ヲ取ル。迂廻 (四)遍ク行キワタル。緻密ニハタラク。「氣ガ―」「手ガ―」「舌ガ―」
まひ (名) 痲痺 シビルルコト。
まひ (名) 舞 (一)舞フコト。音樂、又ハ歌ノ調ニ合ハセテ、身ヲマハシ、手足ヲ動カシ、面白ク種種ノ姿態ヲナスコト。(二)烟草ニ、舞葉ノ略。其條ヲ見ヨ。
〔まひ〕(名) 幣 〔拜舞ノ表物ノ意カト云、イカガ〕禮代トシテ奉ル物。オクリモノ。「兵器爲ニ神幣ニ」「課ニ供レ神之幣ニ」「玉鉾ノ道ノ神タチ、麻比ハセム」(賄賂ノまひ、コレナリ)
まひ (名) 間日 (一)八專ノ條ヲ見ヨ。(二)瘧ノ熱ノ醒ムル日。
〔まひき〕(名) まなゐノ條ヲ見ヨ。
まひぎね (名) 舞杵 からさをニ同ジ。
まひぎり (名) 舞錐 錐ノ一種、三叉ニシテ、戟ノ如シ、酒樽ニ呑口ノ孔ヲ明クルナドニ用ヰル。マハシギリ。舞鑽 三叉錐
まひ・く・カ・キ・ク・ク・ケ (他動)(規・一) 間引 (一)畑ノ蔬菜ノ芽出シナドヲ間ヲ置キテ引拔キテ疎ラニナス。

(二)片田舍ナドノ惡俗ニ、子多キ時、親、自ラ生兒ヲ殺ス。(多子ヲ疎ニスル意)
まひこ (名) 舞子 舞ヲ舞フ少女ノ稱、專ラ其技ヲシテ酒宴ノ興ヲ助クルヲ業トスル者ヲイフ。舞妓
まひご (名) 迷子 まよひごノ略。
まひごふだ (名) 迷子札 小札ニ住所姓名ヲ記シテ、小兒ノ腰ニ結ヒツケ置クモノ、迷子トナレル時ノ備ヘナリ。
まびさし (名) 目庇 兜ノ鍜ヨリ庇ノ如ク出デテ目ヲ被フモノ。眉子 今、洋製ノ帽子ニモイフ。
まびしやく (名) 馬杓 馬ニ水ヲ飼フニ用ヰル杓。
まひたけ (名) 舞茸 (一)わらひだけニ同ジ。(二)又、菌ノ一種、長大ニシテ、其蓋、薄黑ク、莖、白ク、層層相重ルコト舞フガ如キモノ、味、淡ク、美ナラズ。マヒコダケ。
まひづる (名) 舞鶴 紋所ニ、鶴ノ翼ヲ圓ク張リタル圖。[illegible]
まひと (名) 眞人 姓ノ名、第一等ニシテ、皇族ニ賜ハルモノ。マウト。マツト。
まひど (名) 舞戸 開戸ニ同ジ。
まひなひ (名) 幣賂 (一)マヒナフコト。幣。禮ニ奉ル物。附物。音物。(幣ノ條ヲ見ヨ)「多得ニ新羅幣物ニ」「或捧レ幣以媚ニ其家ニ貨賂」(二)今、專ラ、上ニ媚ビ、又ハ、非理ノ執成シヲ請フ爲ニ、竊ニ金錢貨物ヲ贈ルコト。ソデノシタ。贓賄 賄賂
まひな・ふ・ハ・ヒ・フ・フ・ヘ (自動)(規・一) 賄 幣ヲ行フ。賄

賂ヲナス。
まひは (名) 舞羽 〔或云、まいはニテ卷羽ノ音便ト〕
古ニ、反轉トイヘル、コレカト云、絲ヲ絡フ具、臺ニ短キ
竿ヲ立テ、上ニ木匡アリテ廻ル。 繅車
まひは (名) 舞葉 烟草ノ葉ノ、莖ニアリテ、自ラ焦
シテ赤ミタルモノ、品、稍劣ル。略シテ、まひ。
まひひめ (名) 舞姬 舞ヲ舞フ女。
まひまひ (名) 舞舞 一種ノ舞曲ノ名、謠曲ノ能ニ
似テ、樂器ヲ用ヰズ、扇拍子ナリ、幸若、大柏ノ二
派アリ。
まひまひつぶり (名) 舞舞螺 〔角ヲ振ルヲ舞フト見
テ名トス〕 かたつむりニ同ジ。(關東)デデムシ。
まひまひむし (名) 舞舞蟲 鼓渦ノ稱、川又池ノ
澗ニ生ズ、形、黑豆ノ如ク、背ニ甲アリ、甲ニ稅アリ、
常ニ水底ニ伏シ、時ニ水面ニ浮ビテ旋ル「、草書ヲ
書ク勢アリ、復タ沈ミ、復タ浮ブ。東京ニ、ミシスマシ。
豉蟲
まひらど (名) 數子戶 〔闘平戶ノ義カト云、イカガ、
舞戶ノ轉ナラム、或ハ、玄關ニ用ヰルモノニテ、「參ラウ
戶」ノ意ト云、牽强ナラム〕 戶ノ製ニ、表面ニ細キ
桟ノ横ニ密ニアルモノ。
まひりぐさ (名) 〔迷入草ノ約、苦味ニ昧スルヲイフト
ゾ〕 苦參ニ同ジ。
まひる (名) 眞晝 正ニ晝ナル時。ヒルナカ。 正午
亭午
〔まひろぐ・グ・グル・グレ・ゲ・ゲ・ゲヨ (他動) (規・二) 〔其廣ク、ノ意
カ、間廣ク、カ〕 撿束ナゲニ廣クル意カ。「指貫直衣ナ
ドヲ引キサゲテ、まひろげテ、出デ來タリ、誰レ彼レ見
給ヒテ、イミジウ笑ヒ給フ」 皆衣、着タル岩木ハ、まひろ
げム、衣着又山ノ、帶スルハナゾ」

まふ (名) 麻布 麻ニテ織レル布。
まふ・フ・ヘ・ヘ・ヒ・ヘ (自動) (規・一) 舞 (一)廻ル。翔ケリメ
グル。「吹キまふ風ノ、移リ香ニ」時鳥、鳴キまふ里ノ、
繁ケレバ」鶴ー」 (二)舞ヲナス。「源氏ノ中將ハ、青海
波ヲゾまひ給ヒケル」
まぶ (名) 間夫 ミソカヲ。 情夫
まぶ (名) 間府 鑛夫ノ語、鑛山ニ掘リ入ル穴。 坑
まぶかに (副) 眼深 眼ノ深ク被ハルルヤウニ。「兜ヲ
ー被ル」頭巾、ー被リテ」
〔まぶし (名) 射翳 〔間柴ノ義ナラム、或云、間伏ノ義
トイカガ〕 獵夫ノ隱レテ鳥獸ヲ射ル時、柴ナド折
リカケテ身ヲ被フモノ。「まぶし差ス獵夫ノ笛ノ、聲ヲ
トモ、知ラデヤ鹿ノ、鳴キカハスラム」
まぶし (名) 蠶簇 (前條ノ語意) 古名、エビラ。蠶ヲ
獲フ具、藁又ハ茶種殼或ハ萩ノ枯枝ナドヲ束ネ
テ作ル、蠶ノ十分ニ成長シタルヲ、コレニ移シテ、繭ヲ
作ラシム、カヒコスダレ。
〔まぶし (名) 眼 〔目節ノ意カ〕 メツキ。メイロ。メザシ。
「此壷、丈、高ヤカニ、まぶし、ツベタマシクテ、荒ラカニ、オ
ドロオドロシク陀羅尼讀ムヲ」
まぶし (形) まぼしノ轉。(東京) 耀明
まぶす・ス・セ・サ・シ・セ (他動) (規・一) 塗 塗レサス。「粉ニ
ー」

まぶた (名) 瞼 〔目蓋ノ義〕 マナブタ。眼ノ上ヲ被フ
皮。
まぶち (名) 眶 〔目緣ノ義〕 マナカブラ、目ノ緣。
まぶる・ル・ル・レ・レ・レ・レヨ (自動) (規・二) 塗 まみるノ訛。
「血マブレ」泥マブレ」
まへ (名) 前 〔目方ノ義〕 (一)顏、目ノ向キタル方。
オモテ。(後方ニ對ス) (二)物事ノ初ノ部。先。末ニ對
ス) (三)事ノ過ギ去レル方。前ノ時。(後、行先ニ對ス)
「前ノ月」前ノ年」 (四)專ラ、庭前。「又ノ年ノ睦月
ニ、前ノ梅ノ盛ナルニ」ソヨトモ前ノ、荻ゾ答フル」 庭前
(五)神ノ御身ノ上。(其座處ヨリシテイフ)「此之鏡
者、專爲ニ我魂ニ而如レ拜ニ吾前ニ伊都伎奉レ(天
照大神ノ詔)令レ祭ニ我御前ニ者神氣不レ起
(大物主神ノ詔)墨江之三前(三座)大神 (神
名ニ、某御前ナドイフモコレナリ) (六)又、主君ノ御身。
(後ノ御前、ゴレニ起ル)「上ノ御まへ」又、其座處。前。
「御まへ去ラズ」まへ許ルサル」まへ申シ」 (七)〔又、只、
人ノ上ニモイフ。孝德紀「神名、王名、逐ニ自心之
所ニ歸妄付ニ前前處處ニ(注、前前猶レ謂ニ人
人ニ)宮ノ上モ、誦經シ給ヒ、七僧ノまへノ事(食事)
モセサセ給ヘリ」 (八)轉ジテ、貴女ノ稱。「葵ノ前」菖
蒲ノ前」(某御前トイヒ、略シテ、伊勢ノ御ナドイ
フ) (九)俗ニ、陰部。(婦人ノ語)「まへノモノ」
まへ (接尾) 前 (一)人目ニ觸ルル「。「人ー」世間ー」
腕ー」技ー」技ノ手ー」 (二)物ノ前每ニ物ヲ割リ

充ツルコ。宛分ニ一人ー」二軒ー」

まへおき (名) 前置 文章ニ、話ニ、其本分ノ趣意ノ前ニ、其起原ナドヲ言フコ。

まへがき (名) 前書 文書ノ初ニ、其趣意起原等ノ大略ナドヲ記スコ。

まへかけ (名) 前掛 前垂ニ同ジ。

まへがしら (名) 前頭 大關ノ條ヲ見ヨ。

まへかた (副) 前方 サキダチテ。以前ニ。従前

まへかど (副) 前廉 前條ノ語ニ同ジ、其訛カ。

まへがみ (名) 前髪 (一)古ク、ヌカガミ。ヒタヒガミ。童子又婦人ニ、額上ノ一部ノ髪ヲ別ニ束ヌルモノ。額髪 (二)俗ニ、直ニ、童子ノ稱。

まへがり (名) 前借 代物ヲ渡サズ、或ハ仕事ヲ遂ゲヌ前ニ、先ヅ其代金賃錢ナドヲ借ルコ。ゼンシヤク。預借

まへきん (名) 前金 前拂ニ同ジ。

まへくづけ (名) 前句附 三句十七字ノ俳諧ニ、宗匠、末ノ句ヲ出シテ、弟子ニ前ノ句ヲ附ケサスルコ、元祿ノ初ヨリ行ハル。又、初句ヲ出シテ、次ノ二句ヲ附ケサスルヲ、冠附又ハ笠附ト云。又、寶永ノ頃ヨリ、初句ヲ三様ニ出シテ、各、次ノ一句ヲ附ケサス、コレヲ三笠附トイフ、後ニハ、唯、一二三等ノ數字ヲ封ジテ、入札シテ中テシメ、金錢ヲ賭シテ博奕トス、享保ノ初ニ禁ゼラル。

まへごし (名) 前腰 袴ノ腹ノ下ニ當ル處。「袴ノーヲ取ラムトシケルヲ」

まへだてもの (名) 前立物 兜ノ飾、たてものノ條ヲ見ヨ。

まへだれ (名) 前垂 膝ノ前ニ垂レテ、衣ノ汚ルルヲ防グ布帛。マヘカケ。ヒザカケ。蔽膝

〔まへつぎみ (名) 公卿 侍臣 (前之公ノ義、或云、前齋公ノ約) 天皇ノ御前ニ候フ人ヲ、傍ヨリ崇メテイフ語。即チ、朝廷ニ仕ヘ奉ル高キ臣等ノ汎稱。音便ニ、マウチギミ。約メテ、マチギミ、マツギミ。又、マチキンダチ。ウヘビト。「朝霜ノミケノサヲ橋、魔幣莬耆瀰、イ渡ラスモ、ミケノサヲ橋」

まへのよ (名) 前世 三世ノ條ヲ見ヨ。

まへは (名) 前齒 齒ノ、前面ニ並ビタルモノ、薄ク廣シ、上下、各、四枚アリ。ヌカバ。ムカバ。ムカフバ。板齒 當門齒

まへばらひ (名) 前拂 賣買ヲ約シテ、前ニ代金ヲ拂ヒ渡スコ。前金。聘 前銀

まへばり (名) 前張 前ノ張リタル襲ノ袷袴、親王攝家ナド、童形ノ用トス。

まへび (名) 前日 一日前ノ日。ゼンジツ。

まへびろに (副) 前廣 アラカジメ。カネテヨリ。

〔まへまうし (名) 前申 君ノ前ニテ物申スコ。「此ノ前申モ、餘リ、戯レニクシ、イトホシト思ヒテ」

まへわ (名) 前輪 鞍ノ條ヲ見ヨ。

〔まへわたり (名) 前渡 前ヲ過ギ行クコ。「今日モ此ノ都ノまへわたりシ給フ」「暇ナキ御ーニ」

まほ (名) 眞帆 順風ニ正シク掛ケタル帆。「大舟ノ、まほノ手綱ノ、風ヲイタミ」

〔まほ (名) 眞正 (眞秀ノ義カト云) 眞ニ正シキコ。全キコ。マジメ。ホンタウ。(偏ニ對ス)「草ノ手ニ、假名ノ所所ニ書キマゼテ、まほノ委シキ日記ニハアラズ」「偏ホナルヲダニ、乳母ヤウノ思フベキ人ハ、アサマシウまほニモ見ナスモノヲ」「貌ナド、イトーニモ侍ラザリシカバ」「カタハライタキ事ナレバ、ーニモエ宣ハズ」

まほし シキ・シケレ・シク・シク (形.二) 目映シ、ノ轉訛。マブシ。(東京) 羞明

マはふ (名) 魔法 魔ノ通力ヲ用ヰテ、幻ニ怪シキ事ヲシテ、人ヲ惑ハストイフ術。妖術

マホメットけう (名) 麼哈默敎 [Mahomet.] 亞剌伯亞ニ起リテ、亞細亞ノ西部、亞非利加、等ニ行ハルル宗敎、其祖ヲ麼哈默トイヒ、其經文ヲ可蘭ト云フ。フイフイケウ。回回敎

〔まほら (名) [まハ美ムル語、ほハ含ム意、景行帝ノ御歌ニ、國ノ富トアルモコレナリ、らハ助辭、らま、ろはモ同ジ] 丘山ニ包マレテ籠リタル地。又、マホラマ。マホロバ。「イアカリシ、國ノ眞保良ヲ、ツバラカニ、示シ賜ヘバ」(登筑波山ノ歌)「國ノ眞保良ニ、山ヲシモ、サハニ多シト」「倭ハ、國ノ摩保邏摩、疊ナヅク、青垣山」「倭ハ、國ノ麻本呂婆」 奥區

〔まほる る・れ・ら・り・れ (他動)(規.一) [まハ發語カ、或ハ、目カ、欲ルノ意カ、むさぼるノ約トイフハ、イカガ] 欲リテ食フ。延ベテマウホル。「摘ングル菜ヲ、親ヤまほるラム、姑ヤ食フラム」「斯クテ臥シ給ヘル程ニまうほる物、日ニ稀

一ツ、柚二ツ、まうはらス」
〔まほる (動) 守 まもるニ同ジ。「待ツ人ノ、來ルヤ來ルヤト、思フ間ニ、北斗ノ星ヲ、まほり明シツ」
まほろし (名) 幻 〔目惚ル意カ〕(一)無キ物ノ姿ノ、アルガ如ク、假初ニ現ニ見エテ、ヤガテ消エ失スルモノ。(二)〔魔法、幻術、ヲ行フ人。「尋ネ行ク、まほろしモガナ、ツテニテモ、魂ノアリカヲ、ソコト知ルベク」沖津島、雲居ノ岸ヲ、行キ歸リ、踏ミ通ハサム、ーモガナ」 方士
まま (名) 儘 任 隨 (一)其有形ニ打任セ從フ意ノ語。「心ノままニフルマヒ」御隨身バラ、涙ヲ流シテ、場ノーニ伏シマロビ」有ルガーニ用ヰル」其ーニ寫ス」(二)思フトホリ。「ーニセヨ」ーナラズ」 隨意
〔まま (名) 乳母 〔繼母ノ意カト云、イカガ〕 メノト。ウバ。「若君、手ヲ差シ出デ、ままやままやト泣キ給フ」僧都ノ君ノ御メノトノままト、御櫛笥殿ノ御局ニ居タレバ」
まま (名) 飯 〔旨旨ノ約〕 小兒ノ語、飯ニ同ジ。マンマ。
まま (副) 間 間ニ間ニ。ヲリフシ。トキドキ。
まま (接頭) 繼 〔間間ノ義ニテ、隔テアル意カト云〕 父母子女ノ、生サヌ中ナルヲ假ニ定メタルモノ。又、兄弟姉妹ノ異腹ナルモノニ被ラセテイフ語。〔嫡庶ヲ論セズ〕新撰字鏡「庶兄、万万兄、嫡母、万万波波、仢、万万妹」和名抄「繼父、万万知知、繼母、万万波波」繼子」繼女」
〔ままき (名) 細射 一種ノ製ノ弓又矢ニイフ語、詳ナラズ。和名抄「細射弓箭、末末岐由美」イカニセム、ままきノ弓ノ、トモスレバ、引キ放チツツ、合ハヌ心ヲ」
ーノ矢立」
ままこ (名) 繼子 生サヌ中ノ子ヲ吾ガ子ト定メタルモノ。(繼ノ條ヲ見ヨ)
ままごと (名) 飯事 女兒ノ、玩物ヲ以テ飯炊ノ事ヲシテ遊ブヿ。
ままし・シキ・シケレ・シク・シク (形・二) 繼 繼母、繼子、ニテアリ。「まましき中」
ままちち (名) 繼父 他人ヲ父ト定メタルモノ。母ノ後夫。繼父。(繼ノ條ヲ見ヨ)
〔ままなき (名) 吃 〔間啼ノ意ニテモアルカ〕 コトドモリ。ドモリ。(今モ奥州、越後ニテハイフ) 新撰字鏡「吃、言難也、重言也、己止止毛、又、万万奈支」
ままはは (名) 繼母 他人ヲ母ト定メタルモノ。父ノ後妻。繼母。(繼ノ條ヲ見ヨ)
ままよ (感) 外ニ爲ムスベナケレバトテ、有リノママニ任スル意ニ發スル語。サモアラバアレ。 儘歟

〔まみ (名) 目見 目ヲアケテ見ル目色。「吾ガ見シ兒等カ目見ハ著シモ」恥カシゲナル御まみヲ、イトタユゲニ見アゲテ」尻目ニ見ヤリ給フーナドノ、愛振リカケタルーナドハ、恐ロシケレド」
まみ (名) 貒 猯 〔眞貒ノ義〕 (一)本名、貒。今、又、貒狸。狸ノ屬、狸ヨリ肥エテ、豚ノ如ク、薄黑クシテ、淡褐毛ヲ雜ヘ、脊ニ、頭ヨリ尾ニ亙リテ、一條ノ黑キ線アリ、首、痩セテ長ク、喙、尖リ、四足ノ指、五ツニ分レテ長シ、山野ニ穴居シ、走ルヿ遲ク、善ク睡ル、肉ノ味、美ナリ。(二)又、あなぐま、あなほり、ノ一名。〔不審〕 貒
まみえ (名) 眉ノ訛 (東京)
まみ・ゆ・ユル・ユレ・エ・エ・エヨ (自動)(規・二) 見 〔まハ眼ナリ、みゆハ「他ニ見ラル」ノ意ノみゆナラム〕 會フノ敬語。御目ニカカル。「君ニー」貞女、兩夫ニまみえず」
まみ・る・ルル・ルレ・レ・レ・レヨ (自動)(規・二) 塗 濡レ汚ル。マブル。「血ニー」泥ニー」
まん (名) 幔 幕ノ類。
まん (數) 萬 万 ヨロヅ。千ノ十倍。
まん (接頭) 滿 其數ニ滿チタル。「ー百圓」ー二年」
まん-いち (副) 萬一 萬ノ中ニヒトツ。絶エテ無カルベキニ、若シアラバ。
まん-えつ (名) 滿悅 滿足シテ喜ブヿ。
まん-えふ-がな (名) 萬葉假名 眞字ニ同ジ、其條ヲ見ヨ。(萬葉集、假名ヲ眞字ニ記セレバイフ)
まん-えん (名) 蔓延 ハビコルヿ。
まん-が (名) 〔馬鍬ノ轉〕 馬鍬ノ用ニシテ、人ノ遣フモノ、形、熊手ノ如シ。
まん-かい (名) 滿開 花ノ十分ニ開キタルヿ。
マンガン (名) 滿俺 〔Mangan.〕 (一)鑛物、元素ノ一、(二)常ニハ、過酸化ーノ稱、形、圓ク、大ナルハ一分許、小キハ黍粟ノ如ク、鐵黑色ニシテ光ル、酸素、鹽素、又ハ、漂白粉ノ製造等ニ供ス。 無名異

まむき (名) 眞向 正シク前ヘ向キタルヿ。 正面

まんき (名) 慢氣 慢心ニ同ジ。

まんき (名) 滿期 期限ノ滿チタルコト。

〔まむぎ〕 (名) 眞麥 〔古ヘ、大麥ヨリハ、小麥ヲ貴ビタレバ名アリト云〕 小麥ノ一名。和名抄「小麥、古無岐、一云、万牟岐」

まんぐわん (名) 滿願 神佛ニ、日數ヲ定メテ祈願ヲ掛ケ、其日數ノ滿チタルコト。

まんけい (名) 蔓荊 ハマバヒ。ハマゴウ。

まんげつ (名) 滿月 モチヅキ。十五夜ノ月。望月

まんごくどほし (名) せんごくどほしノ條ヲ見ヨ。

まんごふまつだい (名) 萬劫末代 〔劫ノ條ヲ見ヨ〕 萬億年ノ後マデトイフ意ノ語。

まんざい (名) 萬歲 (一)ヨロヅノトシ。(祝ヒテイフ語) (二)元ト、正月五日、朝家ノ公事ナル新始ノ次ニ、千秋萬歲トテ祝詞ヲ唱フルコトアリ、其遺例ナリトテ、後世、年ノ初ニ、風折烏帽子ニ大紋ノ直垂ヲ着テ貴賤ノ家ニ至リ、腰鼓ヲ擊チ、屋舍造營ノ祝言ヲ歌ヒ興ヲ催ス者ノ稱、關東ヘ來ルハ三河ヨリ出デ、京都ヘハ、大和ヨリ出ヅ。

まんざいらく (名) 萬歲樂 (一)舞樂ノ曲ノ名、唐ノ武后ノ作ト云。(二)踏歌ノ異稱。其條ヲ見ヨ。(三)俗ニ、地震スル時ニ唱フル呪詞。

まんさう (名) 蔓草 ツルクサ。ツルゲチノクサ。

まんさく (名) 滿作 豐作ニ同ジ。 稔

まんざら (副) 〔まざまざノ轉カ〕 一向ニ夫レト決ムベカラザル意ニイフ語。(下ニ打消ノ語ヲ用ヰル)「―惡クモナイ」

まむし (名) 眞蟲 〔眞トハ甚シク害ヲナス意、狠ヲ眞神トイフガ如シト云、又、或ハ、蠱蟲ノ意ニモアラムカ〕 古名、ハミ。又、クチバミ。蛇ノ屬、濕地ニ棲ム、長サ一尺餘、灰色ニシテ黑キ斑アリ、又、小キ朱點アルアリ、尾ニ刺アリ、動モスレバ人ヲ嚙ム、齒ノ毒、最モ人ニ甚シ、賤民、肉ヲ食フ、味美ナリト云。 蝮蛇

まんじ (名) 滿字 滿洲ニテ用ヰル一種ノ文字、蒙古字ハ、梵字ニ出デ、滿字、又蒙古字ニ因テ、淸朝ノ祖ノ作レルモノト云。 滿文

まんじ (名) 卍 西域ノ萬ノ字、佛ノ胸前ニアリ、吉祥萬德ノ相ナリト云。

まんしん (名) 慢心 自ラ好シトシテ、誇リ驕ルコト。慢氣。

マンジユシヤゲ (名) 曼珠沙華 〔曼珠沙、梵語、赤華ト譯ス〕 草ノ名、原野、又、墓地ナドニ多シ、一根ヨリ數葉ヲ生ズ、水仙ヨリ狹クシテ一尺許、綠黑ニシテ、厚ク固ク光ル、夏枯レテ、秋ニ至リ、圓キ莖ヲ出スコト、一尺餘、彼岸ノ頃、頂ニ繖花簇リ開ク、深紅六瓣ニシテ細ク、反リ卷ク、實、熟スレバ、莖、腐リ、新葉ヲ生ジ、冬ヲ歷テ枯レズ、根モ水仙ニ似テ、茶褐ナリ、此草、諸國、方言甚ダ多シ。テンガイバナ。トウロウバナ。ヒガンバナ。カミソリバナ。キツネノカミソリ。シビトバナ。イウレイバナ。ステゴバナ。 石蒜

まんず・ずる・ずれ・ぜ・じ・ぜ (自動) (不規二) 慢 慢心ス。慢氣ス。

まむすび (名) 眞結 紐ヲ、打違ヘテ結ビ、再ビ打返ヘシテ又結ブコト。コマムスビ。 死結

まんすゐ (名) 滿水 水ノ十分ニ滿ツルコト。ミナギルコト。

まんせい (名) 漫性 醫ノ語、病症ノ永引クモノ。

まんぜん (副) 漫然 ミダリニ。トリトメナク。

まんぞく (名) 滿足 (一)ミチタレルコト。全キコト。(二)望ミ十分ニ足レルコト。

マンダラ (名) 曼陀羅 (一)又、マダラ。梵語、雜色ト翻ス。(二)又、淨土ノ實相ヲ具圖セルモノノ稱、即チ、觀經一部ヲ具サニ寫シアラハシタルモノ。

マンダラゲ (名) 曼陀羅華 草ノ名、春、莖ヲ生ズ、形狀、茄子ニ似テ、高サ二三尺、葉ニ刺ナク、綠色ニシテ互生ス、夏秋ノ間、梢葉ノ間ニ、白花ヲ開ク、形、あさがほニ似テ長大ナリ、故ニ、朝鮮朝顏ノ名モアリ、實、圓ク、大サ一寸許、棘アリ、故ニ、針なすびノ名モアリ、此花葉ヲ食ヘバ狂亂ス、故ニきちがひなすびノ名モアリ、然レドモ、毒氣盡クレバ、自然ニ癒ユ、故ニ麻藥ニ用ヰル。

まんちやく (名) 瞞着 目ヲクラマスコト。紛ラカシ欺クコト。

まんぢゆう (名) 饅頭 〔字ノ元代ノ音カ、曆應年中、元人、林淨因、歸化シテ製出スト云〕 餅菓子ノ名、麪粉ニ糟好ナル甘酒ヲ絞リ入レ、捏ネテ、中ニ餡ヲ包ミテ、蒸シ作ル、形、圓ク平タシ。

マンテイカ (名) 豬膏 〔蘭語 Manteca.〕 猪ヨリ煑テ取レル脂、膏藥ニ加ヘ、器械ニ塗ルナド用多シ。

まん-てう (名) 滿潮 ミチシホ、

マンテル (名) 〔蘭語、Mantel.〕 西洋服ノ上衣、マンド。外套

まん-ど (名) 萬度 (一)萬度。(二)一萬度ノ數祓ヲシタル祓串ヲ、白紙張ノ祓箱ニ入レ、人家ニ分配スルモノ。

まん-どう (名) 萬燈 〔萬度ノ訛ニ當字シタルモノ〕 祭禮ナドニ、木匡ニ紙張シテ、萬度ノ祓箱ノ如ク作リ、内ニ火ヲ燈シ、竿ニ揭グルモノ。

まん-どころ (名) 政所 (一)政ヲ執リ行フ所。政廳 (二)特ニ、檢非違使ノ廳。(三)鎌倉將軍ノ世ニ、政令ノ出ヅル所、初メ、公文所トイヒシヲ、頼朝、近衞大將ニ任ジテ後ニ改ム、其長ヲ別當ト稱ス、其下ニ令、寄人、ナドアリ。(四)室町將軍ノ時ニ至リテモ、殿中大小ノ政事ヲ統ブル所ノ稱。(五)北ノ－、大－、ハ攝關ノ妻、母、ノ尊稱、各條ヲ見ヨ。

〔まんな〕 (名) 眞字ノ音便。

まん-なか (名) 眞中 正シキ中程。タダナカ。正中

まんねん-ぐさ (名) 萬年草 〔根引キシテ、時過ギテ植ウルニ生クレバ名アリト云〕 陰濕ノ地ニ生ズ、高サ六七寸、叢生ス、葉、細ソク厚ク、末、尖リ、長サ八九分、黃綠ナリ、三葉毎ニ對生ス、夏ノ初メ、梢ニ五瓣ノ小黃花ヲ開ク、美ナリ、コレヲ雄トス、(又、いちげさう)雌ハ、形狀、小シ、但シ、葉、尖ラズ、密生シテ、紅葉美シ。(又、いちくさ)別名、イツマデグサ。ホトケノツメ。タマガシハ。佛甲草 玉柏

まんねん-す (名) 萬年酢 酒、酢、水、ヲ合ハセ、密封シテ數十日ニシテ成レル酢、一盞ヲ取リ用ヰレバ、又、酒一盞ヲ加ヘ置ク、常ニ盡キズトテ名アリ。

まんねん-せい (名) 萬年青 オモト。

まんねん-だけ (名) 萬年茸 靈芝ニ同ジ。

まん-のう (名) 萬能 ヨロヅノ藝能。「－ニ達ス」

まんばうざめ (名) 〔圓坊鮫ノ訛ニモアルカ〕 紡車魚

ニ同ジ。略シテ、マンバウ。

まん-ぱち (名) 萬八 イツハリ。ウソ。(東京) 虛僞

まん-び (名) 滿備 ミチソナハルコト。

まん-びき (名) 萬引 〔間引ノ音便カ、或云、昔シ、僞物ヲ賣ルをつばアリ、價ヲ問ヘバ、必ズ萬疋トイヒシニ起ルト〕 俗ニ、商店ニ至リ、物買フ狀ヲシテ、人目ヲ掠メ、其物ヲ盜ムモノ。 扒手

まん-ぴつ (名) 漫筆 ナニクレト無ク思ヒツキタル事ヲ記シツケタル書。漫錄。隨筆。

まん-ぷく (名) 萬福 福ノ、彌ガ上ニ重ナルコト。「－長者」

まん-ぷく (名) 滿腹 飮食、腹ニ滿チテ飽キ足レルコト。飽食

まん-べん-なし・き・く・し・けれ (形、二) 〔滿遍甚シ、ノ意ニモアラムカ〕 アマネシ。行キワタラヌ所無シ。 遍

まんま (名) 飯 〔旨旨ノ音便〕 小兒ノ語、飯。又、ママ。

まん-まく (名) 幔幕 幕ニ同ジ。

まんまと (副) 〔旨旨ト、ノ音便〕 甚ダ旨ク。巧ニ。首尾好ク。「－仕遂ゲテ」

まん-まん-と (副) 漫漫 海ナドノ廣ク涯ナキ狀ニイフ語。「－タル海上ニ」

まん-まる (名) 眞圓 正シク圓キコト。正圓

マン-ラン (名) 孟浪 〔音漫爛、無レ所ニ趣舍一之謂、字ノ唐音〕 ミダリナルコト。ドリトメナキコト。

まん-り (名) 鰻鱺 ウナギ。

まん-りき (名) 萬力 〔萬人ノ力ノ意〕 種種ノ器械ニ、數人ノ力ヲ兼ヌルモノノ稱。特ニ、車地ニイフ。

まん-りやう (名) 萬兩 草ノ名、莖、高サ一尺許、葉八百兩金ニ似テ短ク、邊ニ尖ラヌ鋸齒アリ、莖ノ端ニ簇リテ互生スルコト、傘ノ如シ、數百ノ圓キ實、莖ノ下ニ垂ル、冬、春、紅熟シテ觀ルニ堪フ。約メテマンリヨ。硃砂根

まん-ろく (名) 眞陸ノ音便、陸ノ正シキコト。

まんろく (名) 漫錄 漫筆ニ同ジ。

まめ (名) 豆 〔圓實ノ約轉ト云、世ニ祝賀ノ物トスルハ忠實健全ノ意ニ取ル〕 (一)穀物ノ一、葉、率ネ三朶ヲナシ、花ハ、蛾形ニシテ、圓キ實ヲ莢ノ中ニ結ブ植物ノ總稱、種類甚ダ多ク、蔓生ノモノ多シ、だいづ、あづき、ささげ、ゑんどう－、えんどう－、くろ－、あをー、さや－、いんげん－、等、各條ニ註ス。(二)專ラ、大豆ノ稱。(三)又、專ラ、白豆ノ稱。(四)俗ニ、スベテ、小キモノノ稱。「－人形」「－蟹」

まめ (名) 肉刺 ノイスミ、手足ニ、豆ノ如ク、小ク水腫ヲ釀スモノ、勞作又ハ旅行ノ草鞋ずれナドヨリ生ズ。

まめ (名) 忠實 〔眞實ノ轉カト云〕 (一)眞心ナル

ヿ。マコト。信實。深切。マジメ。「徒事ニモまめ事ニモ」行ひヲまめニシなさい」「—ナレド、アダ名ハ立チヌ」「—ナル心」「—ヒト」「—ヲトコ」「—ゴコロ」(二)又、轉ジテ、慵カラズ深切ニ働クヿ。勸勉 (三)又、轉ジテ、身體、手足、健カナルヿ。マメヤカ。健全

まめいた (名) 豆板 小玉ノ銀。錁玉ニ同ジ。

まめいり (名) 豆炒 豆、米、餅ノあられ、ナドヲ炒リテ砂糖ニ塗シタルモノ。イリマメ。イリゴメ。イリモノ。

まめうち (名) 豆打 おにやらひノ條ヲ見ヨ。マメマキ。

まめがき (名) 豆柹 あなのがきニ同ジ。君遷子

まめがに (名) 豆蟹 蟹ノ類ノ、極メテ小キモノ、海邊ノ泥中ニ棲ム。蟛蜞 蟚蟹

まめがら (名) 豆幹 大豆ノ、豆ヲ採レル後ノ莖。萁

まめぎん (名) 豆銀 錁玉ノ條ヲ見ヨ。

まめざき (名) 豆咲 豆、藤、ノ類ノ花ノ形ナル花。蛾形花

まめだつ (自動)(規、一) 實立 (一)眞顔ニテル。マジメニナル。ピラキナホル。「イミジウまめだちテ恨ミ給フ」「イトイタウ世ヲ憚リ、まめだち給ヒケル程ニ、ナヨビカニ、ヲカシキ事ハナクテ」十娘斂色」十娘伴捉色嗔曰」斂色 (二)勸勉ニ振舞フ。

まめつ (名) 磨滅 摺レテツブルルヿ。

〔まめつき (名) 〔豆搗ノ義ト云〕 きなこノ古名。マメノコ。和名抄「大豆麨、末女豆岐」

まめなつとう (名) 納豆ノ條ヲ見ヨ。

まめにんぎやう (名) 豆人形 人形ノ、甚ダ小ク作レルモノ。ゲシニンギヤウ。

まめのこ (名) 豆粉 きなこニ同ジ。豆麨

まめのご (名) 豆油 單ニ、ご。延ベテ、ごう。又、マメノアブラ。黄大豆ヲ水ニ浸シ、石灰ヲ加ヘテ碾キ、生ニテ綿布ニテ搾レルモノ、豆腐ヲ凝ラスルニ用ヰ、又、染物ノ止トシ、或ハ油畫ノ彩料トス。

まめはんめう (名) 豆斑猫 蟲ノ名、形、あをはんめうヨリ小クシテ、甲ニ竪ニ一、二、三ノ褐條アリ首、黄ナリ、多ク豆田ニ害ヲナス、亦毒アリ。葛上亭長

〔まめふ (名) 豆生 豆ノ畠。和名抄「豆田、末女布」

まめまき (名) 豆蒔 おにやらひノ條ヲ見ヨ。

まめまはし (名) 豆廻 古名イカルガ。鳥ノ名、深山ニ棲ミ、冬來ル、大サ、もずノ如ク、全身灰色ニシテ、頂ハ深黒ナリ、翅ノ端、黒クシテ黄褐ヲ帶ビ、尾ハ茶褐ニシテ、脚ハ赤ク、觜、大クシテ短ク、深黄ナリ、穀ヲ食トス、豆ヲ含メバ、觜ニテ旋轉ス、故ニ名アリ、春囀ル、月日星トイフガ如シ、故ニ三光鳥ノ名モアリ。又、マメドリ。桑鳸

まめまめし (形、二) (一)甚ダ忠實ナリ。甚ダ眞面ナリ。「マメマメシキ筋ヲ立テテ耳挾ミガチニ、非常葛キ家刀自ノ、何ヲカ奉ラム、マメマメシキ物ハ、マタ無カリナム、ユカシクシタマフナル物ヲ奉ラムトテ、源氏ノ五十餘卷、櫃ニ入レナガラ、云云」眞面目 (二)深切ニ働ク。勸勉

まめやか (副) 忠實 (一)忠實ナル状ニ。眞面ニ。ヂツト。「戯レテ爲ジト爭ヒ給ヒケレド、集リテまめやかニ責メケレバ」御文ハ御覽ジツレド、—苦シゲナル御ケシキニテ」雪イタウ降リテ、—積モリニケリ」雨、云云、—降レバ (二)深切ニ働キテ。カヒガヒシク。

〔まもらふ (他動)(規、二) 守 〔まもるノ延〕 見詰メテ居ル。「說經師ノ顔ヨキ、ツトマモラヘタルコソ、其德、萬ツノ尊サモ覺ユレ、外目シツレバ、云云」

まもり (名) 守護衞 (一)マモルヿ。番ヲスルヿ。(二)マモリフダ。

まもりがたな (名) 守刀 身ノ守リニ攜フル短刀。護身刀

まもりぶくろ (名) 守袋 守札ヲ入レテ攜フル袋。

まもりふだ (名) 守札 神社佛閣ヨリ、信者ニ與ヘテ、身家ヲ守リ、災害ヲ避ケシメ、或ハ病ヲ禳フベキ旨ノ文字ヲ記シタル札。マモリ。オフダ。護符。神符

〔まもりめ (名) 守目 守ル役。目付。「ハグクミ聞ユル御まもりめ侍ルナム、ウシロヤスカルベキコトニ」

まもる (他動)(規、一) 守 〔目守ルノ義カ〕 (一)伺ヒ考フ。「淡海ノ海、浪恐ミト、風守リ」(二)〔目ヲ放タズシテ見ル。見詰ムル。「下簾ノハザマノ明キタルヨリ、此男、マモレバ、我ガ妻ニ似タリ」目止マリ給フ、云云、イト善ク似奉レルガ守ラルルナリケリ」(三)番、アラセジト防ギヲナス。番ヲナス。護衞

まや (名) 馬屋 (一)厩。(二)驛。宿場。

〔まや (名) 兩下 〔眞屋ノ義ト云〕 棟ノ前後ヘ窻

ヲ奮キオロシタル家作。今ノ、切妻。切棟。(四阿ノ作リニ對ス)
＋まやかす・ス・セ・サ・シ・セ (他動)(規・一) 紛カシ散ク。瞞
まやく (名) 麻藥 シビレグスリ。
まゆ (名) 眉 (目上ノ約轉カト云) (一)又、マヨ。マユゲ。額ノ下、目ノ上ノ左右ニ横ニ邊リテ生フル毛。(二)マユズミ。「一ヲ作ル」
○一ヲ開ク。憂ヒ晴レテ悦ブ。
まゆ (名) 繭 (眉生ノ約、神代紀云、眉上生レ繭、或云眞木綿ノ約ト) 又、マヨ。蠶ノ、口ヨリ絲ヲ吐キテ圓形ノモノヲ作リ、自ラ其内ニ籠ル毛ノ、形、卵ニ似テ大抵、長サ七八分、色、黄ナルアリ、白キアリ、コレヲ煮テ稍絲ヲ繰リ取ル。
まゆげ (名) 眉毛 眉ノ毛。訛シテ、マイゲ。マミエ。
まゆずみ (名) 黛 (眉墨ノ義) 眉毛ヲ剃リ去リテ、別ニ墨ニテ眉ノ形ヲ畫キ作ルモノ。又、マヨガキ。
まゆだま (名) 繭玉 柳ノ枝ニ、繭ノ大サ程ノ餅ヲ、數多付ケタルモノ、年ノ初ニ、東京、神田神社、龜戸、妙儀神社、等ノ神前ニテ賣ル、蠶飼ノ豐ナラムヲ祝スルナルベシ。訛リテ、マイダマ。
まゆはき (名) 眉掃 (一)長サ二寸、徑一寸許、ノ竹管ノ頭ニ、白兎毛ヲ植ヱツケタルモノ、白粉ヲ顏ニ施ケタル後ノ眉ヲ掃フニ用ヰル。訛リテ、マイハケ。眉掠 (二)草ノ名。はなあざみノ一名。(あざみノ條ヲ見ヨ)
(まゆみ (名) 眞弓 弓ヲ美メテイフ詞。
まゆみ (名) 檀 (眞弓ノ義、材、弓ニ作ルニ良シ、因テ檀弓ナドトモ記ス) 灌木、高サ丈許 枝葉對生ス、葉ノ長サ一寸許、楕ニシテ尖リ細鋸齒アリ春、小枝ヲ分チ、四瓣ノ淡綠花ヲ開ク、大サ二分許、實、平タクシテ尖リ、長サ二分餘、秋、熟シテ微紅ナリ、自ラ裂ケテ、紅肉ヲ現ハス、肉中ニ一 白子アリ、冬ノ初ニ、葉、紅又ハ紫ニ染ミテ美シ、因テ、東國ニテハ錦木ノ名アリ。衞矛 又、幹枝ニ、稜羽相對シテ生ズルモノアリ、廣サ二分許、藥用トス、やはぎにしきぎ・イフ。又、葉、桃ニ似テ、實、大ク、熟シテ美觀ナルアリ、やまにしきぎトイフ。桃葉衞矛
(まよ (名) 繭ニ同ジ。「筑波根ノ、新桑繭ノ、衣ハアレド」
(まよかき (名) 眉畫 眉墨ヲ畫クコト。古事記「麻用賀岐濃ニ、畫キ垂レ」新撰字鏡「黛、婦人飾レ眉黑色也、萬與加支」
まよけ (名) 魔除 神符ナド、ノ魔ヲ除クルモノ。
まよはす・ス・セ・サ・シ・セ (他動)(規・一) 迷 迷フヤウニナス、惑ハス。
まよひ (名) 迷 (一)迷フコト、マドヒ。(二)マガフコト。マギレ。「鳳ノマヨヒニ、ヤヲラ抑シ明ケテ」夕暮ノ人ノマヨヒニ、對面セサセ給ヘリ」 紛亂 (三)(布帛ノ經緯ノ、亂レテ片寄ルコト。「今年行ク、新島守カ、麻衣、肩ノ間亂ハ、誰カ取リ見ム」(まよふノ條ヲ見ヨ) 紕
(まよびき (名) 眉引 眉墨ヲ畫キ引キタルコト。仲哀紀「美女之睩、睩此云二麻用弭枳一」思ハズニ、到ラバ妹ガ、嬉シミト、笑マム眉曳、思ホユルカモ」
まよひご (名) 迷兒 兒童ノ、家路ニ迷ヒテリ名フモノマヒゴ。
まよひぼし (名) 惑星ヲ訓讀シタル語。
まよふ・フ・ヘ・ハ・ヒ・ヘ (自動)(規・一) 迷 (目迷フノ轉カト云) (一)思ヒ亂ル、惑フ。(二)マガフ。マギル。「[illegible]ノ待ツ、籬ノ菊ノ、宵ノ間ニ、置キマヨフ色ハ、山ノ端ノ月」風騷ギ、村雲マヨフ、夕ニモ」望ミー」 紛亂 (三)(布帛ノ經緯、片寄リ亂フヨル。和名抄「紕、萬與布、與流、絹欲レ壞也」白妙ノ、袖ハ間結ヌ、我妹子ガ、家ノ邊ヲ、止マズ振リシニ」御禊ノ少シマヨヒタル繩ヨリ」 紕 髮ニモイフ。「髮ハ、ケヅルコトモシ給ハデ、程歷ヌレド、マヨフ筋ナク打チヤラレテ」
(まよわ (名) 石炎螺 螺ノ類、詳ナラズ。
マラ (名) 麻羅 (一)梵語、障礙、又、奪命、ノ義、利、樂、欲、怒、惱、詐、等、凡ソ修道ノ障リトナルモノ。下略シテ、麻トノミモイヒ、隨テ、魔ノ字ヲ作ル。(二)轉ジテ、陰莖。(蓋シ、僧徒ノ隱語ニ起レルナラム、障礙ノ最ナレバナリ)上略シテ、羅。
まらうど (名) 賓客 (稀人ノ音便轉、常ニ家ニ居ラヌ人ノ意) 他ヨリ訪ヒ來レル人ノ稱。即チ、客。又、マラビト。マラト。マツト。マレウド。
(まらうどゐ (名) 客人ヲ延ク座敷カ。「まらうどゐ假初ナル方ニ出シ奉リ給ヘレバ」例ノ一ノ方ニオハスニツケテ」
(まらひと (名) 賓客 まらうどノ條ヲ見ヨ。和名抄「賓客、末良比止」

まり (名) 鞠|毬 (圓キ意ト云) 蹴ー、蹴鞠、又、手ー、等ノ條ヲ見ヨ。

〔まり〕(名) 鋺|椀 (圓キ意ト云) 古ヘ水酒ナド盛ル器ノ名。「玉ー」金ー」水ー」隱レ面大鋺盛ニ其進酒ニ」

〔まり〕(接尾) 餘 あまりノ略。「三十ー」百千ー」

〔まりうち〕(名) 打毬 戲人、馬上ニテ、曲杖ヲ以テ毬ヲ打ツ戲。毬杖。打毬。

マリシてん (名) 摩利支天 (梵語、陽炎ノ義) 天竺ニテ、火星ノ女神ノ名。今、誤テ、軍神トス。

まる (名) 丸 (一)四面ニ角ナキ形。圓キ形。「ーヲカク」日ノー」 圓|團|圈 (二)全キコト。缺ケヌコト。全體。總體。「ー呑」ー潰」ー裸」ー勝チ」ー負ケ」 全 (三)城ノ郭ノ内。「ーノ内」主將ノ居ル郭ヲ本丸トイフ。內郭 牙城 其外ヲ圍ム郭ヲ、二ノ丸トイフ、外城 羅城 更ニ其外ナルヲ、三ノ丸ト云。月城 城ヲ離レテ築ケルヲ、出丸ト云フ。別壘 (四)畿內ニ、鰻鱺ノ異名。(身圓長ナレバイフカ)

まる (接尾) 丸 (麿ノ轉) 人ノ名、名作ノ刀劍器物ノ名、船ノ名、犬ノ名ナドニ添フル語。「牛若ー」小鳥ー」膝ー」安宅ー」獅子ー」

まる (名) 虎子 (次條ノ語ノ意) 大小便ヲ受クル桶。小兒、又ハ、病者ノ用トス。オカハ。

〔まる・・レ・ラ・リ・レ〕(他動)(規.一) 㞎 大小便ヲナス。ヒル。「送糞、此云二倶蘇摩屢一」屎遠くまれ、櫛造ル刀自」燕ノまり置ケル古屎ヲ握リ給ヘルナリケリ」屎ヲまる」

まるえり (名) 圓襟 盤領ノ條ヲ見ヨ。

まるおび (名) 全帶 婦人ノ幅廣キ帶ニ、全一枚ノ帛ヲ折返シテ表裏ヲ縫ヒ成セルモノ。各色ノ帛ヲ縫ヒ合ハスルヲ腹合トイフ。

まるガッパ (名) 丸合羽 合羽ノ條ヲ見ヨ。ヒキマハシ。

まるがんな (名) 圓鉋 鉋ノ一種。刃ノ中高ニ圓キヲ、そとまるトイヒ、圓キ溝ナド削ルニ用ヰ、又、中窪ニ圓キヲ、うちまるトイヒ、圓キ柱、又ハ棒ナド削ルニ用ヰル。

まるきばし (名) 丸木橋 マロキバシ。一本ノ樹ノ幹ニテ渡セル橋。一ツ橋。一本橋。獨木橋

まるきぶね (名) 丸木舟 マロキブネ。ウツホブネ。一本ノ樹ノ幹ヲ刳リテ作レル舟。獨木刳舟

マルク (名) 馬 〔Mark.〕 普魯士ノ貨幣、我ガ二十四錢四厘ニ當ル。

まるこ (名) 丸子 金魚ノ一種、らんちゆうニ同ジ。

まるごし (名) 腰ニ刀ヲ帶ビヌコト。

まるし (形) 圓 まろしニ同ジ。

まるた (名) 丸太 (一)材木ノ圓ク長キモノ。(二)魚ノ名、關東ノ產、白魚ノ屬、淡水ニ生ズ、形、圓ク長ク、大ナルハ八尺許、味美ナラズ、又、ミゴヒ。

まるづけうり (名) 全漬瓜 夏秋ノ交、瓜ヲ結ブ、形、まくはうりニ似テ大ク、初メ綠ニシテ、熟スレバ黃ナリ、羮食フニ宜シカラズ、漬物トス。京都ニ青瓜。大阪ニ、菜瓜。醬瓜 菜瓜

まるのみ (名) 圓鑿 鑿ノ刃ノ圓キモノ、圓キ穴ヲ穿ツナドニ用ヰル。

まるのみ (名) 全呑 嚙ミ碎カズシテ呑ミ込ムコト。

まるぶしゆかん (名) 圓佛手柑 樹、葉、共ニ佛手柑ニ異ナラズ、實ノ形ハ、柚ニ似テ稍長ク、肌、細カナリ其他ノ狀、佛手柑ニ異ナラズ、肉ヲ薄ク切リテ、砂糖ニ漬ケタルヲ、佛手柑漬ト云。枸櫞 香櫞

まるまげ (名) 丸髷 婦人ノ髮ノ風、頂ニ大ク楕圓ナル髷ヲ作ル、嫁シタル女ノ結フモノトス。ホンダ

まるむねづくり (名) 圓棟造 唐門ナドノ、屋根ノ勾配ヲ中高ニ造レルモノ

まるめる (動) 丸 まろむノ訛。

マルメロ (名) 榲桲 (蘭語、Marmel (果ノ砂糖漬ノ義)ノ轉、此實ノ砂糖漬ヲ渡セルヨリ起ル) 又、マルメイラ。樹ノ名、林檎ニ似テ、枝、多クヒロガリ、節ニ瘤アリ、葉モ、林檎ニ似テ廣ク、白毛アリ、互生ス、春五瓣水紅色ノ花ヲ開ク、大サ一寸許、又白花アルモアリ。實、秋熟ス、榠樝ニ似テ圓ク、黃ニシテ綠ヲ帶ビテ、香アリ、味、酸澁ナリ、砂糖漬トス。香圓

マルモット (名) 土撥鼠 (蘭語、Marmot.) (一)獸ノ名、歐羅巴ノ「アルプス」山中ニ棲ム、大サ南京兎ノ如シ。訛シテ、モルモット。モロモット。(二)誤テ、天竺鼠ノ稱。

まるもの (名) 圓物 的ノ一種、徑五寸乃至八寸、形、太鼓ニ似タリト云。

まるやき (名) 全燒 全ク燒クコト。悉ク燒クコト。

まるやけ (名) 全燒 家、家財、悉ク火災ニ燒クルコト。

まれ (名) 希稀 (罕有ノ約カト云) タマサカニアルコト。メヅラシキコト。「思フドチ、ーノ圓居ハ」霜夜モーノ夢モアリシヲ」山里ノ、ーノ細路、跡絶エテ」

まれよ (副) 希稀罕 常ニナク。タマサカニ。珍ラシク。

〔まれらよ (副) 稀 前條ノ語ニ同ジ。「山里ニ、マレラナリケル、時鳥、マタトモ鳴カヌ、聲ヲ聞クカナ」

〔まろ (代) 麻呂麿 (眞實ノ意ニ出ヅ、ろハ助辭カ、或云、圓ノ義、オアルニ對シテ、愚ナル意ノ謙稱ト、イカガ) 自稱ノ代名詞。ワレ。オノレ。「碁盤待リヤ、まろモ打タム」まろ、其歌ノ返シセム」

まろ (接尾) 麻呂麿 前條ノ語ヨリ轉ジテ、人ノ名ノ下ニ用ヰル語。「清ー」「人ー」役ニ、牛若丸、五郎丸、ナドイフモ、是レナリ。

〔まろがしら (名) 圓頭 髮ヲ全ク剃リタル頭。バウズアタマ。「物見ノ少シ明キタルヨリ、まろがしらノ、フト見ユルハ」 圓顱

〔まろが・す ス・セ・サ・シ・セ (他動)(規・一) 轉 マロバス。コロガス。「アツマキヌドモヲ押シマロカシテ投ゲ出デツ」

〔まろがなへ (名) 釜 (釜ノ古名(かなへノ條ヲ見ヨ)) 和名抄「釜、賀奈倍、一云、末路賀奈倍」

〔まろが・る ル・ル・レ・レ・レ・ロ (自動)(規・三) 渾沌 (圓ヲ活用ス) 圓ク凝リ固マル。「渾沌 如ニ雞子ニ」御頷髮モ、汗ニマロガレテ」我モ我モト、衣ニ引キカヅキツツ、一ツニマロガレ合ヒ」

まろきはし (名) 丸木橋ニ同ジ。

まろきぶね (名) 丸木舟ニ同ジ。

〔まろ・ぐ グ・グル・グレ・ゲ・ゲ・ゲヨ (他動)(規・二) 丸 マロムル。一ツニ統ブ。「箭ニ打ツニ、七八千枚ニ打チツ、コレヲまろげテ、皆買ハム人モガナ」

まろ・し キ・ケレ・ク・ク (形・一) 圓 (一)四面ニ稜無シ。輪又ハ玉ノ形セリ。マルシ。(二)カドカドシカラズ。「心ー」マロク泊ル」

まろね (名) 帶ヲモ解カズ、着ノママニテ寐ルコト。マルネ。マロブシ。「シキタヘノ、手枕マカズ、紐解カズ、末呂寐ヲスレバ」未ダ裝束モ解カデ、まろねニテアリケレバ、起キケルママニ」

〔まろば・かす (動) 次條ノ語ニ同ジ。「馬副、引キマロバカサレテ、馬ヲ捨テテケリ」

まろば・す ス・セ・サ・シ・セ (他動)(規・一) 轉 マロブヤウニナス。マロガス。コロバス。コロガス。

まろ・ぶ ブ・ベ・メ・ビ・ベ (自動)(規・一) 轉 (圓ヲ活用ス) 圓ク廻リ行ク。コロガル。

まろ・む ム・ム・ムレ・メ・メ・メヨ (他動)(規・二) 丸 手ニテ固メテ圓クナス。 摶

〔まろむし (名) (好ミテ屎ヲ摶メテ丸トス故ニ名アリ) おかねむしノ古名。和名抄「蜣蜋、久會牟之、一云、末呂无之」

〔まろや (名) 丸屋 葦茅ナドニテ、假初ニ葺キ作レル家。「旅人ノ、茅刈リ被ヒ、作ルテフ、まろやハ人ヲ、思ヒ忘ルナ」蘆ノー」

〔まろらかま (副) 圓 圓キ狀ニテ。「腕ヲサシ出デタルガ、マロラカニ、ヲカシゲナル程モ」

まわた (名) 眞綿 (眞ハ發語、木綿ニ對シテ云) 繭ヲ引キ延バシタルモノ、多クハ一ツ繭ナルヲ用ヰル、純白ニシテ光リ、極メテヤハラカシ、衣ニ入レ、其他、種種ノ用ヲナス。 蠶綿

まわたし (名) 間度 かべあたちノ條ヲ見ヨ。

〔まゐ (動) 參 行キ向フ意ヲイフ敬語ニテ、常ニ他ノ動詞ニ冠ラセテ用ヰル。罷ル、ノ反ナリ。音便ニ、まう。「ー會ハズ」「ー出」「ー來ル」「ー來テ」「ー來ム」「ー至リ」「ー上ル」都方ニ、末爲シ我ガ兄ヲ」

まゐら・す ス・スレ・セ・セ・セヨ (他動)(規・三) 進 〔參ラス、ノ義〕(一)タテマツル。獻ズ。進上ス。(二)轉ジテ、他ノ動詞ニ熟語トシテ意ナキ敬語トス。「頼ミー」思ヒー」

まゐ・る ル・ル・レ・ラ・リ・レ (自動)(規・一) 參 (參入ル、ノ約)(一)行ク、ノ敬語。參上ス。アガル。(二)食フ、飲ム、着ル、用ヰル、等ノ敬語。「御酒ー」食物ー」御手水ー」(三)詣ヅ。參詣ス。「神社へー」寺へー」(四)降ル。降參ス。 降服

まを (名) 眞麻 苧ノ一名。

まをかもめん (名) 眞岡木綿 下野、芳賀郡、眞岡ノ地ヨリ產ズル綿布、晒ナリ、強キヲ賞ス。

〔まを・す ス・セ・サ・シ・セ (他動)(規・一) 申奏 (一)言ヒ告グ、ノ敬語。音便ニ、マウス。「山代ノ、筒木ノ宮ニ、母能麻袁須、吾ガ兄ノ君ハ、涙グマシモ」(二)政ヲ執リ行ヒテ仕ヘ奉ル。「萬世ニ、在シ給ヒテ、天ノ下、麻乎志給ハネ、朝廷去ラズテ」明ク淨キ心以チテ、御世累

ネテ天ノ下、中シ給ヒ、朝廷助ケ仕ヘマツリ」(三)動詞ニ添ヘテ、意ナキ敬語。奉ル。「都マデ、送リ麼遠志テ」

まなをとこ (名) 間男 ミソカヲ・間夫。密夫。 情夫

み

み 五十音圖、末行第二ノ假名、まノ條ヲ見ヨ。

み (名) 身|躬|體 (一)カラダ。身體。(二)我ガ身。オノレ。自身。「―ノ爲メ」―ヲ思フ」―ニ取リテ」―ニ代ヘテ」―ヲ委ヌ」 自己 (三)眞ノ心。信實。「―ニ染ム」―ニ入ル」―ヲ入ル」―ヲ盡ス」―ニテラス」 眞心 (四)ミウヘ。身分。「―ノ程」―ノ成ル果」―ニ餘ル」―ニ負ハズ」(五)肉。シシ。 肉 (六)木ノ皮ノ内ノ部。(七)鞘ノ内ノ刃。「刀ノ―」槍ノ―」 刃 刀身 (八)箱、蓋物ナドノ、物ヲ入ルル方。(蓋ニ對ス) 盒

み (名) 實|子 〔身ノ意ト云〕(一)花ノ後ニ結ビ成リテ、再ビ芽ヲ生ズベキ種トナルモノ。(二)汁ノ中ニ加フル肉菜。「汁ノ―」

〔み〕(名) 魚ノ名。今、ミゴヒ。ニゴヒ。和名抄「鰄、美」 白魚

〔み〕(名) 獸ノ名。今、マミ。ミソヌキ。和名抄「貒、美」

み (名) 巳 〔蛇ノ略〕(一)支干ノ名、其條ヲ見ヨ。(二)時ノ名、其條ヲ見ヨ。(三)方角ノ名、えとノ條ヲ見ヨ。

み (名) 箕 〔簸ト通ズト云、或云、實ヲ殘ス物ナレバイフカト、イカガ〕穀ヲ簸テ、穀、塵、ナドヲ分ケ去ツル具、楮ノ皮ヲ經トシ、小竹ヲ緯トシテ、織リ作ル、廣ク淺クシテ、三方ニ緣アリ、前ハ平ナリ、其端ヲ舌トイフ。

み (名) 水ノ略。(熟語ニ)「―際」―岬」―鴨」―菰」

み (名) 海ノ約。「忍ノ―」淡海ノ―」

み (名) 見 見ルコト。「―ニ行ク」

み (代) 身 自稱ノ代名詞。我レ。 予 余

み (動) 試ルトイフ動詞ノ變化ヲ重ネ用ヰテ、副詞ノ意ヲナサシムル語。「待チみ待タズみ、人ゾ戀シキ」恨ミ―泣キ―」聞エ給フ」泣キ―、笑ヒ―」降リ―、降ラズ―」

み (數) 三 一ト二トヲ合ハセタル。「―度」―年」

み (接頭) 御 〔眞ト通ズ〕物事ニ被ラセテ尊ビイフ語。オ。オホン。オン。ゴ。「―門」―髮」―身」―神」

〔み〕(接尾) 形容詞ノ語根ニ添ヒテ、「の故ニ」ノ意ヲナス語。(篇首ノ語法指南ノ形容詞ノ條ヲ見ヨ)「月、清―」瀨ヲ早―」

み (接尾) (一)狀。程。「赤―」高―」(二)トコロ。「深―」

み (接尾) 味 飮食ノ物ヲ數フル語。「七―ノ藥」百―ノ飮食」

み (發語) 三|深 〔眞ト通ズト云〕美ムル意ノ發語ト云。「―吉野」―熊野」―山」―空」

みあはす・スル・スレ・セ・セ・セヨ (他動)(規.二) 見合 (一)互ニ見ル。相見ル。「顏ヲ―」 相見 (二)此レ彼レ引キ合ハセ見テ異同ヲ知ル。「書物ヲ―」 對照 (三)容子ヲ見テ、暫シ扣ヘテ居ル。 控

みあはせ (名) 見合 (一)ミアハスルコト。互ニ見ルコト。 相見 (二)引キ比ベテ異同ヲ知ルコト。 對照 (三)暫シ扣ヘテ居ルコト。 控

みあひ (名) 見合 互ニ見ルコト。俗禮ニ、結婚ノ前ニ、男女先ヅ相會フコト、然ル後ニ、互ニ諾否ヲイフ。

〔みあらか〕(名) 御舍|御殿 〔御在處ノ轉カト云〕家ノ敬語。古語拾遺「瑞殿、古語、美豆能美阿良加」御在香ヲ、高知リ座シテ」

〔みあれ〕(名) 御生|御形 〔別雷命ノ生レマセル日ナレバイフト云〕山城ノ加茂ノ神社ノ、陰曆四月中ノ申ノ日ノ祭ノ稱、其翌酉ノ日ヲ葵祭トス。「ヨソナガラ今日ノ日吉ノ、祭ニモ、加茂ノみあれハ、アフヒナリケリ」(日吉祭モ申ノ日ナリ)

ミイラ (名) 木乃伊 〔洋語、Mummyヲ支那ニテ木乃伊ト訛譯セルヲ更ニ訛レル語〕埃及國ノ邊ノ古俗ニテ、人死スレバ、屍ニ藥物ヲ施シ、布ニ包ミテ、地ニ埋メ、其ノ年久シクシテ乾枯セルモノ、舶來シテ藥用トス、奇藥ノ如ク、固クシテ黑ク光ル、骨ノ存セルモアリ。訛シテ、ニイラ。「―取リ、―トナル」

みいり (名) 實入 實ノ成ルコト。熟スルコト。

みいる・ル・レ・ラ・リ・レ (自動)(規.一) 見入 執念カケテ憑ル。託ル。「天魔ガ―」 魅

みいる・ルル・ルレ・レ・レ・レヨ (他動)(規.二) 見入 (一)内ヲ

見透ス。奥マデ見ル。「行來ノ路ニ見入ルレド、人住ミケモナキモアヲ」(二)執念ヲ掛ク。「海中ノ龍王ノ、イトイタウ物メデスルモアニテ、見入レタルナリケリ」魅

〔みいれ〕(名) 見入 見入ルルコト。奥マデ見トホスコト。「門ハ跡ノヤウナルヲ押シアケタル、みいれノ程ナク、物ハカナキ住ヒヲ」

みうけ(名) 身請 年季奉公ナドニ身ヲ賣リタルヲ贖ヒ戻スコト。請出スコト。贖身

みうち(名) 身内 (一)體ノ内。カラダヂユウ。「ー痛ミテ」遍身 (二)ウカラ。ミヨリ。親類。親族

みうり(名) 身賣 身代金ニ代ヘテ、身ヲ年季奉公ナドニ賣ルコト。

みえ(名) 見 見ユル状。外目ノ飾。ミツキ。ミバ。外見

みえい(名) 御影 繪像ノ尊稱。ゴエイ。「御堂ニハ、故院ノ御えいヲカキ奉リタリ」 ○ー供。御影ヘノ供養。佛事。

みえいだう(名) 御影堂 (一)御影ヲ祀ル堂。靈屋。(二)京都、五條橋西ノ新善光寺(彌陀ノ御影ヲ安ス)ノ僧尼ノ製シ出ス扇子ノ稱、コレヲ一折トイヒテ、巧手ナリトス。

みえかくれ(名) 見隱 或ハ見エ或ハ隱ルルコト。「秋霧ノ、晴レテ發レバ、女郎花、花ノ姿ノ、ースル」

〔みえぐるし・シキ・シク・シケレ・シク・シタ〕(形・二) 見苦 見ラルルコト苦シ。「ストニ見エグルシウ恥カシクテ」

〔みえしらがふ・フ・ヘ・ハ・ヒ・ヘ〕(自動)(規・一) 〔見エ知合フ、ノ約〕屢、出デ會フ。「コトサラニ、一入手シ」常ニ見エシラガヒテアリク」

みおくる・ル・レ・ラ・リ・レ(他動)(規・一) 見送 (一)遠ク去ルマデ目ヲツケテ眺ム。目送 (二)人ノ門出ヲ送ル。ミタツル。送別

みおこす・ス・スレ・セ・シ・セヨ(他動)(規・二) 見致 此方ヲ見ル。「後目ニ見オコセ給ヘル目見ハ、イト恥カシゲニ」

みおし(名) 船首 みよしノ條ヲ見ヨ。

〔みおとす・ス・セ・サ・シ・セ〕(他動)(規・一) 見貶 劣レルモノト見ル。見クダス。「彼ノ人ノ心ヲサヘ見オトシ給ヒツ」「若キ御心ニハ、見オトシ給ヒテケリ」蔑視

みおとす・ス・セ・サ・シ・セ(他動)(規・一) 見落 見テ心付カズニ洩ラス。「誤ヲー」

みおとり(名) 見劣 見詰ムレバ、次第ニ劣リテ見ユルコト。

みおぼえ(名) 見覺 嘗テ見テ心ニ覺エテアルコト。

みおも(名) 身重 孕ミタルコト。ミモチ。懷胎

みおろす・ス・セ・サ・シ・セ(他動)(規・一) 見下 俯シテ見ル。下ニ見ル。俯臨

〔みか〕(名) 甕 〔眞笥ノ轉カト云、或云、嚴瓶ノ約轉ナリト〕瓶ノ類、其ノ大キクシテ專ラ酒ヲ釀スモノヲイフカ如シ。「甕上高知、甕腹滿並」

〔みか〕(名) 三日 (一)日數三ツ。ミッカ。(二)月ノ第三ノ日。ミッカ。「一月」

みがき(名) 身欠 鯡ノ頭尾ヲ去リテ乾シタルモノ。

〔みかきがはら〕(名) 御垣原 禁中ノ御垣ノ邊。「九重ノ、一ノ、小松原、千代ヲハ外ノ、物トヤハ見ル」

みがきずな(名) 磨砂 白堊ノ粘リナキモノ、銅鐵ノ器ヲ磨キ、或ハ齒磨ナドトス。ミガキコ。梗土

みかきもり(名) 御垣守 禁中ノ御門ノ衛士。

みかぎる・ル・レ・ラ・リ・レ(他動)(規・一) 見限 是レマデナリト見棄ツ。

みかく・ク・クル・クレ・ケ・ケ・ケヨ(他動)(規・二) 見掛 見認メ始ム。

みがく・ク・ケ・カ・キ・ケ(他動)(規・一) 磨・研・琢 (一)擦リテ淨クシ光ラス。「鏡ヲー」「玉ヲー」「齒ヲー」(二)作リ飾ル。淨ム。「堀川殿ヲ、イミジウ作リミガキ給ヒテ、内裏ノヤウニ作リナシ」「二條院ニハ、カタカタ掃ヒミガキテ」「身ノ假粧ヲシ、ミガクモアリ」装飾 (三)勉メテ愈、善クナス。「心ヲー」「業ヲー」琢磨

みかくす・ス・セ・サ・シ・セ(他動)(規・一) 見隱 見テ見ヌ風ヲス。「見給ハヌヤウナルヲ、セメテ見カクシ給フ御目後コソ」「ホノボノ知レル者モアリケレド、何カハ、此クコソ、ト誰モ聞エム、見カクシツツアルナルベシ」

〔みがくる・ルル・ルル・レ・レ・レ・レロ〕(自動)(規・二) 水隱 水ノ中ニ隱ル。ミゴモル。「池水ノ、底ノ玉藻ノ、ミガクレテ」

〔みかくる・ル・ルル・ルレ・レ・レ・レロ〕(自動)(規・二) 身隱 身物ノ蔭ニ隱ル。「人ニ隱レム人ノ身ノ、ミガクレテ、面アラハセル心チナムシケル」「雪降レバ、青葉ノ山モ、ミガクレテ」

みかけ(名) 見掛 ミカクルコト。ミエ。ミバ。ミツキ。外見

〔みかげ〕(名) 御影 (一)神靈ノ尊稱。和名抄「鎭、美太万、美加介」(二)亡キ人ノ俤、又ハ繪像、ナドノ

尊稱。御影。

〔みかげ (名) 水陰 水ニ被ハルルコト。「谷川ノ、ミカケニ茂ル、山菅ノ、ヤマズモ袖ノ、濡ルル比哉」

みかげいし (名) 御影石 〔攝州、武庫、菟原、二郡ノ山ヨリ良品ヲ產ジ、山下ノ海濱ナル御影村ニ石工アリテ此ヨリ四方ヘ出スニ因テ、名ヲ專ニス〕 礦石、諸國ニ產ズ、白クシテ光リ、綠色黑色ノ小斑點アルアリ、質極メテ堅ク、石垣、石槨、佛像、墓石、庭石、水鉢、橋梁、ナドニ最モ有用ナル石材トス。 花崗石

ナみかけだふし (名) 見掛倒 外貌ノミ好クシテ、實ハ用ヲナサヌコト。

〔みかさ (名) 水嵩 水ノ嵩。「五月雨ニ、一増サリテ」

みかさづけ (名) 三笠附 前句附ノ條ヲ見ヨ。

〔みかさやま (名) 三笠山 大將、中將、少將ノ異名。(歌ニ)

みかた (名) 身方 味方 他ニ對シテ、己ガカタザマ。我ガ方人。「一ノ兵」 同人

みかづき (名) 三日月 陰曆ニテ、月ノ第三日ニ出ヅル月影。 朏

みかど (名) 御門 (一)皇居ノ門ノ敬稱。「一守リ」「一祭リ」 禁門 宮門 (二)轉ジテ、皇居。朝廷。「一參リ」「一服」 闕下 朝廷 (三)又、轉ジテ、皇帝ノ御家筋。更ニ、汎ク、其知シ召ス大御國。「唐土ニモ我ガみかどニモ」人ノみかどニモ、我ガ國ニモ、有リ難キオノ程ヲヒロメ」 朝家 國家

みかど (名) 帝 〔御門ノ義、支那ニ陛下ナドイフ、同意ナリ〕 天皇ノ御身ヲ、憚リテ其御居所ニ就キテ申シ奉ル尊稱。「仁和ノみかどノ、皇子ニオハシマシケル時ニ」

〔みかどまつり (名) 御門祭 古ヘ、六月、十二月、ノ禁中ノ祭事、荒ブル物ノ御門ニ入ルヲ防ガム祭ナリト云。

〔みかどまゐり (名) 朝參 朝廷ヘ參ルコト。參內。

〔みかどをがみ (名) 朝拜 朝廷、元旦ノ拜賀。

みかはす・ス・セ・サ・シ・セ (他動)(規。一) 見交 互ニ見ル。見合フ。

〔みかばち (名) 木蜂 〔みかハ嚴ニ通ズ、大ノ義〕 山蜂ノ類、木ニ巢ヲ作ルモノト云。

〔みかはみづ (名) 御溝水 大內ノ周ノ溝。「東宮ノ雅院ニテ、櫻ノ花ノ、みかは水ニ散リテ流レケルヲ」

〔みかはやうど (名) 御廁人 〔みかはやひとノ音便〕 禁中ニテ、不淨ヲアツカフ下衆ノ女。「ヲサメ、みかはやうどマデモ、有リカタキ御カヘリミヲシタナリツルヲ」「ゐでトイフ一ニ持タセテ」

みかはり (名) 身代 他ノ身ニ成リカハルコト。

みかふ・フル・フレ・ヘ・ヘ・ヘヨ (他動)(規。二) 見變 (一)見テ他ニ移ル。「忠臣ヲ佞人ニ一」(二)變リタル物ニ見ル。「見カヘタル行狀」

〔みがほし・シキ・シケレ・シク・シ (形。二) みまほしニ同ジ。見ムト欲ス。「見我欲君ガ、馬ノ足音ゾスル」

〔みかまぎ (名) 御薪 〔御竈木ノ義〕 古ヘ、正月十五日ニ、百官ノ宮內ニ奉ル薪ノ稱。「百敷ノ、百ノツカサノ、みかま木ニ、民ノ烟モ、賑ハヒニケリ」

みがまへ (名) 身構 敵ニ向フ支度ヲナスコト。

みかん (名) 蜜柑 (一)柑ノ甘クシテ上品ナルモノノ稱。(二)今、一種、通名トスルモノハ、樹ノ形狀、花、葉、共ニ橘ニ異ナラズシテ、但、實ノ皮、厚ク、肌、粗ナルコト、柑子ト反對シ、平タク圓クシテ、徑二寸許、瓣毎ニ、小核アリ、味、甘酸ニシテ美ナルモノ。

みから (名) 身柄 身分ノ程。

みき (名) 幹 〔身木ノ義ト云〕 樹ノ、地上ニ出デテ其體ヲナス部、旁ニ枝ヲ分チ、下ニ根アリ。草ニハ莖ナリ。

みき (名) 御酒 酒、即チ、酒ヲ敬ヒテイフ語。

みぎ (名) 右 (一)人ノ身ノ南ヘ向ヒテ西ノ方。左ノ反。ミギリ。(二)二ツ並ビテ勝レル方。「其一ニ居ル」此一ニ出デズ」(三)文書ナドノ前ノ方。初メ。「一ノ如ク」「一ノ通リ」 前條

みきき (名) 見聞 見、又、聞クコト。見聞。

みきのつかさ (名) 造酒司 又、サケノツカサ 古ヘ、宮內省被官ノ司、酒及ビ酢ノ事ヲ掌リ、禮會ニ賜ヲ行フ。

みぎは (名) 汀 〔水際ノ義〕 陸地ノ水ニ沿フ際。

みきはむ・ムル・ムレ・メ・メ・メヨ (他動)(規。二) 見極 (一)求メテ慥ニ認ム。見屆ク。(二)見テ眞ト僞トヲ定ム。 鑒定

みきり (名) 見切 ミキルコト。「一ヲツケル」

みぎり (名) 石 みぎりトイフニ同ジ。

みぎり (名) 砌 〔水限ノ義ニテ、簷滴ノ下ナレバイフカト云〕 軒ノ下又ハ階ノ下ナドノ甃ノ處。「大みぎりノ石ヲ傳ヒテ、雪ニ跡ヲツケズ」至二仁壽殿西砌下一」拜舞、以レ雨不レ立二庭中一」

みぎり (名) 砌 〔限ノ意ニテ、みハ發語カ、砌ハ借字〕 ヲリ。トキ。コロ。 時

みきる・ル・レ・ラ・リ・レ (他動)(規.一) 見切 (一)見テ終ハル。(二)再ビ見マジト定ム。ミカギル、見捨ツ。(三)商家ノ語ニ、價ヲ甚シク減ジテ賣ル。

〔みくさ (名) 水草 水ニ生フル草。「我ガ門ノ、板井ノ清水、里遠ミ、人シ汲マネバ、み草生ヒニケリ」

みくじ (名) 御鬮 神佛ニ祈リテ、吉凶ヲ占ヒ決スルニ探ル鬮、吉凶ノ由ヲ記シタル若干ノ串ヲ、匣又ハ筒ニ盛リテ、其小孔ヨリ振リ出シテ取ル。 神籤

みぐし (名) 御首 首、頭ノ敬語。「伊弉諾尊、云云、廻レ首顧眄之間」

みぐし (名) 御髮 髮ノ敬語。オグシ。「ー上ゲ」 ーオロシ」

みくしげどの (名) 御匣殿 〔御櫛笥ノ義〕 禁中、貞觀殿ノ中、后町ノ北、御裝束ノ所。大臣家ニテモイフトゾ。

みくだす・ス・サ・シ・セ (他動)(規.一) 見下 劣レリト見ル。侮リ見ル。見貶ス。 蔑視

みくだりはん (名) 三行半 俗ニ、妻ヘノ離緣狀ノ異名。其文、俗制アリテ、三行半ニ書キ了ル。

みくづ (名) 水屑 河海ノ底ニアル塵芥。

みくに (名) 御國 我ガ國ヲ尊ビテイフ稱。

みくにぶり (名) 御國風 御國ノ風儀。又、文學。

みくにゆづり (名) 御國讓 帝位ヲ太子ニ讓リ給フコト。 讓位

††みくびる・ル・レ・ラ・リ・レ (他動)(規.一) 見下ス。見貶ス。 蔑視

みくりや (名) 御廚 (一)御贄ヲ供フル所。御供所。(多ク伊勢ノ神宮ナルニイフ)(二)又、諸國ノ、御廚ノ贄ノ料ノ地。

みくり (名) 三稜草 水澤ノ地ニ多シ、春、苗ヲ叢生ス、莖、高サ三四尺、夏ノ末、高キ莖ヲ出シ、端ニ數葉ヲ生ジ、細花ヲ開ク、穗ヲ成シテ黃紫色ナリ、中ニ細子アリ、莖、葉、花、實、共ニ三稜アリ、莖、光滑ニシテ三稜ナルコト、棕櫚ノ葉莖ノ如シ、中ニ白纖アリ、剖キテ物ヲ織ル、柔靱ニシテ藤ノ如シ。一名、アヒバグサ。

みぐるし・シキ・シケレ・シク・シク (形.二) 見苦 見ルニ惡シ。ミトモナシ。ミニクシ。 醜陋

〔みけ (名) 御食 御饌 御食事ノ料。供御。供物。

みけ (名) 三毛 猫ノ毛ノ、白、黑、褐、ノ雜レルモノ。 金花猫

みげうしよ (名) 御教書 下文ノ敬稱、院ヨリ下サルルニイヒ、又、關白ナルニモイフ。又、室町將軍ノ下文ニモイフ、將軍ノ意ヲ受ケテ、管領ヨリ出ス、名アリ、判アリ。

〔みけし (名) 御衣 〔著ルヲ、古言ニけるトイヒシヲ敬語ニ、けそ、けせる、ナドイフ、其名詞法ナリ〕 衣ノ敬語。御衣。「君ガ美家思シ、アヤニ着欲シモ」君ガ御衣ニ、縫ヒアヘムカモ」

〔みけつくに (名) 御食國 御饌ノ贄ヲ奉ル國ノ稱。「御食都國、日日ノ御調ト」

〔みけつのかみ (名) 御饌津神 〔借字ニ三狐トモ記ス〕 宇賀御魂ノ神ノ一名。即チ、稻荷ノ神。

みけん (名) 眉間 額ノ中央、兩眉ノ間。 眉心

みこ (名) 御子 皇子 王 天子ノ御子。御子孫ニモイフ。後ニ、親王トイフ號、出來テヨリ、ソレヲみこトモ唱ヘ、親王ナラヌヲ、王ト書キテ、ソレヲおほきみト唱フ。

みこ (名) 神子 〔かみこノ略ト云、或ハ神ノ御子ノ意カ〕 巫女。今、專ラ、神樂ヲ舞ヒ、又、湯立ナド行フヲイフ。 巫女

みご (名) 稈心 〔身子ノ義カ〕 藁ノ皮ヲ去リタル莖。「ー帚」

みこし (名) 御輿 輿ノ尊稱。「女院、御サンキアナタニ、御みこしヲ止メテ御消息申サセ給ヒ」今、專ラ神靈ヲ渡スニイフ。 神輿

みこしぐさ (名) 御輿草 ゲンノシヨウコ。

〔みこしぢ (名) 三越路 越前、越中、越後ノ稱。

みこしらへ (名) 身拵 衣服ヲ改メ裝フコト。 結束

〔みこしろ (名) 御子代 古ハ、天皇、皇后、皇子等、御子オハセザレバ、其御名ヲ負ハセテ、某部トイフ民ヲ立テ置カルルモノ、御名ヲ後ノ世マデ遺シ傳ヘシメ給

ハカ爲ナリ、又、御名代。「此天皇無ニ太子一故爲ニ御子代一定ニ小長谷部一爲ニ大后石之日賣命之御名代一定ニ葛城部一

みこす・ス・セ・サ・シ・セ（他動）（規、一）見越（一）隔テヲ越シテ見ル。（二）未來ヲ推シ量ル。先見

みこと（名）御言｜令 言ノ敬語。オホセ。「天津神能御言以ヨ更量給ヒ」詔ニ天神之命一

みこと（名）命（御事ノ義ニテ、後世、對稱ノ代名詞ニ、御事トイヒ、今、誰様御事ナドイフト同意カト云、命ハ、御言ノ意ヲ借字ス）上世、神、人、ノ稱呼ニ添ヘテ尊ビイフ語。書紀ニハ、至貴曰レ尊、自餘曰レ命、並訓ニ美擧登一トアレド古事記ニハ別ナク、皆、命ト記セリ。「齋盞鳥尊」道臣命一天皇ー一神ノー」皇子ノー」父ノー」汝兄ノー」汝ガー」妹ノー」妻ノー」

みごと（副）見事｜美事 見テウルハシク。巧ニ好ク。美觀

みことのり（名）詔｜敕（御言宣ノ義）天皇ノ命令。敕命。敕旋。文書ニ記スニ、臨時大事ニ、詔ト書シ、尋常小事ニ、敕ト書ス。外ニ、宣命、宣旨、口宣、綸旨ナドアリ、各條ニ註ス、

〔みこともち（名）宰｜司〔天皇ノ御言ヲ承ケ持チ行キテ、其國ノ政ヲ執行フ意〕古ヘ、出デテ地方ヲ治ムル官ノ稱。「山部連小楯任ニ針間國之宰一時」遠江國司」

みこのみや（名）東宮（御子ノ宮ノ義）東宮ニ同ジ。

みごひ（名）百魚 古名、み。今、又、訛シテ、ニゴヒ。魚ノ名、淡水ニ産ス、形、鯉ニ似テ色、白ク體、圓ク頭、稍小ク鱗、細カク、鰭ハ黄赤ヲ帶ビ、大ナルモノモ尺ニ過ギズ、肉、白ク、ヤハラカニシテ、味、鯉ヨリ劣ル、小骨多シ、多クハ、蒲鉾トス。一名、サイ。又、マジカ。

みこみ（名）見込 ミコムヿ。オモヒツキ。思量

みこむ・ム・メ・マ・ミ・メ（他動）（規、一）見込 善ク見テ、ジレト定ム。深ク考ヘツク。思量

〔みごもり（名）水籠 ミゴモルヿ。水ノ中ニ隱ルルヿ。「みごもりニ蘆ノ若葉ヤ萌エツラム」

〔みごもる・ル・レ・ラ・リ・レ（自動）（規、一）水籠 水ノ中ニ籠リ隱ル。ミガクル。「イヒミテモ、遂ニ止マラヌ、水ノ泡ヲ、ミゴモリテコソ、アルベカリケレ」

みごもる・ル・レ・ラ・リ・レ（自動）（規、一）身籠 ハラム。懷姙ス。

みごろ（名）裑（身衣ノ略カ、字モ其合字ナリ、或云、身幅ノ轉）衣服ノ袖、襟、衽ナドヲ除キテ、體ノ表背ノ全部ヲ被フ處ノ布帛ノ稱、表、背、各、二布ヅツナリ。

みごろし（名）見殺 他ノ死ヌルヲ見ナガラ、救ヒ得ヌヿ。

みさかりよ（副）方 まさかりよニ同ジ、其條ヲ見ヨ。

みさき（名）碕｜岬（みハ發語）山又陸ノ、前ヘ突キ出デタル處。崎。鼻。（多クハ海岸ニイフ）

〔みさく・クル・クレ・ケ・キ・ケヨ（他動）（規、二）見放 遠ク見遣ル。フリサケミル。「シバシバモ、見放武山ヲ」天皇坐高臺「望瞻」

みさご（名）雎鳩｜鶚（水探ノ義カ）（鷹ノ類、形、鳶ニ似テ大ク、目鋭ク、目ノ上ノ骨高シ、高ク翔ル、聲モ、鳶ニ似タリ、水邊ノ山中ニ棲ミ、多ク水邊ニ出デテ魚ヲ捕リ食フ。古キ異名、覺賀島。此鳥、其捕リタル魚ヲ海上ノ巖ノ間ニ貯ヘ、宿ヲ經シメテ食トス、コレヲーノ鮨トイフ。

みささぎ（名）陵｜山陵（御狹狹城ノ義ニテ山ヨリ小ク築ケル意カト云）帝王后妃ノ御墓所ノ稱、其制、高ク築キテ陵ヲナス。

〔みさと（名）京｜京都（御里ノ義カ、或ハ、みやさとノ訓モアリ、其中略カ）ミヤコ。京都。「京 職」

〔みさとづかさ（名）左京職 又右京職ニ同ジ。

〔みさび（名）水銹 ミサブルヿ。水ノ上ニ浮ク銹ノ如キモノ。ミシブ。「散ル花ハ、浮草ナガラ、片寄リテ、池ノみさびニ、蛙鳴クナリ」

〔みさぶ・ブル・ブレ・ビ・ビ・ビヨ（自動）（規、三）水銹 水ノ上ニ銹ノ如キモノ浮ク。「ミサビヰテ、月モ宿ラヌ、濁リ江ニ我レ棲マムトテ、蛙鳴クナリ」

みさめ（名）見醒 見ル目ニ興ノ醒ムルヿ。ミオトリ。

〔みさを（名）水竿 舟ニ差ス竿。「三途川、渡ルみさをモ、ナカリケリ」棹

みさを（名）操｜節義（身竿ノ義ニテ、志行ノ直立ノ意カト云、或云、常葉眞青ノ意カト）固ク志ヲ守リテ變ヘヌヿ。崩レヌヤウニ、心ヲツクルヿ。タシナムヿ。

〔みさをに〕（副）操　心ヲ變ヘズニツレナク。「心ノ、イトみさをにカシコカリシカバ」音モデ、─燃ユル、螢哉」憚リ恥ヂテ、─モテツケテ」

みじかうた（名）短歌　長歌ノ條ヲ見ヨ。

みじかし・キ・ケレ・ク・カ（形.二）短　（一）長、乏シ。長カラズ。（二）間少シ、久シカラズ。（三）低シ。卑シ。「國津神波高山之末、短山之末爾上坐氏」元ノ品高ク生レナガラ、身ハ沈ミ、位ミジカクテ」高キモ、ミジカキモ、女トイフモノハ」（四）鈍シ、カシコカラズ。「長カラヌ、命ノ程ニ、忘ルルハ、イカニミジカキ、心ナルラム」（五）急シ。性急ナリ。

みじかむ・ム・メ・ムレ・メ・メ・メヨ（他動）（規.二）短　短クナス。「心─」氣─」

みじかやかに（副）短　短キ状ニ。「佛ノ御後ニハ、御格子ヲ、ミジカヤカニ、シワタシテ」

みしど（副）緊　強ク押ス状又音ニイフ語。「立チナガラ、衣越シニ、みしと抱キテ」重ネテ、みしみしトモイフ。「引キタル軟障ナドモ放チ、タグリタル物ドモ、みしみしと取拂フ」馬車ニ乘リツツ、みしみし歩キ侍ル」

〔みしね〕（名）稲　〔みハ發語〕稲トイフニ同ジ。「ササナミ、ササナミヤ、滋賀ノ辛崎ヤ、みしね搗ク女ノ、ヨササヤ」

〔みしぶ〕（名）水澁　水垢。ミサビ。「衣手ニ、水澁付クマデ、植ヱシ田ヲ、引板我レ延ヘ、守レル苦シ」

〔みしほ〕（名）御修法　古ヘ、正月、大内裏ノ眞言院ニテ行ハルル佛事、（元日ヨリ七日マデ神事多シ）八日ヨリ、七日間、行ハル、コレヲ後七日ノ─トイフ、眞言宗ノ僧、金剛界、胎藏界ヲ隔年ニ修ス、又、ミスホフ。

みしまごよみ（名）三島暦　應仁文明ノ頃、伊豆ノ三島神社ニテ作リ出セル暦、字多クハ假名ニテ細カク記セリ。

みしまで（名）三島手　高麗品ナドノ茶碗ノ模樣ニ、堅ニ細ソク蜿蜒シタル文ヲ染付ケニシタルモノ、三島暦ノ假名ニ似タリトテ、名アリ。又、コヨミデ。

みじまひ（名）身仕舞　女ノ假粧裝束。

みしまをこぜ（名）三島鰧　をこぜノ類、形相似テ、腹廣カラズ、頭面モ稍小ク、怪ナラズ、尖ラズ、背、灰白ニシテ、白キ斑アリ、眼ノ並ベル状、眼鏡ヲ掛ケタルガ如シ。又、メガネウヲ。ムシマヲコゼ。

みしん（名）未進　逋租　年貢ヲ未ダ進ラセズシテアルコト。

ミシン（名）縫機　〔英語、Sewing machine.ノ略訛〕洋服ヲ縫ヒツクル器械ノ名。

みしやう（名）實生　みばえニ同ジ。

みしやう（名）身性　（一）ウマレツキ。（二）ミノウヘ。身分。

みじゆく（名）未熟　（一）未ダ熟エヌコト。（二）學ビテ未ダシキコト。爲馴レヌコト。

みしらず（名）身不知　自ラ身ノ分際ヲ顧ミヌコト。

みしり（名）見知　（一）見知ルコト。「─ノ品」（二）交リテ其人ヲ知リ居ルコト。相識

みしる・ル・レ・ラ・リ・レ（他動）（規.一）見知　（一）見テ知ル。（二）交リテ其人ヲ知リ居ル。相識

〔みじろき〕（名）身ジロクコト。身動キ。「六八マデ乘リタレバ、イト狹クテ、身ジロキモセズ」轉身

〔みじろく〕・ク・ケ・カ・キ・ケ（自動）（規.一）〔身退クノ約ト云〕身ヲ動カス。「只、裕ニ畜キタル姫君ノヤウニ、シスヱラレテ、打チ身ジロキ給フ事モ難ク」寐モ入ラズ覺エテ、身ジロキ臥シ給ヘリ」轉身

〔みしろのいね〕（名）寶白ノ稲ノ義ナラム。和名抄「糇、美之侶乃以禰、菁稲白米也」

みす（名）御簾　翠簾　簾ノ敬語。今、殊ニ、宮殿神前ナドニ用キル簾ノ、竹ヲ極メテ細ク精巧ニ削リテ、編ミテ、綾、純子ナドヲ縁ニシタルモノヲイフ。

〔みす〕・ス・セ・サ・シ・セ（他動）（規.一）看見　〔立ツ、ノ「立タス」トナリ、聞ク、ノ「聞コス」トナル類〕（一）見ルノ敬語。「埴安ノ、堤ノ上ニ、在リ立タシ、見之賜ヘバ」我カ大君ノ、見給フ、芳野ノ宮ハ」（二）看守リテ治メ有ツノ敬語。「吾ガ大君ノ、所聞見爲、背友ノ國ノ」轉ジテ、めすトモイフ。「知ロシめす」ナド是レナリ。

みす・スル・スレ・セ・セ・セヨ（他動）（規.二）見　（一）見ルヤウニス。現ハシ示ス。（二）嫁ツ。娶ラス。「恥ヲ─」苦ミヲ─」

みすぎ（名）身過　スギハヒ。クチスギ。生業

みすずかる（枕）水篶刈　〔みハ發語、篶ヲ刈ル野トカケタル語ト云〕信濃（科野）ノ枕詞。

みすつ・ツル・ツレ・テ・テ・テヨ（他動）（規.二）見棄　見限ル。棄テテ係ハラズ。

みすぼらし・シク・シケレ・シク・シク（形.二）容飾、窶レテ、人中ノ交ラヒニ、身窄リテ思ハル。ミソボラシ。

みすます (他動)(現.一) 見澄 心ヲ付ケテ善ク見ル。狙ヒ窺フ。熟視

〔みすまる〕(名) 御統 〔すまるハ、統ルニ同ジ〕 古ヘ、頸ナドニ掛ケテ飾トセルモノ、數ノ珠ヲ絲ニテ統ベ貫キテ、環トス。「於二御髻一亦於二左右御手一各纏二持八尺勾璁之五百津之美須麻流之珠一」

みすみす (副) 見見 〔見ス見スノ義〕 現ニ見ナガラ。「一奪ハル」「一取逃ス」

〔みずり〕(名) みハ發語 色ヲ衣ニ摺リツクルコト。「雪ソメ、花ノみずりノ狩衣、打拂ヘドモ、ムラガヘリツツ」

みせ (名) 見世 みせだなノ條ヲ見ヨ。

みせかく (他動)(現.二) 見掛 外見ヲツクロヒテ、眞ト見ス。擬ヘテ示ス。「錫ヲ銀トー」 假裝

みせかけ (名) 見掛 ミセカクルコト。上ベヲ眞ト見スルコト。外見 假裝

みせしめ (名) 〔令見ノ義〕 例ヲ見セテ後ヲ懲スコト。懲戒

〔みせだな〕(名) 見世棚 〔爲レ見棚ノ義〕 商家ノ前ニ棚ナドヲ設ケテ、人ニ見セムガ爲ニ貨物ヲ列ネ置ク處。常ニ、下略シテ、見世トイヒ、又上略シテ、店トモイフ。店 鋪 舗

みせびらかす (他動)(現.一) 〔見セ光ラカス意〕 見セ示シテ誇ル。テラフ。街示 誇示

みせびらき (名) 見世開 始メテ見世ヲ開キ、商賣ヲ始ムルコト。ウリゾメ。開舗

みせもの (名) 見世物 場ヲ構ヘテ、珍奇ノ物ヲ列ネ、或ハ遊戲ノ業ヲナシテ、錢ヲ受ケテ衆ニ見スルモノ。觀場

ミソ (名) 味醬 味噌 〔朝鮮語ニ、醬ヲ蜜祖トイフ和名抄ニ、高麗醬ノ稱アリ、證トスベシ、同書ニ、末醬ヲ未醬ト誤レリトノ說、或ハ、唐僧、鑑眞、嘗メテ未曾有ト稱シタルニ起ルナドイフ、皆、附會ナリ〕 (一)味噌豆ヲ煮テ、搗キタダラカシ、麹ト鹽トニ和シテ、桶ニ藏シテ、日ヲ歷テ釀シ成スモノ、擂リテ汁トシ、又物ニ味ヲ添フルニ用ヰル、古ク、又、香トモイヘリ、臭高ケレバナリ「香ノ物」ナドイフ、コレナリ。豉 製ニ因テ、赤ー、白ー、玉ー、等アリ、各條ニ註ス。(二)廿部語ニ、面目ヲ失フコト。「ーヲアゲル」「ーヲツケル」ナドイフ。〔味噌ノ味噌臭キハ下品ナリトイフニ起レリト云〕

みそ (數) 三十 十ヲ三倍ニシタル數。サンジフ。

みぞ (名) 溝渠 〔水狹ノ義カ、或云、水裾ノ略カト〕 (一)地ヲ、細長ク堀リテ、水ヲ通ズル處、堀ヨリ狹キニイヒ、田間ナドニイヒ、人家ノ間ナルニモイフ。セセナギ。ドブ。(二)器ニ、細ソク長ク刻レル處。「敷居ノー」 陷道 檻槽

〔みぞ〕(名) 御衣 〔そハ身ニ添フ意カト云〕 衣ノ敬語。

みぞう (句) 未曾有 未ダ曾テアラズ。昔ヨリ絕エテ無シ。「ーノ珍事」

〔ミソうづ〕(名) 味噌水ノ音便ニテ、味噌汁ニテ飯ヲ煮タル雜炊カト云。「みそうづ物ニテモ、乏シクテハアラジヤハ」「昨日見シ、法師子ノ稻、好キ程ニ、みそうづマデニ、成リニケル哉(僧都ニカケタリ)」

みぞおち (名) 鳩尾 みづおちノ訛。

みそか (名) 三十日 月ノ第三十ノ日。陰曆ニテ、ツゴモリ。盡日 大盡 晦 陰曆、小ノ月ノ二十九日ニテ終ルモノヲ、九日みそかトイフ。小盡 十二月ナルヲ、おほみそか、おほつごもりトイフ。

〔みそか〕(接頭) 密 〔ひそかト通ズ〕 窃ナル。隱レテ爲ル。內證ナル。「ー盜人」「ー心」「ー事」「ー男」「ー人」

みそかけ (名) 御衣懸 衣桁ニ同ジ。(敬語) 衣架

〔みそかごと〕(名) 密事 人ニ隱シテスル事、多クハ男女ノ正シカラヌ交通ニイフ。密通、私通

〔みそかに〕(副) 密 ヒソカニ。カクレテ。內證ニテ。「みそかニオハシマシテ、垣間見ヲシ給ヘバ」「少シー讀マセ給フ」

みぞかひ (名) 溝貝 どぶかひニ同ジ。蚌

〔みそかを〕(名) 密男 密ニ人ノ妻ナドノ許ニ通フ男。密夫。

みそぎ (名) 禊 ミスグコト、身ニ罪アリ又ハ穢レアルトキ、河原ニ出デテ、水ニテ身ヲ淨メ祓フコト。

〔みそぐ〕(自動)(現.一) 禊 〔身滌グノ約〕 禊ヲナス。「天ノ川原ニ、出デ立チテ、潔身而マシヲ」「戀ヒシサヲ、みそげど神ノ、受ケネバヤ」

ミソこし (名) 味噌漉 綰物ノ器ニ、竹ヲ以テ目ヲ粗ク張レル篩ノ如キモノ、味噌汁ノ滓ヲ漉スニ用ヰル。

みぞこひ (名) 〔溝鯉ノ義カ〕 魚ノ、まのれニ同ジ

みそごゐ (名) 溝五位 鷺ノ類、形、五位鷺ニ似テ小ク、蒼黑色ニシテ、頭ニ白肉冠ノ如キモノアリ、脚、黄赤ナリ性、人ヲ畏レズ。又、ヒノバチマモサ。 方目

みそさざい (名) 溝鷦鷯 〔さざきノ音便、水ニ居レバ、溝ノ稱アリ〕 古名、サザキ。鳥ノ名、巣ヲ深山ノ崖ノ樹枝ニ懸ケテ營ム、人髮、馬尾、麻等ヲ以テ、蘆ノ花ヲ綴リ、其形、襪ノ如ク、極メテ巧緻ナリ、故ニ巧婦鳥ノ名モアリ、形、雀ニ似テ小ク、喙尖リテ錐ノ如シ、身ハ、灰色ニ黑ト褐トノ細斑アリ、形、色、種類多シ、冬、來リ、春ニ至リテ囀ル、聲美ナリ。 鷦鷯 巧婦鳥

みそぢ (數) 三十 三十ニ同ジ。

ミソーづけ (名) 味噌漬 (一)魚、肉ナドヲ、一二夜、味噌ニ塗シテ漬ケタルモノ、炙リ食フ。(二)蔬菜ノ類ヲ味噌桶ノ中ニ埋メ置キテ、年月ヲ歷シメタルモノ、香ノ物トス。

みそなはす・ス・セ・サ・シ・セ (他動) (規・一) 見行 看行 〔見シ(敬語)行ハス(敬語)ノ約略カト云〕 見ル、ノ敬語。御覽ズ。「天皇御ニ覽昔日猶存之物ニ當時忽起ニ感愛之情ニ」分明看ニ行山川海原ニ」法ノ舟、サシテ行ク身ゾ、モロモロノ、神モ佛モ、我ヲみそなへ」〔みそなはせノ約〕

みそはぎ (名) 溝萩 〔和名抄ニ、鼠尾草ヲ當テタルハ誤レリ〕 田野ニ生ズ、苗、高サ三四尺、莖、堅クシテ木ノ如ク、四稜アリ、葉ハ柳ノ如ク、莖、赤ク、對生ス、夏秋ノ交ニ、梢ノ間ニ、穗ヲナシテ紅紫花ヲ開ク、纖苗ハ食スベシ、聖靈祭ニ用キテ水ヲ供スルガ故ニ、水掛草ノ名モアリ。 千屈菜

†みそぼらし (形) みすぼらしノ訛。

みそむ・ム・ム・ム・メ・メ・メ・ヨ (他動) (規・二) 見初 (一)始メテ見ル。(二)始メテ見テ戀フ。

みそる・ル・ル・ル・レ・レ・レ・ロ (他動) (規・二) 見逸 嘗テ遇ヘル人ヲ忘ル、見忘ル。

〔みぞる・ル・ル・ル・レ・レ・レ・レ (自動) (規・二) 霙降ル。「春雨ニ、散ル花見レバ、カキクラシ、みぞれシ空ノ、心チコソスレ」

みぞれ (名) 霙 雪ノ、降リテ地ニ近ヅケル頃、氣中ノ溫氣ニ遇ヒテ、半バ融ケテ落ツルモノ。

ミダ (名) 彌陀 阿彌陀ノ略。

みだい (名) 御臺 (一)〔御臺盤ノ略〕御食ヲ載スル臺。「みだい、秘色ヤウノ唐土ノ物ナレド」(二)〔轉ジテ、御食事。「ツユ、みだいモ聞シ召サズ」(三)御臺所ノ略、次條ヲ見ヨ。

みだいどころ (名) 御臺所 御臺盤所ノ略。大臣、大將、將軍家ノ室ノ尊稱。更ニ、略シテ、御臺。〔臺盤所ノ條ヲ見ヨ〕

〔みだえ (名) 水絕 水絕ユルコト。「天ノ川、みだえもせなム、鵲ノ、橋モワタサデ、タダワタリナム」

〔みたけさうじ (名) 御嶽精進 和州吉野ノ金峯山ニ詣デムトスル人ノ、先ヅ數日ノ間、精進スルコト。ミタケシヤウジン。詣ヅルヲ、御嶽まうで、御嶽まゐりナドイフ。「アハレナルモノ。好キ男ノ若キガ、みたけさうじシタル」二月ニナリテ、殿ノオマヘ、みたけさうじ始メサセ給フトスルニ」

みだし (名) 見出 (一)見テ求メ得ルコト。(二)書物ノ目錄ナド、書中ノ事ノ見出ニ便ニスルモノ。 檢標

みたす・ス・セ・サ・シ・セ (他動) (規・一) 滿 滿ツルヤウニナス。

みだす・ス・セ・サ・シ・セ (他動) (規・一) 亂 亂ルルヤウニナス。

みたつ・ツ・ツ・ツ・テ・テ・テ・テヨ (他動) (規・二) 見立 (一)人ノ首途ニ、見ツツ旅立タシム。見送ル。「吾ガ駒ガ、門出ヲシツツ、出デガテニ、セシヲ見多底シ、家ノ兒等ハモ」 送別 (二)見テ擇ビ定ム。「人物ヲ一」病症ヲ一」 鑑定

みたて (名) 見立 (一)見立ツルコト。他ノ首途ヲ見送ルコト。「一フルマヒ」 送別 (二)見テ擇ビ定ムルコト。「人物ノ一」 鑑定

みだて (名) 見立 みばえニ同ジ。「一ガ無イ」

みだぬき (名) 貒貍 まみノ條ヲ見ヨ。

みたふす・ス・セ・サ・シ・セ (他動) (規・一) 見倒 貶シテ見ル。

みたま (名) 御靈 靈ノ敬語。和名抄「靈、美太萬、一云、美加介」神祇之靈」吾ガ主ノ、美多麻賜ヒテ、春サラバ、奈良ノ都ニ、メサゲタマハネ」

〔みたまのふゆ (名) 〔みたまハ御賜ノ義、或云、御靈ノ義、ふゆハ、殖ノ義或云、榮ノ轉〕天神天皇ノ御稜威御恩。「是以、百姓至レ今、咸蒙ニ恩頼ニ」「皇靈之威」國ムケシ、鋒ノ端ヨリ、傳ヘ來ル、みたまのふゆハ、今日ゾウレシキ」暇無ミ、カヒナキ身サヘ、イツク哉、みたまのふゆト、宜モ言ヒケリ」(此歌ハ歲末ノ魂祭ト冬トヲカケテ詠メリ)

〔みたゆ ユル・ユレ・エ・エ・エヨ (自動)(規・二) 水絶 水、絶ユ。「白川ノ、流レテ今日ヲ、忘レメヤ、ミダエテ淺キ、瀬トハナルトモ」

みたらし (名) 御手洗 〔御手洗ハシ、ノ約〕 神社ノ前ニアル池川ノ水、詣ヅル者、面手ヲ洗ヒテ後ニ拜ス、ミタラヒ。

みたらひ (名) 御手洗 みたらしニ同ジ。

みだらに (副) 妄猥 みだりにノ訛

〔みだらをのうま (名) 驄馬 〔亂青ノ約カ〕 馬ノ毛色ノ青ト白ト雜レルモノ。和名抄「驄馬、美多良乎乃宇末」

〔みだりあしのけ (名) 脚氣ニ同ジ。又、みだり脚病。「みだりあしのけニヤ侍ラム、更ニ蹈ミ立テラレ侍ラズ、立チ動キモシ侍ラヌヲ」春ノコロホヒヨリ、例ノ煩ヒ侍ル、みだりかくびやうトイフモノ、所狹ク、オコリワヅラヒ」

〔みだりかくびやう (名) 前條ヲ見ヨ。

〔みだりかぜ (名) 〔亂風ノ義カ〕 風邪ナルベシ。「俄ニ、イト、みだり風ノ、オヤマシキヲ」

みだりがはし シク・シケレ・シク・シ (形・二) 濫猥 妄ナル狀ナリ。嚴ナラズ見ユ。

〔みだりごこち (名) 病メル心地。「風ノオコリ侍リケルニヤ、みだりごこち惱マシクテ」

みだりに (副) 妄漫猥 〔亂リニ、ノ義〕 順ヲ亂シテ。禮ヲ外レテ。ツイダメナク。取締リナク。

〔みだる ル・レ・ラ・リ・レ (他動)(規・一) 亂 亂スニ同ジ。カキマス。「貫キみだる、人コソアルラシ、白玉ノ、間ナクモ散ルカ、袖ノ狹キニ」瀧津瀬ニ、誰レ白玉ヲ、みだりケム、拾ツトセシニ、袖ハヒヂニキ」惡ニ鄭聲之亂ニ雅樂一也」

〔みだる ル・ルル・ルレ・レ・レ (自動)(規・二) 亂 次條ノ語意ニ同ジ。入リマザル。「みだりニ」みだりガハシ」みだり心チ」ナドイフ、是レナリ。

みだる ルル・ルレ・レ・レ・レヨ (自動)(規・二) 亂 (一)順序、逸フ。入リマザル。混雜ス。思ヒ惑フ。(二)騷亂起ル。「世

みだれ (名) 亂 (一)ミダルルコト。(二)戰爭ノ騷動。

みだればこ (名) 亂箱 〔打亂ノ箱ノ略訛〕 衣服ナド疊ミテ盛ルニ用ヰル淺ク廣キ匣。巾箱

みだれやき (名) 亂燒 刀ノ燒ニ、肌ニアラハルル理ノ、亂レツネリタル如キモノ。綫理

みち (名) 道路 〔みハ發語〕 (一)又、路。地上ニ往來スベク拓キ設ケタル所。(二)事ノ理ノ、人ノ行ヒモテ行クベキモノ。敎ヘノ旨。「人倫ノ―」「聖人ノ―」 道 (三)百般ノ學問藝術ナドノ方法。 道 方法 (四)物ヘ行キ向フコト。「―ヲ急グ」「―ヨリ取テ返ス」「―ヲ詰メテ」 行 行程 (五)里。〔其條ヲ見ヨ〕「牟―」「小―」

〔みち (名) 海驢 海產ノ動物、今ノあしかカト云。「海神、自迎延入、乃鋪ニ設海驢皮八重ニ使ニ坐ニ其上ニ」美智皮之疊敷ニ八重ニ 我戀ハ、海驢ノ寐流レ、覺メヤラズ、夢ナリナガラ、絕エヤハテナム」

〔みち (名) 蜜ニ同ジ。蜂蜜。和名抄「蜜、美知」

〔みちあへのまつり (名) 道饗祭 又、チアヘノマツリ。陰曆、六月晦ノ祭事、疫神ヲ京城ニ入レジトシテ道ニテ饗シ止ムル祭ト云、卜部、京城ノ四方、和邇、會坂、大枝、山崎、ノ四道ノ境ヘ行キ向ヒテ行フ。

〔みちかひ (名) 道交 途中ニテ行交フコト。「アヤシキ姿ニテ、ソホチ參ル、道かひニテダニ、人カ何ゾトダニ御覽ジワクベクモアラズ」

みちくさ (名) 路草 (一)路旁ノ草。(二)馬ノ、路草ヲ食ヒテ、行クコトノ遲ソナルコト。轉ジテ、俗ニ、人ノ、路ヲ行キナガラ、遊ビ戲レナドシテ、暇ヲ費ヤスコト。(三)アフラガヤ。

〔みちくらべ (名) 路競 競走ナルベシ。カケクラ。和名抄「率道、美知久良閉」

みちしき (名) 路敷 路ニ用ヰル敷地。〔屋敷、川敷ナドニ對ス〕

みちしば (名) 路芝 (一)路傍ニ生ヒタルしばくさノ泛稱。(二)又、しばくさニ似テ、穗ノ細長キモノ 小知風草

みちしるべ (名) 路導 (一)路ノ方向ナド記シタル木石ノ杙。路標 (二)ミチビキ。行ク路ノ案內。嚮導 (三)蟲ノ名、ミチヲシヘ。

みちすがら (副) 途上 路ヲ過ギナガラ。步ミ行ク間ニ。

みちづれ (名) 路連 連レ立チテ行ク友。同行

みちのき (名) 道記 旅中ノ日記。紀行

みちのくがみ (名) 陸奥紙 檀紙ニ同ジ、古ヘ陸奥

ニ遊ズト云。

〔みちのし　(名)　道師　姓ノ名、第五等ノ尹。

みちのり　(名)　道法　路ノ長短ノ距離。道程

みちび　(名)　道火　〔一綱ノ略〕線ニ火藥ヲ込メタルモノ、銃砲ニ火ヲ通ズルニ用ヰル。引信

みちびく・ク・ケ・カ・キ・ク　(他動)(規・一)　導　〔道引ク義〕路ノ行ク手ヲ敎ヘ誘フ。路ノ案内ヲナス。

〔みちみちし・シク・シケレ・シク・シキ　(形・二)　道道　道理ニ係ル。「オホヤケニ仕ウマツルベキ道道シキ事ヲ敎ヘテ」三史五經ノミチミチシキ」

みぢん　(名)　微塵　(一)極メテ細カキ塵。ホコリ。(二)極メテ細カキヿ。スコシナルヿ。イササカナルヿ。「一ニ碎ケ」「一モ無シ」

みぢんこ　(名)　微塵子　溝ナドノ腐水ニ生ズル蟲、ぼうふりニ似テ更ニ小ク、全身赤シ。

みぢんこ　(名)　微塵粉　糯米ヲ碾キテ粉ニシテ炒リタルモノ、落雁ナドノ菓子種トス。糯粉

〔みちもせに　(副)　路狹　路モ狹クナルマデニ。「一散ル、山櫻哉」

〔みちもり　(名)　道守　道ヲ守ル者。チモリ。(山守、野守ノ類)

みぢやう　(名)　未定　イマダサダマラヌヿ。

みちゆき　(名)　道行　(一)道ヲ行クヿ。「一ニ、見レドモ飽カズ、紅葉哉、宜コソ人モ、家居セリケレ」(二)歌舞妓ニ、男女連レ立チテ行クヿヲ演ズルヿ。(多ク情死ナドニ)

〔みちゆきうら　(名)　道行占　辻占ニ同ジ。ユフケ。「玉鉾ノ、路往占ニ、占ヘバ、妹ニ逢ハムト、我ニ言ヒツル」

みちゆきぶり　(名)　道行觸　(一)道ニテ行キ合ヒ觸ルルヿ。「玉鉾ノ、道去夫利ニ、思ハズモ、妹ヲ相見テ、戀フル比カモ」春來レバ、雁歸ルナリ、白雲ノ、一ニ、言ヤ傳テマシ」(二)旅ノ路ニ行キ觸レタル事ヲ記ルセルモノ。旅ノ日記。道ノ記。紀行　(三)今、被風ニ似タル一種ノ製ノ衣、襟無シ。

みちをしへ　(名)　路敎　蟲ノ名、形、はんめうヨリ小ク、長サ七八分、前、狹ク、後、廣ク、甲、黑ク、碧綠ニシテ光リ、黃紅ノ斑アリ、腹、黑シ、亦、毒アリ、路上ニアリテ、人ヲ見レバ、飛ブヿ一二步ニシテ、地ニ下リ、人ニ向フ。又、ミチシルベ。和ノはんめう。

みつ　(名)　蜜　蜂蜜ノ條ヲ見ヨ。

みつ　(數)　三箇　一二三ヲ加ヘタル數。三。ミツツ。

みつ・ツ・テ・タ・チ・テ　(自動)(規・一)　滿　充　盈　實　十分ニナル。一杯ニナル。足フ。「年頃ノ願ヒ、みつ心チシテ」胸ニみつ、思ヒヲダニモ、ハルカサデ」

みつ・ツル・ツレ・テ・テ・テロ　(他動)(規・二)　滿　充　十分ニナス。一杯ニナス。ミタス。「鹽滿者、入リヌル磯ノ、草ナレヤ」君ヲ祈ル、願ヒヲ空ニ、みて給へ」植ヱみつる、田ノ面ノ早苗」

みつ・ツル・ツレ・テ・テ・テロ　(自動)(規・三)　瀰　前ノ條ノ語ノ混訛。

みづ　(名)　水　流動物、所在ノ地ヨリ沸キ出ヅ、空氣ト共ニ、最モ人ニ要アリ、熱ニ遇ヘバ、湯ト成リ、氣ト成リ、寒サニ遇ヘバ、氷ト成ル。○一ノ泡。極メテ消エヤスク、ハカナキヿ。○一モ漏ラズ、交リ極メテ親シ。情密　○一ヲ差ス。中違セシム。○一ノ垂ル。極メテ麗ハシ。

〔みづ　(名)　瑞　水水シク麗ハシキヿ。「一ノ御舍」一穗」一垣」一齒」

みづ　(名)　針孔　針眼　〔鐙靻、承鞚ノみづニ同ジク、穴ノ義〕針ノ端ノ穴。ミミ。轉ジテ、メド。

みづあげ　(名)　水揚　船積ミノ荷ヲ陸ヘ運ビアグルヿ。

みづあさぎ　(名)　水淺葱　あさぎ色ノ薄キモノ。水藍色

みづあたり　(名)　水中　異ナル土地ノ水ナド飲ミテ病ムヿ。敵泉

みつあふぎ　(名)　三扇　紋所ノ名、開キタル扇二枚ノ扇子ヲ、各、要ヲ中ニシテ、三方ヘ向ケ並ベタル象。

みづあふひ　(名)　水葵　古名、水葱。水草、池澤中ニ生ズ、莖ノ端ノ一葉ハ、かうほねニ似テ小シ、又莖ヲ出シ、小葉ヲ出ス、ひめゆりノ葉ニ似タリ、花ハ桔梗ニ似テ、深紫色、皺柔、美シ。又、白花ナルモアリ。浮薔

みづあぶら　(名)　水油　(一)ともし油、菜種油、胡麻ノ油ナド、スベテ、流ルル油ノ稱。(凝リタル膏ニ對ス)油　(二)又、專ラ、トボシアブラ。

みづあめ　(名)　水飴　飴ノ條ヲ見ヨ。

みづいれ　(名)　水入　硯水ヲ貯フル小キ器。水滴

みづいろ　(名)　水色　藍色ノ極メテ薄キモノ。

水藍色

〔みづうまや（名）水驛 (一)水路ノ驛舍、船路ノ驛。(二)又、今ノ街道ノ間ノ宿ノ類、暫シ立寄リテ、人、馬、水ヲ飮ミ、或ハ飯粥ヲ食フ所ヲモイフト云。(三)轉ジテ、男踏歌ニテ、人ヲ饗應スルニ、事ソギテ、酒湯漬ナドヲ用キルヲ水驛トイヒ、引キツクロヒテ饗膳ヲ用キルヲ飯驛トイフ、踏歌ノ人ノ所所ヲ巡ルヲ、驛路ニ譬ヘテイフトナリ。「今年ハ男踏歌アリ、云云、水うまやニテ、事ソガセ給フベキヲ、云云、事加ヘテ、イミジクモテハヤサセ給フ」(四)又、轉ジテ、何ノモテナシ、何ノ曲モナキコト。「みづうまやニテ、夜深ケニケリトテ、逃ゲニケリ」

みづうみ（名）湖〔水海ノ義、水ハ淡水ナリ〕四面、陸ニテ圍ミテ、中ニ淡水ヲ湛ヘタル所、海ヨリ小ク、沼池ヨリ大ナルニイフ、稀ニハ、水ニ鹹氣アルモアリ。

みづうみ（名）水膿 膿ノ、水ノ如クニテ濃カラヌモノ。

みつうろこ（名）三鱗 紋所ノ名、三箇ノ三角ノ、二箇ヲ並ベ、一箇ヲ其上ニ重ネタル象。

〔みづえ（名）水枝 ミヅミヅシキ若枝。「水枝サシ、シジニ生ヒタル、トガノ木ノ」

みづおち（名）水落 胸骨ノ下、五分、推セバ窪ム所。ムナモト。ミゾオチ。鳩尾 心窩

みつか（名）三日ノ音便。

みづかがみ（名）水鏡 靜ニ澄ミタル水ノ面ニ、物ノ影ノ映リテ見ユルコト。

みづかき（名）水搔 鳧鴈ノ類ノ、足ノ指ノ叉ニ連ル膜、因テ水ヲ搔キテ泳グ。蹼

みづがき（名）瑞籬 水垣〔ミヅミヅシキ垣ト稱ヘタル語〕又、イガキ。神社ノ周圍ニ設ケタル垣ノ稱。其外構ヘニ設クルヲ玉垣トスト云。

〔みづがきの（枕）水垣 久シキ、トイフ語ノ枕詞。「ーノ、久シキ時ユ、戀ヒスレバ」

みづかけろん（名）水掛論 論據モ無ク、空シク爭ヒテ果テヌ議論。

みつがしは（名）三柏 紋所ノ名、三枚ノ柏ノ葉ヲ、莖ヲ中ニシテ三方ヘ向ケ並ベタル象。

みづがしは（名）水柏〔葉、柏ニ似タリ〕水草ノ名、宿根ヨリ一窠ニ叢生ス、一莖三葉ニシテ、半夏ノ葉ニ似テ大ナリ、春ノ末、一二尺許ノ莖ヲ出シ、白花ヲ開ク、五瓣叉ハ六瓣、五分許アリ。睡菜

みつかど（名）三角 (一)物ニ、角ノ三ツアルコト。三稜 (二)三方ヘ分ルル辻。(三)草ノ名、茅ノ類、莖ニ三稜アリ。サギノシリサシ。

みづかね（名）水銀 汞 スヰギン。鑛物ノ名、尋常ノ氣温ニテ、融ケテ流ルル、色、銀ニ似テ殊ニ輝ク、水ヨリ重キコト、十三倍半アリ、藥用トシ、滅金ニ用キ、鏡ニ塗リ、寒暖計ニ盛リ、或ハ、燒キテ朱トシ、輕粉トシ、おしろいトス。

みづかひ（名）水貝 鮑ノ肉ヲ切リテ、生ニテ水ニ漬シ、少シ鹽ヲ加ヘタルモノ、夏ノ肴ナリ。

みづがめ（名）水瓶 飮水ヲ貯フル瓶。

みづから（副）自躬〔身之從ノ義〕其身親シク。己レ自身ニ。自分ニテ。「ー取ル」「ー思フ」

みづから（代）自 女ノ自稱ノ代名詞。（貴女ニ）

みつき（名）見付 物ノ、外ヨリ見タル所。ミバ。外貌

みつぎ（名）貢 調〔御調ノ義、つぎハ供給ノ義〕(一)調ノ敬語。民ヨリ官ニ奉ツル租稅ノ泛稱。(二)又、專ラ、調（租ノ條ヲ見ヨ）

みつぎ（名）密議 内内ノ評議。

〔みつぎ（名）承繼ノ條ヲ見ヨ。

〔みづき（名）水城 古ヘ、筑前、太宰府ノ近地ニ築キタル城郭ノ稱、堀ヲ構ヘ水ヲ湛ヘタルヨリノ名ナルベシ、石垣ノ跡、今ニ存セリト云。

みづき（名）稚木 ミヅミヅシキ若木。

みづぎは（名）水際 海川ノ邊。ミナギハ。ミギハ。
〇ー立ツ。目立チテ勝ル。

みつく（他動）（規.一）見付 見馴ル。「若宮ハ、コヨナクみつき給ヒテ、狎レムツビ給フヲ、イトド哀レニテ」

みつく（他動）（規.二）見付 先ヅ認ム。見出ス。發見

みつぐ（他動）（規.一）見繼 他ヲ助ケテ、錢物ヲ贈ル。合力ス。仕送ル。給資

〔みづく（自動）（規.一）水漬クニ同ジ。水ニ浸ル。「海行カバ、美都久屍、山行カバ、草ムス屍、大君ノ、邊ニコソ死ナメ、顧ミハ、セジト言立テ」酒彌豆仗イマス、我ガ大君カモ

みづぐき（名）水莖〔古ヘ、使ヲ遣ルニ、梓ニ玉ヲツケ

テ持タス、因テ文ヲ玉梓トイヒ、又其梓ヲ、ミヅミヅシキ木トイヘルニ起ルト云」(一)消息ノ文。「年頃アリテ消息シテ侍リケルニ云云、今日一ノ跡見レバ、云云」(二)轉ジテ、文字書キタルモノ。手跡。「稀レ稀レ、一トクダリ毛書キナガシ給フ一ノ流レヲバ」見ル度ニ、思ヒア出ツル、一ノ跡ハ忘レヌ、世世ノ形見ヲ」(三)又、轉ジテ、筆、「降リ落ツル御涙ノ、一ニ流レ添フヲ」(白氏文集、獲麟一句、涙與レ筆俱)

みづくさ (名) 水草 水中ニ生ズル草ノ總稱。

〔みづくさ (名) 〔水瘴ノ義ナラム〕 浸淫瘴ニ同ジ。醫方「侵淫」

みづくさし・キ・ケレ・ク・ク (形・二) 水臭 〔濃キ情ノ淡淡シクナル意カ〕 隔テ心アリ。ヨソヨソシ。他人ラシ。〔骨肉夫婦ノ間ナドニイフ〕

みづぐし (名) 水櫛 櫛ノ齒ノ粗キモノ、水ニ浸シテ梳ク。

みづぐすり (名) 水藥 冷水ニ和シタル藥。〔煎藥ニ對ス〕

みつぐそく (名) 三具足 香爐、花瓶、燭臺、ヲ一對トシテイフ語。〔佛前ナドノ〕

みつくち (名) 兎缺 〔三口ノ義カ〕 いぐちニ同ジ。

みづぐひ (名) 水杙 (一)川水ノ水勢ヲ防ガム爲ニ、岸ニ打チ列ネ置ク杙。(二)水尺。

〔みつぐりの (枕) 三栗 〔栗ノ一毬ニ三子ノモノヨリイフト云〕 中トイフ語ノ枕詞。「美都具利能、ソノ中ツ土ヲ」三栗ノ、中ニ向ヘル」

みづぐるま (名) 水車 流水ノ力ニテ車ヲ廻ラシムルモノ、機ヲ添ヘテ米ナド搗カス。

みづくろひ (名) 身繕 ミゴシラヘ。ミジマヒ。ミジタク。

みつくろふ・フ・ヘ・ヘ・ヒ・ヘ (他動)(規・一) 見繕 みはからふニ同ジ。

みづぐわし (名) 水菓子 菓子ノ條ヲ見ヨ。

みつけ (名) 見付 (一)ミツクルコト。先ヅ認ムルコト。(二)城門ニ、番兵ノ居テ見張ル所。(三)轉ジテ、城門。

みつけい (名) 密計 窃ニメグラス謀。

みつけう (名) 密教 眞言宗。

みづけむり (名) 水烟 (一)又、ミヅケブリ。海川ナドノ面ニ立ツ霧。水氣。(二)水ヲ打上ゲテ迸ラスルコト。飛沫

みつける (動) 見付ク、(規・二)ノ訛。

みつご (名) 三子 (一)一産ニ三子ヲ生ムコト。品胎 (二)三歳ノ小兒。「一ノ魂、百マデ」

みづご (名) 稚子 嬰孩 〔水ハ弱ギ意ト云〕 生レタル頃ノ兒ノ稱。赤子。

みづこし (名) 水漉 (一)ミヅフルヒ。水嚢。(二)水ノ垢ナドヲ漉シ去リテ飲水ニ供フル器。桶ノ底ニ、棕櫚ノ毛ヲ敷キ、上ニ砂ヲ盛リテ、水ヲ注ゲバ、桶ノ下ニ孔アリテ、清メル水、孔ヨリ出ヅ、コレヲ砂漉トイフ。

みづこぼし (名) 水翻 茶家ニ、茶碗ヲ洗ヒタル水ナドヲ受クル器。略シテ、コボシ。建水。建盞

みづさき (名) 水先 水ノ流レ向フ方。水衝

みづさきあんない (名) 水先案内 船ニテ、船路ノ向フ方ヲ案内シ指圖シ、暗礁、洲、ナドヲ示ス役。

みづさし (名) 水差 (一)鐵瓶花瓶ナドニ加フベキ水ヲ盛ル器、注口アリ。水注子 (二)茶家ニ、釜ニ注ス水ヲ貯フル器、杓ニテ汲ム。

みづし (名) 御廚子 (一)廚子ノ敬語。(二)御廚子所ノ婢。ミヅシメ。「御手水、粥、イカデマヰラムト思ヒテ、みづしニヤ語ラハマシト思ヘド」

みづしどころ (名) 御廚子所 禁中ニテ、朝夕ノ供御ノ物ヲトトノフル所。

みづしめ (名) 水仕女 〔御廚子所ノ女ノ義〕 ハシタメ。下女。婢

みづしも (名) 水霜 ツユジモ。秋、深ケテ、露ノ、半バ霜トナレルモノ。

みづしやく (名) 水尺 尺度ヲ盛リテ、川岸ニ立テ置ク杙、出水ノ高サヲ測ル設ケトス。ミツグヒ。水則

みつしゆう (名) 密宗 眞言宗ニ同ジ。

みつしよ (名) 密書 密事ノ文書。

みづすまし (名) 水澄 (一)水蟲ノ名、畿内ノ語、身ノ長サ、五六分、幅、一分餘、薄黒クシテ、小白斑アリ、翅アリ、四脚、長クシテ、蜘蛛ノ如ク、後脚、最モ長シ、常ニ緩流ノ水面ニ上下シテ、小蟲ヲ捕リ食フ、水涸ルレバ、飛ビテ他水ニ移ル、體ニ水飴ノ氣アリ、故ニ、東京ニテ、あめんぼうノ名アリ。又、ミヅグモ。カツヲムシ。シホウリ。水黽 (二)まひまひむしノ一名。〔東京〕 豉蟲

〔みつせがは (名) 三瀬川 三途川ニ同ジ。サウヅカハ。

ー、渡ルミサヲモ、ナカリケリ、何ニ衣ヲ、脱キテ掛クラム」

みつせつ (名) 密接 ヒタト着クヿ。クツツクヿ。

みづぜめ (名) 水攻 城ヲ圍ミテ、四面ニ堤ナド築キ繞ラシ、川水ヲ塞キ入レテ、城ヲ水浸シニシテ攻ムルヿ。灌城

みづぜめ (名) 水責 水ヲ浴セテ拷問スルヿ。

ミツダ (名) 密陀僧ノ略。「―ノ畫」金―」銀―

みづた (名) 水田 地ヲ窪クシテ水ヲ湛フル田、即チ、常ノ田。(陸田、陸穂ニ對シテイフ)

みつだうぐ (名) 三道具 (一)突棒、刺叉、袖搦ミ、ノ三ツノ稱。(つくぼうノ條ヲ見ヨ)(二)小刀、鋏、錐、ヲ揃ヘタル稱。(懷中道具ナドニ)(三)俗ニ、鯛ノ頭部ヨリ出ヅル三個ノ小キ骨ノ、形、各、鍬、鋤、鎌、ニ似タルモノ。

ミツダソウ (名) 密陀僧 (番語ナリト云) 酸化鉛、銀ノ爐滓、重クシテ灰黄色ナリ、みつだのあぶらナドニ用ヰル、コレヲ銀密陀トイフ。又、金密陀ハ、和產ナシ舶來ス、色、黄赤ニシテ、東鍼紋アリ、甚ダ重シ。

ミツダのあぶら (名) 密陀油 密陀僧ヲ、荏ノ油ニ溶シタルモノ、或ハ、たうのつちヲ荏ノ油ニ溶シテモ用ヰル、油繪其他ノ塗料ナドニ用ヰル。

みづたま (名) 水玉 (一)水ノ碎ケテ飛散リタルモノ。跳沫 (二)荷葉ノ上ナドニ、露ノ、珠ヲナセルモノ。露珠 (三)硝子ニテ、玉ヲ吹キ作リ、中ニ水ヲ含マシメタル、手、兒女ノ翫ナドトス、

みづたまり (名) 水溜 雨水ナドノ地上ニ溜リテアルモノ。ニハタヅミ。潦 行潦

みつだん (名) 密談 ヒソカニカタラフヿ。密事ノ話。

みづため (名) 水溜 火ノ用心ノ水ナドヲ貯ヘオク桶。

みづち (名) 蛟 〔みハ蛇ニテ、つハ之ナリ、或云、合シテ水ナリト、ちハ靈異ノ稱〕(一)龍ノ屬、蛇ニ似テ四脚ノモノト云。(二)又、龍ノ子ノ角アルモノ。虯 虬

〔みづち〕(名) 水神 みづはノ條ヲ見ヨ。

みづちやう (名) 水帳 〔御圖帳ノ誤、圖帳ノ條ヲ見ヨ〕古ク、田文。村村ニ藏シテ、土地段別ノ圖ニ、所持主ノ名、年貢高ナド記セルモノ。田籍

みづぢやや (名) 水茶屋 路傍ニテ、飲水、煎ジ茶ナド賣リテ、往來ノ人ヲ息ハスル所。

みつつう (名) 密通 ミソカゴト。ミソカヲトコ、

〔みづつき〕(名) 承鞚 〔孔着ノ義ナラム、針孔ヲみづめトイフ、コレナリト云、鐙靼モ孔緒ナリ〕又、ミヅキ。馬銜ノ、手綱ノ端ヲ受クル孔。和名抄「承鞚、美豆岐、三都都岐」今、手綱ノ兩端ヲみづつきトイフ。

みづづく・ク・ケ・カ・キ・ケ (自動)(規. 一) 水漬 水ニヒタル。水ヲ含ム。ミヅク。浸潤

みづづけ (名) 水漬 飯ニ水ヲ注ギタルモノ。ミヅメシ。(湯漬ニ對ス)

〔みづで〕(名) 水手 文字ノ書方、葦手ノ類、水ノ流ルル狀ニ書クモノカ。「洲濱ノ心葉ニ、みづでニテ、歌」

みづてうし (名) 水調子 三味線ノ調子ヲ、甚ダ低ク取レルモノ。

みづどけい (名) 水時計 漏刻ノ條ヲ見ヨ。

‡みつともなし (形) みともなしノ音便。

みづとり (名) 水鳥 水禽 雁、鴨、鴛鴦、鴫ナド、常ニ水ニ棲ム鳥ノ總稱。

〔みづとるたま〕(名) 水取玉 ひとるたまノ條ヲ見ヨ。

みづな (名) 水菜 葉ハ、油菜ニ似テ細ク、刻ミテシ、一株ニ、數百ノ細莖ヲ生ズ、肥シヲ用ヰズ、水ノミニテ植ツレバ、水入菜トイフ、山城ノ壬生村ノ產ヲ上トス、故ニ、京都ニテ、壬生菜トイヒ、東京ニテ、京菜トモイフ。

〔みつながしは〕(名) 御綱柏 みつのかしはノ條ヲ見ヨ。

〔みづながれ〕(名) 失火 〔水流レノ義、倒語ナリ〕火災。天智六年紀「日日夜夜、失火處多」天武九年紀「橘寺尼房、失火以焚ニ十房」

〔みつなし・キ・ケレ・ク・ク〕(形. 二) 不才 不佞 〔眞稜威無シノ約カト云〕才無シ。仁徳紀「僕之不佞、不足以稱」顯宗紀「天皇固辭曰、僕不才、豈敢宣揚德業」

みづなし (名) 水梨 梨ノ一種、實ニ水氣多キモノ。消梨 雪梨

〔みつなのすけ〕(名) 御綱助 行幸ノ車輿ノ御綱ヲ取ル大舍人助ノ稱ト云。「公卿モ、近衛司モ、みつなのすけモ、皆、鎧着給ヘリ」カズカズニ、みつなノ近衛、引キツレテ、進ム御ハシノ、袖ゾノドケキ」

みつなは (名) 水繩 みつばかりノ條ヲ見ヨ。

みつぬき (名) 水拔 溜水ナドヲ流シ去ル處。 竇

〔みつのえ (名) 三吉野ノ三吉ヲ、みつのえト誤レル語。「朝霞、立テルヲ見レバ、みつのえノ、吉野ノ宮ニ、春ハ來ニケリ」

みつのえ (名) 壬 (水ノ兄ノ義) えどノ條ヲ見ヨ。

〔みつのかしは (名) 三角柏 豊樂、神供、等ニ、御酒ヲ盛ル柏ノ葉ニテ、大クシテ、其尖、三岐ヲナセルモノト云。又、御綱柏。「大后爲ニ將豐樂ニ而於レ採ニ御綱柏ニ幸ニ行木國ニ」其儛畢、直會酒、釆女二人侍、御角柏盛、人別給(神宮ノ祭事ニ) 大神宮ニ用ヰルハ、志摩ノ土貢ノ島ヨリ奉ル、葉ノ形、穀ニ似タリト云。

みつのたから (名) 三寶 (一)三種ノ神器。「四方ノ海、浪モ治マル、シルシトテ、三ノ寶ヲ、身ニゾ傳フル」(後村上院御製) (二)又、佛教ノ三寶、即チ、佛、法、僧。又其名ノ鳥。「後ノ世モ、樂シカルベキ、鳥ナレヤ、三ノ寶ヲ、聲ニマカセテ」

みつのて (名) 水手 (一)城、砦、ナドノ飲用ニ引ク水。汲路 (二)火消ニ用ヰル水。 運水路

みつのと (名) 癸 (水ノ弟ノ義) えどノ條ヲ見ヨ。

みつのみ (名) 水呑 水ヲ呑ムニ用ヰル器

〔みつのみひやくしやう (名) 水呑百姓 俗ニ、極メテ貧シキ農民ノ稱。

みつは (名) 三葉 みつばぜりノ略。

みつは (名) 罔象 水ノ神。日本紀「水神、罔象女、罔象、此云ニ美都波ニ」和名抄「水神、魍魎、美豆波」(坊間本、別ニ水神、美豆知、ト舉ゲタルハ誤ナリ)

みつばい (名) 密賣 禁制ヲ犯シテ窃ニ物ヲ賣ルコト。

みつばかり (名) 準 (水計ノ義) 工匠ノ、物ノ平面ノ準不準ヲ見ル時、水ヲ流シテ測ルコト。今、常ニ、溝アル長平ナル材ニ水ヲ湛ヘテ試ミルヲ、水盛リ、水繩、ナドイフ、是レナリ。

みつはき (名) 放水 溜水ヲ流シ遣ル處。

〔みつはぐむ・ム・メ・マ・ミ・メ (自動)(規.一) 𪗉 (稚齒萌ムノ意) (一)老人ノ齒、脱ケテ、復タ小キ齒ヲ生ズ。ミツハサス。(長壽ノ事トス) (二)轉ジテ、甚シク老ユ。ミツハサス。「惟光ガ父ノ朝臣ノ乳母ニテ侍リシ者ノ、ミツハグミテ住ミ侍ルナリ」君ニ我レ、ミツハグムマデ、仕ヘ來ヌ」ミツハサス、八十チアマリノ、老ノ波」又、多クハ「水ハ汲ム」ト言ヒ掛ク。「年舊レバ、我ガ黒髮モ、白河ノ、ミツハグムマデ、老イニケル哉」此語、往往みづわぐむトモ記セルハ誤ナリ。 老

みつはこべ (名) 水蘩蔞 水草、流水ノ中ニ生ズ、根ハ水底ニアリ、莖細ソク絲ノ如ク、叢生ス、葉ハ對生シテ極メテ小ク、水面ニ浮ビテ、浮草ノ如ク見ユ、四時アレドモ、冬、春、繁茂ス。 水馬齒

〔みつはさす・ス・セ・サ・シ・セ (自動)(規.一) みつはぐむニ同ジ。

みつはじき (名) 水彈 水ヲ高キヘ彈キアタル器械、筒ノ中ニ機アリテ、棒ヲ拔キ差シシテ、空氣ヲ入レ、其壓スカニテ水ヲ上グ、火消、又水やりノ用トス、ミツデッハウ。リユウドスヰ。ポムプ。 唧筒 水銃

みつばぜり (名) 三葉芹 常ニ略シテ、ミツバ。芹ノ一種、水地ニ生ジ、水田ニモ培養ス、苗、春ノ半ニ叢生シ、高サ尺ニ至ル、莖圓シ、枝ヲ分チテ、枝毎ニ、三葉アリ、青クシテ光ル、莖ヲ合ハセテ食用トス、香氣アリ、夏ノ初メ、細黄花ヲ開ク、子ノ大サ、豆ノ如シ。京都ニ、ウシノヒタヒ。 鴨兒芹

みつばち (名) 蜜蜂 又、ミチバチ。蜂ノ一種、蜜ヲ醸スモノ、形、はなあぶニ似テ瘦セ、やまはちノ形シテ小ク、長サ四五分、微黄色、毛アリ、背ハ灣黒ク、羽ハ灰色ナリ、人ヲ螫サズ、螫ストキハ、鍼拔ケテ死ス、群リテ一團トナリテ飛ブ、其中ニ大ナルモノアリ、蜂ノ王ト呼ブ。(はちみつノ條ヲ見ヨ)

みつばな (名) 水洟 寒ニ侵サレタル人、或ハ老人ナドニ、水ノ如キ鼻汁ノ滴ルモノ。 清洟

〔みつばよつばに (副) (或云、三ツ四ツノ軒端ノ意、或云、はハ間ト通ズ、棟ノ義、三間四間ノ意、或云、つばハ屋ノ妻ニテ三妻四妻ノ意) 宮殿、幾ツモ打續キテ。「此ノ殿ハ、宜モ富ミケリ、サキクサノ、みつはよつはニ、殿造リセリ」―カガヤクヤウナル殿造リノ御シツラヒ」

みつばり (名) 水張 布帛ヲ、糊セズシテ、水ノミニテ、張リ乾スコト。

みつひき (名) 水引 (其狀、水ヲ引廻シタルガ如キヨリイフカト云) 幕ノ類、下ニ張ルヲイヒ、上ニ張ル帽

額ニ對スト云フ。今、專ラ、芝居ナドニテ、舞臺ノ上ノカナドニ張ル横ニ細長キ幕ヲイフ。 幔 簾帷

みづひき (名) 水引 紙捻ニ糊水ヲ引キテ、乾シ固メタルモノ、白キママヲ用ヰ、或ハ其半ヲ紅ニ染ム、髮ノ元結トシ、贈進ノ物ナドノ上ヲ結フ。數條ヲ合シテモ用ヰル。又、半ヲ金色ニシ、或ハ金銀染メ分ケニスルモアリ、其半ヲ藍ニ染メタルハ、今、專ラ凶事ニ用ヰル。

みづひき (名) 水引 草ノ名、春、舊根ヨリ生ズ、苗、高サ一尺許、葉互生ス、秋ニ至リ、莖頭及ビ葉間ニ、一尺餘ノ細紅莖ヲ出シ、極小ナル深紅花、稀ニ綴リ開ク、紅ノ水引ノ紙捻ノ如シ。 金線草 其白花ナルヲ、銀―トイヒ、紅白雜レルヲ、御所―トイフ。別ニ金―アリ、其條ニ註ス。

みつぶ (名) 密夫 ミソカヲ。窃ニ、人ノ妻ノ許ニ通フ男。其女ヲ密婦トイフ。

みつぷう (名) 密封 固ク緊シク封ズルヿ。

みづぶくれ (名) 水脹 火傷ナドニテ、皮ノ脹レテ水膿ヲ釀セルモノ。

みづぶくろ (名) 水袋 魚脬ニ同ジ。

みづぶね (名) 水船 (一)飮水ヲ運送スル船。水取舟。水傳馬。(二)水ヲ貯ヘオク大ナル匣。 水槽 (三)生船。「大舟ニ、浮キテヒレフル、イケ鯉ノ、命待ツ間モ、セハシテノ世ヤ」

〔みづぶふき (名) 水蕗 〔水中ニアリテ、葉、蕗ノ如シ〕 おにばすニ同ジ。約メテ、ミヅフキ。和名抄「芡、美豆布布岐」

〔みづぶるひ (名) 漉水囊 ミヅコシ。スヰナフ。和名抄「漉水囊、美豆布流比」

みつぺい (名) 密閉 透ナキヤウニ固ク閉ヅルヿ。

〔みつぼ (名) 水泡 〔水粒ノ義ト云〕 水ノ泡ノ粒立テルモノ。「美都煩ナス、假レル身ゾトハ、知レレドモ、倘シ願ヒツ、千歳ノ命ヲ」

〔みづほ (名) 瑞穗 稻穗ノミヅミヅシク榮ユルモノ。
○―ノ國。日本國ノ異名。

みづます (名) 水枡 一升枡ノ條ヲ見ヨ。

みつまた (名) 三叉 物ノ三筋ニ岐レタル所。(木ノ枝、川筋、ナドニ)

みつまた (名) 三叉 落葉灌木、高サ、七八尺、本幹、枝叉、皆三椏ヲナス、秋ノ末、葉落ツレバ、枝ノ端毎ニ、數十ノ小花、一朶ヅツ簇リテ垂リ、春ノ半ニ至リテ開ク、花ハ筒咲ニテ、末ハ四瓣ニ分ル、外白ク、内黄ナリ、花終リテ、新葉ヲ生ズ、長サ七八寸アリ、駿州甲州ノ山ニテハ、此樹ヲ植エ、皮ヲ採リテ、紙ヲ製ス、駿河半紙トイフ、又糊入ヲモ製ス。 結香 黄瑞香

みづみづし (形二) 若ク榮エテ麗ハシ。肥エテ光澤アリ。

みつむ (他動)(規二) 見詰 久シク其物ヲノミ見ル。 凝視

みづむし (名) 水蟲 (一)水中ニ生ズル蟲。(二)水蠆。(三)水仕事ナドスル人ノ手ニ生ズル小キ瘡、後ニ、表皮、剝ケ去ル。 鵝掌風

みつめ (名) 三目 婚禮、又ハ、誕生ニ、其三日目ニ行フ祝事。 三朝

みつめぎり (名) 三目錐 錐ノ刃ニ、三稜アルモノ。(四目錐、丸錐ナドニ對ス) 三稜錐

みづめし (名) 水飯 水漬ノ飯。スヰハン。

みづもの (名) 水物 水、酒、醬油ナド、流ルル物ノ稱。流動物。

みつもり (名) 見積 ミツモルヿ。大凡ヲ測ルヿ。 目算

みづもり (名) 水盛 ミヅバカリ。ミヅナハ。長方ノ材ニ線槽ヲ穿テルモノニ、水ヲ盛リテ、其平面ニテ、地面ノ傾キヲ測ルヿ。 準 水平

みつもる (他動)(規一) 見積 目ニ見互シテ大略ヲ測ル。 目算

みづや (名) 水屋 (一)神社ノ前ナドニ、水ヲ供ヘテ、詣ヅル人ニ手顏ヲ洗ハスル所。(二)茶室ノ片隅ニ、器ヲ洗フ所。(三)日日ノ飮水ヲ人家ヘ運ビテ賣ル者。(四)夏日、路旁ニテ冷水ヲ賣ル者。

〔みづら (名) 角髮 角子 〔或ハ、髻、鬟、[illegible]ノ字ヲモ當ツ、耳鬘ノ約カ〕 上ツ代ノ男子ノ髮風ノ名、頂髮ヲ左右ヘ分ケテ結ヒワガヌ、其狀、雙角ノ如シ、(後ノ總角モ是レナリ) 後ニハ年少ノ髮風トナレルカ如シ、其風モ、耳ノ上ニテ、箒ノ軸ホドニ結ヒテ、耳ノ前ニ垂ル。訛シテ、びづら。鬢頰。古事記「刺ニ左之御美豆良」湯津津間櫛之」崇峻紀「古俗、年少兒、年十五六間、束ニ髮於額ニ十七八間、分爲ニ

角子ニ青角髪、依網ノ原ニ幼主之時垂ニ鬟頰ニ御びづら結ハセ給ヘル程、イミジウ、美シキモノノ」ひんづら結ヒテ、言ヒシラズ、ヲカシゲナル童ノ」

みづらささげ (名) 豇豆ノ一種、莢、角髪ノ如ク、二叉ヲナシテ、空ヘ向フモノ。(關東)

みつらふ (名) 蜜蠟 蠟ノ一種、蜜蜂ノ巢ヨリ採ルモノ、蜜ヲシボリタル後ノ巢ヲ、沸湯ニ煮レバ、融ケテ油ノ如キモノ浮ク、コレヲスクヒトリテ冷水中ニ入ルレバ凝リテ成ル、再ビ煮テ固マラセタルモノハ、色、黃ヲ帶ブ、已レヲ黃蠟トイフ、又、煮テ日ニ晒セバ、色白シ、コレヲ白蠟トイフ。

〔みつれ (動) 羸 身やつれ、ノ約ト云。「丈夫ト思ヘル我ヲ、カクバカリ、三禮ニ見津禮、片思ヲセム」香グハシキ、花橘ヲ、玉ニ貫キ、贈ラム妹ハ、三禮テモアルカ」

みつわ (名) 三輪 婦人ノ髪風ノ名、髻ノ末ヲ三個ニ綰ヌルモノ、

〔みづわぐむ (動) みづはぐむノ誤、其條ヲ見ヨ。

みつわり (名) 三割 酒樽ノ、凡ソ、一斗ヲ容ルルモノ、四斗樽(今、三斗餘ヲ容ル)ヲ三分シタル意。其五升許ヲ容ルルヲ六割トイフ。

みづを (名) 鐙粗 〔みづつきノ條ヲ見ヨ〕 鞍ノ腹ヨリ垂リテ鐙ヲ釣ル革ノ紐、其端ニ、孔アリテ、鐙ノ鉸具ノ舌ヲ受ク。今、誤テ、力革。

みづをがね (名) 鐙粗鐵 鉸具ニ同ジ。ピヂヨガネ。

みてぐら (名) 幣 〔御手座ノ義、置座ニ手向クル意、或云、御栲座ノ約、或云、充座ノ義、イカガ〕 何物ニテモ神ニ奉ル物ノ總名。後ニ絹帛ナドヲ、串ニ挾ミテ奉ルヲイフ、後ニハ、紙ニモ代フ、木綿ノ布ノ遺ナルベシ。ヌサ。御幣。幣束。

みてる (動) 滿ツ(規、三)ノ訛、

〔みと (名) 水門|水戶 (一)海水ノ出デ入ル戶口。ミナト。瀨戶。「夜中バカリニ、舟ヲ出シテ、阿波ノみとヲ渡ル」(二)堰。水門。和名抄、居處部「水門、美度」

〔みときよく (副) 御時好 時好ク、ノ敬語ニテ、御機嫌好ク、ノ意カ。「帝御ときよく打チ笑ハセ給ヒ」御消息、斯クナム、ト奏シ侍リツレバ、御時よく御覽ジテ」

みどころ (名) 見處 好シト認ムル所。

〔みとさぎ (名) 〔綠鷺ノ略カ、上野綠野郡ナドアリ〕 あをさぎナルベシ。和名抄「鵁鶄、美止佐岐」

〔みとしろ (名) 御戶代|御刀代 〔とハ年ノ約、稻ヲイフト云、或云、民戶、即チ、神戶ノ義〕 神ノ御稻ヲ作ル料ノ田。「爰定ニ神田ニ而佃之時」古ヘノ、神ノみとしろ、跡シアレバ」みとしろ小田ノ、神ノ宮人」 神田

みとどく (他動)(規、二) 見屆 熟ニ見認ム。終ルマデ確ト見ル。檢覵

みとどけ (名) 見屆 ミトドクルコト。檢覵

〔みとのまぐはひ (名) 遘合ノ條ヲ見ヨ。

みとほし (名) 見通 (一)ミトホスコト。ミスカスコト。洞見 (二)未然ヲ察スルコト。先見

みとほす (他動)(規、二) 見通 (一)隱レナク見ル。ミスカス。洞見 (二)預メ未然ヲ察ス。先見

みとむ (他動)(規、二) 認 〔見尋ムノ義〕 見テ尋ネ得。熟ニ見定ム。

みとめ (名) 認 ミトムルコト。熟ニ見定ムルコト

みども (代) 身共 自稱ノ代名詞、下輩ニ用ヰル。

みともなし (形、二) 〔見タウモ無シノ約〕 (一)見ルヲ欲セズ。(二)人目ニ恥ツベシ。外聞惡シ。ミツトモナシ。

〔みとらし (名) 御執 〔手ニ執ラス(敬語)弓ノ意〕 弓ノ敬語。轉ジテ、ミタラシ。「御執ノ、梓ノ弓ノ、中弭ノ、音スナリ」 御弓

みどり (名) 綠|翠 〔翠鳥色ノ略轉カト云、或ハ水ノ色ノ轉カ〕 (一)靑ト黃ト混和セル色。草木ノ葉ノ如キ色。モエギ。(二)又、深キ海水ノ如キ藍色。碧 (三)松ノ嫩葉、綠色ノ殊ニ鮮ナレバイフ。

みどりご (名) 嬰兒|孩 〔見、長ジテ、鬒髮(深黑、綠色ヲ帶ブルガ如キヨリイフト云)〕 小兒ノ五六歲前後ノ者ノ稱。「綠子ノ、若子ノ身ニハ、タラチシノ母ニ抱カエ」若子ノ、匍匐タモトホリ」逢フ事ハ、仲居ヤリスル、みどりごノ、立タム月ニモ、逢ハジトヤスル」

みとる (他動)(規、二) 見取 (一)物ヨリ見テ心ニ知リ取ル。(二)看病ス。

みとる (自動)(規、二) 見蕩 見惚ル。餘念ナク見耽ル。

〔みどろ (接尾) 〔水泥ノ義カ〕 塗レニ、血ーー汗ーー

〔みな (名) 蜷 今、になトイフ、其條ヲ見ヨ。

みな (副) 皆|咸|僉 アル限リ殘ラズ。ゴトゴトクスベテ。

「ー取ル」ー好シ」衆、ー笑フ」
みなかみ (名) 水上 水ノ流レノ上ノ方。カハカミ。上流
〔みながら (副) 皆 (皆ナガラノ約) スベテ。スベテ。ノコラズ。「紫ノ、一本ユヱニ、武藏野ノ、草ハー、アハレトゾ見ル」「武藏野ヤ、草葉ー、露オキテ」
〔みなぎは (名) 水際 みぎはニ同ジ。「船競フ、堀江ノ川ノ、美奈伎波ニ、來居ツツ鳴クハ、都鳥カモ」
〔みなぎらふ・フ・ヘ・ヘ・ヒ・ヘ (自動)(規.一) 漲 みなぎるノ延、水勢盛ンナリ。「飛鳥川、瀰儺蟻羅毘ツツ、行ク水ノ、アヒダモナクモ、思ホユルカモ」水霧相、沖津小島ニ、風ヲイタミ、船寄セカネツ、心ハ思ヘド」
みなぎる・ル・レ・ラ・リ・レ (自動)(規.一) 漲 (水激ルノ轉カ) 水勢盛ニナル。滿チ溢ルルバカリニナル。
みなくち (名) 水口 田ヘ水ヲ塞キ入ルル口、「みなくちニ、我ヤ見ユラム、蛙サヘ、水ノ下ニテ、モロ聲ニ鳴ク」
みなくちざいく (名) 水口細工 葛ノ蔓ヲ、水ニ漬シ、皮ヲ去リテ、種種ノ器ニ織リ作ルモノ、江州水口ノ產ニテ、ふぢかうりト云。
みなげ (名) 身投 自ラ水ニ入リテ死ヌルコト。入水。投身
みなごろし (名) 鏖 (皆殺ノ義) 一人モ餘サズ殺シ盡スコト。
みなし (名) 看做 ミナスコト。ソレト見ルコト。「手折レトモ、何物思ヒモ、慰マム、花ハ匂ノ、みなしナリケリ」
みなしご (名) 孤 (身無子ノ義、身ハ親族、即チ、身寄ノ義ト云) 幼クテ親無キ兒。
〔みなしろ (名) 御名代 御子代ノ條ヲ見ヨ。
みなす・ス・セ・サ・シ・セ (他動)(規.一) 看做 見テ夫レト心得。假初ニソレト見ル。「花ヲ雪トー」
みなそこ (名) 水底 水ノ底。ミソコ。
みなづき (名) 水無月 (水之月ノ義ニテ、早苗月ニ對シ、田每ニ水ヲ湛フルヨリイフカト云) 陰曆六月ノ一稱。
〔みなと (名) 水門 水戶 (水之門ノ轉) 河海ノ水ノ流ルル戶口。水門。瀨戶。「瀰儺度ノ、潮ノ下リ、海下リ」モミチ葉ノ、流レテトマル、みなとニハ、クレナヰ深キ、浪ヤ立ツラム」(立田川ノ歌)
みなと (名) 湊 港 (前條ノ語意ニ同ジ、船、多クハ河海ノ交ニ泊ツレバ名ヲ專ラニス) 海ノ、陸ニ入リ込ミテ、船ノ、風波ヲ避ケ碇泊スベキ處。津。
みなふ (名) 未納 未ダ納メヌコト。未進。
〔みなまた (名) 水派 水ノ流レノ分ルル處。
みなみ (名) 南 (皆見ノ義カト云) (一)眞晝ニ、太陽ノ高クアル方。北ノ反。午ノ方。音便ニ、ミンナミ。(二)南ヨリ吹ク風。「南吹キ、雪消溢サリテ、射水川」
みなもと (名) 源 川水ノ流レ出ヅル處。
みならひ (名) 見習 ミナラフコト。見取リテ學ブコト。
みならふ・フ・ヘ・ハ・ヒ・ヘ (他動)(規.一) 見習 傍ヨリ見テ習フ。見取リテ倣フ。
みなり (名) 身形 衣服ヲ着ケタル姿。ヨソホヒ。
みなる・ル・ル・レ・レ・レ (自動)(規.二) 見馴 屢見テ目ニ馴ル。
〔みなる・ル・ル・レ・レ・レ (自動)(規.二) 水馴 水ニ浸リ馴ル。「鳴海潟、岩根ニ寄スル、浪ノ音ニ、みなれナガラモ、立ツ千鳥哉」
〔みなれざを (名) 水馴棹 水馴レタル棹。「大井川、下ス筏ノ、ー」
〔みなわ (名) 水泡 水ノ泡ノ約。「此ノ川ニ、水阿和逆卷キ、行ク水ノ」水沫ナス、モロキ命モ」
〔みなわた (名) 背腸 (身之腸ノ義カト云) せわたニ同ジ。
みにくし・キ・ク・シ・ケレ (形.一) 見惡 (一)目ニ見テ嫌ハシ。容貌惡シ。醜 (二)見分ケ難シ。
みぬく・ク・ケ・カ・キ・ケ (他動)(規.一) 見拔 (一)ミトホス。ミスカス。洞見 (二)委シク審ニ見取ル。鑒
みね (名) 峯 (みハ發語) (一)嶺、即チ、山ノ頂ノ尖レル處。(二)刀ノ刃ノ背。むね。刀背
みねいり (名) 峯入 おほみねいりノ條ヲ見ヨ。
〔みねたてまつる・ル・ル・レ・ラ・リ・レ (自動)(規.一) 奉哀 (みハ見ナリ、ねハ哭ニ泣クナドノねナリ) 哀ミ泣キ奉ル。「率ニ哀於殯ニ 咸着ニ喪服ニ三遍 擧 哀」
みねばり (名) 樹ノ名、をのをれニ同ジ。
みの (名) 蓑 (身擔ノ轉カト云) 茅、菅、ナドノ莖葉ヲ裂キテ、雨着ニ編ミ作レルモノ、葉ノ末、亂髮ノ如ク垂ル。
〔みの (名) 草子 (其芒、蓑ニ似タレバイフカト云) 草ノ名、廢田ナドニ生ズ、苗、麥ニ似テ小ク、夏ノ初、米ヲ

結ブ、みのごめトイフ、飯トスベシ、

みのうへ (名) 身上 (一)己ガ身ニ係ハリタルヿ。「―ヲ思フ」(二)人ノ此世ニアル間ノ運命。「―ヲ占フ」

みのがす・ス・セ・サ・レ・セ (他動)(規.一) 見逃 見テ免ス。

みのがみ (名) 美濃紙 本名、書院紙。又、直紙。美濃ノ武儀郡諸村ヨリ出ヅルモノ、最モ佳ナレバ名アリ、厚ク強ク、蟲喰ノ害無ク、文書ヲ寫シ、書狀ヲ包ミ、障子、行燈ヲ張ルナド、用多シ。

みのがめ (名) 蓑龜 常ノ龜ノ、年老イテ、甲ニ毛ノ如キ綠苔ノ着キテ、水中ヲ行ケバ、後ニ靡キテ蓑ノ狀ヲナスモノ、常ニ畫キテ、祝賀ノ象トス。綠毛龜

みのけ (名) 身毛 皮膚ノ毛穴。「―モヨダツ」

みのげ (名) 蓑毛 鷺ノ頸ニ、亂レ垂リテ蓑ノ如キ羽。

みのしろ (名) 身代 人身賣買ノ金。身價

〔みのしろごろも (名) 蓑代衣 蓑ニ代ヘテ上ニ着ル衣ト云。「降ル雪ノ、―、打着ツツ、春來ニケリト、驚カレヌル」

みのたけ (名) 身長 人ノ身ノ高サ。脊。

〔みのは (名) 躬莵 草ノ名、さきくさなニ同ジ。

みのぼし (名) 美濃干 守口大根ノ一種ノモノヲ乾シタルモノ、美濃尾張ヨリ產ス。

みのむし (名) 蓑蟲 諸木ノ若葉、漸ク延ビタル時、若葉ノ卷ケルモノアリ、其中ニ棲ム、枯葉ヲ食ヒ、絲ヲ吐キ巢ヲ作ル、巢、長サ一寸許、捻リタル艾炷ノ如クニテ、枝ニ垂ル、蟲ハ、赤黑クシテ、皺節アリ、首尖リ、時ニ首ヲ出シテ若葉ヲ食フ首ヲ動カス狀、蓑ヲ着タル翁ノ如シトテ名アリ。一名、ゴミムシ。結草蟲

〔みのも (名) 水面 水ノオモテ。「濁リナキ、みのもニ、月ノ宿ラズバ」

みのり (名) 實 ミノルヿ。實ヲ結ブヿ。結實

みのり (名) 御法 佛法ヲ敬ヒテイフ語。

みのる・ル・レ・ラ・リ・レ (自動)(規.一) 實 〔實成ルノ轉ト云〕 實、成ル。實ヲ結ブ。結實

〔みのわた (名) 〔三ノ腸ノ義カト云〕 三臟ニ同ジ。

みば (名) 見場 外目ニ見ユル狀。ミエ。「―ガヨイ」外見

みばえ (名) 實生 草木ノ、實ヨリ生エタルモノ。實生。(宿根ニ生ジ、或ハ接木セシナドニ對ス)

みばえ (名) 見映 見テ映アルヿ。ミダテ。

〔みはかし (名) 御佩 佩刀ヲ更ニ敬ヒテイフ語。

みはからふ・フ・ヘ・ハ・ヒ・ヘ (他動)(規.一) 見計 見テ程ヲ計ル。ミツクロフ。斟酌

みはなす・ス・セ・サ・シ・セ (他動)(規.一) 見放 見捨ツ。目ヲカケズ。

みはば (名) 身幅 衣ノみごろノ横幅、表裏四幅ナルヲ、人ノ肥瘠ニ因リテ、廣狹ヲ計リテ縫ヒ作ル。

みはらし (名) 見晴 ミハラスヿ。ナガメ。ノゾミ。

みはらす・ス・セ・サ・シ・セ (他動)(規.一) 見晴 晴レヤカニ廣ク四方ヲ眺ム。極目

みはり (名) 見張 ミハルヿ。見渡シテ守ルヿ。監視

みはる (名) 三春 睦月、更衣、彌生、ノ稱。

みはる・ル・レ・ラ・リ・レ (他動)(規.一) 見張 (一)目ヲ開キテ見ル。瞠 (二)遍ク見渡シテ守ル。監視

みひらく・ク・ケ・カ・キ・ケ (他動)(規.一) 見開 (一)開キテ見ル。「目ヲ―」瞠 (二)始メテ見出ス。發見 (三)書ヲ見テ、奧義ナドヲ考ヘ出ス。看破

〔みふ (名) 御封 封戶ヲ略シテ、敬語ニイフ語。「太上天皇ニナズラフル御位、得給ヒテ、みふ加ハリ」「觀音院ニ御封寄セサセ給ヒ」

みぶん (名) 身分 人ノ身ノ分際。貴賤貧富ノ位置。

〔みふゆ (名) 三冬 神無月、霜月、極月、ノ稱。

みぶり (名) 身振 身ヲ動カシテ、容子ヲ爲スヿ。姿態

みぶるひ (名) 身振 (一)身ヲ打振ルヿ。「冬ノ池ノ、鴨ノウキネノ、―ハ」(二)恐レ、或ハ寒サニ感ジテ、身ヲ震フヿ。ワナナクヿ。戰慄

みへだすき (名) 三重襷 三條ノ斜線ヲ打違ヘタル模樣。

みほん (名) 見本 數アル物ノ一ツヲ見セテ、他ハコレニ同ジト示スモノ。

〔みまうし・キ・ケレ・ク・ク (形二) 見憂 見ムヿ憂シ。「數ナラヌ身ヲ、ミマウク思シ捨テムモ、コトワリナレド」

みまかる・ル・レ・ラ・リ・レ (自動)(規.一) 身罷 〔現世ヨリ罷ル意〕 死ヌ。物故ス。

〔みまし (名) 御座 坐スニ敷ク物。「木ノ下ニ、又吹キ

カヘス、唐錦、大宮人ニ―敷カセム」

〔みまし〕（代）汝〔御坐ノ義カ、元來、敬稱ナリト云、いましトモイフモ、坐ノ義カ〕汝ナムヂ。イマシ。略シテ、まし。又、ま。「美麻斯乃父止坐天皇乃美麻斯爾賜志天下之業止」

〔みまそかり〕（動）坐〔いまそかりニ同ジ〕オハシマス。「女御、タカキテト申ス、みまそかりケリ」

みまち（名）巳待 巳ノ日ノ夜ニ、辨財天ヲ祭ルコト。

〔みまのみこと〕（名）御孫命 天照太神ノ御子孫ノ稱。

みまはる・ル・レ・ラ・リ・レ（他動）（規、一）見廻 見ナガラ廻リ歩ク。廻リテ警ム。ミメグル。巡視

みまひ（名）見舞 ミマフコト。トブラフコト。訪問

みまふ・フ・ヘ・ヘ・ヒ・ヘ（他動）（規、二）見舞〔見廻ル、意〕オトヅル。トブラフ。「安否ヲ―」「病ヲ―」訪問 存問

みまま（名）身隨 身ヲ思ヒノママニスルヲ得ルコト。

みまん（名）未滿 其數ニ滿タヌコト。不足。「七歳―」

みみ（名）耳 (一)顏ノ兩旁ニ出デテ、孔アリ、聽クコトヲ主ドル官。(二)器ノ把手ナド、耳ノ形シタルモノ。「鼎ノ―」(三)針ノみゾ。メド。「針ノ耳、イト明ラカナルニ、信濃ノハツリヲ、イト好キ程ニスゲテ」(四)織物ノ兩ノ緣ノ織止メノ處。「羅紗ノ―」(五)物打聞クコト。「―馴ル」「―ノイトマ」「―聰ク」「―舊リテ」「―ニ障ル」「―ニ逆ヒ」「僻―」「早―」○―ヲ止ム。―ヲ立ツ。―ヲ傾ク。―ヲ澄マス、心ヲ付ケテ聽ク。傾聽 ○―ニ立ツ。―ニツク。―ニ止マル。―ニ入ル。聞ユ。○―ガ遠イ。善ク聞エズ。○―ガ近イ。敏ク聞キツク。聽

みみあか（名）耳垢 又、ミミクソ。耳ノ孔ノ中ニ凝リテ成ル垢。耵聹

みみうち（名）耳打 耳ニ口寄セテ、低聲ニ打聞カセオクコト。ミミコスリ。耳語

みみかき（名）耳搔 耳ノ孔ノ痒キヲ搔キ、或ハ、耳垢ナド抉リ取ル小キ具、杓ノ形ス。耳爬子

みみくそ（名）耳屎 みみあかニ同ジ。

みみこすり（名）耳擦 みみうちニ同ジ。

〔みみしひ〕（名）聾 不具ノ名、耳官癈ヒテ、聲ヲ聞キ得ヌコト。ツンボ。

みみじろ（名）耳白 寛永錢ノ條ヲ見ヨ。

みみず（名）蚯蚓〔目不見ノ轉カト云〕蟲ノ名、體、圓ク細長クシテ、圓紐ノ如ク、行クトキハ、身ヲ引キ屈メツ伸ヘツシテ進ム、色多クハ赤シ、或ハ青白キモアリ、小キハ八分寸、大ナルハ尺ニ至ル、濕地ノ中ニ棲ミ、夜出デテ、土ヲ食ヒ、聲清ク鳴ク、曉ニ土中ニ入ル、採リテ、釣餌トス。

みみずがき（名）蚯蚓書 蚯蚓ノ這ヒ蜒轉ルガ如ク文字書クコト。（拙書ニイフ）

〔みみせせのほね〕（名）完骨〔せせハ脊脊カ、宍ノ轉カ〕耳ノ後ノ高キ骨。其髮際ニ入ルコト四分ヲ灸穴トス。

みみたつ・ツ・テ・タ・チ・テ（自動）（規、一）耳立 聽ニ觸ル。（言葉ニ圭角アルナドニイフ）

みみたぶ（名）耳埵 耳朶〔たぶハ、たふやかナル意〕古クハ、ミミタビ。耳ノ下ニ垂リタル肉。ミミフダ。

みみだらひ（名）耳盥 つのだらひニ同ジ。今、角ナキモノニモイフ。

みみだり（名）聤耳〔耳垂ノ義〕耳ノ病、孔ヨリ膿汁滴リ出ヅ。ミミダレ。

みみづく（名）木兎 角鴟 本名、木兎。毛角アレバ、更ニ耳ト呼ブ、鷙鳥ノ名、大サ兄鷂ノ如ク、全身、黒褐ニシテ白キ斑アリ、胷、廣ク短ク曲リ、頭ト眼ト圓ク大ナリ、兩耳ノ上ニ毛アリテ立チ、兩角ヲナス、兎ノ如ク猫ノ頭ノ如シ、晝ハ見ルコト能ハズ、山林ニ匿ル、夜ハ眼甚ダ明ニシテ、能ク鳥鼠ヲ捕リ食フ、聲、叫ブガ如シ。

みみとし・キ・ケレ・ク（形、二）聰シ 聽クニ鋭シ。「大藏卿バカリ、みみときナシ、誠ニ蚊ノマツゲノ落ツル程モ聞付ケ給ヒツベク」聰

みみとほし・キ・ケレ・ク（形、二）耳遠 聞クニ馴レズ、論ズニ迂遠シ。

みみなぐさ（名）耳菜草 冬ヨリ原野ニ叢生ス、莖、地ニ就キテ延フ、葉ノ形、鼠ノ耳ニ似テ對生ス、莖、葉ト共ニ、微毛アリ、春ノ末ニ、莖ヲ出ス、高サ一二三寸、白花ヲ開ク、はこべノ花ニ似タリ。卷耳

みみなり（名）耳鳴 逆上ナドシテ耳ノ鳴ルコト。聙

みみなる・ル・レ・レ・ロ（自動）（規、二）耳馴 聞クニ馴ル。

〔みみはさみ〕(名) 耳挾 古ヘ、婦人ノ下髮ノ、顏ニカカルヲ、耳ノ後ヘ掻キヤリ挾ムコト、カヒガヒシク立働ク時ナドニスルコトト云。「耳はさみシテ、ソソクリツクロヒテ抱キ居給ヘリ」耳はさみガチニ非常ナキ家刀自ノ」又、角髮ヲ、耳ノ上越シテ挾ムヲモイフ。「女御君ニ、宮、カカリ率リテサワキ給フ、ニテ云、耳はさみヲシテマドヒオハス」

みみはらひ (名) 耳拂 耳ノ孔ノ垢ナド拂フ小キ具、頭ヲ羽ナドニテ作リ、柄アリ。ポンポリ。消息子

〔みみやすし〕・カ・ク・レ・ク・ク (形・二) 耳易 聞キ入ルルニ容易シ。(許ス意)「耳やすきモノカラ、サスガニ妬ク思フコトソアレ」斯レバ耳やすく聞キ給ヒテ

みみより (名) (耳寄ノ義カ) 聞カマ欲シキコト。願フコトヲ聞キツケタルコト。

みみわ (名) 耳環 外國ノ婦人ノ、耳埵ヲ穿チテ下ゲテ飾ル小キ環、金銀ナドニテ作ル。

みん‐いう (名) 民有 人民ノ所有。(官有ナドニ對ス)

みん‐かん (名) 民間 人民ノアヒダ。(政府ニ對ス)

みむく・ク・ケ・カ・キ・ケ (自動)(規・二) 見向 其方ヘ向ヒテ見ル。フリムク。回顧

みん‐けん (名) 民權 人民ノ身體財産等ヲ保ツ權利。(政府ノ權ニ對ス)

みん‐じ (名) 民事 (一)民ノ生產ニ係ル事。「―心ヲ―ニ竭ス」(二)人民和互ノ訴訟。(刑事ニ對ス)

みん‐せん (名) 民選 人民ノ自ラ選ムコト。(代議士ナドヲ)

みん‐ちく (名) 閩竹 竹ノ一種、支那、閩ノ地ノ產ヲ渡セルモノ、甚ダ小シ、盆栽ナドトス。

ミン‐てう (名) 明朝 (一)支那ノ明ノ世。(今ノ清朝ノ前代)(二)楷書ノ一體、殊ニ方正ニシテ、橫畫ヲ細ソク、縱畫ヲ太ク書クモノ、多ク刻版ニ用ヰル、宋朝ニ起レリ、明朝ノ時ニ我ニ傳ハリシヨリ名アルカ。宋書

みんなみ (名) 南 みなみノ音便。(ひんがしヨリ誤ル)

みん‐ぱふ (名) 民法 人民ノ權利義務ノ上ノ法律。

みん‐ぴ (名) 民費 人民ノ出ダス費用。(官費ニ對ス)

みん‐ぶ‐しやう (名) 民部省 タミノツカサ。八省ノ一、邦國土地ノ圖、戶口ノ數、及ビ租稅ノ事ヲ掌ル。

みん‐ぺい (名) 民兵 民間ニテ自ラ備ヘ置ク兵隊。(政府ノ常備兵ニ對ス)

みん‐みん‐ぜみ (名) 蛁蟟 蟬ノ一種、形、大ク、くまぜみノ如ク、羽、透キトホル、秋ノ末、盛ニ鳴キテ、其聲、みんみんトイフガ如シ。

〔みむろ〕(名) 御室 (一)神ノ社。(みもろノ條ヲ見ヨ)「千早振ル、神ノみむろノ、十寸鏡、懸ケテ幾世ノ、影ヲ見スラム」(二)住所ノ敬語。御室。

〔みめ〕(名) 妃 (御妻ノ義) 妃、

みめ (名) 容貌 眉目 (見目ノ義) 人ノ顏貌ノ、目ニ見ユル所。キリヤウ。「―淸ゲニ」「―オドロオドロシウ」「―好シ」人ハ―ヨリ、タダ心」

みめい (名) 未明 夜ノマダ明ケヌ時。昧爽

みめぐる・ル・レ・ラ・リ・レ (他動)(規・一) 見廻 見守リツツ步キマハル。ミマハル。巡視

みもち (名) 身持 オコナヒ。フルマヒ。行跡。品行

みもち (名) 身持 孕ミタルコト。姙娠。懷姙。

みもと (名) 身許 身ノ生レ出デ生ヒ立チタル所。素性。

みもときん (名) 身許金 奉公人、請負人ナドノ、萬一、他ニ損失ヲ掛ケタラム時ノ償ニトテ差シ出シ置ク金。

みもの (名) 見物 (一)觀テ目ザマシキ物。觀 壯觀 (二)傍ヨリ見ルコト。見物。「立チ並ミタル見ものノ者ドモ」

〔みものおもひ〕(名) 諒闇 (喪ヲおもひトイフ) 物思ヒ、ノ敬語。天子ノ喪。(喪幷ニ諒闇ノ條ヲ見ヨ) 綏靖紀「逮以二諒闇之際一威福自由」

〔みもろ〕(名) 御室 御室ニ同ジ。神ノ坐ス處。神社。「美母呂ニ、築クヤ玉垣」吾ガ宿ニ、御諸ヲ立テテ」神ノ御室ト、祝ヒソメケム」

みや (名) 宮 (御家ノ義) (一)家ノ敬語、帝王ノ族ノ住ミ給フニ稱ス。(二)伊勢ノ宗廟、其他、格段ナル神ヲ祀ル建物ノ稱。(其他ヲ社トス) (三)皇子皇女ヲ、其御居處ニ就キテ尊稱スル語。(四)禁裏。朝廷。「―人」「―仕ヘ」「―方、將軍方」

みやうが (名) 茗荷 めうがノ誤。

みやうが (名) 冥加 (一)神佛ノ通力ニテ加護アルコト。冥助 (二)冥加ノ利益、冥利。「―ノ爲メニ奉納ス」

〔みやうかう〕(名) 名香 世ニ勝レタル香。「名香ニハ、唐

ノ百歩ノ香ヲ燒キ給ヘリ」

みやう-がう（名）名號 阿彌陀佛ノ名、即チ、南無阿彌陀佛ヲ唱フルヿコレヲ六字ノ一 又、念佛ト云フ。

みやう-がきん（名）冥加金 冥加ノ利益ヲ得ムトテ、神佛ニ奉リ、又ハ施與ナドニスル金錢。

みやう-かん（名）冥感 人知レズ神佛ノ靈ニ感應スルヿ。

みやう-きち（名）名吉ノ音讀、即チ、鯔。（伊勢）

〔みやう-ぎやう（名）明經 大學寮ノ條ヲ見ヨ。

みやう-くわん（名）冥官 地獄ノ閻魔ノ廳ノ官人。

みやう-ごにち（名）明後日 アサテ。アサツテ。

みやう-じ（名）名字〔中世ノ名田ノ字ヲ以テ稱セシニ起ルト云〕或ハ、苗字、姓ノ條ヲ見ヨ。

〔みやう-じん（名）名神 名グハシキ神。名神大トイフハ、名神大座ノ略ニテ、神祇名神祭、二百八十五座ノ内ニテ、祈年、月次、新嘗等ノ御祭ニ、案上官幣ニテ奉幣アル重キ神ノ稱。

みやう-じん（名）明神 神ヲ崇メイフ尊號。

みやう-じやう（名）明星 金星ノ條ヲ見ヨ。

みやう-じよ（名）冥助 冥加ニ同ジ。

みやう-せき（名）名跡 名字ノ跡目ヲ承ケ繼グヿ。

みやう-せん-じ-じやう（句）名詮自性 名、己ガ性質ヲ表ハス。

みやう-だい（名）名代 他ノ名ニ代ルヿ。人ノ代リニ立ツヿ。

みやう-てう（名）明朝 アスノアサ。

〔みやう-でん（名）名田 新開又ハ買得ノ私田ニ、所有者ノ名ヲ付セルモノ。略シテ名トノミモイフ、東鑑「重安名田（高野冠者）武久名（加藤太）安清名（澁谷五郎）」多ク名田ヲ領スルヲ大名トシ、少キヲ小名トシ、領主ニ代リテコレヲ支配スル職ヲ名主トス。

みやう-にち（名）明日 アス。アクルヒ。

みやう-ばつ（名）冥罰 神佛ノ通力ニテ降ス罰。

みやう-ばん（名）明礬 硫酸鑛屬、本名、礬石ナリ ーハ其上品透明ナルモノノ稱ナルヲ、今通名トス、八造多シ、硫黄山ノ燒ケタル所ノ礦土ヲ製煉シテ作ル色白ク固マル、藥料、染料等 用多シ。

みやう-ばん（名）明晩 明日ノ夕。

みやう-ぶ（名）命婦 （一）五位敍爵ノ官女ノ稱。五位ノ妻ヲ外ート稱ス。（二）又、内侍司ノ下級ノ女官。（三）稻荷ノ神ノ使ナリトスル狐ノ異名。

〔みやう-ぶ（名）名簿〔名札ノ意〕又、ナツキ。物ニ己ガ名ヲ書キツケタルモノ、古ヘ、貴人ニ見エ、又、師ニ入門シ、又 他ニ屈從スル時ナドニ、證トシテ送ルモノナリ、コレヲ「ーヲ捧グ」又ハ「二字ヲ奉ル」ナドイフ。

〔みやう-ほふ（名）明法 大學寮ノ條ヲ見ヨ。

みやう-みやう-ごにち（名）明明後日 ヤノアサテ。

みやう-もく（名）名目 物事ノ稱、名。名稱

みやう-もん（名）名聞 名ノ世上ニ聞ユルヿ。譽レ。（多ク、自ラ飾リ衒フニ云フ）

みやう-り（名）名利 名聞ト利欲ト。

みやう-り（名）冥利 神佛ノ冥加ノ利益。「ーーカヨイ」

みやう-わう（名）明王 佛經ニ、神ノ異相ヲ現ジテ、佛法ノ擁護ヲナスモノト云、不動ー（中央）降三世ー（東方）軍吒利夜叉ー（南方）大威德ー（西方）金剛夜叉ー（北方）等ナリ。又大元ー、愛染ーナドモアリ。

〔みや-ぎ（名）宮木 宮殿ヲ造ルベキ材木。「杣人ハ、ー引クラシ、足引ノ、山ノ山彦、呼ビトヨムナリ」

〔みやぎ-もり（名）宮木守 前條ノ木、又ハ御園ノ植木ヲ守ル人。「ササナミヤ、近江ノ宮ハ、名ノミシテ、霞タナビキ、宮木もりナシ」春風ニ、吹キヌル花ヲ、ー、心ユルスナ、宿ノ櫻ヲ」

みやく（名）脈 古名、チノミチ。動物體中ニ、血ノ運グル管、脈絡、脈管、トモイフ、心ノ臟ヨリ體中ノ諸部ニ通ズ、心ヨリ出ヅル幹枝ヲ、動脈トイヒ、再ビ還リ來ルヲ、靜脈トイフ、體ノ表ニ浮ビテ、按シテ其動クヲ知ルベキ所アリ、手頸、足頸、最モ著シ、コレヲ脈どころトイフ、醫師、手ノ脈處（寸口）ヲ按シテ、身ノ容體ヲ診ス、大抵、一分時ニ七十二動スルヲ常トス、コレヲ「脈ヲ搏ツ」ト云。

みやく-はく（名）脈搏 脈ヲ搏ツヿ。

みやく-らく（名）脈絡 脈ノ條ヲ見ヨ。

〔みやけ（名）屯倉 屯家〔御宅ノ義、官舍ナリ、官家トモ書スル、本義ナリ〕上古、國國處處ニアル朝

廷御料ノ御田ヲ、田部ノ民ニ作ラシメ、其稻ヲ藏メ置カルル御倉、又、其官舍ノ稱。又其御田(屯田ト云フ)トモ書ス)ヲモ台ハセテ稱ス。又、韓國ヲ征服セラレシ後、ソレヲ宮家國トイヒ、ソレニ內官家ヲ置カセラレシ事アルモ、皇國內ノ屯家ニ准ヘ給ヒテノ事ナリ。

みやけ (名) 王產 (都笥ノ略ニテ、都ノ苞苴ナドイフヨリ起レル語カ) 其土地ニ產ズル物ヲ齎シ歸リテ家人ニ贈ルモノ。イヘヅト。他人ヲ訪フニ携フルニモイフ。

みやこ (名) 都 京師 (宮處ノ義) 帝王ノ仕マセラル地ノ稱。ミサト。京。

みやこどり (名) 都鳥 和歌ニ多ク詠メリ、海ニ近キ河水ニ棲ミ、全身白ク、觜ト脚ト赤キ鳥ナリト云。或云、けりかもめノ一名ナリト、或云、うはしぎノ異名ナリト、又、江鷗ニモ此名アリト云。

みやこばな (名) 都花 小草、夏ノ初メ黃花ヲ開ク、豌豆ノ花ニ似タリ。ミヤコグサ。 百脈根

みやこじ (名) 宮主ノ條ヲ見ヨ。

みやしげだいこん (名) 宮重大根 尾張大根ノ條ヲ見ヨ。

みやすどころ (名) 御息所 (御やすみ所ノ音便ナル御やすん所ノ略) (一)又、ミヤスンドコロ。天子ノ御休息所。「冠シタマヒテ、御やす所ニ罷出給ヒテ、御衣奉リカヘテ」(二)皇子皇女ヲ生ミマヰラセタル女御更衣ノ尊稱。(三)東宮、親王ノ妃ノ尊稱。

〔みやづかさ (名) (一)中宮職ニ同ジ。「宮づかさ、大夫ヨリ始メテ、院ノ殿上人、皆參レリ」(二)宮司。

みやづかへ (名) 宮仕 (一)宮中ニ仕ヘ奉ルコト。(二)轉ジテ、貴キ人ノ家ニ仕フルコト。仕官。奉公。「法師、男ヲ進ヒテ、云云、僧坊アルニ聟キヌ、云云、此ニ宮仕ヘ仕ラムト申ス男候トイヘバ、コナタヘ呼ベトイフニ」

〔みやつこ (名) 造 (御臣ノ義) 伴ノ一、國ノ一、アリ各條ヲ見ヨ、共ニ上代世襲ノ官ニテ、姓ナリシガ、姓ノ等級定レル時ニ、連ノ中ニ入ル。

〔みやつこ (名) 御奴 官ニ仕フル奴婢。「殿守ノ、伴ノ一、ヨソニシテ、拂ハヌ庭ニ、花ゾ散リ敷ク」 官奴

〔みやつこぎ (名) 接骨木 にはとこノ古名。

みやめし (名) 宮主 神祇官ノ官。今訛シテ、ミヤジ。

みやばら (名) 宮腹 皇女ノ生ミ給ヘルコト。「宮はらノ中將」

みやばら (名) 宮聞 宮方トイハムガ如シト云。「其隣ナリケル宮はらニ、事モナキ女ドモアリケリ」

みやび (名) 都雅 ミヤビタルコト。風流。風雅。

〔みやびかに (副) みやびやかにニ同ジ。「京人ハ、イトコソ、みやびかに、今メカシケレ」

みやびことば (名) 雅言 雅ビタル言。都人ノ正シキ言。(俚言ニ對ス)

みやびと (名) 宮人 宮仕ヘスル人。宮中ノ人。 官人

みやびやかに (副) 都雅 ミヤビナル狀ニテ。品好ク。

みやびを (名) 雅人 雅ビタル人。「遊士ト、吾ハ聞ケルヲ、宿借サズ、吾ヲ還セリ、オソノ風流士」

みやぶ ブ・ブレ・ビ・ビ・ビヨ (自動) (規、三) 都雅 (宮ぶノ義 鄙ぶ、俚ぶニ對ス) 都人ノ優ニ貴フル風ナリ。風雅ナリ。

風流ナリ。「梅ノ花、夢ニ語ラク、美也備タル、花ト吾レ思フ、酒ニ浮ベコソ」

みやぶる ル・レ・ラ・リ・レ (他動) (規、一) 看破 隱レタルヲ探リテ見アラハス。

みやま (名) 深山 〔みハ發語〕(一)山、トイフニ同ジ。(二)後ニ、奧山。深山。「みやまニハ、霰降ルラシ、外山ナル、正木ノカツラ、色ツキニケリ」一隱レ」一木」一鳥」 深山

みやまがらす (名) 深山鴉 又、岳鴉。鴉ノ一種、深山ニ穴居スルモノ、大サ鳩ノ如クニシテ肥エ、全身、黑クシテ青ミアリ、頭、大クシテ青白ク、目ノ邊ト觜ト赤シ。 山烏

みやませび (名) 翡翠 やませびニ同ジ。

みやまどり (名) 深山鳥 深山ノ樹ニ棲ム、形、雀ヨリ小ク、頭、黑ク、目、黃ニシテ、目ノ前後ニ黑キ筋アリ、頰、黃白ニシテ、胸ニ黑文アリ、背、翅、赤黑クシテ斑アリ、羽、尾、皆、黑シ、能ク喇ル。

みやまゐり (名) 宮參 うぶすなまゐりニ同ジ。

みやる ル・レ・ラ・リ・レ (他動) (規、一) 見遣 遠ク見ル。望ム。眺ム。見渡ス。「打チミヤリテ」目モミヤラズ」

みやゐ (名) 宮居 神ノ宮ノアル處。「一ヲ遷ス」神ノ

みゆ (名) 御湯 (一)湯ヲ美ムル語。温泉。「此ノ山ヤ、路ノ限リト、思ヘドモ、カツマタノみゆ、遠キナリケリ」(二)神社ノ探湯。湯立。「里巫ガ、みゆ立テ笹ノソヨソヨ

みゆ・ユ・ユ・ユ・ユ・ユ （自動）（規、二） 見 （一）物ノ影、眼ニ映リテ知ラル。（二）他ニ見ラル。（此ノ用法ノゆるハ「被ル」ノ古言ナル「被ル」ナラムカ、（謂ハゆる、アラゆるノ類）「見」ノ變化ヨリ（みらるトモ接シ、又（ゆるト接スルモ、見トイフ動詞ノ一格ナラムカ）「スベテ、女ハ、男ニみゆるニツケテコソ、悔シゲナル事モ、目ザマシキ思ヒモ、オノヅカラ打チマジルモノナメレド」「心バセヲバ、人ニみえツ」「アナガチニ志ヲみえ歩ク」破レバ惜シ破ラネバ人ニ、みえヌベシ、泣ク泣クモナホ、返ヘスマサレリ」 被見

みゆき （名） 行幸 〔御行ノ義〕天子ノ、外ヘ出デ行キ給フコ。オデマシ。行幸。還リ給フヲ、還幸 又ハ、還御トイフ。又 上皇ナルモみゆきナレド 後ニ、文字ニ御幸ト書キ分ケテ音讀ス。皇后、東宮ニハ、行啓トイフ。

みゆき （名） 深雪 雪トイフニ同ジ。「古里ハ吉野ノ山シ、近ケレバ、ヒト日モみ雪、降ラヌ日ハナシ」

みゆづる・ル・レ・ラ・リ・レ （他動）（規、二） 見讓 見比ベテ他ニ讓ル。「見變フル。「打棄テラルルモ、コトワリナレド、誰レニみゆづりテカ ト恨メシウナム」

みよ （名） 御世 御治世。又、其御年數。「數數ニ、ミガク玉藻ノ、アラハレテ、—靜ナル、和歌ノ浦浪」 嘯釜ノ、磯ノ眞砂ヲ、ツツミモテ、—ノ數トゾ、思スベラナル」

みよ （名） 三世 過去、現在、未來。（三）世ノ條ヲ見ヨ）「折リツレバ、手ブサニ汚ル、立テナガラ、みよノ佛ニ、花奉ル」

みよ （名） 澪 みをノ訛。「—ジルシ」ノ杙」

みよし （名） 舳首 〔みおしトモイヒ、水押ノ義、其訛ナラムト云〕 船ノ舳ニ出デテ、波ヲ切ル木。

みより （名） 身寄 ウカラ。ミウチ。 親族

〔みら （名） 韮 にらノ古名。古クハ、又、おほ—トモイフ。おほ—ハ、らつきようナリ。

みらい （名） 未來 未ダ來ラヌ時。後ノ時。當來。將來。（三）世ノ條ヲ併セ見ヨ）

みらいき （名） 未來記 預メ、未來ノ世ノ沿革ヲ記セル書。 識書

〔みらのねぐさ （名） 細辛 〔韮根草ノ義、其根細、而其味極辛〕 細辛ノ古名。又、ヒキノヒタヒグサ。

みりん （名） 味醂 又、美淋酒。燒酎十石、白糯飯九石二斗、麴二石八斗ヲ雜セ、時時攪キマセテ、二十五日許、釀シ成シテ、其滓ヲシボリ去レルモノ、味、甚ダ甘美ナリ、多ク、物ヲ煮テ味ヲ添フルニ用ヰル。 美淋酎

みる （名） 海松 （一）水草、海中ノ石上ニ生ズ、徑二分許、圓シ、枝多クシテ棒蘭ノ如ク、綠色ナリ、長サ六七寸、食用トス。ミルメ。ウミマツ。 水松 （二）染色ノ名、綠ニ黑ミアルモノ。

みる・ミ・ミ・ミル・ミル・ミレ・ミヨ （他動）（規、四） 見 看 視 觀 覽 （一）眼ニ映シ知ル。（二）眺ム。望ム。「景色ヲ—」（三）附キ添ヒ見テ取扱フ。「於ニ其島ニ天降坐而見ニ立天之御柱ニ見ニ立八尋殿ニ」カシコニ、イト切ニみるベキ事ノ侍ルヲ思ヒ給ヘ」先途ヲ見屆ク」見送ル」看病」 省 視察 （四）讀ミテ心ニ知リ分ク。「書ヲ—」

覽 （五）見テ占フ。「人相ヲ—」家相ヲ—」
相 （六）身ニ受ク。被ル。「恥ヲ—」憂キ目ヲ—」 遭 遇

みる・ミ・ミ・ミル・ミル・ミレ・ミヨ （他動）（規、四） 試 （一）知リ得ムトテ爲ス。タメス。ココロミル。「男モストイフ日記トイフモノヲ、女モシテみムトテスルナリ」イヒみテモ、遂ニ止マラヌ、水ノ泡ヲ 水隱リテコソ、アルベカリケレ」心—」見テ—」押シテ—」（二）探リテ考ヘ分ク。「脈ヲ—」 診

みるくひ （名） 海松食 又、ミルカヒ。介ノ名、形、はまぐりニ似テ、大ク長ク、徑五六寸、殼ノ裏ノ色、とぶがひノ如シ、殼ノ口ニ、海松多ク生ジテ、食ヒ居ルニ似タリ、肉ノ味、淡ク脆ク美ナリ。 西施舌

〔みるぶさ （名） 海松房 海松ノ枝ノ房ヲナシタルモノ。髮ソギノ時、コレヲ調度ニ加フル事アリト云。「ハカリナキ、千尋ノ底ノ みるぶさノ オヒユク末ハ、我レノミゾ見ム」

みるめ （名） 海松布 〔めハ若布ナドノめナリ〕 海松トイフニ同ジ。「伊勢ノ海人ノ、朝ナ夕ナニ カヅクテフ みるめニ人ヲ 飽ク由モガナ」（歌ニ多ク「見ル目」ニ言掛ク）

みるめかぐはな （名） 視目嗅鼻 俗ニ、閻魔ノ廳ニアル人頭幢ノ稱、善部童、惡部童トテ 人頭ヲ並ベ、能ク千里ノ事ヲ視察シテ 亡者ノ善惡ヲ分ツト云。

みれん （名） 未練 （一）未ダ事ニ慣レヌ事、未熟。「五條內裏ニハ、化物アリケリ云云 未練ノ狐 化ケ損ジケルニコソ」（二）思ヒ切ルベキニ 尙 心ノ殘ルコ。「—」

ニ思フ」ーガ殘ル」遺念

ミロク (名) 彌勒 〔梵語、慈氏ト譯ス〕菩薩ノ一、無能勝ト名ツケ、其德、人ニ過グト云。

〔みわ (名) 酒瓮 〔眞曲ノ義カ〕(一)酒ヲ釀ス瓶。甕。古ヘ、釀セルママニテ神前ニ供ヘタリト見ユ。「哭澤ノ、神社ニ三輪スヱ、祈レドモ」齋串立テ、神酒スヱマツル、祝部ガ」(二)轉ジテ、神ニ奉ツル酒。神酒。和名抄「神酒、美和」

みわ・く・ク・ケ・カ・キ・ケ (他動)(規・一) 見分 次條ノ語意ニ同ジ。「誰トモみわき給ハデ」フトシモみわかヌナリケリ」

みわ・く・クル・クレ・ク・ケ・ロ (他動)(規・二) 見分 見定メテ分ツ。見テ區別ス。鑒別

みわす・る・ルル・ルレ・レ・レ・レロ (他動)(規・二) 見忘 嘗テ見タルヲ忘ル。

〔みわた (名) 水曲 川ノ流レノ曲レル處。「山川ノ、みわたニ淀ム、ウタカタノ」

みわた・す・ス・セ・サ・シ・セ (他動)(規・一) 見渡 遠ク廣ク見遣ル。周覽

みを (名) 澪 〔水尾ノ義、尾ハ、引キ延ヘタルヲイフ、山ノ尾ノ如シ、澪ハ水零ノ合字ト云〕海川ノ中ニテ、一條ノ深ミノ、船路トナル處。今、訛シテ、みよ。「潮待チテ 美乎引キ行ケバ、沖邊ニハ」飛鳥ノ川ノ、水尾早ミ」水脈

みをさめ (名) 見收 コレヲ限リト見ルコト。

〔みをつくし (名) 澪標 〔澪之串ノ義〕遠淺ノ海ノ澪ヲ示サムガ爲ニ、其傍ニ建テ置ク杙、ミヲジルシ。ミヲグヒ。ミヨグヒ。「君戀フル、涙ノ床ニ、滿チヌレバ、みをつくしトゾ、我ハナリヌル」(歌ニ多ク「身ヲ盡シ」ニ言掛ク)

〔みをびきのふね (名) 澪引舟 大船ヲ導キテ水脈ヲ示シツツ行ク引舟。和名抄「水脈船、美乎比岐能布禰」堀江ヨリ、水乎妣吉シツツ、御船サス、賤男ノ伴ハ、川ノ瀨申セ」太宰貢ニ雜官物一船到ニ縁ニ海國一澪引令レ知ニ泊處一」

む ん

む 五十音圖、末行第三ノ假名。(まノ條ヲ見ヨ)むノ音ハ、他ノ音ノ下ニアルトキ、其發聲ヲ失ヒテ、韻ノうトナルコトアリ、たむけノたうげ(峠)トナリ、さむけだつノさうけだつ(寒氣立)トナリ、せむおどノせうおど(將監事)トナルガ如シ。

ん 五十音ノ外ノ一種ノ假名。此ノ假名ノ聲ハ、他ノ音ノ下ニツキテ、鼻ニ觸レテ撥ヌルガ如クシテ出ヅ、あんどん(行燈)てんびん(天平)ノ如シ。又、他ノ音ノ下ニ加ハリテ出ヅルコトアリ、まな(眞字)ノまんなトナリ、ゆゑ(所以)ノゆゑんトナルガ如シ。又、他ノ音ヲ變ジテ出ヅルコトアリ、かほばせ(顏)ノかんばせトナリ、いかに(如何)ノいかんトナリ、ぬきいづ(抽)ノぬきんづトナルガ如シ。

む (名) 無 無キコト。空シキコト。「人ノ功ヲーニスル」空

む (數) 六 三ト三ト合ヒタル數。ムツ。「ー年」「ー言」

む・ム・メ (助動) 將 動作ヲ未來ニイフ助動詞。「行カむ」落チむ」受ケめ」見め」

〔む (感) 應フル聲。「むトイラヘテ立チヌ」むト申シテ、サマザマニサタシ」

む (接頭) 無 無キ。空シキ。「ー慈悲」ー分別」ー學」ー藝」ー年貢」ー利息」ー位」ー官」ー瑕」ー益」

むいか (名) 六日 〔むゆかノ轉〕(一)又、ムユカ。ムヨカ。月ノ第六ノ日。(二)日數、六ツ。

むえん (名) 無緣 (一)緣ノ無キコト。(因緣ノ條ヲ見ヨ)「有緣ー」(二)緣者ノ弔フベキ人ノ無キコト。「ーノ佛」不血食

むえんづか (名) 無緣塚 無緣ノ亡者ノ供養ニトテ建テタル墓。

むが (名) 無我 我意ノ無キコト。了簡ナキコト。「ー夢中」無心

〔むかう (名) 無何有 莊子ニイヘル語、何物モ悉皆有ルコト無キ國。無爲ニシテ遊ブ國。「心ヲシ、無何有ノ鄕ニ、置キタラバ、藐孤射ノ山ハ、見マク近ケム」

むかう (名) 無效 效力ナキコト。役ニ立タヌコト。

むかご (名) 零餘子 古クハ、ヌカゴ。やまのいもノ子、其蔓ノ葉ノ間ニ生ズ、形、大ナルハ鷄卵ノ如ク、小キハ鉛丸ノ如シ、皮、靑黃褐ニシテ、斑アリ、肉白シ、食用トス。

むかし (名) 昔 〔むかしへノ條ヲ見ヨ〕(一)年久シク過

ギタル時。過ギニシ方。又、ムカシヘ。イニシヘ。(二)十年一期ノ稱。或云、十二年。「吉野山、ホキヂツタヒニ、尋ネ入リテ、花見シ春ハ、一ト昔カモ」

むかし (副) 昔 年久シキ前ニ。「一男アリケリ」

(むかし) レキ・シケレ・シク・シク (形・二) 向 向ハマ欲シ。(嫌フヲ、背向ク、トイフノ反)可愛シ。オムカシ。「白玉ノ、五百箇ヲ、手ニ結ビ、オコセム海人ハ、牟賀思久モアルカ」 傾頽

むかしかたぎ (名) 昔堅氣 老人ナドノ頑ニ律義ナル丁。古様

(むかしへ) (名) 昔 (向ヒシ方ノ義、往ニシカ、(古)ト同意、古ヘヲ今ニ對フル意ト云) 過ギニシ方。又、ムカシ。「むかしへヤ、今モ戀シキ、時鳥、古里ニシモ、鳴キテ來ツラム」

むかつく ク・ケ・カ・キ・ケ (自動) (規・一) 逆 ムカムカスル。吐氣ヲ催ス。惡心

むかで (名) 百足 蜈蚣 (對手ノ義ト云) 蟲ノ名、舊屋、石間、陰濕ノ處ニ生ジ、春ヨリ出ヅ、大ナルハ五六寸、身細長ク、細節アリ、背ハ黒クシテ光ル、或ハ青キモアリ、腹ハ黄ナリ、節毎ニ赤キ脚多ク出デテ、左右相對シ、共數四十二脚アリ、兩ノ髭アリ、尾ニ岐アリ。

(むかは) (名) 向齒 上ノ前齒。ヌカバ。ムカフバ。

(むかはぎ) (名) 向脛 脛トイフニ同ジ。ムカフズネ。「鹿ノ皮ノ、むかはぎ過ギテ、深カラバ、渡ラデタダニ、歸ルバカリゾ」(行縢ヲ隱シテ詠メリ)

むかばき (名) 行縢 (向脛ノ義、向ハ向股向脛ノ如シ) 鹿、熊、虎、豹、等ノ毛皮ヲ用ヰ、長サ三尺六寸、一片ニ製シテ、腰ニ着ケ、兩ノ股脚、袴ノ前面ニ垂レ被フモノ、騎馬ニ用ヰル。

むかはり (名) 周期 (次條ノ語意ナリ) 一年、又ハ、一月ノ周リ來タル丁。「一月」「一年」 期月 周年

(むかはる) ル・レ・ラ・リ・レ (自動) (規・一) (向キ變ハルノ略カ、向フノ延カ) 廻リテ向キ來ル。報イ來ル。流轉輪廻ス。「恐ロシト思ヒシ事ノ報イナメリ、此世ニテ、斯ク思ヒカケヌ事ニムカハリ來ヌレバ、後ノ世ノ罪モ、少シ輕ミナムヤ」共報イハ、必ズ我身ニアリナムト、只、今宵ノ内ニ、ムカハリヌル心チシテ」

むかひ (名) 向 (一)向フ丁。(二)此方ヘ向キ合ヒタル彼方ノ側。ムカフ。「家ノ一」「一ノ岸」「一ノ山」 對面

むかひ (名) 迎ノ訛。

むかひかぜ (名) 逆風 風ノ、前面ヨリ吹キ來ルモノ。

(むかひつぶて) (名) 向礫 礫ヲ打合フ丁。(小兒ノ戲ニ)「ウナキ子ノ打垂レ髮ヲ、振分ケテ、一ノ袖カザスナリ」

(むかひばら) (名) (嫡妻腹ナルヨリ移レルカト云) 現在ノ妻ノ生メル丁。嫡腹。(先妻ト別チテイフ)

むかひび (名) 向火 (一)燒ケ來ル火ニ向ヒテ、此方ヨリモ火ヲ放チテ燒キテ、彼方ノ火勢ヲ弱ラスル丁。ホソケ。「倭建命、云云、其國造、火著ニ其野、故知レ見レ欺、云云、著ニ向火一而燒退還出」 逆燒 (二)轉ジテ、人ノ怒レルニ、此方ヨリモ怒リ向ヒテ、其勢ヲ壓スル丁。「憎氣ニテス、恨ミナドシ給ハバ、ナカナカ事ツケテ、我モむかひ火ツクリテアルベキヲ」

(むかひめ) (名) 正妃 嫡妻 (正シク夫ニ對配フ意) 正シキ妃。又、妻。モトツメ。(妾ニ對ス)

むかふ (名) 向 むかひノ訛。「一ノ山」「一ノ家」「一河岸」

むかふ フ・ヘ・ハ・ヒ・ヘ (自動) (規・一) 向對 (向キ合フノ約) (一)面ヲ其方ニナス。向ク。(二)趣ク。近寄ル。ナリナムトス。「寒リ一」「春ニ一」「暮ニ一」「衰微ニ一」 向 至 (三)當ル。並ブ。相ヲ比ブ。相手ニナル。「一人、十人ニ一」 四敵 配 對 (四)逆フ。ハムカフ。敵對ス。「敵ニ一」「一立チ一」「犬、怒テ、人ニ一」 抗 敵

むかふ フル・フレ・ヘ・ヘ・ヘロ (他動) (規・二) 對 向ハシム。並ベ比ブ。「母屋ノ御座ニむかへテ、大臣ノ御座アリ」

むかふ フ・ヘ・ハ・ヒ・ヘ (他動) (規・二) 迎 (前條ノ語意) (一)立出デテ、來ルヲ待チ受ク。(二)居ナガラ待チツク。「新玉ノ、年ヲ雲居ニ、むかふトテ、今日諸人ニ、御酒賜フナリ」(三)待チ受ケテ防ク。「敵ヲ一」 逆 (邀ツ) 逆 (四)呼ビ取ル。招ク。「妻ヲ一」「聟ヲ一」 聘

むかふきず (名) 向疵 敵ニ立向ヒテ闘ヒテ、面部ナドニ受ケタル傷。(逃ゲナガラ背ニ受ケタル後疵ト對シテ、勇ト怯トニイフ) 面傷

(むかぶす) ス・セ・サ・シ・セ (自動) (規・一) 向伏 遠ク低ク伏シタル如ク見ユ。「四方國者、天能壁立極、云云、白雲能墜居向伏限」此ノ照ラス、日月ノ下ハ、天雲

牟迦夫周キハミ」

むかふすね (名) 向脛 ムカハギ。脛ノ前面。

むかふば (名) 向齒 又、ムカバ。上ノ前齒。板齒

むかふみず (名) 向不見 相手ノ强弱、事ノ難易ヲモ計ラズ、一途ニ向ヒカカルヿ。サキミズ。猪突

むかへ (名) 迎 ムカフルヿ。「―ニ參ル」―ニ來ル」

むかへび (名) 迎火 盂蘭盆ノ聖靈祭ニ、亡靈ヲ迎フル門燎。(七月十三日)祭、畢リテ、靈ヲ送ルトテ焚クヲ、送火トイフ。(十六日)

むかむか (副) 〔逆フ意〕 吐氣ヲ催ス狀ニイフ語。「胸ガ―スル」惡心 煩逆

〔むかもも (名) 向股 兩股ヲ、左右正シク相向フニ就キテイフ語ト云。又、或ハ、股ノ前面ヲ言フ語ニモアラムカ。「手肱爾、水沫畫埀、向股爾、泥畫寄氏」

むき (名) 向 (一)向クヿ。面ノ向フ方。「家ノ―」東―」方向 (二)ソノカタザマ。筋。「其―ノ人」其―ノ品」役所―」側―」奥―」勝手―」住居―」田舍―」表―」

むぎ (名) 麥 〔群芒ノ略ト云、イカガ〕 穀ノ名。ふと―、又、おほ―ハ、稻ニ次ギテ糧食トス、冬、種ヲ下シ、春、長ジテ、夏、實ル、亦、わせ、あかて、おくて、アリ、苗、穗、小麥ヨリ大クシテ、多クハ芒アリ、子ハ、專ラ、飯ニ炊キ、又ハ、あがしトス、品類多シ。大麥 こ―ハ、苗、穗、スベテ小クシテ、穗ニ、四稜、六稜、ノ別アリ、穗ニ、多クハ芒ナシ、因テ、はらぞ―、ノ名モアリ、芒アルヲ髭長トイフ、亦、品類多シ、子ヲ碾キテ、こむぎこトス。小麥 又、からそ―、くろ―、はだか―、こうばふ―ナド、各條ニ註ス。

むぎうち (名) 麥打 からざをニ同ジ。

むぎおし (名) 麥押 麵棒ニ同ジ。ムギオスキ。

〔むぎおすき (名) 麥押木 麵棒ニ同ジ。和名抄「杆麵杖、牟岐於須紀」

〔むぎかす (名) 麥滓 小麥粉ノふすま。麩

〔むぎかた (名) 〔麥形ノ義カ、麥固カ〕 食物、小麥粉ニテ製セル餅ノ類、其頭ヲ捻リタルモノト云。和名抄「捻頭、无岐加太」

むぎこがし (名) 麥焦 大麥ヲ炒リ焦シテ、碾キテ粉トセルモノ、砂糖ヲ和シテ水ニ煉リテ食ヒ、或ハ菓子種トモス。略シテ、コガシ。又、イリムギ。麥ノハツタイ。麥麨 麥糗

〔むぎすくひ (名) 〔麫條抄取ノ義ト云〕 麫條ヲ煮テ抄ヒアグル笊籬。アゲザル。和名抄「笊籬、无岐須久比」

むきたい (名) 無機體 有機體ノ條ヲ見ヨ。

〔むぎなは (名) 麥繩 食物、索餅ノ條ヲ見ヨ。和名抄「索餅、无岐奈波」

むきみ (名) 剝身 蛤、淺蜊、ナドノ殼ヨリ剝キ出シタル肉。

むぎめし (名) 麥飯 大麥ヲ炊ギタルモノ。

むぎゆ (名) 麥湯 炒リタル大麥ヲ湯ニ煎ジタルモノ。

むぎわら (名) 麥藁 古ク、ムギカラ。麥ノ莖、中、空ニシテ、白ク光ル、屋根ヲ葺クベク、又、―細工トス、麥稈

むぎわらざいく (名) 麥藁細工 麥藁ヲ五彩ニ染メテ、種種ノ玩物、帽子、ナドニ編ミ作リ又ハ裂キテ器ノ面ニ貼リ作ル、甚ダ美シ、武州荏原郡大森村ノ産、名アリ。

むく (名) 椋 大木、けやきニ似テ微白ナリ、葉ハ、かしニ似テ薄ク圓ク、鋸齒アリ、互生ス、實、圓ク黑ク、龍眼肉ノ皮ヲ去レルガ如シ、食フベシ、材、堅重ニシテ用アリ、葉ハ、枯ルレドモ堅ク、角、木、等ノ器ヲ磨クニ用ヰテ、木賊ニ勝ル。ムクノキ。ムクエノキ。糙葉樹

むく (名) 尨 (一)むくげニ同ジ。(二)むくいぬノ略。

むく (名) 無患子ノ略。(東京)

むく (名) 無垢 (一)雜ナキヿ。服ノ裏ヨリ襯衣マデ、表、裏、共ニ、無地ノ同色ノ帛ニテ作レルモノ、多クハ白キニイフ。「白―」(二)金銀ナドニ混合ナキモノ。全體、金銀ナドノミニテ成レルモノ。(滅金、きせ、ナドニ對ス)「金―」銀―」 純金 純銀

む・く・く・か・き・く (自動)(規.一) 向 (一)面ヲ其方ニナス。ムカフ。(二)オモムク。カタムク。「心、善ニ―」世、末ニ―」

む・く・く・か・き・く (他動)(規.一) 剝 被ヲ放チ取ル。ハグ。ハガス。ヘグ。「皮ヲ―」蠣ヲ―」

む・く・くる・くれ・け・け・けよ (他動)(規.二) 向 向クヤウニナス。向ハシム。

〔む・く・くる・くれ・け・け・けよ (他動)(規.二) 平 征平 (一)前條ノ語ニ同ジ。背向ケル者ヲ、此方ヘ向クル義ニテ、即チ、

從フル意〕討チ平ゲ服從セサス。「言向和平葦原中國ニ平ゲ其國之横刀」水穗國能荒神等乎神攘爾平氣武止」タラシ姫（神功）神ノ命、韓國ヲ、武氣平ラゲテ」平國。

むく（ク・ル・レ・ケ・ケ・ヨ）（自動）（規、二）〔剝〕皮離レテ脱ケ出ヅ。ハガル。

むくい（名）〔報酬〕(一)ムクユルコト。コタフルコト。返禮。返報。(二)果報。「善ノ—」惡ノ—」

むくいぬ（名）〔尨犬〕〔獶〕犬ノ一種、尨毛ナルモノ、體肥エテ、肉厚シ、支那人ハ食用トス。

むくげ（名）〔尨〕（茂ク生フル意）獸ノ毛ノ、殊ニ長ク多ク生ヒテ、垂リ下ルモノ。

むくげ（名）〔毳〕生ヒ初メタル細小ナル毛。長キ毛ノ本ニ生スル柔キ毛。ニコゲ。「顏ノ—」

むくげ（名）〔木槿〕（字ノ音ノ轉）古名、木蓮、花、遊ニ似タレバイフ。今、又、略シテはちす。灌木、高サ丈餘ニ及ビ、枝條繁茂ス、故ニ多ク籬トス、葉ハ、ぶつさうくわニ似テ微毛アリ、互生ス、夏秋ノ間ニ、枝ノ梢ニ五瓣ノ花ヲ開ク、たちあふひニ似テ小ク、朝ニ開キテ夕ニ萎ム、故ニ、古クハあさがほノ名モアリ單瓣ニシテ淡紫ナリ、又、重瓣ナルモアリ、或ハ、白、紫碧、深紅、等ナルモアリ、皆、瓣ノ根ハ深紅ナリ。又、モクゲ。

〔むくさかに〕（副）〔茂ク榮ノ義ト云〕繁昌ニ。メデタク賑賑シク。「四方乃食國乃年實豐爾牟倶佐加爾得在止見賜而」

むくち（名）〔無口〕甚ダ物言ハヌコト。〔寡言〕

むくつけし（ケ・ク・シ・キ・ケレ）（形、二）(一)〔畏ルベシ〕恐ロシ。「彼ノ男ハ、天ノサカ手ヲ打チテナム、詛ヒヲリケル、ムクツケキ事人ノ詛ヒゴトハ負フモノニヤアラム」目モ鼻モナカリケル女、鬼ニヤアラムト、ムクツケキヲ」勢ハ、帝ノ行幸ニヤハ劣レル、アナ、ムクツケヤトテ、猶更ニ手ヲ引放タズ拜ミ入リテ居リ」〔可畏〕(二)轉ジテ、恐ロシク、ムサクルシ。キミガワルイ。

むくと（副）俄ニ起キアガル狀ニイフ語。「—起キテ」

むくどり（名）〔椋鳥〕原野ニ多ク、樹上ニ巣クフ、形小鳩ノ如クニシテ、頂、白ク、背、灰黒ニシテ、背ノ下黒、白、層層タリ、眉、薄黄ニシテ、頷ヨリ腹ニ至ルマデ白シ、翅ニ黒白ノ斑アリ、觜、脚、黄ナリ、群飛シテ鳴クコト喧シク、椋、せんだんノ子ヲ食フ、〔白頭翁〕

むくふ（フ・ヘ・ヘ・フ・フ・ヘ・ヘ）（自動）（規、一）〔報〕報トナリテ來ル。ムカハル。

むくむ（ム・メ・メ・ム・ム・メ・メ）（自動）（規、一）〔浮腫〕水腫ナドニテ脹レ腫ル。

〔むくむくし〕（シ・キ・ク・シ・ケレ・シク・シカ）（形、二）甚ダ可畏シ。オソロシ、キミガワルイ。「斯ル人ノ供人ヨ、心ハウタテアレ、ナド言ヒアヘルモ、ムクムクシク聞キナラハヌ心チシ給フ」

むくむくと（副）〔茂ク茂クノ轉ヲ重ネタル語カト云〕(一)多ク重ナリアヒテ。「毛—生ヒタル細ソキ腕ヲ差シ入レテ」〔尨〕(二)ウゴメキテ。「蛇—起キ」蟲、—動キ」〔蠢起〕〔蠕動〕(三)肥エテ。ムックリト。「—太リテ」〔豐肥〕

〔むくめく〕（ク・カ・キ・ク・ク・ケ・ケ）（自動）（規、一）〔蠢〕うごめくニ同ジ。和名抄「蠢、牟久米久」

むくゆ（ユ・ユル・ユレ・イ・イ・イヨ）（他動）（規、三）〔報酬〕（向クルト通ズ）應ヘテ仕向クル。返報ス。「恩ニ—」讐ニ—」

〔むぐら〕（名）〔葎〕やへ—、かな—、等ノ條ニ註ス。

むぐらもち（名）〔土龍〕〔田鼠〕（うごろもちノ轉、墳持チ、ノ意ト云、羅甸語ニ、Talpa vogora トイフモノニ似タリ）古名、ウゴロモチ。ムグロモチ。今、又、ウグロモチ。ウグラモチ。モグラモチ。略シテ、モグラ。鼠ノ屬、鼠ニ似テ肥エテ平タシ、長サ六七寸、毛、細ク柔ニシテ薄黒シ、眼、小ク、頭、瘦セ、喙、尖ルコト五分許、淡紅ナリ、脚モ淡紅ニシテ甚ダ短ク、後脚ハ小ク、前脚ハ甚ダ大クシテ左右ニ開キ、コレニテ土ヲ撥キ行ク、力强シ、尾、小ク短シ、人家ニ近キ園圃ノ土中ニ棲ミ、蚯蚓ヲ食ナ、其行路、土ヲ起シ、草木ノ根ヲ害ス、日ヲ見レバ動クコト能ハズ。〔鼹鼠〕

++むぐり（名）〔潜〕(一)ムグルコト。モグルコト。(二)鳰ノ一名。

++むくる（ル・レ・ラ・リ・レ）（他動）（規、一）剝ク（規、二）ニ同ジ。

++むぐる（動）〔潜〕もぐるノ訛。

〔むくれにれ〕（名）〔木欒子〕（字ノ音）欒樹ノ條ヲ見ヨ。

むくろ（名）〔身中〕〔軀〕〔身殻ノ約ト云、或云、軀殻ノ轉〕(一)カラダ。體。「むくろニ手ハシ負ヒタリケルカ」むくろゴメニ寄リ給ヘトイフヲ、五體ゴメニトコソ言ヒツルト言ヒテ笑フ」今、多クハ死體ニイフ。(二)心ノ朽チタル樹ノ幹。

むくろじ（名）〔無患子〕〔木欒子ノ音ヲ訛リテ、更ニ誤用セル語〕木槵樹ノ實、圓クシテ、大サ五六七分、外皮、黄ナリ、さやぼんト呼ビテ、油ニ汚レタル衣ナド洗フニ用ヰル、內ニ圓子アリ、深黑ニシテ、甚ダ堅シ、種種ノ用ヲナス、中ニ白キ仁アリ。略シテ、ムク。此樹ハ、山野ニ多シ、樹、大ク、葉ハ、藤ニ似テ長大ニシテ、薄ク固ク互生ス、夏、長キ穗ヲナシ、枝ヲ分チテ、黄白色ノ小花ヲ開ク。木槵樹

む-くわ-くわ（名）無花果 イチジュク。

〔むげ（名）平〕〔平ク、ノ條ヲ見ヨ〕平クルヿ。討チ平ラグルヿ。「武夫ノ、八十伴雄ヲ、服從ノ、牟氣ノマニマニ、老人モ、女ノ童兒モ」

むげ（名）無下〔ソレヨリ下ハ無シ、トノ意カ、或云、無碍ノ音、或云、一向ノ意、サラバ、けハ清音ナリ〕一向ナルヿ。一概。「サバカリナラバ、ナジカハ捨テシ、ナド言ハムハ、無下ノ事ナリ」今ハむげノ親ザマニモテナシ」むげニ、イト頓モシゲナク、ナラセ給ヒ」都モむげニ近ケレバ」九月七日バカリナレバ、無下ニ今日明日ト思ボスニ」

むけい（名）無稽 據處ナキヿ。「—ノ說」

むげん（名）無間 佛經ニ、八熱地獄ノ第八、苦ヲ受クルヿ間斷無シト云フ。阿鼻。

むげん（名）夢幻 ユメ、マボロシ。身、世、ノ儚ナク定メナキヿ。（佛經ノ語）「—泡影」

むける（動）向ク、（規、二）剝ク、（規、二）等ノ訛。

むこ（名）聟 壻〔配對子ノ意、嫡妻ト意同ジト云〕女子ノ夫ノ稱。（婦ニ對ス）又、我ガ姉妹ノ夫ヲ、姉—妹—ト云。私 甥

〔むご（名）無期 期限無キヿ。「コタミ 相撲ノ勝チ負ケノ定マラム事、イトむごナリ」イカニゾ、事成リヌヤ、ト言ヘバ、マグむごナドイラヘテ」門ヲ叩キケレド、—ニ明ケザリケレバ」—ニ見エザリケレバ、イカニ斯ウハ遲キニカト」

むこいり（名）聟入 聟トナリテ婦ノ家ニ入ルヿ。拜門

〔むこがね（名）豫テ聟ニト思ヒ設ケタル人。

〔むこぎ（名）五加木 うこぎノ古名。

むごし・シ・ケレ・キ・ク（形、二）慘然〔古言、めぐしノ轉、其條ヲ見ヨ〕（一）憐ムベシ。ムゴラシ。ムゴタラシ。（二）苛シ。無慈悲ナリ。殘酷

むごたらし（形）むごらしニ同ジ。

むこひきで（名）聟引出 婚姻ノ時ニ、舅ヨリ新郎ヘノ引出物。

むごん（名）無言 物言ハヌヿ。口キカヌヿ。

むごらし・シ・シケレ・シク・シク（形、二）慘然 慘キ狀ナリ。憐ムベシ。カハユサウナリ。ムゴタラシ。

む-さう（名）夢想（一）夢ニ想ヒ見ルヿ。（二）夢想ニ、神佛ナドノ示現ヲ得ルヿ。「—ノ藥方」（三）神佛ノ—ヨリ轉ジテ、物ノ製作ノ不思議ナルモノニイフ語。むさう羽織ハ、表裏ヲ同色ノ布帛ニテ作リ、裏カト思ヘバ、又表ノ如キモノ。—ノ枕ハ、幾個モ入籠ニ作リ、一ツカト見レバ、二ツニナルモノ。—ノ櫺子ハ、隙アル櫺子ニ、隙アル引戶ヲ立テ、閉ツレバ、一面ノ板張ノ如ク見エ、引ケバ隙ヲ生ズルモノ。—ノ引出ハ、此方ヘモ拔ケ彼方ヘモ拔クルモノ。—ノ袂時計ハ、兩面ニ蓋アルモノ。

む-さう（名）無雙 ナラビナキヿ。無二。ブサウ。

〔むざう（名）無慙ノ音便。「むざうノ申シヤウ哉、ユユシキ罪ニモ候フ」泣キ惑フ狀、イトイト、イミジウ、哀レニ、—ニ覺エシカド」

む-ざうさ（名）無造作 ザウサナキヿ。タヤスキヿ。手輕キヿ。簡易

〔む-ざえ（名）無才 オナキヿ。「公ニ仕ウマツリ、私ノ身ノタメ、男ノ、ムゲニむざえニ侍ルハ、イト口惜シキ事ニ侍レバ」

むさくろし・シ・シケレ・シク・シク（形、二）汚穢 穢ク、キタナケナリ。キタナラシ。

むささび（名）鼯鼠 鼯鼠〔身細ビノ意カト云〕獸ノ名、深山ノ樹梢ニ穴居シ、夜出デテ、果實ヲ食フ、形、猫ニ似テ痩セ、大、小、一ナラズ、紫褐色ニシテ、腹下ハ黃ニ、喙、頷、ハ雜白色ナリ、尾、大ク、身ヨリ長シ、脚、短ク、前後ノ脚ノ間ニ、左、右、共ニ、肉翅アリテ相連ルヿ、蝙蝠ニ似テ、翅ヲ開ケバ、傘ヲ張ルガ如シ、只、飛ビ下ルノミ、飛上ルヿ能ハズ、聲、小兒ノ叫ブガ如シ。古名、又、モミ。今、訛シテ、モモガ。モモングワア。一名、ノブスマ。

むさし（名）六指 〔石、六ハツヲ用ヰテ指セバイフト云、八道行成ハ八指檽蒲采ナルガ如シ、下學集ニ、八道、或云、韓語ニ、城ヲさしトイフ、馬城ノ約轉ナリト、イカガ〕遊戲ノ具、盤ニ數線ヲ劃シ、石、六ヲ以テ

行ル。和泉、尾張、上野、越後、陸奥ニ六道。大坂ニ
六。又、十六ハむさしトイフハ、盤ニ縦横斜ノ線ヲカ
キ、中央ニ一力士アリ、周ニ十六卒アリテ圍ミ
互ニ線ニ隨ヒテ進退ス、力士ニ卒ノ間ニ入レバ、挾バ
サミテ屠ル故ニ、數卒相進リテ逐ヒ圍ミ攻ム力
士、道窮スレバ斃ル。中國ニ、ムサシ。總、信濃ニ、サスカ
リ。下野、武藏ニ、十六サスカリ、「やさすかり」條、見
合ハスベシ)
むさし・キ・ケレ・ク・ク (形、一) 汚穢 (穢雜シ、ノ轉カト云)
穢氣ナリ。キタナラシ。不潔ナリ。
むさしあぶみ (名) 武藏鐙 (一)古ヘ、武藏國ヨリ
製出シテ貢トセシ鐙ト云。(二)草ノ名、高サ尺許、
葉大ク、天南星ニ似タリ、春夏ノ交ニ、花ヲ開ク、外、
青ク、內、赤黑ク、形、鐙ニ似タリ、秋、梢ニ實ヲ結ブ、
あんてんニ似テ、一團ニ簇リテ赤シ。
むざと (副) 〔まざまざノまざノ轉、其條ヲ見ヨ〕眼前
ニ憚ラズ惜マズ。タダニ。ムゲニ。「一拾ツ」「一費ヤス」
〔むざね (名) 實 〔子實ノ轉ト云〕正シキ其身。正
身。「形則吾子、實則神人」此化ニ白猪ニ者、非ニ
其神之使者ニ、當ニ其神之正身ニ」驗ニ僧尼奴
婢田畝之實ニ」
むさぼる・ル・レ・ラ・リ・レ (他動)(規、一) 貪 〔むさと欲ルノ
意ト云〕飽クマデ欲ル。欲深ク欲シガル。
むざん (名) 無慙 (一)佛經ノ語、慙ヅルヿナキヿ。慙ヅ
ベキヲ慙ヂヌヿ。「アナむざんノ人共ヤ、イツマデ命惜ムラ
ム」(二)慈悲ノ道ニ慙ヂズ、情ケナキヿ。「アナむざん、イ
カナル者ノ、罪セラレテ又此島ニ放タルラム」慘
むし (名) 虫・蟲 〔産ノ義、化生ノ意ト云〕(一)人類、
禽獸魚介ノ外ノ動物ノ稱、羽アルニ、蝶、蜂、螽斯、
蚊等アリ、足アルニ、蛙、蜥蜴、守宮、等アリ、多足ナル
ニ、蜈蚣、蚰蜒、蠹衣魚、等アリ、鱗アルニ、蛇アリ、裸
ニシテ足モナキニ、蚯蚓、水蛭アリ、殼アルニ、蝸牛等ア
リ、皆、大抵卵生ナリ。(二)松蟲、鈴蟲ナド、聲ヲ愛
シテ聞ク蟲ノ稱。「一ノ音」「一ヲ聞ク」(三)蛕、蟲。
(四)轉ジテ、小兒ノ種種ノ病ノ泛稱。(五)産ナド催
ス痛ミ。「一氣」「一ガカブル」陣痛 (六)俗ニ、心。考ヘ。
料簡。「一ガヨイ」「腹ノ一」「一ノヰドコ」「一ガ知ラセル」
〔むし (名) 被 むしのたれぎぬノ條ヲ見ヨ。
むし (名) 烝 (一)烝スヿ。(二)味噌ノ女房詞。(烝豆
ノ略)
むしあつ・し・キ・ケレ・ク・ク (形、二) 烝暑 烝スガ如ク暑シ、
(曇リテ風無キ炎天ナドニ) 溽暑
〔むしあを (名) 蟲襖 袍、布衣ノ染色ノ名。
〔むしえらみ (名) 選蟲 殿上ノ逍遙トテ、殿上人ド
モ、嵯峨野ナドヘ行キ向ヒテ蟲籠ニ蟲ヲ選ミ入レテ
奉ルヿト云。
むしかご (名) 蟲籠 古ク、蟲屋。松蟲、鈴蟲、螢ナド、
聲ヲ愛シ、又ハ玩トスル蟲ヲ畜フニ用ヰル小キ籠、竹
ヲ削リテ、精巧ニ造ルモアリ。
〔むしかめは (名) 齲齒 (蟲齧齒ノ義) むしばニ同
ジ。
むしがれひ (名) 烝鰈 鰈ヲ鹽水ニ漬シ、腐ヲ被ヒ
テ、溫氣ニテ烝シテ陰乾シニシタルモノ、炙リテ食フ、
若狹ノ産ヲ上トス。
むしぐすり (名) 烝藥 藥ヲ湯ニホダシ、腐ノ上ヨリ
患部ヲ烝スモノ。烝劑
むしくひ (名) 蟲喰 (一)ムシカメ。ムシバミ。蟲ノ喰ヒテ
損ズルヿ。又其痕。(紙ニ、材ニ) 蝕 蠹 蛀 (二)鳥ノ
名、杜鵑ノ類
むしぐわし (名) 烝菓子 餅菓子ノ烝シテ作ルモノ、
即チ饅頭ノ類。ムシモノ。
むしけ (名) 蟲氣 小兒ノ病、蛕、蟲ノ起ルヿ。轉ジ
テ種種ノ病ニモイフ。
むしけん (名) 蟲拳 拳戲ノ一種、手ノ大指ヲ蛙ニ
人差指ヲ蛇ニ、小指ヲなめくぢニ象リ、蛇ハ蛙ニ勝
チ、蛙ハなめくぢニ勝チ、なめくぢハ蛇ニ勝ツト定メ、二
人其指ヲ出シ合ヒテ勝負ス。
むしけら (名) 蟲螻 蟲類ヲ呼ブ語、賤シメテイフニ
云。蟲豸 螻蟻
むしず (名) 蟲酸 胃ノ病、溜飮ナドニテ口ニ酸キ
唾ヲ發スルヿ。中酸 嘈心
むじつ (名) 無實 (一)實ナキヿ。(二)罪無キニ、罪ア
リトセラルルヿ。ヌレギヌ。「一ノ罪」冤枉
むじな (名) 狢・貉 古ク、又、ウヂナ。狸ノ屬、性、善ク睡
ル、頭尖リ、鼻出デ、眼、黑シ、毛ハ黄黑褐色ニシテ、
深厚、溫滑、裘トスベシ、曲穴ヲ作リテ穴居シ、晝ハ
睡リ、夜、出デテ、食ヲ竊ム。
むしのす (名) 蟲窩 (細孔多ケレバ名トス) 蜂珠ノ

名、からぶとだまニ同ジ。

〔むしのたれぎぬ（名）〔むしハ苧麻ノ略、節用集、編、（枲麻也）即チ、苧麻布ヲ用ヰレバイフカト云、或云、蟲ヲ防グ意、たれぎぬハ垂衣ナリ〕古ヘ、路行ク時、笠ノ四檐ニ、薄キ布ヲ長ク垂レテ被ルモノ、被衣ノ意カ、或云、蟲ヲ防ガム爲ナリト。單ニ、むしトノミモイヒ、多ク、帔ノ字ニ訓ジタリ。（帔、披也、披ニ之肩背ニ不レ及レ下也）「草深ミ、むしのたれぎぬ、結ヒアゲテ、通リウツラフ、夏ノ旅人」むし垂ルル、東少女ガ、透影ニ、名殘多クテ、行キ別レヌル」むし垂レタルハザマヨリヤ見エケム

むしば（名）齲齒〔蟲喰齒ノ義〕古ク、ムシカメバ。齒ノ病ムヿアリテ、蝕ノ如ク缺ケ朽ツルモノ。

むしば・む・ム・メ・マ・ミ・メ（自動）（規、一）蟲食 蟲、物ヲ食フ。ムシクヒニナル。（衣書ニ材ニ）蝕 蠹 蛀

むしはらひ（名）蟲拂 むしぼしニ同ジ。

〔むしぶすま（名）蒸被 暖カナル被衾。「蒸被、和ヤカ下ニ、臥シタレド、妹トシ寐ネバ、肌シ寒シモ」牟斯夫須麻、ニコヤカ下ニ

むしぶろ（名）蒸風呂 浴場ヲ密閉シテ、湯氣ニテ體ヲ蒸スモノ、病ヲ療スルニ、スルナリ。

むしぼし（名）蟲干 夏ノ土用中ナドニ、書籍衣類ナドヲ、日ニ干シ風ニ當テ、黴、蟲喰、ナドヲ防グヿ。ムシハラヒ。風入。土用干。曝涼

む・しん（名）無心（一）心無キヿ。物ニカケカマハヌヿ。（二）俗ニ、心無ク憚リナク、人ニ物ヲ與ヘヨト請フヿ。

〔む・しん（名）無心 前條ノ語ニ同ジ。ココロナキヿ。カンガヘナキヿ。「言フカヒナキ宿世ナリケレバ、むじんニ心ツキナクテ止ミナムト、思ヒハテタリ」ウタテ、心ナシト、エ見ラレタルヤウニコソ、人ニ知ラレヌ人ハ、むじんナルコソ善ケレ」

む・じん（名）無盡（一）盡クルヿ無キヿ。（二）次條ノ語ノ略。

むじん・かう（名）無盡講 たのもしニ同ジ。

むじん・ざう（名）無盡藏 天地ヲ倉庫ニ比ベテ、萬物ノ盡キ果ツルヿ無キヲ言フ語。

むじん・とう（名）無盡燈 燈臺ニ、仕掛アリテ、油皿ノ油減ズレバ、傍ヨリ油ノ自ラ加ハルヤウニ作リタルモノ。

むしめがね（名）蟲眼鏡 顯微鏡ニ同ジ、初メ、多ク小蟲ヲ見タレバ名アリ。

むしもの（名）蒸物（一）蔬菜ノ類ヲ蒸シタルモノ。和名抄「藻、死之毛乃」（二）今、饅頭ナド、蒸シ作ル菓子ノ稱。蒸菓子。

むしや（名）蟲屋（一）蟲籠。「住ミ馴レシ、元ノ野原ヤ、シノブラム、移ス虫屋ニ、虫ノワブルハ」（二）今、松蟲、鈴蟲、螢ナド、人ノ玩トスル蟲類ヲ市ニ賣ル者。

む・しや（名）武者 戰フ人。イクサビト。ツハモノ。モノノフ。武士。戰士 兵士

む・じやう（名）無情（一）情ノ心無キヿ。情愛ナキヿ。（二）非情。「有情－」

む・じやう（名）無常 佛經ノ語、生、滅、輪廻シテ常ナキヿ。萬物無クシテ有リ 有リテ無ク、定メナキヿ。

む・じやう（名）無上 ウヘナキヿ。最モ勝レタルヿ。

むしやウカン（名）蒸羊羹 やうかんノ條ヲ見ヨ。

む・じやう・に（副）無上 コレヨリ上ナシトシテ。分別モズ急キ込ミテ。ムヤミニ。

むしやき（名）蒸燒 肉ナド、鍋ニ入レ、蓋ニテ密閉シテ、其上下ヨリ鍋ヲ隔テテ燒クヿ。

むしや・しゆぎやう（名）武者修行 武士ノ、諸國ヲ遍歷シテ、武術ノ修行鍛練ヲナスヿ。

むしや・だまり（名）武者溜 城ノ一ノ門ノ間ニ、騎卒ノ屯スル所。枡形。

むしや・どころ（名）武者所 院ノ御所ニテ、下北面ノ武者ノ候フ處（北面ノ條ヲ見ヨ）御所ニテハ、瀧口ナリ。後醍醐帝ノ時ニハ、禁中ニモ置カセラレヌ。

†むしやぶりつ・く・ク・ケ・カ・キ・ケ（自動）（規、一）〔貪着ヲむさぼりつくト讀メルヨリ轉ズト云、イカガ〕一心ニ取リ付ク。

む・しゆく（名）無宿 ヤドナシ。住ムベキ家ナキヿ。人別ニ入ラヌヿ。無籍

む・じゆん（名）矛盾 牟楯〔矛、刺セバ、盾、防グ義〕（一）自語ノ相違。事ノアトサキソロハヌヿ。（二）交ノ中、惡シクナルヿ。ナカタガヒ。有隙

む・しよ（名）墓所 ハカドコロ。墓場。

むしよけ（名）蟲除 神佛ノ符ノ、毒蟲、蝮蛇、ナドノ害ヲ退クトイフモノ。

むし・る・ル・レ・ラ・リ・レ（他動）（規、一）毟〔字ハ芼（寒也）ノ誤カ、或ハ和字カ〕攫ミテ引キ拔キ取ル。毛ヲ－

綿ヲ—」「草ヲ—」「掻キ—」

むしろ (名) 席 筵 〔装代ノ轉ニテ、装ハ敷装ヲイフカト云、或云、身代ノ轉カト〕(一)古ク、又、敷居。藁、藺、蒲、竹、ナドニテ編ミ作レル敷物ノ總名。(二)今、專ラ、藁席。(おさト別ツ)

むしろ (副) 寧 〔若ノ轉、ろハ助辭ト云〕彼ヨリハ此ヲト擇ブ意ヲイフ語。イッソ。「—倹セヨ」—コレヲ取ラム」

むす・ス・セ・サ・ル・セ (自動)(規、一) 生 產 成リ出ヅ。生フ。生ヘ。生ズ。「苔—」「草—」

むす・ス・セ・サ・シ・セ (他動)(規、一) 蒸 熱クナス。湯氣ノ中ニ籠メテ熱ヲ與ヘ、フカス。「粟ヲ—」「饅頭ヲ—」

むす・ス・セ・サ・シ・セ (自動)(規、一) 蒸 暑氣籠ルガ如ク迫ル。ムシアツクナル。溽暑

むす・スル・スレ・セ・セ・セヨ (自動)(規、二) 噎 哽咽 氣、喉ニ塞ガル。ムセブ。「聲—」「ムセカヘル」「湯ニ—」「飯ニ—」

むぜう (名) 無數 數ノ限リナキ事。

むすこ (名) 息 〔產子ノ義〕男ノ子。子息。(親子ノ間ニイフ)

むずと (副) 無手 急ニ力ヲ込メテ。「—組ム」手ヲ—取ル」

むすばる・ル・レ・ラ・リ・レ (自動)(規、一) 結 自ラ結ビタルヤウニテル。

(むすひ) (名) 產靈 天地萬物ヲ產シ成ス事。靈異ナル神靈。又、—ノ神。「高皇—」「神皇—」「火—」「生—」「足—」和名抄「產靈、无須比乃賀美」

むすび (名) 結 (一)ムスブ事。結フ事。(二)事ヲ終フル事。終結 (三)語學ノ語、動詞、形容詞、助動詞、等ノ一句一文ノ末ヲ終フル時、其語尾ノ變化ノ用法。例ヘバ、尋常ニハ「花、落つ」山、高し」ナドイフ、コレニ、ぞ、や、こそ、ナドノ入ル時ハ「花ぞ落つる」山や高き」花こそ落つれ」山こそ高けれ」ナド用キル。此ノぞ、や、こそ、等ヲかかりトイヒ、上下相合フヲうちあひナドイフ。(篇首ノ語法指南ノ動詞ノ直說法ノ條ヲ見ヨ)

むすび (名) 飯ヲ掬ビ固メタルモノ。ニギリメシ。摶飯

むすびとうだい (名) 結燈臺 燈臺ノ一種、短キ竿三本ノ中央ヲ紐ニテ結ビ、竿ヲ捩リテ開キテ立ツ、形、立鼓ノ如シ、上ノ叉ニ燈盞ヲ安シテ用キル。

(むすびのかみ) (名) 產靈ノ條ヲ見ヨ。

むすびぶみ (名) 結文 消息ノ書狀ヲ卷キテ其端ヲ折リ結ビタルモノ、封ニ墨ヲ引ク。(竪文ニ對ス)「文ノ結ビタルモ、竪文モ」

むすぶ・ブ・ベ・バ・ビ・ベ (他動)(規、一) 結 〔群統ブノ約轉カト云〕(一)紐、絲ナドノ端ト端トヲ糾ヘ繋グ。結フ。ユハヘル。(二)言ヒカタム。チギル。約ス。「忘レジト、コトニ結ビテ、別ルレバ、逢ヒ見ムマデハ、思ヒ亂ルナ」契リヲ—」交リヲ—」緣ヲ—」締 (三)終ヘ果タス。「終リヲ—」末ヲ—」終結 (四)語學ノ語、一句一文ノ末ニ、動詞、形容詞、助動詞、ノ語尾ノ變化ヲ、上ノかかりニ打チ合セテ用キル。(むすびノ條ノ第三項ヲ見ヨ)(五)產ス。生ズ。成ス。デカス。「實ヲ—」莢ヲ—」夢ヲ—」(六)構ヘ結ヒ作ル。「庵ヲ—」結構

むすぶ・ブ・ベ・バ・ビ・ベ (他動)(規、一) 掬 〔前條ノ語ヨリ出デ、掌結ムル意ナラム〕掌ヲ窪メテ抄ヒ汲ム。「女ノ、山ノ井ニテ、手洗ヒ、むすびテ飲ムヲ見テ」「袖ヒヂテ、むすびシ水ノ」里遠ミ、水モむすばヌ、板井ニモ」飯ヲ—」

むすぶのかみ (名) (一)產靈ノ神ノ訛。「君見レバ、むすぶノ神ゾ、恨メシキ、ツレナキ人ヲ、何作リケム」(二)歌ニ、多ク、むすぶヲ「結ブ」ニ言ヒ掛ケ、隨テ、誤轉シテ、男女ノ契リヲ結ブ事ヲ司ル神トス。「心せヘ、むすぶノ神ヤ、造リケム、解クルケシキノ、見エヌ君哉」人知レズ、むすぶノ神ヲ、シルベニテ、イカガスベキト、歎ク下紐」月下老人

むすぼほる・ルル・ルレ・レ・レ・レヨ (自動)(規、二) 結 次條ノ語ニ同ジ。「移リ行ク、ハナダノ帶ノ、ムスボホレ、イカナル色ニ、絶エハ果ツラム」

むすぼる・ルル・ルレ・レ・レ・レヨ (自動)(規、二) 結 〔所レ結ノ轉〕新撰字鏡「結、礙也、繫也、牟須波波留」(一)結バレテ解ケ難クナル。ムスボホル。ムスバル。コグラカル。「玉ノ緒ハ、ムスボレテノミ、止ミナマシ、斯クシモ、君ハ思ヒ解カズハ」(二)思ヒ亂レテ晴レヤラズ。氣ガ塞グ。「何トナク、見ル心チコソ、ムスボルレ、柳ノ絲ヲ、亂ス春風」鬱結

むすめ (名) 娘 〔產女ノ義〕(一)女ノ子。メノコ。(親子ノ間ニイフ)息女 (二)ヲトメ。若キ女。娘子 少女

むせき (名) 無籍 戸籍ニ名ノ記シテナキ事。無宿。

むせぶ・ブ・ベ・バ・ビ・ベ (自動)(規、一) 噎 哽咽 (一)噎ス、ニ

同ジ。喉ニ塞ガル。「炭竈ノ、燒クトツマ木ヲ、コリツメテ、烟ニー、小野ノ里人」食ニー、水ニー。(二)泣ク聲、支ヘ塞ガル。(甚シク歎クニ)「眞袖モチ、涙ヲ拭ヒ、牟世比ツツ、語ラヒスレバ」心ニ咽飮、ネノミシ泣カル」涙ニー」嗚咽 (三)支ヘ滯ル。「遣水モ イトイタウむせびテ」トナセ川、紅葉ニー、靄ツ瀨ノ」霞ニー、宇治ノ川波」霧ニー、山ノ鶯、出デヤラデ」知ラヌ松ニモ、風ーナリ」硬塞

むせる (動) 噎スノ訛。

むそ (數) 六十 十ニ六ヲ合ハセタル數。ムソヂ。ロクジフ。

むそく (名) 無足 〔知行、幾貫文ノ料足ナキ義〕武士ノ、知行扶持米ヲ賜ハラヌモノ。 無祿

〔むた (接尾) 共、與 のが、トイフ天爾波ヲ冠シテ「と共に」ノ意ヲナシ、名詞ニ接シテ副詞トスル接尾語。「寶祚之隆、當下與二天壤一無上窮者矣」哭聲與」風響到レ天」君ガ牟多、行カマシモノヲ」風ノ牟多、寄セ來ル浪ニ」神之共、爭ヒカネテ」浪之共、靡ク玉藻ノ」

むだ (名) 徒 〔空ノ轉カ〕イタヅラナルヿ。益ナキヿ。「ー骨折」ー遣ヒ」ー書キ」ー話」ー言」

むたい (名) 無代 〔無ガ代(蔑)ヲ音讀シタル語ナラム、多ク當字ニ無體ナド書ス〕(一)ナイガシロナルヿ。無キニ齊シキヿ。「雖レカ佛法ヲ無代ニシ、逆罪ヲ相招ク」諸卿ノ理卧ヲ無代ニスレバ」起請ニ畏レバ、日頃ノ本意、無代ナルベシ」蔑如 (二)侮リ強フルヿ。「無理無體ニ」ーノ振舞」暴爲

むだい (名) 無代 代料ヲ求メヌヿ。 無價

むたか (名) 無高 知行高ノ定マラヌヿ。

〔むだく ク・ケ・カ・キ・ケ (他動)(規・一) 抱 〔身抱クノ約轉ト云〕いだくニ同ジ。ダキカカフ。「上野ヌ、安蘇ノ眞麻ムラ、搔キ武太岐寐レド飽カヌヲ、アドカ吾ガセム」手抱キテ、我ハイマサム」

むだばな (名) 徒花 あだばなニ同ジ。 謊花

むダン (名) 無檀 寺院ニ、檀家ナキヿ。

むち (名) 鞭、策 〔ぶちトモイフ、共ニ打ト通ズ、或云、馬打ノ約、或云、身打ノ約、イカガ〕馬ノ遲キヲ打チテ、疾ク進マシムル具、細長キ竹、或ハ革ナドヲ用ヰル。

むおち (名) 無地 〔無文ノ地ノ意カ〕染色ナドニ、スベテ同ジ色ニテ模樣ナキヿ。「白ノー」赤ノー」

むちうつ ウ・テ・タ・チ・タ (他動)(規・一) 策、鞭撻 鞭ニテ打ツ。

むちゆう (名) 夢中 (一)夢ヲ見テアル中。(二)轉ジテ、俗ニ、心ヲ失ヒテ夢ノ中ニアルガ如キヿ。有頂天。喪心

むおゆう (名) 無住 寺ニ、住持ナキヿ。

むつ (名) 魚ノ名、海ニ產ス、石首魚ニ似テ小ク、紫黑ニシテ黑キ筋アリ、鱗、細カク、頭、口、大ク、尾ニ岐ナク、鰭、堅シ、長サ七八寸、或ハ尺ニ至ル、脂、多シ、採リテ燈油トス、肉ノ味、淡クシテ、下品ナリ。仙臺ニ、六ノ魚。

むつ (名) 魚ノ名、溪水池澤ニ多シ、形、はえニ似テ狹ク長ク、大ナルハ八九寸、鱗、細カク、口、大ク、胥、尖リ、吻ニ砂アリ、能ク蟲ヲ接シ食フ、色ハ、淡黃褐ニシテ黑ミアリ、脇ニ一黑條アリ。一名、川むつ。 石鮅魚

むつ (名) 六 時ノ名、ときノ條ヲ見ヨ。

むつ (數) 六箇 三ト三トヲ合ハセタル數。六。

〔むつおよび (名) 六指 〔およびハゆびノ古言〕不具ノ名、手足ニ指ノ六ツアルモノ。今、ムツユビ。和名抄「駢拇、无豆於與非」 駢拇 枝指 駢拇ハ、大指ノ根ニ岐アルヲモイヒ、大指ニ、第二指又ハ諸指ノ連ルヲモイフ。

むつかし シキ・シケレ・シク・シク (形・二) (一)煩ハシク厭ハシ。ムサクルシ。イブセシ。鬱陶シ。面倒ナリ。ウルサシ。「ムツカシゲナル物。猫ノ耳ノ中。鼠ノ未ダ毛モ生ヒヌヲ、巢ノ内ヨリ、アマタ轉バシ出デタル」雨ノ降ル時ハ、只ムツカシウ、今朝マデ晴レ晴レシカリツル空トモ覺エズ」カコトバカリヲ聞キタルモ、ムツカシウ、ワヅラハシ」煩雜 鬱悶 (二)轉ジテ、煩ハシク入リマサリテ解キ得難シ。覺リ知ルニタヤスカラズ。成就シ難シ。 難

〔むつがたり (名) 睦語 睦マシク語ラフヿ。ムツゴト。「埋ミ火ノ、アタリニ冬ハ、圓居シテ、ースル、事ゾ嬉シキ」 情話

むつかる ル・レ・ラ・リ・レ (自動)(規・一) 憤 (一)鬱悶シク思ヒテ憤ル。ムヅク。「迫メテ鬱悶シキ折折ハ、打チムツカラセ給ヒテ」關白、ハカナキ事ニテ、ムツカリ侍リケレバ」此君、ナツミテ、泣キムツカリ明シ給ヒツ」(二)今、專ラ、小兒不滿足ニテ、怒レ泣ク。(敬ヒテイフ)

むつき (名) 襁褓 〔纏綿ル衣ノ意カト云〕 (一)初生ノ兒ノ用ニ、特ニ製スル衣。産衣。「兒ノ御衣、五重ガサネニテ、御むつきナドゾ、ゴトゴトシカラズ」赤子ノ、ー二包マレタル心チシテ」(二)誤テ、赤子ノおめし。オシメ。

むつき (名) 睦月 〔相睦ベバイフトイヒ、或ハ生月ノ約、春陽發生ノ意ト云、共ニイカガ〕 陰暦、正月ノ異稱。

〔むづく〕クル・クレ・ケ・ケ・ケヨ (自動)(規・二) 憤 むづかるニ同ジ。「オノヅカラ、手枕ハヅシ、寐ナホレバ、我レ思ハズニ、妹むづけタリ」

むつごと (名) 睦言 睦シク語ラフ話。 俳話

むつのはな (名) 六花 雪ノ異名、其形、必ズ六出ナレバナリ。 六出花

〔むつのを〕 (名) 和琴ノ絃ノ六筋ナルヲイフ語。「むつのをノヨリメ毎ニゾ、香ハ匂フ、彈クヲトメ子ガ、袖ヤ觸レツル」

〔むつび〕 (名) 睦 ムツブコト。シタシミ。「ーヲ交ハス」

〔むつぶ〕ブル・ブレ・ビ・ビ・ビヨ (自動)(規・三) 睦 昵 〔纏綿ル、ト意通ズ〕 睦シクナス。シタシム。ムツル。ナカヨクスル。「常ニ見奉リムツビザリシ親ナレド」親シク思ヒムツブル筋ハ、又無クナム覺エシ」

むつまし シキ・シケレ・シク・シク (形・二) 睦 親 昵 〔纏綿ル状ヨリイフ〕 甚ダ親シ。交リ善シ。ナカヨシ。

むつまやかに (副) 睦 甚ダ睦マシキ状ニテ。

むつゆび (名) 六指 むつおよびノ條ヲ見ヨ。

むつらぼし (名) 六連星 すばるニ同ジ。

むつる ルル・ルレ・レ・レ・レヨ (自動)(規・二) 纏綿 綢繆 〔纏ト意通ズ〕 親シミ馴レ付ク。中善ク睦ブ。「猫、云云、ト來レバ、衣ノ裾ニマツハレ、寄リ伏シムツルルヲ」驚ノ、花ニムツルル、聲聞ケド、心ノ中ニ思フ事ヲモ、隱シアヘズ、ムツレ聞エ給ヒケル」

むつわり (名) 六割 酒樽ノ名、みつわりノ條ヲ見ヨ。

むて (名) 無手 (一)素手。空手。「ーニテ打掛ル」 (二)手段思慮ナクテ爲ルコト。 空手

†むてつぱふ (名) 無手法 理非ノ分別ナク、無手ニ人ニ鬪ヒカカルコト。ムヤミ。 猪突

むてん (名) 無點 漢文ニ、返リ點、捨テ假名、ナドナキコト。

〔むとく〕 (名) 無徳 宿徳無キコト。品位ヲ失ヘルコト。見ルカヒナキコト。「むとくナル物。汐干ノ潟ナル大キナル船。髮短キ人ノ、髢取リオロシテ、髮ケヅル程」嵯峨ノ大井ノワタリノ野山、むとくニ、ケオサレタル秋ナリ」何レヲモむとくナラズ定メ給フヲ、心ギタナキ判者ナメリト嫌ヒ給フ」

むな (名) 棟 むねニ同ジ。(熟語ニ)「ー木」ー札」

むな (名) 胸 むねニ同ジ。(熟語ニ)「ー先」ー騷ギ」

むないた (名) 胸板 胸ノ骨ノ板ノ如ク平ナルヲイフ語。「ーヲ叩キ」

むながい (名) 鞅 次條ヲ見ヨ。

〔むながき〕 (名) 鞅 〔胸繫ノ音便〕 今、ムナガイ。馬具、おしかけノ條ヲ見ヨ。和名抄「鞅、无奈加岐」 靷

〔むなぎ〕 (名) 鰻鱺 〔胸黃ノ義ト云〕 うなぎノ古言。和名抄「鰻、无奈岐」

むなぎ (名) 棟木 棟ニ用ヰル材。

むなぐら (名) 〔胸榮ノ約ト云、或ハ胸座ノ義カ〕 人ヲ抑フルトキ、其左右ノ襟ノ、胸ノ邊ヲ攫ムコト。「ーヲ取ル」

むなぐるし シキ・シケレ・シク・シク (形・二) 胸苦 胸ノ邊、迫ルガ如ク苦シ。 痞

〔むなぐるま〕 (名) 空車 人ノ乘リテアラヌ車。「左府ノ御車ヲ、むなぐるまニテ、法成寺ヘ遣ラセラレケリ」

むなげ (名) 胸毛 (一)胸ノ邊ノ羽。「池水ニ、浮ベル鴛鴦ノ、むなげモテ」(二)男子ノ胸ノ中央ニ生フル毛。

むなさき (名) 胸先 心窩ノ邊。「八拳鬚至于心前」

むなざんよう (名) 胸算用 算盤ヲ取ラズ、心ニテ計ルコト。ムナツモリ。ムナカンヂヤウ。 心算

むなさわぎ (名) 胸騷 驚キ、又ハ、ワナナキテ、心臟ノ動キ跳ルコト。 心動 心悸

むなし シキ・シケレ・シク・シク (形・二) 空 虛 〔實無シノ、轉ト云〕 (一)中ニ物無シ。明キテアリ。空ナリ。(二)事ノ痕、無シ。(三)身空シク失セタリ。死シタリ。「空シウナリ給ヒニシ騷ギニ」此人ヲ空シクシナシテム事ノ、イミジク思サルルニ」空シキ人」空シキ煙」空シキ軀」 死 (四)イタヅラナリ。無益ナリ。不用ナリ。「空シク待ツ」空シク骨折ル」 徒爲

〔むなで〕 (名) 空手 素手。カラテ。「水湛フ、入江ノ眞

掋、刈リカネテ、むな手ニ歸ル、五月雨ノ頃」

むなふだ (名) 棟札 棟上ノ時ニ、建築ノ年月、人名、ナドヲ記シテ、棟木ニ打付ケ置ク木札。 上梁銘

むなもと (名) 胸元 胸骨ノ下、鳩尾ノ邊。 心下

〔むなわけ (名) 胸分 鹿ノ、胸ヲ突出シテ、草木ノ繁ミヲ分ケ行クコト。「小牡鹿ノ、胸別ニカモ、秋萩ノ、散リ過ギニケル、盛リカモイヌル」

むに (名) 無二 〔無レ二ノ音讀〕 フタツトナキコト。並ビナキコト。類ナキコト。「－ノ交リ」 無雙

むにむざんよ (副) 無二無三 〔法華經、唯有二一乘法一無レ二亦無レ三〕 脇目モ觸ラズ一向ニ。イッサンニ。「－切入ル」

むね (名) 胸 〔生根ノ約、心ヲ原トスルカト云、或云、身根ノ轉、或ハ群骨ノ約略ト云、イカガ〕 (一)喉、肩、ノ下、腹ノ上ノ廣キ部、即チ、兩乳ノアル邊。(二)心。思ヒ。「－ニ滿ツ」「－ニ染ム」「－開ク」「－痛シ」「－ノ霧」 (三)衣領ノ胸ニ當ル處。エモン。「－搔キ合ハセ」 胸襟

○－走ル。氣熬ルル。 燥氣 ○－潰ル。悲ミニ迫ル。○－ヲ冷ス。畏レ怖ツ。 寒心 ○－ヲ焦ス。－焦ガル。－燃ユ。甚シク思ヒアコガル。 焦心 ○－開クル。胃、熱ス。溜飲トナル。○－惡シ。嘔氣ヲ催ス。 惡心

むね (名) 宗 〔心ノ義〕 專ラトスルコト。主トスルモノ。オモダチタルモノ。カナメ。「刀エハツヲ二人シテ取ル、宗ト上手ナル者ヲハ中ニ立テテ」「－トハ、詩作リ給フ事ヲ好ミテ」

むね (名) 旨 致 〔事ノ宗ノ義〕 ココロ。事ノオモムキ。趣意。意味。「言ヒモテユケバ、一ツ－ニ當リテ」「事ノ－ツブサニ聞シ召シ」

むね (名) 棟 〔家ノ宗トスルモノノ意ト云、或云、峯ノ轉ト、イカガ〕 (一)屋根ノ最モ高キ處ニ亙ス長キ材。棟木。(二)屋根ノ上ノ最モ高キ處 穿ニ其服屋ノ頂」「穿ニ高倉下ノ倉頂」 (三)家ヲ數フル語。「平家二－」「土藏一－」

むね (名) 刀背ニ同ジ

むねあげ (名) 棟上 家ヲ建ツルニ、柱、梁ナド組立テテ、其上ニ棟木ヲ上グルコト、特ニ祝フ儀式アリ。 上梁

むねあて (名) 胸當 胸ノ部ニ當ツル甲。 胸甲

むねうち (名) 刀背ニテ人ヲ打チテ威スコト。

むねと (名) 宗徒 〔とハ天爾波ニテ、宗トアル者、ナドイフヨリ轉ズ、徒ハ借字ナリ〕 宗ト賴ム者。「宗徒ノ侍」「宗徒ノ者」

むねん (名) 無念 悔イ恨ムコト。口惜シク思フコト。

〔むねむねし・シキ・シケレ・シク・シク (形) (二) 宗トアルベシ。中ニ重立チタリ。タシカナリ。「家司ナドモ、ムネムネシキ人モ無カリケレバ」イト小家ガチニ云云、打チヨロボヒテ、ムネムネシカラヌ軒ノツマナドニ」

〔むばたまの (枕) ぬばたまのニ同ジ。

〔むばら (名) 茨 荊 薔薇 うばら、又、いばらニ同ジ。

むひ (名) 無比 比ブルモノナキコト。無類。「－ノ良法」

むひつ (名) 無筆 文字書クコトヲ知ラヌコト。讀ミ書キノ出來ヌコト。 無學

むびやう (名) 無病 病ナキコト。スコヤカナルコト。「－息災」

むべ (名) 郁子 又、ウベ。あけびノ一種、蔓草ニテ、老大ナルハ、灌木ノ狀ヲナス、葉ハ、あけびニ似テ、大ク固ク厚シ、五七葉並ビテ一大葉ヲナス、淡綠ニシテ光リ、冬、落チズ、故ニ、常葉あけびノ名モアリ、立夏ノ前ニ、花梗ヲ出シ、六瓣ノ花、簇リ開ク、形稍百合ニ似テ五六分、白クシテ淡紫ヲ帶フ、實ハ楕圓ニシテ、からすうりヨリ大ナリ、熟スレバ暗紫色ニシテ甘シ。 野木瓜

〔むべ (副) 宜 うべノ條ヲ見ヨ。

〔むべむべし (形) 宜宜 うべうべしニ同ジ。「物マメヤカニむべむべしき御物語ハ」

むぼう (名) 無謀 謀計ナキコト。考ヘナキコト。「－ノ戰」

むほふ (名) 無法 法ナキコト。事ノ理ナキコト。暴ナルコト。

むほん (名) 無品 品ノ條ヲ見ヨ。

むほん (名) 謀叛 八虐ノ一、君主ニ叛キテ兵ヲ起スコト。

〔むま (名) 馬 うまニ同ジ。 スベテ馬ヲ冠セル語、皆うまノ條ニアリ。

〔むまき (名) 牧 〔馬城ノ義、或云、馬置ノ約、或云、馬飼ノ約〕 うまきニ同ジ。今、約メテ、マキ

むみやう (名) 無明 佛經ノ語、明無ク暗キコト。邪見妄執ノ中ニアリテ、法界ニ出デザルコト。「－ノ闇」

むみやうい (名) 無名異 (一)過酸化滿俺。(滿俺

ノ條ヲ見ヨ。(二)呉須ノ一名。(鑛物ノ)(三)久シク炭ヲ燒キタル地下ニ、黒色ノ塊ヲ生ジタルモノ。藥木膠 (四)和ノ一トイフハ、土様酸化鐵、銀山ノ石上ニ、褐色ニシテナナ如ク着キタルヲ、水飛シテ採ル、血止ノ藥トス、石見銀山、佐渡鐵山等ヨリ產ス、チドメイシ。

(むむき) (名) 朏 鳥ノ五臟。又、モモキ。今、モモケ。

むめい (名) 無銘 書畫刀劍等ノ諸器ニ銘、即チ、製作者ノ名ノ記シテ無キコト。無款識

むめいゆび (名) 無名指 ナナシオヨビ。ベニサシユビ。

むもん (名) 無文|無紋 地ニ模樣ナキコト。

(むもる) (動) 埋 うもるニ同ジ。「一モレ木」一モレ井」

むやく (名) 無益 益ナキコト。ムダ。空キ。「一ノ殺生」

(むやひ) (名) 舫 ムヤフコト。モヤヒ。「波ノ上ニ、下ス小舟ノ、むやひシテ、月ニ歌ヒシ、妹ゾ戀シキ」

(むやふ) フ・ヘ・ヘ・ヒ・ヘ (他動) (規.一) 舫 舟ト舟トヲ繋グ。今、モヤフ。「水モ狹ニ、紅葉ノ舟ヲ、むやひツツ、錦帆ニカケテ、風ゾ渡ギユク」

むやみ (副) 無闇 理非ヲ分別セヌコト。暴

むやむや (副) 煩ヒ悶ユル心地ニイフ語。

むゆか (名) 六日 (六日ノ延轉) むいかニ同ジ。

むよう (名) 無用 用キナキコト。無益。「一ノ物」一ノ人」此語、止メヨ、ト命ズル意ニモ用ヰル。「通行一」

むら (名) 叢|群 (當字ニ、多ク、村、ト記ス) 群ノ轉。ムラガレルコト。「むらさガラ、見ユル紅葉ハ、神無月、マダ山風ノ、立タヌナリケリ」一雲」一鵜」一雀」一鳥」一荻」一聲」

むら (名) 村 (群居ノ意)(一)田舍ニテ、人家ノ群ガレル所。(市アル町ニ對ス)(二)郡ノ下ニアル若干ノ廣サノ土地ノ區別。

むら (名) 斑 (一)ココカシコニ叢ヲナスコト。物又色ノ、厚薄、淡濃等、一樣ナラヌコト。マダラ。「雪ノ一消エ」一濃」(二)物事ノ齊シカラヌコト。定メナク狂フコト。「心ノ一」病體ノ一」不齊

(むら) (接尾) 疋|段|端 (叢ノ義) 布帛ヲ若干ノ長サニテ一卷ニシタルヲ數フル語。神功四十六年紀「以ニ五色綵絹各一疋ニ云云」繫ニ爾波移ニ 綾ヲ二一むら包ミテゾツカハシケル」

(むらい) (名) 無禮 禮ナキコト。無禮。「今日ノ暑カハシサ哉、むらいノ罪ハ許サレナムヤ、トテ寄リ臥シ給ヘリ」

(むらかしは) (名) 群葉ノ義カ。「嵐吹ク、遠山本ノ、むらがしは、誰ガ軒端ニカ、雪ハ降ルラム」

(むらがへる) ル・レ・ラ・リ・レ (自動) (規.一) 群返 群レテ飛ビカヘル。「雪ノク、花ノミスリノ、狩衣、打拂ヘドモ、ムラガヘリツツ」

むらがる ル・レ・ラ・リ・レ (自動) (規.一) 群|簇 群レテ居ル。多ク一處ニアツマル。群ル。

むらぎえ (名) 叢消 疎ラニ消ユルコト。「雪ノ一」

(むらをさ) (名) 邑長 村ノ主。村長。

(むらぎみ) (名) 漁父 (群君ノ義カト云、今モ安房ニテハむらぎトイフトゾ) 漁子ノ長。和名抄「漁翁、無良岐美」蜑ヲカヅク、海人ノむらぎみ」

(むらぎも) (名) 村肝 (臀肝ノ略カト云) 心ノ底、肺肝、ナドイフニ同ジ。「一ノ心」

むらくものつるぎ (名) 叢雲劍 三種神器ノ條ヲ見ヨ。

むらご (名) 叢濃 色ノ、ココ、カシコ、薄ク濃ク一樣ナラヌコト。「色色ノ紅葉、薄キ、濃キ、むらごニマジリ」薄葉ノ草紙、一ノ絲シテ、ヲカシク綴ヂタリ」

むらさき (名) 紫 (叢咲ノ義、花ニ黃白粉紅アレバイフト云、或ハ、瓣蕚層層シテ開ケバイフカ)(一)草ノ名、春分後ニ種ヲ下ス、長ジテ二尺許、葉、細長ク互生ス、夏月、枝ノ上、葉ノ間每ニ、白花ヲ開ク、五出ニシテ、梅花ニ似テ、大サ三分許、內ニ蕊ナク、外ニ蕚アリ、亦五出ニシテ細長シ、蕚每ニ、一二實ヲ結ブ、形、圓ク尖リテ、紅花ノ實ニ似テ小シ、根、直ニシテ、皮、深紫色ナリ、皮ノ汁ヲ搾リテ染料トス、又紫根トイヒテ、藥用トモス。紫草 (二)七色ノ一、紫草ノ根皮ニテ染ム。赤ト青トノ間色。紫 (三)鰯ノ異名、脊ノ色ニ就キテイフ、元ト下品ノ食トスル隱語ナルベシ。又、オムラ。(四)俗ニ、醬油ノ異名、其色ニツキテイフ。

むらさきのり (名) 紫菜 あまのりニ同ジ。

むらさめ (名) 叢雨|村雨 一叢ヅツ強ク降リ過グル雨。白雨 過雨

むらじ (名) 連 (群主ノ約カ、其群ノ中ノ主ノ意ト云) 姓ノ名、上古ハ、其家筋ヨリ大連ノ官ニ擧ゲラルル名家ナリ、後ニ、等級定マリテ、第七等ノ姓トナル。

むらだち (名) 叢立 一叢ニナリテ立テル了。「松ノー」

〔むらと〕(名) 腎〔叢處ノ義ニテ、精氣所聚ノ意ト云、イカガ〕腎ノ古名。

〔むらむら〕(副) 叢叢 物ノ處處ニ群ガレル狀ニイフ語。「庭ノ面ニ、むらむら見ユル、冬草ノ」

〔むらむらし〕・しキ・しケレ・しク・しク (形・二) 叢叢 (一)色、濃ク又薄シ、斑ナリ「ツキ草ノ移シ心ヤ、イカナラム、ムラムラシクモ、ナリヌベキ哉」(二)心、一ツニ定マラズ。「ムラムラシサ過ギ給ヘリケル御本性ニテ、云云、誰ニモ、エナツカシウ聞エカヨヒ給ハズ」

むらをさ (名) 村長 一村ノ長。

むり (名) 無理 (一)道理ナキ了。(二)强ヒテ行フ了。

むりやう (名) 無量 ハカリナク、限リ知ラレヌ了。

むりやうじゆぶつ (名) 無量壽佛 阿彌陀佛ノ異名。

むりよう (名) 五絲緞 支那舶來ノ繻子ノ上品ナルモノ。

むる・ル・ル・レ・レ・レ・ロ (自動)(規・二) 群 多ク一處ニアツマル。ムラガル。「急キッツ、駒打チムルル、タツガレニ」群レ居ル」群レ立ツ」

むるゐ (名) 無類 タグヒナキ了。最モ勝レタル了。無比

むれ (名) 群 (一)群ルル了。アツマリ。ムラガリ。(二)ナカマ。友。「惡徒ノー」

むれる・レル・レル・レ・レ・レ・ロ (自動)(規・四・變) 蒸 氣塞ガリテ熱ヲ生ズ。蒸ス。

むろ (名) 室〔籠ル意ノ語ト云〕(一)古ヘ、家ノ内ニテ、別ニ奥ノ方ニアリテ、籠リカナル屋ノ稱、土ニテ塗リ籠メテ寢處トスルモノト云。「無戸室」新室」大室」紀ノ國ノ、むろノ郡ニ、行ク人ハ、風ノ寒サモ、思ヒ知ラレジ」(二)又、古ヘ山腹ナドヲ堀リテ岩屋ノ如ク構ヘタルヲモイフ。「手研耳命於二片丘大窨中一獨臥二于大牀一」窨 (三)後ニ、家。特ニ、僧ノ住家。(庵室ニ就キテイヘル語ト云)「大德ノ、早ウ死ニケルガむろニ、松ノ木ノ枯レタルヲ見テ」僧房 (四)今、冬ノ寒ヲ畏ルル花木ナドヲ收メ置ク家、土ニテ塗リ籠ム。又麹ヲネサスルナドニハ、地ヲ穿チテ作ル。窖

むろ (名) 榁〔檉ヲ當ツルハ誤レリ〕樹、圓柏ニ似テ、高キ了二三四丈、葉、甚ダ細密ニシテ、刺ヤハラカシ、年ヲ歷タルモノ、碧子ヲ結ブ、麥門冬ノ子ノ如シ、又、葉ヤハラカニシテ垂リテ、子無キモノアリ、姬むろトイフ、共ニ、材、槇ニ類シテ、水濕ニ堪フ。杜松

むろあぢ (名) 室鰺〔播州室津ニ多ケレバ名アリ〕鯵ノ類、形小ナレドモ美ナリ、多ク乾魚トス。訛シテ、モロアヂ。

むろざき (名) 室咲 草木ノ、窨ノ中ニ養ハレテ、花ヲ開クモノ。

〔むろつみ〕(名) 館〔室積ノ義、周禮、三十里有二路室一、路室有レ委、五十里有二候館一、候館有レ積、コレニ依ルト云〕旅ノ宿リ。館。欽明六年紀「物部大連、方欲レ發二向難波館一」

むろん (句) 無論 論ズルマデモナシ。勿論。

むゐ (名) 無爲 爲ス了無キ了。無爲。「ー而治」

め

め 五十音圖、末行第四ノ假名、(まノ條ヲ見ヨ) 此音ハ、下ニうヲ受クレバ、みよノ如ク響ク了アリ、めうと(夫婦)めうが(蘘荷)ノ如シ。

め (名) 牝雌 牡ノ條ヲ見ヨ。メス。もし。

め (名) 女 (一)人ノ牝。ヲミナ。ヲンナ。「ー親」ーノ子」ーノ童」(二)配偶ノ女。ツマ。妻。「其中將ノ御娘ハ、定經ヌシノ御めニテコソ オハスレ」定メタルめモ侍ラズ、獨リ臥シヲノミス」ーヲ娶ル」妻 婦

め (名) 目眼〔見ト通ズ、或云、見ノ約〕(一)動物ノ面ニテ、鼻ノ上ノ左右ニアル孔、物ヲ視ル了ヲ主ル官、マナコ。(二)見ル了。見ユル了。「ーニ止マル」ーニ觸ル」ーニ餘ル」ーヲクラマス」僻ー」外ー」陸ー」視 ○ーニ立ツ。際立チテ見ユ。○ーヲ掛ク。ーニ掛ク。善クイタハル。眷顧 ○ーヲ止ム。ーヲ着ク。善ク見ル。注目 ○ーヲ凝ラス。見詰ム。凝眸 ○ーモ合ハズ。眠ラズ。○ーニカカル。ーニ止マル。ーニ入ル。ーニ付ク。見ユ。落目 ○ーヲ塞グ。死ヌ。○ーヲマハス。氣絕ス。絕息 ○ーヲ拔ク。欺ク。眩惑

め (名) 目 (一)物ノ、縱橫ニナリタル間ノ、空ニシテ孔ヲナセル處。「網ノーヲ張ル」笊ノー」籠ノー」碁盤ノー」(二)刻ミテ齒ノ形ヲナシ、又ハ、高キ筋ヲナセルモノ。「鋸ノー」鑢ノー」碾ノー」齒 磨眼 (三)釆ノ面ノ、一

二三四五六ノ標點。「采ノ—」—ガ出ル」(四)秤竿、物差、寒暖計、ナドニ盛リツケテアル刻ミ。「—ヲ盛ル」「上—」「前—」度 (五)衬ニテ、貫、匁、分、厘、等ノ重サ、枡ニテ、石、斗、升、合、等ノ量ヲ計ル語。「—ヲ量ル」「秤—」「枡—」「金—」「銀—」量 (六)材木ノ肉中ノ筋。木目。「板ノ—」「正—」木理 (七)物事ノ端ト端トノ相合フ處。「折リ—」「縫ヒ—」「編ミ—」「綴ヂ—」「違ヒ—」際

め (名) 目 〔見ノ約、先ヅ目ニ見テ心ニ受ケレバイフ〕其時其事ニ出合ヒタルコト。場合。「コレヨリ優ルめヲ見セツベカリケリ」戚夫人ノ見ケムめノヤウニハアラズトモ、必ズ人笑ヘナル事ハアリヌベキ身ニコソアメレ」「憂キ—」「辛キ—」

め (名) 芽 〔萌ノ約カト云〕草木ノ莖幹枝葉等ノ、纔ニ出デ初メタルモノ。

め (名) 海布 〔芽ノ義カト云、或云、藻ノ轉〕海藻ノ食フベキモノノ總名。「鎌ニ海布之柄ヲ作ニ燧臼ニ」「海藻苅舟」「アラ—」「ニギ—」「ワカ—」「ヒロ—」「ヒビス—」「カヂ—」

め (助動) 將ノ變化、其條ヲ見ヨ。「明ケテコソ見め」

め (接尾) 目 事物日時等ノ次第ヲイフ語。「一ツ—」「五番—」「六度—」「十日—」「九代—」「十枚—」第

め (接尾) 〔見ノ約トズ〕程。狀。「細めニ開ク」「長めニ切ル」

め (接尾) 〔群ノ約カト云〕人ノ稱呼ニ添ヘテ賤ル語。「其奴め」奴

めあかし (名) 〔目證ノ義〕盗ヲ捕フルニ耳目トスル賤シキ者。(多ク盗ヲ赦シテ役ス) 警跡

め-あて (名) 目當 (一)眼ヲ當テテ見ル處。ネラヒ。アテド。メド。 標準 (二)鳥銃ノ名所、火口ノ邊ト銃口ノ上トニ尖リ立テルモノ、相照シテ狙ヒヲ定ムル用トス、銃口ナルヲ前見當トイヒ、手許ナルヲ研割トイフ、各、頂ニ刻缺アリ。 照星

めあは-す・スル・スレ・セ・セ・セヨ (他動) (規.二) 妻 〔女合ハスノ義〕配セテ妻トス。

めい (名) 命 (一)イノチ。壽命。「—ヲ絶ツ」(二)オホセ。イヒツケ。下知。「君ノ—」「—ニ背ク」(三)メグリアハセ。運命。「天ノ—」

めい (名) 銘 (一)漢文ニ、功ヲ識シ稱スル文、金石ニ刻ム、多クハ、四字一句ツツニテ韻ヲ踐ム。(二)製造ノ物ニ、格段ニツクル名。「酒ノ—」(三)製作者ノ、其器ニ、己ガ名ヲ刻ミツクルコト。(名ノ誤カ) 款識

めい (接頭) 名 名ノ高キ。世ニ勝レタル。「—君」「—臣」「—僧」「—醫」「—山」「—花」「—木」「—馬」「—刀」「—歌」「—論」「—文」「—作」

めい (接尾) 名 人ヲ數フル語。人。「生徒百—」

めい-か (名) 名家 世ニ名望アル家筋。

めい-かん (名) 明鑑 見ヌキタル鑒定。

めい-かん (名) 銘肝 肝ニヱリツケテ忘レヌコト。

めい-ぎ (名) 名義 名トシテ立ツル義理。名分。

めい-げつ (名) 明月 曇リナク澄ミワタレル月。(多クハ十五夜ノ月ニイフ)

めい-げん (名) 鳴弦 ツルウチ。弓弦ヲ引キ鳴ラシテ、物怪ヲ攘フコト。

めい-さい-に (副) 明細 コトコマカニ。クハシク。 精密

めい-さん (名) 名產 名立タル產物。名物。

めい-し (名) 名詞 ナコトバ。語學ノ語、有形無形ノ物事ノ名稱ヲイフ語。體言。其中ニ、人、馬、國、山、ナド、普ク通ジテ用ヰル語ヲ、普通—トイヒ、賴朝、池月、武藏、富士、ナド、其人、其物ニ限レルヲ、固有—トイフ。

めい-し (名) 名刺 名札ニ同ジ。

めい-じん (名) 名人 藝術ニ勝レテ名立タル人。 名手

め-いしや (名) 眼醫者 專ラ、眼病ヲ療治スルヲ業トスル醫師。 眼科醫

めい-しや (名) 鳴謝 カタジケナシト禮ヲ述ブルコト。

めい-しやう (名) 名匠 (一)學術ニ勝レタル人。(二)僧ノ泛稱。

めい-じやう-す・スル・スレ・セ・シ・セヨ (他動) (不規.二) 名狀 狀、貌、ヲ口ニ言ヒ取ル。「名狀スベカラズ」

めい-しゆ (名) 銘酒 格段ナル製法ニテ格段ナル銘アル酒類。菊酒、保命酒、ナド。

めい-しよ (名) 名所 ナドコロ。景色ナドニ、格段ニ名立タル地。名勝。名跡。 勝地 勝區

めい-しよう (名) 名勝 名所ニ同ジ。

めい-しよう (名) 名稱 ナヨビ。ナ。

めい-す・ズル・ズレ・セ・ジ・ゼョ（他動）（不規・三）【命】オホス。イヒツク。下知ス。

めい-すう（名）【命數】（一）イノチノカギリ。（二）運ノナリユキ。

めい-せん（名）【銘撰】【銘仙】〔或ハ、綿線、綿氈〕絲ヲ紡車ニ掛ケズシテ織レル稍粗ナル絹布。

めいたがれひ（名）【目板鰈】鰈ノ一種、形、稍、狹ク長ク、長サ尺ニ近ク、右片ハ灰黑ニシテ茶褐ヲ帶ビ、鱗、稍、粗ク、左片ハ雪白ニシテ極細ノ鱗アリ、口、甚ダ小ク、傍ニ兩眼、高ク出ヅ。

めい-たつ（名）【明達】萬事ニ聰キ一。ハツメイ。

めい-だん（名）【明斷】聽キ決斷。

めい-ちや（名）【銘茶】別段ノ製法ニテ、別段ノ銘アル茶。

めい-ちゆう（名）【命中】狙フ星ニアタル一。

めい-てい（名）【酩酊】甚ダシク酒ニ醉ヘル一。

めい-てき（名）【鳴鏑】ナリカブラ。カブラヤ。

めい-てつ（名）【明哲】智ノ勝レテ聰キ一。又、其人。

めい-ど（名）【冥土】佛説ニ、亡者ノ往キテ居ル處、地下ニアリト云フヨミヂ。冥府。

めい-どう（名）【鳴動】鳴リウゴク一。トドロク一。「天地一」

めい-とく（名）【明德】靈異ナル德。

めい-にち（名）【命日】忌日ニ同ジ。

めい-ばう（名）【名望】他人ヨリノ好キ評判

めい-はく（名）【明白】アキラカニシテ疑ヒナキ一。

めい-ひつ（名）【名筆】巧ナル筆蹟。能書。

めい-びん（名）【明敏】サトキ一。カシコクスバヤキ一。

めい-ふ（名）【冥府】冥土、又ハ、地獄ニ同ジ。

めい-ふく（名）【冥福】死後ノ功德ノ爲ニ佛事ヲ營ム一。追善。「一ヲ祈ル」「一ヲ修ス」

めい-ぶつ（名）【名物】（一）名立タル物。「一ノ茶器」【名器】（二）其土地ニ產ジテ名高キ品。【名產】

めい-ぶん（名）【名分】名義ノ分際。

めい-ぼ（名）【名簿】（一）名簿。（二）姓名ヲ記ス帳。

〔めい-ぼく（名）面目ノ讀癖。「何ノめいぼくニテカ、又、都ニモ歸ラム」〕

めい-めい（副）【銘銘】〔名名ノ義カ、面面ノ訛カ〕オノオノ。一人一人ニ。各自

めい-めい-てう（名）【命命鳥】迦嘍茶ノ條ヲ見ヨ。

めい-もく（名）【瞑目】（一）目ヲ塞グ一。（二）死スル一。

めい-もん（名）【命門】漢方醫ノ語、前陰ノ中、精血ノ門ト云。

めい-やく（名）【盟約】盟ヒテ約束スル一。契約。

めい-よ（名）【名譽】ホマレ。身ノ好キ評判。

めい-り（名）【名利】又、ミヤウリ。名譽ト利益ト。

めい-れい（名）【命令】オホセ。イヒツケ。下知。

めい-れい（名）【螟蛉】（一）アヲムシ。（二）養子ノ異名。

めいれい-はふ（名）【命令法】語學ノ語、動詞ノ語尾ノ變化ニ、其動作ヲ他ニ命ズル意ヲ成スモノ、例ヘバ、「讀ム」勸ム」有リ」ナドヲ、「讀メ」勸メヨ」有レ」ナド用ヰルガ如シ。下知ノ詞、希求言。

（おかはちノ條ヲ見ヨ）

めい-れう（名）【明瞭】アキラカナル一。明白明亮。

めい-わく（名）【迷惑】マヨヒマドフ一。困リ煩フ一。

めう（名）【妙】タヘナル一。甚ダ巧ニ好キ一。

めうが（名）【蘘荷】〔めかノ延、俗、茗荷ト書ス〕古名、メカ。草ノ名、山谷、或ハ、竹木ノ林中ニ生リ、常ニ畠ニモ植エテ菜トス、春、宿根ヨリ苗ヲ生ズ、めうがたけト云、形、略、生薑ノ苗ニ似タリ、長ジテ高サ二三尺、根ノ旁ニ花ヲ生ズ、めうがのこトイフ、形、筍ノ如クニシテ、一二寸、採リテ食用トス。

めう-かう-ざん（名）【妙高山】須彌山ニ同ジ。

めう-けん（名）【妙見】菩薩ノ名、北斗星ヲ祀レルモノト云。

めう-だい（名）【苗字】【苗氏】〔名字ノ當字ナラム、或云、苗裔ノ字ノ義〕姓ノ條ヲ見ヨ。

〔めうつし（名）【目移】見ル目ヲ他ノ上ニ移ス一。「次ニ頭ノ中將、人ノめうつしモ、タダナラズ覺エベカメレド」〕

めうつり（名）【目移】見ル目ノ、種種ノ物ニ移リ變ハル一。見テ迷フ一。

めうと（名）【夫婦】めをとノ音便。其條ヲ見ヨ。

めうへ（名）【目上】親族、又ハ、官途ノ間ニ、身分ノ、己レヨリ尊キ人ノ稱。尊屬 己レヨリ昇キヲ目下トス。昇屬

めう-やく（名）【妙藥】キキメノ妙ニ功能アル藥。良藥。奇藥 良劑

メエトル（名）【米突】〔佛語、Metre.〕佛蘭西ノ尺度

ノ名、我ガ三尺二寸九分二厘、九四六七餘。

〔めか (名) 蘘荷 〔芽香ノ義カト云、或ハ、「女か」ノ說アリ、生薑ノ條ヲ見ヨ〕 めうがノ古名。和名抄「蘘荷、米加」

〔めかかう (名) 〔目赤クノ音便轉〕 又、アカメ。メアカウ。下眶ヲ指ニテ引キヒロゲ赤クシテ、小兒ヲ威ス戲。轉ジテ、メカコ。訛シテ、ベカコ、ベッカッカウ。「タカンチノ皮ヲ、男ノオヨビゴトニ入レテ、めかかうシテ、兒ヲ威セバ」

めかく・クル・クレ・ケ・ケ・ケヨ (他動)(規・二) 目掛 目ヲツケテ求ム。狙ヒ望ム。 屬目

めかくし (名) 目隱 (一)布帛ナドニテ、目ヲ被ヒテ頂後ニ束ヌルコト。(死刑ノ罪人ナドニスルコトナリ) (二)小兒ノ戲、一人、手拭ニテ目隱シテ、衆ヲ逐ヒ、捕ヘラレタル者、又、目隱シテ、又、捕フ。又、メナシチゴ。メンナイチドリ。メナシドチ。メドチ。 捉迷藏

めかけ (名) 妾 〔目ヲ掛クル意〕 ヲンナメ。ソバメ。カケメ。テカケ。

めかす・ス・セ・サ・シ・セ (他動)(規・一) 他語ト熟語トシテ「ソレめくヤウニナス」意ヲイフ語。「時ー」今ー」唐ー」步ー」色ー」物ー」

めかす・ス・セ・サ・シ・セ (他動)(規・一) 〔色めかす、ノ略〕 衣飾ヲ裝ヒカザル。ヤツス。(東京) 艶飾

めかた (名) 目方 秤目ニテ知ル物ノ輕重ノ量。掛目。貫目。 量目

〔めかつら (名) 桂 〔目桂ノ義ナラム〕 桂ノ條ヲ見ヨ。

めかづら (名) 目鬘 玩物、眉目以上ト髮飾トノ狀ヲ畫キタル紙ヲ、紐ニテ耳ニ釣リテ假面ノ如クスルモノ。(東京)

めかど (名) 目角 眼ノ、鋭ク物ヲ見ル狀ヲナスコト。「ーヲ立ツ」 眼稜

めかど (名) 目廉 物事ノ廉ヲ確ト認ムルコト。「ーニ取ル」 目記

〔めがね (名) 妻ト豫テ定メタルモノ。「拙キ身ニハアリトモ、已ガめがねヲ、人ニ欲ラセシメテハアリナムヤ」

めがね (名) 眼鏡 〔眼鑑ノ義カ〕 老眼、近眼、ナドニ掛ケテ、物ヲ分明ニ見スル具、水晶又ハ硝子ニテ製ス。 靉靆鏡

めがね (名) 〔眼ノ尺度ノ意ト云〕 形狀性質ヲ見テ、善惡可否ヲ考ヘ定ムルコト。 鑒識

〔めかる・ルル・ルレ・レ・レ・レヨ (自動)(規・二) 目離 目、離ル。見ルコト止ム。「めかるトモ、思ホエナクニ、忘ラルル、時シ無ケレバ、面影ニ立ツ」暮ルト明クト、めかれヌモノヲ、梅ノ花、イツノ人間ニ、ウツロヒヌラム」

めきき (名) 目利 刀劍書畫器物ナドノ眞僞好惡ヲ見別クルコト。 鑒識 鑒定

〔めぎみ (名) 妻君 他ノ妻ノ敬稱。「此ノ隣ノ駿河ノめぎみコソ、物ノ情アリテ」

めく・ク・ケ・カ・キ・ケ (自動)(規・一) 〔見ノ約ナルめヲ活用ス、或云、向クノ轉カト〕 「ソノ如クナル」ソノ狀ニ見ユ」ナドイフ意ヲイフ語、熟語トシテ用ヰル。「時ー」今ー」色ー」春ー」

めくぎ (名) 目釘 刀ノ柄ト刀心トニ小穴アリ、刀心ヲ柄ニ刺シコミ上ヨリ其二ツノ穴ヲ刺シ貫キテ止ムル具、竹釘ヲ用ヰル、銅製ナルモアリ。其穴ヲー穴トイフ。 刀眼

〔めぐし・キ・ケレ・ク・シ (形・二) 見ル目、苦シ。(今、憎シ、トイフハ此轉ナリト云) 「人モ無キ、舊リニシ里ニ、アル人ヲ、懇ク君ガ、戀ニ死ナセム」

〔めぐし・キ・ケレ・ク・シ (形・二) 〔愍ム、ト同根ノ語ト云、或ハ、前條ノ語ヨリ出デ、愍ムベクイトホシキ意カ〕 可愛ラシ。イトホシ。イツクシ。(今モ、仙臺ニテハ、可愛ヲめおしトイフ、此轉ナリ) 「父母ヲ見レバ尊シ、妻子見レバ、米具之愛シ」

めぐすり (名) 目藥 眼病ニ用ヰル差藥。 點眼水

めくそ (名) 目屎 めやにニ同ジ。 眵

めくはす・スル・スレ・セ・セ・セヨ (自動)(規・二) 眴 目語 〔目ト目トヲ食ヒ合ハスル意ト云、或ハ、目交スノ轉カ〕 目ヲ動シテ心ヲ通ハス。メクバセヲナス。「アナ、カタハライタト、メクハスレド、聞キモ入レズ」

めくはせ (名) 眴 メクハスルコト。目色ニテ知ラスルコト。

めくはせ (名) 眴 前條ノ語ノ訛。

めぐみ (名) 惠 恩 惠ムコト。イツクシミ。ナサケ。アハレミ。

めぐむ・ム・メ・マ・ミ・メ (自動)(規・一) 萌 芽ヲ生ズ。芽ザス。

めぐむ・ム・メ・マ・ミ・メ (他動)(規・一) 惠 憐 (一)愛シト思ヒテ助ケイタハル。(二)惠ミテ物ヲ與フ。 施與

めくら (名) 盲 瞽 〔目暗ノ義〕 メシヒ。目ニ見ルコト、カヲ失ヘルコト。

〔めぐらしぶみ (名) 廻文 遍ク傳ヘ示ス文書。今、廻文。廻狀。順達。 移文

めくらじま (名) 盲縞 〔縞ナレド見分ケラレヌ意〕 紺ノ織色ノ綿布。即チ、經、緯、共ニ、先ヅ染メテ後ニ織レルモノ。

めぐらす・ス・セ・サ・ゼ・セ (他動) (規・一) 廻 (一)メグルヤウニナスグルクルトマハス。 回轉 (二)廻文ニテ知ラス。「假ニメグラシ仰セ給ヒテ見給フ」 移文 (三)働カシ用ヰル。「智慧ヲ一」「謀ヲ一」 運用

〔めぐらふ・フ・ヘ・ハ・ヒ・ヘ (自動) (規・二) 廻 〔めぐるノ延〕 世ノ中ニ立チマジラフ。「此ノ年頃ハ、同ジ世ノ中ノ内ニめぐらひ侍リツレド」ケヂカキ人ノ、後レ率リテ生キめぐらふハ、オホロゲノ命長サナラジ」

めぐり (名) 廻 (一)メグルコト。マハルコト。「車ノ一」 回轉 (二)〔小兒ノ戲、直立シテ、自ラ身ヲメグラスコト。今、ダイダウメグリ。ドウドウメグリ。「兒ドモノめぐりスルトモ見エタリ」 (三)行キテ故ニモドルコト。歷テ來テ初ニ返ルコト。「日月ノ一」「年月ノ一」 周 運 (四)物ノ外圍。カコミ。マハリ。グルリ。「一ノ垣」「山ノ一」 周回 周圍 (五)アタリ。ホトリ。「此ノ一ニ住マズナリニケムハ」「一ニ文ドモ山ノ如ク積ミテ」 周邊 (六)飯ノ菜。オマハリ。オカズ。(七)廿月ノ一、ノ略、月經ニ同ジ。

めぐりあはせ (名) 運合 吉凶ノ事ニ、思ヒカケズ出デ合フコト。マハリアハセ。 輪廻 遭遇

めぐりあふ・フ・ヘ・ハ・ヒ・ヘ (自動) (規・一) 運合 運リ運リテ出デ會フ。 邂逅 遭遇

〔めぐりみづのとよのあかり (名) 曲水宴ニ同ジ。

廿めぐる (動) 捲 まくるノ訛。

めぐる・ル・レ・ラ・リ・レ (自動) (規・一) 廻 回 旋 〔目轉ル、ノ義カト云〕 (一)圓ク動ク。マハル。「車一」 (二)環ノ筋ニ隨ヒテ行キテ故位ニモドル。初ニカヘル。「地球、太陽ヲ、一」「年、一」「メグリ來ル」「メグリ逢フ」 周 運 (三)周圍ヲ圍ミテアリ。「水、山ヲ一」 繞 圍繞 (四)諸處ヲ歩キマハル。「國國ヲ一」「市中ヲ一」 巡 巡歷 (五)世ノ中ニ立チマジラフ。「我レカクテ、ウキ世ノ中ニ、めぐるトモ、誰カハ知ラム、月ノ都ニ」

めくるめく (動) 眩 くるめくノ條ヲ見ヨ。

めげる・ゲル・ゲレ・ゲ・ゲ・ゲヨ (自動) (規・四・變) 〔曲ル、ノ轉カト云〕 挫ケ損ズ。弱ル。「霜ニ一」「寒サニ一」 萎靡

〔めこ (名) 妻子 (一)妻ト子ト。「愛シキめこノ顏ヲモ見デ、死ヌベキ事ト歎ク」 (二)妻。「天女降リ給フラム世ニヤ、我ガめこ出デ來ム、天ノ下ニハ、我ガめこニスベキ、人ナシ」

〔めさく・ク・ケ・カ・キ・ケ (他動) (規・一) 黥 〔目ノ邊ヲ裂ク意カト云〕 面ヲ刻ミテ墨ヲ入ル。(罪人ノ)黥刑ニ行フ。「面黥老人」「惡ニ飼部等黥之氣ニ故自レ是後頓絶以不レ黥ニ飼部ニ而止之」「免レ死科レ墨、即日黥」

〔めさけ (動) 召し上げ、ノ約。「又隨ニ其后之白ニ喚ニ上美知能宇斯王之女等ニ」「吾ガ主ノ、御魂賜ヒテ、春サラバ、奈良ノ都ニ、喚佐宜給ハネ」

〔めさし (名) 髫 (一)童男女ノ額髮ノ、短クシテ、目ヲ刺スバカリナルモノト云。新撰字鏡「髫、小兒髮、目佐志」「めさしナル御髮ヲ、切ニ搔キ遣リツ」 (二)轉ジテ、童男女。「小餘綾ノ、磯立チナラシ、磯菜摘ム、めざし濡ラスナ、沖ニヲレ浪」「花園ニ、我ヲハナテ、我ヲハナテヤ、めざし伴ヘテ」

めさし (名) 目差 目色。メツキ。マナコヰ。

めさし (名) 目刺 鰯、鯷、ナド、數疋ノ目ヲ、竹串ニテ刺シ貫キテ乾シタルモノ。 鮍

めさす・ス・セ・サ・シ・セ (自動) (規・一) 芽差 芽ヲ出ス。メグム。芽ヲ吹ク。 萌芽

めざす・ス・セ・サ・シ・セ (他動) (規・一) 目差 見向ク。目掛ク。狙フ。

めざとし・キ・ク・シ・ケレ・ク・ク (形・二) 目聰 (一)見付クルコト早シ。メバヤシ。 慧眼 (二)イザトシ。眠レルヨリ覺ムルコト敏シ。

めさはり (名) 目障 見ルニ障ハルコト。

めざまし (名) 目醒 (一)眠レル目ヲ醒メサスル一。(二)一種ノ仕掛アル時計、仕掛ケテ枕邊ニ置ケバ、目ヲ醒マサムト思フ刻限ニ鳴リ出ヅルモノ。(三)小兒ノ寐起ニ與フル菓子ナド。

めざまし・シキ・シケレ・シク・シク (形・二) 目醒 事ノ狀、思ヒノ外ニテ、目モ醒ムルバカリナリ。アサマシ。(善惡褒貶ニ通ジテイフ)「スベテ、カヲリナツカシケナリ、思ノ外ニメザマシウモアリケル哉」「急ギ歸リ給ヘルヲ、云云、イト飽カズ、メザマシウト宣フ」「カヤウニ榮エ給ヘバ、越エラレ給フ方ザマノ人ハ、目醒シク思ヒ嘲リテ」 瞠若

めし (名) 飯 〔食物ノ略ト云、或云、御食ノ約轉カト、イカガ〕(一)飯。米穀ヲ炊キタルモノ。「米ノ―」麥―」粟ノ―」(二)食。日日、時ヲ定メテ、飯ヲ食フコト。食事。「―時」朝―」晝―」夕―」餐

めし (名) 召徵 召スコト。呼ビ招クコトノ敬語。

めじ (名) 魚ノ名、めじかニ同ジ。

めしあがる・ル・レ・ラ・リ・レ (他動)(規・一) 食上 食フノ敬語。メシヤガル。

めしあぐ・グル・グレ・ゲ・ゲ・ゲヨ (他動)(規・二) 召上 (一)呼ビ出スノ敬語。召シ出ス。「東宮ノ女御ノ御方ノ花ノ賀ニめしあげラレタリケルニ」(二)官ヘ取ル。「家祿ヲ―」

めしいだす・ス・セ・サ・シ・セ (他動)(規・一) 召出 召シテ、祿又職ヲ授ク。メシダス。徵辟

〔めしうど〕(名) 召人 〔召仕ナドノ意ト云〕妾ノ類ゾバメ。メカケ。テカケ。「大殿、年頃、鰥ニテオハシマセバ、御めしうどノ内侍ノスケノ覺エ、年月ニ添ヘテ、タダ權ノ北方ニテ」侍妾

めしうど (名) 召人 又トラヘビト。罪アリテ獄ニ召シ籠メラレテアル人。又、牢ノ罪人。 囚人

めじか (名) 〔目鹿ノ義、鹿ニ似タレバイフト云、或云、眼近ノ義カト、サラバ、めぢかカ〕(一)魚ノ名、關西ニテハ、鮪ノ小クシテ二尺以下ノモノノ稱、關東ノさうだがつをナリト云。(二)關東ニテハ、鰹ノ小クシテ、一二尺ナルモノノ稱、春夏ノ交ニ出ヅ、味、淡クシテ佳ナリ。又、メジカツヲ、略シテ、メジ。其子ヲよあわトスト云。([illegible]わかつなノ條ヲ見ヨ)

めしかかふ・フル・フレ・ヘ・ヘ・ヘヨ (他動)(規・二) 召抱 召シテ、家臣家人トス。徵辟

めじかつを (名) 魚ノ名、めじかニ同ジ。

めしこむ・ムル・ムレ・メ・メ・メヨ (他動)(規・二) 召籠 召シ寄セテ閉ヂ籠ム。抑ヘテ出サズ。

めしじやくし (名) 飯杓子 古ク、イヒカヒ。一木ニテ、頭、柄、共ニ作レル杓子、頭、圓ク平タクシテ甚ダ淺シ、專ラ飯ヲ盛リ分クルニ用ヰル。又、シャモジ。飯匙

めした (名) 目下 めうへノ條ヲ見ヨ。

めしつかひ (名) 召使 (一)召シテ使ヒ給フ人。禁中ノ昇官。(二)家人。奴婢

めしつぎ (名) 召次 喚繼 近ク召使ハレテ、申次ナドスル者。取次。「―舍人」近ウ召使フ侍、出デ來テ、云云、此ノめしつぎシツル侍、暫シ候ハセ給ヘト言ヒテ、アナタヘ行キヌ」

〔めしとる〕・ル・レ・ラ・リ・レ (他動)(規・一) 召取 召シ寄ス、呼ビ取ルノ敬語。「勝レタル上手ドモヲめしとりテ、云云、繪ドモヲ、二ツ無キ紙ドモニ書キ集メサセ」徵

〔めしとる〕・ル・レ・ラ・リ・レ (他動)(規・一) 召捕 官ノ命ニテ罪人ヲ捕フ。逮捕

めしバチ (名) 飯鉢 飯櫃ニ同ジ。

めしはなす・ス・セ・サ・シ・セ (他動)(規・一) 召放 官ヘ取リ去ル。褫ク。「役ヲ―」扶持ヲ―」褫

〔めしはなつ〕・ツ・テ・タ・チ・テ (他動)(規・一) 召放 衆中ヨリ引キ放チテ召シ寄ス。「此君、めしはなチテ語ラヒ給ヘバ、人人ハ近クモ參ラズ、罷出散リナドシテ」

めしひ (名) 盲瞽 〔目癈ノ義〕眼ノ、見ル官能ヲ失ヒタルコト。又、其人。メクラ。マウモク。

めしひつ (名) 飯櫃 飯ヲ盛リ貯フル木製ノ器、形、圓クシテ蓋アリ、或ハ漆塗ニス。イヒケ。イヒビツ。メシツギ。メシバチ。オハチ。 飯桶

めしぶみ (名) 召文 官ヨリ人ヲ召ス狀。メシジャウ。サシガミ。呼出狀。 徵書 召符

めしもの (名) 召物 食物 (一)貴人ノ用ヰル飲食衣服等ノ敬稱。(二)今、專ラ、衣服ノ敬稱。

‡めしもり (名) 飯盛 旅店ニテ、旅人ノ給仕スル妓。オヂヤレ。

めしやがる (動) 食上 めしあがるノ約。

めじり (名) 目後 マナジリ、マジリ。眼ノ端ノ、耳ヘ向ヘル方。外眥

めじるし (名) 目標 見ルニ便リセムトノ標。

〔めじろ〕(名) 眼代 目代 目代ノ條ヲ見ヨ。

めじろ (名) 眼白 小鳥ノ名、大サ、みそさざいノ如ク、眶ニ白キ圈アリ、頭、背、翅、尾、淡綠ニシテ、胸、白ク褐色ヲ帶ビ、腹、白シ、性、群ヲ好ミ、一枝ニ集リテ推シ合フ、人、多ク籠養ス。 繡眼兒

めす (名) 雌 牝 めトイフニ同ジ。メン。

〔めす〕・ス・セ・サ・シ・セ (他動)(規・一) 看見 (一)看ス(敬語)ノ轉、見ルノ敬語。「山見レバ、見ノトモシク、川見レバ、見ノサヤケク、物每ニ、榮ユル時ト、看之給ヒ、アキラメ給ヒ」大君ノ、看之シ野邊ニハ」(二)看守リテ治メ有

ツ、ノ敬語。知ロス。聞ゴス。食ス。「藤原ガ上ニ、食國ヲ、賣之給ハムト、都ニハ」聞コシ米須、四方ノ國ヨリ、奉ル、貢ノ船ハ」所知看」 統御 (スベテ、看スノ條、見合ハスベシ)

めす・ス・セ・サ・シ・セ (他動)(規・一) 食召 (前條ノ語ノ、事ヲ身ニ受クル意ヨリ轉ズ) (一)物ヲ身ニ受ケ入ル。即チ、食フ、飲ム、着ル、等ノ敬語。「冬ハ湯漬、夏ハ水漬ニテ、物ヲめすべキナリト申シケリ」青色ノ御唐衣、蝶ヲ色色ニ織リタリシヲめしタリシカバ」馬ニー」車ニー」 服御 (二)轉ジテ、只、動詞ノ末ニ敬語トシテ添フル語トナル。給フ、ニ同ジ。「思ボシー」聞コシー」知ロシー」

めす・ス・セ・サ・シ・セ (他動)(規・一) 召徵 (前條ノ語ノ轉ニテ、近ヅケ用ヰル意ヨリ移レル語カ) (一)呼ビ寄ス、招ク、取リ寄ス、ノ敬語。「右近ヲメシ出デテ、隨身ヲメサセ給ヒテ」御前ニ御琴ドモー」(二)召シテ官職ニ就カシメ給フ。召シ出ス。「拜ニ造高市大寺司ニ」寛平ノ御時ニ、モロコシノ判官ニメサレテ侍リケル時ニ」臨時祭ニ、四位陪從トイフニ、メシ出ダサレテ、賀茂ニ參リテ」大臣召シ」縣召シ」司召シ」 徵辟 任拜

めせきがさ (名) 目塞笠 藺ノ編笠ノ、目ヲ甚ダ細カク作レルモノ。張ニ當ル處ニ少シ隙アリ、人目ヲ憚ル者用ヰル。

めそ (名) 鰻鱺ノ小キモノノ稱。(東京)

〔めぞめ (名) 目染 目結染ノ意、絞染ニ同ジ。「花机ノ被ヒナド、ヲカシキめぞめモ、ナツカシウ清ラナル匂、染メツケラレタル、心バヘ、目馴レヌ状ナリ」 纐纈

〔めだい (名) 目代 眼代 目代ノ條ヲ見ヨ。

〔めだう (名) 馬道 〔許ニ人上レ馬處也ト云〕 緣ノ事ナリト云。音便ニ、メンダウ。和名抄「馬道、米多宇、向」堂之道也」細殿ノ遣戸、イト疾ウ押シ明ケタレバ、御湯殿ノめだうヨリ下リテ來ル殿上人ノ」承香殿ノめんだうヨリ通リテ上ラセ給フ」

めだか (名) 目高 小魚、淡水ニ產ズ、長サ一寸許、首、平タク大ク、目、大クシテ高ク出ヅ、性、好ミテ水面ニ群遊ス、小兒畜ヒテ玩トス。(東京) 諸國、名ヲ異ニス。メメザコ。メバル。ウキンジヨ。ウキタ。ウキンダ。ウキス。 丁斑魚 麥魚

めだけ (名) 雌竹 篠竹ノ類、幹、細ソク、葉ノ幅、稍、廣キモノ。

めだし (名) 芽出 芽ノ、出デ初メタルモノ。 萌芽

〔めだし・シキ・シク・シケレ・シカ・シク (形・二) 愛タシ。「藥師ハ、常ノモアレド、客人ノ、今ノ藥師、貴カリケリ、米太志カリケリ」 敬愛

めだたし・シキ・シク・シケレ・シカ・シク (形・二) 目立 目立チテ見ユ。 顯著

めだつ・ツ・テ・タ・チ・テ (自動)(規・一) 目立 目ニ著シク見ユ。一際目ニツク。 顯著

〔めだつ・ツル・ツレ・ヅ・テ・テヨ (自動)(規・二) 目立 一際、目ヲ注ク。「庭ノ石ニ、目だつる人モ、ナカラマシ、圭アル状ニ、立テシ置カネバ」 注目

めたて (名) 目立 鋸ノ齒、鑢ノ目、碾ノ臼、ナドノ禿ビ潰レタルヲ、更ニ磨リ刻リテ鋭クスルコト。

めだま (名) 目玉 マナコ。眼ノ中ノ珠。マナコダマ。 眼球

めだら (名) 雕楤 たらのきノ條ヲ見ヨ。

〔めだりがほ (名) 目垂顏 面伏ナル顏色ナルベシ。

〔めぢ (名) 眼路 目ニ見遣ル所。メサキ。メノホリ。「眺ムレド、めぢニ霧ノ、立チヌレバ、心遣リナル、月ヲダニ見ズ」當ニ御眼路ニ覗候」 眼界

め・づ・ヅル・ヅレ・デ・デ・デヨ (他動)(規・二) 愛 (發ノ出ヅノ略ト云、イカガ) 好シト思ヒイツクシム。思ヒ慕ヒテ惚ル。愛ス。カハユガル。「花ノ香ヲ、匂ハス宿ニ、留メ行カバ、色ニめづトヤ、人ノ咎メム」名ニめでテ、折レルバカリゾ、女郎花、我レ落チニキト、人ニ語ルナ」

⁺めづかち (名) 〔目偏ノ音便轉カ〕 偏目ニ同ジ。(東京) 偏盲

めつき (名) 目付 眼ノ物ヲ見ル容子。メザシ。 目色

めつき (名) 滅金 金類ニ、金、銀、ナドヲ燒キツクルコト。金類ヲ、柔カキ藥ニテ研ギテ、梅酢ヲ塗リ、藥ニテ拭ヒ淨メ、水銀ヲ塗リ、上ニ金銀ノ薄ヲ置キテ、燒付ケテ成ル。ヤキツケ。金ナルヲ金ーートイフ。 鍍金 銀ナルヲ銀ーートイフ。 鍍銀 又、西洋法ナルハ、がらはにーナド種種アリ。

めつきやく (名) 滅却 ホロブルコト。ツブルルコト。

めつきり (副) 目切 メキト、俄ニ際立チテ。「ー上達ス」「ー寒クナル」 俄然

めつけ (名) 目付 武家ノ役名、諸事ニ立合ヒ、非違ニ目ヲ注ケテ糺スヿヲ掌ル。別ニ大ー、徒ー、小人ー、隠シー、ナドモアリ。 監察官

〔めづこ (名) 愛子 愛ヅル子。「父君ニ、我ハ愛子ゾ、母刀自ニ、吾ハ愛兒ゾ」

めつさう (副) 滅相 〔佛經語ナリト云〕 法外ニ。甚シク。

めつす・スル・スレ・セ・シ・セヨ (自動)(不規・二) 滅 ホロブ。ツブル。「國ー」身ー」

めつす・スル・スレ・セ・シ・セヨ (他動)(不規・二) 滅 ホロボス。ツブス。「國ヲー」

めつたに (副) 滅多 〔みだりに、ノ轉訛カ〕 彼レ此レ辨別ナク。妄リニ。 放浪

マッチ (名) 燐寸 〔英語、Match.〕 スリツケギ。マッチ。

めつばう (名) 滅亡 ホロブルヿ。ツブルルヿ。

めつぶし (名) 目潰 砂、灰、ナドヲ敵ノ目ニ打付ケテ、目ヲクラマスヿ。

めつぽふ (副) 滅法 法外ニ。甚シク。

めつもん (名) 滅門 陰暦ノ上ニ、凶日ノ名、大禍日ト、六日ヅツ隔テテ月毎ニ五日アリ、狼藉日ト共ニ三悪日トイヒ、百事ニ凶ナリト云。又、滅日。

めづらかに (副) 奇珍 メヅラシキ状ニ。奇シク。

めづらし・シク・シキ・シケレ・シカラ・シカリ・シカロ (形・二) 奇 珍 希 観 〔愛ヅル意ヨリ出ヅト云、奇シト見テ愛ヅル意ナラム〕 見ルヿ稀ナリ。世ノ常ナラズ。希有ナリ。奇妙ナリ。キタイナリ。「見飽ノ、八塩ノ衣、朝ナサナ、馴ルトハスレド、イヤ希將見モ」

〔めづらよ (副) 奇珍 めづらかにニ同ジ。奇シク。「臥シテ寐ル、床メヅラナル、君ナレバ、今シモ逢ヘル、心チコソスレ」

めて (名) 馬手 右ノ手。〔弓手ノ條ヲ見ヨ〕 右手

めで (動) 愛ヅ、ノ條ヲ見ヨ。

〔めでくつがへる・ル・レ・ラ・リ・レ (他動)(規・二) 愛覆 大ニ愛デ感ズ。「打チシホタレ給フ名殘サヘ、止マリタル磬バシサヲ、人人ハ、メデクツガヘレ」 感歎 歎稱

めてざし (名) 馬手差 軍中ニテ、馬手ニ差ス短刀。ヨロヒドホシ。 剌刀

〔めでしる・ル・ル・レ・レ・レ・レヨ (他動)(規・二) 愛痴 甚シク愛デテ痴ル。感極マリテ有頂天ニナル。「仲忠、めでしれテ、大將ノカヅケ給ヘル袙ヲ打チカヅキテ、諸共ニ舞ヒ遊ブ」 感激

めでたし・キ・ケレ・ク・ク (形・二) 〔愛甚シ、ノ義〕 (一)〔愛ヅベクアリ〕愛クシ。賞スベシ。「此ノ若君、ヲサナ心チニ、メデタキ人哉ト見給ヒテ」散レバコソ、イトド櫻ハ、メデタケレ」 可愛 (二)〔盛ニ麗ハシ。殊ニ好シ。結構ナリ。「イトメデタキ御住ヒノ心深キヲ、猶、フサハシカラズ見奉ル」 偉麗 (三)吉キ兆アリテ、悦バシク祝スベシ。コトホクベシ。 可慶 可賀

〔めでゆする・ル・レ・ラ・リ・レ (他動)(規・二) 愛搖 世ニ鳴響キテ、感ジ愛ヅ。「唐土ニモ持テ渡リ傳ヘマホシケナル世ノ文ド手リトナム、其頃、世ニメデユスリケル」 稱揚

めど (名) 蓍 〔芽疾ノ義カ〕 又、蓍草。蓍木。宿根ヨリ、數十莖、叢生ス、高サ四五尺、葉ノ長サ三四寸、細ソク深ク切レ、鋸齒多ク、繁密ニ互生ス、夏、莖ノ端ニ、多ク小枝ヲ分チテ、數百花簇リ開クヿ、菊ノ如シ、五六瓣、色、淺紫ナリ、又、紅、白、アリ、此莖、直上シテ枝ナク、年ヲ歴レバ、一根、五十莖ニ過グ、採リテ筮トス。

めど (名) 針孔 針眼 〔みづノ轉、其條ヲ見ヨ、目處ノ義トモ云、意同ジ〕 又、みづ。針ノ一端ニアル小キ穴、即チ、絲ヲ通ス所。ハリノミミ。

めど (名) 目處 〔或ハ、針孔ヲ狙フヨリ起レル語カ、語原モ相同ジ〕 目差ス所。メアテ。目的。 標的

めどぎ (名) 筮 〔蓍木ノ義〕 占ニ用ヰル具、蓍ノ莖五十本ヲ以テ作ル、無心ニ二分シ、其殘レルヲ、八卦ノ名目ヲ追ヒテ數ヘ、數ヘ了ヘテ當リタル卦ヲ以テ、算木ノ象ヲ成ス。後ニハ、めどはぎノ莖ヲ代用ス。或ハ、竹ヲ削リテモ作ル、筮竹トイフ。

めどはぎ (名) 蓍萩 原野ニ多シ、舊根ヨリ一二十莖、叢生直上ス、高サ、三四尺、葉ハ、細長ク、三枚一葉ニシテ、互生ス、梢ニ小枝ヲ分チ、秋、葉ノ間ニ一花ヅツ開ク、萩ノ花ニ似テ、色、白ク紫ヲ帶ブ、莖ヲ採リテ筮トス。 鐵掃帚

めどほり (名) 目通 (一)メノマヘ。メヂ。メサキ。(二)貴人ノ目ノ前ニ出デ見ユルヿ。 謁

〔めどりば (名) 雌鳥羽 雌鳥ハ、左翼ヲ以テ右翼ヲ掩フト云、ソノ如ク、物ヲ重ヌルニイフ語。音便ニ、メン

ドリバ。「婿ヲめんどりは二突キ並ベ、源氏、ココヲ懸ケヨヤトゾ招キケル」

めとる・ル・レ・ラ・リ・レ（他動）（規．一）娶（妻取ル、ノ義）妻ニ迎ヘ取ル。

めなう（名）馬腦｜瑪瑙（馬ノ腦ノ赤色ナルニ似タレバイフト云）礦物、堅クシテ脆シ、常種ハ、赤クシテ光リ、頗ル透明ナリ、又、白、黒、青、濁赤、等アリテ、文ニ因テ、縞ー、渦ー、玉ー、苔ー等ノ稱アリ、種種ノ飾物トス。

めなしうを（名）無目兒　めかくしノ條ヲ見ヨ。

めなしどち（名）無目共　めかくしノ條ヲ見ヨ。

めなだ（名）魚ノ名、いせごひノ條ヲ見ヨ。赤目魚

めなもみ（名）草ノ名、なもみノ條ヲ見ヨ。

〔めならぶ・ブ・ベ・ブ・ビ・ベ（自動）（規．一）目並　目ニ見エ並ブ。（見比ブル物トナル意ト云）「西ノ市ニ、タダ獨リ出デテ、眼不並、買ヘリシ絹ノ、商ジコリカモ」花カタミ、メナラブ人ノ、數多アレバ、忘ラレヌラム、數ナラヌ身ハ」

めぬき（名）目貫　刀ノ柄ニ着クル金具、元ト目釘ノ上ノ押ヘニシタルモノト云、後ニハ、目釘ヨリ上部ニ、別ニ兩面ニ飾リトシテ着ク、種種ノ彫刻物ヲ用ヰル。

めぬき（名）目拔　著ク抽ンデタルコ。メボシキモノ。「ーノ場所」眼目

〔めのおと（名）妻妹　妻ノ妹。神代ニ、豐玉姫、兒ヲ生ミテ、海郷ニ歸リ、妹、玉依姫、留リテ侍養スルコアリ。後世、此語ヲ約メテ、めのとト言ヒ、且、其事ヲ移シテ、專ラ、乳母ノ稱トス。

めのこ（名）女子　ヲミナ。ヲンナ。（男子ニ對スル語）

めのこざん（名）目子算　算盤ヲ用ヰズ、品ヲ目ニ見テ數ヘルコ。

めのと（名）乳母｜嬭（めのおとノ條ヲ見ヨ）母ニ代リテ小兒ニ傅キ、乳ヲ飮マセ育ツル女。チオモ。オモ。チノヒト。ウバ。

めのとご（名）乳母子　我ガ乳母タル者ノ子。

めのまへ（名）目前｜眼前　目ニ見テアル前。マノアタリ。

めのわらは（名）女童（一）女ノ童。（二）側使ヒノ少女。女孺

めばえ（名）芽生　芽ノ生エ初メタルコ。メダシ。發芽

めはし（名）目端　見ルコ、ノ氣轉。「ーガ利ク」

めはじき（名）充蔚（目彈ノ義、小兒、採リテ、眶ニ張リテ戲ル）（一）益母草ノ條ヲ見ヨ。（二）又、薄荷。

めばたき（名）瞬　目ヲシバダタクコ。マタタキ。

めばち（名）（目鉢ノ轉訛カ）（一）魚ノ名、きはだまぐろノ條ヲ見ヨ。（二）眼ノ瘡。モノモラヒ。

めはやし・キ・ケレ・ク・シ（形．一）目早　メザトシ。見テ心付クコ敏シ。見ルニ鋭シ。目捷　慧眼

めばり（名）目張　物ノ隙ヲ、紙ニテ貼リ塞グコ。

めばる（名）目張　魚ノ名、形、赤魚ニ似テ、眼大ニ張リ出デ、口、大キカラズ、味モ略、赤魚ニ同ジ、夏ハ尺ニ至ル、味、甘淡ナリ、赤ト黑トノ二種アリ。又、沖ーアリ、おかめたひノ條ニ註ス。

めひ（名）姪｜女姪（女生ノ約カト云、或云、女甥ノ約）兄弟ノ女。（甥ニ對ス）姉妹ノ女ヲモ通ジテイフ。外姪

めひじは（名）草ノ名、ひじはノ條ヲ見ヨ。

〔めひる（名）（女蒜ノ義カ）蒜ノ條ヲ見ヨ。

〔めぶ（名）馬部　馬寮ノ下衆ノ者。「左右馬寮官人、將、馬部一人」廷尉ニ下サレ馬部吉澤ニ任セテ、禁獄流罪ニモヤト、云云」

めぶんりやう（名）目分量　秤、枡、尺、ヲ用ヰズ、目ニテ見テ、大凡ヲ量リ分クルコ。目巧

めぼし・シキ・シケレ・シク・シク（形．二）著（目欲シノ義カ、まほしノ約轉カ）一際、目立チタリ。イチジルシ。「メボシイ品」

めまぐるし・シキ・シケレ・シク・シク（形．二）（目紛テシ、ノ訛カ）種種ノ形色、目先ニ障ハリテ煩ハシ。

めまひ（名）眩暈（目舞ノ義）目眩クコ。

めみえ（名）目見　會フコ、ノ敬語。見ユルコ。謁

めん（名）面（一）カホ。ツラ。オモテ。「水ノー」ート向フコ。（二）オモテガタ。オモテ。木ニテ、種種ノ顏ノ形ヲ作レル物、顏ニ被ヒテ舞フニ用ヰル。假面（三）劍術ノ具、面頰、ノ略。（四）木工ノ語ニ、器ノ角ヲ淺ク削リキルコ。「ーヲ取ル」机帳ー」

めん（名）免　田ノ物成ノ年貢ヲ免ずんルコ。（取箇ニ對ス）

めん（名）麵｜麪（一）（コムギコ。ウドンノコ。（二）小麥粉ヲ水ニコネテ、延ベテ細ク切レル饂飩、索麵、類ノ稱

めん (名) 雌ノ音便訛。(關西)メス。
めん (接尾) 面 平タキ物ヲ數フル辭。「硯、一ー」頓、二ー」
めんえき (名) 免役 徴兵ノ役、又ハ懲役ヲ免ズルヿ。
めんえつ (名) 面謁 面會ノ敬語マミユルヿ。
めんきよ (名) 免許 (一)官ヨリ事ヲ行フヲ許サルルヿ。官許。官准 (二)師ノ、弟子ニ藝術ヲ傳フル名目。(皆傳ノ條ヲ見ヨ)
めんくわい (名) 面會 マノアタリニ相會フヿ。
めんけん (名) 瞑眩 (瞑、音猶) メクルメクヿ。メマヒ。
めんさう (名) 面相 オモザシ。カホツキ。メンテイ。面貌
めんざんし (名) 綿撒絲 ホツシモメン。
めんぎ (名) 面議 面ヲアハセテ相議ルヿ。シリアヒ。
めんぢやう (名) 免狀 免許ノ旨ヲ記シタル文書。
めんしよく (名) 面色 カホイロ。顔色。「ー如レ土」
めんしよく (名) 免職 職ヲ免ゼラルルヿ。解職
めんず·ズル·ズレ·ゼ·ジ·ゼヨ (他動)(不規·二) 免 (一)ユルス。放ツ。(二)官ヲ罷ム。職ヲ解ク。役ヲ止ム。解官
めんせき (名) 面積 物ノ表面ノ四方廣狭ノ距離ヲ間、尺、町、里、等ニテ積リ測レルモノ。
めんぜん (名) 面前 メノマヘ。マノアタリ。
めんだう (名) 面倒 〔面倒ノ當字ノ音讀カ、或云、めんどいト形容詞ニモイフ、目厭ノ訛カ、又ハ目遠ク、ノ音便訛トモイフ〕 爲ルニ厭ハシキヿ。

〔めんだう (名) 馬道ノ條ヲ見ヨ。
めんだん (名) 面談 會ヒテ直ニ話スヿ。面話。面議。
メンツウ (名) 面桶 〔字ノ宋音ナラム〕 飯ヲ盛リテ、一人ヅツ、面ニ當テテ配ルニ用ヰル器、檜物ナリ。
めんてい (名) 面體 カホカタチ。オモザシ。メンサウ。面貌
めんてん (名) 綿天 めんびろうどニ同ジ。
めんどり (名) 雌鳥 鳥ノ雌ナルモノ。〔多ク鷄ニイフ〕
〔めんどりば (名) めどりばノ條ヲ見ヨ。
めんないちどり (名) 〔目無兒捕ノ略轉カト云〕 小兒ノ戯、めかくしニ同ジ。
めんばう (名) 麪包 パン。アンナシマンヂユウ。
めんばんしよ (名) 面番所 見張ノ番所。
めんぴ (名) 面皮 世ノ人ニ向フ顔。「ーヲ失フ」面目
めんびろうど (名) 綿絲ヲ加ヘテ織レル天鵝絨。
めんぶ (名) 面部 カホノウヘ。
めんぷ (名) 綿布 木綿絲ニテ織リタル織物。綿花布
めんぷく (名) 綿服 綿布ニテ製セル衣服。モメンヤモノ。
めんぺき (名) 面壁 壁ニ面ヒテ坐禪スルヿ。「ー九年」
めんぼう (名) 麪棒 古名、ムギオスキ。今、又、ムギオシ。饂飩、索麪、蕎麥切、ナド作ル時、押シ延バスニ用ヰル棒。

めんぼく (名) 面目 メイボク。メボク、世ノ人ニ合ハス面。面皮。人ノ、世ニ立チテ擧レヲ保ツヿ。「コレニ過ギタル面目ヤ候ベキ」ーヲ失フ」ーニカカハル」ー無シ」
○ーヲ施ス。譽ヲ得。
めんぽほ (名) 面頬 (一)兜ニ屬スル具、鐵製ニテ假面ノ如ク、顔一面ニ當ツルモノ。臉甲 頬以下ノミナルヲ、目下ノ頬當、又ハ、半頬トイヒ、頤ノミナルヲ猿頬トイフ。(二)劍術ノ演習ニ用ヰル具、細ソキ鐵ニテ、格子ノ如ク透キテ見ルベク作レル假面ニ、綿ヲ入レタル布ヲ添ヘタルモノ、頭面ヲ被フ。略シテ、メン。
めんみつ (副) 綿密 クハシクコマヤカニ。
めんめん (副) 面面 オノオノ。メイメイ。各自
めんもく (名) 面目 (一)カホカタチ。容子。「ーヲ改ム」(二)メンボク。面皮。「我何面目見レ之」
めんやう (名) 綿羊 サイノコマ。羊ノ一種、角ナク、毛、甚ダ長シ、其毛ヲ剪リテ、羅紗ナド、種種ノ物ヲ織ルニ最モ用アリトス、故ニ、らしやめんノ名モアリ。
めんゆ (名) 面諛 眼ノ前ニテ、言ヒサトスヿ。
めんよう (名) 怪シムベキヿ。フシギナルヿ。
めめざこ (名) 丁班魚 (京都)
めめし·シキ·シケレ·シク·シク (形·二) 〔女ヲ重ネテ活用ス、男男シニ對ス〕 女ノ如シ。カヨワシ。
めめず (名) 蚯蚓ノ訛。
〔めもあやに (副) 見ルニ奇シク。目モキラキラスルマデニ。「イト目モアヤニコソ清ラニ物シ給ノ哉」御狀貌ヨリ始メ、目モアヤニ覺ユルニ」

めもじ (名) 目文字 謁ニ同ジ。會フヿ。(婦人ノ文ノ詞)

めもと (名) 目許 (一)眼ノ邊。(二)メザシ。メツキ。目色

〔めもはるに〕 (副) 見ル目モ遙ニ。「紫ノ、色濃キ時ハ、ー、野ナル草木ゾ、別レザリケル」

めもり (名) 目盛 (一)目分量ニテ盛リツクルヿ。(二)物差、秤竿、碁盤ナドニ、線ヲ盛リツクルヿ。

めやす (名) 目安 〔見易キ意〕(一)文書ヲ、箇條書キナドニ、見易ク書クヿ、コレヲ「ー書キ」ト云。(二)ー書キノ公事訴訟ノ文書。告狀 (三)算術ノ語、算盤ノ上ニ、加減乘除等ヲ行フベキ基トシテ立ツル數ノ稱、即チ、五ニ割リ、或ハ十二ヲ掛クドイフトキ、其、五、又ハ、十二、ノ數ヲイフ。法

めやすがき (名) 目安書 前條ヲ見ヨ。

めやすかた (名) 目安方 評定所ニテ、目安ノ告狀ヲ調ブル役目。

〔めやすし〕 (形・二) 目易 見苦シカラズ。醜カラズ。難ナシ。「御心掟ニモ、テタガフ事ナク、イトメヤスクゾアリケル」「昇シカラズメヤスキ程ノ人ノ」 好看

めやすばこ (名) 目安箱 徳川氏ノ時、評定所等ノ前ニ設ケ置ク一種ノ箱ノ稱、仕置筋ノ爲ニ、諸役人ノ私曲、非分、又ハ役人、吟味ヲセズ長ク打捨テ置クヿナドアル時ハ、人民、其趣ヲ目安書ニシテ、直ニ此中ニ投ジテ訴フルヿヲ許ス、享保六年ニ始マリテ、末世マデアリ。直訴箱。匭函

めやに (名) 眵 〔目脂ノ義〕又、メクソ。眼ヨリ出ヅル汁ノ、凝リテ脂ノ如クナルモノ。

めやみ (名) 目疾 目ヲ病ムヿ。眼病。

〔めゆひ〕 (名) 目結 ゆほりぞめニ同ジ、其條ヲ見ヨ。又、目染。「目ゆひノ帷子ニ染付ケノ湯巻シテ」目結ノ直垂」「ーノ小袖」

廿めらう (名) 女郎 〔次條ノ語ノ轉、字ハ當字ナリ〕俗ニ女ヲ賤ミテ呼ブ語。更ニ約メテ、メロ。

〔めらは〕 (名) 女童ノ約。「此ノ隣ノめらはノ、クボマリ居テ侍ルヲ」 童女

めり (名) 滅 減ルヿ。掛目ノ分量ノ減。耗

めり (名) 罵詈 惡シクノノシルヿ。惡口。バリ。

めり (助動) 〔見エアリ、ノ約ト云〕事物ノ狀態、然見ユト推量シテイフ意ノ助動詞。「紅葉亂レテ、流ルメリ」「波ノサワギニ、風ゾ頻クメル」「人ノ目移シ、タダナラズ覺ユベカメレド」

めりかり (名) 〔減リ、上リ、ノ意カト云〕音ノ調ニイフ語、甲乙ニ同ジ、甲ノ條ヲ見ヨ。

廿めりこむ (自動) (規・二) 減込 (一)深ク減ル。(二)壓サレテ下ル。

メリンス (名) 〔西班牙語、Merino.(羊名)ノ毛ニテ織レバイフ〕薄ク柔キ一種ノ織方ノ毛布。メレンス。チリメンゴロ。

メリヤス (名) 目利安 莫大小 〔めりんすト同語カ、或云、葡萄牙語ナリト〕(一)綿絲毛絲ニテ、密ニ、網目ノ如ク、伸縮スルヤウニ編ミ作レル織物、手袋、襦袢、股引、沓下ノ足袋、ナドトス。(二)俗謠、長唄ノ一種、又、短キモノ、演劇ノ間ノ伸縮ニ合ハスレバ名アリト云。

める (自動) (規・二) 減 減ル。少クナル。

める (助動) めりノ條ヲ見ヨ。

〔めれう〕 (名) 馬寮 うまのつかさノ條ヲ見ヨ。

メレンス (名) めりんすニ同ジ。

廿めろ (名) 女郎 めらうノ約、其條ヲ見ヨ。

〔めをと〕 (名) 夫婦 妻ト夫ト。イモセ。ツレアヒ。フウフ。今、メウト。

も

も 五十音圖、末行第五ノ假名、まノ條ヲ見ヨ。

も (名) 裳 〔纏ク意カト云〕腰ヨリ下ニ着ル衣。

も (名) 喪 〔思フ意カト云、喪ヲものおもひ、又、おもひトモイフ〕(一)人死セシ後、其親族臣下ノ人、若干日ノ間、憂ニ沈ミ、籠リ居ルヿ、親疎ニ因テ、日數ニ長短アリ。(服ノ條ヲ併セ見ヨ)(二)〔ワザハヒ〕凶事。「旅ニテモ、母ナク早來ト、吾妹子ガ、結ビシ紐ハ、馴レニケルカモ」

も (名) 藻 〔葉ノ繁キモノノ意ト云〕又、モハ。水草、淡水產ト海產トノ二樣アリ。淡水ノ產ニ、二種アリ、其一ヲ總ー、又、金魚ー、トイフ、流水ノ底ニ生ジ、水ニ隨ヒテ靡キ流レ、長サ數尺ニ至ル、葉ハ絲ノ如ク、

節毎ニ多ク集マル、春ノ半ニ、水面ニ、五瓣黃蘂ノ白花ヲ開ク、大サ三四分アリ。聚藻 共一ヲ、柳ー、又、莅ー、へイフ、前ニ同ジクシテ、葉ノ長サ二三寸、廣サ一二分 對生シ、或ハ互生ス。馬藻 海產ナルハ、水上ニアルヲ、單ニ藻トイヒ、石上ニ着クヲ海苔トス、種類多シ、各條ニ註ス。海藻

も（天）【亦】第二類ノ天爾遠波、物事ノ同ジ狀ナルヲ並ベ合ハスル意ノ語。「人ー去リ、我ー去ル」行クー、歸ルー」勢クーアラズ、惡シクー無シ」父トー思ヒ、師トー思フ」

も（感）汎ク感情ニ發スル聲。マア。言語ノ中間ニ用ヰルハ、「移リー行クカ」最ー畏シ」知ラズーアルカナ」獨カー寐ム」言語ノ下ニアルハ、「忘レカネツー」行方知ラズー」春立ツラシー」

もいを（名）藻魚（藻引ニ得レバイフト云）又、モウヲ。西國ニ、イソメバル。形、めばるニ似テ、眼、大ナラズ、鱗、細カク、鰭、長ク赤ク、尾モ赤クシテ岐ナシ、大サ尺ニ近ク、冬ヲ時トス。

もうざう（名）夢想（一）思ヒ煩ラヒテ夢ミルコト。（二）俗ニ、還精。夢遺。

もうぢん（名）蒙塵 天子ノ、難ヲ蒙ラセラレテ、他處ニ遷リ給フコト。

もうまい（名）蒙昧 心ノ味キコト。智ノ開ケヌコト。

もうもう（副）濛濛 雨、霧、ナド、深ク暗キ狀ニイフ語。

モウル（名）毛織〔Mogol.〕織物ノ名、印度ノ莫臥爾ノ產ヲ渡ス、緞子ニ似テ浮織ナリ 回回織 金ートイフハ、緯ニ金絲ヲ用ヰ、經ニ絹絲ヲ用ヰテ編ミ織ル、其銀絲ナルヲ銀ートイフ、又、金銀線ヲ用ヰテ、花文アリテ、金襴ノ如キヲ、風通トイフ、以上、共ニ、和製モアリ。又、ー革ハ、いんでん革ノ類ニテ、厚クシテ大皺アリ。

もうろう（副）朦朧 オボロニ暗キ狀ニイフ語。

〔もえき〕（名）萌木 若葉ノ萌エ初メタル木。「生ヒニケル、庭ノもえ木ノ、小櫻ニ」

もえぎ（名）萌葱（葱ノ萌エ出ヅル色ヨリイフ、淺葱ニ對ス、或云、萌木ノ芽ノ色ノ意ト）七色ノ一、黃ト青トノ間色。訛シテ、モヨギ。綠

〔もーかう〕（名）帽額（帽額ノ音ノ約轉、元ト抹額ナルヨリ轉用セル語ト云、或ハ、面額トモ記ス）（一）御簾ノ上邊ニ添ヘテ、帛ヲ横ニ長ク引キ延フルモノニテ、後世ニイフ水引ノ幕ノ如キモノト云、緣ニ窠ノ紋ヲ黑ク散ラシテ染ムトゾ。「御簾ノもかうノ上ゲタル、鉤ノキハヤカナルモ、ケザヤカニ見ユ」簾ノもかうニハ大紋ノ錦ヲセサセ給ヒ」禁中、諒闇ノ時ニハ、鈍色ノ細布ヲ用ヰラレ、コレヲ布ノートイフト云。（二）轉ジテ、窠ノ紋ノ稱。後ニ、もつかうトモイヒ、木瓜ノ字ナド記ス。「下襲、御家ノ紋ノもかうヲ、色色ニ織リタリシニヤ」

もがく ク・ケ・カ・キ・ケ（自動）（規．一）〔臥猪ノ刈藻搔ク、トイフヨリ出デタルカト云〕苦ミ悶エテ、手足ヲ動カス。アガク。ノタウツ。悶躁

もがさ（名）疱瘡〔又、いもがさトモ見ユ、齊瘡ノ約ニテ、禁忌多ケレバイフト云、今モ疱瘡ノ語アリ、或ハ、和名抄ニ、皰、面瘡也、ヲ引ケルハ誤レド、皰、面瘡ト訓ジタル意カ、痘、先ヅ面ニ發ス、其他、皰瘡、裳瘡ノ說アレド、皆、附會ナラム）疱瘡ニ同ジ。續紀「延曆九年、秋冬、京畿男女、年三十以下者、悉發豌豆瘡」俗云二裳瘡一」和名抄「唐韻云、皰、面瘡也、皰瘡、此間云二毛加佐一」榮花物語「今年いもがさトイフモノ、起リヌベシトテ」

もがり（名）〔曲ノ轉カト云〕（一）枝アル竹ヲ列ネテ、物ヲ掛ケテ乾スモノ。（二）矢來。柵。虎落

〔もぎ〕（名）裳着 女子成長シテ、始メテ裳ヲ着ル式。

もぎ（名）模擬 ウツシナラフルコト。眞似。

〔もぎき〕（名）捥木 枝ヲ捥ギ去レル木。枯レテ枝ナキ木。「我トイヘバ、愛宕ノ山ニ、栞スル、ーノ枝ノ、ナサケナノ世ヤ」禿樹

もぎる ル・レ・ラ・リ・レ（他動）（規．二）捥ギ切ル、ノ約。

もく（名）木（一）木。（二）木目ノ略。木理

もく（名）目（一）國司ノ主典。（二）碁盤ノ目ヲ數フル語。碁路

〔もく〕（形）繁茂 繁シ、ノ條ヲ見ヨ。

もぐ グ・ゲ・ガ・ギ・ゲ（他動）（規．一）捥 捩（曲グノ轉カト云）捩ヂテ引キ放ス。モギル。

もくえう（名）木曜 七曜ノ條ヲ見ヨ。

もくか（名）目下 マノアタリ。メノマヘ。サシカカリ。

もくかう（名）木瓜 もかうノ條ヲ見ヨ。

もくきん（名）木琴 樂器、横長キ匣ノ上ニ、竪ニ數板ノ幅狹キ板ヲ互ス、板ニ厚薄アリ、撃チテ高低ノ

音ヲ發セシム。
もくきよ (名) 默許 知ラヌ風ニシテ許シ置クヿ。めこボシ。
もくぎよ (名) 木魚 僧家ニ、讀經ノ時ナド、叩キテ音ヲ發セシムル具、木造、圓クシテ、中空シク、横ニ細長キ孔アリ、表ニ魚鱗ノ象ヲ刻ル。
もくぐう (名) 木偶 デク。ニンギヤウ。
もくげき (名) 目擊 マサシク目ニ見取ルヿ。
〔もくげんじ (名) 木患子 無患子ニ同ジ。
もくげんじ (名) 欒樹 〔前條ノ語ヲ誤用ス〕 一名、梅檀葉ノ菩提樹 葉ハ、棟ニ似テ、稍、大クシテ毛アリ。夏、枝ノ梢ニ、穗ヲ出シ、枝ヲ分チテ、花ヲ開ク、五瓣、下ノ方ニ片寄リテ開キ、色、黄ニシテ、心ハ紅ナリ、藥用トス。欒華 實ハ、ほほづきノ皮ニ似テ、稍、小ク平タク、秋、熟シテ、皮自ラ開ク、内ニ二三子アリ、大サ二分餘、黒クシテ、極メテ堅シ、穴ヲ穿チテ、數珠ニ作ル。古名、ムクレニシ。木欒子
もくとく (名) 木斛 樹ノ名、葉、互生シテ、莖、赤ク、冬、枯レズ、夏、四瓣ノ白花ヲ生ズ、おんちやうげニ似タリ、實ハ、あをきノ如ク、熟スレバ、四ツニ裂ケテ、内ノ子現ハル、四時、常ニ紅葉ヲ雜フ。
もくとん (名) 目今 マノアタリ。サシアタリ。
もぐさ (名) 艾 〔燃草ノ略、或云、揉草ノ略〕 灸ニ用ヰルモノ、よもぎノ葉ヲ乾シテ、揉ミテ、葉背ノ白毛ノミヲ採ル、綿ノ如シ、コレヲ晒シテ、極メテ細ソキ條トシ、一二分ニ切リテ、灸穴ニスヱテ、火ヲ點ズ。

もくざう (名) 木像 (一)木ニテ作リタル像。木偶。(二)俗ニ、心身ノ活機ナキ人ヲ罵リ呼ブ語。木偶ノ坊。
もくざう (名) 木造 キヅクリ。木ニテ作リタルヿ。
もくさん (名) 目算 ミツモリ。メアテリヤウ。
もくじき (名) 木食 果ノミ食ヒテ生キテアルヿ。
もくしゆく (名) 苜蓿 ウマゴヤシ。
もくす・スル・スレ・セ・シ・セヨ (自動)(不規.二) 默 モダス。ダマル。
もくせい (名) 木犀 樹ノ名、巖嶺ノ間ニ生ズ、葉ハ、いたびニ似テ固ク、細鋸齒アリ、冬、凋マズ、秋、葉ノ間ニ小花ヲ開ク、白又ハ黄赤ナリ、遠ク馨ルヿ沈丁花ノ如シ。詩ニ、桂花。
もくせい (名) 木星 太陽ヨリ第九ニ位スル行星、直徑、地球ノ十一倍半アリテ、行星中ノ最大ナルモノトシ、凡ソ、十二年ニシテ、太陽ヲ一周ス、其光輝アルニ名アリ、陪星、四ツアリ。一名、歳星。
もくぜん (名) 目前 メノマヘ。マノアタリ。眼前。
もくだい (名) 目代 〔目ハ、見守ル意、後ノ目付ノ如シ、國司ノ目ノ代ノ意トスルハアラズ〕 又、メシロ。國司、任ニ趣カヌ時、代理セシムル者。眼代。目代。
もくづ (名) 藻屑 水中ニアル藻ナドノ芥。
もくてき (名) 目的 目差ス所。メアテ。
もくと (名) 目途 メアテ。メド。アテド。
もくないい (名) 木乃伊 ミイラ。
もくば (名) 木馬 木造ノ馬、乘リ習フニ用ヰル。

もくふよう (名) 木芙蓉 常ニ略シテ、芙蓉。灌木、一根ニ叢生シ、高キハ丈ニ至ル、葉ハ互生シテ、大サ五七寸、五七尖アリ、鋸齒アリ、秋ノ初ヨリ、葉ノ間ニ花ヲ開キテ、冬ノ初ニ至ル、花、蘂、共ニ木槿ニ似タリ、淺紅アリ、白アリ、白クシテ邊ノ淡紅ナル等、種種ナリ。
もくめ (名) 木目 標。材木ノ肉中ノ線ノ文。木理
もくよく (名) 沐浴 髮ヲ濯ヒ、身ニ浴スルヿ。
もぐら (名) 葎 かなむぐら、やへむぐら、ノ條ヲ見ヨ。
〔もくらに (名) 木蘭 木蓮ニ同ジ。
もくらんじき (名) 木蘭色 染色ノ名、黄橡トモ云、黄紅赤ノ雜色ナリ。壞色
もぐらもち (名) 田鼠 むぐらもちノ條ヲ見ヨ。
〔モクリ-コクリ (名) 蒙古(元)ト高勾麗(高麗)トヲ併セ稱スル語、弘安四年ニ、兩國ノ兵、十餘萬、我ガ筑紫ニ寇シテ溺沒セシ時ノ稱ナリ、今、其死者ノ殘碑ナドニイフ。
もぐる・ル・レ・ラ・リ・レ (自動)(規.一) 潜 潜ル。下ニ入リ込ム。
もくれい (名) 目禮 目色ニテ會釋スルヿ
もくれう (名) 木工寮 コダクミノツカサ。古ヘ、宮内省ニ屬セル寮、工匠ノ事ヲ掌ル。
もくれん (名) 木蓮 古ク、木蘭、樹、高サ八九尺、叢生ス、葉ノ長サ七八寸、柹ノ葉ノ如クニテ、末廣ク、光リテ互生ス、春、新葉ヲ生ジ、夏ノ初メ、枝上ニ一花ツツ開ク、七八瓣ニテ、形、蓮花ニ似テ、瓣狹ク、外

ハ、深紫ニテ、内ハ、白クシテ紫ヲ帶ブ、香氣アリ、内ニ、寸許ノ心アリ、筆頭ノ如ク、紫刺亂布シ、邊ニ黃蘂アリ、多ク庭院ニ植ウ。木蘭　又、白—アリ、其條ニ註ス。

もくれんじ (名) 木欒子ニ同ジ。

もくろく (名) 目錄 (一)書中ノ題目ノミヲ錄シ揭ゲタルモノ。進物ナドノ品品ノ名ヲ並ベ記セル文書ヲモイフ。揭帖 (二)師ヨリ弟子ニ藝術ヲ傳フルニ就キテノ名目、皆傳ノ下ニ註ス。

もくろむ・ム・メ・マ・ミ・メ (他動)(規・一) 目論 〔字ノ音ヲ活用ス、目算ナドノ意カ〕 心ニ企テ計ル。巧ム。心算

もけ (名) 木瓜ニ同ジ。和名抄「木瓜、毛介」

もげる・ゲル・ゲレ・ゲ・ゲ・ゲロ (自動)(規・四・變) 捥ガレタル如ク離レ落ツ。「果—」首ガ—」

もこ (副) 糢糊 霧、烟ナドニテ、影ノ分明ナラヌ狀ニイフ語。

〔もこよふ・フ・ヘ・ハ・ヒ・ヘ (自動)(規・一) 委蛇 蜿蜒リツツ行ク。ノタクル。「化ニ八尋和邇ニ匍匐委蛇」

もざう (名) 模造 他ノ形ヲ模シテ造ルコト。

もさく (名) 摸索 テサグリ。

もし (副) 若如 〔天爾波ノ、並デル、もノ、亦ト、指シテイフ辭ト、合ヒタル語カ〕 斯クモヤト、事ヲ設ケ押當テテイフ辭ノ辭。アルヒハ。萬一。

〔もし・シ・ケレ・ク・シ (形・二) 茂 〔盛、森、ナドト通ズト云、字ノ音ニハアラズ〕 茂シ。繁茂セリ。「芬草菁蔚—枝葉扶疏」「厥功茂焉」 水傳フ、磯ノ浦回ノ、羊躑躅、木丘開ク道ヲ、又見ナムカモ」

もじ (名) 文字 (一)文字、又、字ニ同ジ。(二)言葉。「今ハ、サルもじ忌マセ給ヘ」もじハ忌レジト宣ヘバ、帶刀、もじハ、アヂキナキ文字ナリト申セバ」(三)錢ノ面ノ、字ノアル方。(四)女房詞ニ、一語ノ音ヲ下略シテ、此語ヲ添フルモノ多シ。「髮—」鮓—」父—」母—」

もじぐさり (名) 文字鎖 和歌ノ一體、大抵、長歌ノ體ニテ、前ノ句ノ終ノ文字ヲ取リテ、次ノ句ノ首ニ置キテ綴リ行クモノ、但シ、句每ニ續クルニアラズ、句ハ重ナリテモ、切ルル所ヨリ續クルナリ、又、ら、り、る、れ、ろノ文字ノ出デテ續ケ難キハ、同ジ韻ノ字ヲ用ヰル、源氏—、大内—、以呂波—ナドアリト云。

もしくは (接) 若 アルヒハ。萬一。

もしほ (名) 藻汐 海藻ノ汐水ヨリ採ル鹽。海藻ヲ搔キ集メテ、乾シテ、簀ノ上ニ積ミテ、汐水ヲ汲ミカケテ垂ル、コレヲ—草トイヒ、又、—汲ム、—垂ル、汐垂ル、ナドイフ、其汐ノ染ミ付キタル藻ヲ燒キテ、水ニ搔キ垂レ、其上澄ヲ釜ニテ煮テ鹽トス、其薪ヲ、—木トイヒ、隨テ、—火、—燒ク、—ノ烟、ナドイヘリ。

もしほぐさ (名) 藻汐草 (一)前條ヲ見ヨ。—ハ搔キ集ムルヨリシテ、物書キ集ムルコトニ寄セテイフ。「思フ事ヲ、誰レニ言ハマシ、—、カキツメテケリ、慰ミヤセム」(二)あまもノ一名。

もじよみ (名) 文字讀 漢名ノ文字ニ就キテ直ニ訓ヲツクルコト、海松ハ、みるノ漢名ナルヲ、直ニうみまつト訓ミ、龍膽ヲたつのいぐさト訓ムガ如シ。

もす・ス・セ・サ・シ・セ (他動)(規・一) 燃 焚ク。モヤス。

もず (名) 百舌 小鳥ノ名、形、つぐみヨリ小クシテ、首、大ク、眼、薄黑ク、大クシテ鋭ク、邊、黑クシテ鷹ニ似タリ、背、薄黑ク、末、曲リ尖リテ鋭シ、頭ト背トハ赤褐ニシテ、兩翼ハ、淡黑青ニテ、黑斑白點アリ、咽、腹、白ク、胸、赤褐ニシテ小波文アリ、脚、黑ク、尾、長シ、常ニ、小鳥又ハ蟲ヲ捕ヘテ食フ。「春サレバ、伯勞鳥ノ草具吉、見エネドモ、我ヤ見遣ラム、君ガアタリヲバ」(具吉ハ、漏クノ名詞法、くぐりノ意) 伯勞 鵙 此鳥、夏ノ頃、小鳥、蛙、ナドヲ捕リテ、木ノ枝ニ貫キ置ク、コレヲ—ノ速贄トイフ。「垣根ニハ、—ノハヤニヘ、立テテケリ、シデノタヲサニ、シノビカネツツ」

モスコビア (名) 〔蘭語、Moscovia.〕 革ノ名、往時、蘭人、魯西亞ノ莫斯哥ノ產ヲ渡セリ、今ハ和製モアリ、いんでん革ニ似テ、皺文アリ、色、種種ナリ、袋物、ナドニ作ル。

もすそ (名) 裳裾 裳ノ裾。

〔もせに (接尾) 名詞ニツキテ副詞トスル接尾語、「も狹キバカリニ」ノ意ヲナス。「國—、生ヒタチ榮エ」山—、咲ケルアシビノ」濱—、後レ並ミ居テ」路—」野—」庭—」宿—」枝—」

〔もそろ (名) 醪 酒ノ類。和名抄「醪、之流、一云、毛曾呂、酒滓也」

もたぐ・グル・グレ・ゲ・ゲ・ゲヨ (他動)(規・二) 擡 持チ上グノ約。

もたす・スル・スレ・セ・セ・セヨ (他動)(規・二) 〔令持ノ義〕 斜

ニ寄セカク。タテカク。 鞴

もたす・ス・セ・サ・シ・セ (自動)(規・二) 默 〔空(ムナ)、徒(ムダ)、ニ通ズト云〕 言フベキヲ言ハズ。ダマル。

〔もたひ (名) 甕 酒ヲ入ルル瓶。和名抄「甕、毛太比」

もだま (名) 藻玉 〔誤テ藻ノ實トシテ名アリ、或云、蕃語ナリト〕 熱地ノ蔓生植物ノ實、通草(アケビ)ニ似タリト云、古クハ、紅毛人渡セリ、往往、海邊ノ地ニ、海藻ニ混ジテ漂流シテモ來ル、形、圓クシテ、少シ平タク、大サ、一寸、乃至二寸、栗殼色ナリ、根付ナドトス。 榼藤子

もだま (名) 鮑魚 〔皮ノ砂ニ就キテノ名カト云〕 魚ノ名、海産ナリ、鱶(フカ)ノ屬ニテ、形、なまづニ似テ大ク、皮ニ細砂アリ、灰色ナリ、又、白斑アルモアリ、長サ三四尺ヨリ丈餘ニ至ルアリ。一名、シロフカ。

もだゆ・ユル・ユレ・エ・エ・エヨ (自動)(規・二) 悶 〔默(モダ)シテ鬱ム意カ〕 思ヒ煩ラフ。煩ヒ苦シム。

もたらす・ス・セ・サ・シ・セ (他動)(規・一) 齎 〔持テアラスノ約轉カ、持チ致(イタ)ラスノ約轉トモ云〕 持ツ。持チ行ク。

もたり・ル・レ・ラ・リ・レ (他動)(不規・四) 持有 持テアリ、ノ約。「一人ハ賤シキ男ノ貧シキ、一人ハ貴(アテ)ナル男モタリケリ、賤シキ男モタル女」云云」我レノミヤ、子モタリテヘバ、高砂ノ、尾上ニ立テル、松モ子モタリ」

もたる・ルル・ルレ・レ・レ・レヨ (自動)(規・二) 〔靠レ持ノ義〕 凭リ掛ル。「机ニー」 鞴

もたる・ルル・ルレ・レ・レ・レヨ (自動)(規・二) 〔被レ持ノ義〕 食物、胃ニ滯リテ消化(コナ)レズ。停滯ス。 食滯

もち (名) 糯 稻ノ一種、米(ミ)ノ、炊ケバ粘リアルモノ。モチゴメ。(粳(ウル)ニ對ス) 亦、早稻、中手、奥手、ノ別アリ。通ジテ、粟、黍、ナドニモイフ。

もち (名) 餠 もちひノ略。餠米ヲ蒸シテ搗キ潰シタルモノ、羮又ハ乾シテ燒キテ食フ。 瓷 又、諸穀等ニモ通ジテイフ。「粟ー」新粉ー」葛ー」蕨ー」

もち (名) 黐 脂(ヤニ)ノ如ク極メテ粘リアルモノ、とりもちノ木ノ皮ヲ削リ、久シク水ニ漬シテ、湯ニ煮テ製煉ス、鳥ヲ粘シ捕フルナドニ用ヰル。一名、トリモチ。

もち (名) 冬青(モチノキ)ノ條ヲ見ヨ。

もち (名) 望 (一)望月(モチヅキ)ノ條ヲ見ヨ。(二)陰曆ニテ、月ノ十五日。「富士ノ根ニ、降リ置ケル雪ハ、六月ノ、十五日(モチ)ニ消ユレバ、其夜降リケリ」

もち (名) 持 (一)持ツコト。(二)歌合ナドニ、勝負ナキコト。又、持(ヂ)。「サレド歌ハもちドモテアシケル」 相持 (三)堪ヘ支フルコト。「ーガヨイ」 維持 (四)受持。 負擔 (五)所持。 所有

〔もち (接尾) 屯 〔包束シテ餠ノ如キ意カト云〕 綿ノ量ニイフ語、二斤、又ハ、六兩ナリ。和名抄「綿、六兩、爲レ屯、一屯讀ニ飛止毛遲一」

〔もぢ (名) 木工ノ具、今ノもぢり。和名抄「鋑、鑽也、毛遲」

もぢ (名) 綟 麻絲ヲ捩(モヂ)リテ、目ヲ粗ク織リタル布、夏衣又ハ蚊厨ナドトス。

もち-あそび (名) 玩弄 モテアソビモチヤスビモノ。

もち-あはす・スル・スレ・セ・セ・セヨ (他動)(規・二) 持合 持ニ當リテ所持シテアリ。

もち-あふ・フ・ヘ・ハ・ヒ・ヘ (他動)(規・一) 持合 二ツノ力ニテ相持ツ。釣合ニテ保(タモ)ツ。 相持

もち-ぐわし (名) 餠菓子 菓子ノ條ヲ見ヨ。

もち-こす・ス・セ・サ・シ・セ (他動)(規・一) 持越 殘シ送ル。

もち-こたふ・フル・フレ・ヘ・ヘ・ヘヨ (他動)(規・二) 持堪 コラヘササフ。堪ヘテツヅクル。 維持

もち-ごめ (名) 餠米 米ノ糯(モチ)ナルモノ、餠、強飯、糰、味醂、ナドニ作ル。 糯米

もち-ざを (名) 黐竿 竿ノ端ニ黐ヲ塗リテ、鳥ヲ刺シ捕フルモノ。

〔もち-しほ (名) 望潮 陰曆、十五日ノ潮、最モ高シ。「モチシホノ、滿チニケラシナ、難波江ノ浦」

もぢ-ずり (名) 捩摺 (一)忍摺(シノブズリ)ノ條ヲ見ヨ。(二)又、草ノ名、高サ五六寸、葉ハ初生ノ稻苗ノ如クニシテ細軟ナリ、春、花ヲ開ク、穗ノ如クニテ淺紅ナリ 綫ニ似タリ。又、ネヂバナ。

もち-づき (名) 望月 〔滿月(ミチヅキ)ノ轉〕 陰曆ノ月ノ十五日ニ、月ノ形、盈チテ全ク圓キ時ノ稱。滿月。

○ーノ駒。八月十五日ノ駒牽ノ駒、信濃ノ佐久郡ヨリ奉ル。

もち-つつじ (名) 羊躑躅 躑躅ノ類、萼ニ黏著スル毛アリ、花黄ナルモノト云。イハツツジ。

もち-なは (名) 黐繩 繩ニ黐ヲ塗リタルモノ、張リテ鳥ヲ捕ル。

もちのき (名) 黐木 (一)ふくらもちハ、灌木、高サ丈餘、葉ハ互生シ、ねずみもちノ葉ヨリ廣ク厚ク光リテ、橫ニ皺アリ、平ナラズ、冬枯レズ、夏、葉ノ間ニ、小白花ヲ開ク、一二三蕚、其蔕、長シ、實、圓ク、熟スレバ赤クシテ櫻實ノ如シ。クロカネノキ。クロガネモチ。冬青 (二)一種、庭際ニ多ク栽ウルモノハ、大木ニシテ、葉ハ狹ク、もくせいノ葉ニ似テ厚ク、冬枯レズ。細葉冬青 (三)とりもちノ木ハ、葉、闊ク薄ク、色、淺ク、皮ヲ搗キテ、鳥黐ヲ採ル。ねずみもち、かなめもち、各條ニ註ス。

もちひ (名) 餅 〔糯飯ノ約〕今、約メテ、餅。粢

もちひ (名) 用 もちゐニ同ジ。

もちひかがみ (名) 餅鏡 かがみもちニ同ジ。

もちふ・フル・フレ・ヒ・ヒ・ヒヨ (他動)(規・三) 用 もちゐるニ同ジ。

もちふ (動) 捫ユノ條ヲ見ヨ。

もちまへ (名) 持前 身ニ持チテアルコト。ウマレツキ。タチ。得手。得意。「一ノ聲」「一ノ藝」本分 本色

もちやすびもの (名) 〔もてあそびノ約轉〕小兒ノ持チテ遊ブ種種ノ具。オモチヤ。玩具

もちゆ (動) 用 もちゐるノ訛。

もぢゆ・ユル・ユレ・エ・エ・エヨ (他動)(規・二) 捫 又、モヂフ。モヂル。ヨヂル。神代紀「擧ニ其溺苦之狀ニ初潮漬レ足則云云、至レ股則走廻、至レ腰則捫レ腰」

もぢり (名) 綟 古ク、モヂ。今、又、ソデガラミ。

もぢる・ル・レ・ラ・リ・レ (他動)(規・一) 捩 ネヂリモトラス。ヨヂル。

もちろん (句) 勿論 論ズルマデモナシ。言フニ及バズ。

もちゐ (名) 用 モチヰルコト。用ニ立ツルコト。

もちゐる・ヰル・ヰレ・ヰ・ヰ・ヰヨ (他動)(規・四) 用 須 〔持チ、以ルノ義、此語ノ語尾ノ變化ノ論、凡例ニ委シ〕(一)用ニ立テムト動カス。ツカフ。モチフ。(二)務ニ就カシム。「人ヲ一」任用 (三)可シトシ肯フ。「諫メヲ一」建白ヲ一」採用

もつ・ツ・テ・タ・チ・テ (他動)(規・一) 持 (一)手ニ執ル。(二)用ヰル。ツカフ。「身ヲ以チテ國ニ殉ス」清キ心ヲモチテ」以 (三)設ケ持ツ。所有ス。「妻ヲ一」子ヲ一」金ヲ一」有 (四)保チ守ル。「家ヲ一」身ヲ一」城ヲ一」維持 (五)引受ケテ守ル。受持ツ。「普請ヲ一手ニ一」攻口ヲ一」負擔

もつ・ツ・テ・タ・チ・テ (自動)(規・一) 持 久シキニ堪フ。支フ。「朽チズシテ一」持久 耐

もつかう (名) 紋ノ名、帽額ノ條ヲ見ヨ。

もづく (名) 水雲 〔藻ニ着キテ生ズレバイフカト云、イカガ〕海藻ノ名、形、極メテ細クシテ、亂絲ノ如ク、枝アリ、色、青黑クシテ滑ラカニ、水面ニ浮ビテ、長サ數尺ニ至ル、冬、春、採リテ、蕈醋ニテ生食ス。海蘊

もつけのさいはひ (名) 〔設ケヌ幸ノ音便轉カ〕思モ設ケヌニ過ヘル幸。ゴボレザイハヒ。僥倖

もつこ (名) 畚 〔持籠ノ音便、或云、盛籠ノ音便〕藁席ノ四隅ニ繩ヲツケテ、土芥ヲ盛リテ擔フモノ。

もつさう (名) 物相 盛相 〔相ハ木ノ形ノ謂、佛家ノ語ト云、盛相ハ當字ナリ〕飯ヲ盛リ量ル器、或ハ一合、或ハ二、三合、人別ニ供ス。

もつしゆ (名) 沒收 罰ノ名、闕所ニ同ジ。

もつたい (名) 物體 〔或ハ勿體〕物ノ體。物物シキコト。○一無シ。畏シ。恐レアリ。○一ヲツケル。タカブル。容躰ブル。矜重

もつてのほか (副) 以外 〔以ノ外、ナルヲ誤讀セル語〕思ヒノ外ニ。甚シク。非常ニ。分外

もつとも (名) 尤 〔次條ノ語ヨリ轉ズ〕理アルコト。「一ノ次第」一ニ思フ」理

もつとも (接) 尤 但シ。將又。(書狀文ナドニ)

もつとも (副) 最 尤 もともノ音便。第一ニ勝レテ。

もつぱら (副) 專 純 もはらノ音便。ソレヲ宗ト。

もつやく (名) 沒藥 舶來ノ藥品、熱地ニ產ズル樹ノ脂ナリト云、色、黃黑ニシテ、甚ダ堅ク、塊ヲナシテ、內ニ土砂雜レリ、味、苦クシテ、香、烈シ、外科ノ藥ニ用ヰル。花一ニ對シテ、煉一トモイフ。

もつる・ル・ル・ルレ・レ・レ・レヨ (自動)(規・二) 縺 〔纏綿ルノ轉〕入リ雜リ亂ル。ムスボホル。コグラカル。「絲一」事一」

もて (動) 以 (一)持チテノ略。「一出ヅ」一參ル」一アツカフ」(二)又、意、輕ク、他ノ動詞ニ冠ス。「一イツク」一ヒガム」一馴ラス」一騷グ」一鎮ム」一爆ム」

もてあそぶ・ブ・ベ・バ・ビ・ベ (他動)(規・一) 弄 玩 翫 〔持テ遊ブノ義〕(一)手ニ持チテ遊ブ。(二)慰ミ物トシ愛デ興ズ。「月花ヲ一」賞

もてあま・す・ス・セ・サ・シ・セ (他動)(規・二) 持餘 力足ラズシテ扱ヒ遂ゲズ。

もてつ・く・クル・クレ・ケ・ケ・ケヨ (他動)(規・二) 持付 取リ成ス。取リツクロフ。モテナス。「ワロキニヨレル貌ヲ、イトイタウモテツケテ、云云、目トドメツベキ狀シタリ」上ベノ情ハ、自ラ、モテツケツベキワザヲヤ」 修飾

もてなし (名) 持成 (一)モテナスコト。トリナシ。タシナミ。「心深ウ、恥カシゲナル御―ナドノ、ナホ人ニ似サセ給ハヌヲ」 修飾 (二)取リアツカヒ。アヘシラヒ。 遇待 (三)饗應。馳走。 饗

もてな・す・ス・セ・サ・シ・セ (他動)(規・二) 持成 (一)取リ成ス。取リツクロフ。タシナム。「塵モツカジト、身ヲモテナシ」何氣ナキ體ニ―」 修飾 (二)取リアツカフ。アヘシラフ。「白妙ノ、垣根ニ咲ケル、卯ノ花ニ、モテナサレタル、夕月夜カナ」 遇待 款待 (三)饗應ス。馳走ス。 饗

もてはや・す・ス・セ・サ・シ・セ (他動)(規・二) 持映 取リ立テテ擧ム。ホメソヤス。 珍重

もと (名) 本 元 原 基 〔眞處ノ轉カト云〕 (一)物事ノ起ル所。ハジマリ。オホネ。(末ニ對ス) (二)根。根本。「末ノ露、―ノ雫」菊一―」 根 (三)宗トアル事。主トスル事。ヨリドコロ。「人ノ心ヲ―トシテ」 本據 (四)和歌ノ上ノ句。下ノ句ヲ末トイフ。「歌ドモノもとヲ仰セラレテ、コレガ末ハ如何ニト、仰セラルルニ」 (五)酒ヲ釀ス料ノモノ。(酒ノ條ヲ見ヨ) 酴 酒母 (六)資本ノ略。「―ヲカケル」 (七)原價ノ略。「―カキレル」

もと (名) 舊 故 〔本ノ義〕 前。昔シ。初メ。以前。「―ノ人」―ノ家」―ノ如シ」―ハ武士」

もと (名) 下 〔本ノ義〕 下。根ノ際。「御階ノ―」花ノ―」木ノ―」足―」

もと (名) 許 〔下ノ義〕 トコロ。許。「或人ノ―ニ」父君ノ―ヲ里ニテ行キ通フ」國―」宿―」ソコ―」手―」

もと (副) 元 故 舊 素 前ニ。ハジメニ。以前ニ。「―見シ人」秀吉ハ、―尾張ノ人ナリ」

〔もとあら (名) 本荒 本立、繁カラズ、粗ク生ヒタルコト。「宮城野ノ、―ノ小萩、露ヲ重ミ、風ヲ待ツゴト、君ヲコソ待テ」―ノ櫻」―ノ薄」

もどかし・シキ・シケレ・シク・シカ (形・二) (一)〔抵捂クベクアリ。批難セマホシ。「ワビシゲナル車ニ、裝束ワロクテ、物見ル人、イトモドカシ」斯ク、ハカナキ世ノ衰ヘヲ見ルニハ、水ノ底ニ身ヲ沈メテモ、モドカシカラヌワザニコソ」 可批 (二)思フヤウニナラズ、ハカドラズシテ、心、イライラシ。ハガユシ。 焦躁

〔もとがしは (名) 故葉 (一)去年ノ舊キ葉。「イツノカミ、フルカラ小野ノ、―、モトノ心ハ、忘ラレナクニ」榊取ル、卯月ニナレバ、神山ノ、楢ノカシハハ、モトツ葉モナシ」 (二)轉ジテ、舊クシテ本ナルモノ。「大キオトドノ御方ハ、中ノコノカミニテ、もとがしはニオハスレド」

もどき (名) 抵捂 (一)モドクコト。批判。「用ナキフルマヒヲ積モリテ、人ノ―ヲ負ハムトスル事ト」 (二)劣ラジト擬フルコト。「梅―」雁―」 比擬

もときん (名) 元金 (一)貸シタル金ヲ、利足ト別チテイフ語。グワンキン。 (二)資本。

もど・く・ク・ケ・カ・キ・ケ (他動)(規・二) 抵捂 〔戻ル意〕 然ハアラズト批判ス。批難ス。「此君ノ、イタク、マメダチ過シテ、常ニモドキ給フガ妬キヲ」父ノ仰セヲ―」

もとごめ (名) 元込 銃砲ノ製造ニ、丸ヲ巣口ヨリ込メズ、火門ノ邊ニ機アリテ込ムベク作レルモノ。

もとじめ (名) 元締 金錢ノ總勘定ナド締メククル役目。

もど・す・ス・セ・サ・シ・セ (他動)(規・二) 戻 (一)舊ノ處ヘ返ス。 復 還 (二)胃ヨリ反シテ嘔ク。ヘドツク。 嘔吐

もとだち (名) 本立 草木ノ根本ノ生ヒ立チ。「前栽ノ―モ、清シウシナシナドシテ」

もとづ・く・ク・ケ・カ・キ・ケ (自動)(規・二) 原本 〔本付ク義〕 基トシ起ル。始マル。

もとで (名) 元手 商賣ノ製造仕入等ニ用キル金錢。 資本

もとどり (名) 髻 〔本取ノ義〕 髮ヲ頂ニ集メテ束ネタル處。タキブサ。タブサ。髮ノ根。

もとね (名) 元直 貨物ノ製造或ハ仕入レノ價。(口錢ヲ掛クル賣直ニ對ス) 原價

〔もとほし (名) 回 (一)モトホスコト。 (二)メグラスモノ。メグリ。マハリ。新撰字鏡「衿、己呂毛乃久比乃毛止保志」 縁 周邊

〔もとほ・す・ス・セ・サ・シ・セ (他動)(規・二) 回 周 匝 メグラス。マハス。「且作廻垣於其垣作八門」母登本斯、奉リ來シ、御酒ゾ」

〔もとほり (名) 回 (一)モトホルコト。 (二)メグリ。マハリ。

「大殿ノ、此ノ廻ノ、浮ナ沼ミソネ」大殿ノ、此ノ母等保利ノ」縁 周邊 (三)靴ノ脚ニ着クル紐ノ金具、廻ルヤウニ作レルモノト云。旋子

もとほる・ル・レ・ラ・リ・レ (自動)(規.一) 回 徘徊 (一)メグル。マハル。「島山ヲイ行キ廻流、川沿ノ」若キ子ソ、匍匐多毛登保里」立チー」(二)自在ニナル。「舌モトホラヌ」事、モトホラヌ」

もとむ・ムル・ムレ・メ・メ・メヨ (他動)(規.二) 求 索 [本認ム、ノ略カト云] (一)得ムト尋ヌ。探リテ得ムトス。サガス。(二)欲シト請フ。需 要須 (三)俗ニ、買フ。購フ。

もとめ (名) 求 (一)モトムルヿ。(二)請フヿ。アツラヘ。注文。「人ノーニ應ズ」需

もとも (副) 最 尤 [眞ニ通フも(最中ナド)ヲ重ネタル語ナラム] 第一ニ勝レテ。モツトモ。「ー好シ」ー高シ」

もとゆひ (名) 元結 髻ヲ結フ細ソキ物ノ名、古クハ、組紐、麻絲ナド用ヒタルガ如シ、後世ハ紙捻ニテ製シ、捻ー、又ハ紙捻ナドトモイフ、杉原、奉書、丈長、等ノ紙ニテ、水引ヲ製スルガ如ク、糊ヲ用ヰテ作ル、但シ、捻ルヿ固シ、二三丈ニ作リ、截リテ用ヰル。モツトヒ。髻

もとより (副) 從來 固 素 [本從ノ義] 初メヨリ。舊クヨリ。元來。

もどり (名) 戻 (一)モドルヿ。カヘルヿ。還 退步 (二)カヘリミチ。歸路 (三)鈎ノ端ニ、逆ニ出デタル尖刺シテ引キ拔ク時ニ刀懸クルニ供フ。「釣針ノー」銛ノー」逆鈎

もどる・ル・レ・ラ・リ・レ (自動)(規.一) 戻 悖 反ク。サカフ。「理ニー」

もどる・ル・レ・ラ・リ・レ (自動)(規.一) 戻 故ヘ返ル。「家ヘー」歸ガー」還 退步

〔もどろかす・ス・セ・サ・シ・セ (他動)(規.一) (一)モドロクヤウニナス。斑ニナス。「色色ノ絹、摺リモドロカシタル水干袴ナド着セタリ」(二)紛ラハス。「イカデカ、汝ハ、右大將ヌシノ娘ノ文トテ、女ノ文ヲバ持テマウデ來ル、我ヲハカラシメムトテ、モドロカシムルニハアラズヤ」

〔もどろく・ク・ケ・カ・キ・ケ (自動)(規.一) [まだらト通ズト云] (一)斑ニナル。(二)亂レ紛ル。「モロコシノ、タマツム舟ノ、モドロケバ、思ヒ定メム、方モ覺エズ」

〔もどろく・クル・クレ・ケ・ケ・ケヨ (他動)(規.二) 斑ニナス。モドロカス。身ニ剳青ヲス。「太伯、虞仲、亡如ニ剕鬘ニ文レ身斷レ髪」

もとゐ (名) 基 [本居ノ義] 本トスヾワリタルヿ。根本トスルモノ。ドダイ。

もなか (名) 最中 [眞中ト通ズ] (一)正シキ中マンナカ。「水ノ面ニ、照ル月ナミヲ、數フレバ、今宵ゾ秋ノ、ーナリケル」(藻中ニ寄セタリ) 中心 中央 (二)事ノタケナハナルヿ。最中。「酒宴ノー」(三)菓子ノ名、餅ヲ薄ク正圓ニ燒キタルヲ皮トシ、二片、相合ハセテ、餡ヲ込メタルモノ、最中ノ月ニ寄セテ名トス。

もぬく・クル・クレ・ケ・ケ・ケヨ (自動)(規.二) 蛻 [眞拔クル意カト云、或ハ衣拔クル義カ] (一)蛇、蟬、ナド、時ヲ定メテ外皮ヲ脫グ。(二)ヌキンヅ。他ニ超エ出ヅ。拔群ナリ。卓越

もぬけ (名) 蛻 モヌクルヿ。又其皮。ヌケガラ。「蛇ノー」蟬ノー」

もの (名) 物 [百名ノ略轉ト云、イカガ] (一)凡ソ、形アリテ世ニ成リ立チ五官ニ觸レテ其存在ヲ知ラルベキヲ稱スル語。(二)事。「ー言フ」ー思フ」ー馴ル」ー淋シ」ー凄シ」ーアラガヒ」ー學ビ」ー怖ヂ」ーノアハレ」ーノタメシ」ーノ心」ーノ師」ーニモアラズ」(三)邪鬼。怨念。死靈。「ーノ氣」ニオソハル」鬼物 (四)或ル所。出向ヒ行クベキ所。「ーヘ罷ル」ーヨリオハス」ーヘ行ク」ー詣デ」

もの (名) 者 [物ノ義] 人。「顏回トイフーアリ」

ものあげば (名) 物揚場 船荷ヲ岸ニ揚グル所。

ものいひ (名) 物言 (一)言フヿ。言葉。言辭 (二)言葉ノイサカヒ。「ートナル」諍

ものいみ (名) 物忌 (一)神佛ヲ祭ル時ナドニ、若干ノ時日、沐浴シ、飮食ヲ愼ミナドシテ、身心ヲ淨クシ、穢レニ觸ルルヿヲ忌ムヿ。齋戒 (二)天一神、太白神(各條ヲ見ヨ)等ヲ避ケテ、一日或ハ若干日、家ニ籠リテ、愼ミ居ルヿ。(三)物忌ノ標ニ、物ニ物忌ト書キテ、冠、簾ナドニ懸クルモノ。「指櫛ニーフサヘツケテ」烏帽子ニー付ケタルハ」簾、椅、オロシワタシテ、ーナド仰セテ付ケタリ」

ものいり (名) 物入 金錢ノ費ユルヿ。イリメ。費用

ものうし・キ・ク・ケレ (形.一) 物憂 心氣、事ニススマズ。モノグサシ。タイギナリ。慵 懶

ものおき (名) 物置 薪炭雜具ナド藏メ置ク小屋。

ものおぼえ (名) 物覺 心ニ覺エテアルヿ。記臆。記性

ものかき (名) 物書 文書記錄ナドノ役人。カキヤク。右筆。筆吏 書手

ものがしら (名) 物頭 武家ニテ、弓組、鐵砲組、ナドノ足輕ノ長。武頭。隊長

ものがたし・キ・ケレ・ク・ク (形・一) 物堅 所行ニ愼ミ深シ。謹嚴 謹厚

ものがたり (名) 物語 (一)事ヲ語ルヿ。ハナシ。談說話 (二)一ヲ記シタル草紙ノ類ノ稱。「竹取ー」源氏ー」

〔ものから (接尾) 〔物あがらノ略、みあからノから二同ジサノ物事ニハアレド。「妬キものから、エ堪ヘデ笑ヒヌ」今ハトテ、返ス言ノ葉、拾ヒ置キテ、已ガー、形見トヤ見ム」

ものぐさし・キ・ケレ・ク・ク (形・一) 〔物臭シ、ノ義カ〕モノウシ。タイギナリ。慵懶

ものぐるひ (名) 物狂 〔鬼祟ニ狂フ意ト云〕キチガヒ。狂氣。顚狂

ものぐるほし・シキ・シケレ・シク・シク (形・二) 物狂 狂氣ノ狀ナリ。

〔ものげなし・キ・ケレ・ク・ク (形・一) 無物氣 物物シカラズ。物ト認ムル程モナシ。「チヒサキ人ノ、物ゲナキ姿ソシタル」ヨロヅニ見ダテナク、物ゲナキ程ヲ見過シテ」

ものごころ (名) 物心 ヨゴコロ。人情世態ノ意。世情

ものさし (名) 物差 物ノ長短ヲ差シ計リテ知ル具、竹或ハ鐵ナドニテ、薄ク細長ク直ク作リ、尺、寸、分、等ノ目ヲ盛ル。度 裁尺 常ニ用ヰルヲ、金尺、又ハ、曲尺トイフ。曲尺ノ一尺二寸ヲ一尺トスルヲ、鯨尺トイヒ、專ラ布帛ヲ度ルニ用ヰル。又、曲尺ノ一尺二寸五分、(或云一尺一寸七分五厘)ヲ一尺トスルヲ、呉服尺トイフ、今、多ク用ヰズ。

ものさわがし・シキ・シケレ・シク・シク (形・二) 物騷 物音シテ、サワガシ。世ノ中騷動ス。物騷ナリ。

〔ものし・シキ・シケレ・シク・シク (形・二) 物 物物シクテ厭ハシ。目障リナリ。氣障リナリ。「御殿油、物アラハニ點セバ、ものし、イカニモマシト思ホシオハシマス」御目ノ、イタウ泣キ腫レタルゾ、少シ物シケレド」詞ダミテ、骨ナゲニ物馴レタル、イト物シクテ」

ものしり (名) 物識 博ク物事ノ旨ヲ知リ得テアル人ノ稱。博識

ものす・スル・スレ・セ・シ・セヨ (他動) (不規・二) 物 事ヲ爲ス(スベテノ動作ニイフ)

ものずき (名) 物好 格段ナル物事ヲ好クヿ。好事。好奇

ものだち (名) 物斷 (一)衣服ノ裁縫。「ーナドスル老御達、御前ニアマタシテ」(二)又、其用ノ小刀。タチモノバウチヤウ。裁刀

ものつけ (名) 物付 鞍ノ條ヲ見ヨ。

ものどほし・キ・ケレ・ク・ク (形・一) 物遠 (一)オロソカナリ。疎遠ナリ。空闊 (二)マハリドホシ。迂遠

ものどり (名) 物取 盜賊、行劫、ナドノ業。奪掠

ものなり (名) 物成 地ヨリ穀物ノ成リ出ヅルヿ、所産 知行百石トイフハ、籾ノ取高ノ稱ニテ、其米ノ高ハ、コレヨリ減ズ因テ、百石ヨリ、六十石出ヅルヲ、六ツー、ナドイフ、五ツー、四ツー、意同ジ、三十五石ナルヲ三ツ五分ナドイフ。祈米

もののぐ (名) 物具 (一)調度。道具。「此女一人ゾ子孫モ引具シテ、家ノ物のぐ、一ツモ失ハズシテ、カネテ逃ゲノキテ」萬ヅノもののぐ、云云、御櫥箱ヨリ始メ、屛風ナドマデ」什器 (二)專ラ、戰ニ用ヰル調度、即チ、鎧。「ーニ身ヲ固メ」

もののけ (名) 物氣 物怪 〔鬼祟ノ精神ノ意、怪ハ借字〕死靈生靈ノ祟ルヿ。又其影ヲ見ハストイフモノ。邪祟 妖鬼

もののな (名) 物名 和歌ノ一體ニ、物ノ名ヲ、他ノ語ニシナシテ、詠ミ入ルルヿ。又、隱題。例ヘバ、ほととぎすヲ「來ベキほど、ときすぎヌレヤ、待チワビテ」ナド詠ムガ如シ。

もののふ (名) 武士 武夫 〔物行ノ轉ニモアラムカ〕軍陣ノ勤ニ當ル武人ノ稱。イクサビト。武士。サムラヒ。

〔もののふし (名) 物節 近衞ノ舍人ノ中ニ、東遊ニ達シタル者ノ稱ト云、春日祭、加茂祭、ナドニ奉仕ス。「右近ノ中將少將、物のふし等率ヰテ參リタリ」右近ノ將監ヨリ始メテ、物のふしマデ逸物ヲ擇ビテ」

もののふの (枕) 武夫 氏川、八十氏川、八十氏人、八十伴緒、等ノ枕詞。

もののべ (名) 物部 〔武夫部ノ約ト云〕上代、兵

術ノ一部ノ武士。後ニ氏トナル。

〔ものはみ〕(名)〔物食ノ義ナラム〕鳥ノ喉ノ中ニ、食ヲ受ケテ嚢ム處ノ名。和名抄「嗉、鳥受ノ食處也、毛乃波美」

ものび (名) 物日 節日、祭日、ナド事アル日ノ稱。

ものほし (名) 物干 洗ヒタル衣布帛ノ類ヲ日ニ乾ス處、多クハ屋根ノ上ニ作リ掛ケタルヲイフ。曬臺

ものまう (感)〔物申ノ約〕人家ノ門戸ニ晉ナヒ案内ヲ請フニ呼ブ聲。タノム。請謁

ものまうで (名) 物詣 或ル神佛ヘ詣ヅルコト。參詣。ミヤマヰリ。テラマヰリ。

〔ものまさ〕(名) 尸者〔神正身ノ意カト云〕死人ノ着ル衣ヲ着テ、弔ヒニ來タル人ニ會フ人。「以レ鵄爲ニ尸者ニ以ニ鷦鷯ニ爲ニ哭者ニ尸者着ニ死衣ニ而謁レ弔」

ものまね (名) 物眞似 人獸百禽ナドノ風采、聲音、ナドヲ眞似ル戲レノ技。

ものみ (名) 物見 (一)祭禮又ハ賑フ場所ナド見物スルコト。「一車」「一遊山」「一高シ」遊觀 (二)貴人ノ邸ナドニ、路ニ臨ミテ一ノ爲メニ設ケタル櫻。看樓 (三)軍陣ニ、先ヅ人ヲ遣リテ敵軍ノ動靜ヲ探リ認メシムルコト。又其人。斥候

〔ものめかし〕-シキ・シケレ・シク・シク (形・二) 物物シク見ユ。「位ナド、今少シ物メカシキ程ニナリナど」

ものめかす -ス・セ・サ・シ・セ (他動)(規・一) 物物シク取リ成ス。「サリトテ、物メカサム程モ憚リ多カルニ」

ものもの・し -シキ・シケレ・シク・シク (形・二) 物物 (一)物ト認ムベク嚴シ。物體アリ。立派ナリ。「髪、丈ニ餘リテ、物物シウ清ゲナル人ノ」御堂ノ、氣高ウ、モノモノシキガ、新ラシウ赤ク塗リタテラレタルニ」雄偉 (二)ヲコガマシ。タイサウラシ。

ものもらひ (名) 物貰 (一)人ニ食物ヲ乞ヒ受ケテ生活スルモノ。カタヰ。乞食。乞丐 (二)眶ニ生ズル一種ノ腫物、乞食ノ門戸ニ立ツガ如シトテ名トス。眼丹

ものよし (名)〔物好ノ義ニテ、倒語ナラム、「福よし」モ同ジ〕癩病ノ異名。(關西)

ものわすれ (名) 物忘 物事ヲ打忘ルルコト。遺忘 又、病衰又ハ老耄ニテ、甚シク忘ルルニモイフ。健忘

ものわらひ (名) 物笑 世ノ人ノ嘲リワラヒグサ。「世ノ一トナル」胡盧

〔ものゑんず〕(名) 物怨 怨ミ事ヲスルコト。「輕輕シキ物ゑんじスベキニモアラズ」

もはん (名) 模範 倣フベキ範。手本。

もはや (副) 最早〔今ハ耶ノ約轉カ〕今トナリテハ。「一及バズ」「一來ラム」

〔もはら〕(副) 專純〔眞平ト通ズト云〕全ク純一ニ。ソレヲノミ宗トシテ。ヒトスヂニ。一向ニ。一途ニ。今、音便ニ、モツパラ。「逢フコノ、もはら絶エヌル、時ニヨソ、人ノ戀シキ、事モ知リケレ」

〔もひ〕(名) 盌 水ヲ盛ル器ノ名「玉暮比ニ、水サヘ盛リ」片垸

〔もひ〕(名) 水〔前條ノ器ヨリ起レル語カト云〕汲ミテ飲ムニ供スベキ水。飲水。「飛鳥井ニ、宿リハスベシ、影モヨシ、御毛比モ寒シ」水取司

〔もひとりのつかさ〕(名)〔水取司〕主水司ノ條ヲ見ヨ。

〔もふ〕(動) 思 おもふノ約。「見ムト思ヘバ、樂シトソ毛布」祈リ來ル、風間トもふヲ」

もぶし (名) 藻伏 魚ノ名、形、鯉ニ似テ肥エ、首、大ク、鱗、固ク、尾ハ鯡ニ似テ、全身薄黒ク、腮ト尾ト赤ミアリ、大サ尺許、大ナルモノハ一二三尺ニ至ル、味佳ナラズ。

モヘル (名)〔英語、Mohair.〕舶來毛織物ノ名、「フランケット」ニ似テ、毛ヲ、稍長ク織出セルモノ。

もまた (名) 亦 漢字ノ亦ノ字ノ稱、訓ズレバ、是もまた、彼もまた、ノ意ヲナセバ名トシ、又、復、等ニ分ツ。

もみ (名) 樅〔俗ニ椴、新撰字鏡、樅、縮也、毛牟乃木、皮、椽ミタルガ如クナレバイフカ〕樹ノ名、ひのきノ類ニシテ、皮ニ横理アリテ同ジカラズ、葉ハ、略、榧ニ似テ、實ハ、松毬ノ如クニシテ細長シ、材ニテ匣櫃ノ類ヲ作ル。

もみ (名) 籾〔或云、萌實ノ約、漬シテ萌エシムル意、或云、眞實ノ意、褒メテイフト〕(一)米ノ、殻ヲ去ラザルモノ。穀 (二)もみがらノ略。

もみ (名) 紅〔紅花ヲ揉ミテ染ムレバイフト云〕紅ニテ無地ニ染メタル絹布。絳絹

〔もみ〕(名) むささびニ同ジ。和名抄「鼯鼠、毛美」

もみあげ (名) 揉上 鬢ノ毛ノ、耳ノ前マデ、細ソク下リテ生フル所。

もみえぼし (名) 揉烏帽子 烏帽子ノ塗ニ、溜メズシテ、柔ニ揉ミテ皺アルモノ、兜ノ下ニ折リ疊ミテ用ヰル。コレヲ引立ツルヲ、引立烏帽子トイフ。

もみかは (名) 揉革 古名、ヲシカハ。なめしがはノ上面ヲ削リ、揉ミテ更ニ柔ニシタルモノ。 韋

もみがら (名) 籾殼 籾米ノ殼、碧ニテ摩リ去ル、鷄卵、陶器ナド、碎ケ易キモノヲ收ムルニ用ヰル。一名、アラカハ。アラヌカ。スリヌカ。モミヌカ。略シテ、モミ。 穀皮 稃 稴

もみくじ (名) 揉鬮 古ク、ヒネリブミ。數枚ノ紙ニ、事ヲ記シテ拈リ、無心ニ鬮トシテ採ルモノ。

もみくたは (副) 揉朽 揉マレテ皺ミテモミクチャニ。(紙ニ、布帛ニ)

〔もみた・す・ス・セ・サ・シ・セ (他動)(規・二) 黄葉 〔令ニ黄葉〕(規・一)ヨリ語尾ヲ轉ズ〕 黄葉セシム。「鴈ガネノ、寒キ朝ケノ、露ナラシ、春日ノ山ヲ、令黄物者」

もみぢ (名) 黄葉 紅葉 (一)モミヅルコト。草木ノ葉ノ、霜ニテ、赤ク又黄ニナルコト。「ーセバ、赤クナリナム、小倉山」「ーセヌ、常葉ノ山ハ」(二)もみぢ葉ノ略。「峯ノーハ、雨ト降レドモ」鹿ーノ、衣キヌラム」(三)麥ノふすま。

もみぢがり (名) 紅葉狩 山ニ入リ、紅葉ヲ探リ觀テ賞スルコト。

もみぢは (名) 黄葉 紅葉 モミヂタル葉。草木ノ葉ノ、霜ニ遇ヒテ、赤ク又黄ニ變ハレルモノ。つた、ぬるで、にしきぎ、むじ、ははそ、どうだんナド、次第ニ赤クナル。楓、最モ後レテ最モ美シ、故ニ、遂ニもみぢノ名ヲ專ラニシ、遂ニ、其樹名トスルニ至ル。

もみぢぶな (名) 紅葉鮒 近江ノ湖中ニテ、秋冬ニ漁スル鮒ノ稱、味最モ佳ナリトス。

〔もみ・づ・ヅ・デ・ダ・ヂ・デ (自動)(規・二) 黄葉 次次條ノ語意ニ同ジ。「秋山ニ、黄反木ノ葉ノ、移リナバ」吾ガ宿ノ、萩ノ下葉ハ、秋風モ、未ダ吹カネバ、斯クゾ毛美照」

〔もみ・づ・ヅル・ヅレ・デ・デ・デヨ (自動)(規・二) 黄葉 次條ノ語意ニ同ジ。「秋山ノ、木ノ葉モ未、赤者、今朝吹ク風ハ、霜モ置キヌベシ」春マケテ、斯ク歸ルトモ、秋風ニ、黄葉山ヲ、超エ來ザラメヤ」(歸鴈ノ歌)此二例、もみぢねむ、もみぢむ、トモ訓ズベシ、サラバ次條ノ語ノ例トナリテ、此語ハ消滅スベシ。

〔もみ・づ・ヅル・ヅレ・ヂ・ヂ・ヂヨ (自動)(規・三) 黄葉 紅葉 〔燃ユル意カ、或ハ紅ヲ活用シタル語カトモ云〕 草木ノ葉、霜ニ逢ヒテ、赤ク又黄ニ變ハル。「雪降リテ、年ノ暮レヌル、時ニコソ、遂ニモミヂヌ、松モ見エケレ」斯クバカリ、モミヅル色ノ、濃ケレバヤ」木枯ノ、風ニモミヂテ」モミヂツツ、移ロヒヌルヲ」時雨ヲバ、待チモツケデヤ、山ノ端ノ、己レマタキニ、モミヂ初メケム」(末ノ諸例、前ニ二條ノ語ト分チ難シ)

もみよね (名) 〔穀米ノ義、或云、穀ヲ揉ミテ米ヲ得ル意〕 又、搗稲。稲ヲ舂キテ米トセルモノト云、今ノ玄米カ。和名抄「糙米、毛美與禰」

もみれうぢ (名) 揉療治 按摩ニ同ジ。

もむ・ム・メ・マ・ミ・メ (他動)(規・一) 揉 搓 (一)兩手ニテ相摩ル。手ニテ擦リテ柔ラカニス。「手ヲー」紙ヲー」革ヲー」(二)錐ノ柄ヲ兩掌ニテ摩リ廻ラシテ穿ツ。「錐ヲー」 鑽 (三)擦リ觸レ押シ合フ。「竹ヲ風ニモマルル花ナレバ」モミニモンデ攻メカカル」人ニモマルル」 挼 ○氣ヲー。心遣ヒス。心配ス。 碎心

もん (名) 門 (一)門。(其條ヲ見ヨ)(二)師ノ家ニ就キテ教ヲ受クルコト。弟子タルコト。「某ノー」ーニ入ル」 門下 (三)類ヲ分ケテ別ニ揭グルコト。「ーヲ分ツ」(四)大砲ヲ數フルニイフ語。(火門ヨリシテイフカ)「大砲十ー」

もん (名) 紋 (一)文。模樣。「綾ノー」車ノー」ー綸子」ー縮緬」 花文 文采 (二)家ノートシテ、家家ニ定メテ目標トシテ用ヰル一種ノ形象。其初ハ、衣袴ノ織模樣染模樣ニ、家家一定ノ形ヲ用ヰシニ起ル、即チ、菊桐ノ御紋モ、御衣ノ織模樣ニ起レリ、幕ノー、旗ノー、ヨリ、車、鎧、衣服、諸調度、皆、目標トシテ着ク、紋所トモイヒ、其家ニ公ニ定メテ用ヰルヲ定ートイヒ、又、表ー、替ヘトナドトテ、尙、二三種ヲ設クルモアリ。 徽號

もん (名) 文 (一)孔アル小錢一ツノ稱。千ーヲ貫トイフ。(二)足袋ノ底ノ長サヲ計ル語、大抵大人ノ足ヲ十ートシ、九ー、八ー、七ー、ナド數フ。(錢ヲ並ベテ長サヲ計レルニ起ルト云)

もんか (名) 門下 師ノ門ノ下ニアルコト。門人。

もんかん (名) 門鑑 門ノ出入ヲ許ス手形。

++もん-きり-がた (名) 紋切形 例トシテ定メ。キマリ。
もん-く (名) 文句 文章ノ中ノ句。文章ノ詞。
もん-げん (名) 門限 夜、門ヲ閉ヅル期限。
もん-と (名) 門戸 カドグチ。家ノ入口。
もん-ごん (名) 文言 文章ノ語。記シタル詞。 文辭
〔もん-ざい (名) 文才ニ同ジ。「もんざい、マネブニモ、琴、笛、ノ調べニモ」
もん-じ (名) 文字 文字ニ同ジ、字ノ條ヲ見ヨ。
もん-じん (名) 門人 師ノ門ニアル人。弟子。門弟。
もん-じやう-はかせ (名) 文章博士 又、モンザウハカセ。古ヘ、大學寮ノ博士ノ一、紀傳博士ヲ停メテヨリ、此號ヲ置カル、然レドモ、其道ハ同ジ。(大學寮ノ條ヲ見ヨ)「陸マジク思ボスもんざうはかせ召シテ、願文作ラセ給フ」
〔もん-じやく (名) 文籍 書籍ニ同ジ。フミマキ。ジヨモツ。「文籍ニモ、家禮トイフヿ、アルベク」
もん-じゆ (名) 門主 門跡ノ住職ノ稱。
モンジユ (名) 文珠 〔梵語、曼殊室利ノ略、妙德、又ハ、妙吉祥ト譯ス〕 菩薩ノ一、智慧ノ佛トシ、常ニ獅ニ騎レル所ヲ圖ス。
もん-じよ (名) 文書 モンソ。カキモノ。カキツケ。
もん-せい (名) 門生 門人ニ同ジ。
もん-ぜき (名) 門跡 宇多帝、落飾アリテ、仁和寺ニ入リ給ヒ、後ニ、コレヲ御門ノ跡ト申シ、門跡ト稱セシヨリ起リテ、凡ソ、法親王ノ住職シ給フ寺院ノ尊稱トス、コレヲ宮一トイフ。又、攝家ノ猶子ノ法主タルヲ攝家一トイフ。准一トイフハ、一向宗ノ東西本願寺等六本山ニ免許アリシ稱ナリ。

もん-ぜつ (名) 悶絶 悶エテ氣絶スルヿ。
もん-ぜん (名) 門前 門ノ前。
もん-ぜん-ばらひ (名) 門前拂 德川氏ノ刑ニ、追放ノ輕キモノ、奉行所等ノ門前ヨリ追拂ヒテ、再ビ歸ルヿヲ許サヌモノ。大小名ニテハ、祿ヲ沒收シテ、屋敷ノ門ヨリ追拂フヿ。
もん-そ (名) 門訴 高官ノ門ニ越訴ナドスルヿ。
〔もん-ぞ (名) 文書ニ同ジ。「サルもんぞ文ナドヲサヘ尋ネ出デテ」
もん-そう (名) 門送 門出ヲ見送ルヿ。
もん-だい (名) 問題 問ヒカクル事柄ノ題。
もん-だふ (名) 問答 問フト答フルト。
〔もんだ・ふ・フ・ヘ・ヘ・ヒ・ヘ (他動)(規.一) 〔前條ノ語ヲ活用ス〕 問答ヲナス。謠曲、安宅「トカクノ事ヲもんだはズシテ」狂言詞「ソチナ事ハもんだいタウモゴザラヌ」
もん-だん (名) 文段 文章ノ段落。
もん-ち (名) 門地 イヘガラ。門閥。
++もん-ぢやく (名) 悶着 イサカヒ。アラソヒ。モメアヒ。 紛爭
もん-ちゆう (名) 問注 〔問ヒテ注スルヿカ〕 訴訟。ウッタヘ。「爭論ノ事アリテ、六波羅ニテ、問注スベキニ定マリニケリ」 恐レ入リタル由、御披露候ヘト、我レト問注ニ負ケテ歸リシヲ」
もん-ちゆう-じよ (名) 問注所 鎌倉將軍ノ頃ノ訴訟裁判ノ司、其職ニ執事、寄人、等アリ。

もん-つき (名) 紋付 衣服ニ、紋所ノ染メ付ケタルモノ。
もん-てい (名) 門弟 門人ニ同ジ。
もん-と (名) 門徒 其宗門ニ歸依シテアル人。
もん-どころ (名) 紋所 紋ノ條ヲ見ヨ。
もん-と-しゆう (名) 門徒宗 一向宗ノ俗稱。
もんど-の-つかさ (名) 主水司 古ク、水取司。古ヘ、宮内省被官ノ司、御井水、醬水、饘粥、及ビ、氷室ノ事ヲ掌ル。
もんどり (名) 翻筋斗 〔戻リ、ノ音便カ〕 柔術ナドニ、身ヲ倒ニ翻轉シテ復タ立ツヿ。トンボガヘリ。「一カヘス」「一打ツ」
〔もん-にん (名) 文人 漢文及ビ詩ヲ作ル人、多クハ、大學寮ノ人ヲイフ。「內宴、云云、文人ドモ、題ヲ賜ハリ詩ヲ作リテ、ヤガテ御前ニテ講ゼラル」文人ニ難キ題出サレタリ、賜ハリテ文作リハテテ」文人擬生ナドイフナル事ドモヨリ打チハジメ」(是ハ文章生ト擬文章生トノ事ナリト云)
モンパ (名) 紋羽 (番語ナリト云) 綿布ノ一種、毛背多ク、甚ダ柔ニ織レルモノ、多ク、裏着、又ハ、足袋ナドトス。 毛毾
もん-ばつ (名) 門閥 イヘガラ。門地。
もん-ばん (名) 門番 門ノ出入開閉ヲ守ル者。 抱關
もん-ぷく (名) 紋服 紋付ノ服。

もんぶしやう (名) 文部省 一國教育ノ事ヲ統ベ掌ル省。
もんまう (名) 文盲 學問セズシテ、文字ヲ讀ミ得ヌ了。無學。沒字漢
もんめ (名) 匁 〔文目ノ義、錢ノ一文ヨリ起レル語、匁ハ錢ノ字ノ古體ト云、或云文ノ字ノ草書ト片假名ノ「メ」トノ合字〕(一)秤目ニ、貫ヲ千ニ別ケタル一ツ。分ノ十倍。略シテ、目。錢 (二)銀目ニ、小判一兩ヲ六十ニ別ケタル一ツ。即チ、銀六十一ヲ一兩トス。
もんりう (名) 門流 一門ノ分レ。
もんゐん (名) 門院 女院ノ條ヲ見ヨ。
もめ (名) 揉 (一)揉メル了。皺寄ル了。(二)イサカヒ。アラソヒ。不和
もめん (名) 木綿 草綿ノ實ノ中ニ生ズルモノ、潔白ニシテ、甚ダ柔ナリ、綿トシテ、衣服布團ナドニ入レテ、温ヲ取ル、眞綿ニ對シテ、もめん綿ト云。コレヲ紡ギテ絲トセルヲ、一絲トシ、綿布ニ織ル。綿花布
もめる・ル・レ・メ・メ・メロ (自動)(規.四.變) 揉 〔被レ揉ノ訛〕(一)揉マレテ皺寄ル。(二)人ト人ト不和ヲ起ス。乾鞣
○氣ガ一。悶エ憂フ。心配ス。煩悶
もも (名) 桃 〔燃實ノ意カト云、或ハ毛實ノ略カ〕(一)樹ノ名、早ク長ジテ早ク老ユ、十年ヲ保チ難シ、尋常、實生ヨリ三年ニテ、花實アリ、花ハ、春、開ク、紅ナルヲ常トス、又、白アリ、緋アリ、實ハ、秋、熟ス、梅ノ實ヨリ大クシテ、少シ尖リ、皮ニ微毛アリ、味、美ナリ。(二)草綿ノ實。〔其條ヲ見ヨ〕
もも (名) 股 〔相向ク意ノ語カト云、向股トモイフモ是レナリ〕脚ノ上部、腰ニ接ク處。
もも (數) 百 〔諸ト通ズ、物物ノ意ト云〕(一)十ヲ十倍セル數。百。「一日」「一夜」「一年」(二)數多キ了。「一世」「一千鳥」「一ノ官」
ももいろ (名) 桃色 桃ノ花ノ色、即チ、紅ノ稍薄キモノ。桃紅
ももか (名) 百日 (一)日數、百。(二)小兒生レテ百日目、祝ヒテ餅ナド製ス。
ももが (名) 鼯鼠 ムササビ。モモングワア。
ももかは (名) 桃皮 山桃ノ皮、其煎汁ヲ藥用トシ、又ハ、褐色ノ染料トス。一名、シブキ。楊梅皮
〔ももけ (名) 鳥臟 又、ムムキ。モモキ。鳥ノ五臟。
ももしきの (枕) 百敷 〔百石城ノ約、皇城ノ堅キヲ石ニ譬ヘタル語ト云〕大宮ノ枕詞。「百礎城ノ大宮處」轉ジテ、直ニ、大宮ヲイフ。「一、舊キ軒端ノ」
〔ももじり (名) 桃尻 〔桃ノ實ノ尻ノスワラヌニ譬ヘテイフト云〕乘馬ノ拙キヲイフ語。「六度マデ御落馬アリ、世ノ人、桃尻ト申シケル」極メテももじりニシテ、沛艾ノ馬ヲ好ミシカバ
ももだち (名) 股立 〔股裁ノ義ト云〕袴ノ左右、股ノ側面ニ當ル處ニ際アリ、其縫止メノ處ノ名。「女袴ノももだちヲ引上ゲテ見ヌレバ」一名、相引。コレヲ摘ミ揭ゲテ帶ニ挿ムヲ、「一ヲ取ル」ト云フ。
〔ももたらず (枕) 百不足 八十、五十、等ノ枕詞「百不足、八十坰手」百不足、五十槻ガ枝ニ」轉ジテ、「一、山田ノ道」「一、筏ニ作リ」
〔ももち (數) 百箇 百、トイフニ同ジ。「ミモモチ、ムソヂ(三百六十)經キヌル、此夜ハ、思ヘバ年ノ、積ルナリケリ」
もものつけね (名) 股付根 股ノ內部ノ、下腹ニ接シテ窪ミテ谷ノ如キ所。鼠蹊
ももひき (名) 股引 兩ノ股ノ部ニ、脇ニ付ケテ穿ク狹キ袴ノ如キモノ、膝ヨリ下ハ脚半ニ接ス。ハダバカマ。褌襠 後世ハ、コレヲ猿一トイヒ、別ニ、脚半ヲ用ヰズ、踝マデ連ネテ綿布ニテ製セルヲ專ラ稱ス。絹布ナルヲぱつちトイフ。
艹ももんぐわあ (名) 鼯鼠 〔又、ももがトイフ、ももハもみノ轉、がハ、ぐわあハ、鳴ク聲ヲイフカ〕(一)古名、もみノ轉訛。即チ、ムササビ。又、モモガ。(關東)(二)小兒ノ戲ニ、衣ヲ被ヒ臂ヲ擴ゲテ、鼯鼠ノ翅ヲ張リタル狀シテ人ヲ威ス了。
もや (名) 母屋 〔身屋ノ轉ト云〕(一)屋ノ中ニテ、宗トアル處。即チ、寢屋ノ中央ノ間ニテ、廂ノ內ナル處。「鏡打チ見テ、もやヨリ少シヰサリ出デタル」身屋、九間」(二)木工ノ稱ニテハ、凡ソ、家ノ棟ノ內。(三)又、宗ト住居ニ用ヰル家。オモヤ。〔別棟ナル長屋物置ナドニ對ス〕
もや (名) 靄 霧ノ深キモノ。

もやう (名) 模樣 (一)染物、織物、繡物、彫物ナドニ作リ出ス種種ノ形象、紋。花文 文彩 (二)アリサマ。容子。「時ノーニ因テ」雨ー、晴ー、ナドハ、催ノ訛カ。

もやし (名) 萌 籾米ヲ、十分ニ水ニ浸シテ、筵ニ捲キテ芽ヲ萌シタルモノ、苗代ノ種トス。牙秧 大豆ナルヲ、まめノートイフ、五寸許、煑テ食フ。大豆黄卷 麥ノーハ、飴ヲ製スル用トス。麥蘖 又、白米ヲ蒸シテ飯トシ、けやきノ灰ヲ雜セ、筵ニ包ミ、毛ヲ生ゼシメタルモノハ、酒ヲ釀ストキ、麹ニ加ヘテ用ヰル。麹蘖

もやす・ス・セ・サ・シ・セ (他動)(規・一) 燃 燃ユルヤウニナス。モスタク。

もやす・ス・セ・サ・シ・セ (他動)(規・一) 萌 芽ヲ出サシム。「豆ノモヤシ」麥ノモヤシ」

もやひ (名) 催合 モヤフコト。共共ニナスコト。共同

もやふ・フ・ヘ・ハ・ヒ・ヘ (他動)(規・一) 催合 〔もよあふノ約ト云〕 人人寄合ヒテ共共ニナス。相倶 共同

もやふ・フ・ヘ・ハ・ヒ・ヘ (他動)(規・一) 舫 古ク、ムヤフ。舟ヲ、他ノ舟、或ハ、戕牁ニ繋ク。

もやもや (副) 濛濛 (一)霧ナドニテ、分明ナラヌ狀ニイフ語。(二)思ヒ煩ヒテ胸ノ開ケヌ狀ニイフ語。煩悶

もゆ・ユル・ユレ・エ・エ・エヨ (自動)(規・二) 燃 火、燒ケツキ熾リ立ツ。○胸、ー。思ヒ迫ル。(惡ミ、嫉ミ、ナドニ) 心火

もゆ・ユル・ユレ・エ・エ・エヨ (自動)(規・二) 萌 芽ヲ吹ク。メグム。キザス。

もゆるつち (名) 燃土 石炭、泥炭ノ類、天智天皇七年ニ、越國ヨリ燃土燃水ヲ獻ズトアリ。燃水ハ、臭水油、即チ、石炭油ナリ。

〔もゆるみづ (名) 燃水 前條ヲ見ヨ。

もよぎ (名) 綠 もえぎノ訛。

もよほし (名) 催 (一)モヨホスコト。ウナカシ、催促。(二)起ラムトスルコト。キザシ。

もよほす・ス・セ・サ・シ・セ (他動)(規・一) 催 (一)ウナガス。セキタツ。セツク。催促ス。「國ノ内ノ夫ヲモヨホシテ」軍勢ヲー」(二)設ケ起ス。始メ行フ。「酒宴ヲー」會ヲー」 擧行

もよほす・ス・セ・サ・シ・セ (自動)(規・一) 催 起ラムトス。始マラムトス。キザス。「春色、ー」雨、ー」涙、ー」

もより (名) 最寄 〔向寄ノ轉ト云〕 近キアタリ。近邊。近傍

もらす・ス・セ・サ・シ・セ (他動)(規・一) 漏洩 (一)漏ルルヤウニナス。アマシイダス。コボス。(二)竊ニ他ニ知ラス。(秘事ナド)(三)落ス。遺ス。脫ガス。「書キー」言ヒー」 脫 (四)逃ガス。失フ。「敵ヲー」打チー」 失

もらひなき (名) 貰泣 他ノ泣クニ誘ハレテ泣クコト。陪泣

もらふ・フ・ヘ・ハ・ヒ・ヘ (他動)(規・一) 貰 (一)贈物ニ受ク。請ヒテ我ガ物トス。受贈 (二)他ノ食ヲ受ク。「口ヲー」餬 (三)賴ミ請フ。「書テー」見テー」 依賴

もり (名) 森 〔茂キ意ト云、或ハ、叢ノ轉カ、又ハ、盛ノ義カ、或ハ、木林ノ音ノ約、森ハ共ニ合字ナリトイフハ、附會ナリ〕 (一)木立ノ、殊ニ繁ク立チタル處。林ノ繁キモノ。叢樹 (二)特ニ、神社アル地ノ木立ノ處。「生田ノ杜」糺ノ杜」 叢祠

もり (名) 銛 〔頭、森ノ如クナレバイフト云〕 鯨ヲ刺スニ用ヰル具、大ナル鋒ノ頭ニ、左、右、兩鈎アリテ、一ハ長ク、一ハ短シ、樫ノ柄ヲ付ク、鋒ニ繩ヲ付ケテ、船ニ繋ケ、鋒ヲ抛チテ鯨ニ中レバ、柄ハ脫シテ、鯨ノ動クニ隨ヒテ、鋒、深ク肉ニ入リテ拔ケズ、船ハ繩ニ隨ヒテ行クニ任ス。其他、尙、種種ノ製アリ。

もり (名) 守 (一)守ル人。「宮ー」關ー」 守者 (二)特ニ、小兒ニ傅キ守ル者。保姆

もり (名) 漏 水ノ漏ルコト。「ーヲ止ム」雨ー」

もり (名) 盛 (一)盛ルコト。盛レル狀。(二)蕎麥切ヲ蒸籠ニ盛リタルモノ。(東京)

もりぐちだいこん (名) 大根ノ一種、河州守口ノ產、形、極メテ細ク長シ、鹽漬、糟漬トシテ遠キニ送ル。水蘿蔔

もりころす・ス・セ・サ・シ・セ (他動)(規・一) 盛殺 醫、藥ヲ用ヰテ殺ス。毒害ス。毒殺

もりずな (名) 盛砂 古ク、立砂。儀式ノ時ニ、門戶ノ左右ニ砂ヲ堆ク盛リテ飾レルモノ。

もりたつ・ツル・ツレ・テ・テ・テヨ (他動)(規・二) 守立 守リテ育ツル。保育

〔もりべ (名) 守部 守ル者。番卒。「ヤキダチヲ、礪波ノ關ニ、明日ヨリハ、毛利敝遣リ添ヘ、君ヲ止メム」

もりもの (名) 盛物 式ニ、食ヲ盛リテ膳ニ供フルモノ。

又佛前ノ供物ニ、菓子ナドヲ盛リ積メルハ、金銀五色ノ紙ナドニテ飾ル。

もる・る・れ・ら・り・れ (他動)(規、一) 盛 〔茂クアラスル意ト云〕(一)器ニ入レ滿タス。積ミ入ル。「飯ヲー」汁ヲー」「酒ヲー」水ヲー」(二)堆ク積ム。「土ヲー」砂ヲー」 堆積 (三)藥ヲヒニ盛リ、調合シテ病ニ用ヰル。「藥ヲー」 處劑 (四)寸法ヲ割リ定メテ著ク。(計リヲ加フル意)基盤、秤、物差、ナドノ目ニ)

〔もる・る・れ・ら・り・れ (他動)(規、一) 守 まもるニ同ジ。「人目ヲー」山田ー」

もる・る・れ・ら・り・れ (自動)(規、一) 漏 洩 泄 (一)隙ヲ透リテ出ヅ。コボル。「水もりテ」涙、もり出デ」(二)秘メタルガ他ニ知ラル。「御心ノ内ナリケム事、イカデもりケム」人モヤもり聞カム」(三)落ツ。遺ル。省カル。「司召シニもりテ歎キ侍リケル頃」 脫漏

もる・る・る・るれ・れ・れよ (自動)(規、二) 漏 洩 (一)前條ノ語意ニ同ジ。透リテ出ヅ。「水、ー」(二)竊ニ他ニ知ラル。「隱謀モレテ」(三)落ツ。遺ル。「文言ー」箇條ー」 脫漏

モルチイル (名) 臼砲 〔蘭語、Morter〕大砲ノ一種、形、臼ノ如キモノ、破裂丸ヲ放ツニ用ヰル。

〔もるめ (名) 守目 人ノ見守ルコト。「逢坂ノ、關路ニ匂フ、山櫻、もるめニ風ノ、カカラマシカバ」

モルモット (名) 獸ノ名 まるもつとノ誤。

もれ (名) 漏 洩 モルルコト。ヌケ、オチ。

もろ (接頭) 諸 〔もろもろノ條ヲ見ヨ〕(一)オノオノ。メイメイ。「ー人」ー聲」(二)フタツノ。雙方ノ。兩方ノ。「ー手」ー膝」ー肌」ー刃」 兩 雙

もろあぢ (名) 魚ノ名、むろあぢノ訛。

もろがへり (名) 靑鷹 鷹ノ條ヲ見ヨ。

もろこ (名) 魚ノ名、もろこばえノ略。

もろこし (名) 唐土 〔諸越ノ地ノ字ヲ文字讀ニセル語カ、或云、諸物、海ヲ越ス意、或云、諸致ノ意〕(一)唐山、即チ、支那ヨリ來レル物事ノ名ニ被ニシムル語。「ー船」ー歌」ー黍」(二)もろこしきびノ略。

もろこしきび (名) 唐黍 常ニ略シテ、モロコシ。京ニ、タウキビ。黍ノ一種、多ク畠ノ傍ニ植ウ、高サ一丈許、莖、粗ニ、葉、長大ニシテ互生ス、夏ニ至リ、莖ノ梢ニ穗ヲ出ス、長サ一尺餘、枝ヲ分チテ、多ク花ヲ生ジ、後ニ實ヲ結ブ、黍ヨリ大クシテ皮赤シ、子ヲ碾キテ粉トシ、團子ニ製シテ食フ、もろこし團子トイフ、又、莖ノ梢ニテ帚ヲ作ル、もろこし帚トイフ。 蜀黍

もろこばえ (名) 諸子鰷 〔子多ケレバ名トスト云〕小魚ノ名、淡水ニ產ズ、形、柳ノ葉ノ如ク、長サ二三寸、頭小ク平タク、色、薄黑クシテ、鱗、細カク、腹ハ白クシテ、赤ミアリ、近江ノ坂本ナル諸子川、及ビ、朽木、其他湖邊ニ多シ、味、甚ダ佳ナリ。略シテ、モロコ。

もろし・き・く・けれ・し・く (形、二) 脆 〔兩ニ離レ易キ意カト云〕 毀レ易シ。堅固ナラズ。○涙ー。動モスレバ泣ク。

もろともに (副) 諸共 ソロヒテ。一處ニ。 相俱

〔もろなり (名) 諸成 諸生 灌木ノ名、ぐみニ同ジ。和名抄「胡頽子、毛侶奈利、久美」

もろは (名) 諸刃 刀劍ナドノ身ノ、兩邊、共ニ刃アルモノ。(片刃ニ對ス) 兩刃

もろはく (名) 諸白 酒ノ極上品ナルモノ、麴モ、米モ諸共ニ精ゲタルヲ用ヰテ釀セルモノ、奈良、池田、伊丹ニ產ズ。

〔もろはぐさ (名) 兩葉草 加茂葵ノ異名。

もろはだ (名) 諸肌 はだぬぐノ條ヲ見ヨ。

もろみ (名) 諸味 酒ヲ釀シテ漉サズ糟ト共ナルモノ。醪 又、醬油ニモイフ。

もろむき (名) 〔諸向ノ義〕草ノ名、齒朶ニ同ジ。

モロモット (名) 獸ノ名、まるもつとノ訛。

もろもろ (名) 諸 〔物物ノ意、ろハ助辭ト云〕アマタナルモノ。皆。

や

や 五十音圖、也行第一ノ假名。此一行、や、い、ゆ、え、よ、ノ五音ハ、其發聲、喉ヨリ微シ奥齒ニ觸ルルガ如クシテ出デ、而シテ母韻ト熟シテ音ヲ成ス、又、やハ、下ニうヲ受クルトキハ、よノ如ク響クコトアリ、やうか(八日)やうやう(漸)ノ如シ。

や (名) 屋 家 舍 〔彌ノ約、重ナル意ト云〕(一)人ノ住ム所。家。(二)家ノ上ヲ被フ部。屋根。「ーノ棟」板ー」 屋背 (三)商工ノ家ノ稱。「酒ー」炭ー」米ー」

染ー」(四)商工ノ家ニテ、特ニ設ケテ標トスル稱號、コレヲ屋號ト云。(士農ニハ無シ) 生國ノ名ニ取ルアリ、大和ー、伊勢ーノ如シ 物ノ名ニ取ルアリ、松ー、虎ー、ノ如シ、福稲ヲ祝シテ取ルアリ、大黒ー、榮ー、ノ如シ。

や (名) 矢笴 (一)武器、弓弦ニツガヘテ、射遣リテ敵ニ中ツルモノ、矢竹ニテ幹ヲ作リ、本ニ鷲鷹ナドノ羽三片ヲ着ケ、末ニ鏃ヲ着ク、長サハ、己ガ手ニテ十二束ナルヲ法トスト云。(二)斧ノ、柄無キガ如キ物、堅キ材ヲ割ク時ニ、木口ニ挿ミテ上ヨリ打チ割ルニ用ヰル。

や (名) 輻 車ノ具、輪ノ條ヲ見ヨ。

や (名) 谷 谷ニ同ジ。ヤツ。「熊ガー」澁ー」四ツー」

や (數) 八 四ト四ト合ヒタル。ヤツ。「ー度」ー品」

や (辭) 乎哉耶邪 第二類ノ天爾波、指シテ疑フ意ノモノ。「春ー來ル」思ヒー出ヅル」惜シクーハアラズ」斯クーアラム」コレトー見ム」又、言語ノ末ニ居テ、言切リテ問掛クル意ノモノアリ。「アリー」無シー」聲ハ聞ユー」思ヒ出ヅー」

や (感) 耶邪 泛ク感ズルニ發スル聲。(一)言語ノ間ニアルハ、「花トカー見ム」年ハー歷ナム」下ニアルハ、「アヂキナー」アリガタノ世ー」(二)又、專ラ、呼ビ掛クル意ナルハ、「月ー」花ー」行ケー」打テー」(三)又、專ラ、反語トナルハ、「思ヒキー」劣ラマシーハ」(四)「行カバー」見バー」ナド用ヰルハ、間ニよからむナドイフ語ヲ略シタルニテ、即チ、希フ意ヲナス。

ヤアド (名) 碼 〔英語、Yard.〕英國ノ度名、三英尺。我ガ三尺、〇一分七厘四六。又、ヤルド。

〔やいぐし (名) 燒串ノ音便。魚肉ヲ貫キテ炙ル串。

〔やいごめ (名) 燒米ノ音便。

やいと (名) 灸 〔燒處ノ音便〕灸ニ同ジ。

やいば (名) 刃 (一)燒刃ノ音便。(二)刃アル刀劍ノ稱。「ーニカカル」ーヲアツル」

やいはた (名) 燒畠 古クハ、ヤキバタ。春月、草ヲ燒キテ、其灰ヲ肥トシテ、種ヲ蒔キツクル畠地、粟、稗、烟草ノ類、能ク生ズ。火田 畬

やいばり (名) 燒鍼ノ音便。

やいん (名) 夜陰 夜。夜分。夜中

やう (名) 樣 (一)アリサマ。形狀。「故ノーニ」コノーナル」(二)樣子。「ーコソアレ」アリーハ」(三)同ジ樣。「三宮ノ、同ジ事、身ヲヤツシ給ヘル、云云、必ズやうノ物ト爭ヒ給ハムモ、ウタテアルベシ」

やう (名) 陽 陰陽ノ條ヲ見ヨ。

やう (名) 瘍 疔ノ類ナル一種ノ腫物。

やう (接頭) 洋 西洋ヨリ入レル物事ニ冠ラスル語。「ー學」ー文」ー語」ー書」ー服」ー紙」ー食」ー酒」ー人」ー犬」

やういく (名) 養育 ヤシナヒソダツルヿ。

やうか (名) 八日 〔八日ノ延〕(一)日數八ツ。(二)月ノ第八ノ日。

やうか (名) 養家 養子トナリタル家。(實家ニ對ス)

やうかう (名) 洋行 西洋ノ國ヘ行クヿ。

やうがう (名) 影向 神佛ノ權ノ降臨スルヿ。

ヤウカン (名) 羊羹 〔字ノ唐音ノ訛、或云、羊肝餅〕蒸菓子ノ名、赤小豆ヲ煮テ、擂リテ皮ヲ去リ、水ヲ絞リ去リテ、其粉ニ麪粉ヲ加ヘ、砂糖汁ニテコネテ、釜ニテ蒸シタルモノ、後ニ、ねりー、出來テヨリ、コレヲむしートイフ。豆沙糕 ねりーハ、製、同ジク、但シ、麪粉ヲ加ヘズ、かんてんニテ煉リ凝ラシメテ、蒸サズ。

〔やうき (名) 樣器 〔本樣トシテ作ラシムル器ナレバイフト云〕物ヲ盛ル器ノ名。「雪ヲやうきニ盛ラセ」シロカネノやうき、瑠璃ノ御杯」

やうき (名) 陽氣 (一)陽ノ氣。(陰陽ノ條ヲ見ヨ)(二)晴レワタリ、打チ開ケ、又ハ、賑ハシク盛ナルヿ。快暢 (三)俗ニ、時候。

やうきひざくら (名) 楊貴妃櫻 櫻ノ一種、花ハ八重ニシテ、輪ハ中樣ニ、蕊ハ短シ、瓣ノ根、紅ニシテ、端、白ク、醉色アリ。(きりがやつノ全ク重瓣ナルモノト云)

やうきん (名) 洋琴 ピヤノ。

やうぎん (名) 洋銀 (一)金類、色、全ク銀ニ似テ、稍、輕シ。又、洋白。(二)ドルラル。

やうきゆう (名) 楊弓 〔唐玄宗、貴妃ト、未央宮ノ楊ニテ作レルニ起ルト云〕玩具トスル小キ弓、長サ二三尺許、的ト相去ルヿ七間半、坐シテ射ル、花梠、紫檀ナドニテ作リ、繊弓トス。

やうけい (名) 養兄 父ノ養子ニテ、我ガ兄ニ位スルモノ。義兄

やうげつ (名) 陽月 陰曆、十月ノ異名。神無月。

やうげん (名) 楊言 コトアゲ。公ニ言ヒ告グルヿ。

やうこう (名) 洋紅 紅色ノ畫料ノ名、舶來ス、伯剌西爾國ノ產ニテ、さばてんニ生ズル蟲ノ塊ニテ製スト云。

〔やうなどなし (形) やむごとなしノ音便カト云。「其頃、ヨキ娘オハスル、やうなどなき所所ハ、心トキメキニ聞エゴチナドシ給フモアレド」

やうさん (名) 養蠶 コガヒ。

やうさん (名) 洋算 西洋法ノ算術。(算術ノ條ヲ見ヨ)

やうし (名) 養子 ヤシナヒゴ。トリゴ。他人ノ子ヲ養ヒテ我子ト定ムルモノ。義子 其女ナルヲ養女トイフ。

やうじ (名) 楊枝 齒ヲ掃除スル具、やなぎノ材ニテ作リ、箸ノ如クシテ、一端ヲ叩キテ總ノ如クス、ふさー トモイフ。齒刷 又、灌木ー、つまー、おーアリ、各條ニ註ス。

やうじやう (名) 養生 生ヲ養フヿ。飮食ヲ愼ミナドシテ健カナラムヲ勉ムルヿ。攝生

やうす (名) 樣子 (一)サマ。アリサマ。容子。(二)カタチ。ナリフリ。姿體

〔やうず・ズル・ズレ・ゼ・ジ・ゼヨ (他動) (不規・二) 瑩 ミガク。ツヤカニナス。「御髮ノ、やうじカケタルヤウナル、イミジウメデタウ見ユ」イミジクやうじタル白キ絹ニ」

やうだい (名) 樣體 スガタ。カタチ。ナリフリ。「指貫着給ヘルやうだい腰ツキ」

やうぢよ (名) 養女 ヤシナヒムスメ。モラヒムスメ。(養子ノ條ヲ見ヨ)

やうてい (名) 養弟 他人ヲ弟トシ養フモノ。義弟 其女ナルヲ養妹トイフ。義妹

〔やうなし (形) 益無シ、ノ音便。無益ナリ。

やうばい (名) 楊梅 ヤマモモ。

やうばいさう (名) 楊梅瘡 黴毒ノ一種、全身ノ皮膚、殊ニ面ニ發スルモノ。

やうはう (名) 養方 養家ノ方。「ーノ弟」

やうはく (名) 洋白 洋銀ニ同ジ。

やうふ (名) 養父 ヤシナヒオヤ。養子ノ、父ト仰グ人。義父 其母ナルヲ養母トス。義母

やうふく (名) 洋服 西洋製ノ衣服。

やうぼ (名) 養母 養父ノ條ヲ見ヨ。

〔やうめい (名) 揚名 名ノミニテ、職掌モ得分モナキ官職ニイフ語。「ーノ介」「ーノ椽」「ーノ目」

やうやう (副) 揚揚 誇リカナル狀ニイフ語。

やうやう (副) 漸 〔稍ノ延〕(一)オモムロニ進ミテ。次第ニ。ヤウヤク。ダンダンニ。「やうやう夜モ明ケユクニ」(二)俗ニ、辛ウジテ。エイヤツト。

やうやく (副) 漸 前條ノ語ニ同ジ。

やうらう (名) 養老 老人ヲ養フヿ。老人ヲ勞ハリテ物ヲ賜ハルヿ。

やうらく (名) 瓔珞 佛像ナドノ、頭、頸、胸、ナドニ懸クル飾、珠玉ヲ絲ニ貫キテ垂ル。

やうれき (名) 陽曆 太陽曆ノ略、およみノ條ヲ見ヨ。

やおもて (名) 矢面 矢表 矢ノ飛ビ來ル前。「ーニ立ツ」

〔やか (名) 宅 〔屋處ノ義カ〕又、宅。家。「トノ中人アヤシキ聲シタル、夜行打チシテ、やかノ辰巳ノ隅崩レ、イト危シ」家持」

〔やか (名) 八日 今、延ベテ、ヤウカ。

やがう (名) 屋號 屋ノ條ヲ見ヨ。

やがく (名) 夜學 夜、學問スルヿ。

〔やかす (名) 屋宇 〔宅栖ノ義ト云〕家。屋。和名抄「宇、夜賀須」紀「舍屋」

やかず (名) 家數 一町村內ノ家ノ數。戶數

やかず (名) 矢數 射ヲ學ブモノノ、一時ニ數千發差矢ヲ射テ其術ヲ試ミルヿ。往時、武士、京都蓮華王院三十三間堂ノ裏椽側、每間二間、六十六間ノ距離ニ於テ、夏月長日ノ時ニ百射、千射、或ハ、日矢數ヲナス、殊ニ大矢數トイヘルハ、暮ヨリ篝ヲ燒キテ、曉ニ至リ、萬餘發ニ至ルモノアリ、通矢檢證ノ役人、其數ヲ定メ、他人ヲ射越シタルヲ總一トイヒ、弓ノ天下ナドイヘリ。

やかた (名) 屋形 (一)船ノ上ニ、屋ノ形ヲ設ケタルモノ。フネヤカタ。篷庫 (二)人ヲ載スル車ノ屋。車蓋 (三)家ノ模樣。「ーノ錦」(四)貴族ノ居宅ノ稱。殿舍 (五)大臣ヲ其居宅ニ就キテ尊稱スル語。(六)後ニ、足利氏ノ頃ヨリ、將軍ヨリ特ニ賜ハリテ、國持大名ナドノ居所ニ稱スル號。

やかたぶね (名) 屋形船 美シキ屋形アル船。樓船

〔やかつかみ (名) 宅神 家ノ神、又、竈ノ神。

やかて (副) 軈 〔止難ノ意ト云〕 (一)ソノママニ。スナハチ。タダチニ。スグニ。「二人ハ、女院淑景舎ノ人、やかて同胞ナリケリ」有明ハ、モト見シ空ノ、月ナトモ、知ルヨシ、ー悟リナリケレ」頓 即 (二)ホドナク。マモナク。 須臾

やかまし シキ・シケレ・シク・シ (形・二) 〔噫喧ノ轉ト云、或云、噪喧ノ義〕 カシカマシ。カマビスシ。サウザウシ。 喧擾

やかん (名) 射干 (一)獸ノ名、狐ニ似テ、能ク木ニ縁リ、色、青黄ク、群行シ、夜鳴クト云。(二)草ノ名。カラスアフギ。ヒアフギ。

やかん (名) 野干 〔前條ノ語ノ誤カ〕 狐ノ異名。

やから (名) 族 〔家從ノ義カ〕 (一)一家ノ親族。ウカラ。一族。(二)トモガラ。ナカマ。「盗人ノー」叛謀ノー」 黨

やがら (名) 矢柄 矢幹 (一)矢ノ幹。箆。 箭笴 (二)一名、ヤエフキ。魚ノ名、西海ニ多シ、形、狭ク長ク圓ク肥エテ、はもニ似タリ、大ナルハ二三尺、色、微赤ニシテ、鱗ナク、細鱗文アリ、目、大ク、口、小ク、目トロトノ間ハ、長キ筒ニシテ、肉ナク、矢柄ノ如ク、火吹竹ノ如ク、其長サ、大サ、身ニ齊シ、尾ノ叉ノ間ヨリ、一條ノ紅絲ヲ垂ル、腮ノ下ノ鰭、短小ニシテ、尾ニ近ク兩鰭アリ、上下ニ鰭無シ、肉、美ナリ。 火筩嘴

やき (名) 燒 (一)燒クヿ。燒キナシタル狀。「陶器ノー」(二)刀ノ刃ヲ焠キテ、徐ニ冷ヤシテ堅クスル法、をぐー、みだれーナドアリ、各條ヲ見ヨ。

やぎ (名) 野羊 〔野牛ノ音カト云、或云、洋語〕 羊ノ屬、山ニ棲ミ、人家ニモ畜フ、舶來ス、毛ハ、黒、白、淡褐、ナルヲ常トス、蹄ハ二ツニ裂ケ、頭ニ二角アリ、中、空ニシテ背ヘ曲リ、節アリテ粗ナリ、毛、長ク直シ、牡ハ、腮ノ下ニ鬚アリ、性、羊ヨリ強クシテ馴レ易ク、肉、美ニシテ、乳、皮、皆、用アリ、毛ニテ毛氈ヲ織ル。 山羊

〔やきいし〕 (名) 燒石 温石ニ同ジ。「餅ヲヤキテ、やきいしノヤウニ御身ニ當テテ」

やきいん (名) 燒印 銅鐵製ノ印、燒キテ物ニ押ス。 烙印

やきいも (名) 燒芋 さつまいもヲ炙リタルモノ。

やぎう (名) 野牛 牛ニ似テ小キモノ、舶來ス。

やきうち (名) 燒討 城砦、市街、船舶、ナドニ、火ヲ掛ケ、又ハ、石火矢、破裂丸、ナドヲ打チ掛ケテ、攻メ討ツヿ。火攻。 火攻

やきがね (名) 燒金 (一)鐵ヲ火ニ燒キテ、罪人ノ頬ナドニ當テテ、刑トシ、牛馬ノ尻ナドニ當テテ、標トスルヿ。 烙鐵 火印 (二)外科醫ニ、やきはりノ類、銅鐵ノ小鍼ヲ燒キテ、瘡中ニ點ジ、腐肉ナド去ルヿ。又、熱湯ニ浸シ、熱ニ乘ジテ患部ニ用キルヲ、温金トイヒ、眼科、齒科ナドノ療治ニ用キル。(三)燒金。(次條ヲ見ヨ)

やききん (名) 燒金 黄金ヲ吹分ケテ混淆ナキ純粹ナルモノ。ヤキガネ。 純金

やききり (名) 燒桐 桐ノ材ヲ燒キテ、木理ヲ洗ヒ出セルモノ、器ニ作ル。 焦桐

やきごて (名) 燒鏝 鏝ノ頭、小ク、柄、長キモノ、火ニ燒キテ、糊貼ノ上ヲ押シカワカシ、又ハ、布帛ノ折目ナドヲ押シツケテ、熨斗ノ用トス。

やきごめ (名) 燒米 新稲ノ籾米ヲ炒リ、搗キ平メテ、殻ヲ去レルモノ、味甘シ。ヤイゴメ。 熇米

やきざかな (名) 燒肴 魚肉ヲ炙リタルモノ。 炙

やきしほ (名) 燒鹽 鹽ヲ、素燒ノ壺ニ入レテ、口ヲ掩ヒ、再ビ炭火ニテ燒キタルモノ、固マリテ色殊ニ白クナル。又、壺鹽。

やきだま (名) 燒玉 炮烙火矢ノ類。 焫彈

やきつぎ (名) 碎ケタル陶器ヲ、釉ニテ燒キツケテ接グヿ。

やきつく クル・クレ・ケ・ケ・ケロ (他動)(規・二) 燒付 (一)磁器ニ燒付ヲナス。(次條ヲ見ヨ)(二)滅金ヲナス。

やきつけ (名) 燒付 (一)磁器ノ素燒ニ、又、彩釉ニテ、模樣ヲ畫キテ燒キツクルヿ、コレヲ一度照トイフ。(二)滅金。

やきどうふ (名) 燒豆腐 豆腐ヲ方形ニ切リテ炙リタルモノ。

やきば (名) 燒刃 刃物ノ刃ヲ火ニ焠キ、水ニ入レテ、堅クセルモノ。

やきば (名) 燒場 屍ヲ火葬ニスル所。火屋。茶毘所。火葬場。三昧。 化人場

〔やきはた〕 (名) 燒畠 やいばたノ條ヲ見ヨ。

やきはまぐり (名) 燒蛤 生ナル蛤ヲ、殻ノママニテ、松葉ノ火ニテ炙リ食フモノ。

やきばり (名) 燒鍼 古キ醫術ニ、鐵ノ鍼ヲ燈火ニ燒キテ、患所ニ立ツルコト。音便ニ、ヤイバリ。やきがねモ此類ナリ。火鍼

やきふ (名) 燒麩 麩ヲ炙リテ脹ラカシタルモノ、輕虛ニシテ、方、圓、種種ナリ、食用トシ、魚ノ餌ナドトス。

やきふで (名) 燒筆 畫工ノ下畫ヲカク時ニ、筆トシ用キルモノ、箸ノ如キモノノ端ヲ燃シテ用キル、拭ヘバ消エ易シ。燔筆

やぎふりう (名) 柳生流 劍術ノ一派、寛永中、柳生但馬守宗矩ニ起ル。

やきみやうばん (名) 燒明礬 明礬ヲ燒キカヘシタルモノ。枯礬

やきめし (名) 燒飯 團飯ヲ炙リタルモノ。

やきもち (名) 燒餅 (一)炙リタル餅。(二)卄俗ニ、悋氣。(東京)

やきもの (名) 燒物 (一)スヱモノ。セトモノ。土ニテ種種ノ器ヲ造リテ、燒キ成セルモノノ總稱。石燒トイフハ、堊土ヲ搗キ碎キテ粉トシ、軟土ヲ交ヘ、水ニ漬シ、攪キマゼテ水飛シ、(其上澄ヲ釉トス)其中澄ヲ火ニカワカシ、捏ネテ、でつくね、或ハ旋盤ニテ器ニ造リ、窯ニ入レテ燒ク、コレヲ素燒トス。又、コレニ呉須ニテ畫ナドカキテ、釉ヲカケテ、再ビ燒キ成ス、コレヲ二度窯トイフ。磁 又、土燒、或ハ、土燒トイフハ、埴土ヲネヤシ、捏ネテ造ル、其法、粗、石燒ニ同ジ。陶 (二)ヤキザカナ。炙

やきものぐすり (名) 燒物藥 堊土ノ粉ヲ水ニ浸シ、上澄ヲ取リ、蚊母樹ノ實ノ皮ヲ燒キタル灰ヲ加ヘタルモノ、素燒ノ陶磁器ノ上ニ塗リカケテ燒キナス、色、透明ナリ、或ハ、繪具ヲ加ヘテ、種種ノ色ヲモ出ス。又、チヤウンクスリ。(前條、見合ハスベシ) 釉

やぎやう (名) 夜行 ヨメグリ。ヨアルキ。「百鬼ー」

やぎやう (名) 也行 五十音ノや、い、ゆ、え、よ、ノ行ノ名。

やきゑ (名) 燒繪 燒鏝ニテ、物ニ模樣ヲ燒キツケタルモノ。「檀紙ニやきゑセサセケルニ」十三束ニ伏ノ白箆ニ、云云、三浦小太郎義盛ト燒繪シタリケルヲ」

やく (名) 役 (一)エダチ。人民ノ、公ノ用ニ使ハルルコト。(租ノ條ヲ見ヨ)(二)職。役目。職 (三)其事ニ當リテ爲ベキ務メ。「子ノー」相伴ー」
○ーニ立ツ。用キニ中ル。

やく (名) 厄 (一)危キ場合ニ出合フコト。ワザハヒ。災難。(二)厄年。(其條ヲ見ヨ)

やく (名) 約 (一)チカヒ。約束。(二)ツヅマリ。ツヅメ。

やく (名) 譯 (一)漢字ノ訓。(二)翻譯。「ー文」ー語」

やく・く・け・か・き・け (他動)(規.一) 燒 (一)火ヲツケテ灰ニナス。クベテモヤス。「家ヲー」(二)火ニ當ツ。炙ル。「餅ヲー」肉ヲー」 炙 (三)燒印ヲ押ス。烙 (四)陶器、瓦、炭、ナド作ル。(各條ヲ見ヨ)(五)卄俗ニ、ネタム。嫉妬ス。悋氣ス。妬
○手ヲー。爲損ス。○世話ヲー。助ケ行フ。

やく・くる・くれ・け・け・け (自動)(規.二) 燒 (一)火ニ燃エテ灰トナル。「家ー」(二)炙リテ熟ス。「魚、ー」餅、ー」(三)燒キ成シテ成ル。(陶器、瓦、炭、ニ) (四)日光ニ當リテ、膚、黑クナル。「日ニー」(五)空氣ニ酸化シテ鏽ビタル如クナル。「銀箔、ー」(六)食物、滯リテ、胃ニ熱ヲ起ス。「胸、ー」

やぐ (名) 夜具 夜着、搔卷、敷蒲團ナド、夜、臥スニ用キル具ノ稱。臥具

やく・おとし (名) 厄落 厄難ヲ脱ギ棄ツルコト。

やく・かい (名) 役介 厄介 他ノ厄難ヲ助クルコト。世話。介抱。扶持

やくがひ (名) 屋久貝 螺ノ類、大隅ノ屋久ノ島ニ産ス、殼、厚ク、外、青シ、磨キテ器トスベシ。靑螺

やく・がへ (名) 役替 役目ヲ轉ズルコト。轉役。轉任

やく・がら (名) 役柄 役目ノ筋。役向。

やく・ぎ (名) 役儀 役目。ツトメ。職掌

やくざ (名) 粗ニシテ役ニ立タヌコト。不中用

やく・ざい (名) 藥劑 藥ノ品品。

(やくさ・む・む・め・ま・み・ン (自動)(規.二) 不平 ヤム。ナヤム。ワヅラフ。「日神擧體不平」朕身不和」

やく・し (名) 藥師 佛經ニ、如來ノ名、人間、天上、有漏ノ苦ヲ醫スト云。醫王。藥王

やく・しや (名) 役者 (一)役目アルモノ。職掌アルモノ。(二)能、歌舞妓ニ、技ヲ行フ者ノ稱。俳優

やく・しゆ (名) 藥種 藥用ノ料ノ物。キグスリ。

やく・しよ (名) 役所 ツカサ。役人ノ職ヲアツカフ所。公衙

やく・すぎ (名) 屋久杉 大隅ノ屋久ノ島ニ産ス、幹

葉、共ニ常ノ杉ニシテ、木ニ節多ク、板トシテ、木理、甚ダ美シク、うづらもく名アリ。一名、サツマスギ。

やくそく (名) 約束 (一)テギリ。人ト人トノ間ニ、事ノ處置ヲ預メ定メテ、變ヘマジト誓フ事。約定。トリキメ。イヒカハセ。 結約 (二)物事ノ、然、成リユクベキ定マリ。「前ノ世ノ―」

やくたいし (名) 藥袋紙 雁皮紙ノ一種、潤ク時、質ノ下地ニ、楮ノ液ヲ一度汲ミ込ミ、其上ニ、雁皮ノ液ヲ、幾度モ厚ク掛ケテ漉ク、質、密ニシテ強シ、故ニ、多クハ藥ノ袋トシテ、香ヲ減セズ、因テ名アリ、土佐ヨリ出ヅモノハ、赭褐色ナリ、攝津、其他ヨリ產スルハ黃褐ナリ。

やくたいなし・キ・シ・ケレ・ク・ク (形・二) (醫ニシテ、藥袋ナクテハ、療ズベカラズ、因テ寄セテイフト云、イカガ、役立タヌノ訛ナラム) 無益ナリ。道理ナシ。ラチモナシ。

(やくちのまつり (名) 矢口祭 武將ノ狩ニ、山ノ神ヲ祭ル事ト云、黑、赤、白、ノ餅ヲ用キルトゾ。

やくおやう (名) 約定 約束ニ同ジ。

(やくと (副) 役トシテ、ノ略ナルベシ。「水飯ヲやくと召ストモ、此定ニ召サバ、御太リ、ナホルベクモアラズ」上ノ御前ナドニテ、やくと參リテ褒メ聞ユルニ」

やくとく (名) 役得 役目ニ付キテ入ル所得。

やくどし (名) 厄年 陰陽師ノ言フ事ニテ、人ノ一生ニ厄ニ遇フベシトスル年。男ニ、二十五、四十二、六十歲、トシ、女ニ、十九、三十三、トシ、俗、習ヒテ、此年ヲ忌ミ愼ム。古クハ、男ニ、三十三、女ニ、三十七、七十

三ナドモ見エタリ。

やくなん (名) 厄難 ワザハヒ。サイナン。

やくにん (名) 役人 役目アル人。官人。官員 有司 吏

やくば (名) 役場 役所ニ同ジ。

やくはらひ (名) 厄拂 大晦日、又ハ、節分ノ夜、ナド、人家ニ來リ、錢ヲ乞ヒテ、其家人ノ厄難ヲ祓フベキ詞ヲ唱フル者、古ノ追儺ノ遺風ト云。

やくびやう (名) 疫病 エヤミ。トキノケ。熱病ナド、流行病ノ稱。

やくびやうがみ (名) 疫病神 疫病ヲ流行セシムトイフ惡神ノ靈。 疫鬼

やくぶん (名) 譯文 翻譯シタル文章。

やくみ (名) 藥味 (一)藥ノ品品。(二)山椒、胡椒、蕃椒、葱、大根、芥子、山葵、生薑、陳皮、ナド、スベテ、香料ノモノヲ食物ニ添ヘテ食フ稱。(加役味ノ略カトモ云) 辛料

やくめ (名) 役目 役ノ上ノ事。役儀。職分。

やくもごと (名) 八雲琴 琴ノ二絃ナルモノ。二絃琴。

やくもさう (名) 益母草 茺蔚 メハジキ。原野ニ多シ、初メ、地ニ就キテ叢生ス、葉ハ、とりかぶとニ似テ、薄ク、ヤハラカニシテ、毛アリ、春ノ末、薹ヲ出ス、高サ四五尺、莖ニ稜アル事、麻ノ如シ、葉ハ對生シテ、莖上ノ葉ハ、漸ク變ジテ芥ノ葉ニ似ル、夏、葉ノ間ニ、節ニ對シテ、淡紫花ヲ開ク、大サ三四分、形、かきどほしノ花ノ如シ。

やくよう (名) 藥用 藥トシテ用キル事。

やぐら (名) 櫓 (彌座ノ義カト云) (一)城壁、城門ノ上ニ作レル構、矢石ヲ發シテ防禦シ、且ハ遠キヲ望ム用トス、後世ハ數階ナルアリ。(二)親船ノ甲板ノ稱。 甲板 (三)相撲場ノ門欄上ニ、床ヲ設ケ、幕ヲ張リ、太鼓ヲ擊チテ人ヲ聚ムル所。芝居場ニモ設ク。 勾欄 (四)火燵ノ略。

やぐら (名) 谷倉 鎌倉ノ俗ニ、岩ニ洞ヲ穿チテ、物ヲ藏スル用トスルモノ。 窟

やくれい (名) 藥禮 醫師ニ報ユル藥ノ代。療治ノ禮金。 藥錢

やくれう (名) 役料 役目ニ付キテ受クル祿。 俸祿

やくろう (名) 藥籠 クスリバコ。

やくわうのかひ (名) 夜光貝 螺ノ類、盃トス、大隅屋久ノ島ニ產ズ。(屋久ノ貝ノ訛カトモ云)

やくわうのたま (名) 夜光珠 支那ニテ、暗夜ニ光ヲ放ツトイフ貴重ナル珠、詳ナラズ。或云、金剛石ニ、書間、太陽ノ光ヲ含マシムレバ、暗夜ニ光ル、是レナラムト。

やくわん (名) 藥罐 形、土瓶鐵瓶ニ似テ、特ニ、銅眞鍮ナドニテ造レルモノノ稱、元ハ、藥ヲ煮タルカ、今ハ、常ノ湯茶ヲ煮ルニ用キル、沸クヿ速シ。 湯罐

やくゐん (名) 役員 役人ニ同ジ。

やくゑん (名) 藥園 藥草ヲ植ヱ作ル畠。

(やけ (名) 宅 〔やかノ轉カ〕 家。ヤカ。「大家ニ三宅」

やけ (名) 燒 (一)燒クルヿ。燃ユルヿ。(二)カスミ。「朝―」

タ—ー|戯　(三)卄俗ニ、望ミヲ遂ゲズシテ、思ヒ燒クルガ如ク、自ラ惡ヲ甘ンジテ振舞フコ。(東京)　自狂　狂妄

やけど　(名)　火傷　〔燒處ノ義〕　膚ノ、火ニ傷メラレテ腫レ脹ルルモノ。又、熱湯ニ傷メラレタルヲモイフ。　湯傷

やけの　(名)　燒野　野火ニ燒ケタル野。「—ノ雉子(キギス)」

やけはら　(名)　燒原　家屋敷ナドノ、燒ケタル空地。　燒土

やげん　(名)　藥研　藥種ヲ碎キテ粉ニスル器、銅ニテ、細長ク、中、窪(クボ)ク深ク作ル。別ニ、銅ノ輪ニ軸アルモノヲ用キテ、押シテ碎ク。

やこく　(名)　夜國　北極ニ近クシテ、一年ノ大半ハ、日光ヲ見ヌ國ノ稱。

やごろ　(名)　矢頃　弓ヲ引キ詰メテ矢ヲ放ツベキ程合。　彀　引滿

やさい　(名)　野菜　センザイモノ。アヲモノ。　蔬菜

やさがし　(名)　家搜　恣ニ人家ニ立入リテ物ヲ探ルコ。

やさかにのまがたま　(名)　八尺瓊勾玉　〔彌眞明(ヤサアカ)瓊ノ目赫(マカガ)玉ノ意ト云〕　三種神器(サンシュノジンギ)ノ條ヲ見ヨ。

〔やさかむ・ム・メ・マ・ミ・メ　(自動)(規・二)　瘦セ屈ムノ約ト云。「巳經ニ多年ニ、瘦體瘦(ヤサカミ)萎(カジケテ)、覓レ孫レ所レ恃」

やさき　(名)　矢先　(一)ヤジリ。和名抄「鏃、夜佐岐」　(二)矢ノ中ルベキ處。「—ニ立ツ」「—ニ掛ル」

やさけび　(名)　矢叫　(一)矢ヲ射テ物ニ中リ、手答ヘシタル時ニ叫ブ聲、我ガ首ヲ弓手ニナシテ、あらト高ク叫ブ。狩ニハ、仰ギテ、ああ又ハおおト長クイフトゾ。「路多キ、那須ノ御狩ノ、—ニ、逃レヌ鹿ノ、聲ゾ聞ユル」　(二)又、戰ノ初、遠矢ニ射合フ時ニ、兩軍高ク發スル聲。

やさし・シキ・シケレ・シク・シク　(形・二)　(一)恥カシ。「アナ、物狂ハシヤ、人聞キコソ、ヤサシケレ」何ヲシテ、身ノ徒ラニ、老イヌラム、年ノ思ハム、事ゾヤサシキ」　羞　(二)優ナル人ハ、向ヒテ心恥カシキ意ヨリ轉ジテ、優ニ都雅(ミヤ)ビタリ。「ヤサシキ物カラ、女ニハアラヌカト見ユレ」柴ノ庵ニ、ヨリヨリ梅ノ、匂ヒ來テ、ヤサシキ方モ、アル住ヒ哉」　優美　(三)轉ジテ、圭角(カドカド)シカラズ。スナホナリ。柔和ナリ。穩順ナリ。　從順　(四)又、轉ジテ、爲ルニ難カラズ。ヤスシ。タヤスシ。　容易

〔やさすかり　(名)　八道行成　〔八指樗蒲采(ヤサスカリ)ノ義ト云、六指(ムサシ)トイフ戲モ同意ナリ、字、或ハ八道行城ニ作ル〕　遊戲ノ具、盤ニ八條ノ線ヲカキ、棊子ヲ以テ、線ニ隨ヒテ行(ヤ)ルモノト云、後ノ六指(ムサシ)ノ如キモノカ。今、十六むさしトイフ戲ヲ、上總、下野、信濃、武藏ニ、さきかりトイフ。

やさま　(名)　矢狹間　狹間(サマ)ノ條ヲ見ヨ。　箭眼

〔やし　(名)　介ノ類、詳ナラズ。和名抄「海髑子、夜之(ヤシ)、此物含ニ神靈ニ、見レ人即沒ニ海中ニ、似ニ髑髏ニ而有ニ鼻目ニ」

やし　(名)　椰子　椰樹(ヤシュ)ノ實、舶來ス、形、桃ノ實ノ如ク、長サ八九寸、徑、四五寸、外皮ハ、黒褐ナリ、內ニ核アリ、大サ三寸許、甚ダ堅シ、椀トスベシ。其中心ハ、空ニシテ清水アリ、常ニ飲用ス、甚ダ甘美ニシテ、酒氣アリ。　椰子漿　此樹ハ、熱地ニ生ズ、形、棕櫚ノ如クニシテ大ク、枝ナク、直ニ聳ユルコ五六丈、葉ハ梢ニ簇リテ、鳳尾ノ如シ、花ハ葉間ニ開キ、白クシテ千葉蓮花ニ似タリ、材、堅ク直クシテ、舟車ニ作ル、葉ハ、屋ヲ葺キ、又、編ミテ帆トス。　椰樹

やし　(名)　矢師　ヤハギ。矢ヲ造ル工人。　矢人　箭工

やし　(名)　野師　品玉、蛇遣ヒ、獨樂廻ハシ、居合拔キ、のぞきからくりナド、路上ニテ往來ノ人ニ見世物トスルヲ業トスル者ノ總稱。

やしき　(名)　屋敷　〔家ノ敷地ノ義〕　宅ヲ構ヘタル一區ノ地。　第宅　邸

やしなひ　(名)　養　(一)ヤシナフコ。　(二)肥(コヤシ)。　糞培

やしなふ・フ・ヘ・ハ・ヒ・ヘ　(他動)(規・一)　養　(一)ハグクミテ育ツル。生(オホ)シ立ツ。(動物ニ植物ニ)　(二)守リテ疲レシメズ。「心ヲ—」「氣ヲ—」　(三)小兒ニ、箸取リテ親シク食ハス。(東京)

〔やしはご　(名)　玄孫　〔彌數子ノ義カト云〕　曾孫(ヒコ)ノ子。今、訛シテ、ヤシヤゴ。

やしほ　(名)　八入　(一)善ク染マルコ。(入(シホ)ノ條ヲ見ヨ)「クレナヰノ、八鹽ニ染メテ」　(二)楓(カヘデ)ノ屬、春ノ若葉、甚ダ紅ナレバ名トシ、多ク庭樹ニ植ヱテ賞ス、夏ハ、葉、青ク變ズ、樹、大ナラズ。

やしん　(名)　野心　馴レ從ハヌ心。背(ソム)クベキ心。　貳心

やしや　(名)　夜叉　〔梵語、暴惡、又、勇健、ト譯ス〕　猛惡ナル鬼神、豕牙肉角アリト云、サレド、福德殊勝、諸天ヲモ護衛スト云フ。

やしやご (名) 玄孫 やしはごノ約、其條ヲ見ヨ。

ヤシヤびしやく (名) 夜叉柄杓 〔實ノ形ヲ以テ名トス〕灌木ノ名、深山ノ大樹、ぶなノ木ナドニ寄生ス、高サ尺餘ニテ枝ヲ分ツ、古キモノハ、多ク叢生ス、葉ノ形、やぶさんざしニ似テ、刻ミ少ク、且、鋸齒アリテ、稍、厚ク、互生ス、春分ノ頃ニ、葉ノ間ニ、五瓣ノ淡緑白花ヲ開ク、粗、梅花ニ似タリ、故ニ、天梅、又ハ、てんのうめノ名モアリ、實ハ、楕圓ニシテ五分許、外ニ毛茸アリ。蔦

ヤシヤぶし (名) 夜叉五倍子 やまはんのきノ實、球ヲ成シテ、大サ、はんのきノ實ニ三倍ス、煎汁ヲ褐色ノ染料トス。

やしよく (名) 夜食 (一)〔昔シ、一日二食ナリシ時、夜ニ入リテ別ニ設クル食事。(二)今ハ、夕飯。バンメシ。晩餐

やじり (名) 鏃 〔矢後ノ義〕又、ヤサキ。ヤノネ。矢ノ一端、射遣レバ物ニ中ル方ニ付クル鐵、形、種種アリ、雁股、尖リ矢、劍尻、柳葉、磁頭ナド、名目多シ、皆鐵ニテ作リ、刃アリ、但シ、平題ハ平ナリ、又燕矢、蟇目ハ、木ニテ作ル。

やじりきり (名) 家後切 盜人ノ、家藏ノ壁ナド穿チテ入ルモノ。鑽倉

やしろ (名) 社 〔屋代ノ義〕(一)古ヘ、神ヲ祀ルニ、地ヲ掃ヒテ設クル處。齋場 (二)後ニハ、神ヲ祀リ置ク殿。神祠

やす (名) 矠 魚扠 〔矢資ノ義カト云、イカガ〕魚ヲ捕ル具、頭、鐵製ニシテ叉ヲナシ、柄、長シ、泥中ニ潜メル魚ヲ、上ヨリ刺シテ捕ル。

やす・スル・スレ・セ・セ・セヨ (自動)(規・二) 瘦 瘠 (一)體ノ肉ノ量、減ル。身、ホソル。(二)土地ニ、草木ヲ成長セシムル力乏シクテアリ。瘠

やすい (名) 安寢 寢ヲヤスク眠ルヿ。安眠。

やすし・キ・ケレ・ク・ク (形・二) (一)靜ニシテ快シ。煩ヒナシ。穩ナリ。危カラズ。安 泰 (二)爲ルニ難カラズ。ムヅカシカラズ。タヤスシ。ヤサシ。テガルシ。易 (三)趣キ勝チナリ。「御心ノ、移ロヒヤスキハ」今日ノミト、春ヲ思ハヌ、時ダニモ、立ツコヤスキ、花ノ陰カハ」輙 (四)貨物ニ比ベテ、價低シ。(買ヒ易キ意カ) 廉 價

やすで (名) 馬陸 〔八十手ノ轉ト云〕蟲ノ名、夏月、水濕ノ朽チタル物ナドニ生ズ、多ク雨後ニ出ヅ、故ニ古名ヲ雨彥ト云フ、長サ八九分、徑一分許、狀、蜈蚣ニ似テ小ク、身圓クシテ平タカラズ、背ハ紫黑ニシテ節多ク、左右ノ脚、むかでヨリ多クシテ、淺褐色ナリ、腹モ同ジ、形ニ因テ筬蟲トモイフ、身ニ甚シキ臭氣アリ、コレニ觸ルレバ首ヲ内ニシテ卷曲スルヿ、圓座ノ如ク、又、錢ノ如シ。因テ、又、ヱンザムシ。ゼニムシ。

やすまる・ル・レ・ラ・リ・レ (自動)(規・一) 休 〔やすむノ延〕靜ニ落チツク。「心ー」安息

やすみ (名) 休 (一)ヤスムヿ。(二)齋宮ノ忌詞ニ、病。

やすむ・ム・メ・マ・ミ・メ (自動)(規・一) 休 〔安ヲ活用ス〕(一)心、身、ヲ安クス、息フ。休息ス。暫シ事ヲ止ム。(二)臥シテ寐ヌ。就寢

やすむ・ムル・ムレ・メ・メ・メヨ (他動)(規・二) 休 休マシム。休息セサス。安泰ナラシム。

やすんず・ズル・ズレ・ゼ・ジ・ゼヨ (自動)(不規・三) 安 〔やすみモノ音便〕(一)安クナル。安泰ニナル。「心ー」(二)安シト滿足ス。甘ンズ。「自ラー」

やすんず・ズル・ズレ・ゼ・ジ・ゼヨ (他動)(不規・三) 安 〔やすくモノ音便〕安クナス。安泰ナラシム。「人ノ心ヲー」

やすめじ (名) 休字 又、ヤスメコトバ。文中ニアル手名宜シク、意味ナシトスル語、多ク「神ニもアレバ」ナド用ヰル天爾波ノもヲイフ。(サレド、其實ハ、意アルガ如シ、尙もノ條ヲ見ヨ)

やすやすと (副) 易易 甚ダ容易ク。

やすらかに (副) 安 煩ヒナク。穩ニ。タヤスク。

やすらけし・キ・ケレ・ク・ク (形・二) 安 ヤスラカニテアリ。

やすらふ・フ・ヘ・ハ・ヒ・ヘ (自動)(現・二) 休 (一)ヤスム。イコフ。休息ス。「花ノ陰ニハ、猶ヤスラハマホシキニ」(二)轉ジテ、進マズ、退カズ、中途ニアリ。タメラフ。「切ニ、ソゾノカシ給ヘド、トカク、ヤスラヒテ」躊躇

やすり (名) 鑢 〔彌磨ノ義ト云、或云、矢磨ノ義、目ノ、縱横矢筈ニ打違ヒタル形ヨリイフト、イカガ〕鋸ノ目ヲ立テ、又ハ、金類ヲ磨リ減ラシ、研リ切ルニ用ヰル具、鋼ニテ刃ヲ細長ク平タク作リテ、兩面ニ、細カキ縱横打違ヒノ刻ミ目アリ、柄アリ。

やせい (名) 野生 動植物ノ、山野ニ生エ長スルモノ。

やせい (代) 野生 自稱ノ代名詞、謙稱ナリ

やせがまん (名) 瘦我慢 力ノ足ラヌニ、強ヒテスルヿ。

やせこける・ケル・ケレ・ケ・ケ・ケロ (自動)(規・四・變) 瘦セテ肉脫ツ。 憔悴

やせち (名) 瘠地 草木ヲ成長セシムル力ノ乏シキ地。

やせつ (代) 野拙 自稱ノ代名詞、謙稱ナリ。

やせん (名) 野戰 平場ノ戰。(水戰ナドニ對ス)

やぜん (名) 夜前 ヨベ。昨日ノ宵。 前宵

〔やせやせ・し〕 (副) 瘦瘦 甚シク瘦セテ。「少シ打チ嚴ミテ、ヤセヤセニテアリ」

やそ (數) 八十 (一)十ヲ八ツ合ハセタル數。ヤソヂ。八十。(二)數多キ物事ヲイフ語。「一島」「一島帥」「一伴緒」「一氏人」

ヤソ-けう (名) 耶蘇敎 歐羅巴、亞米利加、等ニ行ハルル宗敎ノ名、耶蘇基督ヲ祖トシ、天主ヲ尊奉ス、天主敎、希臘敎、耶蘇新敎、等ニ分ル。

やたい (名) 屋臺 屋アル臺。持運ブベク作レル小キ家。「祭禮ノ踊一」「一店」

やだいじん (名) 矢大神 隨身門ノ條ヲ見ヨ。

やたいみせ (名) 屋臺店 とこみせニ同ジ。 浮舖

やたかがみ (名) 八咫鏡 〔八頭ノ約ニテ、八花稜ノ鏡ナルカト云〕 三種神器ノ條ヲ見ヨ。

やだけ (名) 箭竹 篠ノ類、形、雌竹ニ似テ細ソク、葉ハ、ちまきざさノ如シ、高サ、丈ニ過ギズ、幹、强クシテ、節ノ間長ク、多ク矢ノ幹ニ作ル。

やたけごころ (名) 彌猛心 彌猛ニ勇ム心。 猛氣

やたけに (副) 彌猛 イヨイヨ猛ク。勇ミニ勇ミテ。「一思フ」「心ハ一ニハヤル」 猛 燥急

やたて (名) 矢立 〔矢ト共ニ立ツルヨリイフカト云〕 (一)正シクハ、一ノ硯。軍陣ニテ、箙ノ中ニ入レテ携フル硯、今ノ懷中硯ノ類。「矢立ノ硯ヲ取寄テ、宇治川先陣ト剛者トヲ、次第、明ニ注シテ」「箙ノ中ヨリ矢立取出シテ、墨和ゝ筆染」 (二)轉ジテ、今、旅行ナドニ、筆墨ヲ仕込ミテ携フル具、小キ墨壺ニ柄アリ、柄ノ中ニ筆ヲ籠メテ、帶ニ挾ム。石筆。 墨斗

やだね (名) 矢種 箙ニ盛リテアル限リノ矢。

やたのかがみ (名) 八咫鏡 やたかがみニ同ジ。

†やたらに (副) 〔樂ニ、やたら拍子トイフアリ、夫レヨリ起レル語ト云〕 妄ニ。ワイダメナク。 妄 慢

やち (名) 野地 沼澤ノ邊ナドノ濕地。 藪

〔やちくさ〕 (名) 八千種 種種多クアルヿ。

〔やちまた〕 (名) 八衢 衢ノ諸方ヘ分レテアル處。「橘ノ、蔭履ム路ノ、八衢ニ、物ヲゾ思フ、妹ニ逢ハズテ」

やちん (名) 家賃 家ヲ借ル料。店賃。 房租

やちゅう (名) 夜中 ヨルノウチ。ヨナカ。 夜間

やつ (名) 谷 谷ニ同ジ。(鎌倉)「扇ガ一」「桐ガ一」

やつ (名) 奴 やつこノ略、人ヲ罵リ呼ブ語。

やつ (名) 八 時ノ名、其條ヲ見ヨ。

やつ (數) 八箇 五ト三トヲ合ハセタル數。八。

〔やつか〕 (名) 八束 八握 八拳 丈ノ長キヿ。「一鬚」「一穗」「一劍」「髯ノ一垂ルマデ」

やつがしら (名) 八頭 (一)鳥ノ名、形、鳩ニ似テ、頭ニ、黃ナル羽、數枚アリテ、羽ノ端ニ黑文アリ、常ニハ伏シテ、鳴ク時ニ揮ヒテ羽扇ノ如シ、眼ノ邊、背ノ上、紫ニシテ、冠、長ク黑クシテ、端ノ叉ハヲナス、いそかノ如シ、胸、黃赤ニ、腹、白ク黑斑アリ、翅ハ、黃、白、黑、相雜ル、尾ノ上下黑ク、中白シ。(二)紫芋ノ一種、根甚シク凹凸ヲナスモノ。 九面芋

やつがれ (代) 僕 〔奴我ノ約〕 自稱ノ代名詞、謙稱ナリ。

やつぎ (名) 矢繼 矢ヲ弦ニハメカフルヿ。「一早ニ射テケリ」「一ノ早サニ、イツノ間ニカ、一シケム」

やつきと (副) 息込ミ勇ム狀ニイフ語。 憤激

やつくち (名) 八口 わきあけノ條ヲ見ヨ。

やづくり (名) 家作 家ノ結構。家作。

〔やつこ〕 (名) 臣 〔家之子ノ義〕 (一)臣。君ニ仕フル人。又、自稱ノ代名詞ニモ用ヰル。(二)男女ノ、人ニ賤シク使ハルル者。 奴 婢 又、己ヲ謙リ、或ハ、他ヲ賤ムル代名詞トシテモ用ヰル。

やつこ (名) 奴 〔前條ノ語ノ音便〕 (一)下男。下部。(二)下部ノ結髮ノ風、頂顱ノ髮ヲ廣ク深ク剃リ落シ、僅ニ頂後ノ髮ヲ遺シテ、髻ヲ短ク結フモノ。(三)人ヲ賤ミ罵リテ呼ブ語。

やつざき (名) 八割 人體ナドヲズタズタニ切リ割クヿ。

やつしがた (名) 俏形 歌舞妓ニ、遊冶子ニ扮スル者。 淨

やつしろやき (名) 八代燒 陶器、肥後、八代ノ産、淡褐灰色ニ、白キ模樣ヲ成セルモノ、多シ。

やつす・ス・セ・サ・シ・セ (他動)(規・一) 俏 (一)窶ルルサウニナ

ス。姿ヲヤヤツシク變フ。俏毀 微服 (二)文字ノ畫(クワク)ヲ省ク。ヤツス。省文 (三)遊冶(ナマメ)キタル姿ニ出立ツ。メカス。嬌飾

やつで (名) 八手 灌木ノ名、叢生ス、一朶、八葉ニシテ、形、略、軍配團扇ノ如シ、夏、小白花、簇リ開ク、上平ニシテ異狀ナリ。又、テングノハウチハ。八角金盤

やつと (副) 辛(カラ)ウジテ。ヤウヤウノコトデ。

やつとこ (名) 鋏 やとこノ音便。

やつはながた (名) 八花形 鏡ノ周リニ、角ノ八ツアルモノ。ヤツハナサキ。八稜鏡

やつぱり (副) やはりノ音便訛。

やつぶさのうめ (名) 八房梅 梅ノ、單瓣白花ニシテ、一蒂ノ内ニ八箇ノ實ヲ結ブモノ、サレド、多クハ落チテ、熟スルモノハ二三ナリ、越後ノ八椊ノ地ニアリ。八蕚梅

やつむねづくり (名) 八棟造 神社又ハ城ノ天主ナドニ、棟ノ破風ヲ、四方ニ、二ツヅツ、作リ出セルモノ。

やつめうなぎ (名) 八目鰻 うなぎノ類、寒中ニ卵アルヲ異ナリトス、北國ノ湖河ニ產ス、形、うなぎノ如クニシテ、赤褐色ナリ、兩眼ノ下ニ、七ツノ鰓孔アリテ、白點相連ルコト、眼ノ如シ。

やつやつ・し・シキ・シケレ・シク・シク (形・二) 窶窶 甚ダ窶(ヤツ)レタリ。貧シキ姿ナリ。

やつる・ルル・ルレ・レ・レ・レヨ (自動)(規・二) 窶 (一)瘦セ衰フ。ヤツヤツシクナル。憔悴 (二)狀、惡クナル。事殺(ソ)ギタリ。「ヤツレタル假ノ御衣ヲ奉リ」御供ニ人ナド少ク、ヤツレテオハシケリ」俏毀

やど (名) 宿 〔屋處(ヤド)ノ義〕 (一)家。スミカ。我ガ宅。(二)旅ニ宿ル家。旅舍 (三)奴婢ノ、住ミツケル主家ニ對シテ、己ガ家ヲ稱スル語。「一サガリ」(四)奴婢ノ家許請人トナル家。人ヲ宿シカクマフ家。「奉公人請一」博打一」盜人一」

やどおり (名) 宿下 やどさがりニ同ジ。約メテ、ヤドリ。

やどかり (名) 宿借 (一)家ヲ借リテ住ムコト。借家(シャクヤ)。(二)蟹ノ類。古名、カミナ。今轉ジテ、ガウナ。海岸ニ生ズ、大サ寸ニ足ラズ、頭ハ蝦ニ似テ、螯(ハサミ)ハ蟹ニ似タリ、腹ハ少シ長クシテ、蜘蛛ノ如ク、脚ニ爪アリ、空キタル螺ノ殼ヲ借リテ其中ニ縮ミ入ル、海邊ノ人ハ其肉ヲ食フ。俗ニ、オバケ。寄居蟲

やとこ (名) 鋏 カナハシ。鍛冶ノ、熱鐵ヲ挾ム具、形、剪刀ノ如ク、釘拔ノ如シ。ヤツトコ。

やどさがり (名) 宿下 宮女、奴婢、ナドノ、暇ヲ乞ヒテ、暫シ己ガ家ニ歸ルコト。ヤドイリ。ヤドオリ。

やどす・ス・セ・サ・レ・セ (他動)(規・一) 宿 (一)宿ラシム。泊ムル。(二)孕ム。「兒ヲ一」胤ヲ一」 孕

やどなし (名) 無宿 住ムベキ家無キ者。人別ナキ者。無宿(ムシユク)。無籍

やとひ (名) 雇 ヤトフコト。ヤトハレタル人。

やとふ・フ・ヘ・ハ・ヒ・ヘ (他動)(規・一) 雇傭 賴ミテ使フ。賃ニテ、一時、人ヲ使フ。

やどりや (名) 宿屋 旅人ヲ宿スヲ業トスル家。トマリヤド。ハタゴヤ。旅店 逆旅

やどり (名) 宿 (一)ヤドルコト。(二)旅ニテ、宿ル家。旅宿。旅舍 (三)星座(セイザ)。(其條ヲ見ヨ)

やどりぎ (名) 宿木 又、ホヤ。ホヨ。松、柳、梅、櫻、桃、梨、桑、楡、欅、等ノ枝節ノ間ニ生ズル特種ノ木、枝葉ヲ生ジテ、他木ノ枝ヲ挿シタルガ如シ、實ヲモ結ブ、形狀、樹ニ因テ異ナリ、自然ニ生ズトイヒ、或ハ、鳥ノ他樹ノ子ヲ落セルヨリ生ズトモイフ。寓木 寄生

〔やどりのつかさ〕 (名) 宿官 官ノ外記ナドノ、五位シタルガ、直ニ顯職ニ任ジ難キヲ、暫シ國司ナドニ任ズルヲ云フ。「やどりのつかさノ權ノ守」

やどる・ル・ル・レ・ラ・リ・レ (自動)(規・一) 宿 〔宿(ヤド)ヲ活用ス、或云、宿入ルノ約〕 (一)宿トシテ居ル。トドマル。夜、泊ル。旅ニテ、寐ヌ。(二)星、其座ニ移リ居ル。星次 (三)孕ム。「兒一」胤一」 孕

やな (名) 簗 〔屋魚ノ義カト云、イカガ〕 魚ヲ捕ヘムガ爲ニ、川瀬ニ設クルモノ、木ヲ打チ並ベテ水ヲ塞(セ)キ、一處ヲ空ニシ、簗簀(ヤナス)ニテ承ケテ、捕フ。のぼりー、くだりー、ナドアリ。

やなあさつて (名) やのあさてノ音便。

やないば (名) 次條ヲ見ヨ。

やないばこ (名) 柳筥 柳ノ細枝ヲ排メテ編ミ作レル匣ト云、蓋アリ、底アリ、其蓋ヲ物ヲ載スル臺ニ用ヰル、猶、硯蓋廣蓋ノ如シ。略シテ、ヤナイバ。「物ノ數、書キタル書、やないばこニ入レテマヰレリ」先、冠筥ニ

柳葉盞ニ置キ座右ニ次、泔坏、不レ居レ盞置ニ柳葉座ニ後ニ、别ニ、柳ノ細枝ヲ、紙捻ニテ板ト脚トニ編ミ結ヒテ、小机ノ形ニ作リテ、物ヲ載スル臺トスルヲイフ、更ニ、後ニハ、三角ナル白木ノ檸ヲ並ベテ、板ニテ脚ヲ作レルヲモイフ、共ニ、冠、鞠、硯、短册、ナド載スル用トス。

やなぎ (名) 柳 〔彌長木ノ意カト云、或云、梁木ノ義、水邊ニ多クアレバイフト、或云、矢之木ノ轉、(又矢木)古ヘ、矢ニ作レバイフト、共ニイカガ〕(一)樹ノ名、多ク水邊ニ生ジテ、成長シ易シ、樹、高ク、枝、皆、垂ル、春、葉ニ先ダチテ黄花アリ、六分許ノ穗ヲナシテ筆頭ノ如シ、後ニ實ヲ結ビ、絮アリ、風ニ飛ブ、(柳絮)葉ハ、桃ニ似テ厚ク、互生ス、枝垂ルガ故ニ、他名ニ對シテ、しだりー、又、絲ートイフ。又、川ー、箱ー、瘤ー、ナドアリ、各條ニ註ス。(二)衣ノ色ニ、表、白ク、裏、青キモノ。(三)柳樽ノ略。

やなぎごり (名) 柳行李 こぶやなぎノ細枝ニテ造レル箱、枝ノ皮ヲ去リテ白ク光レルヲ揉メテ編ム。 楊匲

やなぎだる (名) 柳樽 〔古クハ柳ニテ作レリト云〕(一) 柄樽、角樽、ノ類。(二)川柳句ノ集。

やなぐひ (名) 胡籙 〔矢之杙ノ轉カ〕 矢ヲ盛リテ負フ具、服ニ似テ鰻組ナリ、十矢ヲ差ス。形、細ク高ク、筒ノ如キヲ、壺ートイヒ、平タキヲ平ートイフ。

やなす (名) 簗簀 簁ノ如キモノ、簗ノ空處ニ當テテ魚ヲ承ケテ捕フルニ用ヰル。 笱

やなせ (名) 簗瀨 簗ヲ打チ設ケテアル瀨。「ーニテトマル、モミヂ葉ノコト」

やなり (名) 家鳴 家ノ震ヒテ鳴リ響クコト。「ー震動」

やに (名) 脂 (一)樹ノ皮肉ヨリ出ヅル粘アル液、「松ノー」「桃ノー」(二)烟草ヨリ生ジテ、烟管ノ中ニ生ズル黑ク粘ルモノ。(三)目眵。

〔やには (名) 家庭 人ノ家居。人里。「千葉ノ、葛野ヲ見レバ、モモチダル、夜邇波モ見ユ、國ノ富モ見ユ」

やには (名) 矢場 (一)矢ヲ射タル其場。「四人ハ矢庭ニ射殺シタリケリ、今一人ハ四五町バカリ逃ゲヌルヲ」(二)轉ジテ、立チドコロニモノスルコト。猶豫ナキコト。 急遽

〔やにれ (名) 楡 今、にれトイフ、其條ヲ見ヨ。

やね (名) 屋根 〔屋上ノ約、或云、屋嶺ノ義〕屋。家ノ上ノ、瓦、茅、おけら、ナドニテ葺キタル處。

やねいた (名) 屋根板 屋根ニ葺ク小板。コケラ。

やねぶね (名) 屋根舟 屋根アル小舟、川遊ニ用ヰル。

やのあさて (名) 明明後日 〔彌ノ明後日ノ義〕今日ヨリ間、二日、隔テテ來ム日。サナアサッテ。 大後日 東京ニテハ、コレヲ しあさってトイヒ、其翌日ヲ やのあさってト誤リ呼べり

やのね (名) 矢根 鏃ニ同ジ。

やのねいし (名) 矢根石 矢根ノ形シタル石、處處、土中ヨリ得、多クハ薄黑キ火石ナリ、稀ニ、黑、白、紫、ノ水晶モアリ、又、綠瑪瑙モアリ、小キハ一寸許、大ナルハ八九寸ニ至ルモアリ、上世ノ刃物ナリト云フ。天狗ノヤジリ。 石砮 石鏃

やば (名) 矢場 弓場ニ同ジ。 射場

やばい (名) 野梅 梅ノ、山野ニ自生スルモノ、花、一重ニシテ、白ク、實ヲ取ルヲ主トス、香氣、高シ。

やはか (副) 爭カ。何トシテ。「ー逃ガスべき」

やはぎ (名) 矢作 矢ヲ作グヲ業トスル工人。矢師。

やはす・ス・セ・サ・シ・セ (他動)(規、一) 和 ヤハラグル。

やはず (名) 矢筈 (一)矢ノ頭ノ弦ヲ受クル處。 筈 箭筈 (二)俗ニ、打違ヒタル文。又、クヒチガヒ。

やばたい (名) 野馬臺 日本。

やはたぐろ (名) 八幡黑 もみ革ヲ黑ク染メテ、甚ダ柔カキモノ、山城ノ八幡ノ地ヨリ出ス。

やはん (名) 夜半 ヨナカ。夜中

やばん (名) 野蠻 サラニ開化セヌ荒夷。

やはやは (副) ヤハラカニ、シナヤカニ。「タダ、イト若ヤカニ、オホドカニテ、やはやはトタヲヤキ給ヘリシ」

やはら (名) 柔 やはらとりニ同ジ。

やはら (副) やをらニ同ジ、ソロソロト。「やはら手ヲ擧ケテ起シヌ」「歩ミ寄リテ」

やはらかし・キ・ク・ケレ (形、一) 柔 容易ク押シ碎キ穿ツベシ。堅カラズ。

やはらかに (副) 柔軟 ヤハラカクシテ。堅カラズ。

やはらぐ・グ・ゲ・ガ・ギ・ル (自動)(規、二) 和 ヤハラカニナル。穩ニナル。和グ。シヅマル。

やはらぐ・グル・グレ・ゲ・ゲ・ゲヨ (他動)(規、二) 和 ヤハラグヤウ

ニテス。

やはらとり (名) 柔術 略シテ、ヤハラ。又、柔術。乘手ニテ組合ヒテ人ヲ捕フル術、慶安中、明人、陳元贇、歸化シテ江戸ニアリ、浪人福野七郎右衛門、三浦與次右衛門、磯貝次郎左衛門、就キテ拳法ヲ學ビ、更ニ工夫ヲ加ヘテ、一術ト爲ル、コレヲ起倒流トスト云。十手ノ法モ陳氏ノ所傳ナリト云。

やはり (副) 矢張 〔彌張ノ意ニモアラムカ〕 ソノママニテ。故ノ姿ニテ。ナホ。ヤッパリ。依然

やひ (名) 野鄙 キタナヒタルコト。ゲヒタルコト。

(やひらで) (名) 八開手 神拜ニ、手ヲ八度打ツコト。

やぶ (名) 藪 〔彌生ノ義カト云〕 (一)濕地ナドノ、水無クシテ、草ナドノ生ヒ茂レル處。オドロ。(二)今、專ラ、竹藪ヲ略シテイフ。タカムラ。竹叢

†やぶいしや (名) 藪醫者 術ニ拙キ醫師ヲ嘲リ呼ブ稱。庸醫 草醫

やぶいり (名) 藪入 〔或云、藪澤ノ家ニ歸ル意、或云、孤獨、又ハ、遠鄉ノ者ハ、藪林(寺)ニ入リテ遊息シタルニ起ルト、共ニイカガ〕 奴婢ノ、一時、暇ヲ得テ、已ガ家ニ歸リテ遊息スルコト、正月七月ノ十六日ニ云フ。ヤドサガリ。ヤドオリ。走百病

やぶか (名) 藪蚊 又、縞蚊。蚊ノ一種、形、大ナリ、草木ノ茂レル處ニ多シ、晝出デテ夜伏スコト、常ノ蚊ニ反ス、色、黑クシテ、脚ニ白キ斑アリ、刺スコト鋭ク、癢無シ。豹脚蚊

やぶかうじ (名) 藪柑子 (一)古名、ヤマタチバナ。關西ニ、ヤブタチバナ。小灌木、山中ノ樹下ニ生ズ、高サ三五寸、四五葉、互生ス、茶ノ葉ニ似テ薄ク、細鋸齒アリ、夏、小白花ヲ開キ、秋、豆大ノ實ヲ結ブ、冬ニ至テ赤シ、葉、實、冬ヲ凌グ。一名、ジシクハズ。紫金牛 (二)カラタチバナ。(九州)

やぶからし (名) 藪枯 蔓草、隨地ニ生ズ、春ノ末、宿根ヨリ生ジ、初出ハ、蔓、葉、共ニ赤黑色ナリ、漸ク長ズレバ淡綠ニ變ズ、葉ハ互生シテ、葉每ニ鬚アリ、一枝、五葉、鋸齒アリ、夏、甚ダ蔓延ス、夏秋ノ間ニ、枝ノ梢每ニ、四瓣ノ綠花ヲ開キ、圓キ實ヲ結ブ、熟スレバ黑シ。又、ビサゴルツ。今又、ビンボヅル。ビンボカヅラ。カキトホシ。烏蘞苺

(やぶさかま) (副) 吝 〔破レ離ル意カト云〕 吝ク。吝嗇ニ。

やぶさめ (名) 流鏑馬 〔矢馳馬ノ轉カト云〕 騎射ノ式、馬ヲ、縱ニ直ニ、驅ニ走ラセナガラ、鏑矢ニテ射ル、板ノ角的ヲ三處ニ立テ、白重籐ノ弓ニ、矢三本ナリ、狩衣、綾藺笠、行縢、籠手ヲ着ク。

やぶだけ (名) 藪茸 植物、ほたりだけニ同ジ。

やぶにくけい (名) 藪肉桂 本名、カツラ。メカツラ。樹ノ名、山ニ多シ、大木トナル、葉ハ、にくけいニ同ジク、但シ、三縱道、末マデ通ラズ、橫線アリ、香氣少ク、しきみノ氣アリ、葉ニ圓キ、狹キ、廣キ、皺縐アリ、實ハ樫ノ實ノ如クニシテ、三四粒、朶ヲナシテ垂ル、熟スレバ、黑クシテ、上ニ白粉ヲ生ズ、藥用トシテ、つづのみ、くろつづ(月桂)ナドイフ、又蠟トス、臭氣アリ、線香ノ用トモス、樹皮根皮ヲ肉桂ニ代ヘテ用ヰル。一名、ツヅクキ。タモ。タマダモ。タブ。天竺桂

やぶにらみ (名) 藪睨 不具ノ名、物ヲ見ルニ、瞳ノ常ニ斜ナルモノ。ヒガラ。斜眼

やぶみ (名) 矢文 文書ヲ矢ニ結ビ付ケテ射テ遣ルモノ。射書

やぶん (名) 夜分 夜ノ中。夜中。夜間

やぶめうが (名) 藪茗荷 舊根ヨリ莖ヲ出スコト數寸、上ニ七八葉ヲ生ズ、めうがノ葉ニ似テ、莖、葉、共ニ粗糙ナリ、中心ヨリ、又、莖ヲ出スコト一尺餘、梢ニ、六瓣ノ小白花、穗ヲ成シテ開ク、圓キ實ヲ結ブ、初メ、白ク、後ニ綠黑ニシテ、熟スレバ、又、白シ。杜若

やぶる・る・れ・ら・り・れ (他動) (規.一) 破 敗 壞 傷 (一)物ノ體ヲ崩ス。コハス。コボツ。碎ク。(二)敵ヲ負カス。(戰ニ、議論ニ) (三)事ヲ犯シソコナフ。亂ダス。「法ヲ—」「調ヲ—」「約ヲ—」「身ヲ—」「家產ヲ—」

やぶる・るる・るれ・れ・れ・れよ (自動) (規.二) 破 敗 壞 (一)形、崩ル。コハル。コボル。碎クル。(二)負ク。(戰ニ、議論ニ) (三)事、亂レ崩ル。成リソコナフ。「法—」「約束—」「身代—」

やぶれがさ (名) 破笠 (一)笠ノ破レタルモノ。敗天公 (二)傘ノ破レタルモノ。破傘 (三)宿根草ノ名、山中ニ生ズ、葉ノ大サ七八寸、破レタル傘ノ如シ、一根ニ一葉ナリ、年ヲ經タルモノハ、夏、莖ヲ出スコト二三尺、僅ニ三葉互生シ、莖ノ頂ニ穗ヲ成シテ、黃白花、簇リ生ズ。兎兒傘

やへ (名) 八重 (一)八ツ重ナリタルヿ。(二)幾ツモ重ナリタルヿ。(彌重ノ義) 重疊 重複 (三)花瓣ノ、數枚重ナレルモノ。(單瓣ニ對ス) 重瓣

やへ-なり (名) 八重生 赤小豆ノ類、實ノ色、綠ナリ、或ハ褐色ヲ帶ブルモアリ、莖、高サ尺許、苗、莢、粒、共ニ小シ、夏ヨリ秋マデ、絕エズ實ル、早ク蒔キタルハ、一年ニ再種スベシ、故ニ名アリ、所用、あづきニ同ジ。一名、文豆。マサメ。 綠豆

やへ-ば (名) 八重齒 古名、オソバ。齒ノ傍ニ別ニ片寄リテ生ズル齒。ソヒバ。オサヘバ。 齵

やへ-むぐら (名) 八重葎 (一)歌ニイフハ、葎ノ繁リタルヲイフナルベシ。(かなむぐらノ條ヲ見ヨ)(二)今、又、草ノ名、荒野、及ビ、人家ノ庭前ニモ生ズ、莖、細クシテ長ク延ビ、葉ト共ニ毛アリ、葉ハ、あかねニ似テ小ク、七八葉、車輪ノ如ク、一處ニ着キテ、八九層ヲ成ス、莖、稍、方ニシテ、赤、あかねニ似タリ。 猪殃殃

やほ (名) 彌帆 (彌ハ重ナル意、本帆ニ對シテイフト云、或云、矢帆ニテ、前ヘ出デタレバイフト) 大船ノ舳ニ張ル帆。 頭篷

やほ (數) 八百 (一)百ヲ八ツ合ハセタル數。八百。(二)數ノ甚ダ多キヿ。(彌百ノ義)「－萬」

やぼ (名) 野暮 (野夫ノ音轉ト云) 世情ニ通セズ風雅ノ心ナキヿ。ブコツブイキナラズ。 不雅

〔やほ-あひ (名) 八百會 方方ノ潮路ノ集リ合フ處。「海ニ坐ス、神ノ助ケニ、カヽラズバ、潮ノやほあひニ、サスラヘナマシ」

〔や-ほぢ (名) 夜發 遊女ノ、甚ダ賤シキモノ、夜行シテ賣ル。タチギミ。ツジギミ。ソウカ。ヨタカ。

やほ-ばしら (名) 彌帆柱 大船ノ舳ノ彌帆ヲ掛クル帆柱、斜ニ前ヘ出ヅ。 頭桅

やほ-や (名) 八百屋 (雜物繁多ノ意) 一切ノ畠物野菜ヲ賣ル商家。

やま (名) 山 (一)土ナ、平地ヨリ大ク高クナレルモノ。(二)特ニ、比叡山ノ稱。「－法師」「－ノ座主」(三)スベテ物ノ堆クナレルモノ。「－ニ積ム」 堆 (四)車樂ノ山鉾ノ略。(京都)(五)行險者ノ仕事。 行險

やま-あざみ (名) 山薊 幽谷ニ多シ、葉大ク、刺、殊ニ多ク、白キ斑アリ、高サ三四尺、秋、淡紫花、莖ニ連リテ開ク、のあざみヨリ小シ。又、オニアザミ。 大薊

やま-あらし (名) 山荒 獸ノ名、印度、亞非利加、及ビ、歐羅巴ノ南部ニ產ズ、形、鼠ニ似テ、大サ兎ノ如ク、頭、小ク、體、肥エ、毛ハ刺ニシテ、粗ク太ク箸ノ如ク、光ル、本、白ク、末、尖リテ黑ク、背ノ刺、最モ長クシテ尺許ニ至ル、常ニハ後ヘ伏シ、怒レバ立ツルヿ矢ノ如ク、以テ身ヲ禦グ、刺、相觸レテ聲アリ、然レドモ、性、順良ナリ、刺ハ年每ニ代ハル、採リテ種種ノ飾トス。 豪猪

〔やま-あららぎ (名) 山蘭 (味辛キヿ蘭草ノ如シ) 辛夷ニ同ジ。

やま-あゐ (名) 山藍 山中ニ自生スル一種ノ藍、葉ニ皺アリ、赤、採リテ衣ヲ染ム。

やま-いぬ (名) 山犬 (一)狼ノ屬、山中ニ棲ム、犬ニ似テ大ク、體、瘦セテ、毛色、一ナラズ、爪ニ、麻骨ノ如キ窪ミアリ、人馬ヲ害スルヿ、狼ノ如ク、唯、脚ニ蹼ナキヲ異ナリトス。 豺 (二)犬ノ、山ニ棲ムモノ。

やま-いぬ (名) (病犬ノ約) 病アリテ狂ヘル犬。 狂犬

やま-うつぎ (名) 山空木 古クハ、單ニウツギ。灌木、溲疏ノ一種、高サ數尺ニ過ギズ、葉ハ、あのいつちニ似テ厚ク、邊ニ鋸齒アリ、毛茸多ク、兩對ス、夏ノ初メ、六七寸ノ穗ヲナシテ、五瓣ノ淡紫紅花ヲ開ク、はなうつぎノ花ニ似テ小シ、又、紅花白花アリ、後、六七分ノ莢ヲ結ブ、熟スレバ、黑褐ニシテ、內ニ細子アリ。 空疏 楊櫨木

やま-うば (名) 山姑 やまんばノ條ヲ見ヨ。

〔やま-うばら (名) 蘘蘆 あゆろさうノ古名。

やま-うるし (名) 山漆 (一)うるしのきノ條ヲ見ヨ。(二)つたうるしノ一名。(三)黃櫨ノ一名。

やま-おろし (名) 山下 山ヨリ吹キオロス風。 山風

やま-が (名) 山家 (山處ノ義) 山ニアル家。

やま-かがし (名) 〔次條ノ語ノ轉カ〕 蛇ノ屬ニテ大ナリ、林野ニ棲ミ、鼠、蛙、雀雛ナドヲ食トシ、人ヲ害セズ、身ニ紅黑彩文アリ。 赤楝蛇

〔やま-かがち (名) 〔山酸漿ノ義、眼ノ色ニ就キテイフト云〕 蛇ノ極メテ大ナルモノ、ヲロチ。ウハバミ。 蚺蛇

やま-かけ-どうふ (名) 八杯豆腐ニ山藥ノ汁ヲ掛ケタルモノ。又、イモカケドウフ

やま-かご (名) 山駕籠 床ヲ竹ニテ網ミ、竹餉ヲ飾トシテ昇ク駕籠、旅ノ山路ナドニ用ヰル。 籃輿

やま-がた (名) 山形 (一)〔射場ノ的ノ後ニ設クル築。後

世、的皮、布皮、ナドイフモノノ類。(二)物ニ、中高ク尖リ、左右斜ニ下リタル稱。

やまがたな (名) 山刀 樵夫ノ用ヰル刀、鉈ノ如シ。

(やまがつ (名) 山賤 (山縣ノ人ノ意ト云) 山里ニ住ム樵夫杣人ナド賤民ノ稱。 野人

やまがに (名) 山蟹 又、イシガニ。アカガニ。蟹ノ一種、溪流ノ石間ニ棲ム、大ナルハ二寸許、色、赤ク甲、方形ニシテ、稍横ニ廣シ。 石蟹

やまかはざけ (名) 山川酒 (山間ノ流水ハ白濁セルヲ名トス) 酒ノ一種、色、白ク濁リテ、甘美ナルモノ。

やまがへる (名) 山蛙 あかがへるニ同ジ。 山蛤

やまかんむり (名) 山冠 漢字ノ頭ニアル山ノ字ノ稱、岩、岸、崖、崒、ナドノ如シ。 山字頭

やまがら (名) 山雀 又、ヤマガラメ。山ニ產ジ、秋來ル、形、ほほじろニ似テ、頭、黃白ニシテ赤ミアリ、眼、頷、ノ邊ニ黑條アリ、背、次赤ニシテ、翼、胸、翅、尾、共ニ黑ク、腹ハ薄赤シ、性、慧巧ニシテ能ク囀リ、又、敎ヘレバ、種種ノ戲ヲ學ビ爲ス、人、畜ヒテ玩トス。 義食

やまがらす (名) 山鴉 (一)鴉ノ一種、翼、體、肥大ニシテ、食ヲ貪ルコト甚シキモノ。ハシブトガラス。 鴉 (二)みやまがらすノ一稱。

やまぎ (名) 山氣 行險者ノ心。サンキ。

やまぎり (名) 山桐 あぶらぎりニ同ジ。

やまぐす (名) 山楠 樟ノ類、大木トナル、葉ハゆづりはニ似テ、背、稍白シ、秋、實ヲ結ブ、大サ豆ノ如シ。イヌグス、アヲグス、

††やまくぢら (名) 山鯨 東京ニテ、猪肉ノ異名。(肉食ヲ忌ミシ頃ノ隱語)

やまぐは (名) 山桑 (一)桑ノ條ヲ見ヨ。又、野桑。(二)又、樹ノ名。イツキ。

(やまこ (名) 猴ノ極メテ老イタルモノ。和名抄「玃、夜末古」

やまごばう (名) 山牛蒡 古名、イヲスキ。草ノ名、陰地ニ產ス、春、宿根ヨリ生ズ、莖圓ク、直立スルコト三四尺、葉ハ烟草ノ葉ニ似テ、小ク、末尖ラズ、毛ナク、光リテ互生ス、夏、枝ノ梢每ニ、三四寸ノ穗ヲナスコト、とらのをノ穗ノ如クニシテ、五瓣花綴リ開ク、大サ三四分、白クシテ、後ニ紅ヲ帶ブ、根ハ長キ塊ヲナシテ横ニ延ブ、利水ノ藥トス、タウゴバウ。イヌゴバウ。 商陸

やまざくら (名) 山櫻 山ニ自生シテ、單瓣、白色、疎ラニシテ早ク開ク櫻ノ類ノ總稱、同種ニ、吉野櫻、乳見櫻等アリ、花散リ易シ。

(やまし (名) 〔ちのねノ條ヲ見ヨ〕 知母ニ同ジ。

やまし (名) 山師 (一)カネホリ。 坑戶 (二)山林ノ立樹ヲ賣買シテ材ニ伐リ出スヲ業トスル者。(三)目當ナキ事危キ事ナドヲ犯シテ、萬一ノ大利ヲ得ムト計ル者。 行險者

やまし・しく・しけれ・しき・しく (形、二) 惱 疾 疢 なやましニ同ジ。「心—」

やまじほ (名) 山鹽 山ニ產スル鹽、純ナルハ直ニ食鹽トスベク、混合物アルハ、溶シテ煮テ精製ス、又鹽泉ナルヲ煮テ取ルモアリ。

やますげ (名) 麥門冬ノ古名。和名抄「麥門冬、夜末須介」

やませ (名) 山瀨 (山ノ背ヨリ吹クカゼノ義) 東風ノ異名。(津輕)

やまぜり (名) 山芹 (一)當歸ノ古名。(二)防風ノ一名。(三)又、草ノ名、根、胡蘿蔔ニ似テ、實ハむかでノ如キモノ。

やまだち (名) 山立 山中ニ潛ミテ行劫ナドスル盜人、山賊。 山寨

(やまたちばな (名) 山橘 フカミグサ。ヤブカウジ。

やまつなみ (名) 山津浪 山ノ崖ナドノ大ニ崩ルルコト。ヤマヌケ。

(やまつみ (名) 山祇 〔みハ異靈ノひト通ズ〕 山ノ神、

やまて (名) 山手 山アル地方。ヤマノテ。 山地

やまとうた (名) 大和歌 うたノ條ヲ見ヨ。

(やまとがな (名) 大和假名 片假名ニ同ジ。

やまとごころ (名) 大和心 (一)日本ノ學問、皇國ノ學才。「彼ノ少納言、唐ノ文ヲモ博ク學ビ、大和心モカシコカリケルニヤ」「やまとこころバヘハ惡ロカリケル人ナリ、からオハ好クテ侍レド」 日本學 (二)御國人ノ氣節ノ心。大和魂。 日本膽

やまとごと (名) 大和琴 あづまごとニ同ジ。

(やまとことのは (名) 大和言葉 ヤマトウタ。和歌。又、ヤマトコトバ。「伊勢、貫之ニ詠マセ給ヘルやまとことのはヲモ、唐土ノ歌ヲモ」「敷島ノ、大和言葉ノ、花ナクバ、老ノ心ヲ、何ニ染メマシ」

やまとことば (名) 大和詞 (一)日本國ノ言語(コトバ)。和語。日本語 (二)和歌。(前條ヲ見ヨ) (三)日本ノ文章ノ上ニ用ヰル語。雅言

〔やまとしまね〕 (名) 日本島根 大八洲。大日本國。「イザ子共、狂行(タハワザ)ナセソ、天地ノ、固メシ國ゾ、夜麻登之麻禰ハ」四方ノ海、治マリヌラシ、我ガ國ノ、―ハ、波靜カナリ」

やまとだましひ(イ) (名) 天和魂 (一)大和心ニ同ジ。日本ノ學問。「猶、オヲ本トシテコソ、―ノ、世ニ用ヰラルル方モ強ウ侍ラメ」公實ハ、和漢ノオニ富ミテ、北野天神ノ蹟ヲモチミ、又、知足院殿ニハ、人ガラ―ノ優リテ、云云」和魂、漢才」日本學 (二)日本人ニ固有ナル氣節ノ心。外國ノ侮ヲ禦ギ、皇國ノ國光ヲ發揚スル精神。ヤマトゴコロ。日本膽

やまととぢ (名) 天和綴 書物ヲ、紙ノ折目ノ處ニテ、絲ヲ背ニ貫キテ綴ヅルモノ、古キ書籍、皆、此綴ニテ、即チ、今ノ洋書仕立ニ似タリ。蝶帖本(デツテフボン)。粘葉本(デツテフボン)。胡蝶裝

やまとぶえ (名) 天和笛 神樂ニ用ヰル横笛、六孔ナリ。

やまどり (名) 山鶏 雉子ニ似テ大ク、全身、黃赤ニシテ赤黑斑アリ、頭ニ冠毛アリ、尾ハ雉子ヨリ長ク、黃赤ニシテ粗キ黑斑アリ、雌モ尾長シ、山ニ居リ、能ク鬪フ。鸐雉

やまなし (名) 山梨 (一)野生ノ梨、枝ニ刺多シ、實ハ大ナル琅ノ如シ、味、酸ク澁クシテ食フニ堪ヘズ、唯、聖靈祭ニ供ス、故ニ、聖靈梨ノ名モアリ、又、イヌナシ。アリノミ。鹿梨 (二)又、ぎりんごノ一名。

やまぬけ (名) 山拔 山腹ノ一部ノ土石ノ、時トシテ崩レテ落ツルモノ。ヤマツナミ。

やまのいも (名) 山芋 薯蕷 (里芋ニ對ス) 又、ヤマツイモ。ヤマイモ。蔓草、夏ノ初メ、苗ヲ生ズ、莖ハ紫ニ、葉ハ綠ニシテ、一尖アリ、おさがほノ葉ニ似テ、更ニ光潤アリ、秋、葉ノ間ニ、穗ヲナシテ、淡紅花ヲ開ク、山草薢(トコロ)ノ穗ニ似タリ、莢ヲ結ビテ、仁、無シ、別ニ、蔓ニ、むかご(其條ヲ見ヨ)ヲ結ブ、根ヲ食用又藥用トス。山中自生ノモノヲ自然生(ジネンジヤウ)トイフ、根、細ク固ク、長キハ七八尺ニ至ル。(藥名、山藥)家ニ植ウルヲ、ながいもトイフ、根圓ク肥エテ、長サ一二尺ニ至ル。(家山藥) 又、つくねいもアリ、其條ヲ見ヨ。

やまのかみ (名) 山神 (一)山ヲ守ル神。ヤマツミ。山彥。(二)卄部語ニ、妻ヲ嘲罵シテ呼ブ語。(山姬ヨリ出デタル語ナラム)

やまのて (名) 山手(ヤマテ)ニ同ジ。山地

やまばち (名) 山蜂 蜂ノ類、最モ大ナレバ、大蜂ノ名モアリ、形、はなばちニ似テ大ク、首、黑ク、短キ鬚アリ、背、尻、黃赤ニテ、腰、黑シ、巢ハ、山中ノ木石ノ上、又ハ、寺院ノ屋下ナドニ作ル、大ナルハ半鐘ノ如ク、茶褐色ニテ斑アリ、中ニ、巢、重ナリテ、無數、連リ懸ル。大黃蜂

やまばと (名) 山鳩 (一)古ク言フハ、今ノきじばと。鳩 (二)今イフハ、あをばとノ一名。靑鴿

やまばといろ (名) 山鳩色 染色ノ名、濃キ黃色、麴塵(キクヂン)ノ御袍ノ色ニイフ。キヨリヨウ。

やまはんのき (名) 山榛 はんのきノ一種、葉ニ皺アリテ、實ノ大ナルモノ、其實ヲやしやぶしトイフ。赤楊一種

やまひ(イ) (名) 病 疾 ヤマフコト。病ムコト。身ニ、ソコナヘル所アリテ、スコヤカナラヌコト。ワヅラヒ。ビヤウキ。

やまびこ (名) 山彥 (一)山ノ神。「神無月、シグルル度ノ、山びこニ、紅葉ヲ風ノ、手向グツル哉」山靈 (二)又、山谷ナドニテ、物ノ聲ノ、對面ノ崖ニ當レルガ、返リ應ヘテ響クコト。(山響ノ約トモ云)コダマ。谺

やまひだれ(イ) (名) 疾垂 漢字ノ上ニアルヤノ字ノ稱、病、疾、疲、疵、痛等ノ如シ。疾字頭

やまびと (名) 山人 (一)山里ニ住ム人。(二)杣人。(三)仙人。

やまひめ (名) 山姬 山ヲ守ル女神。

やまびる (名) 山蛭 古名、カサビル。蛭ノ一種、形、大ク、長サ一寸許、山谷土石ノ間ニ棲ミ、雨降ルトキハ、枝葉ニ上ル、人ノ足音ヲ聞キテ觸レ着キテ、害ヲナスコト甚シ。草蛭

〔やまふ〕 (自動)(規.二) 病 病ムノ延。ワヅラフ。「知ラレヌ戀ニ、やまふ頃哉」

〔やまふき〕 (名) 草ノ名。やまぶぶき(ヤマフキ)ノ條ヲ見ヨ。

やまぶき (名) 山吹 〔山振ノ義、細條、風ニ隨テ搖ケバイフ〕 灌木ノ名、莖、細ソク叢生シテ垂リ、莖心、白クシテヤハラカナリ、葉ハ、ゆすらうめノ葉ニ似テ、長ク

尖ル、夏ノ初メ、單瓣五出ノ黃花ヲ開キ、五子ヲ結ブ。又、重瓣ナルモアリテ、人コレヲ賞ス、花、稍遲クシテ、子ヲ結ブ丁、稀ナリ。棣棠

やまぶきいろ (名) 山吹色 山吹ノ花ノ色。黃色。

やまぶし (名) 山伏 (一)〔山ニ宿ル丁。〕山中ノ住居。「アハレ、やまぶし、ノ、好ル日ニテ、ネハ泣カルナルカシ、ト言ヲ聞キテ、我モ今ハやまぶしゾカシ」(二)山ニ臥シ野ニ臥シテ修行スル僧。野伏。「松ノ葉ヲ食キテ勤ムル山伏ダニ」(三)後ニ、專ラ、修驗者ノ稱。

やまふところ (名) 山懷 山間ノ籠リタル處。

〔やまふふき (名) 山蕗 蘘荷ノ古名。約メテ、ヤマフキ。(款冬ニ當ツルハ誤レリ)〕

やまぼこ (名) 山鉾 車樂ノ一種、上ニ、山ノ形ノ造リ物アリテ、鉾、薙刀、ナドヲ立ツル手ノ。略シテ、ヤマ。山車。山棚。(京都)

やままゆ (名) 山繭 (一)蠶ノ野生ナルモノ、形、常ノ蠶ノ如クニシテ、體、短ク頭、大ナリ、樫、櫧、くぬぎ、等ノ葉ヲ食ヒ、四度ノ眠起モ蠶ニ同ジ、人家ニモ養フ、繭(野繭)大クシテ黃ナリ、絲トシテ、白ク光澤アリ、甚ダ強クシテ染色ヲ受ケズ。野蠶 (二)又、此絲ヲ絹絲ニ雜ヘテ織リ成セル絹布。黃絲絹

やまめ (名) 水蠆 蜻蛉ノ卵ノ水中ニ化生セルモノ、形、略、かまきりニ似テ灰黑ナリ、翅ナク、六脚、細長ク、二鉤、吻ニ付キテ、手ノ如ク、每ニ、太鼓ヲ擊ツガ如キ狀ヲナス、故ニ、たいこむしノ名モアリ、鋸ノ如キ口アリ、二尾細クシテ、身ヨリ長シ。又、ミヅムシ。ミツバチ。モヒム

シ。ヤギメ。夏ノ初メ、水ヲ出デ、蘆、川楊、ナドニ上リ、背裂ケテ、とんばうトナリ、身ハ蛻トナル。

やまめ (名) 山女 川魚ノ名、おひかはノ類。

やまもも (名) 山桃 暖國ニ自生多ク、庭院ニモ植ウ、高大ニ聳ユルアリ、四方ニ婆娑スルアリ、葉ハ細長ク、ちんちやうげニ似テ、粗キ鋸齒アリ、深綠ニシテ、冬、凋マズ、春、葉ノ間ニ黃白色ノ花ヲ着ク、長サ六七分、松ノ花ニ似タリ、別ニ實ヲ生ズ、形、苺ノ如ク、大サ三四分ニシテ圓ク、夏ノ末、熟スレバ紫赤色ニテ生食スベシ、味甘シ、又鹽漬トモス、皮ヲ藥用トシ、又、桃皮、澁木トモイヒテ染料トス。楊梅

やまもり (名) 山守 山ヲ守ルヲ職トスル者。

やまもり (名) 山盛 器ニ堆ク盛ル丁。

〔やまわけごろも (名) 山分衣 山伏ナドノ山路ヲ分ケ行ク衣。「淸瀧ノ瀨瀨ノ白絲、綠リタメテ、ー、織リテ着マシヲ」〕

やまわらは (名) 山童 狒狒ノ類。

〔やまゑみ (名) 黃精 ナルコユリ。オホヱミ。〕

やまをとこ (名) 山男 深山ニ棲ム怪物、猿ノ類ナルベシ。山猱 其女ナルニ山姑アリトイフ。

やみ (名) 闇 〔黃泉ト通ズルカ〕(一)夜ノ暗キ丁。ヤミヨ。(月夜ニ對ス)(二)亂レテ、道理ノ辨別ナキ丁。「世ノー」「心ノー」

やみあがり (名) 病上 病、癒エテ、體、未ダ十分ニスコヤカナラヌ時。病後。病起

やみうち (名) 闇討 闇ノ夜ニ、人ノ不意ヲタバカリテ殺ス丁。暗擊

やみかへし (名) 病返 再ビ病ム丁。ブリカヘシ。

‡やみくもに (副) 闇雲 ワイダメナク。ミダリニ。妄

やみやみ (副) 眼前ニ見ナガラ。マザマザ。ミスミス。

やむ・ム・メ・マ・ミ・メ (自動)(規・一) 止 已 罷 歇 トドマル。トマル。終ハル。絕ユ。果ツ。

やむ・ム・メ・マ・ミ・メ (自動)(規・一) 病 〔止ム幾カト云、齋宮ノ忌詞ニ、病、やすみ〕病ニカカル。ワヅラフ。

やむ・ム・メ・マ・ミ・メ (他動)(規・一) 病 惱 病シク思フ。歎キ憂フ。「惡政ヲー」「風俗ノ惡シキヲー」

やむ・ム・ムル・ムレ・メ・メヨ (他動)(規・二) 止 罷 トドム。トム。絕ツ。廢ツ。

やむごとなし・キ・ケレ・ク・シ (形・一) 無止事 (一)已ミ難シ。打捨テ置カレズ。「道ヨリ、ヤムゴトナキ事ニ因リテ、京ヘ人ヲツカハシ」(二)甚ダ常並ナラズ。「親ノ、ヤムゴトナク思ヒオキテ給ヘラムヲ」ヤムゴトナク、切ニ隱シ給フベキナドハ」(三)常並ナラズ貴シ。「イト、ヤムゴトナキ際ニハアラヌガ、スグレテ時メキ給フ、アリケリ」元ハ、ヤムゴトナキ筋ナレド、世ニ歷ルタツキ少ク」

やんま (名) 〔古名、ゑむばノ訛〕(一)テキツ。トンバウ。(九州) 蜻蛉 (二)關東ニテハ、其一種、形、最モ大クシテ、色、靑綠ナルモノノ稱、飛ブ丁甚ダ速ニシテ、能ク小飛蟲ヲ捕リ食フ。蜻蜓 更ニ大ナルヲ、鬼ートイフ、雄ハ腰ニ一條ノ靑筋アリ。馬大頭 又、きー、くろー アリ、各條ニ註ス。

やんや (感) 褒メソヤスニ發スル聲。喝采

やめ (名) 止 止ムルコト。トドムルコト。

やもめ (名) 寡婦 孀 〔屋守女ノ略、獨居シテ家ヲ守ル意ト云、或云、やむめ、やまめ、トモイフ、止女ノ義ト、やもを、やむをモ然リ〕 (一)夫ナキ女。(二)又、妻ナキ男、即チ、やもをニモ通ジテイヘリ。伊勢物語「昔シ、男、やもめニテ居テ」空穗物語「斯ル程ニ、大臣マデ成リヌ、やもめニテ、エアルマジ、我レ物食ハザラム女得ムト思ボシテ」 鰥夫

やもめだふし* (名) 孀倒 いなまきノ異名。又、後家倒。昔ハ、まき箸トテ、篠竹ヲ筬ノ如ク作リテ、掌ニ納メテ稻ヲコケリ、元祿中、泉州高石ノ人、いなまきヲ作リテ、甚ダ便ナリ、寡婦、業ヲ失ヘリトテ、名ヲ得タリト云。

やもり (名) 家守 人ノ家ヲ守ル者。 看宅人

やもり (名) 守宮 〔家守ノ義〕 蟲ノ名、廢屋ノ壁間ナドニ棲ム、形、とかげニ似テ、尾、短ク、指ノ端ニ小珠アリテ物ニ着ク、色、灰黒ニシテ黒キ斑アリ、夜出デテ小蟲ヲ捕リ食フ、時時、尾ヲ以テ啼ク。壁虎。

〔やもを (名) 鰥夫 又、やムヲ。妻ナキ男。ヲトコヤモメ。(やもめノ條、見合ハスベシ)

やや (名) 兒 チゴ。アカゴ。(畿內)

やや (副) 稍 漸 〔彌彌ノ義ト云〕 (一)愈、進ミテ。次第次第ニ。ダンダンニ。延ベテ、ヤウヤウ。ヤウヤク。「天照大御神、逾思」奇、「而稍自」戶出而臨坐之時」「水無月、云云、夜深ケテ、やや涼シキ風吹キケリ」 重ネテモイフ。「シバラクモ、好ケクハナシニ、漸漸ニ、覩クツホリ」(二)物事ノ程ヲイフ語。餘程。「人人モ、空寐ヲシツツ、やや待タモ奉リテ、引キ明ケタリ」「ー長シ」「ー優レリ」 差 較

やや (感) (一)人ヲ呼ビ掛クル聲。ヤヨ。ヤア。ヤア。「僧正ヲややト呼ビ申シケレバ」(二)驚キニ發スル聲。「海賊共、見テ、やや、コレハ、云云、神箭ナリケリ」

ややともすれば (副) ややもすればニ同ジ。

〔ややまし・シキ・シケレ・シク・シク (形・二) 〔彌病シ、ノ義カト云〕 心、惱マシ。「イカガアラムト、イト、ツツマシウややましけれバ」 傷心

ややもすれば (副) 動 輙 〔ややハ稍ナリ、もハ感動詞〕 趣キ勝チナル意ニイフ語。トモスレバ。

やよ (感) 呼ビカクル感動詞。「ー待テ」「ーイカニ」

〔やよし・キ・ケレ・ク・ク (形・一) 〔彌多シ、ノ約カ〕 多シ。「ワタクシノ、老ノ數サヘ、ヤヨケレド」 多

やよひ (名) 彌生 〔いやおひノ條ヲ見ヨ〕 陰曆、三月ノ稱。

やら (接尾) やらむノ略。「何ー見ユル」

やらい (名) 矢來 〔遣ノ訛、入ルヲ防グ意〕 竹木ヲ縱橫ニ粗ク組ミタル垣。 柵 行馬

やらい (副) 夜來 ヨゴロ。數夜コノカタ。

やらう (名) 野郎 夜郎 (一)賤男。男子ヲ賤ミ呼ブ語。(二)半髮ノ頭風。(三)男色ヲ賣ル者ノ稱。カゲマ。(遊冶郎ノ意カト云、イカガ) 孌童

やらふ・フ・ハ・ヘ・ヒ・ヘ (他動) (規・一) 遣 遣ルノ延。追ヒ拂フ。

やらむ (動) 疑フやト、あらむト、ノ約ナルベシ。「谷緣レ木ノ葉ガ下ノ、埋レ水、氷レバヤラム、オトヅレモセヌ」 此語、接尾語ノ如クニモ用ヰル。略シテヤラ。「何ー見ユ」「某トーイフ男」「誰ーオトヅフ」

やり (名) 槍 鎗 〔遣ノ義〕 武器、細長キ劍ニ、甚ダ細長キ樫ノ柄ヲツケテ、兩手ニテシゴキテ突キ遣ルモノ。刃ノ形ニ因テ、素ー、直ー、鍵ー、管ー、鎌ー、十文字ー、大身ー、ナドアリ、各條ニ註ス。此物、應仁文明ノ頃ヨリ、專ラ、戰陣ニ用ヰテ、遂ニ單ニ道具トノミ稱シテ、武器ノ第一トセリ。

やりがんな (名) 槍鉋 かんなノ條ヲ見ヨ。

††やりくる・ル・レ・ラ・リ・レ (他動) (規・一) 遣繰 種種ニ振替ヘテ用ヰル。クリアハスル。 拮据

やりこむ・ムル・ムレ・メ・メ・メロ (他動) (規・二) 遣込 論ジ詰メテ默ラス。イヒコムル。 論破

やりじるし (名) 槍標 小帛、白熊ナド、槍ニツケテ標トスル種種ノモノ、一隊、一樣ノ物ヲ用ヰテ、識別ニ便ナラシム。 槍號

やりだし (名) 遣出 船ノ舳ニ、前上リニ遣リ出シタル帆桁。

やりだま (名) 槍玉 〔手玉ニ取ルナドノ意カ〕 槍ノ穗ニ掛ケテ、人ヲ突キ除クルコト。「ーニアグ」

やりて (名) 遣手 (一)爲ル人。(二)與フル人。(三)††遊里ノくわしや。

やりど (名) 遣戶 引戶ニ同ジ。

やりはご (名) 遣羽子 羽子ノ條ヲ見ヨ。オイバネ。

やりぶすま (名) 鎗衾 鎗ヲ多ク並ブルコト。「―ヲ作ル」
やりみづ (名) 遣水 流水ヲ塞キ導キテ、庭ノ面ナドニ流シ遣ルモノ。
やりもち (名) 槍持 武家ニテ、主ノ持槍ヲ持チテ從フ奴。 拏槍奴
やる・ル・レ・ラ・リ・レ (他動)(規・一) 遣行 (一)前ヘ進ムル。行カス。「舟ヲ―」車ヲ―」(二)送ル、ツカハス。「歌ヲ書キテ―」使ヲ―」(三)除ケテ晴ラス。「思ヒヲ―」心ヲ―」 遣心 (四)與フ。呉ル。(五)他ノ爲ニモノス。「見テ―」立テテ―」
やる・ル・レ・ラ・リ・レ (他動)(規・一) 遣 〔事ヲ遣リ居クル意カ〕爲ス。爲ス。「マダ明ケヤラヌ東雲ノ空」行キヤラデ、山路暮ラシツ」ヤリカケル」ヤリバナシ」 行爲
〔やる・ル・レ・ラ・リ・レ (他動)(規・一) 破 やぶる (規・一)ニ同ジ。「八ノやり捨テタル文ヲ」
やる・ル・ル・レ・レ・レ・ロ (自動)(規・二) 破 弊 やぶる (規・二)ニ同ジ。「裰分ケバ、袖コソやれメ」
やるせなし・キ・ケレ・ク・カ・ル (形・一) 〔瀬ノ條ヲ見ヨ〕 思ヲ遣ルベキ方ナシ。
ヤルド (名) 碼 尺度ノ名、やあどノ條ヲ見ヨ。
やれ (名) 破 破ルルコト。ヤブレ。「紙ノ―」摺リ―」
やれ (感) やよニ同ジ。呼ビ掛クル聲。「―待テ」
やれる (動) 破ル、(規・二)ノ訛。
やろう (名) 藥籠 印籠ニ似テ、圓キ重箱ノ如キモノ、堆朱ナドアリ、支那ヨリ舶來ス、彼土ニテハ藥ヲ入ル
やろうぶた (名) 藥籠蓋 印籠蓋ニ同ジ、藥籠ノ蓋ノ製、同ジケレバイフ。

やをら (副) 〔弱ノ轉ト云、サレド、やはらトイフモ同語ナルベケレバ、柔ナルベシ〕 ソロソロト。靜ニ。「冬ハ、火桶ニ、やをら、立ツル火箸ノ」―起キ出デ」 徐

い

い 五十音圖、也行第二ノ假名、やノ條ヲ見ヨ。いく、ゆく、(行)おい、おゆ、(老)いめ、ゆめ、(夢)いるかせ、ゆるかせ、(忽)いばり、ゆばり、(尿)等、相通ズレバ、是等ノいハ、皆、此ノ也行ノいナルベシ。サレド、古來、阿行ノいト其形ヲ別タズ、此ノ故ニ、今ハ皆、阿行ノいノ中ニ收メタリ。

ゆ

ゆ 五十音圖、也行第三ノ假名、やノ條ヲ見ヨ。
ゆ (名) 湯 (一)水ノ、火ニ沸キタルモノ。熱キ水。(二)〔煎藥ノ〔葛根湯ナドノ意〕「物、イササカ參ルヲリモアリツルヲ、ツユバカリノゆヲダニ參ラズ」 湯藥 (三)〔温泉。イデユ。和名抄「温泉、由」但馬ノ國ノ湯ヘマカリケル時ニ」 温泉 (四)浴スルニ用ヰル湯。「―ニ入ル」―殿」 浴湯 (五)〔舟ニ、水ノ浸ミ入リテ溜リタルモノ。〔忌ミテ倒語ヲ用ヰルナリ〕又、フナユ。今、アカ。「戀シサハ、泊リモ知ラデ、行ク舟ノ、ゆニ搔クモノハ、涙ナリケリ」 垽洽」 浛 淦

〔ゆ (名) 搖 箏ヲ彈ク時ニ、絃ヲ搖ルコトト云、今、左手ニテスル押手トイフモノカ。「差シヤリテゆシ給フ御手ツキ」ゆノ音、深ク、イミジク澄ミテ聞エ」取リゆノ手ツキ」ゆシ按ズル」
ゆ (名) 柚 樹ノ名、樹ノ狀、橙樹ニ同ジ、但シ、葉、稍、長クシテ、平タカラズ、本ノ飲葉狹小ナリ、夏ノ初メ、小白花ヲ開ク。ユフキ。ユウ。云。 實ヲ、柚子、柚ノ實、ナドイフ、香橙ノ如ク、又、蜜柑ノ如ク、色、黄白ニシテ、皮、厚ク、肌、粗シ、味、極メテ酢ク、皮、馨シ、冬間、皮ヲ吸物ノ吸口トシ、汁ヲ酢ノ用トス。 柚子 又、花柚トイフハ、樹小ク、實ハ、蜜柑ノ大サニテ、皮ニ疣多シ、樹ニ在リテ久シク落チズ、故ニ常柚、常柚、ナドノ名アリ、色ノ青キ時ニ、皮ヲ剝ギテ、酒食ノ香氣ヲ助ク、又、花ヲモ用ヰルガ故ニ名アリ、實、熟ズレバ食用トセズ。 邏柚 小柚
〔ゆ・ユル・ユレ・エ・エ (助動) 被、又、被ル、ニ同ジ。「家シ忍バゆ」音ノミシ泣カゆ」有ラゆる」謂ハゆる」知ラえズ」
〔ゆ (辭) 從 自 よりニ同ジ。又、よ。ゆら。「田兒ノ浦從、打出デテ見レバ」隱沼ノ、下從ハ戀ヒム」隱沼ノ、之多由戀ヒアマリ」逗ア鳥ノ、下夜シ戀ヒバ」吾ガ松原欲、見渡セバ」カシコキ、御言カガフリ、明日由利ヤ」
ゆあか (名) 湯垢 鐵瓶ナドノ裏面ニ、年久シクシテ、湯ヨリ生ジテ着ク白ク固キ滓ノ如キモノ。ユノハナ。 沫勒

ゆあがり (名) 湯上 浴ヨリ出デタル時。 出浴

ゆあみ (名) 湯浴 湯ヲ身ニ浴ミテ垢ヲ洗ヒ去ルコト。 浴

ゆう (名) 勇 三德ノ一、心剛ク、物ニ恐レヌコト。イサマシキコト。

ゆうき (名) 勇氣 イサマシキ心。

ゆうけん (名) 勇健 强クスコヤカナルコト。

ゆうし (名) 勇士 剛キ武夫。剛ノ者。

ゆうずゐ (名) 雄蘂 ヲシベ。(をしべノ條ヲ見ヨ)

ゆうたん (名) 熊膽 クマノイ。(熊ノ條ヲ見ヨ)

ゆうだん (名) 勇斷 猶豫セズニ決斷スルコト。

ゆうづう (名) 融通ニ同ジ。

ゆうふく (名) 裕福 裕ニ富メルコト。 富有

ゆうべ (名) 昨夜 よべノ延ナルようべノ轉。ヨンベ。夜前。

ゆうべん (名) 雄辨 勇マシキ辨舌。

ゆうわう (名) 雄黃 けいくわんせきニ同ジ。

ゆえん (名) 油煙 油火ヨリ起ル烟ノ、物ニ凝リ着キテ、黑ク煤ノ如キモノ、墨ナド造ル。(はいずみノ條ヲ見ヨ)

ゆか (名) 床 牀 〔寬處ノ意カト云〕 (一)家ノ内ニ、一段高ク構ヘテ起キ臥シスル處。寐床。寐臺。(二)大工ノ語、家ノ内、一面ニ、地ヨリ數尺高ク、根太ヲ亙シ、根太板ヲ張リ、上ニ疊ヲ敷キテ、即チ、家人ノ常ニ起坐スル處。疊無キヲ板敷トス。 地板

〔ゆか (名) 甕 〔ゆハ齋ム意、かハみか、ひらか、ノかナリ〕 祭ニ用ヰル甕。 又、大桶ヲ由賀桶トイフ、今モ酒戶ノ大桶ニ、おほゆかノ名アリ。

ゆかう (名) 柚柑 樹、葉、花、實、柚ニ異ナラズ、但シ、實、甚ダ大ク、香アリテ、柑ニ似タリ。

ゆがく・ク・ケ・カ・キ・ク (他動)(規・一) 湯搔 沸湯ニ暫シ漬ス。ユビク。ちさ、はうれんそう、ナドハ、其後ヲ冷水ニ浸シテ苦汁ヲ去ル。 瀹

ゆかけ (名) 弓懸 又、ユミカケ。弓射ルトキ、右手ノ指ニ掛ケテ弦ヲ持スル具、革ニテ造ル。 韘 韝 鞢 鞲 飼ニ用ヰルヲ、鷹ノ一、トイフ。タカダスキ。 韝

ゆかし・シキ・シケレ・シク・シク (形・二) 懷 〔心、往カムトスル意ト云〕 奥意、慕ハシ。實ヲ知ラマ欲シ。

ゆかた (名) (一)次條ノ語ノ略。(二)今、綿布製ノ單衣ノ、夏時ノ用トスルモノノ總稱。

ゆかたびら (名) 湯帷子 浴シタル後ニ着ル單ノ衣。 浴衣

ゆがむ・ム・メ・マ・ミ・メ (自動)(規・一) 歪 餅 方圓ノ形、曲リサマニナル。ヒズム。イガム。

ゆがむ・ムル・ムレ・メ・メ・メヨ (他動)(規・二) 歪ムヤウニナス。

ゆかり (名) 緣 〔ゆハ所從ノ意、かりハ許ナリ〕 ヨスガ。寄ルベ。知ルベ。緣。所緣。

〇一ノ色。紫色。古今集「紫ノ、一本ユヱニ、武藏野ノ草ハ皆カラ、哀レトゾ見ル」此歌ヨリイフト云。

ゆき (名) 雪 (一)空氣中ノ水蒸氣ノ、寒氣ニ遇ヒテ、凍リテ地ニ落ツルモノ、純白ニシテ、形、皆、六出ナリ。(二)白髮。「頭ノ一」「一ヲ戴ク」(三)女房詞ニ、鱈。(字ノ旁ニ就キテイフ)

〔ゆき (名) 齋忌 悠紀 由基 〔潔齋ノ義〕 大嘗會ノ條ニ註ス。

ゆき (名) 裄 〔裄行ナドノ意〕 衣ノ脊縫ヨリ袖口ニ至ル長サ。(丈ニ對ス)

〔ゆぎ (名) 靫 〔弓術笥ノ轉ト云〕 矢ヲ盛ル器、箙ノ類。

ゆきあかり (名) 雪明 雪ノ光。(闇夜ニ云) 雪光

ゆきあひ (名) 行合 (一)互ニ行キテ出會フコト。(二)〔夏秋ノ交ニ實ルコト。「一ノ早稻」「一ノ稻」(三)〔繁ク降ルコト。「一ノ霜」

ゆきあひきやうだい (名) 行合兄弟 異父同母ノ兄弟。胤變ハリノ兄弟。 異父兄弟

ゆきうち (名) 雪打 雪ヲ摶メテ打付ケ合フ戲。 鬪雪

ゆきおろし (名) 雪下 山風ニテ雪ヲ吹キ下スコト。

ゆきかふ・フ・ヘ・ハ・ヒ・ヘ (自動)(規・一) 行交 彼レ行キ、此レ來ル。ユキチガフ。

ゆきき (名) 往來 往クト來ルト。ワウライ。

ゆきくる・ル・ル・レ・レ・レ・レヨ (自動)(規・二) 行暮 路スガラ、日、暮ル。

ゆきげ (名) 雪消 〔ゆきぎえノ約〕 雪ノ消ユルコト。ユキドケ。「一ノ水」「一ノ若菜」 融雪

ゆきげ (名) 雪氣 雪降ラムトスル空合。雪空。「一ノ空」 雪意

ゆきまろがし (名) 雪轉 ゆきまろばしニ同ジ。

ゆきすがら (副) 路スガラ。ユキガケニ。

〔ゆきずり (名) 行摩 物ニ袖ヲ摩リテ行クコト。「梅ノ

花、誰ガ行ずりノ、移り香ヲ、袖ヨリ袖ニ、我ハトメケム」ー二、ホノ見シ人ノ」

ゆきぞら (名) 雪空 雪氣ノ空合。 雪天

ゆきたつ (自動)(規.一) 行立 物、事、進ミテ成リ行ク。

ゆきだふれ (名) 行倒 路行キナガラ倒レテ死ヌルヿ。 道殣

ゆきだるま (名) 雪達磨 戲レニ、雪ヲ固メテ、達磨ノ像ヲ作レルモノ。

ゆきちがふ (自動)(規.一) 行交 彼レ出テ我レ行ク。ユキカフ。イリチガフ。互ニ出會ハズ。

ゆきとどく (自動)(規.一) 行屆 遍クトドク。萬事ニユキワタル。 周到 普及

ゆきなだれ (名) 雪頽 山ナドノ數丈ノ積雪ノ、春ノ末トナリテ、下ノ方ヨリ融ケユルミテ、大ニ頽レ落ツルヿ。

ゆきなりに (副) 行成 事ノ成リ行クママニ。ムカフミズニ。

ゆきのした (名) 雪下 草ノ名、一根ニ數葉布生ス、葉、圓扁ニシテ蟹殼ノ如ク、邊ニ岐アリテ厚シ、面ハ綠紫ニ白紋紫毛アリ、背ハ毛ナク淡紫色ナリ、夏、一尺許ノ莖ヲ出ス、紫毛多シ、花、多ク穗ヲナス、一二白瓣、長ク垂リ、二紅瓣、短ク上ニ並ブ、根ヨリ細紅線ヲ出シ、處處ニ小葉ヲ着ク。 虎耳草

ゆきひらなべ (名) 雪平鍋 陶製ノ平鍋、注口アリ、手アリ、蓋アリ、白キ釉ヲカク。

ゆきへ (名) 靫負ノ訛。

ゆきまろばし (名) 雪轉 戲レニ、雪ヲマロバシテ、大ナル塊ヲ作ルヿ。ユキコロガシ。

ゆきみ (名) 雪見 雪ノ降リタル景色ヲ眺メ興ズルヿ。 賞雪

ゆきみどうろう (名) 雪見燈籠 石燈籠ノ、丈、低ク、笠、大ク、三脚、外ニハダカリタルモノ。

ゆぎやう (名) 遊行 頭陀。行脚。雲水。

ゆぎやうは (名) 遊行派 佛敎ノ一、時宗ニ同ジ。

ゆきやけ (名) 雪燒 しもやけニ同ジ。

ゆきをれ (名) 雪折 雪ノ積レル重サニテ、樹竹ノ枝ノ折ルルヿ。

ゆく (自動)(規.一) 行 往 征 之 (一)志ス地ニ向ヒ進ム。往ヌ。オモムク。イク。(二)アユム。アルク。「路ー」(三)嫁グ。ヨメイル。(漢籍讀ニ) 適 (四)死ヌ。(漢籍讀ニ) 逝 (五)成長ス。「年ー」年ユカヌ」(六)オコナハル。成ル。「心ー」旨クー」善クユカヌ」

(ゆぐ) (名) 湯具 浴スルトキ用ヰル衣。ユカタ。 浴衣

ゆくすゑ (名) 行末 物事ノ後來ノ成行。 前途

ゆくて (名) 行手 行キ向フ處。「ーノ道」 前途

ゆくへ (名) 行方 行キ向フ方。 前途

ゆくゆく (副) 行行 (一)行キツツ。歩ミナガラ。「ー見ル」(二)後ニハ。終ニハ。「ー衰ヘムカ」

(ゆくりかに) (副) 不意 ユクリナク。思ヒガケズ。「我ガ御心ナガラモ、ユクリカニ、アワツケキ事トオボシ知ラルレバ」ユカシウ思ヒ聞エ給ヘド、今夜ハ、イトユクリカナルベケレバ」

(ゆくりなし) (形.二) 不意 (ゆかり無シノ轉ニモアラムカ、ゆくりもなく、ゆくりわる、ナドトモ見ユ) 思ヒガケズ。不意ナリ。卒爾ナリ。

ゆくわい (名) 愉快 タノシク、ココチヨキヿ。

ゆくわん (名) 湯灌 死體ニ浴セサスルヿ。

ゆげ (名) 湯氣 湯ヨリ起ツ濕リテ熱キ烟。 蒸氣

(ゆげひ) (名) 靫負 〔靫負ノ約轉〕近衞、兵衞、衞門ノ官ノ稱。訛シテ、ユキヘ。

ゆごて (名) 弓籠手 古ク、手纒。又、小手。弓射ルトキ、左ノ臂ヲ被フ籠手、弦ヲ防グ、革、絹ナドニテ製ス。

(ゆさはり) (名) 鞦韆 繩ヲ空ニ懸ケテ、乘リテユサブル戲。ブランコ。 鞦韆

ゆさぶる (他動)(規.一) 搖搖ト振ル。ユリウゴカス。ユスル。ユスブル。 搖動

ゆさん (名) 遊山 (一)櫻狩、紅葉狩、茸狩、ナド、山ニ遊ブヿ。(二)轉ジテ、スベテ、外ニ出デ遊ブヿ。 行樂

ゆさめ (名) 湯冷 浴シタル熱ノ冷ムルヿ。

ゆさゆさと (副) 搖レ搖ラレテ。「草木、ー動ク」

(ゆし) (名) 柞ノ古名。和名抄「柞、由之」

ゆしゆつ (名) 輸出 〔輸出、輸入、ナレドモ、姑ク俗音ニ隨フ〕交易ニテ、國產ノ貨物ヲ他國ヘ送リ出スヿ。他國ノ產ヲ我ニ入ルルヲ、輸入トイフ。

ユジユン (名) 由旬 又、踰繕那。梵語、限量ト譯ス、程度ノ名、十六里、或云、三十里、又、四十里。(六町一里ニテ)

ゆす (名) 【柞】 古名、ユシ。今又、イス。樹ノ名、人家庭際ニ多ク植ウ、高サ丈許、葉ハ楊桐ニ似テ短ク、冬、凋マズ、互生ス、春、新葉ヲ生ジ、小花ヲ開キ、三分許ノ圓實ヲ結ブ、熟スレバ黒シ、夏、葉ノ上ニ數泡ヲ生ズ、其中ニ細蟲アリ、後、穴ヲ穿チテ飛ビ去ル、又、枝ノ梢、葉ノ間ニ、梹ノ實ノ如キ者ヲ生ズ、蟲ノ巣ナリ、形狀、大小、一ナラズ、中、空シクシテ細蟲多シ、熟スレバ茶褐色ニテ、沓、蟲ノ穿チ出デタル穴アリ、吹ケバ鳴ル、聲ニ因テひよんのきノ名モアリ。 蚊母樹

ゆず (名) 【柚子】 柚ノ實

ゆすぐ ・グ・ゲ・ガ・ギ・ゲ (他動)(規・一) 【濯】 ススグ。イスグ。

ゆずミソ (名) 柚味噌ニ同ジ。

ゆすらうめ (名) 【櫻桃】 庭際ニ植ヱテ花ヲ賞ス、大ナルハ丈許、小木モ、花、實、アリ、枝條、繁茂ス、春ノ末、葉ニ先ダチテ蕾ヲ出ス、淡紅ニシテひがんざくらノ蕾ノ如シ、開ケバ白ク、梅花ニ似テ小ク、蕚ハ櫻ノ如シ、葉モ櫻ニ似テ短ク、皺文、鋸齒、微毛アリ、實ハ夏ノ半ニ紅熟ス、正シク圓ク、四分許、にはうめノ實ニ似テ酸シ。

(ゆする (名) 【泔】 〔湯汁ノ轉カ、古クハ米汁ヲ用ヰタリト云、泔、米汁也〕 髮ヲ梳ルニ用ヰル水。ビンミヅ。「主上、御泔ヲ歷サセ給ウテ」ゆする設ケヨ、物ヘ行カムトテ、髮洗ヒケヅリ」

ゆする ・ル・レ・ラ・リ・レ (他動)(規・一) (一)搖リ動カス。「大海ノ、磯本由須理、立ツ波ノ」 搖動 (二)響動ム。ドヨメク。「世ノ中、ユスリテ惜ミ聞ユ」ソノ頃、世ニ愛デユスリケル」愛宕ニナム、清水ニ、ナド、ユスリテ、遂ニ尋ネ出デテ流シ奉ル」

(ゆするつき (名) 【泔坏】 泔、即チ、鬢水ヲ盛ル器。ビンダラヒ。古クハ、土器ナリト云、後世ハ、漆器、銀器、ナド用ヰル。臺、蓋、アリ。

(ゆするばち (名) 【土蜂】 〔穴ノ形、泔坏ニ似タレバ名アルカト云〕 アナバチ。ツチバチ。和名抄「土蜂、由須流波遲」

ゆせん (名) 【湯煎】 湯ノ熱ニテ物ヲ煮ルコト。 重湯

ゆせん (名) 【湯錢】 錢湯ニ入ル料ノ錢。

ゆたかに (副) 【豐饒】 (一)物、足ラヒテ。滿足シテ。富ミテ。(二)ユルヤカニ。ヤスラカニ。 寬 優

ゆだけ (名) 弓丈ノ條ヲ見ヨ。

ゆたけし ・キ・ケレ・ク・ク (形・二) 【豐】 ユタカナル狀ナリ。

ゆたつ (名) 【諭達】 官ヨリ觸レサトスコト。

ゆたて (名) 【湯立】 巫女ノ、神前ニテ行フ式、熱湯ヲ竹葉ニ漬シテ身ニ浴ミ、體疲レ、心亂ルルニ及ビテ、神ノ託宣ヲ得トス。湯花。(古ノ探湯ノ遺カト云)

(ゆたにたゆたに (副) 甚ダ搖蕩ヒテ。「吾カ心、湯谷絶谷、浮キ蓴、邊ニモ沖ニモ、寄リカテマシヲ」イデ我ヲ、人ナ咎メソ、大舟ノ、ユタノタユタニ、物思フ頃ゾ」

ゆだぬ ・ヌル・ヌレ・ネ・ネ・ネヨ (他動)(規・二) 【委】 任ス。己ガ事ヲ他ニ行ハシム。

ゆだま (名) 【湯玉】 沸湯ノ面ニ湧キアガル珠ノ如キモノ。 蟹眼

ゆたん (名) 【油單】 (一)器具ノ敷物。(二)今、櫃、長持、ナドヲ被フ物、布帛ニテ製ス、

ゆだん (名) 【油斷】 〔涅槃經ノ油鉢ノ譬ヨリ出デタル詞ト云〕 怠ルコト。心ヲツケヌコト。 懈怠

ゆタンポ (名) 湯婆ノ重言、其條ヲ見ヨ。

(ゆだめ (名) 弓矯ノ條ヲ見ヨ。

ゆづ ・ヅル・ヅレ・デ・デ・デロ (他動)(規・二) 【煠】 〔湯ノ活用カ〕 (一)熱湯ニ入レテ暫シ煮ル。ユデル。ウデル。新撰字鏡「以レ菜入ニ涌湯一曰レ煠、煮也、奈由豆」(二)湯ノ熱ニテ蒸ス。タデル。「雪ヤケニテ、足モ腫レ、云云、ユデツクロヒナドシテ」

ゆづう (名) 【融通】 世間ヲ廻リメグルコト。流通。ユウヅウ。(多ク金錢ニイフ)

ゆづうねんブツ (名) 【融通念佛】 念佛宗ノ條ヲ見ヨ。

ゆづか (名) 【弓束】 又、ユミヅカ。弓ノ中程ノ、左手ニテ握ル處。弓ノニギリカハ。トリウチ。 弣

ゆづくり (副) 【緩】 急ガズニ。ユルユルト。

ゆづけ (名) 【湯漬】 飯ニ湯ヲ注ギテ食フコト。

ゆつたり (副) 【寬】 ユルヤカニ。迫ラズニ。

(ゆづらふ ・フ・ヘ・ヘ・ヒ・ヘ (他動)(規・一) 讓リ合フ、約。「下ハ下ニ助ケラレ、下ハ上ニ靡キテ、事、廣ヤニユヅラフ」

ゆづりは (名) 【讓葉】 又、ユヅルハ。樹、高サ五七尺、枝葉茂生ス、葉ノ形、長ク厚ク、帶赤シ、夏、小白花ヲ開ク、柚ノ花ニ似タリ、淺黃色ノ實ヲ結ブ、大サ豆ノ如シ、舊葉ハ春マデモアリテ、新葉生ヒテ後ニ落ツ、相讓ルニ似タリ、因テ、新年ノ儀ニ此葉ヲ用ヰテ、父子相讓ル義ニ寄セテ祝ス。 交讓木

ゆづる (名) 弓弦ニ同ジ。
ゆづる・ル・レ・ラ・レ (他動)(規.一) 讓 遜 已レ退キテ他ニ與フ。已レ捨テテ他ニ授ク。
ゆづるは (名) ゆづりはニ同ジ。
ゆづゑ (名) 弓杖ニ同ジ。
ゆでる (動) 煠ヅノ訛。
ゆ-とう (名) 湯桶 飯後ニ飲ムベキ湯ヲ盛ル器、木造ニシテ、注口アリ、柄アリ、多ク漆塗ニス。ユツギ。
ゆ-どうふ (名) 湯豆腐 豆腐ヲ白湯ニテ煮テ、汁ニ投ジテ食フモノ。
ゆとう-よみ (名) 湯桶訓 漢語ノ熟語ヲ、音訓ヲ雜ヘテ讀ムコト、即チ、湯桶ハ、上、訓ニテ、下、音ナリ、其他、重箱、團子、ノ類是レナリ、故ニ重箱訓ノ稱モアリ。
ゆ-どの (名) 湯殿 (一)浴スルニ設ケタル室。風呂場。浴室 (二)飲食ヲ調フル室。「雉、松茸、ナドハ、御湯殿ノ上ニカカリタルモ苦シカラズ」
ゆ-トン (名) 油團 紙ヲ厚ク貼リ合ハセテ、油ヲ延キタルモノ、夏ノ敷物トス。
〔ゆ-とり〕 (名) 〔湯ノ條ヲ見ヨ〕 舟中ノ漏水ヲ汲ミ取ル器。アカトリ。アカクリ。スッポン。和名抄「戽、由止利」
ゆ-とり (名) 湯取 (一)水ヲ多クシテ、飯ヲ炊キ、熟シタルトキ、笊ヲ入レテ湯汁ヲ汲ミ取レルモノ、味淡シ、老人病人ナドノ食トス。(二)浴シタル後ニ、身ヲ拭フ衣。ユカタ。浴衣
ゆとり (名) 〔緩取ノ意カ〕 物事ノ間ニ寛ギヲ置クコト。
ゆ-な (名) 湯女 温泉地ノ旅宿ニ居テ容ニ侍ル婢。昔シ、江戸市中ノ風呂屋ニ傭キタル遊女ヲモ稱セリ。

ゆ-に (名) 湯煮 湯ニテ煮ルコト。
〔ゆ-には〕 (名) 齋場 神ヲ祭ル場。
ゆ-にふ (名) 輸入 輸出ノ條ヲ見ヨ。
〔ゆのあわ〕 (名) 〔温泉泡ノ義〕 硫黄ニ同ジ。和名抄「石流黃、由之阿和、俗云、由王」
ゆ-のし (名) 湯熨 布帛ノ皺ナドヲ、湯ニヌラシテ熨スコト。
ゆのはな (名) 湯花 (一)硫黄ノ氣アル温泉ノ底ニ溜リ着ク滓。湯花。(二)湯垢。
ゆ-のみ (名) 湯呑 特ニ湯ヲ呑ムニ用ヰル磁器、筒形ナリ。
ゆ-ば (名) 弓場 弓術ヲ習フニ設ケタル所。矢場。
ゆ-ば (名) 湯葉 豆腐皮ニ同ジ。
ゆ-はず (名) 弓筈 又、ユミハズ。弓ノ兩端ノ弓弦ヲ懸クル處。䉶 彄 上ナルヲ上筈(上頭)トイヒ、下ナルヲ下筈(下頭)トイフ。
〔ゆはず-のみつぎ〕 (名) 弓端調 〔射獲タル肉皮ヲ貢スルヲ宗トシテイフ〕 男子ノ奉ル貢物。(女ノ手末ノ調ニ對ス)
ゆ-はた (名) 纈 〔結繒ノ約〕 ククリゾメ。シボリゾメ。
ゆ-はた-おび (名) 結肌帶 懷姙シテ五箇月ニ腹ニ締ムル布、着帶ト稱シテ式アリ、堅固ヲ祝シテ岩田帶ナドトモイフ。俗間ニ、腹帶。
ゆ-ばな (名) 湯花 (一)ユノハナ。(二)ユタテ。

ゆは・へる・ヘ・ヘ・ヘ・ヘ・ヘ・ヘ (他動)(規.四.吳) 結フノ延訛。
ゆばり (名) 尿 溲 溺 〔湯放ノ轉〕 又、ユマリ。體中ノ水ノ、膀胱ニ溜リテ、遂ニ外ニ洩レ出ヅルモノ。小便。セウヨウ。ゼウス井。
〔ゆばり-ぶくろ〕 (名) 膀胱ノ古名。和名抄「膀胱、由波利布久路」
〔ゆ-ひ〕 (名) 遊牝 〔字ノ音〕 牛馬ノツルムコト。和名抄「遊牝、由比、豆流比」
〔ゆ-ひ〕 (名) 〔結ノ義、相連ルル意カト云〕 互ニ人ヲ備ヒテ早苗ヲ植ウルコト云ヒ。「殘ル田ハ、十代ニ過ギジ、明日ハタダ、ゆひモ備ハデ、早苗取リテム」
ゆび (名) 指 古クハ、オヨビ。手足ノ端ニ、枝ノ如ク出デタルモノ、人ニアリテハ、手、足、各 五ツアリ、鳥獸ノ足ニハ、數足ラヌモ多シ。
ゆひ-いれ (名) 結納ノ條ヲ見ヨ。
ゆび・く・ク・ケ・カ・キ・ク (他動)(規.一) 湯引 淪クニ同ジ。
ゆび-さ・す・ス・セ・サ・シ・セ (自動)(規.一) 指差 人差指ノ先ニテ差シ示ス。指點
ゆび-ずまふ (名) 指相撲 兩人、互ニ右手ノ四指ヲ組ミテ握リ合ヒ、大指ノミニテ鬪フ戲レ、他ノ指ヲ抑ヘタルヲ勝トス。拇戰
ゆひ-のう (名) 結納 〔言納ヲ結納ト訛リ 又湯桶訓ニシタル語ト云、或云、漢語結納ノ湯桶訓ナリト〕 又、ユヒイレ。兩家、婚姻ノ前ニ、先ヅ布帛酒肴ナドヲ贈リ交ハスコト。コレヲ結約ノ證トス。結釆 納幣

ゆびぬき (名) 指貫 革又ハ厚キ紙ナドニテ製セル指環、衣ヲ縫フトキ、指ニ貫キテ、之ヲ當トシテ針ノ端ヲ押ス。指韜

ゆびはめ (名) 指填 指環ニ同ジ。

〔ゆびまき〕 (名) 指卷 指ニ飾ル環。和名抄「指環、由比万岐」

ゆびわ (名) 指環 指ニ貫キテ飾トスル金銀珠玉ナドノ小キ環。ユビマキ。ユビハメ。

ゆびをり (名) 指折 指ヲ折リテ數フルコト。又、僅ニ數ヘアグル程ノ人物。屈指

ゆふ (名) 夕 〔行日ノ略轉カ〕 日ノ暮ムトスル時。ユフベ。晩。

〔ゆふ〕 (名) 木綿 古ヘ、楮ノ纖維ニテ製セシ布又ハ紙ノ名。

ゆ・ふ・フ・ヘ・ハ・ヒ・ヘ (他動) (規.一) 結 (一)折リ曲ゲテ締ム。ムスブ。(絲、紐、繩、ノ類ニ)(二)梳リテ、元結ニテ結フ。「髮ヲー」(三)獸ノ毛ヲ束ネ結ビテ作ル。(筆ニ)

〔ゆふかげ〕 (名) 夕影 夕日ノ影。「我ナラデ、下紐解クナ、朝顔ノ、夕影待タヌ、花ニハアリトモ」

ゆふかほ (名) 夕顔 蔓草、春、種ヲ下シ、蔓延ス、葉ハ、冬瓜ニ似テ、稍圓ク、柔毛アリ、夏、白花アリ、夕ニ開キテ、朝ニ萎ム、故ニ名アリ、實ノ形、圓ク長クシテ、大サ、首、尾、同ジク、色、白シ、肉ヲ干瓢トシ、或ハ、中ヲ空ニシ、乾シテ、花瓶ナドトス、長キモノハ、三四尺ニ至ル、因テ、ながー、ながふくべ、ノ名モアリ。瓠 又、ふくべ、へうたん、ノ類アリ、各條ニ註ス。

ゆふがほべつたう (名) 夕顔別當 蟲ノ名、ひとりむしノ類ニテ、形、大ク、夕ニ飛ビテ、草木ノ花蕋ヲ吸ヒ、殊ニ夕顔ニ集ル、長サ一寸餘、形、瘦セテ、褐色ナリ、頭、尾、甚ダ雀ニ似タリ、飛ブコト甚ダ猛シ。天蛾

ゆふきもめん (名) 結城木綿 下總ノ結城ノ邊ヨリ產ズル綿布ノ名、多クハ縞織ナリ。又、結城紬アリ、同地ニ產ズ、亦縞織多ク、久シキニ堪フ。

ゆふぐれ (名) 夕暮 夕。日暮レ。日暮

ゆふくろ (名) 弓袋 弓ヲ藏メオク袋。弓韔

〔ゆふけ〕 (名) 夕占 後ノ辻占ノ類。ユフウラ。「月夜ニハ、門ニ出立チ、夕占問ヒ」「言靈ノ、八十ノ衢ニ、夕占問フ、占正ニ告レ、妹ニ逢ハム由」「夕トニモ、占ニモ告レル、今宵ダニ、來マサヌ君ヲ、何時トカ待タム」

〔ゆふけ〕 (名) 夕食 夕ノ食事。ユフメシ。晩餐 餔

〔ゆふさり〕 (名) 〔次條ヲ見ヨ〕 ユフサルコト。ユフカタ。クレガタ。「朝ニハ、狩ニ出シ立テテ遣リ、ゆふさりハ歸リツツ」「ーツ方、歸リナムトシケル時」

〔ゆふさ・り・ル・レ・ラ・リ・レ〕 (自動) (不規.四) 夕至 〔ゆふしありノ約〕 夕、至ル。「夕サレバ、衣手涼シ、三芳野ノ、芳野ノ山ニ、深雪降ルラシ」

〔ゆふされ〕 (名) ゆふさりノ訛。「ゆふされノ、荻ノ上葉ニ」

〔ゆふしで〕 (名) 木綿四手 四手ノ條ヲ見ヨ。

ゆふすずみ (名) 夕涼 夏ノ夕方ニ、外ニ出デテ涼ムコト。晩涼

〔ゆふだすき〕 (名) 木綿襷 木綿ヲ襷トスルモノ。「千早振、加茂ノ社ノ、ー、一日モ君ヲ、カケヌ日ハナシ」

ゆふだち (名) 夕立 ユフダツコト。夏ノ夕暮ニ、雲俄ニ起チテ降ル雨。白雨

〔ゆふだ・つ・ツ・テ・タ・チ・テ〕 (自動) (規.一) 夕立 夕立ノ雨降ル。「松ヲ拂フ、風ハ裾野ノ、草ニ落チテ、夕立ツ雲ニ、雨キホフナリ」

ゆふづきよ (名) 夕月夜 夕方ニ、月アリテ、光ノ未ダ薄暗キ頃ノ夜。(新月ヨリ弦月マデノ頃)

〔ゆふづ・く・クル・クレ・ケ・ケ・ケヨ〕 (自動) (規.二) 夕付 夕方ニナル。「又ノ日、夕ツケテココニ參リ給ヘリ」「夕ツケ行ク風、イト涼シク」

〔ゆふづくひ〕 (名) 夕付日 夕方ニナル日影。「夕ツク日、サスヤ岡邊ノ、松ノ葉ノ」 夕曛

〔ゆふづくよ〕 (名) 夕月夜ニ同ジ。「ゆふづく夜、小倉ノ山ニ、鳴ク鹿ノ」

〔ゆふつけどり〕 (名) 木綿着鳥 鷄ノ異名。世ノ中ニ騷亂アル時ニ、四境ノ祭トテ、鷄ニ木綿ヲ着ケテ、京城四境ノ關ニ至リテ祭ラセラルト云。

〔ゆふつづ〕 (名) 長庚 〔夕續ノ義、能ク日ノ明ニ續ク意ト云〕 太白星、即チ、金星ヲ、暮天ニ稱スル語。宵ノ明星。

ゆふなぎ (名) 夕凪 夕方ニ、浪風ノ和ギタルコト。

ゆぶね (名) 湯船 浴スル湯ヲ沸シ湛フル大ナル匣。湯槽

〔ゆふばえ〕 (名) 夕映 夕日ノ光ニ映ユルコト。「雲ニウツル、日影ノ色モ、薄クナリヌ、花ノ光ノ、ーノ空」

ゆふひ (名) 夕日 夕方ノ日影。入日。夕陽

ゆふべ　(名)　夕　〔夕方ノ義〕夕ニテラムトスル頃。暮方。（昨夜ヲイフハ、ゆうべナリ、其條ヲ見ヨ）

ゆふまぐれ　(名)　夕間暮　夕暮トイフニ同ジ。

ゆふめし　(名)　夕飯　ユフケ。夕方ノ食事。晩餐　餔

ゆふやけ　(名)　夕燒　日沒ノ空ニ、赤ク燒クルガ如ク靡ク霞。晩霞　日出ノ空ニ起ルヲ朝燒トイフ。曙霞

ゆふやみ　(名)　夕闇　宵ノ間ニ、月ノ未ダ上ラヌ間ノ闇。ヨヒヤミ。

ゆべし　(名)　柚餅子　〔或云、柚びしほノ約、或云、柚壓ノ義〕味噌、米粉、麪粉、砂糖、ヲ雑ゼテ、柚子ノ汁ヲ加ヘ固ク捏ネテ蒸シタルモノ。又、ユビシ。柚餔

ゆほびかに　(副)　寛　ユタカニ。打開ケテ。「三芳野ノ、大川水ノ、ゆほびかに、アラセモノユヱ、波ノ立ツラム」池ノ心、—テ」

ゆまき　(名)　湯卷　(一)貴人ノ浴ヲ助クル者ノ服。イマキ。(二)後世、婦人ノ腰卷、ユモジ。

ゆまはる・る・れ・り・り・れ　(自動)(規・一)　齋　〔齋ム、ノ延〕齋ス。「持由麻波利仕奉」持齋麻波利、持淨麻波利」

ゆまり　(名)　尿　ゆばりニ同ジ。

ゆみ　(名)　弓　〔ゆハ射ト通ズ、射ル物ノ意ト云〕(一)武器、矢ヲ射遣ルモノ、古ヘハ槻、梓、ナドノ幹ヲ用ヰル、後世ハ、多クハ、眞竹ヲ割キタル二片ノ間ニ、はぜノ材ヲ心トシテ膠ニテ貼ケ、其上ヲ、或ハ漆シ、或ハ藤ナドニテ卷ク、長サハ、弓長ニテ、七尺五寸ナルヲ法トス、コレヲ押シ曲ゲテ、兩端ニ弦ヲ懸ケ張リ、矢ヲツガヘテ、張リ放ツ、コレヲ大弓トモイフ。其半ナルニ、半弓ナドアリ。(二)スベテ、綏ク曲リテ弓ノ形シタルモノノ稱。「綿—」弓張挑燈ノ—」

ゆみし　(名)　弓師　弓ヲ造ルヲ業トスル工人。弓工

ゆみそ　(名)　柚味噌　味噌ニ、柚子ノ汁ヲ和シテ、砂糖、胡麻、ナドヲ加ヘテ擂リ雑ゼタルモノ、柚子ノ瓤ヲ去リテ盌トシタルニ盛ル。ユズミソ。

ゆみため　(名)　弓矯　弓材ノ邪曲セルヲ揉メ直ス器。

ゆみづる　(名)　弓弦　又、ユツル。弓ニ張ル絲、麻ニテ綫リ作リ、藥煉ヲ塗リテ用ヰル。和名抄「檠、由美多女」　檃括

ゆみとり　(名)　弓取　武夫ノ稱。

ゆみはりづき　(名)　弓張月　月ノ光ノ、一邊ハ曲リ、一邊ハ直クシテ、弓ニ弦ヲ張レル形ニ見ユル頃ノ稱。弦月　朔(新月)ヨリ望(滿月)ニ至ル間ナルヲ上ノ弓張(上弦)トイフ、陰曆、七、八、九日ノ頃ナリ、望ヨリ晦ニ至ル間ナルヲ下ノ弓張(下弦)トイフ、二十二、三、四日ノ頃ナリ。

ゆみはりぢやうちん　(名)　弓張挑燈　挑燈ノ一種ノ製ニ、弓トイヘル曲リタル竹ヲ以テ、上下ニ繫ケテ、張リ用ヰルモノ。

ゆみや　(名)　弓矢　(一)弓ト矢ト。(二)イクサ。タタカヒ。「—ノ道」—ノ神」戰陣　〇—取ル身。武夫。〇—八幡。武士ノ誓約スル時ニイフ語。

ゆんぜい　(名)　弓勢　弓ノ張ル力、弓ノ太サ細サニ因テ強弱アリテ、矢ヲ遣ル遠近ヲ起ス。弓力

ゆんだけ　(名)　弓丈　又、ユダケ。一張ノ弓ノ長サニテ、度ノ名トス、凡ソ、己ガ大指ト人差指トヲ張リタルヲ五寸ト定メテ、七尺五寸ナルヲ法トス。

ゆんづゑ　(名)　弓杖　(一)戰ニ疲レタル時ナドニ、暫シ弓ヲ杖トシテ任ルヿ。「—ツク」—ニスガル」(二)弓丈ニ同ジ、弓場ノ距離ナド度ルニ、一杖二杖ナド數フ。

ゆんで　(名)　弓手　弓ヲ持ツ方ノ手、即チ、左ノ手ノ稱。左手　右ニハ手綱ヲ持ツ、因テ、右ヲ馬手トイフ。

‡ゆんべ　(名)　よべ、よんべノ訛。昨夜

ゆめ　(名)　夢　〔寢目、又ハ、寢見、ノ轉ト云〕(一)古言、イメ。睡レル中ノ物思ヒニ、現ノ如ク物ヲ見ルヿ。(二)夢ノ如クハカナキヿ。佛說ニ、此世ノ事ヲ無常ト見ルヿ。「—ノ世」夢幻　(三)〔イササカナルヿ。少シナルヿ。「炷物、云云、夢バカリ包ミテ」此中將ノ君、夢ニ思ホシタラズ」些

ゆめ　(副)　努力　〔齋メ、ノ義カト云〕強ク禁止スル意ヲイフ語。愼ミ務メテ。決シテ。「涙立莫動」風吹クナ—」—疑フヿ勿レ」—ナ怠リソ」重ネテモイフ。「ユメユメ違ヘ給フナ」洩ラシ給フナ」ユメユメと

ゆめあはせ　(名)　夢合　夢ノ吉凶ヲ判ズルヿ。相夢

ゆめがたり　(名)　夢語　夢ニ見タルヿヲ語ルヿ。「ハカナクモ、枕定メズ、明カス哉、夢ガタリセム、人ヲ待ツトテ」

ゆめぢ　(名)　夢路　夢ノ中ニ往來スルヿ。「夢路ニハ、足モヤスメズ、通ヘドモ、ウツツニ一目、見シヿハアラズ」

〔ゆめのうきはし〕(名) 夢浮橋 夢ノ中ノ通路。「儚ハ、見シヲ限リノ、トダエニテ、逢フ夜空シキ、—」

ゆめまくら (名) 夢枕 夢ニ、神人ノ靈ノ、枕邊ニ現ジテ事ヲ告グルコト。

ゆめみ (名) 夢見 夢ヲ見ルコト。「—ガワルイ」

ゆめむ・ムル・ムレ・ミ・ミ・ミヨ (自動)(規・三) 夢 〔夢見ル、ノ轉〕夢ヲ見ル。

ゆめゆめ (副) 努力ノ條ヲ見ヨ。

ゆもじ (名) 湯文字 (一)湯具、ノ女房詞。浴衣(二)ニ轉ジテ、婦人ノ腰卷。ユマキ。イモジ。褌

ゆもと (名) 湯元 〔湯許ノ義カ〕溫泉アル地ノ稱。

〔ゆや〕(名) 齋屋 齋戒スル家。今ノ籠リ堂ノ類カ。「寺ノ內ニ著キヌ、ゆやニ物ナド敷キタリケレバ、往キテ臥シヌ」云云、後夜行ヒツレバ、オリヌ、身ヨワケレバゆやニアリ」

ゆや (名) 湯屋 (一)浴スル所。湯殿。風呂場。和名抄「浴室、由夜」浴室 (二)今、市中ニ浴場ヲ設ケ、錢ヲ受ケテ、諸人ニ浴セサスル家。風呂屋。錢湯。混堂

ゆゆし・シキ・シケレ・シク・シク (形・二) 由由 〔忌忌ノ約〕(一)忌ミ憚ルベクアリ。忌忌シ。恐ミテモ、嫌ヒテモイフ。「忌忌君ニ、戀ヒワタルカモ」繫ケマクモ、湯湯石恐」(二)甚シ。イミジ。容易ナラズ。(善キニモ、惡シキニモ)「高キ履子ヲサヘ穿キタレバ、ユユシク高シ」庭ニ下リ立チタルケシキ、マヅユユシクゾ見エケル」イト悲シクユユシク覺エ給フ」重大

ゆらい (名) 由來 事ノ由リテ來レル所。事ノオコリ。來歷。「—ヲ聞ク」—ヲ糺ス」

〔ゆらかす・ス・セ・サ・シ・セ〕(他動)(規・一) 搖 搖グヤウニナス。ユルガス。「其御頸珠之玉緒、母由良邇、取由良迦志」

ゆらぐ・グ・ゲ・ガ・ギ・ゲ (自動)(規・一) 搖 ユラユラスル。ユラメク。ユルグ。「手ニ取ルカラニ、由良久玉ノ緒」

ゆらめく・ク・ケ・カ・キ・ケ (自動)(規・一) 波打ツ如ク搖グ。搖蕩

ゆらゆら (副) 搖搖 カナタコナタヘ搖グ狀ニイフ語。

ゆらりと (副) 身ヲ搖リ交ハス狀ニイフ語。「馬ニ—打乘ル」—躍リ超エテ」

ゆり (名) 百合 〔古名ハ佐韋ニテ、ゆりハ韓語ナリトモ云、或云、花大ク、莖細ソク、風ニ搖レバイフカト、イカガ〕草ノ名、山ニ自生ス、莖、圓ク、高サ三四尺、直立ス、葉ハ、笹ニ似テ、厚ク光ル、夏ノ半ニ、莖ノ梢ニ、花ヲ開クコト、一二萼、年久シキハ、五六萼ニ至ル、皆、開キテ傍ニ向フ、六瓣、長サ四寸許、鐘様ニシテ、白キニ紫ヲ滯ビテ美シ、根ハ、球ヲナシテ白ク、瓣多ク並ビ重ナリテ蓮花ノ如シ、食用トス、類名ニ對シテ、山—、笹—ノ名モアリ。其他、鬼—、姬—ナド、各條ニ註ス。

〔ゆり〕(副) 從ノ條ヲ見ヨ。

〔ゆりかね〕(名) 淘金 土石ニ砂金ノ雜レルヲ碎キテ、淘板ニ載セテ、水中ニテ、土石ヲ淘リ沈メ、砂金ノミ取レルモノ。「下野ヤ、那須ノゆりかね、七斤、七夜謀リテ、逢ハヌ君哉」逢フ事ハ、那須ノ—、イツマデカ、碎ケテ戀ニ、沈ミ果ツベキ」

ゆりる (動) 許ル、ノ訛。

ゆ・る・ル・レ・ラ・リ・レ (自動)(規・一) 搖 震ヒ動ク。ユルグ。「—上打チユリタリケル」

ゆ・る・ル・レ・ラ・リ・レ (他動)(規・一) 搖 (一)震ヒ動カス。ユスル。「波ニ宿ル、月ヲ汀ニ、ユリ寄セテ」(二)水ニ入レテ搖リ洗フ。「米ヲ—」砂金ヲ—」ユリワクル」淘汰

ゆ・る・ル・ル・ルレ・リ・リ・リヨ (自動)(規・三) 許 許サル。赦免トナル。「罪、ユリテケリ」內內申サセ給ヘドモ、天氣ゆりズ」息狀シテゆりニケルトカヤ」四位ノ侍、昇殿ゆりテ」

ゆるがす・ス・セ・サ・シ・セ (他動)(規・一) 搖 ユルグヤウニナス。震ヒ動カス。「木ノ許ニ寄リテ、引キユルガスニ、危ガリテ猿ノヤウニ搔イツキテ」

ゆるかせに (副) 忽 〔縱ス意ニ〕心ヲ縱シテ。オロソカニ。粗忽ニ。イルカセニ。

ゆるぐ・グ・ゲ・ガ・ギ・ゲ (自動)(規・一) 搖 (一)震ヒ動ク。ユル。ユラグ。「此倉、云云、ユルギユルギテ、土ヨリ一尺許、ユルギアガル」地—」齒—」釘—」(二)緩ム。「實法ナル人、ユルギ所アルマジキヲトテ」人ノ御ケシキヲ內モ、ユルガム程ヲコソ待チワタリ給ヘ」

〔ゆるけし・キ・ケレ・ク・ク〕(形・二) 緩 ユルヤカナリ。「朝マダキ、ユルケキ風ノ、ケシキニテ、春立チキヌト知ラレヌル哉」

ゆるし (名) 許 (一)許スコト。免許。赦免。(二)師ヨリ弟子ニ藝術ヲ授クル階級ノ稱、皆傳ノ條ヲ見ヨ。

ゆるし・キ・ケレ・ク・ク (形・二) 緩 縱 寬 (一)緊シカラズ。ユルヤカナリ。クツロギアリ。(二)溶ケテ薄シ。「糊—」

稀薄

〔ゆるしいろ (名) 許色 衣服ノ染色ニ、紅色紫色等ノ、薄クシテ、禁制ニ及バズ、常人モ着ルベキ色ノ稱。(深紅深紫等ノ禁色ニ對ス)

ゆるす・ス・セ・サ・シ・セ (他動)(規・一) 縱 (一)ユルヤカニナス。ユルフ。「心ヲー」「氣ヲー」(二)禁ヲ解ク。自由ニセサス。免 宥 釋 (三)所刑ヨリ放ツ。赦 (四)可シト命ズ。行フトモ宜シトス。許 容 允 准 (五)諾フ。承知ス。聽 可

ゆるぶ・ブ・ベ・バ・ビ・ベ (自動)(規・一) 緩 弛 ゆるむ(規・一)ニ同ジ。「心ノゆるぶヤウニモ無カリシカバ」

ゆるぶ・ブル・ブレ・ベ・ベ・ベヨ (他動)(規・二) 緩 弛 ゆるむ(規・二)ニ同ジ。ユルヤカニナス。「梓弓、引キミ縱ベミ、思ヒミテ」

ゆるまる・ル・レ・ラ・リ・レ (自動)(規・一) 緩 ユルクナル。ユルム。

ゆるむ・ム・メ・マ・ミ・メ (他動)(規・一) 緩 弛 縱 緩クナル。ユルヤカニナル。グツログ。ユルブ。ユルマル。

ゆるむ・ムル・ムレ・メ・メ・メヨ (他動)(規・二) 緩 弛 縱 (一)ユルムヤウニナス。ユルヤカニナス。グツログル。ユルブル。(二)薄ク溶ク。「糊ヲー」

ゆるやか (副) 緩 寛 緩キ狀ニ。グツロギテ。キビシカラズ。

ゆるゆる (副) 緩緩 甚ダユルヤカニ。ウチクツロギテ。ユルリト。

ゆるりと (副) 緩 前條ノ語ニ同ジ。

ゆれる・レル・レレ・レ・レ・レヨ (自動)(規・四・變) 搖 ユルグ。ユラメク。

ゆわう (名) 硫黃 (ゆあわ(温泉泡)ノ訛、黃ノ音ニ紛レ誤ル)(一)古ク、ユノアワ。今又、イワウ。礦物ノ名、多クハ、塊ヲナシテ、火山ニ產ス、性、甚ダ火ヲ發シ易シ、硫酸、火藥、ノ製造ナドニ、用多シ、色ノ深黃ナルヲ「鷹ノ目」トイフ、(石硫黃)黃ニシテ赤ミアルヲ「鷄ノ目」トイフ、(石硫赤)共ニ、光澤透明ナルヲ上品トス、共青ミアルヲ火口トイフ、(石硫青)黃、赤、二種ハ、藥用トシ焔硝ニ加フ、青キハ下品ニテ、付木ニ用ヰル。(二)硫黃木ノ略。ツケギ。

ゆわうさう (名) 硫黃草 一根ニ叢生ス、高サ二三尺、葉ハ柳ニ似テ、二葉、或ハ、三四葉、對生ス、莖ノ頂ニ、疎ナル穗ノ狀ヲナシテ、五瓣ノ小黃花ヲ開ク。ギサウ。草連玉。

ゆわかし (名) 湯沸 藥鑵ニ似テ小キヲ、銅製、甚ダ薄ク、湯、甚ダ速ニ沸ク。

ゆゐいち (名) 唯一 (一)タダヒトツナルコト。(二)神道ノ一派、其條ヲ見ヨ。

ゆゐかい (名) 遺誡 誡ノ遺言。遺訓。

ゆゐごん (名) 遺言 人ノ今際ニ言ヒ遺ス詞。

ゆゐしよ (名) 由緒 由來ノ端緒。傳ヘ來リシ事柄。

ゆゐもつ (名) 遺物 死者ノ遺セル物。(多クハ記念トシテ贈ルニイフ)

ゆゑ (名) 故 事ノ起レル理。スヂ。由。

ゆゑに (接) 故 此ノ故ニ、ノ略。カルガユヱニ。

ゆゑん (名) 所以 故ノ音便。(漢籍讀ニ)

〔ゆゑゆゑし・シク・シケレ・シク・シク (形・二) 故故 故アリゲナリ。「イト清ゲニ裝束カセテ、云云、扇サシカクシテ具シタル狀、イト、ユヱユヱシ、年四十許ナリ」御供ノ人人ニモ故故シキ肴ナドシテ、出ダサセ給ヘリ」

え

え 五十音圖、也行第四ノ假名、やノ條ヲ見ヨ。え、よ、(曾)ひえどり、ひよどり、(鵯)きえ、きゆ、(消)みえ、みゆ、(見)等相通ズレバ、是等ノえハ、皆此音ニ屬セリ、サレド、古來、阿行ノえト、假名ノ形ニ別ナシ、因テ、今ハ、皆、阿行ノえニ併セタリ。

よ

よ 五十音圖、也行第五ノ假名、やノ條ヲ見ヨ。

よ (名) 夜 日暮ヨリ曉マデノ間。ヨル。
○ーヲ籠メテ。夜ノ明ケヌ間ニ。

よ (名) 世 (一)世界ノ上ノ人類ノ種種ノ現象、(二)帝王ノ治ムル領國ヲ世界ニ比シテ稱スル語。「ーヲ知ロス」御宇 (三)佛說ニテハ、過去、現在、未來ノ三世アリ、三世ノ條ヲ見ヨ。(四)時。ヲリ。「直人ニオハシマシケルよニ、婚ヒ奉リケル時」何レノ世ニカマタハ見ルベキ」(五)時ノ勢。「ーニ遇フ」「ーニ靡ク」(六)世情。

男女ノナカラヒ。「ワカヒタルモノカラ、世ヲマタ知ラヌニモアラズ」昔シ、男、女ノマダ世歴ズト覺エタルガ」(七)人間ノ俗事。「ーヲ厭フ」ーヲ逃ル」世ヲ捨ツ」(八)年齡。「千ー」萬ー」君ガー」
○ーニ出ツ。身顯ハレ榮ユ。出世ス、榮達 ○ーヲ去ル。死ス。○ーヲ渡ル。生活(クワツ)シテユク。○ーヲ早ウス。早世(ワカジニ)ス。

よ (名) 代 (世ノ義) 父子相代リテ、位ニ居リ、又ハ、家督ニ居ル間ノ稱。代(ダイ)。「ーヲ嗣グ」

〔よ (名) 節 竹、葦、ナドノ節(フシ)ト節(フシ)トノ間。「今日ヨリハ、トクレ竹ノ、節毎ニ、よハ長カレト、思ホユル哉」和名抄「兩節間、俗云、與」

よ (名) 餘 アマリ。ノコリ。他(ホカ)。「ーノ事」ーノ人」其ノー」十年ノー」

よ (代) 余 予 自稱ノ代名詞。ワレ。

よ (數) 四 二ト二ト合ヒタル。四ツノ。「ー年」ー度」

〔よ (辭) よりニ同ジ、從(ユ)ノ條ヲ見ヨ。

よ (辭) 動詞ニ添ヒテ命令法ヲ爲ス語。「落チー」受ケー」見ー」爲ー」

よ (感) 呼ビカクル聲。「我コソ人ー」月ー花ー」物ヲ思フー」心細サー」

よ-あかし (名) 夜明 寐ネズシテ曉ニ到ルコト。徹明

よ-あけ (名) 夜明 夜ノ明クル時。アカツキ。天明

††よい-よい (名) 病ノ名、中風ノ類、手足ノ自在ナラヌモノ、東京ノ風土病ナリト云。

よう (名) 用 (一)モチヰルコト。ツカフコト。「ーアリ」ーニ立ツ」ーヲ爲ス」(二)爲スベキ事ノアルコト。仕事。用事。「ーノ暇ニ」ー、多シ」行事

よう (名) 癰 瘡ノ名、其狀、皮ノ上、薄クシテ光澤アリ、大抵、肩胛(カヒガネ)ノ間、項窩(ボンノクボ)、背、ニ發ス、甚ダ危キ腫物トス。(俗、コレヲ疔(チヤウ)ト誤ル) 又同種ニ、疽(ソ)トイフアリ、上ノ皮、固クシテ牛項ノ皮ノ如ク、初メ、輕ク見エテ、毒更ニ深ク、遲ク膿ミテ、筋骨マデ腐ル、治シ難シ。

よう-い (名) 用意 (一)意(ココロ)ヲモチヰルコト。ココロガケ。用心。(二)預メ其事ニ供フルコト。支度。準備

ようい-に (副) 容易 タヤスク。ヤサシク。

よう-きん (名) 用金 (一)公用ノ金錢。(二)武家ノ世ニ、非常ノ事起レルトキ、公用ノ爲トテ、領地ノ人民ニ課スル税金。

よう-きやく (名) 用脚 錢ノ異名。又、要脚。

よう-げん (名) 用言 語學ノ語、語尾ニ活用(變化)アル語、即チ、作用言(動詞)形狀言(形容詞)等ノ稱。

ようさり (名) 夜 よさりノ延。

よう-じ (名) 用事 用アル事。務(ワザ)ムベキ仕事。

よう-じん (名) 用心 (一)心ヲモチヰルコト。(二)警メ守リテ怠ラヌコト。戒心

よう-しや (名) 容赦 ユルスコト。カンニン。

よう-しや (名) 用捨 モチヰルト、スツルト。

よう-しよく (名) 容色 カホバセ。ミメカタチ。

よう-す (名) 容子 サマ。アリサマ。又、樣子。

よう-すゐ (名) 用水 田ノ水或ハ飮水ナドノ用ニトテ、溝又ハ樋ニテ遠キヨリ導ク水。

よう-だい (名) 容體 (一)容子。ナリカタチ。又、樣體(ヤウダイ)。容儀 (二)重重シク身ノ容子ヲツクロフコト。「ー振ル」修邊幅 (三)病ノ重キ輕キノ狀。病狀

よう-たし (名) 用達 (用足シノ義) 役所貴族ナドニ出入シテ、其買入物ナドノ用ヲ辨ズル商人ノ稱。

よう-だ-つ ツ・テ・タ・チ・テ (自動)(規.一) 用立 モチヰニナル。役ニ立ツ。

よう-だ-つ ツル・ツレ・テ・テ・テヨ (他動)(規.二) 用立 (一)其事ニ用ヰル。使用 (二)他ノ用ヰニ供フ。貸ス。貸與

よう-だん (名) 用談 用アル話。(雜談ニ對ス)

よう-だんす (名) 用簞笥 座ノ傍ニ置キテ、雜用ノ文書ナド入レ置ク小キ簞笥。

よう-ち (名) 夜討 夜ニ紛レテ、不意ニ敵陣ヲ襲ヒ攻ムルコト。夜斫

よう-ど (名) 用度 イリメ。イリカ。入費。

よう-にん (名) 用人 大名、貴族、ノ家ニテ、家老、年寄、ナドノ次ナル役目、内外ノ雜事ヲ支配ス。

よう-ば (名) 用場 大小用ヲスル所。厠(カハヤ)

よう-ばう (名) 容貌 カホカタチ。

〔ようべ (名) 昨夜 よべノ延。「雨障リ、常スル君ハ、久堅ノ、昨夜(ヨウベ)ノ雨ニ、懲リニケムカモ」

よう-べん (名) 用辨 用ノ辨ズルコト。用事ノ濟ムコト。

〔ようめい (名) 容面 カホカタチ。「ようめい、ゲシウハアラヌ人人侍リシカド」

〔よか (名) 四日 (一)月ノ第四ノ日。ヨッカ。(二)日數四ツ。ヨッカ。
よか (名) 餘暇 アマ。イトマ。ヒマ。
よか (句)「善カリ」善カル」ノ略。「左ノオホイ殿ノ上ニ申シ給ヒテ、よかナリト宣ハバ、渡リ給ヘ」
〔よがたり (名) 世語 世上ノ事ノ物語。セケンバナシ。
よかは (名) 夜川 夜中ノ川。(鵜川ナドニイフ)「篝火ノ影シ映レバ、ヌバタマノ、夜川ノ水ハ、底モ見エケリ」
よかん (名) 餘寒 春ニ殘リテマダ去ラヌ寒サ。殘寒
よがら (名) 世柄 世間ノ狀。時勢
〔よがる・ルル・ルレ・レ・レ・レロ (自動)(規・二) 夜離 夜ノ通ヒ絶ユ。「獨リノミ、片敷ク袖ノ、手枕ニ、よがれしモノハ、涙ナリケリ」よがれし床ノ、形見トモセヨ」
〔よがれ (名) 夜離 ヨガルルヿ。「其頃ハ、よがれ無ク語ラヒ給フ」一條院ニ、一重ネ給フヲ」
よき (名) 斧 〔横切ノ意カト云〕斧ニ同ジ、稍小キモノニイフ。
よき (名) 豫期 豫メ何時ト待チツクルヿ。
よぎ (名) 夜着 衾ノ一種、其製、衣ノ如クニシテ大ク、厚ク綿ヲ入レタルモノ。被衾
よぎなし・キ・クレ・ク・ク (形・二) 無餘儀 已ムヿヲ得ズ、避クベカラズ。ヨンドコロナシ。
よきよう (名) 餘興 祝宴ノ席ナドニテ、儀畢リテ後ニ、歌舞等ニテ興ヲ添フルヿ。
よぎる・ル・レ・ラ・リ・レ (自動)(規・一) 過 〔避キ、ヲ活用ス〕避キテ行キ過グ。立寄ラズシテ行ク。「よぎりオハシマシケル由、只今ナム人申スニ驚キ」枉道

よく (名) 欲 事ヲ望ミ物ヲ貪ル情。ホシガルヿ。
〔よく・ク・ケ・カ・キ・ケ (自動)(規・二) 避 次條ノ語意ニ同ジ。避ク。「飽カズシテ、過ギ行ク春ヲ、タダチアラバ、今年バカリノ、秋ヲよかナム」久方ノ、天ツ空ヨリ、影見レバ、よく所ナキ、秋ノ夜ノ月」
よく・クル・クレ・ケ・ケ・ケヨ (自動)(規・二) 避 (一)其物ニ會ハジト片寄ル。傍ヘ退ク。避ク。「ヨケテ行ク」(二)防グ。「火難ヲ一」盜難ヨケ」
〔よく・クル・クレ・キ・キ・キヨ (自動)(規・三) 避 前條ノ語意ニ同ジ。避ク。「玉川ノ、人ヲモよきズ、鳴ク蛙、此ノ夕影ハ、惜シクヤハアラヌ」吹ク風ニ、アツラヘツクル、モノナラバ、此ノ一枝ハ、よきヨト言ハマシ」
よく (副) 善 〔善シ、ノ副詞法〕(一)ネンゴロニ。クハシク。ウマク。「一考フ」(二)好ミテ。ヤヤモスレバ。「一病ム」(三)事ニ堪ヘテ。難キヲトホシテ。「一爲ス」一破ル」能 克
よく (接頭) 翌 次ニ來ル。(但シ、過去ニ用ヰル、未來ナルニハ明ヲ用ヰル)「一二日」一日」一月」一年」一朝」一春」
よくい (名) 薏苡 古名、ツシダマ。草ノ名、春、種ヲ下シ、叢生ス、高サ四五尺、葉ハ互生シ、形、もろこしきびノ葉ニ似テ、狹ク短ク、川穀ノ葉ニ異ナラズ、夏、葉ノ間ニ實ヲ結ブ、形、川穀ヨリ細小ナリ、實ノ上ニ花アリ、なんばんきびノ花ニ似テ小シ、實、熟スレバ、淺褐微黑ニシテ、中ニ自ラ穴アリテ貫クベシ、仁ハ麥ニ似テ廣ク白シ、一仁トイヒテ、藥用トス、

よくかい (名) 欲界 佛經ノ語、三界ノ條ヲ見ヨ。
よくしつ (名) 浴室 ユドノ。フロバ。
よくじつ (名) 翌日 ソノ明日。
よくてう (名) 翌朝 ソノ明クル朝。
よくど (名) 沃土 肥エタル土地。
よくねん (名) 翌年 ソノ明年。
++よくばる・ル・レ・ラ・リ・レ (自動)(規・一) 欲張 欲心ヲ張ル。欲ヲカワク。
よくめ (名) 欲目 好キタル情ニ片寄リテ、好シト認ムルヿ。
よくやう (名) 抑揚 上ゲ、又、下グルヿ。
よくよく (副) 善善 念ニ念ヲ入レテ。綿密ニ。
よけい (名) 餘計 アマリ。餘分。餘リテ用ナキヿ。○一ノ事。已ムヿヲ得ヌ事。
よけい (名) 餘慶 功德ノ報ニ來リ添ハル吉事。「積善之家、有餘慶」
〔よけく (副) 善ク、ノ延。「マメナレド、何ゾハよけく、刈茅ノ、亂レテアレド、アシケクモナシ」
よげん (名) 豫言 預メ推シ量リテ言フヿ。
よける (動) 避ク、(規・二)ノ訛。
よこ (名) 横 (一)左右ヘ廣ガレル向キ。竪ト打違フ筋。(二)左右ノ傍。「一顏」一向」傍
よこあひ (名) 横間 横向ノ處。傍
よこがほ (名) 横顏 横向ノ顏。側面

〔よこ-がみ (名) 軸 〔横上ノ義カト云〕 車ノ輪ノ心木。轂。
よこ-がみ (名) 横紙 紙ノ漉目ヲ横ニシテ用ヰルモノ。
○―ヲ裂ク。無理押シヲナス。
よこ-ぎ (名) 横木 車ノ後ニ横ニ亙セル木。軫
よこ-ぎ-る・ル・レ・ラ・リ・レ (他動)(規・二) 横切 横ニ遮ル。横過
よ-こく (名) 與國 同盟ノ國。
〔よこ-ごころ (名) 世情 男女ノ情。「世心ツケル女、イカデ、心情ケアラム男ニ逢見テシガナト思ヘド」
〔よこ-さ (名) 橫 横トイフニ同ジ。「竪サ、―」
よこ-さ-ま (副) 橫方 横ノ方ヘ。
〔よこし (名) 脾ノ古言。和名抄「脾、與古之」
よこ-し (名) 魚ノ名、さうだがつをノ條ヲ見ヨ。
よこ-しま (副) 邪 〔横方ニテ轉カト云〕 横ノ方ヘ。
正シカラズ。正直ニテク。
〔よこ-す・ス・セ・サ・シ・セ (他動)(規・二) 讒 〔邪ヲ活用シタル語カ〕 讒言ス。新撰字鏡「讒、與己須」人言ノ、讒スヲ聞キテ、玉鉾ノ、道ニモ逢ハジト、言ヘル吾妹子」
よこ-す・ス・セ・サ・シ・セ (他動)(規・二) 〔寄來ス意カ〕 送リ來タス。オコス。致
よこ-す・ス・セ・サ・シ・セ (他動)(規・二) 汚 ケガス。
よこ-たは-る・ル・レ・ラ・リ・レ (自動)(規・二) 橫 〔次條ノ語ノ轉〕 横ニ臥ス。横ニナル。
〔よこ-たは-る・ル・ル・レ・レ・レヨ (自動)(變・二) 橫 〔横倒ルノ轉ト云〕 前條ノ語意ニ同ジ。横ニ臥ス。「ヨコタハレタル松ノ木、高キ程ニハアラヌニ」大キナル木ノ、云云、ヨコタハレ臥セル」
よこ-た-ふ・フル・フレ・ヘ・ヘ・ヘヨ (他動)(規・二) 橫 (一)横ニテ、横ニ伏セオク。(二)横ニ帶ニ佩ブ。「刀ヲ―」
よこ-づな (名) 橫綱 白麻ニテ綯ヘル縄ニ、四手ヲ垂レタルモノ、相撲ノ家、搢紳、五條氏ニ屬セル相撲ノ司吉田追風ヨリ、力士ノ大關ノ中ノ拔群ナル者ニ授ケテ、腰ニ纏ハシメ、規模トセシム。
よこ-て (名) 橫手 横ノ方。傍側
よこ-て (名) 橫手 思ヒ當ルコトナドアルトキ、兩ノ掌ヲ打合ハスルコト。「―ヲハタト打ツ」
〔よこ-と (名) 壽詞 〔吉言ノ義〕 壽ギ祝フ詞。天智十年紀「正月、云云 進ニ於殿前ー奏ニ賀正事こ」天神壽詞、神賀吉詞」
よこ-どり (名) 橫取 傍ヨリ非理ニ取リ去ルコト。橫奪
よこ-なまり (名) 訛 言語ノ、横サマニ訛ルコト。
よこ-ね (名) 橫根 〔形ニ因テ名トスト云〕 便毒ニ同ジ。
よこ-ぶえ (名) 橫笛 ワウテキ。笛ノ、横ニ用ヰテ吹ク手ノ、〔竪ニ吹ク尺八洞簫ナドニ對ス〕 歌口ノ外ニ、七孔アルヲ常トス、其孔名ヲ、干、五、上、夕、中、六、下、トイフ。樂管、能管、草笛ナドアリ。但シ、大和笛、高麗笛、ハ六孔ナリ。
よこ-ほん (名) 橫本 横ニ長ク作リ綴ヂタル書物。

橫冊
〔よこ-ほ-る・ル・レ・ラ・リ・レ (自動)(規・二) 橫 〔横ヲ活用セル語、横折ルノ義トスルハアラジ、自他違ヘリ〕 よこたはるニ同ジ。「甲斐ガ根ヲ、サヤニモ見シガ、ケケレナク、ヨコホリ伏セル、サヤノ中山」東ノ方ニ、山ノヨコホレルヲ見テ、云云」
よこ-まち (名) 橫町 横路ナル町。ヨコチャウ。橫街
よこ-みち (名) 橫路 (一)路ノ左右ニ通レルモノ。橫徑 (二)本道ヨリ支ルル路。ワキミチ。支路 (三)邪ナル筋。橫道。
よこ-むき (名) 橫向 (一)傍ヘ向クコト。傍視 (二)物ノ側面。側面
よこ-め (名) 橫目 (一)眼球ノミ動シテ傍ヲ見ルコト。ソバメ。ワキミ。眄 傍視 (二)横目付。武家ノ役目、事務ノ非ヲ監督スルモノ。畀人
よこ-もじ (名) 橫文字 横ニ書キ綴リ行ク體ノ文字、即チ、梵字、西洋字等。〔假名、漢字ノ、竪ニ書キ下スニ對ス〕 蟹行文
よこ-もの (名) 橫物 書畫ノ、横幅又ハ卷物ナルモノ。橫披 橫卷
〔よこ-もり (名) 夜籠 ヨゴモルコト。夜深キコト。「棕櫚ノ、山ヲ高ミカ、夜隱ニ、出デ來ル月ノ、光リモシキ」
〔よこ-も-る・ル・レ・ラ・リ・レ (自動)(規・二) 夜籠 〔夜ヲ籠ム、ノ自動〕 夜深クアリ。夜、マダ明ケズ。「東雲ニ アシタノ原ヲ、越エ來レバ、マダヨゴモレル、心チコソスレ」
〔よこ-も-る・ル・レ・ラ・リ・レ (自動)(規・二) 世籠 〔世ハ齡ノ

意〕生先遠ケリ。年長ケズ。「カバカリ馴ラシツメツル殘リハ、ヨニモレルドキニ讓リ聞エテム」他動ニ「世ヲコメタル盛リニテハ、遂ニイカガトナム、見給ヘ侍ル」

富春秋

よおやますみ（名）橫山炭 えだずみノ條ヲ見ヨ。「何トシテ、イカニ燒ケバカ、和泉ナル、―ノ、白ク見ユラム」

よおやり（名）橫槍 敵ト相戰フ所ノ橫間ヨリ、槍ヲ入レテ突キ掛ルヿ。橫擊

よおる・るル・るレ・レ・レヨ（自動）（規、二）汚 ケガル。

よおれ（名）汚 ヨゴルルヿ。ケガレ。

〔よおろ（副）夜頃 數夜コノカタ。（日頃、年頃、ノ如シ）「時鳥、夜頃ノ心ヲ、盡サセテ、今日ゾカスカニ、ホノメカシツル」

よおわ（名）橫輪 めおか、うづわがつをノ條ヲ見ヨ。

〔よおゑ（名）夜聲 夜中ノ聲、夜エテ聞ユルニイフ。「アナ、カマ、タマヘ、夜聲ハ、ササメクシモゾ、カシカマシキ」時鳥、―ナツカシ」

〔よおゐなる（動）よおぼるノ條ヲ見ヨ。

よさう（名）豫想 預メ推シ量リ想フヿ。

〔よさす・スル・セ・サ・シ・ス（他動）（規、二）所寄依 寄スノ敬語。（聞クノ、聞コスノ如シ）任セ給フ。「吾孫將知食國天下止、與佐斯奉志麻爾麻爾敕任」

〔よさま（名）好樣 好キヤウ。「人ノ御タメニハ、よさまノ事ヲシモ言ヒ出デヌ世ナレバ」

よさむ（名）夜寒 秋ノ夜ナド、漸ク寒クナレルヿ。「吾ガセコガ、我ニ離レユシ、夕ヨリ、―ナル身ノ、秋ゾ悲シキ」

よさん（名）豫算 預メ量リ數フルヿ。

よさり（名）夜〔夕さり、ナドト同意〕夜トイフニ同ジ。延ベテ、ヨウサリ。

よし（名）由因（一）事ノオコリ。ユヱ。ココロ。イハレ。ワケ。由來。由緒。「其―ヲ申ス」「―アル人」（二）ヨルベ。ヨスガ。テナミ。「聞クニ―ナシ」逢フ―モガナ」由緣

よし（名）葦蘆〔惡シノ聲ヲ忌メル倒語ト云〕あしニ同ジ。（東國）

よし・キ・ケレ・ク・ク（形、二）好佳（一）程ニ適フ。ワロカラズ。ヨロシ。（二）理、誠ニ正シ。惡シカラズ。善 良（三）拙カラズ。醜クカラズ。ウルハシ。ウツクシ。美（四）祝フベシ。慶ブベクアリ。（凶シ、ノ反）吉 嘉（五）タフトシ。「位―」「身分―」貴（六）許スベシ。滿足ナリ。可（七）易シ。難カラズ。「此御事、定マリタラバ、仕フマツリよくナムアルベキ」「見―」「聞キ―」易

よし（副）縱〔可シト縱ス意〕心ニハ叶ハネド、セムカタモ無ケレバトテ、打任スル意ヲイフ語。サモアラバアレ。ママヨ。「―見ム人ハ、枝ナガラ見ヨ」「―異時ハ知ラズ、今宵ハ詠メ」「―ヤ―、今ハ恐ミジ」

よしお（名）餘事 外ノ事。「―ニ紛ラハス」

よしきり（名）葦切 小鳥ノ名、形、鶯ニ似テ大ク、色モ似テ、腹ノ下、白ク、尾、稍、長シ、夏、葦原ノ中ニ居テ、莖中ノ蟲ヲ捕リ食フ、鳴クヿ、殊ニ喧シク、けけしけけしトイフガ如シ。一名、ヨシハラスズメ。ギヤウギヤウシ。

よしお（名）葦ノ芽。蘆芽 剖葦

よしおのぶし（名）俗ノ小唄ノ一種、七、七、七、五、ノ四句ニ成ルモノ。ドドイツ。

よしず（名）葦簾 葦ニテ編メルスダレ。

よおつ（名）餘日 其期限マデニ、倚、餘レル日。

〔よしづく・ク・ケ・カ・キ・ケ（自動）（規、一）由付 由アリゲニ見ユ。「イトよしづきテ、ヲカシクイマゾカリケレバ、婚フ人モ、イト多カリケレド」

よしなよ（副）好キ程ニ。

よしのがみ（名）吉野紙 大和ノ吉野郡丹生鄉ヨリ產ズル一種ノ紙、極メテ薄ク、典具帖ニ似テ劣ル、漆ヲ漉スニ用ヰルガ故ニ、漆漉シノ名モアリ。

よしのくず（名）吉野葛 大和ノ吉野ヨリ產ズル葛粉、佳品ナリトス。

よしのおぼり（名）吉野氷 吉野葛ニ砂糖ヲ加ヘテ固メテ製シタル菓子、色、白ク、氷ノ如シ。

よしのざくら（名）吉野櫻 山櫻ノ一種、元ト、大和ノ吉野山ノ產、花、多ク簇リテ、蕚ヨリ蘂ニカケテ青シ。

〔よしばむ・ム・メ・マ・ミ・メ（自動）（規、一）由アリゲニ見ユ。「イタクヨシバミ、ナヨビタル人ノ」

よしはらすずめ（名）葦原雀〔或云、葦割ノ訛ナリト〕よしきりニ同ジ。

よしみ（名）好 相善ミスルヿ。交リノ親シミ。

よおん（名）豫審 罪人ノ下調。

よおん（名）餘人 外ノ人。「―ハ知ラズ」

よしんむ（接）縱、然ナストモ。

よしや (副) 縦ニ感動詞ノやヲ添ヘタルモノ。假令。

〔よしよし・し・シキ・シケレ・シク・シク (形・二) 由由 由アリゲナリ。「見目モ、ナホ、ヨシヨシシク清ゲニテアル」

よ・す・ス・セ・サ・シ・セ (他動) (規・二) 止 止ム。ヤムル。

よ・す・スル・スレ・セ・セ・セヨ (他動) (規・二) 寄 (一)寄ルヤウニナス。引キテ近ヅクル。「車ヲ一」「舟ヲ一」「人ヲ召シ一」(二)因ニ引付ク。縁ニ掛ク。カコツク。「病ニ事寄セテ」「松ニ寄スル祝」 寄託 (三)送ル。贈ル。「勝チ給ハム方ニ花ヲヨセテム」「佛ニヨセ奉ル」 寄贈 (四)集ム。ヒトツニナス。 聚結 (五)算術ノ語、若干ノ數ヲ一ツニス。 加

よ・す・スル・スレ・セ・セ・セヨ (自動) (規・二) 寄 寄ル、ニ同ジ。「ヨスル渚ノ、雪ノ白波」「白波ノ、ヨスル岩根ハ」 歸

よすが (名) 因 縁 便 〔寄處ノ意カ、ト云〕 チナムトコロ。ユカリ。ヨルベ。タヨリ。

〔よすがら (副) 終夜 〔夜盡ノ轉〕 夜盡キ天明クルマデ。ヨモスガラ。ヨヒトヨ。ヨドホシ。

よすぎ (名) 世過 スギハヒ。ヨワタリ。クチスギ。 活生

よすてびと (名) 世捨人 僧ノ異稱。 桑門

よすみ (名) 四隅 方形ナルモノノ四方ノ隅。

よせ (名) 寄 (一)事寄スルコト。因アリトスルコト。 寄託 (二)心ヲ寄スルコト。任ズルコト。賴ミ。「一重シ」「一他ニ異ナリ」 寄任 信任 (三)一ツニ集ムルコト。 聚結 (四)人寄席ノ略。(東京)

よ・せい (名) 餘情 アマルココロ。「餘韵一」

よ・せい (名) 餘生 アマルイノチ。餘命。「一無レ幾」

よせか・く・クル・クレ・ケ・ケ・ケヨ (他動) (規・二) 寄掛 其方ヘ凭ラス。モタス。「妻木ヲバ、暫シ岩根ニ、ヨセカケテ」 靠

よ・せき (名) 礜石 砒石ノ條ヲ見ヨ。

よせきざいく (名) 寄木細工 種種ノ材ヲ細カク削リ、寄セテ密ニ接ギ合ハセ、什器ノ上ニ美シク種種ノ形象ヲ作リ出スモノ。 百衲

よせざん (名) 寄算 算術ノ語、若干ノ數ヲ一ツニ寄セ合ハスルコト。 加算

よせつぎ (名) 寄接 接木ノ條ヲ見ヨ。

よせて (名) 寄手 攻メ掛ル方ノ軍勢。

よせば (名) 寄場 人ヲ集メ置ク處。

〔よせばしら (名) 寄柱 馬ヲ寄セテ繋グ柱。トツギ。和名抄「柳、與勢波之良」

よせぶみ (名) 寄文 人ニ送ル文書。投書。 寄書

よ・そ (名) 餘所 (一)ホカ。他所。遠キ所。(二)我ガ事ナラズト疎遠ニスルコト。「昔シコソ、一ニモ見シカ」「人ハ一ニテ、思ズベラナル」

よそ (數) 四十 十ヲ四ツ合ハセタル數。四十。ヨソヂ。

よそひ (名) 裝 ヨソフコト。ヨソホヒ。

よそ・ふ・フ・ヘ・ヘ・ヒ・ヘ (他動) (規・一) 裝 (一)ヨソホフ。支度ス。「衣ヲ取リ着、裝束間ニ」「御舟ヨソヒテ參レルナリ」(二)飲食物ヲ分チ盛ル。「翁ノ食ベム物ノ、初穂毎ニ、取リヨソヒシハ」

よそ・ふ・フル・フレ・ヘ・ヘ・ヘヨ (他動) (規・二) 寄 (一)〔寄ス、ノ延〕。「爭ヘバ、神モ憎マス、ヨシヱヤシ、世副流君ガ、憎カラナクニ」「イトコナリケル男ニヨソヘテ、人ノ言ヒケレバ」(二)寄セ比ブ。ナゾラフ。「花鳥ノ色ニモ、音ニモ、ヨソフベキ方ゾナキ」「富士ノ烟ニヨソヘテ人ヲ戀ヒ」 準 擬

〔よそほ・し・シキ・シケレ・シク・シク (形・二) 裝 裝ヒ麗ハシ。イカメシ。嚴重ナリ。「イト物物シウ、清ゲニ、ヨソホシゲニ、下襲ノ尻長ク、所狹ク侯ヒ給ノ」「イトヨソホシウ差シ歩ミ給フ程」

よそほひ (名) 裝 ヨソホフコト。カザリトトノフルコト。

よそほ・ふ・フ・ヘ・ヘ・ヒ・ヘ (他動) (規・一) 裝 〔よそふノ延〕 支度ス。カザリトトノフル。ヨソフ。

よそみ (名) 餘所見 本分ヲ忘レテ他ヲ見テアルコト。ワキミ。ワキメ。 傍視

よそめ (名) 餘所目 外ヨリ見ルコト。「高砂ノ、尾上ノ花ノ、一コソ、消エアヘヌ松ノ、雪ト見エケレ」 傍觀

よそよそ・し・シキ・シケレ・シク・シク (形・二) 餘所 他事ニ見ユ。疎シ。

よ・たう (名) 餘黨 徒黨ノ、敗レテ殘レルモノ。殘黨。

よ・たう (名) 夜盜 夜、人家ニ押入ル盜人。

よたか (名) 夜鷹 (一)梟ノ類、林中ニ棲ミ晝伏シ、夜出デ、寐鳥ヲ驚カシ捕ヘ食フ、鳴キテ怪シナストモ云フ。 怪鴟 (二)江戸ニテ、夜發ノ異名。四十八錢ヲ四十八鷹ニ寄セタル隱語ト云。

よ・たく (名) 餘澤 後ニ殘ル恩。餘德。

〔よ・だけ・し・キ・ケレ・ク・ク (形・一) 〔彌長シ、ノ義カ〕 非常ナリ。タイサウナリ。コトゴトシ。「烟立ツ、富士ニ心ノ、爭ヒテ、ヨダケキ戀ヲ、スルガヘゾ行ク」

よ・だつ (名) 與奪 (一)アタヘ、又、ウバフコト。(二)其職

ニ代ハルヿ。「依ニ關白與奪ニ」

よたつ (動) 彌立ツ、ノ約。「身ノ毛ーー」

よだんのはたらき (名) 四段活用 語學ノ語、拠則動詞ノ第一類ノ語尾變化ノ一稱。(篇首ノ語法指南ノ動詞ノ條ヲ見ヨ)

よたり (名) 四人 人ノ數四ツ。ヨッタリ。

よだり (名) 涎 (よよト垂リ、ノ意) 今、ヨダレ。口ヨリ、唾液ノ、自ラ出デテ頤ニ垂ルモノ、小兒、牛、馬、或ハ、慕欲ノ念ナドヨリ、意ハズニ出ヅ。垂ルヲくるトイフ。

よだれ (名) 涎 前條ノ語ニ同ジ。

よだれかけ (名) 涎掛 小兒ノ頤ノ下ニ掛ケテ、涎ヲ受ケシムル布帛。涎衣

よち (名) 輿地 (載而行ノ意) 大地ノ總稱。地球。

よち (名) 餘地 アマルトコロ。クツロギ。

ヨヂウム (名) 妖顚 妖鎭 〔Iodine.〕 藥品ノ名。

〔よちかし・キ・ナレ・ク・ク (形、二) 世近 (世ハ齡ノ意) 齡ノ末ニ近シ。「今ハムゲニ世ヂカクナリヌル心チシテ、物心細キヲ」

よおゆう (副) 夜中 ヨモスガラ。ヨドホシ。終夜

よおる・ル・レ・ラ・リ・レ (他動) (規、一) 捩 モヂル。ネヂル。ヒネル。

よおる・ル・ル・レ・レ・シ・レ (自動) (規、二) 捩 スヂル。ネヂル。

よおる (動) 攀ヅ、ノ訛。

〔よおなさし (名) 斂 なさしノ條ヲ見ヨ。

よつ (名) 四 時ノ名、其條ヲ見ヨ。

よつ (數) 四箇 一ツヲ一ツ合ハセタル數。○ーニ這フ。兩手兩足ニテ這フ。匍匐 ○ーニ組ム。兩人兩手ニテ組ム。

よづ・ツル・ツレ・ヂ・ヂ・ヂヨ (自動) (規、三) 攀 取リツク。スガル。「樹ノ枝ニー」

よつあし (名) 四足 (一)足ノ四ツアルヿ。四足。「ーノ机」「ー門」 四脚 (二)獸ノ異名。

よつあしもん (名) 四脚門 門ノ建築ニ、別ニ、添柱ヲ、四本ホド用ヰルモノ、高貴ノ設クルモノナリ。

よつか (名) 四日ノ音便。

よつかど (名) 四角 (一)四隅ノ角。(二)四辻。

〔よづかはし・シキ・シケレ・シク・シク (形、二) 世付 世ヅキテ見ユ。色メカシ。「世ヅカハシウ輕輕シキ御名ノ立チ給フベキヲ、オロカナラズ思ボシ歎カル」

よつぎ (名) 世繼 (一)家ノ名跡ヲ繼グヿ。家督スルヿ。繼嗣 (二)世繼トナルベキ子。嗣子

〔よづく・ク・ケ・カ・キ・ケ (自動) (規、一) 世付 (一)世ノ交リニ馴ル。「故殿ノ、イタヅラニナスナ、ト宣ヒシモノヲ、斯ク世ヅキテ物シ給フナル喜ビ申サムト宣ヒテ」(二)世情ヅク。ナマメク。「ヨヅキテアラセムト思ハム女子、持タラマシカバ、同ジクハ、彼ノ人ノアタリニコソハ、觸レバハセマ欲シケレ」

よつおろ (名) 四白 馬ノ毛色ノ名、四足ノ毛ノ白キモノ。踏雪馬

よつだけ (名) 四竹 竹片ヲ兩掌ニ一枚ヅツ握リテ、掌ヲ開合シテ、曲節ニ合ハセテ打チ鳴ラシ踊ルモノ。相思板

よつたり (名) 四人ノ音便。

よつつじ (名) 四辻 路ノ、四方ニ分レテ、十字ヲナセル辻。十字街

よつて (接) 因 ソレニ因リテ、ノ音便略。

よつであみ (名) 四手網 漁具、方形ノ網ノ四隅ヲ竹竿ニテ張レルモノ、水底ニ沈メテ、繩ニテ引上ゲテ、魚ヲ捕ル。罾

よつでかご (名) 四手駕籠 竹ヲ四柱トシ、又、竹片ニテ編ミ作レル粗ナル駕籠、やまかご登リ小ク、小キ垂アリ。筱輿

よつのうみ (名) 四海 四方ノ海、ノ誤。

〔よつのを (名) 四絃 琵琶ノ異名。

よつばひ (名) 四這 兩手兩足ニテ這フヿ。匍匐

よつばらひ (名) 醉人 酒ニ醉ヒタル人。

よつばり (名) (夜之尿ノ約) いばりニ同ジ。遺尿

〔よつびいて (副) (好ク引キテ、ノ音便ト云) 弓ヲ十分ニ引キシボリテ。「ーヒヤウト放ツ」 引滿

よつぴて (副) 夜一夜ノ訛。ヨモスガラ。(東京) 終夜

よつぽど (副) 餘程ノ音便。

よつめ (名) 四目 方形ヲ四ツ合ハセタル象。

よつめがき (名) 四目垣 竹ヲ、粗ク縱横ニ組ミテ、其隙ヲシテ、方形ヲナサシメタル垣。

よつめぎり (名) 四目錐 錐ノ刃ニ四稜アルモノ。(三)目錐ニ對シテイフ) 方錐

よつめおろし (名) 四目殺 碁ニ、敵ノ四方ノ線ヲ斷チテ取ルヿ。綴五

よ-つゆ (名) 夜露 夜、結ブ露。「一ニ濡ル」

〔よて (接) 因 因リテ、ノ略。

よ-てい (名) 豫定 アラカジメ定ムルヿ。

よ-てん (名) 四天 〔黄檗宗ノ語ナリト云〕 短キ衣ノ、腰ノ處ニテ四ツニ裂ケタル如ク製セル手。

よ-ど (名) 淀 澱 〔寄門ノ義カト云〕 流水ノ湛フ所。淵ノ如クニシテ淺キ所。

よ-とぎ (名) 夜伽 夜中ニ伽ヲスルヿ。 侍夜

〔よ-どこ (名) 夜床 寐床ニ同ジ。「塵積ル、夜床ハ山ト、ナリヌラシ、秋ノ夜ヲ歷テ、寐ル人モ無ミ」

〔よ-どの (名) 夜殿 夜、寐ル所。和名抄「寢殿、禰夜、與止乃」

よ-とほし (名) 夜通 ヨモスガラ。ヨヒトヨ。 徹夜

よ-どみ (名) 淀 澱 (一)ヨドムヿ。ヨド。 (二)澁リ滯ルヿ。

よ-どむ・ム・メ・マ・ミ・メ (自動) (規・一) 淀 澱 〔よどノ活用ナラム〕(一)淀ナル。流水湛フ。(二)澁リ滯ル。「言葉一」「言葉ニ一ナク」 澁滯

よ-なか (名) 夜中 夜ノ最中。 中夜 夜半

よ-なき (名) 夜啼 夜中ニ啼クヿ。(小兒ナドノ)

よ-なぐ・グル・グレ・ゲ・ゲ・ゲヨ (他動) (規・二) 淘 〔米上グ、ノ約カ〕 米ヲ水ニ淘リ淅グ。

よ-なべ (名) 〔夜ノ部ノ仕事ノ意カ、或云、夜延ノ轉ト〕 夜ニ入リテ仕事スルヿ。ヨシゴト。 夜作 油工

よ-なほし (名) 世直 世並ノ凶シキヲ吉キニカヘスヿ。

よ-なみ (名) 世並 世上ノ成行ノ程。 時勢

よ-なん (名) 四男 四男ニ同ジ。

〔よなむし (名) 米蟲 よめのむしニ同ジ。

よ-な-よ-な (副) 夜夜 夜毎ニ。毎夜。

よ-なる・ル・ル・ル・レ・レ・レヨ (自動) (規・二) 世馴 (一)人情世態ニ馴ル。(二)世情ニ馴ル。

よ-にん (名) 餘人 外ノ人。

よね (名) 米 米ニ同ジ。

よねざは-つむぎ (名) 米澤紬 羽前ノ置賜郡米澤ノ地方ヨリ產ズル紬。

よねまんぢゆう (名) 米饅頭 〔常ノ饅頭ノ麪粉ナルニ對ス〕 米ノ餅ニ餡ヲ包ミタルモノ、形、圓ク長ク、兩端尖ル。

よ-ねん (名) 餘念 外ニ移ル心。「一無シ」

よ-のおとど (名) 夜御殿ニ同ジ。

よ-のつね (名) 世常 世ノ中ノ常ニテ、異狀ナラヌヿ。世間並ナルヿ。 尋常

よ-のなか (名) 世中 (一)世上ノ時勢人情ナドヲ汎ク通ジテ稱スル語。世間。 世間 人間 (二)男女ノ世情。「流レテハ、妹背ノ山ノ、中ニ落ツル、吉野ノ川ノ、ヨシヤ世ノ中」世ノ中ヲ、マダ思ヒ知ラヌ程ヨリハ、戲レバミタル方ニテ」

よ-のアトン (名) 四幅布團 布團ノ、表、裏、各、四幅ヅツニ廣ク製セルモノ。

よ-は (名) 餘波 ナゴリ。トバシリ。

よ-は (名) 夜 〔夜間ノ轉ト云、常ニ夜半ナド記ス〕 夜又夜トイフニ同ジ。「夙ニ起キ、一ニ寐ネ」

よ-ばう (名) 豫防 アラカジメ、フセグヿ。

よ-はく (名) 餘白 文字書キタル紙ノアマリ。

〔よ-ばなる・ル・ル・レ・レ・レ・レヨ (自動) (規・二) 世離 世間ニ遠ザカル。「アヤシク、ナドカ、世バナレタル住ヒハシ給フ」

よばは-る・ル・レ・ラ・リ・レ (他動) (規・一) 喚フ、ノ延。

よ-はひ (名) 齡 齒 〔世延ノ義カト云〕 人ノ身ノ、世ニ生キテ歷行ク間。年。年齡。

〔よばひ (名) 婚 私通 ヨバフヿ。男、女、相呼ビ誘ヒテ情ヲ通ズルヿ。萬葉集「他國ニ、結婚ニ行キテ、太刀ガ緒モ、未ダ解カネバ、小夜ゾ明ケニケル」ヨビ文ニ、ヤマト歌ナキハ、人侮ラシムルモノナリ」(よはふノ條ヲ見ヨ)

〔よばひ-ぼし (名) 〔婚星ノ義、其轉行スルヿ、男ノ女ニ就クガ如キ意ト云〕 流星ニ同ジ。

よば-ふ・フ・ヘ・ヘ・ヒ・ヘ (他動) (規・一) 呼 喚 (一)呼ブ、ノ延。「幾度淀ノ、舟ヨバフラム」打チ佗ビテ、ヨバハム聲ニ、山彥ノ、答ヘヌ山ハ、アラジトゾ思フ」(二)男女互ニ呼ビ誘ヒテ情ヲ通ズ。古事記「將婚高師國之沼河比賣云云、歌曰、サ用婆比ニ、在リ立タシ、用婆比ニ、在リ通ハセ」靈異記「伉儷」同ジ女ヲ、云云、年ヲ歷テヨバフ男アリケリ」 婚 私通

よ-ひ (名) 宵 〔夜間ノ約カト云〕 夜ニ入リテ程歷ヌ時。初夜。(夜中ト曉トニ對ス)「奧山ニ、住ムテフ鹿ノ、初夜サラズ、妻問フ萩ノ、散ラマク惜シモ」 初更

よひ (名) 醉ノ轉。「一ヲ醒マス」

よ-び (名) 豫備 アラカジメソナフルヿ。

よひ-ごし (名) 宵越 一夜ヲ歷タルヿ。

よひざめ (名) 醉醒 醉ノ醒ムルコト。｢—ノ水｣

よびすて (名) 呼捨 人ヲ呼ブニ、殿、又ハ、樣ナドノ敬稱ヲ添ヘズ、單ニ姓名ノミ呼ブコト。

よびた・つ・ツル・ツレ・タ・テ・テヨ (他動)(規・二) 呼立 特ニ聲揚ケテ呼ブ。

よびつぎ (名) 呼接 接木ノ條ヲ見ヨ。

よびつ・ぐ・グ・ゲ・ガ・ギ・ゲ (他動)(規・一) 呼次 相傳ヘテ呼ブ。傳呼

ヰよひつばり (名) 宵張 ヨヒヰ。夜ヲ深カシテ遊ビナドシテ、早ク眠ニ就カヌコト。

よひとよ (副) 夜一夜 ヨモスガラ。ヨドホシ。終夜

よびと・る・ル・レ・ラ・リ・レ (他動)(規・一) 呼取 呼ビ寄ス。

よひのみやうじやう (名) 金星ノ條ヲ見ヨ。

〔よひまどひ (名) 宵惑 宵ニ眠タクナルコト。｢イヨイヨ愛デラレテ、宵マドヒモセズ、起キ居タリ｣〕

よひやみ (名) 宵闇 望後ノ夜、月、未ダ上ラズシテ、宵ノ間ノ暗キコト。ユフヤミ。

よびよ・す・スル・スレ・セ・セ・セヨ (他動)(規・二) 呼寄 呼ビテ招キ來タス。ヨビトル。招致

〔よひゐ (名) 宵居 宵ニ久シク起キテ居ルコト。｢餘リ久シキ—モ、例ナラズ、人ヤ咎メム｣〕

よふ (動) 醉フノ轉。

よ・ぶ・ブ・ベ・バ・ビ・ベ (他動)(規・一) 呼喚 (一)ヨヨト聲スル意ト云) (一)聲立テテ招ク。ヨバフ。ヨバハル。(二)招ク。招待ス。｢客ヲ—｣呼ビ寄ス 招請 (三)稱フ。名ヅク。イフ。｢名ヲ何ト—｣稱

よふかし (名) 夜ヲ深カシテ眠ニ就カヌコト。

〔よ・ぶか・し・キ・ケレ・ク・ク (形・二) 夜深 夜、深ケテアリ。｢何方ニ、鳴キテ行クラム、時鳥、淀ノワタリノ、マダ夜ブカキニ｣ 更闌〕

よふけ (名) 夜深 夜ノ深ケタル時。深更。深夜

よぶこどり (名) 呼子鳥 深山ニ棲ム、形、はいたかニ似テ、大サ鳩ノ如シ、全身、黑文、灰黑、相雜ハリ、腹ハ淡黃ニシテ白黑文アリ、尾ハ灰赤ニシテ白點アリ、目ノ邊、薄赤クシテきさアリ、嘴、尖ル、指ハ、前後、各、二ツ、尖リテ黑シ、聲、物ヲ喚ブガ如シ。一名、フフドリ。ホホドリ。郭公鳥。カンコドリ。ツツドリ。鳲鳩 布穀鳥

よぶこのふえ (名) 呼子笛 窃ニ合圖シテ人ヲ呼ブニ吹ク小笛。

よふね (名) 夜船 夜中ニ行ク舟。夜航

よぶん (名) 餘分 アマリ。餘計。

よべ (名) 昨夜 (夜方ノ義カト云) 昨日ノ夜。ヨウベ。ヨンベ。ユフベ。夜前。昨晚。

よほど (副) 餘程 半過グル程。ダイブ。大半

ヰよぼよぼ (副) 老人ノ自ボビ歩ム狀ニイフ語。トボトボ。

〔よぼろ (名) 膕 (弱折ノ約轉ト云) ひかがみニ同ジ。和名抄｢膕、與保呂｣御髮ハ、—過ギ給ヘリ、サガリバ、イト淸ラナリ｣ 跟踰〕

〔よぼろ (名) 丁 (膕ノ力ヲ役フ意、人足ト言ハムガ如シ) 古制ニ、國中ノ男子、二十一歳ヨリ六十歳マデノ稱、公用ノ役使ニ出ダスニ就キテイフ。丁、正丁、成丁、丁男、丁年、課丁、皆、此意ナリ。〕

〔よませよ (副) 夜交 隔夜ニ。｢二ハ、夜每ニ參ルベケレド、云云、夜マゼニ參リテ、宮仕セヨ｣〕

よまはり (名) 夜廻 夜、路ヲ巡リテ警ムルコト。行夜

よまひごと (名) (世迷言ノ意カ) 獨語シテツヤクコト。

よみ (名) 讀 (一)讀ムコト。(二)訓。(其條ヲ見ヨ) (三)讀。(其條ヲ見ヨ)

〔よみ (名) 黃泉 (夜見ノ義ト云) 人死シテ後ニ、魂ノ行クベキ處。ヨミノクニ。ヨモツクニ。根國。ヨミヂ。九泉。九原。〕

よみあ・ぐ・グル・グレ・ゲ・ゲ・ゲヨ (他動)(規・二) 讀上 聲高ク、讀ム。朗讀ス。

よみあは・す・スル・スレ・セ・セ・セヨ (他動)(規・二) 讀合 兩人、同書ヲ讀合フ。(誤リヲ正スナドニ)

よみうた (名) 詠歌 作リタル和歌。

よみうり (名) 讀賣 世上ノ變事ナドヲ、摺物ニシテ、讀ミナガラ路ヲ賣リ行クモノ。

よみかき (名) 讀書 書ヲ讀ムト字ヲ書クト。

よみがへ・る・ル・レ・ラ・リ・レ (自動)(規・一) 蘇 (黃泉ヨリ還ル意ト云) 死シタル者再ビ生ク。生キ出ヅ。生キカヘル。蘇生ス。

よみきり (名) 讀切 ヨミキルコト。讀ミ終ヘタルコト。

よみき・る・ル・レ・ラ・リ・レ (他動)(規・一) 讀切 讀ミテ全ク終フ。讀了

よみくせ (名) 讀癖 其物事ニ限リ、習慣ニテ、一種

異ナル讀法アルモノ、即チ、冷泉、達智門、施藥院、春宮ナドノ如シ。

〔よみ-くち〕(名) 讀口 和歌ノ名人ノ稱ト云。

よみ-す・スル・スレ・セ・シ・セヨ (他動)(不規・二) 好 嘉 好シトス。愛ヅ。

よみ-せ (名) 夜見世 夜、街上ニ床店ヲ出シテ、物賣ルヿ。夜肆
よみ-ぢ (名) 夜路 夜中ニ路ヲ行クヿ。夜行
よみ-ぢ (名) 黄泉 黄泉ヘ行ク路。

よみ-びと (名) 讀人 其歌ヲ詠ミタル人。「―知ラズ」

よみ-ほん (名) 讀本 讀ミ習フベキ書物。

よみ-もの (名) 讀物 讀ムベキ物。即チ、書物。

よみ-や (名) 夜宮 宵宮 〔前夜ノ宮籠リノ意ト云、或云、齋夜ノ訛カト〕 祭日ノ前夜ニ祭事ヲ調フルヿ。

よみ-わた・す・ス・セ・サ・シ・セ (他動)(規・一) 讀渡 (一)文書ヲ讀ミテ聞カス。「罪人ニ罪狀ヲ―」(二)遍ク諸書ヲ讀ム。

よ・む・ム・メ・マ・ミ・メ (他動)(規・一) 讀 誦 〔呼アト通ズルカ〕(一)文字、文章、ヲ聲立テテ唱フ。(二)數フ。「月日餘美ツツ、妹待ツラムア」「濱ノ眞砂ハ、よみ盡ストモ」算 (三)歌ヲ作ル。(思フヿヲ數ヘテ言出ヅル意ト云) 詠
よん-どころ-な・し・キ・ケレ・ク・ク (形・二) 無據 〔據リ處ノ音便〕 已ムヿヲ得ズ。餘儀ナシ。不得已
〔よん-の-おとど〕(名) 夜御殿ノ音便。

〔よんべ〕(名) 昨夜ノ音便訛。

よめ (名) 娵 〔呼女ノ意カト云〕(一)息男ノ妻。子婦 (二)女子ノ婚姻シタル頃ノ稱。新婦 (三)鼠ノ異名。
よ-め (名) 夜目 夜、見ルヿ。「―、遠目、笠ノ内」
よ-めい (名) 餘命 アマルイノチ。殘ル齡。
よめ-いり (名) 娵入 女子ノ、娵トナリテ、夫ノ家ヘ行クヿ。嫁グヿ。嫁
よめ-が-さら (名) 娵皿 (一)介ノ名、殼、皿ノ如ク、大ナルハ、徑、一寸、形、種種ナレドモ、多クハ橢圓ナリ。チドリガヒ。石磷 蜮 頂、尖リテ、少シ曲リタルヲ、雀貝トイヒ、潮ニ曝レテ紅ナルヲ、花貝トイヒ、白キヲ、雪屋貝トイフ。(二)草ノ名、溝ノ傍ニ多シ、蔓生ニシテ、葉、互生ス、鬚アリテ物ニ絡フ、夏、花アリ、瑱ノ花ニ似テ白シ、實モ瑱ニ似テ、熟スレバ、皮ノ正中ヨリ横ニ放レ落ツ、形、椀ノ如シ。合子草
よめ-が-はぎ (名) 娵萩 よめなニ同ジ。
よめ-ぐり (名) 夜巡 よまはりニ同ジ。行夜
よめ-ご (名) 娵御 娵ヲ敬ヒ呼ブ稱。
よめ-とり (名) 娵取 娵ヲ娶ルヿ。娶
よめ-な (名) 娵菜 古名、オハギ。ウハギ。ヨメガハギ。今又、野菊。草ノ名、田野ニ多シ、のゐゆんぎくニ似テ、嫩苗、食フベシ、夏、莖ヲ出スヿ、一二尺、莖、紫黒ヲ帶ビ、梢ニ淡紫花ヲ開ク、單瓣ニシテ菊花ノ如シ。鷄兒腸 又、苗葉ニ微毛アリテ、莖ニ着ケル葉ニ刻ミアルモノヲ、をとよ―トイフ。
よも (名) 四方 〔四面ノ約〕 前後左右ノ方。メグリ、マハリ。諸方。「―ノ山山」「―ノ海」

よも (副) 〔得モノ意カト云〕 疑ヒナキニアラネド、推シテ信ジテ決スル意ニイフ語。ヨモヤ。マサカニ。(下ニ反語ヲ用ヰル)「―行クマジ」「―アラジ」
よもぎ (名) 艾 草ノ名、山野ニ自生ス、莖、直立シテ白ク、高サ四五尺、葉ハ分レテ五尖ヲナシ、面、深緑ニシテ、背ニ白毛アリ、若葉ハ餅ニ和シテ食フベシ、秋、葉ノ間ニ穗ヲ出シテ、細花ヲ開ク、實、累累トシテ枝ニ盈ツ。葉ノ背ノ白毛ヲ採リテ、熟艾ニ製シ、又、印肉ヲ作ル料トス。
よもぎ (名) 蓬 ウタヨモギ。「―ガ庭」「―ノ門」
〔よもぎ-が-しま〕(名) 蓬島 蓬萊ニ同ジ。「古ヘモ、名ヲノミ聞キシ、ワタツ海ノ、蓬ガ島ヲ、尋ネテシカナ」
〔よもぎ-ふ〕(名) 蓬生 蓬ナドノ草ノ生茂レル地。
よも-すがら (副) 終夜 〔夜モ盡ノ意〕 暮ヨリ曉マデ。ヨスガラ。ヨヒトヨ。ヨドホシ。
〔よも-つ-くに〕(名) 黄泉國 黄泉ニ同ジ
よも-や (副) よもノ條ヲ見ヨ。
よも-やま (名) 四方山 (一)四方ノ山山。「―ノ、冬ノ氣色ニ、ナルママニ、小野ノ炭竈、烟立チ増ス」(二)天ガ下。世上。「今年ハ、世ノ中ニ喪瘡トイフモノ出來テ、―ノ人、上、下、病ミノノシルニ」(三)俗ニ、種種雜多ナルヿ。(次條ノ語ノ訛)「―ノ話」
〔よも-やも〕(名) 四面八面 四方八方。「名謂ニ四方八表ニ」
よ-やく (名) 豫約 アラカジメ約束スルヿ。

よよ（名）代代（一）代ノ重ナレルコト。「―ノ跡」―ニ傳フ。世世（二）男、女、別別ニ世ヲ歴ルコト。「己ガよよニナリケレバ、疎クナリニケリ」白川ノ、知ラズトモ言ハジ、底清ミ、流レテ世世ニ、スマムト思ヘバ」

よよ（名）夜夜 夜ヲ重ヌルコト。毎夜。「―ノ手枕」

〔よよ〕（副）〔涎ノよよ、是レナリ〕涎ノ垂ル狀ニイフ語。「シツクモよよニ、ゑヒヌラシ給ヘバ」酒ノ垂ルニモイフ。「引キウケ、よよ呑ミヌ」

〔よよ〕（感）〔前條ノ語ノ轉、泣ケバ涎垂レバイフト云〕泣ク聲。オイオイ。「―ト泣キヌ」殿ノ御前、サクリモ―ニ泣カセ給フ」君ニ因リ、ヨヨヨヨヨト、ヨヨヨト、ネヲノミゾ泣ク、ヨヨヨヨヨト」

〔よよ・む〕ム・メ・マ・ミ・メ（自動）（規・一）〔涎ノよよヲ活用ス〕齒落チ、舌出デテ、聲アヤナシ。「百年ニ、老舌出デテ、與余牟トモ、我ハ厭ハジ、戀ハ益ストモ」

より（名）寄（一）寄ルコト。アツマリ。集合（二）腫物ナドノ餘毒ノ、一處ニ固結セルモノ。結毒

より（辭）（一）第一類ノ天爾波、此ニ起リテ、彼ニ移リワタル意ヲイフ語。カラ。「天―地ニ降ル」昨日―今日マデ」咲キ初メシ時―後ハ」從 自（二）又、比ベテ科ヲ定ムル意ナルモノ。「コレ―善シ」彼―勝ル」海―深シ」於（三）コレノミト限ル意ノモノ。「我―外ニ、人ハアラジ」風―外ニ、訪フ人モ無シ」（四）ヲノ意ヲナスモノ。「水底ノ、月ノ上より、漕グ舟ノ、棹ニ障ルハ、桂ナルベシ」門ノ前より忍ビテ渡リ侍リケルヲ」

〔より〕（接尾）度〔時時ノよりナリ〕度ニ同ジ。「訪フ人モ、無キ山里ノ、村時雨、一より二より、驚カスカナ」

よりあひ（名）寄合（一）ヨリアフコト。集ルコト。集會（二）德川氏ノ制ニ、持高、三千石以上、一万石未滿、ノ旗下ノ士ノ稱。

よりあ・ふ フ・ヘ・ハ・ヒ・ヘ（自動）（規・一）寄合 互ニ寄ル。相集ル。會合

〔よりうど〕（名）寄人 ヨリヒド。和歌所、記錄所、ナドニ召サレテ、事ヲ執ル職ノ稱。キニン。

よりかかり（名）凭掛 曲彔。靠椅

よりき（名）寄木 流レ寄リタル材。

よ・りき（名）與力（一）チカラヲアタフルコト。助勢。「神佛ノ―」（二）助勢ノ爲ニ附屬セシムル兵士。

よりくぢら（名）寄鯨 死鯨ノ、海邊ヘ漂ヒ寄レルモノ。或ハ、鯨ノ、誤テ沙洲ニ上リテ乾死スルモノ、多クハ、まつかう鯨ノ鰯ヲ逐ヒ來リテ上ルモノヲ云フ。

よりす（名）寄洲 河海等ノ岸ニ、泥沙ノ、波風ニ搖リ寄セラレテ生ジタル洲。

よりどころ（名）據 據リテ本トスル所。オコリ。

よりどり（名）擇取 えりどりニ同ジ。

よりぬき（名）擇拔 えりぬきニ同ジ。

〔よりびと〕（名）寄人 よりうどノ條ヲ見ヨ。

よ・りよく（名）餘力 アマルチカラ。

〔よりより〕（副）〔度ヲ重ヌ〕ヲリヲリ。トキドキ。「柴ノ庵ニ、よりより梅ノ、匂ヒ來テ、ヤサシキ方モ、アル住ヒ哉」時時

よる（名）夜〔るハ、晝ノるノ如シ〕夜、トイフニ同ジ。

よ・る ル・レ・ラ・リ・レ（自動）（規・一）因 縁 由（一）因ス。モトヅク。麗ク。附ス。（二）タヨル。カカル。身ヲ寄セカクモタレカカル。依 頼 寄 凭 倚（三）託ル。憑ク。「神、人ニ―」憑（四）本トス。頼ミトス。守ル所トス。「古人ノ說ニ―」山ニ―」城ニ―」據

よ・る ル・レ・ラ・リ・レ（自動）（規・一）寄（一）近ヅク。近ク添フ。（二）アツマル。ヒトツニナル。集（三）タタマル。カサナル。「年―」皺―」（四）路スガラ訪問ル。過訪

よ・る ル・レ・ラ・リ・レ（他動）（規・一）縒 交ヘテネヂアハス。組ミテ卷キツカス。「繩ヲ―」絲ヲ―」コヨリヲ―」○腹ヲ―。甚シク笑フ。捧腹

よる（動）擇 えるニ同ジ。エラブ。

よ・る ル・ル・レ・レ・レ・レヨ（自動）（規・二）縒 ネヂレマトフ。ヨヂルル。（絲ナドニ）

〔よるのおとど〕（名）夜御殿 主上ノ御寢所、淸涼殿ノ中ニアリ、ヨノオトド。ヨンノオトド。

よるべ（名）寄方 タヨルトコロ。ヨスガ。恃

よ・るゐ（名）餘類 アマルタグヒ。ナカマノスヱ。

よろ・ける ケル・ケレ・ケ・ケ・ケロ（自動）（規・四・變）踉蹌クニ同ジ。

よろこば・し シキ・シケレ・シク・シク（形・二）可喜 喜ブベクアリ。快ク嬉シ。

よろこび（名）喜（一）ヨロコブコト。（二）コトホギ。イハヒ。賀

よろこ・ぶ ブ・ベ・バ・ビ・ベ（自動）（規・一）喜 悅 快ク感ズ。嬉シク思フ。

よろこ・ぶ ブル・ブレ・ビ・ビ・ビヨ（自動）（規・三）喜 前條ノ

ノ鰈、「喜ビ笑」
〔よろこぼし・し・シキ・シケレ・シカラ・シク (形・二) 可喜 よろこばし ニ同ジ。「岩浪ト共ニ、よろこぼしき心ゾ、立チカヘル」〕
〔よろこぼ・ふ・フ・ヘ・ヘ・ヒ・ヘ (自動) (規・二) 喜 よろこぶノ延。「ヨロコボヒテ思ヒケラシトゾ、言ヒ居リケル」〕
よろし・シキ・シケレ・シク・シク (形・二) 宜 可シトスベシ
よろしく (副) 宜 〔宜シノ副詞法〕 其方ヲ示シ合ハスル意ヲイフ語。此ノ方法ノ如ク。漢籍讀ノ上ニテハ、再ビ還リテ、ベシト讀ム。「宜レ勉」
〔よろづ (名) 針魚 さよりノ古名。和名抄「針魚、波利乎、一云、與路豆」〕
よろづ (數) 萬｜万 〔よろハ具ノ意ト云、つハ箇ナリ〕 千ヲ十倍セル數。萬。「一世」一ノ事」
よろづ (副) 萬 スベテ。コトゴトク。「一善シ」
〔よろひ (名) 具 具フ 具ゾロヒ。「箱、一 よろひニ、燒物入レテ」〕
よろひ (名) 鎧甲 〔前條ノ語意〕 (一)戰ニ着ル衣、古ヘ、革ニテ作ル、後世ハ、多クハ、札トイフ薄キ鐵片ヲ絲ニテ緘シテ綴リテ作ル。(二)又、具足、胴丸、腹卷、桶側胴、ナドイフモノニ對シテ稱スルモノハ、袖、籠手、佩楯等ノ具備シタルヲイヒ、殊ニ、胴ハ、前、後、左ノ三面アリテ、右ハ脇楯ヲ當ツ、大將ノ用ナリ。
よろひ-どほし (名) 鎧通 戰陣ニ、太刀、脇指ノ外ニ佩アル小ク短キ刀、敵ト組ミタルトキ刺スニ用キル。刺刀
よろひ-ひたたれ (名) 鎧直垂 直垂ノ一種、大將ノ、鎧ノ下ニ着ルモノ、袴、短ク、袴ト袖トノ端ヲ括緒ニテ括ル、錦、生絹、練絹、ナドニテ製ス。戰袍
よろひ-むし (名) 甲蟲 脊ニ堅キ皮ノアル蟲類。
〔よろ-ふ・フ・ヘ・ヘ・ヒ・ヘ (自動) (規・二) 具 ソナハル。揃フ。具足ス。「取リ與呂布、天ノ香具山」〕
〔よろ-ふ・フ・ヘ・ヘ・ヒ・ヘ (他動) (規・二) 〔身ニ具フ意〕 鎧ヲ着ル。擐甲〕
よろぼ-ふ・フ・ヘ・ヘ・ヒ・ヘ (自動) (規・二) 踉蹌 ヨロヨロ歩ム。ヨロメク。
よろん (名) 輿論 〔輿人之論、輿、多也衆也〕 世上ノ多人數ノ相同ズル論。
よろめ-く・ク・ケ・カ・キ・ケ (自動) (規・二) 踉蹌｜蹣跚 蹈固メ難キ狀ニテ歩ム。ヨロボフ。ヨロケル。(老人、病人、醉人、ナドニ)
よろよろ (副) 踉蹌 ヨロメキ行ク狀ニイフ語。
よわごし (名) 脇 〔弱腰ノ義〕 オビシバリ。腰ノ左右ノ虛肉ノ處。
よわ-し・キ・ケレ・ク・シ (形・二) 弱 〔柔シニ通ズト云〕 敗レ易シ。保チ難シ。モロシ。強カラズ。スコヤカナラズ。「カ一」心一」身一」
よわたり (名) 世渡 世ヲ過シ行クコト。ヨスギ。スギハヒ。クチスギ。渡世。送生 生計
〔よわた-る・ル・レ・ラ・リ・レ (自動) (規・二) 夜渡 夜ヲ過ギ行ク。「一月ノ、入ラマクモ惜シ」〕
よわ-む・ム・ム・メ・メ・メ (他動) (規・二) 弱 弱クナス。
よわめ (名) 弱目 ヨワルキザシ。「一ニツケコム」
よわよわ-し・シキ・シケレ・シク・シク (形・二) 甚ダ弱キ狀ナリ。
よわり (名) 弱 ヨワルコト。オトロヘ。
よわ-る・ル・レ・ラ・リ・レ (自動) (規・二) 弱 (一)弱クナル。オトロフ。衰弱 (二)俗ニ、困ル。困殺
〔よゐ (名) 夜居 夜、起キテ居ルコト。「一ノ加持ノ僧」〕
よゐん (名) 餘韻 アマルヒビキ。ノコルアヂハヒ
〔よをり (名) 節折 陰曆、六月晦日ノ公事、神祇官ヨリ御贖物ヲ奉ル、命婦、竹ヲ以テ 主上ノ御長ヨリ處處ノ寸法ヲ取リテ、宮主ニ切リアテガハセテ、御祓ヲ勤ム。〕
〔よをろ (名) 膕 よぼろニ同ジ。「よをろ筋ヲ斷セシタレバ、逃グベキヤウナシ」〕

ら

ら 五十音圖、良行第一ノ假名。此一行ノ假名、ら、り、る、れ、ろノ五音ハ、其發聲、舌ヲ卷キ上顎ヲ擦リテ出デ、母韻ト熟シテ成ル。日本語ニテハ、此五音ノ、一語ノ首ニアルコト無シ。らノ音ハ、下ニうヲ又ハふ(らうトモ呼ブモノ)アルトキハ、ろノ如ク響クコトアリ、らうおい(老人)ノ如シ。
らふそく(蠟燭)ノ如シ。
〔ら (名) 羅 ウスモノ。ウスハタ。甚ダ薄ク織リタル絹布。「御經ヨリ始メ、玉ノ軸、らノ表紙」〕
ら (名) 騾 驢馬ト常ノ馬ト交リテ生メルモノ、強健ナリ、然レドモ更ニ孳殖スルコト無シ。

ラ (名) 庪羅ノ條ヲ見ヨ。

ら (接尾) 等 名詞、代名詞、ニ添ヘテ物事ノ數アルヲ示ス接尾語。其數ノ限リヲ列ヌルニモイヒ、其外ニモアルヲ略スルニモイフ。(コレヲ內等、外等、トイフ)「我ー」彼ー」少女ー」コレー」ソレー」又、物事ヲ大凡ニ指シテイフ意ニモ用ヰル。「ココー」アチー」幾ー」今日ー」

〔ら〕 (接尾) 語ノ末ニツケテイフモノ、意味ナシ。「侘シーニ」世ニ稀レーニ」雪トーモナル」子ヲー」妻ヲー」野ー」夜ー」筆ノ先ー」

〔ラアケン〕 (名) 〔蘭語、Laken.〕 羅紗ノ類。

らい (名) 鳥ノ名、アハウドリ。

らい (名) 雷 イカツチ。カミナリ。

らい (名) 癩 ライビヤウ。

らい (接頭) 來 次ニ來ベキ。「ー明治幾年」ー春」

らい (接尾) 來 コノカタ。以來。「去年ー」十年ー」數日ー」

らい-い (名) 來意 來狀ノ中ノ趣意。

らい-う (名) 雷雨 雷、鳴リテ、雨降ルヿ。

らい-が (名) 來駕 來リ訪フヿノ敬語。

らい-かう (名) 來迎 佛菩薩ノ靈ノ、現ハレテ來リ迎フルヿ。

らい-ぎ (名) 來儀 (一)來リ到ルヿ。「鳳凰ー」(二)來ルヿノ敬語。

らい-きやく (名) 來客 訪ヒ來レル客。來賓

らい-くわ (名) 雷火 雷落ヨリ起リタル火災。

らい-ぐわん (名) 雷丸 植物、竹林ノ土中ニ生ズ、大ナルハ栗ノ如ク、小キハむくろじノ如ク、重クシテ堅實ニ、外、黑ク、內、白シ、藥用トス。

らい-げつ (名) 來月 今月ノ次ニ來ベキ月。

らい-こう (名) 來貢 來朝シテ貢物ヲ奉ルヿ。

〔らい-し〕 (名) 櫑子|罍子 酒器、高坏ニ似テ、緣、高ク、內ハ朱漆、外ハ黑漆ニテ、螺鈿ナドニシ、蓋アルモノト云。或ハ、果、筍、ナドヲモ盛ル。

〔らい-し〕 (名) 禮紙 カケガミ。書狀ノ上ヲ卷ク白紙、更ニ其上ニ包紙ヲ用ヰル。(ひねりぶみニイフ)

らい-じう (名) 雷獸 貂鼠ニ同ジ。

らい-しや (名) 來車 車ニ乘リテ來リ訪フヿ。

らい-じやう (名) 來狀 送リ來レル書狀。來書

らい-しゆん (名) 來春 來年ノ春。來陽。明春

らい-しよ (名) 來書 來狀ニ同ジ。

らい-せ (名) 來世 三世ノ條ヲ見ヨ。

++らい-だ (名) 懶惰ノ百姓讀。

らい-だう (名) 禮堂 寺ニテ、禮拜讀經スル所。

らい-だん (名) 來談 訪ヒ來テ話スヿ。

らい-てい (名) 雷霆 イカツチ。カミナリ。

らい-てう (名) 來朝 外國人ノ、此國ノ朝廷ヘ使者トシテ來ルヿ。來聘。

らい-てう (名) 雷鳥 ライイトリ。

らい-でん (名) 雷電 カミナリ、イナヅマ。

らい-どう (名) 雷同 〔雷之發聲、物無不同時應者也〕 思慮ナク他ノ論ニ同意スルヿ。

らい-ねん (名) 來年 次ニ來ベキ年。明年。

らい-の-とり (名) 雷鳥 ライテウ。高山ノ頂、這松ノ間ニ棲ム、大サ常ノ雌鷄ノ如クニシテ羽色、黃黑斑、又ハ淡紅、或ハ白毛ヲ雜フ、眼ノ上ニ美シキ赤斑アリ、喉ノ下白ク、全脚及ビ指ニ、淡褐毛或ハ白毛ヲ生ズ、冬ハ、全身、白ク變ズ、高ク飛ブヿ能ハズ。松鷄

らい-はい (名) 禮拜 禮シテ拜ムヿ。佛道ニテハ、兩膝兩肱ヲ地ニ着ケ、低頭合掌ス。

らい-はう (名) 來訪 我ガ家ヘ來リ訪フヿ。

らい-ひん (名) 來賓 來客ニ同ジ。

らい-びやう (名) 癩病 古言、カタヰ。皮膚ノ病ノ名、遺傳病ニシテ、最モ醜キモノ、痒キヿ甚シク、乾キテ白ク、薄キ痂ヲ生ジ、次第ニ深クシテ、後ニ全身腐爛ス。天刑病。フクヨシ。モノヨシ。カツタヰ。

らい-ふ-せき (名) 雷斧石 太古ノ民ノ刃物ニ用ヰタルモノトテ、往往、土中ヨリ得ル一種ノ石器、質、堅密ニシテ、形、平タク長ク、一邊ハ薄クシテ刃ヲナス、大小アリ、長サ一寸許ヨリ七八寸ニ至ル、黑、褐、灰、綠、等、種種アリ。カミナリノマサカリ。テングノマサカリ。

ライフル (名) 〔英語、Rifle.〕 施條銃。

らい-へい (名) 來聘 來朝ニ同ジ。

らい-めい (名) 雷鳴 雷、鳴ルヿ。カミナリ。

らい-めい (名) 雷名 世ニ鳴リワタル名。

らい-やう (名) 來陽 來春ニ同ジ。

らい-ゆ (名) 來諭 來狀ニテノ諭言。

らい-よけ (名) 雷除 カミナリヨケ。避雷

らい-らく (名) 雷落 カミトケ。雷ノ地ニ落ツルヿ。

らい-らく (副) 磊落 人ノ所行ノ、公ニ顯ハシテ、匿サヌニ爲ル狀、又ハ、氣質ノ、打開ケテ、細事ニ拘ハラヌ狀ニイフ語。

らい-りん (名) 來臨 我ガ家ヘ來ルコ。(敬語)

らい-れき (名) 來歷 其物事ノ年月ヲ歷來レル次第。由來。由緒。來由。履歷

ラウ (名) 羅宇 〔初メ、支那ノ西南、安南ノ西北ナル老撾國(Lao.)ノ黑斑竹ヲ渡シテ用ヰシニ起ル〕烟管ノ火皿ト吸口トノ間ヲ接ク竹管、矢竹ヲモチヰル。又、ラオ。ラオダケ。烟管竹

らう (名) 廊 ホソドノ。アユミドノ。廊下。

らう (名) 牢 ヒトヤ。罪人ヲ捕ヘテ籠メ置ク家。牢屋。獄屋。囚獄。獄

らう (名) 郞 (一)男子ノ稱。ワカモノ。(二)男子ノ生レタル順序ニ從ヒテ、數字ノ下ニ付ケテ名ニ呼ブ語。「太ー」次ー」三ー」(三)夫。

らう (名) 勞 (一)勤メ。イタヅキ。年功。ホネヲリ。事慣レタルコ。「年月ノらう數ヘラレ侍ルニ」女モ、イト、らうアル人ナリケリ」宮仕ヘノー」(二)勞症。

〔らう-あん (名) 諒闇ニ同ジ。「天ノ下らうあんニナリヌ、ハカナクテ、年モ暮レヌ」

らう-えい (名) 朗詠 詩文中ノ警作數句ヲ訓譯シテ、節ヲツケテ歌フモノ。又、三十一字ノ和歌ヲモ歌フ。

らう-えん (名) 狼煙 トブヒ。ノロシ。

らう-か (名) 廊下 ホソドノ。アユミドノ。家ノ內ニテ往來ニ用ヰル處。廊

らう-がい (名) 勞咳 勞症ニ同ジ。

〔らう-がはし・しキ・しケレ・シク・シ (形・二) 亂〔字ノ音ノ音便〕ミダリガハシ。ムサクルシ。「日頃、側ノ香、盛リスヱテ行ヒツルニ、俄ニ投ゲ散ラシ、數珠モ卷キテ打チアゲナド、ラウガハシヤニ、イトゾアヤシキ」ラウガハシキ大路ニ立チオハシマシテ」

らう-かん (名) 琅玕 寶石ノ名、玉ニ次ギテ美シ、五色アリト云、青ー、多シ。

らう-がん (名) 老眼 老イテ衰ヘタル眼力。

らう-くん (名) 郞君 (一)ワカトノ。トノゴ。(二)妻ヨリ夫ヲ稱スル語。

〔らう-げ (名) 勞氣 イタヅキヤマヒ。「らうげ、俄ニ發リテ、イタクナムワヅラフ」

らう-ご (名) 老後 年老イテノ後。「ーノ樂ミ」

らう-こう (名) 老功 老人ノ年功。老練

らう-こし (名) 牢輿 囚人ヲ送ル輿。

らう-し (名) 牢死 入牢ノ中ニ死ヌルコ。獄死

らう-し (名) 浪士 浪人ニ同ジ。

らう-しん (名) 老臣 家老ニ同ジ。

らう-じん (名) 老人 オキナ。トシヨリ。

らう-じん-せい (名) 老人星 南極星ノ異名。

らう-しや (名) 牢舍 (一)牢屋。(二)入牢。「ー申付ク」

らう-しやう (名) 勞症 病ノ名、肺ノ、結核ニ罹レルモノ、咳ヲ發シテ、體、次第ニ勞ル。勞。勞咳。 肺勞 勞瘵

〔らう-しやく (名) 狼藉 滅門ノ條ヲ見ヨ。

らう-す・スル・スレ・セ・シ・セヨ (自動) (不規・二) 勞 イタヅク。ホネヲル。

〔らう-ず・ズル・ズレ・ゼ・ジ・ゼヨ (他動) (不規・二) 領 領スニ同ジ。「因幡守ナルガらうずる莊ニ、ハカナウ作リナル家ナリケリ」自ラらうずる所ニ侍ラネド、又知リ傳ヘ給フ人モアケレバ」

らう-すゐ (名) 老衰 老イテ身ノオトロフルコ。

らう-せい (名) 老成 オトナビタルコ。

らう-せい (名) 牢晴 好ク晴レタル天氣。

らう-せう-ふぢやう (句) 老少不定 老イタルモ少キモ、死期定マラズ。人ノ命數ハ甚ダハカナシ。

らう-ぜき (名) 狼藉 〔狼、藉ㇾ草而臥、離披雜亂〕(一)ミダリガハシキコ。器具ナドノ、算ヲ亂シタル狀ヲイフ語。(二)理不盡ニ他ヲ犯スコ。亂暴。「ーニ及ブ者」

らう-そく (名) 老足 老人ノ步ミ。

らう-たい (名) 老體 老イタルカラダ。年寄ノ身。

らう-だう (名) 郞黨 郞等ニ同ジ。

ラウ-だけ (名) 羅宇ノ條ヲ見ヨ。

〔らう-たし・キ・ケレ・ク・シ (形・二) 〔勞、甚シ、ノ約ト云〕イタハシ。アイラシ。カハユラシ。「らうたしト思ヒシ子ドモ失ヒテ」イトラウタゲナル髮ドモ」無禮シト思ボサデ、ラウタウシ給ヘ」可憐

らう-ぢゆう (名) 老中 德川氏ノ制ニ、執政第一ノ職、加判ノ列、數人ヲ置ク。

らう-ぢよ (名) 老女 武家ノ奧向ニテ、侍女ノ長タル

職。

らうどう (名) 勞動 ハタラキ。ホネヲリ。

らうどう (名) 郎等 ワカモノ。家ノ子。ゲライ。郎黨。從者

らうどく (名) 朗讀 ヨミアグルヿ。

らうにん (名) 浪人 仕官職祿ナクシテ流浪スル侍。浪士。遊士

らうにやく (名) 老若 (一)老人ト若者ト。「—男女」老幼 (二)老中ト若年寄ト。

らうぬけ (名) 牢脫 牢ヲ脫ケテ逃ルルヿ。脫監

らうねん (名) 老年 老イタル年。年寄リタルヿ。

らうば (名) 老婆 老イタル女。オウナ。ババ。

らうばい (名) 狼狽 アワツルヿ。ウロタヘサワグヿ。

らうばしん (名) 老婆心 クダクダシキ心切。思ヒ過シタル心添ヘ。セワヤキゴコロ。

らうはらひ (名) 牢拂 牢屋ノ罪人ヲ悉ク放ツヿ。

らうびやう (名) 老病 老衰ヨリ起ル病。

らうほ (名) 老舗 シニセ。

らうぼ (名) 老母 年寄リタル母。

らうまう (名) 老耄 オイボルルヿ。

らうや (名) 牢屋 牢、トイフニ同ジ。ヒトヤ。

らうや (名) 老爺 トシヨリ。オヤヂ。

らうやくにん (名) 牢役人 牢ヲ守ル役人。獄吏

らうやぶり (名) 牢破 牢ヲ破リテ逃ルルヿ。破獄

らうらう (名) 浪浪 流浪ニ同ジ。

(らうらう・じ・ジキ・ジケレ・ジク・ジシ) (形・二) 〔勞勞ノ音ヲ活用ス〕イタツガハシ。物ニ功者ナリ。「カタクナニハアラデ、サヤウノ事ニ、ラウラウジカリケルガ」男君達、十ナルハ、云云、イトラウラウジウ、物ノ心、ヤウヤウ知リ給ヘリ」

らうりよく (名) 勞力 ホネヲリ。ハタラキ。

らうれん (名) 老練 老功ニ同ジ。

(らうろう) (名) 牢籠 窘シミ困ルヿ。「胸潰レテ、斯ル折ノらうろうナラズバ、エマキルマジク、ケハヒ恥カシク思ヘモ」義仲、都ニテ、狼藉斜ナラズ、人民牢籠シテ、貴賤安キヿナシ」

ラオ (名) 羅宇 羅宇ノ條ヲ見ヨ。

ラカン (名) 羅漢 阿羅漢ノ略。其條ヲ見ヨ。

ラカン (名) 臘乾 〔字ノ廣東音ト云〕豚ノ股ノ肉ヲ、火ニ燻ベテ固メタルモノ。

ラカンしよう (名) 羅漢松 イヌマキ。

ラカンはく (名) 羅漢柏 アスハヒノキ。

ラカンまき (名) 羅漢槇 高野槇ニ同ジ。

らぎやう (名) 羅行 五十音ノら、り、る、れ、ろ、ノ行ノ稱。

らく (名) 樂 (一)身心ノ安クシテ樂シキヿ。(二)タヤスキヿ。ヤサシキヿ。「—ナ仕事」容易

らく (名) 酪 ニウノカユ。牛羊等ノ乳ヲ製煉シタルモノ、凝リテ蠟ノ鎔ケタルガ如ク、味、甚ダ甘シ。ボオトルパタ。

らくいん (名) 落胤 オトシダネ。

らくえき (名) 絡繹 ツラナリツヅクヿ。

らくえふ (名) 落葉 オチバ。

らくえふしよう (名) 落葉松 ノシマツ。

らくがき (名) 落書 樂書 〔落書ノ轉〕門壁ナドニイタヅラ言ヲ書キツクルヿ。漫題

らくがん (名) 落雁 (一)雁ノ、列ヲナシテ、地ニ下ラムトスルヿ。「堅田ノ—」(二)乾菓子ノ名、炒粉ニ砂糖ヲ加ヘ、模ニ入レテ、種種ノ形象ニ作レルモノ。炒米糕

らくきよ (名) 落居 (一)事ノ落チ居ルヿ。オチツキ。(二)裁判ノ決スルヿ。落着。落許。

らくくわ (名) 落花 チリバナ。散リ落ツル花。

らくぐわい (名) 洛外 洛中ノ條ヲ見ヨ。

らくくわしやう (名) 落花生 草ノ名、蔓、莖、葉、共ニ扁豆ニ似テ、花ヲ開キ地ニ落ツ、一花、地ニ就キテ一果ヲ結ブ、子ノ形、そらまめニ似テ、稍、ネヂレ、大サ寸餘、灰白色ニシテ、文理、堆シ、炒リテ皮ヲ剝ゲバ、中ニ二四子アリ、淡褐色ニシテ、形、味、香美ナリ。タウジンマメ。落地生。

らくくわん (名) 落款 〔落成ノ欵ノ義〕書畫ノ落成ノ證トシテ筆者ノ名ヲ記スヿ。

らくご (名) 落語 オトシバナシ。

らくさつ (名) 落札 入札ノ、己ガ手ニ落チタルヿ。己ガ入札ニ定マリタルヿ。

らくじ (名) 落字 ヌケジ。書キ漏ラシノ字。脫字

らくじつ (名) 落日 入日。夕日。

らくしやう (名) 落掌 落手ニ同ジ

らくじやう (名) 落城 城ノオチイルヿ。城陷

らく-ちゆ (名) 落首 〔落書ノ一首ノ意〕 詠者ノ名ヲ匿シタル嘲弄ナドノ戲歌。

らく-ちゆ (名) 落手 手ニ入ルヿ。請取リタルヿ。

らく-ちよ (名) 落書 オトシアミ。

らく-ちよく (名) 落飾 髮ヲ剃シテ佛門ニ入ルヿ。

らく-せい (名) 落成 作リテ成就スルヿ。デキアガリ。

らく-せき (名) 絡石 テイカカツラ。

らく-せき (名) 落籍 名前ヲ除キテ身ヲ引クヿ。

らく-だ (名) 駱駝 (一)獸名、亞細亞及ビ亞非利加ニ產ズ、形、馬ニ似テ大ク、高サ八尺許、頭、羊ニ似テ長ク、頸ノ長サ、四尺許、頭ヨリ蹄マデ一丈許、胸ヨリ尾本マデ九尺許、全身褐色、脚、高クシテ、三節アリ、背ニ肉鞍出ヅ、一個ナルト二個ナルトアリ性、順良ニシテ、能ク重キヲ負ヒ遠キニ行キ、且、炎熱飢渴ニ堪フ。(二)俗ニ、大クシテ粗ナルモノノ稱、「一炭」「一餃」

らく-だい (名) 落題 和歌ナド、詠メル心ノ、題ノ旨ニ合ハヌモノ。傍題。

らく-だい (名) 落第 及第ノ條ヲ見ヨ。

らく-だずみ (名) 駱駝炭 土竈炭ニ同ジ。

らく-たん (名) 落膽 力ヲ落スヿ。ガッカリスルヿ。

らく-ち-ちやう (名) 落地生 落花生ニ同ジ。

らく-ちやう (名) 落丁 書物ヲ綴ヅルトキニ、紙ヲ綴ヂ洩ラシタルモノ。脫簡 缺紙

らく-おやく (名) 落着 落チツクヿ。物事ノ定マリ決マルヿ。着落 完結

らく-ちゆう (名) 落中 ミヤコノウチ。京都ノ市街ノ中。京中 其外ヲ洛外トイフ。京郊

らく-ば (名) 落馬 馬ニ乘リタルヨリ落ツルヿ。

らく-はく (名) 落魄 オチブルルヿ。零落。

らく-はつ (名) 落髮 落飾ニ同ジ。

らく-めい (名) 落命 イノチヲオトスヿ。死ヌルヿ。損命

らく-やう (名) 洛陽 ミヤコ。京都。

らくやう-くわ (名) 洛陽花 ヤマトナデシコ。カハラナデシコ。

らく-やき (名) 樂燒 〔豐公、京ノ聚樂第ニアリシ時、朝鮮ノ陶工朝四郎ヲシテ、其地ノ土ヲ以テ燒カシメ聚樂ノ一字ヲ底ニ印セシメシニ起ル〕 手づくねノ土燒ノ陶器、多クハ茶碗ナリ、質、脆クシテ白ク、釉ニ赤、黑ノ二種アリ、くわんにふ細カシ、京都ノ產、今、諸處ニテモ模造ス。

らくらく-と (副) 樂樂 身、心、安クシテ苦ミナク。安易

らく-るゐ (名) 落淚 ナミダヲオトスヿ。

〔ラ-とく〕 (名) 羅國 〔暹羅國、古ヘハ、暹國、羅國、ナリ、其產ナラム〕 香合ニ用ヰル七種ノ香ノ一。

〔ら-ど-せい〕 (名) 羅睺星 九曜ノ星ノ一。

ら-し・シキ・シケレ・シク・シゲ (形・二) 其狀相似タル意ヲイフ語、用法、接尾語ノ如シ。「男ー」「女ー」「人ー」

らし (助動) 〔らむトかしトノ合カ、此語、語尾ノ變化ナシ〕 輕ク推シ量ル意ヲイフ助動詞。「行クー」「見ルー」「受クー」「櫻、散ルー」「霰、降ルー」

ら-ちん-ばん (名) 羅針盤 ジシャクバン。

ラシヤ (名) 羅紗 〔蘭語、Laken rassen.〕 西洋舶來ノ毛織物、羊毛ノ精ナル者ニテ厚ク密ニ織リ成シ、種種ノ色ニ染ム、多クハ衣服ニ用ヰル。哆羅絨

ら-ちやう-もん (名) 羅城門 古ヘ、京都ノ外郭ノ正南ニ設ケタル門。

ラシヤ-めん (名) 羅紗綿 綿羊ニ同ジ。

ラセ-いた (名) 羅脊板 〔蘭語、Kroon rasser. 又ハ、Grof rassen. ノ略カ、板トハ、織物ノ稱、いたものノ條ヲ見ヨ〕 古ク、西洋ヨリ舶來セル毛織物、羅紗ニ似テ、毛、稍、剛ク、地、厚ク太ク積ミテ織目ノ見ユルヿ、吳羅ノ如シ。畢机緞

ラ-せつ (名) 羅切 〔𤵄羅ノ條ヲ見ヨ〕 陰莖ヲ切リ去ルヿ。自宮 割勢

ラセツ (名) 羅刹 〔梵語〕 佛經ニ、人ヲ食フ魔ニテ、黑身、朱髮、獸牙、雁爪、碧眼、ナリト云。

ラ-せん (名) 羅氈 〔羅紗毛氈ノ意カ〕 舶來ノ毛織物、ふらんねるノ如クニシテ、花文ヲ染ム、卓ノ敷物ナドトス。

ら-せん (名) 螺旋 (一)螺ノ殼ノ線ノ如ク旋レル筋。(二)ネヂ。

ら-そつ (名) 邏卒 巡邏ノ卒。

ら-たい (名) 裸體 アカハダカ。マルハダカ。

らち (名) 埒 〔字ノ音〕 馬場ノ周圍ノ柵、〇ーカ明ク。仕事、ハカドル。〔加茂ノ競馬ノ見物人ノ、

待チ侘ビテ言ヘル語ニ𢌞ルト云〕

らちもなし (形) らつしもなしノ音便轉。

らつきよう (名) 薤〔辣韮ノ轉〕古名、オホミラ。今、又、サトニラ。ねぎノ類、葉、一根ニ叢生スルヿ一二尺、ねぎヨリ狹ク細ソク、三稜ニシテ、內、空シ、秋、皺莖ヲ出シ、小紫花、簇リ開ク、にらノ花ヨリ大クシテ、觀ルベシ、實モにらニ似テ、根ハのびるノ如シ、旁ニ多ク子根ヲ生ズ、漬ケテ食用トス、臭氣甚シ。

らつこ (名) 蝲蛄 サリガニ。

ラッコ (名) 獵虎〔蝦夷語ノ音譯字ナルベク思ハル〕海獸ノ名、氷海ノ產、蝦夷海ニ多シ、魚介類昆布等ヲ食トス、大ナルハ五六尺、形、狸ニ似テ、髭アリ、四脚、尾、共ニ短ク、毛色、暗褐ニシテ極メテ柔軟ナリ、四方ニ摩スルニ順逆ナシ、毛皮ノ最上品トシテ、價極メテ貴シ。 海獺

らつちもなし・き・けれ・き・く (形・二) 無臈次〔臈次ノ音便〕次第モ無シ。混雜ナリ。轉ジテ、ラチモナシ。

ラッパ (名) 喇叭〔梵語ナリト云〕樂器、軍器、銅、眞鍮、等ニテ作ル、管ニシテ、吹ク方ハ細ソク、其端ハ闊ク開キテ、聲ヲ大ナラシム。唐人笛。

〔らつぶ (名) 亂舞ノ條ヲ見ヨ。

らでん (名) 螺鈿 屋久貝、蝶貝、鸚鵡貝、ナドノ殼ノ裏面ヲ、種種ノ形象ニ切リ、器物ノ面、殊ニ、漆器ノ面ニ嵌メ込ミテ、飾トスルモノ、色、白ク、紫綠ヲ帶ビテ美シ、後ニハ、蚫ノ殼ヲモ用ヰル。アヲガヒ。

〔らに (名) 蘭 フヂバカマ。ラン。

らはい (名) 羅拜 ツラナリテ拜スルヿ。

ラピス (名) 〔Lapis infernalis.〕硝酸銀。

ラフ (名) 羅葍、萊菔〔梵語ノ音譯字ナラム、羅甸語、Raphanus.〕オホネ。大根。

らふ (名) 臘 陰暦、十二月ノ異稱。「―月」臈―」

らふ (名) 臈〔臘ニ通ズ〕僧家ノ語、僧徒ノ位次ニ、功ヲ積ミタル年ヲ數フル語。又、仕官人ニモ通ジテイフ。「極―」一―」二―」上―」中―」下―」―長ク」

らふ (名) 蠟 專ラ蠟燭ヲ製シ、又ハ、諸器ノ模型ヲ作リ、又ハ器具ニ塗ルナド、種種ノ用ヲ成ス物、白色或ハ淡黃色ニシテ、凝リテ塊ヲ成ス、種類多シ、いぼた蠟ヲ、貝ノ蠟トス、サレド、今、多クハ、うるしノ木ノ實ヲ搗キ、蒸シテ搾リ取ル、其他、やまうるし、はぜうるし、あかめのき、ノ實ヨリモ取ル、其法、大抵同ジ、又、或ハ、蜜蜂ノ巢、又ハ、獸脂、鯨油、ヨリモ取ル。(いぼた蠟、みつ蠟、あかめのき、ノ條、見合ハスベシ)

らふ (名) 鑞 金類ノ器ヲ接グトキニ鎔シテ用ヰルモノ、はんだ―、錫―、眞鍮―、銀―、鉛―、ナドナリ。

らふげつ (名) 臘月 陰暦、十二月ノ異稱。

らふせき (名) 蠟石 礦物、火山ノ凝石ナリ、質、ヤハラカク、多クハ半透明ニシテ、色ハ種種ナリ、專ラ印材ニ用ヰル。 凍石

らふそく (名) 蠟燭 火ヲトボス具、紙捻ニ燈心藪莖ヲ絡ヒテ心(燭心)トシ、蠟ヲ油ニ煉リタルヲ、掌ニテ心ニ塗リカケ、乾シテ又塗リ、數回ニシテ成ル、コレヲ卷掛又ハ生掛トイフ、スベテ、コレヲ塗リ作ルヲ、かけるトイフ、形、圓ク長クシテ、蠟ヲカクル量ニ因テ、太キ、細キ、數等アリ、量ニ因テ幾匁掛トイフ。又、粗製ナルハ、華ノ莖ニ、燈心ヲ卷キテ心トシ、牛脂鯨脂ノ蠟ヲ、筒ニ流シ込ミテ作ル、コレヲ、筒掛、又ハ、牛蠟ナドトイフ。西洋製ナルハ、綿絲ヲ心トシ、製法モ異ナリ。

らふづけ (名) 鑞付 鑞ニテ接ギタルヿ。 釬

らふばい (名) 臘梅 〔臘月開キテ、其香、梅ノ如キ意ト云〕灌木、叢生ス、高キハ丈ニ至リ、枝、葉、對生ス、葉ノ長サ四五寸、狹クシテ尖ル、肌、粗糙ナリ、冬時、九瓣ノ花ヲ開ク、皆、下ヘ向フ、蕚、綠ニ、瓣、細長クシテ尖リ、黃白ニシテ光リ、蜜蠟ノ色アリ、中ニ、小瓣、九出シ、紫黑色ナリ、香、多シ、稀ニ實ヲ結ブ、長サ寸餘、內ニ數子アリ。カラウメ。ナンキンウメ。ランウメ。

〔ラベイカ (名) 羅面絃〔葡萄牙語、Rabeca.〕樂器、絃三筋ニテ、弓ニテ彈クモノ、昔シ、葡萄牙人、渡セリ、即チ、今ノ胡弓、是レナリ。(西洋ニテハ、後ニ四絃トス、今ノ「バイオリン」ナリ)(今ノ三味線ハ、此ノ一變セルニテ、弓ヲ捨テテ、琵琶ノ撥ヲ用ヰタルナリ。

らほつ (名) 螺髮 佛像ノ髮ノ、螺ノ殼ノ筋ノ如ク、縮ミ旋レルモノ。

らま (名) 蘿藦 カガミ。ガガイモ。

らむ・む・め (助動) 動作ヲ推シハカリイフ意ノ助動詞。「行クー」落ツー」見ルラメ」アルラメ」

〔らん (名) 襴 古名、スソツキ。縫掖ノ背後ニ、裔ノ如ク

着クル横幅ノ帛、

らん (名) 鸞 想像ノ鳥ノ名、五彩、鳳ニ似テ、青色多シ、見ハルレバ、天下安寧ナリト云、又云、鏡ニ向ヒテ影ヲ見レバ、鳴キテ舞フト。

らん (名) 亂 (一)ミダレ。辨別ナクナルヿ。「禮ニ始マリ—ニ終ル」(二)世ノミダレ。戰爭。騷動。「國ノ—」

らん (名) 欄 (一)オバシマ。テスリ。欄干。「—ニ凭ル」(二)書籍ノ文字ノ周ノ筋。「—内」—外」

らん (名) 蘭 (一)フヂバカマ。ラニ。(二)アララギ。(三)又、草ノ名、葉、根ヨリ叢生シテ、細長ク、高サ一尺ニ至ル、冬、枯レズ、秋、莖ヲ出スヿ一尺許、一莖ニ數花互生シ、秋ノ初ヨリ半マデ開ク、外三瓣ハ、上、左、右ニ開キテ、背ヘ反リ、内二瓣ハ、相合ヒテ、前ヘ出デ、稍、垂ル、共ニ青黃ニシテ紅線アリ、下一瓣ハ、下ヘ反卷シ、黃白色ニシテ紅點アリ、香氣、高遠ニシテ、甚ダ愛スベシ、多クハ支那種ニシテ、常ニ盆栽トス、春蘭ニ對シテ秋蘭ノ名モアリ、駿河ヨリモ出ヅ、因テ、駿河蘭ノ名モアリ。建蘭

ラン (名) 蘭 阿蘭陀ノ略。「—人」—字」—語」—書」—文」—學」—方」

らん-かん (名) 欄干 オバシマ。テスリ。椽側、階、橋、ナドノ邊ニ臨ム所ニ設ケテ、縱横ニ木ヲ亙セルモノ、飾トモシ、又、人ノ墜ツルヲモ防グ。

らん-ぎく (名) 蘭菊 高サ七八寸、葉ハ、櫻ニ似テ厚ク狹ク小シ、枝、繁クシテ、秋、葉ノ間ニ、細キ莖ヲ出シ、淺紫花ヲ開クヿ、穗ノ如シ

らん-ぎやう (名) 亂行 ミダリナル行跡、

らん-ぎり (名) 卵切 卵麪ニ同ジ

らん-ぐひ (名) 亂杙 杙ヲ次第ヲ亂シテ繁ク地ニ打込ミタルモノ。「—逆茂木」

らん-ぐん (名) 亂軍 入リ亂レタル戰ヒ。 混戰

らん-ぐわい (名) 欄外 欄ノ條ヲ見ヨ。

(らん-けい) (名) 鸞鏡 十二律ノ一、其條ヲ見ヨ。

(らん-ご) (名) 亂碁 賭事ノ戲、石彈キ、ノ類。約メテラゴ。「—サザレ石撒キテ らんお拾フ音ナド聞エケル」「らんお取ラセ給ヒテ、勝タセ給ヘル勝チワザ、云云」

らん-さう (名) 卵巢 子宮ノ兩側ニ、各、一箇アリテ胎卵ヲ藏スル處、

らん-さう (名) 蘭草 フヂバカマ。

(らん-ざう) (名) 亂聲 樂ニ、笛鐘鼓ヲ盛ニ合奏スルヿ。舞樂ニモアリ、競馬相撲ノ勝方ニテモスルヿナリ。「勝チ負ケノらんざうドモ、ノノシルモ、夜ニ入リハテテ、何事モ見エズナリハテヌ」

らん-ざつ (名) 亂雜 ミダレマジルヿ。混雜、

らん-しん (名) 亂心 モノグルヒ。キチガヒ、

らん-じや (名) 蘭麝 蘭花ト麝香トノ香。「—ノ馨」

らん-しやう (名) 濫觴 〔江始出レ于ニ岷山一、其源可ニ以濫一レ觴、謂ニ始出之微一〕物事ノハジマリ。オコリ。

らん-じや-たい (名) 蘭奢待 奈良ノ東大寺正倉院御藏ノ黃熟香ニ、聖武帝ノ付ケタマヒシ稱、三字ノ中ニ、各、東大寺ノ字アリ

らん-すゐ (名) 亂醉 エヒミダルルヿ。

らん-せい (名) 亂世 ミダレタル世、イクサノ世ノ中。

らん-せい (名) 卵生 卵ニテ生ズルヿ、即チ鳥、魚、蟲、ナドニイヒ、人、獸、ノ胎生ニ對スル稱、

らん-せい (名) 濫製 安リニ粗末ニ作ルヿ。

らん-せう (名) 蘭蕉 ダンドク。

ランセツタ (名) 〔蘭語、Lancet.〕刃針ニ同ジ

らん-だ (名) 懶惰 オコタルヿ。ナマケブシヤウ。

ランタフ (名) 卵塔 蘭塔 〔梵語〕卒堵婆ノ墓、

ラン-ちゆう (名) 〔阿蘭陀ノ蟲ノ意ト云〕金魚ノ一種、體ノ肥エタルモノ。マルコ。金鱐

ランテルン (名) 〔蘭語、Lantern.〕らんぷニ同ジ。

らん-にふ (名) 亂入 ミダレ入ルヿ。妄ニ押入ルヿ。

ランニャ (名) 蘭若 〔梵語、阿蘭若ノ略、無諍、空靜處、ナド譯ス〕寺院ノ稱。

らん-ばう (名) 亂暴 アレマハルヿ。アバレルヿ。

らん-ぱつ (名) 亂髮 ミダレガミ。亂鬢、

ランビキ (名) 蘭引 〔葡萄牙語、Lambique.〕酒類ナドヲ蒸溜セシムル器、和蘭、製ヲ傳フ、其形、鍋ノ上ニ、又一ツノ鍋ヲ蓋トシ、其上ニ冷水ヲ盛ル、下ノ鍋ヨリ、蒸氣昇リテ、蓋ノ裏面ニ達スレバ、水ノ爲ニ冷エテ露トナリ、其裏面ノ一方ニアル口ヨリ流レテ出ヅ。蒸露鑵

らん-ぴつ (名) 亂筆 ミダリニ書キツケタルヿ。

らん-びん (名) 亂鬢 亂髮ニ同ジ

らん-ぶ (名) 亂舞 〔亂、樂之卒章也〕(一)古ヘ、五

節ノ舞ノ後ナドニ、殿上人等ノ、今樣ノ如キ短歌ヲ作リテ、謠ヒ舞フコト。(二)後ニ、能ノ演戲ノ間ニ、ひとさしトテ舞フモノ。ラツプ。

ラムプ (名) 洋燈 (英語、Lamp.) 硝子製ノ、火ヲトボス器、石炭油ヲ用ヰル。

らんま (名) 欄間 天井ト鴨居トノ間ヲ、格子、又ハ、透シ刻リ、ナドニシテ飾リタルモノ。

らんまん (副) 爛漫 花ノ咲キ亂レタル狀ニイフ語。

らんみやく (名) 亂脈 亂レテ辨別ナキコト。亂雜

らんめん (名) 卵麪 蕎麥切ニ、鷄卵ヲ加ヘタルモノ。ランギリ。

らんよ (名) 鸞輿 天子ノ召サルル輿ノ稱。

らんよ (名) 籃輿 カゴ。竹作リノ乘物。

らんよう (名) 濫用 妄リニモチヰルコト。

らんりよう (名) 蘭陵 蘭陵王ニ同ジ。「ーノ舞」

らんる (名) 襤褸 ボロキレ。

らめ (助動) らむノ變化。

らりようわう (名) 蘭陵王 舞樂ノ曲ノ名、支那、北齊ノ蘭陵王長恭ノ出陣ノ舞ト云。略シテ、蘭陵、又、陵王。

らる・ル・ルル・レ・レ・レロ (助動) 被 所 見 他ヨリ動作ヲ仕掛ケラレテ、我レ、受身トナル意ヲナス助動詞、「立テー」伏セー」見ー」(篇首ノ語法指南ノ助動詞ノ條ヲ見ヨ)

らる・ル・ルル・レ・レ・レ (助動) 得 動作ノ、已ガ力、能ク爲シ得ル意ヲ云フ助動詞、「逃ゲー」立テー」(篇首ノ語法指南ノ助動詞ノ條ヲ見ヨ)

られつ (名) 羅列 ツラナルコト。ナラブコト。

り

り 五十音圖、良行第二ノ假名、らノ條ヲ見ヨ。

り (名) 理 コトワリ。物事ノスヂ。道理。ワケ。

り (名) 里 (一)家數、五十戶一在所ノ稱。(二)段別、三十六町步ノ稱。(三)道程ノ名、古ヘハ、三百步(凡ソ、今ノ六町)後世ハ、三十六町トス。其半ヲ半道トイフ。今モ、奧州ニテハ、古ノ六町ナルヲ小道トイヒ、三十六町ナルヲ大道トイフ。中世ニ、又、四十町、四十八町、五十町、六十町、七十二町ナルモアリキ。(四)航海者ノ海上ニ用ヰルヲ海里トイフ、一緯度ノ六十分ノ一ニテ、十六町、九七五、ニ當ル。海里ノ十分ノ一ヲ鏈トイフ。

り (名) 利 (一)便好キコト。都合ヨキコト。「我ニーアリ」(二)戰ニ勝ツコト。勝利。「ーヲ失フ」(三)得分。利益マウケ。「商ノー」(四)利息。利子。

り (名) 釐 (一)俗ニ、略シテ厘ト書シ、りんトモ呼ブ、尺度ノ名目、分ヲ十ニ分テル一ツ。十毛。(二)秤目、或ハ、錢目ニ、分ヲ十ニ分テル一ツ。十毛。(三)新貨ニ、一錢ヲ十ニ分テル一ツ。十毛。

り・ム・レ・ラ (助動) 過去ノ意ヲイフ助動詞、意ハつ、ぬ、たり、ニ同ジ、但シ、規則動詞ノ第一類ノ第三變化ニテミ添ヘテ用ヰル「行ケり」押セる」立テれバ」進ヘら・ム」住メり」取レる」ノ如シ。(篇首ノ語法指南ノ助動詞ノ條ヲ見ヨ)

りあげ (名) 利上 貸物借錢ノ、期月滿チタル時、利息ノミ拂ヒテ、更ニ期限ヲ延バスコト。上利 還息

りあひ (名) 理合 理ノオモムキ。道理ノ程。

りいう (名) 理由 スヂ。ワケガラ。

りう (名) 流 藝術ニ、特ニ、其家其人ニテ立ツル方法。「新陰ー」遠州ー」小笠原ー」

りう (名) 龍 りゆうノ條ヲ見ヨ。

りウ (數) 六 (字ノ唐音) ムツ。六ツ。(猜拳ノ語)

りう (接尾) 旒 旗ヲ數フルニイフ語。「白旗一ー」

りういん (名) 留飮 飮食、胃ニ留リテ消化セズ、腐リテ酸キ液ヲ釀スモノ。酸敗液。

りうえい (名) 柳營 (漢ノ將軍周亞夫、細柳ニ營セシ故事) 將軍ノ居所ノ稱。幕府。

りうかう (名) 流行 世ニ行ハルルコト。ハヤリ。

りうがく (名) 留學 外國ニ在留シテ學問スルコト。

りうぎ (名) 流儀 藝術ニ、特ニ其流ニ傳ヘ來ル儀。

りうきうおもて (名) 琉球表 疊表ノ一種、琉球ニ産ズルモノ、燈心草ノ太サ一分餘ノモノニテ織ル、今、常ニハ、內地ニテ、七島藺ニテ織レルモノヲ稱ス、九州四國ニ多ク産ズ、莖太キガ故ニ、割キテ織ル、下品ナレドモ、甚ダ强シ、貧家ニ用ヰ、或ハ、荷ノ上包ミトス。

りうきうつむぎ (名) 琉球紬 紬ノ一種、琉球ヨリ産ズルモノ、强シトテ珍重ス。

りうきど (名) 劉寄奴 きりんさうノ條ヲ見ヨ。
りうぐう (名) 流寓 サスラヒテ他郷ニ住ムコト。
りうくわ (名) 硫化 化學ノ語、硫黄ト化合スルコト。
りうげん (名) 流言 イヒフラスコト。根無シ言ノウハサ。
りうご (名) 輪鼓 〔或ハ、輪子、立鼓、立瓠〕 長クシテ、中ノ括レタル形、即チ鼓ノ胴ノ形シタル形。
〔りうごう〕(名) 林檎ニ同ジ。和名抄「林檎、利宇古宇」
りうさん (名) 硫酸 硫黄ト酸素トノ化合。
りうざん (名) 流產 胎兒ノ、既ニ形ヲナシタレドモ、月數、滿タズシテ、死シテ生ルルコト。半產。小產。其未ダ形ヲ成サズシテ墮ルルヲ血荒ト云フ。
りうし (名) 流矢 ナガレヤ。ソレヤ。
りうじよ (名) 柳絮 柳ノ花ノ絮。
りうすゐ (名) 流水 ナガルルミヅ。ナガレ。
りうせい (名) 流星 (一)ヨバヒボシ。夜中、中天ヲ過グル星ノ如キモノ、光リテ、奔リ飛ビ、其痕白シ。ハシリボシ。(二)烽火、花火ノ、光ノ奔リテ星ノ如キモノ。流星火
りうたい (名) 流體 固體ノ條ヲ見ヨ。
〔りうたつぶし〕(名) 隆達節 俗謠ノ名、泉州堺ノ僧隆達始ム、小唄ノ祖トス。
〔りうたん〕(名) 龍膽ニ同ジ。「りうたんノ、花トモ人ヲ、見テシガナ、枯レヤハツル、霜ガクレツツ」
りうちやう (名) 流暢 スラスラトシテ澁ラヌコト。
りうつう (名) 流通 ナガレカヨフコト。ツカヘズトホルコト。

りうてい (名) 流涕 ナミダヲナガスコト。落涙。
りうどうたい (名) 流動體 固體ノ條ヲ見ヨ。
りうび (名) 柳眉 美人ノ眉ヲ稱スル語。
りうへい (名) 流弊 惡シキナラハシ。
りうべつ (名) 留別 旅立ツ人ノ、後ニ留マル人ニ別レヲ告グルコト。
リウマチス (名) 流麻質斯 〔Rheumatism.〕 病ノ名、人體ノ筋關節等ニツキテ、甚ダ痛ム、殊ニ臀膝肩等ノ大關節ニ發ス。風疾 風毒
りうみん (名) 流民 他郷ヘ流離スル民。
りうん (名) 利運 利ヲ得ル運命。
りうよう (名) 流用 融通シテ用ヰルコト。クリカヘ。
りうり (名) 流離 サスラフコト。サマヨフコト。
りうれい (名) 流例 慣ヒ來レル例。舊例。
りうれん (名) 流連 遊ビツクルコト。ホツツケ。
りえき (名) 利益 得分。利分。マウケ。
りえん (名) 離緣 夫婦養父子等ノ間ノ緣組ヲ絕ツコト。
りえんじやう (名) 離緣狀 離緣スル妻ニ、其由ヲ記シテ與フル證書。去狀。後俗、其文ヲ三行半ニ記スモノトス。休書
りかい (名) 理解 理ヲ說キ分クルコト。
りかう (名) 履行 法ノ如ク執リ行フコト。
りがく (名) 理學 物理學、天文學、化學、地質學、生理學、解剖學、博物學、等ノ總稱。
りかん (名) 離間 他ノ交リノ間ヲ隔ツルコト。

りきし (名) 力士 相撲ヲ行フ者。スマフトリ。
〔りきしや〕(名) 力者 駕丁ノ類。後ニ訛シテ、陸尺。
りきむ・ム・メ・マ・ミ・メ (自動)(規.一) 力 力ノ强キ狀ヲ示ス。
りきゆう (名) 離宮 天子出遊ノ地ニ設ケテアル宮殿。
りきりやう (名) 力量 人ノ力ノ程。
りく (名) 陸 クガ。ヲカ。(海ニ對ス)
りく (數) 六 ムツ。ロク。
りくあげ (名) 陸揚 船荷ヲ陸ヘ揚グルコト。
りくうん (名) 陸運 陸地ノ上ニテ運ブコト。(海運ニ對ス)
りくかう (名) 陸行 陸路ヲ行クコト。(舟行ニ對ス)
りくがふ (名) 六合 天地四方ヲ合ハセテイフ稱。
りくぐん (名) 六軍 天子ノ率ヰ給フ軍勢ノ稱。
りくぐん (名) 陸軍 一國陸上ノ軍備。
りくぐんしやう (名) 陸軍省 陸軍ノ事ヲ總ブル省。
りくけい (名) 六經 經書ノ條ヲ見ヨ。
りくげい (名) 六藝 支那ニテ、禮、樂、射、御、書、數、ノ六種ノ藝ノ稱。
りくこくし (名) 六國史 日本書紀、(神代ヨリ持統マデ)續日本紀、(文武ヨリ桓武ノ延曆十年)日本後紀、(延曆十一年ヨリ淳和)續日本後紀、(仁明一代)文德實錄、(文德一代)三代實錄、(清和、陽成、光孝)ノ六種ノ國史ノ稱。
りくしん (名) 六親 父、母、兄、弟、妻、子、ノ稱。

りく-せん (名) 陸戰 陸地ノタタカヒ。(水戰ニ對ス)
りくぞく (副) 陸續 引キツヅキテ。
りく-たう (名) 六韜 支那ニテ、兵書ノ名、周ノ太公ノ書、文韜、武韜、龍韜、虎韜、豹韜、犬韜、アリ。又、前漢ノ張良ガ黃石公ヨリ受ケタリトイフ三略アリ。(上略、中略、下略)
りく-ち (名) 陸地 クガ。ヲカ。
りくつ (名) 理窟 (一)コトワリ。スヂ。道理。理 (二)頑ニ條理ヲ守リテ言張ルヿ。
りく-てう (名) 六朝 支那ニテ、呉、(三國ノ)東晋、宋、齊、梁、陳、(以上南朝)ノ六朝ノ稱、皆、相繼ギテ今ノ南京ノ地ニ都シタレバ合稱ス。
りく-でん (名) 陸田 ハタ。バタケ。
リクンカムイ (名) 唐太島ニ棲ム獸ノ名、熊ニ似テ靑ク、雙角アリト云。
りく-りよく (名) 戮力 力ヲ合ハスルヿ。協力。
りく-ろ (名) 陸路 クガヂ。(舟路ニ對ス)
りくわい (名) 理會 道理ヲ會得スルヿ。合點。
り-げん (名) 俚言 サトビコトバ。土地ノ訛言。俚語。
り-こ (名) 利己 オノレニ利スルヿ。一己ノ利ヲ謀ルヿ。
り-こう (名) 利口 (一)巧ニ物言フヿ。(二)サカシキヿ。カシコキヿ。利發。怜悧
り-こん (名) 利根 利發ナル性、カシコキ心。
り-ざい (名) 理財 金錢ノ用キヲ取締ルヿ。經濟。
り-さん (名) 離散 ハナレチルヿ。チリヂリニナルヿ。
〔りし〕(名) 律師ニ同ジ。「故母御息所ノ御セウトノりしノ籠リ給ヘル坊ニテ」

り-し (名) 利子 利息ニ同ジ。
り-しやう (名) 利生 佛經ノ語、衆生ニ利益スルヿ。
り-じゆん (名) 利潤 利益。マウケ。
り-す (名) 栗鼠 (字ノ音ノ轉) キネズミ。
り-すう (名) 里數 一里二里トカゾフル數。
り-すゐ (名) 利水 水ノ通ヒヲ善クスルヿ。
り-せい (名) 里正 村長。庄屋。
り-そく (名) 利息 利足 金錢ノ借用ニ對シテ拂フ報酬ノ金。利。利金。利子 息
り-たう (名) 利刀 切ルル刀。ワザモノ。
り-たつ (名) 利達 出世。立身。「富貴一」
〔りち〕(名) 律ニ同ジ。「一ノシラベ」
り-ちぎ (名) 律儀 固ク禮儀道理ヲ守ルヿ。實直
りつ (名) 律 (一)又、リチ。音樂ノ調子、十二律ノ條ヲ見ヨ。(二)刑ニ處スル制。(律令格式ノ條ヲ見ヨ)(三)詩ノ一體、八句ニ成リテ、其第三句ト第四句ト、又第五句ト第六句ト、各、意ノ相對スル字ヲ用ヰル、コレヲ對句、又ハ、聯句、トイフ、又、其對句ヲ多ク連ヌルモノアリ、排律トイフ、何レモ、五言、又、七言、アリ。
りつ-あん (名) 立案 工夫ヲ付クルヿ。下組ヲスルヿ。
りつ-か (名) 立夏 二十四氣ノ一 其條ヲ見ヨ。
りつ-くわ (名) 立花 花枝樹葉ヲ大瓶ニ挿ミ、山水ノ景象ヲ模シ見ハス一種ノ技藝。(いけばなト異ナリ)

りつ-くわん (名) 律管 テウシブエ。
りつ-けん (名) 立憲 憲法ヲ立ツルヿ。「一政體」
りつ-こう (名) 立后 公式ニテ皇后ヲ冊立スルヿ。
りつ-さう (名) 葎草 (一)ムグラ。カナムグラ。(二)カラハナサウ。
りつ-し (名) 律師 僧官、僧都ニ次ギテ、正、權、アリ、五位ニ准ズ。約メテ、リシ。
りつ-し (名) 立志 ココロザシヲ立ツルヿ。
りつ-しう (名) 立秋 二十四氣ノ一、其條ヲ見ヨ。
りつ-しん (名) 立身 身ヲ世ニ立ツルヿ。官職ニ擧ゲ用キラルルヿ。出世。發跡 榮達
りつ-しん-べん (名) 立心偏 漢字ノ偏ニテアル心ノ字ヲ立テタモノ、快、怖、怪、恨、ノ如シ。竪心旁
りつ-しゆう (名) 律宗 佛敎ノ八宗ノ一、戒律ヲ宗ト守ルモノ、南都ノ僧眞辨、勅ヲ奉ジテ入唐シ、靑龍寺ノ鑑眞和尙ヨリ傳ヘ、勝寶六年歸朝シテ、東大寺ニ戒壇ヲ設ク。
りつ-しゆん (名) 立春 二十四氣ノ一、其條ヲ見ヨ。
りつ-しよく (名) 立食 西洋風ノ饗應ニ、飮食ヲ卓上ニ供ヘ置キテ、衆客ノ自ラ就クニ任スルモノ。
りつ-すゐのち (名) 立錐之地 錐ヲ立ツル處。少シノ隙。「一無シ」
りつ-たいし (名) 立太子 公式ヲ以テ皇太子ヲ立テ奉セラルルヿ。立坊。
りつ-たう (名) 立刀 漢字ノ旁ニアルリノ字ノ稱、即チ、刀ナリ、刈、利、別、刻、則、ノ字ノ如シ。倚刀
りつ-とう (名) 立冬 二十四氣ノ一、其條ヲ見ヨ。

リツトル (名) 〔Litre〕 佛蘭西ノ容量ノ名、我ガ五合五夕四三五三當ル。
りつぱ (名) 立派 (一派ヲ立ツル意カト云) オゴソカニ麗シキヿ。イカメシクミゴトナルヿ。嚴美
りつぱう (名) 立方 方形ナル物ノ、上下、四方、皆、同ジ寸法ナルモノ。サイノメ。(平方ニ對ス)
りつぱふ (名) 立法 法律ヲ定メ立ツルヿ。
りつぷく (名) 立腹 ハラヲタツルヿ。イカリ。怒
りつりやうきやくしき (名) 律令格式 古ノ制度ノ書。預メ、人民ニ、諸般ノ法令ヲ示シオクヲ、令トイヒ、職ニ居テ勤メ行フ次第ヲ集メタルヲ、式トイヒ、令、式、ヲ犯セル者ヲ刑スル制ヲ、律トイヒ、令、式、律、ヲ時ニ隨ヒテ改正變更シタルヲ集メタルヲ、格トイフ。
りてい (名) 里程 ミチノリ。
〔リト〕 (名) 吏道 吏吐 (朝鮮語) 朝鮮文字ノ諺文ノ古キモノ。今、又、漢字ト諺文トヲ交ヘテ記シテ官府ノ文書ニ用ヰル一種ノ文體ヲモイフ。
りはい (名) 離杯 ワカレノサカヅキ。別杯。
りばい (名) 利倍 利息ニ利息ヲ生ズルヿ。
りはつ (名) 理髪 髮ヲ結フヿ。(多ク元服ニイフ)
りはつ (名) 利發 (利口發明ノ意カ) サカシキヿ。カシコキヿ。怜悧
りびやう (名) 痢病 腸ノ病、大便絶エズ瀉リテ、腹、痛ムモノ。
りふ (接尾) 粒 米、丸藥、ノつぶヲ數フル語。
りふえい (名) 立纓 纓ノ條ヲ見ヨ。

りふぐわん (名) 立願 神佛ニ祈願ヲ立ツルヿ。
りふご (名) 立鼓 輪鼓ノ條ヲ見ヨ。
りふざう (名) 立像 立チタル像。(坐像ニ對ス)
りふじん (名) 理不盡 理ヲ盡サズシテ、押シテスルヿ。理ヲ犯シテ人ニ迫ルヿ。デゴミ。
りふばう (名) 立坊 立太子ニ同ジ。
りぶん (名) 利分 (一)利益トナル分。得分。(二)利息。
りべつ (名) 離別 (一)人ト別ルルヿ。(二)離緣。
りみん (名) 里民 サトビト。其土地ノ民。
りん (名) 輪 (一)車ノ輪。「二ー車」四ーノ車」(二)花ノ園ミ。又、花ヲ數フル語。「梅一ー」菊三ー」
りん (名) 痳 (淋病ノ合字) シバユバリ。病ノ名、尿道爛レ、小便ニ膿ヲ交ヘ、快通セヌモノ。
りん (名) 厘 釐ノ條ヲ見ヨ。
りん (名) 燐 キツネビ。オニビ。ホスホル。
リン (名) 鈴 (字ノ唐音) (一)鈴ニ同ジ。(二)今、又、佛具、響銅ニテ作リテ、小キ鉢ノ如シ、仰ケテ、小キ棒ニテ緣ヲ打鳴ラス。
りんう (名) 霖雨 ナガアメ。數日降リツヾク雨。
リンうち (名) 鈴打 鈴アリテ、時ヲ打ツ仕掛アル時計。自鳴鐘
りんか (名) 隣家 トナリノイヘ。
りんかう (名) 臨幸 行幸アリテ、其場ニ臨ミ給フヿ。
りんかう (名) 輪講 數人、順番ニ講釋スルヿ。
りんき (名) 悋氣 ネタムヿ。夫婦ノ間ノ嫉妬。

りんきおうへん (句) 臨機應變 機ニ臨ミ、變ニ應ズ。場合ニ任セテ事ヲ行フ。
りんぎよ (名) 臨御 臨幸ニ同ジ。
りんくわ (名) 燐火 オニビ。キツネビ。ホスホル。
りんくわく (名) 輪廓 メグリノスヂ。
りんくわん (名) 輪奐 高大美麗ナルヿ。(家作ニイフ)
りんげつ (名) 臨月 孕ミテ産ムベキ月。ウミヅキ。
りんげん (名) 綸言 天子ノオホセ。ミコトノリ。
りんご (名) 林檎 古ク、リウゴウ。樹、高サ丈餘、枝柔ニシテ、廣ク茂ル、春、新葉ヲ出ス、形、楕ニシテ、細鋸齒アリ、春ノ末、五瓣ノ白花ヲ開ク、或ハ淡紫ヲ帶ブルモアリ、海棠ノ如クニシテ、大サ一寸許、數蕚、簇リ開ク、夏ノ末、實熟ス、大サ一寸許、正圓ニシテ光ル、其頭、紅ニシテ、本ハ淡緑ナリ、核ハ梨ノ如シ。近年、西洋種ヲ渡ス、實、甚ダ大ニシテ美ナリ。
りんごく (名) 隣國 トナリグニ。
りんざいしゆう (名) 臨濟宗 佛教、禪宗ノ一派ノ、最モ舊キモノ、唐ノ臨濟禪師ニ始マリ、鎌倉ノ初メ、僧榮西、コレヲ傳フ。
りんざう (名) 輪藏 轉輪藏ノ條ヲ見ヨ。
りんし (名) 綸旨 綸言ノ旨。(宣旨ノ條ヲ見ヨ)
りんじ (名) 臨時 其時ニ臨ミテスルヿ。不時。
りんじう (名) 臨終 死ニ臨ムヿ。イマハ。末期。
りんじのまつり (名) 臨時祭 山城ノ加茂ノ神ノ一ハ、陰曆十一月、下ノ酉ノ日ノ祭。石淸水ナルハ、陰曆、三月、中ノ午ノ日。祇園ナルハ、陰曆、六月十五

日。

りん-しやう (名) 林鐘 十二律ノ一、其條ヲ見ヨ。

りん-しよく (名) 吝嗇 ヤブサカナルコト。シハキコト。吝

リンズ (名) 綸子 〔字ノ唐音、當字ニ綸子〕 紗綾ニ似テ、厚クシテ光リ、滑ニシテ粘リアルモノ。

りん-せい (名) 稟性 ウマレツキ。

りん-せき (名) 臨席 其席ヘ出ヅルコト。

りん-せん (名) 林泉 木立、泉水、アル庭。

りん-ぜん (副) 凜然 寒氣、威光、ノ鋭キ状ニイフ語。

リンダウ (名) 龍膽 〔字ノ唐音ノ訛〕 古名、エヤミグサ。ニガナ。タツノイグサ。リウタン。草ノ名、莖、二三尺、葉ハ、竹ノ如クニシテ、短ク圓ク、對生ス、故ニ、笹ー、トモイフ、秋ノ半ニ、莖ノ梢、葉ノ間毎ニ、三五花ヲ開ク、筒瓣ニシテ、末、五ツニ分ル、晝ハ展ビ、夜ハ收マル、青碧色ニシテ、斑點アリ、又、白花ナドアリ、類多シ。此花葉ノ形ヲ、模様、紋所、トシ、ー唐草、笹ーナドイフ。

りん-だめ (名) 厘揉 籠等具ニ同ジ。

りん-ち (名) 臨池 〔王羲之ノ故事〕 手習ノ異名。

リンネル (名) 〔英語、Linnen.ノ訛〕 亞麻ノ織物。

りん-ばん (名) 輪番 マハリバン。順番。

りん-びやう (名) 痳病 痳ノ條ヲ見ヨ。

りん-ぼう (名) 輪鋒 元ハ、天竺ノ兵器、佛具トス、金銅ニテ作リ、車輪ノ形シテ、八方ニ鋒端ヲ出ス、コレヲ用ヰテ加持スレバ、旋轉應現シテ、一切ヲ威伏ストイフ。又、此形ヲ紋所トモス。

りん-り (名) 倫理 人倫ノ道。(五倫ノ條ヲ見ヨ)

りん-り (副) 淋漓 水、血、ノ滴ル状ニイフ語。

りん-りん (副) 凜凜 寒氣、威光、ノ鋭キ状ニイフ語。

りん-れつ (副) 凜冽 寒サノ烈シキ状ニイフ語。

りん-ゑ (名) 流轉輪廻ノ條ヲ見ヨ。

りやう (名) 領 (一)領スル地。領地。(二)郡司ノ官、大領ヲ長官トシ、少領ヲ次官トス。

りやう (名) 量 (一)物ノ嵩。秤目。(二)心ノ、物事ヲ受ケ容ルルコト。度量。「ー宏シ」ー狹シ」

りやう (名) 糧 カテ。兵糧。

りやう (名) 令 律令格式ノ條ヲ見ヨ。

りやう (名) 兩 (一)秤目ノ名、古ヘ、銖ヲ二十四合ハセタル稱、三兩ヲ大兩ノ一兩トシ、十六兩ヲ斤トス。(二)今、藥種ノ秤目ニ、四匁ノ稱。(即チ、古ノ大兩ノ一兩ナリ)或ハ藥種ニ因テ、四匁三分ナルアリ、四匁四分、又ハ五匁ナルモノアリ。(三)舊キ金貨ニ、分ヲ四ツ合ハセタル稱。即チ、十六銖。(銀ノ六十匁)(四)舊キ銀貨ニ、四匁三分ノ稱。

りやう (數) 兩 (一)フタツ。二ツ。(二)モロ。雙方。「ーノ袂」

りやう (接尾) 領 領アルモノヲ數フル語。「時服二ー」「鎧一ー」

りやう (接尾) 輛 車ヲ數フル語。「馬車二ー」

りやう-あん (名) 諒闇 〔諒ニ闇キ義〕 ミモノオモヒ。ラウアン。天子崩ジ給ヒテ、上、新帝ヨリ、下、庶人ニ至ルマデ、國中、悉ク喪ニ居ル稱。日本古制ニテハ、十三箇月ト思ハル、支那ニテハ、滿二年、即チ、三年目トス。

りやう-い (名) 良醫 術ニ巧ナル醫師。名醫。

りやう-えん (名) 良緣 似ツカハシキ緣組。

りやう-か (名) 良家 家柄ノ良ク正シキモノ。

りやう-がけ (名) 兩掛 旅行ニ携フル行李ノ、天平棒ニテ、兩端ニ掛ケテ擔ツベキモノ。

りやう-がへ (名) 兩替 金銀ト錢トヲ替フルコト。兌銀

りやう-がへ-や (名) 兩替屋 切貨ヲ受ケテ、兩替ノ事ヲ業トスル商家。カケヤ。兌銀舖 錢莊

りやう-ぎ (名) 兩儀 太極ノ條ヲ見ヨ。

〔りやう-け (名) 領家 古ヘ、莊園ヲ預リ司レル役人。頼朝、コレト並ベテ地頭職ヲ置ケリ。

〔りやう-げ (名) 靈氣 モノノケ。「りやうげトゾ、サレバ、眞言院ノ律師ノ許ニ、云云、護身セサセ奉ラム」

りやう-けい (名) 兩敬 往時、大名小名ノ交際ニ、格段ナル緣故ナドアリテ、訪問、面會、書通、ナドニ、互ニ同等ナル敬禮ヲ用ヰシコト。其一方ノミヨリ敬スルヲ、片敬トイフ。

りやう-さつ (名) 諒察 諒トシ想ヒ遣ルコト。

りやう-じ (名) 令旨 東宮、三宮、中宮、親王、ノ命令ヲ記シタル文書。

りやう-じ (名) 領事 外務省ノ官、條約通商ノ國ニ置キテ、其國ニ在留スル自國人民ノ事ナド掌ル。

りやう-しう (名) 領袖 (一)えりトそでト。(二)頭立ツ人。

りやう-しう (名) 領收 ウケヲサムルコト。ウケトリ。

りやう-しん (名) 兩親 フタオヤ。父ト母ト。雙親

りやう-しん (名) 良辰 吉日ニ同ジ。

りやう-しん (名) 良心 良知ニテ善惡ヲ分ツヿ。

りやう-じん (名) 良人 妻ヨリ夫ヲ稱スル語。

りやう-しゆ (名) 領主 領地ノ主。

りやう-す・スル・スレ・セ・シ・セヨ (他動)(不規・二) 領 受ケテ有ツ。我ガ物ト占ム。所領ス。

りやう-ぜん (名) 兩全 二ツナガラ全キヲ得ルヿ。

(りやう-たう) (名) 裲襠 武官大儀ノ時ニ、裲ニ用ヰル服、兩ノ袖無ク、胸ト背トニ當テテ着ル。ウチカケ。

りやう-たう (名) 兩刀 (一)往時、武士ノ常ニ帶ビタル刀ト脇指トノ稱。「—ヲタバサム」(二)左右ノ手ニ、大小ノ刀ヲ用ヰテ闘フヿ。「—ヲツカフ」

りやう-だう (名) 糧道 兵糧ヲ仕送ル道。

りやう-たん (名) 兩端 本末ノ端。二様ノ事。

りやう-ち (名) 領地 領シテ居ル地。封地 食邑

りやう-ち (名) 良知 人ノ性ニ、天然ニ備ハリテ、學バズシテ、物事ヲ善ク知リ善ク爲スヿ。良能。

りやう-てん (名) 兩天 晴天 雨天 ニ兼ネ用ヰル傘、製、稍小クシテ、紙ニ薄ク油ヲ延ク。

りやう-テンビン (名) 兩天平 (一)天平、テンビン トイフニ同ジ、(二)秤ニ、釣針ニ(二)卄俗ニ、事ヲ兩兩端ニ懸クレバイフ。様ニ引掛ケテオクヿ、一ヲ失フトモ、一ヲ得ル意ナリ。持兩端

りやう-ど (副) 兩度 フタタビ。二度。

りやう-とう (名) 兩頭 兩ノ端。本末ノ端。兩端。

りやうとう-の-へび (名) 兩頭蛇 蛇ノ一種、尾ノ端、太クシテ、首ノ如キ形ヲナセルモノト云。

りやう-とく (名) 兩得 (一)一時ニ二様ノ利ヲ得ルヿ。「一擧—」(二)雙方、共ニ利ヲ得ルヿ。

りやう-にん (名) 兩人 フタリ。二人。

りやう-のう (名) 良能 良知ノ條ヲ見ヨ。

りやう-はう (名) 兩方 フタカタ。二ツノ物事。雙方。

りやう-ぶ (名) 兩部 (一)兩ノ部。(二)神道ノ條ヲ見ヨ。

りやう-ぶ (名) 令法 〔古ヘ、令シテ、葉ヲ饑饉ニ備ヘシメタレバ名トスト云、或ハ料蒲ナド書ス〕ハタツモリ。樹ノ名、山茶ノ屬、山野ニ自生ス、高サ五七尺、樹皮、灰白ニシテ、葉ハ茶或ハ櫻ノ若葉ニ似テ、柔ニシテ細鋸齒アリ、五七葉、枝ノ端ニ聚リツク、若葉ハ飯ニ雜ヘテ食スベシ、—飯トイフ、秋、枝ノ梢ニ、四五寸ノ穗ヲナシ、五瓣ノ小白花、垂リ開ク、實、圓ク小ク、熟スレバ褐色ナリ。

りやう-ふう (名) 涼風 スズカゼ。夏ノ涼シキ風。

りやう-ぶん (名) 領分 領スル分內。領地。封地

りやう-べん (名) 兩便 (一)雙方ノ便利。(二)二便。大便、小便。

りやう-みん (名) 良民 善ク身ヲ修メ法ヲ守ル民。(無賴ノ民ナドニ對ス)

りやう-め (名) 量目 ハカリメ。秤ノ目方。

りやう-めん (名) 兩面 フタカタノオモテ。表ト裏ト。

りやう-や (名) 良夜 中秋ノ夜ノ稱。

りやう-やく (名) 良藥 效驗アル藥。妙藥。

り-やく (名) 利益 佛力ヨリ授カル利。利生。

りやく (名) 略 ハブクヿ。ハブキタル事。

りやく-ぎ (名) 略儀 略式ニ同ジ。

りやく-ご (名) 略語 ハブキタル言葉。

りやく-じ (名) 略字 畫ヲハブキタル文字、證ー匯、亂ノ乱ノ如シ。省文

りやく-しき (名) 略式 ハブキタル儀式。略儀。

りやく-す・スル・スレ・セ・シ・セヨ (他動)(不規・二) 略 ハブク。

りやく-ばい (名) 略賣 カドハカシ。

りやく-ひつ (名) 略筆 略文ニ同ジ。

りやく-ふく (名) 略服 略儀ノ衣服。

りやく-ぶん (名) 略文 文句ヲハブキタル文章。

リヤン (數) 兩 〔字ノ唐音〕フタツ。(拳ノ語)

りゆう (名) 龍 タツ。リヨウ。

りゆう-がん (名) 龍眼 (一)熱地ニ產ズル果ノ名、薬乾ニシテ舶來ス、形、茘枝ヨリ小ク、正圓ニシテ、六七分、皮ニ微細紋アリ、茶褐色ナリ、內空シクシテ、正中ニ一核アリ、枇杷ノ核ノ如シ、其中ノ肉ヲ藥用トシ、龍眼肉トイフ、味、茘枝ニ異ナラズ、或ハ生ナルヲ砂糖漬蜜漬トモス。樹ハ、喬木ニシテ、葉ハむくろじノ葉ニ似テ、小ク厚ク、花、白ク、實ハ南天ノ如ク、一朶ニ簇リ垂ルト云。(二)檞ノ一種、葉ハ、あかがしノ如ニシテ、長サ七八寸、鋸齒無クシテ厚シ、葉ノ間ニ實ヲ結ブ、龍眼ノ如シ、皮薄ク、熟セズシテ落ツ、(和名抄ニ龍眼木トイフモノ是レカ)

りゅう-き (名) 龍葵 コナスビ。イヌホホヅキ。
りゅう-ぎん (名) 龍吟 鳳音ノ條ヲ見ヨ。
りゅう-ぐう (名) 龍宮 ワタツミノミヤ。海中、龍王ノ居ル所。ウミノミヤ。
りゅうぐうの-おとひめのもとゆひのきりはづし (名) 〔龍宮ノ乙姫ノ元結ノ切外ノ義〕 大葉藻ニ同ジ。
りゅう-こし (名) 龍骨車 〔字ノ音ノ訛〕 水ヲ彈キ出シテ火災ヲ消ス具、大ナル匣ノ上ニ、横木アリ、中ニ仕掛アリテ、横木ヲ上下スレバ水高ク噴キ出ヅ。龍吐水。
りゅう-こつ (名) 龍骨 (一)前世界ノ象類ノ動物ノ骨、往往、諸州ノ土中ヨリ掘リ得。(二)マギリガハラ。
りゅうこつ-しゃ (名) 龍骨車 水ヲ上ゲテ田ニ注グ器機、車ノ狀ヲナシテ甚ダ長ク、龍ノ骸骨ノ如シ、兩人相對シテ、仕掛ヲメグラセバ、數十ノ木ノ鍔悉ク翻リテ水ヲ揚グ。
りゅうこつ-ぼく (名) 龍骨木 覇王樹ノ一種。
りゅう-じん (名) 龍神 海神、雨ヲ司ル。龍王。
りゅう-じゅん (名) 隆準 高キ鼻。
りゅう-せい (名) 隆盛 サカンナルコト。
りゅう-ぜん-かう (名) 龍涎香 まっから鯨ノ腦ニアルモノ、凝リテ松脂ノ如ク、白キアリ、淡赤キアリ、黑、白、雜レルアリ、香料ニ加ヘ用ヰル。
りゅう-づ (名) 龍頭 (一)タツガシラ。(二)鐘ノ上ニ、龍頭ノ形シタルモノ、梁ニ懸クル紐トス。鐘紐
りゅうづ-まき (名) 龍頭卷 袂時計ナドノ、匣ニ頭ニアル紐ヲモネリテ、ぜんまいヲ卷クベク作レルモノ。
りゅう-たい (名) 隆替 〔替、廢亡也〕 盛衰。興廢。
りゅう-とう (名) 龍燈 海中ノ燐火ノ、時トシテ、燈火ノ如ク連リ光リテ現ハルルモノ、岩城ノ閼伽井岳ノ火、最モ名アリ、筑紫ノ不知火モ是レナリト云。
りゅう-どすゐ (名) 龍吐水 (一)龍骨車。(二)ミヅハジキ。ミヅデッパウ。
りゅう-なう (名) 龍腦 支那ヨリ舶來スル藥品ノ名、樟腦ヲ製煉シタルモノト云、形、梅花片ノ如ク、輕浮潔白透明ナルヲ上品トシ、コレヲ片腦ト稱ス、今渡ハ、色ノ潤ミタルアリ、亦、上品ナリ。和產ニ、樟腦ヲ燒キカヘシ、反腦ト稱シテ僞リ賣ル。
りゅうの-ひげ (名) 龍鬚 麥門冬ノ條ヲ見ヨ。
〔りゅう-びん (名) 龍鬢 龍鬚草ヲ五彩ニ染メテ織リ成セル筵ト云、花ござノ類。
りゅう-め (名) 龍馬 極メテ勝レタル駿馬ノ名、長八尺ノモノヲイフト云。
りゅう-もん (名) 龍紋 〔綾文ノ訛〕 白絹ノ織物、地、厚ク強ク、緯絲多クシテ、織目、斜ニ高ク、光澤ナラズ、即チ、有文ノ綾ナリ。(無紋ナル平絹ニ對ス) 紋綢
りゅう-わう (名) 龍王 龍神ニ同ジ。
りよ (名) 呂 十二律ノ條ヲ見ヨ。
り-よう (名) 利用 利益ニナルヤウニ用ヰルコト。
りよう (名) 龍 タツ。リユウ。
りよう-い (名) 陵夷 人ノ道ノ衰ヘヤスルコト。
りよう-が (名) 龍駕 龍蹄ノ駕。行幸ノ車。
りよう-がん (名) 龍顏 天子ノ御顏。天顏。
りよう-くわ (名) 菱花 (一)菱ノ花。(二)鏡ノ異名、裏ニ多ク菱花ヲ鑄付クレバイフ。
りよう-こつ (名) 龍骨 龍骨ノ條ヲ見ヨ。
りよう-しう (名) 龍舟 龍頭鷁首ノ條ヲ見ヨ。
りよう-しふ (名) 龍集 〔龍ハ星ノ名、集ハ次ナリ、此星、年ニ行クコト一次〕 意義ナク、年ヲ揭ゲタル下ニ記ス語。「明治幾年、一、某月」
りよう-せう-くわ (名) 凌霄花 ノウゼンカツラ。
りよう-ち (名) 陵遲 道ノ衰ヘスタルルコト。
りよう-てい (名) 龍蹄 龍馬。駿馬。(天子ノ御ナルニ)
りよう-とう-げきしゆ (名) 龍頭鷁首 天子ノ御座船ノ稱、二隻ヲ一對トシ、各、屋形アリ、一隻ノ舳ニハ龍ノ頭、他ニハ鷁ノ首ノ彫物アリ、龍ハ能ク水ヲ涉リ、鷁ハ能ク飛ビテ風ニ堪フルガ故ナリト云。
リヨウマチス (名) 病ノ名、りうまちすノ條ヲ見ヨ。
りよう-り (名) 鯪鯉 〔生レ陵、巨鱗似レ鯉〕 イシゴヒ。印度、亞非利加、等ニ產ズル動物、體、肥エテ、頭、小ク、四脚、短ク、尾ニ長短ノ二種アリ、頭、背、脚、皆、三角ノ甲、相重ナリテ被フ、甲、最モ堅ク、他ヨリ襲ハルレバ、甲ヲ立テテ、腹ノ柔キ部ヲ掩フ、陵ニ穴シテ居リ、齒無シ、蟻ヲ食トス。其甲ヲ舶來ス、穿山甲トイフ、色、黑褐ナリ、藥用トス。
りよう-わう (名) 陵王 蘭陵王ノ略。
りよう-ゐ (名) 稜威 イツ。鋭キイキホヒ。
りよ-かう (名) 旅行 旅ニ出デ行クコト。

りよ-かく (名) 旅客 タビビト。旅人。
りよく-いん (名) 緑陰 木ノ青葉ノ陰。
りよ-ぐう (名) 旅寓 タビノヤドリ。
りよく-えき (名) 力役 ホネヲルカセギ。アラシゴト。
りよく-がく (名) 緑萼 梅ノ一種、あをぢくニ同ジ、今、訛シテ玉蕚トモイフ。
りよく-じゆ (名) 緑樹 青葉ニ茂レル樹。
りよく-すゐ (名) 緑水 ミドリナル水。
りよく-せん (名) 力戰 力ノ限リ戰フヿ。
りよく-ばん (名) 緑礬 ろうはニ同ジ。
りよく-りん (名) 緑林 ミドリノハヤシ。盜人ノ異名。
りよ-ぐわい (名) 慮外 (一)オモヒノホカ。意外 (二)ーノ無禮。ブシツケ。不敬
りよ-くわん (名) 旅館 タビノヤドリ。ハタゴヤ。ヤドヤ。
りよ-けん (名) 旅劵 旅中通行ノ手形。
りよ-さう (名) 旅裝 タビノヨソホヒ。旅支度。
りよ-じん (名) 旅人 タビビト。旅客
りよ-しゆく (名) 旅宿 タビノヤドリ。
りよ-ちゆう (名) 旅中 旅シテアル間。
りよ-てん (名) 旅店 ヤドヤ。ハタゴヤ。逆旅
りよ-ひ (名) 旅費 旅行ノ入費。路用。
りり-し・シク・シケレ・シキ・シク (形・二) 凜律 凛凛 オゴソカナリ。イカメシ。嚴粛
りれき (名) 履歷 人ノ、今マデ履ミ歷テ來リシ事柄。人ノ來歷。
りろん (名) 理論 物事ノ理。ヲ論ジ究ムルヿ。(經驗ニ對ス)
りゐん (名) 吏員 官員。役人。
りゑん (名) 梨園 俳優ノ異名。

る

る 五十音圖、良行第三ノ假名、らノ條ヲ見ヨ。
る・るる・るれ・れ・れ・れよ (助動) 被 所 見 他ヨリ働キ掛ケラレテ、我レ受身トナル意ヲナス助動詞、「打ター」「押サー」取ラー」ノ如シ。(篇首ノ語法指南ノ助動詞ノ條ヲ見ヨ)
る・るる・るれ・れ・れ・れ (助動) 得 己ガカ、能ク爲シ得ル意ヲナス助動詞、「讀マー」行カー」忍バー」ノ如シ。(讀ムコトヲ得、死ヌコトヲ得、ノ意、倘、篇首ノ語法指南ノ助動詞ノ條ヲ見ヨ)
ルウフル (名) 〔蘭語、Roffe.ノ訛〕 遠キ人ヲ呼ブニ、聲ヲ通ハスル器、蘭人ノ製ヲ傳フ、銅製、形、喇叭ノ如ク、長サ三尺餘、口ニ當テテ呼フ。訛シテ、ズウフル。呼筒
る-ざい (名) 流罪 刑ノ名、古制ニ、近流(越前、安藝)中流(信濃、伊豫)遠流(伊豆、安房、常陸、佐渡、隱岐、土佐)ノ三等アリ、徙ヨリ重ク、死ヨリ輕シ、放チテ其地ニ置キ、他ニ適カシメズ。德川氏ノ制ナルハ、遠島ノ條ニ註ス。
ルシヤナ-ブツ (名) 毘盧遮那佛ノ略。
る-す (名) 留守 (一)天子、外ニ出デ給ヘル時、留リテ宮ヲ守ル官。留守官。(二)主人他行ノ家ヲ守ルヿ。「ーヲスル」ー番」(三)轉ジテ、誤テ、主人ノ、家ニ居ラヌヿ。不在
ルスン (名) 呂宋ノ條ヲ見ヨ。
るす-ゐ (名) 留守居 (一)主人他出ノ家ニ留守シテ居ルヿ。(二)武家ニ、城、屋敷、ノ留守ノ役。「京都ー」西丸ー」留守 (三)大小名ノ主人ノ在國中ニ、江戸ノ屋敷ノ留守ノ役。後ニ、轉ジテ、專ラ、幕府ニ係ル公用ヲ辨ジ、及ビ諸大名トノ交際ヲ掌ル役。進奏吏 行人
ルソン (名) 呂宋 (一)呂宋國ヨリ渡セル一種ノ陶器ノ稱。ルスン。(二)花草ノ名、菊撫子ノ異種。ルスン。ロソン。ロクソン。
る-ちゆう (名) 流注 〔流轉スル意〕 腫物ノ名、深ク、肉内ニ發シ、熱ナクシテ膿ミ、體中ニテ處處ヲ變ヘ、治シ難シ。
る-つぼ (名) 坩堝 〔鑄壺ノ約カ、或云、爐壺ノ轉ト〕 金類ヲ鎔スニ用ヰル壺、一種ノ土ヲ製煉シテ、極メテ堅ク燒キ作ル、烈火ノ中ニアリテ、損セズ、壞レズ。
る-てん-りん-ゑ (句) 流轉輪廻 佛經ノ語、人ノ生死、事物ノ興亡、善惡ノ應報ナド、移リ行キテ休マヌ、車輪ノ廻リテ始終ナキガ如シトイフ語。
る-にん (名) 流人 流罪ニ行ハレタル人。
る-ふ (名) 流布 世ニ開エ弘マルヿ。世ニ言ヒヒロマルヿ。
る-また (名) 殳 〔片假名ノ「ル」ト「又」ノ字トノ意〕 漢

字ノ旁ニアル殳ノ字ノ稱、段、殺、殿、ノ如シ。(又ヲまたトイフニ對ス)

るらう (名) 流浪 サスラフヿ。サマヨフヿ。流離

るり (名) 瑠璃 〔梵語、透徹スルモノ稱ト云〕(一)佛書ニ、七寶ノ一、玉ノ類、白、赤、黒、黄、青、綠、縹、紺、紅、紫等、種種ナリト云。(別名、吠頭梨トモアレバ、硝子ナラムカ)(二)專ラ、紺瑠璃ノ稱、紺碧ニシテ光輝アリト云。(三)色ノ名、紺ノ明キモノ。紺碧 (四)瑠璃鳥。

るりくわうによらい (名) 瑠璃光如來 藥師ニ同ジ。

るりてう (名) 瑠璃鳥 雀ノ類、大サ相似タリ、頭、背、翅、紺碧色ニテ、頰ヨリ胸ニ至ルマデ黒ク、腹、白ク、觜、脚、尾、蒼色ナリ、圓滑能ク囀ル、人家ニ畜フ、大、小、二種アリ。竹林鳥

るる (副) 縷縷 ツブサニ。事細カニ。

るる (助動) 被ノ條ヲ見ヨ。

るる (助動) 得ノ條ヲ見ヨ。

るゐ (名) 壘 トリデ。砦。

るゐ (名) 類 タグヒ。トモガラ。ヤカラ。

るゐえふ (名) 累葉 累世ニ同ジ。

るゐく (名) 類句 和歌ヲ、下ノ句ノ頭字ノ同音ナルモノニテ類聚シタルモノ。

るゐざ (名) 累坐 マキゾヘ。ヒキアヒ。

るゐじ (名) 類似 似寄リタルヿ。

るゐじゅ (名) 類聚 類ノ同ジキヲアツムルヿ。

るゐしょ (名) 類書 似寄ノ書籍。

るゐす スル・スレ・セ・シ・セヨ (自動) (不規.二) 類 (一)タグフ。似寄ル。(二)伴フ。「上達部ナドるゐシテ參リ給ヒテ」院ノ人人、るゐシテ往ニケリ」

るゐせい (名) 累世 世ヲカサネタルヿ。代代。累代。

るゐせう (名) 類燒 失火ノ家ト共ニ燒クルヿ。

るゐせつ (名) 縲絏 縄目ニカカルヿ。

るゐせん (名) 累遷 累ニ官途ニウツリ進ムヿ。

るゐだい (名) 類題 和歌ヲ、春、夏、秋、冬、雜、ナド、其題ニ因テ類聚シタルモノ。

るゐだい (名) 累代 代ヲカサネタルヿ。累世。

るゐねん (名) 累年 年ヲカサネタルヿ。連年。

るゐべつ (名) 類別 類ヲ以テ別ツヿ。ルヰワケ。

るゐやく (名) 類藥 似寄リタル方劑ノ藥。

るゐらん (名) 累卵 卵ヲ積ミ重ヌルヿ。極メテ倒レ易ク危キヿ。

るゐるゐと (副) 累壘 カサナリアヒテ。

るゐれい (名) 類例 同ジタグヒノ先例。

るゐれき (名) 瘰癧 腫物ノ名、多ク、頸ニ生ジ、漸ク蔓延シテ、膿ヲ釀ス。

れ

れ 五十音圖、良行第四ノ假名、らノ條ヲ見ヨ。れハ、其下ニ、う又ハふ(うト呼ブモノ)アレバ、りよト呼ブヿアリ、

れうり (料理) れふし (獵師) ノ如シ。

れい (名) 禮 (一)ヰヤ。五常ノ一。人倫ノ交際ニ、心ニ敬ヒ、行儀ニ則ヲ守ル道。禮儀。「ーヲ正ス」(二)人ニ會ヒ、敬ヒテ拜スルヿ。ジギ。「ーヲスル」拜禮 (三)辱キニ報イムトスル心ヲ表ハスヿ。謝禮。致謝 (四)轉ジテ、報イムト贈ル物。禮物。報酬

れい (名) 例 (一)タメシ。ナラハシ。ジキタリ。「ーヲ引ク」「ーニ因テ」(二)イツモノヿ。常ニシツケタルヿ。「ーノ事」「ーノ如ク」○例ナラズ。病ム。

れい (名) 靈 (一)タマ。タマシヒ。「神佛ノー」亡キ父母ノー」(二)奇シク尊キヿ。「ー寶」ー藥」ー山」ー水ー木」ー像」

れい (名) 鈴 佛具、鐘ニ似テ甚ダ小ク、内ニ舌アリテ垂ル、振リテ、相觸レシメテ鳴ラス。

れい (名) 令 (一)オホセ。イヒツケ。下知。(二)縣ノ長官。

れい (名) 零 (一)算術ノ語、一、十、百、千、萬、等ノ十進法ニ、一桁零チテ空シクナレル處。「三百零八」三十零万五千零七十」或ハ、○ノ標ヲ以テコレニ代フ。「三百○八」三○五、○七○」(二)一ノ下ニテ、數無ク空ナルヿ。「ー度」ー點」

れいあい (名) 令愛 ムスメゴ。令娘。

れいい (名) 靈異 奇異ニ尊キヿ。

れいかた (名) 禮方 諸禮ノ法。

れいかん (名) 靈感 神佛ノ奇異ナル感應。

れいき (名) 冷氣 氣候ノヒヤヤカナルヿ。

れい-き (名) 【例規】 例トスル規則。

れい-ぎ (名) 【禮儀】 禮ヲ行フ儀(ノリ)。禮ノ作法。

れい-きん (名) 【禮金】 謝禮ニ贈ル金錢。

れい-きやく (名) 【冷却】 ヒユルコト。ヒヤカスコト。

れい-く (名) 【靈區】 靈地ニ同ジ。

れい-ぐう (名) 【禮遇】 禮ヲ正シテ、モテナスコト。

れい-けい (名) 【令閨】 ウチカタ。他ノ妻ノ敬稱。

れい-けい (名) 【令兄】 アニゴ。他ノ兄ノ敬稱。

れい-げん (名) 【例言】 凡例ニ述ベル言。

れい-げん (名) 【靈驗】 神佛ノ通力ニ現ハルル驗(シルシ)。

れい-こん (名) 【靈魂】 タマシヒ。

れい-し (名) 【靈芝】 菌(キノコ)ノ一種、山中樹下石間ニ生ズ、松茸ニ似テ、莖ノ色、紫赤ニシテ光アリ、蓋ノ面ハ黒褐ニ、背ハ淺褐微白ニシテ、刻ミナシ、大、小、長、短、一ナラズ、蓋、多ク並ビ重ナリテ、雲ノ如クナルアリ、莖ニ枝アルモアリ、皆、堅クシテ食フベカラズ、サイハヒダケ。マンネンダケ。イハヒダケ。紫芝

れい-し (名) 【茘枝】 (一)熱地ノ喬木ニ生ズル果、乘乾ニシテ舶來ス、形、小キ鷄卵ノ如ク、外皮ニ、初生ノ松毬ノ如キ皺アリ、色、赤シ、皮ノ厚サ、肉、核、味、共ニ龍眼ニ似タリ。(二)つるれいしノ略稱。

れい-し (名) 令旨(リヤウジ)ニ同ジ。

れい-しき (名) 【禮式】 禮儀ノ儀式。

れい-じん (名) 【伶人】 樂人(ガクニン)ニ同ジ。

れい-しや (名) 【禮者】 年禮スル人。「門ー」 拜年客

れい-じやう (名) 【禮讓】 禮ヲナシテ、人ニヘリクダルコト。

れい-じやう (名) 【禮狀】 謝禮ノ書狀。

れい-しよ (名) 【隷書】 漢字ノ一種ノ書體ノ名。秦ノ時、程邈、古篆ノ難キヲ一變シテ作リ、奴隷ニモ學ビ易カラシム、故ニ名トス、是レ、今ノ楷書ナリ、コレヲ古隷トイフ。又、後世、別ニ一種、八分(ハツプン)ニ似タルモノ起ル、コレヲ今隷トイフ。

レイス (名) 【線帶】 〔英語、Lace.〕 毛絲ニテ、紐ナド種種ノモヨウヲ編ミタルモノ。

れい-すい (名) 【冷水】 ヒヤミヅ。

れい-せい (名) 【勵精】 ハゲムコト。出精。

れい-せう (名) 【冷笑】 ニガワラヒ。

れい-せつ (名) 【禮節】 禮儀ニ同ジ。

れい-ぜん (名) 【靈前】 死者ノタマシヒノ前。

れい-そく (名) 【令息】 他ノ子息ノ敬稱。

れい-ぞく (名) 【隷屬】 テシタ。支配下。

れい-だい (名) 【禮代】 ヰヤジロ。

れい-だい (名) 【靈代】 タマシロ。

れい-たん (名) 【冷淡】 念ニカケヌコト。熱心ナラヌコト。

れい-ち (名) 【靈地】 神社佛閣ナドアル尊キ地。

れい-ぢやう (名) 【靈場】 前條ノ語ニ同ジ。

れい-ぢやう (名) 【令孃】 ムスメゴ。他ノ娘ノ敬稱。

れい-てん (名) 【零點】 零度ノトコロ。

レイテンク (名) 【戥等具】 〔字ノ唐音〕 秤ノ、甚ダ小クシテ、釐、毫、ノ量ニ用ヰルモノ。略シテレイテン、約メテレテク、又、リンダメ。

れい-ど (名) 【零度】 一度以下ノ度。(寒暖計ナドノ)

れい-ねん (副) 【例年】 年年ノ定メトシテ。年毎ニ。

れい-はい (名) 【靈牌】 位牌ニ同ジ。

れい-ばう (名) 【禮帽】 禮服ニ用ヰル帽子。

れい-ふく (名) 【禮服】 儀式ノ時ニ用ヰル衣服。

れい-ぶん (名) 【令聞】 好キ評判。ホマレ。

れい-へい (名) 【例幣】 朝廷ヨリ、毎年ノ例トシテ、幣帛ヲ神ニ奉セラルルコト。伊勢ナルハ神嘗(カンナメ)祭ナリ。又、德川氏ノ世ニハ、日光ノ東照宮ヘモ遣ハサル。其使ヲー使(シ)トイフ。

れい-べう (名) 【靈廟】 タマヤ。靈屋。

れい-べう (名) 【靈猫】 ジヤカウネコ。

れい-まゐり (名) 【禮參】 謝禮ニ參ルコト。カヘリマウシ。

れい-みん (名) 【黎民】 民(タミ)トイフニ同ジ。黎首。

れい-む (名) 【靈夢】 神佛ノ示現(ジゲン)ノ奇異(フシギ)ナル夢。

れい-めい (名) 【黎明】 夜ノヒキアケ。

れい-めう (名) 【靈妙】 奇異(フシギ)ニシテ勝(スグ)レタルコト。

れい-もつ (名) 【禮物】 謝禮ノ贈物。

れい-やう (名) 【羚羊】 かもしかノ一種、支那ニ産ズ、形、稍大ナリ、其角ヲ舶來シテ藥用トシ、ー角(カク)トイフ。

れい-やく (名) 【靈藥】 奇異(フシギ)ナル効驗(キキメ)アル藥。

れい-よ (名) 【零餘】 アマリ。ハシタ。

れい-よし (名) 【零餘子】 ヌカゴ。ムカゴ。

れい-らく (名) 【零落】 オチブルルコト。落魄

れい-り (名) 【怜悧】 カシコキコト。サカシキコト。リコウ。

れい-れい-と (副) 【麗麗】 イカメシク飾リ立テテ。

れい-ろう (副) 【玲瓏】 麗ハシク輝ク狀ニイフ語。

れう (名) 寮 (一)省ノ被官ノツカサ、四等ノ官ハ頭、助、允、屬ナリ。「大學ー」「玄蕃ー」「圖書ー」(二)學校、寺院ナドニテ、學生ノ寄宿スル所。(三)茶寮。スキヤ。カコヒ。(四)別莊。

れう (名) 料 (一)其所用ニ供フル物。「差シーノ刀」「飲ミーノ茶」(二)價ノ代。代金。

れうかい (名) 了解 ワケノワカルヿ。會得。

れうけん (名) 料簡 了簡 (一)思案スルヿ。考ヘ計ルヿ。(二)堪ヘ許スヿ。堪忍。「ースル」宥恕

れうし (名) 料紙 共所用ノ料トスル紙。

(れうし) (名) 寮試 大學寮ニテ學生ヲ試ミルヿ。

れうじ (名) 聊爾 假初ナルヿ。考ヘナクテスルヿ。卒爾。

れうせう (副) 料峭 春風ノ、肌寒キ狀ニイフ語。「ー二行フベカラス」「ーノ申條」

れうぜん (副) 瞭然 アキラカニ。分明ニ。

れうそく (名) 料足 〔料ハ物ノ代、足ハ錢〕 錢。

れうぢ (名) 療治 病ヲ癒スヿ。

れうぶ (名) 料浦 樹ノ名、令法ノ誤。

れうり (名) 料理 (一)ハカリヲサムルヿ。ハカラヒトトノフルヿ。「廟謨ヲース」(二)食物ヲ割キテ、羹焼シ、味ナド添フルヿ。割烹 調理

れうりぎく (名) 料理菊 菊ノ一種、花ニ苦味薄ク、食用トスベキモノ、花ノ大サ一寸許、簇咲ニシテ、端ハ五岐ニ分レ、丁子ノ如ク、花心無ク、瓣ノミナリ、培養シタルハ甘クシテ佳ナリ、秋月、多ク出ツ。甘菊

れうりぢやや (名) 料理茶屋 料理屋ニ同ジ。

れうりにん (名) 料理人 料理ヲ業トスル者。廚人

れうりや (名) 料理屋 客ニ酒肴ヲ供フルヲ業トスル家。レウリヂヤヤ。酒肉店 酒樓

れうる・ラ・ラ・リ・ル・レ (他動)(規・一) 料理 〔字ノ音ヲ活用ス〕 料理ヲナス。食物ヲ調ヘ作ル。

れうれう (副) 寥寥 物淋シキ狀ニイフ語。

れき (名) 暦 コヨミ。

れきし (名) 歷史 歷代ノ史。(史ノ條ヲ見ヨ)

れきすう (名) 暦數 日月運行ノ度數ヲ測リテ、暦ヲ作リ、時ヲ授クル術。

れきせい (名) 歷世 歷代ニ同ジ。

れきせい (名) 瀝青 チャン。

れきぜん (副) 歷然 アキラカニ。分明ニ。アリアリト。

れきだい (名) 歷代 歷來リシ代代。ダイダイ。 歷世

れきはかせ (名) 暦博士 陰陽寮ノ官、歷數ノ事ヲ掌ル。

れきれき (名) 歷歷 〔歷代相傳ノ家柄ノ意カ〕 世ニ著ク貴キ家柄。貴族

れきれき (副) 歷歷 アリアリト。イチジルク。

レダマ (名) 連玉 〔えにしだト同類ニテ、洋語ナリト云〕 亞灌木、高サ丈許、梢ニ細キ氣條ヲ出ス、綠ニシテ、略、くろくわゐノ莖ニ似タリ、葉ハ細小ナリ、夏ノ初、黃花ヲ開ク、形、略、綠豆ニ似テ繁ク、莢モ相似タリ。鷹爪

(れち) (名) 列 次條ノ語ニ同ジ。「太政大臣、れちニハ加ハラデ、脇ヨリ上リテ」

れつ (名) 列 ツラナルヿ。ナラブヿ。行列。

れつくわ (名) 烈火 ハゲシク燬リタル火。

れつこく (名) 列國 ツラナリテ建テル國國。

れつざ (名) 列座 ツラナリスワルヿ。列席。

れつしや (名) 列車 ツラナルクルマ。

れつす・スル・スレ・セ・シ・セヨ (自動)(不規・二) 列 ツラナル。

れつせき (名) 列席 列座ニ同ジ。

れつそつ (名) 列卒 勢子。

れつぢよ (名) 烈女 固ク操ヲ守ル女。貞女。烈婦。

れつでん (名) 列傳 傳ノ條ヲ見ヨ。

れつとう (名) 劣等 等ノオトリタルヿ。

れつぷ (名) 烈婦 烈女ニ同ジ。

れつぷう (名) 烈風 ハゲシク吹ク風。

レテク (名) 釐等具ノ約。リンダメ。

(れにし) (名) 櫺子ニ同ジ。和名抄「櫺子、禮邇之」

れふ (名) 獵 (一)山ノ獵。(二)誤テ、スナドリ。イサリ。〔川獵ヨリ轉ジタルカ〕 漁

れふし (名) 獵師 (一)カリウド。獵夫 (二)誤テ、漁リヲナス者。漁人

れふせん (名) 獵船 スナドリノ舟。漁舟

れふば (名) 獵場 (一)狩場。(二)又、スナドリスル所。漁場

れん (名) 蓮 ハスノハナ。レンゲ。

れん (名) 聯 (一)細長キ板又ハ紙ニ、書畫ヲカキテ、柱壁ナドニ懸ケテ、飾トスルモノ。ハシラカクシ。柱聯

(二)律ノ詩ノ對句。聯句。
れん (名) 簾 スダレ。「―ヲ掲ク」
れん (名) 廉 (一)潔白正直ナルコト。(二)安直。
れん (名) 連 (一)ツレ。ナカマ。トモ。侶 (二)連リタル物ヲ數フル語。「數珠一―」「鰹節二―」
れん-い (名) 漣漪 ササナミ。
れん-いん (名) 連印 數人連名シテ、印ヲ押スコト。
れん-か (名) 廉價 直段ノ安キコト。ヤスネ。
れん-が (名) 連歌 ツラネウタ。三十一字ノ和歌ヲ、二人シテ、應答シテ作ルモノ。上ノ五七五ノ三句ヲ發句トイヒ、下ノ七七ノ二句ヲ擧句トイフ。後ニ、種種ノ變體ヲ起シ、五十韻、百韻、ヲ連ヌルアリ、其式甚ダ繁ナリ。
れん-がふ (名) 連合 ツラナリアフコト。クミアフコト。
れん-ぎ (名) 連木 〔擂木ノ轉カ〕 スリコギ。擂槌
れん-く (名) 聯句 律ノ條ヲ見ヨ。
れん-ぐわ (名) 連火 漢字ノ下ニ、點ノ四ツ並ブモノ、火ノ字ノ變體ナリ、烈、然、蒸、點、ノ如シ。
れん-ぐわ (名) 煉瓦 次條ヲ見ヨ。
れん-ぐわせき (名) 煉化石 瓦ノ一種、燻ベズシテ堅シ、積ミテ家ヲ造リ、垣ヲ築キ、又ハ地ニ敷ク。又、煉瓦。火磚
れん-げ (名) 蓮華 (一)ハスノハナ。(二)ちりれんげノ略。
れん-げう (名) 連翹 イタチグサ。イタチハゼ。灌木、高サ丈餘、幹、細ソク直上ス、春、四瓣ノ黄花ヲ開ク、桔梗ノ花ニ似テ小シ、花落チテ葉ヲ生ズ、形、楕ニシテ尖リ、鋸齒アリ、三葉或ハ五葉、節ニ對シテ生ズ、實熟シテ黄ナリ、二ツニ裂ク、藥用トス、コレハ木本ノモノナリ。又、藤本ノモノアリ、たにわたしトモイフ、多ク庭際ニ植ウ、枝長ク垂ル、花アレドモ實ヲ結ブコト稀ナリ。
れん-げざ (名) 蓮華座 佛像ノ蓮座ニ、華ノ形ヲ作リタルモノ。蓮座。
れん-げさう (名) 蓮花草 原野、所在ニ多シ、春、苗ヲ生ズ、葉ハ、さいかち、又ハ、ゑんどうノ初生ノ葉ノ如クニシテ、兩對ス、枝、莖、地ニ布キテ蔓ノ如シ、節ノ上ニ莖ヲ出シ、春夏ノ交、頂ニ淡紫ノ細小花ヲ開ク、形、稍、蓮花ニ似タリ、其多キ處ハ、滿地ニ蔓リテ、錦ヲ敷クガ如ク、甚ダ愛スベシ、莢ヲ結ブ、黒クシテ三稜アリ。紫雲英

れん-げつ (副) 連月 月毎ニ續キテ。毎月。
れん-ご (名) 連語 二ツ三ツ連リタル語。
れん-こく (名) 輦轂 てぐるまトこしきト。○―ノ下。朝廷アル都ノ中。オヒザモト。
れん-こん (名) 蓮根 蓮ノ根、蔬トシ食フ、紅蓮ノ根ハ肥大ニシテ、黒ミアリ、味佳ナリ、白蓮ナルハ、細ソクシテ白シ。藕
れん-ざ (名) 連坐 マキゾヘ。罪ノカカリアヒ。連累。
れん-さつ (名) 憐察 アハレミテ思ヒヤルコト。
れん-ざん (名) 連山 ツラナル山山。
れん-し (名) 連枝 同胞。兄弟。(貴人ニ云フ)
れん-じ (名) 櫺子 レニシ。窓ニ設ケタル格子。
れん-しう (名) 練修 ネリヲサムルコト。サラヒカヘスコト。
れん-じつ (副) 連日 日日續キテ。毎日。
れん-しやく (名) 連借 連名ニテ物ヲ借ルコト。
れん-じやく (名) 連雀 小禽、山中ニ棲ミ、冬、春、群リ來ル、雀ヨリ大ク、もずヨリ小ク、全身、灰紅色ニシテ、首ニ冠毛アリ、嘴、黒ク、尾毛黒クシテ、末ハ深紅ナリ、兩翼ハ、風切ノ色、黒クシテ、末ハ深紅ニ、端白シ、コレヲ緋―トイフ。十二紅 又、形、稍大クシテ、風切ノ末、黄白深紅雜リテ、尾ノ端ノ黄ナルアリ、コレヲ黄―トイフ。十二黄
れん-じやく (名) 練鵲 風鳥ノ條ヲ見ヨ。
れん-じやく (名) 連尺 〔連着カトモ云〕 物ヲ負フニ用ヰル具、二片ノ板ニ繩ヲ繋ケ、背ニ付ク。
れん-しよ (名) 連署 數人相連レテ姓名ヲ記スコト。連名。(官府ノ文書ナドニ)
(れん-ず・ズル・ズレ・ゼ・ジ・ゼヨ) (自動) (不規・二) 練 熟練ス、馴レテ居ル。「オリタチれんじタル心ナラネバニヤ、我ガタメ、人ノタメモ、心ヤスカルマジキヲ」

れん-せい (名) 連聲 聲ニ連ルコト。
れん-せん (名) 連戰 續キテ戰フコト。
れん-ぜん-あしげ (名) 連錢葦毛 馬ノ葦毛ニ、淡濃ノ灰色ノ圓キ斑アルモノ。連錢驄
れん-ぞく (名) 連續 引キ續クコト。長ク絶エヌコト。
れん-たい (名) 連帶 聯帶 ツラナルコト。ツヅキテ絶エヌコト。
れん-だい (名) 輦臺 連臺 川ヲ渉ル人ヲ載スルモノ、板ニ棒二本ヲツケテ擔フ。
れん-だい (名) 蓮臺 ハチスノウテナ。蓮華座

れんたいげん (名) 【運體言】 語學ノ語、用言ノ活用ノ、體言ニ連ルベキモノ。

れんち (名) 【廉恥】 恥ヲ知リテ潔白正直ナルコト。

れんちやく (名) 【戀着】 戀ヒ慕フコト。

れんちゆう (名) 【簾中】 (一)スダレノウチ。(二)公卿、大名ノ室ノ尊稱。

れんちゆう (名) 【連中】 ツレ。ナカマグミ。 【夥伴】

れんちよく (名) 【廉直】 正直潔白ナルコト。

れんねん (副) 【連年】 年年續キテ。毎年。

れんぱう (名) 【聯邦】 數國合シテ一國ヲ成スモノ。

れんぱつ (名) 【連發】 ツヾケテ放ツコト。ツルベウチ。

れんぱん (名) 【連判】 數人連名シテ判ヲ押スコト。

れんぱんちやう (名) 【連判帳】 事ノ由ヲ、卷物ニ記シテ、連判シタルモノ。

れんぺい (名) 【練兵】 調練ニ同ジ。

れんぼ (名) 【戀慕】 コヒシタフコト。

れんま (名) 【錬磨】 ネリミガクコト。手慣レテ巧ニナルコト。 【熟練】

れんみん (名) 【憐愍】 アハレムコト。ナサケ。

れんみやう (名) 【連名】 姓名ヲ連ネ記スコト。 【連署】

れんめい (名) 【連名】 前條ノ語ニ同ジ。

れんめん (副) 【連綿】 續キテ絶エヌ狀ニイフ語。

れんよ (名) 【輦輿】 テグルマ。

れんようげん (名) 【連用言】 用言ノ活用ノ、他ノ用言ニ連ルベキモノ。

れんらく (名) 【連絡・聯絡】 ツヾクコト。ツラナルコト。

れんり (名) 【連理】 樹ノ枝ノ、又ヨレルモノ。

れんるゐ (名) 【連累】 マキソヘ。カカリアヒ。連坐。

れんれん (副) 【連連】 引續キテ。

れんれん (副) 【戀戀】 戀ヒ慕フ狀ニイフ語。

レモン (名) 【檸檬】 〔英語、Lemon.〕 香橼ノ類、西洋ヨリ其果ヲ舶來ス。其汁ヲ砂糖水ニ和シテ飲ムヲ「レモンス」トイフ。

ろ

ろ 五十音圖、良行第五ノ假名、ら條ヲ見ヨ。

ろ (名) 【爐】 床ヲ穿チテ火ヲ置ク處、炙燒ノ用トシ、又、暖ヲ取ル。ヰロリ。

ろ (名) 【艪・櫓】 船ノ具、一丈許ノ長キ樫ノ材ニテ作ル、中程ニ穴アリ、ろべそニ嵌メテ、上端ヲろなはニテ舟床ニ繫ギ、押セバ、下端ニテ水ヲ撥シ舟ヲ進ム。

ろ (名) 【絽】 〔羅ノ轉カト云〕 絹地ノ織物、極メテ薄クシテ、織目ニ、細ク隙ヲナス、夏ノ衣ナドトス。 【紹】

ろ (辭) 東國ニテ、動詞ノ命令法ニ添フル語。「見ー」「受ケー」

〔ろ (接尾) 意味ナク、言語ノ下ニ添フル語。「嶺ー」尾ー」家ー」妹ー」

ろあし (名) 【艪脚】 艪ヲ漕ギ行キタル後ニ波ノ搖ク痕。

ろいろ (名) 【蠟色】 漆塗ニ、黒漆ニテ塗リ上ゲ、其上ヲかしノ炭ニテ研ギテ光リヲ出セルモノ、

ろう (名) 【樓】 タカドノ。二階。「ー二登ル」

ろう (名) 【漏】 漏刻ノ略。夜ノ時。「ー長ケテ」

ろうかく (名) 【樓閣】 タカドノ。

ろうきよ (名) 【籠居】 家ノ中ニ籠リ居ルコト。 【閉居】

ろうげつ (名) 【朧月】 オホロヅキ。

ろうこく (名) 【漏刻】 ミヅドケイ。古ヘ、時ヲ測ル器、銅壺アリ、漏壺トイフ、蓋ニ孔アリ、箭ヲ挿シ立ツ、箭トイフ、箭ノ幹ニ四十八ノ刻ミアリ、是レ漏刻ナリ、扱、他壺ヨリ、水、漏リ滴リテ入リ、其水ノ溜ルニ隨ヒテ、箭、次第ニ上リテ、刻ミ見ハル、一晝夜、四十八刻ニシテ、一時ヲ四刻トス、一時ノ初刻ヲ一點ト呼ビ、以下次第ニ、二點三點ナド呼ブ、或ハコレヲひとつ、ふたつ、みつ、トモイフ、例ヘバ、「寅ノ一點」午ノ二點」子一ツ」丑三ツ」ノ如シ。別ニ、夜漏アリ、一夜ヲ、戌亥、子、丑、寅ノ五更トシ、一更ヲ、五刻、又、五點トス。鼓ヲ撃ツニ、九(易ノ陽數)ニ始マリ、時毎ニ相倍シテ撃ツ。後世、子、午ノ時ヲ、九ツ、トイヒ、丑、未ヲ、八ツ、寅、申ヲ、七ツ、卯、酉ヲ、六ツ、辰、戌ヲ、五ツ、巳、亥ヲ、四ツ、トイフハ、九ヲ相倍シ、二九、十八、三九、二十七ナルヲ、各、十位ヲ捨テテ其餘ヲ撃ツニ因ルト云。餘ハ推シテ知レ。

ろうこくはかせ (名) 【漏刻博士】 陰陽寮ノ官、守辰丁ヲ率ヰ、漏刻ノ節ヲ伺ヒ、時ニ鼓ヲ撃チ、刻ニ鐘ヲ撃タシム。(前條ヲ見ヨ)

ろうさう (名) 【緑衫】 〔字ノ音ノ音便〕 又、ロクサン。六

位ノ官人ノ着ル綠色ナル袍。
ろう-しふ (名) 陋習 イヤシキナラハシ。
ろう-じやう (名) 籠城 城ニ楯籠リ守ルコト。城守
ろう-ず (名) 商賣ノ貨物ノ損ジタルモノ。玷貨
〔ろう-ず・ズル・ズレ・ゼ・ジ・ゼヨ〕 (他動)(不規・二) 弄 モテアソビニス。アザケル。嘲弄ス。「御喜ビナドオコスル人モ、カヘリテハろうぜらるる心チシテ、ユメ嬉シカラズ」殊ニ輕メろうぜラルルニヨリ」
ろう-せん (名) 樓船 樓アル船。屋形船。
ろう-たい (名) 樓臺 (一)樓ト臺ト。(二)又、臺ノ上ニ屋根アルモノ。
ろう-だん (名) 壟斷 ヒトリジメ。
ろう-と (名) 漏斗 ジヤウゴ。
ロウ-ハ (名) 綠礬 〔字ノ唐音、ろうはんノ轉〕 礦物、硫酸鐵ナリ、人造モ多シ、明礬ニ似テ、淡綠色アリ、染料、塗料トス。リヨクバン。
ロウマ-けう (名) 羅馬教 〔Roma.〕 天主教ニ同ジ。
ロウマ-じ (名) 羅馬字 羅馬國ノ文字、即チ、今、歐米ノ重ナル國國ニテ用ヰル横文字。
ろう-もん (名) 樓門 樓アル門。
ろう-らく (名) 籠絡 己ガ智術ノ中ニ人ノ心ヲクルメコムコト。
ろ-かす (名) 爐滓 銀銅ナドヲ坩堝ニテ製煉シタル滓。灰吹ノ滓。ルカス。
ろかん-せき (名) 爐甘石 鑛物、炭酸亞鉛ナリトイフ、船來ス、其塊、大、小、一ナラズ、質、ヤハラカニシテ、碎ケ易ク、形、泡立チタルガ如シ、色ハ白キヲ上品ナリトシ、黃、又、青ナルモアリ、專ラ製煉シテ亞鉛ヲ取ル。
ろ-きつ (名) 盧橘 ハナタチバナ。ナツミカン。
ろ-ぎん (名) 路銀 路用ノ金錢。旅費。路費
ろ-ぎよ (名) 鱸魚 スズキ。
ろく (名) 祿 (一)官ニ仕フル者ニ給セラルル物ノ稱、古ヘハ、絹、綿、麻布、穀物、種種ノ物、後世ハ、專ラ、知行、扶持米、給金、ニイフ。(二)褒美トシテ當座ノ賜物。「馬ノハナムケナドノ使ニ、ろくナド取ラセヌ」
ろく (名) 陸 (一)物ノ形、面、ノ正シキコト。「ーヲ見ル」眞ー」「不ー」「ー墨」準的 (二)物事ニ正シキコト。眞目。(下ニ反語ヲ用ヰル)「ーニ見ズ」ーナコトヲ言ハズ」ーデナシ」
○ーニ居ル。(丈六あぐみニ起ルカトモ云) アグラカクコト。平坐。趺坐
ろく (數) 六 むつ。
ろく-かい (名) 六界 六道ノ條ヲ見ヨ。
ろく-かく (名) 六角 角ノ六ツアル形。
ろく-かく (名) 鹿角 シカノツノ。
ろく-かく-さい (名) 鹿角砦 サカモギ。
ろく-かく-さい (名) 鹿角菜 フノリ。
ろく-かせん (名) 六歌仙 在原業平、僧正遍昭、喜撰法師、大友黑主、文屋康秀、小野小町、ノ六人ノ歌仙ノ稱。
ろく-ぐ (名) 六具 鎧ノ、胴、籠手、袖、脇楯、脛楯、髓當、ノ稱。
ろく-ぐん (名) 六軍 六軍ノ條ヲ見ヨ。
ろく-ぐわつ (名) 六月 年ノ第六ニ當ル月。水無月。
ろく-けん (名) 祿券 祿ニ代ヘタル公債證書。
ろく-こつ (名) 肋骨 アバラボネ。
ろく-こん (名) 六根 佛說ニ、眼、耳、鼻、舌、身、意、ノ六ハ知覺ノ稱。「ー清淨」
ろく-ごん (名) 六言 詩ノ條ヲ見ヨ。
ろく-さい (名) 六齋 〔次條ノ語ヨリ轉ズ、六ナド借字ス〕 一箇月ノ中ニ、一、六、二七、三八、ノ日ナド、預メ、日數六日ヲ定メテ、事ヲ爲ルコト、月ニ六度ト言ハムガ如シ。轉ジテ、三齋、八齋、十二齋ナドノ稱モアリ、皆其意ナリ。
ろく-さい-にち (名) 六齋日 在家ニテ、佛戒ヲ持シ、一月ニ六度、齋戒スル日、即チ、陰曆ニテ、八日、十四日、十五日、二十三日、二十九日、晦日、ナリ、此日、梵天帝釋、降テ國政ヲ見ル、故ニ殺生ヲ禁ズトス。寺院ニテモ、參詣人ノ爲ニ、佛事ヲ修ス。
ろく-さん (名) 綠衫 綠衫ノ條ヲ見ヨ。
ろく-じ (名) 六時 ときノ條ヲ見ヨ。
ろく-じふ (數) 六十 十ヲ六倍ニセル數。むそ。
ろく-しやう (名) 綠青 (一)鑛物ノ名、炭酸銅ナリ、土中ニ生ジ、塊ヲナス、蝦蟆ノ背ノ如キ疣アリ、破レバ、內ニ芒紋アリ、色ノ綠黑ナルヲ上品トス、又、綠ナルモアリ、畫料トス。一名、孔雀石。又、人造ナルニ對シテ、石ートモイフ。石綠。(二)人造ナルハ、銅ニ醋ヲ施シ、

火ニ暖メ、青キ銹ヲ生ズルヲ削リ取リテ水飛ス、亦、畫料トス、大和ノ奈良ニ産ス、天然ノモノト別チテ、奈良ートイフ。銅青

ろくしやく (名) 【陸尺】 〔力者ノ轉〕 輿丁。(貴人ノ)

ろくしやくぼう (名) 【六尺棒】 樫ナドノ棒ノ、長サ六尺許ナルモノ、防禦ノ用トス。

ろくじよう (名) 【鹿茸】 ロクジヤウ。

ろくずみ (名) 〔陸ノ條ヲ見ヨ〕 すみなはニ同ジ。

ろくだう (名) 【六道】 (一)佛説ニ、冥土ニアリテ、六界ヘ行キ別ルル道。或ハ、六趣。六界トハ、地獄、餓鬼、畜生、(以上、三悪道)修羅、人間、天上ナリ。(二)六指ノ一稱。

ろくだうせん (名) 【六道錢】 葬佛ニ、死者ニ添ヘテ埋ムル錢、六文ヲ入ル、六道ニ趣クニ就キテナリト云、或云、三途川ノ渡錢ナリト、今、專ラ、紙錢ヲ用ヰル。瘞錢

〔ろくぢ〕 (名) 【陸地】 クガチ。ヲカ。陸地。

ろくでうどうふ (名) 【六條豆腐】 〔初メ京ノ六條ニテ製出シタレバイフト云〕 豆腐ヲ、薄ク切リテ片トシ、鹽ニ塗シ、陰乾ニシタルモノ、凝リ固マリテ、色、黄白ナリ、刻ミ又ハ削リテ、酒ニ浸シ、又ハ、吸物ノ上ニ加ヘ用ヰル。

ろくぬすびと (名) 【祿盜人】 才能ナクテ官ニ居ル者、或ハ、不勸、無職ノ者ノ、空シク祿ヲ受クルヲ罵リテイフ語。素餐

ろくぶ (名) 【六部】 行脚僧ノ、六十六部ノ法華經ヲ、日本六十六國ノ靈地ニ納ムルコ。後ニハ、國國ノ國分寺、或ハ、一ノ宮ナドニ納ム。今、汎ク、僧、俗、男女、諸國ノ神社佛字ヲ巡拜スル者ノ稱、順禮ト異ナラズ。

ろくはふ (名) 【六法】 〔又、六方〕 (一)万治寬文ノ頃、江戸ニアリシ男達ノ黨ノ稱、鶺鴒組、吉屋組、鐵棒組、唐犬組、笊籬組、大小ノ神祇組、ナドアリテ、コレヲ六法男達トイヒ、町町ヲ徘徊セリ。(二)歌舞妓ニテ、演者ノ、舞臺ヨリ花道ニカカリ揚幕ニ入ル時ニ、高ク足蹈ミシ躍リ行クコ、六法男達ノ風采ヨリ起ル。

ろくまく (名) 【肋膜】 肋骨ノ膜。

ろくろ (名) 【轆轤】 (一)車井戸ノ上ニ懸ケテ、釣瓶繩ヲ掛クル具、車輪ノ形シテ、軸アリ、旋轉ス。(二)ロクロガナ。鏇 (三)ロクロダイ。旋盤 (四)車地。マンリキ。(五)傘ノ、具形、小キ臼ノ如ク、孔アリテ、柄ニ貫キ、周ニ刻ミアリ、傘ノ衆骨ヲ此ニ聚メ、上下開閉セシムルモノ。傘椿

ろくろがな (名) 【轆轤鉋】 木地細工、錫器、ナドノ圓キ挽物ヲ造ル具、横ニ軸ヲ設ケ、革紐ヲ絡ヒ、紐ヲ引ケバ、軸、旋ル、軸ノ端ニ、器ヲ着ケ、刀ヲ以テ、器ノ旋ルニ當テテ、彫リ削ル、椀、盆、筒、壺、ノ類ナリ。ロクロギリ。マハシギリ。鏇 牽鑽

ろくろく (副) 【碌碌】 何モ爲出スコナクテ居ル狀ニイフ詞。

ろくろく (副) 〔陸ノ條ヲ見ヨ〕 眞面目ニ。十分ニ。(下ニ反語ヲ用ヰル)「ー見ズ」ーカマハズ」

ろくろくび (名) 【轆轤頸】 ヌケクビ。妖怪ノ名、頸甚ダ長ク伸ビ縮ミスルモノト云。飛頭蠻

ろくろし (名) 【轆轤師】 ろくろがなニテ、挽物ヲ作ル工人。旋工

ろくろだい (名) 【轆轤臺】 陶器ノ圓形ノモノヲ造ル具、木ノ圓キ盤ノ下ニ軸アリテ旋ル、上ニ陶土ヲ載セ、足ニテ盤ヲ横ニ旋ラシ、手ニテ、盤ト共ニ土ノ旋ルニ隨ヒ、押シ、捧ゲ、ナドシテ種種ノ形ニ作ル。旋盤

ろくゐ (名) 【蘆薈】 〔正シクハ蘆薈ト讀ム、羅甸語、Aloe.ノ音譯字〕 舶來藥品ノ名、熱地ノ植物ノ脂、黒クシテ、肌、細カク、光リアリ、味、苦シ。

ろくゐ (名) 【六位】 くらゐノ條ヲ見ヨ。

ろくゑふ (名) 【六衞府】 衞府ノ條ヲ見ヨ。

ろけん (名) 【露顯】 秘シタル事ノ現ハルルコ。(多ク悪事ニイフ) 發露

ろこん (名) 【露根】 ネアガリ。

ろさい (名) 【邏齋】 僧ノ、路ヲ行キテ食ヲ乞フコ。托鉢。又、乞兒ノ異名トモス。

ろさう (名) 【魯桑】 支那ヨリ渡セル一種ノ桑。

ろし (副) 【路次】 ミチノツイデニ。路スガラ。

ろし (名) 【鷺鷥】 シマツドリ。鵜。

ろじん (名) 【路人】 ミチユクヒト。往來ノ人。

ろしゆつ (名) 【露出】 アラハレイヅルコ。

ろそく (名) 【蘆粟】 近年支那ヨリ渡セル植物、砂糖ヲ取ル。

ロソン (名) 呂宋 花草ノ名、ろそんニ同ジ。
ろたい (名) 露臺 (一)屋根ナキ臺。(二)床張ニテ屋根ナキ場。「舞姫、上リ、五度袖ヲカヘシテ踏入ル云云、節會ノ程、露臺ノ亂舞ナリ」
ろぢ (名) 路地 〔路地ニテ屋根ナキ意カト云〕(一)門内、庭上ノ通路。(二)東京ニテ、市街ノ人家ノ間ノ狹キ路。京ニ、途子。
ろとう (名) 路頭 ミチノホトリ。ミチバタ。「一ニ迷フ」
ろどん (名) 魯鈍 智ノニブキコト。オロカナルコト。
〔ろなう (副) 無論 論ナク、ノ音便約。勿論。「假ニ人ノ失セ給ヒツラム所ハ、ろなう騷ガシク」ろんなう、サヤウニゾアラムト、推シハカラルレド」
ろなは (名) 艪繩 舟ノ床ヨリ艪ノ上ノ端ニ繋クル繩。ハヤヲ。
ろば (名) 驢馬 ウサギウマ。
ろばう (名) 路傍 ミチノホトリ。ミチバタ。
ろばん (名) 露盤 塔ノ頂ニ高ク立ツルモノ、銅製ニテ、多ク層ヲナス、輪ヲ貫キタルガ如シ。
ろびらき (名) 爐開 茶人ノ家ニテ、陰暦、十月朔日ニ、風爐ヲ閉ヂテ、地爐ヲ開キ用ヰルコト。
ろぶち (名) 爐縁 (一)爐ノホトリ。ロバタ。爐邊 (二)爐ノ縁ニ嵌ル木匡。
ろべそ (名) 艪臍 船端ニ小ク突出デタルモノ、艪ノ孔ニ嵌メテ搯ス度トス。艣
ろぼ (名) 鹵簿 ミユキノツラ。行幸ノ行列。
ろん (名) 論 アゲツラヒ。事ノ理ヲ述ブルコト。

ろんぎ (名) 論議 論ジハカラフコト。
ろんぐわい (名) 論外 論ノホカ。論ズルニ及バヌコト。
ろんじよ (名) 論所 論ジ爭フトコロ。
ろんず・ズル・ズレ・ゼ・ジ・ゼヨ (他動)(不規・二) 論 アゲツラフ。論ヲナス。理ヲ説ク。
ろんせつ (名) 論説 論、又、説。
ろんだん (名) 論壇 公衆ノ議論スル場所。
ろんぱ (名) 論破 論ジテ言ヒヤブルコト。
ろんぱん (名) 論判 論ジテ理非ヲ別ツコト。
ろんぽう (名) 論鋒 議論ノホコサキ。
ろんりがく (名) 論理學 文學ノ一部、物事ノ理ヲ正シク適當ニ論ズル方法ヲ究ムル學。
ろめい (名) 露命 ツユノイノチ。ハカナキ命。
ろよう (名) 路用 旅ニ用ヰル金錢。路銀。路費
ろれつ (名) 臚列 ツラヌルコト。ナラブルコト。
ろれつ (名) 〔呂律ノ訛ト云〕 物言フ調子。常ニ「一ガマハラヌ」ナドイヒテ、醉人、小兒、ナドノ言葉遣ヒノサワヤカナラヌニイフ。

わ

わ 五十音圖、和行第一ノ假名。此一行ノ假名、わ、ゐ、う、ゑ、を、ノ五音ハ、其發聲、喉ヨリ輕ク脣ニ觸レテ出デ、而シテ、母韻ト熟シテ成ル。わハ下ニうヲ受クレバ、をノ如ク呼ブコトアリ、わう(王)わうごん(黃金)ノ如シ。

わ (名) 輪 〔曲ト同語〕(一)スベテ、長キモノヲ曲ゲテ圓クシタルモノ。輪。環。「指一」「桶ノ一」(二)車ノ左右ニアリテ、軸ヲ貫キテ、廻ラシテ車ヲ進ムル具、形、圓ク平タシ。周ノ曲レル木ヲ輞トイヒ、中央ニアリテ軸ヲ貫ク處ヲ轂(又、筒)トイヒ、輞ヨリ轂ヘ聚リテ指ス許多ノ細ソキ材ヲ輻トイフ。(三)箍。
わ (名) 和 倭 日本國ノ一稱、多クハ外國ニ對シテ種種ノ物事ニ添ヘテイフ。「一漢」「一文」「一語」「一書」「一本」「一產」「一製」「一船」「一藥」
わ (名) 和 和睦。タヒラギ。ナカナホリ。「一ヲ結ブ」
わ (代) 吾 われニ同ジ。「汝ヲト吾ヲ、人ゾ離クナル絲ニナルトモ、和ハ解カジトヨ」「一ガ妻」「一主」「一殿」「一入道」
わ (接尾) 曲回 〔輪ト同語〕 圜ミタルガ如ク一區ヲナセル處。「浦一」「島一」「川一」「郭一」「外一」「内一」
わいざつ (名) 猥雜 ミダリガハシク入リ亂レタルコト。
わいせう (名) 矮小 低クチヒサキコト。
わいせつ (名) 猥褻 淫レテミダリガハシキコト。
わいだち (名) 脇立 わきだちノ音便。夾侍。
わいだて (名) 脇楯 〔わきだてノ音便〕 鎧ノ一部、胴ノ右脇ノ隙ニ當ツルモノ。ワキアテ。
〔わいだめ (名) 辨別 〔わきためノ音便〕 ワカチ。區別。
わいろ (名) 賄賂 マヒ。マヒナヒ。音物。
〔わいわいし・シキ・シケレ・シク・シク (形・二) 〔分分シノ音便〕 キハヤカナリ。ハキトシタリ。「雖レ撿ニ校其國之寶一

無ニ分明申言者ニ及レ長辨有ニ才學ニ

わう (名) 王 (一)オホギミ。一國ノ君主ノ稱號。(二)帝號、出デ來テヨリ、帝ヨリ一等下レル稱號。(親王、藩王ノ類)(三)天子ノ子孫曾孫等ノ、親王宣下モ無ク、又、姓ヲモ賜ハラヌヲ、王、又、諸王ナド申ス。(四)王將ノ略(將棋ニ)(五)長。カシラ。「花ノー」獸ノー」蜜蜂ノー」

わうか (名) 王家 帝王ノ御家筋。

わうが (名) 枉駕 訪ヒオトヅルルコト。(敬語)

わうかう (名) 橫行 恣ニ押シ歩クコト。

わうぎ (名) 黃耆 ヤハラグサ。モメンヅル。藥草ノ名、春、舊根ヨリ叢生ス、直立、三四尺、莖、葉、共ニくららニ似テ、毛アリテ、淡綠ナリ、夏、梢ノ葉ノ間ニ、黃白ノ花ヲ開ク、形、あづきノ花ノ如シ、後、短キ莢ヲ結ブ。根ノ、ヤハラカニシテ綿ノ如キモノヲ藥用トシ、上品トス、(綿黃耆)又、根ノ硬キ者ヲ下品トス。(木黃耆)

わうくわ (名) 王化 王者ノ德化。

わうくわ (名) 王瓜 カラスウリ。

わうくわん (名) 往還 (一)ユキカヘリ。ユキキ。往來。(二)往來スベキ道。道路

〔わうげづく〕(自動)(規.二) 王氣付 貴キ容子ニ見ユ。「女御ノ宮タチ、ハタ、父帝ノ御方ザマニわうげづきテ、氣高ウコソオハシマセ」

わうげふ (名) 王業 帝王ノ、國ヲ統ベ治ムル業。

わうこ (名) 往古 オホムカシ。

わうごん (名) 黃金 (一)コガネ。金。(二)大判金。

わうごんばい (名) 黃金梅 梅ノ一種、花ノ黃ナルモノ。

わうさ (名) 王佐 帝王ノ輔佐。「ーノ才」

わうし (名) 王師 (一)帝王ノ軍勢。(二)帝王ノ師範。

わうし (名) 橫死 殺害、又ハ、震災ナドニテ死ヌルコト。非命ノ死。變死。(自然ノ病死ニ對ス)

わうじ (名) 皇子 天子ノ御子。ミコミヤ。

わうじ (名) 王子 王ノ子。皇子。

わうじ (名) 往事 往ニシ事。過ギ去レル事。

わうじ (名) 往時 往ニシ時。ムカシ。以前。

わうしき (名) 黃鐘 十二律ノ一、其條ヲ見ヨ。

わうしつ (名) 王室 帝王ノ御家筋。王家。

わうじつ (名) 往日 往ニシ日。先日。サキダツテ。

わうじや (名) 王者 王タル人。

わうしやう (名) 王將 將棋ノ駒ノ長タルモノ、四方、四隅、自在ニ、一格ヅツ動クコトヲ得。

わうじやう (名) 王城 帝王ノ宮居。都。

わうじやう (名) 往生 (一)佛經ノ語、現世ヲ辭シテ、淨土ヘ往キテ生ルルコト。(二)死ヌルコト。(三)轉ジテ、無理ニ壓シツクルコト。(或云、壓狀ノ語ヨリ出ヅト)「ーズクメ」無理ー」

わうじやく (名) 尫弱 ヒヨワキコト。柔弱。

わうしよう (名) 黃鐘 十二律ノ一、其條ヲ見ヨ。

わうしよくき (名) 黃蜀葵 トロロアフヒ。

わうせい (名) 王政 帝王ノマツリゴト。

わうせい (名) 旺盛 極メテ盛ナルコト。

わうせい (名) 黃精 ナルコユリ。

わうぞく (名) 王族 王者ノ一族。

わうそん (名) 王孫 (一)帝王ノ子孫。(二)ツクバネサウ。

わうだい (名) 往代 ソノカミ。イニシヘ。

わうだう (名) 王道 王者ノ世ヲ治ムル正シキ道。

わうだう (名) 橫道 (一)ヨコミチ。ヨコシマナルコト。「鬼神ニーナシ」(二)不正ヲ知リナガラ行フコト。橫着。

わうだつ (名) 橫奪 ヨコドリ。ワウリヤウ。

わうだん (名) 黃疸 キバムヤマヒ。病ノ名、膽汁、鬱積シテ、血中ニ轉入スルニ因テ發ス、皮膚、眼、爪、溺、皆、黃色トナリ、食氣ナク、漸クニ衰弱疲勞ス。

わうちやく (名) 橫着 知ラヌ風シテ私ヲ行フコト。ワウダウ。

わうぢよ (名) 皇女ニ同ジ。

わうて (名) 王手 將棋ニ、直ニ王將ニ襲ヒカカル手。

わうてき (名) 橫笛 ヨコブエ。

わうど (名) 黃土 繪ノ具、あかつちニテ製ス、其水飛シタルヲ、粒ートイフ。

わうどう (名) 黃銅 眞鍮ニ同ジ。

わうなん (名) 橫難 不慮ノワザハヒ。

わうによ (名) 皇女 天子ノ御娘。ヒメミコ。

わうによ (名) 王女 (一)王ノ御娘。(二)皇族ノ女ノ、內親王ノ宣下ナキヲ申ス語。

わうにようご (名) 王女御 皇女王孫女ノ女御ニテラセ給ヘルモノ。

わうねん（名）往年　往ニシ年。ムカシ。
わうのはな（名）王鼻　假面ノ、赤ク塗リテ、鼻ノ突キ出デタルモノ、猿田彦ノ神ノ相ナリト云。
わうばい（名）黄梅　蔓生ノ灌木、人家ニ植ウ、高サ二三尺ヨリ五七尺ニ至ル、節、多シ、春ノ半ニ、六瓣ノ黄花ヲ開ク、錢ノ大サニテ、稍、梅花ニ似タリ、花、終リテ、葉、生ズ、圓ク小ク、三ツニ分レテ、兩兩、對生ス。迎春花
わうばく（名）黄蘗　キハダ。（藥用ノ稱）
わうばくしゆう（名）黄蘗宗　禪宗ノ一派、僧隱元（明人、後光明帝ノ承應三年ニ歸化ス）ヲ開祖トス。
わうばん（名）黄幡　八將神ノ一、軍陣守護ノ神トス、其年ノ此方角ニ向ヒテ、弓始メヲ吉トス。
わうばん（名）椀飯　垸飯（一）椀ニ飯ヲ盛リテ勸ムルモノ。「酒、肴、わうばん、搔キスヱテ、コレヲ勸ム」（二）中世、正月、家ノ主人、家族親族ヲ集メテ饗應スルコト、新年第一ノ祝儀トシタリ、―振舞ナドイヘリ。
わうふく（名）往復（一）ユキカヘリ。往返。（二）ヤリトリ。往來。「手紙ノ―」應酬
わうぶん（名）横文　ヨコモジ。
わうふるぎやう（名）王不留行　ダウクワンサウ。
わうへい（名）横柄（横行權柄ノ意カ）オゴリタカブルコト。倨傲
わうへん（名）往返　ユクトカヘルト。往復
わうぼふ（名）王法　佛法ニ對シ、國王ノ法令ヲ稱スル語

わうまうにち（名）往亡日　舊暦ニ、凶日ノ名、一年ニ十一日アリ、出行、出陣、ヲ忌ムベシトス。
わうめい（名）王命　帝王ノ命令。
わうらい（名）往來（一）ユキキ。ユキカヘリ。（二）ユキキスベキ道。街道。往還。道路（三）應酬ノ書翰ノ文案ヲ記シタル書ニ名ヅクル語。（禮尙ニ往來一之意）「尺素―」明衡―」庭訓―」消息―」（四）熱ノ差シ引キ。「寒熱―」
わうりやう（名）横領　ヨコドリ。オシドリ。橫奪
わうれん（名）黄連　古名、カクマグサ。藥草ノ名、葉ハ、芹ノ如クニシテ、厚ク堅ク光リテ、冬枯レズ、春ノ初、莖ヲ出ス、高サ三五寸、其端ニ數白花互生ス、花、終リテ、新葉ヲ生ジテ、舊葉枯ル、花後、十許ノ莢ヲ結ブ、黄色ノ小子アリ、根ヲ藥用トス。
わうわう（副）往往　時時、又、處處ニ。「―見ユ」
わうゐ（名）王位　帝王ノクラヰ。
わうゐ（名）王威　帝王ノ威光。
わか（名）和歌　ウタ。ヤマトウタ。（うたノ條ヲ見ヨ）
わか（接頭）若　ヲサナキ。年長ケヌ。若キ。「―君」―武者」―松」―木」―葉」―枝」幼　稚
わかい（名）和解　ヤハラギトクルコト。ナカナホリ。
わかいもの（名）若者　商家ナドニテ、少年ノ手代ナドノ稱。
わかうど（名）若人　年、尙、若キ人。ワカモノ。少年
わかがへ・る・ル・レ・ラ・リ・レ（自動）（規．一）若返　再ビ若キ状トナル。（若人ナドニ）

わかぎみ（名）若君　ヲサナキ主君。幼君
わがく（名）和學　日本ノ和歌、文章、歴史、有職等ノ學問。國學。皇學。（漢洋學ニ對ス）
わかくさ（名）若草　芽出シノ草。新草　嫩草
わかくさの（枕）若草　夫妻ノ枕詞。
わかげ（名）若氣　若者ノ早ル氣象。少年ノ血氣。少年銳氣
わかさぎ（名）若鷺　魚ノ名、形、はえニ似テ、眼、口、異ナリ、大サ一二寸ニ過ギズ、河海ノ際ニ産ズ、春月ニ多シ、常陸ヨリ、白ク乾シタルヲ出ス。
わかさぬり（名）若狹塗　漆器、若狹ノ小濱ノ産、文、亂雲ノ如ク、金銀色ヲナシテ、溜塗、或ハ青漆ノ中ニ見ハル。
わかさんじん（名）和歌三神　住吉ノ表筒男命、中筒男命、底筒男命、ノ三神ノ稱。又、衣通姫、柿本人麿、山邊赤人、ノ三人ノ歌聖ノ稱トモス、己ヲ和歌三聖トイヒ、和歌ノ神トシテ祭ル。
わかざり（名）輪飾　注連繩ヲ輪ニ作リテ、稻穗ヲ端ヲ垂レタルモノ、新年ノ飾ニ用ヰル。
わかし・キ・ケレ・ク・シ（形．二）若　物、未ダ成リ一トノ公ズ、年、多ク長ケズ。少　稚　嫩
わかじに（名）若死　年若キ間ニ死ヌルコト。夭折
わかしゆ（名）若衆（一）ワカモノ。ワカウド。（二）男子ノ、未ダ元服セズ、前髮アリテ年髮ト成ラヌ者。（三）ヤラウ。カゲマ。
わかしらが（名）若白髮　年、尙、壯ナルニ生ズル白髮、

蒜髪 宣髪

わか・す ス・セ・サ・レ・セ (他動)(規・二) 沸湧 (一)沸クヤウニス。「水ヲ湯ニー」(二)トカラス。「金ヲー」 鎔

わか-たう (名) 若黨 年若キ郎黨。從者ノ侍。 倅從

わか-たか (名) 若鷹 鷹ノ條ヲ見ヨ。

わかち (名) 別 ワカツコト。差別。區別。

わか・つ ツ・テ・タ・チ・テ (他動)(規・二) 別分 (一)一ツ一ツニナス。ハナス。分ク。(二)分ケ定ム。判斷ス。 判 (三)分ケテ宛テワタス。 配賦

〔わかつり (名) 機巧 〔別釣ノ義カ、誘ルト通ズルカ〕 機ノアヤツル處。和名抄「機、機巧之處、和加豆利」

わか-どころ (名) 和歌所 村上帝、天暦五年、始メテ置キ給ヘル職、長官ヲ別當トイヒ、次官ヲ開闔トイフ、又、寄人等ノ職アリ、和歌ヲ撰集スル時ニ置カル。

わか-どしより (名) 若年寄 德川氏ノ政府ニ、執政第二ノ職、老中ニ次グ。

わか-との (名) 若殿 (一)ワカギミ。 幼主 (二)家督スベキ主君。 世子

わか-な (名) 若菜 〔若ハ新ノ意〕 往時、正月ノ上ノ子ノ日ニ、禁中ニテ、内膳司ヨリ、其年ノ七種ノ新菜ヲ羹トシテ奉ツルモノ、能ク萬病ヲ除クトス。後ニ、人日ノ事トナル。〈七種ノ條、見合ハスベシ〉

わか-なご (名) 若魚子 魚ノ名、ぶりノ條ヲ見ヨ。

わが・ぬ ヌル・ヌレ・ネ・ニ・ネ (他動)(規・二) 綰 わぐノ延。撓メ曲ゲテ輪ニス。

わかは (名) 若葉 芽出シノ葉。 嫩葉 新葉

わがはい (代) 我輩 ワガトモガラ。我等。

わか・ぶ ブル・ブレ・ビ・ビ・ビ (自動)(規・三) 若 若ク見ユ。ワカヤグ。「御年ヨリモわかびテナラヒ給ヘレバ」

わ-がふ (名) 和合 ヤハラギアフコト。互ニ睦シク交ルコト。

わがまま (名) 我儘 我ガ思フママニ振舞フコト。氣儘。 恣意

わがみ (代) 吾身 (一)自稱ノ代名詞。ワレ。(二)轉ジテ對稱ノ代名詞、卑族ノ親シキ者ニ用ヰル。

わかみづ (名) 若水 〔若ハ新ノ意〕 去年ノ生氣ノ方ノ井ヲ封ジテ、立春ノ早旦ニ、汲ミテ用ヰルモノ、一年ノ邪氣ヲ除クトイフ。 立春水 後世ハ元旦ニモ用ヰル。

わかみどり (名) 若緑 松ノ若葉。

わかみや (名) 若宮 (一)皇子ノ、幼クマシマスヲ申ス稱。(二)神社ノ地ニ、其神ノ子ヲ祀レルモノ。

わ-かん (名) 和姦 男女相語ラヒテ姦通スルコト。〈強姦ニ對ス〉

〔わかんどほり (名) 〔わかんハ、大上ノ約轉カ、或云、若御子ノ略轉、或云、王家ノ音ノ轉、どほりハ、系ノ意ト云〕 皇子ノ血筋。「わかんどほり腹ニテ、貴ナル筋ハ劣ルマジケレド」御メノト三人、一人ハー、二人ハ大貳ノ娘」

わかんむり (名) 冖冠 〔片假名ノ「ワ」字ニ似タレバイフ〕 又、ヒラカムリ。漢字ノ頭ニアル「冖」ノ字ノ形、即チ、冠、冢、冥、ノ如シ。

わか-むらさき (名) 若紫 紫ノ、色淺キモノ。 淡紫

わかめ (名) 若布 〔荒布ニ對スル名〕 古名、和布。海藻ノ名、海中、石上ニ生ズ、形、略、昆布ニ似テ、薄ク狹ク、一二尺、色青シ、食用トス。 裙帶菜

わか-もの (名) 若者 年若キ人。ワカウド。 少年

わが-ものがほ (名) 我物顔 己ガ所有ノ物ノ如クツカフ面持。

わか-やか (副) 若 若キ状ニ、ワカヤキテ。

わか-やぐ グ・ゲ・ガ・ギ・ゲ (自動)(規・一) 若 年若キ状トナル。ワカヤカニナル。ワカガヘル。

〔わか-ゆ (名) 若鮎ノ約。「和可由釣ル、松浦ノ川ノ

わか・ゆ ユル・ユレ・エ・エ・エ (自動)(規・二) 若 若クナル。ワカヤグ。「菊ノ露、ワカユバカリニ、袖觸レテ」君ガ八千代ヲワカエツツ見ム」

わか・る ル・レ・ラ・リ・レ (自動)(規・二) 別分 〔別ケラル、ノ約轉カ〕 心ニ解シ知ル。會得ス。合點ス。 了解

わか・る ルル・ルレ・レ・レ・レ (自動)(規・三) 別分 (一)一ツ一ツニナル。離ル。別ニナル。(二)ハラク。チラバル。 離散 (三)死別レ、或ハ、生別レトナル。「親ニー」夫ニー」 訣別 (四)出デテ支ヲナス。「幹ヨリー」本道ヨリー」 支分

わかれ (名) 別 (一)ワカルルコト。ハナルルコト。(二)イトマゴヒ。 離別。「旅ノー」夫婦ノー」、「ーヲ送ル」ーヲ告グ」 訣別 (三)出デテ支ヲナセルコト。「家ノー」血筋ノー」 支脈 旁系

わかれち (名) 別路 (一)人ト別レテ行ク路。(二)エダ

ミチ。ヨコミチ。岐路

わか-わか・し・シキ・シケレ・シク・シ・シク（形・二）甚ダ若ク見ユ。

わき（名）脇 腋 掖〔兩ニ別キノ義カ〕（一）胸ノ側面、肩、腕ノ下。（二）衣ノ一部、腋ニ當ル所。（三）カタハラ。カタヘ。「一ニ居ル」傍（四）能、狂言ニ、仕手ノ相手ヲ演ル者。脇師。（仕手ノ條ヲ見ヨ）（五）相撲ニ、關脇ノ略。

〔わき（名）別 ワクコト。ワカチ。「夜ト晝ト、言フわき知ラズ」

わ-ぎ（名）和議 和睦ノ評議。

わき-あけ（名）腋明（一）袍ノ製ノ名、其條ヲ見ヨ。（二）幼童婦女ノ衣ニ、袖ノ、腋下ニ合フ所ヲ、縫ハズシテ置クコト。左、右、各、四ツセハ、八ロトモイフ。

わき-が（名）腋臭 古ク、有臭。又、ワキクソ。人ノ腋ヨリ、常ニ堪ヘガタキ臭氣ヲ發スルモノ、遺傳ノ病ナリ。狐臭 胡臭

〔わき-くそ（名）前條ノ語ニ同ジ。和名抄「胡臭、和岐久曾」

わき-ざし（名）脇指（一）腰刀。守刀。（二）後ニ、差添ノ刀。

わき-し（名）脇師 脇ノ條ヲ見ヨ。

わき-だち（名）脇立 脇士ノ條ヲ見ヨ。ワイダチ。

〔わき-て（副）別 並ベテ、ノ反。取リワケテ。殊ニ。別段ニ。「わきて今宵ハ、メヅラシキ哉」特

わき-ばさ・む・ム・メ・マ・ミ・メ（他動）（規・一）挾 腋ノ下ニ挾ム。

わき-ばら（名）脇腹（一）腹ノ傍。ヨコハラ。「一ヲ刺ス」（二）別腹。妾腹。メカケバラ。「一ノ子」

〔わぎ-へ（名）我家ノ約。「國ハ葛城、高宮、和藝幣ノアタリ」

わき-ま・ふ・フル・フレ・ヘ・ヘ・ヘヨ（他動）（規・二）辨〔別ヲ行フ意〕（一）別ク。ワカツ。辨別ス。（二）償フ。返辨ス。

わき-まへ（名）辨 ワキマフルコト。辨別。

わき-み（名）傍視 傍ヲ見ルコト。ヨソミ。ワキメ。

〔わぎ-み（代）吾君 對稱ノ代名詞、敬ヒ親ミテイフ。

わき-みち（名）脇路 エダミチ。ヨコミチ。傍徑

わき-め（名）傍目 わきみニ同ジ。「一モフラズ」

〔わぎ-も-こ（名）吾妹子ノ約、女ヲ親ミ呼ブ語。

わき-やう（名）和行 五十音ノわ、ゐ、う、ゑ、を、ノ行。

わ-ぎり（名）輪切 大根、牛蒡、瓜、ノ類ヲ、横ニ切ルコト、切口、輪ノ狀ヲナス。

わき-ろ（名）脇艪 艫艪ノ力ヲ助ケム爲ニ、別ニ船端ニテ用ヰル艪。

わく（名）𥱋〔字ノ音〕（一）絲ヲ絡ル具、方形ニシテ四脚アリ。ヲダマキ。（二）轉ジテ、木竹ノ細キ材ヲ、器具ノ骨トシ、又ハ、緣トスルモノ。カマチ。「戶ノ一」障子ノ一」額ノ一」木格 木国

わ・く・ク・ケ・カ・キ・ケ（自動）（規・一）湧 沸 涌〔曲トナリテ上ル意カ〕（一）水、地中ヨリ噴キ出ヅ。（二）水、火氣ニ遇ヒテ熱クナル。ニユ。（三）鑠ク。鎔ク。（金類ニ）鑠（四）盛ニ起リ來ル。「事、一」議論、一」發起（五）自然ニ生ル。生フ。ウマル。ムス。「蟲、一」發生

〔わ・く・ク・ケ・カ・キ・ケ（他動）（規・一）別 次條ノ語意ニ同ジ。「見シヤ夫レトモ、わかヌ間ニ」思ヒミダレテ、わきカネツ」

わ・く・クル・クレ・ケ・ケ・ケヨ（他動）（規・二）別 分 ワカツ。ハナス。區別ス。

わ・ぐ・グル・グレ・ゲ・ゲ・ゲヨ（他動）（規・二）綰〔曲ヲ活用ス〕撓メ曲グ。ワガヌ。

〔わく-ご（名）若子ニ同ジ、若キ人ヲ美メテイフ語。

わく-せい（名）惑星 遊星ニ同ジ。

わく-でき（名）惑溺 マドヒオボルルコト。迷ヒコミテ本心ヲ失フコト。「女色ニ一ス」

わ-くん（名）和訓 訓ノ條ヲ見ヨ。

〔わ・ぐ・む・ム・メ・マ・ミ・メ（他動）（規・一）綰 ワグ。ワガヌ。「薄色ノ衣、云云、搔イわぐみテ、脇ニ挾ミテ」

わく-もん（名）或問 文章ニ、或人ノ問ヲ以テ起シテ、コレニ答ヘテ己ガ論ヲ記スモノ。

〔わくらは-に（副）邂逅 タマサカニ。希ニ。「人トナル、事ハ難キヲ、和久良婆ニ、ナレル我身ハ」一、問フ人アラバ」

わけ（名）譯〔別ノ義〕（一）理ヲ說キ分クルコト。（二）コトノモト。ユヱ。仔細。理由

わげ（名）髷 髻ノ餘髮ヲ綰ゲタルモノ。マゲ。髷

わ-げ（名）和解 外國文ヲ和文ニ寫シ解クコト。

わけ-ぎ（名）分葱 葱ノ類、葉、細ソク、根、白シ、實ヲ結バズ、苗ヲ分ケテ植ウ、故ニ名アリ。冬葱

わ-ゲサ（名）輪袈裟 袈裟ノ一種、略製ノモノ、帽、二寸許、環ノ如ク作リ、頸ニ懸ケテ、前ヘ垂ル。

わけて（副）別 殊ニ。別シテ。特

わけまへ (名) 分前 分ケ宛ツル分。ワリマヘ。

わけめ (名) 分目 物事ヲ分ケ定ムル機。

わけもの (名) 樎物 檜、杉、ナドノ極メテ薄キ材ヲ綰ゲテ、圓キ器ヲ作レルモノ、籠ヲモチヰズ、樺皮、櫻ノ皮、ナドヲ細ク切リテ綴ヅ。檜物。マゲモノ。 栢棬

わける (動) 別ク、(規・二)ノ訛。

わこ (名) 若子 小童ノ美稱。(貴人ニ)

わご (名) 和語 日本ノ言葉。

わごくわう (名) 輪後光 ごくわうヲ見ヨ。

〔わごぜ (代) 我御前 對稱ノ代名詞、女子ヲ親ミ呼ブニ用ヰル。

わごん (名) 和琴 ヤマトゴト。ムツノヲ。アヅマゴト。

〔わごりよ (代) 我御料 對稱ノ代名詞、多ク婦人ニ用ヰル。ワゴゼ。

わさ (名) 早稻ノ轉、熟語ニ用ヰル。「―田」「―苗」「―穗」

わざ (名) 事 所爲 (一)爲ル事。ハタラキ。仕事。シワザ。(二)勤メトシテ行フ事。 業 (三)事ヲ行ヒ、物ヲ作ルニ、學ビテ得ル方法。 技 術 (四)(佛事。「女御、失セ給ヒテ後、御わざ、安祥寺ニテシケリ」)

〔わざうた (名) 謠歌 童謠 〔わざハ、鬼神ノ所爲ノ意〕世ニユクリナク流行シテ、人人ノウタフ歌。

〔わざづの (名) 杖ノ頭ニ鹿ノ角ヲ着ケタルモノト云。「わざづのヲ耳ニカケタル、皮衣、今日ノミアレヲ、待チワタリケリ」

わざと (副) 態 〔業トシテノ意カ〕コトサラニ。 故

わざはひ (名) 禍 災 殃 〔わざハ、鬼神ノ所爲ナリ、はひハ、延カ〕マガゴト。凶シキ象。災難。

わさび (名) 山葵 草ノ名、深山ノ幽溪ニ生ズ、苗ハふきノ如ク、葉、圓ク、五尖ニシテ鋸齒アリ、稍、葵ニ似タリ、黄緑ニシテ光ル、春、別ニ莖ヲ出ス、高サ一尺餘、木ニ小尖葉互生シ、上ニ四瓣ノ白花、長穗ヲナシテ開ク、後ニ莢ヲ結ブ、根ハ、地黄又ハ石菖ノ根ニ似テ大ク、味極メテ辛ク、味ヲ助クル常食トス、伊豆ノ田方賀茂二郡ノ山中ニ生ズルヲ第一トス、今、諸州ニモ移シ作ル。 山葥菜

わさびおろし (名) 山葵、生薑、ナドヲ擦リオロス器、銅ニテ作ル、形、小キ箕ノ如ク、面ニ粗キ爪刺ヲ刻リ起ス。 薑擦子

〔わざびと (名) 俳人 俳優ヲスル人。

わさん (名) 和讃 佛經文ノ漢語ナルヲ、和語ニ譯シテ謠フモノ、即チ、佛徳ヲ稱スル文ニイフ。梵語ノママニ謠フヲ梵讚トイヒ、漢語ナルヲ漢讚トイフ。

わさん (名) 和產 日本ニ產ズル品。

わざん (名) 和算 日本從來ノ算術ノ稱、即チ、算盤ヲ用ヰテ行フモノ。(洋算ニ對ス)

わざもの (名) 技物 刀劍ナド、名工ノ鍛ヘテ最モ鋭キモノノ稱。 快劍 利刀

わざわざ (副) 態態 〔わざとヲ重ヌ〕コトサラニ。別段ニ。ワザト。 故

〔わざわざし シキ・シク・シ・シケレ・シカル (形・二) 殊更ガマシ。「ワザワザシク構ヘ給ハズトモアリナム」ワザワザシウ、事事シウ聞ユレド」

〔わざをぎ (名) 俳優 〔神懸ノ態ヲシテ神ヲ招ク義ト云〕可笑シク面白キ手振足踏ヲシテ、歌ヒ舞ヒテ、神人ノ意ヲ和ゲ樂マスル技。又、其技ヲ行フ人。

わし (名) 鷲 鷲鳥、最モ猛ク強クシテ、鳥類ノ王ト稱ス、形、甚ダ大ク、嘴モ大ク鋭シ、背ト翅トハ、黑クシテ白キ斑アリ、腹ハ白クシテ竪ニ黑キ斑アリ、嘴、脚、黃ナリ、深山ノ大樹ニ棲ミ、魚、狐、狸、犬、ナドヲ攫ミテ食トシ、或ハ小兒ヲモ捕リ食フ。

わし (代) 私 わたくし、わたしノ略。(稍、高ブリ用ヰル)

わじ (名) 和字 (一)日本ノ文字。假名。(二)日本ニテ作リタル漢字、辻、峠、樫、ノ類。

わじまぬり (名) 輪島塗 漆器、能登、鳳至郡輪島ニ產ズ、朱漆、黑漆、多シ。

わしん (名) 和親 ヤハラギシタシムコト。「兩國ノ間ニ公ニ禮ヲ修メテ交ルコト。」

ワジヤウ (名) 和上 和尙ノ條ヲ見ヨ。

わじゆく (名) 和熟 ヤハラギ睦ムコト。「家内―」

わじゆん (名) 和順 氣候ノ、時節ニシタガフコト。

わしる ル・レ・ラ・リ・レ (自動) (規・一) 走 奔 趨 はしるニ同ジ。

わす スル・スレ・セ・シ・セヨ (自動) (不規・二) 和 (一)ヤハラグ。睦ミ馴ル。「夫婦相―」(二)調子合フ。「八音、相―」(三)應ズ。同ズ。

わす スル・スレ・セ・シ・セヨ (他動) (不規・二) 和 他ノ詩歌ニ答ヘテ作ル。(詩歌ニ)

〔わする・ル・レ・ラ・リ・レ (他動)(規・二) 忘 次條ノ語意ニ同ジ。「和須良牟ト、野行キ山行キ、我レ來レド、我ガ父母ハ、忘レセヌカモ」わすらルル、身ヲバ思ハズ」

わする・ルル・ルレ・レ・レ・レヨ (他動)(現・二) 忘 覺エタルヲ失フ。記憶ヨリ外ス。

わすれがたみ (名) 〔忘レ難ミノ意ソ、形見ニ掛ケテイフ〕(一)見テハ忘レ難キ記念ノ物事。「厭カデコソ、思ハム中ハ、離レナメ、ソラダニ後ノ、忘レガタミニ」忍草、見ルニ心ハ、慰マデ、忘レガタミニ、漏ル涙哉」(二)父、死シテ、母ノ胎中ニ殘レル兒。遺腹

わすれがひ (名) 忘貝 (一)貝ノ名、詳ナラズ。「大伴ノ美津ノ濱ナル、忘貝、家ナル妹ヲ、忘レテ思ヘヤ」(二)又、蛤ノ類、殼、深ク、竪ニ筋アリテ深ク入ル、斑ハ、黒色又ハ褐色ナリ。

〔わすれぐさ (名) 忘草 〔諼草、食レ之令ニ人忘一レ憂〕(一)萱草ノ古名。諼草 (二)又、烟草ノ異稱。

〔赤、爵ヲ忘ルル意〕

〔わすれみづ (名) 忘水 野中ナドノ、絶エ絶エニテ、人ニ知ラレヌ水ノ稱ト云。「霧深キ、秋ノ野中ノ、ー、絶間ガチナル、頃ニモアル哉」

わせ (名) 早稻 〔端稻ノ約轉カト云、或云、走ノ意〕稻ノ一種、最モ早ク熟スルモノ、粒、稍、小ク、味、淡シ。コレニ次ギテ熟スルヲ、中手(中稻)トイヒ、最モ遲ク熟スルヲ、奥手(晩稻)トイフ、共ニ、粒、大ク、味、美ナリ。此三種ノ別ハ、粳、糯、及ビ、他ノ諸穀ニモ通ジテアリ。

わせい (名) 和製 日本ニテ作リタル物。

〔わた (名) 海 〔渡ル意ト云〕海ニ同ジ。「對馬ノ渡リ、渡中ニ」「ーノ原」「ーノ底」「ー神」

〔わた (名) 曲 曲リタタナハリタルヿ。又、其處。「七曲ノ玉」ササナミノ、滋賀ノ大和太、淀ムトモ」我ガ行キハ、久ニハアラジ、夢ノ和太、瀨トハナラズテ、淵ニアルカモ」「川ー」「水ー」

わた (名) 腸 〔前條ノ語意〕はらわたノ條ヲ見ヨ。「大腸」小腸」

わた (名) 綿絮 〔腸ノ義カト云、內ニ籠レハイフカ〕(一)古クハ、眞綿ノ稱。今ハ、もめんわたヲモイフ。(二)草ノ名、きわたノ條ヲ見ヨ。

わたいれ (名) 綿入 ワタギヌ。衣ノ、表裏アリテ、綿ヲ籠メタルモノ、冬ノ衣トス。袂 絮衣 其衣ノ絹布ナルヲ小袖トイヒ、綿布ナルヲ布子トイフ。

わたうち (名) 綿打 (一)綿弓。(二)打綿ヲ作ルヲ業トスル者。彈花匠

わたか (名) 〔腸香ノ義ト云〕魚ノ名、近江ノ湖水ニ多シ、形、鮒ニ似テ、大サ五七寸、鱗細カクシテ白ク、春ノ初ニ多シ、脂多ク、腸、極メテ苦シ、酢漬ヲ佳ナリトス。又、ワタコ。黃鯝魚

わだかまる・ル・レ・ラ・リ・レ (自動)(規・一) 蟠 〔曲ナリテ屈マル意ト云〕渦ノ如ク、輪ナリテ屈ミ居ル。トグロク。(龍蛇ナドニ)

〔わたぎぬ (名) 綿衣 わたいれニ同ジ。絮衣

わたくし (名) 私 〔我盡シノ轉カト云〕(一)公事ナラヌヿ。表立タヌヿ。自分ノ上ノ事。(二)自己ノ利ヲ計ルヿ。「ーヲイトナム」私曲

わたくし (代) 私 自稱ノ代名詞、此語、今、最モ口語普通ノ用トシ、尊長ヨリ同輩ニ通ジテ、謙シテ用ヰル。

わたくりぐるま (名) 綿繰車 木綿ノ實ヲ繰リテ、核ヲ攪キ去ル具、木製ニテ、軸ニテ轉ズ。攪車

わたこ (名) 綿子 綿入レノ衣。(小兒ノ衣ナドニ)

わたし (名) 渡津 ワタスヿ。川海ニ、舟ニテ人ヲ渡シ通路ヲナス所。ワタリ。フナワタシ。ワタシバ。

わたし (代) 私 わたくしノ略。(馴レ親ミ用ヰル)

わたしがね (名) 渡金 (一)火ノ上ニ亙シテ魚肉ナド炙ルニ用ヰル鐵具。(二)耳盥ノ上ニ亙シテ、鐵漿ノ具ヲ載スル銅器。

わたしば (名) 渡場 川、海、ノ渡ノアル所。渡口

わたしぶね (名) 渡舟 渡場ニテ人物ヲ渡ス舟。渡船。

わたしもり (名) 渡守 又、ワタリモリ。渡舟ヲ遣ル舟子。渡場ノ船頭。渡子 渉人

わたす・ス・セ・サ・シ・セ (他動)(規・一) 渡 度 濟 (一)水ノ上ヲ送ル。此岸ヨリ彼岸ヘ遣ル。越エシム。「人ヲー」「川ヲー」「唐山ヘー」(二)濟度ス。「人ワタス」「三世ノ佛ノ世ヲワタス、聖ヲサヘヤ」(三)兩ノ物ノ上ニ掛ク。ワタカス。「橋ヲー」「板ヲー」架 (四)端ヨリ端マデ引張ル。「綱ヲー」亙 (五)此地ヨリ彼地ヘ送リ移ス。「神輿ヲー」移徙 (六)我ヨリ彼ニ授ク。「金子ヲー」「人手ニー」交付 (七)遍クス。ツヅクル。「見ー」「明ケー」

〔わたせ (名) 渡瀬 川ヲ渡ル所ノ瀬。「霧立チテワタセモ見エズ佐保川ノ」

わただね (名) 綿種 木綿ノ實。 白綿子

〔わたたび (名) (一)菊蕾ノ古名。和名抄「菊蕾、和太太非」(二)木天蓼ノ古名。和名抄「木天蓼、和太太比」

〔わだち (名) 轍 〔輪立ノ義カト云〕 車ノ過ギタル輪ノ痕。

〔わたつうみ (名) 〔次條ノ語ヨリ轉ズ〕 海トイフニ同ジ。「わたつうみノ、沖中ニ日ノ、離レ出デテ」

〔わたつみ (名) 海神 〔つハ、之、みハ、靈異ノびト通ズ〕 (一)海ヲ領スル神。(二)轉ジテ、海。渡津海ノ、豐旗雲ニ、入日サシ」 海

〔わたどの (名) 渡殿 廻廊。ホソドノ。

わたに (名) 腸煮 蚫ノ肉ニ、其腸ヲ加ヘテ煮タルモノ。

わためき (名) 綿抜 綿入ノ綿ヲ拔キテ袷トセルモノ。

〔わたのはら (名) 海原 海ノ上。ウナバラ。オホウミ。 滄溟

わたばうし (名) 綿帽子 カツキワタ。眞綿ヲ摘ミヒロゲテ作レル帽子、元ト老官女ノ用トニ云、後ニ、婚禮ニ、新婦、被リテ頭面ヲ掩フ。 絮帽

〔わたばな (名) 綿花 綿ノ造花、男蹈歌ノ時ニ挿頭スモノト云。「匂モナク見グルシキわたはなモ、カザス人ガラニ見ワカレテ」

わたまし (名) 渡座 轉居ノ敬語。 遷徙

わだん (名) 和談 和睦ノ相談。

わたゆみ (名) 綿弓 繰綿ヲ彈キ打チテ、打綿トスル具、形、竹弓ノ如ク、弦ハ、古クハ、牛ノ筋ヲ用ヰ、今ハ鯨ノ筋ヲ用ヰル。

〔わたらひ (名) 渡 ワタラフコト。ヨワタリ。スギハヒ。 生計

〔わたらふ・ラ・ヘ・ヘ・ヒ・ヘ (自動) (規・一) 渡 (一)渡ル、ノ延。「雲間ヨリ、渡相月ノ」(二)生計ヲナス。 活計

〔わたり (名) 邊 わたりニ同ジ。ホトリ。

わたり (名) 渡濟津 (一)ワタシ。ワタシバ。(二)外國ヨリ舶來セルコト。「古ーノ品」(三)舟ノワタリイタ。(四)仲間小者ノワタリモノ。

わたり (名) 徑 〔渡リノ義〕 物ノ端ヨリ端マデノ距離。サシワタシ。「ー三尺五寸」

わたりいた (名) 渡板 舟ヨリ岸ヘ亙シテ渡リ歩ムニ供フル長キ板。アユミイタ。 板道 跳板

〔わたりがは (名) 渡川 ミツセガハ。三途川ニ同ジ。「泣ク涙、雨ト降ラナム、ー、水マサリナバ、歸リ來ルガニ」

わたりぞめ (名) 渡初 橋新ニ成レル時、コレヲ祝ヒテ、式ヲ行ヒ、始メテ渡ルコト。 開橋

わたりもの (名) 渡物 (一)外國ヨリ海ヲ渡リテ舶來セル貨物。 舶載貨 (二)主人ヨリ渡ル扶持米給金ナド。(三)往時、若黨、仲間、小者ナドノ、年時ヲ定メテ主家ヲ變ヘテ奉公スル者。

〔わたりもり (名) 渡守 わたしもりニ同ジ。和名抄「渡子、和太利毛利」

わたる・ル・レ・ラ・リ・レ (自動) (規・一) 渡濟涉 (一)水ノ上ヲ越ス。此岸ヨリ彼岸ヘ移リ行ク。「川ヲー」海ヲー」橋ヲー」唐ヘー」(二)一方ヨリ一方ヘツキ行ク。「日月、天ヲー」鳥、空ヲー」白氣、空ニー」 亙 (三)此地ヨリ彼地ヘ移ル。通リ行ク。「門ノ前ヲー」忍ビテー」御前ヲワタラセ給フ」神輿ー」(四)遍ク、アリ。ツヅク。「晴レー」澄ミー」響キー」思ヒー」(五)遍ク覽テ知リ居ル。「群書ニー」諸學ニー」 涉獵 (六)經歷。過グ。「年ヲー」月ヲー」世ヲー」 彌 (七)授カル。「給金、ー」扶持米、ー」

〔わたわたと (副) 戰戰 恐レ震フ狀ニイフ語。ワナワナ。「恐ロシクテ、ワダワダトフルハレナガラ」

わちがひ (名) 輪違 二ツノ環ノ、打違ヒテ、半バ相重ナリタル形。

わづかに (副) 纔 〔はつかにノ轉〕 (一)ハツカニ。カツガツ。カラウジテ。エイヤツト。「ー歩ミナドシ給フ程ナリ」 僅ノ云云、ー出デ來タルヲ呼ビ寄セテ」(二)スコシバカリ。イササカ。「ー一日ヲ歷テ」ー一人」 僅 些

わつぱ (名) (一)童ノ音便約、童子ヲ罵リ呼ブ語。「小ー」(二)童子ノ、思慮ナキ無理ノ言ヒ事。「ーヲ言フ」今、訛シテ、「わんぱくヲイフ」ナドイフ。又、ワヤク。

わつぷ (名) 割賦 割リ宛テテ賦ルコト。 配賦

わづらはし・シキ・シク・シカレ・シケレ・シク・シク (形・二) 煩 煩ハスベシ。厭ハシ。ウルサク、メンダウナリ。

わづらはす・ス・セ・サ・シ・セ (他動) (規・一) 煩 煩ハシク苦シメナヤマス。苦勞ヲカク。 惱殺

わづらひ (名) 煩 (一)ワヅラフコト。思ヒナヤムコト。 惱 (二)心ノ惱ミトナルコト。苦勞ノタネ。ホダシ。 累 (三)病

わづらふ（フ・ヘ・ハ・ヒ・ヘ）（自動）（規.一）【煩】（一）事、障リ滞リテ思ヒ苦ム。艱ミ思フ。「思ヒ―」惱（二）病ム。

わどの（代）【吾殿】對稱ノ代名詞、對等ナルニイフ。

わな（名）【係蹄・羂】〔輪索ノ意カト云〕繩ヲ輪ニシタルモノ、禽獸ノ脚ニ係ケテ、引ケバ締マル如クシテ捕ル。

わなてん（名）びろうどノ條ヲ見ヨ。

わななく（ク・ケ・カ・キ・ケ）（自動）（規.一）【戰慄】恐レテ、身ワナワナ震フ。ヲノノク。

わなみ（代）【吾儕】〔吾並ニテ、人並ナドイフガ如シト云〕自稱ノ代名詞、同等ナルニイフ。

わなわな（副）【戰戰】身ワナナク狀ニイフ語。ワダワダト。ブルブル。

わに（名）【鰐】神代紀ニイヘルハ、鮫ノ一種、大ナルモノ、ふかノ類ナラム。鰐ハ、熱地ノ動物、水、陸、共ニ活ク、形、蜥蜴ノ如クニシテ、大ナルハ數丈ニ至ル、全身ニ甲アリ、尾最モ長ク、喙、二三尺、齒ハ刃ノ如ク、性、極メテ猛惡ナリ。

わにあし（名）【鰐足】人ノ歩ム風ニ、兩足ノ頭ノ、內ノ方ヘ向ク癖アルモノ、コレヲ、うちわにトイフ。ソノ外ヘ向クヲ、そとわにトイフ。

わにぐち（名）【鰐口】（一）古クハ金鼓。佛殿ノ前簷ニ懸クル器、形、鉦ヲ兩面合ハセタルガ如ク、下、裂ケテ横長キ口アリ、前ニ布繩ヲ垂レ、詣ヅルモノ、繩ヲ取リテ撃チ鳴ラス、神、佛、混合シテヨリ、神社ニモ設ク。（二）俗ニ、人ノ口ノ、形、横長キヲノ稱。

わにざめ（名）【鰐鮫】（一）鱶ノ一名。（二）鰐ニ同ジ。

ワニシ（名）【假漆】〔英語、Varnish ノ訛〕西洋製ノ塗料、樹ノ脂ニテ製ス、其用、漆ノ如シ。

わぬし（代）【吾主】對稱ノ代名詞、同等ナルニイフ。

わのり（名）【輪乘】環ノ如ク馬ヲ乘リマハス事。盤馬

わび（名）【侘】（一）ワブル事。思ヒワヅラフ事。「今ハ吾ハ、和備ゾシニケル」（二）閑居ヲ樂ム事。

わび（名）【詫】詫ブル事。過チヲ謝スル事。謝辭

わびし（シキ・シケレ・シク・シク）（形.二）【侘】（一）侘ブベクアリ。ナヤマシ。難儀ナリ。（二）侘ビシクテ靜ナリ。幽寂

〔わびしらよ〕（副）〔らハ助辭〕侘ビシキ狀ニ。「物―、鳴ク野邊ノ蟲」「秋ノ蟲、何―、聲ノスル」

わびずまひ（名）【侘住】侘ビシキ住居。幽居　閑居

わびる（動）次ノ二語ノ訛。

わぶ（ブル・ブレ・ビ・ビ・ビヨ）（自動）（規.三）【侘】〔うらぶるノ約カト云、侘傺、失レ志貌〕（一）惱ム方ナク差迫リテアリ。思ヒワヅラフ。「塵ヒヂノ、數ニモアラヌ、我故ニ、思ヒ和夫ラム、妹ガカナシサ」「ワビヌレバ、强ヒテ忘レムト、思ヘドモ」（二）侘シク靜ナルヲ樂ミテ住ム。幽居

わぶ（ブル・ブレ・ビ・ビ・ビヨ）（他動）（規.三）【詫】〔字ハ侘ヲ假リテ言偏ニ作レルモノ〕侘ビ歎キテ免シヲ請フ。過チヲ謝ス。アヤマル。謝罪

わぼく（名）【和睦】（一）ヤハラギムツム事。和合。和熟。（二）タヒラギ。ナカナホリ。和親。和解。

わみやう（名）【和名】日本ニテ稱スル名。

わん（名）【椀】食物ヲ盛リ分ケテ食フニ供フル器、多クハ、木製挽物ニテ、漆塗ニテ、蓋アリ。盌

わん（名）【灣】入江。入海。浦。

わんぱく（名）小兒ニイフ語、わつぱノ條ヲ見ヨ。

わんりよく（名）【腕力】ウデダテ。チカラヅク。

わんわん（副）【喧喧】犬ノ啼ク聲ニイフ語。

わめく（ク・ケ・カ・キ・ケ）（自動）（規.一）【叫喚】をめくニ同ジ。

わやく（名）無理ナル言ヒ事。小兒ノワンパク。

わやく（名）【和譯】日本ノ文章ニ翻譯スル事。

わやわや（副）人語ノ喧シキ狀ニイフ語。ガヤガヤ。喧閙　嗷嗷

わら（名）【藁】〔散ケテアレバイフト云〕稻ノ莖ヲ刈リ乾シタルモノ、俵ニ作リ、席ニ織リ、繩ニモ、莚ニ編ムナド用多シ。通ジテ麥ノ莖ニモイフ。

わらうづ（名）藁履ノ音便。

わらがみ（名）【藁紙】藁ヲ加ヘテ漉キタル紙。

〔わらく〕（クル・クレ・ケ・ケ・ケヨ）（自動）（規.二）【散亂】〔散ニ通ズ〕亂レ散ル。ハララク。空穗物語「調ノ布ノわらけタル」

わらぐつ（名）【藁履】藁ニテ作レル履。音便ニ、ワラウヅ。ワランヅ。ザウリ。草履

わらさ（名）魚ノ名、ぶりノ條ヲ見ヨ。

わらしべ（名）【稭】〔藁藥ノ義カ〕又、ワラスベ。藁ノ穗ノ心。ワラミゴ。

〔わらすべ〕（名）前條ノ語ニ同ジ。

わらぢ（名）【草鞋】わらんぢノ略。

わらぢくひ（名）【草鞋食】草鞋ノハナヲズレ。肉刺

わらぢむし（名）【草鞋蟲】おめむしニ同ジ。（東京）

わらづと（名）【藁苞】藁ニテ編ミ作レル苞。又、其苞ニ

包メル物。苞苴

わらにんぎやう (名) 藁人形 藁ヲ束ネテ人ノ形ニ作レル者。藁人 芻人

わらは (名) 童 〔未ダ髪ヲ結ハズ、散ケテアル意、被髪ヲ大ートイフ、是レナリ〕 (一)男女兒、凡ソ、十歳前後ノ稱。ワラハベ。ワランベ。ワラベ。コドモ。(二)召仕ノ童男女。僮

わらは (代) 妾 〔童ノ義、謙稱〕 婦人自稱ノ代名詞。

〔わらはおひ (名) 童生 童ノ生立。「仲忠ガわらはおひノアヤシサヲ、切ニ仰セラルルケ、ナド言ヘバ」

わらはかす・ス・セ・サ・シ・セ (他動)(規・一) 笑ハシム。「猿樂ト申スハ、ヲカシキ事ヲ言ヒツケテ、人ヲ笑はかし侍ルゾカシ」

〔わらはぐ・グル・グレ・ゲ・ゲ・ゲロ (自動)(規・二) 童氣 童ノ如ク見ユ。「遊ビノ程モ、わらはげタル心チシテ」

わらはし・シキ・シケレ・シク・レク (形・二) 可笑 笑フベシ。「爲濟マシタリト、笑ハシクゾ思ハレケル」

わらはひ (名) 藁灰 藁火ノ後ノ灰。

〔わらはべ (名) 童部 〔べハ、群ノ約〕 (一)童子等。音便ニ、ワランベ。約メテ、ワラベ。童 (二)召仕ノ童男女。「對ニ、わらはべ召シニツカハス」 僮

〔わらはやみ (名) 瘧 〔童病ノ義、瘧鬼、小兒也ト云〕 病ノ名。エヤミ。オコリ。瘧。

わらひ (名) 笑 嗤 咲 (一)笑フヿ。(二)アザケリ。「世ノ—トナル」

わらび (名) 蕨 草ノ名、山野ニ自生ス、春、舊根ヨリ嫩莖ヲ叢生ス、初メ、卷曲シテ拳ノ如シ、早蕨トイフ、煮テ食ヒ、又ハ、乾藏、鹽藏ス、長ズレバ、葉、展ビ開キテ鳳尾ノ如ク、ぜんまいノ葉ヨリ、小密ナリ、莖ノ長サ三四尺、老イタルヲ箸トス、根ニテ、—ノ粉、—餅、—繩、ナドヲ作ル、各條ヲ見ヨ。

わらび (名) 藁火 藁ヲ燃ス火。

わらひぐさ (名) 笑種 笑フベキ事ノ種。笑資

わらひだけ (名) 笑茸 菌ノ名、食ヘバ、笑ヒ狂ヒテ止マズト云。又、舞ヒ茸。踊リ茸。

わらびで (名) 蕨手 (一)早蕨ノ形ノ、拳ヲ擧ゲタルガ如キヲイフ語。蕨拳 (二)物ノ形ノ、早蕨ノ如ク卷キ曲レルモノ。(神輿ノ榱角ノ飾、花足、ナドニイフ)

わらびなは (名) 蕨繩 次條ヲ見ヨ。

わらびのこ (名) 蕨粉 蕨ノ根ヲ碎キテ、白粉ヲ取リテ、水飛シタルモノ、糊トシ、又ハわらび餅ニ作リ食フ。其後ノ根ノ筋ヲ繩ニナヘルヲ、わらび繩トイフ、色黒ク、能ク水ニ堪フ。蕨萁

わらひボトケ (名) 笑佛 傅大士ノ俗稱。

わらびもち (名) 蕨餅 蕨ノ粉ヲ葛煉ノ如ク製シテ食フモノ。黒腐

わらひゑ (名) 笑繪 春畫。マクラヱ。

わらふ・フ・ヘ・ハ・ヒ・ヘ (自動)(規・一) 笑 嗤 咲 〔顏ノ撒クル意ト云〕 喜ビ樂ミテ聲ヲ立ツ。ヱム。

わらふ・フ・ヘ・ハ・ヒ・ヘ (他動)(規・一) 笑 嗤 哂 嘲リテ笑フ。「愚ヲ—」

わらぶき (名) 藁葺 藁ニテ屋根ヲ葺キタルモノ。草葺。〔瓦葺、茅葺ナドニ對ス〕 草舍

わらふだ (名) 〔藁蓋ノ音便カト云〕 圓座ニ同ジ。和名抄「圓座、和良布太」

わらべ (名) 童 わらんべノ約、ワラハ。

わらんぢ (名) 草鞋 〔次條ノ語ノ轉〕 藁ニテ作レル履、緒、甚ダ長ク、左右ニ乳アリ、足ニカラミツケテ用ヰル。ワラヂ。

わらんづ (名) 藁履ノ音便。

わらんべ (名) 童 わらはべノ音便。約メテ、ワラベ。

わらや (名) 藁屋 藁葺ノ家。クサヤ。草舍 茅屋

〔わらゝかに (副) 笑 笑ヒ氣シテ。ニコヤカニ。「ワララカニ愛敬ヅキ、ナツカシキ方ハ、マサラセ給ヘリ」眉目ノ、イトワララカニテ、ラウタゲナルハ」

わり (名) 割 (一)割リ分ツヿ。(二)割合。割前。(三)商家ニテ金錢ノ算ニイフ語、即チ、百分ノ十ノ稱、コレヲ十ニ分テルヲ分トイヒ、分ヲ十ニ分テルヲ厘トイフ。百圓ニ付キ、「三—五分七厘」ナドイフハ、三十五圓七十錢ナリ。(四)引割麥ノ略。

わりあひ (名) 割合 割算ニテ割リ出デタル高。

わりいん (名) 割印 文書、券状、ノ類ナド、二枚ヘ亙シテ印ヲ押セルモノ、印ノ文、割レテ二ツトナリ、割符ノ如ク、後ノ證トス。判ナルヲ、割判トイフ、オシキリ。半印 分契

わりう (名) 和流 唐様ノ條ヲ見ヨ。

わりがき (名) 割書 本文ノ間ニ、註ヲ割リ入レタルモ

ノ割註。(簾頭ナドニ對ス) 挿註 夾註

わりぐりいし (名) 割栗石 地形ヲ固ムル時、礎ノ下ニ突キ入ルル小石。

わりご (名) 破子 〔破籠ノ義カ〕 又、餉笥。食物ヲ入ルル器、内ニ隔テアリテ牟割セルガ如シ。 樏子

わりこむ・ム・メ・マ・ミ・メ (自動)(規.一) 割込 間ニ押シ入ル。

わりざん (名) 割算 算術ニ、若干ノ數ヲ若干ノ數ニ割リ分ツヿ。 除算

わりちゆう (名) 割註 割書キノ註。 挿註

わりつく・クル・クレ・ケ・ケ・ケヨ (他動)(規.二) 割付 割リ分ケテ宛テ行フ。ワリフル。 配賦 分賦

わりなし・キ・ケレ・ク・シ (形.一) 〔道理ナシノ略ト云、分(ワキ)モ無シ、ナドノ意〕 ワイダメナシ。餘リニ甚シ。「ワリナシヤ、寐テモ覺メテモ、戀シキカ、心ヲイツチ、遣ラバ忘レム」「物怖ヂヲ、ワリナクシ給ヒシ御心ニ、セムカタナウ」善キヿニイフ。「六年ノ未進ノ物、三年ハ許シテケリ、ワリナキ情ナリ」

わりはし (名) 割箸 一本ノ杉箸ニ、割目ヲ入レタルヲ、用ヰル時、割リテ二本トス。

わりはん (名) 割判 割印(ワリイン)ノ條ヲ見ヨ。

わりびし (名) 割菱 武田菱ニ同ジ。

わりふ (名) 割符 木片ニ、事ヲ證スル文ヲ記シ、コレヲ符(フ)トイフ、コレヲ二ツニ分チテ、左片ヲ留メ右片ヲ與ヘテ、後日、相合ハセテ、信據(シルシ)トスルモノ。 符契

わりふる・ル・レ・ラ・リ・レ (他動)(規.一) 割振 わりつくニ同ジ。

わりまへ (名) 割前 割リ分テル一部。ワケマヘ。

わる・ル・レ・ラ・リ・レ (他動)(規.一) 割 破 (一)離シ分ツ。碎ク。コハス。ヤブル。(二)若干ノ數又ハ量ニ分ケ定ム。「二ツニ一」「十ニ一」(三)割算(ワリザン)ヲナス。 除

わる・ルル・ルレ・レ・レ・レヨ (自動)(規.二) 割 破 碎ケ離ル。分ル。裂ケ。コハル。ヤブル。

わるくち (名) 惡口 人ヲ惡(ア)シザマニ言フヿ。 惡言

わるさ (名) 惡作 善カラヌ戯レ事。

わるし (形) 惡 わろしニ同ジ。アシ。

わるち (名) 惡血 病ニ因テ性ヲ變ジタル血。

わるびる (動) わろびるニ同ジ。

わるもの (名) 惡者 (一)わろものニ同ジ。拙キモノ。「上手ハ、イト勢モ異ニ、わるものハ、及バヌ所多カメル」(二)惡事ヲナシテ人ヲ害スル者。 惡漢

われ (名) 割 破 ワルルヿ。ワレタルモノ。

われ (代) 我 吾 余 予 (一)又、ア。アレ。ワ。自稱ノ代名詞、文章上、普通ニ用ヰルモノ。(二)他ノ身ノ己レヲ指シテ、對稱ノ代名詞ニモ用ヰル。「今ハ、われガ侍レバ、トコソ忠盛朝臣ニハ仰セゴトアリケレ」

われがちに (副) 我勝 思ヒ思ヒニ競ヒテ。

〇一ニカヘル。 蘇ル。

〔われから〕 (名) (一)蟲ノ名、詳ナラズ。「蜑ノ刈ル、藻ニ住ム蟲ノ、われからト、ネヲコソ泣カメ、世ヲバ恨ミジ」(我故ト言ヒ掛ク)(二)又、藻ニ着キタル小キ貝ヲモイフト云。(破殼ノ義カト云)

〔われて〕 (副) 破 アナガチニ。強ヒテ。「男、われて逢ハムトイフ、女モ、云云」「三日月ノワレテハ人ヲ、思フトモ」

われとがほ (名) 我ハ斯クゾト誇ル顔。

われめ (名) 破目 破レタル痕。(陶器ナドノ) 裂罅

われもかう (名) 吾木香 我毛香 〔割帽額(クレモカウ)(紋ノ)ノ義ニテ、葉ノ形ヨリイフカ〕 古名、アヤメタム。エビスネ。草ノ名、一窠ニ、數十葉叢生ス、形、藤ノ葉ノ如ク、排生シテ、鋸歯アリ、秋月、叢中ヨリ數莖ヲ出ス、高サ四五尺、葉、互生ス、枝叉ヲ出シ、端ニ細花ヲ生ズ、簇リテ珠ヲナスヿ、筆頭菜ノ如シ、色、多クハ、紫黒色ナリ、又紅白、粉紅、等ノ品アリ。 地楡

われる (動) 破(ワ)ル、(規.二)ノ訛。

わろし・キ・ケレ・ク・シ (形.一) 惡 (一)善カラズ。惡(ア)シ。ワルシ。(二)拙シ。劣リタリ。

わろびる・ルル・ルレ・レ・レ・レヨ (自動)(規.二) 惡 醜キ状トナル。臆シテ見苦シクナル。ワルビル。 醜態

〔わろぶ〕・ブル・ブレ・ビ・ビ・ビヨ (自動)(規.三) 惡 惡キ状(ワロ)ニナル。「心ヅキナク、ワロビタリト、中將ハ心苛(イラ)レシケリ」

〔わろもの〕 (名) 惡者 惡キ者。劣リタル者。下手。「スベテ、男モ女モ、わろものハ、纔ニ知レル方ノ事ヲ、殘リナク見セツクサムト思ヘルコソ、イトホシケレ」

〔わわく〕・クル・クレ・ケ・ケ・ケヨ (自動)(規.二) 散亂 破レ亂ル。ハララク。「綿モナキ、布カタギヌノ、海松ノ如、和和氣(ワワケ)サガレル」

わゐん (名) 和韻 他ノ詩ノ韻ノ字ニ做ヒテ、更ニ詩ヲ作リテ答フルヿ。

ゐ

ゐ　五十音圖、和行第二ノ假名、わノ條ヲ見ヨ。

ゐ (名) 井 〔水ノ集ル意カト云〕 地ニ穴ヲ堀リテ、飲水ヲ湛ヘ取ル處。井戸。

〔ゐ〕(名) 堰 〔前條ノ語意〕 用水ヲ湛フル處。ヰセキ。

ゐ (名) 藺 〔席ニシテ居ル意カト云〕 又、サギノシリサシ。草ノ名、原野ノ濕地ニ生ズ、葉ハ圓莖ノ如ク、甚ダ直ク長ク、密ニ叢生ス、刈リテ席ニ織リ、又、笠ナドニ編ム。ほそゐ、ふとゐ、アリ。

ゐ (名) 猪 家 〔頸、居スワリタレバイフカト云〕 (一)野猪、家猪ノ總名。ヰノコ。(二)今、専ラ、ヰノシシ。

〔ゐ〕(名) 亥 〔家ノ義〕 (一)えとノ名、其條ヲ見ヨ。(二)時ノ名、其條ヲ見ヨ。(三)方角ノ名、えとノ條ヲ見ヨ。

〔ゐ〕(名) 蟲ノ名。延ベテ、ヰオ。今ノ、をもト云。和名抄「蝙蝠、爲、貌、似レ蛪而大者」

ゐ (名) 胃 古名、クソブクロ。クソワタブクロ。今又、ヰブクロ。體中、飲食ヲ受ケテ消化セシムル機、腹ノ上部左側ニ位シ、肺、心ノ下ニアリ、膜嚢ニシテ横長シ、左上ニテ食道ヲ受ケ、右上ヨリ十二指腸ニ通ズ。

ゐ (名) 威 嚴ニシテ畏ルベキ所アルコト。イキホヒ。威光。

ゐ (動) 居ル、ノ條ヲ見ヨ。

〔ゐ〕(動) 率ル、ノ條ヲ見ヨ。

ゐあい (名) 遺愛 生前ニ愛シタル物。

ゐあはす・スル・スレ・セ・セ・セヨ (自動)(規、二) 居合 共時、正ニ其場ニ居ル。

ゐあひ (名) 居合 劔術ノ一派、居ナガラ、刀ヲ拔キテ敵ト立合フ術、狹キ所ニテ、甚ダ長キ刀ヲ拔クナド、スベテ、自在ニ刀ヲ拔キ差シスルヲ術トス、林崎重信ニ起リ、コレヲ利方トイフト云。

ゐかい (名) 位階 クラヰノシナ。

ゐがい (名) 遺骸 ナキガラ。死骸。

ゐかう (名) 遺稿 死後ニ遺リタル草稿。

〔ゐかひ〕(名) 猪養 猪甘 古ヘ、官ノ家猪ヲ飼フ職。

ゐかん (名) 遺憾 ノコリヲシキコト。殘念。

ゐがん (名) 胃癌 膈ノ條ヲ見ヨ。

ゐき (名) 位記 叙位ノ旨ヲ記シタル文書。

ゐぎ (名) 居木 鞍ノ上尻ノ當ル所。鞍瓦

ゐぎ (名) 威儀 容儀ノイカメシキコト。「ーヲ正ス」ー堂堂

〔ゐぎし〕(名) 威儀師 儀式ノ指圖スル職。

ゐきよく (副) 委曲 クハシクツバラニ。委細。

ゐぐち (名) 猪口 菌ノ名、秋、多ク濕地ニ生ズ、蓋ノ面、褐色ニシテ、端、反リ卷クコト、猪ノ口ノ如シ、裏ハ黄白ニシテ、刻ミナク、滑ニシテ孔アリ、毒アリ。

ゐくび (名) 猪頸 人ノ頸ノ短クシテ、猪ノ如キモノ。

ゐぐひ (名) 堰杙 堰ニ打チ並ブル杙。

ゐぐひ (名) 居食 活業ナクテ、居ナガラ、食糧ヲ盡スノミナルコト。坐食

ゐくん (名) 偉勳 拔群ノ功。

ゐくん (名) 遺訓 遺言ノ訓。

ゐくわう (名) 威光 勢ノ畏レ敬スベキコト。

ゐけいざい (名) 違警罪 警察ノ掟ニ違フ罪。

ゐげた (名) 井桁 井ノ縁ヲ、木ニテ方形ニ組ミタルモノ。(井筒ニ對ス) 井欄

ゐけん (名) 威權 威光ト權柄ト。權威。

ゐげん (名) 遺言 ゆゐごんニ同ジ。

ゐご (名) 圍碁 碁ヲ打ツコト。

ゐこう (名) 偉功 スグレタル手柄。

ゐこん (名) 遺恨 (一)ノコリヲシトウラムルコト。(二)永ク心ニ仇トシ思フコト。舊讐。宿怨

ゐさい (副) 委細 クハシクツバラニ。ツバラニ。委曲

ゐさいそく (名) 居催促 坐ヲ去ラズ催促スルコト。

ゐさく (名) 違作 作物ノ實リ惡シキコト。不作。

ゐさふらふ (名) 居候 かかりうどニ同ジ。食客

ゐざま (名) 居樣 坐リタル容子。ヰズマヒ。坐作

ゐさん (名) 違算 算當ノ違ヒタルコト。

ゐざんまい (名) ゐざまトゐずまひトノ混訛。

〔ゐさらひ〕(名) 臀 〔膝行ノ延ト云〕 身ノ、坐ル時、席ニ着ク處。即チ、尻。ヰシキ。

〔ゐざり〕(名) 釆底 犁底 〔膝行ノ義ト云〕 犁ノ底ノ、土ニ着ク處。トコ。

ゐざり (名) 膝行 (一)ヰザルコト。(二)足ノ立タヌ不具。躄

ゐざる・ル・レ・ラ・リ・レ (自動)(規、一) 膝行 〔居行ル、ノ義〕 坐リナガラ行ク、尻ヲ地ニツケテ動ク。

ゐ-しき (名) 居敷 (一)座。席。(二)ヰサラヒ。尻。

ゐ-しき (名) 違式 掟ニソムク。

ゐ-しつ (名) 遺失 トリオトスコ。ワスルルコ。

ゐ-しん (名) 維新 萬事、新規ニナルコ。(今、多クハ、明治ノ新政ノ大改革ノ稱トス)

ゐ-じやく (名) 胃弱 胃ノヨワリタル病。

ゐ-しゆく (名) 畏縮 オソレチヂムコ。オヂケルコ。

ゐ-しよ (名) 位署 官位ヲ連ネテ公文ニ書スル法。官ト位ト相當スレバ、官ヲ上ニス、「中納言、從三位、某」ノ如シ。官位相當セザレバ、位ヲ上ニシテ、位、高ク官、卑キハ、行ノ字ヲ加フ、「正二位、行、大納言」ノ如シ、官、高ク、位、卑キハ、守ノ字ヲ加フ、「從四位、守、治部卿」ノ如シ。兼官アルハ相當ノ官ヲ上ニシテ餘官ハ、高クトモ下トス、「中納言、兼彈正尹、從三位」ノ如シ。其書法ヲ一書トイフ。署銜

ゐ-しよく (名) 居職 工匠ノ業ノ、家ニ居テスルモノ。

ゐ-しよ (名) 遺書 カキオキ。

ゐ-すくまる・ル・レ・ラ・リ・レ (自動)(規・一) 居竦 居ナガラ、スクマル。

ゐ-ずまひ (名) 居住 スワル狀。ヰザマ。坐作

ゐ-すわり (名) 居坐 ヰスワルコ。進マズ退カヌコ。

ゐ-すわる・ル・レ・ラ・リ・レ (自動)(規・一) 居坐 一處ニ居テ、進マズ退カズ。

ゐ-せい (名) 威勢 イキホヒ。イサマシキコ。

ゐ-せい (名) 遺精 睡レル中ニ精液ヲ洩ラスコ。夢想。夢遺。

ゐ-せう (名) 遺詔 帝王ノ遺言。

ゐ-ぜき (名) 堰 (堰塞ノ義) 田ノ用水ヲ、土木ニテ塞キ止メタル處、溢ルレバ開キ、涸ルレバ閉ヅ。

ゐ-せき (名) 遺跡 (一)舊跡。古跡。(二)死者ノ跡目。

ゐ-せん (名) 緯線 緯度ニ同ジ。

ゐ-ぞく (名) 遺族 死者ノ後ニ殘レル親族。

ゐ-たく (名) 委託 ユダネタノムコ。マカスルコ。

ゐ-だけ (名) 居丈 人ノ坐リテ居ル長。「一三尺許ノ銀ノ狛犬」御髮、一ニモナリヌベカメリ」一ノ高ウオハスル」

ゐだけだかに (副) 居丈高 居丈ヲ高ク聳カシテ。「一ナリテ」

ゐ-だち (名) 居立 坐リ、又、立ツコ。タチヰ。起居

ゐ-だ-てん (名) 韋駄天 (梵語) 佛法守護ノ神、武裝シテ劍ヲ持ス。魔王、佛舍利ヲ奪ヒテ逃グ、此神追ヒテコレヲ取ル、故ニ、俗ニ、疾ク走ル神トス。

ゐ-ち (名) 位置 並ビタル所。置キタル狀。ヰバショ。

ゐ-ぢ (名) 維持 モチコタヘ。

ゐ-ちよく (名) 違勅 敕命ニ逸フコ。

ゐ-つく・ク・ケ・カ・キ・ケ (自動)(規・一) 居着 居定マル。住ミ馴ル。

ゐ-づつ (名) 井筒 井桁ノ形、圓キモノ。

ゐ-つづけ (名) 居續 永ク他處ニ居テ家ニ歸ラヌコ。流連

ゐ-で (名) 井手 (堰留ノ約ト云) ゐせきニ同ジ。堰

ゐ-でん (名) 位田 古制ニ、位ニ付ケテ給セラルル田、一品、八十町ヨリ、以下、次第ニ減ジテ、四品、四十町ニ至リ、正一位、八十町ヨリ、從五位、八町ニ至ル。

ゐ-でん (名) 遺傳 親子、世世、血筋ニテ遺リ傳ハルコ。多クハ、病ニイフ、癩病、肺病、狐臭、ナド、是レナリ。

〔**ゐ-と**〕 (名) 韋圖 朝鮮製ノ一種ノ陶器、茶家ノ稱ナリ。

ゐ-ど (名) 井戸 (井處ノ義カ) 井トイフニ同ジ。

ゐ-ど (名) 緯度 或ハ、緯線。地理學ノ語、赤道ヨリ北極又ハ南極ヘ至ル遠近距離ヲ計ル稱。赤道ヨリ北ナルヲ、北緯トモイヒ、南ナルヲ、南緯トモイフ、各、九十度アリ。又、東西ノ距離ヲ計ルヲ、經度又ハ經線トイフ、經度ハ、大抵、各國ノ首都ノ地ヲ初度(子午線)トシ、夫ヨリ東ナル經度ヲ、東經トイヒ、西ナルヲ、西經トイフ、各、百八十度ニテ、一周シテ相合フ。兩度、共ニ、合スレバ、三百六十度ニテ、即チ、地球ヲ、東西又ハ南北ニ一周スルナリ。(度ノ條、見合ハスベシ)

ゐど-がは (名) 井戸側 井ノ中ニ埋メテ、四邊ノ土ヲ止ムルモノ、製、長大ナル桶ノ如クニシテ、上下貫ク、深キハ數個ヲ重ヌ。其土上ニ用ヰテ甚ダ低キヲ、假粧側トイフ、即チ、井筒、井桁ナリ。

ゐど-がへ (名) 井戸替 ゐどさらヘニ同ジ。

ゐ-とく (名) 威德 威光アル德。

ゐ-どころ (名) 居所 居ル所。座。スマヒ。住居。

ゐどさらへ (名) 井戸浚 井ノ水ヲ汲ミ乾シテ、底ヲ浚フルヿ。ヰドカヘ。淘井

ゐどなは (名) 井戸繩 つるべなはニ同ジ。

ゐどほり (名) 井戸堀 井ヲ掘リ作ルヲ業トスル者。井工

ゐなか (名) 田舍 (田居中ノ上略ト云) 都會ナラヌ地ノ稱。都ヨリ離レタル地方。鄙。在郷。「昔シコソ、難波居中ト、言ハレケメ、今ハ都ビキ、都ビニケリ」

ゐなかうど (名) 田舍人 田舍ニ住ム人。

ゐなかのつき (名) 亥中月 (亥刻ニ上レバイフ) 陰暦二十日ノ夜ノ月ノ稱。

ゐなかぶ・ブル・ブレ・ビ・ビ・ビヨ (自動) (規、三) 田舍風 田舍ノ狀トナル。

ゐなかま (名) 田舍間 間ノ條ヲ見ヨ。

ゐなかもの (名) 田舍者 田舍ニ住ム人。田舍漢

ゐながら (副) 坐居然 坐リタルママニテ。立チ働キセズニ。

ゐなほる・ル・レ・ラ・リ・レ (自動) (規、一) 居直 改メテ坐リテ容ヲ正ス。

ゐにん (名) 委任 ユダネマカスルヿ。

ゐねう (名) 圍繞 トリカコムヿ。トリマクヿ。

ゐねう (名) 遺尿 イバタリ。ヨツバリ。ネセウベン。

ゐねむり (名) 居眠 坐リナガラ眠ルヿ。坐睡

〔ゐのあし〕 (名) 織複 (兩端、猪ノ蹄ニ似タレバイフ) 機ノ具、織リ成セル布帛ヲ卷ク手。關西ニ、ヰノツメ。キヌマキ。關東ニ、マヘガラマキ。

〔ゐのくづち〕 (名) ゐのこづちニ同ジ。和名抄「牛膝、爲乃久豆知」

ゐのこ (名) 家 (一)家トイフニ同ジ。(二)豚ノ子。

ゐのこ (名) 亥子 又、玄猪。十月ノ節日ノ稱。十月ハ亥ニ建ス、其亥ノ日、亥ノ刻ニ、上下、餅ヲ食フ、萬病ヲ除クト云、或云、猪ハ多子ナレバ、子孫繁昌ヲ祝スト。禁中ニテハ、內藏寮ヨリ奉リ、嚴重ノ餅トイフト云。(玄猪ノ音ノ訛カ)

ゐのこづち (名) 牛膝 (家槌ノ義カト云) 又、ヰノクヅチ。草ノ名、春、苗ヲ生ズ、方莖ニシテ青紫色ナリ、高サ二三尺、節アルヿ、牛ノ膝、鶴ノ脚ノ如シ、葉ハ、圓クシテ尖リ、匙ニ似テ、兩兩、對生ス、秋、節ノ上ニ、穗花ヲ開ク、大サ一分餘、五瓣綠色ナリ、細子ヲ結ブ、根ヲ藥用トス。又、フシダカ。コマノヒザ。牛膝。

ゐのしし (名) 猪 (猪ノ獸ノ義) 本名、猪。獸ノ名、豚ニ似テ、腹、小ク、脚、長ク、全身、黑褐色ナリ、年ヲ歷タルハ頗ル大ナリ、牡ハ、上齶、左右ニ牙アリテ、上ヘ向ヒテ曲ル、怒レバ背上ノ毛立チ、牙ニテ人物ニ觸ル、山ニ棲ミ、春夏ノ夜、出デテ田圃ノ蚯蚓ヲ掘リ食フ、故ニ損害ヲナスヿ多シ、性、眠ヲ好ム、冬ハ、深山ニ穴ヲ穿チテ、枝芽ヲ覆ヒテ居ル、其肉、甚ダ美ナリ。

ゐのしむしや (名) 猪武者 駈引ナク、謀ナク、一途ニ敵ヘノミ進ム慓敢ノ武者。豬武 猪突

ゐのしりぐさ (名) 天名精 (猪尻草ノ義、臭氣甚シケレバイフ) 草ノ名、野生ニ多シ、地ニ就テ叢生ス、葉ハ、烟草ニ似テ小ク、鋸齒、皺毛、臭氣アリ、長サ尺餘、夏秋ノ間ニハ、莖、高サ二三尺、葉、互生ス、葉間ニ花ヲ開ク、野菊花ノ心ノ如クニシテ、黃ナリ。ヤブタバコ。

ゐのつめ (名) 猪爪 機ノ具、ヰノアシ。

〔ゐのとどき〕 (名) 豬魁 蔓草、葉ハ、かかいもニ似タリ、根ハ、ところどりノ如ク、皮、紫黑ニ、肉、黃赤ニシテ、大ナルハ升ノ如ク、小ナルハ拳ノ如シ。

ゐのふ (名) 胃腑 胃トイフニ同ジ。

ゐのんど (名) 蒔蘿 (猪喉ノ義、臭氣ヲイフカト云、或云、本草ニ、生佛誓國ニ一名、慈謀敕、ナドアレバ外國語ナラムカト) 茴香ノ小葉ナルモノ、實ハ馬芹ノ如シ。

ゐはい (名) 位牌 木牌ニ死者ノ謚ヲ記シテ祀ルモノ。靈牌 神主

ゐはい (名) 違背 タガヒソムクヿ。モトルヿ。

ゐばう (名) 遺忘 ワスルルヿ。

ゐはく (名) 威迫 オドシセマルヿ。

ゐはふ (名) 違法 法度ニタガフヿ。

ゐび (名) 萎靡 ナエシヲルルヿ。ヨワリチヂムヿ。

ゐふう (名) 威風 威ノ、人ニ及ブヿ。「一凜凜」

ゐふく (名) 遺腹 ワスレガタミ。「一ノ子」

ゐふく (名) 威服 威ヲ以テ服從セサスルヿ。

ゐふくろ (名) 胃袋 胃トイフニ同ジ。

ゐぶつ (名) 遺物 カタミノモノ。ユヰモツ。

ゐへん (名) 違變 タガフルヿ。ヘンガヘ。「約定一」

ゐぼん (名) 違犯 法度ヲタガヘオカスヿ。

ゐま (名) 居間 常ニ起キ臥シスル室。居室 便室

ゐまちのつき (名) 居待月 陰暦、十八日ノ月。

ゐん (名) 院 (一)家ノ周垣アルモノ。(二)宮殿官舎ノ號。「高陽―」冷泉―」河原ノ―」渚ノ―」(三)中世以後、上皇ノ御所ノ稱、初メハ、佛門ニ入リ給ヘルニ申シ、後ニハ然ラヌニモ申ス。「―ノ帝」―ノ御所」―ノ北面」(四)又、直ニ、上皇ノ御身ヲモ申シ奉ル。「―ハ見苦シキ事ニ思ボシ宣ヘド」―ノ上、オドロオドロシキ御惱ミニハアラデ」上皇、一時ニ、二三所オハシマス時ハ、順ニ、本―、(又ハ、一―)中―、新―、ナドト別チ申ス。又、皇太后ノ佛門ニ入リ給ヘルニハ、何某門―ト尊號ヲ奉リ、女―ナドトモ稱ス。(五)寺ノ號トスル語。又、古ヘ、貴人、多クハ菩提寺ヲ建ツ、因テ、直ニ其寺號ヲ、其人ノ法名ニ冠ラセテ號トセリ、後ニハ轉ジテ、寺ヲ建テヌニモ、身分アル人ナレバ、法名ノ上ニ冠スル號トス。(六)人ノ集マル大ナル家ノ稱。「議―」病―」

ゐん (名) 韻 (一)音ノ末ノ韻。(二)アラユル漢字ヲ、其韻ノ相總ズル者ニテ類別スル稱。古クハ、二百七韻(廣韻)ニ分テリ、後、合シテ、百六韻(平水韻)トス。又、別ニ、聲調ノ似タルニ因テ、平聲(三十)上聲(二十九)去聲(三十)入聲(十七)ト四大別ス、コレヲ四聲トイフ。又、或ハ、上、去、入、ノ三聲ヲ合シテ、仄―トイフ。

ゐん (名) 尹 彈正臺ノ長官。

ゐんきやう (名) 韻鏡 (一)漢字ノ音韻ノ事ヲ記シタル書。(二)其音韻ノ事ヲ究ムル學。

ゐんぐわい (名) 員外 定リタル人員ノ外。

ゐんげ (名) 院家 門主ノ隱居處。

ゐんざん (名) 院參 院ノ御所ヘ參ルコト。

〔ゐんし〕(名) 院司 上皇ノ院ノ司。「太上天皇ニナズラヒテ、御封賜ハリ、ゐんしドモナリテ」

ゐんじゆ (名) 院主 寺院ノアルジ。

ゐんず (名) 員數 數。

ゐんぜん (名) 院宣 院ノ宣旨。上皇ノ敕書。

ゐんのごしよ (名) 院御所 上皇ノ宮。仙洞。

〔ゐんふたぎ〕(名) 掩韻 〔韻塞ギノ義〕文學ノ上ノ戲、左、右、座ヲ分チ、古詩ノ韻字ノミヲ去リテ出ス、人人、コレヲ推當テテ、韻字ヲ塡メテ出ス、然ル後ニ、元ノ韻ヲ顯ハシテ引合ハセ、其相合ヘルヲ勝トス。「シタリ顏ナルモノ。ゐんふたぎノ時、疾クシタルモノ」

ゐむら (名) 居村 本村所在ノ地ノ稱。同村ノ地ニテ離レテアルヲ出村トイフニ對ス。

ゐめい (名) 遺命 遺言ノオホセ。

ゐもり (名) 井守 蟲ノ名、井泉池沼ニ棲ム、形、やもりニ似テ、尾、平タク、色、黑ク、腹、赤シ、長、五寸許、性、靜ナリ。蠑螈

〔ゐや〕(名) 禮 〔敬ト通ズ〕敬フコト。ウヤ。禮。

ゐやく (名) 違約 約束ニタガフコト。

〔ゐやじり〕(名) 禮物 〔禮代ノ約ト云〕次條ヲ見ヨ。

〔ゐやじろ〕(名) 禮代 禮トシテ贈ル物。又、ヰヤジリ。「禮代乃幣帛」爲ニ其妹之禮物一令レ持ニ押木之玉縵一」朝日乃豐榮登爾神乃禮自利、臣能禮自登」禮幣

〔ゐやなし〕・キ・ケレ・ク・ク (形・二) 無禮 禮無シ、ナメシ。イナリ。

〔ゐやぶ〕・ブル・ブレ・ビ・ビ・ビヨ (他動)(規・三) 禮 ヰヤブ。ウヤフ。禮ス。孝昭紀「禮レ神ヲ」百官恭敬往來之状」

〔ゐやまふ〕・フ・ヘ・ヘ・ヒ・ヘ (他動)(規・一) 敬 〔禮ヲ活用ス〕うやまふニ同ジ。

〔ゐややかに〕(副) 禮 ウヤウヤシク。禮儀正シク。恭敬

〔ゐやゐやし〕・シキ・シケレ・シク・シク (形・二) 〔禮ヲ重ヌ〕うやうやしニ同ジ。恭敬

ゐらう (名) 慰勞 ナグサメイタハルコト。ネギラフコト。

ゐりよく (名) 威力 威光ニテ抑フルコト。

ゐる・ヰル・ヰレ・ヰ・ヰ・ヰヨ (自動)(規・四) 居 (一)其處ニアリ。スワル。居リ、住ム。(二)集マリ止マル。「青柳ノ、葛城山ニ、ゐる雲ノ」宿リシ水モ、氷ゐニケリ」玉ゐる路ノ」摩ミゐる」硯僅ニ墨ノゐタル」集 (三)船、砂ニ着キテ行キヤラズ。今、スワル。和名抄「艘、爲流、鳥養トイヘル所ニテ、舟ノゐテ下ラザリケルニ」舟ハゐれドモ、波立チケリ」舟膠

〔ゐる〕・ヰル・ヰレ・ヰ・ヰ・ヰヨ (他動)(規・四) 以將率帥 身ニ副ヘ着ク。引キ連ルル。ヒキヰル。伴フ。「橘ノ、寺ノ長屋ニ、吾カ率宿シ、ウナヰバナリハ、髮上ゲツラムカ」草枕、旅ニハ妹ハ、雖率有」我モヰデム、モロモロヲルテ」此子ヲモ、モテカシヅキ、ゐテ歩ク」

ゐれい (名) 違例 例ニ違フコト。病ムコト。(貴人ニイフ)

ゐろう (名) 遺漏 ノコリモルルコト。脫ケタルコト。

ゐろり (名) 圍爐裏 爐トイフニ同ジ。地爐

ゐゐん (名) 委員 別段ニ事ヲ委任セラレタル役。

う

う 五十音圖、和行第三ノ假名、わノ條ヲ見ヨ。

うさぎ、をさぎ(兎)うそ、をそ(獺)うけら、をけら(朮)うや、ゐや(敬)うゑ、うう(飢)等相通ズレバ、是等ノうハ和行ノうナラム、サレド假名ノ形ヲ別チ得ザレバ、今ハ、皆、阿行ノうニ併セタリ。

ゑ

ゑ 五十音圖、和行第四ノ假名、わノ條ヲ見ヨ。此音ハ、ふ(うノ如ク呼ブモノ)ニ連ナルトキハ、よノ如ク呼ブヿアリ、ゑふ(醉)ノ如シ。

ゑ (名) 餌 鳥、獸、蟲、魚、ヲ誘フ食。又、ソレヲ飼フ食物、エバ。ヲキエ。

ゑ (名) 繪 畫 (繪ハ呉音、畫ハ畫ノ省) 物ノ形象ヲ紙ニ寫シアラハシタルモノ。

ゑ (名) 會 人ノ、集リテ、祭禮佛事ナドスルヿ。「法ノゑの日ハ、エ參ルマジケレバ」「放生ー」「祇園ー」

〔ゑ (動) 飢エ、ノ約。「戰ヘバ、我ハヤゑヌ」「飯ニゑテ」

〔ゑ (感) 古キ感動詞。「我ハ淋シゑ」「我ハ待タムゑ」

ゑあはせ (名) 繪合 左、右、方ヲ分ケテ、各、繪ヲ出シテ優劣ヲ鬪ハスル戲。鬪畫

ゑいせい (名) 衞星 星ノ一種、遊星ニ陪ヒテ、其周ヲメグリ、又、其遊星ト共ニ、太陽ノ周ヲメグル者ノ總名、地球ニ陪フモノ、一ツアリ 即チ、月ナリ、其他、木星、土星、天王星、海王星、ニモアリ。一名、陪星。

ゑいせい (名) 衞生 衣食住ニ心ヲ用ヰテ、人身ノ養生スルヿ。

ゑいぼう (名) 衞矛 灌木ノ名、マユミ。

ゑいん (名) 會陰 陰部ト肛門トノ間。アリノトワタリ。

ゑいり (名) 繪入 書物ノ處處ニ、本文ノ事ヲ繪ニ寫シアラハシテ加ヘタルモノ。挿畫。出像

〔ゑかい (名) 垣下 えんが、かいもと、ノ條ヲ見ヨ。

ゑかう (名) 回向 〔回ニ衆善ニ向ニ菩提ニ〕 佛經ノ語、讀經シテ、亡靈ノ菩提ヲ念ズルヿ。

ゑかき (名) 繪書 畫ヲカクヲ業トスル人。エシ。畫工

ゑがく・ク・ケ・カ・キ・ケ (他動)(規・一) 畫 繪ニ書キ取ル。

ゑかひ (名) 餌飼 餌ニテ飼ヒツクルヿ。(放飼ニ對ス)

ゑがほ (名) 笑顔 笑ミヲ含メル顔。ワラヒガホ。

ゑがらぼし (形) 蘝 ゑぐし ノ訛。(東京)

ゑぎぬ (名) 繪絹 繪ヲカク料トスル白キ生絹。生絹

〔ゑぐ (名) 草ノ名、葉ハ韮ニ似テ小ク、根ニ白ク小キ芋アリテ、味、少シエグシ、黒くわゐノ類ト云。或云、水邊ニアリテ、芹ニ似タルモノナリト。「君ガタメ、山田ノ澤ニ、惠具摘ムト、雪消ノ水ニ、裳ノ裾濡レヌ」

ゑぐいも (名) 蘝芋 芋ノ屬、二種アリ 一ハ、子、常ノ如クニシテ細長シ、一ハ、生薑ノ如ク塊ニ附生ス、共ニ、味エグシ、善ク煮レバ食フベシ。

ゑぐし・キ・ケレ・ク・シ (形・二) 蘝 薟 險 〔ゑぐる意カト云〕 苦シク喉ヲ突クガ如キ味、即チ、芋莖ノ生ナルガ如キ味アリ。エゴシ。エガラボシ。

ゑくぼ (名) 靨 〔笑窪ノ義〕 人ノ顔ニ、笑ムトキ、頰ノ邊ニ、指ニテ押シタル如キ窪ミヲ見ハスモノ。

ゑぐる・ル・レ・ラ・リ・レ (他動)(規・一) 刳 〔彫リ轉ルノ略ト云〕 突キ入レテ廻ハシ穿ツ。クジル。

ゑごい (形) 蘝 ゑぐし ノ訛。

ゑごひ (名) 餌乞 餌ヲ欲シガルヿ。「ースル、君ガハシ鷹、霜枯ノ、野ニナ放チソ、早ク手ニスヱ」

ゑさ (名) 餌 魚ヲ釣ルニ用ヰル餌。

ゑざう (名) 畫像 人物ノ姿ヲ繪ニ寫シタルモノ。

ゑざうし (名) 繪草紙 挿繪ノアル草紙。繪本。

ゑさし (名) 餌差 鷹ノ餌トスベキ小鳥ヲ差シ捕ル人。

ゑし (名) 繪師 畫工ノ職、エカキ。畫院 畫工

ゑじ (名) 衞士 (一)古ヘ、諸國ノ軍團ノ中ヨリ、京ニ召サレ、年毎ニ交番シテ、禁闕ヲ衞ル者、衞士府アリテ、コレヲ統ブ。(二)誤テ、仕丁ノ稱。

ゑしき (名) 會式 寺院ノ佛事。今、多クハ、日蓮宗ニテ、陰暦、十月十三日、(八日ヨリ始マル)祖師日

運ノ忌日ニ修スル佛事ニイフ。オメイカウ。

ゑ-じき（名）【餌食】餌トスル食物。

ゑ-しやく（名）【會釋】(一)會得シテ心ニ釋クヿ。ウナツクヿ。(二)轉ジテ、禮スルヿ。アイサツ。

ゑ-しや-ぢやうり（句）【會者定離】會フ者ハ定メテ離ル。(佛經ノ語)

〔ゑ-ず（動）【怨】ゑんずノ約、其條ヲ見ヨ。

ゑ-そ（名）【䱜】魚ノ名、西海ニ多シ、形、かますニ似テ、身、平タク、頭、尖リ、上吻、長サ一寸許、鍼ノ如シ、眼ト吻ト相逼リ、腮下ニ長キ鰭アリ、腹下ニ二尖ノ鰭アリ、尾、狹ク、岐ナシ、二三寸ヨリ尺ニ至ル、かまぼこトスベシ。

ゑ-そらごと（名）【繪空事】繪ニ、生寫シニテハ、見ドコロ無ケレバトテ、實形ニ多ク作意ヲ加ヘテ寫スヲイフ語。丹青過實

ゑ-た（名）〔餌取ノ約〕屠者ヨリ轉ジテ、中世以後、平民ノ下ニ位スル一類ノ賤民ノ稱、諸國ニ聚落ヲナシテ、專ラ獸ヲ屠リ、皮、肉、ヲ賣ルヲ業トシ、平民ト交通セズ、明治以後、平民ノ籍ニ編入ス。カハタ。カハバウ。

ゑ-ぢく（名）【繪軸】かけものノ條ヲ見ヨ。

ゑ-ちご-じし（名）【越後獅子】(一)越後、蒲原郡ノ神社ニ行ハルル里神樂ノ獅子舞ノ稱。(二)又、同郡、月潟村及ビ其近村ヨリ出ヅル獅子舞、夏ノ初ヨリ出デテ、諸國ヲ巡リ錢ヲ乞ヒ秋ノ末ニ歸ル、一二三ノ小童、小キ獅子頭ヲ被リテ、跳リ廻リ逆立チナドシ、種種ノ拔曲ヲナス、一ニ、角兵衞獅子トイフ、其創意者ノ名ナラムト云。

ゑ-ちご-ちぢみ（名）【越後縮】越後ノ魚沼、刈羽、頸城、三郡ノ地ヨリ產スル苧布、からむしノ內ノ白肉ヲ績ミテ織リ、灰汁ニテ煮テ、雪中ニ晒ス、絶品トス。縠

ゑ-つ（名）【鱊魚】魚ノ名、筑後、肥前、ノ海ニ產ス、後ニ川ニ上ルヿ、鮎ノ如シ、一年ニテ死ス、大ナルハ一二尺、體、銀色ニシテ、狹ク長ク、刀刃ノ如シ、背ノ方、少シ厚ク、腹ノ方、漸ク薄ク、首ヨリ次第ニ狹クシテ、尾、尖ル、上唇ノ堅骨、兩吻ニ餘リテ出デ、左右ノ鰭、皆、細ク分レテ麥ノ芒ノ如シ。

ゑ-づ（名）【繪圖】國郡、家宅、園庭、ナドノ圖。

ゑ-づ-く・ク・ケ・カ・キ・ケ（自動）（規、一）【嘔吐】〔餌衝ノ義ト云〕嘔クモドス。

ゑ-づ-く・ク・ケ・カ・キ・ケ（自動）（規、一）【餌付】餌ヲ食ヒ馴ル。(籠ノ鳥ナドニ)

ゑ-つそ（名）【越訴】をつそノ條ヲ見ヨ。

ゑ-つぼ（名）【咲壷】笑ミ興ジテ最中ナルヿ。「龍顏、頗ルゑつぼニ入リテオハシマス」

ゑ-つぼ（名）【餌壷】飼鳥ノ餌ヲ入ルル器。鷹飼ナルハ、籠ニテ、形、壷ノ如シ。エテクロ。エフゴ。

ゑ-てんらく（名）【越天樂】雅樂ノ曲名。或ハ、越殿樂。

ゑ-ど（名）【穢土】(一)佛經ノ語、穢レタル世界、即チ、此世、娑婆。「厭ニ離穢土ニ、欣ニ求淨土ニ」(二)糞ノ異名。「行ク程ニ、四條ノ北ナル小路ニ、ゑどヲ放ル、云云、ゑどヲ隙モナクシチラシタレバ、云云、ゑどノ小路ト付ケタリケルヲ」鳥ノ飛ビテ通リケルガ、ゑどヲシカケケルヲ、晴明、キト見テ」

ゑ-とき（名）【繪解】繪ノ上ノ事柄ヲ說キ聞カスルヿ。

ゑ-とく（名）【會得】意ヲ覺リ得タルヿ。合點。

ゑ-どころ（名）【繪所】繪ノ事ヲ掌ル司。畫院

〔ゑ-とり（名）【餌取】牛馬ヲ屠リテ、其皮肉ヲ賣ルヲ業トスルモノ。カハハギ。屠者

ゑ-とる・ル・レ・ラ・リ・レ（他動）（規、一）【繪取】(一)色ヲ付ク、イロドル。彩色ヲナス。着色 (二)轉ジテ、書キタル字ノ上ヲ、再ビ繪ビ塗ル。(墨ニテ)

〔ゑ-なく・ク・ケ・カ・キ・ケ（自動）（規、一）【呻吟】〔凱泣クノ義カト云〕ウメク。ウナル。新撰字鏡「喋、出ニ氣息ニ心、呻吟也、惠奈久、又、佐万與不、又、奈介久」同「嚬呻、暢ニ五體ニ而息ム心之貌、乃比須、又、惠奈久」

〔ゑ-にす（名）【槐】〔槐樹ノ呉音ノ轉ト云〕ゑんじゆノ古言。

〔ゑ-ぬ（名）【狗】〔小犬ノ約カ〕犬ノ子。今、エノコロ。チンコロ。和名抄「狗、犬子也、惠奴」狗尾草

〔ゑぬ-の-こぐさ（名）【狗尾草】ゑのころぐさノ古言。

ゑ-の-ぐ（名）【繪具】繪ノ彩色ニ用ヰル料ノモノ、藍、紅、くちなし、等ハ植物ニ生ジ、雌黃、代赭、綠青、等ハ礦物ニ出ヅ。顏料 塗料

ゑのころ-ぐさ（名）【狗尾草】古名、エヌノコグサ。所在ニ

自生ス、苗、穗、共ニ粟ニ似テ小シ、穗ハ、狗子ノ尾ノ如ク、其色ニ、紫ト緑トアリ、地ノ肥瘠ニ因テ、大小アリ。實ヲ結バズ。

ゑば（名）餌〔はハ、食ノ約カ〕餌ハムトテ食ハスル餌。

ゑはう（名）惠方 歳徳神ノ條ヲ見ヨ。

ゑはす・ス・セ・サ・シ・セ（他動）（規、一）醉 他ヲ醉フヤウニナスヲハス。「御使トドメサセ給ヒテ、イタウゑはし給フ」

ゑひ（名）醉 酒ニ醉ヒタルコ。「一ニ乘リテ」一ノ紛レ」

ゑひさまたる・ル・ル・レ・レ・レ・レ（自動）（規、二）〔醉狀亂ル、ノ約カト云〕醉ヒテ亂ル。「人人、モサマダレテ舞ハルルヲ見テ」爛醉

ゑひさめ（名）醉醒 醉ヒテ方ニ醒メタル時。酒後

ゑひしる・ル・ル・レ・レ・レ・レ（自動）（規、二）醉痴 醉ヒテ物ヲ覺エヌヤウニナル。「盃差シ給ヘバ、イタウ、ゑひしれテ」

ゑひなき（名）醉泣 人ノ癖ニ、醉ヘバ泣クモノ。泣上戶。「默シ居テ、サカシラスルハ、酒飮ミテ、醉泣スルニ、尙如カズケリ」

ゑふ（名）衞府 近衞府、兵衞府、衞門府、等ノ稱、各、左右ニ分レテ、六府ナリ、コレヲ六ートモイフ。「一ノ督」一ノ佐」

ゑふ・フ・ヘ・ヘ・ヒ・ヘ（自動）（規、一）醉〔笑ム、鏄ム、ト同意〕(一)酒ノ氣ニ熱ヲ發シテ、精神亂ル。(二)舟、車、駕籠ノ動搖ニ因テ、頭痛吐氣ヲ催ス。苦船 苦車 (三)魚ノ腐肉ナドヲ食ヒテ、熱ヲ發ス。（鰹、まぐろ、ナドニイフ）

ゑぶくろ（名）餌袋 (一)鷹ノ餌ヲ入ルル器。エッボ。後ニハ、人ノ食ヲ盛リテ携フルニモ用キタリ。(二)鳥ノ嗉。又、鳥ノ胃ヲモイフ。

ゑふで（名）畫筆 畫ヲカクニ用キル一種ノ筆。

ゑぼうし（名）烏帽子 えぼしノ條ヲ見ヨ。

ゑほん（名）繪本 挿畫ノアル書物。繪草紙。

ゑま（名）繪馬 馬ヲ額面ニ畫キテ、神佛ニ奉ツルヲ、眞ノ馬ヲ奉ツル能ハザルニ代フル意ト云。

ゑまきもの（名）繪卷物 繪ニ詞ヲ書キ入レテ、卷物トシタルヲ。

ゑまし・シク・シ・シキ・シケレ・シク・シク（形、二）咲ムベクアリ。ヱマハシ。「打チヱマセ給ヘル程、ステロニ見奉ル人、イト、ヱマシウ思ヒ奉ルベシ」ヱマシキ顏ノ匂ニテ」

ゑます・ス・セ・サ・シ・セ（他動）（規、一）水ニ漬シテ鏄ムヤウニナスヲフヤカス。「麥ヲ一」

ゑまはし・シク・シ・シキ・シケレ・シク・シク（形、二）咲ムベクアリ。ヱマシ。「早百合ノ花ノ、惠麻波之伎カモ」

ゑまひ（名）笑 ヱマフコ。笑ムコ。「思ハヌニ、妹ガ咲儛ヲ、夢ニ見テ」妹ガ咲容」花ノ一」

ゑまふ・フ・ヘ・ヘ・ヒ・ヘ（自動）（規、一）咲 笑ム、ノ延。「心ニハ、思ヒホコリテ、惠麻比ツツ、ワタル間ニ」

ゑみ（名）笑 笑ムコ。笑顏ヲナスコ。「一ノ眉」一ノ中ニモ、刃ヤハナキ」

ゑみぐさ（名）咲草 (一)あまどころノ古名。萎蕤 (二)なるこゆりノ一名。黃精

ゑみこだる・ル・ル・レ・レ・レ・レ（自動）（規、二）笑ミテ傾ク。「鬼、盃ヲ左ノ手ニ持チテ、ヱミコダレタル狀」

ゑみさかゆ・ユ・ユ・ユレ・エ・エ・エ（自動）（規、二）笑榮 笑ミテ顏色榮ユ。「老モ忘レ、齡延ブル心チシテ、ヱミサカエテ」カクヤ姬、暮ルルマヽニ、思ヒ侘ビツル心、ヱミサカエテ」

ゑみまく・ク・ク・クレ・ケ・ケ・ケ（自動）（規、二）笑設 思ヒ設ケテ笑ム。「ヱミマケテ嬉シゲニ思ヒタル狀」イミジト思ヒテ、口ハ耳元マデヱミマケテ居タリ」

ゑみわる・ル・ル・レ・レ・レ・レ（自動）（規、二）碎裂 鏄ミテ裂クル。（栗毬ナドニ）

ゑみゑみと（副）笑笑 笑ミヲ含ミテ。「姥ノ、ヱミヱミトシタル、形ヲアラハシ」一笑ヒテ」

ゑむ・ム・メ・マ・ミ・メ（自動）（規、一）笑咲 (一)笑ヒヲ含ム。少シ笑フ。（聲ヲ發セズ）(二)花、咲ク。

ゑむ・ム・メ・マ・ミ・メ（自動）（規、一）鏄〔笑ム義〕裂ケ開ク。（栗毬ナド）和名抄「榛栗鏄發、鏄、惠米利」

ゑん（名）圓 (一)マロキコ。(二)新貨幣ニ、錢ノ百倍。

ゑんあう（名）鴛鴦 (一)鳥ノ名、支那產ニテ、日本ニナシ、をしどりノ類ニテ、劒羽ナク、羽色モ美シカラズ。(二)常ニ、誤テ、をしどり。

ゑんいうくわい（名）園遊會 多客ヲ招キテ、庭上ニテ饗應スルモノ。

ゑんか（名）垣下 えんが、かいもと、ノ條ヲ見ヨ。

ゑんかう（名）遠行 トホキニユクコ。

ゑんかく（名）遠隔 トホクヘダタルコ。

ゑんぐん（名）援軍 スクヒノ兵。助勢。

ゑんくわつに（副）圓滑 カドダタズニスラスラト。

ゑんけい（名）遠景 遠見ノ景色。

ゑんけい (名) 園藝 庭ヲ作ル技。
ゑんけん (名) 遠見 トホミ、遠ク見渡スヿ。遠望
ゑんけんだう (名) 袁玄道 博奕ノ異名。
ゑんこう (名) 猿猴 (一)手長猿。(二)猴ノ類ノ總名。
ゑんこうさう (名) 猿猴草 水草、葉ハ、萍蓬ノ如クニシテ圓ク、花莖、長ク延ビテ、黄花ヲ開ク、赤、萍蓬ニ似テ小シ、盆栽トシテ高ク釣レバ、花莖、垂リテ、手長猿ノ手ノ如シ。
ゑんごく (名) 遠國 トホキクニ。ヲンゴク。遐陬
ゑんざ (名) 圓座 ワラフダ。蒲、或ハ、蒲、菅、藺、ナドノ莖葉ニテ、渦ノ如ク圓ク平タク組ミタル褥。圓草褥 蒲團
ゑんざい (名) 冤罪 無實ノ罪。
ゑんざがき (名) 圓座柹 柹ノ一種、實ノ形、肥エテ圓ク、帯ノ着ケル所、肉起リ、瘤ヲナスモノ。蓋柹
ゑんざん (名) 遠山 トホヤマ。遠ク見ユル山。
ゑんざむし (名) 圓座蟲 やすでニ同ジ。(西京)
ゑむし (名) 餌蟲 さかいニ同ジ。
ゑんしうりう (名) 遠州流 (一)茶道ノ一流ノ名、小堀遠江守政一ヲ祖トス。(寛永正保間ノ人、剃髪シテ、宗甫ト號ス)(二)又、生花ノ一流ノ名。
ゑんじゆ (名) 槐 〔ゑにすノ轉訛〕古名、ヱニス。樹ノ名、直ニ聳エルヿ數丈、又、四方ニ繁茂スルモアリ、葉ハ、排列シテ藤ノ葉ノ如クニシテ、細ク、微白毛アリ、夏秋ノ交ニ、花ヲ開ク、豆ノ花ニ似テ大ク、白クシテ黄ヲ帯ブ、後ニ、莢ヲ結ブ、長サ二一寸餘、内ニ小扁子アリ、材、堅實、文理アリテ美シ。
〔ゑんず・ズル・ズレ・ゼ・ジ・ゼヨ〕(他動)(不規・二) 怨 ウラム。怨ミヲ言フ、約メテ、ヱズ。「ヤムゴトナクシモ思ヒ聞エ給ハジナドゑんじウケヒケリ」此世ヲ、フサハシカラズ思ヒ給フルナリナド、ゑじ宣ハスレバ」
ゑんせい (名) 遠征 遠ク出デ行キテ攻ムルヿ。
ゑんぜん (副) 宛然 サナガラ。
ゑんそく (名) 遠足 歩行ヲ馴サムガ爲ニ遠路ヲ歩ムヿ。
ゑんたう (名) 遠島 シマナガシ。刑ノ名、徳川氏ノ制ニ、追放ヨリ重ク、死罪ヨリ輕シ、古刑ノ遠流ニ當ル、各地方ノ便宜ト罪ノ輕重トニ因テ、伊豆ノ七島、(八丈、薩摩ノ七島、肥後ノ天草島、佐渡、隱岐、壹岐、等アリ。
ゑんてい (名) 園丁 ニハツクリ。ウヱキヤ。
ゑんどう (名) 豌豆 古名、ノラマメ。蔓草、秋、種ヲ下シテ、夏、熟ス、葉ハ、藤ニ似テ圓ク、白ミヲ帯ブ、葉ノ頭毎ニ、細キ鬚アリ、春、紫花ヲ開ク、ふぢまめノ花ニ似テ大ナリ、莢ヲ結ブ、豆ハ、ゑろまめノ大サニテ、略、方形ニテ黒褐色ナリ。又、白花ナルハ、豆、圓クシテ白ク、莢ヲ併セテ食スベシ、さやーートイフ。又、烏ノーー、雀ノーー、野ーー、濱ーー、ナドアリ、各條ニ註ス。
〔ゑんどうさう (名) 豌豆瘡 モガサ。疱瘡ノ古名。
ゑんどうまめ (名) 豌豆ノ重言。
〔ゑむは (名) 蜻蛉ノ古名。和名抄「胡黎、岐悪死波」赤卒、阿加恵死波」

ゑんば (名) 遠馬 トホノリ。
ゑんばう (名) 遠望 トホクノゾムヿ。トホミ。
ゑんばう (名) 怨望 ウラミヲカクルヿ。ウラメシクオモフヿ。
ゑんぱう (名) 遠方 トホキカタ。トホキトコロ。
ゑんぺい (名) 援兵 救ヒノ軍勢。助勢。
ゑんま (名) 繪馬ノ音便、ゑまノ條ヲ見ヨ。
ゑんまん (名) 圓滿 十分ニ滿ツヿ。「福壽ーー」
ゑんらい (名) 遠來 遠方ヨリ來レルヿ。「ーーノ品」「ーーノ客」
ゑんりよ (名) 遠慮 (一)トホキオモンバカリ。預メ後ヲ考ヘ計ルヿ。深キ用心。「深謀ーー」(二)轉ジテ、人ニ對スルニ、心ヲ用ヰテ、控ヘ目ニスルヿ。謙退 (三)刑ノ名、逼塞ノ條ヲ見ヨ。
ゑんるゐ (名) 遠類 親類ノ、縁ノ遠キモノ。
ゑんろ (名) 遠路 トホミチ。トホキミチ。長程
〔ゑもとゆひ (名) 繪元結 いれもとゆひニ同ジ。
ゑもんふ (名) 衞門府 武官ノ府、禁中ノ諸門ヲ衞リ、出入ヲ察シ、時ヲ以テ巡警スルヲ常ル、四等ノ官ヲ、督、佐、尉、志、トシ、左右ニ分レテ、左ーー、右ーー、トイフ。
ゑやう (名) 繪樣 繪ニ物ノ様ヲ寫シタルヿ。
〔ゑらぐ・グ・ゲ・ガ・ギ・グ〕(自動)(規・二) 歡喜 嗑樂 〔笑ム意〕笑ミ榮エ樂ム。樂ミ笑フ。「白ト言者ニ汝命ニ而貴神坐故、歡喜咲樂上」
ゑらふそく (名) 繪蠟燭 蠟燭ニ種種ノ畫ヲ書キ

飾リタル物。〔鈿〕

ゑり (名) 〔魞〕 (餌入ノ約カト云) 水中ニ簀ヲ立テ連ネテ、魚ヲ捕フル物。〔簄〕

(ゑりいた) (名) 〔彫板〕 書畫ヲ刻リタル板。版木。

ゑ・る・ル・レ・ラ・リ・レ (他動)(規・二) 〔彫〕〔鐫〕 刻リツク。チリバム。キザム。

(ゑわらひ) (名) 〔咥〕 エミワラフコト。「サスガニ忍ビテ、物言ヒ、ヱワラヒナドスルケハヒ、コトサラビタリ」

を

を 五十音圖、和行第五ノ假名、わノ條ヲ見ヨ。

を (名) (一)動物ノ、子ヲ生ズル性ヲ具フル物。男〔牡〕〔雄〕 ソノ子ヲ孕ミテ産ム性ヲ具フルヲ、めトイフ。女〔牝〕〔雌〕 人、食獸、蟲、魚、介、皆、此ノ兩性アリ、植物ニモアリ。(二)専ラ、人ノをヲ、ヲトコ。男子。「眼ノ—」まそら—」山田守ル—」「—ノわらは」男 (三)妻ニ連レ添フ男。ヲウト。ヲツト。「汝ヲ措キテ、遠ハ無シ」前夫」後夫」 夫 〔良人〕

を (名) 〔麻〕 (一)麻。和名抄「麻、乎、一云、阿佐」(二)又、麻、又ハ、からむし、ノ莖ヲ水ニ漬シ、蒸シテ粗皮ヲ去リ、其纎維ヲ績ギテ絲トシタル物。今、からむしナルヲ別チテ、異なトイフ。

を (名) 〔緒〕 (一)絲、紐、ナド、長クシテ物ヲ結ブベキ物ノ總名。(二)履ニ着ケテ足ニ懸クル緒。〔履緒〕 (三)樂器ニ張ル絃。「琴ノ—」「四ツノ—」〔絃〕 (四)物事ノ長キ續キ、「靈ノ—」息ノ—」年ノ—」

を (名) 〔尾〕 (一)禽獸蟲魚ノ尻ヨリ長ク出デタル物。シリヲ。(二)山ノ裾ノ引延ヘタル處。(次條見合ハスベシ)「春霞、峯ニモ尾ニモ、立チ隱シツツ」 山尾

(を) (名) 〔峯〕〔丘〕 山ノ高キ處。(前條見合ハスベシ)「向峯」八峯」八丘八谷之間」

を (辭) (一)第一類ノ天爾波、事物ヲ處分スル意ノモノ下、必ズ他動ノ動詞ニ接ス。「書ヲ讀ム」字ヲ記ス」飯ヲ食フ」(二)又、下、自動ノ動詞ニ接シテ、よりノ如キ意ヲナス物。「家ヲ離ル」國ヲ去ル」人ヲ別ル」世ヲ隱ル」(三)又、動作ノ行ハルル地位ヲ示ス意ノモノ、亦下、自動ノ動詞ニ接ス。「路ヲ行ク」門ヲ過グ」家ヲ繞ル」

を (辭) 第三類ノ天爾波、思フニ違ヒテ意ノ返ル意ヲナス。「斯クアルモノヲ」願ハザリシヲ」行カジト思フヲ」

(を) (感) 汎ク感情ニ發スル聲。言語ノ間ニ用ヰルハ、「見ツツを行カム」心ニを思ヘ」香をダニ匂ヘ」年頃を住ミシ所ノ」又、言語ノ下ニアルハ、「ソノ八重垣を」我ハ來ニシを」船渡セを」心シテを」

を (感) 〔唯〕 召シニ應フル聲。「御文ヲヒロゲテ、此暮ニ必ズトアル下ニ、をトイフ文字ヲ只、一字、墨ニテ書キテ、御使ニ賜ハセ」召セバ、をトイトケザヤカニ聞エテ出デ來タリ」

を (接頭) 〔小〕 (一)チヒサキ。コマカキ。小。「—川」—舟」(二)少シ。イササカ。「—暗シ」—止ム」

を (發語) 意ナキ發語。(常ニ小ノ字ヲ當ツ)「—簾」—田」—野」

を・わさ (名) 〔雄麻〕 古名、ケムシ。わさノ條ヲ見ヨ。

をい (感) 唯、ノ延。應フル聲。「をいや、聞キシハナナリ」をいをい然ナリ然ナリト宣フ」

をう (感) 唯、ノ延。驚キ叫ブ聲。「叶フマジト思ヒワナナキ、をうをうト叫ビテ逃ゲ入リテ」我ヲ殺ス人アリ、をうをうト叫ビケル」

(をうど) (名) 〔夫〕 をひとノ音便。ヲツト。

(をうな) (名) 〔女〕 をみなノ音便。ヲンナ。女。

をか (名) 〔岡〕〔陵〕〔阜〕 (峯處ノ義ト云) 地ノ少シ高キ處。山ノ低クシテ平ナルモノ。

をか (名) 〔陸〕 (前條ノ語意) 海ニ對シテ、地ノ方。クガ。クガ。

をか (名) 〔傍〕 (前ニ一條ノ語意) 其場ニ係ハラズ、傍ニ離レテアル。「—見」—目」

をがさはら-りう (名) 〔小笠原流〕 武家禮式ノ一派ノ稱、足利義滿ノ時、小笠原長秀ノ定メシ所ト云。

をかし・シキ・シケレ・シク・シク (形・二) 〔可笑〕 (痴シキ意ト云) (一)笑フベクアリ。ワラハシ。新撰字鏡「可咲、見醜貌、阿奈乎加之」(二)(轉ジテ、面白シ。「陸奥ノ、千賀ノ島ニテ、見マシカバ、イカニ躑躅ノ、をかしカラマシ」(岡ニ言ヒ掛ク)

をかしね (名) 〔陸稻〕 をかぼニ同ジ。

‡をか-じやうき (名) 〔陸蒸氣〕 (陸ノ蒸氣船ノ意) 蒸氣車、汽車ノ俗稱。

なかす (動) 犯|冒|侵 おかすノ條ニ收メタリ。

なかせ (名) 麻桛 麻ヲ絡フ桛

なかだ (名) 陸田 畠ニ同ジ。(水田ニ對スル語)

〔なかたまのき〕 (名) 〔招靈ノ轉、神靈ヲ招禱奉ルモノナレバイフト云〕 賢木ノ異名ナリト云。古今集、物名「三吉野ノ、吉野ノ瀧ニ、浮ビ出ヅル、泡なかたまの、きゆト見ツラム」日本紀、竟宴歌「玉柏、ヲカタマノ木ノ、鏡葉ニ、神ノヒモロギ、供ヘツル哉」或云、此樹、日向ノ高千穗峯ニアリ、神代ヨリノ樹ト言傳フ、葉、四時アリテ、あなを木ノ如シ、初春、莖頭ニ花ヲ開キ、實簇生シテ初冬ニ至ルト。

なかちいし (名) 雄勝石 陸前桃生郡雄勝濱ニ產ズル石、色黑シ、玄昌石トモイヒ、硯トシテ妙ナリ、又、石盤、敷石、トシ、屋瓦ニモ代フベシ。

なかづき (名) 鼫鼠 獸ノ名、形、栗鼠ニ似テ、大サ兎ノ如ク、全身、黃褐ニシテ黑ミアリ、尾、平タク大ク、身ヨリ長キヿ二寸許、其端、更ニ廣シ、常ニ卷キテ頭ニ被ク、晝ハ睡リテ、夜ハ騷ガシ。

なかつびき (名) 陸引ノ音便。

〔なかつら〕 (名) 楓 桂ノ條ヲ見ヨ。

〔なかとどき〕 (名) 草ノ名、桔梗ノ古名。

なかは (名) 小川 細キ流レ川。細流

なカハラ (名) 牡瓦 古ク、ツツミガハラ。今又、丸瓦。筒瓦。ナマコガハラ。屋ヲ覆フ瓦ノ、竹筒ヲ一一ツ割リニセルガ如クシテ、ウツブキタルモノ。 琉瓦 甍瓦 又、平タクシテ仰グモノヲ、牝瓦、又、平瓦(仰瓦)トイフ、俯仰相連ネテ葺ク。

なかひき (名) 陸引 〔傍ニ居テ手引スル意〕 捕吏ニ使ハルル賤シキ者。テサキ。ヲカツピキ。

なかほ (名) 陸穗 稻ノ、畠ニ植ヱ作ルモノ、粳米、和米、共ニ作リ、亦、早稻、中手、奥手、アリ、形、水田ノモノト同ジケレドモ、味、佳ナラズ。又、ヲカシネ。 旱稻

なかみ (名) 陸見 他ノ所作ヲ傍ヨリ見テ居ルヿ。ヲカメ。 傍觀

なかむ・ム・メ・マ・ミ・メ (自動) (規・一) 拜 〔をれかむノ略〕 古ク、ヲレカム。ヲロガム。身ヲ折リ屈メテ禮ス。ヌカヅク。ジギヲスル。今、佛禮ニ隨ヒテ、合掌スルヲイフ。

なかめん (名) 惡寒 醫ノ語、寒氣立ツヿ。「一發熱」

なかめ (名) 陸目 なかみニ同ジ。

なかもち (名) 岡持 桶ノ、平タクシテ手アルモノ。

なから (名) 麻幹 あさがらニ同ジ。

なぎ (名) 荻 草ノ名、水邊ニ生ズ、陸ニモ繁殖シ易シ、葉、花、共ニ茅ニ似テ長大ナリ、莖ハ蘆ニ似テ、節ノ間短ク、肉、厚ク、中ノ孔、狹シ、花、初ハ淡紫ニテ、後ニハ白シ。

〔なきむし〕 (名) 尺蠖 〔屈伸スルヿ招クガ如シ〕 シヤクトリムシ。

〔おきゑ〕 (名) 招餌 鷹ヲ招キ寄スル料ノ餌。「ハシ鷹ノ、なきゑにせむト、カマヘタル」

〔なく・ク・ケ・カ・キ・ケ〕 (他動) (規・一) 招 マネキ寄ス。「雲隱リ、翔リ往ニキト、云云、呼久由ノ、ソコニ無ケレバ」(放逸鷹ノ歌)月立チシ、日ヨリ乎伎ツツ、打思ヒ、待テド來鳴カヌ、時鳥カモ」

〔なぐき〕 (名) 小曲 曲トイフニ同ジ。「武藏野ノ、乎具奇ガ雉子、立チ別レ」

なぐし (名) 小櫛 櫛トイフニ同ジ。「櫛笥ノ一」黃楊ノ一」

なぐつ (名) 麻鞋 麻ニテ作レル鞋。後世軍用トス岩沓。

〔なぐな〕 (名) 童男|小男 ヲノワラハ、男ノ兒。「亦名日本童男」童男此云二烏具奈一頃時、有二一箇小男一」

なぐら・し・キ・ケレ・ク・ク (形・二) 小暗 クラシ。ウスグラシ。

〔なぐら・す・ス・セ・サ・シ・セ〕 (他動) (規・一) 小暗 カキクラス。クラマス。「只、知ラヌ涙コソ、心ヲグラスモノナリケレ」

なぐらのしきし (名) 小倉色紙 黃門、藤定家、嘗テ山城ノ小倉ノ山莊ニテ、百人、一首ヅツノ和歌ヲ、色紙ニ書キタルモノノ稱、世ニ珍玩ス。

なぐるま (名) 小車 (一)車トイフニ同ジ。(歌詞) (二)草ノ名、原野園圃ノ間ニ多シ、苗、高サ一二三尺、葉、細長ク、微毛アリ、互生ス、夏、莖ノ梢ニ、枝ヲ分チテ、單瓣ノ花ヲ開ク、大サ錢ノ如ク、心、黃ナリ、形、菊花ニ似テ、瓣、甚ダ細ソシ。 旋覆花

〔なぐろ〕 (名) 小畔 畔トイフニ同ジ。「一ノ溝」小田ノ一ニ、鶉鳴クナリ」

〔なけ〕 (名) 麻笥 績麻ヲ入ルル器。今ノなおけ。

なけ (名) 桶 〔前條ノ器ヲ轉用シテ名ヲ存スト云〕 木製ノ圓キ器、杉又ハ椹ノ細長キ板ヲ並ベメグラシ

テ側トシ、板ノ底アリ、箍ニテ締ム。「水―」火―」腰―」

をけがは (名) 桶ノ側ニ用ヰタル板。

をけがはどう (名) 桶側胴 具足ノ一種、胴ノ製、左ノ脇、蝶番ニテ屈伸シ、右ノ脇下ニ十分ニ合フモノト云。

をけつ (名) 惡血 ワルチ。クロチ。

†をけつとう (名) 烏骨雞ノ訛。

をけや (名) 桶屋 桶、井戸側、ノ類ヲ作ル工人。桶匠

をけら (名) 朮 又、ウケラ。蒼朮ノ條ヲ見ヨ。

をけらのもちひ (名) 朮餅 追儺ノ夜ニ供フル餠。

をこ (名) 痴 〔可笑ハ、此語ノ轉ト云〕アハウラシキコト。バカゲタルコト。古事記、應神帝御歌「我ガ心シ、最裒許ニシテ、今ゾ悔ヤシキ」冠ナド打チユガメテ走ラムウシロデ、思フニ、イトをこナルベシ」―ノ者」―ガマシ」―メク」―ガル」尾籠ト當字シテ尾籠ト音讀ニモセリ。又、支那、後漢ノ頃ノ南蠻ニ、烏滸ノ國アリ、其風俗ニ、理非ヲ顚倒シテ、笑フベキ事多シ、其語、暗合シテ、後ニハ混淆セリ。三代實錄「內藏富繼、長尾末繼、伎善ニ散樂ニ令ニ人大咲ニ所レ謂鳴呼人近レ之矣」本朝文粹、村上帝御文「烏滸來朝、自爲ニ解頤之觀ニ」

をこがまし・しき・しけれ・しく・しう (形・二) 痴 (一)アハウラシ。バカラシ。タハケタリ。「麗ハシキ人モ、忽ニ狂人トナリテ、ヲコガマシウ」(二)サカシラナリ。デカシダテナリ。コシャクナリ。

をこがる・る・れ・ら・り・れ (他動)(規・一) 痴ニ思ヒナス。「此ノ聞ク男ドモ、ヲコガリ嘲リテ」

をごく (動) 動 うごくニ同ジ。「笹蟹ノ、蜘ノ旗手ノ、をごく哉、風ヲ命ニ、思フナルベシ」

をごけ (名) 麻小笥 古ク、麻笥。績ミタル麻ヲ盛ル器、檜ノ片板ノ捲物ナリ。績桶

をごし (名) 峯越 峯ヲ越スコト。「生駒山、アタリノ雲ト、見ルマデニ、をごしノ櫻、花咲キニケリ」

をこじ (名) 〔貌ノ痴ナル意〕魚ノ名、今、をこぜトイフ、次條ヲ見ヨ。和名抄「䲆、乎已之」

をこぜ (名) 〔前條ヲ見ヨ〕古名、ヲコジ。魚ノ名、形、甚ダ醜シ、身、河豚ニ似テ長ク、全身鱗無ク、灰色ニシテ赤文アリ、面、虎猫ニ似テ、稜アリ、背ニ、長キ刺アリテ尾ニ連ル、尾、長クシテ赤シ、腮ノ後ノ鰭、長クシテ、亦、赤シ。虎魚

をこたる (動) 怠 おこたるノ條ニ收メタリ。

をこつけい (名) 烏骨雞 雞ノ一種、冠、紫黑ニシテ、高カラズ矮、生ス、蹼、脚、共ニ黑ク、羽、細カニシテ白ク、尨犬ノ毛ノ如シ、又、雜色ナルモアリ、距ノ數多シ、八指ナルヲ上トス。ウコツケイ。訛シテ、ヲケツコウ。

をこつる・る・れ・ら・り・れ (他動)(規・一) 誘 〔招釣ルノ轉カト云、機巧ト通ズルカ〕欺キイザナフ。ダマシテソビキダス。「盛設ニ宴饗ニ誘レ虜取レ之」サスガニ、此文ヲ、ケシキカラヲコツリ取ラムノ心ニテ、アザムキ申シ給ヘバ」

をことてん (名) 昔シ、漢文ヲ訓讀スルトキ、今ノ如ク

送假名ヲ振ルコトナク、其字ノ處處ニ點ヲシテ標トセリ、

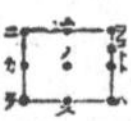

上ノ圖ノ方線ヲ字ニ象リ、譬ヘバ、書ノ字トシテ、其右ノ上ニ點アレバ、書クをト讀ミ、其次ギノ點アレバ、書クこと」ト讀ム、餘ハ之ニ倣ヘ、其初ノ二言ヲ取テ、「をこと點」ト名ヅク。今モ、訓點、返リ點、道春點ナドイフハ、此ノ遺ナリ。又「てにをは」トイフ語モ、此ノ四隅ノ假名ヲ、左下ヨリ、左肩、右肩、右下、トメグリテ、讀ミタルナリ。

をこめく・く・け・か・き・け (自動)(規・一) 痴ナル狀ニ見ユ。戯ル。「昔物語ナドニ、殊更ニ、ヲコメキテ作リ出デタル物ノ」 戯謔

をごめく (動) 微動 うごめくニ同ジ。「鼻ノワタリ、ヲゴメキテ語リナス」

をさ (名) 長 (一)一群ノ人ノ上ニ立チテ統ブル人。カシラ。(二)第一ニ勝レタルモノ。「鯛ハ魚ノ―」

をさ (名) 筬 〔麻差ノ意カ、或云、絲ヲ治ムル意カト〕(一)機ノ具、細キ竹ヲ密ニ列ネテ、形、櫛ノ如キ手經絲ヲ通シテ整ヘ、緯絲ヲ壓シテ相貼セシム。(二)せびくぢらノ齒ノ如キモノノ稱、形、相似タリ。(くぢらノ條、見合ハスベシ)

〔ヲサ (名) 譯語通事 〔韓語ナリト云、或云、辭ヲ修ムル意カト〕他國ノ語ヲ國語ニ通ハスルコト。通事。通辨。姓氏錄、曰佐、爲ニ三十九人之譯ニ時人號曰ニ譯氏ニ崇神十二年紀「異俗重レ譯來レ海外ニ推古十五年紀「以ニ鞍作福利ニ爲ニ通事ニ」

〔をさぎ〕(名) 兎 うさぎニ同ジ。「トヤノ野ニ、乎佐藝狙ハリ」

をざさ (名) 小笹 笹トイフニ同ジ。

〔をざし〕(名) 魰 〔魚刺ノ義〕魚ヲ竹串ニ刺シ貫キテ乾シタルモノ。又、ヨヂヲザシ。和名抄「魰、乎佐之、一云、與知乎佐之」延喜、主計式「與治魚刺」

〔をさす〕ス・セ・サ・シ・セ (他動)(規・二) 食スノ敬語。食ヒ給フ。「古ヘノ、人ノ令食有、吉備ノ酒、病メバスベナシ、貫簀賜ラム」

をさす ス・セ・サ・シ・セ (自動)(規・二) 建 〔尾指スノ義〕北斗ノ斗柄、指シ向フ。斗柄、十二箇月ニ、十二支ノ方角ニ移リテ指ス、毎月、初昏ニ指ス所ヲ、其月ノ支トス、其寅ノ方ヲ指ス時ヲ、建寅トシ、コレヲ陰暦正月トス、十二月ハ丑、十一月ハ子ナリ。（北斗、破軍星、ノ條ヲ見ヨ）

をさなあそび (名) 幼遊 ヲサナ子ノ遊ビ。兒戯

をさなご (名) 幼子 ヲサナキ子。子供。稚兒

をさなごころ (名) 幼心 ヲサナキ心。コドモゴコロ。稚心

をさなし キ・ケレ・ク・ク (形・二) (一)〔長長シカラズ。オロカナリ。「ハカナキ事ヲ、心一ツニ思ヒテ、ハカナクナル時ハ、イト、ヲサナシヤ、ヨウ心シ給ヘ」女子ノ爲ニハ、親、ヲサナク子リヌベシ」不賢 不肖 (二)齡、甚ダ長ケズ。イトケナシ。年ユカズ。幼少ナリ。幼

をさなな (名) 幼名 幼キ時、假ニ稱スル名、元服シテ實名ヲ定ム、エウミヤウ。小字 幼字

をさふね (名) 長船 備前ノ長船村ニ住スル鍛工ノ打テル刀劍ノ稱、一條帝ノ頃、正恆トイフヲ祖トス、世世、名工多クシテ、其名高シ。

をさまり (名) 治 (一)ヲサマルコト。齊ヒシヅマルコト。「家ノ—」亂ノ—」(二)カタヅキ。ヲハリ。「身ノ—」議論ノ—」—ガツク」終結 (三)入ルコト。「年貢ノ—」地代ノ—」收納

をさまる ル・レ・ラ・リ・レ (自動)(規・一) 治 (一)治メテ成ル。齊ヒシヅマル。「國—」家—」亂—」(二)正シクナル。「心—」身—」修

をさまる ル・レ・ラ・リ・レ (自動)(規・一) 收 〔前條ノ語意ノ轉〕(一)集リ入ル。(二)全ク入ル。「年貢—」刀、鞘ニ—」納 (三)終ハル。果ツ。カタヅク。「宴—」議論—」終

をさむ ム・ル・ムレ・メ・メ・メロ (他動)(規・二) 治 〔長ヲ活用ス〕(一)其所ニ居エ安ンズ。齊ヘ鎭ム。「國ヲ—」家ヲ—」亂ヲ—」(二)養フ。寵ス。「若シ此御子ヲ矣、天皇之御子ト所ニ思看ニ者、可ニ治賜ニ」因ニ大后之強ニ不レ治ニ賜八田若郎女ニ冠位、上ゲ賜治メ賜布」(三)正シクシテ守ル。「身ヲ—」心ヲ—」修 (四)ツクロフ。ナホス。修復ス。「毀レヲ—」家ヲ—」堤ヲ—」修理 (五)善ク學ビ習フ。「學術ヲ—」攻學

をさむ ム・ル・ムレ・メ・メ・メロ (他動)(規・二) 收 〔前條ノ語意ノ轉〕(一)我ガ方ヘ取リ入ル。(二)終フ。シマフ。カタヅクル。「酒宴ヲ—」終 (三)納ル。拂ヒ込ム。「年貢ヲ—」地代ヲ—」納 (四)差シ入レテオク。「家財ヲ倉ヘ—」刀ヲ鞘ヘ—」藏 (五)葬ル。「限リアレバ、例ノ作法ニをさめ奉ルヲ、母北ノ方、同ジ烟ニモ上リナトト泣キ焦ガレ給ヒテ」

をさむし (名) 筬蟲 やすでニ同ジ。ゼンリムシ。

〔をさむるつかさ〕(名) 治部省ニ同ジ。

をさめ (名) 納 ヲサムルコト。終フルコト。「酒宴ノ—」舟ノ—」結局

〔をさめ〕(名) 長女 下司ノ老女ノ稱ト云。「宮ヨリ、をさめ、文ヲ持テ來タリ」吾等、イカナレバ、をさめ、御廁人ノ後ニ立ツラムト腹立ツ」

〔をさめつくるつかさ〕(名) 修理職ニ同ジ。

をさめどの (名) 納殿 禁中、宜陽殿ノ中ニアリテ、累代ノ御物ヲ納メオク所。

〔をさゆづる〕(名) 儲弦 〔藏メ弓弦ノ意ト云〕うさゆづるノ條ヲ見ヨ。

をさをさ (副) 物事ヲ、指シ詰メテ慥ニ言ハズ、大方ニ定メテイフ語ト云。オホカタ。大抵。「をさをさ立チ後レズ」殿上ニモをさをさ人ズクナニ」ナドハ「あまの立チ後レモセヌ」あまり人モ無イ」ト解スベシト云。此語下、必ズ打消ス語ニ接ス。「物思ヒノミシテ、—出デ交ラセ給フ事モナシ」暇、聞ユレドモ、—許シ給ハズ」言少ナニ言ヒテ、—アヘシラハズ」身ニ近ウ使フ人モ、—無キニ」

〔をさをさし〕シキ・シケレ・シク・シク (形・二) 幹了 〔長長シ、ノ義ト云〕立チ優リタリ。カヒガヒシ。ハカバカシ。「宮仕ヘモ、ヲサヲサシクダニ、シナシ給ヘラバ、ナドカ惡シカラム」若ケレバ、文モ、ヲサヲサシカラズ、詞モ言ヒ知ラズ」

をし (名) 鴛鴦 〔雌雄、相愛シ、ノ義ト云、鴛鴦ノ條、見合ハスベシ〕 水禽、秋來リ、春去ル、家ニ畜フモノモアリ、大サ鳰ノ如ク、雄ハ頭ニ紫黒ナル長毛アリテ後ニ垂ル、身ノ文采ハ家雞ノ如シ、翅尾ノ間ノ左右ニ、銀杏ノ葉ノ形シタル羽アリ、茶褐色ニテ、一邊、深黒ニシテ翠光アリ、劍羽、思羽、(柁)トイフ、雌ニハ、首ノ毛劍羽、共ニ無ク、灰黒ニシテ、腹、白シ、雌、雄、並ビ泳ギテ、常ニ相離レズ。 鸂鶒

をし・シキ・シケレ・シク・シク (形・二) 〔小ノ活用ニテ、少シト思フ意ト云、イカガ〕 (一) 愛ツベシ。イツクシ。「ヨソナガラ、ヲシキ櫻ノ、匂哉、誰レ吾ガ宿ノ、花ト見ルラム」 可愛 (二) 愛デテ思ヒ捨テ難シ。失ハムヲ恐ル。 可惜

〔をし (感) 謦咳ノ聲、おしノ條ニ收メタリ。

〔をしかは (名) 韋 もみかはニ同ジ。和名抄「韋、乎之賀波」

をしき (名) 折敷 〔上世ハ、枝葉ヲ折リ敷キテ盤トセリ〕 飯器ヲ載スル具。片木作リノ角盆。脚アルヲ、足打ノ—トイフ。 食盤

をしきうを (名) 折敷魚 近江ノ湖中ニ產ズ、身平タク薄ク、鱗細カク、大サ三四寸。 魛

をしどり (名) 鴛鴦ニ同ジ。

〔をしね (名) 小稻 〔をハ發語、或云、食稻ノ約〕 稻トイフニ同ジ。「白露ノ、晚稻ノをしね、打靡キ、田中ノ井ドニ、秋風ゾ吹ク」片岡ノ、森ノ梢モ、色ヅキヌ、早稻田ノをしね、今ヤ刈ラマシ」此語、遲稻ノ約ニテ、晚稻ノ事ナリトモイフ、サレド「晚稻ノ晚稻」早稻田ノ晚稻」トイフベクモアラズ、俊賴朝臣ノ歌ノ「憂キ身ニハ、山田ノおしね、押シ籠メテ、世ヲヒタスラニ、恨ミワビヌル」ハ「押シ」ニ掛ケタレバ、おノ假名カトモ思ヘド、同朝臣ノ歌ニ「葛飾ノ、早稻田ノ—、コキタレテ」トアリ、假名遣亂レタル頃ナレバ、信ズベカラズ。

をし・ふ・フル・フレ・ヘ・ヘ・ヘヨ (他動)(規・二) 敎 〔愛ム、ト通ズト云〕 爲スベキヤウニ覺シ知ラス。告ゲ示ス。導ベヲナス。「學問ヲ—」藝ヲ—」路ヲ—」

をしへ (名) 敎 ヲシフルコト。シルベ。其道ニ導ク方法。「聖人ノ—」佛ノ—」

をしへぐさ (名) 敎草 敎ヘノ種トスルモノ。

をしへご (名) 敎子 弟子。 門人

をし・む・ム・メ・マ・ミ・メ (他動)(規・一) (一) 愛シト思フ。愛ヅ。「をしむベキ、庭ノ櫻ノ、盛リニテ」 愛 (二) 捨テ難ク思フ。「命ヲ—」名ヲ—」別レヲ—」 惜 (三) 失ハムヲ恐ル。「物ヲ—」 吝 慳

をしむらくは (副) 惜 惜シキコトニハ。

をじめ (名) 緒締 珠ニ穴アルモノ、袋、巾着、印籠、烟草入、ナドノ二條ノ緒ニ通シテ、相壓シ締ムル用トス、玉石介角ナドニテ作ル。又、緒止。 紐占 壓口

〔をしもの (名) 食物 食ス物。クヒモノ。

をしやう (名) 和尙 〔梵語、鄔波遮迦ノ轉、力出顯ト譯ス、師之力生ニ長法身ニ、又近誦ト譯ス、弟子常近受レ經而誦〕 佛家ニテ、師ノ義。禪宗ニ、和尙トイヒ、天台宗ニ、和尙トイヒ、眞言宗ニ、和尙、又ハ、和上トイヒ、律宗ニ、和尙ト濁ル。或ハ僧位トス、大和尙ハ、法印ニ同ジク、和尙ハ法眼ニ同ジ。

をしゆ (動) 敎フノ訛。

をぢよく (名) 汚辱 ケガサレ、ハヅカシメラルルコト。

〔をしろのうま (名) 馬ノ、尾ノミ白キモノ。和名抄「駺、乎之路乃宇麻」

〔をす (名) 小簾 簾トイフニ同ジ。(歌詞)「玉垂ノ、小簀ノ垂簾」

をす (名) 牡ニ同ジ。ヲン。

〔をす・ス・セ・サ・シ・セ (他動)(規・一) 食 (一) クフ。クラフ。又、飲ム。「空蟬ノ、命ヲ惜ミ、浪ニ濡レ、イラコノ島ノ、玉藻刈リ食」釀メル大御酒、旨ラニ聞コシモチ哀勢」乃飲ニ共水ニ而醒レ之」 (二) 身ニ受ケ入レ有ツ。メス。「神ノミコトノ、聞シ平須、國ノマホラニ」 食國

〔をすくに (名) 食國 天皇ノ知シメス國。

〔をそ (名) 獺 今、カハヲソ。カハウソ。又、山—、海—、アリ。

〔をそ (名) 虛言 ソラゴト。今、ウソ。「鴉トフ、大平曾鳥ノ、正デニモ、來マサヌ君ヲ、コロクトゾ鳴ク」逢見テハ、月モ歷ナクニ、戀フトイハバ、乎曾ロト吾ヲ、思ホサムカモ」

をそ (名) 惡阻 ツハリ。

をそは・る・ル・レ・ラ・リ・レ (自動)(規・二) 敎ヘラル、ノ約。敎ヘヲ受ク。(東京)

をだ (名) 小田 田トイフニ同ジ。(歌詞)

をだけ (名) 雄竹 眞竹ニ同ジ。(雌竹ニ對スル名)

〔をたけび (名) 雄誥 男建 雄雄シク叫ブコト。「奮ニ稜威之雄誥ニ發ニ稜威之嘖讓ニ」伊都之男建蹈

建而待問〕

をだはらぢやうちん（名）小田原挑燈 挑燈ノ形甚ダ細長クシテ、筒ノ如ク製セルモノ、疊ミテ携フルニ便ナリ。

をだはらひやうぢやう（名）小田原評定〔北條氏、小田原籠城ノ時、降ラム、降ラジ、ノ評定、久シク決セザリシニ起ルト云〕俗ニ、談合ノ久シクナリテ、終ニ決定セヌモノ。

をだまき（名）苧環〔（一）績苧ノ卷子。外圓ク、内虚ニシテ、環ノ如クナレバイフ。（二）介ノ名。イトカケヒ。（三）草ノ名、山中ニ生ズ、春、舊根ヨリ叢生ス、葉ハ、牡丹ニ似テ小シ、夏、莖ヲ出ス、葉、互生シテ、葉ノ間ニ枝ヲ分チ、枝ノ梢ニ、五瓣ノ紫花ヲ開ク、花中ニ、紫色ノ瓣、聚リテ、筒ノ如クニテ滿開セズ、一枝ニ二花ヲ生ジテ垂ル。イトクリ。 耬斗菜
〔をだまき（名）枝モ葉モナキ枯木ヲイフト云。「谷深ミ、立ツをだまきハ、我レナレヤ、思フ心ノ、朽チテヤミヌル」

〔をち（名）あぶらなノ古名。和名抄「芸薹、乎知」

〔をち（名）復〔復ツノ名詞法〕復ツルコト。元ヘモドルコト。初ヘ返ルコト。「手放レモ、乎知モカヤスキ」（鷹ノ、手ヘ返ルコト）我ガ宿ニ、咲ケル撫子、賂ハセム、ユメ花散ルナ、彌乎知ニ咲ケ」

〔をち（代）遠彼〔（一）遠キ所。アチ。アナタ。「白雲ノ、八重ニカサナル、をちニテモ、思ハム人ニ、心隔ツナ」浦ヨリーニ、漕グ舟ノ」川ヨリーナル人ノ家ニ」ーコチ」ーカタ」（二）時ノ隔タレルコト。「昨日ヨリ、をちヲバ知ラズ、百年ノ、春ノ初ハ、今日ニテアリケル」（以前）此頃ハ、戀ヒツツモアラム、玉櫛笥、明ケテ乎知ヨリ、スベナカルベシ」（以後）以往

をぢ（名）〔小父ノ義〕（一）父ノ兄弟。伯父 叔父 又、母ノ兄弟ヲモイフ。大舅 小舅 （二）轉ジテ、老人ヲ敬ヒ呼ブ稱。翁
〔をちかた（名）遠方 遠キ方。「打チワタス、ヲチカタ人ニ、物申ス」

〔をちかへる・る・れ・ら・り・れ（自動）（規．二）復〔をつノ條ヲ見ヨ〕初ヘ返ル。元ヘモドル。「色ナクテ、身ニ染ムモノハ、春ノ日ニ、ヲチカヘリ鳴ク、鶯ノ聲」

をぢき（名）〔小父君ノ略〕我ガ小父ヲ尊稱スル語。

をちこち（代）遠近彼此 ココ、カシコ。カナタ、コナタ。「ーノ、タツキモ知ラヌ、山中ニ」

〔をちつかた（副）已降〔遠之方ノ義〕ソレヨリノチ。

をちど（名）越度（一）法律ノ語、關門、又ハ津渡ニ由ラズ、法ヲ破リテ、間道ヲ行クコト。（二）轉ジテ、過失ノ錯トナルモノ。（常ニ落度ナド借書ス）

〔をぢなし・き・けれ・く・く（形・二）〔雄道ナシ、ノ義カト云〕鈍ク弱シ。「舍人、性懦弱、緣レ樹失レ色」乎遲奈伎ヤ、我ニ劣レル、人ヲ多ミ」勿レ妄作レ主兼ニ幷劣弱ニ
をぢやちぢみ（名）小千谷縮 越後縮ニ同ジ、專ラ、其魚沼郡、小千谷村ヨリ出ヅルモノヲイフ。

をぢよく（名）汚濁 ケガルルコト。濁リニ染ムコト。

〔をちをち（名）條條〔小路ヲ重ヌ、條路ノ意ト云、イカガ〕クダリクダリ。スヂスヂ。カドカド。近思錄、古點「一理曰レ禮」


〔をつ・つる・つれ・ち・ち・ち（自動）（規．三）復 初ヘ返ル。元ヘモドル。「我ガ盛リ、イタククダチヌ、雲ニ飛ブ、藥食ムトモ、復タ遠知メヤモ」雲ニ飛ブ、藥食ムヨハ、都見バ、賤シキ我ガ身、復タ越知ヌベシ」ヲチカヘリ鳴ク、鶯ノ聲」

をつかい（名）越階 位階ヲ越エテ進ムコト。從三位ヨリ正三位ヲ歷ズシテ、直ニ從二位ニ昇ルナド。俗ニ「公然ニ」ヲ「をつかい晴レテ」又、訛シテ「をつけ晴レテ」ナドイフモ、此ノ語ナリト云。

〔をづかみ（名）〔小攫ノ義カ〕剃レル頭ノ、髮ノ生ヒタル程ヲイフ語。「頭、をづかみトイフ程ニ生ヒタル法師ノ」法師ナレドモ、頭剃ラネバ、ー頭ニ生ヒタル」

をつけはれて（副）前前條ヲ見ヨ。

をつそ（名）越訴 訴フベキ司ニ由ラズ、越エテ其上官ニ訴ヘ出ヅルコト。

ヲツチ（名）〔英語、Watch ノ訛〕袂時計
〔をつつ（名）現 うつつノ古言。「神ナガラ、神サビイマス、奇御魂、今ノ遠都豆ニ、尊キロカモ」

をづつ（名）尾筒（一）馬ノ尾袋。（二）尾ノ上ノ圓ク脹レタル所。

をつと（名）夫〔夫人ノ轉ノをうとノ音便〕古ク、夫。ヲヒト。ヲウト。妻ト連添フ男。夫ツマ。テイシユ。良人。

をつとせい（名）膃肭臍〔膃肭、音譯字ナラムカ、何國ノ語ナルカ〕膃肭獸ノ陰莖ト睾丸トヲ、臍ト連ネテ取レルモノ、和ニテハ陰莖ヲ用ヰ、支那ニテハ睾

丸ヲ用ヰ、滋補ノ藥トス、此獸北海ニ產ズ、あしかニ似テ小ク、頭圓ク、眼、大ク、長、二尺ニ過ギズ、耳、尾極メテ小ク、全身、黑褐ナリ、四脚、鰭ノ如クニシテ長シ、毛ハ柔ニシテ帽トスベシ。ウニウ。ウネウ。 膃肭獸

をつねん (名) 越年 トシヲコスヿ。去年ヨリ今年ニ越ユルヿ。

をとこ (名) 〔小之子ノ轉、少男ノ意、をとめモ、小之女ニテ、相對ス、ひこ、ひめ、ノ如シ〕 (一)〔童ト翁トノ間ナル若ク盛リナル男。(をとめニ對ス)「アナニヤシ、エ袁登古ヲ、アナニヤシ、エ袁登賣ヲ」今コソアレ、我モ昔シハ、男山」 少男 壯夫 (二)後ニ、老幼ヲ言ハズ、泛ク、男。ヲノコ。(女ト對ス) 男 (三)夫。ヲウト。ヲット。眞人。和名抄「夫、乎宇度、乎度古」ヨキ人ノ男ニツキテ、下リテ住ミケルナリケリ」ソノ乳母ノ男、少貳ニ爲リテ行キケレバ」 夫 眞人 (四)男達。「一ヲ立ツル」 俠 (五)下部。下男。「仲間一」召使ノ一」 奴隸

○一ニナル。元服ス。 成人

をとこ-がた (名) 男形 歌舞妓ノ俳優ノ、專ラ男子ニ扮ツ手。

をとこ-ぎ (名) 男氣 男達ノ心。 俠氣

をとこ-げいしや (名) 男藝者 酒宴ノ席ヲ取持チテ、興ヲ助クルヲ業トスル者。タイコモチ。マツシヤ。 幇間 閒漢

をとこ-ざかり (名) 男盛 男子ノ、年齡ノ壯ナル頃。 壯年

〔をとこ-す・スル・スレ・セ・シ・セヨ〕 (自動)(不規.二) 男 男ト情ヲ通ズ。「此ノ筑紫ノ女、シノビテ男シタリケリ、云云、斯ク男スナリト聞キテ」

をとこ-たふか (名) 男踏歌 踏歌ノ條ヲ見ヨ。

をとこ-だて (名) 男達 〔男立ノ義〕 (一)務メテ信義ヲ行ヒ、男子タル面目ヲ押立ツルヿ。氣力ヲ使ヒ、身ヲ捨テテ人ヲ救フヿ。 任俠 女ナルヲをなだてナドイフ。 女俠 (二)又、其人。 俠客

〔をとこ-づかひ〕 (名) 男使 陰曆、四月、上ノ申ノ日、山城ノ平野祭ノ御使ニ、上卿、辨、内侍、ヲ向ケラルル、其上卿ノ稱。又、陰曆、二月、十一月、ノ上ノ申ノ日、大和ノ春日祭ニモ、上卿内侍ヲ向ケラル、其内侍ヲ女使トイフ。賀茂祭ニモ女使ノ稱アリ。

〔をとこ-で〕 (名) 男手 漢字ノ稱。又、男文字、平假名ヲ、女手、女文字、トイフ。

をとこ-ばしら (名) 男柱 橋ノ左右ノ柱。

をとこ-ぶり (名) 男振 男ノカホカタチ。

をとこ-へし (名) 男郎花 をみなへしノ條ヲ見ヨ。

をとこ-まさり (名) 男勝 女子ノ氣象ノ、ヲヲシクシテ男子ニモ勝レルヿ。 女丈夫

〔をとこ-もじ〕 (名) 男文字 漢字ノ稱、ヲトコデ。

をどし (名) 縅 ヲドスヿ。ヲドシタル絲。「緋一」小櫻一」卯ノ花一」 甲繩

を-ど-す・ス・セ・サ・シ・セ (他動)(規.一) 縅 〔緒通スノ約ト云、源仲綱ノ歌「伊勢武者ハ、皆ひをどしノ、鎧着テ、宇治ノ網代ニ、懸リケル哉」氷魚ニ言ヒ掛ケタリ〕 鐵ノ小札ヲ、絲又ハ革ニテ綴ル。

をとつひ (名) 一昨日 〔遠之日ノ轉ト云〕 昨日ノ昨日。ヲトトヒ。イッサクジツ。「山ノカヒ、ソコトモ見エズ、乎登都日モ、昨日モ今日モ、雪ノ降レレバ」 一昨

をとどし (名) 一昨年 〔遠年ノ轉ト云〕 去年ノ去年。イッサクネン。前前年。 去去年

をとどひ (名) 一昨日 をとつひノ轉。

をど-む・ム・メ・マ・ミ・メ (自動)(規.一) 沈澱 〔よどむノ轉カ〕 水ノ底ニ沈ム。(塵埃ナド)

をとめ (名) 少女 〔小之女ノ轉、をとこノ條ヲ見ヨ、或云、小娘ノ義カト、乙女ト書クハ非ナリ〕 (一)若ク盛リナル女。ムスメ。(をとこニ對ス) (二)世情ヲ知ラヌ女。キムスメ。 處女

をとめ (名) 緖止 をだめニ同ジ。

〔をとめ-さび〕 (名) 〔さびハ、進ビナリ〕 少女ノヤウニフルマフヿ。「少女ドモ、ヲトメサビスモ、カラ玉ヲ、袂ニ巻キテ、ヲトメサビスモ」

をとり (名) 囮 媒鳥 〔招鳥ノ意〕 鳥ヲ繋ギ置キテ、他鳥ヲ誘ヒ捕フルニ用ヰルモノ。

をどり (名) 踊 躍 (一)躍ルヿ。 (二)ヒヨメキ。 顖門 (三)十利息ノ重ナルヿ。

をどり (名) 踊 〔前條ノ語意〕 舞ノ一種、俗曲ニ合ハセテ、足蹈ミ鳴ラシテ舞フモノ。 踏舞

をどり-こ (名) 踊子 踊ヲスル小女。 舞兒

をどり-じ (名) 躍字 漢字ノ熟語ニ、同ジ字ヲ重ネテ用ヰルモノノ稱、悠悠、漸漸、ノ如シ。 疊字

をどりやたい (名) 踊屋臺 祭禮ノ邀物ニ、屋臺ヲ舁キ、其上ニテ踊ヲ演シツツ行クモノ。(東京)

をどる・ル・レ・ラ・リ・レ (自動)(規.一) 踊躍跳 (一)足ヲ擧ゲテ跳ヌ。飛ビアガル。(二)身ヲ擧ゲテ上ル。「魚ー」(三)勵キ起ツ。「心ー」(四)踊ヲナス。踏舞 (五)廾利息、重ナル。

をながざる (名) 尾長猿 猴ノ類、亞細亞、亞非利加、又、亞米利加ニモ產ス、性、强悍ニシテ、丈高キハ四尺ニ至リ、色、黃褐ニシテ、尾ハ、身ヨリ長クシテ、力アルト雖モトアリ、類多シ。果然

をながどり (名) 尾長鳥 風鳥ノ條ヲ見ヨ。

をなご (名) 女子 (一)女ノ子。(二)女。

をなごだて (名) 女俠 をとこだてノ條ヲ見ヨ。

をなみ (名) 男波 波ノ打寄スルニ、一度ハ高シ、コレヲートイヒ、一度ハ低シ、コレヲ女波トイフ。

をなもみ (名) 草ノ名、なもみノ條ヲ見ヨ。

をねぢ (名) 螺旋ノ條ヲ見ヨ。

をの (名) 斧 木ヲ伐ル具、鉞ニ似テ小シ。ヨキ。

をの (名) 小野 野トイフニ同ジ。(歌詞)

をのこ (名) 男子 〔男ノ子ノ義、女ノ子ニ對ス〕(一)男。ヲトコ。ナンシ。ダンシ。(二)郎黨。侍。「雜色ー」舍人ー」「中間ー」

をののく・ク・ケ・カ・キ・ケ (自動)(規.一) 戰慄 恐レテ震フ。ワナナク。

をのへ (名) 尾上 〔峯ノ上ノ約〕山ノ高キ處。山巓

をのをれ (名) 斧折 樹ノ名、日光、會津、等ニアリ、材、甚ダ堅クシテ、斧モ折ルルバカリナリトテ名アリ、鞭、杖、欛、ナドトス。ヲノレ。ミネバリ。

をば (名) 伯母 叔母 〔小母ノ略轉〕 父ノ姉妹。姑姊 姑妹 又、母ノ姉妹ヲモイフ。從母 姨

〔をはせがた (名) 玉莖ノ條ヲ見ヨ。

をばな (名) 尾花 〔形、尾ニ似タリ〕 薄ノ花。芒花

をばむこ (名) 小母ノ夫。姑夫 又母方ナルニモイフ。姨夫

をはり (名) 終 (一)ヲハルコト。スヱ。ハテ。シマヒ。(二)死ヌルコト。「ーノ烟」「ー取ル」終焉

をはりだいこん (名) 尾張ノ諸郡ニ出ヅル大根ノ、甚ダ大ナルモノノ稱。春日井郡、宮重村ノ產、殊ニ大ニシテ、宮重大根ノ名アリ。

をはる・ル・レ・ラ・リ・レ (自動)(規.一) 終畢了 〔尾ノ活用ト云、イカガ〕(一)限リトナル。全ク末ニ至ル。果ツ。濟ム。シマフ。(二)死ヌ。ミマカル。終焉

をひ (名) 甥 〔男生ノ約カト云〕 兄弟姉妹ノ生メル男ノ子。(めひニ對ス) 姪

をひじは (名) 草ノ名、ひじはノ條ヲ見ヨ。

〔をひと (名) 夫 〔夫人ノ義〕 夫、ニ同ジ。ヲウト。ヲツト。良人。景行四年紀「夫婦之道、古今達則也」

〔をふ (名) 麻生 麻ノ生ヒタル地。「サクラヲノ、苧原ノ下草、露シアレバ」

をふ・フル・フレ・ヘ・ヘ・ヘヨ (他動)(規.二) 終畢卒 極メ盡ス。果ス。遂グ。濟マス。成ス。

をぶくろ (名) 尾袋 馬ノ尾ヲ包ムニ用ヰル長キ布袋。尾筒。馬尾韜

〔をぶさ (名) 〔尾房ノ義〕 鳥ノ尾ノ名所。和名抄、鳥體部「鰍、平布佐、夾尾之間也」ハシ鷹ノをぶさの鈴ノ」

〔をぶさ (名) 緒總 玉佩ノ下ニ垂ルル飾アル緒。綬

〔をぶち (名) 小斑 斑トイフニ同ジ。「ーノ駒」

をぶつ (名) 汚物 ケガレタル物。キタナキモノ。

〔をふと (名) をひとノ轉。ヲツト。和名抄「夫、乎布度」

をぶね (名) 小舟 チヒサキ舟。コブネ。

をへる (動) 終フノ訛。

をぼこ (名) (一)幼兒。(東國)(二)鯔ノ小キモノ。

〔をぼね (名) 尾骨 馬ノ尾ノ根。和名抄「尾株、平保禰」

をまき (名) 緒卷 (一)縢。(二)紡錘。

をまつ (名) 雄松 松ノ條ヲ見ヨ。

〔をみ (名) 小忌 小齋 〔をいみノ約〕 (一)新嘗、大嘗ニスル齋戒。致齋。「をみノ夜」「ーノ衣」「ー人」(二)小忌衣ノ略。「をみノ赤紐」

〔をみごろも (名) 小忌衣 小忌ニ用ヰル服、袍ノ上ニ着ル、白布ノ靑摺ニテ製、狩衣ノ如ク、右ノ肩ニ、二條ノ赤紐ヲツケ、袖ノ中央ニ紙捻ヲ垂ル、豐明節會ニモ用ヰル。

をみな (名) 女 〔をみハ小身ノ意、な、大人ノなノ如シト云〕 女。音便ニヲウナ。ヲンナ。新撰字鏡「娃、孃、乎美奈」

(をみなかみ (名) 女神 紙ニテ人形ヲ作リテ晴ヲ祈レモノト云、てりてり坊主ノ類。蜻蛉日記「斯ル雨ニ、云云、をみな神ニハ、衣縫ヒテ奉ルコソヨカナレ、云云、イデ試ミムトテ縑ノ雛衣ニツ縫ヒタリ」をみな神、祈リシ幣ノ、雛衣、晴ルベクチリヌ、五月雨ノ空」

をみなへし (名) 女郎花 〔花色、美女ヲモ壓ス意カト云、イカガ〕又、チメグサ。草ノ名、春、舊根ヨリ生ズ、莖、圓ク、高サ三四尺、葉ハ對生シテ、菊ノ葉ニ似テ、岐、深ク、毛アリ、夏秋ノ間ニ花、枝ノ梢ニ簇リ生ズ、蕾ハ粟粒ノ如ク、深黄色ナリ、開ケバ、五出ニシテ、色淡クナル。今、訛シテ、ヲミナメシ。敗醬 又、相似テ、白花ナルモノヲ、男郎花、又、をとこめしトイフ。古名、オホツチ。

をみなめし (名) 前條ヲ見ヨ。

をん (名) 雄ノ音便訛。(關西)ヲス。

をんき (名) 溫氣 アタタカミ。

をんと (名) 溫故 故キ事ヲタヅネ知ルヿ。

をんとう (名) 溫厚 溫順ニシテ篤實ナルヿ。「―ノ君子」

をんどく (名) 遠國 トホキクニ。ヱンゴク。

をんどく-ぶぎやう (名) 遠國奉行 德川氏ノ制ニ、諸國都會ノ地ニ置ク奉行。(堺、奈良、伏見、長崎ナド)

(をんざ (名) 穩座 宴座ノ條ヲ見ヨ。

をんし (名) 遠志 草ノ名、ヒメハギ。

をんしふ (名) 溫習 サラフヿ。習ヒカヘスヿ。

をんじやく (名) 溫石 (一)支那産ニ、自然ニ溫氣アル石ノ名、詳ナラズ。(二)今、一種ノ石ヲ、方形ニ切リ、火ニ燒キ、綿ナドニ包ミ、冬日、用ヰテ體ヲ暖ムルモノ。ヤキイシ。

をんじやく-いし (名) 石ノ一種、信州高遠ノ山中ヨリ出ヅ、質、堅ク黒ク、切リテ、溫石ニ用ヰテ効アリトス。

をんじゆん (名) 溫順 人ノ性ノ、穩ニシテ人ニ逆ハヌヿ。

をん-せん (名) 溫泉 古言、ユ。イデユ。泉ノ熱氣アルモノ、諸國ニ涌出ス、多少鑛物ノ氣アレバ、其質ニ因リテ、人、常ニ浴シテ、病ヲ醫ス。

をん-たい (名) 溫帶 地球ノ上ニテ、熱帶ト寒帶トノ間ノ地方、即チ、赤道ヨリ、南、北、各、緯度二十三度二十八分ヨリ、六十六度三十二分ニ至ルマデナリ、此間、氣候、寒熱ノ中ヲ得タリ。

をん-たう (名) 穩當 (一)オダヤカニアタルヿ。相應シテ無理ナキヿ。(二)轉ジテ、人ノ性ノ柔順ニシテ物ニ逆ハヌヿ。溫順

をんてき (名) 怨敵 ウラミアル仇。「―退散」

をん-どり (名) 雄鳥ノ音便(多ク、鷄ニイフ)

をんな (名) 女 (一)をみなノ音便。女。ヲウナ。ヲナゴ。婦人。女子。女人。女性。(二)ハシタメ。下女。婢

○―ニテル。成人ノ女トナル。俗ニ、月經始マル。

(をんなかうむり (名) 女冠 女ノ位。「をんなかうむり一階越エテ、内侍ノカミ、三位ノ加階シ給フ」

をんながた (名) 女形 歌舞妓ノ俳優ノ、專ラ女ニ扮ツモノ。ヲヤマ。旦 專ラ、其技ノ主タル者ニ扮ツヲ、たてをやまトイフ。正旦 又、處女ニノミ扮ツヲ、むすめがたトイフ。小旦

をんなかづら (名) 女葛 川芎ノ條ヲ見ヨ。

(をんなし・シキ・シケレ・シク・シク (形・二) 女 女ノヤウナリ。女ラシ。「イト、オホドカニ女シキモノカラ」イト貴ニ女シウナマメイタル」

をんなたうか (名) 女蹈歌 蹈歌ノ條ヲ見ヨ。

(をんなづかひ (名) 女使 をとこづかひノ條ヲ見ヨ。

(をんなで (名) 女手 男手ノ條ヲ見ヨ。

をんなぶり (名) 女振 女ノカホカタチ。

(をむなめ (名) 妾 〔婢妻ノ義カ〕ソバメ。メカケ。テカケ。和名抄「妾、乎无奈女」

をんねん (名) 怨念 ウラミノオモヒ。「死靈ノ―」

(をんのざ (名) 穩座 えんのざノ條ヲ見ヨ。

をんびん (名) 穩便 オダヤカナルヿ。アラダテヌヿ。

をん-りやう (名) 怨靈 死靈ノ、怨ヲ報イムト祟ルモノ。

をんる (名) 遠流 流罪ノ條ヲ見ヨ。

をんわ (名) 溫和 (一)アタタカニヤハラギタルヿ。(氣候ニ)(二)オチツキテオダヤカナルヿ。(人ノ氣象ニ)

をめい (名) 汚名 ケガレタル名。恥ヅベキ評判。

をめく・ク・ケ・カ・キ・ケ (自動)(規・一) 叫喚 大ニ叫ブ。高ク呼ビタツ。ワメク。ウメク。

(をもの (名) 食物 〔食物ノ略ト云〕食ス物。クヒモノ。「天皇往當ニ嚴瓮之粮ニ出シ軍而西征」

〔なもの-だな（名）｜膳棚｜〔食物棚ノ義〕日次ノ供御ヲ置ク棚。

〔なや-す・ス・セ・サ・シ・ヤ（他動）（規・一）｜瘁毒｜瘁ユルヤウニナスヲヲラス。「被蛇毒而多死亡」毒ニ害我黎民」

なやま（名）〔承應ノ頃、江戶ノ人形遣、小山次郎三郎、巧ニ處女ノ姿ヲツカヒテ、小山人形ノ名起ル〕（一）歌舞妓ニ、女形ノ稱。（二）遊女ノ異名。（畿內邊）

なやみ（名）｜小止｜ヲヤムフ。止ムフ。「雨ーナク降リテ」

なや-む・ム・メ・マ・ミ・メ（自動）（規・二）｜小止｜止ムニ同ジ。「雨をやむ、雲ノ薄ミヲ、行ク月ノ」身ヲシル雨ハ、イツヲヤマネ」斧ノ音モ、暫シハヲヤメ」

〔なゆ・ユル・ユレ・エ・エ・エロ（自動）（規・二）｜瘂｜衰ヘ弱ル。「諸軍、皆、遠延而伏、云云、其惑伏御軍、悉痛起之」神吐ニ毒氣一人咸瘁」多得ニ神氣一以瘼臥」

なり（名）｜檻｜〔居ノ義〕猛獸、狂人、罪人、ナドヲ籠メ置カムガ爲ニ、堅固ニ造レル家。

なり（名）｜節折｜其場ニ當ル時。タビ。時

なり（名）｜折｜（一）折ルフ。（二）片木板ヲ折リ曲ゲテ方形ニ作レル粗ナル小匣、進物ナドニ用ヰル、古ヘノ折櫃ナリ。「ー詰」ーノ物」（三）又、ソレニ入レタル物ヲ數フル語。「菓子、一ー」

なり-ル・レ・ラ・リ・レ（自動）（不規・四）｜居｜〔居有リノ約轉ト云〕其處ニアリ。ヰル。「人多ニ、來入リ哀理、人多ニ、入リ哀理トモ、ミヅミヅシ、久米ノ子ガ、云云」竹取ノ翁、云云、何事ゾト傾キなり、皇子ハ我ニモアラヌケシキニテ、云云」黑鳥トイフ鳥、巖ノ上ニ集りなり、其巖ノ下ニ、波白ク打寄ス」

なりあひ（名）｜居合｜ヲリアフフ。ヤハラギ。「家內ノー」

なり-あ-ふ・フ・ヘ・ハ・ヒ・ヘ（自動）（規・一）｜居合｜互ニ鎭マリテ居ル。オチツク。ヤハラグ。（爭ナド）

なり-い-る・ル・レ・ラ・リ・レ（自動）（規・一）｜折入｜深ク心ヲ盡ス。衷曲

なり-えぼし（名）｜折烏帽子｜立烏帽子ノ外、スベテ頂ヲ折リタル烏帽子ノ總稱、風折烏帽子、侍烏帽子ナドナリ。

なり-かへ-す・ス・セ・サ・シ・セ（他動）（規・一）｜折返｜（一）折リテ二重ニス。（二）再ビス。繰返ス。

なり-かみ（名）｜折紙｜奉書紙、鳥子紙、ナドヲ、橫ニ二ツニ折リタルモノ、文書、目錄、鑑定ノ證書、ナド記スニ用ヰルモノナリ。（きりかみノ條、見合ハスベシ）

なり-から（副）｜時柄｜其時ニ。ヲリシモ。

なり-く（名）｜折句｜和歌ノ一體ニ、題ノ詞ノ假名ヲ、每句ノ首、又ハ尾ニ置キテ詠ムモノ。又、每句ノ首尾ニ詠ミ込ムモアリ、コレヲ沓冠トイフ。

なり-くぎ（名）｜折釘｜釘ヲ折リ曲ゲテ作レルモノ、柱ナドニ打着ケテ、物ヲ懸クルニ用ヰル。ヲレクギ。

なり-しも（副）｜時｜其時ニ當リテ。ヲリカラ。

なり-てほん（名）｜折手本｜折本ニ作レル手本。

なり-ど（名）｜折戶｜蝶番アリテ、半バニテ折ルルヤウニ作リタル戶。

なり-は（名）｜折羽｜下端｜本雙六ノ類、釆二ツ、駒、雙方、十二ツヅツニテ、釆ノ目ニ出デタル數ホド、駒ヲ取リ合ヒ、取リ盡シテ、取レル駒ノ多キ方ヲ勝トス。

〔なり-は-ふ・フル・フレ・ヘ・ヘ・ヘロ（他動）（規・二）｜節延｜時ヲ長ク延バス。「足引ノ、山時鳥、ヲリハヘテ、誰カ優ルト、ネヲノミゾ鳴ク」常夏ノ、花ヲシ見レバ、ヲリハヘテ、過ス月日ノ、數モ知ラレズ」

なり-びつ（名）｜折櫃｜薄板ヲ折リ曲ゲテ作レル櫃、今、菓子ナド入ルル折ハ、其遺ナリ。

なり-ふし（副）｜折節｜（一）差當ル時時。「ーノ應ヘ、心得テ打シナド」ーニ、シイデムワザノ、アダ事ニモ、マメ事ニモ」（二）トキドキニ。タマサカニ。

なり-ほん（名）｜折本｜綴ヂズシテ折リ疊ミタル書。（法帖、手本ナド）摺本

〔なり-まつ（名）｜折松｜押折リタル松ノ枝、新トス。「徒ラニ、なり松燒キテ、深ケシ夜モ、猶九重ノ、內ゾ戀シキ」

なり-め（名）｜折目｜（一）物ヲ折リタル所。折際（二）坐作進退ノ行儀。「ー正シク」ー高ニ振舞フ」

なり-なり（副）｜時時｜トキドキニ。ヲリヲリ。

なる・ル・レ・ラ・リ・レ（他動）（規・一）｜折｜（一）押シ屈ムル。撓メ曲ゲテ二重ニナス。「枝ヲー」指ヲー」膝ヲー」（二）折リテ作ル。（烏帽子ニ、扇子ニ）○指ヲー。撒フ。屈指 ○膝ヲー。從ヒ闘ク。屈膝 ○我ヲー。挫ケ從フ。屈服

〔なる・ル・レ・ラ・リ・レ（自動）（規・一）｜折｜折り返スガ如ク疊ハル。（浪ニイフ）「今日モカモ。沖津玉藻ハ、白浪ノ、八重折ルガ上ニ、亂レテアラム」小餘綾ノ、磯立チナワシ

磯菜摘ム、メザシ濡ラスナ、沖ニをれ浪」白浪ノ、をる
カト見エテ、ヲチカタノ、岸ぐゝミニ、咲ケル卯ノ花」
をる・ル・ル・ルレ・レ・レ・レロ (自動)(規・二) 折 (一)屈ミ曲リ
テ二重トナル。曲リテ斷ユ。(二)曲リテ岐ヲナス。又、曲
リテ行ク。「路、―」五條ノ大路ヲ、西サマニをれ給フ」
(三)氣挫ケル。負ク。「女房タチモ、ゲニ春ノ色ハ、チオトサ
セ給フマジカリケリト、花ニをれツヽ聞エアヘリ」我ガ―」
屈服
をれ (名) 折 ヲルルヿ。折レタル物。「木ノ―」釘ノ―」
をれかゞむ・ム・メ・マ・ミ・メ (自動)(規・一) 拜 折レ屈ム。ノ
約」をがむニ同ジ。ヲロガム。
をれくぎ (名) 折釘 (一)折レ碎ケタル釘。(二)ヲリク
ギ。
をれくち (名) 折口 (一)折目ニ同ジ。(二)俗ニ、襞ニ
遇ヒタルヿ。(東京市人ノ隱語)
をれごたる・ル・ル・ルレ・レ・レ・レロ (自動)(規・二) 折レ傾ク。
「ヲレゴタレ、身ヲナキニテシテ舞ヒタリ」
をれめ (名) 折目 物ノ折レタル所。折際
をれる (動) 折ル、(規・二)ノ訛。
をろ (名) 尾 (ろハ助辭) 尾トイフニ同ジ。「山鳥ノ、
平呂ノ極尾ニ、鏡カケ」

をろがむ・ム・メ・マ・ミ・メ (自動)(規・一) 拜 をれかゞむノ轉、
をがむニ同ジ。「恐ミテ、仕ヘマツラム、烏呂餓彌テ、仕
ヘマツラム」
をろち (名) 大蛇 (をろハ尾ナリ、ちハ靈ナリ、尾アリテ
畏ルベキモノノ意) 蛇ノ、極メテ長大ナルモノ。ウハバミ。
蛇。「高志之八俣遠呂智、每レ年來喫」
をを (感) 唯唯 應フル聲ノをヲ重ネタル語。ヲウ。
ををし・シキ・シケレ・シク・シク (形・二) 雄雄 剛シ。男ラシ。
(めめしノ反) 雄拔
ををる・ル・レ・ラ・リ・レ (自動)(規・一) 撓 枝、葉、トヲヲニ
ル。タワミマガル。「春去リヌレバ、山邊ニハ、花咲キ乎
烏理」打橋ニ、生ヒ乎烏禮流、川藻ノモ、枯ルレバ生ユ
ル

中田邦行
大久保初男 校
文傳正興

言海 大尾

言海採收語類別表

部別＼類別	和語	漢語	和漢熟語	外來語													和外熟語	漢外熟語	和漢外熟語	外外熟語	計	小計
				唐音語	梵語	韓語	琉球語	蝦夷語	葡萄牙語	西班牙語	南蠻語	洋語	羅甸語	蘭語	英語	佛語						
あ	一、三九六	一一七	一二七	八	九	二	二	二				三	一	六	一	二	七	九	三	一	一、六九六	六、一七七
い	一、二八七	三六二	一三九	三				一			二				一		四	一			一、八〇〇	
う	一、〇七〇	九三	六一	三	三			二		一			一				六	三	一		一、二四四	
え	一一九	一三三	五六		四			一				一		一	一			二			三一八	
お	九四五	五五	一〇五					三					一	二	一		五	二			一、一一九	
か	一、七〇四	五八一	一五一	三	四	三	一	二	二	五	三	四		一六	五		七九	一一	二		二、五七六	七、三五三
き	四五四	六三五	一四〇	四	一	一		一		二	一			二	二	一	三	八	一		一、二五六	
く	七七八	五一四	八六	一	二		一					二				一	一五	四			一、四〇四	
け	一六五	六四七	四九	三	二										一		一	一			八六九	
こ	七五五	三四〇	一一八	一	四	五				一		四		四	二		九	四	一		一、二四八	
さ	八六一	七五一	一三七	一	七	一						六		四		一	四	一〇	一		一、七八四	七、七〇〇
し	一、一〇〇	二、〇四八	二一二	九	九			一		一		四			四	二	七	一四	一		三、四一二	
す	五五〇	一五九	三六	三	一	四			一			二		三	三		四	二			七六八	
せ	一三一	七六〇	八一		八					一		一		五	二		二	一三			一、〇〇四	
そ	二八八	三八七	三八	二	五										一			一一			七三二	
た	八六〇	六六五	一一九	三	九						二	二		一	五	一	九	一八		一	一、六九五	五、三七〇
ち	二四二	六〇〇	一二七	九	一	二	一				二	三			三		二	五			九九七	
つ	七〇六	六二	四七	二	一												四				八二二	
て	三〇一	三五〇	八二	八				一		一		一	二	二	三		一〇	七			七六八	
と	六三六	三四三	八二	四	一	一		一				二		四	五		二	六	一		一、〇八八	

な	五七七	一〇九	三〇	一	四												七	三			七三二	一、九九四
に	二三九	二〇〇	三七	一	一			一										一			四八〇	
ぬ	一七一	三	七														二				一八二	
ね	二三五	七三	一六		一										一		二	二			三三〇	
の	二二四	二五	二〇														一				二七〇	
は	九〇三	六六九	一〇一	一	七		二		二	一	一		二	三	三	一	一〇	七			一、七一三	四、七一[illegible]
ひ	七四〇	二八三	七四	五	四			二	二	二		三	一		五		三	二	‥		一、一二七	
ふ	四四六	四四四	六一	四	三							一		二	五	二	一	二六			九九五	
へ	一〇五	二〇〇	一七	一			二				一	三		五	三		二				三三九	
ほ	二五〇	二一八	三二	三	四				二		一	二		九	二		五	一五			五四二	
ま	六二七	九三	四三	三	九						一	二		六	三		八	七	一		八〇二	二、六一一
み	六〇二	七五	三六		一						二	一			一		四	一			七二三	
む	二四七	七四	一六														一	二			三四〇	
め	二〇八	一〇九	一〇	一					一	二					一		一	一			三三四	
も	二八六	九八	一九		一	二					一			四	一						四一二	
や	三六二	九七	三七	一	一										二		一	二			五〇三	一、二二四
ゆ	二四四	三一	一五		一												五	二			二九八	
よ	三二六	七三	二二									一					一				四二三	
ら	九	二〇四	二〇	一	八			一	二			一	一	五	二		三	九			二六六	九二八
り	一	二九一	一九	五		一		一				二			一	一	一	一			三二四	
る	六	一九	二		二							二		一							二四	
れ		一七五	一〇	一								一			二						一八九	
ろ	三	九三	一四	一								一	一					二			一一五	
わ	二五九	一一〇	二三		一										一		二				三九六	一、〇一八
ゐ	七九	七九	六															一			一八五	
ゑ	五七	六六	二三																		一四六	
を	二六三	三三	二一		一	一											二				三一一	
計	二一、八一七	一三、五四六	二、七二四	九六	一二〇	二三	九	二〇	一二	一七	一七	五五	一〇	八五	七三	一二	二三五	二一七	一三	二	三九、一〇三	

ことばのうみ の おくがき

先人、嘗て、文彦らに、王父が誡語なりとて語られけるは、「およそ、事業は、みだりに興すことあるべからず、思ひさだめて興すことあらば、遂げずばやまじ、の精神なかるべからず。」と語られぬ。おのれ、不肖にはあれど、平生、この誡語を服膺す。本書、明治八年起稿してより、今年にいたりて、はじめて刊行の業を終へぬ、思へば十七年の星霜なり、こゝに、過去經歷の跡どもを、おほかたに書いつけて、後のおもひでにせむとす、見む人、そのくだ〳〵しきを笑ひたまふな。

明治七年、おのれ、仙臺にありき、これ、その前年、文部省のおほせをうけたまはりて、その地に宮城師範學校といふを創立し、校長を命ぜられて在勤せしなりけり。さるに、この年の末に、本省より特に歸京を命ぜられて、八年二月二日、本省報告課（明治十三年に、編輯局と改められぬ。）に轉勤し、こゝにはじめて、日本辭書編輯の命あり、これぞ本書編輯着手のそもそもなりける。時の課長は西村茂樹君なりき。

その初は、榊原芳野君とともに、編輯のおほせをかうむりたりしに、幾ほどなくて、榊原君は他にうつりて、おのれひとりの業とぞなりぬ。後に聞けば、初め、辭書編輯の議おこれる時、和漢洋を具備せる學者數人、召しあつめられむの計畫にて、おのれは、那珂通高君の薦めなりきとか聞きつる。又これよりさきに、編輯寮にて語彙を編輯せしめられしに、碩學七八人して、二三年の間に、わづかに「あ、い、う、え」の部を成せりき、横山由清君もそのひとりなりしが、再擧ありと聞かれて、意見をのべられけるは、「語彙の編輯、議論にのみ日をおくりて成功なかりき、多人數ならむよりは、大槻一人にまかせられたらむには、却て全功を見ることあらむ、」といはれたりとなり。此事、横山君の直話なりとて、後に、清水卯三郎君、おのれに語られぬ。此業の、おのれひとりの事となれるは、かゝる由にてやありけむ。

初め、編輯の體例は、簡約なるを旨として、收むべき言語の區域、または解釋の詳略などは、およそ、米國の「エブスター」氏の英語辭書中の、「オクタボ」といふ節略體のものに倣ふべしとなり。おのれ、命を受けつるはじめは、壯年鋭氣にして、おもへらく、「オクタボ」の注釋を翻譯して、語ごとにうづめゆかむに、この業難からずとおもへり。これより、從來の辭書體の書數十部をあつめて、字母の順序をもて、まづ古今雅俗の普通語とおもふかぎりを採收分類して、解釋のありつるは併せて取りて、その外、東西洋おなじ物事の解は、英辭書の注を譯してさしいれたり。かくすること數年にして、通編を終へて、さて初にかへりて、各語を逐ひて見もてゆけば、注の成れるは夙く成りて、成らぬは成らず、語のみしるしつけて、その下は空白となりて、老人の齒のぬけたらむやうなる所、一葉ごとに五七語あり。古語古事物の意の解きがたきもの、說のまち〳〵なるもの、八品詞の標別の下しがたきもの、語原の知られぬもの、動詞の語尾の變化の定めかぬるもの、假名遣の據るところなくして順序を立てがたきもの、動植物の英辭書の注解に據りたりしものゝ、仔細に考へわくれば、物は同じけれども、形狀色澤の、東西の風土によりて異なるもの、其他、雜草、雜魚、小禽、魚介、さては、俗間通用の病名などにいたりては、支那にもなく、西洋にもなく、邦書にも徵すべきなきが多し。かく、一葉每に、五七語づゝ、注の空白となれるもの、これぞ此編輯業の盤根錯節とはなりぬる。筆執りて机に臨めども、いたづらに望洋の歎をおこすのみ、言葉の海のたゞなかに櫂緒絕えて、いづこをはかとさだめかね、たゞ、その遠く廣く深きにあきれて、おのがまなびの淺きを恥ぢ責むるのみなりき。さるにても、興せる業を已むべきにあらず、王父の遺誡はこゝなりと、更に氣力を奮ひおこして、及ぶべきかぎり引用の書をあつめ、又有識に問ひ、書に就き、人に就き、こゝに求め、かしこに質して、おほかたにも解釋し、旁、又、別に一業を興して、數十部の語學書をあつめ、和洋を參照折中して、新にみづから文典を編み成して、終にその規定によりて語法を定めぬ。この間に年月を徒費せしこと、實に豫想の外にて、およそ本書編成の年月は、この盤根錯節のためにつひやせること過半なりき。（この間に、他書の編纂挍訂など命ぜられ、又、音樂取調掛兼勤となりしことも數年なりき。）解釋をあなぐれる事につきて、そのひとつふたつを言はむ。某語あり、語原つまびらかならず、外國語ならむのうたがひあり。或人、偶然に「そは、何人か、西班牙語ならむといへることあり」といふ、さらばとて、西英對譯辭書をもとむれど得ず、「何某ならむ西班牙語を知らむ、」君その人を識らむ添書を賜へ、」とて、やがて得て、その人を訪ふ、不在なり、ふたゝび訪ひて遇へり、「おのれは深くは知らず、」さらむ、君が識れる人に、西語に通ぜる人やあらむ、」某學校に、その國の辭書を藏せりとおぼゆ、」さらば添書を賜へ、」とて、さらにその學校にゆきて、遂にその語原を、知ることを得たりき。捕吏の、盗人を蹤跡する詞に、「足がつく」「足をつける」といふことあり、語釋の穿鑿も相似たりと、ひとり笑へる事ありき。その外、酒宴談笑歌吹のあひだにも、ゆくりなく人のことばの、ふと耳にとまりて、はたと膝打ち、さなり〳〵と覺りて、手帳にかいつけなどして、人のあやしみをうけ、又、汽車の中にて田舎人をとらへ、その地方の方言を問ひつめて、はては、うるさく思はれつることなど、およそ、かゝるをこなる事もおほく〳〵ありき。すべて、解釋の成れる後より見れば、何の事もなきやうにみゆるも、多少の苦心を籠めつる多かり。

おのれは漢學者の子にて、わづかに家學を受け、また、王父が蘭學の遺志をつぎて、いさゝか英學を攻めつるのみ、國學とては、さらに師事せしところなく、受けたるところなく、たゞ、おのが好きとて、そこばくの國書を覽わたしつるまでなり。さるを思へば、そのはじめ、かゝる重き編輯の命を、おほけなくも、いなまずうけたまはりつるものかな、辭書編輯の業、碩學をもなやめるは、これなりけりと思ひ得たるにいたりては、初の鋭氣、頓にくじけて、心そゞろに畏れを抱くにいたりぬ。また、局長には、おのれが業のはかどらぬを、いかにか思はるらむ、怠り居るとや思ひをらるらむ、などおもふには、そも、局長西村君は、そのはじめ、この業をおのれに命ぜられてより、ひさしき歲月をわたさるゝに、さらに、いかにと問はれし事もなく、うながされし事もなし。その意中推しはかりかねて、つねにはづかしく思へりき。さるに、明治十六年の事なりき、阿波の人井上勤君、編輯局に入り來られぬ、同君、まづ局長に會はれし時に、局中には學士も濟々たらむ、何がし、くれがし、と話しあはれける時、局長のいはるゝに、「こゝに、ひとり、奇人こそあれ、大槻のなにがしといふ、この人、雜駁なる學問なるが、本邦の語學は、よくしらべてあるやうなり、かねて一大事業をまかせてより、今ははや十年に近きに、なほ、倦まずして打ちかゝりてあり、強情なる士にこそ」と、話されぬと、井上君入局して後に、ゆくりなくおのれに語られぬ。おのれ、この話を聞きて、局長の意中も、さては、と感激し、また、その「強情なる」の月旦は、おのれが立てつるすぢを洞見せられたりけり、「人の己を知らざるを憂へず」の格言もあれなりなど思ひて、うれしといふもあまりありき。げにや、そのかみの官衙のありさまは、倏忽に變遷せる事ありて、局も人も事業も、十年の久しきに繼續せしは、希有なる事にて、おのれがこの業は、都下熱鬧の市街のあひだにありて、十年の間、火災に燒けのこりたらむがごとき思ひありき。そも、この業の成れるは、おのれが強情などいはむはおほけなし、ひとへに、局長が心のよせひとつに成りつるなりけり、西村君は、實にこの辭書成功の保護者（Patron.）とや言はまし。

そのかみは、官途も、今のごとくにはあらず、奉承榮達の道も、今よりは、たはやすかりきとおぼゆ、同僚は、時めきて遷れるも多し、おのれに親しく榮轉を勸めたりし人さへも、ひとりふたりにはあらざりき、されど、かゝる事にて心の動く時は、つねに王父の遺誡を瞑目一思しぬ。明治十一年六月、おのが父にておはせる人、七十八歲にして身まかられぬ、老い給ひての上の天然の事とはいへ、いまさらの事にて、哀しきことかぎりなし、今よりは、難義の教を受けむこともかなはずと思へば心ぼそし、辭書の成稿を見せまゐらせむの心ありしかども、そのかひもなし。この後幾ほどなき事なりき。同郷なる富田鐵之助君、龍動に在勤せられて、「來遊せよかし、おのれ、いかにもして扶持せむ、」など、厚意もて言ひおほせられたり。 君の我を愛せらるゝこと、今にはじめぬ事ながらも、感喜踊躍して、さて思へらく、かゝる機會は多く得べからず、父の養ひはすでに終へつ、おのれも次子なり、家兄は存せり、家の祀、母のやしなひ、托すべき人あり、また妻もなく子もなし、幾年にてもあれ、海外に遊びてあられむ程はあらむ、いつまでも青山あらむ、海外にて死にもせむ、さらば、この土に、何をか一事業をとどめてゆかむ、その業は、すなはちこの辭書なるめり、いよいよ半途にして已むべきにあらず。 かく思ひなりて、さて、その頃、おのれは本郷に住めり、父を養はむために營りつる屋敷なりけり、かゝる事の用にとならば、なき靈もいなみ給はじ、など思ひさだめて、やがて、それを賣りて、二千餘金を得、これに蓄餘を加へなどして、腰纏などとゝのへて、さて、ひたふるに辭書の成業をいそぎぬ。 されども、例の盤根錯節も、たやすく解けやらず、今もようじにようじて、推辭せむか、躱避せむか、棄てむ、棄てじ、の妄念、幾たびか胸中にたゝかひぬ、されど、かゝるをりには、例の遺誡を思ひ出でゝ、ふたゝび思ひさだめぬ。 かくて心のみはやりて、おのづからすも日をすぐせる内に、當時、楮幣洋銀の差大に起りて、備へつる腰纏は、思ひはかりし半ばかりとなり、幾程なく富田君も歸朝せられて、いよいよ呆然たり、さておそ、この願望も一睡妄想の夢とは醒めされ。 およそ、この辭書編輯十年間は、おのれが旺壯の年期なりしを、まさしくこの事業の犧牲とはなりき、善く世と推しうつりさらましかば、かばかり沈滞もせざらまし、今は已みなむ。 然はあれど、又つらつら人の上を顧みおもふに、時めかしつるも、變遷しぬるも、なべてその十數年間、何の業をかなせると見れば、黄粱一夢鴻爪刻船のさまなるも多かり、我には、數ならねど、此十年間の事業も痕をとゞめたり、相乘除せば、さまで繰言すべくもあらじ、まして、箕裘を繼ぎつる上もこの文學の道にかくてあらむも、おのれが分なり。 さるにても、世の操觚の人も、史文に、綺語に、とかく、花も實もありて、聲聞利益を博せむ方にのみ就くに、おのれは、かゝる至難にして人後につき名も利も得らるまじき、うもれ木わざに半生をうちこみつるも、迂闊なる境涯なりけり。 されど、この業、文學の上に、誰か必用ならずとせむ、必用なる業なれど人も棄てゝ就かず、おのれは人の棄てつる業に耐せり、いさゝか本分に酬ゆるところありともせむかし。

本篇引用の書にいたりても、謹みて中外古今碩學がたまものを拜す、實に皆その辛勤の餘澤なり、家に藏せる父祖が遺著遺書のめぐみも少からず。 編輯中の質疑にいたりては、黒川眞頼、横山由淸、小中村淸矩、榊原芳野、佐藤誠實、等諸君の敎、謝しおもふところなり。 然して、稿本成りて、名を言海とつけられしは、佐藤誠實君の考選にいでたり。 稿本の淨書をはじめつるも、明治十五年九月にて、局中にて、中田邦行、大久保初男の二氏をもて編輯業につけられ、校字寫字は、おほかたこの二氏の手に成れり。 さて、初稿成れりし後も、常に訂正に從事して、その再訂の功を終へたるは、實に明治十九年三月二十三日なりき。

さて、局長西村君は、前年轉任せられ、おのれも、十九年十一月に、第一高等中學校敎諭、古事類苑編纂委員などに移りて、本書出版の消息なども、聞く所あらず。 ひとゝせ故文部大臣森有禮君の第に饗宴ありし時、おのれも招かれて、宴過ぎて後に、辻新次君と鼎坐して話しあへるをりにも、「君が多年苦心せる辭書、出版せばや、」など、大臣、親しく言ひいでられつる事もありしが、編輯の拙き、出版にたへずとにや、或は資金の出所なしとにや、その事も止みぬ。 かくて、稿本も、文部省中にて、久しく物集高見君が許に管せらるときゝしが、いかにかなるらむ、はてはても、いたづらに紙魚のすみかともなりなむなど、思ひいでぬ日とてもあらざりしに、明治二十一年十月にいたりて、時の編輯局長伊澤修二君、命を傳へられて、自費をもて刊行せむには、本書稿本を下賜せらるべしとなり。 まことに望外の命をうけたまはりて、恩典、枯骨に肉するおもひあり、すなはち、私財をかきあつめて資本をそなへ、富田鐵之助君、及び同郷なる木村信卿君、大野清敬君の賛成もありて、いよ〳〵心を強うし、踊躍して恩命を拜しぬ。かくて、編輯局の命にて、かならず全部の刊行をはたすべし、刊行の工事ハ同局の工塲に托すべし、篇首に、本書ハ、おのれ文部省奉職中編纂のものたることを明記すべし、そこばくの獻本すべし、などいふ約束を受けて、十月二十六日、稿本を下賜せられ、やがて、同じ工塲にて、私版として刊行することゝハなりぬ。

刊行のはじめ、中田大久保の二氏、閑散なりしかば、家にやどして、活字の挍正せむことを托しぬ。稿本ハ、そのはじめハ、初稿のまゝにて、たゞちに活字に付せむの心にて、本文のはじめなる數頁ハ、實にそのごとくなしたりしが、數年前の舊稿、今にいたりて仔細に見もてゆけば、あかぬ所のみ多く出できて、かさねて稿本を訂正する事とし、挍訂塗抹すれば、二氏淨書してたゞちに活字に付し、活字ハ、初より二回の挍正とさだめたれど、一版面、三人して、六回の挍正となりぬ。かくてより、今年の落成にいたるまで、二年半の歳月ハ、世のまじらひをも絶ちて、晝となく夜となく、たゞこの訂正挍合にのみ打ちかゝりて、更に他事をかへりみず。さてまた、篇中の體裁も、注釋文も、初稿とハ大に面目をあらためぬ。

本書刊行のはじめに、編輯局工塲と約して、全部、明年九月に完結せしめむと豫算したり。又、書林ハ、舊知なる小林新兵衛、牧野善兵衛、三木佐助の三氏に發賣の事を托せしに、豫約發賣の方法よからむとすゝめらるゝにしたがひて、全部を四冊にわかちて、第壹冊ハ三月、第二冊ハ五月、第三冊ハ七月、第四冊ハ九月中に發行せむと假定しぬ。さるに、此事業、いかなる運にか、初より終まで、つねに障礙にのみあひて、ひとつも豫算のごとくなることあたはず、遂に完結までに、二年半をつひやせり。今、左にその障礙のいちじるきものをあげむ。

明治二十二年三月にいたりて、編輯局の工塲を、假に印刷局につけられたるよしにて、その事務引きつぎのためにとて、數十日間、工事の中止にあひ、さて、二十三年三月にいたりて、編輯局の工塲ハ、終にまたく廢せられぬ。これより後ハ、一私人として、さらに印刷局に願ひいでずてハかなはず、その出願にハ、規則の手續を要せらるゝ事ありて、豫算にたがへる事もたまりしかバ、編輯局にうれへまうす事どもありしかど、今ハせむかたなしとて卻けられぬ、稿本下賜の恩命もあれバ、しひて違約の愁訴もしかねて、それより、家兄修二、佐久間貞一君、益田孝君などの周旋を得て、とかくの手つゞきして、からうじて再着手とハなれり、此の間も、中止せられぬること、六十餘日に及びぬ。又、この前後、公用刊行の物輻湊する時ハ、おのれが工事ハ、さしおかれたる事もしばしばありき。かく、數度の障礙にハあひつれど、この工事を他の工塲に托せむの心ハ起らざりき、さるハ、同局の工事ハ、いふまでもなき事ながら、植字ハ挍正に、謹嚴精良なる事、麻姑を雇ひて痒處を掻くが如く、また他にあるべくもあらざればなり、見む人、本書を開きて目止めよかし。さてまた、本書植字の事、原稿の上にてハ、さまでとも思はざりしが、さて着手となりてみれバ、假名の活字ハ、異體別調のものあれバ、寸法一々同じからず、その外、くさ〴〵の符號など、全版面に、およそ七十餘とほりのつかひわけあり、植字挍正のわづらはしきこと、熟練のうへにてもかならず、いかに促せどもすゝまず。又、辭書のことあれバ、母型に無き難字の、思ひのほかに出できて、木刻の新調にいとまをつひやせる事、甚だ多し。およそ、これらの事、豫算にハ思ひもまうけぬ事どもにて、すべて遲延の事由とハなりぬ。又挍正者中田邦行氏、腦充血にて、二十二年六月に失せられぬ、本書の業につきてハ、その初より、大久保氏とともに、助力にほかならず、多年、篇中の文字符號に熟練せる人を失ひて、いと〳〵こうじぬ。また、去年の春、流行性感冒行はれ、年の末より今年にかけて、ふたゝび行はれ、おのれも、挍正者も、植字工も、その前後再度の流行に、數日間倒れぬ。また、去年の十月、おのが家、壁隣の火に遇へり。また、挍正者大久保初男氏、その十一月、徳島縣中學校教員に赴任せられて、たのめる一臂を失ひていよ〳〵こうじぬ。およそこれらの事、皆此書の遭厄なり。

それより後も、先人の碕門なる文傳正興氏に托して、挍正の事を擔任せしめぬ。

遭厄の中に、もとも堪へがたく、又成功の期にちかづきて、大にその業をさまたげつるも、おのれが妻と子との失せつる事ありけり。爰にも不用にもあり、くだくだしうもあれど、おのれの身に取りても、その書の刊行中の災厄とて、もとも後の思ひでとならむ事なるべければ、人の見る目にも恥ぢず記しつけおかむとす。去々年十一月に生れたるおのが次女の「ゑみ」といへる、生れてよりいとすこやかなりしが、去年十月のそつかたより、感冒して、後に結核性腦膜炎となれり。醫高松氏が病院に、妻小婢（いそ）と共に托せしに、病性よからずして心をなやましぬ。朝夕に行きても、いたましき顔をまもり、歸りても筆を執れども、心も心ならず。十一月十六日の、まだ宵のまに、まさに原稿の「ゆ」の部を訂正して、箏のおし手の「ゆしあんずるに」ゆのねふかうすましたり」などいふ條を推考せるなりけり、小婢、病院よりはせかへりきて、家に入りて、物をもいはずそのまゝ打伏し聲立てゝ泣く、病の危篤なるを告ぐるなり、筆をなげうち、蹶起してはしりゆけば、煩悶しつゝやがて事切れぬ。泣く〳〵屍をいだきて家にかへり、床に安して、さて、すこやかに青き燈の下に、勉めてふたゝび机に就けば、稿本も開きて故の如し、見れば、源氏の物語、若菜の卷「さりとも　琴ばかりも弾き取り給ひつらむ、云云、甚もいと人あげく、なほ、ひとたびもゆしあんするいとまも、心あわたゞしければ、夜々なむさづかる。」云云、「ゆ」も「搖ること」なり、「あんずる」も「按ずる」にて、「左手にて絃を搖り押す」なり、又、紅葉の賀の卷、「箏の琴も、云云、いとうつくしう弾き給ふ。ちひさき御程に、さしやりてゆし給ふ御手つき、いとうつくしければ、」おのれが思ひなしにや、讀むにえたへで机おしやりぬ、その夜一夜、おのれが胸も、ゆしあんぜられて夢を結ばず。「死にし子、顔よかりき」をんな子のためにも、親、をさなくなりぬべし、」など、紀氏の書きのこされたりつるを、さみし思へることもありしが、今も、我身の上なり、宜なり、など思ひなりぬ。その小兒の病に心を痛めつるにや、打ちつゞきて、家のうちに、母にておそはる人をはじめとして、病に臥すもの、五人におよびぬ。妻なる「いよ」なげきのなかにも、ひとり、かひ〴〵しく人々の看病してありしが、妻も、遂にその月のはじつかたより病に臥しぬ。初も、何の病ともみとめかねたるに、數日の後、腸窒扶斯なりとの診斷をきゝて、おどろきて、本郷なる大學病院に移して、また、晝に夜にゆきかよひて病をみ、病のひまをうかゞひても、歸へりて挍訂の業に就けども、心そゞろにあらず、洋醫「ベルツ」氏も心をつくされけれど、遂に十二月廿一日に三十歳にてはかなくなりぬ。いかなる故にてか、かゝる病にかゝりつらむ、年頃善く母に事へ我に事へ、その頃の我が辛勤を察して、よそながら、いたく心をいため、また、家政の苦慮を我におよぼすまじと、ひとり思ひをなやましてまかなひつゝありける狀なりしに、子のなげきをさへ添へつれば、それら、やう〳〵身の衰弱の種となりつらむ、さても、子の失せつるも、衰弱せる母の乳にやもとろしつらむ、あゝ、今の苦境も後にいつか笑ひつゝ語らはむ、などかたらひたりしに、今はそのかひなし。　半生にして伉儷を喪ひ、重なるなげきに、その前後數日も、筆執る力も出でず、強ひて稿本に向かへど、あなにく、「ろ」の部「ろめい」（露命）などいふ語に出であふぞ袖の露なる、卷を掩ひて寢に就けど、角枕もまた粲たり。そも、かゝるめゝしくをぢなき心を、まと〳〵しう書いつけおかむも、人わらはれなるわざにて、をこがましきかぎりなれど、その頃の筆硯の苦、人情の苦に、窮措大が嚢中の苦さへ、湊合しつる事なれど、後にその書を見むごとに、おのれひとりが思ひやりにせむとてなり、讀まむ人も、あはれとも見ゆるし給へや。

本篇刊行の久しき年月のうちに、おもひまうけぬ災害の並び臻れること、上にいへるがごとくなれど、誰人かおのれが心事をおしはかりえむ。されば豫約せし人々も、もとより内情を知らるべきならねど、いつも、きびしく遲延をうながされて、發行書林の店頭にも、毎回の督責狀、うづたかきまでになりぬ、書林も又おのれを責めぬ、その督責狀をりとて持てくるをみれど、文面もさま〴〵にて、をかしきもあるがなかに、「大虛槻（おほうそつき）先生の食言海」などあるしつりられつるもありき。　おのれは、まさしく約束をたがへぬ、ひとへに謝するところあり、計畫のいたらざりしは、身を恨むる外あるべからず。　そも〳〵、初より、豫約といふ事せしこそ、かへす〴〵もあやまりなりき、豫約だになせざりせば、かゝるあざけりにあふこともあらじを、など悔ゆれどもせんなし。　されど、責めらるゝつらさは、夜もふくるまで筆を執りつ、責めらるゝくるしさは、及ぶかぎりは、印刷の方にも迫りつ、それだになかく後れたり、責められざらましかば、いかにかあらまし、など思へば、豫約せしことも、僥倖なりきとも思ひなしぬ。　さて、内外の苦情は、身ひとつにあつまりきて、陳謝に陳謝をかさねて、遁るべき道なくなりつ、又、ふたとせあまりがほどの坐食に、儋石の儲なきにも至りつ、今はせむすべなくて、さては、篇中、およそ七八分より末は、いそぎにいそぎて、十分なる覆訂もえせられず、不用なるめりと思はるゝ語、又は、註に引ける例語のふたつみつあるなどは、愛を割きてけづりて、（篇首の數頁は、初稿のまゝなり、篇末、又かくのごとし、されは、前後の詳略の、釣りあはぬところも、又、符號などのそろはぬ所も出できつらむ）ひとへに、完結の一日もはやからむことをのみ期しぬ　されば、初には、附錄として、語法指南、字音假名づかひ、名乘字のよみ、地名苗字などの讀みがたきもの、和字、譌字、又は、諺、など添へむの心なりしかど、（語法指南のみは、篇首に載せつ）今はしばらくことにとゞめて、再版の時を待つこととせり。　されど、初は、全篇の紙數、およそ一千頁と計りしが、大に注釋を增補せる所ありて、全部完成のうへにては、紙數、二割ほどは殖えつらむ、これを乘除とも見よかし。

辭書は文敎のもとゐたること、論ずるまでもなし、その編輯功用の要は、この序文にくはしければ、さらにも言はず。　されば、文部省にても、夙くよりこの業に着手せられぬ、語彙の擧は、明治の初年にあり、その後、田中義廉、大槻修二、小澤圭二郎、久保吉人の諸氏に命ぜられて、漢字の字書（本邦普通用の漢字を三千ばかりに限らむとて採收解釋せるもの）と普通の日本辭書とを編せられつる事もあり、こは、明治五年より七年にかけての事なりき、さて明治八年にいたりて、おのが言海は命ぜられぬ。世はやう〳〵文運にすゝみたり、辭書の世に出でつるも、今はひとつふたつならず。　明治十八年九月、近藤眞琴君の「ことばのその」發刊となれり、二十一年七月に、物集高見君の「ことばのはやし」、二十二年二月に、高橋五郎君の「いろは辭典」も刊行完結せり。　近藤君は、漢洋の學に通明におはするものから、その教授のいそがしきいとまに、かゝる著作ありつるは、敬服すべきことなり。　この著作の初に、おのれが文典の稿本を借してよとありしかば、借しまゐらせつれば、やがて全部を寫されたり、されば八品詞その外のわかちなどは、おのれが物と、名目こそは、いさゝかかはりつれ、そのさまは、おほかた同じさまとなれり。　そのかみ、君をはじめとして、横山由淸、榊原芳野、那珂通高、の君たちに會ひまゐらせつるごとに、「辭書はいかに、」と問はれたりき、成りたらむには、とこそ思ひつるに、今は皆世におはせず、寫眞にはむかへども、いらへなし、哀しき事のかぎりなり。　物集君は、故高世大人の後とて、家學の學殖もおはするものから、これも、教授に公務に、いとまあるまじくも思はるゝに、綽々餘裕ありて、そのわざを遂げられつること歎服せずはあらず。　近藤君の著と共に、古書を讀みわけむものに、裨益多かりかし。　「いろは辭典」は、その撰を異にして、通俗語漢語、多くて、動詞などは、口語のすがたにて擧げられたり、童蒙のたすけ少からじ。　三書、おの〳〵長所あり。　たゞおのれが言海、あやまりあるべからむこと、言ふまでもなし。　されど、體裁にいたりては、別におのづから、出色の所なきにしもあらじ、後世いかなる學士の出でゝ、辭書を編せむにも、言海の體例は、必ずその考據のかたはしに供へずはあらじ、また、辭書の史を記さむ人あらむに、必ずその年紀のかたはしに記しつけずはあらじ。　自負のとがめなきにしもあらざるべけれど、この事は、おのれ、いさゝか、行くすゑをかけて信じ思ふところなり。

おのれ、もとより、家道裕ならず、されば、資金の乏しきによりて、物遠き語とては漏しつる、出典の書名をはぶきつる、圖畫を加へざりつる、共にこの書の短所ともなりぬ、遺憾やらむかたなし。　そも、おのれが學の淺き才の短き、この上に多く立ちまさりて、別にいでむ事とてもあるまじけれど、今の目のまへにてもあれ、資本だに繼がば、これに倍せむほどのもの、つくりいでむも難からじなど、かけておもふ所なきにしもあらず。　されど、我が國の文華も、開けつるがごとくみゆれど、いまだ開けず、資金をつひやして完全せしめむにも、價を増さずもあるべからず、今の文化の度にても、物の品位に對して廉不廉などの比較も、おきていはず、たゞ書籍なんどいふものに、そこばく圓といふ金出さんずる需用家の多からむとも、かけても望みえず。　されば、たとひ資本を得たりとも、收支の合はざらむわざも、なほなりけりと思ひなりて、志を出費の犠牲として、さて已みつるなり。　むかしの侯伯にも、食前方丈侍妾數百人をもおきて、文教の助けにある浩瀚の書を印行せしもありき、今の世にもありがたかり。　こゝにいたりて、韓文公が宰相への上書をおもひいでゝ、あはれ、力ある人の一宴會の費もがななどいやしげなるかたゐ心もいでくるぞかし、やみなむ〳〵、學者の貧しきも、和漢西洋、千里同風なりとこそ聞けれ、おのれのみつぶやくべきにあらず。　さりながら、この業、もとより、このたびのみにして已むべきにあらず、年を逐ひて删修潤色の功をつみ、再版、三版、四五版にもいたらむ、天のおのれに年を假さむかぎりも、斯文のために撓むことあるべからず。

今年一月七日、原稿訂正の功、またくをへて、からうじて數年の辛勤一頓し、さて、今月に入りて、全部の印刷も、遂に全く大成を告げぬ。こゝに、多年の志を達して、かつは公命に答へたてまつり、かつは父祖の靈を拜して、いさゝか昔日の遺誡に酬い畢へんぬ。　明治二十四年四月　平文彥

この文、もと、稿本の奧に書きつけおけるおのれがわたくし物にて、人に示さむとてのものならず、十七年があひだの痕、忘れやしぬらむ、後の思ひでにやせむ、とて筆立でしつるものなるが、事實を思ひいづるにしたがひて、はかなき述懐も浮びいづるがまに〳〵、ゆくりなくも、いやがうへに書いつけもてゆけばはて〳〵の、かうもくだ〳〵しうもなりつるなり。　さて、本書刊行の成れるに及びて、跋文なし、人に頼まむ暇もなし、よし〳〵、この文を添へもし削りもして、その要とある所を摘みて跋に代へむ、など思ひもかけたりしに、今は、日に〳〵刊行の完結を迫られて、改むべき暇さへ請ひがたくなりたれば已むことを得ずして、末に年月を加へて、淨書もえせずして、全文をそのまゝに活字に物せることとなりにたり。　されば、この文を讀むことあらむ人も、たゞその心して讀み給へかし、もし、さる事の心をも思ひはからず、打ちつけに讀み取りて、「たゞ一部の書を作り成し得たればとて、世に事々しき繰言もする人哉、心のそこひこそ見ゆれ」などあながちに我をおとしめ言はむ人もあらば、それ、丈夫を見ること淺き哉、と言はむ、たゞ、かへす〴〵も、ゆくりなき筆のすさびと見てほゝかし給へや。

續古今集序

いにしへのことをも、筆の跡にあらはし、行きてみぬ境をも、宿ながら知るもたゞこの道なり。しかのみならず、花も木おとにききて、つひに心の山をかざり、露も草の葉よりつもりて、言葉の海となる。しかもあれど、難波江のあまの藻汐も、汲めどもたゆることなく、筑波山の松のつま木も、拾へどもなほしげし。

同、賀

敷島ややまと言葉の海にして拾ひし玉もみがかれにけり　後京極

There is nothing so well done, but may be mended.

言海正誤

頁	段	行	誤	正
二四	上	一五	ス・セ・サ・シ セ(規・一)	スル・スレ・セ セ・セヨ(規・二)
一六八	上	二二	かう－がん－じ	かう－ぐわん－じ(中段ニ入ル)
				註東京淺草山谷ナル仰願寺ニテ製ス ニ改ム
二三八	下	一	きう－り	きゆう－り(其順ニ入ル)
二三八	下	二	きうり－がく	さゆう－りがく(其順ニ入ル)
三三三	上	一二	コウヒイ	コオヒー(次ノ頁ニ入ル)
四三一	下	二	しう－げつ	しゆう－けつ ノ條ニアリ
同	下	一八	しう－し	しゆう－し(其順ニ入ル)
六八七	中	一五	でう－ちゆう (ヂヨ)	たう－ちゆう(其順ニ入ル)

言海

著作權所有

縮刷

明治二十二年五月十五日　初版印刷發行
明治三十七年二月廿五日　縮刷第一版印刷發行
昭和六年三月十日　六百二十八版印刷
昭和六年三月十五日　六百二十八版發行

正價金壹圓八拾錢

著作者　故大槻文彦

相續者發行者　大槻茂雄
東京府北豐島郡日暮里町旭町一丁目廿大番地

發行者　林平次郎
東京市日本橋區吳服橋二丁目五番地

印刷者　武木勝治郎
東京市神田區三河町二丁目十七番地

發行所　東京日本橋　振替東京二三七一　六合館

發賣所　大阪東區北久寶寺町　三木佐助

發賣所　大阪西區阿波堀通　株式會社大阪寶文館

武木凸版印刷所印刷

『言海』解説

武藤康史

この通り、『言海』が文庫の形で読めるようになった。

字が小さい——と思われるかもしれないけれども、これは明治三十七年に出た『言海』小形版の昭和六年の刷りをそのままの大きさで覆製したものであって、今回改めて縮小したわけではない。

かつて『言海』は「大形」「中形」「小形」と三つに分類される版が出ていた。おいおい詳しく述べたいが、最初に登場した『言海』は「大形」である。明治二十二年から二十四年にかけて四分冊で出て、そのあとすぐ一冊本として出た。明治三十七年には「小形」、明治四十二年には「中形」が出て、しばらくは三つの大きさの『言海』が並行して流通していたようである。やがて古書店で生き続け、今日に至る。近ごろやや品薄の観があるが、『言海』の特に「小形」は古書店ではありふれた本（だった）と言っていいだろう。三種類ある『言海』のうち最もたくさん出回ったのは「小形」だろう……という気がする。部数についての確たる証拠はないけれども、その小ささ、そして安さから言って、「小形」の版が最も愛されたのではないかと思う。これまで百年にわたり、何百万か、何千万かの人々が「小形」の

三種類の大きさの『言海』(装幀はこのほかにも各種ある)

『言海』を机辺に備え、あるいは手のひらに載せてきただろう……と私は推定したい。

それがすなわち、この文庫の大きさの『言海』なのだ。多くの人がこの小さい字で『言海』を読んできたはずである。

ちなみに「大形」「中形」「小形」とはひところの『言海』の新聞広告に見られる言い方で、『言海』そのものでは表紙もトビラも言海のみ。ただ奥付をよく見ると、「中形」には**言海中形**、「小形」には**言海縮刷**と表示されていることが多い。だからこれは『言海縮刷』の複製と言ってもいい。

『大言海』という辞書がある。『言海』をもとに増補したものだが、もちろん『言海』とは別の辞書と言うべきである。

平凡社の『世界大百科事典』の『言海』の項(亀井孝)を見ると、——昭和にはいって『大

『言海』が出版され、もとの『言海』のほうは、《もはやその原形をとどめぬまでに完全にそのなかに吸収されてしまった》という言い方がされているほどだ（昭和三十年代に出た初版以来、同じ文章。仔細に比べるとその原形はかなり残っているとも言えるが）。

『言海』の読み方

『言海』の巻頭には（辞書の本文が「あ」から始まる前に）、

言海序
本書編纂ノ大意
語法指南（日本文典摘録）
凡例

索引指南

が載っている。ノンブル（ページの表示）は各項独立して一、二、三……と始まっており、通しのノンブルはない。

「言海序」は西村茂樹によるもの。漢文である。このあとに書き下しを掲げたい。

「語法指南（日本文典摘録）」は七九ページに及ぶ国文法概説である。執筆の由来は「本書編纂ノ大意」の（四）に書かれていた。《文法ヲ知ラザルモノ、辞書ヲ使用スベカラズ》——とは言うものの、品詞の種別や何やかやで《判定》に苦しむこともある。それゆえ自分で新たに《文典》を編んでみた、そのうち《辞書ニ用アル処》をつまんで巻頭に載せたから、『言海』を使う人はまずここを読まねばならぬ……ということだった。

この《文典》は《数十部ノ語学書ヲ参照シ》、《西洋文法ノ位立ヲ取リテ》編んだ、とも書いてあった。《位立》はクライダテとでも読むのか、よくわからないことばだが、ともかく西洋の（と言うより、英語の）文法のスタイルに合せて日本語を説明しようとした、ということであろう。そういう概説は当時珍しかったらしく、「語法指南（日本文典摘録）」のみを欲しがる人が大勢あらわれた。そこでこの部分だけの抜刷のようなものを作り、一冊の本として別に販売することになった。その単行本『語法指南』の初版が出たのは明治二十三年十一月一日付で、『言海』の初版（四分冊）の第四冊が出るよりも前である（『言海』の刊記はこのあとふれる）。それくらい注文が来たらしい。単行本『語法指南』の巻末には発行者

（小林新兵衛）による刊行由来の記のようなものが載っているので、摘録してみよう。
――本書はもともと《日本辞書言海の附録》だったが、《世上に日本文典の良書無之故に哉〔、〕諸学校にて此語法指南の部を教科参考に称賛採用可相成趣にて別に此語法指南のみを購求致度旨度々注文相受候》。大槻文彦先生にそのことを申し上げたところ、「これは元来『言海』を使う人のために書いたものであるし、『日本文典』を後日出すつもりなのだから……」と断られた。しかし《注文続々有之》というありさまなので《再三先生に懇願仕遂に強て許可を得て》ようやく発売に至ったのである、念のため……。

末尾に《明治廿三年十月　発行者敬白》とある。奥付に《売捌所》として掲げられているのは小林新兵衛・牧野善兵衛・三木佐助の三人で、『言海』の初版と変らない。

「語法指南」は「日本文典」の摘録ということだったが、大槻文彦がこのあと出版した文法書は『広日本文典』という題になった。『言海』が完結してから六年後の明治三十年に出ている。『語法指南』とは異るところも多い。単行本『語法指南』は『日本語文法研究書大成』の一つとして覆製が出ており（勉誠社、平成八年刊）、巻末にある北原保雄「解説」では『広日本文典』との違いなどが詳しく述べてあった。

この「語法指南（日本文典摘録）」と「言海序」のほか、「本書編纂ノ大意」「凡例」「索引指南」が載っているが、以下、この三つを横断し、一部を引きつつ、『言海』の引き方、読み方の大体を確かめておくことにしたい。

①『言海』は著者言うところの《普通語》の辞書であり、固有名詞は載っていない。

② 見出し語は歴史的かなづかいの五十音順。ただし「ん」は「む」の次に並んでいる。

「かむる（冠）」

「かんるゐ（感涙）」

「かんれい（寒冷）」

「かむろ（禿）」

「かんろ（甘露）」

……のように並ぶ。

③ 動詞、形容詞などは文語の終止形で見出しに立っている。ただし口語の終止形も（空（から）見出しのような形で）載っていることがある。たとえば「おちる（落）」という形でも出てはいるが、説明はもっぱら「おつ」のほうでおこなわれる。

④ 見出し語の上に記号がついていることがある。これは「索引指南」の最後（辞書本文の始まる手前のページ）の「種種ノ標（しるし）」のところで説かれているように、

《（……古キ語、或（あるい）ハ、多ク用ヰヌ語、又ハ、其（その）注ノ標（しるし）。

++……訛語（ナマリ）、或ハ、俚語（サトビコトバ）、又ハ其注ノ標》

ということになる（かたかなのルビは原文にあるもの。ひらがなのルビは私が補った）。

つまり前者は古語、後者は《訛語》《俚語》ということだが、後者の記号は「おちる」にも

ついていた。「がらくた」「きよろきよろ」「くちぐるま（口車）」「くまんばち」などにもあって、どうやら口語形や俗語、くだけたことば、口語的表現などを含むようだ。

（一）、（二）……と語釈が細かく分れているところにこれらの記号がついていることもある。たとえば「さいし（妻子）」の（一）は《妻ト子ト》だが、（二）には《〈単ニ、妻》と記号つきである。この場合、（二）が古語としての意、ということになる。

⑤ 見出し語には変体がなが使われている（語によって、使われないこともある）。

変体がなは語釈の中で使われることもある（語釈はかたかなだが、ほかの見出し語の引用はひらがな）。また、かたかなの合字（二字を一字であらわす）として次のものも使われる。

〻……コト
𬼀……トキ
𪜈……トモ、ドモ（接続助詞）

この解説における引用では、いずれも断りなく通行のかなに改めた。

⑥ 和語と漢語（字音語）とでは見出しの活字の書体が異る。「索引指南」の（十二）にも説明がある。この解説における引用ではその違いを再現しなかった。

⑦ 見出し語のうち外来語はかたかなになっている。何をどこまで外来語と見なすかは考え方次第だが、「索引指南」の（十二）では《唐音ノ語、其他（そのた）ノ外来語》にかたかなを使ったと説明している。また巻末の「言海採収語……類別表」では「外来語」の項が「唐音語」「梵語」「韓語」「琉球語」「蝦夷語」「葡萄牙語」「西班牙語」「南蛮語」「洋語」「羅甸語」「蘭語」「英語」「仏語」に分類されている。西洋伝来の語のほか、「アッシ（厚子）」「アマ（尼）」「カハラ（瓦）」「ソウ（僧）」「テラ（寺）」「トナカイ（馴鹿）」「ハブ（波布）」などもかたかなである（各語の語釈の手前の〔　〕内で語源説にふれているが、そこでは「言海採収語……類別表」における表現とは別に「朝鮮語」「印度語」などの称も見える）。

⑧ かたかなの見出しに長音記号（ー）は使われていない。「メートル」ではなく「メエ

トル」という表記だが、「凡例」の（十六）に説かれているように「ー」を使うと配列に困るからそうしたまでで、見出し語の形が正しい表記ということではない。

⑨　見出し語のかなづかいが発音と異る場合、発音を示すふりがな（かたかな）がついている。また拗音や促音の場合、右にハイフン（のような記号）がある。

⑩　見出し語のうち動詞や形容詞は《おも・ふ》《かな・し》のように語幹と活用語尾のあいだにナカグロを入れている。名詞などの場合、《くさ-ばな》のように意味の切れるところにハイフンを入れている。「索引指南」の（十二）では《仮名ノ間ニ小キ筋アルハ、組立テタル言葉ト言葉トノ界ナリ》と説明していた。このあたりの体裁は今日のたいていの国語辞典と変らない。

⑪　見出し語の下の小さい（　）の中には品詞表示がある。そこで使われている略語は「索引指南」の最後の「略語ノ解」に載っている。動詞、助動詞、形容詞の場合はそこに語尾変化や活用の型も表示される。似たような体裁は今日の国語辞典でも見ることがあるが、『言海』における活用変化の表示は「未然――連用――終止――連体――已然――命令」ではなく「終止――連体――已然――未然――連用――命令」の順になっており、しかも終止形は見出し語形と同じなので改めて表示せず、連体形以下の活用語尾を列挙する。たとえば「かく（書く）」では《・ク・ケ・カ・キ・ケ（他動）（規・一）》、「たのし（楽し）」では《・シキ・シケレ・シク・シク（形・二）》となっている。活用の型の略語も「略語ノ解」で

見ることができ、また「語法指南」では活用などをめぐっての詳しい解説を読むことができる。

⑫ 品詞の次には漢字表記が示される。三方をわくで囲んである（『言海』では送りがなの指示はない。ここで示した漢字表記をもとに、もし送りがなが必要なら各自で適宜つければよい、というところであろう）。

漢字を囲む記号は二種類ある。傍線が一本か、二本かである。「種種ノ標（しるし）」を見ると、傍線一本のほうは、

《［　］……和ノ通用字、［辻］［杜若］ナドナリ》

傍線二本のほうは、

《［　］……和漢通用字、［日］［月］［長］［短］ナドナリ》

と説明されていた。つまり傍線一本の漢字表記は《和》でしか通用しないが、傍線二本のほうは《和漢》の双方で通用する表記ということらしい。

「種種ノ標」ではこの二つの項目にはさまれて、

《‖……漢ノ通用字、十字街（ツジ）、燕子花（カキツバタ）ナド。（注ノ中ニ置ク）》

という上下の横線のない記号も載っていた。《注ノ中ニ置ク》とは、語釈の中で……という ことだろう（語釈や用例のあと、最後にこの記号はあらわれる）。

ここで《和ノ通用字》と《漢ノ通用字》の例として挙げられていたのは同じ語にあった注

記である。つまり「つじ」「かきつばた」を引くとまず「辻」「杜若」という表記が示される。しかしそれは日本でしか通用しない。最後に《漢》で通用する用字を示そう。それが「十字街」「燕子花」だ——という親切きわまる注記なのだった（「辻」は日本で作られた漢字（国字）ゆえ通用しないだろうが、「杜若」はあちらの古い用例もあるようで、議論の分れるところかもしれぬ）。

このように《和ノ通用字》しかないときは、（そのすべてに対してではないが）末尾で《漢ノ通用字》も示している。たとえば、

「案内状（あんないじやう）」には「通牒」
「嬉涙（うれしなみだ）」には「感涙」
「薩摩薯（さつまいも）」には「甘薯」
「真田虫（さなだむし）」には「条虫」
「清水（しみづ）」には「清泉」
「高潮（たかしほ）」には「海嘯」
「誕生日（たんじやうび）」には「誕辰」
「町人（ちやうにん）」には「市民」
「艶（つや）」には「光沢」

といった具合である。名詞以外の語にも「いはふ（祝）」には「賀」、「おづおづ（怖怖）」

には「戦戦」、「きづよし（気強）」には「勇往」などの例がある。「つりあふ（釣合）」に対しては（一）は「平均」、（二）は「適」と意味によって二つの《漢ノ通用字》を示している。まるで「和語から漢語を引く辞典」として役立ちそうでもあり、今日風に申せば「日中辞典」の機能を兼ね備えているようでもある。漢詩や漢文を作る人の多かった時代の国語辞典としてはこれも実用的な工夫だったのだろうか。

ここで示された漢字表記が（《和》《漢》《和漢通用》のいずれにせよ）当時としてもどれほど妥当なものであったか、どれほど実際に即していたものか、という点もよくわからぬところがある。かなり珍しい用字も見かけるような気がするが……。

⑬ 次がいよいよ語釈である。

一人の著者に統率された、味のある、ひきしまった文体。しばしばことばの急所を言いあて、あるいはうねるように説き進み、ユーモアすら醸し出す書き方。

『言海』が百年以上にわたって愛されたのも語釈の文体の力であろう。

動物、植物、鉱物の項目には長文の語釈が多い。「凡例」の（四十九）に《動植鉱物ノ注ハ、其各学問上ノ綱目等ノ区別ヲ以テ説クベキナレドモ、今ノ普通邦人ニハ、解シ難カルベシト思ヘバ、今ハ、姑ク、本草家ノ旧解ヲ採リテ、眼ニ視ル所ノ形状ニ就キテ説ケリ》と書いてあるように、専門辞典や百科辞典でなく国語辞典としての書き方を追究したところがあり、それゆえに古びなかったとも言えよう。たとえば「あり（蟻）」を引くと《体ニ比スレバカ強シ》などという一句がある。「いせえび（伊勢蝦）」には《煮レバ、全身深紅トナル》、「きうり（黄瓜）」には《円ク長ク緑ニシテ、刺アルコトなまこノ肌ノ如シ》、「しろかね（銀）」には《色白クシテ、磨ケバ殊ニ輝ク》……といった言い回しがあって、随処で膝を叩く。もっともこれは（「凡例」でも断っていたように）先行する多くの辞書を参照して書かれたものに違いなく、『言海』の独創ばかりではないだろう。

短い項目でも、たとえば「けんり（権利）」には《（義務ト対ス）》、「かよひげいこ（通稽古）」には《（入塾、寄宿ナドニ対シテイフ）》などと対義語を示すことがある。「げんこつ（拳骨）」には《（東京卑語）》、「おひや」には《（婦人ノ語）》、「おたまじやくし」の（一）には《（東京婦人語）》というように地域や位相を示す注もついている。「つりあひにんぎやう（釣合人形）」を見ると、形の説明のあと《東京ニ、弥次郎兵衛。京都ニ、弥之助。伊賀ニ、張合人形。其他、水汲人形、正直正兵衛、等ノ名モアリ》と各地の異称を並べていた。

山田忠雄『近代国語辞書の歩み――その摸倣と創意と――』（三省堂、昭和五十六年刊）も『言海』の特色を多数挙げていたが、中には、

《語釈において堂堂めぐり・同語反覆を犯すことが殆ど無い》

という指摘もあった。

語釈の初めには〔 〕の中に語源が説かれていることがある。あまり妥当とは認めにくいのもあるが、どうしてそういう語源説にたどり着いたのかは大いに興味をそそる。

語源にしても語釈と同様、先行する多くの辞書の記述が参照されている。過去の辞書などの記述をそのまま使った箇所もすくなくないようで、湯浅茂雄「『言海』と近世辞書」(「国語学」第一八八集、平成九年三月)、同「『言海』『大言海』語源説と宣長『古事記伝』」(「実践国文学」第五五号、平成十一年三月)がそのことを詳しく指摘していた。大槻文彦は近世辞書のすぐれた集大成者だった——という見方を湯浅茂雄は示している。

明治二十二年に『言海』が出始めたとき、『言海』の内容見本も作られた。大槻清彦校閲・山田俊雄編輯『図録日本辞書言海』(大修館書店、昭和五十五年刊)に原寸大で覆製されている。ほぼB4判の一枚の紙の両面に印刷されたものだが、そこに、いくつかの項目を実際の図版のまま並べたところがある。ぬきだされているのは次の通り。

「カナリア」「きつね」「ける」「コンペイトウ」「さ」「しきしまの」「すずむし」「せめて」「たち(達)」「つく(突)」「テラ(寺)」「ななつ」「なまり(鉛)」「にひ」「ぬ(畢)」「ねぎ(葱)」「ばうじやくぶじん」「ひ(檜)」「へ(辞)」「ぼら」「また(接)」

——これだけでも見て下さい、そうすれば『言海』のよさがわかってもらえるでしょう……という項目として見ることができよう。

⑭ 語釈の次は用例である。

『言海』の用例のほとんどは、古典から引いたものだ。しかし出典表示はない。原稿を浄書する際、省いてしまった——と「本書編纂ノ大意」の(八)に書いてあった(ごく一部、出典を挙げて用例を示した項目もないことはない。「はながつみ」「ひきゐる（率）」など）。

用例の出し方をたとえば「おもひで（思出）」の項で見ると、ここには、

《「恋シキ時ノ―ニセム」アラザラム此世ノ外ノ―ニ」》

と二つの用例が並んでいる。二番め以降の用例では起こしのカギカッコ（「）は省略される。用例の中の《―》が見出し語と同じ表現である。

また動詞「しむ（凍）」の項には、

《「春来テモ、猶（なほ）しみコホル、山里ハ、筧（かけひ）ノ水ノ、オトヅレモナシ」日頃降ル雪、云云、降リカサナリツツ、消エヤルベクモアラズしみワタルヲ」》

とあって、活用語が終止形以外の形で使われているときなどは《―》で省略せず、ひらがなで示す。和歌が一首まるごと引かれる場合、句切れに読点が打たれる。後段の用例のうち《云云》はもとの文章を中略した箇所で、今なら「……」で示すところだろう。

「おもひで」の用例の前段は『古今集』の「散りぬとも香をだに残せ梅の花恋しき時のおもひでにせむ」（読み人知らず）の一部。後段は『後拾遺集』の「あらざらむこの世のほかのおもひでに今ひとたびの逢ふこともがな」（和泉式部）の一部であった。

「しむ」の用例の前段は『夫木抄』の藤原兼宗の歌（六百番歌合のときの歌）。後段は『狭衣物語』の一節であった。

『言海』は用例も読みどころである。「こもる（籠）」の用例の一つには、

《春日野ハ、今日ハナ焼キソ、若草ノ、妻モこもれり、我モこもれり》

が引かれていた。出典はあえて指摘するまでもあるまい。

感動詞の「えい」には、

《スベナクテ、無期ノ後ニ、―ト応ヘタリケレバ》

「すさまじ」には、

《スサマジキモノ。昼吠ユル犬。火起サヌ火桶。児ノ亡クナリタル産屋。博士ノ打続キ女子生マセタル。除目ニ官得ヌ人ノ家。極月ノ晦日ノ長雨》

「へろへろ」には、

《清盛ナドガヘロヘロ矢、何程ノ事カ候フベキ》

「やむごとなし」には、

《イト、ヤムゴトナキ際ニハアラヌガ、スグレテ時メキ給フ、アリケリ》

などなど、古典の有名な章句にたくさんお目にかかれて嬉しい。しかも「出典は何だったっけ？」と自問するスリルがある。

何も古典の名文句辞典を作るつもりはなかったろうが、辞書に載せるのにふさわしい用例というのはある程度限られてしまうわけで、誰もが知っているような文章から採ることが多くなる道理だ。今日の古語辞典にも『言海』と同じ用例を載せるものがあり、『言海』もまた、先行する辞書と用例が同じときがある。

これに対して、たとえば「たごん（他言）」の項の《―ヲ憚ル》、「てくせ（手癖）」の項の《―ガワルイ》、「はじく（弾）」の項の《油ガ水ヲ―》などという用例は、古典から採ったというわけではないだろう。

「本書編纂ノ大意」の（九）では《此篇ニ引用参考セル和漢洋ノ典籍ハ、無慮、八百余部、三千余巻ニ渉レリ、其他、或ハ耳聞セル所ヲ取リ、或ハ諳記セル所ヲ筆シ、或ハ自ラ推考セル所ヲモ記セリ。其一一出所ヲ挙ゲザルハ、前述ノ如シ》と述べていた。たくさんの本を参考にしたし、自分が知っていたこと、聞いたこと、考えたことも取り入れた（しかし出典は省略した）、というのである。語釈と用例の双方について言っているのであろう。著者が前から知っていた言い回しや、著者が経験や観察にもとづいて作った用例、あるいは同時代の文献の表現などがこれらの用例には含まれていると思う。

『言海』における古典の用例のほとんどは、『大言海』で出典を明記しつつもう一度引かれているので、出典は容易に確かめられる。

⑮ 子見出しとして成句を示すことがある。たとえば「あたま」の項には《○艹―ヲ掻ク。失敗リテ困マル》とある。「あたる」の項には《○気ニ―。怒ル。○火ニ―。暖マル》とあり、見出し語が下に来る句も並ぶ。

「言海序」書き下し

大槻文彦は弘化四年（一八四七年）の生れ。漢学や洋学を学び、明治五年（一八七二年）から文部省に勤め、そのあと（「ことばのうみのおくがき」にも述べられているごとく）、宮城師範学校（のちの宮城教育大）の設立にあたり、校長として赴任する。そして明治八年、本省に戻って報告課の勤務となった。

このときの報告課の課長が西村茂樹であった。文政十一年（一八二八年）の生れで、大槻より十九歳上である。報告課は明治十三年に編輯局と改められ、西村はその局長となる。

大槻文彦がのちに『言海』と呼ばれる辞書の編纂を命ぜられたのはこの明治八年のことだが、それは西村茂樹の発案だった。明治二十四年、『言海』完成の祝宴が開かれたとき、西村自身がスピーチの中でそう言っている。

編纂を命じてから十年あまり、西村は大槻の好きなようにさせていた。やかましいことを言わなかった。だから『言海』ができたようなもの、西村茂樹は『言海』の《保護者》とでも言おうか……といったことも「ことばのうみのおくがき」に書いてあった。そのゆえか、大槻文彦は『言海』の序文を西村茂樹に頼んだのである。まだ出版が決る前、稿本ができた時点で書かれている。

文明とは何かから始まって、《支那》と《欧洲》と《本邦》の言語の違いを説き、辞書の必要に及び、日本語の辞書を作るのがいかに難しいかを解説し、西洋と東洋の辞書の違いにもふれる。『日本道徳論』で知られる西村茂樹だが、辞書に関してはひたすら西洋に追いつけとハッパをかけている。

辞書の編纂は大事業であり、なかなか民間ではできない、だから《本局》つまり編輯局がみずから乗り出したのだ……というくだりもあった。初めは文部省で出版する予定だったのだろう。しかし時が移り、西村茂樹がその地位を去ってからは当初の方針が忘れられたらしく、結局のところ大槻文彦は『言海』を出すのに私財を投じなければならなくなった——ということは「ことばのうみのおくがき」にも書いてある通り。

以下、書き下しにはふりがなを加え、また一文ごとに改行してみた。

言 海 序

文明とは何ぞ。

単より複に之り、粗より精に之るの謂ひなり。

日用衣食より、以て政事法律の大なるに至るまで、皆然らざる莫し。

然らば則ち、辞書のごときも亦此の理に外ならざるものなり。

蓋し民生の初め、言語有りて文字無し。

民智漸く進み、始めて文字有り。

文字に二有り。

一に曰く有義。

一に曰く無義。

言辞を主とするの国、無義の字を用う。

文字を主とするの国、有義の字を用う。

人文日〻に闢け、言辞日〻に繁し。

是に於て、言辞の国、辞書を作し、文字の国、字書を作し、以て民生に利す。

支那の文字の国たり、欧洲の言辞の国たるは、人皆之を知る。

本邦のごときは、固り言辞の国なり。

而れども其の文明に進む、支那の力に頼ること多し。

是を以て、其の文字のごとき、有義無義を合せて之を用うるは、其の勢ひの然らしむるなり。

本邦に言語文字を録するの書、和名鈔のごとき、新撰字鏡のごとき、下学集のごとき、節用集のごときは、皆字書の体にして、辞書の体にあらず。

豈に、言辞は本邦の固有にして、則ち之を学ぶに難からず、文字は他国に仮る所、則ち之を学ぶに易からざるを以てするや。

且つ其の書たるや、文字の足らざる所有り、順序の整はざる所有り、要するに玷缺の書たるを免れず。

王政維れ新たにして、文教大いに興る。

しかのみならず外国の交際日〻に広く、言語文字の多きこと昔日に倍蓰す。

是に於て操觚の士、皆辞書の著の無かるべからざるを知れり。顧れば辞書の著たるや、其の事浩瀚にして、民間の学士の能く堪ふる所に非ず。

是れ本局の親ら斯の業に従事するの所以なり。

然るに、今日辞書の著、三難有り。

文法の未だ定まらざる、一の難なり。

言辞に古今有り、雅俗有ること、二の難なり。

言辞の支那より入る者は文字に本づき、欧洲より入る者は声音に本づく、之を本邦の語格に協せんと欲するに、錯雑して斉へ難きこと、三の難なり。

是を以て、蒐輯改竄するに、歳月を費すこと頗る多し。

近日に至り、始めて脱稿す。

名けて言海と曰ふ。

大約四万言。

辞書の体にして字書の体に非ず。

或いは誤謬無きを保し難しと雖も、諸を旧来の字書に比するに、必ずや観るべき者有らん。

余嘗て謂へらく、文化の高卑を知らんと欲すれば、其の国の辞書に観んと。

辞書の衆にして精なるは、其の文化高し。

寡にして粗なるは、之に反す。

西洋の辞書、其の類二あり。

一に曰く普通。

一に曰く専門。

東洋の辞書、惟れ普通の一類有るのみ。

其の精粗に至つては、此の彼に及ばざる遠きこと甚し。

吾儕安ぞ忸怩として自ら愧ぢざるべけんや。

然く既に知りて之を恥とせば、必ず将に奮つて之に及ぶことを求めんとす。

本邦今日、学士の自ら奮ふ者、其の人に乏しからず。

余其の必ずや西人をして文化の名を百世に擅にせしめざらんことを知る。

此の書蓋し西国の辞書を追逐する第一歩ならん。

而うして其の西人と鑣を並べて馳するに至りては、猶ほ後来に待つ有るがごとし。

諺に曰く、前人荊棘を芟らば、則ち後人道路を作さんと。

荊棘を芟るの業、既に成る。

道路を作すの人、将に遠からずして出でん。

本篇編輯の事を任ずる者は大槻文彦一人にして、余のごとき者は特だ其の事業を監視するのみ。

明治十八年四月、文部省編輯局長、正五位勲三等、西村茂樹識す。


『言海』が出てから二十四年後に『大日本国語辞典』の刊行が始まるが、そこに掲げられた服部宇之吉の序文の中に、

《往時言海の成るや西村茂樹翁は之が序を作り以て荊棘を芟る業となし更に道路を作る人を後世に期待せり爾来三十年にして本書出で古今の国語を集大成せるに庶幾し両君の如きは所謂道路を作る人に非ざるか》

と「言海序」を引いたところがある。この《両君》とは『大日本国語辞典』の共著者ということになっている上田万年と松井簡治のこと（実際は松井が独力で作り、上田は名前を貸しただけ）。

ちなみに『大日本国語辞典』全四巻は大正四年から八年にかけて出た（索引の巻は昭和二年刊）。『大言海』全四巻が出たのは昭和七年から十年にかけて（索引の巻は昭和十二年）。どちらも冨山房の出版であった。

「ことばのうみのおくがき」

辞書の本文が一一一〇ページで終ると、次に「言海採収語……類別表」があり、「ことばのうみのおくがき」が続く。

これは昔から名文と言われた。のちに『大言海』第四巻の巻末にも「ことばのうみのおくがき」は収録されている。その手前に載った新村出（しんむらいずる）「後記」は、《旧本の跋語は、言海編纂の由来と苦心とを縷述せし所の名文として知らるれば、文長きに

渉るといへども、予輩の心情これを割愛するに忍びず、》

と再掲の理由を述べ、やはり名文の評判にふれていた。

『言海』の編纂事情の研究や大槻文彦の伝記などにおいて、この「おくがき」が唯一の資料として使われることも多い。『言海』をめぐる小説風の書物として、

山内七郎「小説「言海」」(『小説「言海」』〔審美社、昭和四十年刊〕所収)

香川茂「言海物語」(『おれたちの夢』〔ポプラ社、昭和四十八年刊〕所収)

高田宏『言葉の海へ』(新潮社、昭和五十三年刊。のち新潮文庫、岩波書店・同時代ライブラリー)

などがあるが、いずれもこれに多くを負っている。「おくがき」を読んだ感動をきっかけに書いた、と作者が告白する作品もある。何十年たっても人を動かす文章だった。

『大言海』が編纂されることになったのも、冨山房の創業者・坂本嘉治馬(かじま)がこれを読んで《非常に感激し、どうかして先生に「言海」改纂を御願ひしたいものと終始考へてゐたのが動機である》という(『坂本嘉治馬自伝』〔冨山房、昭和十四年刊〕)。大槻文彦に頼みに行ったのは明治四十五年だった。

以下、「ことばのうみのおくがき」を再び掲げたい。旧字を新字に改め、変体がなも通行のかなに改め、ふりがなを加え、さらに段落ごとに区切って中見出しをつけてみた。各段落のあとにわずかながら注を添えた。

この文章は『言海』の各版で同じものが載っている。版によって訂正のあとなどは見られないが、大槻文彦の著書である『復軒雑纂』（広文堂書店、明治三十五年刊）に「言海跋」として収録されたときはわずかに字句が異るところがある。気づいた点をしるした。

これは『日本近代思想大系』16『文体』（岩波書店、平成元年刊）に収められ、山本芳明による解題と注がある。鈴木広光校注『復軒雑纂1　国語学・国語国字問題編』（平凡社・東洋文庫、平成十四年刊）にも収められ、注と解説がある。いずれも参考にさせて戴いた。

㈠ 完結までの十七年を振り返って……

ことばのうみ　の　おくがき

先人、嘗て、文彦らに、王父が誡語なりとて語られけるは、「およそ、事業は、みだりに興すことあるべからず、思ひさだめて興すことあらば、遂げずばやまじ、の精神なかるべからず。」と語られぬ、おのれ、不肖にはあれど、平生、この誡語を服膺す。本書、明治八年起稿してより、今年にいたりて、はじめて刊行の業を終へぬ、思へば十七年の星霜なり、こゝに、過去経歴の跡どもを、おほかたに書いつけて、後のおもひでにせむとす、見む人、そのくだ〳〵しきを笑ひたまふな。

《先人》は《子ノ、亡キ父ヲ称スル語》と『言海』にある。大槻磐渓のこと。《王父》は『言海』にはないが、『大言海』に《故人ニナリタル祖父ノ尊称。ヂヂ。オホヂ》と載っていた。大槻玄沢のこと。

㈡ **明治八年に編纂を命ぜられ……**

明治七年、おのれ、仙台にありき、こは、その前年、文部省のおほせをうけたまはりて、その地に宮城師範学校といふを創立し、校長を命ぜられて在勤せしをりなりけり。さるに、この年の末に、本省より特に帰京を命ぜられて、八年二月二日、本省報告課（明治十三年に、編輯局と改められぬ。）に転勤し、こゝにはじめて、日本辞書編輯の命あり、これぞ本書編輯着手のはじめなりける。時の課長は西村茂樹君なりき。

㈢ **かつて『語彙』は中絶したが……**

その初は、榊原芳野君とともに、編輯のおほせをかうむりたりしに、幾ほどなくて、榊原君は他にうつりて、おのれひとりの業とはなりぬ。後に聞けば、初め、辞書編輯の議おこれる時、和漢洋を具微せる学者数人、召しあつめられむの計画にて、おのれは、那珂通高君の薦めなりきとか聞きつる。又これよりさきに、編輯寮にて語彙を編輯せしめられしに、碩学七八人して、二三年の間に、わづかに「あ、い、う、え」の部を成せりき、横山由清君もそのひとりなりしが、再挙ありと聞かれて、意見をのべられけるは、「語彙の編輯、議論にのみ日をすぐして成功なかりき、多人数ならむよりは、大槻一人にまかせられたらむには、却て全功を見ることあらむ、」といはれたりとなり。此事、横山君の直話なりとて、後に、清水卯三郎君、おのれに語られぬ。此業の、おのれひとりの事となれるは、かゝる由にてやありけむ。

『語彙』は「え」までで中絶した辞書としてその名を歴史にとどめている。《二三年の間に》とあるが、「阿之部」は明治四年、「伊之部」「宇之部」は明治十年、「衣之部」は明治十七年に出ているので、もっとかかっている。

㊃ 着手したころはこんな苦心が……

初め、編輯の体例は、簡約なるを旨として、収むべき言語の区域、または解釈の詳略などは、およそ、米国の「ヱブスター」氏の英語辞書中の「オクタボ」といふ節略体のものに倣ふべしとなり。おのれ、命を受けつるはじめは、壮年鋭気にして、おもへらく、「オクタボ」の注釈を翻訳して、語ごとにうづめゆかむに、この業難からずとおもへり。これより、従来の辞書体の書数十部をあつめて、字母の順序をもて、まづ古今雅俗の普通語とおもふかぎりを採収分類して、解釈のありつるは併せて取りて、その外、東西洋おなじ物事の解は、英辞書の注を訳してさしいれたり。かくすること数年にして、通編を終へて、さて初にかへりて、各語を逐ひて見もてゆけば、注の成れるは夙く成りて、成らぬは成らず、語のみしるしつけて、その下は空白となりて、老人の歯のぬけたらむやうなる所、一葉ごとに五七語あり。古語古事物の意の解きがたきもの、説のまち〳〵なるもの、八品詞の標別の下しがたきもの、語原の知られぬもの、動詞の語尾の変化の定めかぬるもの、仮名遣の拠るところなくして順序を立てがたきもの、動植物の英辞書の注解に拠りたりしものゝ、仔細に考へわくれば、物は同じけれども、形状色沢の、東西の風土によりて異なるもの、其他、雑草、雑魚、小禽、魚介、さては、俗間通用の病名などにいたりては、支那にもなく、西洋にもなく、邦書にも徴すべきなきが多し。かく、一葉毎に、五七語づゝ、注の空白となれるもの、これぞ此編輯業の盤根錯節とはなりぬる。筆執りて机に臨めども、いたづらに望洋の歎をおこすのみ、言葉の海のたゞなかに櫂緒絶えて、いづこをはかとさだめかね、たゞ、その遠く広く深きにあきれて、おのがまなびの浅きを耻ぢ責むるのみなりき。さるにても、興せる業は已むべきにあらず、王父の遺誡はこゝなりと、更に気力を奮ひおこして、及ぶべきかぎり引用の書をあつめ、又有識に問ひ、書に就き、人に就き、こゝに求め、かしこに質して、おほかたにも解釈し、旁、又、別に一業を興して、数十部の語学書をあつめ、和洋を参照折中して、新にみづから文典を編み成して、終にその規定によりて語法を定めぬ。この間に年月を徒費せしこと、実に予想の外にて、およそ本書編成の年月は、この盤根錯節のためにつひやせること過半なりき。(この間に、他書の編纂挍訂など命ぜられ、又、音楽取調掛兼勤となりしことも数年なりき。）解釈をあなぐれる事につきて、そのひとつふたつを言はむ。某語あり、語原つまびらかならず、外国語ならむのうたがひあり、或人、偶然に「そは、何人か、西班牙語ならむといへることあり」といふ、さらばとて、西英対訳辞書をもとむれど得ず、「何某ならば西班牙語を知らむ、」君その人を識らば添書を賜へ、」とて、やがて得て、その人を訪ふ、不在なり、ふたゝび訪ひて遇へり、「おのれは深くは知らず、」さらば、君が識れる人に、西語に通ぜる人やあらむ、」某学校に、その国の辞書を蔵せりとおぼゆ、」さらば添書を賜へ、」とて、さらにその学校にゆきて、遂にその語原を、知ることを得たりき。捕吏の、盗人を蹤跡する詞に、「足がつく」足をつける」といふことあり、語釈の穿鑿も相似たりと、ひとり笑へる事ありき。その外、酒宴談笑歌吹のあひだにも、ゆくりなく人のことばの、ふと耳にとまりて、はたと膝打ち、さなり〳〵と覚りて、手帳にかいつけなどして、人のあやしみをうけ、又、汽車の中にて田舎人をとらへ、その地方の方言を問ひつめて、はては、うるさく思はれつることなど、およそ、かゝるをこなる事もしば〳〵ありき。すべて、解釈の成れる後より見れば、何の事もなきやうにみゆるも、多少の苦心を籠めつる多かり。

永嶋大典『蘭和・英和辞書発達史』（講談社、昭和四十五年刊）によれば、このウェブスターのオクタボとは *Webster's Royal Octavo Dictionary* (Lippincott, 1871) であろう、とのこと（ただしこれは背表紙の題。正式な書名はもっと長いがここでは省略）。もっとも、この中の語釈を翻訳してそのまま

『言海』に採り入れたと見られる項目はごくわずかで、それよりむしろ、成句を多く採録するとか、語釈を細分するといった『言海』全体の体裁に影響しているのではないかという。

『大言海』第一巻には大槻文彦「本書編纂に当りて」が載っているが（大正八年十一月記と末尾にある）、その冒頭は「ことばのうみのおくがき」のこの段と同文である。そのあと「ばさら」「いちょう」「どぢょう」など苦心して語源を考えたという具体例が続いていた。

⑤ **西村茂樹はこう言って……**

おのれは漢学者の子にて、わづかに家学を受け、また、王父が蘭学の遺志をつぎて、いさゝか英学を攻めつるのみ、国学とては、さらに師事せしところなく、受けたるところなく、たゞ、おのが好きとて、そこばくの国書を覧わたしつるまでなり。さるを思へば、そのはじめ、かゝる重き編輯の命を、おふけなくも、いなまずうけたまはりつるものかな、辞書編輯の業、碩学すらなやめるは、これなりけりと思ひ得たるにいたりては、初の鋭気、頓にくじけて、心そゞろに畏れを抱くにいたりぬ。また、局長には、おのれが業のはかどらぬを、いかにか思はるらむ、怠り居るとや思ひをらるらむ、などおもふに、そも、局長西村君は、そのはじめ、この業をおのれに命ぜられてより、ひさしき歳月をわたれるに、さらに、いかにと問はれし事もなく、うながされし事もなし、その意中推しはかりかねて、つねにはづかしく思へりき。さるに、明治十六年の事なりき、阿波の人井上勤君、編輯局に入り来られぬ、同君、まづ局長に会はれし時に、局中には学士も済々（せいせい）たらむ、何がし、くれがし、と話しあはれたる時、局長のいはるゝに、「こゝに、ひとり、奇人こそあれ、大槻のなにがしといふ、この人、雑駁（ざつぱく）なる学問なるが、本邦の語学は、よくしらべてあるやうなり、かねて一大事業をまかせてより、今ははや十年に近きに、なほ、倦（う）まずして打ちかゝりてあり、強情なる士にこそ」と、話されぬと、井上君入局して後に、ゆくりなくおのれに語られぬ。おのれ、この話を聞きて、局長の意中も、さては、と感激し、また、その「強情をとこ」の月旦（げつたん）は、おのれが立てつるすぢを洞見（どうけん）せられたりけり、「人の己を知らざるを憂（うれ）へず」の格言もこれなりなど思ひて、うれしといふもあまりありき。げにや、そのかみの官衙（くわんが）のありさまは、倏忽（しゆくこつ）に変遷する事ありて、局も人も事業も、十年の久しきに継続せしは、希有（けう）なる事にて、おのれがこの業は、都下熱閙（ねつたう）の市街のあひだにありて、十年の間、火災に焼けのこりたらむがごとき思ひありき。そも、この業の成れるは、おのれが強情などいはむはおふけなし、ひとへに、局長が心のよせひとつに成りつるなりけり、西村君は、実にこの辞書成功の保護者(Patron.) とや言はまし。

《倏忽（しゆくこつ）》は『大言海』では「しゆくこつと」の形で見出しになっている。《タチマチニ。ニハカニ》。
《熱閙（ねつたう）》は『大言海』では《人ノコミアヒテ混雑スルコト。ニギアヒテサワガシキコト。繁華ニテ、カマビスシキコト》。

㊅ 英国行きの話もあったが……

そのかみは、官途も、今のごとくにはあらず、奉承栄達の道も、今よりは、たはやすかりきとおぼゆ、同僚は、時めきて遷れるも多し、おのれに親しく栄転を勧めたりし人さへも、ひとりふたりにはあらざりき、されど、かゝる事にて心の動く時は、つねに王父の遺誡を瞑目一思しぬ。明治十一年六月、おのが父にておはする人、七十八歳にして身まかられぬ、老い給ひての上の天然の事とはいへ、いまさらの事にて、哀しきことかぎりなし、今よりは、難義の教を受けむこともかなはずと思へば心ぼそし、辞書の成稿を見せまゐらせむの心ありしかども、そのかひもなし。この後幾ほどなき事なりき、同郷なる富田鉄之助君、龍動に在勤せられて、「来遊せよかし、おのれ、いかにもして扶持せむ、」など、厚意もて言ひおこせられたり。君の我を愛せらるゝこと、今にはじめぬ事ながらと、感喜踊躍して、さて思へらく、かゝる機会は多く得べからず、父の養ひはすでに終へつ、おのれは次子なり、家兄は存せり、家の祀、母のやしなひ、托すべき人あり、また妻もなく子もなし、幾年にてもあれ、海外に遊びてあられむ程はあらむ、いづこにも青山あらむ、海外にて死にもせむ、さらば、この土に、何をか一事業をとどめてゆかむ、その業は、すなはちこの辞書なるめり、いよ〳〵半途にして已むべきにあらず。かく思ひなりて、さて、その頃、おのれは本郷に住めり、父を養はむために営みつる屋敷なりけり、かゝる事の用にとならば、なき霊もいなみ給はじ、など思ひさだめて、やがて、そを売りて、二千余金を得、これに蓄余を加へなどして、腰纏をとゝのへて、さて、ひたふるに辞書の成業をいそぎぬ。されども、例の盤根錯節は、たはやすく解けやらず、今はこうじにこうじて、推辞せむか、躲避せむか、棄てむ、棄てじ、の妄念、幾たびか胸中にたゝかひぬ、されど、かゝるをりには、例の遺誡を思ひ出でゝしば〱思ひしづめぬ。かくて心のみはやりて、こゝろならずも日をすぐせる内に、当時、楮幣洋銀の差大に起りて、備へつる腰纏は、思ひはかりし半ばかりとなり、幾程なく富田君も帰朝せられて、いよ〱呆然たり、さてこそ、この願望は一睡妄想の夢とは醒めたれ。およそ、この辞書編輯十年間は、おのれが旺壮の年期なりしを、またくこの事業の犠牲とはしたりき、善く世と推しうつりたらましかば、かばかり沈滞もせざらまし、今は已みなむ。然はあれど、又つら〱人の上を顧みおもふに、時めかしつるも、変遷しぬるも、さてその十数年間、何の業をかなせると見れば、黄粱一夢鴻爪刻船のさまなるも多かり、我には、数ならねど此十年間の事業は痕をとゞめたり、相乗除せば、さまで繰言すべくもあらじ、まして、箕裘を継ぎつる上はこの文学の道にかくてあらむは、おのれが分なり。さるにても、世の操觚の人は、史文に、綺語に、とかく、花も実もありて、声聞利益を博せむ方にのみ就くに、おのれは、かゝる至難にして人後につき名も利も得らるまじきうもれ木わざに半生をうづみつるは、迂闊なる境涯なりけり。されど、この業、文学の上に、誰か必用ならずとせむ、必用なる業なれど人は棄てゝ就かず、おのれは人の棄てつる業に殉せり、いさゝか本分に酬ゆるところありともせむかし。

吉野俊彦『忘れられた元日銀総裁——富田鉄之助伝——』（東洋経済新報社、昭和四十九年刊）によれば、この大槻文彦より十二歳上の富田鉄之助は明治十一年から在英日本公使館に一等書記官として勤めており、一時は臨時代理公使だった。大槻文彦を呼び寄せてどのように《扶持》するつもりだったのかわからないが、ともかく富田の誘いはかなり魅力的だったようで、大槻文彦は家屋敷を売って渡英費用を準備し、辞書の編纂も急いだらしい。いっそ渡英のためには辞書の仕事を投げ出してしまおうかという《妄念》とも戦ったという。ところがそのころ《楮幣洋銀の差》が大いに起こった——明治十三年、洋銀相場が高騰し、日本円の価値が急落したことを指すのだろう。明治十四年には富田も帰朝した。

《腰纏》は『大言海』に《腰ニマトフ財嚢。携ヘタル金銭》とある。

《黄粱一夢鴻爪刻船》のところ、『復軒雑纂』の本文では《黄粱一夢、鴻爪印雪》となっていた。『言海』所載の形では「黄粱一夢」（「黄粱一炊の夢」「邯鄲の夢」と同じ）、「鴻爪」（雪どけのぬかるみの上の鴻の爪のあとは残らないという詩の表現に由来）、「刻船」（舟から剣を落した者が船べりに目印を刻んだという故事に由来。「刻舟」とも）と三つの成句を並べたことになるが、字数が不揃いだとも言える。『復軒雑纂』のように「鴻爪印雪」と続ければ、四字の句が二つ並ぶことになる。

《箕裘を継ぎつる上は》とあったが、『言海』の「箕裘」の項に「箕裘ヲ継グ」という句も載っていた。

㊆ **原稿の再訂を終えたのは……**

本篇引用の書にいたりては、謹みて中外古今碩学がたまものを拝す、実に皆その辛勤の余沢なり、家に蔵せる父祖が遺著遺書のめぐみ、また少からず。編輯(へんしふ)中の質疑にいたりては、黒川真頼、横山由清、小中村清矩、榊原芳野、佐藤誠実、等諸君の教(をしへ)、謝しおもふところなり。然(しか)して、稿本成りて、名を言海とつけられしは、佐藤誠実君の考選にいでたり。稿本の浄書をはじめつるは、明治十五年九月にて、局中にて、中田邦行、大久保初男の二氏を、この編輯業につけられ、挍字写字は、おほかたこの二氏の手に成れり。さて、初稿成れりし後も、常に訂正に従事して、その再訂の功を終へたるは、実に明治十九年三月二十三日なりき。

『言海』と命名した佐藤誠実(のぶざね)は天保十年（一八三九年）の生れ。『古事類苑』の「編修長」を務めた。明治四十一年（一九〇八年）歿。

⑧ なかなか出版されず、自費で出すことに……

さて、局長西村君は、前年転任せられ、おのれも、十九年十一月に、第一高等中学校教諭、古事類苑編纂委員などに移りて、本書出版の消息なども、聞く所あらず。ひとゝせ故文部大臣森有礼君の第(てい)に饗宴ありし時、おのれも招かれて、宴過ぎて後に、辻新次君と鼎坐(ていざ)して話しあへるをりにも、「君が多年苦心せる辞書、出版せばや、」など、大臣、親しく言ひいでられつる事もありしが、編輯(へんしふ)の拙(つたな)き、出版にたへずとにや、或(あるい)は資金の出所なしとにや、その事も止(や)みぬ。かくて、稿本は、文部省中にて、久しく物集(もずめ)高見君が許(もと)に管(くわん)せらるるときゝしが、いかにかなるらむ、はて〳〵は、いたづらに紙魚のすみかともなりなむなど、思ひいでぬ日とてもあらざりしに、明治二十一年十月にいたりて、時の編輯局長伊沢修二君、命を伝へられて、自費をもて刊行せむには、本書稿本全部下賜せらるべしとなり、まことに望外の命をうけたまはりて、恩典、枯骨に肉するおもひあり、すなはち、私財をかきあつめて資本をそなへ、富田鉄之助君、及び同郷なる木村信卿君、大野清敬君の賛成もありて、いよ〳〵心を強うし、踊躍して恩命を拝しぬ。かくて、編緝局の命にて、かならず全部の刊行をはたすべし、刊行の工事は同局の工場に托すべし、篇首に、本書は、おのれ文部省奉職中編纂のものたることを明記すべし、そこばくの献本すべし、などいふ約束を受けて、十月二十六日、稿本を下賜せられ、やがて、同じ工場にて、私版として刊行することとはなりぬ。

文部省の態度はいかにも冷たい。

鈴木隆編『『言海』完成祝宴の全記録』(タングラム、平成六年刊)所収の山田俊雄「『言海』刊行祝宴のこと」は、この一節を引いて次のように述べる。

《文部省が金銭上の援助を支へるわけでもなく、編輯局の工場を使ふべしとか、奉職中のものだと明記せよとか、献本せよとかいふ条件であつたから、下付されぬまま全く埋れるよりは数等よかつたに違ひないが、考へてみると、今日の常識ではかなり文部省側の、もしくは官庁の方の勝手といふべきものが目立つ。編輯の期間中は、官吏の身分を保証されてはゐたのだから、仕方のないことではあつたらう》

なおこの段の終り近く、ここだけ「編輯局」ではなく「編緝局」という字が使われている(『復軒雑

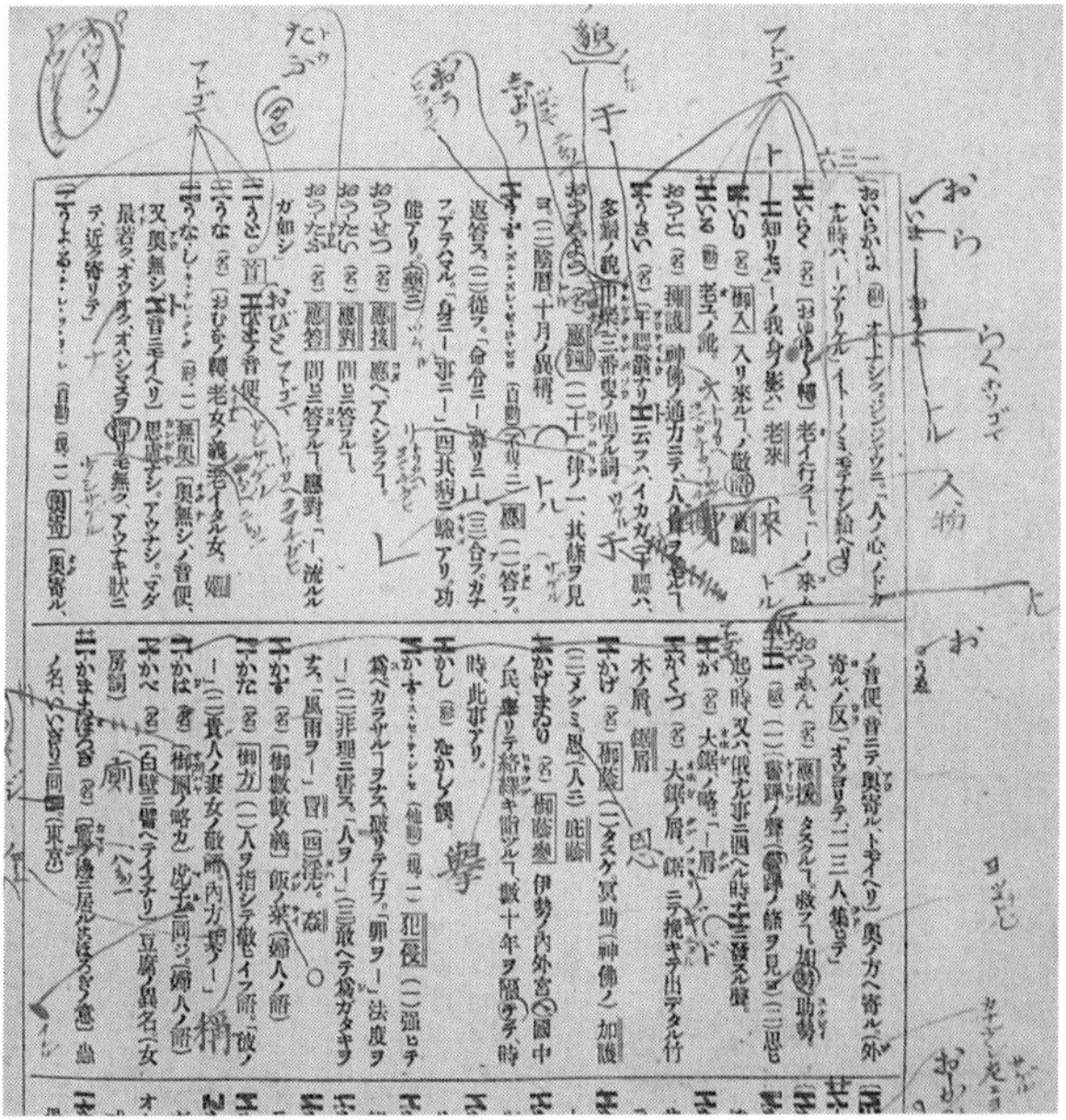

㊈にあるように《世のまじらひをも絶ちて、昼となく夜となく》三人が奮闘したその校正刷が、奇跡的にほとんどすべて残っている。所蔵する慶應義塾大学附属研究所斯道文庫の許可を得て一部分の写真を載せたが、このように縦横無尽に朱筆が加えられている。誤字脱字を正すだけでなく、不鮮明な活字を取り換えさせたり、かなの書体を指定したり（フトゴマ、ホソゴマ、ヒラゴマなどと見える）、字間のアキも二分の一、四分の一、八分の一などと区別したり、読点のあとはツメさせたり……と細かく指示していることがわかる。ここには見えないが欄外にはところどころ「大久保」「中田」「文彦」といった捺印があり、三人がそれぞれ点検したことを窺わせる。なおこの校正刷については犬飼守薫『近代国語辞書編纂史の基礎的研究——『大言海』への道——』（風間書房、平成十一年刊）に詳しい考察がある。

纂』ではここも「輯」)。「緝」でも誤りとは言えないが。

⑨ **訂正と校正に二年半の歳月が……**

刊行のはじめ、中田大久保の二氏、閑散なりしかば、家にやどして、活字の挍正せむことを托しぬ。稿本も、はじめは、初稿のまゝにて、たゞちに活字に付せむの心にて、本文のはじめなる数頁は、実にそのごとくしたりしが、数年前の旧稿、今にいたりて仔細に見もてゆけば、あかぬ所のみ多く出できて、かさねて稿本を訂正する事とし、挍訂塗抹すれば、二氏浄書してたゞちに活字に付し、活字は、初より二回の挍正とさだめたれば、一版面、三人して、六回の挍正とはなりぬ。かくてより、今年の落成にいたるまで、二年半の歳月は、世のまじらひをも絶ちて、昼となく夜となく、たゞこの訂正挍合にのみ打ちかゝりて、更に他事をかへりみず。さてまた、篇中の体裁も、注釈文も、初稿とは大に面目をあらためぬ。

⑩ **刊行の計画を立てたが……**

本書刊行のはじめに、編輯局工場と約して、全部、明年九月に完結せしめむと予算したり。又、書林は、旧知なる小林新兵衛、牧野善兵衛、三木佐助の三氏に発売の事を托せしに、予約発売の方法よからむとすゝめらるゝにしたがひて、全部を四冊にわかちて、第壱冊は三月、第二冊は五月、第三冊は七月、第四冊は九月中に発行せむと仮定しぬ。さるに、此事業、いかなる運にや、初より終まで、つねに障礙にのみあひて、ひとつも予算のごとくなることあたはず、遂に完結までに、二年半をつひやせり、今、左にその障礙のいちじるきものをしるさむ。

(十一) 印刷所の都合があり、校正者の死去などがあり……

明治二十二年三月にいたりて、編輯局の工場を、仮に印刷局につけられたるよしにて、その事務引きつぎのためにとて、数十日間、工事の中止にあひ、さて、二十三年三月にいたりて、編輯局の工場は、終にまたく廃せられぬ。これより後は、一私人として、さらに印刷局に願ひいでずてはかなはず、その出願には、規則の手続を要せらるゝ事ありて、予算にたがへる事もおこりしかば、編輯局にうれへまうす事どもありしかど、今はせむかたなしとて郤けられぬ、稿本下賜の恩命もあれば、しひて違約の愁訴もしかねて、それより、家兄修二、佐久間貞一君、益田孝君などの周旋を得て、とかくの手つゞきして、からうじて再着手とはなれり、此の間も、中止せられぬること、六十余日に及びぬ。又、この前後、公用刊行の物輻湊する時は、おのれが工事は、さしおかれたる事もしばしばなりき。かく、数度の障礙にはあひつれど、この工事を他の工場に托せむの心は起らざりき、さるは、同局の工事は、いふまでもなき事ながら、植字に挍正に、謹厳精良なる事、麻姑を雇ひて癢処を掻くが如く、また他にあるべくもあらざればなり、見む人、本書を開きて目止めよかし。さてまた、本書植字の事、原稿の上にては、さまでとも思はざりしが、さて着手となりてみれば、仮名の活字は、異体別調のものなれば、寸法一々同じからず、その外、くさ〴〵の符号など、全版面に、およそ七十余とほりのつかひわけあり、植字挍正のわづらはしきこと、熟練のうへにてもはかどらず、いかに促せどもすゝまず。又、辞書のことなれば、母型に無き難字の、思ひのほかに出できて、木刻の新調にいとまをつひやせる事、甚だ多し。およそ、これらの事、予算には思ひもまうけぬ事どもにて、すべて遅延の事由とはなりぬ。又挍正者中田邦行氏、脳充血にて、二十二年六月に失せられぬ、本書の業につきては、その初より、大久保氏とともに、助力おほかたならず、多年、篇中の文字符号に熟練せる人を失ひて、いと〴〵こうじぬ。また、去年の春、流行性感冒行はれ、年の末より今年にかけて、ふたゝび行はれ、おのれも、挍正者も、植字工も、この前後再度の流行に、数日間倒れぬ。また、去年の十月、おのが家、壁隣の火に遇へり。また、挍正者大久保初男氏、その十一月、徳島県中学校教員に赴任せられて、たのめる一臂を失ひていよ〳〵こうじぬ、およそこれらの事、皆此書の遭厄なり。これより後は、先人の旧門なる文伝正興氏に托して、挍正の事を担任せしめぬ。

大久保初男は徳島県に赴任したのち、山口県・長野県・沖縄県の中学に転任した。大正三年に東京に戻り、『大言海』編纂のため再び大槻文彦の助手となる。昭和三年に大槻文彦が亡くなったあとも『大言海』の編輯・校正の中心となって活躍した。文彦の兄・大槻如電が書いた「大言海刊行緒言」（『大言

海』第一巻）にも、

《大久保初男といふ男は姻族なり、文部編纂の時の写字生なり、其後大学古典科国文を卒業し、数県中学に教鞭を執る、其東京に帰り来るや、時恰言海増訂の初めに当れば、直に文彦の座右に増語の助手として居る亦十有余年、》

……といった説明がある。また高田宏『言葉の海へ』の同時代ライブラリー版には「幸福な平凡人――大槻文彦の助手大久保初男のこと」という文章が加えられている。慶応二年（一八六六年）生れ、昭和十三年（一九三八年）に亡くなったという。

⑫ 娘が亡くなり、そして妻も……

遭厄の中に、もとも堪へがたく、又成功の期にちかづきて、大にこの業をさまたげつるは、おのれが妻と子との失せつる事なりけり。爰には不用にもあり、くだくだしうもあれど、おのれの身に取りては、この書の刊行中の災厄とて、もとも後の思ひでとならむ事なるべければ、人の見る目にも恥ぢず記しつけおかむとす。去々年十一月に生れたるおのが次女の「ゑみ」といへる、生れてよりいとすこやかなりしが、去年十月のはつかばかりより、感冒して、後に結核性脳膜炎とはなれり。医高松氏が病院に、妻小婢（いそ）と共に托せしに、病性よからずして心をなやましぬ。朝夕に行きては、いたはしき顔をまもり、帰りては筆を執れども、心も心ならず。十一月十六日の、まだ宵のまに、まさに原稿の「ゆ」の部を訂正して、筝のおし手の「ゆしあんずるに」ゆのねふかうすましたり」などいふ条を推考せるをりに、小婢、病院よりはせかへりきて、家に入りて、物をもいはずそのまゝ打伏し声立てゝ泣く、病の危篤なるを告ぐるなり、筆をなげうち、蹶起してはしりゆけば、煩悶しつゝやがて事切れぬ。泣く〳〵屍をいだきて家にかへり、床に安して、さて、しめやかに青き燈の下に、勉めてふたゝび机に就けば、稿本は開きて故の如し、見れば、源氏の物語、若菜の巻、「さりとも、琴ばかりは弾き取り給ひつらむ、云云、昼はいと人しげく、なほ、ひとたびもゆしあんずるいとまも、心あわたゞしければ、夜々なむしづかに、」云云、「ゆ」は「揺ること」なり、「あんずる」は「按ずる」にて、「左手にて絃を揺り押す」なり、又、紅葉の賀の巻、「箏の琴は、云云、いとうつくしう弾き給ふ、ちひさき御程に、さしやりてゆし給ふ御手つき、いとうつくしければ、」おのれが思ひなしにや、読むにえたへで机おしやりぬ、この夜一夜、おのれが胸は、ゆしあんぜられて夢を結ばず。「死にし子、顔、よかりき」をんな子のためには、親、をさなくなりぬべし、」など、紀氏の書きのこされたりつるを、さみし思へることもありしが、今は、我身の上なり、宜なり、など思ひなりぬ。この小児の病に心を痛めつるにや、打ちつづきて、家のうちに、母にておはする人をはじめとして、病に臥すもの、五人におよびぬ。妻なる「いよ」なげきのなかにも、ひとり、かひ〳〵しく人々の看病してありしが、妻も、遂にこの月のすゑつかたより病に臥しぬ。初は、何の病ともみとめかねたるに、数日の後、腸窒扶斯なりとの診断をきゝて、おどろきて、本郷なる大学病院に移して、また、昼に夜にゆきかよひて病をみ、病のひまをうかゞひては、帰へりて挍訂の業に就けども、心はこゝにあらず、洋医「ベルツ」氏も心をつくされけれど、遂に十二月廿一日に三十歳にてはかなくなりぬ。いかなる故にてか、かゝる病にはかゝりつらむ、年頃善く母に事へ我に事へ、この頃の我が辛勤を察して、よそながら、いたく心をいため、はた、家政の苦慮を我におよぼすまじと、ひとり思をなやましてまかなひつゝありける状なりしに、子のなげきをさへ添へつれば、それら、やう〱身の衰弱の種とはなりつらむ、さては、子の失せつるも、衰弱せる母の乳にやもとゐしつらむ、あゝ、今の苦境も後にいつか笑ひつゝ語らはむ、などかたらひたりしに、今はそのかひなし。半生にして伉儷を喪ひ、重なるなげきに、この前後数日は、筆執る力も出でず、強ひて稿本に向かへば、あなにく、「ろ」の部「ろめい」（露命）などいふ語に出であふぞ袖の露なる、巻を掩ひて寝に就けば、角枕はまた粲たり。そも、かゝるめゝしくをぢなき心を、こと〲しう書いつけおかむは、人わらはれなるわざにて、はぢがましきかぎりなれど、この頃の筆硯の苦、人情の苦に、窮措大が嚢中の苦さへ、湊合しつる事なれば、後にこの書を見むごとに、おのれひとりが思ひやりにせむとてなり、読まむ人は、あはれとも見ゆるし給へや。

次女・ゑみが入院したくだり、《医高松氏が病院に》とあるが、『復軒雑纂』の本文では《医高松凌雲氏が病院に》となっている。

妻・いよが腸チブスと診断されるところ、『復軒雑纂』の本文では《数日の後、佐々木東洋氏、腸窒扶斯なりと診断せられて》と医者の名が加えられている。

大槻文彦の最初の結婚は明治十七年（文彦三十八歳・内藤いよ二十五歳――数え年による）。長女・幸は十九年生れ。ゑみは二十二年十一月二十日に生れ、二十三年十一月十六日に死去。いよは同年十二月二十一日に死去（数えでは三十一歳）。二十五年三月には再婚している（文彦四十六歳、小栗ふく二十九歳）。

《角枕はまた粲たり》は詩経の一節。夫は死んだが、枕は美しいままだ、と歌う。

《窮措大が嚢中の苦》とは学者の貧乏の苦しさ。《湊合》は総合に同じ。

㊀㊂ 刊行が遅れて責められ、急ぎに急いだが……

本篇刊行の久しき年月のうちに、おもひまうけぬ災害の並び臻れること、上にいへるがごとくなれど、誰人かおのれが心事をおしはかりえむ。されば予約せし人々は、もとより内情を知らるべきならねば、いつも、きびしく遅延をうながされて、発行書林の店頭には、毎回の督責状、うづだかきまでになりぬ、書林は又おのれを責めぬ、そが督責状なりとて持てくるをみれば、文面もさま〲にて、をかしきもあるがなかに、「大虚槻（おほうそつき）先生の食言海」などしるしつけられつるもありき。おのれは、まさしく約束をたがへぬ、ひとへに謝するところなり、計画のいたらざりしは、身を恨むる外あるべからず。そも〱、初より、予約といふ事せしこと、かへす〲もあやまりなりき、予約だにせざりせば、かゝるあざけりにあふこともあらじを、など悔ゆれどもせんなし。されど、責めらるゝつらさに、夜もふくるまで筆は執りつ、責めらるゝくるしさに、及ぶかぎりは、印刷の方にも迫りつ、それだにかく後れたり、責められざらましかばいかにかあらまし、など思へば、予約せしことも、僥倖なりきとも思ひなしぬ。さて、内外の苦情は、身ひとつにあつまりきて、陳謝に陳謝をかさねて、遁るべき道なくなりつ、又、ふたとせあまりがほどの坐食に、儋石の儲なさにも至りつ、今はせむすべなくて、さては、篇中、およそ七八分より末は、いそぎにいそぎて、十分なる重訂もえせられず、不用なるめりと思はるゝ語、又は、註に引ける例語のふたつみつあるなどは、愛を割きてけづりて、（篇首の数頁は、初稿のまゝなり、篇末、又かくのごとし、されば、前後の詳略の、釣りあはぬところも、又、符号などのそろはぬ所も出できつらむ、）ひとへに、完結の一日もはやからむことをのみ期しぬ。されば、初には、附録として、語法指南、字音仮名づかひ、名乗字のよみ、地名苗字などの読みがたきもの、和字、譌字、又は、諺、など添へむの心なりしかど、（語法指南のみは、篇首に載せつ）今はしばらくこゝにとぢめて、再版の時を待つことゝはせり。されど、初は、全篇の紙数、およそ一千頁と計りしが、大に注釈を増補する所ありて、全部完成のうへにては、紙数、一割ほどは殖えつらむ、これを乗除とも見よかし。

《儋石》は『大言海』に《米穀ノ僅カナル量。転ジテ、イササカナルコト》とある。

⑭ ほかの国語辞書は……

辞書は文教のもとゐたること、論ずるまでもなし、その編輯(へんしふ)功用の要は、この序文にくはしければ、さらにも言はず。されば、文部省にても、夙(はや)くよりこの業に着手せられぬ、語彙の挙は、明治の初年にあり、その後、田中義廉、大槻修二、小沢圭二郎、久保吉人の諸氏に命ぜられて、漢字の字書（本邦普通用の漢字を三千ばかりに限らむとて採収解釈せるもの、）と普通の日本辞書とを編せられつる事もあり、こは、明治五年より七年にかけての事なりき、さて、明治八年にいたりて、おのが言海は命ぜられぬ。世はやう／＼文運にすゝみたり、辞書の世に出(い)でつるも、今はひとつふたつならず。明治十八年九月、近藤真琴君の「ことばのその」発刊となれり、二十一年七月に、物集(もずめ)高見君の「ことばのはやし、」二十二年二月に、高橋五郎君の「いろは辞典」も刊行完結せり。近藤君は、漢洋の学に通明におはするものから、その教授のいそがはしきいとまに、かゝる著作ありつるは、敬服すべきことなり。この著作の初(はじめ)に、おのれが文典の稿本を借してよとありしかば、借しまゐらせつれば、やがて全部を写されたり、されば八品詞その外(ほか)のわかちなどは、おのれが物と、名目こそは、いさゝかかはりつれ、そのすぢは、おほかた同じさまとはなれり。そのかみ、君をはじめとして、横山由清、榊原芳野、那珂通高、の君たちに会ひまゐらせつるごとに、「辞書はいかに、」と問はれたりき、成りたらむには、とこそ思ひつるに、今は皆世におはせず、写真にむかへども、いらへなし、哀(かな)しき事のかぎりなり。物集君は、故高世大人(うし)の後とて、家学の学殖もおはするものから、これも、教授に公務に、いとまあるまじくも思はるゝに、綽々余裕ありて、そのわざを遂げられつること歎服せずはあらず。近藤君の著と共に、古書を読みわけむものに、裨益多かりかし。「いろは辞典」は、その撰を異にして、通俗語、漢語、多くて、動詞などは、口語のすがたにて挙げられたり、童蒙のたすけ少からじ。三書、おの〳〵長所あり。おのれが言海、あやまりあるべからむこと、言ふまでもなし。されど、体裁にいたりては、別におのづから、出色の所なきにしもあらじ、後世いかなる学士の出でゝ、辞書を編せむにも、言海の体例は、必ずその考拠のかたはしに供へずはあらじ、また、辞書の史を記さむ人あらむに、必ずその年紀のかたはしに記しつけずはあらじ。自負のとがめなきにしもあらざるべけれど、この事は、おのれ、いさゝか、行くすゑをかけて信じ思ふところなり。

『ことばのその』の近藤真琴は攻玉塾（のちの攻玉社）を開き、海軍兵学校でも教えていたので《教授のいそがはしきいとまに》……という評がある。

『ことばのはやし』の物集高見は㊇の段落で述べられていたごとく、かつて文部省で『言海』の稿本を保管する立場にいた人である。明治十九年からは帝国大学教授であった。それゆえ《教授に公務に、いとまあるまじくも思はるゝに》……という評になった。

近藤真琴に《敬服》し、物集高見に《歎服》したと書いているのはいずれも皮肉であろう。山田忠雄『近代国語辞書の歩み』（前掲）もこの《物集君は》で始まる一文を引き、《筆致は優しいけれども、筆者は其の行間に十二分の皮肉が籠められていることを感得せざるを得な

い》

と述べていた。

㊂『言海』の短所は……

おのれ、もとより、家道裕（ゆたか）ならず、されば、資金の乏しきにこうじて、物遠き語とては漏（もら）しつる、出典の書名をはぶきつる、図画を加へざりつる、共にこの書の短所とはなりぬ、遺憾やらむかたなし。そも、おのれが学の浅き才の短き、この上に多く立ちまさりて、別にしいでむ事とてもあるまじけれど、今の目のまへにてもあれ、資本だに継がば、これに倍せむほどのもの、つくりいでむは難（かた）からじなど、かけておもふ所なきにしもあらず。されど、我が国の文華は、開けつるがごとくみゆれど、いまだ開けず、資金をつひやして完全せしめむには、価を増さずはあるべからず、今の文化の度にては、物の品位に対して廉不廉（れんふれん）などの比較は、おきていはず、たゞ書籍なんどいはむものに、そこばく円といふ金出（いだ）さんずる需用家の多からむとは、かけても望みえず。されば、たとひ資本を得たりとも、収支の合はざらむわざは、をこなりけりと思ひなりて、志を出費の犠牲として、さて已（や）みつるなり。むかしの侯（こう）伯（はく）には、食前方丈侍妾（じせふ）数百人をはぶきて、文教の助けとある浩瀚（かうかん）の書を印行（いんかう）せしもありき、今の世にはありがたかり。こゝにいたりて、韓文公が宰相への上書をおもひいでゝ、あはれ、力ある人の一宴会の費（つひえ）もがな、などいやしげなるかたゐ心もいでくるぞかし、やみなむ〳〵、学者の貧しきは、和漢西洋、千里同風なりとこそ聞けれ、おのれのみつぶやくべきにあらず。さりながら、この業、もとより、このたびのみにして已むべきにあらず、年を逐ひて删修潤色の功をつみ、再版、三版、四五版にもいたらむ、天のおのれに年を仮さむかぎりは、斯文のために撓むことあるべからず。

⑯ **最後に……**

今年一月七日、原稿訂正の功、またくしをへて、からうじて数年の辛勤一頓し、さて、今月に入りて、全部の印刷も、遂に全く大成を告げぬ、こゝに、多年の志を達して、かつは公命に答へたてまつり、かつは父祖の霊を拝して、いさゝか昔日の遺誡に酬い畢はんぬ。明治二十四年四月　平文彦

《平文彦》は大槻文彦の別名の一つ（大槻家が平氏の流れをくんでいるため）。『言海』初版（四冊本）の奥付に貼られた「ことばのうみウリダシテガタ」という切手ほどの大きさの証紙に押された割印も《たひらのふみひこ》。

⑰ **これを載せたわけは……**

この文、もと、稿本の奥に書きつけおけるおのれがわたくし物にて、人に示さむとての

ものならず、十七年があひだの痕、忘れやしぬらむ、後の思ひでにやせむ、とて筆立でしつるものなるが、事実を思ひいづるにしたがひて、はかなき述懐も浮びいづるがまに〳〵、ゆくりなくも、いやがうへに書いつけもてゆけるはて〳〵の、かうもくだ〳〵しうはなりつるなり。さて、本書刊行の成れるに及びて、跋文なし、人に頼まむ暇はなし、よし〳〵、この文を添へもし削りもして、その要とある所を摘みて跋に代へむ、など思ひはかりたりしに、今は、日に〳〵刊行の完結を迫られて、改むべき暇さへ請ひがたくなりたれば、已むことを得ずして、末に年月を加へて、浄書もえせずして、全文をそのまゝに活字に物することゝはなりにたり。さればこの文を読むことあらむ人は、たゞその心して読み給へかし、もし、さる事の心をも思ひはからず、打ちつけに読み取りて、「たゞ一部の書を作り成し得たればとて、世に事々しき繰言もする人哉、心のそこひこそ見ゆれ、」などあながちに我をおとしめ言はむ人もあらば、そは、丈夫を見ること浅き哉、と言はむ、たゞ、かへす〴〵も、ゆくりなき筆のすさびと見てほゝかし給へや。

《とて筆立でしつるものなるが》の《で》は《て》の誤りだろうが、のちの版でも直されていない。『復軒雑纂』では《筆立て》。

　急に迫られて載せることになったと言いわけしているが、こういう弁明は昔の文章の型にすぎない。書き残そうという意志なしにここまで書けようか。結局のところ、丹念に書いて堂々と載せた者が歴史を制するのだ。

続古今集序

いにしへのことをも、筆の跡にあらはし、行きてみぬ境をも、宿ながら知るは、たゞこの道なり。しかのみならず、花は木ごとにさきて、つひに心の山をかざり、露は草の葉よりつもりて、言葉の海となる。しかはあれど、難波江のあまの藻汐は、汲めどもたゆることなく、筑波山の松のつま木は、拾へどもなほしげし。

同、賀

敷島ややまと言葉の海にして拾ひし玉はみがかれにけり　後京極

このページはもはや「ことばのうみのおくがき」ではないが、ついでに載せた。まず『続古今集』の序の一部を引き《この道》は和歌の道)、またその賀の歌から一首を引き《後京極》は良経)、それぞれ《言葉の海》に傍点を打っている。

書名の由来を示したわけだが、この辞書はあくまで『言海』であり、「ことばのうみ」は異称であろう。そちらの由来ばかりが説かれている。『ことばのその』『ことばのはやし』『ことばの泉』など当時の国語辞書の題には古典に典拠を求めうるものが多く、『言海』もそういう姿勢を示したかったのかもしれない。

『大言海』にも「ことばのうみ」という見出しがあり、《和歌ノ道ヲ、広大ナリトシテ、海ニ譬ヘテ云

There is nothing so well done, but may be mended.

フ語》となっていた。用例はここと同じ二例。

その下の英語の諺は要するに巻末にあたって今後の改訂の決意を示すというところか。芳賀矢一・安井小太郎・服部宇之吉編『格言大辞典』（文昌閣、大正五年刊）の「英語の部」にこの諺が載っており、《至善の業尚ほ改善の余地あり》という訳がついていた。

『大言海』第四巻の新村出「後記」でも、

《著者曾て旧版言海に跋して、その末に西諺を添へて云へらく、"There is nothing so well done, but may be mended." と。蓋し著者の意、当時に在りて言海の決して完全無缺なるを思はず、いくばくか修訂を要すべき点の存すべきを察したるに外ならざるなり》

とここを引いている。

『言海』を読んだ人々

百年以上の長きにわたり、『言海』は多くの人々に愛されている。『言海』を「読んだ」「引いた」「使った」という記述をいくつか集めてみたので、ここに並べてみたい。

明治二十五年――『言海』完結の翌年だが、この年、高等学校に入学した新村出は、父に『言海』を買ってもらったという（『大言海』「序文」）。

明治三十三年――この年、中学二年に進級した折口信夫は、進級の際、父に『言海』を買ってもらい、よく読み、書き入れもしたという（新編『折口信夫全集』33「国文学以外」）。

明治三十五年――この年、山本有三は高等小学校を卒業したが、すでに小学生のとき『言海』を買っていたという。卒業後、呉服店に丁稚奉公に出されたときも『言海』を持って行った。しかし蔵の中で本を読んでいたところを主人に見つかり、『言海』を含むわずかな蔵書をすべて取り上げられてしまった（NHK編『文壇よもやま話』上巻、青蛙房、昭和三十六年刊）。

――この三人が手にしたのはいずれも「大形」の『言海』である。折口信夫は《あの古い大判の『言海』》という言い方で回想している。同じ「大形本」にも四冊本・二冊本・一冊本があったが、山本有三ははっきり《一冊本の「言海」》を買ったと回想していた。

○

『言海』がいつ、どのような形で出たか、ということも並行して書いてみよう。

最初に出た「大形」の『言海』とは、四六倍判だった。B5判よりすこし大きい。この判型で四分冊で出たので、『言海』の一分冊は今で言えば週刊誌一冊くらいの大きさ、そして厚さであった。

四分冊のうち「第一冊」が出たのは明治二十二年五月のこと。

その表紙には、

《日本辞書言海　第一冊
あいうえおノ部》

と墨筆の書体でしるされていた。表紙を開くとまず「言海序」があり、以下「索引指南」まで、その後の版と同様に載っている（一行の字詰が違うためにページ数がその後の版とは違うところもあるが、内容は同じ）。

そのあとの辞書本文は「お」の最後（一六二ページ）まで。次がすぐ奥付で、

《明治二十二年五月五日印刷
同　　年五月十五日出版》

とあるその下に、

《定価金壱円五拾銭
版権所有》
とあり、さらにその左は、

東京府士族
《著作兼発行者　大槻文彦
府下下谷区金杉村百三十番地

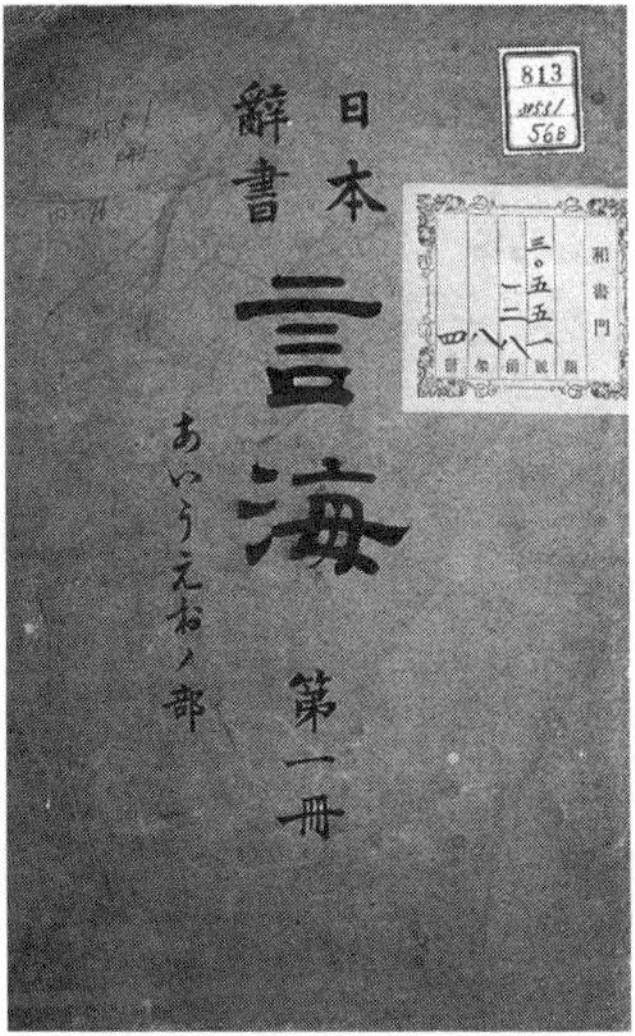

『言海』四冊本の第一冊（内閣文庫蔵）

印刷　印刷局活版科
売捌所　東京日本橋通四丁目　牧野善兵衛
同　同　通二丁目　小林新兵衛
同　大阪心斎橋通北久宝寺町　三木佐助》

となっている。

この四分冊の『言海』は大修館書店から昭和五十四年に覆製版が出ている（覆製版の奥付では書名を『私版日本辞書言海』とする）。私はこれを見たあと、内閣文庫で本物を手に取った。

以下、『言海』の変遷をしるすにあたっては、いろいろな文章に目を通した。大修館書店からは『言海』の原稿の覆製である『稿本日本辞書言海』全三巻も出ている（昭和五十四年）。第三巻の巻末に山田俊雄の一文があり、原稿のことのみならず『言海』の初版についても詳しくふれる。前に引いた『図録日本辞書言海』にも山田俊雄の解説があった。

山田忠雄『近代国語辞書の歩み——その摸倣と創意と——』（前掲）も『言海』に多くを割いている。「言海書誌」も載せる。

犬飼守薫『近代国語辞書編纂史の基礎的研究――『大言海』への道――』（前掲）は『言海』および『大言海』が作られる過程を追った、今日最も詳しい研究である。『言海』の覆製には平成十年に大空社の『明治期国語辞書大系』の一つとして出たものもあり、境田稔信の解題を付す。この『大系』の別巻『書誌と研究』（平成十五年刊）には境田稔信「明治期国語辞書の版種について」「『言海』大形本の書誌」を収める。境田稔信にはほかにも『言海』をめぐる論文がいくつかある。

――いずれにもお世話になったが、論者によって一致しない点もあるようだ。長く版を重ねた辞書をすべて見渡すのはなかなか困難なことであろう。結局のところ私としては、自分が手に取った『言海』から知りえたことを中心にしるすようにした。

○

「第一冊」が出たあと（「第二冊」が出る前）、『言海』の刊行開始を伝える新聞記事が出た。七月九日付の「読売新聞」の「○最近出版書」と題する記事で、その二つめに、

《○日本辞書言海（ことはのうみ）　第一冊（あいうえおノ部）本書は大槻文彦氏が文部省に奉職中明治八年二月文部卿の命に依て起草し十七年十二月に成稿したるものなり》

と始まる項目がある。句読点はついていない。原文総ルビの一部を残してみたが、書名は「ことばのうみ」と読むものと思われていたらしい（『言海』のどこにもげんかいとは書かれ

ていないようだし、巻末には「ことばのうみのおくがき」が載っているのだから、当然かもしれない）。記事はこのあと「本書編纂ノ大意」を要約するような書き方となり、そして、

《此第一冊は前文を除き紙数百六十二ページにして紙質も堅く滑（なめらか）に印行鮮明なり》

などと評する。

「第二冊」は同じ年の十月に出た。表紙には、

《日本辞書言海　第二冊
　かきくけこノ部
　さ――――ノ部》

とあり、すぐ辞書本文となる（「さ」の終り、四二八ページまで。ノンブルは通し数字）。

奥付には、

《明治二十二年十月二十五日印刷
同　　年十月三十一日出版》

とあって、ほかの部分は「第一冊」とほとんど同じだが、印刷は《印刷局活版科》でなくただ《印刷局》。

「第三冊」が出たのは次の年の五月である。表紙には、

《日本辞書言海　第三冊
　―しすせそノ部

たち――――ノ部》

とあり、すぐ辞書本文となる（「ち」の終り、六五六ページまで）。奥付には、

《明治二十三年五月二十五日印刷

同　　年五月三十一日出版》

とあって、ほかは「第二冊」と同じ。

「ことばのうみのおくがき」㊉に書いてあったように、当初「第一冊」は明治二十二年の三月中、「第二冊」は五月中、「第三冊」は七月中、「第四冊」は九月中……に出すと予告していた。二か月おきの配本を予定して予約購読を募っていたのである。前に引いた内容見本にもそのように明記してあった。しかし「第一冊」の発売がそもそも二か月遅れ、以後、次の配本との間隔は五か月、七か月……と広がる一方で、「第四冊」が出たのは「第三冊」の十一か月後となった。

「第四冊」が出たのは明治二十四年四月。

残された原稿の写真を見ると、もともとはちゃんと書いてあったのに線を引いて削除された項目が後半、急激に増えている。項目の一つ一つが苦心の結晶であったろうに、それはもう見るも無残な削除ぶりである。原稿のまま出版したら予定の四巻を超えてしまう虞れがあり、それはどうしても避けたかったのであろう。それでも「第四冊」は最も厚くなってしまった。表紙も、

《日本辞書言海　第四冊
　——つてとノ部　やいゆえよノ部
　なにぬねのノ部　らりるれろノ部
　はひふへほノ部　わゐうゑをノ部
　まみむめもノ部　》

と盛りだくさんである。奥付を見るとこれまでの体裁と少々異り、
《第一冊（お以上）明治二十二年五月五日印刷　同月十五日出版
第二冊（自か至さ）同　二十二年十月廿五日印刷　同月三十一日出版
第三冊（自し至ち）同　二十三年五月廿五日印刷　同月三十一日出版
第四冊（つ以下）同　二十四年四月十日印刷　同月二十二日出版　》
と前冊までの刊記も載せ、その下には、
《定価金六円》
とあった（それ以外の部分は前と同じ）。
『言海』は四冊を出し終えたあと、それまでの分と合せて（合綴して）刊行した。そういう形の合本の『言海』を内閣文庫で見ることができる。
大槻文彦は大勢の人に『言海』を進呈したが、「第一冊」から順次送ってあった人に対しては、この合本の『言海』を進呈する際、前の分を返却させている。そのときの返事がいく

つか『図録日本辞書言海』に収められており、西村茂樹の手紙には、（合本をもらった礼のあと）前の四冊はお返しします——と書いてあった。「第四冊」を受け取ったあとで合本を送られ、それまでの四冊を送り返したものと考えられる。この手紙は六月六日付だった。「第四冊」が奥付の通り四月二十二日に出ていたとすると若干あいだが空いている。「第四冊」が出て一ト月ほどたってから（五月の終りか、六月の初めに？）合本が出て、それを送られた西村茂樹がすぐ礼状を書いた——という経緯を想像できるが、どうだろうか。

ついでに言えばこの手紙には、——お礼というわけではありませんがこの品を送りますので御笑納下さい……と書き添えられていた。原文では《此品（フラネル）》である。つまりフランネルであろう（『言海』でも「フランネル」の形で見出しに立つ）。『言海』のお礼にフランネル（製の何か？）を送っていたわけだ。

「第四冊」は奥付の手前に正誤表が一枚（二ページ）はさまれている（正誤表というような標題はないが）。「第一冊」から「第四冊」までそれぞれについての、百五十ばかりの正誤が列挙されている。合綴の際に作成したものであろう。

『図録日本辞書言海』には大槻文彦による『言海』の言わば献本リスト（の一部？）も載っていた。《分冊ノ分》としては中根淑・高橋是清・林甕臣……などの名前が見える。《合本ノ分》としては西村茂樹・物集高見・外山正一・菊池大麓……といった名前があり、この四人の名前のわきにはいちいち《モドル》と小字でしるされている（別に《モドラズ》と書かれた人もいる)。四分冊の『言海』を返して来たかどうか、という注であろう。一方、そうい う注記のない名前もたくさんある(こちらのほうが多い)。福沢諭吉・浜尾新・谷干城・小 中村清矩・山田顕義・下田歌子……といった人たちである。合本ができたとき初めて贈った 相手であろう。

そのうちの一人、福沢諭吉が大槻文彦にあてた礼状が残っている。六月十三日付で、『言 海』一冊御投与にあずかり……云々とある。おかげで日本にも初めて辞書と名づくべきもの ができ……としきりに賞揚するが、手紙の冒頭、『言海』を字海と誤っていた(『福沢諭吉書 簡集』第七巻、平成十四年刊)。

福沢諭吉は『言海』が(いろは順でなく)五十音順であることに顔をしかめた――という 逸話は有名である。福沢諭吉のもとに大槻文彦は『言海』を直接持参したらしいのだが、 《結構なものが出来ましたナと云はれたが言葉の順が五十音順であるのを見て顔を顰(しか)め寄席 の下足札が五十音でいけますかと云はれた》――と後年、大槻文彦自身が回想している(明 治四十二年十月七日から十五日まで「東京日日新聞」に連載された「学界の偉人/大槻文彦 氏」と題する談話記事。『図録日本辞書言海』に収められた切抜きの写真から引いた)。

もっとも、明治八年に書き始められた『言海』の草稿はいろは順だった(昭和五十五年に 出た「成城国文学論集」第十二輯の山田俊雄「『言海』の草稿の表紙についての調査報告」 にその草稿の写真と翻字・解説がある)。また『言海』以後もいろは引きの辞書はたくさん出た。そのことは『近代国語辞書の歩み——その摸倣と創意と——』に詳しい。

こうして明治二十四年の六月の初めまでに『言海』はひと通り行き渡ったようである。そして六月二十三日には芝の紅葉館で「言海祝宴の儀」がおこなわれた。

この年の十二月、『言海』の第二版が出ている。今日で言えば第二刷ということになるが、最初の版とは装いが若干違い、しかも同時に二種類出たようである。

一つは一冊本。前の「合本」は文字通り分冊本を合綴したもので、各冊のあいだにもとの奥付もはさまれたままだったが、今度のはそういう仕切りが省かれた本当の一冊本である。国会図書館で手に取ったその本の奥付を見ると、「第一冊」から「第四冊」までの刊記が書かれたその次に、

《明治二十四年十二月五日第二版印刷出版》

という一行が加えられていた。印刷所は《秀英舎》になっている。そして売捌所は、四分冊のときは牧野善兵衛・小林新兵衛・三木佐助の三人だったけれども（この名義の三つの店と言ったほうがいいかもしれない）、この一冊本では牧野善兵衛に代って、

《吉　川　半　七
東京市京橋区南伝馬町壱丁目》

が加わっている。定価は変らず、六円。

（吉川半七名義のこの店は、明治三十七年、合資会社吉川弘文館となった。以後しばらくの

あいだ「小形」や「中形」の『言海』の発行所として——しばしば六合館や大阪宝文館などと連名の形で——表示される出版社である）

この国会図書館の本は改装のあとが著しいが、私が持っている一冊本は原装のままかと思う。《明治三十一年二月第四十一版》というもので、革の背表紙に金文字で《言海》とある（背には著者名なし）。前は六円だったのに、これは《定価金参円》。なぜか半額になっている。

先に引いた山本有三の回想には、《小学生だった時分》、『言海』は《三円だと思いましたね。この位デカイ》……というくだりもあった。たしかに厚さは八センチほど、重さは約二・五キログラムあり、私にとっても重いが小学生にはもっと重かったろう。向学心にあふれながら泣く泣く奉公に出た山本有三は、こんな重い『言海』をわざわざ持って行ったのだ。そして取り上げられたのだ。そして奉公先から逃げ出してしまったのである（山本有三は家が貧しくて進学できなかったのではなく、「学問をすると生意気になる」という父親の考えにより奉公に出されたのだった。逃げ帰って来たあとようやく勉学を許され、人より遅れて一高、東大と進むことになる）。

明治二十四年十二月に出たもう一つの『言海』は、二冊本である。

これは手に取ったことはないのだが、『図録日本辞書言海』に写真が載っていた。表紙には（書名の下に）片や《乾》、片や《坤》と書かれている（「上」「下」と同じ）。奥付の写真はないものの、解説によれば明治二十四年十二月刊で、印刷所は秀英舎だという。

このとき出た二種類の本にはどちらにも巻頭に《宮内大臣ヨリ編者へノ御達》が加えられることになった。

大槻文彦は宮中に『言海』を四部献上した（献本リストにも《宮内省　四部》と見える）。それに対する返事が宮内大臣からの《御達（おたつし）》という形で届き、それを掲げたのである。トビラの次、「言海序」の手前にはさまれたやや上質の紙（少々厚手の紙）に、こんな文字が朱で印刷されている。「言海序」と同じ大きさの字である（原文の改行通りに引く）。

《日本辞書言海　四部》
右今般編輯ノ趣ヲ以テ
天皇陛下
皇太后陛下
皇后陛下
皇太子殿下へ献上被致（いたされ）候（さうらふ）ニ付夫々（つきそれぞれ）
御前へ差上候右ハ斯道（しだう）ニ裨益（ひえき）不少（すくなからず）善良ノ
辞書ニシテ精励編輯ノ段　御満足ニ被（おぼ）
思召（しめされ）候此段申入候也
明治二十四年七月二十三日

宮内大臣子爵土方久元》

句読点はなく、文の切れ目にもアキはないが、皇族の名はすべて改行し、《御》の字の前では一字アキにする――というこの種の文章の作法が厳格に守られている。全体が朱のわくで囲まれ、その外側（右上）に《宮内大臣ヨリ編者ヘノ御達》と小字でしるされている。この裏は白紙。

前にも引いた大槻文彦の談話記事（明治四十二年「東京日日新聞」）ではこのような御沙汰があったことが感激をこめて回想されている。

この《御達》は「小形」や「中形」の『言海』でも（やはり、すこし上質の紙を使って）掲げているものが多いが、改行は異る場合がある。

○

こうして明治二十四年十二月以降は、『言海』は同じ「大形」でも三種類あったことになる。四分冊を合本にしたものと、最初から一冊本として出たものとを別に数えるなら四種類になろう。しかしこの中で最もよく出回ったのはやはり一冊本ではないか、という気がする。四分冊や二分冊の『言海』は今日めったに見かけないから……ということもあるが、そもそも辞書は一冊本でないと使い難い。一冊本が存在するのにあえて二冊本や四冊本を求めたりするだろうか。もっとも、境田稔信「明治期国語辞書の版種について」によると明治二十九年および三十一年に和綴じで四分冊の『言海』も出ているらしい。実用とは別の観点から作られたのかもしれない。

辞書は一冊本が使い易く、さらに言えばもっと小さくて軽いほうが使い易いはずであるが、判型の小さい『言海』は明治三十七年まで待たなければならなかった。

○

明治三十一年、竹村鍛（きたう）の優れた『言海』論が発表された。

『言海』は完結したあと新聞や雑誌にしばしば取り上げられ、讃辞に包まれた。しかし完結直後のことでもあり、もっぱら「本格的な辞書が初めて作られた」とか「長年かけた仕事がようやく完成した」といった大まかな讃辞であった。

それに対して明治三十一年、「帝国文学」の十月号に載った竹村鍛「辞書編纂業の進歩及び吾が国現時の辞書」は当時としては珍しい本格的な辞書論になっている（『言海』以外にも多くの辞書を取り上げる）。これについては『岩波講座　日本語』9（岩波書店、昭和五十二年刊）の見坊豪紀「日本語の辞書(2)」で詳しく紹介されており、ここでは見坊豪紀の要約をそのまま借りてみたい。竹村鍛は『言海』の長所をさまざまに挙げたあと、次のように《欠点》を並べたのだった。

《欠点の第一は、古語雅言の収録が少なくて中学校の教科書の学習にもさしつかえること。

第二は、近松、西鶴等近世文学作品の用語がもれていること》《第三は新聞雑誌に見られる日常の漢語の過半がもれていること》

（竹村鍛は河東碧梧桐の兄にあたる。女子高等師範学校の教授だったが、明治三十四年、若くして死去）

『言海』の見出し語については幸田露伴も不満を洩したことがある。竹村鍛より早く明治二十八年、新聞「国会」に連載された「話苑」の中の「辞書」と題する短い文章で『言海』にふれていた。《文学的死語》はたくさん載っているが《日常用ひ居れる語》や《工業農業》などの語はあまり載っていない、というのである。『言海』の名も挙げているが、むしろ《今の辞書》全体に対する批判として書かれていた（引用は『露伴全集』による）。

幸田露伴よりもなお早い時期、『言海』をこまごまと批判したのが山田美妙である。辞書論のような形ではなく、自分の作った『日本大辞書』の一つ一つの項目の中で「『言海』はこう解釈しているが、それは違う……」と言い立てたのである。いや、「違う」とはっきり言った例は見あたらず、

……《トイフ言海ノ説ハイカガ?》（「あしぼね」）

《言海ニコレヲ副詞トシタハ穏カデナイ》（「あたり」）

《言海ニ》……《トシタノハ心得ナイ》（「おどかス」）

といった表現で『言海』をあげつらったのだった。「あ行」には約二十か所でこういう言

及が見える。それを過ぎるとほとんど発見できなくなるのだが、それとしるさずに『言海』の説を引いてあげつらったところはもっとありそうだし、黙って『言海』の説を採用した項目も多そうだ。

『日本大辞書』は全十一冊（別冊一）で、『言海』完結の翌年、明治二十五年から刊行され、その次の年に完結した。先行する辞書をぞんぶんに利用し、なおかつ対抗意識をあからさまにする態度は異色であり、奇怪でもあるが、ともあれ山田美妙は『言海』を丹念に読んだ最初の読者だったかもしれない。

○

明治三十七年、「小形」の『言海』があらわれた。菊半截判である。A6判（文庫判）よりわずかに大きい。私の手許にあるのは奥付に、

《明治三十七年二月二十日第一版印刷
明治三十七年二月廿五日第一版発行
明治三十七年五月一日第二版印刷
明治三十七年五月十日第二版発行》

とあるもの。

《言海縮刷》

《定価金壱円五拾銭》

としるされたあと、《著者兼発行者》として大槻文彦、《印刷者兼発行所》として吉川半七、《発行所》として小林新兵衛と三木佐助の名が（いずれも住所とともに）表示されている。トビラの次は例の《宮内大臣ヨリ編者ヘノ御達》だが、その次に大槻文彦の肖像写真もはさまれている（それを説明する文字はないが）。

このあと「中形」の『言海』が出る。四六判である。「大形」の半分の大きさ。B６判よりすこし大きい。私の手許にある四六判の『言海』の古いものには、

《明治三十七年二月廿日第一版印刷
明治三十七年二月廿五日第一版発行
明治四十二年八月廿日第弐百版印刷
明治四十二年八月廿五日第弐百版発行》

とあるので、これだけ見ると「中形」も「小形」と同時に明治三十七年から出ていたような気がしてしまう。しかし明治三十七年の第一版とは「中形」も「小形」も区別しない『言海縮刷』全体の最初の版というつもりではないか。明治四十二年の第二百版から「中形」も製作した、ということではないかと思う（この「中形」の奥付も書名はやはり《言海縮刷》だけである）。

『図録日本辞書言海』には大槻文彦の養嗣子大槻茂雄がまとめた「復軒先生伝記資料」が収め

られているが、その明治三十七年の項には、

《二月二十五日　縮刷　小形言海発行（二月二十八日　奥附検印五百枚吉川半七へ、第一版）

中形言海発行（明治四十二年八月二十三日　五千部検印　第一版）》

とあり、やはり「中形」は明治四十二年から出たことを示している。

「小形」にせよ「中形」にせよ、「大形」の『言海』をそのまま縮小したもので、本文のページ数は最初の版と変らない。初めの二ページの正誤表がついていた。百三十ほどの正誤があり、「大形」の一冊本についていた正誤表と比べると多少減っているが、新たに見つけられた誤りもある。このあとしばらくしてから出る「小形」や「中形」の『言海』では小さな正誤表に差し替えられている。前の二ページにわたる正誤表の内容は本文の中で直されたようだ。

この小さな正誤表にも二種類あって、最初は「小言海正誤」という題のついたものだった。私の持っている『言海』を見ると、「小形」の大正四年の刷りにこれが載っている。

そのあと「言海正誤」という題のものに変る。私の持っている中では「小形」の大正十二年の刷りにこれが載っていた（「中形」の版だと、それより後年の刷りでもまだ古い正誤表だったりする）。

この覆製版に載っているのはあとのほう、「言海正誤」である。八つのうち六つは、見出し語の歴史的かなづかいを改めるというもの（「かうがんじ」の項は、語源説も改める）。それから「終結」ということばが「しうけつ」「しゆうけつ」両方の見出し語で出てしまったが「しゆうけつ」が正しい、というもの。もう一つは「合はす」ということばの活用変化を訂正するもの。

○

「小形」の版が出てから、『言海』はますます普及した。明治三十九年一月二十七日の「読売新聞」にこんな記事がある。

《○言海の百五十版　京橋区南伝馬町吉川弘文館にて平和克服紀念として銅凸版を利用し小形なる言海の百五十版五万部を刷出したるに好評あり〔。〕其祝意と平和の祝意を兼ね一昨日木挽町の万安楼（まんやす）に祝宴を開きたり》

おりしも日露戦争が終ったばかりのころで、《平和克服》とはそのことを指す。この記事が出るすこし前、一月九日の「都新聞」には『言海』第百五十版の広告（吉川弘文館）を見つけたが、そこでもまず《平和克復一大紀念発売》と謳われていた。宣伝文ははなはだ長文であるが、中には、

《本書は既に版を重ぬること茲（ここ）に百五十版〔、〕部数十余万部を売尽くしたるも〔、〕予約

締切後其需要の益々増加せる結果として其価格も漸次に騰貴し殆んど定価を超過するの勢を示しつゝあり〔。〕是(こ)れ本館の紀念大発売を企てたる所以にして〔、〕部数五万部を限り来(きたる)明治卅九年二月廿八日迄の申込者に対しては金一円を以て其需(もとめ)に応じ直(ただち)に送本すべく〔、〕過般縮刷せる亜鉛凸版に比し印刷一層の鮮明を加へたるは本館の保証する処たり》

というくだりがある。定価は一円五十銭だが、特価一円だという。

○

このころ小学生だった森銑三は『言海』を引いたことがあるという。「小学生時代に読んだ本」という文章の中で、

《落合直文の『孝女白菊の歌』を読んだのは、それより少し後れて四十一二年のことだった》

と述べたあと、

《『孝女白菊の歌』は、むつかしくも何ともなかつたが、その次に人から借りて読んだ、大町桂月さんの『黄菊白菊』には、骨が折れた》《「みあらか」などの古語が分らなかつた。しかしその時私は、縮刷の『言海』を買つて貰つて持つてゐたので、『言海』を引さ引き、それらの詩の大意を了した》

と回想している（『森銑三著作集　続編』）。明治四十二年とすれば満で十四歳、高等小学校

に在学中のことになる。《縮刷の》としか書かれていないが、このとき手にしたのはやはり「小形」の『言海』であったろうか。

○

明治四十四年から大正二年にかけて『尋常小学唱歌』が出て、小学校で使われ始めた。「かたつむり」「紅葉」「春の小川」「海」「故郷」など今もよく知られた歌を含む教科書だが、当時は唱歌の一つ一つに伴奏譜は作られず、教師用指導書のようなものも作られなかったらしい。

その両方の仕事を一人でやってのけたのが福井直秋であった。教科書が順々に出るのを追い駆けるように『尋常小学唱歌伴奏楽譜歌詞評釈』(共益商社書店)を著述、刊行した(教科書と同じ六冊で、やはり明治四十四年から大正二年にかけて刊行)。教科書所収のすべての歌についての「伴奏楽譜」と「歌詞評釈」とが載っている。

この「歌詞評釈」の中で『言海』が使われていた。たとえば第二学年用の「案山子(かかし)」(「山田の中の一本足の案山子……」)の歌詞では「かかし」の語源に着目し、

《『言海』の説では、赫しの義であるかと疑つて居る。しかし吾人はこれを採らぬ》

と述べる。また第三学年用の「鵯越(ひよどりごえ)」(「鹿も四つ足、馬も四つ足……」)では「油断大敵」ということばを取り上げ、これは涅槃(ねはん)経から来たものであろう、とその一節を引用し、

そのように《小山田与清は松屋筆記に言つて居る。『言海』の説もこれに由つて居る》と注する。

たしかに『言海』で「油断」を見ると《〔涅槃経ノ油鉢ノ譬ヨリ出デタル詞ト云〕》とある。『言海』の語源説が何に依拠しているかを探りあて、そちらを先に引いたわけだ（ちなみにこの語源説は『大言海』では否定されているが）。

ことばの注釈に『言海』を使った早い例であろうが、自分でも吟味しつつ引いている点が注目されよう。もっとも、第一学年用の「桃太郎」（「桃太郎さん桃太郎さん……」）に、《『家来』は家隷（けれい）といふ語が転じたのであらう》

とあり、第五学年用の「鯉のぼり」（「甍の波と雲の波……」）に、《『いらか』は『いろこ』即ち鱗（うろこ）といふ語から来たので、》

とあるのは、その名を挙げずに『言海』の説を引いたところ、とも見なせようか。絶えず『言海』を参照しているのは確かだろう。『言海』以外に近代の辞書の名は見あたらない。むしろ近世の考証随筆などがよく引かれ、その博引旁証の中に『言海』も位置している。後世しばしば見られる「権威ある辞書の記述を振り回す」という態度は、まだ発生していないようだ。

福井直秋は明治十年生れ。富山県師範学校を出たあと東京音楽学校に行っており、つまり小学校の教員の資格を得た上での進学だった。国語も教えられる人の目からすれば、『尋常小学唱歌』が歌詞の解説もなしに送り出されるのはいかにも不親切——という気がしたのかもしれない。『尋常小学唱歌伴奏楽譜歌詞評釈』を出したころの福井直秋は東京府立第三中学校（のちの都立両国高校）の教諭であった。その後、東京府青山師範学校の教諭となり、やがて昭和四年、武蔵野音楽学校を創立している（のちの武蔵野音楽大学）。

○

大正元年に書かれた夏目漱石の手紙の中に『言海』がチラッと登場する。

漱石は『彼岸過迄』の単行本の校正を、当時学生だった岡田耕三（のち林原姓）に任せていた。校正中、こまごまとした質問が手紙で来たらしく、漱石はいちいち返事を出してそれに答えているが、そのうち九月二日付の手紙にこんなくだりがある（〔　〕は私が加えたルビ）。

《しかめつら。うすきみ。だれしも。だれひとり（ぢやないか。前後の関係で断言しがたし）。いりぐち。せんかうたて。云ひつぱなし（ぢやないかしら）。あがりぐち。怪訝（けげん）（言海には希見（けげん）とあり其方可然〔しかるべき〕か）》

岡田耕三の質問の内容は想像するしかないが、ここは恐らくいくつかの語について語形・よみ・清濁・用字などをまとめて問合せて来たことに対する返事であろう。返事を書くうち、「怪訝」について漱石はふと『言海』を引いたらしい。しかし『言海』の「けげん」の項には《〔希有希見ノ意ナルベシ〕》と〔　〕の中にその字があるだけで、つまり語源説の一種にすぎず、用字を示したわけではない。「希見」などという文字遣いはちっとも「しかるべき」ではないのだ（漱石の手紙では「希見」に「けげん」のルビがあるが、『言海』のルビは濁点なし）。

とんだ読み違いだが、『言海』は「けげん」の漢字表記は示していなかった。それゆえ誤読が生じたとも言えるが、多少なりとも『言海』に目を通していれば〔　〕は漢字表記を示すものではないということくらい、わかりそうなものだった。辞書で記号や約物が使われていると取り違える人が必ずあらわれるということでもあろう。

漱石は小説の中でも『言海』を登場させたことがある。大正五年に書かれた『明暗』の中で、――「お延」は手紙を書くとき、《うろ覚えの字》は《屹度言海を引いて見る》……という形で出て来る（七十八。この〔　〕は『漱石全集』のルビ）。

しかし手紙を書くときによく使うようなことばは『言海』にはあまり載っていないのではないか。日常的な漢語が大きく欠けているという点は幸田露伴も竹村鍛も早くに批判していたことだった。そんなことにはおかまいなしに、あまり現実的でない形で『言海』を持ち出した場面であった。漱石ほどの人はうろ覚えの漢字を国語辞典で確かめたことなど、なかったのかもしれない。「けげん」の一件からしても、『言海』を使いこなしていたとは思えない。ただこの場面からは『言海』がすでに国語辞典の代名詞のようになっていたことが窺われる。

このあと森鷗外・里見弴・芥川龍之介・小島政二郎・志賀直哉・柳田国男・菊池寛・池田弥三郎・福本和夫・高見順・唐木順三・開高健……といった人々の『言海』体験にも筆を及ぼすつもりだったが、文庫本の解説としてはすでに紙数を費やしすぎているので、このへんで打ち切らざるをえない。

○

その後の『言海』の出版をたどっておくと、昭和にはいっても「小形」と「中形」の『言海』は版を重ねた。手許には、昭和四年二月十五日六百三版発行という「小形」（発行所は六合館）、昭和十九年二月廿五日六百八版発行という「中形」（発行所は照林堂書店）がある。最後の『言海』と目されるのが昭和二十四年三月二十日第千版発行というもの（発行所は有精堂）で、これは奥付には《言海（中型）》と表示してあるものの、ほぼB6判で、これまでの「中形」と「小形」の中間の大きさである。この大きさの『言海』はこの版以外に見られず、「第千版」だけかもしれない。この千という数字にしても、どの大きさの版を引き継ぐのか、はたして九百何十版というものが存在したのかなど疑問が多い。

なおこの覆製では、入手しえた「小形」のうち最も印刷が鮮明なものを底本に選んだ。覆製版を提案した私としては当初「小形」の中でも古いものがよかろうと大正十一年の刷りを編集部に預けていたのだが、担当の大山悦子さんが神保町の古書店で見つけて下すったというこの昭和六年の刷りのほうが鮮明で、大正の刷りでは字がつぶれていたところもかなり直っている（ごく一部、空白になっている箇所があるが、これも底本のまま）。古さにこだわる意味はないと考えを改めた。いずれにせよ明治二十二年から二十四年までに出た最初の版とページ数は変らず、内容もほとんど同じと言ってよく、むしろ前の版にあった誤りは直されているわけである。『言海』によれば、こうである――とこの文庫版から引用して戴いて差支えないものと存ずる。

本書は明治二二年五月一五日に刊行された『言海』の六二八刷（昭和六年三月一五日刊）を底本としている。底本の欠損や汚れは他の版本で補った。また、底本中の差別的表現や語句は、刊行された時代背景と歴史的・資料的価値を考慮してそのままとした。

現代小説作法　大岡昇平
西欧文学史に通暁し、自らの作品においては常に事物を明晰に観じ、描き続けた著者が、小説作法の要諦を論じ尽くした名著を再び。（中条省平）

日本人の心の歴史（上）　唐木順三
自然と共に生きてきた日本人の繊細な季節感の変遷をたどり、日本人の心の歴史とその骨格を究明する。上巻では万葉の時代から芭蕉までを扱う。

日本人の心の歴史（下）　唐木順三
日本人の細やかな美的感覚を「心」という深く広い言葉で見つめた創見に富む日本精神史。下巻は西鶴の時代から現代に及ぶ。（高橋英夫）

日本文学史序説（上）　加藤周一
日本文学の特徴、その歴史的発展や固有の構造を浮き上がらせて、万葉の時代から源氏・今昔・能・狂言を経て、江戸時代の徂徠や俳諧まで。

日本文学史序説（下）　加藤周一
従来の文壇史やジャンル史などの枠組みを超えて、幅広い視座に立ち、江戸町人の時代から、国学や蘭学を経て、維新・明治、現代の大江まで。

書物の近代　紅野謙介
書物にフェティッシュを求める漱石、リアリズムに徹し書物の個性を無化した藤村。モノ－書物に顕現するもう一つの近代文学史。（川口晴美）

奇談異聞辞典　柴田宵曲編
ろくろっ首、化け物屋敷、狐火、天狗。古今の書に精通した宵曲が、江戸の随筆から奇にして怪なる話を選り抜いて集大成した、妖しく魅惑的な辞典。

源氏物語歳時記　鈴木日出男
最も物語らしい物語の歳時の言葉と心をとりあげ、その洗練を支えている古代の日本人の四季の自然に対する美意識をさぐる。（犬飼公之）

江戸奇談怪談集　須永朝彦編訳
江戸の書物に遺る夥しい奇談・怪談から選りすぐった百八十余篇を集成。端麗な現代語訳により、古の妖しく美しく怖ろしい世界が現代によみがえる。

江戸の想像力　田中優子

平賀源内と上田秋成という異質な個性を軸に、江戸18世紀の異文化受容の屈折したありようとダイナミックな近世の〈運動〉を描く。（松田修）

図説 太宰治　日本近代文学館編

「二十世紀旗手」として時代を駆け抜けた作家・太宰。新公開資料を含む多数の写真、草稿、証言からその文学と人生の実像に迫る。（安藤宏）

社会と自分　夏目漱石　石原千秋解説

漱石自ら精選した六篇の講演に「私の個人主義」を併録。創造的な生を若者に呼びかけた力強い言葉が胸を揺さぶる、今あらためて読みたい名講演集。

平家物語の読み方　兵藤裕己

琵琶法師の「語り」からテクスト生成への過程を検証し、「盛者必衰」の崩壊感覚の裏側に秘められた王権の目論見を抽出する斬新な入門書。（木村朗子）

定家明月記私抄　堀田善衞

美の使徒・藤原定家の厖大な日記『明月記』を読みとき、大乱世の相貌と詩人の実像を生き生きと描く名著。本篇は定家一九歳から四八歳までの記。

定家明月記私抄　続篇　堀田善衞

壮年期から、承久の乱を経て八〇歳の死まで。乱世を生きぬき宮廷文化最後の花を開いた藤原定家の人と時代を浮彫りにする。（井上ひさし）

都市空間のなかの文学　前田愛

鷗外や漱石などの文学作品と上海・東京などの都市空間――この二つのテクストの相関を鮮やかに捉えた近代文学研究の金字塔。（小森陽一）

増補 文学テクスト入門　前田愛

漱石、鷗外、芥川などのテクストに新たな読みの可能性を発見し、〈読書のユートピア〉へと読者を誘う、オリジナルな入門書。（小森陽一）

益田勝実の仕事（全5巻）　益田勝実

国文学・歴史学・民俗学の方法を駆使して日本人の原像に迫った巨人の全貌。単行本と未刊行論文から編む全五巻。第60回毎日出版文化賞受賞。

益田勝実の仕事1
益田勝実／鈴木日出男／天野紀代子編

〈説話の益田〉の名を確立した『説話文学と絵巻』（一九六〇年）をはじめとする説話文学論と、民俗学を見据える諸論を収録。解題＝鈴木日出男

益田勝実の仕事2
益田勝実／鈴木日出男／天野紀代子編

原始日本人の想像力とその変容プロセスに迫った力作『火山列島の思想』（一九六八年）と、単行本未収録の物語論考で編む。解題＝天野紀代子

益田勝実の仕事3
益田勝実／鈴木日出男／天野紀代子編

記紀の歌謡に〈抒情以前の抒情〉の出現を見出す『記紀歌謡』（一九七二年）を中心に、古代歌謡・万葉集についての論考を収める。解題＝鈴木日出男

益田勝実の仕事4
益田勝実／鈴木日出男／天野紀代子編

神話的想像力の主題を、それを担う主体の側から焦点化した傑作『秘儀の島』（一九七六年）と、単行本未収録の神話論考で編む。解題＝坂本勝

益田勝実の仕事5
益田勝実
幸田国広編
鈴木日出男／天野紀代子監修

高校教師、教科書編集委員として三十年にわたり携わった戦後国語教育への発言を、古典教育論・「現代国語」論などジャンル別に収録。解題＝幸田国広

後鳥羽院　第二版
丸谷才一

後鳥羽院は最高の天皇歌人であり、その和歌は藤原定家の上をゆく。「新古今」で偉大な批評家の才も見せる歌人を論じた日本文学論。（湯川豊）

図説　宮澤賢治
天沢退二郎／栗原敦／杉浦静編

賢治を囲む人びとや風景、メモや自筆原稿など、約250点の写真から詩人の素顔に迫る。第一線の賢治研究者たちが送るポケットサイズの写真集。

初期歌謡論
吉本隆明

歌の発生の起源から和歌形式の成立までを、『古事記』『日本書紀』『万葉集』『古今集』、さらには平安期の歌論書などを克明に読み解いてたどる。

宮沢賢治
吉本隆明

生涯を決定した法華経の理念は、独特な自然の把握や倫理に変換された無償の資質といかに融合したのか？　作品への深い読みが賢治像を画定する。

東京の昔 吉田健一

第二次大戦により失われてしまった情緒ある東京。その節度ある姿、暮らしやすさを通してみせる、作者一流の味わい深い文明批評。（島内裕子）

日本に就て 吉田健一

政治に関する知識人の発言を俎上にのせ、責任ある市民に必要な「見識」について舌鋒鋭く論じつつ、路地裏の名店で舌鼓を打つ。甘辛評論選。（苅部直）

甘酸っぱい味 吉田健一

酒、食べ物、文学、日本語、東京、人、戦争、暇つぶし等々についてつらつら語る、どこから読んでもヨシケンな珠玉の一〇〇篇。（四方田犬彦）

英国に就て 吉田健一

少年期から現地での生活を経験し、ケンブリッジに進んだ著者だからこそ書ける極めつきの英国文化論。既存の英国像がみごとに覆される。（小野寺健）

私の世界文学案内 渡辺京二

文学こそが自らの発想の原点という著者による世界文学案内。深い人間観・歴史観に裏打ちされた温かな語り口で作品の世界に分け入る。（三砂ちづる）

平安朝の生活と文学 池田亀鑑

服飾、食事、住宅、娯楽など、平安朝の人びとの生活を、『源氏物語』や『枕草子』をはじめ、さまざまな古記録をもとに明らかにした名著。（高田祐彦）

雨月物語 上田秋成 高田衛／稲田篤信校注

上田秋成の独創的な幻想世界「浅茅が宿」「蛇性の婬」など九篇を、本文、語釈、現代語訳、評を付しておくる〝日本の古典〟シリーズの一冊。

古今和歌集 小町谷照彦訳注

王朝和歌の原点にして精髄と仰がれてきた第一勅撰集の全歌訳注。歌語の用法をふまえ、より豊かな読みへと誘う索引類や参考文献を大幅改稿。

徒然草 兼好 島内裕子校訂／訳

後悔せずに生きるには、毎日をどう過ごせばよいか。人生の達人による不朽の名著。全二四四段の校訂原文と、文学として味読できる流麗な現代語訳。

方丈記　鴨長明　浅見和彦校訂／訳

天災、人災、有為転変。そこで人はどう生きるべきか。この永遠の古典を、混迷する時代に生きる現代人ゆえに共鳴できる作品として訳解した決定版。

梁塵秘抄　植木朝子編訳

平安時代末の流行歌、今様。みずみずしく、時にユーモラス、また時に悲惨でさえある、生き生きとした今様から、代表歌を選び懇切な解説で鑑賞する。

古文研究法　小西甚一

受験生のバイブル、最強のベストセラー参考書がついに！　碩学が該博な知識を背景に全力で書き下ろした、教養と愛情あふれる名著。（土屋博映）

梁塵秘抄　西郷信綱

遊びをせんとや生れけむ——歌い舞いつつ諸国をめぐる「遊女」が伝えた今様の世界を、みずみずしい切り口で今によみがえらせる名著。（鈴木日出男）

古事記注釈（全8巻）　西郷信綱

片々たる一語の中に古代の宇宙が影を落す。一語一語に正対し、人類学、神話学等の知見も総合して根本から解釈を問い直した古事記研究の金字塔。

古事記注釈　第一巻　西郷信綱

古事記研究史上に燦然と輝く不朽の名著を全八巻で文庫化。本巻には著者の序「古事記を読む」と、「太安万呂の序」から「黄泉の国、禊」までを収録。

古事記注釈　第二巻　西郷信綱

須佐之男命の「天つ罪」に天照大神は天の石屋戸に籠るが祭と計略により再生する。本巻には「須佐之男命と天照大神」から「大蛇退治」までを収録。

古事記注釈　第三巻　西郷信綱

試練による数度の死と復活。大国主神とは果たして何者か。そして国譲りの秘める意味は。本巻には「大国主神」から「国譲り（続）」までを収録。

古事記注釈　第四巻　西郷信綱

高天の原より天孫たる王が降り来り、天照大神は伊勢に鎮まる。王と山の神・海の神との聖婚から神武天皇が誕生し、かくて神代は終りを告げる。

さよなら英文法！ 多読が育てる英語力　酒井邦秀
「努力」も「根性」もいりません。愉しく読むうちに豊かな実りがあなたにも。人工的な「日本英語」を棄て真の英語力を身につけるためのすべてがここに！

文章心得帖　鶴見俊輔
「余計なことはいわない」「紋切型を突き崩す」等、実践的に展開される本質的文章論。70年代に開かれた一般人向け文章教室の再現。（加藤典洋）

ことわざの論理　外山滋比古
「隣の花は赤い」「急がばまわれ」……お馴染のことわざの語句や表現を味わい、あるいは英語の言い回しと比較し、日本語の心性を浮き彫りにする。

知的創造のヒント　外山滋比古
あきらめていたユニークな発想が、あなたにもできます。著者の実践する知的習慣、個性的なアイデアを生み出す思考トレーニングを紹介！

新版 文科系必修研究生活術　東郷雄二
卒論の準備や研究者人生を進めるにあたり、何を身に付けておくべきなのだろうか。研究生活全般に必要な「技術」を懇切丁寧に解説する。

名文　中村明
名文とは何か。国木田独歩から宮本輝に至る五〇人の作家による文章の精緻な分析を通して、名文のスタイルの構造を解明する必携の現代文章読本。

文章作法入門　中村明
書きたい！　茫漠としたその思いを形にし、文章を発信するときのすべてを解説。原稿用紙の約束事から論理的な展開法にいたるまで徹底指導する。

悪文　中村明
文法的であってもどことなくしっくり来ない日本語表現をAからZまで26のテーマに分類、誤用・悪用例をとおして日本語の面白さを発見する。

たのしい日本語学入門　中村明
日本語を見れば日本人がわかる。世界的に見ても特殊なこのことばの特性を音声・文字・語彙・文法から敬語や表現までわかりやすく解き明かす。

英文対訳 日本国憲法
別宮貞徳
英語といっしょに読めばよくわかる！「日本国憲法」のほか、「大日本帝国憲法」「教育基本法」全文を対訳形式で収録。自分で理解するための一冊。

「不思議の国のアリス」を英語で読む
別宮貞徳
このけたはずれにおもしろい、奇抜な名作を、いっしょに英語で読んでみませんか――『アリス』の世界を原文で味わうための、またとない道案内。

さらば学校英語 実践翻訳の技術
別宮貞徳
英文の意味を的確に理解し、センスのいい日本語に翻訳するコツは？ 日本人が陥る誤訳の罠は？ 達人ベック先生が技の真髄を伝授する実践講座。

裏返し文章講座
別宮貞徳
翻訳批評で名高いベック氏ならではの文章読本。翻訳文を素材に、ヘンな文章、意味不明の言い回しを一刀両断、明晰な文章を書くコツを伝授する。

ステップアップ翻訳講座
別宮貞徳
欠陥翻訳撲滅の闘士・ベック先生が、意味不明の訳を斬る！ なぜダメなのか懇切に説明、初級から上級まで、課題文を通してポイントをレクチャーする。

わたしの外国語学習法
ロンブ・カトー
米原万里訳
16ヵ国語を独学で身につけた著者が明かす語学学習の秘訣。特殊な才能がなくても外国語は必ず習得できる！ という楽天主義に感染させてくれる。

言海
大槻文彦
統率された精確な語釈、味わい深い用例、明治の刊行以来昭和まで最もポピュラーで多くの作家に愛された辞書『言海』が文庫で。（武藤康史）

名指導書で読む 筑摩書房 なつかしの高校国語
筑摩書房編集部編
名だたる文学者による編纂・解説で長らく学校現場で愛された幻の国語教材。教室で親しんだ名作と、珠玉の論考からなる傑作選が遂に復活！

異人論序説
赤坂憲雄
内と外とが交わるあわい、境界に生ずる〈異人〉という豊饒なる物語を、さまざまなテクストを横断しつつ明快に解き明かす危険で爽やかな論考。

ちくま学芸文庫

言海（げんかい）

二〇〇四年四月 七 日 第一刷発行
二〇一七年四月十五日 第十刷発行

著 者 大槻文彦（おおつき・ふみひこ）
発行者 山野浩一
発行所 株式会社 筑摩書房
東京都台東区蔵前二―五―三 〒一一一―八七五五
振替〇〇一六〇―八―四一二三
装幀者 安野光雅
印刷所 三松堂印刷株式会社
製本所 牧製本印刷株式会社

乱丁・落丁本の場合は、左記宛にご送付下さい。
送料小社負担でお取り替えいたします。
ご注文・お問い合わせも左記へお願いします。
筑摩書房サービスセンター
埼玉県さいたま市北区櫛引町二―六〇四 〒三三一―八五〇七
電話番号 〇四八―六五一―〇〇五三
ISBN4-480-08854-7 C0181